KB181822

The Art of Computer Programming 2

: 준수치적 알고리즘(개정 3판)

The Art of Computer Programming 2 : 준수치적 알고리즘 (개정 3판)

초판 1쇄 발행 2007년 09월 13일
초판 5쇄 발행 2021년 01월 04일

지은이 도널드 커누스 / **옮긴이** 류광 / **펴낸이** 김태헌
펴낸곳 한빛미디어(주) / **주소** 서울시 서대문구 연희로2길 62 한빛미디어(주) IT출판부
전화 02-325-5544 / **팩스** 02-336-7124
등록 1999년 6월 24일 제25100-2017-000058 / **ISBN** 978-89-7914-484-0 93000

총괄 전정아 / **책임편집** 서현 / **기획** 임성춘 / **편집** 김철수 / **진행** 최민이
영업 김형진, 김진불, 조유미 / **마케팅** 박상용, 송경석, 조수현, 이행은, 고광일 / **제작** 박성우, 김정우

이 책에 대한 의견이나 오탈자 및 잘못된 내용에 대한 수정 정보는 한빛미디어(주)의 홈페이지나 아래 이메일로
알려주십시오. 잘못된 책은 구입하신 서점에서 교환해드립니다. 책값은 뒤표지에 표시되어 있습니다.

한빛미디어 홈페이지 www.hanbit.co.kr / 이메일 ask@hanbit.co.kr
이 책의 최신 정보 인터넷 페이지 www-cs-faculty.stanford.edu/~knuth/taocp.html

지금 하지 않으면 할 수 없는 일이 있습니다.
책으로 펴내고 싶은 아이디어나 원고를 메일(**writer@hanbit.co.kr**)로 보내주세요.
한빛미디어(주)는 여러분의 소중한 경험과 지식을 기다리고 있습니다.

The Art of Computer Programming

컴퓨터 프로그래밍의 예술

준수치적 알고리즘

2

도널드 커누스 저 | 류광 역

DONALD E. KNUTH

ADDISON-WESLEY

한빛미디어
Hanbit Media, Inc.

지은이 도널드 커누스(Donald E. Knuth)

커누스Donald E. Knuth는 알고리즘 및 프로그래밍 기법에 대한 선구자적 성과로, 컴퓨터 조판을 위한 TEX 및 METAFONT 시스템의 고안으로, 그리고 영향력 큰 다작으로 전 세계적으로 유명한 학자이다. 스탠퍼드 대학Stanford University의 컴퓨터 프로그래밍의 예술 명예 교수Emeritus of The Art of Computer Programming인 그는, 캘리포니아 공과대학California Institute of Technology의 대학원생이었던 1962년에 시작한 전통적 전산학에 대한 독창적인 이 시리즈의 완성에 현재 그의 모든 시간을 투여하고 있다. 커누스 교수는 튜링상ACM Turing Award, 카터 전 미대통령이 수여한 미국 국가 과학상National Medal of Science, 스틸상AMS Steele Prize 해설문 부문, 고등 기술에 대한 권위 있는 교토상Kyoto Prize 등 수많은 상과 표창을 수상했다. 이 책과 시

리즈의 다른 책들에 대한 좀 더 자세한 정보는 커누스 교수의 개인 홈페이지에서 볼 수 있다.
https://www-cs-faculty.stanford.edu/~knuth/taocp.html

옮긴이 류광

25년여의 번역 경력을 가진 전문 번역가로, 도널드 커누스 교수의 『컴퓨터 프로그래밍의 예술』(The Art of Computer Programming) 시리즈와 스티븐스의 『UNIX 고급 프로그래밍』(Advanced Programming in UNIX Environment) 제2판 및 제3판, 『Game Programming Gems』 시리즈를 포함해 80권 이상의 다양한 IT 전문서를 번역했다.

수많은 유쾌한 저녁 시간들을 추억하며,
이 시리즈를
Case Institute of Technology에 한때 설치되었던
Type 650 컴퓨터에게
깊은 애정과 함께 헌정한다.

한국 독자에게

컴퓨터 프로그래밍을 사랑하는 한국의 모든 이에게 진심으로 인사드립니다!
전산학이 끊임없이 사람들을 맺어주는 전 세계적인 분야라는 점을 행복하게 생각합니다.
이 시리즈에 남아 있는 오류를 제거하는 데 수년간 많은 한국 독자들이 저를 도와주었습니다.
새 번역서가 더 많은 사람들을 신비에 싸인 이 분야에 발을 들여놓게 하는 데,
그리고 이 분야를 더욱 발전시키는 데
도움이 되길 희망합니다.

―― 도널드 커누스Donald E. Knuth, 高德納

저자서문

사랑하는 오필리어,
나의 시가 서툴구나.
애타는 가슴을 시에 담을 재주가 없구나.†

—— 햄릿HAMLET (2막 2장)

이 책에서 논의하는 알고리즘들은 수를 직접적으로 다룬다. 그렇긴 해도 나는 그 알고리즘들을 준수치적(準-, seminumerical)이라고 부르는 게 합당하다고 믿는다. 왜냐하면 그것들은 수치적 계산과 기호적 계산의 경계선에 걸쳐 있기 때문이다. 모든 알고리즘은 단지 문제가 요구한 답을 계산할 뿐만 아니라 디지털 컴퓨터의 내부 작동과도 잘 조화되도록 만들어져 있다. 그러한 알고리즘의 완전한 미덕을 절실하게 느낄 수 있으려면 컴퓨터의 기계어에 대한 어느 정도의 지식이 필요한 경우가 많다. 해당 컴퓨터 프로그램의 효율성은 알고리즘 자체와는 떼어놓을 수 없는 필수적인 요소이다. 문제는 컴퓨터가 수를 다루는 최상의 방법을 찾는 것이고, 그러려면 수치적 측면뿐만 아니라 전술적인 측면도 고려해야 한다. 따라서 이 책의 주제가 수치적 수학뿐만 아니라 전산학의 일부임은 명백하다.

"더 높은 수준"의 수치해석 분야에서 일하는 일부 사람들은 이 책의 주제들을 시스템 프로그래머의 영역에 속하는 것으로 간주할 것이다. 그리고 "더 높은 수준"의 시스템 프로그래밍 일을 하는 또 다른 사람들은 이 책의 주제들을 수치해석가의 영역에 속하는 것으로 간주할 것이다. 그러나 나는 그 두 기본적인 방법들 모두를 세심하게 살펴보고자 하는 사람들도 많으리라고 믿는다. 이 책의 방법들은 아마도 저수준에 놓여 있는 것이겠지만, 그래도 수치적 문제에 대한 좀 더 웅대한 컴퓨터 응용 전부를 바탕에 깔고 있으며, 따라서 그것들을 잘 알아 두는 것은 중요한 일이라 할 수 있다. 여기서 우리의 관심이 수치적 수학과 컴퓨터 프로그래밍 사이의 경계면에 주어진다고 할 때, 이 책의 주제들은 그러한 두 종류의 기술들을 결합시킨다는 점에서 흥미롭다.

이 책에서 수학과 관련된 내용들이 차지하는 비율은 이 시리즈의 다른 책들에 비해 현저히 높다. 다루는 주제의 성격 자체가 그렇기 때문이다. 대부분의 경우 필수적인 수학적 주제들은 거의 무에서부

---

† 〔옮긴이 주〕 *셰익스피어 4대 비극*(이태주 옮김, 범우사, 2005)에서 인용했다. 이 책의 주제와는 어울리지 않는 인용구로 보이지만, 사실 "나의 시가 서툴구나"에 해당하는 원문은 "I am ill at these numbers"이다. numbers에는 시, 운율이라는 뜻도 있다. 한국어에서 비슷한 경우로는 시 한 '수' 같은 표현이 있다(물론 이 경우 수는 數가 아니라 首이지만).

터(또는 제1권에서 증명한 결과들로부터) 전개된다. 그러나 몇몇 절(節, section)은 미적분에 대한 사전 지식을 요구한다. 그런 절들이 어떤 것들인지는 쉽게 알아챌 수 있을 것이다.

이 책은 전체 시리즈 중 제3장과 4장으로 구성된다. 제3장은 "난수"에 관한 것이다. 제3장에서는 다양한 난수열 생성 방법들을 연구할 뿐만 아니라 난수열의 무작위성에 대한 통계적 검정도 조사하게 되며, 균등 난수들을 다른 종류의 무작위 수량들로 변환하는 문제에 대해서도 살펴본다. 그러한 변환들은 난수를 실제 응용에서 어떻게 활용하는지를 보여준다. 또한 무작위성의 본성 자체를 다루는 절도 하나 포함시켰다. 제4장을 통해서는, 수세기의 진보를 거치면서 사람들이 산술 공정에 대해 발견해낸 것들과 관련된 매혹적인 이야기를 전하고자 했다. 제4장은 수를 나타내는 다양한 수체계들과 그것들 사이의 변환 방법을 논의한다. 그리고 부동소수점 수, 고정밀도 정수, 유리수 분수, 다항식, 멱급수에 대한 산술을 논하며, 인수분해와 최대공약수 찾기도 이야기한다.

제3, 4장 모두 대학 학부생 및 대학원생을 위한 한 학기 강좌의 기초로 사용될 수 있다. 현재로선 "난수"와 "산술"에 대한 강좌를 갖춘 대학들의 수가 많지 않지만, 이 장들의 내용이 그 자체로 실제 교육적 가치를 지니는 주제들에 대한 통합된 논의가 될 수 있음을 독자 역시 알 수 있을 것이라고 믿는다. 본 저자의 경험으로 미루어 볼 때, 이러한 강좌들은 대학생들에게 초급 확률론과 수론을 소개하는 좋은 수단이 된다. 그런 초급 강좌들에서 흔히 다루는 주제들은 거의 모두 실제 응용들과 자연스럽게 연계되며, 그러한 응용들의 존재는 학생들이 해당 이론을 배우는 데, 그리고 그 진가를 절실하게 느끼는 데 도움이 되는 중요한 동기일 수 있다. 더 나아가서, 각 장에는 많은 학생들로 하여금 수학을 좀 더 연구하고프게 만드는 좀 더 높은 수준의 주제들에 대한 여러 힌트들도 제공된다.

가끔씩 등장하는, 제1권에서 설명한 **MIX** 컴퓨터에 관련된 논의들을 제외한다면, 이 책의 대부분은 자기완결적이다. 부록 B에는 이 책에 쓰인 수학 표기법들이 요약되어 있는데, 그 중 일부는 전통적인 수학 교재의 것들과 약간 다르다.

제3판 서문

1980년에 완성된 이 책의 제2판은 TEX와 METAFONT라고 하는 전자 출판 프로토타입 시스템들을 위한 최초의 주된 검례(test case)로 쓰였다. 기쁘게도, 이제 나는 그러한 시스템들의 동기이자 추진력이 된 이 책을 다시 개정함으로써 시스템의 완전한 개발을 축하할 수 있게 되었다. 드디어 *컴퓨터 프로그래밍의 예술* 전권을 이후의 인쇄 및 표시 기술에서의 변화에 쉽게 적응시킬 수 있는 전자적 형태로 만들 수 있게 된 것이다. 이 새로운 설정 덕분에 나는 오랫동안 적용하길 원했던, 문자 그대로 수천가지에 이르는 개선들을 이룰 수 있게 되었다.

이 새 판(edition)을 위해 책의 모든 단어를 검토하는 과정에서, 나는 원래 문장이 가지고 있던 젊은 날의 충만함을 유지하려 노력하면서도 좀 더 성숙한 판단을 종종 추가하기도 했다. 수십 개의 연습문제들이 새로 추가되었으며, 수십 개의 기존 연습문제들에 새롭고 개선된 해답이 주어지기도 했다. 거의 모든 것이 변했지만, 특히 크게 바뀐 부분은 3.5절(무작위성의 이론적 보장 관련), 3.6절

(이식성 있는 난수발생기 관련), 4.5.2절(이진 gcd 알고리즘 관련), 4.7절(멱급수의 합성 및 반복 관련)이다.

그러나 *컴퓨터 프로그래밍의 예술*은 여전히 진행 중이다. 준수치적 알고리즘에 대한 연구는 경이적인 속도로 성장하고 있다. 그래서 이 책의 몇몇 부분에는 해당 내용이 최신의 것이 아니라는 점에 대해 양해를 구하는 의미로 "공사중" 아이콘을 붙여 두었다. 내 파일들에는 2권의 제4판에 포함시킬 계획인, 최종적이고 영광스러운 주요 자료들이 꽉 들어차 있다. 그러나 제4판은 아마도 지금으로부터 16년 이후에나 나오게 될 것이고, 그 전에 먼저 4권과 5권을 완성해야 한다. 그리고 그 출판들을 절대적으로 필요한 기간 이상으로 지연시키고 싶지는 않다.

지난 35년 간 이 내용들을 수집하고 정련하는 데 도움을 준 수백 명의 사람들에게 진심으로 감사한다. 새 판을 준비하는 데 가장 어려운 부분을 해낸 사람은 전자 텍스트를 전문적으로 입력, 편집한 윙클러Phyllis Winkler와 레비Silvio Levy, 그리고 원래의 도표들 거의 대부분을 METAPOST 형식으로 변환한 올덤Jeffrey Oldham이다.

나는 빈틈없는 독자들이 제2판에서 발견한 모든 오류들(그리고 안타깝게도 누구도 눈치 채지 못한 몇 가지 실수들)을 수정했다. 또한 새 원고에 새로운 오류가 끼어들지 않도록 하는 데에도 노력을 기울였다. 그러나 아마도 몇몇 결함들은 여전히 남아 있을 텐데, 그것들을 최대한 빨리 바로잡고 싶은 마음이다. 그래서 각각의 기술상의, 조판 상의, 또는 역사적인 오류를 최초로 발견하는 분에게 기꺼이 2.56달러를 지불하고자 한다. 2쪽에 언급되어 있는 웹 페이지에는 나에게 보고된 모든 교정 사항들의 최신 목록이 들어 있다.

Stanford, California D. E. K.
1997년 6월

책이 나오는 데 8년이 걸린 만큼,
감사해야 할 동료, 타이피스드, 제자, 교수, 친구들은 많고도 많다.
그러나 나는 그런 사람들에게
책에 남아 있는 오류에 대한 책임을 면제해 줄 생각은 없다.
오류가 있었다면 내게 지적을 했어야 했다!
그리고 언젠가는 틀린 것으로 판명될지도 모르는 생각들 중 일부는 그들의 책임이다.
어쨌거나, 그런 동료 탐험자들에게 나의 감사를 전한다.

— 캠벨EDWARD F. CAMPBELL, JR. (1975)

'데펜디트 누메루스'(Defendit numerus, 수에 안전이 있다)는 바보의 격언이다; 현자의 격언은
'데페르디트 누메루스'(Deperdit numerus, 수에 파멸이 있다)이다.

— 콜턴C. C. COLTON (1820)

역자서문

일전에 게이머들 사이에서 Culdcept Saga라는 콘솔용 게임의 버그가 작게나마 화제가 된 적이 있습니다. 이 게임은 기본적으로 주사위를 굴려서 보드 상의 말을 움직이고, 여러 종류의 카드를 통해서 특별한 행동이나 전투를 진행하는 보드 게임 형태입니다. 두 가지 버그가 특히 흥미로웠는데, 하나는 2인용으로 게임을 진행하면서 주사위를 굴릴 때 한 플레이어는 항상 홀수 눈금만, 다른 플레이어는 항상 짝수 눈금만 나온다는 버그이고, 또 하나는 카드들을 정렬할 때 게임이 죽은 것이 아닌가 싶을 정도로 긴 시간이 걸린다는 것입니다. 예, 바로 이 책의 한 주제인 난수와, 시리즈 제3권의 한 주제인 정렬에 대한 버그인 것입니다. 프로그래머가 이 시리즈를 읽었다면 그런 버그를 만들지는 않았을 것입니다.

그렇다고 이 책의 가치를 구체적인 구현에 도움이 되는 부분에만 두는 것은 이 책을 너무 과소평가하는 것일지 모릅니다. 예를 들어 난수 문제에 대해서는 대부분의 프로그래밍 언어의 표준 라이브러리(또는 Boost.Random 같은 외부 라이브러리)에 포함되어 있는 난수 생성 함수에 대한 매뉴얼이 더 실용적일지도 모릅니다. 이 책에 나오는 구체적인 수식, 알고리즘, 기법들 밑에 깔려 있는, 문제 해결에 대한 저자의 치열하고 엄밀한 접근방식을 간접적으로나마 체험하고 배우는 것이야말로 이 책의 가치를 진정으로 향유하는 길이 될 것입니다.

그런 측면에서, 어쩌면 이 책에서 우리가 얻어야 할 것은 (책 제목과 저자의 희망과는 달리)예술보다는 과학이 아닐까 합니다. 소프트웨어 산업이 성장함에 따라 소프트웨어 개발자를 대상으로 하는 산업도 덩치가 매우 커졌고, 그러다보니 프로그래밍에 대한 많은 부분이 과학이 아니라 마케팅(감성적인 '공감'을 이끌어 내는 것이 중요하다는 점에서 과학보다는 예술에 가까운)의 영역에 속하는 현상도 생기는 것 같습니다. 예를 들어 구체적인 근거 자료가 없다면 다단계 방식으로 판매되는 다이어트 식품이나 건강보조 식품의 광고 문구만큼이나 허약한 주장을, 주장자의 명성, 또는 성공 사례 몇 가지만으로 믿는 경우도 많이 보았습니다. 물론 프로그래밍도 사람이 하는 일이라서 엄밀한 잣대와 검증 절차를 적용하는 것이 불가능하거나 마땅치 않은 측면이 많긴 하지만, 가능한 부분을 식별하고 적용하려는 노력과 그런 부분을 더욱 확장시키려는 노력은 꼭 필요할 것입니다.

이 번역서가 그러한 노력에 큰 도움이 되길 바라는 마음으로 제 나름대로 최선을 다해서 번역을 했는데 어떨지 모르겠습니다. 참고로 이 번역서는 Addison-Wesley에서 나온 *The Art of Computer Programming* 제2권 2판의 2005년 10월자 제19쇄를 기준으로 하되 저자의 홈페이지(2쪽 참고)에 있는 정오표와, 원서를 만드는 데 쓰인 최신 TEX 소스를 반영한 것입니다. 정오표를 마지막으로 참고한 것은 2007년 5월 말이었습니다.

　　잠시 이 번역서의 탄생에 도움을 주신 분들에게 감사의 뜻을 표하고자 합니다. 제1권과 마찬가지로, 한빛미디어의 유해룡 이사님과 임성춘 팀장님께 고마움을 전합니다. 또한 원서에 쓰인 TEX 시스템 없이도 훌륭한 모습의 책을 만들어 내어 도구보다 사람이 우선임을 입증하신 김철수 편집자께도 감사의 뜻과 함께 찬사를 보냅니다. 또한 웹 상의 TaocpHelp 위키(http://occam.n4gate.com/taocp.php/)를 통해서 도움을 주신 김민식, 남수진, 노희준, 박부성, 박종대, 서상현, 윤지훈(aliencs), 이문희, 황의범(xevious7), neonatas(이상 가나다순) 님께 진심으로 감사드립니다. 많은 참고가 된 한국어 위키백과(http://ko.wikipedia.org/)의 기여자 여러분들도 무척 고맙습니다(일일이 이름을 나열하지 못한 점 죄송합니다). 끝으로, 일반 독자의 입장에서 중요한 오타와 오역, 어색한 문장을 무수히 잡아내 준 아내 오현숙에게 사랑과 감사의 마음을 보냅니다.

　　그리고 몇 가지 당부입니다. 우선, 본문을 읽기 전에 다음 쪽에 나오는 일러두기를 꼭 읽어 주시기 바랍니다. 번역서에 쓰인 용어나 어법에 관련된 몇 가지 사항을 적어 두었습니다. 책을 읽으면서 발견한 오타 및 오역은 제 홈페이지 occam's Razor(http://occam.com.ne.kr/ 또는 http://occam.n4gate.com/)의 자유 게시판 보고해 주세요. 홈페이지의 '번역서 정보' 페이지에서 도달할 수 있는 이 책의 정보 페이지에 정오표를 마련해서 부지런히 갱신하겠습니다. 단순한 오타, 오역 보고 외에 책에 대한 좀 더 깊은 논의는 앞에서 언급한 TaocpHelp 위키를 활용해 주셨으면 좋겠습니다. 제가 내용에 대한 질문에 권위 있는 답을 할 만한 능력은 되지 않음을 이해해 주시고, 함께 공부하는 독자의 입장에서 많은 이야기를 나누었으면 합니다.

치열하게 읽으시길!

— 류광

일러두기

다음은 번역서를 읽을 때 염두에 두어야 할 사항들이다.

글꼴

중요한 용어나 개념, 주목해야 할 문장 성분은 이런 글꼴로 표시한다. 책 제목이나 문맥 안에서 두드러진 의미를 가지는 문구 또는 문단은 *이런 글꼴로* 표시한다. 참고로 이들은 각각 원서의 italic과 slanted에 해당한다. 프로그램 코드나 컴퓨터 명령어는 CODE처럼 표시한다.

용어 및 인명 표기에 대해

대부분의 주요 용어에는 영문을 병기하되, 매번 병기하는 것은 글 읽기의 흐름을 깨뜨릴 수 있으므로 해당 용어가 처음 나온 곳에서만 영문을 병기했다. 책 끝의 '찾아보기 및 용어집'의 한글 항목에도 영문을 병기해 두었으므로 언제라도 쉽게 찾아볼 수 있을 것이다. 찾아보기에 관련된 세부적인 사항은 '찾아보기 및 용어집' 시작 부분에 따로 일러두었다.

수학 용어들은 주로 대한 수학회의 용어 데이터베이스(http://www.mathnet.or.kr/API/)를 기준으로 했으며 부족한 부분은 한국어 위키백과(http://ko.wikipedia.org/)를 참고했다.

전산, 프로그래밍 관련 용어들은 널리 통용되는 것들을 따르되 역자의 기존 번역서들에서 주로 썼던 용어들과 다르면 역자의 것을 우선시했다.

인명의 한글 표기는 성(性)에만 적용했으며, 모든 인명에 일일이 한글 표기를 붙이는 것은 글의 흐름을 깨뜨릴 수 있으므로 필요하다고 판단되는 경우에만 적용했다. 대신 찾아보기에는 거의 모든 인명의 성을 한글로 표기해 두었다.

한글 표기 방법은 국어연구원(http://www.korean.go.kr/)의 어문규정:외래어 표기법을 기준으로 하되 기존 관례와 심하게 충돌하는 경우에는 기존 관례를 따르기도 했다. 주로 인물의 국적을 가지고 표기법을 적용했을 뿐 해당 인명의 실제로 통용되는(본인이 활동하는 국가에서 실제로 불리는) 발음을 일일이 확인하지는 못했으며, 역자의 실수로 해당 인물의 국적을 잘못 알았거나 외래어 표기법의 조항들을 잘못 적용했을 수도 있음을 밝혀둔다.

문장 성분으로서의 수식

원서에서 거의 모든 수식은 그 수식을 둘러싼 문장에 완전히 포함되어 있다(줄바꿈이 되어 있다고 해도). 즉, 수식을 입으로 소리내어 읽었을 때 수식을 둘러싼 문장 전체와 문법적으로 잘 통합된다.

예를 들어 '$(...)$ where integer $n > 0$.'은 '$(...)$where integer n is greater than zero.'가 되어서 where 앞의 문구와 통합되는 것을 의도한 것이다. (굳이 이 점을 언급하는 것은, 수식을 문장과 분리해서 표기하는 저자들도 있기 때문이다.)

번역서에서도 최대한 그러한 방식을 따랐다. 독자는 수학 연산자를 적절한 서술어로 대체해서 읽는 습관을 들여야 할 것이다. 예를 들어 '여기서 정수 $n > 0$이다.'는 '여기서 정수 n은 0보다 크다' 또는 '여기서 n은 정수이며 0보다 크다.'로 해석해야 한다.

필요충분조건의 표현

"오직 P일 때에만"과 같은 표현은 if and only if P 형태의 문구를 번역한 것으로, "만일 P이면, 그리고 오직 그럴 때에만"을 줄인 것이다. "Q if and only if P" 또는 "if and only if Q, P"는 P와 Q가 서로의 필요충분조건임을 뜻한다. 이러한 표현은 단순히 P가 참이면 Q가 참("if P, Q" 또는 "Q if P")이라는 뜻을 넘어서, Q가 참이기 위해서는 반드시 P가 참이어야 하며, 거꾸로 Q가 참이면 P도 참이라는 좀 더 강력한 관계를 나타낸다(간단히 말해서 둘은 동치이다). 기호로는 $P \Leftrightarrow Q$로 표기한다. 좀 더 최근의 책들에서는 if and only if를 iif라는 약자로 표기하기도 한다.

본문에서 P와 Q는 매우 길고 복잡한 문장 그리고/또는 수식인 경우가 많다. 복잡한 수식과 문장 성분들 때문에 어디까지가 P이고 어디까지가 Q인지 명확하지 않을 때에는 영문 그대로 "만일 P이면, 그리고 오직 그럴 때에만"으로 표현하거나 또는 "P일 필요충분조건은 Q이다"로 표현하기도 한다.

함의관계의 표현

"A가 B를 함의한다"라는 표현은 "A가 참이면 B도 참이다", 또는 "A가 성립하면 B도 성립한다"는 뜻이다. 기호 $\Rightarrow$를 이용해서 A$\Rightarrow$B로 표기하는 경우도 있다.

"설정하다"의 해석

"A를 B로 설정한다"는 A가 B의 값을 가지게 된다는 뜻으로 해석할 수도 있고 B가 A의 값을 가지게 된다는 뜻으로 해석할 수도 있는데, 이 번역서에서는 항상 전자, 즉 A$\leftarrow$B를 뜻한다. 변하는 것은 '~를'이 붙은 쪽이다. 치환하다, 대체하다 등 연산자 좌변의 피연산자가 변하는 이항 연산을 뜻하는 다른 동사들도 마찬가지이다.

modulo와 mod에 대해

이 시리즈에서, $a \equiv 1 \,(\text{modulo } m)$처럼 수식(특히 합동식) 바로 다음의 괄호 안에 modulo가 나오는 경우에는 번역 대상이 아닌 수학적 표기법의 일부로 간주해서 굳이 번역하지 않았다. 물론 일반 문장 안에서 쓰이는 경우에는 '~를 법으로 하여'나 그와 비슷한 표현으로 옮겼다. 이러한 방식이 완전히 고정된 것은 아니며, 이후의 개정판에서는 달라질 수 있다(아마도 둘 다 한글로 표현하는 쪽으로).

mod는 수식 안에서 나머지 연산자로 쓰일 뿐만 아니라(이를테면 $a \bmod 2 = 1$ 등) 앞에서 말한 'modulo'의 약자로도 쓰인다. 예를 들어 '빼기 $\bmod m$'은 m을 법으로 한 뺄셈, 다시 말해서 뺄셈의 결과를 m으로 나눈 나머지를 취하는 연산을 의미한다. '정수 $\bmod m$'이나 '수열 $\bmod m$' 같은 표현도 마찬가지 방식으로 해석하면 된다.

연습문제 참고사항

이 시리즈의 연습문제들은 강의용뿐만 아니라 독학용으로도 고안된 것이다. 어떤 분야를 단지 그에 대한 책을 읽는 것만으로 배우기란 불가능하지는 않다고 해도 어려운 일이다. 제대로 배우려면 책에서 읽은 것을 특정 문제에 적용해보고, 그럼으로써 읽은 것에 대해 생각해 보는 기회를 가질 필요가 있다. 더 나아가서, 학습은 학습자가 스스로 뭔가를 발견할 때 가장 효과적이다. 그런 이유로, 연습문제들은 이 책의 주된 부분을 형성한다. 최대한 교육적인 의미를 지니는 연습문제들이 될 수 있도록 많은 노력을 기울였으며, 교육적일뿐만 아니라 재미도 있는 문제들을 택하는 데에도 많은 신경을 썼다.

쉬운 연습문제들과 대단히 어려운 연습문제들이 무작위하게 섞여 있는 책들이 많이 있다. 그런 연습문제 구성은 종종 바람직하지 않은데, 왜냐하면 주어진 연습문제를 푸는 데 어느 정도의 시간이 걸리게 될 것인지를 알 수 없다면 독자는 그냥 모든 문제들을 풀지 않고 넘어가 버릴 수도 있기 때문이다. 그런 전형적인 사례가 중요하고도 선구적인 저작인 벨먼Richard Bellman의 *Dynamic Programming*이다. 그 책의 일부 장들 끝에는 "Exercises and Research Problems"라는 제목 하에 일단의 문제들이 제시되어 있는데, 거기에는 아직 풀리지 않은 문제들 사이에 극도로 자명한 질문들이 섞여 있다. 누군가 벨먼 박사에게 그 문제들에서 연습문제와 연구 문제를 어떻게 구분하느냐고 묻자, 박사는 "풀 수 있으면 연습문제이고 그렇지 않으면 연구 문제"라고 대답했다는 풍문이 있을 정도이다.

이런 종류의 책에 연구 문제들과 매우 쉬운 연습문제들이 함께 포함되어 있다고 해서 그 자체를 나쁘다고 볼 수는 없을 것이다. 그래서 나는 어떤 것이 연습문제이고 어떤 것이 연구 문제인지를 독자가 쉽게 판단할 수 있도록 각 연습문제의 난이도를 등급 수치로 표시해두었다. 여러 등급 수치들은 일반적으로 다음과 같은 의미를 가진다.

등급 의미

00 본문의 내용을 이해했다면 즉시 답을 할 수 있는 아주 쉬운 연습문제. 대부분 "머리 속에서" 바로 답을 구할 수 있다.

10 방금 읽은 내용을 좀 생각해 봐야 하나 그렇다고 어려운 것은 아닌 간단한 문제. 기껏해야 1분 안에 풀 수 있어야 한다. 종이와 연필을 동원하는 게 도움이 될 수도 있다.

20 본문 내용의 기본적인 이해를 시험하는 평균적인 문제. 완전한 답을 얻기 위해서는 15분에서 20분 정도가 소요될 것이다.

30 적당한 난이도 그리고/또는 복잡도를 가진 문제. 만족스럽게 풀기 위해서는 두 시간 정도 노력해야 할 것이다. TV를 켜 두었다면 더 걸릴 수도 있다.

40 꽤 어려운 또는 시간이 걸리는 문제로, 강좌 상황이라면 학기말 과제(term project)에 적합할 수 있다. 비합리적이지 않은 시간 안에 문제를 풀 수 있을 것이나, 그 해답이 간단하지는 않다.

50 이 글을 쓰는 현재 필자가 알기로, 많은 사람들이 시도하긴 했지만 아직 만족스럽게 풀리지 않은 연구 문제이다. 만일 이런 문제의 답을 구했다면 출판용 논문을 써야 할 것이다. 또한 필자에게도 최대한 빨리 알려주었으면 좋겠다(물론 정확한 답이라고 할 때).

10 단위의 등급들만 이야기했는데, 다른 수치들의 의미는 위에 나온 것들을 "로그" 축척으로 보간한 것에 해당한다. 예를 들어 등급이 17인 연습문제는 평균보다 약간 더 간단한 연습문제이다. 50짜리 문제 하나를 독자가 풀었다고 할 때, 이후 판들에서는, 그리고 웹의 정오표(2쪽 참고)에서는 그 문제가 45가 될 수도 있다.

등급 수치를 5로 나눈 나머지는 문제를 푸는 데 필요한 시간을 가리킨다. 예를 들어 등급 24 문제는 등급 25 문제보다 쉽게 풀 수 있겠지만, 시간은 더 걸린다.

필자는 정확한 등급 수치들을 배정하는 데 많은 노력을 기울였지만, 문제를 만드는 사람의 입장에서 다른 사람이 그 문제를 얼마나 쉽게 풀 수 있을지 파악하기란 쉬운 일이 아니다. 그리고 사람마다 특정 종류의 문제에 익숙한 정도가 다르기 마련이다. 이 등급 수치들이 문제의 난이도를 적절히 추정해 낸 것이길 바랄 뿐이며, 이들을 일반적인 지침으로만 받아 들여야지 어떤 절대적인 지표로 간주해서는 안 될 것이다.

이 책은 다양한 수학적 숙련도와 교양을 가진 사람들을 위해 쓰여졌다. 그래서 수학에 좀 더 익숙한 독자들만을 염두에 둔 연습문제들도 포함되어 있다. 등급 앞에 "*M*"자가 붙어 있는 연습문제들의 경우에는 주로 알고리즘의 프로그래밍 자체에만 흥미를 느끼는 사람들에게 필요한 것 이상의 수학적 개념들 또는 동기부여가 요구된다. 그리고 "*HM*"이 붙은 연습문제들은 이 책에서 직접 설명하지는 않는 미적분이나 기타 고급 수학 지식이 있어야 풀 수 있는 것들이다. 단, "*HM*"이 붙은 문제가 그렇지 않은 같은 등급의 문제보다 반드시 더 어려운 것은 아니다.

일부 연습문제들에는 쐐기꼴 "▶" 기호가 붙어 있다. 이것은 특히 교육적이고 추천할만한 문제를 가리킨다. 독자나 학생이 반드시 모든 문제들을 풀어야 하는 것은 물론 아니므로, 풀어볼만한 가치가 크다고 할 수 있는 문제들을 따로 뽑아둔 것이다. (그렇다고 이 표시가 없는 문제들을 풀지 않아도 된다는 뜻은 아니다!) 독자는 적어도 등급이 10 이하인 문제들은 모두 풀려고 시도해야 한다. 그 이상의 문제들도 풀고자 한다면, 그것들을 어떤 순서로 풀 것인지를 결정하는 데 이 쐐기꼴 표시가 좋은 힌트가 될 것이다.

대부분의 연습문제들의 해답은 책 후반부의 해당 해답 절에 나온다. 그 해답들을 현명하게 사용할 것. 스스로 문제를 진지하게 풀어본 후에만, 또는 특정 문제를 푸는 데 절대적으로 시간이 모자라는 경우에만 해답을 보아야 한다. 독자가 스스로 문제를 푼 후에야, 또는 적어도 일정 수준 이상으로 시도를 한 후에야 해답 절에 있는 해답이 독자에게 도움이 되고 거기서 뭔가를 배울 수 있을 것이다. 해답 절의 해답은 종종 상당히 짧으며, 독자가 문제를 스스로 열심히 풀려고 했다는 가정 하에서 세부사항을 개략적으로만 서술한다. 어떤 해답은 문제가 요구한 것보다 더 적은 정보를 제공하고, 또 어떤 것들은 요구된 것보다 더 많은 정보를 제공한다. 그리고 독자가 얻은 답이 책에 나온 해답보다 더 나은 경우도 얼마든지 가능하다. 그런 경우라면 자세한 내용을 필자에게 알려주기 바란다. 적당한 경우라면 이 책의 이후 판들에 개선된 해답을 그것을 제출한 사람의 이름과 함께 싣겠다.

일반적으로, 특별히 그러지 말라고 명시되어 있지 않은 한, 한 연습문제를 풀 때 그 이전 연습문제 들의 답들을 사용해도 된다. 등급 수치들은 이 점을 염두에 두고 배정된 것이다. 따라서 연습문제 $n + 1$이 연습문제 n의 한 특별한 경우에 해당하는 결과를 포함한다고 해도, 연습문제 $n + 1$의 등급이 연습문제 n의 등급보다 더 낮을 수 있다.

등급 부호 요약:	*00*	즉시 풀 수 있음
	10	간단(1분)
	20	중간(15분)
▶ 추천	*30*	비교적 어려움
M 수학 지향적	*40*	학기말 과제
HM "고급 수학" 필요	*50*	연구 문제

연습문제

▶ **1.** [*00*] 등급 "*M20*"의 의미는?

2. [*10*] 교재에 수록된 연습문제들이 독자에게 어떤 가치를 지닐까?

3. [*34*] 1772년에 오일러Leonhard Euler는 방정식 $w^4 + x^4 + y^4 = z^4$에 양의 정수해가 존재하지 않는다고 추측했다. 그러나 1987년에 엘키스Noam Elkies는 무한히 많은 해들이 존재함을 증명했다 [*Math. Comp.* **51** (1988), 825-835 참고]. $0 \leq w \leq x \leq y < z < 10^6$인 그러한 모든 정수해를 구하라.

4. [*HM50*] n이 정수이고 $n > 4$일 때 방정식 $w^n + x^n + y^n = z^n$의 해가 되는 양의 정수 w, x, y, z가 존재하지 않음을 증명하라.†

연습은 가장 좋은 학습 수단이다.

— 레코드ROBERT RECORDE, *The Whetstone of Witte* (1557)

---

† [옮긴이 주] 제1권의 연습문제 4와 비교해 볼 것. 그 연습문제는 바로 유명한 페르마의 정리인데, 이 책이 준비되는 사이에 그 정리가 증명되었기 때문에 문제를 이렇게 바꾼 것이다. 저자 커누스는 이를 두고 "책이 변화에 대처하는 방식"(정확한 문구는 아님)이라고 농담 삼아 말한 바 있다.

차 례

CHAPTER 3

난수

물론, 난수를 생성하는 산술적 방법을 고려하는 사람은
그 누구이든 죄악에 물든 상태인 것이다.

— 폰노이만JOHN VON NEUMANN (1951)

사람들이 당신의 말을 의심하지 않게 하려면,
확률을 사용하라.

— 게이JOHN GAY (1727)

사람들의 확률 공부에 길잡이가 될
약간의 빛줄기도 없었다.

— 오웬JOHN OWEN (1662)

3.1. 소개

난수(亂數, random number), 즉 "무작위로 선택된" 수들은 매우 다양한 종류의 응용 분야에서 유용하게 쓰인다. 몇 가지 예를 들자면:

a) 시뮬레이션. 컴퓨터로 자연 현상을 흉내낼 때, 사물을 사실적으로 보이게 하려면 난수가 필요하다. 시뮬레이션은 핵물리 연구(입자가 무작위로 충돌한다)에서부터 경영과학(이를테면 사람들이 공항에 무작위적인 간격으로 도달한다)에 이르기까지 다양한 분야를 포괄한다.

b) 표본화(sampling). 모든 가능한 경우를 조사하는 것이 비현실적인 경우가 종종 있다. 이 경우 무작위 표본을 통해서 "전형적" 행동이 어떤 식으로 구성되는지 간파할 수 있다.

c) 수치해석. 복잡한 수치 문제를 난수를 이용해서 푸는 교묘한 기법들이 고안되었다. 이 주제에 대한 책들도 여럿 나와 있다.

d) 컴퓨터 프로그래밍. 무작위 값들은 컴퓨터 알고리즘의 효과성을 검사하기 위한 자료를 얻는 데 유용하다. 좀 더 중요하게는, 난수는 무작위화된 알고리즘의 연산에 필수적이다. 그런 알고리즘은 같은 일을 하는 결정론적 알고리즘보다 훨씬 뛰어난 경우가 종종 있다. 이 책 시리즈에서 주로 관심을 가지는 난수 응용 분야가 바로 이런 방식의 활용이며, 다른 대부분의 컴퓨터 알고리즘들을 제시하기 전에 제3장에서 난수부터 살펴보는 이유도 바로 그것이다.

e) 의사결정(decision making). 뭔가를 결정할 때 동전이나 다트 등을 던져서 결정하는 중역들이 많다는 보고가 있다. 또한 학생들의 평점을 그런 식으로 결정하는 대학 교수들이 있다는 소문도 있다. 전혀 "치우치지 않은" 의사결정을 내리는 것은 종종 중요한 일이다. 무작위성은 또한 행렬 게임 이론의 최적 전략의 필수적인 한 부분이기도 하다.

f) 암호학. 치우치지 않은 비트들을 얻는 것은 자료를 숨겨야 하는 여러 종류의 보안 통신들에서 필수적이다.

g) 미학. 약간의 무작위성은 컴퓨터가 만들어 낸 그래픽과 음악을 좀 더 생동감있게 만든다. 예를 들어 상황에 따라서는 다음 두 패턴 중 왼쪽 것이 더 멋있게 보이기도 한다. 〔D. E. Knuth, *Bull. Amer. Math. Soc.* **1** (1979), 369 참고.〕

h) 오락. 주사위 던지기, 카드 섞기, 룰렛 돌리기 등은 우리 모두에게 멋진 여흥거리이다. 난수를 사용하는 알고리즘을 통칭하는 용어인 "몬테카를로법(Monte Carlo method)"은 바로 난수의 이러한 전통적인 용도에서 비롯된 것이다.†

이 주제를 고민해본 사람이라면 대부분 "무작위"라는 단어의 의미가 도대체 무엇인지에 대한 철학적인 논의로 빠져들 수밖에 없다. 사실 하나의 난수라는 것은 없다. 예를 들어 2는 난수인가? 그래서 우리는 난수라는 말 대신 특정한 분포(distribution, 分布)를 가진 독립 난수들의 수열이라는 용어를 사용한다. 이 용어의 대략적인 의미는, 수열의 각 수가 오직 우연하게만(수열의 다른 수와는 전혀 무관하게 결정되며), 각 수는 주어진 임의의 값 범위 안에서 특정한 확률로 선택된다는 뜻이다.

유한한 수들의 집합에 대해, 수열의 가능한 수들 모두가 동일 확률인†† 분포를 균등분포(uniform distribution, 또는 고른 분포)라고 부른다. 일반적으로, 특별한 말없이 그냥 분포라고 하면 균등분포를 뜻한다.

0에서 9까지의 숫자 열 개 각각은 (균등)분포 난수열에서 약 $\frac{1}{10}$의 확률로 발생한다. 연속된 두 수의 쌍은 $\frac{1}{100}$이고 그 이상도 마찬가지 방식으로 결정된다. 백 만 개의 숫자들의 진정으로 무작위한 수열의 경우 항상 0이 정확히 십만 개, 1이 십만 개 등으로 구성되지는 않는다. 사실 그렇게 될 확률은 상당히 낮다. 그런 수열들의 수열은 평균적으로 그런 특성을 가지게 된다.

백 만 개의 숫자들로 된 임의의 특정한 수열은 다른 그러한 수열들과 동일한 확률로 나타난다. 따라서 진정으로 무작위적인 상황에서 백 만 개의 숫자들을 무작위로 택했을 때 처음 99만 개가 0이라고 해도 마지막 숫자가 0일 확률은 여전히 $\frac{1}{10}$이다. 많은 사람들이 이를 모순적이라고 느끼겠지만, 여기에는 어떠한 모순도 없다.

---

† 〔옮긴이 주〕몬테카를로는 모나코의 수도로, 도박으로 유명하다.

†† 〔옮긴이 주〕equally probable을 옮긴 표현으로, 주어진 대상들 각각이 선택될(또는 발생할, 나타날) 확률이 서로 같다는 뜻이다.

　무작위성의 적절한 추상적 정의를 만드는 방법은 여러 가지가 있는데, 이 흥미로운 주제에 대해서는 3.5절에서 다시 살펴볼 것이다. 일단 지금은 무작위라는 개념에 대한 직관적인 이해로 만족하기로 하자.

　수년 전 과학 연구에 난수가 필요했던 사람들은 공들이 "잘 뒤섞여 있는 항아리"에서 공을 뽑거나, 주사위를 던지거나, 카드를 뽑아서 난수를 얻었다. 티펫L. H. C. Tippett은 1927년에 "인구조사 보고서에서 발췌한" 40,000개 이상의 난수들로 된 표를 출판했다. 그 이후 기계적으로 난수들을 생성하는 장치들이 여럿 개발되었다. 최초의 기계는 켄들M. G. Kendall 및 배빙턴-스미스B. Babington-Smith가 100,000개의 난수 표를 만드는 데 쓰였다. 1951년에 최초로 설치된 Ferranti Mark I 컴퓨터에는 저항 잡음 발생기를 이용해서 20개의 무작위 비트들을 누산기(accumulator)에 넣는 내장 명령을 가지고 있었다. 이 기능은 튜링A. M. Turing이 추천한 것이다. 1955년에는 RAND Corporation에서 또 다른 특별한 장치의 도움으로 얻은 백 만 개의 난수들로 된 표가 출판되어서 널리 쓰였다. ERNIE라는 유명한 난수 기계는 수년 간 British Premium Savings Bonds 복권의 당첨 번호를 뽑는 데 쓰였다. 〔초기 역사를 F. N. David가 *Games, Gods, and Gambling* (1962)에서 서술했다. 또한 Kendall, Babington-Smith, *J. Royal Stat. Soc.* **A101** (1938), 147-166; **B6** (1939), 51-61; *CACM* **21** (1978), 4-12에 나온 S. H. Lavington의 Mark I에 대한 논의; *Math. Comp.* **10** (1956), 39-43의 RAND 표에 대한 평; 그리고 *J. Royal Stat. Soc.* **A122** (1959), 301-333에 있는 W. E. Thomson의 ERNIE에 대한 논의도 볼 것.〕

　컴퓨터가 등장하고 얼마 되지 않아서 사람들은 컴퓨터 프로그램 안에서 난수들을 얻는 효율적인 방법을 모색하기 시작했다. 난수표를 사용할 수도 있었지만, 그 방법에는 한계가 있었다. 왜냐하면 메모리 공간과 입력 시간의 제약이 있고, 표가 너무 짧을 수도 있으며, 표를 준비하고 유지하는 것이 좀 번거로웠기 때문이다. Ferranti Mark I의 예처럼 ERNIE 같은 기계를 컴퓨터에 부착하는 것도 가능했지만, 프로그램을 점검할 때 계산을 정확히 두 번 재현하는 것이 불가능하다는 점에서 만족스럽지 않음이 판명되었다. 게다가 그런 기계는 고장이 잘 났고 결함을 찾기가 극도로 어려웠다. 1990년대에 와서는 기술의 발전에 의해 잘 검증된 백만 개의 무작위 바이트들을 쉽게 얻을 수 있게 되었고, 그래서 다시 표 방식이 유용해졌다. 1995년에 마서글리아George Marsaglia는 잡음 다이오드 회로의 출력을 결정론적으로 뒤섞인 랩 음악(그는 이를 "흑백 잡음"이라고 불렀다)과 결합해서 생성한 무작위한 650 메가바이트들을 담은 시연 디스크를 통해서 난수표의 부활을 부추겼다.

　초창기 기계적 방법이 부적절한 탓에 컴퓨터의 통상적인 산술 연산으로 난수를 생성하는 주제가 관심을 끌게 되었다. 이런 접근방식을 최초로 제안한 것은 폰노이만John von Neumann이다(1946년경). 그의 착상은, 이전 난수를 제곱하고 그 중간 숫자들을 추출한다는 것이었다. 예를 들어서 열 자리 난수를 생성한다고 하자. 이전 난수가 5772156649라면, 그것을 제곱해서

$$3331779238\,0594909201$$

을 얻는다. 여기서 중간 열 자리를 취하면 7923805949가 나온다.

이 기법에는 명백한 반론이 존재한다. 이런 방식에서는 각 수가 그 이전 수에 의해 완전히 결정되기 때문에, 이렇게 얻은 수열이 진정으로 무작위적이라고는 말할 수 없다는 것이다. (이번 장 시작 부분에서 인용한 폰노이만의 논평을 참고할 것.) 이에 대한 답은, 그 수열은 무작위가 아니지만 무작위하게 보인다는 것이다. 전형적인 응용들에서 하나의 수와 그 다음 수 사이의 실제 관계에는 어떠한 물리적 의미도 존재하지 않는다. 따라서 비무작위 특성이 아주 불만스럽지는 않다. 직관적으로 볼 때 이러한 중앙제곱법은 이전 수를 상당히 잘 섞는 것으로 보인다.

현학적인 전문 문헌들에서는 이렇게 결정론적인 방식으로 생성된 수열을 흔히 의사난수열(pseudorandom sequence, 擬似-) 또는 유사난수열(quasirandom sequence)이라고 부른다. 그러나 이 책에서는 이들이 단지 무작위하게 보이기만 한다는 점을 독자가 이해하고 있다는 가정 하에서 그냥 난수열이라고 부르겠다. 사실 난수열에 대해 우리가 이야기할 수 있는 것은 "무작위하게 보인다" 정도가 전부일지도 모른다. 컴퓨터가 결정론적으로 생성한 난수열은 거의 모든 응용에서 상당히 잘 작동했다(적절한 방법을 신중하게 선택했다고 할 때). 물론 결정론적인 난수열이 항상 정답인 것은 아니다. 복권 당첨 번호의 경우 이런 방법이 ERNIE 같은 기계를 대신할 수는 없음이 확실하다.

폰노이만의 원래의 "중앙제곱법(middle-square method)"은 비교적 질 낮은 난수 생성원임이 실제로 증명되었다. 수열이 틀에 박히는, 다시 말해서 요소들이 짧은 주기로 반복되는 순환 마디가 생기는 경향이 있다는 점이 문제이다. 예를 들어 수열에 0이 나타나면 그 이후로는 계속 0이 반복된다.

1950년대 초반에 많은 사람들이 중앙제곱법을 시험해 보았다. 포사이스G. E. Forsythe는 열 자리 대신 네 자리 수를 다루었다. 16가지 서로 다른 시작값들을 시도한 결과 그 중 12개가 6100, 2100, 4100, 8100, 6100, …로 순환되며, 그 중 둘은 0으로 퇴화됨을 발견했다. 메트로폴리스N. Metropolis는 주로 이진수체계 안에서 좀 더 광범위한 검사를 수행했다. 그는 20비트 수들로 중앙제곱법을 수행했을 때 열 세 가지 순환 마디들이 존재하며 그 중 가장 긴 순환 마디의 주기는 142임을 보였다.

0이 나왔을 때 새로운 값으로 중앙제곱법을 다시 시작하는 것은 상당히 쉬운 일이나, 긴 순환 마디를 피하는 것은 다소 어렵다. 연습문제 6과 7은 주기적 수열의 순환을 아주 적은 메모리 공간을 이용해서 결정하는 흥미로운 방법 몇 가지를 논한다.

중앙제곱법의 이론적 단점은 연습문제 9와 10에서 다룬다. 한편, 메트로폴리스는 38비트 수들을 사용했을 때 퇴화(degeneracy)가 발생하기 전에 약 750,000개의 수들로 된 수열을 얻을 수 있었다. 그리고 그 $750,000 \times 38$ 비트들은 무작위성에 대한 통계적 판정들을 만족스럽게 통과했다. 〔*Symp. on Monte Carlo Methods* (Wiley, 1956), 29-36.〕 이 실험은 중앙제곱법이 유용한 결과를 낼 수 있음을 보여주나, 좀 더 공들인 계산 성과가 나오기 전까지는 이 결과를 과신하는 것은 좀 위험하다.

이번 장을 처음 썼을 당시에 쓰이던 많은 난수발생기들은 그리 좋지 못했다. 전통적으로 사람들은 그런 서브루틴을 배우길 꺼려하는 경향이 있었다. 비교적 만족스럽지 못한 오래된 방법들이 한 프로그래머에서 다른 프로그래머로 맹목적으로 전수되었으며, 그러다보니 사용자는 원래의 한계를 이해하지 못한 채로 그런 방법을 사용하게 되었다. 이번 장에서 보게되겠지만, 난수발생기에 대한 가장 중요한 사실들을 배우는 것이 어려운 일은 아니다. 그러나 일반적인 함정을 피하기 위해서는 설명이 꼭 필요할 것이다.

절대 안전한 난수 생성원을 고안하는 것은 쉬운 일이 아니다. 필자는 1959년도에 그러한 사실을 절절이 납득하게 되었다. 당시 필자는 다음과 같은 특이한 접근방식을 이용해서 환상적으로 좋은 발생기를 만들려고 했었다.

알고리즘 K ("슈퍼" 난수발생기). 열 자리 십진수 X가 주어졌을 때, X를 난수열에서 X 다음에 와야 할 수로 변경하는 데 이 알고리즘을 사용할 수 있다. 이 알고리즘이 상당히 무작위한 수열을 만들어 내리라 예상되나, 아래의 분석에 의하면 결과가 그리 무작위하지는 않다. (이 알고리즘이 얼마나 난해한지 살펴보려는 것이 아닌 이상, 독자가 이 알고리즘을 상세히 연구할 필요는 없다. 얼마나 난해한지 연구하는 경우라면 단계 K1과 K2에 특히 주목할 것.)

K1. 〔반복 횟수 선택.〕 $Y \leftarrow \lfloor X/10^9 \rfloor$, 즉 X의 최상위 숫자로 설정한다. (이후 단계 K2에서 K13까지를 정확히 $Y+1$번 수행하게 된다. 즉, 무작위화 변환을 무작위한 횟수로 적용하는 것이다.)

K2. 〔무작위 단계 선택.〕 $Z \leftarrow \lfloor X/10^8 \rfloor \bmod 10$, 즉 X의 두 번째 상위 숫자로 설정한다. 단계 K(3+Z)로 간다. (즉 프로그램의 무작위 단계로 점프한다.)

K3. 〔$\geq 5 \times 10^9$를 강제.〕 만일 $X < 5000000000$이면 $X \leftarrow X + 5000000000$로 설정한다.

K4. 〔중앙제곱.〕 X를 $\lfloor X^2/10^5 \rfloor \bmod 10^{10}$으로, 즉 X 제곱의 중간 숫자들로 대체한다.

K5. 〔곱하기.〕 X를 $(1001001001\, X) \bmod 10^{10}$으로 대체한다.

K6. 〔유사 보수.〕 만일 $X < 100000000$이면 $X \leftarrow X + 9814055677$로 설정하고, 그렇지 않으면 $X \leftarrow 10^{10} - X$로 설정한다.

K7. 〔반을 교환.〕 X의 하위 다섯 자리를 상위 다섯 자리와 교환한다. 즉, $X \leftarrow 10^5 (X \bmod 10^5) + \lfloor X/10^5 \rfloor$, 즉 $(10^{10}+1)X$의 중간 열 자리로 설정한다.

K8. 〔곱하기.〕 단계 K5와 같다.

K9. 〔각 자리 감소.〕 X의 십진 표현의 0이 아닌 각 자릿수를 1씩 감소한다.

K10. 〔99999 수정.〕 만일 $X < 10^5$이면 $X \leftarrow X^2 + 99999$로 설정한다. 그렇지 않으면 $X \leftarrow X - 99999$로 설정한다.

K11. 〔정규화.〕 (이 시점에서 X는 0일 수 없다.) 만일 $X < 10^9$이면 $X \leftarrow 10X$로 설정하고 이 단계를 반복한다.

K12. 〔수정된 중앙제곱.〕 X를 $\lfloor X(X-1)/10^5 \rfloor \bmod 10^{10}$으로, 다시 말해서 $X(X-1)$의 중간 열 자리로 대체한다.

K13. 〔반복?〕 만일 $Y > 0$이면 Y를 1 감소하고 단계 K2로 돌아간다. 만일 $Y = 0$이면 X를 원했던 "무작위" 값으로 해서 알고리즘을 끝낸다. ∎

(이 알고리즘에 해당하는 기계어 프로그램은, 상세주석 없이는 소스 코드를 읽어봤자 무슨 일을 하는 프로그램인지 알 수 없도록 의도적으로 복잡하게 작성되었다)

엄청나게 배배 꼬인 절차를 생각한다면 알고리즘 K가 믿을 수 없을 정도로 무작위한 수들을 무한히 만들어낼 것 같아 보이겠지만, 사실은 그렇지 않다. 이 알고리즘을 컴퓨터에서 처음 실행했을 때 수열은 거의 즉시 열 자리 값 6065038420으로 수렴했으며, 놀라운 우연의 일치이겠지만 그 값 자체가 알고리즘에 의해 자기 자신으로 변환된다(표 1 참고). 다른 시작값을 넣었을 때에는 수열이 7401개의 값들 이후에 길이 3178의 주기로 반복하기 시작했다.

표 1

엄청난 우연의 일치: 수 6065038420은 알고리즘 K에 의해 자신으로 변환된다.

단계	X (이후)		단계	X (이후)	
K1	6065038420		K9	1107855700	
K3	6065038420		K10	1107755701	
K4	6910360760		K11	1107755701	
K5	8031120760		K12	1226919902	$Y=3$
K6	1968879240		K5	0048821902	
K7	7924019688		K6	9862877579	
K8	9631707688		K7	7757998628	
K9	8520606577		K8	2384626628	
K10	8520506578		K9	1273515517	
K11	8520506578		K10	1273415518	
K12	0323372207	$Y=6$	K11	1273415518	
K6	9676627793		K12	5870802097	$Y=2$
K7	2779396766		K11	5870802097	
K8	4942162766		K12	3172562687	$Y=1$
K9	3831051655		K4	1540029446	
K10	3830951656		K5	7015475446	
K11	3830951656		K6	2984524554	
K12	1905867781	$Y=5$	K7	2455429845	
K12	3319967479	$Y=4$	K8	2730274845	
K6	6680032521		K9	1620163734	
K7	3252166800		K10	1620063735	
K8	2218966800		K11	1620063735	
			K12	6065038420	$Y=0$

이 이야기의 교훈은, *무작위적인 수들을 무작위로 선택된 방법으로 생성해서는 안 된다는 것이다.* 나름의 이론을 사용해야 한다.

이후의 절들에서는 중앙제곱법과 알고리즘 K보다 우월한 난수발생기들을 살펴본다. 해당 수열들에는 어느 정도 바람직한 무작위 성질들이 보장되며, 퇴화는 전혀 일어나지 않는다. 이러한 유사 무작위 행동의 이유를 일정 정도 상세히 살펴보게 될 것이며, 난수들을 조작하는 기법들도 이야기할 것이다. 예를 들면 컴퓨터 프로그램 안에서 시뮬레이션되는 카드 더미를 섞는 문제도 살펴본다.

3.6절에서는 이번 장을 요약하고 여러 문헌 정보도 나열한다.

연습문제

▶ **1.** [20] 십진수 숫자 하나를 무작위로 얻고자 하되 컴퓨터는 사용하지 않기로 한다. 다음 방법들 중 적절한 것은 무엇인가?

　a) 전화번호부를 아무데나 펼치고 그 페이지에 나온 첫 번째 수의 일의 자리 숫자를 사용한다.

　b) (a)와 같되 페이지 번호의 일의 자리를 사용한다.

　c) 면에 숫자 0, 0, 1, 1, ..., 9, 9가 표시된 정20면체 주사위를 굴린다. 주사위가 멈추었을 때 주사위 윗면에 나온 숫자를 사용한다. (주사위를 던질 곳으로는 딱딱한 표면에 펠트 천을 덮은 탁자를 추천한다.)

　d) 가이거 계수기(geiger counter)를 방사능 오염원에 1분간 노출시킨다(독자는 방사능으로부터 차폐되어야 한다). 그리고 나온 수치의 일의 자리 숫자를 사용한다. 가이거 계수기는 수치를 십진수로 표시하며 수치가 처음에는 0이라고 가정한다.

　e) 손목시계를 본다. 60초를 $6n$초와 $6(n+1)$초 사이의 구간들으로 나누어서, 현재 초침의 위치에 해당하는 숫자 n을 택한다.

　f) 친구에게 아무 숫자나 택하라고 하고 친구가 말한 숫자를 사용한다.

　g) 적에게 아무 숫자나 택하라고 하고 적이 말한 숫자를 사용한다.

　h) 말 열 마리가 경주를 한다고 하자. 독자는 말의 능력이나 조건에 대해 아무 것도 알지 못한다고 가정한다. 각 말에 0에서 9까지의 번호를 임의로 붙이고, 경주가 끝난 후 승리마의 번호를 사용한다.

　2. [M22] 백만 개의 십진수들의 난수열에서, 가능한 숫자들 각각이 정확히 100,000개씩 존재할 확률은 얼마인가?

　3. [10] 중앙제곱법에서 1010101010 다음에 오는 수는 무엇인가?

　4. [20] (a) 알고리즘 K의 단계 K11이 수행될 때 X의 값이 0일 수 없는 이유는 무엇인가? 만일 X가 0이라면 알고리즘에 어떤 문제가 생길까? (b) 시작값을 $X = 3830951656$으로 해서 알고리즘 K를 반복 적용할 때 어떤 결과가 나오는지를 표 1을 이용해서 유추하라.

　5. [15] 어떤 경우에도 알고리즘 K가 무한히 많은 난수들을 제공할 수는 없다는, 다시 말해서 (표 1에 주어진 우연이 발생하지 않는다고 해도)알고리즘 K가 생성한 모든 수열은 궁극적으로 주기적임을 미리 알 수 있는 이유를 설명하라.

▶ **6.** [M21] 범위 $0 \leq X_n < m$의 정수 X_0, X_1, X_2, ...들의 수열을 생성하고자 한다. $f(x)$가

$0 \le x < m$이면 $0 \le f(x) < m$이 되는 임의의 함수라고 하자. 규칙 $X_{n+1} = f(X_n)$에 의해 형성되는 수열을 고려한다. (중앙제곱법과 알고리즘 K가 이런 상황의 예이다.)

a) 그러한 수열이 궁극적으로는 주기적임을 보여라. 다른 말로 하면,

$$X_0, \ X_1, \ \dots, \ X_\mu, \ \dots, \ X_{\mu+\lambda-1}$$

이 서로 구별되는 값들이되 $n \ge \mu$일 때 $X_{n+\lambda} = X_n$인 수 λ와 μ가 존재함을 보여라. μ와 λ의 가능한 최대, 최소값을 구하라.

b) (플로이드R. W. Floyd.) $X_n = X_{2n}$이며 $n > 0$이 존재함을, 그리고 그러한 n의 최소값이 구간 $\mu \le n \le \mu+\lambda$에 속함을 보여라. 더 나아가서 X_n의 값이 고유함을, 다른 말로 하면 만일 $X_n = X_{2n}$이고 $X_r = X_{2r}$이면 $X_r = X_n$임을 보여라.

c) 부문제 (b)의 착상을 이용해서 주어진 임의의 f와 X_0에 대한 μ와 λ를 계산하는 알고리즘을 설계하라. 알고리즘은 오직 $O(\mu+\lambda)$ 단계만 수행하며 한정된 개수의 메모리 장소들만 사용해야 한다.

▶ **7.** [*M21*] (브렌트R. P. Brent, 1977.) $\ell(n)$이 n 이하의 가장 큰 2의 거듭제곱이라고 하자. 예를 들어 $\ell(15) = 8$이고 $\ell(\ell(n)) = \ell(n)$이다.

a) 연습문제 6의 표기법에 따라, $X_n = X_{\ell(n)-1}$인 $n > 0$이 존재함을 보여라. 그런 가장 작은 n을 주기수 μ와 λ로 표현하는 공식을 구하라.

b) 이 결과를 적용해서, $X_{n+1} = f(X_n)$ 형태의 임의의 난수발생기와 함께 쓰일 때 그런 난수발생기가 무한히 순환되는 일을 방지하는 알고리즘을 설계하라. 알고리즘은 주기 길이 λ를 계산해야 하며, 오직 적은 양의 메모리 공간만을 사용해야 한다. 그냥 계산된 모든 수열 값들을 저장해 두는 것은 반칙이다!

8. [23] 십진수 두 자리를 사용할 때의 중앙제곱법을 완전하게 고찰하라.

a) 가능한 백 가지 값들 00, 01, …, 99 중 임의의 것으로 공정을 시작할 수도 있다. 그 값들 중 궁극적으로 반복 순환마디 00, 00, …에 도달하는 것은 무엇인가? [예: 43으로 시작하면 43, 84, 05, 02, 00, 00, 00, …가 나온다.]

b) 최종적인 순환마디들은 몇 가지나 되는가? 가장 긴 순환마디의 길이는?

c) 순열이 반복되기 전까지의 서로 다른 요소들이 가장 많은 시작값(들)은 무엇인가?

9. [*M14*] 기수가 b인 $2n$자리 수를 이용하는 중앙제곱법에 다음과 같은 단점이 있음을 증명하라: 수열에 최상위 n자리들이 0인 수가 하나라도 있으면 그 이후의 수들은 점점 작아져서 결국은 0이 반복된다.

10. [*M16*] 연습문제 9의 가정 하에서, 만일 X의 최하위 n자리들이 0들이면 X 이후의 수들은 어떻게 될까? 최하위 $n+1$ 자리들이 0일 때에는 어떨까?

▶ **11.** [*M26*] 연습문제 6에서 설명한 형태의 난수발생기들의 순차열을 생각해보자. 만일 $f(x)$와 X_0

를 무작위로 선택한다면, 다른 말로 해서 모든 가능한 m^m 개의 함수 $f(x)$ 들이 동일 확률이고 가능한 m 개의 X_0 들도 동일 확률이라면, 그 수열이 궁극적으로 길이 $\lambda = 1$ 의 순환마디로 퇴화될 확률은 얼마인가? 〔참고: 이 문제의 가정들은 이런 종류의 "무작위" 난수발생기에 대한 자연스러운 사고방식을 제시한다. 알고리즘 K 같은 방법이 여기서 고려하는 발생기와 다소 비슷한 방식으로 행동할 것이라 기대할 수 있다. 이 문제에 대한 답은 표 1의 우연이 어느 정도나 엄청난 우연인지에 대한 척도를 제공한다.〕

▶ **12.** 〔M31〕 연습문제 11의 가정 하에서, 최종 순환마디의 평균 길이는 얼마인가? 순환되기 전까지의 수열의 평균 길이는 얼마인가? (연습문제 6의 표기법에서 λ 와 $\mu + \lambda$ 의 평균값을 구하는 것에 해당한다.)

13. 〔M42〕 만일 연습문제 11과 같은 방식으로 $f(x)$ 를 무작위로 선택한다면, 시작값 X_0 를 변경함으로써 얻을 수 있는 가장 긴 순환마디의 평균 길이는 얼마인가? 〔참고: 이에 비견할 수 있는, $f(x)$ 가 무작위 순열인 문제를 이미 고려한 바 있다. 연습문제 1.3.3-23을 볼 것.〕

14. 〔M38〕 만일 연습문제 11과 같은 방식으로 $f(x)$ 를 무작위로 선택한다면, 시작값을 변경함으로써 얻을 수 있는 서로 다른 최종 순환마디들의 평균 개수는 얼마인가? 〔연습문제 8(b) 참고.〕

15. 〔M15〕 만일 연습문제 11과 같은 방식으로 $f(x)$ 를 무작위로 선택한다면, 시작값 X_0 의 선택에 무관하게 어떠한 최종 순환마디도 길이가 1이 아닐 확률은 얼마인가?

16. 〔15〕 연습문제 6에서처럼 생성한 수열은 많아야 m 개의 값들이 생성된 후에 반드시 반복하기 시작한다. 그 방법을 X_{n+1} 이 X_n 뿐만 아니라 X_{n-1} 에도 의존한다고 일반화해보자. 공식화하자면, $f(x,y)$ 가 $0 \le x,\, y < m$ 이면 $0 \le f(x,y) < m$ 인 함수라고 하자. X_0 와 X_1 을 무작위로 택하고,

$$n > 0 \text{에 대해} \qquad X_{n+1} = f(X_n, X_{n-1})$$

이라고 두어서 수열을 생성한다. 이 때 얻을 수 있는 가능한 최대 주기는 얼마인가?

17. 〔10〕 연습문제 16의 상황을, X_{n+1} 이 수열의 이전 k 개의 값들에 의존하는 것으로 일반화하라.

18. 〔M20〕 연습문제 7과 비슷하게, 연습문제 17에서 논의한 형태의 난수발생기들에서 순환마디를 찾는 방법을 고안하라.

19. 〔HM47〕 연습문제 11에서 15까지를, X_{n+1} 이 수열의 이전 k 개의 값들에 의존하는 좀 더 일반적인 경우에 대해 점근적으로 풀어라. m^{m^k} 개의 함수 $f(x_1, ..., x_k)$ 들 각각이 동일 확률이라고 간주한다. 〔참고: 최대 주기를 내는 함수들의 개수는 연습문제 2.3.4.2-23에서 분석한다.〕

20. 〔30〕 알고리즘 K에 의해 궁극적으로는 표 1의 자기 복제 수에 도달하게 되는, 음이 아닌 모든 $X < 10^{10}$ 를 구하라.

21. 〔42〕 증명 또는 반증하라: 알고리즘 K가 정의하는 사상 $X \mapsto f(X)$ 는 정확히 다섯 개의 순환마디들을 가지며 그들의 길이는 각각 3178, 1606, 1024, 943, 1이다.

22. [21] (롤레체크H. Rolletschek.) f가 확률(무작위) 함수라고 할 때, 수열 x_0, $f(x_0)$, $f(f(x_0))$, ..., 대신 수열 $f(0)$, $f(1)$, $f(2)$, ...을 이용해서 난수를 발생하는 게 좋은 생각일까?

▶ **23.** [M26] (포아타D. Foata, 푹스A. Fuchs, 1970.) 연습문제 6에서 고려한 m^m개의 함수 $f(x)$들을 다음과 같은 성질을 가지는 수열 $(x_0, x_1, ..., x_{m-1})$로 표현할 수 있음을 보여라.

i) $(x_0, x_1, ..., x_{m-1})$은 $(f(0), f(1), ..., f(m-1))$의 한 순열이다.

ii) $(f(0), ..., f(m-1))$를 $(x_0, x_1, ..., x_{m-1})$로부터 고유하게 재구축할 수 있다.

iii) f의 순환마디들에 나타나는 요소들은 $\{x_0, x_1, ..., x_{k-1}\}$이다. 여기서 k는 그런 k개의 요소들이 서로 구별됨을 만족하는 가장 큰 첨자이다.

iv) x_j가 f의 한 순환마디의 가장 작은 요소가 아닌 한, $x_j \not\in \{x_0, x_1, ..., x_{j-1}\}$은 $x_{j-1} = f(x_j)$를 함의한다.

v) $(f(0), f(1), ..., f(m-1))$가 $(0, 1, ..., m-1)$의 한 순열일 필요충분조건은, $(x_0, x_1, ..., x_{m-1})$가 1.3.3절의 "색다른 대응관계"에 의해 그 순열의 역을 나타낸다는 것이다.

vi) 오직 $(x_1, ..., x_{m-1})$이 연습문제 2.3.4.4-18의 구축법에 의해 하나의 유향트리($f(x)$가 x의 부모라고 간주)를 나타낼 때에만 $x_0 = x_1$이다.

3.2. 균등 난수 생성

이번 절에서는 무작위 분수(fraction)[†]들, 구체적으로 말하면 0과 1 사이에 균등하게 분포된 무작위 실수 U_n들을 생성하는 방법을 살펴본다. 컴퓨터는 실수를 오직 유한한 정밀도로만 표현할 수 있으므로, 실제로는 0과 어떠한 수 m 사이의 정수 X_n을 생성하고 분수

$$U_n = X_n/m$$

을 구한다. 이렇게 만든 분수들은 0과 1 사이에 놓이게 된다. 일반적으로 m는 컴퓨터의 워드 크기로 둔다. 그러면 X_n을 (보수적으로) 소수점이 제일 오른쪽에 있는 컴퓨터 워드의 정수 내용으로 간주할 수 있으며, U_n은 (자유로이) 같은 워드의 내용이되 소수점이 제일 왼쪽에 있는 값으로 간주할 수 있다.

3.2.1. 선형합동법

오늘날 가장 널리 쓰이는 난수발생기들은 1949년에 레머D. H. Lehmer가 소개한 다음과 같은 방안 (scheme)의 특별한 경우들이다. 〔*Proc. 2nd Symp. on Large-Scale Digital Calculating Machinery* (Cambridge, Mass.: Harvard University Press, 1951), 141-146.〕 우선 다음과 같은 네 개의 마법의 수들을 택한다.

$$
\begin{array}{lll}
m, & \text{법;} & 0 < m. \\
a, & \text{곱수;} & 0 \le a < m. \\
c, & \text{증분;} & 0 \le c < m. \\
X_0, & \text{시작값;} & 0 \le X_0 < m.
\end{array}
\tag{1}
$$

이제

$$X_{n+1} = (aX_n + c) \bmod m, \quad n \ge 0 \tag{2}$$

이라고 두어서 원했던 난수열 $\langle X_n \rangle$을 얻는다.

이것을 선형합동수열(linear congruential sequence, 線形合同數列)이라고 부른다. 법(modulus) m으로 나눈 나머지를 취하는 것은 공이 회전하는 룰렛 바퀴의 어디에 놓일 것인지를 결정하는 것과 다소 비슷하다.

[†] 〔옮긴이 주〕 의미상으로는 소수(小數)가 더 자연스러울 수 있지만, 이 책 전반에서 자주 언급되는 소수(素數 prime number)와 혼동할 수 있으므로 분수라는 용어를 사용하기로 한다(사실 fraction을 분수라고만 번역하는 것 자체가 부적절할 수 있다). 단, 소수점의 소수는 여전히 小數이다. 0와 1 사이의 실수들에는 통상적인 의미의 분수, 즉 분모와 분자가 정수인 분수로 나타낼 수 없는 수가 존재하나, 어차피 여기서는 컴퓨터 안에서 유한한 정밀도로 나타낼 수 있는 수를 다루므로 큰 문제가 되지 않을 것이다. 한편 素數를 '솟수'로 표현하기도 하지만 현행 사이시옷 규정과는 맞지 않는다(첨언하자면, 그렇다고 이 책에서 현행 사이시옷 규정을 완전히 따르지는 않는다. 예를 들면 최댓값, 최솟값 대신 여전히 최대값, 최소값이라는 표현을 사용하는데, 현재 일반적인 언어 생활에서 아직은 후자가 더 일반적이라고 판단했기 때문이다. 조금 모순된 태도인 것 같지만, 나름대로 최적의 절충으로 봐주시길). 그리고 '씨수'라는 말도 있지만 그리 일반적으로 쓰이지는 않는 것 같다.

예를 들어서 $m = 10$과 $X_0 = a = c = 7$로 두고 얻은 수열은 다음과 같다.

$$7, 6, 9, 0, 7, 6, 9, 0, \ldots . \tag{3}$$

이 예에서 보듯이 모든 m, a, c, X_0에 대해 수열이 항상 "무작위"한 것은 아니다. 마법의 수들을 적절히 택하는 원리에 대해서는 이번 장 후반부에서 세밀하게 조사하겠다.

예 (3)은 합동수열이 항상 반복 루프에 도달한다는 사실을 보여준다. 궁극적으로는 무한히 반복되는 수들의 순환마디가 존재하는 것이다. 이러한 성질은 일반적 형태 $X_{n+1} = f(X_n)$을 가지는, 그리고 f가 유한한 집합을 그 집합 자체로 변환하는 모든 수열에서 공통이다. 연습문제 3.1-6을 볼 것. 그러한 반복 순환마디를 주기(period)라고 부른다. 수열 (3)은 길이가 4인 주기를 가진다. 물론 유용한 수열이 되려면 주기가 상당히 길어야 한다.

한 가지 짚고 넘어가야 할 것은 $c = 0$인 특별한 경우이다. 이는 $c \neq 0$일 때보다 $c = 0$일 때 수 생성 공정이 조금 빠르기 때문이다. 이후에 $c = 0$으로 제한하면 수열 주기 길이가 짧아지나 그래도 비교적 긴 주기를 만드는 게 가능함을 살펴볼 것이다. 레머의 원래의 생성법은 $c = 0$으로 둔 것이며, $c \neq 0$인 경우를 하나의 가능성으로 언급하긴 했다. $c \neq 0$일 때 더 긴 주기가 나올 수 있다는 점은 톰슨Thomson [*Comp. J.* **1** (1958), 83, 86], 그리고 그와는 독립적으로 로텐베르크Rotenberg에 기인한다 [*JACM* **7** (1960), 75-77]. $c = 0$일 때와 $c \neq 0$일 때의 선형합동수열을 각각 곱셈적 합동법 (multiplicative-)과 혼합 합동법(mixed-)이라고 부르는 저자들이 많다.

이번 장 전반에서 글자 m, a, c, X_0는 위에서 말한 것과 같은 의미로 쓰인다. 더 나아가서, 여러 공식들을 단순화하기 위해

$$b = a - 1 \tag{4}$$

로 둔다.

$a = 1$인 경우는 즉시 기각할 수 있다. 그런 경우에는 $X_n = (X_0 + nc) \bmod m$이 되므로 전혀 무작위하지 않은 수열이 나온다. $a = 0$인 경우는 더욱 나쁘다. 따라서, 실용적인 목적에서는 다음과 같이 가정해도 안전하다.

$$a \geq 2, \qquad b \geq 1. \tag{5}$$

이제 식 (2)의 한 일반화를 보자.

$$X_{n+k} = (a^k X_n + (a^k - 1)c/b) \bmod m, \qquad k \geq 0, \quad n \geq 0. \tag{6}$$

이것은 n번째 항을 이용해서 직접 $(n+k)$번째 항을 표현하는 것이다. (이 수식에서 $n = 0$인 특별한 경우를 주목할 필요가 있다.) 이로부터, $\langle X_n \rangle$의 모든 k차 항들로 구성된 부순열 역시 하나의 선형합동수열이라는 점이 나온다. 그런 수열은 곱수가 $a^k \bmod m$이고 증분이 $((a^k - 1)c/b) \bmod m$인 선형합동수열에 해당한다.

(6)의 중요한 따름정리로, m, a, c, X_0에 의해 정의되는 일반적인 수열을 $c = 1$이고 $X_0 = 0$인 특별한 경우를 이용해서 매우 간단하게 표현할 수 있다. 우선

$$Y_0 = 0, \qquad Y_{n+1} = (aY_n + 1) \bmod m \tag{7}$$

으로 둔다. 식 (6)에 의해 $Y_k \equiv (a^k - 1)/b \pmod{m}$이며, 따라서 (2)에 정의된 일반적 수열은 다음을 만족한다.

$$X_n = (A Y_n + X_0) \bmod m, \qquad \text{여기서 } A = (X_0 b + c) \bmod m. \tag{8}$$

연습문제

1. [10] 예제 (3)은 $X_4 = X_0$인, 따라서 수열이 시작값에서부터 다시 시작하는 상황을 보여준다. $m = 10$이라 할 때 X_0이 수열에서 결코 다시 나타나지 않는 선형합동수열의 예를 제시하라.

▶ **2.** [M20] 만일 a와 m이 서로 소이면 수 X_0가 항상 주기 안에 나타남을 보여라.

3. [M10] 만일 a와 m이 서로 소가 아니면 수열이 다소 제한적이며 그리 무작위하지 않을 수도 있는 이유를, 다른 말로 하면 일반적으로 곱수 a와 법 m이 서로 소가 되게 하는 게 바람직한 이유를 설명하라.

4. [11] 식 (6)을 증명하라.

5. [M20] 식 (6)은 $k \geq 0$에 대해 성립한다. 가능하다면 음의 k 값들에 대해 X_{n+k}를 X_n으로 나타내는 공식을 제시하라.

3.2.1.1. 법의 선택. 현재의 목표는 선형합동수열을 정의하는 매개변수들의 적절한 값을 찾는 것이다. 우선 수 m의 적절한 선택을 살펴보자. 주기의 길이는 m을 넘지 못하므로 m을 상당히 크게 잡아야 할 것이다. (목표가 무작위한 0과 1들만을 생성하는 경우라고 해도 $m = 2$로 두어서는 안된다. 그러면 수열은 기껏해야 ..., 0, 1, 0, 1, 0, 1, ...의 형태가 될 뿐이다! 선형합동법으로 무작위 0, 1들을 얻는 방법은 3.4절에서 논의한다.)

m의 선택에 영향을 미치는 또 다른 요인은 생성 속도이다. $(aX_n + c) \bmod m$의 계산이 빠른 값을 택하고자 한다.

MIX를 예로 들겠다. $y \bmod m$은 y를 레지스터 A와 X에 넣고 m으로 나누어서 계산할 수 있다. y와 m이 양이라고 가정하면 $y \bmod m$의 결과가 레지스터 X에 저장된다. 그런데 나누기는 비교적 느린 연산이다. 만일 m을 해당 컴퓨터의 워드 크기 같은 어떤 특별히 편리한 값으로 택한다면 나누기를 아예 피할 수 있다.

컴퓨터의 워드 크기를 w라고 하자. 워드 크기는 e비트 이진 컴퓨터라면 2^e이고 e비트 십진 컴퓨터에서는 10^e이다. (이 책에서, 글자 e를 자연로그의 밑 대신 임의의 정수 지수를 나타내는 용도로 종종 사용하겠다. 둘 중 어떤 용도인지는 해당 문맥으로 충분히 구분할 수 있을 것이라고 바랄 뿐이다. 물리학자들도 e를 전자의 전하를 나타내는 데 사용할 때 이와 비슷한 문제를 겪는다.) 1들의 보수(ones'-complement) 컴퓨터가 아닌 한, 덧셈 연산의 결과는 보통 w를 법으로 하여[†] 주어

---

† [옮긴이 주] 어떠한 연산이 "n을 법으로 한다"는 것은 "modulo n"을 번역한 것으로, 연산의 최종적인 결과가 통상적인 연산 결과를 n으로 나눈 나머지라는 뜻이다. 예를 들어 2를 법으로 하는 $1 + 2$는 1이다.

진다. 그리고 곱셈 mod w도 상당히 간단하다. 원하는 결과는 곱셈 결과의 하위 절반이기 때문이다. 결론적으로, 수량 $(aX + c) \bmod w$를 효율적으로 계산하는 프로그램은 다음과 같다.

$$
\begin{array}{lll}
\text{LDA} & \text{A} & \text{rA} \leftarrow a. \\
\text{MUL} & \text{X} & \text{rAX} \leftarrow (\text{rA}) \cdot X. \\
\text{SLAX} & \text{5} & \text{rA} \leftarrow \text{rAX} \bmod w. \\
\text{ADD} & \text{C} & \text{rA} \leftarrow (\text{rA} + c) \bmod w. \quad \blacksquare
\end{array}
\tag{1}
$$

결과는 레지스터 A에 나타난다. 이 명령들이 모두 수행되었을 때 위넘침 토글이 켜져 있을 수도 있다. 그것이 바람직하지 않다면, 끝에 이를테면 "JOV *+1"을 추가해서 위넘침 토글을 끄면 될 것이다.

법 $w + 1 \,(\text{modulo } w + 1)$의 나머지를 구할 때 사용할 수 있는, 조금 덜 알려진 교묘한 기법이 있다. 이유는 이후에 설명하겠지만, 일반적으로 $m = w + 1$일 때 $c = 0$이 바람직하다. 그런 경우 그냥 $(aX) \bmod (w + 1)$만 계산하면 된다. 다음이 그에 해당하는 프로그램이다.

$$
\begin{array}{llll}
01 & \text{LDAN} & \text{X} & \text{rA} \leftarrow -X. \\
02 & \text{MUL} & \text{A} & \text{rAX} \leftarrow (\text{rA}) \cdot a. \\
03 & \text{STX} & \text{TEMP} & \\
04 & \text{SUB} & \text{TEMP} & \text{rA} \leftarrow \text{rA} - \text{rX}. \\
05 & \text{JANN} & \text{*+3} & \text{만일 rA} \geq 0\text{이면 나감.} \\
06 & \text{INCA} & \text{2} & \text{rA} \leftarrow \text{rA} + 2. \\
07 & \text{ADD} & =w-1= & \text{rA} \leftarrow \text{rA} + w - 1. \quad \blacksquare
\end{array}
\tag{2}
$$

이러면 레지스터 A에 값 $(aX) \bmod (w + 1)$이 담긴다. 물론 이 값은 0에서 w까지의 어딘가에 놓일 것이며, 따라서 레지스터 A로 그렇게 많은 값들을 표현할 수 있는지 걱정이 되는 것도 당연하다! (레지스터에 $w - 1$보다 큰 값을 담을 수 없음은 명백하다.) 답은, 오직 프로그램 (2)의 결과가 w와 같을 때에만 프로그램 (2)가 완료된 시점에서 위넘침이 켜진 상태가 된다(원래는 꺼져 있었다고 할 때)는 것이다. 보통 $X = 0$일 때에는 프로그램 (2)를 사용하지 않을 것이므로 w라는 값을 0으로 표현해도 된다. 그러나 $w + 1$을 법으로 하는 합동수열 안에 값 w가 나타나는 일 자체를 그냥 기각하는 게 가장 편한 방법이다. 그러면 (2)의 줄 05와 06을 "JANN *+4; INCA 2; JAP *-5"로 변경함으로써 위넘침을 방지할 수 있다.

코드 (2)가 실제로 $(aX) \bmod (w + 1)$을 계산한다는 것을 증명하기 위해서는 줄 04에서 곱의 하위 절반을 상위 절반으로부터 뺀다는 점에 주목해야 한다. 그 단계에서 위넘침은 결코 일어나지 않는다. 그리고 $0 \leq r < w$인 상황에서 만일 $aX = qw + r$이면 줄 04 이후에 레지스터 A에는 수량 $r - q$가 담긴다. 이제

$$
aX = q(w + 1) + (r - q)
$$

이며 $q < w$이므로 $-w < r - q < w$이다. 따라서 $(aX) \bmod (w + 1)$은 $r - q \geq 0$이냐 아니면 $r - q < 0$이냐에 따라 $r - q$ 또는 $r - q + (w + 1)$과 같다.

비슷한 기법을 두 수의 곱 $\bmod (w - 1)$을 구하는 데 사용할 수 있다. 연습문제 8을 볼 것.

이후의 절들에서는 곱수 a를 제대로 택하는 문제를 살펴보는데, 그러기 위해서는 m의 소인수(素因數, prime factor)에 대한 지식이 필요하다. 표 1은 알려진 거의 모든 컴퓨터 워드 크기에 대한 $w \pm 1$의 소인수분해 전체를 나열한 것이다. 필요하다면 4.5.4절의 방법을 이용해서 이 표를 확장할 수 있다.

그냥 $m = w$를 사용하는 게 확실히 편리한데 군이 $m = w \pm 1$을 고려하는 이유가 궁금한 독자도 있을 것이다. 이유는 $m = w$일 때 X_n의 오른쪽 숫자들이 왼쪽 숫자들보다 훨씬 덜 무작위하다는 데 있다. 만일 d가 m의 약수이고

$$Y_n = X_n \bmod d \tag{3}$$

이면

$$Y_{n+1} = (a Y_n + c) \bmod d \tag{4}$$

가 성립함을 쉽게 보일 수 있다. (어떠한 정수 q에 대해 $X_{n+1} = aX_n + c - qm$이며, 양변에 $\bmod d$를 취할 때 만일 d가 m의 한 소인수이면 수량 qm이 사라짐을 주목할 것.)

식 (4)의 의미를 이진 컴퓨터의 예를 통해서 살펴보자. 만일 $m = w = 2^e$이면 X_n의 하위 4비트는 수 $Y_n = X_n \bmod 2^4$이다. 식 (4)의 요지는 $\langle X_n \rangle$의 하위 4비트가 길이 16 이하의 주기를 가지는 하나의 합동수열을 형성한다는 것이다. 비슷하게, 하위 5비트는 최대 길이 32의 주기로 반복된다. 그리고 X_n의 최하위 비트는 상수(고정)이거나 0과 1을 엄격하게 교대로 반복한다.

같은 조건 하에서 $m = w \pm 1$이면 위와 같은 상황이 벌어지지 않는다. 그런 경우 X_n의 하위 비트들은 상위 비트들만큼이나 무작위하게 행동한다. 예를 들어 $w = 2^{35}$이고 $m = 2^{35} - 1$일 때, 수열의 수들을 31, 71, 127, 122921 (표 1 참고)로 나눈 나머지들만을 생각한다면 수들이 그리 무작위하지 않을 것이다. 그러나 하위 비트(수열의 수들을 2로 나눈 나머지를 의미)는 만족할 만큼 무작위할 것이다.

또 다른 대안은, w보다 작은 가장 큰 소수(素數, prime number)를 m으로 사용하는 것이다. 그런 소수는 4.5.4절의 기법을 이용해서 구할 수 있으며, 그 절에 충분히 큰 소수들의 표가 나온다.

대부분의 응용에서 하위 비트들은 중요하지 않으며 $m = w$로 두어도 상당히 만족스럽다. 물론 프로그래머가 그 난수들을 현명하게 사용한다고 할 때의 이야기이다.

지금까지의 논의는 MIX처럼 컴퓨터가 "부호 있는 크기"를 사용한다는 가정을 깔고 있다. 보수 표기법을 사용하는 컴퓨터들에도 비슷한 착상을 적용할 수 있겠지만, 몇 가지 살펴볼만한 변형들도 존재한다. 예를 들어 DECsystem 20 컴퓨터는 36비트이며 2의 보수(two's complement, –補數) 산술을 사용한다. 그 컴퓨터에서는 음이 아닌 두 정수의 곱을 계산할 때 하위 절반에 최하위 35비트들과 더하기 부호 하나가 저장된다. 따라서 그 컴퓨터에서는 w를 2^{36}이 아니라 2^{35}으로 두어야 한다. IBM System/370 컴퓨터의 32비트 2의 보수 산술은 이와 달라서, 곱의 하위 절반에 32비트 전체가 담긴다. 피연산자들이 양수일 때 하위 절반이 음이 될 수 있다는 점에서(이를 보정하는 것은 성가신 일이다), 이를 단점이라고 생각하는 프로그래머들이 있다. 그러나 난수 발생의 관점에서 볼 때 이는 명백한 장점이다. 왜냐하면 $m = 2^{31}$ 대신 $m = 2^{32}$으로 둘 수 있기 때문이다(연습문제 4 참고).

표 1

수량 $w \pm 1$의 소인수분해

$2^e - 1$	e	$2^e + 1$
$7 \cdot 31 \cdot 151$	15	$3^2 \cdot 11 \cdot 331$
$3 \cdot 5 \cdot 17 \cdot 257$	16	65537
131071	17	$3 \cdot 43691$
$3^3 \cdot 7 \cdot 19 \cdot 73$	18	$5 \cdot 13 \cdot 37 \cdot 109$
524287	19	$3 \cdot 174763$
$3 \cdot 5^2 \cdot 11 \cdot 31 \cdot 41$	20	$17 \cdot 61681$
$7^2 \cdot 127 \cdot 337$	21	$3^2 \cdot 43 \cdot 5419$
$3 \cdot 23 \cdot 89 \cdot 683$	22	$5 \cdot 397 \cdot 2113$
$47 \cdot 178481$	23	$3 \cdot 2796203$
$3^2 \cdot 5 \cdot 7 \cdot 13 \cdot 17 \cdot 241$	24	$97 \cdot 257 \cdot 673$
$31 \cdot 601 \cdot 1801$	25	$3 \cdot 11 \cdot 251 \cdot 4051$
$3 \cdot 2731 \cdot 8191$	26	$5 \cdot 53 \cdot 157 \cdot 1613$
$7 \cdot 73 \cdot 262657$	27	$3^4 \cdot 19 \cdot 87211$
$3 \cdot 5 \cdot 29 \cdot 43 \cdot 113 \cdot 127$	28	$17 \cdot 15790321$
$233 \cdot 1103 \cdot 2089$	29	$3 \cdot 59 \cdot 3033169$
$3^2 \cdot 7 \cdot 11 \cdot 31 \cdot 151 \cdot 331$	30	$5^2 \cdot 13 \cdot 41 \cdot 61 \cdot 1321$
2147483647	31	$3 \cdot 715827883$
$3 \cdot 5 \cdot 17 \cdot 257 \cdot 65537$	32	$641 \cdot 6700417$
$7 \cdot 23 \cdot 89 \cdot 599479$	33	$3^2 \cdot 67 \cdot 683 \cdot 20857$
$3 \cdot 43691 \cdot 131071$	34	$5 \cdot 137 \cdot 953 \cdot 26317$
$31 \cdot 71 \cdot 127 \cdot 122921$	35	$3 \cdot 11 \cdot 43 \cdot 281 \cdot 86171$
$3^3 \cdot 5 \cdot 7 \cdot 13 \cdot 19 \cdot 37 \cdot 73 \cdot 109$	36	$17 \cdot 241 \cdot 433 \cdot 38737$
$223 \cdot 616318177$	37	$3 \cdot 1777 \cdot 25781083$
$3 \cdot 174763 \cdot 524287$	38	$5 \cdot 229 \cdot 457 \cdot 525313$
$7 \cdot 79 \cdot 8191 \cdot 121369$	39	$3^2 \cdot 2731 \cdot 22366891$
$3 \cdot 5^2 \cdot 11 \cdot 17 \cdot 31 \cdot 41 \cdot 61681$	40	$257 \cdot 4278255361$
$13367 \cdot 164511353$	41	$3 \cdot 83 \cdot 8831418697$
$3^2 \cdot 7^2 \cdot 43 \cdot 127 \cdot 337 \cdot 5419$	42	$5 \cdot 13 \cdot 29 \cdot 113 \cdot 1429 \cdot 14449$
$431 \cdot 9719 \cdot 2099863$	43	$3 \cdot 2932031007403$
$3 \cdot 5 \cdot 23 \cdot 89 \cdot 397 \cdot 683 \cdot 2113$	44	$17 \cdot 353 \cdot 2931542417$
$7 \cdot 31 \cdot 73 \cdot 151 \cdot 631 \cdot 23311$	45	$3^3 \cdot 11 \cdot 19 \cdot 331 \cdot 18837001$
$3 \cdot 47 \cdot 178481 \cdot 2796203$	46	$5 \cdot 277 \cdot 1013 \cdot 1657 \cdot 30269$
$2351 \cdot 4513 \cdot 13264529$	47	$3 \cdot 283 \cdot 165768537521$
$3^2 \cdot 5 \cdot 7 \cdot 13 \cdot 17 \cdot 97 \cdot 241 \cdot 257 \cdot 673$	48	$193 \cdot 65537 \cdot 22253377$
$179951 \cdot 3203431780337$	59	$3 \cdot 2833 \cdot 37171 \cdot 1824726041$
$3^2 \cdot 5^2 \cdot 7 \cdot 11 \cdot 13 \cdot 31 \cdot 41 \cdot 61 \cdot 151 \cdot 331 \cdot 1321$	60	$17 \cdot 241 \cdot 61681 \cdot 4562284561$
$7^2 \cdot 73 \cdot 127 \cdot 337 \cdot 92737 \cdot 649657$	63	$3^3 \cdot 19 \cdot 43 \cdot 5419 \cdot 77158673929$
$3 \cdot 5 \cdot 17 \cdot 257 \cdot 641 \cdot 65537 \cdot 6700417$	64	$274177 \cdot 67280421310721$

$10^e - 1$	e	$10^e + 1$
$3^3 \cdot 7 \cdot 11 \cdot 13 \cdot 37$	6	$101 \cdot 9901$
$3^2 \cdot 239 \cdot 4649$	7	$11 \cdot 909091$
$3^2 \cdot 11 \cdot 73 \cdot 101 \cdot 137$	8	$17 \cdot 5882353$
$3^4 \cdot 37 \cdot 333667$	9	$7 \cdot 11 \cdot 13 \cdot 19 \cdot 52579$
$3^2 \cdot 11 \cdot 41 \cdot 271 \cdot 9091$	10	$101 \cdot 3541 \cdot 27961$
$3^2 \cdot 21649 \cdot 513239$	11	$11^2 \cdot 23 \cdot 4093 \cdot 8779$
$3^3 \cdot 7 \cdot 11 \cdot 13 \cdot 37 \cdot 101 \cdot 9901$	12	$73 \cdot 137 \cdot 99990001$
$3^2 \cdot 11 \cdot 17 \cdot 73 \cdot 101 \cdot 137 \cdot 5882353$	16	$353 \cdot 449 \cdot 641 \cdot 1409 \cdot 69857$

연습문제

1. [*M12*] 연습문제 3.2.1-3에서는 곱수 a와 법 m이 서로 소일 때 최상의 선형합동기가 나온다는 결론을 내렸다. 그런 경우에서 $m = w$일 때 $(aX + c) \bmod w$의 계산(그 결과는 레지스터 X에 나타남)을 (1)에서처럼 네 개가 아니라 단 세 개의 MIX 명령들로 수행하는 것이 가능함을 보여라.

2. [*16*] 다음과 같은 특성을 가진 MIX 서브루틴을 작성하라.

> 호출 명령렬: `JMP RANDM`
>
> 들어올 때 조건: 메모리 장소 XRAND에 정수 X가 들어 있음.
>
> 나갈 때 조건: $X \leftarrow \mathrm{rA} \leftarrow (aX + c) \bmod w$, $\mathrm{rX} \leftarrow 0$, 위넘침 꺼짐.

(따라서 이 서브루틴을 호출하면 선형합동수열의 다음 난수가 생성된다.)

▶ **3.** [*M25*] 2워드 수를 1워드 수로 나누는 기능을 제공하지 않는 컴퓨터들이 많다. 그런 컴퓨터들은 오직 단일 워드 수에 대한 연산들, 이를테면 $\mathrm{himult}(x, y) = \lfloor xy/w \rfloor$와 $\mathrm{lomult}(x, y) = xy \bmod w$만 제공한다(여기서 x와 y는 워드 크기 w보다 작은 음이 아닌 정수들). $0 \le a$, $x < m < w$, $m \perp w$라고 가정할 때 $ax \bmod m$을 himult와 lomult를 이용해서 평가하는 방법을 설명하라. a, m, w에 의존하는 상수들을 미리 계산해 두고 사용하는 것은 허용된다.

▶ **4.** [*21*] System/370 시리즈 같은 2의 보수 컴퓨터에서의 $m = 2^{32}$인 선형합동수열의 계산을 논하라.

5. [*20*] 수량 m이 워드 크기보다 작으며 x와 y가 m보다 작은 음이 아닌 정수라고 할 때, 차 $(x - y) \bmod m$을 어떠한 나누기도 사용하지 않고 단 네 개의 MIX 명령들로 계산할 수 있음을 보여라. 비슷하게, 합 $(x + y) \bmod m$에 대한 최적의 코드는 무엇일까?

▶ **6.** [*20*] 연습문제 5는 빼기 mod m을 수행하는 것이 더하기 mod m을 수행하는 것보다 더 쉬움을 제시한다. 규칙

$$X_{n+1} = (aX_n - c) \bmod m.$$

에 의해 결정되는 수열들을 논하라. 이 수열이 본문에 나온 선형합동수열과 본질적으로 다른 것일까? 이 수열이 효율적인 컴퓨터 계산에 더 적합할까?

7. [*M24*] 표 1에서 어떤 패턴을 발견할 수 있을까?

▶ **8.** [*20*] (2)와 비슷한, $(aX) \bmod (w - 1)$을 계산하는 MIX 프로그램을 작성하라. 프로그램의 입력과 출력에서 값 0과 $w - 1$은 서로 동치인 것으로 취급한다.

▶ **9.** [*M25*] 대부분의 고수준 언어들은 2워드 정수를 1워드 정수로 나누는 적절한 방법을 제공하지 않으며, 연습문제 3의 himult 연산 같은 것도 제공하지 않는다. 이 연습문제에서 독자가 할 일은 변수 x와 상수 $0 < a < m$들에 대해 $ax \bmod m$을 평가하고자 할 때 그런 한계들을 극복하는 합리적인 방법을 찾는 것이다.

a) 만일 $q = \lfloor m/a \rfloor$이면 $a(x - (x \bmod q)) = \lfloor x/q \rfloor (m - (m \bmod a))$임을 증명하라.

b) (a)의 항등식을 이용해서, 절대값이 m을 넘는 수는 전혀 계산하지 않고 $ax \bmod m$을 평가하라. 단, $a^2 \le m$라고 가정한다.

10. [M26] 연습문제 9(b)의 해법이 $a^2 > m$일 때에도 통하는 경우가 있다. 0과 m 사이의 모든 x에 대해, 그 방법의 중간 결과들이 결코 m을 넘지 않도록 하는 곱수 a들은 정확히 몇 개인가?

11. [M30] 연습문제 9에서 이어진다. 다음과 같은 기본적인 연산들만 사용해서 $ax \bmod m$을 평가할 수 있음을 보여라:

   i) $u \times v$, 단 $u \ge 0$, $v \ge 0$, $uv < m$;

   ii) $\lfloor u/v \rfloor$, 단 $0 < v \le u < m$;

   iii) $(u - v) \bmod m$, 단 $0 \le u$, $v < m$.

사실 연산 (i)와 (ii)를 많아야 12개만, 그리고 (iii) 연산은 제한된 개수로만 사용해서 주어진 수식의 평가하는 것이 항상 가능하다(a와 m에 의존하는 상수들의 사전 계산을 제외할 때). 이를테면 a가 62089911이고 m이 $2^{31} - 1$일 때(이 상수들은 표 3.3.4-1에 나온다) 어떤 식으로 계산하면 되는지 설명하라.

▶ **12.** [M28] 연필과 종이 또는 주판을 이용해서 계산한다고 하자.

   a) 주어진 열 자리 수에 10을 곱하고 그것을 9999998999로 나눈 나머지를 구하는 좋은 방법은?

   b) 같은 질문이되, 곱수가 999999900이고 법이 9999998999인 경우는?

   c) $n = 1, 2, 3, \ldots$에 대해 거듭제곱 $999999900^n \bmod 9999998999$를 계산하는 방법을 설명하라.

   d) 그러한 계산들을 $1/9999998999$의 (십진)소수 전개에 연관시켜 보라.

   e) 이러한 착상들을 이용하면 법이 엄청나게 큰, 그리고 생성된 수 당 적은 수의 연산들만 사용하는 특정한 종류의 선형합동 발생기를 구현하는 것이 가능함을 보여라.

13. [M24] 연습문제 12의 부문제들을, 법을 9999999001로 하고 곱수를 10과 8999999101로 해서 풀어라.

14. [M25] 엄청나게 큰 법들을 가진 선형합동 발생기들의 커다란 모임(family)을 얻을 수 있도록 이전 두 연습문제들의 착상들을 일반화하라.

3.2.1.2. 곱수의 선택. 이번 절에서는 최대 길이 주기를 만들어내는 적절한 곱수 a를 선택하는 문제를 살펴보겠다. 난수원으로 쓰일 수열이라면 어떤 것이든 긴 주기가 필수적이다. 하나의 응용 프로그램으로는 다 쓰지 못할 정도로 많은 수들을 가진 주기가 바람직하다. 따라서 이번 절에서는 주기 길이를 중요한 문제로 취급한다. 다만, 긴 주기가 선형합동수열의 무작위성에 대한 바람직한 조건들 중 하나일 뿐임을 염두에 두어야 한다. 예를 들어 $a = c = 1$일 때 수열은 그냥 $X_{n+1} = (X_n + 1) \bmod m$이 되는데, 이 수열의 주기 길이는 명백히 m이지만 전혀 무작위하지 않다. 곱수의 선택에 영향을 주는

다른 요인들은 이번 장 뒤에서 다시 이야기하겠다.

수열에는 오직 m개의 서로 다른 값들만 가능하므로 주기가 m보다 길 수는 절대 없다. 최대 길이 m을 달성하는 게 가능할까? 앞의 예에서 보듯이 항상 가능하지만, $a = c = 1$이라는 선택은 바람직한 수열을 만들어내지 않는다. 그럼 주기 길이가 m이 되는 가능한 a, c, X_0 선택들 모두를 조사해 보자. 그런데 사실 그 매개변수들의 그러한 값들 모두를 다음과 같이 아주 간단하게 특징지을 수 있다. m이 서로 다른 소수들의 곱일 때에는 오직 $a = 1$일 때만 최대 주기가 되는 반면, m이 어떤 소수의 거듭제곱의 배수일 경우에는 최대 주기가 되는 a들이 상당히 많다. 다음은 최대 주기를 달성할 수 있는지의 여부를 알려주는 정리이다.

정리 A. *매개변수 m, a, c, X_0으로 정의되는 선형합동수열은, 오직*

i) *c와 m이 서로 소이고,*

ii) *m을 나누는 모든 소수 p에 대해 $b = a - 1$이 p의 배수이고,*

iii) *만일 m이 4의 배수이면 b가 4의 배수*

인 경우에만 주기의 길이가 m이다.

이 정리의 증명에 쓰이는 착상들은 적어도 백 년 전으로 거슬러 올라간다. 그러나 위에 나온 형태 그대로의 정리에 대한 최초의 증명은 $m = 2^e$인 특수 경우에 대해 그린버거M. Greenberger가 제시했다.〔*JACM* **8** (1961), 163-167 참고〕. 그리고 일반적인 경우에서의 충분조건 (i), (ii), (iii)은 헐Hull과 도벨Dobell이 보였다〔*SIAM Review* **4** (1962), 230-254 참고〕. 이 정리를 증명하기 위해서는 그 자체로도 흥미로운, 다음과 같은 수론의 결과들을 먼저 고려해야 한다.

보조정리 P. *p가 소수이고 e가 양의 정수이며 $p^e > 2$라고 하자. 만일*

$$x \equiv 1 \,(\mathrm{modulo}\ p^e), \qquad x \not\equiv 1 \,(\mathrm{modulo}\ p^{e+1}) \tag{1}$$

이면

$$x^p \equiv 1 \,(\mathrm{modulo}\ p^{e+1}), \qquad x^p \not\equiv 1 \,(\mathrm{modulo}\ p^{e+2}) \tag{2}$$

이다.

증명. p의 배수가 아닌 어떠한 정수 q에 대해 $x = 1 + qp^e$이다. 이항 공식에 의해

$$x^p = 1 + \binom{p}{1} qp^e + \cdots + \binom{p}{p-1} q^{p-1} p^{(p-1)e} + q^p p^{pe}$$

$$= 1 + qp^{e+1} \left(1 + \frac{1}{p} \binom{p}{2} qp^e + \frac{1}{p} \binom{p}{3} q^2 p^{2e} + \cdots + \frac{1}{p} \binom{p}{p} q^{p-1} p^{(p-1)e} \right)$$

이다. 괄호 안의 수량은 정수이며, 사실 괄호 안의 첫 항을 제외한 나머지 모든 항들은 p의 배수이다. 만일 $1 < k < p$이면 이항계수 $\binom{p}{k}$가 p로 나누어지기 때문이다(연습문제 1.2.6-10 참고). 따라서

$$\frac{1}{p} \binom{p}{k} q^{k-1} p^{(k-1)e}$$

은 $p^{(k-1)e}$으로 나누어진다. 그리고 마지막 항은 $q^{p-1}p^{(p-1)e-1}$인데, $p^e > 2$일 때 $(p-1)e > 1$이 므로 이 항도 p로 나누어진다. 따라서 $x^p \equiv 1 + qp^{e+1} \pmod{p^{e+2}}$이며, 이에 의해 증명이 완성된다. (참고: 이 결과의 한 일반화가 연습문제 3.2.2-11(a)에 나온다.) ∎

보조정리 Q. *m의 소인수분해가*

$$m = p_1^{e_1} \dots p_t^{e_t}. \tag{3}$$

이라고 하자. (X_0, a, c, m)에 의해 결정되는 선형합동수열의 주기 길이 λ는 $(X_0 \bmod p_j^{e_j},$ $a \bmod p_j^{e_j}, \; c \bmod p_j^{e_j}, \; p_j^{e_j})$, $1 \le j \le t$에 의해 결정되는 선형합동수열의 주기 길이 λ_j들의 최소공 배수이다.

증명. t에 대한 귀납법에 의해, 만일 m_1과 m_2가 서로 소이면 매개변수 (X_0, a, c, m_1m_2)로 결정되는 선형합동수열의 주기 길이 λ가 $(X_0 \bmod m_1, \; a \bmod m_1, \; c \bmod m_1, \; m_1)$과 $(X_0 \bmod m_2,$ $a \bmod m_2, \; c \bmod m_2, \; m_2)$로 결정되는 선형합동수열의 주기 길이 λ_1과 λ_2의 최소공배수임을 증명하는 것으로 충분하다. 3.2.1.1절의 식 (4)에서 보았듯이, 이 세 수열의 원소들을 각각 X_n, Y_n, Z_n로 표기한다면

$$\text{모든 } n \ge 0\text{에 대해} \qquad Y_n = X_n \bmod m_1 \text{이고} \qquad Z_n = X_n \bmod m_2$$

이다. 따라서 1.2.4절의 법칙 D에 의해

$$\text{오직 } Y_n = Y_k \text{이고} \qquad Z_n = Z_k \text{일 때에만} \qquad X_n = X_k \tag{4}$$

임을 알 수 있다.

길이 λ_1과 λ_2의 최소공배수를 λ'이라고 하자. 증명하고자 하는 것은 $\lambda' = \lambda$이다. 충분히 큰 모든 n에 대해 $X_n = X_{n+\lambda}$이므로 $Y_n = Y_{n+\lambda}$이며(따라서 λ는 λ_1의 배수) $Z_n = Z_{n+\lambda}$이다(따라서 λ는 λ_2의 배수). 그러므로 반드시 $\lambda \ge \lambda'$이어야 한다. 더 나아가서, 충분히 큰 모든 n에 대해 $Y_n = Y_{n+\lambda'}$이고 $Z_n = Z_{n+\lambda'}$임을 알고 있다. 따라서 (4)에 의해 $X_n = X_{n+\lambda'}$이다. 이는 $\lambda \le \lambda'$ 을 증명한다. ∎

이제 정리 A를 증명할 수 있게 되었다. 보조정리 Q 덕분에, m이 어떠한 소수의 거듭제곱일 때에만 정리 A를 증명하는 것으로 충분하다. 왜냐하면, 오직 $1 \le j \le t$에 대해 $\lambda_j = p_j^{e_j}$일 때에만

$$p_1^{e_1} \dots p_t^{e_t} = \lambda = \operatorname{lcm}(\lambda_1, \dots, \lambda_t) \le \lambda_1 \dots \lambda_t \le p_1^{e_1} \dots p_t^{e_t}$$

이 참이 될 것이기 때문이다.

따라서 $m = p^e$이라고 가정할 수 있다. 여기서 p는 소수이고 e는 양의 정수이다. $a = 1$일 때 정리가 참임은 명백하므로 $a > 1$로 두자. 주기 길이가 m이 될 필요충분조건은 가능한 정수 $0 \le x < m$ 모두가 주기에 나타나는 것이다. 왜냐하면 주기에는 어떠한 값도 한 번씩만 나올 수 있기 때문이다. 그러므로 주기의 길이는 오직 $X_0 = 0$인 수열의 주기 길이가 m일 때에만 m이며,

이는 $X_0 = 0$ 라는 가정을 뒷받침한다. 공식 3.2.1-(6)에 의해

$$X_n = \left(\frac{a^n - 1}{a - 1}\right)c \mod m \tag{5}$$

이 성립한다. 만일 c 와 m 이 서로 소가 아니면 이 X_n 값은 결코 1과 같을 수 없으므로, 정리의 조건 (1)은 필요조건이다. 주기의 길이는 오직 $X_n = X_0 = 0$ 을 만족하는 최소의 양의 값 n 이 m 과 같을 때에만 m 이다. (5)와 조건 (i)에 의해, 이제 정리의 증명은 다음 사실을 증명하는 것으로 축약된다.

보조정리 R. p 가 소수이며 $1 < a < p^e$ 라고 가정하자. 만일 λ 가 $(a^\lambda - 1)/(a - 1) \equiv 0 \pmod{p^e}$ 을 만족하는 가장 작은 양의 정수이면,

$$\lambda = p^e \text{ 일} \quad \text{필요충분조건은} \quad \begin{cases} p > 2 \text{ 일 때} & a \equiv 1 \pmod{p}, \\ p = 2 \text{ 일 때} & a \equiv 1 \pmod{4} \end{cases}$$

이다.

증명. $\lambda = p^e$ 이라고 가정하자. 만일 $a \not\equiv 1 \pmod{p}$ 이면, 오직 $a^n - 1 \equiv 0 \pmod{p^e}$ 일 때에만 $(a^n - 1)/(a - 1) \equiv 0 \pmod{p^e}$ 이다. 그러면 조건 $a^{p^e} - 1 \equiv 0 \pmod{p^e}$ 은 $a^{p^e} \equiv 1 \pmod{p}$ 를 함의한다. 그런데 정리 1.2.4F에 의해 $a^{p^e} \equiv a \pmod{p}$ 이며, 따라서 $a \not\equiv 1 \pmod{p}$ 는 모순을 유발한다. 그리고 $p = 2$ 이고 $a \equiv 3 \pmod{4}$ 이므로, 연습문제 8에 의해

$$(a^{2^{e-1}} - 1)/(a - 1) \equiv 0 \pmod{2^e}$$

이다. 이상의 논증은 $\lambda = p^e$ 일 때 항상 $p^f > 2$ 이고 q 는 p 의 배수가 아니라고 할 때 $a = 1 + qp^f$ 일 필요가 있음을 보여준다.

남은 것은 이 조건이 $\lambda = p^e$ 의 충분조건임을 보이는 것이다. 보조정리 P를 반복해서 적용하면, 모든 $g \geq 0$ 에 대해

$$a^{p^g} \equiv 1 \pmod{p^{f+g}}, \qquad a^{p^g} \not\equiv 1 \pmod{p^{f+g+1}}$$

임을 알 수 있으며, 따라서

$$\begin{aligned} (a^{p^g} - 1)/(a - 1) &\equiv 0 \pmod{p^g}, \\ (a^{p^g} - 1)/(a - 1) &\not\equiv 0 \pmod{p^{g+1}} \end{aligned} \tag{6}$$

이다. 특히 $(a^{p^e} - 1)/(a - 1) \equiv 0 \pmod{p^e}$ 이다. 이제 합동수열 $(0, a, 1, p^e)$ 은 $X_n = (a^n - 1)/(a - 1) \mod p^e$ 임을 알 수 있다. 그러므로 주기의 길이는 λ 이다. 다른 말로 하면, 오직 n 이 λ 의 배수일 때에만 $X_n = 0$ 이다. 따라서 p^e 는 λ 의 배수이다. 이것은 오직 어떠한 g 에 대해 $\lambda = p^g$ 일 때에만 성립하며, (6)의 관계들은 $\lambda = p^e$ 을 함의한다. 이로써 증명이 완성되었다. ∎

이제 정리 A의 증명이 완성되었다. ∎

$c = 0$ 인 특수한 경우에 해당하는 순곱셈적 발생기(pure multiplicative generator)를 살펴보는

것으로 이번 절을 마무리하겠다. 이 경우 난수 발생이 약간 더 빠르긴 하지만, 정리 A에 따라 최대 주기 길이는 달성하지 못한다. 이는 사실 명백한데, 왜냐하면 그러한 수열이 관계

$$X_{n+1} = aX_n \bmod m \tag{7}$$

을 만족하며 값 $X_n = 0$은 결코 나타나지 않기 때문이다(수열이 0으로 퇴화하지 않는 한). 일반화하면, d가 m의 어떤 약수이고 X_n이 d의 배수이면 곱셈적 수열의 그 이후 요소 X_{n+1}, X_{n+2}, $\ldots$는 d의 배수들이다. 따라서 $c = 0$일 때에는 모든 n에 대해 X_n이 m과 서로 소가 되게 하는 것이 바람직하다. 그리고 그렇게 하면 주기 길이는 길어야 $\varphi(m)$로 한정되는데, 이 값은 0에서 m까지의 정수들 중 m과 서로 소인 정수들의 개수이다.

　　$c = 0$이라는 조건이 강제되는 상황에서도 어느 정도 받아들일 만큼 긴 주기를 얻는 것이 가능하다. 그럼 이 특별한 경우에서 최대한 긴 주기를 얻으려면 승수들이 어떤 조건을 만족해야 하는지 살펴보자.

　　보조정리 Q에 따르면 수열의 주기는 전적으로 $m = p^e$일 때의 수열의 주기에 의존하므로, 그 상황을 고려해보자. $X_n = a^n X_0 \bmod p^e$이므로 a가 p의 배수이면 주기의 길이는 1이 됨이 명백하다. 따라서 a는 p와 서로 소일 필요가 있다. 그러면 주기 길이는 $X_0 = a^\lambda X_0 \bmod p^e$을 만족하는 가장 작은 정수 λ이다. 만일 X_0과 p^e의 최소공약수가 p^f이면 이 조건은

$$a^\lambda \equiv 1 \pmod{p^{e-f}} \tag{8}$$

과 동치이다. 오일러 정리(연습문제 1.2.4-28)에 의해 $a^{\varphi(p^{e-f})} \equiv 1 \pmod{p^{e-f}}$이고, 따라서 λ는

$$\varphi(p^{e-f}) = p^{e-f-1}(p-1)$$

의 약수이다. a가 m과 서로 소일 때 $a^\lambda \equiv 1 \pmod{m}$인 가장 작은 정수 λ를 관례적으로 m을 법으로 한 a의 차수(order)라고 부른다. 그리고 가능한 최대 차수 모듈로 m을 가진 그러한 값 a를 m을 법으로 한 원시원소(primitive element)라고 부른다.

　　원시원소의 차수, 즉 법이 m일 때의 가능한 최대 차수를 $\lambda(m)$으로 표기하자. 앞서의 설명에 따르면 $\lambda(p^e)$은 $p^{e-1}(p-1)$의 약수이다. 약간의 수고를 들이면(연습문제 11에서 16을 볼 것) 모든 경우에서의 $\lambda(m)$의 정확한 값을 구할 수 있다. 다음과 같다.

$$\lambda(2) = 1, \quad \lambda(4) = 2, \quad e \geq 3\text{일 때} \quad \lambda(2^e) = 2^{e-2};$$
$$p > 2\text{일 때} \quad \lambda(p^e) = p^{e-1}(p-1); \tag{9}$$
$$\lambda(p_1^{e_1} \ldots p_t^{e_t}) = \operatorname{lcm}(\lambda(p_1^{e_1}), \ldots, \lambda(p_t^{e_t})).$$

이상의 설명을 다음과 같은 정리로 요약할 수 있다.

정리 B. 〔C. F. Gauss, *Disquisitiones Arithmeticæ* (1801), §90-92.〕 *$c = 0$일 때 가능한 최대 주기는 $\lambda(m)$으로, 여기서 $\lambda(m)$은 (9)의 정의를 따른다. 이 최대 주기를 얻기 위한 조건은 다음과*

같다.

　i) X_0이 m과 서로 소

　ii) a가 m을 법으로 한 원시원소. ∎

m이 소수이면 주기 길이 $m-1$을 얻을 수 있음을 주목하자. 이는 최대 길이보다 하나 작은 것이며, 따라서 모든 실용적인 목적에서 우리가 바랄 수 있는 가장 긴 주기가 바로 이것이다.

　그렇다면 이제 풀어야할 의문은 m을 법으로 한 원시 원소를 어떻게 찾는가이다. 이번 절 끝의 연습문제들을 보면 m이 소수 또는 소수의 거듭제곱일 때 상당히 간단한 답이 존재함을 알 수 있다. 다음 정리의 결과들이 바로 그 답이다.

정리 C. *수 a는 오직 다음 경우들에 해당할 때에만 p^e을 법으로 한 원시원소이다.*

　i) *$p=2$, $e=1$, a가 홀수;*

　ii) *$p=2$, $e=2$, $a \bmod 4 = 3$;*

　iii) *$p=2$, $e=3$, 그리고 $a \bmod 8 = 3$ 또는 5 또는 7;*

　iv) *$p=2$, $e \geq 4$, 그리고 $a \bmod 8 = 3$ 또는 5;*

　v) *p가 홀수, $e=1$, $a \not\equiv 0$ (modulo p), 그리고 $p-1$의 임의의 소수 약수 q에 대해 $a^{(p-1)/q} \not\equiv 1$ (modulo p);*

　vi) *p가 홀수, $e>1$, a가 (v)의 조건들을 만족함, $a^{p-1}1 \not\equiv$ (modulo p^2)* ∎

$p-1$의 인수들을 알고 있는 경우에는, 큰 p 값들이 이 정리의 조건 (v)와 (vi)를 만족하는지를 4.6.3절에서 논의하는 효율적인 거듭제곱 평가법들을 사용해서 컴퓨터 상에서 쉽사리 판정할 수 있다.

　정리 C는 소수의 거듭제곱에만 적용된다. 그런데 $p_j^{e_j}$을 법으로 한 원시원소인 a_j 값들이 주어진다면, 4.3.2절에서 논의하는 중국 나머지 알고리즘을 이용해서 $1 \leq j \leq t$에 대해 $a \equiv a_j$ (modulo $p_j^{e_j}$)인 하나의 a 값을 찾는 것이 가능하다. 이 수 a는 $p_1^{e_1} \cdots p_t^{e_t}$를 법으로 한 원시원소가 된다. 따라서 적당한 크기의 임의의 m을 법으로 하는, 정리 B의 조건을 만족하는 곱수들을 비교적 효율적으로 만들어내는 방법은 존재한다. 그러나 일반적인 경우에서는 계산이 다소 길어질 수 있다.

　$m=2^e$이고 $e \geq 4$인 통상적인 경우에서, 위에 나온 조건들은 $a \equiv 3$ 또는 5 (modulo 8)이라는 하나의 요건으로 단순화된다. 이 경우 모든 가능한 곱수들 중 4분의 1에서 주기 길이가 $m/4$가 되는데, 이 $m/4$는 $c=0$일 때의 최대 길이이다.

　두 번째로 흔한 경우는 $m=10^e$일 때이다. 십진 컴퓨터의 경우 보조정리 P와 Q를 이용하면 최대 주기를 달성하기 위한 필요조건들과 충분조건들을 어렵지 않게 구할 수 있다(연습문제 18 참고).

보조정리 D. *만일 $m=10^e$, $e \geq 5$, $c=0$이고 X_0이 2나 5의 배수가 아니면 선형합동수열의 주기 길이는 오직 $a \bmod 200$이 다음 서른 두 값들 중 하나와 같을 때에만 $5 \times 10^{e-2}$이다.*

$$3, 11, 13, 19, 21, 27, 29, 37, 53, 59, 61, 67, 69, 77, 83, 91, 109, 117,$$
$$123, 131, 133, 139, 141, 147, 163, 171, 173, 179, 181, 187, 189, 197. \quad \blacksquare \tag{10}$$

연습문제

1. [10] $X_0 = 5772156648$, $a = 3141592621$, $c = 2718281829$, $m = 10000000000$인 선형합동수열의 주기의 길이는 얼마인가?

2. [10] m이 2의 거듭제곱이라 할 때, 다음 두 조건은 최대 길이 주기를 보장하는 충분조건들인가? "(i) c가 홀수; (ii) $a \bmod 4 = 1$."

3. [13] $m = 10^e$이고 $e \geq 2$라 하자. 더 나아가서 c가 홀수이며 5의 배수가 아니라고 가정하자. 그러면 선형합동수열의 주기가 오직 $a \bmod 20 = 1$일 때에만 최대가 됨을 보여라.

4. [M20] $m = 2^e$이고 $X_0 = 0$이라고 가정하자. 만일 수 a와 c가 정리 A의 조건들을 만족한다면, $X_{2^{e-1}}$의 값은 무엇인가?

5. [14] $m = 2^{35} + 1$일 때 정리 A의 조건들을 만족하는 곱수 a들을 모두 구하라. (m의 소인수들은 표 3.2.1.1-1에서 찾을 수도 있다.)

▶ **6.** [20] $m = 10^6 - 1$일 때 정리 A의 조건들을 만족하는 곱수 a들을 모두 구하라. (표 3.2.1.1-1 참고.)

▶ **7.** [M23] 합동수열의 주기가 반드시 X_0으로 시작해야 하는 것은 아니지만, $n \geq \mu$일 때 $X_{n+\lambda} = X_n$을 만족하는 색인 $\mu \geq 0$와 $\lambda > 0$는 항상 찾을 수 있다. 여기서 μ와 λ는 그러한 성질을 만족하는 최소의 값들이다. (연습문제 3.1-6과 3.2.1-1 참고). μ_j, λ_j가 수열

$$(X_0 \bmod p_j^{e_j}, \ a \bmod p_j^{e_j}, \ c \bmod p_j^{e_j}, \ p_j^{e_j})$$

에 해당하는 그러한 색인들이고 μ와 λ가 합성수열 $(X_0, a, c, p_1^{e_1} \cdots p_t^{e_t})$에 해당하는 색인들이라 할 때, 보조정리 Q에 의해 λ는 $\lambda_1, \ldots, \lambda_t$의 최소공배수이다. μ의 값을 $\mu_1, \ldots, \mu_t$들로 표현해 보라. 그리고 $m = p_1^{e_1} \cdots p_t^{e_t}$으로 고정하고 X_0, a, c를 변화시켜서 얻을 수 있는 가장 큰 μ의 값을 구하라.

8. [M20] 만일 $a \bmod 4 = 3$이면 $e > 1$일 때 $(a^{2^{e-1}} - 1)/(a - 1) \equiv 0$ (modulo 2^e)임을 보여라. (보조정리 P를 사용할 것.)

▶ **9.** [M22] (톰슨W. E. Thomson.) $c = 0$이고 $m = 2^e \geq 16$일 때, 정리 B와 C는 오직 곱수 a가 $a \bmod 8 = 3$ 또는 $a \bmod 8 = 5$를 만족할 때에만 주기 길이가 2^{e-2}임을 말해준다. 그러한 모든 수열이 본질적으로 $m = 2^{e-2}$이며 전체(full) 주기를 가지는 선형합동수열임을 보여라. 여기서 전체 주기를 가진다 함은 다음과 같은 의미이다.

a) 만일 $X_{n+1} = (4c+1)X_n \bmod 2^e$이고 $X_n = 4Y_n + 1$이면

$$Y_{n+1} = ((4c+1)Y_n + c) \bmod 2^{e-2}.$$

b) 만일 $X_{n+1} = (4c-1)X_n \bmod 2^e$ 이고 $X_n = ((-1)^n(4Y_n+1)) \bmod 2^e$ 이면

$$Y_{n+1} = ((1-4c)Y_n - c) \bmod 2^{e-2}.$$

〔참고: 이 공식들에서 c는 홀수 정수이다. 문헌들에는 정리 B를 만족하는 $c=0$인 수열들이 정리 A를 만족하는 해당 수열들에 비해 주기는 4분의 1이지만 더 무작위하다는 문장들이 여러 번 나온다. 그런데 이 연습문제는 그런 문장들을 반박하는 것이다. 본질적으로, 우리는 c의 덧셈을 면하기 위해 워드 길이의 두 비트를 포기해야 한다(m이 2의 거듭제곱일 때)〕.

10. 〔M21〕 $\lambda(m) = \varphi(m)$인 m 값들은 무엇인가?

▶ **11.** 〔M28〕 x가 1보다 큰 홀수 정수라고 하자. (a) $x \equiv 2^f \pm 1 \ (\text{modulo } 2^{f+1})$를 만족하는 유일한 정수 $f > 1$이 존재함을 보여라. (b) $1 < x < 2^e - 1$이고 f가 부문제 (a)에서 말한 정수라 할 때, 2^e을 법으로 한 x의 차수가 2^{e-f}임을 보여라. (c) 특히, 이것이 정리 C의 (i)-(iv)를 증명함을 보여라.

▶ **12.** 〔M26〕 p가 홀수 소수라고 하자. 만일 $e > 1$이면, 오직 a가 p를 법으로 한 원시소수이고 $a^{p-1} \not\equiv 1 \ (\text{modulo } p^2)$일 때에만 a가 p^e을 법으로 한 원시소수임을 증명하라. 이 사실은 아래의 연습문제 14와 16에서 증명된다.

13. 〔M22〕 p가 소수라고 하자. a가 p를 법으로 한 원시소수가 아니라고 할 때, a가 p의 배수이거나 $p-1$을 나누는 어떠한 소수 q에 대해 $a^{(p-1)/q} \equiv 1 \ (\text{modulo } p)$임을 보여라.

14. 〔M18〕 만일 $e > 1$이고 p가 홀수 소수이면, 그리고 만일 a가 p를 법으로 한 원시소수이면 a 또는 $a+p$가 p^e을 법으로 한 원시소수임을 증명하라. 〔힌트: 연습문제 12를 볼 것.〕

15. 〔M29〕 (a) a_1과 a_2가 m과 서로 소이며 m을 법으로 한 차수가 각각 λ_1, λ_2라고 하자. λ가 λ_1과 λ_2의 최소공배수라 할 때, $a_1^{\kappa_1}a_2^{\kappa_2}$의 차수가 m을 법으로 한 λ임을 증명하라. 여기서 κ_1과 κ_2는 적절한 정수들이다. 〔힌트: λ_1과 λ_2가 서로 소인 경우를 먼저 고려할 것.〕 (b) $\lambda(m)$이 임의의 원소의 m을 법으로 한 최대 차수라고 하자. $\lambda(m)$이 각 요소의 m을 법으로 한 차수의 배수임을 증명하라. 즉, a가 m과 서로 소일 때 항상 $a^{\lambda(m)} \equiv 1 \ (\text{modulo } m)$임을 증명하라. (정리 B는 사용하지 말 것.)

▶ **16.** 〔M24〕 (원시근의 존재.) p가 소수라고 하자.

a) 다항식 $f(x) = x^n + c_1 x^{n-1} + \cdots + c_n$을 고려한다. 여기서 c들은 정수이다. a가 $f(a) \equiv 0 \ (\text{modulo } p)$를 만족하는 한 정수일 때, 모든 정수 x에 대해 $f(x) \equiv (x-a)q(x) \ (\text{modulo } p)$인 정수 계수 q들을 가진 다항식

$$q(x) = x^{n-1} + q_1 x^{n-2} + \cdots + q_{n-1}$$

이 존재함을 보여라.

b) $f(x)$가 (a)에서와 같은 다항식이라고 하자. $f(x)$의 p를 법으로 한 "근(root)"들이 많아야 n개임을 보여라. 다른 말로 하면, $f(a) \equiv 0 \pmod{p}$이고 $0 \le a < p$인 정수 a들이 많아야 n개임을 보여라.

c) 연습문제 15(b) 때문에, 다항식 $f(x) = x^{\lambda(p)} - 1$에 $p-1$개의 서로 다른 근들이 있음을, 따라서 차수가 $p-1$인 정수 a가 존재함을 보여라.

17. [M26] 본문의 구축 과정으로 정리 D에 나온 값들 모두를 발견하지는 못한다. 예를 들어 11은 5^e을 법으로 한 원시원소가 아니다. 그렇다면 정리 D에서처럼 11이 법이 10^e인 원시원소가 되는 이유는 무엇일까? 정리 D에 나열된 값들 중 2^e을 법으로 할 때와 5^e을 법으로 할 때 모두에서 원시원소인 것들은 무엇인가?

18. [M25] 정리 D를 증명하라. (앞의 연습문제를 참고할 것.)

19. [40] 표 3.2.1.1-1에 나온 각 값에 대해 몇 가지 적절한 곱수 a들을 담은 표를 만들라. $c = 0$이라고 가정할 것.

▶ **20.** [M24] (마서글리아G. Marsaglia.) 이 연습문제의 목적은 임의의 선형합동 수열의 주기 길이를 연구하는 것이다. $Y_n = 1 + a + \cdots + a^{n-1}$라고 하자. 즉, 식 3.2.1-(8)에 따라 어떠한 상수 A에 대해 $X_n = (A Y_n + X_0) \bmod m$이 되도록 한다.

a) 수열 $\langle X_n \rangle$의 주기 길이가 $\langle Y_n \bmod m' \rangle$의 주기 길이임을 증명하라. 여기서 $m' = m/\gcd(A, m)$이다.

b) p가 소수일 때 $\langle Y_n \bmod p^e \rangle$의 주기 길이가 다음 조건들을 만족함을 증명하라: (i) 만일 $a \bmod p = 0$이면 주기 길이는 1이다. (ii) 만일 $a \bmod p = 1$이면 주기 길이는 p^e이다. 단, $p = 2$이고 $e \ge 2$이며 $a \bmod 4 = 3$일 때에는 예외이다. (iii) 만일 $p = 2$, $e \ge 2$, $a \bmod 4 = 3$이면 주기 길이는 a의 p^e을 법으로 한 차수의 두 배이다(연습문제 11 참고). 단, $a \equiv -1 \pmod{2^e}$일 때에는 주기 길이가 2이다. (iv) 만일 $a \bmod p > 1$이면 주기 길이는 a의 p^e을 법으로 한 차수이다.

21. [M25] 최대 주기를 가진 선형합동 수열에서 $X_0 = 0$이고, s가 $a^s \equiv 1 \pmod{m}$를 만족하는 가장 작은 양의 정수라고 하자. $\gcd(X_s, m) = s$를 증명하라.

▶ **22.** [M25] 연습문제 3.2.1.1-14의 빌림 뺄셈(subtract-with-borrow) 발생기와 올림 덧셈(add-with-carry) 발생기가 아주 긴 주기를 가지게 하는 법 $m = b^k \pm b^l \pm 1$들을 구하는 문제를 논의하라.

3.2.1.3. 농도. 이전 절에서는 최대 주기를 얻기 위해서는 $b = a - 1$이 m을 나누는 각 소수의 배수이어야 하며, 또한 m이 4의 배수일 때에는 b도 4의 배수이어야 함을 보았다. z가 컴퓨터의 기수이고 (즉, 이진 컴퓨터에서는 $z = 2$, 십진 컴퓨터에서는 $z = 10$) m이 워드 크기 z^e일 때 곱수

$$a = z^k + 1, \qquad 2 \le k < e \tag{1}$$

는 위에서 말한 조건들을 만족한다. 정리 3.2.1.2A는 또한 $c = 1$로 두어야 함을 말해준다. 이제 점화식은 다음과 같은 형태가 된다.

$$X_{n+1} = ((z^k + 1)X_n + 1) \bmod z^e. \tag{2}$$

그리고 이 공식을 보면 계산에서 곱셈을 피할 수 있음을 알 수 있다. 그냥 자리이동과 덧셈만으로 충분한 것이다.

예를 들어 MIX의 바이트 크기를 B라고 하고, 곱수를 $a = B^2 + 1$로 선택한다고 하자. 그러면 3.2.1.1절에 나온 명령들 대신에

$$\text{LDA X;} \quad \text{SLA 2;} \quad \text{ADD X;} \quad \text{INCA 1} \tag{3}$$

을 사용할 수 있으며, 수행 시간은 $16u$에서 $7u$로 줄어든다.

이런 이유로, 문헌들에서는 (1)과 같은 형태를 가진 곱수들을 많이 논의해 왔으며 많은 저자들이 실제로 그런 곱수들을 추천하기도 했다. 그러나 이 방법에 대한 초기 수년간의 실험으로부터 (1)*과 같은 단순한 형태를 가진 곱수들은 피해야 한다*는 결론이 나왔다. 그런 곱수들로 만들어낸 난수들은 충분히 무작위하지 않기 때문이다.

이번 장에서는 나쁘다고 알려진 모든 선형합동 난수발생기들의 단점을 설명해주는 다소 복잡한 이론을 논의하게 될 것이다. 그런데 (2) 같은 일부 발생기들은 비교적 간단한 이론으로도 그 이유를 밝힐 수 있을 정도로 심각하게 나쁘다. 이 간단한 이론은 "농도(potency)†"라는 개념과 관련된 것인데, 그럼 농도라는 것을 살펴보도록 하자.

최대 주기를 가진 선형합동수열의 농도는

$$b^s \equiv 0 \;(\text{modulo } m) \tag{4}$$

을 만족하는 최소의 정수로 정의된다. (이러한 정수 s는 곱수가 정리 3.2.1.2A의 조건들을 만족하면 항상 존재한다. 이는 b가 m을 나누는 모든 소수의 배수이기 때문이다.)

수 0이 주기의 어딘가에 나타나므로, 수열의 무작위성을 $X_0 = 0$으로 두고 분석해도 무방하다. 이러한 가정 하에서 식 3.2.1-(6)은 다음으로 줄어든다.

$$X_n = ((a^n - 1)c/b) \bmod m.$$

그리고 $a^n - 1 = (b+1)^n - 1$을 이항정리를 이용해서 전개하면 다음이 나온다.

$$X_n = c\left(n + \binom{n}{2}b + \cdots + \binom{n}{s}b^{s-1}\right) \bmod m. \tag{5}$$

b^s, b^{s+1} 등의 항들은 m의 배수이므로 모두 무시할 수 있다.

식 (5)는 연구할 만한 가치가 있다. 그럼 몇 가지 특별한 경우들을 고려하자. 만일 $a = 1$이면

---

† 〔옮긴이 주〕 기수(cardinal number) 또는 알레프수(Aleph number)라고도 한다.

농도는 1이다. 그리고 이미 보았듯이 $X_n \equiv cn$ (modulo m)이므로 수열은 무작위하지 않음이 확실하다. 만일 농도가 2이면 $X_n \equiv cn + cb\binom{n}{2}$이므로 역시 수열이 아주 무작위하지는 않다. 사실 이 경우

$$X_{n+1} - X_n \equiv c + cbn$$

이므로, 생성된 인접 난수 사이의 차이들은 단순한 방식으로(n의 한 값에서 다음 값으로 가는 식으로) 변할 뿐이다. 점 (X_n, X_{n+1}, X_{n+2})는 항상 3차원 공간의 네 평면

$$x - 2y + z = d + m, \qquad x - 2y + z = d,$$
$$x - 2y + z = d - m, \qquad x - 2y + z = d - 2m$$

(여기서 $d = cb \bmod m$) 중 하나에 놓인다.

농도가 3이면 수열은 다소 무작위한 모습이 되기 시작하나, X_n과 X_{n+1}, X_{n+2} 사이에 높은 의존성이 존재한다. 검정을 해 보면 농도가 3인 수열이 여전히 충분히 좋지는 않음을 알 수 있다. 농도가 4 이상일 때에는 타당한 결과가 나온다고 보고된 적이 있지만, 그 결과가 다른 사람들에 의해서 반박되기도 했다. 충분히 무작위한 값들을 위해서는 농도가 적어도 5는 되어야 하는 것으로 보인다.

예를 들어 $m = 2^{35}$이고 $a = 2^k + 1$이라고 가정하자. 그러면 $b = 2^k$이므로, $k \geq 18$일 때 값 $b^2 = 2^{2k}$은 m의 배수가 된다. 따라서 농도는 2이다. 만일 $k = 17, 16, \ldots, 12$이면 농도는 3이고, $k = 11, 10, 9$이면 농도가 4이다. 그러므로 농도의 관점에서 유일하게 받아들일 수 있는 곱수들은 $k \leq 8$인 경우이다. 이는 $a \leq 257$를 의미하는데, 이후에 작은 곱수들도 피해야 함을 보게 될 것이다. 이제 $m = 2^{35}$일 때 $2^k + 1$ 형태의 모든 곱수들은 선택에서 제외시킬 수 있다.

법 m이 $w \pm 1$과 같을 때(w는 워드 크기) 일반적으로 m은 소수의 고차 거듭제곱들로 나누어지지 않으며 높은 농도는 불가능하다(연습문제 6 참고). 따라서 이 경우 최대주기 방법은 사용하지 *말아야* 한다. 대신 $c = 0$으로 한 순수 곱셈적 방법을 적용해야 한다.

높은 농도가 무작위성의 필요조건이긴 하지만 충분조건은 아님을 명심해야 할 것이다. 여기서 우리는 농도라는 개념을 단지 무능력한 발생기들을 기각하는 데 사용할 뿐, 능력 있는 발생기를 골라내는 데 사용하지는 않는다. 선형합동수열이 받아들일 수 있을 정도로 무작위한 난수열로 간주되려면 3.3.4절에서 논의하는 "스펙트럼 검정"을 반드시 통과해야 한다.

연습문제

1. [M10] MIX의 구체적인 바이트 크기 B가 어떻든 상관없이 코드 (3)은 최대 주기의 난수발생기가 됨을 보여라.

2. [10] MIX 코드 (3)이 나타내는 발생기의 농도는 얼마인가?

3. [11] $m = 2^{35}$일 때, $a = 3141592621$인 선형합동수열의 농도는 얼마인가? $a = 2^{23} + 2^{13} + 2^2 + 1$일 때의 농도는 얼마인가?

4. [15] 만일 $m = 2^e \geq 8$이면, $a \bmod 8 = 5$일 때 최대 농도가 나옴을 보여라.

5. [M20] $m = p_1^{e_1} \dots p_t^{e_t}$이고 $a = 1 + k p_1^{f_1} \dots p_t^{f_t}$이라고 하자. 여기서 a는 정리 3.2.1.2A의 조건들을 만족하며 k는 m과 서로 소이다. 이러한 설정에서 수열의 농도가 $\max\left(\lceil e_1/f_1 \rceil, \dots, \lceil e_t/f_t \rceil\right)$임을 보여라.

▶ **6.** [20] 표 3.2.1.1-1의 $m = w \pm 1$ 값들 중에서 농도가 4 이상인 최대 주기 선형합동수열에 사용할 수 있는 것은 무엇인가? (연습문제 5의 결과를 활용할 것.)

7. [M20] 정리 3.2.1.2A의 조건들을 만족하는 a는 m과 서로 소이다. 따라서 $aa' \equiv 1 \pmod{m}$인 수 a'가 존재한다. a'를 b로 간단히 나타낼 수 있음을 보여라.

▶ **8.** [M26] $X_{n+1} = (2^{17} + 3) X_n \bmod 2^{35}$과 $X_0 = 1$로 정의되는 한 난수발생기를 다음과 같이 검정하고자 한다: $Y_n = \lfloor 20 X_n / 2^{35} \rfloor$로 둔다. 그러면 Y_n은 0과 19 사이의 정수 난수이며, 3짝 (triple) $(Y_{3n}, Y_{3n+1}, Y_{3n+2})$들은 $(0, 0, 0)$에서 $(19, 19, 19)$까지의 8000개의 가능한 값들 각각을 거의 동일한 빈도로 취해야 한다. 그런데 n을 1,000,000으로 두고 시험해 보니 그런 3짝들 중 많은 것들이 나타나지 않았으며 그 외의 것들은 필요 이상으로 많이 나타났다. 이러한 검정 실패의 이유를 밝혀보라.

3.2.2. 다른 방법들

선형합동수열이 컴퓨터용으로 제안된 유일한 난수 발생원인 것은 물론 아니다. 이번 절에서는 가장 중요한 대안들을 개괄하겠다. 이 방법들 중에는 상당히 중요한 것들도 있지만, 그 외의 것들의 경우는 예상한 만큼 좋지는 않다는 점에서 단지 흥미로울 뿐이다.

　난수 생성과 관련된 흔한 오해 하나는, 좋은 발생기를 택하고 조금 손을 봄으로써 "좀 더 무작위한" 수열을 얻을 수 있을 거라는 생각이다. 종종 이는 사실이 아니다. 예를 들어

$$X_{n+1} = (aX_n + c) \bmod m \tag{1}$$

은 상당히 좋은 난수들을 만들어낸다. 그렇다면

$$X_{n+1} = ((aX_n) \bmod (m+1) + c) \bmod m \tag{2}$$

의 수열이 더 무작위하지 않을까? 답은, 새 수열이 아마도 훨씬 덜 무작위하다는 것이다. 이론 전체가 깨져버리며, 수열 (2)의 습성에 대한 어떠한 이론도 없는 상황에서 우리는 무작위로 선택된 함수 f에 대한 $X_{n+1} = f(X_n)$ 형태의 발생기들의 영역으로 들어서게 되기 때문이다. 연습문제 3.1-11에서 3.1-15까지는 이 수열들이 좀 더 엄격한 함수 (1)로 얻은 수열들보다 아마도 훨씬 더 나쁜 습성을 가질 것임을 보여준다.

　그럼 수열 (1)을 진정으로 개선하기 위한 시도의 일환으로, 또 다른 접근방식을 고려해보자. 선형합동법은 이를테면 다음과 같은 2차 합동법으로 일반화할 수 있다.

$$X_{n+1} = (dX_n^2 + aX_n + c) \bmod m. \tag{3}$$

연습문제 8은 정리 3.2.1.2A를 일반화해서, (3)으로 정의된 수열이 최대 주기 길이가 m이 되게 하는 a, c, d에 대한 필요조건들과 충분조건들을 구한다. 그 조건들이 선형합동법의 것들에 비해 훨씬 더 엄격하지는 않다.

코베유R. R. Coveyou는 m이 2의 거듭제곱일 때의 한 가지 흥미로운 2차 합동법을 제안했다. 다음과 같다.

$$X_0 \bmod 4 = 2, \qquad X_{n+1} = X_n(X_n + 1) \bmod 2^e, \qquad n \geq 0. \tag{4}$$

이 수열은 위넘침이 발생할 걱정 없이 (1)에서와 동일한 효율성으로 계산할 수 있다. 이 수열과 폰노이만von Neuman의 원래의 중앙제곱법 사이에는 흥미로운 관계가 존재한다: Y_n를 $2^e X_n$으로 두자. 즉, Y_n은 e개의 0들을 X_n의 오른쪽에 두어서 생기는 배정도(double-precision) 수이다. 그러면 Y_{n+1}은 정확히 $Y_n^2 + 2^e Y_n$의 중앙의 $2e$ 자리 숫자들로 구성된다! 다른 말로 하면, 코베유의 방법은 다소 퇴화된 배정도 중앙제곱법과 거의 동일하다. 그래도 긴 주기를 보장하기는 한다. 이 방법의 무작위성에 대한 자세한 증거는 연습문제 8의 해답에 인용된 코베유의 논문에 증명되어 있다.

식 (1)을 보면 다른 방식의 일반화들도 쉽게 떠올릴 수 있을 것이다. 예를 들어 수열의 주기 길이를 늘이는 시도를 해 볼 수도 있다. 선형합동수열의 주기는 상당히 길다. m이 컴퓨터의 워드 크기와 대략 같을 때 보통 10^9 단위 이상의 주기들을 얻을 수 있으며, 전형적인 응용들에서는 그 수열의 아주 작은 부분만을 사용할 것이다. 한편, 3.3.4에서는 "정확도(accuracy)" 개념을 논의하면서 주기 길이가 수열에서 얻을 수 있는 무작위성의 정도에 영향을 미침을 알게 될 것이다. 따라서 더 긴 주기를 추구하는 것은 바람직한 일일 수 있으며, 그런 목적으로 여러 방법들이 나와 있다(또 그런 목적으로 사용할 수 있는 방법도 여러 가지가 있다). 한 가지 기법은 X_{n+1}이 X_n 하나가 아니라 X_n과 X_{n-1} 모두에 의존하게 하는 것이다. 그러면 주기 길이는 m^2만큼 길어질 수 있다(수열이 $(X_{n+\lambda}, X_{n+\lambda+1}) = (X_n, X_{n+1})$에 도달하고 나서야 반복될 것이므로). 모클리John Mauchly는 1949년의 한 통계 컨퍼런스에 제출한 출판되지 않은 한 논문에서 점화식 $X_n = \text{middle}(X_{n-1} \cdot X_{n-6})$을 이용하는 확장된 중앙제곱법을 제시한 바 있다.

X_{n+1}이 둘 이상의 그 이전 값들에 의존하는 형태의 가장 간단한 수열은 바로 피보나치 수열

$$X_{n+1} = (X_n + X_{n-1}) \bmod m \tag{5}$$

이다. 이 발생기는 1950년대 초반에 고려되었으며 대체로 m보다 큰 주기 길이를 낸다. 그러나 검정들을 적용해 보면 이 피보나치 점화식이 만들어내는 수들이 만족할 만큼 무작위한 것은 절대 아님을 알 수 있다. 따라서 난수의 근원으로서의 (5)에 대한 우리의 주된 관심사는 그것이 논의에 도움이 되는 "나쁜 예"라는 점에 있을 뿐이다. 또한 다음과 같은 형태의 발생기도 고려해 볼 수 있다.

$$X_{n+1} = (X_n + X_{n-k}) \bmod m. \tag{6}$$

여기서 k는 비교적 큰 값이다. 이 점화식은 그린Green, 스미스Smith, 클렘Klem이 제안한 것으로 [*JACM* **6** (1959), 527-537], 그들은 $k \leq 15$일 때 수열이 "간격 검정(gap test, 3.3.2절에서 설명한다)"을 통과하지 못하지만 $k = 16$일 때에는 만족스럽게 통과한다고 보고했다.

미첼G. J. Mitchell과 무어D. P. Moore는 1958년에 훨씬 더 나은 종류의 덧셈적(additive, 가산적) 발생기를 고안했다. 그들은 다음과 같이 정의되는 다소 색다른 수열을 제안했다.

$$X_n = (X_{n-24} + X_{n-55}) \bmod m, \qquad n \geq 55. \tag{7}$$

여기서 m은 짝수이고 $X_0, ..., X_{54}$는 모두가 짝수는 아닌 임의의 정수들이다. 이 정의의 상수 24와 55는 그냥 임의로 선택된 것이 아니고, 최하위 비트들이 $\langle X_n \bmod 2 \rangle$인 수열의 주기 길이가 $2^{55} - 1$이 되도록 하는 특별한 값들이다. 따라서 수열 $\langle X_n \rangle$의 주기 길이는 반드시 적어도 $2^{55} - 1$이다. 연습문제 30에서는 $m = 2^e$일 때 (7)의 주기 길이가 정확히 $2^{e-1}(2^{55} - 1)$임을 증명한다.

언뜻 보면 식 (7)이 컴퓨터 구현에 아주 적합하지는 않은 것 같지만, 실제로는 순환 목록을 이용해서 그런 수열을 아주 효율적으로 생성하는 방법이 있다. 다음과 같다.

알고리즘 A (덧셈적 수 발생기). 메모리 칸 $Y[1], Y[2], ..., Y[55]$들을 각각 값 $X_{54}, X_{53}, ..., X_0$들로 초기화한다. j는 24로, k는 55로 초기화한다. 이 알고리즘을 연속해서 수행하면 수 $X_{55}, X_{56}, \cdots$들이 출력된다.

A1. 〔더하기.〕 (이 시점에서 출력할 난수가 X_n이라고 할 때, $Y[j]$는 X_{n-24}와 같고 $Y[k]$는 X_{n-55}와 같다.) $Y[k] \leftarrow (Y[k] + Y[j]) \bmod 2^e$으로 설정하고 $Y[k]$를 출력한다.

A2. 〔진행.〕 j와 k를 1 감소한다. 이제 만일 $j = 0$이면 $j \leftarrow 55$로 설정한다. 그렇지 않고 만일 $k = 0$이면 $k \leftarrow 55$로 설정한다. ∎

다음은 이 알고리즘을 MIX에서 구현한 프로그램이다.

프로그램 A (가산적 수 발생기). 이 루틴을 포함하는 프로그램의 나머지 부분이 변수 j와 k에 해당하는 색인 레지스터 5와 6을 건드리지 않는다고 가정할 때, 다음 코드는 알고리즘 A를 수행하고 그 결과를 레지스터 A에 남긴다.

```
LDA   Y,6      A1. 더하기.
ADD   Y,5      Y_k + Y_j (위넘침 가능)
STA   Y,6        → Y_k.
DEC5  1        A2. 진행. j ← j − 1.
DEC6  1        k ← k − 1.
J5P   *+2
ENT5  55       만일 j = 0이면 j ← 55로 설정.
J6P   *+2
ENT6  55       만일 k = 0이면 k ← 55로 설정. ∎
```

이 발생기는 곱하기를 전혀 사용하지 않기 때문에 일반적으로 지금까지 논의한 다른 방법들보다 빠르다. 빠르다는 장점 외에, 연습문제 3.2.1.2-22의 것을 제외할 때 지금까지 본 것들 중에서 가장 긴 주기를 가진다는 장점도 있다. 더 나아가서, 브렌트Richard Brend가 관찰했듯이, 정수와 분수 사이의 변환 없이도 부동소수점 수들에 대해서 정확하게 작동하도록 만드는 것도 가능하다(연습문제 23 참고). 따라서 이것이 실용적인 목적에서 최고의 난수원으로 입증될 수도 있다. 그러나 (7) 같은 수열을 진심으로 권장하기는 힘든데, 그 주된 이유는 이들이 바람직한 무작위 성질들을 가지고 있는지 아닌지를 증명하기 위한 이론이 아직도 매우 적다는 점에 있다. 본질적으로 확실히 말할 수 있는 부분은 주기가 매우 길다는 것뿐인데, 그것만으로는 부족하다. 그러나 라이저John Reiser (Ph.D. 학위 논문, Stanford University, 1977)는 어떤 그럴듯한 추측이 참이라고 한다면 (7) 같은 가산적 수열이 높은 차원들에서 잘 분포됨을 보였다(연습문제 26 참고).

식 (7)의 수 24와 55를 흔히 시차(lag)라고 하며, (7)로 정의된 수 X_n들을 가리켜 시차 피보나치 수열(lagged Fibonacci sequence)을 형성한다고 말한다. $(24, 55)$ 같은 시차들은 이후의 일부 연습 문제들에 나오는 이론적 결과들 때문에 잘 작동한다. 물론 응용 프로그램이 이를테면 55개의 값들을 묶어서 한 번에 한 묶음씩 사용하는 경우라면 약간 더 큰 시차들을 사용하는 게 좋다. 엄격히 X_{n-24}와 X_{n-55} 사이에 놓인 X_n이 (7)이 만들어 내는 수들에 포함되는 일은 결코 없다(연습문제 2 참고). 10^{11}개의 난수들이 필요한 광범위한 고정밀도 몬테카를로 연구를 수행하면서, 노르망J. M. Normand, 헤르만H. J. Herrmann, 하자르M. Hajjar 등은 (7)로 생성한 수들에서 약간의 편향(bias)들을 발견했다 [J. Statistical Physics 52 (1988), 441-446]. 그러나 k를 더 큰 값들로 했을 때에는 나쁜 영향이 줄어들었다. 표 1에는 수열 $X_n = (X_{n-l} + X_{n-k}) \bmod 2^e$의 주기 길이가 $2^{e-1}(2^k - 1)$이 되게 하는 몇 가지 유용한 (l, k) 쌍들이 나와 있다. $(l, k) = (30, 127)$은 대부분의 응용에서 충분히 크다. 특히 이후에 논의할 다른 무작위 향상 기법들과 함께 쓰는 경우에는 더욱 그렇다.

표 1

긴 주기 mod 2를 내는 시차들

$(24, 55)$	$(37, 100)$	$(83, 258)$	$(273, 607)$	$(576, 3217)$	$(7083, 19937)$
$(38, 89)$	$(30, 127)$	$(107, 378)$	$(1029, 2281)$	$(4187, 9689)$	$(9739, 23209)$

이 표의 확장으로는 N. Zierler, J. Brillhart, Information and Control 13 (1968), 541-554, 14 (1969), 566-569, 15 (1969), 67-69; Y. Kurita, M. Matsumoto, Math. Comp. 56 (1991), 817-821; Heringa, Blöte, Compagner, Int. J. Mod. Phys. C3 (1992), 561-564를 볼 것.

마서글리아George Marsaglia는 (7)을 다음으로 대체할 것을 제안한 바 있다 [Comp. Sci. and Statistics: Symposium on the Interface 16 (1984), 3-10].

$$X_n = (X_{n-24} \cdot X_{n-55}) \bmod m, \qquad n \geq 55. \tag{7'}$$

여기서 m은 4의 배수이고 X_0에서 X_{54}까지는 홀수인데, 모두가 1과 합동(4를 법으로 해서)인 것은 아니다. 그러면 최하위 두 번째 비트의 주기는 $2^{55} - 1$이 되는 반면 최상위 비트들은 이전보다 더 충분히 섞인다. 왜냐하면 그 비트들은 어떤 식으로든 결국은 X_{n-24}와 X_{n-55}의 모든 비트들에 의존하기 때문이다. 연습문제 31은 수열 $(7')$의 주기 길이가 (7)의 것보다 아주 약간만 더 작음을 보여준다.

시차 피보나치 발생기들은 1958년부터 여러 상황들에서 성공적으로 쓰여 왔다. 그러나 충격적이게도, 1990년대에 이르러 그 발생기들이 극도로 간단하며 작위적이지 않은 한 무작위 검정(연습문제 3.3.2-31)에서 실패하는 것으로 밝혀졌다. 그런 문제점을 수열의 적당한 원소들을 폐기함으로써 피하는 우회책이 이번 절 끝 부분에 나온다.

순전히 덧셈적인 또는 순전히 곱셈적인 수열들을 고려하는 대신, 작은 k에 대한 일반적 선형 조합들을 취함으로써 유용한 난수발생기들을 구축하는 것이 가능하다. 이 경우에는 법 m이 큰 소수일 때 최상의 결과가 나온다. 예를 들어 하나의 컴퓨터 워드에 맞는 가장 큰 소수(표 4.5.4-2 참고)를 m으로 택할 수 있다. 유한체 이론(有限體, theory of finite field)에 의하면, $m=p$가 소수일 때

$$X_n = (a_1 X_{n-1} + \cdots + a_k X_{n-k}) \bmod p \tag{8}$$

로 정의되는 수열의 주기 길이가 $p^k - 1$이 되는 곱수 $a_1, ..., a_k$를 구하는 것이 가능하다. 여기서 $X_0, ..., X_{k-1}$은 임의로 정할 수 있으나 모두가 0이어서는 안 된다. ($k=1$인 특수 경우는 이미 익숙한, 법이 소수인 곱셈적 합동수열에 해당한다.) (8)의 상수 $a_1, ..., a_k$들은 오직 다항식

$$f(x) = x^k - a_1 x^{k-1} - \cdots - a_k \tag{9}$$

가 "p를 법으로 하는 원시다항식(primitive polynomial)"일 때에만, 다시 말해서 이 다항식이 p^k개의 원소들로 된 체(field)의 원시원소인 근을 가질 때에만 바람직한 성질을 가진다(연습문제 4.6.2-16 참고).

물론, 실용적인 목적에서 볼 때 주기의 길이가 $p^k - 1$이 되는 적절한 상수 $a_1, ..., a_k$가 존재한다는 사실 자체만으로는 충분하지 않다. 반드시 그 상수들을 찾아야 하는데, p가 컴퓨터 워드 크기와 거의 비슷하기 때문에 그냥 모든 가능한 p^k개의 값들을 일일이 시험해 볼 수는 없다. 다행히, 적절한 $(a_1, ..., a_k)$ 선택들의 개수는 정확히 $\varphi(p^k - 1)/k$이므로 무작위로 몇 번 시도해 보면 적절한 상수들을 찾을 가능성이 꽤 크다. 한편 (9)가 p를 법으로 한 원시다항식인지를 빠르게 판정하는 방법도 필요하다. 수열의 원소들을 $p^k - 1$개까지 만들어 내면서 반복이 생기는지 점검하는 식으로 운에 기대는 방법은 고려할 가치가 없음이 확실하다! p를 법으로 한 원시성 판정 방법은 앨러넌Alanen과 커누스Knuth가 *Sankhyā* **A26** (1964), 305-328에서 논의했다. 그러한 판정에 다음과 같은 조건들을 사용할 수 있다: $r = (p^k - 1)/(p-1)$로 두었을 때,

i) $(-1)^{k-1} a_k$는 반드시 p를 법으로 한 원시근이어야 한다. (3.2.1.2절 참고.)

ii) 다항식 x^r은 반드시 $f(x)$와 p를 법으로 하여 $(-1)^{k-1} a_k$와 합동이어야 한다.

iii) r의 각 소수 약수 q에 대해, $x^{r/q} \bmod f(x)$의 p를 다항식 산술의 법으로 한 차수는 반드시 양이어야 한다.

주어진 소수 p를 다항식 산술의 법으로 하는 다항식 $x^n \bmod f(x)$를 효율적으로 계산하는 방법은 4.6.2절에서 논의한다.

이 판정을 수행하기 위해서는 $r = (p^k - 1)/(p - 1)$의 소인수분해를 알아야 하는데, 이것이 이 계산의 제한 요인이다. $k = 2, 3$일 때에는(어쩌면 4일 때에도) r을 적당한 시간 안에서 인수분해할 수 있지만, p가 크다면 k가 더 큰 값일 때에는 인수분해가 어렵다. $k = 2$일 때에도 "유효 무작위 숫자"들의 개수가 $k = 1$일 때에 비해 본질적으로 두 배가 되므로, 큰 k 값들이 필요한 경우는 드물 것이다.

식 (8)로 생성한 수열을 평가하는 데 스펙트럼 검정(3.3.4절)의 한 변형을 사용할 수 있다. 연습문제 3.3.4-24를 볼 것. 3.3.4절의 논의는 해당 형태의 원시다항식이 존재하는 경우 $a_1 = +1$ 또는 -1이라는 명백한 선택을 *피하*는 것이 좋음을 보여준다. 조건들을 만족하는 큰, 본질적으로 "무작위한" $a_1, \ldots, a_k$ 값들을 선택하고 스펙트럼 판정으로 그 선택을 검정하는 것이 더 낫다. $a_1, \ldots, a_k$를 구하는 데에는 상당한 계산이 필요하나, 알려진 모든 증거는 그 결과가 매우 만족스러운 난수원이 됨을 가리킨다. 본질적으로는 단정도 연산들만 사용해서도 k짝(k-tuple) 정밀도를 가진 선형합동 발생기의 무작위성을 얻게 되는 것이다.

특별한 경우인 $p = 2$도 따로 살펴볼만 하다. 0에서 1 사이의 무작위한 분수들이 아니라 무작위한 비트들의 수열, 즉 0과 1들의 수열을 생성하는 난수발생기가 필요한 경우가 종종 있다. 이진 컴퓨터에서 k비트 워드들을 조작함으로써 고도로 무작위한 비트열을 만들어내는 간단한 방법이 존재한다. 이런 것이다. 임의의 0이 아닌 이진 워드 X로 시작한다. 다음과 같은 연산들(MIX의 언어로 된 것이다)을 수행해서 수열의 다음 무작위 비트를 얻는다(연습문제 16 참고):

```
LDA   X       (현재 위넘침이 "꺼짐"이라고 가정.)
ADD   X       한 비트 왼쪽으로 자리이동한다.
JNOV  *+2     상위 비트가 원래 0이었으면 점프                    (10)
XOR   A       그렇지 않으면 수를 "배타적 논리합"으로 수정한다.
STA   X       ▌
```

여기서 네 번째 명령은 거의 모든 이진 컴퓨터가 갖추고 있는 "배타적 논리합(exclusive or)" 연산이다(연습문제 2.5-28과 7.1절 참고). 이 명령은 장소 A에 담긴 값의 "1"인 비트들에 해당하는 rA의 각 비트를 변경한다. 장소 A의 값은 이진 상수 $(a_1 \ldots a_k)_2$인데, 여기서 $x^k - a_1 x^{k-1} - \cdots - a_k$는 앞에서처럼 2를 법으로 하는 원시다항식이다. 코드 (10)을 수행한 후, 워드 X의 최하위 비트를 수열의 다음 무작위 비트로 취할 수도 있고, 아니면 X의 최상위 비트를 일관적으로 사용해도 된다(최상위 비트가 더 편하다면).

예를 들어서 그림 1에 나온 값들을 보자. 이것은 $k = 4$, CONTENTS(A) $= (0011)_2$로 둔 것인데, 물론 4는 k의 값으로는 대단히 작은 값이다. 오른쪽 열은 수열의 비트열에 해당한다. 구체적으로 말하면 1101011110001001...인데, 길이 $2^k - 1 = 15$의 주기로 반복된다. 메모리 4비트만으로 생성한 것치고는 상당히 무작위한 수열이다. 어느 정도 무작위한 것인지는 주기 안에 나오는 인접한

4비트 단위 값들, 즉 1101, 1010, 0101, 1011, 0111, 1111, 1110, 1100, 1000, 0001, 0010, 0100, 1001, 0011, 0110을 보면 알 수 있다. 일반적으로는 모든 가능한 k비트 인접 집합들이 주기 안에 정확히 한 번씩 출현한다. 단, 비트들이 모두 0인 집합은 예외이다(주기 길이가 $2^k - 1$이므로). 따라서 인접한 k비트 집합들은 본질적으로 서로 독립적이다. 3.5절에서는 k가 이를테면 30 이상일 때 이것이 매우 강력한 무작위 조건임을 보게 될 것이다. 이 수열의 무작위성을 보여주는 이론적 결과가 토스워스R. C. Tausworthe의 글 *Math. Comp.* **19** (1965), 201-209에 나와 있다.

```
1011
0101
1010
0111
1110
1111
1101
1001
0001
0010
0100
1000
0011
0110
1100
1011
```

그림 1. 이진 생성법으로 생성한, 컴퓨터 워드 X의 일련의 내용들. $k = 4$이고 CONTENTS(A) $= (0011)_2$라고 가정한 것이다.

스탠크W. Stahnke는 차수가 ≤ 168인, 2를 법으로 한 원시다항식들을 *Math. Comp.* **27** (1973), 977-980에서 표로 정리했다. $k = 35$일 때에는

$$\text{CONTENTS(A)} = (00000000000000000000000000000000101)_2$$

로 둘 수 있으나, 연습문제 18과 3.3.4-24의 고찰에 의하면 2를 법으로 한 원시다항식을 정의하는 "무작위" 상수들을 찾는 게 더 나을 것이다.

주의: 이 무작위 비트 생성 기법을 무작위한 전체워드 분수 $(.X_0 X_1 \ldots X_{k-1})_2$, $(.X_k X_{k+1} \ldots X_{2k-1})_2$, $\ldots$들의 생성에 사용할 수 있다고 믿는 함정에 빠진 사람들이 여럿 있었다. 그러나 이 기법의 경우 개별 비트들이 무작위이긴 하지만 무작위 분수들의 발생원으로는 좋지 않다. 연습문제 18에 그 이유가 나온다.

미첼과 무어의 가산적 발생기 (7)은 본질적으로 원시다항식 개념에 근거를 둔 것이다. 다항식 $x^{55} + x^{24} + 1$은 원시다항식이며, 표 1은 본질적으로 2를 법으로 한 특정한 원시3항식들을 나열한

것이다. 미첼 및 무어와는 독립적으로 거의 동일한 발생기를 1971년에 루이스T. G. Lewis와 페인W. H. Payne이 발견했다 〔*JACM* **20** (1973), 456-468〕. 그들은 덧셈 대신 "배타적 논리합"을 사용했는데, 그래서 주기 길이가 정확히 $2^{55} - 1$이 되었다. 루이스와 페인의 수열의 각 비트 위치는 동일한 주기적 수열을 거쳐가나, 출발점은 각자 고유하다. 실험에 의하면 (7)이 더 나은 결과를 내었다.

지금까지의 논의에서 X_n이 $X_{n-1}, ..., X_{n-k}$의 적절한 함수이고 m이 소수일 때 $0 \le X_n < m$이고 주기가 $m^k - 1$인 수열을 큰 어려움 없이 구축할 수 있음을 보았다. 점화식

$$X_n = f(X_{n-1}, ..., X_{n-k}), \qquad 0 \le X_n < m \tag{11}$$

형태로 정의되는 수열에서 얻을 수 있는 가장 큰 주기가 m^k임은 쉽게 알 수 있을 것이다. 모든 m과 k에 대해서 이 최대 주기를 내는 함수가 존재할 수 있음을 최초로 밝힌 이는 마틴M. H. Martin이다 〔*Bull. Amer. Math. Soc.* **40** (1934), 859-864〕. 그의 방법은 쉽게 이해할 수 있으며(연습문제 17) 프로그래밍에 비교적 효율적이다(연습문제 29). 그러나 난수 발생의 용도로는 그리 적합하지 않는데, 왜냐하면 이 방법은 $X_{n-1} + \cdots + X_{n-k}$의 값을 아주 느리게 변경하기 때문이다. 모든 k짝들이 발생하긴 하지만, 그 순서가 아주 무작위하지는 않다. 최대 주기 m^k를 내는 좀 더 나은 부류의 함수 f들은 연습문제 21에서 고찰한다. 그에 해당하는 프로그램들은 난수 발생 용도로 볼 때 일반적으로 앞서 설명한 다른 방법들만큼 효율적이지는 않다. 그러나 주기를 하나의 전체로 고려하는 경우에는 뚜렷한 무작위성을 제공한다.

그 외에도 많은 난수 발생 방법들이 제시되어 있다. 그런 대안적 방법들 중 가장 흥미로운 것으로는 아이헨나우어Eichenauer와 렌Lehn이 제안한, 다음과 같은 역합동수열(inversive congruential sequence)을 들 수 있을 것이다 〔*Statistische Hefte* **27** (1986), 315-326〕:

$$X_{n+1} = (aX_n^{-1} + c) \bmod p. \tag{12}$$

여기서 p는 소수이고 X_n의 구간은 집합 $\{0, 1, ..., p-1, \infty\}$이며 역원들은 $0^{-1} = \infty$, $\infty^{-1} = 0$, 그 외의 경우 $X^{-1}X \equiv 1 \pmod{p}$로 정의된다. 이 수열에서는 0 다음에 항상 ∞가 오고 그 다음에 c가 오므로, 구현의 목적에서는 그냥 $0^{-1} = 0$으로 정의해도 된다. 그러나 이론을 전개할 때에는 $0^{-1} = \infty$로 두는 게 더 깔끔하고 쉽다. X^{-1} modulo p를 계산하는 하드웨어 구현에 적합한 효율적인 알고리즘이 존재한다. 이를테면 연습문제 4.5.2-39를 보라. 그러나 안타깝게도 대부분의 컴퓨터들은 이런 연산 기능을 제공하지 않는다. 연습문제 35는 최대 주기 길이 $p+1$을 내는 여러 a, c 선택들을 제시한다. 연습문제 37은 이 수열의 가장 중요한 성질을 보여주는데, 이런 것이다: 역합동수열은 선형합동수열의 특성이라 할 수 있는 격자구조(lattice structure)와는 완전히 무관하다.

또 다른 중요한 기법들로는 난수발생기들의 조합을 다루는 것들이 있다. 선형합동법, 가산적 방법 등이 충분히 무작위한 수열을 만들어내기에는 너무 단순하다고 느끼는 사람들은 항상 존재한다. 그리고 그들의 의구심이 틀렸음을 증명하기란 불가능할지 모른다(사실 그들이 옳을 수도 있다). 따라서

그런 것을 가지고 논쟁을 벌이는 일은 무의미하다. 두 수열을 결합해서, 전부는 아니더라도 가장 강경한 회의론자들을 만족시키기에 충분할 정도의 무작위성을 가진 세 번째 수열을 만들어내는 비교적 효율적인 방법들이 존재한다.

0에서 $m-1$까지의 난수들로 된 두 수열 X_0, X_1, ...과 Y_0, Y_1, ...이 있다고 하자. 두 수열을 서로 무관한 방법들로 발생시켰다고 하면 더 좋을 것이다. 그런 수열들이 있다고 할 때, 이를테면 한 난수열을 가지고 다른 난수열의 원소들을 순열치환함으로써 또 다른 난수열을 만들어낼 수 있다. 이런 방법은 매클라렌M. D. MacLaren과 마서글리아G. Marsaglia가 제안한 바 있다 〔*JACM* **12** (1965), 83-89; 또한 Marsaglia, Bray, *CACM* **11** (1968), 757-759도 볼 것〕. 다음이 그러한 알고리즘 이다.

알고리즘 M (뒤섞기를 통한 무작위화). 두 수열 $\langle X_n \rangle$과 $\langle Y_n \rangle$을 생성하는 방법들이 주어졌을 때, 이 알고리즘은 "상당히 더 무작위한" 수열의 항들을 연속해서 출력한다. 이 알고리즘은 보조표 $V[0]$, $V[1]$, ..., $V[k-1]$을 사용하는데, k는 편의 상 선택한 어떤 수이며 보통은 100 근처의 값이다. 초기에 이 V 표는 X 수열의 처음 k개의 값들로 채워져 있다.

M1. 〔X, Y 생성.〕 X와 Y를 각각 수열 $\langle X_n \rangle$과 $\langle Y_n \rangle$의 다음 수로 설정한다.

M2. 〔j 추출.〕 $j \leftarrow \lfloor kY/m \rfloor$으로 설정한다. 여기서 m은 수열 $\langle Y_n \rangle$에 쓰이는 법이다. 즉, j는 Y에 의해 결정되는, $0 \leq j < k$ 범위의 무작위 값이다.

M3. 〔교환.〕 $V[j]$를 출력하고 $V[j] \leftarrow X$로 설정한다. ■

한 예로, 알고리즘 M을 다음으로 정의되는 두 수열들에 적용한다고 하자.

$$X_0 = 5772156649, \qquad X_{n+1} = (3141592653 X_n + 2718281829) \bmod 2^{35};$$
$$Y_0 = 1781072418, \qquad Y_{n+1} = (2718281829 Y_n + 3141592653) \bmod 2^{35}. \tag{13}$$

직감적으로는, 출력의 인접 항들 사이의 관계가 거의 전적으로 사라졌다는 점에서, (13)에 알고리즘 M을 적용해서 얻은 수열이 컴퓨터 생성 수열에 대한 거의 모든 사람의 요구를 만족하리라고 예상해도 무방할 것 같아 보인다. 세나가 이 수열을 생성하는 데 걸리는 시간은 수열 $\langle X_n \rangle$만 생성하는 데 걸리는 시간의 두 배보다 아주 약간 더 길 뿐이다.

연습문제 15는 실용적 목적 하의 상황들 대부분에서 알고리즘 M이 출력한 수열의 주기 길이가 $\langle X_n \rangle$과 $\langle Y_n \rangle$의 주기 길이들의 최소공배수임을 증명한다. 특히, Y 수열에서 값 0이 나왔을 때 그것을 기각해서 $\langle Y_n \rangle$의 주기 길이가 $2^{35}-1$이 되도록 하면 (13)에 대해 알고리즘 M이 생성한 수들의 주기 길이는 $2^{70}-2^{35}$이 된다. 〔J. Arthur Greenwood, *Comp. Sci. and Statistics: Symp. on the Interface* **9** (1976), 222 참고.〕

그런데 베이스Carter Bays와 듀럼S. D. Durham이 발견한, 수열 원소들을 섞는 좀 더 나은 방식이 존재한다 〔*ACM Trans. Math. Software* **2** (1976), 59-64〕. 그들의 접근방식은 표면적으로 알고리즘 M과 비슷해 보이지만, 두 수열이 아니라 하나의 입력 수열 $\langle X_n \rangle$만 사용함에도 놀랄 만큼 우월한 성능을 제공한다. 다음과 같다.

알고리즘 B (뒤섞기를 통한 무작위화). 수열 $\langle X_n \rangle$의 생성 방법이 주어졌을 때, 이 알고리즘은 알고리즘 M에서처럼 보조표 $V[0], V[1], ..., V[k-1]$을 사용해서 "상당히 더 무작위한" 수열의 항들을 연속해서 출력한다. 초기에 이 V 표는 X 수열의 처음 k개의 값들로 채워져 있으며 보조 변수 Y는 $(k+1)$번째 값과 동일하게 설정되어 있다고 가정한다.

B1. 〔j를 추출.〕 $j \leftarrow \lfloor kY/m \rfloor$로 설정한다. 여기서 m은 수열 $\langle X_n \rangle$에 쓰인 법이다. 즉, j는 Y에 의해 결정되는, $0 \leq j < k$ 범위의 무작위 값이다.

B2. 〔교환.〕 $Y \leftarrow V[j]$로 설정하고, Y를 출력하고, $V[j]$를 수열 $\langle X_n \rangle$의 다음 원소로 설정한다. ∎

알고리즘 M과 B의 차이를 파악하려면 연습문제 3과 5를 꼭 풀어보기 바란다.

MIX에서 알고리즘 B를 구현할 때에는, k를 바이트 크기와 같게 둔다면 다음과 같은 간단한 수 생성 코드가 가능해진다(초기화를 마친 후의 코드임).

```
LD6    Y(1:1)      j ← Y의 상위 바이트.
LDA    X           rA ← Xₙ.
INCA   1           (연습문제 3.2.1.1-1 참고)
MUL    A           rX ← Xₙ₊₁.                        (14)
STX    X           "n ← n+1."
LDA    V,6
STA    Y           Y ← V[j].
STX    V,6         V[j] ← Xₙ. ∎
```

출력은 레지스터 A에 들어간다. 알고리즘 B에서는 생성된 수 당 추가부담이 단 네 개의 명령임을 주목할 것.

게브하르트F. Gebhardt 〔*Math. Comp.* **21** (1967), 708-709〕는 $X_n = F_{2n} \bmod m$과 $Y_n = F_{2n+1} \bmod m$으로 둔 피보나치 수열들처럼 난수열이 아닌 수열들에 알고리즘 M을 적용해도 만족할 만큼 무작위한 수열이 나옴을 발견했다. 그러나 알고리즘 M이 원래 수열들보다 덜 무작위한 수열을 만들어낼 가능성도 있다. 연습문제 3에서처럼 $\langle X_n \rangle$과 $\langle Y_n \rangle$이 서로 강하게 연관되어 있을 경우에 그렇다. 알고리즘 B에서는 이런 문제가 나타나지 않는다. 알고리즘 B는 수열을 덜 무작위하게 만드는 법이 없고 아주 작은 추가비용으로 무작위성을 증가시키므로, 다른 난수발생기들과 함께 사용하기에 좋은 방법으로 추천할 수 있다.

그런데 이런 뒤섞기(shuffling) 방법들에는 한 가지 고질적인 결점이 있다. 수들 자체를 바꾸는 것이 아니라 이미 생성된 수들의 순서만을 바꾼다는 것이다. 대부분의 목적에서는 순서가 핵심적인 요인이지만, 원래의 난수발생기가 3.3.2절에서 논의하는 "생일 간격(birthday spacing)" 검정이나 연습문제 3.3.2-31의 "무작위 보행(random-walk)" 검정에 실패한다면 수열을 뒤섞는다고 해도 그리 나아지지 않는다. 뒤섞기는 또한 주기의 특정한 지점에서 시작한다거나 큰 k에 대해 X_n에서 X_{n+k}로 빠르게 건너뛰는 것이 불가능하다는 상대적인 단점을 가지고 있다.

그래서 두 수열 $\langle X_n \rangle$과 $\langle Y_n \rangle$을 뒤섞기의 두 가지 결점 모두를 피할 수 있는 좀 더 단순한 방식으로 결합하는 방법이 많은 사람들에 의해서 제시되었다. 예를 들어 다음과 같이 결합할 수도 있다.

$$Z_n = (X_n - Y_n) \bmod m. \tag{15}$$

여기서 $0 \le X_n < m$이고 $0 \le Y_n < m' \le m$이다. 연습문제 13과 14는 이런 수열의 주기 길이를 논의한다. 연습문제 3.3.2-23은 종자값(seed) X_0과 Y_0이 독립적으로 선택된 경우 (15)가 무작위성을 증가시키는 경향이 있음을 보인다.

산술적으로 생성된 수들의 구조적 치우침들을 제거하는 더욱 간단한 방법을 이미 컴퓨팅 초창기 시절에 토드J. Todd와 타우스키 토드O. Taussky Todd가 제안한 바 있다 〔*Symp. on Monte Carlo Methods* (Wiley, 1956), 15-28〕. 핵심은, 그냥 수열의 일부 수들을 폐기해도 된다는 것이다. 그들의 제안은 선형합동 발생기들에서는 별 쓸모가 없었지만, 요즘 들어서는 대단히 긴 주기를 가진 (7) 같은 발생기들과 관련해서 상당히 적절한 제안이 되고 있다(그런 수열에서는 폐기할 수 있는 수들이 대단히 많기 때문이다).

발생기 (7)의 무작위성을 개선하는 가장 간단한 방법은 어떠한 작은 j를 두고 매 j번째 항만 사용하는 것이다. 그보다 더 낫고 어쩌면 더 간단할 수도 있는 방안은 (7)로 여러 개(이를테면 500개) 의 난수들을 생성해서 배열에 담아두고 그 중 처음 55개만 사용하는 것이다. 그 55개를 다 사용한 후에는 같은 방식으로 수 500개를 더 생성한다. 이와 같은 착상은 뤼셔Martin Lüscher가 동적계 (dymanic system)의 혼돈(chaos) 이론에 영감을 받아서 제안한 것이다 〔*Computer Physics Communications* **79** (1994), 100-110〕. 이 착상에 대해 좀 더 자세히 설명하자면: (7)을, 55개의 값 $(X_{n-55}, ..., X_{n-1})$을 55개의 값들로 된 또 다른 벡터 $(X_{n+t-55}, ..., X_{n+t-1})$로 사상하는 하나의 공정으로 간주할 수 있다. $t \ge 55$개의 값들을 생성해서 그 중 처음 55를 사용한다고 하자. 만일 $t = 55$이면 새 값 벡터는 원래 벡터와 상당히 비슷할 것이다. 그러나 $t \approx 500$이면 원래 벡터와 세 벡터 사이에 상관관계가 거의 없다(연습문제 33 참고). 이를 올림 덧셈(add-with-carry) 또는 빌림 뺄셈(subtract-with-borrow) 발생기들(연습문제 3.2.1.1-14)에 비슷하게 적용하는 경우, 실제로 그 벡터들이 선형합동발생기로 만든 수들의 기수 b 표현이며 한 번에 t개의 수들을 생성할 때의 관련 곱수가 b^{-t}임이 알려져 있다. 따라서 이 경우에 대한 뤼셔의 이론을 3.3.4의 스펙트럼 검정으로 확인하는 것이 가능하다. 3.6절에서는 시차 피보나치 수열에 기반을 두고 뤼셔의 접근방식으로 개선한 이식성 있는(portable) 난수발생기가 추가적인 논평과 함께 제시된다.

난수발생기들이 수열의 한 원소로부터 다음 원소를 생성할 때에는 대체로 몇 안 되는 곱셈 그리고/ 또는 덧셈만을 사용한다. 그런 발생기들을 위에 제시된 방법들로 결합한다면, 상식적으로 생각해 볼 때 그 결과로 생긴 수열은 진정으로 무작위한 수열과 구분할 수 없어야 할 것이다. 그러나 직감적인 추측이 엄격한 수학적 증명을 대신할 수는 없는 일이다. 좀 더 시간을 들일 수 있다면(이를테면 1000배

또는 1000000배), 무작위성에 대한 훨씬 더 나은 이론적 보장을 가진 수열들을 얻는 것이 가능하다.

예를 들어 다음 점화식으로 생성하는 비트열 B_1, B_2, …를 생각해 볼 수 있을 것이다 〔Blum, Blum, Shub, *SICOMP* **15** (1986), 364-383〕.

$$X_{n+1} = X_n^2 \bmod M, \qquad B_n = X_n \bmod 2. \tag{16}$$

또는, 다음과 같이 생성하는 좀 더 공들인 수열도 있다.

$$X_{n+1} = X_n^2 \bmod M, \qquad B_n = X_n \cdot Z \bmod 2. \tag{17}$$

여기서 r비트 이진수 $(x_{r-1} \cdots x_0)_2$와 $(z_{r-1} \cdots z_0)_2$의 점곱(dot product, 내적)은 $x_{r-1} z_{r-1} + \cdots + x_0 z_0$이다. Z는 r비트 "마스크(mask_)"이고 r은 M의 비트수이다. 법 M은 $4k+3$ 형태의 큰 소수 두 개의 곱이어야 하며, 시작값 X_0은 M과 서로 소이어야 한다. 레빈Leonid Levin이 제안한 규칙 (17)은 폰노이만의 중앙제곱법의 변형이라 할 수 있다. 제곱의 비트들을 뒤섞는다는 점에서 이를 혼합제곱법(muddle-square method)[†]이라고 부르기로 하자. 규칙 (16)은 물론 $Z=1$인 특수한 경우이다.

3.5F절에는 X_0과 Z, M을 무작위로 선택했을 때 (16)과 (17)로 생성된 수열들이 무작위성에 대한, 큰 수의 인수분해 이외의 작업을 요구하지 않는 모든 통계적 검정들을 통과한다는 점에 대한 증명이 나온다. 그 수열들이 그런 검정들을 통과한다는 것은, 그 비트들이 오늘날의 가장 빠른 컴퓨터에서 100년 이하의 시간이 소요되는 그 어떤 계산으로 만들어진 진정으로 무작위한 수들과 구별할 수 없음을 의미한다(그런 수들의 사소하지 않은 분수의 인수들을 현재 알려진 방법보다 훨씬 더 빠르게 찾아내는 방법이 나오지 않는 한). 공식 (16)은 (17)보다 간단하나, (17)과 같은 통계적 보장을 얻기 위해서는 법 M을 (17)에서보다 다소 크게 잡아야 한다.

연습문제

▶ **1.** 〔12〕 실제 응용에서는 $X_{n+1} = (aX_n + c) \bmod m$ (여기서 X들은 정수)을 이용해서 난수들을 형성하고 그런 다음 $U_n = X_n/m$를 이용해서 분수들을 얻는다. 실질적인 분수 U_n에 대한 점화식은

$$U_{n+1} = (aU_n + c/m) \bmod 1$$

인 셈이다. 컴퓨터의 부동소수점 연산을 사용해서 이 점화식으로 직접 난수열을 생성하는 것에 대해 논하라.

▶ **2.** 〔M20〕 좋은 난수원은 약 6분의 1의 경우에서 $X_{n-1} < X_{n+1} < X_n$이 되어야 한다. 왜냐하면 X_{n-1}, X_n, X_{n+1}에서 나올 수 있는 여섯 가지 상대 순서들이 모두 동일 확률이어야 하기 때문이다.

[†] 〔옮긴이 주〕 중앙제곱법 middle-square method의 middle과 운율을 맞추기 위해 muddle이라는 그리 자주 쓰이지 않은 단어를 사용한 것 같다.

그런데 피보나치 수열 (5)를 사용하는 경우에는 그러한 순서관계가 결코 나타나지 않음을 보여라.

3. [23] (a) $k = 4$이고

$$X_0 = 0, \quad X_{n+1} = (5X_n + 3) \bmod 8, \quad Y_0 = 0, \quad Y_{n+1} = (5Y_n + 1) \bmod 8$$

일 때 알고리즘 M은 어떤 수열을 출력할까? (수열 $\langle X_n \rangle$와 $\langle Y_n \rangle$은 농도가 2이므로 애당초 아주 무작위한 것은 아님을 주목할 것.) (b) $k = 4$로 두고 앞에서와 같은 수열 $\langle X_n \rangle$에 알고리즘 B를 적용하면 어떻게 될까?

4. [00] 프로그램 (14)의 첫 줄에서 최상위 바이트(다른 어떤 바이트가 아니라)를 사용하는 이유는 무엇일까?

▶ **5.** [20] 알고리즘 M의 난수 발생 속도를 향상시키기 위해 $X_n = Y_n$으로 두는 것에 대해서 논하라. 알고리즘 B의 경우에도 비슷한 결과가 적용될까?

6. [10] 이진법 (10)에 관련해서 본문에서는 코드를 반복해서 수행하면 X의 하위 비트가 무작위해진다고 말했다. 전체 워드 X가 무작위하지 않은 이유는 무엇일까?

7. [20] 프로그램 (10)을 다음과 같이 수정하면 길이 2^e의 완전수열(즉, 2^e개의 인접 e비트 집합들 각각이 주기 안에서 딱 한 번씩만 나오는 수열)을 얻을 수 있음을 보여라:

```
LDA   X
JANZ  *+2
LDA   A
ADD   X
JNOV  *+3
JAZ   *+2
XOR   A
STA   X
```

8. [M39] 다음 조건들이 2차합동수열 (3)의 주기 길이가 m이 되기 위한 필요충분조건들임을 증명하라.

i) c가 m과 서로 소

ii) m을 나누는 모든 홀수 소수 p에 대해, d와 $a-1$ 모두 p의 배수.

iii) 만일 m이 4의 배수이면 d가 짝수이고 $d \equiv a-1 \pmod 4$.

만일 m이 2의 배수이면 d가 짝수이고 $d \equiv a-1 \pmod 2$

iv) 만일 m이 9의 배수이면 $d \not\equiv 3c \pmod 9$.

[힌트: 법 m, $X_0 = 0$, $X_{n+1} = dX_n^2 + aX_n + c$로 정의되는 수열의 주기 길이가 m일 필요충분조건은 m의 임의의 약수 r을 법으로 둔 같은 수열의 주기 길이가 r이라는 것이다.]

▶ **9.** [M24] (코베유R. R. Coveyou.) 연습문제 8의 결과를 이용해서, 수정된 중앙제곱법 (4)의 주기 길이가 2^{e-2}임을 증명하라.

10. 〔M29〕 만일 X_0와 X_1 모두 짝수가 아니며 $m = 2^e$이면 피보나치 수열 (5)의 주기가 $3 \cdot 2^{e-1}$임을 보여라.

11. 〔M36〕 이 연습문제의 목적은 다음 점화식을 만족하는 정수 수열의 특정한 성질들을 분석하는 것이다.

$$X_n = a_1 X_{n-1} + \cdots + a_k X_{n-k}, \qquad n \geq k.$$

법이 $m = p^e$일 때의(여기서 p는 소수) 이 수열의 주기 길이를 계산할 수 있다면, 임의의 법 m에 대한 주기 길이는 m의 먹소인수(prime power factor)들의 최소공배수이다.

a) $f(z)$, $a(z)$, $b(z)$가 계수들이 정수인 다항식들이라 할 때, 계수들이 정수인 어떠한 다항식 $u(z)$와 $v(z)$에 대해 만일 $a(z) = b(z) + f(z)u(z) + mv(z)$이면 $a(z) \equiv b(z)$ (법은 $f(z)$와 m)이라고 표기하기로 하자. $f(0) = 1$이고 $p^e > 2$일 때 다음 명제가 성립함을 증명하라: 만일 $z^\lambda \equiv 1$ (법은 $f(z)$와 p^e)이고 $z^\lambda \not\equiv 1$ (법은 $f(z)$와 p^{e+1})이면 $z^{p\lambda} \equiv 1$ (법은 $f(z)$와 p^{e+1})이고 $z^{p\lambda} \not\equiv 1$ (법은 $f(z)$와 p^{e+2}).

b) $f(z) = 1 - a_1 z - \cdots - a_k z^k$이고

$$G(z) = 1/f(z) = A_0 + A_1 z + A_2 z^2 + \cdots$$

이라고 하자. 수열 $\langle A_n \bmod m \rangle$의 주기를 $\lambda(m)$으로 표기한다고 하자. $\lambda(m)$이 $z^\lambda \equiv 1$ (법은 $f(z)$와 m)을 만족하는 가장 작은 양의 정수 λ임을 증명하라.

c) p가 소수이고 $p^e > 2$이며 $\lambda(p^e) \neq \lambda(p^{e+1})$라고 할 때, 모든 $r \geq 0$에 대해 $\lambda(p^{e+r}) = p^r \lambda(p^e)$임을 증명하라. (이는 수열 $\langle A_n \bmod 2^e \rangle$의 주기 길이를 구하는 한 가지 방법을 제시한다: $\lambda(2^e) \neq \lambda(4)$가 되는 가장 작은 수 $e \geq 3$를 찾을 때까지 $\lambda(4)$, $\lambda(8)$, $\lambda(16)$, ...를 계산한다. 그런 수를 찾았다면 모든 e에 대해 $\bmod 2^e$로 주기 길이를 구할 수 있다. 연습문제 4.6.3-26은 큰 n에 대한 X_n을 $O(\log n)$회의 연산들로 계산하는 방법을 설명한다.)

d) 이 연습문제 시작에서 제시한 점화식을 만족하는 임의의 정수 수열이 생성함수 $g(z)/f(z)$를 가짐을 보여라. 여기서 $g(z)$는 정수 계수 다항식이다.

e) 부문제 (d)의 다항식 $f(z)$와 $g(z)$가 p를 법으로 해서 서로 소(4.6.1절 참고)라고 할 때, 수열 $\langle X_n \bmod p^e \rangle$의 주기가 부문제 (b)의 특별한 수열 $\langle A_n \bmod p^e \rangle$의 것과 정확히 같음을 증명하라. ($X_0, \ldots, X_{k-1}$를 어떻게 선택하든 그보다 더 긴 주기가 나올 수는 없다. 왜냐하면 일반 수열은 특수 수열의 "자리이동"들의 선형결합이기 때문이다.) 〔힌트: 연습문제 4.6.2-22 (헨젤의 정리)에 의해, $a(z)f(z) + b(z)g(z) \equiv 1$ (modulo p^e)이 되는 다항식들이 존재한다.〕

▶ **12.** 〔M28〕 수열

$$X_{n+1} = (aX_n + bX_{n-1} + c) \bmod 2^e, \qquad n \geq 1$$

이 이런 종류의 모든 수열 중에서 가장 긴 주기 길이를 가지게 하는 정수 X_0, X_1, a, b, c를 구하라.

〔힌트: $X_{n+2} = ((a+1)X_{n+1} + (b-a)X_n - bX_{n-1}) \bmod 2^e$ 에서 비롯된다. 연습문제 11(c) 참고.〕

13. 〔M20〕 $\langle X_n \rangle$ 과 $\langle Y_n \rangle$ 이 정수 $\bmod m$ 들의 수열들이며 주기 길이는 λ_1 과 λ_2 라고 하자. 그리고 이들을 $Z_n = (X_n + Y_n) \bmod m$ 으로 결합한다고 하자. 만일 λ_1 과 λ_2 가 서로 소이면 수열 $\langle Z_n \rangle$ 의 주기 길이가 $\lambda_1 \lambda_2$ 임을 보여라.

14. 〔M24〕 X_n, Y_n, Z_n, λ_1, λ_2 는 연습문제 13에서와 같다. λ_1 의 소인수분해가 $2^{e_2} 3^{e_3} 5^{e_5} \ldots$ 이라고 가정하고, 비슷하게 $\lambda_2 = 2^{f_2} 3^{f_3} 5^{f_5} \ldots$ 이라고 가정하다. $g_p = ($ 만일 $e_p \neq f_p$ 이면 $\max(e_p, f_p)$, 그렇지 않으면 $0)$ 이라고 하고 $\lambda_0 = 2^{g_2} 3^{g_3} 5^{g_5} \ldots$ 이라고 하자. 수열 $\langle Z_n \rangle$ 의 주기 길이 λ' 가 λ_0 의 배수이며 또한 $\lambda = \mathrm{lcm}(\lambda_1, \lambda_2)$ 의 한 약수임을, 특히 각 소수 p 에 대해 만일 $(e_p \neq f_p$ 또는 $e_p = f_p = 0)$ 이면 $\lambda' = \lambda$ 임을 보여라.

15. 〔M27〕 알고리즘 M의 수열 $\langle X_n \rangle$ 의 주기 길이를 λ_1 이라고 하고, 그 주기의 모든 원소들이 서로 다르다고 가정하자. $q_n = \min\{r \mid r > 0$ 그리고 $\lfloor kY_{n-r}/m \rfloor = \lfloor kY_n/m \rfloor\}$ 라고 하자. 모든 $n \geq n_0$ 에 대해 $q_n \frac{1}{2}\lambda_1$ 이며 수열 $\langle q_n \rangle$ 이 주기 길이 λ_2 를 가진다고 가정한다. λ 가 λ_1 과 λ_2 의 최소공배수라고 하자. 알고리즘 M이 생성한 출력 수열 $\langle Z_n \rangle$ 의 주기 길이가 λ 임을 증명하라.

▶ **16.** 〔M28〕 방법 (10)의 CONTENTS(A)가 이진 표기로 $(a_1 a_2 \ldots a_k)_2$ 라고 하자. (10)으로 생성한 하위 비트열 $X_0, X_1, \ldots$ 이 다음 점화식을 만족함을 보여라.

$$X_n = (a_1 X_{n-1} + a_2 X_{n-2} + \cdots + a_k X_{n-k}) \bmod 2.$$

〔이 점화식과 효율적인 코드 (10)의 관계가 한 눈에 명백하게 보이지는 않겠지만, 이것을 수열을 정의하는 또 다른 방법으로 간주할 수도 있다.〕

17. 〔M33〕 (마틴 M. H. Martin, 1934.) m 과 k 가 양의 정수이며 $X_1 = X_2 = \cdots = X_k = 0$ 이라고 하자. 모든 $n > 0$ 에 대해 X_{n+k} 를, k 짝 $(X_{n+1}, \ldots, X_{n+k-1}, y)$ 가 아직 수열에 나타나지 않았음을 만족하는 음이 아닌 가장 큰 값 $y < m$ 으로 설정한다. 다른 말로 하면 $0 \leq r < n$ 에 대해 $(X_{n+1}, \ldots, X_{n+k-1}, y)$ 가 반드시 $(X_{r+1}, \ldots, X_{r+k})$ 와 달라야 한다. 이렇게 하면 모든 가능한 k 짝들이 수열에 많아야 한 번만 나타난다. 이러한 절차는 궁극적으로 종료된다(모든 음이 아닌 $y < m$ 에 대해 수열에 이미 $(X_{n+1}, \ldots, X_{n+k-1}, y)$ 가 나타났음을 만족하는 n 값에 도달했을 때). 예를 들어 $m = k = 3$ 이면 수열은 000222122021121020120001110100이며 이 시점에서 절차가 끝난다. (a) 수열이 끝났을 때 $X_{n+1} = \cdots = X_{n+k-1} = 0$ 이 성립함을 증명하라. (b) $0 \leq a_j < m$ 인 원소들로 된 모든 k 짝 $(a_1, a_2, \ldots, a_k)$ 이 수열에 출현함을, 따라서 수열은 $n = m^k$ 일 때 종료됨을 증명하라. 〔힌트: $a_s \neq 0$ 일 때 k 짝 $(a_1, \ldots, a_s, 0, \ldots, 0)$ 이 나타남을 s 에 대한 귀납법으로 증명해 볼 것.〕 만일 모든 $1 \leq n \leq m^k$ 에 대해 $f(X_n, \ldots, X_{n+k-1}) = X_{n+k}$ 로 정의하고 $X_{m^k+k} = 0$ 으로 설정한다면 가능한 최대 주기의 함수를 얻게 된다.

18. 〔M22〕 $\langle X_n \rangle$ 이 $k = 35$, CONTENTS(A) = $(00000000000000000000000000000000101)_2$ 로

두고 방법 (10)으로 생성한 비트열이라고 하자. 그리고 U_n이 이진 분수 $(.X_{nk}X_{nk+1}\cdots X_{nk+k-1})_2$라고 하자. 이 수열 $\langle U_n \rangle$이 쌍(pair)들에 대한 계열 검정(serial test, 3.3.2B절)에 실패함을 보여라.

19. [M41] 4.5.4절 표 2의 첫 열에 나오는 각 소수 p에 대해, $k = 2$일 때 (8)의 주기 길이가 $p^2 - 1$이 되는 적절한 상수(본문에 제시된 대로의) a_1과 a_2를 구하라. (연습문제 3.3.4-(39)에 한 예가 나온다.)

20. [M40] 방법 (10)의 CONTENTS(A)로 사용하기에 적합한, $2 \leq k \leq 64$에 대해 0들과 1들의 개수가 거의 같은 상수들을 계산하라.

21. [M35] (리스 D. Rees.) 본문에서는 m이 소수이고 $X_0, \ldots, X_{k-1}$ 모두가 0은 아닌 경우에서 수열 (11)의 주기 길이가 $m^k - 1$이 되게 하는 함수 f들을 찾는 방법을 설명했다. (11)과 같은 종류의 수열들이 모든 정수 m에 대해 주기 길이 m^k이 되도록 그런 함수들을 수정할 수 있음을 보여라. [힌트: 연습문제 7과 13의 결과와 $\langle pX_{2n} + X_{2n+1} \rangle$ 같은 수열들을 고려할 것.]

▶ **22.** [M24] 본문에서는 확장된 선형수열 (8)에 대해 논의할 때 m이 소수인 경우로 제한했다. m이 "제곱없음(squarefree)"일 때, 다시 말해서 m이 서로 다른 소수들의 곱일 때에도 상당히 긴 주기들을 얻을 수 있음을 증명하라. (표 3.2.1.1-1을 조사해보면 $m = w \pm 1$이 종종 이러한 가설을 만족함을 알 수 있다. 따라서 본문의 여러 결과들을 그런 경우에 대해 적용할 수 있는데, 그런 경우는 계산의 측면에서 다소 더 편리하다.)

▶ **23.** [20] (7)에 대한 대안으로서의, $X_n = (X_{n-55} - X_{n-24}) \bmod m$으로 정의되는 수열을 논하라.

24. [M20] $0 < l < k$라고 하자. 점화식 $Y_n = (Y_{n-l} + Y_{n-k}) \bmod 2$로 정의되는 비트열의 주기 길이가 $2^k - 1$일 때에는 항상 점화식 $X_n = (X_{n-k+l} + X_{n-k}) \bmod 2$로 정의되는 비트열의 주기 길이도 $2^k - 1$임을 증명하라.

25. [26] 매 55번째의 난수가 요구될 때마다 Y 표의 요소 55개 모두를 변경하도록 프로그램 A를 수정한다면 어떨지 논하라.

26. [M48] (라이저 J. F. Reiser.) p가 소수이고 k가 양의 정수라고 하자. 정수들 $a_1, \ldots, a_k$와 $x_1, \ldots, x_k$가 주어졌다고 할 때, 점화식

$$X_n = x_n \bmod p^\alpha, \quad 0 \leq n < k; \quad X_n = (a_1 X_{n-1} + \cdots + a_k X_{n-k}) \bmod p^\alpha, \quad n \geq k$$

로 정의되는 수열 $\langle X_n \rangle$의 주기 길이를 λ_α라고 하자. 그리고 N_α는 그 주기에 나타난 0들의 개수 ($\mu_\alpha \leq j < \mu_\alpha + \lambda_\alpha$이고 $X_j = 0$인 색인 j들의 개수)를 뜻한다고 하자. 다음 추측을 증명 또는 반증하라: 모든 α와 $x_1, \ldots, x_k$ 모두에 대해 $N_\alpha \leq cp^{\alpha(k-2)/(k-1)}$인 하나의 상수 c가 존재한다(어쩌면 p와 k 그리고 $a_1, \ldots, a_k$에 의존해서).

[참고: 라이저는 그 점화식이 최대 주기 길이 $\bmod\ p$를 가진다면(즉 $\lambda_1 = p^k - 1$), 그리고 만일

그 추측이 성립한다면, $\langle X_n \rangle$의 k차원 불일치도(discrepancy)는 $\alpha \to \infty$에 따라 $O(\alpha^k p^{-\alpha/(k-1)})$이 됨을 증명했다. 따라서 (7) 같은 가산적 발생기는 $m = 2^e$이고 주기 전체를 고려한다고 할 때 55차원에서 좋은 분포를 가질 것이다. (k차원 불일치도의 정의는 3.3.4절을 볼 것.) 그 추측은 아주 약한 조건이다. 만일 $\langle X_n \rangle$이 각 값을 거의 동일한 확률로 취하며 만일 $\lambda_\alpha = p^{\alpha-1}(p^k - 1)$이면 α가 증가해도 수량 $N_\alpha \approx (p^k - 1)/p$은 전혀 증가하지 않기 때문이다. 라이저는 $k = 3$인 경우에서 그와 같은 추측을 입증했다. 한편 그는 $\lambda_\alpha = p^{\alpha-1}(p^k - 1)$이고 $k \geq 3$이며 α가 충분히 크다고 할 때, $N_{2\alpha} \geq p^\alpha$이 되는 대체로 나쁜 시작값들 $x_1, ..., x_k$를 찾는 것이 가능함(α에 의존해서)을 보였다.]

27. [M30] 알고리즘 B를 주기 길이가 λ인(여기서 $\lambda \gg k$) 수열 $\langle X_n \rangle$에 적용한다고 하자. 애초에 $\langle X_n \rangle$이 아주 무작위하지는 않은 경우를 제외할 때, 고정된 k와 충분히 큰 모든 λ에 대해 출력 수열이 결국은 원래 수열의 주기 길이 λ와 같은 길이의 주기를 가질 것임을 보여라. [힌트: 알고리즘 B가 자신의 이후 행동을 "동기화"하게 만드는, 연속적인 $\lfloor kX_n/m \rfloor$ 값들의 패턴을 찾아볼 것.]

28. [40] (워터먼 A. G. Waterman.) m이 컴퓨터 워드 크기의 제곱 또는 세제곱이지만 a와 c는 단정도 수인 선형합동수열들을 실험해 보라.

▶ **29.** [40] k짝 $(x_1, ..., x_k)$만 주어졌을 때, 연습문제 17에 나온 마틴의 수열로 정의되는 함수 $f(x_1, ..., x_k)$를 계산하는 적절한 방법을 찾아라.

30. [M37] (브렌트 R. P. Brent.) $f(x) = x^k - a_1 x^{k-1} - \cdots - a_k$가 2를 법으로 한 원시다항식이라고 하자. 그리고 $X_0, ..., X_{k-1}$이 모두 짝수는 아닌 정수들이라고 하자.

  a) 점화식 $X_n = (a_1 X_{n-1} + \cdots + a_k X_{n-k}) \bmod 2^e$의 주기 길이가 오직 $f(x)^2 + f(-x)^2 \not\equiv 2f(x^2)$이고 $f(x)^2 + f(-x)^2 \not\equiv 2(-1)^k f(-x^2)$ (modulo 8)일 때에만 모든 $e \geq 1$에 대해 $2^{e-1}(2^k - 1)$임을 증명하라. [힌트: 오직 $f(x)^2 + f(-x)^2 \equiv 2f(x^2)$ (modulo 8)일 때에만 $x^{2^k} \equiv -x$ (modulo 4와 $f(x)$)가 된다.]

  b) 다항식 $f(x) = x^k \pm x^l \pm 1$이 2를 법으로 하는 원시다항식이고 $k > 2$이면 항상 이 조건이 성립함을 증명하라.

31. [M30] (마서글리아 G. Marsaglia.) $m = 2^e \geq 8$일 때 수열 (7′)의 주기 길이는 얼마인가? $X_0, ..., X_{54}$가 모두 $\equiv \pm 1$ (modulo 8)는 아니라고 가정할 것.

32. [M21] $X_n = (X_{n-24} + X_{n-55}) \bmod m$일 때 부분수열 $\langle X_{2n} \rangle$과 $\langle X_{3n} \rangle$의 원소들이 만족하는 점화식들은 무엇인가?

▶ **33.** [M23] (a) $g_n(z) = X_{n+30} + X_{n+29}z + \cdots + X_n z^{30} + X_{n+54}z^{31} + \cdots + X_{n+31}z^{54}$이라고 하자. 여기서 X들은 시차 피보나치 점화식 (7)을 만족한다. $g_n(z)$과 $g_{n+t}(z)$ 사이의 간단한 관계를 구하라. (b) X_{500}을 $X_0, ..., X_{54}$들로 표현하라.

34. [M25] 오직 다항식 $f(x) = x^2 - cx - a$가 다음 두 성질들을 가질 때에만 역 합동수열 (12)의 주기 길이가 $p+1$임을 증명하라: (i) p를 법으로 한 다항식 산술로 계산했을 때 $x^{p+1} \bmod f(x)$가 0이 아닌 상수, (ii) $p+1$을 나누는 모든 소수 q에 대해 $x^{(p+1)/q} \bmod f(x)$의 차수가 1. [힌트: 행렬 $\begin{pmatrix} 0 & 1 \\ a & c \end{pmatrix}$의 거듭제곱들을 고려할 것.]

35. [HM35] 연습문제 34의 조건들을 만족하는 쌍 (a, c)들은 몇 개인가?

36. [M25] $a \bmod 4 = 1$이고 $c \bmod 4 = 2$일 때 역 합동수열 $X_{n+1} = (aX_n^{-1} + c) \bmod 2^e$, $X_0 = 1$, $e \geq 3$의 주기 길이가 2^{e-1}임을 증명하라.

▶ **37.** [HM32] p가 소수이고, $X_{n+1} = (aX_n^{-1} + c) \bmod p$가 주기 길이가 $p+1$인 하나의 역 합동 수열을 정의한다고 하자. 또한 $0 \leq b_1 < \cdots < b_d \leq p$라고 하자. 집합

$$V = \{(X_{n+b_1}, X_{n+b_2}, \ldots, X_{n+b_d}) \mid 0 \leq n \leq p, \text{ 그리고 모든 } 1 \leq j \leq d \text{에 대해 } X_{n+b_j} \neq \infty\}$$

를 고려한다. 이 집합은 $p+1-d$개의 벡터들을 담는데, 임의의 d는 어떠한 $(d-1)$차원 초평면 $H = \{(v_1, \ldots, v_d) \mid r_1 v_1 + \cdots + r_d v_d \equiv r_0 \pmod{p}\}$에 놓인다. 여기서 $(r_1, \ldots, r_d) \not\equiv (0, \ldots, 0)$ 이다. V의 어떠한 $d+1$ 벡터들도 동일한 초평면(hyperplane)에 놓이지 않음을 증명하라.

3.3. 통계적 검정

우리의 주된 목적은 무작위한 습성을 보이는 수열을 얻는 것이다. 지금까지는 수열이 실용적인 목적 하에서 결코 반복되지 않을 정도로 긴 주기를 가지게 하는 방법을 살펴보았다. 그런데 긴 주기라는 것이 중요한 조건이긴 하지만, 그 수열이 응용에서 유용할 것임을 보장해 주는 것은 결코 아니다. 그렇다면, 수열이 충분히 무작위한지는 어떻게 판단할 수 있을까?

무작위하게 선택된 사람들에게 종이와 연필을 나누어준 후 무작위로 십진수 100개를 적어보라고 해도 그 사람들이 만족스러운 결과를 만들어낼 가능성은 매우 낮다. 사람들은 예를 들면 같은 숫자 두 개가 연달아 나오는 것 등 무작위하지 않아 보이는 패턴을 피하는 경향이 있다(열 가지 숫자들 중 하나가 나올 확률은 그 이전 숫자와는 무관하게 항상 동일해야 함에도 불구하고). 그리고 사람들에게 진정으로 무작위한 숫자들의 표를 보여준다고 해도 그것이 전혀 무작위하지 않다고 대답할 가능성은 상당히 높다. 사람들은 그 속에서 어떤 명백한 규칙성을 발견하곤 하는 것이다.

매트릭스 박사Dr. I. J. Matrix에 따르면, "수학자들은 π의 소수전개를 하나의 난수열로 간주한다. 그러나 현대의 수비학자(numerologist, 數祕學者)들이 볼 때 그 전개는 주목할만한 패턴들로 가득 차 있다." (*Scientific American* 1965년 1월호의 가드너Martin Gardner의 글에서 재인용.) 매트릭스 박사가 지적했듯이, 예를 들어 π의 전개에서 처음으로 반복되는 두 자리 수는 26이고, 그 수의 두 번째 출현은 희한한 반복 패턴의 중앙에 나타난다:

$$3.14159265358979323846264338327950 \tag{1}$$

매트릭스 박사는 이 숫자들의 성질들을 열 댓 개를 더 늘어 논 다음에, π가 인류 전체의 역사를 담고 있다고(우리가 제대로 해석할 수만 있다면) 주장했다!

우리 모두는 전화번호나 신분증 번호 등에서 패턴을 발견하며, 그 패턴은 번호를 기억하는 데 도움이 된다. 지금까지의 이야기의 핵심은, 어떠한 수열이 무작위한지 아닌지를 판단할 때 우리의 느낌이나 상식을 믿어서는 안 된다는 것이다. 편향되지 않은 어떠한 기계적 검정(test)을 적용해야 하는 것이다.

무작위성에 대한 정량적 측정 방법들을 통계이론에서 발견할 수 있다. 사실 상상할 수 있는 검정들의 수는 말 그대로 무한하다. 여기서는 가장 유용하고, 논의에 가장 도움이 되며, 또한 컴퓨터로 계산하기가 가장 쉬운 검정 방법들을 살펴보겠다.

한 수열이 T_1, T_2, ..., T_n에 비추어 무작위하게 행동한다고 해도, 그것이 또 다른 검정 T_{n+1}에 대해 무참히 실패하지 않으리라는 보장은 없다. 그렇긴 하지만 검정들을 더 많이 통과할수록 그 수열의 무작위성에 대한 우리의 확신이 더 커지긴 한다. 현실적으로는, 수열이 대여섯 개의 서로 다른 통계적 검정들을 만족스럽게 통과했다면, 또 다른 검정에 의해 무작위하지 않음이 드러나기 전까지는 그 수열이 무작위하다고 간주할 수 있다.

자주 쓰일 수열이라면 반드시 세심하게 검사해 보아야 한다. 그래서 다음 절들에서는 검정들을 적절한 방식으로 수행하는 방법을 설명한다. 검정은 크게 두 가지로 나뉘는데, 하나는 컴퓨터가 수열의 수들의 그룹을 조작하고 특정한 통계치들을 평가하는 경험적 검정(empirical test)이고 다른 하나는 수열을 형성하는 데 쓰인 재귀적 규칙(점화식)에 기반을 둔 수론적 방법들을 이용해서 수열의 특성을 파악하는 이론적 검정이다.

기대했던 검정 결과가 나오지 않는다면 허프Darrell Huff의 *How to Lie With Statistics* (Norton, 1954)에 나오는 기법들을 시도해 볼 수도 있을 것이다.

3.3.1. 무작위 자료의 연구를 위한 일반적인 검정 절차

A. "카이제곱" 검정. 아마도 모든 통계적 검정 중에서 가장 유명한 것으로는 카이제곱(chi-square, χ^2)검정을 들 수 있을 것이다. 이것은 다른 여러 검정들과 함께 쓰이는 기본적인 방법이기도 하다. 이 검정의 개념을 전반적으로 논의하기 전에, 주사위 던지기에 적용할 수 있는 한 가지 구체적인 카이제곱 검정의 예를 살펴보자. 두 개의 "진정한" 주사위들(각각 서로 독립적으로 1, 2, 3, 4, 5, 6을 동일한 확률로 낸다고 가정)을 사용한다고 할 때, 다음 표는 두 주사위를 한 번 던졌을 때의 합 s를 얻을 확률을 정리한 것이다.

$$s\text{의 값} = 2 \quad 3 \quad 4 \quad 5 \quad 6 \quad 7 \quad 8 \quad 9 \quad 10 \quad 11 \quad 12 \tag{1}$$
$$\text{확률 } p_s = \tfrac{1}{36} \quad \tfrac{1}{18} \quad \tfrac{1}{12} \quad \tfrac{1}{9} \quad \tfrac{5}{36} \quad \tfrac{1}{6} \quad \tfrac{5}{36} \quad \tfrac{1}{9} \quad \tfrac{1}{12} \quad \tfrac{1}{18} \quad \tfrac{1}{36}$$

예를 들어 값 4가 나오는 경우는 $1+3, 2+2, 3+1$ 세 가지이며 전체 경우의 수 36에 대한 이 사건의 확률은 $\frac{3}{36} = \frac{1}{12} = p_4$이다.

주사위들을 n번 던진다면 값 s는 평균적으로 약 np_s번 나온다. 예를 들어 주사위들을 144번 던지면 값 4는 약 12번 나온다. 다음 표는 한 실험에서 실제로 주사위들을 144번 던졌을 때 얻은 결과이다.

s의 값 =	2	3	4	5	6	7	8	9	10	11	12	
관측 횟수 Y_s =	2	4	10	12	22	29	21	15	14	9	6	(2)
기대 횟수 np_s =	4	8	12	16	20	24	20	16	12	8	4	

모든 경우에서 관측 횟수와 기대 횟수가 다름을 주목할 것. 사실 무작위한 주사위 던지기의 결과가 이론적인 빈도와 정확히 일치하는 경우는 경우 없다. 144회 던지기에서 나올 수 있는 수열들은 36^{144}가지이며 그것들의 확률은 모두 같다. 이 수열들 중 하나는 모두 2들로 구성되며("뱀의 눈"), 144회 모두 뱀의 눈이 나왔다면 주사위의 밀도가 고르지 않은 것이라고 확신할 수 있을 것이다. 그렇긴 하지만 각 주사위의 각 던지기의 결과를 나열한다면 눈금이 모두 2인 수열도 다른 모든 수열들과 마찬가지의 확률임을 알 수 있다.

이러한 관점에서, 주어진 주사위 쌍에 문제가 있는지 아닌지를 판단하려면 어떻게 해야 할까? 답은, 명확한 "예-아니오" 판정을 내리기란 불가능하지만 확률론적인 답을 얻는 것은 가능하다는 것이다. 특정한 종류의 사건이 어느 정도의 확률로 일어나는지 말할 수 있는 것이다.

위의 예에서 한 걸음 더 나아가는 꽤 자연스러운 길은, 관측 횟수 Y_s와 기대 횟수 np_s의 차이의 제곱을 고려하는 것이다. 그것들을 더하면 다음이 나온다.

$$V = (Y_2 - np_2)^2 + (Y_3 - np_3)^2 + \cdots + (Y_{12} - np_{12})^2. \tag{3}$$

문제가 있는 주사위들의 경우에는 V의 값이 비교적 클 것이다. 그리고 임의의 주어진 V에 대해서도, "진짜 주사위를 사용했을 때 V가 이 정도 값을 가질 확률은 얼마일까?"라는 질문을 던질 수 있다. 그 확률이 아주 작다면, 예를 들어 $\frac{1}{100}$이라면, 진짜 주사위를 이용했을 때 그런 결과가 나올 확률이 약 100분의 1이라는 것이며, 이는 주사위를 의심할 만한 충분한 근거가 된다. (그러나 좋은 주사위라고 해도 그런 높은 V 값이 백분의 일의 확률로 나올 수 있으므로, 신중한 사람이라면 높은 V 값이 반복해서 나오는지 더 실험해 볼 것이다.)

식 (3)의 통계치 V는 $(Y_7 - np_7)^2$과 $(Y_2 - np_2)^2$에 같은 가중치를 주는데, 이는 $(Y_7 - np_7)^2$이 나올 확률이 $(Y_2 - np_2)^2$의 확률보다 훨씬 크다는(7이 2보다 약 여섯 배 더 많이 나온다) 점과 잘 맞지 않는다. 판명된 바에 의하면, "올바른" 통계치(적어도 가장 중요하다고 증명된 것)는 $(Y_7 - np_7)^2$의 가중치로 $(Y_2 - np_2)^2$의 것의 $\frac{1}{6}$만을 부여한다. 정리하자면 식 (3)을 다음과 같이 바꾸어야 한다.

$$V = \frac{(Y_2 - np_2)^2}{np_2} + \frac{(Y_3 - np_3)^2}{np_3} + \cdots + \frac{(Y_{12} - np_{12})^2}{np_{12}}. \tag{4}$$

이것이 주사위 던지기 실험에서 관측된 수량 $Y_2, \ldots, Y_{12}$의 "카이제곱" 통계치이다. (2)의 자료에 대해서는 다음과 같은 수치를 얻을 수 있다.

$$V = \frac{(2-4)^2}{4} + \frac{(4-8)^2}{8} + \cdots + \frac{(9-8)^2}{8} + \frac{(6-4)^2}{4} = 7\frac{7}{48}. \tag{5}$$

이제 중요한 질문은 "$7\frac{7}{48}$이 V의 값으로는 부적합할 정도로 높은 값일까"가 된다. 이 질문에 답하기 전에, 카이제곱 검정의 일반적인 적용법을 살펴보자.

일반적으로, 모든 관측값이 k가지 범주 중 하나에 속하게 된다고 가정하자. n개의 독립적인 관측값들을 취한다. 독립적이라는 것은 한 관측의 결과가 다른 어떤 관측 결과에도 영향을 미치지 않는다는 뜻이다. 각 관측값이 범주 s에 속할 확률을 p_s라고 하고, 실제로 범주 s에 속하는 관측값의 개수를 Y_s라고 하자. 이로부터 통계치

$$V = \sum_{s=1}^{k} \frac{(Y_s - np_s)^2}{np_s} \tag{6}$$

을 얻는다. 앞에 나온 예의 경우 각 주사위 던지기에서 나올 수 있는 경우의 수는 11이므로 $k = 11$이다. (식 (6)의 표기가 식 (4)의 표기와 조금 다른데, 지금은 2에서 12가 아니라 1에서 k까지의 확률들을 다루기 때문이다.)

식 (6)의 $\left(Y_s - np_s\right)^2 = Y_s^2 - 2np_s\,Y_s + n^2 p_s^2$를 전개하고

$$Y_1 + Y_2 + \cdots + Y_k = n,$$
$$p_1 + p_2 + \cdots + p_k = 1 \tag{7}$$

이라는 사실을 이용해서 정리하면 다음 공식이 나온다.

$$V = \frac{1}{n} \sum_{s=1}^{k} \left(\frac{Y_s^2}{p_s} \right) - n. \tag{8}$$

이 공식을 이용하면 V의 계산이 다소 쉬워지는 경우가 있다.

표 1

카이제곱 분포의 일부 백분율점들

	$p=1\%$	$p=5\%$	$p=25\%$	$p=50\%$	$p=75\%$	$p=95\%$	$p=99\%$
$\nu=1$	0.00016	0.00393	0.1015	0.4549	1.323	3.841	6.635
$\nu=2$	0.02010	0.1026	0.5754	1.386	2.773	5.991	9.210
$\nu=3$	0.1148	0.3518	1.213	2.366	4.108	7.815	11.34
$\nu=4$	0.2971	0.7107	1.923	3.357	5.385	9.488	13.28
$\nu=5$	0.5543	1.1455	2.675	4.351	6.626	11.07	15.09
$\nu=6$	0.8721	1.635	3.455	5.348	7.841	12.59	16.81
$\nu=7$	1.239	2.167	4.255	6.346	9.037	14.07	18.48
$\nu=8$	1.646	2.733	5.071	7.344	10.22	15.51	20.09
$\nu=9$	2.088	3.325	5.899	8.343	11.39	16.92	21.67
$\nu=10$	2.558	3.940	6.737	9.342	12.55	18.31	23.21
$\nu=11$	3.053	4.575	7.584	10.34	13.70	19.68	24.72
$\nu=12$	3.571	5.226	8.438	11.34	14.85	21.03	26.22
$\nu=15$	5.229	7.261	11.04	14.34	18.25	25.00	30.58
$\nu=20$	8.260	10.85	15.45	19.34	23.83	31.41	37.57
$\nu=30$	14.95	18.49	24.48	29.34	34.80	43.77	50.89
$\nu=50$	29.71	34.76	42.94	49.33	56.33	67.50	76.15
$\nu>30$	$\nu + \sqrt{2\nu}\,x_p + \frac{2}{3}x_p^2 - \frac{2}{3} + O(1/\sqrt{\nu})$						
$x_p=$	-2.33	-1.64	$-.674$	0.00	0.674	1.64	2.33

(더 많은 값들을 원한다면 *Handbook of Mathematical Functions*, M. Abramowitz 및 I. A. Stegun 엮음 (Washington, D.C.: U.S. Government Printing Office, 1964), Table 26.8을 볼 것. 또한 식 (22)와 연습문제 16도 참고하라.)

그럼 중요한 질문인 "V로 적당한 값은 무엇인가?"로 넘어가자. 이 질문의 답은 표 1 같은 표를 참조해서 얻을 수 있다. 표 1은 여러 ν 값들에 대한 "ν차 자유도를 가진 카이제곱 분포"의 값들을 나열한 것이다. 표에서 $\nu = k-1$인 행을 사용하면 된다. "*자유도(degrees of freedom)*"들의 개수는 범주 개수보다 하나 작은 $k-1$ 이다. (직관적으로 이는 $Y_1, Y_2, \ldots, Y_k$가 완전히 독립적이지는 않음

을 의미한다. 식 (7)은 $Y_1, \ldots, Y_{k-1}$ 을 알고 있으면 Y_k 를 계산할 수 있음을 보여준다. 따라서 $k-1$ 자유도가 나오는 것이다. 이러한 논증이 엄정한 것은 아니지만, 아래에 나오는 이론에 의해 정당화된다.)

표의 ν 행 p 열 항목이 x 라는 것은 "n 이 충분히 클 때, 식 (8)의 수량 V 가 x 이하일 확률은 약 p 이다"라는 뜻이다. 예를 들어 10행의 95퍼센트 항목은 18.31이며, 이는 $V > 18.31$ 일 확률이 약 5퍼센트밖에 되지 않는다는 뜻이다.

주사위 던지기 실험을 무작위하다고 간주되는 어떤 수열을 이용해 컴퓨터로 모의실행해서 다음과 같은 결과를 얻었다고 하자.

$$
\begin{array}{lccccccccccc}
s\text{의 값} = & 2 & 3 & 4 & 5 & 6 & 7 & 8 & 9 & 10 & 11 & 12 \\
\text{실험 1, } Y_s = & 4 & 10 & 10 & 13 & 20 & 18 & 18 & 11 & 13 & 14 & 13 \quad (9) \\
\text{실험 2, } Y_s = & 3 & 7 & 11 & 15 & 19 & 24 & 21 & 17 & 13 & 9 & 5
\end{array}
$$

첫 실험의 카이제곱 통계치 $V_1 = 29\frac{59}{120}$ 이고 둘째 실험의 경우 $V_2 = 1\frac{17}{120}$ 이다. 표의 자유도 10 항목을 찾아보면, V_1 이 너무 크다는 것을 알 수 있다. V 가 23.21보다 클 확률은 단 1퍼센트 정도일 뿐이다! (좀 더 상세한 표를 이용하면 V 가 V_1 만큼 클 확률이 단 0.1퍼센트임을 알 수 있다.) 따라서 실험 1은 무작위한 습성과는 상당히 동떨어진 결과를 나타낸다.

반면 V_2 는 상당히 낮은데, 이는 실험 2의 관측값 Y_s 들이 (2)의 기대값들에 상당히 근접하기 때문이다. 카이제곱 분포표를 참조하면 실제로 V_2 가 너무 작음을 알 수 있다. 관측값들이 기대값들에 너무 가깝기 때문에 결과가 무작위하다고는 생각할 수 없다! (실제로 다른 표들을 참조해 보면, 자유도가 10일 때 그런 낮은 V 값이 나올 확률은 단 0.03퍼센트이다.) 마지막으로, (5)에서 계산한 값 $V = 7\frac{7}{48}$ 도 표 1로 점검해 볼 수 있을 것이다. 그 값은 25퍼센트 항목들과 50퍼센트 항목들 사이에 속하므로 아주 작거나 아주 크다고는 할 수 없다. 따라서 이 검정으로 볼 때 (2)의 관측값들은 만족할만하게 무작위하다.

같은 표 항목들이 n 의 값과 무관하게, 그리고 확률 p_s 와 무관하게 쓰인다는 점은 다소 주목할만하다. 결과에 영향을 미치는 것은 수 $\nu = k - 1$ 뿐이다. 그러나 사실 표의 항목들이 엄밀하게 정확한 것은 아니다. *카이제곱 분포는 충분히 큰 n 값들에 대해서만 유효한 하나의 근사이다.* 그렇다면 n 이 얼마나 커야 할까? 흔히 통용되는 대략적인 규칙은, 기대값 np_s 들 각각이 5회 이상 나오기에 충분한 값을 선택하는 것이다. 그러나 좀 더 강력한 검정을 위해서는 그보다 훨씬 더 큰 값이 바람직하다. 앞의 예에서는 $n = 144$ 이므로 np_2 는 4회밖에 되지 않는다. 이는 방금 말한 대략적인 규칙에 위배된다. n 값을 그렇게 잡은 것은 단지 필자가 주사위 던지기에 지쳤기 때문일 뿐이다. 그런 탓에 표 1의 항목들은 응용 목적으로 사용하기에 그리 정확하지 않다. $n = 1000$ 이나 10000, 심지어 100000 정도로 잡고 컴퓨터로 시뮬레이션해서 얻은 값들이 이보다 훨씬 낫다. 또한 $s = 2$ 에 대한 자료와 $s = 12$ 에 대한 자료를 결합할 수도 있다. 그러면 검정의 자유도 수는 9밖에 되지 않겠지만 그래도 카이제곱 근사가 좀 더 정확해 질 것이다.

근사가 어느 정도 대략적인지는 범주가 둘 밖에 없는 경우를 가지고 파악할 수 있다. 두 범주의 확률을 각각 $p_1 = \frac{1}{4}$, $p_2 = \frac{3}{4}$ 이라고 가정하자. 앞에서 말한 대략적인 규칙에 따르면 만족할만한 근사를 얻기 위해서는 $n \geq 20$이어야 한다. 그럼 그런 상황들을 살펴보자. $n = 20$일 때 V로 가능한 값들은 $-5 \leq r \leq 15$에 대해 $(Y_1 - 5)^2/5 + (5 - Y_1)^2/15 = \frac{4}{15} r^2$들이다. 우리가 원하는 것은 표 1의 $\nu = 1$ 행이 V의 분포를 얼마나 잘 묘사하는지 파악하는 것이다. 카이제곱 분포는 연속적으로 변하지만 V의 실제 분포에는 상당히 큰 도약(jump)들이 있으므로, 정확한 분포를 표현하는 어떠한 관례들이 필요하겠다. 실험에서 나올 수 있는 서로 다른 결과들로부터 각각 확률이 π_0, π_1, $\ldots$, π_n인 값 $V_0 \leq V_1 \leq \cdots \leq V_n$들이 비롯된다면 주어진 확률 p가 범위 $\pi_0 + \cdots + \pi_{j-1} < p < \pi_0 + \cdots + \pi_{j-1} + \pi_j$에 속한다고 가정하자. V가 x보다 작을 확률이 $\leq p$이고 V가 x보다 클 확률이 $\leq 1 - p$임을 만족하는 "백분율점(percentage point)" x로 p를 표현하고자 한다. 그런 유일한 수가 $x = V_j$임은 어렵지 않게 밝힐 수 있다. $n = 20$이고 $\nu = 1$인 예에서 정확한 분포의 백분율점들은 다음과 같다:

$$0, \quad 0, \quad .27, \quad .27, \quad 1.07, \quad 4.27, \quad 6.67$$

(소수점 이하 두 자리까지, 순서대로 표 1의 $p = 1\%$, 5%, 25%, 50%, 75%, 95%, 99%인 항목들에 해당.) 예를 들어 $p = 95\%$에 대한 백분율점은 4.27인 반면 표 1의 근사치는 3.841이다. 표 1의 값은 너무 작다. 그 값에 따르면 통계치 $V = 4.27$을 95% 수준으로 기각해야 한다는 (잘못된) 판단이 나오지만, 실제로 $V \geq 4.27$일 확률은 6.5% 보다 크다. $n = 21$일 때에는 상황이 조금 달라지는데, 기대값 $np_1 = 5.25$와 $np_2 = 15.75$를 정확히 얻기가 불가능하기 때문이다. $n = 21$일 때의 백분율점들은

$$02, \quad .02, \quad .14, \quad .40, \quad 1.29, \quad 3.57, \quad 5.73$$

이다.

표 1이 $n = 50$일 때에는 더 나은 근사가 되리라고 기대할 수 있으나, 사실 해당 백분율점들은 어떤 면에서 볼 때 $n = 20$일 때의 백분율점에 비해 표 1로부터 더 멀다:

$$03, \quad .03, \quad .03, \quad .67, \quad 1.31, \quad 3.23, \quad 6.$$

다음은 $n = 300$일 때의 백분율점들이다:

$$0, \quad 0, \quad .07, \quad .44, \quad 1.44, \quad 4, \quad 6.42.$$

이 경우에도, 각 범주에서 np_s가 ≥ 75일 때에는 표 1의 항목들이 유효숫자 한 자리 정도로만 정확하다.

적절한 n 값을 선택하기란 다소 애매한 문제이다. 주사위가 실제로 편향되어 있다면, n 값이 커짐에 따라 그러한 사실이 드러나게 될 것이다. (연습문제 12 참고) 그러나 큰 n 값들은 국소적인 비무작위 습성(치우침이 강한 일단의 수들 다음에 그 반대로 치우친 일단의 수들의 나오는 경우)들을 평탄화시키는 경향이 있다. 주사위를 실제로 굴리는 경우에는 검정 전반에서 같은 주사위를 사용하므로 이런 국소적 비무작위 습성이 문제가 되지 않는다. 그러나 컴퓨터로 생성한 수열들에서는 그런

비정상적인 특징들이 아주 잘 드러날 수 있다. 아마 하나의 카이제곱 검정을 서로 다른 여러 n값들에 대해 수행해 보아야 할 것이다. 어쨌든 n은 항상 비교적 커야 한다.

카이제곱 검정을 요약하자면 이렇다: 독립적인 관측을 n회(여기서 n은 상당히 큰 값) 수행한다. (관측들이 독립적이지 않다면 카이제곱 검정의 사용을 피해야 한다는 점이 중요하다. 예를 들어 관측의 절반이 다른 절반에 의존하는 경우를 고찰하는 연습문제 10을 볼 것.) k개의 범주 각각마다 그 범주에 속하는 관측값의 개수를 세고, 식 (6)과 (8)에 나온 수량 V를 계산한다. 그런 다음 V를 표 1의 수들과 비교한다($\nu = k - 1$로 두고). 만일 V가 1% 항목보다 작거나 99% 항목보다 크다면 그 수들은 충분히 무작위하지 않은 것으로 간주해서 기각한다. V가 1% 항목과 5% 항목 사이에 있거나 95% 항목과 99% 항목 사이에 있다면 그 수들은 "의심스러운" 것으로 간주한다. 만일 (표의 보간을 통해서) V가 5% 항목과 10% 항목 사이에 있거나 90% 항목과 95% 항목 사이에 있다면 그 수들은 "대체로 의심스러운" 수준인 것이다. 흔히 쓰이는 방법은, 카이제곱 검정을 서로 다른 자료집합에 대해 적어도 세 번 수행해서 세 결과 중 적어도 둘이 의심스러우면 그 수들은 충분히 무작위하지 않은 것으로 간주하는 것이다.

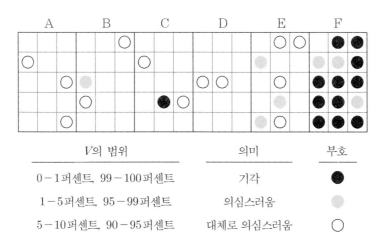

그림 2. 90 카이제곱 검정의 "의미 있는" 편차들(그림 5도 볼 것).

예를 들어 그림 2를 보자. 그림 2는 여섯 난수열 각각에 대해 서로 다른 다섯 종류의 카이제곱 검정들을 수행한 결과를 체계적으로 나타낸 것이다. 이 그림에서 각 검정은 수열 수들의 서로 다른 세 블록들에 적용되었다. 발생기 A는 매클라렌-마서글리아 방법(알고리즘 3.3.2M을 3.3.2-(13)에 적용한 것)이고 발생기 E는 피보나치 방법 3.2.2-(5)이다. 그 외의 발생기들은 선형합동수열들로, 매개변수들은 다음과 같다.

발생기 B: $\quad X_0 = 0, \quad a = 3141592653, \quad c = 2718281829, \quad m = 2^{35}$.

발생기 C: $\quad X_0 = 0, \quad a = 2^7 + 1, \quad c = 1, \quad m = 2^{35}$.

발생기 D: $\quad X_0 = 47594118, \quad a = 23, \quad c = 0, \quad m = 10^8 + 1$.

발생기 F: $\quad X_0 = 314159265, \quad a = 2^{18} + 1, \quad c = 1, \quad m = 2^{35}$.

그림 2로부터 우리는 (지금까지의 검정 결과들로만 볼 때) 발생기 A, B, D는 만족스럽고, 발생기 C는 경계에 걸쳤으되 아마도 기각해야 할 것이며, 발생기 E와 F는 확실히 불만족스럽다는 결론을 얻을 수 있다. 발생기 F는 물론 농도가 낮다. 발생기 C와 D는 문헌들에서 논의된 것들이지만 곱수들이 너무 작다. (발생기 D는 1948년에 레머Lehmer가 제안한 원래의 곱셈적 발생기이다. 발생기 C는 1960년에 로텐베르크Rotenberg가 제안한, $c \neq 0$인 원래의 선형합동 발생기이다.)

카이제곱 검정의 결과를 판정하는 데 "의심스러움", "대체로 의심스러움" 같은 등급들을 사용하는 대신, 이번 절에서 나중에 논의하는 조금 덜 임시방편적인 절차를 사용할 수도 있을 것이다.

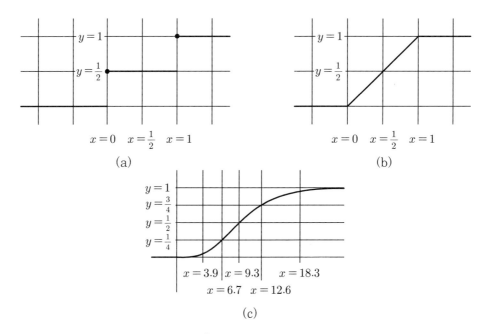

그림 3. 분포함수의 예.

B. 콜모고로프-스미르노프 검정. 앞에서도 말했듯이, 카이제곱 검정은 관측값들이 유한한 개수의 범주들에 속할 수 있는 상황에 적용된다. 그런데 무작위 분수(0과 1 사이의 실수 난수)처럼 무한히 많은 값들에 걸친 무작위 수량들을 고려하는 것도 이상한 일은 아니다. 컴퓨터로 표현할 수 있는 실수들의 개수가 유한하긴 하지만, 그래도 우리는 본질적으로 난수들이 마치 [0..1)의 모든 실수가 동일 확률인 듯한 습성을 가지길 원한다.

확률과 통계 연구에서는 확률분포(유한하든 무한하든)를 지정하기 위한 한 가지 일반적인 표기법이 흔히 쓰인다. 무작위 수량(확률변수) X의 값들의 분포를 명시하려 한다고 하자. 그러한 분포를 확률분포함수 $F(x)$로 나타낼 수 있다. 여기서

$$F(x) = \Pr(X \leq x) = (X \leq x)\text{일 확률}$$

이다. 그림 3에 세 가지 예가 나와 있다. (a)는 무작위 비트의 경우, 즉 X가 오직 0과 1만을 취하며 각 값의 확률이 $\frac{1}{2}$인 경우의 분포함수이다. (b)는 0과 1 사이의 균등분포 실수 난수에 대한 분포함수이

다. 여기서, $0 \leq x \leq 1$일 때 $X \leq x$일 확률은 그냥 x이다. 예를 들어 $X \leq \frac{2}{3}$일 확률은 그대로 $\frac{2}{3}$이다. (c)는 카이제곱 검정의 값 V(그림에 나온 것은 자유도 10에 해당하는 값)의 극한분포(limiting distribution)이다. x가 $-\infty$에서 $+\infty$로 증가함에 따라 $F(x)$는 항상 0에서 1로 증가함을 주목할 것.

무작위 수량 X를 n번 독립적으로 관측해서 X_1, X_2, ..., X_n을 얻었다면, 그것으로부터 경험적(empirical) 분포함수 $F_n(x)$를 만들 수 있다. 여기서

$$F_n(x) = \frac{X_1, X_2, ..., X_n \ 중 \leq x 인 \ 것들의 \ 개수}{n} \tag{10}$$

이다. 그림 4에는 세 가지 경험적 분포함수들(지그재그 선들. 엄밀히 말해서 수직선들은 $F_n(x)$의 일부가 아니다)이 실제(가정 상) 분포함수 $F(x)$들의 그래프에 겹쳐져 나타나 있다. n이 커짐에 따라 $F_n(x)$이 $F(x)$에 점점 더 근접하게 될 것이다.

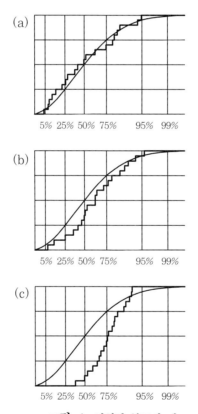

그림 4. 경험적 분포의 예.

콜모고로프-스미르노프 검정(Kolmogorov-Smirnov test, 줄여서 KS 검정)은 $F(x)$에 도약들이 없을 때 사용할 수 있다. 이 검정은 $F(x)$와 $F_n(x)$의 차이에 기반을 둔 것이다. 좋지 않은 난수원으로부터 얻은 경험적 분포함수들은 $F(x)$를 충분히 잘 근사하지 못한다. 그림 4(b)는 X_i들이 일

관되게 너무 높아서 경험적 분포함수가 너무 낮게 되는 예이다. 그림의 (c)는 더 나쁜 예에 해당한다. $F_n(x)$와 $F(x)$가 그 정도로 차이가 나는 것은 극히 드물며, 과연 얼마나 드문가를 판단하는 데 사용할 수 있는 것이 바로 KS 검정이다.

KS 검정을 위해서는 다음과 같은 통계치들이 필요하다.

$$K_n^+ = \sqrt{n} \sup_{-\infty < x < +\infty} (F_n(x) - F(x));$$

$$K_n^- = \sqrt{n} \sup_{-\infty < x < +\infty} (F(x) - F_n(x)). \tag{11}$$

여기서 K_n^+는 F_n이 F보다 클 때의 최대 편차이고 K_n^-는 F_n이 F보다 작을 때의 최대 편차이다. 그림 4에 대한 이 통계치들은 다음과 같다.

	그림 4(a)	그림4(b)	그림 4(c)	
K_{20}^+	0.492	0.134	0.313	(12)
K_{20}^-	0.536	1.027	2.101	

(참고: 식 (11)에 나오는 계수 $\sqrt{n}$이 왜 필요한지 궁금할 것이다. 연습문제 6에 나오겠지만, 고정된 x에 대해 $F_n(x)$의 표준편차는 $1/\sqrt{n}$에 비례한다. 따라서 계수 $\sqrt{n}$는 이 표준편차가 n과 무관하게 되도록 통계치 K_n^+와 K_n^-를 비례시키는 역할을 한다.)

카이제곱 검정에서처럼, 주어진 K_n^+와 K_n^-가 현저히 높거나 낮은지는 적절한 백분율 표에서 해당 값들을 참조해 판정할 수 있다. 표 2가 그런 목적으로 사용할 수 있는 백분율표이다(K_n^+, K_n^- 모두). 예를 들어 K_{20}^-가 0.7975 이하일 확률은 75퍼센트이다. 카이제곱 판정과는 달리, 이 표의 항목들이 단지 큰 n 값들에 대해 성립하는 근사치들인 것은 아니다. 표 2의 항목들은 정확한 값들이며 (물론 반올림 오차는 존재한다), KS 판정은 임의의 n 값에 대해 신뢰성 있게 사용할 수 있다.

공식 (11)은 그 형태 자체로는 컴퓨터 계산에 그리 적합하지 않다. 왜냐하면 x의 무한히 많은 값들에 대한 최소 상계를 구해야 하기 때문이다. 그러나 $F(x)$가 증가함수이며 $F_n(x)$가 유한한 단계들로만 증가한다는 사실로부터, 통계치 K_n^+와 K_n^-를 평가하는 간단한 절차를 유도할 수 있다. 다음과 같다.

단계 1. 독립적인 관측값 $X_1, X_2, \dots, X_n$을 얻는다.

단계 2. 관측값들을 정렬해서 오름차순으로, 즉 $X_1 \leq X_2 \leq \cdots \leq X_n$이 되게 재배치한다. (효율적인 정렬 알고리즘들은 5장에서 다룬다. 그러나 연습문제 23에 나오듯이, 이 경우에는 정렬을 피할 수 있다.)

단계 3. 이제 원하는 통계치들을 다음 공식들로 얻는다.

$$K_n^+ = \sqrt{n} \max_{1 \leq j \leq n} \left(\frac{j}{n} - F(X_j) \right);$$

$$K_n^- = \sqrt{n} \max_{1 \leq j \leq n} \left(F(X_j) - \frac{j-1}{n} \right). \tag{13}$$

이 검정에서는 관측 횟수 n을 적절히 선택하는 것이 χ^2 검정에서보다 조금 더 쉽다(일부 고려사항들이 비슷하긴 하지만). 가정 상으로는 $F(x)$로 주어지는 분포에 속하는 확률변수 X_j들이 실제로는 확률분포 $G(x)$에 속한다면, $G(x) = F(x)$라는 가설을 기각하기 위해서는 n이 비교적 커야 한다. n이 커야 경험적 분포 $G_n(x)$와 $F_n(x)$가 관측 상에서 다르게 나타날 것이라고 기대할 수 있을 것이기 때문이다. 반면, 큰 n 값들은 국소 비무작위 습성을 평준화해버리는 경향이 있으며, 그런 바람직하지 않은 습성은 대부분의 난수 컴퓨터 응용들에서 상당히 위험하다. 이 점을 생각한다면 n을 작게 잡아야 한다. 한 가지 좋은 절충은 n을 이를테면 1000으로 두고 난수열의 서로 다른 부분들에 대해 K_{1000}^+ 를 상당히 많이 계산해서 다음과 같은 값들을 얻는 것이다.

표 2

분포 K_n^+와 K_n^-의 일부 퍼센트 수치들

	$p=1\%$	$p=5\%$	$p=25\%$	$p=50\%$	$p=75\%$	$p=95\%$	$p=99\%$
$n=1$	0.01000	0.05000	0.2500	0.5000	0.7500	0.9500	0.9900
$n=2$	0.01400	0.06749	0.2929	0.5176	0.7071	1.0980	1.2728
$n=3$	0.01699	0.07919	0.3112	0.5147	0.7539	1.1017	1.3589
$n=4$	0.01943	0.08789	0.3202	0.5110	0.7642	1.1304	1.3777
$n=5$	0.02152	0.09471	0.3249	0.5245	0.7674	1.1392	1.4024
$n=6$	0.02336	0.1002	0.3272	0.5319	0.7703	1.1463	1.4144
$n=7$	0.02501	0.1048	0.3280	0.5364	0.7755	1.1537	1.4246
$n=8$	0.02650	0.1086	0.3280	0.5392	0.7797	1.1586	1.4327
$n=9$	0.02786	0.1119	0.3274	0.5411	0.7825	1.1624	1.4388
$n=10$	0.02912	0.1147	0.3297	0.5426	0.7845	1.1658	1.4440
$n=11$	0.03028	0.1172	0.3330	0.5439	0.7863	1.1688	1.4484
$n=12$	0.03137	0.1193	0.3357	0.5453	0.7880	1.1714	1.4521
$n=15$	0.03424	0.1244	0.3412	0.5500	0.7926	1.1773	1.4606
$n=20$	0.03807	0.1298	0.3461	0.5547	0.7975	1.1839	1.4698
$n=30$	0.04354	0.1351	0.3509	0.5605	0.8036	1.1916	1.4801
$n>30$	$y_p - \frac{1}{6}n^{-1/2} + O(1/n)$, 여기서 $y_p^2 = \frac{1}{2}\ln(1/(1-p))$						
$y_p =$	0.07089	0.1601	0.3793	0.5887	0.8326	1.2239	1.5174

(이 표의 확장에 대해서는 식 (25)와 (26), 그리고 연습문제 20의 해답을 볼 것.)

$$K_{1000}^+(1), \quad K_{1000}^+(2), \quad \ldots, \quad K_{1000}^+(r). \tag{14}$$

또한 이 결과들에 대해 KS 검정을 다시 적용할 수도 있다: $F(x)$를 이제는 K_{1000}^+ 에 대한 분포함수로 두고, (14)의 관측값들로부터 얻은 경험적 분포 $F_r(x)$를 결정하는 것이다. 다행히 이 경우 함수 $F(x)$는 매우 간단하다. $n=1000$ 같은 큰 n 값에 대해 K_n^+의 분포는 다음으로 상당히 가깝게 근사된다:

$$F_\infty(x) = 1 - e^{-2x^2}, \qquad x \geq 0. \tag{15}$$

이상의 설명은 K_n^- 에도 적용된다. K_n^+ 와 K_n^- 의 기대되는 습성이 같기 때문이다. *비교적 큰 n 으로 검정을 여러 번 적용하고 관측값들을 또 다른 KS 검정으로 결합하는 이러한 방법은 국소적 비무작위 습성과 전역적 비무작위 습성 모두를 검출하는 경향을 가지게 된다.*

　　예를 들어 필자는 이번 장을 쓰면서 다음과 같은 간단한 실험을 수행했다: 다음 절에서 설명하는 "다섯 중 최대(maximum-of-5)" 검정을 1000개의 균등 난수들의 집합에 적용해서, $0 \le x \le 1$ 에 대한 분포 $F(x) = x^5$ 에 속하는 것으로 가정되는 200개의 관측값 $X_1, X_2, ..., X_{200}$ 을 얻었다. 그리고 각 그룹에 대해 통계치 K_{10}^+ 를 계산했다. 그렇게 해서 얻은 20개의 K_{10}^+ 값들로부터 그림 4에 나온 경험적 분포들을 구했다. 그림 4의 각 그래프에서 매끄러운 곡선은 통계치 K_{10}^+ 가 가져야 할 실제 분포이다. 그림 4(a)는 수열

$$Y_{n+1} = (3141592653\, Y_n + 2718281829) \bmod 2^{35}, \qquad U_n = Y_n/2^{35}$$

에서 얻은 K_{10}^+ 의 분포인데, 만족할만큼 무작위하다. 그림 4(b)는 피보나치 방법으로 얻은 것인데, 해당 수열은 전역적 비무작위 습성을 가진다. 다른 말로 하면 다섯 중 최대 검정의 관측값 X_n 들이 분포 $F(x) = x^5$ 을 보정하지 않음을 보이는 것이 가능하다. 그림 4(c)는 악명 높고 부적절한 선형합동 수열 $Y_{n+1} = \big((2^{18}+1)\, Y_n + 1\big) \bmod 2^{35}$, $U_n = Y_n/2^{35}$ 로 만든 것이다.

　　그림 4의 자료에 KS 검정을 적용한 결과가 (12)에 나와 있다. $n = 20$ 에 대해 표 2를 참조해 보면 그림 4(b)에 대한 K_{20}^+ 값과 K_{20}^- 값이 "대체로 의심스러움"에 해당하지만(그 값들은 5퍼센트와 88퍼센트 수준 사이에 놓이므로), 즉시 기각할 정도로 나쁘지는 않다. 물론 그림 4(c)에 대한 K_{20}^- 값은 적정 수준을 완전히 벗어났다고 할 수 있다. 따라서 그 난수발생기는 다섯 중 최대 검정에 완전히 실패한 것이다.

　　그림 4에 쓰인 기본적인 관측값들은 각각 10개의 수들만을 관측한 결과라는 점에서, 이 실험에서는 KS 검정이 국소 비무작위성에 비해 전역 비무작위성을 제대로 찾지 못할 것이라고 짐작할 수 있다. 수 1000개짜리 그룹 20개를 각각 취했다면 그림 4(b)가 훨씬 더 현저한 편차를 보였을 것이다. 이 점을 확인하기 위해, 그림 4에 쓰인 관측값 200개 모두에 한 번의 KS 검정을 수행해 보았다. 얻은 결과는 다음과 같다.

	그림 4(a)	그림 4(b)	그림 4(c)	
K_{200}^+	0.477	1.537	2.819	(16)
K_{200}^-	0.817	0.194	0.058	

이 결과에서는 피보나치 발생기의 전역 비무작위성이 극명하게 드러난다.

　　콜모고로프-스미르노프 검정을 요약하자면 이렇다: 연속함수 $F(x)$ 로 지정된 어떠한 분포로부터 얻은 n 개의 독립적인 관측값 $X_1, ..., X_n$ 이 주어진다. 여기서 연속함수라 함은, $F(x)$ 가 그림 3(b)와 3(c)에 나온 것 같은 함수이어야 하며, 함수에 그림 3(a)에서 볼 수 있는 도약들이 있어서는 안 된다는 것이다. 그 관측값들에 대해 식 (13) 바로 앞에서 설명한 절차를 수행해서 통계치 K_n^+ 와 K_n^- 를 얻는다. 그런 다음 이 통계치들을 표 2와 대조해 보아서 검정 결과를 결정한다.

이제 KS 검정과 χ^2 검정을 어느 정도 비교하는 것이 가능해졌다. 무엇보다도 눈 여겨 보아야 할 부분은, KS 검정을 χ^2 검정과 함께 사용함으로써 χ^2 검정을 요약할 때 언급했던 임시방편 방법보다 더 나은 절차를 만들어낼 수 있다는 점이다. (즉, 검정을 세 번 수행하고 그 결과들 중 "의심스러움"이 몇 개인지를 고려하는 것보다 더 나은 방법이 존재한다.) 한 난수열의 서로 다른 부분들에 대해 χ^2 검정을 독립적으로 여러 번(이를테면 10번) 수행해서 값 V_1, V_2, ..., V_{10}을 얻었다고 하자. 그냥 의심스럽게 크거나 작은 V들이 몇 개인지 세는 것은 좋은 방침이 못 된다. 이러한 절차는 극단적인 경우들에도 유효할 것이며, 매우 크거나 매우 작은 값들은 해당 수열에 국소 비무작위성이 너무 많음을 의미할 수 있다. 그러나 이 10개의 값들의 경험적 분포를 그래프로 그리고 그것을 정확한 분포(표 1로 얻을 수 있을 것이다)와 비교한다면 일반적으로 좀 더 나은 방법이 될 수 있을 것이다. 경험적 분포는 χ^2 검정 결과를 좀 더 명확하게 보여주며, 사실 통계치 K_{10}^+와 K_{10}^-를 경험적 χ^2 값들로부터 구해서 그것들로 검정 통과 또는 실패 여부를 판단하는 것도 가능하다. 그래프 방법을 이용한 이와 같은 절차는 V값들이 10개 정도라면 손으로 쉽게 수행할 수 있을 것이다(심지어 100개까지도 가능할 수 있다). V들의 개수가 더 많다면 카이제곱 분포를 계산하는 컴퓨터 서브루틴이 필요하다. 그림 4(c)의 관측값 20개 모두가 5 퍼센트 수준과 95 퍼센트 수준 사이에 놓임을 주목할 것. 따라서 그 모든 값들은, 각각 개별적으로는 의심스럽다고 간주할 수가 없다. 그러나 경험적 분포를 전반적으로 고려하면 그 관측값들이 전혀 적합하지 않다는 결론이 나온다.

KS 검정과 카이제곱 검정의 한 가지 중요한 차이는, KS 검정이 도약이 없는 $F(x)$ 분포들에 적용되나 카이제곱 검정은 도약들만 있는 분포들에 적용된다는 것이다(모든 관측값들이 k개의 범주들로 나누어지므로). 따라서 두 검정들은 그 적용 대상이 다르다고 할 수 있다. 그러나, $F(x)$가 연속함수인 경우에도 χ^2 검정을 적용하는 것이 가능하다. $F(x)$의 정의역을 k 부분으로 나누고 각 부분 안에서의 변화량은 모두 무시하면 된다. 예를 들어 U_1, U_2, ..., U_n이 0과 1 사이의 균등분포에 해당하는지를 검사하고자 한다면, 그 관측값들이 $0 \le x \le 1$에 대한 분포 $F(x) = x$를 가지는지 판정하면 된다. 이는 KS 검정의 당연한 응용 방법이다. 하지만 0에서 1까지의 구간을 $k = 100$ 부분으로 나누고, 각 부분에 몇 개의 U들이 속하는지 세고, 거기에 99의 자유도로 카이제곱 검정을 적용할 수도 있다. 현재로서는 KS 검정 효과성 대 카이제곱 검정 효과성의 비교에 대한 이론적 결과가 그리 많지 않다. 필자의 경험으로는 KS 검정이 χ^2 검정보다 비무작위성을 좀 더 명확하게 드러내는 경우도 있고 χ^2 검정이 더 의미 있는 결과를 내는 경우도 있다. 예를 들어서 앞서 언급한 100개의 범주들에 번호 0, 1, ..., 99를 매긴다면, 그리고 0에서 49까지의 구획들에서는 기대값과의 편차들이 양인 반면 50에서 99 구획들에서는 음이라면 경험적 분포함수는 χ^2 값이 가리키는 것보다 $F(x)$로부터 훨씬 더 멀 것이다. 그러나 구획 0, 2, ..., 98에서는 양의 편차들이, 구획 1, 3, ..., 99에서는 음의 편차들이 나온다면 해당 경험적 분포함수가 $F(x)$에 좀더 근접하게 되는 경향이 있을 것이다. 따라서 측정된 편차들의 종류는 다소 다르다. χ^2 검정은 그림 4의 결과를 낸 200개의 관측값들에 $k = 10$으로 해서 적용한 것이고, 해당 V 값들은 9.4, 17.7, 39.3이었다. 따라서 이 특정한 경우에서는 그 값들이 (16)에 주어진 KS 값들에 꽤 필적한다. χ^2 검정은 본질적으로 덜 정확하며 비교적 큰 n 값을 요구하므로, 연속적인 분포를 검정하는 경우에는 KS 검정이 여러 가지 장점들을 보인다고 하겠다.

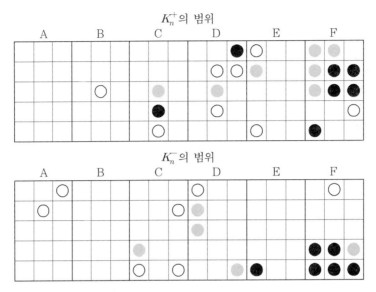

그림 5. 그림 2에서와 동일한 자료에 KS 검정들을 적용한 결과.

흥미로울만한 또 다른 예가 있다. 그림 2에 쓰인 자료는 구간을 확률이 같은 10부분으로 나눈, $1 \leq t \leq 5$에 대한 "t 중 최대" 관측값 $n = 200$개에 기반을 둔 카이제곱 통계치들이다. 그와 정확히 동일한 200개의 관측값들로 KS 통계치 K_{200}^+와 K_{200}^-도 계산할 수 있으며, 그 결과들은 그림 2에서와 같은 방식으로 도해할 수 있을 것이다(어떤 KS 값들이 99퍼센트 수준을 넘는지 보여주는 등). 그림 5가 실제로 그러한 결과이다. 발생기 D(레머의 원래 방법)가 그림 5에서는 아주 나쁘게 나타나지만 동일한 자료에 대한 카이제곱 검정들은 그림 2에서 별 문제 없게 나왔고, 반면 발생기 E(피보나치 방법)는 그림 5에서 그리 나쁘게 보이지 않음에 주목하자. 좋은 발생기들인 A와 B는 모든 검정들을 만족스럽게 통과했다. 그림 2와 그림 5가 일치하지 않는 근본적인 이유는 (a) 관측값의 개수 200이 강력한 검정을 위한 개수로 인정하기에는 너무 작고, (b) "기각", "의심스러움", "대체로 의심스러움"이라는 평가 조건들 자체가 의심스럽다는 데 있다.

　　(첨언하자면, 1940년대에 "나쁜" 난수발생기를 사용했다고 레머를 비난하는 것은 공정하지 못한 일이다. 왜냐하면 그가 수행했던 발생기 D의 실제 적용은 상당히 유효했기 때문이다. ENIAC 컴퓨터는 플러그판을 이용해서 프로그래밍하는 고도로 병렬적인 컴퓨터였다. 레머는 누산기들 중 하나가 자신의 내용에 23을 반복해서 곱해서($10^8 + 1$을 법으로 해서) 몇 밀리 초마다 새 값이 나오도록 프로그래밍했다. 이 곱수 23이 너무 작기 때문에, 그런 공정을 통해서 얻는 값들은 그 이전 값들에 너무 강하게(충분히 무작위하다고 간주하기 힘들 정도로) 의존하게 된다. 그러나 관련 프로그램이 그 특별한 누산기의 값들을 실제로 사용하는 시점들 사이의 시간 간격이 비교적 길고 변동도 다소 심했다. 결국 실질적인 곱수는 크고 변화하는 k 값들에 대한 23^k이었다.

C. 역사, 문헌정보, 이론. 카이제곱 검정은 1900년에 피어슨Karl Pearson에 의해서 소개된 것이다 〔*Philosophical Magazine*, Series 5, **50**, 157-175〕. 피어슨의 그 중요한 논문은 현대 통계학의 기초 중 하나로 간주된다. 그 전까지만 해도 사람들은 그냥 실험적 결과를 그래프로 그려보고 결과가 옳은지를 직관적으로 판정했기 때문이다. 그 논문에서 피어슨은 그전까지의 몇 가지 흥미로운 통계학 오용 사례들을 제시하고 있다. 그는 또한 특정한 룰렛 돌리기들이 기대했던 빈도들과 상당히 동떨어져 있음을 증명하기도 했다(1892년에 몬테카를로에서 2주 간 실험한 결과를 가지고). 이는 공정한 룰렛 바퀴가 약 10^{29}대 1의 확률이라는 가정을 뒤집는 것이었다! 카이제곱 검정과 상세한 문헌정보 가 코크런William G. Cochran의 개괄 논문 *Annals Math. Stat.* **23** (1952), 315-345에 나온다.

그럼 카이제곱 검정에 깔린 이론을 간단히 유도해 보자. $Y_1 = y_1, ..., Y_k = y_k$일 정확한 확률이

$$\frac{n!}{y_1! \cdots y_k!} p_1^{y_1} \cdots p_k^{y_k} \tag{17}$$

임은 쉽게 알 수 있다. Y_s의 값이 y_s일 확률이 푸아송 확률

$$\frac{e^{-np_s}(np_s)^{y_s}}{y_s!}$$

이며 Y들이 서로 독립적이라고 가정하면, $(Y_1, ..., Y_k)$가 $(y_1, ..., y_k)$와 같을 확률은

$$\prod_{s=1}^{k} \frac{e^{-np_s}(np_s)^{y_s}}{y_s!}$$

이다. 그리고 $Y_1 + \cdots + Y_k$가 n과 같을 확률은

$$\sum_{\substack{y_1 + \cdots + y_k = n \\ y_1, ..., y_k \geq 0}} \prod_{s=1}^{k} \frac{e^{-np_s}(np_s)^{y_s}}{y_s!} = \frac{e^{-n}n^n}{n!}$$

이다. 조건 $Y_1 + \cdots + Y_k = n$인 경우를 제외할 때 이들이 독립적이라고 가정한다면, $(Y_1, ..., Y_k)$ $= (y_1, ..., y_k)$일 확률은 몫

$$\left(\prod_{s=1}^{k} \frac{e^{-np_s}(np_s)^{y_s}}{y_s!} \right) \Bigg/ \left(\frac{e^{-n}n^n}{n!} \right)$$

이다. 이는 (17)과 같다. *따라서, 고정된 합을 가진다는 사실을 제외할 때 Y들이 독립적으로 푸아송 분포를 따른다고 간주할 수 있다.*

변수들을

$$Z_s = \frac{Y_s - np_s}{\sqrt{np_s}} \tag{18}$$

로 변경하면 $V = Z_1^2 + \cdots + Z_k^2$이 되므로 편하다. 조건 $Y_1 + \cdots + Y_k = n$은 다음과 동치이다.

$$\sqrt{p_1}\,Z_1 + \cdots + \sqrt{p_k}\,Z_k = 0. \tag{19}$$

조건 (19)를 만족하는 모든 벡터 $(Z_1, \ldots, Z_k)$의 $(k-1)$차원 공간 S를 고려하자. 큰 n 값들에 대해 각 Z_s는 근사적으로 정규분포를 따른다(연습문제 1.2.10-15 참고). 따라서 S의 미분 부피 $dz_2 \ldots dz_k$는 $\exp\!\big(-(z_1^2 + \cdots + z_k^2)/2\big)$에 근사적으로 비례하는 확률로 나타난다. (카이제곱 방법이 단지 큰 n에 대한 하나의 근사라는 사실은 바로 이 부분에서 비롯된 것이다.) 이제 $V \le v$일 확률은:

$$\frac{\int_{(z_1,\ldots,z_k) \text{가 } S\text{의 원소 그리고 } z_1^2 + \cdots + z_k^2 \le v} \exp\!\big(-(z_1^2 + \cdots + z_k^2)/2\big)\, dz_2 \ldots dz_k}{\int_{(z_1,\ldots,z_k) \text{가 } S\text{의 원소}} \exp\!\big(-(z_1^2 + \cdots + z_k^2)/2\big)\, dz_2 \ldots dz_k}. \tag{20}$$

초평면 (19)는 k차원 공간의 원점을 지나므로, (20)의 분자는 원점을 중심으로 하는 $(k-1)$차원 초공간의 내부에 대한 적분이다. 반지름을 χ로, 그리고 각들을 $\omega_1, \ldots, \omega_{k-2}$로 한 일반화된 극좌표로의 적절한 변환을 적용하면 (20)은 어떠한 함수 f에 대한

$$\frac{\int_{\chi^2 \le v} e^{-\chi^2/2} \chi^{k-2} f(\omega_1, \ldots, \omega_{k-2})\, d\chi\, d\omega_1 \ldots d\omega_{k-2}}{\int e^{-\chi^2/2} \chi^{k-2} f(\omega_1, \ldots, \omega_{k-2})\, d\chi\, d\omega_1 \ldots d\omega_{k-2}}$$

로 변한다(연습문제 15). 그러면 각 $\omega_1, \ldots, \omega_{k-2}$에 대한 적분은 분자와 분모에서 제할 수 있는 하나의 상수 계수가 된다. 결국, $V \le v$일 근사 확률에 대한 다음과 같은 공식이 나온다.

$$\frac{\int_0^{\sqrt{v}} e^{-\chi^2/2} \chi^{k-2}\, d\chi}{\int_0^{\infty} e^{-\chi^2/2} \chi^{k-2}\, d\chi}. \tag{21}$$

식 (21)의 유도에서 기호 χ는 피어슨이 그의 원래 논문에서 그랬듯이 반지름 길이를 나타낸다. χ^2 검정이라는 이름이 바로 여기서 나온 것이다. $t = \chi^2/2$로 치환하면 적분들을 1.2.11.3에서 논의한 불완전 감마함수로 표현할 수 있다:

$$\lim_{n \to \infty} \Pr(V \le v) = \gamma\!\left(\frac{k-1}{2}, \frac{v}{2}\right)\!\Big/\Gamma\!\left(\frac{k-1}{2}\right). \tag{22}$$

이것이 $k-1$의 자유도를 가진 카이제곱 분포의 정의이다.

이제 KS 검정으로 넘어가자. 1933년에 콜모고로프A. N. Kolmogorov는 통계치

$$K_n = \sqrt{n}\, \max_{-\infty < x < +\infty} |F_n(x) - F(x)| = \max(K_n^+, K_n^-) \tag{23}$$

에 근거를 둔 검정 방법을 제안했다. 스미르노프N. V. Smirnov는 1939년에 이 검정의 여러 수정안들을 논의했는데, 앞에서 제시한 K_n^+와 K_n^-의 개별적인 조사도 그에 포함된다. 비슷한 검정들도 대단히 많이 있지만, K_n^+와 K_n^- 통계가 컴퓨터 응용에는 가장 편하다. KS 검정과 그 일반화에 대한 상세한 검토 및 방대한 문헌정보가 J. Durbin, *Regional Conf. Series on Applied Math.* **9** (SIAM, 1973)에 집대성 되어 있다.

K_n^+와 K_n^-의 분포를 연구하기 위해서는, 만일 X가 연속분포 $F(x)$를 따르는 확률변수이면

$F(X)$는 0과 1 사이의 실수들에서 *균등하게 분포된다*는 기본적인 사실로부터 시작해야 한다. 이 사실을 증명하려면, 만일 $0 \le y \le 1$이면 y의 확률로 $F(X) \le y$라는 점만 증명하면 된다. F는 연속함수이므로 $F(x_0) = y$인 어떤 x_0이 존재한다. 따라서 $F(X) \le y$일 확률은 $X \le x_0$일 확률이다. 정의에 의해, 후자의 확률은 $F(x_0)$, 즉 y이다.

$1 \le j \le n$에 대해 $Y_j = nF(X_j)$라고 하자. 여기서 X들은 식 (13)의 단계 2에서처럼 정렬되었다고 가정한다. 그러면 본질적으로 변수 Y_j들은 독립적인, 0과 n 사이의 균등하게 분포되며 감소하지 않는 순서로 정렬된 $Y_1 \le Y_2 \le \cdots \le Y_n$들과 같다. 그리고 (13)의 첫 등식은 다음으로 변환할 수 있다.

$$K_n^+ = \frac{1}{\sqrt{n}} \max(1 - Y_1, 2 - Y_2, ..., n - Y_n).$$

만일 $0 \le t \le n$이면 $K_n^+ \le t/\sqrt{n}$일 확률은 따라서 $1 \le j \le n$에 대해 $Y_j \ge j - t$일 확률이다. 이를 다음과 같은 n차원 적분들로 표현하는 것은 어렵지 않다.

$$\frac{\int_{\alpha_n}^n dy_n \int_{\alpha_{n-1}}^{y_n} dy_{n-1} \cdots \int_{\alpha_1}^{y_2} dy_1}{\int_0^n dy_n \int_0^{y_n} dy_{n-1} \cdots \int_0^{y_2} dy_1}, \qquad \text{여기서 } \alpha_j = \max(j - t, 0). \tag{24}$$

이것의 분모는 즉시 평가된다. 분모는 결국 $n^n/n!$인데, 이는 $0 \le y_j < n$인 모든 벡터 $(y_1, y_2, ..., y_n)$들의 초입방체(hypercube)의 부피가 n^n이며 그것을 y들의 모든 가능한 순서들 각각에 해당하는 동일한 $n!$개의 부분들로 나눌 수 있다는 점에 상응하는 결과이다. 분자의 적분은 좀 더 어려우나, 연습문제 17에 제시된 방법으로 공략하면 다음과 같은 일반적 공식을 얻게 된다.

$$\Pr\left(K_n^+ \le \frac{t}{\sqrt{n}}\right) = \frac{t}{n^n} \sum_{0 \le k \le t} \binom{n}{k} (k-t)^k (t+n-k)^{n-k-1} \tag{25}$$

$$= 1 - \frac{t}{n^n} \sum_{t < k \le n} \binom{n}{k} (k-t)^k (t+n-k)^{n-k-1}. \tag{26}$$

K_n^-의 분포는 이와 정확히 같다. 식 (26)을 처음 구한 이는 스미르노프이다 〔*Uspekhi Mat. Nauk* **10** (1944), 176-206〕; 또한 Z. W. Birnbaum, Fred H. Tingey, *Annals Math. Stat.* **22** (1951), 592-596도 볼 것. 스미르노프는 모든 고정된 $s \ge 0$에 대한 점근공식

$$\Pr(K_n^+ \le s) = 1 - e^{-2s^2}\left(1 - \frac{2}{3}s/\sqrt{n} + O(1/n)\right) \tag{27}$$

을 유도했다. 이로부터 표 2에 있는 큰 n들에 대한 근사값들이 나온다.

(25)와 (26)이 동치임은 아벨의 이항정리, 즉 식 1.2.6-(16)으로 알 수 있다. 둘 다 표 2를 확장하는 데 사용할 수 있지만, 한 가지 흥미로운 장단점이 존재한다: (25)의 합은 단 $s\sqrt{n}$개 정도의 항들로 이루어지지만, $s = t/\sqrt{n}$가 주어진 경우에는 반드시 다중 정밀도(multiple-precision) 산술을 사용해야 한다는 것이다. 이는 그 항들이 크며 그 선행 숫자들이 소거되기 때문이다. (26)의 경우에는 그런 문제가 발생하지 않는데, 이는 그 항들이 모두 양이기 때문이다. 대신 (26)은 항들이 $n - s\sqrt{n}$개이다.

연습문제

1. [00] 식 (5)의 값 $V = 7\frac{7}{48}$ 이 그럴 리가 없을 정도로 큰지의 여부를 점검하려면 카이제곱 표의 어떤 줄을 사용해야 할까?

2. [20] 한 주사위는 값 1이 다른 값들보다 두 배로 많이 나오고 다른 주사위는 6이 그렇게 나오도록 조작되었다고 할 때, 두 주사위의 합이 정확히 s(이 때 $2 \le s \le 12$)일 확률 p_s를 계산하라.

▶ **3.** [23] 연습문제 1에서처럼 조작된 주사위를 144번 굴려서 다음과 같은 값들을 얻었다고 하자.

s의 값 = 2   3   4   5   6   7   8   9   10   11   12

관측값 Y_s = 2   6   10   16   18   32   20   13   16   9   2

이 값들에 카이제곱 검정을 (1)의 확률들을 이용해서, 그리고 마치 주사위들에는 아무 문제도 없는 것처럼 가장한 채 적용하라. 카이제곱 판정으로 주사위의 결함을 잡아낼 수 있는가? 아니라면 왜 그런지 설명하라.

▶ **4.** [23] 필자는 주사위 하나는 정상이되 또 하나는 항상 1 아니면 6이 나오도록(둘의 확률은 동일) 하는 시뮬레이션을 통해서 (9)의 실험 1의 자료를 실제로 얻은 적이 있다. (1)의 것들을 대신하는 그런 경우에서의 확률들을 계산하고, 실험 결과가 그런 식으로 조작된 주사위의 경우와 상응하는지를 카이제곱 검정으로 판정하라.

5. [22] $F(x)$가 균등분포 그림 3(b)라고 하자. 다음 20개의 관측값들에 대한 K_{20}^+ 와 K_{20}^- 를 구하라.

0.414, 0.732, 0.236, 0.162, 0.259, 0.442, 0.189, 0.693, 0.098, 0.302,

0.442, 0.434, 0.141, 0.017, 0.318, 0.869, 0.772, 0.678, 0.354, 0.718.

그리고 이 관측값들이 카이제곱 검정 및 KS 검정에 비추어 기대되는 습성들과 현저히 다른지 밝혀라.

6. [M20] 고정된 x에 대한, 식 (10)과 같이 주어진 $F_n(x)$를 고려한다. 정수 s가 주어졌을 때 $F_n(x) = s/n$일 확률은 얼마인가? $F_n(x)$의 평균값은 얼마인가? 표준편차는?

7. [M15] K_n^+ 와 K_n^- 가 결코 음이 될 수 없음을 보여라. K_n^+ 가 가질 수 있는 가장 큰 양의 값은 무엇인가?

8. [00] 본문에서는 난수열의 연구에서 통계 K_{10}^+ 의 값 20개를 얻은 한 실험을 설명했다. 그 값들을 그래프로 그린 것이 그림 4이다. 그리고 그 그래프로부터 KS 통계치들도 계산했다. 그런데 그 통계치들을 연구할 때 표의 $n = 10$ 항목들 대신 $n = 20$ 항목들을 사용한 이유는 무엇일까?

▶ **9.** [20] 본문에서 설명한 실험에서는 한 난수열의 서로 다른 부분들에 적용한 다섯 중 최대 검정으로부터 계산한 20개의 K_{10}^+ 값들로 그래프를 그렸다. 그에 해당하는 20개의 K_{10}^- 값들을 계산하는 것도 가능하다. K_{10}^- 는 K_{10}^+ 와 동일한 분포를 가지므로, 40개의 값들(즉 K_{10}^+ 값 20개와 K_{10}^- 20개)을 모으고 KS 검정을 적용해서 새로운 K_{40}^+, K_{40}^-를 얻을 수도 있다. 이런 착상의 장점들을 논하라.

▶ **10.** [20] n개의 관측값들에 카이제곱 검정을 수행해서 값 V를 얻었다고 하자. 같은 n개의 관측들에 대해 또 다시 검정을 반복하고(따라서 같은 결과들을 얻고), 두 검정들의 자료를 하나로 합친 것을 $2n$개의 관측값들에 대한 하나의 단일한 카이제곱 검정으로 간주하자. (이는 본문에서 말한, 모든 관측값들이 서로 독립적이어야 한다는 조건을 위반한다.) 그래서 얻은 V값이 첫 검정의 V와 어떻게 연관되는가?

11. [10] 연습문제 10을 카이제곱 검정 대신 KS 검정으로 두고 풀어라.

12. [M28] 관측값 n개의 집합에 카이제곱 검정을 수행하며, 각 관측값이 범주 s에 속할 확률을 p_s라고 가정하자. 그러나 관측값이 범주 s에 속할 실제의 확률은 $q_s \neq p_s$라고 하자. (연습문제 3 참고.) 우리가 원하는 것은 p_s의 가정이 틀렸음을 카이제곱 검정이 밝혀내는 것이다. n이 충분히 크다면 실제로 그렇게 될 것임을 보여라. 또한 KS 검정에 대해서도 같은 결과를 증명하라.

13. [M24] 식 (13)이 식 (11)과 동치임을 증명하라.

▶ **14.** [HM26] Z_s가 식 (18)로 주어진다고 하자. 스털링 근사를 이용해서, 만일 $n \to \infty$에 따라 $Z_1, Z_2, \ldots, Z_k$가 유계이면 다중항 확률(multinomial probability)

$$n! p^{Y_1} \ldots p_k^{Y_k} / Y_1! \ldots Y_k! = e^{-V/2} \Big/ \sqrt{(2n\pi)^{k-1} p_1 \ldots p_k} + O(n^{-k/2})$$

임을 직접 보여라. (이 착상으로부터, 본문의 유도보다 "제1원리들(first principles)"에 훨씬 더 가까우며 속임수†를 덜 요구하는 카이제곱 검정의 한 증명이 나온다.)

15. [HM24] 관례상 2차원 극좌표는 등식 $x = r\cos\theta$와 $y = r\sin\theta$로 정의된다. 적분의 경우에는 $dx\,dy = r\,dr\,d\theta$로 둔다. 좀 더 일반화하면, n차원 공간에서

$$x_k = r\sin\theta_1 \ldots \sin\theta_{k-1}\cos\theta_k, \quad 1 \le k < n, \quad\quad 그리고 \quad\quad x_n = r\sin\theta_1 \ldots \sin\theta_{n-1}$$

로 둘 수 있다. 이 경우 다음이 성립함을 보여라.

$$dx_1\,dx_2 \ldots dx_n = |r^{n-1}\sin^{n-2}\theta_1 \ldots \sin\theta_{n-2}\,dr\,d\theta_1 \ldots d\theta_{n-1}|.$$

▶ **16.** [HM35] 큰 x와 고정된 y, z에 대한

$$\gamma(x+1, x + z\sqrt{2x} + y) / \Gamma(x+1)$$

의 값을 구할 수 있도록 정리 1.2.11.3A를 일반화하라. 답에서 $O(1/x)$인 항들은 무시할 것. 이 결과를 이용해서, ν가 큰 값이고 p가 고정되어 있다고 할 때 방정식

$$\gamma\left(\frac{\nu}{2}, \frac{t}{2}\right) \Big/ \Gamma\left(\frac{\nu}{2}\right) = p$$

에 대한 근사해 t를 구하라. 이 결과는 표 1이 제시하는 점근공식들을 설명해준다. [힌트: 연습문제 1.2.11.3-8을 볼 것.]

---

† [옮긴이 주] 원문은 handwaving. 마술사가 트릭을 사용할 때 관객의 시선을 돌리기 위해 손을 흔드는 것에서 비롯된 말이라는 설이 있다. 여기서는 엄밀한 수학적 수단 이외의 것을 증명에 동원하는 것을 뜻한다.

17. [HM26] t가 고정된 실수라고 하자. $0 \le k \le n$에 대해

$$P_{nk}(x) = \int_{n-t}^{x} dx_n \int_{n-1-t}^{x_n} dx_{n-1} \cdots \int_{k+1-t}^{x_{k+2}} dx_{k+1} \int_{0}^{x_{k+1}} dx_k \cdots \int_{0}^{x_2} dx_1$$

로 둔다. 그리고 관례 상 $P_{00}(x) = 1$로 둔다. 다음 관계식들을 증명하라.

a) $P_{nk}(x) = \int_{n}^{x+t} dx_n \int_{n-1}^{x_n} dx_{n-1} \cdots \int_{k+1}^{x_{k+2}} dx_{k+1} \int_{t}^{x_{k+1}} dx_k \cdots \int_{t}^{x_2} dx_1$.

b) $P_{n0}(x) = (x+t)^n/n! - (x+t)^{n-1}/(n-1)!$.

c) $P_{nk}(x) - P_{n(k-1)}(x) = \dfrac{(k-t)^k}{k!} P_{(n-k)0}(x-k)$, 만일 $1 \le k \le n$이면.

d) $P_{nk}(x)$에 대한 일반 공식을 구하고 그것을 식 (24)의 평가에 적용해 볼 것.

18. [M20] K_n^-가 K_n^+와 동일한 확률분포를 가지는 "간단한" 이유를 제시하라.

19. [HM48] 다변량 분포 $F(x_1, \dots, x_r) = \Pr(X_1 \le x_1, \dots, X_r \le x_r)$에 사용할 수 있는, 콜모고로프-스미르노프 검정에 비견할 수 있는 검정법들을 고안하라. (그런 절차들은 이를테면 다음 절의 "계열 검정" 대신 사용할 수 있을 것이다.)

20. [HM41] 식 (27)을 확장해서, KS 분포의 점근습성의 더 많은 행들을 구하라.

21. [M40] 본문에서는 KS 검정을 $F(x)$가 연속 분포함수일 때에만 적용해야 한다고 했지만, 분포에 도약이 있다고 해도 K_n^+와 K_n^-의 계산을 시도해 보는 것은 물론 가능한 일이다. 여러 불연속 분포 $F(x)$들에 대한 K_n^+와 K_n^-의 예상되는 습성을 분석하라. 그 결과로 얻은 통계적 검정을 여러 난수 표본들에 시험해보고 그 효과성을 카이제곱 검정과 비교하라.

22. [HM46] 연습문제 6의 답으로 제시된 "개선된" KS 검정을 조사하라.

23. [M22] (곤잘레스T. Gonzalez, 사니S. Sahni, 프란타W. R. Franta.) (a) KS 통계치 K_n^+에 대한 공식 (13)이 $\lfloor nF(X_j) \rfloor = k$인 색인 j에서 최대값이 된다고 하자. $F(X_j) = \max_{1 \le i \le n} \{F(X_i) \mid \lfloor nF(X_i) \rfloor = k\}$임을 증명하라. (b) K_n^+과 K_n^-을 $O(n)$ 단계들로 계산하는(정렬 없이) 알고리즘을 설계하라.

▶ **24.** [40] 다양한 n에 대한 카이제곱 통계치 V의 정확한 분포를 계산해서 세 범주에 대해 여러 확률분포 (p, q, r)들(여기서 $p+q+r = 1$)을 시험하고, 그럼으로써 자유도 2의 카이제곱 분포의 근사가 실제로 얼마나 정확한지 판정하라.

25. [HM26] $1 \le i \le m$에 대해 $Y_i = \sum_{j=1}^{n} a_{ij} X_j + \mu_i$라고 하자. 여기서 $X_1, \dots, X_n$은 평균이 0이고 분산이 1인 독립 확률변수들이다. 그리고 행렬 $A = (a_{ij})$의 계수(階數 rank)는 n이다.

a) 공분산 행렬 $C = (c_{ij})$를(여기서 $c_{ij} = \mathrm{E}(Y_i - \mu_i)(Y_j - \mu_j)$) 행렬 A로 표현하라.

b) 만일 $\overline{C} = (\overline{c}_{ij})$가 $C\overline{C}C = C$인 임의의 행렬이면 통계치

$$W = \sum_{i=1}^{m} \sum_{j=1}^{m} (Y_i - \mu_i)(Y_j - \mu_j)\overline{c}_{ij}$$

가 $X_1^2 + \cdots + X_n^2$ 과 같음을 증명하라. 〔이에 의해, 만일 X_j가 정규분포이면 W는 n 자유도의 카이제곱 분포를 가진다.〕

> 보통의 동전 던지기에 임하는 여러분의 마음의 평정 상태는 …
> 너무 많이 잃어서 스스로 당황하거나,
> 너무 많이 따서 상대를 화나게 하는 일이 없도록 보장하는
> 한 가지 법칙에 의존한다.
>
> — 스토파드TOM STOPPARD, *Rosencrantz & Guildenstern are Dead* (1966)

3.3.2. 경험적 검정

이번 절에서는 수열의 무작위성을 조사하는 데 전통적으로 적용되어 온 열 한가지의 구체적인 검정법들을 살펴본다. 각 검정은 두 부분, 즉 (a) 그 검정을 수행하는 "삽입식" 설명과 (b) 그 검정의 이론적 근거에 대한 연구로 이루어진다. (수학적 훈련이 부족한 독자는 이론 논의 부분을 건너뛰어도 좋다. 반대로, 수학에 익숙한 독자라면 관련 이론이 상당히 재미있을 것이다. 심지어 난수발생기의 검정을 목적으로 하는 이론이 아니라고 하더라도, 몇 가지 교육적인 조합 관련 질문들이 연관되어 있기 때문에 흥미를 느낄 수 있을 것이다. 사실 이번 절은 이후에 상당히 다른 문맥에서 중요하게 쓰일 여러 주제들을 소개한다.

각 검정은 실수들의 수열

$$\langle U_n \rangle = U_0, U_1, U_2, \ldots \tag{1}$$

에 적용된다. 이 수들은 0과 1 사이에 독립적으로, 균등하게 분포된다고 가정한다. 일부 검정은 기본적으로는 실수값 수열 (1)이 아니라 정수값 수열을 위해 고안된 것이다. 그런 경우에는 보조 수열

$$\langle Y_n \rangle = Y_0, Y_1, Y_2, \ldots \tag{2}$$

이 쓰이는데, 이 수열은 다음과 같은 규칙으로 정의된다.

$$Y_n = \lfloor dU_n \rfloor. \tag{3}$$

이 수열은 0에서 $d-1$까지에 독립적이고 균등하게 분포되는 정수들이라고 가정한다. 수 d는 편의에 따라 선택할 수 있다. 예를 들어 이진 컴퓨터에서는 Y_n이 U_n의 이진 표현의 최상위 여섯 비트들을 나타내도록 $d = 64 = 2^6$으로 둘 수 있다. d의 값은 검정이 의미를 가질 정도로 크되 검정의 수행이 비현실적으로 어려울 정도로 커서는 안 된다.

이번 절 전반에서 수량 U_n, Y_n, d는 위에서 언급된 의미를 가지나, d 값의 의미는 검정에 따라 다를 수 있다.

A. 동일분포 검정(Equidistribution test, 도수 검정[frequency test]). 사실 수열 (1)이 반드시 만족해야 하는 첫 번째 요구사항은, 그 수들이 0과 1 사이에서 균등하게 분포되어야 한다는 것이다. 그것을 검정하는 방법은 두 가지이다: (a) $0 \le x \le 1$에 대해 $F(x) = x$로 두고 콜모고로프-스미르노프 검정을 사용한다. (b) d를 편리한 값으로 두고(이를테면 십진 컴퓨터에서는 100, 이진 컴퓨터에서는 64나 128) 수열 (1) 대신 수열 (2)를 사용한다. $0 \le r < d$인 각 정수 r에 대해 $0 \le j < n$, $Y_j = r$인 횟수를 세고, $k = d$ 및 각 범주의 확률 $p_s = 1/d$로 두어서 카이제곱 검정을 적용한다.

이 검정에 깔린 이론은 3.3.1절에서 다루었다.

B. 계열 검정(Serial test). 좀 더 일반적으로는, 연속된 두 수의 쌍들이 독립적인 방식으로 균등하게 분포하는 것이 바람직하다. 태양이 뜨는 횟수와 지는 횟수는 결국 동일하나, 그렇다고 태양의 운동이 무작위하지는 않은 것과 같은 이치이다.

계열 검정의 수행 방법은 이렇다. 그냥 $0 \le j < n$에 대해 쌍 $(Y_{2j}, Y_{2j+1}) = (q, r)$의 발생 횟수를 센다. $0 \le q, r < d$인 정수쌍 (q, r)들 각각에 대해 그러한 횟수를 센 후, 각 범주의 확률이 $1/d^2$인 $k = d^2$개의 범주들에 대해 카이제곱 검정을 적용한다. 동일분포 검정에서처럼 d는 편리한 임의의 값으로 잡으면 되나, 앞에서 말한 값들 보다는 다소 작을 것이다. 왜냐하면 유효한 카이제곱 검정을 위해서는 n이 k에 비해 커야 하기 때문이다(이를테면 적어도 $n \ge 5d^2$).

이 검정을 두 값의 쌍이 아니라 3짝(값이 세 개인 쌍), 4짝 등으로 일반화할 수 있음은 물론이다 (연습문제 2). 그러나 그런 경우에는 범주들이 너무 많아지지 않도록 하기 위해 d 값을 상당히 줄여야 한다. 그래서 4짝이나 그보다 많은 값들의 짝을 고려하는 경우에는 이후에 설명할 포커 검정이나 최대값 검정 같은 덜 정확한 검정들을 사용한다.

이 검정에서는 n개의 관측값들을 만들기 위해 수열 (2)의 $2n$개의 수들을 사용함을 주목할 것. 쌍 (Y_0, Y_1)들에 대해 계열 검정을 수행하는 것은 일종의 실수이다. 왜 그런지 생각해 볼 것. 쌍 (Y_{2j+1}, Y_{2j+2})들에 대해 또 한 번의 계열 검정을 수행하고, 수열이 두 검정 모두를 통과하리라고 기대할 수도 있다(그 검정들이 서로 독립적이지 않다는 점을 염두에 두고). 아니면, 마서글리아George Marsaglia가 증명했듯이, 쌍 (Y_0, Y_1), (Y_1, Y_2), ..., (Y_{n-1}, Y_n)들을 사용하며, Y_0, ..., Y_{n-1}에 대한 계열 검정의 통계치 V_2와 도수 검정의 통계치 V_1 모두를 같은 d 값으로 해서 통상적인 카이제곱 법으로 계산한다면, n이 클 때 자유도 $V_2 - V_1$은 $d(d-1)$의 카이제곱 분포를 가져야 한다는 사실에 주목할 수도 있다. (연습문제 24 참고.)

C. 간격 검정(Gap test). 이것은 특정 범위 안에서의 U_j의 출현들 사이의 "간격" 길이들을 조사하는 검정이다. α와 β가 $0 \le \alpha < \beta \le 1$인 두 실수라 할 때, U_{j+r}은 α와 β 사이에 있으나 다른 U들은 그렇지 않은 연속적인 수열 $U_j, U_{j+1}, ..., U_{j+r}$의 길이를 고려한다. ($r+1$개의 수들로 된 이러한 부분수열은 길이가 r인 간격을 나타낸다.)

알고리즘 G (간격 검정을 위한 자료). 임의의 α, β 값이 주어졌을 때 수열 (1)에 적용되는 이 알고리즘은

n개의 간격들을 담은 표가 모두 채워질 때까지 길이가 $0, 1, \ldots, t-1$인 간격들의 개수와 길이가 $\geq t$인 간격들의 개수를 센다.

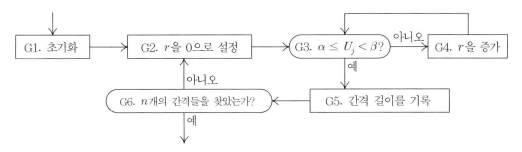

그림 6. 간격 검정을 위한 자료 수집. ("쿠폰 수집가 검정"과 "연속열 검정"에 대한 알고리즘들도 이와 비슷하다.)

G1. 〔초기화.〕 $j \leftarrow -1$, $s \leftarrow 0$로 설정하고, $0 \leq r \leq t$에 대해 COUNT[r] $\leftarrow 0$로 설정한다.

G2. 〔r을 0으로 설정.〕 $r \leftarrow 0$로 설정한다.

G3. 〔$\alpha \leq U_j < \beta$?〕 j를 1 증가한다. 만일 $U_j \geq \alpha$이고 $U_j < \beta$이면 단계 G5로 간다.

G4. 〔r을 증가.〕 r을 1 증가하고 단계 G3으로 돌아간다.

G5. 〔간격 길이를 기록.〕 (이제 길이가 r인 간격을 찾았다.) 만일 $r \geq t$이면 COUNT[t]를 1 증가하고, 그렇지 않으면 COUNT[r]을 1 증가한다.

G6. 〔n개의 간격들을 찾았는가?〕 s를 1 증가한다. $s < n$이면 단계 G2로 돌아간다. ∎

알고리즘 G를 수행한 후에는 $k = t+1$개의 값 COUNT[0], COUNT[1], $\ldots$, COUNT[t]에 카이제곱 검정을 적용하되, 다음 확률들을 사용한다.

$$0 \leq r \leq t-1\text{에 대해} \qquad p_r = p(1-p)^r; \qquad p_t = (1-p)^t. \qquad (4)$$

여기서 $p = \beta - \alpha$는 $\alpha \leq U_j < \beta$일 확률이다. n과 t는 각 COUNT[r]의 값이 5 이상이 되도록(될 수 있으면 그보다 더 크도록) 적절히 선택한 값이다.

　　단계 3의 비교들 중 하나를 생략하기 위해 $\alpha = 0$ 또는 $\beta = 1$로 두고 간격 검정을 적용하는 경우가 많다. $(\alpha, \beta) = (0, \frac{1}{2})$ 또는 $(\frac{1}{2}, 1)$인 특별한 경우들은 각각 "평균 위 연속열(run above the mean)"과 "평균 아래 연속열(run below the mean)"이라고도 부르는 검정들을 만들어 낸다.

　　식 (4)의 확률들은 쉽게 유도할 수 있으므로 독자의 몫으로 남겨 두겠다. 지금까지 설명한 간격 검정은 n개의 간격들의 길이를 관찰함을 주의하자. n개의 수들 사이의 간격 길이를 관찰하는 것이 아니다. 수열 $\langle U_n \rangle$이 충분히 비무작위적이면 알고리즘 G가 종료되지 않을 수 있다. 고정된 개수의 U들을 조사하는 또 다른 간격 검정들도 제안된 바 있다(연습문제 5).

D. 포커 검정 (Poker test, 분할 검정〔Partition test〕). "고전적인" 포커 검정은 연속된 다섯 정수들 $\{Y_{5j}, Y_{5j+1}, \ldots, Y_{5j+4}\}$, $0 \leq j < n$의 그룹 n개를 고려하며, 다음 일곱 패턴들 중 어떤 것이 각(순서 없음) 5짝에 해당하는지를 관측한다.

$$\text{모두 다름:} \quad abcde$$
$$\text{쌍 하나(원페어):} \quad aabcd$$
$$\text{쌍 두 개(투페어):} \quad aabbc$$
$$\text{같은 종류 셋(스리카드):} \quad aaabc$$
$$\text{풀하우스:} \quad aaabb$$
$$\text{같은 종류 넷(포카드):} \quad aaaab$$
$$\text{같은 종류 다섯:} \quad aaaaa$$

각 범주의 5짝 개수들에 대해 카이제곱 검정을 수행한다.

프로그래밍과 관련해서 이보다 다소 간단한 버전을 생각해 볼 수 있을 것이다. 다섯 값 집합에서 그냥 서로 다른 값들의 개수를 세는 것도 좋은 절충이다. 그런 경우 범주는 다음 다섯 가지가 된다.

$$\text{다섯 가지 값} = \text{모두 다름;}$$
$$\text{네 가지 값} = \text{원페어;}$$
$$\text{세 가지 값} = \text{투페어 또는 스리카드;}$$
$$\text{두 가지 값} = \text{풀하우스 또는 포카드;}$$
$$\text{한 가지 값} = \text{같은 종류 다섯}$$

이러면 검정의 품질을 그리 떨어뜨리지 않고도 값들을 체계적으로 분류하기가 쉬워진다.

일반화하자면, 연속된 k 수들의 그룹 n개를 고려하고, 서로 다른 r개의 값들로 된 k짝들의 개수를 센다. 그런 후에는 r개의 서로 다른 값들이 있을 확률

$$p_r = \frac{d(d-1)\ldots(d-r+1)}{d^k} \begin{Bmatrix} k \\ r \end{Bmatrix} \tag{5}$$

를 사용해서 카이제곱 검정을 수행한다. (스털링 수 $\begin{Bmatrix} k \\ r \end{Bmatrix}$은 1.2.6절에서 정의했으며, 거기에 나온 공식들을 이용해서 쉽게 계산할 수 있다.) $r = 1$ 또는 2일 때에는 확률 p_r이 아주 작으므로, 일반적으로는 카이제곱 검정을 적용하기 전에 확률이 낮은 범주 몇 개를 한 데 합한다.

확률 p_r에 대한 적절한 공식을 유도하기 위해서는 0과 $d-1$ 사이의 수들의 k짝들(총 d^k개) 중에서 서로 다른 원소들이 정확히 r개인 것들의 개수를 세야 하며, 그 총합을 d^k으로 나누어야 한다. $d(d-1)\ldots(d-r+1)$은 d 객체들의 집합에서 r개를 순서 있게 선택하는 수이므로, $\begin{Bmatrix} k \\ r \end{Bmatrix}$이 k 원소들의 집합을 r 부분으로 분할하는 방법의 수임만 보이면 된다. 따라서 식 (5)의 유도는 연습문제 1.2.6-64에 의해 완성된다.

E. 쿠폰 수집가 검정(Coupon collector's test). 이번 검정은 포커 검정과 다소 연관된다(간격 검정이 도수 검정과 연관되듯이). 수열 $Y_0, Y_1, \ldots$을 사용하며, 0에서 $d-1$까지의 정수들의 "완전집합(complete set)"을 얻는 데 필요한 구획(segment) $Y_{j+1}, Y_{j+2}, \ldots, Y_{j+r}$의 길이들을 관측한다. 구체적인 알고리즘은 다음과 같다.

알고리즘 C (쿠폰 수집가 검정을 위한 자료). $0 \leq Y_j < d$인 정수열 Y_0, Y_1, ...이 주어졌을 때, 이 알고리즘은 연속적인 n개의 "쿠폰 수집가" 구획들의 길이들을 센다. 이 알고리즘이 끝났을 때의 COUNT[r]은 길이가 r인($d \leq r < t$) 구획들의 개수이고 COUNT[t]는 길이가 $\geq t$인 구획들의 개수이다.

C1. 〔초기화.〕 $j \leftarrow -1$, $s \leftarrow 0$로 설정하고, $d \leq r \leq t$에 대해 COUNT[r] $\leftarrow 0$로 설정한다.

C2. 〔q, r을 0으로 설정.〕 $q \leftarrow r \leftarrow 0$로 설정하고, $0 \leq k < d$에 대해 OCCURS[k] $\leftarrow 0$로 설정한다.

C3. 〔다음 관측.〕 r과 j를 1 증가한다. 만일 OCCURS[Y_j] $\neq 0$이면 이 단계를 반복한다.

C4. 〔완전집합?〕 OCCURS[Y_j] $\leftarrow 1$, $q \leftarrow q+1$로 설정한다. (지금까지 관측한 부분수열에는 q개의 서로 다른 값들이 들어 있다. 따라서 만일 $q = d$이면 완전집합이 된 것이다.) 만일 $q < d$이면 단계 C3으로 돌아간다.

C5. 〔길이를 기록.〕 만일 $r \geq t$이면 COUNT[t]를 1 증가하고, 그렇지 않으면 COUNT[r]를 1 증가한다.

C6. 〔n개를 찾았는가?〕 s를 1 증가한다. 만일 $s < n$이면 단계 C2로 돌아간다. ▮

이 알고리즘의 예로는 연습문제 7을 볼 것. 아침 식사용 시리얼 상자들 안에 무작위하게 분포된 d 종류의 쿠폰들을 모으는 한 아이를 떠올려 볼 수도 있을 것이다. 모든 종류의 쿠폰을 적어도 한 장씩 모으려면 아이는 계속해서 더 많은 시리얼을 먹어야 한다.

알고리즘이 n가지 길이들을 센 후에는, $k = t - d + 1$로 두고 카이제곱 검정을 COUNT[d], COUNT[$d+1$], ..., COUNT[t]에 적용한다. 해당 확률들은 다음과 같다.

$$p_r = \frac{d!}{d^r} \left\{ \begin{array}{c} r-1 \\ d-1 \end{array} \right\}, \quad d \leq r < t; \quad p_t = 1 - \frac{d!}{d^{t-1}} \left\{ \begin{array}{c} t-1 \\ d \end{array} \right\}. \tag{6}$$

이 확률들을 유도하기 위해서 주목해야 할 부분은, 길이가 r인 부분수열이 불완전할 확률을 q_r이라고 할 때 식 (5)에 의해

$$q_r = 1 - \frac{d!}{d^r} \left\{ \begin{array}{c} r \\ d \end{array} \right\}$$

가 성립한다는 점뿐이다. 왜냐하면, 이것이 성립한다는 것은 서로 다른 d의 값들 모두를 가지지는 않은 r원소 짝이 하나 존재함을 의미하기 때문이다. 이제 관계식 $p_t = q_{t-1}$과

$$p_r = q_{r-1} - q_r, \quad d \leq r < t$$

에서 (6)을 이끌어낼 수 있다.

연습문제 9와 10에서는 쿠폰 수집가 검정의 일반화와 관련되어 나타나는 공식들을 논의한다. 또한 논문 George Pólya, *Zeitschrift für angewandte Math. und Mech.* **10** (1930), 96-97과 Hermann von Schelling, *AMM* **61** (1954), 306-311도 볼 것.

F. 순열검정. 입력 수열을 각각의 원소가 t개인 n개의 그룹들, 즉 $0 \leq j < n$에 대한 $(U_{jt}, U_{jt+1},$ $\ldots, U_{jt+t-1})$들로 나눈다. 각 그룹의 원소들에서 나올 수 있는 상대 순서관계는 총 $t!$가지이다. 각 순서관계가 나타나는 횟수를 세고, $k = t!$로 두고 각 순서관계의 확률을 $1/t!$로 해서 카이제곱 검정을 적용한다.

예를 들어 만일 $t = 3$이면 가능한 순서관계들은 $U_{3j} < U_{3j+1} < U_{3j+2}$이냐 또는 $U_{3j} <$ $U_{3j+2} < U_{3j+1}$이냐 또는 $\cdots$ 또는 $U_{3j+2} < U_{3j+1} < U_{3j}$이냐에 따라 총 여섯 가지이다. 이 검정에서 U들 사이에 상등이 성립하는 경우는 발생하지 않는다고 가정한다. 두 U들이 같을 확률은 0이므로 그러한 가정은 정당하다.

다음 알고리즘을 이용하면 컴퓨터에서 순열검정을 편하게 수행할 수 있는데, 순열검정이 목적이 아니더라도 그 자체로 흥미로운 알고리즘이다.

알고리즘 P (순열 분석). 서로 다른 원소 $(U_1, \ldots, U_t)$들로 된 한 수열이 주어졌을 때, 이 알고리즘은

$$0 \leq f(U_1, \ldots, U_t) < t!$$

을 만족하고 오직 $(U_1, \ldots, U_t)$와 $(V_1, \ldots, V_t)$가 동일한 상대 순서관계를 가질 때에만 $f(U_1, \ldots,$ $U_t) = f(V_1, \ldots, V_t)$임을 만족하는 하나의 정수 $f(U_1, \ldots, U_t)$를 계산한다.

P1. 〔초기화.〕 $r \leftarrow t$, $f \leftarrow 0$으로 설정한다. (이 알고리즘 동안 항상 $0 \leq f < t!/r!$이다.)

P2. 〔최대값을 찾는다.〕 $\{U_1, \ldots, U_r\}$의 최대값을 찾는다. 그 최대값을 U_s로 둔다. $f \leftarrow r \cdot f + s$ $- 1$로 설정한다.

P3. 〔교환.〕 교환 $U_r \rightarrow U_s$를 설정한다.

P4. 〔r을 감소.〕 r을 1 감소한다. 만일 $r > 1$이면 단계 P2로 돌아간다. ∎

이 알고리즘이 끝나면 수열 $(U_1, \ldots, U_t)$는 오름차순으로 정렬된 상태이다. 결과 f가 $(U_1, \ldots,$ $U_t)$의 초기 순서를 고유하게 특징짓는다는 점을 증명하기 위해서, 알고리즘 P를 역방향으로 실행할 수 있음에 주목한다. 즉,

$$r = 2, 3, \ldots, t\text{에 대해}$$
$$s \leftarrow f \bmod r, \; f \leftarrow \lfloor f/r \rfloor \text{로 설정하고}$$
$$U_r \rightarrow U_{s+1} \text{로 교환한다.}$$

이렇게 하면 단계 P2–P4의 효과를 취소할 수 있음을 쉽게 알 수 있을 것이다. 따라서 두 순열에서 같은 f 값이 나오는 경우가 없으며, 결국 알고리즘 P는 약속한 대로의 결과를 낸다.

알고리즘 P에 깔린 핵심적인 착상은 "계승 수체계(factorial number system)"라고 불리는 하나의 혼합기수 표현이다. 구체적으로 말하면, 범위 $0 \leq f < t!$의 모든 정수를 다음과 같은 형태로 표현할 수 있다.

$$f = (... (c_{t-1} \times (t-1) + c_{t-2}) \times (t-2) + \cdots + c_2) \times 2 + c_1$$

$$= (t-1)! \, c_{t-1} + (t-2)! \, c_{t-2} + \cdots + 2! \, c_2 + 1! \, c_1. \tag{7}$$

여기서 "숫자" c_j들은

$$1 \leq j < t \text{에 대해} \qquad 0 \leq c_j \leq j \tag{8}$$

를 만족하는 정수들이다.

알고리즘 P에서 단계 P가 수행될 때, 주어진 r값에 대해 $c_{r-1} = s-1$이 성립한다.

G. 연속열 검정(Run test, 또는 연검정). 수열을 "오름 연속열(run up)"과 "내림 연속열(run down)"들에 대해 검정할 수도 있다. 이는 원래 수열의 단조(單調, monotone) 부분들(증가 또는 감소하는 구획들)의 길이를 조사한다는 뜻이다.

연속열의 엄밀한 정의의 한 예로, 숫자 열 개로 이루어진 수열 "1298536704"를 생각해 보자. 수열의 왼쪽 끝과 오른쪽 끝, 그리고 $X_j > X_{j+1}$인 X_j와 X_{j+1} 사이에 수직선을 그으면

$$| \; 1 \;\; 2 \;\; 9 \; | \; 8 \; | \; 5 \; | \; 3 \;\; 6 \;\; 7 \; | \; 0 \;\; 4 \; | \tag{9}$$

가 된다. 이들은 "오름 연속열"들이다. 처음에는 길이가 3인 연속열이고 그 다음에 길이가 1인 연속열 두 개, 그 다음에 길이가 3인 연속열, 마지막으로 길이가 2인 연속열이 온다. 연습문제 12의 알고리즘은 이러한 "오름 연속열"들의 길이들을 표로 만드는 방법을 보여준다.

간격 검정과 쿠폰 수집가 검정(이는 여러 측면에서 이번 검정과 비슷하다)과는 달리, 이번에는 연속열 개수들에 대해 카이제곱 검정을 적용하지 않는다. 이는 인접한 연속열들이 서로 독립적이지 않기 때문이다. 긴 연속열 다음에는 짧은 연속열이 나오는 경향이 있으며, 그 역도 마찬가지이다. 이러한 독립성 부족은 직접적인 카이제곱 검정을 무효화하기에 충분하다. 대신, 연속열 길이들이 연습문제 12에서처럼 계산되었다고 할 때, 다음과 같은 통계치를 계산할 수 있다:

$$V = \frac{1}{n-6} \sum_{1 \leq i,j \leq 6} (\text{COUNT}[i] - n b_i)(\text{COUNT}[j] - n b_j) a_{ij}. \tag{10}$$

여기서 n은 수열의 길이이다. 그리고 계수 행렬 $A = (a_{ij})_{1 \leq i,j \leq 6}$과 $B = (b_i)_{1 \leq i \leq 6}$은 다음과 같이 주어진다.

$$A = \begin{pmatrix} 4529.4 & 9044.9 & 13568 & 18091 & 22615 & 27892 \\ 9044.9 & 18097 & 27139 & 36187 & 45234 & 55789 \\ 13568 & 27139 & 40721 & 54281 & 67852 & 83685 \\ 18091 & 36187 & 54281 & 72414 & 90470 & 111580 \\ 22615 & 45234 & 67852 & 90470 & 113262 & 139476 \\ 27892 & 55789 & 83685 & 111580 & 139476 & 172860 \end{pmatrix}, \; B = \begin{pmatrix} \frac{1}{6} \\ \frac{5}{24} \\ \frac{11}{120} \\ \frac{19}{720} \\ \frac{29}{5040} \\ \frac{1}{840} \end{pmatrix}. \tag{11}$$

(여기에 나온 a_{ij} 값들은 단지 근사치일 뿐이다. 정확한 값들은 아래에서 유도하는 공식들로 얻을 수 있다.) n이 클 때, (10)의 통계치 V는 5가 아니라 6의 자유도를 가진 카이제곱 분포를 따라야 한다. n 값은 이를테면 4000 이상이어야 한다. "내림 연속열"들에 대해서도 동일한 검정을 적용할 수 있다.

이보다 훨씬 더 간단하며 좀 더 실용적인 연속열 검정이 연습문제 14에 나오므로, 단지 난수발생기의 검정에만 관심을 가지고 있는 독자라면 다음 몇 쪽은 그냥 넘기고 연습문제 14를 본 후 "t 중 최대값" 검정으로 넘어가도 된다. 반면 수학적인 관점에서 독립적인 연속열들에 대한 복잡한 연속열 검정을 어떤 식으로 다룰 수 있는지 살펴봄으로써 많은 것을 배울 수 있는 만큼, 잠시 난수발생기 검정의 주제에서 벗어나 보자.

n 원소들의 임의의 순열이 주어졌을 때, 만일 위치 i가 길이 p 이상의 한 오름 연속열의 시작이면 $Z_{pi} = 1$로 두고, 그 외의 경우에는 $Z_{pi} = 0$으로 두자. 예를 들어 $n = 10$인 순열 (9)의 경우

$$Z_{11} = Z_{21} = Z_{31} = Z_{14} = Z_{15} = Z_{16} = Z_{26} = Z_{36} = Z_{19} = Z_{29} = 1$$

이고 나머지 모든 Z들은 0이다. 이러한 표기법에서 길이가 $\geq p$인 연속열들의 개수는

$$R'_p = Z_{p1} + Z_{p2} + \cdots + Z_{pn} \tag{12}$$

이고 길이가 정확히 p인 연속열들의 개수는

$$R_p = R'_p - R'_{p+1} \tag{13}$$

이다. 우리의 목표는 R_p의 평균과 공분산(共分散, covariance)

$$\mathrm{covar}(R_p, R_q) = \mathrm{mean}((R_p - \mathrm{mean}(R_p))(R_q - \mathrm{mean}(R_q)))$$

를 구하는 것이다. 이 공분산은 R_p와 R_q의 상호의존성을 나타낸다. 이 평균값들은 $n!$개의 순열들 전체의 집합에 대한 평균으로서 계산된다.

식 (12)와 (13)을 보면 답들을 Z_{pi}들의 평균과 $Z_{pi}Z_{qj}$들의 평균으로 표현할 수 있음을 알 수 있다. 그렇게 하면 유도의 첫 단계에서 다음과 같은 결과들을 얻을 수 있다($i < j$라고 가정).

$$\frac{1}{n!}\sum Z_{pi} = \begin{cases} \dfrac{p + \delta_{i1}}{(p+1)!}, & \text{만일 } i \leq n - p + 1\text{이면}; \\ 0, & \text{그렇지 않으면}. \end{cases}$$

$$\frac{1}{n!}\sum Z_\pi Z_{qj} = \begin{cases} \dfrac{(p + \delta_{i1})q}{(p+1)!\,(q+1)!}, & \text{만일 } i + p < j \leq n - q + 1\text{이면}; \\ \dfrac{p + \delta_{i1}}{(p+1)!\,q!} - \dfrac{p + q + \delta_{i1}}{(p+q+1)!}, & \text{만일 } i + p = j \leq n - q + 1\text{이면}; \\ 0, & \text{그렇지 않으면}. \end{cases} \tag{14}$$

$\sum$ 기호들은 모든 가능한 순열들을 구간으로 하는 합산을 의미한다. 여기에 관여하는 계산들을 설명하

기 위해서, $i + p = j \leq n - q + 1$이고 $i > 1$인 좀 더 어려운 경우를 풀어보도록 하겠다. 수량 $Z_{pi} Z_{qj}$ 는 0 아니면 1이므로, 합은 $Z_{pi} = Z_{qj} = 1$인 모든 순열 $U_1 U_2 \ldots U_n$, 다시 말해서

$$U_{i-1} > U_i < \cdots < U_{i+p-1} > U_{i+p} < \cdots < U_{i+p+q-1} \tag{15}$$

인 모든 순열의 개수를 세는 것에 해당한다. 그런 순열들의 개수는 다음과 같이 계산할 수 있다: (15)에서 가리키는 위치들에 대해 원소들을 택하는 방법은 $\binom{n}{p+q+1}$가지이다. 그것들을 (15)의 순서 대로 배열하는 방법은 연습문제 13에서 밝히듯이

$$(p+q+1)\binom{p+q}{p} - \binom{p+q+1}{p+1} - \binom{p+q+1}{1} + 1 \tag{16}$$

가지이다. 그리고 나머지 원소들을 배열하는 방법은 $(n-p-q-1)!$가지이다. 따라서 전체적으로는 $\binom{n}{p+q+1}(n-p-q-1)!$ 곱하기 (16)가지이며, 그것을 $n!$로 나누면 원하는 공식이 된다.

관계식 (14)로부터 꽤 긴 계산을 거치면 다음과 같은 결과가 나온다.

$$\operatorname{mean}(R'_p) = (n+1)p/(p+1)! - (p-1)/p!, \qquad 1 \leq p \leq n; \tag{17}$$

$$\operatorname{covar}(R'_p, R'_q) = \operatorname{mean}(R'_p R'_q) - \operatorname{mean}(R'_p)\ \operatorname{mean}(R'_q)$$

$$= \sum_{1 \leq i,j \leq n} \frac{1}{n!} \sum Z_{pi} Z_{qj} - \operatorname{mean}(R'_p)\ \operatorname{mean}(R'_q)$$

$$= \begin{cases} \operatorname{mean}(R'_t) + f(p,q,n), & \text{만일 } p+q \leq n \text{이면}, \\ \operatorname{mean}(R'_t) - \operatorname{mean}(R'_p)\ \operatorname{mean}(R'_q), & \text{만일 } p+q > n \text{이면}. \end{cases} \tag{18}$$

여기서 $t = \max(p,q),\ s = p+q$, 그리고

$$f(p,q,n) = (n+1)\left(\frac{s(1-pq)+pq}{(p+1)!(q+1)!} - \frac{2s}{(s+1)!} \right) + 2\left(\frac{s-1}{s!} \right)$$

$$+ \frac{(s^2 - s - 2)pq - s^2 - p^2 q^2 + 1}{(p+1)!(q+1)!} \tag{19}$$

이다. 공분산에 대한 이러한 표현은 안타깝게도 상당히 복잡하나, 앞서 설명한 성공적인 연속열 검정을 위해서는 꼭 필요한 것이다. 이 공식들로부터 다음을 쉽게 계산해 낼 수 있다.

$$\operatorname{mean}(Rp) = \operatorname{mean}(R'_p) - \operatorname{mean}(R'_{p+1}),$$

$$\operatorname{covar}(Rp, R'_q) = \operatorname{covar}(R'_p, R'_q) - \operatorname{covar}(R'_{p+1}, R'_q), \tag{20}$$

$$\operatorname{covar}(Rp, Rq) = \operatorname{covar}(Rp, R'_q) - \operatorname{covar}(Rp, R'_{q+1}).$$

Annals Math. Stat. **15** (1944), 163-165에서 볼포비츠J. Wolfowitz는 $n \to \infty$에 따라 수량 R_1, $R_2, \ldots, R_{t-1}, R'_t$가 위에서 언급한 평균과 분산을 가지는 정규분포를 따르게 됨을 증명했다. 이는 연속열에 대한 다음과 같은 검정이 유효함을 함의한다: n개의 난수들로 이루어진 수열이 주어졌을

때, 길이가 p인(여기서 $1 \leq p < t$) 연속열 R_p들의 개수를 계산하고, 길이가 t 이상인 연속열 R_t'들의 개수도 계산한다. Q들을

$$Q_1 = R_1 - \text{mean}(R_1), \quad ..., \quad Q_{t-1} = R_{t-1} - \text{mean}(R_{t-1}),$$
$$Q_t = R_t' - \text{mean}(R_t') \tag{21}$$

으로 두고, R들의 공분산들을 성분으로 하는 행렬 C를 형성한다. 예를 들어 $C_{13} = \text{covar}(R_1, R_3)$이고 $C_{1t} = \text{covar}(R_1, R_t')$이다. $t = 6$일 때

$$C = nC_1 + C_2 \tag{22}$$

가 성립하는데, 여기서 C_1과 C_2는 $n \geq 12$일 때

$$C_1 = \begin{pmatrix} \dfrac{23}{180} & \dfrac{-7}{360} & \dfrac{-5}{336} & \dfrac{-433}{60480} & \dfrac{-13}{5670} & \dfrac{-121}{181440} \\[6pt] \dfrac{-7}{360} & \dfrac{2843}{20160} & \dfrac{-989}{20160} & \dfrac{-7159}{362880} & \dfrac{-10019}{1814400} & \dfrac{-1303}{907200} \\[6pt] \dfrac{-5}{336} & \dfrac{-989}{20160} & \dfrac{54563}{907200} & \dfrac{-21311}{1814400} & \dfrac{-62369}{19958400} & \dfrac{-7783}{9979200} \\[6pt] \dfrac{-433}{60480} & \dfrac{-7159}{362880} & \dfrac{-21311}{1814400} & \dfrac{886657}{39916800} & \dfrac{-257699}{239500800} & \dfrac{-62611}{239500800} \\[6pt] \dfrac{-13}{5670} & \dfrac{-10019}{1814400} & \dfrac{-62369}{19958400} & \dfrac{-257699}{239500800} & \dfrac{29874811}{5448643200} & \dfrac{-1407179}{21794572800} \\[6pt] \dfrac{-121}{181440} & \dfrac{-1303}{907200} & \dfrac{-7783}{9979200} & \dfrac{-62611}{239500800} & \dfrac{-1407179}{21794572800} & \dfrac{2134697}{1816214400} \end{pmatrix},$$

$$C_2 = \begin{pmatrix} \dfrac{83}{180} & \dfrac{-29}{180} & \dfrac{-11}{210} & \dfrac{-41}{12096} & \dfrac{91}{25920} & \dfrac{41}{18144} \\[6pt] \dfrac{-29}{180} & \dfrac{-305}{4032} & \dfrac{319}{20160} & \dfrac{2557}{72576} & \dfrac{10177}{604800} & \dfrac{413}{64800} \\[6pt] \dfrac{-11}{210} & \dfrac{319}{20160} & \dfrac{-58747}{907200} & \dfrac{19703}{604800} & \dfrac{239471}{19958400} & \dfrac{39517}{9979200} \\[6pt] \dfrac{-41}{12096} & \dfrac{2557}{72576} & \dfrac{19703}{604800} & \dfrac{-220837}{4435200} & \dfrac{1196401}{239500800} & \dfrac{360989}{239500800} \\[6pt] \dfrac{91}{25920} & \dfrac{10177}{604800} & \dfrac{239471}{19958400} & \dfrac{1196401}{239500800} & \dfrac{-139126639}{7264857600} & \dfrac{4577641}{10897286400} \\[6pt] \dfrac{41}{18144} & \dfrac{413}{64800} & \dfrac{39517}{9979200} & \dfrac{360989}{239500800} & \dfrac{4577641}{10897286400} & \dfrac{-122953057}{21794572800} \end{pmatrix}$$

이다. 이제 행렬 C의 역행렬 $A = (a_{ij})$를 만들고 $\sum_{i,j=1}^{t} Q_i Q_j a_{ij}$를 계산한다. 큰 n에 대한 이 계산 결과는 근사적으로 t 자유도의 카이제곱 분포를 가져야 한다.

이전의 (11)에 주어진 행렬 A는 C_1의 유효숫자 다섯 자리까지의 역행렬이다. 정확한 역행렬 A는 $n^{-1}C_1^{-1} - n^{-2}C_1^{-1}C_2C_1^{-1} + n^{-3}C_1^{-1}C_2C_1^{-1}C_2C_1^{-1} - \cdots$ 인데, $C_1^{-1}C_2C_1^{-1}$는 $-6C^{-1}$과 거의 같다. 따라서 $V \approx Q^T C_1^{-1} Q / (n-6)$이다.

H. t중 최대값 검정(Maximum-of-t test). $0 \leq j < n$에 대해 $V_j = \max(U_{tj}, U_{tj+1}, ..., U_{tj+t-1})$이라고 하자. 이제 수열 $V_0, V_1, ..., V_{n-1}$에 분포함수를 $F(x) = x^t$, $0 \leq x \leq 1$로 두고 콜모고로프-스미르노프 검정을 적용한다. 아니면 수열 $V_0^t, V_1^t, ..., V_{n-1}^t$에 동일분포 검정을 적용해도 된다.

이 검정의 유효성을 입증하려면 V_j에 대한 분포함수가 $F(x) = x^t$임을 보여야 한다. ($U_1, U_2,$

$\ldots, U_t) \le x$일 확률은 $U_1 \le x$ 그리고 $U_2 \le x$ 그리고 $\ldots$ 그리고 $U_t \le x$일 확률과 같으며, 결국 이 확률은 개별 확률들의 곱, 즉 $xx \ldots x = x^t$이다.

I. 충돌 검정(Collision test). 카이제곱 검정은 각 범주에 어느 정도 많은 항목들이 들어 갈 것이라고 예상되는 경우에만 적용된다. 반면 이 충돌 검정은 범주 개수가 관측값 개수보다 훨씬 클 때 사용할 수 있다. 이 검정법은 6.4절에서 공부할 중요한 정보 조회 방법인 "해싱(hashing)"과 관련된 것이다. 항아리 m개에 공 n개를 무작위로 던져 넣는다고 하자. 여기서 m은 n보다 훨씬 더 큰 값이다. 대부분의 공들은 비어있던 항아리에 들어갈 것이다. 이미 공을 하나라도 담고 있던 항아리에 새로운 공이 들어가는 것을 "충돌"이 생겼다고 칭한다. 충돌 검정은 그러한 충돌들의 횟수를 센다. 만일 충돌이 너무 많지도 않고 너무 적지도 않으면 해당 발생기는 검정을 통과한 것이다.

이해를 돕기 위한 예로, $m = 2^{20}$이고 $n = 2^{14}$이라고 하자. 그러면 각 항아리는 평균적으로 단 64분의 1개의 공을 받게 될 것이다. 주어진 한 항아리에 정확히 k개의 공들이 들어갈 확률은 $p_k = \binom{n}{k} m^{-k} (1 - m^{-1})^{n-k}$이므로, 항아리 당 충돌 횟수 기대값은

$$\sum_{k \ge 1} (k-1) p_k = \sum_{k \ge 0} k p_k - \sum_{k \ge 1} p_k = \frac{n}{m} - 1 + p_0$$

이다. $p_0 = (1 - m^{-1})^n = 1 - nm^{-1} + \binom{n}{2} m^{-2} - $ 더 작은 항들이므로 m개의 항아리 모두에 대한 총 충돌 횟수의 평균은 $n^2/(2m) = 128$보다 약간 작다. (실제 평균값은 ≈ 127.33이다.)

커다란 차원의 난수발생기를 평가하는 데 충돌 검정을 사용할 수 있다. 예를 들어 $m = 2^{20}$이고 $n = 2^{14}$일 때 $d = 2$로 두고 $0 \le j < n$에 대한 20차원 벡터 $V_j = (Y_{20j}, Y_{20j+1}, \ldots, Y_{20j+19})$들을 만들어서 난수발생기의 20차원 무작위성을 검정하는 것이 가능하다. 충돌을 판정하기 위해 $m = 2^{20}$개의 비트들(벡터 V_j의 가능한 값 하나 당 비트 하나)로 된 테이블을 사용한다. 워드 크기가 32비트인 컴퓨터의 경우 그 표의 크기는 2^{15}워드이다. 초기에는 표의 2^{20}개의 비트들 모두를 0으로 설정한다. 그런 다음 각 V_j에 대해, 해당 비트가 이미 1이면 충돌을 기록하고, 그렇지 않으면 해당 비트를 1로 설정한다. 10차원의 경우에는 $d = 4$로 두는 등, 다른 차원들에 대해서도 이러한 검정을 적용하는 것이 가능하다.

검정 통과/실패의 판정에는 다음과 같은 백분율점 표를 사용하면 될 것이다($m = 2^{20}$이고 $n = 2^{14}$인 경우임).

충돌 횟수 $\le$	101	108	119	126	134	145	153
그럴 확률	.009	.043	.244	.476	.742	.946	.989

이러한 확률들에 깔린 이론은 포커 판정에 쓰인 식 (5)와 같다. 충돌이 c번 생길 확률은 $n - c$개의 항아리에 공들이 들어 있을 확률, 즉

$$\frac{m(m-1) \ldots (m-n+c+1)}{m^n} \begin{Bmatrix} n \\ n-c \end{Bmatrix}$$

이다. m과 n이 매우 크긴 하지만, 이런 확률들을 계산하는 것은 어렵지 않다. 다음과 같은 방법을 사용한다.

알고리즘 S (충돌 검정을 위한 백분율점들). m과 n이 주어졌을 때, 이 알고리즘은 n개의 공들을 m개의 항아리들에 분산시킬 때 생기는 충돌 횟수의 분포를 계산한다. 계산을 위해 부동소수점 수들의 보조 배열 $A[0]$, $A[1]$, ..., $A[n]$을 사용한다. $A[j]$는 $j_0 \le j \le j_1$에 대해서만 0이 아니게 되며, $j_1 - j_0$의 규모(order, 차수)는 최대 $\log n$이다. 따라서 비교적 적은 양의 저장소로도 이러한 계산을 수행하는 것이 가능하다.

S1. [초기화.] $0 \le j \le n$에 대해 $A[j] \leftarrow 0$으로 설정한다. 그리고 $A[1] \leftarrow 1$, $j_0 \leftarrow j_1 \leftarrow 1$로 설정한다. 그런 후에는 단계 2를 정확히 $n-1$번 수행하고 단계 3으로 간다.

S2. [확률들을 갱신.] (이 단계의 1회 수행은 하나의 공을 한 항아리에 던져 넣는 것에 해당한다. $A[j]$는 정확히 j개의 항아리들에 공이 들어 있을 확률을 나타낸다.) $j_1 \leftarrow j_1 + 1$로 설정한다. 그런 다음 $j \leftarrow j_1, j_1 - 1, ..., j_0$에 대해(이 순서대로) $A[j] \leftarrow (j/m)A[j] + ((1 + 1/m) - (j/m))A[j-1]$로 설정한다. 만일 이 계산에 의해 $A[j]$가 아주 작아졌다면, 이를테면 $A[j] < 10^{-20}$이라면, $A[j] \leftarrow 0$으로 설정한다. 그리고 그런 경우 만일 $j = j_1$이면 j_1을 1 감소하고, $j = j_0$이면 j_0을 1 증가한다.

S3. [답을 계산.] 이 단계에서는 지정된 백분율점들을 담은 보조 표 $(T_1, T_2, ..., T_{\mathrm{tmax}}) = (.01, .05, .25, .50, .75, .95, .99, 1.00)$을 사용한다. $p \leftarrow 0$, $t \leftarrow 1$, $j \leftarrow j_0 - 1$로 설정한다. 그리고 $t = \mathrm{tmax}$가 될 때까지 다음과 같은 절차를 반복한다: j를 1 증가하고 $p \leftarrow p + A[j]$로 설정한다; 그런 다음 만일 $p > T_t$이면 $n - j - 1$과 $1 - p$를 출력하고(이는 충돌이 많아야 $n - j - 1$번일 확률이 $1 - p$임을 의미한다), $p \le T_t$가 될 때까지 반복해서 t를 1 증가한다. ∎

J. 생일 간격 검정(Birthday spacings test). 마서글리아$^{\text{Georg Marsaglia}}$는 1984년에 새로운 종류의 검정법을 소개했는데, 이런 것이다: 충돌 검정에서처럼 n개의 공들을 m개의 항아리에 던지되, 항아리를 "태어난 해"로, 그리고 공을 "생일"로 간주한다. 생일들이 $(Y_1, ..., Y_n)$이라고 하자(여기서 $0 \le Y_k < m$). 이 생일들을 비감소 순서 $Y_{(1)} \le \cdots \le Y_{(n)}$로 정렬하고, n개의 "간격(spacing)" $S_1 = Y_{(2)} - Y_{(1)}, ..., S_{n-1} = Y_{(n)} - Y_{(n-1)}, S_n = Y_{(1)} + m - Y_{(n)}$을 정의한다. 마지막으로 그 터울들을 $S_{(1)} \le \cdots \le S_{(n)}$ 순서로 정렬한다. 등간격들의 개수, 즉 $1 < j \le n$이고 $S_{(j)} = S_{(j-1)}$색인 j의 개수를 R이라고 하자. $m = 2^{25}$이고 $n = 512$일 때 다음이 성립한다.

$R =$	0	1	2	3 이상
그럴 확률	.368801577	.369035243	.183471182	.078691997

(이러한 m과 n에서 등간격 개수의 평균은 반드시 1에 근사해야 한다.) 이러한 검정을 이를테면 1000번 반복하고, 자유도 3의 카이제곱 검정을 적용해서 경험적 R들을 그 정확한 분포와 비교한다.

그러면 발생기가 상당히 무작위한 생일 간격들을 만들어내는지의 여부를 알 수 있다. 연습문제 28-30은 이 검정에 깔린 이론과 다른 m, n 값들에 대한 공식들을 살펴본다.

이런 생일 간격 검정은 시차 피보나치 발생기들이 다른 전통적인 검정들은 상당히 잘 통과하는 반면 이 검정에서는 항상 실패한다는 점에서 중요하다. 〔그런 실패의 극적인 사례들을 마서글리아Marsaglia, 자만Zaman, 쩡Tsang이 *Stat. and Prob. Letters* **9** (1990), 35–39에서 보고했다.〕 예를 들어 식 3.2.2-(7)에 나온 수열

$$X_n = (X_{n-24} + X_{n-55}) \bmod m$$

을 생각해 보자. 이 수열의 수들은

$$X_n + X_{n-86} \equiv X_{n-24} + X_{n-31} \quad (\text{modulo } m)$$

을 만족한다. 왜냐하면 양변이 $X_{n-24} + X_{n-55} + X_{n-86}$과 합동이기 때문이다. 따라서 두 쌍의 차이들은 같다:

$$X_n - X_{n-24} \equiv X_{n-31} - X_{n-86},$$
$$X_n - X_{n-31} \equiv X_{n-24} - X_{n-86}.$$

X_n이 X_{n-24}에 상당히 가까우면(진정한 난수열이라면 그래야 한다) 그러한 차이가 간격들 중 둘에서 나타날 가능성이 크다. 그러면 상등인 경우가 훨씬 많아지는데, 일반적으로는 평균 $R \approx 2$이다(1이 아니라). 그러나 앞에서 언급한 합동들로부터 나오는 임의의 등간격들을 R에서 제한다면, 그래서 나오는 통계치 R'는 생일 검정을 통과하는 것이 일반적이다. (실패를 피하는 한 가지 방법은 수열에서 특정 원소들을 폐기하는 것이다. 이를테면 X_0, X_2, X_4, … 만을 난수로 사용하는 등. 그러면 집합 $\{X_n, X_{n-24}, X_{n-31}, X_{n-86}\}$의 네 원소 모두를 얻게 되는 일이 결코 생기지 않으며, 생일 간격들은 문제가 되지 않는다. 이 문제를 피할 수 있는 더 나은 방법은 뤼셔Lüscher가 제안한 것과 같이 일련의 수들의 묶음을 폐기하는 것인데, 3.2.2절에서 이미 살펴보았다.) 연습문제 3.2.1.1-14의 올림 덧셈(add-with-carry)과 빌림 뺄셈(subtract-with-borrow)에도 이와 비슷한 설명이 적용된다.

K. 계열상관 검정(Serial correlation test). 다음 통계치를 계산할 수도 있다:

$$C = \frac{n(U_0 U_1 + U_1 U_2 + \cdots + U_{n-2} U_{n-1} + U_{n-1} U_0) - (U_0 + U_1 + \cdots + U_{n-1})^2}{n(U_0^2 + U_1^2 + \cdots + U_{n-1}^2) - (U_0 + U_1 + \cdots + U_{n-1})^2}. \quad (23)$$

이것을 "계열상관계수"라고 부르는데, U_{j+1}이 U_j에 어느 정도나 의존하는지를 나타내는 수치이다.

상관계수는 통계 문헌들에 자주 나타난다. n개의 수량 U_0, U_1, …, U_{n-1}과 또 다른 n개의 수량 V_0, V_1, …, V_{n-1}이 있을 때, 이 수들 사이의 상관계수를 다음과 같이 정의한다.

$$C = \frac{n \sum (U_j V_j) - (\sum U_j)(\sum V_j)}{\sqrt{(n \sum U_j^2 - (\sum U_j)^2)(n \sum V_j^2 - (\sum V_j)^2)}}. \quad (24)$$

이 공식의 모든 합들은 그 구간이 $0 \le j < n$ 이다. 식 (23)은 $V_j = U_{(j+1) \bmod n}$ 인 특별한 경우이다. (24)의 분모는 $U_0 = U_1 = \cdots = U_{n-1}$ 또는 $V_0 = V_1 = \cdots = V_{n-1}$ 일 때 0이 된다. 그런 경우는 고려하지 않기로 한다.

상관계수는 항상 -1 에서 $+1$ 사이이다. 상관계수가 0이거나 아주 작다는 것은 수량 U_j 들과 V_j 들이 (상대적으로 말해서) 서로 독립적이라는 뜻이다. 상관계수가 ± 1 이라는 것은 둘이 선형적으로 완전하게 의존함을 뜻한다. 후자의 경우 실제로 모든 j 에 대해 $V_j = \alpha \pm \beta U_j$ 이다(α 와 β 는 어떠한 상수). (연습문제 17 참고.)

따라서 식 (23)의 C 가 0에 가까운 것이 바람직하다. 실질적으로는 $U_0 U_1$ 이 $U_1 U_2$ 와 완전히 독립적이지는 않으므로 계열상관계수가 정확히 0이길 바랄 수는 없다. (연습문제 18 참고.) $\mu_n - 2\sigma_n$ 과 $\mu_n + 2\sigma_n$ 사이의 값이면 "좋은" C 값이라고 할 수 있다. 여기서

$$\mu_n = \frac{-1}{n-1}, \qquad \sigma_n^2 = \frac{n^2}{(n-1)^2(n-2)}, \qquad n > 2 \tag{25}$$

이다. C 가 이 범위에 속할 확률은 약 95%일 것이다.

(25)의 σ_n^2 에 대한 공식은 하나의 상계(uppder bound)로, 임의의 분포를 가지는 독립확률변수들 사이의 계열상관에 유효하다. U 들이 균등분포일 때에는 $\frac{24}{5} n^{-2} + O(n^{-7/3} \log n)$ 을 빼면 정확한 분산이 나온다. (연습문제 20 참고.)

그냥 관측값 $(U_0, U_1, ..., U_{n-1})$ 들과 그 바로 다음 값 $(U_1, ..., U_{n-1}, U_0)$ 들 사이의 상관계수를 계산하는 대신, $(U_0, U_1, ..., U_{n-1})$ 과 그것을 순환 자리이동한 임의의 수열 $(U_q, ..., U_{n-1}, U_0, ..., U_{q-1})$ 사이의 상관계수를 계산할 수도 있다. $0 < q < n$ 일 때 이러한 순환 상관계수는 작은 값을 가지게 된다. 모든 q 에 대해 식 (24)를 계산할 때 그냥 직접적인 방법을 사용한다면 약 n^2 회의 곱셈이 필요하겠지만, "빠른 푸리에 변환"을 이용하면 단 $O(n \log n)$ 회의 단계들로 모든 상관들을 계산하는 것이 가능하다. (4.6.4절 참고. 또한 L. P. Schmid, *CACM* **8** (1965), 115도 볼 것.)

L. 부분수열에 대한 검정. 외부 프로그램들이 난수들을 묶음 단위로 요구하는 경우가 종종 있다. 예를 들어 프로그램이 세 개의 확률변수 X, Y, Z 를 사용한다면 그 프로그램은 한 번에 세 개의 난수를 요구할 것이다. 그런 응용에서는 원래 수열의 매 셋째 항들로 된 부분수열의 무작위성이 중요하다. 프로그램이 한 번에 q 개의 수들을 요구한다면, 원래의 수열 $U_0, U_1, ...$ 에 대해 앞서 설명한 검정들을 부분수열

$$U_0, U_q, U_{2q}, ...; \quad U_1, U_{q+1}, U_{2q+1}, ...; \quad ...; \quad U_{q-1}, U_{2q-1}, U_{3q-1}, ...$$

들 각각에 적용할 수 있다.

선형합동수열들을 시험해본 결과, 이러한 파생된 수열들이 원래의 수열보다 덜 무작위한 경우는 거의 없을 정도였다(단, q 와 주기 길이에 큰 공약수가 존재하지 않는 한). 예를 들어서 이진 컴퓨터에서 m 을 워드 크기와 같이 둔 경우, $q = 8$ 인 부분수열들에 대해 검정을 적용했을 때 모든 $q < 16$ 에 대해 가장 나쁜 무작위성이 나타나는 경향이 있다. 그리고 십진 컴퓨터에서는 $q = 10$ 일 때에 만족스럽

지 않은 부분수열들이 나올 가능성이 가장 컸다. (이는 농도 개념으로 어느 정도 설명이 가능하다. 그런 q값들이 농도를 낮추는 경향이 있기 때문이다. 연습문제 3.2.1.2-20에서 좀 더 자세한 설명을 볼 수 있다.)

M. 역사적 논평 및 추가 논의. 통계적 검정들은 과학자들이 다양한 관찰 자료에 대한 가설을 "증명" 또는 "반증"하기 위해 노력하는 과정에서 자연스럽게 도출된다. 무작위성을 위해 인위적으로 생성한 수들의 검정을 다루는 가장 잘 알려진 두 초기 논문은 켄들M. G. Kendall과 배빙턴-스미스B. Babington-Smith의 *Journal of the Royal Statistical Society* **101** (1938), 147-166과 그 저널을 보충하는 **6** (1939), 51-61이다. 이 논문들은 실수 난수가 아니라 0과 9 사이의 무작위 숫자들에 대한 검정을 다룬다. 그런 목적 하에서 저자들은 도수 검정, 계열 검정, 간격 검정, 포커 검정을 논의했으나, 계열 검정은 잘못 적용했다. 켄들과 바빙턴-스미스는 또한 쿠폰 수집가 검정의 한 변형을 사용했는데, 이번 절에 나온 쿠폰 수집가 검정 방법은 그린우드R. E. Greenwood가 *Math. Comp.* **9** (1955), 1-5에 소개한 것이다.

연속열 검정에는 꽤나 흥미로운 내력이 있다. 원래 이 검정들은 오름 연속열들과 내림 연속열들(오름 연속열 다음에 내림 연속열이 오고 그 다음에 오름 연속열이 오는 등의 형태)에 한번에 적용되었다. 연속열 검정과 순열검정은 U의 균등분포에 의존하지 않으며, $i \neq j$일 때 $U_i = U_j$일 확률이 0이라는 사실에만 의존함을 주목할 것. 따라서 그런 검정들은 다양한 종류의 수열들에 적용할 수 있다. 원시적 형태의 연속열 검정은 비에나메J. Bienaymé에서 비롯된다 [*Comptes Rendus Acad. Sci.* **81** (Paris, 1875), 417-423]. 약 60년 후에 커맥W. O. Kermack과 매켄드릭A. G. McKendrick이 이 주제에 대한 두 편의 상세한 논문을 출판했는데 [*Proc. Royal Society Edinburgh* **57** (1937), 228-240, 332-376], 한 예로 그들은 연속열 검정에 의하면 1785년에서 1930년 사이의 에딘버러의 강우량이 "완전히 무작위한 특성을 보인다"고 말하고 있다(다만, 그들이 조사한 것은 오직 연속열 길이의 평균과 표준편차뿐이다). 그 외의 여러 사람들도 연속열 검정을 사용했으나, 1944년에 와서야 이 검정을 카이제곱 방법과 함께 사용하는 것은 부정확하다는 점이 밝혀졌다. *Annals Math. Stat.* **15** (1944), 58-69에 실린 레벤H. Levene과 볼포비츠J. Wolfowitz의 논문에서는 올바른 연속열 검정(오름, 내림이 번갈아 나오는 형태에 대한)이 소개되고 이전의 잘못된 검정 적용들의 오류가 논의되었다. 컴퓨터 응용에서는 본문에 나온 것처럼 오름 연속열과 내림 연속열을 개별적으로 검정하는 방법이 더 적합하므로 오름과 내림이 번갈아 나오는 형태에 대한 좀 더 복잡한 공식들은 본문에서 다루지 않았다. 바턴D. E. Barton과 맬로우즈C. L. Mallows의 개괄 논문 *Annals Math. Stat.* **36** (1965), 236-260을 보라.

지금까지 논의한 모든 검정들 중 가장 약하다고 할 수 있는 것은 도수 검정과 계열상관 검정이다. 거의 모든 난수발생기들이 이 검정들을 통과하기 때문이다. 이 검정들의 약점에 대한 이론적 근거는 3.5절에서 간략히 논의한다(연습문제 3.5-26 참고). 반면 연속열 검정은 상당히 강하다. 연습문제 3.3.3-23과 24의 결과는 선형합동발생기의 경우 곱수가 충분히 크지 않으면 보통보다 긴 연속열들이 생기는 경향을 있음을 시사한다. 그런 점에서, 연습문제 14의 연속열 검정은 확실히 추천할 만하다.

충돌 검정 역시 강력히 추천하는 바인데, 왜냐하면 이 검정은 유감스럽게도 널리 쓰이게 된 여러 나쁜 발생기들의 결점을 검출하기 위해서 특별히 고안된 것이기 때문이다. 크리스티안센H. Delgas Christiansen의 착상들 [Inst. Math. Stat. and Oper. Res., Tech. Univ. Denmark (October 1975), 출판되지 않음]에 근거를 둔 이 검정은 컴퓨터의 등장 이후 최초로 개발된 검정이다. 이것은 컴퓨터 응용을 위해 특별히 고안된 것으로, 손으로 계산하기에는 적합하지 않다.

아마도 "무슨 검정들이 이리도 많은 것일까?"라는 궁금증이 일기도 할 텐데, 실제로 난수의 응용보다 난수의 검정에 더 많은 컴퓨터 시간이 소비된다고 이야기될 정도이다. 물론 이는 사실이 아니지만, 어쨌든 극단적으로 검정에 치중하게 되는 일도 있음직하다.

여러 검정들의 수행에 대한 필요성은 충분히 문서화되어 있다. 예를 들어 중앙제곱법의 한 변형으로 생성한 수들이 도수 검정, 간격 검정, 포커 검정은 통과했지만 계열 검정에는 실패한 사례가 발견되기도 했다. 곱수가 작은 선형합동수열이 여러 검정들을 통과했지만 길이가 1인 연속열들이 너무 적기 때문에 연속열 검정에는 실패한 사례도 알려져 있다. 또한 훌륭하게 수행되는 것처럼 보이는 일부 나쁜 발생기들을 집어내는 데 t 중 최대값 검정이 쓰이기도 했다. 빌림 뺄셈 발생기는 최대 간격 길이가 최대 시차보다 클 때 간격 검정에 실패한다. Vattulainen, Kankaala, Saarinen, Ala-Nissila, *Computer Physics Communications* **86** (1995), 209–226을 참고할 것. 거기에는 다른 여러 검정들도 보고되어 있다. 이론적으로는 최하위 비트들이 균등하게 분포됨이 보장되는 시차 피보나치 발생기조차도 1비트 동일분포 검정의 몇몇 간단한 변형들에 실패한다(연습문제 31과 35, 그리고 3.6-14 참고).

난수발생기를 상세하게 검정하는 주된 이유는 Mr. X의 난수발생기를 잘못 사용하는 사람들이 자신의 프로그램에 문제가 존재함을 인정하는 경우가 드물다는 데 있을 것이다. 그런 사람들은 자신의 프로그램이 아니라 Mr. X의 발생기를 탓한다. 그들의 입을 다물게 하려면 Mr. X가 자신의 발생기로 만들어내는 수열이 충분히 무작위함을 증명해야 한다. 한편, 그 난수원들이 오직 Mr. X 자신의 개인적인 용도만을 위한 것이라면, Mr. X는 군이 여러 검정들을 거치느라 고생할 필요는 없다고 판단할 수도 있다. 이번 장에서 추천된 기법들로도 만족스러운 결과를 낼 확률이 아주 높기 때문이다.

컴퓨터가 점점 빨라짐에 따라 소비되는 난수들도 더욱 많아지게 되면서, 한 때 만족스러웠던 난수발생기라도 오늘날의 물리, 순열조합론, 확률론적 기하학 등에는 더 이상 좋은 발생기가 아니게 된다. 새로운 도전들에 대처하기 위해 마서글리아는 간격 검정, 포커 검정 같은 전통적 방법들을 훨씬 능가하는 엄중한 검정(stringent test)들을 여럿 고안해냈다. 예를 들어 그는 수열 $X_{n+1} = (62605 X_n + 113218009) \bmod 2^{29}$이 눈에 띄는 편향을 가진다는 사실을 다음과 같은 실험에서 발견했다: 2^{21}개의 난수 X_n들을 생성하고 그것들에서 선행 비트 10개로 된 값, 즉 $Y_n = \lfloor X_n/2^{19} \rfloor$들을 추출한다. 그러한 10비트 수들의 쌍 (y, y')들로 가능한 것은 총 2^{20}개인데, 그 중에서 (Y_1, Y_2), (Y_2, Y_3), ..., $(Y_{2^{21}-1}, Y_{2^{21}})$에 나타나지 않는 것들의 개수를 센다. 그런 쌍들의 개수는 표준편차가 ≈ 290.46인 약 141909.33개이어야 한다(연습문제 34 참고). 그러나 이러한 실험을 $X_1 = 1234567$

로 시작해서 여섯 번 연달아 시도해 보았더니, 빠진 쌍 개수의 표준편차들이 모두 1.5와 3.5 사이로 너무 낮았다. 분포는 무작위하다고 하기에는 너무 "평평했다." 이는 아마도 2^{21} 개의 수들이 전체 주기 중 유의미한 1/256의 부분을 차지하기 때문인 것으로 보인다. 곱수를 69069로, 법을 2^{30} 으로 한 비슷한 발생기는 더 나은 결과를 보였다. 마서글리아와 자만은 이런 절차를 "원숭이 검정"이라고 불렀는데, 이는 이 검정이 어떤 원숭이가 글쇠 1024개의 글자판을 무작위로 두드렸을 때 나오지 않은 두 글자 조합들의 개수를 세는 것과 같기 때문이다. 여러 원숭이 검정들의 분석에 대해서는 *Computers and Math.* **26** (1993년 11월), 1-10을 볼 것.

연습문제

1. [10] 본문의 B에서 설명한 계열 검정이 $(Y_0, Y_1), (Y_1, Y_2), ..., (Y_{n-1}, Y_n)$이 아니라 $(Y_0, Y_1), (Y_2, Y_3), ..., (Y_{2n-2}, Y_{2n-1})$에 적용되는 이유는 무엇인가?

2. [10] 계열 검정을 쌍(2짝)들 대신 3짝, 4짝 등등에 적용할 수 있도록 일반화하는 적절한 방법을 말하라.

▶ **3.** [M20] 수열이 무작위하다고 가정할 때, 간격 검정(알고리즘 G)에서 n개의 간격들이 발견되기까지 조사해야 하는 U들의 개수는 평균적으로 몇인가? 그 평균의 표준편차는 얼마인가?

4. [M12] (4)의 확률들이 간격 검정에 대해 정확함을 증명하라.

5. [M23] 켄들과 배빙턴-스미스의 "고전적" 간격 검정은 수 $U_0, U_1, ..., U_{N-1}$과 같은 U_{N+j}들로 구성된 순환 수열이라고 간주한다. 여기서 N은 검정할 수 U의 개수로, 고정된 상수이다. 수 $U_0, ..., U_{N-1}$들 중에서 범위 $\alpha \le U_j < \beta$에 속하는 것이 n개라면 그 순환 수열에는 간격이 n개 존재한다. 길이가 r인(이 때 $0 \le r < t$) 간격 개수를 Z_r이라고 하자. 그리고 길이가 $\ge t$인 간격들은 Z_t라고 하자. N이 무한대로 감에 따른 극한에서의 수량 $V = \sum_{0 \le r \le t} (Z_r - np_r)^2 / np_r$이 자유도 t의 카이제곱 분포를 가짐을 보여라. p_r은 식 (4)와 같이 주어진다.

6. [40] (가이링거H. Geiringer.) $e = 2.71828...$ 표현의 처음 2000자리 수들에 도수 검정을 적용해 보면 χ^2 값으로 1.06이 나온다. 이는 숫자 0, 1, ..., 9의 실제 도수(빈도)들이 해당 기대값들과 너무 가깝기 때문에 그 숫자들이 무작위하게 분포되었다고 간주하기 힘들다는 뜻이다. (사실 $\chi^2 \ge 1.15$일 확률은 99.9퍼센트이다.) 같은 검정을 e의 처음 10,000자리 수들에 적용하면 합당한 값인 $\chi^2 = 8.61$가 나오지만, 그래도 처음 2000자리가 그렇게 균등하게 분포되었다는 사실은 여전히 놀랍다. e의 다른 기수 표현들에서도 같은 현상이 나타날까?[*AMM* **72** (1965), 483-500 참고.]

7. [08] 쿠폰 수집가 검정 절차(알고리즘 C)를 $d = 3$, $n = 7$로 두고 수열 1101221022120202001 212201010201121에 적용하라. 일곱 부분수열들의 길이는 각각 몇인가?

▶ **8.** [M22] 수열은 무작위하다고 가정할 때, 쿠폰 수집가 검정에서 알고리즘 C는 평균 몇 개의 U들을 조사해야 n개의 완전집합들을 찾게 되는가? 그 표준편차는 얼마인가? [힌트: 식 1.2.9-(28)을 볼 것.]

9. [*M21*] 쿠폰 수집가 검정을, w개의 구별되는 값들을 찾는 즉시 검색이 끝나도록 일반화하라. 여기서 w는 d 이하의 고정된 양의 정수이다. (6) 대신 사용할 확률들도 구하라.

10. [*M23*] 연습문제 8을 연습문제 9에서 설명한 좀 더 일반적인 쿠폰 수집가 검정을 이용해서 풀어라.

11. [*00*] (9)는 특정한 한 순열의 "오름 연속열"들이다. 그 순열의 "내림 연속열"들은 무엇인가?

12. [*20*] $U_0, U_1, ..., U_{n-1}$이 n개의 서로 다른 수들이라고 하자. 수열의 모든 오름 연속열들의 길이들을 구하는 알고리즘을 작성하라. 알고리즘이 끝났을 때 $1 \le r \le 5$에 대해 COUNT$[r]$에는 길이가 r인 연속열들의 개수가 들어 있어야 한다. 그리고 COUNT$[6]$에는 길이가 6 이상인 연속열들의 길이가 들어 있어야 한다.

13. [*M23*] 식 (16)이 (15)와 같은 패턴을 가진 서로 다른 $p+q+1$개의 수들의 순열 개수임을 보여라.

▶ **14.** [*M15*] 한 연속열 바로 다음의 원소를 폐기한다면, 그래서 X_j가 X_{j+1}보다 클 때 X_{j+2}를 시작으로 하는 다음 연속열이 시작한다면 그 연속열 길이들은 서로 독립적이며, (본문에서 유도한 끔찍이도 복잡한 방법 대신)단순한 카이제곱 검정을 사용할 수 있다. 이 간단한 연속열 검정에 적합한 연속열 길이 확률들은 무엇인가?

15. [*M10*] t 중 최대값 검정에서 $V_0^t, V_1^t, ..., V_{n-1}^t$이 0과 1 사이에 균등하게 분포된다고 가정하는 이유는 무엇인가?

▶ **16.** [*15*] 퀵 군Mr. J. H. Quick(학생)은 여러 서로 다른 t 값들에 대해 t 중 최대값 검정을 수행하려고 했다.

　a) $Z_{jt} = \max(U_j, U_{j+1}, ..., U_{j+t-1})$이라고 두었을 때 그는 아주 적은 시간과 공간만으로도 수열 $Z_{0(t-1)}, Z_{1(t-1)}, ...$에서 수열 $Z_{0t}, Z_{1t}, ...$로 갈 수 있는 교묘한 방법을 발견했다. 그의 영리한 착상은 무엇이었을까?

　b) 그는 j번째 관측값이 $\max(U_j, ..., U_{j+t-1})$이 되도록, 다른 말로 하면 본문에서의 $V_j = Z_{(tj)t}$ 대신 $V_j = Z_{jt}$를 취하도록 t 중 최대값 검정법을 수정하기로 했다. 모든 Z들이 같은 분포를 가지므로 매 t번째 것 대신 각 Z_{jt}, $0 \le j < n$를 사용하면 검정이 훨씬 더 강력해 지리라고 생각했기 때문이다. 그러나 값 V_j^t들에 대해 카이제곱 동일분포 검정을 시도해 보니 통계치 V가 아주 높게 나왔고, 그 값은 t가 커질수록 훨씬 더 커졌다. 왜 그런 일이 생긴 것일까?

17. [*M25*] 임의의 수 $U_0, ..., U_{n-1}, V_0, ..., V_{n-1}$들의 평균값들이

$$\bar{u} = \frac{1}{n} \sum_{0 \le k < n} U_k, \qquad \bar{v} = \frac{1}{n} \sum_{0 \le k < n} V_k$$

라고 하자.

　a) $U_k' = U_k - \bar{u}$, $V_k' = V_k - \bar{v}$라고 할 때, 식 (24)에 주어진 상관계수 C가 다음과 같음을 보여라.

$$\sum_{0 \leq k < n} U'_k V'_k \Big/ \sqrt{\sum_{0 \leq k < n} U'^2_k} \sqrt{\sum_{0 \leq k < n} V'^2_k}.$$

b) $C = N/D$라고 하자. 여기서 N과 D는 부문제 (a)에 나온 식의 분자와 분모이다. $N^2 \leq D^2$임을, 따라서 $-1 \leq C \leq 1$임을 보이고 차 $D^2 - N^2$에 대한 공식을 구하라. 〔힌트: 연습문제 1.2.3-30을 볼 것.〕

c) $C = \pm 1$일 때, 모두 0은 아닌 어떠한 상수 α, β, τ에 대해 $\alpha U_k + \beta V_k = \tau$, $0 \leq k < n$임을 보여라.

18. 〔M20〕 (a) 만일 $n = 2$이면 계열상관계수 (23)이 항상 -1과 같음을 보여라(단, 분모가 0이 아닌 한). (b) 비슷하게, $n = 3$일 때 계열상관계수가 항상 $-\frac{1}{2}$과 같음을 보여라. (c) (23)의 분모가 오직 $U_0 = U_1 = \cdots = U_{n-1}$일 때에만 0임을 보여라.

19. 〔M30〕 (버틀러 J. P. Butler.) $U_0, \dots, U_{n-1}$이 같은 분포를 가지는 독립 확률변수들이라고 하자. 분모가 0이 아닌 모든 경우들에 대한 평균으로 얻은 계열상관계수 (23)의 기대값이 $-1/(n-1)$임을 증명하라.

20. 〔HM41〕 연습문제 19의 설정 하에서, (23)의 분산이 $n^2/(n-1)^2(n-2) - n^3\mathrm{E}((U_0 - U_1)^4 /D^2)/2(n-2)$와 같음을 증명하라. 여기서 D는 (23)의 분모이고 E는 $D \neq 0$인 모든 경우들에 대한 기대값을 나타낸다. U_j가 균등분포라 할 때, $\mathrm{E}((U_0 - U_1)^4/D^2)$의 점근값은 무엇인가?

21. 〔19〕 알고리즘 P를 순열 $(1, 2, 9, 8, 5, 3, 6, 7, 0, 4)$에 적용했을 때, 알고리즘이 계산한 f의 값은 얼마인가?

22. 〔18〕 알고리즘 P가 $f = 1024$라는 결과를 내게 하는 $\{0, 1, 2, 3, 4, 5, 6, 7, 8, 9\}$의 순열은 무엇인가?

23. 〔M22〕 $\langle Y_n \rangle$과 $\langle Y'_n \rangle$이 주기 길이가 각각 λ, λ'인 정수 수열이며 $0 \leq Y_n, Y'_n < d$라고 하자. 그리고 $Z_n = (Y_n + Y'_{n+r}) \bmod d$이고 r이 0과 $\lambda' - 1$ 사이에서 무작위로 선택된다고 하자. $\langle Z_n \rangle$이 t차원 계열 검정을 적어도 $\langle Y_n \rangle$과 같은 수준으로 통과함을 보여라. 적어도 $\langle Y_n \rangle$과 같은 수준으로 통과한다는 것은 다음과 같은 의미이다: $\langle Y_n \rangle$과 $\langle Z_n \rangle$에 t짝 $P(x_1, \dots, x_t)$가 나타날 확률들을 $P(x_1, \dots, x_t)$, $Q(x_1, \dots, x_t)$라고 하자:

$$P(x_1, \dots, x_t) = \frac{1}{\lambda} \sum_{n=0}^{\lambda-1} [(Y_n, \dots, Y_{n+t-1}) = (x_1, \dots, x_t)];$$

$$Q(x_1, \dots, x_t) = \frac{1}{\lambda\lambda'} \sum_{n=0}^{\lambda-1} \sum_{r=0}^{\lambda'-1} [(Z_n, \dots, Z_{n+t-1}) = (x_1, \dots, x_t)].$$

그러면 $\sum_{(x_1, \dots, x_t)} (Q(x_1, \dots, x_t) - d^{-t})^2 \leq \sum_{(x_1, \dots, x_t)} (P(x_1, \dots, x_t) - d^{-t})^2$이다.

24. 〔HM37〕 (마서글리아 G. Marsaglia.) n개의 서로 겹치는 t짝 $(Y_1, Y_2, \dots, Y_t)$, $(Y_2, Y_3, \dots, Y_{t+1})$, $\dots$, $(Y_n, Y_1, \dots, Y_{t-1})$들에 대한 계열 검정을 다음과 같은 방식으로 수행할 수 있음을 보여

라: $0 \leq a_i < d$인 각 숫자열 $\alpha = a_1 \ldots a_m$에 대해, α가 부분숫자열 $Y_1 Y_2 \ldots Y_n Y_1 \ldots Y_{m-1}$에 나타나는 횟수를 $N(\alpha)$라고 하고, α가 임의의 위치에 나타날 확률을 $P(\alpha) = P(a_1) \ldots P(a_m)$이라고 하자. 개별 숫자가 나타날 확률은 서로 다른 $P(0)$, $P(1)$, ..., $P(d-1)$이다. 통계치

$$V = \frac{1}{n} \sum_{|\alpha| = t} \frac{N(\alpha)^2}{P(\alpha)} - \frac{1}{n} \sum_{|\alpha| = t-1} \frac{N(\alpha)^2}{P(\alpha)}$$

를 계산한다. 이 V는 n이 클 때 $d^t - d^{t-1}$ 자유도의 카이제곱 분포를 따라야 한다. 〔힌트: 연습문제 3.3.1-25를 사용할 것.〕

25. 〔M46〕 C_1과 C_2가 (22)와 같이 정의된 행렬들이라고 할 때, $C_1^{-1} C_2 C_1^{-1} \approx -6 C_1^{-1}$인 이유는 무엇일까?

26. 〔HM30〕 U_1, U_2, ..., U_n이 $[0..1)$에 속하는 독립적인 균등편이(uniform deviate)† 들이라고 하자. 그리고 그 값들을 정렬한 결과가 $U_{(1)} \leq U_{(2)} \leq \cdots \leq U_{(n)}$라고 하자. 또한 간격 $S_1 = U_{(2)} - U_{(1)}$, ..., $S_{n-1} = U_{(n)} - U_{(n-1)}$, $S_n = U_{(1)} + 1 - U_{(n)}$과 그것들을 정렬한 결과 $S_{(1)} \leq \cdots \leq S_{(n)}$를 생일 간격 검정에서처럼 정의한다. 편의상, 다음 부문제들의 계산에서 표현식 $x^n [x \geq 0]$을 x_+^n으로 표기한다.

   a) 임의의 실수 s_1, s_2, ..., s_n이 주어졌을 때, 연립부등식 $S_1 \geq s_1$, $S_2 \geq s_2$, ..., $S_n \geq s_n$가 성립할 확률이 $(1 - s_1 - s_2 - \cdots - s_n)_+^{n-1}$임을 증명하라.

   b) 따라서 가장 작은 간격 $S_{(1)}$이 $\leq s$일 확률은 $1 - (1 - ns)_+^{n-1}$임을 증명하라.

   c) 분포함수 $F_k(s) = \Pr(S_{(k)} \leq s)$, $1 \leq k \leq n$은 무엇인가?

   d) 각 $S_{(k)}$의 평균과 분산을 계산하라.

▶ **27.** 〔HM26〕 (반복된 간격들.) 연습문제 26의 표기법 하에서, 수 $S_1' = n S_{(1)}$, $S_2' = (n-1)(S_{(2)} - S_{(1)})$, ..., $S_n' = 1(S_{(n)} - S_{(n-1)})$들이 n개의 균등편이들의 간격 S_1, ..., S_n들과 동일한 결합 확률분포(joint probability distribution)를 가짐을 보여라. 따라서 그 간격들을 순서 $S_{(1)}' \leq \cdots \leq S_{(n)}'$로 정렬할 수 있으며, 이러한 변환을 반복하면 또 다른 무작위 간격 S_1'', ..., S_n'' 등의 집합을 얻을 수 있다. 그리고

$$K_{n-1}^+ = \sqrt{n-1} \max_{1 \leq j < n} \left(\frac{j}{n-1} - S_1^{(k)} - \cdots - S_j^{(k)} \right),$$

$$K_{n-1}^- = \sqrt{n-1} \max_{1 \leq j < n} \left(S_1^{(k)} + \cdots + S_j^{(k)} - \frac{j-1}{n-1} \right)$$

을 사용해서 간격 $S_1^{(k)}$, ..., $S_n^{(k)}$들의 연속된 집합들 각각에 대해 콜모고로프-스미르노프 검정을

---

† 〔옮긴이 주〕 이 책에서 편이(deviate, 偏離)는 특정한 분포를 따르는 난수 또는 확률변수를 뜻한다. 즉, 균등편이는 균등분포를 따르는 난수이다. 이후 지수분포를 따르는 지수편이, 정규분포를 따르는 정규편이 등도 나온다. deviate를 편차라고 번역하기도 하지만, 표준편차(standard deviation) 등에 쓰이는 편차(deviation)와 구별이 필요하다고 판단해서 '편이'라는 용어를 도입했다.

적용할 수 있다. $(S_1, ..., S_n)$에서 $(S_1', ..., S_n')$으로의 변환을 $n = 2$인 경우와 $n = 3$인 경우에 대해 상세히 조사하라. 그리고 컴퓨터로 생성한 유한한 정밀도를 가진 수들에 이러한 공정을 연속해서 반복할 때 언젠가는 반복을 계속할 수 없는 지점에 도달하게 되는 이유를 설명하라. (난수발생기가 이러한 고문(torture)과도 같은 검정을 얼마나 오래 견딜 수 있는지를 보는 것도 난수발생기들을 비교하는 한 가지 방법이다.)

28. 〔M26〕 $0 \le y_j < m$인 n짝 $(y_1, ..., y_n)$들 중에서 등간격들이 정확히 r개이고 0 간격들이 정확히 s개인 것들의 개수를 $b_{nrs}(m)$으로 표기한다고 하자. 이러면 생일 간격 검정에서 $R = r$일 확률은 $\sum_{s=0}^{r+1} b_{nrs}(m)/m^n$이다. 또한 m을 최대 n개의 부분들로 분할하는 방법의 수를 $p_n(m)$이라고 하자(연습문제 5.1.1-15). (a) $b_{n00}(m)$을 그러한 분할들을 통해서 표현하라. 〔힌트: m과 n이 작은 경우들을 고찰할 것.〕 (b) $s > 0$일 때 $b_{nrs}(m)$과 $b_{(n-s)(r+1-s)0}(m)$ 사이에 간단한 관계가 존재함을 보여라. (c) 어떠한 간격들도 서로 같지 않을 확률에 대한 명시적 공식을 유도하라.

29. 〔M35〕 연습문제 28을 이어나가서, $r = 0, 1, 2$일 때의 생성함수 $b_{nr}(z) = \sum_{m \ge 0} b_{nr0}(m)z^m/m$들에 대한 간단한 수식들을 구하라.

30. 〔HM41〕 연습문제 29를 이어나가서, 고정된 α에 대해 만일 $m = n^3/\alpha$이면 $n \to \infty$에 따라

$$p_n(m) = \frac{m^{n-1}e^{\alpha/4}}{n!(n-1)!}\left(1 - \frac{13\alpha^2}{288n} + \frac{169\alpha^4 + 2016\alpha^3 - 1728\alpha^2 - 41472\alpha}{165888n^2} + O(n^{-3})\right)$$

이 성립함을 증명하라. m을 서로 다른 n개의 양의 부분들로 분할하는 수 $q_n(m)$에 대해서도 비슷한 공식을 구하라. 그리고 생일 간격 검정이 $O(1/n)$ 안에서 0, 1, 2와 상등인 R을 찾을 접근적 확률들을 이끌어 내라.

▶ **31.** 〔M21〕 시차 피보나치 수열 3.3.2-(7)의 최하위 비트들을, 또한 3.2.2-(7′)의 최하위 두 번째 비트들을 정의하는 점화식 $Y_n = (Y_{n-24} + Y_{n-55}) \bmod 2$의 주기 길이는 $2^{55} - 1$이라고 알려져 있다. 따라서 비트 $(Y_n, Y_{n+1}, ..., Y_{n+54})$들 중 0이 아닌 모든 패턴들의 발생 확률은 같다. 어쨌거나, 독자가 할 일은 주기의 임의의 지점에서 시작하는 79개의 연속적인 무작위 비트 $Y_n, ..., Y_{n+78}$들을 생성했을 때 1들보다 0들이 많을 확률이 51% 보다 큼을 증명하는 것이다. 그런 비트들로 비트가 1일 때에는 오른쪽으로 움직이고 0일 때에는 왼쪽으로 움직이는 "무작위 보행"을 정의한다고 하면, 보행이 끝났을 때 시작점에서 훨씬 오른쪽에 있는 지점에 도달하게 될 확률은 50% 를 넘는다. 〔힌트: 생성함수 $\sum_{k=0}^{79} \Pr(Y_n + \cdots + Y_{n+78} = k)z^k$를 구할 것.〕

32. 〔M20〕 참 또는 거짓을 밝혀라: 만일 X와 Y가 서로 독립적이고 평균이 0이며 동일하게 분포되는 확률변수들이면, 그리고 이들이 음일 확률보다는 양일 확률이 더 크다면, $X + Y$가 음일 확률보다 양일 확률이 더 크다.

33. 〔HM32〕 점화식 $Y_n = (Y_{n-l} + Y_{n-k}) \bmod 2$로 생성한 일련의 $k + l$개의 비트들에서 1들이 0들보다 더 많을 확률의 접근값을 구하라. 단, $k > 2l$이며, k가 크다고 할 때 이 점화식의 주기 길이는 $2^k - 1$이다.

34. 〔HM29〕 m가지 글자들로 구성된 어떤 알파벳 체계의 글자들로 이루어진 길이 n의 무작위 문자열 안에서 연속적으로 나타나지 않는 두 글자 조합들의 평균 개수와 그 분산을 추정하는 방법을 설명하라. m이 크며 $n \approx 2m^2$이라고 가정할 것.

▶ **35.** 〔HM32〕 (린드홀름J. H. Lindholm, 1968.) $Y_0 = 1$, $Y_1 = \cdots = Y_{k-1} = 0$으로 시작해서, 점화식

$$Y_n = (a_1 Y_{n-1} + a_2 Y_{n-2} + \cdots + a_k Y_{n-k}) \bmod 2$$

로 무작위 비트열 $\langle Y_n \rangle$을 생성한다고 하자. 여기서 $a_1, \ldots, a_k$는 비트열의 주기 길이가 $2^k - 1$이 되도록 적절히 선택된 값들이다. $Z_n = (-1)^{Y_n + 1} = 2Y_n - 1$을 하나의 무작위 부호라고 가정하고, 통계치 $S_m = Z_n + Z_{n+1} + \cdots + Z_{n+m-1}$을 고려한다. 여기서 n은 주기 안의 무작위 지점이다.

a) $N = 2^k - 1$로 둘 때, $\mathrm{E}\, S_m = m/N$임을 증명하라.

b) $\mathrm{E}\, S_m^2$은 얼마인가? $m \le N$이라고 가정하라. 힌트: 연습문제 3.2.2-16을 볼 것.

c) Z들이 진정으로 무작위하다면 $\mathrm{E}\, S_m$과 $\mathrm{E}\, S_m^2$은 얼마가 될까?

d) $m \le N$이라고 가정할 때, $\mathrm{E}\, S_m^3 = m^3/N - 6B(N+1)/N$임을 증명하라. 여기서

$$B = \sum_{0 < i < j < m} [(Y_{i+1} Y_{i+2} \cdots Y_{i+k-1})_2 = (Y_{j+1} Y_{j+2} \cdots Y_{j+k-1})_2](m-j)$$

이다.

e) 연습문제 31에서 고려한 특별한 경우, 즉 $m = 79$이고 $Y_n = (Y_{n-24} + Y_{n-55}) \bmod 2$인 경우에서 B를 평가하라.

*3.3.3. 이론적 검정

난수발생기를 3.3.2절에서 이야기한 방법들로 검정하는 것도 항상 가능한 일이지만, 훨씬 더 나은 방법은 연역적 검정(a priori test, 또는 선험적 검정)을 이용해서, 앞에서 말한 검정들이 얼마나 좋은 결과를 낼 것인지 미리 알 수 있는 이론적인 결과들을 얻는 것이다. 그런 이론적 결과들은 실험적인, 시행착오적인 결과들보다 난수생성법에 대해 훨씬 더 많은 정보를 제공한다. 이번 절에서는 선형합동 수열들을 좀 더 자세히 연구한다. 수들을 생성기도 전에 특정 검정들의 결과를 알 수 있다면, 적절한 a, m, c의 값을 선택할 수 있는 가능성이 더 커진다.

이런 종류의 이론을 개발하는 것은 상당히 어려운 일이지만, 그래도 어느 정도는 진전이 있었다. 지금까지의 성과는 대체로 *주기 전체에 대한 통계적 검정들*에 대한 것이다. 주기 전체에 적용할 때에는 별 의미가 없는 통계적 검정들이 존재한다. 예를 들어 동일분포 검정은 너무 완벽한 결과를 낸다. 반면 계열 검정, 간격 검정, 순열검정, 최대값 검정 등의 경우에는 이런 식의 분석으로 풍부한 결실을 얻을 수 있다. 그런 분석은 수열의 전역적 비무작위성, 즉 아주 많은 표본들에서의 부적절한 습성을 잡아내게 된다.

이번 절에서 논의할 이론은 꽤나 계몽적이나, 그렇다고 3.3.2절의 방법들로 국소 비무작위성을 검증할 필요까지 사라지는 것은 아니다. 사실, 그 무엇이든 짧은 부분수열들에 대해 유용한 어떤

것을 증명하는 과제는 매우 어려운 것으로 보인다. 전체주기보다 짧은 부분에 대한 선형합동수열의 습성에 대해 알려진 이론적 결과들은 몇 안 된다. 그것들에 대해서는 3.3.4절 끝에서 논의하겠다. (연습문제 18도 볼 것.)

그럼 순열검정의 가장 덜 복잡한 경우에 대한 한 가지 간단한 선험적 법칙의 증명으로 시작하자. 지금부터 살펴볼 첫 번째 정리의 요지는, 수열의 농도가 높다고 할 때 $X_{n+1} < X_n$일 확률이 약 50%라는 것이다.

정리 P. *a, c, m이, 선형합동수열이 최대 주기를 가지도록 하는 값들로 설정되어 있다고 하자. $b = a - 1$이며 d는 m과 b의 최대공약수라고 하자. 그러면 $X_{n+1} < X_n$일 확률은 $\frac{1}{2} + r$과 같다. 여기서*

$$r = (2(c \bmod d) - d)/2m \tag{1}$$

이다(따라서 $|r| < d/2m$).

증명. 이 증명에는 그 자체로 흥미로운 몇 가지 기법들이 쓰인다. 우선 다음과 같이 정의한다.

$$s(x) = (ax + c) \bmod m. \tag{2}$$

즉 $X_{n+1} = s(X_n)$이며, 그러면 정리는 결국 $0 \le x < m$인 정수 x들의 개수를 세는 것으로 줄어든다. 왜냐하면 그런 정수들은 모두 주기 안의 어딘가에 나타날 것이기 때문이다. 이제 그런 정수들의 개수가

$$\frac{1}{2}(m + 2(c \bmod d) - d) \tag{3}$$

임을 보이고자 한다.

함수 $\lceil (x - s(x))/m \rceil$는 $x > s(x)$이면 1과 같고 그 외의 경우에는 0이다. 따라서 우리가 얻고자 하는 개수는 간단히

$$\sum_{0 \le x < m} \left\lceil \frac{x - s(x)}{m} \right\rceil = \sum_{0 \le x < m} \left\lceil \frac{x}{m} - \left(\frac{ax + c}{m} - \left\lfloor \frac{ax + c}{m} \right\rfloor \right) \right\rceil$$

$$= \sum_{0 \le x < m} \left(\left\lfloor \frac{ax + c}{m} \right\rfloor - \left\lfloor \frac{bx + c}{m} \right\rfloor \right) \tag{4}$$

로 쓸 수 있다. ($\lceil -y \rceil = -\lfloor y \rfloor$이고 $b = a - 1$임을 떠올릴 것.) 이러한 합들은 연습문제 1.2.4-37의 방법으로 평가할 수 있는데, 거기에서 h와 k가 정수이고 $k > 0$일 때 항상

$$\sum_{0 \le j < k} \left\lfloor \frac{hj + c}{k} \right\rfloor = \frac{(h-1)(k-1)}{2} + \frac{g-1}{2} + g\lfloor c/g \rfloor, \qquad g = \gcd(h, k) \tag{5}$$

임을 증명한 바 있다. a와 m은 서로 소이므로, 이 공식에서

$$\sum_{0 \le x < m} \left\lfloor \frac{ax + c}{m} \right\rfloor = \frac{(a-1)(m-1)}{2} + c,$$

$$\sum_{0 \le x < m} \left\lfloor \frac{bx + c}{m} \right\rfloor = \frac{(b-1)(m-1)}{2} + \frac{d-1}{2} + c - (c \bmod d)$$

를 이끌어 낼 수 있으며, 이로부터 (3)이 바로 나온다. ■

정리 P의 증명은, 우리가 ⌊ ⌋과 ⌈ ⌉ 함수들이 관여된 합들을 만족스럽게 다룰 수만 있다면 연역적 검정들을 실제로 수행할 수 있음을 뜻한다. 많은 경우 내림과 올림 함수들을 다루는 가장 강력한 기법은, 그것들을 다음과 같은 두 개의 좀 더 대칭적인 연산들로 대체하는 것이다.

$$\delta(x) = \lfloor x \rfloor + 1 - \lceil x \rceil = [x\text{가 정수}]; \tag{6}$$

$$((x)) = x - \lfloor x \rfloor - \frac{1}{2} + \frac{1}{2}\delta(x) = x - \lceil x \rceil + \frac{1}{2} - \frac{1}{2}\delta(x) = x - \frac{1}{2}(\lfloor x \rfloor + \lceil x \rceil). \tag{7}$$

후자의 함수를 "톱니(sawtooth)" 함수라고 부른다. 푸리에 급수의 연구에서는 잘 알려진 함수이다. 그림 7에 이 함수의 그래프가 나와 있다. ⌊x⌋ 나 ⌈x⌉ 대신 ((x))를 사용하는 이유는, ((x))에 다음과 같은 몇 가지 아주 유용한 성질들이 있기 때문이다.

$$((-x)) = -((x)); \tag{8}$$

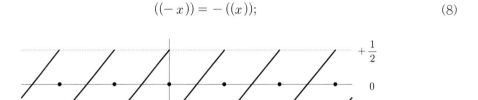

그림 7. 톱니함수 ((x)).

$$((x+n)) = ((x)), \quad \text{정수 } n \tag{9}$$

$$((nx)) = ((x)) + \left(\left(x + \frac{1}{n}\right)\right) + \cdots + \left(\left(x + \frac{n-1}{n}\right)\right), \quad \text{정수 } n \geq 1 \tag{10}$$

(연습문제 1.2.4-38, 1.2.4-39(a, b, g) 참고.)

이 함수들에 익숙해지기 위한 연습의 일환으로, 연습문제 1.2.4-37에 의존하지 않고 정리 P를 증명해보자. 식 (7), (8), (9) 덕분에 다음이 성립함을 보일 수 있다.

$$\begin{aligned}
\left\lceil \frac{x - s(x)}{m} \right\rceil &= \frac{x - s(x)}{m} - \left(\left(\frac{x - s(x)}{m}\right)\right) + \frac{1}{2} - \frac{1}{2}\delta\left(\frac{x - s(x)}{m}\right) \\
&= \frac{x - s(x)}{m} - \left(\left(\frac{x - (ax+c)}{m}\right)\right) + \frac{1}{2} \\
&= \frac{x - s(x)}{m} + \left(\left(\frac{bx + c}{m}\right)\right) + \frac{1}{2}
\end{aligned} \tag{11}$$

이는 $(x - s(x))/m$ 가 결코 정수가 아니기 때문이다. x 와 $s(x)$ 모두 $\{0, 1, \ldots, m-1\}$의 값들을 정확히 한 번씩만 취하므로, 이제

$$\sum_{0 \leq x < m} \frac{x - s(x)}{m} = 0$$

이다. 따라서 (11)로부터

$$\sum_{0 \le x < m} \left\lceil \frac{x - s(x)}{m} \right\rceil = \sum_{0 \le x < m} \left(\!\left(\frac{bx + c}{m}\right)\!\right) + \frac{m}{2} \tag{12}$$

이 나온다. b_0과 m_0이 서로 소라고 할 때 $b = b_0 d$, $m = m_0 d$라고 하자. x가 0에서 $m_0 - 1$로 변함에 따라, $(b_0 x) \bmod m_0$은 값 $\{0, 1, \ldots, m_0 - 1\}$들을 어떠한 순서로 취하게 된다. (9)와 (10), 그리고

$$\left(\!\left(\frac{b(x + m_0) + c}{m}\right)\!\right) = \left(\!\left(\frac{bx + c}{m}\right)\!\right)$$

라는 사실로부터

$$\sum_{0 \le x < m} \left(\!\left(\frac{bx + c}{m}\right)\!\right) = d \sum_{0 \le x < m_0} \left(\!\left(\frac{bx + c}{m}\right)\!\right)$$

$$= d \sum_{0 \le x < m_0} \left(\!\left(\frac{c}{m} + \frac{b_0 x}{m_0}\right)\!\right) = d\left(\!\left(\frac{c}{d}\right)\!\right) \tag{13}$$

가 나온다. (12)와 (13)으로부터 정리 P가 직접 증명된다.

정리 P의 한 가지 의미는, 실질적으로 a와 c를 그 어떤 값으로 설정하든 적어도 주기 전체에 대해서는 적절한 확률로 $X_{n+1} < X_n$가 된다는 것이다. 단, d 값이 큰 주기들은 예외이다. 큰 d 값은 낮은 농도에 해당하며, 농도가 낮은 발생기들이 바람직하지 않음은 이미 살펴보았다.

다음 정리는 매개변수 a와 c의 선택에 대한 좀 더 엄격한 조건을 제시한다. 여기서는 주기 전체에 대해 계열상관 검정을 적용하는 상황을 고려한다. 3.3.2절의 식 (23)에 정의된 수량 C는

$$C = \left(m \sum_{0 \le x < m} x s(x) - \left(\sum_{0 \le x < m} x\right)^2 \right) \Big/ \left(m \sum_{0 \le x < m} x^2 - \left(\sum_{0 \le x < m} x\right)^2 \right) \tag{14}$$

이다. x'가 $s(x') = 0$인 원소라고 하자. 다음이 성립한다.

$$s(x) = m\left(\!\left(\frac{ax + c}{m}\right)\!\right) + \frac{m}{2}[x \ne x']. \tag{15}$$

이제 유도할 공식들은 다음과 같은 합들로 아주 편하게 표현할 수 있다.

$$\sigma(h, k, c) = 12 \sum_{0 \le j < k} \left(\!\left(\frac{j}{k}\right)\!\right)\left(\!\left(\frac{hj + c}{k}\right)\!\right). \tag{16}$$

여러 수학 문제들에서 나타나는 중요한 함수인 이 합은 일반화된 데데킨트 합이라고 부르는데, 이는 1876년에 데데킨트Richard Dedekind가 리만B. Riemann의 미완성 원고들 중 하나를 해설할 때 함수 $\sigma(h, k, 0)$를 도입했기 때문이다. 〔리만의 *Gesammelte math. Werke*, 2nd ed. (1892), 466-478을 볼 것.〕

잘 알려진 공식

$$\sum_{0 \le x < m} x = \frac{m(m-1)}{2} \qquad \text{과} \qquad \sum_{0 \le x < m} x^2 = \frac{m(m - \frac{1}{2})(m-1)}{3}$$

을 이용하면 식 (14)를

$$C = \frac{m\sigma(a, m, c) - 3 + 6(m - x' - c)}{m^2 - 1} \qquad (17)$$

로 변환하는 것은 식은 죽 먹기이다. (연습문제 5 참고.) 보통 m은 매우 크므로 $1/m$차 항들은 폐기할 수 있으며, 그러면 다음과 같은 근사가 나온다:

$$C \approx \sigma(a, m, c)/m. \qquad (18)$$

오차의 절대값은 $6/m$ 미만이다.

이제 계열상관 검정은 데데킨트 합 $\sigma(a, m, c)$의 값을 구하는 문제로 줄어든다. 그런데 $\sigma(a, m, c)$를 (16)의 정의로부터 직접 평가하는 것이 상관계수 자체를 직접 평가하는 것보다 더 쉬운 경우는 거의 없다. 그러나 다행히 데데킨트 합들을 상당히 빠르게 계산하는 간단한 방법들이 존재한다.

정리 B (데데킨트 합의 "상반법칙"). *h, k, c가 정수라고 하자. 만일 $0 \le c < k$, $0 < h \le k$이면, 그리고 h가 k와 서로 소이면*

$$\sigma(h, k, c) + \sigma(k, h, c) = \frac{h}{k} + \frac{k}{h} + \frac{1}{hk} + \frac{6c^2}{hk} - 6\left\lfloor \frac{c}{h} \right\rfloor - 3e(h, c) \qquad (19)$$

이다. 여기서

$$e(h, c) = [c = 0] + [c \bmod h \ne 0] \qquad (20)$$

이다.

증명. 정리에서 말한 가정들 하에서

$$\sigma(h, k, c) + \sigma(k, h, c) = \sigma(h, k, 0) + \sigma(k, h, 0) + \frac{6c^2}{hk} - 6\left\lfloor \frac{c}{h} \right\rfloor - 3e(h, c) + 3 \qquad (21)$$

임을 증명하는 것은 독자의 몫으로 남기겠다. (연습문제 6 참고.) 이것을 증명했다고 할 때, 정리 B는 $c = 0$인 경우에서만 증명하면 된다.

이제 살펴볼 증명은 단위원[†]의 복소근에 근거를 둔 것으로, 본질적으로는 칼리츠L. Carlitz에 기인한다. 합들의 기본 조작들만 사용하는 좀 더 간단한 증명도 있지만(연습문제 7 참고), 다음에 나오는 증명은 이런 종류의 문제들에 사용할 수 있는 수학적 수단들을 더 많이 내포하고 있기 때문에 독자의 공부에 훨씬 더 도움이 된다.

다항식 $f(x)$와 $g(x)$가 다음과 같이 정의된다고 하자.

$$\begin{aligned}
f(x) &= 1 + x + \cdots + x^{k-1} = (x^k - 1)/(x - 1) \\
g(x) &= x + 2x^2 + \cdots + (k-1)x^{k-1} \\
&= xf'(x) = kx^k/(x - 1) - x(x^k - 1)/(x - 1)^2.
\end{aligned} \qquad (22)$$

[†] 〔옮긴이 주〕단위원(單位元, unity)은 곱셈의 항등원을 뜻한다. 예를 들어 정수의 단위원은 1이다. 반지름이 1인 원도 단위원(單位圓, unit circle)이라고 부르는데, 이 책에서는 둘을 떼어쓰기로 구분한다. 즉, 곱셈의 항등원은 떼어쓰기가 없는 '단위원', 반지름이 1인 원은 '원'을 떼어 쓴 '단위 원'이라고 표기한다.

단위원 $e^{2\pi i/k}$의 복소 k제곱근을 ω로 표기한다고 할 때, 식 1.2.9–(13)에 의해 다음이 성립한다.

$$\frac{1}{k} \sum_{0 \le j < k} \omega^{-jr} g(\omega^j x) = rx^r, \qquad \text{만일 } 0 \le r < k \text{이면.} \tag{23}$$

$x = 1$로 두고, 만일 $j \ne 0$이면 $g(\omega^j x) = k/(\omega^j - 1)$, 그렇지 않으면 $g(\omega^j x) = k(k-1)/2$이라고 설정한다. 그러면 다음이 성립한다.

$$r \bmod k = \sum_{0 < j < k} \frac{\omega^{-jr}}{\omega^j - 1} + \frac{1}{2}(k-1), \qquad \text{만일 } r \text{이 정수이면.}$$

(식 (23)은 $0 \le r < k$일 때 우변이 r과 같으며, k의 배수들이 r에 더해진다고 해도 그 사실이 변하지 않음을 보여준다.) 따라서

$$\left(\!\left(\frac{r}{k}\right)\!\right) = \frac{1}{k} \sum_{0 < j < k} \frac{\omega^{-jr}}{\omega^j - 1} - \frac{1}{2k} + \frac{1}{2}\delta\!\left(\frac{r}{k}\right) \tag{24}$$

이다. r이 정수일 때 항상 성립하는 이 중요한 공식을 이용하면 $((r/k))$을 포함하는 여러 계산들을 단위원의 k제곱근에 관련된 합들로 줄일 수 있으며, 전혀 새로운 종류의 기법들이 가능해진다. 특히 $h \perp k$일 때 다음과 같은 공식을 얻는다.

$$\sigma(h, k, 0) + \frac{3(k-1)}{k^2} = \frac{12}{k^2} \sum_{0 < r < k} \sum_{0 < i < k} \sum_{0 < j < k} \frac{\omega^{-ir}}{\omega^i - 1} \frac{\omega^{-jhr}}{\omega^j - 1}. \tag{25}$$

이 공식의 우변을 r에 대한 합을 수행함으로써 단순화할 수도 있다.

$s \bmod k \ne 0$이면 $\sum_{0 \le r < k} \omega^{rs} = f(\omega^s) = 0$이다. 그러면 등식 (25)는 다음으로 줄어든다.

$$\sigma(h, k, 0) + \frac{3(k-1)}{k} = \frac{12}{k} \sum_{0 < j < k} \frac{1}{(\omega^{-jh} - 1)(\omega^j - 1)}. \tag{26}$$

ω를 $\zeta = e^{2\pi i/h}$으로 치환해서 $\sigma(k, h, 0)$에 대한 이와 비슷한 공식을 얻는 것도 가능하다.

식 (26)의 합으로 무엇을 할 수 있을지는 아직 명확하지 않지만, 합의 각 항이 ω^j의(여기서 $0 < j < k$) 함수라는 사실(따라서 합은 본질적으로 1 이외의 단위원의 k 제곱근들에 대한 것이다)을 근거로 해서 계속 나아가는 한 가지 우아한 방법이 존재한다. $x_1, x_2, \ldots, x_n$이 서로 다른 복소수들이라 할 때 항상 다음 항등식이 성립한다.

$$\sum_{j=1}^{n} \frac{1}{(x_j - x_1)\ldots(x_j - x_{j-1})(x - x_j)(x_j - x_{j+1})\ldots(x_j - x_n)}$$
$$= \frac{1}{(x - x_1)\ldots(x - x_n)}. \tag{27}$$

이 항등식의 유효성은 우변을 통상적인 방법으로 부분분수들로 전개해 보면 확인할 수 있다. 더 나아가서, 만일 $q(x) = (x - y_1)(x - y_2)\ldots(x - y_m)$이면

$$q'(y_j) = (y_j - y_1)\ldots(y_j - y_{j-1})(y_j - y_{j+1})\ldots(y_j - y_m) \tag{28}$$

이 성립한다. (27)의 좌변에 나온 것 같은 수식들을 단순화하는 데 이 항등식을 사용할 수 있는 경우가 자주 있다. h와 k가 서로 소일 때 수 $\omega, \omega^2, \dots, \omega^{k-1}, \zeta, \zeta^2, \dots, \zeta^{h-1}$은 모두 서로 다르다. 따라서 공식 (27)을 다항식 $(x-\omega)\dots(x-\omega^{k-1})(x-\zeta)\dots(x-\zeta^{h-1}) = (x^k-1)(x^h-1)/(x-1)^2$의 한 특수 경우로 간주할 수 있으며, 그럼으로써 x에 대한 다음과 같은 항등식을 얻을 수 있다.

$$\frac{1}{h}\sum_{0<j<h}\frac{\zeta^j(\zeta^j-1)^2}{(\zeta^{jk}-1)(x-\zeta^j)} + \frac{1}{k}\sum_{0<j<k}\frac{\omega^j(\omega^j-1)^2}{(\omega^{jh}-1)(x-\omega^j)} = \frac{(x-1)^2}{(x^h-1)(x^k-1)}. \quad (29)$$

이 항등식은 수많은 흥미로운 결과들로 이어지며, 이로부터 식 (26)에 주어진 종류의 합들에 대한 여러 가지 상반공식들이 비롯된다. 예를 들어 (29)를 x에 대해 두 번 미분하고 $x \to 1$로 두면 다음이 나온다.

$$\frac{2}{h}\sum_{0<j<h}\frac{\zeta^j(\zeta^j-1)^2}{(\zeta^{jk}-1)(1-\zeta^j)^3} + \frac{2}{k}\sum_{0<j<k}\frac{\omega^j(\omega^j-1)^2}{(\omega^{jh}-1)(1-\omega^j)^3}$$
$$= \frac{1}{6}\left(\frac{h}{k}+\frac{k}{h}+\frac{1}{hk}\right)+\frac{1}{2}-\frac{1}{2h}-\frac{1}{2k}.$$

이 합들에서 j를 적절히 $h-j$와 $k-j$로 치환한 후 (26)을 사용하면

$$\frac{1}{6}\left(\sigma(k,h,0)+\frac{3(h-1)}{h}\right)+\frac{1}{6}\left(\sigma(h,k,0)+\frac{3(k-1)}{k}\right)$$
$$= \frac{1}{6}\left(\frac{h}{k}+\frac{k}{h}+\frac{1}{hk}\right)+\frac{1}{2}-\frac{1}{2h}-\frac{1}{2k}$$

이 나오는데, 이는 원하는 결과와 동치이다. ∎

보조정리 B로부터, $0 < h \le k$, $0 \le c < k$이면, 그리고 h가 k와 서로 소이면 항상

$$\sigma(h,k,c) = f(h,k,c) - \sigma(k,h,c) \quad (30)$$

를 만족하는 명시적 함수(양함수) $f(h,k,c)$가 나온다. 정의 (16)에 의해,

$$\sigma(k,h,c) = \sigma(k \bmod h, \ h, \ c \bmod h) \quad (31)$$

임은 명백하다. 따라서, 유클리드 알고리즘에서처럼 매개변수들을 줄이는 공정을 사용해서 (30)을 반복 적용함으로써 $\sigma(h,k,c)$를 평가할 수 있다.

이 반복적인 절차를 좀 더 자세히 조사해보면 추가적인 단순화 방법들을 발견할 수 있다. $m_1 = k$, $m_2 = h$, $c_1 = c$로 두고 다음과 같은 설정표를 만든다고 하자:

$$\begin{aligned}
m_1 &= a_1 m_2 + m_3 & c_1 &= b_1 m_2 + c_2 \\
m_2 &= a_2 m_3 + m_4 & c_2 &= b_2 m_3 + c_3 \\
m_3 &= a_3 m_4 + m_5 & c_3 &= b_3 m_4 + c_4 \\
m_4 &= a_4 m_5 & c_4 &= b_4 m_5 + c_5
\end{aligned} \quad (32)$$

여기서

$$a_j = \lfloor m_j/m_{j+1} \rfloor, \qquad\qquad b_j = \lfloor c_j/m_{j+1} \rfloor,$$
$$m_{j+2} = m_j \bmod m_{j+1}, \qquad c_{j+1} = c_j \bmod m_{j+1} \tag{33}$$

이며 따라서

$$0 \le m_{j+1} < m_j, \qquad 0 \le c_j < m_j \tag{34}$$

이다. 편의상 (32)에서 유클리드 알고리즘이 4회 반복 만에 끝난다고 가정한 것인데, 이 가정으로 부터 일반적인 경우에도 성립하는 패턴을 이끌어낼 수 있다. h와 k가 애초에 서로 소이므로, (32) 에서 반드시 $m_5 = 1$이고 $c_5 = 0$이다.

이러한 것들이 점화식에 어떤 영향을 주는지 파악하기 위해, $c_3 \ne 0$이나 $c_4 = 0$이라고 가정 해보자. 그러면 (30)과 (31)로부터

$$
\begin{aligned}
\sigma(h, k, c) &= \sigma(m_2, m_1, c_1) \\
&= f(m_2, m_1, c_1) - \sigma(m_3, m_2, c_2) \\
&= \cdots \\
&= f(m_2, m_1, c_1) - f(m_3, m_2, c_2) + f(m_4, m_3, c_3) - f(m_5, m_4, c_4)
\end{aligned}
$$

를 얻는다. $f(h, k, c)$에 대한 공식 (19)의 첫 부분 $h/k + k/h$는 총합에

$$\frac{m_2}{m_1} + \frac{m_1}{m_2} - \frac{m_3}{m_2} - \frac{m_2}{m_3} + \frac{m_4}{m_3} + \frac{m_3}{m_4} - \frac{m_5}{m_4} - \frac{m_4}{m_5}$$

를 기여하며, 이는 다음과 같이 단순화된다.

$$\frac{h}{k} + \frac{m_1 - m_3}{m_2} - \frac{m_2 - m_4}{m_3} + \frac{m_3 - m_5}{m_4} - \frac{m_4}{m_5} = \frac{h}{k} + a_1 - a_2 + a_3 - a_4.$$

(19)의 그 다음 부분인 $1/hk$ 역시 하나의 간단한 기여로 이어진다. 식 4.5.3-(9)와 4.5.3절의 기타 공식들에 의해

$$\frac{1}{m_1 m_2} - \frac{1}{m_2 m_3} + \frac{1}{m_3 m_4} - \frac{1}{m_4 m_5} = \frac{h'}{k} - 1 \tag{35}$$

인데, 여기서 h'는

$$h'h \equiv 1 (\text{modulo } k), \qquad 0 < h' \le k \tag{36}$$

를 만족하는 고유한 정수이다. 이러한 모든 기여들을 더하면, $c_4 = 0$이라는(따라서 $e(m_4, c_3) = 0$이 라는, (20) 참고) 가정과 설정표 (32)의 가정 하에서

$$
\begin{aligned}
\sigma(h, k, c) &= \frac{h + h'}{k} + (a_1 - a_2 + a_3 - a_4) - 6(b_1 - b_2 + b_3 - b_4) \\
&\quad + 6\left(\frac{c_1^2}{m_1 m_2} - \frac{c_2^2}{m_2 m_3} + \frac{c_3^2}{m_3 m_4} - \frac{c_4^2}{m_4 m_5} \right) + 2
\end{aligned}
$$

임을 알 수 있다. 일반적인 경우에도 비슷한 결과가 성립한다:

정리 D. h, k, c가 $0 < h \le k$, $0 \le c < k$인 정수들이며 h와 k가 서로 소라고 하자. 앞에 나온 (33)과 같이 정의된 "유클리드식 설정표"를 만들고, 반복 공정이 $m_{t+1} = 1$을 만족하는 t회 이후에 끝난다고 가정한다. s가 $c_s = 0$을 만족하는 가장 작은 첨자이며 h'는 (36)과 같이 정의된다고 하자. 그러면

$$\sigma(h, k, c) = \frac{h + h'}{k} + \sum_{1 \le j \le t} (-1)^{j+1}\left(a_j - 6b_j + 6\frac{c_j^2}{m_j m_{j+1}}\right)$$
$$+ 3((-1)^s + \delta_{s1}) - 2 + (-1)^t$$

이다. ∎

유클리드 알고리즘은 4.5.3에서 세밀하게 분석한다. 수량 a_1, a_2, ..., a_t를 h/k의 부분몫 (partial quotient)들이라고 부른다. 정리 4.5.3F에 의하면 반복 횟수 t가 $\log_\phi k$를 넘는 일은 결코 없다. 따라서 데데킨트 합을 빠르게 평가할 수 있다. 항 $c_j^2/m_j m_{j+1}$을 더욱 줄이는 것도 가능하며, 연습문제 17에는 $\sigma(h, k, c)$를 평가하는 한 가지 효율적인 알고리즘이 나온다.

이렇게 해서 일반화된 데데킨트 합을 분석해 보았다. 그럼 이 분석에서 얻은 지식을 계열상관계수 구하기에 적용해 보자.

예제 1. $m = 2^{35}$, $a = 2^{34} + 1$, $c = 1$일 때의 계열상관을 구하라.

풀이. 식 (17)에 의해

$$C = (2^{35}\sigma(2^{34} + 1, 2^{35}, 1) - 3 + 6(2^{35} - (2^{34} - 1) - 1))/(2^{70} - 1)$$

이다. $\sigma(2^{34} + 1, 2^{35}, 1)$을 평가하기 위해 다음과 같은 설정표를 만든다:

$$
\begin{array}{llll}
m_1 = 2^{35} & & c_1 = 1 & \\
m_2 = 2^{34} + 1 & a_1 = 1 & c_2 = 1 & b_1 = 0 \\
m_3 = 2^{34} - 1 & a_2 = 1 & c_3 = 1 & b_2 = 0 \\
m_4 = 2 & a_3 = 2^{33} - 1 & c_4 = 1 & b_3 = 0 \\
m_5 = 1 & a_4 = 2 & c_5 = 0 & b_4 = 1
\end{array}
$$

$h' = 2^{34} + 1$이므로, 정리 D에 의해 $\sigma(2^{34} + 1, 2^{35}, 1)$의 값은 $2^{33} - 3 + 2^{-32}$이 된다. 따라서

$$C = (2^{68} + 5)/(2^{70} - 1) = \frac{1}{4} + \epsilon, \qquad |\epsilon| < 2^{-67} \tag{37}$$

이다. 이러한 상관값은 수들이 무작위하다고 하기에는 너무 크다. 물론 이 발생기의 농도는 매우 낮으며, 그 사실만으로도 이 발생기가 무작위하지 않음을 알 수 있다.

예제 2. $m = 10^{10}$, $a = 10001$, $c = 2113248653$일 때의 근사 상관계수를 구하라.

풀이. $C \approx \sigma(a, m, c)/m$이며, 계산 절차는 다음과 같다.

$$
\begin{array}{llll}
m_1 = 10000000000 & & & c_1 = 2113248653 \\
m_2 = 10001 & a_1 = 999900 & c_2 = 7350 & b_1 = 211303 \\
m_3 = 100 & a_2 = 100 & c_3 = 50 & b_2 = 73 \\
m_4 = 1 & a_3 = 100 & c_4 = 0 & b_3 = 50
\end{array}
$$

$$
\sigma(m_2, m_1, c_1) = -31.6926653544; \qquad C \approx -3 \cdot 10 - 9. \tag{38}
$$

사실 이는 C의 값으로 매우 훌륭한 값이다. 그러나 발생기의 농도는 단 3이므로, *계열상관이 낮긴 하지만 그래도 아주 좋은 난수원이라고는 할 수 없다.* 낮은 계열상관은 무작위성의 필요조건일 뿐 충분조건은 아니다.

예제 3. *일반적인 a, m, c에 대한 계열상관을 추정하라.*

풀이. (30)을 한 번만 적용하면

$$
\sigma(a, m, c) \approx \frac{m}{a} + 6\frac{c^2}{am} - 6\frac{c}{a} - \sigma(m, a, c)
$$

가 된다. 연습문제 12에 의해 이제 $|\sigma(m, a, c)| < a$이며, 따라서

$$
C \approx \frac{\sigma(a, m, c)}{m} \approx \frac{1}{a}\left(1 - 6\frac{c}{m} + 6\left(\frac{c}{m}\right)^2\right) \tag{39}
$$

이다. 이 근사의 절대값의 오차는 $(a + 6)/m$보다 작다.

식 (39)에 나온 추정치는 합동 발생기의 무작위성에 대해 알려진 최초의 이론적 결과이다. 코베유 R. R. Coveyou [*JACM* **7** (1960), 72-74]는 정수 값들만 고려하는 대신, 0과 m 사이의 모든 실수 x들에 대한 평균을 통해서 이것을 얻었다(연습문제 21 참고). 이후 그린버거 Martin Greenberger는 오차항의 추정을 포함한 정밀한 유도를 제시했다 [*Math. Comp.* **15** (1961), 383-389].

이로부터 전산학의 역사에서 가장 슬픈 시기들이 시작된다! 위의 근사가 상당히 정확한 것이긴 하지만, 실제 응용에서는 통탄할 정도로 잘못 적용되어 왔다. 사람들은 그때까지 사용해 온 완벽하게 훌륭한 발생기들을 버리고 (39)의 관점에서는 적절해 보이는 끔찍한 발생기들을 사용하게 되었다. 근 10년 이상동안, 일상 응용에서 심각한 결함을 가진 발생기들이 단지 이론상으로 더 낫다는 이유로 아주 많이 쓰이세 된 것이다.

얕은 학식은 위험한 것이다.

— 포프 ALEXANDER POPE, *An Essay on Criticism*, 215 (1711)

사람은 과거의 실수로부터 배운다는 말이 맞다면, (39)가 어떤 식으로 오용되었는지를 자세히 살펴보는 게 좋을 것이다. 우선, 사람들은 전체 주기에 대한 작은 계열상관이 무작위성을 꽤 잘 보장한다고 맹목적으로 가정했는데, 사실 (39)의 근사는 수열의 일련의 원소 1000개에 대한 작은 계열상관 조차도 보장하지 않는다(연습문제 14 참고).

둘째로, (39)와 그 오차항은 오직 $a \approx \sqrt{m}$일 때에만 비교적 작은 C값을 보장한다. 그래서

사람들은 곱수를 $\sqrt{m}$ 에 가까운 값으로 선택하는 것이 좋다고 권했다. 사실, 거의 모든 곱수들에서 C는 $1/\sqrt{m}$ 보다 훨씬 작은 값을 가지며, 따라서 (39)가 진짜 습성에 대한 아주 좋은 근사는 아니다. C에 대한 정밀하지 않은 상계를 최소화한다고 해도 C가 최소화되지는 않는다.

셋째, 사람들은

$$c/m \approx \frac{1}{2} \pm \frac{1}{6}\sqrt{3} \tag{40}$$

일 때 (39)가 가장 좋은 추정치를 산출함을 알아냈다. 이는 (40)의 값들이 방정식 $1 - 6x + 6x^2 = 0$의 근들이기 때문이다. "c의 선택에 다른 제약이 없다면 이 값을 사용하는 것이 좋다"라는 주장이 그 자체로 틀린 것은 아니지만, 오해의 소지는 상당하다. 경험에 따르면 a가 좋은 곱수일 때에는 c를 어떻게 선택하든 계열상관의 진정한 값에는 거의 영향을 미치지 않기 때문이다. (40)과 같은 선택은 앞에 나온 예제 (2)와 같은 경우들에서만 c를 크게 줄일 뿐이다. 그리고 그런 경우들에서는 어차피 나쁜 곱수들이 다른 방식으로 결함을 드러낼 것이므로, c의 선택을 가지고 고민하는 것은 괜한 시간 낭비이다.

(39)의 추정보다 더 나은 것이 필요함은 명백하다. 그리고 정리 D 덕분에 그런 더 나은 추정을 얻는 것이 가능하다. 기본적으로 디터Ulrich Dieter의 연구 〔*Math. Comp.* **25** (1971), 855-883〕에서 비롯된 정리 D는, a/m의 부분곱들이 작으면 $\sigma(a, m, c)$가 작게 된다는 것을 함의한다. 실제로 일반화된 데데킨트 합을 좀 더 자세히 분석해보면 상당히 예리한 추정을 얻는 것이 가능하다. 다음과 같다.

정리 K. *정리 D의 가정 하에서 항상 다음이 성립한다.*

$$-\frac{1}{2}\sum_{\substack{1 \le j \le t \\ j은\ 홀수}} a_j - \sum_{\substack{1 \le j \le t \\ j는\ 짝수}} a_j \le \sigma(h, k, c) \le \sum_{\substack{1 \le j \le t \\ j는\ 홀수}} a_j + \frac{1}{2}\sum_{\substack{1 \le j \le t \\ j는\ 짝수}} a_j - \frac{1}{2}. \tag{41}$$

증명. D. E. Knuth, *Acta Arithmetica* **33** (1977), 297-325를 볼 것. 거기에는 또한 큰 부분몫들이 존재할 경우 이 한계들이 본질적으로 최상의 한계들임도 밝혀져 있다. ∎

예제 4. $a = 3141592621$, $m = 2^{35}$, c는 홀수에 대한 계열상관을 추정하라.

풀이. a/m의 부분몫들은 10, 1, 14, 1, 7, 1, 1, 1, 3, 3, 3, 5, 2, 1, 8, 7, 1, 4, 1, 2, 4, 2이다. 따라서 정리 K에 의해

$$-55 \le \sigma(a, m, c) \le 67.5$$

이며 계열상관이 모든 c에 대해 상당히 낮은 값을 가짐이 보장된다.

(39)의 오차의 규모가 a/m임을 생각한다면, 이 한계가 (39)로 얻을 수 있는 것보다 훨씬 나은 것임을 주목하자. 이러한 "무작위" 곱수들이 (39)를 근거로 해서 특별히 고른 것보다 훨씬 더 낫다는 점이 판명된 바 있다. 실제로, m과 서로 소인 모든 곱수 a들에 대한 $\sum_{j=1}^{t} a_j$의 평균 값이

$$\frac{6}{\pi^2}(\ln m)^2 + O((\log m)(\log\log m)^4)$$

임을 보이는 것이 가능하다(연습문제 4.5.3-35). 따라서 어떤 무작위 곱수가 큰(이를테면 어떤 고정된 $\epsilon > 0$에 대해 $(\log m)^{2+\epsilon}$보다 큰) $\sum_{j=1}^{t} a_j$를 가질 확률은 $m \to \infty$에 따라 0에 접근한다. 이러한 사실은 거의 모든 선형합동수열들이 전체 주기에 대해 극도로 낮은 계열상관을 가진다는 경험적 증거를 입증한다고 할 수 있다.

이번 절의 연습문제들은 전체 주기에 대한 계열 검정 같은 다른 선험적 검정들을 몇 개의 일반화된 데데킨트 합들로 표현하는 것도 가능함을 보여준다. 정리 K에 의해, 지정된 특정 분수들(a와 m에 의존하나 c에는 의존하지 않는)이 작은 부분몫들을 가진다고 할 때, 선형합동수열은 그런 검점들을 통과하게 된다. 특히 연습문제 19의 결과는 그런 수열이 *오직 a/m에 큰 부분몫들이 없을 때에만 쌍들에 대한 계열 검정을 통과한다*는 것을 함의한다.

라데마허Hans Rademacher와 그로스발트Emil Grosswald의 책 *Dedekind Sums* (Math. Assoc. of America, Carus Monograph No. 16, 1972)는 데데킨트 합과 그 일반화들의 역사 및 성질들을 논의한다. 3.3.4절에서는 고차원 계열검정을 포함한 추가적인 이론적 검정들을 논의한다.

연습문제(제1부)

1. [M10] $x \bmod y$를 톱니 함수와 δ 함수로 표현하라.

2. [HM22] 함수 $((x))$의 푸리에 급수 전개(사인과 코사인을 항들로 한)는 무엇인가?

3. [M23] (파인N. J. Fine.) 모든 실수 x에 대해 $|\sum_{k=0}^{n-1} ((2^k x + \frac{1}{2}))| < 1$을 증명하라.

▶ **4.** [M19] 발생기의 농도가 10이라고 할 때, $m = 10^{10}$일 때 가능한 가장 큰 d 값(정리 P의 표기법 하에서)은 얼마인가?

5. [M21] 식 (17)을 유도하라.

6. [M27] $hh' + kk' = 1$이라고 가정한다.

  a) 모든 정수 $c \geq 0$에 대해

$$\sigma(h, k, c) = \sigma(h, k, 0) + 12 \sum_{0 < j < c} \left(\left(\frac{h'j}{k}\right)\right) + 6\left(\left(\frac{h'c}{k}\right)\right)$$

  임을 보조정리 B를 사용하지 말고 보여라.

  b) 만일 $0 < j < k$이면 $\left(\left(\frac{h'j}{k}\right)\right) + \left(\left(\frac{k'j}{h}\right)\right) = \frac{j}{hk} - \frac{1}{2}\delta\left(\frac{j}{h}\right)$임을 보여라.

  c) 보조정리 B의 가정들 하에서 식 (21)을 증명하라.

▶ **7.** [M24] 연습문제 1.2.4-45의 일반상반법칙을 이용해서, $c = 0$일 때의 상반법칙 (19)의 증명을 제시하라.

▶ **8.** [M34] (칼리츠L. Carlitz.) ρ가 다음과 같다고 하자.

$$\rho(p, q, r) = 12 \sum_{0 \leq j < r} \left(\left(\frac{jp}{r}\right)\right)\left(\left(\frac{jq}{r}\right)\right).$$

보조정리 B에 쓰인 증명법을 일반화해서, 라데마허에서 기인한 다음의 아름다운 항등식을 증명하라: 만일 p, q, r 각각이 다른 둘과 서로 소이면

$$\rho(p, q, r) + \rho(q, r, p) + \rho(r, p, q) = \frac{p}{qr} + \frac{q}{rp} + \frac{r}{pq} - 3.$$

(데데킨트 합들에 대한 $c = 0$인 상반법칙은 이것의 $r = 1$인 특수 경우이다.)

   9. [M40] 연습문제 8에 나온 라데마허의 항등식의 간단한, 그 항등식의 특수 경우인 연습문제 7의 증명과 같은 맥락에서의 증명이 존재하는가?

10. [M20] $0 < h < k$일 때 $\sigma(k - h, k, c)$와 $\sigma(h, k, -c)$를 $\sigma(h, k, c)$들로 간단하게 표현할 수 있음을 보여라.

11. [M30] 본문에는 h와 k가 서로 소이고 c가 정수일 때 $\sigma(h, k, c)$를 평가하는 방법을 보여주는 공식들이 나왔다. 일반적인 경우에 대해 다음을 증명하라.

   a) 정수 $d > 0$에 대해 $\sigma(dh, dk, dc) = \sigma(h, k, c)$.
   b) 정수 c, 실수 $0 < \theta < 1$, $h \perp k$, $hh' \equiv 1 \pmod{k}$에 대해 $\sigma(h, k, c + \theta) = \sigma(h, k, c) + 6((h'c/k))$.

12. [M24] 만일 h가 k와 서로 소이고 c가 정수이면 $|\sigma(h, k, c)| \leq (k-1)(k-2)/k$임을 보여라.

13. [M24] $\sigma(h, k, c)$에 대한 표현식이 나오도록 식 (26)을 일반화하라.

▶ **14.** [M20] $m = 2^{35}$, $a = 2^{18} + 1$, $c = 1$인 선형합동발생기가 있다. 1000개의 연속적인 수들 세 묶음에 대해 계열상관 검정을 적용했더니 모든 경우에서 0.2와 0.3 사이의 아주 높은 상관이 나왔다. 이 발생기의 주기 2^{35}개의 수들 전체에 대한 계열상관은 얼마인가?

15. [M21] 정리 B를 $0 \leq c < k$인 모든 실수 c 값에 적용할 수 있도록 일반화하라.

16. [M24] (33)에 정의된 유클리드식 설정표가 주어졌으며 $p_0 = 1$, $p_1 = a_1$, 그리고 $1 < j \leq t$에 대해 $p_j = a_j p_{j-1} + p_{j-2}$라고 하자. 정리 D의 합 중 복잡한 부분을 다음과 같이 다시 쓸 수 있음을 보여라(이렇게 하면 비정수 계산을 피할 수 있게 된다).

$$\sum_{1 \leq j \leq t} (-1)^{j+1} \frac{c_j^2}{m_j m_{j+1}} = \frac{1}{m_1} \sum_{1 \leq j \leq t} (-1)^{j+1} b_j (c_j + c_{j+1}) p_{j-1}.$$

[힌트: $1 \leq r \leq t$에 대해 $\sum_{1 \leq j \leq r} (-1)^{j+1}/m_j m_{j+1} = (-1)^{r+1} p_{r-1}/m_1 m_{r+1}$임을 증명할 것.]

17. [M22] 정리 D의 가설들을 만족하는 정수 h, k, c에 대해 $\sigma(h, k, c)$를 평가하는 알고리즘을 설계하라. 알고리즘은 오직 제한된 정밀도의 정수 산술만을 사용해야 하며, $A + B/k$ 형태의 답을 내야 한다. 여기서 A와 B는 정수이다. (연습문제 16 참고.) 가능하면 $a_1, a_2, \ldots, a_t$ 같은 배열을 두는 대신 오직 유한한 개수의 변수들만을 임시 저장용으로 사용할 것.

▶ **18.** [M23] (디터U. Dieter.) 양의 정수 h, k, z가 주어졌을 때

$$S(h, k, c, z) = \sum_{0 \le j < z} \left(\left(\frac{hj + c}{k} \right) \right)$$

라고 하자. 이 합을 일반화된 데데킨트 합들과 톱니 함수를 항들로 해서 닫힌 형식으로 평가할 수 있음을 보여라. 〔힌트: $z \le k$일 때 수량 $\lfloor j/k \rfloor - \lfloor (j-z)/k \rfloor$는 $0 \le j < z$에 대해 1과 같으며 $z \le j < k$에 대해서는 0과 같다. 따라서 이 인수를 대입하고 $0 \le j < k$에 대해 합산해 볼 수 있다.〕

▶ **19.** 〔M23〕 α, β, α', β'가 $0 \le \alpha < \beta \le m$이고 $0 \le \alpha' < \beta' \le m$인 정수들이라 할 때 $\alpha \le X_n < \beta$이고 $\alpha' \le X_{n+1} < \beta'$일 확률에 대한 공식을 구할 수 있다면, 일반화된 데데킨트 합들을 항들로 해서 계열 검정을 전체 주기에 대해 분석할 수 있음을 보여라. 〔힌트: 수량 $\lfloor (x-\alpha)/m \rfloor - \lfloor (x-\beta)/m \rfloor$를 고찰할 것.〕

20. 〔M29〕 (디터U. Dieter.) $X_n > X_{n+1} > X_{n+2}$일 확률에 대한, 일반화된 데데킨트 합들로 표현된 공식을 구함으로써 정리 P를 확장하라.

연습문제(제2부)

정수들을 가지고 정확한 계산을 수행하는 것이 상당히 어려운 경우가 많다. 그러나 계산을 정수 값들에만 한정하는 대신, x의 모든 실수 값들에 대한 평균을 취할 때 나타나는 확률들을 연구해 보는 것은 가능하다. 그런 결과들은 근사값들일 뿐이지만, 그래도 이 주제에 대해 뭔가 도움이 될만한 것을 얻을 수 있다.

0과 1 사이의 수 U_n들을 다루는 것이 편하다. 선형합동수열의 경우 $U_n = X_n/m$이며, $\{x\}$를 $\theta = c/m$으로 두었을 때 $U_{n+1} = \{aU_n + \theta\}$가 성립한다. 예를 들어 계열상관에 대한 공식은 다음과 같은 모습이 된다.

$$C = \left(\int_0^1 x\{ax + \theta\}\, dx - \left(\int_0^1 x\, dx \right)^2 \right) \Big/ \left(\int_0^1 x^2\, dx - \left(\int_0^1 x\, dx \right)^2 \right).$$

▶ **21.** 〔HM23〕 (코베유R. R. Coveyou.) 방금 나온 공식에서 C의 값은 무엇인가?

▶ **22.** 〔M22〕 a가 정수이며 $0 \le \theta < 1$이라고 하자. x가 0과 1사이에 균등하게 분포되는 무작위 실수이고 $s(x) = \{ax + \theta\}$라고 할 때, $s(x) < x$일 확률은 얼마인가? (이것은 정리 P의 "실수" 버전이다.)

23. 〔M28〕 연습문제 22는 $U_{n+1} < U_n$일 확률을 알려준다. 그렇다면, U_n이 0과 1 사이의 무작위 실수라고 할 때 $U_{n+2} < U_{n+1} < U_n$일 확률은 얼마인가?

24. 〔M29〕 앞의 문제들과 같되 $\theta = 0$이라는 가정 하에서, $U_n > U_{n+1} > \cdots > U_{n+t-1}$이 나타날 확률이

$$\frac{1}{t!} \left(1 + \frac{1}{a} \right) \cdots \left(1 + \frac{t-2}{a} \right)$$

임을 보여라. U_n이 0과 1 사이에서 무작위로 선택된다고 할 때 U_n에서 시작하는 내림 연속열의

평균 길이는 얼마인가?

▶ **25.** 〔M25〕 $\alpha, \beta, \alpha', \beta'$가 $0 \leq \alpha < \beta \leq 1, 0 \leq \alpha' < \beta' \leq 1$인 실수들이라고 하자. 연습문제 22의 가정 하에서, $\alpha \leq x < \beta$이고 $\alpha' \leq s(x) < \beta'$일 확률은 얼마인가? (이것은 연습문제 19의 "실수" 버전이다.)

26. 〔M21〕 $U_{n+1} = \{U_n + U_{n-1}\}$인 "피보나치" 발생기를 고려한다. U_1과 U_2가 각각 독립적으로 0과 1 사이에서 무작위로 선택한 수들이라고 할 때, $U_1 < U_2 < U_3$, $U_1 < U_3 < U_2$, $U_2 < U_1 < U_3$ 등등일 확률을 구하라. 〔힌트: 단위 정사각형 $\{(x, y) \mid 0 \leq x, y < 1\}$를 $x, y, \{x + y\}$의 상대순서에 근거해서 여섯 부분으로 나누고 각 부분의 면적을 구해 볼 것.〕

27. 〔M32〕 연습문제 26의 피보나치 발생기에서, U_0와 U_1이 독립적으로 단위 정사각형 안에서 선택되되 $U_0 > U_1$이라고 하자. U_1이 길이 k의 오름 연속열의 시작일, 즉 $U_0 > U_1 < \cdots < U_k > U_{k+1}$일 확률을 구하라. 이것을 난수열에 대한 해당 확률들과 비교하라.

28. 〔M35〕 식 3.2.1.3-(5)에 따르면 농도가 2인 선형합동발생기는 조건 $X_{n-1} - 2X_n + X_{n+1} \equiv (a - 1)c \,(\text{modulo } m)$을 만족한다. 다음과 같은 상황을 추상화하는 발생기를 고려한다: $U_{n+1} = \{\alpha + 2U_n - U_{n-1}\}$이라고 하자. 연습문제 26에서처럼 단위 정사각형을 여섯 부분으로 나누되 각 쌍 (U_1, U_2)에 대해 U_1, U_2, U_3의 상대순서들이 나타나도록 나눈다. U_1과 U_2가 단위 정사각형 안에서 무작위로 선택된다고 가정할 때, 가능한 여섯 순서들 모두가 확률 $\frac{1}{6}$로 나타나게 하는 α 값이 존재하는가?

3.3.4. 스펙트럼 검정

이번 절에서는 선형합동 난수발생기의 품질을 점검하는 특별히 중요한 한 가지 방법인 스펙트럼 검정(spectral test)에 대해 논의한다. 모든 좋은 발생기들이 이 검정을 통과하는 것은 아니지만, 나쁘다고 알려진 모든 발생기들은 실제로 이 검정에 실패한다. 따라서 이 검정은 지금까지 알려진 것들 중 가장 강력한 검정이라 할 수 있으며, 특별히 주목할 만한 가치가 있다. 이번 절에서는 또한 선형합동수열들과 그 일반화들에서 기대할 수 있는 무작위도의 근본적인 한계들도 밝힌다.

스펙트럼 검정은 이전 절들에서 공부한 경험적 검정의 측면과 이론적 검정의 측면 모두를 가지고 있다. 수열의 전체 주기의 성질들을 다룬다는 점에서는 이론적 검정과 비슷하고, 결과를 내기 위해 컴퓨터 프로그램을 필요로 한다는 점에서는 경험적 검정과 비슷하다.

A. 검정에 깔린 착상들. 가장 강력한 무작위성 조건으로는 아마도 수열의 연속된 t 원소들의 결합분포 성질들에 의존하는 것을 들 수 있을 것이다. 스펙트럼 검정은 그 분포를 직접 다룬다. 주기가 m인 수열 $\langle U_n \rangle$이 있다고 할 때, 이 검정의 기본적인 발상은 t차원 공간에서의 m개의 점들 모두의 집합

$$\{(U_n, U_{n+1}, \ldots, U_{n+t-1}) \mid 0 \leq n < m\} \tag{1}$$

을 분석하는 것이다.

단순함을 위해서, 선형합동 수열 (X_0, a, c, m)의 최대 주기 길이가 m이라고($c \neq 0$가 되도록), 또는 m이 소수이고 $c = 0$이며 주기 길이가 $m - 1$이라고 가정한다. 후자의 경우에는 집합 (1)에 점 $(0, 0, \dots, 0)$을 추가해야 한다. 그래야 전체적으로 항상 m개의 점들이 존재하기 때문이다. 이 추가적인 점은 이론을 훨씬 단순하게 만들며, 다행히 m이 클 때에는 무시할 수 있을 정도로 작은 영향을 미친다. 이러한 가정들 하에서 (1)을 다음과 같이 쓸 수 있다.

$$\left\{ \frac{1}{m}(x, s(x), s(s(x)), \dots, s^{[t-1]}(x)) \,\middle|\, 0 \le x < m \right\}. \tag{2}$$

여기서

$$s(x) = (ax + c) \bmod m \tag{3}$$

은 x의 후행자(다음 원소)이다. 우리는 그러한 t차원의 점들의 집합만을 고려할 뿐, 그 점들이 실제로 어떤 순서로 생성되었는지는 고려하지 않는다. 그런데 그 생성 순서는 벡터들의 성분들 사이의 의존성에 반영되어 있으며, 스펙트럼 검정은 (2)의 모든 점을 총체적으로 다룸으로써 여러 차원 t들에 대한 그와 같은 의존성을 연구한다.

예를 들어 그림 8은 2차원과 3차원에서의 전형적인 작은 사례로, 사용된 발생기는 다음과 같다.

$$s(x) = (137x + 187) \bmod 256 \tag{4}$$

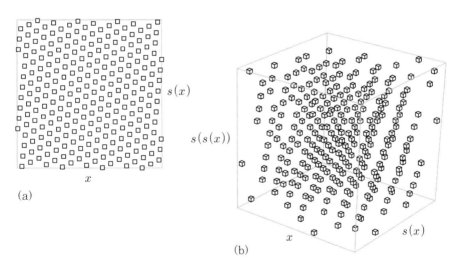

그림 8. (a) $X_{n+1} = (137X_n + 187) \bmod 256$인 수열의 인접한 점들의 쌍 (X_n, X_{n+1}) 전부로 형성한 2차원 격자. (b) 3중쌍 (X_n, X_{n+1}, X_{n+2})들로 형성한 3차원 격자.

물론 주기 길이가 256인 발생기가 무작위하기는 힘들다. 그러나 256은 m이 실질적인 용도에 적합한 더 큰값인 경우를 살펴보기 전에 뭔가를 이해하는 데 도움이 되도록 도표를 그려보기에 충분히 작은 값이다.

그림 8(a)의 상자들의 패턴에서 가장 주목할만한 것은, 상자들 모두를 상당히 적은 수의 평행선들로 포함할 수 있다는 것이다. 사실 모든 점들을 거치는 평행선들의 모임(family)들은 많이 있

다. 예를 들어 20개의 거의 수직인 선들의 집합으로 모든 점들을 포함할 수 있으며, 위로 약 30도 기울어진 21개의 선들로도 가능하다. 차를 타고 작물이 체계적인 방식으로 심어진 농장을 지날 때에도 이와 비슷한 패턴들을 흔히 발견하게 된다.

같은 발생기를 3차원에서 고려한다면, 그림 8(a)에 있는 256개의 점 $(x, s(x))$ 각각에 "높이" 성분 $s(s(x))$를 추가함으로써 256개의 점들을 하나의 입방체 안에 배치할 수 있다. 그림 8(b)가 바로 그것이다. 이 3차원 결정구조를 물리적인 입방체 모형으로 만들어서 손으로 이리저리 돌려볼 수 있게 되었다고 상상하자. 입방체를 돌리다 보면 모든 점들을 포함하는 평행평면들의 여러 모임들을 발견하게 된다. 기븐스Wallace Givens의 말을 빌자면 난수들은 "주로 평면들에" 있는 것이다.

언뜻 보기에는 이러한 체계적 특성이 무작위하지 않으므로 선형합동 발생기를 아주 쓸모없는 것으로 생각할 수도 있다. 그러나 실질적으로는 m이 상당히 크다는 점을 생각한다면 더 나은 통찰을 얻을 수 있다. 본질적으로, 그림 8의 규칙적인 구조는 난수들을 고배율 현미경으로 들여다보았을 때 나타나는 작은 "낟알(grain)"에 해당한다. 0과 1 사이의 진정으로 무작위한 수들을 취하고 그것들을 어떠한 주어진 수 ν에 대해 $1/\nu$의 정수배가 되도록 반올림 또는 내림(절단)한다면, 그렇게 얻은 t차원 점들 (1)을 현미경으로 보았을 때 극도로 규칙적인 특징을 발견하게 될 것이다.

2차원의 점 $\{(x/m, s(x)/m)\}$들을 포함하는 모든 평행직선 모임들에 대해서 결정한, 선들 사이의 최대 거리를 $1/\nu_2$이라고 하자. 그러한 ν_2를 난수발생기의 2차원 정확도(accuracy)라고 불러야 할 것이다. 왜냐하면 인접한 수들의 쌍들은 본질적으로 ν_2분의 1밖에 되지 않는 세밀한 구조를 가지기 때문이다. 비슷하게, 3차원의 점 $\{(x/m, s(x)/m, s(s(x))/m)\}$들을 포함하는 모든 평행평면 모임들에 대해서 결정한, 평면들 사이의 최대 거리를 $1/\nu_3$이라고 하자. 그 ν_3은 난수발생기의 3차원 정확도라고 불러야 할 것이다. t차원 정확도 ν_t는 모든 점 $\{(x/m, s(x)/m, ..., s^{[t-1]}(x)/m)\}$들을 포함하는 $(t-1)$차원 초평면 모임(family, 족)들에 대해 결정한, 초평면들 사이의 최대 거리의 역수이다.

$1/\nu$의 배수가 되도록 절단된 진정한 난수열과 주기적 수열의 본질적 차이는, 진정한 난수열의 정확도는 모든 차원에서 동일하지만 주기적 수열의 정확도는 t가 증가함에 따라 감소한다는 것이다. 사실, m이 주기 길이라 할 때 t차원 입방체에는 오직 m개의 점들만 존재하므로 t차원 정확도가 약 $m^{1/t}$보다 클 수는 없다.

t개의 일련의 값들의 독립성을 살펴보자면, 컴퓨터로 생성한 난수들은 마치 진정한 난수들을 $\lg \nu_t$ 비트들(ν_t는 t가 증가함에 따라 감소한다)로 절단했을 때와 같은 습성을 보인다. 일반적으로, 실용적인 목적에서 우리에게 필요한 것은 그런 가변적인 정확도가 전부이다. 1차원 정확도가 2^{32}(32비트 컴퓨터에서 모든 가능한 $(2^{32})^{10}$개의 10짝 $(U_n, U_{n+1}, ..., U_{n+9})$들이 동일확률이라는 의미에서)이어야 한다고까지 고집하는 것은 아니다. t가 그 정도로 큰 값인 경우 우리는 $(U_n, U_{n+1}, ..., U_{n+t-1})$의 몇 선행비트들이 마치 독립적으로 무작위한 것처럼 행동하기를 원할 뿐이다.

반면 응용 프로그램에 높은 해상도의 난수열이 필요하다면 단순한 선형합동수열이 적합하지 않을 수 있다. 그런 경우에는 보다 긴 주기를 가진 발생기를 사용해야 할 것이다(실제로 발생되는 수들이 주기의 작은 한 부분이라고 해도). 주기 길이를 제곱하면 본질적으로 고차원들에서의 정확도가 제곱된다. 즉, 비트들의 유효자릿수가 두 배가 되는 것이다.

스펙트럼 검정은 작은 t (이를테면 $2 \leq t \leq 6$)에 대한 ν_t의 값들에 근거를 둔다. 수열의 중요한 결함을 검출하는 데에는 2, 3, 4차원들이 적합해 보이나, 우리는 주기 전체를 고려하고 있기 때문에, 신중한 자세를 취해서 한두 차원 정도 더 올라가는 것이 현명할 것이다. 한편, $t \geq 10$에 대한 ν_t의 값들은 실용적으로는 어떤 의미도 없어 보인다. (이는 다행스러운 일인데, 왜냐하면 $t \geq 10$일 때 정확도 ν_t를 정밀하게 계산하는 것이 꽤 어려워 보이기 때문이다.)

스펙트럼 검정과 계열 검정 사이에는 한 가지 어렴풋한 관계가 존재한다. 연습문제 3.3.3-19에서처럼 주기 전체에 대해서 그림 8(a)의 부분사각형 64개 각각에 있는 상자들의 개수를 세는 특별한 경우의 계열 검정이 한 예이다. 주된 차이라면, 스펙트럼 검정은 가장 적절하지 않은 방향을 발견하도록 점들을 회전한다는 것이다. 계열 검정에 대해서는 나중에 이번 절에서 다시 이야기하겠다.

언뜻 보기에는 적절히 높은 t 값 하나에 대해서만 스펙트럼 검정을 적용해야 할 것 같다. 예를 들어 3차원에서 발생기가 스펙트럼 검정을 통과했다면 2차원 검정도 통과할 것이므로 2차원 검정은 생략해도 될 것 같다. 그러나 이는 잘못된 논지인데, 오류는 더 낮은 차원들에서 더 엄격한 조건들이 적용된다는 점에 있다. 계열 검정에서도 비슷한 상황이 벌어진다: 단위 입방체를 크기가 $\frac{1}{4} \times \frac{1}{4} \times \frac{1}{4}$인 부분입방체 64개로 나누었을 때 그런 모든 부분입방체에 거의 같은 개수의 점들이 존재하게 하는(꽤 당연한 일이다) 어떤 발생기를 생각해보자. 그런데 단위 정사각형을 $\frac{1}{8} \times \frac{1}{8}$ 크기의 부분정사각형 64개로 나누고 같은 발생기의 수들을 넣으면, 수가 하나도 없는 완전히 빈 부분정사각형들이 나올 수 있다. 차원이 낮을수록 우리의 기대가 더 커지므로, 각 차원에 대해 개별적인 검정이 필요한 것이다.

상계 $\nu_t \leq m^{1/t}$은 점들이 직사각형 격자를 이룰 때에는 유효하지만, 모든 경우에서 항상 유효한 것은 아니다. 예를 들어 그림 8의 경우 $\nu_2 = \sqrt{274} > \sqrt{256}$인데, 이는 육각형에 가까운 구조 때문에 m개의 점들이 엄격히 직사각형인 배치에서보다 더 가까이 모여 있기 때문이다.

ν_t를 효율적으로 계산하는 알고리즘을 개발하기 위해서는 관련된 수학적 이론을 좀 더 깊숙이 살펴보아야 한다. 따라서 수학에 별 흥미를 느끼지 못하는 독자라면 이번 절의 D부로 건너뛰는 것이 좋겠다. 거기에서는 스펙트럼 검정을 하나의 "끼워 넣기" 방법으로 제시하며, 여러 가지 예들도 함께 보여준다. 그렇긴 하지만 스펙트럼 검정에 깔린 수학은 오직 몇 가지 기본적인 벡터 조작들만을 요구하는 정도이다.

어떤 저자들은 점들을 포함하는 평행한 직선 또는 초평면들 사이의 최대 거리 $1/\nu_t$ 대신 그 직선 또는 초평면들의 최대 개수 N_t를 조건으로 사용할 것을 제안한다. 그러나 이 수 N_t가 앞에서 정의한 정확도 개념만큼 중요하게 보이지는 않는다. 왜냐하면 이 수는 직선 또는 초평면의 기울기가 입방체의 좌표축들과 얼마나 가까운지에 따라 편향되기 때문이다. 예를 들어 그림 8(a)에서 모든 점들을 포함하는 수직에 가까운 20개의 직선들 사이의 거리는, $(u_1, u_2) = (18, -2)$ 아래에서 식 (14)에 따라, 실제로 $1/\sqrt{328}$이다. 이는 정확도가 $\sqrt{328}$분의 1 또는 심지어 20분의 1이라는 잘못된 결론을 불러올 수 있다. 진정한 정확도는 단 $\sqrt{274}$분의 1이며, 이는 기울기가 7/15인 21개의 직선들로 이루어진 좀 더 큰 모임일 때에만 가능하다. 기울기가 $-11/13$인 24개의 직선들로 된 또 다른 모임 역시 직선 간 거리가 20직선 모임보다 더 크다($1/\sqrt{290} > 1/\sqrt{328}$ 이므로). 직선들의 모임들을 단위 초입방체의 경계들로 사용하는 이와 같은 정밀한 방법이 특별히 "깔끔한" 또는 의미 있는 조건으로 보이지는 않는다. 초평면 개수를 선호하는 사람들에게는, ν_t를 계산하는 데 사용하는 방법(연습문제 16 참고)과 상당히 비슷한 방법을 이용해서 N_t를 계산하는 것도 가능함을 밝혀둔다.

***B. 스펙트럼 검정에 깔린 이론.** 기본 집합 (2)의 분석을 다음과 같은 관찰로부터 시작한다.

$$\frac{1}{m}s^{[j]}(x) = \left(\frac{a^j x + (1+a+\cdots+a^{j-1})c}{m}\right) \bmod 1. \tag{5}$$

원래의 t차원 초입방체의 복사본을 무한히 많이 만들고 그것들이 모든 방향으로 나아가게 하는 식으로 집합을 반복해서 확장하면 다음과 같은 집합이 나온다.

$$\begin{aligned}
L &= \left\{ \left(\frac{x}{m}+k_1, \frac{s(x)}{m}+k_2, ..., \frac{s^{[t-1]}(x)}{m}+k_t\right) \;\middle|\; 정수\; x, k_1, k_2, ..., k_t \right\} \\
&= \left\{ V_0 + \left(\frac{x}{m}+k_1, \frac{ax}{m}+k_2, ..., \frac{a^{t-1}x}{m}+k_t\right) \;\middle|\; 정수\; x, k_1, k_2, ..., k_t \right\}.
\end{aligned}$$

여기서

$$V_0 = \frac{1}{m}\left(0, c, (1+a)c, ..., (1+a+\cdots+a^{t-2})c\right) \tag{6}$$

는 상수 벡터이다. 이러한 L 표현에서 변수 k_1은 중복인데, 왜냐하면 일반성을 잃지 않고도 $(x, k_1, k_2, ..., k_t)$를 $(x+k_1 m, 0, k_2 - ak_1, ..., k_t - a^{t-1}k_1)$로 바꾸어서 k_1이 0이 되게 할 수 있기 때문이다. 이제 다음과 같이 비교적 간단한 공식이 나온다.

$$L = \{ V_0 + y_1 V_1 + y_2 V_2 + \cdots + y_t V_t \mid 정수\; y_1, y_2, ..., y_t \}. \tag{7}$$

여기서

$$V_1 = \frac{1}{m}(1, a, a^2, ..., a^{t-1}); \tag{8}$$

$$V_2 = (0, 1, 0, ..., 0), \quad V_3 = (0, 0, 1, ..., 0), \quad ..., \quad V_t = (0, 0, 0, ..., 1) \tag{9}$$

이다. 모든 j에 대해 $0 \le x_j < 1$를 만족하는 L의 점 $(x_1, x_2, ..., x_t)$들은 원래의 집합 (2)의 m개의 점들과 정확히 같다.

증분 c는 오직 V_0에서만 나타나며, V_0의 효과는 단지 L의 요소들을 그 상대 거리를 바꾸지 않고 이동하는 것임을 주목하자. 이 때문에 c는 어떤 방식으로도 스펙트럼 검정에 영향을 주지 않는다. 이는 ν_t를 계산할 때 $V_0 = (0, 0, ..., 0)$이라고 가정할 수 있다는 뜻이기도 하다. V_0이 영벡터일 때 점들의 격자(lattice)

$$L_0 = \{ y_1 V_1 + y_2 V_2 + \cdots + y_t V_t \mid 정수\; y_1, y_2, ..., y_t \} \tag{10}$$

가 나오는데, 우리의 목표는 L_0의 모든 점들을 포함하는 평행 초평면 모임들에서 인접한 $(t-1)$차원 초평면 사이의 거리를 연구하는 것이다.

평행한 $(t-1)$차원 초평면들의 모임은 그 초평면들 모두와 수직인 0이 아닌 벡터 $U=(u_1, \ldots, u_t)$로 정의할 수 있다. 그러면 특정한 한 초평면에 있는 점들의 집합은

$$\{(x_1, \ldots, x_t) \mid x_1 u_1 + \cdots + x_t u_t = q\} \tag{11}$$

인데, 여기서 q는 모임의 각 초평면마다 다른 상수이다. 다른 말로 하면, 각 초평면은 내적 $X \cdot U$가 주어진 값 q인 모든 벡터 X의 집합이다. 지금 경우 인접한 초평면들 사이의 거리는 모두 같으며, 초평면들 중 하나는 $(0, 0, \ldots, 0)$을 포함한다. 따라서 U의 크기를, 모든 정수 q 값들의 집합이 모임의 모든 초평면들을 나타내도록 조정할 수 있다. 그러면 인접한 초평면들 사이의 거리는 $(0, 0, \ldots, 0)$에서 $q=1$인 초평면 사이의 최소 거리, 즉

$$\min_{\text{실수 } x_1, \ldots, x_t} \left\{ \sqrt{x_1^2 + \cdots + x_t^2} \mid x_1 u_1 + \cdots + x_t u_t = 1 \right\} \tag{12}$$

이다. 코시의 부등식(연습문제 1.2.3-30)에 의해

$$(x_1 u_1 + \cdots + x_t u_t)^2 \le (x_1^2 + \cdots + x_t^2)(u_1^2 + \cdots + u_t^2) \tag{13}$$

이며, 따라서 (12)의 최소값은 각 x_j가 $x_j = u_j/(u_1^2 + \cdots + u_t^2)$일 때 발생한다. 인접한 초평면들 사이의 거리는

$$1/\sqrt{u_1^2 + \cdots + u_t^2} = 1/\text{length}(U) \tag{14}$$

이다. 다른 말로 하면, 우리가 찾는 수량 ν_t는 바로 L_0의 모든 원소를 포함하는 초평면 $\{X \cdot U = q \mid \text{정수 } q\}$들의 모임을 정의하는 가장 짧은 벡터 U의 길이인 것이다.

그러한 벡터 $U = (u_1, \ldots, u_t)$는 반드시 0벡터가 아니어야 하며, L_0의 모든 V에 대해 $V \cdot U$가 정수임을 만족해야 한다. 특히 점 $(1, 0, \ldots, 0)$, $(0, 1, \ldots, 0)$, $\ldots$, $(0, 0, \ldots, 1)$들이 모두 L_0에 속하므로, 모든 u_j는 반드시 정수이어야 한다. 더 나아가서, V_1이 L_0에 속하므로 반드시 $\frac{1}{m}(u_1 + a u_2 + \cdots + a^{t-1} u_t)$가 정수이어야 한다. 즉:

$$u_1 + a u_2 + \cdots + a^{t-1} u_t \equiv 0 \pmod{m}. \tag{15}$$

반대로, (15)를 만족하는 임의의 0벡터가 아닌 정수 벡터 $U = (u_1, \ldots, u_t)$는 요구된 속성들을 가진 초평면들의 모임을 정의한다. 그런 벡터는 L_0의 모든 원소를 포괄할 것이기 때문이다. 즉, 내적 $(y_1 V_1 + \cdots + y_t V_t) \cdot U$는 모든 정수 $y_1, \ldots, y_t$에 대해 정수인 것이다. 이로써

$$\nu_t^2 = \min_{(u_1, \ldots, u_t) \ne (0, \ldots, 0)} \left\{ u_1^2 + \cdots + u_t^2 \mid u_1 + a u_2 + \cdots + a^{t-1} u_t \equiv 0 \pmod{m} \right\}$$

$$= \min_{(x_1, \ldots, x_t) \ne (0, \ldots, 0)} \left((m x_1 - a x_2 - a^2 x_3 - \cdots - a^{t-1} x_t)^2 + x_2^2 + x_3^2 + \cdots + x_t^2 \right) \tag{16}$$

이 증명되었다.

C. 계산 모형의 유도. 지금까지 우리는 스펙트럼 검정을 최소값 (16)을 찾는 문제로 축소해 보았다. 이제 필요한 것은 그러한 최소값을 적절한 시간 안에 찾는 방법이다. 실용적인 목적의 경우에서라면 m이 매우 클 것이므로, 그냥 무작정 찾아보기는 고려할 가치가 없다.

좀 더 일반적인 문제를 풀 수 있는 계산 모형을 개발하는 편이 흥미롭기도 하고 아마도 보다 더 유용할 것이다. 이런 문제이다: 계수들이 $U = (u_{ij})$인 임의의 비특이행렬이 주어졌을 때, 모든 0이 아닌 정수 벡터 $(x_1, ..., x_t)$에 대한 수량

$$f(x_1, ..., x_t) = (u_{11}x_1 + \cdots + u_{t1}x_t)^2 + \cdots + (u_{1t}x_1 + \cdots + u_{tt}x_t)^2 \qquad (17)$$

의 최소값을 구하라. 수식 (17)을 t개의 변수들의 "양의 정부호 이차형식(positive definite quadratic form)"이라고 부른다. U는 비특이행렬이므로, x_j들이 모두 0이 아닌 한, (17)은 0일 수 없다.

U의 행들을 $U_1, ..., U_t$로 표기한다면, (17)을 다음과 같이 쓸 수 있다.

$$f(x_1, ..., x_t) = (x_1 U_1 + \cdots + x_t U_t)(x_1 U_1 + \cdots + x_t U_t). \qquad (18)$$

이는 벡터 $x_1 U_1 + \cdots + x_t U_t$의 길이의 제곱이다. 비특이행렬 U에는 역행렬이 존재한다. 이는

$$U_i \cdot V_j = \delta_{ij}, \qquad 1 \le i, j \le t \qquad (19)$$

를 만족하는, 고유하게 정의되는 벡터 $V_1, ..., V_t$들을 구할 수 있음을 의미한다.

예를 들어 스펙트럼 검정에서 나타나는 특수 형식 (16)의 경우에 대해 이들을 구해보면:

$$
\begin{aligned}
U_1 &= (\quad\; m, 0, 0, ..., 0), & V_1 &= \tfrac{1}{m}(1, a, a^2, ..., a^{t-1}), \\
U_2 &= (\quad -a, 1, 0, ..., 0), & V_2 &= \quad (0, 1, 0, ..., \quad\; 0), \\
U_3 &= (\quad -a^2, 0, 1, ..., 0), & V_3 &= \quad (0, 0, 1, ..., \quad\; 0), \qquad (20) \\
&\;\cdots\cdots\cdots\cdots\cdots\cdots\cdots \\
U_t &= (-a^{t-1}, 0, 0, ..., 1), & V_t &= \quad (0, 0, 0, ..., \quad\; 1).
\end{aligned}
$$

이 V_j들은 원래의 격자 L_0를 정의하는 데 쓰였던 (8), (9)의 벡터들과 정확히 일치한다. 짐작하겠지만, 이것은 우연의 일치가 아니다. 사실 임의의 선형독립 벡터 $V_1, ..., V_t$들의 집합으로 정의되는 임의의 격자 L_0로 시작했다면, 계수 u_{ij}들이 (19)와 같이 정의된다고 할 때 점들을 포함하는 초평면 모임의 초평면들 사이의 최대 거리가 (17)의 최소화와 같음을 보일 수 있도록 지금까지의 논지를 일반화할 수 있다. (연습문제 2 참고.)

(18)의 최소화의 첫 번째 단계는 그것을 하나의 유한한 문제(finite problem)로 줄이는 것이다. 구체적으로 말하면, 최소값을 찾기 위해서 무한히 많은 벡터 $(x_1, ..., x_t)$들을 검사해야 할 필요는 없음을 보여야 한다. 이 때 벡터 $V_1, ..., V_t$들이 요긴하게 쓰인다.

$$x_k = (x_1 U_1 + \cdots + x_t U_t) \cdot V_k$$

이며, 코시 부등식에 의해

$$((x_1 U_1 + \cdots + x_t U_t) V_k)^2 \le f(x_1, ..., x_t)(V_k \cdot V_k)$$

이다. 이로써 우리는 각 좌표 x_k 에 대한 유용한 상계를 유도했다. 정리하자면:

보조정리 A. *$(x_1, ..., x_t)$ 가 (18)을 최소화하는 0이 아닌 벡터이며 $(y_1, ..., y_t)$ 가 임의의 0이 아닌 정수 벡터라고 하자. 그러면 다음이 성립한다.*

$$x_k^2 \le f(y_1, ..., y_t)(V_k \cdot V_k), \qquad 1 \le k \le t \text{ 에 대해.} \tag{21}$$

특히, 모든 i 에 대해 $y_i = \delta_{ij}$ 로 두면:

$$x_k^2 \le (U_j \cdot U_j)(V_k \cdot V_k), \qquad 1 \le j, k \le t \text{ 에 대해.} \quad \blacksquare \tag{22}$$

보조정리 A는 문제를 하나의 유한한 검색으로 줄인다. 그러나 (21)의 우변은 대체로 매우 크기 때문에 전수 검색(exhaustive search)이 비현실적일 수 있다. 따라서 또 다른 발상이 적어도 하나는 더 필요하다. 이런 경우에서는 "문제를 주어진 형태로는 풀 수 없다면, 같은 답을 가진 더 간단한 문제로 바꾸어라"라고 하는 오래된 격언이 도움이 된다. 입력 값들의 최대공약수를 알지 못하기 때문에 같은 최대공약수를 가진 더 작은 수들로 바꾸는 유클리드 알고리즘이 좋은 예이다. (사실 거의 모든 알고리즘의 발견에는 이 격언을 약간 더 일반화한 "만일 문제를 직접 풀 수 없다면 그것을 하나 이상의 더 작은 문제들로 바꾸어라"라는 접근방식이 깔려 있다고 할 수 있다.)

지금의 경우에서 더 간단한 문제란 (22)의 우변이 더 작기 때문에 검색도 더 적어지는 문제일 것이다. 우리가 사용해야 할 핵심적인 착안은, 한 이차형식을 모든 실용적인 목적들 하에서 그와 동치인 다른 것으로 바꾸는 것이 가능하다는 점이다. j 가 $1 \le j \le t$ 인 고정된 첨자라고 하자. 그리고 $(q_1, ..., q_{j-1}, q_{j+1}, ..., q_t)$ 가 $t-1$ 개의 정수들의 임의의 수열이라고 하자. 그리고 다음과 같은 벡터 변환을 고려한다.

$$\begin{aligned} V_i' &= V_i - q_i V_j, & x_i' &= x_i - q_i x_j, & U_i' &= U_i, & i \ne j \text{ 에 대해}; \\ V_j' &= V_j, & x_j' &= x_j, & U_j' &= U_j + \sum_{i \ne j} q_i U_i. \end{aligned} \tag{23}$$

새로운 벡터 $U_1', ..., U_t'$ 들이 $f'(x_1', ..., x_t') = f(x_1, ..., x_t)$ 인 이차형식 f' 를 정의함은 쉽게 알 수 있다. 더 나아가서 기본적인 직교 조건 (19)는 여전히 유효하다. 왜냐하면 $U_i' \cdot V_j' = \delta_{ij}$ 이기 때문이다. $(x_1, ..., x_t)$ 가 모든 0이 아닌 정수 벡터들을 거쳐감에 따라 $(x_1', ..., x_t')$ 도 모든 0이 아닌 정수 벡터들을 거치게 된다. 따라서 새 형식 f' 의 최소값은 f 의 것과 같다.

우리의 목표는 변환 (23)을 이용해서 모든 i 에 대해 U_i 를 U_i' 로, V_i 를 V_i' 로 바꿈으로써 (22)의 좌변을 줄이는 것이다. (22)의 좌변은 $U_j \cdot U_j$ 와 $V_k \cdot V_k$ 모두가 작을 때 작아진다. 이로부터 변환 (23)에 대한 다음과 같은 두 가지 질문이 자연스럽게 도출된다.

  a) *$V_i' \cdot V_i'$ 를 최소화하는 q_i 는 무엇인가?*

b) $U_j' \cdot U_j'$ 를 최소화하는 $q_1, \ldots, q_{j-1}, q_{j+1}, \ldots, q_t$ 는 무엇인가?

가장 쉬운 방법은 우선 q_i의 실수 값들에 대해 이 질문들을 푸는 것이다. 질문 (a)는 상당히 간단하다.

$$
\begin{aligned}
(V_i - q_i V_j) \cdot (V_i - q_i V_j) &= V_i \cdot V_i - 2q_i V_i \cdot V_j + q_i^2 V_j \cdot V_j \\
&= (V_j \cdot V_j)(q_i - (V_i \cdot V_j / V_j \cdot V_j))^2 + V_i \cdot V_i - (V_i \cdot V_j)^2 / V_j \cdot V_j
\end{aligned}
$$

이므로 최소값은

$$
q_i = V_i \cdot V_j / V_j \cdot V_j \tag{24}
$$

일 때 나온다. 기하학적으로 해석하자면 이는 V_i에서 V_j 곱하기 어떤 값을 빼서 나온 결과 벡터 V_i'의 길이가 최소가 된다고 할 때 V_j에 곱한 값을 구하는 것에 해당한다. 그리고 답은, V_i'가 V_j에 수직이 되게 하는(즉, $V_i' \cdot V_j = 0$이 되게 하는) q_i를 택한다는 것이다. 다음 그림을 보면 명확하게 이해할 수 있을 것이다.

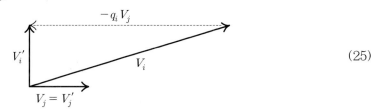

$$\tag{25}$$

질문 (b)로 넘어가자. 질문은 $U_j + \sum_{i \neq j} q_i U_i$가 최소 길이가 되는 q_i를 택하는 것이다. 기하학적으로 이는 점들이 $\{U_i \mid i \neq j\}$의 배수들의 합들인 $(t-1)$차원 초평면의 어떤 벡터를 U_j에 더한 벡터가 최소 길이가 되도록 하는 문제에 해당한다. 역시 최선의 답은 U_j'들이 그 초평면과 수직이 되게, 즉 모든 $k \neq j$에 대해 $U_j' \cdot U_k = 0$이 되게 하는 것들을 택하는 것이다:

$$
U_j \cdot U_k + \sum_{i \neq j} q_i (U_i \cdot U_k) = 0, \qquad 1 \leq k \leq t, \qquad k \neq j. \tag{26}
$$

(연습문제 12에는 질문 (b)에 대한 답이 반드시 이 $t-1$ 질문들을 만족함에 대한 엄정한 증명이 나온다.)

이렇게 해서 질문 (a)와 (b)의 답을 얻었지만, 또 다른 의문이 생긴다. 즉, (24)에 의거해서 $V_i' \cdot V_i'$를 최소화하는 q_i를 선택할 것인가, 아니면 (26)에 의거해서 $U_j' \cdot U_j'$를 최소화하는 q_i를 선택할 것인가? 다행히 이 딜레마에는 아주 간단한 답이 존재한다. 조건 (24)와 (26)은 정확히 같다는 것이다! (연습문제 7 참고.) 따라서 질문 (a)와 (b)의 답은 같으며, 덕분에 U들의 길이와 V들의 길이를 동시에 줄일 수 있는 행복한 상황이 벌어진다. 사실 우리는 그람-슈미트 직교화 공정 (Gram–Schimdt orthogonaliztion process)을 재발견한 것이다 〔*Crelle* **94** (1883), 41-73 참고〕.

그렇다고 무작정 기뻐할 수만은 없다. 우리는 단지 q_i의 실수값들에 대해서만 질문 (a)와 (b)를 해결했을 뿐이기 때문이다. 응용의 목적에서는 정수값들만 다루어야 하므로 V_i'가 V_j에 정확히 수직이 되도록 만들 수가 없다. 질문 (a)에 대해 할 수 있는 최선의 일은 q_i가 $V_i \cdot V_j / V_j \cdot V_j$에 가장 가까운 정수가 되게 하는 것이다((25)를 볼 것). 그런데 이것이 항상 질문 (b)에 대한 최선의 답은 아니다. 실제로, U'_j가 U_j보다 긴 경우가 있다. 다만, 검색 과정에서 찾은 $f(y_1, ..., y_t)$의 값들을 기억해 둘 수 있기 때문에 (21)이 결코 증가하지 않도록 하는 것이 가능하다. 따라서 오직 질문 (a)에만 의거해서 q_i를 선택해도 상당히 만족스러운 결과를 얻을 수 있다.

벡터 V_i들 중 어떤 것도 더 길어지지 않도록, 그리고 적어도 하나는 더 짧아지도록 하는 방식으로 변환 (23)을 반복해서 적용한다면 루프에 빠지는 일은 결코 일어나지 않는다. 즉, 이런 종류의 자명하지 않은 변환들의 한 순차열 이후에 같은 이차형식을 또다시 고려하게 되지는 않는 것이다. 그러나 언젠가는, $1 \leq j \leq t$에 대해 (23)의 그 어떤 변환으로도 벡터 $V_1, ..., V_t$ 중 임의의 벡터를 짧게 만들지 못하는 막다른 골목에 도달하게 된다. 그런 지점에 도달했다면, 이제는 대부분의 경우 상당히 작아졌을 보조정리 A의 한계들을 이용해서 전수 검색을 수행하는 것으로 전략을 바꾸면 된다. 종종 (21)의 한계들이 바람직하지 않을 수 있는데, 또 다른 종류의 변환을 이용해서 알고리즘을 막다른 골목에서 벗어나게 하고 한계들을 줄이는 것이 가능하다(연습문제 18). 그런데 변환 (23)은 그 자체로 스펙트럼 검정에 상당히 적합함이 증명된 바 있다. 실제로, 계산들을 아래에서 논의하는 알고리즘에서처럼 배치하는 경우 놀랄만큼 강력함이 증명되었다.

*D. 스펙트럼 검정 수행법. 다음은 위와 같은 논의를 따르는 효율적인 계산 절차이다. 가스퍼R. W. Gosper와 디터U. Dieter는 낮은 차원들의 결과를 이용해서 높은 차원에서의 스펙트럼 검정을 상당히 빠르게 만드는 것이 가능하다고 말했다. 다음의 알고리즘에는 그러한 개선이 통합되어 있다. 또한 2차원의 경우에 대한 가우스Gauss의 중대한 단순화(연습문제 5)도 반영되어 있다.

알고리즘 S (스펙트럼 검정). 이 알고리즘은 a, m, T가 주어졌을 때(여기서 $0 < a < m$이며 a는 m과 서로 소) $2 \leq t \leq T$에 대한

$$\nu_t = \min\left\{ \sqrt{x_1^2 + \cdots + x_t^2} \mid x_1 + ax_2 + \cdots + a^{t-1}x_t \equiv 0 \pmod{m} \right\} \qquad (27)$$

의 값을 구한다. (최소값은 0이 아닌 정수 벡터 $(x_1, ..., x_t)$들 모두에 대해 취해지며, 수 ν_t는 앞에서 말했듯이 난수발생기의 t차원 정확도를 측정하는 의미를 가진다.) 단계 S7의 산술 연산들을 제외한 이 알고리즘의 모든 산술 연산은 그 크기가 m^2을 넘는 경우가 거의 없는 정수들에 대해 수행된다. 사실 거의 모든 정수 변수들은 계산 도중의 절대값이 m보다 작다.

$t \geq 3$에 대한 ν_t를 계산할 때 알고리즘은 두 개의 $t \times t$ 행렬 U와 V를 사용하는데, 이 행렬들의 행 벡터들을 $1 \leq i \leq t$에 대한 $U_i = (u_{i1}, ..., u_{it})$과 $V_i = (v_{i1}, ..., v_{it})$로 표기한다. 이 벡터들은 다음과 같은 조건들을 만족한다.

$$u_{i1} + au_{i2} + \cdots + a^{t-1}u_{it} \equiv 0 \pmod{m}, \qquad 1 \leq i \leq t; \qquad (28)$$

$$U_i \cdot V_j = m\delta_{ij}, \qquad 1 \leq i, j \leq t. \qquad (29)$$

(즉, 성분들을 정수로 만들기 위해, 이전 논의의 V_j에 m을 곱한 것이다.) 그 외에 세 개의 보조

벡터들이 있는데, $X = (x_1, ..., x_t)$, $Y = (y_1, ..., y_t)$, $Z = (z_1, ..., z_t)$이다. 알고리즘 전체에서 r
은 $a^{t-1} \bmod m$을 의미하며 s는 그때까지 발견한, $\nu 2_t$에 대한 가장 작은 상계를 의미한다.

S1. [초기화.] $t \leftarrow 2$, $h \leftarrow a$, $h' \leftarrow m$, $p \leftarrow 1$, $p' \leftarrow 0$, $r \leftarrow a$, $s \leftarrow 1 + a^2$으로 설정한다. (이
알고리즘의 처음 단계들은 $t = 2$인 경우를 한 특별한 방법으로 처리한다. 이 부분은 유클리드
알고리즘과 매우 비슷하다. 계산의 이 페이즈에서는

$$h - ap \equiv h' - ap' \equiv 0 \;(\text{modulo } m) \quad \text{그리고} \quad hp' - h'p = \pm m \tag{30}$$

이 성립한다.)

S2. [유클리드 단계.] $q \leftarrow \lfloor h'/h \rfloor$, $u \leftarrow h' - qh$, $v \leftarrow p' - qp$로 설정한다. 만일 $u^2 + v^2 < s$이
면 $s \leftarrow u^2 + v^2$, $h' \leftarrow h$, $h \leftarrow u$, $p' \leftarrow p$, $p \leftarrow v$로 설정하고 단계 S2를 반복한다.

S3. [ν_2를 계산.] $u \leftarrow u - h$, $v \leftarrow v - p$로 설정한다. 그리고 만일 $u^2 + v^2 < s$이면 $s \leftarrow u^2 + v^2$, $h' \leftarrow u$, $p' \leftarrow v$로 설정한다. 그런 다음 $\sqrt{s} = \nu_2$를 출력한다. (2차원인 경우에 대한 이
계산의 유효성은 연습문제 5에서 증명한다. 이제 고차원에서의 계산들을 위해 (28)과 (29)를
만족하는 행렬 U와 V를 설정한다.) 그리고

$$U \leftarrow \begin{pmatrix} -h & p \\ -h' & p' \end{pmatrix}, \qquad V \leftarrow \pm \begin{pmatrix} p' & h' \\ -p' & -h' \end{pmatrix}$$

으로 설정한다. 여기서 V의 $-$부호는 오직 $p' > 0$일 때에만 설정된다.

S4. [t를 전진.] 만일 $t = T$이면 알고리즘을 끝낸다. (그렇지 않으면 t를 1 증가시킨다. 이 시점에서
U와 V는 (28)과 (29)를 만족하는 $t \times t$ 행렬들인데, 새 행과 열 하나를 적절히 추가해서 행렬을
키워야 한다.) $t \leftarrow t + 1$, $r \leftarrow (ar) \bmod m$로 설정한다. U_t를 원소가 t개인 새 행 $(-r, 0, 0,$
$..., 0, 1)$로 설정하고 $1 \leq i < t$에 대해 $u \leftarrow 0$으로 설정한다. V_t를 새 행 $(0, 0, 0, ..., 0, m)$
으로 설정한다. 마지막으로, $1 \leq i < t$에 대해 $q \leftarrow \text{round}(v_{i1}r/m)$, $v \leftarrow v_{i1}r - qm$, $U_t \leftarrow$
$U_t + qU_i$로 설정한다. (여기서 "round(x)"는 x와 가장 가까운 정수, 즉 $\lfloor x + 1/2 \rfloor$을 의미한다.
이 단계는 본질적으로 $v_{it} \leftarrow v_{i1}r$로 설정하고 $j = t$로 해서 바로 변환 (23)을 적용하는 것인데,
이는 수 $|v_{i1}r|$들이 너무 커서 즉시 줄여야 하기 때문이다.) 마지막으로, $s \leftarrow \min(s, U_t \cdot U_t)$,
$k \leftarrow t$, $j \leftarrow 1$로 설정한다. (다음의 단계들에서 j는 변환 (23)을 위한 현재 행 색인이고 k는
이전에 마지막으로 V_i들 중 적어도 하나를 짧게 만든 변환의 그러한 색인이다.)

S5. [변환.] $1 \leq i \leq t$에 대해 다음 연산들을 수행한다: 만일 $i \neq j$이고 $2|V_i \cdot V_j| > V_j \cdot V_j$이면
$q \leftarrow \text{round}(V_i \cdot V_j / V_j \cdot V_j)$, $V_i \leftarrow V_i - qV_j$, $U_j \leftarrow U_j + qU_i$, $s \leftarrow \min(s, U_j \cdot U_j)$, k
$\leftarrow j$로 설정한다. ($2|V_i \cdot V_j|$가 $V_j \cdot V_j$와 정확히 같을 때에는 변환을 생략한다. 연습문제 19는
이러한 예방책으로 알고리즘이 무한 루프에 빠지는 일을 방지하게 됨을 보여준다.)

S6. [j를 전진.] 만일 $j = t$이면 $j \leftarrow 1$로 설정하고, 그렇지 않으면 $j \leftarrow j + 1$로 설정한다. 이제,
만일 $j \neq k$이면 단계 S5로 돌아간다. (만일 $j = k$이면 변환이 일어나지 않은 일련의 $t - 1$회의

주기를 거친 것이므로 변환 공정이 막다른 골목에 다다른 것이다.)

S7. 〔검색 준비.〕 (이제 보조정리 A의 조건 (21)을 만족하는 모든 $(x_1, ..., x_t)$에 대한 전수 검색을 이용해서 절대 최소값을 구한다.) $X \leftarrow Y \leftarrow (0, ..., 0)$으로 설정하고, $k \leftarrow t$로 설정하고,

$$1 \le j \le t\text{에 대해} \qquad z_j \leftarrow \left\lfloor \sqrt{\lfloor (V_j \cdot V_j)s/m^2 \rfloor} \right\rfloor \tag{31}$$

로 설정한다. (이제부터 $1 \le j \le t$에 대해 $|x_j| \le z_j$인 모든 $X = (x_1, ..., x_t)$를 조사한다. 보통은 $|z_j| \le 1$이지만, 1999년에 킬링벡L. C. Killingbeck이 지적한 바에 따르면 $m = 2^{64}$일 때 모든 곱수의 약 0.001%에서 더 큰 값이 발생한다. 전수 검색 도중에 벡터 Y는 항상 $x_1 U_1 + \cdots + x_t U_t$와 같으며, 따라서 $f(x_1, ..., x_t) = Y \cdot Y$이다. $f(-x_1, ..., -x_t) = f(x_1, ..., x_t)$이므로 첫 번째의 0이 아닌 성분이 양인 벡터들만 검색해야 한다. 이러한 방법은 본질적으로 $(x_1, ..., x_t)$를 혼합기수들이 $(2z_1 + 1, ..., 2z_t + 1)$인 균형수체계의 숫자들로 간주해서 1의 단계들을 셀 때의 방법과 같다. 4.1절을 볼 것.)

S8. 〔x_k를 전진.〕 만일 $x_k = z_k$이면 단계 S10으로 간다. 그렇지 않으면 x_k를 1 증가시키고 $Y \leftarrow Y + U_k$로 설정한다.

S9. 〔k를 전진.〕 $k \leftarrow k + 1$로 설정한다. 그런 다음, 만일 $k \le t$이면 $x_k \leftarrow -z_k$, $Y \leftarrow Y - 2z_k U_k$로 설정하고 단계 S9를 반복한다. 그렇지 않고 만일 $k > t$이면 $s \leftarrow \min(s, Y \cdot Y)$로 설정한다.

S10. 〔k를 감소〕 $k \leftarrow k - 1$로 설정한다. 만일 $k \ge 1$이면 S8로 돌아간다. 그렇지 않으면 $\nu_t = \sqrt{s}$를 출력하고(전수 검색이 완료되었다) S4로 돌아간다. ∎

실제 응용에서는 알고리즘 S를 이를테면 $T = 5$ 또는 6에 대해 적용한다. 보통은 $T = 7$이나 8일 때에도 상당히 잘 작동하지만, $T \ge 9$일 때에는 전수 검사에 의해 수행 시간이 3^T만큼 증가하기 때문에 대단히 느릴 수 있다. (최소값 ν_t가 수많은 서로 다른 점들에서 발생한다면 전수 검색은 그들 모두에 적중할 것이다. 따라서 일반적으로 큰 t에 대해 모든 z_k가 1임을 발견하게 된다. 앞에서도 지적했듯이, 실용적인 목적에서 t가 클 때에는 일반적으로 ν_t의 값이 결과에 별 영향을 미치지 않는다.)

알고리즘 S의 이해를 돕는 예를 하나 보자. 다음과 같이 정의되는 선형합동수열을 고려한다.

$$m = 10^{10}, \qquad a = 3141592621, \qquad c = 1, \qquad X_0 = 0. \tag{32}$$

단계 S2와 S3의 유클리드 알고리즘을 여섯 번만 반복하면,

$$x_1 + 3141592621 x_2 \equiv 0 \pmod{10^{10}}$$

을 만족하는 $x_1^2 + x_2^2$의 0이 아닌 최소값이 $x_1 = 67654$, $x_2 = 226$일 때 나옴이 증명된다. 따라서 이 발생기의 2차원 정확도는

$$\nu_2 = \sqrt{67654^2 + 226^2} \approx 67654.37748$$

이다. 3차원의 경우에는

$$x_1 + 3141592621x_2 + 3141592621^2 x_3 \equiv 0 \pmod{10^{10}} \tag{33}$$

을 만족하는 $x_1^2 + x_2^2 + x_3^2$의 0이 아닌 최소값을 찾아야 한다. 단계 S4에서는 다음과 같은 행렬들이 만들어진다.

$$U = \begin{pmatrix} -67654 & -226 & 0 \\ -44190611 & 191 & 0 \\ 5793866 & 33 & 1 \end{pmatrix}, \qquad V = \begin{pmatrix} -191 & -44190611 & 2564918569 \\ -226 & 67654 & 1307181134 \\ 0 & 0 & 10000000000 \end{pmatrix}.$$

단계 S5의 첫 번째 반복은 $i = 2$에 대해 $q = 1$, $i = 3$에 대해 $q = 4$로 해서 이 행렬들을 다음과 같이 변환한다.

$$U = \begin{pmatrix} -21082801 & 97 & 4 \\ -44190611 & 191 & 0 \\ 5793866 & 33 & 1 \end{pmatrix}, \qquad V = \begin{pmatrix} -191 & -44190611 & 2564918569 \\ -35 & 44258265 & -1257737435 \\ 764 & 176762444 & -259674276 \end{pmatrix}.$$

(이 변환에서는 첫 행 U_1이 길어졌지만, 궁극적으로는 U의 행들이 짧아지게 된다.)

이후의 단계 S5의 14회 반복들을 통해서 $(j, q_1, q_2, q_3) = (2, -2, *, 0)$, $(3, 0, 3, *)$, $(1, *, -10, -1)$, $(2, -1, *, -6)$, $(3, -1, 0, *)$, $(1, *, 0, 2)$, $(2, 0, *, -1)$, $(3, 3, 4, *)$, $(1, *, 0, 0)$, $(2, -5, *, 0)$, $(3, 1, 0, *)$, $(1, *, -3, -1)$, $(2, 0, *, 0)$, $(3, 0, 0, *)$가 된다. 이제 변환 공정은 막다른 골목에 도달했는데, 행렬들의 행들이 상당히 짧아졌다:

$$U = \begin{pmatrix} -1479 & 616 & -2777 \\ -3022 & 104 & 918 \\ -227 & -983 & -130 \end{pmatrix}, \qquad V = \begin{pmatrix} -888874 & 601246 & -2994234 \\ -2809871 & 438109 & 1593689 \\ -854296 & -9749816 & -1707736 \end{pmatrix}. \tag{34}$$

단계 7의 검색 한계 (z_1, z_2, z_3)은 $(0, 0, 1)$이 되며, 따라서 (33)에 대한 최소해는 U_3이다. 이제

$$\nu_3 = \sqrt{227^2 + 983^2 + 130^2} \approx 1017.21089$$

를 얻는다. 조건 (33)이 상당히 어려워 보였겠지만, 실제로 이 값을 찾는 데에는 단 몇 회의 반복만 거쳤을 뿐이다. 이러한 계산을 통해서, 난수발생기 (32)가 생성한 점 (U_n, U_{n+1}, U_{n+2})들 모두가 서로 약 0.001 단위 떨어져 있는 평행평면들의 모임에 놓임이, 그리고 평행평면들이 0.001 단위를 초과해서 떨어져 있는 어떠한 모임에도 놓이지 않음이 증명되었다.

단계 S8–S10의 전수 검색이 s의 값을 줄이는 경우는 거의 없다. 칼링 R. Carling과 레빈 K. Levine이 발견한 바에 따르면, $a = 464680339$, $m = 2^{29}$, $t = 5$일 때에는 그런 경우가 생긴다. 그리고 필자도 이번 절 중간에 나오는 표 1의 행 21을 위해 ν_6^2를 계산하는 과정에서 또 다른 경우를 발견했다.

E. 여러 발생기들의 평가. 지금까지의 논의에서는 특정한 난수발생기가 스펙트럼 검정을 통과하는지

실패하는지에 대한 하나의 조건이 명확하게 제시되지 않았다. 사실 스펙트럼 검정의 통과 여부는 구체적인 응용에 의존한다. 응용 프로그램마다 요구하는 해상도가 다를 수 있기 때문이다. 대부분의 용도에서는 $2 \le t \le 6$에 대해 $\nu_t \ge 2^{30/t}$이면 상당히 적합한 것으로 보인다(그러나 솔직하게 고백하자면, 30이 2, 3, 5, 6으로 나누어진다는 편리함도 이 조건을 선택한 이유의 일부이다).

목적에 따라서는 m과 상대적으로 독립적인 조건이 필요할 수도 있다. 그런 조건이 있다면, m이 주어졌을 때 특정한 곱수가 다른 모든 곱수들에 비해 좋은지 나쁜지를 다른 곱수들을 조사하지 않고도 판단할 수 있다. 특정 곱수의 적합성을 평가하는 것의 장점을 측정하는 한 가지 합리적인 척도는, 관계식

$$(x_1 m - x_2 a - \cdots - x_t a^{t-1})^2 + x_2^2 + \cdots + x_t^2 \le \nu_t^2$$

으로 정의되는 t차원 공간 타원면의 부피일 것이다. 왜냐하면 이 부피는 0이 아닌 정수 점 $(x_1, \ldots, x_t)$들(이는 (15)의 해들에 해당한다)이 타원면 안에 있을 확률을 가리키기 때문이다. 그러므로 이 부피, 즉

$$\mu_t = \frac{\pi^{t/2} \nu_t^t}{(t/2)! \, m} \tag{35}$$

을 주어진 m에 대한 곱수 a의 효과성의 척도로 제시하는 것이 합당할 것이다. 이 공식의 분모에서

$$\text{홀수 } t \text{에 대해} \qquad \left(\frac{t}{2}\right)! = \left(\frac{t}{2}\right)\left(\frac{t}{2} - 1\right) \cdots \left(\frac{1}{2}\right)\sqrt{\pi} \tag{36}$$

이다. 따라서 6 이하의 차원에서 지금 이야기하는 장점은 다음과 같이 계산된다.

$$\mu_2 = \pi \nu_2^2 / m, \qquad \mu_3 = \frac{4}{3}\pi \nu_3^3 / m, \qquad \mu_4 = \frac{1}{2}\pi^2 \nu_4^4 / m,$$

$$\mu_5 = \frac{8}{15}\pi^2 \nu_5^5 / m, \qquad \mu_6 = \frac{1}{6}\pi^3 \nu_6^6 / m.$$

이제 곱수 a는 $2 \le t \le 6$에 대해 만일 μ_t가 0.1 이상이면 스펙트럼 검정을 통과하며, 이 모든 t에 대해 만일 $\mu_t \ge 1$이면 "대성공을 거둔다"라고 말할 수 있다. μ_t 값이 작다는 것은 곱수가 아주 나쁨을 의미하는데, 왜냐하면 이는 원점에 그렇게 가까운 정수 점들을 가진 격자들이 아주 적다는 뜻이기 때문이다. 반대로 μ_t 값이 크다는 것은 우리가 주어진 m에 대해 보통 이상으로 좋은 곱수를 발견했다는 뜻이다. 그러나 그렇다고 해서 반드시 해당 난수발생기가 아주 좋다는 뜻은 아니다. m이 너무 작을 수도 있기 때문이다. 진정한 무작위도를 말해주는 것은 오직 오직 ν_t 값들뿐이다.

표 1은 전형적인 수열들의 관련 수치들이다. 표의 각 행은 1, 2열에 주어진 곱수와 법으로 정의되는 발생기의 ν_t^2, μ_t들과 "정확도 비트수" $\lg \nu_t$를 제시한다. 행 1에서 4까지는 3.3.1절의 그림 2와 5에 쓰인 발생기들이다. 줄 1과 2의 발생기들은 곱수가 너무 적어서 나쁜 결과가 나왔다. 그림 8처럼 표시한다면 a가 작을 때 a개의 거의 수직인 "줄무늬" 선들이 나타날 것이다. 아주 나쁜 발생기인 행 3의 발생기의 경우, μ_2는 좋지만 μ_3과 μ_4는 나쁘다. 농도가 2인 발생기가 거의 대부분 그렇듯이, 행 3의 발생기는 $\nu_3 = \sqrt{6}$이고 $\nu_4 = 2$이다(연습문제 3 참고). 행 4는 "무작위" 곱수의 경우인데,

표 1

스펙트럼 검정 결과의 예

행	a	m	ν_2^2	ν_3^2	ν_4^2	ν_5^2	ν_6^2
1	23	10^{8+1}	530	530	530	530	447
2	2^{7+1}	2^{35}	16642	16642	16642	15602	252
3	$2^{18}+1$	2^{35}	34359738368	6	4	4	4
4	3141592653	2^{35}	2997222016	1026050	27822	1118	1118
5	137	256	274	30	14	6	4
6	3141592621	10^{10}	4577114792	1034718	62454	1776	542
7	3141592221	10^{10}	4293881050	276266	97450	3366	2382
8	4219755981	10^{10}	10721093248	2595578	49362	5868	820
9	4160984121	10^{10}	9183801602	4615650	16686	6840	1344
10	$2^{24}+2^{13}+5$	2^{35}	8364058	8364058	21476	16712	1496
11	5^{13}	2^{35}	33161885770	2925242	113374	13070	2256
12	$2^{16}+3$	2^{29}	536936458	118	116	116	116
13	1812433253	2^{32}	4326934538	1462856	15082	4866	906
14	1566083941	2^{32}	4659748970	2079590	44902	4652	662
15	69069	2^{32}	4243209856	2072544	52804	6990	242
16	2650845021	2^{32}	4938969760	2646962	68342	8778	1506
17	314159269	$2^{31}-1$	1432232969	899290	36985	3427	1144
18	62089911	$2^{31}-1$	1977289717	1662317	48191	6101	1462
19	16807	$2^{31}-1$	282475250	408197	21682	4439	895
20	48271	$2^{31}-1$	1990735345	1433881	47418	4404	1402
21	40692	$2^{31}-249$	1655838865	1403422	42475	6507	1438
22	44485709377909	2^{46}	5.6×10^{13}	1180915002	1882426	279928	26230
23	31167285	2^{48}	3.2×10^{14}	4111841446	17341510	306326	59278
24	식 (38) 참고		2.4×10^{18}	4.7×10^{11}	1.9×10^{9}	3194548	1611610
25	식 (39) 참고		$(2^{31}-1)^2$	1.4×10^{12}	643578623	12930027	837632
26	본문 참고	2^{64}	8.8×10^{18}	6.4×10^{12}	4.1×10^{9}	45662836	1846368
27	본문 참고	$\approx2^{78}$	$2^{62}+1$	4281084902	2.2×10^{9}	1.8×10^{9}	1862407
28	$2^{-24\cdot389}$	$\approx2^{576}$	1.8×10^{173}	3.5×10^{115}	4.4×10^{86}	2×10^{69}	5×10^{57}
29	$(2^{32}-5)^{-400}$	$\approx2^{1376}$	1.6×10^{414}	8.6×10^{275}	1×10^{207}	2×10^{165}	8×10^{137}

이 발생기는 무작위성에 대한 다양한 경험적 검정들을 만족스럽게 통과했으나 $\mu_2, \cdots, \mu_6$가 특별히 크지는 않다. 사실 μ_5의 값은 앞에서 말한 우리의 조건을 만족하지 못한다.

행 5는 그림 8의 발생기에 해당한다. 이 발생기의 경우 μ_2에서 μ_6까지만 고려한다면 스펙트럼 검정을 대단히 잘 통과하나, m이 너무 작아서 수들이 무작위하다고는 말하기 힘들다. ν_t 값들은 아주 작다.

행 6은 (32)에서 논의한 발생기이다. 행 7은 그와 비슷한 예로, μ_3의 값이 비정상적으로 낮다. 행 8은 같은 법 m에 대한 비무작위 곱수에 해당한다. 이 모든 발생기들에서 부분몫은 1이나 2, 3이다. 보로시I. Borosh와 니더레이터H. Niederreiter는 데데킨트 합들이 특히나 작을 가능성이 존재한

$$\left(\epsilon = \frac{1}{10}\right)$$

$\lg \nu_2$	$\lg \nu_3$	$\lg \nu_4$	$\lg \nu_5$	$\lg \nu_6$	μ_2	μ_3	μ_4	μ_5	μ_6	행
4.5	4.5	4.5	4.5	4.4	$2\epsilon^5$	$5\epsilon^4$	0.01	0.34	4.62	1
7.0	7.0	7.0	7.0	4.0	$2\epsilon^6$	$3\epsilon^4$	0.04	4.66	$2\epsilon^3$	2
17.5	1.3	1.0	1.0	1.0	3.14	$2\epsilon^9$	$2\epsilon^9$	$5\epsilon^9$	ϵ^8	3
15.7	10.0	7.4	5.1	5.1	0.27	0.13	0.11	0.01	0.21	4
4.0	2.5	1.9	1.3	1.0	3.36	2.69	3.78	1.81	1.29	5
16.0	10.0	8.0	5.4	4.5	1.44	0.44	1.92	0.07	0.08	6
16.0	9.0	8.3	5.9	5.6	1.35	0.06	4.69	0.35	6.98	7
16.7	10.7	7.8	6.3	4.8	3.37	1.75	1.20	1.39	0.28	8
16.5	11.1	7.0	6.4	5.2	2.89	4.15	0.14	2.04	1.25	9
11.5	11.5	7.2	7.0	5.3	$8\epsilon^4$	2.95	0.07	5.53	0.50	10
17.5	10.7	8.4	6.8	5.6	3.03	0.61	1.85	2.99	1.73	11
14.5	3.4	3.4	3.4	3.4	3.14	ϵ^5	ϵ^4	ϵ^3	0.02	12
16.0	10.2	6.9	6.1	4.9	3.16	1.73	0.26	2.02	0.89	13
16.1	10.5	7.7	6.1	4.7	3.41	2.92	2.32	1.81	0.35	14
16.0	10.5	7.8	6.4	4.0	3.10	2.91	3.20	5.01	0.02	15
16.1	10.7	8.0	6.6	5.3	3.61	4.20	5.37	8.85	4.11	16
15.2	9.9	7.6	5.9	5.1	2.10	1.66	3.14	1.69	3.60	17
15.4	10.3	7.8	6.3	5.3	2.89	4.18	5.34	7.13	7.52	18
14.0	9.3	7.2	6.1	4.9	0.41	0.51	1.08	3.22	1.73	19
15.4	10.2	7.8	6.1	5.2	2.91	3.35	5.17	3.15	6.63	20
15.3	10.2	7.7	6.3	5.2	2.42	3.24	4.15	8.37	7.16	21
22.8	15.1	10.4	9.0	7.3	2.48	2.42	0.25	3.10	1.33	22
24.1	16.0	12.0	9.1	7.9	3.60	3.92	5.27	0.97	3.82	23
30.5	19.4	15.4	10.8	10.3	1.65	0.29	3.88	0.02	4.69	24
31.0	20.2	14.6	11.8	9.8	3.14	1.49	0.44	0.69	0.66	25
31.5	21.3	16.0	12.7	10.4	1.50	3.68	4.52	4.02	1.76	26
31.0	16.0	15.5	15.4	10.4	$5\epsilon^5$	$4\epsilon^9$	$8\epsilon^5$	2.56	ϵ^4	27
288.	192.	144.	115.	95.9	2.27	3.46	3.92	2.49	2.98	28
688.	458.	344.	275.	229.	3.10	2.04	2.85	1.15	1.33	29

(40)으로부터의 상계들: 3.63   5.92   9.87   14.89   23.87

다는 점에서, 그리고 이들이 2차원 계열 검정에서 최상의 결과를 낸다는 점에서(3.3.3절과 연습문제 30 참고) 이와 같은 곱수들을 제안했다. 행 8에 나온 특정한 사례의 경우에는 부분몫이 하나의 '3'뿐이다. 10^{10}에 대한 부분몫이 오직 1들과 2들뿐이고 20을 법으로 해서 1과 합동인 곱수는 없다. 행 9의 발생기는 μ_2가 상당히 높은 값을 가짐을 보장하는 워터먼A. G. Waterman의 제안에 따라(연습문제 11 참고) 악의적인 의도를 가지고 선택한 또 다른 곱수의 경우를 보여준다. 행 10은 μ_2가 아주 작음에도 μ_3이 크다는 점에서 흥미롭다(연습문제 8 참고).

표 1의 행 11은 지나간 호시절의 유물이다. 1950년대 초반에는 타우스키O. Taussky의 제안에

따라 이것이 널리 쓰였다. 그러나 32비트 산술을 사용하는 컴퓨터들이 점차 확산되면서, 2^{35}이 적절한 곱수였던 컴퓨터들의 기반은 60년대 후반부터 줄어들기 시작해서 80년대에는 거의 완전히 사라졌다. 비교적 작은 워드 크기로의 이러한 전환은 비교적 큰 관심을 불러일으켰다. 슬프게도 행 12는 10년 이상 전 세계 대부분의 과학 컴퓨팅 센터들의 그와 같은 컴퓨터들에서 실제로 쓰인 발생기이다. 이 발생기의 이름은 RANDU였는데, 이 이름만 들어도 불쾌감을 느끼는 전산학자들이 많다. 이 발생기는 실제로는 다음과 같이 정의된다.

$$X_0 \text{는 홀수}, \qquad X_{n+1} = (65539 X_n) \bmod 2^{31}. \tag{37}$$

그리고 연습문제 20은 2^{29}이 스펙트럼 검정에 적합한 법임을 가리킨다. $9X_n - 6X_{n+1} + X_{n+2} \equiv 0$ (modulo 2^{31})이므로 이 발생기는 무작위성에 대한 대부분의 3차원적 조건들에 실패하며, 따라서 결코 사용해서는 안 되는 것이었다. 8을 법으로 해서 5와 합동인 거의 모든 곱수가 더 나았을 것이다. (가스퍼 R. W. Gosper가 지적했던 RANDU에 대한 희한한 사실 하나는 $\nu_4 = \nu_5 = \nu_6 = \nu_7 = \nu_8 = \nu_9 = \sqrt{116}$이고 따라서 μ_9가 놀랄만한 값인 11.98이라는 것이다.) 행 13과 14는 법 2^{32}에 대한 보로시-니더레이터 및 곱수들이다. 행 16은 킬링벡 L. C. Killingbeck이 발견한 것으로, 그는 $m = 2^{32}$일 때의 모든 곱수 $a \equiv 1 \bmod 4$들을 전수 검색했다. 비슷하게, 행 23은 아주 큰 μ_2를 가지(면서)며 좋은 스펙트럼을 내는 곱수들을 컴퓨터로 검색하는 과정에서(전수 검색은 아님) 라보 M. Lavaux와 얀선스 F. Janssens가 발견한 것이다. 행 22는 Cray X-MP 라이브러리에서 $c = 0$이고 $m = 2^{48}$로 두어 사용한 곱수에 대한 것이다. 행 26(실제 곱수는 6364136223846793005인데, 너무 길어서 표시하지 못했다)은 헤인즈 C. E. Haynes에서 기인한 것이다. 행 15는 마서글리아 George Marsaglia가 2차원에서 3차원까지의 거의 입방체에 가까운 격자들을 컴퓨터로 검색한 후에 "최고의 곱수 후보"로 선정했던 것인데, 기억하기 쉽다는 점도 선정 이유 중 하나이다 [*Applications of Number Theory to Numerical Analysis*, S. K. Zaremba 엮음 (New York: Academic Press, 1972), 275].

행 17은 소수 $2^{31} - 1$을 법으로 하는 무작위 원시근을 곱수로 사용한다. 행 18은 $2^{31} - 1$에 대해 스펙트럼적으로 최상의 원시근을 보여주는데, 이것은 피시먼 G. S. Fishman과 무어 L. R. Moore III가 전수 검색을 통해서 발견했다 [*SIAM J. Sci. Stat. Comput.* **7** (1986), 24–45]. 행 19의 적당한, 그러나 뛰어나지는 않은 곱수 $16807 = 7^5$은 루이스, 굿맨, 밀러가 *IBM Systems J.* **8** (1969), 136–146에서 제안한 이후로 그 법 $2^{31} - 1$에 대해 실제로 가장 자주 쓰인 것이다. 1971년부터 이것은 유명한 IMSL 서브루틴 라이브러리의 주 발생기 중 하나였다. $a = 16807$이 계속 쓰인 주된 이유는, a^2이 법 m보다 작으므로, 연습문제 3.2.1.1–9의 기법을 이용하면 $ax \bmod m$을 고수준 언어들에서 비교적 효율적으로 계산할 수 있다는 점이다. 그러나 파크 S. K. Park와 밀러 K. W. Miller는 동일한 구현 기법을 $\sqrt{m}$보다 큰 어떤 곱수들에도 적용할 수 있음을 발견했으며, 그래서 그들은 피시먼 G. S. Fishman에게 이러한 좀 더 넓은 부류에서 최고의 "효율적으로 이식가능한" 곱수를 찾아보라고 요청했다. 그 결과가 행 20에 나와 있다 [*CACM* **31** (1988), 1192–1201]. 행 21은 레퀴에 P. L'Ecuyer에서 기인한 [*CACM* **31** (1988), 742–749, 774] 또 다른 좋은 곱수를 보여준다.

이것은 약간 작은 소수 법을 사용한다.

행 20과 21의 발생기들을, 생성된 수열 $\langle Z_n \rangle$이

$$X_{n+1} = 48271 X_n \bmod (2^{31} - 1), \qquad Y_{n+1} = 40692 Y_n \bmod (2^{31} - 249),$$
$$Z_n = (X_n - Y_n) \bmod (2^{31} - 1) \tag{38}$$

을 만족하도록 식 3.2.2-(15)에서 제시한 뺄셈 방식으로 결합한다고 할 때, 연습문제 32는 $m = (2^{31} - 1)(2^{31} - 249)$와 $a = 1431853894371298687$에 대한 스펙트럼 검정으로 수열 $\langle Z_n \rangle$을 평가하는 것이 합당함을 보여준다. (이 a 값은 $a \bmod (2^{31} - 1) = 48271$과 $a \bmod (2^{31} - 249) = 40692$를 만족한다.) 그 결과가 행 24에 나와 있다. $\nu_5 > 1000$이므로 μ_5가 작다는 것에 대해서 크게 걱정할 필요는 없다. 발생기 (38)의 주기 길이는 $(2^{31} - 2)(2^{31} - 250)/62 \approx 7 \times 10^{16}$이다.

표의 행 25는 수열

$$X_n = (271828183 X_{n-1} - 314159269 X_{n-2}) \bmod (2^{31} - 1) \tag{39}$$

을 보여준다. 이 수열의 길이가 $(2^{31} - 1)^2 - 1$임을 보이는 것이 가능하다. 연습문제 24에서는 일반화된 스펙트럼 검정으로 이 수열을 분석한다.

표 1의 마지막 세 행은 대단히 큰 법을 가진 선형합동수열을 흉내내는 올림 덧셈법과 빌림 뺄셈법에 기반을 둔 것이다(연습문제 3.2.1.1-14). 행 27은 발생기

$$X_n = (X_{n-1} + 65430 X_{n-2} + C_n) \bmod 2^{31},$$
$$C_{n+1} = \lfloor (X_{n-1} + 65430 X_{n-2} + C_n)/2^{31} \rfloor$$

에 대한 것으로, 이는 $\mathcal{X}_{n+1} = (65430 \cdot 2^{31} + 1)\mathcal{X}_n \bmod (65430 \cdot 2^{62} + 2^{31} - 1)$에 해당한다. 표의 수치들은 실제로 난수로서 계산, 사용된 X_n 값들이 아니라 "초수치(super-value)"

$$\mathcal{X}_n = (65430 \cdot 2^{31} + 1) X_{n-1} + 65430 X_{n-2} + C_n$$

들을 나타낸 것이다. 행 28은 좀 더 전형적인 빌림 뺄셈 발생기

$$X_n = (X_{n-10} - X_{n-24} - C_n) \bmod 2^{24}, \qquad C_{n+1} = [X_{n-10} < X_{n-24} + C_n]$$

를, 수열의 원소를 389개 생성하고 처음 또는 마지막 24개만 사용하도록 수정한 것에 해당한다. RANLUX라고 하는 이 발생기는 이전의 발생기들이 실패한 여러 엄격한 검정들을 통과한 후에 뤼셔 Martin Martin에 의해서 추천되었다 [*Computer Physics Communications* **79** (1994), 100-110]. 행 29는 비슷한 발생기

$$X_n = (X_{n-22} - X_{n-43} - C_n) \bmod (2^{32} - 5), \qquad C_{n+1} = [X_{n-22} < X_{n-43} + C_n]$$

으로 400개의 수들을 생성한 후 43개를 사용한 것에 해당한다. 이 수열은 연습문제 3.2.1.2-22의

해답에서 논의한다. 두 경우 모두에서 표 항목들은 개별 "숫자" X_n 들이 아니라 다정도 수 $\mathcal{X}_n$ 에 대한 스펙트럼 검정을 지칭하는데, 높은 μ 값들은 먼저 389 또는 400개의 수들을 생성한 후에 24 또는 43개를 택하는 공정이 극도로 단순한 난수 발생 방안에 의한 편향들을 제거하는 데 아주 효과적 임을 보여준다.

표 1 바로 아래에는 μ_t 에 대한 이론적 상계들이 나와 있다. 해당 수치들은 어떠한 m 에 대해서도 이 상계들을 넘지 못한다. 단위 부피당 m 개의 점들을 가진 모든 격자에 대해 다음이 성립함이 알려져 있다.

$$\nu_t \le \gamma_t^{1/2} m^{1/t}. \tag{40}$$

여기서 $t = 2, ..., 8$에 대한 γ_t 의 값들은 각각

$$(4/3)^{1/2}, \quad 2^{1/3}, \quad 2^{1/2}, \quad 2^{3/5}, \quad (64/3)^{1/6}, \quad 4^{3/7}, \quad 2 \tag{41}$$

이다. 〔연습문제 9와 J. W. S. Cassels, *Introduction to the Geometry of Numbers* (Berlin: Springer, 1959), 332; J. H. Conway, N. J. A. Sloane, *Sphere Packings, Lattices and Groups* (New York: Springer, 1988), 20 참고.〕 이 상계들은 임의의 실수 좌표들을 가진 벡터들로 만들어진 격자들에 대해 성립한다. 예를 들어 $t = 2$일 때의 최적의 격자는 육각형이며, 정삼각형의 두 변을 형성하는 길이 $2/\sqrt{3m}$ 의 벡터들에 의해 생성된다. 3차원의 경우 최적의 격자는 $(v, v, -v), (v, -v, v), (-v, v, v)$의 형태로 회전될 수 있는 벡터 V_1, V_2, V_3 들에 의해 생성된다(여기서 $v = 1/\sqrt[3]{4m}$).

*F. 계열 검정과의 관계. 1970년대에 연이어 출판된 중요 논문들에서 니더레이터Harald Niedereiter는 (1)의 t차원 벡터들의 분포를 지수적 합(exponential sum)들을 이용해 분석하는 방법을 제시했다. 그의 이론의 한 가지 중요한 결론은, 주기 전체를 고려하는 대신 주기의 충분히 큰 부분만 고려하는 경우에도, 스펙트럼 검정을 통과한 발생기는 모두 여러 차원들에서의 계열 검정을 통과한다는 것이다. 그럼 그의 흥미로운 방법들을, 주기 길이가 m인 선형합동수열 (X_0, a, c, m)의 경우에 대해서 간략 히 살펴보자.

우선 알아야 할 것은 t차원에서의 불일치도(discrepancy) 개념이다. 이것은 초직사각형 영역에 속하며 그런 영역들 전부에 대해 최대화되는 t차원 벡터 $(x_n, x_{n+1}, ..., x_{n+t-1})$들의 개수의 기대 값과 실제 값의 차이라고 정의할 수 있다. 이를 좀 더 정확히 정의해보자. $\langle x_n \rangle$이 범위 $0 \le x_n < m$ 의 정수들의 수열이라고 하자. t차원의 불일치도 $D_N^{(t)}$ 은 다음과 같이 정의된다.

$$D_N^{(t)} = \max_R \left| \frac{0 \le n < N \text{에 대한 } R \text{의 원소들}(x_n, ..., x_{n+t-1})\text{의 개수}}{N} - \frac{R \text{의 부피}}{m^t} \right|. \tag{42}$$

여기서 R의 범위는

$$R = \{(y_1, ..., y_t) \mid \alpha_1 \le y_1 < \beta_1, ..., \alpha_t \le y_t < \beta_t\} \tag{43}$$

형태의 점들의 집합 전체이다. 그리고 α_j와 β_j는 $1 \le j \le t$에 대해 $0 \le \alpha_j < \beta_j \le m$인 정수들이다. R의 부피가 $(\beta_1 - \alpha_1) \cdots (\beta_t - \alpha_t)$임은 명백하다. 불일치도 $D_N^{(t)}$을 구하기 위해, 이 집합 R들을 모두를 살펴보고 점 $(x_n, ..., x_{n+t-1})$들의 초과 또는 부족이 가장 큰 것을 찾는다고 하자.

불일치도의 상계는 지수적 합들을 이용해서 구할 수 있다. $\omega = e^{2\pi i/m}$이 단위원의 원시 m제곱근이라고 하자. 두 벡터 $(x_1, ..., x_t)$와 $(y_1, ..., y_t)$의 모든 성분들이 $0 \le x_j, \ y_j < m$라고 할 때 다음이 성립한다.

$$\sum_{0 \le u_1, \cdots, u_t < m} \omega^{(x_1-y_1)u_1 + \cdots + (x_t-y_t)u_t} = \begin{cases} m^t & \text{만일 } (x_1, ..., x_t) = (y_1, ..., y_t)\text{이면,} \\ 0 & \text{만일 } (x_1, ..., x_t) \ne (y_1, ..., y_t)\text{이면.} \end{cases}$$

따라서, R이 (43)과 같이 정의된다고 할 때 $0 \le n < N$에 대한 R의 벡터들 $(x_n, ..., x_{n+t-1})$의 개수를 다음과 같이 표현할 수 있다.

$$\frac{1}{m^t} \sum_{0 \le n < N} \sum_{0 \le u_1, \cdots, u_t < m} \omega^{x_n u_1 + \cdots + x_{n+t-1} u_t} \sum_{\alpha_1 \le y_1 < \beta_1} \cdots \sum_{\alpha_t \le y_t < \beta_t} \omega^{-(y_1 u_1 + \cdots + y_t u_t)}.$$

$u_1 = \cdots = u_t = 0$일 때 이 합은 N/m^t 곱하기 R의 부피가 된다. 그러므로 $D_N^{(t)}$을 R에 대한

$$\left| \frac{1}{Nm^t} \sum_{0 \le n < N} \sum_{\substack{0 \le u_1, ..., u_t < m \\ (u_1, ..., u_t) \ne (0, ..., 0)}} \omega^{x_n u_1 + \cdots + x_{n+t-1} u_t} \sum_{\alpha_1 \le y_1 < \beta_1} \cdots \sum_{\alpha_t \le y_t < \beta_t} \omega^{-(y_1 u_1 + \cdots + y_t u_t)} \right|$$

의 최대값으로 표현할 수 있다. 복소수들은 $|w+z| \le |w| + |z|$와 $|wz| = |w||z|$를 만족하므로, 다음을 이끌어 낼 수 있다.

$$D_N^{(t)} \le \max_R \frac{1}{m^t} \sum_{\substack{0 \le u_1, ..., u_t < m \\ (u_1, ..., u_t) \ne (0, ..., 0)}} \left| \sum_{\alpha_1 \le y_1 < \beta_1} \cdots \sum_{\alpha_t \le y_t < \beta_t} \omega^{-(y_1 u_1 + \cdots + y_t u_t)} \right| g(u_1, \cdots, u_t)$$

$$\le \frac{1}{m^t} \sum_{\substack{0 \le u_1, ..., u_t < m \\ (u_1, ..., u_t) \ne (0, ..., 0)}} \max_R \left| \sum_{\alpha_1 \le y_1 < \beta_1} \cdots \sum_{\alpha_t \le y_t < \beta_t} \omega^{-(y_1 u_1 + \cdots + y_t u_t)} \right| g(u_1, \cdots, u_t)$$

$$= \sum_{\substack{0 \le u_1, ..., u_t < m \\ (u_1, ..., u_t) \ne (0, ..., 0)}} f(u_1, \cdots, u_t) \, g(u_1, \cdots, u_t). \tag{44}$$

여기서

$$g(u_1, \cdots, u_t) = \left| \frac{1}{N} \sum_{0 \le n < N} \omega^{(x_n u_1 + \cdots + x_{n+t-1} u_t)} \right|;$$

$$f(u_1, \cdots, u_t) = \max_R \frac{1}{m^t} \left| \sum_{\alpha_1 \le y_1 < \beta_1} \cdots \sum_{\alpha_t \le y_t < \beta_t} \omega^{-(y_1 u_1 + \cdots + y_t u_t)} \right|$$

$$= \max_R \left| \frac{1}{m} \sum_{\alpha_1 \le y_1 < \beta_1} \omega^{-u_1 y_1} \right| \cdots \left| \frac{1}{m} \sum_{\alpha_t \le y_t < \beta_t} \omega^{-u_t y_t} \right|$$

이다. $D_N^{(t)}$에 대한 적절한 상계가 나오도록 f와 g 모두 더욱 단순화할 수 있다. $u \neq 0$일 때

$$\left| \frac{1}{m} \sum_{\alpha \leq y < \beta} \omega^{-uy} \right| = \left| \frac{1}{m} \frac{\omega^{-\beta u} - \omega^{-\alpha u}}{\omega^{-u} - 1} \right| \leq \frac{2}{m \, |\omega^u - 1|} = \frac{1}{m \sin(\pi u/m)}$$

이며, $u = 0$일 때에는 합이 ≤ 1이다. 따라서

$$f(u_1, \cdots, u_t) \leq r(u_1, \cdots, u_t), \tag{45}$$

인데, 여기서

$$r(u_1, \cdots, u_t) = \prod_{\substack{1 \leq k \leq t \\ u_k \neq 0}} \frac{1}{m \sin(\pi u_k/m)} \tag{46}$$

이다. 더 나아가서, $\langle x_n \rangle$이 m을 법으로 해서 생성한 선형합동수열이라고 할 때,

$$x_n u_1 + \cdots + x_{n+t-1} u_t = x_n u_1 + (ax_n + c)u_2 + \cdots + (a^{t-1}x_n + c(a^{t-2} + \cdots + 1))u_t$$

$$= (u_1 + au_2 + \cdots + a^{t-1}u_t)x_n + h(u_1, \cdots, u_t)$$

가 성립한다.

여기서 $h(u_1, \cdots, u_t)$는 n과는 독립적이다. 그러므로

$$g(u_1, \cdots, u_t) = \left| \frac{1}{N} \sum_{0 \leq n < N} \omega^{q(u_1, \cdots, u_t)x_n} \right| \tag{47}$$

이다. 여기서

$$q(u_1, \cdots, u_t) = u_1 + au_2 + \cdots + a^{t-1}u_t \tag{48}$$

이다.

이제 스펙트럼 검정과의 관계가 나온다. 아래에서는 $q(u_1, \cdots, u_t) \equiv 0 \pmod{m}$이 아닌 한 합 $g(u_1, \cdots, u_t)$가 상당히 작음을 보일 것이다. 다른 말로 하면, (44)에 대한 기여들은 주로 (15)의 해들에서 비롯된다는 것이다. 더 나아가서 연습문제 27은 $(u_1, \cdots, u_t)$가 (15)의 "큰" 해일 때 $r(u_1, \cdots, u_t)$가 상당히 작음을 보여준다. 따라서 불일치도 $D_N^{(t)}$은 (15)에 오직 "큰" 해들만 존재할 때, 즉 스페트럼 검정이 통과될 때 상당히 작은 값을 가지게 된다. 이제 남은 과제는 이러한 정성적 명제들을 세심한 계산을 통해서 정량화하는 것이다.

우선 $g(u_1, \cdots, u_t)$의 크기를 살펴보자. $N = m$일 때, 즉 합 (47)의 구간이 주기 전체일 때에는 $(u_1, \cdots, u_t)$가 (15)를 만족하는 경우를 제외하고 $g(u_1, \cdots, u_t) = 0$이 성립한다. 따라서 이 경우 불일치도의 상계는 (15)의 모든 0이 아닌 해들을 구간으로 하는 $r(u_1, \cdots, u_t)$들의 합이다. 한편, N이 m보다 작으며 $q(u_1, \cdots, u_t)$가 m의 배수가 아닐 때에는 (47) 같은 합이 어떻게 되는지도 생각해보자. 다음이 성립한다.

$$\sum_{0 \leq n < N} \omega^{x_n} = \sum_{0 \leq n < N} \frac{1}{m} \sum_{0 \leq k < m} \omega^{-nk} \sum_{0 \leq j < m} \omega^{x_j + jk}$$

$$= \sum_{0 \le k < m} \left(\frac{1}{m} \sum_{0 \le n < N} \omega^{-nk} \right) S_{k0}. \tag{49}$$

여기서

$$S_{kl} = \sum_{0 \le j < m} \omega^{x_{j+l} + jk} \tag{50}$$

이다. $S_{kl} = \omega^{-lk} S_{k0}$이므로 모든 l에 대해 $|S_{kl}| = |S_{k0}|$이며, 이러한 공통값을 추가적인 지수적 합을 통해서 계산할 수 있다:

$$|S_{k0}|^2 = \frac{1}{m} \sum_{0 \le l < m} |S_{kl}|^2$$

$$= \frac{1}{m} \sum_{0 \le l < m} \sum_{0 \le j < m} \omega^{x_{j+l}+jk} \sum_{0 \le i < m} \omega^{-x_{i+l}-ik}$$

$$= \frac{1}{m} \sum_{0 \le i,j < m} \omega^{(j-i)k} \sum_{0 \le l < m} \omega^{x_{j+l}-x_{i+l}}$$

$$= \frac{1}{m} \sum_{0 \le i < m} \sum_{i \le j < m+i} \omega^{(j-i)k} \sum_{0 \le l < m} \omega^{(a^{j-i}-1)x_{i+l}+(a^{j-i}-1)c/(a-1)}.$$

s가 $a^s \equiv 1 \pmod{m}$을 만족하는 최소값이고

$$s' = (a^s - 1)c/(a-1) \bmod m$$

이라고 하자. 그러면 s는 m의 약수이며(보조정리 3.2.1.2P 참고) $x_{n+js} \equiv x_n + js' \pmod{m}$이다. l에 대한 합은 $j - i$가 s의 배수가 아닌 한 소멸되며, 따라서

$$|S_{k0}|^2 = m \sum_{0 \le j < m/s} \omega^{jsk+js'}$$

임을 알 수 있다. q'가 m과 서로 소라고 할 때 $s' = q's$이므로(연습문제 3.2.1.2-21) 다음을 알 수 있다.

$$|S_{k0}| = \begin{cases} 0 & \text{만일 } k+q' \not\equiv 0 \pmod{m/s} \text{이면}, \\ m/\sqrt{s} & \text{만일 } k+q' \equiv 0 \pmod{m/s} \text{이면}. \end{cases} \tag{51}$$

이 정보를 다시 (49)에 넣고, (45)를 유도한 과정을 다시 생각해 보면

$$\left| \sum_{0 \le n < N} \omega^{x_n} \right| \le \frac{m}{\sqrt{s}} \sum_k r(k) \tag{52}$$

임을 알 수 있다. 이 합은 $k+q' \equiv 0 \pmod{m/s}$인 $0 \le k < m$에 대한 것이다. 이제 연습문제 25를 사용해서 나머지 합을 추정할 수 있으며, 결론적으로

$$\left| \sum_{0 \le n < N} \omega^{x_n} \right| \le \frac{2}{\pi} \sqrt{s} \ln s + O\left(\frac{m}{\sqrt{s}} \right) \tag{53}$$

이라는 상계가 나온다. 동일한 상계가 임의의 $q \not\equiv 0 \pmod{m}$에 대한 $|\sum_{0 \le n < N} \omega^{qx_n}|$에도 적용된다. 왜냐하면 효과는 이 유도식의 m을 m의 한 약수로 대체한 것이기 때문이다. 실제로 이 상계는 q와 m에 공통의 인수가 존재할 때 더욱 작아진다. 그런 경우 일반적으로 s와 $m/\sqrt{s}$이 더 작아지기 때문이다. (연습문제 26 참고.)

이렇게 해서 만일 N이 충분히 크고 $(u_1, \cdots, u_t)$가 스펙트럼 검정 합동 (15)를 만족하지 않으면 불일치도에 대한 상계 (44)의 $g(u_1, \cdots, u_t)$ 부분이 작은 값을 가짐을 증명했다. 연습문제 27은 (15)를 만족하는 모든 0이 아닌 벡터 $(u_1, \cdots, u_t)$들에 대해 합했을 때, 그리고 그런 모든 벡터들이 $(0, \ldots, 0)$에서 멀 때, 상계 (44)의 $f(u_1, \cdots, u_t)$ 부분이 작음을 증명한다. 이상의 결과들을 합하면 다음과 같은 니더레이터의 정리가 나온다.

정리 N. $\langle X_n \rangle$이 주기 길이가 $m > 1$인 선형합동수열 (X_0, a, c, m)이라고 하자. 그리고 s가 $a^s \equiv 1 \pmod{m}$을 만족하는 가장 작은 양의 정수라고 하자. 그러면 $\langle X_n \rangle$의 처음 N개의 값들에 대한, (42)로 정의되는 t차원 불일치도 $D_N^{(t)}$는 다음을 만족한다.

$$D_N^{(t)} = O\left(\frac{\sqrt{s} \log s (\log m)^t}{N}\right) + O\left(\frac{m(\log m)^t}{N\sqrt{s}}\right) + O((\log m)^t r_{\max}); \qquad (54)$$

$$D_m^{(t)} = O((\log m)^t r_{\max}). \qquad (55)$$

여기서 $r_{\max}$는 (15)를 만족하는 모든 0이 아닌 정수 벡터 $(u_1, \cdots, u_t)$들에 대해 취한, (46)에 정의된 수량 $r(u_1, \cdots, u_t)$의 최댓값이다.

증명. (54)의 처음 두 O 항들은 (44)의 벡터 $(u_1, \cdots, u_t)$들 중 (15)를 만족하지 않는 것들에서 비롯된다. 이 사실은 모든 $(u_1, \cdots, u_t)$들에 대한 $f(u_1, \cdots, u_t)$의 합이 $O(((2/\pi) \ln m)^t)$이라는 사실(연습문제 25에서 증명한다)과 각 $g(u_1, \cdots, u_t)$의 한계들(연습문제 26에서 구한다)로부터 이끌어 낸 것이다. (식 (55)에는 이 항들이 없는데, (55)의 경우에는 $g(u_1, \cdots, u_t) = 0$이기 때문이다.) (54) 와 (55)의 나머지 v항은 (15)를 만족하지 않는 0이 아닌 벡터 $(u_1, \cdots, u_t)$로부터 비롯된 것이다(연습문제 27에서 구하는 한계를 적용). (이 증명을 신중히 조사해보면, 이 공식들의 각 O를 t의 양함수로 대체할 수 있다.) ∎

식 (55)는 전체 주기에 대한 t차원에서의 계열 검정과 연관되며, 식 (54)는 N이 m보다 작을 때(그리고 N이 아주 작지는 않다고 할 때) 수열의 처음 N개의 값들의 분포에 대한 유용한 정보를 제공한다. (54)가 s가 충분히 클 때에만 낮은 불일치도가 나오고 그렇지 않으면 $m/\sqrt{s}$ 항이 지배적임을 보장한다는 점에 주목하자. 만일 $m = p_1^{e_1} \ldots p_r^{e_r}$이고 $\gcd(a-1, m) = p_1^{f_1} \ldots p_r^{f_r}$이면, 보조정리 3.2.1.2P에 의해 s는 $p_1^{e_1-f_1} \ldots p_r^{e_r-f_r}$과 같다. 따라서 s의 최댓값은 높은 농도에 해당한다. $m = 2^e$이고 $a \equiv 5 \pmod{8}$인 흔한 경우에서는 $s = \frac{1}{4}m$가 되며 따라서 $D_N^{(t)}$은 $O(\sqrt{m}(\log m)^{t+1}/N) + O((\log m)^t r_{\max})$이다. 다음이 성립함을 증명하는 것은 어렵지 않다(연습문제 29 참고).

$$r_{\max} \leq \frac{1}{\sqrt{8}\,\nu_t}. \tag{56}$$

따라서 식 (54)의 구체적인 의미는, 만일 수열이 스펙트럼 검정을 통과한다면, 그리고 N이 $\sqrt{m}\,(\log m)^{t+1}$보다 다소 크다면, t차원에서의 불일치도가 낮으리라는 것이다.

연습문제 30의 결과에서 보듯이 표 1의 행 8, 13에 나온 것 같은 선형합동수열들이 2차원에서 $(\log m)^2/m$ 규모의 불일치를 보인다는 점을 생각하면, 어떤 의미로는 정리 N이 너무 엄격하다고 할 수 있다. 이 경우 점 $(U_n,\,U_{n+1})$들 중 그 어떤 것도 포함하지 않는 면적이 $\approx 1/\sqrt{m}$인 평행사변형 형태의 영역들이 존재한다는 사실에도 불구하고 불일치도가 극도로 작다. 점들이 회전되었을 때 불일치도가 그렇게 극적으로 변할 수 있다는 사실은 계열 검정이 회전과는 독립적인 스펙트럼 검정만큼이나 의미 있는 무작위성 척도가 아닐 수도 있음을 경고해준다.

G. 역사적 논평. 1959년, t차원 적분의 오차에 대한 상계들을 몬테카를로법을 이용해 유도하는 과정에서, 코로보프 N. M. Korobov는 선형합동수열의 곱수의 품질을 평가하는 한 가지 방법을 고안했다. 그의 다소 복잡한 공식은 (15)의 "작은" 해들에 크게 영향을 받는다는 점에서 스펙트럼 검정과 연관된다. 그렇다고 스펙트럼 검정과 아주 같은 것은 아니다. 코로보프의 검정법은 이후 수많은 문헌들의 주제가 되었는데, 그 문헌들이 퀴퍼스 Kuipers와 니더레이터 Niederreiter의 *Uniform Distribution of Sequences* (New York: Wiley, 1974), §2.5에 개괄되어 있다.

원래 스펙트럼 검정은 코베유 R. R. Coveyou와 맥퍼슨 R. D. MacPherson이 공식화한 것으로〔*JACM* **14** (1967), 100-119〕, 그들에 의한 스펙트럼 검정의 도입은 흥미로운 간접적 방식으로 이루어졌다. 두 사람은 인접한 점들의 격자 구조를 다루는 대신 난수발생기를 t차원 "파동"의 근원으로 고찰했다. $x_1 + \cdots + a^{t-1}x_t \equiv 0 \pmod{m}$을 만족하는 수 $\sqrt{x_1^2 + \cdots + x_t^2}$들은 파동의 "주파수", 또는 난수발생기가 정의하는 "스펙트럼" 안의 점들이었으며, 주파수가 낮은 파동은 무작위성에 큰 피해를 주었다. 스펙트럼 검정이라는 이름은 여기에서 비롯되었다. 코베유와 맥퍼슨은 보조정리 A의 원칙에 근거한, 알고리즘 S와 비슷한 검정 수행 절차를 소개했는데, 그들의 원래 절차(행렬 U와 V 대신 UU^T과 VV^T을 사용한다)는 엄청나게 큰 수들을 다루었다. U와 V를 직접 다룬다는 발상은 얀선스 F. Janssens와 디터 U. Dieter가 독립적으로 제안한 것이다. 〔*Math. Comp.* **29** (1975), 827-833 참고.〕

몇몇 다른 저자들은 스펙트럼 검정을 훨씬 더 구체적인 용어들로 설명하는 것이 가능함을 지적했다. 선형합동수열에 대응하는 격자(grid, lattice) 구조의 연구가 도입됨에 따라, 무작위성에 대한 근본적인 한계가 시각적으로 명확해졌다. G. Marsaglia, *Proc. Nat. Acad. Sci.* **61** (1968), 25-28; W. W. Wood, *J. Chem. Phys.* **48** (1968), 427; R. R. Coveyou, *Studies in Applied Math.* **3** (Philadelphia: SIAM, 1969), 70-111; W. A. Beyer, R. B. Roof, D. Williamson, *Math. Comp.* **25** (1971), 345-360; G. Marsaglia, W. A. Beyer, *Applications of Number Theory to Numerical Analysis*, S. K. Zaremba 엮음 (New York: Academic Press, 1972), 249-285, 361-370을 볼 것.

스토넘R. G. Stoneham은 a가 소수 p를 법으로 한 원시근일 때 수열 $a^k X_0 \bmod p$의 $p^{1/2+\epsilon}$개 이상의 요소들이 점근적으로 작은 불일치도를 가짐을 지수적 합들의 추정을 이용해서 보였다. [*Acta Arithmetica* **22** (1973), 371-389]. 이 성과는 니더레이터의 여러 논문들에서 앞서 설명한대로 확장되었다. [*Math. Comp.* **28** (1974), 1117-1132; **30** (1976), 571-597; *Advances in Math.* **26** (1977), 99-181; *Bull. Amer. Math. Soc.* **84** (1978), 957-1041]. 또한 니더레이터의 책 *Random Number Generation and Quasi-Monte Carlo Methods* (Philadelphia: SIAM, 1992)도 보라.

연습문제

1. [*M10*] 1차원에서 스펙트럼 검정은 무엇으로 줄어드는가? (다른 말로 하면, $t=1$일 때 어떤 일이 생길까?)

2. [*HM20*] $V_1, ..., V_t$가 t차원 공간의 선형독립 벡터들이고 L_0이 (10)으로 정의되는 점들의 격자라고 하자. 그리고 $U_1, ..., U_t$가 (19)로 정의된다고 하자. L_0을 포함하는 모든 평행초평면 모임들에 대한, $(t-1)$차원 초평면들 사이의 최대 거리가 $1/\min\{f(x_1, ..., x_t)^{1/2} \mid (x_1, ..., x_t) \neq (0, ..., 0)\}$임을 증명하라. 여기서 f는 (17)로 정의된 것이다.

3. [*M24*] 농도가 2이고 주기 길이가 m인 모든 선형합동발생기들에 대해 ν_3과 ν_4를 구하라.

▶ **4.** [*M23*] $u_{11}, u_{12}, u_{21}, u_{22}$가 2×2 정수행렬의 성분들이고 $u_{11} + a u_{12} \equiv u_{21} + a u_{22} \equiv 0$ (modulo m)와 $u_{11}u_{22} - u_{21}u_{12} = m$을 만족한다고 하자.

 a) $y_1 + a y_2 \equiv 0$ (modulo m)의 모든 정수해 (y_1, y_2)가 정수 x_1, x_2에 대해 $(y_1, y_2) = (x_1 u_{11} + x_2 u_{21}, x_1 u_{12} + x_2 u_{22})$의 형태를 가짐을 증명하라.

 b) 추가로, 만일 $2|u_{11}u_{21} + u_{12}u_{22}| \leq u_{11}^2 + u_{12}^2 \leq u_{21}^2 + u_{22}^2$이면, 그 합동의 모든 0이 아닌 해들에 대해서 $y_1^2 + y_2^2$이 $(y_1, y_2) = (u_{11}, u_{12})$일 때 최소값을 가짐을 증명하라.

5. [*M30*] 알고리즘 S의 단계 S1, S2, S3이 2차원에서의 스펙트럼 검정을 정확히 수행함을 증명하라. [힌트: 연습문제 4를 참고하고, 단계 S2의 시작에서 $(h'+h)^2 + (p'+p)^2 \geq h^2 + p^2$임을 증명할 것.]

6. [*M30*] $a_0, a_1, ..., a_{t-1}$이 a/m의 부분몫(3.3.3절에서 정의된)이라고 하자. 그리고 $A = \max_{0 \leq j < t} a_j$라고 하자. $\mu_2 > 2\pi/(A + 1 + 1/A)$를 증명하라.

7. [*HM22*] 식 (23)에 대한 질문 (a)와 (b)가 실수값 $q_1, ..., q_{j-1}, q_{j+1}, ..., q_t$들에 대해 동일한 해를 가짐을 증명하라((24)와 (26) 참고).

8. [*M18*] 표 1의 행 10은, μ_2의 값은 매우 낮은 반면 μ_3은 상당히 만족스럽다. $\mu_2 = 10^{-6}$이고 $m = 10^{10}$일 때 가능한 가장 큰 μ_3의 값은 무엇인가?

9. [*HM32*] (에르미트C. Hermite, 1846.) $f(x_1, ..., x_t)$가 (17)에서처럼 행렬 U로 정의되는 양

의 정부호 이차형식이라고 하자. 그리고 θ가 0이 아닌 정수 점들에서의 f의 최소값이라고 하자. $\theta \le \left(\frac{4}{3}\right)^{(t-1)/2}|\det U|^{2/t}$임을 증명하라. 〔힌트: W가 행렬식이 1인 임의의 정수 행렬이라 할 때, 행렬 WU는 f와 동치인 한 형식을 정의한다. 그리고 S가 임의의 직교행렬이면(즉, $S^{-1} = S^T$이면) 행렬 US는 f와 항상 상등인 한 형식을 정의한다. $(1, 0, ..., 0)$에서 최소값 θ가 나오는 동치 형식 g가 존재함을 증명하고, 그런 다음 $g(x_1, ..., x_t) = \theta(x_1 + \beta_2 x_2 + \cdots + \beta_t x_t)^2 + h(x_2, ..., x_t)$로 두고(여기서 h는 $t-1$개의 변수들로 된 양의 정부호 이차형식) t에 대한 귀납법을 통해서 일반적인 결과를 증명할 것.〕

10. 〔*M28*〕 y_1과 y_2가 서로 소인 정수들이고 $y_1 + ay_2 \equiv 0 \pmod{m}$과 $y_1^2 + y_2^2 < \sqrt{4/3}\,m$을 만족한다고 하자. $u_1 + au_2 \equiv 0 \pmod{m}$, $u_1 y_2 - u_2 y_1 = m$, $2|u_1 y_1 + u_2 y_2| \le \min(u_1^2 + u_2^2, y_1^2 + y_2^2)$, $(u_1^2 + u_2^2)(y_1^2 + y_2^2) \ge m^2$을 만족하는 정수 u_1과 u_2가 존재함을 증명하라. (따라서 연습문제 4에 의해 $\nu_2^2 = \min(u_1^2 + u_2^2, y_1^2 + y_2^2)$이다.)

▶ **11.** 〔*HM30*〕 (워터먼Alan G. Waterman, 1974.) 합동식 $y_1 + ay_2 \equiv 0 \pmod{m}$과 $y_1^2 + y_2^2 = \sqrt{4/3}\,m - \epsilon$을 만족하는(여기서, $m = 2^e$로 주어졌을 때 ϵ은 0보다 큰 최대한 작은 값) 서로 소인 해 y_1, y_2가 존재한다고 하자. 그런 조건을 만족하는 곱수 $a \equiv 1 \pmod 4$들을 계산하는 합리적으로 효율적인 절차를 고안하라. (연습문제 10에 의해, 이러한 a는 $\nu_2^2 \ge m^2/(y_1^2 + + y_2^2) > \sqrt{3/4}\,m$을 보장하며, ν_2^2이 그 최적값인 $\sqrt{4/3}\,m$에 근접할 가능성이 있다. 실제 응용에서는 작은 ϵ을 가진 그런 곱수들을 여러 개 계산하고 그것들 중 최선의 스펙트럼 값 $\nu_2, \nu_3, ...$들을 가진 하나를 선택하는 방법을 사용한다.)

12. 〔*HM23*〕 식 (23)에 딸린 질문 (b)의 모든 해들이 (26)의 연립방정식들도 만족함을 기하학적인 요령을 사용하지 말고 증명하라.

13. 〔*HM22*〕 보조정리 A는 양의 정부호 이차형식이 0이 아닌 정수 점들에서 0이 아닌 하나의 정부호 최소값을 가짐을 증명하기 위해 U가 비특이행렬이라는 사실을 사용한다. 그러한 가설이 필요조건임을, 계수행렬이 특이행렬인, 그리고 $f(x_1, ..., x_t)$의 값들이 0이 아닌 정수 점들 $(x_1, ..., x_t)$에서 임의적으로 0에 가까와지게 되는(그러나 0에 결코 도달하지 않는) 한 이차형식 (19)를 제시함으로써 증명하라.

14. 〔*24*〕 $m = 100$, $a = 41$, $T = 3$으로 두고 알고리즘 S를 손으로 직접 수행하라.

▶ **15.** 〔*M20*〕 U가 (15)를 만족하는 하나의 정수 벡터라고 하자. U로 정의되는 $(t-1)$차원 초평면들 중 단위 초입방체 $\{(x_1, ..., x_t)\mid 0 \le x_j < 1, 1 \le j \le t\}$와 교차하는 것은 몇 개인가? (이 개수는 L_0를 포함하기에 충분한 초평면 모임의 초평면 개수와 근사적으로 같다.)

16. 〔*M30*〕 (디터U. Dieter.) (15)를 만족하는 모든 U에 대한, 연습문제 15에서처럼 단위 초입방체와 교차하는 평행평면들의 최소 개수 N_t를 계산하기 위해서는 알고리즘 S를 어떻게 수정해야 할지 제시하라. 〔힌트: 양의 정부호 이차형식과 보조정리 A에 대한 적절한 비유들은 무엇일까?〕

17. [20] 수량 ν_t들을 계산할 뿐만 아니라 $2 \le t \le T$에 대해 $u_1^2 + \cdots + u_t^2 = \nu_t^2$인, (15)를 만족하는 모든 정수 벡터 $(u_1, \ldots, u_t)$도 출력하도록 알고리즘 S를 수정하라.

18. [M30] 이 연습문제는 알고리즘 S의 최악의 경우에 대한 것이다.

a) 성분들이 $y + x\delta_{ij}$ 형태인 "조합행렬"(연습문제 1.2.3–39 참고)을 고려한다. 임의의 j에 대해 단계 S5의 변환이 아무런 일도 하지 않되, (31)의 해당 z_k 값들이 너무나 커서 전수 검색을 비현실적인 것으로 만드는, (29)를 만족하는 정수 U들과 V들로 된 3×3 행렬을 구하라. (행렬 U가 (28)을 만족할 필요는 없다. 여기에서 관심의 대상은 행렬식이 m인 임의의 양의 정부호 이차형식이다.)

b) 부문제 (a)에서 말한 행렬들에 대해서는 변환 (23)이 무의미하다. 수들을 실질적으로 줄이는 또 다른 변환을 찾아라.

▶ **19.** [HM25] $2 V_i \cdot V_j = V_j \cdot V_j$일 때 $q = 1$인 변환이 수행되도록 단계 S5를 조금 변경했다고 하자. (그러면 $i \ne j$일 때 항상 $q = \lfloor (V_i \cdot V_j / V_j \cdot V_j) + \frac{1}{2} \rfloor$이다.) 알고리즘 S가 무한루프에 빠질 가능성이 있을까?

20. [M23] $c = 0$, X_0이 홀수, $m = 2^e$, $a \bmod 8 = 3$ 또는 5인 선형합동수열에 대한 적절한 스펙트럼 검정을 수행하는 방법을 논하라. (연습문제 3.2.1.2–9 참고.)

21. [M20] (가스퍼 R. W. Gosper.) 한 응용 프로그램이 난수들을 4개씩 한 묶음으로 사용하되, 각 묶음에서 두 번째 수는 "버린다." 주기 길이가 $m = 2^e$인 선형합동발생기가 주어졌을 때, $\left\{ \frac{1}{m} (X_{4n}, X_{4n+2}, X_{4n+3}) \right\}$의 격자 구조를 조사하려면 어떻게 해야 할까?

22. [M46] μ_2가 그 최대값 $\sqrt{4/3}\,\pi$에 아주 가깝다고 할 때, μ_3의 최선의 상계는 무엇인가? μ_3이 그 최대값 $\frac{4}{3}\pi\sqrt{2}$에 아주 가깝다고 할 때 μ_2의 최선의 상계는 무엇인가?

23. [M46] U_i와 V_j가 $1 \le i, j \le t$에 대해 $U_i \cdot V_j = \delta_{ij}$이며 $i \ne j$일 때에는 $U_i \cdot U_i = 1$, $2|U_i \cdot U_j| \le 1$, $2|V_i \cdot V_j| \le V_j \cdot V_j$인 실수 벡터들이라고 하자. $V_1 \cdot V_1$은 얼마나 커질 수 있는가? (이 질문은 단계 S7에서 (23)과 연습문제 18(b)의 변환 모두가 어떠한 축약도 수행하지 못했을 때의 한계들과 연관된다. 얻을 수 있다고 알려진 최대값은 $(t+2)/3$으로, 이 최대값은 $U_1 = I_1$, $U_j = \frac{1}{2} I_1 + \frac{1}{2}\sqrt{3}\,I_j$, $V_1 = I_1 - (I_2 + \cdots + I_t)/\sqrt{3}$, $2 \le j \le t$에 대해 $V_j = 2 I_j / \sqrt{3}$일 때 나온다. 여기서 $(I_1, \ldots, I_t)$는 단위행렬이다. 이러한 구축법은 알렉세예프 B. V. Alexeev에서 기인한 것이다.)

▶ **24.** [M28] 스펙트럼 검정을 주기 길이가 $p^2 - 1$인 $X_n = (aX_{n-1} + bX_{n-2}) \bmod p$ 형태의 2차 수열들에 대해 일반화하라. (식 3.2.2–(8) 참고.) 알고리즘 S는 어떻게 수정해야 하는가?

25. [HM24] d가 m의 약수이고 $0 \le q < d$라고 하자. $k \bmod d = q$인 모든 $0 \le k < m$들을 구간으로 하는 합 $\sum r(k)$의 상계가 $(2/d\pi)\ln(m/d) + O(1)$임을 증명하라. (여기서 $r(k)$는 식 (46)의 $t = 1$인 경우이다.)

26. [*M22*] (53)의 유도가 $0 < q < m$에 대한

$$\left| \sum_{0 \le n < N} \omega^{q x_n} \right|$$

의 비슷한 상계로 이어지는 이유를 설명하라.

27. [*HM39*] (흘라브카 E. Hlawka, 니더레이터 H. Niederreiter.) $r(u_1, ..., u_t)$가 (46)에 정의된 함수라고 하자. $(u_1, ..., u_t) \ne (0, ..., 0)$이고 (15)를 만족하는 모든 $0 \le u_1, ..., u_t < m$에 대한 $\sum r(u_1, ..., u_t)$가 기껏해야 $2((\pi + 2\pi \lg m)^t r_{\max})$임을 증명하라. 여기서 $r_{\max}$는 합의 최대항 $r(u_1, ..., u_t)$이다.

▶ **28.** [*M28*] (니더레이터.) m이 소수, $c = 0$, a가 m을 법으로 하는 원시근, $X_0 \not\equiv 0 \pmod{m}$인 경우에 대한, 정리 N에 비견할 수 있는 정리를 제시하라. [힌트: 지수적 합들에 ω뿐만 아니라 $\zeta = e^{2\pi i/(m-1)}$도 관여해야 한다.] 이 경우에 대해 "평균" 원시근의 불일치도가 $D_{m-1}^{(t)} = O(t(\log m)^t / \varphi(m-1))$임을, 따라서 모든 m에 대해 좋은 원시근들이 존재함을 증명하라.

29. [*HM22*] 연습문제 27의 수량 $r_{\max}$가 $1/(\sqrt{8}\,\nu_t)$보다 커질 수 없음을 증명하라.

30. [*M33*] (자렘바 S. K. Zaremba.) 2차원에서 $r_{\max} = O(\max(a_1, ..., a_s)/m)$임을 증명하라. 여기서 $a_1, ..., a_s$는 m과 a에 유클리드 알고리즘을 적용해서 얻은 부분몫들이다. [힌트: 4.5.3절의 표기법으로 $a/m = //a_1, ..., a_s//$이다. 연습문제 4.5.3-42를 적용할 것.]

31. [*HM47*] (보로시 I. Borosh.) 모든 충분히 큰 m에 대해, a/m의 모든 부분몫이 ≤ 3이고 m과 서로 소인 수 a가 존재함을 증명하라. 더 나아가서, 그러한 조건을 만족하되 모든 부분몫이 ≤ 2인 모든 m의 집합이 양의 밀도를 가짐을 증명하라.

▶ **32.** [*M21*] 발생기 (38)의 법들이 $m_1 = 2^{31} - 1$, $m_2 = 2^{31} - 249$라고 하자.
   a) 만일 $U_n = (X_n/m_1 - Y_n/m_2) \bmod 1$이면 $U_n \approx Z_n/m_1$임을 보여라.
   b) $W_0 = (X_0 m_2 - Y_0 m_1) \bmod m$이고 $W_{n+1} = a W_n \bmod m$이라고 하자. 여기서 a와 m은 식 (38) 다음의 문장들에서 언급한 값들을 가진다. W_n과 U_n 사이에 단순한 관계가 존재함을 증명하라.

이 책의 다음 판에서는 "The L^3 Algorithm"이라는 제목의 새로운 절(3.3.5절)을 추가할 계획이다. 3.3.5절은 이번 장의 전반적인 주제인 난수에서는 벗어나겠지만, 3.3.4절의 격자 기반 줄이기의 논의를 계속 이어나가는 것이 될 것이다. 이 절은 이제는 고전적인 알고리즘이 된, 기저벡터들의 최적에 가까운 집합을 찾는 렌스트라 A. K. Lenstra, 렌스트라 H. W. Lenstra, 로바시 L. Lovász의 알고리즘 [*Math. Annalen* **261** (1982), 515-534]과 다른 여러 연구가들이 이룬 그 알고리즘에 대한 개선들을 주된 주제로 삼게 될 것이다. 후자의 예들은 다음의 논문들과 그 문헌목록들에서 볼 수 있다: M. Seysen, *Combinatorica* **13** (1993), 363-375; C. P. Schnorr, H. H. Hörner, *Lecture Notes in Comp. Sci.* **921** (1995), 1-12.

3.4. 다른 종류의 무작위 수량들

지금까지, 각 수가 균등하게 분포된 0과 1 사이의 수들에서 마치 독립적으로 무작위하게 선택된 것처럼 행동하는 수열 U_0, U_1, U_2, ...을 컴퓨터로 생성하는 방법에 대해서 살펴보았다. 그런데 프로그램이 그와는 다른 종류의 분포를 보이는 난수들을 요구하는 경우도 종종 있다. 예를 들어 k개의 후보들 중 하나를 선택해야 한다면 1에서 k까지의 무작위 정수가 필요하다. 독립사건들의 발생 사이의 무작위한 대기 시간이 필요한 경우에는 지수분포의 난수가 바람직하다. 때로는 무작위한 수가 아니라 무작위한 수열(n개의 객체들의 무작위 배열) 또는 무작위 조합(n개의 객체들 중 k개를 무작위로 선택한 것)이 필요할 때도 있다.

원칙적으로는 이러한 모든 기타 무작위 수량들을 균등편이† U_0, U_1, U_2, ...로부터 얻는 것이 가능하다. 사람들은 균등편이의 효율적인 변환을 위한 중요한 "무작위 요령"들을 여럿 고안해냈다. 그런 기법들을 공부해보면 임의의 몬테카를로 응용에서의 난수의 적절한 사용에 대한 통찰을 얻을 수도 있다.

언젠가는 누군가가 그런 기타 무작위 수량들 중 하나를 직접 생성하는(균등분포를 통해서 간접적으로 생성하는 것이 아니라) 난수발생기를 발명하게 될 것이다. 아직까지는 어떠한 직접적 생성법도 그 실용성이 입증된 바 없다. 단, 3.2.2절에서 설명한 "무작위 비트" 발생기는 예외이다. (또한 연습문제 3.4.1-31도 볼 것. 거기에서는 균등분포를 기본적으로 초기화를 위해 사용하며, 초기화 후의 방법은 거의 전적으로 직접적이다.)

다음 절의 논의는 0과 1 사이에 균등하게 분포된 실수들의 난수열이 존재한다고 가정한다. 필요하다면 언제라도 새로운 균등편이 U를 생성한다. 이 수들은 보통 하나의 컴퓨터 워드 안에서 왼쪽에 소수점이 있는 형태로 표현된다.

3.4.1. 수치분포

이번 절에서는 여러 가지 주요 분포들의 수들을 생성하는, 지금까지 알려진 최상의 기법들을 요약한다. 이들 중 다수는 원래 1950년대 초반에 폰노이만John von Neumann이 제안하고 마서글리아George Marsaglia, 아렌스J. H. Ahrens, 디터U. Dieter 등의 여러 사람들이 점차로 개선시킨 것들이다.

A. 유한 집합에서 무작위로 선택한 수들. 실제 응용에 요구되는 것들 중 가장 간단하고도 가장 흔한 종류의 난수는 정수 난수이다. 이진 컴퓨터에서는 U에서 세 비트를 추출함으로써 0에서 7까지의 정수를 얻을 수 있다. 그런 경우 그 세 비트는 컴퓨터 워드의 최상위 부분(제일 왼쪽 부분)에서 추출해야 하는데, 왜냐하면 많은 난수발생기들에서 오른쪽의 최하위 비트들은 충분히 무작위하지 않기 때문이다. (3.2.1.1절의 논의 참고.)

일반화하자면, U에 k를 곱하고 $X = \lfloor kU \rfloor$로 둠으로써 0에서 $k-1$까지의 무작위 정수 X를 얻을 수 있다. MIX라면 이런 코드가 될 것이다.

---

† 〔옮긴이 주〕 (혹시 건너뛰었다면)연습문제 3.3.2-26의 역주를 참고할 것.

$$
\begin{array}{ll}
\text{LDA} & \text{U} \\
\text{MUL} & \text{K}
\end{array} \tag{1}
$$

이 두 명령을 수행하고 나면 원하는 정수가 레지스터 A에 저장된다. 1에서 k까지의 정수를 원한다면 이 결과에 1을 더하면 된다. (이를테면 (1) 다음에 명령 "INCA 1"을 추가.)

이 방법은 각 정수를 거의 동일한 확률로 제공한다. 컴퓨터 워드 크기가 유한하므로 약간의 오차가 존재하지만(연습문제 2), k가 작을 때, 이를테면 $k/m < 1/10000$일 때에는 오차가 무시할 수 있을 정도로 작다.

좀 더 일반적인 상황에서는 각 정수에 서로 다른 가중치를 주어야 할 수도 있다. 값 $X = x_1$을 확률 p_1로, $X = x_2$는 확률 p_2로, ..., $X = x_k$는 확률 p_k로 얻고자 한다고 하자. 한 가지 방법은 하나의 균등 난수 U를 생성하고 X를 다음과 같이 설정하는 것이다.

$$
X = \begin{cases}
x_1, & \text{만일 } 0 \le U < p_1 \text{이면}; \\
x_2, & \text{만일 } p_1 \le U < p_1 + p_2 \text{이면}; \\
\vdots \\
x_k, & \text{만일 } p_1 + p_2 + \cdots + p_{k-1} \le U < 1 \text{이면}.
\end{cases} \tag{2}
$$

($p_1 + p_2 + \cdots + p_k = 1$임을 주의할 것.)

식 (2)를 구현하기 위해서는 U와 $p_1 + p_2 + \cdots + p_s$의 여러 값들을 비교해야 하는데, 이에 대한 "가능한 최선의" 방법이 존재한다. 이에 대해서는 2.3.4.5절에서 논의한다. 경우에 따라서는 더욱 효율적인 방법이 가능하다. 예를 들어 2, 3, ..., 12라는 값들을 해당 "주사위" 확률 $\frac{1}{36}$, $\frac{2}{36}$, ..., $\frac{6}{36}$, ..., $\frac{2}{36}$, $\frac{1}{36}$로 얻고자 한다면, 1에서 6까지의 정수를 독립적으로 두 개 얻고 그것들을 더하면 된다.

그런데 임의의 주어진 확률로 x_1, ..., x_k를 선택하는 더 빠른 방법이 실제로 존재한다. 이 방법은 워커A. J. Walker가 고안한 교묘한 접근방식에 기반을 둔 것이다 [*Electronics Letters* **10**, (1974), 127-128; *ACM Trans. Math. Software* **3** (1977), 253-256]. kU를 구했으며 정수부 $K = \lfloor kU \rfloor$와 소수부 $V = (kU) \bmod 1$를 따로 고찰한다고 하자. 예를 들어 코드 (1) 이후에 K는 레지스터 A에, V는 레지스터 X에 들어가게 할 수 있을 것이다. 적절한 표 $(P_0, ..., P_{k-1})$과 $(Y_0, ..., Y_{k-1})$이 준비되어 있다고 할 때, 언제라도 다음과 같은 연산을 이용해서 원하는 분포를 얻을 수 있다.

$$
\text{만일 } V < P_K \text{이면} \quad X \leftarrow x_{K+1}, \quad \text{그렇지 않으면} \quad X \leftarrow Y_K. \tag{3}
$$

연습문제 7은 일반적인 경우에서 이런 표들을 계산하는 방법을 보여준다. 워커의 이러한 방법을 "별칭 (aliases)" 방법이라고 부르기로 한다.

이진 컴퓨터에서는 대체로 k가 2의 거듭제곱이라고 가정하는 것이 도움이 된다. 그런 가정에서는 곱셈을 자리이동으로 대체할 수 있으며, 발생 확률이 0인 추가적인 x들을 도입한다면 이를 일반성을 잃지 않고도 구현할 수 있다. 주사위의 예로 돌아가서, $X = j$가 다음 열여섯 가지 확률들로 발생하게 하고자 한다.

j =	0	0	2	3	4	5	6	7	8	9	10	11	12	13	14	15
p_j =	0	0	$\frac{1}{36}$	$\frac{2}{36}$	$\frac{3}{36}$	$\frac{4}{36}$	$\frac{5}{36}$	$\frac{6}{36}$	$\frac{5}{36}$	$\frac{4}{36}$	$\frac{3}{36}$	$\frac{2}{36}$	$\frac{1}{36}$	0	0	0

이를 (3)으로 수행한다면, $k = 16$으로, 그리고 $0 \le j < 16$일 때 $x_{j+1} = j$로 두고, 표 P와 Y는 다음과 같이 설정하면 된다.

j =	0	1	2	3	4	5	6	7	8	9	10	11	12	13	14	15
P_j =	0	0	$\frac{4}{9}$	$\frac{8}{9}$	1	$\frac{7}{9}$	1	1	1	$\frac{7}{9}$	$\frac{7}{9}$	$\frac{8}{9}$	$\frac{4}{9}$	0	0	0
Y_j =	5	9	7	4	*	6	*	*	*	8	4	7	10	6	7	8

($P_j = 1$일 때 Y_j는 쓰이지 않음.) 예를 들어 7이 나올 확률을 계산해보면 $\frac{1}{16} \cdot ((1 - P_2) + P_7 + (1 - P_{11}) + (1 - P_{14})) = \frac{6}{36}$인데, 이는 애초에 원했던 값이다. 주사위 던지기로는 좀 이상한 방법이긴 하지만, 어쨌든 결과는 실제의 주사위 던지기와 구별할 수 없다.

확률 p_j들을 음이 아닌 가중치 $w_1, w_2, ..., w_k$로 암묵적으로 표현하는 것이 가능하다. 가중치들의 합을 W로 표기한다면, $p_j = w_j/W$이다. 실제 응용에서는 개별 가중치들이 동적으로 변하는 경우가 많다. 마티아스Matias, 비터Vitter, 니Ni는 고정된 기대 시간 안에서 가중치를 갱신하고 X를 생성하는 방법을 제시했다 [*SODA* **4** (1993), 361-370].

B. 연속분포에 대한 일반적인 방법. 가장 일반적인 실수값 분포는 무작위 수량 X가 x를 넘지 않을 확률을 지정하는 "분포함수" $F(x)$, 즉

$$F(x) = \Pr(X \le x) \tag{4}$$

로 표현할 수 있다. 이 함수는 항상 0에서 1로 단조 증가한다. 즉,

$$\text{만일 } x_1 \le x_2\text{이면} \quad F(x_1) \le F(x_2); \quad F(-\infty) = 0, \quad F(+\infty) = 1 \tag{5}$$

이다. 3.3.1절의 그림 3에 분포함수들의 예가 나와 있다. $F(x)$가 연속 순증가함수이면(즉 $x_1 < x_2$일 때 $F(x_1) < F(x_2)$) 0과 1 사이의 모든 값들을 취하며, $0 < y < 1$에 대해

$$\text{오직 } x = F^{[-1]}(y)\text{일 때에만} \quad y = F(x) \tag{6}$$

인 역함수 $F^{[-1]}(y)$가 존재한다. 일반적으로 $F(x)$가 연속 순증가함수이면 분포가 $F(x)$인 무작위 수량 X를 다음과 같이 두어서 구할 수 있다.

$$X = F^{[-1]}(U). \tag{7}$$

여기서 U는 균등편이다. 이것이 유효한 것은, $X \le x$일 확률이 $F^{[-1]}(U) \le x$일 확률이고, 이는 곧 $U \le F(x)$일 확률이며, 이는 결국 $F(x)$이기 때문이다.

이제 문제는 수치해석의 한 문제로, 구체적으로 말하면 $F^{[-1]}(U)$를 원하는 정확도로 평가하는 좋은 방법을 찾는 문제로 줄어든다. 이 책은 준수치적 방법을 다루는 것이므로, 수치해석은 이 책의

범위 바깥의 주제이다. 그렇긴 하지만 (7)의 일반적 접근방식의 속도를 높일 수 있는 몇 가지 중요한 단축 기법들은 살펴볼 필요가 있을 것이다.

우선, 만일 X_1이 분포함수가 $F_1(x)$인 확률변수이고 X_2가 그와는 독립적인, 분포함수가 $F_2(x)$인 확률변수라고 하면,

$$\max(X_1, X_2)\text{의 분포는 } F_1(x)F_2(x)\text{이고,}$$
$$\min(X_1, X_2)\text{의 분포는 } F_1(x) + F_2(x) - F_1(x)F_2(x)\text{이다.} \qquad (8)$$

(연습문제 4 참고.) 예를 들어 균등편이 U의 분포는 $0 \leq x \leq 1$에 대해 $F(x) = x$이며, 만일 U_1, U_2, ..., U_t가 독립적인 균등편이들이면 $\max(U_1, U_2, ..., U_t)$의 분포는 $0 \leq x \leq 1$에 대해 $F(x) = x^t$이다. 이 공식은 3.3.2절의 "t 중 최대값 검정"의 기반이다. 이 분포함수의 역함수는 $F^{[-1]}(y) = \sqrt[t]{y}$ 이다. 따라서, $t = 2$인 특별한 경우의 두 공식

$$X = \sqrt{U}, \qquad X = \max(U_1, U_2) \qquad (9)$$

는 확률변수 X와 동치인 분포들을 낸다(첫 눈에 명백하게 알 수 없을 수도 있겠지만). 균등편이의 제곱근을 취할 필요는 없다.

이런 종류의 요령들은 무수히 많다. 난수를 입력으로 받는 모든 알고리즘은 특정한 분포를 가진 무작위 수량들을 출력하게 된다. 문제는, 출력의 분포함수가 주어졌을 때 그러한 알고리즘을 구축하는 일반적인 방법을 찾는 것이다. 그런 방법들을 순수하게 추상적인 용어들로 논의하는 것보다는, 그런 방법들이 중요한 경우들에 어떻게 적용되는지를 살펴보는 편이 더 바람직할 것이다.

C. 정규분포. 비균등 연속 분포로 가장 중요한 것은 아마도 평균 0, 표준편차 1의 정규분포(normal distribution)일 것이다. 정규분포함수는 다음과 같다.

$$F(x) = \frac{1}{\sqrt{2\pi}} \int_{-\infty}^{x} e^{-t^2/2} dt. \qquad (10)$$

이 분포의 의미는 1.2.10절에서 지적한 바 있다. 이 경우 역함수 $F^{[-1]}$을 계산하는 게 아주 쉽지는 않다. 그러나 다른 여러 기법들이 존재하는데, 몇 가지를 살펴보자.

1) 극법(polar method). G. E. P. Box, M. E. Muller, G. Marsaglia가 고안했음. (*Annals Math. Stat.* **29** (1958), 610-611과 Boeing Scientific Res. Lab. report D1-82-0203 (1962)를 볼 것.)

알고리즘 P (정규편이에 대한 극법). 이 알고리즘은 독립적인 두 정규분포 변수 X_1과 X_2를 계산한다.

P1. 〔균등 변수들을 얻는다.〕 0과 1 사이에 균등하게 분포되는 독립적인 두 확률변수 U_1과 U_2를 생성한다. $V_1 \leftarrow 2U_1 - 1$, $V_2 \leftarrow 2U_2 - 1$로 설정한다. (이제 V_1과 V_2는 -1과 $+1$ 사이에서 균등하게 분포된다. 대부분의 컴퓨터에서는 V_1과 V_2를 부동소수점 형식으로 표현하는 것이 바람직할 것이다.)

P2. 〔S를 계산.〕 $S \leftarrow V_1^2 + V_2^2$로 설정한다.

P3. 〔$S \geq 1$인가?〕 만일 $S \geq 1$이면 단계 P1로 돌아간다. (단계 P1에서 P3까지의 평균 수행 횟수의 기대값은 1.27이고 표준편차는 0.59이다. 연습문제 6을 볼 것.)

P4. 〔X_1과 X_2를 계산.〕 만일 $S = 0$이면 $X_1 \leftarrow X_2 \leftarrow 0$으로 설정하고, 그렇지 않으면

$$X_1 \leftarrow V_1 \frac{\sqrt{-2\ln S}}{S}, \qquad X_2 \leftarrow V_2 \frac{\sqrt{-2\ln S}}{S} \tag{11}$$

로 설정한다. 이들은 원했던 대로의 균등분포 변수들이다. ∎

　　이 방법의 유효성을 초급 해석기하학과 미적분을 사용해서 증명해보자. 만일 단계 P3에서 $S < 1$이면, 데카르트 좌표가 (V_1, V_2)인 평면상의 점은 *단위 원(unit circle) 안에 균등하게 분포되는 하나의 무작위 점이다.* 극좌표 $V_1 = R \cos \Theta$, $V_2 = R \sin \Theta$로 변환해보면

$$S = R^2, \quad X_1 = \sqrt{-2\ln S} \cos \Theta, \quad X_2 = \sqrt{-2\ln S} \sin \Theta$$

가 나온다. 또한 극좌표 $X_1 = R' \cos \Theta'$, $X_2 = R' \sin \Theta'$를 사용하면 $\Theta' = \Theta$이고 $R' = \sqrt{-2\ln S}$임을 알 수 있다. R'과 Θ'이 서로 독립임은 명백하다. 왜냐하면 R과 Θ가 단위 원 안에서 독립이기 때문이다. 또한 Θ'은 0과 2π 사이에서 균등하게 분포되며, $R' \leq r$는 $-2\ln S \leq r^2$일 확률, 다시 말해서 $S \geq e^{-r^2/2}$일 확률이다. 이는 $1 - e^{-r^2/2}$와 같은데, 왜냐하면 $S = R^2$이 0에서 1 사이에서 균등하게 분포되기 때문이다. R'가 r과 $r + dr$ 사이에 놓일 확률은 $1 - e^{-r^2/2}$의 미분, 즉 $re^{-r^2/2}dr$이다. 비슷하게, Θ'가 θ와 $\theta + d\theta$ 사이에 놓일 확률은 $(1/2\pi)d\theta$이다. 이제 $X_1 \leq x_1$일 확률과 $X_2 \leq x_2$일 확률의 결합확률을 계산할 수 있다. 다음이다.

$$\int_{\{(r,\theta)\,|\,r\cos\theta \leq x_1,\, r\sin\theta \leq x_2\}} \frac{1}{2\pi} e^{-r^2/2} r\,dr\,d\theta$$

$$= \frac{1}{2\pi} \int_{\{(x,y)\,|\,x \leq x_1,\, y \leq x_2\}} e^{-(x^2+y^2)/2} dx\,dy$$

$$= \left(\sqrt{\frac{1}{2\pi}} \int_{-\infty}^{x_1} e^{-x^2/2} dx \right) \left(\sqrt{\frac{1}{2\pi}} \int_{-\infty}^{x_2} e^{-y^2/2} dy \right).$$

이 계산은 X_1과 X_2가 서로 독립적이며 균등분포임을 증명한다. 이로써 이 방법의 유효성이 증명되었다.

　　2) 직사각형–쐐기–꼬리 방법(rectangle-wedge-tail method). 마서글리아[G. Marsaglia]가 소개한 것이다. 여기서는 함수

$$F(x) = \mathrm{erf}(x/\sqrt{2}) = \sqrt{\frac{2}{\pi}} \int_0^x e^{-t^2/2} dt, \qquad x \geq 0 \tag{12}$$

를 사용하는데, 이것은 정규편이의 절대값의 분포를 제공한다. 분포 (12)에 따라 X를 계산하고 난 후에는 그 값에 무작위 부호를 붙인다. 그러면 진정한 정규편이가 된다.

직사각형-쐐기-꼬리 방법은 여러 중요한 일반 기법들에 기반을 두는데, 알고리즘을 전개하면서 그 기법들도 살펴보게 될 것이다. 첫 번째의 핵심 착상은 $F(x)$를 다른 여러 함수들의 혼합함수로 간주하는 것이다. 구체적으로 써보면

$$F(x) = p_1 F_1(x) + p_2 F_2(x) + \cdots + p_n F_n(x) \tag{13}$$

인데, 여기서 F_1, F_2, ..., F_n은 적절한 분포함수들이고 p_1, p_2, ..., p_n은 음이 아닌 확률들이다(합은 1). 확률 p_j로 분포 F_j를 선택해서 확률변수 X의 값을 구한다고 할 때, 전반적인 X의 분포가 F임은 쉽게 알 수 있다. 분포 $F_j(x)$들 중 일부는 다루기가 다소(어쩌면 F 자체보다 더) 힘들 수 있으나, 그런 경우 일반적으로는 확률 p_j가 아주 작아지도록 만드는 것이 가능하다. 분포 $F_j(x)$들 대부분은 균등분포의 사소한 변형일 것이므로 다루기가 상당히 쉬울 것이다. 이렇게 해서 얻은 방법을 구현하면 평균 수행시간이 매우 작은, 극도로 효율적인 프로그램을 만들 수 있다.

분포 자체 대신 분포의 미분(도함수)들을 다룬다면 이 방법을 이해하기가 쉬워진다. 함수

$$f(x) = F'(x), \qquad f_j(x) = F_j'(x)$$

들이 확률분포의 밀도 함수(density function)들이라고 하자. 식 (13)은 이제

$$f(x) = p_1 f_1(x) + p_2 f_2(x) + \cdots + p_n f_n(x) \tag{14}$$

가 된다. 각 $f_j(x)$는 ≥ 0이고, $f_j(x)$의 그래프 아래의 총 면적은 1이다. 이점에 착안해서, 관계 (14)를 눈으로 이해하기 쉽게 나타내는 방법이 있다. $f(x)$ 아래의 영역을 n개의 부분들로 나누는 것이다. 각 부분은 면적이 p_j인 $f_j(x)$에 해당한다. 그림 9는 $f(x) = F'(x) = \sqrt{2/\pi}\,e^{-x^2/2}$을 그런 식으로 그려 본 것이다. 곡선 아래의 영역을 $n = 31$개의 부분으로 분할해서 총 15개의 직사각형들이 생겼는데, 각각 $p_1 f_1(x)$, ..., $p_{15} f_{15}(x)$를 의미한다. 직사각형 윗부분에는 쐐기 같은 모습의 조각들이 15개 있는데, 이들의 면적은 $p_{16} f_{16}(x)$, ..., $p_{30} f_{30}(x)$이다. 나머지 부분, 즉 $x \geq 3$에 대한 $f(x)$ 그래프 전체는 "꼬리"라고 부르며 면적은 $p_{31} f_{31}(x)$이다.

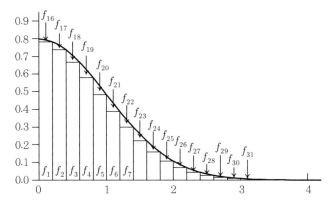

그림 9. 밀도 함수를 31개의 부분들로 분할한 모습. 각 부분의 면적은 해당 밀도의 난수가 계산될 평균 횟수를 나타낸다.

직사각형 부분들 $f_1(x)$, ..., $f_{15}(x)$는 균등분포를 의미한다. 예를 들어 $f_3(x)$은 $\frac{2}{5}$와 $\frac{3}{5}$ 사이의 균등분포 난수를 나타낸다. $p_j f_j(x)$의 높이는 $f(j/5)$이며, 따라서 j번째 직사각형의 면적은

$$1 \le j \le 15\text{에 대해} \qquad p_j = \frac{1}{5} f(j/5) = \sqrt{\frac{2}{25\pi}} \, e^{-j^2/50} \tag{15}$$

이다.

분포의 이러한 직사각형 부분들을 생성하는 방법은 간단하다.

$$X = \frac{1}{5} U + S \tag{16}$$

를 계산하면 된다. 여기서 U는 균등분포이고 S는 값이 $(j-1)/5$일 확률이 p_j인 분포를 따른다. $p_1 + \cdots + p_{15} = .9183$이므로, 92퍼센트의 경우에서 이런 간단한 균등편이들을 사용할 수 있다.

나머지 8퍼센트에서는 쐐기 모양 분포 F_{16}, ..., F_{30}들 중 하나를 사용해야 하는 것이 보통이다. 그림 10에 이에 대한 전형적인 예가 나와 있다. $x < 1$일 때에는 곡선 부분이 볼록하고 $x > 1$일 때에는 오목하다. 그러나 두 경우 모두 곡선 부분이 직선과 상당히 가까우며, 그림에 나온 것처럼 두 평행선으로 감싸는 것이 가능하다.

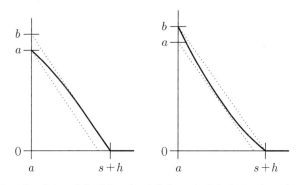

그림 10. 알고리즘 L에서 난수들을 생성하는 데 사용할 수 있는 밀도 함수들.

이러한 쐐기 모양 분포들은 또 다른 일반적 기법에 의존해서 다루기로 한다. 사용할 기법은 복잡한 밀도를 그것을 "감싸는" 또 다른 밀도로부터 얻는 폰노이만의 기각법(rejection method)이다. 앞에서 설명한 극법이 그러한 접근방식의 한 간단한 예이다: 단계 P1–P3에서는 우선 커다란 정사각형 안에서 하나의 무작위 점을 생성하고 그 점이 단위 원 바깥에 있으면 기각하는 과정을 반복함으로써 단위 원 안의 한 무작위 점을 얻는다.

일반적인 기각법은 이보다 훨씬 더 강력하다. 이 기법에서 밀도 f로 확률변수 X를 생성하는 방법은 이렇다. c가 상수라 할 때 모든 t에 대해

$$f(t) \le cg(t) \tag{17}$$

를 만족하는 또 다른 밀도 함수 g가 있다고 하자. 이제 밀도 g에 의거해서 X를 생성하고, 또한 그와는 독립적인 균등편이 U를 생성한다. 만일 $U \ge f(X)/cg(X)$이면 X를 기각하고 다른 X

와 U로 다시 시작한다. 그러다가 $U < f(X)/cg(X)$가 만족되면, 그 때의 X는 애초에 의도했던 밀도 f를 가지게 된다. 〔증명: $X \leq x$일 확률은 $p(x) = \int_{-\infty}^{x} (g(t)\,dt \cdot f(t)/cg(t)) + qp(x)$이다. 여기서 수량 $q = \int_{-\infty}^{\infty} (g(t)\,dt \cdot (1 - f(t)/cg(t))) = 1 - 1/c$은 기각될 확률이며, 따라서 $p(x) = \int_{-\infty}^{x} f(t)\,dt$이다.〕

이 기각법은 c가 작을 때 가장 효율적이다. 왜냐하면 c는 어떠한 하나의 값이 승인되기까지의 평균 반복 횟수이기 때문이다. (연습문제 6 참고.) 어떤 경우에는 $f(x)/cg(x)$가 항상 0 아니면 1이다. 그러면 U는 생성할 필요가 없다. 그 외의 경우에서 만일 $f(x)/cg(x)$를 계산하기 힘들다면, 그것을 훨씬 더 간단한 어떤 두 경계 함수

$$r(x) \leq f(x)/cg(x) \leq s(x) \tag{18}$$

사이에 "몰아 놓는" 방법이 있다. 이 경우 $f(x)/cg(x)$의 정확한 값은 $r(x) \leq U < s(x)$일 때에만 계산해도 된다. 다음은 기각법을 좀 더 전개해서 쐐기 문제를 푸는 알고리즘이다.

알고리즘 L (거의 직선인 밀도들). 이 알고리즘은 밀도 $f(x)$가 다음 조건들을 만족하는(그림 10 참고) 임의의 분포를 가진 확률변수 X를 생성하는 데 사용할 수 있다.

$$f(x) = 0, \qquad x < s \text{ 또는 } x > s+h \text{일 때;}$$
$$a - b(x-s)/h \leq f(x) \leq b - b(x-s)/h, \qquad s \leq x \leq s+h \text{일 때.} \tag{19}$$

L1. 〔$U \leq V$를 얻는다.〕 0과 1 사이에서 균등하게 분포되는 두 독립 확률변수 U와 V를 생성한다. 만일 $U > V$이면 $U \leftrightarrow V$로 교환한다.

L2. 〔쉬운 경우?〕 만일 $V \leq a/b$이면 L4로 간다.

L3. 〔다시 시도?〕 만일 $V > U + (1/b)f(s+hU)$이면 단계 L1로 돌아간다. (만일 a/b이 1에 가까우면, 알고리즘의 이 단계가 아주 자주 필요해지지는 않는다.)

L4. 〔X를 계산.〕 $X \leftarrow s + hU$로 설정한다. ▮

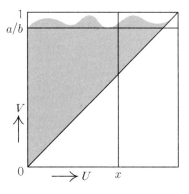

그림 11. 알고리즘 L의 "승인" 영역.

단계 L4에 도달했을 때 점 (U, V)는 그림 11의 회색 영역 안의 한 무작위 점이다. 즉, $0 \leq U \leq V \leq U + (1/b)f(s + hU)$이다. (19)의 조건들에 의해 다음이 보장된다.

$$\frac{a}{b} \leq U + \frac{1}{b}f(s + hU) \leq 1.$$

이제 $0 \leq x \leq 1$에 대해 $X \leq s + hx$일 확률은 그림 11의 수직선 $U = x$의 왼쪽 영역의 면적을 전체 면적으로 나눈 것, 즉

$$\int_0^x \frac{1}{b}f(s + hu)\, du \,\bigg/\, \int_0^1 \frac{1}{b}f(s + hu)\, du = \int_s^{s + hx} f(v)\, dv$$

이며, 따라서 X는 원했던 분포를 가진다.

상수 a_j, b_j, s_j가 적절한 값들을 가지고 있다면 알고리즘 L은 그림 9의 쐐기 모양 밀도 f_{j+15}들을 $(1 \leq j \leq 15)$도 해결하게 된다. 마지막 분포인 F_{31}은 370분의 1의 경우에만 처리하면 된다. 결과 $X \geq 3$를 계산해야 할 때에는 항상 이 분포를 사용해야 한다. 연습문제 11에는 이러한 "꼬리"에 사용할 수 있는 표준 기각 방안이 나온다. 이제 직사각형-쐐기-꼬리 방법 전체를 하나의 알고리즘으로 만들 수 있게 되었다.

알고리즘 M (정규편이들을 위한 직사각형-쐐기-꼬리법). 이 알고리즘은 보조 표 $(P_0, ..., P_{31})$, $(Q_1, ..., Q_{15})$, $(Y_0, ..., Y_{31})$, $(Z_0, ..., Z_{31})$, $(S_1, ..., S_{16})$, $(D_{16}, ..., D_{30})$, $(E_{16}, ..., E_{30})$을 사용한다. 이 표들의 구축 방법은 연습문제 10(의 해답)의 설명을 따른다. 표 1에 이 표들의 예가 나와 있다. 이 알고리즘은 이진 컴퓨터에서 실행된다고 가정한다. 십진 컴퓨터에 대한 이와 비슷한 절차도 만들 수 있을 것이다.

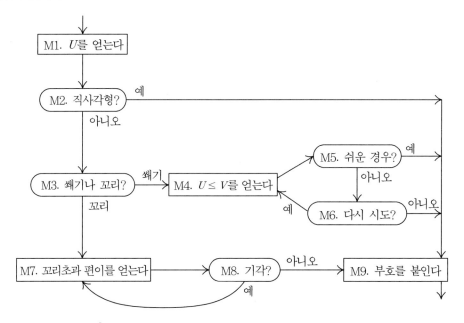

그림 12. 정규편이 생성을 위한 "직사각형-쐐기-꼬리" 알고리즘.

표 1

알고리즘 M에 쓰이는 표들의 예*

j	P_j	P_{j+16}	Q_j	Y_j	Y_{j+16}	Z_j	Z_{j+16}	S_{j+1}	D_{j+15}	E_{j+15}
0	.000	.067		0.00	0.59	0.20	0.21	0.0		
1	.849	.161	.236	−0.92	0.96	1.32	0.24	0.2	.505	25.00
2	.970	.236	.206	−5.86	−0.06	6.66	0.26	0.4	.773	12.50
3	.855	.285	.234	−0.58	0.12	1.38	0.28	0.6	.876	8.33
4	.994	.308	.201	−33.16	1.31	34.96	0.29	0.8	.939	6.25
5	.995	.304	.201	−39.51	0.31	41.31	0.29	1.0	.986	5.00
6	.933	.280	.214	−2.57	1.12	2.97	0.28	1.2	.995	4.06
7	.923	.241	.217	−1.61	0.54	2.61	0.26	1.4	.987	3.37
8	.727	.197	.275	0.67	0.75	0.73	0.25	1.6	.979	2.86
9	1.000	.152	.200		0.56		0.24	1.8	.972	2.47
10	.691	.112	.289	0.35	0.17	0.65	0.23	2.0	.966	2.16
11	.454	.079	.440	−0.17	0.38	0.37	0.22	2.2	.960	1.92
12	.287	.052	.698	0.92	−0.01	0.28	0.21	2.4	.954	1.71
13	.174	.033	1.150	0.36	0.39	0.24	0.21	2.6	.948	1.54
14	.101	.020	1.974	−0.02	0.20	0.22	0.20	2.8	.942	1.40
15	.057	.086	3.526	0.19	0.78	0.21	0.22	3.0	.936	1.27

* 실제 응용에서는 이 표에 나온 것보다 훨씬 더 높은 정밀도의 자료가 필요할 것이다. 이 표는 단지 관심 있는 독자가 좀 더 정확한 값들을 계산하는 독자적인 알고리즘을 만들고 그것을 시험해 볼 때 사용하기에 충분한 정도의 수치들만 제공한다. Q_0, Y_9, Z_9, D_{15}, E_{15}의 값들은 쓰이지 않는다.

M1. 〔U를 얻는다.〕 균등 난수 $U = (.b_0 b_1 b_2 \ldots b_t)_2$를 생성한다. (여기서 b들은 U의 이진 표현의 비트들이다. 합당한 정밀도를 위해서는 t가 적어도 24이어야 한다.) $\psi \leftarrow b_0$으로 설정한다. (이후 ψ는 결과의 부호를 결정하는 데 쓰인다.)

M2. 〔직사각형?〕 $j \leftarrow (b_1 b_2 b_3 b_4 b_5)_2$로, 즉 U의 선행 비트들로 된 하나의 이진수로 설정한다. 그리고 $f \leftarrow (.b_6 b_7 \ldots b_t)_2$로, 즉 그 나머지 비트들로 된 분수(소수)로 설정한다. 만일 $f \geq P_j$이면 $X \leftarrow Y_j + f Z_j$로 설정하고 M9로 간다. 그렇지 않고 만일 $j \leq 15$이면(즉 $b_1 = 0$이면) $X \leftarrow S_j + f Q_j$로 설정하고 M9로 간다. (이것은 워커의 별칭법 (3)의 변형이다.)

M3. 〔쐐기나 꼬리?〕 (이제 $16 \leq j \leq 31$이며, 각각의 특정한 값 j는 확률 p_j로 발생한다.) 만일 $j = 31$이면 M7로 간다.

M4. 〔$U \leq V$를 얻는다.〕 새로운 두 균등편이 U와 V를 생성한다. 만일 $U > V$이면 $U \leftrightarrow V$로 교환한다. (이제 알고리즘 L의 한 특수 경우를 수행한다.) $X \leftarrow S_{j-15} + \frac{1}{5} U$로 설정한다.

M5. 〔쉬운 경우?〕 만일 $V \leq D_j$이면 M9로 간다.

M6. 〔다시 시도?〕 만일 $V > U + E_j (e^{(S_{j-14}^2 - X^2)/2} - 1)$이면 단계 M4로 돌아가고, 그렇지 않으면 M9로 간다. (이 단계는 낮은 확률로 수행된다.)

M7. 〔꼬리초과(supertail) 편이를 얻는다.〕 새로운 두 독립 균등편이 U와 V를 생성하고 $X \leftarrow \sqrt{9 - 2\ln V}$로 설정한다.

M8. 〔기각?〕 만일 $UX \geq 3$이면 단계 M7로 돌아간다. (이 일은 이 단계 M8에 도달한 전체 경우의 12분의 1에서만 일어난다.)

M9. 〔부호를 붙인다.〕 만일 $\psi = 1$이면 $X \leftarrow -X$로 설정한다. ▌

이 알고리즘은 수학 이론이 프로그래밍의 정교함과 긴밀하게 한데 짜여진 아주 멋진 예이다. 컴퓨터 프로그래밍의 예술의 한 가지 훌륭한 사례라 할 수 있다. 대부분의 경우에서 수행될 필요가 있는 단계들은 M1, M2, M9 뿐이고, 그 외의 경우들도 아주 느리지는 않다. 직사각형-쐐기-꼬리법의 최초의 출판물들은 G. Marsaglia, *Annals Math. Stat.* **32** (1961), 894-899와 G. Marsaglia, M. D. MacLaren, T. A. Bray, *CACM* **7** (1964), 4-10이다. 이후 G. Marsaglia, K. Ananthanarayanan, N. J. Paul, *Inf. Proc. Letters* **5** (1976), 27-30은 알고리즘 M을 더욱 개선했다.

3) 홀짝법(odd-even method), 포사이스G. E. Forsythe에서 기인함. 밀도가 일반적인 지수 형식

$$f(x) = Ce^{-h(x)} \quad [a \leq x < b] \tag{20}$$

인(여기서 $h(x)$의 범위는

$$a \leq x < b \text{에 대해} \qquad 0 \leq h(x) \leq 1 \tag{21}$$

이다) 난수들을 생성하는 놀랄 만큼 간단한 기법을 1950년쯤에 폰노이만과 포사이스가 발견했다. 핵심은 앞에서 설명한 기각법에 근거하되 $g(x)$를 $[a..b)$에 대한 균등분포로 두는 것이다: U가 균등편이일 때 $X \leftarrow a + (b-a)U$로 설정하고, 그런 다음 X를 확률 $e^{-h(X)}$으로 승인한다. 후자의 연산은 $e^{-h(X)}$을 V와 비교하거나 $h(X)$를 $-\ln V$와 비교해서(V는 또 다른 균등편이) 수행할 수 있으나, 다음과 같은 흥미로운 방식을 이용하면 어떠한 초월함수들도 적용하지 않고 수행할 수 있다. $V_0 \leftarrow h(X)$로 설정하고, $V_{K-1} < V_K$인 어떤 $K \geq 1$이 나올 때까지 $V_1, V_2, \ldots$를 생성한다. 고정된 X와 k에 대해 $h(X) \geq V_1 \geq \cdots \geq V_k$일 확률은 $1/k!$에 $\max(V_1, \ldots, V_k) \leq h(X)$일 확률, 즉 $h(X)^k/k!$을 곱한 것이다. 따라서 $K = k$일 확률은 $h(X)^{k-1}/(k-1)! - h(X)^k/k!$이며, K가 홀수일 확률은

$$\sum_{k\text{는 홀수}, \, k \geq 1} \left(\frac{h(X)^{k-1}}{(k-1)!} - \frac{h(X)^k}{k!} \right) = e^{-h(X)} \tag{22}$$

이다. 그러므로 K가 짝수이면 X를 기각하고 다시 시도하고, K가 홀수이면 X를 밀도가 (20)인 하나의 확률 변수로서 승인한다. 보통은 K를 결정하기 위해 수많은 V들을 생성해야 할 필요가 없는데, 왜냐하면 X가 주어졌을 때 K의 평균값은 $\sum_{k \geq 0} \Pr(K > k) = \sum_{k \geq 0} h(X)^k/k! = e^{h(X)} \leq e$이기 때문이다.

몇 년 후 포사이스는 이 접근방식이 알고리즘 P나 M에서처럼 제곱근이나 로그를 계산하는 보조적인 루틴 없이도 정규편이들을 계산할 수 있는 한 가지 효율적인 방법으로 이어짐을 깨달았다. 그의

절차는 다음과 같이 요약할 수 있다(아렌스와 디터에서 기인한, 좀 더 나은 구간 $[a..b)$을 선택하는 개선안을 추가한 것임).

알고리즘 F (정규편이들을 위한 홀짝법). 이 알고리즘은 이진 컴퓨터에서 약 $t+1$비트의 정밀도를 가진다고 가정되는 정규편이들을 생성한다. 이 알고리즘은 $1 \le j \le t+1$에 대한 값 $d_j = a_j - a_{j-1}$들의 표를 사용한다. 여기서 a_j는 다음 관계식을 만족하는 값들이다.

$$\sqrt{\frac{2}{\pi}} \int_{a_j}^{\infty} e^{-x^2/2} dx = \frac{1}{2^j}. \tag{23}$$

F1. 〔U를 얻는다.〕 균등 난수 $U = (.b_0 b_1 \ldots b_t)_2$를 생성한다. 여기서 $b_0, b_1, \ldots, b_t$는 이진 표현에서의 비트들을 의미한다. $\psi \leftarrow b_0,\ j \leftarrow 1,\ a \leftarrow 0$으로 설정한다.

F2. 〔처음으로 0인 b_j를 찾는다.〕 만일 $b_j = 1$이면 $a \leftarrow a + d_j,\ j \leftarrow j+1$로 설정하고 이 단계를 반복한다. (만일 $j = t+1$이면 b_j를 0으로 간주한다.)

F3. 〔후보를 생성.〕 (이제 $a = a_{j-1}$이며 j의 현재 값은 확률 $\approx 2^{-j}$으로 발생한다. 이제부터는 $h(x) = x^2/2 - a^2/2 = y^2/2 + ay,\ y = x - a$로 두고 앞에서 설명한 기각법을 이용해서 $[a_{j-1}..a_j)$ 범위의 X를 생성한다. (21)에서 요구된 것처럼 $h(x) \le 1$임은 연습문제 12에서 증명한다.) $Y \leftarrow d_j$ 곱하기 $(.b_{j+1} \ldots b_t)_2$로, 그리고 $V \leftarrow (\frac{1}{2} Y + a) Y$로 설정한다. ($j$의 평균값은 2이므로, 일반적으로 $(.b_{j+1} \ldots b_t)_2$에는 적절한 정확도를 제공하기에 충분한 개수의 유효 비트들이 존재하게 된다. 이러한 계산들은 고정소수점 산술에서 쉽게 수행할 수 있다.)

F4. 〔기각?〕 균등편이 U를 생성한다. 만일 $V < U$이면 단계 F5로 간다. 그렇지 않으면 V를 새로운 균등편이로 설정한다. 그리고 만일 새 V가 $\le U$이면 단계 F4를 반복한다. 그렇지 않으면(즉, 앞의 논의에서처럼 K가 짝수이면) U를 새 균등편이 $(.b_0 b_1 \ldots b_t)_2$로 대체하고 F3으로 돌아간다.

F5. 〔X를 반환.〕 $X \leftarrow a + Y$로 설정한다. 만일 $\psi = 1$이면 $X \leftarrow -X$로 설정한다. ∎

아렌스와 디터의 논문 *Math. Comp.* **27** (1973), 927-937에 $1 \le j \le 47$에 대한 d_j의 값들이 나온다. 이 논문은 더 많은 표를 사용해서 알고리즘의 속도를 높이는 개선안들을 논의한다. 알고리즘 F는 알고리즘 M만큼 빠르면서 구현하기는 더 쉽다는 점에서 매력적이다. 정규편이 당 균등편이의 평균 개수는 2.53947이다. 브렌트R. P. Brent는 저장된 균등편이당 두 번의 뺄셈과 한 번의 나눗셈을 추가하는 대신 이 평균 개수를 1.37446으로 줄이는 방법을 보였다 〔*CACM* **17** (1974), 704-705〕.

4) 균등편이들의 비율. 정규편이들을 생성하는 또 다른 좋은 방법이 1976년에 킨더먼A. J. Kinderman과 모너핸J. F. Monahan에 의해서 발견되었다. 그들의 발상은,

$$0 < u \le 1, \qquad -2u\sqrt{\ln(1/u)} \le v \le 2u\sqrt{\ln(1/u)} \tag{24}$$

로 정의된 영역 안에서 하나의 무작위 점 (U, V)를 생성하고 비율 $X \leftarrow V/U$를 출력한다는 것이다.

그림 13의 회색 영역이 이 모든 것을 가능하게 하는 마법의 영역 (24)이다. 관련 이론을 살펴보기 전에 우선 구체적인 알고리즘부터 보자. 이 방법의 효율성과 단순성을 실감할 수 있을 것이다.

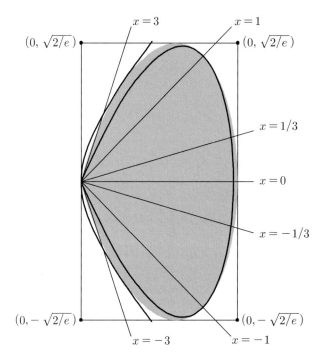

그림 13. 정규편이 생성을 위한 균등편이 비율법의 "승인" 영역. 좌표 비율이 x인 선들의 길이들이 정규분포를 따른다.

알고리즘 R (정규편이들을 위한 비율법). 이 알고리즘은 정규편이 X를 생성한다.

R1. 〔U, V를 얻는다.〕 독립적인 두 균등편이 U와 V를 얻는다. U는 0이 아니어야 한다. $X \leftarrow \sqrt{8/e}\,(V - \frac{1}{2})/U$로 설정한다. (이제 X는 그림 13의 회색 영역을 감싸는 사각형 안의 한 무작위 점의 좌표 $(U,\ \sqrt{8/e}\,(V - \frac{1}{2}))$들의 비율이다. 이 알고리즘은 해당 점이 실제로 "회색 영역" 안에 들어가면 X를 승인하고, 그렇지 않으면 다시 시도한다.)

R2. 〔추가적인 상계 판정.〕 만일 $X^2 \leq 5 - 4e^{1/4}U$이면 X를 출력하고 알고리즘을 끝낸다. (필요하다면 이 단계는 생략할 수 있다. 이 단계는 선택된 점이 그림 13의 내부 영역 안에 있는지의 여부를 먼저 판정함으로써 이후의 불필요한 로그 계산을 피하기 위한 것이다.)

R3. 〔추가적인 하계 판정.〕 만일 $X^2 \geq 4e^{-1.35}/U + 1.4$이면 R1로 돌아간다. (이 단계 역시 생략할 수 있다. 이 단계는 선택된 점이 그림 13의 외부 영역 바깥에 있는지의 여부를 먼저 판정함으로써 이후의 불필요한 로그 계산을 피하기 위한 것이다.)

R4. 〔최종 판정.〕 만일 $X^2 \leq -4\ln U$이면 X를 출력하고 알고리즘을 끝낸다. 그렇지 않으면 R1로 돌아간다. ∎

연습문제 20과 21은 수행 시간을 분석한다. 그 문제들에서는 단계 R2와 R3의 개별적인 포함 여부에 따라 나오는 네 가지 서로 다른 알고리즘들을 분석한다. 다음 표는 R2와 R3의 포함 여부에 따른 각 단계의 평균 수행 횟수를 정리한 것이다.

단계	둘 다 생략	R2만 포함	R3만 포함	둘 다 포함	
R1	1.369	1.369	1.369	1.369	
R2	0	1.369	0	1.369	(25)
R3	0	0	1.369	0.467	
R4	1.369	0.467	1.134	0.232	

로그 연산을 아주 빨리 수행할 수 있다면 두 단계 모두 포함시키는 게 낫다. 그러나 로그 연산이 상당히 느리다면 생략하는 게 나을 수 있다.

그런데 이 알고리즘이 왜 유효한 것일까? 한 가지 이유는, 우리가 $X \le x$일 확률을 계산할 수 있고, 그것이 정확한 값 (10)이라는 점이다. 그러나 그런 계산은 적당한 요령을 찾아내지 않는 한 그리 쉽지 않을 수 있는데, 어쨌거나 알고리즘이 애초에 어떻게 발견되었는지를 이해하는 게 우리에게 도움이 될 것이다. 킨더먼과 모너핸은 좋은 습성을 가진 어떠한 밀도 함수 $f(x)$에도 사용할 수 있는 아래의 이론을 밝히는 과정에서 그 알고리즘을 유도했다 [*ACM Trans. Math. Software* **3** (1977), 257–260 참고].

일반적으로, 점 (U, V)가 (u, v) 평면의

$$u > 0, \qquad u^2 \le g(v/u) \tag{26}$$

로 정의되는 영역 안에서 균등하게 분포된다고 하자. 여기서 g는 어떤 음이 아닌 미분가능 함수이다. 만일 $X \leftarrow V/U$로 둔다면, (26)의 두 관계식과 추가적인 조건 $v/u \le x$에 의해 정의되는 영역에 대해 $du\,dv$를 적분하고 그것을 그 추가 조건이 없는 상황에서의 같은 적분으로 나눔으로써 $X \le x$일 확률을 구할 수 있다. $dv = u\,dt$가 되도록 $v = tu$로 두면 적분은

$$\int_{-\infty}^{x} dt \int_{0}^{\sqrt{g(t)}} u\,du = \frac{1}{2}\int_{-\infty}^{x} g(t)\,dt$$

가 된다. 따라서 $X \le x$일 확률은

$$\int_{-\infty}^{x} g(t)\,dt \left/ \int_{-\infty}^{+\infty} g(t)\,dt \right. \tag{27}$$

이다.

정규분포는 $g(t) = e^{-t^2/2}$일 때 나타난다. 그리고 그런 경우 조건 $u^2 \le g(v/u)$는 $(v/u)^2 \le -4\ln u$로 단순화된다. 그런 모든 쌍 (u, v)들의 집합이 그림 13의 직사각형 영역에 완전히 포함됨은 쉽게 알 수 있다.

단계 R2와 R3의 한계들은 좀 더 단순한 경계 방정식들로 내부, 외부 영역들을 정의한다. 모

든 실수 x에 대해 성립하는 잘 알려진 부등식

$$e^x \geq 1 + x$$

를 이용하면 임의의 상수 $c > 0$에 대해 다음이 성립함을 보일 수 있다.

$$1 + \ln c - cu \leq -\ln u \leq 1/(cu) - 1 + \ln c. \tag{28}$$

연습문제 21은 $c = e^{1/4}$이 단계 R2에서 사용할 수 있는 최상의 상수임을 증명한다. 단계 R3에서는 상황이 좀 더 복잡하다. 이 단계에서의 최적의 c에 대한 간단한 수식은 존재하지 않는 것으로 보인다. 그러나 계산적 실험들을 통해서 R3에 대한 최적의 값이 $\approx e^{1.35}$임을 알 수 있다. 근사 곡선 (28)은 $u = 1/c$일 때 진짜 경계와 접한다.

실제로, 승인 영역의 좀 더 나은 근사[J. L. Leva, *ACM Trans. Math. Software* **18** (1992), 449–455 참고]가 있다면 로그 계산의 기대 횟수를 단 0.012회로 줄일 수 있다.

승인 영역을 작은 부분영역들로 나눈다면, 그리고 그 부분영역들 대부분을 좀 더 빠르게 처리할 수 있다면, 이보다 더 빠른 방법도 가능하다. 물론 그런 방법은 알고리즘 M, F처럼 보조적인 표들을 사용해야 할 것이다. 더 적은 표 항목들을 요구하는 흥미로운 대안을 아렌스와 디터가 *CACM* **31** (1988), 1330–1337에 제안한 바 있다.

5) 정규편이들에서 정규편이 얻기. 연습문제 31은 모든 것을 균등편이들에 근거하는 대신 정규편이들을 직접 다룸으로써 시간을 절약하는 한 가지 흥미로운 접근방식을 논의한다. 1996년에 월리스C. S. Wallace가 소개한 이 방법은 당시에는 이론적인 지지를 거의 얻지 못했지만, 여러 경험적 검정들을 성공적으로 통과했다.

6) 정규분포의 변형들. 지금까지는 평균 0, 표준편차 1인 정규분포를 고려했다. 만일 X가 그러한 분포를 따른다면

$$Y = \mu + \sigma X \tag{29}$$

는 평균 μ, 표준편차 σ인 정규분포를 가진다. 더 나아가서, 만일 X_1과 X_2가 평균 0, 표준편차 1인 독립 정규편이들이면, 그리고 만일

$$Y_1 = \mu_1 + \sigma_1 X_1, \qquad Y_2 = \mu_2 + \sigma_2 \left(\rho X_1 + \sqrt{1 - \rho^2} \, X_2 \right) \tag{30}$$

이면 Y_1과 Y_2는 평균이 μ_1, μ_2이고 표준편차가 σ_1, σ_2인 정규분포를 따르며 상관계수가 ρ인, 서로 의존적인 확률변수들이다. (n개의 변수들로의 일반화는 연습문제 13을 볼 것.)

D. 지수분포. 균등분포와 정규분포 다음으로 중요한 무작위 수량은 지수편이(exponential deviate) 이다. 그런 수들은 "도달 시간" 상황들에서 발생한다. 예를 들어 방사성 물질이 알파 입자를 평균 μ초마다 하나씩 방출한다고 하자. 그러면 연이은 두 방출 사이의 시간은 평균이 μ인 지수분포를 따른다. 이 분포는 다음과 같은 공식으로 정의된다.

$$F(x) = 1 - e^{-x/\mu}, \qquad x \geq 0. \tag{31}$$

1) 로그법. 만일 $y = F(x) = 1 - e^{-x/\mu}$이면 $x = F^{[-1]}(y) = -\mu \ln(1-y)$임은 명백하다. 따라서 $-\mu \ln(1-U)$는 식 (7)에 의해 지수분포를 가진다. U가 균등분포일 때 $1-U$도 균등분포이므로

$$X = -\mu \ln U \tag{32}$$

가 평균이 μ인 지수분포라는 결론을 내릴 수 있다. ($U = 0$인 경우는 특별히 취급해야 한다. 이 경우의 확률은 매우 작기 때문에 0을 임의의 편리한 값 ϵ으로 대체할 수 있다.)

2) 무작위 최소화법. 알고리즘 F에서 우리는 균등분포의 로그 계산 대신 사용할 수 있는 간단하고도 빠른 대안이 있음을 보았다. 다음의 특히나 효율적인 접근방식은 마서글리아G. Marsaglia, 시부야 M. Sibuya, 아렌스J. H. Ahrens가 개발한 것이다 [*CACM* **15** (1972), 876-877]:

알고리즘 S (평균이 μ인 지수분포). 이 알고리즘은 이진 컴퓨터에서 $(t+1)$ 정밀도의 균등편이들을 이용해서 지수편이들을 생성한다. 상수

$$Q[k] = \frac{\ln 2}{1!} + \frac{(\ln 2)^2}{2!} + \cdots + \frac{(\ln 2)^k}{k!}, \qquad k \geq 1 \tag{33}$$

들을 $Q[k] > 1 - 2^{-t}$가 될 때까지 미리 계산해 두어야 한다.

S1. [U를 얻고 자리이동.] $(t+1)$비트 균등 무작위 이진 분수 $U = (.b_0 b_1 b_2 \dots b_t)_2$를 생성한다. 첫 번째의 0인 비트 b_j를 찾고, $U \leftarrow (.b_{j+1} \dots b_t)_2$로 설정해서 그 비트 이전의 $j+1$ 비트들을 제거한다. (알고리즘 F에서처럼, 제거된 비트들의 평균 개수는 2이다.)

S2. [즉시 승인?] 만일 $U < \ln 2$이면 $X \leftarrow \mu(j \ln 2 + U)$로 설정하고 알고리즘을 끝낸다. (이 때 $Q[1] = \ln 2$임을 주목할 것.)

S3. [최소화.] $U < Q[k]$인 최소의 $k \geq 2$를 구한다. k개의 새로운 균등편이 $U_1, \dots, U_k$들을 생성하고 $V \leftarrow \min(U_1, \dots, U_k)$로 설정한다.

S4. [답을 낸다.] $X \leftarrow \mu(j + V) \ln 2$로 설정한다. ∎

지수편이들을 생성하는 또 다른 방법(이를테면 알고리즘 R에서처럼 균등편이들의 비율을 사용하는 등)을 사용할 수도 있다.

E. 그 외의 연속 분포들. 실제 응용에서 상당히 자주 나타나는 몇 가지 다른 분포들을 다루는 방법을 간략히 살펴보자.

1) 차수 $a > 0$의 감마분포는 다음과 같이 정의된다.

$$F(x) = \frac{1}{\Gamma(a)} \int_0^x t^{a-1} e^{-t} \, dt, \qquad x \geq 0. \tag{34}$$

$a = 1$일 때 이것은 평균이 1인 지수분포이다. $a = \frac{1}{2}$일 때 이것은 $\frac{1}{2} Z^2$의 분포인데, 여기서 Z는

정규분포(평균 0, 분산 1)를 따른다. 만일 X와 Y가 서로 독립적이고 차수가 각각 a와 b인 감마분포 확률변수들이면, $X + Y$는 차수 $a + b$의 감마분포이다. 따라서, 예를 들어 평균이 1인 k개의 독립 지수편이들의 합은 k차 감마분포를 따른다. 로그법 (32)로 이런 지수편이들을 생성한다면 로그 하나만 계산하면 된다: $X \leftarrow -\ln(U_1 \dots U_k)$, 여기서 $U_1, \dots, U_k$는 0이 아닌 균등편이들. 이 기법은 모든 정수 차수 a들에 유효하다. 완전함을 위해 정수 차수가 아닌 경우까지 고려한다면(고려할 때), $0 < a < 1$에 대해 적합한 방법이 연습문제 16에 나온다.

차수 a가 크다면 단순한 로그법은 너무 느리다. $\lfloor a \rfloor$개의 균등편이들이 필요하기 때문이다. 게다가 $U_1 \dots U_{\lfloor a \rfloor}$가 부동소수점 아래넘침(underflow)을 일으킬 위험이 상당히 크다. 큰 a에 대해서는 아렌스J. H. Ahrens에서 기인한 다음과 같은 알고리즘이 상당히 효율적이며, 표준적인 서브루틴들로 작성하기도 쉽다. 〔*Ann. Inst. Stat. Math.* **13** (1962), 231-237 참고.〕

알고리즘 A (차수 $a > 1$의 감마분포).

A1. 〔후보를 생성.〕 $Y \leftarrow \tan(\pi U)$로 설정한다. 여기서 U는 하나의 균등편이이다. 그리고 $X \leftarrow \sqrt{2a-1}\, Y + a - 1$로 설정한다. ($\tan(\pi U)$ 대신, 알고리즘 P의 단계 P4에서처럼 V_2/V_1를 계산해서 극법을 사용할 수도 있다.)

A2. 〔승인?〕 만일 $X \leq 0$이면 A1로 돌아간다. 그렇지 않으면 균등편이 V를 생성하고, 만일 $V > (1 + Y^2)\exp((a-1)\ln(X/(a-1)) - \sqrt{2a-1}\, Y)$이면 A1로 돌아간다. 그렇지 않으면 X를 받아들인다. ∎

단계 A1의 평균 수행 횟수는 $a \geq 3$일 때 < 1.902이다.

또한, X가 평균이 $1 - 1/(9a)$이고 표준편차가 $1/\sqrt{9a}$인 정규분포를 따른다고 할 때 감마편이가 aX^3과 근사적으로 같다는 주목할만한 사실에 기반을 둔, 큰 a에 대한 매력적인 접근방식이 있다. E. B. Wilson, M. M. Hilferty, *Proc. Nat. Acad. Sci.* **17** (1931), 684-688; G. Marsaglia, *Computers and Math.* **3** (1977), 321-325*를 볼 것.

정규편이를 생성하는 시간의 약 두 배의 시간으로 감마편이를 생성하는 다소 복잡하나 훨씬 더 빠른 알고리즘이 J. H. Ahrens, U. Dieter, *CACM* **25** (1982), 47-54에 나온다. 그 논문은 알고리즘 구축에 쓰인 설계 원리들에 대한 교육적인 논의를 담고 있다.

2) 매개변수 a와 b가 양의 값인 베타분포는 다음과 같이 정의된다.

$$F(x) = \frac{\Gamma(a+b)}{\Gamma(a)\Gamma(b)} \int_0^x t^{a-1}(1-t)^{b-1}\,dt, \qquad 0 \leq x \leq 1. \tag{35}$$

X_1과 X_2가 각각 차수 a, b의 독립 감마편이들이라고 할 때 $X \leftarrow X_1/(X_1 + X_2)$로 설정한다. a와 b가 작을 때 유용한 또 다른 방법으로, $Y_1 + Y_2 \leq 1$가 될 때까지 설정

---

* 〔주〕 323쪽에 나온 알고리즘의 단계 3에서 "$+(3a-1)$"을 "$-(3a-1)$"로 바꾸어야 한다.

$$Y_1 \leftarrow U_1^{1/a} \quad \text{및} \quad Y_2 \leftarrow U_2^{1/b}$$

을 반복하고 그 후에는 $X \leftarrow Y_1/(Y_1 + Y_2)$로 설정한다. 〔M. D. Jöhnk, *Metrika* **8** (1964), 5-15 참고.〕 a와 b가 정수이고 아주 크지 않을 때 사용할 수 있는 또 다른 방법은 $a + b - 1$개의 독립 균등편이들 중 b번째로 큰 것으로 X를 설정하는 것이다(5장 시작 부분의 연습문제 9를 볼 것). 또한 R. C. H. Cheng, *CACM* **21** (1978), 317-322에 나온 좀 더 직접적인 방법도 참고하라.

3) 자유도가 ν인 카이제곱 분포(식 3.3.1-(22))는 Y가 $\nu/2$차 감마분포를 가지는 확률변수라 할 때 $X \leftarrow 2Y$로 설정해서 얻는다.

4) 자유도가 ν_1, ν_2인 F분포(분산 비율 분포)는 다음과 같이 정의된다.

$$F(x) = \frac{\nu_1^{\nu_1/2} \nu_2^{\nu_2/2} \Gamma((\nu_1 + \nu_2)/2)}{\Gamma(\nu_1/2)\Gamma(\nu_2/2)} \int_0^x t^{\nu_1/2 - 1} (\nu_2 + \nu_1 t)^{-\nu_1/2 - \nu_2/2} dt. \qquad (36)$$

여기서 $x \geq 0$이다. Y_1과 Y_2가 자유도가 각각 ν_1과 ν_2인 카이제곱 분포를 따르는 독립 확률변수라고 할 때, $X \leftarrow Y_1\nu_2/Y_2\nu_1$로 설정한다. 또는 $X \leftarrow \nu_2 Y/\nu_1(1 - Y)$로 설정한다. 여기서 Y는 매개변수 $\nu_1/2$와 $\nu_2/2$를 가진 베타편이이다.

5) 자유도 ν의 t분포는 다음과 같이 정의된다.

$$F(x) = \frac{\Gamma((\nu+1)/2)}{\sqrt{\pi\nu}\,\Gamma(\nu/2)} \int_{-\infty}^x (1 + t^2/\nu)^{-(\nu 1)/2} dt. \qquad (37)$$

Y_1이 정규편이(평균 0, 분산 1)이고 Y_2가 Y_1과는 독립적이며 ν 자유도의 카이제곱 분포를 따른다고 할 때 $X \leftarrow Y_1/\sqrt{Y_2/\nu}$로 설정한다. 다른 방법으로는, $\nu > 2$일 때 Y_1이 정규분포이고 Y_2가 그와는 독립적으로 평균이 $2/(\nu - 2)$인 지수분포라고 두고 $Z \leftarrow Y_1^2/(\nu - 2)$로 설정한 후 만일 $e^{-Y_2 - Z} \geq 1 - Z$이면 (Y_1, Y_2)를 기각하고 그렇지 않으면

$$X \leftarrow Y_1/\sqrt{(1 - 2/\nu)(1 - Z)}$$

로 설정한다. 후자의 방법은 George Marsaglia, *Math. Comp.* **34** (1980), 235-236에 기인한다. 〔또한 A. J. Kinderman, J. F. Monahan, J. G. Ramage, *Math. Comp.* **31** (1977), 1009-1018도 보라.〕

6) 반지름이 1인 n차원 구면상의 무작위 점. X_1, X_2, ..., X_n이 독립 정규편이들(평균 0, 분산 1)이라고 하자. 단위 구면상의 원하는 점은 다음과 같이 정의된다.

$$(X_1/r, X_2/r, ..., X_n/r), \quad \text{여기서} \quad r = \sqrt{X_1^2 + X_2^2 + \cdots + X_n^2}. \qquad (38)$$

만일 X를 극법으로(알고리즘 P) 계산한다면 한 번에 두 개의 독립적인 X들을 계산하게 되며, 그 알고리즘의 표기법 하에서 $X_1^2 + X_2^2 = -2\ln S$가 성립한다. 이 덕분에 r을 평가하는 데 필요한 시간이 조금 절약된다. (38)의 유효성은 점 $(X_1, ..., X_n)$에 대한 분포함수의 밀도가 오직 원점과의

거리에만 의존하므로 그 점을 단위 구면에 투영했을 때 그 점이 균등분포를 가진다는 사실에서 비롯된다. 이 방법은 브라운G. W. Brown이 *Modern Mathematics for the Engineer*, First series, E. F. Beckenbach 엮음 (New York: McGraw-Hill, 1956), 302에서 처음 제안했다. n차원 구면 내부의 무작위 점을 얻는 문제에 대해서는, 브렌트R. P. Brent가 제안한, 구면상의 한 점을 취하고 그것에 $U^{1/n}$을 곱하는 방법이 있다.

3차원에서는 개별 좌표가 -1과 1 사이에 균등하게 분포되므로 다음과 같은 훨씬 더 간단한 방법을 사용할 수 있다: 알고리즘의 단계 P1-P3으로 V_1, V_2, S를 구한다. 그러면 구면상의 원하는 무작위점은 $(\alpha V_1, \alpha V_2, 2S-1)$이다(여기서 $\alpha = 2\sqrt{1-S}$). [Robert E. Knop, *CACM* **13** (1970), 326.]

F. 주요 정수값 분포들. 본질적으로는 이번 절 시작 부분에서 설명한 기법들로 오직 정수값들로만 된 확률분포를 처리할 수 있다. 그러나 그런 정수값 분포들은 실제 응용에서 아주 중요하므로 여기서 특별히 언급해볼만 하다.

1) 기하분포. 어떤 사건이 확률 p로 발생한다고 할 때, 사건이 다시 발생하기까지(또는 사건이 처음 발생하기까지) 필요한 독립 시행 횟수 N은 기하분포(geometric distribution)를 가진다. $N=1$일 확률은 p이고 $N=2$일 확률은 $(1-p)p$, ..., $N=n$일 확률은 $(1-p)^{n-1}p$이다. 이런 상황은 3.3.2절의 간격 검정에서 이미 고려한 상황과 본질적으로 같다. 또한 이런 분포는 이번 절 알고리즘들의 특정 루프(극법의 단계 P1-P3 등)의 수행 횟수와 직접적으로 연관된다. 이런 분포를 가지는 변수를 생성하는 한 가지 편리한 방법은

$$N \leftarrow \lceil \ln U / \ln(1-p) \rceil \tag{39}$$

으로 설정하는 것이다. 이 공식의 유효성은 오직 $n-1 < \ln U / \ln(1-p) \leq n$일 때에만, 즉 $(1-p)^{n-1} > U \geq (1-p)^n$일 때에만 $\lceil \ln U / \ln(1-p) \rceil = n$이며, 이것이 애초의 요구대로 확률 $(1-p)^{n-1}p$으로 일어난다는 점을 통해서 확인할 수 있다. 필요하다면, Y가 평균이 1인 지수분포를 따르는 변수라고 할 때 수량 $\ln U$를 $-Y$로 대체할 수 있다.

이진 컴퓨터에서 $p = \frac{1}{2}$인 특수 경우는 상당히 간단하다. 왜냐하면 공식 (39)가 $N \leftarrow \lceil -\lg U \rceil$ 설정으로 줄어들기 때문이다. 풀어서 말하면 N은 U의 이진 표현에서 선행 0 비트들의 개수보다 하나 많은 값이다.

2) 이항분포 (t, p). 어떤 사건이 확률 p로 발생하며 t회의 독립 시행을 수행한다고 할 때, 총 사건 발생 횟수 N이 n일 확률은 $\binom{t}{n} p^n (1-p)^{t-n}$이다. (1.2.10절 참고.) 다른 말로 하면, 이는 U_1, ..., U_t를 생성했을 때 $< p$인 값들의 개수를 세는 것과 같다. 이와 정확히 동일한 방식으로 작은 t에 대해 N을 구하는 것도 가능하다.

큰 t의 경우에는, 매개변수 a와 b가 정수이고 $a+b-1 = t$인 베타편이 X를 생성한다. 그러면 t개의 원소들 중 b번째로 큰 것을 다른 원소들을 생성하지 않고도 얻게 된다. 만일 $X \geq p$이면

$N \leftarrow N_1$로 설정한다. 여기서 N_1은 이항분포 $(a-1, \, p/X)$를 따르는데, 왜냐하면 이는 범위 $[0..X)$의 $a-1$개의 난수들 중 $< p$인 것들의 개수를 의미하기 때문이다. 그리고 만일 $X < p$이면 $N \leftarrow a + N_1$로 설정한다. 이 때의 N_1은 이항분포 $(b-1, \, (p-X)/(1-X))$를 따른다. 범위 $[X..1)$의 $b-1$ 난수들 중 $< p$인 것들의 개수이기 때문이다. $a = 1 + \lfloor t/2 \rfloor$로 두고 이런 종류의 줄이기를 약 $\lg t$회 수행하면 매개변수 t가 적당한 크기로 줄어든다. (이 접근방식은 아렌스에서 기인한다. 그는 또한 중간 크기의 t에 대한 대안도 제시했다. 연습문제 27을 볼 것.)

3) 평균이 μ인 푸아송분포(Poisson distribution). 이항분포가 기하분포와 연관되는 것처럼 푸아송분포는 지수분포와 연관된다. 한 사건이 시간상의 임의의 순간에서 발생할 수 있다고 할 때 푸아송분포는 단위 시간 당 사건 발생 횟수를 나타내기 때문이다. 예를 들어 방사성 물질이 1초 동안 방출하는 알파 입자 개수는 푸아송분포를 따른다.

이 원리에 따르면 푸아송 편이 N은 평균이 $1/\mu$인 독립 지수편이 $X_1, X_2, \ldots$를 생성하되 $X_1 + \cdots + X_m \geq 1$이 되면 즉시 멈추고 $N \leftarrow m - 1$로 설정해서 생성할 수 있다. $X_1 + \cdots + X_m \geq 1$일 확률은 차수가 m인 감마편이가 $\geq \mu$일 확률이며, 이는 결국 $\int_\mu^\infty t^{m-1} e^{-t} \, dt / (m-1)!$이다. 따라서 $N = n$일 확률은

$$\frac{1}{n!} \int_\mu^\infty t^n e^{-t} \, dt - \frac{1}{(n-1)!} \int_\mu^\infty t^{n-1} e^{-t} \, dt = e^{-\mu} \frac{\mu^n}{n!}, \qquad n \geq 0 \tag{40}$$

이다. 만일 로그법으로 지수편이들을 생성한다면, 위와 같은 방법을 사용하되 $-(\ln U_1 + \cdots + \ln U_m)/\mu \geq 1$일 때 멈추면 된다. 이 수식을 단순화해보면 또 다른 푸아송 편이 생성법이 나온다: $e^{-\mu}$을 계산하고 그것을 고정소수점 표현으로 변환한다. 하나 이상의 균등편이 $U_1, U_2, \ldots$를 $U_1 \cdots U_m \leq e^{-\mu}$를 만족할 때까지 생성하고, 만족하게 되면 $N \leftarrow m - 1$로 설정한다. 이런 방법은 평균 $\mu + 1$개의 균등편이들을 생성하므로 μ가 아주 크지 않을 때 대단히 유용하다.

우리는 큰 차수에 대한 감마분포와 이항분포를 다루는 방법을 알고 있으므로, μ가 크다면 그것을 이용해서 차수 $\log \mu$의 방법을 고안할 수 있다. 이런 것이다: 우선 차수가 $m = \lfloor \alpha \mu \rfloor$인 감마분포를 따르는 X를 생성한다. 여기서 α는 적당한 상수이다. (X는 $-\ln(U_1 \cdots U_m)$과 동치이므로 이전 방법의 m 단계들을 건너뛴 것과 마찬가지이다.) 만일 $X < \mu$이면 $N \leftarrow m + N_1$로 설정한다. 여기서 N_1은 평균이 $\mu - X$인 푸아송 편이이다. 만일 $X \geq \mu$이면 $N \leftarrow N_1$로 설정한다. 이 때의 N_1은 이항분포 $(m-1, \, \mu/X)$를 따른다. 이 방법은 아렌스와 디터에 기인한 것으로, 그들의 실험 결과에 따르면 α로는 $\frac{7}{8}$이 적당하다.

앞서 말한 $X \geq \mu$일 때의 축약법의 유효성은 다음과 같은 중요한 원리에서 비롯된 것이다: "$X_1, \ldots, X_m$이 같은 평균을 가진 독립 지수편이들이라고 하자. $1 \leq j \leq m$에 대해 $S_j = X_1 + \cdots + X_j$이고 $V_j = S_j / S_m$이라고 하자. 그러면 $V_1, V_2, \ldots, V_{m-1}$의 분포는 증가 순서로 정렬된 $m-1$개의 독립 균등편이들의 분포와 같다." 이 원리를 공식적으로 확립하기 위해, $S_m = s$의 값이 주어졌을 때 임의의 값 $0 \leq v_1 \leq \cdots \leq v_{m-1} \leq 1$들에 대해 $V_1 \leq v_1, \ldots, V_{m-1} \leq v_{m-1}$일 확률을 계산

한다: 함수 $f(v_1, v_2, ..., v_{m-1})$이 $(m-1)$겹(-fold) 적분

$$\int_0^{v_1 s} \mu e^{-t_1/\mu} dt_1 \int_0^{v_2 s - t_1} \mu e^{-t_2/\mu} dt_2 \cdots$$

$$\times \int_0^{v_{m-1} s - t_1 - \cdots - t_{m-2}} \mu e^{-t_{m-1}/\mu} dt_{m-1} \cdot \mu e^{-(s - t_1 - \cdots - t_{m-1})/\mu}$$

이라 하자. 그러면 $t_1 = su_1$, $t_1 + t_2 = su_2$, ..., $t_1 + \cdots + t_{m-1} = su_{m-1}$로 대입해서

$$\frac{f(v_1, v_2, ..., v_{m-1})}{f(1, 1, ..., 1)} = \frac{\int_0^{v_1} du_1 \int_{u_1}^{v_2} du_2 \cdots \int_{u_{m-2}}^{v_{m-1}} du_{m-1}}{\int_0^1 du_1 \int_{u_1}^1 du_2 \cdots \int_{u_{m-2}}^1 du_{m-1}}$$

을 얻을 수 있다. 우변의 비율은 균등편이 $U_1, ..., U_{m-1}$이 $U_1 \leq v_1, ..., U_{m-1} \leq v_{m-1}$를 만족하는 확률에 해당한다(또한 $U_1 \leq \cdots \leq U_{m-1}$를 만족한다고 할 때).

연습문제 22는 이항편이와 푸아송 편이에 대한 좀 더 효율적인, 그러나 다소 복잡한 기법 하나를 제시한다.

G. 더 읽을거리. 기각법에 대한 최초의 문서인 폰노이만의 1947년 5월 21일자 편지의 사본이 *Los Alamos Science* (Los Alamos National Lab., 1987), 135-136의 특집호인 *Stanislaw Ulam 1909-1984*에 나온다. 드브로이 L. Devroye의 책 *Non-Uniform Random Variate Generation* (Springer, 1986)은 비균등분포를 가지는 확률변수 생성을 위한 수많은 알고리즘들을 논의하며 전형적인 컴퓨터들에서의 각 기법의 효율성에 대해서도 세심히 고찰한다.

회르만 W. Hormann과 데르플링거 G. Derflinger [*ACM Trans. Math. Software* **19** (1993), 489-495]는 기각법을 작은 곱수 $a \approx \sqrt{m}$ 을 가진 선형합동발생기와 연계해서 사용하는 것이 위험할 수 있음을 지적했다.

이론적인 관점에서는 주어진 분포를 따르는 확률변수들을 생성하는 최적의 방법을 고려하는 것도 흥미로울 것이다. 여기서 최적이라 함은 해당 방법이 가능한 한 가장 적은 수의 무작위 비트들로부터 원하는 결과를 낸다는 뜻이다. 이런 질문을 다루는 이론의 기원에 대해서는 D. E. Knuth, A. C. Yao, *Algorithms and Complexity*, J. F. Traub 엮음(New York: Academic Press, 1976), 357-428을 볼 것.

이번 절의 여러 기법들에 대한 복습으로는 연습문제 16을 추천한다.

연습문제

1. [10] α와 β가 $\alpha < \beta$를 만족하는 실수들일 때, α와 β 사이에서 균등하게 분포되는 실수 난수를 생성하려면 어떻게 해야 할까?

2. [M16] mU가 0에서 $m-1$까지의 정수 난수라고 가정한다. $0 \leq r < k$에 대해 $\lfloor kU \rfloor = r$일

정확한 확률은 얼마인가? 이를 요구되는 확률 $1/k$과 비교하라.

▶ **3.** [14] U를 하나의 정수로 취급하고 그것을 k로 나눈 나머지를 계산해서(본문에서 제시된 곱하기 방식 대신) 0에서 $k-1$까지의 정수 난수를 얻는 방법을 논하라. 즉 (1)을

$$\text{ENTA 0}; \quad \text{LDX U}; \quad \text{DIV K}$$

로 대체하고 레지스터 X에 남겨진 값을 취하는 것이다. 이런 방법이 좋은 방법일까?

4. [M20] (8)의 두 관계식을 증명하라.

▶ **5.** [21] 분포가 $F(x) = px + qx^2 + rx^3$인 확률변수를 계산하는 효율적인 방식을 제시하라. 여기서 $p \geq 0$, $q \geq 0$, $r \geq 0$, $p+q+r=1$이다.

6. [HM21] 수량 X를 다음과 같은 방법으로 계산한다고 하자.

단계 1. 두 독립 균등편이 U와 V를 생성한다.

단계 2. 만일 $U^2 + V^2 \geq 1$이면 단계 1로 돌아간다. 그렇지 않으면 $X \leftarrow U$로 설정한다.

X의 분포함수는 무엇인가? 단계 1은 몇 번 수행되는가? (평균과 표준편차를 제시할 것.)

▶ **7.** [20] (워커 A. J. Walker.) k가지 서로 다른 색들로 된 여러 개의 입방체들이 있다고 하자. 즉, $1 \leq j \leq k$에 대해 색이 C_j인 입방체의 개수가 n_j개라고 하자. 그리고 정확히 n개의 입방체들을 담을 수 있는 k개의 상자들 $\{B_1, ..., B_k\}$가 있다고 하자. 더 나아가서 $n_1 + \cdots + n_k = kn$이다. 즉, 입방체들은 그 상자들에 딱 맞게 들어간다. 각 상자에 많아야 두 가지 색의 입방체들이 담기도록 입방체들을 상자들에 담는 방법이 존재함, 즉 상자 B_j가 두 가지 색을 담는다면 그 색 중 하나가 항상 C_j가 되게 하는 방법이 존재함을 (구축적으로[constructively]) 증명하라. 확률분포 $(p_1, ..., p_k)$가 주어졌을 때 (3)에 필요한 표 P와 Y를 계산하는 데 이러한 원리를 사용할 수 있음을 보여라.

8. [M15] 편의 상 필요하다면 $P_0, P_1, ..., P_{k-1}$를 적절히 수정함으로써 연산 (3)을 다음과 같이 (즉, V 대신 U의 원래 값을 사용하도록) 변경할 수 있음을 보여라.

$$\text{만일} \quad U < P_K \text{이면} \quad X \leftarrow x_{K+1}, \quad \text{그렇지 않으면} \quad X \leftarrow Y_K.$$

9. [HM10] 그림 9의 곡선 $f(x)$가 $x < 1$에 대해서는 오목이고 $x > 1$에 대해서는 볼록인 이유는 무엇인가?

▶ **10.** [HM24] 알고리즘 M이 정확한 분포를 가진 답들을 내도록 보조 상수 P_j, Q_j, Y_j, Z_j, S_j, D_j, E_j를 계산하는 방법을 설명하라.

▶ **11.** [HM27] 알고리즘 M의 단계 M7-M8이 정규분포의 적절한 꼬리를 가진 확률변수를 생성함을, 다른 말로 하면 $X \leq x$일 확률이 정확히

$$\int_3^x e^{-t^2/2}\, dt \,\bigg/\, \int_3^\infty e^{-t^2/2}\, dt, \qquad x \geq 3$$

임을 증명하라. [힌트: 이것이 어떠한 C에 대해 $g(t) = Cte^{-t^2/2}$인, 기각법의 한 특수 경우임을 보일 것.]

12. [HM23] (브렌트R. P. Brent.) (23)에 정의된 수 a_j들이 다음 부등식을 만족함을 보여라.

$$\text{모든 } j \geq 1\text{에 대해} \qquad a_j^2 - a_{j-1}^2 < 2\ln 2.$$

[힌트: $f(x) = e^{x^2/2} \int_x^\infty e^{-t^2/2}\,dt$일 때 $0 \leq x < y$에 대해 $f(x) > f(y)$임을 보일 것.]

13. [HM25] 평균이 0이고 분산이 1인 n개의 독립 균등편이 X_1, X_2, ..., X_n의 집합이 주어졌다고 하자. 다음을 만족하는 상수 b_j들과 a_{ij}들($1 \leq j \leq i \leq n$)을 구하는 방법을 보여라: 만일

$$Y_1 = b_1 + a_{11}X_1, \quad Y_2 = b_2 + a_{21}X_1 + a_{22}X_2, \quad ..., \quad Y_n = b_n + a_{n1}X_1 + \cdots + a_{nn}X_n$$

이면 Y_1, Y_2, ..., Y_n이 독립적인 균등분포 변수들이며 Y_j의 평균이 μ_j이고 Y가 주어진 공분산 행렬 (c_{ij})를 가진다. (Y_i와 Y_j의 공분산 c_{ij}는 $(Y_i - \mu_i)(Y_j - \mu_j)$의 평균값으로 정의된다. 특히 c_{jj}는 Y_j의 분산이고 그 제곱은 표준편차이다. 모든 행렬 (c_{ij})가 공분산 행렬이 되지는 않으므로, 독자는 주어진 조건들에 대한 해가 가능할 때에만 유효한 답을 제시하면 된다.)

14. [M21] 만일 X가 연속분포 $F(x)$를 따르는 확률변수이고 c가 상수(음일 수도 있음)라면, cX의 분포는 무엇인가?

15. [HM21] 만일 X_1과 X_2가 독립적인 확률변수들이고 그 분포가 각각 $F_1(x)$, $F_2(x)$, 밀도는 각각 $f_1(x) = F_1'(x)$, $f_2(x) = F_2'(x)$라고 하면, 수량 $X_1 + X_2$의 분포함수와 밀도함수는 무엇인가?

▶ **16.** [HM22] (아렌스J. H. Ahrens.) $0 < t < 1$에 대해 $cg(t) = t^{a-1}/\Gamma(a)$, $t \geq 1$에 대해 $cg(t) = e^{-t}/\Gamma(a)$인 기각법을 이용해서 차수가 a, $0 < a \leq 1$인 감마편이를 구하는 알고리즘을 고안하라.

▶ **17.** [M24] 확률이 p인 기하분포에 대한 분포함수 $F(x)$는 무엇인가? 생성함수 $G(z)$는 무엇인가? 이 분포의 평균과 표준편차는 얼마인가?

18. [M24] 값이 n일 확률이 $np^2(1-p)^{n-1}$인 정수 난수 N을 계산하는 방법을 제시하라. (p가 상당히 작은 경우에 특히 흥미롭다.)

19. [22] 음의 이항분포 (t, p)는 값이 n일 확률이 $\binom{t-1+n}{n}p^t(1-p)^n$인 정수 N들로 이루어진다. (보통의 이항분포와 달리, t가 반드시 정수이어야 하는 것은 아니다. 왜냐하면 $t > 0$일 때 이 수량은 모든 n에 대해 음이 아니기 때문이다.) 연습문제 18을 일반화해서, t가 작은 양의 정수일 때 이러한 분포를 가진 정수 N들을 생성하는 방법을 설명하라. $t = p = \frac{1}{2}$이라면 독자는 어떤 방법을 제안하겠는가?

20. [M20] 그림 13의 회색 영역의 면적을 A, 그것을 감싸는 직사각형의 면적을 R이라고 하자. 그리고 단계 R2에서 승인하는 내부 영역의 면적을 I, 단계 R3에서 기각하는 외부 영역과 바깥 직사각형 사이의 영역의 면적을 E라고 하자. (25)와 같은 네 가지 조합들에 대해서 알고리즘 R의 각 단계의 수행 횟수를 A, R, I, E로 표현하라.

21. [HM29] 연습문제 20에서 정의한 수량 A, R, I, E에 대한 공식들을 유도하라. (I에 대해, 그리고 특히 E에 대해서는 상호작용적인 컴퓨터 대수 시스템을 사용하는 게 편할 수도 있다.) "$X^2 \leq 4(1 + \ln c) - 4cU$" 형태의 판정에 대해 단계 R2에서 가능한 최상의 상수가 $c = e^{1/4}$임을 보여라.

22. [HM40] 적절한 정규편이를 하나 생성하고, 그것을 적당한 방법을 통해 정수로 변환하고, 어떤 보정(복잡할 수도 있음)을 일부 경우에만 적용함으로써 큰 μ에 대한 정확한 푸아송분포를 얻는 것이 가능할까?

23. [HM23] (폰노이만J. von Neumann.) 무작위 수량 X를 생성하는 다음 두 방법이 서로 동치일까? (즉, 생성된 수량 X가 동일한 분포를 가질까?)

방법 1: $X \leftarrow \sin((\pi/2)U)$로 설정한다. 여기서 U는 균등편이이다.

방법 2: 두 균등편이 U와 V를 생성한다. 만일 $U^2 + V^2 \geq 1$이면 $U^2 + V^2 < 1$가 될 때까지 반복한다. 그런 후 $X \leftarrow |U^2 - V^2|/(U^2 + V^2)$로 설정한다.

24. [HM40] (울람S. Ulam, 폰노이만J. von Neumann.) V_0이 0과 1 사이에서 무작위로 선택된 실수라고 두고, 수열 $\langle V_n \rangle$을 $V_{n+1} = 4V_n(1 - V_n)$이라는 규칙으로 정의한다. 만일 이 계산을 완벽한 정확도로 수행한다면 그 결과는 분포가 $\sin^2 \pi U$인(여기서 U는 균등함), 다시 말해서 분포함수가 $F(x) = \int_0^x dx/\sqrt{2\pi x(1-x)}$인 수열이 될 것이다. $V_n = \sin^2 \pi U_n$이라고 두었을 때 $U_{n+1} = (2U_n) \bmod 1$이기 때문이다. 그리고 거의 모든 실수들이 무작위한 이진 전개를 가진다는 사실(3.5절 참고)에 의해서, 이 수열 U_n은 동일분포이다. 그러나 유한한 정확도로 V_n을 계산한다면 반올림 오차에 의한 잡음을 처리해야 할 것이므로 방금 말한 논증은 깨진다. [폰노이만의 *Collected Works* **5**, 768-770을 볼 것.]

앞 문단에서 정의한 수열 $\langle V_n \rangle$을, 오직 유한한 정밀도만 가능하다는 가정 하에서 실험적으로(다양한 V_0 값들로) 그리고 이론적으로 분석하라. 수열이 기대한 분포와 비슷한 분포를 가지는가?

25. [M25] X_1, X_2, ..., X_5가 그 비트들이 독립적으로 확률 $\frac{1}{2}$로 0 또는 1인 이진 워드들이라고 하자. $X_1 \mid (X_2 \mathbin{\&} (X_3 \mid (X_4 \mathbin{\&} X_5)))$의 어떤 주어진 위치의 비트가 1일 확률은 얼마인가? 일반화하라.

26. [M18] N_1과 N_2가 평균이 μ_1, μ_2인 독립 푸아송 편이들이라고 하자. 여기서 $\mu_1 > \mu_2 \geq 0$이다. 다음을 증명 또는 반증하라: (a) $N_1 + N_2$는 평균이 $\mu_1 + \mu_2$인 푸아송분포를 따른다. (b) $N_1 - N_2$는 평균이 $\mu_1 - \mu_2$인 푸아송분포를 따른다.

27. [22] (아렌스J. H. Ahrens.) 대부분의 이진 컴퓨터에서는 한 이진 워드의 1들의 개수를 효율적으로 세는 방법이 존재한다(7.1절 참고). 따라서, 그냥 t개의 무작위 비트들을 생성하고 1들의 개수를 셈으로써 $p = \frac{1}{2}$인 이항분포 (t, p)를 얻는 편리한 방법이 존재한다.

특수 경우 $p = \frac{1}{2}$에 대한 서브루틴 하나만을 무작위 자료의 근원으로 사용해서 임의의 p에 대한 이항분포 (t, p)를 생성하는 알고리즘을 설계하라. [힌트: 먼저 t개의 균등편이들의 최상위 비트들을 보고, 그런 다음 그 편차들 중 그 선행비트만으로는 값이 $< p$인지 결정하기에 충분하지 않은

것들에 대해서는 두 번째 비트를 보는 식으로 차례로 비트들을 점검하는 절차를 흉내낼 것.〕

28. 〔HM35〕 (브렌트R. P. Brent.) $a_1 \geq \cdots \geq a_n > 0$, $\sum a_k x_k^2 = 1$로 정의되는 타원면 상의 한 무작위 점을 생성하는 방법을 고안하라.

29. 〔M20〕 (벤틀리J. L. Bentley, 색스J. B. Saxe.) 0과 1 사이에서 균등하되 정렬된, 즉 $X_1 \leq \cdots \leq X_n$인 n개의 수 $X_1, ..., X_n$를 생성하는 간단한 방법을 구하라. 독자의 알고리즘은 오직 $O(n)$회의 단계들만 취해야 한다.

30. 〔M30〕 다음 조건을 만족하는 무작위 점 (X_j, Y_j)들을 생성하는 방법을 설명하라: 단위 원 안에 포함되는 어떤 직사각형 R의 면적이 α라고 할 때, 그 R 안에 들어가는 점 (X_j, Y_j)들의 개수는 평균이 $\alpha\mu$인 푸아송분포를 따른다.

31. 〔HM39〕 (균등편이 직접 생성.)

  a) 만일 $a_1^2 + \cdots + a_k^2 = 1$이고 $X_1, ..., X_k$가 평균 0, 분산 1의 독립 정규편이들이면 $a_1 X_1 + \cdots + a_k X_k$가 평균 0, 분산 1의 정규편이임을 증명하라.

  b) (a)의 결과는 마치 기존의 균등편이들로 새 균등편이들을 생성하듯이 기존의 정규편이들로 새로운 정규편이들을 생성할 수 있음을 암시한다. 예를 들어 3.2.2-(7)의 착안을 따르되 초기에 정규편이 $X_0, ..., X_{54}$들의 집합을 계산한 후, 다음과 같은 점화식을 사용할 수도 있다.

  $$n = (X_{n-24} + X_{n-55})/\sqrt{2} \qquad \text{또는} \qquad X_n = \frac{3}{5}X_{n-24} + \frac{4}{5}X_{n-55}.$$

  이것이 좋은 생각이 아닌 이유를 설명하라.

  c) 그러나 (a)와 (b)의 발상을 조금 수정해서 사용한다면 다른 균등편이들로부터 새 균등편이들을 빠르게 생성하는 적절한 방법이 존재함을 보여라. 〔힌트: 만일 X와 Y가 독립 정규편이들이면 임의의 각도 θ에 대해 $X' = X\cos\theta + Y\sin\theta$와 $Y' = -X\sin\theta + Y\cos\theta$도 독립적인 정규편이들이다.〕

32. 〔HM30〕 (월리스C. S. Wallace.) X와 Y가 평균이 1인 독립 지수편이들이라고 하자. X와 Y로부터 X'와 Y'를 다음 방법들 중 하나로(어떤 것이든) 얻는다고 할 때, X'와 Y'도 평균이 1인 독립 지수편이들임을 보여라.

  a) $0 < \lambda < 1$가 주어졌을 때

  $$X' = (1-\lambda)X - \lambda Y + (X+Y)[(1-\lambda)X < \lambda Y], \qquad Y' = X + Y - X'.$$

  b) $(X', Y') = \begin{cases} (2X, Y-X), & \text{만일 } X \leq Y\text{이면}; \\ (2Y, X-Y), & \text{만일 } X > Y\text{이면}. \end{cases}$

  c) 이진 표기로 만일 $X = (...x_2 x_1 x_0 . x_{-1} x_{-2} x_{-3} ...)_2$이고 $Y = (...y_2 y_1 y_0 . y_{-1} y_{-2} y_{-3} ...)_2$이면 X'와 Y'를 다음과 같이 "뒤섞인" 값들로 설정한다:

  $$X' = (...x_2 y_1 x_0 . y_{-1} x_{-2} y_{-3} ...)_2, \qquad Y' = (...y_2 x_1 y_0 . x_{-1} y_{-2} x_{-3} ...)_2.$$

33. [20] 알고리즘 P, M, F, R은 알려지지 않은 개수의 균등 확률변수 U_1, U_2, … 들을 소비해서 정규편이들을 생성한다. 이들의 결과가 단 하나의 U를 입력으로 하는 하나의 함수가 되도록 수정하려면 어떻게 해야 할까?

3.4.2. 무작위 표본추출 및 뒤섞기

자료처리 응용프로그램들에서는 N개의 레코드들을 담은 파일에서 무작위로 n개의 레코드들을 편향되지 않게 선택하는 기능이 요구되는 경우가 많다. 예를 들어 품질 관리 등 표본추출(sampling, 표본화)이 필요한 통계적 계산에서 이런 문제가 제기된다. 일반적으로 N은 매우 클 것이므로, 자료 전체를 한 번에 메모리에 담아 두는 것은 불가능할 수 있다. 그리고 개별 레코드 자체도 매우 큰 경우가 많으므로, n개의 레코드들을 한 번에 메모리에 담아 두는 것조차 불가능할 수 있다. 따라서 한 번에 레코드 하나씩 승인 또는 기각 여부를 판정하고 승인된 레코드를 출력 파일에 기록함으로써 효율적으로 n개의 레코드들을 선택하는 절차를 찾아볼 필요가 있다.

이 문제에 대해서는 여러 방법들이 고안되어 있다. 가장 명백한 접근은 각 레코드를 확률 n/N으로 선택하는 것이다. 이 방법이 적합한 경우도 있겠지만, 이 방법으로 얻는 표본은 n 레코드들의 평균일 뿐이다. 표준편차는 $\sqrt{n(1-n/N)}$ 이며, 의도했던 응용에 대해 표본이 너무 크거나, 적절한 결과를 내기에는 표본이 너무 작다는 결론을 얻게 될 수도 있다.

다행히 "명백한" 절차를 조금 수정하면 우리가 원하는 방법이 나오게 된다: 지금까지 선택된 레코드 수가 m이라 할 때, $(t+1)$번째 레코드를 확률 $(n-m)/(N-t)$로 선택하는 것이다. 이것이 적합한 확률인데, 왜냐하면 처음 t개에서 m개의 값들이 나타나도록 N개에서 n개를 뽑는 모든 경우 중 정확히

$$\binom{N-t-1}{n-m-1}\bigg/\binom{N-t}{n-m} = \frac{n-m}{N-t} \tag{1}$$

가지 경우에서 $(t+1)$번째 원소가 선택되기 때문이다.

이러한 발상을 직접 알고리즘으로 옮기면 다음과 같다.

알고리즘 S (선택 표본추출 기법). 이 알고리즘은 레코드 N개의 집합에서 무작위로 n개의 레코드들을 선택한다. $0 < n \leq N$이다.

S1. [초기화.] $t \leftarrow 0$, $m \leftarrow 0$로 선택한다. (이 알고리즘에서 m은 지금까지 선택된 레코드 수를 의미하며, t는 지금까지 조사한 모든 입력 레코드 개수를 의미한다.)

S2. [U를 생성.] 0과 1 사이에 균등하게 분포되는 난수 U를 생성한다.

S3. [판정.] 만일 $(N-t)U \geq n-m$이면 단계 S5로 간다.

S4. [선택.] 다음 레코드를 표본으로 선택하고 m과 t를 1 증가한다. 만일 $m < n$이면 단계 S2로 간다. 그렇지 않으면 표본이 완성된 것이므로 알고리즘을 끝낸다.

S5. [건너뛰기.] 다음 레코드로 건너뛴다(표본에는 포함시키지 않음). t를 1 증가시키고 단계 S2로 돌아간다. ∎

처음에는 이 알고리즘이 믿을만하게 보이지 않을 것이다. 심지어는 부정확해 보일 수도 있다. 그러나 세심히 분석해보면(이후의 연습문제들을 볼 것) 이 알고리즘이 완전히 신뢰할 만한 것임을 알 수 있다. 다음을 입증하는 것은 어렵지 않다.

a) 많아야 N개의 레코드들이 입력된다(n개의 항목들을 선택하기 전에 파일의 끝에 도달하는 일은 없다).

b) 표본은 완전히 비편향이다. 특히, 임의의 주어진 원소(이를테면 파일의 마지막 원소)가 선택될 확률은 n/N이다.

알고리즘이 $(t+1)$번째 항목을 선택하는 확률이 식 (1)의 것이 아니라 n/N임에도 명제 (b)는 참이다. 출판된 문헌들에서도 이 점을 혼동한 경우가 있다. 언뜻 모순처럼 보이는 이 사실을 독자는 설명할 수 있는지?

(참고: 알고리즘 S를 실제로 사용할 때에는 프로그램을 실행할 때마다 난수 U의 발생원을 달리할 필요가 있다. 그래야 서로 다른 날에 얻은 표본들 사이에 연관관계가 생기는 일을 피할 수 있기 때문이다. 이를테면 선형합동법의 X_0 값을 매 실행 때마다 다르게 하는 등의 방법이 있다. 종자값 X_0로 현재 날짜·시간을 사용하거나, 아니면 이전 실행에서 마지막으로 생성된 난수 X를 사용하는 등.)

보통은 N개의 레코드 모두를 조사하지 않고도 n개의 레코드들을 얻게 된다. (b)는 마지막 레코드가 선택될 확률이 n/N임을 말해준다. 따라서 마지막 레코드를 조사하기 전에 알고리즘이 끝날 확률(전체 실행 횟수 분의 기대 실행 횟수)은 정확히 $(1-n/N)$이다. $n=2$일 때 알고리즘이 조사하는 레코드 개수의 평균은 약 $\frac{2}{3}N$이다. 임의의 n에 대한 일반식은 연습문제 5와 6에 나온다.

판C. T. Fan, 뮬러Mervin E. Muller, 레주카Ivan Rezucha의 논문 *J. Amer. Stat. Assoc.* **57** (1962), 387-402는 알고리즘 S와 기타 여러 표본추출 기법들을 논의한다. 이 방법은 존스T. G. Jones에 의해서도 독립적으로 발견되었다 [*CACM* **5** (1962), 343].

알고리즘 S에서는 N의 정확한 값이 필수적이기 때문에, N의 값을 미리 알지 못하는 경우에는 문제가 생긴다. 파일에 레코드가 정확히 몇 개 있는지 알지 못하는 상황에서 무작위로 n개의 항목을 선택한다고 하자. 우선 레코드 개수를 세는 패스를 수행하고 두 번째 패스로서 위의 방법을 적용할 수도 있다. 그러나 첫 번째 패스에서 원래의 항목들 중 $m \geq n$개를 추출하는 쪽이 일반적으로 더 나은 방법이다. 이 때 m은 N보다 훨씬 작은 값이다. 이렇게 하면 두 번째 패스에서는 m개의 항목들만 고려하면 된다. 이런 접근방식에서 중요한 것은 최종적인 결과가 원래 파일의 진정으로 무작위한 표본이 되도록 만드는 것이다.

입력이 언제 끝나게 되는지를 알지 못하기 때문에, 지금까지 선택한 입력 레코드 무작위 표본을 유지함으로써 항상 입력 종료에 대비해야 한다. 입력을 읽으면서, 이전 표본들에 나타난 적이 있는 레코드들만을 담는 하나의 "저장고(reservoir)"를 만들어 나간다. 처음 n 레코드들은 항상 저장고에 들어간다. $(t+1)$번째 레코드(여기서 $t \geq n$)가 입력될 때, 메모리 안의 한 표에는 처음 t개들 중에서 선택한 레코드들을 가리키는 n개의 색인들이 들어있는 상태이다. 문제는 t를 1씩 증가시키면서 이런 상황을 유지하는 것, 즉 지금까지 존재하는 것으로 알려진 $t+1$개의 레코드들 중에서 새로운 무작위 표본을 찾는 것이다. 새 레코드를 $n/(t+1)$의 확률로 새 표본에 포함시켜야 함은 쉽게 알 수 있다. 그리고 새 레코드를 새 표본에 포함시키는 경우에는 새 레코드가 이전 표본의 한 무작위 원소를 대체하도록 해야 한다.

이상을 하나의 알고리즘으로 정리하면 다음과 같다.

알고리즘 R (저장고 표본추출). $n>0$라고 할 때, 알려지지 않은 개수 $\geq n$의 레코드들이 담긴 파일에서 n개의 레코드를 선택한다. "저장고"라고 칭하는 보조 파일에 최종 표본의 후보에 해당하는 모든 레코드들이 저장된다. 알고리즘은 $1 \leq j \leq n$에 대한 서로 다른 색인 $I[j]$들의 표를 사용한다. 이 색인들은 저장고 안의 각 레코드를 가리킨다.

R1. 〔초기화.〕 처음 n 레코드들을 입력하고 그것들을 저장고에 복사해 넣는다. $1 \leq j \leq n$에 대해 $I[j] \leftarrow j$로 설정하고, $t \leftarrow m \leftarrow n$으로 설정한다. (표본화할 파일의 레코드 개수가 n 미만일 경우에는 물론 알고리즘을 중단하고 실패를 보고해야 한다. 이 알고리즘 전반에서 색인 $I[1]$ ..., $I[n]$들은 현재 표본에 속하는 레코드들을 가리킨다. m은 저장고의 크기이고 t는 지금까지 처리한 입력 레코드 수이다.)

R2. 〔파일의 끝?〕 더 이상 입력할 레코드가 없으면 단계 R6으로 간다.

R3. 〔생성 및 판정.〕 t를 1 증가시키고, 1에서 t까지의 정수 난수 M을 생성한다. 만일 $M > n$이면 R5로 간다.

R4. 〔저장고에 추가.〕 입력 파일의 다음 레코드를 저장고에 복사하고, m을 1 증가시키고, $I[M] \leftarrow m$으로 설정한다. (표본에 있던, 이전에 $I[M]$이 가리키던 레코드는 새 레코드로 대체된다.) R2로 돌아간다.

R5. 〔건너뛰기.〕 입력 파일의 다음 레코드를 건너뛰고(저장고에 포함시키지 않음), 단계 R2로 돌아간다.

R6. 〔두 번째 패스〕 표 I의 항목들을 $I[1] < \cdots < I[n]$이 되도록 정렬한다. 그런 다음 저장고를 훑으면서 색인들이 가리키는 레코드들을 한 출력 파일에 복사한다. 그 출력 파일이 바로 최종적인 표본이다. ∎

알고리즘 R은 워터먼Alan G. Waterman에 기인한다. 연습문제 9에 나오는 사례를 풀어보는 것도 이 알고리즘의 작동방식을 이해하는 데 도움이 될 수 있을 것이다.

레코드들이 충분히 짧다면 저장고를 개별적인 파일로 둘 필요도 없다. 현재 표본의 n 레코드들을 항상 메모리 안에 담아두면 되는데, 그러면 알고리즘이 훨씬 간단해진다(연습문제 10).

알고리즘 R에 대해 "저장고의 기대 크기는 얼마일까?"라는 의문이 이는 것도 자연스러운 일일 것이다. 연습문제 11은 m의 평균값이 정확히 $n(1 + H_N - H_n)$임을 보인다. 이는 대략 $n(1 +$

$\ln(N/n)$)이다. 따라서 만일 $N/n = 1000$이면 저장고는 원래 파일 항목들의 약 1/125개만 담게 된다.

알고리즘 S와 R을 이용해서 서로 독립적인 여러 범주들의 표본들을 동시에 얻는 것이 가능하다. 예를 들어 미국인들의 이름과 주소가 담긴 큰 파일이 있다고 할 때, 파일을 50번 반복해서 훑지 않고도, 그리고 파일을 주별로 먼저 정렬하지 않고도 50개주 각각 정확히 10명씩의 무작위 표본들을 추출할 수 있다.

n/N이 작을 때에는 개별 레코드마다 건너뛸 지의 여부를 매번 판정하는 대신, 확률변수를 하나 생성해서 그 값만큼의 개수의 레코드들을 건너뛰게 하는 식으로 알고리즘 S와 R 모두를 크게 개선할 수 있다. (연습문제 8을 볼 것.)

N개에서 한 번에 n개를 꺼낸다는 조합의 통상적인 정의(1.2.6절 참고)에 의거한다면, 이러한 표본추출 문제를 무작위 조합의 문제로 간주하는 것이 가능하다. 이번에는 t 객체들의 무작위 순열을 계산하는 문제를 생각해보자. 이를 뒤섞기(shuffling) 문제라고 부르기로 한다. 카드 한 벌을 섞는 것은 카드 한 벌에 대해 무작위 순열을 적용하는 것과 정확히 같은 일이기 때문이다.

카드놀이를 해 본 독자라면 전통적인 카드 섞기 방법이 비참할 정도로 부적절하다는 점을 쉽게 알 수 있을 것이다. 그런 방법으로는 $t!$개의 순열들 각각을 거의 같은 확률로 얻을 가망이 전혀 없다. 전문 브리지(Bridge) 플레이어는 피네스(finesse)[†] 여부를 결정할 때 이러한 사실을 활용한다는 보고가 있었다. 52장짜리 카드 한 벌이 균등분포의 10%에 도달하기 위해서는 "리플 섞기"[† †]를 적어도 일곱 번은 해야 한다. 그리고 무작위 리플 14회이면 그런 분포에 충분히 도달함이 보장된다. [Aldous, Diaconis, *AMM* **93** (1986), 333-348 참고].

만일 t가 작으면, 1에서 $t!$까지의 정수를 생성함으로써 무작위 순열을 빠르게 얻을 수 있다. 예를 들어 $t = 4$일 때 모든 가능한 순열 중 하나의 무작위 순열을 선택하는 데에는 1에서 24까지의 난수로 충분하다. 큰 t의 경우, 각 순열이 동일 확률로 선택되게 하기 위해서는 좀 더 신중할 필요가 있다. 왜냐하면 $t!$은 개별 난수의 정확도보다 훨씬 더 크기 때문이다.

알고리즘 3.3.2P를 되새겨보면 적절한 뒤섞기 절차를 생각해 낼 수 있을 것이다. 그 알고리즘은 $t!$개의 가능한 순열들 각각과 $0 \leq c_j \leq j$인 하나의 수열 $(c_1, c_2, ..., c_{t-1})$ 사이의 간단한 대응관계를 제시한다. 그런 수들의 집합을 무작위로 계산하는 것은 쉬운 일이며, 그런 수열이 주어졌다면 앞에서 말한 대응관계를 이용해서 하나의 무작위 순열을 만들어낼 수 있다.

알고리즘 P (뒤섞기). 섞고자 하는 t개의 수들이 $X_1, X_2, ..., X_t$라고 하자.

P1. [초기화.] $j \leftarrow t$로 설정한다.

P2. [U를 생성.] 0과 1 사이에 균등하게 분포되는 난수 U를 생성한다.

[†] [옮긴이 주] 브리지의 전략 중 하나이다.

[† †] [옮긴이 주] riffle shuffle. 카드를 두 뭉치로 나누어 양손에 쥐고 카드들을 바닥에 튕기면서 엇갈리게 섞는 방법을 말한다.

P3. 〔교환.〕 $k \leftarrow \lfloor jU \rfloor + 1$로 설정한다. (이제 k는 1에서 j까지의 한 정수 난수이다. 연습문제 3.4.1-3은 j를 법으로 한 나머지를 이용해서 k를 계산하면 안 된다는 점을 설명한다.) $X_k \leftrightarrow X_j$ 로 교환한다.

P4. 〔j를 감소.〕 j를 1 감소한다. 만일 $j > 1$이면 단계 P2로 돌아간다. ∎

이 알고리즘은 보통의 언어로는 피셔R. A. Fisher와 예이츠F. Yates가 처음 발표했고 〔*Statistical Tables* (London, 1938), Example 12〕 컴퓨터 언어로는 더스텐펠드R. Durstenfeld가 처음 발표했다 〔*CACM* **7** (1964), 420〕. 특정한 수열 $(X_1, ..., X_t)$의 무작위 순열이 아니라 그냥 $\{1, ..., t\}$의 무작위 순열을 얻는 것이 목적이라면 교환 연산 $X_k \leftrightarrow X_j$를 피할 수 있다. j를 1에서 t까지 증가시키면서 $X_j \leftarrow X_k$, $X_k \leftarrow j$로 설정하면 된다. D. E. Knuth, *The Stanford GraphBase* (New York: ACM Press, 1994), 104를 볼 것.

샐피R. Salfi 〔*COMPSTAT 1974* (Vienna: 1974), 28-35〕는 m을 법으로 한 선형합동발생기로 균등 U를 구하는 경우에는 알고리즘 P가 서로 다른 순열들을 m개보다 많이 생성할 수 없을 수도 있음을 지적했다. U_n이 오직 m개의 서로 다른 값들만 취할 수 있는 점화식 $U_{n+1} = f(U_n)$을 사용한다면 실제로 그렇게 된다. 왜냐하면 그런 경우 최종적인 순열은 전적으로 처음으로 생성된 U의 값에 의해 결정되기 때문이다. 따라서, 예를 들어 $m = 2^{32}$이면, $13! \approx 1.45 \times 2^{32}$이므로 13개의 원소들의 모든 순열 중 일부 특정한 순열들은 결코 나타나지 않는다. 물론 $13!$가지 순열 모두가 나타나길 원하는 응용은 별로 없겠지만, 그래도 제외된 순열들이 격자 구조(3.3.4절) 같은 상당히 단순한 수학적 규칙에 의해 결정된다는 점은 다소 당황스럽다.

식 3.3.2-(7) 같은 지연피보나치 발생기로 생성한 충분히 긴 주기를 난수열을 사용할 때에는 이런 문제가 나타나지 않는다. 그러나 그런 방법들을 사용한다고 해도, 적어도 $t!$개의 서로 다른 종자값들로 발생기를 초기화할 수 없는 한, 모든 순열들이 균등하게 나타나게 할 수는 없다. 다른 말로 하면, 진정으로 무작위한 $\lg t!$개의 비트들을 입력하지 않는 한, 진정으로 무작위한 $\lg t!$개의 비트들을 얻을 수는 없는 것이다. 그러나 3.5절에서 보게 되겠지만 이런 사실에 실망할 필요는 없다.

한 무작위 조합의 한 무작위 순열을 내도록 알고리즘 P를 간단히 수정하는 것이 가능하다(연습문제 15). 다른 종류의 조합적 객체들(예를 들면 분할 등)에 대한 논의는 7.2절 그리고/또는 네이옌하위스Nijenhuis와 윌프Wilf의 책 *Combinatorial Algorithms* (New York: Academic Press, 1975)을 볼 것.

연습문제

1. 〔*M12*〕 식 (1)을 설명하라.

2. 〔20〕 알고리즘 S가 입력 파일의 레코드들을 N개보다 많이 읽으려 드는 일은 절대 없음을 증명하라.

▶ **3.** 〔22〕 알고리즘 S에서 $(t+1)$번째 항목이 선택될 확률은 n/N이 아니라 $(n-m)/(N-t)$이다.

그럼에도 본문에서는 표본이 편향되지 않는다고 말했다. 즉, 각 항목은 동일한 확률로 선택된다. 이것이 모순이 아닌 이유는 무엇일까?

4. [M23] 선택 표본추출 기법의 처음 t개의 항목들 중 정확히 m개의 항목들이 선택될 확률을 $p(m, t)$라고 하자. 알고리즘 S로부터,

$$0 \leq t \leq N \text{에 대해} \qquad p(m, t) = \binom{t}{m}\binom{N-t}{n-m} \bigg/ \binom{N}{n}$$

을 직접 이끌어내 보라.

5. [M24] 알고리즘 S의 종료에서 t의 평균값은 무엇인가? (다른 말로 하면, 표본이 완성되기까지 거쳐간 레코드 개수 N의 평균은 얼마인가?)

6. [M24] 연습문제 5에서 계산한 값의 표준편차는?

7. [M25] 알고리즘 S에서, 레코드 N개의 집합에서 임의로 n개의 레코드를 선택할 때, 주어진 임의의 한 선택이 나올 확률이 $1/\binom{N}{n}$임을(따라서 표본이 완전히 비편향임을) 증명하라.

▶ **8.** [M39] (비터 J. S. Vitter.) 알고리즘 S는 처리하는 각 입력 레코드마다 하나의 균등편이를 계산한다. 이 연습문제의 목적은 최초의 선택이 일어나기 이전에 건너 뛸 적절한 레코드 개수 X를 좀 더 빨리 계산할 수 있는 좀 더 효율적인 접근방식을 고찰하는 것이다.

   a) k가 주어졌을 때, $X \geq k$일 확률은 얼마인가?

   b) (a)의 결과는, 우리가 하나의 U만 계산한 후 $O(X)$회의 다른 계산들을 수행함으로써 X를 계산할 수 있음을 말해준다는 것을 보여라.

   c) 또한 $X \leftarrow \min(Y_N, Y_{N-1}, \ldots, Y_{N-n+1})$로 설정할 수도 있음을 보여라. 여기서 Y들은 서로 독립적이며 각 Y_t는 $0 \leq Y_t < t$ 범위의 정수 난수이다.

   d) 최대의 속력을 대해서는, 식 3.4.1-(18) 같은 "몰아넣는 방법"을 이용해서 X를 평균적으로 $O(1)$ 단계 이하로 계산할 수도 있음을 보여라.

9. [12] $n = 3$이라고 하자. 1에서 20까지의 번호가 붙은 20개의 레코드들을 담은 파일에 알고리즘 R을 적용한다면, 그리고 단계 R3에서 생성된 난수가 각각

$$4, 1, 6, 7, 5, 3, 5, 11, 11, 3, 7, 9, 3, 11, 4, 5, 4$$

이면, 저장고에는 어떤 레코드들이 들어갈까? 최종 표본은 어떤 레코드들로 구성될까?

10. [15] 저장고 파일을 사용하지 않고, 현재 표본의 레코드 n개를 메모리에 담아 둘 수 있도록 알고리즘 R을 수정하라.

▶ **11.** [M25] 알고리즘 R의 첫 번째 패스에서 저장고에 정확히 m개의 요소들이 들어갈 확률을 p_m이라고 하자. 생성함수 $G(z) = \sum_m p_m z^m$을 결정하고 평균과 표준편차를 구하라. (1.2.10절의 착안을 사용할 것.)

12. [M26] 알고리즘 P의 요지는 임의의 순열 π를 $\pi = (a_t t) \ldots (a_3 3)(a_2 2)$ 형태의(여기서 $t \geq j >$

1에 대해 $1 \le a_j \le j$) 자리바꿈들로 고유하게 표현할 수 있다는 것이다. $1 < j \le t$에 대해 $1 \le b_j \le j$인 $\pi = (b_2 2)(b_3 3) \ldots (b_t t)$ 형태의 자리바꿈들로도 고유한 표현이 가능함을 증명하고, a들로부터 b들을 $O(t)$ 단계 이내로 계산하는 알고리즘을 고안하라.

13. [M23] (골롬브S. W. Golomb.) 카드를 섞는 흔한 방법 중 하나는 카드 한 벌을 최대한 같은 분량의 두 부분으로 나누고 그것들을 엇갈려 섞는 것(리플 섞기)이다. (호일Hoyle의 카드 게임 규칙의 카드 플레이 예절에 대한 논의에 따르면, "이런 종류의 카드 섞기로 카드들을 충분히 섞기 위해서는 섞기를 약 세 번 수행해야 한다.") 카드 한 벌이 $2n-1$개의 카드 $X_1, X_2, \ldots, X_{2n-1}$로 이루어져 있다고 하자. "완벽한 섞기" s는 한 벌을 $X_1, X_2, \ldots, X_n$과, $X_{n+1}, \ldots, X_{2n-1}$로 나누고 그것들을 완벽하게 엇갈려 끼워 넣어서 $X_1, X_{n+1}, X_2, X_{n+2}, \ldots, X_{2n-1}, X_n$이 되게 한다. 그리고 "떼기 (cut)" 연산 c^j은 $X_1, X_2, \ldots, X_{2n-1}$을 $X_{j+1}, \ldots, X_{2n-1}, X_1, \ldots, X_j$로 바꾼다. 이와 같은 완벽한 섞기와 떼기를 조합할 때 최대 $(2n-1)(2n-2)$개의 서로 다른 벌들이 나올 수 있음을 보여라. $n > 1$이라고 가정한다.

14. [22] 수열 $a_0 a_1 \ldots a_{n-1}$에 연습문제 13의 떼기-리플 순열치환을 적용하면, 어떤 x, y에 대한 부분수열

$$a_x a_{(x+1) \bmod n} \cdots a_{(y-1) \bmod n} \text{과} \ a_y a_{(y+1) \bmod n} \cdots a_{(x-1) \bmod n}$$

이 어떠한 방식으로 뒤섞여 있는 수열이 만들어진다. 예를 들어 3890145267은 $x = 3$, $y = 8$일 때의 0123456789의 떼기-리플 순열이다.

a) 52장의 놀이용 카드가 다음과 같은 표준 순서로 배열되어 있다고 하자.

  2 3 4 5 6 7 8 9 10 J Q K A 2 3 4 5 6 7 8 9 10 J Q K A 2 3 4 5 6 7 8 9 10 J Q K A 2 3 4 5 6 7 8 9 10 J Q K A
  ♣ ♣ ♣ ♣ ♣ ♣ ♣ ♣ ♣ ♣ ♣ ♣ ♣ ◇ ◇ ◇ ◇ ◇ ◇ ◇ ◇ ◇ ◇ ◇ ◇ ◇ ♡ ♡ ♡ ♡ ♡ ♡ ♡ ♡ ♡ ♡ ♡ ♡ ♡ ♠ ♠ ♠ ♠ ♠ ♠ ♠ ♠ ♠ ♠ ♠ ♠ ♠

  퀵 군Mr. J. H. Quick(학생)은 여기에 한 번의 무작위 떼기-리플을 적용했다. 그리고 그런 다음 제일 왼쪽 카드를 뽑아 임의의 위치로 옮겨서 다음과 같은 순차열을 만들었다.

  9 10 K J Q A K A 2 Q 3 2 3 4 5 6 7 4 8 9 5 10 6 J 7 Q 8 K 9 10 J Q A K 2 3 A 4 2 3 4 5 6 5 6 7 8 7 9 10 J 8
  ♣ ♣ ♡ ♣ ♡ ♠ ♣ ♡ ♦ ♦ ♣ ♦ ♠ ♣ ♠ ♠ ♠ ♠ ♠ ♠ ♣ ♠ ♦ ♠ ♦ ♡ ♠ ♦ ♠ ♠ ♦ ◇ ♠ ◇ ♣ ♠ ♡ ◇ ♣ ♡ ♡ ♣ ♡ ♡ ◇ ♡ ◇ ♡ ♡ ♣

  그가 제일 왼쪽에서 뽑은 카드는 무엇일까?

b) 다시 원래의 표준 순서로 돌아가서, 퀵은 세 번의 무작위 떼기-리플을 적용한 후 제일 왼쪽의 카드를 임의의 위치로 옮겼다. 그 결과는 다음과 같다.

  10 J Q 3 4 5 6 J J Q 4 6 K A 2 3 K 4 7 5 6 Q A 7 5 A 8 7 6 K K 9 A 7 8 9 10 8 10 8 2 5 J 2 3 Q 4 9 3 2 9 10
  ◇ ♣ ♠ ♣ ♡ ♡ ◇ ♠ ♣ ♠ ♠ ♠ ♣ ♣ ♠ ♣ ♠ ♡ ♣ ♡ ♠ ♣ ♠ ♣ ♠ ◇ ♠ ♡ ♦ ♠ ♠ ♠ ♡ ◇ ♡ ◇ ◇ ♡ ♡ ♡ ♠ ♠ ♠

  그가 옮긴 카드는 무엇일까?

▶ **15.** [30] (달Ole-Johan Dahl.) 알고리즘 P의 시작에서 만일 $1 \le k \le t$에 대해 $X_k = k$이면, 그리고 j의 값이 $t-n$이 되었을 때 알고리즘을 종료한다면, 수열 $X_{t-n+1}, \ldots, X_t$는 n개의 원소들의 한 무작위 조합의 무작위 순열이다. 이러한 절차의 효과를 단 $O(n)$개의 메모리 칸들만 사용해서 흉내내는 방법을 보여라.

▶ **16.** 〔M25〕 N, n이 주어졌을 때, 레코드 N개에서 추출한 n개짜리 무작위 표본을 해싱 개념(6.4절)을 이용해서 계산하는 방법을 고안하라. 그 방법은 $O(n)$개의 저장소 장소들을 사용해야 하며, 수행 시간은 평균 $O(n)$ 단위 시간이어야 한다. 또한 표본을 정수 $1 \le X_1 < X_2 < \cdots < X_n \le N$의 정렬된 집합으로 출력해야 한다.

17. 〔M22〕 (플로이드R. W. Floyd.) 다음 알고리즘이 $\{1, ..., N\}$ 중 n개의 정수로 된 하나의 무작위 표본을 생성함을 증명하라: $S \leftarrow \emptyset$로 설정한다. 그런 다음 $j \leftarrow N - n + 1, N - n + 2, ..., N$에 대해(이 순서대로) $k \leftarrow \lfloor jU \rfloor + 1$로 설정하고

$$S \leftarrow \begin{cases} S \cup \{k\}, & \text{만일 } k \notin S\text{이면}; \\ S \cup \{j\}, & \text{만일 } k \in S\text{이면} \end{cases}$$

으로 설정한다.

▶ **18.** 〔M32〕 n개의 항목 $(X_1, X_2, ..., X_n)$을 섞기 위해 다음과 같은 교환 연산들을 적용하는 방법을 시도하는 사람들이 종종 있다.

$$X_1 \leftrightarrow X_{k_1}, \ X_2 \leftrightarrow X_{k_2}, \ ..., \ X_n \leftrightarrow X_{k_n}.$$

여기서 색인 k_j는 1과 n 사이의 독립 균등 난수이다.

정점들이 $\{1, 2, ..., n\}$이고 호들이 $1 \le j \le n$에 대해 j에서 k_j로 가는 유향그래프가 있다고 하자. 원소 $(X_1, X_2, ..., X_n) = (1, 2, ..., n)$들로 시작해서 위에서 말한 교환 연산들을 적용하면 각각 순열 (a) $(n, 1, ..., 2)$, (b) $(1, 2, ..., n)$, (c) $(2, ..., n, 1)$이 나오는, 그런 종류의 유향그래프를 서술하라. 그리고 이 세 순열이 상당히 다른 확률들로 발생함을 보일 것.

> 실을 끌어당겨서 실뭉치를 찾아낸다는 말도 있듯이
> 우리도 그것으로 만족하고 안심할 것이며,
> 당신도 뜻을 이루실 수 있지 않겠습니까?†
>
> —— 세르반테스MIGUEL DE CERVANTES, *El Ingenioso Hidalgo Don Quixote de la Mancha* (1605)

---

† 〔옮긴이 주〕 돈키호테(유상우 옮김, 홍신문화사, 2006)에서 인용.

*3.5. 난수열이란?

A. 들어가며. 이번 장에서는 $0 \leq U_n < 1$ 범위의 실수들로 된 수열

$$\langle U_n \rangle = U_0, U_1, U_2, \dots \tag{1}$$

을 생성하는 방법을 살펴보았는데, 우리는 이런 수열이 완전히 결정론적인 특성을 가짐에도 "무작위" 수열(random sequence, 난수열)이라고 불렀다. 그리고 이러한 호칭을 정당화하기 위해서, 이 수열들이 "마치 진정으로 무작위한 듯한 습성을 보인다"라고 주장했다. 그런 주장이 실용적인 목적에서는 만족스러울 수 있지만(현재로서는), "무작위한 습성"이란 것이 정확히 무엇인가라는 매우 중요한 철학적, 이론적 질문에는 답을 주지 못한다. 필요한 것은 무작위한 습성에 대한 정량적 정의이다. 진정으로 이해한 것이 아닌 개념에 대해서 떠드는 것은 바람직하지 못하다. 난수의 경우에는 명백히 모순적인 명제들이 생길 수 있다는 점에서 더욱 그렇다.

수학의 확률론과 통계학은 이런 문제를 면밀히 회피한다. 그런 분야는 절대적인 명제의 언급을 자제하고, 그 대신 무작위적인 일련의 사건들에 대한 명제들에 얼마의 확률이 부여되는지를 통해서 모든 것을 표현한다. 확률론의 공리들은 추상적인 확률들을 손쉽게 계산할 수 있도록 설정된 것들이지만, 해당 확률이 실질적으로 어떤 의미를 가지는지에 대해서는, 또는 그런 개념을 실세계에 의미 있게 적용하는 문제에 대해서는 아무런 말도 하지 않는다. 책 *Probability, Statistics, and Truth* (New York: Macmillan, 1957)에서 폰미제스R. von Mises는 이런 상황을 상세히 논의하면서, 난수열의 적절한 정의를 얻는 데 필요한 확률의 적절한 정의에 관해서 한 가지 관점을 제시하고 있다. 여기서는 이 주제에 대해 논평한 여러 저자들 중 두 사람이 이야기한 다음과 같은 문장들을 풀어서 설명해 보겠다.

레머D. H. Lehmer (1951): "난수열은 비숙련자로서는 예측불가능한 항들을 가지며 각 숫자가 특정한 검정들을 통과한 수열에 대한, 통계학자들에게 익숙하며 수열의 용도에 다소 의존하는 애매한 개념이다.

프랭클린J. N. Franklin (1962): "만일 수열 (1)이 독립적인 확률변수들의 균등분포로부터의 표본들의 모든 무한한 수열들이 공유하는 모든 성질을 가지고 있다면 무작위하다."

본질적으로 프랭클린의 말은 레머의 문장을 수열이 모든 통계적 검정을 만족해야 한다는 것으로 일반화한 것이다. 그의 정의가 완전하게 엄밀한 것은 아니며, 이후에 그의 명제에 대한 한 가지 합리적인 해석으로부터 난수열이라는 것 자체가 존재하지 않는다(!)는 결론이 나오게 됨을 보일 것이다. 따라서 다소 덜 엄격한 레머의 명제로 시작해서 그것을 정밀하게 만들어보자. 구체적인 목표는 난수열에 대한 우리의 직관적인 개념을 만족하는 비교적 적은 수의 수학적 성질들의 목록을 만드는 것이다. 더 나아가서, 그러한 목록은, 해당 성질들을 만족한다면 그 어떤 수열도 "무작위"하다고 말할 수 있을 정도로 완전해야 한다. 이번 절에서는 이러한 조건에 대해 적절한 무작위성의 정의라고 할만한 것을 만들어볼 것이다. 그렇다 해도 수많은 흥미로운 질문들은 여전히 답이 없이 남겨질 것이다.

u와 v가 $0 \le u < v \le 1$인 실수들이라고 하자. 만일 U가 0과 1 사이에서 균등하게 분포된 확률변수라고 하면, $u \le U < v$일 확률은 $v - u$와 같다. 예를 들어서 $\frac{1}{5} \le U < \frac{3}{5}$일 확률은 $\frac{2}{5}$이다. 단일한 수 U의 이러한 성질을 무한수열 U_0, U_1, U_2, ...의 한 성질로 해석하려면 어떻게 해야 할까? 명백한 답은 u와 v 사이에 U_n이 몇 개나 있는지 세고 그 개수의 평균이 $v - u$와 같은지를 보는 것이다. 확률에 대한 우리의 직관적인 개념은 출현빈도(발생빈도)에 대한 이러한 접근방식에 근거를 두고 있다.

좀 더 엄밀히 말하자면, $\nu(n)$이 $u \le U_j < v$를 만족하는 j 값들의 개수라고 하자(여기서 $0 \le j < n$). n이 무한대에 접근함에 따라 비율 $\nu(n)/n$이 $v - u$로 수렴함을, 즉

$$\lim_{n \to \infty} \frac{\nu(n)}{n} = v - u \tag{2}$$

임을 밝히고자 한다. u와 v의 모든 선택에 대해 이 조건이 성립할 때, 그러한 수열을 동일분포 (equidistribution)에 따라 분포되었다고 칭한다.

정수 n과 수열 U_0, U_1, ...에 대한 어떠한 명제를 $S(n)$으로 표기하기로 하자. 예를 들어 위의 "$u \le U_n < v$" 같은 것이 $S(n)$이 될 수 있다. 앞 문장에서의 착상을 일반화해서, 특정한 무한수열에 대해 $S(n)$이 참일 확률을 다음과 같이 정의할 수 있다.

정의 A. *$S(j)$가 참이 되는 j 값들의 개수를 $\nu(n)$이라고 하자. 여기서 $0 \le j < n$ 이다. n이 무한대로 접근함에 따른 $\nu(n)/n$의 극한이 λ와 같을 때, $S(n)$이 참일 확률은 λ 이다. 즉, $\lim_{n \to \infty} \nu(n)/n = \lambda$ 일 때 $\Pr(S(n)) = \lambda$ 이다.*

이러한 표기법 하에서, 수열 U_0, U_1, ...은 $0 \le u < v \le 1$인 모든 실수 u, v에 대해 오직 $\Pr(u \le U_n < v) = v - u$일 때에만 동일분포이다.

무작위하지 않은 수열도 동일분포일 수 있다. 예를 들어 U_0, U_1, ...과 V_0, V_1, ...이 동일분포 수열들일 때, 수열

$$W_0, W_1, W_2, W_3, \ldots = \frac{1}{2}U_0, \frac{1}{2} + \frac{1}{2}V_0, \frac{1}{2}U_1, \frac{1}{2} + \frac{1}{2}V_1, \ldots \tag{3}$$

역시 동일분포임을 보이는 것은 어렵지 않다. 부분수열 $\frac{1}{2}U_0$, $\frac{1}{2}U_1$, ...은 0과 $\frac{1}{2}$ 사이에서 동일분포이고 그 사이의 항 $\frac{1}{2} + \frac{1}{2}V_0$, $\frac{1}{2} + \frac{1}{2}V_1$, ...은 $\frac{1}{2}$과 1 사이에서 동일분포이다. 그런데 W들의 수열에서 $\frac{1}{2}$보다 작은 값 다음에는 항상 $\frac{1}{2}$ 이상의 값이 오며, 그 역도 마찬가지이다. 합리적인 난수열 정의라면 그 어떤 것이라도 이런 수열을 무작위한 것으로 분류하지는 않을 것이다. 따라서 동일분포 성질보다 좀 더 엄격한 성질이 필요하다.

이와 같은 문제제기를 해결하기 위해 동일분포 성질을 일반화해보자. 한 가지 자연스러운 착상은, 수열의 인접한 수들의 쌍을 고려하는 것이다. 즉, $0 \le u_1 < v_1 \le 1$, $0 \le u_2 < v_2 \le 1$인 임의의 네 수 u_1, v_1, u_2, v_2에 대해 수열이 다음과 같은 조건을 만족해야 한다고 요구할 수 있다.

$$\Pr(u_1 \le U_n < v_1 \text{ 그리고 } u_2 \le U_{n+1} < v_2) = (v_1 - u_1)(v_2 - u_2). \tag{4}$$

좀 더 일반화하자면, 임의의 양의 정수 k에 대해 k분포를 따라야 한다고 요구할 수 있다. 여기서 말하는 k분포의 정의는 다음과 같다.

정의 B. *$1 \le j \le k$이고 $0 \le u_j < v_j \le 1$인 실수 u_j와 v_j의 모든 선택들에 대해 수열 (1)이*

$$\Pr(u_1 \le U_n < v_1, ..., u_k \le U_{n+k-1} < v_k) = (v_1 - u_1)...(v_k - u_k) \qquad (5)$$

를 만족한다면, 수열 (1)이 k분포를 따른다고 말한다.

동일분포 수열은 1분포 수열이다. 만일 $k > 1$이면 k분포 수열은 항상 $(k-1)$분포임을 주목할 것. 이는 식 (5)에서 $u_k = 0$, $v_k = 1$로 둘 수 있기 때문이다. 따라서, 특히 4분포 수열은 3분포이기도 하고, 2분포이기도 하며, 동일분포이기도 하다. k분포를 따르는 수열의 최대 k 값을 구하는 문제를 고찰해 보면, 다음과 같은 좀 더 엄격한 성질을 이끌어 낼 수 있다.

정의 C. *모든 양의 정수 k에 대해 k분포인 수열을 가리켜 ∞분포를 따른다고 말한다.*

지금까지의 논의는 "[0..1) 수열", 즉 0과 1 사이의 실수들로 된 수열을 고려한 것이다. 동일한 착상들을 정수값 수열에도 적용할 수 있다. 수열 $\langle X_n \rangle = X_0, X_1, X_2, ...$의 각 X_n이 $0, 1, ..., b-1$중 하나이면 그 수열을 b진 수열(b-ary sequence)이라고 부르기로 하자. 예를 들어 이진 수열은 0들과 1들로 된 수열이다.

또한 $1 \le j \le k$에 대해 $0 \le x_j < b$인 k개의 정수 $x_1 x_2 ... x_k$들의 수열을 k자리 b진수로 정의한다.

정의 D. *모든 b진수 $x_1 x_2 ... x_k$에 대해*

$$\Pr(X_n X_{n+1} ... X_{n+k-1} = x_1 x_2 ... x_k) = 1/b^k \qquad (6)$$

인 b진 수열을 가리켜 k분포를 따른다고 칭한다.

이 정의로부터, 만일 $U_0, U_1, ...$이 k분포를 따르는 [0..1) 수열이면 수열 $\lfloor bU_0 \rfloor, \lfloor bU_1 \rfloor, ...$은 k분포 b진 수열임이 명백해진다. (만일 $u_j = x_j/b$, $v_j = (x_j + 1)/b$, $X_n = \lfloor bU_n \rfloor$으로 두면 식 (5)는 식 (6)이 된다.) 더 나아가서, $k > 1$일 때 모든 k분포 b진 수열은 또한 $(k-1)$분포이다. b진수 $x_1 ... x_{k-1} 0$, $x_1 ... x_{k-1} 1$, ..., $x_1 ... x_{k-1}(b-1)$에 대한 확률들을 더하면 다음이 나온다.

$$\Pr(X_n ... X_{n+k-2} = x_1 ... x_{k-1}) = 1/b^{k-1}.$$

(서로 소인 사건들에 대한 확률들은 가산적이다. 연습문제 5 참고) 따라서 이러한 정의는 정의 C에서 말한 ∞분포 b진 수열과도 잘 맞아떨어진다.

기수 b 수체계로 표현된 양의 실수를 b진 수열로 간주할 수 있다. 예를 들어 π는 10진 수열 3, 1, 4, 1, 5, 9, 2, 6, 5, 3, 5, 8, 9, ...에 대응된다. 사람들은 이 수열이 ∞분포일 것이라고 추측했지만, 아직 누구도 증명하지는 못했고, 심지어는 이 수열이 1분포임도 증명하지 못했다.

이러한 개념들을 k가 백만인 경우에서 좀 더 자세히 살펴보도록 하자. 1000000 분포를 따르는 이진 수열 중에는 0이 연달아 백만 개가 나타나는 수열도 존재할 것이다! 비슷하게, 1000000 분포인 $[0..1)$ 수열들 중에는 값이 $\frac{1}{2}$ 보다 작은 값들만 연달아 백만 개가 나오는 것도 있을 것이다. 그러한 수열의 평균적인 발생 확률은 단 $\left(\frac{1}{2}\right)^{1000000}$ 이지만, 그래도 그런 수열은 실제로 발생한다. 실제로 이런 현상은 모든 진정한 난수열에서 일어난다. 여기서 말하는 "진정한 난수열"이란 우리의 직관적인 개념을 따를 때의 것을 의미한다. 백만 개의 "진정으로 무작위한" 수들의 집합을 컴퓨터 시뮬레이션 실험에서 사용하는 경우, 그러한 상황이 극단적인 효과를 낼 것임은 쉽게 짐작할 수 있다. 그런 경우 사람들은 난수발생기에 문제가 있다고 여길 것이다. 그러나 $\frac{1}{2}$ 보다 작은 U들이 연달아 백만 개가 나타나는 일은 절대로 일어나지 않는 수열이라면 그 수열은 무작위한 것이 아니며, 극도로 긴 U들의 블록들을 입력으로 사용하는 여타의 응용을 위한 난수원으로는 적합하지 않을 것이다. 요약하자면, *진정한 난수열은 국소 비무작위성을 보인다.* 국소 비무작위성(local nonrandomness)은 어떤 응용에서는 필요하지만 또 어떤 응용에서는 부적당하다. 따라서 모든 응용에 적합한 "무작위" 수들의 수열은 존재하지 않는다는 결론을 내릴 수밖에 없다.

비슷한 맥락에서, 유한한 수열이 무작위한지 아닌지를 판단하는 것이 불가능하다는 주장도 가능하다. 어떤 특정한 수열도 나머지 모든 수열과 같은 확률로 발생할 것이기 때문이다. 이러한 사실들은 유용한 무작위성 정의를 고민하는 모든 이에게 명백한 걸림돌이 된다. 그러나 절망할 필요는 없다. 해당 정의에 관련된 이론(앞에서 적당히 살펴본)으로부터 실제로 컴퓨터에서 생성하는 보통의 유리수 무한 수열에 관련된 상당한 양의 통찰을 얻을 수 있는 방식으로 무한 수열을 정의하는 것은 여전히 가능하기 때문이다. 실제로, 이번 절 뒷부분에서는 유한 수열의 무작위성에 대한 몇 가지 그럴듯한 정의들이 나온다.

B. ∞ 분포 수열. 그럼 ∞ 분포를 따르는 수열의 이론을 간략히 공부해보자. 이 이론을 적절히 설명하기 위해서는 약간의 고등수학이 필요하므로, 이 B절 나머지 부분에서는 "고급 미적분" 과정에서 흔히 가르치는 내용을 독자가 알고 있다고 가정한다.

우선, 정의 A에 나오는 극한이 모든 수열에서 수렴하는 것은 아니므로, 정의 A를 조금 일반화해두는 것이 편하겠다. 다음과 같이 정의한다.

$$\overline{\Pr}(S(n)) = \limsup_{n\to\infty} \frac{\nu(n)}{n}, \qquad \underline{\Pr}(S(n)) = \liminf_{n\to\infty} \frac{\nu(n)}{n}. \tag{7}$$

이러한 정의 하에서, $\Pr(S(n))$은 만일 존재한다면 $\underline{\Pr}(S(n))$과 $\overline{\Pr}(S(n))$의 공통값이다.

k 분포 $[0..1)$ 수열에서 U를 $\lfloor bU \rfloor$로 대체하면 k 분포 b진 수열이 됨은 이미 앞에서 말했다. 우리의 첫 번째 정리는 그 역도 참이라는 것이다.

정리 A. *$\langle U_n \rangle = U_0, U_1, U_2, \ldots$ 이 $[0..1)$ 수열이라고 하자. 만일 수열*

$$\langle \lfloor b_j U_n \rfloor \rangle = \lfloor b_j U_0 \rfloor, \lfloor b_j U_1 \rfloor, \lfloor b_j U_2 \rfloor, \ldots$$

이 정수 $1 < b_1 < b_2 < b_3 < \cdots$ 들의 무한 수열에 있는 모든 b_j에 대해 k분포 b_j진 수열이면, 원래의 수열 $\langle U_n \rangle$은 k분포이다.

이 정리의 한 예로, $b_j = 2^j$이라고 가정하자. 수열 $\lfloor 2^j U_0 \rfloor$, $\lfloor 2^j U_1 \rfloor$, …은 U_0, U_1, …의 이진 표현들의 처음 j비트들의 수열이다. 만일 이 정수 수열들이 모두 정의 D의 의미에서의 k분포이면, 실수값 수열 U_0, U_1, … 또한 반드시 정의 B의 의미에서의 k분포이어야 한다.

정리 A의 증명. 만일 수열 $\lfloor b U_0 \rfloor$, $\lfloor b U_1 \rfloor$, …이 k분포이면, 확률들의 덧셈에 의해, 각 u_j와 v_j가 분모가 b인 유리수이면(유리수일 때는) 항상 식 (5)가 성립한다는 결론이 도출된다. 이제 u_j와 v_j가 임의의 실수이고 u_j'와 v_j'가 분모가 b이며 다음을 만족하는 유리수라고 하자.

$$u_j' \le uj < u_j' + 1/b, \qquad v_j' \le vj < v_j' + 1/b.$$

그리고 $S(n)$이 $u_1 \le U_n < v_1, \ldots, u_k \le U_{n+k-1} < v_k$라는 명제라고 하자. 그러면

$$\overline{\mathrm{Pr}}(S(n)) \le \mathrm{Pr}\left(u_1' \le Un < v_1' + \frac{1}{b}, \ldots, u_k' \le U_{n+k-1} < v_k' + \frac{1}{b}\right)$$

$$= \left(v_1' - u_1' + \frac{1}{b}\right) \cdots \left(v_k' - u_k' + \frac{1}{b}\right);$$

$$\underline{\mathrm{Pr}}(S(n)) \ge \mathrm{Pr}\left(u_1' + \frac{1}{b} \le Un < v_1', \ldots, u_k' + \frac{1}{b} \le U_{n+k-1} < v_k'\right)$$

$$= \left(v_1' - u_1' - \frac{1}{b}\right) \cdots \left(v_k' - u_k' - \frac{1}{b}\right)$$

이다. 이제 $|(v_j' - u_j' \pm 1/b) - (v_j - u_j)| \le 2/b$이다. 부등식들이 모든 $b = b_j$에 대해 성립하며 $j \to \infty$에 따라 $b_j \to \infty$이므로, 다음이 성립한다.

$$(v_1 - u_1) \cdots (v_k - u_k) \le \underline{\mathrm{Pr}}(S(n)) \le \overline{\mathrm{Pr}}(S(n)) \le (v_1 - u_1) \cdots (v_k - u_k). \quad \blacksquare$$

다음으로 살펴볼 정리는 k분포 수열에 대한 것들을 증명하는 데 주된 수단이 된다.

정리 B. $\langle U_n \rangle$이 k분포 $[0..1)$ 수열이라고 가정하고, $f(x_1, x_2, \ldots, x_k)$가 k변수 리만 적분가능 함수라고 하자. 그러면

$$\lim_{n \to \infty} \frac{1}{n} \sum_{0 \le j < n} f(U_j, U_{j+1}, \ldots, U_{j+k-1}) = \int_0^1 \cdots \int_0^1 f(x_1, x_2, \ldots, x_k) dx_1 \ldots dx_k \quad (8)$$

이다.

증명. k분포 수열에 대한 정의에 따라, 이 정리는 어떠한 상수 u_1, v_1, …, u_k, v_k에 대해

$$f(x_1, \ldots, x_k) = [u_1 \le x_1 < v_1, \ldots, u_k \le x_k < v_k] \quad (9)$$

인 특별한 경우에 대해 성립한다. 따라서 식 (8)은 $f = a_1 f_1 + a_2 f_2 + \cdots + a_m f_m$이고 각 f_j가 (9)와 같은 종류의 함수일 때 항상 참이다. 다른 말로 하면 식 (8)은 f가 단위 k차원 입방체를 각 면이

좌표축들에 평행인 부분입방체들로 분할하고 각 부분입방체에서 하나의 상수를 f에 배정함으로써 얻는 "계단 함수"(step function)이면 항상 참이다.

그럼 f가 임의의 리만 적분가능 함수라고 하자. 만일 ϵ이 임의의 양수이면, (리만 적분가능의 정의에 의해) $\underline{f}(x_1, ..., x_k) \le f(x_1, ..., x_k) \le \overline{f}(x_1, ..., x_k)$임을 만족하는, 그리고 $\underline{f}$의 적분과 $\overline{f}$의 적분의 차가 ϵ보다 작음을 만족하는 계단 함수 $\underline{f}$와 $\overline{f}$가 존재한다. 식 (8)은 $\underline{f}$와 $\overline{f}$에 대해 성립하므로, 그리고

$$\frac{1}{n}\sum_{0 \le j < n}\underline{f}(U_j, ..., U_{j+k-1}) \le \frac{1}{n}\sum_{0 \le j < n}f(U_j, ..., U_{j+k-1})$$

$$\le \frac{1}{n}\sum_{0 \le j < n}\overline{f}(U_j, ..., U_{j+k-1})$$

이므로, 식 (8)은 f에 대해서도 참이라는 결론을 내릴 수 있다. ∎

정리 B는 예를 들어 3.3.2절의 순열검정에 적용할 수 있다. $(p_1, p_2, ..., p_k)$가 수 $\{1, 2, ..., k\}$들의 임의의 순열이라고 하자. 다음을 보이고자 한다.

$$\Pr(U_{n+p_1-1} < U_{n+p_2-1} < \cdots < U_{n+p_k-1}) = 1/k!. \tag{10}$$

이를 증명해 보자. 수열 $\langle U_n \rangle$이 k분포이며

$$f(x_1, ..., x_k) = [x_{p_1} < x_{p_2} < \cdots < x_{p_k}]$$

라고 할 때,

$$\Pr(U_{n+p_1-1} < U_{n+p_2-1} < \cdots < U_{n+p_k-1})$$

$$= \int_0^1 \cdots \int_0^1 f(x_1, ..., x_k)dx_1 ... dx_k$$

$$= \int_0^1 dx_{p_k}\int_0^{x_{p_k}}\cdots\int_0^{x_{p_3}}dx_{p_2}\int_0^{x_{p_2}}dx_{p_1} = \frac{1}{k!}$$

이다.

따름정리 P. *k분포를 따르는 $[0..1)$ 수열은 식 (10)과 같은 의미에서 k차 순열검정을 만족한다.* ∎

또한 계열상관 검정도 만족됨을 보일 수 있다.

따름정리 S. *$(k+1)$분포를 따르는 $[0..1)$ 수열의 U_n과 U_{n+k} 사이의 계열상관계수는 0으로 수렴한다. 즉:*

$$\lim_{n \to \infty} \frac{\frac{1}{n}\sum U_j U_{j+k} - \left(\frac{1}{n}\sum U_j\right)\left(\frac{1}{n}\sum U_{j+k}\right)}{\sqrt{\left(\frac{1}{n}\sum U_j^2 - \left(\frac{1}{n}\sum U_j\right)^2\right)\left(\frac{1}{n}\sum U_{j+k}^2 - \left(\frac{1}{n}\sum U_{j+k}\right)^2\right)}} = 0.$$

(여기서 모든 합들의 구간은 $0 \le j < n$이다.)

증명. 정리 B에 의해 수량

$$\frac{1}{n}\sum U_j U_{j+k}, \qquad \frac{1}{n}\sum U_j^2, \qquad \frac{1}{n}\sum U_{j+k}^2, \qquad \frac{1}{n}\sum U_j, \qquad \frac{1}{n}\sum U_{j+k}$$

는 $n \to \infty$ 에 따라 각각 극한값 $\frac{1}{4}, \frac{1}{3}, \frac{1}{3}, \frac{1}{2}, \frac{1}{2}$ 로 수렴한다. ∎

이번에는 수열의 조금 더 일반적인 분포 성질들을 살펴보자. 우리는 앞에서 k분포라는 개념을 인접한 k짝(k-tuple) 전부를 고려함으로써 정의했다. 이는 예를 들어 어떠한 수열이 2분포일 필요충분조건은 한 쌍의 수들로 이루어진 점

$$(U_0, U_1), (U_1, U_2), (U_2, U_3), (U_3, U_4), (U_4, U_5), \dots$$

이 단위 정사각형 안에서 동일하게 분포해야 한다는 것이다. 그러나 또 다른 점 (U_1, U_2), (U_3, U_4), (U_5, U_6), ... 은 동일분포가 아닐 수도 있다. 만일 점 (U_{2n-1}, U_{2n})들의 밀도가 특정 영역에서 모자란다면 다른 점 (U_{2n}, U_{2n+1})들이 밀도를 보충하게 될 것이다. 예를 들어서 주기 길이가 16인 주기적 이진 수열

$$\langle X_n \rangle = 0,0,0,1, \quad 0,0,0,1, \quad 1,1,0,1, \quad 1,1,0,1, \quad 0,0,1,1, \quad \dots \tag{11}$$

은 3분포인 것으로 판명된다. 그러나 짝수 번째 원소들로 된 수열 $\langle X_{2n} \rangle = 0, 0, 0, 0, 1, 0, 1, 0, \dots$ 은 1의 개수가 0의 개수의 세 배인 반면, 홀수 번째 원소들로 된 수열 $\langle X_{2n+1} \rangle = 0, 1, 0, 1, 1, 1, 1, 1, \dots$ 은 0의 개수가 1의 개수의 세 배이다.

수열 $\langle U_n \rangle$이 ∞ 분포라고 하자. 예 (11)은 건너뛴 원소들로 된 부분수열 $\langle U_{2n} \rangle = U_0, U_2, U_4, U_6, \dots$ 이 반드시 ∞ 분포라고 확실하게 보장되지는 않음을, 심지어는 그것이 1분포인지도 확신할 수 없음을 말해준다. 그러나 실제로 $\langle U_{2n} \rangle$이 ∞ 분포이며 그 이상의 여러 가지도 참임을 보게 될 것이다.

정의 E. *[0..1) 수열 $\langle U_n \rangle$이 있다고 할 때, $1 \le r \le k$에 대해 $0 \le u_r < v_r \le 1$인 실수 u_r, v_r의 모든 선택에 대해, 그리고 $0 \le j < m$인 모든 정수 j에 대해 만일*

$$\Pr(u_1 \le U_{mn+j} < v_1, \; u_2 \le U_{mn+j+1} < v_2, \dots, u_k \le U_{mn+j+k-1} < v_k)$$
$$= (v_1 - u_1)\dots(v_k - u_k)$$

이면, 그러한 수열을 가리켜 (m, k) 분포를 따른다고 말한다.

따라서 k분포 수열은 $m = 1$일 때의 정의 E의 특수한 경우이다. $m = 2$인 경우는 짝수 위치에서 시작하는 k짝들이 홀수 위치에서 시작하는 k짝들과 같은 밀도를 가짐을 의미하며, 그 이상의 값들에서도 마찬가지의 해석이 나온다.

정의 E의 다음과 같은 성질들은 명백하다.

$$\text{(m, k) 분포 수열은 $1 \le \kappa \le k$에 대해 (m, κ) 분포이다.} \tag{12}$$

$$\text{(m, k) 분포 수열은 m의 모든 약수 d에 대해 (d, k) 분포이다.} \tag{13}$$

(연습문제 8 참고.) 또한 (m, k) 분포 b 진 수열이라는 개념을 정의 D와 같은 방식으로 정의할 수 있으며, 정리 A의 증명은 (m, k) 분포 수열들에 대해서도 여전히 유효하다.

다음에 나오는 여러모로 다소 놀라운 정리는 수열이 ∞ 분포를 가진다는 것이 아주 강한 무작위성 요건임을 보여준다. 이는 ∞ 분포라는 개념의 정의를 처음 고찰하면서 추측했던 것 이상으로 훨씬 더 엄격한 성질이다.)

정리 C (니븐Ivan Niven, 추커만H. S. Zuckerman). *∞ 분포 수열은 모든 정수 m 과 k 에 대해 (m, k) 분포이다.*

증명. 이 정리의 증명은 방금 언급한 정리 A의 일반화를 이용해서 b 진 수열에 대해 증명하는 것으로 충분하다. 더 나아가서, (12)와 (13)에 따르면 (mk, mk) 분포인 수열은 (m, k) 분포이기도 하므로, $m = k$ 라고 가정해도 된다.

따라서 우리가 증명할 것은 임의의 ∞ 분포 b 진 수열 X_0, X_1, ... 이 모든 양의 정수 m 에 대해 (m, m) 분포라는 것이다. 아래의 증명은 니븐과 추커만이 *Pacific J. Math.* **1** (1951), 103-109에서 제시한 원래의 증명을 단순화한 것이다.

이 증명에서 사용할 핵심적인 개념은 수학의 다른 여러 상황들에도 적용되는 중요한 기법으로, 이런 것이다: "만일 m 개의 수량들의 합과 그것들의 제곱들의 합 둘 다 m 개의 수량들이 동일하다는 가설과 일치한다면, 그 가설은 참이다." 이 원리를 좀 더 엄정한 형태로 표현한다면 다음과 같다.

보조정리 E. *$1 \le j \le m$ 에 대한 m 개의 수열 $\langle y_{jn} \rangle = y_{j0}, y_{j1}, ...$ 이 주어졌을 때*

$$\lim_{n \to \infty} (y_{1n} + y_{2n} + \cdots + y_{mn}) = m\alpha, \tag{14}$$

$$\limsup_{n \to \infty} (y_{1n}^2 + y_{2n}^2 + \cdots + y_{mn}^2) \le m\alpha^2$$

라고 하자. 그러면 각 j 에 대해 $\lim_{n \to \infty} y_{jn}$ 이 존재하며 그 극한값은 α 와 같다.

이 보조정리에 대한 놀랄 만큼 간단한 증명이 연습문제 9에 나온다. ∎

다시 정리 C의 증명으로 돌아가서, $x = x_1 x_2 ... x_m$ 이 하나의 b 진수라고 하자. 그리고 $X_{p-m+1} X_{p-m+2} \cdots X_p = x$ 인 것을 x 가 위치 p 에서 출현한다고 말하기로 하자. $p < n$ 이고 $p \bmod m = j$ 일 때, 위치 p 에서의 x 의 출현 횟수를 $\nu_j(n)$ 으로 표기하자. 그리고 $y_{jn} = \nu_j(n)/n$ 이라고 하자. 이제 증명해야 할 것은

$$\lim_{n \to \infty} y_{jn} = \frac{1}{mb^m} \tag{15}$$

이다. 수열이 m 분포이므로 다음이 성립한다.

$$\lim_{n \to \infty} (y_{0n} + y_{1n} + \cdots + y_{(m-1)n}) = \frac{1}{b^m} \tag{16}$$

보조정리 E와 식 (16)에 의해, 다음 부등식이 성립함을 증명한다면 정리의 증명이 완성된다.

$$\limsup_{n \to \infty} (y_{0n}^2 + y_{1n}^2 + \cdots + y_{(m-1)n}^2) \leq \frac{1}{mb^{2m}}. \tag{17}$$

아직은 이 부등식이 명확하지 않다. 이것을 증명하려면 다소 정교한 수식 조작이 필요하다. q가 m의 배수라고 가정하고 다음을 고찰한다.

$$C(n) = \sum_{0 \leq j < m} \binom{\nu_j(n) - \nu_j(n-q)}{2}. \tag{18}$$

이것은 $n - q \leq p_1 < p_2 < n$이고 $p_2 - p_1$이 m의 배수인 위치 p_1과 p_2에 출현한 x 쌍들의 개수이다. 이제 합

$$S_N = \sum_{n=1}^{N+q} C(n) \tag{19}$$

을 고려하자. $p_1 < p_2 < p_1 + q$인, 그리고 $p_2 - p_1$이 m의 배수이고 $p_1 \leq N$인 위치 p_1과 p_2에 나타나는 x들의 쌍의 개수는 전체 S_N(즉, $p_2 < n \leq p_1 + q$일 때) 중 정확히 $p_1 + q - p_2$개이다. 그리고 $N < p_1 < p_2 < N + q$인 출현 쌍들은 정확히 $N + q - p_2$개이다.

$d_t(n)$이 $p_1 + t = p_2 < n$인 위치 p_1과 p_2에서의 x 출현쌍들의 개수라고 하자. 위의 분석에 따라,

$$\sum_{0 < t < q/m} (q - mt)d_{mt}(N+q) \geq S_N \geq \sum_{0 < t < q/m} (q - mt)d_{mt}(N). \tag{20}$$

이다. 원래의 수열은 q분포이므로 $0 < t < q/m$인 모든 t에 대해

$$\lim_{N \to \infty} \frac{1}{N} d_{mt}(N) = \frac{1}{b^{2m}} \tag{21}$$

이며, 따라서 (20)에 의해 다음이 성립하게 된다.

$$\lim_{N \to \infty} \frac{S_N}{N} = \sum_{0 < t < q/m} \frac{q - mt}{b^{2m}} = \frac{q(q-m)}{2mb^{2m}}. \tag{22}$$

이 사실을 조금 조작하면 정리가 증명된다.

정의에 의해

$$2S_N = \sum_{n=1}^{N+q} \sum_{0 \leq j < m} ((\nu_j(n) - \nu_j(n-q))^2 - (\nu_j(n) - \nu_j(n-q)))$$

이며, (16)을 적용해서 제곱되지 않는 항을 제거하면

$$\lim_{N \to \infty} \frac{T_N}{N} = \frac{q(q-m)}{mb^{2m}} + \frac{q}{b^m} \tag{23}$$

을 얻을 수 있다. 여기서

$$T_N = \sum_{n=1}^{N+q} \sum_{0 \leq j < m} (\nu_j(n) - \nu_j(n-q))^2$$

이다.

이제 부등식

$$\frac{1}{r}\left(\sum_{j=1}^{r} a_j\right)^2 \leq \sum_{j=1}^{r} a_j^2$$

(연습문제 1.2.3-30)을 이용해서 다음을 얻는다.

$$\limsup_{N \to \infty} \sum_{0 \leq j < m} \frac{1}{N(N+q)}\left(\sum_{n=1}^{N+q}(\nu_j(n) - \nu_j(n-q))\right)^2 \leq \frac{q(q-m)}{mb^{2m}} + \frac{q}{b^m}. \qquad (24)$$

또한 다음도 성립한다.

$$q\nu_j(N) \leq \sum_{N < n \leq N+q} \nu_j(n) = \sum_{n=1}^{N+q}(\nu_j(n) - \nu_j(n-q)) \leq q\nu_j(N+q).$$

이것을 (24)에 대입하면 다음이 나온다.

$$\limsup_{N \to \infty} \sum_{0 \leq j < m}\left(\frac{\nu_j(N)}{N}\right)^2 \leq \frac{q-m}{qmb^{2m}} + \frac{1}{qb^m}. \qquad (25)$$

q가 m의 배수일 때 이 공식이 성립함은 확인했다. 그리고 만일 $q \to \infty$로 두면 (17)이 나온다. 이로써 증명이 완성되었다.

어쩌면 더 간단할 수도 있는 증명이 J. W. S. Cassels, *Pacific J. Math.* **2** (1952), 555-557에 나온다. ∎

연습문제 29와 30은 이 정리의 비자명성을 보여주며, q분포 수열이 진정한 (m, m)분포의 확률들과는 본질적으로 최대 $1/\sqrt{q}$만큼 차이 나는 확률들을 가진다는 사실도 보여준다. (식 (25) 참고) 정리의 증명을 위해서는 ∞분포의 가설 전체가 필수적이다.

정리 C의 한 결과로, ∞분포 수열이 계열검정, t 중 최대값 검정, 충돌 검정, 생일 간격 검정, 그리고 3.3.2절의 소절들에서 언급한 검정들을 통과함을 증명할 수 있다. 또한 이러한 수열이 간격 검정, 포커 검정, 연속열 검정을 만족함을 보이는 것도 어렵지 않다(연습문제 12에서 14까지). 쿠폰 수집가 검정은 다루기가 훨씬 더 어렵지만, 그것도 역시 통과한다(연습문제 15, 16).

비교적 단순한 형태의 ∞분포 수열이 존재함은 다음과 같은 정리가 보장한다.

정리 F (프랭클린 J. N. Franklin). *식*

$$U_n = \theta^n \bmod 1 \qquad (26)$$

로 정의되는 $[0..1)$ 수열 $U_0, U_1, U_2, \ldots$은 거의 모든 실수 $\theta > 1$에 대해 ∞분포이다. 즉, 집합

$$\{\theta \mid \theta > 1 \text{이고 (26)이 } \infty \text{분포가 아님}\}$$

은 측도가 0인 집합이다.

이 정리의 증명과 몇 가지 일반화들이 *Math. Comp.* **17** (1963), 28-59에 나온다. ∎

프랭클린은 (26)이 ∞ 분포가 되기 위해서는 θ 가 반드시 초월수이어야 함을 보였다. 1960년대 초반에는 $n \leq 10000$ 에 대한 멱급수 $\langle \pi^n \bmod 1 \rangle$ 들을 다정도 산술을 이용해서 힘들게 계산했다. 그리고 그러한 각 값의 최상위 35비트들을 디스크 파일에 담아 두고, 균등편이의 발생원으로 잘 써먹었다. 정리 F에 따르면 멱급수 $\langle \pi^n \bmod 1 \rangle$ 이 ∞ 분포일 확률은 1과 같다. 그러나 실수들은 셀 수 없이 많기 때문에, 그 정리만으로는 π 에 대한 수열이 정말로 ∞ 분포인지 아닌지를 알 수가 없다. 우리가 살아 있는 동안에는 누구도 이 특정한 수열이 ∞ 분포가 아님을 증명하지는 못할 것이 거의 확실해 보인다. 이러한 사항들 때문에, ∞ 분포인 명시적 수열이 존재하는가, 다시 말해서 *수열 $\langle U_n \rangle$ 이 ∞ 분포를 따르게 되는 실수 U_n 들을 모든 $n \geq 0$ 에 대해 계산할 수 있는 알고리즘이 과연 존재하기나 하는 것인가* 의아해 한다고 해도 이상한 일은 아니다. 그런데 커누스D. E. Knuth가 *BIT* **5** (1965), 246-250에서 보인 예에 따르면 그 의문의 답은 "예"이다. 거기에서 만드는 수열은 전적으로 유리수들로만 이루어진다. 실제로, 각 수 U_n 은 이진수체계에서 유한한 표현을 가진다. 방금 인용한 수열에 비하면 다소 복잡하지만, 아래에 나오는 정리 W로도 명시적 ∞ 분포 수열의 또 다른 구축법을 이끌어 낼 수 있다. N. M. Korobov, *Izv. Akad. Nauk SSSR* **20** (1956), 649-660도 볼 것.

C. 과연 ∞ 분포 = 무작위인가? ∞ 에 대한 모든 수학적 결과들을 살펴볼 때, ∞ 분포 수열이 수학에서 중요한 개념이라는 점만큼은 확신할 수 있다. 또한 다음과 같은 명제가 직관적인 무작위성 개념에 대한 유효한 공식화가 될 수 있음을 나타내는 증거도 많이 있다.

정의 R1. *어떤 $[0..1)$ 수열이 ∞ 분포 수열이면, 그 수열을 "무작위"하다고 정의한다.*

이 정의를 만족하는 수열들이 3.3.2의 통계적 검정 모두와 그 외의 여러 검정들을 만족할 것임은 이미 살펴보았다.

그럼 이 정의에 대한 반론을 제기해보자. 무엇보다도, "진정으로 무작위한" 수열이 모두 ∞ 분포일 까? 0과 1 사이의 실수들의 수열 U_0, U_1, ...은 무수히 많다. 진정으로 무작위한 난수발생기에서 표본을 추출해 U_0, U_1, ...들을 얻는다고 할 때, 그러한 수열들 모두는 동일 확률이며, 그 중 일부는(사실 셀 수 없이 많다) 심지어 동일분포도 아니다. 한편, 모든 가능한 수열들의 공간에 대한 그 어떤 합리적인 확률 정의를 적용한다고 하더라도, 주어진 하나의 난수열이 ∞ 분포일 확률은 1이라는 결론이 나온다. 따라서 무작위성에 대한 프랭클린의 정의(이번 절 시작 부분에 나온 것)를 다음과 같이 공식화 할 수 있다.

정의 R2. *만일 균등분포 난수들로부터의 독립 표본들로 이루어진 $[0..1)$ 수열 $\langle V_n \rangle$ 에 대해 $P(\langle V_n \rangle)$ 이 성립할 확률이 1인 성질 P 에 대해 항상 $P(\langle U_n \rangle)$ 이 참이라면, 수열 $\langle U_n \rangle$ 을 "무작위 하다"고 정의한다.*

정의 R1이 정의 R2와 동치일 수도 있지 않을까? 정의 R1에 대한 몇 가지 반론들을 제시하고, 그런 비판이 유효한지 살펴보자.

첫 번째로, 정의 R1은 수열의 $n \to \infty$ 에 따른 극한 성질들만을 다룬다. 처음 백만 개의 원소들이 모두 0인 ∞ 분포 수열도 존재한다. 그런 수열을 무작위하다고 간주할 수 있을까?

이러한 반론이 아주 중요한 것은 아니다. ϵ이 임의의 양수일 때, 한 수열의 처음 백만 원소들이 모두 ϵ보다 작으면 안 된다고 할 이유는 없다. 진정으로 무작위한 수열에서 ϵ보다 작은 값들이 연달아 백만 개가 나올 확률은 1이므로, 그런 백만 개의 원소들이 수열의 처음에 나타나지 말라는 법도 없다.

반면, 정의 R2에서의 P가 수열의 모든 원소들이 서로 달라야 한다는 성질이라고 하자. P가 참일 확률은 1이어야 하므로, 백만 개의 0들을 가진 수열은 이 조건에 의해 무작위하지 않은 것이다.

이번에는 수열에 0과 같은 원소가 전혀 없다는 성질을 P로 두어 보자. P가 참일 확률은 1이어야 하므로, 정리 R2에 의해 원소 0을 가진 수열은 모두 무작위하지 않은 수열이다. 좀 더 일반화한다면, x_0이 0과 1 사이의 임의의 고정된 수이고, P가 수열의 어떠한 원소도 x_0과 같지 않다는 성질이라고 하자. 정리 R2에 의하면 원소 x_0을 담은 어떠한 수열도 무작위하지 않다. 결국 *정의 R2를 만족하는 수열은 없다*는 결론이 나온다. ($U_0, U_1, \ldots$이 그러한 수열일 때 $x_0 = U_0$으로 둔다고 생각해 볼 것.)

따라서, R1이 너무 약한 정의라면 R2는 확실히 너무 강한 정의이다. "옳은" 정의는 R2보다 덜 엄격한 것이어야 한다. 그런데 R1의 것이 너무 약한 정의라는 점은 실제로 증명되지 않았으므로, 그 문제를 공략해보자. 앞에서 언급했듯이, 유리수들로 된 ∞ 분포 수열은 이미 구축된 바가 있다. (사실 이는 놀라운 일이 아니다. 연습문제 18을 볼 것.) 거의 모든 실수가 무리수라는 점에서, 하나의 난수열에 대해

$$\Pr(U_n\text{이 유리수}) = 0$$

이라고 주장할 수 있다.

동일분포의 정의, 즉 식 (2)에 의하면 $\Pr(u \le U_n < v) = v - u$이다. 측도(measure) 이론을 이용해서 이 정의를 일반화하는 한 가지 명백한 방법이 존재한다. 일반화는 다음과 같다: "만일 $S \subseteq [0..1)$가 측도가 μ인 집합이면, 모든 난수열 $\langle U_n \rangle$에 대해

$$\Pr(U_n \in S) = \mu \qquad (27)$$

이다." 특히, S가 유리수 집합이면 그 측도는 0이므로, 이 일반화에 의하면 동일분포를 따르는 유리수 수열은 존재할 수 없다. 만일 성질 (27)을 적용한다면 정리 B를 리만 적분이 아닌 르베그Lebesgue 적분으로 확장할 수 있으리라고 기대하는 것은 합당한 일이다. 그러나 그 성질을 만족하는 수열이 존재하지 않는다는 점에서, 정의 (27)은 너무 엄격하다. $U_0, U_1, \ldots$이 임의의 수열일 때 집합 $S = \{U_0, U_1, \ldots\}$의 측도는 0이나, 그래도 $\Pr(U_n \in S) = 1$이다. 따라서, 난수열들에서 유리수들을 배제할 때 사용했던 것과 같은 논지에 의해, 모든 난수열들까지도 배제할 수 있다.

이상으로 정의 R1을 옹호할 수 있음이 증명되었다. 그러나 이에 대한 상당히 유효한 반론들도 몇 가지 있다. 예를 들어 직관적인 의미에서의 난수열이 하나 있다고 할 때, 그것의 무한한 부분수열

$$U_0, U_1, U_4, U_9, \ldots, U_{n^2}, \ldots \qquad (28)$$

역시 하나의 난수열이어야 한다. 그러나 ∞ 분포 수열에 대해서는 이것이 항상 참이 아니다. 사실 임의의 ∞ 분포 수열을 취하고 모든 n에 대해 $U_{n^2} \leftarrow 0$으로 설정한다면 k분포성에 대한 검정에 나타나는 개수 $\nu_k(n)$들은 많아야 $\sqrt{n}$ 만큼 변하므로, 비율 $\nu_k(n)/n$의 극한은 변하지 않는다. 안타깝게도 정의 R1은 이러한 무작위성 조건을 만족하지 못한다.

정의 R1을 다음과 같이 강화할 수도 있을 것이다.

정의 R3. *$[0..1)$ 수열의 무한 부분수열들이 모두 ∞ 분포이면, 그 $[0..1)$ 수열을 "무작위하다"고 칭한다.*

그러나 이번에도 정의가 너무 엄격해졌다. 모든 동일분포 수열 $\langle U_n \rangle$은 $U_{s_0} < U_{s_1} < U_{s_2} < \cdots$인 단조적 부분수열들을 가질 것이기 때문이다.

비결은, U_n이 부분수열에 속할지를 U_n을 살펴보기 전에 결정할 수 있는 형태의 부분수열들로만 정의를 제한을 하는 것이다. 이로부터 다음과 같은 정의를 이끌어 낼 수 있을 것이다:

정의 R4. *$[0..1)$ 수열 $\langle U_n \rangle$이 있다고 할 때, 만일 $n \geq 0$에 대한 서로 다른 음이 아닌 정수 s_n들을 지정하는 모든 효과적 알고리즘에 대해 그 알고리즘에 대응되는 부분수열 $U_{s_0}, U_{s_1}, U_{s_2}, \ldots$이 ∞ 분포이면, 그 수열 $\langle U_n \rangle$을 가리켜 "무작위하다"고 칭한다.*

정의 R4에서 말한 알고리즘들은 주어진 n에 대해 s_n을 계산하는 효과적 절차이다. (1.1절의 논의를 볼 것.) 따라서 예를 들어 수열 $\langle \pi^n \bmod 1 \rangle$은 R4를 만족하지 않는다. 왜냐하면 그 수열은 동일분포가 아니거나, 또는 $(\pi^{s_0} \bmod 1) < (\pi^{s_1} \bmod 1) < (\pi^{s_2} \bmod 1) < \cdots$인 무한 부분수열 s_n을 결정하는 효과적인 알고리즘이 존재하기 때문이다. 비슷하게, *명시적으로 정의된 어떠한 수열도 정의 R4를 만족하지 못한다.* 명시적으로 정의된 그 어떤 수열도 진정으로 무작위할 수할 수 없다는 점에 우리가 동의한다면 이는 적절한 결론이다. 그러나 명시적으로 보이는 수열 $\langle \theta^n \bmod 1 \rangle$은 거의 모든 실수 $\theta > 1$에 대해 실제로 R4를 만족한다. 이것이 모순은 아니다. 왜냐하면 거의 모든 θ는 알고리즘으로 계산하기가 불가능하기 때문이다. 콕스머J. F. Koksma는 $\langle s_n \rangle$이 서로 다른 양의 정수들의 임의의 수열이면 $\langle \theta^{s_n} \bmod 1 \rangle$이 거의 모든 $\theta > 1$에 대해 1분포임을 증명했다 〔*Compositio Math.* **2** (1935), 250-258〕. 니더레이터H. Niederreiter와 티시R. F. Tichy는 "1분포"를 "∞ 분포"로 대체해서 콕스머의 정리를 강화했다 〔*Mathematika* **32** (1985), 26-32〕. 오직 셀 수 있는 수열 $\langle s_n \rangle$들만 효과적으로 정의할 수 있으므로, $\langle \theta^n \bmod 1 \rangle$은 거의 항상 R4를 만족한다.

정의 R4는 정의 R1보다 훨씬 강력하다. 그러나 정의 R4가 너무 약하다는 주장은 여전히 합리적이다. 예를 들어 $\langle U_n \rangle$이 진정으로 무작위한 수열이라 하자. 그리고 $s_0 = 0$이며 만일 $n > 0$이면 s_n은 $U_{s_{n-1}}, U_{s_{n-2}}, \ldots, U_{s_{n-n}}$이 모두 $\frac{1}{2}$보다 작은 가장 작은 정수 $\geq n$라는 규칙으로 부분수열 $\langle U_{s_n} \rangle$을 정의한다고 하자. 즉, 그 부분수열은 처음에 $\frac{1}{2}$보다 작은 수들이 연달아 n개 나오는 수열인 것이다. "$U_n < \frac{1}{2}$"가 동전을 던졌을 때 앞면이 나오는 횟수에 해당한다고 가정하자. 동전에 조작이 없다고 가정할 때, "앞면"이 여러 번 연달아 나오게 되면 도박사들은 이제부터 그 반대의 조건, 즉

"뒷면"이 더 많이 나올 것이라고 느끼는 경향이 있다. 방금 정의한 부분수열 $\langle U_{s_n} \rangle$은 동전 던지기 도박에서 처음부터 "앞면"만 연달아 n번 나온 후에 도박사가 자신의 n번째 내기 돈을 거는 상황에 해당한다. 도박사는 $\Pr(U_{s_n} \geq \frac{1}{2})$이 $\frac{1}{2}$보다 크다고 생각할 수도 있겠지만, 그것은 틀린 생각이다. 진정으로 무작위한 수열 $\langle U_{s_n} \rangle$은 당연히 완전히 무작위할 것이기 때문이다. 어떠한 도박 시스템도 이러한 불평등을 극복하지 못할 것이다! 정의 R4는 그러한 도박 시스템에 따라 형성된 부분수열에 대해서는 아무 것도 알려주지 않으므로, 다른 뭔가가 필요함이 분명하다.

"부분수열 법칙" $\mathcal{R}$을 함수들의 무한 순차열 $\langle f_n(x_1, ..., x_n) \rangle$으로서 정의해 보자. 여기서 $n \geq 0$에 대해 f_n은 n변수 함수이며, $f_n(x_1, ..., x_n)$의 값은 0 또는 1이다. 그리고 $x_1, ..., x_n$은 어떠한 집합 S의 원소들이다. (따라서, 특히 f_0은 값이 0 또는 1인 상수 함수이다.) 부분수열 법칙 $\mathcal{R}$은 S의 원소들의 임의의 무한수열 $\langle X_n \rangle$의 한 부분수열을 다음과 같이 정의한다: n번째 항 X_n은 오직 $f_n(X_0, X_1, ..., X_{n-1}) = 1$일 때에만 부분수열 $\langle X_n \rangle \mathcal{R}$에 속한다. 이렇게 정의된 부분수열 $\langle X_n \rangle \mathcal{R}$이 반드시 무한 수열인 것은 아님을, 심지어는 원소가 하나도 없을 수도 있음을 주의할 것.

예를 들어, 방금 전에 이야기한 도박사의 부분수열은 다음과 같은 부순수열 규칙에 해당한다: "$f_0 = 1$, 그리고 $n > 0$에 대해 $f_n(x_1, ..., x_n) = 1$, 단 오직 k개의 일련의 매개변수 $x_m, x_{m-1}, ..., x_{m-k+1}$들이 $m = n$일 때에는 모두 $< \frac{1}{2}$이나 $k \leq m < n$일 때에는 그렇지 않은 $0 < k \leq n$범위의 어떠한 k가 존재할 때에만."

n과 $x_1, ..., x_n$이 입력으로 주어졌을 때 $f_n(x_1, ..., x_n)$의 값을 계산하는 효과적 알고리즘이 존재한다면 부분수열 규칙 $\mathcal{R}$을 가리켜 계산가능하다고 말한다. 무작위성을 정의하려 할 때에는 계산가능한 부분수열만을 다루는 것이 좋다. 그렇지 않으면 이전의 R3 같은 과도하게 제한적인 정의가 나올 것이기 대문이다. 그러나 효과적인 알고리즘들은 임의의 실수들이 입력되는 경우에는 제대로 작동하지 않는다. 예를 들어 실수 x가 무한한 기수 10 소수전개로 지정된다고 할 때, x가 $< \frac{1}{3}$인지 아닌지를 결정하는 알고리즘은 존재하지 않는다. 왜냐하면 수 0.333...의 모든 숫자들을 조사해야 할 것이기 때문이다. 따라서 계산가능한 부분수열 규칙이 모든 $[0..1)$ 수열들에 적용되지는 않으며, 따라서 다음의 정의에서는 b진 수열에 근거를 두는 것이 편리하다.

정의 R5. *만일 b진 수열의 한 계산가능한 부분수열로 정의되는 모든 무한 부분수열이 1 분포이면 그 b진 수열을 가리켜 "무작위하다"고 말한다.*

만일 b진 수열 $\langle \lfloor bU_n \rfloor \rangle$이 모든 정수 $b \geq 2$에 대해 "무작위"하면, 수열 $\langle U_n \rangle$를 가리켜 "무작위하다"고 말한다.

정의 R5는 "∞ 분포"가 아니라 "1분포"만 언급하는 것임을 주의할 것. 일반성을 잃지 않고도 이것이 가능할 수 있는지 확인하는 것도 흥미로울 것이다. 왜냐하면, 임의의 b진수 $a_1 \dots a_k$가 주어졌을 때, 명백히 계산가능한 부분수열 규칙 $\mathcal{R}(a_1 \dots a_k)$을 오직 $n \geq k-1$이고 $x_{n-k+1} = a_1, ..., x_{n-1} = a_{k-1}, x_n = a_k$일 때에만 $f_n(x_1, ..., x_n) = 1$로 둔다는 것으로 정의할 수도 있기 때문이다.

이제, 만일 $\langle X_n \rangle$이 k분포 b진 수열이면 이 규칙 $\mathcal{R}(a_1 \ldots a_k)$는 — 이는 결국 $a_1 \ldots a_k$의 출현 바로 다음에 나오는 항들로 이루어진 부분수열을 택하는 규칙이다 — 하나의 무한 부분수열을 정의한다. 그리고 이 부분수열이 1분포이면 $0 \leq a_{k+1} < b$인 $(k+1)$짝 $a_1 \ldots a_k a_{k+1}$들 각각은 $\langle X_n \rangle$에서 $1/b^{k+1}$의 확률로 출현한다. 따라서 정의 R5를 만족하는 수열은 모든 k에 대해 k분포임을 k에 대한 귀납법으로 증명할 수 있다. 비슷하게, 부분수열 규칙들의 "합성"을 고려한다면(만일 $\mathcal{R}_1$이 하나의 무한 부분수열 $\langle X_n \rangle \mathcal{R}_1$을 정의한다면, $\mathcal{R}_1 \mathcal{R}_2$는 $\langle X_n \rangle \mathcal{R}_1 \mathcal{R}_2 = (\langle X_n \rangle \mathcal{R}_1) \mathcal{R}_2$인 부분수열 규칙에 해당한다고 정의할 수 있다), 정의 R5에서 고려하는 모든 부분수열들이 ∞분포임을 알 수 있다. (연습문제 32.)

정의 R5에서 ∞분포가 하나의 아주 특별한 경우로 나타난다는 사실은 고무적인 일로, 어쩌면 우리가 추구하던 무작위성 정의를 결국 찾아냈다는 좋은 증거일 수도 있다. 그러나 아직 한 가지 문제가 남아 있다. 정의 R5를 만족하는 수열이 반드시 정의 R4도 만족하는지는 확실하지 않다는 점이다. 앞에서 명시한 "계산가능한 부분수열 규칙"은 항상 $s_0 < s_1 < \cdots$인 부분수열 $\langle X_{s_n} \rangle$들을 나열하나, $\langle s_n \rangle$이 R4에서 반드시 단조적인 것은 아니다. $n \neq m$에 대해 $s_n \neq s_m$이라는 조건만을 만족할 뿐이다.

이러한 반론을 극복하기 위해 정의 R4와 R5를 다음과 같이 결합해 볼 수도 있겠다.

정의 R6. *만일 서로 다른 음이 아닌 정수들로 된 무한 수열 $\langle s_n \rangle$을 매개변수가 n이고 값이 $X_{s_0}, \ldots, X_{s_{n-1}}$들인 하나의 함수로 지정하는 모든 효과적 알고리즘에 대해, 그 알고리즘에 해당하는 부분수열 $\langle X_{s_n} \rangle$이 정의 R5의 의미에서 "무작위하다면", b진 수열 $\langle X_n \rangle$을 가리켜 "무작위하다"고 말한다.*

만일 b진 수열 $\langle \lfloor b U_n \rfloor \rangle$이 모든 정수 $b \geq 2$에 대해 "무작위"하면, $[0 . . 1)$ 수열 $\langle U_n \rangle$을 가리켜 "무작위하다"고 말한다.

필자는 이 정의가 무작위성에 대한 모든 합리적인 철학적 요구사항들을 확실히 만족한다고 강력히 주장한다.* 따라서 이 정의는 이번 절에서 던진 기본적인 질문에 대한 답을 제공한다고 할 수 있다.

D. 난수열의 존재. 정의 R3이, 그것을 만족하는 수열이 존재하지 않는다는 점에서 너무 엄격한 것임은 이미 살펴본 대로이다. 우리는 정의 R3의 본질적 특성들을 되살리려는 시도 하에서 정의 R4, R5, R6을 공식화해 보았다. 정의 R6이 과도하게 제한적인 것은 아님을 보이기 위해서는 이 모든 정의들을 만족하는 수열이 실제로 존재함을 증명해야 한다. 우리는 진정으로 무작위한 수열이 존재하며 그것이 R6을 만족할 것이라고 믿기 때문에, 직관적으로는 굳이 그런 증명이 필요하지 않을 것 같다는 생각도 들 수 있을 것이다. 그러나 정의가 일관적임을 보이기 위해서는 그런 증명이 반드시 필요하다.

아주 간단한 1분포 수열로 시작해서 정의 R5를 만족하는 수열을 구축하는 흥미로운 방법 하나를 벌드A. Wald가 발견했다.

---

* 〔주〕 어쨌든 필자는 1966년에 이 내용을 처음 준비할 때 이러한 주장을 제기했다.

보조정리 T. 실수들의 수열 $\langle V_n \rangle$을 다음과 같이 이진수체계로 정의한다고 하자.

$$V_0 = 0, \qquad V_1 = .1, \qquad V_2 = .01, \qquad V_3 = .11, \qquad V_4 = .001, \qquad \ldots$$

$$V_n = .c_r \ldots c_1 1, \qquad \text{만일 } n = 2^r + c_1 2^{r-1} + \cdots + c_r \text{ 이면.} \tag{29}$$

$[0..1)$의 실수들에서 이진 표현이 $0.b_1 \ldots b_r$로 시작하는 모든 실수의 집합을 $I_{b_1 \ldots b_r}$로 표기한다고 하자. 즉,

$$I_{b_1 \ldots b_r} = [(0.b_1 \ldots b_r)_2 \, . \, . \, (0.b_1 \ldots b_r)_2 + 2^{-r}) \tag{30}$$

이다. 그러면, $0 \le k < n$에 대해 $I_{b_1 \ldots b_r}$ 중 V_k의 개수를 $\nu(n)$이라고 표기한다고 할 때, 다음이 성립한다.

$$|\nu(n)/n - 2^{-r}| \le 1/n. \tag{31}$$

증명. $\nu(n)$는 $k \bmod 2^r = (b_r \ldots b_1)_2$인 k들의 개수이므로, $\lfloor n/2^r \rfloor = t$의 여부에 따라 $\nu(n) = t$ 또는 $t+1$이다. 따라서 $|\nu(n) - n/2^r| \le 1$이다. ∎

　　　부등식 (31)에 의해 수열 $\langle \lfloor 2^r V_n \rfloor \rangle$은 동일분포 2^r진 수열이다. 따라서 정리 A에 의해 $\langle V_n \rangle$은 동일분포 $[0..1)$ 수열이다. 실제로 $\langle V_n \rangle$이 $[0..1)$ 수열만큼이나 동일분포를 따름은 상당히 명백하다. (이 수열과 관련 수열들에 대한 좀 더 자세한 논의는 J. G. van der Corput, *Proc. Koninklijke Nederl. Akad. Wetenschappen* **38** (1935), 813-821, 1058-1066; J. H. Halton, *Numerische Math.* **2** (1960), 84-90, 196; S. Haber, *J. Research National Bur. Standards* **B70** (1966), 127-136; R. Béjian, H. Faure, *Comptes Rendus Acad. Sci.* **A285** (Paris, 1977), 313-316; H. Faure, *J. Number Theory* **22** (1986), 4-20; S. Tezuka, *ACM Trans. Modeling and Comp. Simul.* **3** (1993), 99-107을 볼 것. 램쇼L. H. Ramshaw는 수열 $\langle \phi n \bmod 1 \rangle$이 $\langle V_n \rangle$보다 약간 더 동일하게 분포됨을 보였다. *J. Number Theory* **13** (1981), 138-175를 볼 것.)

　　　이제 $\mathcal{R}_1$, $\mathcal{R}_2$, $\ldots$이 무한히 많은 부분수열 규칙들이라고 하자. 모든 무한 부분수열 $\langle U_n \rangle \mathcal{R}_j$가 동일분포가 되는 수열 $\langle U_n \rangle$을 찾고자 한다.

알고리즘 W (벌드 수열). 한 유리수 $[0..1)$ 수열의 부분수열들을 정의하는 부분수열 규칙 $\mathcal{R}_1$, $\mathcal{R}_2$, $\ldots$들의 무한 순차열이 주어졌을 때, 이 알고리즘은 하나의 $[0..1)$ 수열 $\langle U_n \rangle$을 정의한다. 계산에는 무한히 많은 보조 변수 $C[a_1, \ldots, a_r]$들이 관여한다. 여기서 $r \ge 1$이고 $1 \le j \le r$에 대해 $a_j = 0$이다. 이 변수들은 처음에는 모두 0이다.

W1. 〔n을 초기화.〕 $n \leftarrow 0$으로 설정한다.

W2. 〔r을 초기화.〕 $r \leftarrow 1$로 설정한다.

W3. 〔$\mathcal{R}_r$을 판정.〕 만일 $0 \le k < n$에 대한 U_k의 값들에 근거해서 $\mathcal{R}_r$로 정의되는 부분수열에 원소 U_n이 있으면 $a_r \leftarrow 1$로 설정하고 그렇지 않으면 $a_r \leftarrow 0$으로 설정한다.

W4. 〔$[a_1, \ldots, a_r]$의 경우가 끝나지 않았는가?〕 만일 $C[a_1, \ldots, a_r] < 3 \cdot 4^{r-1}$이면 W6으로 간다.

W5. 〔r을 증가.〕 $r \leftarrow r+1$로 설정하고 W3으로 돌아간다.

W6. 〔U_n을 설정.〕 $C[a_1, ..., a_r]$의 값을 1 증가시키고, 증가된 새 값으로 k를 설정한다. $U_n \leftarrow V_k$ 로 설정한다. 여기서 V_k는 앞에 나온 보조정리 T의 정의를 따른다.

W7. 〔n을 전진.〕 n을 1 증가시키고 W2로 돌아간다. ∎

엄밀히 말해서 이것은 알고리즘이 아니다. 끝나지가 않기 때문이다. 그러나 n이 특정한 값에 도달했을 때 알고리즘을 끝내도록 수정하는 것은 얼마든지 가능한 일이다. 이 구축법을 확실히 이해 하고 싶다면 알고리즘을 손으로 직접 수행해 보길 권한다(단, 단계 W4의 수 $3 \cdot 4^{r-1}$은 2^r으로 바 꾸어서).

알고리즘 W는 실용적인 난수원으로 쓰이는 데 목적을 둔 것이 아니다. 오직 한 가지 이론적인 목적만을 위한 것인데, 다음 정리가 바로 그것이다.

정리 W. 〈U_n〉이 알고리즘 W로 정의된 난수열이라고 하자. 그리고 k가 양의 정수라고 하자. 만일 부분수열 〈U_n〉$\mathcal{R}_k$가 무한하면, 그 수열은 1분포이다.

증명. 〈U_n〉의 수들 중에서 모든 $j \le r$에 대해 만일 $a_j = 1$이면 부분수열 〈U_n〉$\mathcal{R}_j$에 속하고 $a_j = 0$이면 부분수열 〈U_n〉$\mathcal{R}_j$에 속하지 않는 U_n들만을 담은 부분수열(비어 있을 수도 있다)을 $A[a_1, ..., a_r]$로 표기한다고 하자.

모든 $r \ge 1$에 대해, 그리고 모든 이진수쌍 $a_1 ... a_r$과 $b_1 ... b_r$에 대해, 부분수열 $A[a_1, ..., a_r]$이 무한이면 항상 그 부분수열에 대해 $\Pr(U_n \in I_{b_1 ... b_r}) = 2^{-r}$임을 증명하는 것으로 충분하다. (식 (30) 참고) 만일 $r \ge k$이면 무한 수열 〈U_n〉$\mathcal{R}_k$는 $a_k = 1$이고 $1 \le j \le r$, $j \ne k$에 대해 $a_j = 0$ 또는 1인 서로 소인 부분수열 $A[a_1, ..., a_r]$들의 유한한 합집합이기 때문이다. 그리고 이에 의해 〈U_n〉$\mathcal{R}_k$ 에 대해 $\Pr(U_n \in I_{b_1 ... b_r}) = 2^{-r}$이다. (연습문제 33 참고) 이제, 정리 A에 의해 그 수열이 1분포임 만 보이면 충분하다.

〈U_n〉의 부분수열들 중 $C[a_1, ..., a_r]$이 알고리즘의 단계 W6에서 1 증가하게 되는 n의 값들로 이루어진 것을 $B[a_1, ..., a_r]$로 표기한다고 하자. 알고리즘에 의해, $B[a_1, ..., a_r]$은 최대 $3 \cdot 4^{r-1}$개 의 원소들로 이루어진 유한한 수열이다. $A[a_1, ..., a_r]$의 유한한 개수의 원소들을 제외한 나머지 모두는 부분수열 $B[a_1, ..., a_r, ..., a_t]$에서 온 것이다(여기서 $r < j \le t$에 대해 $a_j = 0$ 또는 1).

이제 $A[a_1, ..., a_r]$이 무한하다고 가정하고, $A[a_1, ..., a_r] = \langle U_{s_n} \rangle$이라고 두자. 여기서 $s_0 < s_1 < s_2 < \cdots$이다. 만일 N이 $4^r \le 4^q < N \le 4^{q+1}$를 만족하는 큰 정수이면, U_{s_k}가 $I_{b_1 ... b_r}$에 속함 을 만족하며 N보다 작은 k 값들의 개수는(부분수열 시작 부분의 유한히 많은 원소들은 제외할 때) 다음과 같다.

$$\nu(N) = \nu(N_1) + \cdots + \nu(N_m).$$

여기서 m은 어떠한 $k < N$에 대해 U_{s_k}를 포함하는, 위에서 나열했던 부분수열 $B[a_1, ..., a_t]$의 개수 이다. N_j는 해당 부분수열에 U_{s_k}가 있음을 만족하는 k값들의 개수이다. 그리고 $\nu(N_j)$는 또한 $I_{b_1 ... b_r}$

에도 있는 그런 값들의 개수이다. 따라서 보조정리 T에 의해

$$\left|\nu(N) - 2^{-r}N\right| = \left|\nu(N_1) - 2^{-r}N_1 + \cdots + \nu(N_m) - 2^{-r}N_m\right|$$
$$\leq \left|\nu(N_1) - 2^{-r}N_1\right| + \cdots + \left|\nu(N_m) - 2^{-r}N_m\right|$$
$$\leq m \leq 1 + 2 + 4 + \cdots + 2^{q-r+1} < 2^{q+1}$$

이다. 여기서 m에 대한 부등식은, 위와 같은 N의 선택에 의해, 원소 U_{s_N}이 어떠한 $t \leq q+1$에 대해 $B[a_1, ..., a_t]$에 있다는 사실로부터 비롯된 것이다.

이렇게 해서 $\left|\nu(N)/N - 2^{-r}\right| \leq 2^{q+1}/N < 2/\sqrt{N}$임을 증명했다. ∎

이제 정의 R5를 만족하는 수열이 존재함을 최종적으로 증명해보자. 우선, 만일 $\langle U_n \rangle$이 유리수들의 [0..1) 수열이면, 그리고 $\mathcal{R}$이 b진 수열에 대한 계산가능한 부분수열 규칙이면, $\mathcal{R}'$의 $f'_n(x_1, ..., x_n)$을 $\mathcal{R}$의 $f_n(\lfloor bx_1 \rfloor, ..., \lfloor bx_n \rfloor)$과 같게 둠으로써 $\mathcal{R}$을 $\langle U_n \rangle$에 대한 하나의 계산가능 부분수열 규칙 $\mathcal{R}'$로 만들 수 있다. 만일 [0..1) 수열 $\langle U_n \rangle \mathcal{R}'$가 동일분포이면 b진 수열 $\langle \lfloor bU_n \rfloor \rangle \mathcal{R}$도 동일분포이다. 이제 모든 b값들에 대한 b진 수열에 대한 모든 계산가능 수열의 집합을 셀 수 있다(가능한 효과적 알고리즘들의 개수는 유한하고 셀 수 있으므로). 따라서 그것들을 어떠한 수열 $\mathcal{R}_1$, $\mathcal{R}_2$, ...로 나열할 수 있으며, 따라서 알고리즘은 정의 R5의 의미에서 무작위한 하나의 수열을 정의한다.

그런데 이로부터 다소 모순적인 상황이 벌어진다. 앞에서 언급했듯이 정의 R4를 만족하는 수열을 정의할 수 있는 효과적 알고리즘은 없다. 그리고 같은 이유로 정의 R5를 만족하는 수열을 정의할 수 있는 효과적 알고리즘은 존재하지 않는다. 그러한 난수열의 존재에 대한 증명은 반드시 비구축적 (noncontructive)일 수밖에 없다. 그렇다면 알고리즘 W는 그런 수열을 어떻게 구축할 수 있는 것일까?

여기에는 어떠한 모순도 없다. 우리는 단지 모든 효과적 알고리즘의 집합을 하나의 효과적 알고리즘으로 나열할 수 없다는, 다른 말로 하면 j번째 계산가능 부분수열 규칙 $\mathcal{R}_j$을 선택하는 효과적인 알고리즘은 없다는 사실에 부딪힌 것일 뿐이다. 이는 어떠한 하나의 계산적 방법이 과연 종료될 것인지를 결정하는 효과적인 알고리즘이 존재하지 않기 때문에 생기는 일이다. 그러나 알고리즘들을 크게 몇 가지 주요 부류로 체계적으로 나열하는 것은 가능하다. 예를 들어 알고리즘 W는, "원회귀적 (primitive recursive)"인 부분수열 규칙들만 고려한다고 제한한다면 정의 R5를 만족하는 수열을 하나의 효과적인 알고리즘으로 구축하는 것이 가능함을 보여준다.

알고리즘 W의 단계 W6을 $U_n \leftarrow V_k$ 대신 $U_n \leftarrow V_{k+t}$로 설정하도록 수정한다면(여기서 t는 $a_1, ..., a_r$에 따른 임의의 음이 아닌 정수), 정의 R5를 만족하는 [0..1) 수열들이 셀 수 없이 많음을 보일 수 있다.

다음 정리는 측도 이론에 기반을 둔 덜 직접적인 논증을 이용함으로써 셀 수 없이 많은 난수열이 존재함을 증명하는(심지어 강한 정의 R6이 쓰인다고 해도) 또 다른 방법을 보여준다.

정리 M. *$0 \leq x < 1$인 실수 x의 이진 표현이 $(0.X_0 X_1 \cdots)_2$라고 할 때, x가 이진 수열 $\langle X_n \rangle$에 대응된다고 말할 수 있다. 이러한 대응관계 하에서, 거의 모든 x가 정의 R6의 의미로 무작위한*

이진 수열들에 대응된다. (다른 말로, 정의 R6에 따르면 무작위하지 않은 하나의 이진 수열에 대응되는 모든 실수 x의 집합의 측도는 0이다.)

증명. $\mathcal{S}$가 음이 아닌 서로 다른 정수 $\langle s_n \rangle$들로 된 무한 수열을 결정하는 효과적 알고리즘이라고 하자. 여기서 s_n의 선택은 오직 n과 $0 \le k < n$에 대한 X_{s_k}들에만 의존한다. 그리고 $\mathcal{R}$이 계산가능한 부분수열 규칙이라고 하자. 그러면 임의의 이진 수열 $\langle X_n \rangle$은 결국 하나의 부분수열 $\langle X_{s_n} \rangle \mathcal{R}$이 되며, 정의 R6에 의해 그 부분수열은 반드시 유한하거나 1분포이다. 이제 고정된 $\mathcal{R}$과 $\mathcal{S}$에 대해, $\langle X_{s_n} \rangle \mathcal{R}$이 무한하고 1분포가 아님을 만족하는 식으로 $\langle X_n \rangle$에 대응되는 모든 실수 x의 집합 $N(\mathcal{R}, \mathcal{S})$의 측도가 0임을 증명하는 것으로 충분하다. 오직 x가 셀 수 있는 개수의 $\mathcal{R}$과 $\mathcal{S}$ 선택들에 대해 취한 $\bigcup N(\mathcal{R}, \mathcal{S})$에 속할 때에만 x는 무작위하지 않은 이진 표현을 가지기 때문이다.

이러한 논지에 따라, $\mathcal{R}$과 $\mathcal{S}$가 고정되어 있다고 하자. 모든 이진수 $a_1 a_2 \ldots a_r$에 대해 정의된 집합 $T(a_1 a_2 \ldots a_r)$을, $\langle X_{s_n} \rangle \mathcal{R}$이 $\ge r$의 원소들로 이루어지며 처음 r개의 원소들이 각각 $a_1, a_2, \ldots, a_r$와 같게 되도록 $\langle X_n \rangle$에 대응되는 모든 x의 집합으로 간주한다. 이러한 설정에서 얻은 첫 번째 결과는

$$T(a_1 a_2 \ldots a_r)\text{의 측도는 } \le 2^{-r} \tag{32}$$

이라는 것이다. 이의 증명을 위해서, 우선 $T(a_1 a_2 \ldots a_r)$이 측정 가능한 집합임에 주목한다. 즉, $T(a_1 a_2 \ldots a_r)$의 각 원소는 하나의 실수 $x = (0.X_0 X_1 \ldots)_2$이되, 그 실수는 알고리즘 $\mathcal{S}$가 서로 다른 값 s_0, s_1, s_m을 결정하며 규칙 $\mathcal{R}$은 $X_{s_0}, X_{s_1}, \ldots, X_{s_m}$의 부분수열들 중 X_{s_m}이 r번째 원소인 한 부분수열을 결정하도록 하는 하나의 정수 m이 존재함을 만족한다. $0 \le k \le m$에 대해 $Y_{s_k} = X_{s_k}$인 모든 실수 $y = (0. Y_0 Y_1 \ldots)_2$의 집합 역시 $T(a_1 a_2 \ldots a_r)$에 속한다. 그리고 이 집합은 양수적(兩數的, dyadic) 구간들 $I_{b_1 \ldots b_t}$의 유한한 합집합으로 구성되는 측정 가능한 집합이다. 그런 양수적 구간들의 개수는 셀 수 있으므로, $T(a_1 a_2 \ldots a_r)$은 양수적 구간들의 셀 수 있는 합집합이며 따라서 측정 가능하다. 더 나아가서, 이러한 논증을 확장해서 $T(a_1 \ldots a_{r-1} 0)$의 측도가 $T(a_1 \ldots a_{r-1} 1)$의 측도와 같음을 보일 수 있다. 후자는 $0 \le k < m$에 대해 $Y_{s_k} = X_{s_k}$로, 그리고 $Y_{s_m} \ne X_{s_m}$로 두어서 전자로부터 얻은 양수적 구간들의 합집합이기 때문이다. 이제

$$T(a_1 \ldots a_{r-1} 0) \cup T(a_1 \ldots a_{r-1} 1) \subseteq T(a_1 \ldots a_{r-1})$$

이므로 $T(a_1 a_2 \ldots a_r)$의 측도는 기껏해야 $T(a_1 \ldots a_{r-1})$의 측도의 절반이다. r에 대한 귀납법을 적용하면 부등식 (32)가 나온다.

이렇게 해서 (32)를 입증했다. 남은 증명은 본질적으로 거의 모든 실수의 이진 표현이 동일분포임을 보이는 것이다. $0 < \epsilon < 1$에 대해 $B(r, \epsilon)$가 $\bigcup T(a_1 \ldots a_r)$이라고 하자. 여기서 합집합의 범위는 $a_1 \ldots a_r$ 중 1의 개수를 뜻하는 $\nu(r)$이

$$\left| \nu(r) - \frac{1}{2} r \right| \ge \epsilon r$$

을 만족하는 모든 이진 숫자열 $a_1 \dots a_r$들이다.

그러한 이진 숫자열들의 개수는 $C(r, \epsilon) = \sum \binom{r}{k}$이다. 여기서 합의 구간은 $|k - \frac{1}{2}r| \geq \epsilon r$인 모든 k값이다. 연습문제 1.2.10-21은 $C(r, \epsilon) \leq 2^{r+1} e^{-\epsilon^2 r}$를 증명한다. 따라서 (32)에 의해 다음이 성립한다.

$$B(r, \epsilon)\text{의 측도} \leq 2^{-r} C(r, \epsilon) \leq 2e^{-\epsilon^2 r}. \tag{33}$$

다음 단계는

$$B^*(r, \epsilon) = B(r, \epsilon) \cup B(r+1, \epsilon) \cup B(r+2, \epsilon) \cup \cdots$$

를 정의하는 것이다. $B^*(r, \epsilon)$의 측도의 상계는 $\sum_{k \geq r} 2e^{-\epsilon^2 k}$이며, 이는 수렴 급수의 나머지이므로

$$\lim_{r \to \infty}(B^*(r, \epsilon)\text{의 측도}) = 0 \tag{34}$$

이다. 이제 만일 실수 x의 이진 전개 $(0.X_0 X_1 \dots)_2$가 1분포가 아닌 무한수열 $\langle X_{s_n} \rangle \mathcal{R}$로 이어진다면, 그리고 후자의 수열의 처음 r개의 원소들 중 1들의 개수를 $\nu(r)$로 표기한다면, 어떠한 $\epsilon > 0$과 무한히 많은 r들에 대해

$$\left| \nu(r)/r - \frac{1}{2} \right| \geq \epsilon$$

이다. 이는 x가 모든 r에 대해 $B^*(r, \epsilon)$에 속함을 의미한다. 따라서 최종적으로

$$N(\mathcal{R}, \mathcal{S}) = \bigcup_{t \geq 2} \bigcap_{r \geq 1} B^*(r, 1/t)$$

임을 알 수 있으며, (34)에 의해 모든 t에 대해서 $\bigcap_{r \geq 1} B^*(r, 1/t)$의 측도는 0이다. 따라서 $N(\mathcal{R}, \mathcal{S})$의 측도는 0이다. ▌

정의 R6을 만족하는 이진 수열의 존재로부터, 정의 R6을 만족하는 $[0..1)$ 수열이 존재함을 보일 수 있다. 자세한 내용은 연습문제 36을 볼 것. 이렇게 해서 정의 R6의 일관성이 확립되었다.

E. 무작위 유한 수열. 이상의 논증은 유한 수열의 무작위성 개념을 정의하는 것이 불가능함을 가리킨다. 하나의 주어진 임의의 유한 수열은 다른 모든 유한 수열들과 동일 확률이기 때문이다. 그래도 거의 모든 사람들은 수열 011101001이 101010101보다 "더 무작위하다"는 데 동의할 것이고, 심지어 후자의 수열이 000000000보다 더 무작위하다는 데에도 동의할 것이다. 진정으로 무작위한 수열이 국소적 비무작위 습성을 보인다는 게 사실이긴 하지만, 우리가 기대하는 바는 그것이 짧은 수열이 아닌 오직 긴 유한 수열에서만 나타나는 것이다.

유한 수열의 무작위성을 정의하는 방법이 여럿 제안된 바 있다. 여기서는 그 중 단 몇 개만 살펴보겠다. 단순함을 위해 b진 수열의 경우만 고려하기로 한다.

주어진 b진 수열 $X_0, X_1, \dots, X_{N-1}$에 대해

$$\text{만일 } |\nu(N)/N - p| \leq 1/\sqrt{N} \text{이면} \qquad \Pr(S(n)) \approx p \tag{35}$$

라고 말할 수 있다. 여기서 $\nu(n)$는 이번 절 앞부분에 나온 정의 A에서 말한 수량이다. 위와 같은 수열을 가리켜, 만일 모든 b진수 $x_1 x_2 \ldots x_k$에 대해

$$\Pr(X_n X_{n+1} \ldots X_{n+k-1} = x_1 x_2 \ldots x_k) \approx 1/b^k \tag{36}$$

이면 "k분포를 따른다"라고 말한다. (이를 정의 D와 비교해 볼 것. 안타깝게도 지금의 정의에서는 $(k-1)$분포가 아닌 수열도 k분포가 될 수 있다.)

이제 정의 R1과 비견할 수 있는 다음과 같은 무작위성 정의가 가능하다.

정의 Q1. *길이가 N인 b진 수열이 만일 모든 양의 정수 $k \le \log_b N$에 대해 (위에서 말한 의미에서) k분포이면 그 수열은 "무작위하다."*

이 정의에 따르면, 예를 들어 길이가 11인 이진 수열들 중에 무작위하지 않은 수열들은 178개이다. 우선

```
00000001111   10000000111   11000000011   11100000001   11110000000
00000001110   10000000110   11000000010   11100000000   11010000000
00000001101   10000000101   11000000001   10100000001   10110000000
00000001011   10000000011   01000000011   01100000001   01110000000
00000000111
```

이 있고, 01010101010과 0이 9개 이상 더 붙은 모든 수열과 이상의 모든 수열에서 0과 1을 뒤바꿔서 얻은 모든 수열까지 해서 178개이다.

비슷하게, 정의 R6에 비견할 수 있는 유한 수열에 대한 정의도 만들 수 있다. 정리 M의 정의에서처럼 부분수열 $\langle X_{s_n} \rangle \mathcal{R}$을 만들어내는 선별-선택(selection-and-choice) 절차에 해당하는 알고리즘들의 집합을 **A**라고 하자.

정의 Q2. *b진 수열 $X_0, X_1, \ldots, X_{N-1}$은, 만일 알고리즘들의 집합 **A**의 한 알고리즘으로 결정된 모든 부분수열 $X_{t_1}, X_{t_2}, \ldots, X_{t_m}$에서 $m < n$이거나*

$$0 \le a < b \text{에 대해} \quad \left| \frac{1}{m} \nu_a(X_{t_1}, \ldots, X_{t_m}) - \frac{1}{b} \right| \le \epsilon$$

*이면(여기서 $\nu_a(x_1, \ldots, x_m)$은 수열 $x_1, \ldots, x_m$ 중 a의 개수) 알고리즘들의 집합 **A**에 관하여 (n, ϵ) 무작위이다.*

(다른 말로 하면. **A**의 한 알고리즘으로 결정된 충분히 긴 수열들 모두는 반드시 근사적으로 동일분포이어야 한다.) 이 경우의 기본 발상은 **A**을 "단순한" 알고리즘들의 집합으로 둔다는 것이다. **A**의 알고리즘들의 개수(그리고 복잡도)는 N이 증가함에 따라 증가할 수 있다.

정의 Q2의 한 예를 보자. 이진 수열들을 고려하고 **A**가 다음과 같은 네 알고리즘들로만 이루어진다고 하겠다.

a) 전체 수열을 취하는 알고리즘.

b) 첫째 항에서 시작해서 한 항씩 건너뛴 항들을 취하는 알고리즘.

c) 다음 항이 0인 항들을 취하는 알고리즘.

d) 다음 항이 1인 항들을 취하는 알고리즘.

이러한 설정에서 수열 $X_0, X_1, \ldots, X_7$은 다음 조건들을 만족할 때 **A**에 대해 $(4, \frac{1}{8})$무작위이다:

(a)에 의해, $\left|\frac{1}{8}(X_0 + X_1 + \cdots + X_7) - \frac{1}{2}\right| \le \frac{1}{8}$이면, 즉 1이 3, 4, 5개이면;

(b)에 의해, $\left|\frac{1}{4}(X_0 + X_2 + X_4 + X_6) - \frac{1}{2}\right| \le \frac{1}{8}$이면, 즉 짝수 위치의 항들 중 1이 정확히 2개이면;

(c)에 의해, 위치 $X_0, \ldots, X_6$들을 차지하는 0의 개수에 따라 다음 세 가지 가능성이 존재한다면: 만일 그 위치들에 0이 2개나 3개이면 판정은 불필요함($n = 4$이므로); 만일 0이 4개이면 각 0 뒤에는 두 개의 0과 하나의 1이 나와야 함; 만일 0이 5개이면 각 0 뒤에는 2 또는 3개의 0이 나와야 함;

(d)에 의해, (c)에서 말한 것과 비슷한 조건들을 만족할 때.

길이가 8인 이진 수열들 중 이상의 규칙에 따라 $(4, \frac{1}{8})$무작위인 것은

00001011	00101001	01001110	01101000
00011010	00101100	01011011	01101100
00011011	00110010	01011110	01101101
00100011	00110011	01100010	01110010
00100110	00110110	01100011	01110110
00100111	00111001	01100110	

과 이들에서 0과 1을 일관되게 교환해서 얻는 것들이다.

n과 ϵ이 비교적 작을 때, 그 어떤 수열도 이 정의를 만족하지 않을 정도로 수많은 알고리즘들을 가진 집합을 만들 수 있음은 명백하다. 콜모고로프A. N. Kolmogorov는 임의의 N이 주어졌을 때 **A**의 알고리즘 개수가

$$\frac{1}{2}e^{2n\epsilon^2(1-\epsilon)} \tag{37}$$

을 넘지 않는다면 (n, ϵ)무작위 이진 수열이 항상 존재할 것임을 증명했다. 이 결과가 그 정의 Q1을 만족하는 수열들이 존재할 것임을 보이는 데 충분할 정도로 아주 강한 것은 아니다. 그러나 그러한 수열들은 연습문제 3.2.2-21에 나오는 리스Rees의 절차를 사용해서 효율적으로 구축하는 것이 가능하다. 이산 푸리에 변환에 기반을 둔 일반화된 스펙트럼 검정을 적용한다면 주어진 한 수열이 정의 Q1을 어느 정도나 잘 만족하는지를 판정할 수 있다 〔A. Compagner, *Physical Rev.* **E52** (1995), 5634-5645 참고〕.

무작위성 정의에 대한 또 다른 흥미로운 접근방식을 마르틴-뢰프Per Martin-Löf가 고안한 바 있다

〔*Information and Control* **9** (1966), 602-619〕. 유한한 b진 수열 $X_1, ..., X_N$이 주어졌을 때, 그러한 수열을 생성하는 가장 짧은 튜링 기계(Turing machine) 프로그램의 길이를 $l(X_1, ..., X_N)$으로 표기한다고 하자. (아니면 1.1절에서 논의한 것 같은 다른 부류의 효과적 알고리즘들을 사용할 수도 있다.) 그러면 $l(X_1, ..., X_N)$은 그 수열의 "패턴 없음 정도(patternlessness)"를 나타내는 척도가 되는데, 이런 개념을 무작위성과 같은 것으로 둘 수 있다. $l(X_1, ..., X_N)$을 최대화하는 길이 N 수열은 무작위하다고 말할 수 있을 것이다. (물론, 컴퓨터에 의한 실용적인 난수 발생의 관점에서 보면 이는 상상할 수 있는 가장 나쁜 "무작위성" 정의이다!)

이와 본질적으로 동일한 무작위성 정의가 마르틴-뢰프와는 독립적으로 체이튼G. Chaitin에 의해서 거의 같은 시기에 제시되었다. *JACM* **16** (1969), 145-159를 볼 것. 앞에서 살펴본 다른 정의들과 마찬가지로 이 정의 역시 동일분포에 대해서 전혀 언급하지 않지만, 마르틴-뢰프와 체이튼은 이런 종류의 난수열이 동일분포에 요구되는 성질들도 만족함을 증명했다. 실제로 마르틴-뢰프는 그런 수열들이 무작위성에 대한 모든 계산가능한 통계적 검정을 어느 정도까지는 만족함을 보여주었다.

무작위 유한 수열의 정의에 대한 추가적인 성과에 대해서는 A. K. Zvonkin, L. A. Levin, *Uspekhi Mat. Nauk* **25**, (November 1970), 85-127 〔영문 번역판은 *Russian Math. Surveys* **25**, (November 1970), 83-124〕; L. A. Levin, *Doklady Akad. Nauk SSSR* **212** (1973), 548-550; L. A. Levin, *Information and Control* **61** (1984), 15-37을 볼 것.

F. 의사난수. 다양한 성격의 유한 난수열들이 존재함은 이론적 관점에서 볼 때 다행스러운 일이다. 그러나 수열의 무작위성에 관한 그런 여러 정리들이 현실 세계의 프로그래머들이 마주치는 문제들에 답을 주지는 않는다. 좀 더 최근의 발전들은 유한 수열들의 집합에 대한 연구에 기반을 둔, 좀 더 현실적으로 타당한 한 가지 이론으로 이어졌다. 구체적으로 말하면 그 이론에서는 수열들이 여러 번 나타날 수 있는 다중집합(multiset)을 고려한다.

S가 길이가 N인 비트열(이진 수열)들을 담은 하나의 다중집합이라고 하자. 그러한 S를 하나의 N원천(N-source)이라고 부른다. 2^N개의 모든 가능한 N비트 숫자열들을 담은 특별한 N원천을 $\mathcal{S}_N$이라고 표기하기로 하자. S의 각 원소는 의사무작위 비트들의 한 원천(발생원)으로 사용할 수 있는 하나의 수열에 해당한다. "종자값"(seed value)을 다르게 선택하면 그에 따라 S의 원소들도 달라진다. 예를 들어 S는 $X_{j+1} = (aX_j + c) \bmod 2^e$으로 정의되는 선형합동수열에 대한, 다음과 같은 집합일 수 있다.

$$\{ B_1 B_2 \ldots B_N \mid B_j \text{는 } X_j \text{의 최상위 비트} \} \tag{38}$$

이 집합에는 2^e개의 시작값 X_0 각각에 대해 각각 하나의 숫자열 $B_1 B_2 \ldots B_N$이 존재한다.

이번 장 전반에서 보았듯이, 의사난수열의 기본적인 발상은, 비록 종자값의 선택이 오직 몇 개 안 되는 "진정으로 무작위한" 비트들에 의존하긴 하지만, 무작위한 것으로 보이는 N개의 비트들을 얻고자 하는 데 있다. 방금 살펴본 예의 경우 X_0를 선택하기 위해서는 진정으로 무작위한 비트들이 e개 필요하다. 일반화하자면, S에서 원소를 하나 선택한다는 것은 $\lg |S|$개의 진정으로 무작위한

비트들을 사용하는 것에 해당한다. 그 이후의 과정은 결정론적이다. 만일 $N = 10^6$이고 $|S| = 2^{32}$이면, 전개된 각각의 진정한 무작위 비트마다 30,000개 이상의 "무작위하게 보이는" 비트들을 얻게 된다. S 대신 $\mathscr{I}_N$을 사용한다면 $\lg |\mathscr{I}_N| = N$이므로, 그런 증폭(amplification)은 얻지 못한다.

"무작위하게 보인다"는 것은 무슨 뜻일까? 야오$^{A.\ C.\ Yao}$가 1982년에 이에 대한 그럴듯한 정의를 제시한 바 있다: 비트열 $B = B_1 \ldots B_N$을 조사해서 $A(B) = 0$ 또는 1을 출력하는 임의의 알고리즘 A를 고찰한다. A를 무작위성에 대한 하나의 검정이라고 생각해도 된다. 예를 들어 일련의 0들과 1들의 연속열들의 분포를 계산하고 연속열 길이가 기대 분포와 크게 다르다면 1을 출력하는 알고리즘을 A로 둘 수 있을 것이다. A가 무엇이든, B가 S에서 무작위로 선택한 요소일 때 $A(B) = 1$일 확률 $P(A, S)$를 취하고, 그것을 B가 길이가 N인 진정으로 무작위한 비트열일 때 $A(B) = 1$일 확률 $P(A, \mathscr{I}_N)$과 비교해 볼 수 있을 것이다. 통계적 검정 A들 모두에 대해 만일 $P(A, S)$와 $P(A, \mathscr{I}_N)$이 극도로 가깝다면 S의 수열들을 진정으로 무작위한 이진 수열들과 구별할 수 없다.

정의 P. *만일 $|P(A, S) - P(A, \mathscr{I}_N)| < \epsilon$이면, 하나의 N원천 S는 통계적 검정 A를 허용한계 ϵ로 통과한다. 만일 $|P(A, S) - P(A, \mathscr{I}_N)| \geq \epsilon$이면 그 검정에 실패한다.*

알고리즘 A가 반드시 통계학자가 고안한 것일 필요는 없다. 정의 P에 따르면, 그 어떤 알고리즘도 무작위성에 대한 통계적 검정으로 간주할 수 있다. 계산 도중에 동전 던지기를 사용하는(즉, 진정으로 무작위한 비트를 사용하는) 알고리즘도 A가 될 수 있다. 유일한 요구사항은 A가 반드시 0 또는 1을 출력해야 한다는 것뿐이다.

사실은 또 다른 요구사항이 있다. A는 합리적인 시간 안에(적어도 평균적으로) 결과를 출력해야 한다. 수행하는 데 몇 년씩 걸리는 알고리즘은 고려할 필요가 없다. 그런 알고리즘을 사용한다면 평생 기다려봐야 S와 $\mathscr{I}_N$의 그 어떤 차이도 발견하지 못할 것이기 때문이다. S의 수열들은 오직 $\lg |S|$ 비트의 정보만을 담으므로, 언젠가는 중복성을 검출하는 알고리즘이 확실히 존재한다. 그러나 S가 필요한 모든 검정들을 통과할 수만 있다면 그런 점은 신경 쓰지 않아도 된다.

이러한 정량적인 착안들을 정성화하는 것이 가능하다. 그럼 그 부분을 살펴보자. 관련 이론이 다소 난해하겠지만 그래도 충분히 아름답고도 중요하기 때문에, 이에 대한 세부 사항을 시간을 들여 세심히 공부한다면 큰 보상을 받을 수 있을 것이다.

다음의 논의에서, N비트열들에 대한 알고리즘 A의 실행 시간 $T(A)$는 $A(B)$를 출력하는 데 필요한 단계들의 기대 횟수의 최대값(모든 $B \in \mathscr{I}_N$에 대한)으로 정의된다. 기대 횟수는 알고리즘이 수행한 모든 동전 던지기에 대한 평균으로 구한다.

정성적 분석의 첫 번째 단계는, 검정들을 아주 특별한 한 가지 종류로 제한해도 무방함을 보이는 것이다. A_k가 입력 비트열 $B = B_1 \ldots B_N$ 중 처음 k비트들에만 의존하는 알고리즘이라고 하자. 여기서 $0 \leq k < N$이다. 그리고 $A_k^P(B) = (A_k(B) + B_{k+1} + 1) \bmod 2$라고 하자. 그러면 A_k^P은 오직 A_k가 B_{k+1}을 성공적으로 예측한 경우에만 1을 출력한다. A_k^P을 예측 검정(prediction test)이라고 부른다.

보조정리 P1. *S가 하나의 N원천이라고 하자. 만일 S가 검정 A에 허용한계 ϵ으로 실패한다면, S가 허용한계 ϵ/N으로 A_k^P에 실패하게 되는 $T(A_k^P) \le T(A) + O(N)$인 하나의 정수 $k \in \{0, 1, ..., N-1\}$과 예측 검정 A_k^P이 존재한다.*

증명. 필요에 따라 A의 출력을 보수화(complementation)한다면, $P(A, S) - P(A, \not S_N) \ge \epsilon$이라고 가정할 수 있다. 동전을 $N-k$번 던져서 비트 $B_{k+1} \cdots B_N$들을 무작위 비트 $B'_{k+1} \cdots B'_N$들로 대체한 후 A를 수행하는 알고리즘 F_k를 고려한다. 알고리즘 F_N은 A와 같으며, F_0은 마치 A가 $\not S_N$에 대해 작동하듯이 S에 대해 작동한다. $p_k = P(F_k, S)$라고 하자. $\sum_{k=0}^{N-1}(p_{k+1} - p_k) = p_N - p_0 = P(A, S) - P(A, \not S_N) \ge \epsilon$이므로 $p_{k+1} - p_k \ge \epsilon/N$인 어떠한 k가 존재한다.

A_k^P이 F_k의 계산들을 수행하며 $(F_{k(B)} + B'_{k+1} + 1) \bmod 2$의 값을 예측하는 알고리즘이라고 하자. 다른 말로 하면 알고리즘의 출력은

$$A_k^P(B) = (F_k(B) + B_{k+1} + B'_{k+1}) \bmod 2 \qquad (39)$$

이다. 확률들을 신중히 분석해 보면 $P(A_k^P, S) - P(A_k^P, \not S_N) = p_{k+1} - p_k$임을 알 수 있다. (연습문제 40을 볼 것.) ∎

실용적 목적에서 의미 있는 대부분의 N원천 S들은 자리이동 대칭적(shift-symmetric)이다. 여기서 자리이동 대칭적이라 함은 길이가 k인 부분비트열 $B_1 \cdots B_k$, $B_2 \cdots B_{k+1}$, $B_{N-k+1} \cdots B_N$이 모두 동일한 확률분포를 가진다는 뜻이다. 이는 이를테면 S가 (38)과 같은 선형합동수열일 때 성립한다. 그런 경우에는 $k = N-1$로 두어서 보조정리 P1을 더욱 개선할 수 있다:

보조정리 P2. *만일 S가 검정 A에 허용한계 ϵ으로 실패하는 자리이동 대칭적인 N원천이면, $B_1 \cdots B_{N-1}$로부터 B_N을 예측할 확률이 적어도 $\frac{1}{2} + \epsilon/N$이며 수행 시간이 $T(A') \le T(A) + O(N)$인 알고리즘 A'가 존재한다.*

증명. $P(A, S) > P(A, \not S_N)$인 경우를 보자. A'가 보조정리 P1의 증명에 나오는 A_k^P이되 $B_1 \cdots B_N$이 아니라 $B_{N-k} \cdots B_{N-1} 0 \cdots 0$에 적용된다고 하자. 그러면 A'는 자리이동 대칭 때문에 동일한 평균 습성을 보인다. $P(A, S) < P(A, \not S_N)$인 경우로 넘어가서, A'가 같은 방식으로 $1 - A_k^P$이라고 하자. 이 경우 $P(A', \not S_N) = \frac{1}{2}$임이 명백하다. ∎

이제 S를 좀 더 특수화하기 위해, 각 수열 $B_1 B_2 \cdots B_N$이 $f(g(X_0)) f(g(g(X_0))) \cdots f(g^{[N]}(X_0))$의 형태라는 제약을 가해보자. 여기서 X_0는 어떠한 집합 X를 그 범위로 하며, g는 X의 한 순열이고 $f(x)$는 모든 $x \in X$에 대해 0 또는 1이다. 앞의 선형합동 예는 $X = \{0, 1, ..., 2^e - 1\}$, $g(x) = (ax + c) \bmod 2^e$, $f(x) = x$의 최상위 비트일 때 이러한 제약을 만족한다. 그러한 N원천들을 가리켜 반복적(iterative)이라고 칭하기로 하겠다.

보조정리 P3. *만일 S가 검정 A에 허용한계 ϵ으로 실패하는 N원천이면, $B_2 \cdots B_N$으로부터 B_1을 확률 $\frac{1}{2} + \epsilon/N$으로 예측하며 실행 시간이 $T(A') \le T(A) + O(N)$인 알고리즘 A'가 존재한다.*

증명. 반복적 N원천은 자리이동 대칭적이며, 그것의 반사(reflection)인 $S^R = \{B_N \dots B_1 \mid B_1 \dots B_N \in S\}$ 역시 자리이동 대칭적이다. 따라서 S^R에는 보조정리 P2가 적용된다. ∎

a가 홀수일 때에는 항상 $g(x)$에서 x를 구하는 것이 가능하다는 점에서, 순열치환 $g(x) = (ax + c) \bmod 2^e$의 역을 구하는 것은 쉬운 일이다. 그러나 쉽게 계산할 수 있는 순열치환 함수들 중에는 "단방향"인, 즉 뒤집기가 어려운 것들이 많다. 이후에 살펴보겠지만 역함수를 구하기 어렵다는 사실은 그런 함수들이 좋은 난수원이 되도록 만드는 요인일 수 있다.

보조정리 P4. *S가 f, g, X에 해당하는 반복적 N원천이라고 하자. 만일 S가 검정 A에 허용한 계 ϵ으로 실패한다면, $g(x)$가 주어졌을 때 $f(x)$를 확률 $\geq \frac{1}{2} + \epsilon/N$으로 정확히 추측하는 알고리즘 G가 존재한다. 여기서 x는 X의 무작위 원소이다. $T(G)$의 실행 시간은 커봐야 $T(A) + O(N)(T(f) + T(g))$이다.*

증명. $y = g(x)$로 주어졌을 때, 요구된 알고리즘 G는 $B_2 = f(g(x))$, $B_3 = f(g(g(x)))$, ..., $B_N = f(g^{[N-1]}(x))$를 계산하고 보조정리 P3의 알고리즘 A'를 적용한다. g가 X의 한 순열이며 $B_1 \dots B_N$은 $g(X_0) = x$를 만족하는 종자값 X_0에 대응되는 S의 원소이므로, 알고리즘 G가 $f(x) = B_1$임을 예측할 확률은 $\geq \frac{1}{2} + \epsilon/N$이다. ∎

보조정리 P4를 활용하기 위해서는 주어진 $g(x)$의 값만으로 하나의 비트 $f(x)$를 예측하는 능력을 x 자체를 예측하는 능력으로 강화해야 한다. 수많은 서로 다른 함수 $f(x)$들을 추측해야 하도록 S를 확장한다면, 부울 함수 성질들을 이용해서 그러한 예측을 수행하는 일반적 방법이 가능해진다. (그러나 이 방법은 다소 전문적이어서, 이 부분을 처음 읽는 독자라면 아래의 내용은 나중에 자세히 읽어보기로 하고 정리 G로 바로 넘어가도 무방하다.)

$G(z_1 \dots z_R)$이 어떤 고정된 $x = x_1 \dots x_R$에 대해 $f(z_1 \dots z_R) = (x_1 z_1 + \dots + x_R z_R) \bmod 2$ 형태의 함수를 잘 추측하는, R비트열을 받아서 하나의 이진값을 돌려주는 함수라고 하자. G의 예측 성공 여부는 모든 가능한 $z_1 \dots z_R$들에 대한 평균인 기대값

$$s = \mathrm{E}\left((-1)^{G(z_1 \dots z_R) + x_1 z_1 + \dots + x_R z_R}\right) \tag{40}$$

으로 측정하는 것이 편할 것이다. 이 기대값은 정확한 추측들의 합에서 부정확한 추측들의 합을 빼고 그것을 2^R으로 나눈 것이다. 따라서 만일 G가 옳을 확률이 p이면 $s = p - (1-p)$, 또는 $p = \frac{1}{2} + \frac{1}{2}s$이다.

예를 들어 $R = 4$이고 $G(z_1 z_2 z_3 z_4) = [z_1 \neq z_2][z_3 + z_4 < 2]$라고 하자. $x = 1100$일 때 이 함수의 성공률은 $s = \frac{3}{4}$이다(그리고 $p = \frac{7}{8}$). 왜냐하면 이는 0111이나 1011을 제외한 모든 4비트열 z에 대해 $x \cdot z \bmod 2 = (z_1 + z_2) \bmod 2$와 같기 때문이다. 또한 $x = 0000$이나 0011, 1101, 1110일 때 성공률은 $\frac{1}{4}$이다. 따라서 x로 가능한 값은 다섯 개이다. x의 나머지 열한 가지 값들에서는 $s \leq 0$이 된다.

다음 알고리즘은 G가 앞서 말한 의미에서의 성공률 높은 예측 함수일 때 대부분의 경우에서 x를 마술과도 같이 찾아낸다. 좀 더 정확히 말하면, 이 알고리즘은 x를 담고 있을 가능성이 큰 짧은 목록을 구축한다.

알고리즘 L (선형 추측의 강화). 이진값 함수 $G(z_1 \ldots z_R)$과 양의 정수 2^k이 주어졌을 때, 이 알고리즘은 $G(z_1 \ldots z_R)$이 함수 $(x_1 z_1 + \cdots + x_R z_R) \bmod 2$에 대한 좋은 근사일 때 x가 출력될 가능성이 큰 이진 수열 $x = x_1 \ldots x_R$들의 목록을 출력한다.

L1. 〔무작위 행렬 구축.〕 $1 \le i \le k$, $1 \le j \le R$에 대한 무작위 비트 B_{ij}들을 생성한다.

L2. 〔부호 계산.〕 $1 \le i \le R$에 대해, 그리고 모든 이진 숫자열 $b = b_1 \ldots b_k$에 대해

$$h_i(b) = \sum_{c \ne 0} (-1)^{b \cdot c + G(cB + e_i)} \tag{41}$$

을 계산한다. 여기서 e_i는 위치 i에 1이 있는 R비트열 $0\ldots010\ldots0$이며 cB는 $d_j = (B_{1j}c_1 + \cdots + B_{kj}c_k) \bmod 2$인 숫자열 $d_1 \ldots d_R$이다. (다른 말로 하면 이진 벡터 $c_1 \ldots c_k$에 $k \times R$ 이진 행렬 B를 곱한 것이다.) (41)에 나온 합의 구간은 $2^k - 1$개의 모든 비트열 $c_1 \ldots c_k \ne 0 \ldots 0$이다. 이 합은 아다마르 변환(Hadamard transform)을 위한 예이츠Yates의 방법을 이용해서 각 i에 대해 $k \cdot 2^k$회의 덧셈, 뺄셈으로 구할 수 있다. 식 4.6.4-(38) 다음에 나오는 설명을 볼 것.

L3. 〔추측들을 출력.〕 2^k개의 모든 $b = b_1 \ldots b_k$ 선택에 대해 숫자열 $x(b) = [h_1(b) < 0] \ldots [h_R(b) < 0]$을 출력한다. ▌

알고리즘 L이 제대로 작동함을 증명하기 위해서는 주어진 숫자열 x가 이론적으로 출력되어야 하는 숫자열일 때 실제로도 출력될 가능성이 큼을 보여야 한다. 우선, G를 $G'(z) = (G(z) + z_j) \bmod 2$인 G'으로 바꾼다면, 오직 새 G'가 $(x + e_j) \cdot z \bmod 2$에 대한(여기서 e_j는 단계 L2에서 정의된 단위벡터 숫자열) 좋은 근사일 때에만 원래의 $G(z)$가 $x \cdot z \bmod 2$에 대한 좋은 근사임을 주목하자. 더 나아가서, 만일 알고리즘을 G 대신 G'에 적용한다면

$$h'_i(b) = \sum_{c \ne 0} (-1)^{b \cdot c + G(cB + e_i) + (cB + e_i) \cdot e_j} = (-1)^{\delta_{ij}} h_i((b + B_j) \bmod 2)$$

가 된다. 여기서 B_j는 B의 j열이다. 따라서 단계 L3은 벡터 $x'(b) = x((b + B_j) \bmod 2) + e_j$ (modulo 2)들을 출력한다. b가 모든 k 비트열들을 거쳐 감에 따라 $(b + B_j) \bmod 2$ 역시 그런 비트열들을 거쳐 가며, 결국 출력의 모든 x의 비트 j를 보수화하는 효과가 난다.

따라서 $G(z)$가 상수 함수 0의 좋은 근사일 때에는 항상 벡터 $x = 0 \ldots 0$이 출력될 가능성이 크다는 점만 증명하면 된다. 실제로, $G(z)$의 결과가 0일 때보다 1일 때가 훨씬 더 많으며 k가 충분히 클 때에는 항상 단계 L3에서 $x(0 \ldots 0)$이 높은 확률로 $0 \ldots 0$과 같음을 보일 것이다. 좀 더 정확히 말하자면, 만일 2^R개의 모든 가능한 z들에 대한 평균으로서의 $s = \mathrm{E}((-1)^{G(z)})$이 양수이고 k가 충분히 클 때, $1 \le i \le R$에 대해

$$\sum_{c \neq 0} (-1)^{G(cB + e_i)} > 0$$

일 확률이 $> \frac{1}{2}$임을 증명하는 것이다.

핵심은 각각의 고정된 $c = c_1 \dots c_k \neq 0 \dots 0$에 대해 숫자열 $d = cB$가 균등분포라는 것이다. B의 비트들은 무작위하므로, d의 모든 값은 그 발생 확률이 $1/2^R$이다. 더 나아가서 $c \neq c' = c'_1 \dots c'_k$일 때 숫자열 $d = cB$와 $d' = c'B$는 독립적이다. 즉, 값들의 쌍 (d, d')의 발생 확률은 $1/2^{2R}$이다. 따라서, 체비셰프 부등식의 증명에서처럼, 임의의 고정된 i에 대해 합 $\sum_{c \neq 0}(-1)^{G(cB + e_i)}$이 음일 확률은 기껏해야 $1/((2^k - 1)s^2)$이다. (자세한 설명은 연습문제 42에 나온다.) 이로부터, 단계 L3에서 $x(0)$이 0이 아닐 확률의 상계는 $R/((2^k - 1)s^2)$이라는 결과가 나온다.

정리 G. *만일 $s = \mathrm{E}((-1)^{G(z) + x \cdot z}) > 0$이고 $2^k > \lceil 2R/s^2 \rceil$이면 알고리즘 L은 확률 $\geq \frac{1}{2}$로 x를 출력한다. 실행 시간은 $O(k2^k R)$ 더하기 G를 $2^k R$번 평가하는 데 걸리는 시간이다.* ∎

이제 식 3.2.2-(17)의 혼합제곱(muddle-square) 수열이 좋은 (의사)난수원임을 증명할 수 있게 되었다. $2^{R-1} < M = PQ < 2^R$이라고 하자. 여기서 P와 Q는 범위가 각각 $2^{(R-2)/2} < P < 2^{(R-1)/2}$와 $2^{R/2} < Q < 2^{(R+1)/2}$인 $4k + 3$ 형태의 소수이다. M을 R비트 블럼 정수(Blum integer)라고 부르기로 하겠다. 이 이름은 암호학에서 그런 수들의 중요성을 처음으로 지적했던 인물인 블럼Manuel Blum에서 따온 것이다 [*COMPCON* **24** (Spring 1982), 133–137]. 블럼은 원래 P와 Q 모두 $R/2$비트라고 제시했으나, 알고리즘 4.5.4D에서 볼 수 있듯이, P와 Q를 R비트로 잡으면 $Q - P > .29 \times 2^{R/2}$가 되므로 더 낫다.

구간 $0 < X_0 < M$에서 $X_0 \perp M$인 X_0를 무작위로 선택한다. 또한 Z가 하나의 무작위 R비트 마스크라고 하자. X를 (X_0, Z, M)에 대한 확률 (x, z, m) 모두를 원소로 하는 집합으로 둠으로써, 그리고 어떠한 a에 대해 $x \equiv a^2 (\mathrm{modulo}\ m)$이라는 추가적인 제한을 둠으로써 반복적 N원천 S를 구축할 수 있다. 함수 $g(x, z, m) = (x^2 \bmod m, z, m)$이 X의 한 순열임은 쉽게 보일 수 있다(이를테면 연습문제 4.5.4–35를 볼 것.). 이러한 반복적 원천에서 비트들을 추출하는 함수 $f(x, z, m)$은 $x \cdot z \bmod 2$이다. 시작값 (X_0, Z, M)이 반드시 X의 원소인 것은 아니지만, 값이 주어진 제곱 $X_0^2 \bmod M$인 X_0은 정확히 네 개이기 때문에 $g(X_0, Z, M)$은 X에서 균등하게 분포된다.

정리 P. *S가 R비트의 법(modulus)들에 대한 혼합제곱법으로 정의된 N원천이라고 하자. 그리고 S가 어떤 통계적 검정 A에 허용한계 $\epsilon \geq 1/2^N$로 실패한다고 하자. 그러면 앞에서 말한 형태의 무작위 R비트 블럼 정수 $M = PQ$들의 인수들을 찾는, 성공 확률이 적어도 $\epsilon/(4N)$이고 그 실행 시간이 $T(F) = O(N^2 R^2 \epsilon^{-2} T(A) + N^3 R^4 \epsilon^{-2})$인 알고리즘 F를 구축할 수 있다.*

증명. 곱셈 $\bmod M$은 $O(R^2)$단계 이내로 수행할 수 있으므로 $T(f) + T(g) = O(R^2)$이다. 따라서 보조정리 P4는 성공률이 ϵ/N이고 실행 시간이 $T(G) \leq T(A) + O(NR^2)$인 추측 알고리즘 G의 존재를 단언한다. 연습문제 41의 방법을 이용해서 A에서 G를 구축할 수 있다. 이 알고리즘 G는

$s = \mathrm{E}((-1)^{G(y,z,m)+z\cdot x}) \geq (\frac{1}{2}+\epsilon/N) - (\frac{1}{2}-\epsilon/N) = 2\epsilon/N$이라는 성질을 가지는데, 여기서 기대값은 모든 $(x,z,m)\in X$에 대한 평균으로 취한 것이며 $(y,z,m) = g(x,z,m)$이다.

요구된 알고리즘 F는 다음과 같은 방식으로 진행된다. 알 수 없는 P와 Q로 이루어진 무작위한 $M=PQ$가 주어졌을 때, 알고리즘은 0과 M사이의 한 난수 X_0를 계산하고, 만일 $\gcd(X_0, M) \neq 1$이면 알려진 인수분해를 결과로 내면서 즉시 멈춘다. 그렇지 않으면 $G(z) = G(X_0^2 \bmod M, z, M)$, $k = \lceil \lg(1+2N^2R/\epsilon^2) \rceil$로 두고 알고리즘 L을 적용한다. 만일 알고리즘이 출력한 2^k개의 x 값들 중 하나가 $x^2 \equiv X_0^2$ (modulo M)을 만족한다면 $x \not\equiv \pm X_0$일 확률은 $50:50$인 것이다. 그러면 $\gcd(X_0-x, M)$과 $\gcd(X_0+x, M)$은 M의 소인수들이다. (4.5.4절에 나오는 라빈Rabin의 "SQRT 상자" 참고.)

$\epsilon \geq 2^{-N}$이므로, 이 알고리즘의 실행 시간은 명백히 $O(N^2R^2\epsilon^{-2}T(A)+N^3R^4\epsilon^{-2})$이다. 이 알고리즘이 M을 성공적으로 인수분해할 확률은 다음과 같이 평가할 수 있다. $n = |X|/2^R$이 (x,m)의 선택 가짓수라고 하자. 그리고 $s_{xm} = 2^{-R}\sum(-1)^{G(y,z,m)+z\cdot x}$라고 하자(합의 구간은 모든 R비트 수 z). 그러면 $s = \sum_{x,m}s_{xm}/n \geq 2\epsilon/N$이다. $s_{xm} \geq \epsilon/N$인 (x,m)들의 개수를 t라고 하면, 알고리즘이 그러한 쌍 (x,m)을 다룰 확률은

$$\frac{t}{n} \geq \sum_{x,m}[s_{xm} \geq \epsilon/N]\frac{s_{xm}}{n} = \sum_{x,m}(1-[s_{xm} < \epsilon/N])\frac{s_{xm}}{n}$$

$$\geq \frac{2\epsilon}{N} - \sum_{x,m}[s_{xm} < \epsilon/N]\frac{s_{xm}}{n} \geq \frac{\epsilon}{N}$$

이다. 그리고 그런 경우 $2^k > \lceil 2R/s_{xm}^2 \rceil$이므로 알고리즘이 x를 찾을 확률은 정리 G에 의해 $\geq \frac{1}{2}$이다. 따라서 알고리즘이 하나의 인수를 찾을 확률은 $\geq \frac{1}{4}$이다. ∎

실용적인 관점에서 정리 P는 어떤 의미일까? 그 증명에 의하면 O가 함의하는 상수는 작은 값이다. 인수분해의 실행 시간이 길어야 $10(N^2R^2\epsilon^{-2}T(A)+N^3R^4\epsilon^{-2})$이라고 가정하자. 세상의 많은 위대한 수학자들이 큰 수의 인수분해 문제를 고민해왔는데, 특히 1970년대 후반 무렵 인수분해가 암호학과 크게 관련됨이 밝혀지면서부터는 더욱 그랬다. 위대한 수학자들도 좋은 해법을 찾지 못했다는 사실은 인수분해를 어려운 문제로 여길만한 좋은 이유가 된다. 그런 만큼, 정리 P는 혼합제곱 비트들의 비무작위성을 검출하는 모든 알고리즘들에서 $T(A)$가 클 수밖에 없음을 보여줄 것이다.

긴 계산 시간을 측정할 때에는 MIP년(MIP-years) 단위를 사용하는 것이 편리하다. 1MIP년은 그레고리력 1초당 백만 개의 명령들을 수행하는 컴퓨터가 그레고리력 1년† 동안 수행한 명령 개수, 즉 $31{,}556{,}952{,}000{,}000 \approx 3.16 \times 10^{13}$개에 해당한다. 1995년에 실시된, 아주 고도로 조율된 알고리즘들을 이용해서 십진 120자리 수(400비트)를 인수분해하는 작업에서는 250MIP년 이상이 소요되었다. 인수분해를 연구해 본 가장 낙관적인 연구자라도, $R \to \infty$에 따라 수행해야

---

† 〔옮긴이 주〕 한국을 비롯한 전 세계에서 널리 쓰이는 "양력"이 바로 그레고리력이다. 그레고리력 1년은 365.2425일이다.

할 명령들이 오직 $\exp(R^{1/4}(\ln R)^{3/4})$개뿐인 알고리즘이 발견된다면 아주 놀라고 말 것이다. 그러나 적어도 R비트 블럭 정수 M들 중 '아주 적지는 않은 부분'에 대해서는 그러한 혁신이 일어났다고 가정해 보자. 그렇다면 우리는 약 50000비트로(15000자리) 된 수많은 수들을 2×10^{25} MIP년 이내로 인수분해 할 수 있다. 만일 $R = 50000$인 혼합제곱법으로 $N = 1000$개의 무작위 비트들을 생성한다면, 그리고 5000비트 블럭 정수들 중 적어도 $\frac{1}{400000}$개를 인수분해할 수 있는 모든 알고리즘의 수행 시간이 적어도 2×10^{25} MIP년이라면, 정리 P는 그런 모든 1000비트들의 집합이 실행 시간 $T(A)$가 70000 MIP년 미만인 모든 통계적 검정을 통과할 것임을 말해준다. 그와 같은 알고리즘 A들 중에서 그런 비트들과 진정으로 무작위한 수열을 구별하는 확률이 $\geq \epsilon = \frac{1}{100}$인 것은 없다.

이것은 절대로 놀라운 결과가 아니다. 왜냐하면 $R = 50000$일 때에는 X_0, Z, M으로 혼합제곱법을 시작하는 데에만 약 150000개의 진정으로 무작위한 비트들을 지정해야 하기 때문이다. 물론 그러한 엄청난 투자로 1000개의 무작위 비트들을 얻는 것은 확실히 가능하다!

일반화하자면, 보수적인 가정들 하에서 $\epsilon = \frac{1}{100}$일 때 공식은

$$T(A) \geq \frac{1}{100000} N^{-2} R^{-2} \exp(R^{1/4}(\ln R)^{3/4}) - NR^2$$

이 된다. R이 크면 NR^2은 무시할 수 있다. $R = 200000$, $N = 10^{10}$으로 둔다면 $\approx 3R = 600000$개의 진정으로 무작위한 비트들에서 필수 실행 시간이 7.486×10^{10} MIP년 $= 74.86$ 기가(giga)MIP년 미만인 모든 통계적 검정들을 통과하는 백억 개의 혼합제곱 의사무작위 비트들을 얻게 된다. $R = 333333$, $N = 10^{13}$일 때에는 통계적 편향을 하나라도 검출하는 데 필요한 계산 시간이 535 테라(tera)MIP년으로 증가한다.

인수분해가 불가능할 정도라면, 무작위 마스크 Z를 사용하지 않는 간단한 의사난수 발생기 3.2.2-(16)이 무작위성에 대한 모든 다항시간 검정을 통과함을 보이는 방법도 생각해볼 수 있다. (연습문제 4.5.4-43 참고.) 그러나 그런 간단한 방법에 대해 알려진 성능 보장은 혼합제곱의 것에 비해서 다소 약한 편이다. 현재는 $O(N^4 R\epsilon^{-4}\log(NR\epsilon^{-1}))$ 대 정리 P의 $O(N^2 R^2 \epsilon^{-2})$이다.

R비트 수에 대한 인수분해 알고리즘들 중에서 실행 시간이 R의 다항식인 것은 없다고 모두들 믿고 있다. 좀 더 강한 형태에서 그러한 추측이 참이라면, 다시 말해서 임의의 고정된 k에 대해 다항시간 안에서 R비트 블럭 수들로부터 $1/R^k$을 인수분해하는 것이 불가능하다면, 정리 P는 혼합제곱법이 무작위성에 대한 모든 다항시간 통계적 검정들을 통과함을 증명한다.

이를 다른 식으로 말하자면, 만일 독자가 N과 R을 적절히 선택해서 혼합제곱법으로 무작위 비트들을 생성한다면, 모든 합리적인 통계적 검정들을 통과하는 수들을 얻게 되거나, 아니면 새로운 인수분해 알고리즘을 발견함으로써 부와 명예를 얻게 된다는 것이다.

G. 요약, 역사, 문헌정보. 지금까지 하나의 수열이 가질 수 있는 여러 수준의 무작위성을 정의해 보았다.

∞ 분포를 따르는 무한 수열은 난수열에서 기대할 수 있는 수많은 유용한 성질들을 만족하며,

∞ 분포 수열에 관련된 이론 역시 많이 존재한다. (아래의 연습문제들은 그러한 수열들이 가지는, 본문에서 언급하지 않은 여러 중요한 성질들을 살펴본다.) 그러므로 정의 R1은 무작위성의 이론적 연구를 위한 적절한 기초라 할 수 있다.

∞ 분포 b진 수열은 1909년에 보렐Emile Borel이 소개했다. 그는 본질적으로 (m, k)분포 수열 의 개념을 정의했으며, 거의 모든 실수의 b진 표현이 모든 m과 k에 대해 (m, k)분포임을 보이 기도 했다. 그는 그런 수들을 가리켜 기수 b에 대해 완전히 정규적(entirely normal)이라고 칭하 고, 비공식적으로 정리 C를 언명했다. 그러나 그것이 증명을 요하는 것임을 명확히 깨닫지는 못했다. 〔*Rendiconti Circ. Mat. Palermo* **27** (1909), 247-271, §12.〕

완전 동일분포 수열(completely equidistributed sequence)이라고도 불리는 ∞ 분포 실수 수열의 개념은 *Doklady Akad. Nauk SSSR* **62** (1948), 21-22에 실린 코로보프N. M. Korobov의 한 초고 (note)에서 처음 등장했다. 코로보프와 그의 여러 동료들은 1950년대에 일련의 논문들을 통해서 그러한 수열의 이론을 상당히 광범위하게 전개했다. 그와는 독립적으로 프랭클린Joel N. Franklin 역 시 완전 동일분포 수열을 *Math. Comp.* **17** (1963), 28-59에서 소개했는데, 그 논문은 난수 발생 문제에 영감을 받았다는 점에서 특히 주목할만하다. 퀴퍼스L. Kuipers와 니더레이터H. Niederreiter의 책 *Uniform Distribution of Sequences* (New York: Wiley, 1974)는 모든 종류의 k분포 수열과 관련된 풍부한 수학적 문헌에 대한 놀랄 만큼 완전한 정보의 원천이다.

그런데 우리는 ∞ 분포 수열이 항상 완전히 "무작위하다"고 인정받기에 충분할 정도로 임의적인 것은 아님을 보았다. 그래서 그런 측면을 보완하는 추가적인 조건들을 붙여 정의 R4, R5, R6을 공식화 했는데, 특히 R6은 무한 난수열 개념을 정의하는 적절한 방법으로 보인다. 정의 R6은 진정한 무작위성 에 대한 우리의 직관적 개념과도 잘 맞아떨어질 수 있는 엄밀한, 정성적 명제이다.

역사적으로 볼 때 이러한 정의들의 전개는 "확률"의 적절한 정의에 대한 미제스R. von Mises의 탐구에서 주된 영향을 받았다. *Math. Zeitschrift* **5** (1919), 52-99에서 폰미제스는 원칙적으로 정의 R5와 비슷한 정의를 제안해 놓고 있지만, 그 정의는 조건들을 만족하는 수열이 존재하지 않을 수도 있을 만큼 너무 강한 것이다(본문의 정의 R3처럼). 이러한 불일치는 여러 사람들이 주목한 부분으로, 코플랜드A. H. Copeland 〔*Amer. J. Math.* **50** (1928), 535-552〕는 수들을 그가 "허용 가능한 수들"(또는 베르누이 수열)이라고 부른 것으로 대체함으로써 폰미제스의 정의를 약화시킬 것을 제안했다. 허용 가능한 수들이란 ∞ 분포 $[0..1)$ 수열의 모든 성분 U_n을 주어진 확률 p에 대해 만일 $U_n < p$이면 1로, $U_n \geq p$이면 0으로 대체한 것에 해당한다. 따라서 코플랜드는 본질적으로 정의 R1로 돌아가자고 제안한 것이다. 그러자 벌드Abraham Wald는 폰미제스의 정의를 그렇게 과도하 게 약화시킬 필요는 없음을 보이고 셀 수 있는 개수의 부분수열 규칙들의 대체를 제안했다. 벌드는 한 중요한 논문〔*Ergebnisse eines math. Kolloquiums* **8** (Vienna: 1937), 38-72〕에서 본질적으로 정리 W를 증명했으나, 알고리즘 W로 구축한 수열이 모든 르베그 측정 가능 $A \subseteq [0..1)$에 대해 $\Pr(U_n \in A) = A$의 측도라는 좀 더 강한 조건을 만족한다고 그릇되게 단언했다. 우리는 그러한 성질을 만족하는 수열이 존재하지 않음을 이미 보았다.

벌드가 그의 논문을 작성할 당시에는 "계산가능성"이라는 개념이 아직 미성숙한 상태였기 때문에, 처치A. Church 〔*Bull. Amer. Math. Soc.* **46** (1940), 130-135〕는 "효과적 알고리즘"에 대한 엄밀한 개념을 벌드의 이론에 추가하는 것으로써 그의 정의를 완전히 엄밀한 것으로 만들 수 있음을 보였다. 정의 R6의 확장은 본질적으로 콜모고로프A. N. Kolmogorov 〔*Sankhyā* **A25** (1963), 369-376〕에서 기인한다. 거기서 그는 유한 수열에 대한 정의 Q2도 제시했다. 그 보다 십수 년 전에 유한 수열의 무작위성에 대한 또 다른 정의(정의 Q1과 Q2 "사이에" 있다고 할만한)가 베시코비치A. S. Besicovitch에 의해서 공식화되었다〔*Math. Zeitschrift* **39** (1934), 146-156〕.

처치와 콜모고로프의 논문들은 주어진 확률 p에 대해 $\Pr(X_n = 1) = p$인 이진 수열들만 고려한 것이다. [0..1) 수열은 본질적으로 모든 p를 한 번에 대표한다는 점에서, 이번 절의 논의는 그보다는 다소 일반적이다. 하워드J. V. Howard는 폰미제스-벌드-처치 정의를 또 다른 흥미로운 방식으로 세련화 했다 〔*Zeitschr. fur math. Logik und Grundlagen der Math.* **21** (1975), 215-224〕.

러블랜드Donald W. Loveland 역시 또 다른 중요한 기여를 했는데 〔*Zeitschr. fur math. Logik und Grundlagen der Math.* **12** (1966), 279-294〕, 그는 정의 R4, R5, R6과 그 중간의 여러 개념들을 논의했다. 러블랜드는 R4를 만족하지 않는 R5 만족 난수열이 존재함을 증명함으로써 R6 같은 좀 더 강한 정의의 필요성을 확립했다. 실제로 그는 다음을 만족하는 음이 아닌 정수들의 다소 단순한 순열 $\langle f(n) \rangle$과 알고리즘 W에 비견할 수 있는 알고리즘 W'을 정의했다: 무한한 부분수열 규칙 $\mathcal{R}_k$들의 집합이 주어졌을 때 알고리즘 W'이 만들어 낸 모든 R5 만족 난수열 $\langle U_n \rangle$에 대해

$$\overline{\Pr}\left(U_{f(n)} \geq \frac{1}{2}\right) - \underline{\Pr}\left(U_{f(n)} \geq \frac{1}{2}\right) \geq \frac{1}{2}.$$

직관적으로는 정의 R6이 R4보다 훨씬 엄격하지만, 그것을 엄밀하게 증명하는 것은 결코 쉬운 문제가 아니다. 그리고 수년간 R4가 R6을 함의하는지의 여부에 대한 답도 나오지 않았다. 결국 헤어조그Thomas Herzog와 오윙스James C. Owings, Jr.가 R4를 만족하나 R6은 만족하지 않는 수열들의 커다란 모음을 구축하는 방법을 발견하게 된다 〔*Zeitschr. fur math. Logik und Grundlagen der Math.* **22** (1976), 385-389를 볼것.〕

콜모고로프는 또 다른 중요한 논문 〔*Problemy Peredaci Informatsii* **1** (1965), 3-11〕을 작성했는데, 거기서 그가 고찰했던 한 수열의 "정보 내용"(information content)을 정의하는 문제의 성과는 체이튼과 마르틴-뢰프의 "패턴 없음 정도"를 통한 흥미로운 유한 난수열 정의로 이어졌다. 〔*IEEE Trans.* **IT-14** (1968), 662-664.〕 이런 개념들은 또한 R. J. Solomonoff, *Information and Control* **7** (1964), 1-22, 224-254; *IEEE Trans.* IT-24 (1978), 422-432; *J. Computer and System Sciences* **55** (1997), 73-88로도 이어졌다.

난수열의 철학적 논의로는 포퍼K. R. Popper의 *The Logic of Scientific Discovery* (London, 1959)를 볼 것. 특히 162-163쪽에는 그가 1934년에 처음으로 발표한 흥미로운 구축법이 나온다.

난수열과 재귀함수 이론 사이의 추가적인 연관 관계가 D. W. Loveland, *Trans. Amer. Math. Soc.* **125** (1966), 497-510에 조사되어 있다. 또한 슈노어C. P. Shnorr 〔*Zeitschr. Wahr. verw.*

Geb. **14** (1969), 27-35]도 볼 것. 그는 난수열과 1919년에 브라우버르L. E. J. Brouwer가 정의한 "측도 0종"(species of measure zero) 사이의 강한 관계를 발견했다. 이후 나온 슈노어의 책 *Zufalligkeit und Wahrscheinlichkeit* [*Lecture Notes in Math.* **218** (Berlin: Springer, 1971)] 은 무작위성 주제 전체를 상세히 다루며, 해당 주제에 대해 끊임없이 발표된 고급 문헌들을 훌륭하게 소개한다. 그 이후 20년간의 중요한 발전상은 리Ming Li와 비타니Paul M. B. Vitányi의 *An Introduction to Kolmogorov Complexity and Its Applications* (Springer, 1993)에 개괄되어 있다.

의사난수열 이론과 효과적 정보의 기초를 닦은 사람은 블럼Manuel Blum, 미칼리Silvio Micali, 야오Andrew Yao [*FOCS* **23** (1982), 80-91, 112-117; *SICOMP* **13** (1984), 850-864]이다. 그들은 모든 바람직한 통계적 검정들을 통과하는 명시적 수열들을 최초로 구축했다. 블럼과 미칼리Micli는 "하드코어 비트"(hard-core bit)라는 개념을 도입했는데, 여기서 하드코어 비트라 함은 $f(x)$와 $g(x)$ 는 쉽게 계산할 수 있지만 $f(g^{[-1]}(x))$는 그렇지 않은 하나의 부울 함수 f를 뜻한다. 그들의 논문이 보조정리 P4의 기원이다. 레빈Leonid Levin은 그 이론을 좀 더 발전시켰다 [*Combinatorica* **7** (1987), 357-363]. 그리고 그와 골트라이히Oded Goldreich [*STOC* **21** (1989), 25-32]는 혼합제곱법 같은 알고리즘들을 분석해서 마스크의 비슷한 용법이 다른 여러 경우들에서도 하드코어 비트들을 만들어냄을 보였다. 마지막으로 래코프Charles Rackoff는 알고리즘 L을 소개, 분석함으로써 그 논문의 방법들을 정련했다 [L. Levin, *J. Symbolic Logic* **58** (1993), 1102-1103].

그 외에도 많은 저자들이 이론에 기여했다. 특히 임팔리아초Impagliazzo, 레빈Levin, 루비Luby, 호스타드Håstad를 들 수 있는데, 그들은 의사난수열을 임의의 단방향 함수로부터 구축할 수 있음을 보였다 [*SICOMP* **28** (1999), 1364-1396]. 그러나 그런 성과는 이 책의 주제를 넘어서는 것이다. 의사무작위성에 대한 이론적 성과의 실용적 함의를 실험적으로 조사한 최초의 성과는 P. L'Ecuyer, R. Proulx, *Proc. Winter Simulation Conf.* **22** (1989), 467-476이다.

> 수들이 무작위하지 않다고 하더라도,
> 적어도 뒤죽박죽이긴 하다.
> —— 마서글리아GEORGE MARSAGLIA (1984)

연습문제

1. [10] 주기적 수열이 동일분포일 수 있을까?

2. [10] 주기적 이진 수열 0, 0, 1, 1, 0, 0, 1, 1, … 을 고찰한다. 이것이 1분포인가? 2분포인가? 3분포인가?

3. [M22] 3분포인 주기적 3진 수열을 구축하라.

4. [HM14] 임의의 두 명제 $S(n)$과 $T(n)$에 대해 $\Pr(S(n)$ 그리고 $T(n)) + \Pr(S(n)$ 또는 $T(n))$

$\Pr(S(n)) + \Pr(T(n))$임을 증명하라. 단, 극한들 중 적어도 세 개는 수렴한다고 가정할 것. 이 결과는 예를 들어 만일 한 수열이 2분포이면

$$\Pr(u_1 \le U_n < v_1 \text{ 또는 } u_2 \le U_{n+1} < v_2) = v_1 - u_1 + v_2 - u_2 - (v_1 - u_1)(v_2 - u_2)$$

임을 말해준다.

▶ **5.** [HM22] $U_n = (2^{\lfloor \lg(n+1) \rfloor}/3) \bmod 1$이라고 하자. $\Pr(U_n < \frac{1}{2})$는 얼마인가?

6. [HM23] $S_1(n), S_2(n), \dots$이 서로 배타적인 사건들에 대한 명제들의 무한 수열이라고 하자. 여기서 배타적 사건들이라는 것은 $i \ne j$일 때 $S_i(n)$과 $S_j(n)$이 동시에 참일 수는 없다는 뜻이다. 각 $j \ge 1$에 대해 $\Pr(S_j(n))$이 존재한다고 가정한다. $\underline{\Pr}($어떠한 $j \ge 1$에 대해 $S_j(n)$이 참$) \ge \sum_{j \ge 1} \Pr(S_j(n))$를 증명하고, 등호가 반드시 성립하는 것은 아님을 보여주는 예를 제시하라.

7. [HM27] $\{S_{ij}(n)\}$이 모든 $i, j \ge 1$에 대해 $\Pr(S_{ij}(n))$이 존재함을 만족하는 명제들의 모음이라고 하자. 모든 $n > 0$에 대해, $S_{ij}(n)$이 정확히 하나의 정수쌍 i, j에 대해 참이라고 가정한다. $\sum_{i,j \ge 1} \Pr(S_{ij}(n)) = 1$일 때 모든 $i \ge 1$에 대해 "$\Pr($어떠한 $j \ge 1$에 대해 $S_{ij}(n)$이 참$)$"이 존재하는가? 그리고 그것이 $\sum_{j \ge 1} \Pr(S_{ij}(n))$과 같은가?

8. [M15] 성질 (13)을 증명하라.

9. [HM20] 보조정리 E를 증명하라. [힌트: $\sum_{j=1}^{m}(y_{jn} - \alpha)^2$을 고찰할 것.]

▶ **10.** [HM22] m이 q의 약수라는 사실이 정리 C의 증명의 어디에서 쓰였는가?

11. [M10] 정리 C를 이용해서, 만일 수열 $\langle U_n \rangle$이 ∞분포이면 부분수열 $\langle U_{2n} \rangle$도 그러함을 증명하라.

12. [HM20] k분포 수열이 "k 중 최대값 검정"을 통과함을 보여라. 즉, 다음을 증명하라:

$$\Pr(u \le \max(U_n, U_{n+1}, \dots, U_{n+k-1}) < v) = v^k - u^k$$

▶ **13.** [HM27] ∞분포 [0..1) 수열이 "간격 검정"을 통과함을 보여라. 즉, 다음을 증명하라: $0 \le \alpha < \beta \le 1$이고 $p = \beta - \alpha$라고 할 때, $f(0) = 0$이라 하고 $n \ge 1$에 대해 $f(n)$은 $\alpha \le U_m < \beta$인 가장 작은 정수 $m > f(n-1)$라고 하자. 그러면 $\Pr(f(n) - f(n-1) = k) = p(1-p)^{k-1}$이다.

14. [HM25] ∞분포 수열이 "연속열 검정"을 통과함을 보여라. 즉, 다음을 증명하라: $f(0) = 0$이고 $n \ge 1$에 대해 $f(n)$이 $U_{m-1} > U_m$인 가장 작은 정수 $m > f(n-1)$이라 할 때

$$\Pr(f(n) - f(n-1) = k) = 2k/(k+1)! - 2(k+1)/(k+2)!.$$

▶ **15.** [HM30] 쿠폰이 딱 두 종류일 때 ∞분포 수열이 "쿠폰 수집가 검정"을 통과함을 보여라. 즉: $X_1, X_2, \dots$이 ∞분포 이진 수열이라고 하자. $f(0) = 0$이고 $n \ge 1$에 대해 $f(n)$이, $\{X_{f(n-1)+1}, \dots, X_m\}$이 집합 $\{0, 1\}$임을 만족하는 가장 작은 정수 $m > f(n-1)$이라고 하자. 그러면 $k \ge 2$에 대해 $\Pr(f(n) - f(n-1) = k) = 2^{1-k}$임을 증명하라. (연습문제 7 참고.)

16. [*HM38*] 쿠폰 종류가 셋 이상일 때 쿠폰 수집가 검정이 ∞ 분포 수열에 대해 성립할까? (연습문제 15 참고.)

17. [*HM50*] 프랭클린은 r이 임의의 주어진 유리수일 때 수열 $\langle r^n \bmod 1 \rangle$이 2분포가 아님을 증명했다. 그런데 그 수열이 동일분포가 되도록 하는 유리수 r이 존재할까? 특히, $r = \frac{3}{2}$일 때 그 수열은 동일분포인가? [K. Mahler, *Mathematika* **4** (1957), 122-124 참고.]

▶ **18.** [*HM22*] 만일 $U_0, U_1, \ldots$이 k분포이면 수열 $V_0, V_1, \ldots$도 k분포임을 증명하라. 여기서 $V_n = \lfloor n U_n \rfloor / n$이다.

19. [*HM35*] 부분수열들이 ∞ 분포가 아니라 단지 1분포이면 되도록 정의 R4를 수정한다고 하자. 이러한 좀더 약한 정의를 만족하는, 그러나 ∞ 분포가 아닌 수열이 존재하는가? (즉, 새 정의가 실제로 더 약한가?)

▶ **20.** [*HM36*] (더브라윈 N. G. de Bruijn, 에르되시 P. Erdős.) $U_0 = 0$인 임의의 $[0..1)$ 수열 $\langle U_n \rangle$의 처음 n 점들은 구간 $[0..1)$을 n개의 부분구간들로 분할한다. 그런 부분구간들의 길이가 $l_n^{(1)} \geq l_n^{(2)} \geq \cdots \geq l_n^{(n)}$이라고 하자. $l_n^{(1)} + \cdots + l_n^{(n)} = 1$이므로 $l_n^{(1)} \geq \frac{1}{n} \geq l_n^{(n)}$임은 명백하다. $\langle U_n \rangle$의 분포의 동일성을 측정하는 한 가지 방법은 다음을 고려하는 것이다.

$$\overline{L} = \limsup_{n \to \infty} n l_n^{(1)} \text{과} \qquad \underline{L} = \liminf_{n \to \infty} n l_n^{(n)}.$$

a) 판데르코르픗 van Der Corput의 수열 (29)에 대한 $\overline{L}$과 $\underline{L}$은 무엇인가?

b) $1 \leq k \leq n$에 대해 $l_{n+k-1}^{(1)} \geq l_n^{(k)}$임을 보여라. 이 결과를 이용해서 $\overline{L} \geq 1/\ln 2$를 증명하라.

c) $\underline{L} \leq 1/\ln 4$를 증명하라. [힌트: 각 n마다 $1 \leq k \leq 2n$에 대해 $l_{2n}^{(k)} \geq l_{n+a_k}^{(n+a_k)}$인 수 $a_1, \ldots, a_{2n}$들이 존재한다. 더 나아가서, 정수 $2, \ldots, n$ 각각은 $\{a_1, \ldots, a_{2n}\}$에서 많아야 두 번 출현한다.]

d) $W_n = \lg(2n+1) \bmod 1$로 정의된 수열 $\langle W_n \rangle$이 모든 n에 대해 $1/\ln 2 > n l_n^{(1)} \geq n l_n^{(n)} > 1/\ln 4$를 만족함을, 따라서 최적의 $\overline{L}$과 $\underline{L}$을 달성하게 됨을 보여라.

21. [*HM40*] (램쇼 L. H. Ramshaw.) 앞의 연습문제와 같은 설정 하에서,

a) 수열 $\langle W_n \rangle$은 동일분포인가?

b) $\langle W_n \rangle$이, $1 \leq k \leq n$이면 항상 $\sum_{j=1}^{k} l_n^{(j)} \leq \lg(1+k/n)$를 만족하는 유일한 $[0..1)$ 수열임을 보여라.

c) $\langle f_n(l_1, \ldots, l_n) \rangle$이 n짝 $\{(l_1, \ldots, l_n) \mid l_1 \geq \cdots \geq l_n$과 $l_1 + \cdots + l_n = 1\}$들의 집합에 대한, 다음 두 성질을 만족하는 연속함수들로 이루어진 임의의 수열이라고 하자.

$$f_{mn}\left(\frac{1}{m}l_1, \ldots, \frac{1}{m}l_1, \frac{1}{m}l_2, \ldots, \frac{1}{m}l_2, \ldots, \frac{1}{m}l_n, \ldots, \frac{1}{m}l_n\right) = f_n(l_1, \ldots, l_n);$$

만일 $1 \leq k \leq n$에 대해 $\sum_{j=1}^{k} l_j \geq \sum_{j=1}^{k} l'_j$이면 $f_n(l_1, \ldots, l_n) \geq f_n(l'_1, \ldots, l'_n)$.

[이런 연속함수의 예로는 $n l_n^{(1)}$, $-n l_n^{(n)}$, $l_n^{(1)}/l_n^{(n)}$, $n(l_n^{(1)2} + \cdots + l_n^{(n)2})$이 있다.] 수열 $\langle W_n \rangle$

에 대해

$$\overline{F} = \limsup_{n \to \infty} f_n(l_n^{(1)}, ..., l_n^{(n)})$$

이라고 하자. $\langle W_n \rangle$에 관해, 모든 n에서 $f_n(l_n^{(1)}, ..., l_n^{(n)}) \leq \overline{F}$임을 보여라. 또한 다른 모든 $[0..1)$ 수열에 관해서 $\limsup_{n \to \infty} f_n(l_n^{(1)}, ..., l_n^{(n)}) \geq \overline{F}$임을 보여라.

▶ **22.** [HM30] (바일Hermann Weyl.) 다음이 $[0..1)$ 수열 $\langle U_n \rangle$이 k분포일 필요충분조건임을 보여라: 모두가 0은 아닌 정수 $c_1, c_2, ..., c_k$들의 집합 전체에 대해

$$\lim_{N \to \infty} \frac{1}{N} \sum_{0 \leq n < N} \exp(2\pi i(c_1 U_n + \cdots + c_k U_{n+k-1})) = 0.$$

23. [M32] (a) 다음이 $[0..1)$ 수열 $\langle U_n \rangle$이 k분포일 필요충분조건임을 보여라: $c_1, c_2, ..., c_k$가 모두 0은 아닌 정수들이면 항상 모든 $\langle (c_1 U_n + c_2 U_{n+1} + \cdots + c_k U_{n+k-1}) \bmod 1 \rangle$ 수열이 1분포. (b) 다음이 b진 수열 $\langle X_n \rangle$이 k분포일 필요충분조건임을 보여라: $c_1, c_2, ..., c_k$가 $\gcd(c_1, ..., c_k) = 1$인 정수들이면 항상 모든 $\langle (c_1 X_n + c_2 X_{n+1} + \cdots + c_k X_{n+k-1}) \bmod b \rangle$ 수열이 1분포.

▶ **24.** [M35] (판데르코르풋J. G. van der Corput.) (a) $[0..1)$ 수열 $\langle U_n \rangle$이, 모든 $k > 0$에 대한 수열 $\langle (U_{n+k} - U_n) \bmod 1 \rangle$들이 동일분포이면 항상 동일분포임을 증명하라. (b) 따라서 $d > 0$이고 α_d가 무리수일 때 $\langle (\alpha_d n^d + \cdots + \alpha_1 n + \alpha_0) \bmod 1 \rangle$이 동일분포임을 증명하라.

25. [HM20] 수열의 모든 계열상관이 0이면, 즉 모든 $k \geq 1$에 대해 따름정리 S의 등식이 참이면 그 수열을 가리켜 "백색 수열(white sequence)"이라고 부른다. (따름정리 S에 의해, ∞분포 수열은 희다.) 만일 어떤 $[0..1)$ 수열이 동일분포이면 그 수열은 오직

$$\text{모든 } k \geq 1 \text{에 대해} \qquad \lim_{n \to \infty} \frac{1}{n} \sum_{0 \leq j < n} \left(U_j - \frac{1}{2}\right)\left(U_{j+k} - \frac{1}{2}\right) = 0$$

일 때에만 백색 수열임을 보여라.

26. [HM34] (프랭클린J. Franklin.) 연습문제 25에서 정의한 백색 수열이 결코 무작위하지 않을 수도 있다. $U_0, U_1, ...$이 ∞분포 수열이라 하자. 그리고 수열 $V_0, V_1, ...$이 다음과 같이 정의된다고 하자.

$$\text{만일 } (U_{2n-1}, U_{2n}) \in G \text{이면} \qquad (V_{2n-1}, V_{2n}) = (U_{2n-1}, U_{2n}),$$
$$\text{만일 } (U_{2n-1}, U_{2n}) \notin G \text{이면} \qquad (V_{2n-1}, V_{2n}) = (U_{2n}, U_{2n-1}).$$

여기서 G는 집합

$$\left\{ (x,y) \mid x - \frac{1}{2} \leq y \leq x \text{ 또는 } x + \frac{1}{2} \leq y \right\}$$

이다. (a) $V_0, V_1, ...$이 동일분포이고 백색 수열임을 보여라. (b) $\Pr(V_n > V_{n+1}) = \frac{5}{8}$임을 보여라. (이는 계열상관 검정의 약점을 보여준다.)

27. [HM48] 동일분포 백색 수열에서 $\Pr(V_n > V_{n+1})$의 최대값은 무엇인가? (카퍼스미스D. Coppersmith는 해당 값이 $\frac{7}{8}$인 동일분포 백색 수열을 구축한 바 있다.)

▶ **28.** [HM21] 수열 (11)을 이용해서 $\Pr(U_{2n} \geq \frac{1}{2}) = \frac{3}{4}$을 만족하는 3분포 $[0..1)$ 수열을 구축하라.

29. [HM34] $X_0, X_1, \dots$가 $(2k)$분포 이진 수열이라고 하자. 다음을 보여라.

$$\overline{\Pr}(X_{2n} = 0) \leq \frac{1}{2} + \binom{2k-1}{k} \Big/ 2^{2k}.$$

▶ **30.** [M39] $(2k)$분포이며

$$\Pr(X_{2n} = 0) = \frac{1}{2} + \binom{2k-1}{k} \Big/ 2^{2k}$$

을 만족하는 이진 수열을 구축하라. (따라서 이전 연습문제의 부등식은 최상의 결과에 해당한다.)

31. [M30] 정의 R5를 만족하나 모든 $n > 0$에 대해 $\nu_{n/n} \geq \frac{1}{2}$인 $[0..1)$ 수열이 존재함을 보여라. 여기서 ν_n은 $U_j < \frac{1}{2}$인 $j < n$들의 개수이다. (이 결과를 수열의 비무작위 성질로 간주할 수도 있다.)

32. [M24] $\langle X_n \rangle$이 정의 R5의 기준으로 "무작위한" b진 수열이라고 하자. 그리고 $\mathcal{R}$이 무한 부분수열 $\langle X_n \rangle \mathcal{R}$을 지정하는 하나의 계산가능 부분수열 규칙이라고 하자. 후자의 부분수열이 1분포일 뿐만 아니라 정의 R5에 의한 "무작위" 수열이기도 함을 보여라.

33. [HM22] $\langle U_{r_n} \rangle$과 $\langle U_{s_n} \rangle$이 수열 $\langle U_n \rangle$의 서로 다른 무한 부분수열이라고 하자. (즉, $r_0 < r_1 < r_2 < \cdots$와 $s_0 < s_1 < s_2 < \cdots$는 증가하는 정수 수열들이고 임의의 m, n에 대해 $r_m \neq s_n$이다.) $\langle U_{t_n} \rangle$가 이들을 결합한 부분수열이되 $t_0 < t_1 < t_2 < \cdots$이고 집합 $\{t_n\} = \{r_n\} \cup \{s_n\}$임을 만족한다고 하자. 만일 $\Pr(U_{r_n} \in A) = \Pr(U_{s_n} \in A) = p$이면 $\Pr(U_{t_n} \in A) = p$임을 보여라.

▶ **34.** [M25] 알고리즘 W를 적용했을 때 정의 R1을 만족하는 $[0..1)$ 수열이 나오도록 하는 부분수열 규칙 $\mathcal{R}_1$, $\mathcal{R}_2$, $\mathcal{R}_3$을 정의하라.

▶ **35.** [HM35] (러블랜드D. W. Loveland.) 만일 이진 수열 $\langle X_n \rangle$이 R5무작위이면, 그리고 $\langle s_n \rangle$이 정의 R4에서 정의된 바와 같은 임의의 계산가능 수열이면 $\overline{\Pr}(X_{s_n} = 1) \geq \frac{1}{2}$이고 $\underline{\Pr}(X_{s_n} = 1) \leq \frac{1}{2}$임을 보여라.

36. [HM30] $\langle X_n \rangle$이 정의 R6에 의거해서 "무작위한" 이진 수열이라고 하자. 다음과 같은 방안에 의해 이진 표기법으로 정의된 $[0..1)$ 수열 $\langle U_n \rangle$이 정의 R6의 의미에서 무작위함을 보여라:

$$U_0 = (0.X_0)_2, \quad U_1 = (0.X_1X_2)_2, \quad U_2 = (0.X_3X_4X_5)_2, \quad U_3 = (0.X_6X_7X_8X_9)_2, \quad \dots.$$

37. [M37] (카퍼스미스D. Coppersmith.) 정의 R4를 만족하나 정의 R5는 만족하지 않는 수열을 정의하다. [힌트: 진정으로 무작위한 수열에서 $U_0, U_1, U_4, U_9, \dots$을 변경해 볼 것.]

38. [M49] (콜모고로프A. N. Kolmogorov.) N, n, ϵ이 주어졌을 때 알고리즘 집합 **A**에 대해 길이가

N인 (n, ϵ) 이진 수열이 존재하지 않는다고 하자. 그러한 **A** 집합의 알고리즘 개수의 최소값은 얼마인가? (만일 구체적인 공식을 제시할 수 없다면 점근 공식이라도 구해 볼 것. 이 연습문제의 요점은 한계 (37)이 "가능한 최상의 값"에 얼마나 가까운지를 밝히는 것이다.)

39. [HM45] (슈미트 W. M. Schmidt.) U_n이 하나의 $[0..1)$ 수열이고 $\nu_n(u)$이 $0 \leq U_j < u$인 음이 아닌 정수 $j \leq n$들의 개수라고 하자. 임의의 N과 임의의 $[0..1)$ 수열 $\langle U_n \rangle$에 대해, $0 \leq n < N$이고 $0 \leq u < 1$인 어떠한 n과 u에 대해

$$|\nu_n(u) - un| > c \ln N$$

을 만족하는 하나의 양의 상수 c가 존재함을 증명하라. (다른 말로 하면 어떠한 $[0..1)$ 수열도 너무 동일하게 분포되지는 않음을 보여라.)

40. [M28] 보조정리 P1의 증명을 완성하라.

41. [M21] 보조정리 P2는 어떠한 예측 검정의 존재를 보여준다. 그런데 그 증명은 적절한 k의 존재에 의존하나 A로부터 구축적으로 k를 구하는 방법을 설명하지는 않는다. 임의의 알고리즘 A를, 임의의 자리이동 대칭척 N원천에 대해 $B_1 \ldots B_{N-1}$에서 B_N을 예측할 확률이 적어도 $\frac{1}{2} + (P(A, S) - P(A, \mathcal{S}_N))/N$이고 실행 시간이 $T(A') \leq T(A) + O(N)$인 알고리즘 A'로 변환할 수 있음을 보여라.

▶ **42.** [M28] (짝으로 독립 [pairwise independence].)

   a) $X_1, \ldots, X_n$이 $1 \leq j \leq n$에 대해 평균값이 $\mu = \mathrm{E}\, X_j$이고 분산이 $\sigma^2 = \mathrm{E}\, X_j^2 - (\mathrm{E}\, X_j)^2$인 확률변수들이라고 하자. $i \neq j$일 때 항상 $\mathrm{E}(X_i X_j) = (\mathrm{E}\, X_i)(\mathrm{E}\, X_j)$라는 추가적인 가정 하에서 체비셰프 부등식

   $$\Pr((X_1 + \cdots + X_n - n\mu)^2 \geq tn\sigma^2) \leq 1/t$$

   을 증명하라.

   b) B가 무작위 $k \times R$ 이진 행렬이라고 하자. 만일 c와 c'가 고정된 0이 아닌 k비트 벡터들이고 $c \neq c'$이면 벡터 cB와 $c'B$가 독립 무작위 R비트 벡터들(modulo 2)임을 증명하라.

   c) 알고리즘 L의 분석에 (a)와 (b)를 적용하라.

43. [20] 임의의 고정된 R비트 블럼 정수 M의 소인수들을 구하는 것은 무작위 R비트 정수의 소인수들을 구하는 것만큼이나 어려워 보인다. 그렇다면 정리 P가 고정된 M 대신 무작위 M에 대해 진술된 이유는 무엇일까?

▶ **44.** [16] (굿 I. J. Good.) 무작위 숫자들의 유효한 표에 오식(misprint)이 딱 하나만 포함될 가능성이 있을까?

3.6. 요약

이번 장에서는 난수를 만드는 방법, 검정하는 방법, 응용에서 수정하는 방법, 그리고 난수에 대한 이론적 사실을 끌어내는 방법 등 상당히 많은 주제들을 다루었다. 아마도 많은 독자들의 머리에 떠오르는 주된 질문은 "이 모든 이론의 결과는 무엇인가? 내 프로그램에서 믿을만한 난수 발생원으로 사용할 수 있는 간단하고도 효과적인 발생기는 과연 무엇일까?"일 것이다.

이번 장을 자세히 되새겨 본다면, 대부분의 컴퓨터에서 기계어로 구현하기에 가장 간단한 난수발생기는 다음과 같다는 결론을 내릴 수 있을 것이다: 프로그램 시작에서 어떠한 시작값 X_0으로 정수 변수 X를 설정한다. 이 변수 X는 오직 난수 발생의 목적으로만 쓰인다. 프로그램이 새 난수를 요구할 때마다

$$X \leftarrow (aX + c) \bmod m \tag{1}$$

으로 설정하고 새 X의 값을 난수 값으로 사용한다. X_0, a, c, m을 적절히 설정하려면, 그리고 난수들을 현명하게 사용하기 위해서는 다음과 같은 원칙들을 유념해야 할 것이다.

i) "종자"값 X_0으로는 편한대로 아무 값이나 선택해도 된다. 만일 프로그램이 여러 번 실행되며 매 실행마다 다른 난수원이 필요하다면 X_0을 이전 실행에서 마지막으로 얻은 X의 값으로 설정한다. 또는 X_0를 현재 날짜와 시간으로 설정해도 된다(그게 더 편하다면). 나중에 프로그램이 동일한 난수들로 다시 실행되어야 한다면(이를테면 디버깅할 때) X_0를 반드시 기억해 두어야 할 것이다(다른 수단이 없다면 종이에 출력해 두는 등).

ii) 수 m은 반드시 커야 한다. 이를테면 적어도 2^{30}은 되어야 한다. 컴퓨터 워드 크기와 같게 잡으면 $(aX + c) \bmod m$의 계산이 상당히 효율적이 되어서 편리하다. 3.2.1.1절에서는 m의 선택을 좀 더 자세히 논의한다. $(aX + c) \bmod m$ 계산은 정확하게, 반올림 오차 없이 수행해야 한다.

iii) 만일 m이 2의 거듭제곱이면(즉, 이진 컴퓨터를 사용한다면) a는 $a \bmod 8 = 5$인 값으로 잡을 것. 만일 m이 10의 거듭제곱이면(즉, 십진 컴퓨터를 사용한다면) a는 $a \bmod 200 = 21$인 값으로 잡는다. a를 이렇게 선택하고 c를 아래에서 말하는 대로 선택하면 X의 값들이 다시 반복되기 전에 모든 가능한 m가지의 서로 다른 값들을 난수발생기가 생성함이 보장되며(3.2.1.2절 참고), 높은 "농도"가 보장된다(3.2.1.3절 참고).

iv) 곱수 a는 반드시 $.01m$과 $.99m$ 사이의 값으로 택하는 것이 바람직하며, 그 이진 또는 십진 자릿수들에 단순하고 규칙적인 패턴들이 있어서는 안 된다. $a = 3141592621$ (이것은 (iii)의 두 조건 모두를 만족한다) 같은 임의적인 상수는 거의 항상 상당히 좋은 곱수이다. 난수발생기를 본격적으로 사용할 것이라면 물론 추가적인 검정들을 반드시 수행해야 한다. 예를 들어 유클리드 알고리즘을 사용해서 a와 m의 최대공약수를 찾을 때 큰 몫들이 나오지 말아야 한다(3.3.3절 참고). 진정으로 효과적인 난수들을 원한다면 곱수가 스펙트럼 검정(3.3.4절)과 3.3.2절의 여러 검정들을 통과하는지 반드시 점검해야 한다.

v) c의 값은 a가 좋은 곱수이기만 하면 별로 중요하지 않다. 단, m이 컴퓨터 워드 크기인 경우

c와 m에 공통의 약수가 존재해서는 안 된다. 따라서 $c = 1$ 또는 $c = a$로 선택할 수 있다. $m = 2^e$으로 두고 $c = 0$을 선택하는 사람이 많은데, 그러면 단지 실행 시간을 몇 나노 초를 절약하기 위해 2비트의 정밀도와 종자값들의 절반을 희생하는 셈이 된다(연습문제 3.2.1.2-9).

vi) X의 최하위(오른쪽) 숫자들은 그리 무작위하지 않으므로, 수 X에 기반한 결정들은 항상 기본적으로 최상위 숫자들에 영향을 받게 된다. X를 0에서 $m-1$까지의 무작위 정수로 취급하는 것보다는 0과 1 사이의 무작위 분수 X/m로 간주하는 것이, 즉 왼쪽에 소수점이 붙어 있다고 생각하는 것이 가장 바람직하다. 0에서 $k-1$까지의 정수 난수가 필요하다면 그 분수에 k를 곱하고 소수부를 잘라버리면 된다. (k로 나누지 말 것 – 연습문제 3.4.1-3 참고.)

vii) 수열 (1)의 무작위성에 대한 중요한 한계를 3.3.4절에서 논의한다. 거기에서는 t차원에서의 "정확도"가 $\sqrt[t]{m}$ 분의 1밖에 되지 않음을 보인다. 더 높은 해상도가 필요한 몬테카를로 응용들의 경우에는 3.2.2절에서 논의하는 기법들을 이용해서 무작위성을 향상시킬 수 있다.

viii) 최대 약 $m/1000$개의 수들만 생성해야 한다. 그 이상의 수들을 생성하면 이전에 나왔던 수들과 비슷한 습성이 점점 더 많이 드러나게 된다. $m = 2^{32}$일 때 이는 몇 백만 개의 난수들을 소비한 후에는 매번 새로운 방안(이를테면 새 곱수 a 등)을 채용해야 한다는 뜻이다.

이상은 기본적으로 기계어 코딩에 적용되는 사항들이다. 일부는 고수준 언어로 프로그래밍할 때에도 잘 적용되는 이야기이다. 예를 들어 C 언어에서 (1)은 X가 unsigned long 형식이고 m이 unsigned long 산술의 법(보통 2^{32} 또는 2^{64})이라고 할 때 그냥 'X=a*X+c'가 된다. 그러나 배정도 부동소수점 산술로 전환하지 않는 한, C에는 항목 (vi)가 요구하는 것처럼 X를 하나의 함수로 취급할 수 있는 좋은 방법이 없다.

그래서 C 같은 언어에서는 (1)의 한 변형이 자주 쓰인다. 이런 것이다: m을 쉽게 계산할 수 있는 가장 큰 정수에 가까운 소수로 두고, a는 m의 원시근으로 둔다. 이 경우 증분 c로 적합한 값은 0이다. 그러면 (1)을 연습문제 3.2.1.1-9의 기법을 이용해서 $-m$과 $+m$ 사이에 남겨진 수들에 대한 간단한 산술 연산들만으로 구현할 수 있다. 예를 들어 $a = 48271$이고 $m = 2^{31} - 1$일 때(표 3.3.4-1의 20행 참고) $X \leftarrow aX \bmod m$을 다음과 같은 C 코드로 계산할 수 있다.

```
#define MM 2147483647                              /* 메르센 소수 */
#define AA 48271                        /* 스펙트럼 검정에서 좋은 결과를 내는 값이다 */
#define QQ 44488                                   /* MM / AA */
#define RR 3399                     /* MM % AA; RR<QQ라는 점이 중요하다 */
X=AA*(X%QQ)-RR*(X/QQ);
if (X<0) X+=MM;
```

여기서 X는 long 형식의 변수이며, 반드시 MM보다 작은 0이 아닌 종자값으로 초기화되어야 한다. MM이 소수이므로 X의 최하위 비트들은 최상위비트들만큼 무작위하다. 따라서 (vi)의 주의사항은 무시할 수 있다.

수백만 개의 난수들이 필요하다면, 다음과 같이 추가적인 코드를 작성함으로써 식 3.3.4-(38)에서처럼 위의 루틴을 다른 루틴과 결합할 수 있다:

```
#define MMM 2147483399           /* 비 메르센 소수 */
#define AAA 40692           /* 스펙트럼 검정에 성공적인 또 다른 값 */
#define QQQ 52774                      /* MMM / AAA */
#define RRR 3791           /* MMM % AAA; 이번에도 QQQ보다 작다 */
Y=AAA*(Y%QQQ)-RRR*(Y/QQQ);
if (Y<0) Y+=MMM;
Z=X-Y; if (Z<=0) Z+=MM;
```

X처럼 Y도 0이 아닌 값으로 초기화되어야 한다. 이 코드는 출력 Z가 결코 0이 아니라는 점에서 3.3.4-(38)과 조금 다르다. Z는 항상 0과 2^{31} 사이의 값이다. Z 수열의 주기 길이는 약 칠만 사천 조이며 그 수들의 비트 정밀도는 X 수들의 비트 정밀도의 약 두 배이다.

이 방법은 이식성도 있고 상당히 간단하지만, 아주 빠르지는 않다. 뺄셈을 수반한 지연피보나치 수열에 근거를 둔 대안적인 방안(연습문제 3.2.2-23)이 다른 컴퓨터들로 이식하기 쉬울 뿐만 아니라 상당히 더 빠르다는 점에서 보다 매력적이다. 게다가 $t \leq 100$의 경우에서 t차원 정확도가 대체로 좋기 때문에 난수들의 품질도 더 낫다. 다음은 n개의 새 난수를 생성해서 그것들을 주어진 배열 aa에 넣는 C 서브루틴 ran_array(**long** $aa[\,]$, **int** n)인데, 난수는 점화식

$$X_j = (X_{j-100} - X_{j-37}) \bmod 2^{30} \tag{2}$$

으로 생성한다. 이 점화식은 현대적인 컴퓨터에 특히나 적합하다. n의 값은 반드시 100 이상이어야 한다. 1000 같은 큰 값을 추천한다.

```
#define KK 100                           /* 긴 지연 */
#define LL  37                          /* 짧은 지연 */
#define MM (1L<<30)                            /* 법 */
#define mod_diff(x,y) (((x)-(y))&(MM-1))    /* (x-y) mod MM */
long ran_x[KK];                          /* 발생기 상태 */
void ran_array(long aa[],int n) {      /* n개의 새 값들을 aa에 넣는다 */
  register int i,j;
  for (j=0;j<KK;j++) aa[j]=ran_x[j];
  for (;j<n;j++) aa[j]=mod_diff(aa[j-KK],aa[j-LL]);
  for (i=0;i<LL;i++,j++) ran_x[i]=mod_diff(aa[j-KK],aa[j-LL]);
  for (;i<KK;i++,j++) ran_x[i]=mod_diff(aa[j-KK],ran_x[i-LL]);
}
```

이후의 ran_array 호출에 의해서 생성될 수들에 대한 모든 정보는 ran_x 배열에 들어가므로,

수열의 첫 수로부터 다시 시작하는 일 없이 같은 지점에서 계산을 재개하고 싶다면 계산 도중에 그 배열의 복사본을 만들어 두어야 할 것이다. (2)같은 점화식을 사용할 때에는 모든 것들이 애초에 제대로 시작되도록 X_0, ..., X_{99} 을 적절한 값들로 설정하는 데 신경을 써야 함은 물론이다. 다음 서브루틴 ran_start(**long** seed)는 0에서 $2^{30} - 3 = 1,073,741,821$ 까지의 임의의 종자값이 주어졌을 때 발생기를 제대로 초기화하는 작업을 수행한다.

```
#define TT  70                           /* 스트림들 사이에 보장된 간격 */
#define is_odd(x)  ((x)&1)                        /* x의 1의 자리 비트 */
void ran_start(long seed) {                  /* ran_array 설정에 사용한다 */
  register int t,j;
  long x[KK+KK-1];                                      /* 준비용 버퍼 */
  register long ss=(seed+2)&(MM-2);
  for (j=0;j<KK;j++) {
    x[j]=ss;                                          /* 버퍼를 채운다 */
    ss<<=1; if (ss>=MM) ss-=MM-2;             /* 29비트 순환 자리이동 */
  }
  x[1]++;                     /* x[1]를(그리고 오직 x[1]만) 홀수로 만든다 */
  for (ss=seed&(MM-1),t=TT-1; t; ) {
    for (j=KK-1;j>0;j--)
      x[j+j]=x[j], x[j+j-1]=0;                                  /* "제곱" */
    for (j=KK+KK-2;j>=KK;j--)
      x[j-(KK-LL)]=mod_diff(x[j-(KK-LL)],x[j]),
      x[j-KK]=mod_diff(x[j-KK],x[j]);
    if (is_odd(ss)) {                                      /* "z를 곱한다" */
      for (j=KK;j>0;j--)  x[j]=x[j-1];
      x[0]=x[KK];                             /* 버퍼를 순환 자리이동한다 */
      x[LL]=mod_diff(x[LL],x[KK]);
    }
    if (ss) ss>>=1; else t--;
  }
  for (j=0;j<LL;j++) ran_x[j+KK-LL]=x[j];
  for (;j<KK;j++) ran_x[j-LL]=x[j];
  for (j=0;j<10;j++) ran_array(x,KK+KK-1);                      /* 시동 */
}
```

(이 프로그램은 필자의 원래의 ran_start 루틴에다 2001년 11월에 브렌트Richard Brent와 기메노Pedro Gimeno가 추천한 개선안들을 적용한 것이다.)

ran_start의 다소 의심스러운 작동방식은 연습문제 9에서 설명한다. 그 연습문제는 서로 다른 시작 종자값들로 생성된 수들이 서로 독립적임을 증명한다. 즉: *ran_array의 부분수열 출력에 있는 100개의 연속된 값* X_n, X_{n+1}, ..., X_{n+99} *블럭들은 모두 다른 종자값으로 만든 블럭들과 서로 구별된다.* (엄밀히 말해서 오직 $n < 2^{70}$일 때에만 이것이 참이라고 알려져 있으나, 1년의 나노 초 개수도 2^{55}보다 적다.) 따라서 여러 개의 프로세스들이 서로 다른 종자들로 병렬적으로 시작되었을 때 그것들이 모두 독립적인 계산을 수행할 것임이 보장된다. 하나의 문제를 서로 다른 과학자 그룹들이 서로 다른 컴퓨터 센터들에서 푼다고 해도, 종자값들의 집합을 다르게 잡기만 한다면 결과가 서로 겹칠 위험은 없다. 즉, 단일한 ran_array 루틴과 ran_start로 수십억 개의 서로 다른 난수들의 묶음을 얻을 수 있는 것이다. 그 정도로도 충분하지 않을 경우에는 프로그램 매개변수 100과 37을 표 3.2.2-1 에 나온 다른 값들로 대체하면 된다.

이 C 루틴들은 효율성을 위해 비트단위 논리곱 연산 '&'를 사용한다. 따라서 정수를 2의 보수로 표현하지 않는 컴퓨터에 대해서는 이식성이 없다. 요즘 컴퓨터들은 거의 모두 2의 보수 연산을 사용하므로 큰 문제가 되지 않겠지만, 이 알고리즘에 '&'이 반드시 필요한 것도 아니다. 연습문제 10은 이 루틴들과 정확히 동일한 수열을 그런 요령을 사용하지 않고 FORTRAN으로 얻는 방법을 보여준다. 앞에 나온 프로그램들은 30비트 정수를 생성하도록 고안된 것이나, 믿을만한 부동소수점 산술 기능을 갖춘 컴퓨터들에서 0과 1 사이의 무작위 51비트 분수들을 생성하도록 수정하는 것도 어렵지 않은 일이다. 연습문제 11을 볼 것.

독자가 사용하는 라이브러리에 ran_array를 포함시키고 싶을 수도 있고, 또는 이미 다른 누군가가 포함시켜 두었을 수도 있다. 독자가 가지고 있는 ran_array와 ran_start의 구현이 위에 나온 코드를 만족하는지 알고 싶다면 다음과 같은 기본적인 검사 프로그램을 실행해볼 수 있을 것이다.

```
int main() { register int m; long a[2009];
  ran_start(310952);
  for (m=0;m<2009;m++) ran_array(a,1009);
  printf("%ld\n", ran_x[0]);
  ran_start(310952);
  for (m=0;m<1009;m++) ran_array(a,2009);
  printf("%ld\n", ran_x[0]); return 0;
}
```

이 프로그램은 반드시 995235265를 (두 번)출력해야 한다.

주의: ran_array가 생성하는 수들은 3.3.2J절의 생일 간격 검정에 실패하며, 고해상도 시뮬레이션의 경우에는 그 외의 다른 단점들도 가끔 드러난다(연습문제 3.32-31과 3.3.2-35 참고). 생일 간격 문제를 피하는 한 가지 방법은 그냥 수들의 절반만 사용하는 것이다(홀수 번째 원소를 건너뛰어서). 그러나 그런 우회책이 다른 문제들까지 해결해주지는 않는다. 3.2.2절에서 논의한 뤼셔 Martin Lüscher 의 제안을 따르는 좀 더 나은 절차가 있다. 어떤 것이냐 하면, ran_array로 이를테면 1009개의 수를

생성하되 그 중 처음 100개만 사용하는 것이다. (연습문제 15.) *이 방법은 온당한 이론적 근거를 가지고 있으며, 알려진 결함은 없다.* 대부분의 사용자는 이 부분에 신경 쓰지 않아도 되겠지만, 어쨌든 이 방법은 확실히 덜 위험하며 무작위성과 빠르기 사이의 편리한 절충을 가능하게 한다.

(1)과 같은 선형합동수열에 대해서는 많은 것이 알려져 있으나, (2)같은 지연피보나치 수열의 무작위성에 대해서 증명된 것은 아직 비교적 적다. 두 접근방식 모두 실용적 관점에서는 믿을만하다 (앞서 말한 사항들에 주의해서 사용한다면).

필자가 이번 장을 처음 썼던 1960년대 후반에는 RANDU라는 엄청나게 터무니없는 난수발생기가 세상의 거의 모든 컴퓨터에서 쓰이고 있었다(3.3.4절 참고). 난수발생 학문에 기여한 여러 저자들은 자신이 옹호하는 특정한 방법들의 부적절함이 증명될 수 있음을 인식하지 못하는 경우가 종종 있었다. 주목할만한 사례는 *Physical Review Letters* **69** (1992)에 보고된, 페런버그Alan M. Ferrenberg와 그의 동료들이 겪은 일이다: 어떤 3차원 문제에 대한 알고리즘들을 시험하기 위해 그들은 우선 이미 답이 알려진 관련 2차원 문제를 고찰했다. 그 과정에서 그들은 품질이 아주 좋다고 알려진 현대적 난수발생기들이 소수점 이하 다섯 자리에서 잘못된 결과를 낸다는 사실을 발견했다. 반면 구식의 평범한 선형합동 발생기 $X \leftarrow 16807X \bmod (2^{31} - 1)$은 제대로 작동했다. 아마 더 연구해 보면 이번 장에서 추천한 발생기들 역시 만족스럽지 않음이 밝혀질 수도 있다. 그렇지 않길 바라긴 하지만, 이 분야의 역사를 돌이켜보면 그럴 가능성은 얼마든지 있다. 독자가 사용할 수 있는 가장 신중한 정책은, 몬테카를로 프로그램의 답을 진지하게 받아들이기 전에, 각 프로그램을 서로 다른 난수 발생원들을 이용해서 적어도 두 번은 수행해 본다는 것이다. 그러면 결과의 안정성을 짐작할 수 있을 뿐만 아니라 결점이 숨겨져 있는 특정 발생기를 맹신하는 위험도 방지할 수 있다. (모든 난수발생기는 적어도 하나의 응용에서만큼은 실패하게 된다.)

난수 발생에 대한 1972년 이전 문헌들의 훌륭한 문헌 정보가 Richard E. Nance, Claude Overstreet, Jr., *Computing Reviews* **13** (1972), 495–508과 by E. R. Sowey, *International Stat. Review* **40** (1972), 355–371에 수집되어 있다. 이후의 발전상은 Shu Tezuka, *Uniform Random Numbers* (Boston: Kluwer, 1995)에 논의되어 있다.

수치해석에서의 난수 활용에 대한 상세한 연구로는 J. M. Hammersley, D. C. Handscomb, *Monte Carlo Methods* (London: Methuen, 1964)를 볼 것. 이 책은 구체적인 목적을 위해 특별하게 고안된(지금까지 논의한 통계적 검정들을 반드시 통과하지는 않는) "유사난수"들을 이용해서 몇 가지 수치적 방법들을 개선할 수 있음을 보여준다. 컴퓨터를 위한 몬테카를로법의 기원은 *Los Alamos Science* **15** (1987), 125–136의 특별호인 *Stanislaw Ulam 1909–1984*에서 메트로폴리스N. Metropolis와 에크하르트R. Eckhardt가 논의했다.

모든 독자는 다음 연습문제들 중 6번을 반드시 풀어보길 바란다.

연습문제

1. [*21*] 방법 (1)을 이용해서 다음과 같은 특성들을 가진 MIX 서브루틴을 작성하라.

호출 명령렬: JMP RANDI

들어올 때 조건: $rA = k$, 양의 정수 < 5000.

나갈 때 조건: rA ← 무작위 정수 Y, $1 \le Y \le k$,

각 정수는 동일 확률; rX = ?; 위넘침 꺼짐.

▶ **2.** [*15*] 언젠가는 컴퓨터가 세상을 지배할 것이라고 걱정하는 사람들이 있다. 그러나 그들은 기계가 오직 그 주인, 즉 프로그래머의 명령에 복종할 뿐이므로 진정으로 독창적인 일을 할 수 없다는 명제에서 위안을 얻는다. 레이디 러블레이스Lovelace는 1844년에 "해석기관(Analytical Engine)이 뭔가를 창조하는 능력을 가지고 있다고 말할 수는 없다. 그것은 단지 우리가 명령할 수 있는 일만을 수행할 수 있을 뿐이다."라고 썼다. 이후 많은 철학자들이 이 명제를 다른 식으로 이야기했다. 이 논제를 난수발생기를 염두에 두고 논하라.

3. [*32*] (주사위 게임.) 다음과 같은 규칙을 따르는, 주사위 두 개 던지기를 흉내내는 프로그램을 작성하라: 각 주사위는 1, 2, ..., 6을 동일 확률로 발생시킨다. 만일 첫 번째 던지기의 합이 7 또는 11이면 게임의 결과는 승리이다. 합이 2나 3, 12이면 패배이다. 그 외의 값이면 그 값을 "점수"로 간주하고, 7이 나오거나(패배) 또 다시 점수가 생길 때까지(승리) 주사위 던지기를 계속한다.

프로그램은 이 게임을 10번 실행하되, 각 주사위 던지기의 결과를 $m\,n$ 다음에 적절한 주석("snake eyes", "little Joe", "the hard way" 등등[†])이 붙은 형태로 출력해야 한다. 여기서 m과 n은 각 주사위의 눈금이다.

4. [*40*] (솔리테어 또는 페이션스.) 어떤 사람들은 솔리테어 카드놀이를 직접 시행하느라 귀중한 시간을 허비하곤 한다. 솔리테어를 자동화한다면 많은 시간을 절약할 수 있을 것이다. 다음과 같은 일을 하는 프로그램을 작성하라: (i) 모의 카드 한 벌을 뒤섞는다; (ii) 그 한 벌의 카드들의 순서에 따라 일반적인 솔리테어 게임을 플레이한다; (iii) 게임의 결과, 즉 프로그램이 승리에 어느 정도 가까이 도달했는지를 출력한다. 프로그램은 반드시 통계량들을 누적해야 하며, 필요에 따라서는 "속임수"를 사용할 수 있어야 한다.

5. [*46*] (컴퓨터의 창조적 글쓰기.) 1960년 10월 26일 CBS 텔레비전 네트워크에서 방영된 "The Thinking Machine"이라는 제목의 한 TV 프로에 컴퓨터 프로그램이 만든 서부극 스타일의 촌극 두 개가 소개되었다. 다음은 컴퓨터가 출력한 두 대본을 그대로 실은 것이다.[† †]

[†] [옮긴이 주] snake eyes는 1 1을 말한다. little Joe는 합이 4인 것들을 말하며 the hard way는 그중에서도 특히 2 2를 말한다. 참고로 이 문제가 언급하고 있는 게임은 흔히 "Craps"라고 부르는 것이다.

[† †] [옮긴이 주] 초점은 컴퓨터가 생성한 일반 언어의 문장이 어떤 모습인지를 맛보는 데 있으므로 군이 번역하지 않았다. 대부분 쉬운 단어와 간단한 형식으로 이루어진 문장들이므로, 해석하는 데 큰 어려움은 없을 것이다. 다만 혹시라도 독자가 사전을 뒤적거리는 불편을 줄일 수 있도록 몇 가지 단어들의 뜻만 제시한다: Saga는 전설, 무용담 등의 뜻이나 여기서는 '장면'이라고 간주하면 된다. NICKED는 아슬아슬하게 빗맞았음을 뜻한다. holster는 권총 주머니이다. CURTAIN은 막, 즉 장면의 끝을 뜻한다.

Saga #1. (The gun is in the right hand; the money is in the left hand; the glass is on the table; the bottle is on the table; the holster is on the robber; the sheriff's gun is in the sheriff's right hand; the sheriff's holster is on the sheriff.)

ROBBER: (The robber is at the window.) Go to door; open door; go thru door; close door; go to corner; put money down at corner; go to table; put gun on table; sit and fidget; sit at table; pick up glass with right hand (empty); put glass on table; pick up bottle with right hand; pour; put bottle on table; pick up glass with right hand; take a drink from glass; put glass on table; pick up bottle with right hand; sit at table; sit at table; go to corner; go to window; go to table; put bottle on table; sit and fidget; sit at table; sit and fidget; go to window; go to table; pick up glass with right hand.

SHERIFF: (The sheriff is at the window.) See robber; (robber sees sheriff); go to door.

ROBBER: Put glass on table; pick up gun with right hand; check gun.

SHERIFF: Wait; open door; see robber; (robber sees sheriff); go thru door.

ROBBER: Go to window; aim; fire; SHERIFF NICKED.

SHERIFF: Go to window; aim; fire; MISSED; go to door; go to window.

ROBBER: Go to door; aim; aim.

SHERIFF: Aim; fire; MISSED.

ROBBER: Fire; SHERIFF NICKED.

SHERIFF: Go to door; aim; fire; MISSED; go thru door; aim.

ROBBER: Aim; fire; MISSED; aim; fire; MISSED.

SHERIFF: Fire; MISSED; go to window; aim; fire; MISSED.

ROBBER: Aim; fire; MISSED; aim; fire; MISSED; aim; fire; SHERIFF NICKED.

SHERIFF: Aim; fire; ROBBER HIT.

ROBBER: Drop gun; robber dies.

SHERIFF: Put gun in holster; go to table; pick up glass with right hand (empty); take glass from right hand with left hand; pick up bottle with right hand; pour; put bottle on table; take glass from left hand with right hand; take a drink from glass; take glass from right hand with left hand; pick up bottle with right hand; pour; put bottle on table; take glass from left hand with right hand; take a drink from glass; put glass on table; go to corner; pick up money with right hand; go to door; go thru door; close door. CURTAIN.

Saga #2. (The gun is in the right hand; the money is in the left hand; the glass is on the table; the bottle is on the table; the holster is on the robber; the sheriff's gun is in the sheriff's right hand; the sheriff's holster is on the sheriff.)

ROBBER: (The robber is at the window.) Go to door; open door; go thru door; close door; go to corner; put money down at corner; go to window; put gun down at window; lean on window and look; lean on window and look; go to corner; count money; go to table; pick up glass with right hand (empty); take glass from right hand with left hand; pick up bottle with right hand; pour; put bottle on table; take glass from left hand with right hand; take a drink from glass; put glass on table; pick up bottle with right hand; pour; go to corner; put bottle down at corner; go to window; pick up gun with right hand; check gun; put gun in holster; go to table; pick up glass with right hand; take a drink from glass; go to window; put glass down at window.

SHERIFF: (The sheriff is at the window.) See robber; (robber sees sheriff); go to door.

ROBBER: Take gun from holster with right hand; check gun; go to door; check gun; put gun down at door.

SHERIFF: Open door; see robber; (robber sees sheriff); go thru door; go to window.

ROBBER: Pick up gun with right hand.

SHERIFF: Go to table.

ROBBER: Aim; fire; MISSED; aim; fire; SHERIFF HIT; blow out barrel; put gun in holster.

SHERIFF: Drop gun; sheriff dies.

ROBBER: Go to corner; pick up money with right hand; go to door; go thru door; close door.
    CURTAIN.

    이 대본들을 잘 읽어보면 긴박감 넘치는 드라마를 발견할 수 있을 것이다. 이것을 생성한 컴퓨터 프로그램은 각 인물의 위치, 인물이 손에 쥔 소품 등을 세심히 관리했다. 배우가 취한 행동은 특정한 확률에 따라 무작위로 선택된 것이다. 인물이 바보 같은 행동을 보일 확률은 술을 얼마나 마셨는지, 또 총에 맞을 뻔한 적이 몇 번인지에 따라 증가한다. 대본들을 연구해 보면 프로그램의 또 다른 속성들도 추론해 낼 수 있을 것이다.

    최고의 대본이라도 무대에 올리기 전에 여러 번 고쳐 써야 함은 물론이다. 초보 작가가 초안을 만든 경우에는 더욱 그러하다. 다음은 실제로 그 프로에 쓰인 대본이다.

장면 #1.   음악.
MS   강도가 오두막 창문을 들여다본다.
CU   강도의 얼굴.
MS   강도가 오두막으로 들어간다.
CU   강도가 탁자 위의 위스키 병을 본다.

CU 오두막 바깥의 보안관.

MS 강도가 보안관을 발견한다.

LS 강도의 어깨 너머로 문 앞의 보안관이 보인다. 둘 다 총을 뽑는다.

MS 보안관이 총을 뽑는다.

LS 총을 쏜다. 강도가 맞는다.

MS 보안관이 돈주머니를 집는다.

MS 강도가 비틀거린다.

MS 강도가 죽어간다. 마지막 한 발로 보안관을 쏘려고 하다 탁자 위에 엎어진다.

MS 보안관, 돈을 들고 문으로 간다.

MS 강도의 몸이 탁자 위에 늘어져 꼼짝도 않고 있다. 카메라가 뒤로 멀어진다. (웃음)

장면 #2. 음악.

CU 창문. 강도 등장.

MS 강도가 돈 주머니 두 개를 들고 오두막으로 들어온다.

MS 강도가 돈 주머니들을 통 위에 올려 놓는다.

CU 강도, 탁자 위의 위스키를 본다.

MS 강도가 탁자의 위스키를 마신다. 돈을 센다. 웃는다.

MS 오두막 바깥의 보안관.

MS 창을 통해 보인다.

MS 강도가 창 밖의 보안관을 본다.

LS 보안관이 오두막에 들어온다. 강도가 총을 뽑아서 쏜다.

CU 보안관, 총을 맞고 비틀거린다.

M/2샷 보안관이 위스키가 놓인 탁자 위로 넘어진다. 죽는다.

MS 강도가 돈 주머니들을 들고 떠난다.*

[참고: CU = "클로즈업(close up)", MS = "중간거리 샷(medium shot)", 등등. 이상의 상세한 내용은 해당 TV 프로의 프로듀서인 울프Thomas H. Wolf(애초에 컴퓨터가 촌극을 작성한다는 아이디어를 제안한 사람이다)와 프로그램을 작성한 로스Douglas T. Ross, 모스Harrison R. Morse가 친절하게도 필자에게 제공한 것이다.]

1952년 여름에 스트래치Christopher Strachey는 Ferranti Mark I의 하드웨어 난수발생기를 이용해서 다음 편지를 작성했다:

Honey Dear

My sympathetic affection beautifully attracts your affectionate enthusiasm. You are my loving adoration: my breathless adoration. My fellow feeling breathlessly hopes for your dear eagerness. My lovesick adoration cherishes your avid ardour.

Yours wistfully,

M. U. C.

〔*Encounter* **3** (1954), 4, 25-31; 또 다른 예가 *Pears Cyclopedia* 64판 (London, 1955), 190-191
의 Electronic Computers 항목에 나온다.〕

독자도 컴퓨터에게 창조적 글쓰기를 가르치는 문제와 관련된 여러 가지 착상을 가지고 있을
것이다. 이 연습문제의 목적은 그런 것들을 서술하는 데 있다.

▶ **6.** 〔*40*〕 독자의 회사에 있는 각 컴퓨터 설비의 서브루틴 라이브러리를 살펴보고, 난수발생기들을
좋은 것들로 대체하라. 기존 발생기들의 끔찍한 품질에 충격을 받지 않도록 미리 마음의 준비를 할
것.

▶ **7.** 〔*M40*〕 한 프로그래머가 $m = 2^{32}$으로 두고 (1)로 생성한 2^{32} 주기의 선형합동수열 $\langle X_n \rangle$을
이용해서 자신의 파일들을 암호화하기로 했다. 그는 최상위 비트들 $\lfloor X_n/2^{16} \rfloor$을 취하고 그것으로
파일 내용을 XOR시키되, 매개변수 a, c, X_0은 비밀로 유지했다.

이것이 아주 안전한 방안은 아님을, $0 \leq n < 150$에 대해 $\lfloor X_n/2^{16} \rfloor$의 값들만 주어졌을 때 합리
적인 시간 안에서 곱수 a와 첫 차분 $X_1 - X_0$을 유도함으로써 보여라.

8. 〔*M15*〕 주어진 선형합동 발생기 구현이 제대로 작동하는지의 여부를 판정하는 좋은 방법을 제안
하라.

9. 〔*HM32*〕 X_0, X_1, …이 종자를 s로 해서 ran_start로 난수 발생 공정을 초기화한 후 ran_array를
적용해 얻은 수들이라고 하자. 그리고 다음과 같은 다항식을 고려한다.

$$P_n(z) = X_{n+62}z^{99} + X_{n+61}z^{98} + \cdots + X_n z^{37} + X_{n+99}z^{36} + \cdots + X_{n+64}z + X_{n+63}.$$

a) 어떠한 지수 $h(s)$에 대해 $P_n(z) \equiv z^{h(s)-n}$ (modulo 2와 $z^{100} + z^{37} + 1$)임을 증명하라.

b) 지수 $h(s)$를 s의 이진 표현으로 표현하라.

c) 만일 X_0', X_1', …이 종자값을 $s' \neq s$로 두고 같은 루틴들로 얻은 수열이라면 오직 $|n - n'| \geq$
$2^{70} - 1$일 때에만 $0 \leq k < 100$에 대해 $X_{n+k} \equiv X_{n+k}'$ (modulo 2)가 성립함을 보여라.

10. 〔*22*〕 본문에 나온 ran_array와 ran_start의 C 코드를 정확히 동일한 수열들을 생성하는
FORTRAN77 서브루틴들로 변환하라.

▶ **11.** 〔*M25*〕 double 형식의 수들에 대한 부동소수점 산술이 4.2.2절에 나온 것처럼 적절히 반올림된
다고(따라서 값들이 적절히 제약된 경우에는 정확한 결과가 나온다고) 가정하고, C 루틴 ran_array와
ran_start를 30비트 정수들이 아닌 범위 [0..1)의 배정도 무작위 분수들을 생성하도록 수정하라.

▶ **12.** 〔*M21*〕 오직 범위 $[-32768..32767]$의 정수들에 대한 연산만 지원하는 미니컴퓨터에 적합한
난수발생기는 어떤 것일까?

13. 〔*M25*〕 연습문제 3.2.1.1-12의 빌림 뺄셈 발생기를 이번 절의 프로그램들로 구현된 지연피보나치
발생기와 비교하라.

▶ **14.** 〔*M35*〕 (미래 대 과거.) $X_n = (X_{n-37} + X_{n-100}) \bmod 2$라 하고 수열

$$\langle\, Y_0, Y_1, \dots \,\rangle = \langle\, X_0, X_1, \dots, X_{99}, X_{200}, X_{201}, \dots, X_{299}, X_{400}, X_{401}, \dots, X_{499}, X_{600}, \dots \,\rangle$$

을 고려한다. (이 수열은 ran_array(a, 200)을 반복 호출하고 원소들 절반을 폐기한 후 최하위 비트들만 취한 것에 해당한다.) 수열 $\langle\, Y_n \,\rangle$을 이용해서 다음과 같은 실험을 백만 번 실행했다고 하자: "100개 의 무작위 비트를 생성한다. 만일 그 중 60개 이상이 0이면 비트 하나를 더 생성하고 그것을 출력한다." 그 결과는 14527개의 0들과 13955개의 1들이었다. 그런데 28482개의 무작위 비트들에 최대 13955개의 1들이 들어 있을 확률은 단 .000358이다.

0이 그리 많이 나온 이유를 수학적으로 설명하라.

▶ **15.** [25] 본문에서 추천한 방식대로, ran_array로 얻은 수들에서 매 1009개의 원소 중 처음 100개를 제외한 나머지는 모두 폐기함으로써 무작위 정수들의 생성 작업을 돕는 C 코드를 작성하라.

CHAPTER 4

산술

(친애하는 수학도들은 모두 잘 알겠지만,) 수학 문제에서 큰 수들의 곱셈, 나눗셈, 제곱근 및
세제곱근 구하기만큼 귀찮은 것도, 그리고 계산자를 번거롭고 성가시게 하는 것도 없다.
그런 일들은 지겨운 시간 낭비일 뿐만 아니라,
대부분의 경우 수많은 미묘한 실수를 피할 수 없는 일이다.
그래서 나는, 어느 정도의 확신과 준비성을 가지고,
이제 그런 번거로움을 없애보기로 마음먹었다.

— 네페어[네이피어] JOHN NEPAIR [NAPIER] (1616)

나는 합산이 싫다. 산술을 정밀 과학이라고 부르는 것보다 더 큰 실수(mistake)는 없을 것이다.
수에는 나 정도의 지성도 반드시 주의해야 할 숨겨진 법칙들이 있다.
예를 들어 수들을 아래에서 위로 더해 나갈 때와
위에서 아래로 더해 나갈 때의 결과는 항상 다르다.

— 라투셰 M. P. LA TOUCHE (1878)

시간 당 40,000회, 심지어는 4,000회의 곱셈을 필요로 하는 일이 과연 존재할지 의심스럽다.
몇몇 개인만을 위한, 8진법 척도로의 그런 혁명적 변화가
인류 전체에 가해져서는 안 된다.

— 웨일스 F. H. WALES (1936)

대부분의 수치해석가들은 산술에 관심이 없다.

— 팔릿 B. PARLETT (1979)

이번 장의 주된 목적은 기본적인 사칙연산, 즉 덧셈, 뺄셈, 곱셈, 나눗셈을 상세히 연구하는 것이다.
이런 산술(arithmetic)을 아이들이나 배울, 그리고 컴퓨터에게 맡기면 그만인 사소한 것으로 간주하
는 사람이 많지만, 이번 장에서는 산술 연산이 흥미로운 측면들을 수없이 가지고 있는 멋진 주제임을
보게 될 것이다. 산술은 수많은 컴퓨터 응용들의 기초가 되는 것이므로, 수를 계산하는 효율적인
방법들을 상세히 연구하는 것은 중요한 일이다.

실제로 산술은 세계의 역사에서 중요한 역할을 맡아온 역동적인 주제이며, 여전히 빠른 발전을

겪고 있기도 하다. 이번 장에서는 "부동소수점" 수, 극도로 큰 수, 분수(유리수), 다항식, 멱급수 등 여러 종류의 수량들에 대한 산술 연산 알고리즘들을 분석한다. 또한 기수 변환, 인수분해, 다항식 평가 같은 관련 주제들도 논의한다.

4.1. 위치수체계

우리가 산술을 수행하는 방식은 산술이 다루는 수들을 표현하는 방식과 밀접하게 관련되어 있다. 수들의 주요 표현 수단에 대한 논의로 이 주제에 대한 연구를 시작하는 것이 바람직할 것이다.

밑(base) b(또는 기수〔radix〕b)를 이용한 위치 표기법은 다음과 같은 규칙으로 정의된다.

$$(\ldots a_3 a_2 a_1 a_0 . a_{-1} a_{-2} \ldots)_b$$
$$= \cdots + a_3 b^3 + a_2 b^2 + a_1 b^1 + a_0 + a_{-1} b^{-1} + a_{-2} b^{-2} + \cdots. \qquad (1)$$

예를 들어 $(520.3)_6 = 5 \cdot 6^2 + 2 \cdot 6^1 + 0 + 3 \cdot 6^{-1} = 192\frac{1}{2}$ 이다. 우리가 흔히 사용하는 십진수체계는 물론 b가 10이고 a가 "십진수" 0, 1, 2, 3, 4, 5, 6, 7, 8, 9에서 선택되는 특수한 경우이다. 십진수체계의 경우에는 (1)에서 아랫첨자 b를 생략할 수 있다.

십진수체계를 일반화하는 가장 간단한 방법은, b를 1보다 큰 정수로 취하고 a가 범위 $0 \le a_k < b$의 정수들이라고 요구하는 것이다. 그러면 표준적인 이진($b=2$), 3진($b=3$), 4진($b=4$), 5진($b=5$) … 수체계들이 나온다. 좀 더 일반화한다면 b는 임의의 0이 아닌 수로 택하고 a는 임의의 지정된 수들의 집합으로부터 택하는 것이 된다. 이러한 일반화에서는 몇 가지 흥미로운 상황이 나타나는데, 이후로 차차 보게 될 것이다.

식 (1)에서 a_0과 a_{-1} 사이의 점을 기수점(radix point, 또는 소수점)이라고 부른다. ($b=10$일 때에는 십진 기수점(decimal point)이라고 부르며, $b=2$일 때에는 이진 기수점(binary point)이라고 부르기도 한다. 그 이상의 기수들에서도 마찬가지 이름을 붙일 수 있다.†)

(1)의 a들을 수 표현의 숫자(digit, 또는 자릿수)들이라고 부른다. 숫자 큰 k에 대한 숫자 a_k를 작은 k에 대한 숫자 a_k보다 "더 상위의"(more significant, 또는 더 유효한) 숫자라고 부르는 경우가 많다. 그런 맥락에서 제일 왼쪽에 있는 숫자, 즉 "선행(leading)" 숫자를 가리켜 최상위숫자(most significant digit, 또는 최대유효숫자)라고 부르며 제일 오른쪽에 있는 숫자, 즉 "후행(trailing)" 숫자를 가리켜 최하위숫자(least significant digit, 또는 최소유효숫자)라고 부른다. 표준 이진수체계에서는 이진 숫자를 종종 비트(bit)라고 부른다. 그리고 표준적인 16진수체계(기수 16)에서는 0에서 15까지의 16진 숫자들을 다음과 같이 표기한다.

---

† 〔옮긴이 주〕 사실 decimal point를 그냥 소수점이라고 부르지만, 이 논의의 목적에서 보자면 소수점은 기수점의 동의어로, 즉 임의의 b에 대해 사용할 수 있는 용어로 간주하는 것이 바람직할 것이다. 이 문장은 단지 그러한 맥락에서 엄정한 번역을 위해 만들어낸 것일 뿐, 국내에서 실제로 십진 기수점, 이진 기수점 같은 용어가 흔히 쓰이고 있는 것은 아님을 밝혀둔다. 한편으로, 여러 기수 수체계들을 다루는 문헌에서는 단순한 '소수점'이라는 용어 대신 십진 기수점, 이진 기수점 같은 엄밀한 용어를 사용하길 권한다.

$$0, 1, 2, 3, 4, 5, 6, 7, 8, 9, A, B, C, D, E, F.$$

수 표현 방식의 역사적 발전상은 해당 문명 자체의 발전과 병행한다는 점에서 매력적이다. 이 역사를 자세히 조사하려 들면 이번 장의 주제에서 너무 멀어질 위험이 있으므로 자제하기로 하자. 그래도 주요 특징들을 살펴보는 것은 공부에 도움이 될 수 있을 것이다.

원시적 문화들에서 아직도 볼 수 있는, 가장 이른 시기의 수 표현 방식은 일반적으로 손가락, 돌무더기 등에 기반하되 좀 더 큰 더미 또는 그룹(이를테면 물체 5개 또는 10개)을 특별한 물체 또는 특별한 장소로 대체하는 방식이다. 이런 체계들로부터 자연스럽게 가장 이른 형태의 수 표기 방법이 나왔다. 바빌론, 이집트, 그리스, 중국, 로마식 수 표기법들이 그런 예이다. 그런데 그런 표기법 들은 아주 단순한 경우를 제외한 대부분의 산술 연산에서는 상당히 불편하다.

20세기동안 수학사가들은 중동에서 고고학자들이 발견한 초기 쐐기문자판들을 상세히 연구해왔고, 그 연구들에 의해서 바빌로니아 사람들이 사실은 서로 다른 두 가지 수 표현 체계를 사용했다는 사실이 드러났다. 바빌로니아인은 일상적인 상업 거래에서는 수들을 10, 100 등으로 묶는 방식의 표기법을 사용했다. 이런 표기법은 초기 메소포타미아 문명으로 이어졌는데, 일상적인 거래에서는 큰 수들이 필요한 경우가 별로 없었다. 그러나 좀 더 어려운 수학 문제를 다루어야 하는 경우 바빌로니아 수학자들은 60진법 위치수체계를 많이 썼다. 이 표기법은 적어도 기원전 1750 이전에 고도로 발전했던 것이다. 이 표기법은 지수가 빠진 부동소수점 형태라는 점에서 독특하다. 적절한 척도(60의 어떤 거듭제곱)는 암묵적으로 맥락에 의해 제시된다. 예를 들어 수 $2,120,7200$과 $\frac{1}{30}$은 정확히 같은 형태로 표기되었다. 이러한 표기법은 보조적인 표를 이용한 곱셈과 나눗셈에 특히 편리했는데, 왜냐하면 기수점 정렬이 답에 아무런 영향도 미치지 않기 때문이다. 바빌로니아식 표기법의 한 예로, 초기 문자판에서 추출한 다음과 같은 사례를 보자: 30의 제곱은 15이다(이는 "$\frac{1}{2}$의 제곱은 $\frac{1}{4}$이다" 로 읽을 수도 있다). $81 = (1\ 21)_{60}$의 역수는 $(44\ 26\ 40)_{60}$이고, 후자의 제곱은 $(32\ 55\ 18\ 31\ 6\ 40)_{60}$이다. 바빌로니아인들은 0을 위한 기호도 가지고 있었지만, 그들의 "부동소수점" 원리 때문에 0의 기호는 오직 숫자들 안에서만 쓰였으며, 척도(scale factor)를 표현하기 위해서 숫자들의 오른쪽 끝에 사용하는 일은 없었다. 초기 바빌로니아 수학에 대한 흥미로운 이야기가 O. Neugebauer, *The Exact Sciences in Antiquity* (Princeton, N. J.: Princeton University Press, 1952)과 B. L. van der Waerden, *Science Awakening*, A. Dresden 옮김 (Groningen: P. Noordhoff, 1954)에 나온다. 또한 D. E. Knuth, *CACM* **15** (1972), 671–677; **19** (1976), 108도 볼 것.

고정소수점 위치 표기법은 약 2000년 전 중앙 아메리카의 마야 원주민들이 처음 고안했음이 명백하다. 그들은 기수 20 체계를 특히 천문 기록과 달력 날짜와 관련해서 고도로 발전시켰다. 그러나 스페인 정복자들이 마야의 역사와 과학에 관한 거의 모든 책을 파괴한 탓에, 아메리카 원주민들이 산술을 어느 정도까지 정교하게 발전시켰는지에 대해서는 알려진 바가 거의 없다. 특수 목적의 곱셈표 가 발견되긴 했으나, 나눗셈에 대한 예는 없다. 〔J. Eric S. Thompson, *Contrib. to Amer. Anthropology and History* **7** (Carnegie Inst. of Washington, 1941), 37–67; J. Justeson, "Pratiche del calcolo nell'antica mesoamerica," *Storia della Scienza* **2** (Rome: Istituto della

Enciclopedia Italiana, 2001), 976-990 참고.]

기원전 수 세기 경의 그리스 사람들은 산술 계산에 초기 형태의 계산판(abacus, 주판)을 사용했다. 그러한 계산판은 오늘날의 십진수체계와 자연스럽게 대응되는 행 또는 열들의 판 위에서 모래나 조약돌을 사용하는 형태였다. 종이와 연필로 십진수들을 계산하는 데 익숙한 우리의 입장에서는, 그와 동일한 위치적 표기법을 필산에는 사용하지 않았다는 점이 다소 놀랍다. 그러나 그들에게는 계산판으로 계산하는 게 훨씬 쉬웠으므로(필기는 일반적인 기술이 아니었으며, 계산판 사용자들은 덧셈, 곱셈표를 기억할 필요가 없었기 때문이다) "종이에 끄적여서" 계산을 하는 게 더 낫다고 생각하기가 힘들었을 것이다. 같은 시기 그리스 천문학자들은 분수를 다룰 때 바빌로니아인에게 배운 60진 위치 표기법을 사용했다.

고정된 기수점과 더불어 빈 위치의 표기를 위한 0에 해당하는 기호를 가지고 있다는 점에서 고대의 형태와는 다른 오늘날의 십진 표기법은 인도의 힌두 문화권에서 처음으로 개발되었다. 이 표기법이 처음으로 나타난 정확한 시기는 확실하지 않다. A.D. 600년대 정도로 추측할 뿐이다. 당시의 힌두 과학은 고도로 발전된 상태였으며, 특히 천문학의 발전이 두드러졌다. 십진 표기법이 등장하는 최초의(지금까지 알려진) 힌두 문서를 보면 숫자들이 반대 방향으로(최상위 숫자가 오른쪽) 적혀 있지만, 곧 최상위 숫자를 오른쪽으로 쓰는 방식이 표준화되었다.

힌두식 십진 산술 원리는 A.D. 750년경 여러 주요 저작들이 아랍어로 번역되는 과정에서 페르시아로 전파되었다. 아브라함 이븐 에즈라Abraham Ibn Ezra의 한 히브리어 문서에 이러한 전개가 생생하게 나와 있다. 그 문서는 *AMM* **25** (1918), 99-108에서 영어로 번역되었다. 오래지 않아 알콰리즈미 al-Khwārizmī는 이 주제에 대한 그의 아랍어 교재를 저술했다. (1장에서 언급했듯이, "알고리즘"이라는 단어는 알콰리즈미의 이름에서 비롯된 것이다.) 그의 저작은 라틴어로 번역되어서 레오나르도 피사노 Leonardo Pisano(피보나치Fibonacci)에 큰 영향을 주었다. 피보나치가 쓴 산술에 대한 책은 힌두-아라비아 숫자의 유럽 전파에서 중요한 역할을 했다. 아랍어는 오른쪽에서 왼쪽으로 써 나가는 반면, 힌두와 라틴 학자들은 글자를 왼쪽에서 오른쪽으로 써나간다는 점을 생각하면, 번역을 거치면서도 수들을 왼쪽에서 오른쪽으로 써나가는 순서가 바뀌지 않았다는 것은 흥미로운 사실이다. 이후 1200-1600 기간 동안 유럽 전 지역에 걸쳐서 십진 숫자 표기와 산술이 전파되는 과정은 스미스David Eugene Smith의 책 *History of Mathematics* **1** (Boston: Ginn and Co., 1923), 6장과 8장에 상세히 나와 있다.

초기에는 십진 표기법이 오직 정수에만 적용되었을 뿐, 분수에는 적용되지 않았다. 성도와 기타 표들에서 분수를 사용해야 했던 아랍 천문학자들은 프톨레마이오스(유명한 그리스 천문학자. 영어식 이름은 톨레미Ptolemy)의 표기법을 계속 사용했다. 프톨레마이오스의 표기법은 60진법 분수에 기반을 둔 것으로, 오늘날에도 각(degree), 분, 초 같은 삼각법 단위와 일상의 시간 단위에 원래의 바빌로니아식 60진법 표기법의 자취로서 살아남아 있다. 초기의 유럽 수학자들은 정수가 아닌 수를 다룰 때에도 60진법 분수를 사용했다. 예를 들어 피보나치는 방정식 $x^3 + 2x^2 + 10x = 20$의 근의 근사값으로

$$1° \; 22' \; 7'' \; 42''' \; 33^{IV} \; 4^{V} \; 40^{VI}$$

을 제시했다. (정확한 답은 $1° \; 22' \; 7'' \; 42''' \; 33^{IV} \; 4^{V} \; 38^{VI} \; 30^{VII} \; 50^{VIII} \; 15^{IX} \; 43^{X} \ldots$ 이다.)

비슷하게, 10분의 1, 100분의 1 등을 표기하는 방법도 비교적 사소한 변화만을 거친 것으로 보인다. 그러나 항상 그렇듯이 전통을 깨기란 어려운 일이고, 또 60진법 분수 표기는 십진 분수에 비해 $\frac{1}{3}$ 같은 값을 쉽게 정확히 표시할 수 있다는 이점을 가지고 있다.

십진 분수에 해당하는 것을 최초로 사용한 이들은 중국 수학자들이다(그들은 60진법을 전혀 사용하지 않았다). 단, 그들의 수사 체계(0이 없음)가 원래부터 엄밀한 의미에서의 위치수체계는 아니었다. 중국의 무게 측정 단위는 십진법을 따랐다. 덕분에 조충지祖冲之(A.D. 501년 사망)는 π의 근사값을 다음과 같은 형태로 표현할 수 있었다:

3장(丈), 1척(尺), 4촌(寸), 1푼(分), 5리(釐), 9호(毫), 2묘(渺), 7홀(忽).

여기서 장, …, 홀은 길이 단위들이다. 1홀(비단실의 지름)은 1/10묘 등. 이런 십진 비슷한 분수들의 사용은 1250년 이후의 중국에 상당히 널리 퍼져 있었다.

10세기에 다마스커스에서 알우클리디시al-Uqlīdisī("the Euclidean")라는 이름의 잘 알려지지 않은 수학자가 쓴 한 산술 교과서에 진정한 위치적 십진 분수의 맹아적 형태가 나타났다. 그는 종종, 이를테면 복리 문제와 연관해서 $1 \leq n \leq 5$에 대한 135 곱하기 $(1.1)^n$을 계산하는 과정에서 십진 기수점의 위치를 표시하곤 했다. 〔A. S. Saidan, *The Arithmetic of al-Uqlīdisī* (Dordrecht: D. Reidel, 1975), 110, 114, 343, 355, 481-485 참고.〕 그러나 그가 그와 같은 발상을 끝까지 전개한 것은 아니었고, 그의 방식도 곧 잊혀졌다. 1172년에 저작을 남긴 바그다드와 바쿠의 알사마왈Al-Samaw'al은 $\sqrt{10} = 3.162277\ldots$ 를 알고 있었으나 그 근사값을 간편하게 적는 방법은 몰랐다. 수 세기가 흘러서야 페르시아 수학자 알카시al-Kāshī(1429년 사망)가 십진 분수를 다시 발명하게 된다. 알카시는 아주 숙련된 계산가로, 2π의 값을 소숫점 이하 16자리까지 정확하게 계산했다:

정수		분수															
0	6	2	8	3	1	8	5	3	0	7	1	7	9	5	8	6	5

1586년에서 1610년에 이르는 시기 동안 판초일렌Ludolph van Ceulen이 소숫점 이하 35자리까지 공들여 구하기 전까지는 이것이 가장 정확한 π 근사값으로 알려졌다.

유럽에서도 십진 분수가 간헐적으로 나타나기 시작했는데, 예를 들면 $153.5 \times 16.25 = 2494.375$ 를 계산하는 데 소위 "터키식 방법"이 사용되었다. 비안키니Giovanni Bianchini는 1450년 이전에 이를 좀 더 발전시켰다(측량에 대한 응용과 함께). 그러나 알우클리디시처럼 그의 작업 역시 영향력은 거의 없었던 것 같다. 1525년과 1579년에는 루돌프Christof Rudolff와 비에트François Viète가 십진 분수라는 착안을 다시 제안했다. 그러다 마침내 1585년에 이르러서 독자적으로 십진 분수 개념을 발견한 스테빈Simon Stevin의 산술 교과서가 유명해졌다. 스테빈의 그 성과와, 얼마 후의 로그의 발견 덕분에, 17세기에는 유럽에서 십진 분수가 자리 잡게 되었다. 〔추가적인 설명과 참고자료를 원한다면 D. E. Smith, *History of Mathematics* **2** (1925), 228-247; V. J. Katz, *A History of Mathematics* (1993), 225-228, 345-348; G. Rosińska, *Quart. J. Hist. Sci. Tech.* **40** (1995), 17-32를 볼 것.]

이진 표기법도 독자적인 흥미로운 역사를 가지고 있다. 오늘날 존재하는 많은 원시 부족들이 이진 또는 "쌍(pair)" 계수 체계(물체를 다섯이나 열개 대신 두 개씩 묶는 방법)를 사용한다고 알려져 있으나, 그런 체계들은 2의 거듭제곱들을 특별한 방식으로 취급하지는 않는다는 점에서 진정한 기수 2 체계라고 할 수 없다. 원시적 수체계에 대한 흥미로운 세부사항은 Abraham Seidenberg, *The Diffusion of Counting Practices* by, *Univ. of Calif. Publ. in Math.* **3** (1960), 215-300을 볼 것. 본질적으로 이진 체계에 해당하는 또 다른 "원시적" 사례로는 박자와 음표 길이의 표현을 위한 통상적인 기보법을 들 수 있다.

17세기 유럽에서는 비십진수체계가 논의되었다. 오랫동안 천문학자들은 수의 정수부와 소수부 모두에 대해, 특히 곱셈에서 60진 산술을 종종 사용해왔다. [John Wallis, *Treatise of Algebra* (Oxford: 1685), 18-22, 30 참고]. 1보다 큰 그 어떤 정수도 기수로 사용할 수 있다는 사실을 최초로 명백히 밝힌 출판물은 1658년경에 저술된 파스칼Blaise Pascal의 *De Numeris Multiplicibus*이다 [파스칼의 *Œuvres Complètes* (Paris: Éditions du Seuil, 1963), 84-89 참고]. 파스칼은 "Denaria enim ex instituto hominum, non ex necessitate naturæ ut vulgus arbitratur, et sane satis inepte, posita est"라고 썼는데, 이는 "대부분의 사람들이 생각하는 바와는 달리, 다소 멍청한 일임이 확실하지만, 십진수체계는 자연스러운 필요성 때문이 아니라 인간의 관습 때문에 확립된 것이다."라는 뜻이다. 그는 20진(기수 20) 체계로 바꿔도 좋지 않겠냐고 기술하면서, 어떠한 20진수가 9로 나뉘어지는지를 판정하는 한 가지 규칙을 제시해 놓았다. 바이겔Erhard Weigel은 1673년부터 시작된 일련의 출판물들에서 4진법(기수 4) 체계를 적극 주장했다. 그리고 Joshua Jordaine, *Duodecimal Arithmetick* (London: 1687)은 12진법 산술을 상세히 논의했다.

당시 산술에서는 십진 표기법이 거의 완전히 지배적이었으나, 다른 계량 및 측량법들의 경우는 10의 배수에 근거한 체계가 거의 쓰이지 않았으며, 상업 거래에서는 파운드, 실링, 펜스 같은 수량들로 덧셈을 하는 기술이 필수적이었다. 따라서 수 세기 동안 상인들은 유별난 화폐, 무게, 길이 단위로 표현된 수량들을 합하고 빼는 방법을 익혀야 했고, 그래서 비십진수체계로 산술을 수행해야 했다. 영국에서 13세기 이전부터 액체의 측량에 널리 쓰이는 다음과 같은 단위들은 특히 주목할만하다:

2질(gill)	= 1초핀(chopin)		2데미부셀	= 1부셀(bushel) 또는 퍼킨(firkin)
2초핀	= 1파인트(pint)		2퍼킨	= 1킬더킨(kilderkin)
2파인트	= 1쿼트(quart)		2킬더킨	= 1배럴(barrel)
2쿼트	= 1포틀(pottle)		2배럴	= 1호그즈헤드(hogshead)
2포트	= 1갤런(gallon)		2호그즈헤드	= 1파이프(pipe)
2갤런	= 1펙(peck)		2파이프	= 1턴(tun)
2펙	= 1데미부셀(demibushel)			

갤런, 포틀, 쿼트, 파인트 등으로 표현된 액량은 본질적으로 이진 표기법을 따랐다. 아마도 이진 산술의 진정한 창안자는 영국 포도주 상인들일 것이다!

지금까지 알려진 바에 의하면 순수한 이진 표기법이 나타난 최초의 사료는 해리엇Thomas Harriot (1560-1621)이 1605년경에 저술한, 출판되지 않은 초고들이다. 해리엇은 롤리 경Sir Walter Raleigh 의 대리 자격으로 아메리카에 발을 디디면서 처음으로 유명해진 사람으로, 창조적인 인물이었다고 한다. 그는 (여러 가지가 있겠지만)요즘 우리가 "미만", "초과" 관계에 대해서 사용하는 표기법을 발명했으면서도 어떤 이유에서인지 그러한 발견들을 출판하지 않기로 결정하게 된다. 이진 산술에 대한 그의 초고들 중 일부가 John W. Shirley, *Amer. J. Physics* **19** (1951), 452-454에 재연되어 있다. 해리엇의 이진 표기법 발견을 최초로 인용한 것은 Frank Morley, *The Scientific Monthly* **14** (1922), 60-66이다.

이진수 체계에 대한 최초의 출판물은 걸출한 시토 수도회 주교(Cistercian bishop) 드룹코비치 Juan Caramuel de Lobkowitz의 *Mathesis Biceps* **1** (Campaniæ: 1670), 45-48이다. 그는 기수가 2, 3, 4, 5, 6, 7, 8, 9, 10, 12, 60인 수들의 표현을 어느 정도 상세히 논하고 있으나, 60진법을 제외한 비십진수 체계에서의 산술 연산의 예들은 제시하지 않았다.

이진수의 가감승제를 설명한 라이프니츠G. W. Leibniz의 한 논설〔*Mémoires de l'Académie Royale des Sciences* (Paris, 1703), 110-116〕에 의해서 드디어 이진 표기법이 주목을 받게 되었다. 일반적으로는 그의 논설을 기수 2 산술의 기원으로 간주한다. 이후로도 라이프니츠는 이진 체계를 상당히 자주 언급했다. 실용적인 계산에 이진수를 추천하지는 않았지만, 십진법보다는 이진법에서 수열의 패턴들이 더 명백하다는 점에서 수론 연구에서의 이진 체계의 중요성을 강조했다. 또한 그는 0과 1로 모든 것을 표현할 수 있다는 사실에 녹아 있는 신비한 의미도 인식하고 있었다. 출판되지 않은 한 원고를 보면 라이프니츠가 벌써 1679년에 이진 표기법에 흥미를 가졌음을 알 수 있다. 그는 이진 표기법을 ("decimal"과 운을 맞춘)"bimal" 체계라고 불렀다.

차허Hans J. Zacher는 이진수에 대한 라이프니츠의 초기 성과를 *Die Hauptschriften zur Dyadik von G. W. Leibniz* (Frankfurt am Main: Klostermann, 1973)에서 세심히 연구했다. 차허는 라이프니츠가 네이피어John Napier의 소위 "국소 산술(local arithmetic)에 익숙했다는 점을 지적했다. 국소 산술이란 기수 2 계산판을 이용하는 것에 해당하는, 돌을 이용한 계산 방법이다. 〔네이피어는 국소 산술 개념을 1617년에 그의 작은 책 *Rhabdologia*의 한 부록으로 출판했다. 이를 최초의, 그리고 아마도 가장 싼 "이진 컴퓨터"라고 부를 수도 있을 것이다. 그러나 네이피어는 이를 실용적이라 기보다는 그냥 흥미 거리로 생각했다. 가드너Martin Gardner의 *Knotted Doughnuts and Other Mathematical Entertainments* (New York: Freeman, 1986), 8장에 나온 논의를 볼 것.〕

흥미롭게도, 당시에는 기수점 오른쪽에 대한 음의 거듭제곱이라는 중요한 개념이 충분히 이해되고 있지 않았다는 데 주목하자. 라이프니츠는 베르누이James Bernoulli에게 이진 체계로 π를 계산해 보도록 요청했으며, 베르누이는 π의 35자리 근사값을 취하고 그것에 10^{35}을 곱한 후 그 결과를 이진 체계 안의 정수로 표현함으로써 그 문제를 "풀었다." 더 작은 척도에서 이는 $\pi \approx 3.14$

이고 $(314)_{10} = (100111010)_2$라고 말하는 것과 비슷하다. π는 이진수로 100111010인 것이다! 〔Leibniz, *Math. Schriften*, K. Gehrhardt 엮음, **3** (Halle: 1855), 97을 참고할 것. 계산 오차 때문에 답의 118비트들 중 두 개는 부정확하다.〕 베르누이의 계산의 동기는 π의 이러한 표현에 어떤 간단한 패턴이 존재하는지를 보려고 했던 데 있었음이 분명하다.

역사상의 모든 왕들 중에서 수학 재능이 가장 뛰어났다고 할만한 스웨덴의 찰스 12세^{Charles XII}는 1717년경에 기수 8 산술에 관한 생각을 떠올리게 되었다. 1707년에 라이프니츠를 잠깐 만난 적이 있긴 하지만, 기수 8 산술은 아마도 찰스 12세 자신의 고안이었을 것이다. 기수 8이나 64가 십진수 체계보다 계산에 더 편리하다고 느낀 찰스 12세는 8진 산술을 스웨덴에 도입하려고 했으나, 그런 변화를 선포하기 전에 전사하고 말았다. 〔*The Works of Voltaire* **21** (Paris: E. R. DuMont, 1901), 49; E. Swedenborg, *Gentleman's Magazine* **24** (1754), 423-424 참고.〕

1750년에 식민지 아메리카에서도 College of William and Mary의 교수 존스^{Rev. Hugh Jones}에 의해서 8진 표기법이 제안된 바 있다〔*Gentleman's Magazine* **15** (1745), 377-379; H. R. Phalen, *AMM* **56** (1949), 461-465〕.

백여 년 후 뛰어난 스웨덴계 미국인 도시공학자 니스트롬^{John W. Nystrom}은 찰스 12세의 계획을 한 걸음 더 진전시켜서 16진 산술에 근거를 둔 완전한 계수, 계중, 계측 체계를 고안해냈다. 그는 "나는 이진 산술 및 측량 체계의 옹호를 두려워하지 않으며 주저하지도 않는다."라고 쓰고 있다. 니스트롬은 특별한 16진수 발음 수단을 고안했는데, 예를 들어 $(C0160)_{16}$은 "비봉, 비상톤(vybong, bysanton)"이라고 읽는다. 토널 시스템(Tonal System)이라는 이름으로 불렀던 그의 체계 전체는 *J. Franklin Inst.* **46** (1863), 263-275, 337-348, 402-407에 서술되어 있다. 테일러^{Alfred B. Taylor}는 그와 비슷하나 기수가 8인 체계를 만들었다〔*Proc. Amer. Pharmaceutical Assoc.* **8** (1859), 115-216; *Proc. Amer. Philosophical Soc.* **24** (1887), 296-366〕. 당시는 무게와 길이에 대한 프랑스식 계량법이 점점 더 많이 쓰이면서 십진 산술의 이득에 대한 논쟁이 광범위하게 벌어지던 때로, 실제로 프랑스에서는 아예 8진 산술이 제기되고 있었다〔J. D. Collenne, *Le Système Octaval* (Paris: 1845); Aimé Mariage, *Numération par Huit* (Paris: Le Nonnant, 1857)〕.

라이프니츠 시절 이후 이진수체계는 호기심의 대상으로서 널리 알려지게 되었는데, 초기 참고문헌 20개가 아치볼드^{R. C Archibald}에 의해서 수집되어 있다〔*AMM* **25** (1918), 139-142〕. 이진수는 주로 거듭제곱 계산(4.6.3절 참고)과 특정 게임 및 퍼즐의 분석에 쓰였다. 페아노^{Giuseppe Peano}는 이진 표기법을 기호 256개로 된 "논리적" 문자 집합의 기초로 사용했다〔*Atti della R. Accademia delle Scienze di Torino* **34** (1898), 47-55〕. 바우덴^{Joseph Bowden}은 자신만의 16진수 명명체계를 제시하기도 했다〔*Special Topics in Theoretical Arithmetic* (Garden City: 1936), 49〕.

글레이서^{Anton Glaser}의 책 *History of Binary and Other Nondecimal Numeration* (Los Angeles: Tomash, 1981)에는 위에서 인용한 여러 저작들의 영문 번역을 포함한, 이진 표기법의 발전에 대한 교육적이고 거의 완전한 논의가 담겨 있다〔*Historia Math.* **10** (1983), 236-243 참고〕.

수체계의 최근 역사는 상당 부분 계산 기계의 발전과 연관되어 있다. 1838년의 배비지Charles Babbage의 공책을 보면 그가 그의 해석기관(Analytical Engine)과 관련해서 비십진수들의 사용을 고려했음을 알 수 있다 〔M. V. Wilkes, *Historia Math.* **4** (1977), 421〕. 1930년대에 산술, 특히 곱셈을 위한 기계 장치에 관심이 높아지면서 여러 사람이 그런 목적으로 이진수체계를 고려하게 되었다. 그런 활동 중 특히나 재미있는 사례가 필립스E. William Phillips의 논문 "Binary Calculation"에 나온다〔*Journal of the Institute of Actuaries* **67**(1936), 187-221〕. 논문에는 해당 주제에 대한 그의 강연과 이후 벌어진 토론의 기록도 포함되어 있는데, 다음과 같은 말로 시작된다. "〔이 논문의〕궁극적인 목적은 문명 세계 전체가 십진 계산법을 폐기하고 대신 8진〔즉 기수 8〕 계산법을 사용하도록 설득하는 것이다."

필립스의 그와 같은 논설을 현재의 독자가 읽는다면 기수 8 수체계를 "octonary"나 "octonal"이라고 칭했다는 데서 흥미를 느낄 수 있을 것이다. 이는 당시의 모든 영어 사전에 그런 단어가 실려 있었기 때문인데, 기수 10 수체계를 "denary"나 "decimal"이라고 부를 수 있는 것과 같은 맥락이다. 기수 8을 의미하는 "octal"은 1961년 이전의 영어 사전에는 수록되어 있지 않았다. "octal"이 특정 부류의 진공관의 기저부를 가리키는 용어에서 비롯되었음은 명백하다. "octal"보다 더 늦게 영어 어휘에 진입한, 16진을 뜻하는 "hexadecimal"은 그리스 어원과 라틴 어원의 혼합이다. 좀 더 적합한 용어는 "senidenary"나 "sedecimal"일 것이며 심지어 "sexadecimal"도 더 적합하겠지만, 마지막 것은 컴퓨터 프로그래머에게는 너무 외설스러운 용어일지도 모르겠다.

이번 장 시작부에서 인용한 웨일스씨Mr. Wales의 논평은 필립스의 논문에 포함된 논의에서 가져온 것이다. 같은 강의에 참석했던 다른 한 사람은 "5%는 64분의 3.1463이 되는데, 이는 상당히 끔찍하게 들린다."라며 업무상의 이유에서 8진 체계를 반대했다.

필립스는 이진 계수 능력을 가진 어떤 전자회로에서 그의 주장에 대한 영감을 얻었다 〔C. E. Wynn-Williams, *Proc. Roy. Soc. London* **A136** (1932), 312-324〕. 일반 산술 연산을 위한 전자기계적 및 전자적 회로는 1930년대 후반에 개발되었는데, 이 분야에서는 특히 미합중국의 애터너소프Joh V. Atanasoff와 스티비츠George R. Stibits, 프랑스의 쿠피냘L. Couffignal과 발타R. Valtat, 독일의 슈라이어Helmut Schreyer와 추제Konrad Zuse가 주목할만하다. 이 발명가들은 모두 이진 체계를 사용했으나, 이후 스티비츠는 3초과 이진부호화십진 표기법(excess-3 binary-coded-decimal notation)을 개발하게 된다. 당대의 주요 문서들의 번역을 포함한, 이 초기 발전의 매력적인 상황이 랜들Brian Randell의 책 *The Origins of Digital Computers* (Berlin: Springer, 1973)에 나온다.

1940년대 초반에 만들어진 최초의 미국식 고속 컴퓨터는 십진 산술을 사용했다. 그러나 1946년에 버크스A. W. Burks와 골드스타인H. H. Goldstine, 폰노이만J. von Neumann은 최초의 프로그램 저장식(stored-program) 컴퓨터의 설계와 관련된 한 중요한 메모를 통해서, 전통에서 완전히 벗어나 기수 2 표기법을 사용하는 것이 바람직한 이유를 상세히 서술했다 〔John von Neumann, *Collected Works* 5, 41-65 참고〕. 그 이후부터 이진 컴퓨터가 늘어났다. 부흐홀츠W. Buchholz는 이진 컴퓨터에 대한 십수 년간의 실험 결과에 기초해서 기수 2 표기법의 상대적인 장, 단점을 논의한 논문 "Fingers or Fists?"〔*CACM* **2**, (December 1959), 3-11〕을 발표했다.

이 책에 쓰이는 MIX 컴퓨터는 이진으로도, 십진으로도 쓰일 수 있도록 정의된 것이다. 흥미롭게도, 거의 모든 MIX 프로그램은 십진 컴퓨터에서 실행되는지 아니면 이진 컴퓨터에서 실행되는지에 상관없이 작성할 수 있다. 다정도 산술에 관련된 계산을 수행한다고 해도 그렇다. 따라서 기수의 선택이 컴퓨터 프로그래밍에 중대한 영향을 미치지는 않는다고 할 수 있다. (이 주장에 대한 주목할만한 한 가지 예외가 7.1절에서 논의하는 "부울" 알고리즘들이다. 알고리즘 4.5.2B도 볼 것.)

컴퓨터에서 음의 수를 표현하는 방식은 여러 가지이다. 그리고 음수 표현 방식은 산술 수행 방식에 영향을 주기도 한다. 음수 표기법의 이해를 돕는 한 예로, MIX가 십진 컴퓨터라고 가정하자. 그러면 각 워드는 숫자 10개와 하나의 부호를 담게 된다. 예를 들면:

$$- 12345\ 67890. \qquad (2)$$

이것을 부호 있는 크기(signed magnitude) 표현이라고 부른다. 통상적인 표기 관례와 일치한다는 점에서 이런 표현을 선호하는 프로그래머들이 많다. 잠재적인 단점은, 일반적으로는 음의 0과 양의 0을 같은 값으로 간주해야 하지만 이 표기법에서는 그 둘이 명확히 구분된다는 것이다. 따라서 음의 0과 양의 0을 같은 값으로 취급해야 하는 경우에는 주의가 필요하다. 그러나 음의 0과 양의 0이 명확히 구분된다는 것이 유용한 경우도 있다.

십진 산술을 수행하는 기계적 계산기의 대부분은 10의 보수(ten's complement) 표기법이라는 또 다른 체계를 사용한다. 이 표기법에서는 00000 00000에서 1을 빼면 99999 99999가 된다. 다른 말로 하면, 수에 명시적으로 부호가 붙지는 않으며, 계산은 항상 10^{10}을 법으로 해서 이루어진다.[†] 수 $- 12345\ 67890$은 10의 보수 표기법에서

$$87654\ 32110 \qquad (3)$$

으로 표현된다. 이 표기법에서는 관례적으로 선행 숫자가 5, 6, 7, 8, 9인 수를 음의 값으로 간주하나, 덧셈과 뺄셈에 대해서는 (3)을 $+ 87654\ 32110$으로 간주해도 된다(그 편이 더 편하다면). 이러한 체계에서는 음의 0 문제가 존재하지 않는다는 점에 주목할 것.

실용적인 측면에서 볼 때의 부호 있는 크기 방식과 10의 보수 방식의 주된 차이라면, 10의 보수에서는 오른쪽 자리이동이 크기를 10으로 나누지 않는다는 점을 들 수 있다. 예를 들어 수 $- 11 = \ldots 99989$를 오른쪽으로 한 자리 이동하면 $\ldots 99998 = - 2$가 된다(음수의 경우 오른쪽 자리이동에 의해 "9"가 새로운 선행 숫자로 채워진다고 가정할 때). 일반화하자면 10의 보수 표기법에서 x를 오른쪽으로 한 자리 이동한 결과는 $\lfloor x/10 \rfloor$이다. x가 양수이든 음수이든 마찬가지이다.

10의 보수 체계가 0에 대해 대칭이 아니라는 사실은 단점일 수 있다. p자리 음수 $500\ldots 0$은 어떠한 p자리 양수의 반대도 아니다. 따라서 x를 $- x$로 변경할 때 위넘침이 생길 수도 있다. (무한 정밀도의 기수 보수 표기법에 대한 논의는 연습문제 7과 31을 볼 것.)

[†] 〔옮긴이 주〕어떠한 산술이 m을 법으로 한다는 것은 계산 결과가 항상 m으로 나눈 나머지로 변환된다는 뜻이다. 예를 들어 10을 법으로 하는 산술 체계에서 9+2는 1이다.

고속 컴퓨터 초창기 시절부터 쓰여 온 또 다른 표기법으로 9들의 보수(nines' complement) 표현이라고 하는 것이 있다. 이 경우 수 $-12345\ 67890$은 다음과 같이 표현된다.

$$87654\ 32109. \tag{4}$$

음수 $(-x)$의 각 숫자는 9에서 x의 해당 숫자를 뺀 것과 같다. 음수에 대한 9들의 보수 표기법이 10의 보수 표기법의 해당 표현보다 항상 1 작다는 점은 쉽게 알 수 있을 것이다. 더하기와 빼기는 $10^{10}-1$을 법으로 해서 이루어진다. 즉, 왼쪽 끝에서의 자리 올림은 오른쪽 끝에 더해진다. ($w-1$을 법으로 한 산술에 대해서는 3.2.1.1을 보라.) 이 표기법에서 99999 99999와 00000 00000이 같은 값을 의미한다는 점에서, 이 표기법에도 음의 0 문제가 존재한다.

지금까지 설명한 기수 10 산술의 개념들은 기수 2 산술에도 비슷한 방식으로 적용된다. 기수 2의 경우에도 부호 있는 크기 표기법이 있으며, 10의 보수와 9들의 보수 표기법에 해당하는 것은 2의 보수와 1들의 보수 표기법이다. n비트 수에 대한 2의 보수 산술은 2^n을 법으로 하는 산술이다. 1들의 보수 산술은 2^n-1을 법으로 한다. 이번 장의 예제들에 쓰이는 MIX 컴퓨터는 오직 부호 있는 크기 산술만을 다룬다. 그러나 보수 표기법을 사용하는 게 중요한 경우에는 해당 방식을 사용한 대안적인 절차도 제시하겠다.

세부 사항을 중요시하는 독자나 문서 편집자라면 "2의 보수(two's complement)"에는 2가 단수로 취급된 반면 "1들의 보수(ones' complement)"에는 1이 복수로 취급되었음을 주목해야 할 것이다. 2의 보수 방식의 수는 하나의 2의 거듭제곱에 대해 보수화되지만, 1들의 보수 방식의 수는 여러 1들로 된 긴 수열에 대해 보수화된다. 사실 "2들의 보수 표기법(twos' complement notation)"이라는 것도 존재한다. 이 표기법은 기수가 3이며 $(2\ldots22)_3$에 대한 보수를 취한다.

기계어에 대한 설명을 보면 컴퓨터의 회로가 각 수치 워드 안의 특정한 위치에 기수점이 놓이도록 설정되어 있음을 짐작할 수 있다. 일반적으로 그런 문장들은 무시해야 한다. 어떠한 명령의 결과 안에서 기수점이 특정한 장소에 놓인다는 가정 하에서 기수점의 위치에 관한 규칙을 배우는 편이 더 낫다. 예를 들어 MIX의 경우 피연산자들을 기수점이 제일 오른쪽에 있는 정수들로 간주할 수도 있고, 기수점이 제일 왼쪽에 있는 분수들로 간주할 수도 있고, 또는 그 두 극단의 어떠한 혼합으로 간주할 수도 있다. 가감승제 연산 이후의 기수점 위치에 대한 규칙들은 간단하다.

기수 b와 기수 b^k 사이에 다음과 같은 간단한 관계가 존재함은 쉽게 알 수 있을 것이다:

$$(\ldots a_3 a_2 a_1 a_0 \cdot a_{-1} a_{-2} \ldots)_b = (\ldots A_3 A_2 A_1 A_0 \cdot A_{-1} A_{-2} \ldots)_{b^k}, \tag{5}$$

여기서

$$A_j = (a_{kj+k-1} \ldots a_{kj+1} a_{kj})_b.$$

연습문제 8을 볼 것. 이러한 관계 덕분에 이를테면 이진 표기법과 16진 표기법을 손쉽게 변환하는 것이 가능하다.

지금까지 살펴본 표준적인 b진 체계들 외에도 여러 가지 흥미로운 위치수체계 변형들이 가능하다. 예를 들어 다음과 같은 기수 (-10) 수체계를 만들 수도 있다.

$$(\ldots a_3\, a_2\, a_1 a_0 .\, a_{-1} a_{-2} \ldots)_{-10}$$

$$= \cdots + a_3(-10)^3 + a_2(-10)^2 + a_1(-10)^1 + a_0 + \cdots$$

$$= \cdots - 1000a_3 + 100a_2 - 10a_1 + a_0 - \frac{1}{10}a_{-1} + \frac{1}{100}a_{-2} - \cdots$$

여기서 개별 숫자는 십진 체계에서처럼 $0 \le a_k \le 9$를 만족한다. 십진수 12345 67890을 이러한 "음의 십진" 체계에서 표현한다면

$$(1\ 93755\ 73910)_{-10} \tag{6}$$

이 된다. 왜냐하면 이것은 10305070900 $-$ 9070503010을 나타내기 때문이다. 흥미롭게도 이 수의 음수인 $-$12345 67890은

$$(28466\ 48290)_{-10} \tag{7}$$

이 된다. 사실 이 -10진수 체계에서는 *음이든 양이든 모든 실수를 부호 없이 표현할 수 있다.* 음의 기수 체계를 처음으로 고찰한 사람은 그륀발트Vittorio Grünwald이다 [*Giornale di Matematiche di Battaglini* **23** (1885), 203-221, 367]. 그는 그런 체계에서 사칙연산을 수행하는 방법에 대해 설명했다. 그륀발트는 또한 근 풀이, 가약(나뉘어지는지) 판정, 기수 변환 등도 논의했다. 그러나 그의 성과는 다른 연구에 아무런 영향을 미치지 못한 것으로 보인다. 해당 논문이 비교적 알려지지 않은 학술지에 실린데다 곧 잊혀졌기 때문이다. 음의 기수 체계에 대한 두 번째 출판물이 Kempner의 것 [*AMM* **43** (1936), 610-617]임은 명백하다. 그는 비정수 기수의 성질을 논의하고 한 각주에서 음의 기수들도 가능함을 언급해 놓았다. 20년 이상이 지난 후, 이번에는 파블라크Z. Pawlak와 바쿨리치 A. Wakulicz가 이 개념을 재발견하게 된다 [*Bulletin de l'Académie Polonaise des Sciences*, Classe III, **5** (1957), 233-236; Série des sciences techniques **7** (1959), 713-721]. 또한 웨이들L. Wadel도 음의 기수를 재발견했다 [*IRE Transactions* **EC-6** (1957), 123]. 1950년대 후반 폴란드에서는 -2를 산술의 기수로 사용하는 SKRZAT 1과 BINEG라는 이름의 실험적인 컴퓨터들이 만들어졌다. N. M. Blachman, *CACM* **4** (1961), 257; R. W. Marczyński, *Ann. Hist. Computing* **2** (1980), 37-48를 볼 것. 그 이상의 참고자료로는 *IEEE Transactions* **EC-12** (1963), 274-277; *Computer Design* **6** (May 1967), 52-63이 있다. 음의 기수라는 것이 꽤 많은 사람들에게서 각각 독립적으로 떠오른 착상임을 나타내는 증거가 있다. 예를 들어 커누스D. E. Knuth는 1955년에 고등학교 고학년들을 위한 "과학 영재 찾기" 공모전에 제출한 한 짧은 논문에서 복소수 기수로의 추가적인 일반화와 함께 음의 기수 체계를 논의한 바 있다.

기수가 $2i$일 때 소위 "4허수(quater-imaginary)" 체계라고 하는 수체계가 생긴다("quaternary"에 빗댄 것이다). 이 수체계의 독특한 특징은 모든 복소수를 부호 없이 숫자 0, 1, 2, 3으로 표현할 수 있다는 것이다. [D. E. Knuth, *CACM* **3** (1960), 245-247; **4** (1961), 355 참고.] 예를 들어 $(11210.31)_{2i} = 1 \cdot 16 + 1 \cdot (-8i) + 2 \cdot (-4) + 1 \cdot (2i) + 3 \cdot (-\frac{1}{2}i) + 1(-\frac{1}{4}) = 7\frac{3}{4} - 7\frac{1}{2}i$이다. 여기서 수 $(a_{2n} \ldots a_1 a_0 .\, a_{-1} \ldots a_{-2k})_{2i}$는

$$(a_{2n}...a_2 a_0 . a_{-2}...a_{-2k})_{-4} + 2i(a_{2n-1}...a_3 a_1 . a_{-1}...a_{-2k+1})_{-4}$$

와 같으므로, 어떠한 표기법과 4허수 표기법 사이의 기수 변환은 실수부와 허수부의 음의 4진 표기법과의 변환 문제로 줄어든다. 이 체계는 복소수의 곱하기와 나누기를 실수부와 허수부를 따로 취급하지 않고 상당히 통일적인 방식으로 수행할 수 있다는 흥미로운 성질을 가지고 있다. 예를 들어 이 체계의 두 수를 곱하는 것은 다른 표기법 하에서의 곱하기와 거의 동일하다. 자리 올림 규칙 하나가 다를 뿐이다. 이 체계에서는 연산 결과에 의해 한 숫자가 3보다 커지면 거기에서 4를 빼고 -1을 왼쪽으로 두 칸 넘겨준다. 그리고 숫자가 음이면 4를 더하고 $+1$을 왼쪽으로 두 칸 넘겨준다. 다음 예를 보면 쉽게 이해할 수 있을 것이다.

$$
\begin{array}{r}
1\ 2\ 2\ 3\ 1 \quad [9-10i] \\
1\ 2\ 2\ 3\ 1 \quad [9-10i] \\
\hline
1\ 2\ 2\ 3\ 1 \\
1\ 0\ 3\ 2\ 0\ 2\ 1\ 3 \\
1\ 3\ 0\ 2\ 2 \\
1\ 3\ 0\ 2\ 2 \\
1\ 2\ 2\ 3\ 1 \\
\hline
0\ 2\ 1\ 3\ 3\ 3\ 1\ 2\ 1 \quad [-19-180i]
\end{array}
$$

기수가 $\sqrt{2}\,i$이고 숫자 0과 1만 사용하는 비슷한 체계도 생각할 수 있겠지만, 그런 체계에서는 간단한 수 "i" 자체에 대해서도 무한한 비반복 전개가 필요해진다. 그륀발트 Vittorio Grünwald는 홀수 자리에서 숫자 0과 $1/\sqrt{2}$를 사용함으로써 그런 문제를 피하는 방법을 제안했으나, 그러면 사실 체계 전체가 망가진다 〔*Commentari dell'Ateneo di Brescia* (1886), 43-54 참고〕.

또 다른 "이진" 복소수체계로, 페니 W. Penney가 제안한 기수 $i-1$ 체계가 있다 〔*JACM* **12** (1965), 247-248〕:

$$(...a_4 a_3 a_2 a_1 a_0 . a_{-1}...)_{i-1}$$
$$= \cdots - 4a_4 + (2+2i)a_3 - 2ia_2 + (i-1)a_1 + a_0 - \frac{1}{2}(i+1)a_{-1} + \cdots.$$

이 체계에서는 숫자 0과 1만 있으면 된다. 모든 복소수에 대해 이러한 표현이 존재한다는 점은 그림 1에 나온 흥미로운 집합 S를 고려해서 밝히는 것이 가능하다. 정의에 의해서, 이 집합의 모든 점은 0과 1로 이루어진 무한 수열 $a_1, a_2, a_3, ...$에 대한 $\sum_{k \geq 1} a_k (i-1)^{-k}$로 표현할 수 있다. 이 집합을 "쌍용 프랙탈(twindragon fractal)"이라고 부르기도 한다 〔M. F. Barnsley, *Fractals Everywhere*, 제2판 (Academic Press, 1993), 306, 310 참고〕. 그림 1을 보면 S를 $\frac{1}{16}S$에 합동인 256조각으로 분해할 수 있음을 알 수 있다. 만일 S의 그림을 반시계방향으로 135° 회전하면 $(1/\sqrt{2})S$에 합동인 두 인접 집합이 나온다. $(i-1)S = S \cup (S+1)$이기 때문이다. S가 크기가 충분히 작은 모든 복소수를 포함한다는 점에 대한 자세한 증명은 연습문제 18에 나온다.

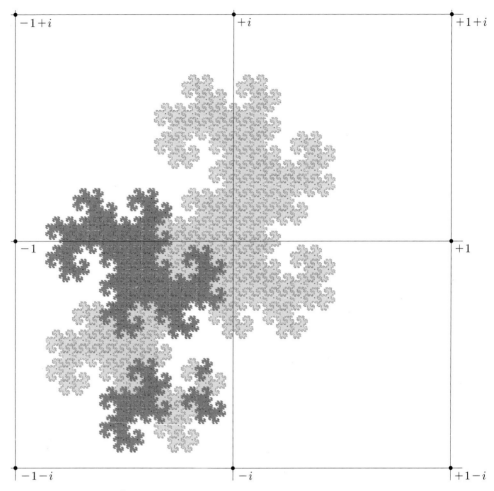

그림 1. "쌍용(twindragon)"이라고 부르는 프랙탈 집합.

아마도 모든 수체계 중 가장 멋진 것으로는 균형 3진(balanced ternary) 표기법을 꼽을 수 있을 것이다. 이것은 0, 1, 2 대신 -1, 0, $+1$을 "트리트(trit)"(ternary digit, 3진 숫자)로 사용하는 기수 3 표현이다. 다음이 이 수체계의 예로, -1을 기호 $\bar{1}$로 나타낸 것이다.

균형 3진	십진
$1\,0\,\bar{1}$	8
$1\,1\,\bar{1}\,0.\bar{1}\,\bar{1}$	$32\frac{5}{9}$
$\bar{1}\,\bar{1}\,1\,0.1\,1$	$-32\frac{5}{9}$
$\bar{1}\,\bar{1}\,1\,0$	-33
$0.1\,1\,1\,1\,1\,\ldots$	$\frac{1}{2}$

균형 3진체계의 한 수의 표현을 찾는 방법을 보자. 우선 보통의 3진 표기법 표현으로 시작한다. 예를 들면:

$$208.3 = (21201.022002200220\ldots)_3.$$

(임의의 수를 종이와 연필을 이용해서 아주 간단하게 3진 표기로 변환하는 방법이 연습문제 4.4-12에 나온다.) 이제 3진 표기법 하에서 여기에 무한수 ...11111.11111...을 더한다. 그러면 지금 예의 경우 다음과 같은 무한수가 나온다.

$$(\ldots 11111210012.210121012101\ldots)_3.$$

마지막으로 각 숫자를 1 감소시킴으로써 ...11111.11111...을 빼면 답이 나온다.

$$208.3 = (10\bar{1}\bar{1}01.10\bar{1}010\bar{1}010\bar{1}0\ldots)_3. \tag{8}$$

임의의 무한수 ...11111.11111...을 적절히 많은 1들로 된 수로 대체한다면 이 공정을 좀 더 엄격하게 만들 수 있음이 분명하다.

균형 3진수체계는 다음과 같은 여러 바람직한 성질들을 가지고 있다.

a) 한 수의 1과 $\bar{1}$를 교환하면 그 수의 음수가 된다.

b) 한 수의 부호는 최상위의 0이 아닌 트리트에 의해 결정된다. 그리고 일반적으로 임의의 두 수를 비교할 때에는 십진수체계에서처럼 수들을 왼쪽에서 오른쪽으로, 사전식 순서를 이용해 읽으면서 비교하면 된다.

c) 가장 가까운 정수로의 반올림 연산은 소수부 버림(truncation)과 동일하다. 다른 말로는, 그냥 기수점 오른쪽의 모든 것을 없애면 반올림이 된다.

균형 3진 체계의 덧셈은 다음과 같은 표를 이용해서 상당히 간단하게 수행할 수 있다.

$\bar{1}$	$\bar{1}$	$\bar{1}$	$\bar{1}$	$\bar{1}$	$\bar{1}$	$\bar{1}$	$\bar{1}$	$\bar{1}$	0	0	0	0	0	0	0	0	0	1	1	1	1	1	1	1	1	1
$\bar{1}$	$\bar{1}$	$\bar{1}$	0	0	0	1	1	1	$\bar{1}$	$\bar{1}$	$\bar{1}$	0	0	0	1	1	1	$\bar{1}$	$\bar{1}$	$\bar{1}$	0	0	0	1	1	1
$\bar{1}$	0	1	$\bar{1}$	0	1	$\bar{1}$	0	1	$\bar{1}$	0	1	$\bar{1}$	0	1	$\bar{1}$	0	1	$\bar{1}$	0	1	$\bar{1}$	0	1	$\bar{1}$	0	1
$\bar{1}0$	$\bar{1}\bar{1}$	$\bar{1}$	$\bar{1}1$	$\bar{1}$	0	$\bar{1}$	0	1	$\bar{1}1$	$\bar{1}$	0	$\bar{1}$	0	1	0	1	1$\bar{1}$	$\bar{1}$	0	1	0	1	1$\bar{1}$	1	1$\bar{1}$	10

(덧셈의 세 입력들은 더할 두 숫자와 자리 올림수이다.) 뺄셈은 두 번째 피연산수를 부정(부호 바꾸기)한 후 덧셈을 수행하면 된다. 곱셈은 다음 예에서 보듯이 부정과 덧셈으로 축약된다:

$$
\begin{array}{r}
1\,\bar{1}\,0\,\bar{1} \quad [17] \\
1\,\bar{1}\,0\,\bar{1} \quad [17] \\
\hline
\bar{1}\,1\,0\,1 \\
\bar{1}\,1\,0\,1 \\
1\,\bar{1}\,0\,\bar{1} \\
\hline
0\,1\,1\,\bar{1}\,\bar{1}\,0\,1 \quad [289]
\end{array}
$$

균형 3진 체계의 수 표현은 흔히 "바셰의 저울추 문제(Bachet's problem of weights)"라고 부르는 유명한 수학 퍼즐에 암묵적으로 나타나 있으나, 바셰가 그의 책을 쓰기 4세기 전에 이미 피보나치가 언급했고, 피보나치보다 100년 이상 이전에는 페르시아의 타바리Tabarī가 언급했었다. 〔W. Ahrens, *Mathematische Unterhaltungen und Spiele* **1** (Leipzig: Teubner, 1910), 3.4절; H. Hermelink, *Janus* **65** (1978), 105-117 참고.〕 음의 자릿수들로 된 위치수체계는 콜슨Colson이 창안한 후 〔*Philos. Trans.* **34** (1726), 161-173〕 곧 잊혀졌다가 약 100년 후에 레슬리경Sir John Leslie 〔*The Philosophy of Arithmetic* (Edinburgh: 1817); 33-34, 54, 64-65, 117, 150 참고〕과 코시A. Cauchy 〔*Comptes Rendus Acad. Sci.* **11** (Paris, 1840), 789-798〕에 의해서 다시 발견되었다. 코시는 음의 숫자들을 사용하면 5×5 이상의 구구단표는 외우지 않아도 된다고 지적했다. 그런 수체계들이 오래 전 인도에서 알려져 있었다는 주장이 있었으나 〔J. Bharati, *Vedic Mathematics* (Delhi: Motilal Banarsidass, 1965)〕, 슈클라K. S. Shukla에 의해서 반박되었다 〔*Mathematical Education* **5**, (1989), 129-133〕. "순수한" 균형 3진 표기법에 대한 진정한 최초의 문헌은 랄란Léon Lalanne의 한 논문이다 〔*Comptes Rendus Acad. Sci.* **11** (Paris, 1840), 903-905〕. 랄란은 산술을 위한 기계장치의 설계자였다. 거의 같은 시기에 그와는 독립적으로 파울러Thomas Fowler도 균형 3진 계산기를 발명, 구축했다 〔*Report British Assoc. Adv. Sci.* **10** (1840), 55; **11** (1841), 39-40 참고〕. 균형 3진수체계는 그 후 100년간 거의 언급되지 않다가 1945-1946년 Moore School of Electrical Engineering에서 최초의 전자 컴퓨터가 개발되면서 다시 주목을 받기 시작했다. 당시 균형 3진수체계는 십진수체계의 대안으로 진지하게 고려되었다. 균형 3진 산술을 위한 산술 회로가 이진 체계의 것보다 크게 복잡한 것은 아니며, 주어진 한 수를 균형 3진수체계로 표현하는 데에는 단 $\ln 2 / \ln 3 \approx 63\%$의 자리들만 필요할 뿐이다. 균형 3진수체계에 대한 논의가 *AMM* **57** (1950), 90-93과 *High-speed Computing Devices*, Engineering Research Associates (McGraw-Hill, 1950), 287-289에 나온다. 러시아의 실험적 컴퓨터 SETUN은 균형 3진 표기법에 기반을 두었다 〔*CACM* **3** (1960), 149-150〕. 이후 언젠가는, 그러니까 "플립-플롭(flip-flop)"이 "플립-플랩-플롭(flip-flap -flop)"으로 대체된다면, 균형 3진수체계의 대칭적 성질과 단순한 산술이 상당히 중요한 것임이 입증될 수 있을 것이다.

위치적 표기법의 한 가지 중요한 일반화는 혼합기수(mixed-radix) 체계이다. 수열 $\langle b_n \rangle$이 주어졌을 때(여기서 n은 음일 수도 있다), 다음과 같이 정의한다.

$$\begin{bmatrix} \dots, a_3, a_2, a_1, a_0; a_{-1}, a_{-2}, \dots \\ \dots, b_3, b_2, b_1, b_0; b_{-1}, b_{-2}, \dots \end{bmatrix}$$
$$= \dots + a_3 b_2 b_1 b_0 + a_2 b_1 b_0 + a_1 b_0 + a_0 + a_{-1}/b_{-1} + a_{-2}/b_{-1} b_{-2} + \dots. \tag{9}$$

가장 간단한 혼합기수 체계에서는 정수들만 다룬다. b_0, b_1, b_2, $\dots$ 을 1보다 큰 정수들로 두고 기수점이 없는 수들만 다루는 것이다. 이 때 a_n은 범위 $0 \le a_n < b_n$ 안에 놓여야 한다.

혼합기수 체계들 중 아주 중요한 것 하나는 $b_n = n + 2$인 계승 수체계(factorial number system)

이다. 13세기 인도에서 알려져 있었다고 하는 이 체계를 사용하면 모든 양의 정수를 다음과 같은 형태로 고유하게 표현할 수 있다.

$$c_n n! + c_{n-1} (n-1)! + \cdots + c_2 2! + c_1. \tag{10}$$

여기서 $1 \le k \le n$에 대해 $0 \le c_k \le k$이고 $c_n \ne 0$이다. (알고리즘 3.3.2P 참고.)

혼합기수 체계는 일상생활에서 측정 단위들을 다룰 때 흔히 볼 수 있다. 예를 들어 "3주 2일 9시간 22분 57초 492밀리 초"는

$$\begin{bmatrix} 3, & 2, & 9, & 22, & 57; & 492 \\ & 7, & 24, & 60, & 60; & 1000 \end{bmatrix} \text{초}$$

이다. 대영제국 건립 이전에 영국 화폐단위로 수량 "10파운드 6실링 3펜스 반페니"는 한 때 $\begin{bmatrix} 10, & 6, & 3; & 1 \\ & 20, & 12; & 2 \end{bmatrix}$와 같았다.

통상의 덧셈, 뺄셈 알고리즘의 한 직접적인 일반화를 이용해서 혼합기수 수들을 더하고 빼는 것이 가능하다. 물론 두 연산 모두에 대해 같은 혼합 기수 체계가 쓰인다고 가정할 때의 이야기이다(연습문제 4.3.1-9 참고). 비슷하게, 통상적인 종이와 연필 방법을 간단히 확장해서 혼합기수 수와 작은 정수 상수의 곱셈, 나눗셈을 쉽게 수행할 수 있다.

완전히 일반적인 형태로 혼합기수 체계를 처음으로 논의한 이는 칸토어Georg Cantor이다 〔*Zeitschrift für Math. und Physik* **14** (1869), 121-128〕. 이에 대해서는 연습문제 26과 29에서 좀 더 이야기한다.

무리기수에 관련된 몇 가지 질문들이 W. Parry, *Acta Math. Acad. Sci. Hung.* **11** (1960), 401-416에 연구되어 있다.

이번 절에서 설명한 수체계들 이외의 여러 수 표현 방식들이 이 책 시리즈의 다른 곳에 언급되어 있다: 조합수체계(연습문제 1.2.6-56), 피보나치 수체계(연습문제 1.2.8-34, 5.4.2-10), 파이(phi) 수체계(연습문제 1.2.8-35), 모듈식 표현(4.3.2절), 그레이 부호(7.2.1절), 로마숫자(9.1절).

연습문제

1. 〔*15*〕 $-10, -9, \ldots, 9, 10$을 기수가 -2인 수체계로 표현하라.

▶ **2.** 〔*24*〕 다음 네 수체계를 고찰한다: (a) 이진(부호 있는 크기), (b) 음의 이진(기수 -2), (c) 균형 3진, (d) 기수 $b = \frac{1}{10}$. 각 수체계를 이용해서 다음 세 수를 표현하라: (i) -49, (ii) $-3\frac{1}{7}$ (반복 주기를 보일 것), (iii) π (유효숫자 개수는 적절히 많게).

3. 〔*20*〕 $-49 + i$를 4진 허수 체계에서 표현하라.

4. 〔*15*〕 메모리 장소 A에는 기수점이 바이트 3과 4 사이에 놓이는 어떠한 수가 들어 있으며 장소 B에는 기수점이 바이트 2와 3 사이에 놓이는 어떠한 수가 들어 있는 MIX 프로그램이 있다고 하자.

(바이트 1이 제일 왼쪽 바이트이다.) 다음 명령들을 수행한 후 레지스터 A와 X에서 기수점은 어디에 놓일까?

(a) LDA A;   MUL B   (b) LDA A;   SRAX 5;   DIV B

5. [00] 9들의 보수 표기법에서의 음의 정수의 표현이 10의 보수 표기법에서의 해당 표현보다 항상 1 큰(그 표현들을 양수로 간주한다고 할 때) 이유를 설명하라.

6. [16] (a) 부호 있는 크기 이진 표기법(부호를 위한 비트 하나를 포함하는), (b) 2의 보수 표기법, (c) 1들의 보수 표기법에서 최대, 최소 p비트 정수들은 각각 무엇인가?

7. [M20] 본문에서는 10의 보수 표기법을 하나의 컴퓨터 워드로 표현되는 정수들에 대해서만 정의했다. "무한한 정밀도"를 가지는 모든 실수에 대한, 본문의 정의와 비슷한 10의 보수 표기법을 정의할 수 있을까? 비슷한 방식으로 모든 실수에 대한 9들의 보수 표기법을 정의하는 방법이 있을까?

8. [M10] 식 (5)를 증명하라.

▶ **9.** [15] 다음 8진수들을 16진 표기법으로 변환하라(16진 숫자로는 0, 1, …, 9, A, B, C, D, E, F를 사용할 것): *12*; *5655*; *2550276*; *76545336*; *3726755*.

10. [M22] 식 (5)를 (9)에 나온 혼합기수 표기법으로 일반화하라.

11. [22] 기수 -2 수체계를 이용해 $(a_n \dots a_1 a_0)_{-2}$와 $(b_n \dots b_1 b_0)_{-2}$의 합을 계산해서 답 $(c_{n+2} \dots c_1 c_0)_{-2}$를 내는 알고리즘을 고안하라.

12. [23] (a) 이진 부호 있는 크기 체계의 수 $\pm (a_n \dots a_0)_2$를 그것의 음의 이진 형태 $(b_{n+2} \dots b_0)_{-2}$로 변환하는 알고리즘을 명시하라. (b) 음의 이진수 $(b_{n+1} \dots b_0)_{-2}$를 해당 부호 있는 크기 형태 $\pm (a_{n+1} \dots a_0)_2$로 변환하는 알고리즘을 명시하라.

▶ **13.** [M21] 십진 체계에는 무한 소수전개가 두 가지인 수들이 존재한다. 예를 들어 2.3599999… = 2.3600000…이다. 음의 십진(기수 -10) 체계에서는 수들이 항상 단일한 전개를 가질까? 아니면 그런 체계에서도 서로 다른 두 무한 전개를 가진 실수들이 존재할까?

14. [14] 본문에서 설명한 방법을 이용해서, 4진허수 체계에서 $(11321)_{2i}$를 그 자신과 곱하라.

15. [M24] 그림 1에 비견할 수 있는, 음의 십진수체계에 대한 그리고 4진허수 수체계에 대한 집합 $S = \left\{ \sum_{k \geq 1} a_k b^{-k} \mid a_k \text{는 허용 가능한 숫자} \right\}$는 무엇인가?

16. [M24] $i-1$진수 체계에서 $(a_n \dots a_1 a_0)_{i-1}$에 1을 더하는 알고리즘을 설계하라.

17. [M30] 비슷하나 더 간단한 $i+1$ 대신 $i-1$이 수체계의 기수로 제안되었다는 점이 좀 의아할 수도 있겠다. 모든 복소수 $a+bi$(여기서 a와 b는 정수)를 오직 0과 1만 사용하는 기수 $i+1$ 위치수 체계로 표현할 수 있을까?

18. [HM32] 그림 1의 쌍용이 원점의 한 이웃(neigborhood, 근방)을 포함하는 하나의 닫힌 집합임을 보여라. (이에 의해 모든 복소수는 기수가 $i-1$인 이진 표현을 가진다.)

▶ **19.** [23] (메이툴러David W. Matula.) D가 $0 \le j < b$에 대한 합동식 $x \equiv j$ (modulo b)들의 해를 각각 하나씩만 담은, b개의 정수들의 집합이라고 하자. 모든 a_j는 D의 원소이고 $l = -\max\{a \mid a \in D\}/(b-1)$이며 $u = -\min\{a \mid a \in D\}/(b-1)$이라 할 때, 오직 범위 $l \le m \le u$의 모든 정수 m을 $m = (a_n \ldots a_0)_b$ 형태로 표현할 수 있을 때에만 모든 정수 m(양, 음, 0 모두)을 그런 형태로 표현할 수 있음을 증명하라. 예를 들어 $D = \{-1, 0, \ldots, b-2\}$는 모든 $b \ge 3$에 대해 그러한 조건들을 만족한다. [힌트: 해당 표현을 구축하는 알고리즘을 설계해 볼 것.]

20. [HM28] (메이툴러.) $\{0, 1, \ldots, 9\}$ 대신 $D = \{-1, 0, 8, 17, 26, 35, 44, 53, 62, 71\}$을 숫자로 사용하는 십진수체계를 생각해보자. 연습문제 19의 결과는 모든 실수가 D의 숫자들을 사용하는 각각 하나의 무한한 십진 전개를 가짐을 의미한다.

연습문제 13에서 지적했듯이, 보통의 십진수체계의 경우에는 일부 수들이 두 가지 표현을 가진다. (a) 둘보다 많은 D-십진 표현을 가진 한 실수를 찾아라. (b) 무한히 많은 D-십진 표현들을 가진 실수는 존재하지 않음을 보여라. (c) 둘 이상의 D-십진 표현들을 가진 수들이 셀 수 없이 많음을 보여라.

▶ **21.** [M22] (섀넌C. E. Shannon.) 모든 실수(양, 음, 0 모두)를 "균형 십진" 체계 안에서 표현할 수 있을까? 다시 말하면 모든 실수를 어떠한 정수 n과 어떠한 수열 $a_n, a_{n-1}, a_{n-2}, \ldots$에 대한 $\sum_{k \le n} a_k 10^k$의 형태로(여기서 각 a_k는 열 가지 수 $\left\{-4\frac{1}{2}, -3\frac{1}{2}, -2\frac{1}{2}, -1\frac{1}{2}, -\frac{1}{2}, \frac{1}{2}, 1\frac{1}{2}, 2\frac{1}{2}, 3\frac{1}{2}, 4\frac{1}{2}\right\}$ 중 하나) 표현할 수 있을까? (0은 허용되는 숫자들 중 하나가 아니지만, 여기서는 암묵적으로 $a_{n+1}, a_{n+2}, \ldots$이 0이라고 가정한다.) 이 수체계에서 0의 모든 표현과 단위원(unity)의 모든 표현을 구하라.

22. [HM25] $\alpha = -\sum_{m \ge 1} 10^{-m^2}$이라고 하자. $\epsilon > 0$와 임의의 실수 x가 주어졌을 때 $0 < |x - \sum_{k=0}^{n} a_k 10^k| < \epsilon$가 되는 "십진" 표현이 존재함을 증명하라. 여기서 각 a_k는 0, 1, α 중 하나이어야 한다. (이 표현에서는 10의 음의 거듭제곱이 전혀 쓰이지 않는다!)

23. [HM30] D가, 모든 양의 실수가 $\sum_{k \le n} a_k b^k$ 형태(여기서 a_k는 모두 $\in D$)의 표현을 가지는 b개의 실수들의 집합이라고 하자. 연습문제 20은 그 표현이 고유하지 않은 수들이 많이 있음을 보여준다. 그러나 만일 $0 \in D$이면 그러한 모든 수의 집합 T의 측도가 0임을 증명하라. 그리고 만일 $0 \not\in D$이면 이러한 결론이 반드시 참은 아님을 보여라.

24. [M35] 다음 세 조건을 만족하는 열 개의 음이 아닌 정수들의 집합 D는 무한히 많이 존재한다. 그러한 집합 D를 구하라. 조건은: (i) $\gcd(D) = 1$; (ii) $0 \in D$; (iii) 모든 양의 실수를 $\sum_{k \le n} a_k 10^k$ 형태(여기서 a_k는 모두 $\in D$)로 표현할 수 있다.

25. [M25] (쿡S. A. Cook.) b, u, v가 양의 정수들이고 $b \ge 2$이며 $0 < v < b^m$라고 하자. u/v의 기수 b 표현의 기수점 오른쪽 어디에도 $b-1$과 상등인 숫자 m개의 연속열이 존재하지 않음을 보여라. (관례상, 표준 기수 b 표현 안에서 무한히 많은 $(b-1)$들의 연속열들은 허용되지 않는다.)

▶ **26.** 〔HM30〕 (멘델손N. S. Mendelsohn.) $\langle \beta_n \rangle$이 $-\infty < n < \infty$인 모든 정수 n에 대해

$$\beta_n < \beta_{n+1}; \qquad \lim_{n \to \infty} \beta_n = \infty; \qquad \lim_{n \to \infty} \beta_n = 0$$

으로 정의되는 실수 수열이라고 하자. $\langle c_n \rangle$이 $-\infty < n < \infty$인 모든 정수 n에 대해 임의로 정의되는 양의 정수 수열이라고 하자. 그리고 만일 $x = \sum_{k \le n} a_k \beta_k$인 정수 n과 무한 정수 수열 $a_n, a_{n-1}, a_{n-2}, \ldots$이 존재한다면(여기서 $a_n \ne 0$, $0 \le a_k \le c_k$, 그리고 무한히 많은 k에 대해 $a_k < c_k$) 그러한 수 x가 "일반화된 표현"을 가진다고 칭하기로 하자. 모든 양의 실수 x는 오직

$$\text{모든 } n \text{에 대해} \qquad \beta_{n+1} = \sum_{k \le n} c_k \beta_k$$

일 때에만 정확히 하나의 일반화된 표현을 가짐을 보여라. (이에 의해, 정수 기수를 가진 혼합기수 체계들은 모두 그러한 성질을 가진다. 그리고 $\beta_1 = (c_0 + 1)\beta_0$, $\beta_2 = (c_1 + 1)(c_0 + 1)\beta_0$, $\ldots$, $\beta_{-1} = \beta_0/(c_{-1} + 1)$, $\ldots$인 혼합기수 체계는 이런 종류의 수체계들 중 가장 일반적인 체계이다.)

27. 〔M21〕 0이 아닌 모든 정수에는 고유한 "부호 교차(reversing) 이진 표현"

$$2^{e_0} - 2^{e_1} + \cdots + (-1)^t 2^{e_t}$$

(여기서 $e_0 < e_1 < \cdots < e_t$)이 존재함을 보여라.

▶ **28.** 〔M24〕 $a + bi$ 형태의(여기서 a와 b는 정수) 0이 아닌 모든 복소수에는 고유한 "회전(revolving) 이진 표현"

$$(1+i)^{e_0} + i(1+i)^{e_1} - (1+i)^{e_2} - i(1+i)^{e_3} + \cdots + i^t(1+i)^{e_t}$$

(여기서 $e_0 < e_1 < \cdots < e_t$)이 존재함을 보여라. (연습문제 27과 비교해 볼 것.)

29. 〔M35〕 (브라윈N. G. de Bruijn.) $S_0, S_1, S_2, \ldots$이 음이 아닌 정수들의 집합이라고 하자. 모임 (collection) $\{S_0, S_1, S_2, \ldots\}$에 대해, 만일 모든 음이 아닌 정수 n을 정확히 한 가지 방식으로

$$n = s_0 + s_1 + s_2 + \cdots, \qquad s_j \in S_j$$

형태로 표현할 수 있다면, 그러한 모임을 일컬어 성질 B를 가진다고 말한다. (성질 B는 모든 j에 대해 $0 \in S_j$임을 함의한다. 왜냐하면 $n = 0$은 오직 $0 + 0 + 0 + \cdots$으로만 표현할 수 있기 때문이다.) 만일 $S_j = \{0, B_j, \ldots, (b_j - 1)B_j\}$이고 $B_j = b_0 b_1 \ldots b_{j-1}$로 둔다면 $b_0, b_1, b_2, \ldots$인 임의의 혼합기수 수체계 기수는 성질 B를 만족하는 모임의 한 예가 된다. 이 때 $n = s_0 + s_1 + s_2 + \cdots$의 표현은 해당 혼합기수 표현 (9)와 명백한 한 가지 방식으로 대응된다. 더 나아가서, 만일 모임 $\{S_0, S_1, S_2, \ldots\}$이 성질 B를 가진다면, 그리고 $A_0, A_1, A_2, \ldots$이 음이 아닌 정수들의 임의의 분할들이면(그래서 $i \ne j$에 대해 $A_0 \cup A_1 \cup A_2 \cup \cdots = \{0, 1, 2, \ldots\}$이고 $A_i \cap A_j = \emptyset$이 된다면; 일부 A_j들은 공집합일 수 있다), T_j가 $s_i \in S_i$의 모든 가능한 선택들을 구간으로 하는 합 $\sum_{i \in A_j} s_i$ 전체의 집합인 "축약된(collapsed)" 모임 $\{T_0, T_1, T_2, \ldots\}$ 역시 성질 B를 가진다.

하나의 혼합기수 수체계에 대응되는 어떠한 모임 $\{S_0, S_1, S_2, \ldots\}$을 축약함으로써 성질 B를

만족하는 그 어떤 모임 $\{T_0, T_1, T_2, \ldots\}$도 얻을 수 있음을 보여라.

30. [M39] (브라원.) 음의 이진수체계는 모든 정수(양, 음, 0)에 다음과 같은 형태의 고유한 표현이 존재함을 보여준다.

$$(-2)^{e_1} + (-2)^{e_2} + \cdots + (-2)^{e_t}, \qquad e_1 > e_2 > \cdots > e_t \geq 0, \qquad t \geq 0.$$

이 연습문제의 목적은 이 현상의 일반화들을 탐구하는 데 있다.

a) $b_0, b_1, b_2, \ldots$이 모든 정수 n에 대해

$$n = b_{e_1} + b_{e_2} + \cdots + b_{e_t}, \qquad e_1 > e_2 > \cdots > e_t \geq 0, \qquad t \geq 0$$

형태의 표현이 존재하게 하는 정수 수열이라고 하자. (그러한 수열 $\langle b_n \rangle$을 "이진 기저(binary basis)"라고 부른다.) b_j는 홀수이나 b_k는 모든 $k \neq j$에 대해 짝수인 하나의 색인 j가 존재함을 보여라.

b) 이진 기저 $\langle b_n \rangle$을 항상 $d_0, 2d_1, 4d_2, \ldots = \langle 2^n d_n \rangle$ 형태로 재배치할 수 있음을 증명하라. 여기서 각 d_k는 홀수이다.

c) 부문제 (b)의 $d_0, d_1, d_2, \ldots$ 각각이 ± 1이라고 하자. 오직 무한히 많은 $+1$들과 무한히 많은 -1들이 존재할 때에만 $\langle b_n \rangle$이 하나의 이진 기저임을 증명하라.

d) $7, 13 \cdot 2, 7 \cdot 2^2, -13 \cdot 2^3, \ldots, 7 \cdot 2^{2k}, -13 \cdot 2^{2k+1}, \ldots$가 이진 기저임을 증명하고, $n = 1$의 표현을 구하라.

▶ **31.** [M35] 2의 보수 산술의 한 일반화로, 헨젤K. Hensel이 *Crelle* **127** (1904), 51-84에서 소개한 "2아딕 수(2-adic number)"라는 것이 있다. (사실 헨젤은 임의의 소수 p에 대한 p아딕 수를 다루었다.) 2아딕 수는 그 전개가 이진 소수점 왼쪽으로는 무한히 이어지지만 오른쪽으로는 오직 유한한 자리까지만 이어지는 형태의 이진수

$$u = (\ldots u_3 u_2 u_1 u_0 . u_{-1} \ldots u_{-n})_2$$

에 해당한다. 2아딕 수의 가감승제는 통상적인 산술 절차(원칙적으로는 왼쪽으로 무한히 전개될 수 있다)를 따른다. 예를 들면:

$$7 = (\ldots 000000000000111)_2 \qquad\qquad \frac{1}{7} = (\ldots 110110110110111)_2$$

$$-7 = (\ldots 111111111111001)_2 \qquad\qquad -\frac{1}{7} = (\ldots 001001001001001)_2$$

$$\frac{7}{4} = (\ldots 000000000000001.11)_2 \qquad\qquad \frac{1}{10} = (\ldots 110011001100110.1)_2$$

$$\sqrt{-7} = (\ldots 100000010110101)_2 \quad \text{또는} \quad (\ldots 011111101001011)_2.$$

여기서 7은 보통의 이진수 7이지만 -7은 그것의 2의 보수이다(왼쪽으로 무한히 전개됨). 통상적인 이진수 덧셈 절차를 무한히 반복한다면 $-7 + 7 = (\ldots 00000)_2 = 0$이 됨은 쉽게 확인할 수 있을 것이다. $\frac{1}{7}$과 $-\frac{1}{7}$의 값들은 7로 곱했을 때 각각 1과 -1이 나오는 고유한 2아딕 수들이다. $\frac{7}{4}$과

$\frac{1}{10}$의 값들은 2아딕 "정수"가 아닌 2아딕 수의 예이다. 정수가 아닌 것은 이진 소수점 오른쪽에 0이 아닌 비트들이 존재하기 때문이다. $\sqrt{-7}$의 두 값들은 서로의 음수들인데, 이들은 형식적으로 (formally) 제곱했을 때 값 $(\dots111111111111001)_2$가 나오는 유일한 2아딕 수들이다.

a) 임의의 2아딕 수 u를 임의의 0이 아닌 2아딕 수 v로 나누면 $u = vw$를 만족하는 고유한 2아딕 수 w가 나옴을 증명하라. (따라서 2아딕 수들의 집합은 하나의 "체(field)"를 이룬다. 4.6.1절을 볼 것.)

b) n이 양의 정수라 할 때, 유리수 $-1/(2n+1)$의 2아딕 표현을 다음과 같은 절차에 따라 구할 수 있음을 증명하라: 우선 $+1/(2n+1)$의 통상의 방법으로 이진 전개해서 0들과 1들의 임의의 숫자열 α에 대한 주기적 형태 $(0.\alpha\alpha\alpha\dots)_2$를 얻는다. 그러면 $-1/(2n+1)$은 수 $(\dots\alpha\alpha\alpha)_2$이 다.

c) 오직 u가 유리수(즉, 어떠한 정수 m과 n에 대해 $u = m/n$)일 때에만 u의 2아딕 표현이 궁극적으로 주기적(즉, 모든 큰 N과 어떠한 $\lambda \geq 1$에 대해 $u_{N+\lambda} = u_N$)임을 증명하라.

d) n이 정수라 할 때, $\sqrt{n}$은 오직 어떠한 음이 아닌 정수 k에 대해 $n \bmod 2^{2k+3} = 2^{2k}$를 만족할 때에만 2아딕 수임을 증명하라. (따라서 $n \bmod 8 = 1$ 아니면 $n \bmod 32 = 4$ 등의 가능성들이 존재한다.)

32. [*M40*] (루자 I. Z. Ruzsa.) 3진 표현이 오직 0과 1로만 된, 그리고 5진 표현이 오직 0, 1, 2로만 된 정수들을 무한히 많이 만드는 방법을 제안하라.

33. [*M40*] (클라너 D. A. Klarner.) D가 임의의 정수 집합이고 b가 임의의 양의 정수, 그리고 k_n이 기수가 b이고 D의 n개로 숫자 a_i들로 이루어진 수 $(a_{n-1}\dots a_1 a_0)_b$ 형태로 표현할 수 있는 서로 다른 정수들의 개수라고 하자. 수열 $\langle k_n \rangle$이 하나의 선형 점화식을 만족함을 증명하고, 생성함수 $\sum_n k_n z^n$을 계산하는 방법을 설명하라. $b = 3$, $D = \{-1, 0, 3\}$인 경우 k_n이 피보나치 수임을 보여서 독자의 알고리즘을 예증할 것.

▶ **34.** [*22*] (라이트비스너 G. W. Reitwiesner, 1960.) 주어진 정수 n을 각 a_j가 -1이나 0, 1인 $(\dots a_2 a_1 a_0)_2$ 형태로 표현하되 0이 아닌 숫자를 최소로 사용해서 표현하는 방법을 설명하라.

4.2. 부동소수점 산술

이번 절에서는 "부동소수점(floating point, 浮動小數點)" 수에 대한 산술 연산의 기본 원리들을 그런 계산에 깔린 내부적 메커니즘의 분석을 통해서 공부한다. 자신의 컴퓨터에 부동소수점 연산 명령이 있다는, 또는 운영체제에 적당한 서브루틴이 이미 존재한다는 이유로 이 주제에는 별 관심이 없는 독자들도 아마 많을 것이다. 그러나 사실 이번 절의 내용이 반드시 컴퓨터 설계 공학자나 새 컴퓨터를 위해 라이브러리 서브루틴들을 작성하는 특별한 소수의 프로그래머들에게만 의미를 가지는 것은 아니다. 모든 다재다능한 프로그래머는 부동소수점 산술의 기본 단계들에서 어떤 일이 일어나는지를 반드시 이해하고 있어야 한다. 대부분의 사람들이 생각하는 바와 달리, 이 주제는 결코 사소한 것이 아니다. 또한 엄청난 양의 흥미로운 정보와 관련된 중요한 주제이기도 하다.

4.2.1. 단정도 계산

A. 부동소수점 표기법. 4.1절에서는 수의 "고정소수점" 표기법을 논의했다. 고정소수점 표기에서 프로그래머는 자신이 다루는 수들에서 기수점이 어디에 놓이는지를 미리 알고 있다. 그러나 각 수에 현재의 기수점 위치에 대한 정보를 포함시켜서 기수점의 위치가 프로그램 실행 도중에 동적으로 변할 수 있도록, 즉 기수점이 "떠다닐(浮動)" 수 있도록 하는 것이 훨씬 더 편리한 경우가 많다. 이러한 발상은 오랫동안 과학 계산에 사용되어 왔다. 특히 아보가드로 수(Avogadro's number) $N = 6.02214 \times 10^{23}$ 같은 아주 큰 수나 플랑크 상수(Planck's constant) $h = 6.6261 \times 10^{-27}$ 같은 아주 작은 수를 표현할 때 즐겨 쓰이고 있다.

이번 절에서는 b진 q초과(excess) p자리 부동소수점 수를 다룬다. 그런 수를 다음과 같이 정의되는 값들의 쌍 (e, f)로 표현한다.

$$(e, f) = f \times b^{e-q}. \tag{1}$$

여기서 e는 특정 범위의 정수이고 f는 부호 있는 분수(유리수)이다. 관례적으로

$$|f| < 1$$

로 가정한다. 즉, 기수점은 f의 위치수체계 표현의 왼쪽에 나타난다. 좀 더 정확히 말하면, 우리가 다루는 수의 유효숫자가 p자리라는 제약은 $b^p f$가 정수이며

$$-b^p < b^p f < b^p \tag{2}$$

임을 뜻한다. "부동 이진(floating binary)"이라는 용어는 $b = 2$라는 뜻이고, "부동 십진(floating decimal)"은 $b = 10$을 뜻한다. 다른 기수의 부동소수점 수들도 같은 방식으로 이름 붙일 수 있다. 다음은 8자리 50초과 부동 십진수의 예이다.

$$\begin{aligned} \text{아보가드로 수} \quad & N = (74, +.60221400); \\ \text{플랑크 상수} \quad & h = (24, +.66261000). \end{aligned} \tag{3}$$

한 부동소수점 수의 두 성분 e와 f를 가리켜 각각 지수부(exponent part)와 분수부(fraction part, 또는 소수부)라고 부른다. (이들을 가리키는 다른 이름들도 있다. 특히 "특성(characteristic)"과 "가수(mantissa, 假數)"라는 용어들이 주목할만한데, 사실 분수부를 가수라고 부르는 것은 용어의 남용이다. 가수라는 용어는 로그와 관련해서 다른 의미를 가지고 있기 때문이다. 게다가 영어에서 mantissa는 "쓸데없는 더하기(worthless addition)"라는 의미를 가지고 있다.[†])

MIX 컴퓨터는 부동소수점 수가 다음과 같은 형태라고 가정한다.

$$\boxed{\pm \mid e \mid f \mid f \mid f \mid f}. \tag{4}$$

이는 b진 q초과, 정밀도 4바이트의 부동소수점 표기로, 여기서 b는 바이트 크기이다(이를테면 $b = 64$ 또는 $b = 100$). 그리고 q는 $\lfloor \frac{1}{2}b \rfloor$와 같다. 분수부는 $\pm f f f f$이고 e는 지수부로, 범위는 $0 \leq e < b$ 이다. 이러한 내부 표현은 현존하는 대부분의 컴퓨터에서 전형적인 관례이다. 물론 실제 컴퓨터들에서 는 b가 훨씬 더 작다.

B. 정규화된 계산. 하나의 부동소수점 수 (e, f)는 만일 f의 표현의 최상위 숫자가 0이 아니면

$$1/b \leq |f| < 1 \tag{5}$$

가 되도록, 또는 만일 $f = 0$이면 e가 허용되는 가장 작은 값을 가지도록 정규화(normalization)된다. 정규화된 두 부동소수점 수 중 어느 쪽이 더 큰지는 지수부를 먼저 비교해서 알 수 있다. 분수부는 오직 지수부가 같을 때에만 비교하면 된다.

현재 쓰이는 대부분의 부동소수점 루틴들은 거의 전적으로 정규화된 수들을 다룬다. 그런 루틴들 의 입력은 정규화된 수라고 가정되며, 출력도 항상 정규화된다. 이러한 관례들에서는 아주 작은 크기의 수를 적절한 개수의 숫자들로 표현할 수 있는 능력이 사라진다. 예를 들어 값 $(0, .00000001)$을 정규화하면 어쩔 수 없이 지수가 음이 된다. 대신 빠르기, 균등성, 그리고 계산의 상대 오차에 대해 비교적 간단한 한계들을 부여할 수 있는 능력을 얻는다. (비정규화 부동소수점 산술은 4.2.2절에서 논의한다.)

그럼 정규화된 부동소수점 연산을 자세히 공부해보자. 컴퓨터에 부동소수점 하드웨어가 포함되어 있지 않다는 가정 하에서, 그런 연산들을 위한 서브루틴들의 작성도 함께 살펴볼 것이다.

부동소수점 산술을 위한 기계어 서브루틴들은 컴퓨터에 크게 의존적인 방식으로, 주어진 컴퓨터 의 여러 기괴한 특성들에 기대어서 작성되는 것이 일반적이다. 따라서 서로 다른 컴퓨터를 위한 부동소 수점 덧셈 서브루틴에는 표면적인 유사성이 거의 없는 경우가 많다. 그래도 이진 및 십진 컴퓨터들의 여러 서브루틴들을 세심히 연구해 보면 실제로는 프로그램들에 공통점이 상당히 많음을 알 수 있으며, 따라서 이 주제를 특정 기계와 독립적인 방식으로 논의하는 것이 가능하다.

이번 절에서 논의할 첫(그리고 지금까지에서 가장 어려운!) 알고리즘은 다음과 같은 부동소수점 더하기 절차이다.

[†] 〔옮긴이 주〕 이는 한국어의 가수(假數) 역시 마찬가지이다. 가수 역시 로그에 관련해서 다른 의미를 가지고 있으며, 뜻풀이는 '거짓수'이다. 더 나아가서 가수에는 동음이의어가 (너무) 많다.

$$(e_u, f_u) \oplus (e_v, f_v) = (e_w, f_w). \tag{6}$$

부동소수점 산술은 원래부터 정확한 계산이 아니라 근사적인 계산이므로, 정확한 계산과 근사적 계산을 구분하기 위해 다음과 같은 "반올림" 기호들을 사용하기로 한다(순서대로 더하기, 빼기, 곱하기, 나누기):

$$\oplus, \quad \ominus, \quad \otimes, \quad \oslash.$$

부동소수점 덧셈에 깔린 기본 발상은 상당히 간단하다. $e_u \geq e_v$라는 가정 하에서 $e_w = e_u$, $f_w = f_u + f_v/b^{e_u - e_v}$를 취하고(즉, 의미 있는 덧셈에 대해 기수점 위치를 조정하는 것), 그 결과를 정규화한다는 것이다. 그러나 이러한 공정이 좀 더 복잡해지는 몇 가지 상황들이 벌어질 수 있다. 다음 알고리즘을 보면 올바른 덧셈 방법이 어떤 것인지를 이해할 수 있을 것이다.

알고리즘 A (부동소수점 덧셈). b진 q초과 p자리 정규화된 부동소수점 수 $u = (e_u, f_u)$와 $v = (e_v, f_v)$가 주어졌을 때 이 알고리즘은 합 $w = u \oplus v$를 만들어낸다. v를 $-v$로 대체한다면 이 알고리즘을 부동소수점 뺄셈에 사용할 수 있다.

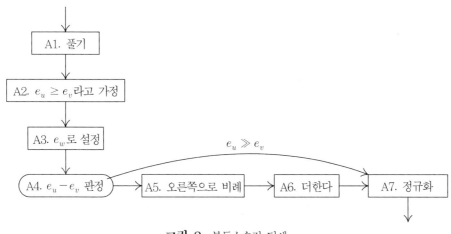

그림 2. 부동소수점 덧셈.

A1. 〔풀기.〕 u와 v 표현들에서 지수부와 분수부를 분리한다.

A2. 〔$e_u \geq e_v$라고 가정.〕 만일 $e_u < e_v$이면 u와 v를 교환한다. (단계 A2를 A1이나 이후의 어떤 단계들과 통합하는 것이 가장 바람직한 경우가 많다.)

A3. 〔e_w로 설정.〕 $e_w \leftarrow e_u$로 설정한다.

A4. 〔$e_u - e_v$ 판정.〕 만일 $e_u - e_v \geq p + 2$이면(지수가 크게 차이나면) $f_w \leftarrow f_u$로 설정하고 단계 A7로 간다. (이 알고리즘은 u가 정규화되었다고 가정하기 때문에 사실 여기서 알고리즘을 끝낼 수도 있다. 그러나 정규화되어 있지 않을 수도 있는 수에 0을 더함으로써 그 수를 정규화하는 것이 유용한 경우가 있다.)

A5. 〔오른쪽으로 비례.〕 f_v를 오른쪽으로 $e_u - e_v$자리 이동한다. 즉, $b^{e_u - e_v}$로 나눈다. 〔참고: 이러

면 최대 $p+1$ 자리까지의 자리 이동이 일어나고, 따라서 다음 단계(f_u를 f_v에 더한다)를 위해서 는 컴퓨터의 누산기(accumulator)가 기수점 오른쪽에 b진 숫자 $2p+1$개를 담을 수 있는 용량 이어야 한다. 그런 큰 누산기를 사용할 수 없다면, 적절한 제약조건과 함께 필요 자릿수를 $p+2$자 리 또는 $p+3$자리로 줄일 수도 있다. 상세한 내용은 연습문제 5를 볼 것.〕

A6. 〔더한다.〕 $f_w \leftarrow f_u + f_v$로 설정한다.

A7. 〔정규화.〕 (이 시점에서 (e_w, f_w)는 u와 v의 합을 표현하나, 아직 $|f_w|$가 p자리보다 클 수 있으며, 단위원보다 크거나 $1/b$보다 작을 수 있다.) 아래의 알고리즘 N을 수행해서 결과를 정규화하고 반올림 (e_w, f_w)를 최종적인 답으로 저장한다. ∎

알고리즘 N (정규화). "본연의(raw) 지수" e와 "본연의 분수" f를 정규화된 형식으로 변환하고, 필요하 다면 p자리로 반올림한다. 이 알고리즘은 $|f| < b$라고 가정한다.

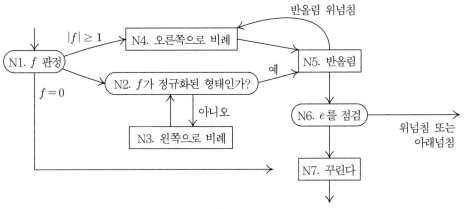

그림 3. (e, f)의 정규화.

N1. 〔f 판정.〕 만일 $|f| \geq 1$이면("분수부 위넘침") N4로 간다. 만일 $f = 0$이면 e를 지수로 가능한 가장 작은 값으로 설정하고 단계 N7로 간다.

N2. 〔f가 정규화된 형태인가?〕 만일 $|f| \geq 1/b$이면 단계 N5로 간다.

N3. 〔왼쪽으로 비례.〕 f를 왼쪽으로 한 자리 이동하고(즉, b를 곱한다) e를 1 감소시킨다. 단계 N2로 돌아간다.

N4. 〔오른쪽으로 비례.〕 f를 오른쪽으로 한 자리 이동하고(즉, b로 나눈다) e를 1 증가시킨다.

N5. 〔반올림.〕 f를 p자리로 반올림한다. (이는 f를 가장 가까운 b^{-p}의 배수로 변경하라는 뜻이다. $(b^p f) \bmod 1 = \frac{1}{2}$일 수 있으므로, 가장 가까운 배수는 두 개가 존재한다. 만일 b가 짝수이면 f를 $b^p f' + \frac{1}{2} b$가 홀수임을 만족하는 가장 가까운 b^{-p}의 배수 f'로 바꾼다. 반올림에 대한 좀 더 자세한 논의는 4.2.2절에 나온다.) 이 반올림 연산에 의해 $|f| = 1$이 될 수 있음을 주의할 것("반올림 위넘침"). 그런 경우에는 단계 N4로 돌아간다.

N6. 〔e를 점검.〕만일 e가 너무 크면, 즉 허용 범위를 넘으면, 지수 위넘침 조건이 감지된 것이다. 만일 e가 너무 작으면 지수 아래넘침 조건이 감지된 것이다. (아래의 논의를 볼 것. 이러한 결과는 주어진 범위 안의 정규화된 부동소수점 수로 표현할 수 없으므로 특별한 처리가 필요하다.)

N7. 〔꾸린다.〕e와 f를 요구된 형태의 출력 표현으로 적절히 저장한다. ∎

부동소수점 덧셈의 몇 가지 간단한 예들이 연습문제 4에 나온다.

다음은 (4) 형태의 부동소수점 수들의 덧셈, 뺄셈을 위한 MIX 서브루틴들로, 알고리즘 A와 N을 컴퓨터 프로그램으로 표현하면 어떤 모습이 되는지를 보여준다. 아래의 서브루틴들은 AAC라는 기호 이름에 해당하는 장소에 있는 값을 두 입력 중 u로, 서브루틴 진입 당시 레지스터 A에 설정되어 있는 값을 또 다른 입력 v로 가정한다. 출력 w는 레지스터 A와 장소 ACC 모두에 저장된다. 따라서 고정소수점 연산 코드

$$\text{LDA A;} \quad \text{ADD B;} \quad \text{SUB C;} \quad \text{STA D} \tag{7}$$

는 다음과 같은 부동소수점 코드열에 해당한다.

$$\text{LDA A,} \quad \text{STA ACC;} \quad \text{LDA B,} \quad \text{JMP FADD;} \quad \text{LDA C,} \quad \text{JMP FSUB;} \quad \text{STA D.} \tag{8}$$

프로그램 A (덧셈, 뺄셈, 정규화). 다음 프로그램은 알고리즘 A를 위한 서브루틴으로, 그 중 정규화 부분은 이번 장 이후에 나오는 다른 서브루틴들도 사용할 수 있도록 만들어졌다. 이 프로그램과 이번 장 전반의 다른 여러 프로그램들에서 OFLO는 MIX의 위넘침 토글이 예기치 않게 켜져 있을 때 그 사실에 대한 메시지를 출력하는 한 서브루틴을 의미한다. 바이트 크기 b는 4의 배수로 가정한다. 정규화 루틴 NORM은 $\text{rI2} = e$이고 $\text{rAX} = f$라고 가정하는데, 여기서 $\text{rA} = 0$이라는 것은 $\text{rX} = 0$과 $\text{rI2} < b$를 함의한다.

00	BYTE	EQU	1(4:4)	바이트 크기 b
01	EXP	EQU	1:1	지수 필드의 정의
02	FSUB	STA	TEMP	부동소수점 뺄셈 서브루틴:
03		LDAN	TEMP	피연산자의 부호를 변경한다.
04	FADD	STJ	EXITF	부동소수점 덧셈 루틴:
05		JOV	OFLO	위넘침이 꺼져 있는지 확인.
06		STA	TEMP	TEMP $\leftarrow v$.
07		LDX	ACC	rX $\leftarrow$ u.
08		CMPA	ACC(EXP)	<u>여기서 단계 A1, A2, A3이 결합된다:</u>
09		JGE	1F	만일 $e_v \geq e_u$이면 점프.
10		STX	FU(0:4)	FU $\leftarrow \pm f f f f\, 0$.
11		LD2	ACC(EXP)	rI2 $\leftarrow e_w$.
12		STA	FV(0:4)	
13		LD1N	TEMP(EXP)	rI1 $\leftarrow -e_v$.
14		JMP	4F	

15	1H	STA	FU(0:4)	FU ← ±ffff0 (u, v를 맞바꿈).
16		LD2	TEMP(EXP)	rI2 ← e_w.
17		STX	FV(0:4)	
18		LD1N	ACC(EXP)	rI1 ← $-e_v$.
19	4H	INC1	0,2	rI1 ← $e_u - e_v$. (단계 A4는 필요 없음.)
20	5H	LDA	FV	_A5. 오른쪽으로 비례._
21		ENTX	0	rX를 비운다.
22		SRAX	0,1	오른쪽으로 $e_u - e_v$자리 이동.
23	6H	ADD	FU	_A6. 더한다._
24		JOV	N4	_A7. 정규화._ 만일 분수부 위넘침이면 점프
25		JXZ	NORM	쉬운 경우?
26		LD1	FV(0:1)	부호들이 반대인지 점검.
27		JAP	1F	
28		J1N	N2	아니면 정규화한다.
29		JMP	2F	
30	1H	J1P	N2	
31	2H	SRC	5	$\lvert rX \rvert \leftrightarrow \lvert rA \rvert$.
32		DECX	1	(rX는 양수임.)
33		STA	TEMP	(연산자들의 부호가 서로 반대임.
34		STA	HALF(0:0)	반올림과 정규화 전에 레지스터들을
35		LDAN	TEMP	조정해야 한다.)
36		ADD	HALF	
37		ADD	HALF	최하위 부분을 보수화한다.
38		SRC	5	정규화 루틴으로 점프.
39		JMP	N2	
40	HALF	CON	1//2	2분의 1 워드(부호는 가변적)
41	FU	CON	0	분수부 f_u
42	FV	CON	0	분수부 f_v
43	NORM	JAZ	ZRO	_N1. f를 판정._
44	N2	CMPA	=0=(1:1)	_N2. f가 정규화된 형태인가?_
45		JNE	N5	만일 선행 바이트가 0이 아니면 N5로.
46	N3	SLAX	1	_N3. 왼쪽으로 비례._
47		DEC2	1	e를 1 감소.
48		JMP	N2	N2로 돌아간다.
49	N4	ENTX	1	_N4. 오른쪽으로 비례._
50		SRC	1	오른쪽 자리 이동. "1"을 적절한 부호와 함께 삽입.
51		INC2	1	e를 1 증가.
52	N5	CMPA	=BYTE/2=(5:5)	_N5. 반올림._
53		JL	N6	$\lvert \text{tail} \rvert < \frac{1}{2}b$인가?
54		JG	5F	
55		JXNZ	5F	$\lvert \text{tail} \rvert > \frac{1}{2}b$인가?

56		STA	TEMP	$\lvert \text{tail} \rvert = \frac{1}{2}b$; 홀수로 반올림.
57		LDX	TEMP(4:4)	
58		JXO	N6	만일 rX가 홀수이면 N6으로.
59	5H	STA	*+1(0:0)	rA의 부호를 저장.
60		INCA	BYTE	b^{-4}를 $\lvert f \rvert$에 더함. (부호는 가변적)
61		JOV	N4	반올림 위넘침 점검.
62	N6	J2N	EXPUN	_N6. e를 점검._ 만일 $e < 0$이면 아래넘침.
63	N7	ENTX	0,2	_N7. 꾸린다._ rX $\leftarrow e$.
64		SRC	1	
65	ZRO	DEC2	BYTE	rI2 $\leftarrow e - b$.
66	8H	STA	ACC	
67	EXITF	J2N	*	$e \geq b$가 아니면 나감.
68	EXPOV	HLT	2	지수 위넘침 검출됨
69	EXPUN	HLT	1	지수 아래넘침 검출됨
70	ACC	CON	0	부동소수점 누산기 ■

줄 26에서 40까지의 비교적 긴 코드 부분은, 알고리즘 A가 일반적으로 $2p + 1 = 9$자리의 정확도를 요구하지만 MIX에서 부호 있는 수들의 덧셈에 사용할 수 있는 누산기는 크기가 단 5바이트밖에 되지 않기 때문에 필요한 것이다. 정확도를 조금 희생할 수 있는 경우라면 프로그램을 지금의 반 정도 길이로 줄이는 것도 가능하다. 그러나 다음 절에서는 완전한 정확도가 중요한 것임을 보게 될 것이다. 줄 58은 4.5.2절에서 정의하는 비표준 MIX 명령을 사용한다. 부동소수점 덧셈과 뺄셈의 실행 시간은 여러 요인들에 의존하는데, 이에 대해서는 4.2.4절에서 분석한다.

그럼 곱셈과 나눗셈으로 넘어가자. 이들은 덧셈보다 간단하며, 서로는 다소 비슷하다.

알고리즘 M (부동소수점 곱셈 또는 나눗셈). b진 q초과 p자리 정규화된 부동소수점 수 $u = (e_u, f_u)$와 $v = (e_v, f_v)$가 주어졌을 때 이 알고리즘은 곱 $w = u \otimes v$ 또는 몫 $w = u \oslash v$를 만든다.

M1. 〔풀기.〕 u와 v 표현들의 지수부와 분수부를 분리한다. (꼭 필요하지는 않지만, 이 단계에서 피연산자들이 0인지를 점검해두는 것이 편할 수 있다.)

M2. 〔연산.〕 다음과 같이 설정한다.

$$
\begin{aligned}
&\text{곱하기의 경우} \quad e_w \leftarrow e_u + e_v - q, &&f_w \leftarrow f_u f_v; \\
&\text{나누기의 경우} \quad e_w \leftarrow e_u - e_v + q + 1, &&f_w \leftarrow (b^{-1} f_u)/f_v.
\end{aligned}
\tag{9}
$$

(입력 값들이 정규화되어 있다는 가정에 의해, $f_w = 0$ 아니면 $1/b^2 \leq \lvert f_w \rvert < 1$ 아니면 0으로 나누기(division-by-zero) 오류인 것이다.) 필요하다면 연습문제 5에서처럼 이 시점에서 f_w의 표현을 $p + 2$자리나 $p + 3$자리로 줄여도 된다.

M3. 〔정규화.〕 (e_w, f_w)에 대해 알고리즘 N을 수행해서 결과를 정규화, 반올림, 압축한다. (참고: 이 경우는 정규화가 더 쉽다. 왜냐하면 왼쪽 자리이동이 많아야 한 번만 일어나고 나누기 이후에

는 반올림 위넘침이 발생할 수 없기 때문이다.) ∎

다음은 프로그램 A와 함께 쓰이도록 고안된 곱셈·나눗셈용 MIX 서브루틴들로, 알고리즘 M에서 제기되는 컴퓨터 구현 관련 고려사항들을 엿볼 수 있다.

프로그램 M (부동소수점 곱셈과 나눗셈).

01	Q	EQU	BYTE/2	q는 바이트 크기의 절반.
02	FMUL	STJ	EXITF	부동소수점 곱셈 루틴:
03		JOV	OFLO	위넘침이 꺼져 있는지 확인.
04		STA	TEMP	TEMP ← v.
05		LDX	ACC	rX ← u.
06		STX	FU(0:4)	FU ← $\pm ffff0$.
07		LD1	TEMP(EXP)	
08		LD2	ACC(EXP)	
09		INC2	-Q,1	rI2 ← $e_u + e_v - q$.
10		SLA	1	
11		MUL	FU	f_u와 f_v를 곱한다.
12		JMP	NORM	정규화, 반올림, 복귀.
13	FDIV	STJ	EXITF	부동소수점 나눗셈 서브루틴:
14		JOV	OFLO	위넘침이 꺼져 있는지 확인.
15		STA	TEMP	TEMP ← v.
16		STA	FV(0:4)	FV ← $\pm ffff0$.
17		LD1	TEMP(EXP)	
18		LD2	ACC(EXP)	
19		DEC2	-Q,1	rI2 ← $e_u - e_v + q$.
20		ENTX	0	
21		LDA	ACC	
22		SLA	1	rA ← f_u.
23		CMPA	FV(1:5)	
24		JL	*+3	만일 $|f_u| < |f_v|$이면 점프
25		SRA	1	그렇지 않으면 f_u를 오른쪽으로 비례하고
26		INC2	1	rI2를 1 증가한다.
27		DIV	FV	나누기.
28		JNOV	NORM	정규화, 반올림, 복귀.
29	DVZRO	HLT	3	정규화되지 않음 또는 0으로 나누기 오류 ∎

이 프로그램에서 가장 주목할만한 부분은 줄 23-26의 나누기를 위한 처리인데, 그 목적은 답의 반올림이 충분한 정확도를 가지도록 하는 데 있다. $|f_u| < |f_v|$인 경우 알고리즘 M을 그대로 적용하면 레지스터 A에는 $\pm 0ffff$ 형태의 결과가 남게 되고, 그러면 나머지(레지스터 X에 있는 것)를 신중하게 분석하지 않는 이상 제대로 된 반올림이 이루어지지 않는다. 그런 경우 프로그램은 $f_w \leftarrow f_u/f_v$를

수행해서 f_w가 모든 경우에서 0 또는 정규화된 값을 가지도록 한다. 이렇게 하고 나면 유효숫자 다섯 자리로의 반올림을 진행할 수 있다(필요하다면 나머지가 0인지의 판정과 함께).

종종 값들의 고정소수점 표현과 부동소수점 표현 사이의 변환이 필요한 경우가 있다. 앞에 나온 정규화 알고리즘을 활용한다면 "고정에서 부동으로" 루틴을 쉽게 만들어낼 수 있다. 예를 들어 다음은 MIX에서 하나의 정수를 부동소수점 형태로 변환하는 서브루틴이다.

```
01   FLOT  STJ   EXITF      rA이 정수 u라고 가정.
02         JOV   OFLO       위넘침 토글이 꺼져 있는지 확인.
03         ENT2  Q+5        본연의 지수를 설정.                      (10)
04         ENTX  0
05         JMP   NORM       정규화, 반올림, 복귀. ∎
```

"부동에서 고정으로" 서브루틴은 연습문제 14에 나온다.

부동소수점 서브루틴의 디버깅은 대체로 어렵다. 왜냐하면 고려해야 할 경우들이 많기 때문이다. 다음은 부동소수점 루틴을 작성하는 프로그래머나 컴퓨터 설계자가 자주 빠지는 함정들이다.

1) 부호 소실. 많은 컴퓨터들에서(MIX는 아님) 레지스터의 자리이동 명령이 부호에 영향을 미치므로, 수의 정규화와 비례에 쓰이는 자리이동 연산들을 반드시 세심하게 분석해야 한다. 음의 0이 존재하는 경우에도 종종 부호가 소실된다. (예를 들어 프로그램 A는 줄 33-37에서 레지스터 A의 부호를 세심하게 보존, 복원한다. 연습문제 6도 볼 것.)

2) 지수 위넘침, 아래넘침을 제대로 다루지 못함. e_w의 크기는 반드시 반올림과 정규화를 마친 후에 점검해야 한다. 미리 판정하면 잘못된 판단을 내리게 될 수 있다. 지수 아래넘침과 위넘침은 곱셈과 나눗셈뿐만 아니라 덧셈과 뺄셈에서도 발생한다. 그런 일이 흔하지는 않지만, 그래도 매번 점검해야 한다. 위넘침이나 아래넘침이 발생한 후에 의미 있는 보정을 수행할 수 있으려면 그에 충분한 정보를 보존해 두어야 한다.

안타깝게도, 지수 아래넘침을 무시하고 아래넘침이 일어난 결과를 그냥(오류를 보고하지 않고) 0으로 설정해 버리는 경우가 많다. 그러면 대부분의 경우 정확도가 심각하게 손실되며(사실 이는 모든 유효숫자들을 잃는 것이다), 부동소수점 산술에 깔린 가정들이 깨진다. 따라서 아래넘침이 발생했다면 그 사실을 프로그래머가 반드시 알 수 있도록 해야 한다. 결과를 0으로 설정하는 것은 나중에 결과에 상당히 큰 수량이 더해지는 경우에서만 적합한 일이다. 지수 아래넘침을 검출하지 않는다면, 예를 들어 $u \otimes v$는 지수 아래넘침을 일으키지만 $u \otimes (v \otimes w)$는 어떠한 지수도 범위를 넘지 않고 계산된다고 할 때, $(u \otimes v) \otimes w$는 0이지만 $u \otimes (v \otimes w)$는 0이 아닌 해괴한 상황이 생긴다. 비슷하게, 지수 아래넘침을 검출하지 않으면 a, b, c, d, y가 모두 양수임에도

$$(a \otimes y \oplus b) \oslash (c \otimes y \oplus d) \approx \frac{2}{3},$$
$$(a \oplus b \oslash y) \oslash (c \oplus d \oslash y) = 1 \tag{11}$$

라는 결과가 나올 수 있다. (연습문제 9 참고) 부동소수점 루틴들이 엄밀하게 정확한 것은 아니지만, a, b, c, d, y가 모두 양인 상황에서 (11)과 같은 불일치가 발생한다는 것은 예측하기 힘든 일임이 확실하다. 프로그래머가 지수 아래넘침을 미리 예상하는 경우는 별로 없으므로, 서브루틴이 반드시 보고해 주어야 한다.*

3) 쓰레기가 삽입됨. 왼쪽으로의 비례에서 오른쪽에 0 이외의 어떤 것도 들어오지 않도록 하는 것이 중요하다. 예를 들어 프로그램 A의 줄 21의 "ENTX 0"과 FLOT 서브루틴 (10)의 줄 04에 있는, 간과하기가 너무 쉬운 "ENTX 0"이 그러한 목적으로 존재하는 것이다. (그러나 나눗셈 서브루틴에서 줄 27 이후에 레지스터 X를 0으로 비우는 것은 실수일 수 있다.)

4) 예기치 못한 반올림 위넘침. .999999997 같은 수를 8자리로 반올림하면 십진 소수점 왼쪽에서 올림이 발생한다. $|f_u f_v|$의 최대값, 즉 $1 - 2b^{-p} + b^{-2p}$을 보고는 곱셈에서 반올림이 결코 일어나지 않을 것이라는 잘못된 결론을 내리는 사람이 많다. 그런 추론에서 무엇이 오류인지를 연습문제 11에서 밝힌다. 흥미롭게도 부동소수점 나눗셈 도중에는 반올림 위넘침 현상이 정말로 불가능하다(연습문제 12 참고).

.999999997 같은 수를 1.0000000 대신 .99999999로 "반올림"해도 무방하다는 주장이 있다. 그렇게 해도 상대 오차에 대한 최악의 경우의 한계들이 증가하지 않는다는 것이 그 이유이다. 부동 십진수 1.0000000은 구간

$$[1.0000000 - 5 \times 10^{-8} .. \ 1.0000000 + 5 \times 10^{-8}]$$

의 모든 실수 값들을 대표한다고 할 수 있다. 한편 .99999999는 그보다 좀 작은 구간

$$(.99999999 - 5 \times 10^{-9} .. \ .99999999 + 5 \times 10^{-9})$$

의 모든 값들을 대표한다. 두 번째 구간이 원래의 값 .999999997을 포함하지는 않지만, 그래도 그 구간의 모든 값은 첫 번째 구간에도 포함되므로, 두 번째 구간으로 수행하는 이후의 계산들이 첫

---

* 〔주〕 한편, 오늘날의 고수준 프로그래밍 언어들은 부동소수점 루틴이 제공하는 것이 바람직한 그러한 정보를 프로그래머가 활용할 수 있도록 하는 적절한 수단을 제공하지 않는다는 점을 인정해야 할 것이다. 이번 절의 MIX 프로그램들은 오류가 검출되었을 때 그냥 프로그램을 중단한다는 점에서 더 나쁘다. 지수 아래넘침이 그다지 해가 되지 않는 중요한 응용들도 많이 있으며, 그런 상황을 프로그래머가 쉽고도 안전하게 다룰 수 있는 방법을 찾는 것이 바람직하다. 아래넘침을 그냥 0으로 대체하는 관행은 철저히 비판되어 왔으나, 최근에는 다른 대안이 인기를 얻고 있다. 어떤 것이냐 하면 지수가 허용되는 가장 작은 값일 때에는 분수부가 정규화되지 않아도 되도록 하는 식으로 부동소수점 수에 대한 정의를 수정하는 것이다. "점진적 아래넘침(gradual underflow)"이라고 부르는 이런 방법은 Electrologica X8 컴퓨터의 하드웨어에 처음 사용되었다. 이 방법을 사용하게 되면 알고리즘들은 약간 더 복잡해질 뿐이며, 덧셈이나 뺄셈에서는 지수 아래넘침이 결코 발생하지 않게 된다. 점진적 아래넘침이 쓰이는 경우 4.2.2절의 상대오차에 대한 간단한 공식들은 더 이상 성립하지 않게 되므로, 이 주제는 이 책의 범위를 넘는 것이라 할 수 있다. 그러나 $\text{round}(x) = x(1 - \delta) + \epsilon$(여기서 $|\delta| < b^{1-p}/2$이고 $|\epsilon| < b^{-p-q}/2$) 같은 공식을 사용한다면 많은 중요한 경우들에서 점진적 아래넘침이 성공적임을 보이는 것이 가능하다. W. M. Kahan, J. Palmer, *ACM SIGNUM Newsletter* (1979년 10월), 13-21 참고.

번째 것보다 덜 정확하지는 않은 것이다. 그러나 이런 영리한 논증은 4.2.2절에서 서술하는 부동소수점 산술의 수학적 원리와는 맞지 않는다.

5) 정규화 전에 반올림을 수행. 반올림을 성급하게 잘못된 자리에서 수행해서 정확도 손실이 일어나기도 한다. 이런 실수는 적절한 위치보다 더 왼쪽에서 반올림을 하는 경우에 두드러지나, 너무 오른쪽에서 먼저 반올림한 후 제대로 된 위치에서 반올림하는 덜 명백한 경우 역시 위험하다. 이러한 이유로, 연습문제 5에 나오는 경우를 제외할 때 단계 A5의 "오른쪽으로 비례" 연산 도중에 반올림을 하는 것은 실수이다. (그러나 단계 N5에서 반올림한 후 반올림 위넘침이 생겼으면 다시 반올림하는 특별한 경우는 문제가 되지 않는데, 왜냐하면 반올림 위넘침이 생겼을 때의 결과는 항상 ± 1.0000000이며, 그런 값들은 이후의 반올림 공정들로부터 영향을 받지 않기 때문이다.)

6) 중간 계산들에서 충분한 정밀도를 유지하지 못하는 문제. 부동소수점 산술의 정확도를 면밀히 분석해 보면(다음 절에서 그렇게 한다), 정규화 부동소수점 루틴은 항상 가능한 최대의 정확도를 가지도록 적절히 반올림된 결과를 내야 함을 알 수 있다. 이러한 단언에는 예외가 없어야 한다. 극도로 낮은 확률로 생기는 경우들에서도 마찬가지이다. 알고리즘 A와 M에 나타나 있듯이, 계산 전반에서 적절한 유효숫자 개수를 유지해야 한다.

C. 부동소수점 하드웨어. 거의 모든 과학 계산용 대형 컴퓨터에는 부동소수점 산술 기능이 내장 연산 수단의 일부로 포함되어 있다. 안타깝게도 그런 하드웨어의 설계에는 특정 상황에서 실망스러울 만큼 나쁜 습성을 야기하는 비정상적 특징들이 다소 포함되어 있다. 미래의 컴퓨터 설계자들이 과거의 것보다 적절한 습성을 제공하는 데 더 많은 주의를 기울이길 바랄 뿐이다. 컴퓨터를 제대로 구축하는 데에는 약간의 비용만 추가될 뿐이며, 다음 절에서 살펴볼 고려사항들은 그러한 약간의 비용으로 상당한 이득을 얻을 수 있음을 말해준다. 우리가 알고 있는 바에 근거할 때, 과거의 절충안들은 오늘날의 컴퓨터에 더 이상 적합하지 않다.

이 책 시리즈에서 "전형적" 컴퓨터의 예로 쓰이는 MIX 컴퓨터에는 선택적인(그리고 추가 비용으로 구비할 수 있는) "부동소수점 부가장치"가 있는데, 여기에는 다음과 같은 일곱 개의 연산들을 포함된다.

- FADD, FSUB, FMUL, FDIV, FLOT, FCMP (각각 $C = 1, 2, 3, 4, 5, 56$; $F = 6$). 연산 "FADD V" 이후의 rA의 내용은 연산

$$\text{STA ACC; \quad LDA V; \quad JMP FADD}$$

들 이후의 rA의 내용과 같다. 마지막 점프 명령의 대상인 FADD 서브루틴은 두 피연산자가 정규화된 형태가 아니면 서브루틴 진입 전에 정규화된다는 점만 제외하고는 이번 절에 나왔던 서브루틴과 같다. (답을 정규화하는 과정이 아니라 서브루틴 진입 이전의 정규화 과정에서 지수 아래넘침이 발생하는 경우에는 아래넘침 조건이 발동되지 않는다.) FSUB, FMUL, FDIV도 마찬가지 방식이다. 연산 "FLOT" 이후의 rA의 내용은 이전에 나온 서브루틴 (10)의 "JMP FLOT" 이후의 rA의 내용과 같다.

연산 "FCMP V"는 rA의 내용을 변경하지 않는다. 이 명령은 rA의 내용이 V보다 "확실히 작다", "근사적으로 같다", "확실히 크다"에 따라 비교 지시자를 각각 LESS, EQUAL, GREATER로 설정한다. "확실히 작다" 등의 개념은 다음 절에서 논의한다. 이 연산의 구체적인 작동 방식은 연습문제 4.2.2-17 의 서브루틴 FCMP에 의해 정의된다(장소 0에 EPSILON이 있다고 가정할 때).

이 부동소수점 연산들은 rA 이외의 레지스터들에는 영향을 미치지 않는다. 만일 지수 위넘침이나 아래넘침이 발생하면 위넘침 토글이 켜지고, 답의 지수는 바이트 크기로 나눈 나머지가 된다. 0으로 나누기가 발생하면 정의되지 않은 쓰레기가 rA에 남게 된다. 수행 시간은 각각 $4u$, $4u$, $9u$, $11u$, $3u$, $4u$이다.

● FIX (C = 5; F = 7). rA의 내용이 정수 "round(rA)"로 대체된다. 알고리즘 N의 단계 N5에서처럼 가장 가까운 정수로 반올림되는 것이다. 그러나 이 답이 레지스터에 들어가기에는 너무 크다면 위넘침 토글이 켜지고, 결과는 정의되지 않는다. 수행 시간: $3u$.

부동소수점 연산자들을 비표준적인 방식으로 사용하는 게 도움이 되는 경우가 가끔 있다. 예를 들어 연산 FLOT가 MIX의 부동소수점 부가장치에 포함되어 있지 않다고 해도, 4바이트 수에 대한 그 연산의 효과를 다른 명령들로 달성하는 것은 어렵지 않다. 다음과 같이 하면 된다:

$$
\begin{array}{lll}
\text{FLOT} & \text{STJ} & \text{9F} \\
 & \text{SLA} & 1 \\
 & \text{ENTX} & \text{Q+4} \\
 & \text{SRC} & 1 \\
 & \text{FADD} & \text{=0=} \\
\text{9H} & \text{JMP} & * \quad \blacksquare
\end{array}
\tag{12}
$$

이 루틴이 FLOT 연산자와 엄밀하게 동치인 것은 아니다. 왜냐하면 이 루틴은 rA의 1 : 1 바이트가 0이라고 가정하며 rX를 파괴하기 때문이다. 좀 더 일반적인 상황들은 FLOT 연산 도중에도 반올림 위넘침이 발생할 수 있기 때문에 다루기가 약간 까다롭다.

비슷하게, MIX에 FADD는 있지만 FIX는 없다고 가정하자. 만일 부동소수점 형태의 수 u를 가장 가까운 고정 소수점 정수로 반올림하고자 한다면, 그리고 그 수가 음이 아니며 많아야 3바이트 안에 들어갈 수 있음을 알고 있다면, 다음과 같은 코드로 그러한 반올림을 수행할 수 있다.

FADD FUDGE

여기서 장소 FUDGE에는 상수

+	Q+4	1	0	0	0

이 들어 있으며, rA에 담기는 결과는

+	Q+4	1	round(u)		

$$\tag{13}$$

가 된다.

D. 역사 및 문헌정보. 부동소수점 표기법의 기원은 바빌로니아 수학자들까지 거슬러 올라간다(B.C. 1800년 이전). 그들은 60진 부동소수점 산술을 광범위하게 사용했으나 지수에 대한 표기법을 고안하지는 않았다. 적절한 지수는 항상 계산을 수행하는 사람이 어떤 방식으로든 "파악"해야 했다. 피연산수들의 자리를 제대로 맞추지 않아서 덧셈의 결과가 잘못된 사례가 적어도 하나는 발견되었지만, 그런 사례는 매우 드물다. O. Neugebauer, *The Exact Sciences in Antiquity* (Princeton, N. J.: Princeton University Press, 1952), 26-27을 볼 것. 초기 부동소수점 표기법의 발전에는 그리스 수학자 아폴로니우스Apollonius (B.C. 3세기)도 기여했다. 그가 10의 거듭제곱들을 그 계수들과 분리해 모음으로써 곱셈을 단순화하는 방법을 처음 설명한 사람인 것은 분명하다. 〔아폴로니우스의 방법에 대한 논의로는 Pappus, *Mathematical Collections* (A.D. 4세기)가 있다.〕 바빌로니아 문명이 사라진 후 곱과 몫에 대한 부동소수점 표기법의 의미 있는 용례는, 로그가 발명되고(1600) 얼마 후 오트레드Oughtred가 계산자(slide rule, 또는 계산척)를 발명하는 시기(1630)에 이르기까지 오랫동안 나타나지 않았다. 비슷한 시기에 지수에 대한 현대적인 표기법 x^n이 등장했다. 그 전까지는 x제곱, x세제곱 등에 대해서 각각 개별적인 기호가 사용되었다.

부동소수점 산술은 일부 초창기 컴퓨터들의 설계에 포함되었다. 1914년 마드리드의 케베도 Leonardo Torres y Quevedo와 1936년 베를린에서의 추제Konrad Zuse, 그리고 1939년 뉴저지에서의 스티비츠George Stibitz 등이 그에 대해 제안했던 사람들이다. 추제의 컴퓨터는 그가 "준로그적 표기법(semi-logarithmic notation)"이라고 부른 부동 이진 표현을 사용했다. 그는 또한 "∞"와 "정의되지 않음" 같은 특별한 수량을 다루는 관례들도 구체화한 인물이다. 부동소수점 하드웨어 연산 기능을 가진 최초의 미국산 컴퓨터는 Bell Laboratories의 Model V와 Harvard Mark II로, 둘 다 1944년에 설계된 계전기(relay)식 계산기였다. 〔B. Randell, *The Origins of Digital Computers* (Berlin: Springer, 1973), 100, 155, 163-164, 259-260; *Proc. Symp. Large-Scale Digital Calculating Machinery* (Harvard, 1947), 41-68, 69-79; *Datamation* 13 (April 1967), 35-44 (May 1967), 45-49; *Zeit. für angew. Math. und Physik* 1 (1950), 345-346 참고.〕

1944-1946년 Moore School의 연구자들은 최초의 전자 디지털 컴퓨터를 계획하면서 부동 이진 산술의 사용을 진지하게 고려했으나, 진공관으로 부동소수점 회로를 구현하기가 계전기로 구현하는 경우보다 훨씬 어렵다는 점을 깨닫게 되었다. 그 연구 그룹은 비례(scaling)가 프로그래밍에서 문제가 된다는 사실을 알고 있었으나, 그것이 당시의 전체 프로그래밍 업무 중 아주 작은 부분일 뿐이라는 점 역시 알고 있었다. 사실 명시적 고정소수점 비례는 시간과 노고를 들일 가치가 충분한 일로 보였다. 왜냐하면 그러한 비례는 프로그래머에게 자신이 어느 정도의 수치적 정확도를 얻게 되는지 끊임없이 상기시켜주는 경향이 있었기 때문이다. 더 나아가서, 컴퓨터 설계자들은 부동소수점 표현의 경우 지수를 반드시 저장해야 하므로 귀중한 메모리 공간을 낭비한다고 주장했다. 〔von Neumann, *Collected Works* 5 (New York: Macmillan, 1963), 43, 73-74 참고.〕 물론 당시 그들은 최초의 프로그램 저장식 컴퓨터와 두 번째 전자 컴퓨터를 설계하고 있었으며, 고정소수점 산술과 부동소수점 중 하나만(둘 다는 불가능) 선택해야 하는 처지였다. 그들은 부동 이진 서브루틴들의 코딩을 예상해보

고, 그런 루틴들을 좀 더 효율적으로 만들려는 의도로 "왼쪽 자리이동"과 "오른쪽 자리이동" 명령들을
실제로 설계에 포함시켰다. 하드웨어에 고정소수점 산술과 부동소수점 산술을 모두 가진 최초의 컴퓨
터는 General Electric Company의 한 컴퓨터였음이 명백하다. 〔*Proc. 2nd Symp. Large-Scale
Digital Calculating Machinery* (Cambridge, Mass.: Harvard University Press, 1951), 65–69
참고〕.

휠러 D. J. Wheeler 와 여러 사람들이 초기 컴퓨터용 부동소수점 서부루틴들과 해석 시스템들을
코딩했다. 그런 루틴들이 최초로 출판된 것은 Wilkes, Wheeler, Gill, *The Preparation of Programs
for an Electronic Digital Computer* (Reading, Mass.: Addison-Wesley, 1951), 서브루틴
A1-A11, 35-37 및 105-117인데, 흥미로운 것은 그 책에 쓰인 컴퓨터는 이진 컴퓨터였지만 책이
설명한 것은 부동 십진 서브루틴이었다는 점이다. 다른 말로 하면 수들을 $2^e f$ 가 아니라 $10^e f$ 로 표현했
으며, 따라서 10으로 곱하거나 나눌 때 비례 연산들이 필요했다. 이 특정한 컴퓨터에서 그런 십진
비례는 거의 자리이동만큼이나 쉬운 일이었고, 십진 접근방식은 입/출력 변환들을 크게 단순화했다.

부동소수점 연산 루틴들의 세부 사항에 대한 대부분의 출판된 참고자료들은 여러 컴퓨터 제
조사들이 배포한 기술 메모들에 흩어져 있으나, 공개 문헌들에 그런 루틴들이 나타난 경우도 종종
있었다. 위에서 언급한 문헌들 외에 역사적으로 흥미로운 문헌들로는 다음을 들 수 있다: 플러그
보드 배선식 프로그램을 설명한 R. H. Stark, D. B. MacMillan, *Math. Comp.* 5 (1951), 86-92;
D. McCracken, *Digital Computer Programming* (New York: Wiley, 1957), 121-131; J. W.
Carr III, *CACM* 2, (May 1959), 10-15; W. G. Wadey, *JACM* 7 (1960), 129-139; D. E. Knuth,
JACM 8 (1961), 119-128; O. Kesner, *CACM* 5 (1962), 269-271; F. P. Brooks, K. E. Iverson,
Automatic Data Processing (New York: Wiley, 1963), 184-199. 컴퓨터 설계자의 관점에서
부동소수점 연산을 논의한 문헌으로는 S. G. Campbell, "Floating point operation", *Planning
a Computer System*, W. Buchholz 엮음 (New York: McGraw-Hill, 1962), 92-121; A. Padegs,
IBM Systems J. 7 (1968), 22-29이 있다. 주로 부동소수점 방법의 정확도를 다루는 추가적인
문헌들이 4.2.2절에 나온다.

1980년대 후반에 대부분의 컴퓨터 제조사들이 ANSI/IEEE 표준 754를 받아들이기 시작하면서
부동소수점 하드웨어에 혁명적인 변화가 일어났다. 관련 문헌으로는 *IEEE Micro* 4 (1984), 86-100;
W. J. Cody, *Comp. Sci. and Statistics: Symp. on the Interface* 15 (1983), 133- 139; W.
M. Kahan, *Mini/Micro West-83 Conf. Record* (1983), Paper 16/1; D. Goldberg, *Computing
Surveys* 23 (1991), 5-48, 413; W. J. Cody, J. T. Coonen, *ACM Trans. Math. Software* 19
(1993), 443-451이 있다.

당연한 말이겠지만, 이 책의 다음 판에서 **MIX**를 대신할 **MMIX** 컴퓨터는 새 표준을 만족할
것이다.

연습문제

1. [10] 아보가드로 수와 플랑크 상수 (3)을 100진 50초과 4자리 부동소수점 표기법으로 표현하려면? (답은 바이트 크기가 100인, MIX에 쓰이는 (4)와 같은 형태의 표현이 될 수 있다.)

2. [12] 지수 e가 범위 $0 \le e \le E$ 안에 놓인다는 제약 하에서, b진 q초과 p자리 부동소수점 수로 표현할 수 있는 가장 큰 양의 값과 가장 작은 양의 값은 무엇인가? 같은 조건이되 정규화된 부동소수점 수로 표현할 수 있는 가장 큰 양의 값과 가장 작은 양이 값은 무엇인가?

3. [11] (추제 K. Zuse, 1936.) 정규화된 부동 이진 산술을 사용한다고 할 때, 메모리 공간을 더 소비하지 않고도 정밀도를 약간 높일 수 있는 방법이 있음을 보여라. 구체적으로는, 지수값의 범위를 아주 약간만 줄인다면, p비트 분수부를 컴퓨터 워드 하나의 단 $p-1$비트만 이용해서 표현할 수 있음을 보여라.

▶ **4.** [16] $b = 10$, $p = 8$이라고 가정한다. $(50, + .98765432) \oplus (49, + .33333333)$에 대한 알고리즘 A의 결과는 무엇인가? $(53, - .99987654) \oplus (54, + .10000000)$에 대한 결과는 무엇인가? $(45, - .50000001) \oplus (54, + .10000000)$에 대한 결과는 무엇인가?

▶ **5.** [24] 다음 조건들을 만족하는 실수 x와 y의 관계를 $x \sim y$로 표기한다고 하자.

$$\lfloor x/b \rfloor = \lfloor y/b \rfloor;$$
$$x \bmod b = 0 \Leftrightarrow y \bmod b = 0;$$
$$0 < x \bmod b < \tfrac{1}{2}b \Leftrightarrow 0 < y \bmod b < \tfrac{1}{2}b;$$
$$x \bmod b = \tfrac{1}{2}b \Leftrightarrow y \bmod b = \tfrac{1}{2}b;$$
$$\tfrac{1}{2}b < x \bmod b < b \Leftrightarrow \tfrac{1}{2}b < y \bmod b < b.$$

알고리즘 A의 단계 A5와 A6에서 f_v를 $b^{-p-2}F_v$로 대체해도(여기서 $F_v \sim b^{p+2}f_v$) 알고리즘의 결과가 변하지 않음을 증명하라. (만일 F_v가 정수이고 b가 짝수이면 이 연산은 본질적으로 f_v를 임의의 0이 아닌 숫자가 탈락되었는지의 여부를 기억하면서 $p+2$자리로 절단하는, 그럼으로써 단계 A6의 덧셈에 필요한 레지스터 크기를 최소화하는 것과 같다.

6. [20] 이번 절에서 제시한 MIX의 부동소수점 부가장치의 정의를 따를 때, 만일 FADD 명령의 결과가 0이면 rA의 부호는 무엇이 될까?

7. [27] 균형 3진 표기법을 사용하는 부동소수점 산술을 논하라.

8. [20] 더했을 때 (a) 지수 아래넘침, (b) 지수 위넘침을 일으키는 정규화된 여덟 자리 부동 십진수 u와 v의 예를 제시하라. 지수는 반드시 $0 \le e < 100$이라고 가정한다.

9. [M24] (케이헌 W. M. Kahan.) 부동소수점 산술에서 지수 아래넘침이 발생했을 때 오류를 보고하지 않고 그냥 결과를 0으로 만든다고 하자. e가 범위 $-50 \le e < 50$ 안에 있는 0초과 8자리 부동 십진수를 사용해서, (11)을 만족하는 양의 a, b, c, d, y 값들을 구하라.

10. [12] 덧셈에서 반올림 위넘침을 일으키는 정규화된 여덟 자리 부동 십진수 u와 v의 예를 제시하라.

▶ **11.** [M20] 곱셈에서 반올림 위넘침을 일으키는 정규화된 50초과 여덟 자리 부동 십진수 u와 v의 예를 제시하라.

12. [M25] 부동소수점 나누기의 정규화 단계 중에는 반올림 위넘침이 발생할 수 없음을 증명하라.

13. [30] "구간(interval) 산술"을 수행하는 도중에는 부동소수점 계산의 결과를 반올림하지 않아야 할 것이다. 그 대신 진정한 합에 대한 한계들에 가장 가까운 표현을 제공하는, 다음과 같은 $\triangledown$와 $\triangle$ 연산들을 구현하는 것이 바람직하다.

$$u \mathbin{\triangledown} v \le u + v \le u \mathbin{\triangle} v.$$

이번 절의 알고리즘들을 그러한 목적으로 수정하려면 어떻게 해야 할까?

14. [25] 레지스터 A에 있는 임의의 부동소수점 수(반드시 정규화될 필요는 없음)를 가장 가까운 고정소수점 정수로 변환하는(만일 절대값이 너무 커서 변환이 불가능하다면 그러한 사실을 보고해야 한다) MIX 서브루틴을 작성하라.

▶ **15.** [28] 이번 절의 다른 서브루틴들과 연동해서 사용할, u (mod) 1을 계산하는 MIX 서브루틴을 작성하라. 여기서 u (mod) 1은 주어진 부동소수점 수 u에 대해 $u - \lfloor u \rfloor$를 가장 가까운 부동소수점 수로 반올림하는 연산이다. u가 아주 작은 음수일 때 u (mod) 1은 결과가 단위원이 되도록 반올림되어야 함을 주의할 것(실수로서의 $u \bmod 1$이 항상 단위원보다 작다고 정의되긴 하지만).

16. [HM21] (스미스Robert L. Smith.) 실수 부동소수점 값 a, b, c, d가 주어졌을 때 복소수 $(a + bi)/(c + di)$의 실수부와 허수부를 계산하는 알고리즘을 설계하라. $c^2 + d^2$의 계산을 피할 것. 그 계산은 $|c|$나 $|d|$가 부동소수점 값으로 허용되는 최대값의 제곱근과 근사적으로 같은 경우에도 부동소수점 위넘침을 일으킬 수 있기 때문이다.

17. [40] (코크John Cocke.) 지수의 크기가 증가함에 따라 분수부의 정밀도가 줄어드는 단일 워드 표현을 정의해서 부동소수점 수들의 범위를 늘린다는 착안을 탐구하라.

18. [25] 한 워드가 36비트인 이진 컴퓨터에서 양의 부동 이진수가 $(0e_1e_2 \ldots e_8 f_1 f_2 \ldots f_{27})_2$의 형태로 표현된다고 하자. 여기서 $(e_1e_2 \ldots e_8)_2$는 $(10000000)_2$초과 지수이고 $(f_1f_2 \ldots f_{27})_2$는 27비트 분수이다. 음의 부동소수점 수들은 해당 양의 표현의 2의 보수로 표현된다(4.1절 참고). 따라서 1.5는 8진 표기법으로 $201|600000000$이고 -1.5는 $576|200000000$이다. 1.0과 -1.0의 8진 표현은 각각 $201|400000000$과 $576|400000000$이다. (여기서 수직선은 지수부와 분수부 사이의 경계를 뜻한다.) 비트 f_1은 정규화된 양수의 경우에는 항상 1인 반면 음수의 경우에는 거의 항상 0임을 주목할 것. 예외적인 경우들로는 -2^k의 표현들이 있다.

어떤 부동소수점 연산의 정확한 결과가 8진 표현으로 $572|740000000|01$이라고 하자. 이 (음의) 33비트 분수를 반드시 정규화하고 27비트로 반올림해야 한다. 선행 분수 비트가 0이 될 때까지

왼쪽으로 자리이동하면 $576|000000000|20$이 나오나, 이 결과는 적법하지 않은 값 $576|000000000$으로 반올림된다. 올바른 답은 $575|400000000$이므로 과도한 정규화가 일어난 것이다. 반면 (다른 어떤 문제에서) 값 $572|740000000|05$로 시작해서 과정규화 이전에 멈춘다면 $575|400000000|50$이 되는데, 이것은 정규화되지 않은 수 $575|400000001$로 반올림되며, 이를 다시 정규화하면 $576|000000002$가 나온다. 그러나 올바른 답은 $576|000000001$이다.

그러한 컴퓨터에서의 이런 딜레마를 해결하는 간단하고도 올바른 반올림 규칙을 제시하라(2의 보수 표기법은 포기하지 말 것).

19. 〔24〕 프로그램 A의 FADD 서브루틴의 실행 시간을 자료의 관련 특성들을 통해서 표현하라. 지수 위넘침이나 아래넘침을 일으키지 않는 모든 입력들에 대한 최대 실행 시간은 얼마인가?

> 반올림된 수들은 항상 틀리다.
>
> —— 존슨SAMUEL JOHNSON (1750)

> 절대적으로 정확한 수가 아니라 반올림된,
> 그러나 결과를 진실로부터 크게 벗어나게는 하지 않는
> 수들로 이야기하고자 한다.
>
> —— 제퍼슨THOMAS JEFFERSON (1824)

4.2.2. 부동소수점 산술의 정확도

부동소수점 계산은 본질적으로 부정확하다. 프로그래머는 이를 간과하고 부동소수점 계산을 잘못 사용하기 쉽다. 그러면 컴퓨터의 답은 거의 전적으로 "잡음"으로 이루지게 된다. 수치해석의 근본 문제들 중 하나는 특정 수치적 방법의 결과가 얼마나 정확할 것인지를 결정하는 것이다. 여기에는 신뢰성의 간극이 존재한다: 컴퓨터의 답을 어느 정도나 믿을 수 있는지를 우리는 알지 못하는 것이다. 초보 컴퓨터 사용자들은 컴퓨터가 결코 틀릴 수 없는 권위를 가진다고 암묵적으로 믿음으로써 이 문제를 해소해 버린다. 초보자들은 출력된 답의 모든 숫자가 유효숫자라고 믿는 경향이 있다. 그런 맹신에서 벗어난 컴퓨터 사용자들은 그 반대의 접근방식을 취한다. 즉, 컴퓨터의 답이 거의 전부 무의미하다는 기우에 빠지는 것이다. 진지한 수학자들 중에는 일련의 부동소수점 연산들의 엄밀한 분석을 시도한 후 그러한 분석이 너무도 어려움을 발견하고는 그냥 그럴듯한 주장으로 만족하는 선에서 멈춘 이들도 많다.

오차 분석 기법들의 상세한 조사가 이 책의 범위를 넘는 것이긴 하나, 이번 절에서 부동소수점 산술 오차의 몇 가지 저수준 특성들을 살펴보긴 할 것이다. 우리의 목표는 오류 전파의 합리적인 분석에 최대한 도움이 되는 방식으로 부동소수점 산술을 수행하는 방법을 발견하는 것이다.

부동소수점 산술의 습성을 표현하는 한 가지 대략적인(그러나 비교적 유용한) 방법으로, "유효숫자(significant figures)" 또는 상대오차라는 개념에 기반을 두는 방법이 있다. 정확한 실수 x를 컴퓨터 안에서 근사값 $\hat{x} = x(1 + \epsilon)$으로 표현한다고 할 때, 수량 $\epsilon = (\hat{x} - x)/x$를 근사의 상대오차(relative error)라고 부른다. 대충 말하자면, 부동소수점 곱셈, 나눗셈 연산은 상대오차를 그리 많이 키우지 않는다. 그러나 거의 같은 부동소수점 수들의 뺄셈은(그리고 u가 $-v$와 거의 같을 때의 부동소수점 덧셈 $u \oplus v$는) 상대오차를 아주 크게 키울 수 있다. 따라서 그런 덧셈과 뺄셈에서는 정확도를 크게 잃을 수 있지만 곱셈과 나눗셈에서는 그렇지 않다는 것을 하나의 일반적인 경험적 규칙으로 삼아도 될 것이다. 반면 "나쁜" 덧셈과 뺄셈이 항상 완전한 정확도로 수행된다는 다소 모순적인 상황이 존재한다. 그런 상황도 제대로 이해할 필요가 있다. (연습문제 25 참고.)

부동소수점 덧셈의 잠재적인 불신성에서 비롯되는 결과들 중에는 다음에서 보듯이 결합법칙이 깨진다는 결과가 포함된다.

$$\text{많은 } u, v, w\text{에 대해} \qquad (u \oplus v) \oplus w \neq u \oplus (v \oplus w). \qquad (1)$$

예를 들면:

$$(11111113. \oplus -11111111.) \oplus 7.5111111 = 2.0000000 \oplus 7.5111111 = 9.5111111;$$

$$11111113. \oplus (-11111111. \oplus 7.5111111) = 11111113. \oplus -11111103. = 10.000000.$$

(이번 절의 모든 예제들은 여덟 자리 부동 십진 산술을 사용한다. 지수들은 명시적인 십진 소수점으로 표시된다. 4.2.1에서처럼 기호 $\oplus$, $\ominus$, $\otimes$, $\oslash$는 엄밀한 연산 $+$, $-$, $\times$, $/$에 대응하는 부동소수점 연산들을 뜻한다.)

부동소수점 덧셈에서 결합법칙이 성립하지 않는다는 점에서 볼 때, 부동소수점 연산에 한해서는 이번 장 시작에 나온 라투셰 부인Mrs. La Touche의 불평도 상당히 수긍이 가는 이야기라 하겠다. "$a_1 + a_2 + a_3$"이나 "$\sum_{k=1}^{n} a_k$" 같은 수학적 표기는 본질적으로 결합법칙이 성립한다는 가정을 깔고 있으므로, 프로그래머는 결합법칙이 유효하다고 암묵적으로 가정하지 않도록 하는 데 반드시 주의를 기울여야 한다.

A. 공리적 접근. 결합법칙은 유효하지 않지만, 교환법칙

$$u \oplus v = v \oplus u \qquad (2)$$

는 성립된다. 그리고 이 법칙은 프로그래밍과 프로그램 분석에서 소중한 개념적 자산이 된다. 등식 (2)의 사례가 있는 만큼, $\oplus$, $\ominus$, $\otimes$, $\oslash$에 대해 성립하는 주요 원칙들이 또 있는지 살펴볼 필요가 있을 것 같다. *부동소수점 루틴들을 설계할 때 통상의 수학 법칙들이 최대한 많이 지켜질 수 있도록 해야 한다*는 조건이 비합리적이지는 않을 것이다. 유효한 공리(axiom)들이 많을수록 좋은 프로그램을 작성하기가 쉬워지고, 프로그램을 다른 컴퓨터로 이식하는 것도 쉬워진다.

그림 4.2.1절에서 설명한 정규화된 부동소수점 연산들에 대해 유효한 다른 기본 법칙들 몇 가지를 살펴보자. 우선 다음 법칙들이 성립한다.

$$u \ominus v = u \oplus - v; \tag{3}$$

$$-(u \oplus v) = -u \oplus - v; \tag{4}$$

$$\text{오직} \quad v = -u \text{일 때에만} \quad u \oplus v = 0; \tag{5}$$

$$u \oplus 0 = u. \tag{6}$$

이 법칙들로부터 또 다른 항등식들을 유도할 수 있다. 이를테면(연습문제 1):

$$u \ominus v = -(v \ominus u). \tag{7}$$

식 (2)에서 (6)까지의 항등식들은 4.2.1절의 알고리즘들로부터 쉽게 이끌어낼 수 있다. 다음 규칙은 다소 덜 명백하다.

$$\text{만일} \quad u \le v \text{이면} \quad u \oplus w \le v \oplus w. \tag{8}$$

이 경우에는 알고리즘 4.2.1A를 분석해서 증명하는 것보다 그 알고리즘을 설계할 때 사용한 기본 원리로 돌아가는 게 좋겠다. (알고리즘적 증명이 항상 수학적 증명보다 쉬운 것은 아니다.) 그 알고리즘에 깔린 원리는, 부동소수점 연산이 다음을 만족해야 한다는 것이다.

$$u \oplus v = \text{round}(u+v), \qquad u \ominus v = \text{round}(u-v),$$
$$u \otimes v = \text{round}(u \times v), \qquad u \oslash v = \text{round}(u \,/\, v). \tag{9}$$

여기서 $\text{round}(x)$는 알고리즘 4.2.1N에 정의된 바와 같은, x에 대한 최선의 부동소수점 근사를 의미한다. 이에 대해 다음이 성립한다.

$$\text{round}(-x) = -\text{round}(x), \tag{10}$$

$$x \le y \text{는} \quad \text{round}(x) \le \text{round}(y) \text{를} \quad \text{함의함.} \tag{11}$$

이러한 근본적 관계들로부터 (2)에서 (8)까지의 성질들이 직접 도출된다. 또한 다음과 같은 추가 적인 항등식들도 이끌어낼 수 있다.

$$u \otimes v = v \otimes u, \quad (-u) \otimes v = -(u \otimes v), \quad 1 \otimes v = v;$$
$$\text{오직} \quad u = 0 \text{ 또는 } v = 0 \text{일 때에만} \quad u \otimes v = 0;$$
$$(-u) \oslash v = u \oslash (-v) = -(u \oslash v);$$
$$0 \oslash v = 0, \quad u \oslash 1 = u, \quad u \oslash u = 1.$$

만일 $u \le v$이고 $w > 0$이면 $u \otimes w \le v \otimes w$이고 $u \oslash w \le v \oslash w$이다. 또한 $v \ge u > 0$일 때에 는 $w \oslash u \ge w \oslash v$이다. 만일 $u \oplus v = u + v$이면 $(u \oplus v) \ominus v = u$이며, 만일 $u \otimes v = u \times v \ne 0$이면 $(u \otimes v) \oslash v = u$이다. 부동소수점 연산이 본질적으로 부정확한 것임에도, 적절한 정의가 있다면 상당한 규칙성이 존재함을 알 수 있다.

이러한 항등식들의 목록에 우리에게 친숙한 대수 규칙들 몇 가지가 빠져 있음은 물론이다. 부동소 수점 곱셈에 대해 결합법칙이 엄밀히 참인 것은 아니며(연습문제 3), $\otimes$와 $\oplus$ 사이의 배분법칙은 상당히 크게 실패할 수 있다. $u = 20000.000$, $v = -6.0000000$, $w = 6.0000003$이라고 하자. 그

러면

$$(u \otimes v) \oplus (u \otimes w) = -120000.00 \oplus 120000.01 = .010000000$$

$$u \otimes (v \oplus w) = 20000.000 \otimes .00000030000000 = .0060000000$$

이므로

$$u \otimes (v \oplus w) \neq (u \otimes v) \oplus (u \otimes w) \tag{12}$$

이다. 반면 b가 부동소수점 기수일 때 $b \otimes (v \oplus w) = (b \otimes v) \oplus (b \otimes w)$는 확실히 성립한다. 왜냐하면

$$\mathrm{round}(bx) = b\,\mathrm{round}(x) \tag{13}$$

이기 때문이다. (엄밀히 말해서, 이번 절에서 고찰하는 항등식들과 부등식들은 지수 위넘침, 아래넘침이 발생하지 않는다고 암묵적으로 가정한다. $|x|$가 너무 작거나 너무 클 때에는 함수 $\mathrm{round}(x)$가 정의되지 않는다. 그리고 (13) 같은 등식은 양변 모두가 정의될 때에만 성립한다.)

부동소수점 산술에서 코시Cauchy의 기본 부등식

$$(x_1^2 + \cdots + x_n^2)(y_1^2 + \cdots + y_n^2) \geq (x_1 y_1 + \cdots + x_n y_n)^2$$

이 성립하지 않는다는 것도 전통적인 대수 법칙이 부동소수점 산술에서 깨지는 중요한 사례이다. 연습문제 7에서는 코시 부등식이 $n = 2$, $x_1 = x_2 = 1$인 간단한 경우에서조차 실패할 수 있음을 보여준다. 초보 프로그래머가 어떤 관측값들의 표준편차를 교과서에 나온 공식

$$\sigma = \sqrt{\left(n \sum_{1 \leq k \leq n} x_k^2 - \left(\sum_{1 \leq k \leq n} x_k\right)^2\right) \Big/ n(n-1)} \tag{14}$$

을 이용해서 계산하려다가 음수의 제곱근을 취하게 되는 난관에 빠지는 일도 종종 있다. 부동소수점 산술로 평균과 표준편차를 구하는 더 나은 방법은, $2 \leq k \leq n$에 대한 다음과 같은 점화식을 이용하는 것이다:

$$M_1 = x_1, \qquad M_k = M_{k-1} \oplus (x_k \ominus M_{k-1}) \oslash k, \tag{15}$$

$$S_1 = 0, \qquad S_k = S_{k-1} \oplus (x_k \ominus M_{k-1}) \otimes (x_k \ominus M_k) \tag{16}$$

여기서 $\sigma = \sqrt{S_n / (n-1)}$이다. 〔B. P. Welford, *Technometrics* **4** (1962), 419-420 참고.〕 이 방법에서는 S_n이 결코 음이 되지 않으며, 소박한 합산 방법 때문에 발생하는, 연습문제 16에서 볼 수 있는 다른 여러 문제점들도 피할 수 있다. (정확도에 대한 더 나은 보장을 제공하는 합산 기법이 연습문제 19에 나온다.)

대수 법칙들이 항상 정확하게 성립하지는 않지만, 그렇다고 부동소수점 산술이 아주 틀려먹은 것은 아님을 보이는 것도 가능하다. $b^{e-1} \leq x < b^e$일 때 $\mathrm{round}(x) = x + \rho(x)$가 된다. 여기서 $|\rho(x)| \leq \frac{1}{2} b^{e-p}$이다. 따라서

$$\mathrm{round}(x) = x(1 + \delta(x)) \tag{17}$$

이며, 상대오차는 x와는 독립적인 한계들을 가진다:

$$|\delta(x)| = \frac{|\rho(x)|}{|x|} \leq \frac{|\rho(x)|}{b^{e-1} + |\rho(x)|} \leq \frac{\frac{1}{2}b^{e-p}}{b^{e-1} + \frac{1}{2}b^{e-p}} < \frac{1}{2}b^{1-p}. \tag{18}$$

$u \oplus v = (u+v)(1+\delta(u+v))$ 등이므로, 이 부등식을 이용하면 정규화된 부동소수점 계산들의 상대 오차를 간단한 방식으로 추정할 수 있다.

전형적인 오차 추정 절차의 한 예로, 곱셈에 대한 결합법칙을 살펴보자. 연습문제 3에 의하면 $(u \otimes v) \otimes w$가 항상 $u \otimes (v \otimes w)$와 같지는 않다. 그러나 이 경우의 상황은 덧셈에 대한 결합법칙 (1)과 배분법칙 (12)의 상황보다는 훨씬 낫다. 지수 위넘침과 아래넘침이 전혀 일어나지 않는다고 가정할 때, 어떠한 δ_1, δ_2, δ_3, δ_4에 대해 실제로

$$(u \otimes v) \otimes w = ((uv)(1+\delta_1)) \otimes w = uvw(1+\delta_1)(1+\delta_2),$$

$$u \otimes (v \otimes w) = u \otimes ((vw)(1+\delta_3)) = uvw(1+\delta_3)(1+\delta_4)$$

가 성립한다. 여기서 각 j에 대해 $|\delta_j| < \frac{1}{2}b^{1-p}$이다. 따라서

$$\frac{(u \otimes v) \otimes w}{u \otimes (v \otimes w)} = \frac{(1+\delta_1)(1+\delta_2)}{(1+\delta_3)(1+\delta_4)} = 1+\delta$$

이며, 이때

$$|\delta| < 2b^{1-p} / (1 - \frac{1}{2}b^{1-p})^2. \tag{19}$$

이다.

이러한 분석에서는 수 b^{1-p}이 아주 자주 나오기 때문에 1 ulp라는 특별한 이름까지 붙어 있다. 1 ulp는 분수부의 마지막 자리의 1 단위(one unit in the last place)를 뜻한다. 부동소수점 연산들은 1/2 ulp 이내로 정확하며, 두 부동소수점 곱셈들에 의한 uvw의 계산은 약 1 ulp 이내로 정확하다(2차 항들을 무시함). 따라서 곱셈에 대한 결합법칙은 상대오차의 약 2 ulp 안에서 성립한다.

지수 위넘침과 아래넘침이 발생하지 않는다는 가정 하에서 $(u \otimes v) \otimes w$가 근사적으로 $u \otimes (v \otimes w)$와 상등임을 보았다. 그런데 근사적으로 상등(approximately equal)이라는 것에 대한 우리의 직관적인 개념을 좀 더 자세히 연구해 볼 필요가 있을 것 같다. 그런 문장을 합리적인 방식으로 좀 더 엄밀하게 만들 수는 없을까?

부동소수점 산술을 사용하는 프로그래머치고 계산된 두 값이 서로 정확히 같은지 판단하고자 하는 사람은(또는, 적어도 그런 일을 시도하려는) 거의 없을 것이다. 왜냐하면 두 값이 정확히 상등인 경우는 아주 드문 일이기 때문이다. 예를 들어 점화식

$$x_{n+1} = f(x_n)$$

을 사용한다고 하자. 프로그래머가 교과서에 나온 이론에 근거해서 $n \to \infty$에 따라 x_n이 수렴할 것이라고 믿고 실제로 $x_{n+1} = x_n$이 될 때까지 계산을 반복하는 것은 실수이다. 왜냐하면 수열 x_n의

주기가 중간 결과들의 반올림 오차에 의해 이론보다 더 길어질 수 있기 때문이다. 올바른 절차는 δ를 적절히 선택해 두고 $|x_{n+1} - x_n| < \delta$가 될 때까지 반복하는 것이다. 그러나 x_n의 크기 규모를 미리 알 수 없는 경우도 있으므로

$$|x_{n+1} - x_n| \leq \epsilon |x_n| \tag{20}$$

이 될 때까지 반복하는 것이 더 낫다. ϵ을 선택하는 게 훨씬 더 쉽기 때문이다. 관계 (20)은 x_{n+1}과 x_n이 근사적으로 상등임을 뜻한다고 해석할 수 있다. 그리고 지금까지의 논의에 의하면, 부동소수점 계산이 관여하는 경우에는 적절한 근사 관계식을 정의할 수만 있다면 "근사적 상등" 관계가 전통적인 상등 관계보다 좀 더 유용할 수 있다.

다른 말로 하면, 부동소수점 값들의 엄밀한 상등 관계가 별로 중요하지 않다는 사실은 두 부동소수점 수량의 상대적 값을 평가하는 데 도움이 되도록 고안된 부동소수점 비교라는 새로운 연산이 필요함을 의미한다. b진 q초과 부동소수점 수 $u = (e_u, f_u)$와 $v = (e_v, f_v)$에 대한 다음과 같은 정의들이 그러한 목적에 적합할 것이다.

$$\text{오직} \quad v - u > \epsilon \max\left(b^{e_u - q}, b^{e_v - q}\right) \text{일 때에만} \quad u < v \quad (\epsilon); \tag{21}$$

$$\text{오직} \quad |v - u| \leq \epsilon \max\left(b^{e_u - q}, b^{e_v - q}\right) \text{일 때에만} \quad u \sim v \quad (\epsilon); \tag{22}$$

$$\text{오직} \quad u - v > \epsilon \max\left(b^{e_u - q}, b^{e_v - q}\right) \text{일 때에만} \quad u > v \quad (\epsilon); \tag{23}$$

$$\text{오직} \quad |v - u| \leq \epsilon \max\left(b^{e_u - q}, b^{e_v - q}\right) \text{일 때에만} \quad u \approx v \quad (\epsilon). \tag{24}$$

이 정의들은 정규화된 값들뿐만 아니라 정규화되지 않은 값들에도 적용된다. 임의의 주어진 쌍 u와 v에 대해 항상 조건 $u < v$ (확실히 미만[definitely less than]), $u \sim v$ (근사적으로 상등 [approximately equal]), $u > v$ (확실히 초과[definitely greater than]) 중 하나만 성립함에 주목할 것. 관계 $u \approx v$는 $u \sim v$보다 다소 엄격한 것으로, 이를 "u가 본질적으로(essentially) v와 같다"라고 읽을 수 있다. 이 관계들 전부는 해당 근사의 정도를 의미하는 양의 실수 ϵ을 통해서 지정된다.

이상의 정의들을 이해하는 한 가지 방법은, "이웃(neighborhood)" 집합 $N(u) = \{x \mid |x - u| \leq \epsilon b^{e_u - q}\}$을 각 부동소수점 수 u에 연관시키는 것이다. 즉, $N(u)$는 u의 부동소수점 표현의 지수에 근거한 u 근처의 값들의 집합이다. 이러한 관점에서 $u < v$는 오직 $N(u) < v$이고 $u < N(v)$일 때에만 성립하며 $u \sim v$는 오직 $u \in N(v)$ 또는 $v \in N(u)$일 때에만, $u > v$는 오직 $u > N(v)$이고 $N(u) > v$일 때에만, $u \approx v$는 오직 $u \in N(v)$이고 $v \in N(u)$일 때에만 성립한다고 할 수 있다. (여기에는 근사의 정도를 나타내는 매개변수 ϵ이 상수라는 가정이 깔려 있다. (좀 더 완전한 표기법에서라면 ϵ에 대한 $N(u)$의 의존성이 표시되었을 것이다.)

다음은 정의 (21)-(24)에서 비롯되는 몇 가지 간단한 결과들이다.

$$\text{만일} \quad u < v \quad (\epsilon)\text{이면} \quad v > u \quad (\epsilon); \tag{25}$$

$$\text{만일} \quad u \approx v \quad (\epsilon)\text{이면} \quad u \sim v \quad (\epsilon); \tag{26}$$

$$u \approx u \quad (\epsilon); \tag{27}$$

$$\text{만일} \quad u < v \quad (\epsilon)\text{이면} \quad u < v; \tag{28}$$

$$\text{만일} \quad u < v \quad (\epsilon_1)\text{이고} \quad \epsilon_1 \geq \epsilon_2\text{이면} \quad u < v \quad (\epsilon_2); \tag{29}$$

$$\text{만일} \quad u \sim v \quad (\epsilon_1)\text{이고} \quad \epsilon_1 \leq \epsilon_2\text{이면} \quad u \sim v \quad (\epsilon_2); \tag{30}$$

$$\text{만일} \quad u \approx v \quad (\epsilon_1)\text{이고} \quad \epsilon_1 \leq \epsilon_2\text{이면} \quad u \approx v \quad (\epsilon_2); \tag{31}$$

$$\text{만일} \quad u < v \quad (\epsilon_1)\text{이고} \quad v < w \quad (\epsilon_2)\text{이면} \quad u < w \quad (\min(\epsilon_1, \epsilon_2)); \tag{32}$$

$$\text{만일} \quad u \approx v \quad (\epsilon_1)\text{이고} \quad v \approx w \quad (\epsilon_2)\text{이면} \quad u \sim w \quad (\epsilon_1 + \epsilon_2). \tag{33}$$

더 나아가서 다음도 어렵지 않게 증명할 수 있다.

$$|u - v| \leq \epsilon|u| \quad \text{그리고} \quad |u - v| \leq \epsilon|v| \text{는} \quad u \approx v \quad (\epsilon)\text{을 함의}; \tag{34}$$

$$|u - v| \leq \epsilon|u| \quad \text{또는} \quad |u - v| \leq \epsilon|v| \text{는} \quad u \sim v \quad (\epsilon)\text{을 함의}. \tag{35}$$

반대로, $\epsilon < 1$일 때 정규화된 부동소수점 u와 v에 대해 다음이 성립한다.

$$u \approx v \quad (\epsilon)\text{은} \quad |u - v| \leq b\epsilon|u| \quad \text{그리고} \quad |u - v| \leq b\epsilon|v|\text{를 함의}; \tag{36}$$

$$u \sim v \quad (\epsilon)\text{은} \quad |u - v| \leq b\epsilon|u| \quad \text{또는} \quad |u - v| \leq b\epsilon|v|\text{를 함의}. \tag{37}$$

$\epsilon_0 = b^{1-p}$이 1 ulp라고 하자. (17)로부터 부등식 $|x - \mathrm{round}(x)| = |\rho(x)| < \frac{1}{2}\epsilon_0 \min(|x|, |\mathrm{round}(x)|)$를 이끌어낼 수 있으며, 따라서

$$x \approx \mathrm{round}(x) \qquad (\tfrac{1}{2}\epsilon_0) \tag{38}$$

이다. 이로부터 $u \oplus v \approx u + v \quad (\frac{1}{2}\epsilon_0)$ 등이 나온다. 이상으로 유도한 곱셈에 대한 근사적 결합법칙을 다른 식으로 표현할 수도 있다: (19)에 의해

$$|(u \otimes v) \otimes w - u \otimes (v \otimes w)| < \frac{2\epsilon_0}{(1 - \frac{1}{2}\epsilon_0)^2} |u \otimes (v \otimes w)|$$

가 성립하며, $(u \otimes v) \otimes w$와 $u \otimes (v \otimes w)$가 교환된 경우에도 동일한 부등식이 성립한다. 그러므로 (34)에 의해 $\epsilon \geq 2\epsilon_0 / (1 - \frac{1}{2}\epsilon_0)^2$이면 항상

$$(u \otimes v) \otimes w \approx u \otimes (v \otimes w) \quad (\epsilon) \tag{39}$$

이 된다. 예를 들어 $b = 10$이고 $p = 8$일 때 $\epsilon = 0.00000021$로 둘 수 있다.

관계 $<, \sim, >, \approx$는 수치적 알고리즘들에서 유용하게 쓰이므로, 부동소수점 수들의 비교를 위한 루틴들뿐만 아니라 그들에 대한 산술을 위한 해당 루틴들도 제공하는 것이 바람직하다.

그럼 부동소수점 연산들이 만족하는 정확한 관계를 찾는 문제로 다시 돌아가자. 공리적 관점에서 볼 때 부동소수점 덧셈과 뺄셈이 완전히 엉망인 것은 아님을 주목해야 할 것이다. 다음 정리들에서 언급하는 사소하지 않은 항등식들을 만족하기 때문이다.

정리 A. *u 와 v 가 정규화된 부동소수점 수라고 하자. 그러면, 지수 위넘침이나 아래넘침이 발생하지 않는다고 할 때,*

$$((u \oplus v) \ominus u) + ((u \oplus v) \ominus ((u \oplus v) \ominus u)) = u \oplus v \qquad (40)$$

이다.

다소 복잡해 보이는 이 항등식을 좀 더 간단한 방식으로 표현하는 것이 가능하다. 우선

$$\begin{aligned} u' &= (u \oplus v) \ominus v, & v' &= (u \oplus v) \ominus u; \\ u'' &= (u \oplus v) \ominus v', & v'' &= (u \oplus v) \ominus u' \end{aligned} \qquad (41)$$

로 둔다. 직관적으로, u' 와 u'' 는 u 의 근사값들이어야 하며, v' 와 v'' 는 v 의 근사값들이어야 한다. 정리 A에 의해

$$u \oplus v = u' + v'' = u'' + v' \qquad (42)$$

이다. 이는 (42)의 반올림으로 얻은 항등식

$$u \oplus v = u' \oplus v'' = u'' \oplus v' \qquad (43)$$

보다 더 강한 명제이다.

증명. 다음을 만족하는 t 를 b^e 을 법으로 한 x 의 꼬리라고 부르기로 하자.

$$t \equiv x \;(\text{modulo } b^e), \qquad |t| \leq \frac{1}{2} b^e. \qquad (44)$$

즉, $x - \text{round}(x)$ 는 항상 x 의 한 꼬리이다. 정리 A의 증명은 연습문제 11에서 증명하는 다음과 같은 간단한 사실에 크게 의존한다.

보조정리 T. *만일 t 가 부동소수점 수 x 의 꼬리이면 $x \ominus t = x - t$ 이다.* ▮

$w = u \oplus v$ 라고 하자. $w = 0$ 일 때 정리 A가 성립함은 자명하다. 모든 변수에 b 의 적절한 거듭제곱을 곱하면, 일반성을 잃지 않고도 $e_w = p$ 라고 가정할 수 있다. 그러면 r 이 1을 법으로 한 $u + v$ 의 꼬리라 할 때 $u + v = w + r$ 이다. 더 나아가서 $u' = \text{round}(w - v) = \text{round}(u - r) = u - r - t$ 이다. 여기서 t 는 b^e 을 법으로 한 $u - r$ 의 한 꼬리이고 $e = e_{u'} - p$ 이다.

만일 $e \leq 0$ 이면 $t \equiv u - r \equiv -v \;(\text{modulo } b^e)$ 이므로 t 는 $-v$ 의 꼬리이고 $v'' = \text{round}(w - u') = \text{round}(v + t) = v + t$ 이다. 이에 의해 (40)이 증명된다. 만일 $e > 0$ 이면 $|u - r| \geq b^p - \frac{1}{2}$ 이다. 그리고 $|r| \leq \frac{1}{2}$ 이므로 $|u| \geq b^p - 1$ 이 성립한다. 이로부터 u 가 정수라는 결론이 나오며, 따라서 r 은 1을 법으로 한 v 의 꼬리이다. 만일 $u' = u$ 이면 $t = -r$ 은 $-v$ 의 꼬리이다. 그렇지 않으면 관계 $\text{round}(u - r) \neq u$ 는 $|u| = b^p - 1$, $|r| = \frac{1}{2}$, $|u'| = b^p$, $t = r$ 을 함의하며, 따라서 이 경우에도 t 는 $-v$ 의 꼬리이다. ▮

정리 A는 부동소수점 덧셈의 한 정칙성(regularity property)을 보여주나, 특별히 유용한 결과인 것 같지는 않다. 다음 항등식이 좀 더 중요하다.

정리 B. *정리 A와 (41)의 가설들 하에서,*

$$u + v = (u \oplus v) + ((u \ominus u') \oplus (v \ominus v'')). \tag{45}$$

증명. $u \ominus u' = u - u'$, $v \ominus v'' = v - v''$, $(u - u') \oplus (v - v'') = (u - u') + (v - v'')$임을 보일 수 있으며, 따라서 (45)는 정리 A를 따른다. 이전 증명의 표기법을 이용한다고 할 때, 이 관계들은 각각

$$\text{round}(t + r) = t + r, \qquad \text{round}(t) = t, \qquad \text{round}(r) = r \tag{46}$$

에 해당한다. $|e_u - e_v| \geq p$인 특수한 경우에서의 이 정리의 증명은 연습문제 12에 나온다. 그 외의 경우 $u + v$는 최대 $2p$개의 유효숫자들을 가지며, $\text{round}(r) = r$임은 쉽게 확인할 수 있다. 이제 만일 $e > 0$이면 정리 A의 증명에 의해 $t = -r$ 또는 $t = r = \pm\frac{1}{2}$이다. 만일 $e \leq 0$이면 $t + r \equiv u$ 이고 $t \equiv -v \pmod{b^e}$이다. $e_u \geq e$이고 $e_v \geq e$라고 가정하면 이것으로 $t + r$과 t가 자신으로 반올림됨이 충분히 증명된다. 그러나 $e_u < 0$이거나 $e_v < 0$라고 가정한다면 $e_w = p$이므로 $|e_u - e_v| < p$라는 가설과 모순된다. ∎

정리 B는 다섯 가지 부동소수점 산술 연산들을 직접 이용해서 계산할 수 있는 항들로 이루어진, $u + v$와 $u \oplus v$의 차이에 대한 명시적 공식을 제공한다. 만일 기수 b가 2나 3이면 오직 부동소수점 연산 두 번과 절대값들의 (고정소수점)비교 한 번으로 보정항의 정확한 값을 얻을 수 있도록 이 결과를 개선할 수 있다. 다음과 같다:

정리 C. *만일 $b \leq 3$이고 $|u| \geq |v|$이면*

$$u + v = (u \oplus v) + (u \ominus (u \oplus v)) \oplus v. \tag{47}$$

증명. 이전 증명들의 관례를 다시 사용해서, $v \ominus v' = r$임을 보이고자 한다. $v' = w - u$를 보이는 것으로 충분하다. 그러면 (46)에 의해 $v \ominus v' = \text{round}(v - v') = \text{round}(u + v - w) = \text{round}(r)$ $= r$이 나올 것이기 때문이다.

실질적으로는 $b \leq 3$이고 $e_u \geq e_v$이면 항상 (47)이 성립함을 증명해야 한다. 만일 $e_u \geq p$이면 r은 1을 법으로 한 v의 꼬리이며, 따라서 원했던 대로 $v' = w \ominus u = v \ominus r = v - r = w - u$이다. 만일 $e_u < p$이면 반드시 $e_u = p - 1$이어야 하며, $w - u$는 b^{-1}의 배수이다. 그러므로 $w - u$의 크기가 $b^{p-1} + b^{-1}$보다 작다면 $w - u$는 반드시 자신으로 반올림되어야 한다. $b \leq 3$이므로 실제로 $|w - u| \leq |w - u - v| + |v| \leq \frac{1}{2} + (b^{p-1} - b^{-1}) < b^{p-1} + b^{-1}$이다. 이로써 증명이 완성된다. ∎

정리 A, B, C의 증명들은 x가 인접한 두 부동소수점 수들의 정확히 중간인 애매한 경우에서의 $\text{round}(x)$의 엄밀한 정의에 의존하지 않는다. 그런 애매성을 어떤 식으로 해결하든, 지금까지의 모든 증명은 여전히 유효하다.

모든 응용에 최적인 반올림 규칙은 없다. 예를 들어 소득세를 계산할 때에는 일반적으로 한 특별한 규칙을 선호한다. 그러나 대부분의 수치 계산에서 최선의 방침은 알고리즘 4.2.1N에 나오는

반올림 방안(scheme)인 것 같다. 그러한 방식은 애매한 값을 반올림할 때·최하위 숫자가 항상 짝수(또는 항상 홀수)가 되도록 한다. 이것이 기술적으로 사소한 부분, 즉 세밀한 부분을 꼬치꼬치 따지길 좋아하는 사람들이나 흥미를 가질 만한 부분인 것은 아니다. 이는 실질적으로 중요한 고려사항이다. 애매한 경우가 놀랄 만큼 자주 일어나는 데다, 편향된 반올림 규칙이 대단히 나쁜 결과를 낼 수 있기 때문이다. 예를 들어 십진 산술에서 5의 나머지가 항상 위쪽으로 반올림된다고 하자. 그러면, 만일 $u = 1.0000000$이고 $v = 0.55555555$일 때 $u \oplus v = 1.5555556$이 된다. 이 결과에서 부동소수점 수 v를 빼면 $u' = 1.0000001$이 된다. 다시 u'에 v를 더했다 빼면 1.0000002가 나오고, 다시 더하고 빼면 1.0000003이 나오는 식으로 오차가 누적된다. 같은 값을 더하고 빼는 데에도 결과가 계속 커지는 것이다.

표류(drift)라고 부르는 이 현상은 최하위 숫자의 홀짝 여부에 따른 안정적인 반올림 규칙을 사용한다면 발생하지 않는다. 구체적으로 말하자면 다음과 같다.

정리 D. $(((u \oplus v) \ominus v) \oplus v) \ominus v = (u \oplus v) \ominus v.$

예를 들어 $u = 1.2345679$이고 $v = -0.23456785$일 때

$$u \oplus v = 1.0000000, \qquad\qquad (u \oplus v) \ominus v = 1.2345678,$$

$$(u \oplus v) \ominus v) \oplus v = 0.99999995, \qquad (((u \oplus v) \ominus v) \oplus v) \ominus v = 1.2345678$$

이다. 일반적인 u와 v에 대한 증명을 위해서는 이전에 나온 정리들에서보다 훨씬 상세한 사례 분석이 필요할 것이다. 아래의 참고자료들을 볼 것. ∎

정리 D는 "짝수로 반올림"과 "홀수로 반올림" 모두에 유효하다. 그렇다면 홀수와 짝수 중 어떤 것을 택해야 할까? 기수 b가 홀수이면 애매한 경우는 부동소수점 나눗셈에서만 발생할 수 있고, 그런 경우 반올림은 비교적 덜 중요하다. 짝수 기수의 경우에는 "$b/2$가 홀수이면 짝수로 반올림하고, $b/2$가 짝수이면 홀수로 반올림한다"는 규칙을 선호할만한 이유가 존재한다. 부동소수점 분수부의 최하위 숫자는 이후의 계산들에서 반올림되어 사라질 하나의 나머지가 되는 경우가 많은데, 이 규칙은 가능하다면 최하위 유효자리에 숫자 $b/2$가 나타나는 것을 가능한 한 방지해 준다. 즉, 이 규칙은 애매한 반올림에게 일종의 기억 수단을 제공함으로써 이후의 반올림들이 애매해지지 않는 경향이 생기도록 하는 효과를 낸다고 할 수 있다. 예를 들어, 십진수체계에서 홀수로 반올림하기로 하고, 2.44445를 한 자리 위로 계속해서 반올림하면 2.4445, 2.445, 2.45, 2.5, 3이 된다. 짝수로 반올림 한다면 그런 상황이 발생하지 않는다(2.5454 같은 수를 반복적으로 반올림한다면 홀수 반올림에서만큼의 오차가 생기긴 하겠지만). 〔Roy A. Keir, *Inf. Proc. Letters* **3** (1975), 188-189 참고.〕 모든 경우에서 짝수로 반올림하는 것을 선호하는 사람들도 있다. 최하위 숫자가 좀 더 자주 0이 되는 경향이 생기기 때문인데, 그로 인한 이점을 연습문제 23에서 볼 수 있다. 둘 중 어떤 것이 다른 것보다 확실히 더 낫다는 결론은 내리기가 힘들다. 다행히 밑은 보통 $b = 2$이나 $b = 10$이므로, 짝수로의 반올림이 최상의 선택임은 누구나 동의할 수 있을 것이다.

지금까지 나온 증명들을 면밀히 점검해 본다면 $u \oplus v = \text{round}(u + v)$라는 간단한 규칙 덕분에 막대한 단순화가 가능함을 알 수 있을 것이다. 만일 우리의 부동소수점 덧셈 루틴이 아주 적은 경우에서 라도 이런 결과를 내는 데 실패한다면 증명들은 대단히 복잡해졌을 것이고, 심지어는 증명들이 아예 깨질 수도 있다.

반올림 대신 내림(truncation, 절삭) 산술을 사용한다면, 즉 양의 정수 x에 대해 $\text{trunc}(x)$가 $\le x$인 가장 큰 부동소수점 수를 나타낸다고 할 때 $u \oplus v = \text{trunc}(u + v)$와 $u \ominus v = \text{trunc}(u - v)$로 두었다면, 정리 B는 깨지게 된다. $u + v$와 $u \oplus v$의 차이를 하나의 부동소수점 수로 정확히 표현할 수 없다고 할 때 $(20, +.10000001) \oplus (10, -.10000001) = (20, +.10000000)$ 같은 경우에서는 정리 B에 예외가 생기는 것이다. $12345678 \oplus .012345678$ 같은 경우도 마찬가지이다(그런 것이 가능할 때).

부동소수점 산술은 어차피 원래부터 부정확한 것이므로, 다소 드문 특정 경우들에서의 부동소수점 산술을 조금 덜 정확하게 만든다고 해도(그게 더 편하다면) 문제가 되지 않는다고 생각하는 사람들이 많다. 이와 같은 방침이 적용된다면 컴퓨터 하드웨어 설계 비용이 몇 백 원 정도 절약되거나 서브루틴의 평균 실행 시간이 작은 비율로 줄어 들 수는 있다. 그러나 지금까지의 논의로 볼 때 그런 방침은 실수이다. 몇몇 경우에서 반올림이 틀려도 된다고 허용한다면 FADD 서브루틴(프로그램 4.2.1A)의 실행 시간을 약 5퍼센트, 그리고 공간을 약 25퍼센트 절감하는 것이 가능하겠지만, 그냥 그대로 두는 것이 훨씬 더 낫다. 그 이유가 "비트 추구(bit chasing)"를 미화하려는 것은 아니고, 여기에는 *수치적 서브루틴은 가능한 경우에는 항상 간단하고 유용한 수학 법칙들을 만족하는 결과를 반드시 내야 한다는* 좀더 근본적인 문제가 걸려 있기 때문이다. 핵심 공식 $u \oplus v = \text{round}(u + v)$는 계산적 알고리즘의 수학적 분석이 할만한 가치가 있는 것인가 아니면 피해야 할 것인가를 가르는 결정적인 기준이 되는 하나의 정칙성이다. 근본적인 대칭성이 없다면, 흥미로운 결과를 증명하는 일은 대단히 귀찮은 것이 되고 만다. *사용하기가 즐거운 도구는 성공적인 작업의 필수 요소이다.*

B. 정규화되지 않는 부동소수점 산술. 모든 부동소수점 수를 정규화한다는 방침은 다음 두 가지 방식으로 해석할 수 있다: 좋게 보자면 그런 방침은 주어진 정밀도 하에서 달성 가능한 최대의 정확도를 얻기 위한 시도라고 말할 수도 있을 것이고, 반면 결과가 실제로 그런 것보다 더 정확할 것이 라는 잘못된 인상을 심어준다는 경향을 고려할 때에는 잠재적으로 위험한 것이라고 볼 수도 있다. $(1, +.31428571) \ominus (1, +.31415927)$의 결과를 $(-2, +.12644000)$로 정규화할 때 우리는 후자의 수량에 잠재적으로 더 큰 부정확성이 존재할 수 있다는 점에 대한 정보를 제거해 버린다. 만일 정규화하 지 않고 답을 $(1, +.00012644)$로 그대로 둔다면 그런 정보는 사라지지 않은 것이다.

한 문제에 대한 입력 자료가 부동소수점 표현이 허용하는 수준만큼 정밀하지는 않은 값인 경우가 자주 있다. 예를 들어 아보가드로 수와 플랑크 상수가 유효숫자 8자리까지 알려져 있지는 않으며, 각각 $(24, +.60221400)$과 $(-26, +.66261000)$ 대신

$$(27, +.00060221) \text{과} \qquad (-23, +.00066261)$$

로 표현하는 게 더 적합할 수도 있다. 각 문제의 입력 자료를, 그것이 어느 정도의 정밀도를 가정한 값인지 알 수 있는 정규화되지 않은 형태로 제공할 수 있다면 좋을 것이다. 마찬가지로 출력 역시 그것이 어느 정도의 정밀도를 가지는지 표현할 수 있다면 좋을 것이다. 그러나 안타깝게도 이는 굉장히 어려운 문제이다. 다만, 정규화되지 않은 산술을 사용함으로써 정밀도에 대한 어느 정도의 힌트를 얻는 것은 가능하다. 예를 들어 아보가드로 수와 플랑크 상수의 합이 $(1, +.00039903)$이고 곱이 $(27, +.00060221)$임은 상당한 수준으로 확신할 수 있다. (이 예의 목표가 그런 기본 상수들의 합과 곱에 어떤 중요한 물리적 의미가 있다고 제안하려는 데 있는 것은 아니다. 단지 원래의 피연산수들이 서로 독립적일 때에는 부정확한 수량들의 계산이라고 하더라도 그 결과 안에 그 정밀도에 대한 약간의 정보를 남기는 것이 가능할 수 있음을 지적하고자 한 것일 뿐이다.)

정규화되지 않는 산술(이하 비정규화 산술)의 규칙들은 간단하다. 이런 것이다: l_u가 $u = (e_u, f_u)$의 분수부의 선행 0들의 개수라고 하자. 즉 l_u는 $|f_u| < b^{-l_u}$를 만족하는 $\leq p$인 최대 정수이다. 덧셈과 뺄셈을 알고리즘 4.2.1A에서와 같이 수행하되 왼쪽으로의 비례는 모두 생략한다. 곱셈과 나눗셈은 알고리즘 4.2.1M에서와 같이 수행하되, 답에 정확히 $\max(l_u, l_v)$개의 선행 0들이 나타나도록 답을 적절히 오른쪽으로 비례한다. 이와 본질적으로 동일한 규칙이 오랫동안 손으로 하는 계산에 쓰여 왔다.

이로부터, 비정규화 계산에 대해 다음이 성립한다.

$$e_{u \oplus v},\ e_{u \ominus v} = \max(e_u, e_v) + (0 \text{ 또는 } 1) \tag{48}$$

$$e_{u \otimes v} = e_u + e_v - q - \min(l_u, l_v) - (0 \text{ 또는 } 1) \tag{49}$$

$$e_{u \oslash v} = e_u - e_v + q - l_u + l_v + \max(l_u, l_v) + (0 \text{ 또는 } 1). \tag{50}$$

계산 결과가 0이면 정규화되지 않은 0(종종 "크기 자리수 0〔order of magnitude zero〕"이라고 부른 다)을 답으로 제시한다. 이는 답이 진정한 0이 아닐 수도 있으며 단지 우리가 그 유효숫자들을 알지 못한다는 뜻이다.

비정규화 부동소수점 산술의 오차 분석은 정규화 산술과는 다소 다른 형태이다. 오차항을 다음과 같이 정의한다.

$$\delta_u = \frac{1}{2} b^{e_u - q - p}, \qquad \text{만일 } u = (e_u, f_u) \text{이면.} \tag{51}$$

이 수량은 $b^{e_u - q} f_u$의 값뿐만 아니라 u의 표현에도 의존한다. 반올림 규칙에 의해

$$|u \oplus v - (u + v)| \leq \delta_{u \oplus v}, \qquad |u \ominus v - (u - v)| \leq \delta_{u \ominus v},$$

$$|u \otimes v - (u \times v)| \leq \delta_{u \otimes v}, \qquad |u \oslash v - (u\ /\ v)| \leq \delta_{u \oslash v}$$

가 성립한다. 이 부등식들은 비정규화 산술뿐만 아니라 정규화 산술에도 적용된다. 두 오차 분석 형태의 주된 차이는 각 연산(식 (48)에서 (50))의 결과의 지수를 정의하는 방식이다.

이번 절 앞부분에서 정의한 관계 $<$, $\sim$, $>$, $\approx$가 정규화된 수뿐만 아니라 정규화되지 않은

수에 대해서도 유효하다는 점은 이미 언급했었다. 이러한 관계들을 사용하는 한 가지 예로, (39)에 비견할 수 있는 다음과 같은 비정규화 덧셈에 대한 근사 결합법칙을 증명해 보자.

$$\text{적당한 } \epsilon \text{에 대해} \qquad (u \oplus v) \oplus w \approx u \oplus (v \oplus w) \quad (\epsilon). \tag{52}$$

우선, 다음에 주목한다.

$$|(u \oplus v) \oplus w - (u + v + w)| \leq |(u \oplus v) \oplus w - ((u \oplus v) + w)| + |u \oplus v - (u + v)|$$

$$\leq \delta_{(u \oplus v) \oplus w} + \delta_{u \oplus v}$$

$$\leq 2\delta_{(u \oplus v) \oplus w}.$$

비슷한 공식이 $|u \oplus (v \oplus w) - (u + v + w)|$에 대해 성립한다. 이제 $e_{(u \oplus v) \oplus w} = \max(e_u, e_v, e_w)$ $+ (0 \text{ 또는 } 1, 2)$이므로 $\delta_{(u \oplus v) \oplus w} \leq b^2 \delta_{u \oplus (v \oplus w)}$이다. 따라서 (52)는 $\epsilon \geq b^{2-p} + b^{-p}$일 때 유효하다. 결합법칙에 관해서는 비정규화 덧셈이 정규화 덧셈만큼 비정상은 아닌 것이다.

그렇다고 비정규화 산술이 만병통치약인 것은 절대로 아님을 강조해둘 필요가 있겠다. 비정규화 산술이 실제보다 훨씬 더 큰 정확도를 암시하는 예들이 존재한다(예를 들면 크기가 거의 같은 아주 작은 수량들의 합이나 큰 n에 대한 x^n의 평가 등). 그리고 정규화 산술은 실제로 좋은 결과를 내는 반면 비정규화 산술은 나쁜 정확도를 암시하는 예들도 찾을 수 있다. 오차를 직접적으로, 연산 하나씩 분석하는 방법이 결코 만족스러울 수 없는 중요한 이유가 하나 있는데, 그것은 바로 피연산수들이 서로 독립적이지 않는 경우가 많다는 것이다. 이는 각 연산에서 오차가 기이한 방식으로 상쇄되거나 누적될 수 있음을 뜻한다. 예를 들어, x가 약 $1/2$이며 근사값 $y = x + \delta$의 절대오차가 δ라고 하자. 만일 $x(1-x)$를 계산하고 싶다면 $y(1-y)$라는 식을 세울 수 있다. 그런데 $x = \frac{1}{2} + \epsilon$이면 $y(1-y) = x(1-x) - 2\epsilon\delta - \delta^2$이며, 따라서 절대오차가 크게 줄어든다. 절대 오차에 $2\epsilon + \delta$가 곱해진 것이다. 이는 피연산수들이 서로 독립적이지 않을 때 부정확한 수량들의 곱셈이 상당히 정확한 결과를 내는 경우 중 하나일 뿐이다. 좀 더 명백한 사례는 $x \ominus x$의 계산으로, 애초에 주어진 x의 근사값이 얼마나 나쁜지에 무관하게 완벽한 정확도를 얻게 된다.

비정규화 산술이 제공하는 추가적인 정보가, 확장된 계산 도중에 비정규화 산술에 의해 소실되는 정보보다 더 중요한 경우가 자주 있다. 그러나 (항상 그렇듯이)그런 정보는 조심해서 사용해야 한다. 비정규화 산술의 적절한 용법이 R. L. Ashenhurst, Metropolis, *Computers and Computing*, *AMM*, Slaught Memorial Papers **10** (February 1965), 47-59; N. Metropolis, *Numer. Math.* **7** (1965), 104-112; R. L. Ashenhurst, *Error in Digital Computation* **2**, L. B. Rall 엮음 (New York: Wiley, 1965), 3-37에 논의되어 있다. 입력과 출력 모두가 비정규화 형태인 표준적인 수학 함수들을 위한 적절한 방법들이 R. L. Ashenhurst, *JACM* **11** (1964), 168-187에 나온다. N. Metropolis, *IEEE Trans.* **C-22** (1973), 573-576은 어떤 값들이 *정확한* 값들인지 기억하는, 비정규화 산술의 한 확장을 논의한다.

C. 구간 산술. 오류 추정 문제에 대한 또 다른 접근방식으로 구간(interval) 또는 범위(range) 산

술이라는 것이 있다. 구간 산술에서는 계산 도중에 각 수에 대한 엄밀한 상계, 하계가 유지된다. 따라서 예를 들어 우리가 $u_0 \leq u \leq u_1$이고 $v_0 \leq v \leq v_1$임을 알고 있다면, 이를 구간 표기법 $u = [u_0 .. u_1]$, $v = [v_0 .. v_1]$로 표현한다. 합 $u \oplus v$는 $[u_0 \triangledown v_0 .. u_1 \triangle v_1]$로, 여기서 $\triangledown$는 "낮은 부동소수점 덧셈(lower floating point addition)"을 뜻하는 기호이다. 낮은 부동소수점 덧셈의 결과는 진정한 합보다 작거나 같은, 부동소수점 수로 표현할 수 있는 가장 큰 수이다. 그리고 $\triangle$도 비슷한 방식으로 정의된다. 더 나아가서 $u \ominus v = [u_0 \triangledown v_1 .. u_1 \triangle v_0]$이다. 만일 u_0과 v_0이 양수이면 $u \otimes v = [u_0 \triangledown v_0 .. u_1 \triangle v_1]$, $u \oslash v = [u_0 \triangledown v_1 .. u_1 \triangle v_0]$이다. 예를 들어 아보가드로 수와 플랑크 상수를 다음과 같이 표현할 수 있다.

$$N = [(24, + .60221331) .. (24, + .60221403)],$$
$$h = [(-26, + .66260715) .. (-26, + .66260795)].$$

이들의 합과 곱은 다음과 같은 모습이 된다.

$$N \oplus h = [(24, + .60221331) .. (24, + .60221404)],$$
$$N \otimes h = [(-2, + .39903084) .. (-2, + .39903181)].$$

$v_0 < 0 < v_1$일 때 $[v_0 .. v_1]$로 어떤 수를 나누려 하면 0으로 나누기 오류가 발생할 가능성이 있다. 구간 산술은 기본적으로 엄밀한 오류 추정을 얻고자 하는 것이므로 0으로 나누기 오류를 반드시 검출해야 한다. 그러나 연습문제 24에서 논의하는 것 같은 특별한 관례를 도입한다면, 구간 산술에서 위넘침과 아래넘침을 치명적 오류로 처리하지 않아도 된다.

　　구간 산술은 보통의 산술보다 약 두 배 정도만 길 뿐이며, 대신 진정으로 신뢰할만한 오류 추정을 제공한다. 수학적 오차 분석의 난이도를 생각한다면 이는 적게 주고 많이 받는 것이다. 앞에서 설명했듯이 계산의 중간 값들이 서로 의존적인 경우가 많기 때문에, 구간 산술로 얻은 최종 추정치는 비관적인 경향을 가진다. 그리고 구간 산술을 사용하는 경우에는 수치적 반복법들을 재설계해야 하는 경우가 많다. 그러나 구간 산술을 효과적으로 사용한다면 많은 이점이 생길 것이므로, 구간 산술의 용도를 넓히고 최대한 사용자 친화적으로 만드는 노력이 반드시 이루어져야 할 것이다.

D. 역사 및 문헌정보. 십진 계산에 대한 타네리Jules Tannery의 고전적 논문 *Leçons d'Arithmétique* (Paris: Colin, 1894)에는 양수의 경우 처음으로 버려지는 숫자가 5 이상이면 반드시 위로 반올림해야 한다는 주장이 나온다. 십진 숫자들 중 정확히 절반이 5 이상이라는 점에서, 그는 이런 규칙에 의해 평균적으로 정확히 50%의 경우에서 위로 반올림이 일어날 것이며 따라서 결과적으로 오차가 보정될 것이라고 생각했다. 반올림이 애매한 경우에서 "짝수로 반올림"한다는 발상이 처음으로 언급된 것은 스카버로James B. Scarborough의 선구적인 책 *Numerical Mathematical Analysis* (Baltimore: Johns Hopkins Press, 1930), 2이다. 제2판(1950)에서 그는 "사고력이 있는 사람이라면 누구에게도, 5가 버려질 때 오직 절반의 경우에서 그 이전 숫자를 1 증가시켜야 한다는 것이 명백하다"고 말함으로써 제1판의 설명을 더욱 강화했으며, 이를 위해 짝수로의 반올림을 권장했다.

부동소수점 산술에 대한 최초의 분석이 나와 있는 것은 F. L. Bauer, K. Samelson, *Zeitschrift für angewandte Math. und Physik* **4** (1953), 312-316이다. 그 다음 출판물은 5년 후에야 나온 J. W. Carr III, *CACM* **2**, (May 1959), 10-15이다. P. C. Fischer, *Proc. ACM Nat. Meeting* **13** (1958), Paper 39도 볼 것. 윌킨슨J. H. Wilkinson의 책 *Rounding Errors in Algebraic Processes* (Englewood Cliffs: Prentice-Hall, 1963)는 대규모 문제의 오차 분석에 개별 산술 연산의 오차 분석을 적용하는 방법을 보였다. *The Algebraic Eigenvalue Problem* (Oxford: Clarendon Press, 1965)에 수록된 그의 다른 논문들도 볼 것.

이 주제에 대해서 더 연구해보길 원하는 독자에게는 부동소수점 정확도에 관한 추가적인 초기 저작들이 요약되어 있는 중요한 논문 두 개를 권한다. W. M. Kahan, *Proc. IFIP Congress* (1971), **2**, 1214-1239와 R. P. Brent, *IEEE Trans.* **C-22** (1973), 601-607이다. 두 논문 모두 실제 응용에 도움이 되는 유용한 이론과 예제들을 포함하고 있다.

이번 절에서 소개한 관계 <, ~, >, ≈ 와 비슷한 착안들이 A. van Wijngaarden, *BIT* **6** (1966), 66-81에 나온다. 정리 A와 B는 뮐러Ole Møller의 관련 논문 *BIT* **5** (1965), 37-50, 251-255에서 영감을 얻은 것이다. 정리 C는 T. J. Dekker, *Numer. Math.* **18** (1971), 224-242에서 기인한다. 이 세 정리 모두의 확장 및 정련이 S. Linnainmaa, *BIT* **14** (1974), 167-202에 발표되어 있다. 케이헌W. M. Kahan은 출판되지 않은 몇몇 초고에서 정리 D를 소개했다. 완전한 증명 및 추가적인 논평으로는 J. F. Reiser, D. E. Knuth, *Inf. Proc. Letters* **3** (1975), 84-87, 164를 볼 것.

바우어F. L. Bauser와 자멜존K. Samelson은 상기한 논문에서 비정규화 부동소수점 산술을 권장했으며, 그와는 독립적으로 카J. W. Carr III도 1953년에 University of Michigan에서 비정규화 부동소수점 산술을 사용했다. 몇 년 후 하드웨어에 두 종류의 산술 모두를 내장한 MANIAC III 컴퓨터가 설계되었다. R. L. Ashenhurst, N. Metropolis, *JACM* **6** (1959), 415-428, *IEEE Trans.* **EC-12** (1963), 896-901; R. L. Ashenhurst, *Proc. Spring Joint Computer Conf.* **21** (1962), 195-202를 볼 것. 또한 비정규화 산술의 추가적인 초기 논의로는 H. L. Gray, C. Harrison, Jr., *Proc. Eastern Joint Computer Conf.* **16** (1959), 244-248와 W. G. Wadey, *JACM* **7** (1960), 129-139를 보라.

구간 산술의 초기 발전 및 몇 가지 수정에 대해서는 A. Gibb, *CACM* **4** (1961), 319-320; B. A. Chartres, *JACM* **13** (1966), 386-403과 무어Ramon E. Moore의 책 *Interval Analysis* (Prentice-Hall, 1966)를 볼 것. 그 후의 이 주제의 성장이 무어의 또 다른 책 *Methods and Applications of Interval Analysis* (Philadelphia: SIAM, 1979)에 나와 있다.

1980년대 초반에 University of Karlsruhe에서는 "interval" 형식의 변수를 사용할 수 있게 하는 파스칼(Pascal) 언어의 한 확장이 개발되었다. 이 언어에는 구간 산술 지원 기능뿐만 아니라 과학 컴퓨팅을 위한 다른 여러 기능들도 포함되어 있는데, 자세한 설명은 Bohlender, Ullrich, Wolff von Gudenberg, Rall, *Pascal-SC* (New York: Academic Press, 1987)을 볼 것.

쿨리슈Ulrich Kulisch의 책 *Grundlagen des numerischen Rechnens: Mathematische*

Begründung der Rechnerarithmetik (Mannheim: Bibl. Inst., 1976)은 전적으로 부동소수점 산술 시스템의 연구만을 다룬 책이다. 또한 *IEEE Trans.* **C-26** (1977), 610-621에 나온 쿨리슈의 논문과, 좀 더 최근에 미랜커 W. L. Miranker 와 같이 쓴 책 *Computer Arithmetic in Theory and Practice* (New York: Academic Press, 1981도 볼 것.

부동소수점 오차 분석에 대한 보다 최근 성과의 요약은 하이엄 N. J. Higham 의 책 *Accuracy and Stability of Numerical Algorithms* (Philadelphia: SIAM, 1996)에 나온다.

연습문제

참고: 특별한 언급이 없는 한 정규화된 부동소수점 산술이 쓰인다고 가정할 것.

1. [M18] 항등식 (7)이 (2)에서 (6)까지의 한 결과임을 증명하라.

2. [M20] (2)에서 (8)까지의 항등식들을 이용해서, $x \geq 0$이고 $y \geq 0$이면 항상 $(u \oplus x) \oplus (v \oplus y) \geq u \oplus v$임을 증명하라.

3. [M20] 계산 도중에 지수 위넘침이나 아래넘침이 발생하지 않는다는 가정 하에서, 다음을 만족하는 여덟 자리 부동 십진수 u, v, w를 구하라.

$$u \otimes (v \otimes w) \neq (u \otimes v) \otimes w.$$

4. [10] 부동소수점 $u \otimes (v \otimes w)$의 계산 도중에는 지수 위넘침이 발생하나 $(u \otimes v) \otimes w$의 계산 도중에는 발생하지 않는 부동소수점 수 u, v, w가 존재할 수 있을까?

5. [M20] $u \oslash v = u \otimes (1 \oslash v)$가 모든 부동소수점 수 u와 $v \neq 0$에 대한, 지수 위넘침이나 아래넘침이 발생하지 않는 항등식일까?

6. [M22] 다음 두 항등식이 모든 부동소수점 수 u에 대해 유효한가?

(a) $0 \ominus (0 \ominus u) = u$;   (b) $1 \oslash (1 \oslash u) = u$.

7. [M21] $u^{②}$가 $u \otimes u$를 뜻한다고 하자. $(u \oplus v)^{②} > 2(u^{②} + v^{②})$를 만족하는 부동 이진수 u와 v를 구하라.

▶ **8.** [20] $\epsilon = 0.0001$이라고 하자. 관계

$$u < v \quad (\epsilon), \qquad u \sim v \quad (\epsilon), \qquad u > v \quad (\epsilon), \qquad u \approx v \quad (\epsilon)$$

중에서 다음과 같은 10진 0초과 여덟 자리 부동소수점 수 쌍에 대해 성립하는 것(들)을 각각 지적하라.

a) $u = (1, + .31415927)$, $v = (1, + .31416000)$;

b) $u = (0, + .99997000)$, $v = (1, + .10000039)$;

c) $u = (24, + .60221400)$, $v = (27, + .00060221)$;

d) $u = (24, + .60221400)$, $v = (31, + .00000006)$;

e) $u = (24, + .60221400)$, $v = (28, + .00000000)$.

9. [*M22*] (33)을 증명하고, 결론을 관계 $u \approx w(\epsilon_1 + \epsilon_2)$로까지 강화할 수는 없는 이유를 설명하라.

▶ **10.** [*M25*] (케이헌 W. M. Kahan.) 반올림을 제대로 하지 않고 부동소수점 산술을 수행하는 컴퓨터가 있다고 하자. 구체적으로 말하면, 그 컴퓨터의 부동소수점 곱셈 루틴은 $2p$자리 곱 $f_u f_v$의 상위 유효숫자들 중 처음 p개만 빼고 나머지는 모두 무시한다. (따라서 $f_u f_v < 1/b$이면 $u \otimes v$의 최하위 숫자는 이후의 정규화에 의해 항상 0이 된다.) 이러한 루틴이 곱셈의 단조성(monotonicity)을 깨뜨림을 보여라. 다른 말로 하면, 이 컴퓨터에서 $u < v$이지만 $u \otimes w > v \otimes w$가 되는 양의 부동소수점 수 u, v, w가 존재함을 밝혀라.

11. [*M20*] 보조정리 T를 증명하라.

12. [*M24*] $|e_u - e_v| \geq p$인 특수한 경우에서의 정리 B와 (46)의 증명을 완성하라.

▶ **13.** [*M25*] 부동소수점 산술 연산만 사용할 뿐 정수를 통한 정확한 계산을 위한 수단은 제공하지 않는 프로그래밍 언어들이 있다(심지어는 컴퓨터 자체가 그런 것도 있다). 물론 정수를 부동소수점 수로 표현해서 정수 연산을 수행하는 것은 가능하다. 그리고 부동소수점 연산들이 (9)에 나온 기본적인 정의들을 만족한다면, 그리고 피연산수들과 계산 결과가 유효자리 p개로 정확히 표현될 수만 있다면, 모든 부동소수점 연산들은 정확하다. 따라서 수들이 너무 크지 않다는 보장만 있다면 반올림 오차에 의한 부정확성을 염려하지 않고 정수들을 더하고 빼고 곱할 수 있다.

이런 상황에서, m과 $n \neq 0$이 정수일 때 m이 n의 정확한 배수인지를 판단하고 싶다고 하자. 그리고 주어진 임의의 부동소수점 수 u에 대해 수량 $\mathrm{round}(u \bmod 1) = u \;\text{(mod)}\; 1$을 계산하는(연습문제 4.2.1-15에서처럼) 서브루틴이 갖추어져 있다고 하자. m이 n의 배수인지를 판정하는 한 가지 좋은 방법은 해당 서브루틴을 이용해서 $(m \oslash n) \;\text{(mod)}\; 1 = 0$인지 아닌지를 보는 것이다. 그러나 부동소수점 계산의 반올림 오차 때문에 이 판정이 잘못된 결과를 내는 경우가 있다.

오직 $(m \oslash n) \;\text{(mod)}\; 1 = 0$일 때에만 m이 n의 배수가 되는 정수 $n \neq 0$과 m의 범위에 대한 적절한 조건들을 제시하라. 다른 말로 하면, m과 n이 아주 크지 않다면 이 판정이 유효함을 보여라.

14. [*M27*] 정규화되지 않는 곱셈을 사용한다고 할 때, $(u \otimes v) \otimes w \approx u \otimes (v \otimes w) \;(\epsilon)$인 적절한 ϵ을 구하라. (입력 피연산수 u, v, w가 정규화된 경우 비정규화 곱셈과 정규화 곱셈은 정확히 동일하므로, 이 결과는 (39)를 일반화한다.)

▶ **15.** [*M24*] (비에르크 H. Björk.) 한 구간의 계산된 중점이 항상 구간 끝점들 사이에 놓일까? (다른 말로 하면, $u \leq v$는 $u \leq (u \oplus v) \oslash 2 \leq v$를 함의하는가?)

16. [*M28*] (a) 여덟 자리 부동 십진 산술에서, $n = 10^6$이고 모든 k에 대해 $x_k = 1.1111111$일 때 $(\cdots((x_1 \oplus x_2) \oplus x_3) \oplus \cdots \oplus x_n)$은 얼마인가? (b) 그런 특정한 x_k 값들의 표준편차를 계산하는 데 식 (14)를 사용하면 어떤 결과가 나올까? 식 (15)와 (16)을 사용하면 어떻게 될까? (c) (16)에서 $x_1, \ldots, x_k$의 모든 선택에 대해 $S_k \geq 0$임을 증명하라.

17. [*28*] 장소 ACC에 있는 부동소수점 수 u와 레지스터 A에 있는 부동소수점 수 v를 비교하고

$u < v$, $u \sim v$, $u > v$ (ϵ)에 따라 비교 지시자를 각각 LESS, EQUAL, GREATER로 설정하는 MIX 서브루틴 FCMP를 작성하라. 여기서 ϵ은 장소 EPSILON에 저장되어 있는, 기수점이 워드 왼쪽에 존재한다고 가정된 음이 아닌 고정소수점 수량이다. 입력들은 정규화되었다고 가정한다.

18. [M40] 비정규화 산술에서

$$u \otimes (v \oplus w) \approx (u \otimes v) \oplus (u \otimes w) \qquad (\epsilon)$$

을 만족하는 적당한 수 ϵ이 존재하는가?

▶ **19.** [M30] (케이헌.) 부동소수점 수 x_1, x_2, ..., x_n들을 합산하는 다음과 같은 절차를 고려한다.

$$s_0 = c_0 = 0;$$

$1 \le k \le n$에 대해 $\qquad y_k = x_k \ominus c_{k-1}, \qquad s_k = s_{k-1} \oplus y_k, \qquad c_k = (s_k \ominus s_{k-1}) \ominus y_k.$

이 연산들의 상대오차들이 다음 방정식들로 정의된다고 하자.

$$y_k = (x_k - c_{k-1})(1 + \eta_k), \qquad s_k = (s_{k-1} + y_k)(1 + \sigma_k),$$
$$c_k = ((s_k - s_{k-1})(1 + \gamma_k) - y_k)(1 + \delta_k).$$

여기서 $|\eta_k|$, $|\sigma_k|$, $|\gamma_k|$, $|\delta_k| \le \epsilon$이다. $|\theta_k| \le 2\epsilon + O(n\epsilon^2)$이라 할 때 $s_n = \sum_{k=1}^{n}(1 + \theta_k)x_k$를 증명하라. [정리 C에 의하면, 만일 $b = 2$이고 $|s_{k-1}| \ge |y_k|$이면 정확히 $s_{k-1} + y_k = s_k - c_k$이다. 그러나 이 연습문제에서 원하는 것은, 각 연산의 상대오차가 유계라고 가정할 때, 부동소수점 연산들이 세심하게 반올림되지 않는다고 해도 유효한 추정치를 얻는 것이다.

20. [25] (린나인마S. Linnainmaa.) $|u| \ge |v|$이고 (47)이 성립하지 않는 모든 u와 v를 찾아라.

21. [M35] (데커T. J. Dekker.) 정리 C에서 부동 이진수들의 정확한 덧셈 방법을 알 수 있다. 정확한 곱셈 방법을 설명하라. 즉, 곱 uv를 $w + w'$ 형태로 표현하되, w와 w'는 주어진 두 부동 이진수 u와 v에 대해 연산 $\oplus$, $\ominus$, $\otimes$만 적용해서 계산한 값이어야 한다.

22. [M30] 부동소수점 곱셈/나눗셈에서 표류가 발생할 수 있을까? u와 $v \ne 0$가 주어졌을 때 수열 $x_0 = u$, $x_{2n+1} = x_{2n} \otimes v$, $x_{2n+2} = x_{2n+1} \oslash v$를 고려한다. $x_k \ne x_{k+2}$일 수 있는 최대의 첨자 k는 무엇인가?

▶ **23.** [M26] 다음을 증명 또는 반증하라: 모든 부동소수점 수 u에 대해 $u \ominus (u \bmod 1) = \lfloor u \rfloor$.

24. [M27] u_l와 u_r이 0이 아닌 부동소수점 수들이거나 또는 특별한 기호 $+0$, -0, $+\infty$, $-\infty$라고 하자. 모든 구간 $[u_l .. u_r]$의 집합을 고려한다. 각 구간은 반드시 $u_l \le u_r$를 만족하며, $u_l = u_r$은 오직 u_l이 0이 아닌 유한한 값일 때에만 허용된다. 구간 $[u_l .. u_r]$은 $u_l \le x \le u_r$인 모든 부동소수점 x를 대표하며, 모든 양의 x에 대해

$$-\infty < -x < -0 < +0 < +x < +\infty$$

가 성립한다. (따라서 $[1..2]$는 $1 \le x \le 2$를, $[+0..1]$는 $0 < x \le 1$를, $[-0..1]$는 $0 \le x \le 1$를 의미한다. $[-0..+0]$은 하나의 값 0을 나타내며, $[-\infty..+\infty]$는 모든 것을 뜻한다.) 이러

한 구간들에 대한, 0을 포함하는 구간으로의 나누기를 제외한 그 어떤 비정상 조건(위넘침, 아래넘침 등)에도 의존하지 않는 적절한 산술 연산들을 정의하라.

▶ **25.** [15] 부동소수점 산술의 부정확성을 이야기할 때 사람들은 오차를 거의 같은 수량의 뺄셈 도중에 발생하는 "소거(cancellation)"에 의한 것으로 돌린다. 그러나 u와 v가 근사적으로 상등일 때 차 $u \ominus v$는 오차 없는 정확한 결과를 낸다. 사람들이 말하는 바의 진짜 의미는 무엇일까?

26. [M21] u, u', v, v'가 $u \sim u'$ (ϵ)이고 $v \sim v'$ (ϵ)인 양의 부동소수점 수들이라고 하자. 정규화된 산술이 쓰인다고 할 때 $u \oplus v \sim u' \oplus v'$ (ϵ')인 작은 ϵ'이 존재함을 증명하라.

27. [M27] (케이헌.) 모든 $u \neq 0$에 대해 $1 \oslash (1 \oslash (1 \oslash u)) = 1 \oslash u$를 증명하라.

28. [HM30] (다이아몬드H. G. Diamond.) $f(x)$가 어떠한 구간 $[x_0 .. x_1]$에 대한 순증가 함수이고 $g(x)$가 그것이 역함수라고 하자. (그러한 f와 g의 예로는 "exp"와 "ln"이나 "tan"와 "arctan"가 있다.) 만일 x가 $x_0 \leq x \leq x_1$인 부동소수점 수라고 할 때, $\hat{f}(x) = \text{round}(f(x))$라고 하자. 그리고 y가 $f(x_0) \leq y \leq f(x_1)$인 또 다른 부동소수점 수일 때 $\hat{g}(y) = \text{round}(g(y))$라고 하자. 더 나아가서 $h(x) = \hat{g}(\hat{f}(x))$라고 하자(이것이 정의되는 경우에는 항상). 반올림 때문에, $h(x)$가 항상 x와 상등인 것은 아니지만, 그래도 $h(x)$가 x에 상당히 가깝다고는 기대할 수 있다.

만일 정밀도 b^p가 적어도 3이면, 그리고 f가 순볼록 또는 순오목 함수이면(즉, $f''(x)$가 $[x_0 .. x_1]$ 안의 모든 x에 대해 같은 부호이면), h의 반복 적용이 안정적(stable)임을 증명하라. 여기서 안정적이라는 것은 등식

$$h(h(h(x))) = h(h(x))$$

의 양변이 정의되는 모든 x에 대해 이 등식이 성립함을 의미한다. 다른 말로 하면, 서브루틴들을 적절히 구현한다면 "표류"는 생기지 않는다.

▶ **29.** [M25] 연습문제 28에서 조건 $b^p \geq 3$가 필요조건임을 보여주는 예를 하나 제시하라.

▶ **30.** [M30] (케이헌.) $x < 1$에 대해 $f(x) = 1 + x + \cdots + x^{106} = (1 - x^{107})/(1 - x)$이고 $0 < y < 1$에 대해 $g(y) = f((\frac{1}{3} - y^2)(3 + 3.45y^2))$이라고 하자. $y = 10^{-3}$, 10^{-4}, 10^{-5}, 10^{-6}에 대한 $g(y)$를 하나 이상의 휴대용 계산기로 계산하고 그 결과들의 모든 부정확성을 설명하라. (요즘 계산기들의 대부분은 반올림을 제대로 처리하지 않기 때문에 놀라운 결과들이 종종 나온다. $g(\epsilon) = 107 - 10491.35\epsilon^2 + 659749.9625\epsilon^4 - 30141386.26625\epsilon^6 + O(\epsilon^8)$임을 참고할 것.)

31. [M25] (쿨리슈U. Kulisch.) 표준적인 53비트 배정도 부동소수점 산술을 이용해서 $x = 408855776$과 $y = 708158977$로 다항식 $2y^2 + 9x^4 - y^4$을 평가한 결과는 $\approx -3.7 \times 10^{19}$이다. 이를 $2y^2 + (3x^2 - y^2)(3x^2 + y^2)$ 형태로 평가하면 $\approx +1.0 \times 10^{18}$이 된다. 그런데 진짜 답은 정확히 1.0이다. 수치적 불안전성에 대한 이와 비슷한 예들을 만드는 방법을 설명하라.

*4.2.3. 배정도 계산

지금까지는 "단정도(single-precision)" 부동소수점 산술을 고찰했다. 단정도 부동소수점 산술이란 본질적으로 하나의 컴퓨터 워드에 담을 수 있는 부동소수점 값들을 다룬다는 뜻이다. 주어진 응용 프로그램에 대해 단정도 부동소수점 산술이 충분한 정확도를 제공하지 않는다면, 하나의 수에 대해 메모리의 워드 두 개 이상을 사용하는 적절한 프로그래밍 기법을 이용해서 정밀도를 높일 수 있다. 4.3절에서 고정밀도(high-precision) 계산의 일반적인 문제들을 다루긴 하겠지만, 배정도(double-precision) 계산은 여기서 따로 논의하는 게 좋을 것 같다. 배정도 계산에는 그보다 더 큰 정밀도에 대해서는 비교적 부적절한 특별한 기법들이 적용되기 때문이다. 그리고 배정도는 단정도를 넘어서는 첫 번째 단계라는 점에서, 또한 극도로 높은 정밀도를 요하지 않는 여러 문제들에 적용할 수 있다는 점에서, 그 자체로 중요한 주제이기도 하다.

저자가 이 책의 제1판을 쓰던 당시인 1960년대만 해도 위의 문단은 참이었으나, 배정도 부동소수점의 예전 동기들이 대부분 사라지는 방향으로 컴퓨터가 발전해 버렸기 때문에 이제는 그렇지 못하다. 따라서 이번 절은 기본적으로 역사적인 의미만을 가질 뿐이다. 계획 중인 이 책의 제4판에서는 4.2.1절이 "정규화된 계산"으로, 그리고 이 4.2.3절은 "예외적인 수들"에 대한 논의로 대체될 것이다. 제4판의 새로운 내용은 비정규(denormal) 수들, 무한들, 그리고 정의되지 않는 수 또는 비정상적인 수량들을 뜻하는 소위 NaN[†] 등 ANSI/IEEE 표준 754의 특별한 측면들에 초점을 두게 될 것이다. (4.2.1절 끝의 참고자료들을 볼 것.) 일단 지금은 오래된 개념들 중에도 뭔가 배울 것이 있는지 마지막으로 한 번 살펴보기로 하자.

배정도 계산은 거의 항상 고정소수점 산술에서보다는 부동소수점 산술에서 요구된다. 예외라고 한다면 제곱과 외적의 합을 계산할 때 고정 소수점 배정도를 사용하는 통계 작업 정도이다. 배정도 산술의 고정소수점 버전은 부동소수점 버전보다 쉬우므로, 여기서는 후자만 논의하기로 한다.

배정도는 부동소수점 수의 분수부의 정밀도를 확대하는 목적뿐만 아니라 지수부의 범위를 늘리려는 목적으로도 자주 요구된다. 그런 점을 고려해서 이번 절에서는 **MIX** 컴퓨터에서의 배정도 부동소수점 수에 대해 다음과 같은 2워드 형식을 사용하겠다.

$$\pm \quad e \quad f \quad f \quad f \quad f \qquad \boxed{} \quad f \quad f \quad f \quad f \quad f . \tag{1}$$

이 형식에서 두 바이트는 지수부에, 나머지 여덟 바이트는 분수부에 쓰인다. 지수는 "$b^2/2$초과"로, 여기서 b는 바이트 크기이다. 부호는 상위 절반에 해당하는 워드에 나타난다. 다른 절반의 부호는 무시하는 것이 관례이다.

이번 절의 배정도 산술 논의는 상당히 기계 지향적이다. 왜냐하면 관련 루틴들의 코딩에 관련된 문제만 연구해 보아도 이 주제의 중요성을 충분히 깨달을 수 있기 때문이다. 따라서 독자가 이번 절의 내용을 제대로 이해하려면 이후 나오는 **MIX** 프로그램들을 세심히 연구해야 한다.

[†] 〔옮긴이 주〕 Not a Number의 약자이다.

이번 절은 이전 두 절에서 언급한, 이상적인 목표로서의 정확도에서는 멀어지게 될 것이다. 즉, 이번 절의 배정도 루틴들은 그 결과를 반올림하지 않으며, 따라서 약간의 오차가 결과에 스며들게 된다. 따라서 이번 절의 루틴들을 너무 믿어서는 안 된다. 단정도 산술에서는 최대한의 정밀도를 추구해야 할 충분한 이유가 있었지만, 배정도의 경우는 상황이 다르다: (a) 모든 경우에서의 진정한 배정도 반올림을 보장하려면 상당한 양의 추가적인 프로그래밍 작업이 필요하다. 완전히 정확한 루틴들은 이를테면 용량이 두 배가 되고 실행 시간은 1/2정도가 더 늘어난다. 완벽한 단정도 루틴들은 비교적 쉽게 만들 수 있지만, 배정도에서 그렇게 하려면 컴퓨터의 한계에 부딪히게 된다. 다른 부동소수점 서브루틴들에 대해서도 비슷한 상황이 벌어진다. 예를 들어 모든 x에 대해 round$(\cos x)$를 정확히 계산하는 코사인 루틴은 기대할 수 없다. 그런 루틴은 거의 불가능하기 때문이다. 완벽한 코사인 루틴을 추구하는 대신, 합리적인 x 값들 모두에 대해 자신이 달성할 수 있는 최선의 상대 오차를 적절한 속력으로 제공하는 코사인 루틴을 목표로 해야 한다. 물론 그러한 루틴의 설계자는 계산된 함수가 다음 예들 같은 간단한 수학 법칙들을 가능하다면 항상 만족할 수 있도록 노력해야 할 것이다.

$$\boxed{\cos}\,(-x) = \boxed{\cos}\,x; \qquad |\,\boxed{\cos}\,x\,| \le 1; \qquad 0 \le x \le y < \pi \text{에 대해 } \boxed{\cos}\,x \ge \boxed{\cos}\,y.$$

(b) 단정도 산술은 부동소수점 산술을 사용하고자 하는 모두에게 필요한 "주식(主食)"이다. 그러나 대체로 배정도 산술은 단정도 산수만큼의 깔끔한 결과가 그리 중요하지는 않은 상황들을 위한 것이다. 유효숫자 일곱자리 수와 여덟자리 수의 차이는 두드러지지만, 15자리와 16자리의 차이는 그리 중요하지 않다. 배정도는 단정도 결과를 계산하는 도중의 중간 단계들에서 가장 자주 쓰인다. 처음부터 끝까지 모든 것을 배정도로 수행해야 하는 경우는 별로 없다. (c) 배정도 산술 절차들을 분석해 보는 것은 부동소수점 산술들이 어느 정도나 부정확한지 파악하는 데 도움이 된다. 왜냐하면 그런 절차들은 나쁜 단정도 루틴들이 흔히 취하는 잘못들의 유형을 두드러지게 드러내기 때문이다(연습문제 7과 8 참고).

이러한 관점에서 배정도 덧셈, 뺄셈 연산들을 살펴보자. 뺄셈은 두 번째 피연산자의 부호를 바꾼 덧셈으로 처리할 수 있음은 물론이다. 덧셈은 상위 워드와 하위 워드를 따로 더하고 "올림(carry)"을 적절히 전파하는 식으로 수행한다.

그런데 부호 있는 크기 산술을 수행한다는 점에서 한 가지 골치 아픈 문제가 생긴다. 하위 절반들을 더했을 때 잘못된 부호가 나올 수 있는 것이다(구체적으로 말하자면, 피연산수들의 부호가 서로 반대이고 더 작은 피연산수의 하위 절반이 큰 피연산수의 하위 절반보다 더 클 때 그런 일이 생긴다). 가장 간단한 해결책은 올바른 부호를 미리 설정해 두는 것이다. 즉, 알고리즘 4.2.1A의 단계 A2에서 $e_u \ge e_v$라는 조건과 함께 $|u| \ge |v|$라는 조건도 강제한다. 그러면 최종 부호는 u의 부호가 됨이 확실해진다. 이 문제만 제외하면, 그리고 모든 것을 두 번씩 해야 한다는 점만 제외하면, 배정도 덧셈은 단정도 덧셈과 아주 비슷하다.

프로그램 A (배정도 덧셈). 서브루틴 DFADD는 (1)과 같은 형식의 배정도 부동소수점 수 v를 배정도 부동소수점 수 u에 더한다. 초기에 v는 rAX(레지스터 A와 X)에 들어 있고 u는 장소 ACC와 ACCX

에 들어 있다고 가정한다. 답은 rAX와 (ACC, ACCX) 둘 다에 저장된다. 서브루틴 DFSUB는 같은 관례 하에서 u에서 v를 뺀다.

입력 피연산수들은 모두 정규화되어 있다고 가정하며, 답도 정규화된다. 이 프로그램의 마지막 부분은 이번 절의 다른 서브루틴들에서도 사용하는 배정도 정규화 절차이다. 연습문제 5는 이 프로그램을 크게 개선시키는 방법을 논의한다.

01	ABS	EQU	1:5	절대값을 위한 필드 정의
02	SIGN	EQU	0:0	부호를 위한 필드 정의
03	EXPD	EQU	1:2	배정도 지수 필드
04	DFSUB	STA	TEMP	배정도 뺄셈:
05		LDAN	TEMP	v의 부호를 바꾼다.
06	DFADD	STJ	EXITDF	배정도 덧셈:
07		CMPA	ACC(ABS)	$\lvert v \rvert$를 $\lvert u \rvert$와 비교한다.
08		JG	1F	
09		JL	2F	
10		CMPX	ACCX(ABS)	
11		JLE	2F	
12	1H	STA	ARG	만일 $\lvert v \rvert > \lvert u \rvert$이면 $u \leftrightarrow v$로 교환.
13		STX	ARGX	
14		LDA	ACC	
15		LDX	ACCX	
16		ENT1	ACC	(ACC와 ACCX는 인접한
17		MOVE	ARG(2)	메모리 장소들이다.)
18	2H	STA	TEMP	
19		LD1N	TEMP(EXPD)	$rI1 \leftarrow -e_v$.
20		LD2	ACC(EXPD)	$rI2 \leftarrow e_u$.
21		INC1	0,2	$rI1 \leftarrow e_u - e_v$.
22		SLAX	2	지수를 제거.
23		SRAX	1,1	오른쪽으로 비례.
24		STA	ARG	$0\ v_1\ v_2\ v_3\ v_4$
25		STX	ARGX	$v_5\ v_6\ v_7\ v_8\ v_9$
26		STA	ARGX(SIGN)	v의 진짜 부호를 두 절반에 저장.
27		LDA	ACC	(답의 부호는 u의 부호임을 이미 알고 있음.)
28		LDX	ACCX	$rAX \leftarrow u$.
29		SLAX	2	지수를 제거.
30		STA	ACC	$u_1\ u_2\ u_3\ u_4\ u_5$
31		SLAX	4	
32		ENTX	1	
33		STX	EXPO	EXPO $\leftarrow 1$ (본문의 설명을 볼 것).
34		SRC	1	$1\ u_5\ u_6\ u_7\ u_8$
35		STA	1F(SIGN)	편법임. 본문의 설명을 볼 것.

36		ADD	ARGX(0:4)	$0\,v_5\,v_6\,v_7\,v_8$을 더한다.
37		SRAX	4	
38	1H	DECA	1	삽입된 1로부터 복구. (부호가 변할 수 있음)
39		ADD	ACC(0:4)	상위 절반들을 더한다.
40		ADD	ARG	(위넘침은 발생할 수 없음)
41	DNORM	JANZ	1F	정규화 루틴:
42		JXNZ	1F	f_w는 rAX에 있는 값, e_w = EXPO + rI2.
43	DZERO	STA	ACC	만일 $f_w = 0$이면 $e_w \leftarrow 0$으로 설정.
44		JMP	9F	
45	2H	SLAX	1	왼쪽으로 정규화.
46		DEC2	1	
47	1H	CMPA	=0=(1:1)	선행 바이트가 0인가?
48		JE	2B	
49		SRAX	2	(반올림 생략됨)
50		STA	ACC	
51		LDA	EXPO	최종 지수 계산.
52		INCA	0,2	
53		JAN	EXPUND	지수가 음인가?
54		STA	ACC(EXPD)	
55		CMPA	=1(3:3)=	2바이트보다 큰가?
56		JL	8F	
57	EXPOVD	HLT	20	
58	EXPUND	HLT	10	
59	8H	LDA	ACC	답을 rA에 넣는다.
60	9H	STX	ACCX	
61	EXITDF	JMP	*	서브루틴에서 나간다.
62	ARG	CON	0	
63	ARGX	CON	0	
64	ACC	CON	0	부동소수점 누산기
65	ACCX	CON	0	
66	EXPO	CON	0	"본연의 지수"의 일부 ▮

이 프로그램에서 하위 절반들을 더할 때, 정확한 부호를 가지고 있다고 알고 있는 워드의 왼쪽에 "1"이 삽입된다. 덧셈 이후에, 이 바이트는 상황에 따라 0이거나 1, 2이며, 그 세 가지 경우 모두 이런 방식으로 동시에 처리된다. (이를 프로그램 4.2.1A에 쓰인 다소 복잡한 보정 방법과 비교해 볼 것.)

줄 40의 명령이 수행된 후에 레지스터 A가 0일 수 있음을 주목할 필요가 있다. 그리고 MIX가 0인 결과의 부호를 정의하는 방식 때문에, 레지스터 X가 0이 아니면 누산기에 저장되는 결과에는 올바른 부호가 붙게 된다. 만일 줄 39와 40을 맞바꾼다면, 두 명령 다 "ADD"인데도(!) 프로그램은 부정확해질 것이다.

그럼 배정도 곱셈으로 넘어가자. 곱은 그림 4에 나와 있는 것처럼 네 부분으로 구성된다. 필요한 것은 제일 왼쪽 여덟 바이트뿐이므로, 그림의 수직선 오른쪽에 있는 숫자들은 편의상 무시한다. 특히, 두 하위 절반들의 곱은 아예 계산할 필요도 없음을 주목할 것.

$$
\begin{array}{lll}
u\ u\ u\ u\ u & u\ u\ u\ 0\ 0 & = u_m + \epsilon u_l \\
v\ v\ v\ v\ v & v\ v\ v\ 0\ 0 & = v_m + \epsilon v_l \\
\hline
x\ x\ x\ x\ x & x\ x\ x\ 0\ 0 & = \epsilon^2 u_l \times v_l \\
\end{array}
$$

$$
\begin{array}{lll}
x\ x\ x\ x\,|\,x & x\ x\ x\ 0\ 0 & = \epsilon\, u_m \times v_l \\
x\ x\ x\ x\,|\,x & x\ x\ x\ 0\ 0 & = \epsilon\, u_l \times v_m \\
x\ x\ x\ x\ x\quad x\ x\ x\ x\,|\,x & & = u_m \times v_m \\
\hline
w\ w\ w\ w\ w\quad w\ w\ w\ w\,|\,w & w\ w\ w\ w\ w\quad w\ 0\ 0\ 0\ 0 &
\end{array}
$$

그림 4. 8바이트 분수부들의 배정도 곱셈.

프로그램 M (배정도 곱셈). 이 서브루틴의 입력 피연산자들은 프로그램 A에서와 같은 관례를 따른다.

01	BYTE	EQU	1(4:4)	바이트 크기
02	QQ	EQU	BYTE*BYTE/2	배정도 지수의 초과
03	DFMUL	STJ	EXITDF	배정도 곱셈:
04		STA	TEMP	
05		SLAX	2	지수를 제거.
06		STA	ARG	v_m
07		STX	ARGX	v_l
08		LDA	TEMP(EXPD)	
09		ADD	ACC(EXPD)	
10		STA	EXPO	EXPO $\leftarrow e_u + e_v$.
11		ENT2	-QQ	rI2 $\leftarrow$ -QQ.
12		LDA	ACC	
13		LDX	ACCX	
14		SLAX	2	지수를 제거.
15		STA	ACC	u_m
16		STX	ACCX	u_l
17		MUL	ARGX	$u_m \times v_l$
18		STA	TEMP	
19		LDA	ARG(ABS)	
20		MUL	ACCX(ABS)	$|v_m \times u_l|$
21		SRA	1	$0\,x\,x\,x\,x$
22		ADD	TEMP(1:4)	(위넘침은 발생할 수 없음)
23		STA	TEMP	
24		LDA	ARG	
25		MUL	ACC	$v_m \times u_m$

26		STA	TEMP(SIGN)	결과의 진짜 부호를 저장.
27		STA	ACC	이제 부분곱들을 모두
28		STX	ACCX	더할 준비를 한다.
29		LDA	ACCX(0:4)	$0\,x\,x\,x\,x$
30		ADD	TEMP	(위넘침은 발생할 수 없음)
31		SRAX	4	
32		ADD	ACC	(위넘침은 발생할 수 없음)
33		JMP	DNORM	정규화하고 나간다. ∎

이 프로그램에서 부호를 세심히 처리하는 부분에 주목할 것. 또한 지수의 범위 때문에 하나의 색인 레지스터만 사용해서 최종 지수를 계산하는 것이 불가능함도 주목하자. 프로그램 M은 정확도가 너무 부족하다고 할 만하다. 그림 4의 수직선 왼쪽에 있는 정보만 사용하기 때문인데, 그래서 최하위 바이트에서 최대 2만큼의 오차가 생기게 된다. 연습문제 4에서의 방법을 이용하면 정확도를 조금 더 높일 수 있다.

배정도 부동소수점 나누기 루틴은 구현하기가 가장 어려운 루틴이다. 적어도 이번 장에서 지금까지 나온 것들 중에서는 가장 두려운 대상이라 할 수 있다. 그러나 어떻게 처리해야 하는지 알고 나면 그렇게 복잡한 것도 아니다. 나눌 수들을 $(u_m + \epsilon u_l)/(v_m + \epsilon v_l)$ 형태로 표현하기로 하자. 여기서 ϵ은 컴퓨터의 워드 크기의 역수이고 v_m은 정규화된 것이라고 가정한다. 이제 분수부를 다음과 같이 전개할 수 있다.

$$
\begin{aligned}
\frac{u_m + \epsilon u_l}{v_m + \epsilon v_l} &= \frac{u_m + \epsilon u_l}{v_m}\left(\frac{1}{1 + \epsilon(v_l/v_m)}\right) \\
&= \frac{u_m + \epsilon u_l}{v_m}\left(1 - \epsilon\left(\frac{v_l}{v_m}\right) + \epsilon^2\left(\frac{v_l}{v_m}\right)^2 - \cdots\right).
\end{aligned}
\tag{2}
$$

$0 \le |v_l| < 1$이고 $1/b \le |v_m| < 1$이므로 $|v_l/v_m| < b$가 되며, ϵ^2을 포함하는 항들을 버려서 생기는 오차는 무시할 수 있다. 결국 나눗셈 방법은 $w_m + \epsilon w_l = (u_m + \epsilon u_l)/v_m$을 계산하고 거기서 ϵ 곱하기 $w_m v_l/v_m$을 빼는 것이다.

다음 프로그램에서 줄 27-32는 배정도 덧셈의 후반부를 수행하는데, 프로그램 A에서 사용한 요령과는 또 다른 방식으로 부호를 처리한다.

프로그램 D (배정도 나눗셈). 이 프로그램은 프로그램 A, M과 같은 관례를 따른다.

01	DFDIV	STJ	EXITDF	배정도 나눗셈:
02		JOV	OFLO	위넘침이 꺼져 있는지 확인.
03		STA	TEMP	
04		SLAX	2	지수를 제거.
05		STA	ARG	v_m
06		STX	ARGX	v_l
07		LDA	ACC(EXPD)	

08		SUB	TEMP(EXPD)	
09		STA	EXPO	EXPO $\leftarrow e_u - e_v$.
10		ENT2	QQ+1	rI2 $\leftarrow$ QQ $+1$.
11		LDA	ACC	
12		LDX	ACCX	
13		SLAX	2	지수를 제거.
14		SRAX	1	(알고리즘 4.2.1M 참고)
15		DIV	ARG	위넘침은 아래에서 검출한다.
16		STA	ACC	w_m
17		SLAX	5	이후의 나누기에서 나머지를 사용.
18		DIV	ARG	
19		STA	ACCX	$\pm w_l$
20		LDA	ARGX(1:4)	
21		ENTX	0	
22		DIV	ARG(ABS)	rA $\leftarrow \lfloor\lfloor b^4 v_l/v_m \rfloor\rfloor / b^5$.
23		JOV	DVZROD	나누기에 의해 위넘침이 발생했는가?
24		MUL	ACC(ABS)	rAX $\leftarrow |w_m v_l/bv_m|$, 근사적으로.
25		SRAX	4	b를 곱하고 선행 바이트를
26		SLC	5	rX에 저장한다.
27		SUB	ACCX(ABS)	$|w_l|$를 뺀다.
28		DECA	1	음의 부호를 강제한다.
29		SUB	WM1	
30		JOV	*+2	위넘침이 없었다면
31		INCX	1	상위 절반으로 한 번 더 올린다.
32		SLC	5	(이제 rA ≤ 0이다)
33		ADD	ACC(ABS)	rA $\leftarrow |w_m| - |{\rm rA}|$.
34		STA	ACC(ABS)	(이제 rA ≥ 0이다)
35		LDA	ACC	rA $\leftarrow$ 올바른 부호를 가진 w_m.
36		JMP	DNORM	정규화하고 나간다.
37	DVZROD	HLT	30	제수가 정규화되지 않았거나 0임
38	1H	EQU	1(1:1)	
39	WM1	CON	1B-1,BYTE-1(1:1)	워드 크기 빼기 1 ▮

다음은 이상의 배정도 서브루틴들의 근사적인 평균 계산 시간들을 4.2.1절에 나온 단정도 서브루틴들과 비교한 것이다.

	단정도	배정도
더하기	$45.5u$	$84u$
빼기	$49.5u$	$88u$
곱하기	$48u$	$109u$
나누기	$52u$	$126.5u$

이번 절의 방법들을 3배정도(triple-precision) 부동소수점 분수부들로 확장하는 것에 대해서는 Y. Ikebe, *CACM* **8** (1965), 175-177을 보라.

연습문제

1. [16] 배정도 나눗셈 기법을 손으로 직접 수행해 보라: $\epsilon = \frac{1}{1000}$로 두고 180000을 314159로 나눈 몫을 구하라. (즉, $(u_m, u_l) = (.180, .000)$, $(v_m, v_l) = (.314, .159)$로 두고 본문의 (2) 다음에 나오는 방법을 이용해서 몫을 구할 것.)

2. [20] 결과의 정확성에 악영향을 미칠만한 원치 않은 정보가 레지스터 X에 끼어들지 않게 하기 위해 프로그램 M의 줄 30과 31 사이에 명령 "ENTX 0"을 삽입하는 게 좋은 생각일까?

3. [M20] 프로그램 M을 수행하는 도중에 위넘침이 발생하지 않는 이유를 설명하라.

4. [22] 프로그램 M의 정확도를 조금 더 높이기 위해, 본질적으로는 그림 4의 수직선을 오른쪽으로 한 자리 이동하는 것에 해당하는 방식으로 프로그램 M을 수정하려면 어떻게 해야 할까? 필요한 모든 변경들을 명시하고, 그러한 변경들에 의한 수행 시간의 차이를 구하라.

▶ **5.** [24] 프로그램 A의 정확도를 조금 더 높이기 위해, 본질적으로는 기수점 오른쪽에 대해 8바이트 누산기 대신 9바이트 누산기를 사용하도록 프로그램 A를 수정하려면 어떻게 해야 할까? 필요한 모든 변경들을 명시하고, 그러한 변경들에 의한 수행 시간의 차이를 구하라.

6. [23] 이번 절의 배정도 서브루틴들과 4.2.1절의 단정도 서브루틴들을 동일한 주 프로그램에서 사용한다고 하자. 단정도 부동소수점 수를 (1)과 같은 배정도 형식으로 변환하는 서브루틴을 작성하고, 배정도 부동소수점 수를 단정도 형식으로 변환하는 또 다른 서브루틴을 작성하라(변환이 불가능한 경우에는 지수 위넘침 또는 아래넘침을 보고해야 한다).

▶ **7.** [M30] 이번 절의 배정도 서브루틴들의 정확도를, 상대오차

$$|((u \oplus v) - (u + v))/(u + v)|, \qquad |((u \otimes v) - (u \times v))/(u \times v)|,$$

$$|((u \oslash v) - (u/v))/(u/v)|$$

에 대한 한계 δ_1, δ_2, δ_3을 구해서 추정하라.

8. [M28] 연습문제 4와 5로 "개선된" 배정도 서브루틴들의 정확도를 연습문제 7과 같은 방식으로 추정하라.

9. [M42] 데커T. J. Dekker는 배정도 산술에 대한 또 다른 접근방식을 제안했는데, 그 방법은 전적으로 단정도 부동 이진 계산에 기반을 둔다 [*Numer. Math.* **18** (1971), 224-242]. 예를 들어 정리 4.2.2C에 의하면, 만일 $|u| \geq |v|$이고 기수가 2이면 $u + v = w + r$이다(여기서 $w = u \oplus v$, $r = (u \ominus w) \oplus v$). 이때 $|r| \leq |w|/2^p$이므로 쌍 (w, r)을 $u + v$의 배정도 버전으로 간주할 수 있다. $|u'| \leq |u|/2^p$이고 $|v'| \leq |v|/2^p$인 그러한 두 쌍의 합 $(u, u') \oplus (v, v')$를 구하는 문제에 대해 데커는 먼저 $u + v = w + r$을 계산하고(근사가 아니라 정확하게) 그런 다음 $s = (r \oplus v')$

$\oplus\, u'$(근사 나머지)를 구하고 최종적으로 값 $(w \oplus s,\ (w \ominus (w \oplus s)) \oplus s)$를 내는 방법을 제안했다.

　　이러한 접근방식을 재귀적으로 사용해서 4배정도(quadruple-precision) 수들의 계산을 수행할 수 있다. 그러한 계산 방식의 정확도와 효율성을 고찰하라.

4.2.4. 부동소수점 수의 분포

부동소수점 산술 알고리즘의 평균적인 습성을 분석하기 위해서는(그리고 특히 평균 실행 시간을 구하기 위해서는) 다양한 경우들이 얼마나 자주 발생하는지를 알아내는 데 필요한 어떤 통계적 정보가 필요하다. 이번 절의 목적은 부동소수점 수의 분포의 실험적, 이론적 성질들을 논의하는 것이다.

A. 덧셈, 뺄셈 루틴. 부동소수점 덧셈, 뺄셈의 수행 시간은 지수들의 초기 차이에 크게 의존하며, 필요한 정규화(오른쪽이든 왼쪽이든) 단계 횟수에도 크게 의존한다. 어떤 특성들을 기대할 수 있는지를 알려주는 이론적 모형을 만드는 방법은 아직 알려지지 않았지만, 실험적인 조사는 스위니 D. W. Sweeney에 의해서 광범위하게 수행된 바 있다 [*IBM Systems J.* **4** (1965), 31-42].

표 1

덧셈 이전의 피연산수 정렬에 대한 실험적 자료

$\|e_u - e_v\|$	$b = 2$	$b = 10$	$b = 16$	$b = 64$
0	0.33	0.47	0.47	0.56
1	0.12	0.23	0.26	0.27
2	0.09	0.11	0.10	0.04
3	0.07	0.03	0.02	0.02
4	0.07	0.01	0.01	0.02
5	0.04	0.01	0.02	0.00
6 이상	0.28	0.13	0.11	0.09
평균	3.1	0.9	0.8	0.5

표 2

덧셈 이후의 정규화에 대한 실험적 자료

	$b = 2$	$b = 10$	$b = 16$	$b = 64$
오른쪽 1 자리이동	0.20	0.07	0.06	0.03
자리이동 없음	0.59	0.80	0.82	0.87
왼쪽 1 자리이동	0.07	0.08	0.07	0.06
왼쪽 2 자리이동	0.03	0.02	0.01	0.01
왼쪽 3 자리이동	0.02	0.00	0.01	0.00
왼쪽 4 자리이동	0.02	0.01	0.00	0.01
왼쪽 > 4 자리이동	0.06	0.02	0.02	0.02

스위니는 여러 컴퓨터 연구실들에서 뽑은 "전형적인" 대규모 수치 프로그램 여섯 개를 실행하면서 각 부동소수점 덧셈 또는 뺄셈 연산을 특별한 추적 루틴을 이용해 면밀히 조사했다. 그는 250,000개 이상의 부동소수점 덧셈, 뺄셈들로부터 자료를 얻었는데, 검사한 프로그램들이 사용한 명령들 중 약 10분의 1이 FADD 또는 FSUB였다고 한다.

뺄셈은 두 번째 피연산수를 부정한 후 덧셈을 수행하는 것과 같으므로, 통계량들을 오직 덧셈들만 수행된 상황에 대한 것으로 간주해도 문제가 되진 않을 것이다. 스위니의 결과를 요약하자면 다음과 같다.

덧셈의 두 피연산자들 중 하나가 0과 같은 경우는 약 9퍼센트였으며, 주로는 누산기(ACC)에 해당했다. 나머지 91퍼센트에서는 피연산자들의 부호가 같은 경우와 다른 경우가 거의 반반이었고, $|u| \le |v|$인 경우와 $|v| \le |u|$인 경우도 거의 반반이었다. 계산된 답이 0인 경우는 약 1.4퍼센트였다.

지수들의 차의 분포는 기수 b에 따라 다른 확률을 보였는데, 표 1에 그러한 근사적 확률들이 나와 있다.(표의 "5 이상" 행은 본질적으로 한 피연산수가 0인 모든 경우들을 포함하나, "평균" 줄은 그런 경우들을 포함하지 않는다.)

u와 v가 부호가 같고 정규화된 경우 $u + v$는 오른쪽으로 1 자리이동이 필요하거나(분수부 위넘침의 경우) 어떠한 정규화 자리이동도 일으키지 않는다. u와 v가 부호가 반대일 때에는 정규화 과정에서 0회 이상의 왼쪽 자리이동이 일어난다. 표 2는 필요한 자리이동 횟수를 정리한 것인데, 마지막 줄은 결과가 0인 모든 경우를 포함한다. 정규화 당 평균 왼쪽 자리이동 횟수는 $b = 2$일 때 약 0.9, $b = 10$이나 16일 때 약 0.2, $b = 64$일 때 약 0.1이었다.

B. 분수부. 무작위로 선택된 부동소수점 수들의 분수부의 통계적 분포를 근거로 해서도 부동소수점 루틴들을 분석할 수 있다. 이런 분석으로부터 상당히 놀라운 사실들을 얻을 수 있으며, 관측된 유별난 현상들을 설명하는 흥미로운 이론도 존재한다.

이 논의에서는 편의상 부동 십진 산술(기수 10)을 사용하기로 한다. 아래의 논의를 다른 임의의 양의 정수 기수 b에 맞게 수정하는 것도 전혀 어렵지 않을 것이다. "무작위한" 양의 정규화된 수 $(e, f) = 10^e \cdot f$가 주어졌다고 가정한다. f는 정규화되었으므로 그 선행 숫자가 1, 2, 3, 4, 5, 6, 7, 8, 9 중 하나임이 확실하다. 그리고 그 아홉 선행 숫자가 모두 9분의 1의 확률로 나타날 것이라고 예측하는 것이 당연하다. 그러나 실제로는 상당히 다른 습성이 나타난다. 예를 들어 선행 숫자가 1일 확률이 30퍼센트가 넘는 경향이 있다!

정말로 선행숫자가 1인 경우가 30퍼센트를 넘을까? 한 가지 확인 방법은, 어떤 표준 참고자료에서 물리 상수(빛의 속도나 중력 가속도 등)들의 표를 찾아 살펴보는 것이다. 예를 들어 *Handbook of Mathematical Functions* (U.S. Dept of Commerce, 1964)의 표 2.3에는 28개의 물리 상수들이 나오는데, 그 중 여덟 개는 선행 숫자가 1이다. 이는 대략 29퍼센트에 해당한다. 다른 예로, $1 \le n \le 100$에 대한 $n!$의 십진 값들 중에서 1로 시작하는 수가 정확히 30개이고, $1 \le n \le 100$에 대한 2^n과 F_n의 십진 값들에서도 마찬가지이다. 또한 인구조사 보고서나 농사용 달력을 살펴볼 수도 있을 것이다(그러나 전화번호부는 안 됨).

휴대용 계산기가 나오기 전에는 로그값들의 표를 담은 책이 많이 쓰였는데, 그런 책들의 앞쪽 페이지들은 금세 손때가 묻는 반면 끝 쪽은 오랫동안 깨끗한 상태를 유지한다. 이런 현상을 출판물에서 처음으로 언급한 이는 천문학자 뉴컴Simon Newcom이다 〔*Amer. J. Math.* **4** (1881), 39-40〕. 그는 선행 숫자 d가 나타날 확률이 $\log_{10}(1+1/d)$이라고 믿기에 충분한 근거들을 제시했다. 수 년 후 벤포드Frank Benford에 의해서 같은 분포가 실험적으로도 발견되었다. 그는 여러 출처들에서 취한 $20,229$개의 관측들로부터 얻어낸 결과를 보고했다〔*Proc. Amer. Philosophical Soc.* **78** (1938), 551-572〕.

이러한 선행숫자 법칙을 설명하기 위해, 부동소수점 표기법에서 숫자들을 써나가는 방식을 자세히 들여다보도록 하자. 임의의 양수 u의 분수부는 $10f_u = 10^{(\log_{10}u)\bmod 1}$이라는 공식으로 결정된다. 따라서 그 선행 숫자는 오직

$$(\log_{10}u)\bmod 1 < \log_{10}d \qquad\qquad\qquad (1)$$

일 때에만 d보다 작다.

자연에서 발생할 수 있는 어떤 적당한 분포를 따르는 "무작위" 양수 U를 취한다고 하면, $(\log_{10}U)\bmod 1$이 0과 1 사이에서 균등하게(적어도 아주 좋은 근사 수준에서) 분포할 것이라고 기대할 수 있다. (비슷하게, $U\bmod 1$, $U^2\bmod 1$, $\sqrt{U+\pi}\bmod 1$ 등도 균등분포라고 기대할 수 있다. 본질적으로 같은 이유에서 룰렛 바퀴 역시 편향되지 않은 균등분포를 따를 것이라고 기대할 수 있다.) 따라서, (1)에 의해 선행 숫자는 $\log_{10}2 \approx 30.103$퍼센트의 확률로 1이 될 것이다. 2일 확률은 $\log_{10}3 - \log_{10}2 \approx 17.609$퍼센트이고, 일반화하자면 r이 1과 10 사이의 임의의 실수일 때 $10f_U \le r$일 확률은 근사적으로 $\log_{10}r$이다.

선행 숫자가 작은 수일 경우가 많다는 경향은 부동소수점 계산에 대한 "평균오차"를 추정하는 가장 명백한 기법이 유효하지 않음을 뜻한다. 일반적으로 반올림에 의한 상대오차는 기대보다 약간 더 큰 것이다.

물론 위와 같은 발견법적 논증이 앞에서 언급한 법칙을 증명해주지는 않는다는 지적도 옳다. 위에서 말한 것들은 단지 선행 숫자가 왜 그런 습성을 보이는지에 대한 그럴듯한 이유를 제시할 뿐이다. 선행 숫자들의 분석에 대한 한 가지 흥미로운 접근방식을 해밍R. Hamming이 제시했는데, 이런 것이다: $p(r)$가 $10f_U \le r$일 확률이라고 하자. 여기서 $1 \le r \le 10$이고 f_U는 무작위 정규화 부동소수점 수 U의 정규화된 분수부이다. 실세계의 무작위 수량들을 생각해보면 그런 수량들이 임의의 단위로 측정됨을 관찰할 수 있다. 그리고 미터나 그램의 정의를 변경한다면 수많은 기본 물리 상수들의 값이 달라지게 된다. 우주의 모든 수에 갑자기 상수 계수 c가 곱해졌다고 가정하자. 그렇다고 해도 무작위 부동소수점 수량들의 우주는 변하지 않으며, 따라서 $p(r)$도 변하지 말아야 한다.

모든 것에 c를 곱하는 것은 $(\log_{10}U)\bmod 1$을 $(\log_{10}U + \log_{10}c)\bmod 1$로 변환하는 효과를 낸다. 이제 바람직한 습성을 서술하는 공식들을 만들어 볼 때가 된 것 같다. $1 \le c \le 10$이라고 가정한다. 정의에 의해

$$p(r) = \Pr((\log_{10}U)\bmod 1 \le \log_{10}r)$$

이다. 그리고 앞의 가정에 의해 반드시 다음이 성립해야 한다.

$$p(r) = \Pr((\log_{10} U + \log_{10} c) \bmod 1 \le \log_{10} r)$$

$$= \begin{cases} \Pr((\log_{10} U \bmod 1) \le \log_{10} r - \log_{10} c \\ \qquad \text{또는 } (\log_{10} U \bmod 1) \ge 1 - \log_{10} c), \qquad \text{만일 } c \le r \text{이면;} \\ \Pr((\log_{10} U \bmod 1) \le \log_{10} r + 1 - \log_{10} c \\ \qquad \text{그리고 } (\log_{10} U \bmod 1) \ge 1 - \log_{10} c), \quad \text{만일 } c \ge r \text{이면;} \end{cases}$$

$$= \begin{cases} p(r/c) + 1 - p(10/c), & \text{만일 } c \le r \text{이면;} \\ p(10r/c) - p(10/c), & \text{만일 } c \ge r \text{이면.} \end{cases} \qquad (2)$$

그럼 $p(10^n r) = p(r) + n$으로 정의해서 함수 $p(r)$을 범위 $1 \le r \le 10$ 바깥의 값들로 확장해보자. 그런 다음 $10/c$을 d로 대체하면 (2)의 마지막 등식을 다음과 같이 쓸 수 있다.

$$p(rd) = p(r) + p(d). \qquad (3)$$

상수 계수를 곱해도 분포는 변하지 않는다는 가정이 유효하다면 식 (3)이 모든 $r > 0$과 $1 \le d \le 10$에 대해 성립해야 한다. $p(1) = 0$이고 $p(10) = 1$이라는 사실들은

$$1 = p(10) = p((\sqrt[n]{10})^n) = p(\sqrt[n]{10}) + p((\sqrt[n]{10})^{n-1}) = \cdots = np(\sqrt[n]{10})$$

을 함의하며, 따라서 모든 양의 정수 m과 n에 대해 $p(10^{m/n}) = m/n$이라는 공식을 이끌어 낼 수 있다. 이제 p가 연속이어야 한다는 조건을 가한다면 $p(r) = \log_{10} r$이라는 결론이 나오게 되는데, 이것이 애초에 원했던 바람직한 법칙이다.

이러한 논증이 처음 것에 비해서는 더 믿을만한 것일 수도 있지만, 통상적인 확률 개념 하에서 면밀히 조사해보면 실제로는 유효하지 않은 것임을 발견할 수 있다. 위의 논증을 엄밀하게 만드는 전통적인 방식은 주어진 양수 U가 $\le u$일 확률이 $F(u)$인 어떠한 근본적인 분포함수 $F(u)$가 존재한다고 가정하는 것이다. 그런 가정 하에서 해당 확률은

$$p(r) = \sum_m (F(10^m r) - F(10^m)) \qquad (4)$$

이다. 여기서 합의 구간은 모든 $-\infty < m < \infty$ 값들이다. 비례 불변성과 연속성에 대한 가정으로부터 다음과 같은 결론이 나온다.

$$p(r) = \log_{10} r.$$

비슷한 논증을 이용해서, $1 \le r \le b$라고 할 때 모든 정수 $b \ge 2$에 대해

$$\sum_m (F(b^m r) - F(b^m)) = \log_b r \qquad (5)$$

임도 "증명"할 수 있다. 그러나 그러한 모든 b와 r에 대해 이 등식을 만족하는 분포함수 F는 존재하지 않는다! (연습문제 7 참고.)

이러한 어려움을 극복하는 한 가지 방법은, 로그 법칙 $p(r) = \log_{10} r$을 진짜 분포에 아주 가까운

근사값으로만 간주하는 것이다. 진짜 분포 자체는 우주가 확장됨에 따라 변할 수도 있으며, 그러면 로그 법칙은 시간이 지남에 따라 점점 더 좋은 근사가 될 수 있다. 그리고 10을 임의의 기수 b로 바꾼다면, b가 커짐에 따라 근사가 덜 정확해질 수 있다(임의의 주어진 시간에서). 딜레마를 해소하는 또 다른 다소 매력적인 방식은 분포함수에 대한 통상적인 개념을 포기하는 것인데, 이는 레이미R. A. Raimi, *AMM* **76** (1969), 342-348에 의해서 제안되었다.

방금 전 문단에서의 타협은 아주 불만족스러운 해명일 수도 있으며, 따라서 추가적인 계산(엄격한 수학을 고집하며, 그 어떤 직관적이나 모순적인 확률 개념도 사용하지 않는)이 뒤따라야 할 것이다. 이번에는 어떤 가상의 실수 집합의 선행 숫자 분포 대신 양의 정수들의 선행 숫자 분포를 생각해보자. 이 주제에 관한 연구는 부동소수점 자료의 확률분포에 대해 어떤 통찰을 얻을 수 있을 뿐만 아니라 이산수학 방법들과 무한소 미적분 방법들의 결합에 대한 특허나 교육적인 사례를 얻을 수 있다는 점에서 상당히 흥미롭다.

이하의 논의에서 r은 $1 \le r \le 10$인 고정된 실수이다. 우리는 $p(r)$, 즉 "무작위" 양의 정수 N의 표현 $10^{e_N} \cdot f_N$(정밀도는 무한하다고 가정한다)에 대해 $10 f_N < r$일 "확률"의 합당한 정의를 만들고자 한다.

우선 3.5절의 "Pr"의 정의 같은 극한법을 이용해서 확률을 구해보자. 그 정의를 다르게 표현하는 한 가지 적당한 방법은

$$P_0(n) = [n = 10^e \cdot f, \ \text{여기서} \ 10f < r] = [(\log_{10} n) \bmod 1 < \log_{10} r] \tag{6}$$

라고 정의하는 것이다.

이제 $P_0(1)$, $P_0(2)$, ... 은 0과 1들의 무한수열이다. 1은 우리가 찾는 확률에 기여하는 경우를 나타낸다. 다음과 같은 정의를 통해서 이 수열의 "평균"을 구할 수도 있다:

$$P_1(n) = \frac{1}{n} \sum_{k=1}^{n} P_0(k). \tag{7}$$

즉, 3장의 기법들을 이용해서 1과 n 사이의 한 정수 난수를 생성하고 그것을 (e, f) 형태의 부동 십진수로 변환한다면 $10f < r$일 확률은 정확히 $P_1(n)$인 것이다. $\lim_{n \to \infty} P_1(n)$을 우리가 찾는 "확률" $p(r)$이라고 두어도 무방하다. 그리고 이는 정의 3.5A에서 했던 것과 동일하다.

그러나 이 경우 극한은 존재하지 않는다. 예를 들어 부분수열

$$P_1(s), \ P_1(10s), \ P_1(100s), \ ..., \ P_1(10^n s), \ ...,$$

을 생각해보자. 여기서 s는 $1 \le s \le 10$인 실수이다. 만일 $s \le r$이면

$$
\begin{aligned}
P_1(10^n s) &= \frac{1}{10^n s}(\lceil r \rceil - 1 + \lceil 10r \rceil - 10 + \cdots + \lceil 10^{n-1} r \rceil - 10^{n-1} + \lfloor 10^n s \rfloor + 1 - 10^n) \\
&= \frac{1}{10^n s}(r(1 + 10 + \cdots + 10^{n-1}) + O(n) + \lfloor 10^n s \rfloor - 1 - 10 - \cdots - 10^n) \\
&= \frac{1}{10^n s}\left(\frac{1}{9}(10^n r - 10^{n+1}) + \lfloor 10^n s \rfloor + O(n)\right)
\end{aligned}
\tag{8}
$$

가 된다. 따라서 $n \to \infty$ 에 따라 $P_1(10^n s)$ 은 극한값 $1 + (r-10)/9s$ 으로 수렴한다. $\lfloor 10^n s \rfloor + 1$ 을 $\lceil 10^n r \rceil$ 으로 바꾼다면 $s > r$ 인 경우에도 같은 계산이 유효하다. 이렇게 해서 $s \ge r$ 일 때의 극한 값 $10(r-1)/9s$ 을 구했다. 〔J. Franel, *Naturforschende Gesellschaft, Vierteljahrsschrift* **62** (Zürich: 1917), 286-295 참고.〕

다른 말로 하면, 수열 $\langle P_1(n) \rangle$ 에는 s 가 1에서 r 로, r 에서 10으로 변함에 따라 그 한계가 $(r-1)/9$ 에서 $10(r-1)/9r$ 로 올라갔다가 다시 $(r-1)/9$ 로 내려가는 부분수열 $\langle P_1(10^n s) \rangle$ 이 존재하는 것이다. $P_1(n)$ 은 $n \to \infty$ 에 따라 수렴하지 않음을 알 수 있다. 그리고 큰 n 에 대한 $P_1(n)$ 값이 우리가 추측한 극한 $\log_{10} r$ 에 대한 특히 좋은 근사인 것도 아니다!

$P_1(n)$ 이 수렴하지 않으므로, 비정상 습성의 "평균"을 내기 위해 (7)에서와 같은 발상을 한 번 더 시도할 수 있다. 일반화하자면

$$P_{m+1}(n) = \frac{1}{n} \sum_{k=1}^{n} P_m(k) \tag{9}$$

으로 둔다. 그러면 $P_{m+1}(n)$ 은 $P_m(n)$ 보다 좀 더 좋은 습성을 가진 수열이 되는 경향을 보일 것이다. 이를 정량적 계산으로 확인해보자. $m=0$ 인 특수 경우로 시험해 보면 부분수열 $P_{m+1}(10^n s)$ 를 고찰해 보는 게 좋을 거라는 힌트를 얻을 수 있으며, 실제로 다음과 같은 결과를 유도할 수 있다.

보조정리 Q. *임의의 정수 $m \ge 1$ 과 임의의 실수 $\epsilon > 0$ 에 대해, $n > N_m(\epsilon)$ 이고 $1 \le s \le 10$ 이면 항상*

$$|P_m(10^n s) - Q_m(s) - R_m(s)[s > r]| < \epsilon \tag{10}$$

인 함수 $Q_m(s)$, $R_m(s)$ 와 정수 $N_m(\epsilon)$ 이 존재한다.
더 나아가서, 함수 $Q_m(s)$ 와 $R_m(s)$ 는 다음 관계들을 만족한다.

$$Q_m(s) = \frac{1}{s}\left(\frac{1}{9}\int_1^{10} Q_{m-1}(t)\,dt + \int_1^s Q_{m-1}(t)\,dt + \frac{1}{9}\int_r^{10} R_{m-1}(t)\,dt \right);$$

$$R_m(s) = \frac{1}{s}\int_r^s R_{m-1}(t)\,dt; \tag{11}$$

$$Q_0(s) = 1, \qquad R_0(s) = -1.$$

증명. (11)로 정의된 함수 $Q_m(s)$ 와 $R_m(s)$ 를 고려한다. 그리고

$$S_m(t) = Q_m(t) + R_m(t)[t > r] \tag{12}$$

라고 하자. m 에 대한 귀납법으로 이 보조정리를 증명하고자 한다.

우선 $Q_1(s) = (1 + (s-1) - (10-r)/9)/s = 1 + (r-10)/9s$ 이고 $R_1(s) = (r-s)/s$ 임에 주목한다. (8)로부터 $|P_1(10^n s) - S_1(s)| = O(n)/10^n$ 임을 알 수 있다. 이에 의해 $m=1$ 일 때 보조정리가 성립함이 증명된다.

그럼 $m > 1$ 인 경우를 보자. 이 경우

$$P_m(10^n s) = \frac{1}{s} \left(\sum_{0 \le j < n} \frac{1}{10^{n-j}} \sum_{10^j \le k < 10^{j+1}} \frac{1}{10^j} P_{m-1}(k) + \sum_{10^n \le k \le 10^n s} \frac{1}{10^n} P_{m-1}(k) \right)$$

이다. 이 수량의 근사값을 구해야 한다. $1 \le q \le 10$이고 $j > N_{m-1}(\epsilon)$일 때 차

$$\left| \sum_{10^j \le k \le 10^j q} \frac{1}{10^j} P_{m-1}(k) - \sum_{10^j \le k \le 10^j q} \frac{1}{10^j} S_{m-1}\left(\frac{k}{10^j}\right) \right| \tag{13}$$

는 $q\epsilon$보다 작음을 귀납법으로 밝힐 수 있다. $S_{m-1}(t)$가 연속함수이므로, 이것은 리만 적분가능 함수이다. 그리고 어떠한 수 N보다 큰 모든 j에 대해 차

$$\left| \sum_{10^j \le k \le 10^j q} \frac{1}{10^j} S_{m-1}\left(\frac{k}{10^j}\right) - \int_1^q S_{m-1}(t)\, dt \right| \tag{14}$$

는 적분의 정의에 의해 q와 무관하게 ϵ보다 작다. N을 $> N_{m-1}(\epsilon)$인 값으로 둘 수 있다. 따라서, M이 모든 양의 정수 j에 대해 유효한 (13)+(14)의 상계라고 할 때 $n > N$에 대한 차

$$\left| P_m(10^n s) - \frac{1}{s} \left(\sum_{0 \le j < n} \frac{1}{10^{n-j}} \int_1^{10} S_{m-1}(t)\, dt + \int_1^s S_{m-1}(t)\, dt \right) \right| \tag{15}$$

의 한계는 $\sum_{j=0}^{N} (M/10^{n-j}) + \sum_{N < j < n} (11\epsilon/10^{n-j}) + 11\epsilon$으로 주어진다. 마지막으로, (15)에 나오는 합 $\sum_{0 \le j < n} (1/10^{n-j})$은 $(1 - 1/10^n)/9$와 같다. 그러므로 n을 충분히 크게 잡는다면

$$\left| P_m(10^n s) - \frac{1}{s} \left(\frac{1}{9} \int_1^{10} S_{m-1}(t)\, dt + \int_1^s S_{m-1}(t)\, dt \right) \right|$$

를 이를테면 20ϵ보다 작게 만드는 것이 가능하다. 이를 (10), (11)과 비교하면 증명이 완성된다. ∎

보조정리 Q의 요점은, 극한식

$$\lim_{n \to \infty} P_m(10^n s) = S_m(s) \tag{16}$$

가 성립한다는 것이다. 또한, s가 변함에 따라 $S_m(s)$도 변하므로 극한

$$\lim_{n \to \infty} P_m(n)$$

(이것은 우리가 원하던 "확률"이 될 수 있다)은 어떠한 m에 대해서도 수렴하지 않는다. 이런 상황이 그림 5에 나와 있다. 그 그림은 m이 작은 값이고 $r = 2$일 때의 $S_m(s)$ 값들을 나타낸 것이다.

$S_m(s)$가 상수가 아니라고 해도, 그래서 $P_m(n)$이 명확한 극한값을 가지지 않는다고 해도, 그림 5에서 $m = 3$일 때 $S_m(s)$가 $\log_{10} 2 \approx 0.30103$에 매우 가까이 있음은 주목할 필요가 있다. 이는 모든 큰 m에 대해 $S_m(s)$가 $\log_{10} r$과 매우 가깝다고 추측할만한, 그리고 실제로 함수들의 순차열 $\langle S_m(s) \rangle$가 상수 함수 $\log_{10} r$에 고르게 수렴한다고 추측할만한 좋은 이유라 할 수 있다.

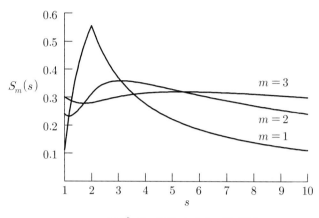

그림 5. 선행 숫자가 1일 확률.

모든 m에 대해 $Q_m(s)$와 $R_m(s)$를 명시적으로 계산해서 이러한 추측을 증명해 보는 것도 재미있을 것이다. 다음 정리의 증명이 그런 방법을 사용한다.

정리 F. *$S_m(s)$가 (16)에 정의된 극한이라고 하자. 모든 $\epsilon > 0$에 대해, $m > N(\epsilon)$이면 항상*

$$1 \leq s \leq 10 \text{에 대해} \qquad |S_m(s) - \log_{10} r| < \epsilon \tag{17}$$

을 만족하는 수 $N(\epsilon)$이 존재한다.

증명. 보조정리 Q에 의해, $1 \leq s \leq 10$에 대해 그리고 모든 $m > M$에 대해

$$|Q_m(s) - \log_{10} r| < \epsilon \text{이고} \qquad |R_m(s)| < \epsilon \tag{18}$$

인 ϵ에 의존하는 수 M이 존재함을 보일 수 있다면 이 정리를 증명할 수 있다.

점화식 (11)을 R_m에 대해 푸는 것은 어렵지 않다. 그러면 $R_0(s) = -1$, $R_1(s) = -1 + r/s$, $R_2(s) = -1 + (r/s)(1 + \ln(s/r))$이며 일반화하자면

$$R_m(s) = -1 + \frac{r}{s}\left(1 + \frac{1}{1!}\ln\frac{s}{r} + \cdots + \frac{1}{(m-1)!}\left(\ln\frac{s}{r}\right)^{m-1}\right) \tag{19}$$

이다. 앞에서 말한 s의 범위에 대해 이것은 $-1 + (r/s)\exp(\ln(s/r)) = 0$으로 고르게 수렴한다. Q_m에 대한 점화식 (11)은 다음과 같은 형태이다.

$$Q_m(s) = \frac{1}{s}\left(c_m + 1 + \int_1^s Q_{m-1}(t)\,dt\right). \tag{20}$$

여기서

$$c_m = \frac{1}{9}\left(\int_1^{10} Q_{m-1}(t)\,dt + \int_r^{10} R_{m-1}(t)\,dt\right) - 1 \tag{21}$$

이다. 그리고 점화식 (20)의 해는 처음 몇 경우들을 시도해 보고 귀납법으로 증명할 수 있는 공식을 추측하는 식으로 쉽게 구할 수 있다. 해는 다음과 같다.

$$Q_m(s) = 1 + \frac{1}{s}\left(c_m + \frac{1}{1!}c_{m-1}\ln s + \cdots + \frac{1}{(m-1)!}c_1(\ln s)^{m-1}\right). \qquad (22)$$

이제 남은 것은 계수 c_m 들을 계산하는 것이다. (19), (21), (22)에 의해 이 계수들은 다음 관계들을 만족한다.

$$c_1 = (r-10)/9;$$

$$\begin{aligned}
c_{m+1} = \frac{1}{9}\Big(&c_m\ln 10 + \frac{1}{2!}c_{m-1}(\ln 10)^2 + \cdots + \frac{1}{m!}c_1(\ln 10)^m \\
&+ r\Big(1 + \frac{1}{1!}ln\frac{10}{r} + \cdots + \frac{1}{m!}\Big(\ln\frac{10}{r}\Big)^m\Big) - 10\Big).
\end{aligned} \qquad (23)$$

처음에는 이 수열이 아주 복잡해 보이겠지만, 생성함수들을 이용하면 어려움 없이 분석할 수 있다. 우선

$$C(z) = c_1 z + c_2 z^2 + c_3 z^3 + \cdots$$

으로 둔다. $10^z = 1 + z\ln 10 + (1/2!)(z\ln 10)^2 + \cdots$ 이므로,

$$\begin{aligned}
c_{m+1} &= \frac{1}{10}c_{m+1} + \frac{9}{10}c_{m+1} \\
&= \frac{1}{10}\Big(c_{m+1} + c_m\ln 10 + \cdots + \frac{1}{m!}c_1(\ln 10)^m\Big) + \frac{r}{10}\Big(1 + \cdots + \frac{1}{m!}\Big(\ln\frac{10}{r}\Big)^m\Big) - 1
\end{aligned}$$

이 함수

$$\frac{1}{10}C(z)10^z + \frac{r}{10}\Big(\frac{10}{r}\Big)^z\Big(\frac{z}{1-z}\Big) - \frac{z}{1-z} \qquad (24)$$

의 z^{m+1} 의 계수임을 유도할 수 있다. 이 조건은 모든 m 값에 대해 성립하므로 (24)는 반드시 $C(z)$ 와 같아야 하며, 이로부터 명시적 공식

$$C(z) = \frac{-z}{1-z}\left(\frac{(10/r)^{z-1}-1}{10^{z-1}-1}\right) \qquad (25)$$

이 나온다. 이제 $C(z)$ 의 계수들의 점근 성질을 연구하는 것으로 우리의 분석을 완성해보자. 식 (25)에서 큰 괄호로 싸인 계수는 $z \to 1$ 에 따라 $\ln(10/r)/\ln 10 = 1 - \log_{10}r$ 에 접근하므로,

$$C(z) + \frac{1-\log_{10}r}{1-z} = R(z) \qquad (26)$$

가 원

$$|z| < \left|1 + \frac{2\pi i}{\ln 10}\right|$$

안의 복소변수 z 의 한 해석함수임을 알 수 있다. 특히 $R(z)$ 는 $z = 1$ 에 대해 수렴하므로 그 계수들은 0에 접근한다. 이는 $C(z)$ 의 계수들이 $(\log_{10}r - 1)/(1-z)$ 의 계수들과 비슷한 습성을 보임을,

다른 말로 하면

$$\lim_{m \to \infty} c_m = \log_{10} r - 1$$

임을 증명한다.

마지막으로 이를 (22)와 결합하면 $1 \leq s \leq 10$에 대해 $Q_m(s)$가

$$1 + \frac{\log_{10} r - 1}{s}\left(1 + \ln s + \frac{1}{2!}(\ln s)^2 + \cdots\right) = \log_{10} r$$

에 고르게 접근함을 보일 수 있다. ∎

앞서 말한 대로 직접적인 계산을 통해서, 그리고 그와 동시에 그것이 평균적인 습성에 대한 매우 좋은(평균 습성에 정확히 도달할 수는 절대로 없지만) 근사임도 보였다.

앞에서 본 보조정리 Q와 정리 F의 증명들은 B. J. Flehinger, *AMM* **73** (1966), 1056-1061에 기인한 방법들을 약간 단순화, 강화한 것이다. 선행 숫자들의 분포에 대한, 로그 법칙이 여러 기본 분포들에 대한 좋은 근사임을 보여주는 문헌들은 많이 있다. 그런 문헌들이 Ralph A. Raimi, *AMM* **83** (1976), 521-538에 조사되어 있으며, Peter Schatte, *J. Information Processing and Cybernetics* **24** (1988), 443-455는 그에 대한 상세한 논평을 제공한다.

연습문제 17은 정수들에 대해 로그 법칙이 정확히 성립하는 확률 정의를 위한 한 가지 접근방식을 논의한다. 더 나아가서, 연습문제 18은 그 어떤 합리적인 정의라고 해도 그것이 선행 숫자들의 확률에 하나의 값을 배정한다면 그러한 정의는 반드시 로그 법칙으로 이어지게 됨을 보여준다.

물론 부동소수점 계산은 기본적으로 비정수들에 대해 작동하는 것이다. 이번 절에서 정수들을 살펴본 것은 정수가 친숙하고도 간단하기 때문이다. 임의의 실수를 고려한다면 이론적 결과들을 얻기가 좀 더 어려우나, 실수들에 대해서도 정수에서와 같은 통계량들이 적용될 것이라는 증거가 쌓이고 있다. 여기서 같은 통계량이 적용된다는 것은 실수들로 계산을 반복하다보면 거의 항상 분수부의 로그 분포에 좀 더 근접한 근사값들이 나올 것이라는 의미이다. 예를 들어 샤테Peter Schatte는 적당한 제약 하에서, 같은 분포를 따른 실수 확률변수들이 로그 분포에 접근함을 보였다 [*Zeitschrift für angewandte Math. und Mechanik* **53** (1973), 553-565]. 그런 변수들의 합들 역시 로그 분포에 접근하나, 반복된 평균화의 의미에서만 그러하다. 비슷한 결과들이 J. L. Barlow, E. H. Bareiss, *Computing* **34** (1985), 325-347에도 나온다. 또한 A. Berger, L. A. Bunimovich, T. P. Hill, *Trans. Amer. Math. Soc.* **357** (2004), 197-219도 볼 것.

연습문제

1. [*13*] u와 v가 0이 아닌 부동 십진수들이고 부호가 모두 같다고 할 때, $u \oplus v$의 계산 도중에 분수부 위넘침이 생길 근사적 확률은 얼마인가? 표 1과 2를 이용해서 구할 것.

2. [*42*] 부동소수점 덧셈과 뺄셈을 좀 더 연구해서, 표 1과 2의 정확도를 확인 또는 개선하라.

3. [*15*] 로그 법칙에 근거할 때, 부동 십진수의 두 선행 숫자가 "23"일 확률은 얼마인가?

4. [*M18*] 본문에서는 로그표의 앞쪽 페이지들이 금세 지저분해지곤 한다고 지적했다. 만일 진수 (antillogaritm) 표, 즉 $\log_{10} x$가 주어졌을 때 x의 값을 알려주는 표의 경우에는 어떻게 될까? 표의 어느 쪽 페이지들이 더 지저분해질까?

▶ **5.** [*M20*] U가 구간 $0 < U < 1$ 안에서 균등하게 분포되는 무작위 실수라고 하자. U의 선행 숫자들의 분포는 무엇일까?

6. [*23*] 하나의 이진 컴퓨터 워드가 $n+1$비트라고 하면, p개의 비트들에는 부동 이진수의 분수부를 담고 $n-p$비트에는 지수를, 그리고 나머지 한 비트에는 부호를 저장할 수 있다. 그런 형식으로 표현할 수 있는 수들의 범위를 가장 큰 양의 정규화된 값 대 가장 작은 양의 정규화된 값의 비율로 나타낸다면 본질적으로 $2^{2^{n-p}}$이다. 같은 컴퓨터 워드를 이진 16진수, 즉 기수가 16인 부동소수점 수에 사용할 수 있다. 그런 경우 분수부는 $p+2$비트(16진 숫자 $(p+2)/4$개)이고 지수는 $n-p-2$비트이다. 값들의 범위는 십진에서와 같은 $16^{2^{n-p-2}} = 2^{2^{n-p}}$이나, 분수부의 비트 개수가 더 많다. 공짜로 더 높은 정밀도를 얻을 수 있다는 말처럼 들리겠지만, 기수 16에 대한 정규화 조건이 더 약하다는 점을 간과해서는 안 된다. 분수부에 최대 세 개의 선행 0들이 존재할 수 있기 때문이다. 그래서 $p+2$개의 비트들 모두가 "유효숫자"는 아니다.

로그 법칙에 근거할 때, 양의 정규화된 16진 부동소수점 수의 선행 0비트 개수가 정확히 0, 1, 2, 3개일 확률들은 각각 얼마인가? 16진과 이진 중 어떤 것이 더 바람직한지도 논하라.

7. [*HM28*] 각 정수 $b \geq 2$에 대해, 그리고 범위가 $1 \leq r \leq b$인 모든 실수 값 r에 대해 (5)를 만족하는 분포함수 $F(u)$가 존재하지 않음을 증명하라.

8. [*HM23*] $m = 0$일 때 적절한 $N_0(\epsilon)$에 대해 (10)이 성립하는가?

9. [*HM25*] (디아코니스P. Diaconis.) $P_1(n)$, $P_2(n)$, ...가 주어진 임의의 함수 $P_0(n)$을 식 (9)에 따라 반복해서 평균화해 나오는 함수들의 순차열이라고 하자. 모든 고정된 n에 대해 $\lim_{m \to \infty} P_m(n) = P_0(1)$임을 증명하라.

▶ **10.** [*HM28*] 본문에서는 $c_m = \log_{10} r - 1 + \epsilon_m$ 임을 보였다. 여기서 ϵ_m은 $m \to \infty$에 따라 0에 접근한다. c_m의 점근 전개의 다음 항을 구하라.

11. [*M15*] U가 로그 법칙에 따라 분포되는 확률변수라고 할 때, $1/U$도 그러한 확률변수임을 증명하라.

12. [*HM25*] (해밍R. W. Hamming.) 이 연습문제의 목적은 부동소수점 곱셈의 결과가 그 피연산수들보다 더 완벽하게 로그 법칙을 따르는 경향이 있음을 보이는 것이다. U와 V가 무작위한, 정규화된, 양의 부동소수점 수들이며 그 분수부들이 각각 밀도함수 $f(x)$, $g(x)$에 따라 서로 독립적으로 분포된다고 하자. 즉 $f_u \leq r$이고 $f_v \leq s$일 확률은 $1/b \leq r, s \leq 1$에 대해 $\int_{1/b}^{r} \int_{1/b}^{s} f(x)g(y)\,dy\,dx$이다. $h(x)$가 $U \times V$의 분수부의 밀도 함수라고 하자. 밀도 함수 f의 최대 상대오차를 f의 비정상도

(abnormality) $A(f)$라고 정의한다. 즉

$$A(f) = \max_{1/b \le x \le 1} \left| \frac{f(x) - l(x)}{l(x)} \right|$$

인데, 여기서 $l(x) = 1/(x \ln b)$는 로그 분포의 밀도이다.

$A(h) \le \min(A(f), A(g))$임을 증명하라. (특히, 만일 두 계수가 로그분포이면 그 곱도 로그분포임을 보여라.)

▶ **13.** [*M20*] 부동소수점 곱셈 루틴(알고리즘 4.2.1M)은 정규화 도중에 $f_u f_v \ge 1/b$이냐 아니냐에 따라 왼쪽 자리이동을 수행하지 않거나 한 번 수행한다. 입력 피연산수들이 로그 법칙에 따라 독립적으로 분포된다고 할 때, 곱셈 결과의 정규화 도중에 왼쪽 자리이동이 필요하지 않을 확률은 얼마인가?

▶ **14.** [*HM30*] U와 V가 무작위한, 정규화된 양의 부동소수점 수들이고 그 분수부들이 로그 법칙에 따라 독립적으로 분포된다고 하자. 그리고 그 두 수의 지수들의 차이가 k일 확률을 p_k라고 하자. 지수의 분포가 분수부의 분포와는 독립적이라고 가정할 때, 부동소수점 덧셈 $U \oplus V$ 도중에 "분수 위넘침"이 일어날 확률에 대한, 기수 b와 수량 p_0, p_1, p_2, …으로 된 하나의 등식을 제시하라. 그리고 그것을 연습문제 1과 비교해 보라. (반올림은 무시할 것.)

15. [*HM28*] U, V, p_0, p_1, …은 연습문제 14와 같다고 하고, 기수 10 산술이 쓰인다고 하자. p_0, p_1, p_2, … 값들과는 무관하게 $U \oplus V$가 로그 법칙을 정확히 따르지는 않음을, 그리고 사실 $U \oplus V$의 선행 숫자가 1일 확률은 항상 $\log_{10} 2$보다 엄밀히 작음을 보여라.

16. [*HM28*] (디아코니스.) $P_0(n)$이 각 n에 대해 0 또는 1이라고 하자. 그리고 "확률" $P_{m+1}(n)$을 (9)에서처럼 반복적으로 평균을 내서 정의하자. 만일 $\lim_{n \to \infty} P_1(n)$이 존재하지 않으면 어떠한 m에 대해서도 $\lim_{n \to \infty} P_m(n)$ 역시 존재하지 않음을 보여라. [힌트: 어떠한 고정된 상수 $M > 0$에 대해 $(a_1 + \cdots + a_n)/n \to 0$이고 $a_{n+1} \le a_n + M/n$이면 항상 $a_n \to 0$임을 증명할 것.]

▶ **17.** [*HM25*] (츠지 M. Tsuji.) $\Pr(S(n))$의 값을 수량 $\lim_{n \to \infty} (H_n^{-1} \sum_{k=1}^{n} [S(k)]/k)$를 평가해서 정의할 수도 있다. 그 수량을 조화확률(調和-, harmonic-)이라고 부른다. 정의 3.5A에 따라 $\Pr(S(n))$이 존재한다면 항상 조화확률도 존재하며, 그 값은 $\Pr(S(n))$과 같다. 명제 "$(\log_{10} n)$ mod $1 < r$"의 조화확률이 존재하며 r과 같음을 증명하라. (이에 의해 정수들의 처음 숫자들은 로그 법칙을 이러한 의미에서 정확히 만족한다.)

▶ **18.** [*HM30*] $P(S)$가 양의 정수들의 집합 S를 정의역으로 하는 임의의 실수값 함수이되, 그런 집합 모두에 대해 다음과 같은 다소 약한 공리들을 반드시 만족하는 것은 아니라고 하자.

   i) 만일 $P(S)$와 $P(T)$가 정의되며 $S \cap T = \emptyset$이면 $P(S \cup T) = P(S) + P(T)$.
   ii) 만일 $P(S)$가 정의되면 $P(S+1) = P(S)$, 여기서 $S+1 = \{n+1 \mid n \in S\}$.
   iii) 만일 $P(S)$가 정의되면 $P(2S) = \frac{1}{2} P(S)$, 여기서 $2S = \{2n \mid n \in S\}$.
   iv) 만일 S가 모든 양의 정수들의 집합이면 $P(S) = 1$.
   v) 만일 $P(S)$가 정의되면 $P(S) \ge 0$.

더 나아가서, 모든 양의 정수 a에 대해 $P(L_a)$가 정의되며 L_a가 그 십진 표현이 a로 시작하는 모든 정수들의 집합이라고 하자. 즉,

$$L_a = \{n \mid \text{어떠한 정수 } m\text{에 대해 } 10^m a \leq n < 10^m (a+1)\}$$

이다. (이 정의에서 m이 음수일 수 있다. 예를 들어 1은 L_{10}의 원소이나 L_{11}의 원소는 아니다.) 모든 정수 $a \geq 1$에 대해 $P(L_a) = \log_{10}(1 + 1/a)$임을 증명하라.

19. [HM25] (던컨 R. L. Duncan.) 피보나치 수의 선행 숫자가 분수부의 로그 법칙을 만족함을, 즉 $\Pr(10 f_{F_n} < r) = \log_{10} r$임을 증명하라.

20. [HM40] $n \to \infty$에 따른 $P_m(10^n s) - S_m(s)$의 점근 습성을 구해서 (16)을 강화하라.

4.3. 다중 정밀도 산술

이번에는 임의의 고정밀도(high-precision) 수들에 대한 연산들을 고찰한다. 설명이 간단해질 수 있도록, 기수점을 가진 수들 대신 정수들만 다루기로 한다.

4.3.1. 고전적 알고리즘

이번 절에서는 다음과 같은 알고리즘들을 논의하겠다.

 a) n자리 답과 하나의 올림을 결과로 내는, n자리 정수들의 덧셈 또는 뺄셈 알고리즘.

 b) $(m+n)$자리 답을 결과로 내는, m자리 정수와 n자리 정수의 곱셈 알고리즘.

 c) $(m+1)$자리 몫과 n자리 나머지를 결과로 내는, $(m+n)$자리 정수를 n자리 정수로 나누는 알고리즘.

"알고리즘"이라는 단어가 수세기동안 이런 연산들에 연관해서만 쓰여 왔다는 점에서, 이들을 고전적 알고리즘(classical alogrithm)들이라고 불러도 좋을 것이다. "n자리 정수(n-place integer)"라는 용어는 b^n 보다 작은 음이 아닌 정수를 뜻하는데, 여기서 b는 해당 수의 표현에 쓰인 통상적인 위치적 표기법의 기수이다. 그러한 표기법에서는 해당 수들을 최대 n개의 "자릿수"들로 표현할 수 있다.

   정수에 대한 고전적 알고리즘들을 기수점을 내장한 수 또는 확장된 정밀도(extended-precision)를 가진 부동소수점 수에 적용하는 것도 어려운 일은 아니다. 이는 MIX로 작성된 정수 산술 연산들을 좀 더 일반적인 문제들에 어려움 없이 적용할 수 있는 것과 마찬가지 방식이다.

   이번 절에서는 연산 (a), (b), (c)를 기수 b 표기법(여기서 b는 2 이상의 임의의 주어진 정수)으로 표현된 정수들에 대해 수행하는 알고리즘들을 연구한다. 따라서 이 알고리즘들은 산술 절차에 대한 상당히 일반적인 정의들이며, 그런 만큼 특정한 컴퓨터와는 무관하다. 그러나 이번 절의 논의는 다소 기계 지향적이기도 한데, 왜냐하면 우리의 주된 관심은 컴퓨터로 고정밀도 계산을 수행하는 효율적인 방법을 찾는 데 있기 때문이다. 예제들이 가상의 MIX 컴퓨터를 근거로 하긴 하지만, MIX 이외의 거의 모든 컴퓨터에도 본질적으로 동일한 고려사항들이 적용된다.

   확장된 정밀도를 가진 수들에 대해서 알아야 할 가장 중요한 사실은, 컴퓨터 워드 크기가 w라고 할 때 그런 수들을 기수 w 표기법으로 표현된 수들로 간주할 수 있다는 점이다. 예를 들어 워드 크기가 $w = 10^{10}$인 컴퓨터에서 10개의 워드들을 차지하는 하나의 정수는 100개의 십진 숫자들을 가진다. 그러나 여기서는 그런 정수를 기수가 10^{10}인 10자리 수로 간주할 것이다. 이러한 관점은 이를테면 이진 표기법을 16진 표기법으로 변환하는 작업이 그냥 비트들을 몇 개씩 묶는 것으로 간단히 해결될 수 있는 것과 같은 맥락에서 정당화된다. (식 4.1-(5) 참고.)

   이러한 어법 하에서, 다음과 같은 기본적인 연산들은 이미 주어져 있다고 가정한다.

a_0) 한 자리 답과 하나의 올림(carry)을 결과로 내는 한 자리 정수들의 덧셈 또는 뺄셈.

b_0) 두 자리 답을 결과로 내는 한 자리 정수 곱하기 또 다른 한 자리 정수 곱셈.

c_0) 한 자리 몫과 한 자리 나머지를 결과로 내는 두 자리 정수 나누기 한 자리 정수 나눗셈.

이러한 연산들은 거의 모든 컴퓨터들에서 이미 사용 가능하다(필요하다면 워드 크기를 조정할 수도 있다). 따라서 앞에서 언급한 알고리즘 (a), (b), (c)를 이러한 기본 연산 (a_0), (b_0), (c_0)들을 이용해서 구축하기로 하자.

우리가 하려는 일은 확장된 정밀도의 정수를 기수 b 수로 시각화하는 것이므로, $b = 10$인 상황에서 산술 계산을 손으로 수행한다고 가정하는 것이 도움이 될 것이다. 그런 가정 하에서 연산 (a_0)은 덧셈표를 외우는 것에 비유할 수 있으며, (b_0)는 구구단표를 외우는 것, 그리고 (c_0)는 본질적으로 구구단표를 거꾸로 외우는 것에 비유할 수 있다. 그렇다면 이들보다 좀 더 복잡한, 고정밀도 수들에 대한 연산 (a), (b), (c)를 아이들이 초등학교에서 배우는 간단한 덧셈, 뺄셈, 곱셈, 그리고 긴 나눗셈 (long division)[†] 절차로 수행하는 것이 가능하다. 사실 이번 절에서 논의할 알고리즘들 대부분은 본질적으로 우리에게 익숙한 필산법(연필과 종이 계산법)을 좀 더 체계화하는 것일 뿐이다. 물론 알고리즘들을 초등학교에서 배우는 것보다는 좀 더 엄밀하게 정의할 것이며, 또 컴퓨터 메모리 사용량과 실행 시간 요구사항을 최소화하도록 노력할 것이다.

지루한 논의와 번거로운 표기법을 피하기 위해, 우선 이번 절에서는 항상 음이 아닌 수들만 다룬다고 가정하자. 부호 계산 등의 추가적인 작업은 상당히 간단한 문제이다. 다만, 부호 있는 크기 표현을 사용하지 않는 컴퓨터에서 보수 방식의 수들을 다룰 때에는 주의가 좀 필요한데, 이 문제에 대해서는 이번 절 끝에서 논의하겠다.

그럼 덧셈부터 보자. 물론 덧셈은 아주 간단하지만, 같은 착상이 다른 알고리즘들에서도 나타나므로 세밀히 연구해 볼 가치가 있다.

알고리즘 A (음이 아닌 정수들의 덧셈). 음이 아닌 n자리 정수 $(u_{n-1} \dots u_1 u_0)_b$와 $(v_{n-1} \dots v_1 v_0)_b$가 주어졌을 때 이 알고리즘은 그들의 기수 b 합 $(w_n w_{n-1} \dots w_1 w_0)_b$를 구성한다. 여기서 w_n은 올림으로, 항상 0 아니면 1이다.

A1. 〔초기화.〕 $j \leftarrow 0$, $k \leftarrow 0$로 설정한다. (이후 변수 j는 여러 자릿수 위치들을 훑게 되며, 변수 k는 각 단계에서의 올림들을 유지하게 된다.)

A2. 〔숫자들을 더한다.〕 $w_j \leftarrow (u_j + v_j + k) \bmod b$, $k \leftarrow \lfloor (u_j + v_j + k)/b \rfloor$로 설정한다. (계산에 대한 귀납법에 의해 다음이 항상 성립한다:

$$u_j + v_j + k \le (b-1) + (b-1) + 1 < 2b.$$

따라서 k는 올림이 생겼는지의 여부에 따라 1 또는 0으로 설정된다. 이는 $k \leftarrow [u_j + v_j + k \ge b]$와 동치이다.)

[†] 〔옮긴이 주〕 장제법(長除法)이라고도 하며, 보통 12보다 큰 수를 법으로 한 나눗셈을 의미한다. 그렇다고 이번 절에 나오는 나눗셈 알고리즘에 법(제수)이 12보다 커야 한다는 조건이 붙는 것은 아니다. 법이 12보다 크다면 단순한 구구단 역참조라던가 기타 요령들로는 나누기를 수행하기 힘들다는 점에서, 이번 절에서 말하는 '긴 나눗셈' 절차라는 말은 전적으로 '절차적인' 방법으로 나누기를 수행한다는 데 초점을 둔다는 것으로 봐야 할 것이다.

A3. 〔j에 대한 루프〕 j를 1 증가시킨다. 만일 $j < n$이면 단계 A2로 돌아가고, 그렇지 않으면 $w_n \leftarrow k$로 설정하고 알고리즘을 종료한다. ∎

알고리즘 A의 유효성에 대한 공식적인 증명은 연습문제 4에 나온다.

이러한 덧셈 절차를 MIX로 구현한다면 다음과 같은 모습이 될 것이다.

프로그램 A (음이 아닌 정수들의 덧셈). $\mathrm{LOC}(u_j) \equiv \mathtt{U}+j$, $\mathrm{LOC}(v_j) \equiv \mathtt{V}+j$, $\mathrm{LOC}(w_j) \equiv \mathtt{W}+j$, $\mathrm{rI1} \equiv j-n$, $\mathrm{rA} \equiv k$, 워드 크기 $\equiv b$, $\mathtt{N} \equiv n$.

01		ENN1	N	1	*A1. 초기화.* $j \leftarrow 0$.
02		JOV	OFLO	1	위넘침이 꺼졌는지 확인.
03	1H	ENTA	0	$N+1-K$	$k \leftarrow 0$.
04		J1Z	3F	$N+1-K$	만일 $j = n$이면 루프에서 나간다.
05	2H	ADD	U+N,1	N	*A2. 숫자들을 더한다.*
06		ADD	V+N,1	N	
07		STA	W+N,1	N	
08		INC1	1	N	*A3. j에 대한 루프* $j \leftarrow j+1$.
09		JNOV	1B	N	위넘침이 생기지 않았으면 $k \leftarrow 0$으로 설정한다.
10		ENTA	1	K	생겼으면 $k \leftarrow 1$로 설정한다.
11		J1N	2B	K	만일 $j < n$이면 A2로.
12	3H	STA	W+N	1	최종적인 올림을 w_n에 저장. ∎

이 프로그램의 실행 시간은 올림 개수 K와는 무관하게 $10N + 6$주기이다. 수량 K는 이번 절 끝에서 상세히 분석한다.

알고리즘 A를 개선하는 방법은 많이 있지만, 그 중 단 몇 가지만이 연습문제들에서 언급된다. 이 알고리즘의 일반화를 주제로 하나의 장(chapter)를 쓴다면 제목은 "디지털 컴퓨터를 위한 덧셈 회로를 설계하는 방법"이 될 것이다.

뺄셈은 덧셈과 비슷하나, 차이들은 주목할 만한 가치가 있다.

알고리즘 S (음이 아닌 정수들의 뺄셈). 음이 아닌 n자리 정수들 $(u_{n-1} \cdots u_1 u_0)_b \geq (v_{n-1} \cdots v_1 v_0)_b$가 주어졌을 때, 이 알고리즘은 그들의 음이 아닌 기수 b차 $(w_{n-1} \cdots w_1 w_0)_b$를 구성한다.

S1. 〔초기화.〕 $j \leftarrow 0$, $k \leftarrow 0$로 설정한다.

S2. 〔숫자들을 뺀다.〕 $w_j \leftarrow (u_j - v_j + k) \bmod b$, $k \leftarrow \lfloor (u_j - v_j + k)/b \rfloor$로 설정한다. (다른 말로 하면 k는 빌림(borrow)의 발생 여부에 따라, 즉 $u_j - v_j + k < 0$이냐에 따라 -1 또는 0으로 설정된다. w_j의 계산에서 반드시 $-b = 0 - (b-1) + (-1) \leq u_j - v_j + k \leq (b-1) - 0 + 0 < b$이며, 따라서 반드시 $0 \leq u_j - v_j + k + b < 2b$가 된다. 잠시 후 나오는 컴퓨터 구현은 이 사실에 근거한다.)

S3. 〔j에 대한 루프〕 j를 1 증가시킨다. 만일 $j < n$이면 단계 S2로 돌아간다. 그렇지 않으면 알고리

즘을 종료한다. (알고리즘이 끝났을 때에는 반드시 $k=0$이다. $k=-1$인 조건은 오직 $(v_{n-1}\dots v_1v_0)_b > (u_{n-1}\dots u_1u_0)_b$일 때에만 발생하는데, 이는 주어진 가정들에 위배된다. 연습문제 12를 볼 것.) ∎

이 뺄셈 알고리즘을 MIX 프로그램으로 구현할 때에는 알고리즘 전반에서 값 k 대신 값 $1+k$를 유지하는 것이 훨씬 편하다. 그러면 단계 S2에서 $u_j - v_j + (1+k) + (b-1)$을 계산할 수 있기 때문이다. ($b$가 워드 크기임을 상기할 것.) 다음 코드에서 그러한 방식을 볼 수 있다.

프로그램 S (음이 아닌 정수들의 뺄셈). 이 프로그램은 프로그램 A의 코드와 비슷하나 $rA \equiv 1+k$이다. 이번 절의 다른 프로그램들과 마찬가지로 장소 WM1은 하나의 MIX 워드에 저장할 수 있는 가장 큰 값인 상수 $b-1$을 담는다. 프로그램 4.2.3D의 줄 38–39를 참고할 것.

```
01        ENN1  N          1      S1. 초기화. j ← 0.
02        JOV   OFLO       1      위넘침이 꺼졌는지 확인.
03   1H   J1Z   DONE       K+1    만일 j = n이면 종료.
04        ENTA  1          K      k ← 0로 설정.
05   2H   ADD   U+N,1      N      S2. 숫자들을 뺀다.
06        SUB   V+N,1      N      u_j - v_j + k + b를 계산.
07        ADD   WM1        N
08        STA   W+N,1      N      (음의 0일 수 있음)
09        INC1  1          N      S3. j에 대한 루프 j ← j+1.
10        JOV   1B         N      위넘침 발생 시 k ← 0로 설정.
11        ENTA  0          N-K    아니면 k ← -1로 설정.
12        J1N   2B         N-K    j < n이면 S2로 돌아간다.
13        HLT   5                 (오류, v > u임)  ∎
```

이 프로그램의 실행 시간은 프로그램 A보다는 조금 긴 $12N+3$주기이다.

알고리즘 A와 S를 하나로 합친 덧셈–뺄셈 루틴을 만드는 게 좋지 않을까 하는 독자도 있을 것이다. 그러나 코드를 자세히 조사해보면 개별적인 두 루틴들을 사용하는 것이 더 나음을 알 수 있을 것이다. 프로그램들이 아주 짧기 때문에, 개별적인 루틴들을 사용하면 계산의 내부 루프들을 최대한 빠르게 수행할 수 있다.

그럼 곱셈 알고리즘을 보자. 알고리즘 A에 쓰인 착안들에서 조금 더 나아간 알고리즘이다.

알고리즘 M (음이 아닌 정수들의 곱셈). 음이 아닌 정수 $(u_{m-1}\dots u_1u_0)_b$와 $(v_{n-1}\dots v_1v_0)_b$가 주어졌을 때 이 알고리즘은 그들의 기수 b 곱 $(w_{m+n-1}\dots w_1w_0)_b$를 구성한다. (통상적인 필산법에서는 먼저 $0 \le j < n$에 대해 부분곱 $(u_{m-1}\dots u_1u_0) \times v_j$들을 계산하고 그것들을 적절한 비례 계수와 함께 더한다. 그러나 컴퓨터에서는 이 알고리즘에 나와 있는 것처럼 덧셈을 곱셈과 함께 수행하는 것이 더 적합하다.)

M1. [초기화.] $w_{m-1}, w_{m-2}, \dots, w_0$을 모두 0으로 설정한다. $j \leftarrow 0$로 설정한다. (이 단계에서

이 자릿수들을 0으로 설정해 두지 않는다면 이후의 단계들이

$$(w_{m+n-1}\ldots w_0)_b \leftarrow (u_{m-1}\ldots u_0)_b \times (v_{n-1}\ldots v_0)_b + (w_{m-1}\ldots w_0)_b$$

로 설정하게 됨을 알 수 있다. 이러한 좀 더 일반적인 곱하기-더하기 연산이 유용한 경우도 종종 있다.)

M2. 〔곱수가 0?〕 만일 $v_j = 0$이면 $w_{j+m} \leftarrow 0$으로 설정하고 단계 M6으로 간다. (v_j가 0일 확률이 어느 정도 크다면 이 판정으로 시간을 줄일 수도 있겠지만, 이 판정을 생략해도 알고리즘의 유효성에는 영향이 미치지 않는다.)

M3. 〔i를 초기화.〕 $i \leftarrow 0$, $k \leftarrow 0$로 설정한다.

M4. 〔곱하고 더한다.〕 $t \leftarrow u_i \times v_j + w_{i+j} + k$로 설정한 후 $w_{i+j} \leftarrow t \bmod b$, $k \leftarrow \lfloor t/b \rfloor$로 설정한다. (여기서 올림 k는 항상 $0 \le k < b$이다. 아래 설명 참고.)

M5. 〔i에 대한 루프.〕 i를 1 증가시킨다. 만일 $i < m$이면 단계 M4로 돌아간다. 그렇지 않으면 $w_{j+m} \leftarrow k$로 설정한다.

M6. 〔j에 대한 루프.〕 j를 1 증가시킨다. 만일 $j < n$이면 단계 M2로 돌아간다. 그렇지 않으면 알고리즘을 끝낸다. ∎

표 1

914 곱하기 84

단계	i	j	u_i	v_j	t	w_4	w_3	w_2	w_1	w_0
M5	0	0	4	4	16	.	.	0	0	6
M5	1	0	1	4	05	.	.	0	5	6
M5	2	0	9	4	36	.	.	6	5	6
M6	3	0	.	4	36	.	3	6	5	6
M5	0	1	4	8	37	.	3	6	7	6
M5	1	1	1	8	17	.	3	7	7	6
M5	2	1	9	8	76	.	6	7	7	6
M6	3	1	.	8	76	7	6	7	7	6

표 1에 알고리즘 M의 수행 예가 나와 있다. 표는 $b = 10$이라는 가정 하에서 단계 M5와 M6의 시작에서의 계산 상태를 나타낸 것이다. 알고리즘 M의 증명은 연습문제 14의 답에 나온다.

이 알고리즘의 효율적인 구현에는 두 부등식

$$0 \le t < b^2, \qquad 0 \le k < b \tag{1}$$

가 핵심적인 역할을 한다. 이들은 계산에 필요한 레지스터의 크기를 알려주기 때문이다. 이 부등식들은 단계 M4의 시작에서 $k < b$이면

$$u_i \times v_j + w_{i+j} + k \le (b-1) \times (b-1) + (b-1) + (b-1) = b^2 - 1 < b^2$$

이라는 점에 주목해서 알고리즘의 진행에 따라 귀납법으로 증명할 수 있다.

다음 MIX 프로그램은 알고리즘 M을 컴퓨터로 구현할 때 필수적인 고려사항들을 보여준다. 만일 컴퓨터에 "곱하고 더하기" 명령이 존재한다면, 아니면 덧셈을 위한 길이 두 배의 누산기가 있다면 단계 M4의 코딩이 좀 더 간단해질 것이다.

프로그램 M (음이 아닌 정수들의 곱셈). 이 프로그램은 프로그램 A와 비슷하다. $\text{rI1} \equiv i - m$, $\text{rI2} \equiv j - n$, $\text{rI3} \equiv i + j$, $\text{CONTENTS(CARRY)} \equiv k$.

01		ENT1	M-1	1	_M1. 초기화._
02		JOV	OFLO	1	위넘침이 꺼졌는지 확인.
03		STZ	W,1	M	$w_{\text{rI1}} \leftarrow 0$.
04		DEC1	1	M	
05		J1NN	*-2	M	$m > \text{rI1} \geq 0$에 대해 반복.
06		ENN2	N	1	$j \leftarrow 0$.
07	1H	LDX	V+N,2	N	_M2. 곱수가 0?_
08		JXZ	8F	N	만일 $v_j = 0$이면 $w_{j+m} \leftarrow 0$으로 설정하고 M6으로 간다.
09		ENN1	M	$N-Z$	_M3. i를 초기화. $i \leftarrow 0$._
10		ENT3	N,2	$N-Z$	$(i+j) \leftarrow j$.
11		ENTX	0	$N-Z$	$k \leftarrow 0$.
12	2H	STX	CARRY	$(N-Z)M$	_M4. 곱하고 더한다._
13		LDA	U+M,1	$(N-Z)M$	
14		MUL	V+N,2	$(N-Z)M$	$\text{rAX} \leftarrow u_i \times v_j$.
15		SLC	5	$(N-Z)M$	rA $\leftrightarrow$ rX로 교환.
16		ADD	W,3	$(N-Z)M$	w_{i+j}를 하위 절반에 더한다.
17		JNOV	*+2	$(N-Z)M$	위넘침 발생?
18		INCX	1	K	발생했다면 상위 절반으로 1을 올린다.
19		ADD	CARRY	$(N-Z)M$	k를 하위 절반에 더한다.
20		JNOV	*+2	$(N-Z)M$	위넘침 발생?
21		INCX	1	K'	발생했다면 상위 절반으로 1을 올린다.
22		STA	W,3	$(N-Z)M$	$w_{i+j} \leftarrow t \bmod b$.
23		INC1	1	$(N-Z)M$	_M5. i에 대한 루프. $i \leftarrow i+1$._
24		INC3	1	$(N-Z)M$	$(i+j) \leftarrow (i+j)+1$.
25		J1N	2B	$(N-Z)M$	$i < m$이면 $\text{rX} = \lfloor t/b \rfloor$인 상태에서 M4로 돌아간다.
26	8H	STX	W+M+N,2	N	$w_{j+m} \leftarrow k$.
27		INC2	1	N	_M6. j에 대한 루프. $j \leftarrow j+1$._
28		J2N	1B	N	$j = n$이 될 때까지 반복. ∎

프로그램 M의 수행 시간은 피승수 u의 자리수 M과 곱수 v의 자리수 N, 곱수의 0의 개수 Z, 그리고 t의 계산에서 곱수의 하위 절반의 덧셈 도중 발생하는 올림 횟수 K와 K'에 의존한다. 만일 K와 K'를 모두 적절한(그러나 다소 낙관적인) 값 $\frac{1}{2}(N-Z)M$으로 근사한다면, 총 실행 시간은 $28MN + 4M + 10N + 3 - Z(28M+3)$주기가 된다. 단계 M2를 생략한다면 실행 시간은

$28MN + 4M + 7N + 3$주기가 되므로, 그 단계는 곱수에서 0인 자리들의 밀도 Z/N이 $> 3/(28M + 3)$인 경우에만 이득이 된다. 곱수를 완전히 무작위로 선택한다면 밀도가 Z/N이 될 확률은 약 $1/b$일 뿐이다. 이는 대단히 작은 확률이다. 따라서 일반적으로 단계 M2는 b가 작지 않은 한 남겨 둘 가치가 없다는 결론을 내릴 수 있다.

m과 n이 클 때에는 알고리즘 M보다 더 빠른 곱셈 방법들이 존재한다. 그러나 알고리즘 M은 단순하다는 장점이 있다. 더 빠르지만 복잡한 방법들은 4.3.3절에서 논의한다. 심지어는 $m = n = 4$일 때에도 알고리즘 M보다 더 빠르게 수들을 곱하는 것이 가능하다.

이번 절에서 살펴볼 마지막 알고리즘은 긴 나눗셈인데, 구체적으로는 $(m+n)$자리 정수를 n자리 정수로 나누는 것이다. 종이와 연필을 사용하는 통상적인 방법의 경우 나누기를 하는 사람은 상당한 양의 어림짐작과 현명함을 동원해야 한다. 우리의 알고리즘에서는 그러한 어림짐작을 제거해야 하며, 그렇게 하지 못한다면 그러한 어림짐작을 좀 더 면밀하게 설명하는 어떠한 이론을 만들어내야 한다.

통상적인 긴 나눗셈 절차를 잠시 생각해보면 전체 문제가 좀 더 작은 단계들로 분할됨을 알 수 있다. 각 단계는 하나의 $(n+1)$자리 피제수 u를 n자리 제수 v로 나누는 것인데, 이 때 $0 \le u/v < b$이다. 각 단계 이후의 나머지 r은 v보다 작으므로, 이후의 단계에서는 수량 $rb +$ (피제수의 다음 자리 수)를 새로운 u로 사용할 수 있다. 예를 들어 3142를 53으로 나눈다면 우선 314를 53으로 나눠서 몫 5와 나머지 49를 얻는다. 그런 다음 492를 53으로 나누어서 몫 9와 나머지 15를 얻는다. 그래서 몫 59, 나머지 15라는 답을 얻게 된다. 이러한 착상이 일반적인 경우에도 유효하다는 것은 명백하며, 따라서 적절한 나눗셈 알고리즘을 찾는 문제는 다음 문제로 줄어든다(그림 6):

$u = (u_n u_{n-1} \ldots u_1 u_0)_b$와 $v = (v_{n-1} \ldots v_1 v_0)_b$가 기수 b 표기법으로 표현된 음이 아닌 정수이고 $u/v < b$라고 할 때, $q = \lfloor u/v \rfloor$를 구하는 알고리즘을 찾는다.

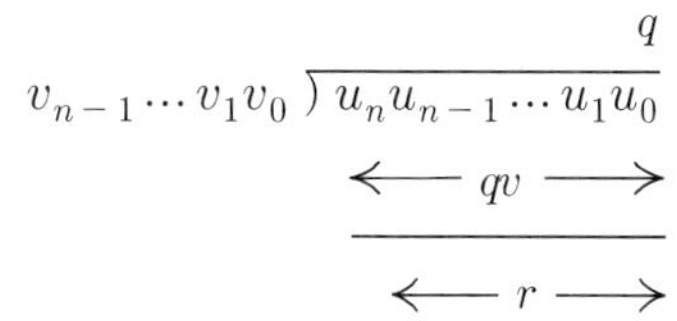

그림 6. q를 빠르게 구하는 방법을 찾는 것이 목표.

조건 $u/v < b$가 조건 $u/b < v$와 동치이며 이는 곧 $\lfloor u/b \rfloor < v$와 같다는 점에 주목하자. 이것은 그냥 $(u_n u_{n-1} \ldots u_1)_b < (v_{n-1} v_{n-2} \ldots v_0)_b$라는 조건이다. 더 나아가서, $r = u - qv$라고 둔다면 q는 $0 \le r < v$인 고유한 정수이다.

이 문제에 대한 가장 명백한 접근방식은 u와 v의 최상위 숫자들에 근거해서 q를 추측하는 것이다. 그런 방법이 충분히 믿을만한지는 아직 명백하지 않으나, 그래도 한 번 조사해 볼만한 일이다. 우선

$$\hat{q} = \min\left(\left\lfloor \frac{u_n b + u_{n-1}}{v_{n-1}} \right\rfloor, b-1 \right) \tag{2}$$

로 두자. 이 공식이 말하는 바는, u의 선행 숫자 두 개를 v의 선행 숫자로 나눠서 $\hat{q}$를 구하고, 만일 그 결과가 b 이상이면 그것을 $(b-1)$로 대체할 수 있다는 것이다.

주목할만한 사실은, v_{n-1}이 비교적 크다는 조건 하에서는 항상 이 $\hat{q}$ 값이 원하는 답 q에 아주 가까운 근사값이라는 점이다. $\hat{q}$가 q에 얼마나 가까운지를 분석하기 위해, 우선 $\hat{q}$가 너무 작지는 않음을 증명해보자.

정리 A. *위와 같은 표기법 하에서 $\hat{q} \geq q$ 이다.*

증명. $q \leq b-1$이므로, $\hat{q} = b-1$이면 이 정리는 명백히 참이다. 그렇지 않은 경우에는 $\hat{q} = \lfloor (u_n b + u_{n-1})/v_{n-1} \rfloor$이므로 $\hat{q} v_{n-1} \geq u_n b + u_{n-1} - v_{n-1} + 1$이다. 이로부터

$$
\begin{aligned}
u - \hat{q}v &\leq u - \hat{q}v_{n-1}b^{n-1} \\
&\leq u_n b^n + \cdots + u_0 - (u_n b^n + u_{n-1}b^{n-1} - v_{n-1}b^{n-1} + b^{n-1}) \\
&= u_{n-2}b^{n-2} + \cdots + u_0 - b^{n-1} + v_{n-1}b^{n-1} < v_{n-1}b^{n-1} \leq v
\end{aligned}
$$

가 나온다. $u - \hat{q}v < v$이므로 반드시 $\hat{q} \geq q$이다. ∎

이제 현실적인 상황들에서 $\hat{q}$가 q보다 너무 크지는 않음을 증명하자. $\hat{q} \geq q+3$라고 가정한다. 우선

$$
\hat{q} \leq \frac{u_n b + u_{n-1}}{v_{n-1}} = \frac{u_n b^n + u_{n-1}b^{n-1}}{v_{n-1}b^{n-1}} \leq \frac{u}{v_{n-1}b^{n-1}} < \frac{u}{v - b^{n-1}}
$$

이다. ($v = b^{n-1}$인 경우는 불가능하다. 만일 $v = (100\ldots0)_b$이면 $q = \hat{q}$이기 때문이다.) 더 나아가서 관계 $q > (u/v) - 1$는

$$
3 \leq \hat{q} - q < \frac{u}{v - b^{n-1}} - \frac{u}{v} + 1 = \frac{u}{v}\left(\frac{b^{n-1}}{v - b^{n-1}}\right) + 1
$$

을 함의한다. 따라서

$$
\frac{u}{v} > 2\left(\frac{v - b^{n-1}}{b^{n-1}}\right) \geq 2(v_{n-1} - 1)
$$

이다. 마지막으로, $b - 4 \geq \hat{q} - 3 \geq q = \lfloor u/v \rfloor \geq 2(v_{n-1} - 1)$이므로 $v_{n-1} < \lfloor b/2 \rfloor$이다. 이는 우리가 찾던 다음과 같은 결과를 증명한다.

정리 B. *만일 $v_{n-1} \geq \lfloor b/2 \rfloor$이면 $\hat{q} - 2 \leq q \leq \hat{q}$이다.* ∎

이 정리에서 가장 중요한 부분은 *정리의 결론이 b 와는 독립적이라는* 점이다. 기수가 아무리 커도 시행(trial) 몫 $\hat{q}$의 오차는 2를 넘지 않는다.

$v_{n-1} \geq \lfloor b/2 \rfloor$라는 조건은 하나의 정규화 요구조건과 아주 비슷하다. 사실 이는 이진 컴퓨터에서의 부동 이진 정규화 조건과 정확히 일치한다. v_{n-1}이 충분히 크도록 보장하는 한 가지 간단한

방법은 u와 v 모두에 $\lfloor b/(v_{n-1}+1) \rfloor$를 곱하는 것이다. 이렇게 해도 u/v의 값은 변하지 않으며, v의 자리수도 증가하지 않는다. 또한 v_{n-1}의 새 값은 항상 충분히 큰 값이 되는데, 이에 대한 증명은 연습문제 23에 나온다. (연습문제 28에서는 제수를 정규화하는 또 다른 방법을 논의한다.)

이제 원하는 긴 나눗셈 알고리즘을 작성하는 데 필요한 사실들이 충분히 모였다. 다음의 알고리즘은 단계 D3에서 $\hat{q}$를 선택할 때 $q = \hat{q}$ 또는 $\hat{q} - 1$임을 보장하는 조금 더 개선된 방법을 사용한다. 실제로, 개선된 방법으로 선택된 $\hat{q}$는 거의 항상 정확하다.

알고리즘 D (음이 아닌 정수들의 나눗셈). 음이 아닌 정수 $u = (u_{m+n-1} \cdots u_1 u_0)_b$와 $v = (v_{n-1} \cdots v_1 v_0)_b$가 주어졌으며 $v_{n-1} \neq 0$이고 $n > 1$ 라고 할 때, 이 알고리즘은 기수 b 몫 $\lfloor u/v \rfloor = (q_m q_{m-1} \cdots q_0)_b$와 나머지 $u \bmod v = (r_{n-1} \cdots r_1 r_0)_b$를 구성한다. ($n = 1$일 때에는 연습문제 16에 나온 더 간단한 알고리즘을 사용해야 한다.)

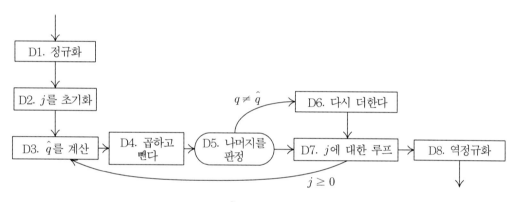

그림 7. 긴 나눗셈.

D1. 〔정규화.〕 $d \leftarrow \lfloor b/(v_{n-1}+1) \rfloor$로 설정한다. 그런 다음 $(u_{m+n} u_{m+n-1} \cdots u_1 u_0)_b$를 $(u_{m+n-1} \cdots u_1 u_0)_b$ 곱하기 d와 같게 설정한다. 비슷하게, $(v_{n-1} \cdots v_1 v_0)_b$는 $(v_{n-1} \cdots v_1 v_0)_b$ 곱하기 d와 같게 설정한다. (이에 의해 u_{m+n-1} 왼쪽에 새로운 자리 u_{m+n}이 생김을 주목할 것. 만일 $d = 1$이면 이 단계에서는 $u_{m+n} \leftarrow 0$으로만 설정하면 된다. 이진 컴퓨터의 경우에는 d를 여기에서 제시된 값 대신 2의 어떤 거듭제곱으로 두는 게 좋을 것이다. d는 $v_{n-1} \geq \lfloor b/2 \rfloor$가 값이면 충분하다. 연습문제 37도 볼 것.)

D2. 〔j를 초기화.〕 $j \leftarrow m$으로 설정한다. (본질적으로 단계 D2에서 D7까지의 j에 대한 루프는 $(u_{j+n} \cdots u_{j+1} u_j)_b$를 $(v_{n-1} \cdots v_1 v_0)_b$로 나누어서 한 자리 몫 q_j를 얻는 것에 해당한다. 그림 6 참고.)

D3. 〔$\hat{q}$를 계산.〕 $\hat{q} \leftarrow \lfloor (u_{j+n} b + u_{j+n-1})/v_{n-1} \rfloor$로 설정하고, 나머지 $(u_{j+n} b + u_{j+n-1}) \bmod v_{n-1}$을 $\hat{r}$로 둔다. 이제 $\hat{q} \geq b$ 또는 $\hat{q} v_{n-2} > b\hat{r} + u_{j+n-2}$를 판정한다. 만일 참이면 $\hat{q}$를 1 감소, $\hat{r}$를 v_{n-1}만큼 증가시키고, 만일 $\hat{r} < b$이면 이 판정을 반복한다. (v_{n-2}에 대한 판정은 시도된 값 $\hat{q}$가 1 큰 값인 경우들 모두를 빠른 속도로 결정하며, $\hat{q}$가 2 큰 값인 모든 경우를

제거한다. 연습문제 19, 20, 21을 볼 것.)

D4. 〔곱하고 뺀다.〕 $(u_{j+n}u_{j+n-1}\cdots u_j)_b$ 를

$$(u_{j+n}u_{j+n-1}\cdots u_j)_b - \hat{q}\,(0v_{n-1}\cdots v_1v_0)_b$$

로 대체한다. 이 계산(알고리즘 M의 단계 M3, M4, M5에 해당)은 한 자리 수의 곱셈 한 번과 한 번의 뺄셈으로 이루어진다. 숫자 $(u_{j+n}, u_{j+n-1}, \ldots, u_j)$ 들은 반드시 양이어야 한다. 이 단계의 결과가 음수이면 $(u_{j+n}u_{j+n-1}\cdots u_j)_b$ 를 진짜 값 더하기 b^{n+1}, 즉 진짜 값의 b 들의 보수로 남겨 두어야 하며, 왼쪽으로의 "빌림"을 반드시 기억해 두어야 한다.

D5. 〔나머지를 판정.〕 $q_j \leftarrow \hat{q}$ 로 설정한다. 만일 단계 D4의 결과가 음수였다면 단계 D6으로 간다. 그렇지 않으면 단계 D7로 간다.

D6. 〔다시 더한다.〕 (이 단계가 필요할 확률은 매우 적다. 연습문제 21에 나오듯이, 단 $2/b$ 의 규모이다. 따라서 디버깅을 할 때에는 이 단계가 필요하게 되는 시험 자료를 특별히 만들어낼 필요가 있다. 연습문제 22를 볼 것.) q_j 를 1 감소시키고 $(0v_{n-1}\cdots v_1v_0)_b$ 를 $(u_{j+n}u_{j+n-1}\cdots u_{j+1}u_j)_b$ 에 더한다. (u_{j+n} 의 왼쪽에서 자리 올림이 발생할 것이나, 그런 올림은 D4에서 발생한 빌림에 의해 소거되므로 반드시 무시해야 한다.)

D7. 〔j 에 대한 루프.〕 j 를 1 감소시킨다. 만일 $j \geq 0$ 이면 D3으로 돌아간다.

D8. 〔역정규화.〕 이제 $(q_m\cdots q_1q_0)_b$ 는 원하는 몫이다. 원하는 나머지는 $(u_{n-1}\cdots u_1u_0)_b$ 를 d 로 나누어서 얻는다. ∎

다음은 알고리즘 D를 구현한 MIX 프로그램으로, 흥미로운 부분이 여럿 있다.

프로그램 D (음이 아닌 정수들의 나눗셈). 이 프로그램의 관례들은 프로그램 A의 것과 비슷하다. $\text{rI1} \equiv i - n$, $\text{rI2} \equiv j$, $\text{rI3} \equiv i + j$.

001	D1	JOV	OFLO	1	*D1. 정규화.*
...					(연습문제 25 참고)
039	D2	ENT2	M	1	*D2. j 를 초기화:* $j \leftarrow m$.
040		STZ	V+N	1	D4에서의 편의를 위해 $v_n \leftarrow 0$ 으로 설정.
041	D3	LDA	U+N,2(1:5)	$M+1$	*D3. $\hat{q}$ 를 계산한다.*
042		LDX	U+N-1,2	$M+1$	$\text{rAX} \leftarrow u_{j+n}b + u_{j+n-1}$.
043		DIV	V+N-1	$M+1$	$\text{rA} \leftarrow \lfloor \text{rAX}/v_{n-1} \rfloor$.
044		JOV	1F	$M+1$	몫 $\geq b$ 이면 점프.
045		STA	QHAT	$M+1$	$\hat{q} \leftarrow \text{rA}$.
046		STX	RHAT	$M+1$	$\hat{r} \leftarrow u_{j+n}b + u_{j+n-1} - \hat{q}v_{n-1}$
047		JMP	2F	$M+1$	$= (u_{j+n}b + u_{j+n-1}) \bmod v_{n-1}$.
048	1H	LDX	WM1		$\text{rX} \leftarrow b-1$.
049		LDA	U+N-1,2		$\text{rA} \leftarrow u_{j+n-1}$. (여기서 $u_{j+n} = v_{n-1}$.)
050		JMP	4F		

051	3H	LDX	QHAT	E	
052		DECX	1	E	$\hat{q}$를 1 감소시킨다.
053		LDA	RHAT	E	$\hat{r}$을 적절히 조정한다:
054	4H	STX	QHAT	E	$\hat{q} \leftarrow \text{rX}$.
055		ADD	V+N-1	E	$\text{rA} \leftarrow \hat{r} + v_{n-1}$.
056		JOV	D4	E	($\hat{r}$가 $\geq b$가 된다면 $\hat{q}v_{n-2}$는 $< \hat{r}b$가 된다.)
057		STA	RHAT	E	$\hat{r} \leftarrow \text{rA}$.
058		LDA	QHAT	E	
059	2H	MUL	V+N-2	$M+E+1$	
060		CMPA	RHAT	$M+E+1$	$\hat{q}v_{n-2} \leq \hat{r}b + u_{j+n-2}$인지 판정.
061		JL	D4	$M+E+1$	
062		JG	3B	E	
063		CMPX	U+N-2,2		
064		JG	3B		아니라면 $\hat{q}$가 너무 큰 것이다.
065	D4	ENTX	1	$M+1$	_D4. 곱하고 뺀다._
066		ENN1	N	$M+1$	$i \leftarrow 0$.
067		ENT3	0,2	$M+1$	$(i+j) \leftarrow j$.
068	2H	STX	CARRY	$(M+1)(N+1)$	(여기서 $1-b < \text{rX} \leq +1$.)
069		LDAN	V+N,1	$(M+1)(N+1)$	
070		MUL	QHAT	$(M+1)(N+1)$	$\text{rAX} \leftarrow -\hat{q}v_i$.
071		SLC	5	$(M+1)(N+1)$	rA $\leftrightarrow$ rX 로 교환한다.
072		ADD	CARRY	$(M+1)(N+1)$	오른쪽 숫자로부터의 기여인
073		JNOV	*+2	$(M+1)(N+1)$	$+1$을 더한다.
074		DECX	1	K	만일 합이 $\leq -b$이면 -1을 올린다.
075		ADD	U,3	$(M+1)(N+1)$	u_{i+j}를 더한다.
076		ADD	WM1	$(M+1)(N+1)$	$b-1$를 더해서 부호를 $+$로 만든다.
077		JNOV	*+2	$(M+1)(N+1)$	위넘침이 없다면 -1을 올린다.
078		INCX	1	K'	$\text{rX} \equiv \text{carry} + 1$.
079		STA	U,3	$(M+1)(N+1)$	$u_{i+j} \leftarrow \text{rA}$ (음의 0일 수 있음).
080		INC1	1	$(M+1)(N+1)$	
081		INC3	1	$(M+1)(N+1)$	
082		J1NP	2B	$(M+1)(N+1)$	$0 \leq i \leq n$에 대해 반복한다.
083	D5	LDA	QHAT	$M+1$	_D5. 나머지를 판정._
084		STA	Q,2	$M+1$	$q_j \leftarrow \hat{q}$로 설정한다.
085		JXP	D7	$M+1$	(여기서 $v_n = 0$이므로 $\text{rX} = 0$ 또는 1이다.)
086	D6	DECA	1		_D6. 다시 더한다._
087		STA	Q,2		$q_j \leftarrow \hat{q} - 1$로 설정한다.
088		ENN1	N		$i \leftarrow 0$.
089		ENT3	0,2		$(i+j) \leftarrow j$.
090	1H	ENTA	0		(이 부분은 본질적으로 프로그램 A와 동일)
091	2H	ADD	U,3		

```
092        ADD     V+N,1
093        STA     U,3
094        INC1    1
095        INC3    1
096        JNOV    1B
097        ENTA    1
098        J1NP    2B
099   D7   DEC2    1            M+1    D7. j에 대한 루프
100        J2NN    D3           M+1    m ≥ j ≥ 0에 대해 반복한다.
101   D8   …                           (연습문제 26 참고)  ∎
```

단계 D3의 꽤나 복잡한 계산과 결정들을 컴퓨터로 쉽게 처리할 수 있음을 주목할 것. 또한 프로그램 S의 착안들을 포함한다는 점을 제외할 때 단계 D4에 대한 프로그램이 프로그램 M과 유사함도 주목해야 할 것이다.

프로그램 D의 실행 시간은 프로그램에 나온 수량 M, N, E, K, K'들로 추정할 수 있다. (이 수량들은 아주 낮은 확률로만 발생하는 몇몇 상황들을 무시한다. 예를 들어 줄 048-050, 063-064, 그리고 단계 D6은 결코 수행되지 않는다고 가정할 수 있다.) 여기서 $M+1$은 몫을 구성하는 워드 개수이고 N은 제수의 워드 개수이다. E는 단계 D3에서 $\hat{q}$가 아래쪽으로 조정되는 횟수이고 K와 K'는 더하고 빼는 루프 도중에 발생하는 특정한 올림 조정 횟수이다. $K+K'$가 근사적으로 $(N+1)(M+1)$과 같다고 가정한다면 E는 근사적으로 $\frac{1}{2}M$이며, 그러면 총 실행 시간은 근사적으로 $30MN+30N+89M+111$ 주기에 $d>1$이면 $67N+235M+4$를 더한 것이다. (이 총 실행 시간은 연습문제 25와 26의 프로그램 조각들도 포함한 것이다.) M과 N이 클 때의 이 총 실행 시간은 프로그램 M으로 몫과 제곱을 곱하는 데 필요한 시간보다 단 7퍼센트 정도만 더 크다.

기수 b가 비교적 작아서 b^2이 컴퓨터 워드 크기보다 작은 경우, 중간 결과들의 개별 숫자들을 범위 $[0..b)$로 줄이는 과정을 생략함으로써 다중 정밀도 나눗셈을 더 빠르게 만들 수 있다. D. M. Smith, *Math. Comp.* **65** (1996), 157-163을 볼 것. 알고리즘에 대한 추가적인 논평이 이 절 끝부분의 연습문제들에 나온다.

곱셈 및 덧셈 루틴들을 이용해서 나눗셈 루틴의 결과를 점검하는 등의 방법으로 다중 정밀도 산술 프로그램을 디버깅하는 것이 가능하다. 다음과 같은 종류의 시험 자료가 종종 유용하다:

$$(t^m-1)(t^n-1) = t^{m+n} - t^n - t^m + 1.$$

만일 $m<n$이면 이 수의 기수 t 전개는 다음과 같은 형태가 된다.

$$\underbrace{(t-1) \ \ldots \ (t-1)}_{m-1\text{자리}} \ (t-2) \ \underbrace{(t-1) \ \ldots \ (t-1)}_{n-m\text{자리}} \ \underbrace{0 \ \ldots \ 0}_{m-1\text{자리}} \ 1.$$

예를 들어 $(10^3-1)(10^8-1) = 99899999001$이다. 프로그램 D의 경우에는 프로그램에서 거의 수행되지 않는 부분이 수행되도록 만드는 어떠한 검례들도 찾을 필요가 있다. 프로그램의 일부는

수백만 개의 검례들을 시도한다고 해도 결코 검사되지 않을 수 있으니 조심할 것.

지금까지 부호 있는 크기의 수에 대한 연산 방법을 살펴보았다. 이제 보수 표기법을 사용하는 컴퓨터에서 같은 연산들을 수행하는 방법으로 넘어가자. 2의 보수 표기법과 1들의 보수 표기법의 경우 일반적으로 기수 b를 워드 크기의 절반으로 두는 것이 가장 바람직하다. 즉, 32비트 워드를 사용하는 컴퓨터의 경우 위의 알고리즘들에서 $b = 2^{31}$으로 두면 된다. 다중 정밀도 수의 최상위 워드를 제외한 모든 워드의 부호비트는 0이 될 것이므로, 컴퓨터의 곱셈, 나눗셈 연산 도중에는 부호 보정에 해당하는 일이 전혀 일어나지 않는다. 사실 보수 표기법에 깔린 원칙에 의하면, 보수 표기법에서는 최상위 워드를 제외한 모든 워드를 음이 아닌 값으로 간주해야 한다. 예를 들어 8비트 워드의 경우 2의 보수로 표현된 수

$$11011111 \quad 1111110 \quad 1101011$$

(부호 비트는 최상위 워드에만 표시함)은 다음과 같은 수로 간주해야 마땅하다.

$$- 2^{21} + (1011111)_2 \cdot 2^{14} + (1111110)_2 \cdot 2^7 + (1101011)_2$$

반면, 2의 보수 표기법을 사용하는 이진 컴퓨터들 중에 진정한 부호 없는 산술을 제공하는 것도 있다. 예를 들어 x와 y가 32비트 피연산수들이라고 하자. 컴퓨터 안에서 이들은 $- 2^{31} \leq x, y < 2^{31}$ 범위의 2의 보수 수들로 해석될 수도 있고 $0 \leq x, y < 2^{32}$ 범위의 부호 없는 수들로 해석될 수도 있다. 위넘침을 무시한다면 이들의 32비트 합 $(x + y) \bmod 2^{32}$ 역시 그런 두 가지 해석이 가능하다. 그러나 다른 범위들을 가정한다면 여러 가지 상황에서 위넘침이 발생할 수 있다. 컴퓨터가 부호 없는 해석에서 올림 비트 $\lfloor (x + y)/2^{32} \rfloor$를 쉽게 계산하는 기능을 가지고 있다면, 그리고 부호 없는 32비트 정수들의 곱을 64비트 전체로 나타내는 기능이 있다면, 우리는 고정밀도 알고리즘들에서 $b = 2^{31}$ 대신 $b = 2^{32}$을 사용할 수 있다.

보수 표기법을 사용할 때에는 부호 있는 수들의 덧셈이 조금 쉬워진다. 왜냐하면 n자리 음이 아닌 정수들을 더하는 루틴을 임의의 n자리 정수들에 사용할 수 있기 때문이다. 부호는 오직 첫째 워드에만 나타나므로, 하위 워드들은 실제 부호와 무관하게 서로 더할 수 있다. (그러나 1들의 보수 표기법을 사용할 때에는 제일 왼쪽 올림에 주의를 기울여야 한다. 제일 왼쪽 올림은 반드시 최하위 워드에 더해야 하며, 필요하다면 왼쪽으로 올림들을 전파해야 한다.) 비슷하게, 보수 표기법을 사용할 때에는 부호 있는 수들의 뺄셈이 조금 쉽다. 반면 곱셈과 나눗셈은 음이 아닌 수량들을 다룰 때, 그리고 두 피연산수들이 음이 아니게 되도록 미리 적절한 보수화 연산들을 적용할 때 가장 쉽다. 이를 배정도 곱셈에서 수행하는 방법을 고안하는 것은 어렵지 않은 일이다. 그러나 고정밀도가 필요한 경우에는 서브루틴의 내부 루프가 느려지지 않게 하는 데 반드시 신경을 써야 한다.

그럼 프로그램 A에서 나타난 수량 K, 즉 두 n자리 수들을 더할 때 발생하는 올림 횟수를 분석해보자. K는 프로그램 A의 총 실행 시간에는 영향을 주지 않으나 프로그램 A의 보수 표기법 버전의 총 실행 시간에는 영향을 준다. 그리고 K의 분석은 생성함수의 한 가지 중요한 응용이라는 점에서 그 자체로 흥미로운 주제이다.

u와 v가 범위 $0 \le u, v < b^n$에서 균등하게 분포되는 독립적인 무작위 n자리 정수들이라고 하자. u와 v의 덧셈에서 올림이 정확히 k번 발생하며, 그리고 그 올림들 중 하나가 최상위 자리에서 발생할(그래서 $u + v \ge b^n$이 되는) 확률을 p_{nk}라고 하자. 비슷하게, 올림이 정확히 k번 발생하되 최상위 위치에서는 올림이 발생하지 않을 확률을 q_{nk}라고 하자. 이런 설정 하에서, 모든 k와 n에 대해

$$p_{0k} = 0, \qquad p_{(n+1)(k+1)} = \frac{b+1}{2b} p_{nk} + \frac{b-1}{2b} q_{nk},$$

$$q_{0k} = \delta_{0k}, \qquad q_{(n+1)k} = \frac{b-1}{2b} p_{nk} + \frac{b+1}{2b} q_{nk} \tag{3}$$

임을 쉽게 알 수 있다. 이들이 성립하는 이유는 u_{n-1}과 v_{n-1}이 범위 $0 \le u_{n-1}, v_{n-1} < b$ 안에서 균등하게 분포되는 독립적인 정수들일 때 $u_{n-1} + v_{n-1} \ge b$일 확률이 $(b-1)/2b$이고 $u_{n-1} + v_{n-1} + 1 \ge b$일 확률이 $(b+1)/2b$이기 때문이다.

이러한 수량 p_{nk}와 q_{nk}에 대한 정보를 좀 더 수집하기 위해, 다음과 같은 생성함수를 상정하자.

$$P(z, t) = \sum_{k,n} p_{nk} z^k t^n, \qquad Q(z, t) = \sum_{k,n} q_{nk} z^k t^n. \tag{4}$$

(3)으로부터 다음과 같은 기본 관계들이 나온다.

$$P(z, t) = zt \left(\frac{b+1}{2b} P(z, t) + \frac{b-1}{2b} Q(z, t) \right),$$

$$Q(z, t) = 1 + t \left(\frac{b-1}{2b} P(z, t) + \frac{b+1}{2b} Q(z, t) \right).$$

이 두 방정식들을 $P(z, t)$와 $Q(z, t)$에 대해 푸는 것은 어렵지 않다. 그리고 n자리 수들을 더할 때 발생하는 올림들의 총 횟수에 대한 생성함수를 $G_n(z)$라고 할 때 만일

$$G(z, t) = P(z, t) + Q(z, t) = \sum_n G_n(z) t^n$$

으로 둔다면 다음과 같은 식을 얻게 된다.

$$G(z, t) = (b - zt)/p(z, t), \qquad \text{여기서 } p(z, t) = b - \frac{1}{2}(1+b)(1+z)t + zt^2. \tag{5}$$

$G(1, t) = 1/(1-t)$임을 주목할 것. 이는 $G_n(1)$이 반드시 1(모든 가능한 확률들의 합)과 상등이어야 한다는 사실과 일치한다. (5)에서 z에 대한 편미분을 취하면:

$$\frac{\partial G}{\partial z} = \sum_n G_n'(z) t^n = \frac{-t}{p(z, t)} + \frac{t(b - zt)(b + 1 - 2t)}{2p(z, t)^2};$$

$$\frac{\partial^2 G}{\partial z^2} = \sum_n G_n''(z) t^n = \frac{-t^2(b + 1 - 2t)}{p(z, t)^2} + \frac{t^2(b - zt)(b + 1 - 2t)^2}{2p(z, t)^3}.$$

이제 $z = 1$을 대입하고 부분분수들로 전개하면 다음이 나온다.

$$\sum_n G_n'(1)t^n = \frac{t}{2}\left(\frac{1}{(1-t)^2} - \frac{1}{(b-1)(1-t)} + \frac{1}{(b-1)(b-t)}\right),$$

$$\sum_n G_n''(1)t^n = \frac{t^2}{2}\left(\frac{1}{(1-t)^3} - \frac{1}{(b-1)^2(1-t)} + \frac{1}{(b-1)^2(b-t)} + \frac{1}{(b-1)(b-t)^2}\right).$$

이로부터 평균 올림 횟수, 즉 K의 평균이

$$G_n'(1) = \frac{1}{2}\left(n - \frac{1}{b-1}\left(1 - \left(\frac{1}{b}\right)^n\right)\right) \tag{6}$$

임을 알 수 있다. 분산은

$$G_n''(1) + G_n'(1) - G_n(1)^2$$

$$= \frac{1}{4}\left(n + \frac{2n}{b-1} - \frac{2b+1}{(b-1)^2} + \frac{2b+2}{(b-1)^2}\left(\frac{1}{b}\right)^n - \frac{1}{(b-1)^2}\left(\frac{1}{b}\right)^{2n}\right) \tag{7}$$

이다. 따라서, 이상의 가정들 하에서 올림 횟수는 $\frac{1}{2}n$보다 약간 작다.

역사 및 문헌정보. 이번 절에서 설명한 고전적 알고리즘들의 초기 역사는 독자를 위한 흥미로운 연구 프로젝트로 남기고, 여기에서는 컴퓨터로 그와 같은 알고리즘들을 구현한 역사만을 언급해보겠다.

탁상 계산기에서 큰 수들을 곱할 때 10^n을 가정된 기수로 사용하는 것에 대해서는 D. N. Lehmer, J. P. Ballantine, *AMM* **30** (1923), 67-69가 논의했다.

디지털 컴퓨터에서의 배정도 산술을 최초로 다룬 것은 원래 1947년에 출판된 폰노이만J. von Neumann과 골드스타인H. H. Goldstine의 프로그래밍 입문 노트들이었다 〔J. von Neumann, *Collected Works* 5, 142-151〕. 앞에서 나온 정리 A와 B는 포프D. A. Pope와 스타인M. L. Stein에서 기인하는데 〔*CACM* **3** (1960), 652-654〕, 그들의 논문에는 배정도 루틴들에 대한 초기 성과들의 문헌정보도 들어 있다. 시행 몫 $\hat{q}$를 선택하는 또 다른 방법들이 A. G. Cox, H. A. Luther, *CACM* **4** (1961), 353 〔v_{n-1} 대신 $v_{n-1}+1$로 나눔〕, M. L. Stein, *CACM* **7** (1964), 472-474 〔v_{n-2}의 크기에 따라 v_{n-1} 또는 $v_{n-1}+1$로 나눔〕에 나온다. 크리슈나무르티E. V. Krishnamurthy는 후자의 방법에서 단정도 나머지를 조사함으로써 정리 B를 개선할 수 있음을 보였다 〔*CACM* **8** (1965), 179-181〕. 크리슈나무르티와 난디Nandi는 피연산수들의 여러 선행 숫자들에 근거해 $\hat{q}$를 계산함으로써 알고리즘 D의 정규화와 비정규화 연산들을 대체하는 한 가지 방법을 제안했다 〔*CACM* **10** (1967), 809-813〕. 콜린스G. E. Collins와 머서D. R. Musser는 포프와 스타인의 원래의 알고리즘에 대한 흥미로운 분석을 수행했다 〔*Information Processing Letters* **6** (1977), 151-155〕.

그 외에도 다른 나눗셈 방법들이 여럿 제시되었는데, 몇 가지를 들자면 다음과 같다:

1) "푸리에 나눗셈" 〔J. Fourier, *Analyse des Équations Déterminées* (Paris: 1831), §2.21〕. 탁상 계산기에서 종종 쓰였던 이 방법은 본질적으로 매 단계에서 제수와 피제수의 정밀도를 높임으로

써 각각의 새로운 몫을 얻는 것이다. 필자는 이 방법에 대해 다소 상세한 검정들을 수행해 보았는데, 앞에 나온 "나누고 보정하는" 기법보다는 못하다는 결과를 얻었다. 그러나 실제 응용에서는 이 푸리에 나눗셈을 적용할 수 있는 경우가 존재할 수 있다. D. H. Lehmer, *AMM* **33** (1926), 198-206; J. V. Uspensky, *Theory of Equations* (New York: McGraw-Hill, 1948), 159-164를 볼 것.

2) "뉴턴법". 단정도 나누기 명령이 없었던 컴퓨터 초창기에 한 수의 역수를 평가하는 데 자주 쓰인 방법이다. 이 방법의 핵심은 수 $1/v$에 대한 초기 근사값 x_0을 정하고, $x_{n+1} = 2x_n - vx_n^2$으로 둔다는 것이다. $x_n = (1-\epsilon)/v$은 $x_{n+1} = (1-\epsilon^2)/v$을 함의하므로, 이 점화식은 $1/v$에 빠르게 수렴한다. 각 단계에서 ϵ을 $O(\epsilon^3)$으로 대체한 3차로의 수렴값은 다음과 같은 공식으로 구할 수 있다.

$$x_{n+1} = x_n + x_n(1 - vx_n) + x_n(1 - vx_n)^2$$
$$= x_n(1 + (1 - vx_n)(1 + (1 - vx_n))).$$

4차 이상의 수렴에 대해서도 비슷한 공식이 성립한다. P. Rabinowitz, *CACM* **4** (1961), 98 참고. 극도로 큰 수의 계산에 대해서는, 만일 각 단계에서 x_n의 정밀도를 증가시킨다면, 그리고 4.3.3절의 빠른 곱셈 루틴을 사용한다면, 뉴턴의 2차법을 적용하고 u를 곱하는 방법이 알고리즘 D보다 실제로 훨씬 빠를 수 있다. (자세한 내용은 알고리즘 4.3.3R을 볼 것.) 이와 관련된 반복적 방안 몇 가지가 E. V. Krishnamurthy, *IEEE Trans.* **C-19** (1970), 227-231에서 논의되었다.

3) 또한 다음의 평가에 근거한 나눗셈 방법들도 있다.

$$\frac{u}{v + \epsilon} = \frac{u}{v}\left(1 - \left(\frac{\epsilon}{v}\right) + \left(\frac{\epsilon}{v}\right)^2 - \left(\frac{\epsilon}{v}\right)^3 + \cdots\right).$$

H. H. Laughlin, *AMM* **37** (1930), 287-293을 볼 것. 배정도 나눗셈의 경우(식 4.2.3-(2))에서 이런 착안을 사용했다.

방금 언급한 참고문헌들 외에, 다중 정밀도 산술에 관련된 흥미로운 초기 논문들을 들자면: A. H. Stroud, D. Secrest, *Comp. J.* **6** (1963), 62-66은 1들의 보수 산술을 이용한 부동소수점 계산용 고정밀도 루틴들을 서술했다. B. I. Blum, *CACM* **8** (1965), 318-320은 FORTRAN 프로그램에서 사용할 확장된 정밀도 서브루틴들을 서술했으며, M. Tienari, V. Suokonautio, *BIT* **6** (1966), 332-338은 ALGOL용의 그러한 서브루틴들을 서술했다. 연결된 메모리 할당 기법을 이용해서 무한한 정밀도를 가진 정수들에 대한 산술을 수행하는 방법은 G. E. Collins, *CACM* **9** (1966), 578-589에서 훌륭하게 소개되었다. 로그 및 삼각함수들을 포함한 좀 더 다양한 다중정밀도 연산들에 대해서는 R. P. Brent, *ACM Trans. Math. Software* **4** (1978), 57-81; D. M. Smith, *ACM Trans. Math. Software* **17** (1991), 273-283, **24** (1998), 359-367을 볼 것.

계산에 있어서의 인류의 진보는 역사 상의 주어진 한 시점에서 알려진 π의 십진 소수 자리수로 측정해왔다. 초기 발전상은 4.1절에서 어느 정도 언급했었다. 1719년에 라니Thomas Fantet de Lagny는

π를 소수 127자리까지 계산했다 〔*Mémoires Acad. Sci.* (Paris, 1719), 135-145; 113번째 자리에 오타 있음〕. 더 나은 공식들이 발견된 후로는, 1844년에 다제Zacharias Dase라는 함부르크의 유명한 암산가가 두 달도 안 되는 기간에 π를 소수 200자리까지 정확하게 계산해내게 된다 〔*Crelle* **27** (1844), 198〕. 그리고 1853년에는 섕크스William Shanks가 소수 607자리 π 값을 출판했으며, 계산을 계속 진전시켜서 1873년에는 707자리 값까지 얻었다 〔W. Shanks, *Contributions to Mathematics* (London: 1853); *Proc. Royal Soc. London* **21** (1873), 318-319; **22** (1873), 45-46; J. C. V. Hoffmann, *Zeit. für math. und naturwiss.* **26** (1895), 261-264 참고.〕 오랫동안 여러 수학 참고서들은 섕크스의 707자리 값을 인용해 왔으나, 1945년에 퍼거슨D. F. Ferguson이 소수 528자리에서부터 여러 실수들이 존재함을 발견했다 〔*Math. Gazette* **30** (1946), 89-90〕. 라이트비스너G. Reitwiesner와 그의 동료들은 1949년 노동절 주말에 ENIAC을 70시간 돌려서 소수 2037자리의 정확한 값을 얻었다 〔*Math. Tables and Other Aids to Comp.* **4** (1950), 11-15〕. 제뉘F. Genuys는 1958년에 IBM 704를 100분 동안 가동해서 10,000자리 값에 도달했다 〔*Chiffres* **1** (1958), 17-22〕; 그리고 얼마 되지 않아 최초의 100,000자리 값을 섕크스D. Shanks (W. Shanks와는 무관한 사람임)와 렌치J. W. Wrench, Jr.가 출판하게 된다 〔*Math. Comp.* **16** (1962), 76-99〕. 그들은 IBM 7090을 8시간 돌려서 값을 구하고 4.5시간 돌려서 그 값을 점검했다. 그들의 점검에 의해서 실제로 일시적인 하드웨어적 오류가 발견되었는데, 계산을 다시 반복했을 때에는 그 오류가 사라졌다. 1973년에는 프랑스 원자력에너지위원회(French Atomic Energy Commission)의 기유Jean Guilloud와 부아예Martine Bouyer가 CDC 7600을 거의 24시간 가동해서 백만자리 π 값을 얻었다 〔A. Shibata, *Surikagaku* **20** (1982), 65-73 참고〕. 놀랍게도 매트릭스 박사Dr. I. J. Matrix는 그보다 7년 전에 백만 번째 숫자가 "5"라고 정확하게 추측했다 〔Martin Gardner, *New Mathematical Diversions* (Simon and Schuster, 1966), 8장의 부록〕. 1989년에는 그레고리 추드노프스키Gregory V. Chudnovsky와 데이비드 추드노프스키David V. Chudnovsky가, 그리고 그들과는 독립적으로 가나다 Yasumasa Kanada와 다무라Yoshiaki Tamura가 10억 자리의 벽을 깼다. 추드노프스키들은 1991년에 수제 병렬 컴퓨터로 250시간의 계산을 수행해서 20억 자리까지 계산을 확장했다. 〔Richard Preston, *The New Yorker* **68**, (1992년 3월 2일자), 36-67 참고 추드노프스키들이 사용한 혁신적인 공식은 *Proc. Nat. Acad. Sci.* **86** (1989), 8178-8182에 설명되어 있다.〕 가나다와 다카하시Daisuke Takahashi는 1997년 7월에 1024개의 처리 요소들을 가진 HITACHI SR2201 컴퓨터에서 각각 29.0시간과 37.1시간이 걸린 개별적인 두 가지 방법을 이용해 515억 자리 이상의 결과를 얻었다. 21세기에는 이들을 능가하는 새로운 기록이 탄생할 것이다.[†]

이번 절에서는 컴퓨터 프로그래밍에 사용할 산술 기법들만 논의되었다. 하드웨어에서 산술 연산을 구현하기 위한 여러 알고리즘들도 상당히 흥미롭지만, 그런 알고리즘들은 고정밀도 소프트웨어 루틴

[†] 〔옮긴이 주〕가나다 등은 2005년 10월 20일에 십진 소수 1,241,100,000,000자리의 값을 계산했다고 주장했다. 〔http://www.super-computing.org/pi_current.html 참고.〕

들에는 적용이 불가능한 것으로 보인다. 이를테면 G. W. Reitwiesner, "Binary Arithmetic," *Advances in Computers* **1** (New York: Academic Press, 1960), 231-308; O. L. MacSorley, *Proc. IRE* **49** (1961), 67-91; G. Metze, *IRE Trans.* **EC-11** (1962), 761-764; H. L. Garner, "Number Systems and Arithmetic," *Advances in Computers* **6** (New York: Academic Press, 1965), 131-194를 볼 것. 에델먼 A. Edelman은 *SIAM Review* **39** (1997), 54-67에서 1994년 펜티엄 (Pentium) 칩의 악명 높은, 그러나 매우 교훈적인 버그를 논의했다. 하드웨어 덧셈, 곱셈 연산에서 달성 가능한 최소 수행 시간이 S. Winograd, *JACM* **12** (1965), 277-285, **14** (1967), 793-802; R. P. Brent, *IEEE Trans.* **C-19** (1970), 758-759; R. W. Floyd, *FOCS* **16** (1975), 3-5에 조사되어 있다. 4.3.3E절도 볼 것.

연습문제

1. [42] 고전적 산술 알고리즘들의 초기 역사를, 이를테면 손자 孫子, 알콰리즈미 al-Khwārizmī, 알우클리디시 al-Uqlīdisī, 피보나치 Fibonacci, 레코드 Robert Recorde 등의 저술을 읽고 그들의 방법을 엄밀한 알고리즘 표기법으로 최대한 충실히 옮기면서 연구하라.

2. [15] 음이 아닌 n자리 정수 m개의 합을 "같은 자리 덧셈(column addition)"으로 구하도록 알고리즘 A를 일반화하라. ($m \leq b$라고 가정할 것.)

3. [21] 연습문제 2의 알고리즘을 위한 MIX 프로그램 작성하고, 그 실행 시간을 m과 n의 함수 형태로 추정하라.

4. [M21] 1.2.1절에서 설명한 귀납적 단언법을 이용해서 알고리즘 A의 유효성에 대한 공식적인 증명을 제시하라.

5. [21] 알고리즘 A는 두 입력을 오른쪽에서 왼쪽으로 나아가면서 더한다. 그런데 왼쪽에서 오른쪽으로 자료에 접근하는 게 더 쉬운 경우도 있다. 알고리즘 A와 같은 답을 내되 답의 숫자들을 왼쪽에서 오른쪽 순으로 생성하는 알고리즘을 설계하라. 알고리즘은 만일 올림이 발생해서 이전 값이 부정확해진다면 다시 이전 값으로 돌아가서 보정해야 한다. [참고: 초기 힌두 및 아랍 필사본들은 덧셈을 이런 식으로, 즉 왼쪽에서 오른쪽으로 처리했다. 이는 계산판에서는 왼쪽에서 오른쪽으로 수들을 다루는 것이 관례였기 때문이다. 오른쪽에서 왼쪽으로 덧셈을 수행하는 알고리즘은 알우클리디시의 한 개선에 기인했는데, 아마도 아랍어가 오른쪽에서 왼쪽으로 써나가기 때문일 것이다.]

▶ **6.** [22] 수들을 (연습문제 5에서처럼) 왼쪽에서 오른쪽으로 더하되, 이후의 올림들에 영향을 받지 않음이 확실해진 후에만 해당 답 숫자를 저장하도록 하는 알고리즘을 고안하라. 일단 저장된 답 숫자는 더 이상 변하지 말아야 한다. [힌트: 답에 아직 저장되지 않은 일련의 $(b-1)$들의 개수를 유지할 것.] 이런 종류의 알고리즘은 이를테면 입력, 출력 수들이 자기 테이프 상에서 왼쪽에서 오른쪽으로 읽히고 쓰여진다거나 단선적인 선형 목록에 나타나는 상황에서 유용하다.

7. [M26] 연습문제 5의 알고리즘은 올림이 발생해서 이전 숫자가 부정확해진다면 다시 이전 숫자로 되돌아가서 그것을 보정해야 한다. $k = 1, 2, \ldots, n$에 대해, 한 올림에 의해 k개의 숫자들을 다시 보정해야 하는 사건의 평균 발생 횟수를 구하라. (입력들은 독립적이며 0과 $b^n - 1$ 사이에서 균등하게 분포된다고 가정한다.)

8. [M26] 연습문제 5의 알고리즘을 위한 MIX 프로그램을 작성하고 그 평균 실행 시간을 본문에서 계산한 평균 올림 횟수에 근거해서 구하라.

▶ **9.** [21] 알고리즘 A를 일반화해서, 기수들이 $b_0, b_1, \ldots$ (오른쪽에서 왼쪽으로)인 혼합기수 수체계의 두 n자리 수들을 더하는 알고리즘을 고안하라. 그러한 수에서 최하위 숫자는 0과 $b_0 - 1$ 사이이며 그 다음 숫자들은 0과 $b_1 - 1$ 사이 등이다. 식 4.1-(9)를 참고할 것.

10. [18] 프로그램 S의 줄 06과 07을 맞바꾸면 프로그램이 제대로 작동할까? 줄 05와 06을 맞바꾼다면 어떨까?

11. [10] 음이 아닌 두 n자리 정수 $u = (u_{n-1} \cdots u_1 u_0)_b$와 $v = (v_{n-1} \cdots v_1 v_0)_b$를 비교해서 $u < v$인지 아니면 $u = v$인지 아니면 $u > v$인지를 결정하는 알고리즘을 설계하라.

12. [16] 알고리즘 S는 우리가 두 입력들 중 어떤 것이 큰 것인지를 알고 있다고 가정한다. 만일 그러한 정보가 주어지지 않는다고 해도 뺄셈은 그대로 진행할 수 있으며, 알고리즘 끝에서 추가적인 빌림이 여전히 존재하는지의 여부를 알아낼 수 있다. 알고리즘 S의 끝에서 빌림이 나타났을 때 $(w_{n-1} \cdots w_1 w_0)_b$를 보수화하는, 그럼으로써 u와 v의 차이의 절대값을 구하는 데 사용할 수 있는 또 다른 알고리즘을 설계하라.

13. [21] $(u_{n-1} \cdots u_1 u_0)_b$에 단정도 수 v(즉, $0 \le v < b$)를 곱해서 답 $(w_n \cdots w_1 w_0)_b$를 내는 MIX 프로그램을 작성하라. 필수적인 실행 시간은 얼마인가?

▶ **14.** [M22] 1.2.1절에서 설명한 귀납적 단언법을 이용해서 알고리즘 M의 유효성에 대한 공식적인 증명을 제시하라. (연습문제 4 참고.)

15. [M20] 두 n자리 분수의 곱 $(.u_1 u_2 \cdots u_n)_b \times (.v_1 v_2 \cdots v_n)_b$를 구하되 그 결과의 n자리 근사값 $(.w_1 w_2 \cdots w_n)_b$만 얻으면 된다고 하자. 그런 경우 알고리즘 M으로 $2n$자리 답을 구하고 그것을 계속 반올림해서 원하는 근사값을 얻으면 된다. 그러나 그런 방법으로 적절한 정확도의 결과를 얻기 위해서든 두 배의 일이 필요하다. $i + j > n + 2$에 대한 곱 $u_i v_j$들은 답에 거의 기여하지 않기 때문이다.

곱셈 도중에 $i + j > n + 2$에 대한 그러한 곱 $u_i v_j$들을 계산하지 않고 그냥 0으로 가정한다고 할 때 발생할 수 있는 최대오차를 추정하라.

▶ **16.** [20] (짧은 나눗셈.) 음이 아닌 n자리 정수 $(u_{n-1} \cdots u_1 u_0)_b$를 단정도 수 v(즉, $0 < v < b$)로 나누어서 곱 $(w_{n-1} \cdots w_1 w_0)_b$와 나머지 r을 내는 알고리즘을 설계하라.

17. [M20] 그림 6의 표기법 하에서 $v_{n-1} \ge \lfloor b/2 \rfloor$라고 가정하자. 만일 $u_n = v_{n-1}$이면 반드시 $q = b - 1$ 또는 $b - 2$임을 보여라.

18. [M20] 그림 6의 표기법 하에서 만일 $q' = \lfloor(u_n b + u_{n-1})/(v_{n-1}+1)\rfloor$이면 $q' \le q$임을 보여라.

▶ **19.** [M21] 그림 6의 표기법 하에서 $\hat{q}$가 q의 근사이고 $\hat{r} = u_n b + u_{n-1} - \hat{q}v_{n-1}$이라고 하자. $v_{n-1} > 0$이라고 가정한다. 만일 $\hat{q}v_{n-2} > b\hat{r} + u_{n-2}$이면 $q < \hat{q}$임을 보여라. [힌트: 정리 A의 증명을 v_{n-2}의 영향을 조사해서 강화해 볼 것.]

20. [M22] 연습문제 19의 표기법과 가정들 하에서, 만일 $\hat{q}v_{n-2} \le b\hat{r} + u_{n-2}$이고 $\hat{q} < b$이면 $\hat{q} = q$ 또는 $\hat{q} = q-1$임을 보여라.

▶ **21.** [M23] 연습문제 19와 20의 표기법 하에서 만일 $v_{n-1} \ge \lfloor b/2 \rfloor$이면, 그리고 만일 $\hat{q}v_{n-2} \le b\hat{r} + u_{n-2}$ 또는 $\hat{q} \ne q$이면 $u \bmod v \ge (1 - 2/b)v$임을 보여라. (후자의 사건은 근사적인 확률 $2/b$로 발생하므로, b가 컴퓨터의 워드 크기이면 알고리즘 D에서 아주 드문 상황을 제외할 때 반드시 $q_j = \hat{q}$이다.)

▶ **22.** [24] 기수 b가 10일 때, 알고리즘 D의 단계 D6이 반드시 필요하게 되는 네 자리 피제수와 세 자리 제수의 예를 제시하라.

23. [M23] v와 b가 정수이고 $1 \le v < b$라고 할 때 반드시 $\lfloor b/2 \rfloor \le v\lfloor b/(v+1) \rfloor < (v+1)$ $\lfloor b/(v+1) \rfloor \le b$임을 증명하라.

24. [M20] 4.2.4절에서 설명한 선행 숫자 분포 법칙을 이용해서, 알고리즘 D에서 $d = 1$일 확률에 대한 근사 공식을 구하라. ($d = 1$일 때에는 단계 D1에서 D8의 계산 대부분을 생략할 수 있다.)

25. [26] 프로그램 D를 완성하는 데 필요한, 단계 D1을 위한 MIX 서브루틴을 작성하라.

26. [21] 프로그램 D를 완성하는 데 필요한, 단계 D8을 위한 MIX 서브루틴을 작성하라.

27. [M20] 알고리즘 D의 단계 D8의 시작에서 정규화되지 않은 나머지 $(u_{n-1} \dots u_1 u_0)_b$가 항상 d의 정확한 배수임을 증명하라.

28. [M30] (스보보다A. Svoboda, *Stroje na Zpracování Informací* **9** (1963), 25-32.) $v = (v_{n-1} \dots v_1 v_0)_b$가 임의의 기수 b 정수이고 $v_{n-1} \ne 0$라고 하자. 다음 연산들을 수행하라:

  N1. 만일 $v_{n-1} < b/2$이면 v에 $\lfloor (b+1)/(v_{n-1}+1) \rfloor$을 곱한다. 이 단계의 결과를 $(v_n v_{n-1} \dots v_1 v_0)_b$로 둔다.

  N2. 만일 $v_n = 0$이면 $v \leftarrow v + (1/b)\lfloor b(b - v_{n-1})/(v_{n-1}+1) \rfloor v$로 설정한다. 이 단계의 결과를 $(v_n v_{n-1} \dots v_0 . v_{-1} \dots)_b$라고 하자. 단계 N2를 $v_n \ne 0$가 될 때까지 반복한다.

단계 N2가 많아야 세 번 수행되며 계산이 끝났을 때 반드시 $v_n = 1$, $v_{n-1} = 0$임을 증명하라.

  [참고: u와 v 모두에 위에서 말한 상수들을 곱해도 몫 u/v의 값은 변하지 않는다. 그리고 제수는 $(10v_{n-2} \dots v_0 . v_{-1}v_{-2}v_{-3})_b$ 형태로 변한다. 이러한 형태의 제수는 매우 편리하다. 왜냐하면 알고리즘 D의 표기법 하에서, 단계 D3의 시작에서 그냥 $\hat{q} = u_{j+n}$을 시행 제수로 두면, 혹은

$(u_{j+n+1},\, u_{j+n}) = (1, 0)$일 때 $\hat{q} = b - 1$로 두면 되기 때문이다.]

29. [15] 증명 또는 반증하라: 알고리즘 D의 단계 D7의 시작에서 항상 $u_{j+n} = 0$이다.

▶ **30.** [22] 메모리 공간이 제한되어 있다면, 이번 절의 일부 알고리즘들을 수행할 때 입력과 출력 모두에 동일한 저장소 장소들을 사용하는 것이 바람직할 것이다. 알고리즘 A나 S의 수행 도중 w_0, w_1, ..., w_{n-1}을 u_0, ..., u_{n-1}나 v_0, ..., v_{n-1}과 같은 장소들에 저장하는 것이 가능할까? 알고리즘 D에서 몫 q_0, ..., q_m과 u_n, ..., u_{m+n}을 같은 장소들에 두는 것이 가능할까? 알고리즘 M에서 입력과 출력의 메모리 장소들 중에 겹쳐도 되는 부분이 존재할까?

31. [28] $b = 3$이고 $u = (u_{m+n-1} \cdots u_1 u_0)_3$, $v = (v_{n-1} \cdots v_1 v_0)_3$이 균형 3진 표기법(4.1절) 하의 정수들이며 $v_{n-1} \neq 0$라고 하자. u를 v로 나누는, 그리고 절대값이 $\frac{1}{2}|v|$를 넘지 않는 나머지를 얻는 긴 나눗셈 알고리즘을 설계하라. 균형 3진 컴퓨터의 산술 회로에 집어넣었을 때 효율적인 알고리즘이 되도록 할 것.

32. [M40] $b = 2i$이고 u와 v가 4진허수 수체계에서 표현된 복소수들이라고 하자. u를 v로 나누는 알고리즘들을 설계하라(가능하다면 어떤 형태이든 적절한 나머지도 얻도록 할 것). 그리고 그 알고리즘들의 효율성을 비교하라.

33. [M40] 알고리즘 D 및 전통적인 제곱근 필산법과 유사한, 제곱근을 구하는 알고리즘을 설계하라.

34. [40] 임의의 정수들에 대해 사칙연산을 수행하는 일단의 컴퓨터 서브루틴들을 개발하라. 정수 크기에 대해서는 컴퓨터의 총 메모리 용량을 넘지 않는다는 암묵적인 가정 말고는 어떠한 제약도 두지 말 것. (결과를 넣을 공간을 찾는 데 시간을 낭비하지 않도록 연결된 메모리 할당을 사용하라.)

35. [40] "10배정도(decuple-precision) 부동소수점" 산술을 위한 일단의 컴퓨터 서브루틴들을 개발하라. 0 초과 b진 아홉 자리 부동소수점 수 표현을 사용하되 b는 컴퓨터 워드 크기로 하고 지수로는 하나의 워드 전체를 사용할 것. (따라서 각 부동소수점 수는 메모리 워드 10개 안에서 표현되며, 모든 비례는 워드 안에서의 자리이동 대신 전체 워드 단위의 이동을 통해서 이루어진다.)

36. [M25] ϕ에 대한 적절히 정밀한 근사값이 주어졌을 때 오직 작은 수들의 다중 정밀로 덧셈, 뺄셈, 나눗셈만 사용해서 $\ln \phi$를 고정밀도로 계산하는 방법을 설명하라.

▶ **37.** [20] (샐러민 E. Salamin.) 이진 컴퓨터에서 d가 2의 거듭제곱일 때, 알고리즘 D의 정규화, 역정규화 단계들을 시행 몫 숫자들의 수열을 변경하지 않고도 피하는 방법을 설명하라. (만일 단계 D1의 정규화가 이루어지지 않았다면 단계 D3에서 $\hat{q}$를 어떻게 계산해야 할까?)

38. [M35] u와 v가 정수들이고 범위가 $0 \leq u, v < 2^n$라고 하자. 기하평균(geometric mean, 또는 등비중항) $\left\lfloor \sqrt{uv} + \frac{1}{2} \right\rfloor$을 $(n+2)$비트 수들에 대한 $O(n)$회의 덧셈, 뺄셈, 비교 연산들을 사용해서 계산하는 방법을 고안하라. [힌트: "파이프라인"을 이용해서 고전적인 곱셈법과 제곱근 풀이법을 결합할 것.]

39. [25] (베일리 D. Bailey, 보웨인 P. Borwein, 플루페 S. Plouffe, 1996.) π의 이진 표현의 n번째 비트를

그 이전의 $n-1$개의 비트들을 알지 못하는 상태에서 계산하고자 한다. 항등식

$$\pi = \sum_{k \geq 0} \frac{1}{16^k}\left(\frac{4}{8k+1} - \frac{2}{8k+4} - \frac{1}{8k+5} - \frac{1}{8k+6}\right)$$

을 이용해서, 그리고 $O(\log n)$비트 정수들에 대해 $O(n \log n)$회의 산술 연산들을 수행해서 그러한 비트를 계산하는 방법을 설명하라. (π의 이진 숫자들 중 일련의 0들이나 1들이 아주 길게 이어지지는 않는다고 가정할 것.)

40. [M24] 나머지가 0이 될 것임을 알고 있는 상태에서 u를 v로 나누어야 하는 경우가 종종 있다. u가 $2n$자리 수이고 v가 n자리 수이며 $u \bmod v = 0$일 때, 만일 몫의 절반을 왼쪽에서 오른쪽으로, 나머지 절반은 오른쪽에서 왼쪽으로 계산한다면 알고리즘 D의 작업량을 약 75% 줄일 수 있음을 보여라.

▶ **41.** [M26] 고정밀도 산술의 응용들 중에는 기수 b와 서로 소인 고정된 n자리 수 w를 법으로 한 반복적인 계산이 필요한 것들이 많다. 그런 경우 몽고메리 Peter L. Montgomery가 제안한 [*Math. Comp.* **44** (1985), 519–521], 계산을 본질적으로 왼쪽에서 오른쪽이 아니라 오른쪽에서 왼쪽으로 수행함으로써 나머지 구하기를 최적화하는 방법으로 그러한 계산을 좀 더 빠르게 만들 수 있다.

    a) $u = \pm(u_{m+n-1}\cdots u_1 u_0)_b$, $w = (w_{n-1}\cdots w_1 w_0)_b$, 그리고 $w_0 w' \bmod b = 1$인 수 w'가 주어졌을 때, $b^m v \bmod w = u \bmod w$인 수 $v = \pm(v_{n-1}\cdots v_1 v_0)_b$를 계산하는 방법을 제시하라.

    b) $|u|$, $|v| < w$를 만족하는 n자리 부호 있는 정수 u, v, w가 주어졌을 때, 그리고 w'가 (a)에서와 같이 주어졌을 때, $|t| < w$이고 $b^n t \equiv uv$ (modulo w)인 n자리 정수 t를 계산하는 방법을 보여라.

    c) 알고리즘 (a)와 (b)가 w를 법으로 한 산술을 어떤 식으로 활용하는가?

42. [HM35] m과 b가 주어졌다고 하자. $u_1, \ldots, u_m$이 기수 b의 무작위 n자리 정수들이라고 할 때 $\lfloor(u_1 + \cdots + u_m)/b^n\rfloor = k$일 확률을 P_{nk}라고 하자. (이것은 연습문제 2의 같은 자리 덧셈 알고리즘에 나오는 w_n의 분포이다.) $\left\langle{m \atop k}\right\rangle$가 어떤 오일러 수(5.1.3절 참고)일 때 $P_{nk} = \frac{1}{m!}\left\langle{m \atop k}\right\rangle + O(b^{-n})$임을 보여라.

▶ **43.** [22] 디지털 이미지의 회색 음영 또는 색의 성분을 분수 $u/255$를 의미하는 범위 $[0..255]$의 8비트 수 u로 표현하는 경우가 종종 있다. 그래픽 알고리즘들에서는 분수 $u/255$와 $v/255$가 주어졌을 때 그들의 근사 곱 $w/255$를 계산해야 하는 경우가 많은데, 여기서 w는 $uv/255$에 가장 가까운 정수이다. w를 다음과 같은 효율적인 공식으로 계산할 수 있음을 증명하라.

$$t = uv + 128, \qquad w = \lfloor(\lfloor t/256\rfloor + t)/256\rfloor.$$

*4.3.2. 나머지식 산술

큰 정수들의 산술을 위한, 수론의 몇 가지 간단한 원리들에 기반한 또 다른 흥미로운 방법이 있다.

핵심은 공약수가 없는 여러 개의 법 m_1, m_2, ..., m_r을 두고, 수 u를 직접 다루는 대신 나머지 $u \bmod m_1$, $u \bmod m_2$, ..., $u \bmod m_r$들을 간접적으로 다루는 것이다.

표기의 편의상, 이번 절에서는 다음과 같이 가정한다.

$$u_1 = u \bmod m_1, \qquad u_2 = u \bmod m_2, \qquad ..., \qquad u_r = u \bmod m_r. \tag{1}$$

나눗셈을 이용해서 정수 u로부터 $(u_1, u_2, ..., u_r)$을 계산하는 것은 쉬운 일이다. 여기서 주목할 것은, 이러한 절차에서 어떠한 정보도 사라지지 않는다는 점이다(u가 너무 크지만 않다면). 이는 $(u_1, u_2, ..., u_r)$로부터 u를 다시 계산할 수 있기 때문이다. 예를 들어 $0 \le u < v \le 1000$이면 $(u \bmod 7, u \bmod 11, u \bmod 13)$이 $(v \bmod 7, v \bmod 11, v \bmod 13)$과 상등이 되는 것은 불가능하다. 이는 잠시 후에 볼 "중국인의 나머지 정리(Chinese remainder theorem)"의 한 결과이다.

따라서 $(u_1, u_2, ..., u_r)$을 새로운 종류의 컴퓨터 내부 표현, 즉 정수 u의 "나머지식 표현 (modular representation)"이라고 간주할 수 있다.

나머지식 표현의 장점은 덧셈, 뺄셈, 곱셈이 아주 간단하다는 것이다:

$$(u_1, ..., u_r) + (v_1, ..., v_r) = ((u_1 + v_1) \bmod m_1, ..., (u_r + v_r) \bmod m_r), \tag{2}$$

$$(u_1, ..., u_r) - (v_1, ..., v_r) = ((u_1 - v_1) \bmod m_1, ..., (u_r - v_r) \bmod m_r), \tag{3}$$

$$(u_1, ..., u_r) \times (v_1, ..., v_r) = ((u_1 \times v_1) \bmod m_1, ..., (u_r \times v_r) \bmod m_r). \tag{4}$$

예를 들어 (4)를 유도해 보자. 우선 각 법 m_j에 대해

$$uv \bmod m_j = (u \bmod m_j)(v \bmod m_j) \bmod m_j$$

임을 보여야 한다. 그런데 이것은 초등 수론의 기본적인 사실이다. 즉, $x \bmod m_j = y \bmod m_j$는 오직 $x \equiv y \pmod{m_j}$일 때에만 참이다. 더 나아가서 만일 $x \equiv x'$이고 $y \equiv y'$이면 $xy \equiv x'y'$ $\pmod{m_j}$이다.

나머지식 표현의 주된 단점은 $(u_1, ..., u_r)$이 $(v_1, ..., v_r)$보다 큰지의 여부를 쉽게 판정할 수 없다는 것이다. 또한 덧셈, 뺄셈, 곱셈의 결과로 위넘침이 발생했는지의 여부도 알아내기 힘들며, 나눗셈을 수행하는 것은 더욱 어렵다. 덧셈, 뺄셈, 곱셈과 연계해서 그런 연산들이 자주 필요하다면, 나머지식 산술은 나머지식 표현과 다른 표현 사이의 변환을 빠르게 수행할 수 있는 방법을 가지고 있을 때에만 적합한 것이라 할 수 있다. 이번 절에서 나머지식 표기법과 위치적 표기법 사이의 변환이 주된 주제 중 하나인 것도 그러한 이유에서이다.

식 (2), (3), (4)를 이용한 덧셈, 뺄셈, 곱셈 절차를 나머지 산술(residue arithmetic) 또는 나머지식 산술(modular arithmetic, 모듈라 산술)이라고 부른다. 나머지식 산술로 처리할 수 있는 수들의 범위는 법들의 곱 $m = m_1 m_2 ... m_r$과 같으며, 만일 각 m_j가 컴퓨터 워드 크기에 가깝다면 $r \approx n$일 때 n자리 수들을 다룰 수 있다. 따라서 나머지식 산술로 n자리 수들을 더하고 빼고 곱하는 데 필요한 시간은 본질적으로 n에 비례한다(나머지식 표현과의 변환에 걸리는 시간은 제외할 때).

덧셈과 뺄셈만 두고 보면 이를 장점이라고 할 수 없겠지만, 4.3.1에 나온 전통적인 곱셈 방법의 수행 시간이 n^2에 비례함을 생각한다면 곱셈의 관점에서는 상당한 장점이 된다.

게다가 여러 연산들을 동시에 수행할 수 있는 컴퓨터에서는 덧셈과 뺄셈에서도 나머지식 산술이 크게 유리하다. 서로 다른 법들에 대한 연산들을 모두 동시에 수행할 수 있으므로 실행 시간을 상당히 줄일 수 있다. 4.3.1절에서 논의한 통상적인 기법들로는 그런 종류의 수행 시간 절약이 불가능하다(올림 전파를 고려해야 하기 때문에). 언젠가는 고도로 병렬적인 컴퓨터들에 의한 동시적인 연산들이 일상화될 것이므로, 나머지식 산술은 높은 해상도를 요구하는 단일한 문제에 대해 빠른 답을 얻어야 하는 "실시간" 계산에서 중요한 수단이 될 것이다. (고도 병렬 컴퓨터에서는 k개의 개별적인 프로그램들을 실행하는 것이 단일 프로그램을 k번 최대한 빠르게 실행하는 것보다 바람직한 경우가 많다. 왜냐하면 후자의 방식은 더 복잡한데다가 컴퓨터의 능력을 보다 효율적으로 활용하지 못하기 때문이다. "실시간" 계산은 나머지식 산술의 고유한 병렬성을 좀 더 중요하게 만드는 예외들이다.)

그럼 수들의 나머지식 산술에 깔린 기본적인 사실들을 조사해보자.

정리 C (중국인의 나머지 정리). *m_1, m_2, ..., m_r 이 쌍마다 서로 소인 양의 정수들이라고 하자. 즉*

$$j \neq k \text{일 때} \qquad m_j \perp m_k \tag{5}$$

이다. $m = m_1 m_2 \ldots m_r$ 이라고 하고 a, u_1, u_2, ..., u_r 이 정수들이라고 하자. 그러면 조건

$$a \leq u < a + m, \quad \text{그리고} \quad 1 \leq j \leq r \text{에 대해} \quad u \equiv u_j \ (\text{modulo } m_j) \tag{6}$$

을 만족하는 정수 u가 정확히 하나 존재한다.

증명. 만일 $1 \leq j \leq r$에 대해 $u \equiv v \,(\text{modulo } m_j)$이면 $u - v$는 모든 j에 대해 m_j의 배수이다. 따라서 (5)는 $u - v$가 $m = m_1 m_2 \ldots m_r$의 한 배수임을 함의한다. 이는 (6)에 대해 많아야 하나의 해가 존재함을 보여준다. 증명을 완성하기 위해서는 적어도 하나의 해가 존재함을 보여야 한다. 이는 다음과 같은 두 가지 간단한 방법으로 가능하다:

방법 1 ("비구축적" 증명). (6)에 많아야 하나의 해가 존재하므로, u가 m개의 서로 다른 값 $a \leq u < a + m$들을 거쳐 감에 따라 r짝 $(u \bmod m_1, \ldots, u \bmod m_r)$ 역시 m개의 서로 다른 값들을 거쳐 가야 한다. 그런데 $0 \leq v_j < m_j$인 r짝 $(v_1, \ldots, v_r)$로 가능한 것들은 정확히 $m_1 m_2 \ldots m_r$개이다. 따라서 그러한 각 r짝은 반드시 정확히 한 번씩만 나타나며, 따라서 $(u \bmod m_1, \ldots, u \bmod m_r) = (u_1, \ldots, u_r)$인 어떠한 u값이 반드시 존재한다.

방법 2 ("구축적" 증명). $1 \leq j \leq r$에 대해 다음을 만족하는 수 M_j들을 구할 수 있다.

$$M_j \equiv 1 \ (\text{modulo } m_j) \text{이고} \qquad k \neq j \text{에 대해} \qquad M_j \equiv 0 \,(\text{modulo } m_k). \tag{7}$$

이는 (5)가 m_j와 m/m_j이 서로 소임을 함의하기 때문이다. 따라서 오일러 정리(연습문제 1.2.4-28)에 따라

$$M_j = (m/m_j)^{\varphi(m_j)} \tag{8}$$

으로 둘 수 있다. 이제 수

$$u = a + ((u_1 M_1 + u_2 M_2 + \cdots + u_r M_r - a) \bmod m) \tag{9}$$

은 (6)의 모든 조건을 만족한다. ∎

이 정리의 아주 특별한 경우를 중국 수학자 손자孫子가 *손자산경(孫子算經)*에서 언급했는데, 거기서 그는 대연술(大衍術, 큰 일반화라는 뜻)이라는 규칙을 제시했다. *손자산경*의 저작 시기는 아주 불확실해서, A.D. 280과 473년 사이로 추측할 뿐이다. 중세 인도의 수학자들은 그 기법들을 더욱 발전시켜서 쿠타카(kuṭṭaka)라는 방법을 만들어 내었으나(4.5.2절 참고), 처음으로 정리 C를 적절한 수준으로 일반화해서 언급하고 증명한 것은 진구소秦九韶의 *수서구장(數書九章)* (1247)이다. *수서구장*은 또한 연습문제 3에서처럼 법들에 공약수들이 존재하는 경우도 고찰하고 있다. 〔J. Needham, *Science and Civilisation in China* **3** (Cambridge University Press, 1959), 33-34, 119-120; Y. Li, S. Du, *Chinese Mathematics* (Oxford: Clarendon, 1987), 92-94, 105, 161-166; K. Shen, *Archive for History of Exact Sciences* **38** (1988), 285-305 참고〕 이 이론에 대한 여러 초기 기여들을 딕슨L. E. Dickson이 그의 *History of the Theory of Numbers* **2** (Carnegie Inst. of Washington, 1920), 57-64에서 개괄했다.

정리 C의 한 결과로, 나머지식 표현을 $m = m_1 m_2 \ldots m_r$ 개의 정수들의 임의의 연속적인 구간에 있는 수들에 대해 사용할 수 있다. 예를 들어 (6)에서 $a = 0$으로 두고, m보다 작은 음이 아닌 정수 u들만 다룰 수도 있다. 반면 곱셈뿐만 아니라 덧셈과 뺄셈도 수행한다면, 모든 법 m_1, m_2, $\ldots$, m_r이 홀수이며 따라서 $m = m_1 m_2 \ldots m_r$도 홀수라고 가정하고 범위

$$-\frac{m}{2} < u < \frac{m}{2}, \tag{10}$$

(이는 0에 대해 완전히 대칭이다)의 수들을 다루는 것이 가장 편리하다.

식 (2), (3), (4)에 나열된 기본 연산들을 수행하기 위해서는 $0 \le u_j$, $v_j < m_j$일 때 $(u_j + v_j) \bmod m_j$, $(u_j - v_j) \bmod m_j$, $u_j v_j \bmod m_j$를 계산해야 한다. 만일 m_j가 단정도 수라면 먼저 곱셈을 수행하고 나서 나눗셈을 수행해서 $u_j v_j \bmod m_j$를 구성하는 것이 가장 편하다. 덧셈과 뺄셈의 경우에는 나눗셈이 필요 없으므로 상황이 조금 더 단순해진다. 다음 공식들을 편한 대로 사용할 수 있다.

$$(u_j + v_j) \bmod m_j = u_j + v_j - m_j[u_j + v_j \ge m_j]. \tag{11}$$

$$(u_j - v_j) \bmod m_j = u_j - v_j + m_j[u_j < v_j]. \tag{12}$$

(3.2.1.1절 참고) 우리는 m을 최대한 크게 잡고자 하는데, 이를 위한 가장 쉬운 방법은 m_1을 하나의 컴퓨터 워드에 들어갈 수 있는 가장 큰 홀수로 잡고, m_2를 m_1과 서로 소이며 $< m_1$인 가장 큰 소수로, 그리고 m_3을 m_1, m_2 모두와 서로 소이며 $< m_2$인 가장 큰 소수로 잡는 식으로 나아가서 원하는 범위 m이 될 때까지 충분히 많은 m_j들을 찾는 것이다. 두 정수가 서로 소인지의 여부를 효율적으로 판정하는 방법은 4.5.2절에서 논의한다.

한 가지 간단한 예로, 한 워드가 오직 두 자리 수만 담을 수 있는, 즉 워드 크기가 100인 십진 컴퓨터를 생각해보자. 그러면 앞의 문단에서 설명한 절차를 통해서 다음과 같은 법들을 얻을 수 있다.

$$m_1 = 99, \ m_2 = 97, \ m_3 = 95, \ m_4 = 91, \ m_5 = 89, \ m_6 = 83, \ \text{등등.} \tag{13}$$

이진 컴퓨터에서는

$$m_j = 2^{e_j} - 1 \tag{14}$$

로 두어서 m_j들을 택하는 방법이 바람직한 경우도 있다. 다른 말로 하면 각 법을 2의 거듭제곱보다 1 작은 값으로 두는 것이다. m_j를 이렇게 선택하면 기본 산술 연산들이 더 쉬워진다. 왜냐하면 1들의 보수 산술에서처럼 법을 $2^{e_j} - 1$로 둘 때 연산들을 다루기가 비교적 쉽기 때문이다. 이런 방식으로 법들을 선택할 때에는 조건 $0 \le u_j < m_j$를 다음과 같이 조금 약하게 만드는 게 도움이 된다.

$$0 \le u_j < 2^{e_j}, \qquad u_j \equiv u \ (\text{modulo } 2^{e_j} - 1). \tag{15}$$

즉, 값 $u_j = m_j = 2^{e_j} - 1$도 $u_j = 0$에 대한 추가적인 대안으로 허용하자는 것이다. 이렇게 해도 정리 C의 유효성은 훼손되지 않는다. 이렇게 조건을 바꾼다는 것은 결국 그 어떤 e_j비트 이진수도 u_j로 사용할 수 있다는 뜻이다. 이러한 가정 하에서, m_j를 법으로 하는 덧셈과 곱셈 연산들은 다음과 같이 변한다.

$$u_j \oplus v_j = ((u_j + v_j) \bmod 2^{e_j}) + [u_j + v_j \ge 2^{e_j}]. \tag{16}$$

$$u_j \otimes v_j = (u_j v_j \bmod 2^{e_j}) \oplus \lfloor u_j v_j / 2^{e_j} \rfloor. \tag{17}$$

(여기서 $\oplus$와 $\otimes$는 $(u_1, ..., u_r)$과 $(v_1, ..., v_r)$의 개별 성분들을 (15)의 관례를 이용해서 더하거나 곱하는 연산들이다.) 뺄셈은 (12)를 그대로 사용해도 되고, 아니면

$$u_j \ominus v_j = ((u_j - v_j) \bmod 2^{e_j}) - [u_j < v_j] \tag{18}$$

를 사용해도 된다. 2^{e_j}가 컴퓨터의 워드 크기보다 클 때에도 이러한 연산들을 효율적으로 수행할 수 있다. 왜냐하면 2의 거듭제곱을 법으로 해서 양수의 나머지를 계산하는 것이나 수를 2의 거듭제곱으로 나누는 것은 간단한 일이기 때문이다. (17)에서는 연습문제 3.2.1.1-8에서 논의했듯이 곱의 "상위 절반"과 "하위 절반"의 합이 나온다.

법이 $2^{e_j} - 1$ 형태일 때에는 수 $2^e - 1$이 수 $2^f - 1$과 서로 소가 되는 조건들을 반드시 알아야 한다. 다행히 다음과 같은 아주 간단한 규칙이 있다.

$$\gcd(2^e - 1, 2^f - 1) = 2^{\gcd(e,f)} - 1. \tag{19}$$

이 공식을 말로 풀자면 $2^e - 1$과 $2^f - 1$은 오직 e와 f가 서로 소일 때만 서로 소이다라는 것이다. 식 (19)는 유클리드 알고리즘과 항등식

$$(2^e - 1) \bmod (2^f - 1) = 2^{e \bmod f} - 1 \tag{20}$$

에서 비롯된다. (연습문제 6 참고) 따라서 워드 크기가 2^{32}인 컴퓨터에서는 $m_1 = 2^{32} - 1$, $m_2 =$

$= 2^{31} - 1$, $m_3 = 2^{29} - 1$, $m_4 = 2^{27} - 1$, $m_5 = 2^{25} - 1$로 두면 된다. 이러면 크기 $m_1 m_2 m_3 m_4 m_5$ $> 2^{143}$의 범위 안의 정수들에 대한 효율적인 덧셈, 뺄셈, 곱셈이 가능하다.

이미 살펴보았듯이 나머지식 표현과 다른 표현 사이의 변환 연산들은 대단히 중요하다. 주어진 수 u의 나머지식 표현 $(u_1, ..., u_r)$을 그냥 u를 $m_1, ..., m_r$로 나누되 그 나머지들을 저장하는 식으로 구할 수도 있다. 그러나 $u = (v_m v_{m-1} \cdots v_0)_b$일 때 다항식

$$(\ldots (v_m b + v_{m-1}) b + \cdots) b + v_0$$

을 나머지식 산술을 이용해서 평가하는 방법이 좀 더 매력적일 것이다. $b = 2$일 때, 그리고 법 m_j가 특별한 형태인 $2^{e_j} - 1$일 때, 이 두 방법 모두 상당히 간단한 하나의 절차로 축약된다. 다음과 같다: 비트들이 e_j개 단위의 블럭들로 묶인 u의 이진 표현을 고려한다. 즉

$$u = a_t A^t + a_{t-1} A^{t-1} + \cdots + a_1 A + a_0 \tag{21}$$

이되 여기서 $A = 2^{e_j}$이고 $0 \le k \le t$에 대해 $0 \le a_k < 2^{e_j}$이다. 그러면

$$u \equiv a_t + a_{t-1} + \cdots + a_1 + a_0 \pmod{2^{e_j} - 1} \tag{22}$$

이며, $A \equiv 1$이므로 e_j비트 수 $a_t \oplus \cdots \oplus a_1 \oplus a_0$들을 (16)을 이용해서 더하면 u_j가 나온다. 이러한 절차는 u가 십진 체계로 표현되었다고 할 때 $u \bmod 9$를 구하는 익숙한 "9 나머지 검사(cating out nines)"[†] 방식과 비슷하다.

나머지식 표현에서 다시 위치적 표현으로 돌아가는 변환은 조금 더 어렵다. 이 점에 관해서는, 수학적 증명에 대한 우리의 관점이 계산에 관한 연구에 의해 어떻게 바뀌는지에 주목하면 재미있을 것이다: 정리 C는 $(u_1, ..., u_r)$에서 u로의 변환이 가능함을 말해준다. 이에 대해 두 가지 증명을 살펴볼 것인데, 첫 번째 증명은 아주 간단한 개념들에만 의존하는 고전적인 증명이다. 여기서 간단한 개념들이란 구체적으로 다음과 같은 사실들이다.

i) m_j들이 쌍마다 서로 소일 때, m_1의 배수이자 $m_2, ..., m_r$의 배수인 임의의 수는 반드시 $m_1 m_2 \ldots m_r$의 배수이다. 그리고

ii) 만일 비둘기 m마리를 m개의 비둘기집에 넣되 같은 집에 비둘기 두 마리가 함께 들어가는 일이 없도록 한다면, 각 비둘기 집에는 반드시 하나의 비둘기가 들어가게 된다.

전통적인 수학적 미학 개념을 기준으로 할 때, 이는 정리 C의 가장 멋진 증명이 틀림없다. 그러나 계산적 관점에서 볼 때 이는 완전히 쓸모없는 증명이다. 이는 "$u \equiv u_1 \pmod{m_1}$, ..., $u \equiv u_r \pmod{m_r}$인 값이 나올 때까지 $u = a$, $a + 1$, ...를 하나씩 시험해 보라"라는 것과 같은 것이기 때문이다.

[†] 〔옮긴이 주〕 한 십진수를 구성하는 숫자들의 합을 9로 나눈 나머지는 그 수 자체를 9로 나눈 나머지와 같다. 이러한 성질을 예를 들면 큰 십진수가 9로 나누어지는지의 여부를 좀 더 빠르게 판정하는 데 사용할 수 있다.

정리 C의 두 번째 증명은 좀 더 명시적이다. 이 증명은 r개의 새로운 상수들 $M_1, ..., M_r$을 계산하고 그러한 상수들로 공식 (9)에 근거해서 해를 얻는 방법을 보인다. 이 증명은 좀 더 복잡한 개념들(이를테면 오일러 정리 등)을 사용하나, 상수 $M_1, ..., M_r$을 한 번만 구하면 된다는 점에서 계산적 관점에서 볼 때 훨씬 만족스럽다. 반면 식 (8)로 M_j를 구하는 것은 사소한 일이 아님이 확실하다. 왜냐하면 일반적으로 오일러의 φ 함수를 평가해야 하고 m_j를 소수 거듭제곱들로 인수분해해야 하기 때문이다. 이 부분에서도 수학적 우아함과 계산 효율성 사이의 차이를 볼 수 있다. 그러나 최적의 방법으로 M_j를 구한다고 해도 M_j가 엄청나게 큰 수 m/m_j의 배수라는 사실에서 난관에 봉착하게 된다. 즉, (9)를 위해서는 고정밀도 계산을 많이 수행해야 하는데, 그런 계산들이야말로 애초에 나머지식 산술을 이용해서 피하고자 했던 것이기 때문이다.

따라서 $(u_1, ..., u_r)$에서 u로의 정말로 쓸만한 변환 방법을 얻으려면 정리 C의 좀 더 나은 증명이 필요하다. 그런 쓸만한 방법을 가너H. L. Garner가 1958년에 제안한 바 있다. 그 방법은 $1 \leq i < j \leq r$에 대한 $\binom{r}{2}$개의 상수 c_{ij}들로 수행할 수 있는데, 여기서

$$c_{ij} m_i \equiv 1 \pmod{m_j} \tag{23}$$

이다. 이 상수 c_{ij}들은 유클리드 알고리즘으로 손쉽게 계산할 수 있다. 임의의 주어진 i와 j에 대해 $am_i + bm_j = \gcd(m_i, m_j) = 1$인 a와 b는 알고리즘 4.5.2A로 구할 수 있으며, $c_{ij} = a$로 둘 수 있다. 연습문제 6에는 법들이 특별한 형태 $2^{e_j} - 1$일 때 c_{ij}를 간단히 구하는 방법이 나온다.

(23)을 만족하는 c_{ij}들을 구했다면 이제

$$
\begin{aligned}
v_1 &\leftarrow u_1 \bmod m_1, \\
v_2 &\leftarrow (u_2 - v_1)c_{12} \bmod m_2, \\
v_3 &\leftarrow ((u_3 - v_1)c_{13} - v_2)c_{23} \bmod m_3, \\
&\vdots \\
v_r &\leftarrow \left(... ((u_r - v_1)c_{1r} - v_2)c_{2r} - \cdots - v_{r-1}\right)c_{(r-1)r} \bmod m_r
\end{aligned}
\tag{24}
$$

로 둘 수 있으며, 그러면 수

$$u = v_r m_{r-1} ... m_2 m_1 + \cdots + v_3 m_2 m_1 + v_2 m_1 + v_1 \tag{25}$$

은 조건

$$0 \leq u < m, \quad 1 \leq j \leq r \text{에 대해} \quad u \equiv u_j \pmod{m_j} \tag{26}$$

를 만족한다. (연습문제 8 참고. (24)를 더 적은 보조 상수를 가지고 표현하는 방법이 연습문제 7에 나온다.) 식 (25)는 u의 혼합기수 표현으로, 4.4절에 나오는 방법들을 이용해서 이진 표기법이나 십진 표기법으로 변환할 수 있다. 만일 $0 \leq u < m$가 원하는 범위가 아니라면 변환 공정 이후에 m의 적절한 배수를 범위에 더하거나 빼면 된다.

(24)에 나온 계산의 장점은 v_j의 계산을 이미 나머지식 산술 알고리즘들에 내장되어 있는, m_j를 법으로 한 산술만 사용해서 수행할 수 있다는 것이다. 더 나아가서 (24)는 $(v_1, ..., v_r) \leftarrow$

$(u_1 \bmod m_1, \, ..., \, u_r \bmod m_r)$로 시작해서, $1 \le j < r$인 시간 j에서 $j < k \le r$에 대한 설정 $v_k \leftarrow (v_k - v_j)c_{jk} \bmod m_k$들을 동시에 수행하는 형태의 병렬 계산을 가능하게 한다. 혼합기수 표현 을 계산하는 다른(그러나 비슷한 병렬 계산 가능성을 가진) 방법을 프랭켈A. S. Fraenkel이 *Proc. ACM Nat. Conf.* **19** (Philadelphia: 1964), E1.4에서 논의했다.

혼합기수 표현 (25)가 두 나머지식 수들의 크기를 비교하기에 충분하다는 점을 주목해야 할 것이다. $0 \le u < m$이고 $0 \le u' < m$임을 알고 있다면 우선 u와 u'를 $(v_1, ..., v_r)$와 $(v_1', ..., v_r')$로 변환한 후 $v_r < v_r'$인지, 아니면 $v_r = v_r'$이고 $v_{r-1} < v_{r-1}'$인지 등을 판정함으로써 $u < u'$ 여부를 알 수 있다. $(u_1, ..., u_r)$이 $(u_1', ..., u_r')$보다 작은지의 여부만 알면 되는 상황이라면 완전한 이진 또는 십진 표기법으로까지 변환할 필요는 없는 것이다.

나머지식 수 둘을 비교하는 연산이나 하나의 나머지식 수가 음인지를 판정하는 연산이 직관적으로는 매우 간단하는 점을 생각하면, 혼합기수 형태로 변환하지 않고도 그런 비교를 수행하는 훨씬 더 쉬운 방법이 있을 것 같다. 그러나 하나의 나머지식 수의 범위가 본질적으로 나머지 $(u_1, ..., u_r)$들 전부의 모든 비트에 의존하기 때문에 혼합기수 변환을 거치는 것보다 훨씬 더 나은 방법이 존재할 가능성은 거의 없다. 다음 정리가 그러한 사실을 말해준다.

정리 S (서보Nicholas Szabó, 1961). *위와 같은 표기법 하에서, $m_1 < \sqrt{m}$ 이라고 가정하고 L 이 범위*

$$m_1 \le L \le m - m_1 \qquad (27)$$

의 수라고 하자. 그리고 $\{g(0), g(1), ..., g(m_1 - 1)\}$이 m_1개보다 적은 수의 값들을 담는 집합임을 만족하는 임의의 함수 g가 있다고 하자. 그러면

$$g(u \bmod m_1) = g(v \bmod m_1), \qquad 2 \le j \le r\text{에 대해} \quad u \bmod m_j = v \bmod m_j; \quad (28)$$

$$0 \le u < L \le v < m \qquad (29)$$

을 만족하는 수 u와 v가 존재한다.

증명. 가설에 의해 (28)을 만족하는 수 $u \ne v$들이 존재한다. g는 서로 다른 두 나머지에 대해 같은 값을 취하기 때문이다. (u, v)가 $0 \le u < v < m$이고 (28)을 만족하며 u가 최소값인 값들의 쌍이라 고 하자. $u' = u - m_1$과 $v' = v - m_1$도 (28)을 만족하므로, u가 최소라는 사실에 의해 반드시 $u' < 0$가 성립한다. 따라서 $u < m_1 \le L$이다. 만일 (29)가 성립하지 않는다면 반드시 $v < L$이다. 그러나 $v > u$이고 $v - u$는 $m_2 ... m_r = m/m_1$의 배수이므로 $v \ge v - u \ge m/m_1 > m_1$이다. 그 러므로, 만일 (u, v)가 (29)를 만족하지 않는다면 쌍 $(u'', v'') = (v - m_1, u + m - m_1)$은 (29)를 만족한다. ∎

m_1 대신 임의의 m_j를 둔다고 해도 비슷한 결과를 증명할 수 있음은 물론이며, 또한 증명을 조금만 고친다면 (29)를 조건 "$a \le u < a + L \le v < a + m$"으로 대체할 수도 있다. 따라서 정리 S는 하나의 나머지식 수의 범위를 결정하는 데 많은 수의 단순 함수들을 사용할 수는 없음을 보여 준다고 할 수 있다.

그럼 이번 절의 논의의 요지를 되풀이해보자. 요지는, 계산의 상당 부분에 큰 정수들의 정확한 곱셈이 관여하고 덧셈과 뺄셈들도 나타나는, 그러나 나누기나 수 비교 또는 *중간 결과가 범위 밖으로 "넘치는지"의 판정*은 별로 필요하지 않은 부류의 응용들에서 나머지 산술이 큰 이득이 될 수 있다는 것이었다. (위넘침 판정이 별로 필요하지 않다는 조건을 잊어서는 안 된다. 연습문제 12에서 보듯이 위넘침 판정 방법도 있긴 하지만, 그런 방법들은 나머지식 산술의 이득을 상쇄할 정도로 복잡하다.) 나머지식 계산의 여러 응용들을 H. Takahasi, Y. Ishibashi, *Information Proc. in Japan* **1** (1961), 28-42가 논한 바 있다.

그러한 응용의 한 예는 유리계수들을 가진 일차연립방정식들의 정확한 해를 구하는 것이다. 여러 가지 이유로, 그런 응용에서는 법 $m_1, m_2, ..., m_r$ 들을 모두 소수로 두는 것이 바람직하다. 일차방정식들은 각 m_j를 법으로 해서 독립적으로 푸는 것이 가능하다. 보로시I. Borosh와 프랭캘A. S. Fraenkel이 이 절차에 대한 자세한 논의를 제시했으며 [*Math. Comp.* **20** (1966), 107-112], 프랭캘과 뢰벤탈 D. Loewnthal은 논의를 더욱 개선시켰다 [*J. Res. National Bureau of Standards* **75B** (1971), 67-75]. 그들이 제시한 방법을 이용해서 111개의 일차방정식들로 이루어진, 미지수가 120개인 연립 방정식의 독립해 9개를 CDC 1604 컴퓨터 한 대를 가지고 20분 내로 정확히 구했던 적이 있다. 같은 절차로 부동소수점 계수들을 가진, 그리고 계수행렬이 불량조건인 일차연립방정식을 풀어보는 것 역시 해볼만한 일이다. 나머지식 기법(주어진 부동소수점 계수들을 정확한 유리수들로 간주하는) 을 이용하면 전통적인 방법들로 믿을만한 근사값 해들을 얻는 데 걸리는 시간보다 더 짧은 시간으로 진정한 해들을 얻는 것이 가능하다. [이 접근방식의 추가적인 발전에 대해서는 M. T. McClellan, *JACM* **20** (1973), 563-588을 볼 것. 또한 이런 방식의 한계에 대해서는 E. H. Bareiss, *J. Inst. Math. and Appl.* **10** (1972), 68-104를 보라.]

나머지 산술에 대해 출판된 문헌들은 대부분 하드웨어 설계에 중점을 두고 있는데, 이는 올림이 없다는 나머지식 산술의 특성이 고속 연산의 관점에서는 매력적으로 보이기 때문이다. 그러한 착상은 스보보다A. Svoboda와 발라흐M. Valach에 의해서 체코슬로바키아 학술지 *Stroje na Zpracování Informací* (정보처리기계) **3** (1955), 247-295에 처음 발표되었는데, 얼마 후 그와 독립적으로 가너 H. L. Garner 역시 동일한 착상을 발표하게 된다 [*IRE Trans.* **EC-8** (1959), 140-147]. $2^{e_j} - 1$ 형태의 법들의 사용은 프랭캘A. S. Fraenkel이 제안한 것으로 [*JACM* **8** (1961), 87-96], 쇤하게A. Schönhage가 그런 법들의 이점들을 보였다 [*Computing* **1** (1966), 182-196]. 이 주제에 대한 추가적인 정보와 상세한 문헌정보로는 서보N. S. Szabó 및 다나카R. I. Tanaka의 책 *Residue Arithmetic and Its Applications to Computer Technology* (New York: McGraw-Hill, 1967)를 볼 것. 아쿠 시스키I. Y. Akushsky 및 유디츠키D. I. Yuditsky가 1968년에 출판한 러시아어로 씌여진 책에는 복소수 법들에 대한 장 하나가 포함되어 있다 [*Rev. Roumaine de Math. Pures et Appl.* **15** (1970), 159-160 참고].

나머지 산술에 대한 추가적인 논의가 4.3.3B절에 나온다.

게시판에는 그가 423호실에 있다고 적혀 있었지만,
명목상으로는 모순이 없는 그 번호매기기 방식은
오직 광인 또는 수학자의 작업임이 틀림없을
어떤 계획에 적용되었던 것으로 보였다.

— 바너드ROBERT BARNARD, *The Case of the Missing Brontë* (1983)

연습문제

1. [20] 다음 조건 모두를 만족하는 모든 정수 u를 구하라: $u \bmod 7 = 1$, $u \bmod 11 = 6$, $u \bmod 13 = 5$, $0 \le u < 1000$.

2. [M20] a, u_1, u_2, ..., u_r, 그리고 u가 임의의 실수일 수도 있다고 해도(정수만이 아니라) 정리 C가 여전히 참일까?

▸ **3.** [M26] (일반화된 중국인의 나머지 정리.) m_1, m_2, ..., m_r이 양의 정수들이라고 하자. m이 m_1, m_2, ..., m_r의 최소공배수이고 a, u_1, u_2, ..., u_r이 임의의 정수들이라고 하자. 조건

$$a \le u < a + m, \qquad u \equiv u_j \,(\text{modulo } m_j), \qquad 1 \le j \le r$$

을 만족하는 정수 u가 오직 하나만 존재함을 증명하라. 단,

$$u_i \equiv u_j \,(\text{modulo } \gcd(m_i, m_j)), \qquad 1 \le i < j \le r$$

이며 이 조건을 만족하지 않는 정수 u는 존재하지 않는다고 가정한다.

4. [20] (13)을 구한 절차를 계속 이어나가서, m_7, m_8, m_9, ...은 얼마인가?

▸ **5.** [M23] (a) (13)의 방법이 더 이상 m_j를 선택할 수 없을 때까지 계속된다고 하자. 이러한 "탐욕" 법으로 m_j들이 100보다 작은, 그리고 짝으로 서로 소인 홀수 양의 정수들이라는 조건을 만족하는 가장 큰 값 $m_1 m_2 \ldots m_r$을 구할 수 있을까? (b) 각 나머지 u_j가 각각 메모리 8비트에 맞는다는 조건을 만족하는 가장 큰 $m_1 m_2 \ldots m_r$은 얼마인가?

6. [M22] e, f, g가 음이 아닌 정수들이라고 하자.

a) 오직 $e \equiv f$ (modulo g)일 때에만 $2^e \equiv 2^f$ (modulo $2^g - 1$)임을 보여라.

b) $e \bmod f = d$와 $ce \bmod f = 1$이 주어졌을 때 항등식

$$((1 + 2^d + \cdots + 2^{(c-1)d}) \cdot (2^e - 1)) \bmod (2^f - 1) = 1$$

을 증명하라. (이 항등식은 (23)이 요구하는, $2^f - 1$을 법으로 한 $2^e - 1$의 역수에 대한 비교적 간단한 공식이 가능함을 의미한다.)

▸ **7.** [M21] (24)를 다음과 같이 다시 쓸 수 있음을 보여라:

$$v_1 \leftarrow u_1 \bmod m_1,$$

$$v_2 \leftarrow (u_2 - v_1)\, c_{12} \bmod m_2,$$

$$v_3 \leftarrow (u_3 - (v_1 + m_1 v_2))c_{13}c_{23} \bmod m_3,$$

$$\vdots$$

$$v_r \leftarrow (u_r - (v_1 + m_1(v_2 + m_2(v_3 + \cdots + m_{r-2}v_{r-1})\ldots)))c_{1r}\ldots c_{(r-1)r} \bmod m_r.$$

만일 공식들을 이런 식으로 다시 쓴다면, 오직 $r-1$개의 상수 $C_j = c_{1j}\ldots c_{(j-1)j} \bmod m_j$들만 필요하다. (24)에서는 $r(r-1)/2$개의 상수 c_{ij}들이 필요했다. 이런 공식들과 (24)의 것들의 장단점을 컴퓨터 계산의 관점에서 논하라.

8. [*M21*] (24)와 (25)로 정의된 수 u가 (26)을 만족함을 증명하라.

9. [*M20*] 혼합기수 표기법 (25)로 표현된 값 $v_1, \ldots, v_r$을 다시 원래의 나머지 $u_1, \ldots, u_r$로 되돌리는 방법을 보여라. 단, u_j의 값을 계산할 때 오직 m_j를 법으로 한 산술만 사용해야 한다.

10. [*M25*] 대칭 범위 (10) 안에 놓인 정수 u를, 본문에 나온 $0 \le u_j < m_j$라는 조건 대신 $u \equiv u_j$ (modulo m_j)이고 $-m_j/2 < u_j < m_j/2$라는 조건을 만족하는 수 $u_1, \ldots, u_r$로 표현할 수도 있다. 그러한 대칭적 표현과 연동할 때 적합한 나머지 산술 절차들(변환 절차 (24)도 포함)을 논하라.

11. [*M23*] m_j들이 모두 홀수이며 $0 \le u < m$인 $u = (u_1, \ldots, u_r)$이 짝수임이 알려져 있다고 하자. 나머지식 산술을 이용해서 $u/2$를 적당히 빠르게 계산하는 방법을 구하라.

12. [*M10*] $0 \le u, v < m$이라고 할 때 u와 v의 나머지식 덧셈이 위넘침을 일으킬 필요충분조건은 그 합이 u보다 작다는 것임을 증명하라. (이에 의하면 위넘침 검출 문제는 비교 문제와 동치가 된다.)

▶ **13.** [*M25*] (자기동형수.) 숫자 n개로 된 십진수 $x > 1$가 있다고 하자. x^2의 마지막 숫자 n개로 이루어진 수가 x와 같을 때, 그러한 수 x를 취미 수학자들은 "자기동형(自己同型, automorph)"이라고 부른다. 예를 들어 $9376^2 = 87909376$이므로 9367은 네 자리 자기동형수이다. [*Scientific American* **218** (January 1968), 125 참고.]

a) n자리 수 $x > 1$은 오직 $x \bmod 5^n$과 $x \bmod 2^n$이 각각 0과 1이거나 1과 0일 때에만 자기동형임을 증명하라. (이 결과에 의해, 만일 $m_1 = 2^n$이고 $m_2 = 5^n$이면 n자리 자기동형수는 (7)의 M_1과 M_2 두 개 뿐이다.)

b) x가 n자리 자기동형수이면 $(3x^2 - 2x^3) \bmod 10^{2n}$는 $2n$자리 자기동형수임을 증명하라.

c) $cx \equiv 1$ (modulo y)가 주어졌을 때, c와 x에는 의존하나 y에는 의존하지 않는, 그리고 $c'x^2 \equiv 1$ (modulo y^2)을 만족하는 수 c'에 대한 간단한 공식을 구하라.

▶ **14.** [*M30*] (메르센 곱셈.) $(x_0, x_1, \ldots, x_{n-1})$과 $(y_0, y_1, \ldots, y_{n-1})$의 순환합성곱(cyclic convolution)은

$$0 \le k < n \text{에 대해} \qquad z_k = \sum_{i+j \equiv k \,(\mathrm{modulo}\, n)} x_i y_j$$

인 $(z_0, z_1, \ldots, z_{n-1})$로 정의된다. 순환합성곱의 효율적인 알고리즘들은 4.3.3절과 4.6.4절에서 공부하게 될 것이다.

q비트 정수 u와 v를 다음과 같은 형태로 표현한다고 하자.

$$u = \sum_{k=0}^{n-1} u_k 2^{\lfloor kq/n \rfloor}, \qquad v = \sum_{k=0}^{n-1} v_k 2^{\lfloor kq/n \rfloor}.$$

여기서 $0 \le u_k, v_k < 2^{\lfloor (k+1)q/n \rfloor - \lfloor kq/n \rfloor}$이다. (이 표현은 기수 $2^{\lfloor q/n \rfloor}$과 $2^{\lceil q/n \rceil}$의 혼합이다.) 수

$$w = (uv) \bmod (2^q - 1)$$

을 적절한 합성곱을 이용해서 효과적으로 표현하는 방법을 제안하라. 〔힌트: 부동소수점 산술을 활용할 수도 있다.〕

*4.3.3. 곱셈을 어느 정도까지 빠르게 할 수 있을까?

위치수체계에서의 곱셈을 위한 통상적인 절차, 즉 알고리즘 4.3.1M으로 m자리 수에 n자리 수를 곱하는 데에는 약 cmn회의 연산이 필요하다(c는 상수). 이번 절에서는 편의상 $m = n$이라고 가정하고, *두 n자리 수의 곱셈을 위한 모든 일반적 컴퓨터 알고리즘의 수행시간이 n이 증가함에 따라 반드시 n^2에 비례하는가*라는 질문을 고찰한다.

(이 질문에서 "일반적" 알고리즘이란 수 n과 위치적 표기법 하의 임의의 n자리 수 두 개를 입력으로 받고 그들의 곱을 위치수체계 형식으로 출력하는 알고리즘을 뜻한다. n의 각 값마다 다른 알고리즘을 선택할 수 있다고 하면 이 질문은 의미가 없어진다. 그런 것이 허용된다면, 특정한 n값에 대한 곱셈 결과를 그냥 엄청나게 큰 구구단표를 참조해서 구할 수 있기 때문이다. "컴퓨터 알고리즘"이라는 말은 알고리즘이 MIX 같은 디지털 컴퓨터에서 구현하기에 적합하며, 그 수행 시간은 그러한 컴퓨터에서 알고리즘을 실행할 때 걸리는 시간이라는 의미를 포함한다.

A. 계수적(digital) 방법들. 앞의 질문에 대한 답은 다소 놀랍겠지만 "아니요"이다. 사실 왜 아닌지를 이해하는 것이 아주 어려운 일은 아니다. 편의상 이번 절에서는 이진 표기법으로 표현된 정수들을 다루기로 한다. $2n$비트 수 $u = (u_{2n-1} \ldots u_1 u_0)_2$와 $v = (v_{2n-1} \ldots v_1 v_0)_2$가 주어졌을 때, 이들을 다음과 같이 다시 쓸 수 있다.

$$u = 2^n U_1 + U_0, \qquad v = 2^n V_1 + V_0. \tag{1}$$

여기서 $U_1 = (u_{2n-1} \ldots u_n)_2$는 수 u의 "최상위 절반(most significant half)"이고 $U_0 = (u_{n-1} \ldots u_0)_2$는 "최하위 절반(least significant half)"이다. 마찬가지로 $V_1 = (v_{2n-1} \ldots v_n)_2$이고 $V_0 = (v_{n-1} \ldots v_0)_2$이다. 이제 다음이 성립한다.

$$uv = (2^{2n} + 2^n) U_1 V_1 + 2^n (U_1 - U_0)(V_0 - V_1) + (2^n + 1) U_0 V_0. \tag{2}$$

이 공식은 $2n$비트 수들을 곱하는 문제를 n비트 수 곱셈 세 번, 즉 $U_1 V_1$, $(U_1 - U_0)(V_0 - V_1)$, $U_0 V_0$과 몇 번의 간단한 자리이동 및 덧셈 연산들을 수행하는 것으로 간소화한다.

공식 (2)는 배정도 피연산수들을 곱해서 4배정도 결과를 얻고자 할 때 사용할 수 있으며, 많은

컴퓨터들에서의 통상적인 방법들보다 약간 더 빠르다. 그러나 (2)의 주된 장점은, n이 클 때 우리에게 익숙한 n^2 규모의 방법보다 훨씬 더 빠른 재귀적인 곱셈 절차를 이 공식을 이용해서 정의할 수 있다는 것이다. n비트 수들의 곱셈을 수행하는 데 필요한 시간을 $T(n)$이라고 할 때 어떠한 상수 c에 대해

$$T(2n) \leq 3\,T(n) + cn \tag{3}$$

이다. (2)의 우변이 세 번의 곱셈과 몇 번의 덧셈 및 자리이동들을 사용하기 때문이다. 부등식 (3)으로 부터, 귀납에 의해

$$T(2^k) \leq c(3^k - 2^k), \qquad k \geq 1 \tag{4}$$

가 된다. $k = 1$일 때 이 부등식이 유효하려면 c가 충분히 커야 한다. 이제 다음과 같은 결과를 얻을 수 있다.

$$T(n) \leq T(2^{\lceil \lg n \rceil}) \leq c(3^{\lceil \lg n \rceil} - 2^{\lceil \lg n \rceil}) < 3c \cdot 3^{\lg n} = 3cn^{\lg 3}. \tag{5}$$

부등식 (5)는 곱셈 실행 시간을 규모 n^2에서 규모 $n^{\lg 3} \approx n^{1.585}$로 줄일 수 있음을 보여준다. 따라서 n이 클 때에는 재귀적 방법이 전통적 방법보다 훨씬 빠르다. 연습문제 18은 이 접근방식의 구현을 논의한다.

(실행 시간이 규모 $n^{\lg 3}$인 곱셈 방법은 카라추바A. Karatsuba가 *Doklady Akad. Nauk SSSR* **145** (1962), 293-294 〔영문 번역본은 *Soviet Physics-Doklady* **7** (1963), 595-596〕에서 처음 제안했는데, 위의 방법과 비슷하나 조금 더 복잡했다. 이러한 발상이 1962년이 되어서야 등장했다는 사실은 조금 의아스럽다. 공식 (2)를 십진 표기법에 맞게 변형한다면 여덟 자리 수들을 암산으로 상당히 쉽게 계산할 수 있는데도, 큰 수를 암산으로 곱하는 능력으로 유명한 "계산 천재"들이 사용했다고 알려진 여러 가지 방법들 중에 이런 방법은 없었다고 한다.)

방금 살펴본 방법이 임의의 고정된 r에 대해

$$T((r+1)n) \leq (2r+1)\,T(n) + cn \tag{6}$$

인 좀 더 일반적인 한 방법의 특수 경우($r = 1$일 때의)임에 주목한다면 곱셈 수행 시간을 좀 더 줄일 수 있다(n이 무한대에 접근함에 따라 한계를 가지긴 하지만). 좀 더 일반적인 방법이란 다음과 같다: 우선,

$$u = (u_{(r+1)n-1} \cdots u_1 u_0)_2 \qquad \text{및} \qquad v = (v_{(r+1)n-1} \cdots v_1 v_0)_2$$

가 다음과 같이 $r+1$개의 조각들로 분리된다고 하자.

$$u = U_r 2^{rn} + \cdots + U_1 2^n + U_0, \qquad v = V_r 2^{rn} + \cdots + V_1 2^n + V_0. \tag{7}$$

여기서 U_j들과 V_j들은 모두 n비트 수이다. 다항식

$$U(x) = U_r x^r + \cdots + U_1 x + U_0, \qquad V(x) = V_r x^r + \cdots + V_1 x + V_0 \tag{8}$$

을 세우고,

$$W(x) = U(x)V(x) = W_{2r}x^{2r} + \cdots + W_1 x + W_0 \tag{9}$$

이라고 하자. $u = U(2^n)$이고 $v = V(2^n)$이므로 $uv = W(2^n)$이다. 따라서 $W(x)$의 계수들을 안다면 uv를 쉽게 계산할 수 있다. 문제는 n비트 수들의 곱셈 $2r+1$회와 수행 시간이 n에 비례하는 약간의 추가적인 연산들만 사용해서 $W(x)$의 계수들을 계산하는 좋은 방법을 찾는 것이다. 그 한 가지는 다음과 같다.

$$U(0)V(0) = W(0), \quad U(1)V(1) = W(1), \quad \ldots, \quad U(2r)V(2r) = W(2r). \tag{10}$$

차수가 $2r$인 다항식의 계수들은 $2r+1$개의 서로 다른 지점들에서의 다항식 값들의 일차결합(선형결합)으로 표현할 수 있다. 그런 일차결합을 계산하는 데 필요한 수행시간은 커봐야 n에 비례한다. (엄밀히 말하면 곱 $U(j)V(j)$는 n비트 수들의 곱이 아니고, 최대 $(n+t)$비트인 수들의 곱이다. 여기서 t는 r에 의존하는 고정된 값이다. n비트 수들의 곱셈에 걸리는 시간을 $T(n)$이라고 할 때, 오직 $T(n) + c_1 n$회의 연산들만을 요구하는 $(n+t)$비트 수 곱셈 루틴의 설계는 어려운 일이 아니다. 왜냐하면 t가 고정된 값이라 할 때 t비트 수들의 곱과 n비트 수들의 곱을 $c_2 n$회 이내의 연산들로 얻을 수 있기 때문이다.) 이렇게 해서 (6)을 만족하는 곱셈 방법을 만들어 내었다.

부등식 (6)은 $T(n) \le c_3 n^{\log_{r+1}(2r+1)} < c_3 n^{1 + \log_{r+1} 2}$을 함의한다(이는 (5)를 유도했던 방식으로 증명할 수 있다). 이상은 다음과 같은 정리를 증명한다.

정리 A. *$\epsilon > 0$가 주어졌을 때, 두 n비트 수들을 곱하는 데 필요한 기본 연산들의 횟수 $T(n)$이 n에 독립인 어떠한 상수 $c(\epsilon)$에 대해*

$$T(n) < c(\epsilon)n^{1+\epsilon} \tag{11}$$

를 만족하는 곱셈 알고리즘이 존재한다. ∎

이 정리가 우리가 찾던 결과인 것은 아직 아니다. 이 정리가 말하는 알고리즘은 $\epsilon \to 0$에 따라(그래서 $r \to \infty$에 따라) 상당히 복잡해지기 때문에 실용적인 목적으로는 만족스럽지 않다. $\epsilon \to 0$에 따라 $c(\epsilon)$이 빠르게 증가하기 때문에, 이 방법으로 (5)보다 확실히 더 나은 결과를 얻으려면 n이 엄청나게 커야 한다. 그리고 이론적인 목적에서도 만족스럽지 않은데, 왜냐하면 이 방법은 바탕에 깔린 다항식 방법의 위력을 완전하게 활용하지 못하기 때문이다. r이 n에 따라 달라지게 한다면, 즉 n이 증가함에 따라 점점 더 큰 r 값들을 선택한다면 좀 더 나은 결과를 얻을 수 있다. 이런 착안은 톰A. L. Toom에 기인한다[*Doklady Akad. Nauk SSSR* **150** (1963), 496-498, 영문 번역본은 *Soviet Mathematics* **4** (1963), 714-716]. 톰은 이러한 발상을 이용해서, n이 증가한다고 해도 비교적 적은 수의 부품들로 n비트 수들의 곱셈을 위한 컴퓨터 회로를 구축할 수 있음을 보였다. 그리고 이후 쿡S. A. Cook은 톰의 방법을 빠른 컴퓨터 프로그램에 적용할 수 있음을 보였다 [*On the Minimum Computation Time of Functions* (Thesis, Harvard University, 1966), 51-77].

톰-쿡 방법을 좀 더 살펴보기 전에, $U(x)$와 $V(x)$에서 $W(x)$의 계수들을 구하는 간단한 예제를 공부해보자. 수들이 너무 작기 때문에 이 예제로 지금까지 말한 방법의 효율성을 실감할 수는 없겠지만,

그래도 일반적인 경우에서 얻을 수 있는 몇 가지 유용한 단순화들은 찾아낼 수 있다. $u = 1234$ 곱하기 $v = 2341$ 을 계산한다고 하자. 이진 표기법으로는

$$u = (010011010010)_2 \text{ 곱하기 } v = (100100100101)_2 \tag{12}$$

이다. $r = 2$ 라고 하자. (8)의 다항식 $U(x)$ 와 $V(x)$ 는 다음과 같다.

$$U(x) = 4x^2 + 13x + 2, \qquad V(x) = 9x^2 + 2x + 5.$$

식 (10)에서처럼 $W(x) = U(x)V(x)$ 값들을 구하면:

$$U(0) = 2, \qquad U(1) = 19, \qquad U(2) = 44, \qquad U(3) = 77, \qquad U(4) = 118;$$
$$V(0) = 5, \qquad V(1) = 16, \qquad V(2) = 45, \qquad V(3) = 92, \qquad V(4) = 157;$$
$$W(0) = 10, \quad W(1) = 304, \quad W(2) = 1980, \quad W(3) = 7084, \quad W(4) = 18526. \tag{13}$$

마지막 줄의 다섯 값들로 $W(x)$ 의 다섯 계수들을 구하면 된다.

그럼 $W(0)$, $W(1)$, ..., $W(m-1)$ 값들이 주어졌을 때 다항식 $W(x) = W_{m-1}x^{m-1} + \cdots + W_1 x + W_0$ 의 계수들을 계산하는 데 사용할 수 있는 매력적인 작은 알고리즘을 살펴보자. 우선

$$W(x) = a_{m-1}x^{\underline{m-1}} + a_{m-2}x^{\underline{m-2}} + \cdots + a_1 x^{\underline{1}} + a_0 \tag{14}$$

으로 둔다. 여기서 $x^{\underline{k}} = x(x-1)\ldots(x-k+1)$ 이고 계수 a_j 들은 미지수들이다. 내림제곱에는

$$W(x+1) - W(x) = (m-1)a_{m-1}x^{\underline{m-2}} + (m-2)a_{m-2}x^{\underline{m-3}} + \cdots + a_1$$

이라는 중요한 성질이 있으며, 따라서 모든 $k \geq 0$ 에 대해

$$\frac{1}{k!}\left(W(x+k) - \binom{k}{1}W(x+k-1) + \binom{k}{2}W(x+k-2) - \cdots + (-1)^k W(x) \right)$$
$$= \binom{m-1}{k}a_{m-1}x^{\underline{m-1-k}} + \binom{m-2}{k}a_{m-2}x^{\underline{m-2-k}} + \cdots + \binom{k}{k}a_k \tag{15}$$

임을 귀납법으로 밝힐 수 있다. (15)의 좌변을 $(1/k!)\Delta^k W(x)$ 로 표기한다면

$$\frac{1}{k!}\Delta^k W(x) = \frac{1}{k}\left(\frac{1}{(k-1)!}\Delta^{k-1}W(x+1) - \frac{1}{(k-1)!}\Delta^{k-1}W(x) \right)$$

이고 $(1/k!)\Delta^k W(0) = a_k$ 임을 알 수 있다. 따라서 계수 a_j 들을 아주 간단한 방법으로 평가할 수 있는데, 다음은 (13)의 다항식 $W(x)$ 에 그런 방법을 적용한 것이다.

$$
\begin{array}{ccccc}
10 & & & & \\
 & 294 & & & \\
304 & & 1382/2 = 691 & & \\
 & 1676 & & 1023/3 = 341 & \\
1980 & & 3428/2 = 1714 & & 144/4 = 36 \\
 & 5104 & & 1455/3 = 485 & \\
7084 & & 6338/2 = 3169 & & \\
 & 11442 & & & \\
18526 & & & &
\end{array} \tag{16}
$$

이 표의 제일 왼쪽 열은 주어진 $W(0)$, $W(1)$, ..., $W(4)$ 값이다. 그 다음 k번째 열은 그 이전 열의 인접한 값들의 차를 k4로 나눈 것이다. 계수 a_j들은 열 제일 위에 있는 값들이다. 즉, $a_0 = 10$, $a_1 = 294$, ..., $a_4 = 36$이며 따라서

$$W(x) = 36x^{\underline{4}} + 341x^{\underline{3}} + 691x^{\underline{2}} + 294x^{\underline{1}} + 10$$
$$= (((36(x-3)+341)(x-2)+691)(x-1)+294)x+10. \qquad (17)$$

이다. 일반화하자면 다음과 같은 공식이 된다.

$$W(x) = (...((a_{m-1}(x-m+2)+a_{m-2})(x-m+3)+a_{m-3})(x-m+4)+\cdots+a_1)x+a_0.$$

이제 이 공식을 이용해서 a들로부터 계수 W_{m-1}, ..., W_1, W_0을 계산할 수 있다:

$$
\begin{array}{ccccc}
36 & 341 & & & \\
 & -3\cdot 36 & & & \\
36 & 233 & 691 & & \\
 & -2\cdot 36 & -2\cdot 233 & & \qquad (18)\\
36 & 161 & 225 & 294 & \\
 & -1\cdot 36 & -1\cdot 161 & -1\cdot 225 & \\
36 & 125 & 64 & 69 & 10
\end{array}
$$

수평선 아래 수들은 다항식

$$a_{m-1},$$
$$a_{m-1}(x-m+2)+a_{m-2},$$
$$(a_{m-1}(x-m+2)+a_{m-2})(x-m+3)+a_{m-3}, \text{ 등등}$$

의 계수들이다.

이 표로부터 다음을 얻을 수 있다.

$$W(x) = 36x^4 + 125x^3 + 64x^2 + 69x + 10. \qquad (19)$$

결국 원래 문제의 답은 $1234 \cdot 2341 = W(16) = 2888794$이다. 여기서 $W(16)$은 덧셈과 자리이동으로 얻은 것이다. 이 방법을 일반적인 계수 구하기 방법으로 일반화하는 문제는 4.6.4절에서 논의한다.

식 1.2.6-(45)의 기본 스털링수 항등식

$$x^n = \left\{ {n \atop n} \right\} x^{\underline{n}} + \cdots + \left\{ {n \atop 1} \right\} x^{\underline{1}} + \left\{ {n \atop 0} \right\}$$

은 $W(x)$의 계수들이 음이 아니면 a_j들도 음이 아님을 말해준다. 그리고 그런 경우 *계산의 중간 결과 전부 음이 아니다.* 이 사실은 톰-쿡 곱셈 알고리즘을 크게 단순화한다. 그럼 톰-쿡 알고리즘을 자세히 살펴보자. (이 논의가 지루하게 느껴지는 독자라면 소절 C로 넘어가도 좋다.)

알고리즘 T (이진수들의 고정밀도 곱셈). 양의 정수 n과 음이 아닌 두 n비트 정수 u 및 v가 주어졌을 때, 이 알고리즘은 그들의 $2n$비트 곱 w를 형성한다. 이 알고리즘은 계산 도중에 다루는 긴 정수들을 담는 다음과 같은 네 개의 보조 스택들을 사용한다:

스택 U, V:	단계 T4에서 $U(j)$와 $V(j)$를 임시로 저장한다.
스택 C:	곱하는 수들과 제어 코드들을 담는다.
스택 W:	$W(j)$들을 담는다.

이 스택들은 이진수들을 담거나 코드1, 코드2, 코드3이라고 하는 특별한 제어 기호들을 담는다. 알고리즘은 또한 수 q_k들과 r_k들의 보조표도 구축한다. 이 표는 하나의 선형 목록으로 저장될 수 있는 방식으로 유지되는데, 목록을 운행하는 하나의 포인터(앞, 뒤로 움직임)로 현재 표 항목에 접근할 수 있다.

　　(스택 C와 W는 이 곱셈 알고리즘의 재귀 메커니즘을 비교적 직접적인 방법으로 제어하는 데 쓰인다. 그 방법은 8장에서 논의하는 일반적인 절차들의 한 특별한 경우이다.)

T1. 〔q, r 표들을 계산한다.〕 스택 U, V, C, W를 비운다. 그리고

$$k \leftarrow 1, \quad q_0 \leftarrow q_1 \leftarrow 16, \quad r_0 \leftarrow r_1 \leftarrow 4, \quad Q \leftarrow 4, \quad R \leftarrow 2$$

로 설정한다. 이제 만일 $q_{k-1} + q_k < n$이면

$$k \leftarrow k+1, \quad Q \leftarrow Q+R, \quad R \leftarrow \lfloor \sqrt{Q} \rfloor, \quad q_k \leftarrow 2^Q, \quad r_k \leftarrow 2^R$$

으로 설정하고, 이러한 연산을 $q_{k-1} + q_k \geq n$일 때까지 반복한다. (참고: $R \leftarrow \lfloor \sqrt{Q} \rfloor$ 계산에서 실제로 제곱근을 구해야 하는 것은 아니다. $(R+1)^2 \leq Q$이면 $R \leftarrow R+1$로 설정하고 $(R+1)^2 > Q$이면 R을 그대로 두면 되기 때문이다. 연습문제 2를 볼 것. 이 단계에 의해 다음과 같은 수열들이 만들어진다.

$k =$	0	1	2	3	4	5	6	...
$q_k =$	2^4	2^4	2^6	2^8	2^{10}	2^{13}	2^{16}	...
$r_k =$	2^2	2^2	2^2	2^2	2^3	2^3	2^4	...

70000비트 수들을 곱한다면, $70000 < 2^{13} + 2^{16}$이므로 이 단계에 의해 $k = 6$이 된다.)

T2. 〔u, v를 스택에 넣는다.〕 코드1을 스택 C에 넣고, u와 v 각각을 정확히 $q_{k-1} + q_k$비트인 수들로 해서 스택 C에 넣는다.

T3. 〔재귀 수준을 점검.〕 k를 1 감소시킨다. 만일 $k = 0$이면 스택 C의 최상위에 두 32비트 수 u와 v가 있는 것이다. 그것들을 제거하고, 내장된 32비트 수 곱셈 루틴을 이용해서 $w \leftarrow uv$로 설정한다. 그리고 단계 T10으로 간다. 만일 $k > 0$이면 $r \leftarrow r_k$, $q \leftarrow q_k$, $p \leftarrow q_{k-1} + q_k$로 설정하고 단계 T4로 간다.

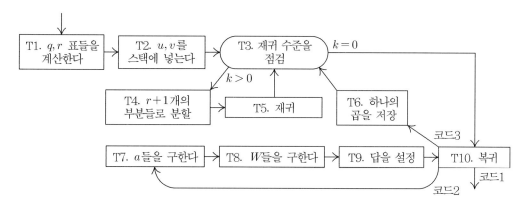

그림 8. 고정밀도 곱셈을 위한 톰-쿡 알고리즘.

T4. 〔$r+1$개의 부분들로 분할.〕 스택 C 최상위에 있는 수를 각각 q비트인 $r+1$개의 수들의 목록, 즉 $(U_r \ldots U_1 U_0)_{2^q}$이라고 간주한다. (이제 스택 C의 최상위에는 하나의 $(r+1)q = (q_k + q_{k+1})$비트 수가 들어 있다.) $j = 0, 1, \ldots, 2r$에 대해 p비트 수

$$(\ldots(U_r j + U_{r-1})j + \cdots + U_1)j + U_0 = U(j)$$

들을 계산하고 그것들을 차례로 스택 U에 넣는다. (이제 스택 U의 최하위에는 $U(0)$, 그 위에는 $U(1)$, …, 그리고 최상위에는 $U(2r)$이 들어 있다. 연습문제 3에 의해

$$U(j) \le U(2r) < 2^q((2r)^r + (2r)^{r-1} + \cdots + 1) < 2^{q+1}(2r)^r \le 2^p$$

이다.) 그런 다음 스택 C에서 $U_r \ldots U_1 U_0$을 제거한다. 이러면 스택 C의 최상위에는 또 다른 $r+1$개의 q비트 수들의 목록 $V_r \ldots V_1 V_0$이 있는 상태가 된다. 같은 방식으로 p비트 수

$$(\ldots(V_r j + V_{r-1})j + \cdots + V_1)j + V_0 = V(j)$$

들을 스택 V에 넣는다. 그런 후에는 스택 C에서 $V_r \ldots V_1 V_0$을 제거한다.

T5. 〔재귀.〕 다음 항목들을 차례로 스택 C에 넣고, 그와 동시에 스택 U와 V를 비운다.

코드2, $V(2r)$, $U(2r)$, 코드3, $V(2r-1)$, $U(2r-1)$, …,

코드3, $V(1)$, $U(1)$, 코드3, $V(0)$, $U(0)$.

단계 T3으로 돌아간다.

T6. 〔하나의 곱을 저장.〕 (이 시점에서 이 곱셈 알고리즘은 w를 곱 $W(j) = U(j)V(j)$들 중 하나로 설정한 상태이다.) w를 스택 W에 넣는다. (이 수 w는 $2(q_k + q_{k-1})$개의 비트들을 담고 있다.) 단계 T3으로 돌아간다.

T7. 〔a들을 구한다.〕 $r \leftarrow r_k$, $q \leftarrow q_k$, $p \leftarrow q_{k-1} + q_k$로 설정한다. (이 시점에서 스택 W에는 $W(0)$, $W(1)$, …, $W(2r)$로 끝나는 수들이 아래에서 위 순으로 들어 있다. 여기서 각 $W(j)$는 $2p$비트 수이다.)

이제 $j = 1, 2, 3, \ldots, 2r$에 대해 다음 루프를 수행한다: $t = 2r, 2r-1, 2r-2, \ldots, j$에 대해 $W(t) \leftarrow (W(t) - W(t-1))/j$로 설정한다. 여기서 j는 반드시 증가시켜야 하며 t는 반드시 감소시켜야 한다. 수량 $(W(t) - W(t-1))/j$는 항상 $2p$비트에 들어가는 음이 아닌 정수가 된다. (16) 참고.)

T8. 〔W들을 구한다.〕 $j = 2r-1, 2r-2, \ldots, 1$에 대해 다음 루프를 수행한다: $t = j, j+1, \ldots, 2r-1$에 대해 $W(t) \leftarrow W(t) - jW(t+1)$로 설정한다. (여기서 j는 반드시 감소시켜야 하고 t는 반드시 증가시켜야 한다. 이 연산의 결과 역시 음이 아닌 $2p$비트 정수가 된다. (18) 참고.)

T9. 〔답을 설정.〕 w를 $2(q_k + q_{k+1})$비트 정수

$$(\ldots(W(2r)2^q + W(2r-1))2^q + \cdots + W(1))2^q + W(0)$$

으로 설정한다. 스택 W에서 $W(2r), \ldots, W(0)$을 제거한다.

T10. 〔복귀.〕 $k \leftarrow k+1$로 설정한다. 스택 C의 최상위 항목을 제거한다. 만일 그 항목이 코드3이면 단계 T6으로 간다. 코드2이면 w를 스택 W에 넣고 단계 T7로 간다. 만일 코드1이면 알고리즘을 끝낸다(w가 답이다). ■

그럼 알고리즘 T의 실행 시간 $T(n)$을 기본적 기계어 연산(이를 "주기(cycle)"라고 부르기로 한다)의 개수로 추정해 보자. 단계 T1에는 $O(q_k)$주기가 걸린다. 이는 수 q_k를 내부적으로 q_k비트들의 긴 비트열 다음에 어떠한 구분자가 붙는 형태로 표현한다고 해도 마찬가지인데, 왜냐하면 $q_k + q_{k-1} + \cdots + q_0$은 $O(q_k)$가 될 것이기 때문이다. 단계 T2가 $O(q_k)$주기를 소비할 것임은 명확하다.

특정한 k 값(단계 T3의 시작에서 k가 감소된 이후의 값)에 대한, 단계 T3에서 단계 T10까지에 필요한 계산량을 t_k로 표기하기로 하자. 단계 T3에는 많아야 $O(q)$주기가 걸린다. 단계 T4에서는 p비트 수와 $(\lg 2r)$비트 수의 곱셈 r회, p비트 수들의 덧셈 r회를 총 $4r+2$회 반복한다. 따라서 총 $O(r^2 q \log r)$주기가 필요하다. 단계 T5는 p비트 수들을 $4r+2$번 이동하므로 $O(rq)$주기이다. 단계 T6은 $O(q)$주기를 필요로 하며, 각 반복 당 $2r+1$회 수행된다. 알고리즘이 본질적으로 자신을 호출(단계 T3에서 복귀해서)함으로써 일어나는 재귀에는 t_{k-1}주기가 $2r+1$번 필요하다. 단계 T7에는 $O(r^2)$회의 p비트 수 뺄셈들과 $2p$비트 수 나누기 $(\lg 2r)$비트 수의 나눗셈이 필요하므로, 총 $O(r^2 q \log r)$주기이다. 비슷하게 T8은 $O(r^2 q \log r)$주기를 요한다. 단계 T9는 $O(rq)$주기이고, T10은 시간을 거의 소비하지 않는다.

총괄하자면 $T(n) = O(q_k) + O(q_k) + t_{k-1}$인데, 여기서($q = q_k$이고 $r = r_k$일 때) 실행 시간에 대한 주된 기여는 다음을 만족한다.

$$t_k = O(q) + O(r^2 q \log r) + O(rq) + (2r+1)O(q) + O(r^2 q \log r)$$
$$+ O(r^2 q \log r) + O(rq) + O(q) + (2r+1)t_{k-1}$$
$$= O(r^2 q \log r) + (2r+1)t_{k-1}.$$

즉, 다음을 만족하는 상수 c가 존재하는 것이다.

$$t_k \le cr^{2_k} q_k \lg r_k + (2r_k + 1)t_{k-1}.$$

t_k의 추정을 완성하기 위해서는 어떠한 상수 C에 대해

$$t_k \le C q_{k+1} 2^{2.5\sqrt{\lg q_{k+1}}} \tag{20}$$

이 성립함을 주먹구구식으로 증명해야 한다. $C > 20c$라고 가정하고, 또한 $k \le k_0$에 대해 (20)이 유효할 정도로 큰 C 값을 취하기로 하자. k_0의 구체적인 의미는 잠시 후에 밝혀질 것이다. 이러한 가정 하에서 $k > k_0$일 때 $Q_k = \lg q_k$, $R_k = \lg r_k$라고 하자. 귀납법에 의해 다음이 성립한다.

$$t_k \le c q_k r_k^2 \lg r_k + (2r_k + 1)C q_k 2^{2.5\sqrt{Q_k}} = C q_{k+1} 2^{2.5\sqrt{\lg q_{k+1}}}(\eta_1 + \eta_2).$$

여기서

$$\eta_1 = \frac{c}{C} R_k 2^{R_k - 2.5\sqrt{Q_{k+1}}} < \frac{1}{20} R_k 2^{-R_k} < 0.05,$$

$$\eta_2 = \left(2 + \frac{1}{r_k}\right) 2^{2.5(\sqrt{Q_k} - \sqrt{Q_{k+1}})} \to 2^{-1/4} < 0.85$$

인데, 이는 $k \to \infty$에 따라

$$\sqrt{Q_{k+1}} - \sqrt{Q_k} = \sqrt{Q_k + \lfloor \sqrt{Q_k} \rfloor} - \sqrt{Q_k} \to \frac{1}{2}$$

이기 때문이다. 이로부터 모든 $k > k_0$에 대해 $\eta_2 < 0.95$인 k_0을 구할 수 있으며, 그러면 귀납법에 의해 (20)의 증명이 완성된다.

　　이제 최종적으로 $T(n)$의 추정치를 구할 수 있게 되었다. $n > q_{k-1} + q_{k-2}$이므로 $q_{k-1} < n$이며, 따라서

$$r_{k-1} = 2^{\lfloor \sqrt{\lg q_{k-1}} \rfloor} < 2^{\sqrt{\lg n}} \qquad \text{그리고} \qquad q_k = r_{k-1} q_{k-1} < n 2^{\sqrt{\lg n}}$$

이다. 그러므로

$$t_{k-1} \le C q_k 2^{2.5\sqrt{\lg q_k}} < Cn 2^{\sqrt{\lg n} + 2.5(\sqrt{\lg n} + 1)}$$

이며, $T(n) = O(q_k) + t_{k-1}$이므로 다음과 같은 정리를 이끌어낼 수 있다.

정리 B. *알고리즘 T의 수행 시간이 $c_0 n 2^{3.5\sqrt{\lg n}}$ 주기보다 작게 되는 상수 c_0이 존재한다.* ∎

$n 2^{3.5\sqrt{\lg n}} = n^{1 + 3.5/\sqrt{\lg n}}$이라는 점에서, 이 결과는 정리 A보다 현저하게 더 엄격하다. 알고리즘에 추가적인 사항들을 덧붙여서 이러한 발상을 그 명백한 한계들(연습문제 5 참고)까지 밀어붙인다면 추정된 수행 시간을 다음으로까지 개선할 수 있다.

$$T(n) = O(n 2^{\sqrt{2\lg n}} \log n). \tag{21}$$

*B. 나머지식 방법. 4.3.2절에 나온 나머지식 산술을 이용해서 큰 수들을 아주 빠르게 곱하는 방법이 하나 있다. 나머지식 산술에 근거를 둔 곱셈 알고리즘에는 실제 곱셈 연산 자체뿐만 아니라 법들의 선택과 수들의 나머지식 표현과 위치적 표현의 변환 과정도 반드시 포함되어야 하기 때문에, 언뜻 생각해서는 이런 방법이 더 이득이 될 것이라고 믿기 어렵다. 그런 만만찮은 어려움들이 있긴 하지만, 쇤하게 A. Schönhage가 발견했듯이 그런 모든 연산들을 상당히 빠르게 수행하는 것이 가능하다.

한 가지 특별한 경우를 통해서 쇤하게의 메커니즘의 정수를 파악해 보자. 규칙

$$q_0 = 1, \qquad q_{k+1} = 3q_k - 1 \tag{22}$$

로 정의되는 수열을 고려한다. 이 규칙에 의해 $q_k = 3^k - 3^{k-1} - \cdots - 1 = \frac{1}{2}(3^k + 1)$이다. 우리가 할 일은 $p_k = (18q_k + 8)$라 할 때 p_{k-1}비트 수들을 곱하는 방법을 통해서 p_k비트 수들을 곱하는 절차를 연구하는 것이다. 즉, 만일 비트 크기가 $p_0 = 26$인 수들을 곱하는 방법을 안다면 그 절차를 통해서 $p_1 = 44$비트 수들을 곱하는 방법을 알게 되며, 그러면 비트 수가 98,206인 수들을 곱하는 방법을 알게 되고 궁극적으로는 각 단계마다 비트 수가 거의 3배씩 늘어나는 수들의 곱셈 방법을 알 수 있다.

p_k비트 수들을 곱할 때 핵심은 다음과 같은 여섯 법들을 사용하는 것이다.

$$m_1 = 2^{6q_k - 1} - 1, \qquad m_2 = 2^{6q_k + 1} - 1, \qquad m_3 = 2^{6q_k + 2} - 1,$$
$$m_4 = 2^{6q_k + 3} - 1, \qquad m_5 = 2^{6q_k + 5} - 1, \qquad m_6 = 2^{6q_k + 7} - 1. \tag{23}$$

이 법들의 지수

$$6q_k - 1, \quad 6q_k + 1, \quad 6q_k + 2, \quad 6q_k + 3, \quad 6q_k + 5, \quad 6q_k + 7 \tag{24}$$

은 항상 서로 소이므로(연습문제 6), 식 4.3.2.-(19)에 의해 (23)의 법들은 서로 소이다. 이 여섯 법들은 최대 $m = m_1 m_2 m_3 m_4 m_5 m_6 > 2^{36q_k + 16} = 2^{2p_k}$까지의 수들을 나타낼 수 있으므로 p_k비트 수 u와 v를 곱했을 때 위넘침이 일어나는 일은 없다. 따라서 $k > 0$일 때 다음과 같은 방법을 사용할 수 있다:

a) $u_1 = u \bmod m_1$, ..., $u_6 = u \bmod m_6$과 $v_1 = v \bmod m_1$, ..., $v_6 = v \bmod m_6$을 계산한 다.

b) u_1에 v_1을, u_2에 v_2를, ..., u_6에 v_6을 곱한다. 이 수들은 최대 $6q_k + 7 = 18q_{k-1} + 1 < p_{k-1}$ 비트이므로, 이미 알고 있다고 가정한 p_{k-1}비트 곱셈 절차로 이 곱셈들을 수행할 수 있다.

c) $w_1 = u_1 v_1 \bmod m_1$, $w_2 = u_2 v_2 \bmod m_2$, ..., $w_6 = u_6 v_6 \bmod m_6$을 계산한다.

d) $0 \le w < m$, $w \bmod m_1 = w_1$, ..., $w \bmod m_6 = w_6$을 만족하는 w를 구한다.

t_k가 이 공정에 필요한 시간이라고 하자. 연산 (a)가 $O(p_k)$주기를 소비할 것임은 어렵지 않게 알 수 있다. 왜냐하면 4.3.2절에서 보았듯이 $u \bmod (2^e - 1)$을 구하는 것이 상당히 간단하기 때문이

다("9 나머지 검사"와 비슷함). 마찬가지로, 연산 (c)는 $O(p_k)$주기를 차지한다. 연산 (b)는 본질적으로 $6t_{k-1}$주기를 필요로 한다. 이제 연산 (d)만 해결하면 되는데, 언뜻 보기에는 상당히 어려운 계산인 것 같다. 그러나 쉽하게는 단계 (d)를 $O(p_k \log p_k)$주기 이내로 수행하는 교묘한 방법을 발견했으며, 그것이 바로 이 방법의 핵심이다. 이상의 결과로부터

$$t_k = 6t_{k-1} + O(p_k \log p_k)$$

임을 알 수 있다. $p_k = 3^{k+2} + 17$이므로 n비트 곱셈에 걸리는 시간은:

$$T(n) = O(n^{\log_3 6}) = O(n^{1.631}). \tag{25}$$

(연습문제 7 참고.)

나머지식 방법이 이번 절 시작에서 논의한 $O(n^{\lg 3})$ 절차보다 더 복잡하지만, 식 (25)에서 보듯이 n비트 수들의 곱셈에 대해 $O(n^2)$보다 훨씬 더 나은 수행 시간을 얻을 수 있다. 이렇게 해서, 고전적 방법을 서로 완전히 다른 두 접근방식을 이용해서 개선하는 방법을 살펴보았다.

이제 연산 (d)를 분석해보자. 짝으로 서로 소인 일단의 양의 정수 $e_1 < e_2 < \cdots < e_r$ 들의 집합이 주어졌다고 가정하고,

$$m_1 = 2^{e_1} - 1, \qquad m_2 = 2^{e_2} - 1, \qquad \ldots, \qquad m_r = 2^{e_r} - 1 \tag{26}$$

이라고 하자. 또한 $0 \le w_j \le m_j$인 수 $w_1, \ldots, w_r$들이 주어졌다고 하자. 우리가 하고자 하는 일은 조건

$$0 \le w < m_1 m_2 \ldots m_r,$$
$$w \equiv w_1 \ (\text{modulo } m_1), \qquad \ldots, \qquad w \equiv w_r \ (\text{modulo } m_r) \tag{27}$$

을 만족하는 수 w의 이진 표현을 구하는 것이다. 4.3.2절의 (24)와 (25)에 근거한 방법이 있다. 우선 $j = 2, \ldots, r$에 대해

$$w_j' = (\ldots((w_j - w_1')c_{1j} - w_2')c_{2j} - \cdots - w_{j-1}')c_{(j-1)j} \bmod m_j \tag{28}$$

라고 둔다. 여기서 $w_1' = w_1 \bmod m_1$이다. 그런 다음

$$w = (\ldots(w_r' m_{r-1} + w_{r-1}')m_{r-2} + \cdots + w_2')m_1 + w_1' \tag{29}$$

을 계산한다. 여기서 c_{ij}는 $c_{ij}m_i \equiv 1 \ (\text{modulo } m_j)$인 수이다. 이 c_{ij}들은 주어지지 않으므로 e_j들로부터 구해야 한다.

모든 j에 대해 (28)을 계산하려면 m_j를 법으로 한 덧셈 $\binom{r}{2}$회(각 덧셈은 $O(e_r)$주기를 차지)와 m_j를 법으로 해서 c_{ij}를 곱하는 곱셈 $\binom{r}{2}$회가 필요하다. 공식 (29)로 w를 계산하려면 m_j를 법으로 한 덧셈 r번과 곱셈 r번이 필요하다. m_j를 곱하는 것은 그냥 덧셈, 자리이동, 뺄셈으로 가능하므로 간단한 문제이다. 따라서 식 (29)의 평가는 명백히 $O(r^2 e_r)$주기를 차지한다. m_j를 법으로 한 c_{ij}의 곱셈이 단 $O(e_r \log e_r)$주기만 차지하며, 따라서 *변환 전체*를 $O(r^2 e_r \log e_r)$주기 안에

완료하는 것이 가능하다는 점을 곧 보게 될 것이다.

이상의 관찰들에 의해, 이제 다음과 같은 문제를 풀어야 하는 상황이 되었다: "서로 소인, 그리고 $e < f$인 양의 정수 e와 f와 음이 아닌 정수 $u < 2^f$가 주어졌을 때 $(cu) \bmod (2^f - 1)$의 값을 구하라. 여기서 c는 $(2^e - 1)c \equiv 1 \pmod{2^f - 1}$인 수이다. 계산 전체를 반드시 $O(f \log f)$주기 이하로 수행해야 한다." 연습문제 4.3.2-6의 결과에 나오는 c의 공식으로부터 이 문제의 답이 될 만한 적절한 절차를 이끌어낼 수 있다. 우선 다음을 만족하는 최소의 양의 정수 b를 구한다.

$$be \equiv 1 \pmod{f}. \tag{30}$$

유클리드 알고리즘을 이용하면 b를 $O((\log f)^3)$주기 이하로 구할 수 있다. e와 f에 대해 알고리즘을 수행하면 $O(\log f)$번 반복이 필요하며 각 반복마다 $O((\log f)^2)$주기가 걸리기 때문이다. 아니면, 전체 시간 제약을 위반하지 않고도 주먹구구식 방법을 사용하는 것이 가능하다. 그냥 $b = 1$, 2, 등등을 (30)이 만족될 때까지 시도해 보면 된다. 그러한 절차는 총 $O(f \log f)$주기를 소비할 것이다. 일단 b를 찾았다면, 연습문제 4.3.2-6에 따라

$$c = c[b] = \left(\sum_{0 \le j < b} 2^{je} \right) \bmod (2^f - 1) \tag{31}$$

을 구할 수 있다.

$(cu) \bmod (2^f - 1)$을 무작정 곱하는 것은 이 문제에 대한 충분한 답이 되지 않는데, 왜냐하면 우리는 일반적인 f비트 수들을 $O(f \log f)$주기 이내로 곱하는 방법을 모르기 때문이다. 그러나 c의 특수한 형태에서 단서를 얻을 수 있다: c의 이진 표현의 비트들은 규칙적인 패턴을 형성하며, 식 (31)은 $c[b]$에서 $c[2b]$를 간단한 방식으로 얻을 수 있음을 보여준다. 이는 만일 적절히 현명한 방식으로 $c[b]u$를 $\lg b$단계 이내로 구축할 수만 있다면 수 u에 $c[b]$를 빠르게 곱할 수 있음을 의미한다. 그와 같은 적절히 현명한 방식으로는 이런 것이 있다: b가 이진 표기법 하에서

$$b = (b_s \ldots b_2 b_1 b_0)_2$$

라고 하자. 네 수열 a_k, d_k, u_k, v_k가

$$
\begin{aligned}
a_0 &= e, & a_k &= 2a_{k-1} \bmod f; \\
d_0 &= b_0 e, & d_k &= (d_{k-1} + b_k a_k) \bmod f; \\
u_0 &= u, & u_k &= (u_{k-1} + 2^{a_{k-1}} u_{k-1}) \bmod (2^f - 1); \\
v_0 &= b_0 u, & v_k &= (v_{k-1} + b_k \, 2^{d_{k-1}} u_k) \bmod (2^f - 1)
\end{aligned}
\tag{32}
$$

로 정의된다고 할 때 다음이 성립한다.

$$
\begin{aligned}
a_k &= (2^k e) \bmod f; & u_k &= (c[2^k] u) \bmod (2^f - 1); \\
d_k &= ((b_k \ldots b_1 b_0)_2 e) \bmod f; & v_k &= (c[(b_k \ldots b_1 b_0)_2] u) \bmod (2^f - 1).
\end{aligned}
\tag{33}
$$

이는 k에 대한 귀납법을 통해서 쉽게 증명할 수 있다. 이에 의해, 우리가 원하는 결과 $(c[b]u) \bmod$ $(2^f - 1)$은 바로 v_s이다. a_{k-1}, d_{k-1}, u_{k-1}, v_{k-1}에서 a_k, d_k, u_k, v_k를 계산하는 데에는 $O(\log f)$ $+ O(\log f) + O(f) + O(f) = O(f)$ 주기가 걸린다. 결론적으로 계산 전체를 애초에 의도했던 것처럼 $s\,O(f) = O(f \log f)$ 주기 이내로 수행할 수 있다.

(32)와 (33)에 나온 교묘한 방법을 세심히 연구해 본다면 공부에 많은 도움이 될 것이다. 비슷한 기법들을 4.6.3절에서 논의한다.

쉰하게Schönhage의 논문 〔*Computing* 1 (1966), 182-196〕은 이러한 발상들을 $r \approx 2^{\sqrt{2\lg n}}$ 개의 법들을 이용한 n비트 수들의 곱셈으로 확장해서 알고리즘 T와 유사한 방법을 얻을 수 있음을 보인다. 그러나 어차피 알고리즘 T가 항상 더 우월하므로 이 부분을 자세히 살펴보지는 않겠다. 그리고 사실 이제부터는 알고리즘 T보다도 더 나은 방법을 살펴보게 될 것이다.

C. 이산 푸리에 변환. 고정밀도 곱셈의 핵심적인 문제는 다음과 같은 "합성곱(convolution product)"을 구하는 것이다.

$$u_r v_0 + u_{r-1} v_1 + \cdots + u_0 v_r. \tag{34}$$

그리고 합성곱과 "푸리에 변환(Fourier transform)"이라고 부르는 중요한 수학 개념에는 밀접한 관계가 있다. $\omega = \exp(2\pi i / K)$를 단위원(unity)의 K제곱근이라고 할 때, 복소수열 $(u_0, u_1, \ldots, u_{K-1})$의 1차원 푸리에 변환을

$$\hat{u}_s = \sum_{0 \le t < K} \omega^{st} u_t, \qquad 0 \le s < K \tag{35}$$

인 수열 $(\hat{u}_0, \hat{u}_1, \ldots, \hat{u}_{K-1})$로 정의한다. $(v_0, v_1, \ldots, v_{K-1})$의 푸리에 변환을 같은 방식으로 $(\hat{v}_0, \hat{v}_1, \ldots, \hat{v}_{K-1})$로 정의한다고 할 때, $(\hat{u}_0 \hat{v}_0, \hat{u}_1 \hat{v}_1, \ldots, \hat{u}_{K-1} \hat{v}_{K-1})$이

$$w_r = u_r v_0 + u_{r-1} v_1 + \cdots + u_0 v_r + u_{K-1} v_{r+1} + \cdots + u_{r+1} v_{K-1}$$
$$= \sum_{i+j \equiv r\,(\mathrm{modulo}\ K)} u_i v_j \tag{36}$$

인 $(w_0, w_1, \ldots, w_{K-1})$의 푸리에 변환임을 보이는 것은 어렵지 않다. $K \ge 2n - 1$이고 $u_n = u_{n+1}$ $= \cdots = u_{K-1} = v_n = v_{n+1} = \cdots = v_{K-1} = 0$일 때 w들이 바로 곱셈에 필요한 값들이다. 왜냐하면 $u_{K-1} v_{r+1} + \cdots + u_{r+1} v_{K-1}$ 항들은 $0 \le r \le 2n - 2$일 때 사라지기 때문이다. 다른 말로 하면 *한 합성곱의 변환은 변환들의 보통의 곱이다.* 사실 이 착안은 톰의 다항식 용법((10) 참고)의 한 특수한, x를 단위원의 근들로 대체한 경우이다.

K가 2의 거듭제곱일 때에는 계산들을 적절한 방식으로 배치함으로써 이산(discreet) 푸리에 변환 (35)를 상당히 빠르게 구할 수 있으며, 역변환($\hat{w}$들에서 w들을 구하는 것) 역시 빠르게 계산할 수 있다. 1968년에 슈트라센V. Strassen은 푸리에 변환의 이러한 성질을 활용해서 그전까지 알려진 모든 방안보다 더 빠르게 큰 수들을 곱하는 방법을 발견했다. 이후 그와 쉰하게A. Schönhage는 그 방법을 다듬어서, 개선된 절차를 *Computing* 7 (1971), 281-292에 발표했다. 그와 비슷하나 정수만

을 다루는 곱셈 방법들을 그들과는 독립적으로 폴러드^{J. M. Pollard}가 만들어냈다 [*Math. Comp.* **25** (1971), 365-374]. 문제에 대한 그들의 접근방식을 이해할 수 있도록, 우선 빠른 퓨리에 변환(fast Fourie transformation)을 살펴보자.

$K = 2^k$개의 복소수들의 수열 $(u_0, ..., u_{K-1})$과 복소수

$$\omega = \exp(2\pi i / K) \tag{37}$$

가 주어졌을 때, (35)로 정의된 수열 $(\hat{u}_0, ..., \hat{u}_{K-1})$을 다음과 같은 방안으로 빠르게 계산할 수 있다. (이 공식들에서 매개변수 s_j와 t_j는 0 또는 1이며, 따라서 각 "패스"는 2^k번의 기본 계산들을 의미한다.)

패스 0. $A^{[0]}(t_{k-1}, ..., t_0) = u_t$로 둔다. 여기서 $t = (t_{k-1} \cdots t_0)_2$이다.

패스 1. $A^{[1]}(s_{k-1}, t_{k-2}, ..., t_0) \leftarrow$

$\qquad A^{[0]}(0, t_{k-2}, ..., t_0) + \omega^{2^{k-1} s_{k-1}} A^{[0]}(1, t_{k-2}, ..., t_0)$으로 설정한다.

패스 2. $A^{[2]}(s_{k-1}, s_{k-2}, t_{k-3}, ..., t_0) \leftarrow$

$\qquad A^{[1]}(s_{k-1}, 0, t_{k-3}, ..., t_0) + \omega^{2^{k-2}(s_{k-2}s_{k-1})_2} A^{[1]}(s_{k-1}, 1, t_{k-3}, ..., t_0)$으로 설정한다.

$\qquad \ldots$

패스 k. $A^{[k]}(s_{k-1}, ..., s_1, s_0) \leftarrow$

$\qquad A^{[k-1]}(s_{k-1}, ..., s_1, 0) + \omega^{(s_0 s_1 \cdots s_{k-1})_2} A^{[k-1]}(s_{k-1}, ..., s_1, 1)$로 설정한다.

다음이 성립함을 귀납법으로 증명하는 것은 상당히 쉬운 일이다.

$$A^{[j]}(s_{k-1}, ..., s_{k-j}, t_{k-j-1}, ..., t_0) = \sum_{0 \le t_{k-1}, ..., t_{k-j} \le 1} \omega^{2^{k-j}(s_{k-j} \cdots s_{k-1})_2 (t_{k-1} \cdots t_{k-j})_2} u_t. \tag{38}$$

여기서 $t = (t_{k-1} \cdots t_1 t_0)_2$이며, 따라서

$$A^{[k]}(s_{k-1}, ..., s_1, s_0) = \hat{u}_s, \quad \text{여기서} \quad s = (s_0 s_1 \cdots s_{k-1})_2 \tag{39}$$

이다. (최종 결과 (39)에서 s의 이진 숫자들이 역순으로 나타남을 주목하는 것이 중요하다. 이런 종류의 변환들에 대해서는 4.6.4절에서 좀 더 논의한다.)

$(\hat{u}_0, ..., \hat{u}_{K-1})$의 값들에서 역 퓨리에 변환 $(u_0, ..., u_{K-1})$을 구할 때에는 "이중 변환"이 다음과 같이 정의됨에 주목해야 한다.

$$\hat{\hat{u}}_r = \sum_{0 \le s < K} \omega^{rs} \hat{u}_s = \sum_{0 \le s, t < K} \omega^{rs} \omega^{st} u_t$$

$$= \sum_{0 \le t < K} u_t \left(\sum_{0 \le s < K} \omega^{s(t+r)} \right) = K u_{(-r) \bmod K}. \tag{40}$$

j가 K의 배수가 아닌 한 기하급수 $\sum_{0 \leq s < K} \omega^{sj}$의 값이 0이 된다는 점을 생각하면 이해가 될 것이다. 이러한 성질 덕분에 역변환을 변환 자체와 같은 방식으로 구할 수 있다. 단, 최종 결과를 반드시 K로 나누고 약간 섞어주어야 한다.

다시 정수 곱셈의 문제로 돌아가서, 두 n비트 정수 u와 v의 곱을 계산한다고 하자. 알고리즘 T에서처럼 비트들의 묶음들을 다루어야 한다. 우선

$$2n \leq 2^k l < 4n, \qquad K = 2^k, \qquad L = 2^l \tag{41}$$

이라고 두고 다음과 같은 식들을 세운다.

$$u = (U_{K-1} \cdots U_1 U_0)_L, \qquad v = (V_{K-1} \cdots V_1 V_0)_L. \tag{42}$$

즉, u와 v를 기수가 L인 K자리 수들로 표현한 것인데, 이러면 각 숫자 U_j 또는 V_j가 l비트 정수가 된다. $2^{k-1} l \geq n$이므로, 사실 선행 숫자 U_j와 V_j는 모든 $j \geq K/2$에 대해 0이다. 지금 우리의 목표는 일반적인 경우에서 어떤 일이 벌어지는지를 보려는 것이므로, 모든 사실이 갖추어진다면 적절한 k와 l을 택할 수 있다.

곱셈 절차의 다음 단계는 수열 $(u_0, ..., u_{K-1})$과 $(v_0, ..., v_{K-1})$의 푸리에 변환 $(\hat{u}_0, ..., \hat{u}_{K-1})$과 $(\hat{v}_0, ..., \hat{v}_{K-1})$을 계산하는 것이다. 여기서

$$u_t = U_t / 2^{k+l}, \qquad v_t = V_t / 2^{k+l} \tag{43}$$

로 정의한다. 이렇게 비례시키면 각 u_t와 v_t가 2^{-k}보다 작아져서 절대값 $|\hat{u}_s|$와 $|\hat{v}_s|$가 모든 s에 대해 1보다 작아지므로 계산이 편해진다.

그런데 문제는 복소수 ω를 이진 표기법으로 정확히 표현할 수 없다는 것이다. 푸리에 변환을 신뢰성 있게 계산할 수 있으려면 이 문제를 극복해야 한다. 다행히, 계산을 오직 적당한 양의 정밀도 안에서만 계산한다면 모든 것이 제대로 돌아가게 된다. 지금 당장은 이 문제를 덮어두고, 계산들을 무한한 정밀도로 수행한다고 가정하자. 실제로 어느 정도의 정밀도가 필요한지는 이후에 분석하겠다.

일단 $\hat{u}_s$와 $\hat{v}_s$를 구했다면 $0 \leq s < K$에 대해 $\hat{w}_s = \hat{u}_s \hat{v}_s$로 두고 역 푸리에 변환 $(w_0, ..., w_{K-1})$을 구할 수 있다. 앞에서 설명했던 대로 역 푸리에 변환을 구하면

$$w_r = \sum_{i+j=r} u_i v_j = \sum_{i+j=r} U_i V_j / 2^{2k+2l}$$

이며, 따라서 정수 $W_r = 2^{2k+2l} w_r$들은 구하고자 했던 곱의 계수들이다. 즉:

$$u \cdot v = W_{K-2} L^{K-2} + \cdots + W_1 L + W_0. \tag{44}$$

$0 \leq W_r < (r+1) L^2 < K L^2$이므로 각 W_r은 최대 $k + 2l$비트이다. 그러므로 W들이 알려져 있다면, 그리고 k가 l에 비해 크지만 않다면 이진 표현을 어렵지 않게 구할 수 있다.

표 1

이산 푸리에 변환을 이용한 곱셈

s	$2^7\hat{u}_s$	$2^7\hat{v}_s$	$2^{14}\hat{w}_s$	$2^{14}\hat{\hat{w}}_s$	$2^{14}w_s = W_s$
0	19	16	304	80	10
1	$2+4i+13\omega$	$5+9i+2\omega$	$-26+64i+69\omega-125\overline{\omega}$	0	69
2	$-2+13i$	$-4+2i$	$-18-56i$	0	64
3	$2-4i-13\overline{\omega}$	$5-9i-2\overline{\omega}$	$-26-64i+125\omega-69\overline{\omega}$	0	125
4	-7	12	-84	288	36
5	$2+4i-13\omega$	$5+9i-2\omega$	$-26+64i-69\omega+125\overline{\omega}$	1000	0
6	$-2-13i$	$-4-2i$	$-18+56i$	512	0
7	$2-4i+13\overline{\omega}$	$5-9i+2\overline{\omega}$	$-26-64i-125\omega+69\overline{\omega}$	552	0

구체적인 예로, 매개변수들이 $k = 3$, $l = 4$일 때 $u = 1234$와 $v = 2341$의 곱을 구한다고 하자. 앞에서 말한 대로 u에서 $(\hat{u}_0, ..., \hat{u}_7)$을 계산하면 다음이 나온다((12) 참고).

$(r,s,t) =$	$(0,0,0)$	$(0,0,1)$	$(0,1,0)$	$(0,1,1)$	$(1,0,0)$	$(1,0,1)$	$(1,1,0)$	$(1,1,1)$
$2^7A^{[0]}(r,s,t) =$	2	13	4	0	0	0	0	0
$2^7A^{[1]}(r,s,t) =$	2	13	4	0	2	13	4	0
$2^7A^{[2]}(r,s,t) =$	6	13	-2	13	$2+4i$	13	$2-4i$	13
$2^7A^{[3]}(r,s,t) =$	19	-7	$-2+13i$	$-2-13i$	$\alpha+\beta$	$\alpha-\beta$	$\overline{\alpha}-\overline{\beta}$	$\overline{\alpha}+\overline{\beta}$

여기서 $\alpha = 2+4i$, $\beta = 13\omega$, $\omega = (1+i)/\sqrt{2}$이다. 이로부터 표 1의 $2^7\hat{u}_s$ 열의 값들을 얻을 수 있다. $\hat{v}_s$ 열의 값들 역시 마찬가지 방식으로 v로부터 구하면 된다. 그런 다음에는 $\hat{u}_s$와 $\hat{v}_s$를 곱해서 $\hat{w}_s$를 얻는다. 식 (40)을 이용해서 다시 변환하면 w_s와 W_s가 나온다. 이제 (19)에서처럼, 그러나 정수만 다루는 방법대신 복소수들을 이용해서 합성곱들을 구한다.

푸리에 변환을 계산할 때 m비트 고정소수점 연산을 사용한다고 하면 이러한 방법으로 큰 수들을 계산하는 데 어느 정도의 시간이 걸리는지 추정해보자. 연습문제 10에 의하면, (43)의 비례 때문에 변환 계산의 패스 전체에서 수량 $A^{[j]}$들은 모두 1보다 작다. 따라서 모든 중간 계산 결과의 실수부, 허수부에 대해 m비트 분수 $(.a_{-1}...a_{-m})_2$만 다루면 된다. 주어진 입력 u_t와 v_t가 실수 값들이라는 사실을 이용하면 각 단계에서 $2K$개가 아니라 K개의 실수 값들만 다루면 되는 단순화가 가능하다(연습문제 4.6.4-14를 볼 것). 여기서는 최대한 간단한 논의를 위해 그런 개선 방법들을 생략한다.

처음으로 할 일은 ω와 그 거듭제곱들을 계산하는 것이다. 단순함을 위해 $\omega^0, ..., \omega^{K-1}$ 값들의 표를 만들기로 하자. 우선

$$\omega_r = \exp(2\pi i/2^r) \tag{45}$$

로 둔다. 이러면 $\omega_1 = -1$, $\omega_2 = i$, $\omega_3 = (1+i)/\sqrt{2}$, ..., $\omega_k = \omega$가 된다. 만일 $\omega_r = x_r + iy_r$이고 $r \geq 2$이면 $\omega_{r+1} = x_{r+1} + iy_{r+1}$인데, 여기서

$$x_{r+1} = \sqrt{\frac{1+x_r}{2}}, \qquad y_{r+1} = \frac{y_r}{2x_{r+1}} \tag{46}$$

이다. [S. R. Tate, *IEEE Transactions* **SP-43** (1995), 1709-1711 참고.] ω_1, ω_2, ..., ω_k를 계산하는 데 걸리는 시간은 다른 계산들의 시간에 비할 때 무시할 만 하므로, 제곱근 구하기에는 그냥 아무 것이나 간단한 알고리즘을 사용해도 된다. ω_r을 계산했다면 이제 ω^j의 거듭제곱들을 구해야 하는데, 다음과 같은 방법이 있다.

$$\text{만일 } j = (j_{k-1} \ldots j_1 j_0)_2 \text{이면} \qquad \omega^j = \omega_1^{j_{k-1}} \ldots \omega_{k-1}^{j_1} \omega_k^{j_0}. \tag{47}$$

각 ω^j은 많아야 k개의 ω_r들의 곱이기 때문에, 이 계산법에서는 오차가 전파되지 않는다. m비트 복소수 곱셈에 걸리는 시간을 M이라 할 때, ω^j들 모두를 계산하는 데 걸리는 시간은 $O(KM)$이다. 각 ω^j은 이전에 계산된 값들을 이용해서 한 번의 곱셈으로 구할 수 있기 때문이다. 이후의 단계들에서는 $O(KM)$보다 많은 주기들을 요구하므로, ω의 거듭제곱들을 계산하는 데 드는 비용은 무시할 수 있다.

세 푸리에 변환 각각은 k개의 패스들로 이루어지며 각 패스에서 $a \leftarrow b + \omega^j c$ 형태의 연산 K번이 필요하므로 푸리에 변환들을 계산하는 전체 시간은

$$O(kKM) = O(Mnk/l)$$

이다. 마지막으로, (44)를 이용해서 $u \cdot v$의 이진 숫자들을 계산하는 데 필요한 시간은 $O(K(k+l))$ $= O(n + nk/l)$이다. 이상의 모든 연산의 시간을 합하면, n비트 수 u와 v를 곱하는 데 걸리는 전체 시간이 $O(n) + O(Mnk/l)$임을 알 수 있다.

이제 중간 정밀도 m이 어느 정도 커야 하는지 살펴보자. 그래야 M이 어느 정도나 커야 하는지 알 수 있다. 단순함을 생각해서는 최적의 한계들을 구하기보다는 적당히 안전한 정확도 추정치로 만족해야 할 것이다. 편의를 위해서는 모든 ω^j를 그 근사값 $(\omega^j)'$들이 $|(\omega^j)'| \leq 1$을 만족할 수 있도록 계산하는 것이 바람직하다. 이 조건은 반올림 대신 0으로의 절단(truncate)을 적용하면 쉽게 만족할 수 있는데, 왜냐하면 (46)에서 $x_{r+1}^2 + y_{r+1}^2 = (1 + x_r^2 + y_r^2 + 2x_r)/(2 + 2x_r)$이기 때문이다. m비트 고정소수점 복소수 산술을 수행하는 데 필요한 연산들은 $a \leftarrow b + \omega^j c$ 형태의 정확한 계산을 근사 계산

$$a' \leftarrow \text{truncate}(b' + (\omega^j)'c') \tag{48}$$

로 대체해서 얻을 수 있다. 여기서 b', $(\omega^j)'$, c'는 이전에 계산된 근사값들이다. 이 모든 복소수와 그 근사값들은 절대값이 최대 1이다. 만일 $|b' - b| \leq \delta_1$이면 $|(\omega^j)' - \omega^j| \leq \delta_2$이며, $|c' - c| \leq \delta_3$이므로 $|a' - a| < \delta + \delta_1 + \delta_2 + \delta_3$가 성립할 것임은 어렵지 않게 알 수 있다. 여기서

$$\delta = |2^{-m} + 2^{-m} i| = 2^{1/2 - m} \tag{49}$$

인데, 이는 $|(\omega^j)'c' - \omega^j c| = |((\omega^j)' - \omega^j)c' + \omega^j(c' - c)| \le \delta_2 + \delta_3$이며 δ는 최대 버림 오차를 넘기 때문이다. 근사값 $(\omega^j)'$들은 (46)에 정의된 수들의 근사값 ω_r'들로 시작해서 얻을 수 있다. 그리고 (46)이 $|\omega_r' - \omega_r| < \delta$를 만족하기에 충분한 정밀도로 수행된다고 가정할 수 있다. 그러면 (47)은 모든 j에 대해 $|(\omega^j)' - \omega^j| < (2k-1)\delta$임을 함의한다. 그 오차는 많아야 k번의 근사와 $k-1$번의 버림에서 기인하는 것이기 때문이다.

빠른 푸리에 변환의 어떤 임의의 패스 이전에서 오차들이 최대 ϵ이라고 하면, 그 패스의 연산들은 $\delta_1 = \delta_3 = \epsilon$이고 $\delta_2 = (2k-1)\delta$인 형태 (48)에 해당한다. 그러면 패스 이후의 오차들은 최대 $2\epsilon + 2k\delta$가 된다. 패스 0에서는 오차가 없으므로, j에 대한 귀납법에 의해서 패스 j의 최대 오차의 한계는 $(2^j - 1) \cdot 2k\delta$이며 $\hat{u}_s$의 계산값은 $|(\hat{u}_s)' - \hat{u}_s| < (2^k - 1) \cdot 2k\delta$를 만족할 것임을 알 수 있다. 또한 다음도 성립한다.

$$\left|(\hat{w}_s)' - \hat{w}_s\right| < 2(2^k - 1) \cdot 2k\delta + \delta < (4k2^k - 2k)\delta.$$

역변환 도중에는 추가적인 오차 누적이 존재하나, 결과를 $K = 2^k$으로 나누면서 그 오차는 대부분 보정된다. 같은 논리에 의해, 계산된 값 w_r'가 다음을 만족할 것임도 알 수 있다.

$$\left|(\hat{\hat{w}}_r)' - \hat{\hat{w}}_r\right| < 2^k(4k2^k - 2k)\delta + (2^k - 1)2k\delta; \quad |w_r' - w_r| < 4k2^k\delta. \tag{50}$$

정밀도는 $2^{2k+2l}w_r'$가 정확한 정수 W_r로 반올림되기에 충분해야 하므로,

$$2^{2k + 2l + 2 + \lg k + k + 1/2 - m} \le \frac{1}{2} \tag{51}$$

이어야 한다. 즉, $m \ge 3k + 2l + \lg k + 7/2$이어야 한다. 이는 그냥 다음과 같은 간단한 조건에 의해 성립한다.

$$k \ge 7 \quad \text{그리고} \quad m \ge 4k + 2l. \tag{52}$$

이제 관계 (41)과 (52)를 이용해서, 곱셈에 걸리는 시간이 $O(n) + O(Mnk/l)$단위시간임을 만족하는 매개변수 k, l, m을 구할 수 있다. M은 m비트 분수들을 곱하는 데 필요한 시간이다.

예를 들어 MIX에서 두 $n = 2^{13} = 8192$비트 이진수들을 곱한다고 하자. $k = 11$, $l = 8$, $m = 60$으로 선택한다면 필수적인 m비트 연산들을 배정도 산술만으로 수행할 수 있다. 그러면 고정 소수점 m비트 복소수 곱셈에 필요한 실행 시간 M이 상당히 작아질 것이다. 3배정도 연산들을 사용한다면 매개변수들이 예를 들어 $k = l = 15$, $n \le 15 \cdot 2^{14}$까지 올라갈 것이고, 그러면 MIX의 메모리 용량을 넘게 된다. 더 큰 컴퓨터라면 $k = l = 27$, $m = 144$로 두어서 두 기가비트 수들을 곱하는 것도 가능하다.

k, l, m의 선택을 좀 더 연구해보면 모든 실용적인 목적 하에서 M이 상수라고 가정할 수 있으며, *쇤하게–슈트라센 곱셈 기법의 실행시간은 n에 정비례한다*는 다소 놀라운 결론에 이르게 된다. 이는

$k = l$로, 그리고 $m = 6k$로 둘 수 있기 때문이다. 이렇게 선택한 k는 항상 $\lg n$보다 작으므로, n이 컴퓨터의 워드 크기보다 큰 경우를 제외할 때(특히, n이 색인 레지스터의 용량보다 크다면 수 u와 v가 주 메모리에 들어맞지 않게 될 수 있다) 6배정도보다 높은 정밀도가 필요하게 되는 일은 결코 없다.

이렇게 해서 빠른 곱셈에 대한 실용적인 문제는 해결된 셈이다. 단, 상수 인수를 개선하는 문제가 남았다. 사실 실용적인 고정밀도 곱셈에 대해서는 연습문제 4.6.4-59에 나오는 정수들로만 된 합성곱 알고리즘이 더 나은 선택일 것이다. 그러나 큰 수들의 곱셈에 우리가 관심을 가지는 이유에는 실용적인 목적뿐만 아니라 이론적인 측면도 포함된다. 왜냐하면 계산 복잡도의 궁극적인 한계들을 탐험하는 것은 흥미로운 일이기 때문이다. 그럼 실용적인 고려사항들은 잠시 잊기로 하고, n이 엄청나게 크다고, 어쩌면 우주에 존재하는 원자들의 개수보다도 크다고 가정한다. m을 근사적으로 $6 \lg n$ 정도라고 둘 수 있으며, 앞에서와 같은 알고리즘을 재귀적으로 적용해서 m비트 곱셈을 수행할 수 있다. 실행 시간은 $T(n) = O(n\,T(\log n))$을 만족할 것이며, 따라서

$$T(n) \leq Cn(C \lg n)(C \lg \lg n)(C \lg \lg \lg n)\ldots \tag{53}$$

이 성립한다. 우변의 곱은 $\lg \ldots \lg n \leq 2$인 계수에 도달할 때까지 계속된다.

쇤하게와 슈트라센은 정수 ω들을 이용해서 정수들에 대해 $2^e + 1$ 형태의 수들을 법으로 하는 빠른 퓨리에 변환들을 수행함으로써 이 이론적 상계를 $O(n \log n \log \log n)$으로까지 개선하는 방법을 그들의 논문에서 보였다. 이 상계는 튜링기계(Turing machine), 즉 유한한 메모리와 유한한 개수의 임의의 긴 테이프들을 가진 컴퓨터에 적용된다.

쇤하게는 유한한 크기의, 임의의 개수의 워드들에 임의접근할 수 있는 좀 더 강력한 컴퓨터가 있다면 상계를 $O(n \log n)$으로 떨어뜨릴 수 있음을 지적했다. 이는 $k = l$와 $m = 6k$로 둘 수 있으며, $0 \leq x,\ y < 2^{\lceil m/12 \rceil}$에 대한 모든 가능한 곱 xy들을 망라하는 완전한 구구단표(곱셈표)를 유한한 시간 안에 구축할 수 있기 때문이다. (그런 곱들의 개수는 2^k개 또는 2^{k+1}개이며, 표의 각 항목은 그 이전 항목들 중 하나와의 덧셈으로 $O(k)$단계 이내로 계산할 수 있다. 따라서 $O(k2^k) = O(n)$단계로 계산을 마칠 수 있는 것이다.) 이 경우 M은 기수 $2^{\lceil m/12 \rceil}$의 12자리 산술에 필요한 시간이며, 1자리 곱셈을 표 참조로 수행할 수 있으므로 $M = O(k) = O(\log n)$이다. (메모리의 한 워드에 접근하는 시간은 그 워드의 주소의 비트수에 비례한다고 가정한다.)

더 나아가서, 1979년에 쇤하게는 포인터 기계(pointer machine)가 n비트 곱셈을 $O(n)$단계로 수행할 수 있음을 발견하게 된다. 이에 대해서는 연습문제 12를 볼 것. "저장소 수정 기계(storage modification machine)" 또는 "연결식 자동기계(linking automata)"라고도 부르는 그러한 장치는, 2.6절 끝부분에서 논의했듯이 $n \to \infty$에 따라 최상의 계산 모형을 제공하는 것으로 보인다. 따라서 이론적인 목적에서나 실용적인 목적에서나 곱셈의 최상의 복잡도는 $O(n)$이라는 결론을 내릴 수 있다.

1986년에 D. V. 추드노프스키Chudnovsky, G. V. 추드노프스키Chudnovsky, 드노M. M. Denneau,

유니스S. G. Younis에 의해서 큰 수들을 빠르게 곱하는 특별한 능력을 가진 Little Fermat라는 특이한 범용 컴퓨터가 설계되었다. 그 컴퓨터의 하드웨어는 257비트 워드들에 대한 $2^{256}+1$을 법으로 하는 빠른 산술 기능을 갖추고 있었고, 그래서 256워드 배열의 합성곱을 256회의 단일워드 곱셈들과 세 번의 이산 변환들(각 이산 변환은 오직 덧셈, 뺄셈, 자리이동만 사용)로 계산할 수 있다. 그런 능력 덕분에, 1 파이프라인 주기 시간이 약 60 나노 초인 그러한 컴퓨터로 두 10^6비트 정수들을 0.1초 미만으로 계산하는 것이 가능했다 〔*Proc. Third Int. Conf. on Supercomputing* **2** (1988), 498-499; *Contemporary Math.* **143** (1993), 136〕.

D. 나눗셈. 지금까지 효율적인 곱셈 루틴을 살펴보았다. 이제 그 반대의 문제, 즉 나눗셈을 살펴보자. 나눗셈도 곱셈만큼이나 빠르게 수행할 수 있다(더 느리다고 해도 차이는 상수일 뿐이다).

n비트 수 u를 n비트 수 v로 나누기 위해서는 우선 $1/v$에 대한 n비트 근사값을 구하고 거기에 u를 곱해서 u/v에 대한 근사값 $\hat{q}$를 구해야 한다. 그런 다음에는 또 다른 곱셈을 이용해서 $0 \le u - qv < v$가 되도록 $\hat{q}$를 약간 보정해 주어야 한다. 이러한 추론에 근거할 때, n비트 수의 역수를 효율적으로 근사하는 방법을 찾을 수만 있다면 효율적인 나눗셈 방법을 찾은 것이라 할 수 있다. 다음 알고리즘이 바로 그러한 효율적인 역수 근사 방법으로, 4.3.1절 끝에서 설명한 "뉴턴법"을 사용한다.

알고리즘 R (고정밀도 역수 근사). v의 이진 표현이 $v = (0.v_1 v_2 v_3 \ldots)_2$라고 하자. $v_1 = 1$이다. 이 알고리즘은

$$|z - 1/v| \le 2^{-n} \tag{54}$$

을 만족하는, $1/v$의 근사값 z를 계산한다.

R1. 〔근사값을 초기화.〕 $z \leftarrow \frac{1}{4}\lfloor 32/(4v_1 + 2v_2 + v_3)\rfloor$로, 그리고 $k \leftarrow 0$으로 설정한다.

R2. 〔뉴턴반복법.〕 (이 시점에서 z는 소수점 이하 $2^k + 1$자리인 $(xx.xx\ldots x)_2$ 형태의 이진수이며 $z \le 2$이다. 고속 곱셈 루틴을 이용해서 $z^2 = (xxx.xx\ldots x)_2$를 정확히 계산한다. 그런 다음 $V_k z^2$를 정확히 계산한다. 여기서 $V_k = (0.v_1 v_2 \ldots v_{2^{k+1}+3})_2$이다. 그리고 $z \leftarrow 2z - V_k z^2 + r$로 설정한다. 여기서 $0 \le r < 2^{-2^{k+1}-1}$는 z가 $2^{-2^{k+1}-1}$의 배수로 반올림되도록 더해지는 적당한 값이다. 마지막으로, $k \leftarrow k + 1$로 설정한다.

R3. 〔종료 판정.〕 만일 $2^k < n$이면 단계 R2로 돌아간다. 그렇지 않으면 알고리즘을 끝낸다. ▮

이 알고리즘은 쿡S. A. Cook의 한 제안에 근거한 것이다. 비슷한 기법이 컴퓨터 하드웨어에서 쓰인 바 있다〔Anderson, Earle, Goldschmidt, Powers, *IBM J. Res. Dev.* **11** (1967), 48-52 참고〕. 알고리즘 R은 부정확한 결과에 아주 가까이 접근하기 때문에, 그 정확성을 상당히 세밀하게 점검할 필요가 있다. 이를 위해, 단계 R2의 시작과 끝에서

$$z \le 2 \quad \text{그리고} \quad |z - 1/v| \le 2^{-2^k} \tag{55}$$

임을 귀납법으로 증명하고자 한다.

우선 $\delta_k = 1/v - z_k$로 둔다. 여기서 z_k는 단계 R2의 k회 반복 이후의 z의 값이다. k에 대한 귀납법을 시작하자. $-\frac{1}{2} < \eta_1 \le 0$이고 $0 \le \eta_2 < \frac{1}{4}$가 되도록 $v' = (v_1 v_2 v_3)_2$, $\eta_1 = (v' - 8v)/vv'$로 두고

$$\delta_0 = 1/v - 8/v' + (32/v' - \lfloor 32/v' \rfloor)/4 = \eta_1 + \eta_2$$

라는 식을 세운다. 이러면 $|\delta_0| < \frac{1}{2}$이다. 이제 (55)가 k에 대해 확인되었다고 가정한다. 그러면

$$\begin{aligned}
\delta_{k+1} = 1/v - z_{k+1} &= 1/v - z_k - z_k(1 - z_k V_k) - r \\
&= \delta_k - z_k(1 - z_k v) - z^{2^k}(v - V_k) - r \\
&= \delta_k - (1/v - \delta_k)v\delta_k - z^{2^k}(v - V_k) - r \\
&= v\delta^{2^k} - z^{2^k}(v - V_k) - r
\end{aligned}$$

이다. 이제 $0 \le v\delta_k^2 < \delta_k^2 \le (2^{-2^k})^2 = 2^{-2^{k+1}}$이며,

$$0 \le z^2(v - V_k) + r < 4(2^{-2^{k+1}-3}) + 2^{-2^{k+1}-1} = 2^{-2^{k+1}}$$

이므로 $|\delta_{k+1}| \le 2^{-2^{k+1}}$이다. (55)의 첫 부등식은 아직 증명하지 못했다. $z_{k+1} \le 2$임은 다음 세 경우를 통해서 보일 수 있다.

a) $V_k = \frac{1}{2}$; 그러면 $z_{k+1} = 2$.

b) $V_k \ne \frac{1}{2} = V_{k-1}$; 그러면 $z_k = 2$, 따라서 $2z_k - z_k^2 V_k \le 2 - 2^{-2^{k+1}-1}$.

c) $V_{k-1} \ne \frac{1}{2}$; 그러면 $k > 0$이므로 $z_{k+1} = 1/v - \delta_{k+1} < 2 - 2^{-2^{k+1}} \le 2$.

알고리즘 R의 실행 시간의 한계는

$$2\,T(4n) + 2\,T(2n) + 2\,T(n) + 2\,T(\tfrac{1}{2}n) + \cdots + O(n)$$

단계이다. 여기서 $T(n)$은 n비트 수들의 곱셈에 필요한 시간의 상계이다. 만일 $T(n)$이 어떤 단조 비감소 함수 $f(n)$에 대한 $nf(n)$의 형태라고 한다면

$$T(4n) + T(2n) + T(n) + \cdots < T(8n) \tag{56}$$

이 되며, 따라서 하나의 상수 인수를 제외할 때 곱셈의 빠르기와 비견할 수 있는 빠르기로 나눗셈을 수행할 수 있다는 결론이 나온다.

브렌트R. P. Brent는 $\log x$, $\exp x$, $\arctan x$ 같은 함수들을 $O(M(n)\log n)$단계로 유효숫자 n 비트까지 평가할 수 있음을 보였다. 여기서 $M(n)$은 n비트 수들을 곱하는 데 필요한 시간이다 〔*JACM* **23** (1976), 242-251〕.

E. 실시간 곱셈. n비트 수들의 곱셈을 단 n단계 만에 수행할 수 있는지 궁금할 것이다. n^2규모에서 n규모로까지 수행 시간을 줄였으므로, 어쩌면 n단계라는 궁극의 최소 시간에까지 도달할 수 있을지도

모른다. 사실 숫자들을 입력하는 것만큼이나 빠르게 답을 출력하는 것은 실제로 가능한 일이다. 다만 그러려면 통상적인 컴퓨터 프로그래밍의 영역에서 벗어나서 무한한 개수의 구성요소들 전부가 동시에 작동하는 컴퓨터를 만들어야 한다.

계산의 각 단계에서 각각 유한한 "상태" 집합에 놓이는 자동기계(automata) M_1, M_2, M_3, ...들의 집합을 자동기계(automat)들의 *선형 상호작용 배열*(linear interactive array)이라고 부른다. 기계 M_2, M_3, ...들은 모두 동일한 회로를 가지며, 시간 $t+1$에서의 기계의 상태는 시간 t에서의 그 왼쪽, 오른쪽 이웃 기계의 상태들과 시간 t에서의 자신의 상태의 함수이다. 첫 번째 기계 M_1은 약간 다르다. $t+1$에서 첫 번째 기계의 상태는 시간 t에서의 그 자신의 상태와 M_2의 상태뿐만 아니라 시간 t에서의 입력도 매개변수로 가지는 함수이다. 선형 상호작용 배열의 출력은 M_1의 상태들에 대해 정의되는 하나의 함수이다.

$u = (u_{n-1} \ldots u_1 u_0)_2$, $v = (v_{n-1} \ldots v_1 v_0)_2$, $q = (q_{n-1} \ldots q_1 q_0)_2$가 이진수들이고 $uv + q = w = (w_{2n-1} \ldots w_1 w_0)_2$라고 하자. 놀랍게도, 시간 0, 1, 2, ...에서 입력 (u_0, v_0, q_0), (u_1, v_1, q_1), (u_2, v_2, q_2), ...들이 주어질 때 시간 1, 2, 3, ...에서 w_0, w_1, w_2, ...을 출력하는 선형 상호작용 배열을 n과 무관하게 구축하는 것이 가능하다.

이러한 현상을 컴퓨터 하드웨어 용어로 다시 표현하자면, 다음과 같은 성질을 가진 단일한 집적회로 모듈을 설계하는 것이 가능하다는 것이다: 충분히 많은 수의 그런 집적회로 모듈을 각 모듈이 오직 자신의 좌우 이웃들하고만 연동할 수 있도록 직선 형태로 연결한다면, 그렇게 해서 생긴 회로는 n비트 수들의 $2n$비트 곱을 정확히 $2n$ 클럭 펄스 만에 산출할 수 있다.

기본적인 방식은 이렇게 이해하면 된다: 시간 0에서 기계 M_1은 입력 (u_0, v_0, q_0)을 감지하며, 따라서 시간 1에서 $(u_0 v_0 + q_0) \bmod 2$를 출력할 수 있다. 시간 2에서는 (u_1, v_1, q_1)를 감지하고 $(u_0 v_1 + u_1 v_0 + q_1 + k_1) \bmod 2$를 출력하는데, 여기서 k_1은 이전 단계에서 넘겨진 "올림"이다. 그 다음으로는 (u_2, v_2, q_2)를 감지하고 $(u_0 v_2 + u_1 v_1 + u_2 v_0 + q_2 + k_2) \bmod 2$를 출력한다. 더 나아가서, M_1은 u_2와 v_2의 값들을 유지하며, 그 덕분에 M_2가 시간 3에서 그 값들을 감지하고 시간 4에서 $u_2 v_2$를 계산할 수 있게 된다. 본질적으로 기계 M_1은 M_2가 수열 (u_2, v_2), (u_3, v_3), ...을 곱할 수 있도록 안배하는 역할을 하며, 마찬가지로 M_2는 M_3이 (u_4, v_4), (u_5, v_5), ...을 곱할 수 있게 만든다. 이후의 기계들에 대해서도 마찬가지 일이 일어난다. 다행히도 이 모든 작동은 시간 손실 없이 일어난다. 좀 더 상세한 세부사항을 독자가 아래의 공식적인 설명으로부터 이끌어내 보는 것도 흥미로울 것이다.

각 자동기계는 $(c, x_0, y_0, x_1, y_1, x, y, z_2, z_1, z_0)$으로 이루어진 상태를 가진다. 여기서 $0 \le c < 4$이며 x들, y들, z들 각각은 0 아니면 1이다. 따라서 한 자동기계가 가질 수 있는 가능한 상태들은 총 2^{11}개이다. 초기에 모든 장치의 상태는 $(0, 0, 0, 0, 0, 0, 0, 0, 0, 0)$이다. 시간 t에서 하나의 자동기계 M_j(단, $j > 1$)의 상태가 $(c, x_0, y_0, x_1, y_1, x, y, z_2, z_1, z_0)$이고 그 왼쪽 이웃인 M_{j-1}의 상태가 $(c^l, x_0^l, y_0^l, x_1^l, y_1^l, x^l, y^l, z_2^l, z_1^l, z_0^l)$, 오른쪽 이웃 M_{j+1}의 상태는 $(c^r, x_0^r, y_0^r, x_1^r, y_1^r, x^r, y^r, z_2^r, z_1^r, z_0^r)$이라고 하자. 그러면 기계 M_j는 시간 $t+1$에서 상태 $(c', x_0', y_0', x_1', y_1', x', y', z_2', z_1', z_0')$로

표 2

선형 상호작용 배열로 수행하는 곱셈

시간	u_j v_j	q_j	c	x_0 y_0	x_1 y_1	x y	z_2 z_1 z_0	c	x_0 y_0	x_1 y_1	x y	z_2 z_1 z_0	c	x_0 y_0	x_1 y_1	x y	z_2 z_1 z_0
					모듈 M_1					모듈 M_2					모듈 M_3		
0	1	1	0	0	0	0	0	0	0	0	0	0	0	0	0	0	0
	1			0	0	0	0		0	0	0	0		0	0	0	0
							0					0					0
1	1	1	1	1	0	0	0	0	0	0	0	0	0	0	0	0	0
	1			1	0	0	1		0	0	0	0		0	0	0	0
							0					0					0
2	1	0	2	1	1	0	1	0	0	0	0	0	0	0	0	0	0
	1			1	1	0	0		0	0	0	0		0	0	0	0
							0					0					0
3	0	1	3	1	1	1	0	0	0	0	0	0	0	0	0	0	0
	0			1	1	1	1		0	0	0	0		0	0	0	0
							1					1					0
4	1	0	3	1	1	0	1	1	1	0	0	0	0	0	0	0	0
	1			1	1	0	0		1	0	0	0		0	0	0	0
							1					1					0
5	0	0	3	1	1	1	0	2	1	0	0	0	0	0	0	0	0
	0			1	1	1	1		1	0	0	0		0	0	0	0
							1					1					0
6	0	0	3	1	1	0	1	3	1	0	1	0	0	0	0	0	0
	0			1	1	0	0		1	0	1	1		0	0	0	0
							0					0					0
7	0	0	3	1	1	0	0	3	1	0	0	0	1	1	0	0	0
	0			1	1	0	0		1	0	0	1		1	0	0	0
							0					0					1
8	0	0	3	1	1	0	0	3	1	0	0	0	2	1	0	0	0
	0			1	1	0	0		1	0	0	1		1	0	0	0
							0					0					0
9	0	0	3	1	1	0	0	3	1	0	0	0	3	1	0	0	0
	0			1	1	0	0		1	0	0	0		1	0	0	0
							0					1					0
10	0	0	3	1	1	0	0	3	1	0	0	0	3	1	0	0	0
	0			1	1	0	0		1	0	0	0		1	0	0	0
							1					0					0
11	0	0	3	1	1	0	0	3	1	0	0	0	3	1	0	0	0
	0			1	1	0	0		1	0	0	0		1	0	0	0
							0					0					0

간다. 여기서

$$
\begin{array}{llll}
\text{만일 } c^l = 3\text{이면} & c' = \min(c+1, 3), & \text{그렇지 않으면} & 0; \\
\text{만일 } c = 0\text{이면} & (x_0', y_0') = (x^l, y^l), & \text{그렇지 않으면} & (x_0, y_0); \\
\text{만일 } c = 1\text{이면} & (x_1', y_1') = (x^l, y^l), & \text{그렇지 않으면} & (x_1, y_1); \\
\text{만일 } c \geq 2\text{이면} & (x', y') = (x^l, y^l), & \text{그렇지 않으면} & (x, y)
\end{array} \tag{57}
$$

이다. 그리고 $(z_2' z_1' z_0')_2$는 다음의 이진 표현이다.

$$
z_0^r + z_1 + z_2^l + \begin{cases}
x^l y^l & \text{만일 } c = 0\text{이면}; \\
x_0 y^l + x^l y_0 & \text{만일 } c = 1\text{이면}; \\
x_0 y^l + x_1 y_1 + x^l y_0 & \text{만일 } c = 2\text{이면}; \\
x_0 y^l + x_1 y + x y_1 + x^l y_0 & \text{만일 } c = 3\text{이면}.
\end{cases} \tag{58}
$$

제일 왼쪽의 기계 M_1은 다른 것들과 거의 같은 방식으로 작동한다. 즉, 입력 (u, v, q)를 받을 때 마치 자신의 왼쪽에 상태가 $(3, 0, 0, 0, 0, u, v, q, 0, 0)$인 기계가 존재하는 것처럼 행동하는 것이다. 배열의 출력은 M_1의 z_0 성분이다.

표 2는 이 배열에

$$ u = v = (\ldots 00010111)_2, \qquad q = (\ldots 00001011)_2 $$

를 입력했을 때의 예를 보여준다. 출력은 M_1의 상태들의 오른쪽 아래 성분들, 즉

$$ 0, 0, 1, 1, 1, 0, 0, 0, 0, 1, 0, \ldots $$

이다. 이들은 오른쪽에서 왼쪽으로 이진수 $(\ldots 01000011100)_2$에 해당한다.

이러한 구축법은 아트루빈A. J. Atrubin, *IEEE Trans.* **EC-14** (1965), 394-399에 의해서 처음 발표된 비슷한 방법에 기반을 둔 것이다.

그 자체로도 빠르긴 하지만, 상호작용 배열은 입력 비트들이 한 번에 동시에 주어질 때에만 최적의 성능을 낸다. 그런데 입력 비트들을 동시에 제공할 수 있다면 차라리 두 n비트 수들의 곱을 $O(\log n)$ 수준의 지연 이후에 산출하는 병렬 회로를 택하는 것이 더 낫다. 그런 종류의 효율적인 회로는 이를테면 C. S. Wallace, *IEEE Trans.* **EC-13** (1964), 14-17; D. E. Knuth, *The Stanford GraphBase* (New York: ACM Press, 1994), 270-279에 서술되어 있다.

위노그라드S. Winograd는 n이 주어지고 임의의 형태로 부호화된 입력 전체가 동시에 주어졌을 때 도달할 수 있는 최소 곱셈 시간을 조사했다 〔*JACM* **14** (1967), 793-802〕. 곱셈과 덧셈을 동시에 지원해야 하는 경우에서의 비슷한 문제들에 대해서는 A. C. Yao, *STOC* **13** (1981), 308-311; Mansour, Nisan, and Tiwari, *STOC* **22** (1990), 235-243을 보라.

> 곱셈은 나를 애타게 하고,
>
> 나눗셈도 마찬가지:
>
> 황금률은 나를 당황하게 하고,
>
> 실산은 나를 미치게 만드네.

— 할리웰 J. O. HALLIWELL이 수집한 필사본(1570년 경)에서

연습문제

1. [22] 기수 2를 기수 10으로 바꾼다면 (2)에 표현된 착상을 십진수체계로 일반화할 수 있다. 그러한 일반화를 이용해서 1234 곱하기 2341을 계산하라(네 자리 수들의 곱을 두 자리 수들의 곱 세 개로 줄이고, 그 세 곱들을 한 자리 수들의 곱들로 줄일 것).

2. [M22] 알고리즘 T의 단계 T1에서 설정 $R \leftarrow \lfloor \sqrt{Q} \rfloor$에 의해 R의 값이 그대로 유지되거나 1 증가함을 증명하라. (따라서, 그 단계에서 언급했듯이, 제곱근은 계산하지 않아도 된다.)

3. [M22] 알고리즘 T에 정의된 수열 q_k와 r_k가 $k > 0$일 때 부등식 $2^{q_k+1} (2r_k)^{r_k} \leq 2^{q_{k-1}+q_k}$를 만족함을 증명하라.

▶ **4.** [28] (베이커 K. Baker.) 다항식 $W(x)$를 알고리즘 T에서처럼 음이 아닌 점 $x = 0, 1, ..., 2r$들에서 평가하는 대신 점 $x = -r, ..., 0, r$들에서 평가하는 게 더 이득이 됨을 보여라. 다항식 $U(x)$는

$$U(x) = U_e(x^2) + x U_o(x^2)$$

으로 표기할 수 있으며, $V(x)$와 $W(x)$도 마찬가지 방식으로 전개할 수 있다. 이 착안을 활용해서 단계 T7과 T8의 계산을 더 빠르게 만드는 방법을 제시하라.

▶ **5.** [35] q_0, q_1, r_0, r_1의 초기값들이 적절히 주어졌다고 할 때, 알고리즘 T의 단계 T1에서 $R \leftarrow \lfloor \sqrt{Q} \rfloor$로 설정하는 대신 $R \leftarrow \lceil \sqrt{2Q} \rceil + 1$로 설정한다면 (20)을 $t_k \leq q_{k+1} 2^{\sqrt{2\lg q_{k+1}}} (\lg q_{k+1})$로 개선할 수 있음을 보여라.

6. [M23] (24)의 여섯 수들이 짝으로 서로 소임을 증명하라.

7. [M23] (25)를 증명하라.

8. [M20] 참 또는 거짓을 밝혀라: (39)에서 비트 뒤집기 $(s_{k-1}, ..., s_0) \rightarrow (s_0, ..., s_{k-1})$을 생략할 수 있다. 어차피 역 푸리에 변환에서 그 비트들을 다시 뒤집을 것이므로.

9. [M15] 본문에 나온 푸리에 변환 방법을 모든 ω를 ω^q으로 대체해서 적용한다고 하자. q는 어떤 고정된 정수로 가정한다. 그러한 일반적 절차로 얻은 수 $(\tilde{u}_0, \tilde{u}_1, ..., \tilde{u}_{K-1})$들과 $q = 1$일 때 나오는 수 $(\hat{u}_0, \hat{u}_1, ..., \hat{u}_{K-1})$들 사이의 간단한 관계를 찾아라.

10. [M26] (43)의 비례는 쇤하게–슈트라센 곱셈 알고리즘에서 $\hat{u}_s$와 $\hat{v}_s$의 계산 도중에, 변환 서브루틴의 패스 j에서 계산되는 모든 복소수 $A^{[j]}$의 절대값이 2^{j-k}보다 작게 됨을 보장하는 효과를 낸다.

세 번째 푸리에 변환($\hat{w}_r$의 계산) 도중에 모든 $A^{[j]}$의 절대값이 1보다 작을 것임을 보여라.

▸ **11.** [M26] n이 고정되었다고 할 때, (57)과 (58)로 정의된 선형 상호작용 배열로 n비트 수들의 곱을 계산하려면 몇 개의 자동기계들이 필요할까? (자동기계 M_j는 자신의 오른쪽 기계의 z_0^r 성분에만 영향을 받으므로, 입력들이 n비트 수들일 때 z_0 성분이 항상 0인 자동기계는 모두 제거할 수 있음을 주목할 것.)

▸ **12.** [M41] (쉰하게A. Schönhage.) 이 연습문제의 목적은 단순한 형태의 포인터 기계가 n비트 수들을 $O(n)$단계로 곱할 수 있음을 증명하는 것이다. 포인터 기계에 산술을 위한 기능이 내장되어 있는 것은 아니다. 기계는 단지 노드들과 포인터들만 다룰 수 있을 뿐이다. 각 노드는 유한한, 같은 개수의 링크 필드들을 가지며, 기계에는 유한한 개수의 링크 레지스터들이 있다. 이러한 기계가 수행할 수 있는 연산들은 다음뿐이다:

   i) 입력의 비트 하나를 읽고, 그 비트가 0이면 점프한다.

   ii) 0 또는 1을 출력한다.

   iii) 다른 레지스터의 내용 또는 어떤 한 레지스터가 가리키는 노드의 링크 필드의 내용을 레지스터에 적재한다.

   iv) 레지스터의 내용을 어떤 한 레지스터가 가리키는 노드의 링크 필드에 저장한다.

   v) 두 레지스터가 상등이면 점프한다.

   vi) 새 노드를 생성하고 한 레지스터가 그것을 가리키게 만든다.

   vii) 기계를 정지한다.

이러한 기계에서 푸리에 변환 곱셈법을 구현하라. [힌트: 우선 N이 임의의 양의 정수일 때 정수 $\{0, 1, ..., N-1\}$들을 나타내는 N개의 노드들을 생성하는 것이 가능함을 보일 것. 여기서 정수 p를 나타내는 노드는 $p+1$, $\lfloor p/2 \rfloor$, $2p$를 나타내는 노드들로의 포인터들을 가진다. 이러한 노드들을 $O(N)$단계 안에 생성하는 것이 가능하다. 다음으로, 기수 N 산술을 어렵지 않게 흉내낼 수 있음을 보여야 한다. 예를 들어 $(p+q) \bmod N$에 대한 노드를 찾는 데에는 $O(\log N)$단계가 필요하며, p와 q로의 포인터들이 주어졌을 때 $p+q \geq N$인지를 판단하는 데에도 동일한 시간이 걸린다. 그리고 곱셈은 $O(\log N)^2$단계로 흉내낼 수 있다. 이제, 고정소수점 산술 계산의 모든 수량이 기수 N 13자리 정수가 되도록 $k=l$, $m=6k$, $N=2^{\lceil m/13 \rceil}$로 두고 본문의 해당 알고리즘을 고찰한다. 마지막으로, 빠른 푸리에 변환의 각 패스를 $O(K+(N\log N)^2) = O(K)$로 수행할 수 있음을 보여야 하는데, 이에 대해서는 다음과 같은 발상을 사용할 것: 흉내내고자 하는 MIX 비슷한 컴퓨터의 워드 크기가 N이라 할 때, 변환에 필요한 K개의 배정들을 그런 컴퓨터의 명령들의 유한한 목록으로 "컴파일"할 수 있으며, 그러한 컴퓨터 K개를 위한 명령들을 우선 동일한 명령이 함께 수행되도록 정렬한다면 그런 명령들을 $O(K+(N\log N)^2)$단계 이내로 시뮬레이션할 수 있다. (두 명령의 연산 부호가 같고 레지스터 내용이 같으며 메모리 피연산자 내용이 같으면 동일한 명령이라고 간주한다.) $N^2 = O(n^{12/13})$이므로 $(N\log N)^2 = O(K)$임을 주목할 것.]

13. [M25] (쉽게 A. Schönhage.) m과 n 모두 매우 큰 값이지만 n이 m보다 훨씬 크다고 할 때, m비트 수와 n비트 수를 곱하는 데 필요한 적절한 상계를 본문의 $m = n$인 경우에 대한 논의에 근거해서 구하라.

14. [M42] 알고리즘 T를 위한 프로그램을 작성하라. 연습문제 4의 개선들도 포함시킬 것. 그 프로그램을 알고리즘 4.3.1M의 프로그램 및 (2)에 근거한 프로그램과 비교해서, 알고리즘 T가 더 나은 결과를 내기 위해서는 n이 얼마나 커야 하는지 파악하라.

15. [M49] (쿡 S. A. Cook.) 곱셈 알고리즘이 피연산수들의 $(k+1)$번째 입력 비트들을 k번째 출력 비트가 출력된 후에만 읽어 들인다면(오른쪽에서 왼쪽으로), 그런 알고리즘을 가리켜 온라인(online) 이라고 칭한다. 다양한 종류의 자동기계들에 대해 달성 가능한 가장 빠른 온라인 곱셈 알고리즘은 어떤 것인가?

▶ **16.** [25] 이산 푸리에 변환 (35)를 평가하는 데 단 $O(K \log K)$회의 산술 연산들만(심지어 K가 2의 거듭제곱이 아닐 때에도) 필요함을 증명하라. [힌트: (35)를

$$\hat{u}_s = \omega^{-s^2/2} \sum_{0 \le t < K} \omega^{(s+t)^2/2} \omega^{-t^2/2} u_t$$

형태로 다시 쓰고, 합을 하나의 합성곱으로 표현해 볼 것.]

17. [M26] 카라추바 Karatsuba의 곱셈 방안 (2)는 n자리 수들의 곱을 형성할 때 1자리 곱셈을 K_n번 수행한다. 여기서 $n \ge 1$에 대해 $K_1 = 1$, $K_{2n} = 3K_n$, $K_{2n+1} = 2K_{n+1} + K_n$이다. 이 점화식을 $n = 2^{e_1} + 2^{e_2} + \cdots + 2^{e_t}$, $e_1 > e_2 > \cdots > e_t \ge 0$일 때의 K_n에 대한 명시적 공식을 구해서 "풀어라(solve)."

▶ **18.** [M30] 이 연습문제의 목적은 (2)에 근거한 재귀적 알고리즘으로 곱셈을 수행할 때 중간 결과들을 위한 메모리를 할당하는 방안을 고안하는 것이다. 두 N자리 정수 u와 v가 주어졌으며 각 수가 N개의 연속적인 메모리 장소들에 저장되었다고 할 때, 곱 uv가 작업용 저장소의 $(3N + O(\log N))$자리 영역의 하위 $2N$자리들에 나타나도록 계산을 배치하는 방법을 보여라.

▶ **19.** [M23] 연습문제 3.2.1.1-11의 기본원리들을 만족하는 유한한 횟수의 연산들로 $uv \bmod m$을 계산하는 방법을 보여라. 한 피연산수가 다른 피연산수보다 작은지를 판정하는 방법은 이미 존재한다고 가정한다. 그리고 u와 v는 변수이나 m은 상수이다. 힌트: (2)에 나온 분해를 고려할 것.

4.4. 기수 변환

우리의 조상들이 열 "손가락(digit)"†이 아니라 두 주먹이나 손가락 여덟 개만으로 수를 세면서 산술 방법을 고안했다면 지금 여기서 이진–십진 변환 루틴을 작성하는 문제를 가지고 고민할 필요가 없었을 것이다. (그리고 아마 수체계들에 대해 그리 많이 알고 있지도 못했을 것이다.) 이번 절에서는 한 기수의 위치적 표기법으로 표현된 수를 다른 어떤 기수의 위치적 표기법으로 변환하는 문제에 대해서 논의한다. 물론 이진 컴퓨터에서 이러한 공정의 주된 용도는 십진 입력 자료를 이진 형식으로 변환하거나 이진 형식의 답을 십진 형식으로 변환하는 것이다.

A. 네 가지 기본적인 방법들. 모든 컴퓨터 의존적 연산에서 가장 중요한 것들 중 하나가 이진–십진 변환이다. 컴퓨터 설계자들이 끊임없이 자신의 하드웨어에서 그런 연산을 위한 새로운 방법을 발명하고 있다는 사실로 미루어 본다면 대단히 중요한 연산임이 틀림없다. 너무나 많은 방법들이 존재하므로, 여기서는 프로그래머가 자신의 컴퓨터들에 가장 적합한 절차를 선택하는 데 도움이 될만한, 관련된 일반적인 원리들만 논의하겠다.

부호는 나중에 쉽게 처리할 수 있으므로, 여기서는 음이 아닌 수들의 변환만 고려한다.

기수 b에서 기수 B로 변환한다고 가정하자. (혼합기수로의 일반화는 연습문제 1과 2에서 다룬다.) 대부분의 기수 변환 루틴들은 곱셈과 나눗셈에 근거하며, 다음 네 방법들 중 하나를 사용한다. 처음 두 방법은 정수(기수점이 오른쪽)들에 적용되고 나머지 둘은 분수(기수점이 왼쪽)에 적용된다. 기수 b 유한분수(유한소수) $(0.u_{-1}u_{-2}\ldots u_{-m})_b$를 기수 B 유한분수 $(0.U_{-1}U_{-2}\ldots U_{-M})_B$로 정확하게 나타내는 게 불가능한 경우가 있다. 예를 들어 십진 분수 $\frac{1}{10}$을 이진 분수로 변환하면 무한분수 $(0.0001100110011\ldots)_2$가 된다. 이 때문에 결과를 M자리로 반올림해야 하는 경우가 생긴다.

방법 1a (기수 b 산술을 이용해서 B로 나누기). 정수 u가 주어졌을 때 그것의 기수 B 표현 $(\ldots U_2U_1U_0)_B$를 다음과 같은 방법으로 얻을 수 있다: 소수 전개

$$U_0 = u \bmod B, \qquad U_1 = \lfloor u/B \rfloor \bmod B, \qquad U_2 = \lfloor \lfloor u/B \rfloor /B \rfloor \bmod B, \qquad \ldots$$

을 $\lfloor \ldots \lfloor \lfloor u/B \rfloor /B \rfloor \ldots /B \rfloor = 0$이 될 때까지 계속한다.

방법 1b (기수 B 산술을 이용해서 b로 곱하기). u의 기수 b 표현을 $(u_m \ldots u_1 u_0)_b$라고 할 때, 기수 B 산술을 이용해서 다항식 $u_m b^m + \cdots + u_1 b + u_0 = u$를

$$((\ldots(u_m b + u_{m-1})b + \cdots)b + u_1)b + u_0$$

형태로 평가할 수 있다.

---

† 〔옮긴이 주〕 이 책에서 주로 '숫자'로 번역된 영어 단어 digit는 손가락, 발가락을 뜻하는 라틴어 digitus에서 비롯된 것이다. 지금도 digit는 손가락과 발가락을 통칭하는 의미를 가진다(물론 손가락이나 발가락을 구체적으로 지칭할 때에는 finger나 toe가 주로 쓰이지만).

방법 2a (기수 b 산술을 이용해서 B로 곱하기). 분수 u가 주어졌을 때, 그것의 기수 B 표현의 숫자들 $(.U_{-1}U_{-2}...)_B$를 다음과 같은 방법으로 얻을 수 있다:

$$U_{-1} = \lfloor uB \rfloor, \qquad U_{-2} = \lfloor \{uB\}B \rfloor, \qquad U_{-3} = \lfloor \{\{uB\}B\}B \rfloor, \qquad \dots$$

여기서 $\{x\}$는 $x \bmod 1 = x - \lfloor x \rfloor$를 나타낸다. 결과를 M자리로 반올림해야 한다면 U_{-M}를 계산한 후 멈추고, 만일 $\{...\{\{uB\}B\}...B\}$가 $\frac{1}{2}$보다 크면 반드시 U_{-M}을 단위원만큼 증가시켜야 한다. (그러나 이러면 올림들이 전파될 수 있으며, 그 올림들을 답에 포함시킬 때에는 반드시 기수 B 산술을 사용해야 함을 주의할 것. 그냥 계산을 시작하기 전에 원래의 수 u에 상수 $\frac{1}{2}B^{-M}$을 더하는 방법도 있으나, 그러면 $\frac{1}{2}B^{-M}$을 컴퓨터 안에서 기수 b 수로 정확히 표현할 수 없는 경우 잘못된 답이 나올 수 있다. 더 나아가서, 만일 $b^m \geq 2B^M$이면 답이 $(1.00...0)_B$로까지 반올림될 수 있다는 점도 주목해야 한다.)

이 방법을 M이 원래의 수를 지정된 정확도로 표현하는 데 충분할 정도의 크기를 가지는 변수인 경우로 확장하는 방법이 연습문제 3에 나온다. 그런 경우 올림 문제는 발생하지 않는다.

방법 2b (기수 B 산술을 이용해서 b로 나누기). u의 기수 b 표현이 $(0.u_{-1}u_{-2}...u_{-m})_b$라고 할 때, 기수 B 산술을 이용해서 $u_{-1}b^{-1} + u_{-2}b^{-2} + \cdots + u_{-m}b^{-m}$를

$$((...(u_{-m}/b + u_{1-m})/b + \cdots + u_{-2})/b + u_{-1})/b$$

형태로 평가할 수 있다. b로 나누기에 의한 버림이나 반올림 때문에 발생할 수 있는 오차들을 통제하는 데 주의를 기울여야 한다. 그런 오차들을 무시할 수 있는 경우도 많지만, 항상 그런 것은 아니다.

요약하자면, 방법 1a, 1b, 2a, 2b는 정수를 변환하는 두 가지 방법과 분수를 변환하는 두 가지 방법을 제공한다. 그리고 b나 B의 적절한 거듭제곱들을 곱하거나 나눠서 정수와 분수를 서로 변환하는 것도 물론 가능한 일이다. 따라서 기수 변환을 고민할 때 선택할 수 있는 방법은 적어도 네 가지이다.

B. 단정도 변환. 이해를 돕기 위해 네 가지 방법을 MIX 프로그램으로 구현해 보자. MIX가 이진 컴퓨터라고 가정하고, 음이 아닌 이진 정수 u를 십진 정수로 변환하고자 한다. 즉, $b = 2$이고 $B = 10$이다. 방법 1a를 구현한다면 다음과 같은 프로그램이 될 것이다.

```
     ENT1  0              j ← 0로 설정한다.
     LDX   U
     ENTA  0              rAX ← u로 설정한다.
1H   DIV   =10=           (rA, rX) ← (⌊rAX/10⌋, rAX mod 10).       (1)
     STX   ANSWER,1       U_j ← rX.
     INC1  1              j ← j + 1.
     SRAX  5              rAX ← rA.
     JXP   1B             결과가 0이 될 때까지 반복한다. ∎
```

이 프로그램으로 M자리 답을 얻는 데에는 $18M + 4$주기가 걸린다.

방법 1a는 10으로 나누기를 사용한다. 방법 2a는 10으로 곱하기를 사용하므로 조금 더 빠르다. 그러나 방법 2a를 사용하기 위해서는 분수들을 다루어야 하며, 이 때문에 흥미로운 상황이 발생한다. 컴퓨터의 워드 크기가 w이며 $u < 10^n < w$라고 가정하자. 다음을 만족하는 q와 r을 단 한 번의 나눗셈으로 구할 수 있다.

$$wu = 10^n q + r, \qquad 0 \le r < 10^n. \tag{2}$$

이제 분수 $(q+1)/w$에 방법 2a를 적용해서 n단계로 u의 숫자들을 왼쪽에서 오른쪽으로 구할 수 있다. 왜냐하면

$$\left\lfloor 10^n \frac{q+1}{w} \right\rfloor = \left\lfloor u + \frac{10^n - r}{w} \right\rfloor = u \tag{3}$$

이기 때문이다. (이 착상은 P. A. Samet, *Software Practice & Experience* **1** (1971), 93-96에서 기인한다.)

다음은 이에 해당하는 MIX 프로그램이다.

```
        JOV    OFLO      위넘침이 꺼져 있는지 확인.
        LDA    U
        LDX    =10ⁿ=     rAX ← wu + 10ⁿ.
        DIV    =10ⁿ=     rA ← q+1, rX ← r.
        JOV    ERROR     만일 u ≥ 10ⁿ이면 점프.
        ENT1   n-1       j ← n-1로 설정.                          (4)
    2H  MUL    =10=      이제 기수점이 왼쪽에 있다고 가정하고 rA = x로 배정.
        STA    ANSWER,1  Uⱼ ← ⌊10x⌋로 설정.
        SLAX   5         x ← {10x}.
        DEC1   1         j ← j - 1.
        J1NN   2B        n > j ≥ 0에 대해 반복한다. ▮
```

이 루틴은 아까보다 약간 더 길지만 $16n + 19$주기를 소비하므로, $n = M \ge 8$일 때에는 프로그램 (1)보다 약간 더 빠르다. 그러나 선행 0들이 존재한다면 (1)이 더 빠르다.

$10^m < w < 10^{m+1}$일 때에는 지금 형태의 프로그램 (4)로 정수 $u \ge 10^m$들을 변환할 수가 없다. $n = m + 1$로 두어야 하기 때문이다. 그런 경우 $\lfloor u/10^m \rfloor$를 계산해서 u의 선행 숫자를 얻고, $n = m$으로 두어서 위와 같은 방식으로 $u \bmod 10^m$을 변환하면 된다.

답의 숫자들을 왼쪽에서 오른쪽으로 얻는다는 사실은 몇몇 응용에서는 이점이 될 수 있다(예를 들면 답을 한 번에 숫자 하나씩 출력하는 등). 따라서 분수를 사용하는 방법을 정수의 변환에 사용하는 것이 가능하다. 단, 그러면 부정확한 나눗셈 때문에 어느 정도의 수치해석이 필요해진다.

방법 1a에서 나눗셈을 피하는 것이 가능하다. 나눗셈 대신 두 번의 곱셈을 사용하면 된다. 나눗셈 기능이 내장되어 있지 않은 "보조" 컴퓨터로 기수를 변환해야 하는 경우가 종종 있으므로, 이러한 대안이 중요할 수 있다. x가 $\frac{1}{10}$의 근사값이라고 할 때, 즉

$$\frac{1}{10} < x < \frac{1}{10} + \frac{1}{w}$$

이라면, $0 \le u < w$인 한 $\lfloor ux \rfloor = \lfloor u/10 \rfloor$ 또는 $\lfloor u/10 \rfloor + 1$임을 쉽게 증명할 수 있다(연습문제 7). 따라서 $u - 10 \lfloor ux \rfloor$를 계산한다면 $\lfloor u/10 \rfloor$의 값을 구하는 것이 가능하다:

$$\lfloor u/10 \rfloor = \lfloor ux \rfloor - [u < 10 \lfloor ux \rfloor]. \tag{5}$$

이와 동시에 $u \bmod 10$도 결정된다. (5)를 이용한 변환을 구현하는 MIX 프로그램은 연습문제 8에 나온다. 그 프로그램은 숫자 당 33주기를 필요로 한다.

컴퓨터에 나눗셈뿐만 아니라 곱셈 명령도 내장되어 있지 않다고 해도, 적절한 자리이동과 덧셈들을 이용해서 방법 1a로 기수를 변환할 수 있다. 이에 대해서는 연습문제 9에서 설명한다.

방법 1b도 이진에서 십진으로의 기수 변환에 사용할 수 있으나, 그러려면 십진수체계에서 배증(doubling)을 수행해야 한다. 일반적으로 이러한 접근방식은 컴퓨터 하드웨어에서 사용하는 것이 가장 적합하다. 그러나 십진수의 배증 공정을 표 1에 나온 것처럼 이진 덧셈, 이진 자리이동, 이진 추출 또는 마스킹(비트단위 **AND**)을 이용해서 프로그래밍하는 것도 가능하다. 이러한 방법은 몽고메리Peter L. Montgomery가 제안한 것이다.

표 1
이진 부호화 십진수의 배증

연산	일반 형식	예
1. 주어진 수	$u_{11}u_{10}u_9u_8u_7u_6u_5u_4u_3u_2u_1u_0$	$0011\ 0110\ 1001 = 3\ 6\ 9$
2. 각 숫자에 3을 더한다	$v_{11}v_{10}v_9\ v_8\ v_7\ v_6\ v_5\ v_4\ v_3\ v_2\ v_1\ v_0$	$0110\ 1001\ 1100$
3. 각 상위 비트를 추출	$v_{11}\ 0\ 0\ 0\ v_7\ 0\ 0\ 0\ v_3\ 0\ 0\ 0$	$0000\ 1000\ 1000$
4. 오른쪽으로 2 자리이동하고 뺀다	$0\ v_{11}\ v_{11}\ 0\ 0\ v_7\ v_7\ 0\ 0\ v_3\ v_3\ 0$	$0000\ 0110\ 0110$
5. 원래의 수를 더한다	$w_{11}w_{10}w_9w_8w_7w_6w_5w_4w_3w_2w_1w_0$	$0011\ 1100\ 1111$
6. 원래의 수를 더한다	$x_{12}x_{11}x_{10}x_9x_8x_7x_6x_5x_4x_3x_2x_1x_0$	$0\ 0111\ 0011\ 1000 = 7\ 3\ 8$

이 방법은 개별 숫자 d를 $0 \le d \le 4$일 때에는 $2d$로, $5 \le d \le 9$일 때에는 $6 + 2d = (2d - 10) + 2^4$으로 변경한다. 이는 십진 숫자 하나 당 4비트로 부호화된 십진수를 두 배로 만드는 데 딱 필요한 만큼의 절차이다.

관련된 또 다른 착안은, 십진 형식의 2의 거듭제곱들의 표를 두고, 모의 십진 덧셈을 통해서 적절한 거듭제곱들을 더하는 것이다. 비트 조작 기법들의 개요가 7.1절에 나온다.

마지막으로, 심지어 방법 2b도 이진 정수에서 십진 정수로 변환하는 데 사용할 수 있다. (2)에서처럼 q를 구하고, 방금 설명한 배증 절차와 비슷한 "반감(halving)" 절차(연습문제 10)를 이용해서 $q+1$을 w로 나누는 십진 나눗셈을 흉내내는 것이 가능하다(답의 기수점 오른쪽에 오직 처음 n자리들만 유지됨). 이런 상황에서 방법 2b가 앞서 설명한 다른 세 방법보다 더 나을 것은 없지만, 어쨌든 앞에서 말했던 "한 기수의 정수를 다른 기수의 정수로 변환하는 데 적어도 네 개의 서로 다른 방법들이 존재한다"는 점은 확인이 되었다.

그럼 십진에서 이진으로의 변환(즉, $b = 10$, $B = 2$)을 살펴보자. 방법 1a는 십진 2 나누기를 흉내낸다. 이것이 실행 가능한 방법이긴 하지만(연습문제 10 참고), 기본적으로는 프로그램이 아니라 하드웨어에서 사용하는 것이 적합하다.

방법 1b는 대다수의 경우에서 십진-이진 변환을 위한 가장 실용적인 방법이다. 다음 MIX 코드는 변환할 수 $(u_m \cdots u_1 u_0)_{10}$이 적어도 두 자리이며 $10^{m+1} < w$라고 가정한다(위넘침 문제를 피하기 위한 것이다).

```
      ENT1  M-1        j ← m − 1로 설정.
      LDA   INPUT+M    U ← u_m으로 설정.
1H    MUL   =10=
      SLAX  5                                              (6)
      ADD   INPUT,1    U ← 10U + u_j.
      DEC1  1
      J1NN  1B         m > j ≥ 0에 대해 반복. ∎
```

10으로 곱하기를 자리이동과 덧셈으로 대신할 수도 있다.

곱셈과 덧셈 $m - 1$회 대신 약 $\lg m$번의 곱셈, 추출, 덧셈을 사용하는, 더 까다롭지만 빠를 수도 있는 방법을 연습문제 19에서 이야기한다.

십진 분수 $(0.u_{-1}u_{-2}\cdots u_{-m})_{10}$을 이진 형식으로 변환하는 문제에 대해서는 방법 2b를 사용할 수도 있으나, 먼저 방법 1b로 정수 $(u_{-1}u_{-2}\cdots u_{-m})_{10}$을 변환한 후 10^m으로 나누는 방법이 더 일반적이다.

C. 필산법. 컴퓨터 프로그래머가 수들을 손으로 직접 변환해야 하는 경우도 종종 생긴다. 초등학교에서 가르치지 않는 주제이므로 여기서 간략하게 살펴보는 것도 좋을 것이다. 십진과 8진 표기 사이의 변환을 위한 간단한 필산법들은 배우기도 쉬우므로 좀 더 널리 알려졌으면 좋겠다.

8진 정수를 십진으로 변환. 가장 간단한 변환은 8진에서 십진으로의 변환이다. 이 기법이 Walter Soden, *Math. Comp.* **7** (1953), 273-274에서 처음으로 발표된 것은 명백하다. 변환 방법은 이렇다. 우선 주어진 8진수를 종이에 적는다. 그런 다음 k번째 단계에서 십진 산술을 이용해 k개의 선행 숫자들을 두 배로 만들고, 그 결과를 역시 십진 산술을 이용해서 $k+1$개의 선행 숫자들에서 뺀다. 이러한 과정을 주어진 수가 $m+1$자리라 할 때 m단계까지 수행하고 멈춘다. 다음이 이러한 방법의 예인데, 혼동을 피하기 위해서 배증되는 숫자들 뒤에 소수점을 추가했다.

예제 1. $(5325121)_8$을 십진으로 변환.

$$
\begin{array}{r}
5.3\ 2\ 5\ 1\ 2\ 1 \\
-\ 1\ 0 \\ \hline
4\ 3.2\ 5\ 1\ 2\ 1 \\
-\ 8\ 6 \\ \hline
3\ 4\ 6.5\ 1\ 2\ 1 \\
-\ 6\ 9\ 2 \\ \hline
2\ 7\ 7\ 3.1\ 2\ 1 \\
-\ 5\ 5\ 4\ 6 \\ \hline
2\ 2\ 1\ 8\ 5.2\ 1 \\
-\ 4\ 4\ 3\ 7\ 0 \\ \hline
1\ 7\ 7\ 4\ 8\ 2.1 \\
-\ 3\ 5\ 4\ 9\ 6\ 4 \\ \hline
1\ 4\ 1\ 9\ 8\ 5\ 7
\end{array}
$$

답: $(1419857)_{10}$.

계산이 제대로 되었는지를 점검하는 데 비교적 좋은 방법으로 "9 나머지 점검(casting out nines)"이 있다. 간단히 설명하자면, 한 십진수의 숫자들의 합은 반드시 해당 8진수의 숫자들을 제일 오른쪽 숫자 앞에 더하기 기호가 붙게 해서 번갈아 더하고 뺀 결과와 9를 법으로 해서 합동이어야 한다는 것이다. 위의 예에서 십진수 숫자들의 합은 $1+4+1+9+8+5+7=35$이고 8진수 숫자들을 번갈아 더하고 뺀 것은 $1-2+1-5+2-3+5=-1$이다. 둘의 차이는 9의 배수인 36이므로 계산이 제대로 된 것이다. 만일 변환 결과가 이 판정에 실패한다면, 같은 판정을 k번째 단계 이후의 $k+1$개의 선행 숫자들에 적용해 보면서 "이진 검색" 절차를 이용해 실수를 범한 곳을 찾아낼 수 있다. 다른 말로 하면, 우선 계산의 중간 단계의 결과를 점검하고, 그것이 정확한지의 여부에 따라 계산의 앞쪽 절반 또는 뒤쪽 절반에 대해 같은 절차를 반복하는 것이다.

"9 나머지 점검" 절차는 오직 89퍼센트 정도만 신뢰할 수 있다. 왜냐하면 9분의 1의 경우로 두 무작위 정수의 차이가 9의 배수이기 때문이다. 더 나은 점검 방법은 답을 반대의 변환 절차를 이용해서 다시 8진수로 변환하는 것이다. 그럼 그러한 변환 방법을 살펴보자.

십진 정수를 8진수로 변환. 반대의 변환 역시 비슷한 방식으로 이루어진다: 주어진 십진수를 종이에 적는다. k번째 단계에서 k개의 선행 숫자들을 8진 산술을 이용해서 배증하고, 그것들을 $k+1$개의 선행 숫자들에 8진 산술을 이용해서 더한다. 이러한 과정을 주어진 수가 $m+1$자리라고 할 때 m단계까지 수행하고 멈춘다.

예제 2. $(1419857)_{10}$을 8진수로 변환.

$$
\begin{array}{r}
1.4\;1\;9\;8\;5\;7 \\
+\quad 2 \\
\hline
1\;6.1\;9\;8\;5\;7 \\
+\quad 3\;4 \\
\hline
2\;1\;5.9\;8\;5\;7 \\
+\quad 4\;3\;2 \\
\hline
2\;6\;1\;3.8\;5\;7 \\
+\quad 5\;4\;2\;6 \\
\hline
3\;3\;5\;6\;6.7 \\
+\quad 6\;7\;3\;5\;4 \\
\hline
4\;2\;5\;2\;4\;1.7 \\
+\;1\;0\;5\;2\;5\;0\;2 \\
\hline
5\;3\;2\;5\;1\;2\;1
\end{array}
$$

답: $(5325121)_8.$

(이 8진 계산에 비8진 숫자 8과 9가 끼어듦을 주목할 것.) 답은 앞에서 논의했던 방식으로 점검할 수 있다. 이 방법은 Charles P. Rozier, *IEEE Trans.* **EC-11** (1962), 708–709에서 처음 발표되었다.

지금까지 살펴본 두 방법들은 본질적으로 일반적 기수 변환 절차들의 방법 1b에 해당한다. 십진 표기법에서의 배증 및 뺄셈은 $10 - 2 = 8$로 곱하는 것과 비슷하며, 8진 표기법에서의 배증 및 덧셈은 $8 + 2 = 10$으로 곱하는 것과 비슷하다. 16진/십진 변환에 대해서도 비슷한 방법이 존재하나, 2가 아니라 6으로 곱하기가 관여하므로 약간 더 어렵다.

이 두 방법들을 좀 더 직관적으로 기억하는 한 가지 방법은 이렇다: 8진에서 십진으로 갈 때에 뺄셈을 사용한다는 것은 한 수의 십진 표현이 8진 표현보다 작다는 점으로 기억하면 된다. 십진에서 8진으로 갈 때 덧셈을 사용하는 것 역시 마찬가지 방식으로 기억하면 된다. 그리고 어떤 기수의 산술을 사용하는가는, 주어진 수의 기수가 아니라 답의 기수의 산술을 사용한다고(그렇게 하지 않으면 원하는 답을 얻을 수 없으므로) 외우면 된다.

분수의 변환. 분수를 손으로 변환하는 것에 대해서는 정수만큼 빠른 방법이 아직 알려져 있지 않다. 최선의 방법은 방법 2a를 손으로 수행하되 배증과 덧셈 또는 뺄셈을 이용해서 10이나 8로 곱하기를 단순화하는 것이다. 이 경우에는 덧셈-뺄셈 조건이 뒤집힌다. 즉, 십진으로 변환할 때에는 덧셈을, 8진으로 변환할 때에는 뺄셈을 사용한다. 또한 답의 기수가 아니라 주어진 입력 수의 기수를 사용한다 (연습문제 3과 4 참고). 분수 변환 공정은 정수에 사용한 방법보다 약 두 배 정도 어렵다.

예제 3. $(.14159)_{10}$을 8진수로 변환.

$$
\begin{array}{r}
.1\,4\,1\,5\,9 \\
2\,8\,3\,1\,8\,- \\
\hline
1.1\,3\,2\,7\,2 \\
2\,6\,5\,4\,4\,- \\
\hline
1.0\,6\,1\,7\,6 \\
1\,2\,3\,5\,2\,- \\
\hline
0.4\,9\,4\,0\,8 \\
9\,8\,8\,1\,6\,- \\
\hline
3.9\,5\,2\,6\,4 \\
1\,9\,0\,5\,2\,8\,- \\
\hline
7.6\,2\,1\,1\,2 \\
1\,2\,4\,2\,2\,4\,- \\
\hline
4.9\,6\,8\,9\,6
\end{array}
$$

답: $(.110374\ldots)_8$.

예제 4. $(.110374)_8$을 십진수로 변환.

$$
\begin{array}{r}
.1\,1\,0\,3\,7\,4 \\
2\,2\,0\,7\,7\,0\,+ \\
\hline
1.3\,2\,4\,7\,3\,0 \\
6\,5\,1\,6\,6\,0\,+ \\
\hline
4.1\,2\,1\,1\,6\,0 \\
2\,4\,2\,3\,4\,0\,+ \\
\hline
1.4\,5\,4\,1\,4\,0 \\
1\,1\,3\,0\,3\,0\,0\,+ \\
\hline
5.6\,7\,1\,7\,0\,0 \\
1\,5\,6\,3\,6\,0\,0\,+ \\
\hline
8.5\,0\,2\,6\,0\,0 \\
1\,2\,0\,5\,4\,0\,0\,+ \\
\hline
6.2\,3\,3\,4\,0\,0
\end{array}
$$

답: $(.141586\ldots)_{10}$.

D. 부동소수점 변환. 부동소수점 값을 변환할 때에는 지수부와 분수부 모두를 동시에 다룰 필요가 있다. 왜냐하면 지수의 변환이 분수부에 영향을 미치기 때문이다. 수 $f \cdot 2^e$을 십진수로 변환한다고 할 때, 2^e을 $F \cdot 10^E$ 형식으로 표현하고(보통 보조표를 수단으로 해서) 그런 다음 Ff를 십진으로 바꿀 수도 있다. 아니면 e에 $\log_{10}2$를 곱하고 이를 가장 가까운 정수 E로 반올림한 후 $f \cdot 2^e$을 10^E으로 나누고 그 결과를 변환해도 된다. 반대로, 수 $F \cdot 10^E$을 이진수로 바꾸는 경우에는 F를 변환하고 거기에 부동소수점 수 10^E을 곱하는(역시 보조표들을 이용해서) 방법이 있다. 여러 번의 곱셈 또는/그리고 나눗셈을 이용해서 보조표들의 최대 크기를 줄이는 것은 물론 가능하나, 그러면

반올림 오차가 전파될 수 있다. 연습문제 17은 오차의 최소화를 고찰한다.

E. 다중 정밀도 변환. 엄청나게 긴 수들을 변환할 때에는 우선 숫자들을 단정도 기법들로 다룰 수 있는 크기의 블록들로 묶어서 변환한 다음 그 블록들을 간단한 다중 정밀도 기법들을 이용해서 합치는 방법이 가장 편리하다. 예를 들어 10^n이 컴퓨터 워드 크기보다 작은(,) 가장 큰 10의 거듭제곱이라고 하자. 그러면:

a) 다중 정밀도 정수를 이진에서 십진으로 변환하려면, 그 정수를 10^n으로 반복해서 나눈다(즉, 방법 1a를 이용해서 이진에서 기수 10^n으로 변환). 단정도 연산들은 기수 10^n 표현의 각 자리에 대해 십진 n자리 결과를 낸다.

b) 다중 정밀도 분수를 이진에서 십진으로 변환하려면, 그 수를 10^n으로 반복해서 곱한다(즉, $B = 10^n$로 두고 방법 2a를 적용).

c) 다중정밀도 정수를 십진에서 이진으로 변환하려면, 먼저 숫자 n개짜리 블록들을 변환하고 그런 다음 방법 1b를 이용해서 기수 10^n에서 이진으로의 변환을 적용한다.

d) 다중 정밀도 분수를 십진에서 이진으로 변환하려면, 우선 (c)에서처럼 기수 10^n으로 변환한 후 방법 2b를 적용한다.

F. 역사 및 문헌정보. 암묵적으로 기수 변환 기법들은 무게, 길이, 화폐 단위를 다루는 고대의 문제들에서 기원한다. 그런 문제들에는 일반적으로 혼합기수 체계들이 관여했다. 변환을 용이하게 수행하기 위한 목적으로 보조표들을 만들어서 사용하는 경우도 많았다. 십진 분수 대신 60진 분수들이 쓰였던 17세기에는, 기존의 천문학 수치표 책을 사용하기 위해서 그 두 체계 사이의 변환이 필요했다. 60진 분수와 십진 분수 사이의 변환을 위한 체계적인 방법은 오트레드William Oughtred의 책 *Clavis Mathematicæ*의 1667년도 판 6장 18절에서 소개되었다. (원래의 1631년도 판에는 나오지 않았다.) 변환 규칙들은 이미 사마르칸트의 알카시al-Kashi의 책 *Key to Arithmetic* (1427)에 나와 있었으며, 그 책에서는 방법 1a, 1b, 2a도 명확하게 설명하고 있다 [*Istoriko-Mat. Issled.* **7** (1954), 126-135]. 그러나 유럽에는 그 방법들이 알려지지 않았다. 18세기 미국 수학자 존스Hugh Jones는 8진/십진 변환들을 설명할 때 "8진화(octavation)"과 "십진화(decimation)"라는 용어를 사용했으나, 그의 방법들이 그 용어들만큼이나 현명하지는 않았다. 르장드르A. M. Legendre는 양의 정수들을 반복적으로 64로 나누면 쉽게 이진 형식으로 변환할 수 있음을 지적했다 [*Théorie des Nombres* (Paris: 1798), 229].

1946년에 골드스타인H. H. Goldstine과 폰노이만J. von Neumann은 그들의 고전적 논문집 *Planning and Coding Problems for an Electronic Computing Instrument*에서 기수 변환에 대한 탁월한 고찰을 제시했는데, 이진 산술의 사용을 정당화하기 위해서는 그러한 고찰이 필요했다. John von Neumann, *Collected Works* 5 (New York: Macmillan, 1963), 127-142를 볼 것. 이진 컴퓨터에서의 기수 변환에 대한 또 다른 초기 논의로는 다소 생소한 방법이 제안되어 있는 F. Koons, S. Lubkin, *Math. Comp.* **3** (1949), 427-431가 있다. 얼마 후에는 바우어F. L. Bauer와

자멜존Samelson이 부동소수점 변환에 대한 최초의 논의를 발표하게 된다 〔*Zeit. für angewandte Math. und Physik* **4** (1953), 312-316〕.

비슷하게, 역사적으로 흥미로운 논문들을 들자면: 레이크G. T. Lake는 한 초고에서 변환을 위한 몇 가지 하드웨어적 기법들과 명료한 예들을 언급했다 〔*CACM* **5** (1962), 468-469〕. 스트라우드A. H. Stroud와 시크레스트D. Secrest는 다중 정밀도 부동소수점 수들의 변환을 논의했다 〔*Comp. J.* **6** (1963), 62-66〕. 정규화되지 않은 부동소수점 수들을 해당 표현이 함의하는 "유효숫자"들을 보존하는 방식으로 변환하는 것에 대해서는 캐너H. Kanner 〔*JACM* **12** (1965), 242-246〕와 메트로폴리스N. Metropolis 및 아셴허스트R. L. Ashenhurst 〔*Math. Comp.* **19** (1965), 435-441〕가 논의했다. 또 K. Sikdar, *Sankhyā* **B30** (1968), 315-334, 그의 논문에 언급된 참고문헌들도 볼 것.

C 프로그래밍 언어로 작성된, 정수, 부동소수점 수들의 서식화된 정수 입력, 출력들을 위한 상세한 서브루틴들이 P. J. Plauger, *The Standard C Library* (Prentice-Hall, 1992), 301-331에 나온다.

연습문제

▶ **1.** 〔25〕 방법 1b를 임의의 혼합기수 표기법들에 대해 작동하도록, 즉 $0 \le j < m$, $0 \le J < M$에 대해 $0 \le a_j < b_j$이고 $0 \le A_J < B_J$이라 할 때

$$a_m b_{m-1} \dots b_1 b_0 + \dots + a_1 b_0 + a_0 을 \quad B_{M-1} \dots B_1 B_0 + \dots + A_1 B_0 + A_0 으로$$

변환할 수 있도록 일반화하라.

손으로 "3일 9시간 12분 37초"를 롱톤(long tons), 헌드레드웨이트(hundredweights), 스톤(stone), 파운드(pound), 온스(ounce) 단위로 변환하는 문제를 통해서 그 일반화를 예시하라. (1초가 1온스라고 가정할 것. 영국식 계량법에서 1 스톤 = 14 파운드, 1 헌드레드웨이트 = 8 스톤, 1 롱톤 = 20 헌드레드웨이트이다.) 다른 말로 하면 $b_0 = 60$, $b_1 = 60$, $b_2 = 24$, $m = 3$, $B_0 = 16$, $B_1 = 14$, $B_2 = 8$, $B_3 = 20$, $M = 4$로 두고, $3 b_2 b_1 b_0 + 9 b_1 b_0 + 12 b_0 + 37 = A_4 B_3 B_2 B_1 B_0 + A_3 B_2 B_1 B_0 + A_2 B_1 B_0 + A_1 B_0 + A_0$이 되는 적절한 범위의 $A_4, \dots, A_0$를 방법 1b를 일반화하는 체계적인 방법으로 구하라. (모든 산술은 하나의 혼합기수 체계 안에서 수행되어야 한다.)

2. 〔25〕 연습문제 1에서처럼 방법 1a를 혼합 기수 표기법들에 대해 작동하도록 일반화하고, 연습문제 1에 나온 변환 문제를 손으로 직접 풀어서 그 일반화를 예시하라.

▶ **3.** 〔25〕 (타란토D. Taranto.) 분수들을 변환할 때, 답의 숫자가 몇 개인지를 판단하는 명백한 방법은 없다. 다음과 같은 변환을 수행할 수 있도록 하는 방법 2a의 간단한 일반화를 제시하라: 0에서 1 사이의 기수 b 양의 분수 u와 ϵ이 주어졌을 때 u에 해당하는 반올림된 B진수 U로 변환한다. 여기서 U의 기수점 오른쪽에는 $|U - u| < \epsilon$임을 보장하기에 딱 충분한 개수의 숫자들만 존재해야 한다. (구체적으로는, 만일 u가 b^{-m}의 배수이고 $\epsilon = b^{-m}/2$이라면, U의 값들은 U와 m이 주어졌을 때 u를 정확히 복원하기에 충분한 숫자들만 가져야 한다. M이 0일 수도 있음을 주의할 것. 예를

들어 만일 $\epsilon \le \frac{1}{2}$ 이고 $u > 1 - \epsilon$ 이면 적절한 답은 $U = 1$ 이다.)

4. [M21] (a) 유한한 이진 표현이 존재하는 모든 실수에는 유한한 십진 표현도 존재한다. (b) 유한한 기수 b 표현을 가진 모든 실수는 유한한 기수 B 표현도 가짐을 필요충분조건으로 하는, 양의 정수 b 와 B 에 대한 간단한 조건을 찾아라.

5. [M20] c 가 10 이외의 어떤 상수라 할 때, 프로그램 (4)에서 명령 "LDX $=10^n=$"를 "LDX $=c=$" 로 대체해도 프로그램이 제대로 작동함을 보여라.

6. [30] b 나 B 가 -2 일 때의 방법 1a, 1b, 2a, 2b를 논하라.

7. [M18] $0 < \alpha \le x \le \alpha + 1/w$ 이고 정수 u 가 $0 \le u \le w$ 라고 할 때, $\lfloor ux \rfloor$ 가 $\lfloor \alpha u \rfloor$ 또는 $\lfloor \alpha u \rfloor + 1$ 과 같음을 증명하라. 더 나아가서 만일 $u < \alpha w$ 이고 α^{-1} 이 정수이면 정확히 $\lfloor ux \rfloor = \lfloor \alpha u \rfloor$ 임을 증명하라.

8. [24] 프로그램 (1)과 비슷하되 (5)를 사용하며 나누기 명령은 전혀 사용하지 않는 MIX 프로그램 을 작성하라.

▸ **9.** [M29] 이 연습문제의 목적은 이진 자리이동과 덧셈 연산만 사용해서 $\lfloor u/10 \rfloor$ 를 계산하는 것이다. 여기서 u 는 음이 아닌 정수이다. $v_0(u) = 3\lfloor u/2 \rfloor + 3$ 이며

$$k \ge 0 \text{에 대해} \qquad v_{k+1}(u) = v_k(u) + \lfloor v_k(u)/2^{2^{k+2}} \rfloor$$

이라고 하자. $\lfloor v_k[u]/16 \rfloor \ne \lfloor u/10 \rfloor$ 인 가장 작은 음이 아닌 정수 u 는 무엇인가?

10. [22] 표 1은 이진 형식으로 부호화된 십진수를 이진 컴퓨터에서 다양한 자리이동, 추출, 덧셈 연산들을 이용해서 배증할 수 있음을 보여준다. 이진 부호화 십진수의 절반을 계산하는(주어진 수가 홀수이면 나머지는 버린다) 비슷한 방법을 제시하라.

11. [16] $(57721)_8$ 을 십진수로 변환하라.

▸ **12.** [22] 3진 정수를 십진수로 변환하는 빠른 필산법을 고안하고, $(1212011210210)_3$ 을 십진수로 변환하는 문제로 그 방법을 예시하라. 십진수를 3진수로 변환하는 방법과 예도 제시할 것.

▸ **13.** [25] 장소 U + 1, U + 2, ..., U + m 에 다중 정밀도 분수 $(.u_{-1}u_{-2}\ldots u_{-m})_b$ 가 들어 있다고 하자. 여기서 b 는 MIX 컴퓨터의 워드 크기이다. 이 분수를 십진 표기법으로 변환하되 소수 180 자리까지만 남기고 그 이하의 숫자들은 버리는 MIX 루틴을 작성하라. 루틴은 답을 숫자 9개짜리 블록 20 개가 빈칸으로 구분된 형태의 두 줄로 출력해야 한다. (CHAR 명령을 사용할 것.)

▸ **14.** [M27] (쉰하게 A. Schönhage.) 본문에 나온 다중 정밀도 정수 변환 루틴들은 n 자리 정수를 변환하는 데 n^2 규모의 수행 시간을 소비한다(여기서 n 은 큰 수). n 자리 십진 정수를 $O(M(n)\log n)$ 단계 이내로 이진 표기법으로 변환할 수 있음을 보여라. 여기서 $M(n)$ 은 "매끈함(smoothness, 평활도) 조건" $M(2n) \ge 2M(n)$ 을 만족하는, n 비트 이진수들을 곱하는 데 필요한 단계 개수의 상계이다.

15. 〔M47〕 연습문제 14에 주어진 큰 정수들을 변환하는 데 필요한 시간의 상계를 크게 낮추는 게 가능할까? (연습문제 4.3.3-12 참고.)

16. 〔41〕 십진에서 이진으로의 기수 변환을 위한 빠른 선형 상호작용 배열(4.3.3E절 참고)을 구축하라.

17. 〔M40〕 p자리 십진수를 P자리 이진수로 변환하는, 그리고 그 반대의 변환을 수행하는 "이상적인" 부동소수점 변환 서브루틴들을 설계하라. 두 경우 모두 4.2.2절의 의미에서의 진정한 반올림된 결과를 내야 한다.

18. 〔HM34〕 (메이툴러David W. Matula.) $\text{round}_b(u, p)$가 u에 대한 최상의(4.2.2절의 의미에서) p자리 기수 b 부동소수점 근사값을 내는 b, u, p의 함수라고 하자. $\log_B b$가 무리수이며 지수들의 범위가 무제한이라고 할 때, 모든 p자리 기수 b 부동소수점 수에 대해

$$u = \text{round}_b(\text{round}_B(u, P), p)$$

가 성립할 필요충분조건이 $B^{P-1} \geq b^p$임을 증명하라. (다른 말로 하면, 입력 u를 독립적인 기수 B로 변환하는 "이상적인" 입력 변환을 수행한 후 그 결과에 "이상적인" 출력 변환을 적용했을 때 항상 u가 나오기 위한 필요충분조건은 중간 정밀도 P가 앞에 나온 공식을 만족할 정도로 충분히 크다는 것이다.)

19. 〔M23〕 십진수 $u = (u_7 \ldots u_1 u_0)_{10}$을 이진 부호화 십진수 $U = (u_7 \ldots u_1 u_0)_{16}$으로 표현한다고 하자. 연산 $U \leftarrow U - c_i(U \mathbin{\&} m_i)$를 $i = 1, 2, 3$에 대해 반복하면 U가 u의 이진 표현으로 변환되게 하는 적절한 상수 c_i들과 마스크 m_i들을 구하라. 여기서 "&"는 추출(비트단위 AND)을 의미한다.

4.5. 유리수 산술

어떤 수치 문제의 답이 "0.333333574"로 출력되는 부동소수점 수가 아니라 정확히 1/3임을 아는 것이 중요한 때가 있다. 분수의 근사값이 아니라 분수 자체에 대해 산술을 수행한다면 여러 계산들을 반올림 오차가 누적되는 일이 전혀 없이 수행할 수 있다. 이런 산술의 결과에서는 부동소수점 계산에서는 느끼기 힘든 "확실함"이라는 안도감을 얻을 수 있다. 이는 계산의 정확도를 더 이상 개선할 수 없음을 의미한다.

무리는 만악의 제곱근원.[†]

—— 호프스태터DOUGLAS HOFSTADTER, *Metamagical Themas* (1983)

4.5.1. 분수

분수 산술이 바람직한 경우, 수들을 정수들의 쌍 (u/u')로 표현할 수 있다. 여기서 u와 u'은 서로 소이고 $u' > 0$이다. 수 0은 $(0/1)$으로 표현한다. 이런 형태에서 오직 $u = v$이고 $u' = v'$일 때에만 $(u/u') = (v/v')$이다.

분수들의 곱셈은 물론 쉽다. $(u/u') \times (v/v') = (w/w')$를 구하기 위해서는 그냥 uv와 $u'v'$을 계산하면 된다. 두 곱 uv와 $u'v'$가 서로 소가 아닌 경우라면 $d = \gcd(uv, u'v')$를 구해서 $w = uv/d$, $w' = u'v'/d$로 두면 원하는 답이 된다. (연습문제 2 참고.) 최소공약수(greatest common divisor, 줄여서 gcd)를 구하는 효율적인 알고리즘은 4.5.2절에서 이야기한다.

분수들의 또 다른 곱셈 방법은 $d_1 = \gcd(u, v')$, $d_2 = \gcd(u', v)$를 구하고 $w = (u/d_1)(v/d_2)$, $w' = (u'/d_2)(v'/d_1)$를 구하는 것이다. (연습문제 3 참고.) 이 방법에서는 gcd를 두 번 구해야 하지만, 앞의 방법보다 아주 느리지는 않다. gcd 계산 공정은 본질적으로 그 입력들의 로그에 비례하는 횟수의 반복 계산으로 구성되며, 따라서 d_1과 d_2 모두를 평가하는 데 필요한 총 반복 회수는 d 하나를 구하는 계산에 필요한 반복 횟수와 본질적으로 같다. 더 나아가서 d_1와 d_2의 각 반복이 더 빠를 수도 있다. 왜냐하면 d에 비해 조사할 수들이 더 적기 때문이다. 만일 u, u', v, v'이 단정도 수량들이라면 이 방법은 답 w와 w' 모두를 단정도 형식으로 표현하는 게 불가능한 경우만 제외하고는 계산에서 배정도 수들이 나타나지 않는다는 장점을 가진다. 나눗셈 역시 비슷한 방식으로 수행할 수 있다. 연습문제 4를 볼 것.

[†] 〔옮긴이 주〕 원문은 "Irrationality is the square root of all evil."로, 단어를 교묘하게 사용한 재미있는 문장이다. 우선, Irrationality는 단어 irrational이 '비율로 나타낼 수 없다'는 뜻과 비합리적이라는 뜻을 모두 가지고 있다는 점을 이용해서 '무비율성'으로도, '무리성(비합리성)'으로도 해석할 수 있게 만든 것이다. 참고로 무리수에 해당하는 irrational number는 전자의 의미, 즉 두 정수의 비율로 나타낼 수 없는 수라는 뜻이다. (따라서 제1권에서도 역주로 언급했듯이 무리수라는 용어는 잘못된 용어이다. 유리수도 마찬가지.) 그리고 square root of all evil은 root 앞에 square를 붙여 수학 용어 square root(제곱근)을 형성함으로써 흔히 쓰이는 표현인 root of all evil(만악의 근원)에 수학적인 향기를 더한 것이라고 할 수 있다. 번역문 자체는 그냥 무리하지 말라는 뜻으로 받아들여도 무방하다(물론 이번 절의 주제와는 멀어지겠지만).

덧셈과 뺄셈은 약간 더 복잡하다. 명백한 방법은 $(u/u') \pm (v/v') = ((uv' \pm u'v)/u'v')$로 두고, 첫 번째 곱셈 방법에서처럼 $d = \gcd(uv' \pm u'v, u'v')$의 계산을 통해서 우변의 분수를 기약분수로 약분하는 것이다. 그러나 이 경우에도 그런 큰 수들을 피하는 것이 가능하다: 우선 $d_1 = \gcd(u', v')$을 계산한다. 만일 $d_1 = 1$이면 바람직한 분자, 분모는 $w = uv' \pm u'v$와 $w' = u'v'$이다. (정리 4.5.2D에 의해, 분모 u'과 v'이 무작위로 분포된다고 할때 d_1는 약 61퍼센트의 경우에서 1이 된다. 따라서 $d_1 = 1$인 경우를 먼저 따로 처리하는 것이 현명하다.) 만일 $d_1 > 1$이면 $t = u(v'/d_1) \pm v(u'/d_1)$로 두고 $d_2 = \gcd(t, d_1)$을 계산한다. 그러면 최종적인 답은 $w = t/d_2$, $w' = (u'/d_1)(v'/d_2)$이다. (연습문제 6은 이 w, w' 값들이 서로 소임을 증명한다.) 단정도 수들이 입력되는 경우 이 방법은 오직 단정도 연산들만 사용한다. 단, t가 배정도 또는 그보다 더 큰 정밀도의 수가 될 수도 있다(연습문제 7). $\gcd(t, d_1) = \gcd(t \bmod d_1, d_1)$이므로 d_2의 계산에 배정도가 필요하지는 않다.

예를 들어 $(7/66) + (17/12)$을 계산한다고 하자. 우선 $d_1 = \gcd(66, 12) = 6$을 구한다. 그런 다음 $t = 7 \cdot 2 + 17 \cdot 11 = 201$로 두고 $d_2 = \gcd(201, 6) = 3$을 구한다. 답은:

$$\frac{201}{3} \bigg/ \left(\frac{66}{6} \cdot \frac{12}{3} \right) = 67/44.$$

유리수 산술을 위한 서브루틴의 점검을 돕는 방법으로는, 알려진 역행렬을 가진 행렬(이를테면 연습문제 1.2.3-41에 나오는 코시 행렬)의 역행렬을 구해서 실제 역행렬과 비교하는 방식이 권장된다.

분수 계산들을 시도해 보면 수들이 아주 커지는 경우가 자주 발생함을 알 수 있다. 따라서 각 분수 (u/u')에 대해 u와 u'가 단정도 수들이 되게 하려는 경우에는 각 덧셈, 뺄셈, 곱셈, 나눗셈 서브루틴들 각각에 위넘침 판정을 포함시키는 것이 중요하다. 완전한 정확도가 중요한 수치적 문제에서는 분자와 분모로 임의의 정밀도의 수를 사용할 수 있는 일단의 분수 산술 서브루틴들이 매우 유용하다.

이번 절의 방법들은 유리수 이외의 다른 수 분야들로도 확장된다. 예를 들어 $\gcd(u, u', u'') = 1$이고 $u'' > 0$인 정수 u, u', u''으로 이루어진 $(u + u'\sqrt{5})/u''$ 형태의 수량들에 대한 산술도 가능하다. 또는 $(u + u'\sqrt[3]{2} + u''\sqrt[3]{4})/u'''$ 형태의 수량 등에도 가능하다.

분수들을 이용한 정확한 계산 대신 "고정슬래시(fixed slash)" 또는 "부동슬래시(floating slash)" 수들을 다루는 계산도 흥미로울 것이다. 고정, 부동슬래시 수는 고정, 부동소수점 수와 비슷하나 기수점을 가진 분수(소수) 대신 유리 분수를 기반으로 한 것이다. 이진 고정 슬래시 방안에서, 표현 가능한 분수의 분자, 분모는 각각 어떤 주어진 p에 대해 최대 p비트로 구성된다. 부동 슬래시 방안에서는 분자 비트들과 분모 비트들의 합이 반드시 어떤 주어진 q에 대해 최대 q비트이어야 한다. 그와 함께, 부동슬래시 표현에는 q개의 비트들 중에서 분자에 속하는 비트가 몇 개인지를 알려주는 필드가 존재한다. 무한대는 $(1/0)$로 표현하면 된다. 그런 수들의 산술을 위해 $x \oplus y = \text{round}(x + y)$, $x \ominus y = \text{round}(x - y)$ 등으로 정의하자. 여기서 x가 표현 가능한 수이면 $\text{round}(x) = x$이고, 그렇지 않으면 $\text{round}(x)$는 x 앞, 뒤의 두 표현 가능 수들 중 하나이다.

언뜻 본다면 round(x)의 정의로 가장 좋은 것은 부동소수점의 반올림에서처럼 x에 가장 가까운 표현 가능한 수를 택하는 것이 될 것이다. 그러나 경험에 의하면 x 주변의 두 수 중에서 더 가까운 수보다는 더 "간단한" 수를 택하는 것이 최선이다. 왜냐하면 분자, 분모가 작은 분수가 복잡한 분수보다 훨씬 더 자주 나타나기 때문이다. $\frac{127}{255}$로 반올림되는 수들보다는 $\frac{1}{2}$로 반올림되는 수들이 더 많은 편이 바람직하다. 실용 측면에서 가장 성공적으로 판명된 반올림 규칙은 "메디안트 반올림(mediant rounding)"이라고 하는 것이다. (u/u')과 (v/v')이 인접한 표현 가능 수들일 때, 즉 $u/u' \le x \le x \le v/v'$이면 항상 round$(x)$가 (u/u')이나 (v/v')과 상등일 때, 메디안트 반올림 규칙은 다음과 같이 정의된다.

$$x < \frac{u+v}{u'+v'} \text{이면} \quad \text{round}(x) = \frac{u}{u'}, \quad x > \frac{u+v}{u'+v'} \text{이면} \quad \text{round}(x) = \frac{v}{v'}. \quad (1)$$

만일 정확히 $x = (u+v)/(u'+v')$이면 round(x)를 분모가 가장 작은 이웃 분수로(또는, 만일 $u' = v'$이면 분자가 가장 작은 이웃 분수로) 정의한다. 연습문제 4.5.3-43은 메디안트 반올림을 효율적으로 구현하는 게 어렵지 않음을 보여준다.

예를 들어서 $p = 8$로 두고, 즉 표현 가능한 수 (u/u')들이 $-128 < u < 128$이고 $0 \le u' < 256$이며 $u \perp u'$이 되도록 해서 고정슬래시 산술을 수행한다고 하자. 이 정도면 그리 큰 정밀도라고 할 순 없어도 슬래시 산술이 어떤 것인지를 체험하는 데에는 충분하다. $0 = (0/1)$에 인접한 수들은 $(-1/255)$과 $(1/255)$이다. 따라서, 메디안트 반올림 규칙에 의해, 오직 $|x| \le 1/256$일 때에만 round$(x) = 0$이다. 전체적인 형태가 $\frac{22}{7} = \frac{314}{159} + \frac{1300}{1113}$이나 중간 수량들을 표현 가능한 수들로 반올림해야 하는 계산을 수행한다고 하자. 이런 경우 $\frac{314}{159}$는 $(79/40)$로 반올림되고 $\frac{1300}{1113}$은 $(7/6)$로 반올림된다. 반올림된 항들을 더하면 $\frac{79}{40} + \frac{7}{6} = \frac{377}{120}$이 되고 이는 $(22/7)$로 반올림된다. 반올림을 세 번이나 했지만 반올림 오차가 누적되지 않은 정확한 결과가 나온 것이다. 이 예가 특별히 고안된 작위적인 경우인 것은 아니다. 한 문제의 답이 단분수(單分數, simple fraction)인 경우 슬래시 산술은 중간 반올림 오차들을 상쇄시키는 경향이 있다.

컴퓨터 안에서 분수들을 정확히 표현하는 문제를 처음으로 논의한 것은 P. Henrici, *JACM* **3** (1956), 6-9이다. 고정 및 부동슬래시 산술은 메이툴러David W. Matula가 *Applications of Number Theory to Numerical Analysis*, S. K. Zaremba 엮음 (New York: Academic Press, 1972), 486-489에 의해서 제안되었다. 이 착안을 메이툴러Matula와 코너럽Kornerup가 *Proc. IEEE Symp. Computer Arith.* **4** (1978), 29-47; *Lecture Notes in Comp. Sci.* **72** (1979), 383-397; *Computing*, Suppl. **2** (1980), 85-111; *IEEE Trans.* **C-32** (1983), 378-388; *IEEE Trans.* **C-34** (1985), 3-18; *IEEE Trans.* **C-39** (1990), 1106-1115에서 좀 더 전개했다.

연습문제

1. [15] 두 분수를 비교해서 $(u/u') < (v/v')$의 여부를 판정하는 합리적인 계산적 방법을 제안하라.

2. [M15] 만일 $d = \gcd(u,v)$이면 u/d와 v/d가 서로 소임을 증명하라.

3. [M20] $u \perp u'$ 그리고 $v \perp v'$이 $\gcd(uv, u'v') = \gcd(u, v')\gcd(u', v)$를 함의함을 보여라.

4. [11] 본문에 나온 두 번째 곱셈 방법에 비견할 수 있는 분수 나눗셈 알고리즘을 설계하라. (v의 부호를 반드시 고려해야 함을 주의할 것.)

5. [10] 본문에서 추천한 방법으로 $(17/120) + (-27/70)$을 계산하라.

▶ **6.** [M23] $u \perp u'$ 그리고 $v \perp v'$이 $\gcd(uv' + vu', u'v') = d_1 d_2$를 함의함을 보여라. 여기서 $d_1 = \gcd(u', v')$이고 $d_2 = \gcd(d_1, u(v'/d_1) + v(u'/d_1))$이다. (이 결과에 의해, 만일 $d_1 = 1$이면 $(uv' + vu') \perp u'v'$이다.)

7. [M22] 본문에 추천된 덧셈-뺄셈 방법에서, 입력들의 분자, 분모 절대값들이 N보다 작다면 수량 t의 절대값이 얼마나 커질 수 있을까?

▶ **8.** [22] $(1/0)$과 $(-1/0)$을 ∞와 $-\infty$의 표현으로, 또는/그리고 위넘침의 표현으로 사용하는 착안을 논하라.

9. [M23] $1 \le u', v' < 2^n$일 때, $\lfloor 2^{2n}u/u' \rfloor = \lfloor 2^{2n}v/v' \rfloor$이 $u/u' = v/v'$을 함의함을 보여라.

10. [41] 연습문제 4.3.1-34에 제시된 서브루틴들을 "임의의" 유리수들을 다룰 수 있도록 확장하라.

11. [M23] u, u', u''이 정수들이고 $\gcd(u, u', u'') = 1$이며 $u'' > 0$인 $(u + u'\sqrt{5})/u''$ 형태의 분수 둘을 나누어서 같은 형태의 몫을 구하는 방법을 설명하라.

12. [M16] 분모의 길이 더하기 분자의 길이가 최대 q인 유한 부동슬래시 수들 중 가장 큰 수는 무엇인가? $(0/1)$으로 반올림되는 수는 무엇인가?

13. [20] (메이툴러 Matula, 코너럽 Kornerup.) 부동슬래시 수를 하나의 32비트 워드로 표현하는 방법을 논하라.

14. [M23] $M_1 < u \le M_2$이고 $N_1 < u' \le N_2$이며 $u \perp u'$인 정수쌍 (u, u')들의 정확한 개수를 계산하는 방법에 대해서 설명하라. (이 방법은 슬래시 산술에서 표현할 수 있는 수들의 개수를 구하는 데 사용할 수 있다. 정리 4.5.2D에 따르면 그 개수는 약 $(6/\pi^2)(M_2 - M_1)(N_2 - N_1)$이 된다.)

15. [42] 독자의 시스템에 설치되어 있는 컴파일러들 중 하나를, 모든 부동소수점 계산이 부동슬래시 계산으로 대체되도록 수정하라. 부동소수점 연산을 염두에 두고 작성된 기존 프로그램들을 그러한 컴파일러로 컴파일하고 실행해서 슬래시 산술이 어떤 결과를 내는지 점검해 볼 것. (프로그램이 제곱근이나 로그 같은 특별한 서브루틴을 호출하는 경우 독자가 수정한 시스템은 서브루틴이 호출되기 전에 자동으로 부동슬래시 수를 부동소수점 수로 변환해야 하며, 서브루틴이 반환될 때에는 다시 슬래시 형식으로 변환해야 한다. 슬래시 수들을 분수 형식으로 출력하는 새로운 옵션도 반드시 제공해야 한다. 그러나 사용자의 소스 프로그램을 변경하지 않았다면 슬래시 수들이 십진 소수 형태로 출력되어야 한다.) 부동슬래시 수들로 대체했을 때의 결과가 더 나은가 아니면 더 나쁜가?

16. [40] 슬래시 수들에 대한 구간 산술을 시험해 보라.

4.5.2. 최대공약수

u와 v가 정수이며 둘 다 0이 아닐 때, u와 v 모두를 나누는(나누어 떨어지게 하는) 가장 큰 정수를 두 수의 최대공약수(最大公約數)라고 부르며 $\gcd(u,v)$로 표기한다. 이 정의가 말이 되는 것은, 만일 $u \neq 0$이면 u를 나누는 $|u|$보다 큰 정수는 없으며, 한편 정수 1은 u와 v를 모두 나누므로, 두 수를 모두 나누는 가장 큰 정수가 반드시 존재하기 때문이다. u와 v가 둘 다 0이면 위의 정의는 적용되지 않는다. 0은 모든 정수로 나누어 떨어지기 때문이다. 이를 위해 편의상

$$\gcd(0,0) = 0 \tag{1}$$

으로 정의한다. 이 정의들로부터 다음 항등식들이 명백히 성립한다.

$$\gcd(u,v) = \gcd(v,u), \tag{2}$$
$$\gcd(u,v) = \gcd(-u,v), \tag{3}$$
$$\gcd(u,0) = |u|. \tag{4}$$

4.5.1절에서 우리는 유리수를 기약분수로 나타나는 문제를 그 분자와 분모의 최대공약수를 찾는 문제로 줄여본 바 있고, 3.2.1.2절, 3.3.3절, 4.3.2절, 4.3.3절의 예제들에서는 최대공약수의 또 다른 응용 방법을 살펴보기도 했다. 따라서 $\gcd(u,v)$의 개념은 중요하며, 진지하게 연구해 볼 가치가 있다.

$\mathrm{lcm}(u,v)$로 표기하는 두 정수 u와 v의 최소공배수(最小公倍數, least common multiple) 역시 중요한 관련 개념이다. $\mathrm{lcm}(u,v)$는 u와 v 모두의 정수배인 가장 작은 양의 정수로 정의된다. 그리고 $\mathrm{lcm}(u,0) = \mathrm{lcm}(0,v) = 0$이다. 분수 덧셈 $u/u' + v/v'$을 아이들에게 가르칠 때에는 흔히 "최대 공통 분모"를 찾도록 연습시키는데, 그 최대 공통 분모가 바로 $\mathrm{lcm}(u',v')$이다.

"산술의 기본 정리"(연습문제 1.2.4-21에서 증명했다)에 따르면, 모든 양의 정수 u를 다음과 같은 형식으로 표현할 수 있다.

$$u = 2^{u_2}3^{u_3}5^{u_5}7^{u_7}11^{u_{11}}\ldots = \prod_{p\text{는 소수}} p^{u_p}. \tag{5}$$

여기서 지수 u_2, u_3, $\ldots$은 고유하게 결정되는 음이 아닌 정수들이며 이들 중 유한한 개수만 0이 아니다. 양의 정수의 이러한 표준적인 인수분해로부터 u와 v의 최대공약수를 계산하는 한 가지 방식을 즉시 이끌어낼 수 있다. 다음과 같다: (2), (3), (4)에 의해 u와 v가 양의 정수들이라고 가정할 수 있으며, 만일 둘 다 표준적인 방식으로 소인수분해 했다면 다음이 성립한다.

$$\gcd(u,v) = \prod_{p\text{는 소수}} p^{\min(u_p,v_p)}, \tag{6}$$

$$\mathrm{lcm}(u,v) = \prod_{p\text{는 소수}} p^{\max(u_p,v_p)}. \tag{7}$$

따라서 예를 들어 $u = 7000 = 2^3 \cdot 5^3 \cdot 7$와 $v = 4400 = 2^4 \cdot 5^2 \cdot 11$의 최대공약수는 $2^{\min(3,4)}$ $5^{\min(3,2)}7^{\min(1,0)}11^{\min(0,1)} = 2^3 \cdot 5^2 = 200$이고 최소공배수는 $2^4 \cdot 5^3 \cdot 7 \cdot 11 = 154000$이다.

다음은 gcd와 lcm에 관련된 기본적인 항등식들이다. 이들은 공식 (6)과 (7)로 쉽게 증명할 수 있다.

$$\gcd(u,v)w = \gcd(uw,vw), \qquad \text{만일 } w \geq 0 \text{이면;} \qquad (8)$$

$$\operatorname{lcm}(u,v)w = \operatorname{lcm}(uw,vw), \qquad \text{만일 } w \geq 0 \text{이면;} \qquad (9)$$

$$u \cdot v = \gcd(u,v) \cdot \operatorname{lcm}(u,v), \qquad \text{만일 } u,v \geq 0 \text{이면;} \qquad (10)$$

$$\gcd(\operatorname{lcm}(u,v), \operatorname{lcm}\}(u,w)) = \operatorname{lcm}(u, \gcd(v,w)); \qquad (11)$$

$$\operatorname{lcm}(\gcd(u,v), \gcd(u,w)) = \gcd(u, \operatorname{lcm}(v,w)). \qquad (12)$$

마지막 두 공식은 익숙한 항등식 $uv + uw = u(v+w)$에 비견할 수 있는 "배분법칙"들이다. 등식 (10)은 $\gcd(u,v)$와 $\operatorname{lcm}(u,v)$ 중 하나만 알면 다른 것도 구할 수 있음을 말해준다.

유클리드 알고리즘. 식 (6)은 이론적인 목적에서는 유용해도 실제 응용에서 최대공약수를 구하는 데에는 아무런 도움이 되지 않는다. 식 (6)으로 최대공약수를 구하려면 먼저 u와 v의 표준 인수분해를 구해야 하기 때문이다. 주어진 정수의 소인수들을 아주 빠르게 구하는 방법은 알려져 있지 않다(4.5.4 절 참고). 그러나 다행히도 인수분해를 거치지 않고 두 정수의 최대공약수를 효율적으로 구하는 것이 가능하며, 실제로 그런 방법들 중 하나가 벌써 2250년 전 이전에 발견되었다. 바로 유클리드 알고리즘인 데, 이에 대해서는 이미 1.1절과 1.2.1절에서 공부했었다.

유클리드 알고리즘은 유클리드Euclid의 *원론(Elements)* (c. 375 B.C.)의 7권 , 명제 1과 2에 나온다. 그런데 그 알고리즘이 유클리드 자신이 고안한 것은 아닐 수도 있다. 그 방법이(적어도 감산적 형식으로) 그보다 최대 200년 전에 나타났고 에우독소스Eudoxus (c. 375 B.C.)가 그 방법을 알고 있었음이 거의 확실하다고 믿는 학자들도 있다. K. von Fritz, *Ann. Math.* (2) **46** (1945), 242-264 를 볼 것. 아리스토텔레스Aristotle (c. 330 B.C.)는 그의 *논제(Topics)*, 158b, 29-35에서 이 방법을 암시하고 있다. 그러나 그런 초기 역사에 대한 확실한 증거로 남아 있는 문헌은 거의 없다. 〔W. R. Knorr, *The Evolution of the Euclidean Elements* (Dordrecht: 1975) 참고〕.

유클리드의 방법은 사소하지 않은 알고리즘들 중에서 오늘날까지 살아남은 가장 오래된 알고리즘 이라는 점에서 모든 알고리즘의 시조라고 불러야 할 것이다. (강력한 경쟁자는 고대 이집트인의 곱셈 방법이다. 고대 이집트인의 방법은 4.6.3절에 설명된 것처럼 n차 거듭제곱의 효율적 계산들의 기초에 해당한다. 그러나 고대 이집트 문헌들은 완벽히 체계적이지는 않은 예들만을 제시할 뿐이며, 그 예들이 체계적으로 진술된 것도 아님이 확실하다. 따라서 이집트식 곱셈 방법을 "알고리즘"이라고 부르기에는 부족함이 있다. 특정한 2원2차방정식의 해법 등 고대 바빌로니아인들의 방법들도 몇 가지가 알려져 있다. 이 경우에는 단지 특정한 입력 매개변수들에 대한 특별한 방정식 해법이 아닌, 진정한 알고리즘 이라고 할만한 것들이 관련되어 있다. 바빌로니아인들의 각 방법들은 항상 특정한 입력 자료를 다루는 예와 연계되어 제시되었지만, 관련 문장들에서는 일반적인 절차를 설명한 경우가 많았다. 〔D. E. Knuth, *CACM* **15** (1972), 671-677; **19** (1976), 108 참고.〕 그런 바빌로니아 알고리즘들 중 다수는 유클리드보다 1500년 이전까지 거슬러 올라가는 것들로, 지금까지 알려진 수학에 대해 서술된 절차들 중 가장 오래된 예들로 알려져 있다. 그러나 그것들이 유클리드 알고리즘만큼의 위치를 차지하지는 못하는데, 왜냐하면 그 알고리즘들에는 반복(iteration)이 없을 뿐더러 현대적인 대수적 방법들에게 그 자리를 내주었기 때문이다.)

역사적으로나 실용적으로나 유클리드 알고리즘이 얼마나 중요한지를 파악해볼 수 있도록, 유클리드 자신이 그 방법을 어떻게 서술하고 있는지 살펴보자. 다음은 유클리드의 서술을 현대적인 용어들로 다시 쓴 것이다.

명제. *두 양의 정수가 주어졌을 때 그들의 최대약수를 구하라.*

A와 C가 주어진 두 양의 정수라고 하자. 그들의 최대공약수를 구하고자 한다. 만일 C가 A를 나눈다면 C는 C와 A의 공약수이다. C는 자기 자신도 나누기 때문이다. 또한 C는 가장 큰 공약수임이 명백하다. 왜냐하면 C를 나누는 C보다 큰 수는 없기 때문이다.

만일 C가 A를 나누지 않는다면 A와 C 중 큰 것에서 작은 것을 빼는 연산을 반복하되 큰 것이 작은 것으로 나누어지게 되면 멈춘다. 이 반복은 언젠가는 반드시 끝난다. 왜냐하면 언젠가는 작은 수가 단위원이 될 것이고 단위원은 큰 수를 나누기 때문이다.

이제 A를 C로 나누었을 때의 양의 나머지를 E라고 하자. 그리고 C를 E로 나누었을 때의 양의 나머지를 F라고 하자. 또한 F가 E의 약수라고 가정하자. F는 E를 나누며 E는 $C - F$를 나누므로 F는 $C - F$도 나눈다. 그런데 F는 자신도 나누기 때문에 C를 나눈다. 그리고 C는 $A - E$를 나눈다. 따라서 F는 $A - E$도 나눈다. 그런데 F는 E도 나누므로 A를 나눈다. 따라서 F는 A와 C의 공약수이다.

이제 나는 F가 가장 큰 공약수이기도 하다고 주장한다. 이유는 이렇다. 만일 F가 A와 C의 최대공약수가 아니라면 그 두 수를 모두 나누는 더 큰 수가 존재할 것이다. 그런 수를 G라고 하자.

G는 C를 나누며 C는 $A - E$를 나누므로 G는 $A - E$도 나눈다. G는 또한 A 자체도 나누므로 나머지 E를 나눈다. 그런데 E는 $C - F$를 나눈다. 따라서 G는 $C - F$도 나눈다. 그리고 G는 C 자체도 나누므로 나머지 F도 나눈다. 즉, 더 큰 수가 더 작은 수를 나누는 것인데, 이는 불가능하다.

따라서 A와 C를 모두 나누는 F보다 큰 수는 존재하지 않으며, 그러므로 F는 최대공약수이다.

따름정리. 이 논증은 두 수를 나누는 임의의 수가 그 두 수의 최대공약수를 나눈다는 사실도 증명한다. *Q.E.D.*

이 설명은 유클리드의 원래 문장들 중 한 가지 사소하지 않은 측면을 단순화한 것이다. 어떤 측면이냐 하면, 그리스 수학자들은 단위원을 다른 양의 정수의 "약수"로 간주하지 않았다는 점이다. 당시의 관점에서 두 양의 정수는 둘 다 단위원이거나, 서로 소이거나, 아니면 최대공약수를 가진다. 사실 단위원은 "수"로도 간주되지 않았으며, 0이 존재하지 않았음은 물론이다. 이런 다소 불편한 관례 때문에 유클리드는 그의 논의의 상당 부분을 중복해야 했으며, 위에 나온 것과 본질적으로 동일한 개별적인 명제 두 개를 제시해야 했다.

유클리드는 설명에서 우선 현재의 두 수 중 큰 것에서 작은 것을 빼는 과정을 한 수가 다른 수의 배수가 될 때까지 반복하라고 제안한다. 그러나 증명에서는 한 수를 다른 수로 나눈 나머지를 취하는 것에 의존했다. 그리고 그에게는 0이라는 단순한 개념이 존재하지 않았기 때문에 한 수가 다른 수로 나누어 떨어지는 경우에는 나머지라는 개념을 사용할 수 없었다. 그가 각 나누기(개별 빼기가 아니라)를 알고리즘의 단일한 단계로 생각했다고 보는 것이 합당할 것이다. 그런 관점에서, 그의 방법을 이 책이 사용하는 알고리즘 형태로 "정격으로(authentic)" 옮긴다면 다음과 같은 모습이 될 것이다.

알고리즘 E (원래의 유클리드 알고리즘). 단위원보다 큰 두 정수 A와 C가 주어졌을 때 이 알고리즘은 그들의 최대공약수를 구한다.

E1. 〔A가 C로 나누어지는가?〕 만일 C가 A를 나눈다면 C를 답으로 해서 알고리즘을 끝낸다.

E2. 〔A를 나머지로 대체한다.〕 만일 $A \bmod C$가 단위원과 상등이면 주어진 수들은 서로 소이므로 알고리즘을 끝낸다. 그렇지 않으면 값들의 쌍 (A, C)를 $(C, A \bmod C)$로 대체하고 단계 E1로 돌아간다. ∎

앞에서 인용했던 유클리드의 "증명"은 사실 전혀 증명이 아니라는 점에서 특이하나 흥미롭다. 그는 단지 단계 E1이 한 번 또는 세 번 수행된 경우에서만 알고리즘의 결과를 확인했을 뿐이다. 단계 E1이 네 번 이상 수행될 수도 있음을 언급하지는 않았지만, 그가 그런 가능성을 몰랐을 것 같지는 않다. 수학적 귀납법에 의한 증명이라는 개념이 없었던 탓에, 그는 유한한 개수의 경우들에 대해서만 증명을 제시할 수 있었다. (유클리드는 실제로 어떤 정리를 일반적인 n에 대해 확인하고자 할 때 단지 $n = 3$인 경우만을 증명하는 경우가 종종 있었다.) 유클리드가 논리 연역의 기술에서 위대한 진보를 이룬 인물로 유명하긴 하지만(이는 타당한 일이다), 귀납법에 의해 유효한 증명을 제시하는 기법들은 수 세기가 지난 후에야 발견되었으며, 알고리즘의 유효성을 증명하기 위한 핵심적인 개념들은 지금에 와서야 점차 명확해지고 있다. (유클리드 알고리즘의 완전한 증명 및 알고리즘의 일반적인 증명 절차에 대한 짧은 논의가 1.2.1절에 나온다.)

유클리드가 자신의 수론을 전개하는 첫 단계로 최대공약수를 구하는 이 알고리즘을 선택했다는 점에 주목해야 할 것이다. 오늘날의 현대적인 교재들에서도 여전히 그와 같은 순서로 수론을 전개한다. 유클리드는 두 수 u와 v의 최소공배수를 구하는 방법(명제 34)도 제시했다. 그 방법은 u를 $\gcd(u, v)$로 나누고 그 결과에 v를 곱하는 것인데, 이는 식 (10)과 동치이다.

수 0과 1에 대한 유클리드의 한계를 극복한다면, 알고리즘 E를 다음과 같이 재구성할 수 있다.

알고리즘 A (현대적인 유클리드 알고리즘). 음이 아닌 두 정수 u와 v가 주어졌을 때, 이 알고리즘은 그들의 최대공약수를 구한다. (참고: 식 (2)와 (3) 덕분에, $|u|$와 $|v|$에 이 알고리즘을 적용한다면 임의의 정수 u와 v의 최대공약수도 구할 수 있다.)

A1. 〔$v = 0$?〕 만일 $v = 0$이면 u를 답으로 해서 알고리즘을 끝낸다.

A2. 〔$u \bmod v$를 취한다.〕 $r \leftarrow u \bmod v$, $u \leftarrow v$, $v \leftarrow r$로 설정하고 A1로 돌아간다. (이 단계의 연산들에 의해 v의 값이 감소하나, $\gcd(u, v)$는 변하지 않는다.) ∎

다음은 $\gcd(40902, 24140)$을 이 알고리즘을 이용해서 구하는 예이다.

$$\gcd(40902, 24140) = \gcd(24140, 16762) = \gcd(16762, 7378)$$
$$= \gcd(7378, 2006) = \gcd(2006, 1360) = \gcd(1360, 646)$$
$$= \gcd(646, 68) = \gcd(68, 34) = \gcd(34, 0) = 34.$$

알고리즘 A의 유효성은 식 (4)와, q가 임의의 정수일 때

$$\gcd(u, v) = \gcd(v, u - qv) \tag{13}$$

라는 사실로부터 쉽게 증명할 수 있다. 등식 (13)이 성립하는 이유는 u와 v의 임의의 공약수가 v와 $u - qv$의 공약수이기도 하며, 반대로 v와 $u - qv$의 임의의 공약수는 반드시 u와 v의 공약수이기도 하다는 점에서 비롯된다.

다음 MIX 프로그램은 알고리즘 A를 컴퓨터에서 쉽게 구현할 수 있다는 사실을 보여준다.

프로그램 A (유클리드 알고리즘). u와 v가 단정도 음이 아닌 정수들이며 각각 장소 U와 V에 저장되어 있다고 가정한다. 이 프로그램은 $\gcd(u, v)$를 rA에 넣는다.

```
        LDX   U     1        rX ← u.
        JMP   2F    1
1H STX  V     T        v ← rX.
        SRAX  5     T        rAX ← rA.
        DIV   V     T        rX ← rAX mod v.
2H LDA  V     1 + T    rA ← v.
        JXNZ  1B    1 + T    만일 rX = 0이면 종료.  ∎
```

이 프로그램의 실행 시간은 $19T + 6$주기로, 여기서 T는 수행된 나누기 횟수이다. 4.5.3절의 설명에 따르면 근사적인 평균값을 $T = 0.842766 \ln N + 0.06$으로 둘 수 있다. 여기서 u와 v는 독립적이며 $1 \le u, v \le N$ 범위에 균등하게 분포하는 확률변수들이다.

이진 방법. 수 세기간 쓰여 온 탓에 원래의 유클리드 알고리즘을 최적의 최대공약수 찾기 알고리즘이라고 생각하기 쉬우나, 놀랍게도 그렇지 않다. 상당히 다른, 그리고 이진 산술에 특히 적합한 gcd 알고리즘이 1961년에 스테인Josef Stein에 의해서 고안되었다 〔*J. Comp. Phys.* **1** (1967), 397-405 참고〕. 이 새로운 알고리즘은 나눗셈 명령을 전혀 사용하지 않고 오직 뺄셈, 홀짝 판정, 짝수의 반감(2로 나누는 것. 이진 표기법의 경우 오른쪽 자리이동에 해당)에만 의존한다.

이진 gcd 알고리즘은 양의 정수 u와 v에 대한 다음과 같은 간단한 네 가지 사실에 근거를 둔다:

a) 만일 u와 v 둘 다 짝수이면 $\gcd(u,v)=2\gcd(u/2,v/2)$이다. 〔식 (8) 참고.〕

b) 만일 u가 짝수이고 v가 홀수이면 $\gcd(u,v)=\gcd(u/2,v)$이다. 〔식 (6) 참고.〕

c) 유클리드 알고리즘에서처럼 $\gcd(u,v)=\gcd(u-v,v)$이다. 〔식 (13), (2) 참고.〕

d) 만일 u와 v 둘 다 홀수이면 $u-v$는 짝수이며 $|u-v|<\max(u,v)$이다.

알고리즘 B (이진 gcd 알고리즘). 양의 정수 u와 v가 주어졌을 때 이 알고리즘은 그들의 최대공약수를 구한다.

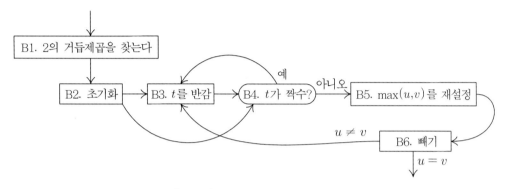

그림 9. 최대공약수를 찾는 이진 알고리즘.

B1. 〔2의 거듭제곱을 찾는다.〕 $k\leftarrow 0$으로 두고, u와 v 모두 짝수가 아니게 될 때까지 $k\leftarrow k+1$, $u\leftarrow u/2$, $v\leftarrow v/2$를 0회 이상 반복한다.

B2. 〔초기화.〕 (이제 u와 v의 원래 값이 2^k으로 나누어졌으며, 둘 중 적어도 하나의 현재 값은 홀수이다.) 만일 u가 홀수이면 $t\leftarrow -v$로 설정하고 B4로 간다. 그렇지 않으면 $t\leftarrow u$로 설정한다.

B3. 〔t를 반감.〕 (이 시점에서 t는 짝수이며 0이 아니다.) $t\leftarrow t/2$로 설정한다.

B4. 〔t가 짝수?〕 만일 t가 짝수이면 B3으로 돌아간다.

B5. 〔$\max(u,v)$를 재설정.〕 만일 $t>0$이면 $u\leftarrow t$로 설정한다. 그렇지 않으면 $v\leftarrow -t$로 설정한다. (u와 v 중 큰 것이 $|t|$로 대체된 것이다. 단, 이 단계가 처음 수행된 경우에는 그렇지 않을 수도 있다.)

B6. 〔빼기.〕 $t\leftarrow u-v$로 설정한다. 만일 $t\neq 0$이면 B3으로 돌아간다. 그렇지 않으면 $u\cdot 2^k$을 답으로 해서 알고리즘을 끝낸다. ▌

알고리즘 B의 한 예로, 앞서 유클리드 알고리즘을 시험할 때 사용했던 $u=40902$, $v=24140$을 고려해보자. 단계 B1에서는 $k\leftarrow 1$, $u\leftarrow 20451$, $v\leftarrow 12070$로 설정된다. 그 다음 단계에서 t가 -12070으로 설정되며, 그 다음 단계에서 -6035로 대체된다. B5에서는 v가 6035로 설정된다. 이후의 계산은 다음과 같이 진행된다.

u	v	t
20451	6035	$+14416, +7208, +3604, +1802, +901;$
901	6035	$-5134, -2567;$
901	2567	$-1666, -833;$
901	833	$+68, +34, +17;$
17	833	$-816, -408, -204, -102, -51;$
17	51	$-34, -17;$
17	17	$0.$

답은 $17 \cdot 2^1 = 34$이다. 알고리즘 A보다 반복 횟수는 조금 많지만, 나누기 단계가 없으므로 각 반복에서의 계산이 다소 간단하다.

알고리즘 B에 대한 MIX 프로그램은 알고리즘 A에서보다 코드가 조금 더 길다. 알고리즘 B의 MIX 구현이 전형적인 이진 컴퓨터에서의 구현과 비슷한 모습이 되게 하기 위해, MIX에 다음과 같은 연산자들이 추가되었다고 가정한다:

● SLB (shift left AX binary; AX를 왼쪽으로 이진 자리이동). C = 6; F = 6.
레지스터 A와 X의 내용을 이진 M자리만큼 "왼쪽으로 자리이동"한다. 즉, B가 바이트 크기라 할 때 $|\mathrm{rAX}| \leftarrow |2^M \mathrm{rAX}| \bmod B^{10}$으로 설정한다. (MIX의 다른 모든 자리이동 명령과 마찬가지로 rA와 rX의 부호는 변하지 않는다.)

● SRB (shift right AX binary; AX를 오른쪽으로 이진 자리이동). C = 6; F = 7.
레지스터 A와 X의 내용을 이진 M자리만큼 "오른쪽으로 자리이동"한다. 즉, $|\mathrm{rAX}| \leftarrow \lfloor |\mathrm{rAX}|/2^M \rfloor$로 설정한다.

● JAE, JAO (jump A even, jump A odd; A가 짝수이면 점프, A가 홀수이면 점프). C = 40; F는 각각 6, 7.
rA가 각각 짝수 또는 홀수이면 JMP가 발생한다.

● JXE, JXO (jump X even, jump X odd; X가 짝수이면 점프, X가 홀수이면 점프). C = 47; F는 각각 6, 7.
JAE, JAO와 마찬가지이다.

프로그램 B (이진 gcd 알고리즘). u와 v가 단정도 양의 정수들이며 각각 장소 U와 V에 저장되어 있다고 할 때, 이 프로그램은 알고리즘 B를 이용해서 $\gcd(u, v)$를 rA에 넣는다. 레지스터 배정: $\mathrm{rA} \equiv t$, $\mathrm{rI1} \equiv k$.

01	ABS	EQU	1:5		
02	B1	ENT1	0	1	*B1. 2의 거듭제곱을 찾는다.*
03		LDX	U	1	$\mathrm{rX} \leftarrow u.$
04		LDAN	V	1	$\mathrm{rA} \leftarrow -v.$
05		JMP	1F	1	

06	2H	SRB	1	A	rA, rX를 반감한다
07		INC1	1	A	$k \leftarrow k+1$.
08		STX	U	A	$u \leftarrow u/2$.
09		STA	V(ABS)	A	$v \leftarrow v/2$.
10	1H	JXO	B4	$1+A$	만일 u가 홀수이면 $t \leftarrow -v$로 설정하고 B4로.
11	B2	JAE	2B	$B+A$	*B2. 초기화.*
12		LDA	U	B	$t \leftarrow u$.
13	B3	SRB	1	D	*B3. t를 반감.*
14	B4	JAE	B3	$1-B+D$	*B4. t가 짝수인가?*
15	B5	JAN	1F	C	*B5. $\max(u,v)$를 재설정.*
16		STA	U	E	만일 $t > 0$이면 $u \leftarrow t$로 설정.
17		SUB	V	E	$t \leftarrow u - v$.
18		JMP	2F	E	
19	1H	STA	V(ABS)	$C-E$	만일 $t < 0$이면 $v \leftarrow -t$로 설정.
20	B6	ADD	U	$C-E$	*B6. 빼기.*
21	2H	JANZ	B3	C	만일 $t \neq 0$이면 B3으로.
22		LDA	U	1	$rA \leftarrow u$.
23		ENTX	0	1	$rX \leftarrow 0$.
24		SLB	0,1	1	$rA \leftarrow 2^k \cdot rA$. ∎

이 프로그램의 실행 시간은

$$9A + 2B + 6C + 3D + E + 13$$

단위이다. 여기서 $A = k$이고 단계 B2에서 $t \leftarrow u$로 설정되었으면 $B = 1$이다(그렇지 않으면 $B = 0$). 그리고 C는 빼기 단계의 수행 횟수이고 D는 단계 B3에서 반감이 일어난 횟수, E는 단계 B5에서 $t > 0$인 횟수이다. 이번 절에서 나중에 논의하는 계산에 따르면, 입력 u와 v가 범위 $1 \leq u, v < 2^N$의 확률변수들이라 할 때 이 수량들의 평균은 $A = \frac{1}{3}$, $B = \frac{1}{3}$, $C = 0.71N - 0.5$, $D = 1.41N - 2.7$, $E = 0.35N - 0.4$이다. 따라서 총 실행 시간은 약 $8.8N + 5.2$주기인데, 같은 가정 하에서의 프로그램 A의 총 실행 시간 $11.1N + 7.1$에 비하면 빠른 것이다. 언급한 범위의 u와 v에 대한 최악의 실행 시간은 $13N + 8$로, 이는 $A = 0$, $B = 1$, $C = N$, $D = 2N - 2$, $E = N - 1$인 경우에 해당한다. (프로그램 A의 해당 최악 실행 시간은 $26.8N + 19$이다.)

프로그램 A에 비해 프로그램 B의 반복 횟수가 더 많긴 하지만, 그러한 단점은 단순한 연산들에 기인한 빠른 반복에 의해 상쇄된다. 위의 수치들에서 알 수 있듯이, MIX 컴퓨터 상에서 새로운 알고리즘은 유클리드 알고리즘보다 20% 정도 빠른 수행을 보인다. 물론 다른 컴퓨터들에서는 상황이 다를 수 있지만, 어쨌든 두 프로그램 모두 상당히 효율적임은 틀림없다. 그러나 유클리드 알고리즘처럼 유서 깊은 절차도 새로운 알고리즘에 추월당할 수 있다는 점에 주목하자.

이진 gcd 알고리즘 자체도 상당히 유서 깊은 알고리즘일 수 있다. 왜냐하면 고대 중국에서 이미 이 알고리즘을 알고 있었기 때문이다. 산술에 대한 아홉 개의 장들이라는 뜻의 *구장산술*(九章算

術, A.D. 1세기경)이라는 고전의 1장 6절에, 분수를 기약분수로 약분하는 다음과 같은 방법이 나
온다:

> 반감이 가능하면 절반을 취한다.
>
> 그렇지 않으면 분자와 분모를 적고 그 중 큰 것에서 작은 것을 뺀다.
>
> 두 수가 같아질 때까지 반복한다.
>
> 그 공통의 값으로 약분한다.

만일 '반복한다'가 빼는 단계로 돌아가라는 것이 아니라 절반을 취하는 단계로 돌아가라는 것이
라면(이 부분은 명확하지 않다), 이 방법은 본질적으로 알고리즘 B와 같다 〔Y. Mikami, *The
Development of Mathematics in China and Japan* (Leipzig: 1913), 11; K. Vogel, *Neun
Bücher arithmetischer Technik* (Braunschweig: Vieweg, 1968), 8 참고.〕

유클리드 알고리즘과 이진 알고리즘의 흥미로운 절충 하나가 해리스V. C. Harris에 의해서 제안되
었다 〔*Fibonacci Quarterly* 8 (1970), 102-103; 또한 V. A. Lebesgue, *J. Math. Pures Appl.*
12 (1847), 497-520도 볼 것〕. 만일 u와 v가 홀수이고 $u \geq v > 0$이면 항상

$$u = qv \pm r$$

이라고 쓸 수 있다(여기서 $0 \leq r < v$이고 r은 짝수). 만일 $r \neq 0$이면 r이 홀수가 될 때까지 $r \leftarrow r/2$
을 반복하고, 그런 다음에는 $u \leftarrow v$, $v \leftarrow r$로 설정하고 공정을 반복한다. 이후의 반복들에서 $q \geq 3$
이다.

확장. $\gcd(u, v)$를 계산하는 방법들을 좀 더 어려운 문제들을 푸는 데 사용할 수 있도록 확장하는
것이 가능하다. 예를 들어 n개의 정수 $u_1, u_2, ..., u_n$의 최대공약수를 계산한다고 하자.

u들이 모두 음이 아니라고 할 때 $\gcd(u_1, u_2, ..., u_n)$을 계산하는 한 가지 방법은, 유클리드 알고
리즘을 다음과 같은 방법으로 확장하는 것이다: 만일 u_j들이 모두 0이면 최대공약수는 0이다. 그렇지
않은 경우, 만일 u_j들 중 오직 하나만 0이 아니면 그것이 최대공약수이다. 그렇지도 않다면, 모든
$k \neq j$에 대해 u_k를 $u_k \bmod u_j$로 대체한다. 여기서 u_j는 0이 아닌 u들의 최소값이다. 이상의 공정을
반복한다.

앞 문단에서 설명한 알고리즘은 유클리드 방법의 자연스러운 하나의 일반화이며, 따라서 유클리
드 알고리즘을 증명했을 때와 마찬가지 방법으로 증명할 수 있다. 그러나 이보다 더 간단한 방법이
있다. 그 방법은 다음과 같은 쉽게 증명할 수 있는 항등식을 근거로 한다.

$$\gcd(u_1, u_2, ..., u_n) = \gcd(u_1, \gcd(u_2, ..., u_n)). \tag{14}$$

그럼 $\gcd(u_1, u_2, ..., u_n)$을 계산하는 좀 더 간단한 방법을 살펴보자.

알고리즘 C (정수 n개의 최대공약수). $n \geq 1$인 정수 $u_1, u_2, ..., u_n$이 주어졌을 때 이 알고리즘은
$n = 2$인 경우에 대한 한 알고리즘을 하나의 서브루틴으로 사용해서 그 정수들의 최대공약수를 계
산한다.

C1. $d \leftarrow u_n$, $k \leftarrow n-1$로 설정한다.

C2. 만일 $d \neq 1$이고 $k > 0$이면 $d \leftarrow \gcd(u_k, d)$, $k \leftarrow k-1$로 설정하고 이 단계를 반복한다. 그렇지 않으면 $d = \gcd(u_1, ..., u_n)$으로 설정한다. ∎

이 방법은 $\gcd(u_1, ..., u_n)$의 계산을 한 번에 두 수의 최대공약수 계산을 수행하는 것의 반복으로 단순화한다. 이 방법은 $\gcd(u_1, ..., u_k, 1) = 1$이라는 사실을 활용하는데, u_{n-1}과 u_n을 무작위로 택할 때 60퍼센트 이상의 경우에서 $\gcd(u_{n-1}, u_n) = 1$이라는 점으로 미루어 볼 때, 이는 현명한 전략이다. 대부분의 경우 d의 값은 계산의 처음 몇 단계들에서 빠르게 감소하며, 이 덕분에 계산의 나머지가 상당히 빨라진다. 이 부분 때문에 알고리즘 C에서 유클리드 알고리즘을 사용하는 것이 알고리즘 B를 사용하는 것보다 바람직해지는데, 왜냐하면 유클리드 알고리즘의 실행시간은 기본적으로 $\min(u, v)$의 값에 좌우되는 반면 알고리즘 B의 실행시간은 $\max(u, v)$의 값에 좌우되기 때문이다. 따라서 만일 u가 v보다 훨씬 크다면 u를 $u \bmod v$로 대체해서 유클리드 알고리즘을 한 번 수행하고, 그런 다음 알고리즘 B로 계속 나아가는 것이 합리적인 방식일 것이다.

무작위 입력들에 대해 60퍼센트 이상의 경우에서 $\gcd(u_{n-1}, u_n)$이 단위원이 된다는 단언은 다음과 같은 수론의 잘 알려진 한 결과에서 비롯된 것이다.

정리 D (G. Lejeune Dirichlet, *Abhandlungen Königlich Preuß. Akad. Wiss.* (1849), 69-83). 만일 u와 v가 무작위로 선택된 정수들일 때, $\gcd(u, v) = 1$일 확률은 $6/\pi^2 \approx .60793$이다.

"무작위로 선택된다"는 것의 구체적인 의미를 포함한 이 정리의 엄밀한 공식화는 연습문제 10에 나온다(또한 정리의 엄격한 증명도 제시된다). 지금은 이 정리가 그럴법함을 보여주는 하나의 발견법적 논증으로 만족하자.

일단 $u \perp v$일 확률 p에 대한 적절한 정의가 존재한다고 가정하자(증명 없이). 그러면 임의의 양의 정수 d에 대해 $\gcd(u, v) = d$일 확률을 구할 수 있다. 왜냐하면 $\gcd(u, v) = d$는 오직 u가 d의 배수이고 v가 d의 배수이며 $u/d \perp v/d$일 때에만 참이기 때문이다. 따라서 $\gcd(u, v) = d$일 확률은 $1/d$ 곱하기 $1/d$ 곱하기 p, 즉 p/d^2와 같다. 이제 d의 모든 가능한 값들에 대해서 이 확률들을 합하면

$$1 = \sum_{d \geq 1} p/d^2 = p\left(1 + \frac{1}{4} + \frac{1}{9} + \frac{1}{16} + \cdots\right)$$

이 된다.

합 $1 + \frac{1}{4} + \frac{1}{9} + \cdots = H_\infty^{(2)}$은 식 1.2.7-(7)에 의해 $\pi^2/6$과 같으므로, 위의 등식이 성립하려면 $p = 6/\pi^2$이어야 한다. ∎

유클리드 알고리즘의 또 다른 중요한 확장이 있다. 어떤 것이냐 하면,

$$uu' + vv' = \gcd(u, v) \tag{15}$$

를 만족하는 정수 u'와 v'를 $\gcd(u, v)$를 계산하면서 함께 구할 수 있다는 것이다. 유클리드 알

고리즘의 이러한 확장은 벡터 표기법으로 표현하는 것이 편하다. 그럼 구체적인 알고리즘을 보자.

알고리즘 X (확장된 유클리드 알고리즘). 음이 아닌 정수 u와 v가 주어졌을 때 이 알고리즘은 $uu_1 + vu_2 = u_3 = \gcd(u, v)$인 벡터 (u_1, u_2, u_3)을 구한다. 이 알고리즘은 계산 도중에 보조 벡터 (v_1, v_2, v_3), (t_1, t_2, t_3)을 사용한다. 계산 전반에서 모든 벡터는 관계

$$ut_1 + vt_2 = t_3, \qquad uu_1 + vu_2 = u_3, \qquad uv_1 + vv_2 = v_3 \qquad (16)$$

을 만족하는 방식으로 조작된다.

X1. 〔초기화.〕 $(u_1, u_2, u_3) \leftarrow (1, 0, u)$, $(v_1, v_2, v_3) \leftarrow (0, 1, v)$로 설정한다.

X2. 〔$v_3 = 0$?〕 만일 $v_3 = 0$이면 알고리즘을 끝낸다.

X3. 〔나누고 뺀다.〕 $q \leftarrow \lfloor u_3/v_3 \rfloor$으로 설정한 다음

$$(t_1, t_2, t_3) \leftarrow (u_1, u_2, u_3) - (v_1, v_2, v_3)q,$$

$$(u_1, u_2, u_3) \leftarrow (v_1, v_2, v_3), \qquad (v_1, v_2, v_3) \leftarrow (t_1, t_2, t_3)$$

으로 설정한다. 단계 X2로 돌아간다. ∎

예를 들어 $u = 40902$이고 $v = 24140$이면, 단계 X2에서 각 변수들은 다음과 같은 값을 가진다.

q	u_1	u_2	u_3	v_1	v_2	v_3
—	1	0	40902	0	1	24140
1	0	1	24140	1	−1	16762
1	1	−1	16762	−1	2	7378
2	−1	2	7378	3	−5	2006
3	3	−5	2006	−10	17	1360
1	−10	17	1360	13	−22	646
2	13	−22	646	−36	61	68
9	−36	61	68	337	−571	34
2	337	−571	34	−710	1203	0

따라서 답은 $337 \cdot 40902 - 571 \cdot 24140 = 34 = \gcd(40902, 24140)$이다.

알고리즘 X의 기원은 북부 인도의 아리아바타^Āryabhaṭa가 쓴 *Āryabhaṭīya* (A.D. 499)로까지 거슬러 올라간다. 그의 설명은 다소 불가해했으나, 이후 7세기에 바스카라^Bhāskara I 등 후대의 주해자들이 kuṭṭaka("분쇄기〔pulverizer〕")라고 불렸던 그 규칙을 명료하게 해설했다. 〔B. Datta, A. N. Singh, *History of Hindu Mathematics* **2** (Lahore: Motilal Banarsi Das, 1938), 89-116 참고〕 알고리즘 X의 유효성은 (16)과, 그 알고리즘이 u_3과 v_3을 다루는 방식에서 알고리즘 A와 동일하다는 사실로부터 증명할 수 있다. 알고리즘 X의 상세한 증명은 1.2.1절에서 논의했다. 브래들리^Gordon

H. Bradley는 u_2, v_2, t_2를 제외함으로써 알고리즘 X의 계산을 상당히 줄일 수 있음을 지적했다. u_2는 나중에 관계 $uu_1 + vu_2 = u_3$을 이용해서 구할 수 있다.

연습문제 15는 $|u_1|$, $|u_2|$, $|v_1|$, $|v_2|$의 값들이 입력 u와 v의 크기를 넘지 않음을 보인다. 이진 표기법의 성질들을 이용해서 최대공약수를 구하는 알고리즘 B도 비슷한 방식으로 확장할 수 있다. 연습문제 39를 볼 것. 4.6.1절의 연습문제 18과 19에는 알고리즘 X의 몇 가지 교육적인 확장들이 나온다.

유클리드 알고리즘에 깔린 발상들을 정수 계수들을 가진 임의의 일차연립방정식의 정수 최대해 구하기에 사용하는 것도 가능하다. 예를 들어 다음 두 방정식을 만족하는 모든 정수 w, x, y, z를 구한다고 하자.

$$10w + 3x + 3y + 8z = 1, \tag{17}$$
$$6w - 7x \qquad - 5z = 2. \tag{18}$$

우선 새로운 변수

$$\lfloor 10/3 \rfloor w + \lfloor 3/3 \rfloor x + \lfloor 3/3 \rfloor y + \lfloor 8/3 \rfloor z = 3w + x + y + 2z = t_1$$

을 도입하고 그것으로 y를 없앤다. 그러면 식 (17)은

$$(10 \bmod 3)w + (3 \bmod 3)x + 3t_1 + (8 \bmod 3)z = w + 3t_1 + 2z = 1 \tag{19}$$

이 되며, 식 (18)은 변하지 않는다. 새 방정식 (19)로 w를 없애면 (18)은 다음이 된다.

$$6(1 - 3t_1 - 2z) - 7x - 5z = 2.$$

이를 정리하면:

$$7x + 18t_1 + 17z = 4. \tag{20}$$

이제 또 다시 새로운 변수

$$x + 2t_1 + 2z = t_2$$

를 도입해서 (20)에서 x를 없애면:

$$7t_2 + 4t_1 + 3z = 4. \tag{21}$$

계수가 가장 작은 z도 마찬가지 방식으로 새 변수

$$2t_2 + t_1 + z = t_3$$

을 도입해서 제거한다. 그러면 (21)은

$$t_2 + t_1 + 3t_3 = 4 \tag{22}$$

가 된다. 이제 이 방정식으로 t_2를 없앨 수 있다. 그러면 두 독립 변수 t_1와 t_3이 남는다. 이들을 다시 원래 값들에 대입해서 일반해

$$
\begin{aligned}
w &= 17 - 5t_1 - 14t_3, \\
x &= 20 - 5t_1 - 17t_3, \\
y &= -55 + 19t_1 + 45t_3, \\
z &= -8 + t_1 + 7t_3
\end{aligned}
\tag{23}
$$

을 구한다. 다른 말로 하면, t_1과 t_3에 각각 독립적으로 모든 정수를 일일이 배정해서 (23)에 적용하면 원래의 방정식 (17)과 (18)에 대한 모든 정수해 (w, x, y, z)를 구할 수 있다.

방금 살펴본 방법을 일반화하면 다음과 같은 절차로 정리할 수 있다: 연립방정식의 계수들 중 0이 아니고 절댓값이 가장 작은 계수 c를 찾는다. 그 계수가 다음과 같은 형태의 방정식에 나타난다고 하자.

$$
cx_0 + c_1 x_1 + \cdots + c_k x_k = d.
\tag{24}
$$

그리고 단순함을 위해 $c > 0$이라고 하자. 만일 $c = 1$이면 방정식 (24)를 이용해서 연립방정식 계의 다른 방정식들로부터 x_0을 제거한다. 그런 다음 나머지 방정식들에 대해서도 같은 절차를 반복한다. (이런 식으로 처리할 수 있는 방정식들이 더 이상 남아있지 않으면 계산을 멈춘다. 그러면 아직 제거되지 않은 변수들로 된 하나의 일반해가 남게 된다.) $c > 1$인 경우에는, 만일 $c_1 \bmod c = \cdots = c_k \bmod c = 0$이면 $d \bmod c = 0$인지 점검한다. 만일 그렇지 않다면 정수해가 존재하지 않는 것이다. 그러면 (24)의 양변을 c로 나누고 $c = 1$인 경우에서처럼 x_0을 제거한다. 마지막으로, $c > 1$이면서 $c_1 \bmod c$, $\ldots$, $c_k \bmod c$ 전부가 0은 아니라면 새로운 변수

$$
\lfloor c/c \rfloor x_0 + \lfloor c_1/c \rfloor x_1 + \cdots + \lfloor c_k/c \rfloor x_k = t
\tag{25}
$$

를 도입해서 다른 방정식들에서 변수 x_0을 제거하고, 원래의 방정식 (24)를

$$
ct + (c_1 \bmod c) x_1 + \cdots + (c_k \bmod c) x_k = d
\tag{26}
$$

로 대체한다. (위의 예의 (19)와 (21)을 참고할 것.)

각 단계에서 방정식 개수가 줄어들거나 방정식계의 0이 아닌 최소 계수의 크기가 줄어들기 때문에 이러한 공정은 반드시 종료된다. 특정한 값을 가진 정수 u와 v를 계수로 하는 방정식 $ux + vy = 1$에 이 절차를 적용하면 본질적으로는 알고리즘 X의 단계들과 동일한 단계들을 거치게 된다.

방금 설명한 변수 변환 절차는 변수들이 오직 정수만을 취하는 일차방정식을 푸는 간단하고 도 직접적인 방법이지만, 그런 문제에 사용할 수 있는 최상의 방법인 것은 아니다. 이 방법을 크게 개선하는 것도 가능하나, 그것은 이 책의 범위를 넘는 주제이다. 〔Henri Cohen, *A Course in Computational Algebraic Number Theory* (New York: Springer, 1993), 2장 참고.〕

유클리드 알고리즘의 변형들을 가우스 정수 $u + iu'$들에 대해 또는 다른 몇몇 이차 수체들에서 사용할 수도 있다. 이를테면 A. Hurwitz, *Acta Math.* **11** (1887), 187-200; E. Kaltofen, H. Rolletschek, *Math. Comp.* **53** (1989), 697-720; A. Knopfmacher, J. Knopfmacher, *BIT* **31** (1991), 286-292.

고정밀도 계산. u와 v가 고정밀도 표현이 필요한 아주 큰 정수들이라고 하자. 그런 정수들의 최대공약수를 계산하는 데에는 오직 뺄셈과 자리이동에만 연관된 이진 방법(알고리즘 B)이 간단하면서도 꽤 효율적이다.

반면 유클리드 알고리즘은 단계 A2에서 u 나누기 v의 고정밀도 나눗셈이 필요하다는 점에서 매력이 훨씬 떨어지는 것으로 보인다. 그러나 이 점이 보기만큼 심각한 것은 아니다. 4.5.3절에서 증명하겠지만, 몫 $\lfloor u/v \rfloor$가 거의 항상 아주 작기 때문이다. 예를 들어 입력들이 무작위할 때 $\lfloor u/v \rfloor$는 약 99.856퍼센트의 경우에서 1000보다 작다. 따라서 $\lfloor u/v \rfloor$와 $(u \bmod v)$를 단정도 계산들과 비교적 단순한 $u - qv$ 계산(여기서 q는 단정도 수)으로 구하는 것이 거의 항상 가능하다. 더 나아가서, 만일 u가 v보다 훨씬 크다는 점을 알고 있다면(예를 들어 입력 자료 자체가 그런 형태일 수 있다) 몫 q가 아주 커지는 문제를 그리 신경 쓰지 않아도 된다. 왜냐하면 그런 경우 u가 $u \bmod v$로 대체되어서 유클리드 알고리즘의 수행이 크게 진전되기 때문이다.

레머D. H. Lehmer [*AMM* **45** (1938), 227-233]에서 기인하는 한 가지 방법을 이용하면 고정밀도 수들에 대한 유클리드 알고리즘의 빠르기를 크게 개선시킬 수 있다. 큰 수들의 선행 숫자들만 다룸으로써 대부분의 계산을 단정도 산술로 수행할 수 있으며, 다중 정밀도 연산들의 수행 횟수를 상당히 줄일 수 있다. 핵심적인 발상은 실제 계산 대신 "가상의" 계산을 수행해서 시간을 줄이자는 것이다.

예를 들어 여덟 자리 수 $u = 27182818$, $v = 10000000$이 주어졌으며 오직 네 자리 워드들만 다루는 컴퓨터를 사용한다고 하자. $u' = 2718$, $v' = 1001$, $u'' = 2719$, $v'' = 1000$으로 둔다. 그러면 u/v의 근사값 u'/v'과 u''/v''은 다음과 같은 관계를 만족하게 된다.

$$u'/v' < u/v < u''/v''. \tag{27}$$

비율 u/v는 유클리드 알고리즘으로 얻는 몫들의 수열을 결정한다. 단정도 값들의 쌍 (u', v')과 (u'', v'')에 유클리드 알고리즘을 동시에 적용하되 서로 다른 몫이 나오면 멈춘다고 하자. 그렇게 해서 얻은 몫들의 수열은 다중 정밀도 수 (u, v)들에 대해서 얻은 몫들의 수열과 동일하다. 실제로 (u', v')과 (u'', v'')에 유클리드 알고리즘을 적용해보자.

u'	v'	q'		u''	v''	q''
2718	1001	2		2719	1000	2
1001	716	1		1000	719	1
716	285	2		719	281	2
285	146	1		281	157	1
146	139	1		157	124	1
139	7	19		124	33	3

두 경우에서 처음 다섯 개의 몫들은 동일하므로, 이들은 진정한 몫들이다. 그러나 여섯 번째 단계에서부터는 $q' \neq q''$이다. 따라서 단정도 계산은 그 시점에서 멈추어야 한다. 원래의 다중 정밀도 수들을 사용했다면 계산은 다음과 같이 진행되었을 것이다.

$$
\begin{array}{ccc}
u & v & q \\
u_0 & v_0 & 2 \\
v_0 & u_0 - 2v_0 & 1 \\
u_0 - 2v_0 & -u_0 + 3v_0 & 2 \\
-u_0 + 3v_0 & 3u_0 - 8v_0 & 1 \\
3u_0 - 8v_0 & -4u_0 + 11v_0 & 1 \\
-4u_0 + 11v_0 & 7u_0 - 19v_0 & ?
\end{array}
\tag{28}
$$

(이 다음 몫은 3에서 19 사이의 어떤 값이다.) u와 v의 정밀도가 얼마이든, (27)이 성립하는 한 유클리드 알고리즘의 처음 다섯 단계들은 (28)과 같다. 따라서 처음 다섯 단계에서는 다중 정밀도 연산을 피할 수 있다. 그 연산들을 $-4u_0 + 11v_0$과 $7u_0 - 19v_0$의 다중 정밀도 계산으로 대체하면 되는 것이다. 이 경우 $u = 1268728$, $v = 279726$이 되고, 그러면 $u' = 1268$, $v' = 280$, $u'' = 1269$, $v'' = 279$ 등과 같은 방식으로 계산을 진행할 수 있다. 누산기가 더 크다면 더 많은 단계들을 단정도 계산으로 수행할 수 있게 된다. 이 예의 경우는 유클리드 알고리즘의 다섯 주기만을 하나의 다중 정밀도 단계로 결합할 수 있었지만, 워드 크기가 (이를테면) 10자리라면 한 번에 열 두 사이클 정도를 수행하는 것이 가능하다. 4.5.3절에서 증명하는 결과들은 각각의 반복에서 대체될 수 있는 다중 정밀도 주기들의 수가 단정도 계산에 쓰이는 숫자들의 개수와 본질적으로 정비례함을 의미한다.

레머의 방법을 알고리즘 형태로 정리하면 다음과 같다.

알고리즘 L (큰 수들에 대한 유클리드 알고리즘). u와 v가 음이 아닌 정수들이며 $u \geq v$라고 하자. 그리고 두 수 모두 다중 정밀도로 표현된다고 하자. 이 알고리즘은 u와 v의 최대공약수를 보조적인 단정도 p자리 변수 $\hat{u}$, $\hat{v}$, A, B, C, D, T, q와 보조적인 다중 정밀도 변수 t, w를 이용해서 계산한다.

L1. 〔초기화.〕만일 v가 하나의 단정도 값을 표현하기에 충분할 정도로 작다면, 알고리즘 A로 $\gcd(u, v)$를 계산하고 알고리즘을 끝낸다. 그렇지 않다면 u의 선행 숫자 p개를 $\hat{u}$로 두고, v의 해당 선행 숫자들을 $\hat{v}$로 둔다. 다른 말로 하면, 기수 b 표기법을 사용한다고 할 때 $\hat{u} \leftarrow \lfloor u/b^k \rfloor$, $\hat{v} \leftarrow \lfloor v/b^k \rfloor$로 설정한다. 여기서 k는 $\hat{u} < b^p$를 만족하는 최소의 수이다.

$A \leftarrow 1$, $B \leftarrow 0$, $C \leftarrow 0$, $D \leftarrow 1$로 설정한다. (이 변수들은 (28)의 계수들을 나타내며, 다중 정밀도 수들에 대한 알고리즘 A의 해당 행동들에서

$$
u = Au_0 + Bv_0, \qquad v = Cu_0 + Dv_0
\tag{29}
$$

이다. 또한 앞에서 살펴본 예의 표기법 하에서는

$$
u' = \hat{u} + B, \qquad v' = \hat{v} + D, \qquad u'' = \hat{u} + A, \qquad v'' = \hat{v} + C
\tag{30}
$$

이다.)

L2. 〔몫 판정.〕 $q \leftarrow \lfloor (\hat{u} + A) / (\hat{v} + C) \rfloor$로 설정한다. 만일 $q \neq \lfloor (\hat{u} + B) / (\hat{v} + D) \rfloor$이면 단계 L4
로 간다. (이 단계는 앞에 나온 예제의 표기법 하에서 $q' \neq q''$인지 판정한다. 이 단계의 계
산 도중에 단정도 위넘침이 발생할 수 있으나, 오직 $\hat{u} = b^p - 1$이고 $A = 1$인 경우 또는 $\hat{v} =$
$b^p - 1$이고 $D = 1$인 경우에만 발생한다. 그리고 (30) 때문에 항상 조건

$$0 \leq \hat{u} + A \leq b^p, \qquad 0 \leq \hat{v} + C < b^p,$$
$$0 \leq \hat{u} + B < b^p, \qquad 0 \leq \hat{v} + D \leq b^p \tag{31}$$

들이 성립한다. $\hat{v} + C = 0$ 또는 $\hat{v} + D = 0$이 될 수도 있으나, 둘 다 동시에 참이 되지는 않는다.
따라서 이 단계에서 0으로 나누기는 "바로 L4로 간다"의 의미를 가지게 된다.)

L3. 〔유클리드 알고리즘 흉내내기.〕 $T \leftarrow A - qC$, $A \leftarrow C$, $C \leftarrow T$, $T \leftarrow B - qD$, $B \leftarrow D$, D
$\leftarrow T$, $T \leftarrow \hat{u} - q\hat{v}$, $\hat{u} \leftarrow \hat{v}$, $\hat{v} \leftarrow T$로 설정하고 단계 L2로 돌아간다. (이 단정도 계산들은
(29)의 관례 하에서의 (28)에서와 같은 다중 정밀도 연산들과 동치이다.)

L4. 〔다중 정밀도 단계.〕 만일 $B = 0$이면 다중 정밀도 나눗셈을 이용해서 $t \leftarrow u \bmod v$, $u \leftarrow v$,
$v \leftarrow t$로 설정한다. (이는 다중 정밀도 연산들 중 어떠한 것도 단정도 연산들로 흉내내지 못
하는 경우에만 일어난다. 이 단계는 유클리드 알고리즘에서 매우 큰 몫이 필요함을 의미하는
데, 그런 경우는 거의 일어나지 않는다.) 그렇지 않다면 $t \leftarrow Au$, $t \leftarrow t + Bv$, $w \leftarrow Cu$, $w \leftarrow$
$w + Dv$, $u \leftarrow t$, $v \leftarrow w$로 설정한다(직접적인 다중 정밀도 연산들을 이용). 단계 L1로 돌아
간다. ∎

이 계산 전반에서 A, B, C, D의 값들은 단정도 수들로 유지된다. (31) 때문이다.

알고리즘 L의 구현 프로그램은 알고리즘 B의 것에 비해 다소 복잡하나, 큰 수들이 주어진 경우
많은 컴퓨터들에서 알고리즘 B의 것보다 더 빠르게 작동한다. 그러나 알고리즘 B의 이진 기법도
알고리즘 L보다 더 빠를 수 있도록 비슷한 방식으로 개선할 수 있다(연습문제 38). 알고리즘 L은
유클리드 알고리즘으로 얻는 몫들의 수열을 구할 수 있다는 장점을 가지는데, 이러한 장점은 여러
가지 방식으로 활용될 수 있다(이를테면 4.5.3절의 연습문제 43, 47, 49, 51을 볼 것).

이진 알고리즘의 분석. 이제 알고리즘 B의 실행 시간을 연구하는 것으로 이번 절을 마무리 짓겠다.
이 분석을 통해서, 앞에서 언급한 공식들이 정당화될 것이다.

알고리즘 B의 습성을 정확하게 평가하는 일은 대단히 어려워 보이나, 그래도 하나의 근사 모형을
통해서 연구를 진행하는 것은 가능하다. u와 v가 홀수이며 $u > v$라고 하자. 또한 다음과 같은 조건들
도 만족한다고 하자.

$$\lfloor \lg u \rfloor = m, \qquad \lfloor \lg v \rfloor = n. \tag{32}$$

(즉, u는 하나의 $(m+1)$비트 수이며 v는 $(n+1)$비트 수이다.) 알고리즘 B의 빼기 및 자리이동
주기, 즉 단계 B6에서 시작해서 단계 B5의 완료에서 끝나는 연산을 고려한다. $u > v$일 때의 모든

빼기 및 자리이동 주기는 $u - v$를 형성하고 그것을 u를 대체하는 홀수 u'이 나올 때까지 오른쪽으로 자리이동한다. 입력들이 무작위로 주어진다고 할 때 $u' = (u - v)/2$는 약 절반의 경우, $u' = (u - v)/4$는 약 4분의 1의 경우, $u' = (u - v)/8$는 약 8분의 1의 경우, 등등이다. $u - v$가 오른쪽으로 자리이동되는 횟수를 k라 할 때

$$\lfloor \lg u' \rfloor = m - k - r \tag{33}$$

이다. 여기서 r은 $\lfloor \lg u \rfloor - \lfloor \lg (u - v) \rfloor$, 즉 u에서 v를 빼는 과정에서 왼쪽 자리들에서 소실되는 비트들의 개수이다. $m \geq n + 2$일 때에는 $r \leq 1$이며 $m = n$일 때에는 $r \geq 1$임을 주목할 것.

k와 r의 상호작용은 상당히 난해하다(연습문제 20 참고). 그러나 k가 이산적으로 변하는 반면 u와 v는 비율 v/u가 연속분포가 될 정도로 충분히 크다는 가정 하에서 근사적인 습성을 분석하는 한 가지 깔끔한 방식을 브렌트Richard Brent가 발견해냈다. 〔*Algorithms and Complexity*, J. F. Traub 엮음 (New York: Academic Press, 1976), 321-355 참고.〕 u와 v가 큰 정수들이며, 둘 다 홀수이고 둘의 비율이 특정한 확률분포를 따른다는 점만 제외하면 본질적으로 무작위하다고 가정하자. 그러면 단계 B6에서의 수량 $t = u - v$의 최하위 비트들은 t가 짝수가 된다는 점만 제외할 때 본질적으로 무작위하다. 따라서 t가 2^k의 홀수배일 확률은 2^{-k}이다. 이는 빼기 및 자리이동 주기에서 k번의 오른쪽 자리이동이 필요한 확률의 근사값이다. 다른 말로 하면, 단계 B4가 항상 1/2의 확률로 B3으로 분기된다고 가정한다면 알고리즘 B의 습성에 대한 적당한 근사를 얻을 수 있다는 것이다.

위에서 말한 가정 하에서 빼기 및 자리이동 주기가 n번 수행된 후에 $\min(u, v) / \max(u, v)$가 $\geq x$일 확률을 $G_n(x)$라고 하자. 만일 $u \geq v$이고 정확히 k번의 오른쪽 자리이동이 수행되었다면 비율 $X = v/u$는 $X' = \min(2^k v/(u - v), (u - v)/2^k v) = \min(2^k X/(1 - X), (1 - X)/2^k X)$로 바뀐다. 따라서 오직 $2^k X/(1 - X) \geq x$이고 $(1 - X)/2^k X \geq x$일 때에만 $X' \geq x$가 성립한다. 그리고 이 조건은

$$\frac{1}{1 + 2^k/x} \leq X \leq \frac{1}{1 + 2^k x} \tag{34}$$

과 같다. 따라서 $G_n(x)$는 다음과 같은 흥미로운 점화식을 만족한다.

$$G_{n+1}(x) = \sum_{k \geq 1} 2^{-k} \left(G_n \left(\frac{1}{1 + 2^k/x} \right) - G_n \left(\frac{1}{1 + 2^k x} \right) \right). \tag{35}$$

여기서 $0 \leq x \leq 1$에 대해 $G_0(x) = 1 - x$이다. 계산 실험을 해 보면 $G_n(x)$가 극한 분포 $G_{\infty(x)} = G(x)$로 빠르게 수렴됨을 알 수 있으나, 수렴에 대한 공식적인 증명은 어려워 보인다. 일단 $G(x)$가 수렴한다고 가정하자. 그러면 $G(x)$는 다음을 만족한다.

$$G(x) = \sum_{k \geq 1} 2^{-k} \left(G \left(\frac{1}{1 + 2^k/x} \right) - G \left(\frac{1}{1 + 2^k x} \right) \right), \qquad 0 < x \leq 1\text{에 대해}; \tag{36}$$

$$G(0) = 1; \qquad\qquad G(1) = 0. \tag{37}$$

이제

$$S(x) = \frac{1}{2}\, G\!\left(\frac{1}{1+2x}\right) + \frac{1}{4}\, G\!\left(\frac{1}{1+4x}\right) + \frac{1}{8}\, G\!\left(\frac{1}{1+8x}\right) + \cdots$$

$$= \sum_{k \geq 1} 2^{-k} G\!\left(\frac{1}{1+2^k x}\right); \tag{38}$$

로 둔다. 그러면

$$G(x) = S(1/x) - S(x) \tag{39}$$

이다. 편의상, 모든 $x > 0$에 대해 (39)가 성립하도록

$$G(1/x) = -\,G(x) \tag{40}$$

로 정의한다. x가 0에서 ∞로 감에 따라 $S(x)$는 0에서 1로 증가하므로 $G(x)$는 $+1$에서 -1로 감소한다. 물론 $x > 1$일 때 $G(x)$는 더 이상 하나의 확률이 아니나, 그렇다고 해도 의미는 있다(연습문제 23).

멱급수 $\alpha(x)$, $\beta(x)$, $\gamma_m(x)$, $\delta_m(x)$, $\lambda(x)$, $\mu(x)$, $\sigma_m(x)$, $\tau_m(x)$, $\rho(x)$가 다음을 만족한다고 가정하자.

$$G(x) = \alpha(x)\lg x + \beta(x) + \sum_{m=1}^{\infty} (\gamma_m(x)\cos 2\pi m \lg x + \delta_m(x)\sin 2\pi m \lg x), \tag{41}$$

$$S(x) = \lambda(x)\lg x + \mu(x) + \sum_{m=1}^{\infty} (\sigma_m(x)\cos 2\pi m \lg x + \tau_m(x)\sin 2\pi m \lg x), \tag{42}$$

$$\rho(x) = G(1+x) = \rho_1 x + \rho_2 x^2 + \rho_3 x^3 + \rho_4 x^4 + \rho_5 x^5 + \rho_6 x^6 + \cdots, \tag{43}$$

이렇게 가정하는 이유는, (35)에 대한 해 $G_n(x)$들이 $n \geq 1$에 대해 위와 같은 성질을 만족함을 보일 수 있기 때문이다. (예를 들면 연습문제 30 참고.) 이 멱급수들은 $|x| < 1$에 대해 수렴한다.

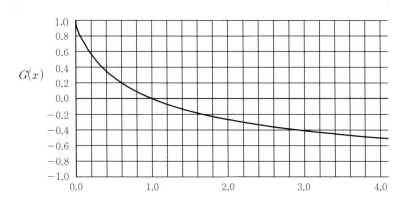

그림 10. 이진 gcd 알고리즘의 비율들의 극한분포

등식 (36)-(43)에서 $\alpha(x)$, ..., $\rho(x)$에 대한 어떤 사실들을 유도할 수 있을까? 우선 (38), (40), (43)으로부터

$$2S(x) = G(1/(1+2x)) + S(2x) = S(2x) - \rho(2x) \tag{44}$$

임을 알 수 있다. 따라서 식 (42)는 오직

$$2\lambda(x) = \lambda(2x); \tag{45}$$

$$2\mu(x) = \mu(2x) + \lambda(2x) - \rho(2x); \tag{46}$$

$$m \geq 1\text{에 대해} \qquad 2\sigma_m(x) = \sigma_m(2x), \qquad 2\tau_m(x) = \tau_m(2x) \tag{47}$$

일 때에만 성립한다. 관계식 (45)는 $\lambda(x)$가 단지 x의 상수배일 뿐임을 말해준다. 상수가 음수이므로

$$\lambda(x) = -\lambda x \tag{48}$$

라고 쓸 수 있다. (관련 계수는

$$\lambda = 0.39792\ 26811\ 88316\ 64407\ 67071\ 61142\ 65498\ 23098+ \tag{49}$$

임이 밝혀졌으나, 이를 쉽게 계산하는 방법은 알려져 있지 않다.) 관계식 (46)은 $\rho_1 = -\lambda$이며 $k > 1$일 때 $2\mu_k = 2^k\mu_k - 2^k\rho_k$임을 말해준다. 다른 말로 하면

$$k \geq 2\text{에 대해} \qquad \mu_k = \rho_k/(1 - 2^{1-k}) \tag{50}$$

인 것이다. 또한 (47)로부터, 두 종류의 멱급수

$$\sigma_m(x) = \sigma_m x, \qquad \tau_m(x) = \tau_m x \tag{51}$$

들이 그냥 일차함수들임을 알 수 있다. ($\gamma_m(x)$와 $\delta_m(x)$에 대해서는 이것이 참이 아니다.)

식 (44)에서 x를 $1/2x$로 대체하면

$$2S(1/2x) = S(1/x) + G(x/(1+x)) \tag{52}$$

가 되는데, 이 등식에 (39)를 적용하면 x가 0 근처일 때의 G와 S의 한 관계식

$$2G(2x) + 2S(2x) = G(x) + S(x) + G(x/(1+x)) \tag{53}$$

가 나온다. $\lg x$의 계수들은 이 등식의 양변을 멱급수들로 전개했을 때의 계수들과 일치해야 한다. 따라서

$$2\alpha(2x) - 4\lambda x = \alpha(x) - \lambda x + \alpha(x/(1+x)) \tag{54}$$

이다.

식 (54)는 $\alpha(x)$를 정의하는 하나의 점화식이다. 실제로, 다음을 만족하는 함수 $\psi(z)$를 고려해 보자.

$$\psi(z) = \frac{1}{2}\left(z + \psi\left(\frac{z}{2}\right) + \psi\left(\frac{z}{2+z}\right)\right), \qquad \psi(0) = 0, \quad \psi'(0) = 1. \tag{55}$$

그러면 (54)에 의해

$$\alpha(x) = \frac{3}{2}\lambda\psi(x) \tag{56}$$

가 된다. 더 나아가서 (55)를 반복 적용하면 다음이 나온다.

$$\psi(z) = \frac{z}{2}\left(\frac{1}{1} + \frac{1}{2}\left(\frac{1}{2} + \frac{1}{2+z}\right) + \frac{1}{4}\left(\frac{1}{4} + \frac{1}{4+z} + \frac{1}{4+2z} + \frac{1}{4+3z}\right) + \cdots\right)$$

$$= \frac{z}{2}\sum_{k \geq 0}\frac{1}{2^k}\sum_{0 \leq j < 2^k}\frac{1}{2^k + jz}. \tag{57}$$

이로부터 $\psi(z)$의 멱급수 전개가 다음과 같음을 알 수 있다.

$$\psi(z) = \sum_{n \geq 1}(-1)^{n-1}\psi_n z^n, \qquad \psi_n = \frac{1}{2n}\sum_{k=0}^{n-1}\frac{B_k}{2^{k+1}-1}\binom{n}{k} + \frac{\delta_{n1}}{2}. \tag{58}$$

연습문제 27을 볼 것. ψ_n에 대한 이 공식은 숫자 검색 트리 알고리즘인 식 6.3-(18)과 관련해서 나타나는 한 수식과 놀랄 만큼 비슷하다. 연습문제 28에서는 $\psi_n = \Theta(n^{-2})$임을 증명한다.

이제 상수 $\lambda = -\rho_1$만 빼고는 $\alpha(x)$에 대해 알게 되었으며, 계수 μ_1를 제외한 $\mu(x)$와 $\rho(x)$가 (50)과 같은 관계를 가진다는 점도 알게 되었다. 연습문제 25의 답에 의하면 $\rho(x)$의 계수 전부를 ρ_1, ρ_3, ρ_5, $\cdots$으로 표현할 수 있다. 더 나아가서 상수 σ_m과 τ_m은 연습문제 29를 푸는 데 사용하는 방법으로 계산할 수 있다. 그러나 $G(x)$에 관여하는 다양한 함수들의 모든 계수를 계산하는 유일한 방법은 그저 점화식 (36)을 고된 수치적 방법으로 반복하는 것밖에 없는 것으로 보인다.

일단 $G(x)$의 충분한 근사값을 구했다면, 알고리즘 B 실행 시간의 점근적 평균을 다음과 같이 추정할 수 있다: 만일 $u \geq v$이고 k번의 오른쪽 자리이동이 수행되었다면, 수량 $Y = uv$는 $Y' = (u-v)v/2^k$로 변한다. 따라서 비율 Y/Y'은 $2^k/(1-X)$이다. 여기서 $X = v/u$가 $\geq x$일 확률은 $G(x)$이다. 따라서 uv의 비트수는 평균적으로 상수

$$b = \mathrm{E}\lg(Y/Y') = \sum_{k \geq 1}2^{-k}\left(f_k(0) + \int_0^1 G(x)f_k{}'(x)dx\right)$$

만큼 감소한다. 여기서 $f_k(x) = \lg(2^k/(1-x))$이며, 따라서

$$b = \sum_{k \geq 1}2^{-k}\left(k + \int_0^1 \frac{G(x)\,dx}{(1-x)\ln 2}\right) = 2 + \int_0^1 \frac{G(x)\,dx}{(1-x)\ln 2} \tag{59}$$

이다. $u = v$가 되는 시점에 도달하면 $\lg uv$의 기대값은 약 0.9779가 된다(연습문제 14). 그러므로 알고리즘 B의 빼기 및 자리이동 주기의 총 수행 횟수는 근사적으로 $1/b$ 곱하기 $\lg uv$의 초기값이다. 대칭에 의해, 이는 약 $2/b$ 곱하기 $\lg u$의 초기값이다. 1997년에 브렌트Richard Brent가 수행한 수치 계산에 의하면 이 기본 상수의 값은

$$2/b = 0.70597\ 12461\ 01916\ 39152\ 93141\ 35852\ 88176\ 66677 + \tag{60}$$

이다.

발레Brigitte Vallée는 이러한 함수들을 깊게 연구하다가, 상수 λ와 b가 놀랄만한 공식

$$\frac{\lambda}{b} = \frac{2\ln 2}{\pi^2} \tag{61}$$

로 연관되는 것은 아닌가 의심하게 되었다. 명백히, 브렌트가 계산한 값들은 이 흥미로운 추측과 완벽하게 일치한다. 발레는 아주 흥미롭고도 엄격한 "동적" 방법들을 이용해서 알고리즘 B를 성공적으로 분석했다 [*Algorithmica* **22** (1998), 660-685 참고].

그럼 u와 v가 홀수이며 범위가 각각 $2^m \leq u < 2^{m+1}$, $2^n \leq v < 2^{n+1}$이라는 (32)의 가정으로 돌아가자. 수백 만 개의 무작위 입력들과 범위 $29 \leq m$, $n \leq 37$의 여러 m, n 값들로 알고리즘 B를 시험해본 결과에 의하면 알고리즘의 실제 평균 습성은 다음과 같다.

$$C \approx \frac{1}{2}m + 0.203n + 1.9 - 0.4(0.6)^{m-n}, \qquad m \geq n. \tag{62}$$
$$D \approx \quad m + \ 0.41n - 0.5 - 0.7(0.6)^{m-n},$$

그리고 관측된 평균값으로부터 구한 표준편차는 꽤 작았다. (62)의 m의 계수 $\frac{1}{2}$과 1이 유효함은 엄밀히 증명할 수 있다(연습문제 21).

u와 v가 홀수 정수가 아니라 임의의 정수라고 가정한다면, 그리고 각자 독립적으로 범위

$$1 \leq u < 2^N \qquad \text{및} \qquad 1 \leq v < 2^N \tag{63}$$

에서 균등하게 분포한다고 가정하면, 이미 주어진 자료를 가지고 C와 D의 평균값을 구할 수 있다:

$$C \approx 0.70N + O(1), \qquad D \approx 1.41N + O(1). \tag{64}$$

(연습문제 22 참고.) 이 결과는 $N \leq 30$인 수백 만 개의 무작위 입력들로 수행한 추가적인 실험적 검정들의 결과와 완벽히 일치한다. 그 검정들에 따르면 입력 u와 v의 해당 분포에 대해

$$C = 0.70N - 0.5, \qquad D = 1.41N - 2.7 \tag{65}$$

을 적절한 추정치로 둘 수 있다.

브렌트의 알고리즘 B에 대한 연속 모형의 이론적 분석에 따르면, C와 D가 (63)의 가정 하에서 $2N/b$ 및 $4N/b$(여기서 $2/b \approx 0.70597$는 (60)에 나온 상수)과 점근적으로 상등이 될 것이라고 예측된다. 브렌트의 상수 $2/b$는 실험과 너무나 잘 맞아떨어지기 때문에, (65)에 나오는 수 "0.70"의 진짜 값이 바로 그것이라고 믿을만하다. 따라서 (62)에서 0.203을 0.206으로 바꾸어야 한다.

이렇게 해서 C와 D의 평균값을 분석해 보았다. 알고리즘 B의 실행 시간 공식에 나오는 나머지 세 수량들을 분석하는 것은 상당히 쉽다. 연습문제 6, 7, 8을 볼 것.

이제 알고리즘 B의 평균적인 습성을 근사적으로 파악했다. 그럼 "최악의 경우"의 시나리오를 생각해 보자. 즉, 어떤 의미에서든 가장 다루기 힘든 u와 v의 값들은 무엇인가? 앞에서처럼

$$\lfloor \lg u \rfloor = m \qquad \text{및} \qquad \lfloor \lg v \rfloor = n$$

으로 가정하고, 알고리즘이 가장 느리게 수행되게 하는 u와 v의 값을 구해보자. 보조적인 변수 갱신들을 고려할 때 빼기가 자리이동보다 다소 오래 걸릴 것이므로, 지금의 질문을 뺄셈이 가장 많이 필요해지는 u와 v는 무엇인지로 바꾸어도 무방하다. 답은 다소 놀랍다: 단순한 방식으로 분석한다면 상당히 큰 C 값이 가능할 것이라는 답이 나오겠지만, 실제로는 C의 최대값이 정확히

$$\max(m, n) + 1 \tag{66}$$

이다(연습문제 35 참고). 최악의 경우 (66)의 유도는 상당히 흥미로우므로, 독자의 즐거움을 빼앗지 않도록 연습문제로 남겨두겠다(연습문제 36, 37).

연습문제

1. 〔M21〕 (6)과 (7)에서 (8), (9), (10), (11), (12)를 손쉽게 유도하려면?

2. 〔M22〕 u가 $v_1 v_2 \ldots v_n$을 나눈다고 할 때, u가

$$\gcd(u, v_1)\gcd(u, v_2) \ldots \gcd(u, v_n)$$

을 나눔을 증명하라.

3. 〔M23〕 $\mathrm{lcm}(u, v) = n$을 만족하는 양의 정수들의 순서쌍 (u, v)들의 개수가 n^2의 약수 개수임을 보여라.

4. 〔M21〕 양의 정수 u와 v가 주어졌을 때, $u' \perp v'$이고 $u'v' = \mathrm{lcm}(u, v)$인 u의 약수 u'와 v의 약수 v'가 존재함을 보여라.

▶ **5.** 〔M26〕 두 정수의 최대공약수를 그 둘의 균형 3진 표현들에 기반해서 계산하는 알고리즘(알고리즘 B와 비슷한)을 고안하라. 그리고 그 알고리즘을 $\gcd(40902, 24140)$의 계산에 적용해서 시연하라.

6. 〔M22〕 u와 v가 무작위 양의 정수들일 때, 프로그램 B의 실행 시간에 관여하는 수량 A의 평균과 표준편차를 구하라. (A는 준비 단계 도중에 u와 v 모두에 적용되는 오른쪽 자리이동 횟수이다.)

7. 〔M20〕 프로그램 B의 실행 시간에 관여하는 수량 B를 분석하라.

▶ **8.** 〔M25〕 프로그램 B에서, E의 평균값이 근사적으로 $\frac{1}{2} C_{\mathrm{ave}}$와 상등임을 보여라. 여기서 C_{ave}는 C의 평균값이다.

9. 〔18〕 알고리즘 B와 필산법을 이용해서 $\gcd(31408, 2718)$을 구하라. 또한 $31408m + 2718n = \gcd(31408, 2718)$인 정수 m과 n을 알고리즘 X를 이용해서 구하라.

▶ **10.** [*HM24*] 범위가 $1 \leq u, v \leq n$이며 $u \perp v$인 두 정수의 순서쌍 (u, v)들의 개수를 q_n이라고 하자. 이번 연습문제의 목적은 $\lim_{n \to \infty} q_n / n^2 = 6/\pi^2$임을, 따라서 정리 D가 유효함을 증명하는 것이다.

  a) 포함 및 배재 원리(1.3.3절)를 이용해서 다음을 보여라.

$$q_n = n^2 - \sum_{p_1} \lfloor n/p_1 \rfloor^2 + \sum_{p_1 < p_2} \lfloor n/p_1 p_2 \rfloor^2 - \cdots .$$

  여기서 합들의 구간은 모든 소수 p_i이다.

  b) 뫼비우스 함수(Möbius function) $\mu(n)$은 $\mu(1) = 1$, $\mu(p_1 p_2 \ldots p_r) = (-1)^r$ ($p_1, p_2, \ldots, p_r$이 서로 다른 소수들일 때), $\mu(n) = 0$ (만일 n이 한 소수의 제곱으로 나누어지면)이라는 규칙으로 정의되는 함수이다. $q_n = \sum_{k \geq 1} \mu(k) \lfloor n/k \rfloor^2$임을 보여라.

  c) (b)의 한 결과인 $\lim_{n \to \infty} q_n / n^2 = \sum_{k \geq 1} \mu(k)/k^2$을 증명하라.

  d) $\left(\sum_{k \geq 1} \mu(k)/k^2 \right) \left(\sum_{m \geq 1} 1/m^2 \right) = 1$을 증명하라. 힌트: 급수들이 절대수렴할 때

$$\left(\sum_{k \geq 1} a_k/k^z \right) \left(\sum_{m \geq 1} b_m/m^z \right) = \sum_{n \geq 1} \left(\sum_{d \setminus n} a_d b_{n/d} \right) \Big/ n^z$$

  이 성립한다.)

11. [*M22*] $\gcd(u, v) \leq 3$일 확률은 얼마인가? (정리 D 참고.) $\gcd(u, v)$의 평균값은 얼마인가?

12. [*M24*] (체사로E. Cesàro.) 무작위 양의 u와 v의 (양의)공약수들의 평균 개수는 몇인가? [힌트: 연습문제 10(d)의 항등식을 $a_k = b_m = 1$로 두고 고려할 것.]

13. [*HM23*] u와 v가 무작위 홀수 양의 정수들이라고 할 때, 그것들이 서로 소일 확률이 $8/\pi^2$임을 보여라.

▶ **14.** [*HM25*] u와 v가 (a) 무작위 양의 정수들일 때와 (b) 무작위 양의 홀수 정수들일 때의 $\ln \gcd(u, v)$의 기대값을 구하라.

15. [*M21*] 알고리즘 X가 종료되었을 때 v_1과 v_2의 값은 무엇인가?

▶ **16.** [*M22*] 양의 정수 u, v, m이 주어지고 v가 m과 서로 소라고 할 때, m을 법으로 해서 u를 v로 나누는 알고리즘을 설계하라. 다른 말로 하면 알고리즘은 $u \equiv vw$ (modulo m)인 $0 \leq w < m$ 범위의 w를 구해야 한다.

▶ **17.** [*M20*] $uv \equiv 1$ (modulo 2^e)인 두 정수 u와 v가 주어졌을 때, $u'v \equiv 1$ (modulo 2^{2e})인 정수 u'을 계산하는 방법을 설명하라. [이 방법은 2의 거듭제곱을 법으로 해서 홀수의 역수를 구하는 빠른 알고리즘으로 이어진다. $e = 8$ 또는 $e = 16$에 대한 그러한 모든 역수의 표를 만들어서 사용할 수 있기 때문이다.]

▶ **18.** [*M24*] 알고리즘 L을 u와 v가 클 때 (15)의 해들을 구하는 알고리즘으로 확장할 수 있음을(알고리즘 A를 알고리즘 X로 확장했던 것처럼) 보여라.

19. [21] 본문에 나온 정수 계수 연립방정식의 일반해를 구하는 방법을 이용해서 다음과 같은 연립방정식의 일반해를 구하라.

a) $3x + 7y + 11z = 1$
   $5x + 7y - 5z = 3$

b) $3x + 7y + 11z = \quad 1$
   $5x + 7y - 5z = -3$

20. [M37] u와 v가 홀수 정수들이며 범위 $2^m \le u < 2^{m+1}$, $2^n \le v < 2^{n+1}$에서 독립적으로 균등분포한다고 하자. 알고리즘 B에서 단 한 번의 빼기 및 자리이동 주기에 의해 u와 v가 범위 $2^{m'} \le u < 2^{m'}+1$, $2^{n'} \le v < 2^{n'}+1$로 줄어들 정확한 확률은 얼마인가? 확률을 m, n, m', n'의 함수로 표현할 것.

21. [HM26] u와 v가 홀수이고 $\lfloor \lg u \rfloor = m$, $\lfloor \lg v \rfloor = n$이라 할 때, 알고리즘 B의 빼기 단계 횟수와 자리이동 단계 횟수를 각각 C_{mn}, D_{mn}이라고 하자. 고정된 n과 $m \to \infty$에 대해 $C_{mn} = \frac{1}{2}m + O(1)$이고 $D_{mn} = m + O(1)$임을 보여라.

22. [M28] 연습문제 21과 같은 설정 하에서, 어떠한 상수 α, β, γ에 대해 만일 $C_{mn} = \alpha m + \beta n + \gamma$이면

$$\sum_{1 \le n < m \le N} (N-m)(N-n)2^{m+n-2} C_{mn} = 2^{2N}\left(\frac{11}{27}(\alpha+\beta)N + O(1)\right),$$

$$\sum_{1 \le n \le N} (N-n)^2 2^{2n-2} C_{nn} = 2^{2N}\left(\frac{5}{27}(\alpha+\beta)N + O(1)\right)$$

임을 보여라.

▶ **23.** [M20] 알고리즘 B에 큰 무작위 정수들이 주어졌을 때, 알고리즘의 빼기 및 자리이동 주기가 n회 수행된 이후에 $v/u \le x$일 확률은 얼마인가? (여기서 x는 0보다 큰 임의의 실수이다. $u \ge v$라고 가정하지는 않는다.)

24. [M20] 단계 B6에서 $u > v$라고 하자. 그리고 비율 v/u가 브렌트의 극한분포 G를 따른다고 하자. 다음번에 단계 B6에 도달했을 때 $u < v$일 확률은 얼마인가?

25. [M21] 등식 (46)은 $\rho_1 = -\lambda$를 함의한다. $\rho_2 = \lambda/2$를 증명하라.

26. [M22] $G(x)$가 (36)-(40)을 만족할 때

$$2G(x) - 5G(2x) + 2G(4x) = G(1+2x) - 2G(1+4x) + 2G(1+1/x) - G(1+1/2x)$$

이 성립함을 증명하라.

27. [M22] ψ_n을 베르누이 수들로 표현하는 (58)을 증명하라.

28. [HM36] ψ_n의 점근 습성을 연구하라. 힌트: 연습문제 6.3-34를 참고할 것.

▶ **29.** [HM26] (브렌트R. P. Brent.) 알고리즘 B의 첫 번째 빼기 및 자리이동 주기가 수행된 후의 $\min(u,v)/\max(u,v)$의 분포함수 $G_1(x)$(식 (35)의 정의에 따른)를 구하라. 힌트: $S_{n+1}(x) =$

$\sum_{k=1}^{\infty} 2^{-k} G_n(1/(1+2^k x))$로 두고 조화합에 대한 멜린 변환(Mellin transform) 방법을 사용할 것 〔P. Flajolet, X. Gourdon, P. Dumas, *Theor. Comp. Sci.* **144** (1995), 3-58 참고〕.

30. 〔HM39〕 연습문제 29를 계속 이어서, $G_2(x)$를 구하라.

31. 〔HM46〕 발레Vallée의 추측 (61)을 증명 또는 반증하라.

32. 〔HM47〕 (36)과 (37)을 만족하는 고유한 연속함수 $G(x)$가 존재하는가?

33. 〔M46〕 프로그램 B 다음에 설명된 해리스Harris의 "이진 유클리드 알고리즘"을 분석하라.

34. 〔HM49〕 브렌트의 모형이 알고리즘 B의 점근습성을 서술한다는 점에 대한 엄밀한 증명을 제시하라.

35. 〔M23〕 모든 음이 아닌 정수 $m, n \geq 0$에 대한 정점 (m, n)들과 특별한 하나의 "종료" 정점으로 구성된 유향그래프를 고찰한다. 이 유향그래프는 알고리즘 B의 빼기 및 자리이동 주기로 $\lfloor \lg u \rfloor = m$, $\lfloor \lg v \rfloor = n$인 정수 u와 v를 $\lfloor \lg u' \rfloor = m'$, $\lfloor \lg v' \rfloor = n'$인 정수 u'과 v'으로 변환하는 것이 가능할 때에는 항상 (m, n)에서 (m', n')으로의 호를 가지며, 또한 모든 $n \geq 0$에 대해 (n, n)에서 종료 정점으로의 호들이 존재한다. (m, n)에서 종료 정점으로의 가장 긴 경로의 길이는 얼마인가? (이 길이는 알고리즘 B의 최대 실행 시간에 대한 상계를 제시한다.)

▶ **36.** 〔M28〕 $m \geq n \geq 1$가 주어졌을 때, 알고리즘 B의 빼기 단계가 $m+1$번 수행되게 하는 $\lfloor \lg u \rfloor = m$이고 $\lfloor \lg v \rfloor = n$인 u와 v의 값들을 구하라.

37. 〔M32〕 알고리즘 B의 빼기 단계 B6이 $1 + \lfloor \lg \max(u, v) \rfloor$번보다 많이 수행되는 일은 결코 없음을 증명하라.

▶ **38.** 〔M32〕 (가스퍼R. W. Gosper.) 알고리즘 B를, 알고리즘 L에 사용한 것과 비슷한 발상을 이용해서 큰 수들에 대해 작동하도록 고치는 방법을 제시하라.

▶ **39.** 〔M28〕 (프라트V. R. Pratt.) 알고리즘 B를 알고리즘 X와 비견할 수 있는 알고리즘 Y로 확장하라.

▶ **40.** 〔M25〕 (브렌트R. P. Brent, 궁H. T. Kung.) 다음은 이진 gcd 알고리즘의 한 변형으로, $u - v$의 부호 판정이 필요 없다는 점에서 하드웨어 구현 측면에서 알고리즘 B보다 우월하다. u는 홀수라고 가정한다. u와 v는 양일 수도 있고 음일 수도 있다.

K1. 〔초기화.〕 $c \leftarrow 0$으로 설정한다. (이 카운터는 $\lg |u|$와 $\lg |v|$의 차이를 추정한다.)

K2. 〔종료?〕 만일 $v = 0$이면 $|u|$를 답으로 해서 알고리즘을 끝낸다.

K3. 〔v를 홀수로 만든다.〕 $v \leftarrow v/2$, $c \leftarrow c+1$ 설정을 v가 홀수가 될 때까지 0회 이상 반복한다.

K4. 〔$c \leq 0$가 되게 한다.〕 만일 $c > 0$이면 $u \leftrightarrow v$로 교환하고 $c \leftarrow -c$로 설정한다.

K5. 〔축약.〕 $w \leftarrow (u + v)/2$로 설정한다. 만일 w가 짝수이면 $v \leftarrow w$로 설정하고, 그렇지 않으

면 $v \leftarrow w - v$로 설정한다. 단계 K2로 돌아간다. ∎

단계 K2가 많아야 $2 + 2 \lg \max(|u|, |v|)$번 수행됨을 증명하라.

41. 〔M22〕 유클리드 알고리즘을 이용해서 $\gcd(10^m - 1, 10^n - 1)$에 대한 간단한 공식을 구하라. 여기서 m과 n은 음이 아닌 정수들이다.

42. 〔M30〕 다음 행렬식을 평가하라:

$$\begin{vmatrix} \gcd(1,1) & \gcd(1,2) & \cdots & \gcd(1,n) \\ \gcd(2,1) & \gcd(2,2) & \cdots & \gcd(2,n) \\ \vdots & \vdots & & \vdots \\ \gcd(n,1) & \gcd(n,2) & \cdots & \gcd(n,n) \end{vmatrix}.$$

*4.5.3. 유클리드 알고리즘의 분석

유클리드 알고리즘의 수행 시간은 나누기 단계 A2의 수행 횟수인 T에 의존한다. (알고리즘 4.5.2와 프로그램 4.5.2A 참고.) 수량 T는 상반공식을 만족하는 함수들의 평가(3.3.3절 참고) 같은 다른 알고리즘들의 실행 시간에서도 중요한 요인이다. 이번 절을 통해서, 이 수량 T의 수학적 분석이 흥미롭고도 교육적임을 알게 될 것이다.

연분수와의 관계. 유클리드 알고리즘은 연분수(連分數, continued fraction)와 밀접히 관련되어 있다. 연분수란 다음과 같은 형태의 분수를 말한다.

$$\cfrac{b_1}{a_1 + \cfrac{b_2}{a_2 + \cfrac{b_3}{\cdots \cfrac{}{a_{n-1} + \cfrac{b_n}{a_n}}}}} = b_1 / (a_1 + b_2 / (a_2 + b_3 / (\cdots / (a_{n-1} + b_n / a_n) \ldots))). \tag{1}$$

연분수에는 한 가지 아름다운 이론이 있는데, O. Perron, *Die Lehre von den Kettenbrüchen*, 제3판 (Stuttgart: Teubner, 1954), 총2권; A. Khinchin, *Continued Fractions*, Peter Wynn 옮김 (Groningen: P. Noordhoff, 1963); H. S. Wall, *Analytic Theory of Continued Fractions* (New York: Van Nostrand, 1948) 등이 그 이론을 주제로 한 고전적인 저서들이다. 또한 이 주제의 초기 역사로는 Claude Brezinski, *History of Continued Fractions and Padé Approximants* (Springer, 1991)를 볼 것. 여기서 그 이론을 완전히 파헤치기란 힘든 일이므로, 유클리드 알고리즘의 습성에 영감을 줄만한 부분만 살펴보기로 한다.

여기서 주되게 살펴볼 연분수는 (1)의 b들이 모두 단위원인 형태의 연분수이다. 표기의 편의를 위해 다음과 같이 정의한다.

$$//x_1, x_2, ..., x_n// = 1/(x_1 + 1/(x_2 + 1/(\cdots/(x_{n-1} + 1/x_n)...))). \qquad (2)$$

예를 들면

$$//x_1// = \frac{1}{x_1}, \qquad //x_1, x_2// = \frac{1}{x_1 + 1/x_2} = \frac{x_2}{x_1 x_2 + 1} \qquad (3)$$

이다. $n = 0$일 때는 $//x_1, ..., x_n//$이 평균 0이라고 정의한다. 또한 연속 다항식(continuant polynomial)이라는 것도 정의한다. $n \geq 0$인 n개의 변수들의 연속 다항식 $K_n(x_1, x_2, ..., x_n)$은 다음과 같은 규칙들로 정의된다.

$$K_n(x_1, x_2, ..., x_n) = \begin{cases} 1, & \text{만일 } n = 0\text{이면}; \\ x_1, & \text{만일 } n = 1\text{이면}; \\ x_1 K_{n-1}(x_2, ..., x_n) + K_{n-2}(x_3, ..., x_n), & \text{만일 } n > 1\text{이면}. \end{cases} \qquad (4)$$

따라서 $K_2(x_1, x_2) = x_1 x_2 + 1$, $K_3(x_1, x_2, x_3) = x_1 x_2 x_3 + x_1 + x_3$ 등등이다. 일반화하자면, 오일러 L. Euler가 18세기에 지적했듯이, $K_n(x_1, x_2, ..., x_n)$은 $x_1 x_2 ... x_n$으로 시작해서 서로 겹치지 않는 인접한 변수쌍 $x_j x_{j+1}$을 0개 이상 계속 삭제해 나가서 얻는 모든 항의 합이다. 그런 항들은 F_{n+1}개 존재한다.

연속 다항식의 기본 성질을 명시적인 공식으로 표현하면 다음과 같다.

$$//x_1, x_2, ..., x_n// = K_{n-1}(x_2, ..., x_n)/K_n(x_1, x_2, ..., x_n), \qquad n \geq 1. \qquad (5)$$

이는

$$x_0 + //x_1, ..., x_n// = K_{n+1}(x_0, x_1, ..., x_n)/K_n(x_1, ..., x_n)$$

을 함의하므로, 귀납법으로 증명할 수 있다. 따라서 $//x_0, x_1, ..., x_n//$은 위의 수량의 역수이다.

K다항식은 다음과 같은 의미로 대칭적이다:

$$K_n(x_1, x_2, ..., x_n) = K_n(x_n, ..., x_2, x_1). \qquad (6)$$

이로부터 앞에서 언급한 오일러의 지적이 확인된다. 그리고 그것의 한 결과로 $n > 1$에 대해

$$K_n(x_1, ..., x_n) = x_n K_{n-1}(x_1, ..., x_{n-1}) + K_{n-2}(x_1, ..., x_{n-2}) \qquad (7)$$

가 성립한다. K다항식은 또한 중요한 항등식

$$K_n(x_1, ..., x_n) K_n(x_2, ..., x_{n+1}) - K_{n+1}(x_1, ..., x_{n+1}) K_{n-1}(x_2, ..., x_n)$$
$$= (-1)^n, \qquad n \geq 1 \qquad (8)$$

을 만족한다. (연습문제 4 참고.) 이 항등식은 (5)와 함께 다음을 함의한다.

$$//x_1, ..., x_n// = \frac{1}{q_0 q_1} - \frac{1}{q_1 q_2} + \frac{1}{q_2 q_3} - \cdots + \frac{(-1)^{n-1}}{q_{n-1} q_n},$$
$$\text{여기서 } q_k = K_k(x_1, ..., x_k). \qquad (9)$$

이처럼 K다항식들은 연분수와 밀접한 관계를 가진다.

　범위가 $0 \le X < 1$인 모든 실수 X는 다음과 같이 정의되는 정규 연분수(regular continued fraction)를 가진다: $X_0 = X$라고 하자. 그리고 $X_n \ne 0$인 $n \ge 0$에 대해

$$A_{n+1} = \lfloor 1/X_n \rfloor, \qquad X_{n+1} = 1/X_n - A_{n+1} \qquad (10)$$

이라고 하자. 만일 $X_n = 0$이면 수량 A_{n+1}과 X_{n+1}은 정의되지 않으며, X에 대한 정규 연분수는 $//A_1, ..., A_n//$이다. 만일 $X_n \ne 0$이면 이 정의는 $0 \le X_{n+1} < 1$을 보장하며, 따라서 A들 각각은 양의 정수이다. 정의 (10)은 또한

$$X = X_0 = \frac{1}{A_1 + X_1} = \frac{1}{A_1 + 1/(A_2 + X_2)} = \cdots$$

을 함의하며, 따라서 X_n이 정의되는 한 모든 $n \ge 1$에 대해

$$X = //A_1, ..., A_{n-1}, A_n + X_n// \qquad (11)$$

이다. 특히 $X_n = 0$일 때 $X = //A_1, ..., A_n//$이다. 만일 $X_n \ne 0$이면 수 X는 항상 $//A_1, ..., A_n//$과 $//A_1, ..., A_n + 1//$ 사이에 놓인다. 왜냐하면 (7)에 의해 수량 $q_n = K_n(A_1, ..., A_n + X_n)$은 X_n이 0에서 1로 증가함에 따라 $K_n(A_1, ..., A_n)$에서 $K_n(A_1, ..., A_n + 1)$까지 증가하며, (9)에 의해 연분수는 q_n이 증가함에 따라 증가 또는 감소(n이 짝수냐 홀수냐에 따라)하기 때문이다. 실제로, (5), (7), (8)에 의해

$$
\begin{aligned}
|X - //A_1, ..., A_n//| &= |//A_1, ..., A_n + X_n// - //A_1, ..., A_n//| \\
&= |//A_1, ..., A_n, 1/\text{X\_n}// - //A_1, ..., A_n//| \\
&= \left| \frac{K_n(A_2, ..., A_n, 1/X_n)}{K_{n+1}(A_1, ..., A_n, 1/X_n)} - \frac{K_{n-1}(A_2, ..., A_n)}{K_n(A_1, ..., A_n)} \right| \\
&= 1/(K_n(A_1, ..., A_n) K_{n+1}(A_1, ..., A_n, 1/X_n)) \\
&\le 1/(K_n(A_1, ..., A_n) K_{n+1}(A_1, ..., A_n, A_{n+1})) \qquad (12)
\end{aligned}
$$

이다. 그러므로 n이 작지 않은 한 $//A_1, ..., A_n//$은 x의 근사값과 극도로 가깝다. 만일 모든 n에 대해 X_n이 0이 아니면 무한 연분수 $//A_1, A_2, A_3, ...//$이 나오는데, 이 무한 연분수의 값은 다음과 같이 정의된다.

$$\lim_{n \to \infty} //A_1, A_2, ..., A_n//.$$

부등식 (12)에 의해, 이것의 극한값은 명백히 X와 상등이다.

　실수의 정규 연분수 전개에는 십진수체계의 수 표현과 비견할 수 있는 여러 성질들이 존재한다. 예를 들어 위에 나온 공식들로 몇 가지 익숙한 실수들의 정규 연분수 전개를 계산해 보면 다음과 같다.

$$\frac{8}{29} = //3, 1, 1, 1, 2//;$$

$$\sqrt{\frac{8}{29}} = //1, 1, 9, 2, 2, 3, 2, 2, 9, 1, 2, 1, 9, 2, 2, 3, 2, 2, 9, 1, 2, 1, 9, 2, 2, 3, 2, 2, 9, 1, \ldots //;$$

$$\sqrt[3]{2} = 1 + //3, 1, 5, 1, 1, 4, 1, 1, 8, 1, 14, 1, 10, 2, 1, 4, 12, 2, 3, 2, 1, 3, 4, 1, 1, 2, 14, 3, \ldots //;$$

$$\pi = 3 + //7, 15, 1, 292, 1, 1, 1, 2, 1, 3, 1, 14, 2, 1, 1, 2, 2, 2, 2, 1, 84, 2, 1, 1, 15, 3, 13, \ldots //;$$

$$e = 2 + //1, 2, 1, 1, 4, 1, 1, 6, 1, 1, 8, 1, 1, 10, 1, 1, 12, 1, 1, 14, 1, 1, 16, 1, 1, 18, 1, \ldots //;$$

$$\gamma = //1, 1, 2, 1, 2, 1, 4, 3, 13, 5, 1, 1, 8, 1, 2, 4, 1, 1, 40, 1, 11, 3, 7, 1, 7, 1, 1, 5, 1, 49, \ldots //;$$

$$\phi = 1 + //1, 1, 1, 1, 1, 1, 1, 1, 1, 1, 1, 1, 1, 1, 1, 1, 1, 1, 1, 1, 1, 1, 1, 1, 1, 1, 1, \ldots // \quad (13)$$

수 A_1, A_2, … 을 X의 부분몫(partial quotient)들이라고 부른다. $\sqrt{8/29}$, ϕ, e의 부분몫들에 규칙적인 패턴이 나타나 있음을 주목하자. 이런 습성이 생기는 이유는 연습문제 12와 16에서 논의한다. $\sqrt[3]{2}$, π, γ의 부분몫들에는 명백한 패턴이 없다.

그리스인들이 무리수의 존재를 발견하게 된 후, 실수에 대한 그들의 최초의 정의가 본질적으로 무한 연분수를 통해서 기술되었다는 점도 주목할만한 일이다. (이후 그들은 $x = y$를 "모든 유리수 r에 대해, 오직 $y < r$일 때에만 $x < r$"이라고 정의해야 한다는 에우독소스의 제안을 받아들였다.) O. Becker, *Quellen und Studien zur Geschichte Math., Astron., Physik* **B2** (1933), 311-333 을 볼 것.

X가 유리수일 때 그에 대한 정규 연분수는 유클리드 알고리즘과 자연스럽게 대응된다. $X = v/u$ 이고 $u > v \geq 0$이라고 하자. 정규 연분수를 구하는 공정은 $X_0 = X$로부터 시작한다. $U_0 = u$, $V_0 = v$로 정의하자. $X_n = V_n / U_n \neq 0$이라고 가정할 때, (10)은

$$A_{n+1} = \lfloor U_n / V_n \rfloor, \qquad X_{n+1} = U_n / V_n - A_{n+1} = (U_n \bmod V_n) / V_n \quad (14)$$

이 된다. 따라서 만일

$$U_{n+1} = V_n, \qquad V_{n+1} = U_n \bmod V_n \quad (15)$$

이라고 정의한다면 공정 전반에서 조건 $X_n = V_n / U_n$이 성립한다. 더 나아가서 (15)는 유클리드 알고리즘에서 변수 u와 v에 가해지는 변환(알고리즘 4.5.2의 단계 A2 참고)과 정확히 일치한다. 예를 들어 $\frac{8}{29} = //3, 1, 1, 1, 2//$이므로, 유클리드 알고리즘을 $u = 29$, $v = 8$에 적용할 때 정확히 다섯 번의 나누기 단계들이 수행되고 단계 A2의 몫 $\lfloor u/v \rfloor$들은 차례대로 3, 1, 1, 1, 2가 될 것임을 알 수 있다. $X_n = 0$이고 $n \geq 1$일 때 X_{n-1}은 단위원보다 작으므로, 마지막 부분몫 A_n은 반드시 항상 2 이상이어야 한다.

유클리드 알고리즘과의 이러한 대응관계로부터, 오직 X가 유리수일 때에만 X의 정규 연분수가 어떤 단계에서 $X_n = 0$으로 끝나게 됨을 알 수 있다. 왜냐하면, X가 무리수이면 X_n은 결코 0이 될 수 없으며, 그렇지 않다면 유클리드 알고리즘은 항상 끝날 것이기 때문이다. 유클리드 알고리즘에 의해 얻어진 부분몫들이 A_1, A_2, …, A_n이라고 할 때, (5)에 의해

$$\frac{v}{u} = \frac{K_{n-1}(A_2, ..., A_n)}{K_n(A_1, A_2, ..., A_n)} \tag{16}$$

이 성립한다. 이 공식은 또한 $A_1 = 0$일 때 유클리드 알고리즘을 $u < v$에 적용하는 경우에도 성립한다. 더 나아가서 관계 (8)에 의해 연속 다항식 $K_{n-1}(A_2, ..., A_n)$과 $K_n(A_1, A_2, ..., A_n)$은 서로 소이며, (16)의 우변의 분수는 기약분수이다. 따라서 $d = \gcd(u, v)$라 할 때

$$u = K_n(A_1, A_2, ..., A_n)d, \qquad v = K_{n-1}(A_2, ..., A_n)d \tag{17}$$

이다.

최악의 경우. 이러한 관찰들을 적용해서 유클리드 알고리즘의 최악의 경우에서의 습성을 알아낼 수 있다. 다른 말로 하면 나누기 단계의 수행 횟수에 대한 상계를 구할 수 있는 것이다. 최악의 경우는 입력들이 인접한 피보나치 수들일 때 발생한다:

정리 F. *$n \geq 1$에 대해, u와 v가 $u > v > 0$인 정수들이되 u와 v에 유클리드 알고리즘을 적용했을 때 정확히 n번의 나누기 단계가 필요하다고 하자. 그리고 u는 그런 조건을 만족하는 가장 작은 정수라고 하자. 그러면 $u = F_{n+2}$이고 $v = F_{n+1}$이다.*

증명. (17)에 의해 반드시 $u = K_n(A_1, A_2, ..., A_n)d$인데, 여기서 $A_1, A_2, ..., A_n$과 d는 양의 정수들이고 $A_n \geq 2$이다. K_n은 음이 아닌 계수들을 가지며 앞에서 나열한 모든 변수들이 관여하는 다항식이므로, 오직 $A_1 = 1, ..., A_{n-1} = 1, A_n = 2, d = 1$일 때 최소값이 된다. 이 값들을 (17)에 대입하면 원하는 결과가 나온다. ∎

역사적으로 이 정리는 피보나치 수열의 최초의 실용적 응용으로 알려져 있다. 그 이후로 알고리즘과 알고리즘 연구에 대한 피보나치 수들의 다른 여러 응용들이 발견되었다. 이 정리는 본질적으로 라니T. F. de Lagny에 기인한다 [*Mém. Acad. Sci.* **11** (Paris, 1733), 363-364]. 그는 처음 몇 개의 다항식들을 구해서 표로 만들고, 피노나치 수들이 주어진 길이의 연분수들에 대한 최소의 분자와 분모를 제시함을 관찰했다. 그러나 그가 gcd 계산을 명시적으로 언급한 것은 아니다. 피보나치 수와 유클리드 알고리즘의 연관 관계를 처음으로 지적한 사람은 레제É. Léger이다 [*Correspondance Math. et Physique* **9** (1837), 483-485].

얼마 되지 않아서 핑크P. J. É. Finck는 $\gcd(u, v)$가 $u > v > 0$일 때 많아야 $2 \lg v + 1$ 단계를 취한다는 점을 다른 방법으로 증명했다 [*Traité Élémentaire d'étique* (Strasbourg: 1841), 44]. 그리고 라메G. Lamé는 이 상계를 $5\lceil \log_{10}(v+1) \rceil$로까지 개선시켰다 [*Comptes Rendus Acad. Sci.* **19** (Paris, 1844), 867-870]. 알고리즘 분석에 대한 이러한 선구적인 연구들의 상세한 내용이 샐릿J. O. Shallit의 흥미로운 개괄 *Historia Mathematica* **21** (1994), 401-419에 나온다. 그런데 최악의 경우에 대한 좀 더 정밀한 추정을 정리 F에서 직접적으로 이끌어낼 수가 있다. 다음과 같다:

따름정리 L. *만일 $0 \leq v < N$이면, u와 v에 알고리즘 4.5.2A를 적용했을 때 필요한 나누기 단계 횟수는 많아야 $\lfloor \log_\phi (3 - \phi)N \rfloor$이다.*

증명. 단계 A1 이후에 $v > u \bmod v$이다. 따라서, 정리 F에 의해, 단계 횟수 n은 $v = F_{n+1}$이고 $u \bmod v = F_n$일 때 최대가 된다. $F_{n+1} < N$이므로 $\phi^{n+1}/\sqrt{5} < N$이다(식 1.2.8-(15) 참고). 따라서 $\phi^n < (\sqrt{5}/\phi)N = (3-\phi)N$이다. ∎

수량 $\log_\phi(3-\phi)N$은 대략 $2.078\ln N + .6723 \approx 4.785\log_{10}N + .6723$과 같다. 연습문제 31, 36, 38에 정리 F의 확장들이 나온다.

근사적 모형. 이제 나누기 단계의 최대 횟수를 알았으니, 평균 횟수도 구해보자. $u = m$, $v = n$이 유클리드 알고리즘에 주어졌을 때 발생하는 나누기 단계 횟수를 $T(m, n)$이라고 하자. 즉,

$$T(m, 0) = 0; \qquad \text{만일 } n \geq 1 \text{이면} \qquad T(m, n) = 1 + T(n, m \bmod n) \tag{18}$$

이다. T_n을 $v = n$이고 u가 무작위로 선택될 때의 평균 나누기 단계 횟수라고 하자. 첫 번째 나누기 단계 이후에서는 오직 $u \bmod v$의 값만 알고리즘에 영향을 미치므로, 다음과 같은 공식이 성립한다.

$$T_n = \frac{1}{n} \sum_{0 \leq k < n} T(k, n). \tag{19}$$

예를 들어 $T(0, 5) = 1$, $T(1, 5) = 2$, $T(2, 5) = 3$, $T(3, 5) = 4$, $T(4, 5) = 3$이며, 따라서

$$T_5 = \frac{1}{5}(1 + 2 + 3 + 4 + 3) = 2\frac{3}{5}$$

이다.

우리의 목표는 큰 n에 대한 T_n을 추정하는 것이다. 이를 위해 플로이드R. W. Floyd가 제안한 한 가지 근사를 시도해 보기로 하자. 이런 것이다: $0 \leq k < n$에 대해 n의 값이 본질적으로 k를 법으로 하는 "난수"라고 간주하고,

$$T_n \approx 1 + \frac{1}{n}(T_0 + T_1 + \cdots + T_{n-1})$$

로 두어도 될 것이다. 이제 $T_n \approx S_n$이라고 두자. 그러면 수열 $\langle S_n \rangle$은 점화식

$$S_0 = 0, \qquad S_n = 1 + \frac{1}{n}(S_0 + S_1 + \cdots + S_{n-1}), \qquad n \geq 1 \tag{20}$$

의 해이다. 이 점화식은

$$S_{n+1} = 1 + \frac{1}{n+1}(S_0 + S_1 + \cdots + S_{n-1} + S_n)$$

$$= 1 + \frac{1}{n+1}(n(S_n - 1) + S_n) = S_n + \frac{1}{n+1}$$

이라는 점에 주목하면 쉽게 풀 수 있다. 결국 S_n은 $1 + \frac{1}{2} + \cdots + \frac{1}{n} = H_n$, 즉 하나의 조화수이다. $T_n \approx S_n$이라는 근사로부터 $T_n \approx \ln n + O(1)$이 될 것임을 알 수 있다.

이 근사를 T_n의 진짜값들의 표와 비교해 보면 $\ln n$이 너무 크다는 점을 알 수 있다. 진짜 T_n

이 이 정도로 빠르게 커지지는 않는다. 따라서 n이 k를 법으로 하는 난수라는 잠정적인 가정은 너무 비관적이다. 실제로 이 문제를 좀 더 자세히 살펴보면, $1 \le k \le n$ 범위에서 $n \bmod k$의 평균값이 $\frac{1}{2}k$의 평균값보다 작음을 알게 된다:

$$
\frac{1}{n}\sum_{1 \le k \le n}(n \bmod k) = \frac{1}{n}\sum_{1 \le k,\, q \le n}(n-qk)[\lfloor n/(q+1)\rfloor < k \le \lfloor n/q\rfloor]
$$

$$
= n - \frac{1}{n}\sum_{1 \le q \le n} q\left(\binom{\lfloor n/q\rfloor+1}{2} - \binom{\lfloor n/(q+1)\rfloor+1}{2}\right)
$$

$$
= n - \frac{1}{n}\sum_{1 \le q \le n}\binom{\lfloor n/q\rfloor+1}{2}
$$

$$
= \left(1 - \frac{\pi^2}{12}\right)n + O(\log n) \tag{21}
$$

(연습문제 4.5.2-10(c) 참고). 이 값은 약 $.25n$이 아니라 약 $.1775n$이다. 따라서 $n \bmod k$의 값은 플로이드의 모형이 예측하는 것보다 작은 경향을 보이며, 유클리드 알고리즘은 우리가 예상한 것보다 더 빠르게 작동한다.

연속 모형. $v = N$일 때의 유클리드 알고리즘의 습성은 본질적으로 $X = 0/N, 1/N, \ldots, (N-1)/N$일 때의 정규 연분수 공정의 습성에 의해 결정된다. 따라서 아주 큰 N에 대해서 X가 본질적으로 $[0..1)$에 균등하게 분포되는 무작위 실수일 때의 정규 연분수의 습성을 연구해보면 뭔가 얻는 것이 있을 것이다. 이를 위해, $X = X_0$의 균등분포를 결정하는 다음과 같은 분포함수를 고려해보자.

$$
0 \le x \le 1\text{에 대해} \qquad F_n(x) = \Pr(X_n \le x). \tag{22}
$$

정규 연분수의 정의에 의해 $F_0(x) = x$이며

$$
F_{n+1}(x) = \sum_{k \ge 1}\Pr(k \le 1/X_n \le k+x)
$$

$$
= \sum_{k \ge 1}\Pr(1/(k+x) \le X_n \le 1/k)
$$

$$
= \sum_{k \ge 1}\left(F_n(1/k) - F_n(1/(k+x))\right) \tag{23}
$$

이다. 만일 이 공식들로 결정되는 분포 $F_0(x)$, $F_1(x)$, …이 극한분포 $F_\infty(x) = F(x)$에 접근한다면

$$
F(x) = \sum_{k \ge 1}\left(F(1/k) - F(1/(k+x))\right) \tag{24}
$$

이 된다. (이는 이진 gcd 알고리즘의 연구에서 나타나는 관계 4.5.2-(36)와 비견할 수 있다.) 임의의 기수 $b > 1$에 대한 $F(x) = \log_b(1+x)$가 (24)를 만족하는 함수들 중 하나이다. 연습문제 19를 볼 것. 추가적인 조건 $F(1) = 1$을 둔다면 $b = 2$로 취해야 한다. 따라서 $F(x) = \lg(1+x)$이며 $F_n(x)$가 이러한 습성에 접근한다고 가정해도 무리는 없을 것이다.

예를 들어 $F\left(\frac{1}{2}\right) = \lg\left(\frac{3}{2}\right) \approx 0.58496$이라고 추측할 수 있다. 그럼 n이 작을 때 $F_n\left(\frac{1}{2}\right)$이 이 값에 어느 정도나 가까운지 살펴보자. 우선 $F_0\left(\frac{1}{2}\right) = 0.50000$이며,

$$F_1(x) = \sum_{k \geq 1}\left(\frac{1}{k} - \frac{1}{k+x}\right) = H_x;$$

$$F_1\left(\frac{1}{2}\right) = H_{1/2} = 2 - 2\ln 2 \approx 0.61371;$$

$$F_2\left(\frac{1}{2}\right) = H_{2/2} - H_{2/3} + H_{2/4} - H_{2/5} + H_{2/6} - H_{2/7} + \cdots$$

이다. (부록 A의 표 3 참고.) F_2의 수치는 멱급수 전개

$$H_x = \zeta(2)x - \zeta(3)x^2 + \zeta(4)x^3 - \zeta(5)x^4 + \cdots \tag{25}$$

으로 계산하면 된다. 계산 결과는

$$F_2\left(\frac{1}{2}\right) = 0.57655\ 93276\ 99914\ 08418\ 82618\ 72122\ 27055\ 92452 - \tag{26}$$

로, 0.58496에 가까와졌다. 그러나 $n = 3$에 대한 $F_n\left(\frac{1}{2}\right)$의 좋은 추정치를 얻는 방법은 아직 명확하지 않으며, 더 큰 n 값들에 대해서는 더욱 더 그렇다.

분포함수 $F_n(x)$를 처음으로 연구한 사람은 가우스C. F. Gauss로, 그는 이 문제를 1799년 2월 5일에 처음으로 고찰했다. 1800년의 그의 공책에는 여러 점화식들의 목록과 값들의 간결한 표가 적혀 있는데, 그 중에는 $F_2\left(\frac{1}{2}\right) \approx 0.5748$이라는 (부정확한) 근사값도 포함된다. 이 계산들을 수행한 후의 가우스는 "Tam complicatæ evadunt, ut nulla spes superesse videatur", 즉 "너무 복잡해져서 더 이상 가망이 없는 것 같다."라고 쓰고 있다. 12년 후 그는 라플라스Laplace에게 보내는 한 편지에서 자신이 만족스럽게 풀 수 없었던 문제로 바로 이 문제를 거론하였다. 그는 "무한한 n에 대해 $F_n(x) = \log(1+x)/\log 2$라는 아주 간단한 추론을 발견했습니다. 그러나 이후 수행한, 아주 크지만 무한하지는 않은 n 값들에 대한 $F_n(x) - \log(1+x)/\log 2$의 연구는 성과가 없었습니다."라고 썼다. 〔가우스의 *Werke*, vol. 10^1, 552-556 참고.〕 100년이 넘게 시간이 흐른 후에야 비로소 쿠즈민R. O. Kuz'min에 의해서 한 가지 증명이 발표되었다 〔*Atti del Congresso Internazionale dei Matematici* **6** (Bologna, 1928), 83-89〕. 그는 어떠한 양의 정수 A에 대해

$$F_n(x) = \lg(1+x) + O(e^{-A\sqrt{n}})$$

임을 보였다. 그리고 얼마 지나지 않아서 레비Paul Lévy가 오차 항을 $O(e^{-An})$으로 개선하게 된다 〔*Bull. Soc. Math. de France* **57** (1929), 178-194〕.[*] 그러나 가우스의 문제, 즉 $F_n(x) - \lg(1+x)$의 점근 습성을 구하는 문제가 정말로 해결된 것은 1974년에 이르러서의 일이다. 그 해에 해당 상황에 대한 아름다운 분석이 비르싱Eduard Wirsing에 의해서 발표되었다 〔*Acta Arithmetica* **24** (1974),

---

[*] 〔주〕 레비의 흥미로운 증명에 대한 해설이 이 책의 제1판에 나왔었다.

507-528]. 비르징의 방법은 선형 연산자들에 대한 한 가지 모범적인 용례를 보여주므로, 여기서 비르징의 접근방식을 가장 간단한 유형들로 살펴보기로 하겠다.

G가 정의역이 $0 \le x \le 1$인 임의의 함수라고 하자. 그리고 SG가 다음과 같이 정의되는 함수라고 하자.

$$SG(x) = \sum_{k \ge 1} \left(G\left(\frac{1}{k}\right) - G\left(\frac{1}{k+x}\right) \right). \tag{27}$$

즉, S는 한 함수를 다른 함수로 변환하는 하나의 연산자이다. 특히, (23)에 의해 $F_{n+1}(x) = SF_n(x)$가 되며, 따라서

$$F_n = S^n F_0 \tag{28}$$

이다. (이 논의에서 F_n은 피보나치 수가 아니라 분포함수를 나타낸다.) S가 "선형 연산자(일차 연산자)"임을 주목할 것. 즉, 모든 상수 c에 대해 $S(cG) = c(SG)$이며, $S(G_1 + G_2) = SG_1 + SG_2$이다.

G의 1차 도함수가 유계라면 (27)을 항별로 미분해서 다음을 얻을 수 있다.

$$(SG)'(x) = \sum_{k \ge 1} \frac{1}{(k+x)^2} G'\left(\frac{1}{k+x}\right). \tag{29}$$

따라서 SG 역시 1차 도함수에서 유계이다. (수렴 급수의 도함수들의 급수가 균등수렴 한다면 그 수렴 급수를 항별로 적분하는 것이 가능하다. 예를 들면 K. Knopp, *Theory and Application of Infinite Series* (Glasgow: Blackie, 1951), §47을 볼 것.)

$H = SG$, $g(x) = (1+x)G'(x)$, $h(x) = (1+x)H'(x)$라고 하자. 이로부터

$$h(x) = \sum_{k \ge 1} \frac{1+x}{(k+x)^2} \left(1 + \frac{1}{k+x}\right)^{-1} g\left(\frac{1}{k+x}\right)$$

$$= \sum_{k \ge 1} \left(\frac{k}{k+1+x} - \frac{k-1}{k+x} \right) g\left(\frac{1}{k+x}\right)$$

이라는 수식이 나온다. 이를 선형 연산자 T를 도입해서 $h = Tg$ 형태로 정리할 수 있다. 즉:

$$Tg(x) = \sum_{k \ge 1} \left(\frac{k}{k+1+x} - \frac{k-1}{k+x} \right) g\left(\frac{1}{k+x}\right). \tag{30}$$

더 나아가서, 만일 g의 1차 도함수가 유계이면 Tg 역시 1차 도함수가 유계임을 항별 미분을 통해서 밝힐 수 있다:

$$(Tg)'(x) = -\sum_{k \ge 1} \left(\left(\frac{k}{(k+1+x)^2} - \frac{k-1}{(k+x)^2} \right) g\left(\frac{1}{k+x}\right) \right.$$

$$\left. + \left(\frac{k}{k+1+x} - \frac{k-1}{k+x} \right) \frac{1}{(k+x)^2} g'\left(\frac{1}{k+x}\right) \right)$$

$$= -\sum_{k \geq 1}\left(\frac{k}{(k+1+x)^2}\left(g\left(\frac{1}{k+x}\right) - g\left(\frac{1}{k+1+x}\right)\right)\right.$$
$$\left. + \frac{1+x}{(k+x)^3(k+1+x)}\, g'\left(\frac{1}{k+x}\right)\right).$$

마찬가지 방식으로 $(Tg)' = -U(g')$인 세 번째 선형 연산자 U도 이끌어낼 수 있다.

$$U\varphi(x) = \sum_{k \geq 1}\left(\frac{k}{(k+1+x)^2}\int_{1/(k+1+x)}^{1/(k+x)}\varphi(t)dt + \frac{1+x}{(k+x)^3(k+1+x)}\varphi\left(\frac{1}{k+x}\right)\right). \quad (31)$$

이 모든 것들이 원래의 문제와 어떻게 관련되는 것일까? 일단,

$$F_n(x) = \lg(1+x) + R_n(\lg(1+x)), \tag{32}$$

$$f_n(x) = (1+x)F_n'(x) = \frac{1}{\ln 2}(1 + R_n'(\lg(1+x))) \tag{33}$$

라고 두면

$$f_n'(x) = R_n''(\lg(1+x))/((\ln 2)^2(1+x)) \tag{34}$$

이다. 이러한 변환들 후에는 $\lg(1+x)$ 항의 효과가 사라진다. 더 나아가서, $F_n = S^n F_0$이므로 $f_n = T^n f_0$이고 $f_n' = (-1)^n U^n f_0'$이다. n에 대한 귀납법에 의해, F_n과 f_n 모두 유계인 도함수들을 가짐을 알 수 있다. 따라서 (34)는

$$(-1)^n R_n''(\lg(1+x)) = (1+x)(\ln 2)^2\, U^n f_0'(x) \tag{35}$$

가 된다. 이제 $F_0(x) = x$, $f_0(x) = 1+x$, $f_0'(x)$는 상수 함수 1이다. 연산자 U^n이 상수 함수를 아주 작은 값들을 내는 하나의 함수로 변환함을, 그래서 $|R_n''(x)|$가 $0 \leq x \leq 1$에 대해 아주 작게 됨을 보이고자 한다. 그러면 $R_n(x)$ 자체도 작음을 보일 수 있게 된다. $R_n(0) = R_n(1) = 0$이므로, 이로부터 $0 \leq x \leq 1$일 때 $0 \leq \xi_n(x) \leq 1$인 어떠한 함수 $\xi_n(x)$에 대한 다음과 같은 잘 알려진 보간 공식을 이끌어낼 수 있다.

$$R_n(x) = -\frac{x(1-x)}{2} R_n''(\xi_n(x)). \tag{36}$$

(연습문제 4.6.4-15에서 $x_0 = 0$, $x_1 = x$, $x_2 = 1$인 경우에 해당.)

따라서 모든 것은 U가 (31)에 정의된 선형 연산자라 할 때 U^n이 작은 함수 값들을 낸다는 점을 우리가 증명할 수 있느냐에 달려 있다. U는 만일 모든 x에 대해 $\varphi(x) \geq 0$이면 모든 x에 대해 $U\varphi(x) \geq 0$라는 의미에서 양의(positive) 연산자임을 주목할 것. 따라서 U는 순서를 유지한다. 즉, 만일 모든 x에 대해 $\varphi_1(x) \leq \varphi_2(x)$이면 모든 x에 대해 $U\varphi_1(x) \leq U\varphi_2(x)$인 것이다.

이러한 성질을 이용하면 $U\varphi$를 정확히 계산할 수 있는 함수 φ를 구할 수 있으며, 그 함수의 상수배들을 이용해서 우리가 정말로 원하는 한계들을 구할 수 있다. 우선 Tg를 계산하기가 쉬운

함수 g를 찾아보자. 단지 $[0..1]$이 아니라 모든 $x \geq 0$를 정의역으로 하는 함수를 고려한다면, G가 연속함수일 때

$$SG(x+1) - SG(x) = G\left(\frac{1}{1+x}\right) - \lim_{k \to \infty} G\left(\frac{1}{k+x}\right) = G\left(\frac{1}{1+x}\right) - G(0) \qquad (37)$$

이라는 사실을 이용해서 (27)의 합을 제거할 수 있다. $T((1+x)G') = (1+x)(SG)'$이므로 다음이 성립한다(연습문제 20 참고).

$$\frac{Tg(x)}{1+x} - \frac{Tg(1+x)}{2+x} = \left(\frac{1}{1+x} - \frac{1}{2+x}\right)g\left(\frac{1}{1+x}\right). \qquad (38)$$

$Tg(x) = 1/(1+x)$로 두면 $g(x)$의 해당 값이 $1 + x - 1/(1+x)$임을 알 수 있다. 이제 $U\varphi(x) = -(Tg)'(x) = 1/(1+x)^2$이 되도록 $\varphi(x) = g'(x) = 1 + 1/(1+x)^2$로 두자. 이것이 우리가 찾던 함수 φ이다.

φ를 이렇게 정의하면 $2 \leq \varphi(x)/U\varphi(x) = (1+x)^2 + 1 \leq 5$가 되고, 따라서

$$\frac{1}{5}\varphi \leq U\varphi \leq \frac{1}{2}\varphi$$

이다. U와 φ는 양함수이므로 U를 이 부등식에 다시 적용할 수 있다. 그러면 $\frac{1}{25}\varphi \leq \frac{1}{5}U\varphi \leq U^2\varphi \leq \frac{1}{2}U\varphi \leq \frac{1}{4}\varphi$가 나온다. 이 특정한 φ에 U를 $n-1$번 적용하면

$$5^{-n}\varphi \leq U^n\varphi \leq 2^{-n}\varphi \qquad (39)$$

이다. $\chi(x) = f_0'(x) = 1$이 상수함수라고 하자. 그러면 $0 \leq x \leq 1$에 대해 $\frac{5}{4}\chi \leq \varphi \leq 2\chi$이며, 따라서

$$\frac{5}{8}5^{-n}\chi \leq \frac{1}{2}5^{-n}\varphi \leq \frac{1}{2}U^n\varphi \leq U^n\chi \leq \frac{4}{5}U^n\varphi \leq \frac{4}{5}2^{-n}\varphi \leq \frac{8}{5}2^{-n}\chi$$

이다. (35)에 의해

$$0 \leq x \leq 1 \text{에 대해} \quad \frac{5}{8}(\ln 2)^2 5^{-n} \leq (-1)^n R_n''(x) \leq \frac{16}{5}(\ln 2)^2 2^{-n}$$

가 되며, (32)와 (36)에 의해 다음과 같은 결과가 증명된다:

정리 W. *분포함수 $F_n(x)$는 $n \to \infty$에 따라 $\lg(1+x) + O(2^{-n})$과 같아진다. 실제로, $F_n(x) - \lg(1+x)$는 $0 \leq x \leq 1$에 대해 $\frac{5}{16}(-1)^{n+1}5^{-n}(\ln(1+x))(\ln 2/(1+x))$와 $\frac{8}{5}(-1)^{n+1}2^{-n}(\ln(1+x))(\ln 2/(1+x))$ 사이에 놓인다.* ∎

φ를 약간 다르게 선택하면 좀 더 좁은 한계들을 얻을 수 있다(연습문제 21). 실제로 비르징은 그의 논문에서 다음을 증명하는 데까지 나아갔다.

$$F_n(x) = \lg(1+x) + (-\lambda)^n \Psi(x) + O(x(1-x)(\lambda - 0.031)^n). \qquad (40)$$

를 증명하는 데까지 나아갔다. 여기서

$$\lambda = 0.30366\ 30028\ 98732\ 65859\ 74481\ 21901\ 55623\ 31109 -$$
$$= //3, 3, 2, 2, 3, 13, 1, 174, 1, 1, 1, 2, 2, 2, 1, 1, 1, 2, 2, 1, \ldots // \tag{41}$$

은 기본 상수(좀 더 친숙한 다른 상수들과는 명백히 무관함)이며 Ψ는 -1에서 $-\infty$로의 음의 실수축을 제외한 복소평면 전체에서 해석함수인 흥미로운 함수이다. 비르징의 함수는 $\Psi(0) = \Psi(1) = 0$, $\Psi'(0) < 0$, $S\Psi = -\lambda\Psi$를 만족하며, 따라서 (37)에 의해 다음 항등식도 만족한다.

$$\Psi(z) - \Psi(z+1) = \frac{1}{\lambda}\,\Psi\left(\frac{1}{1+z}\right). \tag{42}$$

더 나아가서 비르징은

$$N \to \infty \text{에 따라} \qquad \Psi\left(-\frac{u}{v} + \frac{i}{N}\right) = c\lambda^{-n}\log N + O(1) \tag{43}$$

임도 보였다. 여기서 c는 상수이고 $n = T(u, v)$는 유클리드 알고리즘을 정수 $u > v > 0$에 적용했을 때의 반복 횟수이다.

가우스의 문제에 대한 완전한 해는 몇 년 후 바벤코K. I. Babenko에 의해서 발견되었다〔*Doklady Akad. Nauk SSSR* **238** (1978), 1021-1024〕. 그는 함수 분석의 강력한 기법들을 이용해서, 모든 $0 \le x \le 1$, $n \ge 1$에 대해

$$F_n(x) = \lg(1+x) + \sum_{j \ge 2} \lambda_j^n \Psi_j(x) \tag{44}$$

임을 증명했다. (44)에 의해 $|\lambda_2| > |\lambda_3| \ge |\lambda_4| \ge \cdots$이며, 각 $\Psi_j(z)$는 $[-\infty .. -1]$에서의 한 절단(cut)을 제외한 복소평면 전체에서 해석함수이다. 함수 Ψ_2는 비르징의 Ψ이고 $\lambda_2 = -\lambda$인 반면 $\lambda_3 \approx 0.10088$, $\lambda_4 \approx -0.03550$, $\lambda_5 \approx 0.01284$, $\lambda_6 \approx -0.00472$, $\lambda_7 \approx 0.00175$이다. 바벤코는 또한 고유값(eigenvalue) λ_j들의 추가적인 성질들도 밝혔다. 특히 그 고유값들이 $j \to \infty$에 따라 기하급수적으로 작아지며, (44)의 합의 한계가 $j \ge k$에 대해 $(\pi^2/6)|\lambda_k|^{n-1}\min(x, 1-x)$임을 증명했다. 〔추가적인 정보는 Babenko, Yuriev, *Doklady Akad. Nauk SSSR* **240** (1978), 1273-1276; Mayer, Roepstorff, *J. Statistical Physics* **47** (1987), 149-171; **50** (1988), 331-344; D. Hensley, *J. Number Theory* **49** (1994), 142-182; Daudé, Flajolet, Vallée, *Combinatorics, Probability and Computing* **6** (1997), 397-433; Flajolet, Vallée, *Theoretical Comp. Sci.* **194** (1998), 1-34에 나온다.〕 (41)에 나온 λ의 40자리 값을 허시버거John Hershberger가 계산한 바 있다.

연속에서 이산으로. 지금까지 X가 구간 $[0..1)$에 균등하게 분포되는 실수일 때의 연분수들의 분포함수에 대한 결과들을 유도해 보았다. 그런데 임의의 실수가 유리수일 확률은 0이다. 거의 모든 실수는 무리수이기 때문이다. 따라서 지금까지 유도한 결과들이 유클리드 알고리즘에 직접적으로 적용되지는 않는다. 정리 W를 우리의 문제에 적용할 수 있으려면 몇 가지 전문적인 어려움들을 극복해야 한다.

기본 측도 이론에 근거를 둔 다음과 같은 관찰을 생각해 보자.

보조정리 M. $I_1, I_2, \ldots, J_1, J_2, \ldots$ 이 구간 $[0..1)$에 속하는, 짝으로 서로 소인 구간들이라고 하자. 그리고

$$\mathcal{I} = \bigcup_{k \geq 1} I_k, \qquad \mathcal{J} = \bigcup_{k \geq 1} J_k, \qquad \mathcal{K} = [0..1] \setminus (\mathcal{I} \cup \mathcal{J})$$

라고 하자. K의 측도는 0이라고 가정한다. P_n이 집합 $\{0/n, 1/n, \ldots, (n-1)/n\}$이라고 하자. 그러면:

$$\lim_{n \to \infty} \frac{|\mathcal{I} \cap P_n|}{n} = \mu(\mathcal{I}). \tag{45}$$

여기서 $\mu(\mathcal{I})$는 $\mathcal{I}$의 르베그 측도(Lebesgue measure)라고 하는 것으로, 구체적으로 말하자면 $\sum_{k \geq 1} \text{length}(I_k)$이다. 그리고 $|\mathcal{I} \cap P_n|$은 집합 $\mathcal{I} \cap P_n$의 원소 개수를 뜻한다.

증명. $\mathcal{I}_N = \bigcup_{1 \leq k \leq N} I_k$이고 $\mathcal{J}_N = \bigcup_{1 \leq k \leq N} J_k$라고 하자. $\epsilon > 0$가 주어졌을 때 $\mu(\mathcal{I}_N) + \mu(\mathcal{J}_N) \geq 1 - \epsilon$이 되기에 충분히 큰 N을 찾는다. 그리고

$$\mathcal{K}_N = \mathcal{K} \cup \bigcup_{k > N} I_k \cup \bigcup_{k > N} J_k$$

라고 둔다. 만일 I가 $(a..b)$이나 $[a..b)$, $(a..b]$, $[a..b]$ 중 하나의 형태인 구간이라고 하면, $\mu(I) = b - a$이고

$$n\mu(I) - 1 \leq |I \cap P_n| \leq n\mu(I) + 1$$

임은 명백하다. 이제 $r_n = |\mathcal{I}_N \cap P_n|$, $s_n = |\mathcal{J}_N \cap P_n|$, $t_n = |\mathcal{K}_N \cap P_n|$이라고 하자. 그러면

$$r_n + s_n + t_n = n;$$
$$n\mu(\mathcal{I}_N) - N \leq r_n \leq n\mu(\mathcal{I}_N) + N;$$
$$n\mu(\mathcal{J}_N) - N \leq s_n \leq n\mu(\mathcal{J}_N) + N$$

이다. 따라서

$$\mu(\mathcal{I}) - \frac{N}{n} - \epsilon \leq \mu(\mathcal{I}_N) - \frac{N}{n} \leq \frac{r_n}{n} \leq \frac{r_n + t_n}{n}$$
$$= 1 - \frac{s_n}{n} \leq 1 - \mu(\mathcal{J}_N) + \frac{N}{n} \leq \mu(\mathcal{I}) + \frac{N}{n} + \epsilon$$

이다. 이것은 모든 n와 모든 ϵ에 대해 성립한다. 그러므로 $\lim_{n \to \infty} r_n/n = \mu(\mathcal{I})$이다. ∎

연습문제 25는 (45)의 증명에 다소 제한적인 가설들이 필요하다는 점에서 보조정리 M이 자명하지 않음을 보여준다.

부분몫들의 분포. 이제 정리 W와 보조정리 M을 함께 사용해서 유클리드 알고리즘에 대한 몇 가지 확고한 사실들을 유도해보자.

정리 E. *u = n 이고 v 가 수 {0, 1, ..., n − 1} 들에 대해 균등하게 분포되는 확률변수일 때, 유클리드 알고리즘의 (k + 1)번째 몫 A_{k+1} 이 a 와 상등일 확률을 $p_k(a, n)$ 라고 하자. 그러면, $F_k(x)$ 가 분포함수 (22)라 할 때*

$$\lim_{n \to \infty} p_k(a, n) = F_k\left(\frac{1}{a}\right) - F_k\left(\frac{1}{a+1}\right)$$

이다.

증명. $A_{k+1} = a$ 인 [0..1) 범위의 모든 X의 집합 $\mathcal{I}$ 는 서로 다른 구간들의 합집합이며, $A_{k+1} \neq a$ 인 모든 X의 집합 $\mathcal{J}$ 역시 마찬가지이다. 따라서 보조정리 M은 A_{k+1} 이 정의되지 않는 모든 X의 집합 $\mathcal{K}$ 에 적용된다. 더 나아가서, $F_k(1/a) - F_k(1/(a+1))$ 은 $1/(a+1) < X_k \leq 1/a$ 일 확률이며, 이는 $\mu(\mathcal{I})$, 즉 $A_{k+1} = a$ 일 확률이다. ▌

정리 E와 W의 한 결과로, a 와 같은 몫이 나타날 확률이 근사적으로

$$\lg(1 + 1/a) - \lg(1 + 1/(a+1)) = \lg((a+1)^2/((a+1)^2 - 1))$$

이라고 말할 수 있다. 즉

$$\text{몫 1은 약 } \lg\left(\frac{4}{3}\right) \approx 41.504 \text{퍼센트의 확률로 발생하며,}$$

$$\text{몫 2는 약 } \lg\left(\frac{9}{8}\right) \approx 16.993 \text{퍼센트의 확률로 발생하며,}$$

$$\text{몫 3은 약 } \lg\left(\frac{16}{15}\right) \approx 9.311 \text{퍼센트의 확률로 발생하며,}$$

$$\text{몫 4는 약 } \lg\left(\frac{25}{24}\right) \approx 5.889 \text{퍼센트의 확률로 발생한다.}$$

유클리드 알고리즘이 만들어내는 몫들이 $A_1, A_2, ..., A_t$ 라고 할 때, 사실 위의 증명들의 본성 때문에 이러한 습성은 k가 t에 비해 작을 때 오직 A_k 에 대해서만 보장된다. 값 $A_{t-1}, A_{t-2}, ...$ 은 이 증명에 포함되지 않는다. 그러나 실제로는 마지막의 몫 $A_{t-1}, A_{t-2}, ...$ 의 분포가 처음 것들과 본질적으로 같음을 보이는 것이 가능하다.

예를 들어 분모가 29인 모든 진분수의 집합에 대한 정규 연분수 전개를 생각해보자.

$\frac{1}{29} = //29//$	$\frac{8}{29} = //3, 1, 1, 1, 2//$	$\frac{15}{29} = //1, 1, 14//$	$\frac{22}{29} = //1, 3, 7//$
$\frac{2}{29} = //14, 2//$	$\frac{9}{29} = //3, 4, 2//$	$\frac{16}{29} = //1, 1, 4, 3//$	$\frac{23}{29} = //1, 3, 1, 5//$
$\frac{3}{29} = //9, 1, 2//$	$\frac{10}{29} = //2, 1, 9//$	$\frac{17}{29} = //1, 1, 2, 2, 2//$	$\frac{24}{29} = //1, 4, 1, 4//$
$\frac{4}{29} = //7, 4//$	$\frac{11}{29} = //2, 1, 1, 1, 3//$	$\frac{18}{29} = //1, 1, 1, 1, 1, 3//$	$\frac{25}{29} = //1, 6, 4//$
$\frac{5}{29} = //5, 1, 4//$	$\frac{12}{29} = //2, 2, 2, 2//$	$\frac{19}{29} = //1, 1, 9//$	$\frac{26}{29} = //1, 8, 1, 2//$
$\frac{6}{29} = //4, 1, 5//$	$\frac{13}{29} = //2, 4, 3//$	$\frac{20}{29} = //1, 2, 4, 2//$	$\frac{27}{29} = //1, 13, 2//$
$\frac{7}{29} = //4, 7//$	$\frac{14}{29} = //2, 14//$	$\frac{21}{29} = //1, 2, 1, 1, 1, 2//$	$\frac{28}{29} = //1, 28//$

이 표로부터 다음과 같은 사항들을 알 수 있다.

a) 앞에서 언급했듯이, 마지막 몫은 항상 2 이상이다. 더 나아가서, 다음과 같은 명백한 항등식이 성립한다.

$$//x_1, \ldots, x_{n-1}, x_n + 1// \ = \ //x_1, \ldots, x_{n-1}, x_n, 1//. \tag{46}$$

이는 마지막 몫이 항등원인 연분수가 정규 연분수와 어떻게 관련되는지를 보여준다.

b) 오른쪽 열들의 값과 왼쪽 열들의 값 사이에 간단한 관계가 존재한다. 아래의 식을 보지 말고 어떤 관계인지 한 번 연구해 보라. 답은 다음과 같은 항등식이다.

$$1 - //x_1, x_2, \ldots, x_n// \ = \ //1, x_1 - 1, x_2, \ldots, x_n//. \tag{47}$$

연습문제 9를 볼 것.

c) 처음 두 열의 좌, 우 열에는 $//A_1, A_2, \ldots, A_t//$가 나타나면 $//A_t, \ldots, A_2, A_1//$도 나타난다는 대칭성이 존재한다. 이는 항상 성립한다(연습문제 26 참고).

d) 표의 모든 몫을 조사해 보면, 부분몫들은 총 96개이며, 값이 1인 경우는 $\frac{39}{96} \approx 40.6$퍼센트, 2인 경우는 $\frac{21}{96} \approx 21.9$퍼센트, 3인 경우는 $\frac{8}{96} \approx 8.3$이다. 이는 위에 나열한 확률들과 상당히 잘 일치한다.

나누기 단계 횟수. 그럼 원래의 문제로 돌아가서, $v = n$일 때의 나누기 단계의 평균 횟수 T_n을 조사해보자. (식 (19) 참고.) 다음은 몇 가지 T_n 값들의 예이다.

$n =$	95	96	97	98	99	100	101	102	103	104	105
$T_n =$	5.0	4.4	5.3	4.8	4.7	4.6	5.3	4.6	5.3	4.7	4.6

$n =$	996	997	998	999	1000	1001	$\cdots$	9999	10000	10001
$T_n =$	6.5	7.3	7.0	6.8	6.4	6.7	$\cdots$	8.6	8.3	9.1

$n =$	49998	49999	50000	50001	$\cdots$	99999	100000	100001
$T_n =$	9.8	10.6	9.7	10.0	$\cdots$	10.7	10.3	11.0

다소 불규칙적인 습성들에 주목하자. T_n은 n이 소수일 때 자신의 이웃들보다 더 큰 경향을 보이며, 반대로 n의 약수들이 많으면 이웃들보다 더 작은 경향을 보인다. (위의 목록에서 97, 101, 103, 997, 49999만 소수이고 그 외의 것들은 합성수이다. 즉, $10001 = 73 \cdot 137$, $49998 = 2 \cdot 3 \cdot 13 \cdot 641$, $50001 = 3 \cdot 7 \cdot 2381$, $99999 = 3 \cdot 3 \cdot 41 \cdot 271$, $100001 = 11 \cdot 9091$.) 이런 습성의 이유를 이해하는 것은 어렵지 않다: 만일 $\gcd(u, v) = d$이면 u와 v에 적용된 유클리드 알고리즘은 u/d와 v/d에 적용되었을 때와 본질적으로 동일하게 행동한다. 따라서 $v = n$에 여러 개의 약수들이 존재한다면 n이 마치 더 작은 값들일 때처럼 행동하게 하는 u의 값들이 여러 개 존재한다.)

비슷한 방식으로, 또 다른 수량 τ_n을 고려해 보자. 이것은 $v = n$이고 u가 n과 서로 소일 때의 나누기 단계 평균 횟수를 의미한다. 즉

$$\tau_n = \frac{1}{\varphi(n)} \sum_{\substack{0 \le m < n \\ m \perp n}} T(m, n) \tag{48}$$

이다. 이로부터 다음과 같은 공식을 이끌어낼 수 있다.

$$T_n = \frac{1}{n} \sum_{d \backslash n} \varphi(d) \tau_d. \tag{49}$$

다음은 앞에서와 같은 n 값들에 대한 τ_n 값들의 표이다.

$n =$	95	96	97	98	99	100	101	102	103	104	105
$\tau_n =$	5.4	5.3	5.3	5.6	5.2	5.2	5.4	5.3	5.4	5.3	5.6

$n =$	996	997	998	999	1000	1001	$\cdots$	9999	10000	10001
$\tau_n =$	7.2	7.3	7.3	7.3	7.3	7.4	$\cdots$	9.21	9.21	9.22

$n =$	49998	49999	50000	50001	$\cdots$	99999	100000	100001
$\tau_n =$	10.59	10.58	10.57	10.59	$\cdots$	11.170	11.172	11.172

τ_n이 T_n보다 더 좋은 습성을 가짐은 명백하며, 분석하기도 더 쉬울 것이 틀림없다. 작은 n들에 대한 τ_n들의 표를 조사해 보면 몇 가지 의아한 예외들이 나타난다. 예를 들어 $\tau_{50} = \tau_{100}$이고 $\tau_{60} = \tau_{120}$이다. 그러나 n이 커짐에 따라 τ_n의 값은 위의 표에서 보듯이 실제로 상당히 규칙적이 되며, n의 인수분해 성질들과의 의미있는 연관성을 보이지는 않는다. τ_n을 $\ln n$의 함수들로 간주해서 위에 나온 τ_n 값들을 그래프 용지에 찍어보면 직선

$$\tau_n \approx 0.843 \ln n + 1.47 \tag{50}$$

과 아주 가까운 모습이 된다.

정규 연분수 공정을 좀 더 연구해보면 이러한 습성이 나오는 원인을 이해할 수 있다. 유클리드 알고리즘을 (15)처럼 표현한다고 할 때, $U_{k+1} = V_k$이므로

$$\frac{V_0}{U_0} \frac{V_1}{U_1} \cdots \frac{V_{t-1}}{U_{t-1}} = \frac{V_{t-1}}{U_0}$$

이다. 따라서 만일 $U = U_0$과 $V = V_0$이 서로 소이면, 그리고 나누기 단계가 t회이면

$$X_0 X_1 \cdots X_{t-1} = 1/U$$

이 된다. $U = N$, $V = m < N$로 두면

$$\ln X_0 + \ln X_1 + \cdots + \ln X_{t-1} = -\ln N \tag{51}$$

이 나온다. X_0, X_1, X_2, ...의 근사 분포는 알고 있으므로, 이 등식을 이용해서 다음을 평가할 수 있다.

$$t = T(N, m) = T(m, N) - 1.$$

다시 정리 W 앞에 나온 공식들로 돌아가서, X_0이 $[0..1)$에 균등하게 분포되는 실수라 할 때 $\ln X_n$의 평균값을 구할 수 있다. 평균은 다음과 같다.

$$\int_0^1 \ln x \, F_n'(x) \, dx = \int_0^1 \ln x \, f_n(x) \, dx / (1 + x). \tag{52}$$

여기서 $f_n(x)$는 (33)으로 정의된 함수이다. 이제, 앞에서 유도했던 사실들에 의해

$$f_n(x) = \frac{1}{\ln 2} + O(2^{-n}) \tag{53}$$

이다(연습문제 23 참고). 따라서 다음은 $\ln X_n$의 평균의 상당히 좋은 근사값이다.

$$
\begin{aligned}
\frac{1}{\ln 2} \int_0^1 \frac{\ln x}{1 + x} \, dx &= -\frac{1}{\ln 2} \int_0^\infty \frac{u e^{-u}}{1 + e^{-u}} \, d_u \\
&= -\frac{1}{\ln 2} \sum_{k \geq 1} (-1)^{k+1} \int_0^\infty u e^{-ku} \, d_u \\
&= -\frac{1}{\ln 2} \left(1 - \frac{1}{4} + \frac{1}{9} - \frac{1}{16} + \frac{1}{25} - \cdots \right) \\
&= -\frac{1}{\ln 2} \left(1 + \frac{1}{4} + \frac{1}{9} + \cdots - 2 \left(\frac{1}{4} + \frac{1}{16} + \frac{1}{36} + \cdots \right) \right) \\
&= -\frac{1}{2 \ln 2} \left(1 + \frac{1}{4} + \frac{1}{9} + \cdots \right) \\
&= -\pi^2 / (12 \ln 2).
\end{aligned}
$$

이제 (51)을 이용해서 다음과 같은 근사 공식을 얻을 수 있다.

$$-t\pi^2 / (12 \ln 2) \approx -\ln N.$$

이는 t가 근사적으로 $((12 \ln 2)/\pi^2) \ln N$과 상등이어야 한다는 뜻이다. 상수 $(12 \ln 2)/\pi^2 = 0.842765913\ldots$은 앞에서 얻은 실험적 공식 (50)과 완벽하게 일치하므로, 공식

$$\tau_n \approx \frac{12 \ln 2}{\pi^2} \ln n + 1.47 \tag{54}$$

이 $n \to \infty$에 따른 τ_n의 진정한 점근습성을 가리킨다고 간주해도 좋을 것이다.

(54)가 유효하다고 가정할 때, 다음과 같은 공식을 이끌어낼 수 있다.

$$T_n \approx \frac{12 \ln 2}{\pi^2} \left(\ln n - \sum_{d \backslash n} \frac{\Lambda(d)}{d} \right) + 1.47. \tag{55}$$

여기서 $\Lambda(d)$는 다음과 같이 정의되는 폰망골트 함수(von Mangoldt's function)이다.

$$\Lambda(n) = \begin{cases} \ln p, & \text{만일 소수 } p \text{와 } r \geq 1 \text{에 대해 } n = p^r \text{이면}; \\ 0 & \text{그렇지 않으면}. \end{cases} \tag{56}$$

(연습문제 27을 볼 것.) 예를 들어

$$\begin{aligned} T_{100} &\approx \frac{12\ln 2}{\pi^2}\left(\ln 100 - \frac{\ln 2}{2} - \frac{\ln 2}{4} - \frac{\ln 5}{5} - \frac{\ln 5}{25}\right) + 1.47 \\ &\approx (0.843)(4.605 - 0.347 - 0.173 - 0.322 - 0.064) + 1.47 \\ &\approx 4.59 \end{aligned}$$

이다. T_{100}의 정확한 값은 4.56이다.

또한 u와 v 모두 1에서 N 사이에 균등하게 분포되는 수들일 때의 평균 나누기 단계 횟수도 추정할 수 있다. 다음과 같다.

$$\frac{1}{N^2}\sum_{m=1}^{N}\sum_{n=1}^{N} T(m, n) = \frac{2}{N^2}\sum_{n=1}^{N} n\,T_n - \frac{1}{2} - \frac{1}{2N}. \tag{57}$$

공식 (55)가 성립한다고 가정할 때, 이 합은

$$\frac{12\ln 2}{\pi^2}\ln N + O(1) \tag{58}$$

형태이며(증명은 연습문제 29), 식 4.5.2-(62)를 유도할 때 사용한 것과 같은 수들로 실험 계산을 해보면 이것이 다음 공식과 잘 일치함을 알 수 있다.

$$\frac{12\ln 2}{\pi^2}\ln N + 0.06. \tag{59}$$

물론 우리는 일반적인 T_n과 τ_n에 대해 아직 어떠한 결과도 증명하지 못했다. 지금까지는 단지 왜 특정한 공식들이 성립하는지에 대한 그럴듯한 이유만을 고려했을 뿐이다. 다행히, 이제는 여러 수학자들의 세심한 분석에 기반을 둔 엄밀한 증명들을 제시하는 것이 가능하다.

가장 먼저 확인된 것은 앞에 나온 여러 공식들의 선행 계수 $12\pi^{-2}\ln 2$로, 이는 록스Gustav Lochs, 딕슨John D. Dixon, 하일브론Hans A. Heilbronn의 독립적인 연구들에 의한 것이다. 록스는 (57)이 $(12\pi^{-2}\ln 2)\ln N + a + O(N^{-1/2})$ (여기서 $a \approx 0.065$)와 상등이라는 사실과 동치인 한 공식을 유도했다 〔*Monatshefte für Math.* **65** (1961), 27-52〕. 안타깝게도 그의 논문은 수년간 거의 알려지지 않은 채로 남아 있었는데, 이는 아마도 임의의 특정한 n에 대해 T_n에 관한 결정적인 정보를 이끌어내는 것이 불가능한 한 평균값만을 계산했기 때문일 것이다. 딕슨은 $F_n(x)$ 분포들의 이론을 전개해서 개별 부분몫들이 적절한 의미에서 본질적으로 서로 의존함을 보였으며, $1 \leq m < n \leq N$ 범위의 $\exp(-c(\epsilon)(\log N)^{\epsilon/2})N^2$개(여기서 $c(\epsilon) > 0$)의 m과 n의 값들을 제외할 때 모든 양의 ϵ에 대해 $|T(m, n)(12\pi^{-2}\ln 2)\ln n| < (\ln n)^{(1/2)+\epsilon}$임을 증명했다. 하일브론의 접근방식은 이와 완전히 달

랐다. 그는 연속 변수들 대신 전적으로 정수들만 다루었다. 연습문제 33과 34에 약간 수정된 형태로 나타나 있는 그의 발상은 n을 특정한 방식으로 표현하는 방법의 수와 τ_n을 연관시킬 수 있다는 사실에 근거를 둔 것이다. 더 나아가서 그의 논문 〔*Number Theory and Analysis*, Paul Turán 엮음 (New York: Plenum, 1969), 87-96〕은 앞에서 논의한 개별 부분몫 1, 2, …의 분포가, 주어진 하나의 분모를 가진 분수들에 속하는 부분몫들 전체에 실제로 적용됨을 보였다. 이는 정리 E의 좀 더 엄격한 형태이다. 더욱 엄격한 결과를 몇 년 후에 포터J. W. Porter가 얻었는데 〔*Mathematika* **22** (1975), 20-28〕, 그는

$$\tau_n = \frac{12\ln 2}{\pi^2}\ln n + C + O(n^{-1/6+\epsilon}) \tag{60}$$

임을 증명했다. 여기서 $C \approx 1.46707\ 80794$는 상수

$$\frac{6\ln 2}{\pi^2}\left(3\ln 2 + 4\gamma - \frac{24}{\pi^2}\zeta'(2) - 2\right) - \frac{1}{2} \tag{61}$$

이다. D. E. Knuth, *Computers and Math. with Applic.* **2** (1976), 137-139를 볼 것. 이에 의해 추측 (50)이 완전히 증명된다. 노턴Graham H. Norton은 (60)으로 연습문제 29의 계산들을 확장해서 룩스의 결과를 확인했다 〔*J. Symbolic Computation* **10** (1990), 53-58〕. 그는 (59)의 실험적 상수 0.06이 실제로는

$$\frac{6\ln 2}{\pi^2}\left(3\ln 2 + 4\gamma - \frac{12}{\pi^2}\zeta'(2) - 3\right) - 1 = 0.06535\ 14259\ \dots \tag{62}$$

임을 보였다. 헨슬리D. Hensley는 *J. Number Theory* **49** (1994), 142-182에서 τ_n의 분산이 $\log n$에 비례함을 증명했다.

콜린스G. E. Collins는 산술에 고전적 알고리즘들을 사용한, 다중 정밀도 정수들에 대한 유클리드 알고리즘의 평균 실행 시간의 규모가

$$(1 + \log(\max(u, v)/\gcd(u, v)))\log\min(u, v) \tag{63}$$

임을 *SICOMP* **3** (1974), 1-10에서 보였다.

요약. 지금까지, 유클리드 알고리즘의 최악의 경우는 입력 u와 v가 인접한 피보나치 수들일 때 발생하며(정리 F), $0 \le v < N$일 때 나누기 단계의 횟수가 $\lceil 4.8\log_{10}N - 0.32\rceil$를 결코 넘지 않음을 살펴보았다. 또한, 이를테면 나누기 단계에서 약 41퍼센트의 경우로 $\lfloor u/v\rfloor = 1$이 됨을(정리 E) 보이는 것 등을 통해서 여러 부분몫들의 빈도를 구하기도 했다. 마지막으로, $v = n$일 때의 평균 나누기 단계 횟수 T_n이 근사적으로

$$((12\ln 2)/\pi^2)\ln n \approx 1.9405\log_{10}n$$

에서 n의 약수들에 근거한 보정항(식 (55) 참고)을 뺀 것임을 증명하는 하일브론과 포터의 정리들도 살펴보았다.

연습문제

▶ **1.** [20] 알고리즘 4.5.2A에서 몫 $\lfloor u/v \rfloor$가 단위원과 같은 경우가 40퍼센트보다 많으므로, 컴퓨터에 따라서는 그러한 경우를 명시적으로 판정해서 몫이 단위원일 때에는 나눗셈을 피하는 것이 유리할 것이다. 유클리드 알고리즘에 대한 다음과 같은 MIX 프로그램이 프로그램 4.5.2A보다 효율적인가?

```
        LDX    U       rX ← u.
        JMP    2F
1H      STX    V       v ← rX.
        SUB    V       rA ← u − v.
        CMPA   V
        SRAX   5       rAX ← rA.
        JL     2F      u − v < v인가?
        DIV    V       rX ← rAX mod v.
2H      LDA    V       rA ← v.
        JXNZ   1B      만일 rX = 0.  ∎
```

2. [M21] 행렬곱 $\begin{pmatrix} x_1 & 1 \\ 1 & 0 \end{pmatrix}\begin{pmatrix} x_2 & 1 \\ 1 & 0 \end{pmatrix}\cdots\begin{pmatrix} x_n & 1 \\ 1 & 0 \end{pmatrix}$을 평가하라.

3. [M21] 행렬식 $\det\begin{pmatrix} -x_1 & 1 & 0 & \dots & 0 \\ -1 & x_2 & 1 & & 0 \\ 0 & 1 & x_3 & 1 & \vdots \\ \vdots & & 1 & \ddots & 1 \\ 0 & 0 & \dots & 1 & x_n \end{pmatrix}$의 값은 얼마인가?

4. [M20] 식 (8)을 증명하라.

5. [HM25] $x_1, x_2, \dots$이 어떠한 양의 정수 ϵ보다 큰 실수들의 수열이라고 하자. 무한 연분수 $//x_1, x_2, \dots// = \lim_{n\to\infty} //x_1, \dots, x_n//$이 수렴함을 증명하라. 또한 모든 j에 대해 $x_j > 0$라고만 가정할 때에는 $//x_1, x_2, \dots//$이 수렴하지 않을 수도 있음을 증명하라.

6. [M23] 한 수의 정규 연분수 전개가 다음과 같은 의미에서 고유함을 증명하라: 만일 $B_1, B_2, \dots$가 양의 정수들이면 무한 연분수 $//B_1, B_2, \dots//$은 그 연분수가 모든 $n \geq 1$에 대해 $A_n = B_n$인 0과 1 사이의 유리수 X이다. 그리고 $B_1, \dots, B_m$이 양의 정수들이고 $B_m > 1$이면 X의 정규 연분수 $//B_1, \dots, B_m//$은 $1 \leq n \leq m$에 대해 $A_n = B_n$이다.

7. [M26] 정수 $\{1, 2, \dots, n\}$들의 순열 $p(1)p(2)\dots p(n)$들 중에서 $K_n(x_1, x_2, \dots, x_n) = K_n(x_{p(1)}, x_{p(2)}, \dots, x_{p(n)})$이 모든 $x_1, x_2, \dots, x_n$에 대해 항등식인 순열들을 모두 구하라.

8. [M20] 정규 연분수 공정에서 X_n이 정의된다면 항상 $-1/X_n = //A_n, \dots, A_1, -X//$임을 보여라.

9. [M21] 연분수들이 다음 항등식들을 만족함을 보여라.

a) $//x_1, ..., x_n// = //x_1, ..., x_k + //x_{k+1}, ..., x_n// //, \qquad 1 \le k \le n;$

b) $//0, x_1, x_2, ..., x_n// = x_1 + //x_2, ..., x_n//, \qquad n \ge 1;$

c) $//x_1, ..., x_{k-1}, x_k, 0, x_{k+1}, x_{k+2}, ..., x_n// = //x_1, ..., x_{k-1}, x_k + x_{k+1}, x_{k+2}, ..., x_n//,$
$\qquad 1 \le k < n;$

d) $1 - //x_1, x_2, ..., x_n// = //1, x_1 - 1, x_2, ..., x_n//, \qquad n \ge 1.$

10. [*M28*] 연습문제 6의 결과에 의해, 모든 무리수 X는 다음과 같이 표현되는 고유한 정규 연분수를 가진다.

$$X = A_0 + //A_1, A_2, A_3, ...//.$$

여기서 A_0은 정수이고 $A_1, A_2, A_3, ...$은 양의 정수들이다. 만일 X가 이와 같은 표현을 가진다면, $1/X$의 정규 연분수를

$$1/X = B_0 + //B_1, ..., B_m, A_5, A_6, ...//$$

으로 표현할 수 있는 적절한 정수 $B_0, B_1, ..., B_m$들이 존재함을 보여라. (물론 $A_0 < 0$인 경우가 가장 흥미롭다.) B들을 A_0, A_1, A_2, A_3, A_4를 이용해서 구하는 방법을 설명하라.

11. [*M30*] (세릿 J. A. Serret, 1850.) $X = A_0 + //A_1, A_2, A_3, A_4, ...//$과 $Y = B_0 + //B_1, B_2, B_3, B_4, ...//$이 두 실수 X, Y의 연습문제 10에서와 같은 방식의 정규 연분수 표현들이라고 하자. 이 표현들이 "결과적으로 일치함(eventually agree)"을 보여라. 여기서 결과적으로 일치한다는 것은, 오직 $|qt - rs| = 1$인 어떤 정수 q, r, s, t에 대해 $X = (qY + r)/(sY + t)$일 때에만 어떠한 m과 n에 대해, 그리고 모든 $k \ge 0$에 대해 $A_{m+k} = B_{n+k}$라는 뜻이다. (이 정리는 십진수체계의 X와 Y의 표현들이 오직 어떤 정수 q, r, s에 대해 $X = (10^q Y + r)/10^s$일 때에만 결과적으로 일치한다는 간단한 결과의 연분수 표현 버전이라 할 수 있다.)

▶ **12.** [*M30*] D, U, V가 정수이고 $D > 0$, $V \ne 0$이며 D가 완전제곱수가 아닐 때 $(\sqrt{D} - U)/V$ 형태의 수를 이차무리수(quadratic irrationality)라고 부른다. 일반성을 잃지 않고도 V가 $D - U^2$의 약수라고 가정할 수 있는데, 만일 약수가 아니라면 이차무리수를 $(\sqrt{DV^2} - U|V|)/(V|V|)$로 다시 쓸 수 있기 때문이다.

a) 이차무리수 $X = (\sqrt{D} - U)/V$의 정규 연분수 전개(연습문제 10과 같은 방식의)를 다음과 같은 공식들로 얻을 수 있음을 증명하라:

$$V_0 = V, \qquad\qquad A_0 = \lfloor X \rfloor, \qquad\qquad U_0 = U + A_0 V;$$
$$V_{n+1} = (D - U_n^2)/V_n, \quad A_{n+1} = \lfloor (\sqrt{D} + U_n)/V_{n+1} \rfloor, \quad U_{n+1} = A_{n+1} V_{n+1} - U_n.$$

b) 모든 $n > N$에 대해 $0 < U_n < \sqrt{D}$, $0 < V_n < 2\sqrt{D}$ 임을 증명하라. 여기서 N은 X에 의존하는 어떠한 정수이다. 이 결과에 의해 모든 이차무리수의 정규 연분수 표현은 결과적으로 주기적이다. [힌트:

$$(-\sqrt{D} - U)/V = A_0 + //A_1, ..., A_n, -V_n/(\sqrt{D} + U_n)//$$

임을 보이고, 식 (5)를 이용해서 n이 큰 값일 때 $(\sqrt{D} + U_n)/V_n$이 양수임을 증명할 것.]

c) $p_n = K_{n+1}(A_0, A_1, ..., A_n)$, $q_n = K_n(A_1, ..., A_n)$으로 두고 상등식 $Vp_n^2 + 2Up_nq_n + ((U^2 - D)/V)q_n^2 = (-1)^{n+1}V_{n+1}$을 증명하라.

d) 무리수 X의 정규 연분수 표현이 오직 X가 이차무리수일 때에만 결과적으로 주기적임을 증명하라. (이는 실수 X의 십진 소수 전개가 오직 X가 유리수일 때에만 결과적으로 주기적이라는 사실의 연분수 버전이다.)

13. [*M40*] (라그랑주J. Lagrange, 1767.) $f(x) = a_nx^n + \cdots + a_0$, $a_n > 0$가 정수 계수들을 가지며 유리근이 없고 정확히 하나의 실근 $\xi > 1$만을 가지는 다항식이라고 하자. 다음과 같은 알고리즘(본질적으로는 덧셈만 사용한다)을 구현한 컴퓨터 프로그램을 이용해서 ξ의 처음 부분몫들을 1000개 정도 구해 볼 것.

L1. $A \leftarrow 1$로 설정한다.

L2. $k = 0, 1, ..., n-1$에 대해(이 순서대로), 그리고 $j = n-1, ..., k$에 대해(이 순서대로) $a_j \leftarrow a_{j+1} + a_j$로 설정한다. (이 단계는 $f(x)$를 $g(x) = f(x+1)$로, 즉 근들이 f의 것들보다 하나 작은 다항식으로 대체한다.)

L3. 만일 $a_n + a_{n-1} + \cdots + a_0 < 0$이면 $A \leftarrow A + 1$로 설정하고 단계 L2로 돌아간다.

L4. A(다음 부분몫의 값)를 출력한다. 계수 $(a_n, a_{n-1}, ..., a_0)$을 $(-a_0, -a_1, ..., -a_n)$으로 대체하고 단계 L1로 돌아간다. (이 단계는 $f(x)$를 근들이 f의 것들의 역수인 다항식으로 대체한다.) ∎

예를 들어, $f(x) = x^3 - 2$가 주어진다면 이 알고리즘은 "1"을 출력하고($f(x)$를 $x^3 - 3x^2 - 3x - 1$로 대체), 그런 다음 "3"을 출력하는($f(x)$를 $10x^3 - 6x^2 - 6x - 1$로 대체) 식으로 진행된다.

14. [*M22*] (후르비츠A. Hurwitz, 1891.) X의 부분몫들이 주어졌을 때 다음 규칙들을 이용해서 $2X$의 정규 연분수 전개를 구할 수 있음을 보여라.

$$2//2a, b, c, ...// = //a, 2b+2//c, ...// //;$$
$$2//2a+1, b, c, ...// = //a, 1, 1+2//b-1, c, ...// //.$$

이 규칙들과 (13)에 나온 e의 전개를 이용해서 $\frac{1}{2}e$의 정규 연분수 전개를 구하라.

▶ **15.** [*M31*] (가스퍼R. W. Gosper.) 연습문제 14를 일반화해서, x의 연분수 $x_0 + //x_1, x_2, ...//$와 $ad \neq bc$인 정수 a, b, c, d가 주어졌을 때 $(ax+b)/(cx+d)$의 연분수 $X_0 + //X_1, X_2, ...//$을 계산하는 알고리즘을 설계하라. 알고리즘을 각 x_j가 입력되기 전에 최대한 많은 X_k를 출력하는 하나의 "온라인 코루틴" 형태로 만들 것. 그리고 $x = -1 + //5, 1, 1, 1, 2, 1, 2//$가 주어졌을 때 $(97x + 39)/(-62x - 25)$를 계산하는 문제로 알고리즘을 시연하라.

16. [*HM30*] (오일러L. Euler, 1731.) $f_0(z) = (e^z - e^{-z})/(e^z + e^{-z}) = \tanh z$이고 $f_{n+1}(z) =$

$1/f_n(z) - (2n+1)/z$라고 하자. 모든 n에 대해 $f_n(z)$가 원점 근방에서 복소변수 z의 해석함수이며 미분방정식 $f_n'(z) = 1 - f_n(z)^2 - 2nf_n(z)/z$를 만족함을 증명하라. 그리고 그 사실을 이용해서

$$\tanh z = //z^{-1}, 3z^{-1}, 5z^{-1}, 7z^{-1}, \ldots //$$

을 증명하고, 그런 다음 후르비츠 규칙(연습문제 14)를 적용해서

$$e^{-1/n} = //\overline{1, (2m+1)n - 1, 1}//, \qquad m \geq 0$$

를 증명하라. (이 표기는 무한 연분수 $//1, n-1, 3n-1, 5n-1, \ldots //$을 나타낸다.) 또한 $n > 0$이 홀수일 때 $e^{-2/n}$의 정규 연분수 전개를 구하라.

▶ **17.** [M23] (a) $//x_1, -x_2// = //x_1 - 1, 1, x_2 - 1//$을 증명하라. (b) 이 항등식을 일반화해서, x가 큰 양의 정수일 때 모든 부분몫이 양의 정수인 $//x_1, -x_2, x_3, -x_4, x_5, -x_6, \ldots, x_{2n-1}, -x_{2n}//$에 대한 공식을 구하라. (c) 연습문제 16의 결과는 $\tan 1 = //1, -3, 5, -7, \ldots //$을 함의한다. $\tan 1$의 정규 연분수 전개를 구하라.

18. [M25] $//a_1, a_2, \ldots, a_m, x_1, a_1, a_2, \ldots, a_m, x_2, a_1, a_2, \ldots, a_m, x_3, \ldots // - //a_m, \ldots, a_2, a_1, x_1, a_m, \ldots, a_2, a_1, x_2, a_m, \ldots, a_2, a_1, x_3, \ldots //$이 $x_1, x_2, x_3, \ldots$에 의존하지 않음을 보여라. 힌트: 두 연분수에 $K_m(a_1, a_2, \ldots, a_m)$을 곱해 볼 것.

19. [M20] $F(x) = \log_b(1+x)$가 식 (24)를 만족함을 증명하라.

20. [HM20] (37)에서 (38)을 유도하라.

21. [HM29] (비르싱 E. Wirsing.) (39)에 나온 한계들은 $Tg(x) = 1/(x+1)$인 g에 대응되는 함수 φ에 대해 구한 것이다. $c > 0$가 적절한 상수일 때 $Tg(x) = 1/(x+c)$에 대응되는 함수에 대해 더 나은 한계들을 얻을 수 있음을 보여라.

22. [HM46] (바벤코 K. I. Babenko.) 작은 $j \geq 3$에 대한, 그리고 $0 \leq x \leq 1$에 대한 수량 λ_j와 $\Psi_j(x)$의 정확한 근사값을 구하는 효율적인 수단을 개발하라.

23. [HM23] 정리 W의 증명의 결과들을 이용해서 (53)을 증명하라.

24. [M22] 한 실수 난수의 정규 연분수 전개의 한 부분몫 A_n의 평균값은 얼마인가?

25. [HM25] (45)가 성립하지 않은 집합 $\mathcal{I} = I_1 \cup I_2 \cup I_3 \cup \cdots \subseteq [0..1]$ (여기서 I들은 서로 다른 구간들)의 예를 찾아라.

26. [M23] 수 $\{1/n, 2/n, \ldots, \lfloor n/2 \rfloor /n\}$들을 정규 연분수들로 표현한 결과가 좌, 우 대칭임을 보여라. 여기서 좌, 우 대칭이라는 것은 $//A_1, A_2, \ldots, A_t//$가 나타나면 항상 $//A_t, \ldots, A_2, A_1//$도 나타난다는 뜻이다.

27. [M21] (49)와 (54)에서 (55)를 유도하라.

28. [M23] 세 수론적 함수 $\varphi(n), \mu(n), \Lambda(n)$에 관련된 다음과 같은 항등식들을 증명하라.

a) $\sum_{d\backslash n}\mu(d)=\delta_{n1}.$ b) $\ln n=\sum_{d\backslash n}\Lambda(d),$ $n=\sum_{d\backslash n}\varphi(d).$

c) $\Lambda(n)=\sum_{d\backslash n}\mu\left(\frac{n}{d}\right)\ln d,$ $\varphi(n)=\sum_{d\backslash n}\mu\left(\frac{n}{d}\right)d.$

29. [M23] T_n이 (55)로 주어졌을 때, (57)이 (58)과 상등임을 보여라.

▶ **30.** [HM32] 유클리드 알고리즘의 "탐욕" 버전이라 할 수 있는 다음과 같은 알고리즘이 종종 제시된다: 나누기 단계에서 v를 $u \bmod v$로 대체하는 대신, 만일 $u \bmod v > \frac{1}{2}v$이면 $|(u \bmod v)-v|$로 대체한다. 즉, 예를 들어 만일 $u=26$이고 $v=7$이면 $\gcd(26,7)=\gcd(-2,7)=\gcd(7,2)$이다. 여기서 -2는 7의 배수들을 26에서 뺐을 때 크기가 가장 작은 나머지이다. 이러한 절차를 유클리드 알고리즘과 비교하라. 이 방법을 사용할 때 나누기 단계 횟수가 평균적으로 몇 번이나 절약되는지 추정하라.

▶ **31.** [M35] 연습문제 30에 나온 유클리드 알고리즘 변형판의 최악의 경우를 구하라. 나누기 단계가 n번 수행되도록 만드는 가장 작은 입력 $u > v > 0$들은 무엇인가?

32. [20] (a) 길이가 n인 모스 부호열(Morse code sequence)은 r개의 단음부호($\bullet$)와 s개의 장음부호($-$)들로 이루어지며, $r+2s=n$이다. 예를 들어 길이 4인 모스 부호열들은 다음과 같다.

$$\bullet\bullet\bullet\bullet, \quad \bullet\bullet-, \quad \bullet-\bullet, \quad -\bullet\bullet, \quad --.$$

연속 다항식 $K_4(x_1,x_2,x_3,x_4)$가 $x_1x_2x_3x_4+x_1x_2+x_1x_4+x_3x_4+1$이라는 점에 주목해서, $K_n(x_1,...,x_n)$과 길이 n 모스 부호열 사이의 간단한 관계를 찾고 증명하라. (b) (오일러 L. Euler, *Novi Comm. Acad. Sci. Pet.* **9** (1762), 53-69.) 다음을 증명하라:

$$K_{m+n}(x_1,...,x_{m+n})=K_m(x_1,...,x_m)K_n(x_{m+1},...,x_{m+n})$$
$$+K_{m-1}(x_1,...,x_{m-1})K_{n-1}(x_{m+2},...,x_{m+n}).$$

33. [M32] $h(n)$이 n을

$$n=xx'+yy', \quad x>y>0, \quad x'>y'>0, \quad x\perp y, \quad \text{정수 } x,x',y,y'$$

형태로 표현하는 방법의 수라고 하자.

a) $x'=y'$일 수도 있도록 조건들을 느슨하게 만든다면 표현의 수가 $h(n)+\lfloor(n-1)/2\rfloor$이 됨을 보여라.

b) 고정된 $y>0$과 $t\perp y$인 $0<t\le y$에 대해, 그리고 $0<x'<n/(y+t)$ 범위의 $x't\equiv n$ (modulo y)인 각각의 고정된 x'에 대해, (a)의 제약들과 조건 $x\equiv t$ (modulo y)를 만족하는 n의 표현이 정확히 하나만 존재함을 보여라.

c) 따라서 $h(n)=\sum\lceil(n/(y+t)-t')/y\rceil-\lfloor(n-1)/2\rfloor$임을 보여라. 여기서 합의 구간은 $t\perp y, t\le y, t'\le y, tt'\equiv n$ (modulo y)인 모든 양의 정수 y,t,t'이다.

d) $h(n)$ 표현들 각각을 다음과 같은 형태로 고유하게 표현할 수 있음을 보여라.

$$x = K_m(x_1, ..., x_m), \qquad\qquad y = K_{m-1}(x_1, ..., x_{m-1}),$$
$$x' = K_k(x_{m+1}, ..., x_{m+k})d, \qquad y' = K_{k-1}(x_{m+2}, ..., x_{m+k})\; d.$$

여기서 m, k, d, x_j는 $x_1 \geq 2$, $x_{m+k} \geq 2$인 양의 정수들이며 d는 n의 한 약수이다. 이제 연습문제 32의 항등식은 $n/d = K_{m+k}(x_1, ..., x_{m+k})$를 함의한다. 반대로, $x_1 \geq 2$, $x_{m+k} \geq 2$이며 $K_{m+k}(x_1, ..., x_{m+k})$가 n의 약수인 임의의 양의 정수들의 수열 $x_1, ..., x_{m+k}$는 n의 $m+k-1$개의 표현들과 앞에서 말한 것과 같은 방식으로 대응된다.

e) 따라서 $n\, T_n = \lfloor (5n-3)/2 \rfloor + 2h(n)$이다.

34. [*HM40*] (하일브론H. Heilbronn.) $h_d(n)$이 연습문제 33에서 말한 n의 표현들 중 $xd < x'$인 것들의 개수에 $xd = x'$인 것들의 절반의 개수를 더한 수를 나타낸다고 하자.

a) $g(n)$이 $x \perp y$라는 조건이 없는 표현들의 개수라고 할 때, 다음을 증명하라.

$$h(n) = \sum_{d \backslash n} \mu(d) g\left(\frac{n}{d}\right), \qquad g(n) = 2\sum_{d \backslash n} h_d\left(\frac{n}{d}\right).$$

b) 연습문제 33(b)를 일반화해서, $d \geq 1$에 대해 $h_d(n) = \sum (n/(y(y+t))) + O(n)$임을 보여라. 여기서 합의 구간은 $t \perp y$이고 $0 < t \leq y < \sqrt{n/d}$인 모든 정수 y와 t이다.

c) $\sum(y/(y+t)) = \varphi(y)\ln 2 + O(\sigma_{-1}(y))$임을 보여라. 여기서 합의 구간은 $0 < t \leq y$, $t \perp y$이며 $\sigma_{-1}(y) = \sum_{d \backslash y}(1/d)$이다.

d) $\sum_{y=1}^{n} \varphi(y)/y^2 = \sum_{d=1}^{n} \mu(d) H_{\lfloor n/d \rfloor}/d^2$임을 보여라.

e) 따라서 다음과 같은 점근 공식이 나온다.

$$T_n = ((12\ln 2)/\pi^2)(\ln n - \sum_{d \backslash n} \Lambda(d)/d) + O(\sigma_{-1}(n)^2).$$

35. [*HM41*] (야오A. C. Yao, 커누스D. E. Knuth.) $1 \leq m < n$인 분수 m/n의 모든 부분몫들의 합이 $2(\sum \lfloor x/y \rfloor + \lfloor n/2 \rfloor)$과 같음을 증명하라. 여기서 합의 구간은 연습문제 33(a)의 조건들을 만족하는 모든 $n = xx' + yy'$ 표현들이다. $\sum \lfloor x/y \rfloor = 3\pi^{-2} n (\ln n)^2 + O(n \log n (\log \log n)^2)$임을 보이고, 이것을 유클리드 알고리즘의 "고대" 형태(나눗셈 대신 뺄셈만 사용하는 것)에 적용하라.

36. [*M25*] (브래들리G. H. Bradley.) 계산 전반에서 유클리드 알고리즘을 사용한다고 할 때, 알고리즘 4.5.2C로 $\gcd(u_1, ..., u_n)$를 계산하는 데 N회의 나눗셈이 필요하게 만드는 가장 작은 u_n의 값은 얼마인가? $N \geq n \geq 3$이라고 가정할 것.

37. [*M38*] (모츠킨T. S. Motzkin, 슈트라우스E. G. Straus.) $a_1, ..., a_n$이 양의 정수들이라고 하자. $\{1, 2, ..., n\}$의 모든 순열 $p(1)...p(n)$에 대한 최대값 $\max K_n(a_{p(1)}, ..., a_{p(n)})$이 $a_{p(1)} \geq a_{p(n)} \geq a_{p(2)} \geq a_{p(n-1)} \geq \cdots$일 때 발생함을, 그리고 최소값은 $a_{p(1)} \leq a_{p(n)} \leq a_{p(3)} \leq a_{p(n-2)} \leq a_{p(5)} \leq \cdots \leq a_{p(6)} \leq a_{p(n-3)} \leq a_{p(4)} \leq a_{p(n-1)} \leq a_{p(2)}$일 때 발생함을 보여라.

38. [*M25*] (미쿠신스키J. Mikusiński.) $L(n) = \max_{m \geq 0} T(m, n)$이라고 하자. 정리 F에 의하면 $L(n) \leq \log_\phi(\sqrt{5}\, n + 1) - 2$이다. $2L(n) \geq \log_\phi(\sqrt{5}\, n + 1) - 2$를 증명하라.

▶ **39.** [*M25*] (가스퍼R. W. Gosper.) 어떤 야구 선수의 타율이 .334라고 하자. 그런 타율이 나올 수 있는 최소 타석수는 얼마일까? [야구팬이 아닌 독자를 위한 힌트: 타율은 (안타수)/(타석수)를 소수 셋째 자리로 반올림한 것이다.]

▶ **40.** [*M28*] (슈테른-브로콧 트리.) 각 노드에 이름표(label)로 분수 $(p_l + p_r)/(q_l + q_r)$이 붙어 있는 무한 이진트리를 생각해 보자. p_l/q_l은 그 노드의 가장 가까운 왼쪽 조상의 이름표이고 p_r/q_r은 가장 가까운 오른쪽 조상의 이름표이다. (왼쪽 조상이란 대칭 순서에서 그 노드 이전의 노드를 가리키고, 오른쪽 조상은 대칭 순서에서 그 노드 다음의 노드이다. 대칭 순서의 정의는 2.3.1절에서 찾아 볼 것.) 노드에 왼쪽 조상이 없으면 $p_l/q_l = 0/1$이고 오른쪽 조상이 없으면 $p_r/q_r = 1/0$이다. 따라서 루트의 이름표는 1/1이고, 노드의 두 자식의 이름표들은 1/2과 2/1이다. 수준 2의 네 노드의 이름표들은 왼쪽에서 오른쪽으로 1/3, 2/3, 3/2, 3/1이고 수준 3의 여덟 노드의 이름표들은 1/4, 2/5, 3/5, 3/4, 4/3, 5/3, 5/2, 4/1이다. 그 아래 수준들에서도 마찬가지 방식으로 이름표들이 붙는다.

모든 이름표 p/q에서 p와 q가 서로 소임을 증명하라. 또한 p/q라는 이름표가 붙은 노드가 대칭 순서로 p'/q'이라는 이름표가 붙은 노드의 이전 노드가 되는 필요충분조건이 $p/q < p'/q'$임을 증명하라. 한 노드의 이름표의 연분수와 그 노드로의 경로 사이의 연관 관계를 찾고, 이상의 결과를 이용해서 양의 유리수 각각이 그러한 트리에서 오직 한 노드의 이름표로만 나타남을 보여라.

41. [*M40*] (샐릿J. Shallit, 1979.) 수

$$\frac{1}{2^1} + \frac{1}{2^3} + \frac{1}{2^7} + \cdots = \sum_{n \geq 1} \frac{1}{2^{2^n - 1}}$$

의 정규 연분수 전개가 오직 1들과 2들로만 구성되며, 상당히 단순한 패턴을 가짐을 보여라. l이 ≥ 2인 임의의 정수일 때 리우빌 수(Liouville's nubers) $\sum_{n \geq 1} l^{-n!}$의 부분몫들 역시 규칙적인 패턴을 가짐을 증명하라. [리우빌 수는 리우빌J. Liouville이 *J. de Math. Pures et Appl.* **16** (1851), 133-142에서 소개한 것으로, 초월수임이 명시적으로 증명된 최초의 수이다. 이 문제 처음에 나온 수와 그와 비슷한 상수들이 초월수임은 켐프너A. J. Kempner가 *Trans. Amer. Math. Soc.* **17** (1916), 476-482에서 처음으로 증명했다.]

42. [*M30*] (라그랑주J. Lagrange, 1798.) X의 정규 연분수 전개가 $//A_1, A_2, ...//$이라고 하자. 그리고 $q_n = K_n(A_1, ..., A_n)$이라고 하자. 또한 $||x||$가 x에서 그와 가장 가까운 정수 사이의 거리, 즉 $\min_p |x - p|$를 뜻한다고 하자. $1 \leq q < q_n$에 대해 $||qX|| \geq ||q_{n-1}X||$임을 보여라. (따라서 소위 근사분수(convergents)라고 하는 $p_n/q_n = //A_1, ..., A_n//$의 분모 q_n들은 $||qX||$가 새로운 최소값들이 되게 만드는 "기록 경신" 정수들이다.

43. [*M30*] (메이툴러D. W. Matula.) 수 $x > 0$가 표현가능한 수가 아닐 때, 고정슬래시 또는 부동슬래시 수에 대한 "메디안트 반올림"(식 4.5.1-(1))을 다음과 같이 간단하게 구현할 수 있음을 보여라: x의 정규 연분수 전개가 $a_0 + //a_1, a_2, ...//$이라고 하자. 그리고 $p_n = K_{n+1}(a_0, ..., a_n)$, $q_n =$

$K_n(a_1, ..., a_n)$이라고 하자. 그러면 $\text{round}(x) = (p_i/q_i)$이다. 여기서 (p_i/q_i)는 표현가능이나 (p_{i+1}/q_{i+1})은 그렇지 않다. 〔힌트: 연습문제 40을 볼 것.〕

44. 〔*M25*〕 메디안트 반올림으로 고정슬래시 산술을 수행한다고 하자. 이 때 분수 (u/u')이 오직 $|u| < M$이고 $0 \leq u' < N$이며 $u \perp u'$일 때에만 표현가능이다. $u' < \sqrt{N}$이며 위넘침이 발생하지 않는다고 할 때, 모든 표현가능한 (u/u')과 (v/v')에 대해 항등식 $((u/u') \oplus (v/v')) \ominus (v/v') = (u/u')$이 성립함을 증명 또는 반증하라.

45. 〔*M25*〕 두 n비트 수들에 유클리드 알고리즘(알고리즘 4.5.2A)을 적용한다고 할 때, $n \to \infty$에 따라 알고리즘이 $O(n^2)$단위시간을 소비함을 보여라. (알고리즘 4.5.2B에 동일한 상계가 적용됨은 명백하다.)

46. 〔*M43*〕 최소공배수 계산에 다른 알고리즘을 사용한다면 연습문제 45의 상계 $O(n^2)$을 더 줄일 수 있을까?

47. 〔*M40*〕 x가 높은 정밀도로 주어진 실수일 때 x의 부분몫들을 최대한 많이 구하는 컴퓨터 프로그램을 개발하라. 그리고 그 프로그램을 이용해서 오일러 상수 γ의 처음 부분몫들을 몇 천 개 정도 구하라. 오일러 상수는 스위니D. W. Sweeney가 *Math. Comp.* **17** (1963), 170-178에서 설명한 방법으로 계산할 수 있다. (만일 γ가 유리수라면 그 분자와 분모를 발견할 수 있을 것이며, 그러면 수학계의 한 유명한 문제가 해결된 것이다. 본문에 나온 이론에 따르면 주어진 수가 무작위할 때 십진 숫자 하나 당 약 0.97개의 부분몫들을 구할 수 있다. 알고리즘 4.5.2L과 J. W. Wrench Jr., D. Shanks, *Math. Comp.* **20** (1966), 444-447을 참고할 것.)

48. 〔*M21*〕 $T_0 = (1, 0, u)$, $T_1 = (0, 1, v)$, ..., $T_{n+1} = ((-1)^{n+1}v/d, (-1)^n u/d, 0)$이 알고리즘 4.5.2X(확장된 유클리드 알고리즘)로 계산된 벡터들의 순차열이라고 하자. 그리고 $//a_1, ..., a_n//$이 v/u의 정규 연분수라고 하자. T_j를 $1 < j \leq n$에 대한 $a_1, ..., a_n$들로 된 연속 다항식들로 표현하라.

49. 〔*M33*〕 a_n이 필요에 따라 두 부분몫 $(a_n - 1, 1)$로 대체되도록 알고리즘 4.5.2X의 마지막 반복을 수정한다면, 반복횟수 n은 하나의 주어진 기우성(짝수 아니면 홀수)을 가진다고 가정할 수 있다. 이전 연습문제를 이어서, λ와 μ가 임의의 양의 실수이며 $d = \gcd(u, v)$라 할 때 $\theta = \sqrt{\lambda \mu v/d}$라고 하자. 만일 n이 짝수이고 $T_j = (x_j, y_j, z_j)$이면 $\min_{j=1}^{n+1} |\lambda x_j + \mu z_j - [j$가 짝수$]\theta| \leq \theta$임을 증명하라.

▶ **50.** 〔*M25*〕 무리수 $\alpha \in (0..1)$과 $0 \leq \beta < \gamma < 1$인 실수 β, γ가 주어졌을 때, $f(\alpha, \beta, \gamma)$가 $\beta \leq \alpha n \bmod 1 < \gamma$를 만족하는 가장 작은 음의 정수 n을 나타낸다고 하자. (그런 정수는 연습문제 3.5-22의 바일 정리 때문에 존재한다.) $f(\alpha, \beta, \gamma)$를 계산하는 알고리즘을 설계하라.

▶ **51.** 〔*M30*〕 (유리수 재구축.) 수 28481은 $316 \cdot 28481 \equiv 41$이라는 의미에서 $41/316$ (modulo 199999)와 상등이다. 우리는 이런 사실을 어떻게 발견해 낼 수 있을까? $m > a > 1$인 정수 a와 m이 주어졌을 때 $ax \equiv y$ (modulo m), $x \perp y$, $0 < x \leq \sqrt{m/2}$, $|y| \leq \sqrt{m/2}$인 정수 x와

y를 구하는, 또는 그러한 x와 y가 존재하지 않음을 알아내는 방법을 설명하라. 그러한 x, y 쌍이 여러 개일 수도 있을까?

4.5.4. 소인수분해

지금까지 이 책에 나온 여러 계산적 방법들은 모든 양의 정수 n을 다음과 같은 형태로 고유하게 표현할 수 있다는 사실에 기반한다.

$$n = p_1 p_2 \cdots p_t, \qquad p_1 \leq p_2 \leq \cdots \leq p_t. \qquad (1)$$

여기서 각 p_k는 소수이다. ($n = 1$일 때 이 등식은 $t = 0$에 대해서도 성립한다.) 그런데 안타깝게도 n의 이러한 소인수분해를 찾아내는 것은, 또는 n이 소수인지 아닌지를 결정하는 것은 간단한 문제가 아니다. 지금까지 알려진 바로는 큰 수 n을 인수분해하는 것이 두 큰 수 m과 n의 최대공약수를 계산하는 것보다 훨씬 더 어렵다. 따라서 큰 수의 인수분해는 될 수 있으면 피해야 한다. 그러나 인수분해 공정을 빠르게 만드는 몇 가지 교묘한 방법들이 발견되었는데, 이제부터 그것들 중 몇 가지를 살펴보기로 하겠다. 〔인수분해에 관련된, 1950년 이전의 상세한 역사가 H. C. Williams, J. O. Shallit, *Proc. Symp. Applied Math.* **48** (1993), 481-531에 정리되어 있다.〕

분할분해.[†] 우선 가장 명백한 인수분해 알고리즘을 생각해보자. 이런 것이다: 만일 $n > 1$이면, n을 일련의 소수 $p = 2, 3, 5, \ldots$들로 차례로 나누어 보되 $n \bmod p = 0$인 최초의(가장 작은) p가 나오면 멈춘다. 그러면 그 p는 n의 최소 소인수이다. 같은 과정을 $n \leftarrow n/p$로 갱신하고 새 n을 p들로 나누어 보면서 다음으로 큰 소인수를 찾는다. 이런 과정을 반복하되, 만일 $n \bmod p \neq 0$이나 $\lfloor n/p \rfloor \leq p$가 되면 그 n은 소수라고 결론지을 수 있다. 왜냐하면, 만일 n이 소수가 아니라면 (1)에 의해 반드시 $n \geq p_1^2$이어야 하나, $p_1 > p$는 $p_1^2 \geq (p+1)^2 > p(p+1) > p^2 + (n \bmod p) \geq \lfloor n/p \rfloor p + (n \bmod p) = n$을 함의하기 때문이다. 이상의 방법을 알고리즘 형태로 정리하면 다음과 같은 모습이 된다.

알고리즘 A (나누기를 통한 인수분해). 양의 정수 N이 주어졌을 때, 이 알고리즘은 N의 소인수 $p_1 \leq p_2 \leq \cdots \leq p_t$들을 구한다. 이 알고리즘은 소수를 찾기 위해서 나누어 보는 데 사용할 값들인 시행 약수(trial divisor)

$$2 = d_0 < d_1 < d_2 < d_3 < \cdots \qquad (2)$$

들의 수열을 사용하는데, 이 수열에는 $\sqrt{N}$보다 작은 모든 소수가 포함된다(그리고 편의에 따라서는 소수가 아닌 값들도 포함될 수 있다). d들의 수열에는 또한 $d_k \geq \sqrt{N}$인 값이 적어도 하나는 포함되어야 한다.

[†] 〔옮긴이 주〕 원래 제목은 "Divide and factor"인데, 흔히 분할정복이라고 번역하는 "Divide and conquer"를 빗댄 것으로 간주해서 '분할분해'라는 이름을 붙여 보았다. 문자 그대로의 의미는 나누어 가면서 인수분해를 한다는 뜻이다.

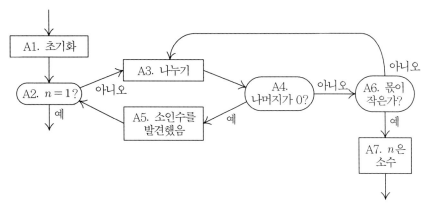

그림 11. 단순한 인수분해 알고리즘.

A1. 〔초기화.〕 $t \leftarrow 0$, $k \leftarrow 0$, $n \leftarrow N$으로 설정한다. (이 알고리즘 전반에서 변수 t, k, n은 다음과 같은 조건에 의해 서로 연관된다: "$n = N/p_1 \ldots p_t$이며 n에는 d_k보다 작은 소인수가 없다.")

A2. 〔$n = 1$?〕 만일 $n = 1$이면 알고리즘을 끝낸다.

A3. 〔나누기.〕 $q \leftarrow \lfloor n/d_k \rfloor$, $r \leftarrow n \bmod d_k$로 설정한다. (여기서 q와 r은 n을 d_k로 나누어서 얻은 몫과 나머지이다.)

A4. 〔나머지가 0?〕 만일 $r \neq 0$이면 단계 A6으로 간다.

A5. 〔소인수를 발견했음.〕 t를 1 증가시키고 $p_t \leftarrow d_k$, $n \leftarrow q$로 설정한다. 단계 A2로 돌아간다.

A6. 〔몫이 작은가?〕 만일 $q > d_k$이면 k를 1 증가시키고 단계 A3으로 돌아간다.

A7. 〔n은 소수.〕 t를 1 증가시키고, $p_t \leftarrow n$으로 설정하고 알고리즘을 끝낸다. ∎

알고리즘 A의 한 예로, 수 $N = 25852$의 인수분해를 구해보자. 우선 $N = 2 \cdot 12926$임은 즉시 알 수 있다. 따라서 $p_1 = 2$이다. 더 나아가서 $12926 = 2 \cdot 6463$이므로 $p_2 = 2$이다. $n = 6463$은 2, 3, 5, ..., 19로는 나누어지지 않으며, $n = 23 \cdot 281$이므로 $p_3 = 23$이다. 마지막으로 $281 = 12 \cdot 23 + 5$이고 $12 \leq 23$이므로 $p_4 = 281$이다. 25852의 소인수들을 구하는 데 총 12회의 나눗셈 연산이 필요했다. 한편, 약간 더 작은 값인 25849(이것은 소수이다)를 인수분해하려면 적어도 38회의 나눗셈 연산이 필요하다. 이는 알고리즘 A의 실행시간이 대략 $\max(p_{t-1}, \sqrt{p_t})$에 비례함을 말해준다. ($t = 1$일 때에도 이 공식이 성립하려면 $p_0 = 1$이라는 관례를 채용할 필요가 있다.)

알고리즘 A에 쓰이는 시행 약수들의 수열 d_0, d_1, d_2, ... 을 그냥 2, 3, 5, 7, 11, 13, 17, 19, 23, 25, 29, 31, 35, ...로 두어도 된다. 이것은 원래의 수열의 처음 세 항 다음의 항들에 2와 4를 번갈아 더한 것으로, 2와 3의 배수가 아닌 모든 수들을 포함한다. 이 수열에는 소수가 아닌 25, 35, 49 등도 포함되나, 그래도 알고리즘은 정확한 답을 낸다. 수열에서 $m \geq 1$에 대한 $30m \pm 5$들을 제거하면, 즉 여분의 5의 배수들을 모두 제거하면 계산 시간을 20퍼센트 줄일 수 있다. 마찬가지로 7의 배수들을 제거하면 14퍼센트를 더 줄일 수 있으며, 그 이상의 배수들도 마찬가지이다. 시행 약수들의 선택을 제어하는 목적으로 압축된 비트표를 사용해도 좋을 것이다.

N이 작은 수임을 알고 있는 경우에는 프로그램 자체에 모든 필요한 소수들의 표를 프로그램의 일부로 두는 것이 바람직할 것이다. 예를 들어 N이 백만보다 작다면 소수표에는 1000보다 작은 168개의 소수들만 포함시키면 된다(물론 N이 997^2보다 큰 소수일 경우를 대비해서 목록의 끝을 표시하기 위한 $d_{168} = 1000$을 추가해야 한다). 그런 표는 짧은 보조적인 프로그램으로 생성할 수 있다. 이를테면 알고리즘 1.3.2P나 연습문제 8을 볼 것.

알고리즘 A에 필요한 시행 약수들의 개수는 몇일까? $\pi(x)$가 x보다 작거나 같은 소수들의 개수라고 하자. 예를 들어 $\pi(2) = 1$이고 $\pi(10) = 4$이다. 이 함수의 점근 습성을 여러 위대한 수학자들이 상세히 연구한 바 있다. 시초는 1798년의 르장드르Legendre이다. 이 연구는 19세기에 많은 진보를 이루었으며, 1899년에 푸생Charles de La Vallée Poussin이 어떠한 $A > 0$에 대해

$$\pi(x) = \int_2^x \frac{dt}{\ln t} + O(xe^{-A\sqrt{\log x}}) \tag{3}$$

임을 증명하면서 절정에 이르렀다. 〔*Mém. Couronnés Acad. Roy. Belgique* **59** (1899), 1–74; 또한 J. Hadamard, *Bull. Soc. Math. France* **24** (1896), 199–220도 보라.〕 이를 부분적분하면, 모든 고정된 $r \geq 0$에 대해

$$\pi(x) = \frac{x}{\ln x} + \frac{x}{(\ln x)^2} + \frac{2!\,x}{(\ln x)^3} + \cdots + \frac{r!\,x}{(\ln x)^{r+1}} + O\left(\frac{x}{(\log x)^{r+2}}\right) \tag{4}$$

가 된다. 이후 (3)의 오차 항이 개선되었다. 예를 들어 그 항을

$$O(x\exp(-A(\log x)^{3/5}/(\log\log x)^{1/5}))$$

으로 대체하는 것이 가능하다. 〔A. Walfisz, *Weyl'sche Exponentialsummen in der neueren Zahlentheorie* (Berlin: 1963), 제5장 참고.〕 리만Bernhard Riemann은 1859년에 다음과 같이 추측했다:

$$\pi(x) = \sum_{k=1}^{\lg x} \frac{\mu(k)}{k} L(\sqrt[k]{x}) + O(1) = L(x) - \frac{1}{2}L(\sqrt{x}) - \frac{1}{3}L(\sqrt[3]{x}) + \cdots + O(1). \tag{5}$$

여기서 $L(x) = \int_2^x dt/\ln t$이다. 리만의 공식은 x가 적절한 크기일 때 실제 소수 개수들과 잘 맞는다:

x	$\pi(x)$	$L(x)$	리만의 공식
10^3	168	176.6	168.3
10^6	78498	78626.5	78527.4
10^9	50847534	50849233.9	50847455.4
10^{12}	37607912018	37607950279.8	37607910542.2
10^{15}	29844570422669	29844571475286.5	29844570495886.9
10^{18}	24739954287740860	24739954309690414.0	24739954284239494.4

(연습문제 41 참고) 그러나 큰 소수들의 분포는 이렇게 간단히 해결이 되지 않으며, 실제로 1914년에 리틀우드 J. E. Littlewood는 리만의 추측 (5)를 반증했다. 하디 Hardy와 리틀우드의 *Acta Math.* **41** (1918), 119-196을 볼 것. 그들은 무한히 많은 x들에 대해

$$\pi(x) > L(x) + C\sqrt{x}\,\log\log\log x/\log x$$

를 만족하는 양의 상수 C가 존재함을 보였다. 리틀우드의 결과는 소수들이 원래부터 다소 신비스러우며, 진정한 분포를 파악하기 위해서는 소수에 대한 심오한 수학적 성질들을 밝혀낼 필요가 있음을 보여준다. 리만은 훨씬 더 그럴듯한 또 다른 추측을 제시했는데, 그것이 바로 유명한 "리만 가설"이다. 리만 가설은 복소수 z가 음의 짝수 정수인 자명한 경우를 제외할 때, z의 실수부가 1/2일 때에만 복소함수 $\zeta(z)$가 0이라는 것이다. 이 가설이 참이라면 $\pi(x) = L(x) + O(\sqrt{x}\,\log x)$가 된다(연습문제 25). 브렌트 Richard Brent는 z의 "작은" 값들에 대해서 리만 가설이 성립함을 레머 D. H. Lehmer의 한 방법을 이용해서 계산적으로 확인했다. 그는 허수부가 $0 < \Im z < 32585736.4$ 범위인 z들에 대해 $\zeta(z)$가 정확히 75,000,000개의 0들을 가짐을 보였는데, 그 0들은 모두 $\Re z = \frac{1}{2}$과 $\zeta'(z) \neq 0$ 를 만족한다. [*Math. Comp.* **33** (1979), 1361-1372.]

알고리즘 A의 평균 습성을 분석하기 위해서는 가장 큰 소인수 p_t가 얼마나 클 것인지를 알아야 할 것이다. 이 질문을 처음으로 조사한 이는 딕먼 Karl Dickman이다 [*Arkiv för Mat., Astron. och Fys.* **22A**, 10 (1930), 1-14]. 그는 1에서 x 사이의 무작위 정수의 최대 소인수가 $\leq x^{\alpha}$일 확률을 연구해서, 이 확률이 $x \to \infty$에 따라 극한값 $F(\alpha)$로 수렴함을 보여주는 하나의 발견법적 논증을 제시했다. 여기서 F는 다음과 같은 함수방정식으로 계산할 수 있다.

$$0 \leq \alpha \leq 1\text{에 대해} \quad F(\alpha) = \int_0^\alpha F\!\left(\frac{t}{1-t}\right)\frac{dt}{t}; \qquad \alpha \geq 1\text{에 대해} \quad F(\alpha) = 1. \quad (6)$$

그의 논증은 본질적으로 다음과 같다: $0 < t < 1$가 주어졌을 때, 최대 소인수가 x^t과 x^{t+dt} 사이인 x보다 작은 정수들의 개수는 $xF'(t)dt$이다. 그 범위의 소수 p들의 개수는 $\pi(x^{t+dt}) - \pi(x^t) = \pi(x^t + (\ln x)x^t\,dt) - \pi(x^t) = x^t\,dt/t$이다. 그런 모든 p에 대해, "$np \leq x$이며 n의 최대 소인수가 $\leq p$인" 정수 n들의 개수는 최대 소인수가 $\leq (x^{1-t})^{t/(1-t)}$인 $n \leq x^{1-t}$들의 개수, 즉 $x^{1-t}F(t/(1-t))$이다. 따라서 $xF'(t)dt = (x^t\,dt/t)(x^{1-t}F(t/(1-t)))$이며, 이를 적분하면 (6)이 나온다. 이러한 발견법적 논증을 엄밀한 증명으로 만드는 것이 가능하다. 라마스와미 V. Ramaswami 는 고정된 α에 대한 해당 확률이 $x \to \infty$에 따라 점근적으로 $F(\alpha) + O(1/\log x)$임을 보였다 [*Bull. Amer. Math. Soc.* **55** (1949), 1122-1127]. 그리고 다른 많은 저자들이 그 분석을 확장했다 [노턴 Karl K. Norton의 개괄 *Memoirs Amer. Math. Soc.* **106** (1971), 9-27을 볼 것].

만일 $\frac{1}{2} \leq \alpha \leq 1$이면 공식 (6)은 다음과 같이 단순화된다.

$$F(\alpha) = 1 - \int_\alpha^{1} F\!\left(\frac{t}{1-t}\right)\frac{dt}{t} = 1 - \int_\alpha^1 \frac{dt}{t} = 1 + \ln \alpha.$$

따라서, 예를 들어 $\leq x$인 무작위 양의 정수의 소인수 개수가 $> \sqrt{x}$일 확률은 약 69퍼센트이다.

이러한 모든 경우들에서 알고리즘 A는 많은 계산을 수행해야 한다.

이러한 논의를 정리하자면, 여섯 자리 수를 인수분해하는 경우 알고리즘 A는 상당히 빠르게 답을 내지만, 큰 N에 대해서는 아주 운 좋은 경우를 제외할 때 계산 시간이 실용적인 한계를 순식간에 넘어가 버린다.

이번 절 뒷부분에서는 어느 정도 큰 수 n이 소수인지의 여부를 $\sqrt{n}$ 까지의 모든 약수들을 시도해 보지 않고도 판정할 수 있는 상당히 좋은 방법을 소개한다. 따라서 만일 단계 A2와 A3 사이에 그런 소수 판정을 삽입한다면 알고리즘 A는 종종 더 빠르게 수행될 것이다. 그러한 개선된 알고리즘의 실행시간은 대략 p_{t-1}, 즉 N의 두 번째로 큰 소인수에($\max(p_{t-1}, \sqrt{p_t}\,)$이 아니라) 비례할 것이다. 딕맨의 것과 비슷한 논증(연습문제 18 참고)에 의해, $\leq x$인 무작위 정수의 두 번째로 큰 소인수 가 $\leq x^{\beta}$일 확률은 근사적으로 $G(\beta)$임을 알 수 있다. 여기서

$$0 \leq \beta \leq \frac{1}{2} \text{에 대해} \quad G(\beta) = \int_0^{\beta}\left(G\left(\frac{t}{1-t}\right) - F\left(\frac{t}{1-t}\right)\right)\frac{dt}{t} \tag{7}$$

이다. $\beta \geq \frac{1}{2}$에 대해 $G(\beta) = 1$임은 명백하다. (6)과 (7)을 수치적으로 평가해보면 다음과 같은 "백분율점(percentage point)"들이 나온다:

$F(\alpha), G(\beta) =$	.01	.05	.10	.20	.35	.50	.65	.80	.90	.95	.99
$\alpha \approx$	.2697	.3348	.3785	.4430	.5220	.6065	.7047	.8187	.9048	.9512	.9900
$\beta \approx$	.0056	.0273	.0531	.1003	.1611	.2117	.2582	.3104	.3590	.3967	.4517

따라서 두 번째로 큰 소인수는 약 절반의 경우에서 $\leq x^{.2117}$가 된다.

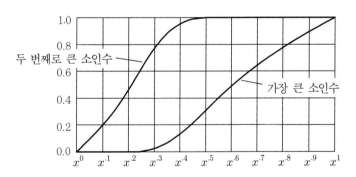

그림 12. 무작위 정수 $\leq x$의 가장 큰 두 소인수들에 대한 확률분포함수들.

소인수 전체 개수 t 역시 활발히 분석된 주제이다. $1 \leq t \leq \lg N$임은 명백하나, 이 상, 하계들을 얻을 수 있는 경우는 별로 없다. N이 1에서 x 사이에서 무작위로 선택된 수일 때 $t \leq \ln\ln x + c\sqrt{\ln\ln x}$ 일 확률이 임의의 고정된 c에 대해 $x \to \infty$에 따라

$$\frac{1}{\sqrt{2\pi}}\int_{-\infty}^{c} e^{-u^2/2}\,du \tag{8}$$

에 접근함을 증명하는 것은 가능하다. 다른 말로 하면 t의 분포는 평균과 분산이 $\ln\ln x$인 정규분포이다. x 이하의 모든 큰 정수 중 약 99.73퍼센트에 대해 $|t - \ln\ln x| \leq 3\sqrt{\ln\ln x}$가 성립한다. 더 나아가서, $1 \leq N \leq x$에 대한 $t - \ln\ln x$의 평균값은

$$\gamma + \sum_{p\text{는 소수}} \left(\ln\left(1 - 1/p\right) + 1/\left(p - 1\right)\right) = \gamma + \sum_{n \geq 2} \frac{\varphi(n)\ln\zeta(n)}{n}$$

$$= 1.03465\ 38818\ 97437\ 91161\ 97942\ 98464\ 63825\ 46703 + \qquad (9)$$

에 접근한다고 알려져 있다. 〔G. H. Hardy, E. M. Wright, *An Introduction to the Theory of Numbers*, 제5판 (Oxford, 1979), §22.11을 볼 것. 또한 P. Erdős, M. Kac, *Amer. J. Math.* **26** (1940), 738-742도 보라.〕

소인수 개수와 순열 사이에는 주목할만한 관계가 있다: 무작위 n비트 정수의 k번째로 큰 소인수의 평균 비트수는 n요소들의 한 무작위 순열의 k번째로 큰 순환마디의 평균 길이와 접근적으로 ($n \to \infty$에 따라) 같다. 〔관련 문헌들에 대해서는 D. E. Knuth, *Selected Papers on Analysis of Algorithms* (2000), 329-330, 336-337을 볼 것.〕 이로부터, 알고리즘 A가 작은 소인수 몇 개를 찾고 나서는 그 다음의 큰 소인수들을 찾기 위해 길고 긴 검색을 수행해야 한다는 점을 알 수 있다.

무작위 정수의 소인수들의 확률분포에 대한 훌륭한 해설이 빌링슬리Patrick Billingsley의 *AMM* **80** (1973), 1099-1115에 나온다. 또한 *Annals of Probability* **2** (1974), 749-791에 수록된 그의 논문도 볼 것.

유사 순환마디를 이용한 인수분해. 우리는 3장 처음 부분에서 "무작위로 선택된 난수발생기는 그리 무작위하지 않다"는 점을 살펴본 바 있다. 거기서 보았듯이, 난수발생기를 무작위로 선택하는 것은 난수 발생에 도움이 되지 않는다. 그러나 그러한 착상도 전혀 쓸모없는 것은 아니어서, 폴러드J. M. Pollard 〔*BIT* **15** (1975), 331-334〕가 발견한 바에 따르면 그를 통해서 놀랄 만큼 효율적인 인수분해 방법을 이끌어낼 수가 있다. 폴러드의 방법은 계산 단계 횟수의 규모가 $\sqrt{p_{t-1}}$로, N이 클 때 알고리즘 A보다 훨씬 빠르다. (7)과 그림 12에 의해, 그 방법의 실행 시간은 일반적으로 $N^{1/4}$보다 훨씬 아래가 된다.

$f(x)$가 임의의 정수 계수 다항식이라고 하자. 그리고 다음과 같이 정의되는 두 수열을 고려하자.

$$x_0 = y_0 = A; \qquad x_{m+1} = f(x_m) \bmod N, \qquad y_{m+1} = f(y_m) \bmod p. \qquad (10)$$

여기서 p는 N의 임의의 소인수이다. 이로부터 다음이 나온다.

$$y_m = x_m \bmod p, \qquad m \geq 1\text{에 대해.} \qquad (11)$$

연습문제 3.1-7에 의하면 어떠한 $m \geq 1$에 대해 $y_m = y_{\ell(m)-1}$이 된다. 여기서 $\ell(m)$은 m보다 작거나 같은 2의 가장 큰 거듭제곱이다. 따라서 $x_m - x_{\ell(m)-1}$은 p의 배수이다. 더 나아가서, $f(y) \bmod p$가 집합 $\{0, 1, ..., p-1\}$에서 같은 집합으로의 무작위 사상이라고 할 때, 연습문제 3.1은

그러한 가장 작은 m의 규모가 $\sqrt{p}$ 임을 보여준다. 실제로, 연습문제 4에서 보듯이 무작위 사상들에 대한 이러한 평균값은 $1.625\,Q(p)$보다 작다. 여기서 함수 $Q(p) \approx \sqrt{\pi p/2}$ 는 1.2.11.3절에서 정의했던 것이다. 만일 N의 서로 다른 소인수들이 m의 서로 다른 값들에 대응된다면(N이 클 때에는 거의 대부분 그렇게 된다), 인수분해되지 않고 남은 것이 소수가 될 때까지 $m = 1, 2, 3, \ldots$에 대해 $\gcd(x_m - x_{\ell(m)-1}, N)$을 계산해 나감으로써 그러한 소인수들을 찾을 수 있다. 폴러드는 자신의 기법을 "로법(rho method)"이라고 불렀는데, 왜냐하면 $y_0, y_1, \ldots$ 같은 결과적으로 주기적인 수열이 그리스 글자 ρ를 연상시키기 때문이다.[†]

3장의 이론으로부터, 일차 다항식 $f(x) = ax + c$가 우리의 목적으로 미루어 볼 때 충분히 무작위하지는 않음을 알 수 있다. 그 다음으로 간단한 다항식은 이차다항식, 이를테면 $f(x) = x^2 + 1$ 같은 것이다. 이 함수가 충분히 무작위한지는 알지 못하나, 우리의 지식의 부족은 무작위성의 가설을 지지하는 경향이 있으며, 실험적 판정들에 의하면 이 f는 본질적으로는 예상대로 행동한다. 실제로는 f가 무작위보다 약간 더 나을 수 있다. 왜냐하면 p를 법으로 한 $x^2 + 1$은 오직 $\frac{1}{2}(p+1)$개의 서로 다른 값들만 취하기 때문이다. Arney, Bender, *Pacific J. Math.* **103** (1982), 269–294를 볼 것. 따라서 다음과 같은 절차는 합리적이다.

알고리즘 B (로법을 이용한 인수분해). 이 알고리즘은 주어진 정수 $N \geq 2$의 소인수들을 높은 확률로 출력한다. 단, 잘못된 결과를 낼 가능성도 존재한다.

B1. 〔초기화.〕 $x \leftarrow 5$, $x' \leftarrow 2$, $k \leftarrow 1$, $l \leftarrow 1$, $n \leftarrow N$으로 설정한다. (이 알고리즘 전반에서 n은 N의 인수분해되지 않은 부분이고 변수 x와 x'는 (10)의 $x_m \bmod n$과 $x_{\ell(m)-1} \bmod n$을 나타낸다. 여기서 $f(x) = x^2 + 1$이고 $A = 2$, $l = \ell(m)$, $k = 2l - m$이다.)

B2. 〔소수 판정.〕 만일 n이 소수이면(아래 논의 참고) n을 출력하고 알고리즘을 끝낸다.

B3. 〔소인수 발견?〕 $g \leftarrow \gcd(x' - x, n)$으로 설정한다. 만일 $g = 1$이면 단계 B4로 간다. 그렇지 않으면 g를 출력한다. 이제 만일 $g = n$이면 알고리즘을 끝낸다(이 경우는 알고리즘이 실패한 것이다. 왜냐하면 지금의 n은 소수가 아니기 때문이다.) 그렇지 않으면 $n \leftarrow n/g$, $x \leftarrow x \bmod n$, $x' \leftarrow x' \bmod n$으로 설정하고 단계 B2로 돌아간다. (g가 소수가 아닐 수도 있음을 주목할 것. 이를 반드시 판정해야 한다. 드문 경우이지만 g가 소수가 아니라면, 이 알고리즘으로는 소인수들을 구할 수 없다.)

B4. 〔전진.〕 $k \leftarrow k - 1$로 설정한다. 만일 $k = 0$이면 $x' \leftarrow x$, $l \leftarrow 2l$, $k \leftarrow l$로 설정한다. $x \leftarrow (x^2 + 1) \bmod n$으로 설정하고 B3으로 돌아간다. ∎

그럼 알고리즘 B로 $N = 25852$를 다시 인수분해 해보자. 단계 B3의 세 번째 수행에서 $g = 4$가 출력될 것이다(이는 소수가 아니다). 알고리즘이 여섯 번 더 반복되고 나면 소인수 $g = 23$이 나온다.

[†] 〔옮긴이 주〕 그리스 글자 ρ(로, rho)는 꼬리가 달린 고리 모양인데, 언급된 수열에서 반복되지 않는 수들이 꼬리에 해당하고 주기를 이루는 수들이 고리에 해당한다고 생각하면 된다.

이 예의 경우는 알고리즘 B의 장점이 두드러지지 않으나, 알고리즘 B가 큰 수의 인수분해를 위해 고안된 것임을 기억해야 한다. 큰 소인수들을 구하는 경우에는 알고리즘 A에 훨씬 더 많은 시간이 걸리지만, 작은 것들을 제거하는 경우에 대해서는 알고리즘 A도 빠지지 않는다. 실용적인 목적에서는 일단 알고리즘 A를 시도하고 필요에 따라 알고리즘 B로 전환하는 방법이 바람직할 것이다.

가장 큰 여섯 자리 소수 열 개를 시험해 보면 알고리즘 B의 위력을 실감할 수 있다. 다음은 알고리즘 B가 소인수 p를 발견하는 데 필요한 반복 횟수 $m(p)$들을 정리한 것이다.

$p =$	999863	999883	999907	999917	999931	999953	999959	999961	999979	999983
$m(p) =$	276	409	2106	1561	1593	1091	474	1819	395	814

올리베이라Tomás Oliveira e Silva의 실험에 따르면 $m(p)$의 평균은 약 $2\sqrt{p}$이며 $p < 1000000000$일 때에는 결코 $16\sqrt{p}$를 넘지 않는다고 한다. $p < 10^9$에 대한 $m(p)$의 최대값은 $m(850112303) = 416784$이다. 그리고 $m(p)/\sqrt{p}$는 $p = 695361131$일 때의 $m(p) = 406244$에서 최대가 된다. 이 실험 결과들에 의하면 거의 모든 18자리 수들을 알고리즘 B를 64,000회 미만으로 반복함으로써 구할 수 있다(알고리즘 A의 경우에는 대략 50,000,000회의 나눗셈이 필요하다).

알고리즘 B의 각 반복에서 많은 시간이 소요되는 부분은 단계 B4의 다중 정밀도 곱셈 및 나눗셈 연산들과 단계 B3의 gcd 계산이다. "몽고메리 곱셈"(연습문제 4.3.1-41) 기법을 이용하면 이 부분을 더 빠르게 할 수 있다. 더 나아가서 폴러드는 gcd 연산이 느린 경우 각 gcd를 취하기 전에 여러 개(이를테면 열 개)의 연속적인 $(x' - x)$ 값들의 곱 mod n을 누적시킴으로써 속도를 올리는 방법을 제안해 놓고 있다. 이러면 gcd 연산의 90퍼센트가 하나의 곱 mod N으로 대체된다. 다만 알고리즘이 실패할 확률은 약간 높아진다. 그는 또한 단계 B1에서 $m = 1$ 대신 $m = q$로 시작할 것도 제안했다. 여기서 q는 이를테면 예상 반복 횟수의 10분의 1 정도로 두면 된다.

큰 N에 대해 알고리즘이 실패하는 드문 경우들에서는 어떠한 $c \neq 0$ 또는 1에 대한 $f(x) = x^2 + c$를 이용해서 다시 시도할 수 있다. 값 $c = -2$도 피해야 하는데, 왜냐하면 점화식 $x_{m+1} = x_m^2 - 2$는 $x_m = r^{2^m} + r^{-2^m}$ 형태의 해들을 가지기 때문이다. 그 외의 c 값들은 p를 법으로 한 단순한 관계로 이어지지는 않는 것으로 보이며, 적당한 시작값들과 함께 쓰이는 경우 항상 만족스러운 결과가 나올 것임이 틀림없다.

브렌트Richard Brent는 알고리즘 B의 변형판을 이용해서 $2^{256} + 1$의 소인수 1238926361552897을 발견했다. 〔*Math. Comp.* **36** (1981), 627-630; **38** (1982), 253-255 참고.〕

페르마의 방법. 소인수 문제에 대한 또 다른 방법으로 1643년에 페르마Pierre de Fermat가 사용한 것이 있다. 페르마의 이 방법은 작은 소인수들보다는 큰 소인수들을 찾는 데 더 적합하다. 〔이 방법에 대한 페르마의 원래의 설명의 영문 번역판이 딕슨L. E. Dickson의 기념비적인 저작 *History of the Theory of Numbers* **1** (Carnegie Inst. of Washington, 1919), 357에 나온다.〕

$u \leq v$이고 $N = uv$라고 하자. 실용적인 목적에서 N이 홀수라고 가정할 수 있다. 그렇게 가정할 때, u와 v 모두 홀수이며

$$x = (u+v)/2, \qquad y = (v-u)/2, \tag{12}$$

$$N = x^2 - y^2, \qquad 0 \le y < x \le N \tag{13}$$

로 둘 수 있다. 페르마의 방법은 식 (13)을 만족하는 x와 y 값들을 체계적으로 찾는 것으로 구성된다. 따라서 곱셈과 나눗셈을 전혀 사용하지 않고 인수분해를 수행하는 것이 가능하다. 다음 알고리즘이 바로 그와 같은 방법을 보여준다.

알고리즘 C (덧셈과 뺄셈만 사용하는 인수분해). 홀수 N이 주어졌을 때, 이 알고리즘은 N의 $\sqrt{N}$ 보다 작거나 같은 최대 소인수를 구한다.

C1. 〔초기화.〕 $a \leftarrow 2\lfloor\sqrt{N}\rfloor + 1$, $b \leftarrow 1$, $r \leftarrow \lfloor\sqrt{N}\rfloor^2 - N$으로 설정한다. (이 알고리즘 도중 (13)의 해를 찾는 과정에서 a, b, r은 각각 $2x+1$, $2y+1$, $x^2 - y^2 - N$에 해당한다. 항상 $|r| < a$이고 $b < a$이다.)

C2. 〔끝인가?〕 만일 $r = 0$이면 알고리즘을 끝낸다. 이 때

$$N = ((a-b)/2)((a+b-2)/2)$$

이며 $(a-b)/2$는 N의 $\sqrt{N}$ 보다 작거나 같은 최대 소인수이다.

C3. 〔a를 증가.〕 $r \leftarrow r + a$, $a \leftarrow a + 2$로 설정한다.

C4. 〔b를 증가.〕 $r \leftarrow r - b$, $b \leftarrow b + 2$로 설정한다.

C5. 〔r 판정.〕 만일 $r > 0$이면 단계 C4로 돌아가고 그렇지 않으면 C2로 돌아간다. ▮

독자가 알고리즘을 이용해서 337을 손으로 직접 소인수분해해보는 것도 나름대로 재미있는 일일 것이다. $N = uv$의 소인수 u와 v를 구하는 데 필요한 단계들의 수는 본질적으로 $(a+b-2)/2 - \lfloor\sqrt{N}\rfloor = v - \lfloor\sqrt{N}\rfloor$에 비례한다. 알고리즘의 각 단계가 대부분의 컴퓨터에서 아주 빠르게 수행된다고 해도, 전체적인 단계수는 상당히 클 수 있다. 최악의 경우에서 단 $O(N^{1/3})$회의 연산만을 요구하도록 알고리즘을 개선하는 방법이 레먼R. S. Lehman에 의해서 개발된 바 있다 〔*Math. Comp.* **28** (1974), 637-646〕.

알고리즘 C를 "페르마의 방법"이라고 부르는 게 다소 부적절할 수도 있다. 왜냐하면 페르마 자신은 약간 더 최적화된 방법을 사용했기 때문이다. 알고리즘 C의 주 루프는 컴퓨터 상에서 상당히 빠르게 수행되나, 손 계산에까지 아주 적합한 것은 아니다. 실제로 페르마는 y를 일일이 갱신하지 않았다. 그가 사용했던 방법은 $x^2 - N$의 최하위 숫자들을 보고 그것이 완전제곱수인지 아닌지를 추측하는 것이다. (완전제곱수의 마지막 두 자리는 e가 짝수 숫자, o가 홀수 숫자라 할 때 반드시 00, e1, e4, 25, o6, e9 중 하나이어야 한다.) 주어진 수가 완전제곱수인지에 대한 임시방편적인 판단으로 단계 C4와 C5의 연산들을 대신한 것이다.

제일 오른쪽 숫자들을 점검하는 페르마의 방법을 다른 법을 이용한 나머지 연산으로 일반화할 수 있음은 물론이다. 명확함을 위해 $N = 8616460799$라고 하자. 이 수는 역사적으로 중요한 의미(아래에 나온다)를 지닌 수이다. 그리고 다음 표를 고려한다.

m	만일 $x \bmod m$이	이면 $x^2 \bmod m$은	그리고 $(x^2 - N) \bmod m$은
3	0, 1, 2	0, 1, 1	1, 2, 2
5	0, 1, 2, 3, 4	0, 1, 4, 4, 1	1, 2, 0, 0, 2
7	0, 1, 2, 3, 4, 5, 6	0, 1, 4, 2, 2, 4, 1	5, 6, 2, 0, 0, 2, 6
8	0, 1, 2, 3, 4, 5, 6, 7	0, 1, 4, 1, 0, 1, 4, 1	1, 2, 5, 2, 1, 2, 5, 2
11	0, 1, 2, 3, 4, 5, 6, 7, 8, 9, 10	0, 1, 4, 9, 5, 3, 3, 5, 9, 4, 1	10, 0, 3, 8, 4, 2, 2, 4, 8, 3, 0

만일 수 $x^2 - N$이 완전제곱수 y^2이면 모든 m에 대해 이러한 사실과 일치하는 나머지(m을 법으로 한)가 존재해야 한다. 예를 들어 만일 $N = 8616460799$이고 $x \bmod 3 \neq 0$이면 $(x^2 - N) \bmod 3 = 2$이므로 $x^2 - N$은 완전제곱수가 될 수 없다. 따라서 x는 $N = x^2 - y^2$이면 항상 3의 배수이어야 한다. 위의 표에서 실제로

$$
\begin{aligned}
x \bmod 3 &= 0; \\
x \bmod 5 &= 0 \text{ 또는 } 2, 3; \\
x \bmod 7 &= 2 \text{ 또는 } 3, 4, 5; \\
x \bmod 8 &= 0 \text{ 또는 } 4 \ (\text{따라서 } x \bmod 4 = 0); \\
x \bmod 11 &= 1 \text{ 또는 } 2, 4, 7, 9, 10.
\end{aligned}
\tag{14}
$$

이러한 점을 이용하면 x의 검색 범위를 상당히 좁힐 수 있다. 예를 들어 x는 반드시 12의 배수이어야 한다. 반드시 $x \geq \lceil \sqrt{N} \rceil = 92825$이어야 하며, 그런 12의 배수 중 가장 작은 것은 92832이다. 이 값을 $(5, 7, 11)$로 나눈 나머지는 각각 $(2, 5, 3)$이고, 따라서 법이 11일 때에는 (14)를 만족하지 못한다. x를 12 증가하면 5로 나눈 나머지는 2, 7로 나눈 나머지는 5, 11로 나눈 나머지는 1이 된다. 따라서 (14)의 모든 조건을 만족하는 최초의 $x \geq 92825$ 값은 $x = 92880$이다. 이제 $92880^2 - N = 10233601$이고, 제곱근 필산법을 적용해 보면 $10233601 = 3199^2$이 실제로 완전제곱수임을 알 수 있다. 이렇게 해서 원하는 해 $x = 92880$, $y = 3199$를 찾았고, 인수분해는

$$
8616460799 = (x - y)(x + y) = 89681 \cdot 96079
$$

이다.

이 N 값의 흥미로운 역사를 잠깐 살펴보자. 영국의 경제학자이자 논리학자인 제본스W. S. Jevons는 이 값을 한 유명한 책에서 다음과 같이 소개했다: "임의의 두 수가 주어졌을 때, 그들의 곱은 간단하고 절대 틀릴 수 없는 공정을 이용해서 구할 수 있다. 그러나 하나의 큰 수가 주어졌을 때 그것의 소인수들을 구하는 것은 상당히 다른 문제이다. 독자는 곱해서 8,616,460,799가 되는 두 수가 무엇인지 아는가? 아마 본 필자를 제외한 누구도 그러한 두 수를 알지 못할 것이다." 〔*The Principles of Science* (1874), 제7장.〕 물론 페르마는 봉투 뒷면에다 손 계산으로 10분 이내에 N을 인수분해할 수 있었을 것이다. 곱셈에 비한 인수분해의 어려움에 대한 제본스의 지적은 오직 서로 그리 가깝지 않은 두 수들의 곱을 인수분해하는 경우에서만 수긍할 수 있을 뿐이다.

(14)에서 고려한 법들 대신 서로 다른 소수들의 임의의 거듭제곱들을 사용할 수도 있다. 예를

들어 5 대신 25를 사용한다면 $x \bmod 25$로 허용되는 값들은 오직 0, 5, 7, 10, 15, 18, 20 뿐이다. 이는 (14)보다 더 많은 정보를 제시한다. 일반화하자면, p가 홀수 소수이고 $x^2 - N \equiv 0$ (modulo p)가 해 x를 가진다면 항상, p를 법으로 할 때보다 p^2을 법으로 할 때 더 많은 정보를 얻는다. 그러나 p가 상당히 작지 않은 한 p^2보다는 서로 다른 소수 p와 q를 사용하는 편이 더 나은데, 왜냐하면 pq를 법으로 사용할 때 더욱 많은 정보를 얻는 경향이 있기 때문이다.

방금 사용한 나머지식 방법을 체로 거르기 절차(sieve procedure)라고 부른다. 그런 이름이 붙게 된 이유는, 이 방법을 처음에는 $x \bmod 3 = 0$인 수들만 통과시키는 체를 모든 정수에 사용해 수들을 거르고, 다음으로는 $x \bmod 5 = 0, 2, 3$ 등인 수들만 통과시키는 체들로 계속 걸러내어 소수만 남기는 방식의 것으로 생각할 수 있기 때문이다. 짝으로 서로 소인 법들을 사용하는 경우, 중국인의 나머지 정리(정리 4.3.2C) 때문에 각 체는 다른 체들과 독립적이다. 따라서 이를테면 30개의 서로 다른 소수들로 체질을 한다면, 2^{30}개의 값들 중 약 한 개만 조사해도 $x^2 - N$이 완전제곱수 y^2인지를 판단할 수 있다.

알고리즘 D (체를 이용한 인수분해). 홀수 N이 주어졌을 때 이 알고리즘은 N의 $\sqrt{N}$보다 작거나 같은 최대 소인수를 구한다. 이 알고리즘은 짝으로 서로 소이며 N과도 서로 소인 법 $m_1, m_2, \ldots, m_r$을 사용한다. 또한 $0 \le j < m_i$, $1 \le i \le r$인 r개의 체표(sieve table) $S[i, j]$들에 접근한다고 가정한다. 이 때

$$S[i, j] = [\, j^2 - N \equiv y^2 \ (\text{modulo } m_i)\text{가 하나의 해 } y\text{를 가짐} \,]$$

이다.

D1. 〔초기화.〕 $x \leftarrow \lceil \sqrt{N} \rceil$으로 설정하고 $1 \le i \le r$에 대해 $k_i \leftarrow (-x) \bmod m_i$로 설정한다. (이 알고리즘 도중 색인 변수 $k_1, k_2, \ldots, k_r$은 $k_i = (-x) \bmod m_i$로 설정된다.)

D2. 〔체 거르기.〕 만일 $1 \le i \le r$에 대해 $S[i, k_i] = 1$이면 단계 D4로 간다.

D3. 〔x를 전진.〕 $x \leftarrow x + 1$로 설정하고 $1 \le i \le r$에 대해 $k_i \leftarrow (k_i - 1) \bmod m_i$로 설정한다. 단계 D2로 돌아간다.

D4. 〔$x^2 - N$를 판정.〕 $y \leftarrow \lfloor \sqrt{x^2 - N} \rfloor$ 또는 $\lceil \sqrt{x^2 - N} \rceil$으로 설정한다. 만일 $y^2 = x^2 - N$이면 $(x - y)$가 원하는 소인수이므로 알고리즘을 끝낸다. 그렇지 않으면 단계 D3으로 돌아간다. ▮

이 절차를 빠르게 수행하는 방법이 여러 개 있다. 예를 들어 $N \bmod 3 = 2$이면 x는 반드시 3의 배수이므로, $x = 3x'$로 설정하고 x'에 대응되는 다른 체를 사용함으로써 속도를 세 배 높일 수 있다. 만일 $N \bmod 9 = 1$ 또는 4, 7이면 x는 반드시 각각 ± 1, ± 2, ± 4에 합동(modulo 9)이다. 따라서 두 개의 체($x = 9x' + a$, $x = 9x'' - a$라고 할 때 x'에 대한 것 하나와 x''에 대한 것 하나)를 사용함으로써 속도를 $4\frac{1}{2}$배 높일 수 있다. 만일 $N \bmod 4 = 3$이면, $x \bmod 4$는 알고 있으므로 또 다시 속도를 4배 높일 수 있다. 다른 경우에서는 $N \bmod 4 = 1$이면 x는 반드시 홀수이므로 속도를

두 배로 올릴 수 있다. 알고리즘의 속도를 두 배로 하는(저장 용량은 더 들겠지만) 또 다른 방법은, $1 \le k < \frac{1}{2}r$에 대해 m_k 대신 $m_{r-k} m_k$를 사용해서 법들의 쌍들을 결합하는 것이다.

알고리즘 D의 속도를 더 높일 수 있는 보다 중요한 방법으로, 대부분의 이진 컴퓨터들이 갖추고 있는 부울 연산을 사용하는 방법이 있다. 예를 들어 MIX가 워드 크기가 30비트인 이진 컴퓨터라고 가정하자. 표 $S[i, k_i]$들을 항목 당 1비트의 형태로 메모리에 담는다면 워드 하나에 30개의 항목들을 저장할 수 있다. 그런 경우, $1 \le k \le 30$에 대해, 지정된 메모리 워드의 k번째 비트가 0이면 누산기의 k번째 비트를 0으로 바꾸는 하나의 AND 연산으로 30개의 x 값들을 한 번에 처리할 수 있다! 편의상, m_i에 대한 표 항목들이 $\mathrm{lcm}(m_i, 30)$비트들을 차지하도록 표 $S[i, j]$들의 복사본을 여러 개 만들어 둔다고 하자. 그러면 각 법에 대한 체표들은 하나의 정수 워드를 채우게 된다. 이러한 가정 하에서, 알고리즘 D의 주 루프를 30회 수행한 것과 같은 결과를 다음과 같은 코드로 얻을 수 있다.

```
D2  LD1   K1      rI1 ← k₁′.
    LDA   S1,1    rA ← S′[1, rI1].
    DEC1  1       rI1 ← rI1 − 1.
    J1NN  *+2
    INC1  M1      만일 rI1 < 0이면 rI1 ← rI1 + lcm(m₁, 30)으로 설정.
    ST1   K1      k₁′ ← rI1.
    LD1   K2      rI1 ← k₂′.
    AND   S2,1    rA ← rA & S′[2, rI1].
    DEC1  1       rI1 ← rI1 − 1.
    J1NN  *+2
    INC1  M2      만일 rI1 < 0이면 rI1 ← rI1 + lcm(m₂, 30)으로 설정.
    ST1   K2      k₂′ ← rI1.
    LD1   K3      rI1 ← k₃′.
    ...           (m₃에서 mᵣ까지 m₂와 마찬가지로 처리)
    ST1   Kr      kᵣ′ ← rI1.
    INCX  30      x ← x + 30.
    JAZ   D2      모두 걸러질 때까지 반복. ▮
```

30회 반복의 주기수는 본질적으로 $2 + 8r$이다. 알고리즘 C에서처럼 만일 $r = 11$이면 이는 각 반복 당 3주기가 걸리는 것에 해당하는데, 알고리즘 C는 이보다 $y = \frac{1}{2}(v - u)$회의 반복을 더 수행한다.

m_i에 대한 표 항목들이 하나의 정수 워드에 들어가지 않는다면, 비트들을 적절히 배치하기 위해 서는 각 반복마다 표 항목들을 추가적으로 자리이동해야 한다. 그러면 메인 루프의 코드가 상당히 길어지게 되고, $v/u \le 100$이 아닌 한 알고리즘 C를 능가하기에는 프로그램이 너무 느려질 수 있 다(연습문제 7 참고).

체 거르기 절차는 다른 여러 문제들, 특히 산술과 그리 연관이 없는 문제들에도 적용할 수 있다. 그러한 기법들에 대한 개괄로는 Marvin C. Wunderlich, *JACM* **14** (1967), 10-19를 볼 것.

로렌스F. W. Lawrence는 19세기에 인수분해를 위한 특별한 체 장치의 구축을 제안한 바 있다

〔*Quart. J. of Pure and Applied Math.* **28** (1896), 285-311〕. 그리고 카리상E. O. Carissan은 14개의 법들을 가진 그와 같은 장치를 1919년에 완성시켰다 〔오랫동안 분실되었던 카리상의 체 장치가 어떻게 다시 발견되고 후대를 위해 보존되었는지에 대한 흥미로운 이야기가 Shallit, Williams, Morain, *Math. Intelligencer* **17**, (1995), 41-47에 나온다.〕 레머D. H. Lehmer와 동료들은 1926-1989년 기간동안 여러 가지 서로 다른 체 장치들을 구축, 사용했는데, 처음에는 자전거 체인이 쓰이다가 나중에는 광전기 화학전지와 기타 기술이 사용되었다. 예를 들면 *AMM* **40** (1933), 401-406을 볼 것. 1965년에 가동을 시작한 레머의 전자 지연선(delay-line) 체는 초 당 백만 개의 수들을 처리할 수 있었다. 1995년에는 단계 D2와 D3의 256회 반복을 약 5.2 나노 초로 수행해서 초 당 61억 4천4 백만 개의 수들을 거르는 컴퓨터를 만드는 것이 가능해졌다 〔Lukes, Patterson, Williams, *Nieuw Archief voor Wiskunde* (4) **13** (1995), 113-139 참고〕. 체를 이용한 또 다른 인수분해 방법을 D. H. 레머Lehmer와 엠마 레머Emma Lehmer가 *Math. Comp.* **28** (1974), 625-635에서 설명하고 있다.

소수 판정. 지금까지 설명할 알고리즘들은 주어진 하나의 큰 수 n이 소수인지를 효율적으로 판정하지 못했다. 다행히 그런 판정을 위한 다른 방법들이 존재한다. 그런 효율적인 방법들을 뤼카É. Lucas 등이 고안한 바 있는데, 특히 레머D. H. Lehmer의 것이 주목할만하다 〔*Bull. Amer. Math. Soc.* **33** (1927), 327-340 참고〕.

페르마 정리(정리 1.2.4F)를 따를 때, p가 소수이고 x가 p의 배수가 아니면 항상

$$x^{p-1} \bmod p = 1$$

이다. 더 나아가서, $x^{n-1} \bmod n$을 단 $O(\log n)$회의 곱셈 mod n만으로 계산하는 효율적인 방법들이 존재한다. (이들에 대해서는 4.6.3절에서 공부하겠다). 따라서 이러한 관계가 성립하지 않는다면 n이 소수가 아니라고 판단할 수 있는 경우가 자주 있다.

예를 들어 페르마는 수 $2^1 + 1$, $2^2 + 1$, $2^4 + 1$, $2^8 + 1$, $2^{16} + 1$이 소수들임을 확인한 적이 있다. 1640년에 메르센Mersenne에게 보낸 한 편지에서 페르마는 $2^{2^n} + 1$이 항상 소수라고 추측했으나 수 $4294967297 = 2^{32} + 1$이 소수인지 아닌지 확실히 밝히지는 못했다고 적고 있다. 페르마와 메르센 모두 이 문제를 해결하지 못했다. 이 문제는 이런 식으로 풀 수 있다: 수 $3^{2^{32}} \bmod (2^{32} + 1)$은 $2^{32} + 1$을 법으로 한 제곱 계산 32회로 계산할 수 있으며, 그 답은 3029026160이다. 따라서 (같은 해인 1640년에 페르마 자신이 발견한 정리에 의해!)수 $2^{32} + 1$은 소수가 아니다. 이러한 논증이 소인수들을 구하는 데에는 아무런 영감도 주지 못하나, 페르마의 문제에 대한 답은 된다.

페르마의 정리는 주어진 수가 소수가 아님에 대한 강력한 판정법이다. n이 소수가 아닐 때, $x^{n-1} \bmod n \neq 1$인 값 $x < n$를 구하는 것이 항상 가능하다. 실험에 의하면 실제로 그런 값은 거의 항상 아주 빠르게 구해진다. $x^{n-1} \bmod n$이 자주 단위원과 같게 되는 n의 값들이 드물지만 몇 개 존재하나, 그런 경우 n은 $\sqrt[3]{n}$ 보다 작은 소인수를 가진다. 연습문제 9를 볼 것.

같은 방법을 큰 수 n이 정말로 소수가 맞는지를 증명하는 데 사용할 수 있도록 확장할 수 있다.

다음과 같은 착안을 이용하면 된다: *만일 n 을 법으로 한 차수가 $n-1$ 인 수 x 가 존재한다면 n 은 소수이다.* (n 을 법으로 한 x 의 차수는 $x^k \bmod n = 1$ 인 가장 작은 양의 정수 k 이다. 3.2.1.2절을 볼 것.) 왜냐하면, 이 조건은 수 $x^1 \bmod n$, ..., $x^{n-1} \bmod n$ 들이 서로 다르고 n 과 서로 소임을 함의하므로 그 수들은 반드시 1, 2, ..., $n-1$ 의 한 순열이고, 따라서 n 에는 진약수가 없기 때문이다. n 이 소수이면 그러한 수 x (이를 n 의 원시근이라고 부른다)가 항상 존재한다. 연습문제 3.2.1.2-16을 보라. 사실 원시근들은 다소 많이 존재한다. 총 $\varphi(n-1)$ 개가 되는데, $n/\varphi(n-1) = O(\log\log n)$ 이라는 점에서 이는 상당히 많은 수이다.

x 의 차수가 $n-1$ 인지를 밝히기 위해 모든 $k \le n-1$ 에 대해 $x^k \bmod n$ 을 계산할 필요는 없다. x 의 차수는 오직

i) $x^{n-1} \bmod n = 1$ 이고

ii) $n-1$ 을 나누는 모든 소수 p 에 대해 $x^{(n-1)/p} \bmod n \ne 1$

일 때에만 $n-1$ 이다. 왜냐하면 $x^s \bmod n = 1$ 은 오직 s 가 n 을 법으로 한 x 의 차수의 배수일 때에만 참이기 때문이다. 위의 두 조건이 성립한다면, 그리고 k 가 n 을 법으로 한 x 의 차수라고 하면 k 는 $n-1$ 의 한 약수이지만, p 가 $n-1$ 의 임의의 소인수라 할 때 $(n-1)/p$ 의 약수는 아니다. 이제 $k=n-1$ 인 경우만 남는다. 이에 의해 조건 (i)과 (ii)가 n 이 소수임을 확인하기에 충분함이 증명된다.

연습문제 10은 각 소수 p 에 대해 서로 다른 x 값들을 사용한다고 해도 n 이 여전히 소수임을 보여준다. x 의 값으로 항상 소수만 취한다는 제약을 두어도 된다. 왜냐하면 연습문제 3.2.1.2-15에 의해, n 을 법으로 한 uv 의 차수는 u 의 차수와 v 의 차수의 최소공배수의 약수이기 때문이다. 조건 (i)과 (ii)는 4.6.3절에서 논의하는 빠른 거듭제곱 평가 방법을 이용함으로써 효율적으로 판정할 수 있다. 그러나 여전히 $n-1$ 의 소인수들을 알아야 한다. 따라서 우리는 n 의 인수분해가 $n-1$ 의 인수분해에 의존하는 흥미로운 상황에 처하게 된다.

예제. 어느 정도 전형적인 큰 수의 인수분해를 시험해 보면 지금까지 논의한 착상들을 확실하게 이해하는 데 도움이 될 것이다. 그럼 65자리 수인 $2^{214}+1$ 의 소인수들을 구해보자. 우선, 통찰력을 좀 발휘해서

$$2^{214}+1 = (2^{107}-2^{54}+1)(2^{107}+2^{54}+1) \tag{15}$$

임에 주목하자. 이것은 $4x^4+1 = (2x^2+2x+1)(2x^2-2x+1)$ 의 인수분해의 한 특별한 경우로, 1742년의 오일러와 골트바흐의 서신교환에 나오는 것이다 〔P. H. Fuss, *Correspondance Math. et Physique* 1 (1843), 145〕. 이제 문제는 (15)에 나온 33자리 인수들 각각을 조사하는 것으로 줄어들었다.

컴퓨터 프로그램으로 돌려보면 $2^{107}-2^{54}+1 = 5 \cdot 857 \cdot n_0$ 임을 쉽게 알 수 있다. 여기서

$$n_0 = 3786680906166005726 4219253397 \tag{16}$$

은 1000보다 작은 인수가 없는 29자리 수이다. 알고리즘 4.6.3A를 이용해서 다중 정밀도로 계산을 해보면

$$3^{n_0-1} \bmod n_0 = 1$$

임을 알 수 있으며, 따라서 n_0이 소수라고 추측할 수 있다. 그런데 천 만 개 정도의 잠재적인 약수들로 시험해서 n_0이 소수인지를 증명하는 것은 비현실적이다. 다행히 앞에서 말한 방법을 이용하면 현실적인 소수 판정이 가능하다. 즉, 이제는 $n_0 - 1$을 인수분해하는 것이 목표이다. 컴퓨터를 이용하면

$$n_0 - 1 = 2 \cdot 2 \cdot 19 \cdot 107 \cdot 353 \cdot n_1, \qquad n_1 = 13191270754108226049301$$

임을 어렵지 않게 알아낼 수 있다. $3^{n_1-1} \bmod n_1 \neq 1$이므로 n_1은 소수가 아니다. 알고리즘 A나 알고리즘 B를 다시 적용해 보면 또 다른 인수

$$n_1 = 91813 \cdot n_2, \qquad n_2 = 143675413657196977$$

을 얻는다. 이번에는 $3^{n_2-1} \bmod n_2 = 1$이므로 n_2가 소수인지 증명해볼 가치가 있다. 1000보다 작은 인수들을 빼내보면 $n_2 - 1 = 2 \cdot 2 \cdot 2 \cdot 2 \cdot 3 \cdot 3 \cdot 547 \cdot n_3$이 나온다. 여기서 $n_3 = 1824032775457$이다. $3^{n_3-1} \bmod n_3 \neq 1$이므로 n_3은 소수가 아니며, 알고리즘 A를 적용하면 $n_3 = 1103 \cdot n_4$이다. $n_4 = 1653701519$인데, $3^{n_4-1} \bmod n_4 = 1$이므로 이 수는 소수일 가능성이 있다. 계산해보면

$$n_4 - 1 = 2 \cdot 7 \cdot 19 \cdot 23 \cdot 137 \cdot 1973$$

이 나온다. 이렇게 해서 처음으로 완전한 인수분해가 나왔다. 이제 n_4가 소수인지를 증명하는 이전의 문제로 돌아가자. 연습문제 10에 제시된 절차를 이용해서 다음 값들을 구할 수 있다.

x	p	$x^{(n_4-1)/p} \bmod n_4$	$x^{n_4-1} \bmod n_4$	
2	2	1	(1)	
2	7	766408626	(1)	
2	19	332952683	(1)	
2	23	1154237810	(1)	
2	137	373782186	(1)	(17)
2	1973	490790919	(1)	
3	2	1	(1)	
5	2	1	(1)	
7	2	1653701518	1	

(여기서 (1)은 1이라는 결과를 직접 계산할 필요는 없음을 뜻한다. 이전 계산들에서 유도할 수 있기 때문이다.) 따라서 n_4는 소수이며, 그러면 $n_2 - 1$은 완전히 인수분해된 것이다. 비슷한 계산을 통해서 n_2가 소수임을 밝힐 수 있으며, (17)과 같은 계산을 또 다시 수행해서 $n_0 - 1$의 완전한 인수분해를 얻게 되고, 결국 n_0이 소수임이 증명된다.

(17)의 마지막 세 줄은 $x^{(n_4-1)/2} \not\equiv x^{n_4-1} \equiv 1 \pmod{n_4}$를 만족하는 정수 x를 찾는 과정에 해당한다. 만일 n_4가 소수이면 그런 x를 찾을 확률은 반반밖에 되지 않으며, 따라서 일반적으로 $p=2$인 경우가 확인하기에 가장 어려운 경우이다. 계산의 이러한 부분은 2차 상반법칙(연습문제 23)을 이용해서 간소화할 수 있다. 2차 상반법칙은 이를테면 q가 5를 법으로 하여 ± 1과 소수 합동이면 항상 $5^{(q-1)/2} \equiv 1 \pmod{q}$라는 것이다. $n_4 \bmod 5$만 계산해 보아도 n_4가 소수임을 보이는데 $x=5$가 도움이 되지 않음을 바로 알 수 있다. 그러나, 사실 연습문제 26의 결과는 n의 소수성을 판정할 때 n이 2의 고차 거듭제곱으로 나뉘어지지 않는 한 $p=2$를 고려할 필요가 전혀 없음을 보여준다. 따라서 (17)의 마지막 세 줄을 완전히 생략해도 되었을 것이다.

이제 (15)의 나머지 인수, 즉

$$n_5 = 2^{107} + 2^{54} + 1$$

을 인수분해 해보자. $3^{n_5-1} \bmod n_5 \neq 1$이므로 n_5는 소수가 아니며, 알고리즘 B로 $n_5 = 843589 \cdot n_6$, $n_6 = 1923439931402772930964491917$을 얻을 수 있다. 그런데 $3^{n_6-1} \bmod n_6 \neq 1$이므로 우리는 27자리 비소수를 해결해야 한다. 알고리즘 B를 이용한다면 시간만 허비할 뿐이다(예산이 허비되지는 않을 것이다 ― 우리는 "프라임 타임"[†]이 아니라 주말의 여가 시간을 보내고 있는 것이므로). 다행히 알고리즘 D의 체 거르기 방법을 적용해 보면 n_6이 다음과 같이 두 소인수들을 가짐을 알 수 있다.

$$n_6 = 8174912477117 \cdot 23528569104401.$$

(사실 알고리즘 B로도 같은 결과를 얻을 수 있으나 6,432,966회의 반복이 끝날 때까지 기다려야 한다.) 알고리즘 A로는 n_6의 소인수들을 합리적인 시간 안에서 발견할 수 없었을 것이다.

이렇게 해서 계산이 끝났다: $2^{214} + 1$의 소인수분해는

$$5 \cdot 857 \cdot 843589 \cdot 8174912477117 \cdot 23528569104401 \cdot n_0.$$

이다. 여기서 n_0은 (16)에 나온 29자리 소수이다. 계산 과정에는 어느 정도 운도 따랐다. 만일 (15)라는 알려진 인수분해로부터 시작하지 않았다면 먼저 작은 소인수들을 일일이 빼내야 것이다. 그러면 n이 $n_6 n_0$으로 줄었을 텐데, 이 55자리 숫자는 인수분해하기가 훨씬 더 어렵다. 이 문제에서 알고리즘 D는 쓸모가 없고, 알고리즘 B의 경우 역시 고정밀도 산술이 필요하기 때문에 상당히 많은 시간이 소요되었을 것이다.

이 외에 십 여 개의 수치 예들이 브릴허트John Brillhart와 셀프리지J. L. Selfridge의 글 *Math. Comp.* **21** (1967), 87-96에 나와 있다.

개선된 소수 판정. 방금 설명한 절차로 n이 소수인지를 증명하려면 먼저 $n-1$의 완전한 인수분해를 구해야 한다. 따라서 n이 큰 값이면 절차를 수행하는 것이 어렵거나 불가능할 수 있다. 연습문제

[†] 〔옮긴이 주〕 원문은 prime time. 일반적으로 prime time은 이를테면 시청률이 높은 시간대(소위 골든아워)를 의미하나, 지금 문맥에서는 중의적인 표현이라고 할 수 있다(prime이 소수를 의미한다는 점에서).

15에는 $n-1$ 대신 $n+1$의 인수분해를 사용하는 또 다른 방법이 나온다. $n-1$이 너무 어렵다고 판명되었을 때 $n+1$을 시도해 보면 보다 쉽게 풀리는 경우가 있다.

큰 n에 대해서는 훨씬 나은 방법들이 존재한다. 예를 들어 $n-1$의 한 부분 인수분해만 있으면 되는 좀 더 강한 페르마 정리의 역을 증명하는 것이 어렵지 않다. 연습문제 26은 (17)의 계산을 대부분 피할 수 있음을 보여준다. n_4가 소수임을 증명하는 데에는 세 가지 조건 $2^{n_4-1} \bmod n_4 = \gcd(2^{(n_4-1)/23}-1, n_4) = \gcd(2^{(n_4-1)/1973}-1, n_4) = 1$들로도 충분하다. 실제로 브릴러트, 레머, 셀프리지는 $n-1$과 $n+1$을 부분적으로만 인수분해했을 때에도 작동하는 한 가지 방법을 개발해냈다 〔*Math. Comp.* **29** (1975), 620–647, Corollary 11〕. 다음과 같다: $n-1 = f^- r^-$이고 $n+1 = f^+ r^+$이라고 하자. 여기서 우리는 f^-와 f^+의 완전한 인수분해를 알고 있으며, 또한 r^-와 r^+의 모든 인수들이 $\geq b$라는 점도 알고 있다고 가정한다. 만일 곱 $(b^3 f^- f^+ \max(f^-, f^+))$이 $2n$보다 크다면, 브릴러트 등의 논문에 설명되어 있는 약간의 추가적인 계산을 통해서 n이 소수인지 아닌지를 알 수 있다. 따라서 최대 35자리 수들의 소수 여부는 보통 그냥 $n \pm 1$에서 < 30030인 모든 소인수들을 시도해 봄으로써 몇 분의 일초 만에 판정할 수 있다. 〔J. L. Selfridge, M. C. Wunderlich, *Congressus Numerantium* **12** (1974), 109–120 참고〕. $n^2 \pm n + 1$이나 $n^2 + 1$ 같은 다른 수량의 부분 인수분해를 이용해서 이 방법을 더욱 개선하는 것도 가능하다 〔H. C. Williams, J. S. Judd, *Math. Comp.* **30** (1976), 157–172, 867–886 참고〕.

실제 응용에서는, n에 작은 소인수들이 없으며 $3^{n-1} \bmod n = 1$일 때에는 거의 항상 추가적인 계산들로 n이 소수인지를 판정할 수 있다. (필자가 경험한 드문 예외 중 하나는 $n = \frac{1}{7}(2^{28}-9) = 2341 \cdot 16381$이다.) 그러나 지금까지 설명한 판정 방법이 항상 성공하는 것은 아니다. n이 소수가 아닐 때에도 n과 서로 소인 모든 x에 대해 $x^{n-1} \bmod n = 1$이 될 수 있기 때문이다(연습문제 9). 그런 가장 작은 수는 $n = 3 \cdot 11 \cdot 17 = 561$이다. 여기서, 연습문제 3.2.1.2-(9)의 표기법 하에서 $\lambda(n) = \mathrm{lcm}(2, 10, 16) = 80$이며, 따라서 x가 561에 대해 서로 소이면 항상 $x^{80} \bmod 561 = 1 = x^{560} \bmod 561$이다. 앞서의 절차는 그런 n이 소수가 아님을 보이는 데 계속해서 실패하게 되고, 결국은 우리가 n의 한 약수를 발견해서 n이 소수가 아님을 알게 된 후에야 다음 단계로 넘어갈 수 있게 된다. 따라서 절차를 개선하기 위해서는 그런 병리학적인 경우들에서도 비소수 n의 비소수성을 빠르게 판정할 수 있는 방법이 필요하다.

다음은 주어진 수가 소수인지의 여부를 높은 확률로 밝혀내는 놀랄 만큼 간단한 절차이다.

알고리즘 P (확률론적 소수 판정). 홀수 정수 n이 주어졌을 때 이 알고리즘은 n이 소수인지 아닌지를 판정하려고 시도한다. 이 알고리즘이 n의 소수성을 엄밀히 증명해주는 것은 아니지만, 이 알고리즘을 아래의 설명에 나와 있는 것처럼 여러 번 반복하면 n의 소수성을 실용적인 목적에서 극도로 높은 신뢰도로 확신하는 것이 가능하다. $n = 1 + 2^k q$라고 가정한다. 여기서 q는 홀수이다.

P1. 〔x를 생성.〕x를 범위 $1 < x < n$의 한 무작위 정수로 둔다.

P2. 〔거듭제곱.〕$j \leftarrow 0$, $y \leftarrow x^q \bmod n$로 설정한다. (이전의 소수 판정에서처럼 $x^q \bmod n$은

$O(\log q)$단계 이내로 계산되어야 한다. 4.6.3절을 볼 것.)

P3. 〔끝인가?〕 (이제 $y = x^{2^j q} \bmod n$이다.) 만일 $y = n - 1$이면, 또는 $y = 1$이고 $j = 0$이면 "n은 아마도 소수이다"를 답으로 해서 알고리즘을 끝낸다. 만일 $y = 1$이고 $j > 0$이면 단계 P5로 간다.

P4. 〔j를 증가.〕 j를 1 증가한다. 만일 $j < k$이면 $y \leftarrow y^2 \bmod n$으로 설정하고 P3으로 돌아간다.

P5. 〔소수가 아님.〕 "n은 확실히 소수가 아니다"를 답으로 해서 알고리즘을 끝낸다. ▮

알고리즘 P에 깔린 원리는, 만일 $x^q \bmod n \neq 1$이고 $n = 1 + 2^k q$가 소수이면 값들의 열

$$x^q \bmod n, \quad x^{2q} \bmod n, \quad x^{4q} \bmod n, \quad ..., \quad x^{2^k q} \bmod n$$

은 1로 끝나며, 처음 나오는 1 바로 앞의 값은 $n - 1$이 된다는 것이다. (p가 소수일 때 $y^2 \equiv 1$ (modulo p)의 유일한 해들은 $y \equiv \pm 1$이다. 왜냐하면 $(y - 1)(y + 1)$은 반드시 p의 배수이어야 하기 때문이다.)

연습문제 22는 알고리즘 P가 모든 n에 대해 잘못된 결과를 낼 확률이 최대 1/4이라는 기본적인 사실을 증명한다. 실제로는 이 알고리즘이 대부분의 n에 대해서 거의 실패하지 않으나, 중요한 점은 실패의 확률이 n의 값과는 무관하게 유계라는 데 있다.

알고리즘 P를 반복해서 수행하되 단계 P1에 진입할 때마다 x를 독립적으로 무작위하게 선택한다고 하자. 알고리즘이 n이 소수가 아니라는 결과를 낸다면 실제로 n은 소수가 아님이 확실하다. 만일 알고리즘이 25번 연달아 n이 "아마도 소수"라고 말했다면, n은 "거의 확실히 소수"라고 할 수 있다. 왜냐하면 알고리즘 P가 주어진 한 수에 대해 25번 연달아 틀린 결과를 보고할 확률은 $(1/4)^{25}$보다 작기 때문이다. 이는 천조 분의 1보다 작은 확률이다. 이런 실험을 10억 개의 서로 다른 값들로 시도한다고 해도 실패 횟수의 기대값은 $\frac{1}{1000000}$ 보다 작다. 알고리즘 P가 계속해서 잘못 추측할 가능성보다는 하드웨어 고장이나 우주의 방사선 때문에 계산 도중에 오차가 생길 가능성이 훨씬 더 크다!

이런 알고리즘 같은 확률론적인 알고리즘들을 생각해보면 신뢰성에 대한 우리의 전통적인 기준에 의문이 생긴다. 소수성에 대한 엄격한 증명이 정말로 필요할까? 전통적인 증명 개념을 포기하지 않으려 하는 사람들에 대해, 밀러Gary L. Miller는 확장된 리만 가설(Extended Riemannn Hypothesis)이라고 하는 잘 알려진 어떤 추측이 증명될 수 있다면 n은 소수이거나 또는 알고리즘 P로 n의 비소수성을 발견할 수 있는 $x < 2(\ln n)^2$가 존재함을(조금 약한 형태로) 보여주었다 〔*J. Comp. System Sci.* **13** (1976), 300-317 참고. 이 상계의 상수 2는 Eric Bach, *Math. Comp.* **55** (1990), 355-380에서 기인한다. 바흐E. Bach와 섈릿J. O. Shallit의 *Algorithmic Number Theory* **1** (MIT Press, 1996)의 제3장에는 리만 가설의 여러 일반화들에 대한 설명이 나온다.〕 따라서 확장된 리만 가설이 증명된다면 $O(\log n)^5$회의 기본 연산들로 소수 여부를 판정하는 엄밀한 방법을 만들 수 있다(한편 확률론적 방법의 실행 시간은 $O(\log n)^3$이다). 그러나 그 가설에 대해 제시된 임의의 증명이 무작위한 x들에 대한 알고리즘 P의 반복 적용만큼이나 신뢰할 수 있는지를 문제시하는 것도 얼마든지 가능하다.

소수 여부에 대한 확률론적 판정은 1974년에 솔로베이 R. Solovay와 슈트라센 V. Strassen이 제안한 것이다. 그들은 흥미로우나 다소 복잡한 판정법을 제시했는데, 그 방법이 연습문제 23(b)에 나온다. 〔*SICOMP* **6** (1977), 84-85; **7** (1978), 118 참고.〕 알고리즘 P는 라빈 M. O. Rabin에서 기인하는 한 절차의 단순화된 버전으로, 그 절차는 부분적으로는 밀러 Gary L. Miller의 착안들에 근거를 두고 있다 〔*Algorithms and Complexity* (1976), 35-36 참고〕. 같은 착안들을 그와는 독립적으로 셀프리지 J. L. Selfridge도 발견했다. 아라지 B. Arazi는 몽고메리 Montgomery의 빠른 나머지 계산법(연습문제 4.3.1-41)을 이용해서 큰 n에 대한 알고리즘 P의 수행 시간을 크게 향상시킬 수 있음을 지적했다 〔*Comp. J.* **37** (1994), 219-222〕.

2002년에 이르러, 드디어 다항식 시간 이내로 소수 여부를 완전히 엄밀하고 결정론적으로 판정하는 방법이 아그라왈 Manindra Agrawal, 카얄 Neeraj Kayal, 사세나 Nitin Saxena에 의해서 발견되었다. 그들은 다음과 같은 결과를 증명했다:

정리 A. *r이 $n \perp r$이며 r을 법으로 한 n의 차수가 $(\lg n)^2$ 보다 큼을 만족하는 정수라고 하자. 그러면 n은 오직 $0 \le z \le \sqrt{r}\lg n$에 대해 다항식 합동식*

$$(z+a)^n \equiv z^n + a \qquad (\text{modulo } z^r - 1 \text{ 및 } n)$$

이 성립할 때에만 소수이다. (연습문제 3.2.2-11(a) 참고.) ▮

그랜빌 Andrew Granville이 이 정리를 훌륭하게 설명한 바 있다 〔*Bull. Amer. Math. Soc.* **42** (2005), 3-38〕. 그는 이 정리로부터 실행 시간이 $\Omega(\log n)^6$, $O(\log n)^{11}$인 소수 판정법을 이끌어낼 수 있다는 점에 대한 기본적인 증명을 제시했다. 또한 그는 렌스트라 H. Lenstra와 포머런스 C. Pormerance에 의한 이후의 개선도 설명했는데, 그들은 다항식 $z^r - 1$을 좀 더 일반적인 다항식들의 모임(family)으로 대체한다면 실행 시간을 $O(\log n)^{6+\epsilon}$으로 줄일 수 있음을 보였다. 그랜빌은 또한 베리즈베이티아 P. Berrizbeitia, 청 Q. Cheng, 미하일레스쿠 P. Mihǎilescu, 아반치 R. Avanzi, 번스타인 D. Bernstein의 개선들도 논의했다. 그 개선들로부터, n이 소수이면 항상 그 소수성의 증명을 $O(\log n)^{4+\epsilon}$단계 이내로 거의 확실히 발견할 수 있는 한 확률론적 알고리즘을 이끌어낼 수 있다.

연분수를 통한 인수분해. 지금까지 논의한 인수분해 절차들은 30자리 이상의 수들에 대해서는 제대로 작동하지 않는 경우가 많으며, 따라서 그 이상의 수들을 제대로 다루기 위해서는 다른 발상이 필요하다. 다행히 그런 발상이 하나 존재한다. 사실 두 개인데, 각각 르장드르 A. M. Legendre와 크라이칙 M. Kraitchik에 기인한다. 그 발상들에 근거해서 레머 D. H. Lehmer와 파워스 R. E. Powers가 수 십 년 전에 새로운 기법을 하나 고안해냈다 〔*Bull. Amer. Math. Soc.* **37** (1931), 770-776〕. 그러나 그 방법은 탁상 계산기로 수행하기에 적합하지 않았기 때문에 당시에는 쓰이지 않았다. 그러다가 1960년대 후반 무렵 브릴허트 John Brillhart에 의해서 컴퓨터 프로그래밍에 상당히 적합함이 발견되면서 다시 주목을 받게 되었다. 실제로 브릴허트와 모리슨 Michael A. Morrison은 그 방법을 1970년대까지 알려진 모든 다중 정밀도 인수분해법 중 가장 뛰어난 것으로 발전시켰다. 그들의 프로그램은 IBM 360/91 컴퓨터에서 25자리 수들을 약 30초에, 40자리 수들은 약 50분 만에 처리할 수 있었다 〔*Math. Comp.* **29** (1975), 183–205〕. 그 방법은 1970년에 $2^{128}+1 = 59649589127497217 \cdot 5704689200685129054721$임을 발견함으로써 첫 번째 개가를 올렸다.

그 방법의 기본적인 발상은 다음을 만족하는 수 x와 y를 찾는다는 것이다.

$$x^2 \equiv y^2 \ (\text{modulo } N), \qquad 0 < x, y < N, \qquad x \neq y, \qquad x + y \neq N. \tag{18}$$

페르마의 방법은 좀 더 강한 조건인 $x^2 - y^2 = N$을 부여하나, 사실 N을 인수들로 분해하는 데에는 합동식 (18)로도 충분하다. (18)은 N이 $x^2 - y^2 = (x-y)(x+y)$의 한 약수이나 $x-y$의 약수도, $x+y$의 약수도 아님을 의미한다. 따라서 $\gcd(N, x-y)$와 $\gcd(N, x+y)$는 N의 진약수들이며, 그것들은 4.5.2절의 효율적인 방법으로 구할 수 있다.

(18)의 해들을 구하는 한 가지 방법은 작은 $|a|$ 값들에 대해 $x^2 \equiv a \ (\text{modulo } N)$인 x 값들을 보는 것이다. 잠시 후에 알게 되겠지만, 이 합동식의 해들을 합쳐서 (18)의 해들을 얻는 것은 간단한 문제이다. 이제 만일 $|a|$가 작은 값일 때 어떠한 k와 d에 대해 $x^2 = a + kNd^2$이면 분수 x/d는 $\sqrt{kN}$의 좋은 근사값이다. 반대로, x/d가 $\sqrt{kN}$에 대한 특별히 좋은 근사값이면 차 $|x^2 - kNd^2|$은 작은 값이다. 이러한 사실들에서, 그리고 식 4.5.3-(12)와 연습문제 4.5.3-42에서 보았듯이 연분수가 좋은 유리 근사값들을 낸다는 점에서, $\sqrt{kN}$의 연분수 전개를 살펴보면 어떨까 하는 착안을 떠올릴 수 있다.

이차무리수의 연분수에는 연습문제 4.5.3-12에서 증명했던 재미있는 성질들이 많이 있다. 잠시 후에 제시하는 알고리즘은 그러한 성질들을 이용해서 합동식

$$x^2 \equiv (-1)^{e_0} p_1^{e_1} p_2^{e_2} \cdots p_m^{e_m} \ (\text{modulo } N) \tag{19}$$

의 해들을 구한다. 알고리즘은 $p_1 = 2$, $p_2 = 3$, ..., p_m까지의 작은 소수들로 된 고정된 집합을 사용하는데, 그 집합은 $p = 2$ 또는 $(kN)^{(p-1)/2} \bmod p \leq 1$인 소수 p들만으로 구성된다. 그 외의 소수들은 알고리즘이 생성한 수들의 소인수가 될 수 없기 때문이다(연습문제 14). $(x_1, e_{01}, e_{11}, \ldots, e_{m1})$, ..., $(x_r, e_{0r}, e_{1r}, \ldots, e_{mr})$이 (19)의 해들 중 벡터합

$$(e_{01}, e_{11}, \ldots, e_{m1}) + \cdots + (e_{0r}, e_{1r}, \ldots, e_{mr}) = (2e_0', 2e_1', \ldots, 2e_m') \tag{20}$$

의 각 성분이 짝수임을 만족하는 것들이라고 할 때,

$$x = (x_1 \ldots x_r) \bmod N, \qquad y = ((-1)^{e_0'} p_1^{e_1'} \cdots p_m^{e_m'}) \bmod N \tag{21}$$

은 (18)의 한 해가 된다. 단, $x \equiv \pm y$인 경우는 예외이다. 조건 (20)은 본질적으로 그 벡터들이 2를 법으로 해서 일차의존적이며, 따라서 (19)의 해들을 적어도 $m + 2$개만 구한다면 (20)에 대한 하나의 해를 얻을 수 있음을 뜻한다.

알고리즘 E (연분수를 통한 인수분해). 양의 정수 N이 주어졌을 때, 그리고 kN이 완전제곱수가 아닌 양의 정수 k가 주어졌을 때, 이 알고리즘은 주어진 소수 수열 $p_1, ..., p_m$에 대한 합동식 (19)의 해들을 $\sqrt{kN}$의 연분수의 합동식의 분석을 통해서 구하려고 한다. (연습문제 12에는 이 알고리즘의 결과를 이용해서 N의 소인수들을 구하는 알고리즘이 나온다.)

표 1
알고리즘 E의 적용 예
$N = 197209,\ k = 1,\ m = 3,\ p_1 = 2,\ p_2 = 3,\ p_3 = 5$

	U	V	A	P	S	T	출력
E1 이후:	876	73	12	5329	1	—	
E4 이후:	882	145	6	5329	0	29	
E4 이후:	857	37	23	32418	1	37	
E4 이후:	751	720	1	159316	0	1	$159316^2 \equiv +2^4 \cdot 3^2 \cdot 5^1$
E4 이후:	852	143	5	191734	1	143	
E4 이후:	681	215	3	131941	0	43	
E4 이후:	863	656	1	193139	1	41	
E4 이후:	883	33	26	127871	0	11	
E4 이후:	821	136	6	165232	1	17	
E4 이후:	877	405	2	133218	0	1	$133218^2 \equiv +2^0 \cdot 3^4 \cdot 5^1$
E4 이후:	875	24	36	37250	1	1	$37250^2 \equiv -2^3 \cdot 3^1 \cdot 5^0$
E4 이후:	490	477	1	93755	0	53	

E1. [초기화.] $D \leftarrow kN$, $R \leftarrow \lfloor \sqrt{D} \rfloor$, $R' \leftarrow 2R$, $U' \leftarrow R'$, $V \leftarrow D - R^2$, $V' \leftarrow 1$, $A \leftarrow \lfloor R'/V \rfloor$, $U \leftarrow R' - (R' \bmod V)$, $P' \leftarrow R$, $P \leftarrow (AR+1) \bmod N$, $S \leftarrow 1$로 설정한다. (이 알고리즘은 연습문제 4.5.3-12에 나온 일반적 절차에 따라 $\sqrt{kN}$의 연분수 전개를 구한다. 변수 U, U', V, V', P, P', A, S는 각각 그 연습문제의 $\lfloor \sqrt{D} \rfloor + U_n$, $\lfloor \sqrt{D} \rfloor + U_{n-1}$, V_n, V_{n-1}, $p_n \bmod N$, $p_{n-1} \bmod N$, A_n, $n \bmod 2$에 해당한다. 여기서 n은 처음에는 1이다. 항상 $0 < V \le U \le R'$가 성립하며, 따라서 가장 높은 정밀도는 오직 P와 P'에 대해서만 필요하다.)

E2. [U, V, S를 전진.] $T \leftarrow V$, $V \leftarrow A(U' - U) + V'$, $V' \leftarrow T$, $A \leftarrow \lfloor U/V \rfloor$, $U' \leftarrow U$, $U \leftarrow R' - (U \bmod V)$, $S \leftarrow 1 - S$로 설정한다.

E3. [V를 인수분해.] (연습문제 4.5.3-12(c)에 의해, 이제 P와 서로 소인 어떠한 Q에 대해 $P^2 - kNQ^2 = (-1)^S V$가 성립한다.) $(e_0, e_1, ..., e_m) \leftarrow (S, 0, ..., 0)$, $T \leftarrow V$로 설정한다. 그런 다음 $1 \le j \le m$에 대해 다음을 수행한다: 만일 $T \bmod p_j = 0$이면 $T \leftarrow T/p_j$, $e_j \leftarrow e_j + 1$로 설정하고 이 절차를 $T \bmod p_j \ne 0$가 될 때까지 반복한다.

E4. [해?] 만일 $T = 1$이면 값 $(P, e_0, e_1, ..., e_m)$을 출력한다. 이것은 (19)의 한 해에 해당한다. (충분한 해들이 만들어졌다면 지금 알고리즘을 끝낼 수도 있다.)

E5. 〔P, P'를 전진.〕 만일 $V \neq 1$이면 $T \leftarrow P$, $P \leftarrow (AP + P') \bmod N$, $P' \leftarrow T$로 설정하고 단계 E2로 돌아간다. 그렇지 않으면 연분수 공정이 자신의 주기를 반복하기 시작한 것이므로(S에 대해서는 예외일 수도 있지만) 알고리즘을 끝낸다. (사실 일반적으로 그 주기는 이러한 사건이 일어나지 않을 정도로 길다.) ▮

알고리즘 E를 비교적 작은 수들에 대해 적용해 보자. $N = 197209$, $k = 1$, $m = 3$, $p_1 = 2$, $p_2 = 3$, $p_3 = 5$인 상황을 보겠다. 계산의 초반부 상황이 표 1에 나와 있다.

계산을 더 진행하면 처음 100회의 반복에서 25개의 출력이 나온다. 다른 말로 하면, 이 알고리즘은 해들을 상당히 빠르게 찾아낸다. 그러나 해들 중 일부는 자명하다. 예를 들어 위의 계산을 14회 더 수행하면 $197197^2 \equiv 2^4 \cdot 3^2 \cdot 5^0$이 출력되는데, $197197 \equiv -12$이므로 이 출력은 쓸모가 없다. 표에 나온 처음 두 해들만으로도 인수분해를 완성하기에 충분하다. 이로부터

$$(159316 \cdot 133218)^2 \equiv (2^2 \cdot 3^3 \cdot 5^1)^2 \ (\text{modulo } 197209)$$

임을 알 수 있으며, 따라서 (18)은 $x = (159316 \cdot 133218) \bmod 197209 = 126308$, $y = 540$일 때 성립한다. 유클리드 알고리즘으로 최대공약수를 구해보면 $\gcd(126308 - 540, 197209) = 199$이다. 이제 다음과 같은 깔끔한 인수분해를 구할 수 있다.

$$197209 = 199 \cdot 991.$$

알고리즘 E가 큰 수들을 성공적으로 인수분해하는 비결은 그 실행 시간의 한 발견법적 분석을 통해서 어느 정도 파악할 수 있다. 그 발견법적 분석은 1975년 필자와의 서신 교환을 통해서 슈뢰펠 R. Schroeppel이 제시한, 출판되지 않은 다음과 같은 착안들을 이용하는 것이다. 편의상 $k = 1$이라고 하자. N의 한 인수분해를 만드는 데 필요한 출력 개수는 빼내진 작은 소수들의 개수 m과 대체로 비례한다. 단계 E3의 각 수행은 $m \log N$ 규모의 단위시간을 소비하므로, 총 실행 시간은 대략 $m^2 \log N / P$에 비례한다. 여기서 P는 한 반복에서 성공적인 출력이 나올 확률이다. V가 0에서 $2\sqrt{N}$ 사이에 무작위하게 분포된다는 신중한 가정 하에서, 확률 P는 $(2\sqrt{N})^{-1}$에 그 소인수들이 모두 집합 $\{p_1, \ldots, p_m\}$에 속하는 $< 2\sqrt{N}$인 정수들의 개수를 곱한 것이다. 연습문제 29는 P의 하계를 제시하며, 그 하계로부터 실행 시간의 규모가 최대

$$\frac{2\sqrt{N}\, m^2 \log N}{m^r / r!}, \qquad \text{여기서 } r = \left\lfloor \log 2 \frac{\sqrt{N}}{\log p_m} \right\rfloor \tag{22}$$

이라는 결론을 내릴 수 있다. $\ln m$이 대략 $\frac{1}{2}\sqrt{\ln N \ln \ln N}$이라고 한다면, $p_m = O(m \log m)$이라고 가정할 때 $r \approx \sqrt{\ln N / \ln \ln N} - 1$이다. 따라서 공식 (22)는 다음과 같이 간소화된다.

$$\exp(2\sqrt{(\ln N)(\ln \ln N)} + O((\log N)^{1/2}(\log \log N)^{-1/2}(\log \log \log N))).$$

이를 다른 식으로 말한다면, 알고리즘 E의 실행 시간의 기대값은 몇 가지 그럴법한 가정들 하에서

최대 $N^{\epsilon(N)}$이다. 여기서 지수 $\epsilon(N) \approx 2\sqrt{\ln\ln N / \ln N}$은 $N \to \infty$에 따라 0으로 수렴된다.

물론, N이 현실적인 범위의 값일 때에는 그런 점근적 추정값들을 너무 심각하게 받아들이지는 말아야 한다. 예를 들어 만일 $N = 10^{50}$이면 $\alpha \approx 4.75$일 때 $N^{1/\alpha} = (\lg N)^\alpha$이다. 같은 관계가 $N = 10^{200}$일 때 $\alpha \approx 8.42$에 대해서도 성립한다. 함수 $N^{\epsilon(N)}$의 증가 차수(order of growth)는 대체로 $N^{1/\alpha}$과 $(\lg N)^\alpha$ 사이이다. 그러나 N이 엄청나게 크지 않은 한 이 세 형식들은 모두 거의 같다. 원덜리크M. C. Wunderlich의 상세한 계산 실험들에 따르면 알고리즘 E의 잘 조율된 한 버전이 앞에서 우리가 추정했던 것보다 훨씬 더 나은 성능을 보였다. [*Lecture Notes in Math.* **751** (1979), 328-342 참고]. $2\sqrt{\ln\ln N / \ln N} \approx .41$이긴 하지만 $N = 10^{50}$일 때 그는 $10^{13} \le N \le 10^{42}$ 범위의 수들을 수 천 개 인수분해하면서 약 $N^{0.15}$의 실행 시간을 달성할 수 있었다.

알고리즘 E는 N의 인수분해 시도를 본질적으로는 N을 kN으로 대체하는 것으로 시작한다. 이는 다소 의아한(멍청하다고까지 말할 수는 없을지 몰라도) 진행 방식이다: "저기요, 당신의 수를 인수분해하기 전에 먼저 3을 곱했으면 하는데 어떨까요?" 어쨌거나 결과적으로는 그것이 좋은 생각인데, 왜냐하면 k의 값에 따라서는 수 V들이 더 작은 소수들로 나누어지게 될 가능성이 커지게 되고, 따라서 단계 E3에서 그것들이 완전히 인수분해될 가능성도 커지기 때문이다. 반면 큰 k 값의 경우는 수 V들이 더 커질 수 있으며, 따라서 완전히 인수분해될 가능성이 작아진다. 그런 경향성들의 균형을 맞추기 위해서는 k를 현명하게 선택해야 한다. 예를 들어 V가 5의 거듭제곱들로 나누어지는지를 생각해 보자. 단계 E3에서 $P^2 - kNQ^2 = (-1)^S V$이므로, 만일 V가 5로 나누어진다면 $P^2 \equiv kNQ^2$ (modulo 5)이다. 이 합동식에서 Q는 P와 서로 소이므로 5의 배수가 될 수 없다. 따라서 $(P/Q)^2 \equiv kN$ (modulo 5)라고 쓸 수 있다. 만일 P와 Q가 서로 소인 무작위 정수들이며 24개의 가능한 쌍 $(P \bmod 5, Q \bmod 5) \ne (0, 0)$들이 모두 동일 확률이라고 하면, V가 5로 나뉘어질 확률은 $kN \bmod 5$가 0, 1, 2, 3, 4이냐에 따라 각각 $\frac{4}{24}$, $\frac{8}{24}$, 0, 0, $\frac{8}{24}$이다. 비슷하게 V가 25로 나뉘어질 확률은 kN이 25의 배수가 아니라 할 때 각각 0, $\frac{40}{600}$, 0, 0, $\frac{40}{600}$이다. 일반화하자면, $(kN)^{(p-1)/2} \bmod p = 1$인 한 홀수 소수 p가 주어졌을 때 V가 p^e의 배수일 확률은 $2/(p^{e-1}(p+1))$이다. 그리고 V가 p로 나누어지는 평균적인 경우의 수는 $2p/(p^2-1)$가 된다. 슈뢰펠이 제시한 이러한 분석에 의해, 최선의 k 값은

$$\sum_{j=1}^{m} f(p_j, kN) \log p_j - \frac{1}{2} \log k \tag{23}$$

를 최대화하는 값이라 할 수 있다. 여기서 f는 연습문제 28에 정의된 함수이다. 이러한 주장의 유효성은 본질적으로 이 함수가 단계 E4에 도달했을 때의 $\ln(\sqrt{N}/T)$의 기대값이기 때문에 성립한다.

k와 m을 잘 선택하면 알고리즘 E로 최상의 결과를 얻을 수 있다. 적절한 m 값은 오직 실험적인 검정을 통해서 구해야 한다. 왜냐하면 지금까지의 점근적 분석은 충분히 정밀한 정보를 얻기에는 너무 투박하며, 알고리즘을 다양한 방식으로 개선함에 따라 예측하기 힘든 영향이 생기기 때문이다. 예를 들어 단계 E3을 알고리즘 A와 비교함으로써 중요한 개선을 이룰 수 있다: $T \bmod p_j \ne 0$이고

$\lfloor T/p_j \rfloor \le p_j$인 조건이 만족되면 V의 인수분해를 즉시 멈출 수 있는데, 왜냐하면 그런 경우 T는 1 또는 소수이기 때문이다. 만일 T가 p_m보다 큰 소수이면(그런 경우 T는 $p_m^2 + p_m - 1$ 이하이다) 완전한 인수분해를 얻은 것이므로 $(P, e_0, ..., e_m, T)$를 출력해도 된다. 알고리즘의 두 번째 페이즈에서는 소수 T들이 적어도 두 번 나타난 출력들만을 사용하게 된다. 알고리즘으로 이렇게 수정하면 인수분해에 걸리는 시간을 늘리지 않고도 훨씬 더 긴 소수들의 목록을 얻을 수 있다. 윈덜리크의 실험들은 알고리즘을 이렇게 개선했다고 할 때, 그리고 N이 10^{40}의 근방일 때 $m \approx 150$으로 두면 알고리즘이 잘 작동함을 보여준다.

알고리즘에서 시간을 가장 많이 소비하는 부분은 단계 E3이라는 점에서, 모리슨과 브릴허트, 슈뢰펠은 더 이상의 인수분해 가능성이 없는 경우에 이 단계를 취소하는 여러 가지 방법들을 제시했다: (a) T가 단정도 값으로 변했을 경우 오직 $\lfloor T/p_j \rfloor > p_j$이고 $3^{T-1} \bmod T \ne 1$일 때에만 알고리즘을 계속 진행한다. (b) $< \frac{1}{10}p_m$인 인수들을 빼낸 후에도 T가 여전히 $> p_m^2$이면 포기한다. (c) 100여개의 연속된 V들의 묶음에 대해 일정한 인수들만, 이를테면 p_5까지의 인수들만 시도한다. 그런 다음에는 각 묶음에서 가장 작은 나머지 T를 산출한 V들에 대해서만 인수분해를 진행한다. (p_5까지의 인수들을 빼내기 전에 $V \bmod p_1^{f_1} p_2^{f_2} p_3^{f_3} p_4^{f_4} p_5^{f_5}$를 계산하는 것이 현명하다. 여기서 f들은 $p_1^{f_1} p_2^{f_2} p_3^{f_3} p_4^{f_4} p_5^{f_5}$가 하나의 단정도 값이 되기에 충분할 정도로 작되 $V \bmod p_i^{f_i + 1} = 0$이라는 조건이 발생하지 않을 정도로 커야 한다. 따라서 하나의 단정도 나머지는 다섯 개의 작은 소수들을 법으로 하여 V의 값을 특징짓는다.)

알고리즘 E의 출력의 주기 길이를 추정하는 문제에 대해서는 H. C. Williams, *Math. Comp.* **36** (1981), 593-601을 볼 것.

*이론적 상계. 계산 복잡도의 관점에서는 기대 실행 시간이 $O(N^{\epsilon(N)})$(여기서 $N \to \infty$에 따라 $\epsilon(N) \to 0$)임이 증명될 수 있는 어떤 인수분해 방법이 존재하는지가 우리의 주된 관심사가 될 것이다. 알고리즘 E가 그런 습성을 가질 수도 있음을 보았으나, 연분수라는 것 자체가 충분히 잘 정립된 분야가 아니기 때문에 그런 습성을 엄밀하게 증명할 수 있을 가망은 없어 보인다. 이러한 의미에서의 좋은 인수분해 알고리즘이 존재한다는 최초의 증거는 1978년에 딕슨John Dixon이 발견했다. 실제로 그는 연분수 장치들은 제거하고 (18)의 기본적인 발상만 남긴, 알고리즘 E의 한 단순화된 버전만을 고려하는 것으로 충분함을 보였다.

N이 적어도 두 개의 서로 다른 소인수들을 가지며 처음 m개의 소수 $p_1, p_2, ..., p_m$으로는 나누어지지 않는다는 가정 하에서, 딕슨의 방법은 간단히 말하자면 이런 것이다 〔*Math. Comp.* **36** (1981), 255-260〕: 범위 $0 < X < N$에서 하나의 무작위 정수 X를 택한다. 그리고 $V = X^2 \bmod N$으로 둔다. 만일 $V = 0$이면 수 $\gcd(X, N)$은 N의 진약수이다. 그렇지 않으면 단계 E3에서처럼 V의 작은 소인수들을 빼낸다. 다른 말로 하면, V를 다음과 같은 형태로 표현하는 것이다.

$$V = p_1^{e_1} \cdots p_m^{e_m} T \tag{24}$$

여기서 T는 처음 m개의 소수들 중 어떤 것으로도 나누어지지 않는다. 만일 $T = 1$이면 알고리즘을 단계 E4처럼 진행해서 $(X, e_1, ..., e_m)$을 출력한다. 이 결과는 (19)의 $e_0 = 0$인 한 해에 해당한다. 이상의 절차를, X를 새로운 무작위 값으로 두고 반복하되 연습문제 12의 방법으로 N의 한 인수를 발견하기에 충분할 정도로 많은 출력들을 얻으면 멈춘다.

이 알고리즘을 분석하기 위해서는 (a) 무작위 X가 하나의 출력을 낼 확률과 (b) 하나의 인수를 찾아내는 데 많은 수의 출력들이 필요할 확률에 대한 한계들을 구해야 한다. 확률 (a), 즉 X가 무작위로 선택되었을 때 $T = 1$일 확률을 $P(m, N)$이라고 하자. M개의 X 값들을 시도한 후에는 평균적으로 $MP(m, N)$개의 출력들을 얻는다. 출력 개수는 이항분포를 따르므로, 그 표준편차는 평균의 제곱근보다 작다. 확률 (b)는 다루기가 상당히 쉽다. 연습문제 13에서 증명하듯이, 알고리즘이 $m + k$개보다 많은 출력을 필요로 할 확률은 $\leq 2^{-k}$이기 때문이다.

연습문제 30은 $r = 2\lfloor \log N / (2 \log p_m) \rfloor$일 때 $P(m, N) \geq m^r / (r! N)$임을 증명한다. 따라서 실행 시간은 (22)에서 수량 $2\sqrt{N}$을 N으로 대체한 것으로 추정할 수 있다. 이 경우는

$$r = \sqrt{2 \ln N / \ln \ln N} + \theta$$

를 선택한다. 여기서 $|\theta| \leq 1$이고 r은 짝수이다. 그리고 m은

$$r = \ln N / \ln p_m + O(1/\log \log N)$$

을 만족하도록 선택한다. 이는

$$\ln p_m = \frac{\sqrt{\ln N \ln \ln N}}{2} - \frac{\theta}{2} \ln \ln N + O(1),$$

$$\ln m = \ln \pi(p_m) = \ln p_m - \ln \ln p_m + O(1/\log p_m)$$

$$= \frac{\sqrt{\ln N \ln \ln N}}{2} - \frac{\theta + 1}{2} \ln \ln N + O(\log \log \log N),$$

$$\frac{m^r}{r! N} = \exp(-\sqrt{2 \ln N \ln \ln N} + O(r \log \log \log N))$$

을 의미한다. M은 $Mm^r / (r! N) \geq 4m$이도록 선택한다. 따라서 출력 개수 $MP(m, N)$의 기대값은 적어도 $4m$이 된다. 알고리즘의 실행 시간의 규모는 $Mm \log N$ 더하기 연습문제 12의 단계 횟수 $O(m^3)$이다. $O(m^3)$은 $Mm \log N$보다 작은데, 이 값은

$$\exp(\sqrt{8 (\ln N)(\ln \ln N)} + O((\log N)^{1/2} (\log \log N)^{-1/2} (\log \log \log N)))$$

이다. 이 방법이 하나의 인수를 찾는 데 실패할 확률은 무시할 수 있을 정도로 작다. 왜냐하면 $2m$개보다 적은 수의 출력들을 얻을 확률은 최대 $e^{-m/2}$인(연습문제 31 참고) 반면 처음 $2m$개의 출력들에서 어떠한 인수도 발견하지 못할 확률은 최대 2^{-m}이며, $m \gg \ln N$이기 때문이다. 이상의 사실들은 딕슨의 원래의 정리를 약간 강화한 다음과 같은 정리를 증명한다:

정리 D. *N에 적어도 두 개의 서로 다른 소인수들이 존재할 때 항상, N의 자명하지 않은 한 인수를 확률 $1 - O(1/N)$로 찾는 데 걸리는 실행 시간이 $O(N^{\epsilon(N)})$인 알고리즘이 존재한다. 여기서 $\epsilon(N) = c\sqrt{\ln\ln N / \ln N}$ 이고 c는 $\sqrt{8}$ 보다 큰 임의의 상수이다.* ∎

다른 접근방식들. 폴러드John M. Pollard는 또 다른 인수분해 기법을 제안했다 [*Proc. Cambridge Phil. Soc.* **76** (1974), 521–528]. 그는 $p-1$에 더 큰 소인수들이 존재하지 않는 N의 소인수 p들을 찾아내는 실용적인 방법 하나를 보였다. 그 알고리즘(연습문제 19 참고)은 알고리즘 A와 B가 큰 N에 대해서 너무 오래 걸릴 때 가장 먼저 시도해볼만한 것이라 할 수 있다.

콘웨이J. H. Conway와 함께 쓴 가이R. K. Guy의 개괄 논문 *Congressus Numerantium* **16** (1976), 49–89에는 당시까지의 발전상에 대한 독특한 관점이 나타나 있다. 가이는 "만일 누군가가 현세기가 끝나기 전에 10^{80} 크기의 수들을 정연하게 인수분해 할 수 있게 된다면 나는 정말 놀라게 될 것이다"라고 말했다. 그런데 실제로 그 후 20년간 그는 상당히 많이 놀라야 했을 것이다.

1980년대에 큰 수의 인수분해 기법에서 엄청난 진보가 이루어졌다. 그 시작은 1981년의 포머런스Carl Permerance의 quadratic sieve method에서부터이다 [*Lecture Notes in Comp. Sci.* **209** (1985), 169–182 참고]. 그 다음에는 렌스트라Hendrik Lenstra에 의해서 타원곡선법(elliptic curve method)이 고안되었다 [*Annals of Math.* **126** (1987), 649–673]. 그 방법으로 하나의 소인수 p를 구하는 데에는 약 $\exp(\sqrt{(2+\epsilon)(\ln p)(\ln\ln p)})$회의 곱셈이 필요하리라고 발견법적으로 (heuristically) 기대된다. 이는 $p \approx \sqrt{N}$일 때의 알고리즘 E에 대한 우리의 추정 실행 시간의 제곱근과 점근적으로 같다. 이 방법은 N에 비교적 작은 소인수들이 존재하는 경우에 더욱 나은 성능을 보인다. 이 방법에 대한 훌륭한 설명을 실버먼Joseph H. Silverman과 테이트John Tate의 *Rational Points on Elliptic Curves* (New York: Springer, 1992) 제4장에서 볼 수 있다.

폴러드John Pollard는 1988년에 또 다른 새로운 기법을 들고 돌아왔다. 그의 기법은 수체체(number field sieve)라고 알려지게 되었는데, 극도로 큰 정수들의 인수분해 기법들 중 현재 가장 우월한 것으로 간주된다. 이 기법에 관한 일련의 논문들이 *Lecture Notes in Math.* **1554** (1993)에 나온다. 이 기법의 실행 시간의 차수는 $N \to \infty$에 따라

$$\exp((64/9 + \epsilon)^{1/3}(\ln N)^{1/3}(\ln\ln N)^{2/3})\qquad(25)$$

라고 예측되고 있다. 렌스트라에 따르면, 수체체의 잘 조율된 한 버전은 $N \approx 10^{112}$에서부터 제곱체의 잘 조율된 버전을 능가하기 시작한다.

새로운 방법들의 상세한 내용은 이 책의 범위를 넘는 것이나, 그 방법들이 어느 정도나 효율적인지는 짚고 넘어갈 필요가 있을 것이다. 이를 위해, 인수분해되지 않은 $2^{2^k}+1$ 형태의 페르마 수들이 어떻게 깨졌는지에 대한 초기의 성공사례 몇 가지를 살펴보자. 예를 들어 수체체 기법으로

$$2^{512} + 1 = 2424833 \cdot$$
$$7455602825647884208337395736200454918783366342657 \cdot p_{99}$$

라는 인수분해를 발견하는 개가를 올렸는데, 이는 약 700개에 달하는 워크스테이션들의 유휴 시간을 이용해 넉 달간의 계산을 수행한 결과였다 [Lenstra, Lenstra, Manasse, Pollard, *Math. Comp.* **61** (1993), 319-349; **64** (1995), 1357]. 여기서 p_{99}는 99자리 소수이다. 그 다음 페르마 수는 그보다 두 배나 많은 숫자들로 이루어지니, 1995년 10월 20일에 타원곡선법에 의해 다음과 같이 분해되었다.

$$2^{1024} + 1 = 45592577 \cdot 6487031809 \cdot$$
$$4659775785220018543264560743076778192897 \cdot p_{252}.$$

[Richard Brent, *Math. Comp.* **68** (1999), 429-451.] 사실 브렌트는 1988년에 이미 타원곡선법을 이용해서, 그 다음 경우인

$$2^{2048} + 1 = 319489 \cdot 974849 \cdot$$
$$167988556341760475137 \cdot 3560841906445833920513 \cdot p_{564}$$

를 해결한 바 있다. 약간의 운이 따랐겠지만 이 경우는 하나의 소인수를 제외한 모든 소인수가 $< 10^{22}$이었으므로, 타원곡선법이 승자였다.

$2^{4096} + 1$은 어떨까? 현재로서는 이를 해결할 전망이 보이지 않는다. 이 수에 다섯 개의 $< 10^{16}$인 소인수들이 존재함은 알려져 있으나, 분해되지 않은 나머지는 1187자리이다. 그 다음 경우인 $2^{8192} + 1$은 네 개의 $< 10^{27}$인 소인수들 [Crandall, Fagin, *Math. Comp.* **62** (1994), 321; Brent, Crandall, Dilcher, van Halewyn, *Math. Comp.* **69** (2000), 1297-1304]과 분해되지 않은 커다란 나머지를 가진다고 알려져 있다.

비밀의 인수들. 인수분해 문제에 대한 관심은, 암호화 방법을 알고 있다고 해도 큰 수 N의 소인수들을 모른다면 해독할 수 없음이 명백한 방식으로 메시지를 암호화하는 방법이 1977년에 리베스트R. L. Rivest, 샤미르A. Shamir, 에이들먼L. Adleman에 의해 발견되면서 엄청나게 높아지게 되었다. 전 세계의 수많은 위대한 수학자들도 효율적인 인수분해 방법을 발견하지 못했다는 점에서, 이러한 암호화 방안 [*CACM* **21** (1978), 120-126]이 컴퓨터 네트워크상에서 중요 자료와 통신을 보호하는 안전한 방법으로 이어질 것은 거의 확실하다.

어떠한 암호화 방식이길래 그런 것일까? 두 큰 수 p와 q의 곱이 메모리에 저장되어 있는 RSA 상자라고 하는 작은 전자기기를 상상해보자. 여기서 $p-1$와 $q-1$은 3의 배수가 아니라고 가정한다. RSA 상자는 한 컴퓨터에 어떠한 방식으로 연결되어 있으며, 상자는 그 컴퓨터에게 곱 $N = pq$를 알려주었다. 누군가가 p와 q를 알고 싶다면 반드시 N을 인수분해 해야 한다. RSA 상자의 메모리를 직접 들여다 볼 수는 없는데, 왜냐하면 RSA 상자는 누군가가 상자를 함부로 고치려 하면 저절로 파괴되도록 교묘하게 설계되었기 때문이다. 즉, 상자는 누군가 자신을 거칠게 다루거나 방사선 등으로 메모리를 조사하려고 들면 메모리를 완전히 삭제해 버린다. 더 나아가서, RSA 상자는 유지보수가 결코 필요 없을 정도의 충분한 신뢰성을 가지고 있다. 위급한 상황이 생기거나 더 이상 필요가

없어지면 그냥 버리고 새 것을 사면 되는 것이다. 소인수 p와 q는 우주선(宇宙線, cosmic ray)같은 진정으로 무작위한 자연의 현상에 근거한 어떤 방안을 이용해서 RSA 상자 자신이 생성한 것이다. 여기서 중요한 것은 누구도, 심지어는 RSA 상자를 소유하거나 상자에 접근할 수 있는 사람 또는 조직도 p나 q를 알지 못한다는 점이다. 따라서 뇌물이나 협박, 인질극 같은 것으로 N의 소인수들을 알아내는 것은 불가능하다.

곱이 N인 RSA 상자의 소유자에게 비밀 메시지를 보내는 과정은 이렇다. 우선 메시지를 0과 N 사이의 수 x_i들로 된 수열 $(x_1, ..., x_k)$로 분할한다. 그런 다음 수열

$$(x_1^3 \bmod N, ..., x_k^3 \bmod N)$$

을 만든다. 이것이 바로 암호화된 메시지이다. p와 q를 알고 있는 RSA 상자는 그 암호문을 해독할 수 있는데, 왜냐하면 상자는 $3d \equiv 1 \pmod{(p-1)(q-1)}$인 수 $d < N$를 미리 계산해 두었기 때문이다. 그러한 수를 알고 있으면 4.6.3절의 방법을 이용해서 합리적인 시간 안에 $(x^3)^d \bmod N = x$를 계산할 수 있다. 물론 RSA 상자는 이 마법의 수 d를 자신의 내부에 보관하고 있다. 사실 상자는 p와 q 대신 d만 기억해 두어도 된다. 왜냐하면 일단 N을 계산했다면, 상자의 유일한 의무는 자신의 비밀을 지키는 것과 세제곱근 mod N을 계산하는 것뿐이기 때문이다.

이러한 암호화 방안은 $x < \sqrt[3]{N}$일 때에는 효과적이지 않은데, 왜냐하면 $x^3 \bmod N = x^3$이므로 세제곱근이 쉽게 드러나기 때문이다. 4.2.4절에 나온 선행 숫자들의 로그 법칙에 따르면 k자리 메시지 $(x_1, ..., x_k)$의 선행 자리수 x_1은 약 $\frac{1}{3}$의 경우에서 $\sqrt[3]{N}$보다 작으므로, 이 암호화 방식이 많은 경우에 대해 효과적이려면 이 문제를 해결해야 한다. 연습문제 32는 이러한 어려움을 피하는 한 가지 방법을 제시한다.

RSA 암호화 방안의 안전성은 N의 인수들을 모르고도 세제곱근 mod N을 빠르게 계산하는 방법을 그 누구도 발견할 수 없었다는 사실에 의존한다. 그런 방법이 발견될 가능성은 없어 보이나, 확실히 그럴 것이라고 단언할 수도 없다. 지금까지 확실히 말할 수 있는 것이라고는 단지 통상적인 세제곱근 해법들이 모두 실패했다는 것뿐이다. 예를 들어 수 d를 N의 함수로 두어서 계산해 보려는 것은 본질적으로 무의미하다. 이유는, 만일 d를 알고 있다면, 또는 상당히 많은 x들에 대해 $x^m \bmod N = 1$이 성립하는 비현실적이지 않은 크기의 임의의 수 m을 알고 있다면, N의 인수들을 추가적인 몇 단계의 계산으로 구할 수 있기 때문이다(연습문제 34 참고). 즉, 명시적으로든 암묵적으로든 그러한 m을 구하는 방법에 근거한 공략법은 그 어떤 것이든 직접 인수분해를 하는 것보다 못한 것이다.

그런데 몇 가지 조심해야 할 사항들이 있다. 같은 메시지를 한 컴퓨터 네트웍상의 서로 다른 세 사람에게 보냈다고 하자. 그러면 N_1, N_2, N_3을 법으로 하는 x^3들을 알고 있는 사람은 중국인의 나머지 정리를 이용해서 $x^3 \bmod N_1 N_2 N_3 = x^3$을 재구축할 수 있으며, 따라서 x는 더 이상 비밀이 아니다. 사실 심지어 "타임스탬프가 찍힌" 메시지 $(2^{\lceil \lg t_i \rceil} x + t_i)^3 \bmod N_i$를 서로 다른 일곱 명에게 보낸 경우에도, t_i가 알려져 있거나 추측할 수 있다면 x의 값들을 유도하는 것이 가능하다

(연습문제 44 참고). 이 때문에 일부 암호학자들은 3 대신 $2^{16}+1 = 65537$을 지수로 추천한다. 이 지수는 소수이며, $x^{65537} \bmod N$의 계산 시간은 $x^3 \bmod N$의 계산 시간의 약 8.5배밖에 되지 않는다 〔*CCITT Recommendations Blue Book* (Geneva: International Telecommunication Union, 1989), Fascicle VIII.8, Recommendation X.509, Annex C, 74-76.〕 리베스트, 샤미르, 에이들먼의 원래의 제안은 $x^a \bmod N$으로 x를 부호화하는 것이었는데, 여기서 a는 $\varphi(N)$과 서로 소인 임의의 지수이다($a = 3$만이 아니라). 그러나 실용적인 관점에서는 부호화(암호화)가 복호화(해독)보다 더 빠른 지수를 선호한다.

RSA 방안이 효과적이려면, 수 p와 q가 단순히 "무작위한" 소수이기만 해서는 안 된다. 앞에서 $p-1$과 $q-1$이 3의 배수가 아니어야 한다고 했는데, 이는 N을 법으로 한 고유한 세제곱근이 존재해야 하기 때문이다. 또 다른 조건으로, $p-1$은 적어도 아주 큰 소인수이어야 하며 $q-1$ 역시 그래야 한다. 그렇지 않다면 연습문제 19의 알고리즘을 이용해서 N을 인수분해 할 수 있기 때문이다. 사실 본질적으로 그 알고리즘은 $x^m \bmod N$이 자주 1이 된다는 조건을 만족하는 상당히 작은 값 m을 구하는 것에 의존한다. 그리고 방금 보았듯이, 그런 m은 위험하다. $p-1$과 $q-1$에 큰 소인수 p_1과 q_1이 존재할 때, 연습문제 34에 나온 이론은 m이 $p_1 q_1$의 배수이거나(이 경우 m은 발견하기가 어렵다), 아니면 $x^m \equiv 1$일 확률이 $1/p_1 q_1$보다 작음을(따라서 $x^m \bmod N$이 1이 되는 일은 거의 없다) 함의한다. 이러한 조건 외에, p와 q가 상당히 가까워서도 안 된다. 이들이 가깝다면 알고리즘 D로 이들을 구할 수 있기 때문이다. 사실 우리는 비율 p/q가 단분수에 가까운 것도 원하지 않는다. 그랬다면 알고리즘 C에 대한 레먼의 일반화를 이용해서 그것들을 찾아낼 수 있었을 것이다.

찾아내기가 거의 불가능한 p와 q를 생성하는 방법이 있다. 다음과 같다: 특정 범위, 이를테면 10^{80}과 10^{81} 사이의 진정한 난수 p_0으로 시작한다. p_0보다 큰 최초의 소수 p_1을 찾는다. 그러자면 약 $\frac{1}{2} \ln p_0 \approx 90$개의 홀수들을 시험해 보아야 하는데, 알고리즘 P를 50회 시도해서 "아마도 소수"일 확률이 $> 1 - 2^{-100}$인 p_1을 찾는 것으로 충분하다. 그런 다음에는 특정 범위, 이를테면 10^{39}과 10^{40} 사이의 진정한 난수 p_2를 선택하고 $k \geq p_2$, k가 짝수, $k \equiv p_1 \pmod 3$인 $kp_1 + 1$ 형태의 최초의 소수 p를 찾는다. 이를 위해서는 약 $\frac{1}{3} \ln p_1 p_2 \approx 90$개의 수들을 시험해 봐야 한다. 소수 p는 약 120자리의 수일 것이다. q도 같은 방식으로 구한다(약 130자리의 수가 된다). 추가적인 안전을 위해서는 $p+1$과 $q+1$ 모두 비교적 작은 소인수들로만 구성되어 있지는 않은지를 점검하는 것이 바람직하다(연습문제 20 참고). 크기 규모가 약 10^{250}인 곱 $N = pq$는 앞에서 말한 모든 요구사항을 만족하며, 지금으로서는 그러한 N을 인수분해하는 것이 현실적으로 불가능하다.

예를 들어서 250자리 수 N을 $N^{0.1}$ 마이크로초 안에 인수분해하는 방법이 존재한다고 하자. $N^{0.1}$ 마이크로초는 약 10^{25} 마이크로초인데, 1년이 31556952000000μ밖에 되지 않으므로 인수분해를 완료하려면 하나의 CPU로 3×10^{11}년 이상이 걸린다. 정부가 100억 개의 컴퓨터를 구입해서 그것들을 전적으로 이 문제를 푸는 데 동원한다고 해도, 그 중 하나가 N을 소인수들로 분해하려면 31년 이상이 걸릴 것이다. 그 전에 정부가 그런 문제에 특화된 컴퓨터들을 그렇게 많이 구입했다는 사실이 유출될 것이고, 그러면 사람들은 300자리 N을 사용하기 시작할 것이다.

$x \mapsto x^3 \bmod N$이라는 부호화 방법 자체는 모두에게 알려져 있다는 점으로부터, 암호를 오직 RSA 상자만 해독할 수 있다는 장점 이외에 "공개키(public key)" 시스템을 구현할 수 있다는 이점도 누릴 수 있다. 그런 시스템은 디피W. Diffie와 헬먼M. E. Hellman에 의해 *IEEE Trans.* **IT-22** (1976), 644-654에서 처음으로 소개되었다. 부호화 방법이 공개되어 있을 때 어떤 일이 가능한지를 한 가지 시나리오를 통해서 살펴보자. 앨리스는 전자 우편을 통해서 밥과 안전하게 의견을 나누고자 한다. 앨리스는 자신의 편지가 밥에게 전달되기 전에 누구도 그 편지를 조작하지 않았음을 밥이 확신할 수 있도록 편지에 서명을 한다. $E_A(M)$이 앨리스에게 보내진 메시지 M을 부호화하는 함수이고 $D_A(M)$은 앨리스의 RSA 상자가 수행하는 복호화 함수라고 하자. 그리고 $E_B(M)$과 $D_B(M)$은 밥의 RSA 상자에서의 해당 함수들이라고 하자. 앨리스는 메시지에 자신의 이름과 날짜를 붙이고 자신의 RSA 상자로 $D_A(M)$을 계산해서 $E_B(D_A(M))$을 밥에게 전송함으로써 서명된 메시지를 밥에게 보낸다. 그 메시지를 받은 밥은 자신의 RSA 상자로 그 메시지를 $D_A(M)$으로 변환할 수 있다. 그리고 E_A는 밥이 알고 있으므로 $M = E_A(D_A(M))$을 수행할 수 있다. 이렇게 얻은 메시지는 다른 누구가 아닌 앨리스가 보낸 것이 확실하다. $D_A(M)$은 오직 앨리스만 보낼 수 있기 때문이다. (사실 밥 자신도 $D_A(M)$을 알고 있으며, 따라서 마치 자신이 앨리스인 것처럼 가장해서 제이비어 (Xavier)에게 $E_X(D_A(M))$을 보낼 수도 있다. 이러한 위조 행위를 방지하기 위해서는 메시지 M에 그 메시지를 밥만 보게 되어 있다는 내용을 포함시켜야 한다.)

그런데 앨리스와 밥은 어떻게 서로의 부호화 함수 E_A와 E_B를 알고 있는 것일까? 그냥 어떤 공개적인 파일에 담아서 주고 받아서는 안 될 것이다. 그렇게 되면 누군가가, 예를 들어 찰리가 파일에 담긴 N을 자신이 계산한 다른 값으로 대체할 수도 있기 때문이다. 그런 경우 찰리는 앨리스나 밥이 뭔가 잘못되었음을 눈치 챌 때까지는 비밀 메시지를 가로채서 해독을 할 수 있다. 해결책은 자신의 RSA 상자와 자신의 공개적으로 알려진 곱 수 N_D를 가진 한 특별한 공용 주소록(디렉터리)에 곱 수 N_A와 N_B를 보관해 두는 것이다. 밥과 보안 통신을 하려는 앨리스는 그 주소록에서 밥의 곱 수를 요청한다. 주소록 컴퓨터는 앨리스에게 N_B를 담은 서명된 메시지를 보낸다. 그 메시지는 누구도 위조할 수 없으므로 반드시 유효하다.

RSA 방안에 대한 흥미로운 대안 한 가지를 라빈Michael Rabin이 제안한 바 있다 〔MIT Lab. for Comp. Sci., report TR-212 (1979)〕. 그는 함수 $x^3 \bmod N$ 대신 $x^2 \bmod N$을 제시했는데, 그러면 해독 메커니즘(이를 SQRT 상자라고 부를 수도 있을 것이다)은 네 개의 서로 다른 메시지 들을 돌려주게 된다. 이 방식이 유효한 이유는 이렇다: 그 네 가지 서로 다른 수들은 구체적으로 $x, -x, fx \bmod N, (-fx) \bmod N$이며, 여기서

$$f = (p^{q-1} - q^{p-1}) \bmod N$$

이다. 이들의 제곱을 N으로 나눈 나머지는 모두 같다. 만일 x가 짝수라고, 또는 $x < \frac{1}{2}N$라고 가정한 다면 모호함은 두 메시지로 줄어들게 되며, 아마도 뜻이 통하게 되는 것은 그 중 하나뿐일 것이다. 사실 연습문제 35에 나오듯이 모호함은 완전히 제거된다. 래빈의 방안이 가지는 한 가지 중요한

성질은 N을 법으로 한 제곱근을 구하는 것이 인수분해 $N = pq$를 구하는 것만큼이나 어려울 수 있다는 것이다. 왜 그러냐 하면, 무작위로 선택된 x에 대해 $x^2 \bmod N$의 제곱근을 취한다고 할 때, $x^2 \equiv y^2$이지만 $x \not\equiv \pm y$이면서 $\gcd(x - y, N) = p$ 또는 q인 y 값을 찾을 확률은 50 대 50이기 때문이다. 그러나 이 시스템에는 RSA 방안에는 없는 한 가지 심각한 결함이 존재한다(연습문제 33): SQRT 상자에 접근할 수 있는 사람은 누구라도 그 상자의 N을 쉽게 인수분해할 수 있다는 것이다. 이 때문에 정직하지 못한 직원에 의한 또는 강요에 의한 속임수가 가능해질 뿐만 아니라, 사람들이 그들의 p와 q를 누출시키고, 그래서 자신이 보냈던 보안 문서들의 "서명"이 조작되었음을 발견하게 되는 사태도 생기게 된다. 이처럼, 보안 통신 분야에는 알고리즘의 설계와 분석에서 우리가 흔히 마주하는 문제들과는 상당히 다른 미묘한 문제들이 존재한다.

역사적 참고사항: 1973년에 이미 변환 $x^{pq} \bmod pq$를 이용해서 메시지를 암호화하는 방법이 콕스 Clifford Cocks에 의해서 고려되었으나, 그의 작업은 비밀에 부쳐졌음이 1998년에 밝혀졌다.

알려진 가장 큰 소수. 이 책 여기저기에는 큰 소수들을 사용하는 여러 계산적 방법들이 나온다. 그리고 지금까지 설명한 기법들을 이용하면 대략 25자리 이하의 소수들을 비교적 수월하게 찾아낼 수 있다. 표 2는 전형적인 컴퓨터의 워드 크기보다 작은, 가장 큰 소수 10개들을 정리한 것이다. (이것들 외에, 연습문제 3.2.1.2-22와 4.6.4-57의 해답에도 유용한 소수들이 몇 개 나온다.)

특정한 형태를 가진 이보다 훨씬 큰 소수들도 알려져 있으며, 최대한 큰 소수들을 구하는 게 중요한 경우도 종종 있다. 그럼 명시적으로 알려진 가장 큰 소수들이 어떻게 발견되었는지를 개괄하는 것으로 이번 절을 마무리하기로 하자. 여기서 말하는 가장 큰 소수들은 $2^n - 1$의 형태로, n은 여러 특별한 값들이다. 이들은 2의 제곱수에 관련된 소수들이므로 이진 컴퓨터의 특정한 응용에 특별히 적합하다.

$2^n - 1$ 형태의 수는 n이 소수일 때에만 소수가 될 수 있다. $2^{uv} - 1$은 $2^u - 1$로 나누어지기 때문이다. 1644년에 메르센 Marin Mersenne은 수 $2^p - 1$이 $p = 2, 3, 5, 7, 13, 17, 19, 31, 67$ 127, 257에 대해서 소수이며, 257보다 작은 p들 중에는 이것들에서만 $2^p - 1$이 소수가 된다는 사실을 밝혀서 동시대인들을 놀라게 했다. (이러한 주장은 그의 *Cogitata Physico-Mathematica*의 머리말에 있는 완전수에 대한 논의와 연관해서 나온 것이다. 이상하게도 그는 다음과 같은 주장도 펼쳤다: "지금까지 알려진 어떠한 방법으로도, 15자리 또는 20자리의 주어진 수가 소수인지를 유한한 시간 안에 밝힐 수 없다.") 비슷한 주제들에 대해 오랫동안 페르마, 데카르트 등과 비견되어 온 메르센은 그의 단언에 대해 어떠한 증명도 제시하지 않았으며, 그의 주장이 옳은 것인지 틀린 것인지도 200년 이상 밝혀지지 않았다. 오일러는 수년간 그의 주장을 증명하려다 실패했으나, 1772년에 $2^{31} - 1$이 소수임은 증명했다. 100년 후 뤼카É. Lucas에 의해서, $2^{127} - 1$은 소수이나 $2^{67} - 1$은 의심스러우며 따라서 메르센이 완전히 옳지는 않을 수 있음이 밝혀졌다. 1883년에 페르부신I. M. Pervushin은 $2^{61} - 1$이 소수임을 증명했는데 [*Istoriko-Mat. Issledovaniĭa* **6** (1953), 559], 이 때문에 메르센이 틀린 것이 아니라 단지 논문에서 67을 61로 잘못 표기한 것이 아닌가 하는 의견이 제기되었다. 파워스R. E. Powers는 그 전의 다른 저자들도 추측한 바 있는 $2^{89} - 1$이 소수임을 보였으

표 2

유용한 소수들

N	a_1	a_2	a_3	a_4	a_5	a_6	a_7	a_8	a_9	a_{10}
2^{15}	19	49	51	55	61	75	81	115	121	135
2^{16}	15	17	39	57	87	89	99	113	117	123
2^{17}	1	9	13	31	49	61	63	85	91	99
2^{18}	5	11	17	23	33	35	41	65	75	93
2^{19}	1	19	27	31	45	57	67	69	85	87
2^{20}	3	5	17	27	59	69	129	143	153	185
2^{21}	9	19	21	55	61	69	105	111	121	129
2^{22}	3	17	27	33	57	87	105	113	117	123
2^{23}	15	21	27	37	61	69	135	147	157	159
2^{24}	3	17	33	63	75	77	89	95	117	167
2^{25}	39	49	61	85	91	115	141	159	165	183
2^{26}	5	27	45	87	101	107	111	117	125	135
2^{27}	39	79	111	115	135	187	199	219	231	235
2^{28}	57	89	95	119	125	143	165	183	213	273
2^{29}	3	33	43	63	73	75	93	99	121	133
2^{30}	35	41	83	101	105	107	135	153	161	173
2^{31}	1	19	61	69	85	99	105	151	159	171
2^{32}	5	17	65	99	107	135	153	185	209	267
2^{33}	9	25	49	79	105	285	301	303	321	355
2^{34}	41	77	113	131	143	165	185	207	227	281
2^{35}	31	49	61	69	79	121	141	247	309	325
2^{36}	5	17	23	65	117	137	159	173	189	233
2^{37}	25	31	45	69	123	141	199	201	351	375
2^{38}	45	87	107	131	153	185	191	227	231	257
2^{39}	7	19	67	91	135	165	219	231	241	301
2^{40}	87	167	195	203	213	285	293	299	389	437
2^{41}	21	31	55	63	73	75	91	111	133	139
2^{42}	11	17	33	53	65	143	161	165	215	227
2^{43}	57	67	117	175	255	267	291	309	319	369
2^{44}	17	117	119	129	143	149	287	327	359	377
2^{45}	55	69	81	93	121	133	139	159	193	229
2^{46}	21	57	63	77	167	197	237	287	305	311
2^{47}	115	127	147	279	297	339	435	541	619	649
2^{48}	59	65	89	93	147	165	189	233	243	257
2^{59}	55	99	225	427	517	607	649	687	861	871
2^{60}	93	107	173	179	257	279	369	395	399	453
2^{63}	25	165	259	301	375	387	391	409	457	471
2^{64}	59	83	95	179	189	257	279	323	353	363
10^6	17	21	39	41	47	69	83	93	117	137
10^7	9	27	29	57	63	69	71	93	99	111
10^8	11	29	41	59	69	153	161	173	179	213
10^9	63	71	107	117	203	239	243	249	261	267
10^{10}	33	57	71	119	149	167	183	213	219	231
10^{11}	23	53	57	93	129	149	167	171	179	231
10^{12}	11	39	41	63	101	123	137	143	153	233
10^{16}	63	83	113	149	183	191	329	357	359	369

$N - a_1, \ldots, N - a_{10}$은 N보다 작은 가장 큰 열 개의 소수들이다.

며, 3년 후에는 $2^{107} - 1$ 역시 소수임을 증명했다. 크라이칙Kraitchik은 1922년에 $2^{257} - 1$이 소수가 *아님*을 밝혀냈다 〔그의 *Recherches sur la Théorie des Nombres* (Paris: 1924), 21을 볼 것〕. 그의 계산에 계산 오차가 스며들었을 가능성도 있으나, 그의 결론은 옳다고 판명되었다.

$2^p - 1$ 형태의 수들을 메르센 수라고 부른다. 메르센 수들 중 p가

$$2, 3, 5, 7, 13, 17, 19, 31, 61, 89, 107, 127, 521, 607, 1279, 2203, 2281$$
$$3217, 4253, 4423, 9689, 9941, 11213, 19937, 21701, 23209, 44497, 86243$$
$$110503, 132049, 216091, 756839, 859433, 1257787, 1398269, 2976221$$
$$3021377, 6972593, 13466917, 20996011, 24036583, 25964951, \ldots \qquad (26)$$

인 수들은 소수라고 알려져 있다. 이들 중 10000 이상의 처음 여섯 지수들은 슬로빈스키David Slowinski 가 그의 동료들과 새로운 슈퍼컴퓨터를 시험하는 도중에 발견해냈다 〔*J. Recreational Math.* **11** (1979), 258-261 참고〕. 그는 1990년대에 게이지Paul Gage와의 협력을 통해서 756839와 859433, 1257787을 발견했다. 1398269에서 시작하는 나머지 지수들은 각각 아르망고Joël Armengaud, 스펜스Gordon Spence, 클락슨Roland Clarkson, 하즈라트왈라Nayan Hajratwala, 카메론Michael Cameron, 섀퍼 Michael Shafer, 핀들리Josh Findley, 노바크Martin Nowak가 상용 개인용 컴퓨터를 이용해서 구했다(대부분 2005년에). 그들은 월트먼George Woltman이 작성한 프로그램을 사용했는데, 그는 1996년에 Great Internet Mersenne Prime Search project (GIMPS)를 착수한 사람이다. 그 프로젝트에 쓰인 인터넷 관리 소프트웨어에는 쿠로프스키Scott Kurowski의 지속적인 기여가 있었다.

(26)에는 소수 $8191 = 2^{13} - 1$이 없음에 주목하자. 메르센은 $2^{8191} - 1$이 소수라고 주장했으며 다른 이들은 어떠한 메르센 소수도 지수로 사용할 수 있을 것이라고 추측했다.

큰 소수를 찾는 과정은 체계적이지 못했는데, 왜냐하면 사람들이 일반적으로 작은 지수들을 시험하는 데 시간을 보내는 대신 깨기 어려운 세계 신기록에 도전하길 즐겼기 때문이다. 예를 들어 $2^{132049} - 1$이 소수임은 1983년에, $2^{216091} - 1$이 소수임은 1984년에 증명되었으나, $2^{110503} - 1$의 경우는 1988년이 되어서야 증명되었다. 따라서 아직도 $2^{25964951} - 1$보다 작은 알려지지 않은 메르센 소수가 하나 이상 남아 있는 셈이다. 볼트만에 따르면 2005년 2월 23일 현재 $< 15,000,000$인 모든 지수가 점검되었다고 한다. 그의 프로젝트의 자원봉사자들은 남은 간격을 체계적으로 메우고 있다.

$2^{25964951} - 1$은 십진수로 7,800,000자리 이상이므로, 그런 수들이 소수인지를 증명하기 위해서는 어떤 특별한 기법이 필요했음이 틀림없다. (예를 들면 $2^{1257787} - 1$이 소수임은 1996년 4월 12일에 처음 확인되었는데, Cray T94로 8.3시간 미만의 시간이 걸렸다. 1997년 8월에 처음 확인된 $2^{2976221} - 1$은 100 MHz Pentium PC로 15일이 걸렸다.) 주어진 메르센 수 $2^p - 1$의 소수 여부를 판정하는 효율적인 방법은 뤼카가 처음 고안했고 〔*Amer. J. Math.* **1** (1878), 184-239, 289-321, 특히 316쪽〕 레머D. H. Lehmer가 개선했다 〔*Annals of Math.* **31** (1930), 419-448, 특히 443쪽〕. $n + 1$의 소인수들이 알려져 있을 때 n의 소수 여부를 판정하는 데 쓰이는 방법의 한 특수한 경우라 할 수 있는 뤼카-레머 판정법은 다음과 같다.

정리 L. *q가 홀수 소수라고 하자. 그리고 수열 $\langle L_n \rangle$ 을 다음과 같이 정의한다.*

$$L_0 = 4, \qquad L_{n+1} = (L_n^2 - 2) \bmod (2^q - 1). \tag{27}$$

그러면 $2^q - 1$ 은 오직 $L_{q-2} = 0$ 일 때에만 소수이다.

예를 들어 $2^3 - 1$ 은 $L_1 = (4^2 - 2) \bmod 7 = 0$ 이므로 소수이다. 이 판정법은 $(2^q - 1)$ 을 법으로 한 계산이 손쉬운 이진 컴퓨터에 특히나 적합하다. 4.3.2절을 볼 것. 연습문제 4.3.2-14는 q가 극도로 클 때 계산 시간을 절약하는 방법을 설명한다.

증명. 수론의 아주 간단한 원칙들만을 이용해서, 그 자체로 흥미로운 점화수열들의 몇 가지 특징들을 조사해 정리 L을 증명하겠다. 다음과 같이 정의되는 수열 $\langle U_n \rangle$ 과 $\langle V_n \rangle$ 을 고려한다.

$$\begin{aligned}
U_0 &= 0, & U_1 &= 1, & U_{n+1} &= 4U_n - U_{n-1}; \\
V_0 &= 2, & V_1 &= 4, & V_{n+1} &= 4V_n - V_{n-1}.
\end{aligned} \tag{28}$$

이로부터 다음과 같은 등식들이 나온다. 이들은 귀납법으로 쉽게 증명할 수 있다.

$$V_n = U_{n+1} - U_{n-1}; \tag{29}$$

$$U_n = ((2 + \sqrt{3})^n - (2 - \sqrt{3})^n / \sqrt{12}; \tag{30}$$

$$V_n = (2 + \sqrt{3})^n + (2 - \sqrt{3})^n \tag{31}$$

$$U_{m+n} = U_m U_{n+1} - U_{m-1} U_n. \tag{32}$$

이제, p가 소수이고 $e \geq 1$ 일 때

$$\text{만일 } U_n \equiv 0 \ (\text{modulo } p^e) \text{이면} \qquad U_{np} \equiv 0 \ (\text{modulo } p^{e+1}) \tag{33}$$

이라는 한 가지 보조적인 결과를 증명해보자. 이는 연습문제 3.2.2-11의 좀 더 일반적인 사항으로부터 이끌어낼 수 있으나, 수열 (28)에 대해서는 직접적인 증명도 가능하다. $U_n = bp^e$, $U_{n+1} = a$ 라고 하자. (32)와 (28)에 의해 $U_{2n} = bp^e(2a - 4bp^e) \equiv 2aU_n \ (\text{modulo } p^{e+1})$ 이며, 또한 $U_{2n+1} = U_{n+1}^2 - U_n^2 \equiv a^2$ 이다. 비슷하게 $U_{3n} = U_{2n+1}U_n - U_{2n}U_{n-1} \equiv 3a^2 U_n$ 이고 $U_{3n+1} = U_{2n+1}U_{n+1} - U_{2n}U_n \equiv a^3$ 이다. 일반화하자면

$$U_{kn} \equiv ka^{k-1}U_n \text{이고} \qquad U_{kn+1} \equiv a^k \ (\text{modulo } p^{e+1})$$

이며, 따라서 $k = p$ 로 두면 (33)이 나온다.

공식 (30)과 (31)의 $(2 \pm \sqrt{3})^n$ 을 이항정리로 전개하면 U_n 와 V_n 에 대한 또 다른 표현이 나온다:

$$U_n = \sum_k \binom{n}{2k+1} 2^{n-2k-1} 3^k, \qquad V_n = \sum_k \binom{n}{2k} 2^{n-2k+1} 3^k. \tag{34}$$

이제 $n = p$로 두면(여기서 p는 홀수 소수), 그리고 $k = 0$ 또는 $k = p$인 경우를 제외할 때 $\binom{p}{k}$가 p의 배수라는 사실을 사용하면 다음을 얻을 수 있다.

$$U_p \equiv 3^{(p-1)/2}, \qquad V_p \equiv 4 \qquad (\text{modulo } p). \qquad (35)$$

만일 $p \neq 3$이면 페르마의 정리에 의해 $3^{p-1} \equiv 1$이다. 따라서 $(3^{(p-1)/2} - 1)(3^{(p-1)/2} + 1) \equiv 0$이고 $3^{(p-1)/2} \equiv \pm 1$이다. $U_p \equiv -1$일 때에는 $U_{p+1} = 4U_p - U_{p-1} = 4U_p + V_p - U_{p+1} \equiv -U_{p+1}$이며 따라서 $U_{p+1} \bmod p = 0$이다. $U_p \equiv +1$일 때에는 $U_{p-1} = 4U_p - U_{p+1} = 4U_p - V_p - U_{p-1} \equiv -U_{p-1}$이므로 $U_{p-1} \bmod p = 0$이다. 이렇게 해서, 모든 소수 p에 대해

$$U_{p+\epsilon(p)} \bmod p = 0, \qquad |\epsilon(p)| \leq 1 \qquad (36)$$

을 만족하는 정수 $\epsilon(p)$가 존재함이 증명되었다.

이제 N이 임의의 양의 정수이고 $m = m(N)$이 $U_{m(N)} \bmod N = 0$인 가장 작은 양의 정수라고 할 때 다음이 성립한다:

$$\text{오직 } n \text{이 } m(N) \text{의 배수일 때에만} \qquad U_n \bmod N = 0. \qquad (37)$$

(이 수 $m(N)$을 수열에서의 N의 출현 순위(rank of apparition)라고 부른다.) (37)을 증명하기 위해 수열 $U_m, U_{m+1}, U_{m+2}, \ldots$이 $aU_0, aU_1, aU_2, \ldots$과 N을 법으로 해서 합동임에 주목한다. 여기서 $a = U_{m+1} \bmod N$이며, $\gcd(U_n, U_{n+1}) = 1$이므로 a는 N과 서로 소이다.

이상의 결과들을 가지고 정리 L을 증명할 수 있다. (27)과 귀납법에 의해

$$L_n = V_{2^n} \bmod (2^q - 1) \qquad (38)$$

이다. 더 나아가서, 항등식 $2U_{n+1} = 4U_n + V_n$은 $\gcd(U_n, V_n) \leq 2$임을 함의한다. 왜냐하면 U_n와 V_n의 임의의 공통 인수는 반드시 U_n과 $2U_{n+1}$의 공약수이나 $U_n \perp U_{n+1}$이기 때문이다. 따라서 U_n와 V_n에는 공통의 홀수 인수가 없으며, 만일 $L_{q-2} = 0$이면 반드시

$$U_{2^{q-1}} = U_{2^{q-2}} V_{2^{q-2}} \equiv 0 \ (\text{modulo } 2^q - 1),$$

$$U_{2^{q-2}} \not\equiv 0 \ (\text{modulo } 2^q - 1)$$

이다. 이제 $m = m(2^q - 1)$이 $2^q - 1$의 출현 순위라고 하면, m은 반드시 2^{q-1}의 약수이나 2^{q-2}의 약수는 아니다. 따라서 $m = 2^{q-1}$이다. 그러므로 $n = 2^q - 1$은 반드시 소수인데, 이를 증명해보자: n의 인수분해가 $p_1^{e_1} \ldots p_r^{e_r}$이라고 하자. n이 홀수이고 $(-1)^q - 1 = -2$와 합동(modulo 3)이므로 모든 소수 p_j는 3보다 크다. (33), (36), (37)로부터 $U_t \equiv 0 \ (\text{modulo } 2^q - 1)$임을 알 수 있다. 여기서

$$t = \text{lcm}(p_1^{e_1 - 1}(p_1 + \epsilon_1), \ldots, p_r^{e_r - 1}(p_r + \epsilon_r))$$

이고 각 ϵ_j는 ± 1이다. 이로부터 t가 $m = 2^{q-1}$의 배수임을 알 수 있다. $n_0 = \prod_{j=1}^{r} p_j^{e_j-1}(p_j + \epsilon_j)$ 라고 하자. $n_0 \le \prod_{j=1}^{r} p_j^{e_j-1}\left(p_j + \frac{1}{5}p_j\right) = \left(\frac{6}{5}\right)^r n$이다. 또한 $p_j + \epsilon_j$가 짝수이므로 $t \le n_0/2^{r-1}$ 이다. 왜냐하면 두 짝수의 최소공배수를 취할 때마다 인수 2가 사라지기 때문이다. 이러한 결과들을 결합하면 $m \le t \le 2\left(\frac{3}{5}\right)^r n < 4\left(\frac{3}{5}\right)^r m < 3m$이 나온다. 따라서 $r \le 2$이고 $t = m$ 또는 $t = 2m$ 인데, 이들은 2의 거듭제곱이다. 그러므로 $e_1 = 1$, $e_r = 1$이고 만일 n이 소수가 아니면 반드시 $n = 2^q - 1 = (2^k + 1)(2^l - 1)$이다. 여기서 $2^k + 1$과 $2^l - 1$은 소수이다. q가 홀수이면 후자의 인수 분해는 불가능하므로 n은 소수이다.

반대로, $n = 2^q - 1$이 소수라고 하자. 이 경우 $V_{2^{q-2}} \equiv 0 \pmod{n}$임을 보여야 한다. 이를 위해서는 $V_{2^{q-1}} \equiv -2 \pmod{n}$만 보이면 충분하다($V_{2^{q-1}} = (V_{2^{q-2}})^2 - 2$이므로). 이제

$$V_{2^{q-1}} = ((\sqrt{2} + \sqrt{6})/2)^{n+1} + ((\sqrt{2} - \sqrt{6})/2)^{n+1}$$
$$= 2^{-n}\sum_k \binom{n+1}{2k}\sqrt{2}^{n+1-2k}\sqrt{6}^{2k} = 2^{(1-n)/2}\sum_k \binom{n+1}{2k}3^k$$

이다. n은 홀수 소수이므로 이항계수

$$\binom{n+1}{2k} = \binom{n}{2k} + \binom{n}{2k-1}$$

은 $2k = 0$이고 $2k = n+1$인 경우를 제외할 때 n으로 나누어진다. 따라서

$$2^{(n-1)/2}\, V_{2^{q-1}} \equiv 1 + 3^{(n+1)/2} \pmod{n}$$

이다. 여기서 $2 \equiv (2^{(q+1)/2})^2$인데, 페르마의 정리에 의해 $2^{(n-1)/2} \equiv (2^{(q+1)/2})^{(n-1)} \equiv 1$이다. 마지막으로 이차상반법칙의 한 가지 간단한 경우(연습문제 23 참고)에 의해 $3^{(n-1)/2} \equiv -1$이다. $n \bmod 3 = 1$이고 $n \bmod 4 = 3$이기 때문이다. 이는 $V_{2^{q-1}} \equiv -2$라는 뜻이며, 따라서 의도했던 바와 같이 반드시 $V_{2^{q-2}} \equiv 0$이다. ∎

1460년에 한 익명의 저자(그의 저작이 이탈리아 도서관들에 보존되어 있다)가 $2^{17} - 1$과 $2^{19} - 1$이 소수임을 발견했다. 그 이후로 전 세계에 명시적으로 알려진 가장 큰 소수들은 거의 항상 메르센 소수들이었다. 그러나 메르센 소수 찾기가 점점 더 어려워지고 있으며 연습문제 27에 나오듯이 다른 형태의 소수들에 대한 효율적인 판정법이 존재하므로, 이러한 상황은 바뀔 수도 있다. 〔E. Picutti, *Historia Math.* **16** (1989), 123-136; Hugh C. Williams, *Édouard Lucas and Primality Testing* (1998), 제2장 참고.〕

연습문제

1. 〔*10*〕 알고리즘 A에서 시행 약수들의 수열 d_0, d_1, d_2, ...에 소수가 아닌 수가 포함되어있다고 하자. 그 수가 출력에는 결코 나타나지 않는 이유는 무엇일까?

2. [15] 알고리즘 A에서, 입력 N이 3 이상임을 알고 있다면 단계 A2를 제거해도 될까?

3. [M20] 다음 성질을 가진 수 P가 존재함을 보여라: 만일 $1000 \le n \le 1000000$이면 n은 오직 $\gcd(n, P) = 1$일 때에만 소수이다.

4. [M29] 연습문제 3.1-7과 1.2.11.3의 표기법 하에서, $X_n = X_{\ell(n)-1}$인 최소의 n의 평균값이 $1.5\,Q(m) - 0.5$과 $1.625\,Q(m) - 0.5$ 사이임을 증명하라.

5. [21] 페르마의 방법(알고리즘 D)을 이용해서 1111의 소인수들을 손으로 구하라. 법들은 3, 5, 7, 8, 11로 할 것.

6. [M24] p가 홀수 소수이고 N이 p의 배수가 아니라고 할 때, $0 \le x < p$이고 $x^2 - N \equiv y^2$ (modulo p)에 하나의 해 y가 존재함을 만족하는 정수 x들의 개수가 $(p \pm 1)/2$과 같음을 증명하라.

7. [25] 법 m_i들에 대한 테이블 항목들이 하나의 정수 메모리 워드를 정확히 채우지 않는다고 하자. 그러한 상황에서 이진 컴퓨터에서 알고리즘 D의 체를 프로그래밍하는 문제를 논하라.

▶ **8.** [23] (에라토스테네스의 체(The sieve of Eratosthenes), B.C. 3세기.) 다음 절차가 주어진 정수 N보다 작은 모든 홀수 소수를 발견함은 명백하다. 왜냐하면 이 절차는 모든 비소수를 제거하기 때문이다: 1과 N 사이의 모든 홀수로 시작한다. $k = 2, 3, 4, \ldots$에 대해 k번째 소수 p_k의 배수 p_k^2, $p_k(p_k+2)$, $p_k(p_k+4)$, $\ldots$들을 차례로 지워나가되, $p_k^2 > N$인 소수 p_k에 도달하면 멈춘다.

이러한 절차를 효율적인 컴퓨터 계산에 직접적으로 적합한, 곱셈을 전혀 사용하지 않는 알고리즘으로 만드는 방법을 보여라.

9. [M25] n이 3 이상의 홀수라고 하자. 만일 정리 3.2.1.2B의 수 $\lambda(n)$이 $n-1$의 약수이나 $n-1$과 같지는 않으면 n은 반드시 $p_1 p_2 \cdots p_t$의 형태임을 보여라. 여기서 p는 서로 다른 소수들이고 $t \ge 3$이다.

▶ **10.** [M26] (셀프리지 John Selfridge.) 만일 $n-1$의 각 소인수 p에 대해 $x_p^{(n-1)/p} \bmod n \ne 1$이나 $x_p^{n-1} \bmod n = 1$인 x_p가 존재한다면 n은 소수이다. 이를 증명하라.

11. [M20] $N = 197209$, $k = 5$, $m = 1$일 때 알고리즘 E는 어떤 값들을 출력하는가? [힌트: $\sqrt{5 \cdot 197209} = 992 + //\overline{1, 495, 2, 495, 1, 1984}//.$]

▶ **12.** [M28] 알고리즘 E가 (18)의 한 해를 유도하는 데 충분한 출력들을 냈다고 할 때, 그러한 출력들을 이용해서 N의 진약수들을 구하는 알고리즘을 설계하라.

13. [HM25] (딕슨 J. D. Dixon.) N이 d개의 서로 다른 소인수들을 가지며 x가 무작위로 선택된다고 하자. 연습문제 12의 알고리즘의 입력으로 주어진 해 $(x, e_0, \ldots, e_m)$의 지수들이 그 이전 해들의 지수들과 2를 법으로 하여 선형독립이라면, 그 알고리즘으로 N의 인수분해를 구하지 못할 확률이 2^{1-d}임을 증명하라.

14. 〔M20〕 알고리즘 E의 단계 E3의 수 T가 $(kN)^{(p-1)/2} \bmod p > 1$인 홀수 소수 p의 배수가 될 수 없음을 증명하라.

▶ **15.** 〔M34〕 (뤼카, 레머Lehmer.) P와 Q가 서로 소인 정수들이고, $n \geq 1$에 대해 $U_0 = 0$, $U_1 = 1$, $U_{n+1} = PU_n - QU_{n-1}$이라고 하자. 만일 N이 $2P^2 - 8Q$와 서로 소인 양의 정수이고 $U_{N+1} \bmod N = 0$인 반면 $N+1$의 약수인 각 소수 p에 대해 $U_{(N+1)/p} \bmod N \neq 0$이면 N은 소수임을 증명하라. 연습문제 4.6.3-26에서처럼, U_m은 $O(\log m)$단계로 평가할 수 있다. 〔힌트: 정리 L의 증명을 참고할 것.〕

16. 〔M50〕 메르센 소수는 무한히 많은가?

17. 〔M25〕 (프라트V. R. Pratt.) 페르마의 정리의 역에 의한 완전한 소수성 증명은 다음과 같은 산술 조건들을 만족하는 q와 x의 쌍 (q, x)들을 노드들로 하는 하나의 트리 형태를 취한다: (i) 만일 $(q_1, x_1), \dots, (q_t, x_t)$가 (q, x)의 자식들이면 $q = q_1 \cdots q_t + 1$이다. 〔특히 (q, x)에 자식이 없으면 $q = 2$이다.〕 (ii) 만일 (r, y)가 (q, x)의 한 자식이면 $x^{(q-1)/r} \bmod q \neq 1$이다. (iii) 각 노드 (q, x)에 대해 $x^{q-1} \bmod q = 1$이다. 이러한 조건들로부터, 모든 노드 (q, x)에 대해 q는 소수이고 x는 q를 법으로 하는 하나의 원시근이다. 〔예를 들어 트리

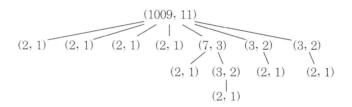

는 1009가 소수임을 보여준다.〕 f가 다소 느리게 증가하는 함수라 할 때, 루트가 (q, x)인 그러한 트리가 많아야 $f(q)$개의 노드들을 가짐을 증명하라.

▶ **18.** 〔HM23〕 본문에 나온 (6)의 유도와 비슷한, (7)에 대한 발견법적 증명을 제시하라. $p_{t-1} \leq \sqrt{p_t}$일 확률은 근사적으로 얼마인가?

▶ **19.** 〔M25〕 (폴러드J. M. Pollard.) $p-1$이 어떤 주어진 수 D의 한 약수임을 만족하는 모든 홀수 소수 p로 나누어지는 수 M을 계산하는 방법을 보여라. 〔힌트: $a^n - 1$ 형태의 수들을 고려할 것.〕 그러한 M은 인수분해에 유용하다. 왜냐하면, $\gcd(M, N)$을 계산함으로써 N의 한 인수를 발견할 수도 있기 때문이다. 이러한 발상을 확장해서 주어진 큰 수 N의 소인수 p들을 구하는 효율적인 방법을 고안하라. 그 방법은 $p-1$의 소인수 거듭제곱들 전부 10^3보다 작되 많아야 하나의 소인수는 10^5보다 작은 경우에 p들을 높은 확률로 발견할 수 있어야 한다. 〔예를 들어 (15)의 소인수들 중 두 번째로 큰 것을 이러한 방법으로 발견할 수 있다. 그 소인수는 $1 + 2^4 \cdot 5^2 \cdot 67 \cdot 107 \cdot 199 \cdot 41231$이기 때문이다.〕

20. 〔M40〕 연습문제 19를 $p-1$을 $p+1$로 대체해서 풀어보라.

21. [*M49*] (가이 R. K. Guy.) 알고리즘 B에서 소인수 p를 빼내는 데 필요한 반복 횟수를 $m(p)$라고 하자. $p \to \infty$에 따라 $m(p) = O(\sqrt{p \log p})$가 되는가?

▶ **22.** [*M30*] (라빈 M. O. Rabin.) n이 3보다 크거나 같은 홀수 정수일 때, 알고리즘 P가 n의 소수 여부를 잘못 추측할 확률을 p_n이라고 하자. 모든 n에 대해 $p_n < \frac{1}{4}$임을 보여라.

23. [*M35*] 모든 정수 $p \ge 0$와 모든 홀수 정수 $q > 1$에 대해 야코비 기호(Jacobi symbol) $\left(\frac{p}{q}\right)$는 q가 소수일 때 $\left(\frac{p}{q}\right) \equiv p^{(q-1)/2}$ modulo q, q가 t개의 소수들(반드시 서로 다른 소수들이어야 하는 것은 아니다)의 곱 $q_1 \ldots q_t$일 때 $\left(\frac{p}{q}\right) = \left(\frac{p}{q_1}\right) \ldots \left(\frac{p}{q_t}\right)$라는 규칙에 따라 -1 또는 0, $+1$로 정의된다. 따라서 이것은 연습문제 1.2.4-47을 일반화한다.

   a) $\left(\frac{p}{q}\right)$가 다음의 관계들을 만족함을, 따라서 효율적으로 계산할 수 있음을 증명하라: $\left(\frac{0}{q}\right) = 0$; $\left(\frac{1}{q}\right) = 1$; $\left(\frac{p}{q}\right) = \left(\frac{p \bmod q}{q}\right)$; $\left(\frac{2}{q}\right) = (-1)^{(q^2-1)/8}$; $\left(\frac{pp'}{q}\right) = \left(\frac{p}{q}\right)\left(\frac{p'}{q}\right)$; 만일 p와 q가 모두 홀수이면 $\left(\frac{p}{q}\right) = (-1)^{(p-1)(q-1)/4}\left(\frac{q}{p}\right)$. [후자의 법칙은 $\left(\frac{p}{q}\right)$의 평가를 $\left(\frac{q}{p}\right)$의 평가로 줄이는 하나의 역수 관계로, 연습문제 1.2.4-47(d)에서는 p와 q가 모두 소수인 경우에 대해 이 법칙을 증명한 바 있다. 따라서 그런 특수한 경우에도 이 법칙이 성립한다고 간주해도 된다.]

   b) (솔로베이, 슈트라센.) 만일 n이 홀수이나 소수가 아니라면 $1 \le x < n$이고 $0 \ne \left(\frac{x}{n}\right) \equiv x^{(n-1)/2}$ (modulo n)인 정수 x의 개수가 많아야 $\frac{1}{2}\varphi(n)$임을 증명하라. (따라서 다음의 판정 절차는 주어진 n이 소수인지의 여부를 모든 고정된 n에 대해 적어도 $1/2$의 확률로 정확히 판정한다: "x를 범위 $1 \le x < n$에서 무작위로 택한다. 만일 $0 \ne \left(\frac{x}{n}\right) \equiv x^{(n-1)/2}$ (modulo n)이면 n은 아마도 소수이고, 그렇지 않으면 n은 확실히 소수가 아니다.")

   c) (모니에 L. Monier.) 만일 수 n과 x가 알고리즘 P가 "n은 아마도 소수"라는 결론을 내리게 하는 수들이면 $0 \ne \left(\frac{x}{n}\right) \equiv x^{(n-1)/2}$ (modulo n)임을 증명하라. [따라서 알고리즘 P는 (b)의 판정법보다 항상 우월하다.]

▶ **24.** [*M25*] (에이들먼 L. Adleman.) $n > 1$과 $x > 1$이 정수이고 n이 홀수일 때, 만일 $x \bmod n = 0$이거나 알고리즘 P의 단계 P2–P5가 n이 아마도 소수라는 결론을 내리게 되었다면 n이 "알고리즘 P의 x 판정을 통과한다"라고 말하기로 하자. 임의의 N에 대해, 범위 $1 < n \le N$의 한 양의 홀수 정수가 소수이기 위한 필요충분조건이 그 정수가 $x = x_1 \bmod n$, ..., $x = x_m \bmod n$에 대해 알고리즘 P의 x 판정을 통과한다는 것임을 만족하는, $m \le \lfloor \lg N \rfloor$인 양의 정수 $x_1, \ldots, x_m \le N$들의 집합이 존재함을 증명하라. 즉, 소수성에 대한 확률론적 판정 방법을 확률에 전혀 의존하지 않는 하나의 효율적인 판정 방법으로 변환하는 것이 원칙적으로 가능한 것이다. (x_j를 효율적으로 계산하는 방법은 보이지 않아도 상관없다. 그냥 그런 수들이 존재함을 증명하기만 하면 된다.)

25. [*HM41*] (B. Riemann.) 다음을 증명하라.

$$\pi(x) + \frac{\pi(x^{1/2})}{2} + \frac{\pi(x^{1/3})}{3} + \cdots = \int_2^x \frac{dt}{\ln t} - 2\sum \int_{-\infty}^{\sigma} \frac{e^{(t+i\tau)\ln x}}{t + i\tau} dt + O(1).$$

여기서 합의 구간은 $\tau > 0$이고 $\zeta(\sigma + i\tau) = 0$인 복소수 $\sigma + i\tau$ 전체이다.

▶ **26.** [*M25*] (포클링턴 H. C. Pocklington, 1914.) $N = fr + 1$이고 $0 < r \le f + 1$라고 하자. 만일 f의 모든 소인수 p에 대해 $x_p^{N-1} \bmod N = \gcd(x_p^{(N-1)/p} - 1, N) = 1$인 하나의 정수 x_p가 존재하면 N이 소수임을 증명하라.

▶ **27.** [*M30*] $N = 5 \cdot 2^n + 1$ 형태의 수가 소수인지를 정리 L에 나온 메르센 소수에 대한 뤼카–레머 판정과 근사적으로 같은 횟수의 거듭제곱 $\bmod N$ 연산을 사용해서 판정하는 방법이 존재함을 보여라. [힌트: 연습문제 26을 참고할 것.]

28. [*M27*] 소수 p와 양의 정수 d가 주어졌을 때, p가 $A^2 - dB^2$을 나누는 경우의 수(중복 포함)의 평균인 $f(p, d)$의 값은 얼마인가? 여기서 A와 B는 $A \perp B$라는 점만 제외하면 서로 독립적인 무작위 정수들이다.

29. [*M25*] 소인수들이 모두 특정한 소수들의 집합 $\{p_1, \ldots, p_m\}$에 속하는 $\le n$인 양의 정수들의 개수가 적어도 $m^r/r!$임을 증명하라. 여기서 $r = \lfloor \log n / \log p_m \rfloor$이고 $p_1 < \cdots < p_m$이다.

30. [*HM35*] (딕슨 J. D. Dixon, 슈노어 Claus-Peter Schnorr.) $p_1 < \cdots < p_m$가 홀수 N의 약수가 아닌 소수들이고 r이 $\le \log N / \log p_m$인 짝수 정수라고 하자. $X^2 \bmod N = p_1^{e_1} \ldots p_m^{e_m}$을 만족하는 범위 $0 \le X < N$의 정수 X들의 개수가 적어도 $m^r/r!$임을 증명하라. 힌트: N의 소인수분해가 $q_1^{f_1} \ldots q_d^{f_d}$라고 하자. 지수들의 수열 $(e_1, \ldots, e_m)$이 $e_1 + \cdots + e_m \le r$이고 $p_1^{e_1} \ldots p_m^{e_m}$이 $1 \le i \le d$에 대해 q_i를 법으로 한 이차잉여임을 만족하면 항상 2^d개의 해 X들을 구할 수 있음을 보일 것. 그런 지수 수열은 $e_1' + \cdots + e_m' \le \frac{1}{2}r$이고 $e_1'' + \cdots + e_m'' \le \frac{1}{2}r$이며

$$1 \le i \le d \text{에 대해 } (p_1^{e_1'} \ldots p_m^{e_m'})^{(q_i - 1)/2} \equiv (p_1^{e_1''} \ldots p_m^{e_m''})^{(q_i - 1)/2} \pmod{q_i}$$

를 만족하는 순서쌍 $(e_1', \ldots, e_m'; e_1'', \ldots, e_m'')$로 구할 수 있다.

31. [*M20*] 연습문제 1.2.10-21을 이용해서, 딕슨의 인수분해 알고리즘(정리 D 앞에서 설명한)으로 $2m$개 미만의 출력들을 얻을 확률을 추정하라.

▶ **32.** [*M21*] RSA 부호화 방안을 $< \sqrt[3]{N}$인 메시지에 대해서도 문제가 없도록, 그러니까 메시지 길이가 크게 증가하지는 않도록 개선하려면 어떻게 해야 할까?

33. [*M50*] 증명 또는 반증하라: 만일 소인수 p와 q가 $p \equiv q \equiv 2 \pmod 3$을 만족하는 수 $N = pq$와 $x^3 \bmod N$의 값이 주어졌을 때 $x \bmod N$을 무시할 수 없는 확률로 찾아낼 수 있는 상당히 효율적인 알고리즘이 존재한다면, N의 소인수들을 무시할 수 없는 확률로 찾아낼 수 있는 상당히 효율적인 알고리즘이 존재한다. [이를 증명할 수 있다면 이는 세제곱근 문제가 인수분해만큼 어려운 일임을 뜻할 뿐만 아니라, RSA 방안에 SQRT 방안과 동일한 심각한 결함이 있다는 뜻도 된다.]

34. [*M30*] (웨인버거 Peter Weinberger.) RSA 방안에서 $N = pq$라고 하자. 그리고 모든 양의 정수 중에서 적어도 10^{-12}개의 양의 정수 x들에 대해 $x^m \bmod N = 1$인 수 m을 알고 있다고 하자.

m이 아주 크지는 않다고 할 때(이를테면 $m < N^{10}$) N을 큰 어려움 없이 인수분해하는 방법을 설명하라.

▶ **35.** [*M25*] (윌리엄스 H. C. Williams, 1979.) N이 두 소수 p와 q의 곱이고 $p \bmod 8 = 3$, $q \bmod 8 = 7$이라고 하자. 야코비 기호가 $\left(\frac{-x}{N}\right) = \left(\frac{x}{N}\right) = -\left(\frac{2x}{N}\right)$를 만족함을 보이고, 이 성질을 이용해서 라빈의 SQRT 상자와 비슷하되 메시지들의 모호성이 없는 부호화/복호화 방안을 설계하라.

36. [*HM24*] (22) 다음에 나오는 점근 분석은 별로 치밀하지 못해서, N이 극도로 크지 않은 한 의미 있는 값을 내지 못한다. N이 실용적인 범위일 때 $\ln \ln N$은 항상 상당히 작기 때문이다. 합리적인 N 값들에 대해 (22)의 습성을 좀 더 잘 파악할 수 있는 더 정밀한 분석을 수행하라. 또한 (22)에서 최대 $\exp(O(\log \log N))$ 크기의 인수를 제외한 부분을 최소화하는 $\ln m$의 값을 선택하는 방법도 설명하라.

37. [*M27*] 완전제곱수가 아닌 모든 양의 정수 D의 제곱근을 다음과 같은 형태의 주기적 연분수로 표현할 수 있음을 증명하라.

$$\sqrt{D} = R + //a_1, ..., a_n, 2R, a_1, ..., a_n, 2R, a_1, ..., a_n, 2R, ...//.$$

여기서 $R = \lfloor \sqrt{D} \rfloor$이고 $(a_1, ..., a_n)$은 회문(回文, palindrome)이다(즉, $1 \le i \le n$에 대해 $a_i = a_{n+1-i}$).

38. [25] (쓸모없는 소수들.) $0 \le d \le 9$에 대해, d와 같은 십진 숫자들이 최대한 많이 포함된 가장 큰 50자리 소수 P_d를 구하라. (우선 d들의 개수를 최대화하고, 그런 다음 그런 수들 중에서 가장 큰 소수를 찾을 것.)

39. [40] 소수 p들 중에는 $2p+1$도 역시 소수인 성질을 가진 것들이 많다. 예를 들어 $5 \to 11 \to 23 \to 47$이다. 좀 더 일반화하자면, 만일 p와 q가 모두 소수이고 어떠한 $k \ge 0$에 대해 $q = 2^k p + 1$이면 q를 p의 후행 소수(successor)라고 부른다. 예를 들어 $2 \to 3 \to 7 \to 29 \to 59 \to 1889 \to 3779 \to 7559 \to 4058207223809 \to 32465657790473 \to 4462046030502692971872257 \to 95 <30$자리 생략$> 37 \to \cdots$이다. $95...37$의 가장 작은 후행 소수는 103자리이다.

최대한 긴 후행 소수들의 사슬을 찾아보라.

▶ **40.** [*M36*] (샤미르 A. Shamir.) 임의의 길이의 정수 x와 y에 대해 $x+y$, $x-y$, $x \cdot y$, $\lfloor x/y \rfloor$ 연산 각각을 정수들의 길이와 무관하게 하나의 시간단위로 수행할 수 있는 컴퓨터가 있다고 하자. 또한 그 컴퓨터는 정수들을 하나의 임의접근 메모리에 저장하며, 주어진 x와 y가 $x = y$이냐의 여부에 따라 서로 다른 프로그램 단계들을 선택할 수 있다고 하자. 이 연습문제의 목적은 그런 컴퓨터에서 수들을 엄청나게 빨리 인수분해하는 방법이 존재함을 보이는 것이다. (이것이 증명된다면 진짜 컴퓨터에서의 인수분해가 본질적으로 난해한 것임을 짐작은 해도 실제로 증명하는 것은 상당히 어려워질 것이다.)

a) 그런 컴퓨터에서 $n!$을 $O(\log n)$단계로 계산하는 방법을 찾아라. 여기서 n은 2 이상의 정수이다.

[힌트: A가 충분히 큰 정수일 때 이항계수 $\binom{m}{k} = m!/(m-k)!\,k!$ 을 $(A+1)^m$의 값으로부터 손쉽게 계산할 수 있다.]

b) 그런 컴퓨터에서 $f(n)$을 $O(\log n)$단계로 계산하는 방법을 찾아라. 여기서 n은 2 이상의 정수이고 만일 n이 소수이면 $f(n) = n$, 그렇지 않으면 $f(n)$은 n의 진약수(반드시 소수인 것은 아님)이다. [힌트: 만일 $n \neq 4$이면, $m(n) = \min\{m \mid m!\bmod n = 0\}$인 $\gcd(m(n), n)$이 그러한 함수 $f(n)$이다.]

(부문제 (b)의 한 결과로, 주어진 n을 임의의 길이를 가진 정수들에 대한 산술 연산을 단 $O(\log n)^2$회만 수행해서 완전히 인수분해하는 것이 가능하다: 부분 인수분해 $n = n_1 \dots n_r$이 주어졌을 때, 각각의 비소수 n_i를 $\sum O(\log n_i) = O(\log n)$단계 이내로 $f(n_i) \cdot (n_i/f(n_i))$로 대체할 수 있다. 이러한 개선을 모든 n_i가 소수가 될 때까지 반복하면 된다.)

▶ **41.** [M28] (라가리아스Lagarias, 밀러Miller, 오들리츠코Odlyzko.) 이번 연습문제의 목적은, N^3보다 작은 소수들의 개수를 N^2보다 작은 소수들만 점검해서 계산할 수 있으며, 따라서 $\pi(N^3)$을 $O(N^{2+\epsilon})$단계로 평가할 수 있음을 보이는 것이다.

소인수들이 모두 m보다 큰 양의 정수를 "m생존자(m-survivor)"라고 부르기로 하자. m생존자는 에라토스테네스의 체(연습문제 8)로 m 이하의 소수들의 모든 배수들을 걸러낸 후에도 남게 된다. $f(x, m)$이 $\leq x$인 m생존자들의 개수이고 $f_k(x, m)$이 그런 생존자들 중 소인수 개수가 정확히 k개인 것들의 개수(중복 포함)라고 하자.

a) $\pi(N^3) = \pi(N) + f(N^3, N) - 1 - f_2(N^3, N)$을 증명하라.

b) $x \leq N^2$에 대한 $\pi(x)$ 값들로부터 $f_2(N^3, N)$을 계산하는 방법을 설명하고, 그 방법을 이용해서 $f_2(1000, 10)$을 손으로 평가하라.

c) (b)와 같되 $f_2(N^3, N)$ 대신 $f(N^3, N)$을 평가하라. [힌트: 항등식 $f(x, p_j) = f(x, p_{j-1}) - f(x/p_j, p_{j-1})$을 사용할 것. 여기서 p_j는 j번째 소수이고 $p_0 = 1$이다.]

d) (b)와 (c)의 수량들을 효율적으로 평가하기 위한 자료구조들을 논하라.

42. [M35] (렌스트라H. W. Lenstra, Jr.) $r \perp s$이고 $N \perp s$인 $0 < r < s < N$들이 주어졌을 때, $(\lg N)$비트 수들에 대해 잘 선택된 $O(\lceil N/s^3 \rceil^{1/2} \log s)$회의 연산들을 수행해서 N의 $\equiv r$ (modulo s)인 모든 약수들을 구하는 것이 가능함을 보여라. [힌트: 연습문제 4.5.3-49를 적용할 것.]

▶ **43.** [M43] $m = pq$가 정리 3.5P에서처럼 r비트 블럼 정수라고 하자. 그리고 $Q_m = \{y \mid$ 어떤 x에 대해 $y = x^2 \bmod m\}$이라고 하자. 그러면 Q_m의 원소 개수는 $(p+1)(q+1)/4$이며, 각 원소 $y \in Q_m$의 고유한 제곱근이 $x = \sqrt{y}$라 할 때 반드시 $x \in Q_m$이다. y가 Q_m의 한 무작위 원소라고 할 때, $\sqrt{y} \bmod 2$를 정확히 추측할 확률이 $\geq \frac{1}{2} + \epsilon$인 알고리즘을 $G(y)$라고 하자. 이 연습문제의 목표는 G로 풀 수 있는 문제들이 m을 인수분해하는 문제와 거의 같은 수준으로 어려움을 보이는 것이다.

a) 난수들과 알고리즘 G를 이용해서 주어진 정수 y가 Q_m의 원소인지를 추측하는 알고리즘 $A(G, m, \epsilon, y, \delta)$를 구축하라. 그 알고리즘의 추측 성공 확률은 $1 - \delta$ 이상이어야 하며 실행 시간 $T(A)$는 $T(G) \geq r^2$라고 가정할 때 최대 $O(\epsilon^{-2}(\log \delta^{-1})T(G))$이어야 한다. (만일 $T(G) < r^2$이면 앞의 공식에서 $T(G)$를 $(T(G) + r^2)$으로 대체할 것.)

b) m의 인수들을 구하는 평균 실행 시간이 $T(F) = O(r^2(\epsilon^{-6} + \epsilon^{-4}(\log \epsilon^{-1})T(G)))$인 알고리즘 $F(G, m, \epsilon)$을 구축하라.

힌트: 고정된 $y \in Q_m$에 대해, 그리고 $0 \leq v < m$에 대해, $\tau v = v\sqrt{y} \bmod m$이고 $\lambda v = \tau v \bmod 2$라고 하자. $\lambda(-v) + \lambda v = 1$이고 $\lambda(v_1 + \cdots + v_n) = (\lambda v_1 + \cdots + \lambda v_n + \lfloor (\tau v_1 + \cdots + \tau v_m)/m \rfloor)$ $\bmod 2$임을 주목할 것. 또한 $\tau(\frac{1}{2}v) = \frac{1}{2}(\tau v + m\lambda v)$이다. 여기서 $\frac{1}{2}v$는 $(\frac{m+1}{2}v) \bmod m$을 의미한다. 만일 $\pm v \in Q_m$이면 $\tau(\pm v) = \sqrt{v^2 y}$이다. 따라서 알고리즘 G를 이용하면 모든 v의 약 절반에 대해 λv를 추측할 수 있다.

44. [*M35*] (호스타드J. Håstad.) 만일 $1 \leq i < j \leq 7$에 대해 $m_i \perp m_j$이면, $1 \leq i \leq 7$에 대해 $a_{i0} + a_{i1}x + a_{i2}x^2 + a_{i3}x^3 \equiv 0$ (modulo m_i), $0 < x < m_i$, $\gcd(a_{i0}, a_{i1}, a_{i2}, a_{i3}, m_i) = 1$, $m_i > 10^{27}$인 x를 구하는 것이 어렵지 않음을 보여라. (모든 변수는 정수이며 x만 미지수이다.) 힌트: L이 임의의 실수 비특이행렬일 때 렌스트라Lenstra, 렌스트라Lenstar, 로바시Lovász의 알고리즘 [*Mathematische Annalen* **261** (1982), 515-534]은 length$(vL) \leq \sqrt{n2^n}|\det L|^{1/n}$을 만족하는 영이 아닌 정수 벡터 $v = (v_1, ..., v_n)$을 효율적으로 구한다.

▶ **45.** [*M41*] (폴러드J. M. Pollard, 슈노어Claus-Peter Schnorr.) $ab \perp n$이고 n이 홀수인 정수 a, b, n이 주어졌을 때, x와 y에 대한 합동식

$$x^2 - ay^2 \equiv b \pmod{n}$$

의 해를 n의 인수분해를 모르는 경우에도 효율적으로 구하는 방법이 존재함을 보여라. [힌트: 항등식 $(x_1^2 - ay_1^2)(x_2^2 - ay_2^2) = x^2 - ay^2$을 사용하라. 여기서 $x = x_1 x_2 - ay_1 y_2$이고 $y = x_1 y_2 + x_2 y_1$이다.]

46. [*HM30*] (에이들먼L. Adleman.) p가 상당히 큰 소수이고 a가 p를 법으로 하는 원시근이라고 하자. 즉, $1 \leq b < p$ 범위의 모든 정수 b를 $1 \leq n < p$인 어떤 고유한 n에 대해 $b = a^n \bmod p$로 표현할 수 있다.

딕슨의 인수분해 알고리즘의 착안들과 비슷한 착안들을 사용해서, b가 주어졌을 때 n을 모든 $\epsilon > 0$에 대한 $O(p^\epsilon)$단계로 구할 확률이 아주 높은 알고리즘을 설계하라. [힌트: $a^{n_i} \bmod p$가 오직 작은 소인수들만 가지는 수 n_i들의 목록을 만드는 것으로 시작할 것.]

47. [*M50*] ASCII 코드로 표현된 어떤 인용구 $x = x_1 x_2$를 값 $(x_1^3 \bmod N, x_2^3 \bmod N)$으로 암호화했다. 이 값은 16진수로

(14E97EF5C531D92591B89CDBAB48444A04612C01AA29C2A8FA10FA804EF7AC3CE03D7D3667C4D3E132A24A68

E6797FE28650DC3ADF327474B86B0CBD5387A49872CE012269A59B3E4B3BD83B74681A78AD7B6D1772A7451B,

15B025E2AEE095A9542590184CF62F72B2E8E8DD794AEF8511F2591E6BC2C8B8A8E48AF1FE04FF2FD933E730

9205A3418DBB9BB8C6A7665DA309531735FE86C741D1261B34CB2668FA34D0C0C28575A2454E3DB00E408AC7)

이다. 그리고 N은 16진수로

17B2353B9595ECA69FEF80940160C4084286D1255FFE49D114F2E633F82C88D524FC4AA6F9104CED2BCA810

BEA76157FFDC78F9656A0ED9B3F6CCAB99001B8B2571F4EBD095925F07F9BEE5111E8375DFD71593628AD8D1

이다. 원래의 x는 무엇인가?

> 소수와 합성수를 구분하는 문제는, 그리고 합성수를 그 소인수들로 분해하는 문제는
> 모든 산술에서 가장 중요하고 유용한 것들 중 하나이다.
> . . . 과학의 존엄성은 그러한 우아하고도 유명한 문제의 해들에 대한
> 모든 기여가 열성적으로 장려되도록 요구하는 것으로 보인다.
>
> —— 가우스C. F. GAUSS, *Disquisitiones Arithmeticæ*, Article 329 (1801)

4.6. 다항식 산술

지금까지 공부한 기법들은 수뿐만 아니라 다른 여러 종류의 수학적 수량들에도 자연스럽게 적용된다. 이번 절에서는 수들에서 한 단계 올라간 수량이라 할 수 있는 다항식(多項式, polynomial)들을 다룬다. 공식적으로 말해서, 대수계 S에 관한 다항식(polynomial over S)은 다음과 같은 형태의 수식이다.

$$u(x) = u_n x^n + \cdots + u_1 x + u_0. \tag{1}$$

여기서 계수(係數, coefficient) $u_n, \ldots, u_1, u_0$은 어떠한 대수계(algebraic system) S의 요소들이다. 그리고 변수 x는 그 의미가 정해지지 않은 어떠한 형식적 기호로 간주된다. 대수계 S가 항등원을 가진 가환환(可換環, commutative ring)이라고 가정하겠다. S가 항등원을 가진 가환환이라는 것은, S 안에서 덧셈, 뺄셈, 곱셈, 나눗셈이 가능하며 그 사칙연산이 다음과 같은 관례적인 성질들을 만족한다는 뜻이다: 덧셈과 곱셈은 S에 대해 정의되는 이항 연산이며 결합법칙과 교환법칙이 성립한다. 그리고 덧셈에 대한 곱셈의 배분법칙도 성립된다. 덧셈의 항등원은 0이고 곱셈의 항등원은 1이다. 즉, S의 모든 a에 대해 $a + 0 = a$이고 $a \cdot 1 = a$이다. 뺄셈은 덧셈의 역이나, 나눗셈이 곱셈의 역일 가능성에 대해서는 아무 것도 가정하지 않는다. 다항식 $0x^{n+m} + \cdots + 0x^{n+1} + u_n x^n + \cdots + u_1 x + u_0$은 (1)과 형식적인 표현이 다르긴 하지만 (1)과 동일한 다항식으로 간주된다.

다항식 (1)에서 $u_n \neq 0$일 때, 그러한 다항식을 가리켜 차수(次數, degree)가 n이고 선행 계수(leading-, 先行-)가 u_n이라고 말한다. 그리고 이를 다음과 같이 표현한다.

$$\deg(u) = n, \qquad \ell(u) = u_n. \tag{2}$$

그리고 관례 상 다음과 같이 둔다.

$$\deg(0) = -\infty, \qquad \ell(0) = 0. \tag{3}$$

여기서 "0"은 계수들이 전부 0인 영 다항식을 가리킨다. 다항식 $u(x)$의 선행 계수 $\ell(u)$가 1일 때, 그러한 다항식을 모닉다항식(monic polynomial)이라고 부른다.

다항식에 대한 산술은 기본적으로 덧셈, 뺄셈, 곱셈으로 이루어진다. 나눗셈, 거듭제곱, 인수분해, 최대공약수 계산 같은 추가적인 연산들이 중요한 경우도 있다. 덧셈, 뺄셈, 곱셈은 마치 x를 S의 한 원소인 것처럼 취급하는 자연스러운 방식으로 정의된다: 다항식들을 더하거나 뺄 때에는 차수(지수)가 같은 x항들의 계수들을 더하거나 뺀다. 곱셈은 다음과 같은 규칙으로 정의된다.

$$(u_r x^r + \cdots + u_0)(v_s x^s + \cdots + v_0) = w_{r+s} x^{r+s} + \cdots + w_0.$$

여기서

$$w_k = u_0 v_k + u_1 v_{k-1} + \cdots + u_{k-1} v_1 + u_k v_0 \tag{4}$$

이다. 후자의 공식에서 u_i나 v_j는 만일 $i > r$이거나 $j > s$이면 0으로 취급된다.

대수계 S는 보통은 정수들의 집합이거나 유리수들의 집합이다. 또는 그 자체가 다항식들(변수가 x 이외의 것인)의 집합일 수도 있다. 그런 경우 (1)은 다변수 다항식((multivariate polynomial,

또는 다변량 다항식), 즉 여러 개의 변수들로 된 다항식이다. 또 다른 중요한 경우는 대수계 S 가 정수 0, 1, ..., $m-1$로 구성되며 그 덧셈, 뺄셈, 곱셈이 mod m으로 수행되는 경우이다(식 4.3.2-(11) 참고). 이러한 연산 방식을 m을 법으로 한 다항식 산술이라고 부른다. 특히 중요한 것은 계수들이 0 또는 1인, 2를 법으로 한 다항식 산술이다.

다항식 산술과 다중 정밀도 산술(4.3.1절)의 유사성에 주목해야 할 것이다. 다중 정밀도 산술의 기수 b를 x로 바꾸면 다항식 산술과 흡사해진다. 주된 차이는, 다항식 산술의 경우 x^k의 계수 u_k와 그에 인접한 계수 $u_{k\pm1}$들 사이에는 어떠한 본질적인 관계도 존재하지 않는다는 것이다. 따라서 한 자리에서 다음 자리로의 "올림" 같은 개념은 없다. 사실 b를 법으로 한 다항식 산술은 모든 올림이 억제된다는 점만 빼고는 기수 b 다중 정밀도 산술과 본질적으로 동일하다. 예를 들어 이진수체계에서 의 $(1101)_2$ 곱하기 $(1011)_2$를 2를 법으로 한 x^3+x^2+1 곱하기 x^3+x+1과 비교해보자.

<table>
<tr><td align="center">이진수체계</td><td align="center">2를 법으로 한 다항식 산술</td></tr>
<tr><td align="center">1101</td><td align="center">1101</td></tr>
<tr><td align="center">$\times$ 1011</td><td align="center">$\times$ 1011</td></tr>
<tr><td align="center">1101</td><td align="center">1101</td></tr>
<tr><td align="center">1101</td><td align="center">1101</td></tr>
<tr><td align="center">1101</td><td align="center">1101</td></tr>
<tr><td align="center">10001111</td><td align="center">1111111</td></tr>
</table>

이 다항식들의 2를 법으로 한 곱의 결과는 모든 올림을 금지해서 얻은 것으로, 답은 $x^6+x^5+x^4+x^3+x^2+x+1$이다. 같은 다항식들을 2로 나눈 나머지를 취하지 않고 그냥 정수들에 대해 곱했다면 결과는 $x^6+x^5+x^4+3x^3+x^2+x+1$이 되었을 것이다. 이 경우에도 올림은 억제되었지만, 계수들은 0 또는 1로 제한되지 않고 임의의 값을 가질 수 있다.

다항식의 덧셈, 뺄셈, 곱셈과 다중 정밀도 산술의 덧셈, 뺄셈, 곱셈이 이렇게 비슷하기 때문에 다항식의 해당 산술에 대해서는 더 이상 설명할 필요가 없다. 다만, 실제 응용에서 다항식 산술이 다중 정밀도 산술과 다소 달라지는 부분은 지적해야 할 것이다: 실제 응용에서는 0인 계수들이 아주 많은 다항식들을 다루게 되거나, 또는 차수가 아주 큰 다항식들을 다루게 되는 경향이 있다. 따라서 다항식들을 특별한 형태로 표현할 필요가 생긴다. 이에 대해서는 2.2.4절을 볼 것. 또한 변수가 여러 개인 다항식들에 대한 산술을 다루는 루틴들은 재귀적인 틀로 이해하는 것이 가장 바람직하다. 이런 상황은 8장에서 논의한다.

다항식 덧셈, 뺄셈, 곱셈 기법들은 비교적 간단하므로 굳이 언급하지 않겠다. 그러나 그 외의 몇 가지 중요한 다항식 연산들은 특별한 설명이 필요할 것이다. 아래의 단원들에서는 다항식 나눗셈에 대해, 그리고 최대공약수 구하기, 인수분해 같은 관련 기법들에 대해 이야기한다. 또한 다항식의 효율적인 평가(評價, evaluation) 방법, 구체적으로 말하면 x가 S의 한 주어진 원소일 때 $u(x)$의 값을 최대한 적은 수의 연산들로 구하는 방법도 논의한다. n이 큰 수일 때의 x^n을 빠르게 평가하는 특수한 경우는 그 자체로 상당히 중요하므로, 4.6.3절에서 상세하게 논의한다.

다항식 산술을 위한 본격적인 컴퓨터 서브루틴들의 집합으로 처음 나온 것은 ALPAK 시스템이다 〔W. S. Brown, J. P. Hyde, B. A. Tague, *Bell System Tech. J.* **42** (1963), 2081-2119; **43** (1964), 785-804, 1547-1562〕. 이 분야의 또 다른 초기 주요 성과로는 콜린스George Collins의 PM 시스템 〔*CACM* **9** (1966), 578-589〕을 들 수 있다. 또한 C. L. Hamblin, *Comp. J.* **10** (1967), 168-171도 볼 것.

연습문제

1. 〔10〕 10을 법으로 하는 다항식 산술에서 $7x + 2$ 빼기 $x^2 + 5$는 무엇인가? $6x^2 + x + 3$ 곱하기 $5x^2 + 2$는 무엇인가?

2. 〔17〕 참 또는 거짓을 밝혀라: (a) 모닉다항식들의 곱은 모닉다항식이다. (b) 차수가 m과 n인 두 다항식의 곱은 차수가 $m + n$이다. (c) 차수가 m과 n인 두 다항식의 합은 차수가 $\max(m, n)$이다.

3. 〔M20〕 (4)의 계수 $u_r, ..., u_0, v_s, ..., v_0$들이 모두 조건 $|u_i| \le m_1$과 $|v_j| \le m_2$를 만족하는 정수들일 때, 곱의 계수 w_k들의 최대 절대값은 얼마인가?

▶ **4.** 〔21〕 다항식 계수들을 컴퓨터 워드들에 채워 넣고 이진 컴퓨터상에서 통상의 산술 연산들을 이용해서 2를 법으로 하는 다항식 곱셈을 수행하는 방법을 고안하라.

▶ **5.** 〔M21〕 n이 큰 값일 때, 차수들이 $\le n$인 두 다항식의 2를 법으로 하는 곱셈을 카라추바의 방법(4.3.3절)을 활용해서 $O(n^{\lg 3})$에 비례하는 실행 시간으로 수행하는 방법을 보여라.

4.6.1. 다항식 나눗셈

산술들을 하나의 체(體, field)에 관한 다항식들에 대해 수행한다면, 한 다항식을 다른 다항식으로 나누는 연산을 다중 정밀도 정수 나눗셈과 본질적으로 동일한 방식으로 수행하는 것이 가능하다. 체 S는 항등원을 가진 가환환이되 덧셈, 뺄셈, 곱셈뿐만 아니라 정확한 나눗셈도 가능한 가환환이다. 즉, u와 v가 S의 원소들이고 $v \ne 0$이면 S에는 $u = vw$를 만족하는 원소 w가 존재한다. 실제 응용에서는 다음과 같은 계수들의 체들이 가장 중요하다:

  a) 유리수(분수로 표현됨, 4.5.1절 참고).

  b) 실수 또는 복소수(컴퓨터 안에서는 부동소수점 근사를 통해서 표현됨, 4.2절 참고).

  c) p를 법으로 하는 정수. 여기서 p는 소수(이 경우 나눗셈은 연습문제 4.5.2-16에 제시된 방식으로 구현할 수 있다).

  d) 하나의 체에 관한 유리함수, 즉 계수들이 해당 체에 있는 두 다항식의 몫. 이 때 분모는 모닉다항식이다.

여기서 특히 중요한 것은 2를 법으로 한 정수체이다. 이 체의 원소는 0과 1뿐이다. 이 체에 관한 다항식들(즉, 2를 법으로 하는 다항식들)은 이진 표기법으로 표현된 정수들과 유사한 점이 많다. 그리고 이 체에 관한 유리함수들은 분자와 분모가 이진 표기법으로 표현된 유리수들과 대단히 비슷하다.

하나의 체에 관한 두 다항식 $u(x)$와 $v(x)$가 주어졌으며 $v(x) \neq 0$이라고 할 때 $u(x)$를 $v(x)$로 나누어서 다음 관계들을 만족하는 몫 다항식 $q(x)$와 나머지 다항식 $r(x)$를 구할 수 있다.

$$u(x) = q(x) \cdot v(x) + r(x), \qquad \deg(r) < \deg(v). \tag{1}$$

이 관계들을 만족하는 다항식들의 쌍 $(q(x), r(x))$가 많아야 하나임을 보이는 것은 쉬운 일이다: 만일 동일한 다항식 $u(x)$와 $v(x)$에 대해 $(q_1(x), r_1(x))$와 $(q_2(x), r_2(x))$ 둘 다 (1)을 만족한다면 $q_1(x)v(x) + r_1(x) = q_2(x)v(x) + r_2(x)$이며, 따라서 $(q_1(x) - q_2(x))v(x) = r_2(x) - r_1(x)$이다. 이제 만일 $q_1(x) - q_2(x)$가 0이 아니라면 $\deg((q_1 - q_2) \cdot v) = \deg(q_1 - q_2) + \deg(v) \geq \deg(v) > \deg(r_2 - r_1)$인데, 이는 모순이다. 따라서 $q_1(x) - q_2(x) = 0$이고 $r_1(x) = r_2(x)$이다.

다음은 $q(x)$와 $r(x)$를 구하는 데 사용할 수 있는 알고리즘으로, 올림을 전혀 신경 쓰지 않는다는 점만 빼고는 다중 정밀도 나눗셈을 위한 알고리즘 4.3.1D와 본질적으로 같다.

알고리즘 D (한 체에 관한 다항식들의 나눗셈). 체 S에 관한 다항식

$$u(x) = u_m x^m + \cdots + u_1 x + u_0, \qquad v(x) = v_n x^n + \cdots + v_1 x + v_0$$

이 주어졌으며 $v_n \neq 0$이고 $m \geq n \geq 0$이라고 할 때 이 알고리즘은 (1)을 만족하는, 체 S에 관한 다항식

$$q(x) = q_{m-n} x^{m-n} + \cdots + q_0, \qquad r(x) = r_{n-1} x^{n-1} + \cdots + r_0$$

을 구한다.

D1. [k에 대한 반복.] $k = m - n, m - n - 1, \dots, 0$에 대해 단계 D2를 반복한다. 반복이 끝나면 $(r_{n-1}, \dots, r_0) = (u_{n-1}, \dots, u_0)$을 답으로 해서 알고리즘을 끝낸다.

D2. [나누기 루프.] $q_k \leftarrow u_{n+k} / v_n$으로 설정하고 $j = n + k - 1, n + k - 2, \dots, k$에 대해 $u_j \leftarrow u_j - q_k v_{j-k}$로 설정한다. (후자의 설정 연산은 $u(x)$를 $u(x) - q_k x^k v(x)$, 즉 차수가 $< n + k$인 다항식으로 대체하는 것에 해당한다.) ∎

알고리즘 D의 적용 예는 잠시 후의 (5)에 나온다. 이 알고리즘의 산술 연산 횟수는 본질적으로 $n(m - n + 1)$에 비례한다. 계수들의 명시적인 나누기는 오직 단계 D2의 시작에서만 수행되며 제수가 항상 v_n임을 주목할 것. 즉, 만일 $v(x)$가 모닉다항식($v_n = 1$인)이면 실질적인 나누기는 한 번도 일어나지 않는다. 만일 곱셈이 나눗셈보다 더 수행하기 쉽다면 알고리즘 시작에서 $1/v_n$을 계산하고 단계 D2에서 그 값을 곱하도록 알고리즘을 수정하는 것이 더 나을 것이다.

앞으로는 종종 (1)의 나머지 $r(x)$를 $u(x) \bmod v(x)$로 표기하기도 하겠다.

유일한 인수분해 정역. 하나의 체에 관한 다항식들로만 논의를 제한한다면 여러 중요한 경우들, 이를테면 정수들에 관한 다항식들이나 여러 변수들에 대한 다항식들은 이해할 수 없게 된다. 따라서 지금부터

는 계수들의 대수체 S가 단지 하나의 체가 아니라 하나의 유일한 인수분해 정역(unique factorization domain)†인 좀 더 일반적인 상황을 고려하겠다. S가 유일한 인수분해 정역이라 함은 S가 단지 항등원을 가진 가환환일 뿐만 아니라 다음과 같은 조건들도 만족함을 의미한다.

  i) u와 v가 S의 0이 아닌 원소들이면 항상 $uv \neq 0$.

 ii) S의 모든 0이 아닌 원소 u는 하나의 단위수이거나, 그렇지 않으면 소수 $p_1, ..., p_t$ 들의 곱으로서의 "유일한" 표현, 즉

$$u = p_1 \ldots p_t, \qquad t \geq 1 \tag{2}$$

을 가진다.

여기서 단위수(unit)는 역수가 존재하는 원소, 다시 말해서 $uv = 1$을 만족하는 S의 원소 v가 존재하는 원소 u를 말한다. 그리고 소수(prime)는 q나 r이 단위수일 때에만 등식 $p = qr$이 참임을 만족하는, 단위수가 아닌 원소 p이다. 표현 (2)가 유일하다는 것은, 만일 $p_1 \ldots p_t = q_1 \ldots q_s$이면(여기서 p들과 q들은 전부 소수) $s = t$이며, 어떤 단위수 $a_1, ..., a_t$에 대해 $p_1 = a_1 q_{\pi_1}, ..., p_t = a_t q_{\pi_t}$를 만족하는 $\{1, ..., t\}$의 한 순열 $\pi_1 \ldots \pi_t$가 존재한다는 뜻이다. 바꾸어 말하면, 단위수의 배수들을 제외할 때, 그리고 인수들의 순서를 고려하지 않을 때 소인수분해가 고유하는 뜻이다.

0이 아닌 모든 원소들이 단위수이고 소수가 존재하지 않는 모든 체는 유일한 인수분해 정역이다. 정수들은 단위수가 $+1$과 -1이고 소수가 $\pm 2, \pm 3, \pm 5, \pm 7, \pm 11$ 등인 유일한 인수분해 정역이다. 가장 중요한 경우는 S가 모든 정수들의 집합일 때인데, 왜냐하면 임의의 유리 계수들을 다루기보다는 정수 계수들을 다루는 게 더 바람직한 경우가 많기 때문이다.

다항식에 관한 핵심 사실들(연습문제 10) 중 하나로, *하나의 유일 인수분해 정역에 관한 다항식들은 하나의 유일 인수분해 정역을 형성한다*라는 것이 있다. 이 정의역 안에서 소수인 다항식을 흔히 기약다항식(旣約-, irreducible-)이라고 부른다. 유일 인수분해 정리를 반복적으로 사용하면, 정수에 관한 또는 임의의 체에 관한 임의의 개수의 변수들로 된 다변수 다항식을 기약다항식들로 고유하게 인수분해할 수 있음을 증명할 수 있다. 예를 들어 정수에 관한 다변수 다항식 $90x^3 - 120x^2y + 18x^2yz - 24xy^2z$은 세 기약다항식들의 곱 $2 \cdot 3 \cdot x \cdot (3x - 4y) \cdot (5x + yz)$이다. 같은 다항식을 유리수들에 관한 다항식으로 간주한다면 그것은 세 기약다항식의 곱 $(6x) \cdot (3x - 4y) \cdot (5x + yz)$이다. 이 인수분해를 $x \cdot (90x - 120y) \cdot (x + \frac{1}{5}yz)$ 등 무수히 많은 방식으로 다르게 표현할 수 있으나, 본질적으로 이 인수분해는 유일하다.

어떤 다항식 $q(x)$에 대해 $u(x) = v(x)q(x)$일 때, 통상적인 산술에서처럼 $u(x)$를 $v(x)$의 배수라고 칭하고 $v(x)$를 $u(x)$의 약수라고 칭한다. 한 유일 인수분해 정역 S의 0이 아닌 임의의 원소 u와 v에 대해 u가 v의 배수인지의 여부를 말해주는, 그리고 $u = v \cdot w$인 w를 구하는 알고리즘이 존재한다면, S에 관한 임의의 0이 아닌 다항식 $u(x)$와 $v(x)$에 대해 $u(x)$가 $v(x)$의 배수인지를

---

† 〔옮긴이 주〕 문맥에 따라서는 유일 인수분해 정역이라고도 칭하겠다. 그리고 '정역'만을 따로 언급할 때에는 좀 더 일반적인 용어인 '정의역'을 사용하겠다.

알고리즘 D를 이용해서 밝힐 수 있다. 단계 D2의 각 수행에서 $u(x)$가 $v(x)$의 배수일 때 u_{n+k}가 반드시 v_n의 한 배수임을 보이는 것은 쉬운 일이며, 따라서 몫 $u(x)/v(x)$가 구해지기 때문이다. 이러한 관찰을 재귀적으로 적용하면 S에 관한, 임의의 개수의 변수들을 가진 한 다항식이 S에 관한 다른 어떤 다항식(변수 개수는 무관)의 배수인지를 결정하는, 그리고 몫이 존재한다면 그것을 구하는 알고리즘을 얻을 수 있다.

유일한 인수분해 정역의 원소 모두의 약수인 소수가 존재하지 않을 때, 그러한 유일 인수분해 정역의 원소들을 가리켜서 서로 소(relatively prime)라고 말한다. 한 유일 인수분해 정역에 관한 다항식의 계수들이 서로 소일 때 그러한 다항식을 가리켜서 원시다항식(原始-, primitive-)이라고 말한다. (이를 3.2.2절에서 논의한 "p를 법으로 하는 원시다항식" 개념과 혼동하면 안 된다. 그것과는 다른 것이다.) 다음과 같은 사실이 특히 중요하다. 이것은 가우스C. F. Gauss가 그의 유명한 책 *Disquisitiones Arithmeticæ* (Leipzig: 1801)의 글 42에서 정수들에 관한 다항식들의 경우에 대해 소개한 것이다

보조정리 G (가우스의 보조정리). *한 유일 인수분해 정역에 관한 원시다항식들의 곱은 원시다항식이다.*

증명. $u(x) = u_m x^m + \cdots + u_0$과 $v(x) = v_n x^n + \cdots + v_0$이 원시다항식들이라고 하자. 해당 정의역의 임의의 소수 p에 대해 p가 $u(x)v(x)$의 계수들 중 어떤 것도 나누지 않음을 보여야 한다. 가정에 의해, u_j가 p로 나누어지지 않음을 만족하는 한 색인 j가 존재하며, 또한 v_k가 p로 나누어지지 않음을 만족하는 한 색인 k가 존재한다. j와 k가 가능한 한 가장 작은 값들이라고 하자. 그러면 $u(x)v(x)$의 x^{j+k}항의 계수는

$$u_j v_k + u_{j+1} v_{k-1} + \cdots + u_{j+k} v_0 + u_{j-1} v_{k+1} + \cdots + u_0 v_{k+j}$$

이다. 그리고 이것이 p의 배수가 아님을 보이는 것은 쉬운 일이다(첫 항은 p의 배수가 아니나 나머지 모든 항들은 p의 배수이므로). ▮

유일 인수분해 정역 S에 관한 0이 아닌 다항식 $u(x)$가 원시다항식이 아니라면, $u(x) = p_1 \cdot u_1(x)$라는 표현을 만족하는, $u(x)$의 모든 계수들을 나누는 S의 한 소수 p_1과 S에 관한 또 다른 0이 아닌 다항식 $u_1(x)$가 존재한다. $u_1(x)$의 모든 계수는 $u(x)$의 해당 계수들보다 소인수들이 하나 적다. 이제 만일 $u_1(x)$가 원시다항식이 아니면 $u_1(x) = p_2 \cdot u_2(x)$라고 표현할 수 있다. 이러한 과정을 반복하다 보면 $u(x) = c \cdot u_k(x)$라는 표현에 이르게 된다. 여기서 c는 S의 한 원소이고 $u_k(x)$는 원시다항식이다. 정리하자면, 보조정리 G와 쌍을 이루는 다음과 같은 보조정리가 성립한다.

보조정리 H. *유일 인수분해 정역 S에 관한 0이 아닌 임의의 다항식 $u(x)$를 $u(x) = c \cdot v(x)$ 형태로 인수분해할 수 있다. 여기서 c는 S의 원소이고 $v(x)$는 원시다항식이다. 더 나아가서, 이 표현은 만일 $u = c_1 \cdot v_1(x) = c_2 \cdot v_2(x)$이면 $c_1 = ac_2$이고 $v_2(x) = av_1(x)$ (여기서 a는 S의 한 단위수)라는 의미로 유일한 표현이다.*

증명. 그러한 표현이 존재함은 이미 증명했으므로, 증명할 것은 유일성뿐이다. $v_1(x)$와 $v_2(x)$가 원시다항식이고 $c_1 \cdot v_1(x) = c_2 \cdot v_2(x)$라고 가정하자. 그리고 p가 S의 임의의 소수라고 하자. 만일 p^k이 c_1의 약수이면 p^k은 c_2의 약수이기도 하다. 그렇지 않다면 p^k은 $c_2 \cdot v_2(x)$의 모든 계수의 약수일 것이므로 p는 $v_2(x)$의 모든 계수의 약수가 되는데, 이는 모순이다. 비슷하게, p^k은 c_1의 약수인 경우에만 c_2의 약수이다. 따라서, 유일 인수분해에 의해, a가 한 단위수일 때 $c_1 = a c_2$이다. 그리고 $0 = a c_2 \cdot v_1(x) - c_2 \cdot v_2(x) = c_2 \cdot (a v_1(x) - v_2(x))$이다. 따라서 $a v_1(x) - v_2(x) = 0$이다. ∎

그러므로 임의의 0이 아닌 다항식 $u(x)$를 다음과 같이 표기할 수 있다.

$$u(x) = \text{cont}(u) \cdot \text{pp}(u(x)). \tag{3}$$

여기서 $\text{cont}(u)$는 u의 내용(content)으로, S의 한 원소이다. 그리고 $\text{pp}(u(x))$는 $u(x)$의 원시부 (primitive part)로, S에 관한 하나의 원시다항식이다. 편의상 $u(x) = 0$일 때에는 $\text{cont}(u) = \text{pp}(u(x)) = 0$으로 정의한다. 보조정리 G와 H를 결합하면 다음과 같은 관계들이 나온다.

$$
\begin{aligned}
\text{cont}(u \cdot v) &= a\,\text{cont}(u)\,\text{cont}(v), \\
\text{pp}(u(x) \cdot v(x)) &= b\,\text{pp}(u(x))\,\text{pp}(v(x)).
\end{aligned}
\tag{4}
$$

여기서 a와 b는 단위수로, 내용들이 계산되는 방식에 의존하며, $ab = 1$이다. 정수에 관한 다항식들을 다루는 경우 단위수는 $+1$과 -1뿐이며, $\text{pp}(u(x))$를 그 선행계수들이 양수가 되도록 정의하는 것이 관례이다. 이 경우 (4)는 $a = b = 1$일 때 모든 $u(x)$와 $v(x)$에 대해 성립한다.

예를 들어 정수에 관한 다항식들을 다루며, $u(x) = -26x^2 + 39$이고 $v(x) = 21x + 14$라고 하자. 그러면

$$
\begin{aligned}
\text{cont}(u) &= -13, & \text{pp}(u(x)) &= 2x^2 - 3, \\
\text{cont}(v) &= +7, & \text{pp}(v(x)) &= 3x + 2, \\
\text{cont}(u \cdot v) &= -91, & \text{pp}(u(x) \cdot v(x)) &= 6x^3 + 4x^2 - 9x - 6
\end{aligned}
$$

이다.

최대공약수. 유일한 인수분해라는 것이 존재하므로, 두 원소의 최대공약수라는 것도 생각해 볼 필요가 있을 것이다. 두 원소의 최대공약수라는 것은 최대한 많은 소수들로 나뉘어지는 공통의 약수를 말한다. (식 4.5.2-(6) 참고) 그런데 하나의 유일 인수분해 정역에는 여러 개의 단위수들이 있으므로, 이러한 최대공약수 정의에는 모호함이 존재한다. 만일 w가 u와 v의 최대공약수라면, a가 단위원일 때 $a \cdot w$ 역시 최대공약수이다. 반대로, 유일한 인수분해는 만일 w_1과 w_2가 u와 v의 최대공약수이면 어떠한 단위수 a에 대해 $w_1 = a \cdot w_2$임을 함의한다. 간단히 말해서 u와 v의 최대공약수는 하나가 아니라 여러 개이며, 각각은 다른 것에 어떤 단위수를 곱한 것이다.

그럼 어떤 대수체 S에 관한 두 다항식의 한 최대공약수를 구하는 문제를 생각해 보자. 이것은 원래 누네스Pedro Nuñez가 그의 *Libro de Algebra* (Antwerp: 1567)에서 제기한 문제이다. 만일

S가 하나의 체이면 문제는 비교적 간단하다. 정수 나눗셈 알고리즘에 근거해서 유클리드 알고리즘(알고리즘 4.5.2A)으로 주어진 두 정수의 최대공약수를 구하는 것과 마찬가지로, 다항식 나눗셈 알고리즘, 즉 알고리즘 D를 이용해서 최대 공약수들을 구하는 알고리즘을 만들 수 있다. 구체적으로 말하면:

$$\text{만일 } v(x) = 0 \text{이면 } \gcd(u(x), v(x)) = u(x),$$
$$\text{그렇지 않으면 } \gcd(u(x), v(x)) = \gcd(v(x), r(x)).$$

여기서 $r(x)$는 (1)로 주어진다. 이 절차를 한 체에 관한 다항식들에 대한 유클리드 알고리즘이라고 부른다. 스테빈Simon Stevin이 이를 *L'Arithmetique* (Leiden: 1585)에서 처음으로 사용했다. A. Girard, *Les Œuvres Mathématiques de Simon Stevin 1* (Leiden: 1634), 56을 볼 것.

한 예로, 13을 법으로 하는 정수체에 관한 다항식들에 대한 유클리드 알고리즘을 이용해서 2를 법으로 한 $x^8 + x^6 + 10x^4 + 10x^3 + 8x^2 + 2x + 8$과 $3x^6 + 5x^4 + 9x^2 + 4x + 8$의 최대공약수를 구해보자. 우선, 계수들만으로 알고리즘 D의 단계들을 나타낸다면 다음과 같다.

$$
\begin{array}{r}
9\ 0\ 7 \\
3\ 0\ 5\ 0\ 9\ 4\ 8\ \overline{)\ 1\ 0\ 1\ 0\ 10\ 10\ 8\ 2\ 8} \\
\underline{1\ 0\ 6\ 0\ 3\ 10\ 7} \\
0\ 8\ 0\ 7\ 0\ 1\ 2\ 8 \\
\underline{8\ 0\ 9\ 0\ 11\ 2\ 4} \\
0\ 11\ 0\ 3\ 0\ 4
\end{array}
\qquad (5)
$$

따라서 $x^8 + x^6 + 10x^4 + 10x^3 + 8x^2 + 2x + 8$은

$$(9x^2 + 7)(3x^6 + 5x^4 + 9x^2 + 4x + 8) + (11x^4 + 3x^2 + 4)$$

와 같다. 마찬가지로,

$$3x^6 + 5x^4 + 9x^2 + 4x + 8 = (5x^2 + 5)(11x^4 + 3x^2 + 4) + (4x + 1);$$
$$11x^4 + 3x^2 + 4 = (6x^3 + 5x^2 + 6x + 5)(4x + 1) + 12;$$
$$4x + 1 = (9x + 12) \cdot 12 + 0 \qquad (6)$$

이다. (여기서 등호는 13을 법으로 해서 합동이라는 뜻이다. 계수들에 대한 모든 산술은 mod 13으로 처리되기 때문이다.) 이 계산은 12가 원래의 두 다항식의 한 최대공약수임을 의미한다. 한 체의 임의의 0이 아닌 원소는 그 체에 관한 다항식 정의역의 한 단위수이므로, 체들의 경우에는 알고리즘의 결과를 그 선행 계수로 나누어서 하나의 모닉다항식을 만드는 것이 편리하다. 그러한 모닉다항식을 주어진 두 다항식의 대표(the) 최대공약수라고 부른다. 이에 따르면 (6)으로 계산된 gcd는 12가 아니라 1이 된다. (6)의 마지막 단계는 생략할 수 있는데, 왜냐하면 만일 $\deg(v) = 0$이면 $u(x)$가 어떤 다항식이든 무관하게 $\gcd(u(x), v(x)) = 1$이기 때문이다. 연습문제 4는 p를 법으로 하는 무작위 다항식들에 대한 유클리드 알고리즘의 평균 실행 시간을 구한다.

이제 좀더 일반적인 상황으로 관심을 돌려서, 체가 아니라 유일 인수분해 정역에 관해 주어진 다항식들을 살펴보자. 식 (4)로부터 다음과 같은 중요한 관계들을 이끌어낼 수 있다.

$$\text{cont}(\gcd(u, v)) = a \cdot \gcd(\text{cont}(u), \text{cont}(v)),$$
$$\text{pp}(\gcd(u(x), v(x))) = b \cdot \gcd(\text{pp}(u(x)), \text{pp}(v(x))). \tag{7}$$

여기서 a와 b는 단위수들이다. $\gcd(u(x), v(x))$는 $u(x)$와 $v(x)$의 한 최대공약수인, x를 변수로 한 임의의 특정한 다항식을 의미한다. 식 (7)은 임의의 다항식들의 최대공약수들을 구하는 문제를 원시다항식들의 최대공약수들을 찾는 문제로 간소화한다.

한 체에 관한 다항식들의 나눗셈을 수행하는 알고리즘 D를, 항등원을 가진 가환환인 임의의 대수체에 관한 다항식들의 유사나눗셈(pseudo-division)을 수행하는 알고리즘으로 일반화하는 것이 가능하다. 알고리즘 D에서 명시적으로 수행하는 나눗셈의 제수는 $\ell(v)$, 즉 $v(x)$의 선행 계수뿐이며, 또한 단계 D2는 정확히 $m - n + 1$번 수행된다는 점에 주목하자. 따라서 만일 $u(x)$와 $v(x)$의 선행 계수들이 정수라면, 그리고 다항식들이 유리수에 관한 것들이라면, $q(x)$와 $r(x)$의 계수에 나타나는 유일한 분모들은 $\ell(v)^{m-n+1}$의 약수들이다. 이는 우리가 다음을 만족하는 다항식 $q(x)$와 $r(x)$를 항상 구할 수 있음을 암시한다.

$$\ell(v)^{m-n+1}u(x) = q(x)v(x) + r(x), \qquad \deg(r) < n. \tag{8}$$

여기서, $m \geq n$이라 할 때 임의의 다항식 $u(x)$와 $v(x) \neq 0$에 대해 $m = \deg(u)$이고 $n = \deg(v)$이다.

알고리즘 R (다항식의 유사나눗셈). $v_n \neq 0$이고 $m \geq n \geq 0$인 다항식

$$u(x) = u_m x^m + \cdots + u_1 x + u_0, \qquad v(x) = v_n x^n + \cdots + v_1 x + v_0$$

이 주어졌을 때, 이 알고리즘은 (8)을 만족하는 다항식 $q(x) = q_{m-n} x^{m-n} + \cdots + q_0$과 $r(x) = r_{n-1} x^{n-1} + \cdots + r_0$을 구한다.

R1. 〔k에 대한 반복.〕 단계 R2를 $k = m-n, m-n-1, \ldots, 0$에 대해 반복한다. 그런 다음 $(r_{n-1}, \ldots, r_0) = (u_{n-1}, \ldots, u_0)$을 답으로 해서 알고리즘을 끝낸다.

R2. 〔곱하기 루프.〕 $q_k \leftarrow u_{n+k} v_n^k$으로 설정하고, $j = n+k-1, n+k-2, \ldots, 0$에 대해 $u_j \leftarrow v_n u_j - u_{n+k} v_{j-k}$로 설정한다. ($v_{-1}, v_{-2}, \ldots$을 0으로 간주하므로, $j < k$일 때 이는 $u_j \leftarrow v_n u_j$라는 뜻이다. 알고리즘 시작에서 $0 \leq t < m-n$에 대해 u_t를 $v_n^{m-n-t} u_t$로 대체했다면 이 곱셈들을 피할 수 있다.) ∎

알고리즘 적용 예는 잠시 후의 (10)에 나온다. 알고리즘 R의 유효성은 $m - n$에 대한 귀납법으로 쉽게 증명할 수 있다. 단계 R2의 각 수행은 본질적으로 $u(x)$를 $\ell(v)u(x) - \ell(u)x^k v(x)$로 대체하는 것이기 때문이다(여기서 $k = \deg(u) - \deg(v)$). 이 알고리즘에서 나눗셈이 전혀 쓰이지 않음을

주목할 것. $q(x)$와 $r(x)$의 계수들은 그 자체로 $u(x)$와 $v(x)$의 계수들의 특정한 다항식 함수들이다. 만일 $v_n = 1$이면 알고리즘은 알고리즘 D와 동일하다. 만일 $u(x)$와 $v(x)$가 한 유일 인수분해 정역에 관한 다항식들이면, 다항식 $q(x)$와 $r(x)$가 유일함을 이전과 마찬가지 방식으로 증명할 수 있다. 이는 한 유일 인수분해 정역에 관한 유사나눗셈을 $u(x)$에 v_n^{m-n+1}을 곱하고 알고리즘 D를 적용해서 (단계 D2의 모든 몫이 존재함을 알고 있으므로) 수행할 수도 있음을 의미한다.

알고리즘 R을 유일 인수분해 정역에 관한 원시다항식들에 대한 "일반화된 유클리드 알고리즘"으로 확장하는 것이 가능하다. 이런 식이다: $u(x)$와 $v(x)$가 $\deg(u) \geq \deg(v)$인 원시다항식들이라고 하자. 알고리즘 R을 이용해서 (8)을 만족하는 다항식 $r(x)$를 구한다. 이제 $\gcd(u(x), v(x)) = \gcd(v(x), r(x))$임을 다음과 같이 증명할 수 있다. $u(x)$와 $v(x)$의 모든 공약수는 $v(x)$와 $r(x)$의 공약수이기도 하다. 반대로, $v(x)$와 $r(x)$의 모든 공약수는 $\ell(v)^{m-n+1}u(x)$의 약수이며, 반드시 원시다항식이다($v(x)$가 원시다항식이므로). 따라서 그 공약수들은 $u(x)$를 나눈다. 그러므로 만일 $r(x) = 0$이면 $\gcd(u(x), v(x)) = v(x)$가 성립한다. 반면 만일 $r(x) \neq 0$이면 $v(x)$가 원시다항식이므로 $\gcd(v(x), r(x)) = \gcd(v(x), \text{pp}(r(x)))$이다. 따라서 공정이 반복될 수 있다.

알고리즘 E (일반화된 유클리드 알고리즘). 한 유일 인수분해 정역 S에 관한 0이 아닌 다항식 $u(x)$와 $v(x)$가 주어졌을 때, 이 알고리즘은 $u(x)$와 $v(x)$의 한 최대공약수를 계산한다. S의 원소들의 최대공약수들을 구하는 보조 알고리즘과, S의 원소 a, b에 대해 $b \neq 0$이고 a가 b의 배수라 할 때 a를 b로 나누는 보조 알고리즘이 존재한다고 가정한다.

E1. 〔원시다항식으로 축약.〕 $d \leftarrow \gcd(\text{cont}(u), \text{cont}(v))$로 설정한다. 그리고 가정된 알고리즘을 이용해서 S 안에서의 최대공약수들을 계산한다. (정의에 의해, $\text{cont}(u)$는 $u(x)$의 계수들의 한 최대공약수이다.) $u(x)$를 다항식 $u(x)/\text{cont}(u) = \text{pp}(u(x))$로 대체한다. 마찬가지로 $v(x)$를 $\text{pp}(v(x))$로 대체한다.

E2. 〔유사나눗셈.〕 알고리즘 R로 $r(x)$를 계산한다. (몫 다항식 $q(x)$는 구할 필요가 없다.) 만일 $r(x) = 0$이면 단계 E4로 간다. $(r) = 0$이면 $v(x)$를 상수 다항식 "1"로 치환하고 E4로 간다.

E3. 〔나머지를 원시다항식으로 만든다.〕 $u(x)$를 $v(x)$로 대체하고 $v(x)$를 $\text{pp}(r(x))$로 대체한다. 단계 E2로 돌아간다. (이것은 지금까지 살펴본 다른 유클리드 알고리즘들과 유사한 "유클리드 단계"이다.)

E4. 〔내용을 부착.〕 $d \cdot v(x)$를 답으로 해서 알고리즘을 끝낸다. ∎

알고리즘 E의 한 예로, 정수에 관한 다항식

$$u(x) = x^8 + x^6 - 3x^4 - 3x^3 + 8x^2 + 2x - 5,$$
$$v(x) = 3x^6 + 5x^4 - 4x^2 - 9x + 21 \tag{9}$$

의 gcd를 구해보자. 이 다항식들은 원시다항식들이므로 단계 E1에서는 $d \leftarrow 1$로 설정한다. 단계 E2에서는 다음과 같은 유사나눗셈이 일어난다.

$$
\begin{array}{r}
\quad\quad 1\quad 0\quad -6 \\[2pt]
3\ 0\ 5\ 0\ -4\ -9\ 21\,\big)\ \overline{\ 1\,0\quad 1\,0\quad -3\ -3\ \ 8\quad 2\quad -5\ } \\[2pt]
3\,0\quad 3\,0\quad -9\ -9\ 24\quad 6\quad -15 \\[2pt]
\underline{3\,0\quad 5\,0\quad -4\ -9\ 21} \\[2pt]
0\ -2\,0\quad -5\quad 0\quad 3\quad 6\quad -15 \\[2pt]
0\ -6\,0\quad -15\quad 0\quad 9\ 18\quad -45 \\[2pt]
\underline{0\ \ 0\,0\quad\ \ 0\quad 0\quad 0\quad 0\quad\ \ 0} \\[2pt]
-6\,0\quad -15\quad 0\quad 9\ 18\quad -45 \\[2pt]
-18\,0\quad -45\quad 0\ 27\ 54\quad -135 \\[2pt]
\underline{-18\,0\quad -30\quad 0\ 24\ 54\quad -126} \\[2pt]
-15\quad 0\quad 3\quad 0\quad -9
\end{array}
\tag{10}
$$

여기서 몫 $q(x)$는 $1 \cdot 3^2 x^2 + 0 \cdot 3^1 x + -6 \cdot 3^0$이다. 따라서

$$
27u(x) = v(x)(9x^2 - 6) + (-15x^4 + 3x^2 - 9)
\tag{11}
$$

이다. 단계 E3에서는 $u(x)$를 $v(x)$로 대체하고 $v(x)$를 $\mathrm{pp}(r(x)) = 5x^4 - x^2 + 3$으로 대체한다. 이 치환 연산들을 정리하면 다음과 같은데, 계수들만 표시한 것이다.

$$
\begin{array}{ccc}
u(x) & v(x) & r(x) \\
1,\,0,\,1,\,0,\,-3,\,-3,\,8,\,2,\,-5 & 3,\,0,\,5,\,0,\,-4,\,-9,\,21 & -15,\,0,\,3,\,0,\,-9 \\
3,\,0,\,5,\,0,\,-4,\,-9,\,21 & 5,\,0,\,-1,\,0,\,3 & -585,\,-1125,\,2205 \\
5,\,0,\,-1,\,0,\,3 & 13,\,25,\,-49 & -233150,\,307500 \\
13,\,25,\,-49 & 4663,\,-6150 & 143193869
\end{array}
\tag{12}
$$

이 계산을 정수가 아니라 유리수에 관한 동일한 최대공약수 계산(이번 절 앞에서 설명한, 한 체에 관한 다항식들에 대한 유클리드 알고리즘을 이용한)과 비교해 보면 많은 점들을 배울 수 있을 것이다. 다음이 그러한 계산의 결과인데, 놀랄 만큼 복잡하다.

$$
\begin{array}{cc}
u(x) & v(x) \\
1,\,0,\,1,\,0,\,-3,\,-3,\,8,\,2,\,-5 & 3,\,0,\,5,\,0,\,-4,\,-9,\,21 \\
3,\,0,\,5,\,0,\,-4,\,-9,\,21 & -\dfrac{5}{9},\,0,\,\dfrac{1}{9},\,0,\,-\dfrac{1}{3} \\
-\dfrac{5}{9},\,0,\,\dfrac{1}{9},\,0,\,-\dfrac{1}{3} & -\dfrac{117}{25},\,-9,\,\dfrac{441}{25} \\
-\dfrac{117}{25},\,-9,\,\dfrac{441}{25} & \dfrac{233150}{19773},\,-\dfrac{102500}{6591} \\
\dfrac{233150}{19773},\,-\dfrac{102500}{6591} & -\dfrac{1288744821}{543589225}
\end{array}
\tag{13}
$$

매 단계에서 $u(x)$와 $v(x)$를 모닉다항식들로 축약한다면 그 알고리즘이 좀 더 개선될 수 있을 것이다. 그렇게 축약하면 계수들이 필요 이상으로 복잡해지게 만드는 단위수 인수들을 제거할 수 있기 때문이다. 그렇게 수정한 알고리즘은 실제로 유리수들에 관한 알고리즘 E에 해당한다:

$$u(x) \qquad\qquad v(x)$$

$$1,\,0,\,1,\,0,\,-3,\,-3,\,8,\,2,\,-5 \qquad\qquad 1,\,0,\,\frac{5}{3},\,0,\,-\frac{4}{3},\,-3,\,7$$

$$1,\,0,\,\frac{5}{3},\,0,\,-\frac{4}{3},\,-3,\,7 \qquad\qquad 1,\,0,\,-\frac{1}{5},\,0,\,\frac{3}{5}$$

$$1,\,0,\,-\frac{1}{5},\,0,\,\frac{3}{5} \qquad\qquad 1,\,\frac{25}{13},\,-\frac{49}{13}$$

$$1,\,\frac{25}{13},\,-\frac{49}{13} \qquad\qquad 1,\,-\frac{6150}{4663}$$

$$1,\,-\frac{6150}{4663} \qquad\qquad\qquad 1 \qquad\qquad (14)$$

(13)과 (14)는 모두 정수에 관한 알고리즘 E로 얻은 (12)와 본질적으로 동일한 다항식열들이다. 유일한 차이라면 다항식들에 특정 유리수들이 곱해졌다는 것뿐이다. $5x^4 - x^2 + 3$이든 $-\frac{5}{9}x^4 + \frac{1}{9}x^2 - \frac{1}{3}$이든 $x^4 - \frac{1}{5}x^2 + \frac{3}{5}$이든 본질적으로 동일한 계산들인 것이다. 그러나 유리수 산술을 이용한 두 알고리즘은 정수만 사용하는 알고리즘 E보다 느리게 실행되는 경향이 있다. 왜냐하면 다항식들의 차수가 큰 경우 일반적으로 유리수 산술을 위해서는 각 단계에서 정수 gcd들을 더 많이 평가해야 하기 때문이다.

(12), (13), (14)를 앞에 나온 (6)과 비교해 보는 것도 도움이 될 것이다. (6)은 13을 법으로 해서 (12) 등과 같은 다항식 $u(x)$와 $v(x)$의 gcd를 구했는데, 계산이 훨씬 간단했다. $\ell(u)$와 $\ell(v)$는 13의 배수가 아니므로, 정수에 관해(따라서 유리수에 관해) $u(x)$와 $v(x)$가 서로 소임을 증명하는 데에는 $\gcd(u(x), v(x)) = 1 \pmod{\text{modulo } 13}$이라는 사실로 충분하다. 이러한 시간 절약 착안에 대해서는 4.6.2절 끝부분에서 좀 더 이야기하겠다.

하위종결식 알고리즘(subresultant algorithm). 알고리즘 E보다 전반적으로 우월하며 알고리즘 E의 습성에 관한 추가적인 정보를 제공하는 한 가지 교묘한 알고리즘이 콜린스George E. Collins에 의해서 알려지고 〔*JACM* **14** (1967), 128-142〕, 이후 브라운W. S. Brown과 트라우브J. F. Traub에 의해서 개선되었다 〔*JACM* **18** (1971), 505-514; 또한 W. S. Brown, *ACM Trans. Math. Software* **4** (1978), 237-249도 볼 것〕. 이 알고리즘은 $r(x)$의 한 인수라고 알려진 S의 한 원소로 나누기를 수행함으로써 단계 E3의 원시다항식 계산을 생략한다.

알고리즘 C (유일 인수분해 정역에 관한 최대공약수). 이 알고리즘의 입력과 출력은 알고리즘 E와 같다. 알고리즘 E에 비해 계수들의 최대공약수 계산 횟수가 더 적다는 이점을 제공한다.

C1. 〔원시다항식으로 축약.〕 알고리즘 E의 단계 E1에서처럼 $d \leftarrow \gcd(\text{cont}(u), \text{cont}(v))$로 설정하고 $(u(x), v(x))$를 $(\text{pp}(u(x)), \text{pp}(v(x)))$로 대체한다. $g \leftarrow h \leftarrow 1$로 설정한다.

C2. 〔유사나눗셈.〕 $\delta \leftarrow \deg(u) - \deg(v)$로 설정한다. 알고리즘 R을 이용해서 $r(x)$를 계산한다. 만일 $r(x) = 0$이면 C4로 간다. 만일 $\deg(r) = 0$이면 $v(x)$를 상수 다항식 "1"로 치환하고 C4로 간다.

C3. 〔나머지를 보정.〕 다항식 $u(x)$를 $v(x)$로 대체하고, $v(x)$를 $r(x)/gh^\delta$로 대체한다. (이 시점에

서 $r(x)$의 모든 계수는 gh^δ의 배수이다.) 그런 다음 $g \leftarrow \ell(u)$, $h \leftarrow h^{1-\delta}g^\delta$로 설정하고 C2로 돌아간다. ($h$의 새 값은 심지어 $\delta > 1$라고 해도 정역 S의 원소가 된다.)

C4. 〔내용을 부착.〕 $d \cdot \mathrm{pp}(v(x))$를 답으로 돌려준다. ∎

이 알고리즘을 이전에 살펴본 (9)의 다항식들에 적용하면 단계 C2의 시작에서 다음과 같은 일련의 결과들이 나온다.

$u(x)$	$v(x)$	g	h	
$1, 0, 1, 0, -3, -3, 8, 2, -5$	$3, 0, 5, 0, -4, -9, 21$	1	1	
$3, 0, 5, 0, -4, -9, 21$	$-15, 0, 3, 0, -9$	3	9	
$-15, 0, 3, 0, -9$	$65, 125, -245$	-15	25	
$65, 125, -245$	$-9326, 12300$	65	169	(15)

결론적으로 알고리즘은 $r(x)/gh^\delta = 260708$이라는 답을 낸다.

다항식들의 열은 알고리즘 E가 산출한 다항식열의 다항식들의 정수배들로 구성된다. 다항식들이 원시다항식 형태로 축약되지 않음에도 다항식 계수들은 적당한 크기를 유지하는데, 이는 단계 C3의 인수 축약 덕분이다.

알고리즘 C를 분석하고 유효함을 증명해보자. 우선 알고리즘이 산출하는 다항식들의 열이 $u_1(x), u_2(x), u_3(x), \ldots$이라고 하자. 여기서 $u_1(x) = u(x)$이고 $u_2(x) = v(x)$이다. 또한 $n_j = \deg(u_j)$로 두고 $j \geq 1$에 대해 $\delta_j = n_j - n_{j+1}$이라고 하자. 그리고 $j \geq 2$에 대해 $g_1 = h_1 = 1$, $g_j = \ell(u_j)$, $h_j = h_{j-1}^{1-\delta_{j-1}} g_j^{\delta_{j-1}}$이라고 하자. 그러면

$$g_2^{\delta_1+1} u_1(x) = u_2(x)q_1(x) + g_1 h_1^{\delta_1} u_3(x), \qquad n_3 < n_2;$$
$$g_3^{\delta_2+1} u_2(x) = u_3(x)q_2(x) + g_2 h_2^{\delta_2} u_4(x), \qquad n_4 < n_3; \qquad (16)$$
$$g_4^{\delta_3+1} u_3(x) = u_4(x)q_3(x) + g_3 h_3^{\delta_3} u_5(x), \qquad n_5 < n_4$$

등등이 된다. 이러한 전개 과정은 $n_{k+1} = \deg(u_{k+1}) \leq 0$에서 끝난다. 이제 $u_3(x), u_4(x), \ldots$의 계수들이 모두 S의 원소임을, 다시 말하면 인수 $g_j h_j^{\delta_j}$이 나머지들의 계수들을 나누어 떨어지게 함을 증명해야 한다. 또한 h_j 값들이 모두 S에 속함도 보여야 한다. 이러한 증명은 다소 복잡하므로, 이해를 돕기 위해 한 가지 예를 들겠다.

(15)에서처럼 $n_1 = 8$, $n_2 = 6$, $n_3 = 4$, $n_4 = 2$, $n_5 = 1$, $n_6 = 0$이라고 하자. 즉, $\delta_1 = \delta_2 = \delta_3 = 2$, $\delta_4 = \delta_5 = 1$이다. $u_1(x) = a_8 x^8 + a_7 x^7 + \cdots + a_0$, $u_2(x) = b_6 x^6 + b_5 x^5 + \cdots + b_0$, $u_5(x) = e_1 x + e_0$, $u_6(x) = f_0$으로 두면 $h_1 = 1$, $h_2 = b_6^2$, $h_3 = c_4^2/b_6^2$, $h_4 = d_2^2 b_6^2/c_4^2$이 된다. 이 항들에 대해서는 표 1의 배열을 고려하는 것이 도움이 될 것이다. 예를 구체적으로 만들기 위해서 다항식들의 계수들이 정수라고 가정하자. $b_6^3 u_1(x) = u_2(x)q_1(x) + u_3(x)$이다. 따라서 만일 행 A_5에 b_6^3을 곱하고 행 B_7, B_6, B_5($q_1(x)$의 계수들에 해당)의 적절한 배수들을 빼면 행 C_5가 나온다. 또한 행 A_4에

b_6^3을 곱하고 행 B_6, B_5, B_4의 배수들을 빼면 행 C_4가 나온다. 비슷한 방식으로 $c_4^3 u_2(x) = u_3(x)q_2(x) + b_6^5 u_4(x)$를 얻을 수 있으며, 따라서 행 B_3에 c_4^3을 곱하고 행 C_5, C_4, C_3의 정수 배수들을 뺀 후 b_6^5으로 나누어서 행 D_3을 얻을 수 있다.

$u_4(x)$의 계수들이 정수임을 증명하기 위해 다음과 같은 행렬을 고려한다.

$$
\begin{array}{c}
A_2 \\ A_1 \\ A_0 \\ B_4 \\ B_3 \\ B_2 \\ B_1 \\ B_0
\end{array}
\left(
\begin{array}{ccccccccccc}
a_8 & a_7 & a_6 & a_5 & a_4 & a_3 & a_2 & a_1 & a_0 & 0 & 0 \\
0 & a_8 & a_7 & a_6 & a_5 & a_4 & a_3 & a_2 & a_1 & a_0 & 0 \\
0 & 0 & a_8 & a_7 & a_6 & a_5 & a_4 & a_3 & a_2 & a_1 & a_0 \\
b_6 & b_5 & b_4 & b_3 & b_2 & b_1 & b_0 & 0 & 0 & 0 & 0 \\
0 & b_6 & b_5 & b_4 & b_3 & b_2 & b_1 & b_0 & 0 & 0 & 0 \\
0 & 0 & b_6 & b_5 & b_4 & b_3 & b_2 & b_1 & b_0 & 0 & 0 \\
0 & 0 & 0 & b_6 & b_5 & b_4 & b_3 & b_2 & b_1 & b_0 & 0 \\
0 & 0 & 0 & 0 & b_6 & b_5 & b_4 & b_3 & b_2 & b_1 & b_0
\end{array}
\right) = M. \tag{17}
$$

표 1에 제시된 행 연산들과 행들의 치환을 M에 적용하면 다음과 같은 행렬이 된다.

$$
\begin{array}{c}
B_4 \\ B_3 \\ B_2 \\ B_1 \\ C_2 \\ C_1 \\ C_0 \\ D_0
\end{array}
\left(
\begin{array}{ccccccccccc}
b_6 & b_5 & b_4 & b_3 & b_2 & b_1 & b_0 & 0 & 0 & 0 & 0 \\
0 & b_6 & b_5 & b_4 & b_3 & b_2 & b_1 & b_0 & 0 & 0 & 0 \\
0 & 0 & b_6 & b_5 & b_4 & b_3 & b_2 & b_1 & b_0 & 0 & 0 \\
0 & 0 & 0 & b_6 & b_5 & b_4 & b_3 & b_2 & b_1 & b_0 & 0 \\
0 & 0 & 0 & 0 & c_4 & c_3 & c_2 & c_1 & c_0 & 0 & 0 \\
0 & 0 & 0 & 0 & 0 & c_4 & c_3 & c_2 & c_1 & c_0 & 0 \\
0 & 0 & 0 & 0 & 0 & 0 & c_4 & c_3 & c_2 & c_1 & c_0 \\
0 & 0 & 0 & 0 & 0 & 0 & 0 & 0 & d_2 & d_1 & d_0
\end{array}
\right) = M'. \tag{18}
$$

M에서 M'를 유도한 방식 때문에, M_0과 M'_0이 M과 M'에서 서로 대응되는 여덟 개의 열들을 선택해서 구한 임의의 정방행렬이라 할 때 반드시

$$
b_6^3 \cdot b_6^3 \cdot b_6^3 \cdot (c_4^3/b_6^5) \cdot \det M_0 = \pm \det M'_0
$$

이 성립한다. 예를 들어 처음 일곱 열과 d_1을 담은 열을 선택한다면

$$
b_6^3 \cdot b_6^3 \cdot b_6^3 \cdot (c_4^3/b_6^5) \cdot \det
\left(
\begin{array}{cccccccc}
a_8 & a_7 & a_6 & a_5 & a_4 & a_3 & a_2 & 0 \\
0 & a_8 & a_7 & a_6 & a_5 & a_4 & a_3 & a_0 \\
0 & 0 & a_8 & a_7 & a_6 & a_5 & a_4 & a_1 \\
b_6 & b_5 & b_4 & b_3 & b_2 & b_1 & b_0 & 0 \\
0 & b_6 & b_5 & b_4 & b_3 & b_2 & b_1 & 0 \\
0 & 0 & b_6 & b_5 & b_4 & b_3 & b_2 & 0 \\
0 & 0 & 0 & b_6 & b_5 & b_4 & b_3 & b_0 \\
0 & 0 & 0 & 0 & b_6 & b_5 & b_4 & b_1
\end{array}
\right) = \pm b_6^4 \cdot c_4^3 \cdot d_1
$$

이 성립한다. $b_6 c_4 \neq 0$이므로, 이는 d_1이 정수임을 증명한다. 비슷하게 d_2와 d_0도 정수이다.

일반화하자면, $u_{j+1}(x)$가 정수 계수들을 가짐을 비슷한 방식으로 증명할 수 있다: $A_{n_2-n_j}$에서 A_0까지와 $B_{n_1-n_j}$에서 B_0까지의 행들로 구성된 행렬 M으로 시작해서 표 1에 나온 행 연산들을

수행하면 $B_{n_1-n_j}$에서 $B_{n_3-n_j+1}$까지의 행들이 어떤 순서로 나오고, $C_{n_2-n_j}$에서 $C_{n_4-n_j+1}$까지의 행들이 어떤 순서로 나오고, ..., $P_{n_{j-2}-n_j}$에서 P_1까지의, 그리고 $Q_{n_{j-1}-n_j}$에서 Q_0까지의 행들이 어떤 순서로 나오고, 마지막으로 행 $R_0(u_{j+1}(x)$의 계수들이 있는 행)이 나오는 행렬 M'를 얻게 된다. 그 행렬에서 적절한 열들을 추출해서

$$(g_2^{\delta_1+1}/g_1 h_1^{\delta_1})^{n_2-n_j+1}(g_3^{\delta_2+1}/g_2 h_2^{\delta_2})^{n_3-n_j+1}\ldots(g_j^{\delta_{j-1}+1}/g_{j-1}h_{j-1}^{\delta_{j-1}})^{n_j-n_j+1}$$

$$\times\det M_0 = \pm g_2^{n_1-n_3}g_3^{n_2-n_4}\ldots g_{j-1}^{n_{j-2}-n_j}g_j^{n_{j-1}-n_j+1}r_t \qquad (19)$$

임을 보일 수 있다.

표 1

알고리즘 C에서 나타나는 계수들

행 이름	행														이것을 곱하고	이 행 으로 치환
A_5	a_8	a_7	a_6	a_5	a_4	a_3	a_2	a_1	a_0	0	0	0	0	0	b_6^3	C_5
A_4	0	a_8	a_7	a_6	a_5	a_4	a_3	a_2	a_1	a_0	0	0	0	0	b_6^3	C_4
A_3	0	0	a_8	a_7	a_6	a_5	a_4	a_3	a_2	a_1	a_0	0	0	0	b_6^3	C_3
A_2	0	0	0	a_8	a_7	a_6	a_5	a_4	a_3	a_2	a_1	a_0	0	0	b_6^3	C_2
A_1	0	0	0	0	a_8	a_7	a_6	a_5	a_4	a_3	a_2	a_1	a_0	0	b_6^3	C_1
A_0	0	0	0	0	0	a_8	a_7	a_6	a_5	a_4	a_3	a_2	a_1	a_0	b_6^3	C_0
B_7	b_6	b_5	b_4	b_3	b_2	b_1	b_0	0	0	0	0	0	0	0		
B_6	0	b_6	b_5	b_4	b_3	b_2	b_1	b_0	0	0	0	0	0	0		
B_5	0	0	b_6	b_5	b_4	b_3	b_2	b_1	b_0	0	0	0	0	0		
B_4	0	0	0	b_6	b_5	b_4	b_3	b_2	b_1	b_0	0	0	0	0		
B_3	0	0	0	0	b_6	b_5	b_4	b_3	b_2	b_1	b_0	0	0	0	c_4^3/b_6^5	D_3
B_2	0	0	0	0	0	b_6	b_5	b_4	b_3	b_2	b_1	b_0	0	0	c_4^3/b_6^5	D_2
B_1	0	0	0	0	0	0	b_6	b_5	b_4	b_3	b_2	b_1	b_0	0	c_4^3/b_6^5	D_1
B_0	0	0	0	0	0	0	0	b_6	b_5	b_4	b_3	b_2	b_1	b_0	c_4^3/b_6^5	D_0
C_5	0	0	0	0	c_4	c_3	c_2	c_1	c_0	0	0	0	0	0		
C_4	0	0	0	0	0	c_4	c_3	c_2	c_1	c_0	0	0	0	0		
C_3	0	0	0	0	0	0	c_4	c_3	c_2	c_1	c_0	0	0	0		
C_2	0	0	0	0	0	0	0	c_4	c_3	c_2	c_1	c_0	0	0		
C_1	0	0	0	0	0	0	0	0	c_4	c_3	c_2	c_1	c_0	0	$d_2^2 b_6^4/c_4^5$	E_1
C_0	0	0	0	0	0	0	0	0	0	c_4	c_3	c_2	c_1	c_0	$d_2^2 b_6^4/c_4^5$	E_0
D_3	0	0	0	0	0	0	0	0	d_2	d_1	d_0	0	0	0		
D_2	0	0	0	0	0	0	0	0	0	d_2	d_1	d_0	0	0		
D_1	0	0	0	0	0	0	0	0	0	0	d_2	d_1	d_0	0		
D_0	0	0	0	0	0	0	0	0	0	0	0	d_2	d_1	d_0	$e_2^2 c_4^2/d_2^3 b_6^2$	F_0
E_1	0	0	0	0	0	0	0	0	0	0	0	e_1	e_0	0		
E_0	0	0	0	0	0	0	0	0	0	0	0	0	e_1	e_0		
F_0	0	0	0	0	0	0	0	0	0	0	0	0	0	f_0		

여기서 r_t는 $u_{j+1}(x)$의 한 주어진 계수이고 M_0은 M의 한 부분행렬이다. h는 이 등식이

$$\det M_0 = \pm r_t \tag{20}$$

로 간소화되도록 현명하게 선택한 값이다(연습문제 24 참고). *따라서 $u_{j+1}(x)$의 모든 계수를 $u(x)$와 $v(x)$의 계수들을 성분으로 하는 $(n_1 + n_2 - 2n_j + 2) \times (n_1 + n_2 - 2n_j + 2)$ 행렬의 행렬식으로 표현할 수 있다.*

이제, 현명하게 선택된 h 역시 정수임을 보이면 증명이 완성된다. 앞에서와 비슷한 기법을 적용하면 되는데, 예를 들어 행렬

$$
\begin{array}{c}
A_1 \\ A_0 \\ B_3 \\ B_2 \\ B_1 \\ B_0
\end{array}
\begin{pmatrix}
a_8 & a_7 & a_6 & a_5 & a_4 & a_3 & a_2 & a_1 & a_0 & 0 \\
0 & a_8 & a_7 & a_6 & a_5 & a_4 & a_3 & a_2 & a_1 & a_0 \\
b_6 & b_5 & b_4 & b_3 & b_2 & b_1 & b_0 & 0 & 0 & 0 \\
0 & b_6 & b_5 & b_4 & b_3 & b_2 & b_1 & b_0 & 0 & 0 \\
0 & 0 & b_6 & b_5 & b_4 & b_3 & b_2 & b_1 & b_0 & 0 \\
0 & 0 & 0 & b_6 & b_5 & b_4 & b_3 & b_2 & b_1 & b_0
\end{pmatrix} = M \tag{21}
$$

을 생각해 보자. 표 1에 나온 행 연산들과 치환들을 적용하면

$$
\begin{array}{c}
B_3 \\ B_2 \\ B_1 \\ B_0 \\ C_1 \\ C_0
\end{array}
\begin{pmatrix}
b_6 & b_5 & b_4 & b_3 & b_2 & b_1 & b_0 & 0 & 0 & 0 \\
0 & b_6 & b_5 & b_4 & b_3 & b_2 & b_1 & b_0 & 0 & 0 \\
0 & 0 & b_6 & b_5 & b_4 & b_3 & b_2 & b_1 & b_0 & 0 \\
0 & 0 & 0 & b_6 & b_5 & b_4 & b_3 & b_2 & b_1 & b_0 \\
0 & 0 & 0 & 0 & c_4 & c_3 & c_2 & c_1 & c_0 & 0 \\
0 & 0 & 0 & 0 & 0 & c_4 & c_3 & c_2 & c_1 & c_0
\end{pmatrix} = M' \tag{22}
$$

이 나온다. 따라서, M과 M'의 대응되는 여섯 열들을 선택해서 얻은 임의의 부분행렬 M_0과 M_0'을 고려해서 $b_6^3 \cdot b_6^3 \cdot \det M_0 = \pm \det M_0'$임을 알 수 있다. M의 처음 여섯 열들을 택해서 M_0을 만든다면 $\det M_0 = \pm c_4^2 / b_6^2 = \pm h_3$임을 알 수 있으며, 그러므로 h_3은 정수이다.

일반화하자면, $j \geq 3$에 대해 h_j가 정수임은 이렇게 증명할 수 있다: $A_{n_2 - n_j - 1}$에서 A_0까지의 행들과 $B_{n_1 - n_j - 1}$에서 B_0까지의 행들로 된 행렬 M으로 시작한다. 그런 다음 적절한 행 연산들을 수행해서 $B_{n_1 - n_j - 1}$에서 $B_{n_3 - n_j}$까지의 행들, 그런 다음 $C_{n_2 + n_j - 1}$에서 $C_{n_4 - n_j}$까지의 행들, ..., $P_{n_{j-2} - n_j - 1}$에서 P_0까지의 행들, $Q_{n_{j-1} - n_j - 1}$에서 Q_0까지의 행들로 된 행렬 M'를 얻는다. $n_1 + n_2 - 2n_j$의 처음 여섯 열들로 M_0을 구성하면 등식

$$(g_2^{\delta_1 + 1}/g_1 h_1^{\delta_1})^{n_2 - n_j}(g_3^{\delta_2 + 1}/g_2 h_2^{\delta_2})^{n_3 - n_j} \cdots (g_j^{\delta_{j-1} + 1}/g_{j-1} h_{j-1}^{\delta_{j-1}})^{n_j - n_j} \det M_0$$

$$= \pm g_2^{n_1 - n_3} g_3^{n_2 - n_4} \cdots g_{j-1}^{n_{j-2} - n_j} g_j^{n_{j-1} - n_j} \tag{23}$$

을 얻을 수 있으며, 이것을 다음과 같이 깔끔하게 정리할 수 있다.

$$\det M_0 = \pm h_j. \tag{24}$$

(이 증명은 정수 정의역에 대한 것이지만, 다른 임의의 유일 인수분해 정역에도 명백히 적용된다.)

알고리즘 C의 유효성을 증명하는 과정에서 우리는 알고리즘이 다루는 S의 모든 원소를, 원래의 다항식들의 원시 부분들의 계수들을 성분으로 하는 행렬의 행렬식으로 표현할 수 있음도 알게 되었다. 잘 알려진 아다마르Hadamard의 정리(연습문제 15)에 따르면

$$|\det(a_{ij})| \le \prod_{1 \le i \le n} \left(\sum_{1 \le j \le n} a_{ij}^2 \right)^{1/2} \tag{25}$$

이며, 따라서 만일 알고리즘 C에 주어진 다항식 $u(x)$와 $v(x)$의 모든 계수의 절댓값의 상계가 N이면, 알고리즘이 계산하는 다항식들에 나타나는 모든 계수의 최댓값은

$$N^{m+n}(m+1)^{n/2}(n+1)^{m/2} \tag{26}$$

이다. 알고리즘 E의 수행 도중에 계산되는 모든 다항식 $u(x)$와 $v(x)$의 계수들에도 동일한 상계가 적용된다. 왜냐하면 알고리즘 E로 얻는 다항식들은 항상 알고리즘 C로 얻는 다항식들의 약수이기 때문이다.

계수들에 대한 이러한 상계는 대단히 만족스럽다. 일반적으로 기대할 수 있는 수준보다 훨씬 더 낮기 때문이다. 예를 들어 단계 E3과 C3의 보정들을 생략하고 그냥 $v(x)$를 $r(x)$로 치환하면 어떤 일이 생길 것인지 생각해 보자. 그렇게 수정한 알고리즘은 가장 간단한 gcd 알고리즘이며, 전통적으로 대수학 교과서들이 제시하는(실용적인 목적이 아니라 이론적인 목적에서) 알고리즘이기도 하다. $\delta_1 = \delta_2 = \cdots = 1$이라고 가정한다면 $u_3(x)$의 계수들의 한계는 N^3이고 $u_4(x)$의 계수들의 한계는 N^7, $u_5(x)$의 계수들의 한계는 N^{17}, $\ldots$ 등이다. 일반화하면 $u_k(x)$의 계수들의 한계는 N^{a_k}으로, 여기서 $a_k = 2a_{k-1} + a_{k-2}$이다. 따라서 $m = n+1$일 때의 (26)에 해당하는 상계는 근사적으로

$$N^{0.5(2.414)^n} \tag{27}$$

이며, 실험에 의하면 간단한 알고리즘도 실제로 이러한 습성을 가진다. 계수들의 자릿수는 각 단계마다 지수적으로 증가하는 것이다! 반면 알고리즘 E의 경우 자릿수 증가는 기껏해야 1차 비례보다 약간 클 뿐이다.

알고리즘 C에 대한 증명에서는 또한 다항식 차수가 매 단계에서 거의 항상 1만큼 감소한다는 사실도 알 수 있었다. 따라서 주어진 다항식들이 "무작위"할 때 단계 C2(또는 E2)의 반복 횟수는 보통 $\deg(v)$가 된다. 왜 그렇게 되는 것일까? 예를 들어 (17)과 (18)에서 M과 M'의 처음 여덟 열들을 택했다고 하자. 그러면 $u_4(x)$의 차수가 오직 $d_3 = 0$일 때에만, 즉 오직

$$\det \begin{pmatrix} a_8 & a_7 & a_6 & a_5 & a_4 & a_3 & a_2 & a_1 \\ 0 & a_8 & a_7 & a_6 & a_5 & a_4 & a_3 & a_2 \\ 0 & 0 & a_8 & a_7 & a_6 & a_5 & a_4 & a_3 \\ b_6 & b_5 & b_4 & b_3 & b_2 & b_1 & b_0 & 0 \\ 0 & b_6 & b_5 & b_4 & b_3 & b_2 & b_1 & b_0 \\ 0 & 0 & b_6 & b_5 & b_4 & b_3 & b_2 & b_1 \\ 0 & 0 & 0 & b_6 & b_5 & b_4 & b_3 & b_2 \\ 0 & 0 & 0 & 0 & b_6 & b_5 & b_4 & b_3 \end{pmatrix} = 0$$

일 때에만 3보다 작다는 결론이 나왔을 것이다. 일반화하자면, $j > 1$에 대해 δ_j는 오직 $u(x)$와 $v(x)$의 계수들의 비슷한 행렬식이 0일 때에만 1보다 크다. 그러한 행렬식은 계수들을 변수로 하는 0이 아닌 다변수 다항식이므로, "거의 항상" 또는 "1의 확률로" 0이 아니다. (연습문제 16에는 이 명제의 좀 더 엄밀한 공식화가, 그리고 연습문제 4에는 관련된 증명이 나온다.) (15)의 예제 다항식들은 모두 δ_2와 δ_3이 2이므로 예외적인 경우에 해당한다.

위의 논의로부터, 두 다항식은 오직 그 종결식(resultant)이 0이 아닐 때에만 서로 소라는 잘 알려진 사실을 이끌어낼 수도 있다. 종결식이란 표 1의 A_5에서 A_0까지의 행들과 B_7에서 B_0까지의 행들로 구성된 행렬식이다. (이를 "실베스터의 행렬식"이라고도 한다. 연습문제 12를 볼 것. 종결식의 추가적인 성질들이 B. L. van der Waerden, *Modern Algebra*, Fred Blum 옮김 (New York: Ungar, 1949), 27-28절에 나온다.) 위의 논의의 관점에서 말한다면 gcd는 "거의 항상" 차수가 0이라고 할 수 있다. 왜냐하면 실베스터의 행렬식은 거의 항상 0이 아니기 때문이다. 그러나 실제 응용에서 의미있는 많은 계산들은 gcd가 차수가 양인 다항식일 가능성이 어느 정도 크지 않은 한 결코 수행되지 않을 것이다.

gcd가 1이 아닐 때 알고리즘 E와 C에서 구체적으로 어떤 일이 일어나는지를 파악해 볼 수 있도록, $u_1(x)$과 $u_2(x)$가 서로 소이고 $w(x)$가 원시다항식인 두 다항식 $u(x) = w(x)u_1(x)$와 $v(x) = w(x)u_2(x)$를 고려해 보자. $u(x) = u_1(x)$와 $v(x) = u_2(x)$에 대해 알고리즘 E로 다항식 $u_1(x)$, $u_2(x)$, $u_3(x)$, … 을 얻었다고 할 때, $u(x) = w(x)u_1(x)$와 $v(x) = w(x)u_2(x)$에 대해 얻은 다항식 열이 그냥 $w(x)u_1(x)$, $w(x)u_2(x)$, $w(x)u_3(x)$, $w(x)u_4(x)$, … 임을 보이는 것은 쉬운 일이다. 알고리즘 C의 경우는 다르다: 알고리즘 C를 $u(x) = u_1(x)$와 $v(x) = u_2(x)$에 적용해서 다항식 $u_1(x)$, $u_2(x)$, $u_3(x)$, … 을 얻었다고 하자. 그리고 $\deg(u_{j+1}) = \deg(u_j) - 1$이라고 하자(이는 $j > 1$일 때 거의 항상 참이다). 그러면 알고리즘 C를 $u(x) = w(x)u_1(x)$와 $v(x) = w(x)u_2(x)$에 적용해서

$$w(x)u_1(x),\ w(x)u_2(x),\ \ell^2 w(x)u_3(x),\ \ell^4 w(x)u_4(x),\ \ell^6 w(x)u_5(x),\ \ldots \qquad (28)$$

을 얻게 된다. 여기서 $\ell = \ell(w)$이다. (연습문제 13 참고) 추가적인 ℓ 인수들이 존재함에도 알고리즘 C가 알고리즘 E보다 우월하다. 약간 더 큰 다항식들을 다루는 것이 반복적으로 원시부들을 계산하는 것보다 더 쉽기 때문이다.

알고리즘 C와 E에서 나오는 것들 같은 다항식 나머지들의 열이 최대공약수들과 종결식들을 구하는 데에만 유용한 것은 아니다. 스튀름J. Sturm의 유명한 정리 〔*Mém. Présentés par Divers Savants* 6 (Paris, 1835), 271-318〕를 따르면, 그런 나머지열은 주어진 한 구간의 주어진 한 다항식의 실근들을 나열하는 데에도 유용하다. $u(x)$가 실수에 관한 한 다항식이며 서로 다른 복소근들을 가진다고 하자. 다음 절에서는 그 근들이 오직 $\gcd(u(x), u'(x)) = 1$일 때에만(여기서 $u'(x)$가 $u(x)$의 도함수) 서로 다름을 보게 될 것이다. 이에 의해, $u(x)$가 $u'(x)$와 서로 소임을 증명하는 다항식 나머지열이 존재한다. $u_0(x) = u(x)$, $u_1(x) = u'(x)$로 두고, (스튀름에 따라)모든 나머지의 부호를 부정해서 다음을 얻는다.

$$c_1 u_0(x) = u_1(x)q_1(x) - d_1 u_2(x),$$
$$c_2 u_1(x) = u_2(x)q_2(x) - d_2 u_3(x),$$
$$\vdots$$
$$c_k u_{k-1}(x) = u_k(x)q_k(x) - d_k u_{k+1}(x). \tag{29}$$

여기서 c_j들과 d_j들은 어떠한 양의 상수이고 $\deg(u_{k+1}) = 0$이다. 열 $u_0(a)$, $u_1(a)$, ..., $u_{k+1}(a)$에서 부호가 바뀐 항들(0인 항들은 제외)의 개수를 $u(x)$의 a에서의 변분(變分, variation. 또는 변동) $V(u, a)$라고 부른다. 예를 들어 부호들의 열이 0, $+$, $-$, $-$, 0, $+$, $+$, $-$이면 $V(u, a) = 3$이다. 스튀름의 정리는 *구간 $a < x \le b$의 $u(x)$의 근들의 개수는 $V(u, a) - V(u, b)$이다*라는 것인데, 이에 대한 정리는 놀랄 만큼 짧다(연습문제 22).

알고리즘 C와 E가 흥미롭긴 하지만, 그것들이 전부인 것은 아니다. 정수에 관한 다항식 gcd들을 구하는 또 다른 중요한 방법이 존재하는데, 4.6.2절 끝에서 논의한다. 그리고 알고리즘 C를 하나의 특수한 경우로 포함한다고 할 수 있는 일반적인 행렬식 평가 알고리즘도 있다. E. H. Bareiss, *Math. Comp.* **22** (1968), 565-578을 볼 것.

🖉 이 책의 제4판에서는 행렬식에 대한 19세기의 연구 결과와 하비히트W. Habicht의 성과 *Comm. Math. Helvetici* **21** (1948), 99-116를 제대로 반영해서 이번 절을 다시 작성할 계획이다. 루이스 캐롤Lewis Carroll이라는 필명으로 더 유명한 도지슨C. L. Dodgson이 야코비의 한 정리에서 유도한 흥미로운 행렬식 평가 방법 하나도 그러한 방법들과 밀접한 연관을 가지고 있다. 행렬식과 부분행렬의 동일성과 관련된 초기 역사를 개괄한 자료로는 D. E. Knuth, *Electronic J. Combinatorics* **3**, (1996), paper R5, §3을 볼 것.

연습문제

1. [10] 유사나눗셈으로 구한 유사몫 $q(x)$과 유사나머지 $r(x)$를 계산하라. 즉, 정수에 관한 $u(x) = x^6 + x^5 - x^4 + 2x^3 + 3x^2 - x + 2$와 $v(x) = 2x^3 + 2x^2 - x + 3$에 대해 (8)을 만족하는 다항식 $q(x)$와 $r(x)$를 구하라.

2. [15] $3x^6 + x^5 + 4x^4 + 4x^3 + 3x^2 + 4x + 2$와 그것의 "역" $2x^6 + 4x^5 + 3x^4 + 4x^3 + 4x^2 + x + 3$의 최대공약수는 무엇인가?

▶ **3.** [M25] 체 S에 관한 다항식들에 대한 유클리드 알고리즘을,

$$u(x)V(x) + U(x)v(x) = \gcd(u(x), v(x))$$

를 만족하는 S에 관한 다항식 $U(x)$와 $V(x)$을 구하는 것으로 확장할 수 있음을 보여라. (알고리즘 4.5.2X 참고.) 확장된 알고리즘으로 구한 다항식 $U(x)$와 $V(x)$의 차수들은 얼마인가? 만일 S가 실수들의 체이면, 그리고 만일 $u(x) = x^m - 1$이고 $v(x) = x^n - 1$이면, 확장된 알고리즘의 결과 $U(x)$와 $V(x)$가 정수 계수들을 가짐을 증명하라. $u(x) = x^{21} - 1$과 $v(x) = x^{13} - 1$에 대해 $U(x)$

와 $V(x)$를 구하라.

▶ **4.** [*M30*] p가 소수라고 하자. 그리고 유클리드 알고리즘을 p를 법으로 한 다항식 $u(x)$와 $v(x)$에 적용해서, $m = \deg(u)$이고 $n = \deg(v)$, $n_t \geq 0$라 할 때 차수가 각각 $m, n, n_1, ..., n_t, -\infty$인 다항식들의 열을 얻었다고 하자. $m \geq n$라고 가정한다. $u(x)$와 $v(x)$가 모닉다항식이고 차수가 각각 m과 n인 모닉다항식들의 p^{m+n}개의 쌍 전부에 대해 독립적이며 균등하게 분포된다고 할 때, 수량 $t, n_1 + \cdots + n_t, (n-n_1)n_1 + \cdots + (n_{t-1} - n_t)n_t$의 평균값들을 m과 n, p의 함수들로 표현하라. (이 세 수량은 나눗셈을 알고리즘 D로 수행한다는 가정 하에서 p를 법으로 한 다항식들에 적용되는 유클리드 알고리즘의 실행 시간에 기본적인 요인들이다.) [힌트: $u(x) \bmod v(x)$가 $v(x)$와 독립적으로 균등하게 분포됨을 보일 것.]

5. [*M22*] $u(x)$와 $v(x)$가 독립적이고 균등하게 분포되는 n차 모닉다항식들일 때, $u(x)$와 $v(x)$가 p를 법으로 하여 서로 소일 확률은 얼마인가?

6. [*M23*] 정수에 대한 유클리드 알고리즘 4.5.2A를 다항식들의 최대공약수들을 구하는 알고리즘으로 직접 확장할 수 있음을 보았다. 그와 비슷하게, 이진 gcd 알고리즘인 알고리즘 4.5.2B를 다항식들에 적용되는 알고리즘으로 수정할 수 있을까?

7. [*M10*] 한 유일 인수분해 정역 S에 관한 다항식 전체를 포괄하는 정의역의 단위수들은 무엇인가?

▶ **8.** [*M22*] 정수 계수들을 가진 어떤 다항식이 정수 정의역에 관해 기약다항식이라고 하자. 그 다항식을 유리수체에 관한 한 다항식으로 간주했을 때에도 기약다항식일까?

9. [*M25*] $u(x)$와 $v(x)$가 유일 인수분해 정역 S에 관한 원시다항식들이라고 하자. $u(x)$와 $v(x)$가 서로 소일 필요충분조건이 다음과 같음을 증명하라: $u(x)V(x) + U(x)v(x)$가 0차 다항식임을 만족하는 S에 관한 다항식 $U(x)$와 $V(x)$가 존재한다. [힌트: 연습문제 3에서 알고리즘 4.5.2A를 확장했던 것처럼 알고리즘 E를 확장해 볼 것.]

10. [*M28*] 한 유일 인수분해 정역에 관한 다항식들이 하나의 유일 인수분해 정역을 형성함을 증명하라. [힌트: 연습문제 9의 결과를 이용해서, 많아야 한 종류의 인수분해가 가능함을 보일 것.]

11. [*M22*] 표 1에서 차수들이 8, 6, 4, 2, 1, 0이 아니라 9, 6, 5, 2, $-\infty$라면 표 1에 어떤 행들이 나타날까?

▶ **12.** [*M24*] $u_1(x), u_2(x), u_3(x), \ldots$가 알고리즘 C의 실행에서 나오는 다항식들의 열이라고 하자. (표 1의 표기법과 비슷한 표기법을 사용할 때) $A_{n_2 - 1}$에서 A_0까지의 행들과 $B_{n_1 - 1}$에서 B_0까지의 행들로 구성된 정방행렬을 "실베스터 행렬"이라고 부른다. 만일 $u_1(x)$와 $u_2(x)$에 차수가 양인 공통 인수가 존재한다면 실베스터 행렬의 행렬식이 0임을 보여라. 반대로, 어떠한 k에 대해 $\deg(u_k) = 0$일 때 실베스터 행렬의 행렬식이 0이 아님을, $1 \leq j \leq k$인 $\ell(u_j)$와 $\deg(u_j)$들을 항으로 하는 행렬식 공식을 유도해서 보여라.

13. [M22] $\delta_1 = \delta_2 = \cdots = \delta_{k-1} = 1$일 때, (28)에 나온 것과 같은 알고리즘 C의 다항식열에 $\gcd(u(x), v(x))$의 원시부의 선행계수 ℓ이 포함됨을 보여라. 일반적인 δ_j의 습성은 어떠한가?

14. [M29] $u(x)$에 대해 $v(x)$로 유사나눗셈을 수행했을 때의 유사나머지를 $r(x)$라고 하자. 만일 $\deg(u) \geq \deg(v) + 2$이고 $\deg(v) \geq \deg(r) + 2$이면 $r(x)$가 $\ell(v)$의 배수임을 보여라.

15. [M26] 아다마르의 항등식 (25)를 증명하라. [힌트: 행렬 $A A^T$을 고려할 것.]

▶ **16.** [M22] $f(x_1, ..., x_n)$이 항상 0은 아닌 다변수 다항식이고 $r(S_1, ..., S_n)$이 $x_1 \in S_1, ..., x_n \in S_n$을 만족하는 $f(x_1, ..., x_n) = 0$의 근들 $(x_1, ..., x_n)$의 집합 이라고 하자. 만일 f의 변수 x_j의 최대 차수가 $d_j \leq |S_j|$이면

$$|r(S_1, ..., S_n)| \leq |S_1| ... |S_n| - (|S_1| - d_1) ... (|S_n| - d_n)$$

임을 증명하라. 이에 의해, 무작위로 하나의 근을 찾을 확률 $|r(S_1, ..., S_n)|/|S_1| ... |S_n|$은 집합 S_j가 커짐에 따라 0에 접근한다. [이 부등식은 무작위적 알고리즘의 설계에 쓸모가 많다. 이 부등식을 이용하면 합들의 곱들의 복잡한 합이 항상 0인지를 모든 항들을 전개하지 않고도 판단할 수 있기 때문이다.]

17. [M32] (콘P. M. Cohn의 문자열 다항식 나눗셈 알고리즘.) A가 하나의 알파벳, 즉 기호들의 집합이라고 하자. 각 a_j가 A의 원소인 $n \geq 0$개의 기호 a_j들의 열 $\alpha = a_1 ... a_n$을 A의 한 문자열(string)이라고 부른다. 문자열 α의 기호 개수 n을 그 문자열의 길이라고 부르고 $|\alpha|$로 표기한다. A의 문자열 다항식은 유한합 $U = \sum_k r_k \alpha_k$로 정의되는데, 여기서 각 r_k는 0이 아닌 유리수이고 각 α_k는 A의 한 문자열이다. $j \neq k$일 때 $\alpha_j \neq \alpha_k$라고 가정한다. $\deg(U)$로 표기하는 U의 차수(degree)는 만일 $U = 0$이면 (즉, 빈 문자열 다항식이면) $-\infty$, 그렇지 않으면 $\deg(U) = \max |\alpha_k|$로 정의된다. 문자열 다항식들의 합과 곱은 명백한 방식으로 정의된다. 즉, $(\sum_j r_j \alpha_j)(\sum_k s_k \beta_k) = \sum_{j,k} r_j s_k \alpha_j \beta_k$인데, 여기서 두 문자열의 곱은 그냥 그것들을 나란히 놓고 비슷한 항들을 합해서 얻는다. 예를 들어 $A = \{a, b\}$이고 $U = ab + ba - 2a - 2b$, $V = a + b - 1$이면 $\deg(U) = 2$, $\deg(V) = 1$, $V^2 = aa + ab + ba + bb - 2a - 2b + 1$, $V^2 - U = aa + bb + 1$이다. $\deg(UV) = \deg(U) + \deg(V)$이고 $\deg(U + V) \leq \max(\deg(U), \deg(V))$임은 명백한데, 후자의 공식은 $\deg(U) \neq \deg(V)$일 때 등식이 성립한다. (문자열 다항식은 유리수체에 관한 보통의 다변수 다항식과 같되 변수들에 대해 곱셈의 교환법칙/이 성립하지 않는 것으로 간주할 수 있다. 여기서 정의된 연산들을 가진 문자열 다항식들의 집합을 순수 수학의 통상적인 용어로는 유리수에 관한 A에 의해 생성된 "자유결합 대수(free associative algebra)"라고 부른다.)

a) Q_1, Q_2, U, V가 $\deg(U) \geq \deg(V)$이고 $\deg(Q_1 U - Q_2 V) < \deg(Q_1 U)$인 문자열 다항식들이라고 하자. $\deg(U - QV) < \deg(U)$를 만족하는 문자열 다항식 Q를 구하는 알고리즘을 제시하라. (즉, 만일 어떠한 Q_1와 Q_2에 대해 $Q_1 U = Q_2 V + R$이고 $\deg(R) < \deg(Q_1 U)$인 U와 V가 주어졌다면, $Q_1 = 1$로 이 조건들을 만족하는 하나의 해가 존재하는 것이다.)

b) U와 V가 어떠한 Q_1과 Q_2에 대해 $\deg(V) > \deg(Q_1 U - Q_2 V)$인 문자열 다항식들이라고 할 때, (a)의 결과를 개선해서 $U = QV + R$, $\deg(R) < \deg(V)$인 몫 Q를 구할 수 있음을 보여라. (이는 (1)의 문자열 다항식 버전이라 할 수 있다. 부문제 (a)는 더 약한 가정들 하에서 $\deg(R) < \deg(U)$가 되게 할 수 있음을 보인 것이다.)

c) 동차다항식(同次-, homogeneous-)은 항들의 차수(길이)가 모두 같은 다항식을 말한다. U_1, U_2, V_1, V_2가 $U_1 V_1 = U_2 V_2$이고 $\deg(V_1) \geq \deg(V_2)$인 동차 문자열 다항식들이라고 할 때, $U_2 = U_1 U$이고 $V_1 = U V_2$인 동차 문자열 다항식 U가 존재함을 보여라.

d) U와 V가 $UV = VU$인 동차 문자열 다항식들일 때, 어떠한 정수 m, n과 유리수 r, s에 대해 $U = r W^m$, $V = s W^n$인 동차 문자열 다항식 W가 존재함을 증명하라. 그리고 차수가 가장 큰 그러한 W를 계산하는 알고리즘을 제시하라. (이 알고리즘은 이를테면 $U = \alpha$와 $V = \beta$가 $\alpha\beta = \beta\alpha$를 만족하는 문자열들이면 W가 그냥 하나의 문자열 γ가 된다는 점에서 흥미롭다. $U = x^m$이고 $V = x^n$일 때 최대 차수의 해는 문자열 $W = x^{\gcd(m,n)}$이므로, 이 알고리즘은 정수에 대한 gcd 알고리즘을 하나의 특수한 경우로 포함한다.)

▶ **18.** 〔M24〕 (문자열 다항식에 대한 유클리드 알고리즘.) V_1과 V_2가 문자열 다항식들이고 둘 다 0이 아니며 공좌배수(common left multiple, 공통의 왼쪽 배수)를 가진다고 하자. (공좌배수를 가진다는 것은 $U_1 V_1 = U_2 V_2$이며 0이 아닌 문자열 다항식 U_1과 U_2가 존재한다는 뜻이다.) 이 연습문제의 목적은 그 두 다항식의 최대공우약수(greatest common right divisor) $\gcd(V_1, V_2)$와 최소공좌배수(least common left multiple) $\text{lclm}(V_1, V_2)$를 구하는 것이다. 최대공우약수와 최소공좌배수는 다음과 같이 정의된다: $\gcd(V_1, V_2)$는 V_1과 V_2의 한 공우약수이고(즉, 어떤 W_1과 W_2에 대해 $V_1 = W_1 \gcd(V_1, V_2)$이고 $V_2 = W_2 \gcd(V_1, V_2)$), V_1과 V_2의 임의의 공우약수는 $\gcd(V_1, V_2)$의 한 우약수이다. $\text{lclm}(V_1, V_2)$는 어떤 Z_1과 Z_2에 대해 $= Z_1 V_1 = Z_2 V_2$이며 V_1과 V_2의 임의의 공좌배수는 $\text{lclm}(V_1, V_2)$의 한 좌배수이다.

예를 들어 $U_1 = abbbab + abbab - bbab + ab - 1$, $V_1 = babab + abab + ab - b$, $U_2 = abb + ab - b$, $V_2 = babbabab + bababab + babab + abab - babb - 1$이라고 하자. 이 문자열 다항식들에 대해 $\gcd(V_1, V_2) = ab + 1$이고 $\text{lclm}(V_1, V_2) = U_1 V_1$임을 보일 수 있으며, 따라서 $U_1 V_1 = U_2 V_2 = abbbabbabab + abbabbabab + abbbababab + abbababab - bbabbabab + abbbabab - bbabababab + 2abbabab - abbbabb + ababab - abbabb - bbabab - babab + bbabb - abb - ab + b$가 된다.

연습문제 17의 나눗셈 알고리즘을 이렇게 표현할 수 있다: 만일 V_1과 V_2가 $V_2 \neq 0$인 문자열 다항식들이고 $U_1 \neq 0$과 U_2가 등식 $U_1 V_1 = U_2 V_2$를 만족한다면,

$$\deg(R) < \deg(V_2) \text{이라 할 때} \qquad V_1 = Q V_2 + R$$

을 만족하는 문자열 다항식 Q와 R이 존재한다. 이로부터 Q와 R이 유일하게 결정됨을 쉽게 보일 수 있다. Q와 R은 주어진 U_1과 U_2에 의존하지 않는다. 더 나아가서 이 결과는 다음과 같은 의미에서

좌우대칭이다:

$$U_2 = U_1 Q + R', \qquad \text{이 때 } \deg(R') = \deg(U_1) - \deg(V_2) + \deg(R) < \deg(U_1).$$

이러한 나눗셈 알고리즘을 $\text{lclm}(V_1, V_2)$와 $\text{gcrd}(V_1, V_2)$를 구하는 알고리즘으로 확장할 수 있음을 보여라. 사실, 그렇게 확장된 알고리즘은 $Z_1 V_1 + Z_2 V_2 = \text{gcrd}(V_1, V_2)$를 만족하는 문자열 다항식 Z_1과 Z_2를 찾아낸다. 〔힌트: 값이 문자열 다항식인 보조 변수 u_1, u_2, v_1, v_2, w_1, w_2, w_1', w_2', z_1, z_2, z_1', z_2'을 사용할 것. $u_1 \leftarrow U_1$, $u_2 \leftarrow U_2$, $v_1 \leftarrow V_1$, $v_2 \leftarrow V_2$로 설정하는 것으로 시작하고, 알고리즘 수행 도중 n번째 반복에서 조건

$$\begin{aligned}
U_1 w_1 + U_2 w_2 &= u_1, & z_1 V_1 + z_2 V_2 &= v_1, \\
U_1 w_1' + U_2 w_2' &= u_2, & z_1' V_1 + z_2' V_2 &= v_2, \\
u_1 z_1 - u_2 z_1' &= (-1)^n U_1, & w_1 v_1 - w_1' v_2 &= (-1)^n V_1, \\
-u_1 z_2 + u_2 z_2' &= (-1)^n U_2, & -w_2 v_1 + w_2' v_2 &= (-1)^n V_2
\end{aligned}$$

를 유지하도록 한다. 이러한 알고리즘은 유클리드 알고리즘의 "궁극의" 확장이라고 간주해도 무방할 것이다.〕

19. 〔M39〕 (정방행렬의 공약수.) 연습문제 18은 곱셈의 교환법칙이 성립하지 않을 때 최대공우약수의 개념이 의미를 가질 수 있음을 보여준다. 임의의 두 $n \times n$ 정수행렬 A와 B가 최대공우약수 행렬 D를 가짐을 증명하라. 〔제안: 입력이 A와 B이고 출력이 $A = PD$, $B = QD$, $D = XA + YB$를 만족하는 정수행렬 D, P, Q, X, Y인 알고리즘을 설계해 볼 것.〕 행렬 $\left(\begin{smallmatrix} 1 & 2 \\ 3 & 4 \end{smallmatrix}\right)$와 $\left(\begin{smallmatrix} 4 & 3 \\ 2 & 1 \end{smallmatrix}\right)$의 최대공우약수를 구하라.

20. 〔M40〕 유클리드 알고리즘의 정확도를 조사하라: 계수들이 부동소수점 수들인 다항식들의 최대공약수 계산을 논할 것.

21. 〔M25〕 계수들의 절대값 한계가 N인, 정수에 관한 두 n차 다항식의 gcd를 알고리즘 C로 계산하는 데 필요한 계산 시간이 $O(n^4 (\log Nn)^2)$임을 증명하라.

22. 〔M23〕 스튀름의 정리를 증명하라. 〔힌트: 불가능한 부호열들이 존재한다.〕

23. 〔M22〕 만일 (29)의 $u(x)$가 $\deg(u)$개의 실근들을 가진다면 $0 \le j \le k$에 대해 $\deg(u_{j+1}) = \deg(u_j) - 1$이 성립함을 증명하라.

24. 〔M21〕 (19)가 (20)과 (23)을 (24)로 간소화함을 보여라.

25. 〔M24〕 (브라운 W. S. Brown.) $j \ge 3$에 대한 (16)의 다항식 $u_j(x)$ 모두가 $\gcd(\ell(u), \ell(v))$의 배수임을 증명하고, 이를 이용해서 알고리즘 C를 개선하는 방법을 설명하라.

▸ **26.** 〔M26〕 이 연습문제의 목적은 양의 정수 성분들로 된 연분수가 실수에 대한 최적의 근사값이 된다는 사실(연습문제 4.5.3-42)의 다항식 버전을 찾는 것이다.

$u(x)$와 $v(x)$가 한 체에 관한 다항식들이고 $\deg(u) > \deg(v)$라고 하자. 그리고 $a_1(x)$,

$a_2(x)$, ...이 유클리드 알고리즘을 $u(x)$와 $v(x)$에 적용했을 때 얻게 되는 몫 다항식들이라고 하자. 예를 들어 (5)와 (6)의 경우 몫들의 열은 $9x^2 + 7$, $5x^2 + 5$, $6x^3 + 5x^2 + 6x + 5$, $9x + 12$이다. 식 4.5.3-(4)의 연속다항식 표기법 하에서 $p_n(x) = K_{n-1}(a_2(x), ..., a_n(x))$이고 $q_n(x) = K_n(a_1(x), ..., a_n(x))$라 할 때, 연분수 $//a_1(x), a_2(x), ...//$의 수렴급수 $p_n(x)/q_n(x)$가 유리함수 $v(x)/u(x)$에 대한 낮은 차수의 "최적 근사"임을 보이고자 한다. 관례에 따라 $p_0(x) = q_{-1}(x) = 0$, $p_{-1}(x) = q_0(x) = 1$로 둔다.

만일 $p(x)$와 $q(x)$가 어떤 $n \geq 1$에 대해

$$\deg(q) < \deg(q_n) \text{이고} \quad \deg(pu - qv) \leq \deg(p_{n-1}u - q_{n-1}v)$$

인 다항식들이면 어떤 상수 c에 대해 $p(x) = cp_{n-1}(x)$이고 $q(x) = cq_{n-1}(x)$임을 증명하라. 특히, 각 $q_n(x)$가 "기록경신" 다항식임을, 다른 말로 하면, 임의의 다항식 $p(x)$에 대해 $p(x)u(x) - q(x)v(x)$의 차수가 $p_n(x)u(x) - q_n(x)v(x)$의 차수만큼 작게 되는 $q_n(x)$보다 더 낮은 차수의 0이 아닌 다항식 $q(x)$가 존재하지 않음을 보일 것.

27. [*M23*] 나머지가 0이 될 것을 미리 알고 있을 때 $u(x)$를 $v(x)$로 나누는 계산을 더 빠르게 만드는 방법을 제시하라.

*4.6.2 다항식의 인수분해

그럼 최대공약수 구하기에서 한 걸음 더 나아가, 둘 이상의 다항식들의 인수분해 문제를 살펴보도록 하자.

p를 법으로 한 인수분해. 정수의 경우(4.5.2절, 4.5.4절)와 마찬가지로, 다항식의 인수분해는 최대공약수 구하기보다 훨씬 더 어려워 보인다. 그러나 정수 소수 p를 법으로 하는 다항식 인수분해가 생각만큼 어려운 것은 아니다. 2를 법으로 한 임의의 n차 다항식의 인수들은 임의의 n비트 수를 인수분해하는 알려진 모든 방법들을 사용할 때보다 훨씬 쉽게 구할 수 있다. 이런 놀라운 상황이 벌어지게 된 것은 1967년에 베를캄프 Elwyn R. Berlekamp가 발견한 교육적인 인수분해 알고리즘 [*Bell System Technical J.* **46** (1967), 1853-1859]의 덕분이다.

p가 하나의 소수라고 하자. 아래 논의에 나오는 모든 다항식 산술은 p를 법으로 해서 수행된다. 집합 $\{0, 1, ..., p-1\}$에서 선택된 계수들을 가진 다항식 $u(x)$가 주어졌다고 하자. $u(x)$를 모닉다항식이라고 가정해도 된다. 목표는, $p_1(x), ..., p_r(x)$가 서로 다른 기약 모닉다항식들이라 할 때 $u(x)$를

$$u(x) = p_1(x)^{e_1}...p_r(x)^{e_r} \tag{1}$$

형태로 표현하는 것이다.

첫 단계로, 지수 $e_1, ..., e_r$ 중 단위원보다 큰 것이 있는지를 판정하는 표준적인 방법을 사용할 수 있다. 먼저

$$u(x) = u_n x^n + \cdots + u_0 = v(x)^2 w(x) \tag{2}$$

라고 두었을 때, 이것의 도함수(통상의 방식대로 미분하되 p를 법으로 해서 구한다)는

$$u'(x) = \nu_n x^{n-1} + \cdots + u_1 = 2v(x)v'(x)w(x) + v(x)^2 w'(x) \tag{3}$$

이다. 이 도함수는 제곱된 인수 $v(x)$의 배수이다. 따라서 이 첫 단계를 통해서 $u(x)$를

$$\gcd(u(x), u'(x)) = d(x) \tag{4}$$

형태로 인수분해할 수 있다. 만일 $d(x)$가 1이면 $u(x)$는 제곱없음(squarefree)이다. 즉, $u(x)$는 서로 다른 소수들의 곱 $p_1(x) \ldots p_r(x)$인 것이다. 만일 $d(x)$가 1이 아니고 $d(x) \neq u(x)$라면 $d(x)$는 $u(x)$의 한 진약수이다. 이 경우 $d(x)$의 인수들과 $u(x)/d(x)$의 인수들 사이의 관계를 이용하면 인수분해 공정을 빠르게 만들 수 있다(연습문제 34, 36 참고). 마지막으로, 만일 $d(x) = u(x)$이면 반드시 $u'(x) = 0$이다. 따라서 x^k의 계수 u_k는 k가 p의 배수일 때에만 0이 아니다. 이는 $u(x)$를 $v(x^p)$ 형태의 한 다항식으로 표현할 수 있다는 뜻이며, 그런 경우

$$u(x) = v(x^p) = (v(x))^p \tag{5}$$

이 성립한다. 이제 $v(x)$의 기약 인수들을 구하고 지수 p로 거듭제곱하면 인수분해 공정이 끝난다.

항등식 (5)가 다소 의아한 독자도 있을 것이다. 이 항등식은 베를캄프의 알고리즘과 앞으로 살펴 볼 다른 여러 방법들의 기초를 이루는 중요한 사실이다. 이 항등식은 이렇게 증명할 수 있다: 만일 $v_1(x)$와 $v_2(x)$가 p를 법으로 하는 임의의 다항식들이면

$$(v_1(x) + v_2(x))^p = v_1(x)^p + \binom{p}{1} v_1(x)^{p-1} v_2(x) + \cdots + \binom{p}{p-1} v_1(x) v_2(x)^{p-1} + v_2(x)^p$$
$$= v_1(x)^p + v_2(x)^p$$

이다. 왜냐하면 이항계수 $\binom{p}{1}, \ldots, \binom{p}{p-1}$은 모두 p의 배수이기 때문이다. 더 나아가서, a가 임의의 정수이면 페르마의 정리에 의해 $a^p \equiv a \pmod{p}$이다. 따라서 $v(x) = v_m x^m + v_{m-1} x^{m-1} + \cdots + v_0$일 때

$$v(x)^p = (v_m x^m)^p + (v_{m-1} x^{m-1})^p + \cdots + (v_0)^p$$
$$= v_m x^{mp} + v_{m-1} x^{(m-1)p} + \cdots + v_0 = v(x^p)$$

이 성립한다.

이상의 설명은 다항식의 인수분해 문제를 제곱 없는 다항식의 인수분해 문제로 축약할 수 있음을 말해준다. 따라서

$$u(x) = p_1(x)p_2(x)\ldots p_r(x) \tag{6}$$

가 서로 다른 소수들의 곱이라고 가정할 수 있다. 그런데 $u(x)$만 주어진 상황에서 $p_j(x)$들은 어떻게 구해야 할까? 베를캄프의 발상은 정수뿐만 아니라 다항식에 대해서도 유효한 중국인의 나머지 정리(연습문제 3)를 활용하자는 것이다. $(s_1, s_2, \ldots, s_r)$이 p를 법으로 하는 r개의 정수들로

된 r짝이라고 하자. 그러면 중국인의 나머지 정리는

$$v(x) \equiv s_1 \ (\text{modulo } p_1(x)), \quad ..., \quad v(x) \equiv s_r \ (\text{modulo } p_r(x)),$$
$$\deg(v) < \deg(p_1) + \deg(p_2) + \cdots + \deg(p_r) = \deg(u) \tag{7}$$

를 만족하는 고유한 다항식 $v(x)$ 가 존재함을 함의한다. 지금의 논의는 p를 법으로 하는 다항식 산술을 고려하므로, (7)에 나오는 "$g(x) \equiv h(x) \ (\text{modulo } f(x))$"라는 표기는 연습문제 3.2.2-11의 "$g(x) \equiv h(x) \ (\text{modulo } f(x)$ 및 $p)$"와 같은 의미이다. 만일 $r \geq 2$이고 $s_1 \neq s_2$이면 $\gcd(u(x), v(x) - s_1)$은 $p_1(x)$로 나누어지지만 $p_2(x)$로는 나누어지지 않으므로, (7)의 다항식 $v(x)$로부터 $u(x)$의 인수들을 얻는 것이 가능하다.

방금 말한 것처럼 (7)의 적절한 해 $v(x)$들로부터 $u(x)$의 인수들에 대한 정보를 얻을 수 있으므로, (7)을 좀 더 자세히 분석해보자. 우선, $1 \leq j \leq r$에 대해 다항식 $v(x)$가 조건 $v(x)^p \equiv s_j^p = s_j \equiv v(x) \ (\text{modulo } p_j(x))$를 만족함을 알 수 있다. 따라서

$$v(x)^p \equiv v(x) \ (\text{modulo } u(x)), \qquad \deg(v) < \deg(u) \tag{8}$$

이다. 두 번째로, 다음과 같은 다항식 항등식이 성립한다(연습문제 6 참고).

$$x^p - x \equiv (x - 0)(x - 1) \ldots (x - (p-1)) \ (\text{modulo } p). \tag{9}$$

그러므로

$$v(x)^p - v(x) = (v(x) - 0)(v(x) - 1) \ldots (v(x) - (p-1)) \tag{10}$$

은 p를 법으로 할 때 임의의 다항식 $v(x)$에 대한 항등식이다. 만일 $v(x)$가 (8)을 만족한다면 $u(x)$는 (10)의 좌변의 약수인 것이므로, $u(x)$는 반드시 (10)의 우변에 있는 p개의 서로 소인 인수 들 중 하나의 약수이다. 바꾸어 말하면, (8)의 모든 해가 (7)과 같은 형태를 가지게 하는 어떤 $s_1, s_2, ..., s_r$이 존재한다. *(8)의 해들은 정확히 p^r 개이다.*

따라서 합동식 (8)의 해 $v(x)$들은 $u(x)$의 인수분해의 한 열쇠를 제공한다. 처음에는 (8)의 모든 해를 구하는 것이 $u(x)$를 인수분해하는 것보다 어려워 보이겠지만, 실제로는 그렇지 않다. 왜냐하면 (8)의 해집합은 덧셈에 대해 닫혀있기 때문이다. 이제 $\deg(u) = n$이라고 두고 다음과 같은 $n \times n$ 행렬을 구축한다.

$$Q = \begin{pmatrix} q_{0,0} & q_{0,1} & \ldots & q_{0,n-1} \\ \vdots & \vdots & & \vdots \\ q_{n-1,0} & q_{n-1,1} & \ldots & q_{n-1,n-1} \end{pmatrix}. \tag{11}$$

여기서

$$x^{pk} \equiv q_{k,n-1} x^{n-1} + \cdots + q_{k,1} x + q_{k,0} \ (\text{modulo } u(x)) \tag{12}$$

이다. 그러면 $v(x) = v_{n-1} x^{n-1} + \cdots + v_1 x + v_0$은 오직

$$(v_0, v_1, ..., v_{n-1})Q = (v_0, v_1, ..., v_{n-1}) \tag{13}$$

일 때에만 (8)의 한 해이며, 등식 (13)은 오직

$$v(x) = \sum_j v_j x^j = \sum_j \sum_k v_k q_{k,j} x^j \equiv \sum_k v_k x^{pk} = v(x^p) \equiv v(x)^p \ (\text{modulo } u(x))$$

일 때에만 성립한다.

정리하자면, 베를캄프의 인수분해 알고리즘은 다음과 같다.

B1. $u(x)$가 제곱없음이 되도록 한다. 다른 말로 하면, 만일 $\gcd(u(x), u'(x)) \ne 1$이면 이번 절 앞에서 말한 것처럼 문제를 $u(x)$의 인수분해 문제로 축약한다.

B2. (11)과 (12)로 정의된 행렬 Q를 만든다. 방법은 p가 아주 큰지의 여부에 따라 두 가지인데, 잠시 후에 나온다.

B3. 행렬 $Q - I$를 "삼각화(trinagulation)"한다. 여기서 $I = (\delta_{ij})$는 $n \times n$ 단위행렬이다. 삼각화는 그 행렬의 계수(rank) $n - r$을 구하고 $1 \le j \le r$에 대해 $v^{[j]}(Q - I) = (0, 0, ..., 0)$인 일차 독립벡터 $v^{[1]}, ..., v^{[r]}$을 구해서 수행한다. (첫 벡터 $v^{[1]}$이 항상 $(1, 0, ..., 0)$일 수도 있는데, 이는 (8)에 대한 자명한 해 $v^{[1]}(x) = 1$에 해당한다. 이러한 계산은 나중에 나오는 알고리즘 N에서 설명하는 적절한 열 연산들을 이용해서 수행할 수 있다.) *이 시점에서 r은 $u(x)$의 기약 인수들의 개수이다.* 왜냐하면 (8)의 해들은 정수 $0 \le t_1, ..., t_r < p$의 모든 선택들에 대한 벡터 $t_1 v^{[1]} + \cdots + t_r v^{[r]}$들에 대응되는 p^r개의 다항식들이기 때문이다. 따라서 만일 $r = 1$이면 $u(x)$는 기약다항식이므로 알고리즘을 끝낸다.

B4. $0 \le s < p$에 대해 $\gcd(u(x), v^{[2]}(x) - s)$를 계산한다. 여기서 $v^{[2]}(x)$는 벡터 $v^{[2]}$이 나타내는 다항식이다. 결과는 $u(x)$의 자명하지 않은 인수분해가 되는데, 왜냐하면 $v^{[2]}(x) - s$는 0이 아니고 차수가 $\deg(u)$이며, 연습문제 7에 의해, $v(x)$가 (8)을 만족하면 항상

$$u(x) = \prod_{0 \le s < p} \gcd(v(x) - s, u(x)) \tag{14}$$

가 성립하기 때문이다.

만일 $v^{[2]}(x)$로도 $u(x)$를 r개의 인수들로 분해할 수 없다면, $0 \le s < p$와 지금까지 발견한 모든 인수 $w(x)$들에 대해, 그리고 $k = 3, 4, ...$에 대해 $\gcd(v^{[k]}(x) - s, w(x))$를 계산해서 추가적인 인수들을 구한다. 이를 r개의 인수들을 얻을 때까지 반복한다. (만일 (7)에서 $s_i \ne s_j$로 둔다면 $p_i(x)$를 $p_j(x)$와 구분하는 (8)의 한 해 $v(x)$를 얻게 된다. $p_i(x)$의 약수이나 $p_j(x)$의 약수는 아닌 어떤 $v^{[k]}(x) - s$가 존재하므로, 이 절차는 결국 모든 인수를 찾아내게 된다.)

만일 p가 2나 3이면 이 단계의 계산은 상당히 효율적이다. 그러나 p가 이를테면 25보다 크다면 좀 더 나은 계산 방법이 존재하는데, 이에 대해서는 잠시 후에 살펴보겠다. ∎

역사적 참고사항: 버틀러 M. C. R. Butler는 r개의 기약 인수들을 가진 제곱없는 다항식에 대응되는 행렬 $Q - I$의 계수가 p를 법으로 하여 $n - r$임을 알아냈는데 〔*Quart. J. Math.* **5** (1954), 102-107〕, 이러한 사실은 페트르 K. Petr의 좀 더 일반적인 한 결과에 함의되어 있던 것이다 〔*Časopis pro Pěstování Matematiky a Fysiky* **66** (1937), 85-94〕. 페트르는 Q의 특성다항식을 구했다. Š. Schwarz, *Quart. J. Math.* **7** (1956), 110-124도 볼 것.

　　알고리즘 B의 한 예로, 13을 법으로 한 다항식

$$u(x) = x^8 + x^6 + 10x^4 + 10x^3 + 8x^2 + 2x + 8 \tag{15}$$

의 인수분해를 구해보자. (이 다항식은 4.6.1절의 예제들에 여러 번 나온다.) 알고리즘 4.6.1E로 최대공약수를 빠르게 구해보면 $\gcd(u(x), u'(x)) = 1$을 얻게 된다. 따라서 $u(x)$는 제곱없는 다항식이다. 이제 단계 B2로 넘어간다. 단계 B2에서는 행렬 Q를 구해야 하는데, 이 경우 그 행렬은 8×8 행렬이다. Q의 첫 행은 항상 $(1, 0, 0, ..., 0)$으로, 이는 다항식 $x^0 \bmod u(x) = 1$에 해당한다. 두 번째 행은 $x^{13} \bmod u(x)$를 나타내며, 일반화하자면 $x^k \bmod u(x)$를 다음과 같이 어렵지 않게 구할 수 있다(k의 비교적 작은 값들에 대해): 만일

$$u(x) = x^n + u_{n-1}x^{n-1} + \cdots + u_1 x + u_0$$

이고

$$x^k \equiv a_{k,n-1}x^{n-1} + \cdots + a_{k,1}x + a_{k,0} \pmod{u(x)}$$

이면

$$
\begin{aligned}
x^{k+1} &\equiv a_{k,n-1}x^n + \cdots + a_{k,1}x^2 + a_{k,0}x \\
&\equiv a_{k,n-1}(-u_{n-1}x^{n-1} - \cdots - u_1 x - u_0) + a_{k,n-2}x^{n-1} + \cdots + a_{k,0}x \\
&= a_{k+1,n-1}x^{n-1} + \cdots + a_{k+1,1}x + a_{k+1,0}
\end{aligned}
$$

이다. 여기서

$$a_{k+1,j} = a_{k,j-1} - a_{k,n-1}u_j \tag{16}$$

이다. 이 공식에서 $a_{k,-1}$은 0으로 간주되므로 $a_{k+1,0} = -a_{k,n-1}u_0$이다. (16)은 간단한 "자리이동 레지스터" 점화식으로, 이를 이용하면 $k = 1, 2, 3, ..., (n-1)p$에 대한 $x^k \bmod u(x)$를 쉽게 계산할 수 있다. 컴퓨터로 이 계산을 수행하는 경우의 일반적인 방법은 1차원 배열 $(a_{n-1}, ..., a_1, a_0)$을 두고 설정

$$t \leftarrow a_{n-1}, \ a_{n-1} \leftarrow (a_{n-2} - tu_{n-1}) \bmod p, \ ..., \ a_1 \leftarrow (a_0 - tu_1) \bmod p$$

와 $a_0 \leftarrow (-tu_0) \bmod p$를 반복하는 것이다. (난수 발생과 관련해서 이와 비슷한 절차를 3.2.2-(10)에서 살펴본 바 있다.) 예제 다항식 (15)의 경우 13을 법으로 한 산술을 사용해서 $x^k \bmod u(x)$의 계수들을 구한다면 다음과 같은 결과가 나온다.

k	$a_{k,7}$	$a_{k,6}$	$a_{k,5}$	$a_{k,4}$	$a_{k,3}$	$a_{k,2}$	$a_{k,1}$	$a_{k,0}$
0	0	0	0	0	0	0	0	1
1	0	0	0	0	0	0	1	0
2	0	0	0	0	0	1	0	0
3	0	0	0	0	1	0	0	0
4	0	0	0	1	0	0	0	0
5	0	0	1	0	0	0	0	0
6	0	1	0	0	0	0	0	0
7	1	0	0	0	0	0	0	0
8	0	12	0	3	3	5	11	5
9	12	0	3	3	5	11	5	0
10	0	4	3	2	8	0	2	8
11	4	3	2	8	0	2	8	0
12	3	11	8	12	1	2	5	7
13	11	5	12	10	11	7	1	2

따라서 Q의 두 번째 행은 $(2, 1, 7, 11, 10, 12, 5, 11)$이다. $x^{26} \bmod u(x)$, ..., $x^{91} \bmod u(x)$도 비슷한 방식으로 구할 수 있으며, 결국 다음과 같은 행렬들을 얻게 된다.

$$Q = \begin{pmatrix} 1 & 0 & 0 & 0 & 0 & 0 & 0 & 0 \\ 2 & 1 & 7 & 11 & 10 & 12 & 5 & 11 \\ 3 & 6 & 4 & 3 & 0 & 4 & 7 & 2 \\ 4 & 3 & 6 & 5 & 1 & 6 & 2 & 3 \\ 2 & 11 & 8 & 8 & 3 & 1 & 3 & 11 \\ 6 & 11 & 8 & 6 & 2 & 7 & 10 & 9 \\ 5 & 11 & 7 & 10 & 0 & 11 & 7 & 12 \\ 3 & 3 & 12 & 5 & 0 & 11 & 9 & 12 \end{pmatrix},$$

$$Q - I = \begin{pmatrix} 0 & 0 & 0 & 0 & 0 & 0 & 0 & 0 \\ 2 & 0 & 7 & 11 & 10 & 12 & 5 & 11 \\ 3 & 6 & 3 & 3 & 0 & 4 & 7 & 2 \\ 4 & 3 & 6 & 4 & 1 & 6 & 2 & 3 \\ 2 & 11 & 8 & 8 & 2 & 1 & 3 & 11 \\ 6 & 11 & 8 & 6 & 2 & 6 & 10 & 9 \\ 5 & 11 & 7 & 10 & 0 & 11 & 6 & 12 \\ 3 & 3 & 12 & 5 & 0 & 11 & 9 & 11 \end{pmatrix}.$$

(17)

이렇게 해서 단계 B2가 끝났다. 베를캄프 알고리즘의 다음 단계인 B3에서는 $Q - I$의 "영공간 (null space)"을 찾아야 한다. 일반화하자면, A가 한 체에 관한 $n \times n$ 행렬이며 그 계수 $n - r$을 구해야 한다고 하자. 더 나아가서 $v^{[1]}A = v^{[2]}A = \cdots = v^{[r]}A = (0, ..., 0)$을 만족하는 일차독립벡터 $v^{[1]}, v^{[2]}, ..., v^{[r]}$을 결정하려 한다고 하자. 그러한 계산을 위한 알고리즘을 만들 때에는, A의 임의의 열에 0이 아닌 수량을 곱할 수 있으며 열들 중 하나에 0이 아닌 수량을 곱한 것을 다른 열에 더해도 계수나 벡터 $v^{[1]}, ..., v^{[r]}$들은 변하지 않는다는 사실이 도움이 된다. (이러한 변환들은 B가 비특이행렬이라 할 때 A를 AB로 대체하는 것에 해당한다.) 다음의 잘 알려진 "삼각화" 절차가 바로 그러한 알고리즘이다.

알고리즘 N (영공간 알고리즘). A가, 그 원소 a_{ij}들이 하나의 체에 속하고 첨자들이 $0 \le i, j < n$ 범위인 $n \times n$ 행렬이라고 하자. 이 알고리즘은 그 체에 관해 일차독립이며 $v^{[j]}A = (0, ..., 0)$을 만족하는 r개의 벡터 $v^{[1]}, ..., v^{[r]}$을 출력한다. 여기서 $n - r$은 A의 계수이다.

N1. 〔초기화.〕 $c_0 \leftarrow c_1 \leftarrow \cdots \leftarrow c_{n-1} \leftarrow -1$, $r \leftarrow 0$으로 설정한다. (이 알고리즘 전반에서, $a_{c_j} = -1$이고 행 c_j의 나머지 모든 성분들이 0일 때에만 $c_j \ge 0$이다.)

N2. 〔k에 대한 루프.〕 단계 N3을 $k = 0, 1, ..., n-1$에 대해 반복하고 알고리즘을 끝낸다.

N3. 〔의존하는 행을 찾는다.〕 $a_{kj} \ne 0$이고 $c_j < 0$인 어떤 j가 범위 $0 \le j < n$에 존재하면 다음을 수행한다: A의 열 j에 $-1/a_{kj}$을 곱한다(이러면 a_{kj}는 -1이 된다). 그런 다음 a_{ki} 곱하기 열 j를 모든 $i \ne j$에 대한 열 i에 더한다. 마지막으로 $c_j \leftarrow k$로 설정한다. (모든 $s < k$에 대해 $a_{sj} = 0$임은 쉽게 증명할 수 있으며, 따라서 이 단계의 연산들은 A의 행 $0, 1, ..., k-1$에 어떠한 영향도 미치지 않는다.)

　　반면, 만일 $a_{kj} \ne 0$이고 $c_j < 0$인 j가 범위 $0 \le j < n$에 하나도 없다면 $r \leftarrow r+1$로 설정하고, 규칙

$$v_j = \begin{cases} a_{ks}, & \text{만일 } c_s = j \ge 0 \text{이면}; \\ 1, & \text{만일 } j = k \text{이면}; \\ 0, & \text{그렇지 않으면} \end{cases} \tag{18}$$

으로 정의되는 벡터

$$v^{[r]} = (v_0, v_1 ..., v_{n-1})$$

을 출력한다. ▮

이 알고리즘의 작동방식을 이해하는 데 도움이 될만한 예를 하나 보자. A가 13을 법으로 하는 정수체에 관한, (17)의 행렬 $Q - I$라고 하자. $k = 0$일 때에는 벡터 $v^{[1]} = (1, 0, 0, 0, 0, 0, 0, 0)$이 출력된다. $k = 1$일 때 단계 N3에서 j로 가능한 값들은 0, 2, 3, 4, 5, 6, 7이다. 어떤 것을 택해도 무방하나, 그 값은 알고리즘이 출력하는 특정 벡터에 영향을 미친다. 손으로 수행하는 계산을 위해서는 $a_{15} = 12 = -1$이라는 점을 고려해서 $j = 5$를 선택하는 것이 제일 편하다. 그렇다고 할 때 단계 N3의 열 연산들에 의해 행렬 A는 다음과 같은 행렬로 변한다.

$$\begin{pmatrix} 0 & 0 & 0 & 0 & 0 & 0 & 0 & 0 \\ 0 & 0 & 0 & 0 & 0 & ⑫ & 0 & 0 \\ 11 & 6 & 5 & 8 & 1 & 4 & 1 & 7 \\ 3 & 3 & 9 & 5 & 9 & 6 & 6 & 4 \\ 4 & 11 & 2 & 6 & 12 & 1 & 8 & 9 \\ 5 & 11 & 11 & 7 & 10 & 6 & 1 & 10 \\ 1 & 11 & 6 & 1 & 6 & 11 & 9 & 3 \\ 12 & 3 & 11 & 9 & 6 & 11 & 12 & 2 \end{pmatrix}.$$

(여기서 1행 5열의 동그라미가 쳐진 성분은 $c_5 = 1$임을 나타낸다. 알고리즘 N에서 행과 열 번호는 1이 아니라 0에서부터 시작함을 주의할 것.) $k = 2$일 때에는 $j = 4$로 두고 마찬가지의 방식으로

진행하면 된다. 다음은 k가 2, 3, 4, 5일 때 그런 식으로 얻은 행렬들로, 모두 $Q - I$와 동일한 영공간들을 가진다.

$$k = 2$$

$$\begin{pmatrix} 0 & 0 & 0 & 0 & 0 & 0 & 0 & 0 \\ 0 & 0 & 0 & 0 & 0 & ⑫ & 0 & 0 \\ 0 & 0 & 0 & 0 & ⑫ & 0 & 0 & 0 \\ 8 & 1 & 3 & 11 & 4 & 9 & 10 & 6 \\ 2 & 4 & 7 & 1 & 1 & 5 & 9 & 3 \\ 12 & 3 & 0 & 5 & 3 & 5 & 4 & 5 \\ 0 & 1 & 2 & 5 & 7 & 0 & 3 & 0 \\ 11 & 6 & 7 & 0 & 7 & 0 & 6 & 12 \end{pmatrix}$$

$$k = 3$$

$$\begin{pmatrix} 0 & 0 & 0 & 0 & 0 & 0 & 0 & 0 \\ 0 & 0 & 0 & 0 & 0 & ⑫ & 0 & 0 \\ 0 & 0 & 0 & 0 & ⑫ & 0 & 0 & 0 \\ 0 & ⑫ & 0 & 0 & 0 & 0 & 0 & 0 \\ 9 & 9 & 8 & 9 & 11 & 8 & 8 & 5 \\ 1 & 10 & 4 & 11 & 4 & 4 & 0 & 0 \\ 5 & 12 & 12 & 7 & 3 & 4 & 6 & 7 \\ 2 & 7 & 2 & 12 & 9 & 11 & 11 & 2 \end{pmatrix}$$

$$k = 4$$

$$\begin{pmatrix} 0 & 0 & 0 & 0 & 0 & 0 & 0 & 0 \\ 0 & 0 & 0 & 0 & 0 & ⑫ & 0 & 0 \\ 0 & 0 & 0 & 0 & ⑫ & 0 & 0 & 0 \\ 0 & ⑫ & 0 & 0 & 0 & 0 & 0 & 0 \\ 0 & 0 & 0 & 0 & 0 & 0 & 0 & ⑫ \\ 1 & 10 & 4 & 11 & 4 & 4 & 0 & 0 \\ 8 & 2 & 6 & 10 & 11 & 11 & 0 & 9 \\ 1 & 6 & 4 & 11 & 2 & 0 & 0 & 10 \end{pmatrix}$$

$$k = 5$$

$$\begin{pmatrix} 0 & 0 & 0 & 0 & 0 & 0 & 0 & 0 \\ 0 & 0 & 0 & 0 & 0 & ⑫ & 0 & 0 \\ 0 & 0 & 0 & 0 & ⑫ & 0 & 0 & 0 \\ 0 & ⑫ & 0 & 0 & 0 & 0 & 0 & 0 \\ 0 & 0 & 0 & 0 & 0 & 0 & 0 & ⑫ \\ ⑫ & 0 & 0 & 0 & 0 & 0 & 0 & 0 \\ 5 & 0 & 0 & 0 & 5 & 5 & 0 & 9 \\ 12 & 9 & 0 & 0 & 11 & 9 & 0 & 10 \end{pmatrix}$$

이제 동그라미 성분이 없는 열은 성분들이 모두 0이다. 따라서 $k = 6$일 때와 $k = 7$일 때에 대해 알고리즘은 벡터 두 개를 더 출력한다. 구체적으로는 다음 벡터들이 출력된다.

$$v^{[2]} = (0, 5, 5, 0, 9, 5, 1, 0), \qquad v^{[3]} = (0, 9, 11, 9, 10, 12, 0, 1).$$

$k = 5$ 이후의 행렬 A의 형태를 보면 이 벡터들이 등식 $vA = (0, \ldots, 0)$을 만족함이 명백하다. 알고리즘이 세 개의 일차독립 벡터들을 출력했으므로, $u(x)$에는 반드시 정확히 세 개의 기약 인수들이 존재한다.

이제 다시 인수분해 알고리즘으로 돌아가자. 단계 B4를 수행할 차례이다. $v^{[2]}(x) = x^6 + 5x^5 + 9x^4 + 5x^2 + 5x$로 두고 $0 \le s < 13$에 대해 $\gcd(u(x), v^{[2]}(x) - s)$를 계산하면, $s = 0$일 때 $x^5 + 5x^4 + 9x^3 + 5x + 5$라는 답이, 그리고 $s = 2$일 때에는 $x^3 + 8x^2 + 4x + 12$라는 답이 나온다. 다른 s들의 경우에는 gcd가 단위원이다. 따라서 $v^{[2]}(x)$로는 세 인수들 중 두 개만 구할 수 있다. $v^{[3]}(x) = x^7 + 12x^5 + 10x^4 + 9x^3 + 11x^2 + 9x$로 두고 $\gcd(v^{[3]}(x) - s, x^5 + 5x^4 + 9x^3 + 5x + 5)$를 구하면 $s = 6$일 때 인수 $x^4 + 2x^3 + 3x^2 + 4x + 6$이 나오고 그 외의 s들에 대해서는 단위원이 나온다. 결론적으로 주어진 다항식의 인수분해는 다음과 같다.

$$u(x) = (x^4 + 2x^3 + 3x^2 + 4x + 6)(x^3 + 8x^2 + 4x + 12)(x + 3). \tag{19}$$

그럼 n차 다항식을 p를 법으로 하여 인수분해할 때의 베를캄프 방법의 실행 시간을 추정해보자.

우선 p를 법으로 한 사칙연산들이 본질적으로 고정된 길이의 시간 안에 수행될 수 있도록 p가 비교적 작다고 가정한다. (p를 법으로 한 나눗셈은 연습문제 9에 제안된 것처럼 역수들의 표를 이용해서 곱셈으로 변환할 수 있다. 예를 들어 13을 법으로 할 때 $\frac{1}{2} = 7$, $\frac{1}{3} = 9$ 등이다.) 단계 B1의 계산은 $O(n^2)$ 단위시간을 소비한다. 단계 B2는 $O(pn^2)$이다. 단계 B3에서 알고리즘 N을 사용한다면 수행시간은 최대 $O(n^3)$ 단위이다. 마지막으로 단계 B4의 경우 유클리드 알고리즘으로 $\gcd(f(x), g(x))$를 계산하는 데에는 $O(\deg(f)\deg(g))$ 단위시간이 걸린다. 따라서 고정된 j와 s, 그리고 지금까지 발견된 $u(x)$의 인수 $w(x)$들 모두에 대한 $\gcd(v^{[j]}(x) - s, w(x))$의 계산은 $O(n^2)$ 단위를 소비한다. 그러므로 단계 B4는 최대 $O(prn^2)$ 단위 시간을 요한다. 결론적으로, p가 작은 소수라 할 때 *베를캄프의 절차는 p를 법으로 하는 임의의 n차 다항식을 $O(n^3 + prn^2)$ 단계로 인수분해한다.* 연습문제 5는 인수들의 평균 개수 r이 약 $\ln n$개임을 보인다. 따라서 베를캄프의 알고리즘은 p진수체계의 임의의 n자리 수를 인수분해한다고 알려진 그 어떤 방법보다도 훨씬 빠르다.

물론 n과 p가 작을 때에는 알고리즘 4.5.4A와 비슷한 시행착오식 인수분해 절차가 베를캄프의 방법보다 더 빠를 것이다. 연습문제 1은 p가 작을 때에는 심지어 n이 큰 경우라고 해도 낮은 차수의 인수들을 먼저 빼낸 후에 복잡한 절차를 수행하는 게 바람직함을 지적하고 있다.

p가 큰 경우는 베를캄프의 절차의 또 다른 구현을 계산에 사용할 수 있다. 이 경우 p를 법으로 한 나눗셈을 보조적인 표를 이용해서 간소화하는 것이 불가능할 수 있으며, 대신 $O((\log p)^2)$ 단계를 소비하는 연습문제 4.5.2-16의 방법을 사용할 수 있다. 그러면 단계 B1은 $O(n^2(\log p)^2)$ 단위시간을 소비하며, 비슷하게 단계 B3은 $O(n^3(\log p)^2)$을 요하게 된다. p가 클 때에는 단계 B2에서 $x^p \bmod u(x)$를 (16)보다 좀 더 효율적으로 구할 수 있다. 4.6.3절에서 보겠지만, 이 값은 본질적으로 $O(\log p)$ 회의, $x^k \bmod u(x)$에서 $x^{2k} \bmod u(x)$로 가는 제곱 $\bmod u(x)$ 연산들과 x를 곱하는 연산으로 구할 수 있다. $m = n$, $n+1$, ..., $2n-2$에 대한 $x^m \bmod u(x)$들의 보조적인 표를 만들어 둔다면 그러한 제곱 연산을 수월하게 수행할 수 있을 것이다. 만일 $x^k \bmod u(x) = c_{n-1}x^{n-1} + \cdots + c_1 x + c_0$이면

$$x^{2k} \bmod u(x) = (c_{n-1}^2 x^{2n-2} + \cdots + (c_1 c_0 + c_1 c_0)x + c_0^2) \bmod u(x)$$

인데, 여기서 x^{2n-2}, ..., x^n은 보조표의 다항식들로 대체할 수 있다. $x^p \bmod u(x)$를 계산하는 데 필요한 전체 시간은 $O(n^2(\log p)^3)$ 단위가 되고, 이로써 Q의 두 번째 행을 얻게 된다. Q의 나머지 열들은 제곱 $\bmod u(x)$와 비슷한 방식으로 $x^p \bmod u(x)$를 반복해서 곱해서 $x^{2p} \bmod u(x)$, $x^{3p} \bmod u(x)$, ...을 계산해 구하면 된다. B2를 마치는 데에는 추가적으로 $O(n^3(\log p)^2)$ 단위시간이 소비된다. 따라서 단계 B1, B2, B3은 총 $O(n^2(\log p)^3 + n^3(\log p)^2)$ 단위시간을 소비한다. 이 세 단계들은 $u(x)$의 인수 개수를 알려준다.

단계 B4에서는 s의 서로 다른 p개의 값들에 대한 하나의 최대공약수를 구해야 하는데, p가 조금만 커도 상당히 어려운 계산이 되고 만다. 이 벽을 처음으로 넘은 이는 차센하우스 Hans Zassenhaus 이다 〔*J. Number Theory* **1** (1969), 291-311〕. 그는 s의 모든 "유용한" 값을 구하는 방법을

제시했다(연습문제 14). 그러나 1980년에 차센하우스와 캔터Cantor에 의해서 그보다 나은 방법이 발견되었다. $v(x)$가 (8)의 임의의 해라면 $u(x)$는 $v(x)^p - v(x) = v(x) \cdot (v(x)^{(p-1)/2} + 1) \cdot (v(x)^{(p-1)/2} - 1)$의 약수이다. 따라서 약간의 운이 따른다면

$$\gcd(u(x), v(x)^{(p-1)/2} - 1) \tag{20}$$

을 구하는 것이 가능하며, (20)은 $u(x)$의 자명하지 않은 한 인수가 된다. 사실 (7)을 고려하면 정확히 얼마만큼의 운이 따라야 하는지도 밝힐 수 있다. $1 \le j \le r$에 대해 $v(x) \equiv s_j \pmod{p_j(x)}$라고 하자. 그러면 $p_j(x)$는 오직 $s_j^{(p-1)/2} \equiv 1 \pmod{p}$일 때에만 $v(x)^{(p-1)/2} - 1$의 약수이다. $s^{(p-1)/2} \equiv 1 \pmod{p}$를 만족하는 $0 \le s < p$ 범위의 정수 s는 정확히 $(p-1)/2$개임을 알고 있으므로, $\gcd$ (20)에는 $p_j(x)$들의 약 절반이 나타나게 된다. 좀 더 엄밀히 말하자면, $v(x)$가 (8)의 한 무작위 해이고 p^r개의 해 모두가 동일 확률이라고 할 때 $\gcd$ (20)이 $u(x)$와 같을 확률은 정확히

$$((p-1)/2p)^r$$

이다. 그리고 (20)이 1과 같을 확률은 $((p+1)/2p)^r$이다. 따라서 자명하지 않은 인수를 구할 확률은 모든 $r \ge 2$와 $p \ge 3$에 대해

$$1 - \left(\frac{p-1}{2p}\right)^r - \left(\frac{p+1}{2p}\right)^r = 1 - \frac{1}{2^{r-1}}\left(1 + \binom{r}{2}p^{-2} + \binom{r}{4}p^{-4} + \cdots\right) \ge \frac{4}{9}$$

이다.

그러므로 p가 상당히 작지 않은 이상 단계 B4를 다음과 같은 절차로 대체하는 것이 바람직하다: 계수 a_j들이 범위 $0 \le a_j < p$에서 무작위로 선택된다고 할 때, $v(x) \leftarrow a_1 v^{[1]}(x) + a_2 v^{[2]}(x) + \cdots + a_r v^{[r]}(x)$로 설정한다. $u(x)$의 현재의 부분 인수분해를 $u_1(x) \ldots u_t(x)$라고 하자. 여기서 t는 처음에는 1이다. 이제 $\deg(u_i) > 1$인 모든 i에 대해

$$g_i(x) = \gcd(u_i(x), v(x)^{(p-1)/2} - 1)$$

을 계산한다. 자명하지 않은 gcd가 발견될 때마다, $u_i(x)$를 $g_i(x) \cdot (u_i(x)/g_i(x))$로 치환하고 t의 값을 증가시킨다. 이러한 절차를 $t = r$이 될 때까지 $v(x)$를 바꿔 가면서 반복한다.

(8)의 무작위 해 $v(x)$들 중 단 $O(\log r)$개만 필요하다고 가정한다면(그렇게 가정해도 된다). 단계 B4에 대한 위와 같은 대안을 수행하는 데 필요한 시간의 상계를 구할 수 있다. $v(x)$를 계산하는 데에는 $O(rn(\log p)^2)$단계가 걸린다. 그리고 만일 $\deg(u_i) = d$이면 $v(x)^{(p-1)/2} \bmod u_i(x)$를 계산하는 데 $O(d^2(\log p)^3)$단계가 걸리고 $\gcd(u_i(x), v(x)^{(p-1)/2} - 1)$을 계산하는 데 $O(d^2(\log p)^2)$단계가 더 걸린다. 따라서 총 시간은 $O(n^2(\log p)^3 \log r)$이다.

개별 차수 인수분해. p를 법으로 하는 인수들을 찾는 좀 더 간단한 방법으로 넘어가자. 처음부터 그런 방법들만 살펴본 후 다음 절로 넘어갔어도 되었겠지만, 이번 절에서 지금까지 공부한 내용에는

계산 대수학에 대한 수많은 교육적인 통찰들이 녹아 있으므로 너무 약 올라 할 필요는 없을 것이다. 사실 그렇게 많은 개념들에 의존하지 않고도 p를 법으로 하는 인수분해 문제를 푸는 것이 가능하다.

우선 차수가 d인 기약다항식 $q(x)$가 $x^{p^d} - x$의 한 약수이긴 하지만 $1 \le c < d$에 대한 $x^{p^c} - x$의 약수는 아니라는 사실을 활용할 수 있다. 이에 대해서는 연습문제 16을 볼 것. 이러한 사실 덕분에, 다음과 같은 전략을 이용해서 각 차수의 기약 인수들을 개별적으로 빼내는 것이 가능하다.

D1. 베를캄프의 방법에서처럼 제곱된 인수들을 제거한다. 또한 $v(x) \leftarrow u(x)$, $w(x) \leftarrow$ "x", $d \leftarrow 0$으로 설정한다. (여기서 $v(x)$와 $w(x)$는 다항식을 값으로 하는 변수들이다.)

D2. (이 시점에서 $w(x) = x^{p^d} \bmod v(x)$이다. $v(x)$의 모든 기약 인수들은 서로 다르며 차수는 $> d$이다.) 만일 $d + 1 > \frac{1}{2} \deg(v)$이면 $v(x) = 1$이거나 $v(x)$가 기약다항식이므로 절차를 끝낸다. 그렇지 않으면 d를 1 증가시키고 $w(x)$를 $w(x)^p \bmod v(x)$로 치환한다.

D3. $g_d(x) = \gcd(w(x) - x, v(x))$를 구한다. (이것은 $u(x)$의 모든 d차 기약 인수들의 곱이다.) 만일 $g_d(x) \ne 1$이면 $v(x)$를 $v(x)/g_d(x)$로, $w(x)$를 $w(x) \bmod v(x)$로 치환한다. 그리고 만일 $g_d(x)$의 차수가 d보다 크면 아래의 알고리즘을 이용해서 그 인수들을 구한다. 단계 D2로 돌아간다. ∎

이 절차는 각 차수 d마다 모든 기약 인수의 곱을 구한다. 따라서 이 절차를 통해서 각 차수에 몇 개의 인수들이 존재하는지 알 수 있다. 예제 다항식 (19)에는 차수가 다른 인수들이 세 개 있으므로, 다항식 $g_d(x)$들을 인수분해하지 않고도 그 인수들 모두를 구하는 것이 가능하다.

인수분해를 마치기 위해서는 $\deg(g_d) > d$일 때 다항식 $g_d(x)$를 그 기약 인수들로 분해하는 방법이 필요하다. 라빈Michael Rabin은 1976년에 p^d개의 원소들로 된 체에서의 산술을 통해 그러한 분해가 가능함을 지적했다. 캔터David G. Cantor와 차센하우스Hans Zassenhaus는 1979년에 이보다도 쉬운 방법을 발견했다. 그들의 방법은 p가 홀수 소수일 때 모든 다항식 $t(x)$에 대해

$$g_d(x) = \gcd(g_d(x), t(x)) \; \gcd(g_d(x), t(x)^{(p^d-1)/2} + 1) \; \gcd(g_d(x), t(x)^{(p^d-1)/2} - 1) \quad (21)$$

이라는 항등식을 근거로 한다. $t(x)^{p^d} - t(x)$가 모든 d차 기약다항식의 배수라는 점을 생각한다면 이 항등식이 성립하는 이유를 쉽게 이해할 수 있다. ($t(x)$는 연습문제 16에서처럼 한 기약다항식 $f(x)$를 법으로 하는 모든 다항식으로 구성된, 크기가 p^d인 체의 한 원소로 간주할 수 있다.) $t(x)$가 차수가 $\le 2d - 1$인 무작위 다항식이라 할 때, $\gcd(g_d(x), t(x)^{(p^d-1)/2} - 1)$는 약 50%의 경우에서 $g_d(x)$의 한 비자명 인수가 된다(연습문제 29에서 증명한다). 따라서 모든 인수들을 발견하기 위해 수많은 무작위 시도가 필요하지는 않다. 일반성을 잃지 않고도 $t(x)$가 모닉다항식이라고 가정할 수 있는데, 왜냐하면 $t(x)$를 정수배한다고 해도 $t(x)^{(p^d-1)/2}$의 부호가 반대로 될 수 있다는 점만 제외하면 결과에는 아무런 영향도 미치지 않기 때문이다. 따라서 $d = 1$인 경우 $t(x) = x + s$로 둘 수 있다(s는 무작위로 선택).

$d > 1$일 때 이러한 절차는 $t(x)$가 일차(선형) 다항식들일 때에만 성공한다. 예를 들어 3을

법으로 하는 3차 기약다항식 $f(x)$들은 여덟 개이며, 그것들은 $0 \le s < 3$에 대한 $\gcd(f(x),$ $(x+s)^{13} - 1)$ 계산으로 구별할 수 있다:

$f(x)$	$s = 0$	$s = 1$	$s = 2$
$x^3 + \qquad 2x + 1$	1	1	1
$x^3 + \qquad 2x + 2$	$f(x)$	$f(x)$	$f(x)$
$x^3 + x^2 + \qquad 2$	$f(x)$	$f(x)$	1
$x^3 + x^2 + x + 2$	$f(x)$	1	$f(x)$
$x^3 + x^2 + 2x + 1$	1	$f(x)$	$f(x)$
$x^3 + 2x^2 + \qquad 1$	1	$f(x)$	1
$x^3 + 2x^2 + x + 1$	1	1	$f(x)$
$x^3 + 2x^2 + 2x + 2$	$f(x)$	1	1

일차 다항식들이 효과적인 이유는 연습문제 31에서 부분적으로 설명한다. 그런데 차수가 d인 기약 다항식들이 2^p개보다 많을 때에는 $t(x)$를 일차 다항식들로 두어서는 구별할 수 없는 기약다항식들이 존재한다.

$p = 2$일 때 유효한 (21)의 한 대안을 연습문제 30에서 논의한다. 아주 큰 p에 대한 좀 더 빠른 개별 차수 인수분해 알고리즘을 가텐J. von zur Gathen, 슈프V. Shoup, 캘터픈E. Kaltofen이 발견한 바 있다. 그 알고리즘의 실행 시간은 여러 실용적인 크기의 수들에 대한 p를 법으로 하는 산술 연산 $O(n^{2+\epsilon} + n^{1+\epsilon}\log p)$회와 $n \to \infty$에 따른 그러한 연산 $O(n^{(5+\omega+\epsilon)/4}\log p)$회이다. 여기서 ω는 연습문제 4.6.4-66의 "빠른" 행렬 곱셈의 지수이다. [*Computational Complexity* **2** (1992), 187-224; *J. Symbolic Comp.* **20** (1995), 363-397; *Math. Comp.* **67** (1998), 1179-1197 참고.]

역사적 참고사항: p를 법으로 하는 제곱없는 다항식 $f(x)$의 모든 일차 인수들을, 먼저 $g(x) = \gcd(x^{p-1} - 1, f(x))$를 계산하고 그런 다음 임의의 s에 대해 $\gcd(g(x), (x+s)^{(p-1)/2} \pm 1)$을 계산해서 구한다는 발상은 A. M. Legendre, *Mémoires Acad. Sci.* (Paris, 1785), 484-490에서 기인한다. 그의 동기는 $f(x) = py$ 형태의, 즉 $f(x) \equiv 0 \pmod{p}$ 형태의 디오판토스 방정식 (Diophantine equations)의 모든 정수해를 구하려는 데 있었다. 알고리즘 D에 포함되어 있는 좀 더 일반적인 차수 분리 기법은 1800년이 되기 전에 가우스C. F. Gauss에 의해서 발견되었으나, 발표되지는 않았다 [그의 *Werke* **2** (1876), 237을 볼 것]. 그것을 이후 갈루아Évariste Galois가 유한체 이론의 단초를 마련한, 이제는 고전이 된 그의 논문 [*Bulletin des Sciences Mathématiques, Physiques et Chimiques* **13** (1830), 428-435; *J. de Math. Pures et Appliquées* **11** (1846), 398-407에 재게재]에서 발표하게 된다. 그러나 가우스와 갈루아의 성과는 시대를 앞선 것이어서, 얼마 후 세릿J. A. Serret의 상세한 설명이 제시된 후에야 [*Mémoires Acad. Sci*, series 2, **35** (Paris, 1866), 617-688; 알고리즘 D는 §7에 나온다] 제대로 이해되었다. $g_d(x)$를 기약 인수들로 분리하는

특별한 절차들은 이후 여러 저자들에 의해서 고안되었으나, 큰 p에 대해 효율적으로 작동할 만큼 완전한 일반성을 갖춘 방법들은 그런 일을 가능하게 만드는 컴퓨터가 등장하기 전까지 발견되지 않았음이 확실하다. 그와 같은 무작위화된 알고리즘과 그에 대한 엄밀한 실행 시간 분석을 처음으로 출판한 이는 베를캄프이다 [*Math. Comp.* **24** (1970), 713-735]. 이후 뮝크Robert T. Moenck [*Math. Comp.* **31** (1977), 235-250], 라빈M. O. Rabin [*SICOMP* **9** (1980), 273-280], 캔터D. G. Cantor, 차센하우스H. J. Zassenhaus [*Math. Comp.* **36** (1981), 587-592]가 그러한 방법을 정련하고 단순화했다. 이와는 독립적으로, 카미옹Paul Camion은 다변수 다항식들에 대한 특수 경우들의 일반화를 발견했다 [*Comptes Rendus Acad. Sci.* **A291** (Paris, 1980), 479-482; *IEEE Trans.* **IT-29** (1983), 378-385].

하나의 무작위 다항식 mod p를 인수분해하는 데 필요한 연산 횟수는 P. Flajolet, X. Gourdon, D. Panario, *Lecture Notes in Comp. Sci.* **1099** (1996), 232-243에 분석되어 있다.

정수에 관한 인수분해. p를 법으로 하는 산술이 아닐 때 정수 계수들을 가진 다항식의 완전한 인수분해를 구하는 것은 다소 어려운 일이다. 그러나 그런 목적으로 사용할 수 있는 비교적 효율적인 방법들이 몇 가지 존재한다.

뉴턴Isaac Newton은 정수 계수 다항식의 일차 및 이차 인수를 구하는 방법을 그의 *Arithmetica Universalis* (1707)에서 제시했다. 그의 방법은 1708년에 베르누이에 의해서 확장되었으며, 1793년에는 슈베르트Friedrich von Schubert라는 천문학자에 의해서 좀 더 명시적으로 확장되었는데, 그는 n차 인수 모두를 유한한 개수의 단계로 구하는 방법을 보였다. M. Mignotte, D. Ştefănescu, *Revue d'Hist. Math.* **7** (2001), 67-89를 볼 것. 그와는 독립적으로, 약 90년 후에 크로네커L. Kronecker가 그들의 접근방식을 재발견하게 되지만, 안타깝게도 그의 방법은 n이 5 이상일 경우 매우 비효율적이다. 앞에서 말한 "mod p" 인수분해가 훨씬 더 나은 결과를 낼 수 있다.

정수에 관한 다항식

$$u(x) = u_n x^n + u_{n-1} x^{n-1} + \cdots + u_0, \qquad u_n \neq 0$$

의 기약 인수들을 구한다고 하자. 첫 단계로, 다항식을 계수들의 최대공약수를 나누어 볼 수 있다. 그러면 하나의 원시다항식이 나온다. 또한 연습문제 34에서처럼 $u(x)$를 $\gcd(u(x), u'(x))$로 나눈다면 $u(x)$를 제곱없는 다항식으로 간주할 수 있다.

이제 만일 $u(x) = v(x)w(x)$이면(이 다항식들은 모두 정수 계수를 가진다) 모든 소수 p에 대해 $u(x) \equiv v(x)w(x)$ (modulo p)임이 명백하며, 따라서 p가 $\ell(u)$의 약수가 아닌 한 p를 법으로 하는 자명하지 않은 인수분해가 하나 존재한다. 이런 점으로 미루어 볼 때, p를 법으로 한 $u(x)$의 효율적인 인수분해 알고리즘으로 정수에 관한 $u(x)$의 가능한 인수분해들을 재구축해 보는 것도 나쁘지 않은 방법이다.

예를 들어

$$u(x) = x^8 + x^6 - 3x^4 - 3x^3 + 8x^2 + 2x - 5 \tag{22}$$

를 인수분해해보자. 이미 (19)에서

$$u(x) \equiv (x^4 + 2x^3 + 3x^2 + 4x + 6)(x^3 + 8x^2 + 4x + 12)(x + 3) \pmod{13} \quad (23)$$

임을 보았으며, 2를 법으로 한 $u(x)$의 완전한 인수분해는 6차 인수 하나와 2차 인수 하나로 구성된다 (연습문제 10 참고). (23)으로부터 $u(x)$에 차수가 2인 인수는 없음을 알 수 있다. 따라서 $u(x)$는 정수에 관해 기약다항식이다.

이 예제는 너무 간단한 것이었을 수 있다. 경험에 의하면 대부분의 기약다항식들은 몇몇 소수들을 법으로 해서 위에서처럼 인수들을 조사해봄으로써 식별해내는 것이 가능하다. 그러나 기약성을 확인하는 일이 항상 쉬운 것은 아니다. 예를 들어 모든 소수 p에 대해 p를 법으로 해서 일관된 차수들을 가진 인수들로 적절히 인수분해하는 것이 가능하나 그래도 정수에 관해 기약인 다항식들이 존재한다 (연습문제 12).

연습문제 38에서는 기약다항식들의 커다란 모임이 제시되며, 연습문제 37은 거의 모든 다항식이 정수에 관해 기약임을 증명한다. 그렇긴 하지만 일반적으로 우리가 인수분해하려는 다항식이 무작위한 다항식인 것은 아니다. 자명하지 않은 인수가 존재할 것이라고 예상할만한 이유가 있거나, 그런 인수가 존재하지 않는다면 계산을 시도하지 않는 경우가 많다. 따라서 인수들이 존재하는 경우 그것들을 식별할 수 있는 방법이 필요하다.

일반적으로 우리는 $u(x)$를 인수분해할 때 우선 서로 다른 소수들을 법으로 한 습성들을 고려하는데, 그 결과들을 통합하는 것이 쉽지는 않다. 예를 들어 $u(x)$가 네 개의 이차 다항식들의 곱이라고 할 때, 서로 다른 소수 법들에 대한 그들의 상(image)을 조화시키기가 쉽지 않다. 따라서 여러 소수들을 시도해 보되 적당한 차수를 가지리라 짐작되는 소수를 택하고 그 소수 하나만을 법으로 해서 최대한 많은 정보를 이끌어 내보는 전략이 바람직하다.

한 가지 발상은 아주 큰 소수 p를 법으로 두는 것이다. 얼마나 커야 하느냐면, 정수에 관한 임의의 진정한 인수분해 $u(x) = v(x)w(x)$의 계수들이 실제로 $-p/2$와 $p/2$ 사이에 들어갈 정도이어야 한다. 그런 법을 택한다면 모든 가능한 정수 인수들을 우리가 mod p를 계산하는 방법을 알고 있는 인수들로부터 이끌어낼 수 있다.

다항식 인수들의 계수들에 대한 상당히 정확한 한계들을 얻는 방법이 연습문제 20에 나온다. 예를 들어 (22)가 가약(reducible)이라면 차수가 ≤ 4인 하나의 인수 $v(x)$가 존재할 것이며, v 계수들의 최대 크기는 연습문제 20의 결과에 의해 34가 될 것이다. 따라서 $u(x)$의 잠재적인 모든 인수는 68보다 큰 임의의 소수 p를 법으로 둘 때 상당히 명확하게 드러날 것이다. 실제로, 71을 법으로 한 완전한 인수분해는 다음과 같다.

$$(x + 12)(x + 25)(x^2 - 13x - 7)(x^4 - 24x^3 - 16x^2 + 31x - 12).$$

그리고 이 다항식들의 상수항이 5의 약수가 아니므로, 이 다항식들 중 어떤 것도 정수에 관한 (22)의 인수는 될 수 없음을 알 수 있다. 더 나아가서, 이 인수들을 둘 씩 묶는 방식으로 (22)의 약수를 구할 수는 없다. 왜냐하면 획득 가능한 상수 항 12×25, $12 \times (-7)$, $12 \times (-12)$들 중에 ± 1이나 ± 5와 합동(modulo 71)인 것은 없기 때문이다.

첨언하자면, 다항식 인수들의 계수들에 대한 쓸모 있는 한계들을 구하는 것은 쉬운 일이 아니다. 다항식들을 곱할 때 상당히 많은 상쇄(cancellation)들이 일어날 수 있기 때문이다. 예를 들어 간단해 보이는 다항식 $x^n - 1$에는, 무한히 많은 n에 대해 $\exp(n^{1/\lg\lg n})$을 넘는 계수들을 가진 기약 인수들이 존재한다. 〔R. C. Vaughan, *Michigan Math. J.* **21** (1974), 289–295 참고.〕 $x^n - 1$의 인수분해는 연습문제 32에서 논의한다.

$u(x)$의 차수가 높거나 큰 계수들이 존재한다면 p는 엄청나게 커야 할 것이다. $u(x)$가 p를 법으로 하여 제곱없는 다항식이라면 그런 큰 p 대신 작은 p를 사용할 수 있다. 그런 경우 헨젤Hensel의 보조정리라고 알려진 한 가지 중요한 구축법을 이용하면 p를 법으로 하는 인수분해를 임의의 높은 지수 e에 대한 p^e을 법으로 한 유일한 방식의 인수분해로 확장하는 것이 가능하다(연습문제 22 참고). 헨젤의 보조정리를 $p = 13$, $e = 2$로 두고 (23)에 적용하면 다음과 같은 고유한 인수분해가 나온다.

$$u(x) \equiv (x - 36)(x^3 - 18x^2 + 82x - 66)(x^4 + 54x^3 - 10x^2 + 69x + 84) \pmod{169}.$$

이 인수분해의 인수들을 $v_1(x)v_3(x)v_4(x)$라고 할 때, $v_1(x)$와 $v_3(x)$가 정수에 관한 $u(x)$의 인수들이 아니며, 법을 169로 해서 계수들을 범위 $(-\frac{169}{2} .. \frac{169}{2})$로 축약했을 때 두 인수 곱 $v_1(x)v_3(x)$ 역시 정수에 관한 $u(x)$의 인수가 아님을 알 수 있다. 이렇게 해서 모든 가능성을 살펴보고 $u(x)$가 정수에 관해 기약임을 다시 한 번 증명했는데, 이번 경우는 13을 법으로 한 인수분해만을 이용한 것임을 주목하자.

지금까지 살펴본 예는 다음과 같은 중요한 측면에서 정형적이지 못하다: 우리가 인수분해한 (22)의 $u(x)$는 모닉다항식이며, 따라서 그 인수들도 모두 모닉다항식이라고 가정할 수 있었다. 그런데 만일 $u_n > 1$이면 어떻게 해야 할까? 그런 경우 다항식 인수들 중 하나를 제외한 나머지 모든 인수의 선행 계수들은 p^e를 법으로 하여 거의 임의적으로 변할 수 있다. 그런 모든 가능성을 고려하는 것은 물론 비현실적이다. 독자 역시 이 문제에 주목했을지도 모르겠다. 다행히 간단한 해결책이 존재한다: $u(x) = v(x)w(x)$의 인수분해는 $\ell(v_1) = \ell(w_1) = u_n = \ell(u)$인 $u_n u(x) = v_1(x)w_1(x)$의 인수분해를 함의한다. ("실례합니다만, 제공하신 다항식을 인수분해하기 전에 다항식 선행 계수들을 다항식에 곱해도 될까요?") 그러면 $p^e > 2B$를 이용해서 위에서와 본질적으로 동일한 방식으로 인수분해를 진행할 수 있다. 이 때 B는 $u(x)$가 아니라 $u_n u(x)$의 인수들의 최대 계수에 대한 한계이다. 연습문제 40에는 선행 계수 문제를 해결하는 또 다른 방법이 나온다.

이상의 관찰들을 모두 합하면 다음과 같은 절차가 된다:

F1. 제곱없는 유일 인수분해

$$u(x) \equiv \ell(u)\, v_1(x) \dots v_r(x) \pmod{p^e}$$

를 구한다. 여기서 p^e는 위에서 설명한대로 충분히 큰 값이며, $v_j(x)$는 모닉다항식이다. (이는 몇몇을 제외한 모든 소수 p에 대해 가능하다. 연습문제 23 참고.) 또한 $d \leftarrow 1$로 설정한다.

F2. 인수 $v(x) = v_{i_1}(x) \ldots v_{i_d}(x)$의 모든 가능한 조합에 대해(단, $d = \frac{1}{2}r$이면 $i_1 = 1$로 둔다), 모든 계수가 구간 $[-\frac{1}{2}p^e \mathinner{.\,.} \frac{1}{2}p^e)$에 속하는 고유한 다항식 $\bar{v}(x) \equiv \ell(u)v(x) \pmod{p^e}$을 만든다. 만일 $\bar{v}(x)$가 $\ell(u)u(x)$를 나눈다면 인수 $pp(\bar{v}(x))$를 출력하고, $u(x)$를 그 인수로 나누고, 해당 $v_i(x)$를 p^e를 법으로 한 인수들의 목록에서 제거한다. r를 제거한 인수 개수만큼 감소시킨다. 만일 $d > \frac{1}{2}r$이면 알고리즘을 끝낸다.

F3. d를 1 증가하고, 만일 $d \leq \frac{1}{2}r$이면 F2로 돌아간다. ∎

알고리즘이 끝났을 때 $u(x)$의 현재 값이 원래 주어진 다항식의 최종적인 기약 인수이다. $|u_0| < |u_n|$일 때에는 모든 계산을 역 다항식 $u_0 x^n + \cdots + u_n$(이 역 다항식의 인수들은 $u(x)$의 인수들의 역이다)에 대해 수행하는 것이 더 낫다는 점을 주목할 것.

이 절차에서는 $p^e > 2B$이어야 하는데, 여기서 B는 $u_n u(x)$의 임의의 약수의 계수들에 대한 한계이다. 그러나 만일 이 절차가 차수가 $\leq \frac{1}{2}\deg(u)$인 약수들에 대해서만 유효하면 된다는 조건이 붙는다면 훨씬 더 작은 B값을 사용할 수 있다. 그런 경우 단계 F2에서 $\deg(v) > \frac{1}{2}\deg(u)$일 때에는 항상 $v(x)$ 대신 $w(x) = v_1(x) \ldots v_r(x)/v(x)$에 대해 가약 판정을 적용해야 한다.

B가 $u(x)$의 적어도 하나의 진약수의 계수들에 대한 한계이기만 해도 충분하다는 조건이 붙는다면 B를 더욱 줄일 수 있다. (예를 들어 다항식이 아니라 정수 합성수 N을 인수분해하는 것이라면 약수들 중 일부가 매우 크다고 해도 그 중 적어도 하나의 약수는 $\leq \sqrt{N}$이다.) 보자미B. Beauzamy, 트레비상 V. Trevisan, 왕P. S. Wang [*J. Symbolic Comp.* **15** (1993), 393-413]에서 기인한 이러한 착상은 연습문제 21에서 논의한다. 그런 경우 단계 F2에서는 $v(x)$와 $w(x)$ 모두에 대해 가약 판정을 적용해야 하나, 그래도 계산은 더 빠르다. p^e이 훨씬 더 작은 경우가 많기 때문이다.

위의 알고리즘에는 한 가지 명백한 병목이 존재한다. 구체적으로 말하면, 잠재적 인수 $v(x)$들을 $2^{r-1} - 1$개나 판정해야 할 수도 있는 것이다. 무작위 상황에서 2^r의 평균값은 약 n이며, 어쩌면 $n^{1.5}$일 수도 있다(연습문제 5). 그러나 무작위하지 않은 상황에서는 절차의 이 부분을 최대한 빠르게 만드는 것이 바람직하다. 가망 없는 인수들을 빠르게 제외시키는 한 가지 방법은 후행 계수 $\bar{v}(0)$을 먼저 계산하고, 그 계수가 $\ell(u)u(0)$의 약수인 경우에만 계산을 진행하는 것이다. 이러한 가약 조건이 만족되지 않는다면 앞 문단에서 말한 복잡한 상황은 고려할 필요가 없다. 왜냐하면 그러한 가약 판정은 $\deg(v) > \frac{1}{2}\deg(u)$인 경우에도 유효하기 때문이다.

절차를 빠르게 만드는 또 다른 중요한 방법 하나는, r이 인수들의 진짜 개수를 충실히 반영하도록 r을 줄이는 것이다. 앞에서 말한 개별 차수 인수분해 알고리즘을 여러 작은 소수 p_j들에 대해 적용해서 각 소수에 대해 p_j를 법으로 한 인수들의 가능한 차수 D_j들을 구할 수 있으며(연습문제 26), 그것들을 이진 n비트 문자열로 표현할 수 있다. 그런 비트열을 얻었다면 교집합 $\bigcap D_j$, 구체적으로 말하면 그런 비트열들의 비트단위 "논리곱(AND)"를 계산하고, 오직

$$\deg(i_1) + \cdots + \deg(i_d) \in \bigcap D_j$$

에 대해서만 단계 F2를 수행하면 된다.

더 나아가서, p로는 가장 작은 r 값을 가지는 p_j를 택한다. 이러한 기법은 머서David R. Musser에서 기인한 것으로, 그의 경험에 따르면 다섯 개의 소수 p_j들을 시험해 보는 것이 좋다고 한다 〔*JACM* **25** (1978), 271-282〕. 물론 현재의 $\bigcap D_j$에서 $u(x)$가 기약임이 판명된다면 즉시 절차를 멈추어야 할 것이다.

머서는 앞에서 제시한 절차와 비슷한 인수분해법 하나를 *JACM* **22** (1975), 291-308에서 상세히 논의했다. 단계 F1-F3은 1978년에 콜린스G. E. Collins가 제안한 한 개선안을 반영한 것이다. 개선안에서는 전체 차수가 d인 조합들을 취하는 대신 한 번에 d개의 인수들의 조합을 취해서 시행 약수들을 찾는다. 이러한 개선은 유리수에 관해 기약인 다항식의 p를 법으로 한 인수들의 통계적 습성 때문에 중요하다.

렌스트라A. K. Lenstra, 렌스트라H. W. Lenstra, Jr., 로바시L. Lovász는 정수에 관한 다항식의 인수분해에 필요한 계산량에 대한 엄밀한 최악의 경우 한계들을 구하기 위한 알고리즘을 소개했는데, 그것이 바로 유명한 "LLL 알고리즘"이다 〔*Math. Annalen* **261** (1982), 515-534〕. 그들의 방법은 난수를 필요로 하지 않으며, n차 다항식 $u(x)$에 대한 실행 시간은 비트 연산 $O(n^{12} + n^9 (\log \|u\|)^3)$ 회이다. 여기서 $\|u\|$는 연습문제 20에서 정의한다. 이 추정치에는 적절한 소수 p를 찾는 시간과 알고리즘 B로 p를 법으로 한 모든 인수들을 찾는 시간이 포함된다. 물론 실제 응용에서는 무작위화를 이용하는 발견법적 방법이 훨씬 빠르게 실행된다.

최대공약수들. 비슷한 기법들을 다항식들의 최대공약수들을 계산하는 데 사용할 수 있다: 만일 정수에 관해 $\gcd(u(x), v(x)) = d(x)$이면, 그리고 $q(x)$가 모닉다항식일 때 $\gcd(u(x), v(x)) = q(x)$ (modulo p)라면, $d(x)$는 p를 법으로 한 $u(x)$와 $v(x)$의 한 공약수이다. 따라서

$$d(x)는 q(x)를 나눈다 \ (\text{modulo } p). \tag{24}$$

만일 p가 u와 v 모두의 선행 계수들의 약수가 아니면 d의 선행 계수의 약수도 아니다. 그런 경우 $\deg(d) \le \deg(q)$이다. 따라서 그런 소수 p에 대해 $q(x) = 1$일 때에는 $\deg(d) = 0$이고 $d(x) = \gcd(\text{cont}(u), \text{cont}(v))$이다. 이는 4.6.1절에서 언급했던, $u(x)$와 $v(x)$가 정수에 관해 서로 소임을 증명하는 데에는 4.6.1-(6)의 13을 법으로 한 간단한 $\gcd(u(x), v(x))$ 계산으로 충분하다는 소견을 뒷받침한다. 따라서 알고리즘 4.6.1E나 알고리즘 4.6.1C의 상당히 수고스러운 계산은 불필요하다. 두 무작위 원시다항식들은 거의 항상 정수에 관해 서로 소이므로, 그리고 그 다항식들이 p를 법으로 하여 서로 소일 확률은 연습문제 4.6.1-5에 의할 때 $1 - 1/p$이므로, p를 법으로 하는 계산을 사용하는 것이 일반적으로 바람직한 방법이다.

이전과 마찬가지로, 우리가 원하는 최대공약수 계산법이란 실제 응용에서 만나게 되는 비무작위적 다항식들에 대해서도 좋은 결과를 낼 수 있는 것을 의미한다. 따라서 방금 말한 기법들을 좀 더 개선해서, 소수 p를 법으로 해서 얻은 정보만 가지고도 일반적으로 정수에 관한 $\gcd(u(x), v(x))$를

구할 수 있는 방법을 만들어 보기로 하자. $u(x)$와 $v(x)$는 원시다항식들이라고 가정할 수 있다.

gcd$(u(x), v(x))$를 직접 계산하는 대신 다음과 같은 다항식을 찾는 쪽이 편할 것이다.

$$\bar{d}(x) = c \cdot \gcd(u(x), v(x)). \tag{25}$$

여기서 상수 c는 다음을 만족하도록 선택된 값이다.

$$\ell(\bar{d}) = \gcd(\ell(u), \ell(v)). \tag{26}$$

이 조건은 적절한 c에 대해 항상 성립하게 되는데, 왜냐하면 $u(x)$와 $v(x)$의 임의의 약수의 선행계수는 반드시 gcd$(\ell(u), \ell(v))$의 한 약수이기 때문이다. 이러한 조건들을 만족하는 $\bar{d}(x)$를 구하기만 한다면 $u(x)$와 $v(x)$의 진정한 최대공약수인 $pp(\bar{d}(x))$를 쉽게 계산할 수 있다. 조건 (26)은 gcd의 단위배수(unit multiple)들의 불확실성을 피할 수 있다는 점에서 유용하다. 앞에 나온 인수분해 루틴에서 선행 계수들을 제어하는 데에도 본질적으로 이와 동일한 기법을 사용했었다.

p가 충분히 큰(연습문제 20을 $\ell(\bar{d})u(x)$나 $\ell(\bar{d})v(x)$에 적용해서 얻은 계수들에 대한 한계들에 근거할 때) 소수라고 가정하고, 모든 계수가 $[-\frac{1}{2}p\mathinner{.\,.}\frac{1}{2}p)$에 속하는 유일한 다항식 $\bar{q}(x) \equiv \ell(\bar{d})q(x)$ (modulo p)를 계산해 보자. $pp(\bar{q}(x))$가 $u(x)$와 $v(x)$ 모두를 나눈다면, (24)에 의해 $pp(\bar{q}(x))$는 반드시 gcd$(u(x), v(x))$와 같다. 반면 $u(x)$와 $v(x)$ 모두를 나누지는 않는다면 반드시 $\deg(q) > \deg(d)$이다. 알고리즘 4.6.1E를 연구해 보면, 그 알고리즘의 정확한 정수 산술 버전으로 계산한 0이 아닌 나머지들 중 하나의 정수 계수가 p로 나누어질 때에만 후자의 경우가 됨을 알 수 있다. 그렇지 않은 경우 p를 법으로 하는 유클리드 알고리즘은 알고리즘 4.6.1E에서와 정확히 동일한 다항식들(단, p를 법으로 하는 0이 아닌 상수배들은 제외)의 열을 다루게 된다. 따라서 gcd 계산을 실패하게 만드는 "불길한" 소수들의 개수는 많지 않으며, 계속 시도하다 보면 곧 하나의 운 좋은 소수를 찾게 된다.

계수들에 대한 한계가 단정도 소수 p들로는 충분하지 않을 정도로 크다면, 여러 소수 p들을 법으로 해서 $\bar{d}(x)$를 계산해 보면 된다(4.3.2절의 중국인의 나머지 알고리즘을 이용해서, 답이 나올 때까지). 브라운W. S. Brown과 콜린스G. E. Collins에서 기인하는 이러한 접근방식을 브라운이 *JACM* **18** (1971), 478-504에서 설명한 바 있다. 또는, 모제스J. Moses와 윤D. Y. Y. Yun이 제안한 것처럼 [*Proc. ACM Conf.* **28** (1973), 159-166] 헨젤의 방법을 이용해서 충분히 큰 e에 대한 $\bar{d}(x)$ (modulo p^e)를 구할 수도 있다. 헨젤의 구축법은 중국인의 나머지 접근방식보다 계산 측면에서 더 우월해 보인다. 그러나 헨젤의 방법은

$$d(x) \perp u(x)/d(x) \qquad \text{또는} \qquad d(x) \perp v(x)/d(x) \tag{27}$$

일 때에만 직접적으로 유효한데, 왜냐하면 그 방법은 연습문제 22의 기법들을 인수분해 $\ell(\bar{d})u(x) \equiv \bar{q}(x)u_1(x)$나 $\ell(\bar{d})v(x) \equiv \bar{q}(x)v_1(x)$ (modulo p) 중 하나에 적용하는 것이기 때문이다. 연습문제 34와 35는 (27)이 필요에 따라 항상 성립할 수 있도록 계산을 배치하는 것이 가능함을 보여준다. (식 (27)에 쓰인 표기

$$u(x) \perp v(x) \tag{28}$$

는 서로 소인 정수들에 쓰이는 표기법과 비슷하게, $u(x)$와 $v(x)$가 서로 소라는 뜻이다.)

지금 설명하는 gcd 알고리즘들은 4.6.1에 나오는 것들보다 훨씬 빠르다. 단, 다항식 나머지열이 아주 짧은 경우는 예외이다. 아마도 최상의 일반적 절차는 이런 것이 아닐까 싶다: $\ell(u)$와 $\ell(v)$ 모두의 약수가 아니라 상당히 작은 소수 p를 법으로 하여 $\gcd(u(x), v(x))$를 계산하는 것으로 시작한다. 만일 그 결과 $q(x)$가 1이라면 답이 나온 것이다. $q(x)$의 차수가 높다면 알고리즘 4.6.1C를 사용하고 그렇지 않다면 앞에서 말한 방법들 중 하나를 사용해서, $u(x)$와 $v(x)$의 계수들에 기반한, 그리고 $q(x)$의 (작은)차수에 기반한 $\bar{d}(x)$의 계수들의 한계를 먼저 계산한다. 인수분해 문제에서처럼, 만일 후행 계수들이 선행 계수들보다 더 간단하다면, 이러한 절차를 $u(x)$, $v(x)$의 역에 적용하고 그 결과를 뒤집어야 할 것이다.

다변수 다항식. 정수 계수 다변수 다항식들의 인수분해나 gcd 알고리즘에도 비슷한 기법들을 사용할 수 있다. 다변수 다항식에 대해서는 기약다항식 $x_2 - a_2, ..., x_t - a_t$들(앞의 논의에 나오는 p들에 해당)을 법으로 해서 다항식 $u(x_1, ..., x_t)$를 다루는 것이 편하다. $v(x) \bmod (x - a) = v(a)$이므로, 나머지

$$u(x_1, ..., x_t) \bmod \{x_2 - a_2, ..., x_t - a_t\}$$

의 값은 단변수 다항식 $u(x_1, a_2, ..., a_t)$이다. $u(x_1, a_2, ..., a_t)$의 x_1의 차수가 원래의 다항식 $u(x_1, x_2, ..., x_t)$에서와 같아지도록 정수 $a_2, ..., a_t$를 적절히 선택했다고 하자. 다변수 다항식들에 맞게 일반화된 헨젤의 구축법을 적용하면 이 단변수 다항식의 제곱없는 인수분해를 $\{(x_2 - a_2)^{n_2},$ $..., (x_t - a_t)^{n_t}\}$을 법으로 하는 인수분해들로 "끌어올릴(lift)" 수 있다. 여기서 n_j는 u의 x_j항의 차수이다. 그와 동시에 적절한 정수 소수 p를 법으로 해서 계산을 수행하는 것도 가능하다. a_j들 중 최대한 많은 것들이 0이어야 하므로, 중간 결과들의 희소성이 유지된다. 자세한 사항은 P. S. Wang, *Math. Comp.* **32** (1978), 1215-1231을 볼 것. 또한 앞에서 언급한 머서, 모제스, 윤의 논문들도 보라.

앞에서 언급한 논문들이 작성된 후로 상당히 많은 계산 경험이 축적되어 왔다. 좀 더 최근의 개괄로는 R. E. Zippel, *Effective Polynomial Computation* (Boston: Kluwer, 1993)을 볼 것. 또한, 이제는 하나의 "블랙박스" 계산 절차에 의해 암묵적으로 주어진 다항식들을 인수분해하는 것도 가능하다. 심지어는 입력 다항식과 출력 다항식 모두를 명시적으로 표기했을 때 그것들로 우주 전체를 채울 정도인 경우에도 가능하다. 〔E. Kaltofen, B. M. Trager, *J. Symbolic Comp.* **9** (1990), 301-320; Y. N. Lakshman, B. David Saunders, *SICOMP* **24** (1995), 387-397 참고〕.

> 점근적으로 최고인 알고리즘들이라도 실제로 적용해 보면
> 적용된 모든 문제에 대해 최악의 알고리즘으로 판명되는 경우가 많다.
> —— 캔터D. G. CANTOR, 차센하우스H. ZASSENHAUS (1981)

연습문제

▶ **1.** [M24] p가 소수라 하자. 그리고 $u(x)$가 n차 무작위 다항식이라고 하자. p^n개의 모닉다항식 각각은 동일 확률이라고 가정한다. 만일 $n \geq 2$이면 $u(x)$에 일차 인수 mod p가 존재할 확률이 $(1 + p^{-1})/2$와 $(2 + p^{-2})/3$ 사이(상하계 포함)임을 보여라. $n \geq p$일 때의 이 확률의 닫힌 형식을 제시하라. 일차인수들의 평균 개수는 얼마인가?

▶ **2.** [M25] (a) 한 유일 인수분해 정역에 관한 임의의 모닉다항식 $u(x)$를

$$u(x) = v(x)^2 w(x)$$

의 형태로 고유하게 표현할 수 있음을 보여라. 여기서 $w(x)$는 제곱없는 다항식($d(x)^2$ 형태의 양의 차수를 가진 인수가 없음)이고 $v(x)$와 $w(x)$ 모두 모닉다항식이다. (b) (베를캄프E. R. Berlekamp.) p가 소수라 할 때, 차수가 n인 모닉다항식들 중 p를 법으로 한 제곱없는 다항식인 것은 몇 개인가?

3. [M25] (다항식에 대한 중국인의 나머지 정리.) $u_1(x)$, ..., $u_r(x)$가 한 체 S에 관한 다항식들이고 모든 $j \neq k$에 대해 $u_j(x) \perp u_k(x)$라고 하자. S에 관한 임의의 주어진 다항식 $w_1(x)$, ..., $w_r(x)$에 대해, $\deg(v) < \deg(u_1) + \cdots + \deg(u_r)$이고 $1 \leq j \leq r$에 대해 $v(x) \equiv w_j(x)$ (modulo $u_j(x)$)인 S에 관한 유일 다항식 $v(x)$가 존재함을 증명하라. S가 정수 전체 집합일 때에도 이 결과가 성립할까?

4. [HM28] a_{np}가 소수 p를 법으로 하는 n차 기약 모닉다항식들의 개수라고 하자. 생성함수 $G_p(z) = \sum_n a_{np} z^n$의 공식을 구하라. [힌트: 멱급수(power series)들을 연결하는 다음과 같은 항등식을 증명할 것: 오직 $g(z) = \sum_{n \geq 1} \mu(n) f(z^n)/n^t$일 때에만 $f(z) = \sum_{j \geq 1} g(z^j)/j^t$.] $\lim_{p \to \infty} a_{np}/p^n$은 무엇인가?

5. [HM30] A_{np}가 무작위로 선택된, 소수 p를 법으로 하는 한 n차 다항식의 기약 인수들의 평균 개수라고 하자. $\lim_{p \to \infty} A_{np} = H_n$임을 보여라. 기약 인수들의 개수를 r이라 할 때 2^r의 극한 평균값은 얼마인가?

6. [M21] (라그랑주J. L. Lagrange, 1771.) 합동식 (9)를 증명하라. [힌트: p개의 원소들로 이루어진 체에서 $x^p - x$를 인수분해해 볼 것.]

7. [M22] 식 (14)를 증명하라.

8. [HM20] 알고리즘 N이 출력한 벡터들이 일차독립임을 어떻게 확신할 수 있을까?

9. [20] 2가 101의 한 원시근이라고 할 때, 역수 mod 101들의 표를 간단하게 구축하는 방법을 설명하라.

▶ **10.** [21] 베를캄프의 절차를 이용해서, (22)의 다항식 $u(x)$의 2를 법으로 한 완전한 인수분해를 구하라.

11. [22] (22)의 다항식 $u(x)$의 5를 법으로 한 완전한 인수분해를 구하라.

▶ **12.** [M22] 베를캄프의 알고리즘을 이용해서, 모든 소수 p에 대한, $u(x) = x^4 + 1$의 p를 법으로 한 인수 개수를 구하라. [힌트: $p = 2$, $p = 8k + 1$, $p = 8k + 3$, $p = 8k + 5$, $p = 8k + 7$인 경우를 개별적으로 고찰할 것. 행렬 Q는 무엇일까? 인수들을 일일이 구할 필요는 없다. 개수만 구하면 된다.]

13. [M25] 연습문제 12를 계속 이어서, 모든 홀수 소수 p에 대해 p를 법으로 한 $x^4 + 1$의 인수들에 대한 명시적 공식을 제시하라. 단, 그 공식은 p를 법으로 하는 수량 $\sqrt{-1}$, $\sqrt{2}$, $\sqrt{-2}$ 들로 표현된 (그런 제곱근들이 존재할 때) 것이어야 한다.

14. [M25] (차센하우스H. Zassenhaus.) $v(x)$가 (8)의 한 해라고 하자. 그리고 $w(x) = \prod(x - s)$라고 하자. 여기서 곱의 구간은 $\gcd(u(x), v(x) - s) \neq 1$인 모든 $0 \le s < p$이다. $u(x)$와 $v(x)$가 주어졌을 때 그러한 $w(x)$를 계산하는 방법을 설명하라. [힌트: 식 (14)는 $w(x)$가 $u(x)$가 $w(v(x))$의 약수임을 만족하는 최소차수 다항식임을 함의한다.]

▶ **15.** [M27] (소수를 법으로 하는 제곱근.) 주어진 소수 p를 법으로 하여 주어진 정수 u의 제곱근을 계산하는, 다시 말해서 $v^2 \equiv u \pmod{p}$인 정수 v가 존재하면 항상 그 v를 구하는 알고리즘을 설계하라. 알고리즘은 아주 큰 소수 p들에 대해서도 효율적이어야 한다. ($p \neq 2$의 경우 이 문제의 답은 이차 공식들을 통상적인 방법으로 사용해서 임의의 주어진 이차 방정식 $\mathrm{mod}\ p$의 해를 구하는 절차의 기반이 된다.) 힌트: 이번 절의 인수분해 방법들을 다항식 $x^2 - u$에 적용했을 때 어떤 일이 일어나는지를 고려할 것.

16. [M30] (유한체.) 이번 연습문제의 목적은 갈루아É. Galois가 1830년에 소개한 체의 기본적인 성질들을 증명하는 데 있다.

  a) $f(x)$가 p를 법으로 하는 한 n차 기약다항식이라고 할 때, 차수가 n보다 작은 p^n개의 다항식들이 $f(x)$와 p를 법으로 하는 산술 하에서 하나의 체를 형성함을 증명하라. [참고: 연습문제 4에서 증명했듯이, 각 차수마다 해당 차수의 기약다항식들이 존재한다. 따라서 모든 소수 p와 모든 $n \ge 1$에 대해 p^n개의 원소들로 된 체들이 존재한다.]

  b) p^n개의 원소들로 된 임의의 체에 대해, 그 체의 원소들이 $\{0, 1, \xi, \xi^2, ..., \xi^{p^n - 2}\}$임을 만족하는 하나의 "원시근" 원소 ξ가 존재한다. [힌트: 연습문제 3.2.1.2-16은 $n = 1$인 특수한 경우에 대한 한 증명을 제공한다.]

  c) $f(x)$가 p를 법으로 한 n차 기약다항식이라 할 때, 오직 m이 n의 배수일 때에만 $x^{p^m} - x$가 $f(x)$로 나누어짐을 증명하라. (이 결과를 이용하면 기약 여부를 꽤 빠르게 판정할 수 있다: 주어진 n차 다항식 $f(x)$는 오직 n을 나누는 모든 소수 q에 대해 $x^{p^n} - x$가 $f(x)$와 $x^{p^{n/q}} - x \perp f(x)$로 나누어질 때에만 p를 법으로 한 기약다항식이다.)

17. [M23] F가 13^2개의 원소들로 된 하나의 체라고 하자. F의 원소들 중, $1 \le f < 13^2$인 정수 f들 각각에 대해 그 차수(order)가 f인 원소는 몇 개인가?(한 원소 a의 차수는 $a^m = 1$을 만족하는 가장 작은 양의 정수 m이다.)

▶ **18.** [*M25*] $u(x) = u_n x^n + \cdots + u_0, u_n \neq 0$이 정수 계수 원시다항식이라고 하자. 그리고 $v(x)$가 다음과 같이 정의되는 모닉다항식이라고 하자.

$$v(x) = u_n^{n-1} \cdot u(x/u_n) = x^n + u_{n-1}x^{n-1} + u_{n-2}u_n x^{n-2} + \cdots + u_0 u_n^{n-1}.$$

(a) $v(x)$의 정수에 관한 완전 인수분해가 $p_1(x) \ldots p_r(x)$라고 할 때(여기서 각 $p_j(x)$는 모닉), 정수에 관한 $u(x)$의 완전 인수분해는 무엇인가? (b) $w(x) = x^m + w_{m-1}x^{m-1} + \cdots + w_0$이 $v(x)$의 한 인수라고 할 때, $0 \leq k < m$에 대해 w_k가 u_n^{m-1-k}의 배수임을 증명하라.

19. [*M20*] (아이젠슈타인의 판정법.) 정수에 관한 기약다항식들 중 가장 잘 알려진 부류는 쇠네만 T. Schönemann이 *Crelle* **32** (1846), 100에서 소개하고 아이젠슈타인 G. Eisenstein이 *Crelle* **39** (1850), 166-169에서 대중화한 다음과 같은 다항식이다. p가 소수이고 $u(x) = u_n x^n + \cdots + u_0$이 다음과 같은 성질들을 가진다고 하자: (i) u_n은 p로 나누어지지 않는다; (ii) $u_{n-1}, \ldots, u_0$은 p로 나누어진다; (iii) u_0은 p^2로 나누어지지 않는다. 이러한 다항식 $u(x)$가 정수에 관해 기약임을 보여라.

20. [*HM33*] $u(x) = u_n x^n + \cdots + u_0$이 복소수에 관한 임의의 다항식이고 $\|u\| = (|u_n|^2 + \cdots + |u_0|^2)^{1/2}$이라고 하자.

　a) $u(x) = (x - \alpha)w(x)$이고 $v(x) = (\bar{\alpha}x - 1)w(x)$라고 하자. 여기서 α는 임의의 복소수이고 $\bar{\alpha}$는 그것의 켤레복소수이다. $\|u\| = \|v\|$를 증명하라.

　b) $u_n(x - \alpha_1) \ldots (x - \alpha_n)$이 복소수에 관한 $u(x)$의 완전한 인수분해라고 하자. 그리고 $M(u) = |u_n| \prod_{j=1}^n \max(1, |\alpha_j|)$라고 정의하자. $M(u) \leq \|u\|$임을 증명하라.

　c) $0 \leq j \leq n$에 대해 $|u_j| \leq \binom{n-1}{j}M(u) + \binom{n-1}{j-1}|u_n|$임을 보여라.

　d) 이러한 결과들을 합해서, u, v, w 모두 정수 계수 다항식들일 때 만일 $u(x) = v(x)w(x)$이고 $v(x) = v_m x^m + \cdots + v_0$이면 v의 계수들이 다음과 같은 한계를 가짐을 증명하라.

$$|v_j| \leq \binom{m-1}{j}\|u\| + \binom{m-1}{j-1}|u_n|.$$

21. [*HM32*] 연습문제 20을 계속 이어서, 다변수 다항식 인수들의 계수들에 대해서도 유용한 한계들을 이끌어낼 수 있다. 편의상 t개의 정수들의 수열을 굵은 글씨로 표기하기로 한다. 즉,

$$u(x_1, \ldots, x_t) = \sum_{j_1, \ldots, j_t} u_{j_1 \cdots j_t} x_1^{j_1} \ldots x_t^{j_t}$$

이라고 쓰는 대신 그냥 $u(\mathbf{x}) = \sum_{\mathbf{j}} u_{\mathbf{j}} \mathbf{x}^{\mathbf{j}}$라고 쓰는 것이다. $\mathbf{x}^{\mathbf{j}}$에 대한 관례에 주의할 것. 또한 $\mathbf{j}! = j_1! \cdots j_t!$, $\sum \mathbf{j} = j_1 + \cdots + j_t$라고 쓰기로 한다.

　a) 다음 항등식을 증명하라.

$$\sum_{\mathbf{j}, \mathbf{k}} \frac{1}{\mathbf{j}! \, \mathbf{k}!} \sum_{\mathbf{p}, \mathbf{q} \geq 0} [\mathbf{p} - \mathbf{j} = \mathbf{q} - \mathbf{k}] \, a_{\mathbf{p}} b_{\mathbf{q}} \frac{\mathbf{p}! \, \mathbf{q}!}{(\mathbf{p} - \mathbf{j})!} \sum_{\mathbf{r}, \mathbf{s} \geq 0} [\mathbf{r} - \mathbf{j} = \mathbf{s} - \mathbf{k}] \, c_{\mathbf{r}} d_{\mathbf{s}} \frac{\mathbf{r}! \, \mathbf{s}!}{(\mathbf{r} - \mathbf{j})!}$$

$$= \sum_{\mathbf{i} \geq 0} \mathbf{i}! \sum_{\mathbf{p}, \mathbf{s} \geq 0} [\mathbf{p} + \mathbf{s} = \mathbf{i}]\, a_{\mathbf{p}} d_{\mathbf{s}} \sum_{\mathbf{q}, \mathbf{r} \geq 0} [\mathbf{q} + \mathbf{r} = \mathbf{i}]\, b_{\mathbf{q}} c_{\mathbf{r}}$$

b) 다항식 $u(\mathbf{x}) = \sum_{\mathbf{j}} u_{\mathbf{j}} \mathbf{x}^{\mathbf{j}}$의 각 항의 총 차수가 n일 때 그러한 다항식을 n차 동차다항식(同次-, homogeneous-)이라고 부른다. 각 항의 총 차수가 n이라는 것은 $u_{\mathbf{j}} \neq 0$이면 항상 $\sum \mathbf{j} = n$ 라는 뜻이다. 계수들의 가중합을 $B(u) = \sum_{\mathbf{j}} \mathbf{j}! |u_{\mathbf{j}}|^2$이라고 할 때, $u(\mathbf{x}) = v(\mathbf{x})w(\mathbf{x})$가 동차다항식 이면 항상 $B(u) \geq B(v)B(w)$임을 부문제 (a)를 이용해서 증명하라.

c) 다항식 $u(\mathbf{x})$의 봄비에리 크기(Bombieri norm) $[u]$는 u가 차수 n 동차다항식일 때 $\sqrt{B(u)/n!}$로 정의된다. 비동차다항식들에 대해서는 다항식의 최대 차수가 증가하지 않고서 u가 동차가 되도록 다항식에 새로운 변수 x_{t+1}를 더하고 각 항에 x_{t+1}의 한 거듭제곱을 곱해서 정의한다. 예를 들어 $u(x) = 4x^3 + x - 2$라고 하자. 해당 동차 다항식은 $4x^3 + xy^2 - 2y^3$이며, $[u]^2 = (3!\,0!\,4^2 + 1!\,2!\,1^2 + 0!\,3!\,2^2)/3! = 16 + \frac{1}{3} + 4$이다. 만일 $u(x, y, z) = 3xy^3 - z^2$이면 비슷하게 $[u]^2 = (1!\,3!\,0!\,0!\,3^2 + 0!\,0!\,2!\,2!\,1^2)/4! = \frac{9}{4} + \frac{1}{6}$이 나온다. 부문제 (b)의 결과를 이용해서 $u(\mathbf{x}) = v(\mathbf{x})w(\mathbf{x})$일 때의 $[u]$, $[v]$, $[w]$ 사이의 관계를 유도하라.

d) 만일 $u(x)$가 단변수 n차 가약다항식이면 $u(x)$에는 계수들의 절대값이 최대 $n!^{1/4}[u]^{1/2} /(n/4)!$인 하나의 인수가 존재함을 증명하라. 변수가 t개인 동차 다항식의 경우에는 어떠한가?

e) $u(x) = (x^2 - 1)^n$일 때 $[u]$를 명시적으로, 그리고 접근적으로 계산하라.

f) $[u][v] \geq [uv]$를 증명하라.

g) $u(x)$가 n차 다항식이고 $M(u)$가 연습문제 20에서 정의된 수량이라 할 때, $2^{-n/2}M(u) \leq [u] \leq 2^{n/2}M(u)$임을 보여라. (따라서 부문제 (d)의 한계는 그 연습문제에서 구한 한계의 제곱근과 대략 같다.)

▶ **22.** 〔M24〕 (헨젤의 보조정리.) $u(x)$, $v_e(x)$, $w_e(x)$, $a(x)$, $b(x)$가 정수 계수 다항식들이며 다음 과 같은 관계를 만족한다고 하자.

$$u(x) \equiv v_e(x)w_e(x) \pmod{p^e}, \qquad a(x)v_e(x) + b(x)w_e(x) \equiv 1 \pmod{p}.$$

여기서 p는 소수이고 $e \geq 1$이며 $v_e(x)$는 모닉다항식, $\deg(a) < \deg(w_e)$, $\deg(b) < \deg(v_e)$, $\deg(u) = \deg(v_e) + \deg(w_e)$이다. e를 1 증가했을 때 같은 관계를 만족하는 다항식 $v_{e+1}(x) \equiv v_e(x)$와 $w_{e+1}(x) \equiv w_e(x) \pmod{p^e}$을 계산하는 방법을 보여라. 더 나아가서, $v_{e+1}(x)$와 $w_{e+1}(x)$가 p^{e+1}을 법으로 하여 유일함을 증명하라.

연습문제 10에 나오는 2를 법으로 한 해당 인수분해로 시작해서, $p = 2$에 대한 독자의 방법을 이용해서 (22)가 정수에 관해 기약다항식임을 증명하라. (연습문제 4.6.1-3에 나온 확장된 유클리드 알고리즘으로 $e = 1$에 대한 공정을 시작할 수 있음을 주목할 것.)

23. 〔HM23〕 $u(x)$가 정수 계수들을 가진 제곱없는 다항식이라고 하자. $u(x)$가 p를 법으로 하여 제곱없음이 아니게 되는 소수 p가 무한히 많지는 않음을 보여라.

24. [M20] 본문에서는 정수에 관한 인수분해만 다루었을 뿐 유리수들의 체에 관한 인수분해는 이야기하지 않았다. 유리수들의 체에 관한 유리계수 다항식의 완전한 인수분해를 구하는 방법에 대해서 설명하라.

25. [M25] 다항식 $x^5 + x^4 + x^2 + x + 2$의 유리수체에 관한 완전한 인수분해는 무엇인가?

26. [20] $d_1, ..., d_r$가 $d_1 + \cdots + d_r = n = \deg(u)$가 되도록 적절히 중복된, $u(x)$의 p를 법으로 한 기약 인수들의 차수들이라고 하자. 길이가 n인 이진 비트열들에 대한 $O(r)$회의 연산을 수행해서 집합 $\{\deg(v) \mid$ 어떠한 $v(x), w(x)$에 대해 $u(x) \equiv v(x)w(x) \pmod{p}\}$를 계산하는 방법을 설명하라.

27. [HM30] 정수에 관한 한 무작위 원시다항식이 "거의 항상"(적절한 의미로) 기약다항식임을 증명하라.

28. [M25] 개별 차수 인수분해 절차는 각 차수 d마다 많아야 하나의 기약 분수가 존재할 때 "행운"이다. 그런 경우 $g_d(x)$를 인수들로 분해할 필요가 전혀 없기 때문이다. n은 고정된 값이고 $p \to \infty$로 간다고 할 때, p를 법으로 한 n차 무작위 다항식의 인수분해에서 그런 운 좋은 상황이 발생할 확률은 얼마인가?

29. [M22] $g(x)$가 홀수 소수 p를 법으로 하는 둘 이상의 서로 다른 d차 기약다항식들이라고 하자. 임의의 고정된 $g(x)$에 대해, 그리고 $t(x)$를 p를 법으로 하는 p^{2d}개의 $< 2d$차 다항식들에서 무작위로 선택할 때, $\gcd(g(x), t(x)^{(p^d-1)/2} - 1)$이 $g(x)$의 한 진약수일 확률이 $\geq 1/2 - 1/(2p^{2d})$임을 증명하라.

30. [M25] $q(x)$가 p를 법으로 하는 d차 기약다항식이고 $t(x)$가 임의의 다항식이면 $(t(x) + t(x)^p + t(x)^{p^2} + \cdots + t(x)^{p^{d-1}}) \bmod q(x)$의 값이 하나의 정수(즉, 차수가 ≤ 0인 다항식)임을 증명하라. 이 사실을 이용해서, $p = 2$인 경우에 대해, (21)과 비슷한 d차 기약다항식들의 곱 $g_d(x)$를 인수분해하는 무작위화된 알고리즘을 설계하라.

31. [HM30] p가 홀수 소수이고 $d \geq 1$라고 하자. 다음 두 성질을 가진 하나의 수 $n(p, d)$가 존재함을 보여라: (i) 모든 정수 t에 대해, $(x+t)^{(p^d-1)/2} \bmod q(x) = 1$을 만족하는, 차수 d 법 p 기약다항식 $q(x)$들의 개수는 정확히 $n(p, d)$이다. (ii) 모든 정수 $0 \leq t_1 < t_2 < p$에 대해, $(x+t_1)^{(p^d-1)/2} \bmod q(x) = (x+t_2)^{(p^d-1)/2} \bmod q(x)$를 만족하는 차수 d 법 p 기약다항식 $q(x)$들의 개수는 정확히 $n(p, d)$이다.

▶ **32.** [M30] (원분다항식.) $\omega = e^{2\pi i/n}$이고 $\Psi_n(x) = \prod_{1 \leq k \leq n,\ k \perp n}(x - \omega^k)$이라고 하자. 즉, $\Psi_n(x)$의 근들은 $m < n$에 대해 m제곱근이 아닌 단위원의 복소 n제곱근들이다.

　　a) $\Psi_n(x)$가 정수 계수 다항식임을, 그리고

$$x^n - 1 = \prod_{d \setminus n} \Psi_d(x); \qquad \Psi_n(x) = \prod_{d \setminus n}(x^d - 1)^{\mu(n/d)}$$

임을 증명하라.(연습문제 4.5.2-10(b)와 4.5.3-28(c) 참고.)

b) $\Psi_n(x)$가 정수에 관해 기약이며, 따라서 위의 공식이 정수에 관한 $x^n - 1$의 완전한 인수분해임을 증명하라. 〔힌트: $f(x)$가 $\Psi_n(x)$의 정수에 관한 한 기약 인수이고 ζ가 $f(\zeta) = 0$을 만족하는 한 복소수라고 할 때, n의 약수가 아닌 모든 소수 p에 대해 $f(\zeta^p) = 0$임을 증명할 것. $x^n - 1$이 그런 모든 소수에 대해 p를 법으로 한 제곱없는 다항식이라는 사실도 유용할 것이다.〕

c) $\Psi_n(x)$의 계산을 논하고, $n \le 15$에 대한 값들을 표로 만들어라.

33. 〔*M18*〕 참 또는 거짓을 밝혀라: 만일 $u(x) \ne 0$이고 $u(x)$의 p를 법으로 한 완전 인수분해가 $p_1(x)^{e_1} \ldots p_r(x)^{e_r}$이면 $u(x)/\gcd(u(x), u'(x)) = p_1(x) \ldots p_r(x)$이다.

▶ **34.** 〔*M25*〕 (제곱없는 인수분해.) $u_i(x)$들이 제곱없는 다항식들이고 서로 소라고 할 때, 한 유일 인수분해 정역의 임의의 원시다항식을 $u(x) = u_1(x)u_2(x)^2u_3(x)^3\ldots$의 형태로 표현할 수 있음은 명백하다. 이 때 각 $u_j(x)$는 $u(x)$를 정확히 j번 나누는 모든 기약다항식들의 곱이다. 이러한 원시다항식 표현은 단위배수들을 제외할 때 유일하다. 그리고 이러한 표현은 곱셈, 나눗셈, gcd 연산들에 관여되는 다항식들을 나타내는 데 유용한 방법이 된다.

GCD$(u(x), v(x))$가 다음과 같이 세 개의 해를 돌려주는 절차라고 하자:

$$\text{GCD}(u(x), v(x)) = (d(x), u(x)/d(x), v(x)/d(x)), \qquad \text{여기서 } d(x) = \gcd(u(x), v(x)).$$

본문의 식 (25) 다음에서 설명한 나머지식 방법은 항상 $u(x)/d(x)$와 $v(x)/d(x)$의 한 시행 나누기로 끝나는데, 이는 "불운한 소수"가 쓰이는 일이 없도록 하기 위한 것이다. 따라서 수량 $u(x)/d(x)$와 $v(x)/d(x)$는 gcd 계산의 부산물들이다. 즉, 나머지식 방법을 사용하면 GCD$(u(x), v(x))$ 계산을 $\gcd(u(x), v(x))$만큼이나 빠르게 계산할 수 있다.

정수에 관한 주어진 원시다항식 $u(x)$의 제곱없는 표현 $(u_1(x), u_2(x), \ldots)$을 구하는 절차를 고안하라. 그 알고리즘은 GCD 계산을 정확히 e번 수행해야 한다. 여기서 e는 $u_e(x) \ne 1$을 만족하는 가장 큰 첨자이다. 또한 각 GCD 계산은 반드시 (27)을 만족해야 한다(헨젤의 구축법을 사용할 수 있도록).

35. 〔*M22*〕 (윤D. Y. Y. Yun.) $u(x)$와 $v(x)$의 제곱없는 표현 $(u_1(x), u_2(x), \ldots)$과 $(v_1(x), v_2(x), \ldots)$이 주어졌을 때 정수에 관한 $w(x) = \gcd(u(x), v(x))$의 제곱없는 표현 $(w_1(x), w_2(x), \ldots)$을 계산하는 알고리즘을 설계하라.

36. 〔*M27*〕 계수 산술이 p를 법으로 하여 수행된다고 할 때 주어진 다항식 $u(x)$의 제곱없는 표현 $(u_1(x), u_2(x), \ldots)$을 구할 수 있도록 연습문제 34의 절차를 확장하라.

37. 〔*HM24*〕 (콜린스George E. Collins.) $d_1, \ldots, d_r$이 합이 n인 양의 정수들이라고 하자. 그리고 p가 소수라고 하자. 한 무작위 n차 정수 다항식 $u(x)$를 p를 법으로 해서 완전히 인수분해했을 때 그 인수들의 차수들이 $d_1, \ldots, d_r$일 확률은 얼마인가? 그 확률이 n원소들의 한 무작위 순열에 길이가 $d_1, \ldots, d_r$인 주기들이 존재할 확률과 접근적으로 같음을 보여라.

38. [HM27] (페론Perron의 판정법.) $u(x) = x^n + u_{n-1}x^{n-1} + \cdots + u_0$가 정수 계수 다항식이며, $u_0 \neq 0$이고 $|u_{n-1}| > 1 + |u_{n-2}| + \cdots + |u_0|$ 또는 ($u_{n-1} = 0$ 그리고 $u_{n-2} > 1 + |u_{n-3}| + \cdots + |u_0|$)이라고 하자. $u(x)$가 정수에 관해 기약다항식임을 보여라. [힌트: u의 근들 거의 대부분의 절대값이 1보다 작음을 증명할 것.]

39. [HM42] (캔터David G. Cantor.) 다항식 $u(x)$가 정수에 관해 기약일 때, 그 기약성에 대한 "간명한" 증명이 존재함을 보여라. 여기서 증명이 간명하다는 것은 증명의 비트수가 커봐야 $\deg(u)$와 계수들의 길이를 변수로 하는 하나의 다항식이라는 뜻이다. (연습문제 4.5.4-17에서처럼, 여기서는 증명의 길이에 대한 한계만 밝히면 된다. 그런 증명을 찾는 데 필요한 시간에 대한 한계까지 밝힐 필요는 없다.) 힌트: $v(x)$가 기약이고 t가 정수에 관한 임의의 다항식일 때, $v(t(x))$의 모든 인수들의 차수는 $\geq \deg(v)$이다. 페론의 판정법은 수많은 기약다항식 $v(x)$들을 제공한다.

▶ **40.** [M20] (왕P. S. Wang.) u_n이 $u(x)$의 선행 계수이고 B가 u의 어떤 인수의 계수들에 대한 한 한계일 때, 본문의 인수분해 알고리즘을 완료하기 위해서는 $> 2|u_n|B$인 p^e을 법으로 한 인수분해를 구해야 한다. 그런데 B를 연습문제 21의 방법으로 선택한다면 $|u_n|$이 B보다 클 수 있다. 만일 $u(x)$가 가약이면, $p^e \geq 2B^2$라고 할 때 항상 p^e을 법으로 한 인수분해로부터 u의 진정한 인수들 중 하나를 연습문제 4.5.3-51의 알고리즘을 이용해서 복원하는 방법이 존재함을 보여라.

41. [M47] (보자미Beauzamy, 트레비상Trevisan, 왕Wang.) 증명 또는 반증하라: $f(x)$가 계수들의 절대값이 모두 $\leq B$인 임의의 정수 다항식이라 할 때 그 기약 인수들 중 하나의 계수들의 한계가 cB임을 만족하는 상수 c가 존재한다.

4.6.3. 거듭제곱의 평가

이번 절에서는 x와 양의 정수 n이 주어졌을 때 x^n을 계산하는 흥미로운 문제를 공부한다. 예를 들어 x^{16}를 구해야 한다고 하자. 그냥 x로 시작해서 거기에 x를 열다섯 번 곱해도 된다. 단 네 번의 곱셈으로 같은 답을 구하는 것도 가능하다. 매 단계마다 중간 결과의 제곱을 취하는 방식으로, 차례로 x^2, x^4, x^8, x^{16}을 구하면 되는 것이다.

이러한 발상을 임의의 양의 정수 n에 대해 일반화하면 다음과 같은 절차가 된다: n을 이진수체계로 표현한다(왼쪽의 0들은 생략). 그런 다음 각 "1"을 두 글자 쌍 SX로 치환하고, 각 "0"은 S로 치환한다. 그리고 제일 왼쪽에 나타난 "SX"를 지운다. 그렇게 해서 얻은 결과는, "S"를 제곱하기로 해석하고 "X"를 x로 곱하기라고 해석한다면 x^n을 계산하는 하나의 규칙이 된다. 예를 들어 $n = 23$이라고 하자. 그것의 이진 표현은 10111이다. 0과 1들을 치환하면 기호열 SX S SX SX SX가 나오며, 선행 SX를 지우면 규칙 SSXSXSX가 된다. 이것은 "제곱하고, 제곱하고, x를 곱하고, 제곱하고, x를 곱하고, 제곱하고, x를 곱하라"로 해석할 수 있다. 다른 말로 하면, 차례로 x^2, x^4, x^5, x^{10}, x^{11}, x^{22}, x^{23}을 계산하는 것이다.

계산에서의 지수들의 열을 생각한다면 이러한 이진 방법이 유효함을 이해할 수 있을 것이다:

"S"를 2를 곱하는 연산으로, "X"를 1을 더하는 연산으로 해석한다면, 그리고 x 대신 1로 시작한다면, 이진수체계의 성질들 때문에, 이는 n을 계산하는 규칙이 된다. 이러한 방법은 상당히 오래된 것으로, A.D. 400년의 핑갈라Piṅgala의 힌두 고전 *Chandaḥśāstra*에 나온다 〔B. Datta, A. N. Singh, *History of Hindu Mathematics* 2 (Lahore: Motilal Banarsi Das, 1935), 76 참고〕. 그 후 몇 세기동안 인도 외부에서 이 방법을 지칭하는 문헌은 나오지 않은 것으로 보이나, 임의의 n에 대한 2^n을 효율적으로 계산하는 방법은 다마스커스(Damascus)의 알우클리디시al-Uqlīdisī가 A.D. 952년에 명확하게 설명한 바 있다. A. S. Saidan, *The Arithmetic of al-Uqlīdisī* (Dordrecht: D. Reidel, 1975)를 볼 것. 거기에는 일반적인 방법이 $n = 51$에 대해 설명되어 있다. 또한 al-Bīrūnī, *Chronology of Ancient Nations*, E. Sachau 옮김 및 엮음 (London: 1879), 132-136도 볼 것. 이 11세기 아랍 문헌은 커다란 영향을 미쳤다.

x^n을 구하기 위한 S·X 이진법은 x와 현재 부분 결과를 위한 것 말고는 어떠한 임시 저장소도 사용하지 않으므로 이진 컴퓨터의 하드웨어 내장 산술 구현에 적합하다. 또한 프로그래밍하기도 쉽다. 그러나 n의 이진 표현을 왼쪽에서 오른쪽으로 훑어야 하는데, 이는 컴퓨터 프로그래밍에서 선호하는 방식이 아니다. 왜냐하면 2로 나누기 연산과 2를 법으로 한 나머지 연산은 이진 표현을 오른쪽에서 왼쪽으로 훑기 때문이다. 다음과 같이 수를 오른쪽에서 왼쪽으로 훑는 알고리즘이 좀 더 편리한 경우가 많다.

알고리즘 A (거듭제곱을 위한 우에서 좌로 이진법). 이 알고리즘은 양의 정수 n에 대한 x^n을 평가한다. (여기서 x은 곱셈의 결합법칙이 성립하며 항등원이 1인 임의의 대수계의 원소이다.)

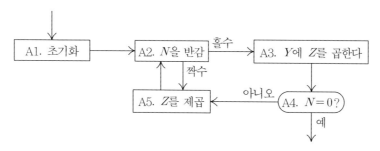

그림 13. n의 이진 표기를 오른쪽에서 왼쪽으로 훑으면서 x^n을 평가하는 알고리즘.

A1. 〔초기화.〕 $N \leftarrow n$, $Y \leftarrow 1$, $Z \leftarrow x$로 설정한다.

A2. 〔N을 반감.〕 (이 시점에서 $x^n = YZ^N$이다.) $t \leftarrow N \bmod 2$, $N \leftarrow \lfloor N/2 \rfloor$으로 설정한다. 만일 $t = 0$이면 단계 A5로 넘어간다.

A3. 〔Y에 Z를 곱한다.〕 $Y \leftarrow Z$ 곱하기 Y로 설정한다.

A4. 〔$N = 0$?〕 만일 $N = 0$이면 Y를 답으로 해서 알고리즘을 끝낸다.

A5. 〔Z를 제곱.〕 $Z \leftarrow Z$ 곱하기 Z로 설정하고 단계 A2로 돌아간다. ∎

알고리즘 A의 한 예로, x^{23}을 평가하는 단계들은 다음과 같다.

	N	Y	Z
A1 단계 이후	23	1	x
A5 단계 이후	11	x	x^2
A5 단계 이후	5	x^3	x^4
A5 단계 이후	2	x^7	x^8
A5 단계 이후	1	x^7	x^{16}
A4 단계 이후	0	x^{23}	x^{16}

알고리즘 A에 해당하는 MIX 프로그램이 연습문제 2에 나온다.

알고리즘 A는 1427년에 위대한 계산가인 알카시al-Kāshī에 의해서 천명되었다 〔*Istoriko-Mat. Issledovaniĩa* 7 (1954), 256-257〕. 알고리즘 A는 적어도 2000 B.C.부터 이집트 수학자들이 실제로 사용했던 곱셈 절차와 아주 비슷하다. 단계 A3을 "$Y \leftarrow Y + Z$"로 바꾸고 단계 A5를 "$Z \leftarrow Z + Z$"로 바꾸면, 그리고 단계 1에서 Y를 단위원 대신 0으로 설정하면 알고리즘은 $Y = nx$를 답으로 해서 종료되기 때문이다. 〔A. B. Chace, *The Rhind Mathematical Papyrus* (1927); W. W. Struve, *Quellen und Studien zur Geschichte der Mathematik* **A1** (1930) 참고.〕 이는 간단한 배증, 반감, 덧셈 연산들만 사용한다는 점에서 실용적인 곱셈 필산법이라 할 수 있다. 이 방법을 "러시아 농부의 곱셈법"이라고도 부른다. 이런 이름은 19세기에 서구인들이 러시아를 방문했을 때 이 방법이 널리 쓰이고 있음을 발견했기 때문에 붙게 된 것이다.

알고리즘 A가 수행하는 곱셈 횟수는

$$\lfloor \lg n \rfloor + \nu(n)$$

인데, 여기서 $\nu(n)$은 n의 이진 표현의 1들의 개수이다. 이 횟수는 이번 절 시작에서 말한 좌에서 우로 이진법의 곱셈 횟수보다 하나 많다(이는 단계 A3의 첫 번째 수행이 단지 단위원을 곱하는 것이라는 사실에서 비롯된 것이다).

이 알고리즘은 관리(bookkeeping)에 상당한 시간을 소비하므로, 곱셈에 걸리는 시간이 비교적 크지 않다면 n이 작을 때(이를테면 $n \le 10$일 때)에는 별로 적합하지 않다. n의 값을 미리 알 수 있다면 좌에서 우로 이진법이 더 낫다. 4.6.2절의 $x^n \bmod u(x)$ 계산 같은 일부 상황에서는 일반적인 곱셈을 수행하거나 값을 제곱하는 것보다 x로 곱하는 것이 훨씬 더 쉬우므로, 그런 경우들에서 거듭제곱을 위한 이진법은 기본적으로 상당히 큰 n에 적합하다. 컴퓨터 워드 크기보다 큰 정수 x에 대해 x^n의 정확한 다중 정밀도 값을 계산해야 한다면, 4.3.3절의 고속 곱셈 루틴들이 관여될 정도로 n이 아주 크지 않는 한 이진법은 그리 도움이 되지 않는다. 그리고 그 정도로 큰 n이 필요한 응용은 드물다. 비슷하게, 일반적으로 이진법은 다항식을 거듭제곱하는 경우에도 적합하지 않다. 다항식 거듭제곱에 대한 상세한 논의로는 R. J. Fateman, *SICOMP* **3** (1974), 196-213을 볼 것.

이상의 설명에서 요점은, 이진법이 좋긴 하지만 만병통치약은 아니라는 것이다. 이진법은 곱셈 $x^j \cdot x^k$에 걸리는 시간이 j와 k에 본질적으로 독립적일 때(예를 들면 부동소수점 곱셈이나 m을 법으로 하는 곱셈 등) 가장 실용적이다. 그런 경우 실행시간은 규모 n에서 규모 $\log n$으로 줄어든다.

더 적은 횟수의 곱셈. 이진법이 가능한 최소의 곱셈 횟수를 실제로 보장한다는 주장을 (증명 없이)출판한 저자들이 여럿 있다. 그러나 그들의 주장은 사실이 아니다. 가장 작은 반례는 $n = 15$로, 이진법의 경우 여섯 번의 곱셈이 필요하나 실제로는 다섯 번의 곱셈으로 가능하다. $y = x^3$을 두 번의 곱셈으로, $x^{15} = y^5$을 세 번의 곱셈으로 구하면 되는 것이다. 그럼 n이 알려져 있을 때 x^n을 평가하는 또 다른 절차들을 몇 가지 살펴보자. 이런 절차들은 이를테면 최적화 컴파일러로 기계어 코드를 생성할 때 유용하게 쓰일 수 있다.

인수법(factor method)은 n의 인수분해에 근거한 방법이다. p가 n의 최소 소인수이고 $q > 1$이며 $n = pq$라고 하자. 그런 경우 x^n을 구하는 방법은, 우선 x^p을 계산하고 그 결과를 q거듭제곱한다. 만일 n이 소수이면 x^{n-1}을 계산하고 그것에 x를 곱한다. 그리고 $n = 1$일 때에는 물론 x^n의 값을 계산 없이 구할 수 있다. 이러한 규칙들을 반복하면 임의의 n의 값에 대한 x^n을 평가하는 절차가 된다. 예를 들어 x^{55}을 계산한다면, 우선 $y = x^5 = x^4 x = (x^2)^2 x$를 구하고 이로부터 $y^{11} = y^{10}y = (y^2)^5 y$를 얻는다. 공정 전체에서 곱셈은 8회인데, 이진법을 사용했다면 곱셈이 아홉 번 필요했을 것이다. 이러한 인수법은 평균적으로 이진법보다 우월하나, 이진법이 더 나은 경우도 존재한다(그러한 가장 작은 n은 33이다.)

이진법을 다음과 같이 m진법으로 일반화할 수 있다: $0 \le j \le t$, $0 \le d_j < m$에 대해 $n = d_0 m^t + d_1 m^{t-1} + \cdots + d_t$라고 하자. 우선 $x, x^2, x^3, \ldots, x^{m-1}$을 구성하는 것으로 계산을 시작한다. (실제로는 이 거듭제곱 x^{d_j}들 중 n의 표현에 d_j가 나타나는 것들만 필요하며, 이러한 관찰이 작업량의 일부를 줄이는 데 도움이 되는 경우가 있다.) 그런 다음 x^{d_0}을 m차로 거듭제곱하고 x^{d_1}을 곱한다. 이는 $y_1 = x^{d_0 m + d_1}$을 계산한 것이다. 다음으로, y_1을 m차로 거듭제곱하고 x^{d_2}을 곱해서 $y_2 = x^{d_0 m^2 + d_1 m + d_2}$를 구한다. 이러한 과정을 $y_t = x^n$이 나올 때까지 반복한다. 물론 $d_j = 0$일 때에는 x^{d_j}을 곱할 필요가 없다. $m = 2$일 때 이 방법은 앞에서 논의한 좌에서 우로 이진법으로 단순화됨을 주목할 것. 또한, 메모리를 더 소비하긴 하지만 몇 개의 단계만을 더 사용할 뿐인, 다소 덜 명백한 우에서 좌로 m진법도 존재한다(연습문제 9 참고). 식 4.6.2-(5) 때문에, 만일 m이 작은 소수이면 m진법은 계수들을 m을 법으로 해서 취급하는, 어떤 다항식을 법으로 하는 다른 어떤 다항식의 거듭제곱 계산에 특히나 효율적이다.

비교적 작은 n 값 모두에 대해(좀 더 구체적으로는 실제 응용에서 나타나는 대부분의 n들에 대해) 최소의 곱셈들을 보장하는 한 가지 체계적인 방법이 그림 14에 나와 있다. 이 방법으로 x^n을 계산할 때에는 그림의 트리에서 n을 찾는다. 루트에서 n까지의 경로는 x^n의 효율적인 계산에서 나타나는 지수들의 열에 해당한다. 이러한 "거듭제곱 트리"를 생성하는 방법은 연습문제 5에 나온다. 컴퓨터로 검정을 해보았더니 그림의 모든 지수들에 대해 이 방법이 최적의 결과를 냈다. 그러나 충분히 큰 n의 값들의 경우 거듭제곱 트리 방법이 항상 최적의 결과를 내는 것은 아니다. 가장 작은 예들은 $n = 77, 154, 233$이다. 거듭제곱 트리가 이진법과 인수법 모두보다 나은 결과를 내는 최초의 사례는 $n = 23$이다. 인수법이 거듭제곱보다 우월해지는 최초의 경우는 $n = 19879 = 103 \cdot 193$인데, 이런 경우는 상당히 드물다. ($n \le 100{,}000$에 대해 거듭제곱 방법이 인수법보다 나은 경우는 88,803번이고 동률인 경우는 11,191번이다. 인수법보다 못한 경우는 여섯 번 밖에 되지 않는다.)

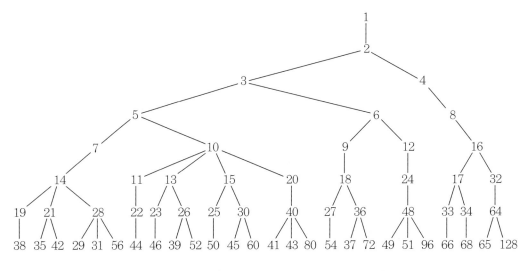

그림 14. "거듭제곱 트리."

덧셈 사슬. 곱셈으로 x^n 을 계산하는 가장 효율적인 방법을 구하는 문제는 흥미로운 역사를 가진 수학적 문제이다. 이 문제가 고전적이며 그 자체로 흥미로울 뿐만 아니라 최적의 계산적 방법을 연구할 때 제기되는 이론적 질문들의 훌륭한 예이기도 하다는 점에서, 이 문제를 자세히 살펴보기로 하겠다.

지금 우리는 x 의 거듭제곱들의 곱셈을 다루고 있지만, 지수들은 가산적이므로 이 문제를 덧셈에 대한 문제로 줄이는 것도 어려운 일은 아니다. 이러한 착안으로부터 덧셈 사슬(addition chain)이라는 추상적인 공식화가 나온다. n 에 대한 덧셈 사슬은 하나의 정수열

$$1 = a_0, \quad a_1, \quad a_2, \quad ..., \quad a_r = n \tag{1}$$

으로, 이 수열은 $i = 1, 2, ..., r$ 전부에 대해 다음과 같은 성질을 만족한다.

$$\text{어떤 } k \le j < i \text{에 대해} \qquad a_i = a_j + a_k. \tag{2}$$

다음과 같은 단순화된 컴퓨터를 상상해 보면 이러한 정의를 이해하는 데 도움이 될 것이다: 컴퓨터는 하나의 누산기를 가지며, LDA, STA, ADD라는 세 가지 연산만 수행할 수 있다. 최초에는 누산기의 값이 1이고, 그 다음부터는 이전 결과들을 누산기에 더함으로써 수 n 을 계산한다. a_1 은 반드시 2와 같으며, a_2 는 2나 3, 4 중 하나임을 주목할 것.

n 에 대한 덧셈 사슬들 중 가장 짧은 사슬의 길이 r 을 $l(n)$ 이라고 표기하기로 한다. $l(1) = 0$, $l(2) = 1$, $l(3) = l(4) = 2$ 등이다. 이번 절 나머지에서의 우리의 목표는 이 함수 $l(n)$ 에 대해 최대한 많은 것을 발견하는 데 있다. 작은 n 들에 대한 $l(n)$ 값들이 그림 15에 트리 형태로 나와 있다. 이 트리는 모든 $n \le 100$ 에 대해 x^n 을 가능한 한 가장 적은 횟수의 곱셈으로 수행하는 방법을 보여준다.

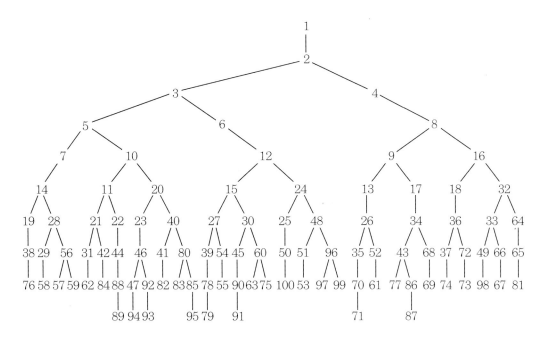

그림 15. $n \leq 100$에 대해 곱셈 횟수를 최소화하는 트리.

$l(n)$을 구하는 문제는 1894년에 데야크H. Dellac가 처음으로 제기했음이 명백하다. 그리고 종키에르E. de Jonquières는 그의 한 부분적인 해법에서 인수법을 언급했다 〔L'*Intermédiaire des Mathématiciens* **1** (1894), 20, 162-164 참고〕. 해법에서 그는 200보다 작은 모든 소수 p에 대한 $l(p)$의 값들이라고 생각한 것들의 표를 제시했으나, 그 중 $p = 107, 149, 163, 179, 199$에 대한 항목들은 너무 컸다.

인수법을 이용해서 다음을 즉시 알 수 있다.

$$l(mn) \leq l(m) + l(n). \tag{3}$$

이는 사슬 $1, a_1, ..., a_r = m$과 $1, b_1, ..., b_s = n$으로부터 사슬 $1, a_1, ..., a_r, a_r b_1, ..., a_r b_s = mn$을 만들 수 있기 때문이다.

또한 m진법을 덧셈 사슬의 표기법으로 다시 정의하는 것도 가능하다. $m = 2^k$인 경우에 $n = d_0 m^t + d_1 m^{t-1} + \cdots + d_t$를 m진수체계로 표기한다면, 그에 해당하는 덧셈 사슬은 다음과 같은 형태가 된다.

$$1, 2, 3, ..., m-2, m-1,$$
$$2d_0, 4d_0, ..., md_0, md_0 + d_1,$$
$$2(md_0 + d_1), 4(md_0 + d_1), ..., m(md_0 + d_1), m^2 d_0 + md_1 + d_2,$$
$$..., \qquad m^t d_0 + m^{t-1} d_1 + \cdots + d_t. \tag{4}$$

이 사슬의 길이는 $m - 2 + (k+1)t$이다. 그리고 첫 행의 원소들 중 계수 d_j들에 나타나지 않는 것과 $2d_0$, $4d_0$, $\ldots$ 중에서 첫 행에 이미 나와 있는 것들을 삭제함으로써 사슬을 줄이는 것이 가능한 경우가 종종 있다. 물론, 숫자 d_j가 0일 때에는 항상, 해당 행의 오른쪽 끝의 단계를 생략할 수 있다. 더 나아가서, 서버 E. G. Thurber가 말했듯이 [*Duke Math. J.* **40** (1973), 907-913], e 단계 이전에 계산에 $d_j/2^e$ 형태의 값들을 도입한다면 첫 행에서 2를 제외한 모든 짝수를 생략할 수 있다.

m진법의 가장 단순한 경우는 이진법($m = 2$)으로, 그런 경우 일반적 방안 (4)는 이번 절 시작에서 언급한 "S"와 "X" 규칙으로 단순화된다. $2n$에 대한 이진 덧셈 사슬은 n에 대한 이진사슬 다음에 $2n$이 오는 것이다. $2n+1$의 이진 덧셈 사슬은 $2n$의 이진 사슬 다음에 $2n+1$이 오는 것이다. 이진법으로부터 다음과 같은 결론을 내릴 수 있다.

$$l(2^{e_0} + 2^{e_1} + \cdots + 2^{e_t}) \le e_0 + t, \qquad \text{만일 } e_0 > e_1 > \cdots > e_t \ge 0 \text{이면.} \tag{5}$$

이후 논의에서의 편의를 위해 다음과 같은 두 보조 함수를 정의한다.

$$\lambda(n) = \lfloor \lg n \rfloor; \tag{6}$$

$$\nu(n) = n \text{의 이진 표현에 있는 1들의 개수.} \tag{7}$$

예를 들어 $\lambda(17) = 4$이고 $\nu(17) = 2$이다. 이 함수들을 다음과 같은 점화식으로 정의할 수도 있다.

$$\lambda(1) = 0, \qquad \lambda(2n) = \lambda(2n+1) = \lambda(n) + 1; \tag{8}$$

$$\nu(1) = 1, \qquad \nu(2n) = \nu(n), \qquad \nu(2n+1) = \nu(n) + 1. \tag{9}$$

이러한 함수들로 표현할 때, n 대한 이진 덧셈 사슬은 정확히 $\lambda(n) + \nu(n) - 1$단계를 필요로 한다. 그리고 (5)는

$$l(n) \le \lambda(n) + \nu(n) - 1 \tag{10}$$

이 된다.

특별한 부류의 사슬들. 일반성을 잃지 않고도, 덧셈 사슬이 오름차순이라고, 즉

$$1 = a_0 < a_1 < a_2 < \cdots < a_r = n \tag{11}$$

이라고 가정할 수 있다. 왜냐하면, 만일 임의의 두 a들이 서로 같다면 그 중 하나는 제거할 수 있으며, 또한 덧셈 사슬의 성질 (2)를 해치지 않고도 수열 (1)을 오름차순으로 재배치하고 $> n$인 항들을 제거할 수 있기 때문이다. 이러한 가정을 매번 명시적으로 언급하지는 않겠다. 즉, *지금부터는 오름차순인 사슬들만 고려하기로 한다.*

이 시점에서 덧셈 사슬에 대한 몇 가지 특별한 용어들을 정의해 두는 게 편할 것 같다. 지금까지의 정의에 의해, $1 \le i \le r$에 대해

$$a_i = a_j + a_k \tag{12}$$

가 성립하는 $0 \le k \le j < i$인 어떠한 j와 k가 존재한다. 이러한 관계를 만족하는 쌍 (j, k)가 여러

개인 경우에는 가장 큰 j를 취하기로 한다. 만일 $j = k = i - 1$이면 (11)의 단계 i를 배증(doubling)이라고 부르도록 하겠다. 그러면 a_i는 오름차순 사슬 1, a_1, .., a_{i-1} 다음에 올 수 있는 가장 큰 값 $2a_{i-1}$를 가진다. 만일 j가 $i-1$과 같으면(k도 반드시 그래야 하는 것은 아님) 단계 i를 별 단계(star step)라고 부르기로 한다. 별 단계의 중요성은 잠시 후에 이야기하겠다. 마지막으로, 만일 $\lambda(a_i) = \lambda(a_{i-1})$이면 단계 i를 작은 단계(small step)라고 부르기로 한다. $a_{i-1} < a_i \le 2a_{i-1}$이므로 수량 $\lambda(a_i)$는 항상 $\lambda(a_{i-1})$ 아니면 $\lambda(a_{i-1}) + 1$이다. 따라서, 임의의 사슬 (11)에서 길이 r은 $\lambda(n)$ 더하기 작은 단계들의 개수와 같다.

이러한 종류의 단계들 사이에는 몇 가지 기본적인 관계들이 성립한다. 단계 1은 항상 배증 단계이다. 배증 단계는 하나의 별 단계이며 결코 작은 단계는 아님이 명백하다. 배증 다음에는 반드시 별 단계가 와야 한다. 더 나아가서, 만일 단계 i가 작은 단계가 아니면 단계 $i+1$는 작은 단계이거나 별 단계이거나 그 둘 다이다. 이를 다른 식으로 설명한다면, 만일 단계 $i+1$이 별 단계도 아니고 작은 단계도 아니면 단계 i는 반드시 작은 단계이다.

별 사슬은 별 단계들로만 된 덧셈 사슬이다. 이는 각 항 a_i가 a_{i-1}과 이전 a_k의 합이라는 뜻이다. 식 (2) 다음에서 말했던 간단한 "컴퓨터"는 하나의 별 사슬에서 오직 두 개의 연산, STA와 ADD만을 사용한다(LDA는 사용하지 않음). 왜냐하면 수열의 새 항 각각은 누산기의 이전 결과를 활용하기 때문이다. 지금까지 보았던 대부분의 덧셈 사슬은 별 사슬이다. n에 대한 별 사슬의 최소 길이를 $l^*(n)$으로 표기하겠다. 이 때

$$l(n) \le l^*(n) \tag{13}$$

임은 명백하다. 이제 덧셈 사슬에 관한 몇 가지 자명하지 않은 사실들을 유도해 보자. 우선, r과 $\lambda(n)$의 차이가 크지 않다면 반드시 상당히 많은 배증들이 존재함을 보일 수 있다.

정리 A. *만일 덧셈 사슬 (11)에 d개의 배증들과 $f = r - d$개의 비배증들이 포함되어 있다면,*

$$n \le 2^{d-1} F_{f+3} \tag{14}$$

이다.

증명. $r = 1$일 때 (14)가 확실히 참임은 $r = d + f$에 대한 귀납법으로 밝힐 수 있다. $r > 1$일 때에는 세 가지 경우로 나뉜다: 만일 r이 배증이면 $\frac{1}{2}n = a_{r-1} \le 2^{d-2} F_{f+3}$이며, 따라서 (14)가 성립한다. 만일 단계 r과 $r-1$ 모두 배증이 아니면 $a_{r-1} \le 2^{d-1} F_{f+2}$이고 $a_{r-2} \le 2^{d-1} F_{f+1}$이다. 따라서 피보나치 수열의 정의에 의해 $n = a_r \le a_{r-1} + a_{r-2} \le 2^{d-1}(F_{f+2} + F_{f+1}) = 2^{d-1} F_{f+3}$이다. 마지막으로, 만일 단계 r이 비배증이나 단계 $r-1$은 배증이라면 $a_{r-2} \le 2^{d-2} F_{f+2}$이고 $n = a_r \le a_{r-1} + a_{r-2} = 3a_{r-2}$이다. 이제 $2F_{f+3} - 3F_{f+2} = F_{f+1} - F_f \ge 0$이다. 따라서 모든 경우에 대해 $n \le 2^{d-1} F_{f+3}$이다. ∎

방금 보인 증명에 쓰인 방법으로부터, 부등식 (14)가 앞에서 언급한 가정 하에서 "최선"이며, 덧셈 사슬

$$1, 2, ..., 2^{d-1}, 2^{d-1}F_3, 2^{d-1}F_4, ..., 2^{d-1}F_{f+3} \tag{15}$$

에는 d개의 배증들과 f개의 비배증들이 있음을 알 수 있다.

따름정리. *만일 덧셈 사슬 (11)에 f개의 비배증들과 s개의 작은 단계들이 포함되어 있다면*

$$s \le f \le 3.271s \tag{16}$$

이다.

증명. $s \le f$임은 명백하다. $d + f = \lambda(n) + s$이므로, 그리고 $f \ge 0$일 때 $F_{f+3} \le 2\phi^f$이므로 $2^{\lambda(n)} \le n \le 2^{d-1}F_{f+3} \le 2^d\phi = 2^{\lambda(n)+s}(\phi/2)^f$이다. 따라서 $0 \le s\ln 2 + f\ln(\phi/2)$이며, 이제 $\ln 2/\ln(2/\phi) \approx 3.2706$이라는 사실로부터 (16)을 이끌어낼 수 있다. ∎

특별한 n에 대한 $l(n)$의 값들. $a_i \le 2^i$임을, 따라서 임의의 덧셈 사슬 (11)에서 $\lg n \le r$임은 귀납법으로 쉽게 보일 수 있다. 그러므로

$$l(n) \ge \lceil \lg n \rceil \tag{17}$$

이다. 이 하계와 이진법으로 주어진 상계 (10)으로부터 다음과 같은 값들이 나온다.

$$l(2^A) = A; \tag{18}$$
$$l(2^A + 2^B) = A + 1, \qquad \text{만일 } A > B\text{이면.} \tag{19}$$

다른 말로 하면, 이진법은 $\nu(n) \le 2$일 때 최적이다. 좀 더 계산을 해보면 이 공식들을 $\nu(n) = 3$인 경우에 대한 것들로 확장할 수 있다.

정리 B. $\qquad\qquad l(2^A + 2^B + 2^C) = A + 2, \qquad \text{만일 } A > B > C\text{이면.} \tag{20}$

증명. 사실, 이번 절 나중에 유용하게 쓰일, 다음과 같은 좀 더 강한 결과를 증명하는 것도 가능하다: *정확히 하나의 작은 단계를 가진 모든 덧셈 사슬은 다음 여섯 유형 중 하나이다*(여기서 "..."으로 생략 표기된 단계들은 모두 배증 단계이다):

유형 1. $1, ..., 2^A, 2^A + 2^B, ..., 2^{A+C} + 2^{B+C}; A > B \ge 0, C \ge 0.$

유형 2. $1, ..., 2^A, 2^A + 2^B, 2^{A+1} + 2^B, ..., 2^{A+C+1} + 2^{B+C}; A > B \ge 0, C \ge 0.$

유형 3. $1, ..., 2^A, 2^A + 2^{A-1}, 2^{A+1} + 2^{A-1}, 2^{A+2}, ..., 2^{A+C}; A > 0, C \ge 2.$

유형 4. $1, ..., 2^A, 2^A + 2^{A-1}, 2^{A+1} + 2^A, 2^{A+2}, ..., 2^{A+C}; A > 0, C \ge 2.$

유형 5. $1, ..., 2^A, 2^A + 2^{A-1}, ..., 2^{A+C} + 2^{A+C-1}, 2^{A+C+1} + 2^{A+C-2}, ..., 2^{A+C+D+1} + 2^{A+C+D-2}; A > 0, C > 0, D \ge 0.$

유형 6. $1, ..., 2^A, 2^A + 2^B, 2^{A+1}, ..., 2^{A+C}; A > B \ge 0, C \ge 1.$

간단히 필산법으로 계산해 보면 이 여섯 유형들이 모든 경우들을 포괄함을 알 수 있다. 정리 A의

따름정리에 의해, 작은 단계가 하나일 때 비배증 단계는 많아야 셋이며, 최대 개수 3은 오직 유형 3의 수열들에서만 가능하다. 위에 나온 사슬들은 유형 6에서 $B < A - 1$인 경우를 제외할 때 모두 별 사슬이다.

이제 정리 B를 증명할 수 있다. 우선

$$l(2^A + 2^B + 2^C) \leq A + 2$$

이며, 또한 여섯 유형들 중 $\nu(n) > 2$인 것은 없으므로 $l(2^A + 2^B + 2^C)$은 반드시 $A + 1$보다 크다. 따라서 정리의 등식이 성립한다. ∎

(종키에르E. de Jonquières는 1894년에 $\nu(n) > 2$일 때 $l(n) \geq \lambda(n) + 2$임을 증명 없이 주장했다. 정리 B를 처음으로 예시한 출판물은 A. A. Gioia, M. V. Subbarao, M. Sugunamma, *Duke Math. J.* **29** (1962), 481-487이다.)

$A > B > C > D$일 때의 $l(2^A + 2^B + 2^C + 2^D)$의 계산은 좀 더 복잡하다. 이 값은 이진법에 의해 최대 $A + 3$이고, 정리 B의 증명에 의해 최소 $A + 2$이다. 값 $A + 2$는 이진법이 $n = 15$나 $n = 23$일 때 최적이 아니기 때문에 가능하다. 다음에서 보듯이, $\nu(n) = 4$일 때의 완전한 습성을 구하는 것이 가능하다.

정리 C. *만일 $\nu(n) \geq 4$이면 $l(n) \geq \lambda(n) + 3$이다. 단, $A > B > C > D$이고 $l(2^A + 2^B + 2^C + 2^D)$과 $A + 2$가 같을 때 다음과 같은 상황들에서는 예외이다.*

경우 1. $A - B = C - D$. (예: $n = 15$.)

경우 2. $A - B = C - D + 1$. (예: $n = 23$.)

경우 3. $A - B = 3$, $C - D = 1$. (예: $n = 39$.)

경우 4. $A - B = 5$, $B - C = C - D = 1$. (예: $n = 135$.)

증명. $l(n) = \lambda(n) + 2$일 때에는 단 두 개의 작은 단계들을 가진 n에 대한 덧셈 사슬이 존재한다. 그런 덧셈 사슬은 정리 B의 증명의 여섯 유형들 중 하나로 시작해서, 그 다음에 작은 단계 하나가 오고, 그 다음에 여러 개의 작은 단계가 아닌 단계들이 온다. 정리 C의 네 경우들 중 하나에 대해 $n = 2^A + 2^B + 2^C + 2^D$이 성립할 때, 그러한 n을 "특수하다"라고 칭하기로 하자. 각각의 특수한 n에 대해 정리에서 요구된 형태의 덧셈 사슬을 구하는 것이 가능하다(연습문제 13). 따라서 정리의 증명을 위해서는, 작은 단계가 둘인 사슬들 중 $\nu(a_i) \geq 4$인 원소들을 담는 사슬은 a_i가 특수한 경우를 제외할 때 존재하지 않음만 보이면 된다.

작은 단계가 두 개이며 $\nu(a_r) \geq 4$를 만족하되 a_r이 특수하지 않은 덧셈 사슬을 "반례 (counterexample) 사슬"이라고 하자. 그러한 반례 사슬들이 존재한다고 할 때, 길이가 가장 짧은 반례 사슬이 $1 = a_0 < a_1 < \cdots < a_r = n$이라고 하자. 그러면 단계 r은 작은 단계가 아니다. 왜냐하면, n이 특수하지 않은 경우 정리 B의 증명의 여섯 유형들 중 그 다음에 $\nu(n) \geq 4$인 작은 단계가

올 수 있는 것은 없기 때문이다. 더 나아가서, r은 배증이 아니다. 만일 배증이라면 더 짧은 반례 사슬 $a_0, ..., a_{r-1}$이 존재하기 때문이다. 그리고 단계 r은 별 단계이다. 별 단계가 아니라면 더 짧은 반례 사슬 $a_0, ..., a_{r-2}, a_r$이 존재하기 때문이다. 따라서

$$a_r = a_{r-1} + a_{r-k}, \qquad k \geq 2; \qquad \lambda(a_r) = \lambda(a_{r-1}) + 1 \tag{21}$$

이다.

c가 이진수체계에서 알고리즘 4.3.1A를 이용해 a_{r-1}을 a_{r-k}에 더했을 때 발생하는 올림 횟수라고 하자. 기본 관계식

$$\nu(a_r) = \nu(a_{r-1}) + \nu(a_{r-k}) - c \tag{22}$$

를 이용하면 *단계 $r-1$이 작은 단계가 아님*을 증명할 수 있다(연습문제 14).

$m = \lambda(a_{r-1})$이라고 하자. r과 $r-i$ 모두 작은 단계가 아니므로 $c \geq 2$이다. 그리고 $c = 2$는 오직 $a_{r-1} \geq 2^m + 2^{m-1}$일 때에만 성립한다.

이제 $r-1$이 별 단계가 아니라고 가정하자. 그러면 $r-2$는 하나의 작은 단계이며 $a_0, ..., a_{r-3}$, a_{r-1}은 작은 단계가 하나뿐인 사슬이다. 따라서 $\nu(a_{r-1}) \leq 2$이고 $\nu(a_{r-2}) \leq 4$이다. 이제 관계식 (22)는 $\nu(a_r) = 4$, $\nu(a_{r-1}) = 2$, $k = 2$, $c = 2$, $\nu(a_{r-2}) = 4$일 때에만 성립한다. $c = 2$로부터 $a_{r-1} = 2^m + 2^{m-1}$임을 알 수 있다. 따라서 $a_0, a_1, ..., a_{r-3} = 2^{m-1} + 2^{m-2}$은 작은 단계가 단 하나인 덧셈 사슬이며, 반드시 유형 1이다. 따라서 a_r은 경우 3에 속한다. 그러므로 $r-1$은 *하나의 별 단계이다.*

어떤 t에 대해 $a_{r-1} = 2^t a_{r-k}$라고 가정하자. 만일 $\nu(a_{r-1}) \leq 3$이면 (22)에 의해 $c = 2$, $k = 2$임을 알 수 있으며, 따라서 a_r은 반드시 경우 3에 속한다. 반면 만일 $\nu(a_{r-1}) = 4$이면 a_{r-1}은 특수하며, 각 경우를 생각해 보면 a_r이 네 경우들 중 하나에 속함도 쉽게 알 수 있다. (예를 들어 경우 4는 $a_{r-1} = 90$, $a_{r-k} = 45$ 또는 $a_{r-1} = 120$, $a_{r-k} = 15$일 때 발생한다.) 따라서 임의의 t에 대해 $a_{r-1} \neq 2^t a_{r-k}$라는 결론을 내릴 수 있다.

이렇게 해서 어떤 $q \geq 2$에 대해 $a_{r-1} = a_{r-2} + a_{r-q}$임을 증명했다. 만일 $k = 2$이면 $q > 2$이며, $a_0, a_1, ..., a_{r-2}, 2a_{r-2}, 2a_{r-2} + a_{r-q} = a_r$은 $k > 2$인 한 반례 수열이다. 따라서 $k > 2$라고 가정할 수 있다.

그럼 $\lambda(a_{r-k}) = m - 1$이라고 가정해 보자. $\lambda(a_{r-k}) < m - 1$인 경우는 연습문제 14에서 보듯이 비슷한 논증을 통해서 제외할 수 있다. 만일 $k = 4$이면 $r-2$와 $r-3$ 모두 작은 단계들이다. 따라서 $a_{r-4} = 2^{m-1}$이며, (22)는 불가능하다. 그러므로 $k = 3$이다. 단계 $r-2$는 작은 단계이며, $\nu(a_{r-3}) = 2$, $c = 2$, $a_{r-1} \geq 2^m + 2^{m-1}$, $\nu(a_{r-1}) = 4$이다. a_{r-2}를 $a_{r-1} - a_{r-2}$에 더했을 때 적어도 두 번의 올림이 발생해야 한다. 따라서 $\nu(a_{r-2}) = 4$이며, a_{r-2}(특수하며 $\geq \frac{1}{2} a_{r-1}$이다)은 어떤 d에 대한 $2^{m-1} + 2^{m-2} + 2^{d+1} + 2^d$의 형태이다. 이제 a_{r-1}은 $2^m + 2^{m-1} + 2^{d+1} + 2^d$ 아니면 $2^m + 2^{m-1} + 2^{d+2} + 2^{d+1}$이고, 두 경우에서 a_{r-3}은 반드시 $2^{m-1} + 2^{m-2}$이다. 따라서 a_r은 경우 3에 속한다. ∎

서버 E. G. Thurber [*Pacific J. Math.* **49** (1973), 229-242]는 정리 C를 확장해서 $\nu(n) > 8$일 때 $l(n) \geq \lambda(n) + 4$임을 보였다. 일반적으로는 $l(n) \geq \lambda(n) + \lg \nu(n)$이라고 추측하는 것이 합리적일 것이다. 쉰하게 Schönhage가 이의 증명에 아주 가까이 간 적이 있기 때문이다(연습문제 28 참고).

점근값들. 정리 C는 $\nu(n) > 4$일 때 큰 n에 대한 $l(n)$의 정확한 값을 구하는 것이 상당히 어려울 수 있음을 말해준다. 그러나 $n \to \infty$에 따른 극한의 근사적 행동을 파악하는 것은 가능하다.

정리 D (A. Brauer, *Bull. Amer. Math. Soc.* **45** (1939), 736-739).

$$\lim_{n \to \infty} l^*(n)/\lambda(n) = \lim_{n \to \infty} l(n)/\lambda(n) = 1. \tag{23}$$

증명. 2^k진법에 대한 덧셈 사슬 (4)에서 두 번 이상 나타나는 원소들의 두 번째 출현들을 제거하면 (4)는 하나의 별 사슬이 된다. 왜냐하면, 둘째 행의 $2d_0, 4d_0, \ldots$들 중에서 첫 행에는 나타나지 않은 첫 원소를 a_i라고 할 때 $a_i \leq 2(m-1)$이 성립하며, 따라서 첫 행에서는 어떤 a_j에 대해 $a_i = (m-1) + a_j$이기 때문이다. 사슬 길이를 총합하면 모든 $k \geq 1$에 대해

$$\lambda(n) \leq l(n) \leq l^*(n) < (1 + 1/k)\lg n + 2^k \tag{24}$$

이다. k를 적절하게 선택하면, 이를테면 $k = \lfloor \frac{1}{2}\lg \lambda(n) \rfloor$으로 선택하면 정리가 증명된다. ∎

식 (24)에서 큰 n에 대해 $k = \lambda\lambda(n) - 2\lambda\lambda\lambda(n)$이라고 두면(여기서 $\lambda\lambda(n)$은 $\lambda(\lambda(n))$을 의미한다) 좀 더 엄밀한 점근적 한계

$$(n) \leq l^*(n) \leq \lambda(n) + \lambda(n)/\lambda\lambda(n) + O(\lambda(n)\lambda\lambda\lambda(n)/\lambda\lambda(n)^2) \tag{25}$$

를 얻게 된다. 두 번째 항 $\lambda(n)/\lambda\lambda(n)$은 (24)로부터 얻을 수 있는 본질적으로 최상의 결과이다. 하계들을 좀 더 깊게 분석해보면 이 항 $\lambda(n)/\lambda\lambda(n)$이 (25)에서 실제로는 본질적임이 판명된다. 왜 그런지 이해할 수 있도록 다음과 같은 사실을 고려해보자.

정리 E (Paul Erdős, *Acta Arithmetica* **6** (1960), 77-81). *ϵ이 양의 실수라고 하자. 적절히 큰 모든 m에 대해*

$$\lambda(n) = m, \qquad r \leq m + (1 - \epsilon)m/\lambda(m) \tag{26}$$

을 만족하는 (11)과 같은 덧셈 사슬의 개수는 어떤 $\alpha < 2$에 대해 α^m보다 작다. (다른 말로 하면, (26)을 만족할 정도로 짧은 덧셈 사슬들의 개수는 m이 클 때 $\lambda(n) = m$인 n 값들의 개수보다 훨씬 작다.)

증명. 조건을 만족하는 덧셈 사슬들의 개수를 추정해야 하는데, 이를 위해 우선 비배증들을 좀 더 만족스럽게 처리할 수 있도록 정리 A를 개선해 보자.

보조정리 P. *$\delta < \sqrt{2} - 1$가 고정된 양의 실수라고 하자. 한 덧셈 사슬의 단계 i가 배증이 아니고 $0 \leq j < i$인 어떤 j에 대해 $a_i < a_j(1 + \delta)^{i-j}$일 때 그러한 단계 i를 가리켜 "소단계(ministep)"라*

고 부른다. 만일 덧셈 사슬에 작은 단계가 s개이고 소단계가 t개이면

$$t \le s/(1-\theta), \qquad \text{여기서 } (1+\delta)^2 = 2^\theta \tag{27}$$

이다.

증명. $1 \le k \le t$인 각 소단계 i_k에 대해, 어떤 $j_k < i_k$에 대한 $a_{i_k} < a_{j_k}(1+\delta)^{i_k-j_k}$가 성립한다. $I_1, \ldots, I_t$가 구간 $(j_1..i_1], \ldots, (j_t..i_t]$라고 하자. 여기서 표기 $(j..i\,]$는 $j < k \le i$인 모든 정수 k들의 집합을 나타낸다. 다음을 만족하는 겹치지 않는 구간 $J_1, \ldots, J_h = (j_1'..i_1'], \ldots, (j_h'..i_h']$를 찾는 것이 가능하다(연습문제 17):

$$I_1 \cup \cdots \cup I_t = J_1 \cup \cdots \cup J_h,$$
$$a_{i_k'} < a_{j_k'}(1+\delta)^{2(i_k'-j_k')}, \qquad 1 \le k \le h \text{에 대해.} \tag{28}$$

이제 구간 $J_1, \ldots, J_h$ 바깥의 모든 단계 i에 대해 $a_i \le 2a_{i-1}$이다. 따라서 만일

$$q = (i_1'-j_1') + \cdots + (i_h'-j_h')$$

이라고 둔다면 $2^{\lambda(n)} \le n \le 2^{r-q}(1+\delta)^{2q} = 2^{\lambda(n)+s-(1-\theta)q} \le 2^{\lambda(n)+s-(1-\theta)t}$가 된다. ∎

다시 정리 E의 증명으로 돌아가서, $\delta = 2^{\epsilon/4} - 1$로 두고 각 덧셈 사슬의 r개의 단계들을 다음과 같은 세 부류로 분류해보자:

$$t\text{개의 소단계들}, \quad u\text{개의 배증들}, \quad v\text{개의 나머지 단계들}, \quad \text{여기서 } t+u+v = r. \tag{29}$$

다른 식으로 센다면 $s+m = r$인 s개의 작은 단계들이 있는 것이라 할 수 있다. 가정과 정리 A, 보조정리 P에 의해 다음과 같은 관계가 성립한다.

$$s \le (1-\epsilon)m/\lambda(m), \qquad t+v \le 3.271s, \qquad t \le s/(1-\epsilon/2). \tag{30}$$

이러한 조건들을 만족하는 s, t, u, v가 주어졌을 때 단계들을 지정된 부류들에 배정하는 방식은 총

$$\binom{r}{t,u,v} = \binom{r}{t+v}\binom{t+v}{v} \tag{31}$$

가지이다. 이런 식으로 분포된 단계들이 주어졌을 때 거기서 소단계가 아닌 단계들을 찾는 방법을 생각해 보자: 단계 i가 (29)의 "나머지" 단계들 중 하나이면 $a_i \ge (1+\delta)a_{i-1}$이므로 $a_i = a_j + a_k$이다. 여기서 $\delta a_{i-1} \le a_k \le a_j \le a_{i-1}$이다. 또한 $a_j \le a_i/(1+\delta)^{i-j} \le 2a_{i-1}/(1+\delta)^{i-j}$이므로 $\delta \le 2/(1+\delta)^{i-j}$이다. 이는 j로 선택할 수 있는 값들의 최대 개수가 오직 δ에만 의존하는 하나의 상수 β임을 의미한다. k 역시 최대 β개의 선택이 가능하므로, 비 소단계 각각에 대해 j와 k를 배정하는 방법의 수는 최대

$$\beta^{2v} \tag{32}$$

이다.

마지막으로, 각각의 비 소단계들에 대해 "j"와 "k"가 선택되었다고 할 때, 소단계들에 대해 j와 k를 선택하는 가짓수는

$$\binom{r^2}{t} \tag{33}$$

보다 작다: $0 \le k_h \le j_h < r$ 범위의 색인들에 대해 t개의 서로 다른 쌍 (j_1, k_1), ..., (j_t, k_t)들을 선택하는 경우의 수가 (33)보다 작은 것이다. 이제 각 소단계 i에 대해 다음을 만족하는 색인쌍 (j_h, k_h)를 사용한다.

a) $j_h < i$;

b) $a_{j_h} + a_{k_h}$가 더 작은 소단계 i들에서 이미 쓰이지 않은 쌍들 중에서 가장 작음;

c) $a_i = a_{j_h} + a_{k_h}$가 소단계 정의를 만족함.

그런 쌍 (j_h, k_h)가 존재하지 않는다면 덧셈 사슬은 얻을 수 없다. 그렇지 않다면 지정된 자리들에 소단계들이 있는 임의의 덧셈 사슬은 반드시 이 방법들 중 하나에 의해 선택된다. 따라서 (33)은 가능한 선택들에 대한 하나의 상계이다.

(26)을 만족하는 덧셈 사슬들의 전체 개수의 한계는 모든 관련 s, t, u, v에 대한 (31) 곱하기 (32) 곱하기 (33)의 총합으로 규정된다. 이제 이런 함수들에 대한 다소 표준적인 추정 방법(연습문제 18)을 이용해서 정리 E의 증명을 완성할 수 있다. ∎

따름정리. *$l(n)$의 값은 거의 모든 n에 대해 점근적으로 $\lambda(n) + \lambda(n)/\lambda\lambda(n)$이다. 좀 더 엄밀하게 말하면, $n \to \infty$에 따라 $f(n) \to 0$인 함수 $f(n)$이 존재하며*

$$\Pr\left(|l(n) - \lambda(n) - \lambda(n)/\lambda\lambda(n)| \ge f(n)\lambda(n)/\lambda\lambda(n)\right) = 0 \tag{34}$$

이다. (이 확률 "Pr"의 정의는 3.5절에서 볼 것.)

증명. 상계 (25)는 (34)가 절대값 기호 없이도 성립함을 보여준다. 하계는 함수 $f(n)$이 0으로 충분히 천천히 감소하게(즉, $f(n) \le \epsilon$이라고 할 때 $l(n) \le \lambda(n) + (1 - \epsilon)\lambda(n)/\lambda\lambda(n)$를 만족하는 $n \le N$ 값들이 최대 ϵN개가 될 정도로 N의 값이 크도록) 해서 정리 E로부터 이끌어낼 수 있다. ∎

*별 사슬. 낙관적인 사람들은 $l(n) = l^*(n)$으로 가정하는 게 합리적이라고 생각한다. 최소 길이가 $l(n)$인 한 덧셈 사슬이 주어졌을 때, (명백히 관대한)별 조건을 만족하는 같은 길이의 사슬들 중 하나를 찾을 수 없을 것이라고는 믿기 어렵다. 그러나 1958년에 핸슨^{Walter Hansen}은 특정한 큰 n 값들에 대해 $l(n)$의 값이 $l^*(n)$보다 확실히 작다는 놀라운 정리를 증명했다. 그는 또한 관련된 여러 정리들도 증명했는데, 그 정리들을 여기서 살펴보기로 하자.

핸슨의 정리들은 별 사슬의 세부 구조를 조사하는 것으로 시작한다. $n = 2^{e_0} + 2^{e_1} + \cdots + 2^{e_t}$이고 $e_0 > e_1 > \cdots > e_t \ge 0$이라고 하자. 그리고 $1 = a_0 < a_1 < \cdots < a_r = n$이 n에 대한 하나의 별 사슬이라고 하자. 이 사슬에 있는 배증들의 개수를 d라고 할 때, 다음과 같은 보조 수열을 정의한다.

$$0 = d_0 \le d_1 \le d_2 \le \cdots \le d_r = d. \tag{35}$$

여기서 d_i는 단계 1, 2, ..., i에 있는 배증들의 개수이다. 또한 사슬에 나타나는 2의 거듭제곱들을 추적하기 위해 "다중집합" S_0, S_1, ..., S_r의 열도 정의한다. (다중집합(multiset)이란 집합과 비슷하나 원소들의 중복이 허용되는 수학적 개체를 가리킨다. 즉, 하나의 객체가 한 다중집합에서 하나의 원소로서 여러 번 출현할 수 있으며, 그러한 출현들의 중복성은 의미를 가진다. 연습문제 19에 다중집합의 한 가지 친숙한 예가 나온다.) 다중집합 S_i들은 다음과 같은 규칙들로 정의된다.

a) $S_0 = \{0\}$;

b) 만일 $a_{i+1} = 2a_i$이면 $S_{i+1} = S_i + 1 = \{x + 1 \mid x \in S_i\}$;

c) 만일 $a_{i+1} = a_i + a_k$, $k < i$이면 $S_{i+1} = S_i \uplus S_k$.

(기호 $\uplus$는 중복된 원소들을 합쳐서 다중집합들의 합집합을 만든다는 뜻이다.) 이러한 정의로부터

$$a_i = \sum_{x \in S_i} 2^x \tag{36}$$

이 나온다(이 합의 항들이 반드시 서로 다른 것은 아니다). 특히

$$n = 2^{e_0} + 2^{e_1} + \cdots + 2^{e_t} = \sum_{x \in S_r} 2^x \tag{37}$$

이다. 후자의 합의 원소 개수는 최대 2^f으로, 여기서 $f = r - d$는 비배증들의 개수이다.

(37)의 n은 서로 다른 두 이진 표현들을 가지므로, 다중집합 S_r을

$$2^{e_j} = \sum_{x \in M_j} 2^x, \qquad 0 \le j \le t \tag{38}$$

를 만족하는 다중집합 M_0, M_1, ..., M_t로 분할할 수 있다. 분할하는 방법은 이렇다: S_r의 원소들을 감소하지 않는 순서 $x_1 \le x_2 \le \cdots$로 배열하고 $M_t = \{x_1, x_2, ..., x_k\}$를 취한다. 여기서 $2^{x_1} + \cdots + 2^{x_k} = 2^{e_t}$이다. 이는 e_t가 e들 중 최소값이기 때문에 반드시 가능하다. 비슷하게 $M_{t-1} = \{x_{k+1}, x_{k+2}, ..., x_{k'}\}$ 등을 취한다. 이러한 공정은 이진 표기법으로 쉽게 시각화할 수 있다. 그러한 예가 아래에 나온다.

M_j가 m_j개의 원소들(중복된 것들까지 포함해서)로 되어 있다고 하자. 그러면 $m_j \le 2^f - t$이다. S_r의 최대 원소 개수는 최대 2^f이며, S_r을 $t + 1$개의 비지 않은 다중집합들로 분할했기 때문이다. 식 (38)에 의해 다음이 성립함을 알 수 있다.

$$\text{모든 } x \in M_j \text{에 대해} \qquad e_j \ge x > e_j - m_j. \tag{39}$$

이제 M_j의 조상 대대로의 역사를 기록하는 다중집합 M_{ij}들을 구성하면 별 사슬의 구조에 대한 조사가 완료될 것이다. 다중집합 S_i를 다음과 같은 규칙을 이용해서 $t + 1$개의 다중집합들로 분할한다.

a) $M_{rj} = M_j$;

b) 만일 $a_{i+1} = 2a_i$이면 $M_{ij} = M_{(i+1)j} - 1 = \{x - 1 \mid x \in M_{(i+1)j}\}$;

c) 만일 $a_{i+1} = a_i + a_k$, $k < i$이면 ($S_{i+1} = S_i \uplus S_k$이므로) $M_{ij} = M_{(i+1)j}$ 빼기 S_k로 둔다. 즉, $M_{(i+1)j}$에서 S_k의 원소들을 뺀다. S_k의 원소들 중 서로 다른 둘 이상의 다중집합 $M_{(i+1)j}$들에 나타나는 것들이 있다면, 가장 큰 j에 해당하는 집합에서 그 원소들을 제거한다. 이 규칙은 i가 고정된 값일 때 각 j에 대해 M_{ij}를 고유하게 정의한다.

이러한 정의로부터 다음과 같은 부등식을 이끌어낼 수 있다.

$$\text{모든 } x \in M_{ij} \text{에 대해} \qquad e_j + d_i - d \geq x > e_j + d_i - d - m_j. \tag{40}$$

이러한 상세한 구축법의 한 예로, $t = 3$, $r = 6$, $d = 3$, $f = 3$일 때의 별 사슬 1, 2, 3, 5, 10, 20, 23을 만들어 보자. 우선 다음과 같은 다중집합들을 구한다.

	S_0	S_1	S_2	S_3	S_4	S_5	S_6		
$(d_0, d_1, ..., d_6)$:	0	1	1	1	2	3	3		
$(a_0, a_1, ..., a_6)$:	1	2	3	5	10	20	23		
$(M_{03}, M_{13}, ..., M_{63})$:							0	M_3	$e_3 = 0, m_3 = 1$
$(M_{02}, M_{12}, ..., M_{62})$:							1	M_2	$e_2 = 1, m_2 = 1$
$(M_{01}, M_{11}, ..., M_{61})$:			0	0	1	2	2	M_1	$e_1 = 2, m_1 = 1$
$(M_{00}, M_{10}, ..., M_{60})$:	0	1	1	1	2	3	3	M_0	$e_0 = 4, m_0 = 2$
					1	2	3	3	

즉, $M_{40} = \{2, 2\}$ 등이다. 이러한 구성으로부터, d_i가 S_i의 가장 큰 원소임을 알 수 있다. 따라서

$$d_i \in M_{i0} \tag{41}$$

이다.

이 구조에서 가장 중요한 부분은 식 (40)에서 비롯된다. 이로부터 직접 유도되는 결과들 중 하나로 다음과 같은 보조정리가 있다.

보조정리 K. 만일 M_{ij}와 M_{uv} 모두 하나의 공통의 정수 x를 담고 있다면

$$-m_v < (e_j - e_v) - (d_u - d_i) < m_j \tag{42}$$

이다. ∎

보조정리 K가 대단히 강력해보이지는 않지만, 이 정리는 (m_j와 m_v가 비교적 작으며 M_{ij}와 M_{uv}가 공통의 원소를 담고 있을 때) 단계 u와 i 사이의 배증들의 개수가 지수 e_v와 e_j의 차이와 근사적으로 같음을 말해준다. 이는 덧셈 사슬에 일정 양의 규칙성을 부여한다. 그리고 이는 앞의 정리 B와 비슷한, 만일 지수 e_j들이 충분히 멀리 떨어져 있다면 $l^*(n) = e_0 + t$라는 한 결과를 우리가 증명할 수 있음을 시사한다. 그것이 어떻게 가능한지를 다음 정리가 보여준다.

정리 H (W. Hansen, *Crelle* **202** (1959), 129-136). $n = 2^{e_0} + 2^{e_1} + \cdots + 2^{e_t}$ 이고 $e_0 > e_1 > \cdots > e_t \geq 0$ 이라고 하자. 만일 $m = 2^{\lfloor 3.271(t-1) \rfloor} - t$ 라고 할 때

$$e_0 > 2e_1 + 2.271(t-1) \text{이고} \qquad 1 \leq i \leq t \text{에 대해} \qquad e_{i-1} \geq e_i + 2m \tag{43}$$

이면 $l^*(n) = e_0 + t$ 이다.

증명. $t \leq 2$일 때에는 e에 대한 제약 없이도 정리의 결과가 참이므로, $t > 2$라고 가정할 수 있다. n에 대한 하나의 별 사슬 $1 = a_0 < a_1 < \cdots < a_r = n$이 있으며 $r \leq e_0 + t - 1$이라고 가정한다. 정수 d, f, d_0, ..., d_r, 그리고 이 별 사슬의 구조를 반영한 다중집합 M_{ij}들과 S_i가 앞에서와 같이 정의된다고 하자. 정리 A의 따름정리에 의해 $f \leq \lfloor 3.271(t-1) \rfloor$임을 알 수 있다. 따라서 m의 값은 각 다중집합 M_j의 원소 개수 m_j에 대한 진정한 상계이다. 합

$$a_i = \left(\sum_{x \in M_{i0}} 2^x \right) + \left(\sum_{x \in M_{i1}} 2^x \right) + \cdots + \left(\sum_{x \in M_{it}} 2^x \right)$$

이 이진수체계에서 계산된다고 하면, M_{ij}에 대응되는 항으로부터 $M_{i(j-1)}$에 대응되는 항으로의 올림은 전혀 전파되지 않는다. e들이 너무 멀리 떨어져 있기 때문이다. (식 (40)을 볼 것.) 특히, $j \neq 0$에 대한 모든 항의 합은 $j = 0$에 대한 항들에 영향을 미치는 올림을 전파하지 않는다. 따라서 반드시 다음이 성립한다:

$$a_i \geq \sum_{x \in M_{i0}} 2^x \geq 2^{\lambda(a_i)}, \qquad 0 \leq i \leq r. \tag{44}$$

정리 H를 증명하기 위해서는, 어떤 의미에서는 n의 추가적인 거듭제곱 t개가 "한 번에 하나씩" 사슬에 추가됨을 보여야 할 것이다. 이를 위해서는 이 항들 각각이 어떤 단계에서 덧셈 사슬에 본질적으로 삽입되는지를 밝힐 수 있는 방법이 필요하다.

j가 1에서 t 사이의 한 수라고 하자. M_{0j}는 공집합이고 $M_{rj} = M_j$는 공집합이 아니므로, M_{ij}가 공집합이 아니게 되는 최초의 단계 i를 찾을 수 있다.

M_{ij}의 정의 방식으로부터, 우리는 단계 i가 배증이 아님을 알고 있다: 어떤 $u < i - 1$에 대해 $a_i = a_{i-1} + a_u$인 것이다. 또한 M_{ij}의 원소들이 S_u의 원소들이라는 사실도 알고 있다. a_u가 a_i에 비해 작음을 증명해야 한다.

x_j가 M_{ij}의 한 원소라고 하자. 그러면 $x_j \in S_u$이므로 $x_j \in M_{uv}$인 어떠한 v가 존재한다. 이로부터

$$d_i - d_u > m \tag{45}$$

이 성립한다. 이는 적어도 $m+1$개의 배증들이 단계 u와 i 사이에 존재한다는 뜻이다. (45)가 유효한 이유는 이렇다: 만일 $d_i - d_u \leq m$이면 보조정리 K에 의해 $|e_j - e_v| < 2m$이며 따라서 $v = j$인데, M_{uj}는 단계 i의 선택에 의해 공집합이므로, 이는 불가능하다.

S_u의 모든 요소는 $e_1 + d_i - d$보다 작거나 같다. 왜냐하면, 만일 $x \in S_u \subseteq S_i$이고 $x > e_1 + d_i$

$- d$이면 (40)에 의해 $x \in M_{u0}$이고 $x \in M_{i0}$이며, 따라서 정리 K는 $|d_i - d_u| < m$을 함의하는데, 이는 (45)와 모순이기 때문이다. 사실 이러한 논증은 M_{i0}에 S_u와 공통의 원소들이 존재하지 않으며, 따라서 $M_{(i-1)0} = M_{i0}$임을 증명한다. (44)에 의해 $a_{i-1} \geq 2^{\lambda(a_i)}$이며, 따라서 *단계 i는 하나의 작은 단계이다.*

이제 이 증명 전체의 핵심적인 사실이라 할만한 다음과 같은 사실을 유도할 수 있다: *S_u의 모든 원소는 M_{u0}의 원소이다.* 이것의 증명은 이렇다. x가 S_u의 원소이나 $x \not\in M_{u0}$이라고 하자. $x \geq 0$이므로 (40)은 $e_1 \geq d - d_u$를 함의하며, 따라서

$$e_0 = f + d - s \leq 2.271s + d \leq 2.271(t-1) + e_1 + d_u$$

이다. 가설 (43)에 의해 이는 $d_u > e_1$를 함의한다. 그러나 (41)에 의해 $d_u \in S_u$이며, 이는 M_{i0}의 원소일 수가 없으므로 $d_u \leq e_1 + d_i - d \leq e_1$라는 모순이 생긴다.

다시 M_{ij}의 원소 x_j로 돌아가서, $x_j \in M_{uv}$가 성립한다. 이제 $v = 0$이 증명되었다. 따라서 다시 식 (40)에 의해

$$e_0 + d_u - d \geq x_j > e_0 + d_u - d - m_0 \tag{46}$$

이다.

이렇게 해서 모든 $j = 1, 2, \ldots, t$에 대해 (46)을 만족하는 수 x_j와 항 2^{e_j}이 덧셈 사슬에 추가된 시점에 해당하는 작은 단계 i를 구했다. 만일 $j \neq j'$이면 그러한 일이 일어나는 단계 i가 j와 j' 모두에 대해 동일할 수는 없다. 왜냐하면, (46)에 의하면 $|x_j - x_{j'}| < m$이나 M_{ij}와 $M_{ij'}$의 요소들은 반드시 m보다 크게 차이가 나야 하기 때문이다(e_j와 $e_{j'}$가 그렇게 멀리 떨어져 있으므로). 이제 주어진 사슬이 적어도 t개의 작은 단계들을 담고 있다는 결론을 내릴 수밖에 없는데, 이는 모순이다. ∎

정리 F (핸슨 W. Hansen).

$$l(2^A + xy) \leq A + \nu(x) + \nu(y) - 1, \qquad \text{만일 } \lambda(x) + \lambda(y) \leq A \text{이면.} \tag{47}$$

증명. (반드시 별 사슬인 것은 아닌 일반적인)하나의 덧셈 사슬을 이진법과 인수법을 결합한 방법으로 구축할 수 있다. $x = 2^{x_1} + \cdots + 2^{x_u}$이고 $y = 2^{y_1} + \cdots + 2^{y_v}$이라고 하자. 여기서 $x_1 > \cdots > x_u \geq 0$이고 $y_1 > \cdots > y_v \geq 0$이다.

사슬의 처음 단계들은 2^{A-y_1}에 도달할 때까지 일련의 2 거듭제곱들을 형성한다. 그 단계들 사이에 추가적인 값 $2^{x_{u-1}} + 2^{x_u}, 2^{x_{u-2}} + 2^{x_{u-1}} + 2^{x_u}, \ldots, x$를 적절한 자리에 삽입한다. $2^{A-y_i} + x(2^{y_1-y_i} + \cdots + 2^{y_{i-1}-y_i})$까지의 사슬이 만들어졌으면 x를 더하고 그 결과를 $y_i - y_{i+1}$번 배증한다. 그러면

$$2^{A-y_{i+1}} + x(2^{y_1-y_{i+1}} + \cdots + 2^{y_i-y_{i+1}})$$

이 된다. 편의상 $y_{v+1} = 0$이라고 가정하고 이러한 구축을 $i = 1, 2, \ldots, v$에 대해 수행하면 $2^A + xy$에 대한 요구된 덧셈 사슬이 완성된다. ∎

정리 F에 의해, 이제 $l(n) < l^*(n)$인 n의 값들을 구하는 것이 가능해졌다. 특정한 경우들에서의 $l^*(n)$의 명시적 값은 정리 H로 구할 수 있기 때문이다. 예를 들어 $x = 2^{1016} + 1$, $y = 2^{2032} + 1$이고

$$n = 2^{6103} + xy = 2^{6103} + 2^{3048} + 2^{2032} + 2^{1016} + 1$$

이라고 하자. 정리 F에 의하면 $l(n) \leq 6106$이다. 그러나 $m = 508$로 둔다면 정리 H도 적용되며, 이에 의해 $l^*(n) = 6107$이 증명된다.

상세한 컴퓨터 계산들에 따르면 $n = 12509$가 $l(n) < l^*(n)$인 최소의 n 값이라고 한다. 이러한 n 값에 대한 별 사슬들 중 수열 1, 2, 4, 8, 16, 17, 32, 64, 128, 256, 512, 1024, 1041, 2082, 4164, 8328, 8345, 12509만큼 짧은 것은 없다. $\nu(n) = 5$와 $l(n) \neq l^*(n)$를 만족하는 최소의 n은 $16537 = 2^{14} + 9 \cdot 17$이다(연습문제 15).

레이우언Jan van Leeuwen은 정리 H를 일반화해서, 만일 지수 $e_0 > \cdots > e_t$들이 충분히 멀리 떨어져 있다면 모든 고정된 $k \geq 1$에 대해

$$l^*(k2^{e_0}) + t \leq l^*(kn) \leq l^*(k2^{e_t}) + e_0 - e_t + t$$

임을 보였다 [*Crelle* **295** (1977), 202-207].

몇 가지 추측들. 언뜻 보기에는 $l(n) = l^*(n)$이라고 생각하는 게 합당할 것 같지만 실제로는 그렇지 않음을 지금까지 살펴보았다. 또 다른 그럴듯한 추측으로 $l(2n) = l(n) + 1$이 있다 [굴라르A. Goulard가 처음으로 추측했고 종키에르E. de Jonquières가 L'*Interméd. des Math.* **2** (1895), 125-126에서 잠정적으로 "증명"한 것이다]. 배증 단계가 아주 효율적이라는 점을 생각한다면 $2n$에 대한 사슬들 중 n에 대한 사슬에 하나의 배증 단계를 추가한 것보다 더 짧은 것은 없을 것 같다. 그러나 컴퓨터 계산 결과는 이러한 추측 역시 거짓임을 밝혀 주었다. 왜냐하면 $l(191) = l(382) = 11$이기 때문이다. (382에 대한 길이 11의 별 사슬을 찾는 것은 어렵지 않다. 예를 들면 1, 2, 4, 5, 9, 14, 23, 46, 92, 184, 198, 382가 있다. 수 191은 $l(n) = 11$인 최소의 값이며, $l(191) > 10$임을 손으로 증명하기는 간단하지 않은 것으로 보인다. 필자가 이러한 사실에 대해 7.2.2절에서 설명할 역추적 방법을 이용해서 컴퓨터로 생성한 증명에는 102가지 경우의 상세한 조사가 포함된다.) $l(2n) = l(n)$을 만족하는 n에 대한 가장 작은 값 네 개는 $n = 191, 701, 743, 1111$이다. 서버E. G. Thurber는 *Pacific J. Math.* **49** (1973), 229-242에서 이들 중 세 번째 것이 그러한 n들의, 구체적으로 말하면 모든 $k \geq 5$에 대한 $23 \cdot 2^k + 7$들의 한 무한 모임의 일원임을 증명했다. $l(2n) \geq l(n)$라는 추측도 합당해 보이나 이 역시 거짓일 수 있다. 헵Kevin R. Hebb은 $l(n) - l(mn)$이 2의 거듭제곱이 아닌 모든 고정된 정수 m에 대해 무한히 커질 수 있음을 보였다. [*Notices Amer. Math. Soc.* **21** (1974), A-294]. $l(mn) < l(n)$인 가장 작은 경우는 $l((2^{13} + 1)/3) = 15$이다.

$l(n) = r$인 가장 작은 n의 값을 $c(r)$이라고 하자. $l(n)$의 계산은 이러한 n들의 수열에 대해 가장 어려울 것으로 보인다. 그 계산 과정은 다음과 같이 시작한다.

r	$c(r)$	r	$c(r)$	r	$c(r)$
1	2	10	127	19	18287
2	3	11	191	20	34303
3	5	12	379	21	65131
4	7	13	607	22	110591
5	11	14	1087	23	196591
6	19	15	1903	24	357887
7	29	16	3583	25	685951
8	47	17	6271	26	1176431
9	71	18	11231	27	2211837

$r \leq 11$의 경우에 $c(r)$의 값은 근사적으로 $c(r-1)+c(r-2)$와 같으며, 이 사실 때문에 여러 사람들이 $c(r)$이 함수 ϕ^r과 비슷하게 증가할 것이라고 추측했다. 그러나 $n=c(r)$로 두고 정리 D를 적용해 보면 $r \to \infty$에 따라 $r/\lg c(r) \to 1$임을 알 수 있다. 앞의 표에서 $r > 18$에 대한 값들은 플라멘캄프Achim Flammenkamp가 계산한 것이다. 단, $c(24)$는 블라이헨바허Daniel Bleichenbacher가 처음 계산했다. 플라멘캄프는 $10 \leq r \leq 27$에 대해 $c(r)$을 공식 $2^r \exp(-\theta r/\lg r)$로(여기서 θ는 $\ln 2$에 가까운 값이다) 상당히 근접하게 근사할 수 있음을 지적했다. 이는 (25)의 상계와도 잘 맞아떨어진다. 한 때 인수법에 비추어 보아 $c(r)$이 항상 소수일 것이라고 추측한 사람들이 많았다. 그러나 $c(15)$, $c(18)$, $c(21)$은 모두 11로 나누어진다. 아마도 덧셈 사슬에 대해서는 어떠한 추측도 안전하지 않은 것 같다!

함수 $l(n)$의 값들을 표로 만들어 보면 이 함수가 놀랄 만큼 평탄함을 알 수 있다. 예를 들어 $1125 \leq n \leq 1148$의 모든 n에 대해 $l(n)=13$이다. 컴퓨터 계산에 의해, $2 \leq n \leq 1000$에 대한 $l(n)$ 값들을 다음과 같은 공식으로 구할 수 있음이 밝혀졌다.

$$l(n) = \min(l(n-1)+1, l_n) - \delta_n. \tag{48}$$

여기서 만일 n이 소수이면 $l_n = \infty$이며, p가 n의 최소 소인수이면 $l_n = l(p) + l(n/p)$이다. 그리고 표 1에 나온 n들에 대해서는 $\delta_n = 1$이고 그 외의 경우에는 $\delta_n = 0$이다.

방정식 $l(n)=r$의 해 n들의 개수를 $d(r)$이라고 하자. 다음 표는 플라멘캄프가 계산한 이 함수의 처음 몇 값들을 나열한 것이다.

r	$d(r)$	r	$d(r)$	r	$d(r)$	r	$d(r)$	r	$d(r)$
1	1	6	15	11	246	16	4490	21	90371
2	2	7	26	12	432	17	8170	22	165432
3	3	8	44	13	772	18	14866	23	303475
4	5	9	78	14	1382	19	27128	24	558275
5	9	10	136	15	2481	20	49544	25	1028508

$d(r)$은 분명 r의 증가함수이겠지만, r이 커짐에 따라 $d(r)$이 점근적으로 어떻게 증가하는지를 알아내는 것은 고사하고, $d(r)$이 r의 증가함수라는 이러한 간단한 주장조차도 증명할 방법이 마땅치 않다.

덧셈 사슬에 대한 가장 유명한, 그리고 아직 해결되지 않은 문제는 숄츠–브라우어 추측(Scholz-Brauer conjecture)으로, 다음과 같다.

$$l(2^n - 1) \leq n - 1 + l(n) \tag{49}$$

컴퓨터 계산 실험에 따르면, $1 \leq n \leq 24$에 대해 (49)의 등호가 실제로 성립한다. 그리고 서버 E. G. Thurber는 필산을 통해서 $n = 32$일 때에도 등식이 성립함을 보였다 [*Discrete Math.* **16** (1976), 279-289]. 덧셈 사슬에 대한 많은 연구가 (49)의 증명에 바쳐졌다. 이진 표현에서 1들로만 구성되는 수 $2^n - 1$에 대한 덧셈 사슬이 특히 흥미로운데, 왜냐하면 이는 이진법에 대한 최악의 경우이기 때문이다. 1937년에 숄츠Arnold Scholz는 "덧셈 사슬"이라는 용어(원래는 독일어로)를 창안했으며 (49)를 하나의 연구 문제로 제시했다 [*Jahresbericht der deutschen Mathematiker-Vereinigung*, Abteilung II, **47** (1937), 41-42]. 브라우어Alfred Brauer는 1939년에

$$l^*(2^n - 1) \leq n - 1 + l^*(n) \tag{50}$$

임을 증명했다.

표 1

특수한 덧셈 사슬을 위한 n의 값들

23	163	229	319	371	413	453	553	599	645	707	741	813	849	903
43	165	233	323	373	419	455	557	611	659	709	749	825	863	905
59	179	281	347	377	421	457	561	619	667	711	759	835	869	923
77	203	283	349	381	423	479	569	623	669	713	779	837	887	941
83	211	293	355	382	429	503	571	631	677	715	787	839	893	947
107	213	311	359	395	437	509	573	637	683	717	803	841	899	955
149	227	317	367	403	451	551	581	643	691	739	809	845	901	983

핸슨의 정리에 따르면 $l(n)$은 $l^*(n)$보다 작을 수 있으므로, (49)를 증명 또는 반증하기 위해서는 더 많은 노력이 필요함이 확실하다. 이 방향으로의 한 걸음으로, 핸슨은 l 사슬들과 l^* 사슬들 "사이"에 놓이는 l^0 사슬이라는 개념을 정의했다. l^0 사슬에서는 특정 원소들에 밑줄을 친다. 원소 a_i가 하나의 밑줄 원소일 조건은 $a_i = a_j + a_k$로, 여기서 a_j는 a_i보다 작은 밑줄 원소들 중 가장 큰 것이다.

다음이 l^0 사슬의 한 예(가장 짧은 것은 확실히 아님)이다.

$$\underline{1}, \underline{2}, \underline{4}, 5, \underline{8}, 10, 12, \underline{18}. \tag{51}$$

이 사슬의 각 원소와 그 이전의 밑줄 원소 사이의 차이에 해당하는 원소가 사슬에 존재함을 보이는 것은 쉽다. n에 대한 l^0 사슬의 최소 길이를 $l^0(n)$이라고 표기하자. $l(n) \leq l^0(n) \leq l^*(n)$임은 명백하다.

핸슨은 정리 F에서 구축한 사슬이 하나의 l^0 사슬임을 지적하고 있다(연습문제 22 참고). 또한 그는 식 (50)을 개선한 다음과 같은 정리를 입증하기도 했다:

정리 G. $l^0(2^n - 1) \leq n - 1 + l^0(n)$.

증명. $1 = a_0, a_1, \ldots, a_r = n$이 n에 대한 가장 짧은 l^0 사슬이고 $1 = b_0, b_1, \ldots, b_t = n$이 밑줄 원소들로 된 부분수열이라고 하자. (n이 밑줄 원소라고 가정해도 된다.) 이런 가정 하에서, $2^n - 1$에 대한 l^0 사슬을 다음과 같이 구축할 수 있다:

a) $0 \leq i \leq r$에 대해 $l^0(n) + 1$개의 수 $2^{a_i} - 1$들을 포함시키되, 오직 a_i가 밑줄 원소일 때에만 밑줄을 친다.

b) $0 \leq j < t$에 대해 그리고 $0 < i \leq b_{j+1} - b_j$에 대해 수 $2^i(2^{b_j} - 1)$들을 포함시킨다. 모두 밑줄을 친다. (이는 총 $b_1 - b_0 + \cdots + b_t - b_{t-1} = n - 1$개의 수들이다.)

c) (a)와 (b)의 수들을 오름차순으로 정렬한다.

이러면 l^0 사슬이 됨을 증명하는 것은 쉽다: (b)의 수들은 모두 (a)나 (b)의 다른 어떤 원소의 두 배와 같다. 더 나아가서, 이 원소는 그 이전의 밑줄 원소이다. b_j가 a_i보다 작은 밑줄 원소들 중 가장 큰 것이라 할 때 만일 $a_i = b_j + a_k$이면 $a_k = a_i - b_j \leq b_{j+1} - b_j$이며, 따라서 $2^{a_k}(2^{b_j} - 1)$ $= 2^{a_i} - 2^{a_k}$은 사슬에서 $2^{a_i} - 1$ 바로 앞의 밑줄 원소이다. $2^{a_i} - 1$이 $(2^{a_i} - 2^{a_k}) + (2^{a_k} - 1)$과 같으므로, 두 값 모두 사슬에 나타난다. 따라서 이 덧셈 사슬은 l^0 성질을 만족한다. ∎

정리 G의 증명에 나온 구축법을 (51)에 적용하면 다음과 같은 사슬이 나온다:

<u>1</u>, <u>2</u>, <u>3</u>, 6, <u>12</u>, <u>15</u>, <u>30</u>, 31, <u>60</u>, <u>120</u>, <u>240</u>, <u>255</u>, <u>510</u>, <u>1020</u>, 1023, <u>2040</u>,

<u>4080</u>, 4095, <u>8160</u>, <u>16320</u>, <u>32640</u>, <u>65280</u>, <u>130560</u>, <u>261120</u>, <u>262143</u>.

클리프트Neill Clift는 $n = 5784689$일 때 $l(n) < l^0(n)$임을 계산을 통해서 밝혔다(연습문제 42 참고). 이것은 식 (49)가 의심스러운 최소의 경우이다.

그래프 표현. 덧셈 사슬 (1)은 유향그래프(directed graph)와 자연스러운 방식으로 대응된다. 정점들에 $0 \leq i \leq r$에 대한 a_i를 부여하고, (2)의 각 단계 $a_i = a_j + a_k$에 대해 a_j에서 a_i로의 호와 a_k에서 a_i로의 호를 그리면 된다. 예를 들어 그림 15에 나오는 덧셈 사슬 1, 2, 3, 6, 12, 15, 27, 39, 78, 79는 다음과 같은 유향그래프에 대응된다.

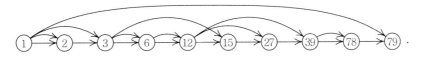

$a_i = a_j + a_k$를 만족하는 색인 쌍 (j, k)가 여러 개일 수도 있는데, 그런 경우 이 구축법에서는 그냥 특정한 하나의 j와 k를 선택한다.

일반적으로, 이러한 유향그래프의 정점들은 첫 정점을 제외할 때 항상 정확히 두 개의 들어오는 호들을 가진다. 그러나 이것이 그래프의 정말로 중요한 성질인 것은 아니다. 왜냐하면 이는 수많은 서로 다른 덧셈 사슬들이 본질적으로 동치라는 사실을 숨기기 때문이다. 정점의 외차수가 1이면 그 정점은 오직 이후의 한 단계에서만 쓰이며, 따라서 이후 단계는 본질적으로 세 입력들의 합 $a_j + a_k + a_m$ 이다. 이 합은 $(a_j + a_k) + a_m$ 으로도, $a_j + (a_k + a_m)$ 으로도, 또는 $a_k + (a_j + a_m)$ 으로도 계산할 수 있다. 어떻게 계산하느냐가 중요한 것은 아니지만, 덧셈 사슬의 관례 때문에 이 세 경우를 구별하긴 해야 한다. 이러한 중복은 외차수가 1인 정점을 삭제하고 그 정점의 이전, 이후 정점들을 호들로 연결하면 피할 수 있다. 예를 들어 위의 그래프를 그런 식으로 정리하면 다음이 된다.

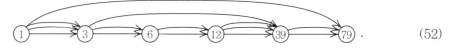

$$\text{(52)}$$

또한 외차수가 0인 정점들도 모두 삭제할 수 있다. 그런 정점은 덧셈 사슬 안의 쓸모 없는 단계에 해당하기 때문이다. 물론 마지막 정점 a_r 은 예외이다.

이런 식으로 모든 덧셈 사슬을 하나의 "출발(source)" 정점(번호 1)과 하나의 "종착(sink)" 정점(번호 n)을 가진 축약된 유향그래프로 만들 수 있다. 출발 정점을 제외한 모든 정점의 내차수는 ≥ 2 이고 종착 정점을 제외한 모든 정점의 외차수는 ≥ 2 이다. 반대로, 유향 순환마디가 없는 그러한 모든 유향 그래프를 적어도 하나의 덧셈 사슬에 대응시킬 수 있다. 정점들을 위상정렬하고 내차수 d 가 0보다 큰 각 정점에 대해 $d-1$개의 덧셈 단계들을 적어나가면 된다. 축약된 그래프로부터 덧셈 사슬의 길이(쓸모없는 단계들을 제외한)를 구하는 것도 가능하다. 공식은 다음과 같다:

$$\text{(호 개수)} - \text{(정점 개수)} + 1. \tag{53}$$

외차수가 1인 정점 하나를 삭제할 때 호도 하나 삭제된다는 점을 생각한다면 이 공식을 이해할 수 있을 것이다.

두 덧셈 사슬이 동일한 축약 유향그래프와 대응될 때 그 두 사슬을 동치라고 칭한다. 예를 들어 덧셈 사슬 1, 2, 3, 6, 12, 15, 24, 39, 40, 79는 앞에 나온 덧셈 사슬과 동치이다. 둘 다 (52)와 같은 유향그래프가 되기 때문이다. 이 예는 하나의 비 별 사슬이 하나의 별 사슬과 동치일 수 있음을 보여준다. 하나의 덧셈 사슬은 오직 그 축약 유향그래프가 단 한 가지 방식으로만 위상정렬될 때에 한 별 사슬과 동치가 된다.

피펭거 N. Pippenger가 지적했듯이, 이러한 그래프 표현은 각 정점의 번호(이름표)가 출발 정점으로부터 그 정점으로의 유향경로 개수와 정확히 같다는 중요한 성질을 가진다. 따라서 n에 대한 최적의 덧셈 사슬을 찾는 문제는 하나의 출발 정점과 하나의 종착 정점을 가지며 출발에서 종착으로의 유향경로가 정확히 n개인 모든 유향그래프에 대해 수량 (53)을 최소화하는 문제와 동치이다.

이러한 특성과 유향그래프의 대칭성으로부터 한 가지 놀라운 따름정리가 나온다: 모든 호의 방향을 뒤집고 출발 정점과 종착 정점의 역할을 맞바꾸면 같은 n에 대한 덧셈 사슬의 집합에 대응되는 또 다른 유향그래프를 얻게 된다는 것이다. 이러한 덧셈 사슬들의 길이는 원래의 사슬과 동일한 (53)이다. 예를 들어 (52)의 화살표들을 모두 오른쪽에서 왼쪽 방향으로 바꾸고 정점들의 이름표를 오른쪽 정점으로부터의 경로 개수에 맞게 변경한다면 다음과 같은 그래프가 된다.

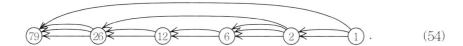

(54)

이 축약된 유향그래프에 대응되는 별 사슬들 중 하나로 다음과 같은 것이 있다.

$$1,\ 2,\ 4,\ 6,\ 12,\ 24,\ 26,\ 52,\ 78,\ 79.$$

이를 원래의 덧셈 사슬의 쌍대(雙對, dual) 사슬이라고 부를 수 있다.

연습문제 39와 40은 이 그래프 표현과 쌍대 원리에서 비롯되는 중요한 결과들을 논의한다.

연습문제

1. [15] 알고리즘 A가 종료되었을 때 Z의 값은 무엇인가?

2. [24] 알고리즘 A에 대한 MIX 프로그램을, 구체적으로는 정수 n과 x가 주어지고 w가 워드 크기일 때 $x^n \bmod w$를 계산하는 MIX 프로그램을 작성하라. MIX에 4.5.2절에서 설명한 이진 연산 SRB, JAE 등이 추가되었다고 가정할 것. 그리고 $x^n \bmod w$를 직렬(serial) 방식으로(x를 계속 곱해 서) 구하는 또 다른 프로그램도 작성하고, 두 프로그램의 실행 시간을 비교하라.

▶ **3.** [22] x^{975}을 (a) 이진법으로, (b) 3진법으로, (c) 4진법으로, (d) 인수법으로 계산하라.

4. [M20] 8진법(2^3진법)으로 거듭제곱을 평가할 때 이진법보다 곱셈을 10번 덜 수행하게 되는 수 n을 구하라.

▶ **5.** [24] 그림 14는 "거듭제곱 트리"의 처음 여덟 수준들을 보여준다. 이 트리에서 처음 k개의 수준들 이 만들어져 있다고 할 때 $(k+1)$번째 수준을 구축하는 방법은 다음과 같다: k번째 수준의 각 노드 n을 왼쪽에서 오른쪽으로 차례로 취하면서 그 노드 아래에 다음과 같은 노드들을 (이 순서대로) 부착 한다.

$$n+1,\ n+a_1,\ n+a_2,\ ...,\ n+a_{k-1}=2n.$$

여기서 $1,\ a_1,\ a_2,\ ...,\ a_{k-1}$는 트리의 루트에서 n으로의 경로이다. 단, 트리에 이미 나타나 있는 번호와 중복되는 노드는 폐기한다.

거듭제곱의 처음 $r+1$ 수준들을 구축하는 효율적인 알고리즘을 설계하라. [힌트: $0 \leq j \leq 2^r$에 대한 변수 LINKU[j]들과 LINKR[j]들을 사용할 것. 이들은 j가 트리의 한 노드 번호일 때 각각 그것의 위쪽 노드와 오른쪽 노드를 가리킨다.]

6. [M26] 연습문제 5에 주어진 거듭제곱 트리의 정의를 살짝 바꿔서, n 아래의 노드들이 오름차순이 아니라 다음과 같이 내림차순으로 부착되게 한다고 하자.

$$n+a_{k-1},\ ...,\ n+a_2,\ n+a_1,\ n+1.$$

그런 식으로 만든 트리의 처음 다섯 수준은 다음과 같은 모습이 될 것이다.

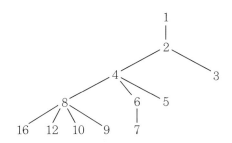

이 트리가 이진법에서와 정확히 동일한 횟수의 곱셈들로 x^n를 계산하는 방법을 제공함을, 따라서 거듭제곱 트리와 거의 같은 방식으로 구축되긴 하지만 거듭제곱 트리만큼 효율적이지는 않음을 보여라.

7. [M21] 다음의 각 조건에 대해, 그 조건을 만족하는 n들이 무한히 많음을 증명하라.

a) 인수법이 이진법보다 더 나은 결과를 낸다.

b) 이진법이 인수법보다 더 나은 결과를 낸다.

c) 거듭제곱 트리 방법이 이진법과 인수법보다 더 나은 결과를 낸다.

(여기서 "더 나은"이라는 표현은 x^n를 계산하는 데 필요한 곱셈 횟수가 더 적음을 뜻한다.)

8. [M21] 거듭제곱 트리(연습문제 5)가 x^n의 계산에 대해 이진법보다 더 많은 곱셈들을 요구하는 일이 결코 없음을 증명하라.

▶ **9.** [25] 알고리즘 A와 비슷하되 기수 $m = 2^e$을 기반으로 하는 거듭제곱 평가 절차를 설계하라. 그 절차는 근사적으로 $\lg n + \nu + m$회의 곱셈을 수행해야 한다. 여기서 ν는 n의 m진 표현에 나오는 0이 아닌 숫자들의 개수이다.

10. [10] 그림 15의 트리는 모든 $n \le 100$에 대해 x^n을 가장 적은 횟수의 곱셈들로 계산하는 한 가지 방법을 제시한다. 이러한 트리를 메모리 장소가 단 100개인 컴퓨터 안에서 간편하게 표현하는 방법을 설명하라.

▶ **11.** [M26] 그림 15의 트리는 사슬 안의 모든 i에 대해 $l(a_i) = i$를 만족하는 덧셈 사슬 $a_0, a_1, \ldots,$ a_r들을 나타낸다. 각각 $n = 43$과 $n = 77$에 대해 그러한 성질을 가진 모든 덧셈 사슬을 구하라. 그림 15 같은 모든 트리가 반드시 경로 1, 2, 4, 8, 9, 17, 34, 43, 77 아니면 경로 1, 2, 4, 8, 9, 17, 34, 68, 77을 포함함을 보여라.

12. [M10] 그림 15에 나온 트리를, 모든 양의 정수 n에 대해 x^n을 계산하는 최소 곱셈 규칙을 제공하는 하나의 무한 트리로 확장하는 것이 가능할까?

13. [M21] 정리 C에 나열된 네 경우 각각에 대해 길이가 $A + 2$인 하나의 별 사슬을 구하라. (이에 의해, 정리 C에서 l를 l^*로 대체해도 정리 C가 성립하게 된다.)

14. [M29] (a) 단계 $r - 1$이 작은 단계가 아니며 (b) $\lambda(a_{r-k})$가 $m - 1$보다 작을 수 없음을 보여서 정리 C의 증명을 완성하라.

15. [M43] $l(n) = \lambda(n) + 3$인 모든 n을 규정하며 $l^*(n) = \lambda(n) + 3$인 모든 n을 규정하도록 정리 C를 확장하기 위한 컴퓨터 프로그램을 작성하라.

16. [HM15] 정리 D가 단지 이진법이기 때문에 즉시 참이 되는 것은 아님을 보여라. 구체적으로는, 이진 S·X법으로 구한 n에 대한 덧셈 사슬의 길이를 $l^B(n)$이라고 할 때, 비율 $l^B(n)/\lambda(n)$이 $n \to \infty$에 따라 하나의 극한값으로 수렴하지 않음을 보여라.

17. [M25] 보조정리 P의 증명에서 요구된 구간 $J_1, \ldots, J_h$를 구하는 방법을 설명하라.

18. [HM24] β가 양의 상수라고 할 때, 모든 큰 m에 대해

$$\sum \binom{m+s}{t+v}\binom{t+v}{v} \beta^{2v} \binom{(m+s)^2}{t} < \alpha^m$$

을 만족하는 상수 $\alpha < 2$가 존재함을 보여라. 여기서 합의 구간은 (30)을 만족하는 모든 s, t, v이다.

19. [M23] "다중집합"은 집합과 비슷하되, 같은 원소들이 유한한 갯수로 중복될 수 있다는 특징을 가진다. A와 B가 다중집합들이라고 할 때, 새로운 다중집합 $A \uplus B$, $A \cup B$, $A \cap B$는 다음과 같이 정의된다: A에 정확히 a번 나타나고 B에 정확히 b번 나타나는 한 원소는 $A \uplus B$에 정확히 $a+b$번, $A \cup B$에 정확히 $\max(a, b)$번, $A \cap B$에 정확히 $\min(a, b)$번 나타난다. ("집합"은 두 번 이상 나타나는 원소가 전혀 없는 다중집합이다. 만일 A와 B가 집합이면 $A \cup B$와 $A \cap B$도 집합이며, 이 연습문제가 제시하는 정의들은 통상적인 합집합, 교집합 정의와 일치한다.)

  a) 양의 정수 n의 소인수분해는 원소들이 소수이며 $\prod_{p \in N} p = n$인 하나의 다중집합 N이다. 모든 양의 정수를 유일하게 소인수분해할 수 있다는 사실로부터, 양의 정수와 소수들로 이루어진 유한한 다중집합 사이에 일대일 대응관계가 성립하게 된다. 예를 들어 $n = 2^2 \cdot 3^3 \cdot 17$이면 그에 대응되는 다중집합은 $N = \{2, 2, 3, 3, 3, 17\}$이다. M과 N이 m과 n에 대응되는 다중집합들이라고 할 때, $\gcd(m, n)$, $\mathrm{lcm}(m, n)$, mn에 대응되는 다중집합들은 무엇인가?

  b) 복소수에 관한 모든 모닉다항식 $f(z)$은 그 "근"들로 된 다중집합 F와 자연스러운 방식으로 대응된다: $f(z) = \prod_{\zeta \in F}(z - \zeta)$가 성립한다. 만일 $f(z)$와 $g(z)$가 복소수들로 된 유한 다중집합 F와 G에 대응된다면, $F \uplus G$, $F \cup G$, $F \cap G$에 대응되는 다항식들은 무엇인가?

  c) 세 연산 $\uplus$, $\cup$, $\cap$에 대해 다중집합들 사이에 성립하는 흥미로운 항등식들을 최대한 많이 찾아보라.

20. [M20] (a) 유형 3의 별 사슬과 (b) 유형 5의 별 사슬에 대해, 해당 별 사슬의 핸슨의 구조 분해에서 나타나는 수열 S_i와 M_{ij} ($0 \le i \le r$, $0 \le j \le t$)를 구하라. (별 사슬의 여섯 "유형"들은 정리 B의 증명에 정의되어 있다.)

▶ **21.** [M26] (핸슨 W. Hansen.) q가 임의의 양의 정수라고 하자. $l(n) \le l^*(n) - q$를 만족하는 n의 값을 구하라.

22. [M20] 정리 F의 증명에서 구축한 덧셈 사슬이 l^0 사슬임을 증명하라.

23. [*M20*] 브라우어의 부등식 (50)을 증명하라.

▶ **24.** [*M22*] 정리 G의 증명을 일반화해서, 임의의 정수 $B > 1$에 대해 $l^0((B^n - 1)/(B-1)) \leq (n-1)\, l^0(B) + l^0(n)$임을 보여라. 그리고 $l(2^{mn} - 1) \leq l(2^m - 1) + mn - m + l^0(n)$임을 증명하라.

25. [*20*] y가 $0 < y < 1$인 하나의 분수이며 이진수체계에서 $y = (.d_1 \ldots d_k)_2$로 표현된다고 하자. 곱셈과 제곱근 추출 연산들을 이용해서 x^y을 계산하는 알고리즘을 설계하라.

▶ **26.** [*M25*] 큰 정수 n과 m이 주어졌을 때, m을 법으로 하여 n번째 피보나치 수 F_n을 계산하는 효율적인 알고리즘을 설계하라.

27. [*M21*] (플라멘캄프A. Flammenkamp.) 모든 덧셈 사슬에 적어도 여섯 개의 작은 단계들이 포함됨을 만족하는 가장 작은 n은 얼마인가?

28. [*HM33*] (쇤하게A. Schönhage.) 이 연습문제의 목적은 $l(n) \geq \lambda(n) + \lg\nu(n) - O(\log\log(\nu(n) + 1))$에 대한 상당히 짧은 증명을 제공하는 것이다.

    a) $x = (x_k \ldots x_0 . x_{-1} \ldots)_2$와 $y = (y_k \ldots y_0 . y_{-1} \ldots)_2$가 이진수로 표현된 실수들이라고 할 때, 만일 모든 j에 대해 $x_j \leq y_j$이면 $x \sqsubseteq y$라고 표기하기로 하자. $x' \sqsubseteq x$ 그리고 $y' \sqsubseteq y$가 $x' + y' \sqsubseteq z$를 함의한다는 성질을 가진 가장 작은 수 z를 구축하는 간단한 규칙을 제시하라. 그러한 수를 $x \triangledown y$로 표기한다고 할 때 $\nu(x \triangledown y) \leq \nu(x) + \nu(y)$를 증명하라.

    b) $r = l(n)$인 임의의 덧셈 사슬 (11)이 주어졌을 때, $d_0, d_1, \ldots, d_r$이 (35)로 정의된다고 하자. 그리고 수열 $A_0, A_1, \ldots, A_r$을 다음 규칙들로 정의한다고 하자: $A_0 = 1$; 만일 $a_i = 2a_{i-1}$이면 $A_i = 2A_{i-1}$; 그렇지 않고 만일 어떤 $0 \leq k \leq j < i$에 대해 $a_i = a_j + a_k$이면 $A_i = A_{i-1} \triangledown (A_{i-1}/2^{d_j - d_k})$. 이러한 수열이 주어진 사슬을 "포괄"함을, 다시 말해서 $0 \leq i \leq r$에 대해 $a_i \sqsubseteq A_i$임을 증명하라.

    c) δ가 양의 정수라고 하자(구체적인 값은 나중에 선택된다). 비배증 단계 $a_i = a_j + a_k$를 만일 $d_j - d_k \geq \delta$이면 "아기 단계(baby step)"라고 칭하고 그렇지 않으면 "좁은 단계(close step)"라고 부르기로 한다. 그리고 수열 B_i를 $B_0 = 1$; 만일 $a_i = 2a_{i-1}$이면 $B_i = 2B_{i-1}$; 만일 $a_i = a_j + a_k$가 아기 단계이면 $B_i = B_{i-1} \triangledown (B_{i-1}/2^{d_j - d_k})$, 그렇지 않으면 $B_i = \rho(2B_{i-1})$라고 정의한다. 여기서 $\rho(x)$는 $0 \leq e \leq \delta$에 대해 $x/2^e \sqsubseteq y$인 최소의 수 y이다. $A_i \sqsubseteq B_i$이고 $0 \leq i \leq r$에 대해 $\nu(B_i) \leq (1 + \delta c_i)2^{b_i}$임을 보여라. 여기서 b_i와 c_i는 각각 $\leq i$인 아기 단계 개수와 좁은 단계 개수이다. [힌트: B_i에 1들이 연속된 $\geq 1 + \delta c_i$개의 블록 단위로 나타남을 보일 것.]

    d) 이제 $l(n) = r = b_r + c_r + d_r$이고 $\nu(n) \leq \nu(B_r) \leq (1 + \delta c_r)2^{b_r}$이다. 이번 연습문제 처음에 제시된 부등식이 성립되게 하는 δ를 선택하는 방법을 설명하라. [힌트: (16)을 볼 것. 그리고 δ에 따라 어떤 $\alpha < 1$에 대해 $n \leq 2^r \alpha^{b_r}$이 됨을 주목하라.]

29. [*M49*] 모든 양의 정수 n에 대해 $\nu(n) \leq 2^{l(n) - \lambda(n)}$이 성립하는가? (만일 그렇다면 하계는 $l(2^n - 1) \geq n - 1 + \lceil \lg n \rceil$이다. (17)과 (49)를 참고할 것.)

30. [*20*] 덧셈·뺄셈 사슬(addition-subtraction chain)은 (2) 대신 $a_i = a_j \pm a_k$라는 규칙을 가진 사슬이다. 본문에서 설명한 가상의 컴퓨터에 SUB라는 새로운 연산 코드가 추가되었다고 하자. (실제 응용의 측면에서 이는 곱셈과 나눗셈 모두를 사용해서 x^n을 평가하는 것에 해당한다.) 어떠한 n에 대해 단계가 $l(n)$보다 적은 덧셈·뺄셈 사슬을 구하라.

31. [*M46*] (레머D. H. Lehmer.) 작은 양의 "가중치" ϵ이 주어졌을 때, 덧셈 사슬 (1)의 $\epsilon q + (r - q)$를 최소화하는 문제를 탐구하라. 여기서 q는 $a_i = a_{i-1} + 1$인 "단순" 단계들의 개수이다. (이 문제는 x로 곱하는 연산이 일반적인 곱셈보다 더 간단한 경우에서의 x^n의 여러 계산들에서 실용적인 의미를 가진다. 연습문제 4.6.2의 응용 예들을 볼 것.)

32. [*M30*] (야오A. C. Yao, 야오F. F. Yao, 그레이엄R. L. Graham.) 덧셈 사슬 (1)의 각 단계 $a_i = a_j + a_k$에 그 단계의 "비용" $a_j a_k$를 부여한다고 하자. 모든 양의 정수 n에 대해 좌에서 우로 이진법이 총 비용이 최소인 사슬을 만들어 냄을 보여라.

33. [*15*] 축약된 유향그래프가 (52)와 같으며 길이가 9인 덧셈 사슬들은 몇 개일까?

34. [*M23*] $e_0 > \cdots > e_t \geq 0$일 때 $n = 2^{e_0} + \cdots + 2^{e_t}$에 대한 이진 덧셈 사슬은 $1, 2, \ldots, 2^{e_0 - e_1}$, $2^{e_0 - e_1} + 1, \ldots, 2^{e_0 - e_2} + 2^{e_1 - e_2}, 2^{e_0 - e_2} + 2^{e_1 - e_2} + 1, \ldots, n$이다. 이는 이번 절 시작에서 설명한 S·X 구축법에 대응된다. 한편 알고리즘 A는 두 수열 $(1, 2, 4, \ldots, 2^{e_0})$과 $(2^{e_{t-1}} + 2^{e_t}, 2^{e_{t-2}} + 2^{e_{t-1}} + 2^{e_t}, \ldots, n)$을 증가 순서로 정렬했을 때 나오는 덧셈 사슬에 대응된다. 증명 또는 반증하라: 이 두 덧셈 사슬은 서로 쌍대이다.

35. [*M27*] $e_0 > e_1 + 1$일 때, 연습문제 34에서 논의한 각 덧셈 사슬들과 동치인(사슬들에서 쓸모없는 단계들을 제외한다) 덧셈 사슬들은 총 몇 개인가?

▶ **36.** [*25*] (슈트라우스E. G. Straus.) 일반적인 단항식(monomial) $x_1^{n_1} x_2^{n_2} \cdots x_m^{n_m}$을 최대 $2\lambda(\max(n_1, n_2, \ldots, n_m)) + 2^m - m - 1$회의 곱셈으로 계산하는 방법을 찾아라.

37. [*HM30*] (야오A. C. Yao.) $l(n_1, \ldots, n_m)$이 주어진 m개의 수 $n_1 < \cdots < n_m$들을 담은 가장 짧은 덧셈 사슬의 길이라고 하자. $l(n_1, \ldots, n_m) \leq \lambda(n_m) + m\lambda(n_m)/\lambda\lambda(n_m) + O(\lambda(n_m)\lambda\lambda\lambda(n_m)/\lambda\lambda(n_m)^2)$임을 증명하라. 이에 의해 (25)가 일반화된다.

38. [*M47*] 연습문제 37의 설정 하에서, $m \to \infty$에 따른 $l(1, 4, 9, \ldots, m^2) - m$의 점근값은 얼마인가?

▶ **39.** [*M25*] (올리보스J. Olivos, 1979.) $l([n_1, n_2, \ldots, n_m])$이 연습문제 36에서처럼 단항식 $x_1^{n_1} x_2^{n_2} \cdots x_m^{n_m}$을 평가하는 데 필요한 최소 곱셈 횟수라고 하자. 여기서 각 n_i는 양의 정수이다. 이 문제가 37의 문제와 동치임을 $l([n_1, n_2, \ldots, n_m]) = l(n_1, n_2, \ldots, n_m) + m - 1$임을 보여서 증명하라. [힌

트: (52)와 비슷하되 출발 정점이 여러 개일 수 있는 유향그래프를 고찰할 것.]

▶ **40.** [*M21*] (올리보스.) 인수법과 정리 F를 일반화해서 다음을 증명하라:

$$l(m_1 n_1 + \cdots + m_t n_t) \le l(m_1, ..., m_t) + l(n_1, ..., n_t) + t - 1.$$

여기서 $l(n_1, ..., n_t)$는 연습문제 37의 정의를 따른다.

41. [*M40*] (다우니 P. Downey, 레옹 B. Leong, 세티 R. Sethi.) G가 n개의 정점 $\{1, ..., n\}$과 m개의 변들로 된 연결된 그래프라고 하자. 변들은 $1 \le j \le m$에 대해 정점 u_j와 v_j를 결합한다. 충분히 큰 모든 A에 대해 $l(1, 2, ..., 2^{An}, 2^{Au_1} + 2^{Av_1} + 1, ..., 2^{Au_m} + 2^{Av_m} + 1) = An + m + k$임을 증명하라. 여기서 k는 G에 대한 한 정점 덮개(vertex cover, 구체적으로 말하면 $1 \le j \le m$에 대해 u_j 또는 v_j를 포함하는 집합)의 최소 정점 개수이다.

42. [*22*] (클리프트 Neill Clift, 2005.) 사슬 1, 2, 4, 8, 16, 32, 64, 65, 97, 128, 256, 353, 706, 1412, 2824, 5648, 11296, 22592, 45184, 90368, 180736, 361472, 361537, 723074, 1446148, 2892296, 5784592, 5784689와 그 쌍대 사슬 모두 l^0 사슬이 아님을 보여라.

43. [*M50*] 모든 정수 $n > 0$에 대해 $l(2^n - 1) \le n - 1 + l(n)$인가? 상등이 항상 성립하는가?

4.6.4. 다항식의 평가

지금까지 다항식의 한 특수한 경우인 x^n을 효율적으로 평가하는 방법들에 대해서 살펴보았다. 그럼 일반적인 문제인, n차 다항식

$$u(x) = u_n x^n + u_{n-1} x^{n-1} + \cdots + u_1 x + u_0, \qquad u_n \ne 0 \tag{1}$$

을 주어진 x에 대해 평가하는 문제를 살펴보자. 이 문제는 실제 응용에서 자주 발생한다.

이하의 논의에서는 모든 산술 연산이 정확히(근사적으로가 아니라) 수행된다는 속 편한 가정 하에서 컴퓨터로 다항식을 평가하는 데 필요한 연산 횟수를 최소화하는 데 초점을 둔다. 사실 대부분의 경우 다항식은 정확하지 않은 부동소수점 산술로 평가하게 되며, 일반적으로 평가 방안(scheme)이 다르면 결과도 다르다. 그러한 계산이 달성한 정확도에 대한 수치해석은 해당 특정 다항식의 계수들에 의존하는데, 이는 이 책의 범위를 넘는 문제이다. 독자는 항상 부동소수점 산술 하에서 수행된 계산의 정확도를 면밀히 조사해 보아야 한다. 이번 절에서 살펴볼 방법들은 대부분의 경우 수치적 관점에서 상당히 만족스러움이 판명될 것이지만, 여러 바람직하지 않은 사례들도 제시될 것이다. [빠른 다항식 평가의 안정성에 대한 문헌들의 개괄에 대해서는 Webb Miller, *SICOMP* **4** (1975), 97–107을 볼 것. 그 논문은 특정 부류의 고속 알고리즘들에 대해서는 특정한 종류의 수치적 안정성이 보장될 수 없다는 점도 예시하고 있다.]

이번 절 전반에서는 변수 x를 하나의 단일한 수로 취급한다. 그러나 살펴볼 대부분의 방법들은 변수들이 다중 정밀도 수, 다항식, 행렬 등 좀 더 큰 대상들에 대해서도 유효함을 명심할 필요가

있다. 그런 경우 효율적인(특히 곱셈 횟수를 줄일 수 있는) 공식들이 제공하는 이득은 더욱 커진다.

초보 프로그래머들은 다항식 (1)을 통상적으로 교과서에 나오는 형태에 그대로 대응되는 방식으로 평가하곤 한다. 즉, 먼저 $u_n x^n$을 계산하고, 그 다음에 $u_{n-1} x^{n-1}$, ..., $u_1 x$를 계산하고, 최종적으로 (1)의 모든 항들을 더하는 식이다. 그러나 계수 u_k들 거의 대부분이 0이 아닌 한, 이런 방법에서는 x의 거듭제곱을 4.6.3절의 효율적 방법들로 평가한다고 해도 계산이 불필요하게 느릴 수밖에 없다. 만일 계수 전부가 0이 아니면 (1)을 오른쪽에서 왼쪽으로 훑으면서 $k = 1$, ..., n에 대해 x^k과 $u_k x^k + \cdots + u_0$의 값들을 계산하는 것이 명백한 대안일 것이다. 그런 공정에는 $2n - 1$회의 곱셈과 n회의 덧셈이 필요할 것이며, 또한 메모리에 중간 결과들을 저장하고 조회하는 명령들도 필요할 것이다.

호너의 법칙. 이러한 계산을 좀 더 우아한 방식으로 수행하고자 하는 초보 프로그래머가 가장 먼저 배울만한 것은, $u(x)$를 다음과 같이 평가하는 것이다:

$$u(x) = (...(u_n x + u_{n-1})x + \cdots)x + u_0. \tag{2}$$

이는 u_n에서 시작해서 x를 곱하고, u_{n-1}을 더하고, x를 곱하고, ..., x를 곱하고, u_0를 더하는 것이다. 이런 형태의 계산을 흔히 "호너의 법칙(Horner's rule)"이라고 부른다. 이런 방식은 4.4절에서 기수 변환과 관련해 이미 맛본 적이 있다. 전체 공정은 곱셈 n번과 덧셈 n번으로 이루어지되 0인 계수 하나 당 덧셈 횟수가 하나 줄어든다. 더 나아가서, 이런 방식에서는 부분적인 결과를 저장할 필요가 없다. 계산 도중 나타나는 각 수량은 그 즉시 다음 계산에 쓰이기 때문이다.

호너 W. G. Horner는 19세기 초반에 다항식 근의 계산 절차와 연관해서 이 법칙을 제시했는데 〔*Philosophical Transactions*, Royal Society of London **109** (1819), 308-335〕, 그 다항식 근 계산 절차가 너무나 유명했기 때문에 〔J. L. Coolidge, *Mathematics of Great Amateurs* (Oxford, 1949), 제15장 참고〕 (2)에 그의 이름이 붙게 되었다. 그러나 실제로는 150년도 더 전에 같은 착안을 뉴턴 Isaac Newton 역시 사용한 적이 있다. 예를 들어 1669년에 처음 쓰여진 *De Analysi per Æquationes Infinitas*라는 유명한 논문에서 뉴턴은 나중에 뉴턴의 제곱근 찾기 방법으로 알려진 것을 설명하는 과정에서 다항식 $y^4 - 4y^3 + 5y^2 - 12y + 17$에 대해

$$\overline{\overline{y - 4}} \times y :+ 5 \times y :- 12 \times y :+ 17$$

이라고 쓴 적이 있다. 그가 종종 괄호 대신 수직선과 콜론을 이용해서 항들을 묶었다는 사실을 고려할 때, 이는 (2)의 착안과 동일함이 확실하다. 뉴턴은 출판되지 않은 원고들에서 수년간 이런 착안을 사용했다. 〔*The Mathematical Papers of Isaac Newton*, D. T. Whiteside 엮음, **1** (1967), 490, 531; **2** (1968), 222.〕 사실 호너의 것과 동등한 한 가지 방법이 이들과는 독립적으로 13세기 중국에서 진구소 秦九韶에 의해 사용된 바 있다 〔Y. Mikami, *The Development of Mathematics in China and Japan* (1913), 73-77〕.

호너의 법칙의 일반화로는 여러 가지가 제시되어 있다. 그럼 우선 z가 복소수이고 계수 u_k들은 실수일 때 $u(z)$를 평가하는 문제를 살펴보자. 특히 $z = e^{i\theta} = \cos\theta + i\sin\theta$일 때 다항식 $u(z)$는 다음처럼 본질적으로 두 푸리에 급수로 구성된다.

$$(u_0 + u_1\cos\theta + \cdots + u_n\cos n\theta) + i(u_1\sin\theta + \cdots + u_n\sin n\theta).$$

복소수 덧셈 및 곱셈들을 통상적인 실수 연산들로 줄일 수 있음은 명백하다:

실수 + 복소수는	1회의 덧셈을 필요로 함.
복소수 + 복소수는	2회의 덧셈을 필요로 함.
실수 × 복소수는	2회의 곱셈을 필요로 함.
복소수 × 복소수는	4회의 곱셈과 2회의 덧셈
	또는 3회의 곱셈과 5회의 덧셈을 필요로 함

(연습문제 41 참고. 여기서 뺄셈은 덧셈과 동등한 것으로 간주할 수 있다.) 따라서 복소수 $z = x + iy$에 대한 $u(z)$를 호너의 법칙 (2)로 평가한다면 곱셈 $4n - 2$회, 덧셈 $3n - 2$회 또는 곱셈 $3n - 1$회, 덧셈 $6n - 5$회가 필요하다. 사실 매번 같은 수 z를 곱하는 것이므로 이 덧셈들 중 $2n - 4$회를 절약할 수 있다. $u(x + iy)$를 평가하는 또 다른 절차로,

$$a_1 = u_n, \qquad b_1 = u_{n-1}, \qquad r = x + x, \ s = x^2 + y^2;$$
$$a_j = b_{j-1} + ra_{j-1}, \quad b_j = u_{n-j} - sa_{j-1}, \qquad 1 < j \le n \tag{3}$$

으로 두는 방법이 있다. 귀납법을 통해서 $u(z) = za_n + b_n$을 증명하는 것은 쉬운 일이다. 이러한 방안 [*BIT* **5** (1965), 142; 또한 G. Goertzel, *AMM* **65** (1958), 34-35도 볼 것]은 단 $2n + 2$회의 곱셈과 $2n + 1$회의 덧셈만 요구하므로, $n \ge 3$일 때에는 호너의 법칙보다 개선된 것이라 할 수 있다. $z = e^{i\theta}$인 푸리에 급수들의 경우에는 $s = 1$이므로, 곱셈 횟수는 $n + 1$로 떨어진다. 이러한 이야기의 교훈은, 훌륭한 프로그래머라면 고수준 프로그래밍 언어의 내장 복소수 산술 기능을 무분별하게 사용하지 않을 것이라는 점이다.

알고리즘 4.6.1D를 이용해서 다항식 $u(x)$를 $x - x_0$으로 나누어서 $u(x) = (x - x_0)q(x) + r(x)$를 얻는 공정을 생각해보자. 이 때 $\deg(r) < 1$이므로 $r(x)$는 x와 독립적인 하나의 상수이고 $u(x_0) = 0 \cdot q(x_0) + r = r$이다. 이 나누기 절차를 조사해 보면 나눗셈 계산이 $u(x_0)$을 평가하는 호너의 법칙과 본질적으로 같음을 알 수 있다. 비슷하게, $u(z)$를 다항식 $(z - z_0)(z - \bar{z}_0) = z^2 - 2x_0z + x_0^2 + y_0^2$으로 나누는 계산은 (3)과 동치임도 알 수 있다. 이 경우 $u(z) = (z - z_0)(z - \bar{z}_0)q(z) + a_nz + b_n$을 얻게 되며, 따라서 $u(z_0) = a_nz_0 + b_n$이다.

일반화하자면, 만일 $u(x)$를 $f(x)$로 나누어서 $u(x) = f(x)q(x) + r(x)$를 얻으며 $f(x_0) = 0$이면 $u(x_0) = r(x_0)$이 성립한다. 이러한 사실을 이용해서 호너의 법칙을 더욱 일반화할 수 있다. 예를 들어 $f(x) = x^2 - x_0^2$으로 둘 수 있으며, 그러면 "2차" 호너의 법칙

$$u(x) = (...(u_{2\lfloor n/2 \rfloor}x^2 + u_{2\lfloor n/2 \rfloor - 2})x^2 + \cdots)\ x^2 + u_0$$

$$+ ((...(u_{2\lceil n/2 \rceil - 1}x^2 + u_{2\lceil n/2 \rceil - 3})x^2 + \cdots)x^2 + u_1)x \qquad (4)$$

가 나온다. 2차 법칙은 $n+1$회의 곱셈과 n회의 덧셈을 사용한다(연습문제 5). 따라서 이 점만 놓고 본다면 호너의 법칙에서 그다지 개선되었다고는 이야기할 수 없다. 그러나 (4)가 유용한 상황이 적어도 두 가지 존재한다: 만일 $u(x)$와 $u(-x)$ 모두를 평가해야 하는 경우라면, 이런 방법을 이용할 때 단 한 번의 덧셈만을 더 수행해서 $u(-x)$를 얻을 수 있다. 즉, 하나의 값을 구할 때와 거의 같은 비용으로 두 개의 값을 구할 수 있는 것이다. 더 나아가서, 만일 병렬 계산이 가능한 컴퓨터가 있다면 (4)의 두 줄을 각자 독립적으로 평가함으로써 실행 시간을 대략 반으로 줄일 수 있다.

컴퓨터가 k개의 산술 유닛들을 동시에 돌리는 병렬 계산이 가능하다면 "k차" 호너의 법칙(2차 법칙을 얻을 때와 비슷한 방식으로 $f(x) = x^k - x_0^k$으로부터 얻는다)을 사용할 수 있다. 병렬 계산을 위한 또 다른 매력적인 방법을 에스트린G. Estrin이 제시해 놓았다 〔*Proc. Western Joint Computing Conf.* **17** (1960), 33-40〕. $n=7$에 대한 에스트린의 방법은 다음과 같다.

프로세서 1	프로세서 2	프로세서 3	프로세서 4	프로세서 5
$a_1 = u_7 x + u_6$	$b_1 = u_5 x + u_4$	$c_1 = u_3 x + u_2$	$d_1 = u_1 x + u_0$	x^2
$a_2 = a_1 x^2 + b_1$		$c_2 = c_1 x^2 + d_1$		x^4
$a_3 = a_2 x^4 + c_2$				

여기서 $a_3 = u(x)$이다. 그런데 도언W. S. Dorn의 흥미로운 분석 〔*IBM J. Res. and Devel.* **6** (1962), 239-245〕에 따르면, 각 산술 유닛이 한 번에 프로세서 하나하고만 통신할 수 있는 메모리에 반드시 접근해야 하는 경우에는 이 방법들이 2차 호너의 법칙에 대한 실제적인 개선이 아닐 수도 있다.

다항식 값들의 표 만들기. 한 등차수열의 여러 점들에서의 n차 다항식을 평가하고자 한다면(즉, $u(x_0)$, $u(x_0 + h)$, $u(x_0 + 2h)$, ...을 평가한다면), 처음 몇 단계 이후에는 오직 덧셈만 사용하도록 만드는 것이 가능하다. 임의의 수열 $(\alpha_0, \alpha_1, ..., \alpha_n)$에 변환

$$\alpha_0 \leftarrow \alpha_0 + \alpha_1, \quad \alpha_1 \leftarrow \alpha_1 + \alpha_2, \quad ..., \quad \alpha_{n-1} \leftarrow \alpha_{n-1} + \alpha_n \qquad (5)$$

을 적용한다고 하자. (5)를 k번 적용하면

$$\alpha_j^{(k)} = \binom{k}{0}\beta_j + \binom{k}{1}\beta_{j+1} + \binom{k}{2}\beta_{j+2} + \cdots, \qquad 0 \le j \le n$$

이 되는데, 여기서 β_j는 α_j의 초기치이고 $j > n$에 대해 $\beta_j = 0$이다. 특히

$$\alpha_0^{(k)} = \binom{k}{0}\beta_0 + \binom{k}{1}\beta_1 + \cdots + \binom{k}{n}\beta_n \qquad (6)$$

은 k의 n차 다항식이다. 연습문제 7에서처럼 β들을 적절히 선택하면 모든 k에 대해 이 수량 $\alpha_0^{(k)}$이

원하는 값 $u(x_0 + kh)$가 되도록 계산을 배치할 수 있다. 다른 말로 하면, (5)의 n회의 덧셈들을 수행할 때마다 주어진 다항식의 다음 값이 나온다.

주의: (5)를 반복 적용함에 따라 반올림 오차가 누적될 수 있으며, α_j들의 오차는 평가되는 다항식의 x^0, ..., x^j의 해당 계수에서 오차를 만들어낸다. 따라서 많은 횟수의 반복을 수행한 후마다 α들의 값을 "갱신(refresh)"할 필요가 있다.

도함수와 변수의 변화. 상수 x_0과 $u(x)$의 계수들이 주어졌을 때 $u(x + x_0)$의 계수들을 구해야 하는 경우가 종종 있다. 예를 들어 $u(x) = 3x^2 + 2x - 1$이면 $u(x - 2) = 3x^2 - 10x + 7$이다. 이는 기수 x를 기수 $x + 2$로 변환하는 기수 변환과 비슷하다. 테일러의 정리에 의해, 새 계수들은 $x = x_0$에서의 $u(x)$의 도함수들로 주어진다. 즉

$$u(x + x_0) = u(x_0) + u'(x_0)x + (u''(x_0)/2!)x^2 + \cdots + (u^{(n)}(x_0)/n!)x^n \tag{7}$$

이다. 따라서 이 문제는 $u(x)$와 그것의 모든 도함수들을 평가하는 문제와 동치이다.

$u(x) = q(x)(x - x_0) + r$이라고 한다면 $u(x + x_0) = q(x + x_0)x + r$이다. 따라서 r은 $u(x + x_0)$의 상수 계수이며, 문제는 $q(x)$가 알려진 $n - 1$차 다항식이라 할 때 $q(x + x_0)$의 계수들을 구하는 것으로 간소화된다. 따라서 다음과 같은 알고리즘을 사용할 수 있다:

H1. $0 \leq j \leq n$에 대해 $v_j \leftarrow u_j$로 설정한다.

H2. $k = 0, 1, ..., n - 1$에 대해서(이 순서대로), $j = n - 1, ..., k + 1$, k에 대해(이 순서대로) $v_j \leftarrow v_j + x_0 v_{j+1}$로 설정한다. ▮

단계 H2의 끝에서 $u(x + x_0) = v_n x^n + \cdots + v_1 x + v_0$이 된다. 이 절차는 호너의 근 찾기 방법의 기본적인 한 부분으로, $k = 0$일 때 $u(x_0)$을 평가하는 규칙 (2)와 정확히 일치한다.

호너의 방법은 $(n^2 + n)/2$회의 곱셈과 $(n^2 + n)/2$회의 덧셈을 사용한다. 그런데 만일 $x_0 = 1$이면 모든 곱셈들을 생략할 수 있음을 주목하자. 다행히, 비교적 적은 수의 곱셈, 나눗셈을 도입함으로써 일반적인 문제를 $x_0 = 1$의 경우로 간소화할 수 있다:

S1. 값 x_0^2, ..., x_0^n을 계산, 저장한다.

S2. $0 \leq j \leq n$에 대해 $v_j \leftarrow u_j x_0^j$으로 설정한다. (이제 $v(x) = u(x_0 x)$이다.)

S3. $x_0 = 1$로 두고 단계 H2를 수행한다. (이제 $v(x) = u(x_0(x + 1)) = u(x_0 x + x_0)$이다.)

S4. $0 < j \leq n$에 대해 $v_j \leftarrow v_j / x_0^j$으로 설정한다. (이제 원했던 대로 $v(x) = u(x + x_0)$이다.) ▮

쇼M. Shaw와 트라우브J. F. Traub $[JACM$ **21** (1974), 161-167]에서 기인한 이 방법은 호너의 방법과 동일한 횟수의 덧셈을 사용하며 동일한 수치적 안정성을 가지나, $v_n = u_n$이기 때문에 곱셈은 단 $2n - 1$회, 나눗셈은 단 $n - 1$회다. 게다가 그 곱셈들 중 약 $\frac{1}{2}n$을 생략할 수 있다(연습문제 6).

쇼와 트라우브는 구해야 할 것이 처음 몇 도함수들이나 마지막 몇 도함수들뿐인 경우에 시간을

더욱 줄이는 방법이 존재함을 지적해놓고 있다. 예를 들어 $u(x)$와 $u'(x)$만 평가하면 되는 경우에는 $2n - 1$회의 덧셈과 약 $n + \sqrt{2n}$ 회의 곱셈·나눗셈만으로 원하는 결과를 얻을 수 있다. 방법은 다음과 같다:

D1. 값 $x^2,\ x^3,\ \ldots,\ x^t,\ x^{2t}$ 을 계산, 저장한다. 여기서 $t = \lceil \sqrt{n/2}\, \rceil$이다.

D2. $0 \le j \le n$에 대해 $v_j \leftarrow u_j x^{f(j)}$으로 설정한다. 여기서 $0 \le j < n$에 대해 $f(j) = t - 1 - ((n - 1 - j) \bmod 2t)$이고 $f(n) = t$이다.

D3. $j = n - 1, \ldots, 1, 0$에 대해 $v_j \leftarrow v_j + v_{j+1} x^{g(j)}$으로 설정한다. 여기서 $n - 1 - j$가 $2t$의 양의 배수이면 $g(j) = 2t$이다. 그렇지 않으면 $g(j) = 0$이며 $x^{g(j)}$으로 곱하는 계산은 필요하지 않다.

D4. $j = n - 1, \ldots, 2, 1$에 대해 $v_j \leftarrow v_j + v_{j+1} x^{g(j)}$으로 설정한다. 이제 $v_0 / x^{f(0)} = u(x)$이고 $v_1 / x^{f(1)} = u'(x)$이다. ▮

계수 적응. 이제 주어진 다항식 $u(x)$를 x의 "무작위한" 값들에 대해 최대한 빠르게 평가한다는 원래의 문제로 돌아가자. 이 문제의 중요성은 부분적으로는 $\sin x$, $\cos x$, e^x 같은 표준적인 함수들이 특정한 다항식들의 평가에 의존하는 서브루틴들에 의해 계산될 때가 많다는 사실에서 기인한다. 그런 다항식들은 대단히 자주 평가되므로 계산을 최대한 빠르게 수행하는 방법을 찾아낼 필요가 있다.

차수가 5 이상인 임의의 다항식을 호너의 법칙에서보다 더 적은 연산들로 평가하는 것이 가능하다. 그러기 위해서는 다항식의 계수 $u_0, u_1, \ldots, u_n$을 먼저 "적응(adaptation)" 또는 "전처리(precondition)"시켜야 한다. 아래의 설명에서 보겠지만, 이러한 적응 공정에는 상당한 계산이 필요할 수 있다. 그러나 이러한 사전 계산이 시간 낭비인 것은 아니다. 왜냐하면 다항식이 여러 번 평가되는 반면 이러한 전처리는 한 번만 해 두면 되기 때문이다. 표준적인 함수들에 대해 "적응된" 다항식의 예들이 V. Y. Pan, *USSR Computational Math. and Math. Physics* **2** (1963), 137–146에 나온다.

계수 적응이 도움이 되는 가장 간단한 경우는 다음과 같은 4차 다항식을 평가할 때 나타난다.

$$u(x) = u_4 x^4 + u_3 x^3 + u_2 x^2 + u_1 x + u_0, \qquad u_4 \ne 0. \tag{8}$$

적절히 "적응된 계수 $\alpha_0, \alpha_1, \alpha_2, \alpha_3, \alpha_4$를 이용해서, 이 다항식을 다음과 같이, 모츠킨 T. S. Motzkin이 원래 제안한 형태로 다시 쓸 수 있다.

$$y = (x + \alpha_0)x + \alpha_1, \qquad u(x) = ((y + x + \alpha_2)y + \alpha_3)\alpha_4. \tag{9}$$

이런 방안 하의 계산은 세 번의 곱셈과 다섯 번의 덧셈, 그리고 (MIX 같이 누산기가 하나인 컴퓨터의 경우) 부분 결과 y를 임시 저장소에 저장하기 위한 명령 한 번으로 이루어진다. 호너의 법칙과 비교한다면, 한 번의 곱셈을 한 번의 덧셈과 한 번의 저장 명령(없을 수도 있다)으로 맞바꾼 것이다. 이와 같은 비교적 작은 절약이라도 다항식을 자주 평가하는 경우에는 큰 이득이 된다. (물론 곱셈에 걸리는 시간이 덧셈에 걸리는 시간과 비슷하다면 (9)는 절약이 아니다. 잠시 후에 일반적인 4차 다항식을 평가하려면 적어도 8회의 산술 연산이 필요함을 보게 될 것이다.)

식 (8)과 (9)의 계수들을 등호로 연결하면 α_j들을 u_k들로 계산하는 공식들이 나온다:

$$\alpha_0 = \frac{1}{2}(u_3/u_4 - 1), \qquad \beta = u_2/u_4 - \alpha_0(\alpha_0 + 1), \qquad \alpha_1 = u_1/u_4 - \alpha_0\beta,$$

$$\alpha_2 = \beta - 2\alpha_1, \qquad\qquad \alpha_3 = u_0/u_4 - \alpha_1(\alpha_1 + \alpha_2), \quad \alpha_4 = u_4. \qquad (10)$$

이와 비슷한, 4차 다항식을 (9)와 같은 개수의 단계들로 평가하는 방안이 연습문제 18에 나온다. 이 대안적인 방법은 특정 경우들에서 (9)보다 더 좋은 수치적 정확성을 제공하나, 그 외의 경우들에서는 정확성이 더 떨어진다.

실제 응용에서 나타나는 다항식들은 계수들이 상당히 작은 경우가 많으므로 (10)에서의 u_4로 나누기에 의해 불안정성이 도입될 수 있다. 그런 경우에는 우선 x를 $|u_4|^{1/4}x$로 치환해서 (8)을 선행 계수가 ± 1인 다항식으로 축약하는 것이 바람직하다. 더 높은 차수의 다항식들에도 비슷한 변환이 적용된다. 이 착안은 C. T. Fike [*CACM* **10** (1967), 175-178]에서 기인하는데, 그 논문에는 여러 가지 흥미로운 예제들이 제시되어 있다.

임의의 5차 다항식을 네 번의 곱셈과 여섯 번의 덧셈, 그리고 한 번의 저장으로 평가할 수 있다. 규칙 $u(x) = U(x)x + u_0$을 사용하되 $U(x) = u_5x^4 + u_4x^3 + u_3x^2 + u_2x + u_1$은 (9)에서와 같이 평가하면 된다. 또 다른 방식으로, 만일 계산을

$$y = (x + \alpha_0)^2, \qquad u(x) = (((y + \alpha_1)y + \alpha_2)(x + \alpha_3) + \alpha_4)\alpha_5 \qquad (11)$$

와 같은 형태로 수행할 수 있다면 다섯 번의 덧셈과 세 번의 저장으로도 5차 다항식을 평가할 수 있다. 이 경우 α들을 구하려면 3차방정식의 해를 구해야 한다(연습문제 19 참고).

많은 컴퓨터들에서, (11)에 필요한 "저장" 연산들의 횟수는 3보다 작다. 예를 들어 $x + \alpha_0$을 저장하지 않고도 $(x + \alpha_0)^2$을 계산할 수 있다. 사실 요즘의 컴퓨터들은 대부분 부동소수점 계산을 위한 산술 레지스터를 여러 개 가지고 있으므로 저장 자체를 아예 피할 수 있다. 산술 연산을 위한 기능은 컴퓨터마다 상당히 다르므로, 이번 절에서는 이제부터 누산기를 저장, 적재하는 연산들은 세지 않고 오직 산술 연산 횟수만을 세도록 하겠다. 이번 절에 나오는 계산 방안들을, 이 보조 연산들 중 극히 일부만 필수적이 되도록 특정한 컴퓨터에 적응시키는 것은 쉬운 일이다. 한편 곱셈을 한, 두 번 절약해서 얻는 이득보다 더 큰 추가 비용이 생길 수도 있음을 반드시 명심해야 한다. 특히 최적화를 수행하지 않는 컴파일러로 기계어 코드를 생성하는 경우에는 더욱 그렇다.

6차 다항식 $u(x) = u_6x^6 + \cdots + u_1x + u_0$은 항상 4회의 곱셈과 7회의 덧셈으로 평가할 수 있다. 다음과 같은 방안을 사용하면 된다.

$$z = (x + \alpha_0)x + \alpha_1, \qquad w = (x + \alpha_2)z + \alpha_3,$$

$$u(x) = ((w + z + \alpha_4)w + \alpha_5)\alpha_6. \qquad (12)$$

〔D. E. Knuth, *CACM* **5** (1962), 595-599 참고.〕 이러면 호너의 법칙의 6회의 곱셈에서 곱셈 2회를 절약할 수 있다. 물론 이 경우에도 3차방정식을 풀어야 하는데, $\alpha_6 = u_6$이므로 $u_6 = 1$이라고 가정할 수 있다. 이런 가정 하에서

$$\beta_1 = (u_5 - 1)/2, \qquad \beta_2 = u_4 - \beta_1(\beta_1 + 1),$$

$$\beta_3 = u_3 - \beta_1\beta_2, \qquad \beta_4 = \beta_1 - \beta_2, \qquad \beta_5 = u_2 - \beta_1\beta_3$$

으로 두자. 그리고 β_6은 3차방정식

$$2y^3 + (2\beta_4 - \beta_2 + 1)y^2 + (2\beta_5 - \beta_2\beta_4 - \beta_3)y + (u_1 - \beta_2\beta_5) = 0 \qquad (13)$$

의 한 실근이라고 하자. (이 방정식은 항상 하나의 실근을 가진다. 왜냐하면 좌변의 다항식은 큰 양의 y에 대해 $+\infty$로 접근하고 큰 음의 y에 대해서는 $-\infty$로 접근하므로 그 사이 어딘가에서 반드시 0이 되기 때문이다.) 이제

$$\beta_7 = \beta_6^2 + \beta_4\beta_6 + \beta_5, \qquad \beta_8 = \beta_3 - \beta_6 - \beta_7$$

이라고 정의하면 다음과 같은 공식들을 얻게 된다.

$$\alpha_0 = \beta_2 - 2\beta_6, \qquad \alpha_2 = \beta_1 - \alpha_0, \qquad \alpha_1 = \beta_6 - \alpha_0\alpha_2,$$

$$\alpha_3 = \beta_7 - \alpha_1\alpha_2, \qquad \alpha_4 = \beta_8 - \beta_7 - \alpha_1, \qquad \alpha_5 = u_0 - \beta_7\beta_8. \qquad (14)$$

한 가지 작위적인 예로 이 절차를 따라가 보자: $x^6 + 13x^5 + 49x^4 + 33x^3 - 61x^2 - 37x + 3$을 평가한다고 하자. 그러면 $\alpha_6 = 1$, $\beta_1 = 6$, $\beta_2 = 7$, $\beta_3 = -9$, $\beta_4 = -1$, $\beta_5 = -7$이며, 다음과 같은 3차방정식을 만족하게 된다.

$$2y^3 - 8y^2 + 2y + 12 = 0. \qquad (15)$$

이 방정식의 실근은 $\beta_6 = 2$이다. 이로부터

$$\beta_7 = -5, \qquad \beta_8 = -6,$$

$$\alpha_0 = 3, \quad \alpha_2 = 3, \quad \alpha_1 = -7, \quad \alpha_3 = 16, \quad \alpha_4 = 6, \quad \alpha_5 = -27$$

을 구할 수 있다. 결과적으로 다음과 같은 방안을 얻는다.

$$z = (x+3)x - 7, \qquad w = (x+3)z + 16, \qquad u(x) = (w + z + 6)w - 27.$$

순전히 우연에 의한 것이겠지만, 수량 $x + 3$이 두 번 나타나므로, 주어진 다항식을 세 번의 곱셈과 여섯 번의 덧셈으로 평가할 수 있다.

6차방정식을 처리하는 또 다른 방법을 판V. Y. Pan이 제안했다 〔*Problemy Kibernetiki* **5** (1961), 17-29〕. 그의 방법은 덧셈 연산을 한 번 더 수행하나, 사전 처리 단계에서 오직 유리수 연산들만 사용하며 3차방정식을 풀 필요가 없다는 장점을 가지고 있다. 방법은 다음과 같다.

$$z = (x + \alpha_0)x + \alpha_1, \qquad w = z + x + \alpha_2,$$

$$u(x) = (((z - x + \alpha_3)w + \alpha_4)z + \alpha_5)\alpha_6. \tag{16}$$

α들을 구하기 위해서는 다항식 $u(x)$를 다시 한 번 $u_6 = \alpha_6$로 두어서 모닉다항식으로 만들어야 한다. 그런 후에는 $\alpha_0 = u_5/3$이고

$$\alpha_1 = (u_1 - \alpha_0 u_2 + \alpha_0^2 u_3 - \alpha_0^3 u_4 + 2\alpha_0^5)/(u_3 - 2\alpha_0 u_4 + 5\alpha_0^3) \tag{17}$$

임을 확인할 수 있다. 판의 방법에서는 (17)의 분모가 소거되지 않아야 한다. 바꾸어 말하면, (16)은

$$27u_3 u_6^2 - 18u_6 u_5 u_4 + 5u_5^3 \neq 0 \tag{18}$$

일 때에만 사용할 수 있다. 사실 이 수량이 α_1이 아주 커질 정도로 작아서는 안 된다. α_1을 구한 후에는 다음과 같은 방정식들로 나머지 α들을 구한다.

$$\beta_1 = 2\alpha_0, \qquad\qquad\qquad \beta_2 = u_4 - \alpha_0\beta_1 - \alpha_1,$$

$$\beta_3 = u_3 - \alpha_0\beta_2 - \alpha_1\beta_1, \qquad\qquad \beta_4 = u_2 - \alpha_0\beta_3 - \alpha_1\beta_2,$$

$$\alpha_3 = \frac{1}{2}(\beta_3 - (\alpha_0 - 1)\beta_2 + (\alpha_0 - 1)(\alpha_0^2 - 1)) - \alpha_1,$$

$$\alpha_2 = \beta_2 - (\alpha_0^2 - 1) - \alpha_3 - 2\alpha_1, \qquad \alpha_4 = \beta_4 - (\alpha_2 + \alpha_1)(\alpha_3 + \alpha_1),$$

$$\alpha_5 = u_0 - \alpha_1\beta_4. \tag{19}$$

이렇게 해서 차수 $n = 4, 5, 6$의 경우들을 상세히 살펴보았다. 이를 상세히 살펴보게 된 이유는 이런 작은 n들이 응용에서 가장 자주 나타난다는 데 있다. 이제는 n차 다항식에 대한 일반적 평가 방안을 고찰해보자. 최대 $\lfloor n/2 \rfloor + 2$회의 곱셈과 n회의 덧셈을 요구하는 다음과 같은 방법이 있다.

정리 E. *실수 계수들을 가진, $n \geq 3$인 모든 n차 다항식 (1)을*

$$y = x + c, \qquad w = y^2; \qquad z = \begin{cases} (u_n y + \alpha_0)y + \beta_0, & n \text{이 짝수}, \\ u_n y + \beta_0, & n \text{이 홀수}, \end{cases}$$

$$u(x) = (...((z(w - \alpha_1) + \beta_1)(w - \alpha_2) + \beta_2)...)(w - \alpha_m) + \beta_m \tag{20}$$

(여기서 $m = \lceil n/2 \rceil - 1$)로 평가할 수 있는 적절한 실수 매개변수 c, α_k, β_k가 존재한다. 실은 $\beta_m = 0$이 되도록 이 매개변수들을 선택하는 것이 가능하다.

증명. 우선 c가 고정되었을 때 (20)으로 α들과 β들을 구할 수 있는 상황들을 조사해보자. 우선

$$p(x) = u(x - c) = a_n x^n + a_{n-1} x^{n-1} + \cdots + a_1 x + a_0 \tag{21}$$

으로 둔다. $p(x)$가 어떤 다항식 $p_1(x)$가 $p_1(x)(x^2 - \alpha_m) + \beta_m$의 형태를 가지도록 하는 상수 α_m, β_m이 존재함을 보여야 한다. 만일 $p(x)$를 $x^2 - \alpha_m$으로 나누면, $p(x)$의 모든 홀수 번째 계수들

로 이루어진 보조 다항식

$$q(x) = a_{2m+1}x^m + a_{2m-1}x^{m-1} + \cdots + a_1 \qquad (22)$$

이 $x - \alpha_m$의 배수이면, 그리고 오직 그럴 때에만 나머지 β_m이 상수임을 알 수 있다. 반대로 만일 $x - \alpha_m$이 $q(x)$의 한 인수라면 나눗셈으로 구할 수 있는 어떤 상수 β_m에 대해 $p(x) = p_1(x)(x^2 - \alpha_m) + \beta_m$이다.

비슷하게, $p_1(x)$가 $p_2(x)(x^2 - \alpha_{m-1}) + \beta_{m-1}$의 형태를 가짐을, 즉 $q(x)/(x - \alpha_m)$가 $x - \alpha_{m-1}$의 한 배수임을 보여야 한다. 만일 $q(x)$가 $p(x)$에 대응되는 것과 마찬가지로 $q_1(x)$가 $p_1(x)$에 대응되는 다항식이라면 $q_1(x) = q(x)/(x - \alpha_m)$이기 때문이다. 이런 식으로 나아가다 보면 매개변수 $\alpha_1, \beta_1, \ldots, \alpha_m, \beta_m$이 오직

$$q(x) = a_{2m+1}(x - \alpha_1)\ldots(x - \alpha_m) \qquad (23)$$

일 때에만 존재함을 알게 된다. 다른 말로 하면 $q(x)$는 항상 0과 같거나(이는 n이 짝수일 때에만 가능하다) 아니면 근들이 모두 실수인 m차 다항식이다.

이로부터 이브J. Eve가 발견한 [*Numer. Math.* **6** (1964), 17-21] 놀라운 사실이 나오게 된다: 만일 $p(x)$가 최소 $n-1$개의 복소근들을 가지며 그 복소근들의 실수부가 모두 음이 아니거나 모두 양이 아니면, 그에 해당하는 다항식 $q(x)$는 항상 0이거나 그렇지 않으면 근들이 모두 실근이다. (연습문제 23 참고) 오직 $p(x + c) = 0$일 때에만 $u(x) = 0$이므로, 매개변수 c는 그냥 $u(x) = 0$의 근들 중 실수부가 $\geq -c$인 것들이 적어도 $n-1$개가 되기에 충분히 큰 값으로 두면 된다. 그러면 (20)은 $a_{n-1} = u_{n-1} - ncu_n \neq 0$일 때 항상 성립하게 된다.

또한 이 조건들을 만족할 뿐만 아니라 $\beta_m = 0$까지 만족할 수 있는 c 값을 구하는 것도 가능하다. 우선 $u(x) = 0$의 n개의 근들을 구한다. 실수부가 최대 또는 최소인 근을 $a + bi$라고 할 때 그것이 복소근이면(즉, $b \neq 0$) $c = -a$, $\alpha_m = -b^2$으로 둔다. 그러면 $x^2 - \alpha_m$은 $u(x - c)$의 한 인수이다. 만일 실수부가 최대 또는 최소인 근이 실근이고 실수부가 두 번째로 큰(또는 두 번째로 작은) 근이 실근이 아니면 같은 변환을 적용한다. 실수부가 최대(또는 최소)인 두 근이 모두 실근이면 각각 $a - b$ 또는 $a + b$로 표현할 수 있다. 그러면 $c = -a$, $\alpha_m = b^2$으로 둔다. 이 때에도 $x^2 - \alpha_m$은 $u(x - c)$의 한 인수이다. (다른 c 값들도 여전히 가능하다. 연습문제 24를 볼 것.) $q(x)$가 항상 0이 아닌 한, 계수 a_{n-1}은 이 후보들 중 적어도 하나에 대해 0이 아니다. ∎

이러한 증명 방법이 적어도 두 개의 c 값들을 제공함을, 그리고 우리가 $\alpha_1, \ldots, \alpha_{m-1}$을 $(m-1)!$가지 방식으로 순열치환할 수도 있었음을 주목하자. 그런 c값 후보들 중 일부가 다른 것들보다 더 바람직한 수치적 정확성을 제공할 수도 있다.

실수가 아니라 m을 법으로 해서 정수들을 다루는 경우에는 수치적 정확성 문제가 발생하지 않음은 물론이다. 방안 (9)는 m이 $2u_4$와 서로 소일 때 $n = 4$에 대해 유효하다. 그리고 (16)은

m이 $6u_6$과, 그리고 (17)의 분모와 서로 소일 때 $n = 6$에 대해 유효하다. 연습문제 44는 임의의 m을 법으로 하는 임의의 n차 모닉다항식을 평가하는 데 $n/2 + O(\log n)$회의 곱셈과 $O(n)$회의 덧셈으로 충분함을 보여준다.

*다항식 사슬. 그럼 최적성 문제로 넘어가자. 다양한 차수의 다항식들을 평가하는 여러 방식들 중 산술 연산의 최소 횟수를 기준으로 했을 때 가장 좋은 방안은 무엇일까? 이러한 질문에 대한 최초의 분석은, 계수들의 사전 적응이 허용되지 않는 경우에 대해서는 오스트로브스키A. M. Ostrowski에 의해 〔*Studies in Mathematics and Mechanics Presented to R. von Mises* (New York: Academic Press, 1954), 40-48〕, 그리고 적응된 계수들에 대해서는 모츠킨T. S. Motzkin에 의해 〔*Bull. Amer. Math. Soc.* **61** (1955), 163 참고〕 수행되었다.

이 질문을 검토하는 데 도움이 되도록, 4.6.3절의 덧셈 사슬을 다항식 사슬이라는 개념으로 확장해 볼 수 있다. 다항식 사슬은 다음과 같은 형태의 수열로,

$$x = \lambda_0, \quad \lambda_1, \quad \ldots, \quad \lambda_r = u(x), \tag{24}$$

여기서 $u(x)$는 x의 다항식이다. 그리고 $1 \leq i \leq r$에 대해

$$\lambda_i = (\pm \lambda_j) \circ \lambda_k, \qquad 0 \leq j, k < i,$$
$$\text{또는 } \lambda_i = \alpha_j \circ \lambda_k, \qquad 0 \leq k < i \tag{25}$$

이다. 여기서 기호 " $\circ$ "는 연산자 "$+$", "$-$", " $\times$" 중 임의의 것을 가리킨다. 그리고 α_j는 소위 매개변수를 의미한다. 첫 번째 종류의 단계들을 사슬 단계(chain step)라고 부르고 두 번째 종류의 단계들을 매개변수 단계(parameter step)라고 부른다. 각 매개변수 단계는 각자 다른 매개변수 α_j를 사용한다고 가정한다. 만일 매개변수 단계가 s개이면 해당 매개변수들은 α_1, α_2, ..., α_s이다(이 순서대로).

이러한 설정에서, 사슬의 끝에 있는 다항식 $u(x)$는 다음과 같은 형태를 가진다.

$$u(x) = q_n x^n + \cdots + q_1 x + q_0. \tag{26}$$

여기서 q_n, ..., q_1, q_0은 α_1, α_2, ..., α_s를 변수로 하는 정수계수 다항식들이다. 여기서는 매개변수 α_1, α_2, ..., α_s를 실수들로 간주하며, 따라서 실수 계수를 가진 다항식의 평가만 고려한다. 한 다항식 사슬의 결과 집합 R은 α_1, α_2, ..., α_s에 각각 독립적으로 모든 가능한 실수 값이 배정된다고 할 때 나오는 실수들의 벡터 $(q_n, ..., q_1, q_0)$ 전부의 집합이다.

$t+1$개의 서로 다른 정수 j_0, ..., $j_t \in \{0, 1, ..., n\}$의 모든 선택에 대해, R의 모든 $(q_n, ..., q_1, q_0)$에 대하여 $f_{j_0 \cdots j_t}(q_{j_0}, ..., q_{j_t}) = 0$을 만족하는 0이 아닌 다변수 정수계수 다항식 $f_{j_0 \cdots j_t}$가 존재하는 경우 결과 집합 R이 최대 t의 자유도(degrees of freedom)를 가진다고 말하며, 사슬 (24)는 최대 t의 자유도를 가진다고 말한다. 또한 만일 $(u_n, ..., u_1, u_0)$이 R의 원소이면 사슬 (24)는 주어진 다항식 $u(x) = u_n x^n + \cdots + u_1 x + u_0$을 계산한다고 말한다. 이로부터, 자유도가 최대 n인 다항식 사슬이 모든 n차 다항식을 계산할 수는 없다는 결과가 나온다(연습문제 27).

다항식 사슬의 한 예로, n이 홀수일 때 정리 E에 대응되는 다음과 같은 사슬을 생각해 보자.

$$\lambda_0 = x$$
$$\lambda_1 = \alpha_1 + \lambda_0$$
$$\lambda_2 = \lambda_1 \times \lambda_1$$
$$\lambda_3 = \alpha_2 \times \lambda_1 \qquad\qquad (27)$$
$$\left.\begin{array}{l}\lambda_{1+3i} = \alpha_{1+2i} + \lambda_{3i}\\[4pt] \lambda_{2+3i} = \alpha_{2+2i} + \lambda_2 \\[4pt] \lambda_{3+3i} = \lambda_{1+3i} \times \lambda_{2+3i}\end{array}\right\} \quad 1 \le i < n/2.$$

곱셈 횟수는 $\lfloor n/2 \rfloor + 2$이고 덧셈 횟수는 n이다. 사슬 단계는 $\lfloor n/2 \rfloor + 1$개, 매개변수 단계는 $n+1$개 이다. 정리 E에 의해 결과 집합 R은 $u_n \ne 0$인 모든 $(u_n, \dots, u_1, u_0)$들의 집합을 포함하며, 따라서 (27)은 차수가 n인 모든 다항식을 계산한다. 결과 집합 R에 $n+1$개의 독립적인 성분들이 존재하기 때문에, R의 자유도가 최대 n임을 증명할 수는 없다.

매개변수 단계가 s인 다항식 사슬의 최대 자유도는 s이다. 어떤 면에서는 당연하다: 자유도가 t인 함수를 t개 미만의 임의의 매개변수들로 계산할 수는 없기 때문이다. 그러나 이러한 직관적인 사실을 공식적으로 증명하는 것은 어려운 일이다. 예를 들어 하나의 실수 직선을 하나의 평면으로 사상하는 연속함수("공간을 채우는 곡선")들이 존재하며, 그런 함수들은 하나의 매개변수를 두 독립 매개변수들로 사상한다. 지금의 논의에서는 정수 계수를 가진 다항식 함수들 중 그런 성질을 가질 수 있는 것이 없음을 입증할 필요가 있다. 이에 대한 증명은 연습문제 28에 나온다.

그러한 사실이 증명되었다고 하고, 우리가 추구하는 결과들을 증명해 보자.

정리 M (모츠킨 T. S. Motzkin, 1954). *$m > 0$ 회의 곱셈들을 가진 다항식 사슬의 자유도는 최대 $2m$ 이다.*

증명. $\mu_1, \mu_2, \dots, \mu_m$이 주어진 사슬에서 곱셈 연산에 해당하는 단계 λ_i들이라고 하자. 그러면

$$1 \le i \le m \text{에 대해} \qquad \mu_i = S_{2i-1} \times S_{2i} \qquad \text{그리고} \qquad u(x) = S_{2m+1} \qquad (28)$$

이다. 여기서 각 S_j는 μ들, x들, α들의 특정한 합이다. T_j가 μ들과 x들의 한 합이고 β_j가 α들의 한 합이라 할 때, $S_j = T_j + \beta_j$로 둘 수 있다.

이제 $u(x)$를 x, $\beta_1, \dots, \beta_{2m+1}$의 정수 계수 다항식으로 표현할 수 있다. β들을 $\alpha_1, \dots, \alpha_s$의 일차 함수로 표현할 수 있으므로, $\beta_1, \dots, \beta_{2m+1}$의 모든 실수 값들로 표현되는 값들의 집합은 사슬의 결과 집합을 포함한다. 따라서 자유도는 최대 $2m+1$이다. 연습문제 30에 나오듯이, $m > 0$일 때에는 이를 $2m$으로 개선할 수 있다. ∎

정리 M의 증명에 쓰인 구축법의 한 예가 연습문제 25에 나온다. 비슷한 결과를 덧셈에 대해 증명하는 것도 가능하다:

정리 A (벨라가É. G. Belaga, 1958). *q개의 덧셈들과 뺄셈들을 가진 다항식 사슬의 자유도는 최대 q+1이다.*

증명. 〔*Problemy Kibernetiki* **5** (1961), 7-15.〕 $\kappa_1, \ldots, \kappa_q$가 덧셈 또는 뺄셈에 해당하는 사슬의 λ_i들이라고 하자. 그러면

$$1 \leq i \leq q\text{에 대해} \qquad \kappa_i = \pm T_{2i-1} \pm T_{2i} \qquad \text{그리고} \qquad u(x) = T_{2q+1} \qquad (29)$$

인데, 여기서 각 T_j는 κ들, x들, α들의 한 곱이다. A_j가 α들의 한 곱이고 B_j가 κ들과 x들의 한 곱일 때, $T_j = A_j B_j$라고 둘 수 있다. 이제 $i = 1, 2, \ldots, q$에 대해 다음과 같은 변환을 차례로 사슬에 적용한다: $\beta_i = A_{2i}/A_{2i-1}$로 둔다. 그러면 $\kappa_i = A_{2i-1}(\pm B_{2i-1} \pm \beta_i B_{2i})$가 된다. κ_i를 $\pm B_{2i-1} \pm \beta_i B_{2i}$로 설정하고, 이후의 공식 $T_{2i+1}, T_{2i+2}, \ldots, T_{2q+1}$에서 모든 κ_i를 $A_{2i-1}\kappa_i$로 대체한다. (이 치환에 의해 $A_{2i+1}, A_{2i+2}, \ldots, A_{2q+1}$의 값이 변경될 수 있다.)

모든 i에 대해 변환을 수행한 후에는 $\beta_{q+1} = A_{2q+1}$로 둔다. 그러면 $u(x)$를 $\beta_1, \ldots, \beta_{q+1}, x$의 정수 계수 다항식으로 표현할 수 있다. 이제 증명은 거의 다 끝났으나, $\beta_1, \ldots, \beta_{q+1}$을 모든 실수 값들로 두어서 얻은 다항식들에 원래의 사슬로 표현할 수 있는 모든 다항식들이 포함되지는 않을 수도 있음을(연습문제 26) 주의해야 한다: 어떤 α 값에 대해 $A_{2i-1} = 0$이 될 수도 있으며, 그러면 β_i는 정의되지 않는다.

증명을 완료하려면, R_i이 $A_{2i-1} = 0$일 때 가능한 결과 벡터들의 집합이고 R'가 모든 α가 0이 아닐 때 가능한 결과 벡터들이라 할 때 원래 사슬의 결과 집합 R을 $R = R_1 \cup R_2 \cup \cdots \cup R_q \cup R'$로 표현할 수 있음에 주목할 필요가 있다. 앞의 논의는 R'가 최대 $q+1$의 자유도를 가짐을 증명한다. 만일 $A_{2i-1} = 0$이면 $T_{2i-1} = 0$이므로 덧셈 단계 κ_i를 생략함으로써 결과 집합 R_i를 계산하는 또 다른 사슬을 얻을 수 있다. 각 R_i가 최대 q의 자유도를 가짐은 귀납법으로 증명할 수 있다. 따라서 연습문제 29의 결과에 의해 R은 최대 $q+1$의 자유도를 가진다. ▌

정리 C. *만일 다항식 사슬 (24)가 $n \geq 2$에 대한 모든 n차 다항식 $u(x) = u_n x^n + \cdots + u_0$을 계산한다면, 그 사슬은 적어도 $\lfloor n/2 \rfloor + 1$개의 곱셈들과 적어도 n개의 덧셈·뺄셈들을 포함한다.*

증명. 곱셈 단계가 m개라고 하자. 정리 M에 의해 사슬은 최대 $2m$의 자유도를 가지며, 따라서 $2m \geq n+1$이다. 비슷하게, 정리 A에 의해 덧셈·뺄셈 단계의 개수는 $\geq n$이다. ▌

이 정리는 모든 가능한 n차 다항식들을 곱셈 $\lfloor n/2 \rfloor + 1$회 미만으로 또는 덧셈 n회 미만으로 평가할 수 있는 단일한 방법은 존재하지 않음을 말해준다. 연습문제 29의 결과는 그러한 다항식들의 유한한 집합으로는 주어진 한 차수의 모든 다항식을 평가하기에 충분할 수 없다는 좀 더 엄격한 결과로 이어진다. 물론 어떤 특별한 종류의 다항식들은 좀 더 효율적으로 평가할 수 있다. 지금까지의 논의는 계수들이 대수적으로 독립적인(다항식이 그 어떤 자명하지 않은 다항식 방정식도 만족하지 않는다는 의미에서) 다항식을 평가하기 위해서는 $\lfloor n/2 \rfloor + 1$회의 곱셈과 n회의 덧셈이 필요함을 증명한 것일 뿐이다. 안타깝게도 우리가 컴퓨터에서 다루는 계수들은 항상 유리수들이고, 따라서

이 정리들이 정말로 적용되지는 않는다. 실제로, 연습문제 42는 $O(\sqrt{n})$회의 곱셈들(그리고 어쩌면 엄청나게 많은 덧셈들)로 원하는 결과를 얻는 것은 항상 가능함을 보여준다. 실용적인 관점에서, 정리 C의 한계들은 "거의 모든" 계수들에 적용되며, 모든 합리적인 평가 방안에 적용되는 것으로 보인다. 더 나아가서, 유리계수의 경우에도 정리 C의 것들에 해당하는 하계들을 얻는 것이 가능하다: 예를 들어 슈트라센V. Strassen은 위의 정리를 강화해서, 다항식

$$u(x) = \sum_{k=0}^{n} 2^{2^{2^{kn^3}}} x^k \qquad (30)$$

을 길이가 $< n^2/\lg n$인 다항식 사슬로 평가할 수 있으려면 그 사슬이 적어도 $\frac{1}{2}n - 2$개의 곱셈과 $n - 4$개의 덧셈을 가져야 함을 보였다 〔*SICOMP* **3** (1974), 128-149〕. (30)의 계수들은 아주 크다. 그러나 충분히 큰 n 전부에 대해 적어도 $\sqrt{n}/(4\lg n)$개의 사슬 곱셈들로 된 다항식 사슬로 계산할 수 있는, 계수들이 0과 1만으로 구성된 다항식들을 구하는 것도 가능하다(심지어 α_j들이 임의의 복소수라고 해도). 〔R. J. Lipton, *SICOMP* **7** (1978), 61-69; C.-P. Schnorr, *Lecture Notes in Comp. Sci.* **53** (1977), 135-147 참고.〕 판더빌러Jean-Paul van de Wiele는 특정한 0-1 다항식의 평가에 필요한 총 산술 연산 횟수가 어떤 $c > 0$에 대해 최소 $cn/\log n$임을 보였다 〔*FOCS* **19** (1978), 159-165〕.

$n = 2$인 자명한 경우를 제외할 때, 정리 C의 하계들과 달성 가능하다고 알려진 실제 연산 횟수들 사이에는 여전히 간극이 존재한다. 정리 E의 경우, 덧셈 횟수는 최소이지만 곱셈 횟수는 $\lfloor n/2 \rfloor + 1$이 아니라 $\lfloor n/2 \rfloor + 2$이다. $n = 4$와 $n = 6$에 대한 특별한 방법들은 최소 곱셈 횟수를 달성하나 덧셈은 한번 더 수행한다. n이 홀수일 때 정리 C의 하계들을 곱셈과 덧셈 모두에 대해 동시에 달성할 수는 없음을 증명하는 것은 어렵지 않다. 이에 대해서는 연습문제 33을 볼 것. $n = 3, 5, 7$의 경우는 적어도 $\lfloor n/2 \rfloor + 2$회의 곱셈이 필요함을 증명하는 것이 가능하다. 연습문제 35와 36은 $n = 4$나 $n = 6$일 때 정리 C의 하계들을 달성할 수 없음을 보인다. 따라서 $n < 8$에 대해서는 우리가 논의한 방법들이 최상이다. n이 홀수인 경우에 대해서는 $\lfloor n/2 \rfloor + 1$회의 곱셈으로 충분함을 모츠킨이 증명했으나, 그의 구축법에는 결정되지 않은 횟수의 덧셈들이 관여한다(연습문제 39). $n = 8$에 대한 최적의 방안은 판V. Y. Pan이 발견했는데, 그는 이 경우에서는 곱셈이 $\lfloor n/2 \rfloor + 1$회일 때 $n + 1$회의 덧셈이 필요 횟수이자 충분 횟수임을 보였다. 그는 또한 모든 짝수 $n \geq 10$에 대해 $\lfloor n/2 \rfloor + 1$회의 곱셈과 $n + 2$회의 덧셈으로 충분함도 보였다. 판의 논문 〔*STOC* **10** (1978), 162-172〕은 또한 모든 차수 n에 대해서 실수 대신 전적으로 복소수만으로 계산이 수행되는 경우의 정확한 최소 곱셈, 덧셈 횟수들을 밝혔다. 연습문제 40은 홀수 $n \geq 9$들에서 나타나는 흥미로운 상황을 논의한다.

변수가 하나인 다항식에 대한 사슬과 관련해 지금까지 얻은 결과들을 다변수 다항식들에 대한 것으로 확장하는 것은 물론 어렵지 않다. 예를 들어 다항식 평가를 위한, 정수들을 적응시키지 않는 최적의 방안을 구하고자 한다면, $u(x)$를 $n + 2$개의 변수 $x, u_n, \ldots, u_1, u_0$의 한 다항식으로 간주할 수 있다. 연습문제 38은 그런 경우 n회의 곱셈과 n회의 덧셈이 필요함을 보여준다. 실제로 보로딘A. Borodin 〔*Theory of Machines and Computations*, Z. Kohavi 및 A. Paz 엮음 (New York:

Academic Press, 1971), 45-58]은 본질적으로 호너의 법칙 (2)가 사전 처리 없이 $u(x)$를 $2n$회의
연산으로 계산하는 유일한 방법임을 증명했다.

앞에서 말한 방법들을 조금 수정한다면 나눗셈이 관여하는 사슬들로, 다시 말해서 다항식들뿐만
아니라 유리함수들로도 확장할 수 있다. 흥미롭게도, 곱셈과 나눗셈의 빠르기가 동일하다면 사전처리
가 허용되는 경우라고 해도, 이제 연산 횟수의 관점에서 최적의 방법은 호너의 법칙의 연분수 버전인
것으로 판명된다(연습문제 37 참고).

다항식이 오직 곱셈과 덧셈으로만 정의된다고 해도, 다항식의 평가 도중에 나눗셈이 도움이 되는
경우가 있다. 이에 대한 예를 다항식 미분을 위한 쇼-트라우브 알고리즘들에서 본 적이 있다. 또
다른 예는 다항식

$$x^n + \cdots + x + 1$$

이다. 이 다항식은 $(x^{n+1} - 1)/(x - 1)$로 쓸 수 있으며, 따라서 이것을 곱셈 $l(n+1)$회(4.6.3절
참고)와 뺄셈 2회, 나눗셈 1회로 평가할 수 있다. 반면 나눗셈을 사용하지 않는 기법들의 경우에는
그 보다 약 세 배 많은 연산들이 필요한 것으로 보인다(연습문제 43).

특별한 다변수 다항식들. $n \times n$ 행렬의 행렬식을 n^2개의 변수 x_{ij}, $1 \le i, j \le n$의 다항식으로 간주
할 수 있다. 만일 $x_{11} \neq 0$이면 다음이 성립한다:

$$\det \begin{pmatrix} x_{11} & x_{12} & \ldots & x_{1n} \\ x_{21} & x_{22} & \ldots & x_{2n} \\ x_{31} & x_{32} & \ldots & x_{3n} \\ \vdots & \vdots & & \vdots \\ x_{n1} & x_{n2} & \ldots & x_{nn} \end{pmatrix} = x_{11} \det \begin{pmatrix} x_{22} - (x_{21}/x_{11})x_{12} & \ldots & x_{2n} - (x_{21}/x_{11})x_{1n} \\ x_{32} - (x_{31}/x_{11})x_{12} & \ldots & x_{3n} - (x_{31}/x_{11})x_{1n} \\ \vdots & & \vdots \\ x_{n2} - (x_{n1}/x_{11})x_{12} & \ldots & x_{nn} - (x_{n1}/x_{11})x_{1n} \end{pmatrix}. \quad (31)$$

따라서 $(n-1) \times (n-1)$ 행렬의 행렬식을 평가하고 추가적으로 $(n-1)^2 + 1$회의 곱셈과 $(n-1)^2$
회의 덧셈, $n-1$회의 나눗셈을 수행함으로써 $n \times n$ 행렬의 행렬식을 평가하는 것이 가능하다.
2×2 행렬식은 곱셈 두 번과 덧셈 한 번으로 평가할 수 있으므로, 거의 모든 행렬의 행렬식(구체적
으로 말하면 0으로 나누기가 발생하지 않는 것들)을 많아야 $(2n^3 - 3n^2 + 7n - 6)/6$회의 곱셈,
$(2n^3 - 3n^2 + n)/6$의 덧셈, $(n^2 - n - 2)/2$회의 나눗셈으로 평가할 수 있음을 알 수 있다.

0들이 존재한다면 행렬을 계산하는 것이 더욱 쉬워진다. 예를 들어 $x_{11} = 0$이되 $x_{21} \neq 0$이라
면 다음이 성립한다.

$$\det \begin{pmatrix} 0 & x_{12} & \ldots & x_{1n} \\ x_{21} & x_{22} & \ldots & x_{2n} \\ x_{31} & x_{32} & \ldots & x_{3n} \\ \vdots & \vdots & & \vdots \\ x_{n1} & x_{n2} & \ldots & x_{nn} \end{pmatrix} = x_{21} \det \begin{pmatrix} x_{12} & \ldots & x_{1n} \\ x_{32} - (x_{31}/x_{21})x_{22} & \ldots & x_{3n} - (x_{31}/x_{21})x_{2n} \\ \vdots & & \vdots \\ x_{n2} - (x_{n1}/x_{21})x_{22} & \ldots & x_{nn} - (x_{n1}/x_{21})x_{2n} \end{pmatrix}. \quad (32)$$

행렬식을 $(n-1) \times (n-1)$ 행렬식으로 줄인 덕분에, (31)에 비해 곱셈을 $n-1$회, 덧셈을 $n-1$회
덜 수행하게 되었다(물론 축약이 가능함을 파악하는 데 추가적인 노력이 들긴 했지만). 즉, 임의의

행렬식을 대략 $\frac{2}{3}n^3$회의 산술 연산들(나눗셈도 포함)로 평가할 수 있는 것이다. 이것이 $n!$개의 항들로 이루어진, 그리고 각 항마다 n개의 변수들이 있는 다항식을 평가하는 것에 해당한다는 점을 생각할 때, 이는 주목할만한 성과이다.

성분들이 정수인 행렬의 행렬식을 평가하는 경우라면, (31)과 (32)의 절차는 유리수 산술을 요구한다는 점에서 그리 매력적이지 않은 것으로 보인다. 그러나 임의의 소수 p에 대해 나눗셈 mod p가 가능하므로(연습문제 4.5.2-16), 이 경우에 대해 행렬식 mod p를 평가하는 방법을 사용할 수 있다. 이를 충분히 많은 소수들에 대해 수행한다면 4.3.2절에서 설명한 것처럼 행렬식의 정확한 값을 구하는 것이 가능하다(아다마르의 부등식 4.6.1-(25)가 크기에 대한 상계를 제공하므로).

$n \times n$ 행렬 X의 특성다항식(characteristic polynomial) $\det(xI-X)$ 역시 $O(n^3)$단계로 계산할 수 있다. J. H. Wilkinson, *The Algebraic Eigenvalue Problem* (Oxford: Clarendon Press, 1965), 353-355, 410-411을 볼 것. 연습문제 70은 $O(n^4)$단계를 요하는, 나눗셈을 사용하지 않는 한 가지 흥미로운 방법을 논의한다.

행렬의 영구식(permanent)은 행렬식과 아주 비슷한 형태의 다항식이다. 유일한 차이는 모든 0이 아닌 계수들이 $+1$이라는 점이다. 따라서 다음이 성립한다:

$$\operatorname{per}\begin{pmatrix} x_{11} & \cdots & x_{1n} \\ \vdots & & \vdots \\ x_{n1} & \cdots & x_{nn} \end{pmatrix} = \sum x_{1j_1} x_{2j_2} \cdots x_{nj_n}. \tag{33}$$

합의 구간은 $\{1, 2, \ldots, n\}$의 모든 순열 $j_1 j_2 \cdots j_n$이다. 이 함수가 좀 더 복잡해 보이는 행렬식에 대한 해당 함수에 비해서 계산하기에 더 쉬울 것 같지만, 행렬식을 평가하는 것만큼 효율적으로 영구식을 평가하는 방법은 알려져 있지 않다. 연습문제 9와 10은 큰 n에 대해 $n!$보다 훨씬 적은 횟수의 연산들로 충분함을 보이나, 모든 알려진 방법들의 수행 시간은 여전히 행렬의 크기에 따라 지수적으로 증가한다. 실제로 밸리언트Leslie G. Valiant는 주어진 0-1 행렬의 행렬식 계산이, 계산의 실행 시간에서 다항식 인수들을 무시한다고 할 때, 비결정론적 다항식 시간 튜링 기계의 승인 계산(accepting computation) 횟수를 세는 것만큼이나 어려움을 보였다. 따라서 만일 영구식에 대한 다항식 시간 평가 알고리즘이 존재한다면, 그것은 효율적인 해법을 물리쳐 온 모든 잘 알려진 문제들이 다항식 시간으로 해결될 수 있음을 의미하게 된다. 반면, 밸리언트는 $n \times n$ 정수 행렬의 영구식을 모든 $k \geq 2$에 대해 2^k을 법으로 하여 평가하는 데 필요한 단계수가 $O(n^{4k-3})$임을 증명했다. 〔*Theoretical Comp. Sci.* **8** (1979), 189-201 참고.〕

행렬에 관련된 또 다른 기본적인 연산은 행렬 곱셈이다. $X = (x_{ij})$가 $m \times n$ 행렬이고 $Y = (y_{jk})$가 $n \times s$ 행렬일 때 행렬 곱셈 $Z = XY$를 만족하는 행렬 $Z = (z_{ik})$는 $m \times s$ 행렬이며, 각 성분은 다음과 같이 주어진다:

$$z_{ik} = \sum_{j=1}^{n} x_{ij} y_{jk}, \qquad 1 \leq i \leq m, \qquad 1 \leq k \leq s. \tag{34}$$

이 공식은 $mn + ns$개의 변수들로 된 ms개의 다항식들을 동시에 계산하는 것으로 간주할 수 있다.

각 다항식은 두 n자리 벡터들의 "내적(內積, inner product)"이다. 이러한 행렬 곱셈을 곧이곧대로 계산한다면 mns 회의 곱셈과 $ms\,(n-1)$ 회의 덧셈이 필요할 것이다. 그러나 위노그라드A. Winograd 가 1967년에 발견했듯이, 곱셈들의 절반 정도를 덧셈으로 대신하는 방법이 존재한다:

$$z_{ik} = \sum_{1 \le j \le n/2} (x_{i,2j} + y_{2j-1,k})(x_{i,2j-1} + y_{2j,k}) - a_i - b_k + x_{in}y_{nk} \quad [n\text{이 홀수}];$$

$$a_i = \sum_{1 \le j \le n/2} x_{i,2j}x_{i,2j-1}; \qquad b_k = \sum_{1 \le j \le n/2} y_{2j-1,k}y_{2j,k}. \tag{35}$$

이 방안은 곱셈 $\lceil n/2 \rceil ms + \lfloor n/2 \rfloor (m+s)$ 회와 덧셈 또는 뺄셈 $(n+2)ms + (\lfloor n/2 \rfloor - 1)(ms + m + s)$ 회를 사용한다. 총 연산 횟수가 약간 늘긴 했지만, 곱셈 횟수는 거의 반으로 줄었다. 〔*IEEE Trans.* **C-17** (1968), 693-694 참고.〕 위노그라드의 이런 놀라운 구축법에 힘입어 많은 사람들이 행렬 곱셈을 연구하게 되었고, 그 결과 단변수 다항식에 대해 성립하는 것으로 알려진 다소 비슷한 하계에 비추어 볼 때 $n \times n$ 행렬들을 곱하는 데 $n^3/2$ 회의 곱셈이 필요할 것이라는 관측이 널리 지지를 받게 되었다.

큰 n에 대한 더욱 나은 방안을 슈트라센Volker Strassen이 1968년에 발견했다. 그는 2×2 행렬들의 곱을 단 일곱 법의 곱셈만으로, (35)에서처럼 곱셈의 결합법칙에 의존하지 않고도 구하는 방법을 알아냈다. $2n \times 2n$ 행렬을 네 개의 $n \times n$ 행렬들로 분할할 수 있으므로, 그의 방법을 재귀적으로 적용하면 $2^k \times 2^k$ 행렬들의 곱을 $(2^k)^3 = 8^k$ 회가 아니라 단 7^k 회의 곱셈으로 구할 수 있게 된다. 덧셈 횟수 역시 7^k의 규모로 증가한다. 슈트라센의 원래의 2×2 항등식 〔*Numer. Math.* **13** (1969), 354-356〕은 7회의 곱셈과 18회의 덧셈을 사용했다. 이후 위노그라드가 다음과 같은 좀 더 경제적인 공식을 발견하게 된다:

$$\begin{pmatrix} a & b \\ c & d \end{pmatrix}\begin{pmatrix} A & C \\ B & D \end{pmatrix} = \begin{pmatrix} aA + bB & w + v + (a+b-c-d)D \\ w + u + d(B + C - A - D) & w + u + v \end{pmatrix}. \tag{36}$$

여기서 $u = (c-a)(C-D)$, $v = (c+d)(C-A)$, $w = aA + (c+d-a)(A+D-C)$이다. 중간 결과들을 적절히 보존해서 재사용한다면 이러한 행렬 곱셈을 7회의 곱셈과 단 15회의 덧셈만으로 수행할 수 있다. k에 대한 귀납법을 적용하면 $2^k \times 2^k$ 행렬들을 7^k회의 곱셈과 $5(7^k - 4^k)$회의 덧셈으로 곱할 수 있음을 알 수 있다. 따라서 $n \times n$ 행렬들을 곱하는 데 필요한 총 연산 횟수는 규모 n^3에서 $O(n^{\lg 7}) = O(n^{2.8074})$으로 줄어든다. 비슷한 축약 방법을 행렬식 평가와 역행렬 계산에도 적용할 수 있다. 이에 대해서는 J. R. Bunch, J. E. Hopcroft, *Math. Comp.* **28** (1974), 231-236 을 볼 것.

슈트라센의 지수 $\lg 7$를 좀 더 개선하려는 많은 시도가 있었으나, 그 성과는 1978년에 와서야 나타났다. 1978년에 판Viktor Pan은 그 지수를 $\log_{70} 143640 \approx 2.795$로 낮출 수 있음을 발견했다(연습문제 60). 그가 이룬 혁신적인 성과 덕분에 이 문제에 대한 좀 더 상세한 분석이 이루어졌으며, 비니D. Bini, 카포바니M. Capovani, 카퍼스미스D. Coppersmith, 로티G. Lotti, 로마니F. Romani, 쇤하게 A. Schönhage, 판V. Pan, 위노그라드S. Winograd의 공동 연구에 의해 점근적 실행 시간이 대단히 줄어들게 되었다. 연습문제 60–67은 그런 개선된 상계들을 가능하게 한 몇 가지 흥미로운 기법들을 논의한다. 특히 연습문제 66은 $O(n^{2.55})$회의 연산으로 충분하다는 점에 대한 비교적 간단한 증명을 제시한다. 1997년 현재 알려진 최상의 상계는 $O(n^{2.376})$로, 카퍼스미스와 위노그라드에 기인한 것이다 〔*J. Symbolic Comp.* **9** (1990), 251–280〕. 한편 현재 알려진 최상의 하계는 $2n^2 - 1$이다(연습문제 12).

이러한 이론적 결과들이 상당히 인상적이긴 하나 실용적인 관점에서는 별 쓸모가 없는데, 왜냐하면 추가적인 관리(bookkeeping) 비용 이상의 이득을 얻기 위해서는 n이 아주 커야 하기 때문이다. 브렌트Richard Brent는 위노그라드의 방안 (35)를 수치적 안정성을 위한 적절한 비례 적용을 포함해서 세심하게 구현한다고 해도 오직 $n \geq 40$에 대해서만 전통적인 방식보다 우월해지며, $n = 100$인 경우 실행 시간을 단 7퍼센트 정도만 절약할 수 있음을 발견했다 〔Stanford Computer Science report CS157 (March 1970), 또한 *Numer. Math.* **16** (1970), 145–156도 볼 것〕. 복소수 산술의 경우는 상황이 조금 달랐다. 방안 (35)는 $n > 20$에 대해 더 유리한 것으로 나타났고 $n = 100$일 때 실행 시간을 18퍼센트 줄였다. 그는 $n \approx 250$ 이후가 되어야 슈트라센의 방안 (36)이 (35)보다 나아지기 시작한다고 추정했는데, 그런 엄청난 크기의 행렬은 아주 희소한 행렬이 아닌 이상 실제 응용에서 거의 나타나지 않으며, 아주 희소한 행렬인 경우에는 다른 기법들이 적용된다. 더 나아가서, 규모가 n^ω인(여기서 $\omega < 2.7$) 알려진 방법들은 비례 상수가 크기 때문에 10^{23}회 이상의 곱셈들이 필요하게 되고 나서야 (36)보다 우월해질 뿐이다.

반면, 이제부터 논의할 방법들은 두드러지게 실용적이면서 광범위하게 쓰이는 것들이다. 변수가 n개이고 각 변수의 정의역이 각각 $m_1, ..., m_n$개의 원소들로 이루어지며 치역은 복소수 전체 집합인 함수 F의 이산 푸리에 변환(discrete Fourier transform) f는 $0 \leq s_1 < m_1, ..., 0 \leq s_n < m_n$에 대해 다음과 같은 공식으로 정의된다:

$$f(s_1, ..., s_n) = \sum_{\substack{0 \leq t_1 < m_1 \\ \cdots \\ 0 \leq t_n < m_n}} \exp\left(2\pi i \left(\frac{s_1 t_1}{m_1} + \cdots + \frac{s_n t_n}{m_n}\right)\right) F(t_1, ..., t_n). \tag{37}$$

연습문제 13에 나오듯이, 값 $f(s_1, ..., s_n)$으로부터 값 $F(t_1, ..., t_n)$을 복원할 수 있기 때문에 이를 "변환"이라고 부를 수 있는 것이다. 모든 $m_j = 2$인 특별한 경우가 중요한데, 그런 경우 $0 \leq s_1, ..., s_n \leq 1$에 대해

$$f(s_1, ..., s_n) = \sum_{0 \leq t_1, ..., t_n \leq 1} (-1)^{s_1 t_1 + \cdots + s_n t_n} F(t_1, ..., t_n) \tag{38}$$

이 성립한다. 이를 2^n개의 변수 $F(t_1, ..., t_n)$들을 가진 일차다항식 2^n개를 동시에 평가하는 것으로 간주해도 된다. 예이츠F. Yates에서 기인한 잘 알려진 기법 〔*The Design and Analysis of Factorial Experiments* (Harpenden: Imperial Bureau of Soil Sciences, 1937)〕을 이용하면 (38)이 요구하는 덧셈 횟수 $2^n(2^n - 1)$을 $n2^n$으로 줄일 수 있다. 예이츠의 방법은 $n = 3$인 경우를 통해서 이해할 수 있다: $X_{t_1 t_2 t_3} = F(t_1, t_2, t_3)$이라고 하자.

주어진 항	제1단계	제2단계	제3단계
X_{000}	$X_{000}+X_{001}$	$X_{000}+X_{001}+X_{010}+X_{011}$	$X_{000}+X_{001}+X_{010}+X_{011}+X_{100}+X_{101}+X_{110}+X_{111}$
X_{001}	$X_{010}+X_{011}$	$X_{100}+X_{101}+X_{110}+X_{111}$	$X_{000}-X_{001}+X_{010}-X_{011}+X_{100}-X_{101}+X_{110}-X_{111}$
X_{010}	$X_{100}+X_{101}$	$X_{000}-X_{001}+X_{010}-X_{011}$	$X_{000}+X_{001}-X_{010}-X_{011}+X_{100}+X_{101}-X_{110}-X_{111}$
X_{011}	$X_{110}+X_{111}$	$X_{100}-X_{101}+X_{110}-X_{111}$	$X_{000}-X_{001}-X_{010}+X_{011}+X_{100}-X_{101}-X_{110}+X_{111}$
X_{100}	$X_{000}-X_{001}$	$X_{000}+X_{001}-X_{010}-X_{011}$	$X_{000}+X_{001}+X_{010}+X_{011}-X_{100}-X_{101}-X_{110}-X_{111}$
X_{101}	$X_{010}-X_{011}$	$X_{100}+X_{101}-X_{110}-X_{111}$	$X_{000}-X_{001}+X_{010}-X_{011}-X_{100}+X_{101}-X_{110}+X_{111}$
X_{110}	$X_{100}-X_{101}$	$X_{000}-X_{001}-X_{010}+X_{011}$	$X_{000}+X_{001}-X_{010}-X_{011}-X_{100}-X_{101}+X_{110}+X_{111}$
X_{111}	$X_{110}-X_{111}$	$X_{100}-X_{101}-X_{110}+X_{111}$	$X_{000}-X_{001}-X_{010}+X_{011}-X_{100}+X_{101}+X_{110}-X_{111}$

"주어진 항"에서 "제1단계"로 가기 위해서는 네 번의 덧셈과 네 번의 뺄셈이 필요하다. 그리고 예이츠의 방법의 흥미로운 특징은, "주어진 항"에서 "제1단계"로 갈 때 적용된 변환과 정확히 동일한 변환이 "제1단계"에서 "제2단계"로, 그리고 "제2단계"에서 "제3단계"로 갈 때에도 적용된다는 것이다. 각 경우마다 덧셈 4회를 수행한 다음 뺄셈 4회를 수행한다. 그리고 세 단계가 끝나면 놀랍게도 원래 $F(s_1, s_2, s_3)$이 차지하고 있던 자리에 원했던 푸리에 변환 $f(s_1, s_2, s_3)$이 나타나게 된다.

이 특별한 경우를 흔히 2^n개의 자료 원소들에 대한 아다마르 변환(Hadamard transform) 또는 월시 변환(Walsh transform)이라고 부르는데, 해당 부호 패턴을 아다마르J. Hadamard〔*Bull. Sci. Math.* (2) **17** (1893), 240-246〕가, 그리고 월시J. L. Walsh〔*Amer. J. Math.* **45** (1923), 5-24〕가 연구했기 때문이다. "제3단계"에서 왼쪽에서 오른쪽으로의 부호 변경 횟수는 각각

$$0,\ 7,\ 3,\ 4,\ 1,\ 6,\ 2,\ 5$$

가 됨을 주목하자. 이는 수 $\{0, 1, 2, 3, 4, 5, 6, 7\}$들의 한 순열이다. 월시는 변환된 원소들을 적절히 순열치환 한다면 일반적으로 부호들이 정확히 $0, 1, ..., 2^n-1$번 변경될 것임을, 따라서 계수들은 여러 주파수의 사인파에 대한 이산 근사에 해당함을 지적했다. (아다마르-월시 계수들에 대해서는 7.2.1.1절에서 좀 더 논의한다.)

예이츠의 방법은 임의의 이산 푸리에 변환의 평가로 일반화하는 것이 가능하며, 사실 $0 \le s_j < m_j$에 대해 함수 $g_j(s_j, ..., s_n, t_j)$들이 주어졌을 때 일반적인 형태

$$f(s_1, s_2, ..., s_n) =$$
$$\sum_{\substack{0 \le t_1 < m_1 \\ \cdots \\ 0 \le t_n < m_{n_1}}} g_1(s_1, s_2, ..., s_n, t_1)\, g_2(s_2, ..., s_n, t_2) ... g_n(s_n, t_n) F(t_1, t_2, ..., t_n) \qquad (39)$$

으로 표기할 수 있는 모든 합들의 집합을 평가하는 것으로 일반화할 수 있다. 다음과 같이 진행하면 된다.

$$f_0(t_1, t_2, t_3, ..., t_n) = F(t_1, t_2, t_3, ..., t_n);$$

$$f_1(s_n, t_1, t_2, ..., t_{n-1}) = \sum_{0 \le t_n < m_n} g_n(s_n, t_n) f_0(t_1, t_2, ..., t_n);$$

$$f_2(s_{n-1}, s_n, t_1, ..., t_{n-2}) = \sum_{0 \le t_{n-1} < m_{n-1}} g_{n-1}(s_{n-1}, s_n, t_{n-1}) f_1(s_n, t_1, ..., t_{n-1});$$

$$\vdots$$

$$f_n(s_1, s_2, s_3, ..., s_n) = \sum_{0 \le t_1 < m_1} g_1(s_1, ..., s_n, t_1) f_{n-1}(s_2, s_3, ..., s_n, t_1);$$

$$f(s_1, s_2, s_3, ..., s_n) = f_n(s_1, s_2, s_3, ..., s_n). \tag{40}$$

위와 같은 예이츠의 방법에서 $g_j(s_j, ..., s_n, t_j) = (-1)^{s_j t_j}$이고 $f_0(t_1, t_2, t_3)$은 "주어진 항"을 나타내며 $f_1(s_3, t_1, t_2)$는 "제1단계"를, 마찬가지로 나머지들은 그 다음 단계들을 나타낸다. 원하는 합들의 집합을 비교적 간단한 함수 $g_j(s_j, ..., s_n, t_j)$들을 이용해서 (39)와 같은 형태로 표현했다고 할 때, 거기에 방안 (40)을 적용하면 계산량은 규모 N^2에서 대략 $N \log N$ 정도로 줄어든다. 여기서 $N = m_1 ... m_n$은 자료점(data point)들의 개수이다. 더 나아가서 이 방안은 병렬 계산에 이상적으로 잘 맞는다. 중요한 특수 경우인 1차원 푸리에 변환을 연습문제 14와 53에서 논의한다. 1차원의 경우는 4.3.3C에서도 고찰했다.

그럼 다항식 평가의 특별한 경우를 한 가지 더 살펴보자. n차 라그랑주 보간 다항식(Lagrange's interpolation polynomial)은 다음과 같이 정의된다.

$$u_{[n]}(x) = y_0 \frac{(x-x_1)(x-x_2)...(x-x_n)}{(x_0-x_1)(x_0-x_2)...(x_0-x_n)} + y_1 \frac{(x-x_0)(x-x_2)...(x-x_n)}{(x_1-x_0)(x_1-x_2)...(x_1-x_n)}$$
$$+ \cdots + y_n \frac{(x-x_0)(x-x_1)...(x-x_{n-1})}{(x_n-x_0)(x_n-x_1)...(x_n-x_{n-1})} \tag{41}$$

이것은 $n+1$개의 서로 다른 지점 $x = x_0, x_1, ..., x_n$에서 각각 값 $y_0, y_1, ..., y_n$을 취하는, 차수가 $\le n$인 x의 다항식으로는 유일한 것이다. (근거: 식 (41)로부터, $0 \le k \le n$에 대해 $u_{[n]}(x_k) = y_k$임이 명백하다. 만일 $f(x)$가 차수가 $\le n$인 그러한 다항식이라면 $g(x) = f(x) - u_{[n]}(x)$의 차수는 $\le n$이며 $g(x)$는 $x = x_0, x_1, ..., x_n$에 대해 0이 된다. 따라서 $g(x)$는 반드시 다항식 $(x-x_0)(x-x_1)...(x-x_n)$의 배수이다. 후자의 다항식의 차수는 n보다 크므로 $g(x) = 0$이다.) 만일 한 함수의 값들을 표로 만들어 두었으며 그 함수를 어떤 한 다항식으로 잘 근사할 수 있다면, 표에는 없는 점 x에서의 함수 값을 "보간"하는 용도로 공식 (41)을 활용할 수 있다. 라그랑주는 1795년에 파리 École Normale의 그의 강좌에서 (41)을 제시했다 〔그의 *Œuvres* **7** (Paris: 1877), 286을 볼 것〕. 그러나 사실 (41)을 발견한 공로는 Cambridge University의 워링 Edward Waring에게 돌아가야 한다. 그는 이미 1779년에 *Philosophical Transactions* **69** (1779), 59-67에서 같은 공식을 상당히 명확하게, 명시적으로 제시한 바 있다.

워링과 라그랑주의 공식에는 상당히 많은 수의 덧셈, 뺄셈, 곱셈들이 포함되어 있는 것으로 보인다. 실제로 정확히 덧셈 n번, 뺄셈 $2n^2 + 2n$번, 곱셈 $2n^2 + n - 1$번, 나눗셈 $n + 1$번이다. 그러나 다행히도(이제는 당연한 것처럼 느껴지겠지만) 연산들을 더 줄이는 것이 가능하다.

(41)을 단순화하는 기본적인 발상은 다음과 같은 사실을 활용한다는 것이다.

$$x = x_0, \ldots, x_{n-1} \text{에 대해} \qquad u_{[n]}(x) - u_{[n-1]}(x) = 0.$$

즉, $u_{[n]}(x) - u_{[n-1]}(x)$는 n차 이하의 다항식이자 $(x - x_0) \ldots (x - x_{n-1})$의 배수이다. 따라서 α_n이 하나의 상수라고 할 때 $u_{[n]}(x) = \alpha_n (x - x_0) \ldots (x - x_{n-1}) + u_{[n-1]}(x)$라고 둘 수 있다. 이로부터 다음과 같은 뉴턴의 보간 공식이 나온다:

$$\begin{aligned}
u_{[n]}(x) = \alpha_n (x - x_0)(x - x_1) \ldots (x - x_{n-1}) + \cdots \\
+ \alpha_2 (x - x_0)(x - x_1) + \alpha_1 (x - x_0) + \alpha_0.
\end{aligned} \tag{42}$$

여기서 α들은 주어진 수 $x_0, x_1, \ldots, x_n, y_0, y_1, \ldots, y_n$으로부터 우리가 구해야 할 어떠한 계수들이다. 이 공식이 모든 n에 대해 성립함을 주목할 것. 계수 α_k들은 $x_{k+1}, \ldots, x_n$이나 $y_{k+1}, \ldots, y_n$에 의존하지 않는다. 일단 α들을 구했다면 뉴턴의 보간 공식은 편하게 계산할 수 있다. 왜냐하면 호너의 법칙을 다시 한 번 일반화해서

$$u_{[n]}(x) = ((\ldots (\alpha_n (x - x_{n-1}) + \alpha_{n-1})(x - x_{n-2}) + \cdots)(x - x_0) + \alpha_0) \tag{43}$$

이라는 식을 세울 수 있기 때문이다. 이 공식을 계산하는 데에는 곱셈 n번과 덧셈 $2n$번이 필요하다. 아니면, (42)의 항들을 오른쪽에서 왼쪽으로 각각 개별적으로 평가할 수도 있다. 이에 의해 값 $u_{[0]}(x), u_{[1]}(x), \ldots, u_{[n]}(x)$ 전부가 $2n - 1$회의 곱셈과 $2n$회의 덧셈으로 계산되며, 이는 보간 공정이 수렴하는지의 여부를 알려준다.

뉴턴 공식의 계수 α_k들을 다음과 같은 구성에서 보이는 나누어진 차분들을 계산해서 구하는 것도 가능하다($n = 3$인 경우임):

$$\begin{array}{llll}
y_0 & & & \\
& (y_1 - y_0)/(x_1 - x_0) = y_1' & & \\
y_1 & & (y_2' - y_1')/(x_2 - x_0) = y_2'' & \\
& (y_2 - y_1)/(x_2 - x_1) = y_2' & & (y_3'' - y_2'')/(x_3 - x_0) = y_3''' \\
y_2 & & (y_3' - y_2')/(x_3 - x_1) = y_3'' & \\
& (y_3 - y_2)/(x_3 - x_2) = y_3' & & \\
y_3 & & &
\end{array} \tag{44}$$

$\alpha_0 = y_0$, $\alpha_1 = y_1'$, $\alpha_2 = y_2''$ 등을 증명하는 것이 가능하며, 나누어진 차분들이 보간되는 함수의 도함수들과 중요한 관계를 가짐을 보이는 것도 가능하다. 연습문제 15를 볼 것. 따라서 α들을 구하는 데 다음과 같은 계산((44)에 해당함)을 사용할 수 있다:

$(\alpha_0, \alpha_1, \ldots, \alpha_n) \leftarrow (y_0, y_1, \ldots, y_n)$으로 시작한다.

$k = 1, 2, \ldots, n$에 대해(이 순서대로)

$j = n, n-1, \ldots, k$에 대해(이 순서대로) $\alpha_j \leftarrow (\alpha_j - \alpha_{j-1})/(x_j - x_{j-k})$로 설정한다.

이 절차는 $\frac{1}{2}(n^2+n)$회의 나눗셈과 n^2+n회의 뺄셈을 요구하는데, 이는 (41)이 요구하는 작업량의 약 4분의 3이 절약된 것이다.

예를 들어 3차다항식을 이용해서 값 0!, 1!, 2!, 3!로부터 1.5!의 값을 추정한다고 하자. 나누어진 차분들은

$$
\begin{array}{c|cccc}
x & y & y' & y'' & y''' \\
\hline
0 & 1 & & & \\
 & & 0 & & \\
1 & 1 & & \frac{1}{2} & \\
 & & 1 & & \frac{1}{3} \\
2 & 2 & & \frac{3}{2} & \\
 & & 4 & & \\
3 & 6 & & &
\end{array}
$$

이므로 $u_{[0]}(x)=u_{[1]}(x)=1$, $u_{[2]}(x)=\frac{1}{2}x(x-1)+1$, $u_{[3]}(x)=\frac{1}{3}x(x-1)(x-2)+\frac{1}{2}x(x-1)+1$이다. $u_{[3]}(x)$에서 $x=1.5$로 두면 $-.125+.375+1=1.25$가 나온다. 추측컨대, "옳은" 값은 $\Gamma(2.5)=\frac{3}{4}\sqrt{\pi}\approx 1.33$일 것이다. (그러나 수 1, 1, 2, 6으로 시작하는 다른 수열들도 물론 많이 있다.)

보간 지점 $x_0, x_1, ..., x_n$은 같지만 다항식 값 $y_0, y_1, ..., y_n$은 다를 수 있는 여러 개의 다항식들을 보간한다고 하면, (41)을 테일러W. J. Taylor가 제안한 형태〔*J. Research Nat. Bur. Standards* **35** (1945), 151-155〕

$$
u_{[n]}(x)=\left(\frac{y_0 w_0}{x-x_0}+\cdots+\frac{y_n w_n}{x-x_n}\right)\bigg/\left(\frac{w_0}{x-x_0}+\cdots+\frac{w_n}{x-x_n}\right) \tag{45}
$$

으로 다시 쓰는 것이 바람직할 것이다. 여기서 $x\notin\{x_0, x_1, ..., x_n\}$이고

$$
w_k=1/(x_k-x_0)...(x_k-x_{k-1})(x_k-x_{k+1})...(x_k-x_n) \tag{46}
$$

이다. 이 형태는 수치적 안정성 때문에도 추천된다 〔P. Henrici, *Essentials of Numerical Analysis* (New York: Wiley, 1982), 237-243 참고〕. (45)의 분모는 $1/(x-x_0)(x-x_1)...(x-x_n)$의 부분분수 전개이다.

다항식 보간의 중요하고도 다소 놀라운 용도 하나를 샤미르Adi Shamir가 발견했다 〔*CACM* **22** (1979), 612-613〕. 그는 다항식 $\mathrm{mod}\ p$를 "비밀을 공유하는" 데 사용할 수 있다고 말했다. 키들 중 임의의 $n+1$개를 알면 (이를테면)자물쇠를 푸는 마법의 수 N을 효율적으로 계산할 수 있게 되지만, 키들 중 임의의 n개만 아는 경우에는 N에 대한 어떠한 정보도 얻을 수 없는 비밀 키 또는 암호 시스템을 상상해 볼 수 있다. 이런 시스템의 설계에 대한 샤미르의 놀랄 만큼 간단한 해법은 이런 것이다: p가 큰 소수이고 $0\le u_i<p$라 할 때 하나의 무작위 다항식 $u(x)=u_n x^n+\cdots+u_1 x+u_0$을 선택한다. 비밀의 각 부분은 범위 $0<x<p$ 안의 정수 x와 $u(x)\ \mathrm{mod}\ p$의 값으로 이루어진다. 그리고 일급비밀의 수 N은 상수항 u_0이다. $u(x_i)$들 중 $n+1$개의 값이 주어졌다면 보간을 이용

해서 N을 유도할 수 있다. 그러나 $u(x_i)$들 중 단 n개만 주어졌다면, 주어진 하나의 상수항을 가지되 $x_1, ..., x_n$에서 같은 값들을 가지는 유일한 다항식 $u(x)$가 존재한다. 따라서 n개의 값들로는 특정한 하나의 N이 다른 것들보다 진짜 일급비밀의 수와 더 가까울 것이라는 정보를 얻을 수가 없다.

보간 다항식의 평가가 4.3.2절의 중국인의 나머지 알고리즘과 연습문제 4.6.2-3의 한 특별한 경우일 뿐임을 주목하면 얻는 것이 많을 것이다. 이는 우리가 서로 소인 다항식 $x - x_0, ..., x - x_n$들을 법으로 한 $u_{[n]}(x)$의 값들을 알고 있기 때문이다. (4.6.2절과 (3) 다음의 논의에서 보았듯이 $f(x) \bmod (x - x_0) = f(x_0)$이다.) 이러한 해석 하에서 뉴턴의 공식 (42)는 식 4.3.2-(25)의 "혼합 기수 표현"과 정확히 일치한다. 그리고 식 4.3.2-(24)로부터 $\alpha_0, ..., \alpha_n$을 (44)와 같은 수의 연산들로 계산하는 또 다른 방법을 얻을 수 있다.

빠른 푸리에 변환을 적용한다면 보간에 걸리는 실행 시간을 $O(n(\log n)^2)$으로 줄일 수 있으며, 비슷한 최적화를 관련 알고리즘들, 이를테면 중국인의 나머지 문제에 대한 해법이나 n차 다항식을 n개의 서로 다른 지점들에서 평가하는 알고리즘 등에도 적용할 수 있다. 〔E. Horowitz, *Inf. Proc. Letters* **1** (1972), 157-163; A. Borodin, R. Moenck, *J. Comp. Syst. Sci.* **8** (1974), 336-385; A. Borodin, *Complexity of Sequential and Parallel Numerical Algorithms*, J. F. Traub 엮음 (New York: Academic Press, 1973), 149-180; D. Bini, V. Pan, *Polynomial and Matrix Computations* **1** (Boston: Birkhäuser, 1994), 제1장 참고.〕 그러나 이러한 사실들은 기본적으로 이론상으로만 흥미로울 뿐이다. 왜냐하면 이러한 알려진 알고리즘들은 n이 상당히 클 때에만 이득이 생길 정도로 추가적인 부담 요인이 크기 때문이다.

나누어진 차분 방법의 한 중요한 확장을 1909년에 틸레T. N. Thiele가 소개했다. 다항식뿐만 아니라 다항식들의 몫에도 적용할 수 있는 틸레의 "역차분(逆差分, reciprocal differences)" 방법이 밀른-톰슨L. M. Milne-Thompson의 *Calculus of Finite Differences* (London: MacMillan, 1933), 제5장에 나온다. 또한 R. W. Floyd, *CACM* **3** (1960), 508도 볼 것.

*겹선형형식. 이번 장에서 지금까지 살펴본 문제들 중 여럿은 겹선형형식(bilinear form)들의 한 집합을 평가하는 일반적 문제의 특별한 경우들이다. 겹선형형식은 다음과 같은 형태를 말한다.

$$z_k = \sum_{i=1}^{m} \sum_{j=1}^{n} t_{ijk} x_i y_j, \qquad 1 \leq k \leq s. \tag{47}$$

여기서 t_{ijk}는 어떤 주어진 체에 속하는 특정한 계수들이다. 3차원 배열 (t_{ijk})를 $m \times n \times s$ 텐서(tensor)라고 부르며, 각 k값마다 하나씩 총 s개의 $m \times n$ 크기의 행렬들을 차례로 써서 나타낸다. 예를 들어 복소수 곱셈 문제, 즉

$$z_1 + iz_2 = (x_1 + ix_2)(y_1 + iy_2) = (x_1 y_1 - x_2 y_2) + i(x_1 y_2 + x_2 y_1) \tag{48}$$

을 평가하는 문제는 $2 \times 2 \times 2$ 텐서

$$\begin{pmatrix} 1 & 0 \\ 0 & -1 \end{pmatrix} \begin{pmatrix} 0 & 1 \\ 1 & 0 \end{pmatrix}$$

로 지정되는 겹선형형식을 계산하는 문제이다. (34)에 정의된 행렬 곱셈은 특정 $mn \times ns \times ms$ 텐서에 해당하는 겹선형형식들의 집합을 평가하는 문제이다. 푸리에 변환 (37)은 겹선형이 아니라 선형이지만, 만일 x들을 변수가 아니라 상수로 둔다면 이런 형태로 변형할 수 있다.

겹선형형식 평가 문제를 좀 더 쉽게 연구해볼 수 있도록, 모든 사슬 곱셈들이 x들의 일차결합과 y들의 일차결합 사이에서만 일어난다고 하자. 이를 정상(normal) 평가 방안이라고 불러도 될 것이다. 이 방식은

$$1 \le l \le r \text{에 대해} \qquad w_l = (a_{1l}x_1 + \cdots + a_{ml}x_m)(b_{1l}y_1 + \cdots + b_{nl}y_n), \qquad (49)$$

으로 r개의 곱들을 만들고, 그 곱들의 일차결합

$$1 \le k \le s \text{에 대해} \qquad z_k = c_{k1}w_1 + \cdots + c_{kr}w_r \qquad (50)$$

로 z를 구하는 것이다. 여기서 a들, b들, c들은 모두 주어진 계수들의 체에 속한다. (50)과 (47)을 비교해 보면 정상 평가 방안이 텐서 (t_{ijk})에 대해 정확한 결과를 낼 필요충분조건은 $1 \le i \le m$, $1 \le j \le n$, $1 \le k \le s$에 대해

$$t_{ijk} = a_{i1}b_{j1}c_{k1} + \cdots + a_{ir}b_{jr}c_{kr} \qquad (51)$$

임을 알 수 있다.

모든 i, j, k에 대해 $t_{ijk} = a_i b_j c_k$를 만족하는 세 벡터 $(a_1, \ldots, a_m)$, $(b_1, \ldots, b_n)$, $(c_1, \ldots, c_s)$가 존재하는 0이 아닌 텐서 (t_{ijk})를 가리켜 1차(rank one) 텐서라고 부른다. 이 정의를 모든 텐서로 확장한다면, (t_{ijk})를 주어진 체 안에서 r개의 1차 텐서들의 합으로 표현할 수 있다고 할 때, 그러한 r의 최소값이 바로 (t_{ijk})의 *차수*라고 말할 수 있다. 이 정의를 식 (51)과 비교해보면 한 텐서의 차수는 해당 겹선형형식의 정상 평가 방식에 나타나는 사슬 곱셈들의 최소 횟수임을 알 수 있다. 우연하게도, $s = 1$일 때 텐서 (t_{ijk})는 그냥 하나의 보통 행렬이며, 한 텐서로서의 (t_{ij1})의 차수는 그것의 한 행렬로서의 차수와 같다(연습문제 49). 텐서 차수 개념은 히치콕F. L. Hitchcock이 *J. Math. and Physics* **6** (1927), 164-189에서 소개했다. 그것을 다항식 평가의 복잡도에 적용할 수 있음은 슈트라센V. Strassen이 그의 한 중요한 논문 *Crelle* **264** (1973), 184-202에서 지적했다.

행렬 곱셈을 위한 위노그라드의 방안 (35)는 "비정상(abnormal)"이라고 부를 수 있는데, 왜냐하면 그 방식은 x들과 y들을 곱하기 전에 섞기 때문이다. 반면 슈트라센-위노그라드 방안 (36)은 곱셈의 결합법칙에 의존하지 않으므로 정상이다. 사실 (36)은 2×2 행렬 곱셈을 위한 $4 \times 4 \times 4$ 텐서들을 일곱 개의 1차 텐서들로 다음과 같이 나타내는 방식에 해당한다:

$$\begin{pmatrix} 1&0&0&0 \\ 0&1&0&0 \\ 0&0&0&0 \\ 0&0&0&0 \end{pmatrix} \begin{pmatrix} 0&0&0&0 \\ 0&0&0&0 \\ 1&0&0&0 \\ 0&1&0&0 \end{pmatrix} \begin{pmatrix} 0&0&1&0 \\ 0&0&0&1 \\ 0&0&0&0 \\ 0&0&0&0 \end{pmatrix} \begin{pmatrix} 0&0&0&0 \\ 0&0&0&0 \\ 0&0&1&0 \\ 0&0&0&1 \end{pmatrix} = \begin{pmatrix} 1&0&0&0 \\ 0&0&0&0 \\ 0&0&0&0 \\ 0&0&0&0 \end{pmatrix} \begin{pmatrix} 1&0&0&0 \\ 0&0&0&0 \\ 0&0&0&0 \\ 0&0&0&0 \end{pmatrix} \begin{pmatrix} 1&0&0&0 \\ 0&0&0&0 \\ 0&0&0&0 \\ 0&0&0&0 \end{pmatrix} \begin{pmatrix} 1&0&0&0 \\ 0&0&0&0 \\ 0&0&0&0 \\ 0&0&0&0 \end{pmatrix}$$

$$
+\begin{pmatrix}0000\\0100\\0000\\0000\end{pmatrix}
\begin{pmatrix}0000\\0000\\0000\\0000\end{pmatrix}
\begin{pmatrix}0000\\0000\\0000\\0000\end{pmatrix}
\begin{pmatrix}0000\\0000\\0000\\0000\end{pmatrix}
+\begin{pmatrix}0000\\0000\\0000\\0000\end{pmatrix}
\begin{pmatrix}00\bar{1}1\\0000\\001\bar{1}\\0000\end{pmatrix}
\begin{pmatrix}0000\\0000\\0000\\0000\end{pmatrix}
\begin{pmatrix}00\bar{1}1\\0000\\001\bar{1}\\0000\end{pmatrix}
$$

$$
+\begin{pmatrix}0000\\0000\\0000\\0000\end{pmatrix}
\begin{pmatrix}0000\\0000\\0000\\\bar{1}11\bar{1}\end{pmatrix}
\begin{pmatrix}0000\\0000\\0000\\0000\end{pmatrix}
\begin{pmatrix}0000\\0000\\0000\\0000\end{pmatrix}
+\begin{pmatrix}0000\\0000\\0000\\0000\end{pmatrix}
\begin{pmatrix}0000\\0000\\0000\\0000\end{pmatrix}
\begin{pmatrix}0000\\0000\\\bar{1}010\\\bar{1}010\end{pmatrix}
\begin{pmatrix}0000\\0000\\\bar{1}010\\\bar{1}010\end{pmatrix}
$$

$$
+\begin{pmatrix}0000\\0000\\0000\\0000\end{pmatrix}
\begin{pmatrix}0000\\0000\\0000\\0000\end{pmatrix}
\begin{pmatrix}0001\\0001\\000\bar{1}\\000\bar{1}\end{pmatrix}
\begin{pmatrix}0000\\0000\\0000\\0000\end{pmatrix}
+\begin{pmatrix}0000\\0000\\0000\\0000\end{pmatrix}
\begin{pmatrix}\bar{1}01\bar{1}\\0000\\1011\\1011\end{pmatrix}
\begin{pmatrix}\bar{1}01\bar{1}\\0000\\1011\\1011\end{pmatrix}
\begin{pmatrix}\bar{1}01\bar{1}\\0000\\1011\\1011\end{pmatrix}
\tag{52}
$$

(여기서 $\bar{1}$은 -1을 나타낸다.)

(51)이 i, j, k에 대해 대칭이며 다양한 변환들 하에서도 항상 성립한다는 사실 덕분에, 텐서 차수 연구를 수학적으로 다루기가 쉬워진다. 또한 그 사실에서 겹선형형식의 다소 놀라운 결과들이 나온다. 색인 i, j, k를 순열치환함으로써 "전치(轉置)된" 겹선형형식을 얻을 수 있으며, 전치된 텐서는 원래 텐서와 명백히 같은 차수를 가진다. 그러나 해당 겹선형형식들은 개념적으로 상당히 다르다. 예를 들어 $(m \times n)$ 곱하기 $(n \times s)$ 행렬 곱의 평가를 위한 정상 방안은 $(n \times s)$ 곱하기 $(s \times m)$ 행렬 곱을 같은 수의 사슬 곱셈을 이용해서 평가하는 한 정상 방안이 존재함을 함의한다. 행렬의 관점에서 이 두 문제는 거의 연관이 없어 보인다. 서로 다른 크기의 벡터들에 대한 서로 다른 횟수의 내적들에 관여하기 때문이다. 그러나 텐서의 관점에서는 둘이 동치이다. [V. Y. Pan, *Uspekhi Mat. Nauk* **27**, (September–October 1972), 249–250; J. E. Hopcroft, J. Musinski, *SICOMP* **2** (1973), 159–173 참고.]

텐서 (t_{ijk})를 r개의 1차 텐서들의 합 (51)로 표현한다고 할 때, 크기가 각각 $m \times r$, $n \times r$, $s \times r$인 행렬 (a_{il}), (b_{jl}), (c_{kl})을 A, B, C로 표기하자. (A, B, C)를 텐서 (t_{ijk})의 실현(realization)이라고 부른다. 예를 들어 (52)의 2×2 행렬 곱의 실현을 다음과 같은 행렬들로 나타낼 수 있다.

$$
A=\begin{pmatrix}10\bar{1}001\bar{1}\\0100010\\00101\bar{1}1\\000111\bar{1}1\end{pmatrix},\qquad
B=\begin{pmatrix}100\bar{1}\bar{1}01\\0101000\\001110\bar{1}\\00\bar{1}\bar{1}011\end{pmatrix},\qquad
C=\begin{pmatrix}1100000\\1011001\\1000111\\1010101\end{pmatrix}.
\tag{53}
$$

$m \times n \times s$ 텐서 (t_{ijk}) 역시 그 첨자들을 묶어서 하나의 행렬로 나타낼 수 있다. 이 경우 $(t_{(ij)k})$는 행에 대한 색인이 첨자쌍 $\langle i, j \rangle$이고 열에 대한 색인이 k인 $mn \times s$ 행렬에 해당한다. 비슷하게 $(t_{k(ij)})$는 행 k, 열 $\langle i, j \rangle$에 t_{ijk}를 담고 있는 $s \times mn$ 행렬을 나타내며, $(t_{(ik)j})$는 $ms \times n$ 행렬에 해당하는 식이다. 한 배열의 색인들이 반드시 정수일 필요는 없으며, 여기서는 순서쌍을 색인으로 사용한다. 이러한 표기법을 이용해서, 텐서의 차수에 대한 다음과 같이 단순하나 유용한 한계를 유도할 수 있다.

보조정리 T. (A, B, C)가 $m \times n \times s$ 텐서 (t_{ijk})의 한 실현이라고 하자. 그러면 $\operatorname{rank}(A) \geq$ $\operatorname{rank}(t_{i(jk)})$, $\operatorname{rank}(B) \geq \operatorname{rank}(t_{j(ik)})$, $\operatorname{rank}(C) \geq \operatorname{rank}(t_{k(ij)})$ 이다. 이로부터

$$\operatorname{rank}(t_{ijk}) \geq \max(\operatorname{rank}(t_{i(jk)}), \operatorname{rank}(t_{j(ik)}), \operatorname{rank}(t_{k(ij)}))$$

가 성립한다.

증명. 대칭성 덕분에, $r \geq \operatorname{rank}(A) \geq \operatorname{rank}(t_{i(jk)})$만 보이는 것으로 충분하다. A는 $m \times r$ 행렬이므로 A의 차수가 r보다 클 수는 없음이 명백하다. 더 나아가서, Q가 $Q_{l\langle j,k\rangle} = b_{jl}c_{kl}$로 정의되는 $r \times ns$ 행렬이라 할 때, (51)에 의해 행렬 $(t_{i(jk)})$는 AQ와 같다. 만일 x가 $xA = 0$을 만족하는 임의의 행 벡터이면 $xAQ = 0$이며, 따라서 A의 모든 일차의존성은 AQ에도 나타난다. 이로부터 $\operatorname{rank}(AQ) \leq \operatorname{rank}(A)$가 성립한다. ∎

정리 T의 한 가지 활용 예로, 다항식 곱셈 문제를 생각해 보자. 일반적인 2차 다항식에 일반적인 3차 다항식을 곱한 곱

$$(x_0 + x_1 u + x_2 u^2)(y_0 + y_1 u + y_2 u^2 + y_3 u^3) = z_0 + z_1 u + z_2 u^2 + z_3 u^3 + z_4 u^4 + z_5 u^5 \quad (54)$$

의 계수들을 얻고자 한다. 이 문제는 $3 \times 4 \times 6$ 텐서

$$\begin{pmatrix}1&0&0&0\\0&0&0&0\\0&0&0&0\end{pmatrix}\begin{pmatrix}0&1&0&0\\1&0&0&0\\0&0&0&0\end{pmatrix}\begin{pmatrix}0&0&1&0\\0&1&0&0\\1&0&0&0\end{pmatrix}\begin{pmatrix}0&0&0&1\\0&0&1&0\\0&1&0&0\end{pmatrix}\begin{pmatrix}0&0&0&0\\0&0&0&1\\0&0&1&0\end{pmatrix}\begin{pmatrix}0&0&0&0\\0&0&0&0\\0&0&0&1\end{pmatrix} \quad (55)$$

에 해당하는 여섯 겹선형형식들을 평가하는 문제이다. 간결함을 위해, $x(u)$가 다항식 $x_0 + x_1 u + x_2 u^2$을 나타낸다고 두는 등으로 해서 (54)를 $x(u)y(u) = z(u)$로 표기하기로 하자. (이제 한 바퀴 빙 돌아서 이번 절 시작에 나온 방식으로 돌아가게 되었다. 식 (1)에서 $x(u)$가 $u(x)$로 바뀐 것이라고 생각하면 된다. 표기가 바뀐 이유는, 이제는 다항식의 계수들이 우리가 관심을 두는 변수들이 되었기 때문이다.)

(55)의 여섯 행렬 각각을 색인들이 $\langle i, j \rangle$이고 길이가 12인 벡터로 간주한다면, 그 여섯 벡터들이 선형독립임은 명백하다. 서로 다른 위치에 0이 아닌 성분이 있기 때문이다. 따라서 (55)의 차수는 정리 T에 의해 적어도 6이다. 반대로, 오직 여섯 번의 사슬 곱셈으로 계수 $z_0, z_1, \ldots, z_5$를 구하는 것이 가능하다. 예를 들어

$$x(0)y(0), \; x(1)y(1), \; \ldots, \; x(5)y(5) \quad (56)$$

를 계산하면 된다. 이러면 $z(0), z(1), \ldots, z(5)$의 값들이 나오게 되고, 앞에서 만든 보간 공식을 적용하면 $z(u)$의 계수들을 얻을 수 있다. $x(j)$와 $y(j)$의 평가를 전적으로 덧셈 그리고/또는 매개변수 곱셈들로만 수행할 수 있으며, 보간 공식은 그 값들의 선형결합들만을 취할 뿐이다. 즉, (56)에 나온 것이 사슬 곱셈의 전부이며, (55)의 차수는 6이다. (알고리즘 4.3.3T에서 고정밀도 수들을 곱할 때에도 이와 본질적으로 동일한 기법이 사용되었다.)

앞 문단에서 개괄한 (55)의 실현 (A, B, C)를 실제로 구하면 다음과 같다.

$$\begin{pmatrix} 1 & 1 & 1 & 1 & 1 & 1 \\ 0 & 1 & 2 & 3 & 4 & 5 \\ 0 & 1 & 4 & 9 & 16 & 25 \end{pmatrix}, \begin{pmatrix} 1 & 1 & 1 & 1 & 1 & 1 \\ 0 & 1 & 2 & 3 & 4 & 5 \\ 0 & 1 & 4 & 9 & 16 & 25 \\ 0 & 1 & 8 & 27 & 64 & 125 \end{pmatrix}, \begin{pmatrix} 120 & 0 & 0 & 0 & 0 & 0 \\ -274 & 600 & -600 & 400 & -150 & 24 \\ 225 & -770 & 1070 & -780 & 305 & -50 \\ -85 & 355 & -590 & 490 & -205 & 35 \\ 15 & -70 & 130 & -120 & 55 & -10 \\ -1 & 5 & -10 & 10 & -5 & 1 \end{pmatrix} \times \frac{1}{120} \quad (57)$$

즉, 이 방안은 실제로 최소 횟수의 사슬 곱셈들을 달성하나, 덧셈과 매개변수 곱셈 횟수가 너무 많아서 전혀 실용적이질 못하다. 이제 위노그라드가 소개한, 좀 더 효율적인 방안을 생성하는 한 가지 실용적인 접근방식을 살펴보자.

우선 $\deg(x) = m$이고 $\deg(y) = n$인 $x(u)y(u)$의 계수들을 평가하기 위해, $p(u)$가 임의의 $m+n$차 모닉다항식일 때

$$x(u)y(u) = (x(u)y(u) \bmod p(u)) + x_m y_n p(u) \quad (58)$$

라는 항등식을 사용할 수 있다. 다항식 $p(u)$는 $x(u)y(u) \bmod p(u)$의 계수들을 쉽게 평가할 수 있는 것으로 선택해야 한다.

두 번째로, 다항식 $p(u)$가 $q(u)r(u)$로 인수분해될 때(여기서 $\gcd(q(u), r(u)) = 1$) $x(u)y(u) \bmod p(u)$의 계수들은 $a(u)r(u) + b(u)q(u) = 1$일 때

$$x(u)y(u) \bmod q(u)r(u) = (a(u)r(u)(x(u)y(u) \bmod q(u))$$
$$+ b(u)q(u)(x(u)y(u) \bmod r(u))) \bmod q(u)r(u) \quad (59)$$

라는 항등식으로 계산할 수 있다. 이것은 본질적으로 다항식에 적용된 중국인의 나머지 정리이다.

세 번째로, $x(u)y(u) \bmod p(u)$의 계수들은 다음과 같은 자명한 항등식으로 계산할 수 있다.

$$x(u)y(u) \bmod p(u) = (x(u) \bmod p(u))(y(u) \bmod p(u)) \bmod p(u). \quad (60)$$

이제 보게 되겠지만, 항등식 (58), (59), (60)을 반복 적용하게 되면 효율적인 방안들이 만들어지는 경향이 있다.

지금의 문제 (54)에 대해서는 $p(u) = u^5 - u$로 선택하고 (58)을 적용한다. $p(u)$를 그렇게 선택하는 이유는 차차 드러나게 될 것이다. $p(u) = u(u^4 - 1)$로 두면 (59)는

$$x(u)y(u) \bmod u(u^4 - 1) =$$
$$(-(u^4 - 1)x_0 y_0 + u^4(x(u)y(u) \bmod (u^4 - 1))) \bmod (u^5 - u) \quad (61)$$

로 간단해진다. 이 과정에서 $x(u)y(u) \bmod u = x_0 y_0$이라는 사실이 쓰였다. 일반적으로는 $p(u)$를 $p(0) = 0$이 되는 것으로 선택하는 것이 좋다. 그래야 이런 간소화가 가능해지기 때문이다. 이제 다항식 $x(u)y(u) \bmod (u^4 - 1) = w_0 + w_1 u + w_2 u^2 + w_3 u^3$의 계수 w_0, w_1, w_2, w_3을 구할 수 있다면 문제가 해결된다. 왜냐하면

$$u^4(x(u)y(u) \bmod (u^4 - 1)) \bmod (u^5 - u) = w_0 u^4 + w_1 u + w_2 u^2 + w_3 u^3$$

이고 (58)과 (61)의 결합은

$$x(u)y(u) = x_0y_0 + (w_1 - x_2y_3)u + w_2u^2 + w_3u^3 + (w_0 - x_0y_0)u^4 + x_2y_3u^5 \quad (62)$$

으로 단순화되기 때문이다. (이 공식의 증명은 간단하므로 생략한다.)

이제 남은 것은 $x(u)y(u) \bmod (u^4 - 1)$의 계산이다. 이 문제는 그 자체로 흥미롭다. 잠시 $x(u)$가 2차가 아닌 3차 다항식이라고 가정하자. 그러면 $x(u)y(u) \bmod (u^4 - 1)$의 계수들은 각각

$$x_0y_0 + x_1y_3 + x_2y_2 + x_3y_1, \quad x_0y_1 + x_1y_0 + x_2y_3 + x_3y_2,$$

$$x_0y_2 + x_1y_1 + x_2y_0 + x_3y_3, \quad x_0y_3 + x_1y_2 + x_2y_1 + x_3y_0$$

이며 이에 대응되는 텐서는

$$\begin{pmatrix} 1&0&0&0 \\ 0&0&0&1 \\ 0&0&1&0 \\ 0&1&0&0 \end{pmatrix} \begin{pmatrix} 0&1&0&0 \\ 1&0&0&0 \\ 0&0&0&1 \\ 0&0&1&0 \end{pmatrix} \begin{pmatrix} 0&0&1&0 \\ 0&1&0&0 \\ 1&0&0&0 \\ 0&0&0&1 \end{pmatrix} \begin{pmatrix} 0&0&0&1 \\ 0&0&1&0 \\ 0&1&0&0 \\ 1&0&0&0 \end{pmatrix} \quad (63)$$

이다. 일반적으로 $\deg(x) = \deg(y) = n - 1$일 때 $x(u)y(u) \bmod (u^n - 1)$의 계수들은 $(x_0, x_1, \ldots, x_{n-1})$과 $(y_0, y_1, \ldots, y_{n-1})$의 순환합성곱(cyclic convolution)이다. k차 계수 w_k는 $i + j \equiv k$ (modulo n)인 모든 i와 j를 구간으로 하는 겹선형형식 $\sum x_i y_j$이다.

4차 순환합성곱은 규칙 (59)를 적용해서 얻을 수 있다. 첫 번째 단계는 $u^4 - 1$의 인수들, 즉 $(u-1)(u+1)(u^2+1)$을 구하는 것이다. 이를 $(u^2-1)(u^2+1)$로 쓰고 규칙 (59)를 적용한 후 $(u^2 - 1) = (u-1)(u+1)$을 법으로 하여 그 부분에 (59)를 다시 적용할 수도 있다. 그러나 중국인의 나머지 규칙 (59)를 여러 서로 소인 인수들의 경우에 직접 적용할 수 있도록 일반화하는 것이 더 쉽다. 예를 들어

$$x(u)y(u) \bmod q_1(u)q_2(u)q_3(u)$$
$$= (a_1(u)q_2(u)q_3(u)(x(u)y(u) \bmod q_1(u)) + a_2(u)q_1(u)q_3(u)(x(u)y(u) \bmod q_2(u))$$
$$+ a_3(u)q_1(u)q_2(u)(x(u)y(u) \bmod q_3(u))) \bmod q_1(u)q_2(u)q_3(u) \quad (64)$$

이다. 여기서 $a_1(u)q_2(u)q_3(u) + a_2(u)q_1(u)q_3(u) + a_3(u)q_1(u)q_2(u) = 1$이다. (이 등식은 $1/q_1(u)q_2(u)q_3(u)$의 부분분수 전개가 $a_1(u)/q_1(u) + a_2(u)/q_2(u) + a_3(u)/q_3(u)$라는 점으로도 이해할 수 있다.) (64)로부터 다음을 얻는다.

$$x(u)y(u) \bmod (u^4 - 1) = \Big(\frac{1}{4}(u^3 + u^2 + u + 1)x(1)y(1) - \frac{1}{4}(u^3 - u^2 + u - 1)x(-1)y(-1)$$
$$-\frac{1}{2}(u^2 - 1)(x(u)y(u) \bmod (u^2 + 1))\Big) \bmod (u^4 - 1). \quad (65)$$

남은 문제는 $x(u)y(u) \bmod (u^2 + 1)$을 평가하는 것인데, 이제 규칙 (60)을 발동할 때가 되었다. 우선 $x(u)$와 $y(u) \bmod (u^2 + 1)$을 간소화해서 $X(u) = (x_0 - x_2) + (x_1 - x_3)u$, $Y(u) = (y_0 -$

$y_2) + (y_1 - y_3)u$를 얻는다. 그러면 (60)으로 $X(u)Y(u) = Z_0 + Z_1 u + Z_2 u^2$을 평가할 수 있다. $(u^2 + 1)$을 법으로 해서 축약하면 $(Z_0 - Z_2) + Z_1 u$가 된다. $X(u)Y(u)$를 구하는 것은 간단하다. $p(u) = u(u+1)$로 두고 규칙 (58)을 적용하면

$$Z_0 = X_0 Y_0, \qquad Z_1 = X_0 Y_0 - (X_0 - X_1)(Y_0 - Y_1) + X_1 Y_1, \qquad Z_2 = X_1 Y_1$$

이 나온다. (이로써 식 4.3.3-(2)의 요령을 좀 더 체계적인 방식으로 다시 발견한 셈이다.) 이상의 모든 것을 취합해서 4차 순환합성곱의 실현 (A, B, C)를 구하면 다음과 같다:

$$\begin{pmatrix} 1 & 1 & 1 & 0 & 1 \\ 1 & \bar{1} & 0 & 1 & \bar{1} \\ 1 & 1 & \bar{1} & 0 & \bar{1} \\ 1 & \bar{1} & 0 & \bar{1} & 1 \end{pmatrix}, \qquad \begin{pmatrix} 1 & 1 & 1 & 0 & 1 \\ 1 & \bar{1} & 0 & 1 & \bar{1} \\ 1 & 1 & \bar{1} & 0 & \bar{1} \\ 1 & \bar{1} & 0 & \bar{1} & 1 \end{pmatrix}, \qquad \begin{pmatrix} 1 & 1 & 2 & \bar{2} & 0 \\ 1 & \bar{1} & 2 & 2 & \bar{2} \\ 1 & 1 & \bar{2} & 2 & 0 \\ 1 & \bar{1} & \bar{2} & \bar{2} & 2 \end{pmatrix} \times \frac{1}{4}. \qquad (66)$$

여기서 $\bar{1}$은 -1을, $\bar{2}$는 -2를 나타낸다.

n차 순환합성곱에 대한 텐서는 첨자들을 n으로 나눈 나머지로 취급할 때 다음을 만족한다.

$$t_{i,j,k} = t_{k,-j,i}. \qquad (67)$$

왜냐하면 오직 $i + j \equiv k \pmod{n}$일 때에만 $t_{ijk} = 1$이기 때문이다. 즉, 만일 (a_{il}), (b_{jl}), (c_{kl})가 순환합성곱의 실현이면 (c_{kl}), $(b_{-j,l})$, (a_{il})도 실현이다. 특히 (66)을

$$\begin{pmatrix} 1 & 1 & 2 & \bar{2} & 0 \\ 1 & \bar{1} & 2 & 2 & \bar{2} \\ 1 & 1 & \bar{2} & 2 & 0 \\ 1 & \bar{1} & \bar{2} & \bar{2} & 2 \end{pmatrix} \times \frac{1}{4}, \qquad \begin{pmatrix} 1 & 1 & 1 & 0 & 1 \\ 1 & \bar{1} & 0 & 1 & \bar{1} \\ 1 & 1 & \bar{1} & 0 & \bar{1} \\ 1 & \bar{1} & 0 & \bar{1} & 1 \end{pmatrix}, \qquad \begin{pmatrix} 1 & 1 & 1 & 0 & 1 \\ 1 & \bar{1} & 0 & 1 & \bar{1} \\ 1 & 1 & \bar{1} & 0 & \bar{1} \\ 1 & \bar{1} & 0 & \bar{1} & 1 \end{pmatrix} \qquad (68)$$

로 변환함으로써 (63)을 실현할 수 있다. 이제 복잡한 스칼라들은 모두 행렬 A 안에 나타난다. 이는 실용적인 관점에서 중요한데, 왜냐하면 x_0, x_1, x_2, x_3의 값들은 고정되어 있고 y_0, y_1, y_2, y_3의 값들만 가변적인 상황에 대해서 합성곱을 구하는 경우가 많기 때문이다. 그런 상황에서는 x에 대한 산술을 한 번씩만 수행해 두면 되며, 그런 산술 연산 횟수는 세지 않아도 된다. 따라서 (68)로부터, x_0, x_1, x_2, x_3을 미리 알고 있을 때 순환합성곱 w_0, w_1, w_2, w_3을 구하는 다음과 같은 방안을 이끌어낼 수 있다:

$$s_1 = y_0 + y_2, \quad s_2 = y_1 + y_3, \quad s_3 = s_1 + s_2, \quad s_4 = s_1 - s_2,$$

$$s_5 = y_0 - y_2, \quad s_6 = y_3 - y_1, \quad s_7 = s_5 - s_6;$$

$$m_1 = \frac{1}{4}(x_0 + x_1 + x_2 + x_3) \cdot s_3, \quad m_2 = \frac{1}{4}(x_0 - x_1 + x_2 - x_3) \cdot s_4,$$

$$m_3 = \frac{1}{2}(x_0 + x_1 - x_2 - x_3) \cdot s_5, \quad m_4 = \frac{1}{2}(-x_0 + x_1 + x_2 - x_3) \cdot s_6, \quad m_5 = \frac{1}{2}(x_3 - x_1) \cdot s_7;$$

$$t_1 = m_1 + m_2, \quad t_2 = m_3 + m_5, \quad t_3 = m_1 - m_2, \quad t_4 = m_4 - m_5;$$

$$w_0 = t_1 + t_2, \quad w_1 = t_3 + t_4, \quad w_2 = t_1 - t_2, \quad w_3 = t_3 - t_4. \qquad (69)$$

순환합성곱의 정의는 16회의 곱셈과 12회의 덧셈으로 이루어져 있는 반면, 이 방식에서는 곱셈이 5회이고 덧셈이 15회이다. 5회의 곱셈으로 충분하다는 점은 잠시 후에 증명한다.

원래의 곱셈 문제 (54)로 돌아가자. (62)를 이용해서 다음과 같은 실현을 이끌어낼 수 있다.

$$
\begin{pmatrix} 4 & 0 & 1 & 1 & 2 & \bar{2} & 0 \\ 0 & 0 & 1 & \bar{1} & 2 & 2 & \bar{2} \\ 0 & 4 & 1 & 1 & \bar{2} & 2 & 0 \end{pmatrix} \times \frac{1}{4}, \quad
\begin{pmatrix} 1 & 0 & 1 & 1 & 1 & 0 & 1 \\ 0 & 0 & 1 & \bar{1} & 0 & 1 & 1 \\ 0 & 0 & 1 & 1 & \bar{1} & 0 & 1 \\ 0 & 1 & 1 & \bar{1} & 0 & 1 & 1 \end{pmatrix}, \quad
\begin{pmatrix} 1 & 0 & 0 & 0 & 0 & 0 & 0 \\ 0 & \bar{1} & 1 & 1 & 0 & 1 & \bar{1} \\ 0 & 0 & 1 & 1 & \bar{1} & 0 & \bar{1} \\ 0 & 0 & 1 & \bar{1} & 0 & 1 & 1 \\ \bar{1} & 0 & 1 & 1 & 1 & 0 & 1 \\ 0 & 1 & 0 & 0 & 0 & 0 & 0 \end{pmatrix}. \tag{70}
$$

이 방안은 사슬 곱셈의 최소 횟수보다 하나 더 많은 곱셈을 사용하나, (57)보다는 매개변수 곱셈이 훨씬 적다. 물론 이 방안도 여전히 꽤 복잡하다는 점은 인정해야 할 것이다: 만일 우리의 목표가 그냥 주어진 두 다항식의 곱 $(x_0 + x_1 u + x_2 u^2)(y_0 + y_1 u + y_2 u^2 + y_3 u^3)$의 계수들을 구하기만 하면 되는 것이라면, x들과 y들이 (이를테면)행렬들이 아닌 이상 그냥 12회의 곱셈과 6회의 덧셈을 사용하는 직접적인 방법이 최선의 방책일 수 있다. 곱셈 8회, 덧셈 18회를 사용하는, 비교적 매력적인 또 다른 방안이 연습문제 58(b)에 나온다. 만일 y들이 변하는 반면 x들은 고정되어 있다면 (70)은 7회의 곱셈과 17회의 덧셈으로 평가를 수행함을 주목하자. 이 방안이 그 자체로는 특별히 유용하지 않다고 해도, 그것을 유도하는 과정에서 다른 여러 상황들에 유용한 중요한 기법들을 볼 수 있었다. 예를 들어 위노그라드는 이 접근방식을 이용함으로써 빠른 푸리에 변환 알고리즘에서 요구하는 것보다 훨씬 더 적은 수의 곱셈들로 푸리에 변환을 계산할 수 있었다(연습문제 53 참고).

이제 한 다항식을 법으로 하는 두 다항식의 곱셈에 대응되는 $n \times n \times n$ 텐서의 정확한 차수를 구하는 것으로 이번 절을 마무리 짓겠다. 법 다항식은

$$z_0 + z_1 u + \cdots + z_{n-1} u^{n-1}$$
$$= (x_0 + x_1 u + \cdots + x_{n-1} u^{n-1})(y_0 + y_1 u + \cdots + y_{n-1} u^{n-1}) \bmod p(u) \tag{71}$$

로, 여기서 $p(u)$는 차수가 n인 임의의 주어진 모닉다항식을 나타낸다. 특히 $p(u)$를 $u^n - 1$로 둔다면 n차 순환합성곱에 해당하는 텐서의 차수를 얻게 된다. 편의상 $p(u)$를 다음과 같은 형태로 표기하기로 한다.

$$p(u) = u^n - p_{n-1} u^{n-1} - \cdots - p_1 u - p_0. \tag{72}$$

이러면 $u^n \equiv p_0 + p_1 u + \cdots + p_{n-1} u^{n-1}$ (modulo $p(u)$)가 되므로 편하다.

텐서의 성분 t_{ijk}는 $u^{i+j} \bmod p(u)$의 u^k항의 계수이다. 그리고 이는 행렬 P^j의 i행 k열 성분인데, 여기서

$$
P = \begin{pmatrix} 0 & 1 & 0 & \ldots & 0 \\ 0 & 0 & 1 & \ldots & 0 \\ \vdots & \vdots & \vdots & & \vdots \\ 0 & 0 & 0 & \ldots & 1 \\ p_0 & p_1 & p_2 & \cdots & p_{n-1} \end{pmatrix} \tag{73}
$$

을 $p(u)$의 동반행렬(companion matrix)이라고 부른다. (이 논의에서 색인 i, j, k는 1에서 n이 아니라 0에서 $n-1$로 간다.) 텐서를 전치시키는 것이 편리한데, 왜냐하면 $T_{ijk} = t_{ikj}$이면 (T_{ijk})의 $k = 0, 1, 2, ..., n-1$에 대한 개별 층들이 그냥 행렬

$$I \qquad P \qquad P^2 \qquad ... \qquad P^{n-1} \qquad (74)$$

으로 주어지기 때문이다.

(74)에 나온 행렬들의 첫 행들은 각각 단위 벡터 $(1, 0, 0, ..., 0)$, $(0, 1, 0, ..., 0)$, $(0, 0, 1, ..., 0)$, $(0, 0, 0, ..., 1)$에 해당한다. 따라서 일차결합 $\sum_{k=0}^{n-1} v_k P^k$은 오직 계수 v_k들이 모두 0일 때에만 영행렬이 된다. 더 나아가서, 이 일차결합들 대부분은 실제로 비특이행렬들이다. 왜냐하면 $v(u) = v_0 + v_1 u + \cdots + v_{n-1} u^{n-1}$이고 $w(u) = w_0 + w_1 u + \cdots + w_{n-1} u^{n-1}$이라 할 때

오직 $v(u)w(u) \equiv 0 \pmod{\rho(u)}$일 때에만
$$(w_0, w_1, ..., w_{n-1}) \sum_{k=0}^{n-1} v_k P^k = (0, 0, ..., 0)$$

이기 때문이다. 즉, $\sum_{k=0}^{n-1} v_k P^k$은 오직 다항식 $v(u)$가 $p(u)$의 어떤 인수의 배수일 때에만 특이행렬이다. 이제 원하는 결과를 증명할 준비가 되었다.

정리 W (위노그라드S. Winograd, 1975). *$p(u)$가 n차 모닉다항식이며 주어진 무한체에 관한 완전한 인수분해가*

$$p(u) = p_1(u)^{e_1} ... p_q(u)^{e_q} \qquad (75)$$

이라고 하자. 그러면 이 체에 관해 겹선형형식 (71)에 대응되는 텐서 (74)의 차수는 $2n - q$이다.

증명. 규칙 (58), (59), (60)을 적절한 방식으로 적용하면 겹선형형식들을 단 $2n - q$회의 사슬 곱셈들로 평가할 수 있다. 따라서 차수 r이 $\geq 2n - q$라는 점만 증명하면 된다. $\mathrm{rank}(T_{(ij)k}) = n$임은 이미 앞의 논의에서 확인했다. 이 사실과 보조정리 T에 의해서, (T_{ijk})의 임의의 $n \times r$ 실현 (A, B, C)에 대해 $\mathrm{rank}(C) = n$이다. 이제 다시 보조정리 T를 이용해서 다음과 같은 두 가지 성질을 만족하는 하나의 벡터 $(v_0, v_1, ..., v_{n-1})$을 구하고자 한다:

i) 벡터 $(v_0, v_1, ..., v_{n-1})C$에서 0이 아닌 계수들은 많아야 $q + r - n$개이다.

ii) 행렬 $v(P) = \sum_{k=0}^{n-1} v_k P^k$은 특이행렬이 아니다.

이것과 보조정리 T로부터 $q + r - n \geq n$임을 증명할 수 있다. 항등식

$$\sum_{l=1}^{r} a_{il} b_{jl} \left(\sum_{k=0}^{n-1} v_k c_{kl} \right) = v(P)_{ij}$$

를 이용해서, 차수가 n인 $n \times n \times 1$ 텐서 $v(P)$의 실현을 $q + r - n$회의 사슬 곱셈으로 구할 수 있기 때문이다.

편의상 C의 처음 n개의 열들이 일차독립이라고 가정할 수도 있다. D가 $n \times n$ 행렬이고 DC의

첫 n 열들이 항등행렬과 같다고 하자. 만일 $v(P)$가 비특이행렬임을 만족하는, D의 최대 q개의 행들로 된 일차결합 $(v_0, v_1, ..., v_{n-1})$이 존재한다면 우리의 목표가 달성된다. 그런 벡터는 조건 (i)과 (ii)를 만족한다.

D의 행들은 일차독립이므로, 각 행에 대응되는 다항식들 전부를 나누는 기약인수 $p_\lambda(u)$는 존재하지 않는다. 벡터

$$w = (w_0, w_1, ..., w_{n-1})$$

이 주어졌을 때, $w(u)$가 $p_\lambda(u)$의 배수가 아님을 만족하는 모든 λ의 집합을 covered(w)라고 표기하기로 하자. 두 벡터 v와 w로부터, 해당 체의 어떤 α에 대해

$$\text{covered}(v + \alpha w) = \text{covered}(v) \cup \text{covered}(w) \tag{76}$$

를 만족하는 일차결합 $v + \alpha w$를 구할 수 있다. 이것이 가능한 이유는 이렇다. 만일 λ가 v나 w 중 하나로는 덮이나(cover) 둘 다에 의해 덮이지는 않는다면, λ는 모든 0이 아닌 α에 대해 $v + \alpha w$로 덮인다. 그리고 λ가 v와 w 모두로 덮이나 $v + \alpha w$로는 덮이지 않는다면 λ는 모든 $\beta \neq \alpha$에 대해 $v + \beta w$로 덮인다. $q + 1$의 서로 다른 값을 α로 두어서 시도해 보면 반드시 그 중 적어도 하나에서 (76)이 성립한다. 이런 방식으로 D의 최대 q개의 행들로 된, $1 \leq \lambda \leq q$에 대해 모든 λ를 덮는 일차결합을 체계적으로 찾을 수 있다. ∎

정리 W의 결과들 중 아주 중요한 것 하나는, 텐서의 차수가 실현 (A, B, C)의 성분들을 이끌어낸 체에 의존할 수 있다는 것이다. 예를 들어 5차 순환합성곱에 해당하는 텐서를 생각해 보자. 이는 다항식 곱셈 $\bmod p(u) = u^5 - 1$과 동치이다. 연습문제 4.6.2-32에 따르면, $p(u)$의 유리수 체에 관한 완전한 인수분해는 $(u-1)(u^4 + u^3 + u^2 + u + 1)$이다. 따라서 텐서 차수는 $10 - 2 = 8$이다. 한편 실수에 관한 완전 인수분해는 수 $\phi = \frac{1}{2}(1 + \sqrt{5})$를 이용해서 표현할 때 $(u-1)(u^2 + \phi u + 1)(u^2 - \phi^{-1} u + 1)$이다. 따라서 임의의 실수들이 A, B, C에 나타날 수 있다고 허용한다면 차수는 단 7이다. 복소수 체에 관해서는 차수가 5이다. 이러한 현상은 2차원 텐서(행렬)에서는 나타나지 않는다. 그런 텐서들에서 차수는 부분행렬들의 행렬식을 구하고 그것이 0인지 점검해서 구할 수 있다. 한 행렬의 차수는 그 행렬의 성분들을 포함하는 체가 좀 더 큰 체에 포함된다고 해도 변하지 않으나, 텐서의 차수는 체가 커지면 작아질 수 있다.

정리 W를 소개한 논문 [*Math. Systems Theory* **10** (1977), 169-180]에서 위노그라드는 q가 1보다 클 때 $2n - q$개의 사슬 곱셈들에서의 (71)의 모든 실현이 (59)의 적용에 대응됨을 보이는 것으로까지 나아갔다. 게다가 그는 $x(u)y(u)$의 계수들을 $\deg(x) + \deg(y) + 1$회의 사슬 곱셈들로 평가하는 유일한 방법은 보간을 사용하는 것 또는 주어진 체에서 서로 다른 두 일차 인수들로 나뉘어지는 하나의 다항식으로 (58)을 사용하는 것임을 보였다. 마지막으로 위노그라드는 $q = 1$일 때 $x(u)y(u) \bmod p(u)$를 $2n - 1$회의 사슬 곱셈들로 평가하는 유일한 방법이란 본질적으로 (60)을 사용하는 것임도 증명했다. 이러한 결과들은 "정상" 다항식 사슬들뿐만 아니라 모든 다항식 사슬들에

성립한다. 그는 *SICOMP* **9** (1980), 225-229에서 그 결과들을 다변수 다항식들로 확장했다.

적절히 큰 체의 임의의 $m \times n \times 2$ 텐서의 차수는 자자[Joseph Ja'Ja']가 구했다 〔*SICOMP* **8** (1979), 443-462; *JACM* **27** (1980), 822-830〕. *SICOMP* **9** (1980), 713-728에 나온 가환적 겹선형형식들에 대한 그의 흥미로운 논의도 보라. 그러나 임의의 유한체에 관한 임의의 $n \times n \times n$ 텐서의 차수를 계산하는 문제는 NP완전(NP-complete)이다 〔J. Håstad, *Journal of Algorithms* **11** (1990), 644-654〕.

더 읽을거리. 이번 절은 수많은 아름다운 이론들이 창출되고 있는 아주 큰 주제의 겉만 살짝 긁은 것일 뿐이다. 훨씬 더 자세한 설명을 다음의 책들에서 볼 수 있다: A. Borodin, I. Munro, *Computational Complexity of Algebraic and Numeric Problems* (New York: American Elsevier, 1975); D. Bini, V. Pan, *Polynomial and Matrix Computations* **1** (Boston: Birkhäuser, 1994); P. Bürgisser, M. Clausen, M. Amin Shokrollahi, *Algebraic Complexity Theory* (Heidelberg: Springer, 1997).

연습문제

1. 〔15〕 "홀수" 다항식

$$u(x) = u_{2n+1}x^{2n+1} + u_{2n-1}x^{2n-1} + \cdots + u_1x$$

를 평가하는 효과적인 방법을 제시하라.

▶ 2. 〔M20〕 계수들의 정의역 안에서의 산술 대신에 다항식 곱셈과 덧셈이 쓰일 때, 본문에서처럼 단계 H1과 H2에서 $u(x + x_0)$을 계산하는 대신 호너의 법칙 (2)를 적용한다는 착안을 논의하라.

3. 〔20〕 두 변수의 다항식 $\sum_{i+j \le n} u_{ij}x^i y^j$을 평가하기 위한, 호너의 법칙과 비슷한 방법을 제시하라. (이 다항식의 계수들은 $(n+1)(n+2)/2$개이며 "총 차수"는 n이다.) 그 방법에 사용되는 덧셈과 곱셈 횟수를 셀 것.

4. 〔M20〕 본문에서는 복소수 점 z에서 실계수들을 가지는 다항식을 평가할 때에는 방안 (3)이 호너의 법칙보다 우월함을 보였다. 계수들과 변수 z 모두 복소수일 때 (3)을 호너의 법칙과 비교하라. 각 방법에 필요한 (실수)곱셈 및 덧셈·뺄셈 횟수는 몇인가?

5. 〔M15〕 2차 법칙 (4)에 필요한 곱셈 횟수와 덧셈 횟수를 구하라.

6. 〔22〕 (더용[L. de Jong], 판레이우언[J. van Leeuwen].) 약 $\frac{1}{2}n$개의 x_0 거듭제곱들만 계산하도록 쇼-트라우브 알고리즘의 단계 S1, ..., S4를 개선하는 방법을 보여라.

7. 〔M25〕 (6)이 모든 정수 k에 대해 값 $u(x_0 + kh)$가 되게 하는 $\beta_0, ..., \beta_n$을 계산하려면 어떻게 해야 할까?

8. 〔M20〕 계승거듭제곱(factorial power) $x^{\underline{k}}$는 $k! \binom{x}{k} = x(x-1)\ldots(x-k+1)$로 정의된다.

x와 $n+3$개의 상수 u_n, ..., u_0, 1, $n-1$로 시작해서 $u_n x^n + \cdots + u_1 x^1 + u_0$을 최대 n회의 곱셈과 $2n-1$회의 덧셈으로 평가하는 방법을 설명하라.

9. [*M25*] (라이저 H. J. Ryser.) 만일 $X = (x_{ij})$가 $n \times n$ 행렬이면

$$\operatorname{per}(X) = \sum (-1)^{n - \epsilon_1 - \cdots - \epsilon_n} \prod_{1 \le i \le n} \sum_{1 \le j \le n} \epsilon_j x_{ij}$$

임을 보여라. 여기서 첫 번째 합의 구간은 각각 0 또는 1의 값을 가지는 ϵ_1, ..., ϵ_n의 2^n가지 선택 전체이다.

10. [*M21*] $n \times n$ 행렬 $X = (x_{ij})$의 영구식을 다음과 같이 계산할 수 있다: n개의 수량 x_{11}, x_{12}, ..., x_{1n}으로 시작한다. $1 \le k < n$에 대해, $\binom{n}{k}$개의 수량 A_{kS}들이 $\{1, 2, ..., n\}$의 원소 k개 부분집합 S들 모두에 대해 계산되었다고 가정한다. 여기서 $A_{kS} = \sum x_{1j_1} \cdots x_{kj_k}$이며 합의 구간은 S의 원소들의 순열 $j_1 \cdots j_k$들 전부($k!$개)이다. 그런 다음 합들 모두를 구한다:

$$A_{(k+1)S} = \sum_{j \in S} A_{k(S \setminus \{j\})} x_{(k+1)j}.$$

이제 $\operatorname{per}(X) = A_{n\{1, ..., n\}}$이 성립한다. 이 방법에 필요한 덧셈, 곱셈 횟수는 몇인가? 임시 저장소는 얼마나 필요한가?

11. [*M46*] 일반적인 $n \times n$ 행렬의 영구식을 2^n회 미만의 산술 연산으로 평가하는 방법이 존재하는가?

12. [*M50*] 두 $n \times n$ 행렬의 곱을 구하는 데 필요한 곱셈들의 최소 횟수는 얼마인가? 모든 $\epsilon > 0$에 대해 $O(n^{\omega + \epsilon})$회의 곱셈들로 충분하다고 할 때 그러한 지수 ω의 최소값은 무엇인가? (큰 n뿐만 아니라 작은 n에 대해서도 효과적인 상계, 하계를 구할 것.)

13. [*M23*] 일반 이산 푸리에 변환 (37)의 역을, $F(t_1, ..., t_n)$을 $f(s_1, ..., s_n)$의 값들로 표현해서 구하라. [힌트: 식 1.2.9-(13)을 참고할 것.]

▶ **14.** [*HM28*] (빠른 푸리에 변환.) 방안 (40)을, 1차원 이산 푸리에 변환

$$f(s) = \sum_{0 \le t < 2^n} F(t)\, \omega^{st}, \qquad \omega = e^{2\pi i / 2^n}, \qquad 0 \le s < 2^n$$

을 복소수 산술을 이용해서 구하는 데 사용할 수 있음을 보여라. 수행되는 산술 연산 횟수를 추정하라.

▶ **15.** [*HM28*] $n+1$가지 서로 다른 점 x_0, x_1, ..., x_n에서의 함수 $f(x)$의 n차 나누어진 차분 $f(x_0, x_1, ..., x_n)$은 $n > 0$에 대해 공식

$$f(x_0, x_1, ..., x_n) = (f(x_0, x_1, ..., x_{n-1}) - f(x_1, ..., x_{n-1}, x_n)) / (x_0 - x_n)$$

으로 정의된다. 즉, $f(x_0, x_1, ..., x_n) = \sum_{k=0}^{n} f(x_k) / \prod_{0 \le j \le n,\ j \ne k} (x_k - x_j)$는 그 $n+1$개의 인수들의 한 대칭함수이다. (a) 만일 n차 도함수 $f^{(n)}(x)$가 존재하며 연속이면, $\min(x_0, ..., x_n)$과

$\max(x_0, ..., x_n)$ 사이의 어떤 θ에 대해 $f(x_0, ..., x_n) = f^{(n)}(\theta)/n!$임을 증명하라. [힌트: 항등식

$$f(x_0, x_1, ..., x_n) = \int_0^{1_1} dt_1 \int_0^{t_{1_2}} dt_2 ... \int_0^{t_{n-1_n}} dt_n f^{(n)}(x_0(1-t_1) + x_1(t_1 - t_2) + \cdots$$
$$+ x_{n-1}(t_{n-1} - t_n) + x_n(t_n - 0))$$

을 증명할 것. 이 공식은 또한 x_j들이 서로 다르지 않을 때 $f(x_0, x_1, ..., x_n)$을 유용한 방식으로 정의한다.] (b) 만일 $y_j = f(x_j)$이면 뉴턴의 보간 다항식 (42)에서 $\alpha_j = f(x_0, ..., x_j)$임을 보여라.

16. [M22] 만일 뉴턴의 보간 다항식의 $x_0, x_1, ..., x_{n-1}$, $\alpha_0, \alpha_1, ..., \alpha_n$의 값들이 주어진다면 $u_{[n]}(x) = u_n x^n + \cdots + u_0$의 계수들을 계산하는 게 어느 정도나 쉬워질까?

17. [M20] $0 \le k \le n$에 대해 $x_k = x_0 + kh$일 때 보간 공식 (45)가 이항계수들이 관여하는 아주 간단한 수식으로 간략화됨을 보여라. [힌트: 연습문제 1.2.6-48을 볼 것.]

18. [M20] 4차 방안 (9)를

$$y = (x + \alpha_0)x + \alpha_1, \qquad u(x) = ((y - x + \alpha_2)y + \alpha_3)\alpha_4$$

로 바꾼다면 α_j들을 u_k들로 구하는 (10)의 공식들은 어떻게 변할까?

▶ **19.** [M24] (11)의 적용된 계수 $\alpha_0, \alpha_1, ..., \alpha_5$를 $u(x)$의 계수 $u_5, ..., u_1, u_0$으로부터 구하는 방법을 설명하고, 구체적인 다항식 $u(x) = x^5 + 5x^4 - 10x^3 - 50x^2 + 13x + 60$에 대한 α들을 구하라.

▶ **20.** [21] 방안 (11)에 따라 5차 다항식을 평가하는 MIX 프로그램을 작성하되, (11)을 조금 수정해서 최대한 효율적인 프로그램을 만들어 보라. 4.2.1절에서 설명한 MIX의 부동소수점 연산자 FADD와 FMUL을 사용할 것.

21. [20] 다항식 $x^6 + 13x^5 + 49x^4 + 33x^3 - 61x^2 - 37x + 3$을 본문에서 고려하지 않았던 (15)의 두 근을 이용해서 방안 (12)로 평가하는 추가적인 방법 두 가지를 구하라.

22. [18] 판의 방법 (16)을 이용해서 $x^6 - 3x^5 + x^4 - 2x^3 + x^2 - 3x - 1$을 평가하는 방안은 무엇인가?

23. [HM30] (이브 J. Eve.) $f(z) = a_n z^n + a_{n-1}z^{n-1} + \cdots + a_0$이 실계수 n차 다항식이며 실수부가 음이 아닌 근들이 적어도 $n-1$개라고 하자. 그리고

$$g(z) = a_n z^n + a_{n-2}z^{n-2} + \cdots + a_{n \bmod 2}z^{n \bmod 2},$$
$$h(z) = a_{n-1}z^{n-1} + a_{n-3}z^{n-3} + \cdots + a_{(n-1)\bmod 2}z^{(n-1)\bmod 2}$$

이라고 하자. $h(z)$가 항상 0은 아니라고 가정한다.

a) (z)가 적어도 $n-2$개의 허근(실수부가 0인 근)을 가지며 $h(z)$가 적어도 $n-3$개의 허근을 가짐을 보여라. [힌트: 충분히 큰 반지름 R에 대해, z가 그림 16에 나온 경로를 따라서 움직임에 따라 경로 $f(z)$가 원점을 도는 횟수를 고려할 것.]

b) $g(z) = 0$과 $h(z) = 0$의 근들의 제곱들이 모두 실수임을 증명하라.

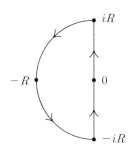

그림 16. 이브의 정리의 증명.

▶ **24.** [M24] 다항식 $u(x) = (x+7)(x^2 + 6x + 10)(x^2 + 4x + 5)(x + 1)$에 대해, 정리 E의 조건들을 만족하는 c, α_k, β_k 값들을 구하라. $\beta_2 = 0$이 되는 값들을 택할 것. 서로 다른 두 해를 제시하라.

25. [M20] 정리 M의 증명에 나오는 구축법을 (비효율적인)다항식 사슬

$$\lambda_1 = \alpha_1 + \lambda_0, \qquad \lambda_2 = -\lambda_0 - \lambda_0, \qquad \lambda_3 = \lambda_1 + \lambda_1, \qquad \lambda_4 = \alpha_2 \times \lambda_3,$$
$$\lambda_5 = \lambda_0 - \lambda_0, \qquad \lambda_6 = \alpha_6 - \lambda_5, \qquad \lambda_7 = \alpha_7 \times \lambda_6, \qquad \lambda_8 = \lambda_7 \times \lambda_7,$$
$$\lambda_9 = \lambda_1 \times \lambda_4, \qquad \lambda_{10} = \alpha_8 - \lambda_9, \qquad \lambda_{11} = \lambda_3 - \lambda_{10}$$

에 적용했을 때의 β_1, β_2, $\dots$, β_9를 α_1, $\dots$, α_8로 표현하라.

▶ **26.** [M21] (a) 차수가 $n = 3$인 다항식을 평가하기 위한 호너의 법칙에 대응되는 다항식 사슬을 제시하라. (b) 본문의 정리 A의 증명에 나오는 구축법을 이용해서 κ_1, κ_2, κ_3을 표현하고, 결과로 얻은 다항식 $u(x)$를 β_1, β_2, β_3, β_4, x로 표현하라. (c) β_1, β_2, β_3, β_4가 독립적으로 모두 실수 값을 가지는, (b)에서 얻은 결과 집합에 (a)의 결과 집합의 특정 벡터들이 빠져 있음을 보여라.

27. [M22] R이 $q_n \neq 0$인 실수들의 모든 $(n+1)$짝 $(q_n, \dots, q_1, q_0)$을 포함한다고 하자. R의 최대 자유도가 n이 아님을 증명하라.

28. [HM20] 만일 $f_0(\alpha_1, \dots, \alpha_s)$, $\dots$, $f_s(\alpha_1, \dots, \alpha_s)$가 정수 계수를 가진 다변수 다항식들이면, 모든 실수 α_1, $\dots$, α_s에 대해 $g(f_0(\alpha_1, \dots, \alpha_s), \dots, f_s(\alpha_1, \dots, \alpha_s)) = 0$을 만족하는 0이 아닌 정수 계수 다항식 $g(x_0, \dots, x_s)$가 존재함을 보여라. (따라서 s개의 매개변수를 가진 임의의 다항식 사슬의 자유도는 최대 s이다.) [힌트: "대수적 의존성(algebraic dependence)"에 관한 정리들을 사용할 것. 대수적 의존성은 이를테면 B. L. van der Waerden, *Modern Algebra*, Fred Blum 옮김 (New York: Ungar, 1949), 64절에 나와 있다.]

▶ **29.** [M20] R_1, R_2, $\dots$, R_m이 실수 $(n+1)$짝들의 집합들이며 모두 최대 자유도가 t라고 하자. 합집합 $R_1 \cup R_2 \cup \cdots \cup R_m$ 역시 최대 자유도가 t임을 보여라.

▶ **30.** [M28] m_c개의 사슬 곱셈들과 m_p개의 매개변수 곱셈들로 된 하나의 다항식 사슬의 최대 자유도가 $2m_c + m_p + \delta_{0m_c}$임을 증명하라. [힌트: 첫 사슬 곱셈과 각 매개변수 곱셈이 결과 집합에 본질적으로 단 하나의 새로운 매개변수만을 추가함을 보이도록 정리 M을 일반화할 것.]

31. [*M23*] 모든 n차 모닉다항식을 계산할 수 있는 다항식 사슬이 적어도 $\lfloor n/2 \rfloor$개의 곱셈들과 적어도 n개의 덧셈·뺄셈을 가짐을 증명하라.

32. [*M24*] $u_4 x^4 + u_2 x^2 + u_0$ 형태의 다항식 모두를 계산할 수 있는, 길이가 최소인 다항식 사슬을 구하라. 그리고 그 길이가 실제로 최소임을 증명하라.

▶ **33.** [*M25*] $n \geq 3$이 홀수라고 하자. $\lfloor n/2 \rfloor + 1$개의 곱셈 단계들을 가진 다항식 사슬이 n차 다항식 모두를 계산하려면 덧셈·뺄셈 단계가 적어도 $n+2$개이어야 함을 증명하라. [힌트: 연습문제 30 참고.]

34. [*M26*] $\lambda_0, \lambda_1, ..., \lambda_r$이 덧셈과 뺄셈 단계들이 모두 매개변수 단계이며 매개변수 곱셈이 적어도 하나 있는 다항식 사슬이라고 하자. 이 방안의 곱셈 횟수는 m, 덧셈·뺄셈 개수는 $k = r - m$ 이라고 가정한다. 그리고 사슬이 계산하는 다항식의 최대 차수는 n이라고 가정한다. 이러한 사슬로 계산할 수 있는 x^n의 계수가 0이 아닌 다항식 모두를 최대 m개의 곱셈과 최대 k개의 덧셈을 가지며 뺄셈은 없는 또 다른 사슬로 계산할 수 있음을 보여라. 더 나아가서 새 사슬의 마지막 단계가 반드시 유일한 매개변수 곱셈임도 보여라.

▶ **35.** [*M25*] 일반적인 4차 다항식을 세 번의 곱셈으로 계산하는 임의의 다항식 사슬이 적어도 다섯 개의 덧셈·뺄셈을 가짐을 보여라. [힌트: 덧셈·뺄셈이 단 네 개라고 가정하고 연습문제 34가 적용됨을 보일 것. 이는 그러한 방안이 모든 4차 다항식을 표현할 수는 없는 한 특정한 형태를 반드시 가지게 됨을 의미한다.]

36. [*M27*] 연습문제 35를 계속 이어서, 일반적인 6차 다항식을 단 네 번의 곱셈만 사용해 계산하는 임의의 다항식 사슬은 반드시 적어도 일곱 개의 덧셈·뺄셈들을 가짐을 보여라.

37. [*M21*] (모츠킨 T. S. Motzkin.) 형태가

$$(u_n x^n + u_{n-1} x^{n-1} + \cdots + u_1 x + u_0) / (x^n + v_{n-1} x^{n-1} + \cdots + v_1 x + v_0)$$

이고 계수들이 하나의 체 S에 속하는 "거의 모든" 유리함수를 S의 적절한 α_j, β_j에 대해 다음과 같은 방안으로 평가할 수 있음을 보여라.

$$\alpha_1 + \beta_1 / (x + \alpha_2 + \beta_2 / (x + \cdots + \beta_n / (x + \alpha_{n+1})...)).$$

(이 연분수 방안은 n회의 나눗셈과 $2n$회의 덧셈을 사용한다. "거의 모든" 유리함수라는 것은, 일부 자명하지 않은 다항방정식을 만족하는 계수들을 가진 유리함수들을 제외한 모든 유리함수를 의미한다.) 유리함수 $(x^2 + 10x + 29)/(x^2 + 8x + 19)$에 대한 α들과 β들을 구하라.

▶ **38.** [*HM32*] (판 V. Y. Pan, 1962.) 이 연습문제의 목적은 계수들을 미리 적응시키지 않는다고 할 때 호너의 법칙이 정말로 최적임을 증명하는 것이다. 변수 $u_n, ..., u_1, u_0, x$와 임의의 상수들이 주어졌을 때 $u_n x^n + \cdots + u_1 x + u_0$을 계산하기 위해서는 곱셈 n번과 덧셈 n번이 필요하다. 이전과 같되 $u_n, ..., u_1, u_0, x$ 각각을 변수로 간주하는 사슬들을 생각해보자. 그러면 예를 들어 $\lambda_{-j-1} = u_j$, $\lambda_0 = x$라고 할 수 있다. 다음과 같은 좀 더 일반적인 정리를 증명할 수 있다면 호너의

법칙이 최적임을 쉽게 보일 수 있다: $A = (a_{ij})$, $0 \le i \le m$, $0 \le j \le n$가 $(m+1) \times (n+1)$ 실수행렬이고 차수가 $n+1$이라고 하자. 그리고 $B = (b_0, ..., b_m)$이 실수들의 벡터라고 하자. *다항식*

$$P(x; u_0, ..., u_n) = \sum_{i=0}^{m} (a_{i0}u_0 + \cdots + a_{in}u_n + b_i)x^i$$

을 계산하는 임의의 다항식 사슬에 적어도 n개의 사슬 곱셈들이 관여한다. 이를 증명하라. (이것이 우리가 A와 B에 의존하는 값들이 매개변수 α_j들에 배정된 어떤 고정된 사슬만을 고려한다는 뜻인 것은 아니다. 이는 사슬 그리고 α 값들 모두가 주어진 행렬 A와 벡터 B에 의존할 수 있다는 뜻이다. A, B, 그리고 α_j 값들을 어떻게 선택하든, n개의 "사슬 단계" 곱셈을 수행하지 않고서는 $P(x; u_0, ..., u_n)$을 계산하는 것이 불가능하다.) A의 차수가 $n+1$이라는 가정은 $m \ge n$을 함의한다. 〔힌트: 그러한 임의의 방안으로부터, 더 적은 사슬 곱셈들을 가지며 n이 하나 감소된 또 다른 방안을 유도할 수 있음을 보일 것.〕

39. 〔M29〕 (T. S. Motzkin, 1954.) 실수에 관한 모든 $2m$차 모닉다항식을 다음과 같은 형태의 방안으로 평가할 수 있음을 보여라.

$$1 < k \le m \text{에 대해} \quad w_1 = x(x + \alpha_1) + \beta_1, \qquad w_k = w_{k-1}(w_1 + \gamma_k x + \alpha_k) + \delta_k x + \beta_k.$$

여기서 α_k, β_k는 실수이고 γ_k, δ_k는 정수이다. (서로 다른 다항식들에 대해 α_k, β_k, γ_k, δ_k를 다른 값들로 선택해도 된다.) 가능하면 항상 $\delta_k = 0$으로 두도록 할 것.

40. 〔M41〕 정리 C의 곱셈 횟수의 하계를 $\lfloor n/2 \rfloor + 1$에서 $\lceil n/2 \rceil + 1$로 올리는 것이 가능할까? (연습문제 33 참고.)

41. 〔22〕 $(a+bi)(c+di)$의 실수부와 허수부를 실수 곱셈 3회와 실수 덧셈 5회로 구할 수 있음을 보여라. 덧셈들 중 둘은 a와 b만 관여하는 것이어야 한다.

42. 〔36〕 (패터슨 M. Paterson, 스탁마이어 L. Stockmeyer.) (a) $m \ge 2$개의 사슬 곱셈들을 가진 다항식 사슬의 최대 자유도가 $m^2 + 1$임을 증명하라. (b) 모든 매개변수 α_j가 정수이어야 한다는 제약 하에서, 모든 $n \ge 2$에 대해 계수들이 모두 0 또는 1이고 $\lfloor \sqrt{n} \rfloor$회 미만의 곱셈들을 가진 그 어떤 다항식 사슬로도 평가할 수 없는 n차 다항식들이 존재함을 보여라. (c) 덧셈 횟수는 고려하지 않는다고 할 때, 임의의 정수 계수 n차 다항식을 최대 $2\lfloor \sqrt{n} \rfloor$회의 곱셈을 수행하는 정수 전용 알고리즘으로 평가할 수 있음을 보여라.

43. 〔22〕 $x^n + \cdots + x + 1$을 곱셈 $2l(n+1) - 2$번과 덧셈 $l(n+1)$번으로(나눗셈이나 뺄셈은 전혀 사용하지 않고) 평가하는 방법을 설명하라. 여기서 $l(n)$은 4.6.3절에서 설명한 함수이다.

▶ **44.** 〔M25〕 임의의 모닉다항식 $u(x) = x^n + u_{n-1}x^{n-1} + \cdots + u_0$을 $u_{n-1}, u_{n-2}, \ldots$에 속하는 정수 계수 다항식인 매개변수 $\alpha_1, \alpha_2, \ldots$을 사용해서 곱셈 $\frac{1}{2}n + O(\log n)$회와 덧셈 $\le \frac{5}{4}n$회로 평가할 수 있음을 보여라. 〔힌트: $n = 2^l$인 경우를 먼저 고찰할 것.〕

▶ **45.** 〔HM22〕 (t_{ijk})가 $m \times n \times s$ 텐서이고 F, G, H가 각각 크기가 $m \times m$, $n \times n$, $s \times s$인 비특

이행렬들이라고 하자. 만일 모든 i, j, k에 대해

$$T_{ijk} = \sum_{i'=1}^{m} \sum_{j'=1}^{n} \sum_{k'=1}^{s} F_{ii'} \, G_{jj'} \, H_{kk'} \, t_{i'j'k'}$$

이면 텐서 (T_{ijk})의 차수가 (t_{ijk})의 차수와 같음을 증명하라. 〔힌트: F^{-1}, G^{-1}, H^{-1}을 같은 방식으로 (T_{ijk})에 적용했을 때 어떤 일이 일어나는지 고찰할 것.〕

46. 〔M28〕 (x_1, x_2)와 (y_1, y_2)의 겹선형형식들의 모든 쌍 (z_1, z_2)를 많아야 세 번의 사슬 곱셈으로 평가할 수 있음을 증명하라. 바꾸어 말하면, 모든 $2 \times 2 \times 2$ 텐서의 차수가 ≤ 3임을 보여라.

47. 〔M25〕 모든 m, n, s에 대해 차수가 적어도 $\lceil mns/(m+n+s) \rceil$인 $m \times n \times s$ 텐서가 하나 존재함을 증명하라. 반대로, 모든 $m \times n \times s$ 텐서는 차수가 적어도 $mns/\max(m, n, s)$임을 보여라.

48. 〔M21〕 (t_{ijk})와 (t'_{ijk})가 크기가 각각 $m \times n \times s$, $m' \times n' \times s'$인 텐서라고 하자. 이러한 텐서들의 직접합(direct sum, 또는 직합) $(t_{ijk}) \oplus (t'_{ijk}) = (t''_{ijk})$는 만일 $i \leq m$, $j \leq n$, $k \leq s$이면 $t''_{ijk} = t_{ijk}$; 만일 $i > m$, $j > n$, $k > s$이면 $t''_{ijk} = t'_{i-m, j-n, k-s}$; 그렇지 않으면 $t''_{ijk} = 0$이라는 규칙으로 정의되는 $(m+m') \times (n+n') \times (s+s')$ 텐서이다. 그리고 직접곱(direct product, 또는 직적) $(t_{ijk}) \otimes (t'_{ijk}) = (t'''_{ijk})$는 $t'''_{\langle ii' \rangle \langle jj' \rangle \langle kk' \rangle} = t_{ijk} t'_{i'j'k'}$로 정의되는 $mm' \times nn' \times ss'$ 텐서이다. 상계 $\mathrm{rank}(t''_{ijk}) \leq \mathrm{rank}(t_{ijk}) + \mathrm{rank}(t'_{ijk})$와 $\mathrm{rank}(t'''_{ijk}) \leq \mathrm{rank}(t_{ijk}) \cdot \mathrm{rank}(t'_{ijk})$를 유도하라.

▶ **49.** 〔HM25〕 $m \times n \times 1$ 텐서 (t_{ijk})의 차수가 $m \times n$ 행렬 (t_{ij1})의 차수와 같음을 보여라. 여기서 행렬의 차수(rank)는 일차독립인 행들의 최대 개수라는 전통적인 정의를 따른다.

50. 〔HM20〕 (위노그라드 S. Winograd.) (t_{ijk})가 $m \times n$ 행렬 곱하기 $n \times 1$ 열벡터에 해당하는 $mn \times n \times m$ 텐서라고 하자. (t_{ijk})의 차수가 mn임을 증명하라.

▶ **51.** 〔M24〕 (위노그라드.) 차수 2 순환합성곱을 위한, x_i에 대한 연산들을 세지 않을 때 2회의 곱셈과 4회의 덧셈을 사용하는 알고리즘을 고안하라. 비슷하게, 3차 순환합성곱에 대해 곱셈 4회와 덧셈 11회를 사용하는 알고리즘을 고안하라. (차수 4에 대해 비슷한 문제를 푸는 (69)를 참고할 것.)

52. 〔M25〕 (위노그라드.) $n = n'n''$이고 $n' \perp n''$이라고 하자. n'차, n''차 순환합성곱들을 위한, 각각 사슬 곱셈 (m', m'')회, 매개변수 곱셈 (p', p'')회, 덧셈 (a', a'')회로 된 정상 방안들이 주어졌을 때 n차 합성곱을 위한 사슬 곱셈 $m'm''$회, 매개변수 곱셈 $p'n'' + m'p''$회, 덧셈 $a'n'' + m'a''$회를 사용하는 정상 방안을 구축하는 방법을 보여라.

53. 〔HM40〕 (위노그라드.) ω가 단위원의 복소 m제곱근이라고 하자. 그리고 다음과 같은 1차원 이산 푸리에 변환을 고려한다.

$$1 \leq s \leq m \text{에 대해} \quad f(s) = \sum_{t=1}^{m} F(t) \omega^{st}.$$

a) $m = p^e$이 홀수 소수의 한 거듭제곱일 때, $0 \leq k < e$에 대한 $(p-1)p^k$차 순환합성곱들을

계산하는 효율적인 정상 방안들이 m개의 복소수들에 대한 푸리에 변환을 계산하는 효율적인 알고리즘들로 이어지게 됨을 보여라. $p=2$인 경우에 대해서도 비슷한 논증을 제시하라.

b) $m = m'm''$, $m' \perp m''$이라고 할 때, m'과 m''에 대한 푸리에 변환 알고리즘들을 결합해서 m개의 원소들에 대한 하나의 푸리에 변환 알고리즘을 만들어낼 수 있음을 보여라.

54. [M23] 정리 W는 하나의 무한체를 언급한다. 정리 W의 증명이 유효하려면 그러한 체의 원소가 몇 개가 되어야 하는가?

55. [HM22] P가 임의의 $n \times n$ 행렬일 때 텐서 (74)의 차수를 구하라.

56. [M32] (슈트라센 V. Strassen.) $1 \le k \le s$에 대한 이차형식(quadratic form)

$$\sum_{i=1}^{n} \sum_{j=1}^{n} \tau_{ijk} x_i x_j$$

들의 집합이 반드시 전체적으로 적어도 $\frac{1}{2}\mathrm{rank}(\tau_{ijk} + \tau_{jik})$회의 사슬 곱셈들을 사용함을 보여라. [힌트: 사슬 곱셈들의 최소 개수가 모든 i, j, k에 대해 $t_{ijk} + t_{jik} = \tau_{ijk} + \tau_{jik}$를 만족하는 모든 텐서 (t_{ijk})에 대해 취한 (t_{ijk})의 최소 차수임을 보일 것.] 만일 한 다항식 사슬이 텐서 (t_{ijk})에 대응되는 겹선형형식 (47)의 집합을 평가한다면(정상이든 비정상이든), 그 사슬은 반드시 적어도 $\frac{1}{2}\mathrm{rank}(t_{ijk})$회의 사슬 곱셈을 사용한다는 결론을 유도하라.

57. [M20] 주어진 두 n차 다항식들의 곱 $x(u)y(u)$의 계수들을 (정확한)복소수 곱셈과 덧셈 $O(n \log n)$회를 사용해서 계산하는 데 빠른 푸리에 변환을 사용할 수 있음을 보여라. [힌트: 계수들의 푸리에 변환들의 곱을 고려할 것.]

58. [HM28] (a) 다항식 곱셈 텐서 (55)의 임의의 실현 (A, B, C)가 반드시 다음과 같은 성질을 만족함을 보여라: A의 세 행의 임의의 0이 아닌 일차결합은 0이 아닌 성분이 적어도 네 개인 하나의 벡터이다. 그리고 B의 네 행의 임의의 0이 아닌 일차결합은 반드시 적어도 세 개의 0이 아닌 성분을 가진다. (b) 오직 0, $+1$, -1만을 성분들로 하는 (55)의 실현 (A, B, C)를 구하라. $r = 8$이다. 최대한 많은 0들을 사용하도록 노력할 것.

▶ **59.** [M40] (누스바우머 H. J. Nussbaumer, 1980.) 본문에서는 두 수열 $(x_0, x_1, ..., x_{n-1})$과 $(y_0, y_1, ..., y_{n-1})$의 순환합성곱을 수열 $(z_0, z_1, ..., z_{n-1})$로 정의했다. 여기서 $z_k = x_0 y_k + \cdots + x_k y_0 + x_{k+1} y_{n-1} + \cdots + x_{n-1} y_{k+1}$이다. 음순환합성곱(negacyclic convolution)은 그와 비슷하되

$$z_k = x_0 y_k + \cdots + x_k y_0 - (x_{k+1} y_{n-1} + \cdots + x_{n-1} y_{k+1})$$

로 두어서 정의한다. n이 2의 한 거듭제곱일 때 정수에 관한 순환합성곱 및 음순환합성곱을 구하는 효율적인 알고리즘들을 설계하라. 알고리즘은 전적으로 정수들만 다루어야 하며, 최대 $O(n \log n)$회의 곱셈과 최대 $O(n \log n \log \log n)$회의 덧셈 또는 뺄셈 또는 2로 짝수를 나누는 나눗셈을 사용해야 한다. [힌트: $2n$차 순환합성곱을 (59)를 이용해서 n차 순환 및 음순환합성곱으로 줄일 수 있다.]

60. [M27] (판 V. Y. Pan.) $(m \times n)$ 곱하기 $(n \times s)$ 행렬 곱셈 문제는 $mn \times ns \times sm$ 텐서 $(t_{\langle i, j' \rangle \langle j, k' \rangle \langle k, i' \rangle})$에 대응된다.

여기서 오직 $i' = i$이고 $j' = j$이고 $k' = k$일 때에만 $t_{\langle i,j'\rangle\langle j,k'\rangle\langle k,i'\rangle} = 1$이다. 이 텐서 $T(m, n, s)$의 차수 r은 다음을 만족하는 수 $a_{ij'l}$, $b_{jk'l}$, $c_{ki'l}$들의 최소 개수이다:

$$\sum_{\substack{1 \le i \le m \\ 1 \le j \le n \\ 1 \le k \le s}} x_{ij}y_{jk}z_{ki} = \sum_{1 \le l \le r} \left(\sum_{\substack{1 \le i \le m \\ 1 \le j' \le n}} a_{ij'l}x_{ij'} \right) \left(\sum_{\substack{1 \le j \le n \\ 1 \le k' \le s}} b_{jk'l}y_{jk'} \right) \left(\sum_{\substack{1 \le k \le s \\ 1 \le i' \le m}} c_{ki'l}z_{ki'} \right).$$

$M(n)$이 $T(n, n, n)$의 차수라고 하자. 이 연습문제의 목적은 이러한 삼선형 표현의 대칭성을 활용해서 $m = n = s = 2\nu$일 때의 정수에 관한 행렬 곱셈의 실현을 효율적으로 얻는 데 있다. 편의상 색인 $\{1, ..., n\}$들을 두 개의 부분집합 $O = \{1, 3, ..., n-1\}$과 $E = \{2, 4, ..., n\}$으로 나누되, 각 부분집합의 원소 개수는 ν개이고 O와 E 사이에 만일 $i \in O$이면 $\tilde{i} = i+1$, 만일 $i \in E$이면 $\tilde{i} = i-1$이라는 대응관계가 성립하도록 한다. 모든 색인 i에 대해 $\tilde{\tilde{i}} = i$이다.

a) 항등식

$$abc + ABC = (a+A)(b+B)(c+C) - (a+A)bC - A(b+B)c - aB(c+C)$$

는 다음을 함의한다:

$$\sum_{1 \le i, j, k \le n} x_{ij}y_{jk}z_{ki} = \sum_{(i,j,k) \in S} (x_{ij} + x_{\tilde{\kappa}\tilde{i}})(y_{jk} + y_{\tilde{i}\tilde{j}})(z_{ki} + z_{\tilde{j}\tilde{\kappa}}) - \Sigma_1 - \Sigma_2 - \Sigma_3.$$

여기서 $S = E \times E \times E \cup E \times E \times O \cup E \times O \times E \cup O \times E \times E$는 적어도 하나의 홀수 색인을 가진 모든 3색인쌍들의 집합이다. Σ_1은 $(i, j, k) \in S$에 대한 $(x_{ij} + x_{\tilde{\kappa}\tilde{i}})y_{jk}z_{\tilde{j}\tilde{\kappa}}$ 형태의 모든 항들의 합이고, Σ_2, Σ_3도 마찬가지로 $x_{\tilde{\kappa}\tilde{i}}(y_{jk} + y_{\tilde{i}\tilde{j}})z_{ki}$, $x_{ij}y_{\tilde{i}\tilde{j}}(z_{ki} + z_{\tilde{j}\tilde{\kappa}})$ 형태의 항들의 합들이다. S의 항들이 $4\nu^3 = \frac{1}{2}n^3$개임은 명백하다. Σ_1, Σ_2, Σ_3 각각을 $3\nu^2$개의 삼선형 항들로 실현할 수 있음을 보여라. 더 나아가서, S에서 $(i, i, \tilde{i})$, $(i, \tilde{i}, i)$, $(\tilde{i}, i, i)$ 형태의 3ν개의 3쌍들을 제거한다고 해도 새로운 삼선형 항들을 전혀 추가하지 않고도 항등식이 여전히 성립하도록 Σ_1, Σ_2, Σ_3을 수정할 수 있음을 보여라. 즉, n이 짝수일 때 $M(n) \le \frac{1}{2}n^3 + \frac{9}{4}n^2 - \frac{3}{2}n$이다.

b) (a)의 방법을 적용해서, 크기가 각각 $m \times n \times s$과 $s \times m \times n$인 두 독립적인 행렬 곱셈 문제들을 $mns + mn + ns + sm$회의 비가환 곱셈들로 수행할 수 있음을 보여라.

61. [M26] (t_{ijk})가 임의의 체에 관한 텐서라고 하자. $\text{rank}_d(t_{ijk})$를 다음과 같은 형태의 실현이 존재함을 만족하는 r의 최소값이라고 정의한다:

$$\sum_{l=1}^{r} a_{il}(u)b_{jl}(u)c_{kl}(u) = t_{ijk}u^d + O(u^{d+1}).$$

여기서 $a_{il}(u)$, $b_{jl}(u)$, $c_{kl}(u)$는 해당 체에 관한 u의 다항식들이다. rank_0은 텐서의 보통의 차수에 해당한다. 다음을 증명하라:

a) $\text{rank}(t_{ijk}) \le \text{rank}_d(t_{ijk})$;

b) $\text{rank}(t_{ijk}) \le \binom{d+2}{2}\text{rank}_d(t_{ijk})$;

c) $\operatorname{rank}_d((t_{ijk}) \oplus (t'_{ijk})) \leq \operatorname{rank}_d(t_{ijk}) + \operatorname{rank}_d(t'_{ijk})$, 연습문제 48의 의미에서;

d) $\operatorname{rank}_{d+d'}((t_{ijk}) \otimes (t'_{ijk})) \leq \operatorname{rank}_d(t_{ijk}) \cdot \operatorname{rank}_{d'}(t'_{ijk})$;

e) $\operatorname{rank}_{d+d'}((t_{ijk}) \otimes (t'_{ijk})) \leq \operatorname{rank}_{d'}(r(t'_{ijk}))$, 여기서 $r = \operatorname{rank}_d(t_{ijk})$이고 rT는 T의 복사본 r개의 직접합 $T \oplus \cdots \oplus T$를 나타낸다.

62. [M24] $\underline{\operatorname{rank}}(t_{ijk})$라고 표기하는 (t_{ijk})의 경계차수(border rank)는 $\min_{d \geq 0} \operatorname{rank}_d(t_{ijk})$이다. 여기서 rank_d는 연습문제 61의 정의를 따른다. 모든 체에 관하여 텐서 $\begin{pmatrix} 1 & 0 \\ 0 & 1 \end{pmatrix}\begin{pmatrix} 0 & 1 \\ 0 & 0 \end{pmatrix}$의 차수는 3이나 경계차수는 2임을 증명하라.

63. [HM30] $T(m, n, s)$가 연습문제 60에서처럼 행렬 곱셈을 위한 텐서라고 하자. 그리고 $M(N)$이 $T(N, N, N)$의 차수라고 하자.

a) $T(m, n, s) \otimes T(M, N, S) = T(mM, nN, sS)$임을 보여라.

b) $\operatorname{rank}_d(T(mN, nN, sN)) \leq \operatorname{rank}_d(M(N) \, T(m, n, s))$임을 보여라(연습문제 61(e) 참고).

c) 만일 $T(m, n, s)$의 차수가 $\leq r$이면 $N \to \infty$에 따라 $M(N) = O(N^{\omega(m,n,s,r)})$이 됨을 보여라. 여기서 $\omega(m, n, s, r) = 3 \log r / \log mns$이다.

d) 만일 $T(m, n, s)$의 경계차수가 $\leq r$이면 $M(N) = O(N^{\omega(m,n,s,r)}(\log N)^2)$임을 보여라.

64. [M30] (쉽게A. Schönhage.) $\operatorname{rank}_2(T(3, 3, 3)) \leq 21$이며 따라서 $M(N) = O(N^{2.78})$임을 보여라.

▶ **65.** [M27] (쉽게.) $\operatorname{rank}_2(T(m, 1, n) \oplus T(1, (m-1)(n-1), 1)) = mn + 1$임을 보여라. 힌트: $\sum_{i=1}^{m} X_{ij} = \sum_{j=1}^{n} Y_{ij} = 0$일 때 다음과 같은 삼선형형식을 고려할 것.

$$\sum_{i=1}^{m} \sum_{j=1}^{n} (x_i + uX_{ij})(y_j + u\,Y_{ij})(Z + u^2 z_{ij}) - (x_1 + \cdots + x_m)(y_1 + \cdots + y_n)Z.$$

66. [HM33] 이제 연습문제 65의 결과로 연습문제 63의 점근적 한계들을 좀 더 정확하게 만들 수 있다.

a) 극한 $\omega = \lim_{n \to \infty} \log M(n)/\log n$이 수렴함을 증명하라.

b) $(mns)^{\omega/3} \leq \underline{\operatorname{rank}}(T(m, n, s))$를 증명하라.

c) t가 텐서 $T(m, n, s) \oplus T(M, N, S)$라고 하자. $(mns)^{\omega/3} + (MNS)^{\omega/3} \leq \underline{\operatorname{rank}}(t)$를 증명하라.

d) 따라서 $16^{\omega/3} + 9^{\omega/3} \leq 17$이며, 그러므로 $\omega < 2.55$이다.

67. [HM40] (카퍼스미스D. Coppersmith, 위노그라드S. Winograd.) 연습문제 65와 66을 일반화해서 ω에 대한 더 나은 상계들을 구할 수 있다.

a) 정리 T의 표기법 하에서 만일 $\operatorname{rank}(t_{i(jk)}) = m$, $\operatorname{rank}(t_{j(ki)}) = n$, $\operatorname{rank}(t_{k(ij)}) = s$이면 그러한 텐서 (t_{ijk})를 퇴화되지 않은(nondegenerate) 텐서라고 말한다. $mn \times ns$ 행렬 곱셈을 위한

텐서 $T(m, n, s)$가 퇴화되지 않은 텐서임을 증명하라.

b) 퇴화되지 않은 텐서들의 직접합이 퇴화되지 않은 텐서임을 보여라.

c) 길이가 r인 실현 (A, B, C)를 가진 $m \times n \times s$ 텐서 t가 있다. 만일 t가 퇴화되지 않은 텐서이며 $1 \le i \le m$과 $1 \le j \le n$에 대해 $\sum_{l=1}^{r} a_{il} b_{jl} d_l = 0$을 만족하는 0이 아닌 원소 $d_1, \ldots, d_r$이 존재하면, 그러한 t를 가리켜 개선가능한(improvable) 텐서라고 말한다. 그런 경우 $t \oplus T(1, q, 1)$의 경계차수가 $\le r$임을 증명하라. 여기서 $q = r - m - n$이다. 힌트: 모든 해당 i와 j에 대해 $\sum_{l=1}^{r} v_{il} b_{jl} d_l = \sum_{l=1}^{r} a_{il} w_{jl} d_l = 0$이고 $\sum_{l=1}^{r} v_{il} w_{jl} d_l = \delta_{ij}$인 $q \times r$ 행렬 V와 W가 존재한다.

d) 연습문제 65의 결과가 (c)의 한 특별한 경우인 이유를 설명하라.

e) $\mathrm{rank}(T(m, n, s)) \le r$가
$$\mathrm{rank}_2(T(m, n, s) \oplus T(1, r - n(m + s - 1), 1)) \le r + n$$
를 함의함을 증명하라.

f) 따라서 ω는 모든 $n > 1$에 대해 $\log M(n) / \log n$보다 엄밀히 작다.

g) (A, B, C)가 t를 연습문제 61과 같은 더 약한 의미로만 실현하는 경우로 (c)를 일반화하라.

h) (d)에 의해 $\underline{\mathrm{rank}}(T(3, 1, 3) \oplus T(1, 4, 1)) \le 10$이 성립하며, 따라서 연습문제 61에 의해 $\underline{\mathrm{rank}}(T(9, 1, 9) \oplus 2T(3, 4, 3) \oplus T(1, 16, 1)) \le 100$도 성립한다. 만일 A와 B의 행들 중 $T(1, 16, 1)$의 $16 + 16$개의 변수들에 해당하는 행들을 삭제한다면 $T(9, 1, 9) \oplus 2T(3, 4, 3)$의 한 개선가능한 실현을 얻게 됨을 증명하라. 이에 의해 실제로 $\underline{\mathrm{rank}}(T(9, 1, 9) \oplus 2T(3, 4, 3) \oplus T(1, 34, 1)) \le 100$가 성립하게 된다.

i) 연습문제 66(c)를 일반화해서 다음을 보여라.
$$\sum_{p=1}^{t} (m_p n_p s_p)^{\omega/3} \le \underline{\mathrm{rank}}\left(\bigoplus_{p=1}^{t} T(m_p, n_p, s_p)\right).$$

j) 따라서 $\omega < 2.5$이다.

68. [*M45*] 다항식
$$\sum_{1 \le i < j \le n} x_i x_j = x_1 x_2 + \cdots + x_{n-1} x_n$$
을 곱셈 $n - 1$회 미만, 덧셈 $2n - 4$회 미만으로 계산하는 방법이 존재하는가? (항의 개수는 $\binom{n}{2}$이다.)

▶ **69.** [*HM27*] (슈트라센 V. Strassen, 1973.) $n \times n$ 행렬의 행렬식 (31)을 $O(n^5)$회의 곱셈과 $O(n^5)$회의 덧셈 또는 뺄셈을 사용해서, 그리고 나눗셈은 전혀 사용하지 않고 평가할 수 있음을 보여라. [힌트: $Y = X - I$로 두고 $\det(I + Y)$를 살펴볼 것.]

▶ **70.** [*HM25*] 행렬 X의 특성다항식(特性-, characteristic polynomial) $f_X(\lambda)$는 $\det(\lambda I - X)$로 정의된다. X, u, v, Y의 크기가 각각 $n \times n$, $1 \times (n-1)$, $(n-1) \times 1$, $(n-1) \times (n-1)$일 때 만

일 $X = \begin{pmatrix} x & u \\ v & Y \end{pmatrix}$ 이면

$$f_X(\lambda) = f_Y(\lambda)\left(\lambda - x - \frac{uv}{\lambda} - \frac{uYv}{\lambda^2} - \frac{uY^2v}{\lambda^3} - \cdots\right)$$

이 성립한다. 이러한 관계를 이용하면 f_X의 계수들을 약 $\frac{1}{4}n^4$회의 곱셈, $\frac{1}{4}n^4$회의 덧셈·뺄셈으로, 그리고 나눗셈은 없이 계산할 수 있음을 보여라. 힌트: 항등식

$$\begin{pmatrix} A & B \\ C & D \end{pmatrix} = \begin{pmatrix} I & 0 \\ 0 & D \end{pmatrix}\begin{pmatrix} A - BD^{-1}C & B \\ 0 & I \end{pmatrix}\begin{pmatrix} I & 0 \\ D^{-1}C & I \end{pmatrix}$$

를 고려할 것. 이 항등식은 크기가 각각 $l \times l$, $l \times m$, $m \times l$인 임의의 행렬 A, B, C와 특이행렬이 아닌 임의의 $m \times m$ 행렬 D에 대해 성립한다.

▶ **71.** 〔HM30〕 사칙 사슬(quolynomial chain)은 다항식 사슬과 비슷하되 덧셈, 뺄셈, 곱셈뿐만 아니라 나눗셈도 허용된다는 점에서 차이를 보인다. 만일 $f(x_1, ..., x_n)$을 m개의 사슬 곱셈과 d개의 나눗셈들을 가진 하나의 사칙 사슬로 계산할 수 있다면 $f(x_1, ..., x_n)$과 $1 \leq k \leq n$에 대한 그것의 n개의 편미분 $\partial f(x_1, ..., x_n)/\partial x_k$ 모두를 최대 $3m + d$회의 사슬 곱셈과 $2d$회의 나눗셈으로 계산할 수 있음을 증명하라. (이에 의해, 예를 들어 행렬식을 계산하는 모든 효율적인 방법은 그 여인수들 모두를 계산하는 효율적인 방법으로 이어지게 되고, 따라서 역행렬을 계산하는 효율적인 방법으로도 이어진다.)

72. 〔M48〕 어떤 체에 관한, 이를테면 유리수체에 관한 임의의 주어진 텐서 (t_{ijk})의 차수를 유 한한 개수의 단계 안에서 계산하는 것이 가능한가?

73. 〔HM25〕 (모르겐슈테른 J. Morgenstern, 1973.) 이산 푸리에 변환 (37)을 위한 임의의 다항식 사슬을 고려한다. 만일 그러한 다항식 사슬에 사슬 곱셈이 없고 모든 매개변수 곱셈이 복소수 상수를 곱하는 것이며 $|\alpha_j| \leq 1$이면, 덧셈·뺄셈은 적어도 $\frac{1}{2}m_1 \cdots m_n \lg m_1 \cdots m_n$개임을 증명하라. 힌트: 처음 k단계들에서 계산된 일차결합들의 행렬을 고찰할 것.

74. 〔HM35〕 (노자키 A. Nozaki, 1978.) 다항식 평가 이론은 대부분 사슬 곱셈의 한계들에 관한 것이다. 그러나 비정수 상수의 곱셈 역시 반드시 고려할 필요가 있다. 이번 연습문제의 목적은 상수들에 대한 적절한 이론을 전개하는 것이다. 실수 벡터 $v_1, ..., v_s$에 대해 $\gcd(k_1, ..., k_s) = 1$이고 $k_1v_1 + \cdots + k_sv_s$가 순정수 벡터(정수들로만 된 벡터)임을 만족하는 정수 $(k_1, ..., k_s)$가 존재할 때, 그러한 벡터들을 가리켜 Z의존(Z-dependent)이라고 말한다. 그런 $(k_1, ..., k_s)$가 존재하지 않으면 벡터 $v_1, ..., v_s$를 가리켜 Z독립(Z-independent)이라고 말한다.

  a) U가 임의의 $s \times s$ 유니모듈라 행렬(unimodular matrix, 행렬식이 ± 1인 정수행렬)이라고 할 때, 만일 $r \times s$ 행렬 V의 열들이 Z독립이면 VU의 열들도 Z독립임을 증명하라.

  b) V가 Z독립인 열들을 가진 $r \times s$ 행렬이라고 하자. $x = (x_1, ..., x_s)^T$인 입력 $x_1, ..., x_s$로부터 Vx의 성분들을 평가하는 다항식 사슬에 적어도 s개의 곱셈이 필요함을 증명하라.

c) V가 Z독립인 열들이 s개인 $r \times t$ 행렬이라고 하자. $x = (x_1, ..., x_t)^T$인 입력 $x_1, ..., x_t$로부터 Vx의 성분들을 평가하는 다항식 사슬에 적어도 s개의 곱셈이 필요함을 증명하라.

d) x와 y로부터 값들의 쌍 $\{x/2 + y, x + y/2\}$를 계산하는 데에는 두 번의 곱셈이 필요하나, 쌍 $\{x/2 + y, x + y/3\}$는 단 한 번의 곱셈으로 계산하는 것이 가능하다. 그러한 방법을 제시하라.

*4.7. 멱급수 다루기

계수들이 하나의 체에 속하는 두 멱급수(power series)

$$U(z) = U_0 + U_1 z + U_2 z^2 + \cdots, \qquad V(z) = V_0 + V_1 z + V_2 z^2 + \cdots \qquad (1)$$

이 주어졌다면, 그들을 합하거나, 곱하거나, 어떤 경우에는 몫을 취하여서 새로운 멱급수를 만들어낼 수 있다. 당연한 말이겠지만, 다항식은 멱급수의 한 특별한 경우, 즉 항의 수가 유한한 멱급수이다.

물론 컴퓨터 안에서 표현하고 저장할 수 있는 항의 개수는 유한하다. 따라서 과연 컴퓨터에서 멱급수 산술이 가능한 일인가부터 밝혀야 하고, 만일 가능하다면 그것이 다항식 산술과 어떻게 다른가를 밝혀야 할 것이다. 첫 번째 질문의 답은, 우리는 멱급수의 계수들 중 처음 N개만을 다루되 N을 원칙상 얼마든지 클 수 있는 매개변수로 간주한다는 것이다. 그리고 두 번째 질문의 답은, 본질적으로 우리는 멱급수 산술을 z^N을 법으로 한 다항식 산술로 취급한다는 것이다. 이 때문에 다항식 산술과는 다소 다른 관점이 생기게 된다. 더 나아가, 멱급수에 대해서는 "반전(reversion)" 같은 특별한 연산들을 수행할 수 있다. 다항식의 경우에는 그러한 연산들이 닫혀 있지 않기 때문에 불가능하다.

멱급수 다루기는 수치해석에서 여러 가지 용도로 쓰이나, 가장 중요한 용도는 점근전개(1.2.11.3 장에서 이미 보았다) 구하기나 특정한 생성 함수에 의해 정의되는 수량들의 계산이다. 후자의 용법은 계수들의 정확한 계산(부동소수점 산술에 의한 근사적인 계산이 아니라)을 편하게 만든다. 명백한 예들을 제외할 때 이번 절의 모든 알고리즘은 오직 유리수 연산만을 사용하며, 따라서 필요하다면 4.5.1절의 기법들을 이용해서 정확한 결과를 얻을 수 있다.

$W(z) = U(z) \pm V(z)$의 계산은 물론 자명하다. 왜냐하면 $n = 0, 1, 2, \ldots$에 대해 $W_n = [z^n]\, W(z) = U_n \pm V_n$이기 때문이다. 또한 $W(z) = U(z)\,V(z)$의 계수들도 다음과 같은 친숙한 합성곱 규칙으로 쉽게 구할 수 있다.

$$W_n = \sum_{k=0}^{n} U_k V_{n-k} = U_0 V_n + U_1 V_{n-1} + \cdots + U_n V_0. \qquad (2)$$

$V_0 \neq 0$일 때의 몫 $W(z) = U(z)\,/\,V(z)$는 (2)에서 U와 W를 맞바꾸어서 구하면 된다. 이 경우 규칙은

$$
\begin{aligned}
W_n &= \left(U_n - \sum_{k=0}^{n-1} W_k V_{n-k} \right) \Big/ V_0 \\
&= (U_n - W_0 V_n - W_1 V_{n-1} - \cdots - W_{n-1} V_1)\,/\,V_0
\end{aligned}
\qquad (3)
$$

이다. W들에 대한 이러한 점화식 덕분에 W_0, W_1, W_2, $\ldots$을 차례대로 쉽게 구할 수 있다. U_n과 V_n은 W_{n-1}을 계산하고 난 후에야 필요하게 되는 것이다. 이러한 성질을 가진 멱급수 다루기 알고리즘을 전통적으로 온라인(online) 알고리즘이라고 부른다. 온라인 알고리즘으로는 N을 미리 알지 못하는 상황에서도 N개의 계수 W_0, W_1, $\ldots$, W_{N-1}을 결정할 수 있으며, 따라서 원칙적으로 알고리즘을 무한히 실행해서 멱급수 전체를 계산하는 게 가능하다. 물론 특정한 조건이 만족될 때까지

만 온라인 알고리즘을 실행하는 것도 가능하다. ("온라인" 알고리즘의 반대는 "오프라인(offline)" 알고리즘이다.)

U_k와 V_k의 계수들은 정수이나 W_k는 그렇지 않다면, 점화식 (3)의 계산에는 분수들이 끼어들게 된다. 이런 상황은 연습문제 2에 나오는 순정수 접근방식으로 피할 수 있다.

그럼 α가 "임의의" 지수일 때 $W(z) = V(z)^\alpha$를 계산하는 문제를 생각해 보자. 예를 들어 $\alpha = \frac{1}{2}$로 둔다면 $V(z)$의 제곱근을 계산할 수 있으며, $V(z)^{-10}$이나 심지어는 $V(z)^\pi$도 계산할 수 있다. V_m이 $V(z)$의 최초의 0이 아닌 계수라 할 때 다음이 성립한다.

$$(z) = V_m z^m (1 + (V_{m+1}/V_m)z + (V_{m+2}/V_m)z^2 + \cdots),$$

$$V(z)^\alpha = V_m^\alpha z^{\alpha m} (1 + (V_{m+1}/V_m)z + (V_{m+2}/V_m)z^2 + \cdots)^\alpha. \tag{4}$$

이것은 오직 αm이 음이 아닌 정수일 때에만 멱급수가 된다. (4)를 보면 일반적인 거듭제곱 계산 문제가 $V_0 = 1$인 경우로 줄어들게 되며, 그 문제는 결국

$$W(z) = (1 + V_1 z + V_2 z^2 + V_3 z^3 + \cdots)^\alpha \tag{5}$$

의 계수들을 구하는 문제가 됨을 알 수 있다. $W_0 = 1^\alpha = 1$임은 명백하다.

(5)의 계수들을 구하는 명백한 방법은 이항계수, 즉 식 1.2.9-(19)를 사용하거나, 또는 (만일 α가 양의 정수이면) 4.6.3절에서처럼 반복 제곱을 시도하는 것이다. 그러나 오일러Leonhard Euler가 멱급수의 거듭제곱들을 구하는 좀 더 간단하고 효율적인 방법을 발견해냈다 [*Introductio in Analysin Infinitorum* 1 (1748), §76]: 만일 $W(z) = V(z)^\alpha$이면 미분에 의해

$$W_1 + 2W_2 z + 3W_3 z^2 + \cdots = W'(z) = \alpha V(z)^{\alpha-1} V'(z) \tag{6}$$

이며, 따라서

$$W'(z) V(z) = \alpha W(z) V'(z) \tag{7}$$

이다. 이제 (7)의 z^{n-1}의 계수들을 등호로 연결해 보면 다음을 알 수 있다.

$$\sum_{k=0}^{n} k W_k V_{n-k} = \alpha \sum_{k=0}^{n} (n-k) W_k V_{n-k}. \tag{8}$$

그리고 이로부터 다음과 같은, 모든 $n \geq 1$에 대해 유효한 계산 규칙이 나온다:

$$W_n = \sum_{k=1}^{n} \left(\left(\frac{\alpha+1}{n} \right) k - 1 \right) V_k W_{n-k}$$

$$= ((\alpha+1-n) V_1 W_{n-1} + (2\alpha+2-n) V_2 W_{n-2} + \cdots + n\alpha V_n W_0)/n. \tag{9}$$

식 (9)로부터, n차 계수의 계산에 약 $2n$회의 곱셈을 사용하면서 $W_1, W_2, \ldots$을 차례로 구하는 간단한 온라인 알고리즘을 이끌어낼 수 있다. $\alpha = -1$인 특별한 경우에 주목하자. 그런 경우 (9)는 $U(z) = V_0 = 1$인 (3)의 특별한 경우가 된다.

f가 간단한 미분방정식을 만족하는 임의의 함수일 때 $f(V(z))$를 구하는 데에도 비슷한 기법을 사용할 수 있다. (이를테면 연습문제 4를 볼 것.) 미분방정식의 해를 구하는 데 비교적 직접적인 "멱급수법"을 사용하는 경우도 많다. 이러한 기법은 미분방정식에 대한 거의 모든 교재에 나온다.

급수 반전. 멱급수 변환들 중 가장 중요한 것은 아마 "급수 반전(reversion of series)"일 것이다. 이 문제는 방정식

$$z = t + V_2 t^2 + V_3 t^3 + V_4 t^4 + \cdots \tag{10}$$

을 t에 대해 풀어서 멱급수

$$t = z + W_2 z^2 + W_3 z^3 + W_4 z^4 + \cdots \tag{11}$$

의 계수들을 구하는 것에 해당한다.

이러한 역을 구하는 흥미로운 방식들이 여럿 알려져 있다. 아마도 "고전적" 방법이라고 부를 만한 것은 라그랑주Lagrange의 놀라운 반전 공식 〔*Mémoires Acad. Royale des Sciences et Belles-Lettres de Berlin* **24** (1768), 251-326〕에 근거한 한 방법일 텐데, 그 반전 공식은 다음과 같다:

$$W_n = \frac{1}{n}\,[t^{n-1}](1 + V_2 t + V_3 t^2 + \cdots)^{-n}. \tag{12}$$

예를 들어 $(1-t)^{-5} = \binom{4}{4} + \binom{5}{4t}t + \binom{6}{4t^2}t^2 + \cdots$ 이다. 따라서 $z = t - t^2$의 반전의 다섯 번째 계수 W_5는 $\binom{8}{4}/5 = 14$와 같다. 이는 2.3.4.4절의 이진트리 열거 공식과 일치한다.

간단한 알고리즘적 증명이 가능한(연습문제 16) 관계식 (12)는 $n = 1, 2, 3, \ldots$에 대해 음의 거듭제곱 $(1 + V_2 t + V_3 t^2 + \cdots)^{-n}$을 잇달아 계산함으로써 급수 (10)을 뒤집을 수 있음을 보여준다. 이러한 발상을 직접적으로 이용하면 약 $N^3/2$회의 곱셈으로 N개의 계수들을 구할 수 있는 한 가지 온라인 반전 알고리즘을 이끌어낼 수 있다. 그러나 식 (9)를 이용하면 $(1 + V_2 t + V_3 t^2 + \cdots)^{-n}$의 처음 n개의 계수들만 가지고도 약 $N^3/6$회의 곱셈만 요구하는 온라인 알고리즘을 얻을 수 있다.

알고리즘 L (라그랑주 멱급수 반전). 이 온라인 알고리즘은 $n = 2, 3, 4, \ldots, N$에 대해 (10)의 V_n 값들을 입력받아서 (11)의 W_n 값들을 출력한다. (수 N이 반드시 미리 정해져 있어야 하는 것은 아니다. 필요하다면 임의의 다른 종료 조건으로 대체할 수 있다.)

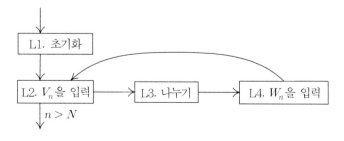

그림 17. 알고리즘 L에 의한 멱급수 반전.

L1. 〔초기화.〕 $n \leftarrow 1$, $U_0 \leftarrow 1$로 설정한다. (이 알고리즘 전반에서 관계

$$(1 + V_2 t + V_3 t^2 + \cdots)^{-n} = U_0 + U_1 t + \cdots + U_{n-1} t^{n-1} + O(t^n) \qquad (13)$$

이 유지된다.)

L2. 〔V_n을 입력.〕 n을 1 증가시킨다. 만일 $n > N$이면 알고리즘을 끝내고, 그렇지 않으면 다음 계수 V_n을 입력받는다.

L3. 〔나누기.〕 $k = 1, 2, \ldots, n-2$에 대해(이 순서대로) $U_k \leftarrow U_k - U_{k-1} V_2 - \cdots - U_1 V_k - U_0 V_{k+1}$로 설정한다. 그런 다음

$$U_{n-1} \leftarrow -2 U_{n-2} V_2 - 3 U_{n-3} V_3 - \cdots - (n-1) U_1 V_{n-1} - n U_0 V_n$$

으로 설정한다. (이는 $U(z)$를 $V(z)/z$로 나누는 것이다. (3)과 (9)를 볼 것.)

L4. 〔W_n을 출력.〕 U_{n-1}/n (즉, W_n)을 출력하고 L2로 돌아간다. ▮

예 $z = t - t^2$에 알고리즘 L을 적용하면 다음과 같은 결과들이 나온다.

n	V_n	U_0	U_1	U_2	U_3	U_4	W_n
1	1	1					1
2	-1	1	2				1
3	0	1	3	6			2
4	0	1	4	10	20		5
5	0	1	5	15	35	70	14

연습문제 8은 알고리즘 L을 약간 수정한 알고리즘을 이용해서, 아주 약간의 추가 노력으로도 상당히 더 일반적인 문제를 풀 수 있음을 보여준다.

이번에는 t에 대한 방정식

$$U_1 z + U_2 z^2 + U_3 z^3 + \cdots = t + V_2 t^2 + V_3 t^3 + \cdots \qquad (14)$$

을 풀어서 멱급수

$$t = W_1 z + W_2 z^2 + W_3 z^3 + W_4 z^4 + \cdots \qquad (15)$$

의 계수들을 얻는 문제를 살펴보자. 식 (10)은 $U_1 = 1$, $U_2 = U_3 = \cdots = 0$인 특수 경우이다. z를 $(U_1 z)$로 치환한다고 할 때 만일 $U_1 \neq 0$이면 $U_1 = 1$이라고 가정할 수 있다. 그러나 U_1이 0일 수도 있으므로 일반식 (14)를 고려해야 한다.

알고리즘 T (일반적 멱급수 반전). 이 온라인 알고리즘은 $n = 1, 2, 3, \ldots, N$에 대해 (14)의 U_n, V_n 값들을 입력받아서 (15)의 W_n 값들을 출력한다. 계산 과정에서 보조 행렬 T_{mn}, $1 \leq m \leq n \leq N$ 이 쓰인다.

T1. 〔초기화.〕 $n \leftarrow 1$로 설정한다. 처음 두 입력(즉, U_1과 V_1)이 각각 T_{11}와 V_1에 저장되어 있다고 하자. (이 시점에서 반드시 $V_1 = 1$이어야 한다.)

T2. 〔W_n을 출력.〕 T_{1n}(즉, W_n)의 값을 출력한다.

T3. 〔U_n, V_n을 입력.〕 n을 1 증가시킨다. 만일 $n > N$이면 알고리즘을 끝내고, 그렇지 않으면 다음 두 입력(즉, U_n과 V_n)을 T_{1n}과 V_n에 저장한다.

T4. 〔Multiply.〕 $2 \le m \le n$에 대해

$$T_{mn} \leftarrow T_{11}T_{m-1,n-1} + T_{12}T_{m-1,n-2} + \cdots + T_{1,n-m+1}T_{m-1,m-1}$$

로 설정하고 $T_{1n} \leftarrow T_{1n} - V_m T_{mn}$으로 설정한다. (이 단계 이후 $1 \le m \le n$에 대해

$$t^m = T_{mm}z^m + T_{m,m+1}z^{m+1} + \cdots + T_{mn}z^n + O(z^{n+1}) \tag{16}$$

이 성립한다. (16)은 $m \ge 2$에 대한 귀납법으로 쉽게 증명할 수 있다. 그리고 $m = 1$일 때에는 (14)와 (16)에 의해 $U_n = T_{1n} + V_2 T_{2n} + \cdots + V_n T_{nn}$이다.) 단계 T2로 돌아간다. ∎

이 알고리즘의 작동방식은 식 (16)으로 파악할 수 있다. 이 알고리즘은 대처Henry C. Thacher, Jr에서 기인한 것이다 〔*CACM* **9** (1966), 10–11〕. 실행 시간은 알고리즘 L과 본질적으로 같으나, 필요한 저장 공간이 훨씬 크다. 이 알고리즘의 실행 예는 연습문제 9에 나온다.

멱급수 반전에 대한 또 다른 접근방식을 브렌트R. P. Brent와 궁H. T. Kung이 제안한 바 있는데 〔*JACM* **25** (1978), 581–595〕, 그 방식은 방정식의 실근을 찾는 데 쓰이는 표준적인 반복적 절차를 멱급수들에 관한 방정식에도 적용할 수 있다는 사실에 근거를 둔 것이다. 여기서는 좀더 구체적으로, 주어진 함수 f가 t 근방에서 좋은 습성을 가진다고 할 때 $f(t) = 0$을 만족하는 실수 t의 근사값을 구하는 뉴턴법에 근거한 방법을 살펴보자. 우선 뉴턴의 반복적인 근사법은 이런 것이다: 만일 x가 t의 좋은 근사값이라면 $\phi(x) = x - f(x)/f'(x)$는 더 나은 근사이다. 왜냐하면, $x = t + \epsilon$이라고 둔다면 $f(x) = f(t) + \epsilon f'(t) + O(\epsilon^2)$, $f'(x) = f'(t) + O(\epsilon)$이 되며, 따라서 $\phi(x) = t + \epsilon - (0 + \epsilon f'(t) + O(\epsilon^2))/(f'(t) + O(\epsilon)) = t + O(\epsilon^2)$이기 때문이다. 이러한 발상을 멱급수에 적용한다면, U와 V가 식 (14)의 멱급수들일 때 $f(x) = V(x) - U(z)$로 둘 수 있다. 목표는 $f(t) = 0$을 만족하는, z에 속하는 멱급수 t를 구하는 것이다. 우선 $x = W_1 z + \cdots + W_{n-1}z^{n-1} = t + O(z^n)$을 t의 n차 "근사"라고 하자. 그러면 $\phi(x) = x - f(x)/f'(x)$는 $2n$차 근사가 된다. 뉴턴법의 가정들은 이 f와 t에 대해서도 성립하기 때문이다.

정리하자면, 다음과 같은 절차를 사용하면 된다:

알고리즘 N (뉴턴법을 이용한 일반적 멱급수 반전). 이 "준온라인(semi-online)" 알고리즘은 $2^k \le n < 2^{k+1}$에 대해 (14)의 U_n, V_n 값들을 입력받고 $2^k \le n < 2^{k+1}$에 대해 (15)의 W_n 값들을 출력한다. 그럼으로써 $k = 0, 1, 2, \ldots, K$에 대해 답들을 한 번에 2^k개 묶음으로 출력한다.

N1. 〔초기화.〕 $N \leftarrow 1$로 설정한다. (이후 $N = 2^k$까지 증가하게 된다.) 첫 계수 U_1과 V_1을 입력받는다(이 시점에서 $V_1 = 1$이다). 그리고 $W_1 \leftarrow U_1$로 설정한다.

N2. 〔출력.〕 $N \le n < 2N$에 대해 W_n들을 출력한다.

N3. 〔입력.〕 $N \leftarrow 2N$으로 설정한다. 만일 $N > 2^K$이면 알고리즘을 끝낸다. 그렇지 않으면 $N \le n$ $< 2N$에 대해 U_n과 V_n의 값들을 입력받는다.

N4. 〔뉴턴법 단계.〕 멱급수

$$U_1 z + \cdots + U_{2N-1} z^{2N-1} - V(W_1 z + \cdots + W_{N-1} z^{N-1})$$
$$= R_0 z^N + R_1 z^{N+1} + \cdots + R_{N-1} z^{2N-1} + O(z^{2N}),$$
$$V'(W_1 z + \cdots + W_{N-1} z^{N-1}) = Q_0 + Q_1 z + \cdots + Q_{N-1} z^{N-1} + O(z^N)$$

(여기서 $V(x) = x + V_2 x^2 + \cdots$ 이고 $V'(x) = 1 + 2V_2 x + \cdots$ 이다)의 계수 Q_j와 R_j $(0 \le j < N)$의 계수들을 멱급수 합성을 위한 한 알고리즘(연습문제 11 참고)을 이용해서 평가한다. 그런 다음 W_N, ..., W_{2N-1}을 멱급수

$$\frac{R_0 + R_1 z + \cdots + R_{N-1} z^{N-1}}{Q_0 + Q_1 z + \cdots + Q_{N-1} z^{N-1}} = W_N + \cdots + W_{2N-1} z^{N-1} + O(z^N)$$

의 계수들로 설정하고 단계 N2로 돌아간다. ▮

이 알고리즘으로 계수들을 $N = 2^K$개까지 얻는 데 걸리는 시간은 $T(N)$으로, 여기서

$$T(2N) = T(N) + (\text{단계 } N4\text{를 계산하는 데 걸리는 시간}) + O(N) \tag{17}$$

이다. 단계 N4에서 말하는 합성과 나눗셈 알고리즘들은 N^3 규모의 단계들을 차지할 것이므로, 알고리즘 N은 알고리즘 T보다 느리게 실행될 것이다. 그러나 브렌트와 궁은 해당 멱급수 합성을 $O(N \log N)^{3/2}$회의 산술 연산으로 수행하는 한 가지 방법을 발견했으며, 연습문제 6에는 더욱 빠른 나눗셈 알고리즘이 나온다. 따라서 (17)은 멱급수 반전을 $N \to \infty$에 따라 단 $O(N \log N)^{3/2}$회의 연산들로 수행할 수 있음을 의미한다. (한편 비례상수는, N이 정말로 커야 이 "고속" 방법이 알고리즘 L과 T를 능가하게 됨을 만족하는 값이다.)

역사적 참고사항: 브램홀J. N. Bramhall과 채플M. A. Chapple은 멱급수 반전을 위한 최초의 $O(N^3)$ 방법을 *CACM* **4** (1961), 317-318, 503에 발표했다. 그 방법은 연습문제 16의 방법과 본질적으로 동치인 오프라인 알고리즘으로, 실행시간은 알고리즘 L과 T의 것과 근사적으로 같다.

멱급수 반복. 반복적 공정 $x_n \leftarrow f(x_{n-1})$의 습성을 연구하려면 주어진 함수 f 자체의 n겹 (n-fold) 합성, 즉 $x_n = f(f(...f(x_0)...))$에 관심을 가져야 할 것이다. $f^{[0]}(x) = x$이고 $f^{[n]}(x) = f(f^{[n-1]}(x))$라고 정의하자. 그러면 모든 정수 $m, n \ge 0$에 대해

$$f^{[m+n]}(x) = f^{[m]}(f^{[n]}(x)) \tag{18}$$

가 성립한다. 많은 경우 $f^{[n]}(x)$라는 표기는 n이 음의 정수일 때에도 유효하다. 즉, 만일 $f^{[n]}$과

$f^{[-n]}$이 $x = f^{[n]}(f^{[-n]}(x))$를 만족하는 역함수들이라면, 그리고 그 역함수들이 유일하다면, (18)은 모든 정수 m과 n에 대해 성립하는 것이다. 급수의 반전은 본질적으로 역 멱급수 $f^{[-1]}(x)$를 구하는 연산이다. 예를 들어 식 (10)과 (11)은 본질적으로 $z = V(W(z))$이고 $t = W(V(t))$이며, 따라서 $W = V^{[-1]}$임을 의미한다.

$W = V^{[-1]}$을 만족하는 두 멱급수 $V(z) = z + V_2 z^2 + \cdots$ 과 $W(z) = z + W_2 z^2 + \cdots$ 이 주어졌다고 하자. u가 임의의 0이 아닌 상수라고 할 때 다음과 같은 함수를 고려한다.

$$U(z) = W(u V(z)). \tag{19}$$

$U(U(z)) = W(u^2 V(z))$임은 쉽게 알 수 있을 것이다. 일반화하자면 모든 정수 n에 대해

$$U^{[n]}(z) = W(u^n V(z)) \tag{20}$$

이 성립한다. 이로써 n차 반복 $U^{[n]}$을 나타내는, 모든 n에 대해 거의 같은 양의 작업으로 계산할 수 있는 간단한 수식을 얻은 셈이다. 더 나아가서, (20)을 정수가 아닌 n의 값에 대한 $U^{[n]}$을 정의하는 데 사용하는 것도 가능하다. 예를 들어 "절반 반복" $U^{[1/2]}$은 $U^{[1/2]}(U^{[1/2]}(z)) = U(z)$를 만족하는 함수이다. (그런 함수 $U^{[1/2]}$은 두 개이다. (20)의 $u^{1/2}$의 값으로 $\sqrt{u}$ 를 사용해서 하나, $-\sqrt{u}$ 를 사용해서 하나 얻을 수 있다.)

(20)의 간단한 상황은 V와 u로 시작해서 U를 정의함으로써 얻을 수 있다. 그런데 실제 응용에서는 다음과 같은 방식이 더 바람직하다: 어떤 주어진 함수 U로 시작해서 (19)를 만족하는, 다시 말해서

$$V(U(z)) = u V(z) \tag{21}$$

가 되는 V와 u를 구해야 한다. 그런 함수 V를 U의 슈뢰더 함수(Schröder function)라고 부르는데, 이는 그런 함수를 슈뢰더Ernst Schröder가 *Math. Annalen* **3** (1871), 296–322에서 소개했기 때문이다. 이제 주어진 멱급수 $U(z) = U_1 z + U_2 z^2 + \cdots$ 의 슈뢰더 함수 $V(z) = z + V_2 z^2 + \cdots$ 을 구하는 문제에 대해서 살펴보자. (21)이 성립한다면 $u = U_1$임은 명백하다.

$u = U_1$로 두어서 (21)을 전개하고 z의 계수들을 등호로 연결해 보면

$$U_1^2 V_2 + U_2 = U_1 V_2$$

$$U_1^3 V_3 + 2 U_1 U_2 V_2 + U_3 = U_1 V_3$$

$$U_1^4 V_4 + 3 U_1^2 U_2 V_3 + 2 U_1 U_3 V_2 + U_2^2 V_2 + U_4 = U_1 V_4$$

등으로 이어지는 연립방정식이 나온다. $U_1 = 0$일 때에는 해가 없음이 명백하다($U_2 = U_3 = \cdots = 0$인 자명한 경우를 제외할 때). 그렇지 않은 경우에는 U_1이 단위원의 한 제곱근이 아닌 이상 반드시 하나의 유일한 해가 존재한다. $U_1^n = 1$일 때에는 뭔가 이상한 일이 발생할 것인데, (20)은 만일 그런 경우에서 슈뢰더 함수가 존재한다면 $U^{[n]}(z) = z$이 되어 버림을 의미하기 때문이다. 잠시 U_1이 0이 아니고 단위원의 한 제곱근이 아니라고 가정하자. 그러면 슈뢰더 함수는 존재함이 확실하며,

우리가 찾아야 할 것은 그 슈뢰더 함수를 최대한 효율적으로 계산하는 방법이다.

다음 절차는 브렌트R. P. Brent와 트라우브J. F. Traub가 제안한 것이다. 방정식 (21)은 지금 문제와 비슷하나 좀 더 복잡한 형태의 부문제들로 이어지므로, 부분적인 과제들이 동일한 형태를 가진 좀 더 일반적인 과제를 목표로 삼겠다: 목표는 $U(z)$, $W(z)$, $S(z)$, n이 주어졌으며 n이 2의 거듭제곱이고 $U(0) = 0$일 때

$$V(U(z)) = W(z)V(z) + S(z) + O(z^n) \tag{22}$$

을 만족하는 $V(z) = V_0 + V_1 z + \cdots + V_{n-1} z^{n-1}$을 찾는 것이다. $n = 1$일 때에는 그냥 $V_0 = S(0)/(1 - W(0))$로 두되 만일 $S(0) = 0$이고 $W(0) = 1$이면 $V_0 = 1$로 두면 된다. 더 나아가서 n에서 $2n$으로 가는 것도 가능하다: 우선 다음을 만족하는 $R(z)$를 구한다.

$$V(U(z)) = W(z)V(z) + S(z) - z^n R(z) + O(z^{2n}). \tag{23}$$

그런 다음

$$\widehat{W}(z) = W(z)(z/U(z))^n + O(z^n), \qquad \hat{S}(z) = R(z)(z/U(z))^n + O(z^n) \tag{24}$$

을 계산하고,

$$\widehat{V}(U(z)) = \widehat{W}(z)\widehat{V}(z) + \hat{S}(z) + O(z^n) \tag{25}$$

을 만족하는 $\widehat{V}(z) = V_n + V_{n+1} z + \cdots + V_{2n-1} z^{n-1}$을 찾는다. 이로부터 함수 $V^*(z) = V(z) + z^n \widehat{V}(z)$가

$$V^*(U(z)) = W(z)V^*(z) + S(z) + O(z^{2n})$$

을 만족한다는, 애초에 원했던 결과가 나온다.

이 절차의 실행 시간 $T(n)$은 다음을 만족한다.

$$T(2n) = 2T(n) + C(n). \tag{26}$$

여기서 $C(n)$은 $R(z)$, $\widehat{W}(z)$, $\hat{S}(z)$를 계산하는 데 걸리는 시간이다. 함수 $C(n)$에서 지배적인 것은 z^{2n}을 법으로 하여 $V(U(z))$를 계산하는 시간이며, $C(n)$은 규모 $n^{1+\epsilon}$ 이상으로 빠르게 증가하는 것으로 추정된다. 따라서 (26)의 해 $T(n)$의 규모는 $C(n)$이 될 것이다. 예를 들어 만일 $C(n) = cn^3$이면 $T(n) \approx \frac{4}{3} cn^3$이다. 또는, 만일 "빠른" 합성을 사용해서 $C(n)$이 $O(n \log n)^{3/2}$이 라면 $T(n) = O(n \log n)^{3/2}$이다.

$W(0) = 1$이고 $S(0) \neq 0$일 때에는 이 절차가 통하지 않으므로, 그런 경우가 언제 발생하는지를 조사할 필요가 있다. 브렌트-트라우브 방법으로 (22)의 해를 구하기 위해서는 정확히 n개의 부문제들(우변의 $V(z)$의 계수들이 $0 \leq j < n$에 대해 해당 $W(z)(z/U(z))^j + O(z^n)$ 값들을 어떠한 순서로 취하는)을 고려해야 한다는 점은 n에 대한 귀납법으로 쉽게 증명할 수 있다. 따라서, 만일 $W(0) = U_1$이고 U_1이 단위원의 한 제곱근이 아니면 $j = 1$일 때에만 $W(0) = 1$이 된다. 이 경우 절차는 $n = 2$에 대해 (22)의 해가 존재하지 않을 때에만 실패하게 된다.

따라서 U_1이 0이 아니고 단위원의 한 제곱근이 아닐 때에는 항상, $W(z) = U_1$, $S(z) = 0$으로 두고 $n = 2, 4, 8, 16, \ldots$에 대해 (22)의 해를 구함으로써 U에 대한 슈뢰더 함수를 구할 수 있다.

만일 $U_1 = 1$이면 $U(z) = z$가 아닌 한 슈뢰더 함수는 존재하지 않는다. 그러나 브렌트와 트라우브는 $U_1 = 1$일 때에도 $U^{[n]}(z)$를 빠르게 계산하는 방법을 발견하였다. 그 방법은 다음을 만족하는 함수 $V(z)$를 활용한다.

$$V(U(z)) = U'(z)V(z). \tag{27}$$

같은 V에 대해 두 함수 $U(z)$와 $\widehat{U}(z)$ 모두가 (27)을 만족한다면 그 둘의 합성 $U(\widehat{U}(z))$ 역시 (27)을 만족함은 쉽게 확인할 수 있다. 따라서 $U(z)$의 모든 반복들은 (27)의 해들이다. $U(z) = z + U_k z^k + U_{k+1} z^{k+1} + \cdots$이고 $k \geq 2$, $U_k \neq 0$라고 하자. 그러면 (27)을 만족하는 $V(z) = z^k + V_{k+1} z^{k+1} + V_{k+2} z^{k+2} + \cdots$ 형태의 유일한 멱급수가 존재함을 보일 수 있다. 반대로 만일 그런 함수 $V(z)$가 주어졌으며 $k \geq 2$와 U_k가 주어졌다면, (27)을 만족하는 $U(z) = z + U_k z^k + U_{k+1} z^{k+1} + \cdots$ 형태의 고유한 멱급수가 존재하는 것이다. 원하는 반복 $U^{[n]}(z)$은

$$V(P(z)) = P'(z)V(z) \tag{28}$$

를 만족하는 $P(z) = z + nU_k z^k + \cdots$ 형태의 유일한 멱급수 $P(z)$이다. $V(z)$와 $P(z)$ 모두, 그것을 구하는 적절한 알고리즘들이 존재한다(연습문제 14).

만일 U_1이 단위원의 k제곱근이나 1과 같지는 않다면 같은 방법을 함수 $U^{[k]}(z) = z + \cdots$에 적용할 수 있으며, $l(k)$회의 합성 연산을 적용해서 $U(z)$로부터 $U^{[k]}(z)$를 구할 수 있다(4.6.3절 참고). 4.6.3). 또한 $U_1 = 0$인 경우도 처리가 가능하다: $U(z) = U_k z^k + U_{k+1} z^{k+1} + \cdots$이고 $k \geq 2$, $U_k \neq 0$라고 할 때 핵심은 방정식 $V(U(z)) = U_k V(z)^k$의 한 해를 찾는 것이다. 그러면

$$U^{[n]}(z) = V^{[-1]}(U_k^{[(k^n - 1)/(k - 1)]} V(z)^{k^n}) \tag{29}$$

이다. 마지막으로, $U(z) = U_0 + U_1 z + \cdots$이고 $U_0 \neq 0$라고 할 때 $U(\alpha) = \alpha$가 되는 α를 하나의 "고정점(fixed point)"으로 둔다. 그리고

$$\widehat{U}(z) = U(\alpha + z) - \alpha = zU'(\alpha) + z^2 U''(\alpha)/2! + \cdots \tag{30}$$

이라고 하면 결국 $U^{[n]}(z) = \widehat{U}^{[n]}(z - \alpha) + \alpha$이다. 더 세부적인 사항은 브렌트와 트라우브의 논문에서 찾을 수 있다 [*SICOMP* **9** (1980), 54-66]. (27)의 V 함수는 이전에 M. Kuczma, *Functional Equations in a Single Variable* (Warsaw: PWN-Polish Scientific, 1968), Lemma 9.4에서 논의된 적이 있으며, 그보다 몇 년 전에 암묵적으로 야보틴스키E. Jabotinsky도 고찰한 바 있다(연습문제 23 참고).

대수함수. 각 $A_i(z)$가 다항식인

$$A_n(z)W(z)^n + \cdots + A_1(z)W(z) + A_0(z) = 0 \tag{31}$$

형태의 일반 방정식을 만족하는 각 멱급수 $W(z)$의 계수들을 궁H. T. Kung과 트라우브J. F. Traub에서 기인한 한 방법으로 효율적으로 계산하는 것이 가능하다. *JACM* **25** (1978), 245-260을 볼 것. 또한 D. V. Chudnovsky, G. V. Chudnovsky, *J. Complexity* **2** (1986), 271-294; **3** (1987), 1-25도 보라.

연습문제

1. [M10] 본문에서는 $V_0 \neq 0$일 때 $U(z)$를 $V(z)$로 나누는 방법을 설명했다. $V_0 = 0$일 때에는 나눗셈을 어떻게 해야 할까?

2. [20] $U(z)$와 $V(z)$의 계수들이 정수이고 $V_0 \neq 0$일 때 정수 $V_0^{n+1} W_n$을 위한 점화식을 구하라. 여기서 W_n은 (3)으로 정의된다. 그러한 점화식을 멱급수 나눗셈에 사용하려면 어떻게 해야 할까?

3. [M15] 공식 (9)가 $\alpha = 0$일 때 올바른 결과를 낼까? $\alpha = 1$일 때는 어떤가?

▶ **4.** [HM23] (9)를 간단히 수정해서 $V_0 = 0$일 때 $e^{V(z)}$을, 그리고 $V_0 = 1$일 때 $\ln V(z)$를 계산할 수 있음을 보여라.

5. [M00] 멱급수가 두 번 반전되면, 즉 알고리즘 L이나 T의 출력을 다시 반전시키면 어떤 결과가 나오는가?

▶ **6.** [M21] (궁H. T. Kung.) $V(0) \neq 0$일 때의 $W(z) = 1/V(z)$의 계산에 뉴턴법을 적용하라. $f(x) = x^{-1} - V(z)$라고 할 때 방정식 $f(x) = 0$의 멱급수 근을 구해서 적용할 것.

7. [M23] 라그랑주의 반전 공식 (12)를 이용해서, $z = t - t^m$의 반전의 계수 W_n에 대한 간단한 공식을 구하라.

▶ **8.** [M25] $z = V_1 t + V_2 t^2 + V_3 t^3 + \cdots$, $V_1 \neq 0$이고 $W(z) = W_1 z + W_2 z^2 + W_3 z^3 + \cdots = G_1 t + G_2 t^2 + G_3 t^3 + \cdots = G(t)$라 할 때 라그랑주는 다음을 증명했다.

$$W_n = \frac{1}{n}[t^{n-1}] G'(t) / (V_1 + V_2 t + V_3 t^2 + \cdots)^n$$

(식 (12)는 $G_1 = V_1 = 1$, $G_2 = G_3 = \cdots = 0$인 특별한 경우이다.) 이러한 좀 더 일반적인 상황에서 계수 W_1, W_2, $\ldots$을 구할 수 있도록 알고리즘 L을 확장하라. 실행 시간이 크게 증가해서는 안된다.

9. [11] 알고리즘 T가 $z = t - t^2$의 반전의 처음 다섯 계수를 결정하는 과정에서 계산하는 T_{mn}의 값들을 구하라.

10. [M20] $y = x^\alpha + a_1 x^{\alpha+1} + a_2 x^{\alpha+2} + \cdots$, $\alpha \neq 0$라고 할 때 전개식 $x = y^{1/\alpha} + b_2 y^{2/\alpha} + b_3 y^{3/\alpha} + \cdots$의 계수들을 계산하는 방법을 보여라.

▶ **11.** [*M25*] (멱급수 합성.) 두 멱급수

$$U(z) = U_0 + U_1 z + U_2 z^2 + \cdots \text{ 과 } V(z) = V_1 z + V_2 z^2 + V_3 z^3 + \cdots$$

이 주어졌을 때 $U(V(z))$의 처음 N개의 계수들을 계산하는 알고리즘을 설계하라.

12. [*M20*] 이 다항식 나눗셈과 멱급수 나눗셈의 관계를 찾아라: 하나의 체에 관한, 차수가 각각 m과 n인 다항식 $u(x)$와 $v(x)$가 주어졌을 때, $u(x) = q(x)v(x) + r(x)$이고 $\deg(r) < n$인 다항식 $q(x)$와 $r(x)$를 오직 멱급수에 대한 연산만 사용해서 구하는 방법을 보여라.

13. [*M27*] (유리함수의 근사.) 종종 그 몫이 주어진 한 멱급수의 초기 항들과 동일한 두 다항식을 구해야 할 때가 있다. 예를 들어 $W(z) = 1 + z + 3z^2 + 7z^3 + \cdots$ 이라고 하면, $w_1(z)$와 $w_2(z)$가 $\deg(w_1) + \deg(w_2) < 4$인 다항식들일 때 $W(z)$를 $w_1(z)/w_2(z) + O(z^4)$ 형태로 표현하는 각기 다른 방법은 본질적으로 다음 네 가지이다:

$$(1 + z + 3z^2 + 7z^3)\,/\,1 = 1 + z + 3z^2 + 7z^3 + 0z^4 + \cdots,$$
$$(3 - 4z + 2z^2)\,/\,(3 - 7z) = 1 + z + 3z^2 + 7z^3 + \frac{49}{3}z^4 + \cdots,$$
$$(1 - z)\,/\,(1 - 2z - z^2) = 1 + z + 3z^2 + 7z^3 + 17z^4 + \cdots,$$
$$1\,/\,(1 - z - 2z^2 - 2z^3) = 1 + z + 3z^2 + 7z^3 + 15z^4 + \cdots.$$

이런 종류의 유리함수를 흔히 파데 근사(Padé approximations)라고 부른다. 파데 H. E. Pade [*Annales Scient. de l'École Normale Supérieure (3)* **9** (1892), S1–S93; (3) **16** (1899), 395–426]가 이런 유리함수들을 상세히 연구했기 때문에 그런 이름이 붙은 것이다.

$\deg(w_1) + \deg(w_2) < N$인 모든 파데 근사 $W(z) = w_1(z)/w_2(z) + O(z^N)$을 다항식 z^N과 $W_0 + W_1 z + \cdots + W_{N-1} z^{N-1}$에 확장된 유클리드 알고리즘을 적용해서 구할 수 있음을 보여라. 그리고 각 W_i가 정수인 경우를 위한 순정수 알고리즘을 설계하라. [힌트: 연습문제 4.6.1-26을 볼 것.]

▶ **14.** [*HM30*] $U(z) = z + U_k z^k + \cdots$ 일 때 (27)과 (28)을 이용해서 $U^{[n]}(z)$를 계산하는 브렌트-트라우브 방법을 세부 사항을 채워서 완성하라.

15. [*HM20*] $V(z)$가 (27)에서 간단한 형태 z^k이 되는 함수 $U(z)$들은 무엇인가? $U(z)$의 반복들에서 어떠한 사실들을 이끌어낼 수 있는가?

16. [*HM21*] 연습문제 8에서처럼 $W(z) = G(t)$라고 하자. 계수 W_1, W_2, W_3, ...을 구하는 "명백한" 방법은 다음과 같다: $n \leftarrow 1$, $R_1(t) \leftarrow G(t)$로 설정한다. 그런 다음 설정 $W_n \leftarrow [t]\,R_n(t)\,/\,V_1$, $R_{n+1}(t) \leftarrow R_n(t)/V(t) - W_n$, $n \leftarrow n + 1$을 반복해서 관계 $W_n V(t) + W_{n+1} V(t)^2 + \cdots = R_n(t)$를 유지한다.

연습문제 8의 라그랑주의 공식을 다음을 보임으로써 증명하라:

모든 $n \geq 1$과 $k \geq 1$에 대해 $\dfrac{1}{n}[t^{n-1}]R'_{k+1}(t)\,t^n\,/\,V(t)^n = \dfrac{1}{n+1}[t^n]R'_k(t)\,t^{n+1}\,/\,V(t)^{n+1}.$

▶ **17.** [M20] 멱급수 $V(z) = V_1 z + V_2 z^2 + V_3 z^3 + \cdots$ 이 주어졌을 때, 계수 $v_{nk} = \frac{n!}{k!} [z^n] V(z)^k$ 들의 무한배열을 V의 멱행렬(power matrix)이라고 한다. 그리고 $V_n(x) = v_{n0} + v_{n1} x + \cdots + v_{nn} x^n$을 V의 n차 파워로이드(poweroid)라고 정의한다. 파워로이드가 다음과 같은 일반 합성곱 법칙

$$V_n(x+y) = \sum_k \binom{n}{k} V_k(x) V_{n-k}(y)$$

를 만족함을 증명하라. (예를 들어 $V(z) = z$이면 $V_n(x) = x^n$이며, 이는 이항계수이다. $V(z) = \ln(1/(1-z))$일 때에는 식 1.2.9-(26)에 의해 $v_{nk} = \begin{bmatrix} n \\ k \end{bmatrix}$가 성립한다. 따라서 파워로이드 $V_n(x)$는 $x^{\bar{n}}$이며, 항등식은 연습문제 1.2.6-33에서 증명한 결과이다. $V(z) = e^z - 1$일 때에는 $V_n(x) = \sum_k \begin{Bmatrix} n \\ k \end{Bmatrix} x^k$이며 공식은 우리가 아직 보지 못한 항등식

$$\binom{l+m}{m} \begin{Bmatrix} n \\ l+m \end{Bmatrix} = \sum_k \binom{n}{k} \begin{Bmatrix} k \\ l \end{Bmatrix} \begin{Bmatrix} n-k \\ m \end{Bmatrix}$$

과 동치이다. 조합 수학에서, 그리고 알고리즘 분석에서 나타나는 다른 여러 계수 삼각 배열들 역시 멱급수의 멱행렬인 것으로 판명된다.)

18. [HM22] 연습문제 17을 계속 이어나가서, 파워로이드가 다음도 만족함을 증명하라:

$$x V_n(x+y) = (x+y) \sum_k \binom{n-1}{k-1} V_k(x) V_{n-k}(y).$$

[힌트: $e^{x V(z)}$의 도함수를 고려할 것.]

19. [M25] 연습문제 17을 계속 이어나가서, 모든 수 v_{nk}를 첫 열의 수 $v_n = v_{n1} = n! V_n$들로 표현하고, 모든 열을 수열 $v_1, v_2, \ldots$와 비교할 수 있는 간단한 점화식을 구하라. 특히, 만일 모든 v_n이 정수이면 모든 v_{nk}가 정수임을 보여라.

20. [HM20] 연습문제 17을 계속 이어나가서, $W(z) = U(V(z))$이고 $U_0 = 0$이라고 하자. W의 멱행렬이 V와 U의 멱행렬들의 곱임을, 즉 $w_{nk} = \sum_j v_{nj} u_{jk}$임을 증명하라.

▶ **21.** [HM27] 연습문제 20을 계속 이어나가서, $V_1 \neq 0$이고 $W(z) = -V^{[-1]}(-z)$라고 하자. 이 연습문제의 목적은 V와 W의 멱행렬들이 서로 "쌍대(dual)"임을 보이는 것이다. 예를 들어 $V(z) = \ln(1/(1-z))$이면 $V^{[-1]}(z) = 1 - e^{-z}$, $W(z) = e^z - 1$이고 해당 멱행렬들은 잘 알려진 스털링 삼각형 $v_{nk} = \begin{bmatrix} n \\ k \end{bmatrix}$, $w_{nk} = \begin{Bmatrix} n \\ k \end{Bmatrix}$이다.

a) 스털링 수에 대한 반전 공식 1.2.6-(47)이 일반적으로 성립함을 보여라:

$$\sum_k v_{nk} w_{km} (-1)^{n-k} = \sum_k w_{nk} v_{km} (-1)^{n-k} = \delta_{mn}.$$

b) 관계식 $v_{n(n-k)} = n^{\underline{k}} [z^k] (V(z)/z)^{n-k}$은 고정된 k에 대해 수량 $v_{n(n-k)}/V_1^n$이 차수가 $\leq 2k$인 n의 다항식임을 보여준다. 따라서, 1.2.6에서 스털링 수에 대해 정의했던 것과 마찬가지로, k가 음이 아닌 정수일 때 임의의 α에 대해

$$v_{\alpha(\alpha-k)} = \alpha^{\underline{k}} [z^k] (V(z)/z)^{\alpha-k}$$

이라고 정의할 수 있다. $v_{(-k)(-n)} = w_{nk}$임을 증명하라. (이는 식 1.2.6-(58)을 일반화한다.)

▶ **22.** [HM27] $U_0 \neq 0$인 $U(z) = U_0 + U_1 z + U_2 z^2 + \cdots$이 주어졌을 때 α차 유도된 함수(induced function) $U^{\{\alpha\}}(z)$는 방정식

$$V(z) = U(z\,V(z)^\alpha)$$

에 의해 암묵적으로 정의되는 멱급수 $V(z)$이다.

a) $U^{\{0\}}(z) = U(z)$이고 $U^{\{\alpha\}\{\beta\}}(z) = U^{\{\alpha+\beta\}}(z)$임을 증명하라.

b) $B(z)$가 간단한 이항급수 $1 + z$라고 하자. 예전에 $B^{\{2\}}(z)$를 어디에서 보았을까?

c) $[z^n]U^{\{\alpha\}}(z)^x = \dfrac{x}{x+n\alpha}[z^n]U(z)^{x+n\alpha}$을 증명하라.
   힌트: 만일 $W(z) = z/U(z)^\alpha$이면 $U^{\{\alpha\}}(z) = (W^{[-1]}(z)/z)^{1/\alpha}$이 성립한다.

d) 따라서 임의의 파워로이드 $V_n(x)$는 연습문제 17과 18의 항등식들뿐만 아니라 다음도 만족한다:

$$\frac{(x+y)\,V_n(x+y+n\alpha)}{x+y+n\alpha} = \sum_k \binom{n}{k} \frac{x\,V_k(x+k\alpha)}{x+k\alpha} \frac{y\,V_{n-k}(y+(n-k)\alpha)}{y+(n-k)\alpha};$$

$$\frac{V_n(x+y)}{y-n\alpha} = (x+y)\sum_k \binom{n-1}{k-1} \frac{V_k(x+k\alpha)}{x+k\alpha} \frac{V_{n-k}(y-k\alpha)}{y-k\alpha}.$$

〔특별한 경우들로는 아벨의 이항정리, 식 1.2.6-(16); 로테의 항등식 1.2.6-(26)과 1.2.6-(30); 토렐리 합, 연습문제 1.2.6-34 등이 있다.〕

23. [HM35] (야보틴스키 E. Jabotinsky.) 같은 맥락을 계속 이어서, $U = (u_{nk})$가 $U(z) = z + U_2 z^2 + \cdots$의 멱행렬이라고 가정하자. 그리고 $u_n = u_{n1} = n!\,U_n$으로 둔다.

a) $U^{[\alpha]}(z)$의 멱행렬이 $\exp(\alpha \ln U) = I + \alpha \ln U + (\alpha \ln U)^2/2! + \cdots$임을 만족하는 행렬 $\ln U$를 계산하는 방법을 설명하라.

b) l_{nk}가 행렬 $\ln U$의 n 행 k 열 성분이라고 하자. 그리고

$$l_n = l_{n1}, \qquad L(z) = l_2\frac{z^2}{2!} + l_3\frac{z^3}{3!} + l_4\frac{z^4}{4!} + \cdots$$

이라고 하자. $1 \leq k \leq n$에 대해 $l_{nk} = \binom{n}{k-1}l_{n+1-k}$임을 증명하라. 〔힌트: $U^{[\epsilon]}(z) = z + \epsilon L(z) + O(\epsilon^2)$.〕

c) $U^{[\alpha]}(z)$를 α와 z 모두의 함수로 간주해서 다음을 증명하라.

$$\frac{\partial}{\partial\alpha}U^{[\alpha]}(z) = L(z)\frac{\partial}{\partial z}U^{[\alpha]}(z) = L(U^{[\alpha]}(z)).$$

(따라서 $V(z)$가 (27)과 (28)의 함수라고 할 때 $L(z) = (l_k/k!)\,V(z)$이다.)

d) 만일 $u_2 \neq 0$이면 수 l_n들을 다음과 같은 점화식으로 계산할 수 있음을 보여라.

$$l_2 = u_2, \qquad \sum_{k=2}^{n} \binom{n}{k} l_k u_{n+1-k} = \sum_{k=2}^{n} l_k u_{nk}.$$

$u_2 = 0$일 때에는 이 점화식을 어떻게 사용해야 할까?

e) 항등식

$$u_n = \sum_{m=0}^{n-1} \frac{n!}{m!} \sum_{\substack{k_1 + \cdots + k_m = n+m-1 \\ k_1, \ldots, k_m \geq 2}} \frac{n_0}{k_1!} \frac{n_1}{k_2!} \cdots \frac{n_{m-1}}{k_m!} l_{k_1} l_{k_2} \cdots l_{k_m}$$

을 증명하라. 여기서 $n_j = 1 + k_1 + \cdots + k_j - j$이다.

24. [*HM25*] U_1이 단위원의 제곱근이 아닌 멱급수 $U(z) = U_1 z + U_2 z^2 + \cdots$이 주어졌으며 $U = (u_{nk})$가 $U(z)$의 멱행렬이라고 하자.

a) $U^{[\alpha]}(z)$의 멱행렬이 $\exp(\alpha \ln U) = I + \alpha \ln U + (\alpha \ln U)^2/2! + \cdots$임을 만족하는 행렬 $\ln U$를 계산하는 방법을 설명하라.

b) 만일 $W(z)$가 항상 0은 아니며 $U(W(z)) = W(U(z))$이면 어떤 복소수 α에 대해 $W(z) = U^{[\alpha]}(z)$임을 보여라.

25. [*M24*] 만일 $U(z) = z + U_k z^k + U_{k+1} z^{k+1} + \cdots$이고 $V(z) = z + V_l z^l + V_{l+1} z^{l+1} + \cdots$이며 $k \geq 2$, $l \geq 2$, $U_k \neq 0$, $V_l \neq 0$, $U(V(z)) = V(U(z))$이면 반드시 $k = l$이고 $\alpha = V_k/U_k$에 대해 $V(z) = U^{[\alpha]}(z)$임을 증명하라.

26. [*M22*] 만일 $U(z) = U_0 + U_1 z + U_2 z^2 + \cdots$과 $V(z) = V_1 z + V_2 z^2 + \cdots$이 계수들이 모두 0 또는 1인 멱급수들이면, $U(V(z)) \bmod 2$의 처음 N개의 계수들을 임의의 $\epsilon > 0$에 대한 $O(N^{1+\epsilon})$ 단계로 구할 수 있음을 보여라.

27. [*M22*] (차일베르거 D. Zeilberger.) q, m, 그리고 $V(z) = 1 + V_1 z + V_2 z^2 + \cdots$의 계수들이 주어졌을 때 $W(z) = V(z) V(qz) \ldots V(q^{m-1}z)$의 계수들을 계산하는, (9)와 비슷한 점화식을 구하라. q는 단위원의 한 제곱근이 아니라고 가정할 것.

▶ **28.** [*HM26*] 디리클레 급수(Dirichlet series)는 $V(z) = V_1/1^z + V_2/2^z + V_3/3^z + \cdots$ 형태의 합이다. 그러한 두 급수의 곱 $U(z) V(z)$는 다음을 만족하는 디리클레 급수 $W(z)$이다.

$$W_n = \sum_{d \setminus n} U_d V_{n/d}.$$

보통의 멱급수들은 이러한 디리클레 급수의 특별한 경우이다. 왜냐하면 $z = 2^{-s}$일 때 $V_0 + V_1 z + V_2 z^2 + V_3 z^3 + \cdots = V_0/1^s + V_1/2^s + V_2/4^s + V_3/8^s + \cdots$이 성립하기 때문이다. 사실 디리클레 급수는 임의의 개수의 변수들로 된, 그리고 $z_k = p_k^{-s}$이고 p_k가 k번째 소수인 멱급수 $V(z_1, z_2, \ldots)$과 본질적으로 동치이다.

디리클레 급수 $V(z)$가 주어졌으며 (a) $V_1 = 1$일 때 $W(z) = V(z)^\alpha$을, (b) $V_1 = 0$일 때 $W(z) = \exp V(z)$를, (c) $V_1 = 1$일 때 $W(z) = \ln V(z)$를 구하려고 한다는 가정 하에서 (9)와 연습문제 4의 공식들을 일반화하는 점화식들을 구하라. 〔힌트: n의 소인수 개수 전체(중복 포함)를 $t(n)$이라고 표기하고 $\delta \sum_n V_n/n^z = \sum_n t(n) V_n/n^z$이라고 두어서, δ가 도함수에 비견할 수 있는 것임을 보일 것. 예를 들어 $\delta e^{V(z)} = e^{V(z)} \delta V(z)$이다〕

> 그 무엇이든, 일련(series)의 것들을 진정으로 변경할 수 있으려면,
> 애초에 그 일련의 것들을 만들어 냈을 때와 같은 권능을
> 가지고 있어야 할 것이다.
>
> —— 에드워드 스틸링플리트EDWARD STILLINGFLEET, *Origines Sacræ*, 2:3:2 (1662)

연습문제 해답

나는 수학의 이 한 분야가,
훌륭한 저자들이라 해도 완전히 틀린 결과를 얻는 경우가 많은
유일한 분야라고 믿는다.
. . . 확률에 관한, 절대로 옹호할 수 없는 답들을 전혀 포함하지 않은
하나의 상세한 논문이 존재할 것인가는 의심스러운 일이다.

— 퍼스C. S. PEIRCE, *Popular Science Monthly* (1878)에서

연습문제에 대해

1. 수학에 익숙한 독자들에게 평균적인 문제.

3. (프라이Roger Frye가 1987년에 Connection Machine 컴퓨터에서 약 110시간의 계산으로 얻은 답.) $95800^4 + 217519^4 + 414560^4 = 422481^4$.

4. (이 책의 초고를 읽은 독자들 중 한 명이, 자신이 정말로 놀랄만한 증명을 발견했다고 보고했다. 그러나 안타깝게도 초고 복사본의 여백이 너무 작아서 그 증명을 적을 수가 없었다고 한다.)†

3.1절

1. (a) 일반적으로는 실패할 것이다. 왜냐하면 전화 사용자는 가능하면 "반올림된(round)" 전화번 호를 선택하는 경우가 많기 때문이다. 물론 전화번호를 무작위하게 배정하는 지역도 있을 것이다. 그러나 어떤 경우이든 같은 페이지에서 여러 개의 난수들을 연달아 택하는 것은 바람직하지 않다. 왜냐하면 같은 전화번호가 연달아 여러 개 나오는 경우가 있기 때문이다.

(b) 그런데 왼쪽 번호를 사용할 것인가 오른쪽 것을 사용할 것인가? 왼쪽 번호를 사용하되 2로 나누고 1의 자리 숫자를 취한다고 하자. 전체 쪽수는 20의 배수이어야 할 것이다. 그러나 그런 경우라도 다소 편향된 결과가 나오게 될 것이다.

(c) 주사위 면의 표시들이 주사위의 물리적인 균형에 영향을 미치겠지만, 실용적인 목적에서

---

† 〔옮긴이 주〕 페르마의 정리에 대해 페르마 자신이 남겼던 말의 패러디이다.

볼 때 이 방법은 상당히 만족스럽다(그리고 필자 역시 이 시리즈를 저술하면서 여러 예제들에서 이 방법을 사용했다). 20면체 주사위에 대한 추가적인 논의로는 *Math. Comp.* **15** (1961), 94-95를 볼 것.

(d) (이것은 일부러 독자를 놀라게 할 목적으로 선택한 어려운 질문이다.) 그 수가 아주 균등하게 무작위한 것은 아니다. 분 당 평균 방출 입자수를 m이라고 할 때, 계수기가 k라는 수치를 가리킬 확률은 $e^{-m}m^k/k!$이다(푸아송 분포임). 따라서 숫자 0이 선택될 확률은 $e^{-m}\sum_{k \geq 0} m^{10k}/(10k)!$, 등등이다. 특히 1의 자리 숫자가 짝수일 확률은 $e^{-m}\cosh m = \frac{1}{2} + \frac{1}{2}e^{-2m}$이며, 이 확률은 결코 $\frac{1}{2}$에 도달하지 못한다(m이 클 때 오차가 무시할 수 있을 정도로 작긴 해도).

그러나 계수기를 열 번 읽어서 $(m_0, ..., m_9)$를 얻고, 만일 m_j가 모든 $i \neq j$에 대해 m_i보다 엄밀하게 작다면 j를 출력하는 방법은 유효하다. 만일 최소값이 두 번 이상 나타난다면 다시 시도한다. ((h)를 볼 것.)

(e) 이전에 숫자를 선택한 이후로 흐른 시간이 무작위하다면 괜찮은 방법이다. 그러나 구간 경계에 걸치는 경우들에서 편향이 나타날 가능성이 존재한다.

(f, g) 적절하지 않다. 사람들은 특정 숫자(7 등)를 더 높은 확률로 떠올리는 경향이 있다.

(h) 적절하다. 말들에 열 개의 번호를 부여한다고 할 때, 주어진 한 번호가 승리마에게 부여될 확률은 $\frac{1}{10}$이다.

2. 그런 수열들의 개수는 다항계수 $1000000!/(100000!)^{10}$이다. 해당 확률은 그 수를 $10^{1000000}$, 즉 숫자 백만 개의 수열들의 전체 개수로 나눈 것이다. 스털링의 근사에 의해, 그 확률은 $1/(16\pi^4 10^{22}\sqrt{2\pi}) \approx 2.56 \times 10^{-26}$에 가깝다. 대략 4×10^{25}분의 1의 확률이다.

3. 3040504030.

4. (a) 단계 K11로 진입할 수 있는 단계는 오직 단계 K10이나 단계 K2 뿐이며, 두 경우 모두 X가 0이 되는 것은 불가능함을 간단히 증명할 수 있다. 그 시점에서 X가 0이 될 수 있다면 알고리즘은 끝이 나지 않을 것이다.

(b) X의 초기값이 3830951656이면 계산은 표 1에 나온 것 같은 여러 단계들을 거치되, $Y = 5$가 아니라 $Y = 3$인 상태에서 단계 11에 도달한다는 점이 다르다. 따라서 3830951656 → 5870802097이 된다. 비슷하게 5870802097 → 1226919902 → 3172562687 → 3319967479 → 6065038420 → 6065038420 → ···이 된다.

5. 오직 10^{10}개의 십진 숫자들만 가능하므로, 처음 $10^{10} + 1$ 단계들에서 X의 어떤 값이 반드시 반복되어야 한다. 하나의 값이 반복되자마자 수열은 계속해서 자신의 과거의 행동을 되풀이하게 된다.

6. (a) 이전 연습문제에서와 마찬가지의 논리로, 언젠가는 수열에서 하나의 값이 반복된다. 이 반복이 단계 $\mu + \lambda$에서 처음 발생한다고 하자. 여기서 $X_{\mu + \lambda} = X_\mu$이다. (이 조건은 μ와 λ를 정의한다.) 그러면 $0 \leq \mu < m$, $0 < \lambda \leq m$, $\mu + \lambda \leq m$이다. $\mu = 0$, $\lambda = m$이 되는 상황은 오직 f가 하나의 순환순열인 경우에만 발생한다. 그리고 $\mu = m - 1$, $\lambda = 1$도 발생한다. 예를 들어 만일 $X_0 = 0$이면

$x < m - 1$에 대해 $f(x) = x + 1$이고 $f(m-1) = m - 1$이다.

(b) $r > n$에 대해, 오직 $r - n$이 λ의 배수이고 $n \geq \mu$일 때에만 $X_r = X_n$이다. 따라서 오직 n이 λ의 배수이고 $n \geq \mu$일 때에만 $X_{2n} = X_n$이다. 이로부터 문제에 주어진 결과가 즉시 도출된다. 〔참고: 유한한 반군(semigroup)의 한 원소의 거듭제곱들에는 하나의 유일한 멱등원이 존재한다: $X_1 = a$, $f(x) = ax$로 두어 볼 것. G. Frobenius, *Sitzungsberichte preußische Akademie der Wissenschaften* (1895), 82-83 참고.〕

(c) 일단 n을 발견했다면 $X_i = X_{n+i}$인 첫 번째 사례가 나올 때까지 $i \geq 0$에 대해 X_i와 X_{n+i}를 생성한다. 그런 다음 $\mu = i$로 둔다. 만일 $0 < i < \mu$에 대해 X_n와 같은 X_{n+i}가 존재하지 않는다면 $\lambda = n$이며, 그렇지 않다면 λ는 그러한 가장 작은 i이다.

7. (a) $n - (\ell(n) - 1)$을 만족하는 최소의 $n > 0$은 λ의 배수이고 $\ell(n) - 1 \geq \mu$는 $n = 2^{\lceil \lg \max (\mu + 1, \lambda) \rceil} - 1 + \lambda$이다. 〔이를 $X_{2n} = X_n$인 최소의 $n > 0$, 즉 $\lambda(\lceil \mu / \lambda \rceil + \delta_{\mu 0})$와 비교해 보아도 좋을 것이다.〕

(b) $X = Y = X_0$, $k = m = 1$로 시작한다. (이 알고리즘의 핵심 지점들에서 $X = X_{2m - k - 1}$, $Y = X_{m-1}$, $m = \ell(2m - k)$가 성립한다.) 다음 난수는 다음과 같은 단계들로 생성한다: $X \leftarrow f(X)$로 설정하고 $k \leftarrow k - 1$로 설정한다. 만일 $X = Y$이면 멈춘다(주기 길이 λ는 $m - k$와 같다). 그렇지 않고 만일 $k = 0$이면 $Y \leftarrow X$, $m \leftarrow 2m$, $k \leftarrow m$로 설정한다. X를 출력한다.

참고: 브렌트는 $Y = X_{n_i}$의 일련의 값들이 $n_1 = 0$, $n_{i+1} = 1 + \lfloor pn_i \rfloor$를 만족하는(여기서 p는 1보다 큰 임의의 수) 좀 더 일반적인 방법도 고찰했다. 그는 최상의 p 값이 약 2.4771이며 그런 경우 $p = 2$에 비해 반복 횟수를 약 3퍼센트 절감할 수 있음을 보였다. (연습문제 4.5.4-4 참고.)

그러나 부문제 (b)의 방법에는 절차가 완료되기 전에 상당히 많은 무작위하지 않은 수들이 생성될 수 있다는 심각한 단점이 존재한다. 예를 들어 $\lambda = 1$, $\mu = 2^k$ 같은 특이나 나쁜 경우가 존재한다. 연습문제 6(b)에 나온 플로이드의 발상에 기반을 둔 방법, 즉 $n = 0, 1, 2$에 대해 $Y = X_{2n}$, $X = X_n$을 유지하는 방법은 브렌트의 방법에서보다 함수 평가 횟수가 더 적으나, 그러한 수는 어떠한 수가 두 번 출력되기 전에 멈추게 된다.

한편, 만일 f가 알려져 있지 않다면(예를 들어 외부의 근원으로부터 직접 $X_0, X_1, \ldots$ 값들을 입력받는다면), 또는 f가 적용하기 힘든 함수라면, 가스퍼 R. W. Gosper에서 기인한 다음과 같은 순환 검출 알고리즘이 바람직할 것이다: X_n들을 받으면서 보조 표 $T_0, T_1, \ldots, T_m$을 갱신한다. 여기서 $m = \lfloor \lg n \rfloor$이다. 처음에는 $T_0 \leftarrow X_0$이다. $n = 1, 2, \ldots$에 대해 X_n을 $T_0, \ldots, T_{\lfloor \lg n \rfloor}$ 각각과 비교한다. 일치하는 것이 없으면 $T_{e(n)} \leftarrow X_n$로 설정한다. 여기서 $e(n) = \rho(n+1) = \max\{e \mid 2^e$이 $n+1$로 나누어짐$\}$이다. $X_n = T_k$인 값을 찾았다면 $\lambda = n - \max\{l \mid l < n$이고 $e(l) = k\}$이다. X_n을 $T_{e(n)}$에 저장한 후에는 그것을 $X_{n+1}, X_{n+2}, \ldots, X_{n + 2^{e(n)+1}}$과 비교한다. 따라서 절차는 $X_{\mu + \lambda + j}$를 생성한 직후 멈추게 되는데, 여기서 $j \geq 0$는 $e(\mu + j) \geq \lceil \lg \lambda \rceil - 1$인 최소값이다. 이러한 방법을 이용하면 어떠한 X 값도 세 번 이상 생성되지 않으며, 많아야 $\max(1, 2^{\lceil \lg \lambda \rceil - 1})$개의 값들이 두 번 이상 생성된다. 〔MIT AI Laboratory Memo 239 (1972년 2월 29일), Hack 132.〕

세지윅R. Sedgewick, 시만스키T. G. Szymanski, 야오A. C. Yao는 매개변수 $m \geq 2$과 $g \geq 1$에 기반을 둔 좀 더 복잡한 알고리즘을 분석하였다. X_n을 계산하는 순간에 X_0, X_b, …, X_{qb}를 담고 있는 크기 m의 보조표를 사용한다. $b = 2^{\lceil \lg n/m \rceil}$이고 $q = \lceil n/b \rceil - 1$이다. 만일 $n \bmod gb < b$이면 X_n을 표의 항목들과 비교한다. 같은 것을 찾았다면 f를 최대 $(g+1)2^{\lceil \lg(\mu + \lambda) \rceil + 1}$번 더 평가해서 μ와 λ를 재구축할 수 있다. f의 평가 비용이 τ단위시간이고 표에 X_n와 같은 원소가 있는지 점검하는 데 필요한 비용이 σ단위라고 할 때, q를 적절히 선택함으로써 총 실행 시간이 $(\mu + \lambda)(\tau + O(\frac{\sigma \tau}{m})^{1/2})$이 되게 할 수 있다. 이는 만일 $\sigma / \tau = O(m)$이면 최적의 시간이다. 게다가 X_n은 $\mu + \lambda > mn/(m + 4g + 2)$일 때에만 계산하므로, 서로 다름이 보장되는 원소들을 출력 당 단 $2 + O(m^{-1/2})$회의 함수 평가만 수행해서 "온라인" 식으로 출력하는 데 이러한 방법을 사용할 수 있다. 〔*SICOMP* **11** (1982), 376–390.〕

8. (a,b) 00, 00, … [시작값 62개]; 10, 10, … [19]; 60, 60. … [15]; 50, 50, … [1]; 24, 57, 24, 57, … [3]. (c) 42 또는 69; 두 값 모두 서로 다른 15개의 값들, 즉 (42 또는 69), 76, 77, 92, 46, 11, 12, 14, 19, 36, 29, 84, 05, 02, 00의 집합이 나오게 한다.

9. $X < b^n$이므로 $X^2 < b^{2n}$이며, 중앙제곱은 $\lfloor X^2/b^n \rfloor \leq X^2/b^n$이다. 만일 $X > 0$이면 $X^2/b^n < Xb^n/b^n = X$이다.

10. 만일 $X = ab^n$이면 수열의 다음 수는 같은 형태를 가진다. 그 수는 $(a^2 \bmod b^n)b^n$과 같다. 만일 a가 b의 모든 소인수의 배수이면 수열은 곧 0으로 퇴화한다. 그렇지 않다면 수열은 X와 동일한 일반 형식을 가진 수들의 순환주기로 퇴화하게 된다.

중앙제곱법에 대한 추가적인 사실들이 B. Jansson, *Random Number Generators* (Stockholm: Almqvist & Wiksell, 1966), 3A절에 밝혀져 있다. 수비학자들은 수 3792가 네 자리 중앙제곱법에서 자기재생적($3792^2 = 14379264$이므로)이라는 점에 흥미를 느낄 것이다. 더 나아가서(얀손이 말했듯이), 이 수는 그 소인수분해가 $3 \cdot 79 \cdot 2^4$이라는 점에서도 "자기재생적"이다.

11. $\mu = 0$이고 $\lambda = 1$일 확률은 $X_1 = X_0$일 확률, 즉 $1/m$이다. $(\mu, \lambda) = (1, 1)$일 확률 또는 $(\mu, \lambda) = (0, 2)$일 확률은 $X_1 \neq X_0$이고 X_2가 특정한 값을 가질 확률이며, 따라서 $(1 - 1/m)(1/m)$이다. 비슷하게, 수열에 임의의 주어진 μ와 λ가 있을 확률은 오직 $\mu + \lambda$의 함수, 즉

$$P(\mu, \lambda) = \frac{1}{m} \prod_{1 \leq k < \mu + \lambda} \left(1 - \frac{k}{m}\right)$$

이다. $\lambda = 1$일 확률을 살펴보자면, $Q(m)$이 1.2.11.3절 식 (2)와 같이 정의된다고 할 때

$$\sum_{\mu \geq 0} \frac{1}{m} \prod_{k=1}^{\mu} \left(1 - \frac{k}{m}\right) = \frac{1}{m} Q(m)$$

이 성립한다. 그 절의 식 (25)에 의해, 그 확률은 약 $\sqrt{\pi/2m} \approx 1.25/\sqrt{m}$이다. 알고리즘 K가 이전처럼 수렴할 확률은 약 80000분의 1밖에 되지 않는다. 필자는 확실히 운이 나빴던 것이다. 그러

나 연습문제 15에 나오는, 이런 "엄청난(colossal)" 사건에 대한 추가적인 논의를 참고할 것.

12. $\sum_{\substack{1 \le \lambda \le m \\ 0 \le \mu < m}} \lambda P(\mu, \lambda) = \frac{1}{m}\left(1 + 3\left(1 - \frac{1}{m}\right) + 6\left(1 - \frac{1}{m}\right)\left(1 - \frac{2}{m}\right) + \cdots\right) = \frac{1 + Q(m)}{2}.$

(이전 답을 볼 것. 일반적으로 만일 $f(a_0, a_1, \ldots) = \sum_{n \ge 0} a_n \prod_{k=1}^{n}(1 - k/m)$이면 $f(a_0, a_1, \ldots)$ $= a_0 + f(a_1, a_2, \ldots) - f(a_1, 2a_2, \ldots)/m$이다. 이 항등식을 $a_n = (n+1)/2$로 두어서 적용한다.) 따라서 λ의 평균값은(또한, $P(\mu, \lambda)$ 대칭성에 의해, $\mu + 1$의 평균값 역시) 근사적으로 $\sqrt{\pi m/8} + \frac{1}{3}$이다. $\mu + \lambda$의 평균값은 정확히 $Q(m)$으로, 이는 근사적으로 $\sqrt{\pi m/2} - \frac{1}{3}$이다. 〔또 다른 유도 방식과, 그 순간들에 대한 접근값을 포함한 추가적인 결과로는 A. Rapoport, *Bull. Math. Biophysics* **10** (1948), 145-157와 B. Harris, *Annals Math. Stat.* **31** (1960), 1045- 1062를 볼 것; 또한 소볼 I. M. Sobol의 *Theory of Probability and Its Applications* **9** (1964), 333-338도 보라. 소볼은 f와 g 모두 무작위이며 만일 $n \not\equiv 0 \pmod{m}$이면 $X_{n+1} = f(X_n)$, 만일 $n \equiv 0 \pmod{m}$이면 $X_{n+1} = g(X_n)$이라는 규칙으로 정의되는 좀 더 일반적인 수열의 접근적 주기 길이를 논의한다.〕

13. 〔Paul Purdom, John Williams, *Trans. Amer. Math. Soc.* **133** (1968), 547-551.〕 T_{mn}이 n개의 1순환마디를 가지며 길이가 1보다 큰 순환마디는 없는 함수들의 개수라고 하자. 그러면

$$T_{mn} = \binom{m-1}{n-1} m^{m-n}$$

이다. (이것은 연습문제 2.3.4.4-25의 $\binom{m}{n} r(m, m-n)$이다.) 모든 함수는 그러한 함수 다음에, 전에 1순환마디들이었던 n개의 원소들의 한 순열이 붙은 것이다. 따라서 $\sum_{n \ge 1} T_{mn} n! = m^m$이다.

n개의 원소들의 순열들 중 가장 긴 순환마디의 길이가 k인 것들의 개수를 P_{nk}라고 하자. 그러면 길이 k의 최대 순환마디를 가진 함수들의 개수는 $\sum_{n \ge 1} T_{mn} P_{nk}$이다. k의 평균값을 얻기 위해 $\sum_{k \ge 1} \sum_{n \ge 1} k T_{mn} P_{nk}$를 계산한다. 이것의 값은 연습문제 1.3.3-23의 결과에 의해 $\sum_{n \ge 1} T_{mn} n!(cn + \frac{1}{2}c + O(n^{-1}))$이다(여기서 $c \approx .62433$). 이 합을 구하면 평균값 $cQ(m) + \frac{1}{2}c + O(m^{1/2})$이 나온다. (이것이 X_0을 무작위로 선택했을 때의 평균값보다 많이 크지는 않다. $\max \mu$의 평균값은 점근적으로 $Q(m) \ln 4$이며, $\max(\mu + \lambda)$의 평균값은 점근적으로 $1.9268 Q(m)$이다. 플라졸레 Flajolet와 오들리츠코 Odlyzko의 *Lecture Notes in Comp. Sci.* **434** (1990), 329-354를 볼 것.)

14. 정확히 r개의 서로 다른 최종 순환마디를 가진 함수들의 개수를 $c_r(m)$이라고 하자. 함수의 상에 최대 $m - k$개의 원소들이 포함되는 함수들을 세어서 나온 점화식 $c_1(m) = (m-1)! - \sum_{k > 0} \binom{m}{k}(-1)^k (m-k)^k c_1(m-k)$로부터 해 $c_1(m) = m^{m-1} Q(m)$을 구할 수 있다. (연습문제 1.2.11.3-16 참고.) $c_1(m)$의 값을 얻는, 아마도 좀 더 우아하며 교육적인 또 다른 방식이 연습문제 2.3.4.4-17에 나온다. $c_r(m)$의 값은 연습문제 13에서처럼 구할 수도 있다:

$$c_r(m) = \sum_{n \geq 1} T_{mn} \begin{bmatrix} n \\ r \end{bmatrix} = m^{m-1}\left(\frac{1}{0!}\begin{bmatrix} 1 \\ r \end{bmatrix} + \frac{1}{1!}\begin{bmatrix} 2 \\ r \end{bmatrix}\frac{m-1}{m} + \frac{1}{2!}\begin{bmatrix} 3 \\ r \end{bmatrix}\frac{m-1}{m}\frac{m-2}{m} + \cdots\right).$$

이제 원하는 평균값을 구할 수 있게 되었다. 다음과 같다:

$$E_m = \frac{1}{m}\left(H_1 + 2H_2\frac{m-1}{m} + 3H_3\frac{m-1}{m}\frac{m-2}{m} + \cdots\right)$$

$$= 1 + \frac{1}{2}\frac{m-1}{m} + \frac{1}{3}\frac{m-1}{m}\frac{m-2}{m} + \cdots.$$

크러스컬 Martin D. Kruskal은 후자의 공식을 상당히 다른 수단들로 구했다 〔*AMM* **61** (1954), 392–397〕. 그는 적분

$$E_m = \int_0^\infty \left(\left(1 + \frac{x}{m}\right)^m - 1\right)e^{-x}\frac{dx}{x}$$

을 이용해서 점근 관계식 $\lim_{m\to\infty}(E_m - \frac{1}{2}\ln m) = \frac{1}{2}(\gamma + \ln 2)$를 증명했다. 이 이상의 결과들과 참고자료로는 John Riordan, *Annals Math. Stat.* **33** (1962), 178–185를 볼 것.

15. 모든 x에 대해 $f(x) \neq x$일 확률은 $(m-1)^m/m^m$으로, 이는 약 $1/e$이다. 따라서, 알고리즘 K 같은 알고리즘에서 자신을 반복하는 값이 존재한다는 것이 "엄청난(colossal)" 일인 것은 아니다. 그것은 $1 - 1/e \approx .63212$의 확률로 발생하는 일일 뿐이다. "엄청난" 일이라고 할만한 것은, X_0을 무작위로 선택했을 때 필자가 하필이면 그런 값을 만나게 되었다는 것뿐이다(연습문제 11 참고).

16. 수열은 일련의 요소들의 쌍 하나가 두 번째로 발생할 때 반복된다. 최대 주기는 m^2이다. (다음 연습문제 참고.)

17. $X_0, \ldots, X_{k-1}$을 임의로 선택한 후 $X_{n+1} = f(X_n, \ldots, X_{n-k+1})$로 둔다. 여기서 $0 \leq x_1, \ldots, x_k < m$이며 이는 $0 \leq f(x_1, \ldots, x_k) < m$을 함의한다. 최대 주기는 m^k이다. 이는 명백한 상계이나, 이 상계를 얻을 수 있는지는 명백하지 않다. 적절한 f에 대해 항상 이 상계를 얻을 수 있음에 대한 구축적인 증명들로는 연습문제 3.2.2–21을, 그리고 이 상계를 얻는 여러 방법은 연습문제 2.3.4.2–23을 보라.

18. 연습문제 7과 같되 하나의 원소 X_n 대신 원소들의 k짝 $(X_n, \ldots, X_{n-k+1})$을 사용할 것.

19. 그 어떤 최종 순환마디도 길이가 1이 아닐 확률은 $(m-1)^m/m^m$이다. 피먼틀 R. Pemantle은 $\Pr(\lambda = 1) = \Theta(m^{k/2})$임을, 그리고 $\Pr((\mu+\lambda)^2 > 2m^k x$와 $\lambda/(\mu+\lambda) \leq y)$가 $x > 0$, $0 < y < 1$, $m \to \infty$일 때 ye^{-x}로 접근함을 보였다 〔*J. Algorithms* **54** (2005), 72–84〕. 연습문제 13과 14의 k차원 버전은 아직 풀리지 않은 상태이다.

20. 단계 K2–K13으로 정의되는 좀 더 간단한 사상 $g(X)$를 고려하는 것으로 충분하다. 6065038420에서 거꾸로 짚어 가면 총 597개의 해들을 얻는다. 최소해는 0009612809이고 최대 해는 9995371004이다.

21. 이전 연습문제처럼 $g(X)$를 다루어도 되나, 이 경우에는 후진이 아니라 전진 방향으로 함수를 진행해야 한다. 여기에는 시간과 공간 사이의 흥미로운 절충이 존재한다. 단계 K1의 메커니즘은 주기 길이를 작게 만드는 경향이 있음을 주의할 것. 큰 내차수를 가진 X들의 존재 역시 마찬가지이다. 예를 들어 단계 K2에서의 총 512개의 $X = *6********$ 선택들은 단계 K10에서 $X \leftarrow$ 0500000000로 설정되게 만든다.

플루러Scott Fluhrer는 알고리즘 K의 또 다른 고정점을 발견했다. 바로 값 5008502835이다(!). 또한 그는 전체적으로 총 세 개의 순환마디를 만드는 길이 3 순환마디 0225923640 → 2811514413 → 0590051662 → 0225923640도 발견했다. 반복되는 값 5008502835로 이어지는 시작값 개수는 128개뿐이다. 알고리즘 K는 지독하게 나쁜 난수발생기인 것이다.

22. f가 진정으로 무작위하다면 주어진 방식이 이상적일 것이다. 그러나 그런 f를 어떻게 구축할 수 있을까? 이 방안 하에서는 알고리즘 K로 정의되는 함수가 훨씬 더 잘 작동할 것이나, 그 함수는 비무작위 성질들을 가짐이 확실하다. (이전 해답 참고.)

23. 함수 f는 자신의 순환 요소들을 순열치환한다. 그 순열의 역의 "색다른" 표현을 $(x_0, ..., x_{k-1})$로 두고 연습문제 2.3.4.4-18에서처럼 $x_k, ..., x_{m-1}$을 정의하면 된다. [*J. Combinatorial Theory* **8** (1970), 361-375 참고.]

예를 들어 $m = 10$, $(f(0), ..., f(9)) = (3, 1, 4, 1, 5, 9, 2, 6, 5, 4)$라고 하면 $(x_0, ..., x_9) = (4, 9, 5, 1, 1, 3, 4, 2, 6, 5)$이다. 만일 $(x_0, ..., x_9) = (3, 1, 4, 1, 5, 9, 2, 6, 5, 4)$이면 $(f(0), ..., f(9)) = (6, 4, 9, 3, 1, 1, 2, 5, 4, 5)$가 된다.

3.2.1절

1. X_0을 짝수로, a를 짝수로, c를 홀수로 둔다. 그러면 X_n은 $n > 0$에 대해 홀수이다.

2. X_r이 수열에서 처음으로 반복되는 값이라고 하자. $0 < k < r$라 할 때 X_r이 X_k와 같은 어떤 k가 존재한다면 $X_{r-1} = X_{k-1}$임을 증명할 수 있다. 왜냐하면 a가 m과 서로 소일 때 X_n은 X_{n-1}을 유일하게 결정하기 때문이다. 따라서 $k = 0$이다.

3. 만일 d가 a와 m의 최대공약수이면 수량 aX_n으로 둘 수 있는 값은 최대 m/d개이다. 그러나 상황이 훨씬 나빠질 수 있다. 예를 들어 만일 $m = 2^e$이고 a가 홀수이면 식 (6)에 의해 그 수열은 궁극적으로 상수이다.

4. k에 대한 귀납법으로 증명할 수 있다.

5. 만일 a가 m과 서로 소이면 $aa' \equiv 1 \pmod{m}$을 만족하는 수 a'가 존재한다. 그러면 $X_{n-1} = (a'X_n - a'c) \bmod m$이다. 일반화하자면, 만일 $b = a - 1$이면 $k \geq 0$, $n - k \geq 0$일 때

$$X_{n-k} = ((a')^k X_n - c(a' + \cdots + (a')^k)) \bmod m$$
$$= ((a')^k X_n + ((a')^k - 1)c/b) \bmod m$$

이다. a가 m과 서로 소가 아니면 X_n이 주어졌을 때 X_{n-1}을 구하는 것이 불가능하다. $m/\gcd(a, m)$의 배수들을 X_{n-1}에 더해도 X_n의 값이 변하지 않을 수 있기 때문이다. (연습문제 3.2.1.3-7도 볼 것.)

3.2.1.1절

1. c'가 합동식 $ac' \equiv c$ (modulo m)의 한 해라고 하자. (즉, a'가 연습문제 3.2.1-5의 답에 나오는 수라고 할 때 $c' = a'c \bmod m$이다.) 그러면 다음 명령들로 가능하다.

$$\text{LDA X;} \quad \text{ADD CPRIME;} \quad \text{MUL A.}$$

이 덧셈 연산에서 위넘침이 발생할 수도 있다. (제3장 뒷부분에서 유도하는 결과들에 의하면 $c = a$로 두고 ADD 명령을 "INCA 1"로 대체해서 1 단위시간을 줄이는 것이 아마도 최선이다. 그러면, 만일 $X_0 = 0$이면 주기의 끝에 도달할 때까지는 위넘침이 발생하지 않으며, 따라서 실제 응용에서는 위넘침이 발생하지 않는 셈이 된다.)

2.
```
RANDM STJ   1F                    1H    JNOV  *
      LDA   XRAND                       JMP   *-1
      MUL   2F              XRAND CON   X_0
      SLAX  52H                   CON   a
      ADD   3F  (또는, 만일 c가 작으면 INCA c)   3H    CON   c
      STA   XRAND
```

3. $a' = aw \bmod m$이라고 두고, m'이 $mm' \equiv 1$ (modulo w)를 만족한다고 하자. $y \leftarrow \text{lomult}(a', x)$, $z \leftarrow \text{himult}(a', x)$, $t \leftarrow \text{lomult}(m', y)$, $u \leftarrow \text{himult}(m, t)$로 설정한다. 그러면 $mt \equiv a'x$ (modulo w)가 성립하며 따라서 $a'x - mt = (z-u)w$이다. 그러므로 $ax \equiv z - u$ (modulo m)이다. 이로부터 $ax \bmod m = z - u + [z < u]m$이라는 결론이 나온다.

4. 오직 $x \equiv y$ (modulo 2^e)이고 $-2^{e-1} \le y < 2^{e-1}$일 때에만 연산 $x \underline{\bmod} \, 2^e = y$를 정의한다. 370 스타일의 컴퓨터에서는 규칙

$$Y_0 = X_0 \underline{\bmod} \, 2^{32}, \qquad Y_{n+1} = (aY_n + c) \underline{\bmod} \, 2^{32}$$

으로 정의되는 합동수열 $\langle Y_n \rangle$을 쉽게 계산할 수 있다. 왜냐하면 모든 2의 보수 수 y와 z에 대해 y와 z의 곱의 하위 절반은 $(yz) \underline{\bmod} \, 2^{32}$이며, 또한 위넘침을 무시하는 덧셈은 $\underline{\bmod} \, 2^{32}$이 적용된 결과를 내기 때문이다. $Y_n \equiv X_n$ (modulo 2^{32})이므로, 이러한 수열은 표준적인 선형합동수열 $\langle X_n \rangle$이 가진 모든 무작위 성질을 가진다. 실제로, Y_n의 2의 보수 표현은 모든 n에 대해 X_n의 이진 표현과 동일하다. [이 사실은 마서글리아G. Marsaglia와 브레이T. A. Bray가 *CACM* **11** (1968), 757-759에서 처음으로 지적했다.]

5. (a) 뺄셈: LDA X; SUB Y; JANN *+2; ADD M. (b) 덧셈: LDA X; SUB M; ADD Y; JANN *+2; ADD M. (만일 m이 워드 크기의 절반보다 크면 반드시 명령 "SUB M" 앞에 명령 "ADD Y"가 와야 함을 주의할 것.)

6. 수열이 본질적으로 다르지는 않다. 상수 $(m-c)$를 더하는 것이 상수 c를 빼는 것과 동일한 효과를 내기 때문이다. 그 연산을 반드시 곱셈과 결합해야 하므로, 덧셈식 공정보다 뺄셈식 공정이 더 우월하지는 않다(적어도 MIX의 경우에서). 단, 위넘침 토글에 영향을 주는 일을 피해야 하는 경우는 예외이다.

7. $z^k - 1$의 소인수들은 $z^{kr} - 1$의 인수분해에 나타난다. 만일 r이 홀수이면 $z^k + 1$의 소인수들은 $z^{kr} + 1$의 인수분해에 나타난다. 그리고 $z^{2k} - 1$은 $(z^k - 1)(z^k + 1)$과 상등이다.

8.
```
JOV   *+1     (위넘침이 꺼지도록 한다.)
LDA   X
MUL   A
STX   TEMP
ADD   TEMP    하위 절반을 상위 절반에 더한다.
JNOV  *+2     만일 ≥ w이면 w − 1을 뺀다.
INCA  1       (이 단계에서는 위넘침이 불가능하다.)  ▌
```

참고: e비트 1들의 보수 컴퓨터에서의 덧셈은 $\bmod (2^e - 1)$이므로 연습문제 4와 8의 기법들을 결합해서, 부호에 관계없이 모든 1들의 보수 수 y와 z에 대해 곱 yz의 두 e비트 절반들을 더함으로써 $(yz) \bmod (2^e - 1)$을 구하는 것이 가능하다.

9. (a) 양변 모두 $aq\lfloor x/q \rfloor$와 같다.

(b) $t \leftarrow a(x \bmod q) - r\lfloor x/q \rfloor$로 설정한다. 여기서 $r = m \bmod a$이다. 상수 q와 r는 미리 계산해 둘 수 있다. 그러면 $ax \bmod m = t + [t < 0]m$이다. $t > -m$임은 증명할 수 있기 때문이다. 이제 명백히 $a(x \bmod q) \leq a(q-1) < m$이다. 또한, 만일 $0 < r \leq q$이면 $r\lfloor x/q \rfloor \leq r\lfloor (m-1)/q \rfloor = r\lfloor a + (r-1)/q \rfloor = ra \leq qa < m$이다. 그리고 $a^2 \leq m$는 $r < a \leq q$를 함의한다. [이 기법은 B. A. Wichmann, I. D. Hill, *Applied Stat.* **31** (1982), 190에 실린 프로그램에 암묵적으로 나타나 있다.]

10. 만일 $r > q$이고 $x = m - 1$이면 $r\lfloor x/q \rfloor \geq (q+1)(a+1) > m$가 성립한다. 따라서 조건 $r \leq q$는 방법 9(b)가 유효할 필요충분조건이다. 이는 $\frac{m}{q} - 1 \leq a \leq \frac{m}{q}$임을 뜻한다. $t = \lfloor \sqrt{m} \rfloor$이라고 하자. $1 \leq q \leq t$에 대한 구간 $[\frac{m}{q} - 1 .. \frac{m}{q}]$들은 서로 소이며 q가 m의 약수이냐 아니냐에 따라 정확히 1 또는 2개의 정수들을 포함한다. 또한 이들은 만일 $(\sqrt{m} \bmod 1) < \frac{1}{2}$이면 $a = t$인 경우를, 만일 $m = t^2$이면 $a = t - 1$인 경우를 포함한다. 따라서 "운 좋은" 곱수들의 전체 개수는 정확히 $2\lfloor \sqrt{m} \rfloor + \lfloor d(m)/2 \rfloor - [(\sqrt{m} \bmod 1) < \frac{1}{2}] - 1$이다. 여기서 $d(m)$은 m의 약수 개수이다.

11. $a \leq \frac{1}{2}m$이라고 가정할 수 있다. 그렇지 않다면 $(m-a)x \bmod m$으로부터 $ax \bmod m$을 구할 수 있다. 그렇게 가정할 때, $\sqrt{m}$보다 작은 a', a'', a'''를 이용해서 $a = a'a'' - a'''$로 표현할 수 있다. 예를 들어 $a' \approx \sqrt{m} - 1$, $a'' = \lceil a/a' \rceil$로 둘 수 있는 것이다. 이로부터 $ax \bmod m$이

$(a'(a''x \bmod m) \bmod m - (a'''x \bmod m)) \bmod m$이라는 결론이 나온다. 괄호 안의 세 연산 모두 연습문제 9로 처리할 수 있다.

$m = 2^{31} - 1$일 때에는 $m - 1$의 약수가 192개라는 사실을 활용해서 $m = q'a' + 1$인 경우들을 구할 수 있다. $r' = 1$이므로 일반적 방법이 단순화된다. $a = 62089911$일 때 192개의 약수들 중 86개가 운 좋은 a''와 a'''로 이어지게 된다. 그런 경우들 중 최상의 것은 아마도 $a' = 3641$, $a'' = 17053$, $a''' = 62$일 것인데, 왜냐하면 3641과 62 모두 $m - 1$의 약수이기 때문이다. 이러한 분해로부터 다음과 방안이 나온다:

$$t \leftarrow 17053(x \bmod 25929) - 16410\lfloor x/125929 \rfloor,$$
$$t \leftarrow 3641(t \bmod 89806) - \lfloor t/589806 \rfloor,$$
$$t \leftarrow t - (62(x \bmod 4636833) - \lfloor x/34636833 \rfloor).$$

여기서 "$-$"는 m을 법으로 한 뺄셈을 나타낸다. mod 연산은 곱셈 하나와 뺄셈 하나에 대응되는데, 왜냐하면 $x \bmod q = x - q\lfloor x/q \rfloor$이고 연산 $\lfloor x/q \rfloor$는 이미 수행되었기 때문이다. 즉 곱셈 7회, 나눗셈 3회, 뺄셈 7회를 수행한 것이다. 그러나 62089911 자체가 24개의 약수들을 가진다는 점에 주목하는 것이 더 낫다. 그 약수들은 $a''' = 0$으로 두었을 때 다섯 개의 적절한 인수분해들로 이어진다. 예를 들어 $a' = 883$이고 $a'' = 70317$일 때에는 곱셈 6회, 나눗셈 2회, 뺄셈 4회만 수행하면 된다:

$$t \leftarrow 883(x \bmod 432031) - 274\lfloor x/2432031 \rfloor,$$
$$t \leftarrow 70317(t \bmod 0540) - 2467\lfloor t/30540 \rfloor.$$

[최악의 경우의 곱셈 횟수 더하기 나눗셈 회수를 모든 a와 m에 대해 최대 11로 줄일 수 있을까? 아니면 12가 최상의 상계일까? 상계 12에 도달하기 위한 또 다른 방법이 연습문제 4.3.3-19에 나온다.]

12. (a) $m = 9999998999 = 10^{10} - 10^3 - 1$이라고 하자. m을 법으로 하여 $(x_9 x_8 \ldots x_0)_{10}$에 10을 곱하기 위해 $10^{10}x_9 \equiv 10^3 x_9 + x_9$라는 사실을 활용한다: $(x_9 000)_{10}$을 $(x_8 x_7 \ldots x_0 x_9)_{10}$에 더한다. 그리고 순환 자리이동을 피하기 위해, 숫자들이 하나의 바퀴에 배정되어 있다고 상상하자: 그냥 상위 숫자 x_9를 세 위치 왼쪽의 숫자 x_2에 더하고, 새로운 상위 숫자로 x_8를 가리키게 한다. 만일 $x_9 + x_2 \geq 10$이면 하나의 올림이 왼쪽으로 전파된다. 그리고 이 올림이 x_8의 왼쪽으로 계속해서 전파된다면 x_9까지만이 아니라 x_2 위치까지로도 전파된다. x_9와 x_2 모두에서부터 올림이 전파되어서 최종적으로 안착하게 될 수도 있다. (또한 수들이 m보다 약간 커질 수도 있다. 예를 들어 0999999900은 9999999000 $= m + 1$로 가게 되며, 그것은 9999999009 $= m + 10$로 간다. 그러나 중복된 표현이 반드시 해가 되는 것은 아니다.)

(b) 이는 10으로 나누는 연산이므로 (a)와 반대방향으로 처리하면 된다: 상위 숫자 포인터를 순환적으로 왼쪽으로 움직이고, 새 상위 숫자를 그보다 왼쪽으로 세 번째에 있는 숫자에서 뺀다. 그 뺄셈 결과가 음수이면 통상적인 방식으로 "빌려 온다"(알고리즘 4.3.1S). 즉, 그 전 숫자를 1 감소시키는 것이다. (a)의 올림처럼 이 경우의 빌림도 전파될 수 있으나 상위 숫자 위치를 넘어가지는 않는다.

이 연산은 수들을 계속 음이 아니며 m 보다 작은 값으로 유지한다. (따라서 10으로 나누기는 10으로 곱하기보다 더 쉬운 것이다.)

(c) 빌린 비트를 전파하는 대신 기억해 두고 다음 단계의 뺄셈에 포함시킬 수 있다. 즉, 숫자 x_n들과 빌림 비트 b_n들을 점화식

$$x_n = (x_{n-10} - x_{n-3} - b_n) \bmod 0 = x_{n-10} - x_{n-3} - b_n + 10b_{n+1}$$

로 정의한다면, n에 대한 귀납법에 의해 $9999999000^n \bmod 999998999 = X_n$임을 알 수 있다. 여기서, $X_0 = 1$이 되도록 초기 조건들을 설정했다면

$$X_n = (x_{n-1}x_{n-2}x_{n-3}x_{n-4}x_{n-5}x_{n-6}x_{n-7}x_{n+2}x_{n+1}x_n)_{10} - 1000b_{n+3}$$
$$= (x_{n-1}x_{n-2}\cdots x_{n-10})_{10} - (x_{n-1}x_{n-2}x_{n-3})_{10} - b_n,$$

이다. $10X_{n+1} = (x_n x_{n-1}x_{n-2}x_{n-3}x_{n-4}x_{n-5}x_{n-6}x_{n+3}x_{n+2}x_{n+1}0)_{10} - 10000b_{n+4} = mx_n + X_n$임을 주목할 것. 이로부터 모든 $n \geq 0$에 대해 $0 \leq X_n < m$임을 알 수 있다.

(d) 만일 $0 \leq U < m$이면 U/m의 십진 표현의 첫 숫자는 $\lfloor 10U/m \rfloor$이고 그 이후의 숫자들은 $(10U \bmod m)/m$의 십진 표현이다. 예를 들면 4.4절의 방법 2a를 볼 것. 따라서 만일 $U_0 = U$, $U_n = 10U_{n-1} \bmod m = 10U_{n-1} - \mu_n$로 두었다면 $U/m = (.u_1 u_2 \cdots)_{10}$이다. 비공식적으로, $1/m$의 숫자들은 $n = 1, 2, \ldots$에 대한 $10^n \bmod m$의 선행숫자들이고 이들은 결국은 주기적인 하나의 수열이다. 이들의 순서를 거꾸로 하면 $10^{-n} \bmod m$의 선행숫자들과 일치한다. 따라서 (c)에서 이미 이들을 구한 셈이다.

물론 이런 편법보다는 엄밀한 정의가 더 바람직할 것이다. λ가 $10^\lambda \equiv 1 \pmod{m}$을 만족하는 가장 작은 정수라고 하자. 그리고 모든 $n < 0$에 대해 $x_n = x_{n \bmod \lambda}$, $b_n = b_{n \bmod \lambda}$, $X_n = X_{n \bmod \lambda}$라고 정의하자. 그러면 (c)에 나온 x_n, b_n, X_n에 대한 점화식들은 모든 정수 n에 대해 유효하다. 만일 $U_0 = 1$이면 $U_n = X_{-n}$이고 $u_n = x_{-n}$이 된다. 따라서

$$\frac{9999999000^n \bmod 999998999}{9999998999} = (.x_{n-1}x_{n-2}x_{n-3}\cdots)_{10}$$

이다.

(e) w가 컴퓨터 워드 크기라고 하자. 다음과 같은 점화식을 사용한다.

$$x_n = (x_{n-k} - x_{n-l} - b_n) \bmod w = x_{n-k} - x_{n-l} - b_n + wb_{n+1}.$$

여기서 $0 < l < k$이고 k는 큰 수이다. 그러면 $(.x_{n-1}x_{n-2}x_{n-3}\cdots)_w = X_n/m$인데, $m = w^k - w^l - 1$이고 $X_{n+1} = (w^{k-1} - w^{l-1})X_n \bmod m$이다. 관계

$$X_n = (x_{n-1}\cdots x_{n-k})_w - (x_{n-1}\cdots x_{n-l})_w + b_n$$

이 $n \geq 0$에 대해 성립한다. $x_{-1}, \ldots, x_{-k}$ 값들과 b_0은 $0 \leq X_0 < m$을 만족해야 한다.

이러한 난수발생기들과, 다음 연습문제에 나오는 이와 비슷한 것들은 마서글리아G. Marsaglia와 자만A. Zaman에 의해서 소개되었다 [*Annals of Applied Probability* **1** (1991), 462–480]. 두 사람

은 이러한 방법을 빌림 뺄셈(substract-with-borrow)법이라고 불렀다. 그들의 출발점은 분모가 m 인 분수의 기수 w 표현이었다. 선형합동수열과의 관계는 데즈카Shu Tezuka가 처음으로 발견하고 데즈카, 레퀴에L'Ecuyer, 쿠투레Couture가 상세히 분석했다 〔*ACM Trans. Modeling and Computer Simulation* **3** (1993), 315-331〕. 주기 길이는 연습문제 3.2.1.2-22에서 논의한다.

13. 이 경우 10으로 곱하려면 더해질 숫자를 부정(negating)해야 한다. 이런 목적이라면 하나 의 수를 그 마지막 세 숫자를 부정한 형태로 표현하는 것이 편하다.

예를 들면 $9876543210 = (9876544\overline{7}\overline{9}\overline{0})_{10}$이다. 그러면 10 곱하기 $(x_9 \ldots x_3 \overline{x}_2 \overline{x}_1 \overline{x}_0)_{10}$은 $x' = x_9 - x_2$라 할 때 $(x_8 \ldots x_3 x' \overline{x}_1 \overline{x}_0 \overline{x}_9)_{10}$이다. 비슷하게 $(x_9 \ldots x_3 \overline{x}_2 \overline{x}_1 \overline{x}_0)_{10}$ 나누기 10은 $x'' = x_0 - x_3$이라 할 때 $(x_0 x_9 \ldots x_4 \overline{x}'' \overline{x}_2 \overline{x}_1)_{10}$이다. 점화식

$$x_n = (x_{n-3} - x_{n-10} - b_{n-1}) \bmod 10 = x_{n-3} - x_{n-10} - b_{n-1} + 10 b_n$$

은 $8999999101^n \bmod 999999001 = X_n$이라는 결과를 내는데, 여기서

$$X_n = (x_{n-1} x_{n-2} x_{n-3} x_{n-4} x_{n-5} x_{n-6} x_{n-7} \overline{x}_{n+2} \overline{x}_{n+1} \overline{x}_n)_{10} + 1000 b_{n+3}$$

$$= (x_{n-1} x_{n-2} \ldots x_{n-10})_{10} - (x_{n-1} x_{n-2} x_{n-3})_{10} + b_n$$

이다.

기수를 10에서 w로 일반화해보면, $w^k - w^l + 1$을 법으로 한 w의 역거듭제곱(inverse powers) 이

$$x_n = (x_{n-l} - x_{n-k} - b_n) \bmod w = x_{n-l} - x_{n-k} - b_n + w b_{n+1}$$

(연습문제 12에서 나온 공식에서 k와 l이 맞바뀐 것이다)에 의해 생성됨을 알 수 있다

14. 온건한 일반화: 워드 크기 w보다 작은 임의의 b에 대해 $b^k - b^l \pm 1$을 법으로 하여 b로 나누는 연산을 효과적으로 수행할 수 있다. x_n에 대한 점화식은 $b < w$일 때에도 $b = w$인 경우와 거의 같은 수준으로 효율적이기 때문이다.

강한 일반화: 만일

$$m = a_k b^k + \cdots + a_1 b - 1 \quad \text{그리고} \quad X_n = \left(\sum_{j=1}^{k} a_j (x_{n-1} \ldots x_{n-k})_b \right)(\text{sign } m)$$

이라고 정의한다면, 점화식

$$x_n = (a_1 x_{n-1} + \cdots + a_k x_{n-k} + c_n) \bmod b, \quad c_{n+1} = \left\lfloor \frac{a_1 x_{n-1} + \cdots + a_k x_{n-k} + c_n}{b} \right\rfloor$$

은 $X_n = b^{-1} X_{n-1} \bmod |m|$과 동치($X_n/|m| = (.x_{n-1} x_{n-2} \ldots)_b$라는 의미에서)이다. 초기값 $x_{-1} \ldots x_{-k}$와 c_0은 반드시 $0 \le X_0 < |m|$이 되는 값들로 선택해야 한다. 그러면 $n \ge 0$에 대해 $x_n = (b X_{n+1} - X_n)/|m|$이 성립한다. 공식 $X_n/|m| = (.x_{n-1} x_{n-2} \ldots)_b$에 나타나는 $j < 0$에 대한 x_j의 값들은 $b^\lambda \equiv 1 \pmod{m}$이라 할 때 $x_{j \bmod \lambda}$로 간주할 수 있다. 이 값들은 처음에 제공된 수 $x_{-1}, \ldots, x_{-k}$들과는 다르다. 올림 숫자 c_n들은

$$\sum_{j=1}^{k} \min(0, a_j) \le c_n < \sum_{j=1}^{k} \max(0, a_j)$$

를 만족한다(최초의 올림 c_0이 이 범위에 안에 있다고 할 때).

$a_j = \delta_{jl} + \delta_{jk}$가 되는, $m = b^k + b^l - 1$인 특별한 경우가 특히 흥미로운데, 왜냐하면 이를 계산하기가 상당히 쉽기 때문이다. 마서글리아와 자만은 이를 올림 덧셈(add-with-carry) 발생기라고 불렀다:

$$x_n = (x_{n-l} + x_{n-k} + c_n) \bmod b = x_{n-l} + x_{n-k} + c_n - b\,c_{n+1}.$$

그 외에 잠재적으로 매력적인 대안은 적당한 발생기, 이를테면 $b = 2^{31}$, $m = 65430b^2 + b - 1$인 발생기에서 $k = 2$를 사용하는 것이다. 이 법 m은 소수이며, 주기 길이는 $(m-1)/2$임을 알 수 있다. 이 특정한 법 m에 대해서는 곱수 b^{-1}이 다른 곱수들에 비해 좋지 않지만, 이 발생기를 3.3.4절의 스펙트럼 검정을 적용해보면 평면들 사이의 간격이 좋다는(큰 ν값들을 가진다) 결과가 나온다.

연습문제 3.2.1.2-22에는 극도로 긴 주기를 내는 빌림 뺄셈 법(modulo)들과 올림 덧셈 법들에 대한 추가적인 정보가 나온다.

3.2.1.2절

1. 정리 A에 의해, 주기 길이는 m. (연습문제 3 참고.)

2. 그렇다. 이 조건들은 정리 A의 조건들을 함의한다. 왜냐하면 2^e의 유일한 소인수는 2이며 모든 홀수는 2^e과 서로 소이기 때문이다. (사실 연습문제에 주어진 조건들은 필요충분조건들이다.)

3. 정리 A에 의해 $a \equiv 1 \ (\text{modulo } 4)$이고 $a \equiv 1 \ (\text{modulo } 5)$이어야 한다. 1.2.4절의 법칙 D에 의해, 이는 $a \equiv 1 \ (\text{modulo } 20)$과 동치이다.

4. $m = 2^{e-1}$인 경우에서 정리 A를 적용하면 $X_{2^{e-1}} \equiv 0 \ (\text{modulo } 2^{e-1})$임을 알 수 있다. 또한 $m = 2^e$에 대해 정리 A를 사용해서 $X_{2^{e-1}} \not\equiv 0 \ (\text{modulo } 2^e)$임도 알 수 있다. 이로부터 $X_{2^{e-1}} = 2^{e-1}$이 나온다. 좀 더 일반적으로는, $X_{n+2^{e-1}} = (X_n + 2^{e-1}) \bmod 2^e$이므로, 식 3.2.1-(6)을 이용해서 주기의 두 번째 절반이 첫 번째 절반과 본질적으로 같음을 증명할 수 있다. (4분의 1 부분들 역시 마찬가지이다. 연습문제 21을 볼 것.)

5. $p = 3, 11, 43, 281, 86171$에 대해 $a \equiv 1 \ (\text{modulo } p)$이어야 한다. 1.2.4의 법칙 D에 의해, 이는 $a \equiv 1 \ (\text{modulo } 3 \cdot 11 \cdot 43 \cdot 281 \cdot 86171)$과 동치이다. 따라서 유일한 답은 끔찍한 곱수 $a = 1$이다.

6. (이전 연습문제를 참고할 것.) 합동식 $a \equiv 1 \ (\text{modulo } 3 \cdot 7 \cdot 11 \cdot 13 \cdot 37)$은 해들이 $0 \le k \le 8$에 대해 $a = 1 + 111111k$임을 함의한다.

7. 보조정리 Q의 증명에 나온 표기법 하에서, μ는 $X_{\mu+\lambda} = X_\mu$를 만족하는 가장 작은 값이다. 따라서 $Y_{\mu+\lambda} = Y_\mu$와 $Z_{\mu+\lambda} = Z_\mu$를 만족하는 가장 작은 값이기도 하다. 이는 $\mu = \max(\mu_1, ..., \mu_t)$

임을 뜻한다. 달성 가능한 가장 큰 μ는 $\max(e_1, \ldots, e_t)$이나, 누구도 정말로 그런 값을 달성하고자 하지는 않는다.

8. $a^2 \equiv 1 \pmod{8}$이 성립하며, 따라서 $a^4 \equiv 1 \pmod{16}$, $a^8 \equiv 1 \pmod{32}$ 등이다. 만일 $a \bmod 4 = 3$이면 $a-1$은 홀수의 2배수이다. 따라서 $(a^{2^{e-1}} - 1)/(a-1) \equiv 0 \pmod{2^e}$일 필요충분조건은 $(a^{2^{e-1}} - 1)/2 \equiv 0 \pmod{2^{e+1}/2}$인데, 이 조건은 실제로 참이다.

9. X_n들을 Y_n들로 치환하고 식을 정리한다. 만일 $X_0 \bmod 4 = 3$이면 연습문제에 주어진 공식들은 적용되지 않는다. 그러나 그 공식들은 본질적으로 같은 습성을 가진 $Z_n = (-X_n) \bmod 2^e$에 적용된다.

10. p가 홀수 소수일 때 오직 $m = 1, 2, 4, p^e, 2p^e$ 뿐이다. 그 외의 모든 경우에서 정리 B의 결과는 오일러의 정리(연습문제 1.2.4-28)에 대한 하나의 개선이다.

11. (a) $x+1$ 또는 $x-1$(둘 다는 아님)은 4의 배수이므로, q가 홀수이고 f가 1보다 클 때 $x \mp 1 = q2^f$이다. (b) 주어진 상황에서 $f < e$이므로 $e \geq 3$이다. $\pm x \equiv 1 \pmod{2^f}$, $\pm x \not\equiv 1 \pmod{2^{f+1}}$, $f > 1$이 성립한다. 따라서 정리 P를 적용하면 $(\pm x)^{2^{e-f-1}} \not\equiv 1 \pmod{2^e}$이나 $x^{2^{e-f}} = (\pm x)^{2^{e-f}} \equiv 1 \pmod{2^e}$임을 알 수 있다. 그러므로 차수는 2^{e-f}의 한 약수이나 2^{e-f-1}의 약수는 아니다. (c) 1의 차수는 1이고 $2^e - 1$의 차수는 2이다. 따라서 $e \geq 3$일 때의 최대 주기는 2^{e-2}이며, $e \geq 4$에 대해 반드시 $f = 2$가 성립해야 한다. 즉, $x \equiv 4 \pm 1 \pmod{8}$이어야 한다.

12. k가 $p-1$의 진약수이고 $a^k \equiv 1 \pmod{p}$라고 하면 정리 P에 의해 $a^{kp^{e-1}} \equiv 1 \pmod{p^e}$이 성립한다. 비슷하게 만일 $a^{p-1} \equiv 1 \pmod{p^2}$이면 $a^{(p-1)p^{e-2}} \equiv 1 \pmod{p^e}$이다. 따라서 이 경우들에서 a는 원시소수가 아니다. 반대로, 만일 $a^{p-1} \not\equiv 1 \pmod{p^2}$이면 정리 1.2.4F와 보조정리 P에 의해 $a^{(p-1)p^{e-2}}N \equiv 1 \pmod{p^e}$이나 $a^{(p-1)p^{e-1}} \equiv 1 \pmod{p^e}$이다. 그러므로 차수는 $(p-1)p^{e-1}$의 약수이나 $(p-1)p^{e-2}$의 약수는 아니다. 즉, 차수는 k가 $p-1$의 약수라 할 때 kp^{e-1}의 형태이다. 그런데 만일 a가 p를 법으로 한 원시소수이면 합동식 $a^{kp^{e-1}} \equiv a^k \equiv 1 \pmod{p}$는 $k = p-1$을 함의한다.

13. $a \bmod p \neq 0$라고 가정하자. 그리고 λ가 p를 법으로 한 a의 차수라고 하자. 정리 1.2.4F에 의해 λ는 $p-1$의 약수이다. 만일 $\lambda < p-1$이면 q는 $(p-1)/\lambda$의 한 소인수이다.

14. $0 < k < p$라고 하자. 만일 $a^{p-1} \equiv 1 \pmod{p^2}$이면

$$(a+kp)^{p-1} \equiv a^{p-1} + (p-1)a^{p-2}kp \pmod{p^2}$$

이다. 그리고 이는 $\not\equiv 1$인데, 왜냐하면 $(p-1)a^{p-2}k$가 p의 배수가 아니기 때문이다. 연습문제 12에 의해 $a+kp$는 p^e을 법으로 한 원시소수이다.

15. (a) $\lambda_1 = p_1^{e_1} \cdots p_t^{e_t}$이고 $\lambda_2 = p_1^{f_1} \cdots p_t^{f_t}$라고 할 때 $\kappa_1 = p_1^{g_1} \cdots p_t^{g_t}$, $\kappa_2 = p_1^{h_1} \cdots p_t^{h_t}$로 둔다. 여기서

$$\text{만일 } e_j < f_j \text{이면} \qquad g_j = e_j \text{이고} \qquad h_j = 0,$$
$$\text{만일 } e_j \geq f_j \text{이면} \qquad g_j = 0 \text{이고} \qquad h_j = f_j.$$

이제 $a_1^{\kappa_1}$과 $a_2^{\kappa_2}$의 주기는 λ_1/κ_1과 λ_2/κ_2이며, 이들은 서로 소이다. 더 나아가서 $(\lambda_1/\kappa_1)(\lambda_2/\kappa_2)$ $= \lambda$이므로, λ_1와 λ_2가 서로 소인 경우만, 즉 $\lambda = \lambda_1\lambda_2$인 경우만 고려하는 것으로 충분하다. 이제 λ'의 차수가 $a_1 a_2$라고 하자. $(a_1 a_2)^{\lambda'} \equiv 1$이므로 $1 \equiv (a_1 a_2)^{\lambda'\lambda_1} \equiv a_2^{\lambda'\lambda_1}$가 성립한다. 따라서 $\lambda'\lambda_1$은 λ_2의 배수이다. 이는 λ'가 λ_2의 배수임을 함의한다. λ_1이 λ_2와 서로 소이기 때문이다. 비슷하게, λ'는 λ_1의 배수이므로 λ'는 $\lambda_1\lambda_2$의 배수이다. 그런데 $(a_1 a_2)^{\lambda_1\lambda_2} \equiv 1$임이 명백하므로 $\lambda' = \lambda_1\lambda_2$이다.

(b) 만일 a_1의 차수가 $\lambda(m)$이고 a_2의 차수가 λ라고 하면, 부문제 (a)에 의해 $\lambda(m)$은 반드시 λ의 배수이어야 한다. 그렇지 않다면 더 높은 차수의 원소, 즉 차수가 $\mathrm{lcm}(\lambda, \lambda(m))$인 원소를 구할 수 있었을 것이다.

16. (a) $f(x) = (x-a)(x^{n-1} + (a+c_1)x^{n-2} + \cdots + (a^{n-1} + \cdots + c_{n-1})) + f(a)$. (b) $n = 0$ 일 때에는 주어진 명제가 명백하다. a가 하나의 근이라면 $f(x) \equiv (x-a)q(x)$이다. 따라서 만일 a'이 다른 어떤 근이면

$$0 \equiv f(a') \equiv (a'-a)q(a')$$

이며, $a'-a$가 p의 배수가 아니므로 a'은 반드시 $q(x)$의 한 근이다. 그러므로 만일 $f(x)$의 서로 다른 근들이 n개보다 많다면 $q(x)$의 서로 다른 근들은 $n-1$개보다 많다. 〔J. L. Lagrange, *Mém. Acad. Roy. Sci. Berlin* **24** (1768), 181-250, §10.〕 (c) 그러한 개수의 근들이 있으려면 $f(x)$의 차수는 반드시 $\geq p-1$이어야 하므로 $\lambda(p) \geq p-1$이다. 그러나 정리 1.2.4F에 의하면 $\lambda(p) \leq p-1$이다.

17. 보조정리 P에 의해 $11^5 \equiv 1 \pmod{25}$, $11^5 \not\equiv 1 \pmod{125}$ 등이다. 따라서 11의 차수는 $\lambda(5^e) = 4 \cdot 5^{e-1}$의 최대값이 아니라 $5^{e-1} \pmod{5^e}$이다. 그런데 보조정리 Q에 의하면 전체 주기 길이는 2^e을 법으로 한 주기 길이(즉, 2^{e-2})와 5^e을 법으로 한 주기 길이(즉, 5^{e-1})의 최소공배수이며, 이는 $2^{e-2}5^{e-1} = \lambda(10^e)$이다. 5^e을 법으로 한 주기는 5^{e-1}일 수도 있고 $2 \cdot 5^{e-1}$일 수도 있고 $4 \cdot 5^{e-1}$일 수도 있는데, 최소공배수를 취하므로 어떤 것을 택하든 10^e을 법으로 한 주기 길이에는 영향을 미치지 않는다. 5^e을 법으로 한 원시소수 값들은 25를 법으로 하여 2, 3, 8, 12, 13, 17, 22, 23에 합동인 것들(연습문제 12 참고), 즉 3, 13, 27, 37, 53, 67, 77, 83, 117, 123, 133, 147, 163, 173, 187, 197이다.

18. 정리 C에 따르면 $a \bmod 8$은 반드시 3 아니면 5이어야 한다. a의 5를 법으로 한 주기와 25를 법으로 한 주기를 안다면 보조정리 P를 적용해서 $a \bmod 25$의 허용 가능한 값을 구할 수 있다. 주기 $= 4 \cdot 5^{e-1}$: 2, 3, 8, 12, 13, 17, 22, 23; 주기 $= 2 \cdot 5^{e-1}$: 4, 9, 14, 19; 주기 $= 5^{e-1}$: 6, 11, 16, 21. 이 열 여섯 개의 값 각각은 $a \bmod 8 = 3$인 하나의 a 값과 $a \bmod 8 = 5$인 a 값 하나로 이어진다(두 경우 모두 $0 \leq a < 200$).

19. 표 3.3.4-1의 행 17-20에 여러 예들이 나와 있다.

20. (a) 오직 $Y_n \equiv Y_{n+k}$ (modulo m')일 때에만 $A Y_n + X_0 \equiv A Y_{n+k} + X_0$ (modulo m)이 성립한다. (b) (i) 명백함. (ii) 정리 A. (iii) 오직 $a^n \equiv 1$ (modulo 2^{e+1})일 때에만 $(a^n - 1) / (a - 1) \equiv 0$ (modulo 2^e); 만일 $a \not\equiv -1$이면 2^{e+1}을 법으로 한 a의 차수는 2^e을 법으로 한 차수의 두 배. (iv) 오직 $a^n \equiv 1$일 때에만 $(a^n - 1)/(a - 1) \equiv 0$ (modulo p^e).

21. 식 3.2.1-(6)에 의해 $X_{n+s} \equiv X_n + X_s$ 이다. 그리고 s 는 m 의 약수이다. m 이 p 의 거듭제곱일 때 s 는 p 의 거듭제곱이기 때문이다. 따라서 주어진 정수 q 는 오직 $X_{qs} \equiv 0$ 일 때에만, 그리고 오직 q 가 $m/\gcd(X_s, m)$ 의 배수일 때에만 m/s 의 배수이다.

22. 알고리즘 4.5.4P는 적절한 조건 하에서(이를테면 $b \approx 2^{32}$ 이고 $l < k \approx 100$일 때) $m = b^k \pm b^l \pm 1$ 형태의 수가 소수인지를 적당한 시간 안에 판정할 수 있다. 계산은 반드시 기수 b 산술로 수행해야 한다. 그러면 m 이 특별한 형태일 때 제곱 $\bmod m$ 연산의 속도를 올릴 수 있다. (예를 들어 제곱 $\bmod 9999998999$를 십진 표기법으로 계산한다고 생각해 볼 것.) 물론 알고리즘 4.5.4P는 m 에 작은 약수들이 없음을 알고 있는 경우에만 사용해야 한다.

마서글리아와 자만은 b 가 소수 $2^{32} - 5$ 일 때 $m = b^{43} - b^{22} + 1$ 이 원시근이 b 인 소수임을 보였다 [*Annals of Applied Probability* **1** (1991), 474–475]. 이를 위해 인수분해 $m - 1 = b^{22}(b - 1)(b^6 + b^5 + b^4 + b^3 + b^2 + b + 1)(b^{14} + b^7 + 1)$ 을 구해야 했다. $m - 1$ 의 소인수 17개 중 하나는 십진 99자리이다. 한 결과로, 수열 $x_n = (x_{n-22} - x_{n-43} - c_n) \bmod b = x_{n-22} - x_{n-43} - c_n + b c_{n+1}$ 의 주기 길이가 $c_0 = 0$ 일 때 모든 0이 아닌 종자값 $0 \le x_{-1}, \ldots, x_{-43} < b$ 에 대해 $m - 1 \approx 10^{414}$ 임을 알 수 있다.

그러나 생일 간격 검정(3.3.2J절)의 관점에서 볼 때 43은 k 의 값으로는 여전히 작다. 그리고 22는 43/2에 꽤 가깝다. "혼합"을 고려한다는 말은, l/k 의 연분수의 처음 몇 부분몫들이 작다는 조건을 만족하는 k, l 값들을 우리가 선호한다는 의미이다. 이 발생기가 가진 잠재적인 문제점들을 피하기 위해서는 뤼셔Lüscher가 제안한 것처럼 수들 일부를 폐기하는 것이 바람직하다(3.2.2절을 볼 것).

다음은 $b = 2^{32}$ 이고 $50 < k \le 100$ 일 때 혼합 제약조건을 만족하는 $b^k \pm b^l \pm 1$ 형태의 몇몇 소수들이다: 빌림 뺄셈을 위해서는 $b^{57} - b^{17} - 1$, $b^{73} - b^{17} - 1$, $b^{86} - b^{62} - 1$, $b^{88} - b^{52} - 1$, $b^{95} - b^{61} - 1$; $b^{58} - b^{33} + 1$, $b^{62} - b^{17} + 1$, $b^{69} - b^{24} + 1$, $b^{70} - b^{57} + 1$, $b^{87} - b^{24} + 1$. 올림 덧셈을 위해서는 $b^{56} + b^{22} - 1$, $b^{61} + b^{44} - 1$, $b^{74} + b^{27} - 1$, $b^{90} + b^{65} - 1$. (혼합 방식의 관점에서 덜 바람직한 소수들로는 $b^{56} - b^5 - 1$, $b^{56} - b^{32} - 1$, $b^{66} - b^{57} - 1$, $b^{76} - b^{15} - 1$, $b^{84} - b^{26} - 1$, $b^{90} - b^{42} - 1$, $b^{93} - b^{18} - 1$; $b^{52} - b^8 + 1$, $b^{60} - b^{12} + 1$, $b^{67} - b^8 + 1$, $b^{67} - b^{63} + 1$, $b^{83} - b^{14} + 1$; $b^{65} + b^2 - 1$, $b^{76} + b^{11} - 1$, $b^{88} + b^{30} - 1$, $b^{92} + b^{48} - 1$이 있다.)

결과적인 수열의 주기를 계산하기 위해서는 $m - 1$ 의 인수들을 알아야 한다. 그런데 아주 운이 좋지 않은 한 그런 큰 수를 인수분해하기란 쉬운 일이 아니다. 다행히 소인수 $q_1, \ldots, q_t$ 를 구했다고 하자. q가 아주 작은 소수인 경우를 제외할 때 $b^{(m-1)/q} \bmod m = 1$일 확률은 극도로 작다. $1/q$ 밖에 되지 않는다. 따라서 $m-1$를 실제로 인수분해하지 않는다고 해도, $b^n \bmod m$의 주기가 극도로 길 것임은 상당한 수준으로 확신할 수 있다.

실제로, m이 소수가 아니라고 해도 주기가 아주 길 것임이 거의 확실하다. 예를 들어 $k = 10$, $l = 3$, $b = 10$(난수 생성의 관점에서는 너무 작지만, 정확한 결과를 쉽게 계산할 수 있으려면 이 정도로 작을 필요가 있다)인 경우를 생각해 보자. 이 경우 $\langle 10^n \bmod m \rangle$의 주기 길이는 $m = 9999998999 = 439 \cdot 22779041$일 때 $\mathrm{lcm}(219, 11389520) = 2494304880$, $m = 9999999001$일 때 4999999500, $m = 10000000999$일 때 5000000499, $m = 1000001001 = 3 \cdot 17 \cdot 2687 \cdot 72973$일 때 $\mathrm{lcm}(1, 16, 2686, 12162) = 130668528$이다. 드문 경우지만 m이 소수가 아닐 때 종자값들을 잘못 선택하면 주기가 더 짧아질 수도 있다. 그러나 예를 들어 $k = 1000$, $l = 619$, $b = 2^{16}$ 등으로 선택한다면 크게 잘못될 가능성은 거의 없다.

3.2.1.3절

1. $c = 1$은 B^5과 항상 서로 소이다. 그리고 $m = B^5$을 나누는 모든 소수는 B의 약수이다. 따라서 그러한 소수는 적어도 2제곱까지는 $b = B^2$을 나눈다.

2. 3밖에 되지 않는다. 따라서 그 발생기는 주기가 길긴 하지만 추천할만한 것은 아니다.

3. 농도는 두 경우 모두 18이다(다음 연습문제를 볼 것).

4. $a \bmod 4 = 1$이므로 반드시 $a \bmod 8 = 1$이며, 따라서 $b \bmod 8 = 0$ 또는 4이다. 만일 b가 4의 홀수배이고 b_1이 8의 배수이면, $b^s \equiv 0 \pmod{2^e}$가 $b_1^s \equiv 0 \pmod{2^e}$을 함의함이 명백하다. 따라서 b_1의 농도가 b보다 클 수는 없다.

5. 농도는 모든 j에 대해 $f_j s \geq e_j$를 만족하는 가장 작은 s의 값이다.

6. 농도가 4 이상이 되려면 법이 반드시 2^7 또는 $p^4 Z$(여기서 p는 홀수 소수)으로 나누어져야 한다. 그러한 유일한 값은 $m = 2^{27} + 1$과 $10^9 - 1$이다.

7. $a' = (1 - b + b^2 - \cdots) \bmod m$, 여기서 b^s, b^{s+1} 등의 항들은 제거된다(s가 농도라고 하면).

8. X_n는 항상 홀수이므로

$$X_{n+2} = (2^{34} + 3 \cdot 2^{18} + 9) X_n \bmod 2^{35} = (2^{34} + 6 X_{n+1} - 9 X_n) \bmod 2^{35}$$

이다. Y_n과 Y_{n+1}이 주어졌으며 $0 \leq \epsilon_1 < 1$, $0 \leq \epsilon_2 < 1$라고 할 때

$$Y_{n+2} \approx (10 + 6(Y_{n+1} + \epsilon_1) - 9(Y_n + \epsilon_2)) \bmod 20,$$

일 확률은 유한하며 비무작위이다.

참고: 연습문제 3에서 제안된 곱수가 $2^{23} + 2^{13} + 2^2 + 1$이 아니라 이를테면 $2^{33} + 2^{18} + 2^2 + 1$이라면, 비슷한 방식으로 $X_{n+2} - 10 X_{n+1} + 25 X_n \equiv$ 상수 $(\bmod 2^{35})$을 구할 수 있다. 일반화하자면, δ가 작을 때 $a \pm \delta$가 2의 고차 거듭제곱으로 나누어지는 값인 것은 바람직하지 않다.

만일 나누어진다면 "2차 무능(impotency)" 발생기가 된다. 좀 더 자세한 논의로는 3.3.4절을 볼 것.

이번 연습문제에 나오는 발생기는 매클라렌MacLaren과 마서글리아의 논문 *JACM* **12** (1965), 83-89에서 논의된 것이다. 이러한 발생기들의 결점을 처음으로 예시한 것은 M. Greenberger, *CACM* **8** (1965), 177-179이다. 그렇긴 해도 이런 발생기들은 이후 10년 이상 널리 쓰였다(3.3.4절의 RANDU에 대한 논의를 볼 것).

3.2.2절

1. 그 방법은 아주 조심해서 사용할 때에만 유용한 것이다. 무엇보다도, 이후의 c/m 덧셈에 의해 거의 모든 유효자리수가 사라지고, 그나마 남아 있는 유효자리수들도 "mod 1" 연산에 의해 소실될 정도로 aU_n이 클 가능성이 있다. 결론은 배정도 부동소수점 산술이 필요하다는 것이다. 배정도라고 해도, 반올림 등 수열의 수들에 어떤 방식으로든 영향을 줄 수 있는 그 어떤 일도 일어나게 해서는 안 된다. 그런 일이 생기면 수열의 좋은 습성에 대한 이론적 기반이 무너지기 때문이다. (그러나 연습문제 23을 볼 것.)

2. X_{n+1}은 $X_{n-1} + X_n$ 또는 $X_{n-1} + X_n - m$과 상등이다. 만일 $X_{n+1} < X_n$이면 반드시 $X_{n+1} = X_{n-1} + X_n - m$이 성립하며, 따라서 $X_{n+1} < X_{n-1}$이다.

3. (a) 밑줄 친 수들은 단계 M3 이후의 $V[j]$들이다.

출력:	초기값	0 4 5 6 2 0 3(2 7 4 1 6 3 0 5) 이후 반복됨.
$V[0]$:	0	<u>4</u> <u>7</u> 7 7 7 7 7 7 <u>4</u> <u>7</u> 7 7 7 7 7 7 <u>4</u> <u>7</u> …
$V[1]$:	3	3 3 3 3 3 3 <u>2</u> <u>5</u> 5 5 5 5 5 5 <u>2</u> <u>5</u> 5 5 5 …
$V[2]$:	2	2 2 2 2 <u>0</u> <u>3</u> 3 3 3 3 3 3 3 <u>0</u> <u>3</u> 3 3 3 3 …
$V[3]$:	5	5 5 <u>6</u> <u>1</u> 1 1 1 1 1 1 <u>6</u> <u>1</u> 1 1 1 1 1 1 …
X :		4 7 6 1 0 3 2 5 4 7 6 1 0 3 2 5 4 7 …
Y :		0 1 6 7 4 5 2 3 0 1 6 7 4 5 2 3 0 1 …

농도가 1로 줄어든 것이다! (연습문제 15의 해답에 있는 추가적인 설명을 볼 것.)

(b) 밑줄 친 수들은 단계 B2 이후의 $V[j]$들이다.

출력:	초기값	2 3 6 5 7 0 0 5 3 … 4 6(3 0 … 4 7)…
$V[0]$:	0	0 0 0 0 0 0 <u>5</u> <u>4</u> 4 … 1 1 1 1 … 1 1 …
$V[1]$:	3	3 <u>6</u> <u>1</u> 1 1 1 1 1 1 … 0 0 0 <u>4</u> … 0 0 …
$V[2]$:	2	<u>7</u> 7 7 7 <u>3</u> 3 3 3 <u>7</u> … 6 <u>2</u> 2 2 … 7 <u>2</u> …
$V[3]$:	5	5 5 5 <u>0</u> <u>0</u> <u>2</u> 2 2 2 … <u>3</u> 3 <u>5</u> 5 … <u>3</u> 3 …
X :	4	7 6 1 0 3 2 5 4 7 … 3 2 5 4 … 3 2 …

이 경우 출력이 입력보다 상당히 더 좋다. 출력은 46단계 이후 길이 40의 순환마디로 진입하게 된다: 236570 05314 72632 40110 37564 76025 12541 73625 03746 (30175 24061 52317 46203 74531 60425 16753 02647). 순환마디는 쉽게 구할 수 있다. 위의 배열에 연습문제 3.1-7의 방법을 하나의 열이 반복되기 시작할 때까지 적용하면 된다.

4. 많은 난수열(예를 들면 $m =$ 워드 크기인 선형합동수열)에서 하위 바이트가 상위 바이트보다 훨씬 덜 무작위하다. 3.2.1.1절을 볼 것.

5. 무작위화 효과가 상당히 최소화될 수 있다. 왜냐하면 $V[j]$는 항상 특정 범위 안의, 본질적으로 $j/k \leq V[j]/m < (j+1)/k$인 하나의 수를 담기 때문이다. 그러나 비슷한 접근방식들을 사용할 수도 있다: $Y_n = X_{n-1}$로 둘 수도 있고, 제일 왼쪽에 있는 숫자 대신 가운데의 몇 숫자들을 추출함으로써 X_n에서 j를 선택할 수도 있다. 이러한 제안들 중 알고리즘 B의 습성과 비슷하게 주기를 더 길게 만드는 것은 없다. (그러나 연습문제 27은 알고리즘 B가 반드시 주기 길이를 증가시키지는 않음을 보여준다.)

6. 예를 들어, 만일 $X_n/m < \frac{1}{2}$이면 $X_{n+1} = 2X_n$이다.

7. [W. Mantel, *Nieuw Archief voor Wiskunde* (2) **1** (1897), 172-184.]

$$
\begin{array}{ccc}
& & 00\ldots 01 \\
& 00\ldots 01 & 00\ldots 10 \\
\text{X 값들의 부분수열} \quad 00\ldots 10 \quad \text{이 다음과 같이 변한다:} & \ldots \\
& 10\ldots 00 & 10\ldots 00 \\
& & 00\ldots 00 \\
\text{CONTENTS(A)} & & \text{CONTENTS(A)}
\end{array}
$$

8. 정리 3.2.1.2A의 증명에서처럼 $X_0 = 0$이고 $m = p^e$이라고 가정할 수 있다. 우선 그 수열의 주기 길이가 p^e이라고 하자. 이로부터, $1 \leq f \leq e$에 대해 그 수열 $\bmod p^f$의 주기 길이가 p^f임을 알 수 있다. 만일 그렇지 않다면 p^f으로 나눈 어떤 나머지들이 결코 나타나지 않을 것이다. c가 p의 배수가 아님은 명백하다. 배수라면 X_n이 p의 배수가 되었을 것이다. 만일 $p \leq 3$이면 조건 (iii)와 (iv)가 필요조건임을 시행착오를 통해서 확인하는 것이 어렵지 않다. 따라서 $p \geq 5$라고 가정할 수 있다. 만일 $d \not\equiv 0 \pmod{p}$이면 모든 정수 x에 대해 $dx^2 + ax + c \equiv d(x + a_1)^2 + c_1 \pmod{p^e}$을 만족하는 정수 a_1과 c_1이 존재한다. 이 이차식은 점 x와 $-x - 2a_1$에서 같은 값을 가지므로, p^e을 법으로 하여 모든 값으로 평가될 수는 없다. 따라서 $d \equiv 0 \pmod{p}$이다. 그리고 만일 $a \not\equiv 1$이면 어떤 x에 대해 $dx^2 + ax + c \equiv x \pmod{p}$가 되는데, 이는 수열 $\bmod p$의 주기 길이가 p라는 사실과 모순된다.

다음으로, 그 조건들이 충분조건임을 밝혀야 한다. 우선 정리 3.2.1.2A와 몇 가지 자명한 경우들을 고려해서, $e \geq 2$라 할 때 $m = p^e$이라고 가정할 수 있다. 만일 $p = 2$이면 시행착오에 의해 $X_{n+2} \equiv X_n + 2 \pmod 4$가 성립함을 알 수 있다. 그리고 $p = 3$이면 $X_{n+3} \equiv X_n - d + 3c$

(modulo 9)가 성립함을 (i)와 (ii)로 증명할 수 있다. $p \geq 5$인 경우에는 $X_{n+p} \equiv X_n + pc$ (modulo p^2)을 증명할 수 있다: $d = pr$, $a = 1 + ps$ 라고 하자. 그러면, 만일 $X_n \equiv cn + pY_n$ (modulo p^2)이면 반드시 $Y_{n+1} \equiv n^2c^2r + ncs + Y_n$ (modulo p)이어야 한다. 따라서 $Y_n \equiv \binom{n}{3}2c^2r + \binom{n}{2}(c^2r + cs)$ (modulo p)이다. 그러므로 $Y_p \bmod p = 0$이고, 이로써 요구된 관계가 증명된다.

이제 "힌트"에 정의된 정수 수열 $\langle X_n \rangle$이 $t \bmod p \neq 0$인 어떠한 t에 대해, 그리고 모든 $f \geq 1$에 대해 관계

$$X_{n+p^f} \equiv X_n + tp^f \ (\text{modulo } p^{f+1}), \qquad n \geq 0$$

를 만족함을 증명할 수 있다. 이를 위해서는 수열 $\langle X_n \bmod p^e \rangle$의 주기 길이가 p^e임만 증명하면 충분한데, 주기 길이는 p^e의 약수나 p^{e-1}의 약수가 아니기 때문이다. 위의 관계식은 $f = 1$에 대해서는 이미 확인되었으며, $f > 1$의 경우에는 귀납법을 이용해서 다음과 같이 증명할 수 있다: 우선

$$X_{n+p^f} \equiv X_n + tp^f + Z_np^{f+1} \ (\text{modulo } p^{f+2})$$

이라고 둔다. 수열 생성을 위한 2차 법칙을 $d = pr$, $a = 1 + ps$ 로 두어서 적용하면 $Z_{n+1} \equiv 2rtnc + st + Z_n$ (modulo p)가 나온다. 이로부터 $Z_{n+p} \equiv Z_n$ (modulo p)임을 알 수 있으며, 따라서 $k = 1, 2, 3, \ldots$에 대해

$$X_{n+kp^f} \equiv X_n + k(tp^f + Z_np^{f+1}) \ (\text{modulo } p^{f+2})$$

이다. $k = p$로 대입하면 증명이 완성된다.

참고: 만일 $f(x)$가 3차 이상의 다항식이고 $X_{n+1} = f(X_n)$이라면 분석이 좀 더 복잡해진다. 다만, $f(m + p^k) = f(m) + p^kf'(m) + p^{2k}f''(m)/2! + \cdots$ 이라는 사실을 이용해서 많은 다항식 점화식들이 최대 길이를 낸다는 점을 증명할 수는 있다. 예를 들어 코베유Coveyou는 만일 $f(0)$이 홀수이고 $j = 0, 1, 2, 3$에 대해 $f'(j) \equiv 1$, $f''(j) \equiv 0$, $f(j+1) \equiv f(j) + 1$ (modulo 4)이면 주기 길이가 $m = 2^e$임을 증명했다. [*Studies in Applied Math.* **3** (Philadelphia: SIAM, 1969), 70–111.]

9. $X_n = 4Y_n + 2$로 두자. 그러면 수열 Y_n은 2차 점화식 $Y_{n+1} = (4Y_n^2 + 5Y_n + 1) \bmod 2^{e-2}$을 만족한다.

10. 경우 1: $X_0 = 0$, $X_1 = 1$; 따라서 $X_n \equiv F_n$이다. $F_n \equiv 0$이고 $F_{n+1} \equiv 1$ (modulo 2^e)인 가장 작은 n을 구해야 한다. $F_{2n} = F_n(F_{n-1} + F_{n+1})$, $F_{2n+1} = F_n^2 + F_{n+1}^2$ 이므로, $e > 1$에 대해 $F_{3 \cdot 2^{e-1}} \equiv 0$이고 $F_{3 \cdot 2^{e-1}+1} \equiv 2^e + 1$ (modulo 2^{e+1})임을 e에 대한 귀납법으로 밝힐 수 있다. 이는 주기 길이가 $3 \cdot 2^{e-1}$의 약수이지만 $3 \cdot 2^{e-2}$의 약수는 아님을 함의하며, 따라서 주기 길이는 $3 \cdot 2^{e-1}$ 아니면 2^{e-1}이다. 그런데 $F_{2^{e-1}}$은 항상 홀수이다(오직 F_{3n}만 짝수이므로).

경우 2: $X_0 = a$, $X_1 = b$. 그러면 $X_n \equiv aF_{n-1} + bF_n$이다. $a(F_{n+1} - F_n) + bF_n \equiv a$이고 $aF_n + bF_{n+1} \equiv b$인 가장 작은 양의 n을 구해야 한다. 그러한 조건은 $(b^2 - ab - a^2)F_n \equiv 0$,

$(b^2-ab-a^2)(F_{n+1}-1) \equiv 0$을 함의한다. 그리고 b^2-ab-a^2은 홀수이다(즉, m과 서로 소이다. 따라서 그 조건은 $F_n \equiv 0$, $F_{n+1} \equiv 1$과 동치이다.

임의의 법에 대한 $\langle F_n \rangle$의 주기를 구하는 방법은 월^{D. D. Wall}의 논문, *AMM* **67** (1960), 525-532에 나온다. 피보나치 수열 mod 2^e에 대한 추가적신 사실들을 얀손^{B. Jansson}이 유도한 바 있다 [*Random Number Generators* (Stockholm: Almqvist & Wiksell, 1966), Section 3C1].

11. (a) 어떠한 $u(z)$와 $v(z)$에 대해 $z^\lambda = 1 + f(z)u(z) + p^e v(z)$가 성립한다. 여기서 $v(z) \not\equiv 0$ (modulo $f(z)$ 및 p)이다. 이항정리에 의해

$$z^{\lambda p} = 1 + p^{e+1}v(z) + p^{2e+1}v(z)^2(p-1)/2$$

더하기 추가적인 항들이 0과 합동($f(z)$와 p^{e+2}을 법으로 하여)이다. $p^e > 2$이므로 $z^{\lambda p} \equiv 1 + p^{e+1}v(z)$ (modulo $f(z)$ 및 p^{e+2})가 성립한다. 만일 $p^{e+1}v(z) \equiv 0$ (modulo $f(z)$ 및 p^{e+2})이면 $p^{e+1}(v(z)+pa(z)) = f(z)b(z)$를 만족하는 다항식 $a(z)$와 $b(z)$가 반드시 존재한다. $f(0) = 1$이므로, 이는 $b(z)$가 p^{e+1}의 배수임을 뜻한다(가우스의 보조정리 4.6.1G에 의해). 따라서 $v(z) \equiv 0$ (modulo $f(z)$ 및 p)인데, 이는 모순이다.

(b) 만일 $z^\lambda - 1 = f(z)u(z) + p^e v(z)$이면

$$G(z) = u(z)/(z^\lambda - 1) + p^e v(z)/f(z)(z^\lambda - 1)$$

이다. 따라서 큰 n에 대해 $A_{n+\lambda} \equiv A_n$ (modulo p^e)이다. 반대로, 만일 $\langle A_n \rangle$이 후자의 성질을 만족한다면 어떤 다항식 $u(z)$과 $v(z)$에 대해, 그리고 어떤 멱급수 $H(z)$에 대해 $G(z) = u(z) + v(z)/(1-z^\lambda) + p^e H(z)$이다(계수들은 모두 정수). 이는 항등식 $1-z^\lambda = u(z)f(z)(1-z^\lambda) + v(z)f(z) + p^e H(z)f(z)(1-z^\lambda)$을 함의하며, $H(z)f(z)(1-z^\lambda)$은 하나의 다항식이다(방정식의 나머지 항들이 모두 다항식이므로).

(c) $\lambda(p^e) \neq \lambda(p^{e+1})$가 $\lambda(p^{e+1}) = p\lambda(p^e) \neq \lambda(p^{e+2})$를 함의한다는 것만 증명하면 충분하다. (a)와 (b)를 적용해 보면 $\lambda(p^{e+2}) \neq p\lambda(p^e)$이고 $\lambda(p^{e+1})$이 $p\lambda(p^e)$의 약수이나 $\lambda(p^e)$의 약수는 아님을 알 수 있다. 따라서 $q \bmod p \neq 0$라고 할 때 만일 $\lambda(p^e) = p^f q$이면 $\lambda(p^{e+1})$은 반드시 $p^{f+1}d$이어야 한다. 여기서 d는 q의 약수이다. 그런데 $X_{n+p^{f+1}d} \equiv X_n$ (modulo p^e)이다. 따라서 $p^{f+1}d$은 $p^f q$의 약수이며, 그러므로 $d = q$이다. [참고: $p^e > 2$라는 가정은 필수적이다. 예를 들어 $a_1 = 4$, $a_2 = -1$, $k = 2$라고 하자. 그러면 $\langle A_n \rangle = 1, 4, 15, 56, 209, 780, \ldots$; $\lambda(2) = 2$, $\lambda(4) = 4$, $\lambda(8) = 4$이다.]

(d) $g(z) = X_0 + (X_1 - a_1 X_0)z + \cdots + (X_{k-1} - a_1 X_{k-2} - a_2 X_{k-3} - \cdots - a_{k-1}X_0)z^{k-1}$.

(e) 답 (b)의 유도 과정을 $G(z) = g(z)/f(z)$인 경우에 대해 일반화할 수 있다. 그러면 주기 길이 λ에 대한 가정은 $g(z)(1-z^\lambda) \equiv 0$ (modulo $f(z)$ 및 p^e)을 함의한다. 위에서는 $g(z) = 1$인 특별한 경우만 다루었다. 그런데 이 합동식의 양변에 헨젤의 $b(z)$를 곱할 수 있으며, 그러면 $1-z^\lambda \equiv 0$ (modulo $f(z)$ 및 p^e)을 얻게 된다.

참고: (c)의 결과를, 생성함수를 사용하지 않고 연습문제 8의 답에 나온 것과 비슷한 방법을 사용해서 좀 더 "기초적인" 방식으로 증명하는 것이 가능하다: $n = r, r+1, \ldots, r+k-1$에 대해, 그리고 어떤 정수 B_n에 대해 만일 $A_{\lambda+n} = A_n + p^e B_n$이면, $B_{r+k}, B_{r+k+1}, \ldots$을 주어진 점화식으로 정의한다고 할 때 동일한 관계식이 모든 $n \geq r$에 대해 성립한다. 그래서 나온 B들의 수열은 A들의 수열을 자리이동한 것의 어떤 일차결합이므로, 충분히 큰 모든 n에 대해 $B_{\lambda+n} \equiv B_n$ (modulo p^e)이 성립하게 된다. 이제 $\lambda(p^{e+1})$은 반드시 $\lambda = \lambda(p^e)$의 배수이다. 충분히 큰 모든 n에 대해, $j = 1, 2, 3, \ldots$에 대해 $A_{n+j\lambda} = A_n + p^e(B_n + B_{n+\lambda} + B_{n+2\lambda} + \cdots + B_{n+(j-1)\lambda})$ $\equiv A_n + jp^e B_n$ (modulo p^{2e})이 성립한다. 일련의 k개의 B들 중 p의 배수인 것은 없다. $e \geq 2$일 때 $\lambda(p^{e+1}) = p\lambda(p^e) \neq \lambda(p^{e+2})$임이 이로부터 직접 도출된다. p가 홀수이고 $e = 1$일 때 $\lambda(p^{e+2}) \neq p\lambda(p^e)$임은 여전히 증명이 필요하다. 이를 위해 $B_{\lambda+n} = B_n + pC_n$으로 두고, n이 충분히 클 때 $C_{n+\lambda} \equiv C_n$ (modulo p)임에 주목한다. 그러면 $A_{n+p} \equiv A_n + p^2(B_n + \binom{p}{2}C_n)$ (modulo p^3)이며, 이로부터 쉽게 증명을 완성할 수 있다.

이 문제의 역사에 대해서는 Morgan Ward, *Trans. Amer. Math. Soc.* **35** (1933), 600–628을 볼 것. 또한 D. W. Robinson, *AMM* **73** (1966), 619–621도 보라.

12. 주기 길이 mod 2는 최대 4이다. 그리고 이전 연습문제의 논증에 의해, 주기 길이 mod 2^{e+1}의 상계는 그 최대 주기 길이 mod 2^e의 두 배이다. 따라서 이론적으로 최대 주기 길이는 2^{e+1}이다. 이러한 최대 주기 길이를 달성하는 것이 가능하다. 예를 들어 $a = 0$, $b = c = 1$인 자명한 경우가 있다.

13, 14. 명백히 $Z_{n+\lambda} = Z_n$이므로 λ'가 λ의 약수임은 확실하다. λ'과 λ_1의 최소공배수를 λ_1'이라고 하자. 그리고 λ_2'도 마찬가지로 정의하자. 그러면 $X_n + Y_n \equiv Z_n \equiv Z_{n+\lambda_1'} \equiv X_n + Y_{n+\lambda_1'}$이 성립한다. 따라서 λ_1'은 λ_2의 배수이다. 비슷한 방식으로 λ_2'이 λ_1의 배수임도 알 수 있다. 이로부터 문제에 주어진 결과가 도출된다. (그 결과는 $\lambda' = \lambda$인 수열들은 물론 $\lambda' = \lambda_0$인 수열들까지도 구축될 수 있다는 의미에서 "가능한 최상의" 결과이다.)

15. 알고리즘 M은 모든 충분히 큰 n에 대해 단계 M1에서 (X_{n+k}, Y_n)을 생성하며 단계 M3에서 $Z_n = X_{n+k-q_n}$을 생성한다. 따라서 $\langle Z_n \rangle$의 주기 길이는 모든 큰 n에 대해 $X_{n+k-q_n} = X_{n+\lambda'+k-q_{n+\lambda'}}$를 만족하는 λ'이다. λ가 λ_1과 λ_2의 배수라는 사실로부터 λ'가 λ의 약수임을 알 수 있다. (이러한 논증은 워터먼Alan G. Waterman에서 기인한다.)

또한, X들이 모두 서로 다르므로 모든 큰 n에 대해 $n+k-q_n \equiv n+\lambda'+k-q_{n+\lambda'}$ (modulo λ_1)이 성립한다. $\langle q_n \rangle$에 대한 한계는 모든 큰 n에 대해 $q_{n+\lambda'} = q_n + c$임을 함의한다. 여기서 $c \equiv \lambda'$ (modulo λ_1)이고 $|c| < \frac{1}{2}\lambda_1$이다. 그런데 $\langle q_n \rangle$이 유계이므로 c는 반드시 0이어야 한다. 따라서 $\lambda' \equiv 0$ (modulo λ_1)이고 모든 큰 n에 대해 $q_{n+\lambda'} = q_n$이다. 이로부터 λ'가 λ_2와 λ_1의 배수임이 확인되며, 그러므로 $\lambda' = \lambda$이다.

참고: 연습문제 3.2.1.2-4의 답은 k가 2일 때, $\langle Y_n \rangle$이 $m = 2^e$을 법으로 하여 최대 주기 길이를 가지는 하나의 선형합동수열이면 주기 길이 λ_2가 최대 2^{e-2}이 됨을 함의한다.

16. 증명 방법은 여러 가지이다.

(1) 유한체 이론을 이용한 증명. 2^k개의 원소들로 된 체에서 ξ가 $\xi^k = a_1\xi^{k-1} + \cdots + a_k$를 만족한다고 하자. 그리고 $f(b_1\xi^{k-1} + \cdots + b_k) = b_k$이며 각 b_j는 0 또는 1이라고 하자. 이는 일차함수이다. 만일 생성 알고리즘에서 (10)이 수행되기 전에 단어 X가 $(b_1b_2\ldots b_k)_2$이면, 그리고 $b_1\xi^{k-1} + \cdots + b_k\xi^0 = \xi^n$이면, (10)이 수행된 후에 단어 X는 ξ^{n+1}을 나타낸다. 따라서 그 수열은 $f(\xi^n),\ f(\xi^{n+1}),\ f(\xi^{n+2}),\ \ldots$이고, $f(\xi^{n+k}) = f(\xi^n\xi^k) = f(a_1\xi^{n+k-1} + \cdots + a_k\xi^n)$ $= a_1f(\xi^{n+k-1}) + \cdots + a_kf(\xi^n)$이다.

(2) 주먹구구식 증명, 또는 초급 수준의 현명함을 이용한 증명. 주어진 수열 X_{nj}, $n \geq 0$, $1 \leq j \leq k$가 다음을 만족한다고 하자.

$$X_{(n+1)j} \equiv X_{n(j+1)} + a_jX_{n1}, \quad 1 \leq j < k; \qquad X_{(n+1)k} \equiv a_kX_{n1} \pmod{2}.$$

이것이 $n \geq k$에 대해 $X_{nk} \equiv a_1X_{(n-1)k} + \cdots + a_kX_{(n-k)k}$를 함의함을 보여야 한다. 실제로 이는 $1 \leq j \leq k \leq n$일 때 $X_{nj} \equiv a_1X_{(n-1)j} + \cdots + a_kX_{(n-k)j}$를 함의한다. $j = 1$일 때에는 $X_{n1} \equiv a_1X_{(n-1)1} + X_{(n-1)2} \equiv a_1X_{(n-1)1} + a_2X_{(n-2)1} + X_{(n-2)3}$ 등이므로 명백하다. $j > 1$의 경우에는 귀납법에 의해

$$\begin{aligned} X_{nj} &\equiv X_{(n+1)(j-1)} - a_{j-1}X_{n1} \\ &\equiv \sum_{1 \leq i \leq k} a_iX_{(n+1-i)(j-1)} - a_{j-1}\sum_{1 \leq i \leq k} a_iX_{(n-i)1} \\ &\equiv \sum_{1 \leq i \leq k} a_i(X_{(n+1-i)(j-1)} - a_{j-1}X_{(n-i)1}) \\ &\equiv a_1X_{(n-1)j} + \cdots + a_kX_{(n-k)j} \end{aligned}$$

가 성립한다. 이러한 증명은 연산들이 2 또는 임의의 소수를 법으로 하여 수행된다는 사실에 의존하지 않는다.

17. (a) 수열이 끝났을 때 $(k-1)$짝 $(X_{n+1}, \ldots, X_{n+k-1})$은 $(m+1)$번째에서 출현한다. 주어진 $(k-1)$짝 $(X_{r+1}, \ldots, X_{r+k-1})$에는 오직 m개의 서로 다른 X_r들만이 출현할 뿐이므로, 그러한 출현들 중 하나는 반드시 $r = 0$에서의 출현이다. (b) $(k-1)$짝 $(0, \ldots, 0)$은 $(m+1)$번 출현하므로 모든 가능한 선행 원소들이 출현하며, 따라서 k짝 $(a_1, 0, \ldots, 0)$이 모든 a_1, $0 \leq a_1 < m$에 대해 출현한다. $1 \leq s < k$라고 하자. 그리고 $a_s \neq 0$일 때 수열에 모든 k짝 $(a_1, \ldots, a_s, 0, \ldots, 0)$이 나타난다고 하자. 구축법에 의해, 이 k짝은 $1 \leq y < m$에 대해 이전에 $(a_1, \ldots, a_s, 0, \ldots, 0, y)$가 나타난 적이 있는 경우에만 나타나게 된다. 따라서 $(k-1)$짝 $(a_1, \ldots, a_s, 0, \ldots, 0)$은 m번 나타나고, m개의 모든 가능한 선행 원소들이 나타난다. 이는 $0 \leq a < m$에 대해 $(a, a_1, \ldots, a_s, 0, \ldots, 0)$이 나타남을 뜻한다. 이제 귀납법으로 증명을 완성할 수 있다.

연습문제 2.3.4.2-23의 유향그래프를 이용해서, 정리 2.3.4.2D에서도 이러한 결과를 이끌어낼

수 있다. $x_j \neq 0$이고 $1 \leq j \leq k$라 할 때 $(x_1, ..., x_j, 0, ..., 0)$에서 $(x_2, ..., x_j, 0, 0, ..., 0)$로의 호들의 집합은 듀이 십진 표기법과 적절히 연관되는 하나의 유향 하위트리를 형성한다.

18. 연습문제 16에 의해, U_{n+1}의 최상위 비트는 전적으로 U_n의 첫 비트와 세 번째 비트에 의해 결정된다. 따라서 출현 가능한 쌍 $(\lfloor 8U_n \rfloor, \lfloor 8U_{n+1} \rfloor)$ 64개 중 32개만 나타난다. 〔참고: 만일 다른 수들, 이를테면 11비트 수 $U_n = (.X_{11n} X_{11n+1} \cdots X_{11n+10})_2$를 사용했다면 많은 응용들에서 만족스러운 수열이 나왔을 것이다. A에 나타나는 또 다른 상수의 비트가 하나 더 많았다면, 일반화된 스펙트럼 검정을 실행했을 때 수열이 적합하다는 어떤 징표를 얻을 수 있을 것이다. 연습문제 3.3.4-24를 볼 것. 차원 $t = 36, 37, 38, ...$에서의 ν_t들을 조사해 볼 수도 있다.

21. 〔*J. London Math. Soc.* **21** (1946), 169-172.〕 주기 길이가 $m^k - 1$이고 k개의 일련의 0들로 시작하지 않는 임의의 수열에 연습문제 7에서처럼 적절한 자리에 0을 하나 삽입함으로써 주기 길이를 m^k으로 늘릴 수 있다. 반대로, 주기 길이 m^k 수열로 시작해서 주기에서 적절한 0을 하나 삭제함으로서 다른 종류의 수열을 만들 수 있다. 이들을 A형, B형의 "(m, k) 수열"이라고 부르기로 하자. 가정에 의해, 모든 p와 모든 $k \geq 1$에 대해 A형 (p, k) 수열이 존재함이 확실하다. 따라서 그러한 p와 k에 대해 B형 (p, k) 수열이 존재한다.

  B형 (p^e, k) 수열들을 구하는 방법은 이렇다. q가 p의 거듭제곱이고 r이 p의 배수가 아니라 할 때 $e = qr$이라고 하자. 하나의 A형 (p, qrk) 수열 $X_0, X_1, X_2, ...$으로 시작한다. (p진수체계를 이용해서)숫자 $(X_0 \cdots X_{q-1})_p, (X_q \cdots X_{2q-1})_p, ...$들을 묶으면 그것은 하나의 A형 (p^q, rk) 수열이 된다. 왜냐하면 q가 $p^{qrk} - 1$과 서로 소이므로 그 수열의 주기 길이는 $p^{qrk} - 1$이기 때문이다. 이로부터 하나의 B형 (p^q, rk) 수열 $\langle Y_n \rangle$을 얻을 수 있다. 그리고 $(Y_0 Y_1 \cdots Y_{r-1})_{p^q}$, $(Y_r Y_{r+1} \cdots Y_{2r-1})_{p^q}, ...$은 비슷한 논증에 의해 하나의 B형 (p^{qr}, k) 수열이다. r이 p^{qk}와 서로 소이기 때문이다.

  임의의 m에 대한 B형 (m, k) 수열을 얻기 위해서는 (p^e, k) 수열들을 m의 각 소인수 거듭제곱에 대해 중국인의 나머지 정리를 이용해서 결합할 수도 있으나, 더 간단한 방법이 존재한다. $\langle X_n \rangle$이 하나의 B형 (r, k) 수열이라고 하자. 그리고 $\langle Y_n \rangle$이 하나의 B형 (s, k) 수열이며 r과 s가 서로 소라고 하자. 그러면 $\langle (X_n + Y_n) \bmod rs \rangle$는 연습문제 13에 의해 하나의 B형 (rs, k) 수열이다.

  임의의 k에 대해 $(2, k)$ 수열들을 만들어 내는 간단하고도 일관적인 구축법을 렘펠A. Lempel이 발견한 바 있다 〔*IEEE Trans.* **C-19** (1970), 1204-1209〕.

22. 중국인의 나머지 정리를 이용해서, m의 각 소인수를 법으로 한 바람직한 나머지들을 가진 상수 $a_1, ..., a_k$들을 구할 수 있다. 만일 $m = p_1 p_2 \cdots p_t$이면 주기 길이는 $\text{lcm}(p_1^k - 1, ..., p_t^k - 1)$이 된다. 연습문제 11에서 보았듯이, 실제로 임의의 m(반드시 제곱무관인 것은 아닌)에 대해 상당히 긴 주기들을 얻을 수 있다.

23. 뺄셈이 덧셈보다 빠를 수 있다. 연습문제 3.2.1.1-5를 볼 것. 주기 길이는 여전히 $2^{e-1}(2^{55} - 1)$이

다(연습문제 30). 브렌트R. Brent는 $[0..1)$ 범위의 부동소수점 수들에 대해 정확한 계산이 가능함을 지적했다. 연습문제 3.6-11을 보라.

24. 수열을 거꾸로 훑어 볼 것. 다른 말로 하면, 만일 $Z_n = Y_{-n}$이면 $Z_n = (Z_{n-k+l} - Z_{n-k})\bmod 2 = (Z_{n-k+l} + Z_{n-k})\bmod 2$이다.

25. 이 발상을 이용하면 서브루틴 호출 부담을 대부분 제거할 수 있다. 예를 들어 프로그램 A를 JMP RANDM을 수행해서 호출한다고 하자. 즉:

```
RANDM STJ   1F
      LDA   Y,6
       ⋮              ⎫
                      ⎬  프로그램 A
      ENT6  55        ⎭
1H    JMP   ★
```

그러면 난수 하나 당 비용은 $14 + \frac{2}{55}$ 단위시간이다. 그러나 다음과 같은 서브루틴을 'DEC6 1; J6Z RNGEN; LDA Y,6'이라는 명령열로 호출한다고 하면

```
RNGEN STJ   1F           ENT6  31
      ENT6  24           LDA   Y,6
      LDA   Y+31,6       ADD   Y+24,6
      ADD   Y,6          STA   Y,6
      STA   Y+31,6       DEC6  1
      DEC6  1            J6P   ★-4
      J6P   ★-4          ENT6  55
                     1H  JMP   ★
```

비용은 $(12 + \frac{6}{55})u$ 밖에 되지 않는다. 〔C 언어로 표현된 비슷한 구현이 *The Stanford GraphBase* (New York: ACM Press, 1994), GB_FLIP에 쓰인다.〕 사실 난수들의 배열을 한 번에 생성하는 게 바람직한 응용들이 많다. 게다가 후자의 접근방식은 뤼셔Lüscher의 방법으로 무작위성을 개선하려는 경우에는 필수적이다. 3.6절의 C, FORTRAN 루틴들을 볼 것.

27. $J_n = \lfloor kX_n/m \rfloor$이라고 하자. **보조정리.** $\langle J_n \rangle$에 $(k^2 + 7k - 2)/2$개의 일련의 값들

$$0^{k+2}\ 1\ 0^{k+1}\ 2\ 0^k\ \dots\ (k-1)\ 0^3$$

이 나타난 후 알고리즘 B에서 $0 \le j < k$에 대해 $V[j] < m/k$가 성립하며, 또한 $Y < m/k$도 성립한다. 증명. S_n을 X_n이 생성되기 직전의, $V[j] < m/k$를 만족하는 위치 j들의 집합이라고 하자. 그리고 j_n이 $V[j_n] \leftarrow X_n$을 만족하는 색인이라고 하자. 만일 $j_n \notin S_n$이고 $J_n = 0$이면 $S_{n+1} = S_n \cup \{j_n\}$이고 $j_{n+1} > 0$이다. 만일 $j_n \in S_n$이고 $J_n = 0$이면 $S_{n+1} = S_n$이고 $j_{n+1} = 0$이다. 따라서 $k+2$개의 연속된 0들 다음에는 반드시 $0 \in S_n$과 $j_{n+1} = 0$이 성립해야 한다. 그러면, "1 0^{k+1}" 이후에 반드시 $\{0,1\} \subseteq S_n$과 $j_{n+1} = 0$이 성립한다. "2 0^k" 이후에는 $\{0,1,2\} \subseteq S_n$와 $j_{n+1} = 0$이 반

드시 성립한다. 그 이후도 마찬가지이다.

따름정리. $l = (k^2 + 7k - 2)/2$ 라고 하자. 만일 $\lambda \geq lk^l$ 이면 알고리즘 B가 생성하는 수열 $\langle X_n \rangle$ 은 주기 길이가 λ 이거나, 아니면 수열의 분포가 나쁘다. 증명. J들의 임의의 주어진 길이 l 패턴이 길이가 λ 인 난수열에 나타나지 않을 확률은 $(1 - k^{-l})^{\lambda/l} < \exp(-k^{-l}\lambda/l) \leq e^{-1}$ 보다 작다. 따라서 언급된 패턴은 반드시 나타난다. 그 이후 알고리즘 B는 주기 안에서 그러한 부분에 도달할 때마다 동일한 습성을 보인다. ($k > 4$일 때에는 $\lambda > 10^{21}$ 이어야 하므로, 이 결과는 순전히 학술적인 것이다. 그러나 더 작은 한계들도 가능할 수 있다.)

29. 다음 알고리즘은 최악의 경우에서 약 k^2회의 연산을 수행하나, 평균 실행 시간은 훨씬 빠르다. $O(\log k)$일 수도 있고, 심지어는 $O(1)$일 수도 있다:

X1. $(a_0, a_1, ..., a_k) \leftarrow (x_1, ..., x_k, m-1)$ 로 설정한다.

X2. i가 $a_i > 0$이고 $i > 0$인 최소의 수라고 하자. $j = i+1, ..., k$에 대해 서브루틴 Y를 반복하되 $a_k > 0$이 아니게 되면 멈춘다.

X3. 만일 $a_0 > a_k$이면 $f(x_1, ..., x_k) = a_0$; 그렇지 않고 만일 $a_0 > 0$이면 $f(x_1, ..., x_k) = a_0 - 1$; 그렇지 않으면 $f(x_1, ..., x_k) = a_k$. ∎

Y1. $l \leftarrow 0$으로 설정한다. (단계 Y1-Y3의 서브루틴은 본질적으로 사전식 순서관계 $(a_i, ..., a_{i+k-1}) \geq (a_j, ..., a_{j+k-1})$를 판정하고, 이 부등식이 참이 되도록 하기 위해 필요하다면 a_k를 감소시키는 효과를 낸다. $a_{k+1} = a_1$, $a_{k+2} = a_2$, 등등으로 가정한다.)

Y2. 만일 $a_{i+l} > a_{j+l}$이면 서브루틴을 나간다. 그렇지 않고 만일 $j + l = k$이면 $a_k \leftarrow a_{i+l}$로 설정한다. 그렇지 않고 만일 $a_{i+l} = a_{j+l}$이면 단계 Y3으로 간다. 그렇지 않고 만일 $j + l > k$이면 a_k를 1 감소시키고 서브루틴을 나간다. 그렇지 않으면 $a_k \leftarrow 0$으로 설정하고 나간다.

Y3. l을 1 증가시키고 만일 $l < k$이면 단계 Y2로 돌아간다. ∎

$m = 2$일 때 이 문제를 처음 해결한 사람은 프레드릭센H. Fredricksen이다 [*J. Combinatorial Theory* **9** (1970), 1-5; **A12** (1972), 153-154]. 그러한 특수한 경우에서는 알고리즘이 더 간단해지며, k비트 레지스터들로 알고리즘을 수행할 수 있다. H. Fredricksen, J. Maiorana, *Discrete Math.* **23** (1978), 207-210도 볼 것.

30. (a) 연습문제 11에 의해, 주기 길이 mod 8이 $4(2^k - 1)$이라는 것만 보이면 충분하다. 이는 오직 $x^{2(2^k-1)} \not\equiv 1$ (modulo 8 및 $f(x)$)일 때에만, 오직 $x^{2^k - 1} \not\equiv 1$ (modulo 4 및 $f(x)$)일 때에만 참이다. $f_e(x^2) = \frac{1}{2}(f(x) + f(-x))$라고 두고 $f(x) = f_e(x^2) + xf_o(x^2)$이라는 식을 세운다. 그러면 오직 $f_e(x)^2 + xf_o(x)^2 \equiv f(x)$ (modulo 4)일 때에만 $f(x)^2 + f(-x)^2 \equiv 2f(x^2)$ (modulo 8)이다. 그리고 그 조건은 오직 $f_e(x)^2 \equiv -xf_o(x)^2$ (modulo 4 및 $f(x)$)일 때에만 성립한다. 왜냐하면 $f_e(x)^2 + xf_o(x)^2 = f(x) + O(x^{k-1})$이기 때문이다. 더 나아가서, 2와 $f(x)$

를 법으로 하면 $f_e(x)^2 \equiv f_e(x^2) \equiv xf_o(x^2) \equiv x^{2^k}f_o(x)^2$이 성립하며, 따라서 $f_e(x) \equiv x^{2^{k-1}}f_o(x)$이다. 그러므로 $f_e(x)^2 \equiv x^{2^k}f_o(x)^2$ (modulo 4 및 $f(x)$)이며, 이에 의해 힌트에 주어진 명제가 증명된다. 오직 $f(x)^2 + f(-x)^2 \equiv 2(-1)^k f(-x^2)$ (modulo 8)일 때에만 $x^{2^k} \equiv x$ (modulo 4 및 $f(x)$)임도 비슷한 방식으로 증명할 수 있다.

(b) 그 조건은 l이 홀수이고 $k = 2l$일 때에만 성립한다. 그러나 그러면 $f(x)$는 $k = 2$인 경우에만 2를 법으로 한 원시다항식이다. [*Math. Comp.* **63** (1994), 389–401.]

31. 정리 3.2.1.2C에 의해, 어떠한 Y_n과 Z_n에 대해 $X_n \equiv (-1)^{Y_n} 3^{Z_n} \bmod 2^e$이 성립한다. 따라서 $Y_n = (Y_{n-24} + Y_{n-55}) \bmod 2$이고 $Z_n = (Z_{n-24} + Z_{n-55}) \bmod 2^{e-2}$이다. Z_k는 오직 $X_k \bmod 8 = 3$ 또는 5일 때에만 홀수이므로, 이전 연습문제에 의해 주기 길이는 $2^{e-3}(2^{55}-1)$이다.

32. 'mod m'을 무시하고 그것을 다시 뒤쪽으로 집어넣을 수 있다. 생성함수 $g(z) = \sum_n X_n z^n$은 $1/(1 - z^{24} - z^{55})$의 다항식배(polynomial multiple)이다. 따라서 $\sum_n X_{2n} z^{2n} = \frac{1}{2}(g(z) + g(-z))$은 $(1 - z^{24} - z^{55})(1 - z^{24} + z^{55}) = 1 - 2z^{24} + z^{48} - z^{110}$으로 나누어지는 다항식이다. 그러므로 요구된 첫 번째 점화식은 $X_{2n} = (2X_{2(n-12)} - X_{2(n-24)} + X_{2(n-55)}) \bmod m$이다. 비슷하게, $\omega = e^{2\pi i/3}$라 할 때 $\sum_n X_{3n} z^{3n} = \frac{1}{3}(g(z) + g(\omega z) + g(\omega^2 z))$이며, 이로부터 $X_{3n} = (3X_{3(n-8)} - 3X_{3(n-16)} + X_{3(n-24)} + X_{3(n-55)}) \bmod m$을 구할 수 있다.

33. (a) $g_{n+t}(z) \equiv z^t g_n(z)$ (modulo m 및 $1 + z^{31} - z^{55}$), t에 대한 귀납법에 의해. (b) $z^{500} \bmod (1 + z^{31} - z^{55}) = 792z^2 + z^5 + 17z^6 + 715z^9 + 36z^{12} + z^{13} + 364z^{16} + 210z^{19} + 105z^{23} + 462z^{26} + 16z^{30} + 1287z^{33} + 9z^{36} + 18z^{37} + 1001z^{40} + 120z^{43} + z^{44} + 455z^{47} + 462z^{50} + 120z^{54}$이므로 (알고리즘 4.6.1D) $X_{500} = (792X_2 + X_5 + \cdots + 120X_{54}) \bmod m$이다.

[비슷한 공식 $X_{165} = (X_0 + 3X_7 + X_{14} + 3X_{31} + 4X_{38} + X_{45}) \bmod m$을 이전 연습문제의 $\langle X_{3n} \rangle$에 대한 좀 더 희박한 점화식과 비교해 보아도 재미있을 것이다. 165개의 수들을 생성하되 처음 55개만 사용하는 루셔의 방법이 165개의 수들을 생성하되 $X_3, X_6, \ldots, X_{165}$만 사용하는 방법보다 우월함이 명백하다.]

34. $q_0 = 0$, $q_1 = 1$, $q_{n+1} = cq_n + aq_{n-1}$이라고 하자. 그러면 $n \geq 1$에 대해 $\begin{pmatrix} 0 & 1 \\ a & c \end{pmatrix}^n = \begin{pmatrix} aq_{n-1} & q_n \\ aq_n & q_{n+1} \end{pmatrix}$, $X_n = (q_{n+1}X_0 + aq_n)/(q_n X_0 + aq_{n-1})$, $x^n \bmod f(x) \equiv q_n x + aq_{n-1}$이다. 따라서 만일 $X_0 = 0$이면 오직 $x^n \bmod f(x)$가 0이 아닌 상수일 때에만 $X_n = 0$이다.

35. 조건 (i)와 (ii)는 $f(x)$가 기약다항식임을 함의한다. 왜냐하면, 만일 $f(x) = (x - r_1)(x - r_2)$이고 $r_1 r_2 \neq 0$이면, $r_1 \neq r_2$일 때 $x^{p-1} \equiv 1$, $r_1 = r_2$일 때 $x^p \equiv r_1$이 되기 때문이다.

ξ가 p^2개의 원소들을 가진 한 체의 원시근이라고 하자. 그리고 $\xi^{2k} = c_k \xi + a_k$라고 가정하자. 우리가 찾는 이차다항식은 정확히 $1 \leq k < p^2 - 1$이고 $k \perp p + 1$인 다항식 $f_k(x) = x^2 - c_k x - a_k$이다. (연습문제 4.6.2-16 참고.) 각 다항식은 두 개의 k값들에 대해 나타난다. 따라서 해의 수는 $\frac{1}{2}(p^2 - 1)\prod_{q \backslash p+1,\, q \text{는 소수}}(1 - 1/q)$이다.

36. 이 경우 X_n은 항상 홀수이므로 2^e을 법으로 한 X_n^{-1}이 존재한다. 답 34에 정의된 수열 $\langle q_n \rangle$은 4를 법으로 한 0, 1, 2, 1, 0, 1, 2, 1, ...이다. 또한 $q_{2n} = q_n(q_{n+1} + aq_{n-1})$이고 $q_{2n-1} = aq_{n-1}^2 + q_n^2$이다. 따라서 $q_{2n+1} - aq_{2n-1} = (q_{n+1} - aq_{n-1})(q_{n+1} + aq_{n+1})$이다. n이 짝수일 때에는 $q_{n+1} + aq_{n+1} \equiv 2 \pmod 4$이므로 모든 $e \geq 0$에 대해 q_{2^e}이 2^e의 홀수배이고 $q_{2^e+1} - aq_{2^e-1}$이 2^{e+1}의 홀수배임을 알 수 있다. 그러므로

$$q_{2^e} + aq_{2^e-1} \equiv q_{2^e+1} + aq_{2^e} + 2^{e+1} \pmod{2^{e+2}}$$

이다. 그리고 $X_{2^{e-2}} \equiv (q_{2^{e-2}+1} + aq_{2^{e-2}})/(q_{2^{e-2}} + aq_{2^{e-2}-1}) \not\equiv 1 \pmod{2^e}$인 반면 $X_{2^{e-1}} \equiv 1$이다. 반대로, $a \bmod 4 = 1$이고 $c \bmod 4 = 2$이어야 한다. 그렇지 않으면 $X_{2n} \equiv 1 \pmod 8$이기 때문이다. 〔Eichenauer, Lehn, Topuzoğlu, *Math. Comp.* **51** (1988), 757-759.〕 이 수열의 하위 비트들은 짧은 주기를 가지므로, 소수를 법으로 한 역발생기(inversive generator)가 바람직하다.

37. $b_1 = 0$이라고 가정할 수 있다. 연습문제 34에 의해, V의 전형적인 벡터는 다음과 같은 형태이다.

$$(x, (s_2' x + as_2)/(s_2 x + as_2''), \ ..., \ (s_d' x + as_d)/(s_d x + as_d'')).$$

여기서 $s_j = q_{b_j}$, $s_j' = q_{b_j+1}$, $s_j'' = q_{b_j-1}$이다. 이 벡터는 오직

$$r_1 x + \frac{r_2 t_2}{x + u_2} + \cdots + \frac{r_d t_d}{x + u_d} \equiv r_0 - r_2 s_2' s_2^{-1} - \cdots - r_d s_d' s_d^{-1} \pmod p$$

(여기서 $t_j = a - as_j' s_j'' s_j^{-2} = -(-a)^{b_j} s_j^{-2}$이고 $u_j = as_j'' s_j^{-1}$)일 때에만 초평면 H에 속한다. 그러나 이 관계식은 차수가 $\leq d$인 어떤 다항합동식과 동치이다. 따라서 서로 다른 점 $x = u_2, ..., x = u_d$를 포함한 모든 x에 대해 성립해야 $d+1$개의 x 값들에 대해 성립할 수 있다. 그러므로 $r_2 = \cdots = r_d \equiv 0$이고 $r_1 \equiv 0$이다. 〔J. Eichenauer-Herrmann, *Math. Comp.* **56** (1991), 297-301 참고.〕

참고: 행들이 $\{(1, v_1, ..., v_d) \mid (v_1, ..., v_d) \in V\}$인 $(p+1-d) \times (d+1)$ 행렬을 고려한다면, 이 연습문제는 M의 임의의 $d+1$개의 행들이 p를 법으로 하여 일차독립이라는 것과 동치이다. 점 (X_n, X_{n+1})들을 $p \approx 1000$과 $0 \leq n \leq p$에 대해 그래프로 그려보면 흥미로울 것이다. 직선들보다는 원의 궤적들이 눈에 띈다.

3.3.1절

1. 범주들은 $k = 11$개이며, 따라서 줄 $\nu = 10$을 사용해야 한다.

2. $\frac{2}{49}, \frac{3}{49}, \frac{4}{49}, \frac{5}{49}, \frac{6}{49}, \frac{9}{49}, \frac{6}{49}, \frac{5}{49}, \frac{4}{49}, \frac{3}{49}, \frac{2}{49}$.

3. $V = 7\frac{173}{240}$이다. 이는 좋은 주사위로 얻을 수 있는 것에 비해 아주 약간만 더 크다! 편향이 검출되지 않은 이유는 두 가지이다: (a) 사실 새로운 확률들(연습문제 2)이 식 (1)에 나온 기존 확률들과 아주 다른 것이 아니다. 두 주사위의 합은 확률들을 평탄하게 만드는 경향이 있다. 합하는

대신 36가지의 가능한 값들의 쌍의 횟수를 셌다면 차이를 상당히 빠르게 검출했을 것이다(두 주사위가 구별이 가능하다고 할 때). (b) 훨씬 더 중요한 이유는, 의미 있는 차이를 검출하기에는 n이 너무 작다는 것이다. 같은 실험을 충분히 큰 n에 대해 수행한다면 조작된 주사위를 집어낼 수 있을 것이다 (연습문제 12).

4. $2 \le s \le 12$와 $s \ne 7$에 대해 $p_s = \frac{1}{12}$; $p_7 = \frac{1}{6}$. V의 값은 $16\frac{1}{2}$인데, 이는 표 1의 75% 항목과 95% 항목 사이에 속한다. 따라서 7들이 실제로 너무 많이 나타나지는 않는다는 사실에도 불구하고 이는 합당하다.

5. $K_{20}^+ = 1.15$; $K_{20}^- = 0.215$. 이 값들은 무작위한 습성(94% 수준과 86% 수준에서의)에 비해 크게 다르지 않다. 사실 대단히 가깝다. (이 연습문제의 자료 값들은 부록 A의 표 1에서 가져온 것이다.)

6. $X_j \le x$일 확률은 $F(x)$이므로 1.2.10절에서 논의한 이항분포에 해당한다: $F_n(x) = s/n$일 확률은 $\binom{n}{s} F(x)^s (1 - F(x))^{n-s}$이다. 평균은 $F(x)$, 표준편차는 $\sqrt{F(x)(1 - F(x))/n}$ 이다. 〔식 1.2.10-(19)를 볼 것. 이러한 결과는 만일

$$K^+{}_n = \sqrt{n} \max_{-\infty < x < \infty} (F_n(x) - F(x)) / \sqrt{F(x)(1 - F(x))}$$

라고 정의한다면 약간 더 나은 통계치를 얻을 수 있음을 제시한다. 연습문제 22를 보라. $x < y$에 대한 $F_n(y) - F_n(x)$의 평균과 표준편차를 계산할 수 있으며, 그것들을 통해서 $F_n(x)$와 $F_n(y)$의 공분산을 구할 수 있다. 이러한 사실들을 활용하면 큰 n 값들에 대해 함수 $F_n(x)$가 일종의 "브라운 운동(Brownian motion)"처럼 행동함을 보일 수 있으며, 그러한 습성을 연구하는 데에는 확률론의 이런 분야에 쓰이는 기법들이 유용할 것이다. 이러한 상황은 두브J. L. Doob와 돈스커M. D. Donsker의 논문, *Annals Math. Stat.* **20** (1949), 393-403과 **23** (1952), 277-281에서 활용되었다. 일반적으로 그들의 접근방식은 KS 검정을 연구하는 가장 계몽적인 방식으로 간주된다.

7. 식 (13)에서 $j = n$을 대입해 보면 K_n^+가 결코 음이 되지 않으며 $\sqrt{n}$ 까지 커질 수 있음을 알 수 있다. 그와 비슷하게 $j = 1$로 두어 보면 K_n^-에 대해서도 같은 사실을 알 수 있다.

8. 새로운 KS 통계치는 20개의 관측값으로 계산된 것이다. KS 통계치들을 계산할 때 K_{10}^+의 분포는 $F(x)$로 썼었다.

9. 그러한 착상에는 오류가 있다. 왜냐하면 모든 관측값은 서로 독립적이어야 하기 때문이다. 같은 자료에 대한 통계치 K_n^+와 K_n^- 사이에는 관계가 존재하며, 따라서 각 검정을 개별적으로 판정해야 한다. (한 검정이 높은 점수이면 다른 검정에서는 낮은 점수가 나오는 경향이 있다.) 비슷하게, 그림 2와 5의 항목들은 각 발생기마다 15개의 검정 결과를 보여주는 것이지 15개의 독립적인 관측값들을 보여주는 것이 아니다. 왜냐하면 다섯 중 최대 검정은 넷 중 최대 검정과 독립적이지 않기 때문이다. 각 수평줄의 세 검정들은 독립적이다(수열의 서로 다른 부분에 대해 수행된 것이므로). 그러나 한 열의 다섯 검정들은 어떤 식으로든 연관되어 있다. 이상의 내용들의 총체적인 결과는, 하

나의 검정에 적용되는 95퍼센트 확률 수준 등이 같은 자료에 대한 검정들 전체 집합에 유효하게 적용되지는 않는다는 것이다. 교훈: 난수발생기를 검정할 때에는 빈도 검정, 최대값 검정, 연속열 검정 같은 여러 검정들 각각을 "통과"할 것으로 예상되더라도, 검정들이 독립적이지는 않을 수 있으므로 여러 서로 다른 검정들로부터 얻은 자료들의 배열을 하나의 단위로 간주해서는 안 된다. K_n^+ 통계치와 K_n^- 통계치는 반드시 개별적인 두 개의 검정들로 간주해야 한다. 좋은 난수원이라면 둘 다 통과할 것이다.

10. 각 Y_s가 배증되고, np_s가 배증되므로 (6)의 분자들은 4배가 되는 반면 분모들은 두 배밖에 되지 않는다. 따라서 V의 새 값은 원래 값의 두 배이다.

11. 경험적 분포함수는 그대로이다. K_n^+와 K_n^-의 값들은 $\sqrt{2}$배가 된다.

12. $Z_s = (Y_s - nq_s)/\sqrt{nq_s}$라고 하자. V의 값은 n 곱하기

$$\sum_{s=1}^{k} (q_s - p_s + \sqrt{q_s/n}\, Z_s)^2 / p_s$$

이다. 후자의 수량은 n이 증가해도 결코 0에 도달하지 않는다($Z_s n^{-1/4}$이 1의 확률로 유계이므로). 따라서 V의 값은 p_s 가정 하에서 아주 가망없는(improbable) 값으로 증가한다.

KS 검정에 대해서는, $F(x)$가 가정된 분포이고 $G(x)$가 실제 분포라고 하자. 그리고 $h = \max|G(x) - F(x)|$라고 하자. $|F_n(x) - G(x)| > h/2$이 아주 작은 확률로 성립될 정도로 n을 크게 잡는다. 그러면 $|F_n(x) - F(x)|$는 가정된 분포 $F(x)$ 하에서 가망없이 큰 값으로 증가한다.

13. (최소 상계를 의도한 것이므로 실제로는 "max"를 "sup"로 대체해야 한다. 본문에서 "max"를 사용한 것은, "sup"에 익숙하지 않은 많은 독자들에게 혼란을 주지 않기 위해서이다.) 편의상 $X_0 = -\infty$, $X_{n+1} = +\infty$로 두자. $X_j \le x < X_{j+1}$일 때 $F_n(x) = j/n$이다. 따라서 이 구간 안에서 $\max(F_n(x) - F(x)) = j/n - F(X_j)$이고 $\max(F(x) - F_n(x)) = F(X_{j+1}) - j/n$이 성립한다. j가 0에서 n으로 변함에 따라 x의 모든 실수값이 조사된다. 이는

$$K_n^+ = \sqrt{n} \max_{0 \le j \le n} \left(\frac{j}{n} - F(X_j) \right);$$

$$K_n^- = \sqrt{n} \max_{1 \le j \le n+1} \left(F(X_j) - \frac{j-1}{n} \right)$$

임을 증명한다. 이 등식들은 (13)과 동치이다. 왜냐하면 최대값 기호 하의 추가적인 항이 양이 아니며, 그 항은 연습문제 7에 의해 반드시 중복이기 때문이다.

14. 좌변의 로그를 다음과 같이 단순화할 수 있다:

$$-\sum_{s=1}^{k} Y_s \ln\left(1 + \frac{Z_s}{\sqrt{np_s}} \right) + \frac{1-k}{2} \ln(2\pi n) - \frac{1}{2}\sum_{s=1}^{k} \ln p_s - \frac{1}{2}\sum_{s=1}^{k} \ln\left(1 + \frac{Z_s}{\sqrt{np_s}} \right) + O\left(\frac{1}{n} \right).$$

그리고 $\ln(1 + Z_s/\sqrt{np_s})$의 전개를 정리하고 $\sum_{s=1}^{k} Z_s \sqrt{np_s} = 0$이라는 점을 이용하면 이 수량을 다음과 같이 더욱 단순화할 수 있다:

$$-\frac{1}{2}\sum_{s=1}^{k}Z_s^2+\frac{1-k}{2}\ln(2\pi n)-\frac{1}{2}\ln(p_1\dots p_k)+O\left(\frac{1}{\sqrt{n}}\right).$$

15. 해당 야코비 행렬식은 쉽게 평가할 수 있다: (i) 행렬식에서 인수 r^{n-1}을 제거하고 (ii) 그러한 행렬식을 "$\cos\theta_1 - \sin\theta_1\ 0\dots 0$"을 담은 행의 여인수들로 전개하고(각 여인수 행렬식은 귀납법으로 평가할 수 있다), (iii) $\sin^2\theta_1+\cos^2\theta_1=1$임을 활용한다.

16. $\int_0^{z\sqrt{2x}+y}\exp\left(-\frac{u^2}{2x}+\cdots\right)du=ye^{-z^2}+O\left(\frac{1}{\sqrt{x}}\right)+\int_0^{z\sqrt{2x}}\exp\left(-\frac{u^2}{2x}+\cdots\right)du.$

후자의 적분은

$$\int_0^{z\sqrt{2x}}e^{-u^2/2x}\,du+\frac{1}{3x^2}\int_0^{z\sqrt{2x}}e^{-u^2/2x}u^3\,du+O\left(\frac{1}{\sqrt{x}}\right)$$

이다. 이들을 통합한 최종적인 결과는

$$\frac{\gamma(x+1,x+z\sqrt{2x}+y)}{\Gamma(x+1)}=\frac{1}{\sqrt{2\pi}}\int_{-\infty}^{z\sqrt{2}}e^{-u^2/2}\,du+\frac{e^{-z^2}}{\sqrt{2\pi x}}\left(y-\frac{2}{3}-\frac{2}{3}z^2\right)+O\left(\frac{1}{x}\right)$$

이다. 이제 $z\sqrt{2}=x_p$로 두고

$$\frac{1}{\sqrt{2\pi}}\int_{-\infty}^{z\sqrt{2}}e^{-u^2/2}\,du=p,\qquad x+1=\frac{\nu}{2},\qquad \gamma\left(\frac{\nu}{2},\frac{t}{2}\right)\Big/\Gamma\left(\frac{\nu}{2}\right)=p$$

라는 식을 세우면(여기서 $t/2=x+z\sqrt{2x}+y$) 앞의 결과를 y에 대해 풀어서 $y=\frac{2}{3}(1+z^2)+O(1/\sqrt{x})$을 얻을 수 있다. 이는 위의 분석과 일치한다. 따라서 답은 $t=\nu+2\sqrt{\nu}z+\frac{4}{3}z^2-\frac{2}{3}+O(1/\sqrt{\nu})$이다.

17. (a) 변수 바꾸기, $x_j \leftarrow x_j+t$를 사용할 것.

(b) n에 대한 귀납법을 사용할 것. 정의에 의해 $P_{n0}(x-t)=\int_n^x P_{(n-1)0}(x_n-t)\,dx_n$이다.

(c) 좌변은

$$\int_n^{x+t}dx_n\cdots\int_{k+1}^{x_{k+2}}dx_{k+1}\quad\text{곱하기}\quad\int_t^k dx_k\int_t^{x_k}dx_{k-1}\cdots\int_t^{x_2}dx_1.$$

(d) (b)와 (c)로부터 $P_{nk}(x)=\sum_{r=0}^{k}\frac{(r-t)^r}{r!}\frac{(x+t-r)^{n-r-1}}{(n-r)!}(x+t-n)$이 성립한다.

(24)의 분자는 $P_{n\lfloor t\rfloor}(n)$이다.

18. 본문에 나온 (24)의 유도에서 언급했듯이, $0\le x\le 1$에 대해 $F(x)=x$라고 가정할 수 있다. 만일 $0\le X_1\le\cdots\le X_n\le 1$이면 $Z_j=1-X_{n+1-j}$라고 둔다. 그러면 $0\le Z_1\le\cdots\le Z_n\le 1$이다. 그리고 K_n^+를 $X_1, \dots, X_n$에 대해 평가한 것은 K_n^-를 $Z_1, \dots, Z_n$에 대해 평가한 것과 같다.

이러한 대칭관계로부터, K_n^+와 K_n^-이 주어진 범위 안에 속함을 만족하는, 부피가 같은 집합들 사이에 일대일 대응관계가 생긴다.

20. 이를테면 항 $O(1/n)$은 $-(\frac{4}{9}s^4 - \frac{2}{3}s^2)/n + O(n^{-3/2})$이다. 완전한 확장은 H. A. Lauwerier, *Zeitschrift fur Wahrscheinlicheitstheorie und verwandte Gebiete* **2** (1963), 61-68에서 밝혀졌다.

23. m이 n보다 크거나 같은 임의의 수라고 하자. (a) 만일 $\lfloor mF(X_i) \rfloor = \lfloor mF(X_j) \rfloor$이고 $i > j$이면 $i/n - F(X_i) > j/n - F(X_j)$이다. (b) 우선 $0 \le k < m$에 대해 $a_k = 1.0$, $b_k = 0.0$, $c_k = 0$으로 둔다. 그리고 각 관측값 X_j에 대해 다음을 수행한다: $Y \leftarrow F(X_j)$, $k \leftarrow \lfloor mY \rfloor$, $a_k \leftarrow \min(a_k, Y)$, $b_k \leftarrow \max(b_k, Y)$, $c_k \leftarrow c_k + 1$로 설정한다. ($F(X_j) < 1$라고, 따라서 $k < m$라고 가정한다.) 그런 다음에는 $j \leftarrow 0$, $r^+ \leftarrow r^- \leftarrow 0$로 설정하고, $k = 0, 1, ..., m-1$에 대해(이 순서대로) $c_k > 0$일 때마다 다음을 수행한다: $r^- \leftarrow \max(r^-, a_k - j/n)$, $j \leftarrow j + c_k$, $r^+ \leftarrow \max(r^+, j/n - b_k)$로 설정한다. 마지막으로 $K_n^+ \leftarrow \sqrt{n}\, r^+$, $K_n^- \leftarrow \sqrt{n}\, r^-$으로 설정한다. 필요한 시간은 $O(m+n)$이며, n의 정확한 값을 미리 알지 못해도 된다. (a_k와 b_k에 대해 추정치 $(k+\frac{1}{2})/m$을 사용했다면, 즉각 k에 대해 실제로 계산해야 할 것이 c_k 값들뿐이라면, $m < n$인 경우라고 해도 K_n^+와 K_n^-의 추정치들을 오차범위 $\frac{1}{2}\sqrt{n}/m$ 이내로 얻게 된다.) 〔*ACM Trans. Math. Software* **3** (1977), 60-64.〕

25. (a) $c_{ij} = \mathrm{E}(\sum_{k=1}^{n} a_{ik} X_k \sum_{l=1}^{n} a_{jl} X_l) = \sum_{k=1}^{n} a_{ik} a_{jk}$이므로 $C = AA^T$이 성립한다.

   (b) 특이값 분해(singular value decomposition) $A = UDV^T$을 고찰할 것. 여기서 U와 V는 크기가 각각 $m \times m$, $n \times n$인 직교행렬이고 D는 성분들이 $d_{ij} = [i=j]\sigma_j$인 $m \times n$ 행렬이다. 특이값 σ_j들은 모두 양수이다. 〔이를테면 Golub, Van Loan, *Matrix Computations* (1996), §2.5.3 참고.〕 만일 $C\overline{C}C = C$이면 $SBS = S$이다. 여기서 $S = DD^T$이고 $B = U^T \overline{C} U$이다. 즉, $\sigma_{n+1} = \cdots = \sigma_m = 0$, $s_{ij} = \sum_{k,l} s_{ik} b_{kl} s_{lj} = \sigma_i^2 \sigma_j^2 b_{ij}$라고 두었을 때 $s_{ij} = [i=j]\sigma_j^2$이다. 따라서 만일 $i, j \le n$이면 $b_{ij} = [i=j]/\sigma_j^2$이며 이로부터 $D^T BD$가 $n \times n$ 단위행렬임을 알 수 있다. $Y = (Y_1 - \mu_1, ..., Y_m - \mu_m)^T$이고 $X = (X_1, ..., X_n)^T$이라고 하자. 그러면 $W = Y^T \overline{C} Y = X^T A^T \overline{C} AX = X^T V D^T BDV^T X = X^T X$이다.

3.3.2절

1. 카이제곱 검정을 위한 관측값들은 반드시 독립적이어야 한다. 두 번째 수열에서 인접한 관측 값들은 명백히 의존적이다. 한 값의 두 번째 성분이 그 다음 값의 첫 번째 성분과 같기 때문이다.

2. $0 \le j < n$에 대해 t짝 $(Y_{jt}, ..., Y_{jt+t-1})$들을 만들고, 그것들 중 각각의 가능한 값과 같은

것들이 몇 개인지를 센다. $k = d^t$로, 그리고 각 범주에 속할 확률을 $1/d^t$로 두고 카이제곱 검정을 적용한다. 관측값 개수 n는 적어도 $5d^t$개이어야 한다.

3. 정확히 j개의 값들이 조사될 확률, 즉 U_{j-1}이 $\alpha \le U_{j-1} < \beta$ 안의 n번째 원소일 확률은

$$\binom{j-1}{n-1} p^n (1-p)^{j-n}$$

이다. 이는 다른 $n-1$개의 출현들이 나타날 수 있는 장소들을 열거하고 그러한 패턴의 확률을 평가해 보면 쉽게 확인할 수 있다. 생성함수는 $G(z) = (pz/(1-(1-p)z))^n$인데, 이는 주어진 분포가 $n = 1$에 대한, 같은 수량의 n겹 합성곱이라는 점과 맞아떨어진다. 따라서 평균과 분산은 n에 비례한다. 이제 조사되는 U들의 개수의 통계적 특성이 $(\min n,\ \text{ave}\ n/p,\ \max \infty,\ \text{dev}\ \sqrt{n(1-p)}/p)$임을 쉽게 알 수 있다. $n = 1$일 때의 이러한 확률 분포에 대한 좀 더 자세한 논의가 연습문제 3.4.1-17의 해답에 나온다. 또한 연습문제 2.3.4.2-26의 상당히 더 일반적인 결과들도 볼 것.

4. 길이가 $\ge r$인 한 간격의 확률은 r개의 연속적인 U들이 주어진 범위 바깥에 놓일 확률, 즉 $(1-p)^r$이다. 길이가 정확히 r인 간격의 확률은 길이가 $\ge r$인 간격의 확률 빼기 길이가 $\ge (r+1)$인 간격의 확률이다.

5. N이 무한대로 감에 따라 n도 무한대로 간다(확률은 1). 따라서 이 검정은 마지막 간격의 길이만 다르다는 점을 제외하고는 그냥 본문에서 설명한 간격 검정과 같다. 그리고 본문의 간격 검정이 문제에서 언급된 카이제곱 분포와 점근적으로 같음이 확실하다. 왜냐하면 각 간격의 길이는 다른 간격들의 길이와 독립적이기 때문이다. [참고: 이 결과의 상당히 복잡한 증명이 E. Bofinger, V. J. Bofinger, *Annals Math. Stat.* **32** (1961), 524-534에 나온다. 이 논문은 간격 검정에 대한 여러 흥미로운 변형들을 논의한다는 점에서 주목할 만 하다. 예를 들어 저자들은 수량

$$\sum_{0 \le r \le t} \frac{(Y_r - (Np)p_r)^2}{(Np)p_r}$$

이 카이제곱 분포에 접근하지 않음을 보였다.(반면, 다른 이들은 Np가 n의 기대값이라는 점을 이유로 들어 이 통계치를 "더 강한" 검정으로 제안했었다.)

7. 5, 3, 5, 6, 5, 5, 4.

8. 연습문제 10을 $w = d$로 두고 살펴볼 것.

9. (단계 C1과 C4에서 d를 w로 변경한다). 다음과 같다:

$$p_r = \frac{d(d-1)\ldots(d-w+1)}{d^r} \left\{ {r-1 \atop w-1} \right\}, \qquad w \le r < t \text{ 에 대해;}$$

$$p_t = 1 - \frac{d!}{d^{t-1}} \left(\frac{1}{0!} \left\{ {t-1 \atop d} \right\} + \cdots + \frac{1}{(d-w)!} \left\{ {t-1 \atop w} \right\} \right).$$

10. 연습문제 3에서처럼 $n = 1$인 경우만 고려하면 된다. 하나의 쿠폰 집합의 길이가 r일 확률에

대한 생성함수는 이전 연습문제와 식 1.2.9-(28)에 의해

$$G(z) = \frac{d!}{(d-w)!} \sum_{r>0} \left\{ \begin{matrix} r-1 \\ w-1 \end{matrix} \right\} \left(\frac{z}{d} \right)^r = z^w \left(\frac{d-1}{d-z} \right) \cdots \left(\frac{d-w+1}{d-(w-1)z} \right)$$

이다. 평균과 분산은 정리 1.2.10A와 연습문제 3.4.1-17을 이용해서 쉽게 계산할 수 있다:

$$\text{mean}(G) = w + \left(\frac{d}{d-1} - 1 \right) + \cdots + \left(\frac{d}{d-w+1} - 1 \right) = d(H_d - H_{d-w}) = \mu;$$

$$\text{var}(G) = d^2 (H_d^{(2)} - H_{d-w}^{(2)}) - d(H_d - H_{d-w}) = \sigma^2.$$

따라서, 하나의 쿠폰 집합의 검색이 n번 반복됨에 따라 조사된 U들의 개수의 통계적 특성은 $(\min wn, \text{ave } \mu n, \max \infty, \text{dev } \sigma\sqrt{n})$이다.

11. $|1|2|9 \ \ 8 \ \ 5 \ \ 3|6|7 \ \ 0|4|$.

12. 알고리즘 R (연속열 검정을 위한 자료.)

> **R1.** 〔초기화.〕 $j \leftarrow -1$로 설정하고, $\text{COUNT}[1] \leftarrow \text{COUNT}[2] \leftarrow \cdots \leftarrow \text{COUNT}[6] \leftarrow 0$으로 설정한다. 또한 알고리즘 종료의 편의를 위해 $U_n \leftarrow U_{n-1}$로 설정한다.
>
> **R2.** 〔r을 0으로 설정.〕 $r \leftarrow 0$으로 설정한다.
>
> **R3.** 〔$U_j < U_{j+1}$인가?〕 r과 j를 1 증가시킨다. 만일 $U_j < U_{j+1}$이면 이 단계를 반복한다.
>
> **R4.** 〔길이를 기록.〕 만일 $r \geq 6$이면 $\text{COUNT}[6]$을 1 증가시키고, 그렇지 않으면 $\text{COUNT}[r]$을 1 증가시킨다.
>
> **R5.** 〔종료?〕 만일 $j < n-1$이면 단계 R2로 돌아간다. ∎

13. $U_{i-1} \gtreqqless U_i < \cdots < U_{i+p-1} \gtreqqless U_{i+p} < \cdots < U_{i+p+q-1}$를 만족하는 방법은 총 $(p+q+1)\binom{p+q}{p}$가지이다. 거기서 $U_{i-1} < U_i$인 경우들의 개수 $\binom{p+q+1}{p+1}$을 빼고 $U_{i+p-1} < U_{i+p}$인 경우들의 개수 $\binom{p+q+1}{1}$을 뺀다. 그리고 $U_{i-1} < U_i$이자 $U_{i+p-1} < U_{i+p}$인 경우를 위해 1을 더한다. 이러한 경우는 두 번 빼졌기 때문이다. (이는 1.3.3절에서 자세히 설명한 포함-배재 원칙의 한 특수한 경우이다.)

14. U들이 서로 다르다는 가정 하에서, 길이가 r인 한 연속열이 나타날 확률은 $1/r! - 1/(r+1)!$이다. 따라서 $r < t$에 대해서는 $p_r = 1/r! - 1/(r+1)!$, 길이가 $\geq t$인 연속열들에 대해서는 $p_t = 1/t!$을 사용한다.

15. F가 연속함수이고 X의 분포가 F일 때 그 가정은 $F(X)$에 대해 항상 참이다. 식 3.3.1-(23) 다음의 설명을 볼 것.

16. (a) $Z_{jt} = \max(Z_{j(t-1)}, Z_{(j+1)(t-1)})$. 만일 $Z_{j(t-1)}$들이 메모리에 저장되어 있다면, 이 배열을 보조적인 저장소가 필요 없는 Z_{jt}들의 집합으로 변환하는 것은 간단한 문제이다. (b) 그의 "개선"에서 각 V는 언급된 분포를 실제로 가져야 하나, 관측값들이 더 이상 독립적이지 않다. 사실 U_j가

비교적 큰 값일 때 Z_{jt}, $Z_{(j-1)t}$, ..., $Z_{(j-t+1)t}$ 모두는 U_j와 같아진다. 따라서 같은 자료를 t번 반복한 것(그리고 연습문제 3.3.1-10에서처럼 V에 t를 곱한 것)과 거의 같은 효과가 된다.

17. (b) 비네의 항등식에 의해 차이는 $\sum_{0 \le k < j < n} (U'_k V'_j - U'_j V'_k)^2$이며, 이는 확실히 음이 아니다. (c) 따라서 만일 $D^2 = N^2$이면 모든 쌍 j, k에 대해 반드시 $U'_k V'_j - U'_j V'_k = 0$이 성립한다. 이는 행렬

$$\begin{pmatrix} U'_0 & U'_1 & ... & U'_{n-1} \\ V'_0 & V'_1 & ... & V'_{n-1} \end{pmatrix}$$

의 차수(rank)가 < 2임을, 따라서 그 행들이 일차의존임을 의미한다. (U'_0과 V'_0이 둘 다 0이 아니라고 할 때 $1 \le j < n$에 대해 $U'_0 V'_j - U'_j V'_0 = 0$이라는 것이 모든 j에 대해 $\alpha U'_j + \beta V'_j = 0$을 만족하는 상수 α, β가 존재함을 함의한다는 사실을 이용한 좀 더 기초적인 증명도 가능하다. U'_0과 V'_0이 둘 다 0이 아닌 경우는 적절한 번호 재배치를 통해서 피할 수 있다.)

18. (a) 분자는 $-(U_0 - U_1)^2$이고 분모는 $(U_0 - U_1)^2$이다. (b) 이 경우 분자는 $-(U_0^2 + U_1^2 + U_2^2 - U_0 U_1 - U_1 U_2 - U_2 U_0)$이고 분모는 $2(U_0^2 + \cdots - U_2 U_0)$이다. (c) 연습문제 1.2.3-30 또는 1.2.3-31에 의해, 분모는 항상 $\sum_{0 \le j < k < n} (U_j - U_k)^2$과 같다.

19. 실제로, 주어진 결과는 U_0, ..., U_{n-1}의 결합분포가 대칭이면(순열치환에 의해 변하지 않으면) 항상 성립한다. $S_1 = U_0 + \cdots + U_{n-1}$, $S_2 = U_0^2 + \cdots + U_{n-1}^2$, $X = U_0 U_1 + \cdots + U_{n-2} U_{n-1} + U_{n-1} U_0$, $D = n S_2 - S_1^2$이라고 하자. 또한 조건 $D \ne 0$ 하에서의 $f(U_0, ..., U_{n-1})$의 기대값을 $\mathrm{E} f(U_0, ..., U_{n-1})$이라고 표기한다고 하자. D는 대칭함수이므로 $\{0, ..., n-1\}$의 모든 순열 p에 대해 $\mathrm{E} f(U_0, ..., U_{n-1}) = \mathrm{E} f(U_{p(0)}, ..., U_{p(n-1)})$이 성립한다. 그러므로 $\mathrm{E} S_2 / D = n \mathrm{E} U_0^2 / D$, $\mathrm{E} S_1^2 / D = n(n-1) \mathrm{E}(U_0 U_1 / D) + n \mathrm{E} U_0^2 / D$, $\mathrm{E} X / D = n \mathrm{E}(U_0 U_1 / D)$이다. 이로부터 $1 = \mathrm{E}(n S_2 - S_1^2) / D = -(n-1) \mathrm{E}(n X - S_1^2) / D$이 나온다. (엄밀히 말해서 $\mathrm{E} S_2 / D$와 $\mathrm{E} S_1^2 / D$이 무한대일 수 있으므로, 기대값들의 일차결합이 존재함을 알고 있는 경우만을 다루어야 할 것이다.)

20. E_{1111}, E_{211}, E_{22}, E_{31}, E_4가 각각 $\mathrm{E}(U_0 U_1 U_2 U_3 / D^2)$, $\mathrm{E}(U_0^2 U_1 U_2 / D^2)$, $\mathrm{E}(U_0^2 U_1^2 / D^2)$, $\mathrm{E}(U_0^3 U_1 / D^2)$, $\mathrm{E}(U_0^4 / D^2)$을 나타낸다고 하자. 그러면 $\mathrm{E} S_2^2 / D^2 = n(n-1) E_{22} + n E_4$, $\mathrm{E}(S_2 S_1^2 / D^2) = n(n-1)(n-2) E_{211} + n(n-1) E_{22} + 2n(n-1) E_{31} + n E_4$, $\mathrm{E} S_1^4 / D^2 = n(n-1)(n-2)(n-3) E_{1111} + 6n(n-1)(n-2) E_{211} + 3n(n-1) E_{22} + 4n(n-1) E_{31} + n E_4$, $\mathrm{E} X^2 / D^2 = n(n-3) E_{1111} + 2n E_{211} + n E_{22}$, $\mathrm{E}(X S_1^2 / D^2) = n(n-2)(n-3) E_{1111} + 5n(n-2) E_{211} + 2n E_{22} + 2n E_{31}$, $\mathrm{E}((U_0 - U_1)^4 / D^2) = 6 E_{22} - 8 E_{31} + 2 E_4$가 되며, 이로부터 첫 번째 결과가 성립한다.

$\delta = \alpha ((\ln n)/n)^{1/3}$, $M = \alpha^3/2 + 1/3$, $m = \lceil 1/\delta \rceil$이라고 하자. 분포의 범위를 m개의 동일 확률 부분들로 분할한다면 각 부분이 $n\delta(1-\delta)$과 $n\delta(1+\delta)$ 사이의 점들을 확률 $\ge 1 - O(n^{-M})$로 포함함을 꼬리 부등식 1.2.10-(24)와 (25)로 보일 수 있다. 따라서 만일 분포가 균등하다면 적어도

이 확률로 $D = \frac{1}{12}n^2(1 + O(\delta))$이다. 만일 D가 그 범위 안에 있지 않다면 $0 \le (U_0 - U_1)^4/D^2 \le 1$이다. $\mathrm{E}((U_0 - U_1)^4) = \int_0^1 \int_0^1 (x - y)^4 \, dx \, dy = \frac{1}{15}$이므로 $\mathrm{E}((U_0 - U_1)^4/D^2) = \frac{48}{5}n^{-4}(1 + O(\delta)) + O(n^{-M})$이라는 결론을 내릴 수 있다.

참고: N이 (23)의 분자라고 하자. 딕슨W. J. Dixon은 모든 변수가 정규분포일 때 $e^{(wN+zD)/n}$의 기대값이

$$(1 - 2z - 2w)^{1/2}(1 - 2z + \sqrt{(1 - 2z)^2 - 4w^2}\,)^{-n/2} + O(w^n)$$

임을 보였다. 그리고 이를 w에 대해 미분하고 z에 대해 적분해서 $n > 2k$일 때의 적률(moment) $\mathrm{E}(N/D)^{2k-1} = (-\frac{1}{2})^{\overline{k}}/(n - \frac{1}{2})^{\overline{k}}$, $\mathrm{E}(N/D)^{2k} = (+\frac{1}{2})^{\overline{k}}/(n + \frac{1}{2})^{\overline{k}}$을 구했다. 특히 이 경우 분산은 정확히 $1/(n+1) - 1/(n-1)^2$이다. 〔*Annals of Math. Stat.* **15** (1944), 119-144.〕

21. 단계 P2에서의 $c_{r-1} = s - 1$의 일련의 값들은 2, 3, 7, 6, 4, 2, 2, 1, 0이다. 따라서 $f = 886862$.

22. $1024 = 6! + 2 \cdot 5! + 2 \cdot 4! + 2 \cdot 3! + 2 \cdot 2! + 0 \cdot 1!$이므로, 단계 P2에서의 $s - 1$의 일련의 값들은 0, 0, 0, 1, 2, 2, 2, 2, 0이 될 것이다. 거꾸로 짚어 나가면 순열 $(9, 6, 5, 2, 3, 4, 0, 1, 7, 8)$을 구할 수 있다.

23. $P'(x_1, ..., x_t) = \frac{1}{\lambda'} \sum_{n=0}^{\lambda'-1} [(Y'_n, ..., Y'_{n+t-1}) = (x_1, ..., x_t)]$라고 하자. 그러면

$$Q(x_1, ..., x_t) = \sum_{(y_1, ..., y_t)} P'(y_1, ..., y_t) P((x_1 - y_1) \bmod d, \ ..., \ (x_t - y_t) \bmod d)$$

가 된다. 이를 정리하면 $Q(x) = \sum_y P'(y)P(x - y)$이다. 따라서, 일반 부등식 $(\mathrm{E}X)^2 \le \mathrm{E}X^2$를 적용하면 $\sum_x (Q(x) - d^{-t})^2 = \sum_x (\sum_y P'(y)(P(x-y) - d^{-t}))^2 \le \sum_x \sum_y P'(y)(P(x-y) - d^{-t})^2 = \sum_y P'(y) \sum_x (P(x) - d^{-t})^2 = \sum_x (P(x) - d^{-t})^2$이다. 〔G. Marsaglia, *Comp. Sci. and Statistics: Symp. on the Interface* **16** (1984), 5-6 참고. 각 $P(x)$가 $1/\lambda$의 배수이므로, 이 결과는 $d^t \le 2\lambda$인 경우에만 의미가 있다.〕

24. 문자열 α의 처음 k개의 요소들과 마지막 k개의 요소들을 각각 $k : \alpha$, $\alpha : k$로 표기하기로 하자. $K(\alpha, \beta) = [\alpha = \beta]/P(\alpha)$라고 하고, $\overline{C}$가 성분들이 $\overline{c}_{\alpha\beta} = K(\alpha, \beta) - K(t-1 : \alpha, t-1 : \beta)$인 $d^t \times d^t$ 행렬을 나타낸다고 하자. 그리고 C가 $|\alpha| = t$에 대한 무작위 변수 $N(\alpha)$를 n으로 나눈 값들로 된 공분산행렬이라고 하자. 이상의 변수들은 d^{t-1}개의 문자열 α들 각각에 대해 $\sum_{a=0}^{d-1} N(\alpha a) = \sum_{a=0}^{d-1} N(a\alpha)$를 만족한다는 제약을 따른다. 또한 $\sum_{|\alpha|=t} N(\alpha) = n$이다. 그런데 다른 모든 일차제약들은 이 제약들에서 유도할 수 있다(정리 2.3.4.2G를 볼 것). 따라서 C의 차수는 $d^t - d^{t-1}$이며, 연습문제 3.3.1-25에 의해 $C\overline{C}C = C$만 보이면 된다.

β를 α에 겹쳐 놓고 오른쪽으로 k자리 이동해서 생기는 겹침 부분에 대응되는 항을 $T_k(\alpha, \beta)$라고 할 때, 즉

$$T_k(\alpha, \beta) = \begin{cases} K(t+k : \alpha, \beta : t+k) - 1, & \text{만일 } k \leq 0\text{이면}; \\ K(\alpha : t-k, t-k : \beta) - 1, & \text{만일 } k \geq 0\text{이면} \end{cases}$$

일 때, $c_{\alpha\beta} = P(\alpha\beta) \sum_{|k| < t} T_k(\alpha, \beta)$임을 입증하는 것은 어렵지 않다. 예를 들어 $d = 2$, $t = 5$, $\alpha = 01101$, $\beta = 10101$이면 $c_{\alpha\beta} = P(0)^4 P(1)^6 (P(01)^{-1} + P(101)^{-1} + P(1)^{-1} - 9)$이다. 따라서 $C\bar{C}C$의 성분 $\alpha\beta$는 $P(\alpha\beta)$ 곱하기

$$\sum_{|\gamma| = t-1} \sum_{a,b = 0}^{d-1} P(\gamma ab) \sum_{|k| < t} \sum_{|l| < t} T_k(\alpha, \gamma a)(K(a,b) - 1) T_l(\gamma b, \beta)$$

이다. k와 l이 주어졌을 때 곱 $T_k(\alpha, \gamma a)(K(a,b) - 1) T_l(\gamma b, \beta)$는 여덟 개의 항들로 전개되며, 각 항에 $P(\gamma ab)$을 곱하고 모든 γab에 대해 합하면 보통 ± 1이 된다. 예를 들어 $\alpha = a_1 \ldots a_t$, $\beta = b_1 \ldots b_t$, $\gamma = c_1 \ldots c_{t-1}$, $t \geq 5$일 때 $P(\gamma ab)K(2 : \alpha, \gamma a : 2)K(a,b)K(3 : \gamma b, \beta : 3)$의 합은 $P(c_4 \ldots c_{t-2})$이며, 이는 1이다. $t = 4$일 때에는 그 합이 $K(a_1, b_4)$가 되나 이는 $P(\gamma ab)K(2 : \alpha, \gamma a : 2)(-1)K(3 : \gamma b, \beta : 3)$의 합에 의해 소거된다. 그러므로 전체적인 결과는 $k \leq 0 \leq l$가 아닌 한 0이다. $k \leq 0 \leq l$인 경우에는 $K(i : (\alpha : i - k), i : (\beta : i + l)) - K(i - 1 : (\alpha : i - k), i - 1 : (\beta : i + l))$이다(여기서 $i = \min(t + k, t - l)$). k와 l에 대한 합은 $c_{\alpha\beta}$로 작아진다.

25. 경험적 검정들을 적용해 보면, (22)를 임의의 t로 일반화했을 때, $t \geq 5$인 경우 C_1^{-1}과 $C_1^{-1} C_2 C_1^{-1}$의 대응 원소들의 비율은 아주 깔끔하게 $-t$가 된다. 예를 들어 $t = 6$일 때 비율들은 모두 -6.039와 -6.111 사이에 놓인다. $t = 20$일 때에는 모두 -20.039와 -20.045 사이에 놓인다. 이러한 현상은 설명이 필요할 것이다.

26. (a) 벡터 $(S_1, \ldots, S_n)$들은 초평면 $S_1 + \cdots + S_n = 1$ 안의, 부등식 $S_1 \geq 0, \ldots, S_n \geq 0$로 정의되는 $(n-1)$차원 다면체상에 균등하게 분포된 점들이다. 간단한 귀납법으로

$$\int_{s_1}^{\infty} dt_1 \int_{s_2}^{\infty} dt_2 \cdots \int_{s_{n-1}}^{\infty} dt_{n-1} [1 - t_1 - \cdots - t_{n-1} \geq s_n] = \frac{(1 - s_1 - s_2 - \cdots - s_n)_+^{n-1}}{(n-1)!}$$

임을 증명할 수 있다. 확률은 이 적분을 특별한 경우 $s_1 = \cdots = s_n = 0$에서의 적분 값으로 나누어서 구할 수 있다. [Bruno de Finetti, *Giornale Istituto Italiano degli Attuari* **27** (1964), 151-173.]

(b) $S_{(1)} \geq s$일 확률은 $S_1 \geq s, \ldots, S_n \geq s$일 확률이다.

(c) $S_{(k)} \geq s$일 확률은 최대 $k-1$의 S_j들이 $< s$일 확률이다. 따라서, $< s$인 간격들이 정확히 j개일 확률을 $G_j(s)$라고 할 때 $1 - F_k(s) = G_1(s) + \cdots + G_{k-1}(s)$이다. 대칭성에 의해 $G_j(s)$는 $\binom{n}{j}$에 $S_1 < s, \ldots, S_j < s, S_{j+1} \geq s, \ldots, S_n \geq s$일 확률을 곱한 것이다. 그리고 후자는 $\Pr(S_1 < s, \ldots, S_{j-1} < s, S_j \geq 0, S_{j+1} \geq s, \ldots, S_n \geq s) - \Pr(S_1 < s, \ldots, S_{j-1} < s, S_j \geq s, \ldots, S_n \geq s)$이다. (a)를 반복 적용하면 $G_j(s) = \binom{n}{j} \sum_l \binom{j}{l} (-1)^{j-l} (1 - (n-l)s)_+^{n-1}$임을 알 수 있으며, 따라서

$$1 - F_k(s) = \sum_l \binom{n}{l}\binom{n-l-1}{k-l-1}(-1)^{k-l-1}(1-(n-l)s)_+^{n-1}$$

이다. 특히, 가장 큰 간격 $S_{(n)}$의 분포는 다음과 같다:

$$F_n(s) = 1 - \sum_l \binom{n}{l}\binom{n-l-1}{n-l-1}(-1)^{n-l-1}(1-(n-l)s)_+^{n-1} = \sum_l \binom{n}{l}(-1)^l(1-ls)_+^{n-1}.$$

〔첨언하자면, 비슷한 수량 $x^{n-1}(n-1)!^{-1}F_n(x^{-1})$은 균등편이들의 합 $U_1 + \cdots + U_n$에 대한 밀도 함수이다.〕

(d) 공식 $Es^r = r\int_0^1 (1-F(s))s^{r-1}\,ds$와 $\int_0^1 s^r(1-ks)_+^{n-1}\,ds = k^{-r-1}n^{-1}\binom{n+r}{r}^{-1}$로 부터 $ES_{(k)} = n^{-1}(H_n - H_{n-k})$임을 알 수 있으며, 대수적으로 좀더 정리해 보면 $ES_{(k)}^2 = n^{-1}(n+1)^{-1}(H_n^{(2)} - H_{n-k}^{(2)} + (H_n - H_{n-k})^2)$이 나온다. 따라서 $S_{(k)}$의 분산은 $n^{-1}(n+1)^{-1}(H_n^{(2)} - H_{n-k}^{(2)} - (H_n - H_{n-k})^2/n)$과 같다.

〔분포 $F_k(s)$들은 휘트워스W. A. Whitworth가 *DCC Exercises in Choice and Chance* (Cambridge, 1897)의 문제 667에서 처음 발견한 것이다. 휘트워스는 또한 함수 $G_k(s) = F_k(s) - F_{k+1}(s)$의 임의의 다항식의 기대값을 계산하는 한 우아한 방법도 발견했다. 그의 방법은 *The Expectation of Parts* (Cambridge, 1898)라는 제목의 소책자로 출판되었으며, *Choice and Chance* 제5판 (1901)에도 실렸다. 바턴Barton과 데이비드David는 평균과 분산에 대한, 그리고 다양한 좀 더 일반적인 간격 통계치들에 대한 단순화된 수식들을 발견했다. *J. Royal Stat. Soc.* **B18** (1956), 79-94를 볼 것. 또한 통계학자들이 간격들을 자료의 잠재적 편향성에 대한 단서들로서 분석하는 데 사용해온 방법들이 R. Pyke, *J. Royal Stat. Soc.* **B27** (1965), 395-449에 개괄되어 있다.〕

27. 초평면 $S_1 + \cdots + S_n = 1$ 안의, 부등식 $S_1 \geq 0$, ..., $S_n \geq 0$로 정의되는 다면체를 고려하자. 이 다면체는 S들의 순서에 의해 정의되는 $n!$개의 합동 부분다면체들로 구성된다(S들이 서로 다르다고 할 때). 그리고 정렬 연산은 큰 다면체에서 $S_1 \leq \cdots \leq S_n$인 부분다면체로의 $n!$대1 겹침(folding)이다. $(S_{(1)}, ..., S_{(n)})$를 $(S_1', ..., S_n')$으로 변환하는 연산은 차분 부피를 $n!$배로 확장하는 1대1 사상이다. 이 연산은 부분다면체의 정점 $(\frac{1}{n}, ..., \frac{1}{n})$, $(0, \frac{1}{n-1}, ..., \frac{1}{n-1})$, ..., $(0, ..., 0, 1)$을 해당 정점 $(1, 0, ..., 0)$, $(0, 1, 0, ..., 0)$, ..., $(0, ..., 0, 1)$로 변환함으로써 공정의 전반적인 형태를 늘리고 왜곡시킨다. (부분다면체 정점 $(0, ..., 0, \frac{1}{j}, ..., \frac{1}{j})$과 $(0, ..., 0, \frac{1}{k}, ..., \frac{1}{k})$ 사이의 유클리드 거리는 $|j^{-1} - k^{-1}|^{1/2}$이다. 변환에 의해 n개의 정점 모두가 $\sqrt{2}$ 만큼 떨어져 있는 하나의

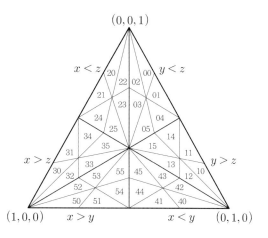

정단체(regular simplex)가 만들어진다.)

반복된 간격들의 습성은 $n = 3$일 때의 시각적 표현을 상세히 조사해봄으로써 쉽게 이해할 수 있다. 이 경우 다면체는 하나의 정삼각형이며, 점들은 $x + y + z = 1$인 무게중심좌표 (x, y, z)들을 나타낸다. 옆의 그림은 이 삼각형의 처음 두 수준의 재귀적 분해를 나타낸 것이다. 6^2개의 부분삼각형 각각에는 두 자리 부호 pq가 붙어 있는데, 여기서 p는 $(x, y, z) = (S_1, S_2, S_3)$을 $(S_{(1)}, S_{(2)}, S_{(3)})$으로 정렬하는 데 적용되는 순열치환 부호이고, q는 그 다음 단계에서 S_1', S_2', S_3'을 정렬하는 데 적용되는 순열치환 부호이다. 정렬을 위한 부호의 구체적인 순서 관계는 다음과 같다:

$$0 : x < y < z, \quad 1 : x < z < y, \quad 2 : y < x < z, \quad 3 : y < z < x, \quad 4 : z < x < y, \quad 5 : z < y < x.$$

예를 들어 부분삼각형 34의 점들은 $S_2 < S_3 < S_1$이고 $S_3' < S_1' < S_2'$이다. 이러한 절차를 무한히 많은 수준으로 반복할 수 있다. 삼각형의 모든 점들은 무리수 무게중심좌표들을 가지며, 그래서 하나의 무한 기수6 전개로서의 고유한 표현을 가지게 된다. 4면체도 비슷한 방식으로 24, 24^2, 24^3, ... 개의 부분4면체들로 분할할 수 있으며, 일반화하자면 이러한 절차를 통해서 임의의 $(n-1)$차원 단체 (simplex)의 점들에 대한 기수 $n!$ 전개를 구축할 수 있다.

$n = 2$일 때에는 이러한 공정이 특히나 간단하다: 만일 $x \not\in \{0, \frac{1}{2}, 1\}$이면 간격 $(x, 1-x) = (x, y)$들을 $x < y$이냐 아니면 $x > y$이냐에 따라 $(2x \bmod 1, 2y \bmod 1)$ 또는 $(2y \bmod 1, 2x \bmod 1)$로 변환하면 된다. 따라서 반복적인 검정들은 본질적으로 이진 표현을 왼쪽으로 1 비트 자리이동하게 되며, 이에 의해 결과가 보수화(complementing)될 수도 있다. e 비트 수들에 대해 공정을 $e + 1$번 반복하면 반드시 고정점 $(0, 1)$로 수렴되어야 한다. $n = 2$인 경우의 순열치환 부호화는 그냥 하나의 선을 접고 늘리는 것에 해당한다. 부분분할의 처음 네 수준은 다음과 같은 4비트 부호들을 가진다:

$(0,1)$ 0000 0001 0011 0010 0110 0111 0101 0100 1100 1101 1111 1110 1010 1011 1001 1000 $(1,0)$

이 수열은 7.2.1절에서 말하는 그레이 이진부호(Gray binary code)이다. 일반화하자면, n단체에 대한 기수 $n!$ 순열치환 부호는 인접한 영역들이 한 자릿수 위치만 빼고는 동일한 부호들을 가진다는 성질을 만족한다. 간격 변환의 각 반복마다 자리이동에 의해 각 점의 표현의 제일 왼쪽 숫자가 사라진다. 동일한 생일 간격들은 분해의 첫 수준의 경계 근처의 점들임을 주목할 것.

$(S_1, ..., S_n)$에서 $(S_1', ..., S_n')$으로의 이러한 기본적인 변환들이 휘트워스의 *Choice and Chance* 제5판(답 26의 문헌 참조를 볼 것)의 명제 LVI의 증명에 암묵적으로 나타나 있다. 이 변환을 명시적으로 처음 연구한 이는 더빈J. Durbin이다 〔*Biometrika* **48** (1961), 41-55〕. 그는 수카트메P. V. Sukhatme의 비슷한 구성 〔*Annals of Eugenics* **8** (1937), 52-56〕에서 영감을 얻었다. 반복적 간격들을 위한 순열치환 부호화는 대니얼스H. E. Daniels가 소개했다 〔*Biometrika* **49** (1962), 139-149〕.

28. (a) m을 n개의 서로 다른 양의 부분들로 분할하는 가짓수는 연습문제 5.1.1-16에 의해 $p_n\left(m - \binom{n+1}{2}\right)$이다. 이 분할들을 $0 = y_1 < y_2 < \cdots < y_n < m$을 만족하는 n짝 $(y_1, ..., y_n)$들로 순

열치환하는 방법은 $n!$가지이다. 그러한 n짝들 각각으로부터 $y_1 = 0$이고 $0 < y_2, \ldots, y_n < m$인 $(n-1)!$개의 n짝들을 만들 수 있다. 이제 각 y_j에 상수 mod m을 더한다. 이래도 간격들은 유지된다. 따라서 $b_{n00}(m) = mn!(n-1)!p_n\left(m - \binom{n+1}{2}\right)$이다.

(b) 0 간격들은 같은 항아리에 있는 공들에 해당하며, 그 간격들은 동일 간격 개수에 $s-1$을 기여한다. 따라서 $b_{nrs}(m) = \left\{ {n \atop n-s} \right\} b_{(n-s)(r+1-s)0}(m)$이다.

(c) $\left\{ {n \atop n-1} \right\} = \binom{n}{2}$이므로 확률은

$$n!(n-1)!m^{1-n}\left(p_n\left(m - \binom{n+1}{2}\right) - \frac{1}{2}p_{n-1}\left(m - \binom{n}{2}\right)\right)$$

이다.

29. 이전 답과 연습문제 5.1.1–15에 의해 $b_{n0}(z) = n!(n-1)! \, z^{\binom{n+1}{2}}/(1-z)\ldots(1-z^n)$이 성립한다. $r = 1$일 때, 이전 답의 유도에 나오는 $n!$은 $n!/2$이 되며, $0 < s_1 < \cdots < s_k \le s_{k+1} < \cdots < s_n$에 대한 $s_1 + \cdots + s_n = m$인 해들의 개수는 $0 \le s_1 - 1 \le \cdots \le s_k - k \le s_{k+1} - k \le \cdots \le s_n - n + 1$에 대한 $(s_1 - 1) + \cdots + (s_k - k) + (s_{k+1} - k) + \cdots + (s_n - n + 1) = m - \binom{n}{2} - k$인 해들의 개수이다. 따라서 $b_{n1}(z) = \frac{1}{2}n!(n-1)! \sum_{k=1}^n (z^k - z^n)z^{\binom{n}{2}}/(1-z)\ldots(1-z^n)$이다. 비슷한 방식으로

$$\frac{b_{n2}(z)}{n!(n-1)!} = \left(\frac{1}{2!2!} \sum_{1 \le j < k < n} (z^j - z^n)(z^k - z^{n-1}) + \frac{1}{3!} \sum_{1 \le k < n} (z^k - z^n)(z^k - z^{n-1}) \right)$$
$$\times \frac{z^{\binom{n-1}{2}}}{(1-z)\ldots(1-z^n)}$$

임을 알 수 있으며, 일반적인 r에 대한 $b_{nr}(z)$은 다음 공식으로 구할 수 있다:

$$\frac{\sum_r b_{nr}(z)w^r}{n!(n-1)!\,z^n} = \sum_{0 \le b_1, \ldots, b_{n-1} \le 1} \frac{(z - b_1 z^n)\ldots(z^{n-1} - b_{n-1}z^n)}{c_1 \ldots c_{n-1}(1-z)\ldots(1-z^n)} \left(\frac{w}{z^{n-1}}\right)^{b_1} \cdots \left(\frac{w}{z^1}\right)^{b_{n-1}}.$$

여기서 $c_k = 1 + b_k + b_k b_{k-1} + \cdots + b_k \ldots b_2 b_1 = 1 + b_k c_{k-1}$이다. ($w = 1$인 특별한 경우는 좌변의 합들이 $(1-z)^{-n}/n!$이 된다는 점에서 흥미롭다.)

30. 이것은 안장점 방법 〔N. G. de Bruijn, *Asymptotic Methods in Analysis* (North-Holland, 1961), 제5장〕에 관한 좋은 문제이다. $f(z) = -m\ln z - \sum_{k=1}^n \ln(1 - z^k)$이라 할 때 $p_n(m) = \frac{1}{2\pi i}\oint e^{f(z)}\frac{dz}{z}$가 성립한다. $\rho = n/m$이고 $\delta = \sqrt{n}/m$이라고 하자. 경로 $z = e^{-\rho + it\delta}$에 대해 적분하면 $p_n(m) = \frac{\delta}{2\pi}\int_{-\pi/\delta}^{\pi/\delta} \exp(f(e^{-\rho + it\delta}))dt$가 나온다. 편의를 위해 다음 항등식을 사용한다:

$$g(se^t) = \sum_{j=0}^n \frac{t^j}{j!}\vartheta^j g(s) + \int_0^t \frac{u^n}{n!}\vartheta^{n+1}g(se^{t-u})du.$$

여기서 $g = g(z)$는 임의의 해석적 함수이고 ϑ는 연산자 $z\frac{d}{dz}$이다. 함수 $\vartheta^j g$을 e^z에서 평가한 결과는 $g(e^z)$을 z에 대해 j번 미분했을 때와 같다. 이 원리로부터 다음과 같은 공식이 나온다:

$$\vartheta^j f(e^{-\rho}) = -m[j=1] + \frac{j!n}{\rho^j} + (-1)^j \sum_{k=1}^{n} \sum_{l \geq j} \frac{l^j B_l}{l \cdot l!} k^l \rho^{l-j}.$$

이는 또 다른 편리한 항등식

$$\ln\left(\frac{1-e^{-z}}{z}\right) = \sum_{n \geq 1} \frac{B_n z^n}{n \cdot n!}$$

때문에 성립한다. 따라서 피적분함수의 점근전개는 다음과 같다:

$$\exp f(e^{-\rho + it\delta}) = \exp\left(\sum_{j \geq 0} \frac{i^j \delta^j t^j}{j!} \vartheta^j f(e^{-\rho})\right) = e^{-t^2/2 + f(e^{-\rho})} \exp(ic_1 t - c_2 t^2 - ic_3 t^3 + \cdots).$$

여기서 $c_1 = \left(\frac{n(n+1)}{2} B_1 + \frac{n(n+1/2)(n+1)}{6} B_2\rho\right)\delta + O(n^{-3})$ 등이다. 그리고 $j \geq 3$에 대해 $c_j = O(n^{-3})$임도 알 수 있다. 이제 상수항

$$\frac{\delta}{2\pi} e^{f(e^{-\rho})} = \frac{\delta}{2\pi n! \rho^n e^{-m\rho}} \exp\left(-\sum_{k=1}^{n} \sum_{l \geq 1} \frac{B_l}{l \cdot l!} k^l \rho^l\right)$$

$$= \frac{\sqrt{n}\, m^{n-1} e^{n+\alpha/4}}{2\pi n! n^n} \left(1 + \frac{18\alpha - \alpha^2}{72n} + \frac{108\alpha^2 - 36\alpha^3 + \alpha^4}{10368 n^2} + O(n^{-3})\right)$$

을 빼내면 $|t| \geq n^\epsilon$일 때 피적분함수가 지수적으로 작은 하나의 적분이 남는다. 더 큰 t 값들은 무시할 수 있다. 왜냐하면 부분분수 전개를 해 보면 피적분함수가 $O((m/n)^{n/2})$이기 때문이다. 분모의 한 극(pole)으로써 $n/2$번보다 많이 나오는 다른 단위원의 제곱근들은 없다. 따라서 "꼬리들을 맞바꾸고 (trade tails)" 〔CMath, §9.4〕 모든 t에 대해 적분해도 된다. 공식 $\int_{-\infty}^{\infty} e^{-t^2/2} t^j\, dt = (j-1)(j-3) \ldots (1)\sqrt{2\pi}$ 〔j는 짝수〕와 $n! = (n/e)^n \sqrt{2\pi n} \exp(\frac{1}{12} n^{-1} + O(n^{-3}))$으로도 평가를 완성하기에 충분하다.

$p_n(m)$ 대신 $q_n(m) = \left(m - \binom{n+1}{2}\right)$로 놓고 같은 방식이되 c_1을 $\frac{1}{2}\alpha(n^{1/2} - n^{-1/2})$씩 증가시키고 추가적인 인수 $\exp\left(-\rho\binom{n+1}{2}\right)$를 두어서 계산을 진행한다. 그러면

$$q_n(m) = \frac{m^{n-1} e^{-\alpha/4}}{n!(n-1)!}\left(1 - \frac{13\alpha^2}{288n} + \frac{169\alpha^4 - 2016\alpha^3 - 1728\alpha^2 + 41472\alpha}{165888 n^2} + O(n^{-3})\right)$$

이 나오는데, 이는 α가 $-\alpha$로 바뀌었다는 점만 빼고는 $p_n(m)$에 대한 공식과 일치한다. (사실 $p_n(m) = r_n\left(2m + \binom{n+1}{2}\right)$, $q_n(m) = r_n\left(2m - \binom{n+1}{2}\right)$로 정의한다면 생성함수 $R_n(z) = \sum_m r_n(z^m) = \prod_{k=1}^{n} (z^{-k} - z^k)^{-1}$은 $R_n(1/z) = (-1)^n R_n(z)$를 만족한다. 이는, $r_n(m)$을 m과 단위원의 제곱근들의 한 다항식으로 표현했을 때 그 등식이 항상 참이라는 의미에서, 쌍대공식 $r_n(-m) = (-1)^{n-1} r_n(m)$을 함의한다. 그러므로 $q_n(m) = p_n(-m)$이라고 말할 수 있다. 이러한 쌍대성에

대한 좀 더 일반적인 고찰이 G. Pólya, *Math. Zeitschrift* **29** (1928), 549-640, §44에 나온다.)
좀 더 자세한 정보는 G. Szekeres, *Quarterly J. Math. Oxford* **2** (1951), 85-108; **4** (1953), 96-111에서 볼 것.

$m = 2^{25}$이고 $n = 512$일 때의 $q_n(m)$의 정확한 값은 $7.08069\ 34695\ 90264\ 094\ldots \times 10^{1514}$이다. 우리의 근사법으로 얻은 추정치는 $7.080693501 \times 10^{1514}$이다.

생일 검정이 $R = 0$ 간격들을 찾아낼 확률은 연습문제 28에 의해

$$b_{n00}(m)/m^n = n!(n-1)!\,m^{1-n}q_n(m) = e^{-\alpha/4} + O(n^{-1})$$

인데, 이러한 확률이 나온 것은 $b_{n01}(m)$으로부터의 기여가 $\approx \frac{\alpha}{2n}e^{-\alpha/4} = O(n^{-1})$이기 때문이다. 인수 $g_n(z) = \sum_{k=1}^{n-1}(z^{-k}-1)$을 $q_n(m)$에 대한 피적분함수에 삽입하면 결과에 $\frac{\alpha}{2} + O(n^{-1})$를 곱하는 효과가 난다. $g_n(e^{-\rho+it\delta}) = \binom{n}{2}\rho + O(n^3\rho^2) + it\,O(n^2\delta) - \frac{1}{2}t^2 O(n^3\delta^2) + \cdots$이기 때문이다. 비슷하게, 추가적인 인수 $\sum_{1 \le j < k < n}(z^{-j}-1)(z^{-k}-1)$은 본질적으로 $\frac{1}{8}n^4\rho^2 = \frac{1}{8}\alpha^2$을 곱하고 $O(n^{-1})$을 더하는 것에 해당한다. $R = 2$일 확률에 대한 다른 기여들은 $O(n^{-1})$이다. 이런 방식으로, r개의 동일 간격들을 발견할 확률이 $e^{-\alpha/4}(\alpha/4)^r/r! + O(n^{-1})$임을 알 수 있다. 이는 푸아송분포이다. 만일 전개를 $O(n^{-2})$까지 수행한다면 좀 더 복잡한 항들이 나오게 된다.

31. 79비트는 24개의 3비트 집합 $\{Y_n, Y_{n+31}, Y_{n+55}\}$, $\{Y_{n+1}, Y_{n+32}, Y_{n+56}\}$, $\ldots$, $\{Y_{n+23}, Y_{n+54}, Y_{n+78}\}$과 7개의 추가적인 비트 $Y_{n+24}, \ldots, Y_{n+30}$으로 구성된다. 후자의 비트들은 같은 확률로 0 또는 1이나, 3비트 집합들에서는 비트들이 $\{0,0,0\}$일 확률이 $\frac{1}{4}$, $\{0,1,1\}$일 확률이 $\frac{3}{4}$이다. 그러므로 비트들의 합에 대한 확률 생성함수는 $f(z) = \left(\frac{1+z}{2}\right)^7\left(\frac{1+3z^2}{4}\right)^{24}$이다. 이는 55차 다항식이다. (사실 엄밀히 말해서 비트들이 모두 0인 경우는 제외되므로 $(2^{55}f(z)-1)/(2^{55}-1)$이다.) $2^{55}f(z)$의 계수들은 컴퓨터로 쉽게 계산할 수 있으며, 1들이 0들보다 많을 확률은 $18509401282464000/(2^{55}-1) \approx 0.51374$임을 알 수 있다.

참고: 이 연습문제는 시차 피보나치 발생기가 좀 더 복잡한 2차원 무작위 보행 검정에 실패한다는 바툴라이넨Vattulainen, 알라–니실라Ala-Nissila, 칸칼라Kankaala의 발견 [*Physical Review Letters* **73** (1994), 2513-2516]에 기반을 두고 있다. 수열 $Y_{2n}, Y_{2n+2}, \ldots$ 역시 같은 점화식을 만족하므로 그 검정에 실패함을 주목할 것. 1들로의 편향은 $X_n = (X_{n-55} \pm X_{n-24}) \bmod 2^e$으로 생성한 짝수 값 원소들로 구성된 부분순열로도 이어진다. 이진 표현에서 $(\ldots 00)_2$보다 $(\ldots 10)_2$가 더 많이 나타나는 경향이 생기게 된다.

이 검정에서 79가 임의로 선택된 것은 아니다. 실험에 의하면 길이가 101이나 1001, 10001인 무작위 보행 검정들에서도 1들이 현저히 많다는 편향이 나타난다. 그러나 이를 공식적으로 증명하는 것은 어려워 보인다. 86단계 이후 생성함수는 $\left(\frac{1+3z^2}{4}\right)^{17}\left(\frac{1+2z^2+4z^3+z^4}{8}\right)^7$이다. 그러면 인수 $(1+2z^2+5z^3+5z^4+10z^5+8z^6+z^7)/32$, 그 다음으로 $(1+2z^2+7z^3+7z^4+15z^5+25z^6+29z^7+28z^8+13z^9+z^{10})/128$, 등등을 얻는다. 더 오래 걸려갈수록 분석이 점점 복잡해지는 것이다.

직관적으로 볼 때, 처음 79단계들에서 나타나는 1들의 우세는 부분수열 수들이 0과 1 사이에서 적당히 균형을 이루는 한 계속될 것 같다. 아래의 도표는 훨씬 더 작은 경우의 결과로, 상세히 분석하기가 쉬운 생성함수 $Y_n = (Y_{n-2} + Y_{n-11}) \bmod 2$를 사용한 것이다. 이 경우 길이가 445인 무작위 보행이 출발점의 오른쪽에서 멈출 확률은 64%이다. 이러한 편향은 보행의 길이가 주기 길이의 반으로 증가될 때에만 사라진다(그 이후에는 물론, 전체 주기에 하나의 0이 부족하긴 하지만, 0들이 더 많이 나오게 된다.)

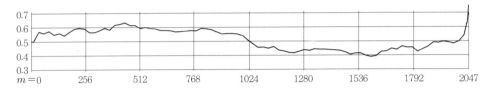

$Y_n = Y_{n-2} \oplus Y_{n-11}$일 때 무작위 m짝들에서 1들이 0들보다 많을 확률.

1들로의 편향을 피하는 데에는 뤼셔Lüscher의 폐기 기법을 사용할 수 있다(3.2.2절 끝을 볼 것). 예를 들어 지연 55와 24의 경우 수들을 165개 묶음 단위로 생성하되 각 묶음에서 처음 65개만 사용한다면, 길이 1001의 무작위 보행에서 무작위 편향이 관찰되지 않는다.

32. $m < n < (1+\sqrt{2})m$이라 할 때 예를 들어 만일 X와 Y가 각각 $(m/(m+n)$과 $n/(m+n))$의 확률로 값 $(-n, m)$을 취한다면 거짓이다. 〔두 경쟁자가 골프 한 라운드를 플레이한 후의 점수 차이를 X라고 하자. 그러면 평균 점수의 관점에서는 둘의 실력이 비슷하다고 할 수 있으나, 한 사람은 1라운드 토너먼트에서 이길 확률이 더 크고 다른 한 사람은 2라운드 토너먼트에서 더 자주 이기게 될 것이다. 비슷한 현상에 대한 논의로는 T. M. Cover, *Amer. Statistician* **43** (1989), 277-278을 볼 것.〕

33. 결국은 $[z^{(k+l-1)/2}]\left(\frac{1+z}{2}\right)^{k-2l}\left(\frac{1+3z^2}{4}\right)^l/(1-z)$을 구해야 한다. $m = k - 2l$이고 $n = l$이라고 하자. 요구된 계수는 $\frac{1}{2\pi i}\oint e^{g(z)}\frac{dz}{z(1-z)}$로, 여기서 $g(z) = m\ln\left(\frac{1+z}{2}\right) + n\ln\left(\frac{1+3z^2}{4}\right) - (\frac{m+3n-1}{2})\ln z$이다. 이 계수를 $\epsilon^2 = 4/(m+3n)$이고 $-\infty < t < \infty$에 대해 $u = -1 + it$인 경로 $z = e^{\epsilon u}$를 따라 적분하는 것이 편리하다(그리고 안장점과도 맞는다). 이제 $c_k = \epsilon^2\vartheta^k g(1)/k! = O(1)$이라 할 때 $g(e^{\epsilon u}) = -\epsilon u/2 + u^2/2 + c_3\epsilon u^3 + c_4\epsilon^2 u^4 + \cdots$이다. 또한 $1/(1-e^{\epsilon u}) = \frac{-1}{\epsilon u} + \frac{1}{2} - B_2\epsilon u/2! - \cdots$이다. 피적분함수를 곱하고,

$$\frac{1}{2\pi i}\int_{1-i\infty}^{1+i\infty} e^{u^2/2}\frac{du}{u} = \frac{1}{2} \text{이고} \quad \frac{1}{2\pi i}\int_{a-i\infty}^{a+i\infty} e^{u^2/2}u^{2k}\,du = (-1)^k(2k-1)(2k-3)\ldots(1)\sqrt{2\pi}$$

라는 사실을 이용해서 정리하면 점근공식 $\frac{1}{2} + (2\pi)^{-1/2}n(m+3n)^{-3/2} + O((m+3n)^{-3/2})$이 나온다. 만일 $m+3n$이 짝수이면, $z^{(m+3n)/2}$의 계수의 절반을 1들에, 나머지 절반을 0들에 준다고 할 때 같은 점근공식이 성립한다. (이 계수는 $\left(\frac{2}{\pi(m+3n)}\right)^{1/2} + O((m-3n)^{-3/2})$이다.)

34. 길이가 n이며 주어진 두 글자짜리 부분문자열 하나 또는 부분문자열들을 배제한 문자열들의

개수는 해당 생성함수의 z^n의 계수이다. 그 계수를 $ce^{n\tau}m^n + O(1)$로 둘 수 있는데, 이 때 c와 τ는 $\epsilon = 1/m$의 거듭제곱들을 항으로 하는 다음과 같은 급수 전개들을 가진다:

경우	배제됨	생성함수	c	τ
1	aa	$(1+z)/p(z)$	$1 + \epsilon^2 - 2\epsilon^3 + \cdots$	$-\epsilon^2 + \epsilon^3 - \frac{5}{2}\epsilon^4 + \cdots$
2	ab	$1/(1 - mz + z^2)$	$1 + \epsilon^2 + 3\epsilon^4 + \cdots$	$-\epsilon^2 - \frac{3}{2}\epsilon^4 + \cdots$
3	aa, bb	$(1+z)/(p(z) + z^2)$	$1 + 2\epsilon^2 - 4\epsilon^3 + \cdots$	$-2\epsilon^2 + 2\epsilon^3 - 8\epsilon^4 + \cdots$
4	aa, bc	$(1+z)/(p(z) + z^2 + z^3)$	$1 + 2\epsilon^2 - 2\epsilon^3 + \cdots$	$-2\epsilon^2 + \epsilon^3 - 7\epsilon^4 + \cdots$
5	ab, bc	$(1+z)/(1 - mz + 2z^2 - z^3)$	$1 + 2\epsilon^2 - 2\epsilon^3 + \cdots$	$-2\epsilon^2 + \epsilon^3 - 6\epsilon^4 + \cdots$
6	ab, cd	$1/(1 - mz + 2z^2)$	$1 + 2\epsilon^2 + 12\epsilon^4 + \cdots$	$-2\epsilon^2 - 6\epsilon^4 + \cdots$

(a, b, c, d는 서로 다른 글자들을 나타내며 $p(z) = 1 - (m-1)(z + z^2)$이다. $\{ab, ba\}$나 $\{aa, ab\}$를 배제하는 것은 $\{aa, bb\}$를 배제하는 것과 동치이다. $\{ab, ac\}$를 배제하는 것은 $\{ab, cd\}$를 배제하는 것과 동치이다.) 경우 j에서의 z^n의 계수를 $S_n^{(j)}$이라고 표기하자. 그리고 나타나지 않은 두 글자 조합들의 전체 개수를 X라고 하자. 그러면 $\mathrm{E}X = (mS_n^{(1)} + m^2 S_n^{(2)})/m^n$이고

$$\mathrm{E}X^2 = (mS_n^{(1)} + m^2(S_n^{(2)} + 6S_n^{(3)}) + 2m^3(S_n^{(4)} + S_n^{(5)} + S_n^{(6)}) + m^4 S_n^{(6)})/m^n$$

이다.

35. (a) $\mathrm{E}S_m = N^{-1}\sum_{n=0}^{N-1}\sum_{j=0}^{m-1} Z_{n+j} = N^{-1}\sum_{j=0}^{m-1}\sum_{n=0}^{N-1} Z_{n+j} = m/N$이다. 왜냐하면 $\sum_{n=0}^{N-1} Z_{n+j} = 2^{k-1} - (2^{k-1} - 1) = 1$이므로.

(b) $\xi^k = a_1\xi^{k-1} + \cdots + a_k$라고 하자. 그리고 일차함수 f를 연습문제 3.2.2-16의 첫 번째 해답에서와 같이 정의하자. 그러면 $Y_n = f(\xi^n)$이며, 이로부터 $Y_{n+i} + Y_{n+j} = f(\xi^{n+i}) + f(\xi^{n+j}) \equiv f(\xi^{n+i} + \xi^{n+j}) = f(\xi^n \alpha) \pmod{2}$가 나온다. 여기서 α는 $i \not\equiv j \pmod{N}$일 때 0이 아니다. 따라서

$$\mathrm{E}S_m^2 = N^{-1}\sum_{i=0}^{m-1}\sum_{j=0}^{m-1}\sum_{n=0}^{N-1} Z_{n+i}Z_{n+j}$$
$$= N^{-1}\left(\sum_{i=0}^{m-1}\sum_{n=0}^{N-1} Z_{n+i}^2 - 2\sum_{0 \le i < j < m}\sum_{n=0}^{N-1} Z_n\right) = m - m(m-1)/N$$

이다.

(c) 각 Z_n이 진정으로 무작위할 때 $\mathrm{E}\sum_{j=0}^{m-1} Z_{n+j} = \sum_{j=0}^{m-1}\mathrm{E}Z_{n+j} = 0$이고

$$\mathrm{E}\left(\sum_{j=0}^{m-1} Z_{n+j}\right)^2 = \sum_{j=0}^{m-1}\mathrm{E}Z_{n+j}^2 + \sum_{0 \le i < j < m}(\mathrm{E}Z_{n+i})(\mathrm{E}Z_{n+j}) = m$$

이다. 따라서 $m \ll N$일 때 S_m의 평균과 분산은 정확한 값들에 매우 가깝다.

(d) $\mathrm{E}S_m^3 = N^{-1}\sum_{h=0}^{m-1}\sum_{i=0}^{m-1}\sum_{j=0}^{m-1}\sum_{n=0}^{N-1} Z_{n+h}Z_{n+i}Z_{n+j}$. 만일 h, i, j 중 임의의 것들이 서로 같다면 n에 대한 합은 1이다. 따라서

$$\mathrm{E}S_m^3 = \frac{1}{N}\left(m^3 - m^3 + 6\sum_{0 \le h < i < j < m}\sum_{n=0}^{N-1} Z_{n+h}Z_{n+i}Z_{n+j}\right)$$

이다. (b)에서와 같은 논증에 의해, n에 대한 합은 만일 $\xi^h + \xi^i + \xi^j \neq 0$이면 1이 되고 그렇지 않으면 $-N$이 됨을 알 수 있다. 즉, $B = \sum_{0 \le h < i < j < m} [\xi^h + \xi^i + \xi^j = 0] = \sum_{0 < i < j < m} [1 + \xi^i + \xi^j = 0](m - j)$라고 할 때 $\mathrm{E}\,S_m^3 = m^3 - 6B(N+1)/N$이다. 마지막으로, $0 < i < j < N$라고 가정할 때 오직 $0 < l < k$에 대해 $f(\xi^{i+l}) = f(\xi^{j+l})$일 때에만 주어진 체 안에서 $1 + \xi^i = \xi^j$임에 주목한다.

(e) 0이 아닌 유일한 항은 $i = 31$와 $j = 55$에서 발생한다. 따라서 $B = 79 - 55 = 24$이다. (그 다음의 0이 아닌 항은 $i = 62$와 $j = 110$에서 나타난다.) 진정으로 무작위한 상황에서 $\mathrm{E}\,S_m^3$은 0이어야 하므로, 이 값 $\mathrm{E}\,S_{79}^3 \approx -144$는 명백히 무작위하지 않다. 연습문제 31은 S_{79}가 보통 양수임을 보여주나, 이상하게도 이 값은 음수이다. S_{79}의 값은 0 아래로 깊숙이 잠길 때 좀 더 확연하게 음수가 된다.

참고문헌: *IEEE Trans.* **IT-14** (1968), 569-576. 마츠모토M. Matsumoto와 구리타Y. Kurita의 실험들 [*ACM Trans. Modeling and Comp. Simul.* **2** (1992), 179-194; **4** (1994), 254-266]은 지연들이 상당히 클 때에도 3항 기반 발생기들이 그러한 분포 검정에 실패함을 확인한다. 또한 낮은 밀도의 지수적으로 긴 부분수열들이 예시된 *ACM Trans. Modeling and Comp. Simul.* **6** (1996), 99-106도 참고할 것.

3.3.3절

1. $y((x/y)) + \frac{1}{2}y - \frac{1}{2}y\delta(x/y)$.

2. $((x)) = -\sum_{n \ge 1} \frac{1}{n\pi} \sin 2\pi n x$로, 이는 모든 x에 대해 수렴한다. (식 (24)의 표현을 x가 유리수인 경우에 대한 "유한" 푸리에 급수로 간주할 수도 있다.)

3. 그 합은 $((2^n x)) - ((x))$이다. [*Trans. Amer. Math. Soc.* **65** (1949), 401 참고.]

4. $d_{\max} = 2^{10} \cdot 5$. $X_{n+1} < X_n$일 확률은

$$|\epsilon| < d/(2 \cdot 10^{10}) \le 1/(2 \cdot 5^9)$$

라고 할 때 $\frac{1}{2} + \epsilon$이다. 따라서 모든 농도 10 발생기는 정리 P의 관점에서 좋은 발생기이다.

5. 중간 결과는:

$$\sum_{0 \le x < m} \frac{x}{m} \frac{s(x)}{m} = \frac{1}{12}\sigma(a, m, c) + \frac{m}{4} - \frac{c}{2m} - \frac{x'}{2m}.$$

6. (a) 귀납법과 공식

$$\left(\left(\frac{hj+c}{k}\right)\right) - \left(\left(\frac{hj+c-1}{k}\right)\right) = \frac{1}{k} - \frac{1}{2}\delta\left(\frac{hj+c}{k}\right) - \frac{1}{2}\delta\left(\frac{hj+c-1}{k}\right)$$

을 활용할 것.

(b) $-\left(\!\left(\dfrac{h'j}{k}\right)\!\right)=-\left(\!\left(\dfrac{j}{hk}-\dfrac{k'j}{h}\right)\!\right)=\left(\!\left(\dfrac{k'j}{h}\right)\!\right)-\dfrac{j}{hk}+\dfrac{1}{2}\delta\!\left(\dfrac{k'j}{h}\right)$라는 사실을 활용할 것.

7. 연습문제 1.2.4-45의 두 번째 공식에서 $m=h$, $n=k$, $k=2$로 두어 다음을 얻는다:

$$\sum_{0<j<k}\left(\frac{hj}{k}-\left(\!\left(\frac{hj}{k}\right)\!\right)+\frac{1}{2}\right)\left(\frac{hj}{k}-\left(\!\left(\frac{hj}{k}\right)\!\right)-\frac{1}{2}\right)+2\sum_{0<j<h}\left(\frac{kj}{h}-\left(\!\left(\frac{kj}{h}\right)\!\right)+\frac{1}{2}\right)j=kh(h-1).$$

좌변의 합을 단순화하고 표준적인 조작들로 식을 정리하면

$$h^2k-hk-\frac{h}{2}+\frac{h^2}{6k}+\frac{k}{12}+\frac{1}{4}-\frac{h}{6}\sigma(h,k,0)-\frac{h}{6}\sigma(k,h,0)+\frac{1}{12}\sigma(1,k,0)=h^2k-hk$$

가 나온다. $\sigma(1,k,0)=(k-1)(k-2)/k$이므로 이 공식은 상반법칙으로 축약된다.

8. *Duke Math. J.* **21** (1954), 391-397을 볼것.

9. 흥미로운 항등식 $\sum_{k=0}^{r-1}\lfloor kp/r\rfloor\lfloor kq/r\rfloor+\sum_{k=0}^{p-1}\lfloor kq/p\rfloor\lfloor kr/p\rfloor+\sum_{k=0}^{q-1}\lfloor kr/q\rfloor\lfloor kp/q\rfloor=(p-1)(q-1)(r-1)$로 시작한다. $p\perp q$, $q\perp r$, $r\perp p$라고 가정한다면 이를 기하학적으로 간단하게 증명할 수 있다. 〔U. Dieter, *Abh. Math. Sem. Univ. Hamburg* **21** (1957), 109-125.〕

10. $\sigma(k-h,k,c)=-\sigma(h,k,-c)$임은 (8)에 의해 명백하다. 정의 (16)에서 j를 $k-j$로 치환해서 $\sigma(h,k,c)=\sigma(h,k,-c)$를 이끌어낸다.

11. (a) $\sum_{0\le j<dk}\left(\!\left(\dfrac{j}{dk}\right)\!\right)\left(\!\left(\dfrac{hj+c}{k}\right)\!\right)=\sum_{\substack{0\le i<d\\0\le j<k}}\left(\!\left(\dfrac{ik+j}{dk}\right)\!\right)\left(\!\left(\dfrac{hj+c}{k}\right)\!\right)$; (10)을 이용해서 i에 대한 합을 구한다.

(b) $\left(\!\left(\dfrac{hj+c+\theta}{k}\right)\!\right)=\left(\!\left(\dfrac{hj+c}{k}\right)\!\right)+\dfrac{\theta}{k}-\dfrac{1}{2}\delta\!\left(\dfrac{hj+c}{k}\right)$이다. 이제 이를 합해 볼 것.

12. $\left(\!\left(\dfrac{hj+c}{k}\right)\!\right)$가 $\left(\!\left(\dfrac{j}{k}\right)\!\right)$와 동일한 값들을 어떠한 순서로 거쳐 갈 것이므로, 코시의 부등식은 $\sigma(h,k,c)^2\le\sigma(h,k,0)^2$을 함의한다. 그리고 $\sigma(1,k,0)$의 합은 직접적으로 구할 수 있다. 연습문제 7을 볼 것.

13. $\sigma(h,k,c)+\dfrac{3(k-1)}{k}=\dfrac{12}{k}\sum_{0<j<k}\dfrac{\omega^{-cj}}{(\omega^{-hj}-1)(\omega^j-1)}+\dfrac{6}{k}(c\bmod k)-6\left(\!\left(\dfrac{h'c}{k}\right)\!\right)$, 만일 $hh'\equiv 1\ (\text{modulo }k)$이면.

14. $(2^{38}-3\cdot2^{20}+5)/(2^{70}-1)\approx 2^{-32}$. 국소 비무작위성이 있긴 해도, 극도로 만족스러운 전역 값이다!.

15. (19)에 나오는 모든 c^2을 $\lfloor c\rfloor\lceil c\rceil$로 치환한다.

16. 힌트에 나온 항등식은 $1\le r\le t$에 대해 $m_1=p_rm_{r+1}+p_{r-1}m_{r+2}$와 동치이다. (연습문제 4.5.3-32도 볼 것.) 이제 c_j를 $\sum_{j\le r\le t}b_rm_{r+1}$로 대체하고 항등식 양변의 b_ib_j의 계수들을 비교해서 항등식을 증명하면 된다.

참고: 비슷한 논증을 통해서, 모든 지수 $e \geq 1$에 대해

$$\sum_{1 \leq j \leq t} (-1)^{j+1} \frac{c_j^e}{m_j m_{j+1}} = \frac{1}{m_1} \sum_{1 \leq j \leq t} (-1)^{j+1} b_j \frac{c_j^e - c_{j+1}^e}{c_j - c_{j+1}} p_{j-1}$$

임을 확인할 수 있다.

17. 이 알고리즘이 수행되는 동안 $j = 1, 2, \ldots, t+1$에 대해 $k = m_j$, $h = m_{j+1}$, $c = c_j$, $p = p_{j-1}$, $p' = p_{j-2}$, $s = (-1)^{j+1}$이 성립한다.

D1. 〔초기화.〕 $A \leftarrow 0$, $B \leftarrow h$, $p \leftarrow 1$, $p' \leftarrow 0$, $s \leftarrow 1$로 설정한다.

D2. 〔나눈다.〕 $a \leftarrow \lfloor k/h \rfloor$, $b \leftarrow \lfloor c/h \rfloor$, $r \leftarrow c \bmod h$로 설정한다. (이제 $a = a_j$, $b = b_j$, $r = c_{j+1}$이다.)

D3. 〔누산.〕 $A \leftarrow A + (a - 6b)s$, $B \leftarrow B + 6bp(c+r)s$로 설정한다. 만일 $r \neq 0$ 또는 $c = 0$이면 $A \leftarrow A - 3s$로 설정한다. 만일 $h = 1$이면 $B \leftarrow B + ps$로 설정한다. (이는 $3e(m_{j+1}, c_j)$를 빼는 것이며, 또한 $\sum (-1)^{j+1}/m_j m_{j+1}$ 항들을 처리하는 것이기도 하다.)

D4. 〔다음 반복 준비.〕 $c \leftarrow r$, $s \leftarrow -s$로 설정한다; $r \leftarrow k - ah$, $k \leftarrow h$, $h \leftarrow r$로 설정한다; $r \leftarrow ap + p'$, $p' \leftarrow p$, $p \leftarrow r$로 설정한다. 만일 $h > 0$이면 단계 D2로 돌아간다. ∎

이 알고리즘이 끝나게 되면 p는 k의 원래 값 k_0과 같아진다. 따라서 원했던 답은 $A + B/p$이다. p'의 최종값은 만일 $s < 0$이면 h'이고 그렇지 않으면 $k_0 - h'$이다. A를 적절히 조정함으로써 B가 범위 $0 \leq B < k_0$를 벗어나지 않게 만드는 것이 가능하며, 그렇게 한다면 만일 k_0이 단정도 수일 경우 단정도 연산들만 사용해도 된다(배정도 곱, 몫과 함께).

18. 잠깐만 생각해 보면 사실 공식

$$S(h, k, c, z) = \sum_{0 \leq j < k} (\lfloor j/k \rfloor - \lfloor (j-z)/k \rfloor) \, (((hj + c)/k))$$

는 $k \geq z$일 때뿐만 아니라 모든 $z \geq 0$에 대해서도 성립함을 알 수 있다. $\lfloor j/k \rfloor - \lfloor (j-z)/k \rfloor = \frac{z}{k} + \left(\left(\frac{j-z}{k}\right)\right) - \left(\left(\frac{j}{k}\right)\right) + \frac{1}{2}\delta_{j0} - \frac{1}{2}\delta\left(\frac{j-z}{k}\right)$라고 두고 합들을 구하면 다음이 나온다:

$$S(h, k, c, z) = \frac{zd}{k}\left(\left(\frac{c}{d}\right)\right) + \frac{1}{12}\sigma(h, k, hz + c) - \frac{1}{12}\sigma(h, k, c) + \frac{1}{2}\left(\left(\frac{c}{k}\right)\right) - \frac{1}{2}\left(\left(\frac{hz + c}{k}\right)\right).$$

여기서 $d = \gcd(h, k)$이다. 〔이 공식을 이용하면 주어진 α에 대해 $X_{n+1} < X_n < \alpha$일 확률을 일반화된 데데킨트 합들로 표현할 수 있다.〕

19. 요구된 확률은

$$m^{-1}\sum_{x=0}^{m-1}\left(\left\lfloor \frac{x-\alpha}{m} \right\rfloor - \left\lfloor \frac{x-\beta}{m} \right\rfloor\right)\left(\left\lfloor \frac{s(x)-\alpha'}{m} \right\rfloor - \left\lfloor \frac{s(x)-\beta'}{m} \right\rfloor\right)$$

$$= m^{-1}\sum_{x=0}^{m-1}\left(\frac{\beta-\alpha}{m}+\left(\!\!\left(\frac{x-\beta}{m}\right)\!\!\right)-\left(\!\!\left(\frac{x-\alpha}{m}\right)\!\!\right)+\frac{1}{2}\delta\!\left(\frac{x-\alpha}{m}\right)-\frac{1}{2}\delta\!\left(\frac{x-\beta}{m}\right)\right)$$

$$\times\left(\frac{\beta'-\alpha'}{m}+\left(\!\!\left(\frac{s(x)-\beta'}{m}\right)\!\!\right)-\left(\!\!\left(\frac{s(x)-\alpha'}{m}\right)\!\!\right)+\frac{1}{2}\delta\!\left(\frac{s(x)-\alpha'}{m}\right)-\frac{1}{2}\delta\!\left(\frac{s(x)-\beta'}{m}\right)\right)$$

$$=\frac{\beta-\alpha}{m}\frac{\beta'-\alpha'}{m}+\frac{1}{12m}(\sigma(a,m,c+a\alpha-\alpha')-\sigma(a,m,c+a\alpha-\beta')$$

$$+\sigma(a,m,c+a\beta-\beta')-\sigma(a,m,c+a\beta-\alpha'))+\epsilon$$

이다. $|\epsilon|\le 2.5/m$이다.

〔이 접근방식은 디터 U. Dieter에서 기안한다. 진짜 확률과 이상적인 값 $\frac{\beta-\alpha}{m}\frac{\beta'-\alpha'}{m}$ 의 차이의 한계는 정리 K에 의해 $\sum_{j=1}^{t}a_j/4m$이다. 반대로, α, β, α', β'를 적절히 택한다면, 큰 부분몫들이 존재할 때 정리 K가 "가능한 최상"이라는 사실을 이용해서 차이의 한계를 앞의 한계의 적어도 절반으로 줄일 수 있다. $a\approx\sqrt{m}$ 일 때 차이가 $O(1/\sqrt{m})$을 넘을 수 없으므로, 연습문제 14의 국소 비무작위 생성기라고 하더라도 전체 주기에 관한 계열 검정에서 좋은 결과가 나올 수 있음을 주목할 것. 아마도 우리는 극도로 작은 차이를 고집해야 할 것 같다.

20. $\sum_{0\le x<m}\lceil(x-s(x))/m\rceil\lceil(s(x)-s(s(x)))/m\rceil/m=\sum_{0\le x<m}((x-s(x))/m+(((bx+c)/m))+\frac{1}{2})((s(x)-s(s(x)))/m+((a(bx+c)/m))+\frac{1}{2})/m$; 그리고 $x/m=((x/m))+\frac{1}{2}-\frac{1}{2}\delta(x/m)$, $s(x)/m=(((ax+c)/m))+\frac{1}{2}-\frac{1}{2}\delta((ax+c)/m)$, $s(s(x))/m=(((a^2x+ac+c)/m))+\frac{1}{2}-\frac{1}{2}\delta((a^2x+ac+c)/m)$이다. $s(x')=s(s(x''))=0$이고 $d=\gcd(b,m)$이라고 하자. 그러면 합을 다음과 같이 정리할 수 있다:

$$\frac{1}{4}+\frac{1}{12m}(S_1-S_2+S_3-S_4+S_5-S_6+S_7-S_8+S_9)+\frac{d}{m}\left(\!\!\left(\frac{c}{d}\right)\!\!\right)$$

$$+\frac{1}{2m}\left(\left(\!\!\left(\frac{x'-x''}{m}\right)\!\!\right)-\left(\!\!\left(\frac{x'}{m}\right)\!\!\right)+\left(\!\!\left(\frac{x''}{m}\right)\!\!\right)+\left(\!\!\left(\frac{ac+c}{m}\right)\!\!\right)-\left(\!\!\left(\frac{ac}{m}\right)\!\!\right)-\left(\!\!\left(\frac{c}{m}\right)\!\!\right)-\frac{1}{2}\right).$$

여기서 $S_1=\sigma(a,m,c)$, $S_2=\sigma(a^2,m,ac+c)$, $S_3=\sigma(ab,m,ac)$, $S_4=\sigma(1,m,0)=(m-1)(m-2)/m$, $S_5=\sigma(a,m,c)$, $S_6=\sigma(b,m,c)$이며 만일 $a'a\equiv 1\pmod{m}$이면 $S_7=-\sigma(a'-1,m,a'c)$, $S_8=-\sigma(a'(a'-1),m,(a')^2c)$이다. 마지막으로

$$S_9=12\sum_{0\le x<m}\left(\!\!\left(\frac{bx+c}{m}\right)\!\!\right)\left(\!\!\left(\frac{a(bx+c)}{m}\right)\!\!\right)$$

$$=12d\sum_{0\le x<m/d}\left(\!\!\left(\frac{x+c_0/d}{m/d}\right)\!\!\right)\left(\!\!\left(\frac{a(x+c_0/d)}{m/d}\right)\!\!\right)$$

$$=12d\sum_{0\le x<m/d}\left(\left(\!\!\left(\frac{x}{m/d}\right)\!\!\right)+\frac{c_0}{m}-\frac{1}{2}\delta_{x0}\right)\left(\!\!\left(\frac{a(x+c_0/d)}{m/d}\right)\!\!\right)$$

$$= d\left(\sigma(ad, m, ac_0) + 12\frac{c_0}{m}\left(\!\!\left(\frac{ac_0}{d}\right)\!\!\right) - 6\left(\!\!\left(\frac{ac_0}{m}\right)\!\!\right)\right)$$

이다. 여기서 $c_0 = c \bmod d$이다. 총합은 d가 작고 분수 a/m, $(a^2 \bmod m)/m$, $(ab \bmod m)/m$, b/m, $(a'-1)/m$, $(a'(a'-1)\bmod m)/m$, $((ad)\bmod m)/m$이 모두 작은 부분몫들을 가질 때 $\frac{1}{6}$에 가깝다. (연습문제 3.2.1.3-7에서처럼 $a'-1 \equiv -b+b^2-\cdots$임을 주목할 것.)

21. 우선 주된 적분이 다음과 같이 깔끔하게 분해됨을 주목하자:

$$s_n = \int_{x_n}^{x_{n+1}} x\{ax+\theta\}\,dx = \frac{1}{a^2}\left(\frac{1}{3} - \frac{\theta}{2} + \frac{n}{2}\right), \qquad \text{만일 } x_n = \frac{n-\theta}{a} \text{이면};$$

$$s = \int_0^1 x\{ax+\theta\}\,dx = s_0 + s_1 + \cdots + s_{a-1} + \int_{-\theta/a}^0 (ax+\theta)\,dx = \frac{1}{3a} - \frac{\theta}{2a} + \frac{a-1}{4a} + \frac{\theta^2}{2a}.$$

따라서 $C = (s - (\tfrac{1}{2})^2)/(\tfrac{1}{3} - (\tfrac{1}{2})^2) = (1 - 6\theta + 6\theta^2)/a$이다.

22. 서로 다른 구간 $[\frac{1-\theta}{a} \mathrel{..} \frac{1-\theta}{a-1})$, $[\frac{2-\theta}{a} \mathrel{..} \frac{2-\theta}{a-1})$, $[\frac{a-\theta}{a} \mathrel{..} 1)$에서 $s(x) < x$이다. 그 구간들의 전체 길이는

$$1 + \sum_{0 < j \le a-1}\left(\frac{j-\theta}{a-1}\right) - \sum_{0 < j \le a}\left(\frac{j-\theta}{a}\right) = 1 + \frac{a}{2} - \theta - \frac{a+1}{2} + \theta = \frac{1}{2}$$

이다.

23. $0 < j \le k < a$에 대해, x가 $[\frac{k-\theta}{a} \mathrel{..} \frac{k-\theta}{a-1})$에 속하고 $ax+\theta-k$가 $[\frac{j-\theta}{a} \mathrel{..} \frac{j-\theta}{a-1})$에 속할 때, 또는 x가 $[\frac{a-\theta}{a} \mathrel{..} 1)$에 속하고 $ax+\theta-a$가 $0 < j \le \lfloor a\theta \rfloor$에 대한 $[\frac{j-\theta}{a} \mathrel{..} \frac{j-\theta}{a-1})$에 속하거나 $[\frac{\lfloor a\theta \rfloor + 1 - \theta}{a} \mathrel{..} \theta)$에 속할 때 $s(s(x)) < s(x) < x$가 성립한다. 요구된 확률은

$$\sum_{0 < j \le k < a} \frac{j-\theta}{a^2(a-1)} + \sum_{0 < j \le \lfloor a\theta \rfloor} \frac{j-\theta}{a^2(a-1)} + \frac{1}{a^2}\max(0, \{a\theta\}+\theta-1)$$

$$= \frac{1}{6} + \frac{1}{6a} - \frac{\theta}{2a} + \frac{1}{a^2}\left(\frac{\lfloor a\theta \rfloor(\lfloor a\theta \rfloor + 1 - 2\theta)}{2(a-1)} + \max(0, \{a\theta\}+\theta-1)\right)$$

로, 이는 큰 a에 대해 $\frac{1}{6} + (1 - 3\theta + 3\theta^2)/6a + O(1/a^2)$이다. $1 - 3\theta + 3\theta^2 \ge \frac{1}{4}$이므로, 이 확률이 제대로 나오도록 θ를 선택할 수는 없음을 주목할 것.

24. 연습문제 23에서처럼 진행한다. 구간 길이들의 합은

$$\sum_{0 < j_1 \le \cdots \le j_{t-1} < a} \frac{j_1}{a^{t-1}(a-1)} = \frac{1}{a^{t-1}(a-1)}\binom{a+t-2}{t}$$

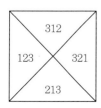

그림 A-1. 피보나치 발생기에 대한 순열 영역들.

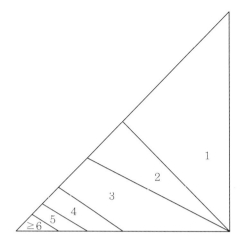

그림 A-2. 피보나치 발생기에 대한 연속열 길이 영역들.

이다. 평균 길이를 구하기 위해, 한 연속열의 길이가 $\geq k$일 확률을 p_k라고 하자. 평균은

$$\sum_{k \geq 1} p_k = \sum_{k \geq 1} \binom{a+k-2}{k} \frac{1}{a^{k-1}(a-1)} = \left(\frac{a}{a-1}\right)^a - \frac{a}{a-1}$$

이다. 진정으로 무작위한 수열에 대한 길이는 $e-1$이 될 것이다. 그리고 우리가 얻은 값은 $e-1+(e/2-1)/a+O(1/a^2)$이다. 〔참고: 오름차순 연속열에 대해서도 같은 결과가 성립한다. 오직 $1-U_n < 1 - U_{n+1}$일 때에만 $U_n > U_{n+1}$이기 때문이다. 이 점을 생각하면 선형합동수열의 연속열들이 정상보다 약간 더 길 것이라고 추측할 수 있다. 따라서 연속열 검정은 그런 발생기들에 적용해야 한다.〕

25. x는 어떤 k에 대해 반드시 구간 $[(k+\alpha'-\theta)/a \,..\, (k+\beta'-\theta)/a)$ 안에 있어야 한다. 또한 구간 $[\alpha\,..\,\beta]$에도 있어야 한다. $k_0 = \lceil a\alpha + \theta - \beta' \rceil$, $k_1 = \lceil a\beta + \theta - \beta' \rceil$라고 하자. 경계조건들에 의해 다음과 같은 확률을 얻을 수 있다:

$$(k_1 - k_0)(\beta' - \alpha')/a + \max(0, \beta - (k_1 + \alpha' - \theta)/a) - \max(0, \alpha - (k_0 + \alpha' - \theta)/a).$$

이는 $|\epsilon| < 2(\beta' - \alpha')/a$라고 할 때 $(\beta - \alpha)(\beta' - \alpha') + \epsilon$이다.

26. 그림 A-1을 보자. 순서 $U_1 < U_3 < U_2$와 $U_2 < U_3 < U_1$는 불가능하다. 나머지 네 순서관계들의 확률은 모두 $\frac{1}{4}$이다.

27. $U_n = \{F_{n-1}U_0 + F_n U_1\}$이다. $F_{k-1}U_0 + F_k U_1 < 1$와 $F_k U_0 + F_{k+1}U_1 > 1$ 둘 다 만족할 필요가 있다. $U_0 > U_1$인 절반단위 정사각형은 여러 k들에 대해 그림 A-2처럼 분할된다. 그림에 여러 k값들이 표시되어 있다. 연속열 길이가 k일 확률은 $k=1$일 때 $\frac{1}{2}$이고 $k>1$일 때에는 $1/F_{k-1}F_{k+1} - 1/F_k F_{k+2}$이다. 난수열에 대한 해당 확률들은 $2k/(k+1)! - 2(k+1)/(k+2)!$이다. 다음 표에 처음 몇 값들이 비교되어 있다.

k:	1	2	3	4	5
피보나치 수열에서의 확률:	$\frac{1}{2}$	$\frac{1}{3}$	$\frac{1}{10}$	$\frac{1}{24}$	$\frac{1}{65}$
난수열에서의 확률:	$\frac{1}{3}$	$\frac{5}{12}$	$\frac{11}{60}$	$\frac{19}{360}$	$\frac{29}{2520}$

28. 그림 A-3은 일반적인 경우에서의 여러 영역들을 보여준다. U_1과 U_2가 무작위로 선택된다고 할 때, "213" 영역은 $U_2 < U_1 < U_3$을, "321" 영역은 $U_3 < U_2 < U_1$를 뜻한다. 나머지도 마찬가지 방식이다. 123과 321에 대한 확률은 $\frac{1}{4} - \alpha/2 + \alpha^2/2$이다. 나머지 모든 경우에 대한 확률은 $\frac{1}{8} + \alpha/4 - \alpha^2/4$이다. 이 확률들이 모두 $\frac{1}{6}$과 같아지려면 반드시 $1 - 6\alpha + 6\alpha^2 = 0$이어야 한다. 〔이 연습문제는 J. N. Franklin, *Math. Comp.* **17** (1963), 28-59, 정리 13에서 기인하는 한 정리를 입증한다. 프랭클린의 다른 결과들은 연습문제 22, 23과 관련된다.〕

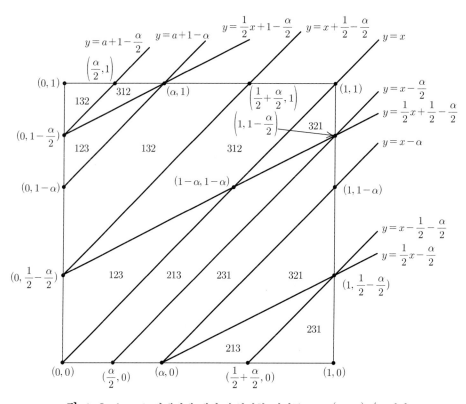

그림 A-3. 농도 2 발생기에 대한 순열치환 영역들. $\alpha = (a-1)c/m$이다.

3.3.4절

1. 주기 길이가 최대인 발생기들의 경우 1차원 정확도 $\nu 1$은 항상 m이다. 그리고 $\mu_1 = 2$이다.

2. V가 행들이 $V_1, \ldots, V_t$인 행렬이라고 하자. $Y \neq (0, \ldots, 0)$이고 VY가 정수 열벡터 X라는 조건 하에서 $Y \cdot Y$를 최소화하는 것은 X가 0이 아닌 정수 열벡터라는 조건 하에서 $(V^{-1}X) \cdot (V^{-1}X)$를 최소화하는 것과 동치이다. V^{-1}의 열들은 $U_1, \ldots, U_t$이다.

3. $a^2 \equiv 2a - 1$이고 $a^3 \equiv 3a - 2$ (modulo m)이다. (15)의 모든 짧은 해를 고려하면 해당 벡터 $(1, -2, 1)$과 $(1, -1, -1, 1)$에 대해 $\nu_3^2 = 6$이고 $\nu_4^2 = 4$임을 알 수 있다. 단, 다음과 같은 경우들은 예외이다:

$$m = 9, \ a = 4 \ \text{또는} \ 7, \ \nu_2^2 = \nu_3^2 = 5;$$
$$m = 9q, \ a = 3q + 1 \ \text{또는} \ 6q + 1, \ \nu_4^2 = 2.$$

4. (a) (x_1, x_2)에 대한 유일한 선택은 $\frac{1}{m}(y_1 u_{22} - y_2 u_{21}, -y_1 u_{12} + y_2 u_{11})$이며, 이는

$$\equiv \frac{1}{m}(y_1 u_{22} + y_2 a u_{22}, -y_1 u_{12} - y_2 a u_{12}) \equiv (0, 0) \ (\text{modulo } 1)$$

이다. 즉, x_1과 x_2는 정수이다.

(b) $(x_1, x_2) \neq (0, 0)$일 때 $(x_1 u_{11} + x_2 u_{21})^2 + (x_1 u_{12} + x_2 u_{22})^2 = x_1^2(u_{11}^2 + u_{12}^2) + x_2^2(u_{21}^2 + u_{22}^2) + 2x_1 x_2(u_{11}u_{21} + u_{12}u_{22})$가 성립하며, 가정에 의해 이는 $\geq (x_1^2 + x_2^2 - |x_1 x_2|)(u_{11}^2 + u_{12}^2) \geq u_{11}^2 + u_{12}^2$이다.

〔이 결과가 보조정리 A보다 강한 것임을 주목할 것. 보조정리 A는 단지 $x_1^2 \leq (u_{11}^2 + u_{12}^2)(u_{21}^2 + u_{22}^2)/m^2$이고 $x_2^2 \leq (u_{11}^2 + u_{12}^2)^2/m^2$라는 것만 말해줄 뿐이다. 후자는 ≥ 1이 될 수 있다. 이는 본질적으로 가우스의 축약된 이진 이차형식 개념, *Disquisitiones Arithmeticæ* (Leipzig: 1801), §171과 같다.〕

5. 조건 (30)은 변하지 않는다. 따라서 a와 m이 서로 소일 때 단계 S2에서 h가 0이 될 수는 없다. 그 단계에서 h는 항상 감소하므로 S2는 결국 $u^2 + v^2 \geq s$인 상태에서 종료된다. 계산 전반에서 $pp' \leq 0$이 유지됨을 주목할 것.

단계 S2가 처음 수행될 때에는 힌트에 나온 부등식이 성립함이 확실하다. $(h' - q'h)^2 + (p' - q'p)^2$을 최소화하는 정수 q'는 식 (24)에 의해 $q' = \text{round}((h'h + p'p)/(h^2 + p^2))$이다. 만일 $(h' - q'h)^2 + (p' - q'p)^2 < h^2 + p^2$이면 반드시 $q' \neq 0$, $q' \neq -1$이어야 하며, 따라서 $(p' - q'p)^2 \geq p^2$이고 따라서 $(h' - q'h)^2 < h^2$이다. 즉, $|h' - q'h| < h$이며, 이는 곧 q'가 q 또는 $q+1$이라는 뜻이다. $hu + pv \geq h(h' - q'h) + p(p' - q'p) \geq -\frac{1}{2}(h^2 + p^2)$이므로 만일 $u^2 + v^2 < s$이면 단계 S2의 다음번 반복에서도 힌트의 가정이 유지된다. 만일 $u^2 + v^2 \geq s > (u - h)^2 + (v - p)^2$이면 $2|h(u - h) + p(v - p)| = 2(h(h - u) + p(p - v)) = (u - h)^2 + (v - p)^2 + h^2 + p^2 - (u^2 + v^2) \leq (u - h)^2 + (v - p)^2 \leq h^2 + p^2$이며, 따라서 $(u - h)^2 + (v - p)^2$은 연습문제 4에 의해 최소값이다. 마지막으로, 만일 $u^2 + v^2$과 $(u - h)^2 + (v - p)^2$ 모두 $\geq s$인 경우를 보자. 그런 경우 $u' = h' - q'h$, $v' = p' - q'p$로 두면 $2|hu' + pv'| \leq h^2 + p^2 \leq u'^2 + v'^2$이며, $h^2 + p^2$은 연습문제 4에 의해 최소이다.

〔다른 측정 수단들에 대해 가장 짧은 2차원 벡터를 찾는 것으로 일반화하는 문제는 Kaib, Schnorr, *J. Algorithms* **21** (1996), 565-578에 논의되어 있다.〕

6. 앞의 답에서 만일 $u^2 + v^2 \geq s > (u - h)^2 + (v - p)^2$이면 $(v - p)^2 > v^2$이며 따라서 $(u - h)^2$

$< u^2$ 이다. 그리고 만일 $q = a_j$ 이면, 즉 $h' = a_j h + u$ 라면 반드시 $a_{j+1} = 1$ 이다. 이로부터, 연습문제 3.3.3-16의 표기법 하에서 $\nu_2^2 = \min_{0 \leq j < t}(m_j^2 + p_{j-1}^2)$ 이 나온다. 이제

$$m_0 = m_j p_j + m_{j+1} p_{j-1} = a_j m_j p_{j-1} + m_j p_{j-2} + m_{j+1} p_{j-1}$$
$$< (a_j + 1 + 1/a_j) m_j p_{j-1} \leq (A + 1 + 1/A) m_j p_{j-1}$$

이고 $m_j^2 + p_{j-1}^2 \geq 2 m_j p_{j-1}$ 이다. 이에 의해 연습문제에서 제시한 결과가 증명된다.

7. 조건 (19)를 이용해서, 오직 $k \neq j$ 에 대해 $V_j \cdot V_k = 0$ 일 때에만 모든 $k \neq j$ 에 대해 $U_j \cdot U_k = 0$ 임을 증명해야 한다. 모든 $k \neq j$ 에 대해 $U_j \cdot U_k = 0$ 이라고 하자. 그리고 $U_j = \alpha_1 V_1 + \cdots + \alpha_t V_t$ 라고 하자. 그러면 모든 k 에 대해 $U_j \cdot U_k = \alpha_k$ 이며, 따라서 $U_j = \alpha_j V_j$ 이고 모든 $k \neq j$ 에 대해 $V_j \cdot V_k = \alpha^{-1}{}_j(U_j \cdot V_k) = 0$ 이다. 이것의 역은 대칭성을 이용해서 증명할 수 있다.

8. 명백히 $\nu_{t+1} \leq \nu_t$ 이다(t 가 증가해도 s 가 변하지 않기 때문이다. 알고리즘 S는 암묵적으로 이 사실을 사용한다). $t = 2$ 일 때 이것은 $(m\mu_2/\pi)^{1/2} \geq (\frac{3}{4} m\mu_3/\pi)^{1/3}$, 즉 $\mu_3 \leq \frac{4}{3} \sqrt{m/\pi}\, \mu_2^{3/2}$ 와 동치이다. 주어진 매개변수들의 경우 이 한계는 $\frac{4}{3} 10^{-4}/\sqrt{\pi}$ 으로 줄어든다. 그러나 큰 m 과 고정된 μ_2 가 주어졌을 때에는 한계 (40)이 더 낫다.

9. $f(y_1, ..., y_t) = \theta$ 라고 하자. 그러면 $\gcd(y_1, ..., y_t) = 1$ 이므로 행렬식이 1이고 첫 행이 $(y_1, ..., y_t)$ 인 정수행렬 W 가 존재한다. (후자의 사실을 그 행의 0이 아닌 최소 성분의 크기에 대한 귀납법으로 증명해 볼 것.) 이제 $X = (x_1, ..., x_t)$ 가 하나의 행벡터라고 할 때, 오직 $X = X'W^{-1}$ 이고 W^{-1} 이 행렬식이 1인 정수 행렬일 때에만 $XW = X'$ 가 성립한다. 따라서 WU 로 정의되는 형식 g 는 $g(x_1, ..., x_t) = f(x_1', ..., x_t')$ 를 만족한다. 더 나아가서 $g(1, 0, ..., 0) = \theta$ 이다.

일반성을 잃지 않고도 $f = g$ 라고 가정할 수 있다. 그렇게 가정할 때, 만일 S 가 임의의 직교행렬이면 행렬 US 는 U 와 동일한 형식을 정의한다. $(XUS)(XUS)^T = (XU)(XU)^T$ 이기 때문이다. 첫 열이 U_1^T 의 배수이고 다른 열들이 임의의 적절한 벡터들이 되도록 S 를 선택하면 어떤 $\alpha_1, \alpha_2, ..., \alpha_t$ 와 어떤 $(t-1) \times (t-1)$ 행렬 U' 에 대해

$$US = \begin{pmatrix} \alpha_1 & 0 & \cdots & 0 \\ \alpha_2 & & & \\ \vdots & & U' & \\ \alpha_t & & & \end{pmatrix}$$

가 성립한다. 따라서 $f(x_1, ..., x_t) = (\alpha_1 x_1 + \cdots + \alpha_t x_t)^2 + h(x_2, ..., x_t)$ 이다. 이로부터 $\alpha_1 = \sqrt{\theta}$ 〔사실 $1 \leq j \leq t$ 에 대해 $\alpha_j = (U_1 \cdot U_j)/\sqrt{\theta}$ 임이, 그리고 h 가 $\det U' = (\det U)/\sqrt{\theta}$ 인 U' 로 정의되는 양의 정부호 이차형식임이 비롯된다. t 에 대한 귀납법을 적용하면

$$h(x_2, ..., x_t) \leq (\tfrac{4}{3})^{(t-2)/2} |\det U|^{2/(t-1)}/\theta^{1/(t-1)}$$

을 만족하는 정수 $(x_2, ..., x_t)$ 들이 존재함을 확인할 수 있으며, 그 정수값들에 대해 $|x_1 + (\alpha_2 x_2 + \cdots$

$+ \alpha_t x_t)/\alpha_1| \leq \frac{1}{2}$를 만족하는 x_1를 선택할 수 있다. 이는 $(\alpha_1 x_1 + \cdots + \alpha_t x_t)^2 \leq \frac{1}{4}\theta$와 동치이다. 따라서

$$\theta \leq f(x_1, ..., x_t) \leq \frac{1}{4}\theta + \left(\frac{4}{3}\right)^{(t-2)/2} |\det U|^{2/(t-1)}/\theta^{1/(t-1)}$$

이며 이로부터 주어진 부등식이 즉시 나온다.

〔참고: $t = 2$의 경우 해당 결과가 최선이다. 일반적인 t의 경우 에르미트의 정리는 $\mu_t \leq \pi^{t/2}(4/3)^{t(t-1)/4}/(t/2)!$를 함의한다. 민코프스키 Minkowski에 기인한 한 근본 정리("부피가 $\geq 2^t$이고 원점에 대칭인 모든 t차원 볼록집합은 0이 아닌 하나의 정수 점을 포함한다")로부터 $\mu_t \leq 2^t$임을 알 수 있다. 이는 $t \geq 9$에 대한 에르미트의 정리보다 더 강하다. 더욱 강한 결과들이 알려져 있는데, (41)을 볼 것.〕

10. y_1과 y_2는 서로 소이므로 $u_1 y_2 - u_2 y_1 = m$을 풀 수 있다. 게다가 모든 q에 대해 $(u_1 + qy_1)y_2 - (u_2 + qy_2)y_1 = m$이므로, 적절한 정수 q를 택한다면 $2|u_1 y_1 + u_2 y_2| \leq y_1^2 + y_2^2$임을 확신할 수 있다. 이제 $y_2(u_1 + au_2) \equiv y_2 u_1 - y_1 u_2 \equiv 0 \pmod{m}$이고 y_2는 m과 반드시 서로 소이므로 $u_1 + au_2 \equiv 0$이다. 마지막으로, $|u_1 y_1 + u_2 y_2| = \alpha m$, $u_1^2 + u_2^2 = \beta m$, $y_1^2 + y_2^2 = \gamma m$이라고 하자. 그러면 $0 \leq \alpha \leq \frac{1}{2}\gamma$가 성립한다. 이제 $\alpha \leq \frac{1}{2}\beta$이고 $\beta\gamma \geq 1$임만 보이면 된다. 항등식 $(u_1 y_2 - u_2 y_1)^2 + (u_1 y_1 + u_2 y_2)^2 = (u_1^2 + u_2^2)(y_1^2 + y_2^2)$은 $1 + \alpha^2 = \beta\gamma$를 함의한다. 만일 $\alpha > \frac{1}{2}\beta$이면 $2\alpha\gamma > 1 + \alpha^2$이 된다. 즉, $\gamma - \sqrt{\gamma^2 - 1} < \alpha \leq \frac{1}{2}\gamma$인 것이다. 그런데 $\frac{1}{2}\gamma < \sqrt{\gamma^2 - 1}$는 $\gamma^2 > \frac{4}{3}$를 함의하며, 이는 모순이다.

11. a가 홀수이므로 $y_1 + y_2$는 반드시 짝수이다. y_1와 y_2 모두 짝수인 해들을 피하기 위해 $y_1 = x_1 + x_2$, $y_2 = x_1 - x_2$로 두고, $x_1 \perp x_2$이고 x_1이 짝수라는 조건 하에서 $x_1^2 + x_2^2 = m/\sqrt{3} - \epsilon$을 푼다. 해당 곱수 a는 $(x_2 - x_1)a \equiv x_2 + x_1 \pmod{2^e}$의 해가 된다. 오직 $x_1 \equiv 0 \pmod{2^k}$일 때에만 $a \equiv 1 \pmod{2^{k+1}}$임은 쉽게 증명할 수 있다. 따라서 최상의 농도는 $x_1 \bmod 4 = 2$일 때 나온다. 이제 문제는 N이 $4k + 1$ 형태의 큰 정수라 할 때 $x_1^2 + x_2^2 = N$에 대한 서로 소인 해들을 구하는 것으로 줄어든다. N을 가우스 정수들에 관해 인수분해해보면 오직 N의 모든 소인수(통상적인 정수들에 관한)가 $4k + 1$ 형태일 때에만 해들이 존재함을 알 수 있다.

페르마의 한 유명한 정리에 따르면 $4k + 1$ 형태의 모든 소수 p를 v는 짝수, $p = u^2 + v^2 = (u + iv)(u - iv)$의 형태로 고유하게($u$와 v의 부호를 제외할 때) 표현할 수 있다. 수 u와 v는 효율적으로 계산할 수 있다: $x^2 \equiv -1 \pmod{p}$를 풀고 가우스 정수에 관한 유클리드 알고리즘으로 $u + iv = \gcd(x + i, p)$를 계산해서 얻으면 된다. 〔모든 정수 n의 거의 반에 대해 $x = n^{(p-1)/4} \bmod p$를 취할 수 있다. 유클리드 알고리즘의 이러한 적용은 $u \pm xv \equiv 0 \pmod{p}$인 0이 아닌 최소의 $u^2 + v^2$을 구하는 것과 본질적으로 같다. u와 v의 값은 정수에 대한 유클리드 알고리즘을 보통의 방식으로 p와 x에 적용할 때에도 나타난다. J. A. Serret, C. Hermite, *J. de Math. Pures et Appl.* **5** (1848), 12-15를 볼 것.〕 N의 소인수분해가 $p_1^{e_1} \cdots p_r^{e_r} = (u_1 + iv_1)^{e_1}(u_1 - iv_1)^{e_1} \cdots (u_r +$

$iv_r)^{e_r}(u_r - iv_r)^{e_r}$ 이라고 하면 $x_1^2 + x_2^2 = N$, x_1은 짝수, $x_1 \perp x_2$ 라는 방정식의 서로 다른 2^{r-1} 개의 해들을 $|x_2| + i|x_1| = (u_1 + iv_1)^{e_1}(u_2 \pm iv_2)^{e_2}...(u_r \pm iv_r)^{e_r}$ 으로 두어서 구할 수 있다. 그리고 그런 해들은 모두 이런 방법으로 구해진다.

참고: $m = 10^e$ 일 때에도 비슷한 절차를 사용할 수 있으나, 다섯 배의 일이 필요하다. 왜냐하면 $x_1 \equiv 0 \pmod{10}$인 해를 찾을 때까지 계속 시도해야 하기 때문이다. 예를 들어 $m = 10^{10}$ 이면 $\lfloor m / \sqrt{3} \rfloor = 5773502691$이고 $5773502689 = 53 \cdot 108934013 = (7 + 2i)(7 - 2i)(2203 + 10202i)(2203 - 10202i)$ 이다. 두 해 $|x_2| + i|x_1| = (7 + 2i)(2203 + 10202i)$와 $(7 + 2i)(2203 - 10202i)$ 중에서, 전자에서는 $|x_1| = 67008$ (좋지 않음)이 나오고 후자에서는 $|x_1| = 75820$, $|x_2| = 4983$ (쓸만함)이 나온다. 표 1의 9는 $x_1 = 75820$, $x_2 = -4983$으로 두고 얻은 것이다.

표의 14행은 다음과 같이 얻은 것이다: $\lfloor 2^{32} / \sqrt{3} \rfloor = 2479700524$이다; $N = 2479700521$까지 내려간다. 그 값은 $37 \cdot 797 \cdot 84089$와 같으며 네 개의 해 $N = 4364^2 + 49605^2 = 26364^2 + 42245^2 = 38640^2 + 31411^2 = 11960^2 + 48339^2$을 가진다. 해당 곱수들은 2974037721, 2254986297, 4246248609, 956772177이다. $N - 4$도 시도해 볼 수 있으나 3으로 나누어지므로 부적격하다. 한편 소수 $N - 8 = 45088^2 + 21137^2$로는 곱수 3825140801을 얻게 된다. 비슷하게, $N - 20$, $N - 44$, $N - 48$ 등에서 추가적인 곱수들을 얻는다. 줄 14의 곱수는 이러한 절차로 구한 처음 열여섯 개의 곱수들 중 최상의 것이며, $N - 68$으로 얻은 네 값들 중 하나이다.

12. $U_j' \cdot U_j' = U_j \cdot U_j + 2 \sum_{i \neq j} q_i (U_i \cdot U_j) + \sum_{i \neq j} \sum_{k \neq j} q_i q_k (U_i \cdot U_k)$. q_k에 대한 편미분은 (26)의 좌변의 두 배이다. 최소값에 도달하는 경우 이 편미분들은 모두 소거된다.

13. $u_{11} = 1$, $u_{21} = $ 무리수, $u_{12} = u_{22} = 0$.

14. 세 유클리드 단계 이후 $\nu 2^2 = 5^2 + 5^2$이 된다. 그러면 S4에서 다음과 같은 행렬들이 만들어진다:

$$U = \begin{pmatrix} -5 & 5 & 0 \\ -18 & -2 & 0 \\ 1 & -2 & 1 \end{pmatrix}, \qquad V = \begin{pmatrix} -2 & 18 & 38 \\ -5 & -5 & -5 \\ 0 & 0 & 100 \end{pmatrix}.$$

변환 $(j, q_1, q_2, q_3) = (1, *, 0, 2), (2, -4, *, 1), (3, 0, 0, *), (1, *, 0, 0)$을 적용하면

$$U = \begin{pmatrix} -3 & 1 & 2 \\ -5 & -8 & -7 \\ 1 & -2 & 1 \end{pmatrix}, \qquad V = \begin{pmatrix} -22 & -2 & 18 \\ -5 & -5 & -5 \\ 9 & -31 & 29 \end{pmatrix}, \qquad Z = \begin{pmatrix} 0 & 0 & 1 \end{pmatrix}$$

이 되고, 따라서 이미 연습문제 3에서 구했듯이 $\nu_3 = \sqrt{6}$이다.

15. (11)의 q의 달성 가능한 최대값에서 달성 가능한 최소값을 빼고 1을 더한 것은 $|u_1| + \cdots + |u_t| - \delta$이다. 여기서 δ는 만일 어떠한 i와 j에 대해 $u_i u_j < 0$이면 1이고 그렇지 않으면 0이다. 예를 들어 만일 $t = 5$, $u_1 > 0$, $u_2 > 0$, $u_3 > 0$, $u_4 = 0$, $u_5 < 0$이면 달성 가능한 최대값은 $q = u_1 + u_2 + u_3 - 1$이고 최소값은 $q = u_5 + 1 = -|u_5| + 1$이다.

〔c가 변해도 초평면들의 수는 변하지 않으므로, L_0 대신 L을 덮는 문제에도 같은 답이 적용된다.

그러나 주어진 공식이 L_0을 덮는 문제에 대해 항상 정확한 것은 아니다. 왜냐하면 단위 초입방체를 교차하는 초평면들이 항상 L_0의 점들을 포함하지는 않기 때문이다. 위의 설명에서 만일 $u_1 + u_2 + u_3 > m$이면 L_0의 값 $q = u_1 + u_2 + u_3 - 1$을 달성할 수 없다. 오직 음이 아닌 정수 (x_1, x_2, x_3, x_4)들 중에 $m - u_1 - u_2 - u_3 = x_1 u_1 + x_2 u_2 + x_3 u_3 + x_4 |u_5|$의 해가 존재할 때에만 달성 가능하다. $|u_1| + \cdots + |u_t|$가 최소일 때에는 항상 주어진 한계들을 달성할 수 있다는 것이 참일 수도 있겠지만, 명백해 보이지는 않는다.]

16. (15)의 최소값이 $|u_1| + \cdots + |u_t|$인(단, 해들 중 부호가 반대인 성분들이 존재하는 경우 여기서 1을 뺀) 해 모두를 구하는 것으로 충분하다.

양의 정부호 이차형식 대신 그와 다소 비슷한, $|Y| = |y_1| + \cdots + |y_t|$를 정의하는 함수 $f(x_1, ..., x_t) = |x_1 U_1 + \cdots + x_t U_t|$를 다루기로 한다. 부등식 (21)는 $|x_k| \le f(y_1, ..., y_t)(\max_{1 \le j \le t} |v_{kj}|)$로 대신할 수 있다.

이제 작동 가능한 알고리즘을 다음과 같이 만들 수 있다. 우선 단계 S1에서 S3까지를 "$U \leftarrow (m)$, $V \leftarrow (1)$, $r \leftarrow 1$, $s \leftarrow m$, $t \leftarrow 1$로 설정한다."로 대체한다. (여기서 U와 V는 1×1 행렬들이다. 따라서 2차원의 경우가 일반적인 방법으로 처리된다. 물론 $t = 2$에 대해서는 특별한 절차를 사용할 수 있다. 연습문제 5의 답에 나오는 참고문헌을 볼 것.) 단계 S4와 S7에서는 $s \leftarrow \min(s, |U_k|)$로 설정한다. 단계 S7에서 $z_k \leftarrow \lfloor \max_{1 \le j \le t} |v_{kj}| s/m \rfloor$로 설정한다. 단계 S9에서 $s \leftarrow \min(s, |Y| - \delta)$로 설정한다. 그리고 단계 10에서는 $s = N_t$를 출력한다. 아니면, 알고리즘이 이미 적절히 짧은 벡터들을 출력하므로, 알고리즘을 고치지 말고 그대로 두어도 된다. [*Math. Comp.* **29** (1975), 827-833.]

17. S9에서 $k > t$일 때, 그리고 만일 $Y \cdot Y \le s$이면 Y와 $-Y$를 출력한다. 또한, 만일 $Y \cdot Y < s$이면 이 t에 대한 이전 벡터들의 출력으로 되돌린다. [표 1을 준비하면서 필자가 얻은 경험으로는, $y_1 = 0$ 또는 $y_t = 0$인 경우를 제외할 때 각 ν_t에 대해 정확히 하나의 벡터(그리고 그것의 부정)가 출력되었다.]

18. (a) $x = m$, $y = (1-m)/3$, $v_{ij} = y + x\delta_{ij}$, $u_{ij} = -y + \delta_{ij}$라고 하자. 그러면 $j \neq k$에 대해 $V_j \cdot V_k = \frac{1}{3}(m^2 - 1)$이고 $V_k \cdot V_k = \frac{2}{3}(m^2 + \frac{1}{2})$, $U_j \cdot U_j = \frac{1}{3}(m^2 + 2)$, $z_k \approx \sqrt{\frac{2}{9}}\, m$이다. (이 예제는 $a = 1$일 때 (28)을 만족하며 모든 $m \equiv 1$ (modulo 3)에 대해 유효하다.)

(b) 단계 S5에서 U와 V의 역할을 맞바꾼다. 또한 변경된 모든 U_i에 대해 $s \leftarrow \min(s, U_i \cdot U_i)$로 설정한다. 예를 들어 $m = 64$일 때 $j = 1$로 두고 이 변환을 (a)의 행렬들에 적용하면 행렬들은

$$V = \begin{pmatrix} 43 & -21 & -21 \\ -21 & 43 & -21 \\ -21 & -21 & 43 \end{pmatrix}, \qquad U = \begin{pmatrix} 22 & 21 & 21 \\ 21 & 22 & 21 \\ 21 & 21 & 22 \end{pmatrix}$$

에서

$$V = \begin{pmatrix} 1 & 1 & 1 \\ -21 & 43 & -21 \\ -21 & -21 & 43 \end{pmatrix}, \qquad U = \begin{pmatrix} 22 & 21 & 21 \\ -1 & 1 & 0 \\ -1 & 0 & 1 \end{pmatrix}$$

로 축약된다. 〔변환에 의해 V_j의 길이가 늘어날 수 있으므로, 알고리즘에 두 변환 모두를 채용하는 경우 무한 루프에 빠지지 않도록 조심해야 한다. 연습문제 23도 볼 것.〕

19. 없다. 대각 성분이 아닌 성분들 모두가 음이 아니고 대각성분들이 모두 1인 비단위행렬들의 곱은 단위행렬이 될 수 없기 때문이다.

〔그러나 $-2V_i \cdot V_j = V_j \cdot V_j$일 때 다음 변환이 $q = -1$인 상태에서 수행되면 루프가 생길 수 있다. 비단축 변환이 허용되는 경우에는 반올림 규칙이 부호에 대해 비대칭이어야 한다.〕

20. $a \bmod 8 = 5$일 때 주기 안의 x에 대한 점 $2^{-e}(x, s(x), ..., s^{[t-1]}(x))$들은 $0 \le y < 2^{e-2}$에 대한 점 $2^{2-e}(y, \sigma(y), ..., \sigma^{t-1}(y))$ 더하기 $2^{-e}(t, ..., t)$와 같다. 여기서 $\sigma(y) = (ay + \lfloor a/4 \rfloor t) \bmod 2^{e-2}$이고 $t = X_0 \bmod 4$이다. 따라서 이 경우에는 $m = 2^{e-2}$으로 두고 알고리즘 S를 사용해야 한다.

$a \bmod 8 = 3$일 때에는 1을 법으로 한 점 $2^{-e}(x, s(x), ..., s^{[t-1]}(x))$들을 덮는 평행 초평면들 사이의 최대 거리가 점 $2^{-e}(x, -s(x), ..., (-1)^{t-1}s^{[t-1]}(x))$들을 덮는 평행 초평면들 사이의 최대 거리와 같다. 왜냐하면 좌표들의 부호를 부정해도 거리는 변하지 않기 때문이다. 후자의 점들은 $\sigma(y) = (-ay - \lceil a/4 \rceil t) \bmod 2^{e-2}$라 할 때 $2^{2-e}(y, \sigma(y), ..., \sigma^{t-1}(y))$ 더하기 상수 오프셋이다. 이번에도 $m = 2^{e-2}$으로 두고 알고리즘 S를 적용한다. a를 $m - a$로 바꾸어도 결과는 달라지지 않는다.

21. $X_{4n+4} \equiv X_{4n} \pmod 4$이므로 이제는 $V_1 = (4, 4a^2, 4a^3)/m$, $V_2 = (0, 1, 0)$, $V_3 = (0, 0, 1)$로 해당 격자 L_0를 정의하는 것이 적절하다.

24. $m = p$라고 하자. 본문의 것에 필적하는 분석이 가능하다. 예를 들어 $t = 4$일 때 $X_{n+3} = ((a^2 + b)X_{n+1} + abX_n) \bmod m$이다. 그리고 우리는 $u_1 + bu_3 + abu_4 \equiv u_2 + au_3 + (a^2 + b)u_4 \equiv 0 \pmod m$을 만족하는 $u_1^2 + u_2^2 + u_3^2 + u_4^2 \neq 0$를 최소화하고자 한다.

이를 위해 단계 S1에서 S3을 다음과 같은 설정 연산들로 대체한다:

$$U \leftarrow \begin{pmatrix} m & 0 \\ 0 & m \end{pmatrix}, \qquad V \leftarrow \begin{pmatrix} 1 & 0 \\ 0 & 1 \end{pmatrix}, \qquad R \leftarrow \begin{pmatrix} 1 & 0 \\ 0 & 1 \end{pmatrix}, \qquad s \leftarrow m^2, \qquad t \leftarrow 2.$$

그리고 $\nu_2 = m$을 출력한다. 단계 S4는 다음과 같이 변경한다.

S4′. 〔t를 전진.〕 만일 $t = T$이면 알고리즘을 끝낸다. 그렇지 않으면 $t \leftarrow t+1$, $R \leftarrow R\begin{pmatrix} 0 & b \\ 1 & a \end{pmatrix}$ $\bmod m$로 설정한다. U_t를 원소 t개의 새로운 행 $(-r_{12}, -r_{22}, 0, ..., 0, 1)$로 설정하고, $1 \le i < t$에 대해 $u_{it} \leftarrow 0$으로 설정한다. V_t를 새로운 행 $(0, ..., 0, m)$으로 설정한다. $1 \le i < t$에 대해 $q \leftarrow \text{round}((v_{i1}r_{12} + v_{i2}r_{22})/m)$, $v_{it} \leftarrow v_{i1}r_{12} + v_{i2}r_{22} - qm$, $U_t \leftarrow U_t + qU_i$로 설정한다. 마지막으로 $s \leftarrow \min(s, U_t \cdot U_t)$, $k \leftarrow t$, $j \leftarrow 1$로 설정한다.

〔비슷한 일반화가 길이가 $p^k - 1$이며 선형 점화식 3.2.2-(8)을 만족하는 모든 수열에 적용된다. 추가

적인 수치적 예들이 A. Grube, *Zeitschrift für angewandte Math. und Mechanik* **53** (1973), T223-T225; L'Ecuyer, Blouin, Couture, *ACM Trans. Modeling and Comp. Simul.* **3** (1993), 87-98에 나온다.]

25. 주어진 합은 많아야 수량 $\sum_{0 \le k \le m/(2d)} r(dk) = 1 + \frac{1}{d} f(m/d)$의 두 배인데, 여기서

$$f(m) = \frac{1}{m} \sum_{1 \le k \le m/2} \csc(\pi k/m)$$

$$= \frac{1}{m} \int_1^{m/2} \csc(\pi x/m) dx + O\left(\frac{1}{m}\right) = \frac{1}{\pi} \ln \tan \left(\frac{\pi}{2m} x\right)\Big|_1^{m/2} + O\left(\frac{1}{m}\right)$$

이다. [$d = 1$일 때에는 $\sum_{0 \le k < m} r(k) = (2/\pi)\ln m + 1 + (2/\pi)\ln(2e/\pi) + O(1/m)$이다.]

26. 만일 $\gcd(q, m) = d$이면 m을 m/d으로 치환해서 같은 방식으로 유도한다. $m = p_1^{e_1} \cdots p_r^{e_r}$이고 $\gcd(a-1, m) = p_1^{f_1} \cdots p_r^{f_r}$, $d = p_1^{d_1} \cdots p_r^{d_r}$이라고 가정하자. m을 m/d으로 치환하면 s는 $p_1^{\max(0, e_1 - f_1 - d_1)} \cdots p_r^{\max(0, e_r - f_r - d_r)}$으로 대체된다. 또한, $m/d > 1$이므로 N을 $N \bmod (m/d)$으로 치환할 수 있다.

27. 편의를 위해 다음과 같은 함수들을 사용한다: 만일 $x = 0$이면 $\rho(x) = 1$, $0 < x \le m/2$이면 $\rho(x) = x$, $m/2 < x < m$이면 $\rho(x) = m - x$; 만일 $0 \le x \le m/2$이면 $\text{trunc}(x) = \lfloor x/2 \rfloor$, $m/2 < x < m$이면 $\text{trunc}(x) = m - \lfloor (m-x)/2 \rfloor$; 만일 $x = 0$이면 $L(x) = 0$, $0 < x \le m/2$이면 $L(x) = \lfloor \lg x \rfloor + 1$, $m/2 < x < m$이면 $L(x) = -(\lfloor \lg(m-x) \rfloor + 1)$; $l(x) = \max(1, 2^{|x|-1})$. $l(L(x)) \le \rho(x) < 2l(L(x))$이며 $0 < x < m$에 대해 $2\rho(x) \le 1/r(x) = m\sin(\pi x/m) < \pi\rho(x)$임을 주목할 것.

벡터 $(u_1, \ldots, u_t)$가 0이 아니며 (15)를 만족할 때 그 벡터를 나쁜 벡터라고 칭하기로 하자. 그리고 $\rho_{\min}$이 모든 나쁜 벡터 $(u_1, \ldots, u_t)$에 관한 $\rho(u_1) \cdots \rho(u_t)$의 최소값이라고 하자. 그러한 벡터 $(u_1, \ldots, u_t)$를 가리켜 부류(class) $(L(u_1), \ldots, L(u_t))$에 속한다고 말한다. 따라서 부류들은 최대 $(2\lg m + 1)^t$가지이고 부류 $(L_1, \ldots, L_t)$에는 많아야 $l(L_1) \cdots l(L_t)$개의 벡터들이 포함된다. 증명을 위해서는 각각의 고정된 부류 안의 나쁜 벡터들이 $\sum r(u_1, \ldots, u_t)$에 많아야 $2/\rho_{\min}$을 기여함을 보여야 한다. 그러함을 보인다면 $1/\rho_{\min} < \pi^t r_{\max}$이므로 증명하고자 하는 한계가 입증된다.

$\mu = \lfloor \lg \rho_{\min} \rfloor$이라고 하자. 벡터에 대한 μ겹 절단(μ-fold truncation) 연산은 다음과 같은 연산을 μ번 수행하는 것이다: "j가 $\rho(u_j) > 1$를 만족하는 최소 색인이라 할 때, u_j를 $\text{trunc}(u_j)$로 치환한다. 그러나 만일 $\rho(u_j) = 1$이면 모든 j에 대해 아무 일도 하지 않는다." (이 연산은 본질적으로 $(u_1, \ldots, u_t)$에 관한 정보의 비트 하나를 폐기하는 것이다.) 만일 벡터 $(u_1', \ldots, u_t')$와 $(u_1'', \ldots, u_t'')$가 같은 부류에 속하며 동일한 μ겹 절단을 가진 벡터들이면 그 두 벡터를 가리켜 유사하다고 칭한다. 이 경우에는 $\rho(u_1' - u_1'') \cdots \rho(u_t' - u_t'') < 2^\mu \le \rho_{\min}$가 성립하게 된다. 예를 들어 $((1x_2x_1)_2, 0, m - (1x_3)_2, (101x_5x_4)_2, (1101)_2)$ 형태의 임의의 두 벡터는 m이 크고 $\mu = 5$일 때 유사하다. μ겹 절단 연산을 적용하면 x_1, x_2, x_3, x_4, x_5가 차례로 제거된다. 두 나쁜 벡터 사이의 차이는 (15)를

만족하므로, 같지 않은 두 나쁜 벡터가 유사할 수는 없다. 따라서 부류 $(L_1, ..., L_t)$는 많아야 $\max(1, l(L_1)...l(L_t)/2^\mu)$개의 나쁜 벡터들을 포함한다. 만일 부류 $(L_1, ..., L_t)$에 정확히 하나의 나쁜 벡터 $(u_1, ..., u_t)$가 존재한다면 $r(u_1, ..., u_t) \le r_{\max} \le 1/\rho_{\min}$이다. 만일 나쁜 벡터들이 $\le l(L_1)...$ $l(L_t)/2^\mu$개이면, 각각의 나쁜 벡터는 $r(u_1, ..., u_t) \le 1/\rho(u_1)...\rho(u_t) \le 1/l(L_1)...l(L_t)$이며, 이에 의해 $1/2^\mu < 2/\rho_{\min}$가 성립한다.

28. $\zeta = e^{2\pi i/(m-1)}$이고 $S_{kl} = \sum_{0 \le j < m-1} \omega^{x_{j+l}} \zeta^{jk}$라고 하자. (51)에 해당하는 등식은 $|S_{k0}| = \sqrt{m}$이므로 (53)에 해당하는 공식은

$$\left| N^{-1} \sum_{0 \le n < N} \omega^{x_n} \right| = O((\sqrt{m}\log m)/N)$$

이다. 이제 요구된 정리는 다음과 같은 것이 된다:

$$D_N^{(t)} = O\left(\frac{\sqrt{m}(\log m)^{t+1}}{N} \right) + O((\log m)^t r_{\max}), \qquad D_{m-1}^{(t)} = O((\log m)^t r_{\max}).$$

실제로 $D_{m-1}^{(t)} \le \frac{m-2}{m-1} \sum r(u_1, ..., u_t)$ 〔합의 구간은 (15)의 0이 아닌 해들〕 $+ \frac{1}{m-1}(u_1, ..., u_t)$ 〔합의 구간은 0이 아닌 모든 $(u_1, ..., u_t)$〕이다. 후자의 합은 $d = 1$일 때의 연습문제 25에 의해 $O(\log m)^t$이며, 전자의 합은 연습문제 27에서처럼 취급하면 된다.

이제 (15)의 0이 아닌 해들에 대해 합산한 수량 $R(a) = \sum r(u_1, ..., u_t)$를 살펴보자. m이 소수이므로 각 $(u_1, ..., u_t)$가 (15)의 해가 될 수 있는 a의 값들은 많아야 $t-1$개이다. 따라서 $\sum_{0 < a < m} R(a) \le (t-1) \sum r(u_1, ..., u_t) = O(t(\log m)^t)$이다. 이로부터, 모든 $\varphi(m-1)$개의 원시근들에 대해 취한 $R(a)$의 평균값이 $O(t(\log m)^t/\varphi(m-1))$이라는 결과가 나온다.

참고: 일반적으로는 $1/\varphi(n) = O(\log\log n/n)$이다. 따라서 우리는 모든 소수 m에 대해, 그리고 모든 T에 대해, 선형합동수열 $(1, a, 0, m)$이 $1 \le t \le T$인 불일치도

$$D_{m-1}^{(t)} = O(m^{-1} T(\log m)^T \log\log m)$$

을 가지게 되는, m을 법으로 한 하나의 원시근 a가 존재한다는 정리를 증명한 셈이다. 이 증명 방법이 2^e을 법으로 한 주기가 2^e인 선형합동발생기에 대한 비슷한 결과로까지 확장되지는 않는다. 왜냐하면, 예를 들어 벡터 $(1, -3, 3, -1)$이 (15)의 해가 될 수 있는 a 값들은 약 $2^{2e/3}$개이기 때문이다.

29. 상계를 구하기 위해, $u = (u_1, ..., u_t)$의 음이 아닌 성분이 임의의 실수 $1 \le |u_j| \le \frac{1}{2}m$일 수 있다고 가정하자. 만일 k개의 성분들이 0이 아니면 연습문제 27의 답의 표기법 하에서 $r(u) \le 1/(2^k \rho(u))$이다. 그리고 만일 $u_1^2 + \cdots + u_t^2$가 주어진 값 $\nu 2$을 가진다면 $u_1 = \cdots = u_{k-1} = 1$, $u_k^2 = \nu 2 - k + 1$로 두어서 $\rho(u)$를 최소화할 수 있다. 따라서 $r(u) \le 1/(2^k \sqrt{\nu 2 - k + 1})$이다. 그러나 $\nu \ge k \ge 2$이므로 $2^k \sqrt{\nu 2 - k + 1} \ge \sqrt{8}\,\nu$이다.

30. 우선 $1 \leq q < m$, $0 \leq p < a$에 대해 $q|aq - mp|$를 최소화해보자. 연습문제 4.5.3–42의 표기법 하에서 $0 \leq n \leq s$에 대해 $aq_n - mp_n = (-1)^n K_{s-n-1}(a_{n+2}, ..., a_s)$이다. 범위 $q_{n-1} \leq q < q_n$ 안에서 $|aq - mp| \geq |aq_{n-1} - mp_{n-1}|$가 성립하며, 따라서 $q|aq - mp| \geq q_{n-1}|aq_{n-1} - mp_{n-1}|$이고 최소값은 $\min_{0 \leq n < s} q_n |aq_n - mp_n| = \min_{0 \leq n < s} K_n(a_1, ..., a_n)K_{s-n-1}(a_{n+2}, ..., a_s)$이다. 연습문제 4.5.3–32에 의해 $m = K_n(a_1, ..., a_n)a_{n+1}K_{s-n-1}(a_{n+2}, ..., a_s) + K_n(a_1, ..., a_n)K_{s-n-2}(a_{n+3}, ..., a_s) + K_{n-1}(a_1, ..., a_{n-1})K_{s-n-1}(a_{n+2}, ..., a_s)$가 된다. 이제 문제는 본질적으로 수량 $m/K_n(a_1, ..., a_n)K_{s-n-1}(a_{n+2}, ..., a_s)$을 최대화하는 것이 되었는데, 그 수량은 a_{n+1}과 $a_{n+1} + 2$ 사이에 놓인다.

이제 $A = \max(a_1, ..., a_s)$라고 하자. $r(m-u) = r(u)$이므로 $r_{\max} = r(u)r(au \bmod m)$를 만족하는 $1 \leq u \leq \frac{1}{2}m$ 범위의 어떤 u가 존재한다. $u' = \min(au \bmod m, (-au) \bmod m)$로 두면 $r_{\max} = r(u)r(u')$이다. $uu' \geq qq'$, $A/m \leq 1/qq' \leq (A+2)/m$임은 앞의 문단에서 이미 알아냈다. 또한 $0 < u \leq \frac{1}{2}m$에 대해 $2u \leq r(u)^{-1} \leq \pi u$이므로 $r_{\max} \leq 1/(4uu')$이다. 따라서 $r_{\max} \leq (A+2)/(4m)$가 성립한다. (비슷한 하계도 존재한다. $r_{\max} > A/(\pi^2 m)$이다.)

31. 그 추측은 모든 큰 m을 어떤 n과 어떤 $a_i \in \{1, 2, 3\}$에 대해 $m = K_n(a_1, ..., a_n)$로 표현할 수 있다는 것과 동치이다. 고정된 n에 대해 3^n개의 수 $K_n(a_1, ..., a_n)$들의 평균값은 규모가 $(1 + \sqrt{2})^n$이며, 그 표준편차의 규모는 $(2.51527)^n$이다. 따라서 그 추측이 참이라는 것이 거의 확실하다. 자렘바S. K. Zaremba는 1972년에 모든 m을 $a_i \leq 5$을 가지고 표현할 수 있다고 추측했다. 커식T. W. Cusick이 *Mathematika* **24** (1977), 166–172에서 이 문제에 대해 어느 정도 진전을 이루었다. 오직 $m = 54$, $m = 150$인 경우에서만 $a_i = 5$가 요구되는 듯하며, 4들을 요구하는 가장 큰 m은 2052, 2370, 5052, 6234이다. 적어도 필자는 2000000보다 작은 다른 모든 정수에 대해 $a_i \leq 3$인 표현들을 발견했다. $a_i \leq 2$인 경우 $K_n(a_1, ..., a_n)$의 평균은 $\frac{4}{5}2^n + \frac{1}{5}(-2)^{-n}$이나, 표준편차는 $(2.04033)^n$으로 증가한다. 필자의 실험들($m \leq 2^{20}$에 대해 각각 2^{14}개의 수들로 된 2^6개의 블록들을 조사했다)에서, 그런 수들의 밀도는 .50과 .65 사이에서 변하는 것으로 나타났다.

〔작은 부분몫들을 가진 곱수들을 찾는 계산적 방법에 대해서는 I. Borosh, H. Niederreiter, *BIT* **25** (1980), 193–208을 볼 것. 그들은 $25 \leq e \leq 35$에 대해 $m = 2^e$인 2유계(2-bounded) 해들을 구했다.〕

32. (a) $U_n - Z_n/m_1 \equiv (m_2 - m_1)Y_n/m_1 m_2$ (modulo 1)이고 $(m_1 - m_2)/m_1 m_2 \approx 2^{-54}$이다. (따라서 U_n을 분석함으로써 Z_n의 상위 비트들을 분석할 수 있다. 아마 하위 비트들 역시 무작위할 것이나 이 논증이 하위비트들에 적용되지는 않는다.) (b) 모든 n에 대해 $U_n = W_n/m$이다. 중국인의 나머지 정리에 의하면, $m_1 \perp m_2$이므로 합동식 $W_n \equiv X_n m_2$ (modulo m_1)과 $W_n \equiv -Y_n m_1$ (modulo m_2)만 입증하면 된다. 〔Pierre L'Ecuyer, Shu Tezuka, *Math. Comp.* **57** (1991), 735–746.〕

3.4.1절

1. $\alpha + (\beta - \alpha)U$.

2. $U = X/m$라고 하자. 그러면 $\lfloor kU \rfloor = r \Leftrightarrow r \leq kX/m < r+1 \Leftrightarrow mr/k \leq X < m(r+1)/k \Leftrightarrow \lceil mr/k \rceil \leq X < \lceil m(r+1)/k \rceil$이다. 정확한 확률의 공식은 $(1/m)(\lceil m(r+1)/k \rceil - \lceil mr/k \rceil) = 1/k + \epsilon$이다. 여기서 $|\epsilon| < 1/m$이다.

3. 전체 워드 난수들이 주어진다면 결과와 정확한 분포 사이의 차이는 연습문제 2에서처럼 최대 $1/m$이다. 그러나 모든 초과분(excess)은 가장 작은 결과들에 주어진다. 따라서 만일 $k \approx m/3$이면 결과는 $\frac{2}{3}$의 경우에서 $k/2$보다 작다. $U \geq k\lfloor m/k \rfloor$일 때에는 U를 기각함으로써 완벽하게 균등한 분포를 얻는 것이 훨씬 낫다. D. E. Knuth, *The Stanford GraphBase* (New York: ACM Press, 1994), 221을 볼 것.

한편, 선형합동수열을 사용하는 경우에는 수들의 주기가 아주 짧지 않은 한 반드시 k와 법 m이 서로 소이어야 한다(3.2.1.1의 결과들에 의해). 예를 들어 만일 $k = 2$이고 m이 짝수이면 수들은 잘해야 0과 1을 반복할 뿐이다. 이 방법은 거의 모든 경우에서 (1)보다 느리므로 추천할 수는 없다.

그러나 안타깝게도 많은 고수준 언어들은 (1)의 "상위 곱셈" 연산을 지원하지 않는다. 연습문제 3.2.1.1-3을 볼 것. 상위 곱셈 연산이 지원되지 않는 경우에는 m/k으로 나누기가 최선일 것이다.

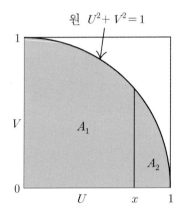

그림 A.4 연습문제 6의 알고리즘의 "승인" 영역.

4. 오직 $X_1 \leq x$이고 $X_2 \leq x$일 때에만 $\max(X_1, X_2) \leq x$이다. 그리고 오직 $X_1 \geq x$이고 $X_2 \geq x$일 때에만 $\min(X_1, X_2) \geq x$이다. 두 독립 사건이 모두 일어날 확률은 개별 확률들의 곱이다.

5. 독립 균등편이 U_1과 U_2를 얻는다. $X \leftarrow U_2$로 설정한다. 만일 $U_1 \geq p$이면 $X \leftarrow \max(X, U_3)$으로 설정한다. 여기서 U_3은 세 번째 균등편이다. 또한 만일 $U_1 \geq p+q$이면 $X \leftarrow \max(X, U_4)$로도 설정한다. U_4는 네 번째 균등편이다. 이 방법을 임의의 다항식으로 일반화할 수 있음은 명백하며, 사실 무한 멱급수로도 일반화하는 것이 가능하다(이는 알고리즘 S의 예제에서 볼 수 있다. 거기에서는 최대화 대신 최소화를 사용한다).

또한 다음과 같이 진행할 수도 있다(매클라렌M. D. MacLaren이 제안했음): 만일 $U_1 < p$이면 $X \leftarrow U_1/p$로 설정하고, 그렇지 않고 만일 $U_1 < p+q$이면 $X \leftarrow \max((U_1-p)/q, U_2)$로 설정한다. 그렇지 않으면 $X \leftarrow \max((U_1-p-q)/r, U_2, U_3)$으로 설정한다. 이 방법은 균등편이들을 얻는 다른 방법들에 비해 시간이 덜 걸리나 추가적인 산술 연산들을 요구하며 수치적으로 덜 안정적이다.)

6. $F(x) = A_1/(A_1+A_2)$. 여기서 A_1과 A_2는 그림 A-4의 영역들이다. 따라서

$$F(x) = \frac{\int_0^x \sqrt{1-y^2}\,dy}{\int_0^x \sqrt{1-y^2}\,dy} = \frac{2}{\pi}\arcsin x + \frac{2}{\pi}x\sqrt{1-x^2}$$

이다. 단계 2에 도달할 때마다 거기서 절차가 끝날 확률은 $p = \pi/4$이다. 따라서 단계 2의 수행 횟수는 기하분포를 따른다. 이 횟수의 통계적 특성은 연습문제 17에 의해 $(\min 1, \text{ave } 4/\pi, \max \infty, \text{dev}(4/\pi)\sqrt{1-\pi/4})$이다.

7. 만일 $k=1$이면 $n_1 = n$이며 문제는 자명하다. 그렇지 않은 경우에 $n_i \leq n \leq n_j$를 만족하는 $i \neq j$를 구하는 것이 항상 가능하다. B_i를 색이 C_i인 입방체 n_i개와 색이 C_j인 입방체 $n - n_i$개로 채운다. 그런 다음 n_j를 $n - n_i$만큼 감소하고 색 C_i를 제거한다. 그러면 같은 종류의 문제이되 k가 1로 줄어들게 되는데, 귀납법에 의해 이를 푸는 것은 항상 가능하다.

P와 Y 표들을 계산하는 데에는 다음과 같은 알고리즘을 사용할 수 있다: 쌍들의 목록 $(p_1, 1)\ldots$ (p_k, k)를 만들고 그것을 첫 성분을 기준으로 정렬해서 목록 $(q_1, a_1)\ldots(q_k, a_k)$를 얻는다. 여기서 $q_1 \leq \cdots \leq q_k$이다. $n \leftarrow k$로 설정한다. 그런 다음에는 $n = 0$이 될 때까지 다음 연산을 반복한다: $P[a_1 - 1] \leftarrow kq_1$, $Y[a_1 - 1] \leftarrow x_{a_n}$으로 설정한다. (q_1, a_1)과 (q_n, a_n)을 제거하고 새 항목 $(q_n - (1/k - q_1), a_n)$을 목록의 적절한 자리에 삽입한 후 n을 1 증가시킨다.

(만일 $p_j < 1/k$이면 알고리즘은 x_j를 결코 Y 표에 넣지 않는다. 알고리즘 M은 이 사실을 암묵적으로 사용한다. 그 알고리즘은 항상 남은 원소들 중 가장 부유한 것을 훔쳐서 가장 가난한 것에게 줌으로써 (3)에서 $V < P_K$일 확률을 최대화하려고 시도한다. 그런데 이 확률의 절대적인 최대값을 구하는 것은 아주 어렵다. 이는 적어도 "통 채우기 문제(bin-packing problem)"만큼이나 어려운 과제이기 때문이다. 통 채우기에 대해서는 7.9절을 볼 것.)

8. $0 \leq j < k$에 대해 P_j를 $(j+P_j)/k$로 대체한다.

9. $f''(x) = \sqrt{2/\pi}\,(x^2-1)e^{-x^2/2}$의 부호를 고려할 것.

10. $1 \leq j \leq 16$에 대해 $S_j = (j-1)/5$이고 $1 \leq j \leq 15$에 대해 $p_{j+15} = F(S_{j+1}) - F(S_j) - p_j$라고 하자. 또한 $p_{31} = 1 - F(3)$, $p_{32} = 0$이라고 하자. ($p_1, \ldots, p_{15}$는 식 (15)로 정의된다.) 이제 연습문제 7의 알고리즘을 $k = 32$로 두고 적용해서 P_j들과 Y_j들을 계산할 수 있으며, 그러면 $1 \leq j \leq 32$에 대해 $1 \leq Y_j \leq 15$가 성립한다. $P_0 \leftarrow P_{32}$(값은 0이다)로 설정하고 $Y_0 \leftarrow Y_{32}$로 설정한다. 그런 다음 $0 \leq j < 32$에 대해 $Z_j \leftarrow 1/(5 - 5P_j)$, $Y_j \leftarrow \frac{1}{5}Y_j - Z_j$로, $1 \leq j \leq 15$에

대해 $Q_j \leftarrow 1/(5P_j)$로 설정한다.

$h = \frac{1}{5}$이고 $S_j \leq x \leq S_j + h$에 대해 $f_{j+15}(x) = \sqrt{2/\pi}\,(e^{-x^2/2} - e^{-j^2/50})/p_{j+15}$라고 하자. 그리고 $1 \leq j \leq 5$에 대해 $a_j = f_{j+15}(S_j)$, $6 \leq j \leq 15$에 대해 $b_j = f_{j+15}(S_j)$라고 하자. 또한 $1 \leq j \leq 5$에 대해 $b_j = -hf'_{j+15}(S_j + h)$, $6 \leq j \leq 15$에 대해 $a_j = f_{j+15}(x_j) + (x_j - S_j)b_j/h$라고하자. 여기서 x_j는 방정식 $f'_{j+15}(x_j) = -b_j/h$의 근이다. 마지막으로 $1 \leq j \leq 15$에 대해 $D_{j+15} \leftarrow a_j/b_j$로, $1 \leq j \leq 5$에 대해 $E_{j+15} \leftarrow 25/j$로, $6 \leq j \leq 15$에 대해 $E_{j+15} \leftarrow 1/(e^{(2j-1)/50} - 1)$로 설정한다.

표 1은 다음과 같은 중간 결과들을 이용해서 계산한 것이다: $(p_1, ..., p_{31}) = (.156, .147, .133,$ $.116, .097, .078, .060. .044, .032, .022, .014, .009, .005, .003, .002, .002, .005, .007, .009,$ $.010, .009, .009, .008, .006, .005, .004, .002, .002, .001, .001, .003)$; $(x_6, ..., x_{15}) = (1.115,$ $1.304, 1.502, 1.700, 1.899, 2.099, 2.298, 2.497, 2.697, 2.896)$; $(a_1, ..., a_{15}) = (7.5, 9.1,$ $9.5, 9.8, 9.9, 10.0, 10.0, 10.1, 10.1, 10.1, 10.1, 10.2, 10.2, 10.2, 10.2)$; $(b_1, ..., b_{15}) = (14.9,$ $11.7, 10.9, 10.4, 10.1, 10.1, 10.2, 10.3, 10.4, 10.5, 10.6, 10.7, 10.7, 10.8, 10.9)$.

11. $t \geq 3$에 대해 $g(t) = e^{9/2}te^{-t^2/2}$이라고 하자. $G(x) = \int_3^x g(t)dt = 1 - e^{-(x^2-9)/2}$이므로 밀도가 g인 확률변수 X를 $X \leftarrow G^{[-1]}(1-V) = \sqrt{9 - 2\ln V}$로 설정해서 계산할 수 있다. 이제 $t \geq 3$에 대해 $e^{-t^2/2} \leq (t/3)e^{-t^2/2}$이므로, X를 확률 $f(X)/cg(X) = 3/X$로 받아들인다면 하나의 유효한 기각법이 만들어진다.

12. $x \geq 0$에 대해 $f'(x) = xf(x) - 1 < 0$가 성립한다. 왜냐하면 $x > 0$에 대해 $f(x) = x^{-1} - e^{x^2/2}\int_x^\infty e^{-t^2/2}dt/t^2$이기 때문이다. $x = a_{j-1}$이고 $y^2 = x^2 + 2\ln 2$라고 하자. 그러면

$$\sqrt{2/\pi}\int_y^\infty e^{-t^2/2}dt = \frac{1}{2}\sqrt{2/\pi}\,e^{-x^2/2}f(y) < \frac{1}{2}\sqrt{2/\pi}\,e^{-x^2/2}f(x) = 2^{-j}$$

이며, 따라서 $y > a_j$이다.

13. $b_j = \mu_j$로 둔다. 이제 각 j에 대해 $\mu_j = 0$으로 두고 문제를 고려한다. 행렬 표기법 하에서 $A = (a_{ij})$라 할 때 만일 $Y = AX$이면 $AA^T = C = (c_{ij})$이어야 한다. (다른 표기법으로 쓰자면, 만일 $Y_j = \sum a_{jk}X_k$이면 Y_iY_j의 평균값이 $\sum a_{ik}a_{jk}$이어야 한다.) 이 행렬 방정식이 A에 대해 풀린다면, A가 삼각행렬일 때 해를 구할 수 있다. $A = BU$를 만족하는 어떤 직교행렬 U와 삼각행렬 B가 존재하며 $BB^T = C$이기 때문이다. 원하는 삼각행렬 해는 방정식 $a_{11}^2 = c_{11}$, $a_{11}a_{21} = c_{12}$, $a_{21}^2 + a_{22}^2 = c_{22}$, $a_{11}a_{31} = c_{13}$, $a_{21}a_{31} + a_{22}a_{32} = c_{23}$, ...를 차례로 a_{11}, a_{21}, a_{22}, a_{31}, a_{32} 등에 대해 풀어서 구할 수 있다. 〔참고: 공분산행렬은 반드시 양의 준정부호(semidefinite)이어야 한다. $(\sum y_jY_j)^2$의 평균값이 $\sum c_{ij}y_iy_j$이며 이는 반드시 음이 아니어야 하기 때문이다. 그리고 C가 양의 준정부호일 때에는 항상 하나의 해가 존재한다. 왜냐하면 $C = U^{-1}\text{diag}(\lambda_1, ..., \lambda_n)U$이고 그 고유 값 λ_j들이 음이 아니며 $U^{-1}\text{diag}(\sqrt{\lambda_1}, ..., \sqrt{\lambda_n})U$가 하나의 해이기 때문이다.〕

14. 분포함수는 만일 $c > 0$이면 $F(x/c)$이다. $c = 0$이면 계단함수 $[x \geq 0]$이고 $c < 0$이면 $1 - F(x/c)$이다.

15. 분포함수는 $\int_{-\infty}^{\infty} F_1(x-t)dF_2(t)$, 밀도함수는 $\int_{-\infty}^{\infty} f_1(x-t)f_2(t)dt$이다. 이를 주어진 분포의 합성곱(convolution)이라고 부른다.

16. 모든 t에 대해, 문제에 요구된 대로 $f(t) \leq cg(t)$임은 명백하다. $\int_0^{\infty} g(t)\, dt = 1$이므로, $C = ae/(a+e)$라 할 때 $0 \leq t < 1$에 대해 $g(t) = Ct^{a-1}$, $t \geq 1$에 대해 $g(t) = Ce^{-t}$이 성립한다. 밀도가 g인 확률변수를 두 분포 즉 $0 \leq x < 1$에 대한 $G_1(x) = x^a$과 $x \geq 1$에 대한 $G_2(x) = 1 - e^{1-x}$의 혼합으로서 구하는 것은 쉬운 일이다:

G1. 〔초기화.〕 $p \leftarrow e/(a+e)$로 설정한다. (이는 G_1를 사용해야 할 확률이다.)

G2. 〔G 편이를 생성한다.〕 독립 균등편이 U와 V를 생성한다. 단 $V \neq 0$이어야 한다. 만일 $U < p$이면 $X \leftarrow V^{1/a}$, $q \leftarrow e^{-X}$으로 설정한다. 그렇지 않으면 $X \leftarrow 1 - \ln V$, $q \leftarrow X^{a-1}$으로 설정한다. (이제 X의 밀도는 g이고 $q = f(X)/cg(X)$이다.)

G3. 〔기각?〕 새 균등편이 U를 생성한다. 만일 $U \geq q$이면 G2로 돌아간다. ∎

반복 횟수의 평균은 $c = (a+e)/(e\Gamma(a+1)) < 1.4$이다.

이 절차를 최적화하는 방법이 여러 개 있다. 우선, V를 평균이 1인 지수편이 Y(이를테면 알고리즘 S로 구한)로 대체하고 두 경우들에서 $X \leftarrow e^{-Y/a}$ 또는 $X \leftarrow 1 + Y$로 설정하는 방법이 있다. 더 나아가서, 만일 첫 경우에서 $q \leftarrow pe^{-X}$로 설정하고 둘째 경우에서는 $q \leftarrow p + (1-p)X^{a-1}$로 설정한다면 단계 G3에서 생성한 것 대신 원래의 U를 사용할 수 있다. 마지막으로, 만일 $U < p/e$이면 즉시 $V^{1/a}$를 받아들임으로써 30퍼센트의 경우에서 q의 계산을 피할 수 있다.

17. (a) $x \geq 0$에 대해 $F(x) = 1 - (1-p)^{\lfloor x \rfloor}$. (b) $G(z) = pz/(1 - (1-p)z)$. (c) 평균 $1/p$, 표준편차 $\sqrt{1-p}/p$. 표준편차는 만일 $H(z) = q + (1-q)z$이면 $H'(1) = 1 - q$이고 $H''(1) + H'(1) - (H'(1))^2 = q(1-q)$이므로 $1/H(z)$의 평균과 분산이 각각 $q-1$과 $q(q-1)$라는 점을 이용해서 계산하면 된다. (1.2.10절 참고.) 이 경우 $q = 1/p$이다. $G(z)$의 분자에 있는 추가적인 인수는 평균에 1을 더한다.

18. 독립적으로 N_1과 N_2이 확률 p로 기하분포를 따른다고 할 때 $N \leftarrow N_1 + N_2 - 1$로 설정한다. (생성함수를 고려할 것.)

19. N_j들이 확률 p로 기하분포를 따른다고 할 때, $N \leftarrow N_1 + \cdots + N_t - t$로 설정한다. (이는 성공 확률이 p인 독립 시행들을 잇달아 시도한다고 할 때 t번째 성공 이전의 실패 횟수이다.)

$t = p = \frac{1}{2}$일 때, 그리고 일반적으로는 분포의 평균값(즉 $t(1-p)/p$)이 작을 때, $n = 0, 1, 2, \ldots$에 대해 차례로 확률 $p_n = \binom{t-1+n}{n}p^t(1-p)^n$들을 간단하게 계산할 수 있다. 다음이 그러한 알고리즘이다:

B1. 〔초기화.〕 $N \leftarrow 0$, $q \leftarrow p^t$, $r \leftarrow q$로 설정하고 무작위 균등편이 U를 생성한다. (이 알고리즘 전반에서 $q = p_N$과 $r = p_0 + \cdots + p_N$이 성립한다. 알고리즘은 $U < r$이 되면 즉시 끝난다.)

B2. 〔반복.〕 만일 $U \geq r$이면 $N \leftarrow N+1$, $q \leftarrow q(1-p)(t-1+N)/N$, $r \leftarrow r+q$로 설정하고 이 단계를 반복한다. 그렇지 않으면 N을 답으로 해서 알고리즘을 끝낸다. ∎

〔임의의 큰 실수 t들에 대한, 음의 이항분포를 위한 한 가지 흥미로운 기법을 레제R. Léger가 제안한 바 있다: 우선 차수 t의 무작위 감마편이 X를 생성한다. 그런 다음 N을 평균이 $X(1-p)/p$인 무작위 푸아송 편이로 설정한다.〕

20. R1 $= 1 + (1 - A/R) \cdot$ R1. R2가 수행되었을 때 알고리즘이 종료할 확률은 I/R이다. R3에서 R1로 가게 될 확률은 E/R이다. 따라서:

R1	R/A	R/A	R/A	R/A
R2	0	R/A	0	R/A
R3	0	0	R/A	$R/A - I/A$
R4	R/A	$R/A - I/A$	$R/A - E/A$	$R/A - I/A - E/A$

21. $R = \sqrt{8/e} \approx 1.71553$; $A = \sqrt{2}\,\Gamma(3/2) = \sqrt{\pi/2} \approx 1.25331$. $a = 4(1 + \ln c)$, $b = 4c$ 라 할 때

$$\int u\sqrt{a-bu}\,du = (a-bu)^{3/2}\Big(\frac{2}{5}(a-bu) - \frac{2}{3}a\Big)\Big/b^2$$

이므로 $I = 2\int_0^{a/b} u\sqrt{a-bu}\,du = \frac{8}{15}a^{5/2}/b^2$이다. $c = e^{1/4}$일 때 I는 최대값 $\frac{5}{6}\sqrt{5/e} \approx 1.13020$가 된다. 마지막으로, E에 대해서는 다음 적분 공식이 필요하다:

$$\int \sqrt{bu - au^2}\,du = \frac{1}{8}b^2 a^{-3/2}\arcsin(2ua/b - 1) + \frac{1}{4}ba^{-1}\sqrt{bu - au^2}\,(2ua/b - 1),$$

$$\int \sqrt{bu + au^2}\,du = -\frac{1}{8}b^2 a^{-3/2}\ln\big(\sqrt{bu + au^2} + u\sqrt{a} + b/2\sqrt{a}\big) + \frac{1}{4}ba^{-1}\sqrt{bu + au^2}\,(2ua/b + 1).$$

여기서 $a, b > 0$이다. 단계 R3의 판정을 "$X^2 \geq 4e^{x-1}/U - 4x$"로 바꾼다고 하자. 그러면 외부 영역은 $u = r(x) = (e^x - \sqrt{e^{2x} - 2ex})/2ex$일 때 사각형 상단에 닿는다. (첨언하자면, $r(x)$는 $x = 1/2$에서 최대값에 도달하는데, 공교롭게도 $x = 1/2$는 미분이 불가능한 점이다!) $b = 4e^{x-1}$이고 $a = 4x$라 할 때 $E = 2\int_0^{r(x)}(\sqrt{2/e} - \sqrt{bu - au^2})du$이다. E는 $x = -.35$ 근방에서 최대값이 된다. 거기서 $E \approx .29410$이다.

22. (마서글리아G. Marsaglia의 해답.) $x > 0$에 대해 $G(x) = \int_\mu^\infty e^{-t}t^{x-1}dt/\Gamma(x)$로 정의되는 "연속 푸아송 분포"를 고려한다. 만일 X가 이러한 분포를 따른다면 $G(x+1) - G(x) =$

$e^{-\mu}\mu^x/x!$이므로 $\lfloor X\rfloor$는 푸아송 분포이다. 만일 μ가 크다면 G는 근사적으로 정규분포이며, 따라서 $G^{[-1]}(F_\mu(x))$는 근사적으로 일차이다. 여기서 $F_\mu(x)$는 평균과 분산이 μ인 정규편이에 대한 분포함수이다. 즉, $F(x)$가 정규분포함수 (10)이라 할 때 $F_\mu(x)=F((x-\mu)/\sqrt{\mu})$이다. $g(x)$가 $-\infty<x<\infty$에 대해 $|G^{[-1]}(F_\mu(x))-g(x)|<\epsilon$를 만족하는, 효율적으로 계산할 수 있는 한 함수라고 하자. 그렇다면 다음과 같은 방법을 이용해서 푸아송 편이들을 효율적으로 생성할 수 있다: 정규편이 X를 생성하고 $Y\leftarrow g(\mu+\sqrt{\mu}X)$, $N\leftarrow\lfloor Y\rfloor$, $M\leftarrow\lfloor Y+\frac{1}{2}\rfloor$으로 설정한다. 그런 다음 만일 $|Y-M|>\epsilon$이면 N을 출력하고 그렇지 않으면 $M-[G^{[-1]}(F(X))<M]$을 출력한다.

이 접근방식은

$$G(x)=\int_p^1 u^{x-1}(1-u)^{n-x}\,du\,\frac{\Gamma(t+1)}{\Gamma(x)\Gamma(t+1-x)}$$

일 때 이항분포에도 적용된다. 왜냐하면 $\lfloor G^{[-1]}(U)\rfloor$가 매개변수 (t,p)들을 가진 이항분포이고 G가 근사적으로 정규분포이기 때문이다.

〔아렌스Ahrens와 디터Dieter가 *Computing* **25** (1980), 193-208에서 제안한 또 다른 방법도 참고할 것.〕

23. 동치이다. 두 번째 방법은 θ가 0에서 $\pi/2$ 사이에 균등하게 분포된다고 할 때 $|\cos 2\theta|$를 계산한다. ($U=r\cos\theta$, $V=r\sin\theta$라고 할 때.)

25. $\frac{21}{32}=(.10101)_2$. 일반화하자면, 이진 표현은 왼쪽에서 오른쪽으로 |에 대해 1을, & 에 대해 0을 사용하고 1을 덧붙여서 만들어낸다. 이러한 기법 〔K. D. Tocher, *J. Roy. Stat. Soc.* **B16** (1954), 49 참고〕을 이용하면 주어진 확률 p를 가지는 독립적인 비트들을 효율적으로 생성해 낼 수 있다. 또한 이러한 기법은 기하분포와 이항분포에도 적용할 수 있다.

26. (a) 참이다: $\sum_k \Pr(N_1=k)\Pr(N_2=n-k)=e^{-\mu_1-\mu_2}(\mu_1+\mu_2)^n/n!$. (b) $\mu_2=0$이 아닌 한 거짓이다. $\mu_2=0$이라면 N_1-N_2가 음이 될 수 있다.

27. p의 이진 표현이 $(.b_1 b_2 b_3\ldots)_2$라고 할 때, 다음과 같은 알고리즘이 답이 될 것이다:

B1. 〔초기화.〕 $m\leftarrow t$, $N\leftarrow 0$, $j\leftarrow 1$로 설정한다. (이 알고리즘 전반에서 m은 시뮬레이션되는 균등편이의 개수를 나타낸다. 그 균등편이들과 p의 관계는 아직 알려지지 않았다. 편이들의 선행 비트 $j-1$개만이 p와 일치할 뿐이기 때문이다. 그리고 N은 p보다 작음이 알려져 있는 해당 편이들의 개수이다.)

B2. 〔비트들의 다음 열을 본다.〕 이항분포 $(m,\frac{1}{2})$을 따르는 무작위 정수 M을 생성한다. (이제 M은 b_j와 일치하지 않는 알려지지 않은 편이들의 개수를 나타낸다.) $m\leftarrow m-M$으로 설정하고, 만일 $b_j=1$이면 $N\leftarrow N+M$으로 설정한다.

B3. 〔끝인가?〕 만일 $m=0$이면, 또는 p의 남은 비트 $(.b_{j+1}b_{j+2}\ldots)_2$ 모두 0이면 알고리즘을

끝낸다. 그렇지 않으면 $j \leftarrow j+1$로 설정하고 단계 B2로 돌아간다. ∎

[무한히 많은 j에 대해 $b_j = 1$이면 평균 반복 횟수 A_t는 다음을 만족한다:

$$A_0 = 0; \qquad n \geq 1\text{에 대해} \qquad A_n = 1 + \frac{1}{2^n} \sum_k \binom{n}{k} A_k.$$

$A(z) = \sum A_n z^n / n!$으로 두면 $A(z) = e^z - 1 + A(\frac{1}{2}z)e^{z/2}$이 성립한다. 따라서 $A(z)e^{-z} = 1 - e^{-z} + A(\frac{1}{2}z)e^{-z/2} = \sum_{k \geq 0}(1 - e^{-z/2^k}) = 1 - e^{-z} - \sum_{n \geq 1}(-z)^n/(n!(2^n - 1))$이고 연습문제 5.2.2-48의 표기법 하에서

$$A_m = 1 + \sum_{k \geq 1} \binom{n}{k} \frac{(-1)^{k+1}}{2^k - 1} = 1 + \frac{V_{n+1}}{n+1} = \lg n + \frac{\gamma}{\ln 2} + \frac{1}{2} + f_0(n) + O(n^{-1})$$

이다.]

28. 단위구 상에서 하나의 무작위 점 $(y_1, ..., y_n)$을 생성한다. 그리고 $\rho = \sqrt{\sum a_k y_k^2}$으로 둔다. 독립 균등편이 U를 생성하고, 만일 $\rho^{n+1}U < K\sqrt{\sum a_k^2 y_k^2}$이면 점 $(y_1/\rho, ..., y_n/\rho)$를 출력한다. 그렇지 않으면 다시 시작한다. 여기서 만일 $na_n \geq a_1$이면 $K^2 = \min\{(\sum a_k y_k^2)^{n+1}/(\sum a_k^2 y_k^2) \mid \sum y_k^2 = 1\} = a_n^{n-1}$이고 그렇지 않으면 $((n+1)/(a_1 + a_n))^{n+1}(a_1 a_n/n)^n$이다.

29. $X_{n+1} = 1$로 두고, $k = n, n-1, ..., 1$에 대해 $X_k \leftarrow X_{k+1} U_k^{1/k}$ 또는 $X_k \leftarrow X_{k+1}e^{-Y_k/k}$으로 설정한다. 여기서 U_k는 균등분포 또는 Y_k는 지수분포이다. [*ACM Trans. Math. Software* **6** (1980), 359-364. 이 기법은 1960년대에 세네스콜David Seneschol이 소개한 것이다. *Amer. Statistician* **26**, (1972년 10월), 56-57을 볼 것. 이 방법 대신 n개의 균등 난수들을 생성하고 그것들을 정렬하는 방법이 더 빠를 수 있으나(적절한 정렬 방법을 사용한다고 할 때), 여기서 제시한 방법은 가장 큰 또는 가장 작은 X들 몇 개만을 얻으면 되는 경우에 특하나 유용하다. $(F^{[-1]}(X_1), ..., F^{[-1]}(X_n))$은 분포가 F인 정렬된 편이들이 됨을 주목할 것.

30. $Z_{m+1} \geq 1$가 될 때까지 난수 $Z_1 = -\mu^{-1}\ln U_1$, $Z_2 = Z_1 - \mu^{-1}\ln U_2$, …을 생성한다. $1 \leq j \leq m$에 대해 $(X_j, Y_j) = f(Z_j)$를 출력한다. 여기서 $f((.b_1 b_2 ... b_{2r})_2) = ((.b_1 b_2 ... b_r)_2, (.b_{r+1}b_{r+2}...b_{2r})_2)$이다. 만일 하위비트들이 상위비트들보다 확연하게 덜 무작위하다면 $f((.b_1 b_2 ... b_{2r})_2) = ((.b_1 b_3 ... b_{2r-1})_2, (.b_2 b_4 ... b_{2r})_2)$로 두는 것이 더 안전하다(더 느리긴 하지만).

31. (a) $X = X_1$, $\cos\theta = a_1$, $Y = (a_2 X_2 + \cdots + a_k X_k)/\sin\theta$일 때 $a_1 X_1 + \cdots + a_k X_k = X\cos\theta + Y\sin\theta$이므로 $k = 2$인 경우만 고려해도 충분하다. 그리고 $u = s\cos\theta + t\sin\theta$, $v = -s\sin\theta + t\cos\theta$로 대입하면

$$\Pr(X\cos\theta + Y\sin\theta \leq x) = \frac{1}{2\pi}\int_{s,t} e^{-s^2/2 - t^2/2}ds\,dt\,[s\cos\theta + t\sin\theta \leq x]$$

$$= \frac{1}{2\pi}\int_{u,v} e^{-u^2/2 - v^2/2}du\,dv\,[u \leq x] = (10),$$

이다.

(b) $(\alpha^{-24} + \alpha^{-55})/\sqrt{2} = 1$이고 $\frac{3}{5}\beta^{-24} + \frac{4}{5}\beta^{-55} = 1$인 수 $\alpha > 1$와 $\beta > 1$가 존재한다. 따라서 수 X_n들은 선형 점화식의 성질에 의해 n과 함께 지수적으로 증가한다.

선형 점화식의 틀을 이를테면 점화식 $X_n = X_{n-24}\cos\theta_n + X_{n-55}\sin\theta_n$을 이용해서 깬다면 (여기서 θ_n은 $[0..2\pi)$에서 균등하게 선택된 수) 아마도 좋은 결과를 얻을 수 있을 것이다. 그러나 이러한 대안에서는 계산이 훨씬 많다.

(c) 이를테면 2048개의 정규편이 $X_0, .., X_{1023}, Y_0, ..., Y_{1023}$으로 시작한다. 이들 중 약 1/3을 사용한 후에, 다음과 같은 방법으로 2048개를 더 생성한다: $[0..1024)$에서 정수 a, b, c, d를 균등하게 택한다. 단 a와 c는 홀수이어야 한다. 그런 다음 $0 \leq j < 1024$에 대해

$$X_j' \leftarrow X_{(aj+b)\bmod 1024}\cos\theta + Y_{(cj+d)\bmod 1024}\sin\theta,$$
$$Y_j' \leftarrow -X_{(aj+b)\bmod 1024}\sin\theta + Y_{(cj+d)\bmod 1024}\cos\theta$$

로 설정한다. 여기서 $\cos\theta$와 $\sin\theta$는 무작위 비율 $(U^2 - V^2)/(U^2 + V^2)$과 $2UV/(U^2 + V^2)$로, 연습문제 23에서처럼 선택한다. $|\cos\theta| \geq \frac{1}{2}$이고 $|\sin\theta| \geq \frac{1}{2}$인 경우를 제외한 경우에서는 U와 V를 기각한다. 이러면 2048개의 새로운 편이들이 원래 것들을 대체하게 된다. 새 편이 하나 당 몇 안 되는 연산들만 필요함을 주목할 것.

이 방법이 (b)에서 살펴본 수열들처럼 발산하지는 않는데, 왜냐하면 제곱들의 합 $\sum(X_j^2 + Y_j^2)$ $= \sum((X_j')^2 + (Y_j')^2)$이 약간의 반올림 오차를 제외할 때 상수 $S \approx 2048$을 유지하기 때문이다. 한편, S가 상수라는 것은 사실 이 방법의 결점이다. 왜냐하면 제곱들의 합은 실제로 자유도가 2048인 χ^2 분포를 가져야 하기 때문이다. 이러한 문제를 극복하기 위해서는, 사용자가 사용할 난수들로 X_j가 아니라 αX_j를 제공해야 한다. 여기서 $\alpha^2 = \frac{1}{2}(Y_{1023} + \sqrt{4095})^2/S$은 미리 계산된 비례계수 이다. (수량 $\frac{1}{2}(Y_{1023} + \sqrt{4095})^2$은 바람직한 χ^2 편이의 쓸만한 근사값이다.)

참고문헌: C. S. Wallace [*ACM Trans. on Math. Software* **22** (1996), 119-127]; R. P. Brent [*Lecture Notes in Comp. Sci.* **1470** (1998), 1-20].

32. (a) 이 사상 $(X', Y') = f(X, Y)$는 정의역과 치역 모두 $\{x, y \geq 0\}$이며 $x' + y' = x + y$이고 $dx'dy' = dx\,dy$인 일대일 대응이다. 이제

$$\frac{X'}{X' + Y'} = \left(\frac{X}{X + Y} - \lambda\right)\bmod 1, \qquad \frac{Y'}{X' + Y'} = \left(\frac{Y}{X + Y} + \lambda\right)\bmod 1$$

이 성립한다.

(b) 이 사상은 $x' + y' = x + y$이고 $dx'dy' = 2\,dx\,dy$인 2대1 대응이다.

(c) 고정된 j에 대한 "j 뒤집기(j-flip)" 변환

$$X' = (\ldots x_{j+2}\,x_{j+1}\,x_j\,y_{j-1}\,y_{j-2}\,y_{j-3}\cdots)_2,$$
$$Y' = (\ldots y_{j+2}\,y_{j+1}\,y_j\,x_{j-1}\,x_{j-2}\,x_{j-3}\cdots)_2,$$

를 고려하는 것으로 충분하다. $j = 0,\ 1,\ -1,\ 2,\ -2$에 대해 j 뒤집기들을 형성하되, X'와 Y'의 결합분포함수가 $|j| \to \infty$에 따라 수렴함에 주목할 것. 각 j 뒤집기는 $x' + y' = x + y$이고 $dx'\,dy' = dx\,dy$인 일대일 대응이다.

33. U_1을 또 다른 난수발생기(아마도 곱수가 다른 선형합동발생기)의 종자값으로 사용한다. 그 난수발생기에서 $U_2,\ U_3,\ \dots$을 취한다.

3.4.2절

1. 마지막 $N - t$개의 레코드들에서 $n - m$개를 뽑는 방법은 $\binom{N-t}{n-m}$가지이다. 그리고 $(t + 1)$번째 항목을 선택한 후 $N - t - 1$개에서 $n - m - 1$개를 뽑는 방법은 $\binom{N-t-1}{n-m-1}$가지이다.

2. 조사할 남은 레코드 개수가 $n - m$일 때에는 단계 S3에서 단계 S5로 가는 일이 결코 없다.

3. 조건부 확률과 무조건부 확률을 혼동해서는 안 된다. 수량 m은 처음 t개의 요소들 사이에서 일어나는 선택들에 무작위하게 의존한다. 만일 그 요소들에서 발생할 수 있는 모든 선택들에 대해 평균을 취한다면 $(n - m)/(N - t)$의 평균이 정확히 n/N임을 알게 될 것이다. 예를 들어 두 번째 요소를 생각해 보자. 만일 표본에서 첫 번째 요소가 선택된다면(이 사건의 확률은 n/N이다) 두 번째 요소가 선택될 확률은 $(n - 1)/(N - 1)$이다. 첫 번째 요소가 선택되지 않는다면 두 번째가 선택될 확률은 $n/(N - 1)$이다. 두 번째 요소가 선택될 전반적인 확률은 $(n/N)((n-1)/(N-1)) + (1 - n/N)(n/(N-1)) = n/N$이다.

4. 알고리즘으로부터

$$p(m, t+1) = \left(1 - \frac{n-m}{N-t}\right) p(m, t) + \frac{n - (m-1)}{N-t} p(m-1, t)$$

임을 알 수 있다. 요구된 공식은 t에 대한 귀납법으로 증명하면 된다. 특히 $p(n, N) = 1$이다.

5. 연습문제 4의 표기법 하에서, 알고리즘이 끝날 때 $t = k$일 확률은 $q_k = p(n, k) - p(n, k-1) = \binom{k-1}{n-1} \big/ \binom{N}{n}$이다. 평균은 $\sum_{k=0}^{N} k q_k = (N+1)n/(n+1)$이다.

6. 마찬가지로 $\sum_{k=0}^{N} k(k+1) q_k = (N+2)(N+1)n/(n+2)$이다. 따라서 분산은 $(N+1)(N-n)n/(n+2)(n+1)^2$이다.

7. 그 선택이 $1 \le x_1 < x_2 < \dots < x_n \le N$를 만족한다고 가정하자. $x_0 = 0$, $x_{n+1} = N+1$이라고 하자. 그러한 선택이 일어날 확률은 $p = \prod_{1 \le t \le N} p_t$로, 여기서

$$p_t = \begin{cases} (N - (t-1) - n + m)/(N - (t-1)), & x_m < t < x_{m+1}\text{에 대해;} \\ (n - m)/(N - (t-1)), & t = x_{m+1}\text{에 대해} \end{cases}$$

이다. 곱 p의 분모는 $N!$이다. 분자에는 x들이 아닌 t들에 대한 항 $N-n,\ N-n-1,\ \dots,\ 1$과 x들인 t들에 대한 항 $n,\ n-1,\ \dots,\ 1$이 포함된다. 따라서 $p = (N-n)!\,n!/N!$이다.

예: $n = 3$, $N = 8$, $(x_1, x_2, x_3) = (2, 3, 7)$; $p = \frac{5}{8} \frac{3}{7} \frac{2}{6} \frac{4}{5} \frac{3}{4} \frac{2}{3} \frac{1}{2} \frac{1}{1}$.

8. (a) $\binom{N}{n}$개의 표본들 중 $p(0, k) = \binom{N-k}{n} / \binom{N}{n} = \binom{N-n}{k} / \binom{N}{k}$개가 처음 k개의 레코드들을 건너뛴다.

(b) k가 $U \geq \Pr(X \geq k)$를 만족하는 최솟값이라 할 때 $X \leftarrow k - 1$로 설정한다. 즉, $X \leftarrow 0$, $p \leftarrow N - n$, $q \leftarrow N$, $R \leftarrow p/q$로 시작하고 $U < R$일 동안 $X \leftarrow X + 1$, $p \leftarrow p - 1$, $q \leftarrow q - 1$, $R \leftarrow Rp/q$로 설정한다. (이 방법은 n/N이 이를테면 $\geq 1/5$일 때 적합하다. $n/N \leq 1/2$라고 가정해도 된다. 그렇지 않다면 $N - n$개의 추출되지 않은(unsampled) 항목들을 선택하는 것이 더 낫다.)

(c) $\Pr(\min(Y_N, ..., Y_{N-n+1}) \geq k) = \prod_{j=0}^{n-1} \Pr(Y_{N-j} \geq k) = \prod_{j=0}^{n-1} (N - j - k) / (N - j)$. (이 방법은 이를테면 $n \leq 5$일 때 좋다.)

(d) (연습문제 3.4.1-29를 볼 것.) 값 $X \leftarrow \lfloor N(1 - U^{1/n}) \rfloor$을 단 $O(n/N)$의 확률로만 기각해야 한다. 자세한 사항은 *CACM* **27** (1984), 703-718에 설명되어 있으며 실용적인 구현은 *ACM Trans. Math. Software* **13** (1987), 58-67에 나온다. (이 방법은 이를테면 $5 < n < \frac{1}{5}N$일 때 좋다.)

X개의 레코드들을 건너 뛰고 그 다음 것을 선택한 후에는 $n \leftarrow n - 1$, $N \leftarrow N - X - 1$로 설정하고 $n = 0$이 될 때까지 공정을 반복한다. 비슷한 접근방식으로 저장고 방법을 더 빠르게 만들 수도 있다. 이에 대해서는 *ACM Trans. Math. Software* **11** (1985), 37-57을 볼 것.

9. 저장고에는 일곱 개의 레코드, 즉 1, 2, 3, 5, 9, 13, 16이 들어간다. 마지막 표본은 레코드 2, 5, 16으로 이루어진다.

10. 단계 R6과 변수 m을 삭제한다. I 표 대신 새로운 레코드 표를 사용한다: 새 표는 단계 R1의 처음 n개의 레코드들로 초기화하고 단계 R4에서 M번째 표 항목을 새 레코드로 치환하는 것이다.

11. $n = 1$인 특별한 경우를 고려했던 1.2.10절의 논증을 적용하면, 생성함수가

$$G(z) = z^n \left(\frac{1}{n+1} + \frac{n}{n+1} z \right) \left(\frac{2}{n+2} + \frac{n}{n+2} z \right) \cdots \left(\frac{N-n}{N} + \frac{n}{N} z \right)$$

임을 알 수 있다. 평균은 $n + \sum_{n < t \leq N} (n/t) = n(1 + H_N - H_n)$이고 분산은 $n(H_N - H_n) - n^2(H_N^{(2)} - H_n^{(2)})$이다.

12. ($\pi^{-1} = (b_t t) \ldots (b_3 3)(b_2 2)$이므로, 결국 π의 표현을 π^{-1}에 대한 표현으로 변환하는 알고리즘을 구하는 문제임을 주목할 것.) $1 \leq j \leq t$에 대해 $b_j \leftarrow j$로 설정한다. 그런 다음 $j = 2, 3, ..., t$에 대해(이 순서대로) $b_j \leftrightarrow b_{a_j}$로 교환한다. 마지막으로 $j = t, ..., 3, 2$에 대해(이 순서대로) $b_{a_j} \leftarrow b_j$로 설정한다. (이 알고리즘은 $(a_t t)\pi_1 = \pi_1(b_t t)$라는 사실에 근거한다.)

13. 카드 벌(deck) 0, 1, ..., $2n - 2$의 번호를 재배치해보면, s는 카드 번호 x를 카드 번호 $(2x)$ $\mathrm{mod}\,(2n - 1)$로 바꾸는 반면 c는 카드 x를 $(x + 1)\,\mathrm{mod}\,(2n - 1)$로 바꾸는 것임을 알 수 있다.

$(c$ 다음에 s $) = cs = sc^2$이다. 따라서 c들과 s들의 임의의 곱을 $s^i c^k$ 형태로 변환하는 것이 가능하다. 또한 $2^{\varphi(2n-1)} \equiv 1$ modulo $(2n-1)$이다. $s^{\varphi(2n-1)}$이고 c^{2n-1}들이 항등 순열치환이므로 최대 $(2n-1)\varphi(2n-1)$개의 배열이 가능하다. (서로 다른 배열들의 정확한 개수는 $(2n-1)k$로, 여기서 k는 $(2n-1)$을 법으로 하는 2의 차수이다. 이는 만일 $s^k = c^j$이면 c^j는 카드 0을 고정시키므로 $s^k = c^j = $ 항등원이라는 점에서 비롯된다.) 좀 더 자세한 사항은 *SIAM Review* **3** (1961), 293-297을 볼 것.

14. (a) $\overset{\text{Q}}{\diamond}$. 퀵 군이 카드를 처음 세 위치 또는 마지막 두 위치 중 하나로 옮긴 경우를 제외하면, 카드를 어디로 옮겼든 상관없이 이 답을 유도할 수 있다. (b) $\overset{5}{\diamond}$. "떼고 엇갈려 섞기"를 세 번 수행하면 최대 8개의 순환적으로 증가하는 부분열 $a_{x_j} a_{(x_j+1) \bmod n} \cdots a_{(x_{j+1}-1) \bmod n}$들이 나온다. 따라서 부분열 $\overset{6}{\diamond} \overset{5}{\diamond} \overset{4}{\diamond}$가 결정적인 증거가 된다. 〔세 번의 떼고 엇갈려 섞기가 고도로 비무작위적이라는 사실에 근거를 둔 마술 트릭들이 여럿 있다. Martin Gardner, *Mathematical Magic Show* (Knopf, 1977), 제7장을 볼 것.〕

15. $t - n < j \leq t$에 대해 $Y_j \leftarrow j$로 설정한다. 그런 다음 $j = t, t-1, \ldots, t-n+1$에 대해 다음 연산들을 수행한다: $k \leftarrow \lfloor jU \rfloor + 1$로 설정한다. 만일 $k > t - n$이면 $X_j \leftarrow Y_k$, $Y_k \leftarrow Y_j$로 설정한다. 그렇지 않으면, 만일 어떤 $i > j$에 대해 $k = X_i$이면(기호표 알고리즘을 사용할 수 있다) $X_j \leftarrow Y_i$, $Y_i \leftarrow Y_j$로 설정하고 그렇지 않으면 $X_j \leftarrow k$로 설정한다. (핵심은 알고리즘 P의 수행에서 $Y_{t-n+1}, \ldots, Y_j$가 $X_{t-n+1}, \ldots, X_j$를 표현하게 하고, 만일 $i > j$이고 $X_i \leq t - n$이면 Y_i가 X_{X_i}를 표현하게 만드는 것이다. 달의 알고리즘의 정확성을 증명해 보면 재미있을 것이다. 기본적으로 주목할 것 하나는, 단계 P2에서 $X_k \neq k$가 $1 \leq k \leq j$에 대해 $X_k > j$를 함의한다는 것이다.)

16. $n \leq \frac{1}{2}N$라고 가정할 수 있다. 그렇지 않다면 표본에 있지 않은 $N - n$개의 원소들만 찾아내는 것으로 충분할 것이기 때문이다. 핵심은, 크기가 $2n$인 해시 표(hash table)를 이용해서 1에서 N 사이의 난수들을 생성하고 그것들을 표에 저장하되, n개의 서로 다른 수들이 만들어질 때까지 중복된 것들을 버려가면서 난수들을 생성하는 것이다. 생성된 난수 평균 개수는 연습문제 3.3.2-10에 의해 $N/N + N/(N-1) + \cdots + N/(N-n+1) < 2n$이다. 그리고 각 수를 처리하는 데 걸리는 평균 시간은 $O(1)$이다. 결과들을 오름차순으로 출력해야 하는데, 이는 다음과 같이 처리하면 된다: 선형 탐검(linear probe)을 가진 순서 해시 표(ordered hash table, 연습문제 6.4-66)를 사용하면, 해시 표는 마치 값들이 오름차순으로 삽입된 것처럼 보이게 된다. 탐검들의 전체 개수의 평균은 $\frac{5}{2}n$보다 작게 될 것이다. 따라서 만일 키 k에 대해 $\lfloor 2n(k-1)/N \rfloor$ 같은 단조(monotonic) 해시 주소를 사용한다면, 표를 많아야 두 번 훑어서 키들을 정렬된 순서로 출력하는 것은 쉬운 일이다. 〔*CACM* **29** (1986), 366-367 참고.〕

17. 단계 j 이전에 집합 S가 $\{1, \ldots, j-1\}$의 정수 $j - N - 1 + n$개로 이루어진 하나의 무작위 표본임을 귀납적으로 보일 것. 〔*CACM* **30** (1987), 754-757. 이러한 플로이드의 방법은 연습문제 16의 답에 나온 방법의 속도를 높이는 데 사용할 수 있다. 이 방법은 j의 감소하는 값들에 대해 작동하

는 연습문제 15의 달의 알고리즘과 본질적으로 쌍대이다. 연습문제 12를 참고하라.]

18. (a) 본질적으로는 $(1, 2, \ldots)$을 $(n, n-1, \ldots)$과 합치는 유향트리들이다. 예를 들면:

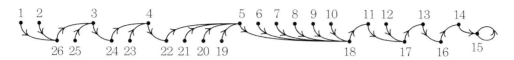

    (b) 1-순환마디들과 2-순환마디들의 모음들. (c) 키 $(1, 2, \ldots, n)$들에 대한, j의 부모가 k_j(단, 루트에서는 j)인 이진검색트리들. 6.2.2절을 볼 것. 각 경우에서 $(k_1, \ldots, k_n)$의 개수는 (a) 2^{n-1}; (b) $t_n \geq \sqrt{n!}$, 5.1.4-(40) 참고; (c) $\binom{2n}{n}\frac{1}{n+1}$ 이다. 〔경우 (a)는 최소공통순열을 나타낸다. (b)는 $n \geq 18$일 때 최대공통순열이다. D. P. Robbins, E. D. Bolker, *Æquationes Mathematicæ* **22** (1981), 268–292; D. Goldstein, D. Moews, *Æquationes Mathematicæ* **65** (2003), 3–30 참고.〕

3.5절

1. b진 수열은 동일분포이다. (연습문제 2 참고). $[0..1)$ 수열은 아니다(원소들이 가질 수 있는 값들의 개수가 유한하므로).

2. 1분포이자 2분포이나 3분포는 아니다(이진수 111은 결코 나타나지 않는다).

3. 연습문제 3.2.2-17의 수열을 길이가 27인 주기로 반복하면 된다.

4. 네 확률의 횟수를 각각 $\nu_1(n)$, $\nu_2(n)$, $\nu_3(n)$, $\nu_4(n)$으로 표기한다고 할 때, 모든 n에 대해 $u_1(n) + \nu_2(n) = \nu_3(n) + \nu_4(n)$이 성립한다. 따라서 극한들을 더해보면 주어진 결과가 나온다.

5. 수열은 $\frac{1}{3}$, $\frac{2}{3}$, $\frac{2}{3}$, $\frac{1}{3}$, $\frac{1}{3}$, $\frac{1}{3}$, $\frac{1}{3}$, $\frac{2}{3}$, $\frac{2}{3}$, $\frac{2}{3}$, $\frac{2}{3}$, $\frac{2}{3}$, $\frac{2}{3}$, $\frac{2}{3}$ 등으로 시작한다. $n = 1, 3, 7, 15, \ldots$일 때 $\nu(n) = 1, 1, 5, 5, \ldots$이므로 $\nu(2^{2k-1} - 1) = \nu(2^{2k} - 1) = (2^{2k} - 1)/3$이다. 따라서 $\nu(n)/n$은 $\frac{1}{3}$과 근사값 $\frac{2}{3}$ 사이에서 진동하며, 수렴하지는 않는다. 따라서 확률은 정의되지 않는다. 〔그러나 4.2.4의 방법들에 의하면, $\Pr\left(U_n < \frac{1}{2}\right) = \Pr$ ($n+1$의 기수4 표현의 선행 숫자가 1)에 하나의 수치값을 의미 있는 방식으로 배정하는 것이 *가능하다*. 구체적으로 그 값은 $\log_4 2 = \frac{1}{2}$이다.〕

6. 연습문제 4와 귀납법에 의해, $\Pr$ (어떤 j에 대해 $S_j(n)$, $1 \leq j \leq k$) $= \sum_{j=1}^{k} \Pr(S_j(n))$이다. $k \to \infty$에 따라 후자는 1을 한계로 하는 단조 수열이고, 따라서 수렴한다. 그리고 모든 k에 대해 $\underline{\Pr}$ (어떤 $j \geq 1$에 대해 $S_j(n)$) $\geq \sum_{j=1}^{k} \Pr(S_j(n))$이다. 상등이 성립하지 않는 예로, $S_j(n)$가 어떤 j에 대해 항상 참이 되나 모든 j에 대해서는 $\Pr(S_j(n)) = 0$이 되도록 설정하는 것이 어렵지 않다.

7. $p_i = \sum_{j \geq 1} \Pr(S_{ij}(n))$이라고 하자. 연습문제 6의 결과를 임의의 서로 다른 문장 $S_j(n)$에 대해 $\underline{\Pr}$ (어떠한 $j \geq 1$에 대하여 $S_j(n)$) $\geq \sum_{j \geq 1} \underline{\Pr}(S_j(n))$으로 일반화할 수 있다. 그러면 $1 = \Pr$ (어떤 $i, j \geq 1$에 대하여 $S_{ij}(n)$) $\geq \sum_{i \geq 1} \underline{\Pr}$ (어떤 $j \geq 1$에 대하여 $S_{ij}(n)$) $\geq \sum_{i \geq 1} p_i = 1$이

되며, 따라서 $\underline{\mathrm{Pr}}$(어떤 $j \geq 1$에 대해 $S_{ij}(n)$) $= p_i$이다. $\epsilon > 0$가 주어졌을 때, I가 $\sum_{i=1}^{I} p_i \geq 1 - \epsilon$일 정도로 충분히 크다고 하자. 그리고

$$\phi_i(N) = (S_{ij}(n)\text{가 어떤 } j \geq 1\text{에 대해 참이 되는 } n < N\text{들의 개수})/N$$

이라고 하자. $\sum_{i=1}^{I} \phi_i(N) \leq 1$임은 명백하며, 충분히 큰 모든 N에 대해 $\sum_{i=2}^{I} \phi_i(N) \geq \sum_{i=2}^{I} p_i - \epsilon$가 성립한다. 따라서 $\phi_1(N) \leq 1 - \phi_2(N) - \cdots - \phi_I(N) \leq 1 - p_2 - \cdots - p_I + \epsilon \leq 1 - (1 - \epsilon - p_1) + \epsilon = p_1 + 2\epsilon$이다. 이는 $\overline{\mathrm{Pr}}$(어떤 $j \geq 1$에 대해 $S_{1j}(n)$) $\leq p_1 + 2\epsilon$를 증명한다. 따라서 Pr(어떤 $j \geq 1$에 대해 $S_{1j}(n)$) $= p_1$이며, 요구된 결과는 $i = 1$에 대해 성립한다. 가설의 대칭성에 의해, 그 결과는 임의의 i 값에 대해서도 성립한다.

8. 정의 E의 $j, j+d, j+2d, \ldots, m+j-d$에 대한 확률들을 모두 더해 볼 것.

9. $\limsup_{n \to \infty}(a_n + b_n) \leq \limsup_{n \to \infty} a_n + \limsup_{n \to \infty} b_n$이다. 따라서

$$\limsup_{n \to \infty}((y_{1n} - \alpha)^2 + \cdots + (y_{mn} - \alpha)^2) \leq m\alpha^2 - 2m\alpha^2 + m\alpha^2 = 0$$

이 되며, 이는 각 $(y_{jn} - \alpha)$가 0에 도달할 때에만 성립한다.

10. 식 (22)의 합을 평가할 때.

11. $\langle U_n \rangle$이 $(2, 2k-1)$분포이면 $\langle U_{2n} \rangle$은 k분포이다.

12. $f(x_1, \ldots, x_k) = [u \leq \max(x_1, \ldots, x_k) < v]$로 두어서 정리 B를 적용할 것.

13. $p_k = \mathrm{Pr}(U_n$이 길이 $k-1$의 간격으로 시작함$)$

$\qquad = \mathrm{Pr}(U_{n-1} \in [\alpha..\beta), U_n \not\in [\alpha..\beta), \ldots, U_{n+k-2} \not\in [\alpha..\beta), U_{n+k-1} \in [\alpha..\beta))$

$\qquad = p^2(1-p)^{k-1}$

이라고 하자. 이제 이것을 $f(n) - f(n-1) = k$일 확률로 변환하면 된다. $\nu_k(n) = (f(j) - f(j-1) = k$인 $j \leq n$의 개수$)$, $\mu_k(n) = (U_j$가 길이가 $k-1$인 한 간격의 시작인 $j \leq n$의 개수$)$라고 하자. 비슷하게, $\mu(n)$이 $U_j \in [\alpha..\beta)$인 $1 \leq j \leq n$의 개수라고 하자. 그러면 $\mu_k(f(n)) = \nu_k(n)$, $\mu(f(n)) = n$이 성립한다. $n \to \infty$에 따라 반드시 $f(n) \to \infty$이어야 하므로

$$\nu_k(n)/n = (\mu_k(f(n))/f(n)) \cdot (f(n)/\mu(f(n))) \to p_k/p = p(1-p)^{k-1}$$

이다. 〔주어진 수열이 $(k+1)$분포라는 사실만 사용한 것이다.〕

14. $p_k = \mathrm{Pr}(U_n$이 길이 k의 한 연속열로 시작함$)$

$\qquad = \mathrm{Pr}(U_{n-1} > U_n < \cdots < U_{n+k-1} > U_{n+k})$

$\qquad = \dfrac{1}{(k+2)!}\left(\dbinom{k+2}{1}\dbinom{k+1}{1} - \dbinom{k+2}{1} - \dbinom{k+2}{1} + 1\right) = \dfrac{k}{(k+1)!} - \dfrac{k+1}{(k+2)!}$

이라고 하자(연습문제 3.3.2-13 참고). 연습문제 13에서처럼 이를 $\mathrm{Pr}(f(n) - f(n-1) = k)$로 변환한다. 〔수열이 $(k+2)$분포라고만 가정한 것이다.〕

15. $s, t \geq 0$에 대해

$$p_{st} = \Pr(X_{n-2t-3} = X_{n-2t-2} \neq X_{n-2t-1} \neq \cdots \neq X_{n-1} \text{이고 } X_n = \cdots = X_{n+s} \neq X_{n+s+1})$$
$$= 2^{-s-2t-3}$$

이라고 하자. 그리고 $t \geq 0$에 대해 $q_t = \Pr(X_{n-2t-2} = X_{n-2t-1} \neq \cdots \neq X_{n-1}) = 2^{-2t-1}$이 라고 하자. 연습문제 7에 의해

$$\Pr(X_n \text{이 한 쿠폰 집합의 시작이 아님}) = \sum_{t \geq 0} q_t = \frac{2}{3};$$

$$\Pr(X_n \text{이 길이 } s+2 \text{ 쿠폰 집합의 시작임}) = \sum_{t \geq 0} p_{st} = \frac{1}{3} \cdot 2^{-s-1}$$

이다. 이제 연습문제 13에서처럼 진행하면 된다.

16. (스탠리R. P. Stanley의 답.) 부분수열 $S = (b-1), (b-2), ..., 1, 0, 0, 1, ..., (b-2), (b-1)$이 나타날 때마다 반드시 S의 오른쪽에서 하나의 쿠폰 집합이 끝나야 한다. S의 처음 절반 안에서 어떤 쿠폰 집합이 완성될 것이기 때문이다. 이제, 마지막으로 출현한 S가 위치 $n-1$, $n-2$ 등에서 끝날 확률들을 이용해서, 하나의 쿠폰 집합이 위치 n에서 시작할 확률을 연습문제 15에서처럼 계산할 수 있다.

18. 정리 A의 증명에서 했던 것과 마찬가지 방식으로 $\underline{\Pr}$와 $\overline{\Pr}$를 계산할 것.

19. (헤어조그T. Herzog의 답.) 존재한다. 예를 들어 $\langle U_n \rangle$이 R4를(심지어는 그것의 더 약한 버전을) 만족한다고 할 때, 연습문제 33을 수열 $\langle U_{\lfloor n/2 \rfloor} \rangle$에 적용해 볼 것.

20. (a) 2와 $\frac{1}{2}$. (n이 증가하면 $l_n^{(1)}$이 반으로 분할된다.)

(b) 각 새 점은 하나의 구간을 두 부분으로 분할한다. ρ가 $\max_{k=0}^{n-1}((n+k)l_{n+k}^{(1)})$과 같다고 하자. 그러면 $1 = \sum_{k=1}^{n} l_n^{(k)} \leq \sum_{k=0}^{n-1} l_{n+k}^{(1)} \leq \sum_{k=0}^{n-1} \rho/(n+k) = \rho \ln 2 + O(1/n)$이다. 따라서 $m l_m^{(1)} \geq 1/\ln 2 + O(1/m)$를 만족하는 m은 무한히 많다.

(c) 힌트를 증명하기 위해, $l_{2n}^{(k)}$이 양끝이 U_m와 $U_{m'}$인 구간에 속한다고 하자. 그리고 $a_k = \max(m-n, m'-n, 1)$로 두자. 그러면 $\rho = \min_{m=n+1}^{2n} m l_m^{(m)}$은 $1 = \sum_{k=1}^{2n} l_{2n}^{(k)} \geq \sum_{k=1}^{2n} \rho/(n+a_k) \geq 2\rho \sum_{k=1}^{n} 1/(n+k)$를 함의한다. 따라서 $2\rho \leq 1/(H_{2n} - H_n) = 1/\ln 2 + O(1/n)$이다.

(d) $(l_n^{(1)}, ..., l_n^{(n)}) = (\lg \frac{n+1}{n}, \lg \frac{n+2}{n+1}, ..., \lg \frac{2n}{2n-1})$이 성립한다. $(n+1)$번째 점은 항상 가장 큰 구간을 길이가 $\lg \frac{2n+1}{2n}$인 구간과 $\lg \frac{2n+2}{2n+1}$인 구간으로 분할하기 때문이다. 〔*Indagationes Math.* **11** (1949), 14-17.〕

21. (a) 아니다! $\overline{\Pr}(W_n < \frac{1}{2}) \geq \limsup_{n \to \infty} \nu(\lceil 2^{n-1/2} \rceil)/\lceil 2^{n-1/2} \rceil = 2 - \sqrt{2}$이고 $\underline{\Pr}(W_n < \frac{1}{2}) \leq \liminf_{n \to \infty} \nu(2^n)/2^n = \sqrt{2} - 1$이다. $\nu(\lceil 2^{n-1/2} \rceil) = \nu(2^n) = \frac{1}{2} \sum_{k=0}^{n} (2^{k+1/2} - 2^k) + O(n)$이기 때문이다.

(b,c) *Indagationes Math.* **40** (1978), 527-541을 볼 것.

22. 그 수열은 k분포이며, 적분과 정리 B에 의해 극한은 0이다. 반대로, 만일 $f(x_1, ..., x_k)$가 절대적으로 수렴하는 푸리에 급수

$$f(x_1, ..., x_k) = \sum_{-\infty < c_1, ..., c_k < \infty} a(c_1, ..., c_k) \exp(2\pi i(c_1 x_1 + \cdots + c_k x_k))$$

를 가진다면 $\lim_{N \to \infty} \frac{1}{N} \sum_{0 \le n < N} f(U_n, ..., U_{n+k-1}) = a(0, ..., 0) + \epsilon_r$ 이 됨을 주목할 것. 여기서

$$|\epsilon_r| \le \sum_{\max\{|c_1|, ..., |c_k|\} > r} |a(c_1, ..., c_k)|$$

이므로 ϵ_r을 얼마든지 작게 잡을 수 있다. 따라서 이 극한값은

$$a(0, ..., 0) = \int_0^1 \cdots \int_0^1 f(x_1, ..., x_k) \, dx_1 ... dx_k$$

와 같다. 그리고 식 (8)은 충분히 매끄러운 함수 f 모두에 대해 성립한다. 이제 (9)의 함수를 매끄러운 함수들을 이용해서 원하는 임의의 정확도까지 근사할 수 있음을 보이면 증명이 완성된다.

23. (a) 이는 연습문제 22로부터 직접 증명된다. (b) 이산 푸리에 변환을 비슷한 방식으로 적용하면 된다. D. E. Knuth, *AMM* **75** (1968), 260-264를 볼 것.

24. (a) c가 임의의 0이 아닌 정수라고 하자. 다음을 보여야 한다(연습문제 22에 의해).

$$N \to \infty \text{에 따라} \qquad \frac{1}{N} \sum_{n=0}^{N-1} e^{2\pi i c U_n} \to 0.$$

이는 K가 임의의 양의 정수라고 할 때 $\sum_{k=0}^{K-1} \sum_{n=0}^{N-1} e^{2\pi i c U_{n+k}} = K \sum_{n=0}^{N-1} e^{2\pi i c U_n} + O(K^2)$ 이라는 사실로부터 확인할 수 있다. 따라서 코시의 부등식에 의해

$$\frac{1}{N^2} \left| \sum_{n=0}^{N-1} e^{2\pi i c U_n} \right|^2 = \frac{1}{K^2 N^2} \left| \sum_{n=0}^{N-1} \sum_{k=0}^{K-1} e^{2\pi i c U_{n+k}} \right|^2 + O\left(\frac{K}{N}\right)$$

$$\le \frac{1}{K^2 N} \sum_{n=0}^{N-1} \left| \sum_{k=0}^{K-1} e^{2\pi i c U_{n+k}} \right|^2 + O\left(\frac{K}{N}\right)$$

$$= \frac{1}{K} + \frac{2}{K^2 N} \Re\left(\sum_{0 \le j < k < K} \sum_{n=0}^{N-1} e^{2\pi i c(U_{n+k} - U_{n+j})} \right) + O\left(\frac{K}{N}\right) \to \frac{1}{K}$$

이다.

(b) $d = 1$일 때, 연습문제 22에 의해 $\langle (\alpha_1 n + \alpha_0) \bmod 1 \rangle$은 오직 α_1이 무리수일 때에만 동일분포이다. $d > 1$일 때에는 (a)와 d에 대한 귀납법을 사용하면 된다. [*Acta Math.* **56** (1931), 373-456. (b)의 결과는 이전에 H. Weyl, *Nachr. Gesellschaft der Wiss. Göttingen*, Math. Phys. Kl. (1914), 234-244에서 좀 더 어려운 방식으로 증명된 바 있다. 다항식 수열의 계수 $\alpha_d, ..., \alpha_1$들 중 적어도 하나가 무리수이면 그 다항식 수열이 동일분포라는 것도 비슷한 논증을 통해

서 증명할 수 있다.]

25. 그 수열은 동일분포이며, 따름정리 S의 분모는 $\frac{1}{12}$에, 분자는 이 연습문제에 주어진 수량에 접근한다.

26. *Math. Comp.* **17** (1963), 50–54를 보라. [또한 워터먼A. G. Waterman의 다음과 같은 예도 고려할 것: $\langle U_n \rangle$이 하나의 동일분포 $[0..1)$ 수열이고 $\langle X_n \rangle$이 ∞ 분포 이진 수열이라고 하자. X_n이 0이냐 아니면 1이냐에 따라 $V_n = U_{\lceil \sqrt{n} \rceil}$ 또는 $1 - U_{\lceil \sqrt{n} \rceil}$으로 둔다. 그러면 $\langle V_n \rangle$은 동일분포이자 백색인 수열이나 $\mathrm{Pr}(V_n = V_{n+1}) = \frac{1}{2}$이다. $\langle \epsilon_n \rangle$이 0으로 단조감소하는 임의의 수열이라고 할 때 $W_n = (V_n - \epsilon_n) \bmod 1$이라고 하자. 그러면 $\langle W_n \rangle$은 동일분포이자 백색이나 $\mathrm{Pr}(W_n < W_{n+1}) = \frac{3}{4}$이다.]

28. $\langle U_n \rangle$이 ∞ 분포라고 하고, 수열 $\langle \frac{1}{2}(X_n + U_n) \rangle$을 고려하자. $\langle U_n \rangle$이 $(16, 3)$분포라는 사실을 통해서 이것이 3분포임을 알 수 있다.

29. $x = x_1 x_2 \ldots x_t$가 하나의 이진수라고 하자. $1 \le p \le n$이고 p가 짝수일 때 $X_p \ldots X_{p+t-1} = x$가 성립하는 횟수 $\nu_x^E(n)$을 고려할 수 있다. 비슷하게, p가 홀수일 때의 해당 횟수를 $\nu_x^O(n)$이라고 하자. $\nu_x^E(n) + \nu_x^O(n) = \nu x(n)$이라고 하자. 이제

$$\nu_0^E(n) = \sum \nu_{0**\ldots*}^E(n) \approx \sum \nu_{*0*\ldots*}^O(n) \approx \sum \nu_{**0\ldots*}^E(n) \approx \cdots \approx \sum \nu_{***\ldots0}^O(n)$$

이다. 이 합들의 ν들은 $2k$개의 첨자들을 가지며, 그 중 $2k-1$개는 별표이다(이는 해당 첨자가 합에 관여함을 의미한다. 각 합은 0들과 1들의 2^{2k-1}개의 조합들에 대해 취해진다). 그리고 "$\approx$"는 근사 상등을 의미한다(단, 종료 조건에 의한 최대 $2k$의 오차는 예외). 따라서

$$\frac{1}{n} 2k\nu_0^E(n) = \frac{1}{n}\left(\sum \nu_{*0*\ldots*}(n) + \cdots + \sum \nu_{***\ldots0}(n)\right) \frac{1}{n} \sum_x (r(x) - s(x))\nu x^E(n) + O\left(\frac{1}{n}\right)$$

임을 알 수 있다. 여기서 $x = x_1 \ldots x_{2k}$는 홀수 위치에 $r(x)$개의 0들을, 짝수 위치에 $s(x)$개의 0들을 담는다. $(2k)$분포에 의해, 괄호 안의 수량은 $k(2^{2k-1})/2^{2k} = k/2$에 접근한다. $r(x) > s(x)$일 때 만일 $\nu_x^E(n) = \nu_x(n)$이면, 그리고 $r(x) < s(x)$일 때에 만일 $\nu_x^E(n) = 0$이면 나머지 합이 최대값이 됨은 명백하다. 따라서 우변의 최대값은

$$\frac{k}{2} + \sum_{0 \le s < r \le k} (r - s)\binom{k}{r}\binom{k}{s} \Big/ 2^{2k} = \frac{k}{2} + k\binom{2k-1}{k} \Big/ 2^{2k}$$

이 된다. 이제 $\overline{\mathrm{Pr}}(X_{2n} = 0) \le \limsup_{n \to \infty} \nu_0^E(2n)/n$이므로 증명이 완성되었다. 다음이 성립함을 주목할 것.

$$\sum_{r,s} \binom{n}{r}\binom{n}{s} \max(r,s) = 2n2^{2n-2} + n\binom{2n-1}{n};$$

$$\sum_{r,s} \binom{n}{r}\binom{n}{s} \min(r,s) = 2n2^{2n-2} - n\binom{2n-1}{n}.$$

30. 번호 $(Ex_1 \ldots x_{2k-1})$들과 $(Ox_1 \ldots x_{2k-1})$들(여기서 각 x_j는 0 또는 1)이 붙은 2^{2k}개의 노드들로 이루어진 유향그래프를 구축한다. 노드 $(Ex_1 \ldots x_{2k-1})$에서 $(Ox_2 \ldots x_{2k})$로의 유향 호들이 $1 + f(x_1, x_2, \ldots, x_{2k})$개이며 $(Ox_1 \ldots x_{2k-1})$에서 $(Ex_2 \ldots x_{2k})$로의 유향 호들이 $1 - f(x_1, x_2, \ldots, x_{2k})$라고 하자. 여기서 $f(x_1, x_2, \ldots, x_{2k}) = \operatorname{sign}(x_1 - x_2 + x_3 - x_4 + \cdots - x_{2k})$이다. 각 노드마다, 나가는 호의 개수와 들어오는 호의 개수는 같음을 알 수 있다. 예를 들어 $(Ex_1 \ldots x_{2k-1})$에는 $1 - f(0, x_1, \ldots, x_{2k-1}) + 1 - f(1, x_1, \ldots, x_{2k-1})$개의 들어오는 호들과 $1 + f(x_1, \ldots, x_{2k-1}, 0) + 1 + f(x_1, \ldots, x_{2k-1}, 1)$개의 나가는 호들이 있다. 그리고 $f(x, x_1, \ldots, x_{2k-1}) = -f(x_1, \ldots, x_{2k-1}, x)$이다. 자신으로 들어오거나 자신으로부터 나가는 경로가 없는 모든 노드를 제거한다. 즉, $f(0, x_1, \ldots, x_{2k-1}) = +1$인 노드 $(Ex_1 \ldots x_{2k-1})$ 또는 $f(1, x_1, \ldots, x_{2k-1}) = -1$인 노드 $(Ox_1 \ldots x_{2k-1})$을 제거한다. 그러면 임의의 노드로부터 $(E1010 \ldots 1)$에 도달할 수 있으며 그 노드로부터 임의의 노드에 도달할 수 있다는 점에서 연결되었다고 말할 수 있는 하나의 유향 그래프가 남는다. 정리 2.3.4.2G에 의해, 이러한 그래프에는 모든 호를 거쳐 가는 하나의 순환 경로가 존재한다. 그 경로의 길이는 2^{2k+1}이다. 그리고 그 경로가 노드 $(E00 \ldots 0)$에서 시작한다고 가정할 수 있다. 이제 $X_1 = \cdots = X_{2k-1} = 0$이며 만일 경로의 n번째 호가 $(Ex_1 \ldots x_{2k-1})$에서 $(Ox_2 \ldots x_{2k})$로 또는 $(Ox_1 \ldots x_{2k-1})$에서 $(Ex_2 \ldots x_{2k})$로 간다고 할 때 $X_{n+2k-1} = x_{2k}$인 하나의 순환 수열을 구축한다. 예를 들어 그림 A-5에는 $k = 2$인 그래프가 나와 있다. 이 그래프에서 순환 경로의 호들에는 1에서 32까지의 번호가 붙어 있으며, 순환 수열은

$$(00001000110010101001101110111110)(00001 \ldots)$$

이다. 이 순차열에서 $\Pr(X_{2n} = 0) = \frac{11}{16}$임을 주목할 것. 이 수열이 $(2k)$분포임은 명백하다. 왜냐하면 각 $(2k)$짝 $x_1 x_2 \ldots x_{2k}$가 순환마디 안에서

$$1 + f(x_1, \ldots, x_{2k}) + 1 - f(x_1, \ldots, x_{2k}) = 2$$

번 나타나기 때문이다. $\Pr(X_{2n} = 0)$이 바람직한 값을 가진다는 사실은 연습문제 29의 증명의 우변에 대한 최대값이 이러한 구축법을 통해서 달성된 것이라는 사실에서 비롯된다.

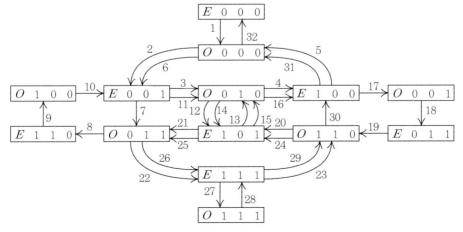

그림 A-5. 연습문제 30의 구축법을 위한 유향 그래프

31. 알고리즘 W를 수열 전체를 선택하는 규칙 $\mathcal{R}_1$과 함께 적용할 것. 〔R5 수열에서의 이런 종류의 비무작위 습성에 대한 일반화로는 Jean Ville, *Étude Critique de la Notion de Collectif* (Paris: 1939), 55-62를 볼 것. 이런 관점에서 본다면 R6 역시 너무 약할 것이나, 현재로는 그런 반례가 알려지지 않았다.〕

32. 만일 $\mathcal{R}$, $\mathcal{R}'$이 계산 가능한 부분수열 규칙들이면, 다음과 같은 함수들로 정의되는 $\mathcal{R}'' = \mathcal{R}\mathcal{R}'$ 역시 계산 가능 부분수열 규칙이다: 오직 $\mathcal{R}$이 $x_0, ..., x_{n-1}$의 부분수열 $x_{r_1}, ..., x_{r_k}$를 정의할 때에만 $f_n''(x_0, ..., x_{n-1}) = 1$. 여기서 $k \geq 0$이고 $0 \leq r_1 < \cdots < r_k < n$이며 $f_k'(x_{r_1}, ..., x_{r_k}) = 1$.

이제 $\langle X_n \rangle \mathcal{R}\mathcal{R}'$는 $(\langle X_n \rangle \mathcal{R})\mathcal{R}'$이다. 이로부터 문제에 주어진 결과가 즉시 도출된다.

33. $\epsilon > 0$이 주어졌을 때, $N > N_0$가 참이면 $|\nu_r(N)/N - p| < \epsilon$이자 $|\nu_s(N)/N - p| < \epsilon$도 참이 되게 하는 N_0을 구한다. 그런 다음에는 $N > N_1$가 참이면 어떤 $M > N_0$에 대해 t_N이 r_M 또는 s_M이 되게 하는 N_1을 구한다. 이제 $N > N_1$는

$$\left| \frac{\nu_t(N)}{N} - p \right| = \left| \frac{\nu_r(N_r) + \nu_s(N_s)}{N} - p \right| = \left| \frac{\nu_r(N_r) - pN_r + \nu_s(N_s) - pN_s}{N_r + N_s} \right| < \epsilon$$

를 함의하게 된다.

34. 예를 들어 t의 이진 표현이 $(1\,0^{b-2}\,1\,0^{a_1}\,1\,1\,0^{a_2}\,1\,...\,1\,0^{a_k})_2$이고 "$0^a$"이 0들이 연달아 a개 나오는 것을 의미한다고 할 때, 규칙 $\mathcal{R}_t$를 오직 $\lfloor bU_{n-k} \rfloor = a_1, ..., \lfloor bU_{n-1} \rfloor = a_k$일 때에만 U_n을 받아들이는 것으로 정의할 수 있다.

35. $a_0 = s_0$이고 $a_{m+1} = \max\{s_k \mid 0 \leq k < 2^{a_m}\}$라고 하자. n이 $a_m \leq n < a_{m+1}$ 범위에 있을 때, 오직 $n = s_k$인 어떤 $k < 2^{a_m}$가 존재할 때에만 원소 X_n을 선택하는 하나의 부분수열 규칙을 구축한다. 그러면 $\lim_{m \to \infty} \nu(a_m)/a_m = \frac{1}{2}$이다.

36. b와 k가 임의의, 그러나 고정된 1보다 큰 정수들이라고 하자. 그리고 $Y_n = \lfloor bU_n \rfloor$이라고 하자. 알고리즘 $\mathcal{S}$와 $\mathcal{R}$로 정의되는(정리 M의 증명에서처럼) 임의의 무한 부분수열 $\langle Z_n \rangle = \langle Y_{s_n} \rangle \mathcal{R}$은 오직 $\mathcal{S}$와 $\mathcal{R}$이 Y_s를 조사 또는 선택(또는 둘 다)할 때에만 $\langle X_n \rangle$에서 $X_t, X_{t+1}, ..., X_{t+s}$를 조사하거나 $X_t, X_{t+1}, ..., X_{t+\min(k-1,s)}$를 선택하는(또는 둘 다 하는) 알고리즘 $\mathcal{S}'$와 $\mathcal{R}'$에 직접적으로, 그러나 표기상으로는 절망적인 방식으로 대응된다. 여기서 $U_s = (0.X_t X_{t+1} \cdots X_{t+s})_2$이다. 알고리즘 $\mathcal{S}'$와 $\mathcal{R}'$는 $\langle X_n \rangle$의 한 무한 1분포 부분수열을 결정하며, 사실 이 부분수열은 ∞ 분포(연습문제 32에서처럼)이므로 $(k, 1)$분포이다. 따라서 $\underline{\Pr}(Z_n = a)$ 및 $\overline{\Pr}(Z_n = a)$와 $1/b$의 차이가 $1/2^k$ 미만임을 알 수 있다.

〔이 연문제의 결과는 "R6"을 일관되게 "R4" 또는 "R5"로 대체해도 참이나, "R1"을 사용하면 거짓이 된다. $X_{\binom{n}{2}}$가 항상 0일 수도 있기 때문이다.〕

37. $n \geq 2$에 대해 U_{n^2}을 $\frac{1}{2}(U_{n^2} + \delta_n)$로 대체한다. 여기서 δ_n은 집합 $\{U_{(n-1)^2+1}, ..., U_{n^2-1}\}$에

$\frac{1}{2}$ 보다 작은 원소가 짝수개이냐 홀수개이냐에 따라 0 또는 1이다. 〔*Advances in Math.* **14** (1974), 333–334; 또한 헤어조그Thomas N. Herzog의 Univ. of Maryland Ph.D. 학위논문(1975)도 볼 것.〕

39. *Acta Arithmetica* **21** (1972), 45–50을 볼 것. 최상의 c 값은 알려져 있지 않다.

40. F_k가 오직 $B_1 \dots B_k$에만 의존하므로 $P(A_k^P, \not{S}_N) = \frac{1}{2}$이 성립한다. $q(B_1 \dots B_k) = \Pr(B_{k+1} = 1 \mid B_1 \dots B_k)$라고 하자. 이 확률은 S의 원소들 중 처음 k비트들이 $B_1 \dots B_k$인 모든 원소에 대해 취한 것이다. 비슷하게, $q_b(B_1 \dots B_k) = \Pr(F_k = 1$ 그리고 $B'_{k+1} = b \mid B_1 \dots B_k)$라고 하자. 그러면 $\Pr(A_k^P = 1 \mid B_1 \dots B_k) = \Pr((F_k + B_{k+1} + B'_{k+1}) \bmod 2 = 1 \mid B_1 \dots B_k) = q \cdot (\frac{1}{2} - q_0 + q_1) + (1-q) \cdot (q_0 + \frac{1}{2} - q_1) = \frac{1}{2} - (q_0 + q_1) + 2(qq_1 + (1-q)q_0) = \frac{1}{2} - \Pr(F_k = 1 \mid B_1 \dots B_k) + 2\Pr(F_k = 1$ 그리고 $B'_{k+1} = B_{k+1} \mid B_1 \dots B_k)$가 된다. 따라서 $\Pr(A_k^P = 1) = \sum_{B_1 \dots B_k} \Pr(B_1 \dots B_k) \Pr(A_k^P = 1 \mid B_1 \dots B_k) = \frac{1}{2} - \Pr(F_k = 1) + \Pr(F_{k+1} = 1)$이다. 〔Goldreich, Goldwasser, Micali, *JACM* **33** (1986), 792–807에 나오는 정리 4를 볼 것.〕

41. $\{0, \dots, N-1\}$에서 균등하게 k를 택하고 보조정리 P1의 증명에 나오는 구축법을 적용한다. 그러면 A'가 1과 같을 확률이 $\sum_{k=0}^{N-1}(\frac{1}{2} - p_k + p_{k+1})/N$임을 P1의 증명으로부터 이끌어 낼 수 있다.

42. (a) $X = X_1 + \dots + X_n$이라고 하자. $\mathrm{E}(X) = n\mu$임은 명백하다. 그리고 $\mathrm{E}((X - n\mu)^2) = \mathrm{E}X^2 - n^2\mu^2 = n\mathrm{E}X_j^2 + 2\sum_{1 \le i < j \le n}(\mathrm{E}X_i)(\mathrm{E}X_j) - n^2\mu^2 = n\mathrm{E}X_j^2 - n\mu^2 = n\sigma^2$이다. 또한 $\mathrm{E}((X - n\mu)^2) = \sum_{x \ge 0} x \Pr((X - n\mu)^2 = x) \ge \sum_{x \ge tn\sigma^2} x \Pr((X - n\mu)^2 = x) \ge \sum_{x \ge tn\sigma^2} tn\sigma^2 \Pr((X - n\mu)^2 = x) = tn\sigma^2 \Pr((X - n\mu)^2 \ge tn\sigma^2)$이다.

  (b) $c_i \ne c'_i$인, 이를테면 $c_i = 0$이고 $c'_i = 1$인 위치 i가 존재한다. 그러면 $c_j = 1$인 위치 j가 존재한다. i나 j를 제외한 $k-2$개의 행들에서 B의 임의의 고정된 값에 대해, 오직 행 i와 j가 특정한 값들을 가질 때에만 $(cB, c'B) = (d, d')$가 성립한다. 이것이 성립할 확률은 $1/2^{2R}$이다.

  (c) 알고리즘 L의 표기법에서 $n = 2^k - 1$, $X_c = (-1)^{G(cB + e_i)}$로 둔다. 그러면 $\mu = s$이고 $\sigma^2 = 1 - s^2$이다. $X = \sum_{c \ne 0} X_c$가 음일 확률은 $(X - n\mu)^2 \ge n^2\mu^2$일 확률을 넘지 않는다. (b)에 의해 이 확률의 상계는 $\sigma^2/(n\mu^2)$이다.

43. 고정된 M에 대한 결론은 별로 흥미롭지 않다. 왜냐하면 임의의 고정된 M을 인수분해하는 알고리즘(구체적으로 말하면 그 인수들을 아는 알고리즘)이 명백히 존재하기 때문이다. 그 이론은 효과적으로 발견 가능한 알고리즘들뿐만 아니라 짧은 실행 시간을 가지는 모든 알고리즘에 적용된다.

44. 만일 무작위 표에 대한 모든 한 자리 변화가 또 다른 무작위 표를 만들어 낸다면, 모든 표가 무작위하거나 그 어떤 표도 무작위하지 않다. 따라서, 무작위성의 정도를 고려하지 않는다고 한다면, 답은 반드시 "항상 그렇지는 않다"가 되어야 한다.

3.6절

```
1. RANDI STJ   9F          나가는 장소를 저장한다.
         STA   8F          k의 값을 저장한다.
         LDA   XRAND       rA ← X.
         MUL   7F          rAX ← aX.
         INCX  1009        rX ← (aX + c) mod m.
         JOV   *+1         위넘침이 반드시 꺼져 있도록 한다.
         SLAX  5           rA ← (aX + c) mod m.
         STA   XRAND       X를 저장한다.
         MUL   8F          rA ← ⌊kX/m⌋.
         INCA  1           1 ≤ Y ≤ k가 되도록 1을 더한다.
   9H    JMP   *           복귀한다.
   XRAND CON   1           X의 값; X_0 = 1.
   8H    CON   0           k의 임시 저장소.
   7H    CON   3141592621  곱수 a. ∎
```

2. 프로그램에 난수발생기를 포함시킨다는 것은 결국 프로그래머가 프로그램의 결과를 예측할 수 없게 만드는 것이다. 각 문제에 대한 컴퓨터의 행동이 미리 알려져 있었다면 굳이 프로그램을 작성할 필요도 없었을 것이다. 튜링이 말한 것처럼, 컴퓨터의 행동이 프로그래머를 실제로 놀라게 하는 경우는 상당히 많다. 특히 프로그램을 디버깅할 때 더욱 그렇다.

따라서 인류는 마음을 놓지 말아야 할 것이다.

7. 사실 2비트 값 $\lfloor X_n/2^{16} \rfloor \bmod 4$들만 있으면 된다. D. E. Knuth, *IEEE Trans.* **IT–31** (1985), 49-52를 볼 것. J. Reeds, *Cryptologia* **1** (1977), 20-26, **3** (1979), 83-95는 관련 문제들의 연구의 시발점이 된 논문이다. 또한 L. Blum, M. Blum, M. Shub, *SICOMP* **15** (1986), 364-383; J. Boyar, *J. Cryptology* **1** (1989), 177-184도 볼 것. *SICOMP* **17** (1988), 262-280에서 프리즈 Frieze, 호스타드 Håstad, 카난 Kannan, 라가리아스 Lagarias, 샤미르 Shamir는 이런 종류의 문제에 유용한 일반적인 기법들을 논의한다.

8. 이를테면, 발생기를 연달아 백만 번 호출해서 $X_{1000000}$을 생성하고 그것을 정확한 값 $(a^{1000000} X_0 + (a^{1000000} - 1)c/(a-1)) \bmod m$과 비교해 볼 수 있다. 정확한 값을 $((a^{1000000}(X_0(a-1)+c) - c) \bmod (a-1)m)/(a-1)$으로도 표현할 수 있는데, 이 값은 한 개별적인 방법(알고리즘 4.6.3A 참고)을 이용해서 빠르게 평가하는 것이 가능하다. 예를 들어 $48271^{1000000} \bmod 2147483647 = 1263606197$이다. 점화식 (1)이 스스로 보정되지는 않으므로, 대부분의 오차들이 검출된다.

9. (a) X_0, X_1, ..., X_{99}의 값들이 모두 짝수는 아니다. 다항식 $z^{100} + z^{37} + 1$은 원시다항식이다(3.2.2절 참고). 따라서 $P_0(z) \equiv z^{h(s)}$ (modulo 2와 $z^{100} + z^{37} + 1$)을 만족하는 수 $h(s)$가 존재한다. 이제 $zP_{n+1}(z) = P_n(z) - X_n z^{37} - X_{n+63} + X_{n+63} z^{100} + X_{n+100} z^{37} \equiv P_n(z) +

$X_{n+63}(z^{100} + z^{37} + 1)$ (modulo 2)이므로, 귀납법에 의해 증명을 완성할 수 있다.

(b) ran_start의 "제곱" 연산과 "z를 곱한다" 연산은 $p(z) = x_{99}z^{99} + \cdots + x_1 z + x_0$을 각각 2와 $z^{100} + z^{37} + 1$을 법으로 해서 $p(z)^2$과 $zp(z)$로 바꾼다. $p(z)^2 \equiv p(z^2)$이기 때문이다. (여기서는 하위 비트들만 고려한다. 다른 비트들은 이미 존재하는 어떤 무질서를 보존하거나 개선하는 경향이 있는 어떤 임시방편적인 방식으로 조작된다.) 따라서 만일 $s = (1\, s_j \ldots s_1 s_0)_2$이면 $h(s) = (1\, s_0 s_1 \ldots s_j 1)_2 \cdot 2^{69}$이다.

(c) $z^{h(s)-n} \equiv z^{h(s')-n'}$ (modulo 2 및 $z^{100} + z^{37} + 1$)은 $h(s) - n \equiv h(s') - n'$ (modulo $2^{100} - 1$)을 함의한다. $2^{69} \le h(s) < 2^{100} - 2^{69}$이므로 $|n - n'| \ge |h(s) - h(s')| \ge 2^{70}$가 성립한다.

〔이러한 초기화 방법은 R. P. Brent, *Proc. Australian Supercomputer Conf.* **5** (1992), 95–104의 논평들에서 영감을 얻은 것이다. 다만, 브렌트Brent의 알고리즘은 이와는 완전히 다른 것이었다. 일반적으로는, 만일 지연들이 $k > l$개이고 $0 \le s < 2^e$이면, 그리고 분리 매개변수 t가 $t + e \le k$를 만족한다면, 이러한 증명 방법으로 $|n - n'| \ge 2^t - 1$ (등호는 $\{s, s'\} = \{0, 2^e - 1\}$일 때에만 성립)임을 증명할 수 있다.〕

10. 다음 코드는 ANSI(American National Standards Institute, 미국표준협회)가 정의하는 단순화된 언어인 Subset FORTRAN으로 짜여진 것이다. 단, 가독성을 위해 PARAMETER를 사용한 것은 예외이다.

```
        SUBROUTINE RNARRY(AA,N)
        IMPLICIT INTEGER (A-Z)
        DIMENSION AA(*)
        PARAMETER (KK=100)
        PARAMETER (LL=37)
        PARAMETER (MM=2**30)
        COMMON /RSTATE/ RANX(KK)
        SAVE /RSTATE/
        DO 1 J=1,KK
1          AA(J)=RANX(J)
        DO 2 J=KK+1,N
           AA(J)=AA(J-KK)-AA(J-LL)
           IF (AA(J) .LT. 0) AA(J)=AA(J)+MM
2       CONTINUE
        DO 3 J=1,LL
           RANX(J)=AA(N+J-KK)-AA(N+J-LL)
           IF (RANX(J) .LT. 0) RANX(J)=RANX(J)+MM
3       CONTINUE
        DO 4 J=LL+1,KK
```

```
                RANX(J)=AA(N+J-KK)-RANX(J-LL)
                IF (RANX(J) .LT. 0) RANX(J)=RANX(J)+MM
 4      CONTINUE
        END

        SUBROUTINE RNSTRT(SEED)
        IMPLICIT INTEGER (A-Z)
        PARAMETER (KK=100)
        PARAMETER (LL=37)
        PARAMETER (MM=2**30)
        PARAMETER (TT=70)
        PARAMETER (KKK=KK+KK-1)
        DIMENSION X(KKK)
        COMMON /RSTATE/ RANX(KK)
        SAVE /RSTATE/

        IF (SEED .LT. 0) THEN
            SSEED=MM-1-MOD(-1-SEED,MM)
        ELSE
            SSEED=MOD(SEED,MM)
        END IF

        SS=SSEED-MOD(SSEED,2)+2
        DO 1 J=1,KK
            X(J)=SS
            SS=SS+SS
            IF (SS .GE. MM) SS=SS-MM+2
 1      CONTINUE
        X(2)=X(2)+1

        SS=SSEED
        T=TT-1
 10     DO 12 J=KK,2,-1
            X(J+J-1)=X(J)
 12         X(J+J-2)=0
        DO 14 J=KKK,KK+1,-1
            X(J-(KK-LL))=X(J-(KK-LL))-X(J)
            IF (X(J-(KK-LL)) .LT. 0) X(J-(KK-LL))=X(J-(KK-LL))+MM
            X(J-KK)=X(J-KK)-X(J)
            IF (X(J-KK) .LT. 0) X(J-KK)=X(J-KK)+MM
 14     CONTINUE
```

```
            IF (MOD(SS,2) .EQ. 1) THEN
                DO 16 J=KK,1,-1
    16              X(J+1)=X(J)
                X(1)=X(KK+1)
                X(LL+1)=X(LL+1)-X(KK+1)
                IF (X(LL+1) .LT. 0) X(LL+1)=X(LL+1)+MM
            END IF

            IF (SS .NE. 0) THEN
                SS=SS/2
            ELSE
                T=T-1
            END IF
            IF (T .GT. 0) GO TO 10

            DO 20 J=1,LL
    20          RANX(J+KK-LL)=X(J)
            DO 21 J=LL+1,KK
    21          RANX(J-LL)=X(J)
            DO 22 J=1,10
    22          CALL RNARRY(X,KKK)
            END
```

11. ANSI/IEEE 표준 754를 만족하는 64비트 피연산수에 대한 부동소수점 산술을 이용하면 2^{-53}의 정수배인 분수 U_n에 대한 $U_n = (U_{n-100} - U_{n-37}) \bmod 1$을 완벽한 정확도로 계산할 수 있다. 그러나 다음 프로그램은 그 대신 2^{-52}의 정수배에 대한 가산적 점화식 $U_n = (U_{n-100} + U_{n-37}) \bmod 1$을 사용한다. 파이프라인식 컴퓨터들의 경우는 정수부 뺄셈을 수행하는 것이 중간 결과의 부호에 따라 조건 분기를 하는 것보다 빠르기 때문이다. 연습문제 9의 이론은 이 수열에도 동등하게 잘 적용된다.

　다음은 C로 구현한 프로그램인데, 이를 연습문제 10에 나온 코드와 비슷하게 FORTRAN으로 변환해도 이 프로그램에서와 같은 수들을 얻을 수 있다.

```
#define KK 100                                          /* 긴 지연 */
#define LL  37                                          /* 짧은 지연 */
#define mod_sum(x,y) (((x)+(y))-(int)((x)+(y)))         /* (x+y) mod 1.0 */

double ran_u[KK];                                       /* 발생기의 상태 */

void ranf_array(double aa[],int n) {        /* aa에는 n개의 무작위 분수들이 배정된다 */
  register int i,j;
  for (j=0;j<KK;j++) aa[j]=ran_u[j];
```

```
  for (;j<n;j++) aa[j]=mod_sum(aa[j-KK],aa[j-LL]);
  for (i=0;i<LL;i++,j++) ran_u[i]=mod_sum(aa[j-KK],aa[j-LL]);
  for (;i<KK;i++,j++) ran_u[i]=mod_sum(aa[j-KK],ran_u[i-LL]);
}

#define TT  70                          /* 스트림들 사이의 보장된 분리 간격 */
#define is_odd(s) ((s)&1)

void ranf_start(long seed) {     /* ranf_array를 사용하기 전에 먼저 이것을 호출해야 함 */
  register int t,s,j;
  double u[KK+KK-1];
  double ulp=(1.0/(1L<<30))/(1L<<22);                        /* 2의 -52승 */
  double ss=2.0*ulp*((seed&0x3fffffff)+2);

  for (j=0;j<KK;j++) {
    u[j]=ss;                                             /* 버퍼를 초기화 */
    ss+=ss;
    if (ss>=1.0) ss-=1.0-2*ulp;                      /* 51비트를 순환 자리이동 */
  }
  u[1]+=ulp;                         /* u[1]을(그리고 오직 u[1]만) "홀수"로 */
  for (s=seed&0x3fffffff,t=TT-1; t; ) {
    for (j=KK-1;j>0;j--)
      u[j+j]=u[j],u[j+j-1]=0.0;                              /* "제곱" */
    for (j=KK+KK-2;j>=KK;j--) {
      u[j-(KK-LL)]=mod_sum(u[j-(KK-LL)],u[j]);
      u[j-KK]=mod_sum(u[j-KK],u[j]);
    }
    if (is_odd(s)) {                                    /* "z를 곱한다" */
      for (j=KK;j>0;j--) u[j]=u[j-1];
      u[0]=u[KK];                             /* 버퍼를 순환 자리이동한다 */
      u[LL]=mod_sum(u[LL],u[KK]);
    }
    if (s) s>>=1; else t--;
  }
  for (j=0;j<LL;j++) ran_u[j+KK-LL]=u[j];
  for (;j<KK;j++) ran_u[j-LL]=u[j];
  for (j=0;j<10;j++) ranf_array(u,KK+KK-1);             /* 모든 것을 준비 */
}

int main() {                                            /* 필수적인 검정 */

  register int m;
  double a[2009];
  ranf_start(310952);
```

```
for (m=0;m<2009;m++)
  ranf_array(a,1009);
printf("%.20f\n", ran_u[0]);                              /* 0.36410514377569680455 */
ranf_start(310952);
for (m=0;m<1009;m++)
  ranf_array(a,2009);
printf("%.20f\n", ran_u[0]);                              /* 0.36410514377569680455 */
return 0;
}
```

12. (1)같은 단순한 선형합동발생기는 실패할 것이다. 왜냐하면 m이 너무 작을 것이기 때문이다. *CACM* **31** (1988), 747-748에서 레퀴에P. L'Ecuyer가 제안한 것처럼, 그런 발생기 세 개를(두 개가 아니라) 결합하되 곱수와 법수를 $(157, 32363)$, $(146, 31727)$, $(142, 31657)$로 두면 좋은 결과를 얻을 수도 있다. 그러나 최상의 방법은 아마도 C 루틴 ran_array와 ran_start를 사용하되 모든 수들이 범위 안에 들어가도록 다음과 같이 수정해서 사용하는 게 될 것이다: 'long'을 'int'로 바꾼다. 'MM'을 '(1U<<15)'로 정의한다. 그리고 변수 ss의 형식을 unsigned int로 정의한다. 이렇게 바꾸면 비트들 모두를 사용할 수 있는 15비트 정수들이 나온다. 그리고 종자값은 범위 $[0..32765]$로 한정된다. 종자값을 12509로 했을 때 "필수적인 검정" 루틴은 $X_{1009 \times 2009} = 24130$를 출력할 것이다.

13. 빌림 뺄셈법에 대한 프로그램은 ran_array와 매우 비슷할 것이나, 올림 처리 때문에 속도는 더 느릴 것이다. 연습문제 11에서처럼 완벽한 정확도로 부동소수점 산술을 사용할 수도 있다. 종자값 s가 다르면 반드시 다른 수열이 생성되도록 하는 문제는 $n = 2^{70s}$이라 할 때 수열의 $(-n)$번째 원소로 발생기를 초기화함으로써 보장할 수 있다. 이를 위해서는 $b^n \bmod (b^k - b^l \pm 1)$을 계산해야 한다. 그러나 $b^k - b^l \pm 1$을 법으로 한 기수 b수의 제곱 연산은 ran_start 루틴의 해당 연산보다 훨씬 더 복잡하다. 실용적인 범위의 k에 대한 그러한 연산은 $O(k)$가 아니라 약 $k^{1.6}$회의 연산을 소비한다.

   k의 값들이 대략 같다고 할 때, 두 방법 모두 현실적으로 같은 품질의 수열을 만들어 낼 것이다. 둘 사이의 의미 있는 차이라면, 빌림 뺄셈법에 대해 더 나은 이론적 보장이 존재하며 또 빌림 뺄셈법이 아마도 막대한 주기를 가질 수 있다는 점뿐이다. 현재 시차 피보나치 발생기에 대한 분석은 덜 완전하다. 경험에 따르면, 단지 그러한 이론적인 장점 때문에 빌림 뺄셈법에서 k의 값을 줄이지는 말아야 한다. 이러한 모든 사항을 고려한다고 해도, 실용적인 관점에서 본다면 시차 피보나치 발생기가 더 바람직해 보인다. 빌림 뺄셈법의 주된 가치는 더 간단한 접근방식이 보일 수 있는 어떤 훌륭한 습성에 대한 통찰력을 우리에게 제공한다는 데 있다.

14. $X_{n+200} \equiv (X_n + X_{n+126})$ (modulo 2)이다. 연습문제 3.2.2-32를 볼 것. 따라서 $n \bmod 100 > 73$일 때 $Y_{n+100} \equiv Y_n + Y_{n+26}$이다. 비슷하게, $X_{n+200} \equiv X_n + X_{n+26} + X_{n+89}$이므로 $n \bmod 100 < 11$일 때 $Y_{n+100} \equiv Y_n + Y_{n+26} + Y_{n+89}$이다. 즉, Y_{n+100}는 $26\% + 11\%$의 경우에서 $\{Y_n, ..., Y_{n+99}\}$의 단 둘 또는 세 원소들의 합이다. 0들이 더 많기 때문에 $Y_{n+100} = 0$이 되는 경향이 생긴다.

좀 더 구체적으로, $u_{n+1} = u_n - 37 + 100[u_n < 100]$인 수열 $\langle u_1, u_2, \dots \rangle = \langle 126, 89, 152,$ $115, 78, \dots, 100, 63, 126, \dots \rangle$을 생각해 보자. $v_j = u_j + (-1)^{[u_j \geq 100]} 100$이라고 할 때

$$X_{n+200} = (X_n + X_{n+v_1} + \cdots + X_{n+v_{k-2}} + X_{u_{k-1}}) \bmod 2$$

가 성립한다. 예를 들면 $X_{n+200} \equiv X_n + X_{n+26} + X_{n+189} + X_{n+152} \equiv X_n + X_{n+26} + X_{n+189}$ $+ X_{n+52} + X_{n+115}$이다. 만일 첨자들이 모두 $< n + t$이고 $\geq n + 100 + t$이면 $1 \leq t \leq 100$에 대해 $n \bmod 00 = 100 - t$일 때 Y_{n+100}에 대한 하나의 k항 수식을 얻게 된다. 단, $t = 63$인 경우는 예외이다. 왜냐하면 $X_n + X_{n+1} + \cdots + X_{n+62} + X_{n+163} + X_{n+164} + \cdots + X_{n+199} \equiv 0$이 기 때문이다. 이 경우 Y_{n+100}은 $\{Y_n, \dots, Y_{n+99}\}$와 독립적이다. $t = 64$인 경우는 99항 관계식 $Y_{n+100} \equiv Y_{n+1} + Y_{n+2} + \cdots + Y_{n+99}$가 나온다는 점에서 흥미롭다. 이 경우는 항들이 많음에 도 0이 되는 경향이 있는데, 1이 40개 이하인 100짝들 대부분이 짝수성을 가지기 때문이다. k항 관계식이 존재하는 경우 $Y_{n+100} = 1$일 확률은

$$p_k = \sum_{l=0}^{40} \sum_{j=1}^{k} \binom{100-k}{l-j} \binom{k}{j} [j\text{가 홀수}] \Big/ \sum_{l=0}^{40} \binom{100}{l}$$

이다. 비트들을 출력하는 과정에서 수량 t는 100, 99, ..., 1, 100, 99, .., 1로 변하게 된다. 따라서 출력되는 1들의 평균 개수는 $10^6(26p_2 + 11p_3 + 26p_4 + 11p_6 + 11p_9 + 4p_{12} + 4p_{20} + 3p_{28} + p_{47}$ $+ p_{74} + p_{99} + 1/2)/100 \approx 14043$이다. 출력되는 평균 숫자 개수는 $10^6 \sum_{l=0}^{40} \binom{100}{l} / 2^{100} \approx 28444$ 이므로 0들의 평균 개수는 ≈ 14401이다.

더 많은 원소들을 폐기한다면 검출 가능한 편향은 사라진다. 예를 들어 ran_array(a, 300)으로 생성한 원소들 중 100개만 사용한다면 확률이 $(26p_5 + 22p_6 + 19p_{10} + \cdots)/100$이 됨을 증명하는 것이 가능하다. ran_array(a, 400)의 경우에는 더 나쁜 확률 $(15p_3 + 37p_6 + 15p_9 + \cdots)/100$이 되 는데, 이는 $X_{n+400} \equiv X_n + X_{n+252}$이기 때문이다. 본문에서 추천한 ran_array(a, 400)의 경우 해당 확률은 $(17p_7 + 10p_{11} + 2p_{12} + \cdots)/100$으로, 이를 그런 실험들로 검출하기 위해서는 출력을 위한 문턱값을 60에서 이를테면 75로 높여야 한다. 그러나 그렇게 높이고 나면 출력 개수의 기대값은 백만 시행 당 약 0.28밖에 되지 않는다.

〔이 연습문제는 1997년 필자와 구리타 Y. Kurita, 리브 H. Leeb, 마츠모토 M. Matsumoto 사이의 의 견 교환에서 나온 착안들에 근거한 것이다.〕

15. 다음 프로그램을 이용하면 새로운 정수 난수를 빠르게 얻을 수 있다. ran_start를 한 번 호출 해서 준비 작업을 마친 후에 매번 ran_arr_next( )를 호출하면 된다.

```
#define QUALITY 1009            /* 고해상도 용도에 권장되는 품질 수준 */
#define KK 100                              /* 긴 간격 */
long ran_arr_buf[QUALITY];
long ran_arr_sentinel=-1;
long *ran_arr_ptr=&ran_arr_sentinel;              /* 다음 난수 또는 -1 */
```

```
#define ran_arr_next() (*ran_arr_ptr>=0? *ran_arr_ptr++: ran_arr_cycle())
long ran_arr_cycle()
{
  ran_array(ran_arr_buf,QUALITY);
  ran_arr_buf[KK]=-1; ran_arr_ptr=ran_arr_buf+1;
  return ran_arr_buf[0];
}
```

ran_start를 다시 호출한다면 ran_arr_ptr = & ran_arr_sentinel도 다시 설정해 주어야 한다.

4.1절

1. $(1010)_{-2}$, $(1011)_{-2}$, $(1000)_{-2}$, ..., $(11000)_{-2}$, $(11001)_{-2}$, $(11110)_{-2}$.

2. (a) $-(110001)_2$, $-(11.001001001001...)_2$, $(11.0010010000111111010110101...)_2$.

　　(b) $(11010011)_{-2}$, $(1101.001011001011...)_{-2}$, $(111.0110010001000000101...)_{-2}$.

　　(c) $(\overline{1}11\overline{1}\overline{1})_3$, $(\overline{1}0.0\overline{1}\overline{1}011011\overline{1}\overline{1}011...)_3$, $(10.011\overline{1}1111\overline{1}000\overline{1}011\overline{1}1101\overline{1}11111110...)_3$.

　　(d) $-(9.4)_{1/10}$, $-(...7582417582413)_{1/10}$, $(...34626483239798853562951413)_{1/10}$.

3. $(1010113.2)_{2i}$.

4. (a) rA와 rX 사이. (b) rX에 담긴 나머지의 기수점은 바이트 3과 4 사이에 놓인다. rA의 몫의 기수점은 그 레지스터의 최하위 부분에서 한 바이트 오른쪽이다.

5. $1000...0 = 10^p$이 아니라 $999...9 = 10^p - 1$에서 뺐기 때문이다.

6. (a,c) $2^{p-1}-1$, $-(2^{p-1}-1)$; (b) $2^{p-1}-1$, -2^{p-1}.

7. 음수 x에 대한 10의 보수 표현은 $10^n + x$(여기서 n은 이 수량이 양이 될 정도로 충분히 큰 수)의 왼쪽에 무한히 많은 9들을 붙여서 만들 수 있다. 9들의 보수 표현은 평소대로 만들면 된다. (이 두 표현은 무한십진소수에 대해서는 같으나, 무한십진소수가 아닌 경우 9들의 보수 표현은 $...(a)99999...$의 형태인 반면 10의 보수 표현은 $...(a+1)0000...$ 형태이다.) 무한합 $N = 9 + 90 + 900 + 9000 + \cdots$ 의 값을 -1로 간주한다면 이러한 표현들을 이해할 수 있을 것이다($N - 10N = 9$이므로).

　　p아딕 수체계를 다루는 연습문제 31도 볼 것. 기수 p 표현은 무한전개가 아니므로, 그 체계는 여기서 고려한 p들의 보수 표기법과 일치한다. 하지만 p아딕 수들의 체와 실수체 사이에 간단한 관계가 존재하지는 않는다.

8. $\sum_j a_j b^j = \sum_j (a_{kj+k-1} b^{k-1} + \cdots + a_{kj}) b^{kj}$.

9. A BAD ADOBE FACADE FADED. 〔참고: 또 다른 "수치 문장(number sentence)"으로는 DO A DEED A DECADE; A CAD FED A BABE BEEF, COCOA, COFFEE; BOB FACED A DEAD DODO 등이 있다.〕

10. $\langle k_n \rangle$이 $k_{j+1} > k_j$이고 $k = 0$인 임의의 이중(doubly) 무한 정수 수열이라고 할 때, 만일

$$A_j = \begin{bmatrix} a_{k_{j+1}-1},\, a_{k_{j+1}-2}\, ...,\, a_{k_j} \\ b_{k_{j+1}-2}\, ...,\, b_{k_j} \end{bmatrix}, \qquad B_j = b_{k_{j+1}-1}...b_{k_j}$$

이면

$$\begin{bmatrix} ...,\, a_3,\, a_2,\, a_1,\, a_0;\, a_{-1},\, a_{-2},\, ... \\ ...,\, b_3,\, b_2,\, b_1,\, b_0;\, b_{-1},\, b_{-2},\, ... \end{bmatrix} = \begin{bmatrix} ...,\, A_3,\, A_2,\, A_1,\, A_0;\, A_{-1},\, A_{-2},\, ... \\ ...,\, B_3,\, B_2,\, B_1,\, B_0;\, B_{-1},\, B_{-2},\, ... \end{bmatrix}$$

이다.

11. (다음 알고리즘은 양의 부호와 음의 부호 중 어떤 것이 선택되었느냐에 따라 덧셈 또는 뺄셈 모두에 작동한다.)

$k \leftarrow a_{n+1} \leftarrow a_{n+2} \leftarrow b_{n+1} \leftarrow b_{n+2} \leftarrow 0$로 설정하는 것으로 시작한다. 그런 다음 $m = 0, 1,$ $..., n+2$에 대해 다음을 수행한다: $c_m \leftarrow a_m \pm b_m + k$로 설정한다. 만일 $c_m \geq 2$이면 $k \leftarrow -1$, $c_m \leftarrow c_m - 2$로 설정한다. 그렇지 않고 만일 $c_m < 0$이면 $k \leftarrow 1$, $c_m \leftarrow c_m + 2$로 설정한다. 그렇지 않으면(즉 $0 \leq c_m \leq 1$이면) $k \leftarrow 0$으로 설정한다.

12. (a) 음의 이진 체계 하에서, $\pm(...a_4 0\, a_2 0\, a_0)_{-2}$에서 $\pm(...a_3 0\, a_1 0)_{-2}$를 뺀다. (전체 워드 비트단위 연산을 사용하는 좀 더 교묘한 해법이 연습문제 7.1-18에 나온다.) (b) 이진 체계 하에서, $(...b_4 0\, b_2 0\, b_0)_2$에서 $(...b_3 0\, b_1 0)_2$를 뺀다.

13. $(1.909090...)_{-10} = (0.090909...)_{-10} = \frac{1}{11}$.

14.

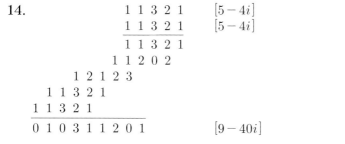

$$\begin{array}{ccccc} & 1 & 1 & 3 & 2 & 1 \\ & 1 & 1 & 3 & 2 & 1 \end{array} \quad [5-4i] \\ [5-4i]$$

1 1 3 2 1
1 1 2 0 2
1 2 1 2 3
1 1 3 2 1
1 1 3 2 1
0 1 0 3 1 1 2 0 1 　　$[9-40i]$

그림 A-6. 4진 허수들에 대한 근본 영역.

15. $\left[-\frac{10}{11} .. \frac{1}{11} \right]$, 그리고 오른쪽의 사각형.

16. 올림들을 규칙 $2 = (1100)_{i-1}$로 처리하는 형태의 아주 간단한 방식을 사용하고 싶겠지만, 그러면 종료가 되지 않는 방법이 만들어진다. 예를 들어 1을 $(11101)_{i-1} = -1$에 더하는 경우를 생각해 볼 것.

다음 해법은 네 개의 연관된 알고리즘들(1 또는 i를 더하거나 빼는 것들)을 통해서 그런 문제를 해결한다. α가 0들과 1들의 숫자열이고 α^P이 $(\alpha^P)_{i-1} = (\alpha)_{i-1} + 1$을 만족하는 0들과 1들의 숫자열이라고 하자. 그리고 α^{-P}, α^Q, α^{-Q}도 $+1$ 대신 각각 -1, $+i$, $-i$를 사용해서 마찬가지 방식으로 정의된다고 하자. 그러면:

$$(\alpha 0)^P = \alpha 1; \qquad (\alpha x 1)^P = \alpha^Q x 0. \qquad (\alpha 0)^Q = \alpha^P 1; \qquad (\alpha 1)^Q = \alpha^{-Q} 0.$$

$$(\alpha x 0)^{-P} = \alpha^{-Q} x 1; \qquad (\alpha 1)^{-P} = \alpha 0. \qquad (\alpha 0)^{-Q} = \alpha^Q 1; \qquad (\alpha 1)^{-Q} = \alpha^{-P} 0.$$

여기서 x는 0 또는 1이고, 숫자열들은 필요하다면 왼쪽에 0들이 적절히 붙는다. 이 공정들이 항상 종료됨은 명백하다. 따라서 a와 b가 정수인 $a + bi$ 형태의 모든 수를 $i - 1$ 체계로 표현할 수 있다.

17. 안 된다(연습문제 28에도 불구하고). 수 -1은 그런 식으로 표현할 수 없다. 이는 그림 1에서처럼 집합 S를 구축해서 증명할 수 있다. $-i = (0.1111\ldots)_{1+i}$, $i = (100.1111\ldots)_{1+i}$라는 표현들은 가능하다.

18. S_0이 각 a_k가 0 또는 1인 점 $(a_7 a_6 a_5 a_4 a_3 a_2 a_1 a_0)_{i-1}$들의 집합이라고 하자. (즉, S_0은 그림 1을 16배로 확대했다고 할 때 그 그림에 나오는 256개의 내부 점들로 주어진다.) 우선 S가 닫혔음을 보이자: $\{y_1, y_2, \ldots\}$이 S의 한 무한 부분집합이라고 하면, 각 a_{nk}가 S_0의 원소라고 할 때 $y_n = \sum_{k=1}^{\infty} a_{nk} 16^{-k}$이 성립한다. 노드들이 $1 \le r \le n$에 대해 $(a_{n1}, \ldots, a_{nr})$인 트리를 구축한다. 이 트리에서 한 노드가 다른 한 노드의 첫 부분집합이면 전자를 후자의 조상이라고 간주하자. 무한대 정리(정리 2.3.4.3K)에 의해 이 트리에는 하나의 무한 경로 $(a_1, a_2, a_3, \ldots)$이 존재한다. 따라서 $\sum_{k \ge 1} a_k 16^{-k}$은 S의 원소인 $\{y_1, y_2, \ldots\}$의 한 극한점이다.

연습문제 16의 답에 의해, a와 b가 정수일 때 $(a + bi)/16^k$ 형태의 모든 수를 이런 식으로 표현할 수 있다. 따라서 x와 y가 임의의 실수이고 $k \ge 1$일 때 수 $z_k = (\lfloor 16^k x \rfloor + \lfloor 16^k y \rfloor i)/16^k$가 $S + m + ni$ 안에 있게 되는 어떤 정수 m과 n이 존재한다. $(m, n) \ne (0, 0)$일 때 $S + m + ni$가 결코 원점에 도달하지 못함을 보이는 것이 가능하다. 따라서 만일 $|x|$와 $|y|$이 충분히 작으며 k가 충분히 크다면 $z_k \in S$이며 $\lim_{k \to \infty} z_k = x + yi$는 S에 속한다.

[만델브로B. Mandelbrot는 두 "용곡선(dragon curve)"을 배꼽끼리 연결하면 S의 형태가 나온다는 이유로 S에 "쌍용(twindragon)"이라는 이름을 붙였다. 그의 책 *Fractals: Form, Chance, and Dimension* (San Francisco: Freeman, 1977), 313-314를 볼 것. 거기서 그는 경계의 차원이 $2 \lg x \approx 1.523627$이고 $x = 1 + 2x^{-2} \approx 1.69562$임도 밝혔다. 용곡선의 또 다른 성질들이 C. Davis, D. E. Knuth, *J. Recr. Math.* **3** (1970), 66-81, 133-149에 나온다. D. Goffinet, *AMM* **98** (1991), 249-255는 숫자 $\{0, 1\}$과 기타 복소수 기수들에 대한 집합 S들을 보여준다.]

카타이I. Kátai와 서보J. Szabó는 기수 $-d + i$로 숫자들이 $\{0, 1, \ldots, d^2\}$인 수체계를 만들 수 있음을 보였다. *Acta Scient. Math.* **37** (1975), 255-260. 그런 체계에 대한 추가적인 성질들이 W. J. Gilbert, *Canadian J. Math.* **34** (1982), 1335-1348; *Math. Magazine* **57** (1984), 77-81에 개괄되어 있다. 노턴V. Norton은 숫자들이 $\{0, 1, i, -1, -i\}$이고 기수가 $2 + i$인 또 다른 흥미로운 경우를 제안했다 [*Math. Magazine* **57** (1984), 250-251]. 좀 더 일반적인 대수적 정수들에 기반을 둔 수체계에 대한 연구로는 I. Kátai, B. Kovács, *Acta Math. Acad. Sci. Hung.* **37** (1981), 159-164, 405-407; B. Kovács, *Acta Math. Hung.* **58** (1991), 113-120; B. Kovács, A. Pethő, *Studia Scient. Math. Hung.* **27** (1992), 169-172를 볼 것.

19. 만일 $m > u$이고 $m < l$이면 $m \equiv a \pmod{b}$을 만족하는 $a \in D$를 찾는다. 요구된 표현은 $m' = (m - a)/b$의 표현에 a가 붙는 형태가 될 것이다. $m > u$가 $l < m' < m$을 함의하며 $m < l$가 $m < m' < u$를 함의함을 주목할 것. 따라서 알고리즘은 종료된다.

〔$b = 2$일 때에는 해가 존재하지 않는다. 표현은 오직 $0 \in D$일 때에만 유일하다. 유일하지 않은 표현은 예를 들어 $D = \{-3, -1, 7\}$, $b = 3$일 때 나오는데, $(\alpha)_3 = (\overline{3}77\overline{3}\alpha)_3$이기 때문이다. $b \geq 3$일 때에는 모든 $a \in D$에 대해 $|a| < b$를 만족하는 해집합 D들의 개수가 정확히 2^{b-3}임을 보이는 것이 어렵지 않다. 더 나아가서 집합 $D = \{0, 1, 2 - \epsilon_2 b^n, 3 - \epsilon_3 b^n, ..., b - 2 - \epsilon_{b-2} b^n, b - 1 - b^n\}$(여기서 각 ϵ_j는 0 또는 1)은 모든 $b \geq 3$와 $n \geq 1$에 대해 유일한 표현들을 제공한다. 참고문헌: *Proc. IEEE Symp. Comp. Arith.* **4** (1978), 1-9; *JACM* **29** (1982), 1131-1143.〕

20. (a) $0.1\overline{11}... = \overline{1}.888... = \overline{18}. \frac{111}{777}... = \overline{18} \frac{1}{7} \cdot \frac{222}{666}... = \cdots = \overline{18} \frac{123456}{765432} \cdot \frac{777}{111}...$의 표현은 아홉 개이다. (b) "$D$ 분수" $.a_1 a_2 ...$은 항상 $-1/9$과 $+71/9$ 사이에 놓인다. x의 D 소수 표현이 열 개 이상이라고 하자. 그러면 충분히 큰 k에 대해 $10^k x$은 소수점 왼쪽에서 차이가 나는 10개의 표현들을 가진다: 각 f_j가 D분수라고 할 때 $10^k x = n_1 + f_1 = \cdots = n_{10} + f_{10}$이다. 정수 표현의 유일성에 의해 n_j들은 서로 다르다(이를테면 $n_1 < \cdots < n_{10}$). 따라서 $n_{10} - n_1 \geq 9$이다. 그러나 이는 $f_1 - f_{10} \geq 9 > 71/9 - (-1/9)$를 함의하므로 모순이 된다. (c) 각 a_j가 -1 또는 8인 $0.a_1 a_2 ...$ 형태의 모든 수는 $a_j' = a_j + 9$라 할 때 $\overline{1}.a_1' a_2' ...$과 같다(또한 그러한 수에는 $\overline{18}.a_1'' a_2'' ...$ 등등 여섯 개의 표현이 더 존재한다).

21. 본문에 나온 균형3진수 변환법과 비슷한 방법을 이용해서 그런 표현으로 변환할 수 있다.

연습문제 20에 나온 체계들과는 달리, 이 경우에는 0을 무한히 많은 방식으로 표현할 수 있다. 그 표현들은 모두 $\frac{1}{2} + \sum_{k \geq 1} (-4\frac{1}{2}) \cdot 10^{-k}$ (또는 이 표현의 음의 버전)에 10의 거듭제곱을 곱함으로써 얻을 수 있다. 단위원의 표현들은 $1\frac{1}{2} - \frac{1}{2}*$, $\frac{1}{2} + \frac{1}{2}*$, $5 - 3\frac{1}{2} - \frac{1}{2}*$, $5 - 4\frac{1}{2} + \frac{1}{2}*$, $50 - 45 - 3\frac{1}{2} - \frac{1}{2}*$, $50 - 45 - 4\frac{1}{2} + \frac{1}{2}*$ 등으로, 여기서 $\pm \frac{1}{2}* = (\pm 4\frac{1}{2})(10^{-1} + 10^{-2} + \cdots)$이다. 〔*AMM* **57** (1950), 90-93.〕

22. $t > 0$에 대해 오차 $\sum_{k=0}^{n} b_k 10^k - x > 10^{-t}$인 어떠한 근사값 $b_n ... b_1 b_0$이 주어졌다고 할 때, 오차를 약 10^{-t}으로 줄이는 방법을 보이고자 한다. (그러한 공정은 우선 적절한 $\sum_{k=0}^{n} b_k 10^k > x$를 찾고, 그런 다음 이런 종류의 축약을 유한한 횟수로 적용해서 오차를 ϵ 미만으로 줄이는 식으로 진행할 수 있다.) 그냥 $-10^m \alpha$의 십진 표현의 위치 10^{-t}이 1이고 위치 10^{-t+1}, 10^{-t+2}, ..., 10^n에서는 1이 아니게 되도록 충분히 큰 $m > n$을 선택한다. 그러면 $10^m \alpha + (10^m$과 10^n 사이의 10의 거듭제곱들의 적절한 합$) + \sum_{k=0}^{n} b_k 10^k \approx \sum_{k=0}^{n} b_k 10^k - 10^{-t}$이다.

23. 집합 $S = \left\{ \sum_{k \geq 1} a_k b^{-k} \mid a_k \in D \right\}$는 연습문제 18에서처럼 닫힌 집합이므로 측정이 가능하며, 실제로 양의 측도를 가진다. $bS = \bigcup_{a \in D} (a + S)$이므로 $b\mu(S) = \mu(bS) \leq \sum_{a \in D} \mu(a + S) = \sum_{a \in D} \mu(S) = b\mu(S)$이며, 따라서 $a \neq a' \in D$일 때 반드시 $\mu((a + S) \cap (a' + S)) = 0$이다. 이

제 T의 측도는 $0 \in D$이면 0이다. 왜냐하면 T는 형태가 $b^k(n + ((a + S) \cap (a' + S)))$, $a \neq a'$이고 측도가 모두 0인 많은(개수를 셀 수 있는) 집합들의 합집합이기 때문이다. 한편, 브랙K. A. Brakke이 지적했듯이, 모든 실수는 연습문제 21의 수체계 하에서 무한히 많은 표현들을 가진다.

〔집합 T가 공집합일 수는 없다. 왜냐하면 실수들을 서로 다른, 닫힌, 유한 집합들의 셀 수 있는 합집합으로 표현할 수는 없기 때문이다. *AMM* **84** (1977), 827-828을 볼 것. 또한 Petkovšek *AMM* **97** (1990), 408-411의 좀 더 상세한 분석도 참고하라. 만일 D의 원소 개수가 b 미만이면 기수 b와 D의 숫자들로 표현할 수 있는 수들의 집합의 측도는 0이다. D의 원소 개수가 b보다 많으며 D가 모든 실수를 표현한다면 T는 무한대의 측도를 가진다.〕

24. $k \geq 0$에 대한 집합 $\{2a \cdot 10^k + a' \mid 0 \leq a < 5, 0 \leq a' < 2\}$ 또는 $\{5a' \cdot 10^k + a \mid 0 \leq a < 5, 0 \leq a' < 2\}$가 그러한 집합 D이다. 〔그레이엄R. L. Graham은 이런 성질을 가진 정수 숫자들의 집합들이 더 이상 존재하지 않음을 보였다. 그리고 오들리츠코Andrew Odlyzko는 굳이 정수로 한정할 필요가 없음을 보였다. D의 가장 작은 두 원소가 0과 1이면 어차피 모든 숫자는 반드시 정수이기 때문이다. 증명. $S = \left\{ \sum_{k<0} a_k b^k \mid a_k \in D \right\}$가 "분수"들의 집합이라고 하자. 그리고 $X = \{(a_n \dots a_0)_b \mid a_k \in D\}$가 "정수"들의 집합이라고 하자. 그러면 $[0..\infty) = \bigcup_{x \in X}(x + S)$이며, $(x + S) \cap (x' + S)$은 $x \neq x' \in X$에 대해 측도가 0이다. 이제 $(0..1) \subseteq S$가 되며, m에 대한 귀납법을 적용하면 $(m..m + 1) \subseteq x_m + S$를 만족하는 어떤 $x_m \in X$가 존재함이 증명된다. $x_m \in X$가 모든 $\epsilon > 0$에 대해 $(m..m + \epsilon) \cap (x_m + S)$가 양의 측도를 가지게 하는 원소라고 하자. 그러면 $x_m \leq m$이고 x_m은 반드시 정수이다. 그렇지 않으면 $x_{\lfloor x_m \rfloor} + S$는 $x_m + S$와 너무 많이 겹치기 때문이다. 만일 $x_m > 0$이면, $(m - x_m .. m - x_m + 1) \cap S$가 양의 측도를 가진다는 사실은 귀납법에 의해 그 측도가 구체적으로 1임을 함의한다. 그리고 S가 닫혀 있으므로 $(m..m + 1) \subseteq x_m + S$이다. 만일 $x_m = 0$이고 $(m..m + 1) \not\subseteq S$이면 $(m..x_m') \subseteq S$라 할 때 어떤 $x_m' \in X$에 대해 반드시 $m < x_m' < m + 1$이다. 그러나 그러면 $1 + S$는 $x_m' + S$와 겹친다. *Proc. London Math. Soc.* (3) **18** (1978), 581-595를 볼 것.〕

참고: 만일 $0 \in D$라는 제약을 제거한다면 다른 여러 경우들도 존재하게 되는데, 그들 중 일부는 상당히 흥미롭다. 특히 $\{1, 2, 3, 4, 5, 6, 7, 8, 9, 10\}$, $\{1, 2, 3, 4, 5, 51, 52, 53, 54, 55\}$, $\{2, 3, 4, 5, 6, 52, 53, 54, 55, 56\}$이 흥미롭다. 아니면, 만일 음의 숫자들도 허용한다면, 연습문제 19의 방법을 통해서 또 다른 여러 해들을 얻을 수 있으며, 여기서 언급한 조건들을 만족하지 않는 $\{-1, 0, 1, 2, 3, 4, 5, 6, 7, 18\}$ 같은 생소한 숫자들의 집합들도 얻을 수 있다. 음의 숫자들을 가진 모든 해들에 대한 깔끔한 특성화를 찾는 것은 가망이 없어 보인다.

25. 기수 b 표현에서 기수점 오른쪽에 m개의 연속된 $(b - 1)$들이 나타나는 양수는 반드시 $c/b^n + (b^m - \theta)/b^{n+m}$의 형태이어야 한다. 여기서 c와 n은 음이 아닌 정수들이고 $0 < \theta \leq 1$이다. 따라서 만일 u/v가 그런 형태라면 $b^{m+n}u = b^m cv + b^m v - \theta v$임을 알 수 있다. 그러므로 θv는 b^m의 배수인 정수이다. 그러나 $0 < \theta v \leq v < b^m$이다. 〔$0 \leq a < b - 1$이면 다른 숫자 $aaaaa$들로

이루어진 임의의 긴 연속열들이 존재할 수 있다. 예를 들어 $a/(b-1)$의 표현에서 그런 연속열들이 나타난다.]

26. "충분함"의 증명은 기수 b에 대한 통상의 증명을 간단히 일반화한 형태이다. 원하는 표현을 계속해서 구축해 나가면 된다. "필요함"의 증명은 두 부분으로 나뉜다: 만일 어떤 n에 대해 β_{n+1}가 $\sum_{k \le n} c_k \beta_k$보다 크다면 작은 ϵ에 대한 $\beta_{n+1} - \epsilon$의 표현은 존재하지 않는다. 만일 모든 n에 대해 $\beta_{n+1} \le \sum_{k \le n} c_k \beta_k$이되 상등이 항상 성립하지는 않는다면, 특정한 x에 대해 두 개의 표현이 존재함을 보일 수 있다. [*Transactions of the Royal Society of Canada*, series III, **46**(1952), 45-55 참고.]

27. $|n|$에 대한 귀납법으로 증명한다: 만일 n이 짝수이면 반드시 $e_0 > 0$를 취해야 한다. 그러면 귀납법을 통해서 증명을 완성할 수 있다. $n/2$이 그러한 고유한 표현을 가지기 때문이다. n이 홀수이면 $e_0 = 0$으로 두어야 하며, 문제는 $-(n-1)/2$의 표현을 구하는 것으로 줄어든다. 후자의 수량이 0이나 1이면 방법은 하나 밖에 없음이 명백하다. 그 외의 경우에는 귀납법에 의해 유일한 반전 표현을 구할 수 있다. [부스A. D. Booth는 *Quarterly J. Mechanics and Applied Math.* **4** (1951), 236-240 에서 이러한 원리를 2의 보수 곱셈에 적용했다.]

[이 결과로부터, 모든 양의 정수에는 감소하는 지수 $e_0 > e_1 > \cdots > e_t$들을 가진 그런 표현들이 정확히 두 개가 있음을 이끌어 낼 수 있다. 한 표현은 t가 짝수이고 또 하나가 t가 홀수이다.]

28. 연습문제 27과 비슷한 방식으로 증명할 수 있다. 오직 $a+b$가 짝수일 때에만 $a+bi$가 $1+i$의 복소정수배임을 주목할 것. 이러한 표현은 연습문제 18의 답에서 논의한 용곡선과 밀접히 관련되어 있다.

29. $S_0 = \{0, 1, ..., b-1\}$이고 S_1, S_2, ...의 모든 원소가 b의 배수라고 할 때 어떠한 모음 $\{S_0, S_1, S_2, ...\}$을 축약함으로써 성질 B를 만족하는 임의의 모음 $\{T_0, T_1, T_2, ...\}$을 구할 수 있음을 증명하는 것으로 충분하다.

방금 전 명제를 증명하기 위해, $1 \in T_0$이라고 가정하자. 그리고 $b \notin T_0$를 만족하는 원소 $b > 1$가 적어도 하나 존재한다고 하자. 이제, 만일 $nb \notin T_0$이면 $nb+1, nb+2, ..., nb+b-1$이 그 어떤 T_j의 원소도 아니나, 만일 $nb \in T_0$이면 $nb+1, ..., nb+b-1$이 임의의 T_j의 원소임을 n에 대한 귀납법을 통해서 증명하고자 한다. 그러면 $S_1 = \{nb \mid nb \in T_0\}$, $S_2 = T_1$, $S_3 = T_2$ 등으로 두어서 원래의 명제를 증명할 수 있다.

만일 $nb \notin T_0$이면 $nb = t_0 + t_1 + \cdots$이고 $t_1, t_2, ...$는 b의 배수이다. 따라서 $t_0 < nb$는 b의 배수이다. 귀납법에 의해 $(t_0 + k) + t_1 + t_2 + \cdots$은 $0 < k < b$에 대해 $nb + k$의 표현이다. 따라서 임의의 j에 대해 $nb + k \notin T_j$가 성립한다.

이제 $nb \in T_0$이고 $0 < k < b$인 경우를 보자. $nb + k$의 표현이 $t_0 + t_1 + \cdots$이라고 하자. $j \ge 1$에 대해 $t_j = nb + k$일 수는 없다. 그것이 참이라면 $nb + b$는 두 표현 $(b-k) + \cdots + (nb+k) + \cdots = (nb) + \cdots + b + \cdots$을 가질 것이기 때문이다. 귀납에 의해 $t_0 \bmod b = k$이다. 그리고 표현 $nb = (t_0 - k) + t_1 + \cdots$은 $t_0 = nb + k$를 함의한다.

〔참고문헌: *Nieuw Archief voor Wiskunde* (3) **4** (1956), 15-17. 이 결과의 유한 버전은 P. A. MacMahon, *Combinatory Analysis* **1** (1915), 217-223에 유도되어 있다.〕

30. (a) 표현에 b_j가 관여하지 않는 수 n들의 집합을 A_j라고 하자. 그러면 유일성에 의해, 오직 $n + b_j \notin A_j$일 때에만 $n \in A_j$이다. 따라서 오직 $n + 2b_j \in A_j$일 때에만 $n \in A_j$가 된다. 이로부터, $j \neq k$에 대해 오직 $n + 2b_jb_k \in A_j \cap A_k$일 때에만 $n \in A_j \cap A_k$가 성립한다. m이 $0 \le n < 2b_jb_k$를 만족하는 정수 $n \in A_j \cap A_k$들의 개수라고 하자. 그러면 이 구간에서 A_j의 원소이나 A_k의 원소는 아닌 정수들은 정확히 m개, A_k의 원소이나 A_j의 원소는 아닌 정수들은 정확히 m개, 그리고 A_j의 원소도 아니고 A_k의 원소도 아닌 정수들도 정확히 m개이다. 따라서 $4m = 2b_jb_k$이다. 그러므로 b_j와 b_k가 동시에 홀수일 수는 없다. 그러나 홀수들이 표현 가능하므로, 적어도 하나의 b_j는 홀수이어야 한다.

(b) (a)에 따르면 b_0가 홀수이고 b_1, b_2, ...이 짝수가 되도록 b들을 다시 배치할 수 있다. 그러면 $\frac{1}{2}b_1$, $\frac{1}{2}b_2$, ... 역시 반드시 이진 기저이어야 하며, 따라서 이러한 공정을 반복할 수 있다.

(c) 이것이 이진 기저라면, n이 클 때 $\pm 2^n$을 표현하기 위해서는 임의의 큰 k에 대해 양과 음의 d_k들이 존재해야 한다. 거꾸로 말하면, 다음과 같은 알고리즘을 사용할 수 있다:

S1. 〔초기화.〕 $k \leftarrow 0$으로 설정한다.

S2. 〔끝인가?〕 만일 $n = 0$이면 종료한다.

S3. 〔선택.〕 n이 짝수이면 $n \leftarrow n/2$로 설정한다. 그렇지 않으면 표현에 2^kd_k를 포함시키고 $n \leftarrow (n - d_k)/2$로 설정한다.

S4. 〔k를 전진.〕 k를 1 증가시키고 S2로 돌아간다. ∎

각 단계에서 선택이 강제된다. 또한 단계 3에서는 $n = -d_k$가 아닌 한 항상 $|n|$이 감소한다. 따라서 알고리즘은 반드시 종료된다.

(d) 위의 알고리즘의 단계 S2-S4를 두 번 반복하면 $4m \to m$, $4m + 1 \to m + 5$, $4m + 2 \to m + 7$, $4m + 3 \to m - 1$로 변한다. 연습문제 19에서와 같은 이유로, 알고리즘이 $-2 \le n \le 8$에 대해 종료함만 보이면 된다. 그 외의 모든 n 값들은 이 구간으로 옮겨지게 된다. 이 구간에서 $3 \to -1 \to -2 \to 6 \to 8 \to 2 \to 7 \to 0$이고 $4 \to 1 \to 5 \to 6$이 된다. 따라서 $1 = 7 \cdot 2^0 - 13 \cdot 2^1 + 7 \cdot 2^2 - 13 \cdot 2^3 - 13 \cdot 2^5 - 13 \cdot 2^9 + 7 \cdot 2^{10}$이다.

참고: $d_0, d_1, d_2, \ldots = 5, -3, 3, 5, -3, 3, \ldots$으로 선택해도 이진 기저가 된다. 좀 더 자세한 내용은 *Math. Comp.* **18** (1964), 537-546; A. D. Sands, *Acta Math. Acad. Sci. Hung.* **8** (1957), 65-86을 볼 것.

31. (관련 연습문제 3.2.2-11, 4.3.2-13, 4.6.2-22도 볼 것.)

(a) 분모와 분자에 적절한 2의 거듭제곱들을 곱하면 $u = (\ldots u_2u_1u_0)_2$와 $v = (\ldots v_2v_1v_0)_2$가 2아딕 정수들이라고 가정할 수 있게 된다(여기서 $v_0 = 1$). 이제 다음과 같은 계산적 방법을 통해서

w를 구할 수 있다($u^{(n)}$은 $n > 0$일 때 정수 $(u_{n-1}\dots u_0)_2 = u \bmod 2^n$을 나타낸다):

$w_0 = u_0$이고 $w^{(1)} = w_0$이라고 하자. $n = 1, 2, \dots$에 대해, $u^{(n)} \equiv v^{(n)}w^{(n)}$ (modulo 2^n)을 만족하는 하나의 정수 $w^{(n)} = (w_{n-1}\dots w_0)_2$를 구했다고 하자. 그러면 $u^{(n+1)} \equiv v^{(n+1)}w^{(n)}$ (modulo 2^n)이며, 따라서 수량 $(u^{(n+1)} - v^{(n+1)}w^{(n)}) \bmod 2^{n+1}$이 0이냐 아니면 2^n이냐에 따라 $w_n = 0$ 또는 1이다.

(b) $2^k \equiv 1$ (modulo $2n+1$)인 가장 작은 정수 k를 구한다. 그러면 $1/(2n+1) = m/(2^k - 1)$인 어떤 정수 m, $1 \le m < 2^{k-1}$이 존재한다. α가 m의 k비트 이진 표현이라고 하자. 그러면 이진수 체계에서 $(0.\alpha\alpha\alpha\dots)_2$ 곱하기 $2n+1$은 $(0.111\dots)_2 = 1$이고 2아딕 체계에서 $(\dots\alpha\alpha\alpha)_2$ 곱하기 $2n+1$은 $(\dots111)_2 = -1$이다.

(c) u가 유리수라고 하자. 이를테면 n이 홀수 양수라고 할 때 $u = m/(2^e n)$이라고 하자. 그러면 u의 2아딕 표현은 주기적이다. 왜냐하면 주기적 전개를 가지는(즉, 순환소수로 표현되는) 수들의 집합은 $-1/n$을 포함하며, 부정(negation) 연산, 2로 나누기, 덧셈 연산에 대해 닫혀있기 때문이다. 반대로, 만일 모든 $N \ge \mu$에 대해 $u_{N+\lambda} = u_N$이라면 2아딕 수 $(2^\lambda - 1)2^{-\mu}u$는 정수이다.

(d) $(\dots u_2 u_1 1)_2$ 형태의 임의의 수의 제곱은 $(\dots 001)_2$ 형태이므로, 주어진 조건은 필요조건이다. 충분조건임을 보이기 위해서는 $n \bmod 8 = 1$일 때 $v = \sqrt{n}$를 계산하는 다음과 같은 절차를 사용할 수 있다:

H1. 〔초기화.〕 $m \leftarrow (n-1)/8$, $k \leftarrow 2$, $v_0 \leftarrow 1$, $v_1 \leftarrow 0$, $v \leftarrow 1$로 설정한다. (이 알고리즘 전반에서 $v = (v_{k-1}\dots v_1 v_0)_2$, $v^2 = n - 2^{k+1}m$이 성립한다.)

H2. 〔변환.〕 만일 m이 짝수이면 $v_k \leftarrow 0$, $m \leftarrow m/2$로 설정한다. 그렇지 않으면 $v_k \leftarrow 1$, $m \leftarrow (m-v-2^{k-1})/2$, $v \leftarrow v+2^k$로 설정한다.

H3. 〔k를 전진.〕 k를 1 증가하고 H2로 돌아간다. ∎

32. 좀 더 일반적인 결과가 *Math. Comp.* **29** (1975), 84–86에 나온다.

33. 그런 n자리 수들 전체의 집합을 K_n이라고 하자. 즉 $k_n = |K_n|$이다. S와 T가 임의의 유한 정수집합들이라고 할 때, 만일 어떤 정수 x에 대해 $S = T + x$이면 $S \sim T$라고 표기하자. 그리고 $k_n(S) = |\mathcal{K}_n(S)|$이라고 정의하자. 여기서 $\mathcal{K}_n(S)$은 $\sim S$인 K_n의 모든 부분집합들의 모임(family)이다. $n = 0$일 때에는 $|S| \le 1$가 아닌 한 $k_n(S) = 0$이 성립한다. 0은 유일한 "0숫자" 수이기 때문이다. $n \ge 1$이고 $S = \{s_1, \dots, s_r\}$일 때에는 다음이 성립한다:

$$\mathcal{K}_n(S) = \bigcup_{0 \le j < b} \bigcup_{(a_1, \dots, a_r)} \{\{t_1 b + a_1, \dots, t_r b + a_r\} \mid$$
$$\{t_1, \dots, t_r\} \in K_{n-1}(\{(s_i + j - a_i)/b \mid 1 \le i \le r\})\}.$$

안쪽 합집합은 숫자들의 수열 $(a_1, \dots, a_r)$들 중 $1 \le i \le r$에 대해 조건 $a_i \equiv s_i + j$ (modulo b)를 만족하는 모든 부분열들에 대해 취한 것이다. 이 공식에서 $1 \le i < i' \le r$에 대해 $t_i -$

$t_{i'} = (s_i - a_i)/b - (s_{i'} - a_{i'})/b$가 만족되어야 한다. 그래야 첨자 이름들이 고유하게 결정된다. 그러므로, $f(S, m, j)$가 m개의 서로 다른 부분열 $(a_1, ..., a_r)$들에 대해 $\{t_1 b + a_1, ..., t_r b + a_r\}$로 표현할 수 있는 정수들의 집합들의 개수라고 할 때, 포함 및 배제 원칙에 의해 $k_n(S) = \sum_{0 \le j < b} \sum_{m \ge 1} (-1)^{m-1} f(S, m, j)$이 성립한다. 여기서 합의 구간은 m개의 서로 다른 수열 $(a_1, ..., a_r)$의 가능한 선택들 전체이다. $1 \le l \le m$에 대해 m개의 서로 다른 수열 $(a_1^{(l)}, ..., a_r^{(l)})$들이 주어졌을 때, 그런 집합들의 개수는 $k_{n-1}(\{(s_i + j - a_i^{(l)})/b \mid 1 \le i \le r, 1 \le l \le m\})$이다. 따라서, 각 c_T가 정수라고 할 때

$$k_n(S) = \sum_{T \in \mathcal{T}(S)} c_T k_{n-1}(T)$$

를 만족하는 집합 $\mathcal{T}(S)$들의 모임이 존재한다. 더 나아가서, 만일 $T \in \mathcal{T}(S)$이면 그 원소들은 S의 해당 원소들 근처이다. $\min T \ge (\min S - \max D)/b$이고 $\max T \le (\max S + b - 1 - \min D)/b$이다. 즉, 우리는 연습문제 19의 표기법 하에서 수열 $\langle k_n(S) \rangle$에 대한, S가 $[l..u+1]$의 비지 않은 정수 부분집합들을 거쳐 가는 동시점화식을 얻게 된다. 원소 하나짜리 임의의 집합 S에 대해 $k_n = k_n(S)$이므로, 수열 $\langle k_n \rangle$은 그러한 점화식들 사이에 나타나게 된다. c_T의 계수들은 $k_n(S)$의 처음 몇 값들로 계산할 수 있으므로, 결국 생성함수 $k_S(z) = \sum k_n(S) z^n = [|S| \le 1] + z \sum_{T \in \mathcal{T}(S)} c_T k_T(z)$를 정의하는 연립방정식을 구할 수 있다. [J. Algorithms **2** (1981), 31-43 참고.]

예를 들어 $D = \{-1, 0, 3\}$이고 $b = 3$일 때 $l = -\frac{3}{2}$이고 $u = \frac{1}{2}$이다. 따라서 관련 집합 S들은 $\{0\}$, $\{0, 1\}$, $\{-1, 1\}$, $\{-1, 0, 1\}$이다. $n \le 3$에 대한 해당 수열들은 $\langle 1, 3, 8, 21 \rangle$, $\langle 0, 1, 3, 8 \rangle$, $\langle 0, 0, 1, 4 \rangle$, $\langle 0, 0, 0, 0 \rangle$이다. 이로부터

$$k_0(z) = 1 + z(3k_0(z) - k_{01}(z)), \qquad k_{02}(z) = z(k_{01}(z) + k_{02}(z)),$$
$$k_{01}(z) = z k_0(z), \qquad k_{012}(z) = 0$$

과 $k(z) = 1/(1 - 3z + z^2)$을 얻을 수 있다. 이 경우 $k_n = F_{2n+2}$이고 $k_n(\{0, 2\}) = F_{2n-1} - 1$이다.

34. 기호 $\{\bar{1}, 0, 1\}$들에 대한, $n = (\alpha_n)_2$이고 선행 0들이나 연속된 0이 아닌 기호들이 존재하지 않는 기호열 α_n은 정확히 하나이다: α_0은 빈 기호열이다. 그렇지 않다면 $\alpha_{2n} = \alpha_n 0$, $\alpha_{4n+1} = \alpha_n 01$, $\alpha_{4n-1} = \alpha_n 0\bar{1}$이다. n을 표현하는 임의의 기호열은 축약 연산 $11 \to 01\bar{1}$, $\bar{1}\bar{1} \to 0\bar{1}1$, $01...11 \to 10...0\bar{1}$, $0\bar{1}...\bar{1}\bar{1} \to \bar{1}0...01$을 적용하고 선행 0들을 삽입하거나 삭제해서 α_n으로 변환할 수 있다. 이 축약들은 0이 아닌 숫자들의 개수를 늘리지 않으므로, α_n은 0이 가장 적은 기호열이다. [Advances in Computers **1** (1960), 244-260.] α_n의 0이 아닌 기호들의 개수 $\bar{\nu}(n)$은 통상적인 표현 바로 앞에 0이 오거나 어떤 $k \ge 0$에 대한 부분열 $00(10)^k 1$이 오는 표현에 있는 1들의 개수이다.

기수 $b > 2$에 대한 일반화가 J. von zur Gathen, Computational Complexity **1** (1991), 360-394에서 제시된 바 있다.

4.2.1절

1. $N = (62, + .60\ 22\ 14\ 00)$; $h = (37, + .66\ 26\ 10\ 00)$. 수량 $10h$가 $(38, + .06\ 62\ 61\ 00)$이 됨을 주목할 것.

2. $b^{E-q}(1 - b^{-p})$, b^{-q-p}; $b^{E-q}(1 - b^{-p})$, b^{-q-1}.

3. e가 최소값이 아닌 경우 최상위 "1" 비트(이것은 그런 모든 정규화된 수에서 나타난다)가 컴퓨터 워드에 반드시 나타나야 하는 것은 아니다.

4. $(51, + .10209877)$; $(50, + .12346000)$; $(53, + .99999999)$. $b/2$가 홀수이므로, 만일 첫 피연산수가 $(45, - .50000000)$이었다면 세 번째 답은 $(54, + .10000000)$이 되었을 것이다.

5. 만일 $x \sim y$이고 m이 정수이면 $mb + x \sim mb + y$이다. 더 나아가서, 모든 경우들을 고려할 때 $x \sim y$는 $x/b \sim y/b$를 함의한다. 또 다른 핵심적인 성질은, $bx \sim by$이면 항상 x와 y가 같은 정수로 반올림된다는 것이다.

이제 만일 $b^{-p-2}F_v \neq f_v$이면 반드시 $(b^{p+2}f_v) \bmod b \neq 0$가 성립한다. 따라서 변환을 적용해도 $e_u - e_v \geq 2$가 아닌 한 f_v는 변하지 않는다. u가 정규화되었으므로 u는 0이 아니며 $|f_u + f_v| > b^{-1} - b^{-2} \geq b^{-2}$이다: $f_u + f_v$의 0이 아닌 선행 숫자는 기수점에서 오른쪽으로 적어도 두 자리에 위치하며, $j \leq 1$라고 할 때 반올림 연산은 $b^{p+j}(f_u + f_v)$를 하나의 정수로 변환한다. $b^{p+j+1}(f_u + f_v) \sim b^{p+j+1}(f_u + b^{-p-2}F_v)$임을 보인다면 증명을 완성할 수 있다. 앞의 문단에 의해 $b^{p+2}(f_u + f_v) \sim b^{p+2}f_u + F_v = b^{p+2}(f_u + b^{-p-2}F_v)$이며, 이는 모든 $j \leq 1$에 대해 주어진 결과를 함의한다. 알고리즘 M의 단계 M2에 대해서도 비슷한 논증이 적용된다.

$b > 2$가 짝수일 때에는 그러한 하나의 정수 F_v가 항상 존재함을 주목할 것. 그러나 $b = 2$일 때에는 $p + 3$개의 비트들이 필요하다($2F_v$가 정수라고 할 때). b가 홀수이면 정수 F_v는 알고리즘 M의 나눗셈에서 $\frac{1}{2}b$의 나머지가 가능한 경우를 제외하면 항상 존재한다.

6. (프로그램 A에서 $e_u = e_v$, $f_u = -f_v$인 경우를 고려할 것.) ADD에서처럼, 레지스터 A는 이전 부호를 유지한다.

7. 하나의 수가 오직 0이거나 그 분수부가 범위 $\frac{1}{6} < |f| < \frac{1}{2}$ 안에 있을 때에만 정규화된 수라고 말하기로 하자. 덧셈과 뺄셈에 대해서는 $(p + 1)$자리 누산기 하나로 충분하고, (나눗셈 도중을 제외할 때)반올림은 절단과 동치이다. 이 얼마나 쾌적한 시스템인가! 0초과 지수들을 가진 수들을 표현할 수도 있을 것이다: 분수의 첫 숫자와 그 이후 숫자들 사이에 0초과 지수들을 끼워 넣고, 만일 분수가 음이면 보수화한다. 그러면 고정소수점 수들의 순서가 보존된다.

8. (a) $(06, + .12345679) \oplus (06, - .12345678)$, $(01, + .10345678) \oplus (00, - .94000000)$;
(b) $(99, + .87654321) \oplus$ 자기자신, $(99, + .99999999) \oplus (91, + .50000000)$.

9. $a = c = (-50, + .10000000)$, $b = (-41, + .20000000)$, $d = (-41, + .80000000)$, $y = (11, + .10000000)$.

10. $(50, +.99999000) \oplus (55, +.99999000)$.

11. $(50, +.10000001) \otimes (50, +.99999990)$.

12. 만일 $0 < |f_u| < |f_v|$이면 $|f_u| \le |f_v| - b^{-p}$이다. 따라서 $1/b < |f_u/f_v| \le 1 - b^{-p}/|f_v| < 1 - b^{-p}$이다. 만일 $0 < |f_v| \le |f_u|$이면 $1/b \le |f_u/f_v|/b \le ((1 - b^{-p})/(1/b))/b = 1 - b^{-p}$이다.

13. J. Michael Yohe, *IEEE Transactions* **C-22** (1973), 577-586을 볼 것. 또한 연습문제 4.2.2-24도 보라.

14.
```
FIX  STJ   9F            부동 → 고정소수점 변환 루틴:
     STA   TEMP
     LD1   TEMP(EXP)     rI1 ← e.
     SLA   1             rA ← ±ffff0.
     JAZ   9F            입력이 0인가?
     DEC1  1
     CMPA  =0=(1:1)      선행 바이트가 0이면
     JE    *-4               다시 왼쪽으로 자리이동한다.
     ENN1  -Q-4,1
     J1N   FIXOVFLO      크기가 너무 큰가?
     ENTX  0
     SRAX  0,1
     CMPX  =1//2=
     JL    9F
     JG    *+2
     JAO   9F            b/2가 짝수이므로 애매한 경우는 홀수가 된다.
     STA   *+1(0:0)      필요하다면 반올림.
     INCA  1             ±1을 더한다(위넘침은 불가능함).
9H   JMP   *             서브루틴에서 나간다. ∎
```

15.
```
FP   STJ   EXITF         분수부 서브루틴:
     JOV   OFLO          위넘침이 꺼지도록 한다.
     STA   TEMP          TEMP ← u.
     ENTX  0
     SLA   1             rA ← f_u.
     LD2   TEMP(EXP)     rI2 ← e_u.
     DEC2  Q
     J2NP  *+3
     SLA   0,2           u의 정수부를 제거한다.
     ENT2  0
     JANN  1F
     ENN2  0,2           분수부가 음수임.
```

```
        SRAX   0,2                해당 보수를 구한다.
        ENT2   0
        JXNZ   *+3
        JAZ    *+2
        INCA   1
        ADD    WM1                워드 크기 빼기 1을 더한다.
1H      INC2   Q                  답을 정규화할 준비를 한다.
        JMP    NORM               정규화하고, 반올림하고, 나간다.
8H      EQU    1(1:1)
WM1 CON        8B-1,8B-1(1:4)     워드 크기 빼기 1  ▮
```

16. 만일 $|c| \geq |d|$이면 $r \leftarrow d \oslash c$, $s \leftarrow c \oplus (r \otimes d)$; $x \leftarrow (a \oplus (b \otimes r)) \oslash s$, $y \leftarrow (b \ominus (a \otimes r))$ $\oslash s$로 설정한다. 그렇지 않으면 $r \leftarrow c \oslash d$, $s \leftarrow d \oplus (r \otimes c)$; $x \leftarrow ((a \otimes r) \oplus b) \oslash s$, $y \leftarrow ((b \otimes r) \ominus a) \oslash s$로 설정한다. 그러면 $x + iy$은 $(a + bi)/(c + di)$에 대한 원하던 근사값이 된다. 〔*CACM* **5** (1962), 435. 복소수 산술과 함수 평가에 대한 다른 알고리즘들이 P. Wynn, *BIT* **2** (1962), 232-255에 나와 있다. Paul Friedland, *CACM* **10** (1967), 665도 볼 것.〕

17. Robert Morris, *IEEE Transactions* **C-20** (1971), 1578-1579를 볼 것. 그러한 체계에서는 오차 분석이 더 힘들기 때문에 구간 산술이 그만큼 더 바람직하다.

18. 양수에 대해서는: 분수를 $f_1 = 1$이 될 때까지 왼쪽으로 자리이동한 후 반올림하고, 만일 그 분수가 0이면(반올림 위넘침) 다시 오른쪽으로 자리이동한다. 음수에 대해서는: $f_1 = 0$이 될 때까지 왼쪽으로 자리이동한 후 반올림하고, 만일 그 분수가 0이면(반올림 아래넘침) 다시 오른쪽으로 자리이동한다.

19. $(73 - (5 - [반올림\ 숫자들이\ \frac{b}{2}0\ldots0임]))(6 - [크기가\ 반올림됨]) + [e_v < e_u] + [첫\ 반올림\ 숫자가\ \frac{b}{2}임] - [분수\ 위넘침] - 10[결과가\ 0] + 7[반올림\ 위넘침] + 7N + (3 + (16 + [결과가\ 음수])[부호들이\ 반대임])X)u$, 여기서 N은 정규화 도중 일어난 왼쪽 자리이동 횟수, X는 rX에 0이 아닌 숫자들이 저장되며 분수 위넘침이 생기지 않는 경우의 수. 최대 시간은 $84u$로, 이는 예를 들면

$$u = -50\ 01\ 00\ 00\ 00, \qquad v = +45\ 49\ 99\ 99\ 99, \qquad b = 100$$

일 때 일어난다. 〔4.2.4절의 자료를 고려할 때 평균 시간은 $47u$보다 작을 것이다.〕

4.2.2절

1. $u \ominus v = u \oplus -v = -v \oplus u = -(v \oplus -u) = -(v \ominus u)$.

2. (8), (2), (6)에 의해 $u \oplus x \geq u \oplus 0 = u$, 따라서 다시 (8)에 의해 $(u \oplus x) \oplus v \geq u \oplus v$. 비슷하게, (8), (6)은 (2)와 함께 $(u \oplus x) \oplus (v \oplus y) \geq (u \oplus x) \oplus v$를 함의한다.

3. $u = 8.0000001$, $v = 1.2500008$, $w = 8.0000008$; $(u \otimes v) \otimes w = 80.000064$, 그러나 $u \otimes (v \otimes w) = 80.000057$.

4. 있다. v가 큰 값일 때 $1/u \approx v = w$로 두어 볼 것.

5. 항상 그렇지는 않다. 십진 산술에서 $u = v = 9$로 두어 볼 것.

6. (a) 유효하다. (b) $b + p \leq 4$에 대해서만 유효하다($u = 1 - b^{-p}$으로 두어 볼 것). 단, 연습문제 27을 볼 것.

7. 만일 u와 v가 연속된 부동 이진수들이면 $u \oplus v = 2u$ 또는 $2v$이다. $2v$일 때에는 $u^{②} \oplus v^{②} < 2v^{②}$가 되는 경우가 자주 있다. 예를 들어 $u = (.10\ldots001)_2$, $v = (.10\ldots010)_2$, $u \oplus v = 2v$, $u^{②} + v^{②} = (.10\ldots011)_2$이다.

8. (a) $\sim$, $\approx$; (b) $\sim$, $\approx$; (c) $\sim$, $\approx$; (d) $\sim$; (e) $\sim$.

9. $|u - w| \leq |u - v| + |v - w| \leq \epsilon_1 \min(b^{e_u - q}, b^{e_v - q}) + \epsilon_2 \min(b^{e_v - q}, b^{e_w - q}) \leq \epsilon_1 b^{e_u - q} + \epsilon_2 b^{e_w - q} \leq (\epsilon_1 + \epsilon_2) \max(b^{e_u - q}, b^{e_w - q})$. 결과를 일반적으로 강화할 수는 없는데, 왜냐하면 예를 들어 e_u가 e_v와 e_w 모두에 비해 너무 작을 수 있으며, 이는 주어진 가정들 하에서 $u - w$가 상당히 커질 수 있다는 뜻이기 때문이다.

10. 만일 $a_p \geq 1$이고 $a_1 \geq \frac{b}{2}$이면 $(.a_1 \ldots a_{p-1} a_p)_b \otimes (.9 \ldots 99)_b = (.a_1 \ldots a_{p-1}(a_p - 1))_b$이다. 여기서 "9"는 $b - 1$을 나타낸다. 더 나아가서 $(.a_1 \ldots a_{p-1} a_p)_b \otimes (1.0 \ldots 0)_b = (.a_1 \ldots a_{p-1} 0)_b$이므로, 만일 $b > 2$이고 $a_p \geq 1 + [a_1 \geq \frac{b}{2}]$이면 곱셈은 단조가 아니다. 그러나 $b = 2$일 때에는 이러한 논증을 확장해서 곱셈이 단조임을 보일 수 있다. 그 "특정한 컴퓨터"에서 $b > 2$임은 명백하다.

11. x가 정수이고 $0 \leq x < b^p$라고 가정해도 일반성은 손실되지 않는다. 만일 $e \leq 0$이면 $t = 0$이다. 만일 $0 < e \leq p$이면 $x - t$는 최대 $p + 1$개의 숫자들을 가지며, 최하위 숫자는 0이다. 만일 $e > p$이면 $x - t = 0$이다. [이 결과는 $|t| < b^e$라는 좀 더 약한 가설 하에서도 성립한다. 그런 경우 $e > p$일 때 $x - t = b^e$이 될 수 있다.]

12. $e_u = p$, $e_v \leq 0$, $u > 0$라고 가정한다. 경우 1, $u > b^{p-1}$. 경우 (1a), $w = u + 1$, $v \geq \frac{1}{2}$, $e_v = 0$. 그러면 $u' = u$ 또는 $u + 1$, $v' = 1$, $u'' = u$, $v'' = 1$ 또는 0이다. 경우 (1b), $w = u$, $|v| \leq \frac{1}{2}$. 그러면 $u' = u$, $v' = 0$, $u'' = u$, $v'' = 0$이다. 만일 $|v| = \frac{1}{2}$이고 좀 더 일반적인 반올림이 허용된다면 또한 $u' = u \pm 1$, $v'' = \mp 1$도 성립하게 된다. 경우 (1c), $w = u - 1$, $v \leq -\frac{1}{2}$, $e_v = 0$. 그러면 $u' = u$ 또는 $u - 1$, $v' = -1$, $u'' = u$, $v'' = -1$ 또는 0이다. 경우 2, $u = b^{p-1}$. 경우 (2a), $w = u + 1$, $v \geq \frac{1}{2}$, $e_v = 0$. 그러면 (1a)와 마찬가지이다. 경우 (2b), $w = u$, $|v| \leq \frac{1}{2}$, $u' \geq u$. (1b)와 마찬가지. 경우 (2c), $w = u$, $|v| \leq \frac{1}{2}$, $u' < u$. 그러면 어떤 양의 정수 $j \leq \frac{1}{2} b$에 대해 $v = j/b + v_1$이고 $|v_1| \leq \frac{1}{2} b^{-1}$라고 할 때 $u' = u - j/b$이다. $v' = 0$, $u'' = u$, $v'' = j/b$가 성립한다. 경우 (2d), $w < u$. 그러면 어떤 양의 정수 $j \leq b$에 대해 $v = -j/b + v_1$이고 $|v_1| \leq \frac{1}{2} b^{-1}$라 할 때 $w = u - j/b$이다. $(v', u'') = (-j/b, u)$, $(u', v'') = (u, -j/b)$ 또는 $(u - 1/b, (1 - j)/b)$가 성립하는데, 후자의 경우는 $v_1 = \frac{1}{2} b^{-1}$일 때에만 성립한다. 모든 경우에서 $u \ominus u' = u - u'$, $v \ominus v' = v - v'$, $u \ominus u'' = u - u''$, $v \ominus v'' = v - v''$, $\mathrm{round}(w - u - v) = w - u - v$이다.

13. 오직 $x = 0$일 때에만 $\text{round}(x) = 0$이므로, 오직 m/n이 정수일 때에만 $m \oslash n$이 정수라는 성질을 가진 정수쌍 (m, n)들의 큰 집합을 구해야 한다. $|m|, |n| < b^p$라고 가정하자. 만일 m/n이 정수이면 $m \oslash n = m/n$도 정수이다. 반대로 m/n이 정수가 아니나 $m \oslash n$이 정수이면 $1/|n| \le |m \oslash n - m/n| < \frac{1}{2}|m/n|b^{1-p}$가 되며, 따라서 $|m| > 2b^{p-1}$이다. 그러므로 답은 조건 $|m| \le 2b^{p-1}$와 $0 < |n| < b^p$이다. (약간 더 약한 가설들도 가능하다.)

14. $|(u \otimes v) \otimes w - uvw| \le |(u \otimes v) \otimes w - (u \otimes v)w| + |w||u \otimes v - uv|$

$$\le \delta_{(u \otimes v) \otimes w} + b^{e_w - q - l_w}\delta_{u \otimes v} \le (1+b)\delta_{(u \otimes v) \otimes w}.$$

이제 $|e_{(u \otimes v) \otimes w} - e_{u \otimes (v \otimes w)}| \le 2$이므로 $\epsilon = \frac{1}{2}(1+b)b^{2-p}$이라고 둘 수 있다.

15. $u \le v$는 $(u \oplus u) \oslash 2 \le (u \oplus v) \oslash 2 \le (v \oplus v) \oslash 2$를 함의하므로, 그 조건이 모든 u와 v에 대해 성립하기 위한 필요충분조건은 $u = v$이면 그 조건이 항상 성립한다는 것이다. 따라서 기수 $b = 2$의 경우 그 조건은 항상 만족된다(위넘침을 고려하지 않을 때). 그러나 $b > 2$의 경우에는 $v \oplus v = w \oplus w$인 수 $v \ne w$가 존재하므로 조건이 실패한다. 〔한편, 공식 $u \oplus ((v \ominus u) \oslash 2)$는 실제로 범위 안의 한 중간점으로 평가된다. 증명. $u + (v \ominus u) \oslash 2 \le v$만, 즉 $(v \ominus u) \oslash 2 \le v - u$만 증명하면 충분하다. 그리고 모든 $x \ge 0$에 대해 $\text{round}(\frac{1}{2}\text{round}(x)) \le x$를 증명하는 것은 어렵지 않다.〕

16. (a) 지수는 $\sum_{10} = 11.111111$, $\sum_{91} = 101.11111$, $\sum_{901} = 1001.1102$, $\sum_{9001} = 10001.020$, $\sum_{90009} = 100000.91$, $\sum_{900819} = 1000000.0$에서 변한다. 따라서 $\sum_{1000000} = 1109099.1$이다.

(b) (14)는 $\sum_{k=1}^{n} 1.2345679 = 1224782.1$을 계산한 후에 $-.0053187053$의 제곱근을 취하려 한다. 그러나 (15)와 (16)은 이 경우 정확하다. 〔만일 $x_k = 1 + \lfloor (k-1)/2 \rfloor 10^{-7}$이면 (15)와 (16)은 규모 n의 오차를 가진다. 표준편차 계산의 정확도에 대한 추가적인 결과들에 대해서는 Chan, Lewis, *CACM* **22** (1979), 526-531을 볼 것.〕

(c) $u \oplus ((v \ominus u) \oslash k)$가 u와 v 사이에 놓임을 보여야 한다. 연습문제 15를 볼것.

17.
```
    FCMP  STJ   9F           부동소수점 비교 서브루틴:
          JOV   OFLO         위넘침이 꺼져 있도록 한다.
          STA   TEMP
          LDAN  TEMP         v ← -v.
    (프로그램 4.2.1A의 줄 07-20을 여기에 복사할 것.)
          LDX   FV(0:0)      rX를 0으로 설정하되 부호는 f_v의 것으로 설정한다.
          DEC1  5
          J1N   *+2
          ENT1  0            지수의 큰 차이를 작은 차이로
          SRAX  5,1            대체한다.
          ADD   FU           rA ← 피연산수들의 차이.
          JOV   7F           분수 위넘침: ~ 가 아님.
          CMPA  EPSILON(1:5)
```

	JG	8F	만일 ～이 아니면 점프.
	JL	6F	만일 ～이면 점프.
	JXZ	9F	만일 ～이면 점프.
	JXP	1F	만일 $\|rA\| = \epsilon$이면 $rA \times rX$의 부호를 점검.
	JAP	9F	만일 ～이면 점프. $(rA \neq 0)$
	JMP	8F	
7H	ENTX	1	
	SRC	1	rA를 부호는 같되 0이 아니게 만든다.
	JMP	8F	
1H	JAP	8F	～이 아니면 점프. $(rA \neq 0)$
6H	ENTA	0	
8H	CMPA	=0=	비교 지시자를 설정.
9H	JMP	*	서브루틴에서 나간다. ∎

19. $k > n$에 대해 $\gamma_k = \delta_k = \eta_k = \sigma_k = 0$이라고 하자. x_k의 계수들은 모든 첨자들이 $k-1$만큼 증가된다는 것만 제외하면 x_1의 계수들과 같으므로, x_1의 계수들만 구하면 충분하다. $(s_k - c_k, c_k)$의 x_1의 계수들을 각각 (f_k, g_k)라고 표기하자. 그러면 $f_1 = (1 + \eta_1)(1 - \gamma_1 - \gamma_1\delta_1 - \gamma_1\sigma_1 - \delta_1\sigma_1 - \gamma_1\delta_1\sigma_1)$, $g_1 = (1 + \delta_1)(1 + \eta_1)(\gamma_1 + \sigma_1 + \gamma_1\sigma_1)$이고 $1 < k \leq n$에 대해 $f_k = (1 - \gamma_k\sigma_k - \delta_k\sigma_k - \gamma_k\delta_k\sigma_k)f_{k-1} + (\gamma_k - \eta_k + \gamma_k\delta_k + \gamma_k\eta_k + \gamma_k\delta_k\eta_k + \gamma_k\eta_k\sigma_k + \delta_k\eta_k\sigma_k + \gamma_k\delta_k\eta_k\sigma_k)g_{k-1}$, $g_k = \sigma_k(1 + \gamma_k)(1 + \delta_k)f_{k-1} - (1 + \delta_k)(\gamma_k + \gamma_k\eta_k + \eta_k\sigma_k + \gamma_k\eta_k\sigma_k)g_{k-1}$이다. 따라서 $f_n = 1 + \eta_1 - \gamma_1 + (4n$개의 2차항들$) + ($더 고차항들$) = 1 + \eta_1 - \gamma_1 + O(n\epsilon^2)$은 충분히 작다. 〔케이헌Kahan의 합 공식은 *CACM* **8** (1965), 40에 처음 발표된 것이다. *Proc. IFIP Congress* (1971), **2**, 1232도 볼 것. 그리고 K. Ozawa, *J. Information Proc.* **6** (1983), 226-230에 나오는 추가적인 결과들도 보라. 케이헌은 $\|\phi_k\| \leq 2\epsilon + O((n+1-k)\epsilon^2)$이라 할 때 $s_n \ominus c_n = \sum_{k=1}^{n}(1 + \phi_k)x_k$임을 지적했다. 정확한 합에 대한 또 다른 접근방식으로는 R. J. Hanson, *CACM* **18** (1975), 57-58이 있다. x들 중 일부는 음수이고 일부는 양수인 경우에는 그것들을 부합시킴으로써 이득을 얻을 수 있는데, 이에 대해서는 T. O. Espelid, *SIAM Review* **37** (1995), 603-607에 설명되어 있다. 또한 $\{x_1, ..., x_n\}$이 주어졌을 때 $\text{round}(x_1 + \cdots + x_n)$과 $\text{round}(x_1 ... x_n)$을 정확히 계산하는 알고리즘에 대해서는 G. Bohlender, *IEEE Trans.* **C-26** (1977), 621-632를 보라.

20. 정리 C의 증명에 의해, $e_w = p$에 대해 (47)이 성립하지 않는 경우는 $\|v\| + \frac{1}{2} \geq \|w - u\| \geq b^{p-1} + b^{-1}$일 때뿐이다. 따라서 $\|f_u\| \geq \|f_v\| \geq 1 - (\frac{1}{2}b - 1)b^{-p}$이다. 이제 정규화 도중 $\|f_w\|$가 본질적으로 2로(실제로는, 분수 위넘침에 대한 오른쪽 비례를 거치고 나면, $2/b$로) 반올림된다는 것이 (47)이 성립하지 않을 필요충분조건임을 알 수 있다. 사실 그런 경우는 매우 드물다!

21. (펠트캄프G. W. Veltkamp의 답.) $c = 2^{\lceil p/2 \rceil} + 1$이라고 하자. $p \geq 2$라고 가정할 수 있으며, 따라서 c는 표현 가능하다. 우선 $u' = u \otimes c$, $u_1 = (u \ominus u') \oplus u'$, $u_2 = u \ominus u_1$을 계산한다. 마찬가지로 $v' = v \otimes c$, $v_1 = (v \ominus v') \oplus v'$, $v_2 = v \ominus v_1$을 계산한다. 그런 다음 $w \leftarrow u \otimes v$, $w' \leftarrow (((u_1 \otimes v_1$

$\ominus w) \oplus (u_1 \otimes v_2)) \oplus (u_2 \otimes v_1)) \oplus (u_2 \otimes v_2)$ 로 설정한다.

이에 대한 증명에서는 $u, v > 0$ 이고 $e_u = e_v = p$ 인 경우만 고려하면 된다. 그런 경우 u 와 v 는 $[2^{p-1} .. 2^p)$ 에 속하는 정수들이다. 그러면 $2^{p-1} \leq u_1 \leq 2^p$, $u_1 \bmod 2^{\lceil p/2 \rceil} = 0$, $|u_2| \leq 2^{\lceil p/2 \rceil - 1}$ 이라 할 때 $u = u_1 + u_2$ 이다. 마찬가지로 $v = v_1 + v_2$ 이다. w' 의 계산 도중의 연산들은 정확하다. $w - u_1 v_1$ 가 $|w - u_1 v_1| \leq |w - uv| + |u_2 v_1 + u_1 v_2 + u_2 v_2| \leq 2^{p-1} + 2^{p + \lceil p/2 \rceil} + 2^{p-1}$ 을 만족하는 2^{p-1} 의 배수이기 때문이다. 마찬가지로 $w - u_1 v_1 - u_1 v_2$ 가 $2^{\lceil p/2 \rceil}$ 의 배수라고 할 때 $|w - u_1 v_1 - u_1 v_2| \leq |w - uv| + |u_2 v| < 2^{p-1} + 2^{\lceil p/2 \rceil - 1 + p}$ 이다.

22. $b^{p-1} \leq u, v < b^p$ 이라고 가정할 수 있다. 만일 $uv \leq b^{2p-1}$ 이면 $|r| \leq \frac{1}{2} b^{p-1}$ 이라 할 때 $x_1 = uv - r$ 이다. 따라서 $x_2 = \text{round}(u - r/v) = x_0$ 이다($|r/v| \leq \frac{1}{2} b^{p-1} / b^{p-1} \leq \frac{1}{2}$ 이며 상등은 $v = b^{p-1}$ 을 함의하므로 $r = 0$ 이기 때문이다). 만일 $uv > b^{2p-1}$ 이면 $|r| \leq \frac{1}{2} b^p$ 라 할 때 $x_1 = uv - r$ 이며, 따라서 $x_1 / v = u - r/v < b^p + \frac{1}{2} b$ 이고 $x_2 \leq b^p$ 이다. 만일 $x_2 = b^p$ 이면 $x_3 = x_1$ 이다(조건 $(b^p - \frac{1}{2})v \leq x_1$ 가 x_1 이 b^p 의 배수임을 함의하며 $x_1 < b^p(v + \frac{1}{2})$ 가 성립하기 때문이다). 만일 $x_2 < b^p$ 이고 $x_1 > b^{2p-1}$ 이면 $|q| \leq \frac{1}{2}$ 라고 할 때 $x_2 = x_1 / v + q$ 로 둔다. 그러면 $x_3 = \text{round}(x_1 + qv) = x_1$ 이다. 마지막으로, 만일 $x_2 < b^p$, $x_1 = b^{2p-1}$, $x_3 < b^{2p-1}$ 이면 앞에서 말한 첫 번째 경우에 의해 $x_4 = x_2$ 이다. 이러한 상황은 이를테면 $b = 10$, $p = 2$, $u = 19$, $v = 55$, $x_1 = 1000$, $x_2 = 18$, $x_3 = 990$ 일 때 발생한다.

23. 만일 $u \geq 0$ 또는 $u \leq -1$ 이면 $u \text{(mod)} 1 = u \bmod 1$ 이므로 항등식이 성립한다. 만일 $-1 < u < 0$ 이면 $|r| \leq \frac{1}{2} b^{-p}$ 이라 할 때 $u \text{(mod)} 1 = u \oplus 1 = u + 1 + r$ 이다. 항등식은 오직 $\text{round}(1 + r) = 1$ 일 때에만 성립하므로, 짝수로 반올림한다면 항상 성립한다. 본문에 나온 반올림 규칙을 사용한다면 오직 b 가 4의 배수이고 $-1 < u < 0$ 이며 $u \bmod 2b^{-p} = \frac{3}{2} b^{-p}$ 일 때에만(이를테면 $p = 3$, $b = 8$, $u = -(.0124)_8$) 항등식이 성립하지 않는다.

24. $u = [u_l .. u_r]$, $v = [v_l .. v_r]$ 이라고 하자. 그러면 $u \oplus v = [u_l \triangledown v_l .. u_r \triangle v_r]$ 인데, 여기서 모든 x 에 대해 $x \triangle y = y \triangle x$, $x \triangle + 0 = x$, 모든 $x \neq + 0$ 에 대해 $x \triangle - 0 = x$, 모든 $x \neq -\infty$ 에 대해 $x \triangle + \infty = + \infty$, $x \triangle - \infty$ 는 정의할 필요가 없음; $x \triangledown y = -((-x) \triangle (-y))$ 이다. 만일 $x + y$ 가 너무 커서 보통의 부동소수점 산술에서 $x \oplus y$ 가 위넘침을 일으킨다면 $x \triangle y$ 는 $+ \infty$ 이고 $x \triangledown y$ 는 표현할 수 있는 가장 큰 수이다.

뺄셈에 대해서는 $-v = [-v_r .. -v_l]$ 라 할 때 $u \ominus v = u \oplus (-v)$ 로 두면 된다.

곱셈은 다소 복잡하다. 정확한 절차는 $u \otimes v = [\min(u_l \triangledown v_l, u_l \triangledown v_r, u_r \triangledown v_l, u_r \triangledown v_r) .. \max(u_l \triangle v_l, u_l \triangle v_r, u_r \triangle v_l, u_r \triangle v_r)]$ 로 두는 것인데, 여기서 $x \triangle y = y \triangle x$, $x \triangle (-y) = -(x \triangledown y) = (-x) \triangle y$; $x \triangle + 0 = (x > 0$ 에 대해 $+ 0$, $x < 0$ 에 대해 $- 0)$; $x \triangle - 0 = -(x \triangle + 0)$; $x \triangle + \infty = (x > + 0$ 에 대해 $+ \infty$, $x < 0$ 에 대해 $- \infty)$ 이다. ($\min$ 과 $\max$ 는 그냥 u_l, u_r, v_l, v_r 의 부호만 보고 결정할 수 있으며, 따라서 여덟 개의 곱들 중 두 개만 계산하면 된다. 단 $u_l < 0 < u_r$ 이고 $v_l < 0 < v_r$ 인 경우는 예외이다. 그런 경우에는 네 개의 곱들을 계산해야 하며 답은 $[\min(u_l \triangledown v_r,$

$u_r \triangledown v_l) \ .. \ \max{(u_l \triangle v_l, \ u_r \triangle v_r)}]$이다.)

　　마지막으로, $u \oslash v$는 $v_l < 0 < v_r$인 경우에는 정의되지 않는다. 그렇지 않은 경우에는 v_l과 v_r을 각각 v_r^{-1}와 v_l^{-1}로 대체해서 곱셈 공식들을 사용하면 된다. 이 때 $x \triangle y^{-1} = x \triangle y$, $x \triangledown y^{-1} = x \triangledown y$, $(\pm 0)^{-1} = \pm \infty$, $(\pm \infty)^{-1} = \pm 0$이다.

　　[E. R. Hansen, *Math. Comp.* **22** (1968), 374-384를 볼 것. 0으로 나누기가 오류 메시지를 내지 않으며 구간들이 ∞의 근방일 수도 있는 또 다른 방안을 케이헌W. M. Kahan이 제시한 바 있다. 케이헌의 방안에서는 예를 들어 $[-1 .. +1]$의 역수는 $[+1 .. -1]$이며, 0을 포함한 구간에 ∞를 포함한 구간을 곱하면 모든 수의 집합인 $[-\infty .. +\infty]$가 나온다. *Numerical Analysis*, Univ. Michigan Engineering Summer Conf. Notes No. 6818 (1968)을 보라.]

25. 소거는 u와 v의 계산에서 이전에 발생한 오차들을 드러낸다. 예를 들어 만일 ϵ이 작다면 $f(x+\epsilon) \ominus f(x)$를 계산할 때 낮은 정확도의 결과가 나오는 경우가 있는데, 이는 $f(x+\epsilon)$의 반올림되는 계산이 ϵ에 대한 정보를 상당히 파괴하기 때문이다. 그런 공식들은 $\epsilon \otimes g(x, \epsilon)$로 다시 쓰는 것이 바람직하다. 여기서 $g(x, \epsilon) = (f(x+\epsilon) - f(x))/\epsilon$는 먼저 기호적으로(simbolically) 계산된다. 즉, 만일 $f(x) = x^2$이면 $g(x, \epsilon) = 2x + \epsilon$이고 만일 $f(x) = \sqrt{x}$이면 $g(x, \epsilon) = 1/(\sqrt{x+\epsilon} + \sqrt{x})$이다.

26. $e = \max{(e_u, e_{u'})}$, $e' = \max{(e_v, e_{v'})}$, $e'' = \max{(e_{u \oplus v}, e_{u' \oplus v'})}$로 두자. 그리고 $q = 0$이라고 가정하자. 그러면 $(u \oplus v) - (u' \oplus v') \le u + v + \frac{1}{2}b^{e''-p} - u' - v' + \frac{1}{2}b^{e''-p} \le \epsilon b^e + \epsilon b^{e'} + b^{e''-p}$이고 $e'' \ge \max{(e, e')}$이다. 따라서 $u \oplus v \sim u' \oplus v' \ (2\epsilon + b^{-p})$이다.

　　만일 $b = 2$이면 이 추정치를 $1.5\epsilon + b^{-p}$으로 개선할 수 있다. 왜냐하면 $\epsilon + b^{-p}$은 $u - u'$와 $v - v'$의 부호가 반대이면 하나의 상계가 되며 그 외의 경우에는 $e = e' = e''$일 수 없기 때문이다.

27. 주어진 항등식은 $b^{-1} \le f_u \le b^{-1/2}$이면 항상 $1 \oslash (1 \oslash u) = u$라는 사실의 한 결과이다. 만일 $b^{-1} \le f_u \le b^{-1/2}$가 아니면 $b^{p-1} < x < b^{p-1/2}$이며 $y - \frac{1}{2} \le b^{2p-1}/x < b^{2p-1}/(x - \frac{1}{2}) \le y$ 또는 $y \le b^{2p-1}/(x + \frac{1}{2}) < b^{2p-1}/x \le y + \frac{1}{2}$인 정수 x와 y가 존재할 것이다. 그러나 $x(x + \frac{1}{2}) > b^{2p-1}$가 아닌 이상 그런 정수들이 존재할 수 없음이 명백하며, 그러한 조건은 $y = \lfloor b^{p-1/2} \rfloor = x$를 함의한다.

28. *Math. Comp.* **32** (1978), 227-232를 볼 것.

29. $b = 2$이고 $p = 1$, $x > 0$일 때 $\text{round}(x) = 2^{e(x)}$이 성립한다. 여기서 $e(x) = \lfloor \lg \frac{4}{3}x \rfloor$이다. $f(x) = x^\alpha$이고 $t(n) = \lfloor \lfloor \alpha n + \lg \frac{4}{3} \rfloor/\alpha + \lg \frac{4}{3} \rfloor$라고 하자. 그러면 $\hat{h}(2^e) = 2^{t(e)}$이다. $\alpha = .99$일 때 $41 < e \le 58$에 대해 $\hat{h}(2^e) = 2^{e-1}$임을 알 수 있다.

31. 4.5.3절의 이론에 따르면, 연분수 $\sqrt{3} = 1 + //1, 2, 1, 2, \dots //$의 수렴급수들은 $p_n/q_n = K_{n+1}(1, 1, 2, 1, 2, \dots)/K_n(1, 2, 1, 2, \dots)$이다. 이 수렴급수들은 $\sqrt{3}$에 대한 훌륭한 근사치들이며, 따라서 $3q_n^2 \approx p_n^2$이다. 실제로 $3q_n^2 - p_n^2 = 2 - 3(n \bmod 2)$이다. 주어진 예는 $2p_{31}^2 + (3q_{31}^2 -$

$p_{31}^2)(3q_{31}^2 + p_{31}^2) = 2p_{31}^2 - (p_{31}^2 - 1 + p_{31}^2) = 1$에 해당한다. $3q_{31}^2$을 거의 완벽하게 표현할 수 있는 것이 아닌 한, 부동소수점 뺄셈으로 $3q_{31}^2$에서 p_{31}^2을 빼면 0이 나온다. $9q_{31}^4$에서 p_{31}^4을 뺄 때의 반올림 오차는 일반적으로 $2p_{31}^2$보다 훨씬 크다. 임의의 대수적 수에 대한 연분수 근사에 대해서도 비슷한 예가 가능하다.

4.2.3절

1. 우선 $(w_m, w_l) = (.573, .248)$; 그런 다음 $w_m v_l / v_m = .290$; 따라서 답은 $(.572, .958)$. 이는 실제로 소수점 여섯 자리까지의 정확한 결과이다.

2. 정규화 루틴은 여덟 자리까지의 절단을 수행하며 이 특정한 바이트 위치는 결코 찾지 않으므로, 답에는 영향이 미치지 않는다. (입력들이 정규화되어 있으므로, 정규화 과정에서 왼쪽으로의 비례는 많아야 한 번 일어난다.)

3. 줄 09에서 위넘침이 생기지 않음은 명백하다. 왜냐하면 두 바이트 수량들을 더하는 것이기 때문이다. 4바이트 수량들을 더하는 줄 22 역시 위넘침을 일으키지 않는다. 줄 30에서는 세 개의 4바이트 수량들의 합을 계산하며, 이 역시 위넘침을 결코 일으키지 않는다. 마지막으로 줄 32에서도, 곱 $f_u f_v$가 반드시 단위원보다 작으므로 위넘침은 불가능하다.

4. 줄 3과 4 사이에 "JOV OFLO; ENT1 0"을 삽입한다. 줄 21-22를 "ADD TEMP(ABS); JNOV *+2; INC1 1"로 바꾸고 줄 28-31을 "SLAX 5; ADD TEMP; JNOV *+2; INC1 1; ENTX 0,1; SRC 5"로 바꾼다. 이러면 총 다섯 줄의 코드가 추가되며, 실행 시간은 오직 1 또는, 2, 3단위만 추가된다.

5. 줄 06 다음에 "JOV OFLO"를 추가한다. 줄 22, 31, 39를 각각 "SRAX 0,1", "SLAX 5", "ADD ACC"로 바꾼다. 줄 40과 41 사이에 "DEC2 1; JNOV DNORM; INC2 1; INCX 1; SRC 1"을 삽입한다. ("STZ EXPO" 대신 "DEC2 1"을 제거하고 싶겠지만, 그러면 "INC2 1"에 의해 rI2가 넘칠 수 있다!) 이러면 총 여섯 줄의 코드가 추가된다. 실행 시간은 $3u$만큼 감소한다. 단, 분수 위넘침이 발생하는 경우에는 $7u$만큼 증가한다.

6.

```
   DOUBLE STJ   EXITDF        배정도로 변환:
          ENTX  0             rX를 비운다.
          STA   TEMP
          LD2   TEMP(EXP)     rI2 ← e.
          INC2  QQ-Q          초과의 차이를 보정한다.
          STZ   EXPO          EXPO ← 0.
          SLAX  1             지수를 제거한다.
          JMP   DNORM         정규화하고 나간다.
   SINGLE STJ   EXITF         단정도로 변환:
          JOV   OFLO          위넘침이 꺼지도록 만든다.
          STA   TEMP
          LD2   TEMP(EXPD)    rI2 ← e.
```

```
DEC2   QQ-Q              초과의 차이를 보정한다.
SLAX   2                 지수를 제거한다.
JMP    NORM              정규화, 반올림 후 나간다. ▮
```

7. 세 루틴 모두 오직 정확한 결과가 0일 때에만 0을 답으로 낸다. 따라서 상대 오차에 대한 수식에서 분모가 0이 되는 일은 걱정하지 않아도 된다. 덧셈 루틴의 최악의 경우는 상당히 나쁘다: 십진 표기법으로 표현해 보면, 입력들이 1.0000000과 $.99999999$일 때 답은 b^{-8}이 아니라 b^{-7}이다. 따라서 최대 상대 오차 δ_1은 $b-1$이다(여기서 b는 바이트 크기).

곱셈과 나눗셈의 경우, 두 피연산자들이 양수이며 같은 지수 QQ를 가진다고 가정할 수 있다. 곱셈의 최대 오차의 한계는 그림 4를 고려하면 쉽게 알아낼 수 있다: $uv \geq 1/b$일 때 $0 \leq uv - u \otimes v < 3b^{-9} + (b-1)b^{-9}$이며, 따라서 상대 오차의 한계는 $(b+2)b^{-8}$이다. $1/b^2 \leq uv < 1/b$일 때에는 $0 \leq uv - u \otimes v < 3b^{-9}$이므로 상대 오차의 한계는 $3b^{-9}/uv \leq 3b^{-7}$이다. δ_2는 두 추정치 중 큰 것, 즉 $3b^{-7}$으로 잡으면 된다.

나눗셈의 경우에는 프로그램 D를 좀 더 세심하게 분석해야 한다. 그 서브루틴이 실제로 계산하는 수량은 $\alpha = (u_m + \epsilon u_l)/bv_m$, $\beta = v_l/bv_m$이라 할 때 $\alpha - \delta - b\epsilon((\alpha - \delta'')(\beta - \delta') - \delta''') - \delta_n$이다. 음이 아닌 절단 오차 $(\delta, \delta', \delta'', \delta''')$들은 각각 $(b^{-10}, b^{-5}, b^{-5}, b^{-6})$들보다 작다. 마지막으로 δ_n(정규화 도중의 절단 오차)은 음이 아니며, 비례가 발생하느냐의 여부에 따라 b^{-9} 또는 b^{-8}보다 작다. 몫의 실제 값은 $\alpha/(1 + b\epsilon\beta) = \alpha - b\epsilon\alpha\beta + b^2\alpha^2\beta^2\delta''''$이다. 여기서 δ''''는 무한급수 (2)의 절단에 의해 생기는 음이 아닌 오차이다. (2)가 교대급수(alternating series)이므로 $\delta'''' < \epsilon^2 = b^{-10}$이다. 따라서 상대오차는 $(b\epsilon\delta' + b\epsilon\delta''\beta/\alpha + b\epsilon\delta'''/\alpha) - (\delta/\alpha + b\epsilon\delta'\delta''/\alpha + b^2\beta^2\delta'''' + \delta_n/\alpha)$의 절대값 곱하기 $(1 + b\epsilon\beta)$이다. 이 식에서 양의 항들의 한계는 $b^{-9} + b^{-8} + b^{-8}$이며 음의 항들의 한계는 $b^{-8} + b^{-12} + b^{-8}$ 더하기 정규화 페이즈에 의한 기여인데, 그 기여는 크기가 약 b^{-7}이다. 따라서 상대오차에서 잠재적으로 가장 큰 부분은 정규화 페이즈에서 비롯된 것이며, $\delta_3 = (b+2)b^{-8}$가 상대오차에 대한 안전한 상계임이 분명하다.

8. 덧셈: 만일 $e_u \leq e_v + 1$이면 상대오차 전부는 정규화 페이즈에서 발생하며, 따라서 상대오차의 상계는 b^{-7}이다. 만일 $e_u \geq e_v + 2$이고 부호들이 같으면, 역시 전체 오차는 정규화에 의한 것이라 할 수 있다. 부호들이 반대이면, 숫자들을 자리이동해서 레지스터 바깥으로 내보내서 생기는 오차는 이후에 정규화에 의해 생기는 오차와는 반대 방향이다. 두 오차 모두 한계는 b^{-7}이며, 따라서 $\delta_1 = b^{-7}$이다. (이는 연습문제 7의 결과보다는 훨씬 더 낮다.)

곱셈: 연습문제 7의 분석에 의해 $\delta_2 = (b+2)b^{-8}$이다.

4.2.4절

1. 분수 위넘침은 두 피연산수의 부호가 같을 때에만 발생할 수 있으므로, 요구된 확률은 분수 위넘침이 일어날 확률을 피연산수들의 부호가 같을 확률로 나눈 것, 즉 $7\% / (\frac{1}{2}(91\%)) \approx 15\%$이다.

3. $\log_{10}2.4 - \log_{10}2.3 \approx 1.84834\%$.

4. 그 페이지들은 균등하게 지저분해질 것이다.

5. $10f_U \le r$일 확률은 $(r-1)/10 + (r-1)/100 + \cdots = (r-1)/9$이다. 따라서 이 경우 선행 숫자들은 균등하게 분포된다. 예를 들어 선행 숫자가 1일 확률은 $\frac{1}{9}$이다.

6. 선행 0 비트들이 셋일 확률은 $\log_{16}2 = \frac{1}{4}$이다. 선행 0 비트들이 두 개일 확률은 $\log_{16}4 - \log_{16}2 = \frac{1}{4}$이다. 나머지 두 경우도 비슷하다. 선행 0 비트들의 "평균" 개수는 $1\frac{1}{2}$이므로, "유효 비트들"의 "평균" 개수는 $p + \frac{1}{2}$이다. 그러나 선행 0 비트들이 $p-1$개인 최악의 경우도 상당히 높은 확률로 발생한다. 실제 응용에서는 일반적으로 최악의 경우를 근거로 해서 오차를 추정할 필요가 있다. 왜냐하면 계산들의 사슬은 가장 약한 고리만큼만 강하기 때문이다. 4.2.2절의 오차 분석에서 부동소수점 16진수에 대한 상대 반올림 오차의 상계는 2^{1-p}이다. 이진수의 경우에는 모든 정규화된 수들에서 유효 비트 개수가 $p+1$이고(연습문제 4.2.1-3 참고) 상대 반올림 오차의 한계가 2^{-1-p}이 되게 할 수 있다. 상세한 계산 실험을 해보면, 이진수의 정밀도가 $p+1$비트가 아니라 p비트임에도 부동 이진수가 해당 부동 16진수보다 훨씬 더 정확한 결과를 냄을 확인할 수 있다.

표 1과 2는 16진 산술을 조금 더 빠르게 수행할 수 있음을 보여주는데, 이는 오른쪽으로의 비례나 왼쪽으로의 정규화에 필요한 계산 주기가 더 적기 때문이다. 그러나 다른 기수들에 대한 $b=2$의 상당한 장점에 비한다면, 이 사실은 그리 중요하지 않다(정리 4.2.2C와 연습문제 4.2.2-13, 15, 21도 볼 것). 특히 전체 프로세서 비용을 아주 조금만 늘리는 것으로 부동 이진수를 부동 16진수만큼이나 빠르게 만드는 게 가능함을 생각한다면 더욱 그렇다.

7. 예를 들어 $\sum_m \left(F(10^{km} \cdot 5^k) - F(10^{km}) \right) = \log 5^k / \log 10^k$이고 $\sum_m \left(F(10^{km} \cdot 4^k) - F(10^{km}) \right) = \log 4^k / \log 10^k$이라고 하자. 그러면 모든 k에 대해

$$\sum_m \left(F(10^{km} \cdot 5^k) - F(10^{km} \cdot 4^k) \right) = \log_{10} \frac{5}{4}$$

이다. 그러나 ϵ이 작은 양수라고 하고, $\delta > 0$를 $0 < x < \delta$에 대해 $F(x) < \epsilon$가 되는 값으로, 그리고 $M > 0$을 $x > M$에 대해 $F(x) > 1 - \epsilon$가 되는 값으로 택한다고 하자. 그러면 $10^{-k} \cdot 5^k < \delta$이고 $4^k > M$이 되는 k의 값을 선택할 수 있다. 그러므로, F의 단조성에 의해

$$\sum_m \left(F(10^{km} \cdot 5^k) - F(10^{km} \cdot 4^k) \right)$$
$$\le \sum_{m \le 0} \left(F(10^{km} \cdot 5^k) - F(10^{k(m-1)} \cdot 5^k) \right) + \sum_{m \ge 0} \left(F(10^{k(m+1)} \cdot 4^k) - F(10^{km} \cdot 4^k) \right)$$
$$= F(10^{-k}5^k) + 1 - F(10^k 4^k) < 2\epsilon$$

이다.

8. $s > r$일 때 $P_0(10^n s)$는 작은 n에 대해 1이며 $\lfloor 10^n s \rfloor > \lfloor 10^n r \rfloor$일 때에는 0이다. 이를 만족하는 가장 작은 n은 얼마든지 클 수 있으므로, s와 독립적인 $N_0(\epsilon)$에 대해서는 균등한 한계를 둘 수 없다. (일반적으로 미적분 교재들은 그러한 균등 한계가 극한 함수 $S_0(s)$의 연속성을 함의한다는

증명을 제시하나, 실제로는 그렇지 않다.)

9. q_1, q_2, ...이 모든 n에 대해 $P_0(n) = q_1\binom{n-1}{0} + q_2\binom{n-1}{1} + \cdots$을 만족한다고 하자. 그러면 모든 m과 n에 대해 $P_m(n) = 1^{-m} q_1\binom{n-1}{0} + 2^{-m} q_2\binom{n-1}{1} + \cdots$이다.

10. $1 < r < 10$일 때 생성함수 $C(z)$는 점 $1 + w_n$들에서 단순극(simple pole, 單純極)들을 가진다. 여기서 $w_n = 2\pi ni / \ln 10$이다. 따라서, $E(z)$가 평면 전체에서 해석적이라 할 때

$$C(z) = \frac{\log_{10} r - 1}{1 - z} + \sum_{n \neq 0} \frac{1 + w_n}{w_n} \frac{e^{-w_n \ln r} - 1}{(\ln 10)(z - 1 - w_n)} + E(z)$$

이다. 즉, 만일 $\theta = \arctan(2\pi / \ln 10)$이면

$$c_m = \log_{10} r - 1 - \frac{2}{\ln 10} \sum_{n > 0} \Re\left(\frac{e^{-w_n \ln r} - 1}{w_n (1 + w_n)^m} \right) + e_m$$

$$= \log_{10} r - 1 + \frac{\sin(m\theta + 2\pi \log_{10} r) - \sin(m\theta)}{\pi (1 + 4\pi^2 / (\ln 10)^2)^{m/2}} + O\left(\frac{1}{(1 + 16\pi^2 / (\ln 10)^2)^{m/2}} \right)$$

이다.

11. 만일 $(\log_b U) \bmod 1$이 $[0..1)$에서 균등하게 분포한다면 $(\log_b 1/U) \bmod 1 = (1 - \log_b U) \bmod 1$도 마찬가지로 분포된다.

12. 다음이 성립한다:

$$h(z) = \int_{1/b}^{z} f(x)dx\, g(z/bx)/bx + \int_{z}^{1} f(x)dx\, g(z/x)/x.$$

따라서

$$\frac{h(z) - l(z)}{l(z)} = \int_{1/b}^{z} f(x)dx\, \frac{g(z/bx) - l(z/bx)}{l(z/bx)} + \int_{z}^{1} f(x)dx\, \frac{g(z/x) - l(z/x)}{l(z/x)}$$

이다. $f(x) \geq 0$이므로 모든 z에 대해

$$|(h(z) - l(z))/l(z)| \leq \int_{1/b}^{z} f(x)dx\, A(g) + \int_{z}^{1} f(x)dx\, A(g)$$

이다. 그러므로 $A(h) \leq A(g)$이고, 대칭성에 의해 $A(h) \leq A(f)$이다. 〔*Bell System Tech. J.* **49** (1970), 1609-1625.〕

13. $X = (\log_b U) \bmod 1$이고 $Y = (\log_b V) \bmod 1$이라고 하자. 그러면 X와 Y는 $[0..1)$에서 독립적으로 균등하게 분포한다. 오직 $X + Y \geq 1$일 때에만 왼쪽 자리이동이 전혀 필요하지 않으며, 그렇게 될 확률은 $\frac{1}{2}$이다.

　(비슷하게, 알고리즘 4.2.1M의 부동소수점 나눗셈에서 정규화 자리이동이 전혀 필요하지 않을 확률은 $\frac{1}{2}$이다. 이 경우는 두 피연산수가 독립적이며 같은 분포를 가진다는 좀 더 약한 가정만 만족하면 된다.)

14. 편의상 여기서는 $b = 10$에 대한 계산들을 보이겠다. $k = 0$일 경우 하나의 올림이 발생할 확률은

$$\left(\frac{1}{\ln 10}\right)^2 \int_{\substack{1 \le x, y \le 10 \\ x + y \ge 10}} \frac{dx}{x}\,\frac{dy}{y}$$

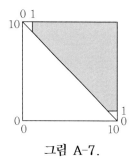

그림 A-7.

이다(그림 A-7.) 적분의 값은

$$\int_0^{10} \frac{dy}{y} \int_{10-y}^{10} \frac{dx}{x} - 2\int_0^1 \frac{dy}{y} \int_{10-y}^{10} \frac{dx}{x},$$

이고

$$\int_0^t \frac{dy}{y} \ln\left(\frac{1}{1-y/10}\right) = \int_0^t \left(\frac{1}{10} + \frac{y}{200} + \frac{y^2}{3000} + \cdots\right)dy = \frac{t}{10} + \frac{t^2}{400} + \frac{t^3}{9000} + \cdots$$

이다. (후자의 적분은 본질적으로 "이중로그[dilogarithm]"이다.) 따라서 $k = 0$일 때 올림이 발생할 확률은 $(1/\ln 10)^2(\pi^2/6 - 2\sum_{n \ge 1} 1/n^2 10^n) \approx .27154$이다. [참고: $b = 2$이고 $k = 0$일 때에는 항상 분수 위넘침이 발생하며, 따라서 이상의 유도는 $\sum_{n \ge 1} 1/n^2 2^n = \pi^2/12 - (\ln 2)^2/2$임을 증명한다.]

$k > 0$일 때 확률은

$$\left(\frac{1}{\ln 10}\right)^2 \int_{10^{-k}}^{10^{1-k}} \frac{dy}{y} \int_{10-y}^{10} \frac{dx}{x} = \left(\frac{1}{\ln 10}\right)^2 \left(\sum_{n \ge 1} \frac{1}{n^2 10^{nk}} - \sum_{n \ge 1} \frac{1}{n^2 10^{n(k+1)}}\right)$$

이다. 따라서 $b = 10$일 때 분수 위넘침은 근사 확률 $.272 p_0 + .017 p_1 + .002 p_2 + \cdots$ 으로 발생한다. $b = 2$일 때의 해당 확률은 $p_0 + .655 p_1 + .288 p_2 + .137 p_3 + .067 p_4 + .033 p_5 + .016 p_6 + .008 p_7 + .004 p_8 + .002 p_9 + .001 p_{10} + \cdots$ 이다.

이제 표 1의 확률들을 사용하되 0인 피연산수들을 제거하기 위해 .91로 나누어서 사용한다면, 그리고 확률들이 피연산수 부호들과는 독립적이라고 가정한다면, $b = 10$일 때의 확률이 약 14퍼센트라고 예측할 수 있다(연습문제 1의 15퍼센트가 아니라). $b = 2$일 경우는 약 48퍼센트이다. 반면 표의 경우는 44퍼센트가 된다. 이러한 결과들은 실험 오차의 한계 안에서 확실하게 일치한다.

15. $k = 0$일 때 선행 숫자는 오직 올림이 발생했을 때에만 1이다. ($b \ge 4$일 때에는 분수 위넘침과 이후의 반올림에 의해 선행 숫자가 2가 될 수도 있다. 그러나 이 연습문제에서는 반올림을 무시한다.) 분수 위넘침 확률은 앞의 연습문제에서 보았듯이 약 .272이며, $.272 < \log_{10} 2$이다.

$k > 0$일 때 선행 숫자가 1일 확률은

$$\left(\frac{1}{\ln 10}\right)^2 \left(\int_{10^{-k}}^{10^{1-k}} \frac{dy}{y} \int_{\substack{1 \le x < 2-y \\ \text{또는 } 10-y \le x < 10}} \frac{dx}{x}\right) < \left(\frac{1}{\ln 10}\right)^2 \left(\int_{10^{-k}}^{10^{1-k}} \frac{dy}{y} \int_{1 \le x \le 2} \frac{dx}{x}\right) = \log_{10} 2$$

이다.

16. 힌트[Landau, *Prace Matematyczno-Fizyczne* **21** (1910), 103-113에서 기인한 것임]의 증명을 위해, 우선 $\limsup a_n = \lambda > 0$라고 가정하자. $\epsilon = \lambda/(\lambda+4M)$라고 두고, 모든 $n > N$에 대해 $|a_1 + \cdots + a_n| < \frac{1}{10}\epsilon\lambda n$을 만족하는 N을 취한다. $n > N/(1-\epsilon)$, $n > 5/\epsilon$가 $a_n > \frac{1}{2}\lambda$를 만족한다고 하자. 그러면 귀납법에 의해, $0 \le k < \epsilon n$에 대해 $a_{n-k} \ge a_n - kM/(n-\epsilon n) > \frac{1}{4}\lambda$이 며 $\sum_{n-\epsilon n < k \le n} a_k \ge \frac{1}{4}\lambda(\epsilon n - 1) > \frac{1}{5}\lambda\epsilon n$이다. 그러나 $n - \epsilon n > N$이므로

$$\left|\sum_{n-\epsilon n < k \le n} a_k\right| = \left|\sum_{1 \le k \le n} a_k - \sum_{1 \le k \le n-\epsilon n} a_k\right| \le \frac{1}{5}\epsilon\lambda n$$

이다. $\liminf a_n < 0$인 경우에도 비슷한 모순이 적용된다.

$n \to \infty$에 따라 $P_{m+1}(n) \to \lambda$라고 가정할 때 $a_k = P_m(k) - \lambda$로 두자. $0 \le P_m(k) \le 1$이 므로, 만일 $m > 0$이면 a_k는 힌트의 가설을 만족한다(식 4.2.2-(15) 참고). 따라서 $P_m(n) \to \lambda$ 이다.

17. *J. Math. Soc. Japan* **4** (1952), 313-322를 볼 것. 조화 확률이 보통의 확률을 확장한다는 사실은 체사로Cesàro의 한 정리 [*Atti della Reale Accademia dei Lincei, Rendiconti* (4) **4** (1888), 452-457]에서 비롯된 것이다. 디아코니스Persi Diaconis는 평균의 반복으로 정의되는 확률이 조화 확률보다 약함을 보였는데 [Ph.D. thesis, Harvard University, 1974], 구체적으로는 다음과 같은 의미에서이다: 만일 $\lim_{m\to\infty}\liminf_{n\to\infty}P_m(n) = \lim_{m\to\infty}\limsup_{n\to\infty}P_m(n) = \lambda$이면 조화 확률은 λ이다. 한편 "어떤 정수 $k > 0$에 대해 $10^{k^2} \le n < 10^{k^2+k}$"라는 명제가 참일 조화 확률 은 $\frac{1}{2}$인 반면, 반복된 평균 방식으로는 그 어떤 구체적인 확률값으로도 안착하지 못한다.

18. $1 \le a < b$에 대해 $p(a) = P(L_a)$이고 $p(a,b) = \sum_{a \le k < b} p(k)$라고 하자. 모든 a에 대해 $L_a = L_{10a} \cup L_{10a+1} \cup \cdots \cup L_{10a+9}$이므로, (i)에 의해 $p(a) = p(10a, 10(a+1))$이 된다. 더 나 아가서 (i), (ii), (iii)에 의해 $P(S) = P(2S) + P(2S+1)$이므로 $p(a) = p(2a, 2(a+1))$이 성립 한다. 이로부터 모든 $m, n \ge 0$에 대해 $p(a,b) = p(2^m 10^n a, 2^m 10^n b)$임이 나온다.

만일 $1 < b/a < b'/a'$이면 $p(a,b) \le p(a',b')$이다. 왜냐하면 $\log 2/\log 10$가 무리수라는 사실 의 한 결과로서 $2^m 10^n a' \le 2^m 10^n a < 2^m 10^n b \le 2^{m'} 10^{n'} b'$를 만족하는 정수 m, n, m', n'가 존재하며, 따라서 (v)를 적용할 수 있기 때문이다. (연습문제 3.5-22를 $k=1$, $U_n = n\log 2/\log 10$ 로 두고 살펴볼 것.) 특히 $p(a) \ge p(a+1)$이며, 이로부터 $p(a,b)/p(a,b+1) \ge (b-a)/(b+1-a)$가 나온다. (식 4.2.2-(15) 참고.)

이제 $b/a = b'/a'$이면 항상 $p(a,b) = p(a',b')$임을 증명할 수 있다. $c_n = 10^n(b-a)/(10^n(b-a)-1) = 1 + O(10^{-n})$이라고 할 때 n의 임의의 큰 값에 대해 $p(a,b) = p(10^n a, 10^n b) \le c_n p(10^n a, 10^n b - 1) \le c_n p(a',b')$이기 때문이다.

임의의 양의 정수 n에 대해 $p(a^n, b^n) = p(a^n, ba^{n-1}) + p(ba^{n-1}, b^2 a^{n-2}) + \cdots + p(b^{n-1}a, b^n) = np(a,b)$이다. 만일 $10^m \le a^n \le 10^{m+1}$이고 $10^{m'} \le b^n \le 10^{m'+1}$이면 (v)에 의해 $p(10^{m+1}, 10^{m'}) \le p(a^n, b^n) \le p(10^m, 10^{m'+1})$이다. 그런데 (iv)에 의해 $p(1,10) = 1$이므로 모든 m'

$\geq m$에 대해 $p(10^m, 10^{m'}) = m' - m$이다. 이로부터 모든 n에 대해 $\lfloor \log_{10} b^n \rfloor - \lfloor \log_{10} a^n \rfloor - 1 \leq np(a, b) \leq \lfloor \log_{10} b^n \rfloor + \lfloor \log_{10} a^n \rfloor + 1$이고 $p(a, b) = \log_{10}(b/a)$라는 결론을 내릴 수 있다.

〔이 연습문제는 코헨D. I. A. Cohen에서 영감을 얻은 것이다. 그는 약간 약한 결과를 *J. Combinatorial Theory* **A20** (1976), 367-370에서 증명했다.〕

19. 이는 $\langle (\log_{10} F_n) \bmod 1 \rangle$이 정의 3.5B의 의미에서 동일분포라는 것과 동치이다. 1.2.8-(14)에 의해 $\log_{10} F_n = n \log_{10} \phi - \log_{10} \sqrt{5} + O(\phi^{-2n})$이므로, 이는 $\langle n \log_{10} \phi \rangle$의 동일분포와 동치이며, 이는 연습문제 3.5-22에서 증명했다. 〔*Fibonacci Quarterly* **5** (1967), 137-140.〕 수열 $\langle b^n \rangle$들이 10의 거듭제곱이 아닌 모든 정수 $b > 1$에 대해 로그 법칙을 따른다는 명제에도 같은 증명이 적용된다 〔Yaglom, Yaglom, *Challenging Problems with Elementary Solutions* (Moscow: 1954; 영문 번역본, 1964), 문제 91b〕.

참고: 다른 여러 정수 수열들도 이런 성질을 가진다. 예를 들어 디아코니스Persi Diaconis는 $\langle n! \rangle$이 그런 수열임을 보였으며,

$$\lim_{n \to \infty} \frac{1}{n+1} \sum_{k=0}^{n} \left[10 f_{\binom{n}{k}} < r \right] = \log_{10} r$$

이라는 의미에서 이항계수들도 로그 법칙을 따름을 보였다 〔*Annals of Probability* **5** (1977), 72-81〕. 샤테P. Schatte는 부분몫들이 연습문제 4.5.3-16에서처럼 다항식들이 다른 반복 패턴을 가지는 경우에는 항상 연분수 근사값이 로그 분수부들을 가짐을 증명했다 〔*Math. Nachrichten* **148** (1990), 137-144〕. 아직 해결되지 않은 한 가지 흥미로운 문제는, 수열 $\langle 2!, (2!)!, ((2!)!)!, \ldots \rangle$이 로그 분수부를 가지느냐는 것이다. J. H. Conway, M. J. T. Guy, *Eureka* **25** (1962), 18-19를 볼 것.

4.3.1절

2. 만일 i번째로 더해진 수가 $u_i = (u_{i(n-1)} \cdots u_{i1} u_{i0})_b$이면, 단계 A2를 다음과 같이 변경한 알고리즘 A를 적용한다:

A2′ 〔숫자들을 더한다.〕

$w_j \leftarrow (u_{1j} + \cdots + u_{mj} + k) \bmod b, \lfloor (u_{1j} + \cdots + u_{mj} + k)/b \rfloor$로 설정한다.

(k의 최대값은 $m - 1$이므로, 만일 $m > b$라면 단계 A3을 변경해야 할 것이다.)

3.

	ENN1	N	1	
	JOV	OFLO	1	위넘침이 꺼지도록 한다.
	ENTX	0	1	$k \leftarrow 0$.
2H	SLAX	5	N	(rX $\equiv k$의 다음 값)
	ENT3	M*N,1	N	($\text{LOC}(u_{ij}) \equiv \text{U} + n(i-1) + j$)
3H	ADD	U,3	MN	rA $\leftarrow$ rA $+ u_{ij}$.

```
JNOV  *+2      MN
INCX  1        K        1을 올린다.
DEC3  N        MN       m ≥ i ≥ 1에 대해 반복.
J3NN  3B       MN       (rI3 ≡ n(i-1)+j)
STA   W+N,1    N        w_j ← rA.
INC1  1        N
J1N   2B       N        0 ≤ j < n에 대해 반복.
STX   W+N      1        최종적인 올림을 w_n에 저장한다. ▮
```

$K = \frac{1}{2}MN$이라고 가정할 때, 실행 시간은 $5.5MN + 7N + 4$주기이다.

4. 단계 A1 이전에서 "$n \geq 1$; 그리고 $0 \leq i < n$에 대해 $0 \leq u_i, v_i < b$"라고 단언할 수 있다. 그리고 A2 전에는 "$0 \leq j < n$; $0 \leq i < n$에 대해 $0 \leq u_i, v_i < b$; $0 \leq i < j$에 대해 $0 \leq w_i < b$; $0 \leq k \leq 1$; $(u_{j-1}\ldots u_0)_b + (v_{j-1}\ldots v_0)_b = (kw_{j-1}\ldots w_0)_b$"라고 단언할 수 있다. 후자의 단언을 좀 더 정확하게 표현하면 다음과 같다:

$$\sum_{0 \leq l < j} u_l b^l + \sum_{0 \leq l < j} v_l b^l = kb^j + \sum_{0 \leq l < j} w_l b^l.$$

A3 이전에서는 "$0 \leq j < n$; $0 \leq i < n$에 대해 $0 \leq u_i, v_i < b$; $0 \leq i \leq j$에 대해 $0 \leq w_i < b$; $0 \leq k \leq 1$; $(u_j\ldots u_0)_b + (v_j\ldots v_0)_b = (kw_j\ldots w_0)_b$"라고 단언할 수 있다. A3 이후에는 $0 \leq i < n$에 대해 $0 \leq w_i < b$; $0 \leq w_n \leq 1$; $(u_{n-1}\ldots u_0)_b + (v_{n-1}\ldots v_0)_b = (w_n\ldots w_0)_b$라고 단언할 수 있다.

이제 이 단언들 사이의 필요 함의조건들을 입증하고 알고리즘이 항상 종료됨을 보이면 증명이 완성된다.

5. **B1.** $j \leftarrow n-1$, $w_n \leftarrow 0$으로 설정한다.

  B2. $t \leftarrow u_j + v_j$, $w_j \leftarrow t \bmod b$, $i \leftarrow j$로 설정한다.

  B3. 만일 $t \geq b$이면 $i \leftarrow i+1$, $t \leftarrow w_i + 1$, $w_i \leftarrow t \bmod b$로 설정하고 $t < b$가 될 때까지 이 단계를 반복한다.

  B4. j를 1 감소하고, 만일 $j \geq 0$이면 B2로 돌아간다. ▮

6. **C1.** $j \leftarrow n-1$, $i \leftarrow n$, $r \leftarrow 0$으로 설정한다.

  C2. $t \leftarrow u_j + v_j$로 설정한다. 만일 $t \geq b$이면 $w_i \leftarrow r+1$로 설정하고 $i > k > j$에 대해 $w_k \leftarrow 0$로 설정한다. 그런 다음 $i \leftarrow j$, $r \leftarrow t \bmod b$로 설정한다. 그렇지 않고 만일 $t < b-1$이면 $w_i \leftarrow r$로, 그리고 $i > k > j$에 대해 $w_k \leftarrow b-1$로 설정한다. 그런 다음 $i \leftarrow j$, $r \leftarrow t$로 설정한다.

  C3. j를 1 감소한다. 만일 $j \geq 0$이면 C2로 돌아가고 그렇지 않으면 $w_i \leftarrow r$로, 그리고 $i > k \geq 0$에 대해 $w_k \leftarrow b-1$로 설정한다. ▮

7. $j = n-3$일 때 예를 들어 $k = 0$일 확률은 $(b+1)/2b$이고 $k = 1$일 확률은 $((b-1)/2b)(1-1/b)$, 즉 하나의 올림이 발생하며 그 이전 숫자가 $b-1$이 아닐 확률이다. $k = 2$일 확률은 $((b-1)/2b)(1/b)(1-1/b)$이고 $k = 3$일 확률은 $((b-1)/2b)(1/b)(1/b)(1)$이다. 고정된 k에 대해 j가 $n-1$에서 0으로 변함에 따라 이 확률들을 더하면 올림이 k자리들로 역전파되는 횟수의 평균

$$m_k = \frac{b-1}{2b^k}\left((n+1-k)\left(1-\frac{1}{b}\right)+\frac{1}{b}\right)$$

이 나온다. 간단히 점검해보자. 올림들의 평균 개수는

$$m_1 + 2m_2 + \cdots + nm_n = \frac{1}{2}\left(n - \frac{1}{b-1}\left(1-\left(\frac{1}{b}\right)^n\right)\right)$$

이며, 이는 (6)과 일치한다.

8.

	ENT1	N-1	1	3H	LDA	W,2	K
	JOV	OFLO	1		INCA	1	K
	STZ	W+N	1		STA	W,2	K
2H	LDA	U,1	N		INC2	1	K
	ADD	V,1	N		JOV	3B	K
	STA	W,1	N	4H	DEC1	1	N
	JNOV	4F	N		J1NN	2B	N ▮
	ENT2	1,1	L				

실행 시간은 $u_j + v_j \geq b$인 위치들의 개수 L과 올림 전체 개수 K에 의존한다. 이 K가 프로그램 A에 나오는 해당 수량과 같은 것임은 쉽게 파악할 수 있다. 본문의 분석에 따르면 L의 평균값은 $N((b-1)/2b)$이고 K의 평균값은 $\frac{1}{2}(N-b^{-1}-b^{-2}-\cdots-b^{-n})$이다. 따라서 $1/b$차 항들을 무시한다면 실행 시간은 $9N + L + 7K + 3 \approx 13N + 3$주기이다.

9. 단계 A2의 모든 "b"들을 "b_j"로 바꾼다.

10. 만일 줄 06과 07을 맞바꾸면 거의 항상 위넘침이 발생할 것이나, 줄 08에서 레지스터 A가 음의 값을 가질 수 있으므로 프로그램은 제대로 작동하지 않는다. 줄 05와 06의 명령들을 맞바꾼다면 프로그램에서 발생하는 위넘침들이 약간 달라지는 경우도 있겠지만 그래도 프로그램은 제대로 작동한다.

11. 이는 문자열의 사전순서식 비교와 동치이다: (i) $j \leftarrow n-1$로 설정한다; (ii) 만일 $u_j < v_j$이면 알고리즘을 끝낸다 [$u < v$]; 만일 $u_j = v_j$이고 $j = 0$이면 알고리즘을 끝낸다 [$u = v$]; 만일 $u_j = v_j$이고 $j > 0$이면 $j \leftarrow j-1$로 설정하고 (ii)를 반복한다; 만일 $u_j > v_j$이면 알고리즘을 끝낸다 [$u > v$]. 이 알고리즘은 상당히 빠른 경향을 보이는데, 이는 j가 아주 많이 감소되고 나서야 $u_j \neq v_j$가 될 확률이 대체로 낮기 때문이다.

12. $u_j = 0$, $v_j = w_j$로 두고 알고리즘 S를 적용하면 된다. 알고리즘 끝에서 또 다른 빌림이 발생할 것이다. 그 빌림은 무시해야 한다.

13.		ENN1	N	1	MUL	V	N	STA	W+N,1	N

```
13.   ENN1  N        1      MUL   V        N      STA   W+N,1    N
      JOV   OFLO     1      SLC   5        N      INC1  1        N
      ENTX  0        1      ADD   CARRY    N      J1N   2B       N
  2H  STX   CARRY    N      JNOV  *+2      N      STX   W+N      1   ∎
      LDA   U+N,1    N      INCX  1        K
```

실행 시간은 $23N + K + 5$이고 K는 대략 $\frac{1}{2}N$이다.

14. 핵심적인 귀납적 단언은, 단계 M4의 시작에서 유효해야 하는 다음과 같은 단언이다(다른 모든 단언은 이 단언으로부터 쉽게 이끌어낼 수 있다): $0 \le i < m$; $0 \le j < n$; $0 \le l < m$에 대해 $0 \le u_l < b$; $0 \le l < n$에 대해 $0 \le v_l < b$; $0 \le l < j + m$에 대해 $0 \le w_l < b$; $0 \le k < b$; 그리고 연습문제 4의 답에 나온 표기법 하에서

$$(w_{j+m-1} \ldots w_0)_b + k b^{i+j} = u \times (v_{j-1} \ldots v_0)_b + (u_{i-1} \ldots u_0)_b \times v_j b^j.$$

15. 그 오차는 음이 아니며 $(n-2)b^{-n-1}$보다 작다. 〔마찬가지로, $i + j > n + 3$인 곱들을 무시한다면 오차의 한계는 $(n-3)b^{-n-2}$, 등등이다. 그러나 경우에 따라서는, 만일 진정한 반올림 결과를 얻어야 한다면 모든 곱을 계산해야 한다. 분석을 더 해본다면, 다중 정밀도 부동소수점 분수들의 정확히 반올림된 결과를 얻는 데 필요한 작업량은 거의 항상 완전한 배정도 길이 곱을 계산하는 데 필요한 작업량의 약 절반 밖에 되지 않음을 알 수 있다. 더 나아가서, 완전한 정밀도가 필요한 드문 경우들을 간단한 판정법으로 식별해 내는 것이 가능하다. W. Krandick, J. R. Johnson, *Proc. IEEE Symp. Computer Arithmetic* **11** (1993), 228-233을 볼 것.〕

16. S1. $r \leftarrow 0$, $j \leftarrow n - 1$로 설정한다.

S2. $w_j \leftarrow \lfloor (rb + u_j)/v \rfloor$, $r \leftarrow (rb + u_j) \bmod v$로 설정한다.

S3. j를 1 감소시키고, 만일 $j \ge 0$이면 S2로 돌아간다. ∎

17. $u/v > u_n b^n / (v_{n-1} + 1) b^{n-1} = b(1 - 1/(v_{n-1} + 1)) > b(1 - 1/(b/2)) = b - 2$.

18. $(u_n b + u_{n-1})/(v_{n-1} + 1) \le u/(v_{n-1} + 1)b^{n-1} < u/v$.

19. $u - \hat{q}v \le u - \hat{q}v_{n-1}b^{n-1} - \hat{q}v_{n-2}b^{n-2} = u_{n-2}b^{n-2} + \cdots + u_0 + \hat{r}b^{n-1} - \hat{q}v_{n-2}b^{n-2} < b^{n-2}(u_{n-2} + 1 + \hat{r}b - \hat{q}v_{n-2}) \le 0$. $u - \hat{q}v < 0$이므로 $q < \hat{q}$이다.

20. 만일 $q \le \hat{q} - 2$이면 $u < (\hat{q} - 1)v < \hat{q}(v_{n-1}b^{n-1} + (v_{n-2} + 1)b^{n-2}) - v < \hat{q}v_{n-1}b^{n-1} + \hat{q}v_{n-2}b^{n-2} + b^{n-1} - v \le \hat{q}v_{n-1}b^{n-1} + (b\hat{r} + u_{n-2})b^{n-2} + b^{n-1} - v = u_n b^n + u_{n-1}b^{n-1} + u_{n-2}b^{n-2} + b^{n-1} - v \le u_n b^n + u_{n-1}b^{n-1} + u_{n-2}b^{n-2} \le u$이다. 간단히 말해서 $u < u$인데, 이는 모순이다.

21. (고얄G. K. Goyal의 답.) 부등식 $\hat{q}v_{n-2} \le b\hat{r} + u_{n-2}$는 $\hat{q} \le (u_n b^2 + u_{n-1}b + u_{n-2})/(v_{n-1}b + v_{n-2}) \le u/((v_{n-1}b + v_{n-2})b^{n-2})$가 성립함을 함의한다. 이제 $0 < \alpha = 1 + q - u/v \le \hat{q} -$

$u/v \le u\left(1/\left((v_{n-1}b + v_{n-2})b^{n-2}\right) - 1/v\right) = u\left(v_{n-3}b^{n-3} + \cdots\right)/\left((v_{n-1}b + v_{n-2})b^{n-2}v\right) <$ $u/(v_{n-1}bv) \le \hat{q}/(v_{n-1}b) \le (b-1)/(v_{n-1}b)$라 할 때 $u \bmod v = u - qv = v(1-\alpha)$인데, $v_{n-1} \ge \frac{1}{2}(b-1)$이므로 이는 $2/b$를 넘지 않는다.

22. $u = 4100$, $v = 588$이라고 하자. 우선 $\hat{q} = \left\lfloor \frac{41}{5} \right\rfloor = 8$을 시도해 본다. 그러나 $8 \cdot 8 > 10(41 - 40) + 0$이다. 그런 다음에는 $\hat{q} = 7$로 둔다. 그러면 $7 \cdot 8 < 10(41 - 35) + 0$이 나온다. 그런데 7 곱하기 588은 41116이므로, 진정한 몫은 $q = 6$이다. (첨언하자면, 이 연습문제는 $b = 10$일 때에는 주어진 가정 하에서 정리 B를 개선할 수 없음을 보여준다. 비슷하게, $b = 2^{16}$일 때에는 $u = (\texttt{7fff800100000000})_{16}$, $v = (\texttt{800080020005})_{16}$으로 둘 수 있다.)

23. $v\lfloor b/(v+1)\rfloor < (v+1)\lfloor b/(v+1)\rfloor \le b$임은 명백하며, 따라서 만일 $v \ge b/2$이면 해당 하계가 확실히 유효하다. 그렇지 않으면 $v\lfloor b/(v+1)\rfloor \ge v(b-v)/(v+1) \ge (b-1)/2 > \lfloor b/2 \rfloor - 1$이다.

24. 근사 확률은 $\frac{1}{2}$이 아니라 단 $\log_b 2$이다. (예를 들어 만일 $b = 2^{32}$이면 $v_{n-1} \ge 2^{31}$일 확률은 근사적으로 $\frac{1}{32}$이다. 이는 단계 D1과 D8에서의 $d = 1$에 대한 특별한 판정이 보장되기에 충분할 정도로 여전히 큰 값이다.)

25.

003		ADD	V+N-1	1	
004		STA	TEMP	1	
005		ENTA	1	1	
006		JOV	1F	1	만일 $v_{n-1} = b-1$이면 점프.
007		ENTX	0	1	
008		DIV	V+N-1	1	그렇지 않으면 $\lfloor b/(v+1)\rfloor$을 계산.
009		JOV	DIVBYZERO	1	만일 $v_{n-1} = 0$이면 점프.
010	1H	STA	D	1	
011		DECA	1	1	
012		JANZ	*+3	1	만일 $d \ne 1$이면 점프.
013		STZ	U+M+N	$1 - A$	$u_{m+n} \leftarrow 0$으로 설정.
014		JMP	D2	$1 - A$	
015		ENN1	N	A	v에 d를 곱한다.
016		ENTX	0	A	
017	2H	STX	CARRY	AN	
018		LDA	V+N,1	AN	
019		MUL	D	AN	
$\cdots$					(연습문제 13에서와 같음)
026		J1N	2B	N	
027		ENN1	M+N	A	(이제 rX = 0이다.)
028	2H	STX	CARRY	$A(M+N)$	u에 d를 곱한다.
029		LDA	U+M+N,1	$A(M+N)$	

...   (연습문제 13에서와 같음)

| 037 | | J1N | 2B | | $A(M+N)$ |
| 038 | | STX | U+M+N | | A | ∎ |

26. (연습문제 16의 알고리즘을 볼 것.)

101	D8	LDA	D	1	(나머지는 U에서 U+N-1까지의
102					장소들에 담긴다)
103		JAZ	DONE	1	만일 $d=1$이면 종료한다.
104		ENT1	N-1	A	$rI1 \equiv j;\ j \leftarrow n-1.$
105		ENTA	0	A	$r \leftarrow 0.$
106	1H	LDX	U,1	AN	$rAX \leftarrow rb + u_j.$
107		DIV	D	AN	
108		STA	U,1	AN	
109		SLAX	5	AN	$(u_j, r) \leftarrow (\lfloor rAX/d \rfloor,\ rAX \bmod d).$
110		DEC2	1	AN	$j \leftarrow j+1.$
111		J2NN	1B	AN	$n > j \geq 0$에 대해 반복한다. ∎

이렇게 해서 나누기 루틴이 완성되었다. 그리고 다음 연습문제에 의해, $rAX = 0$이다.

27. $du \bmod dv = d(u \bmod v)$이다.

28. 편의상 v에서 소수점이 왼쪽에 있다고 하자. 즉, $v = (v_n.v_{n-1}v_{n-2}\cdots)_b$라고 하자. 단계 N1 이후 $\frac{1}{2} \leq v < 1 + 1/b$가 성립한다. 이는

$$v \left\lfloor \frac{b+1}{v_{n-1}+1} \right\rfloor \leq \frac{v(b+1)}{v_{n-1}+1} = \frac{v(1+1/b)}{(1/b)(v_{n-1}+1)} < 1 + \frac{1}{b}$$

이고

$$v \left\lfloor \frac{b+1}{v_{n-1}+1} \right\rfloor \geq \frac{v(b+1-v_{n-1})}{v_{n-1}+1} \geq \frac{1}{b}\frac{v_{n-1}(b+1-v_{n-1})}{v_{n-1}+1}$$

이기 때문이다. 후자의 수량은 $v_{n-1} = 1$일 때 최소값이 되는데, 왜냐하면 후자는 오목함수이고 다른 극값은 그보다 큰 값이기 때문이다.

　단계 N2의 공식을 $v \leftarrow \left\lfloor \frac{b(b+1)}{v_{n-1}+1} \right\rfloor \frac{v}{b}$ 라고 쓸 수 있으며, 따라서 위에서처럼 v가 결코 $\geq 1 + 1/b$가 되지 않음을 알 수 있다.

　단계 N2를 한 번 반복한 후의 v의 최소값은, $t = v_{n-1}+1$이라고 할 때

$$\left(\frac{b(b+1)-v_{n-1}}{v_{n-1}+1} \right)\frac{v}{b} \geq \left(\frac{b(b+1)-v_{n-1}}{v_{n-1}+1} \right)\frac{v_{n-1}}{b^2} = \left(\frac{b(b+1)+1-t}{t} \right)\left(\frac{t-1}{b^2} \right)$$

$$= 1 + \frac{1}{b} + \frac{2}{b^2} - \frac{1}{b^2}\left(t + \frac{b(b+1)+1}{t} \right)$$

보다 크거나 같다. 이 수량은 $t = b/2 + 1$에 대해 최소가 된다. 하계는 $1 - 3/2b$이다. 따라서 단계 N2의 한 번 반복 후에 $v_{n-1} \geq b-2$가 성립한다. 마지막으로 $b \geq 5$일 때 $(1 - 3/2b)(1 + 1/b)^2 >$

1이며, 따라서 적어도 두 번의 반복이 필요하다. 이러한 단언은 $b < 5$일 때 쉽게 확인할 수 있다.

29. $(u_{j+n} \dots u_j)_b < v$이므로 참이다.

30. 알고리즘 A와 S를 약간만 고친다면 그러한 겹침이 가능해진다. 예를 들어 알고리즘 A의 단계 A2를 "$t \leftarrow u_j + v_j + k$, $w_j \leftarrow t \bmod b$, $k \leftarrow \lfloor t/b \rfloor$으로 설정한다."로 다시 쓴다면 가능하다.

알고리즘 M의 경우는 v_j를 w_{j+n}과 같은 장소에 둘 수 있다. 알고리즘 D에서는 $r_{n-1} \dots r_0$을 $u_{n-1} \dots u_0$과 같은 장소에 두는 것이 가장 편하다(연습문제 26의 프로그램 D가 그렇다). 또한, 단계 D6에서 u_{j+n}이 변하지 않는다면 $q_m \dots q_0$도 $u_{m+n} \dots u_n$과 같은 장소에 둘 수 있다. (프로그램 D의 줄 098을 "J1N 2B"로 고쳐도 안전하다. 이후의 계산에서 u_{j+n}이 쓰이지 않기 때문이다.)

31. 그림 6에서, 알고리즘 D처럼 $u = (u_{j+n} \dots u_{j+1} u_j)_3$인 상황을 고려하자. 만일 u와 v의 0이 아닌 선행 숫자들이 부호가 같다면 $r \leftarrow u - v$, $q \leftarrow 1$로 설정한다. 그렇지 않으면 $r \leftarrow u + v$, $q \leftarrow -1$로 설정한다. 이제 만일 $|r| > |u|$이거나 $|r| = |u|$이고 $u_{j-1} \dots u_0$의 0이 아닌 첫 숫자가 r의 0이 아닌 첫 숫자와 부호가 같으면 $q \leftarrow 0$으로 설정한다. 그렇지 않으면 $u_{j+n} \dots u_j$를 r의 숫자들과 같게 설정한다.

32. M. Nadler, *CACM* **4** (1961), 192-193; Z. Pawlak and A. Wakulicz, *Bull. de l'Acad. Polonaise des Sciences*, Classe III, **5** (1957), 233-236 (또한 803-804도); 연습문제 4.1-15를 볼 것.

34. 이를테면 R. E. Maeder, *The Mathematica Journal* **6**, (Spring 1996), 32-40; **6**, (1996년 여름), 37-43을 볼 것.

36. ϕ가 정확도 $\pm 2^{-2n}$으로 주어졌다고 할 때, $\phi^{-k} < 2^{-n}$가 될 때까지 뺄셈을 통해서 연속적으로 ϕ^{-1}, ϕ^{-2}, $\dots$을 계산할 수 있다. 누적 오차는 2^{1-n}을 넘지 않는다. 그런 다음에는 급수 $\ln \phi = \ln((1 + \phi^{-3})/(1 - \phi^{-3})) = 2(\phi^{-3} + \frac{1}{3}\phi^{-9} + \frac{1}{5}\phi^{-15} + \cdots)$을 사용할 수 있다. 〔*Napier Tercentenary Memorial*, C. G. Knott 엮음 (London: Longmans, 1915), 337-344에 있는 스쿨링 William Schooling의 논문을 볼 것.〕 렌치 J. W. Wrench, Jr는 1965년에 더 나은 절차를 제시했는데, 그 절차는 다음을 평가한다:

$$\ln \phi = \tfrac{1}{2}\ln((1 + 5^{-1/2})/(1 - 5^{-1/2})) = (2\phi - 1)(5^{-1} + \tfrac{1}{3}5^{-2} + \tfrac{1}{5}5^{-3} + \cdots).$$

37. $b > dv_{n-1} \geq b/2$가 되도록 $d = 2^e$으로 두자. 단계 D1에서는 u와 v를 정규화하는 대신, 그냥 $2^e(v_{n-1}v_{n-2}v_{n-3})_b$를 왼쪽으로 e비트 자리이동해서 두 선행 숫자 $v'v''$를 구한다. 단계 D3에서는 (v_{n-1}, v_{n-2}) 대신 (v', v'')를, $(u_{j+n}, u_{j+n-1}, u_{j+n-2})$ 대신 (u', u'', u''')를 사용한다. 여기서 숫자 $u'u''u'''$들은 $(u_{j+n} \dots u_{j+n-3})_b$를 왼쪽으로 e비트 자리이동해서 얻은 것이다. 단계 D8에서는 d로 나누기를 생략한다. (본질적으로 u와 v는 "가상으로" 자리이동된다. 이 방법을 이용하면 m이 n에 비해 작을 때 계산이 절약된다.)

38. $k \leftarrow n$, $r \leftarrow 0$, $s \leftarrow 1$, $t \leftarrow 0$, $w \leftarrow u$로 설정한다. $(r, s) = (0, 1)$이 아닌 한, $0 \leq t, w <$

2^n, $0 < r \le 2s$인 불변식 $uv = 2^{2k}(r+s^2-s) + 2^{2k-n}t + 2^{2k-2n}vw$가 유지된다. $k > 0$인 동안 $4w = 2^n w' + w''$, $4t + w'v = 2^n t' + t''$로 둔다. 여기서 $0 \le w''$, $t'' < 2^n$이고 $0 \le t' \le 6$이다. 그런 다음 $t \leftarrow t''$, $w \leftarrow w''$, $s \leftarrow 2s$, $r \leftarrow 4r + t' - s$, $k \leftarrow k-1$로 설정한다. 만일 $r \le 0$이면 $s \leftarrow s-1$, $r \leftarrow r+2s$로 설정한다. 그렇지 않고 만일 $r > 2s$이면 $r \leftarrow r-2s$, $s \leftarrow s+1$로 설정 한다(이러한 보정을 두 번 수행해야 할 것이다). $k = 0$이 될 때까지 이상을 반복한다. 그런 후에는 $uv = r + s^2 - s$가 된다. 왜냐하면 w는 항상 2^{2n-2k}의 배수이기 때문이다. 따라서 오직 $uv = 0$일 때에만 $r = 0$이다. 그렇지 않다면 $uv - s \le s^2 < uv + s$이므로 답은 s이다.

39. $S_j = \sum_{k \ge 0} 16^{-k}/(8k+j)$이라고 하자. $2^{n-1}\pi \bmod 1 < \frac{1}{2}$인지의 여부를 밝혀야 한다. $\pi = 4S_1 - 2S_4 - S_5 - S_6$이므로 $2^{n-1}S_j \bmod 1$에 대한 좋은 추정치만 얻으면 충분하다. 이제 $a_{njk} = 2^{n-1-4k} \bmod (8k+j)$라 할 때 $2^{n-1}S_j$는 $\sum_{0 \le k < n/4} a_{njk}/(8k+j) + \sum_{k \ge n/4} 2^{n-1-4k}/(8k+j)$와 합동(modulo 1)이다. 첫 합의 각 항은 a_{njk}를 $O(\log n)$회의 연산(4.6.3절)으로 계산하 고 비례된 몫 $\lfloor 2^m a_{njk}/(8k+j) \rfloor$를 구함으로써 2^{-m} 이내로 근사할 수 있다. 두 번째 합은 2^m에 합의 처음 $m/4$개의 항들을 곱해서 2^{-m} 이내로 근사할 수 있다. 만일 $m \approx 2\lg n$이면 불확실성의 범위는 $\approx 1/n$이 되는데, 이는 거의 항상 충분히 정확한 결과이다. 〔*Math. Comp.* **66** (1997), 903-913.〕

참고: $\zeta = e^{\pi i/4} = (1+i)/\sqrt{2}$가 단위원의 8제곱근이라고 두고 값 $l_j = \ln(1 - \zeta^j/\sqrt{2})$들 을 고려한다. 그러면 $l_0 = \ln(1 - 1/\sqrt{2})$, $l_1 = \bar{l}_7 = \frac{1}{2}\ln\frac{1}{2} - i\arctan 1$, $l_2 = \bar{l}_6 = \frac{1}{2}\ln\frac{3}{2} - i\arctan(1/\sqrt{2})$, $l_3 = \bar{l}_5 = \frac{1}{2}\ln\frac{5}{2} - i\arctan(1/3)$, $l_4 = \ln(1 + 1/\sqrt{2})$이다. 또한 연습 문제 1.2.9-(13)에 의해, $1 \le j \le 8$에 대해 $-S_j/2^{j/2} = \frac{1}{8}(l_0 + \zeta^{-j}l_1 + \cdots + \zeta^{-7j}l_7)$이다. 따 라서 $4S_1 - 2S_4 - S_5 - S_6 = 2l_0 - (2-2i)2l_1 + 2l_4 + (2+2i)l_7 = \pi$이다. 흥미로운 다른 항등식 들로는

$$\ln 2 = S_2 + \frac{1}{2}S_4 + \frac{1}{4}S_6 + \frac{1}{8}S_8;$$

$$\ln 3 = 2S_2 + \frac{1}{2}S_6;$$

$$\ln 5 = 2S_2 + 2S_4 + \frac{1}{2}S_6;$$

$$\sqrt{2}\,\ln(\sqrt{2}+1) = S_1 + \frac{1}{2}S_3 + \frac{1}{4}S_5 + \frac{1}{8}S_7;$$

$$\arctan(1/3) = S_1 - S_2 - \frac{1}{2}S_4 - \frac{1}{4}S_5;$$

$$0 = 8S_1 - 8S_2 - 4S_3 - 8S_4 - 2S_5 - 2S_6 + S_7$$

이 있다. 일반적으로는 다음이 성립한다:

$$\sum_{k \ge 0} \frac{z^{8k+1}}{8k+1} = A + B + C + D, \qquad \sum_{k \ge 0} \frac{z^{8k+5}}{8k+5} = A - B + C - D,$$

$$\sum_{k \ge 0} \frac{z^{8k+3}}{8k+3} = A - B - C + D, \qquad \sum_{k \ge 0} \frac{z^{8k+7}}{8k+7} = A + B - C - D.$$

여기서

$$A = \frac{1}{8} \ln \frac{1+z}{1-z}, \qquad B = \frac{1}{2^{7/2}} \ln \frac{1+\sqrt{2}\,z + z^2}{1 - \sqrt{2}\,z + z^2},$$

$$C = \frac{1}{4} \arctan z, \qquad D = \frac{1}{2^{5/2}} \arctan \frac{\sqrt{2}\,z}{1 - z^2}$$

이고

$$\sum_{k \geq 0} \frac{z^{mk+a}}{mk+a} = -\frac{1}{m}\big(\ln(1-z) + (-1)^a[m \text{이 짝수}]\ln(1+z) + f_{am}(z)\big),$$

$$f_{am}(z) = \Big\lfloor \sum_{k=1}^{(m-1)/2} \Big\rfloor \Big(\cos\frac{2\pi ka}{m}\ln\Big(1 - 2z\cos\frac{2\pi k}{m} + z^2\Big)$$

$$- 2\sin\frac{2\pi ka}{m}\arctan\frac{z\sin(2\pi k/m)}{1 - z\cos(2\pi k/m)}\Big)$$

이다.

40. $n/2$개의 최상위 자리들을 얻기 위해서는 약 $\sum_{k=1}^{n/2} \approx \frac{1}{8}n^2$번의 기본 연산들이 필요하다(연습문제 15 참고). 그리고 $n/2$개의 최하위 자리들은 b가 2의 거듭제곱이라고 할 때 다음과 같은 b아딕 방법으로 구할 수 있다(연습문제 4.1–31 참고): 문제를 v가 홀수인 경우로 줄이는 것은 쉽다. $u = (\ldots u_2 u_1 u_0)_b$, $v = (\ldots v_2 v_1 v_0)_b$, $w = (\ldots w_2 w_1 w_0)_b$라고 할 때 $u = vw \pmod{b^{n/2}}$을 풀어야 한다. $v'v \bmod b = 1$이 되는 v'를 계산한다(연습문제 4.5.2–17 참고). 그러면 $w_0 = v'u_0 \bmod b$이며, $u' = u - w_0 v$, $w_1 = v' u_0' \bmod b$ 등을 계산할 수 있다. 약 $\frac{1}{8}n^2$회의 기본 연산들을 수행하면 제일 오른쪽 $n/2$개의 자릿수들이 나온다. 따라서 총 연산 횟수는 $\frac{1}{4}n^2 + O(n)$인데, 반면 알고리즘 D는 약 $n^2 + O(n)$회이다. n개의 자리 모두에 대한 순수한 우에서 좌로 방법은 $\frac{1}{2}n^2 + O(n)$회의 연산을 요구한다. 〔A. Schönhage, E. Vetter, *Lecture Notes in Comp. Sci.* **855** (1994), 448–459; W. Krandick and T. Jebelean, *J. Symbolic Computation* **21** (1996), 441–455 참고.〕

41. (a) 만일 $m = 0$이면 $v = u$로 둔다. 그 외의 경우에는 $x = u_0 w' \bmod b$라고 할 때 $(u_{m+n-1}\ldots u_1 u_0)_b$에서 xw를 뺀다. 이러면 일의 자리가 0이 되며, 따라서 결국은 m을 1 감소하는 효과가 난다. (이 연산은 b아딕 산술에서 u/w를 계산하는 것과 밀접히 관련되어 있다. $u/w = q + b^m v/w$를 만족하는 정수 q가 존재하기 때문이다. 연습문제 4.1–31을 볼 것. 이러한 방법은 시행 제수를 보정할 필요가 없다는 점에서 보통의 나눗셈보다 우월하다. b가 2의 거듭제곱일 때 w'를 계산하는 문제에 대해서는, 만일 $w_0 w' \equiv 1 \pmod{2^e}$이면 "뉴턴법"의 2아딕 버전에 의해 $w'' = (2 - w_0 w')w'$일 때 $w_0 w'' \equiv 1 \pmod{2^{2e}}$임을 주목할 것.)

(b) 곱 uv에 (a)를 적용한다. 곱셈과 나머지 계산을 다음처럼 섞으면 메모리 공간을 절약할 수 있다: $k \leftarrow 0$, $t \leftarrow 0$으로 설정한다. 그런 다음 $k < n$인 동안 $t \leftarrow t + u_k v$, $t \leftarrow (t - xw)/b$, $k \leftarrow k+1$로 설정함으로써 불변식 $b^k t \equiv (u_{k-1}\ldots u_0)v \pmod{w}$를 유지한다. 여기서 $x = t_0 w' \bmod b$는 $t - xw$가 b의 배수임을 만족하도록 선택된 것이다. 이 해법은 t, u, v가 부호 있는 크기 표현을 가진다고 가정한 것이다. $2w$보다 작은 음이 아닌 수들이나 보수 표기법에서도 이런

방법이 가능한데, 이에 대해서는 샌드Shand 및 뷔유맹Vuillemin과 코너럽Kornerup이 논의한 바 있다〔*IEEE Symp. Computer Arithmetic* **11** (1993), 252-259, 277-283〕. 만일 n이 크면 4.3.3절의 기법을 이용해서 곱셈 속도를 높일 수 있다.

　　　(c) u와 합동(modulo w)인 모든 수를 $r(u) \equiv b^n u$인 내부 값 $r(u)$로 표현한다. 그런 다음에는 덧셈과 뺄셈은 보통의 방식으로 처리하되 곱셈은 $r(uv) = \mathrm{bmult}(r(u), r(v))$로 수행한다. 여기서 bmult는 (b)의 연산이다. 계산의 시작에서 각 피연산수 u를 미리 계산된 상수 $a = b^{2n} \bmod w$를 이용해서 $r(u) = \mathrm{bmult}(u, a)$로 대체한다. 〔4.5.4절의 RSA 암호화에 응용하는 경우에는 사전 계산 및 사후 계산이 필요 없도록 부호화 방안을 재정의해야 할 수 있다.〕

42. *AMM* **104** (1997), 138-149에 나온 홀트J. M. Holte의 흥미로운 분석에 의해 다음과 같은 정확한 공식이 유효하다:

$$P_{nk} = \frac{1}{m!} \sum_{j} \left[{m \atop m-j} \right] b^{-jn} \sum_{r=0}^{k} \binom{m+1}{r} (k+1-r)^{m-j}.$$

내부의 합은 $j = 0$일 때 $\sum_{r=0}^{k} (-1)^r \binom{m+1}{r} (k+1-r)^m = \left\langle {m \atop k} \right\rangle$이다. (연습문제 5.1.3-25는 이 연관 관계에서 오일러 수들이 나타나는 이유를 설명한다.)

43. 연습문제 1.2.4-35에 의해 $w = \lfloor W/2^{16} \rfloor$이 성립한다. 여기서 $W = (2^8+1)t = (2^8+1)(uv + 2^7)$이다. 그러므로 만일 $uv/255 > c + \frac{1}{2}$이면 $c < 2^8$이며, 따라서 $w \geq \lfloor (2^{16}(c+1) + 2^8 - c)/2^{16} \rfloor \geq c+1$이다. 만일 $uv/255 < c + \frac{1}{2}$이면 $w \leq \lfloor (2^{16}(c+1) - c - 1)/2^{16} \rfloor = c$이다. 〔J. F. Blinn, *IEEE Computer Graphics and Applic.* **14**, (1994년 11월), 78-82 참고.〕

4.3.2절

1. $7 \cdot 11 \cdot 13 = 1001$이므로 해는 유일하다. 정리 C의 구축적 증명에 의해, 답은 $((11 \cdot 13)^6 + 6 \cdot (7 \cdot 13)^{10} + 5 \cdot (7 \cdot 11)^{12}) \bmod 1001$이다. 그러나 어쩌면 이 답이 충분히 명시적이지는 않을 것이다! (24)에 의해 $v_1 = 1$, $v_2 = (6-1) \cdot 8 \bmod 11 = 7$, $v_3 = ((5-1) \cdot 2 - 7) \cdot 6 \bmod 13 = 6$이므로 $u = 6 \cdot 7 \cdot 11 + 7 \cdot 7 + 1 = 512$이다.

2. 아니다. 그런 u는 많아야 하나이다. $u_1 \equiv \cdots \equiv u_r$ (modulo 1)이라는 추가적인 조건은 필요조건이자 충분조건이며, 이로부터 그러한 일반화가 그리 흥미롭지는 않다는 결론이 나온다.

3. $u \equiv u_i$ (modulo m_i)는 $u \equiv u_i$ (modulo $\gcd(m_i, m_j)$)를 함의하며, 따라서 해가 존재한다면 조건 $u_i \equiv u_j$ (modulo $\gcd(m_i, m_j)$)가 만족됨이 확실하다. 더 나아가서 만일 모든 j에 대해 $u \equiv v$ (modulo m_j)이면 $u - v$는 $\mathrm{lcm}(m_1, ..., m_r) = m$의 배수이다. 따라서 해는 많아야 하나이다.

　　이제 조건 $0 \leq u_j < m_j$와 $u_i \equiv u_j$ (modulo $\gcd(m_i, m_j)$)를 만족하는 서로 다른 r짝 $(u_1, ..., u_r)$들의 개수를 세어서 비구축적인 방식으로 증명을 완성할 수 있다. 그 개수를 m이라고 하자. u가 a에서 $a + m - 1$로 변함에 따라 $(u \bmod m_1, ..., u \bmod m_r)$는 m개의 서로 다른 값들을 취하

게 되므로, 반드시 하나의 해가 존재한다. 주어진 조건들을 만족하는 $u_1, \ldots, u_{r-1}$이 선택되었다고 하자. 이제 $1 \le j < r$에 대해 $u_r \equiv u_j \pmod{\gcd(m_j, m_r)}$을 선택해야 한다. 일반화된 중국인의 정리에 의해, $r-1$개의 원소들에 대한 그러한 선택의 가짓수는

$$m_r/\mathrm{lcm}(\gcd(m_1, m_r), \ldots, \gcd(m_{r-1}, m_r)) = m_r/\gcd(\mathrm{lcm}(m_1, \ldots, m_{r-1}), m_r)$$
$$= \mathrm{lcm}(m_1, \ldots, m_r)/\mathrm{lcm}(m_1, \ldots, m_{r-1})$$

이다. 〔이 증명은 4.5.2절의 항등식들에 근거를 둔 것이다.〕

(25)를 일반화하는 구축적 증명〔A. S. Fraenkel, *Proc. Amer. Math. Soc.* **14** (1963), 790-791〕도 가능하다. 다음과 같다: $M_j = \mathrm{lcm}(m_1, \ldots, m_j)$라고 하자. $0 \le v_j < M_j/M_{j-1}$이라 할 때 $u = v_r M_{r-1} + \cdots + v_2 M_1 + v_1$을 구해야 한다. $v_1, \ldots, v_{j-1}$이 이미 결정되었다고 하자. 그러면 반드시 다음 합동식을 풀어야 '한다.

$$v_j M_{j-1} + v_{j-1} M_{j-2} + \cdots + v_1 \equiv u_j \pmod{m_j}.$$

가정에 의해, $i < j$에 대해 $v_{j-1} M_{j-2} + \cdots + v_1 \equiv u_i \equiv u_j \pmod{\gcd(m_i, m_j)}$이다. 따라서 $c = u_j - (v_{j-1} M_{j-2} + \cdots + v_1)$은

$$\mathrm{lcm}(\gcd(m_1, m_j), \ldots, \gcd(m_{j-1}, m_j)) = \gcd(M_{j-1}, m_j) = d_j$$

의 배수이다. 따라서 이제 $v_j M_{j-1} \equiv c \pmod{m_j}$를 풀어야 한다. 유클리드 알고리즘에 의해, $c_j M_{j-1} \equiv d_j \pmod{m_j}$인 수 c_j가 존재한다. 따라서

$$v_j = (c_j c)/d_j \bmod (m_j/d_j)$$

라고 둘 수 있다. 비구축적 증명에서처럼 $m_j/d_j = M_j/M_{j-1}$가 성립함을 주목할 것.

4. $(m_4 = 91 = 7 \cdot 13$을 구했다면 100보다 작을 수 있는 둘 이상의 소수들의 곱들을 모두 사용한 것이다. 따라서 $m_5, \ldots$은 반드시 소수이다.)

$$m_7 = 79, \qquad m_8 = 73, \qquad m_9 = 71, \qquad m_{10} = 67, \qquad m_{11} = 61,$$
$$m_{12} = 59, \qquad m_{13} = 53, \qquad m_{14} = 47, \qquad m_{15} = 43, \qquad m_{16} = 41,$$
$$m_{17} = 37, \qquad m_{18} = 31, \qquad m_{19} = 29, \qquad m_{20} = 23, \qquad m_{21} = 17$$

까지 구할 수 있다$(m_{22} = 1$은 도움이 되지 않는다).

5. (a) 없다. $m_1 = 3^4$, $m_2 = 5^2$ 등으로 둔다면 명백한 상계

$$3^4 5^2 7^2 11^1 \ldots = \prod_{\substack{p \text{는 홀수} \\ p \text{는 소수}}} p^{\lfloor \log_p 100 \rfloor}$$

에 도달하게 된다. (그러나 r이 고정되어 있을 때의 $m_1 \ldots m_r$을 최대화하는 것이나, 법 $2^{e_j} - 1$들을 사용할 때 시도할만한 일인 e_j와 서로 소인 $e_1 + \cdots + e_r$을 최대화하는 것은 더 어렵다.) (b) 100을 256으로 대체하고 짝수 법들을 허용한다면 $2^8 3^5 5^3 \ldots 251^1 \approx 1.67 \cdot 10^{109}$을 얻을 수 있다.

6. (a) 만일 $e = f + kg$이면 $2^e = 2^f (2^g)^k \equiv 2^f \cdot 1^k \pmod{2^g - 1}$이다. 따라서 만일 $2^e \equiv 2^f$

(modulo $2^g - 1$)이면 $2^{e \bmod g} \equiv 2^{f \bmod g}$ (modulo $2^g - 1$)이다. 후자의 수량은 0과 $2^g - 1$ 사이이므로 반드시 $e \bmod g = f \bmod g$가 성립한다. (b) 부문제 (a)에 의해 $(1 + 2^d + \cdots + 2^{(c-1)d}) \cdot (2^e - 1) \equiv (1 + 2^d + \cdots + 2^{(c-1)d}) \cdot (2^d - 1) = 2^{cd} - 1 \equiv 2^{ce} - 1 = 2^1 - 1 = 1$ (modulo $2^f - 1$)이다.

7. (23), (25), (26)에 의해 $v_j m_{j-1} \ldots m_1 \equiv u_j - (v_{j-1} m_{j-2} \ldots m_1 + \cdots + v_1)$이고 $C_j m_{j-1} \ldots m_1 \equiv 1$ (modulo m_j)이다. P. A. Pritchard, *CACM* **27** (1984), 57을 볼 것.

이렇게 공식들을 다시 쓰는 방법이 사용하는 산술 연산 횟수는 같되 상수 개수는 더 적다. 그러나 $m_1 < m_2 < \cdots < m_r$가 되도록 법들을 정렬하는 경우에만 상수들이 더 적어지게 되고, 정렬하지 않는다면 $m_i \bmod m_j$들의 표가 필요할 것이다. 이러한 법들의 정렬은 m_1을 가장 크게 하고 m_2를 그 다음으로 크게 만드는 등으로 처리하는 경우보다 더 많은 계산을 요구할 것으로 보인다. m_r을 법으로 하여 수행되는 연산이 m_1을 법으로 하여 수행되는 연산보다 훨씬 많기 때문이다. 그러나 v_j가 $m_j - 1$만큼 커질 수 있으므로, (24)에서도 $m_1 < m_2 < \cdots < m_r$로 두는 것이 낫다. 따라서 이러한 방법이 본문에 나온 공식들보다 더 바람직한 것으로 보인다. 다만, 4.3.3B에 나오듯이, 법들이 (14)와 같은 형태인 경우에는 본문의 공식들이 유리하다.

8. m_j를 법으로 하여:
$$m_{j-1} \ldots m_1 v_j \equiv m_{j-1} \ldots m_1 (\ldots ((u_j - v_1) c_{1j} - v_2) c_{2j} - \cdots - v_{j-1}) c_{(j-1)j} \equiv$$
$$m_{j-2} \ldots m_1 (\ldots (u_j - v_1) c_{1j} - \cdots - v_{j-2}) c_{(j-2)j} - v_{j-1} m_{j-2} \ldots m_1 \equiv \cdots \equiv$$
$$u_j - v_1 - v_2 m_1 - \cdots - v_{j-1} m_{j-2} \ldots m_1.$$

9. $u_r \leftarrow ((\ldots (v_r m_{r-1} + v_{r-1}) m_{r-2} + \cdots) m_1 + v_1) \bmod m_r, \ldots,$
$$u_2 \leftarrow (v_2 m_1 + v_1) \bmod m_2, \quad u_1 \leftarrow v_1 \bmod m_1.$$

((24)에서도 가능한 일이지만 u_j와 v_j가 같은 메모리 장소들을 공유하게 할 수 있다. 그러려면 계산을 반드시 이 순서대로 해야 한다.)

10. 나머지가 대칭적인 범위 안에 들어가도록 "mod" 연산자를 재정의한다면, 산술 기본 공식 (2), (3), (4)와 변환 공식 (24), (25)는 변하지 않으며 (25)의 수 u는 원하는 범위 (10) 안에 놓이게 된다. (여기서 (25)는 균형 3진 표기법을 일반화하는 균형 혼합 기수 표기법이다.) 두 수의 비교는 여전히 왼쪽에서 오른쪽으로 수행할 수 있다(본문에 설명된 간단한 방식대로). 더 나아가서, 컴퓨터 안에서 부호 있는 크기 표현을 사용한다면 m_j가 워드 크기의 거의 두 배라고 하더라도 값 u_j를 하나의 컴퓨터 워드에 담는 것이 가능하다. 그러나 (11)과 (12)에 해당하는 산술 연산들은 좀 더 복잡하다. 따라서 이 착안을 적용한다면 대부분의 컴퓨터에서 연산이 약간 더 느려질 것으로 보인다.

11. $\frac{1}{2}(m + 1) = (\frac{1}{2}(m_1 + 1), \ldots, \frac{1}{2}(m_r + 1))$을 곱하면 된다. $2t \cdot \frac{m+1}{2} \equiv t$ (modulo m)임을 주목할 것. 일반적으로, 만일 v와 m이 서로 소이면 $vv' \equiv 1$ (modulo m)을 만족하는 수 $v' = (v_1', \ldots, v_r')$을 구할 수 있다(유클리드 알고리즘으로). 그리고 만일 u가 v의 배수임을 알고 있다면 $u/v = uv'$가 되는데, 후자는 나머지식 곱셈으로 계산된다. v가 m과 서로 소가 아니라면 나눗셈

이 훨씬 어렵다.

12. (11)에서 m_j를 m으로 대체한다. 〔m이 홀수일 때 위넘침을 판정하는 또 다른 방법이 있다: 추가적인 비트 $u_0 = u \bmod 2$와 $v_0 = v \bmod 2$를 유지한다면, 위넘침은 오직 $u_0 + v_0 \not\equiv w_1 + \cdots + w_r \pmod{\text{modulo } 2}$일 때에만 발생한다. 여기서 $(w_1, \ldots, w_r)$은 $u + v$에 대응되는 혼합 기수 숫자들이다.〕

13. (a) $x^2 - x = (x-1)x \equiv 0 \pmod{\text{modulo } 10^n}$은 $p = 2$와 5에 대해 $(x-1)x \equiv 0 \pmod{\text{modulo } p^n}$와 동치이다. x나 $x-1$ 중 하나는 반드시 p의 배수이어야 하며, 그러면 배수가 아닌 것은 p^n과 서로 소이다. 따라서 x나 $x-1$ 중 하나는 반드시 p^n의 배수이다. 만일 $x \bmod 2^n = x \bmod 5^n = 0$ 또는 1이면 반드시 $x \bmod 10^n = 0$이 성립한다. 따라서 자기동형수들은 $x \bmod 2^n \neq x \bmod 5^n$을 만족한다. (b) $r = 0$ 또는 1일 때 만일 $x = qp^n + r$이면 $r \equiv r^2 \equiv r^3$이므로 $3x^2 - 2x^3 \equiv (6qp^n r + 3r) - (6qp^n r + 2r) \equiv r \pmod{\text{modulo } p^{2n}}$이다. (c) c'를 $(3(cx)^2 - 2(cx)^3)/x^2 = 3c^2 - 2c^3x$로 둔다.

참고: n자리 자기동형수의 마지막 k개의 숫자들은 k자리 자기동형수를 형성하므로, 10아딕 수(연습문제 4.1-31 참고)들인 두 ∞자리 자기동형수 x와 $1-x$에 주목할 만하다. 나머지식 산술에서 10아딕 수들의 집합은 u_1이 2아딕 수, u_2가 5아딕 수라고 할 때 순서쌍 (u_1, u_2)들의 집합과 동치이다.

14. $(a_0 u_0, a_1 u_1, \ldots, a_{n-1} u_{n-1})$와 $(a_0 v_0, a_1 v_1, \ldots, a_{n-1} v_{n-1})$에 대한 부동소수점 근사값들의 순환합성곱 $(z_0, z_1, \ldots, z_{n-1})$을 구한다. 여기서 $a_k = 2^{-(kq \bmod n)/n}$들은 미리 계산된 상수들이다. 이제 항등식 $u = \sum_{k=0}^{n-1} u_k a_k 2^{kq/n}$과 $v = \sum_{k=0}^{n-1} v_k a_k 2^{kq/n}$은 $t_k \approx z_k/a_k$라 할 때 $w = \sum_{k=0}^{n-1} t_k a_k 2^{kq/n}$을 함의한다. 만일 충분한 정확도가 유지되었다면, 각 t_k는 정수에 매우 가까울 것이다. 그런 정수들로부터 w의 표현을 쉽게 이끌어낼 수 있다. 〔R. Crandall, B. Fagin, *Math. Comp.* **62** (1994), 305-324 참고 좀 더 개선된 오차 한계들과 $k \cdot 2^n \pm 1$ 형태의 법들로의 확장에 대해서는 Colin Percival, *Math. Comp.* **72** (2002), 387-395를 볼 것.〕

4.3.3절

1.
12×23:	34×41:	22×18:	1234×2341:
02	12	02	0276
02	12	02	0276
-01	$+03$	$+00$	-0396
06	04	16	1394
06	04	16	1394
0276	1394	0396	2888794

2. $\sqrt{Q + \lfloor\sqrt{Q}\rfloor} \leq \sqrt{Q + \sqrt{Q}} < \sqrt{Q + 2\sqrt{Q} + 1} = \sqrt{Q} + 1$, 따라서 $\lfloor\sqrt{Q + R}\rfloor \leq \lfloor\sqrt{Q}\rfloor + 1$.

3. 주어진 결과는 $k \leq 2$일 때 참임이 명백하므로, $k > 2$라고 가정하자. $R_k = \lfloor\sqrt{Q_k}\rfloor$이고 $Q_k =$

$Q_{k-1} + R_{k-1}$가 되도록 $q_k = 2^{Q_k}$, $r_k = 2^{R_k}$이라고 하자. $1 + (R_k+1)2^{R_k} \le 2^{Q_{k-1}}$임을 보여야 한다. 이 부등식은 전혀 가깝지 않다. 증명을 위한 한 가지 접근방법은, $k > 2$일 때 $1 + (R_k+1)2^{R_k} \le 1 + 2^{2R_k}$이고 $2R_k < Q_{k-1}$라는 점에 주목하는 것이다. ($2R_k < Q_{k-1}$라는 사실은 귀납법으로 쉽게 증명할 수 있다. $R_{k+1} - R_k \le 1$이고 $Q_k - Q_{k-1} \ge 2$이기 때문이다.)

4. $j = 1, \dots, r$에 대해 $U_e(j^2)$, $jU_o(j^2)$, $V_e(j^2)$, $jV_o(j^2)$을 계산한다. 그리고 곱셈 알고리즘을 재귀적으로 호출해서

$$W(j) = (U_e(j^2) + jU_o(j^2))(V_e(j^2) + jV_o(j^2)),$$

$$W(-j) = (U_e(j^2) - jU_o(j^2))(V_e(j^2) - jV_o(j^2))$$

을 계산한다. 그러면 $W_e(j^2) = \frac{1}{2}(W(j) + W(-j))$, $W_o(j^2) = \frac{1}{2}(W(j) - W(-j))$가 된다. 또한 $W_e(0) = U(0)V(0)$도 계산한다. 이제 W_e와 W_o(이들은 차수가 각각 r과 $r-1$인 다항식들이다)에 대한 차이 표들을 만든다.

이 방법은 처리되는 수들의 크기를 줄여주며, 덧셈과 곱셈 횟수도 줄여준다. 유일한 단점은 프로그램이 길어진다는 것이다(흐름의 제어가 약간 더 복잡하고 일부 계산들을 반드시 부호 있는 수들로 수행해야 하기 때문이다).

또는 $1^2, 2^2, 4^2, \dots, (2^r)^2$에서 W_e와 W_o를 평가하는 방법으로도 가능할 수 있다. 관련된 수들이 더 크긴 하지만, 모든 곱셈이 자리이동으로 대체되며 모든 나눗셈은 제수가 $2^j(2^k - 1)$ 형태의 이진수들이므로 계산이 더 빠르다. (그런 수들로 나눗셈을 수행하는 간단한 절차들이 존재한다.)

5. 연습문제 3의 부등식이 만족될 정도로 충분히 큰 q_0와 q_1을 가진 q들의 수열과 r들의 수열로 시작한다. 그러면 정리 B 앞에 나오는 것들과 비슷한 공식들에서 $\eta_1 \to 0$이고 $\eta_2 = (1 + 1/(2r_k))2^{1 + \sqrt{2Q_k} - \sqrt{2Q_{k+1}}}(Q_k/Q_{k+1})$임을 알 수 있다. $k \to \infty$에 따라 인수 Q_k/Q_{k+1}은 1로 수렴하므로, 모든 큰 k에 대해 $\eta_2 < 1 - \epsilon$임을 보이고자 한다면 그 인수는 무시할 수 있다. 이제

$$\sqrt{2Q_{k+1}} = \sqrt{2Q_k + 2\lceil \sqrt{2Q_k}\rceil + 2} \ge \sqrt{(2Q_k + 2\sqrt{2Q_k} + 1) + 1} \ge \sqrt{2Q_k} + 1 + 1/(3R_k)$$

이다. 따라서 충분히 큰 k에 대해 $\eta_2 \le (1 + 1/(2r_k))2^{-1/(3R_k)}$이고 $\lg \eta_2 < 0$이다.

참고: 알고리즘 T를, 단계 T1 이후 $n \approx q_k + q_{k+1}$이 되는, n에 근거한 비슷한 종류의 수열 $q_0, q_1, \dots$을 구하는 것으로 수정할 수 있다. 그러면 (21)의 추정치를 구할 수 있게 된다.

6. $6q + d_1$과 $6q + d_2$의 임의의 공약수는 그들의 차이 $d_2 - d_1$의 약수이기도 하다. $\binom{6}{2}$개의 차이는 2, 3, 4, 6, 8, 1, 2, 4, 6, 1, 3, 5, 2, 4, 2이므로, 주어진 수들 중 소수 2, 3, 5 모두로 나누어지는 것이 많아야 하나임을 보이기만 하면 된다. 짝수는 $6q + 2$ 뿐임이 명백하며, 3의 배수인 것은 $6q + 3$ 뿐이다. 그리고 $q_k \not\equiv 3 \pmod{5}$이므로, 5의 배수는 많아야 하나이다.

7. $p_{k-1} < n \le p_k$라고 하자. $t_k \le 6t_{k-1} + ck3^k$를 만족하는 어떤 상수 c가 존재한다. 따라서 $t_k/6^k \le t_{k-1}/6^{k-1} + ck/2^k \le t_0 + c\sum_{j \ge 1} j/2^j = M$이다. 그러므로 $t_k \le M \cdot 6^k = O(p_k^{\lg 6})$이다.

8. 거짓. $k = 2$로 두고 시도해 보면 거짓임을 알 수 있다.

9. $\tilde{u}_s = \hat{u}_{(qs) \bmod K}$. 특히, 만일 $q = -1$이면 $\hat{u}_{(-r) \bmod K}$가 되는데, 이 경우에는 역 변환들을 계산할 때 자료 뒤집기(data-flipping)가 일어나지 않는다.

10. $A^{[j]}(s_{k-1}, \ldots, s_{k-j}, t_{k-j-1}, \ldots, t_0)$을

$$\sum_{0 \le t_{k-1}, \ldots, t_{k-j} \le 1} \omega^{2^{k-j}(s_{k-j} \ldots s_{k-1})_2 \cdot (t_{k-1} \ldots t_{k-j})_2} \left(\sum_{0 \le p < K} \omega^{tp} u_p \right) \left(\sum_{0 \le q < K} \omega^{tq} v_q \right),$$

라고 표현할 수 있으며, 이는 $|S(p, q)| = 0$ 또는 2^j라 할 때 $\sum_{p, q} u_p v_q S(p, q)$이다. 정확히 $2^{2k}/2^j$개의 p와 q 값들에 대해 $|S(p, q)| = 2^j$이 성립한다.

11. 하나의 자동기계는 $c \ge 2$가 되기 전까지는 $z_2 = 1$일 수 없다. 그리고 M_j에 대해 처음으로 $c \ge 2$가 되는 시간은 $3j - 1$이다. 이로부터, 시간 $3(j-1)$ 전까지는 M_j에 대해 $z_2 z_1 z_0 \ne 000$가 성립할 수 없음을 알 수 있다. 더 나아가서, 만일 시간 t에서 M_j에 대해 $z_0 \ne 0$라면, 출력에 영향을 주지 않고서는 이를 $z_0 = 0$으로 변경할 수 없다. 그러나 시간이 적어도 $t + j - 1$이 되기 전까지는 출력이 z_0의 이 값에 영향을 줄 수 없으므로, 반드시 $t + j - 1 \le 2n$이어야 한다. 앞의 첫 번째 논증에 의해 $3(j-1) \le t$가 증명되므로, 반드시 $4(j-1) \le 2n$, 즉 $j - 1 \le n/2$, 다시 말해 $j \le \lfloor n/2 \rfloor + 1$이어야 한다. 입력 $u = v = 2^n - 1$들은 모든 $j \le \lfloor n/2 \rfloor + 1$에 대해 M_j를 사용해야 하므로 이것이 최상의 한계이다. (예를 들어 표 2에 의하면 모듈 M_2는 시간 3에서 2비트 수들을 곱해야 한다.)

12. MIX 비슷한 명령들의 목록 K개를, 각 목록의 첫 명령을 수행하면서 "휩쓸고 지나가는(sweep through)" 작업을 $O(K + (N \log N)^2)$회의 단계로 수행하는 것이 가능하다. 방법은 이렇다: (i) 기수 목록 정렬(5.2.5절)로 모든 동일한 명령들을 함께 묶는다. 이에 필요한 시간은 $O(K + N)$이다. (ii) j개의 동일한 명령들의 집합 각각을 $O(\log N)^2 + O(j)$단계로 수행할 수 있으며, 그런 집합은 $O(N^2)$개이다. 유한한 횟수의 휩쓸기로 모든 목록을 처리할 수 있다. 나머지 세부 사항은 간단하다. 예를 들어 산술 연산들은 p와 q를 이진으로 변환함으로써 흉내낼 수 있다. [*SICOMP* **9** (1980), 490-508.]

13. n비트 수들을 곱하는 데 필요한 단계수를 $T(n)$이라고 할 때, n비트 수를 $\lceil n/m \rceil$개의 m비트 그룹들로 나누어서 m비트 수 곱하기 n비트 수 곱셈을 수행하는 데에는 $\lceil n/m \rceil T(m) + O(n + m)$회의 연산들이 필요하다. 따라서 추정 실행 시간이 튜링 기계에서는 $O(n \log m \log \log m)$, 유한한 크기의 워드들에 대한 임의접근이 가능한 기계에서는 $O(n \log m)$, 포인터 기계에서는 $O(n)$임을 본문에서 언급한 결과들로부터 이끌어낼 수 있다.

15. 알려진 최상의 상계는 $O(n (\log n)^2 \log \log n)$이다. 이는 M. J. Fischer, L. J. Stockmeyer, *J. Comp. and Syst. Sci.* **9** (1974), 317-331에서 기인한 것이다. 그들의 구성은 다중 테이프 튜링 기계에서 작동한다. 그리고 포인터 기계의 경우에는 $O(n \log n)$이다. 알려진 최상의 하계는

$n \log n / \log \log n$이다. 이는 M. S. Paterson, M. J. Fischer, A. R. Meyer, *SIAM/AMS Proceedings* **7** (1974), 97-111에서 비롯된 것으로, 다중 테이프 튜링 기계에는 적용되나 포인터 기계에는 적용되지 않는다.

16. 2^k이 $2K$보다 큰 최소의 2의 거듭제곱이라고 하자. $t \geq K$에 대해 $u_t = 0$로 두고 $a_t \leftarrow \omega^{-t^2/2} u_t$, $b_t \leftarrow \omega^{(2K-2-t)^2/2}$으로 설정한다. $0 \leq s < K$일 때 $r = 2K - 2 - s$에 대해 합성곱 $c_r = \sum_{j=0}^{r} a_j b_{r-j}$들을 평가해볼 것. 본문의 곱셈 절차에서처럼, 그 합성곱들은 차수가 2^k인 빠른 푸리에 변환 세 개를 이용해서 구할 수 있다. ["지저귐 변환(chirp transform)"이라고도 하는 이 기법은 단위원의 제곱뿐만 아니라 임의의 복소수 ω에 대해서도 유효하다. L. I. Bluestein, *Northeast Electronics Res. and Eng. Meeting Record* **10** (1968), 218-219; D. H. Bailey and P. N. Swarztrauber, *SIAM Review* **33** (1991), 389-404를 볼 것.]

17. 수량 $D_n = K_{n+1} - K_n$은 $D_1 = 2$, $D_{2n} = 2D_n$, $D_{2n+1} = D_n$을 만족한다. 따라서 n이 언급된 형태일 때 $D_n = 2^{e_1 - t + 2}$이다. 이로부터, $K_n = 3^{e_1} + \sum_{l=2}^{t} 3^{e_l} 2^{e_1 - e_l - l + 3}$임을 n에 대한 귀납법으로 확인할 수 있다.

첨언하자면 K_n은 홀수이며, $(K_n + K_{n+1})/2$개의 한 자리 곱셈들을 통해서 n자리 정수에 $(n+1)$자리 정수를 곱할 수 있다. 생성함수 $K(z) = \sum_{n \geq 1} K_n z^n$은 $zK(z) + z^2 = K(z^2)(z+1)(z+2)$를 만족한다. 따라서 $K(-1) = 1$이고 $K(1) = \frac{1}{5}$이다.

18. 다음 방안은 작업용 저장소에서 $3N + S_N$개의 자리들을 사용한다. 이 때 $S_1 = 0$, $S_{2n} = S_n$, $S_{2n-1} = S_n + 1$이며, 따라서 이전 연습문제의 표기법 하에서 $S_n = e_1 - e_t - t + 2 - [t = 1]$이다. $N = 2n - \epsilon$이라고 하자. 여기서 ϵ은 0 또는 1이다. 그리고 $N > 1$라고 가정하자. N자리 수 $u = 2^n U_1 + U_0$와 $v = 2^n V_1 + V_0$이 주어졌을 때, 우선 $|U_0 - U_1|$과 $|V_0 - V_1|$을 $(3N + S_N)$자리 작업 영역의 위치 0과 위치 n에서 시작하는 두 n자리 영역들 안에 만든다. 그런 다음에는 그 둘의 곱을 위치 $3n + S_n$에서 시작하는 영역에 넣는다. 다음으로는 $2(n - \epsilon)$자리 곱 $U_1 V_1$을 위치 0에서부터 만든다. 그 곱을 이용해서 위치 $3n + S_n$에서 시작하는 $3n - 2\epsilon$개의 자리들을 $U_1 V_1 - (U_0 - U_1)(V_0 - V_1) + 2^n U_1 V_1$의 값으로 변경한다. ($3n - 2\epsilon + 3n + S_n = 3N + S_N$임을 주목할 것.) 마지막으로, 위치 0에서부터 $2n$자리 곱 $U_0 V_0$을 형성하고 그것을 위치 $2n + S_n$과 $3n + S_n$에서 시작하는 부분 결과에 저장한다. 또한 $2N$자리 답을 아래로 $2n + S_n$ 위치만큼 자리이동해서 최종적인 위치로 옮겨야 한다.

지정된 작업 영역 안에서 출력을 특정한 양만큼 순환 자리이동 하도록 이 방법을 교묘하게 수정한다면 마지막의 이동을 피할 수 있다. 만일 $2N$자리 곱을 보조 작업 영역에 인접한 장소에 둘 수 없는 경우라면 약 N자리의 메모리가 더 필요하다(즉, 입력, 출력, 임시 저장용으로 $5N$자리가 아니라 약 $6N$자리가 필요한 것이다). R. Maeder, *Lecture Notes in Comp. Sci.* **722** (1993), 59-65 참고.

19. $-s < r \leq s$이고 $m = s^2 + r$이라고 하자. $U_1 = \lfloor u/s \rfloor$, $U_0 = u \bmod s$, $V_1 = \lfloor v/s \rfloor$, $V_0 =$

$v \bmod s$로 두고 s가 2^n의 역할을 하도록 해서 (2)를 적용할 수 있다. 만일 $U_1 - U_0$과 $V_1 - V_0$의 부호를 알고 있다면 곱 $|U_1 - U_0||V_1 - V_0|$(이는 $< m$이다)을 계산하는 방법도 알고 있는 것이며, 그것을 더할 것인지 뺄 것인지도 알고 있는 것이다. 그런 다음에는 s를 곱하고 $s^2 \equiv -r$를 곱하면 된다. 이들 각각은 연습문제 3.2.1.1-9에 의해 네 번의 곱셈/나눗셈들로 수행 할 수 있으나, $sx \bmod m$을 계산하는 데 필요한 곱셈들 중 한 번은 r 또는 $r+s$를 곱하는 것이므로, 실제로는 일곱 번이면 된다. 따라서 14회의 곱셈/나눗셈으로 충분하다(또는, $u = v$이거나 u가 상수인 경우에는 12회). 피연산수들을 비교하는 것이 불가능한 경우라고 해도 $U_0 V_1$과 $U_1 V_0$를 개별적으로 계산함으로써 곱셈을 한 번 더 수행하는 것으로 문제가 해결된다.

4.4절

1. B_j 체계 안에서의 덧셈과 곱셈을 통해서 $(\ldots (a_m b_{m-1} + a_{m-1}) b_{m-2} + \cdots + a_1) b_0 + a_0$을 계산한다.

	T.	=20 (cwt.	=8 (st.	=14 (lb.	=16 oz.)))†
0으로 시작한다	0	0	0	0	0
3을 더한다	0	0	0	0	3
24를 곱한다	0	0	0	4	8
9를 더한다	0	0	0	5	1
60을 곱한다	0	2	5	9	12
12를 더한다	0	2	5	10	8
60을 곱한다	8	3	1	0	0
37을 더한다	8	3	1	2	5

(혼합기수체계에서의 상수 더하기, 곱하기는 통상적인 올림 규칙의 간단한 일반화를 이용해서 쉽게 수행할 수 있다. 연습문제 4.3.1-9를 볼 것.)

2. $\lfloor u/B_0 \rfloor$, $\lfloor \lfloor u/B_0 \rfloor / B_1 \rfloor$ 등을 계산한다. 나머지는 A_0, A_1, 등이다. 나눗셈은 b_j 체계 하에서 수행한다.

	d.	=24 (h.	=60 (m.	=60 s.))††	
u로 시작한다	3	9	12	37	
16으로 나눈다	0	5	4	32	나머지 = 5
14로 나눈다	0	0	21	45	나머지 = 2
8로 나눈다	0	0	2	43	나머지 = 1
20으로 나눈다	0	0	0	8	나머지 = 3
∞로 나눈다	0	0	0	0	나머지 = 8

답: 8 T. 3 cwt. 1 st. 2 lb. 5 oz.

---

† 〔옮긴이 주〕 T. = 롱톤, cwt. = 헌드레드웨이트, st. = 스톤, lb. = 파운드, oz. = 온스

†† 〔옮긴이 주〕 d. = 일, h. = 시간, m. = 분, s. = 초.

3. 다음 절차는 스틸G. L. Steel Jr.과 화이트Jon L. White에서 기인한 것으로, *CACM* **2,** (1959년 7월), 27에 처음 발표된 $B = 2$에 대한 타란토Taranto의 알고리즘을 일반화한 것이다.

A1. 〔초기화.〕 $M \leftarrow 0$, $U_0 \leftarrow 0$으로 설정한다.

A2. 〔끝인가?〕 만일 $u < \epsilon$ 또는 $u > 1 - \epsilon$이면 단계 A4로 간다. (그렇지 않으면 주어진 조건들을 만족하는 M자리 분수가 없는 것이다.)

A3. 〔변환.〕 $M \leftarrow M + 1$, $U_{-M} \leftarrow \lfloor Bu \rfloor$, $u \leftarrow Bu \bmod 1$, $\epsilon \leftarrow B\epsilon$으로 설정하고 A2로 돌아간다. (이 변환에 의해 우리는 본질적으로 이전과 같은 상태로 돌아가게 된다. 남은 문제는 $|U - u| < \epsilon$가 되도록, u를 가장 적은 기수 B자리들을 가진 U로 변환하는 것이다. 그런데 이제는 ϵ이 ≥ 1일 수 있음을 주의해야 한다. 그런 경우에는 ϵ의 새 값을 저장하는 대신 즉시 단계 A4로 갈 수 있다.)

A4. 〔반올림.〕 만일 $u \geq \frac{1}{2}$이면 U_{-M}을 1 증가한다. (만일 정확히 $u = \frac{1}{2}$이면 "U_{-M}이 홀수일 때에만 1 증가한다" 같은 또 다른 반올림 규칙이 더 나을 것이다. 4.2.2절을 볼 것.) ▮

단계 A4에서 U_{-M}이 $B - 1$에서 B로 증가하는 일은 없다. 왜냐하면, $U_{-M} = B - 1$이면 반드시 $M > 0$이어야 하는데, 그 정도로 충분히 정확한 $(M - 1)$자리 분수는 없기 때문이다. 스틸과 화이트는 그들의 논문 〔*SIGPLAN Notices* **25,** (June 1990), 112-126〕에서 부동소수점 변환까지도 고려했다. D. E. Knuth, *Beauty is Our Business*, W. H. J. Feijen 외 엮음 (New York: Springer, 1990), 233-242도 볼 것.

4. (a) $1/2^k = 5^k/10^k$. (b) b의 모든 소인수는 B의 약수이다.

5. 오직 $10^n - 1 \leq c < w$일 때에만 그렇다. (3)을 볼 것.

7. $\alpha u \leq ux \leq \alpha u + u/w \leq \alpha u + 1$이므로 $\lfloor \alpha u \rfloor \leq \lfloor ux \rfloor \leq \lfloor \alpha u + 1 \rfloor$이다. 더 나아가서, 언급된 특수한 경우에서는 $0 < \epsilon \leq \alpha$에 대해 $ux < \alpha u + \alpha$와 $\lfloor \alpha u \rfloor = \lfloor \alpha u + \alpha - \epsilon \rfloor$이 성립한다.

8.

```
      ENT1 0              LDA   TEMP        (첫 번째 반복에서만
      LDA  U              DECA  1             수행될 수 있다.
  1H  MUL  =1//10=        JMP   3B            근거는 연습문제 7에 있음.)
  3H  STA  TEMP       2H  STA   ANSWER,1    (음의 0일 수 있음.)
      MUL  =-10=          LDA   TEMP
      SLAX 5              INC1  1
      ADD  U              JAP   1B      ▮
      JANN 2F
```

9. $p_k = 2^{2^{k+2}}$이라고 하자. k에 대한 귀납법에 의해 $v_k(u) \leq \frac{16}{5}(1 - 1/p_k)(\lfloor u/2 \rfloor + 1)$임이 확인된다. 따라서 모든 정수 $u \geq 0$에 대해 $\lfloor v_k(u)/16 \rfloor \leq \lfloor \lfloor u/2 \rfloor / 5 \rfloor = \lfloor u/10 \rfloor$이다. 더 나아가서,

$v_k(u+1) \geq v_k(u)$이므로, $\lfloor v_k(u)/16 \rfloor = \lfloor u/10 \rfloor$에 대한 가장 작은 반례는 u가 10의 배수일 때 발생한다.

이제 $u = 10m$이 고정된 값이라고 하자. 그리고 $v_{k+1}(u) = v_k(u) + (v_k(u) - r_k)/p_k$가 되도록 $v_k(u) \bmod p_k = r_k$라고 가정하자. $p_k^2 = p_{k+1}$이라는 사실은 $x_{k+1} = (p_k+1)x_k - p_k r_k$라고 할 때 $m_0 = m$, $v_k(u) = (p_k-1)m_k + x_k$, $m_k = m_{k+1}p_k + x_k - r_k$를 만족하는 정수 $m_0, m_1, m_2,$ $\ldots$이 존재함을 함의한다. 이 점화식을 정리하면 다음을 얻을 수 있다.

$$v_k(u) = (p_k-1)m_k + c_k - \sum_{j=0}^{k-1} p_j r_j \prod_{i=j+1}^{k-1}(p_i+1), \qquad c_k = 3\frac{p_k-1}{p_0-1}.$$

더 나아가서 $v_k(u) + m_k = v_{k+1}(u) + m_{k+1}$은 k에 독립적이며, 이로부터 $v_k(u)/16 = m + (3 - m_k)/16$가 나온다. 따라서 식 $x_k = \frac{1}{16}(v_k + m_k - c_0)$에서 $m_k = 4$, $r_j = p_j - 1$로 두어서 $0 \leq k \leq 4$에 대한 최소의 반례 $u = 10x_k$를 얻는다. 16진 표기법에서 x_k는 434243414342434의 마지막 2^k개의 숫자들이다.

$v_4(10x_4)$는 2^{64}보다 작으므로, 그 최소 반례는 $k > 4$에 대해서도 최소 반례이다. 더 큰 피연산수들의 경우에 대한 한 가지 방법은 $v_0(u) = 6\lfloor u/2 \rfloor + 6$로 시작하고 $c_k = 6(p_k-1)/(p_0-1)$, $m_0 = 2m$으로 두는 것이다. (이는 이전보다 오른쪽으로 한 비트 더 절단하는 효과를 낸다.) 그러면 u가 $1 \leq k \leq 7$에 대해 $10y_k$보다 작을 때 $\lfloor v_k(u)/32 \rfloor = \lfloor u/10 \rfloor$이 성립한다. 여기서 $m_k = 7$, $r_0 = 14$, 그리고 $j > 0$에 대해 $r_j = p_j - 1$일 때 $y_k = \frac{1}{32}(v_k + m_k - 6)$이다. 예를 들어 $y_4 = $1c342c3424342c34이다. 〔이 연습문제는 R. A. Vowels, *Australian Comp. J.* **24** (1992), 81–85의 착안에 근거한 것이다.〕

10. (i) 오른쪽으로 한 자리 이동한다. (ii) 각 그룹에서 왼쪽 비트를 추출한다. (iii) (ii)의 결과를 오른쪽으로 두 자리 이동한다. (iv) (iii)의 결과를 오른쪽으로 한 자리 이동하고 그것을 (iii)의 결과에 더한다. (v) (i)의 결과에서 (iv)의 결과를 뺀다.

11.
```
     5. 7 7 2 1
   −   1 0
     4 7. 7 2 1
   −     9 4
     3 8 3. 2 1
   −     7 6 6
     3 0 6 6. 1
   −     6 1 3 2
     2 4 5 2 9
```
답: $(24529)_{10}$.

12. 우선 3진수를 9진수 표기로 변환하고, 8진에서 10진 변환에서와 동일하게 진행하되 배증은 하지 않는다. 10진에서 9진도 비슷하다. 주어진 예의 경우 다음과 같다:

```
        1.7 6 4 7 2 3
    −   1
       1 6.6 4 7 2 3                      9.8 7 6 5 4
    −   1 6                            +   9
      1 5 0.4 7 2 3                     1 1 8.7 6 5 4
    −   1 5 0                          +   1 1 8
     1 3 5 4.7 2 3                     1 3 1 6.6 5 4
    −   1 3 5 4                        +   1 3 1 6
    1 2 1 9 3.2 3                      1 4 4 8 3.5 4
    −   1 2 1 9 3                      +   1 4 4 8 3
   1 0 9 7 3 9.3                      1 6 0 4 2 8.4
    −   1 0 9 7 3 9                    +   1 6 0 4 2 8
      9 8 7 6 5 4   답: (987654)₁₀.      1 7 6 4 7 2 3   답: (1764723)₉.
```

답: $(987654)_{10}$.   답: $(1764723)_9$.

```
13. BUF     ALF   .□□□□             (첫 줄의 기수점)
            ORIG  *+39
    START   JOV   OFLO              위넘침이 꺼지도록 한다.
            ENT2  -40               버퍼 포인터를 설정한다.
    8H      ENT3  10                루프 카운터를 설정한다.
    1H      ENT1  m                 곱셈 루틴을 시작한다.
            ENTX  0
    2H      STX   CARRY
            ...                     (v = 10⁹, W = U로 두고
            J1P   2B                    연습문제 4.3.1-13을 참고할 것.)
            SLAX  5                 rA ← 다음 아홉 숫자들.
            CHAR
            STA   BUF+40,2(2:5)     다음 아홉 숫자들을 저장한다.
            STX   BUF+41,2
            INC2  2                 버퍼 포인터를 증가한다.
            DEC3  1
            J3P   1B                열 번 반복한다.
            OUT   BUF+20,2(PRINTER)
            J2N   8B                두 줄 모두 출력될 때까지 반복한다. ▮
```

14. $K(n)$이 n자리 십진수를 이진수로 변환하며 그와 동시에 10^n의 이진 표현을 계산하는 데 필요한 단계수라고 하자. 그러면 $K(2n) \le 2K(n) + O(M(n))$이다. 증명. 수 $U = (u_{2n-1} \dots u_0)_{10}$들이 주어졌을 때 $U_1 = (u_{2n-1} \dots u_n)_{10}$과 $U_0 = (u_{n-1} \dots u_0)_{10}$, 10^n을 계산하는 데에는 $2K(n)$ 단계가 걸린다. 그리고 $U = 10^n U_1 + U_0$과 $10^{2n} = 10^n \cdot 10^n$을 계산하는 데에는 $O(M(n))$이 걸린다. 이로부터 $K(2^n) = O(M(2^n) + 2M(2^{n-1}) + 4M(2^{n-2}) + \cdots) = O(nM(2^n))$이 나온다.

〔비슷하게, 쉽하게는 $O(nM(2^n))$단계로 $(2^n \lg 10)$비트 수 U를 이진에서 십진으로 바꿀 수

있음을 밝혔다. 우선 $V = 10^{2^{n-1}}$을 $O(M(2^{n-1}) + M(2^{n-2}) + \cdots) = O(M(2^n))$단계로 형성하고, 그런 다음 $U_1 = \lfloor U/V \rfloor$와 $U_0 = (U \bmod V)$를 $O(M(2^n))$ 단계로 계산한다. 그런 다음에는 U_0과 U_1을 변환한다.〕

17. W. D. Clinger, *SIGPLAN Notices* **25**, (1990년 6월), 92-101과 연습문제 3의 답에서 언급한 스틸과 화이트의 논문을 볼 것.

18. $U = \mathrm{round}_B(u, P)$이고 $v = \mathrm{round}_b(U, p)$라고 하자. $U > 0$이고 $v > 0$가 되도록 $u > 0$라고 가정할 수 있다. 경우 1, $v < u : b^{e-1} < u \le b^e$, $B^{E-1} \le U < B^E$를 만족하는 e와 E를 결정한다. 그러면 $u \le U + \frac{1}{2}B^{E-P}$이고 $U \le u - \frac{1}{2}b^{e-p}$이다. 따라서 $B^{P-1} \le B^{P-E}U < B^{P-E}u \le b^{p-e}u \le b^p$이다. 경우 2, $v > u : b^{e-1} \le u < b^e$, $B^{E-1} < U \le B^E$인 e와 E를 결정한다. 그러면 $u \ge U - \frac{1}{2}B^{E-P}$이고 $U \ge u + \frac{1}{2}b^{e-p}$이다. 따라서 $B^{P-1} \le B^{P-E}(U - B^{E-P}) < B^{P-E}u \le b^{p-e}u < b^p$이다. 그러므로 $v \ne u$이면 항상 $B^{P-1} < b^p$임이 증명되었다.

반대로, 만일 $B^{P-1} < b^p$이면 위의 증명은 $u \ne v$인 가장 유망한 사례가 u가 b의 거듭제곱임과 동시에 B의 거듭제곱에 가까울 때 발생함을 제시한다. $B^{P-1}b^p < B^{P-1}b^p + \frac{1}{2}b^p - \frac{1}{2}B^{P-1} - \frac{1}{4}$ $= (B^{P-1} + \frac{1}{2})(b^p - \frac{1}{2})$이며, 따라서 $1 < \alpha = 1/(1 - \frac{1}{2}b^{-p}) < 1 + \frac{1}{2}B^{1-P} = \beta$이다. 연습문제 4.5.3-50에 의해, $\log_B \alpha < e \log_B b - E < \log_B \beta$를 만족하는 정수 e와 E가 존재한다. 따라서 어떤 e와 E에 대해 $\alpha < b^e/B^E < \beta$이다. 이제 $\mathrm{round}_B(b^e, P) = B^E$이고 $\mathrm{round}_b(B^E, p) < b^e$이다. 〔*CACM* **11** (1968), 47-50; *Proc. Amer. Math. Soc.* **19** (1968), 716-723.〕

예를 들어 만일 $b^p = 2^{10}$이고 $B^P = 10^4$이면 수 $u = 2^{6408} \approx .100049 \cdot 10^{1930}$은 $U = .1 \cdot 10^{1930}$ $\approx (.11111111111101111111111)_2 \cdot 2^{6408}$으로 반내림되며, 그 수는 $2^{6408} - 2^{6398}$으로 반내림된다. (가장 작은 예는 실제로 $\mathrm{round}((.1111111001)_2 \cdot 2^{784}) = .1011 \cdot 10^{236}$, $\mathrm{round}(.1011 \cdot 10^{235}) = (.11111110010)_2 \cdot 2^{784}$이다. 이들은 타이드먼Fred J. Tydeman이 발견했다.)

19. $m_1 = (\mathrm{F0F0F0F0})_{16}$, $c_1 = 1 - 10/16$으로 $U = ((u_7 u_6)_{10} \ldots (u_1 u_0)_{10})_{256}$을 얻는다. $m_2 = (\mathrm{FF00FF00})_{16}$, $c_2 = 1 - 10^2/16^2$으로 $U = ((u_7 u_6 u_5 u_4)_{10} (u_3 u_2 u_1 u_0)_{10})_{65536}$을 얻는다. 마지막으로는 $m_3 = (\mathrm{FFFF0000})_{16}$, $c_3 = 1 - 10^4/16^4$이다. 〔연습문제 14의 쉰하게의 알고리즘과 비교해 볼 것. 이 기법은 1958년경의 케어Roy A. Keir에서 기인한 것이다.〕

4.5.1절

1. 분모들이 양수들이므로 $uv' < u'v$의 여부를 판정하면 된다. (연습문제 4.5.3-39의 답도 볼 것.)

2. 만일 $c > 1$가 u/d와 v/d의 공약수이면 cd는 u와 v의 공약수이다.

3. p가 소수라고 하자. $e \ge 1$에 대해 만일 p^e이 uv와 $u'v'$의 약수이면 $p^e \setminus u$ 그리고 $p^e \setminus v'$이거나 $p^e \setminus u'$ 그리고 $p^e \setminus v$이다. 따라서 $p^e \setminus \gcd(u, v')\gcd(u', v)$이다. 논증을 뒤집으면 그 역도 증명된다.

4. $d_1 = \gcd(u, v)$, $d_2 = \gcd(u', v')$; 답은 $w = (u/d_1)(v'/d_2)\,\mathrm{sign}(v)$, $w' = |(u'/d_2)(v/d_1)|$. 단, 만일 $v = 0$이면 "0으로 나누기" 오류 메시지를 내도록 한다.

5. $d_1 = 10$, $t = 17 \cdot 7 - 27 \cdot 12 = -205$, $d_2 = 5$, $w = -41$, $w' = 168$.

6. $u'' = u'/d_1$, $v'' = v'/d_1$라고 하자. 목표는 $\gcd(uv'' + u''v, d_1) = \gcd(uv'' + u''v, d_1 u''v'')$임을 보이는 것이다. p가 소수이고 u''의 약수라고 하면, p는 u나 v를 나누지 않으므로 $uv'' + u''v$의 약수가 아니다. 비슷한 논증이 v''의 소인수들에도 적용되므로, $u''v''$의 소인수들 중 주어진 최대공약수에 영향을 미치는 것은 없다.

7. $(N-1)^2 + (N-2)^2 = 2N^2 - (6N - 5)$. 만일 입력들이 n비트 이진수들이라면 t를 표현하는 데 $2n + 1$비트가 필요할 것이다.

8. x가 유한하며 0이 아니라고 할 때, 개시된 알고리즘들을 변경하지 않아도 이 수량들은 곱셈과 나눗셈에 대해 규칙 $x/0 = \mathrm{sign}(x)\infty$, $(\pm\infty) \times x = x \times (\pm\infty) = (\pm\infty)/x = \pm\,\mathrm{sign}(x)\infty$, $x/(\pm\infty) = 0$을 따른다. 더 나아가서, 알고리즘들을 $0/0 = 0 \times (\pm\infty) = (\pm\infty) \times 0 = \text{"}(0/0)\text{"}$이 되도록 쉽게 수정할 수 있다. 마지막 수량은 "정의되지 않음"(미정의)의 한 표현이다. 피연산수들 중 하나라도 미정의이면 결과 역시 정의되지 않는다.

곱셈, 나눗셈 서브루틴들로부터 확장된 산술의 이러한 상당히 자연스러운 규칙들이 나올 수 있으므로, 덧셈과 뺄셈 연산들을 다음과 같은 규칙들을 따르도록 수정하는 것이 바람직한 경우가 있다: x가 유한하다고 할 때 $x \pm \infty = \pm\infty$, $x \pm (-\infty) = \mp\infty$; $(\pm\infty) + (\pm\infty) = \pm\infty - (\mp\infty) = \pm\infty$z; 더 나아가서 $(\pm\infty) + (\mp\infty) = (\pm\infty) - (\pm\infty) = (0/0)$; 그리고 피연산수들 중 하나 또는 모두가 $(0/0)$이면 결과 역시 $(0/0)$. 상등 판정과 비교 역시 비슷한 방식으로 처리하면 된다.

위의 설명들은 "위넘침" 표시와는 독립적이다. 만일 위넘침을 나타내기 위해 ∞를 사용한다면 $1/\infty$을 0으로 두는 것은 정확하지 않다. 그렇게 두면 부정확한 결과가 진짜 답으로 간주되어 버린다. 위넘침을 $(0/0)$으로 나타내고, 만일 입력들 중 하나라도 미정의이면 임의의 연산의 결과도 미정의라는 관례를 따르는 것이 훨씬 낫다. 이런 종류의 위넘침 표시는 확장된 계산의 최종 결과에서 어떤 답들이 정의되고 어떤 답들이 정의되지 않는지를 정확히 가려낼 수 있다는 장점을 가진다.

9. 만일 $u/u' \neq v/v'$이면 $1 \leq |uv' - u'v| = u'v'|u/u' - v/v'| < |2^{2n}u/u' - 2^{2n}v/v'|$이다. 차이가 단위원보다 큰 두 수량의 "내림(floor)" 값들이 같을 수는 없다. (다른 말로 하면, n비트 분모들이 존재할 때 하나의 이진 분수의 값을 특성화하는 데에는 이진 기수점 오른쪽의 처음 $2n$비트들로 충분하다. 이를 $2n - 1$비트들로 개선할 수는 없다. 왜냐하면, 만일 $n = 4$이면 $\frac{1}{13} = (.00010011\ldots)_2$, $\frac{1}{14}(.00010010\ldots)_2$이기 때문이다.)

11. v와 v' 모두 0이 아닐 때 $(v + v'\sqrt{5})/v''$로 나누기 위해서는, 역수 $(v - v'\sqrt{5})v''/(v^2 - 5v'^2)$을 곱하고 그 결과를 기약분수로 약분한다.).

12. $((2^{q-1}-1)/1)$; 오직 $|x| \le 2^{1-q}$일 때에만 round$(x) = (0/1)$. 비슷하게, 오직 $x \ge 2^{q-1}$일 때에만 round$(x) = (1/0)$.

13. 한 가지 착안은, 분자와 분모를 총 27비트로 한정하는 것이다. 이 때 그 비트들 중 26비트만 저장해도 된다(분모의 길이가 0이 아닌 한 분모의 선행 비트는 1이므로). 그러면 하나의 부호와 분모의 크기를 나타내는 다섯 비트를 저장할 공간이 생긴다. 또 다른 착안은 전체적으로 최대 일곱 개의 16진 숫자들이 들어가도록 해서 분자와 분모를 총 28비트에 나누어 담고, 나머지 4비트 공간에 는 부호 비트 하나와 분모의 16진 숫자 개수를 뜻하는 3비트 필드를 담는 것이다.

〔첫 번째 방식의 경우, 다음 연습문제의 공식들을 이용한다면 정확히 2140040119개의 유한한 수들을 표현할 수 있다. 첫 번째 방식은 더 많은 수들을 표현할 수 있다는 점에서, 그리고 더 깔끔하며 범위들 사이의 전이가 매끄럽다는 점에서 바람직하다. 비슷하게, 64비트 세계에서는 분모와 분자의 총 비트수를 최대 $64-6=58$로 제한하면 된다.〕

14. 구간 $(a..b]$에 있는 n의 배수들은 $\lfloor b/n \rfloor - \lfloor a/n \rfloor$개이다. 따라서 포함 및 배제 원리에 의해 이 문제의 답은 $S_0 - S_1 + S_2 - \cdots$이다. 여기서 S_k는 $\sum (\lfloor M_2/P \rfloor - \lfloor M_1/P \rfloor)(\lfloor N_2/P \rfloor - \lfloor N_1/P \rfloor)$으로, 합의 구간은 k개의 서로 다른 소수들의 곱 P들 전부이다. 답을 이렇게 표현할 수도 있다:

$$\sum_{n=1}^{\min(M_2, N_2)} \mu(n) \, (\lfloor M_2/n \rfloor - \lfloor M_1/n \rfloor)(\lfloor N_2/n \rfloor - \lfloor N_1/n \rfloor).$$

4.5.2절

1. min, max, +를 각각 gcd, lcm, ×로 일관되게 치환한다(임의의 변수가 0일 때에도 항등식들이 유효한지 확인한 후에).

2. 소수 p에 대해, u, v_1, ..., v_n의 표준 인수분해들에서의 p의 지수들이 u_p, v_{1p}, ..., v_{np}라고 하자. 가정에 의해 $u_p \le v_{1p} + \cdots + v_{np}$이다. $u_p \le \min(u_p, v_{1p}) + \cdots + \min(u_p, v_{np})$임을 보여야 하는데, 만일 u_p가 모든 v_{jp}보다 크거나 같으면, 또는 v_p가 어떤 v_{jp}보다 작으면 이는 확실히 참이다.

3. 답 1: 만일 $n = p_1^{e_1} \cdots p_r^{e_r}$이면 각 경우에서 그 개수는 $(2e_1+1) \cdots (2e_r+1)$이다. 답 2: n^2의 각 약수 d에 대해 $u = \gcd(d, n)$, $v = n^2/\mathrm{lcm}(d, n)$으로 두면 일대일 대응관계가 만들어진다. 〔E. Cesàro, *Annali di Matematica Pura ed Applicata* (2) **13** (1885), 235-250, §12.〕

4. 연습문제 3.2.1.2-15(a)를 볼 것.

5. gcd에 3의 적절한 거듭제곱이 나타날 것임을 염두에 두고, u와 v를 둘 다 3의 배수가 아니게 될 때까지 오른쪽으로 자리이동한다. 이후의 각 반복에서는 t를 $u+v$ 또는 $u-v$ 중 3의 배수인 것으로 설정하고 t를 3의 배수가 아니게 될 때까지 오른쪽으로 자리이동한다. 그런 다음 $\max(u, v)$ 를 결과로 대체한다.

u	v	t
13634	24140	10506, 3502;
13634	3502	17136, 5712, 1904;
1904	3502	5406, 1802;
1904	1802	102, 34;
34	1802	1836, 612, 204, 68;
34	68	102, 34;
34	34	0.

이제 $\gcd(40902, 24140) = 34$라는 확실한 증거가 나왔다.

6. u와 v 둘 다 짝수일 확률은 $\frac{1}{4}$, 둘 다 4의 배수일 확률은 $\frac{1}{16}$, 등등이다. 따라서 A의 분포는 다음과 같은 생성함수로 주어진다:

$$\frac{3}{4} + \frac{3}{16}z + \frac{3}{64}z^2 + \cdots = \frac{3/4}{1 - z/4}.$$

평균은 $\frac{1}{3}$이고 표준편차는 $\sqrt{\frac{2}{9} + \frac{1}{3} - \frac{1}{9}} = \frac{2}{3}$이다. 만일 u와 v가 독립적이고 $1 \le u, v < 2^N$ 안에서 균등하게 분포된다면 작은 보정 항들이 필요하다. 그러면 실제 평균은

$$(2^N - 1)^{-2} \sum_{k=1}^{N} (2^{N-k} - 1)^2 = \frac{1}{3} - \frac{4}{3}(2^N - 1)^{-1} + N(2^N - 1)^{-2}$$

이다.

7. u와 v 모두 짝수인 것은 아닐 때, (짝, 홀), (홀, 짝), (홀, 홀)인 경우들은 모두 동일 확률이며 각 경우에서 $B = 1, 0, 0$이다. 따라서 평균적으로 $B = \frac{1}{3}$이다. $1 \le u, v < 2^N$일 때에는 엄밀하게 정확한 결과를 얻기 위해서는 연습문제 6에서처럼 실제로 작은 보정이 필요하다. $B = 1$일 확률은 실제로

$$(2^N - 1)^{-2} \sum_{k=1}^{N} (2^{N-k} - 1)2^{N-k} = \frac{1}{3} - \frac{1}{3}(2^N - 1)^{-1}$$

이다.

8. F가 $u > v$인 뺄셈 단계 개수라고 하자. 그러면 $E = F + B$이다. 입력을 (u, v)에서 (v, u)로 바꾼다면 C의 값은 변하지 않지만 F는 $C - 1 - F$가 된다. 따라서 $E_{\text{ave}} = \frac{1}{2}(C_{\text{ave}} - 1) + B_{\text{ave}}$ 이다.

9. 이진 알고리즘은 $u = 1963$, $v = 1359$일 때 처음으로 B6에 도달하며, 그 다음으로는 $t \leftarrow 604$, 302, 151 등등이 된다. gcd는 302이다. 알고리즘 X를 이용하면 $2 \cdot 31408 - 23 \cdot 2718 = 302$임을 알 수 있다.

10. (a) 두 정수는 오직 둘 다 어떠한 소수로도 나누어지지 않을 때에만 서로 소이다. (b) 분모들을 $k = p_1 \dots p_r$로 두어서 (a)의 합을 재배치한다. (부문제 (a)와 (b)의 각 합은 실제로 유한하다.) (c) $(n/k)^2 - \lfloor n/k^{\,2} \rfloor = O(n/k)$이므로 $q_n - \sum_{k=1}^{n} \mu(k)(n/k)^2 = \sum_{k=1}^{n} O(n/k) = O(nH_n)$이 성

립한다. 더 나아가서, $\sum_{k>n}(n/k)^2 = O(n)$이다. (d) $\sum_{d\setminus n}\mu(d) = \delta_{1n}$. 〔사실, (b)에서처럼 좀 더 일반적인 결과

$$\sum_{d\setminus n}\mu(d)\left(\frac{n}{d}\right)^s = n^s - \sum\left(\frac{n}{p}\right)^s + \sum\left(\frac{n}{pq}\right)^s - \cdots$$

이 성립한다. 여기서 우변의 합들은 구간이 n의 소인수들이다. $n = p_1^{e_1}\ldots p_r^{e_r}$이라 할 때, 이 합들은 $n^s(1 - 1/p_1^s)\ldots(1 - 1/p_r^s)$와 같다.〕

참고: 비슷하게, k개의 정수들의 집합이 서로 소일 확률은 $1/\zeta(k) = 1/\left(\sum_{n\geq 1}1/n^k\right)$이다. 이러한 정리 D의 증명은 F. Mertens, *Crelle* **77** (1874), 289–291에서 기인한 것이다. 사실 이 기법은 $m \leq n$, $f(m) = O(m)$, $g(n) = O(n)$일 때 정수 $u \in [f(m)..f(m)+m)$, $v \in [g(n).. g(n)+n)$들의 $6\pi^{-2}mn + O(n\log m)$개의 정수쌍들이 서로 소라는 좀 더 강한 결과를 제공한다.

11. (a) $6/\pi^2$ 곱하기 $1 + \frac{1}{4} + \frac{1}{9}$, 즉 $49/(6\pi^2) \approx .82746$. (b) $6/\pi^2$ 곱하기 $1/1 + 2/4 + 3/9 + \cdots$, 즉 ∞. (연습문제 12와 14의 결과에도 불구하고 이는 참이다.)

12. 〔*Annali di Mat.* (2) **13** (1885), 235-250, §3.〕 $\sigma(n)$이 n의 양의 약수 개수라고 하자. 답은

$$\sum_{k\geq 1}\sigma(k)\cdot\frac{6}{\pi^2 k^2} = \frac{6}{\pi^2}\left(\sum_{k\geq 1}\frac{1}{k^2}\right)^2 = \frac{\pi^2}{6}$$

이다. 〔따라서, u와 v가 서로 소가 아닐 때 항상 적어도 두 개의 공약수가 존재하지만, 그래도 평균은 2보다 작다.〕

13. $1 + \frac{1}{9} + \frac{1}{25} + \cdots = 1 + \frac{1}{4} + \frac{1}{9} + \cdots - \frac{1}{4}\left(1 + \frac{1}{4} + \frac{1}{9} + \cdots\right)$.

14. (a) $L = (6/\pi^2)\sum_{d\geq 1}d^{-2}\ln d = -\zeta'(2)/\zeta(2) = \sum_{p\text{ 는 소수}}(\ln p)/(p^2 - 1) \approx 0.56996$.

(b) $(8/\pi^2)\sum_{d\geq 1}[d\text{ 는 홀수}]d^{-2}\ln d = L - \frac{1}{3}\ln 2 \approx 0.33891$.

15. $v_1 = \pm v/u_3$, $v_2 = \mp u/u_3$ (부호는 반복 횟수가 짝수이냐 홀수이냐에 따라 결정된다). 이는 v_1과 v_2가 서로 소(알고리즘 전반에서)이며 $v_1 u = -v_2 v$라는 사실에서 비롯된다. 〔따라서 알고리즘 끝에서 $v_1 u = \text{lcm}(u, v)$이나, 이것이 최소공배수를 계산하는 특별히 효율적인 방식인 것은 아니다. 이것의 일반화로는 연습문제 4.6.1-18을 볼 것.〕

연습문제 4.5.3-48에 좀 더 자세한 내용이 나온다.

16. 알고리즘 X를 v와 m에 적용해서 $xv \equiv 1\ (\text{modulo } m)$인 x의 값을 구한다. (이 경우는 답에서 u_2, v_2, t_2가 쓰이지 않으므로, 그것들을 계산하지 않도록 알고리즘 X를 단순화해서 사용해도 된다.) 그런 다음에는 $w \leftarrow ux \bmod m$으로 설정한다. 〔연습문제 4.5.3-45에서처럼, 이러한 공정을 큰 n비트 수들에 적용했을 때 요구되는 수행 시간은 $O(n^2)$단위이다. 알고리즘 X의 대안들로는 연습문제 17과 39를 볼 것.〕

17. 뉴턴법(4.3.1절 끝부분)에서처럼 $u' = (2u - vu^2)\bmod 2^{2e}$으로 둘 수 있다. $uv \equiv 1 + 2^e w$ $(\text{modulo } 2^{2e})$인 경우에는 $u' = u + 2^e((-uw)\bmod 2^e)$으로 두어도 마찬가지이다.

18. u와 v뿐만 아니라 u_1, u_2, u_3, v_1, v_2, v_3도 다중 정밀도 변수라고 하자. 확장된 알고리즘은 u_3과 v_3에 대해, 알고리즘 L을 u와 v에 적용할 때와 동일하게 행동한다. 새 다중 정밀도 연산들은 단계 4에서 모든 j에 대해 $t \leftarrow Au_j$, $t \leftarrow t + Bv_j$, $w \leftarrow Cu_j$, $w \leftarrow w + Dv_j$, $u_j \leftarrow t$, $v_j \leftarrow w$로 설정한다. 그 단계에서 만일 $B = 0$이면 또한 모든 j에 대해, 그리고 $q = \lfloor u_3/v_3 \rfloor$에 대해 $t \leftarrow u_j - qv_j$, $u_j \leftarrow v_j$, $v_j \leftarrow t$로도 설정한다. v_3이 작다면 단계 L1도 비슷한 방식으로 수정할 수 있다. 내부 루프(단계 L2와 L3)는 변하지 않는다.

19. (a) $t_1 = x + 2y + 3z$로 설정한다. 그러면 $3t_1 + y + 2z = 1$, $5t_1 - 3y - 20z = 3$이다. y를 제거하면 $14t_1 - 14z = 6$이다: 해는 없음. (b) 이 경우에는 $14t_1 - 14z = 0$이다. 이를 14로 나누고 t_1을 제거한다. 일반해는 $x = 8z - 2$, $y = 1 - 5z$, z는 임의의 값.

20. $m \geq n$라고 가정할 수 있다. $m > n = 0$인 경우 $1 \leq t < m$에 대해서는 두 수가 $(m - t, 0)$이 될 확률은 2^{-t}이고, $(0, 0)$이 될 확률은 2^{1-m}이다. $n > 0$에 대해서는 다음과 같은 값들을 얻을 수 있다(독자가 직접 확인해 볼 것).

경우 1, $m = n$. $2 \leq t < n$에 대해, (n, n)에서 $(n - t, n)$으로 갈 확률은 $t/2^t - 5/2^{t+1} + 3/2^{2t}$이다. (이 확률값들은 $\frac{1}{16}$, $\frac{7}{64}$, $\frac{27}{256}$, ...이다.) $(0, n)$으로 갈 확률은 $n/2^{n-1} - 1/2^{n-2} + 1/2^{2n-2}$이다. (n, k)로 갈 확률은 (k, n)으로 갈 확률과 같다. 알고리즘은 $1/2^{n-1}$의 확률로 종료된다.

경우 2, $m = n + 1$. $(n + 1, n)$에서 (n, n)으로 갈 확률은 $n > 1$ 또는 0, $n = 1$일 때 $\frac{1}{8}$이다. $(n - t, n)$으로 갈 확률은 $1 \leq t < n - 1$에 대해 $11/2^{t+3} - 3/2^{2t+1}$이다. (이 값들은 $\frac{5}{16}$, $\frac{1}{4}$, $\frac{19}{128}$, ...이다.) $(1, n)$으로 갈 확률은 $n > 1$에 대해 $5/2^{n+1} - 3/2^{2n-1}$이다. $(0, n)$으로 갈 확률은 $3/2^n - 1/2^{2n-1}$이다.

경우 3, $m \geq n + 2$. 확률들을 표로 정리하자면 다음과 같다:

$$
\begin{aligned}
(m-1, n): & \quad 1/2 - 3/2^{m-n+2} - \delta_{n1}/2^{m+1}; \\
(m-t, n): & \quad 1/2^t + 3/2^{m-n+t+1}, \quad 1 < t < n; \\
(m-n, n): & \quad 1/2^n + 1/2^m, \quad n > 1; \\
(m-n-t, n): & \quad 1/2^{n+t} + \delta_{t1}/2^{m-1}, \quad 1 \leq t < m - n; \\
(0, n): & \quad 1/2^{m-1}.
\end{aligned}
$$

이 결과들에서 유일하게 흥미로운 점은 특별한 규칙이나 관계를 찾기가 힘들다는 것이며, 그렇기 때문에 이 결과들은 그리 흥미롭지 않다.

21. 고정된 v에 대해, 그리고 $2^m < u < 2^{m+1}$에 대해, m이 클 때 알고리즘의 각 빼기 및 자리이동 주기가 $\lfloor \lg u \rfloor$를 평균적으로 2만큼 줄임을 보일 것.

22. 범위 $1 \leq u < 2^N$의 정수 u들 중에서, u가 홀수가 될 때까지 오른쪽으로 자리이동했을 때 $\lfloor \lg u \rfloor = m$을 만족하는 것은 정확히 $(N - m)2^{m-1+\delta_{m0}}$개이다. 따라서

$$(2^N-1)^2 C = N^2 C_{00} + 2N \sum_{1 \le n \le N} (N-n)2^{n-1} C_{n0}$$

$$+ 2 \sum_{1 \le n < m \le N} (N-m)(N-n)2^{m+n-2} C_{mn} + \sum_{1 \le n \le N} (N-n)^2 2^{2n-2} C_{nn}$$

이다. (이와 동일한 공식이 D_{mn}들을 항으로 한 D에도 성립한다.)

우변의 두 번째 합은 $2^{2N-2} \sum_{0 \le m < n < N} mn 2^{-m-n} ((\alpha+\beta)N + \gamma - \alpha m - \beta n)$이다.

$$\sum_{0 \le m < n} m 2^{-m} = 2 - (n+1)2^{1-n} \text{이고} \qquad \sum_{0 \le m < n} m(m-1)2^{-m} = 4 - (n^2+n+2)2^{1-n}$$

이므로 m에 대한 합은

$$2^{2N-2} \sum_{0 \le n < N} n 2^{-n} \big((\gamma - \alpha - \beta n + (\alpha+\beta)N)(2 - (n+1)2^{1-n}) - \alpha(4 - (n^2+n+2)2^{1-n}) \big)$$

$$= 2^{2N-2} \Big((\alpha+\beta)N \sum_{n \ge 0} n 2^{-n}(2 - (n+1)2^{1-n}) + O(1) \Big)$$

이다. 따라서 답의 $(\alpha+\beta)N$의 계수가 $2^{-2}(4 - (\frac{4}{3})^3) = \frac{11}{27}$임을 알 수 있다. 비슷한 논증이 다른 합들에도 적용된다.

참고: 합의 정확한 값은 일반 부분합 공식

$$\sum_{0 \le k < n} k^{\underline{m}} z^k = \frac{m! z^m}{(1-z)^{m+1}} - \sum_{k=0}^{m} \frac{m^{\underline{k}} n^{\underline{m-k}} z^{n+k}}{(1-z)^{k+1}}$$

을 이용해서 구할 수 있다(다소 지루한 계산 과정을 거쳐야 하겠지만).

23. 만일 $x \le 1$이면 그 확률은 $\Pr(u \ge v$ 그리고 $v/u \le x) = \frac{1}{2}(1 - G_n(x))$이다. 그리고 만일 $x \ge 1$이면 $\frac{1}{2} + \Pr(u \le v$ 그리고 $v/u \ge 1/x) = \frac{1}{2} + \frac{1}{2} G_n(1/x)$이다. (40)에 의해, 이는 또한 $\frac{1}{2}(1 - G_n(x))$와도 같다.

24. $\sum_{k \ge 1} 2^{-k} G(1/(2^k+1)) = S(1)$. 고전적 상수들과 명백한 연관 관계를 가지지는 않은 이 값은 약 0.5432582959이다.

25. 브렌트Richard Brent는 $G(e^{-y})$이 y의 모든 실수값에 대해 해석적인 하나의 홀함수임을 지적했다. 만일 $G(e^{-y}) = \lambda_1 y + \lambda_3 y^3 + \lambda_5 y^5 + \cdots = \rho(e^{-y}-1)$로 둔다면 $-\rho_1 = \lambda_1 = \lambda$, $\rho_2 = \frac{1}{2}\lambda$, $-\rho_3 = \frac{1}{3}\lambda + \lambda_3$, $\rho_4 = \frac{1}{4}\lambda + \frac{3}{2}\lambda_3$, $-\rho_5 = \frac{1}{5}\lambda + \frac{7}{4}\lambda_3 + \lambda_5$이고

$$(-1)^n \rho_n = \sum_k \begin{bmatrix} n \\ k \end{bmatrix} \frac{k!}{n!} \lambda_k; \qquad \lambda_n = - \sum_k \begin{Bmatrix} n \\ k \end{Bmatrix} \frac{k!}{n!} \rho_k$$

이다. λ_n의 처음 몇 개의 값들은 $\lambda_1 \approx .3979226812$, $\lambda_3 \approx -.0210096400$, $\lambda_5 \approx .0013749841$, $\lambda_7 \approx -.0000960351$이다. 대담한 추측: $\lim_{k \to \infty}(-\lambda_{2k+1}/\lambda_{2k-1}) = 1/\pi^2$.

26. (39)에 의해 좌변은 $2S(1/x) - 5S(1/2x) + 2S(1/4x) - 2S(x) + 5S(2x) - 2S(4x)$이다.

우변은 (44)에 의해 $S(2x) - 2S(4x) + 2S(1/x) - S(1/2x) - 2S(x) + 4S(2x) - 4S(1/2x) + 2S(1/4x)$ 이다. 아마도 가장 흥미로운 경우들은 $x = 1$, $x = 1/\sqrt{2}$, $x = \phi$ 일 때이다. 예를 들어 $x = \phi$ 인 경우에는 $2G(4\phi) - 5G(2\phi) + G(\phi^2/2) - G(\phi^3) = 2G(2\phi^2)$ 이 나온다.

27. 연습문제 1.2.11.2-4에 의해, $n > 1$ 일 때

$$2\psi_n = [z^n] z \sum_{k \geq 0} 2^{-2k} \sum_{j=0}^{2^k - 1} \sum_{l \geq 0} (jz/2^k)^l$$

$$= \sum_{k \geq 1} 2^{-k(n+1)} \sum_{j=0}^{2^k - 1} j^{n-1} = \sum_{k \geq 1} 2^{-k(n+1)} \sum_{l=0}^{n-1} \binom{n}{l} B_l 2^{k(n-l)}/n$$

이다. 그리고 $\sum_{k \geq 1} 2^{-k(l+1)} = 1/(2^{l+1} - 1)$ 임은 물론이다.

28. 연습문제 6.3-34(b)에서처럼 $S_n(m) = \sum_{k=1}^{m-1} (1 - k/m)^n$, $T_n(m) = 1/(e^{n/m} - 1)$ 로 두면 $\tau_n = \sum_{j \geq 1} 2^{-2j} T_n(2^j)$ 이라 할 때 $S_n(m) = T_n(m) + O(e^{-n/m} n/m^2)$ 이고 $2\psi_{n+1} = \sum_{j \geq 1} 2^{-2j} S_n(2^j) = \tau_n + O(n^{-3})$ 임을 알 수 있다. $\tau_{n+1} < \tau_n$ 이고 $4\tau_{2n} - \tau_n = 1/(e^n - 1)$ 이 양수이나 지수적으로 작으므로, 이상으로부터 $\tau_n = \Theta(n^{-2})$ 이라는 관계를 얻을 수 있다. 좀 더 자세한 정보는 다음과 같이 두어서 얻을 수 있다:

$$\sum_{j \geq 1} \frac{1}{2^{2j}} \frac{1}{e^{n/2^j} - 1} = \frac{1}{2\pi i} \sum_{j \geq 1} \int_{3/2 - i\infty}^{3/2 + i\infty} \frac{\zeta(z)\Gamma(z)n^{-z}}{2^{j(2-z)}} dz = \frac{1}{2\pi i} \int_{3/2 - i\infty}^{3/2 + i\infty} \frac{\zeta(z)\Gamma(z)n^{-z}}{2^{2-z} - 1} dz.$$

적분은 극(pole) $2 + 2\pi i k/\ln 2$ 들에서의 잉여(residue)들의 합, 다시 말해서 n^{-2} 곱하기 $\pi^2/(6\ln 2) + f(n)$ 이다. 여기서

$$f(n) = 2 \sum_{k \geq 1} \Re(\zeta(2 + 2\pi i k/\ln 2)\Gamma(2 + 2\pi i k/\ln 2)\exp(-2\pi i k \lg n)/\ln 2)$$

은 "평균" 값이 0인 $\lg n$ 의 주기함수이다.

29. (플라졸레P. Flajolet와 발레B. Vallée의 답.) 만일 $f(x) = \sum_{k \geq 1} 2^{-k} g(2^k x)$ 이고 $g^*(s) = \int_0^\infty g(x)x^{s-1}dx$ 이면 $f^*(s) = \sum_{k \geq 1} 2^{-k(s+1)} g^*(s) = g^*(s)/(2^{s+1} - 1)$ 이다. 그리고 적절한 조건들 하에서 $f(x) = \frac{1}{2\pi i} \int_{c-i\infty}^{c+i\infty} f^*(s)x^{-s}ds$ 이다. $g(x) = 1/(1+x)$ 로 두면 이 경우의 변환이 $0 < \Re s < 1$ 일 때 $g^*(s) = \pi/\sin\pi s$ 임을 알 수 있다. 따라서

$$f(x) = \sum_{k=1}^\infty \frac{1}{2^k} \frac{1}{1 + 2^k x} = \frac{1}{2\pi i} \int_{1/2 - i\infty}^{1/2 + i\infty} \frac{\pi x^{-s} ds}{(2^{s+1} - 1)\sin\pi s}$$

이다. 이로부터 $f(x)$ 가 $\Re s \leq 0$ 에 대한 $\frac{\pi}{\sin\pi s} x^{-s}/(2^{s+1} - 1)$ 의 잉여들의 합, 즉 $1 + x \lg x + \frac{1}{2}x + xP(\lg x) - \frac{2}{1}x^2 + \frac{4}{3}x^3 - \frac{8}{7}x^4 + \cdots$ 임이 나온다. 여기서

$$P(t) = \frac{2\pi}{\ln 2} \sum_{m=1}^\infty \frac{\sin 2\pi m t}{\sinh(2m\pi^2/\ln 2)}$$

는 절대값이 결코 8×10^{-12}을 넘지 않는 주기함수이다. ($P(t)$가 그렇게 작기 때문에, 브렌트는 그의 원래 논문에서 $P(t)$를 간과했었다.)

$f(1/x)$의 멜린 변환은 $-1 < \Re s < 0$에 대해 $f^*(-s) = \pi/((1-2^{1-s})\sin \pi s)$이다. 따라서 $f(1/x) = \frac{1}{2\pi i}\int_{-1/2-i\infty}^{-1/2+i\infty}\frac{\pi}{\sin \pi s}x^{-s}ds/(1-2^{1-s})$이며, 이제 $\Re s \le -1$인 피적분함수의 잉여들을 구해야 한다: $f(1/x) = \frac{1}{3}x - \frac{1}{7}x^2 + \cdots$이다. 〔이 공식을 직접적으로 유도할 수도 있었다.〕 $S_1(x) = 1 - f(x)$이며, 이로부터

$$G_1(x) = f(x) - f(1/x) = x \lg x + \frac{1}{2}x + xP(\lg x) - \frac{x^2}{1+x} + (1-x^2)\phi(x)$$

가 나온다. 여기서 $\phi(x) = \sum_{k=0}^{\infty}(-1)^k x^k/(2^{k+1}-1)$이다.

30. $G_2(x) = \Sigma_1(x) - \Sigma_1(1/x) + \Sigma_2(x) - \Sigma_2(1/x)$이다. 여기서

$$\Sigma_1(x) = \sum_{k,l \ge 1}\frac{1}{2^{k+l}}\frac{1}{1+2^l(1+2^k x)}, \qquad \Sigma_2(x) = \sum_{k,l \ge 1}\frac{1}{2^k}\frac{1}{1+2^l+2^k x}$$

이다. 멜린 변환들은 $\Sigma_1^*(s) = \frac{\pi}{\sin \pi s}a(s)/(2^{s+1}-1)$, $\Sigma_2^*(s) = \frac{\pi}{\sin \pi s}b(s)/(2^{s+1}-1)$이며, 여기서

$$a(s) = \sum_{l \ge 1}\frac{(1+2^{-l})^{s-1}}{2^{2l}} = \sum_{k \ge 0}\binom{s-1}{k}\frac{1}{2^{k+2}-1},$$

$$b(s) = \sum_{l \ge 1}(2^l+1)^{s-1} = \sum_{k \ge 0}\binom{s-1}{k}\frac{1}{2^{k+1-s}-1}$$

이다. 따라서 $0 \le x \le 1$에 대해 다음과 같은 전개를 얻을 수 있다.

$$\Sigma_1(x) = a(0) + a(-1)x(\lg x + \frac{1}{2}) - a'(1)x/\ln 2 + xA(\lg x) - \sum_{k \ge 2}\frac{2^{k-1}}{2^{k-1}-1}a(-k)(-x)^k,$$

$$\Sigma_2(x) = b(0) + b(-1)x(\lg x + \frac{1}{2}) - b'(1)x/\ln 2 + xB(\lg x) - \sum_{k \ge 2}\frac{2^{k-1}}{2^{k-1}-1}b(-k)(-x)^k,$$

$$\Sigma_1(1/x) = \sum_{k \ge 1}\frac{-a(k)(-x)^k}{2^{k+1}-1},$$

$$\Sigma_2(1/x) = \sum_{k \ge 1}\frac{(-x)^k}{2^{k+1}-1}\Big(\lg x - \hat{b}(k) - \frac{1}{2} - \frac{1}{2^{k+1}-1} + \frac{H_{k-1}}{\ln 2} + P_k(\lg x)\Big),$$

$$\hat{b}(s) = \sum_{k=0}^{s-2}\binom{s-1}{k}\frac{1}{2^{k+1-s}-1} \, ;$$

$$A(t) = \frac{1}{\ln 2}\sum_{m \ge 1}\Re\Big(\frac{2\pi i}{\sinh(2m\pi^2/\ln 2)}a(-1+2m\pi i/\ln 2)e^{-2m\pi it}\Big),$$

$$B(t) = \frac{1}{\ln 2}\sum_{m \ge 1}\Re\Big(\frac{2\pi i}{\sinh(2m\pi^2/\ln 2)}b(-1+2m\pi i/\ln 2)e^{-2m\pi it}\Big),$$

$$P_k(t) = \frac{1}{\ln 2}\sum_{m \ge 1}\Re\Big(\frac{2\pi i}{\sinh(2m\pi^2/\ln 2)}\binom{k-1-2m\pi i/\ln 2}{k-1}e^{-2m\pi it}\Big).$$

34. 발레Brigitte Vallée [*Algorithmica* **22** (1998), 660-685]는 브렌트의 것과는 상당히 다른 접근방식을 이용해서 알고리즘 B의 우아하고도 엄격한 분석을 발견한 바 있다. 두 방식은 실제로 많이 달라서, 발레의 방법들로 브렌트의 발견법적 모형에서와 같은 습성이 예측된다는 점이 아직도 알려지지 않았을 정도이다. 따라서 이미 그녀에 의해서 최초로 엄밀하게 해결된 바 있는 이진 gcd 알고리즘의 분석 문제는 여전히 고등 수학의 훨씬 더 까다로운 질문들로 이어진다.

35. $m \geq n$일 때 그 길이는 귀납법에 의해 $m + \lfloor n/2 \rfloor + 1 - [m = n = 1]$이다. 그러나 연습문제 37은 그 알고리즘이 이 정도로 느리게 진행될 수는 없음을 보여준다.

36. $a_n = (2^n - (-1)^n)/3$이라고 하자. 그러면 $a_0, a_1, a_2, \ldots = 0, 1, 1, 3, 5, 11, 21, \ldots$이다. (이 수열의 수들을 이진수로 표현하면 0과 1들의 흥미로운 패턴들을 발견할 수 있다. $a_n = a_{n-1} + 2a_{n-2}$이고 $a_n + a_{n+1} = 2^n$임을 주목할 것.) $m > n$인 경우 $u = 2^{m+1} - a_{n+2}$, $v = a_{n+2}$로 둔다. $m = n > 0$에 대해서는 $u = a_{n+2}$, $v = u + (-1)^n$로 둔다. $m = n > 0$인 경우의 또 다른 예는 $u = 2^{n+1} - 2$, $v = 2^{n+1} - 1$이다. 이렇게 선택하면 자리이동이 더 많이 일어나며 $B = 1$, $C = n + 1$, $D = 2n$, $E = n$이 되는데, 이는 프로그램 B에 대한 최악의 경우이다.

37. (샐릿J. O. Shallit의 답.) 이는 주어진 것을 증명하기 위해서는 주어진 것보다 더 많은 것을 증명해야 하는 것처럼 보이는 문제이다. $S(u, v)$가 입력 u와 v에 대해 알고리즘 B가 뺄셈 단계를 수행하는 횟수라고 하자. $S(u, v) \leq \lg(u + v)$는 요구된 $S(u, v) \leq \lfloor \lg(u + v) \rfloor \leq \lfloor \lg 2\max(u, v) \rfloor = 1 + \lfloor \lg \max(u, v) \rfloor$를 함의하므로 $S(u, v) \leq \lg(u + v)$를 증명하면 된다.

$S(u, v) = S(v, u)$임에 주목하자 u가 짝수이면 $S(u, v) = S(u/2, v)$이다. 따라서 u와 v가 홀수라고 가정할 수 있다. 또한 $S(u, u) = 1$이므로 $u > v$라고 가정할 수 있다. 그러면 귀납법에 의해 $S(u, v) = 1 + S((u - v)/2, v) \leq 1 + \lg((u - v)/2 + v) = \lg(u + v)$이다.

첨언하자면, 이 결과는 n회의 뺄셈 단계를 요구하는 가장 작은 입력들이 $u = 2^{n-1} + 1$, $v = 2^{n-1} - 1$임도 말해준다.

38. w가 컴퓨터 워드 크기이고 u'와 v'가 u와 v보다 작은 값들이라고 할 때 $A \begin{pmatrix} u \\ v \end{pmatrix} = \begin{pmatrix} u'w \\ v'w \end{pmatrix}$를 만족하는 단정도 정수들로 된 2×2 행렬 A를 구축한다(정확히 $\lg w$회의 자리이동 후에 w의 배수들이 나올 때까지, 시뮬레이션되는 홀수 피연산수를 2로 나누는 대신 다른 피연산수에 2를 곱한다). 그 과정에서 피연산수들의 최상위 워드와 최하위 워드를 계속 기억해 둔다. 최상위 워드는 t의 부호를 추측하는 데 쓰이고, 최하위 워드는 오른쪽 자리이동량을 결정하는 데 쓰인다. 실험에 의하면 적어도 한 컴퓨터에서 이 알고리즘은 알고리즘 L보다 네 배 빠르게 실행된다. 연습문제 40과 비슷한 알고리즘을 사용한다면 최상위 워드들은 필요가 없다.

아마도 이보다 빠를 이진 알고리즘이 J. Sorenson, *J. Algorithms* **16** (1994), 110-144와 Shallit, Sorenson, *Lecture Notes in Comp. Sci.* **877** (1994), 169-183에 나온다.

39. (펭크Michael Penk의 답.)

Y1. [2의 거듭제곱을 찾는다.] 단계 B1과 같음.

Y2. [초기화.] $(u_1, u_2, u_3) \leftarrow (1, 0, u)$, $(v_1, v_2, v_3) \leftarrow (v, 1-u, v)$로 설정한다. 만일 u가 홀수이면 $(t_1, t_2, t_3) \leftarrow (0, -1, -v)$로 설정하고 Y4로 간다. 그렇지 않으면 $(t_1, t_2, t_3) \leftarrow (1, 0, u)$로 설정한다.

Y3. [t_3을 반감.] 만일 t_1와 t_2 모두 짝수이면 $(t_1, t_2, t_3) \leftarrow (t_1, t_2, t_3)/2$로 설정한다. 그렇지 않으면 $(t_1, t_2, t_3) \leftarrow (t_1+v, t_2-u, t_3)/2$로 설정한다. (후자의 경우 t_1+v와 t_2-u 모두 짝수가 된다.)

Y4. [t_3이 짝수인가?] 만일 t_3이 짝수이면 Y3으로 돌아간다.

Y5. [$\max(u_3, v_3)$을 재설정.] 만일 t_3이 양수이면 $(u_1, u_2, u_3) \leftarrow (t_1, t_2, t_3)$으로 설정한다. 그렇지 않으면 $(v_1, v_2, v_3) \leftarrow (v-t_1, -u-t_2, -t_3)$으로 설정한다.

Y6. [빼기.] $(t_1, t_2, t_3) \leftarrow (u_1, u_2, u_3) - (v_1, v_2, v_3)$로 설정한다. 그런 다음 만일 $t_1 \leq 0$이면 $(t_1, t_2) \leftarrow (t_1+v, t_2-u)$로 설정한다. 만일 $t_3 \neq 0$이면 Y3으로 돌아간다. 그렇지 않으면 $(u_1, u_2, u_3 \cdot 2^k)$을 답으로 해서 알고리즘을 끝낸다. ■

(16)의 관계식들이 유지되며, 단계 Y2-Y6 각각의 이후에 $0 \leq u_1, v_1, t_1 \leq v$, $0 \geq u_2, v_2, t_2 \geq -u$, $0 < u_3 \leq u$, $0 < v_3 \leq v$가 됨은 명백하다. 만일 단계 Y1 이후에 u가 홀수이면 단계 Y3을 단순화할 수 있다. t_1와 t_2가 둘 다 짝수인 필요충분조건은 t_2가 짝수라는 것이기 때문이다. 비슷하게 만일 v가 홀수이면 t_1과 t_2 모두는 오직 t_1이 짝수일 때에만 짝수이다. 따라서 단계 Y1 이후에 v가 홀수라고 한다면 알고리즘 X에서처럼 u_2, v_2, t_2에 관련된 모든 계산들을 억제하는 것이 가능하다. 이 조건을 미리 알 수 있는 경우도 많다(예를 들면 v가 소수이며 v를 법으로 해서 u^{-1}을 계산하려는 경우 등).

또한 A. W. Bojanczyk, R. P. Brent, *Computers and Math.* **14** (1987), 233에는 연습문제 40의 알고리즘에 대한 비슷한 확장들이 나온다.

40. $m = \lg \max(|u|, |v|)$라고 하자. 단계 K3의 연산 $c \leftarrow c+1$을 세 번 수행한 후에 $|u| \leq 2^{m-(s-c)/2}$, $|v| \leq 2^{m-(s+c)/2}$임을 귀납법을 이용해서 증명할 수 있다. 따라서 $s \leq 2m$이다. K2 가 t번 수행된다고 할 때, s는 처음과 마지막을 제외한 나머지 반복들에서 매번 증가하므로 $t \leq s+2$ 이다. [*VLSI '83* (North-Holland, 1983), 145-154를 볼 것.]

참고: $u=1$이고 $v=3 \cdot 2^k - 1$, $k \geq 2$일 때 $m = k+2$, $s = 2k$, $t = k+4$이다. $u = u_j$이고 $v = 2u_{j-1}$가 $u_0 = 3$, $u_1 = 1$, $u_{j+1} = \min(|3u_j - 16u_{j-1}|, |5u_j - 16u_{j-1}|)$로 정의되는 수열에 속한다면 $s = 2j+2$, $t = 2j+3$이고 (실험적으로) $m \approx \phi j$이다. t가 점근적으로 $2m/\phi$보다 클 수 있을까?

41. 일반적으로, $(a^u - 1) \bmod (a^v - 1) = a^{u \bmod v} - 1$이므로(식 4.3.2-(20) 참고), 모든 양의 정수 a에 대해 $\gcd(a^m - 1, a^n - 1) = a^{\gcd(m,n)} - 1$임을 알 수 있다.

42. $k = 1, 2, 3, \ldots$에 대해 $2k$번째, $3k$번째, $4k$번째 등에서 k번째 열을 뺀다. 그러면 $m =$

$\sum_{d \backslash m} x_d$일 때 열 k의 대각 성분이 x_k인 삼각 행렬이 된다. 이로부터 $x_m = \varphi(m)$이 나오며, 따라서 행렬식은 $\varphi(1) \varphi(2) \dots \varphi(n)$이다.

　　［일반화하자면, 같은 논증에 의해, 임의의 함수 f에 대한 $f(\gcd(i, j))$를 (i, j) 성분으로 하는 "스미스의 행렬식(Smith's determinant)"은 $\prod_{m=1}^{n} \sum_{d \backslash m} \mu(m/d) f(d)$와 같다. L. E. Dickson, *History of the Theory of Numbers* **1** (Carnegie Inst. of Washington, 1919), 122-123 참고.］

4.5.3절

1. 실행시간은 약 $19.02\,T + 6$로, 프로그램 4.5.2A보다 약간 느리다.

2. $\begin{pmatrix} K_n(x_1, x_2, \dots, x_{n-1}, x_n) & K_{n-1}(x_1, x_2, \dots, x_{n-1}) \\ K_{n-1}(x_2, \dots, x_{n-1}, x_n) & K_{n-2}(x_2, \dots, x_{n-1}) \end{pmatrix}$.

3. $K_n(x_1, \dots, x_n)$.

4. 귀납법으로 증명할 수도 있고, 연습문제 2의 행렬 곱의 행렬식을 취해서 증명할 수도 있다.

5. x가 양이면 (9)의 q들도 양수이다. 그리고 $q_{n+1} > q_{n-1}$이다. 따라서 (9)는 항들이 감소하는 교대급수이며 오직 $q_n q_{n+1} \to \infty$일 때에만 수렴한다. 귀납법에 의해, 만일 x들이 ϵ보다 크다면 $q_n \geq (1 + \epsilon/2)^n c$가 성립한다. 여기서 c는 이 부등식이 $n = 1$과 2에 대해 성립하도록 충분히 작게 잡은 값이다. 그런데 만일 $x_n = 1/2^n$이면 $q_n \leq 2 - 1/2^n$이 된다.

6. $A_1 = B_1$을 증명하는 것으로 충분하다. 그리고 $x_1, \dots, x_n$이 양의 정수이면 항상 $0 \leq //x_1, \dots, x_n// < 1$라는 사실로부터 $B_1 = \lfloor 1/X \rfloor = A_1$이 성립한다.

7. 1 2 … n과 n … 2 1 뿐이다. (변수 x_k는 정확히 $F_k F_{n+1-k}$개의 항들에 나타난다. 따라서 x_1과 x_n은 오직 x_1과 x_n으로만 치환될 수 있다. 이로부터, 만일 x_1과 x_n이 순열치환에 의해 고정된다면 $x_2, \dots, x_{n-1}$ 역시 고정된다는 점을 귀납법으로 이끌어 낼 수 있다.)

8. 이는 다음과 동치이다.

$$\frac{K_{n-2}(A_{n-1}, \dots, A_2) - X K_{n-1}(A_{n-1}, \dots, A_1)}{K_{n-1}(A_n, \dots, A_2) - X K_n(A_n, \dots, A_1)} = -\frac{1}{X_n}.$$

그리고 이것은 (6)에 의해 다음과 동치이다:

$$X = \frac{K_{n-1}(A_2, \dots, A_n) + X_n K_{n-2}(A_2, \dots, A_{n-1})}{K_n(A_1, \dots, A_n) + X_n K_{n-1}(A_1, \dots, A_{n-1})}.$$

9. (a) 정의로부터 직접 증명된다. (b, d) $n = 1$인 경우에 대해 증명하고 (a)를 적용해서 일반적인 n에 대해 증명한다. (c) $n = k+1$인 경우에 대해 증명하고 (a)를 적용한다.

10. 만일 $A_0 > 0$이면 $B_0 = 0$, $B_1 = A_0$, $B_2 = A_1$, $B_3 = A_2$, $B_4 = A_3$, $B_5 = A_4$, $m = 5$이다. 만일 $A_0 = 0$이면 $B_0 = A_1$, $B_1 = A_2$, $B_2 = A_3$, $B_3 = A_4$, $m = 3$이다. 만일 $A_0 = -1$이고 $A_1 = 1$이면 $B_0 = -(A_2 + 2)$, $B_1 = 1$, $B_2 = A_3 - 1$, $B_3 = A_4$, $m = 3$이다. 만일 $A_0 = -1$이

고 $A_1 > 1$이면 $B_0 = -2$, $B_1 = 1$, $B_2 = A_1 - 2$, $B_3 = A_2$, $B_4 = A_3$, $B_5 = A_4$, $m = 5$이다. 만일 $A_0 < -1$이면 $B_0 = -1$, $B_1 = 1$, $B_2 = -A_0 - 2$, $B_3 = 1$, $B_4 = A_1 - 1$, $B_5 = A_2$, $B_6 = A_3$, $B_7 = A_4$, $m = 7$이다. 〔사실 마지막 세 경우는 여덟 개의 하위 경우들을 포함한다. 만일 B들 중 임의의 것이 0으로 설정된다면 그 값들은 연습문제 9(c)의 규칙을 이용해서 "함께 축약 (collapse)"해야 한다. 예를 들어 만일 $A_0 = -1$이고 $A_1 = A_3 = 1$이면 실제로 $B_0 = -(A_2 + 2)$, $B_1 = A_4 + 1$, $m = 1$이 된다. $A_0 = -2$이고 $A_1 = 1$일 때에는 이중의 축약이 일어난다.〕

11. $q_n = K_n(A_1, ..., A_n)$, $q'_n = K_n(B_1, ..., B_n)$, $p_n = K_{n+1}(A_0, ..., A_n)$, $p'_n = K_{n+1}(B_0, ..., B_n)$이라고 하자. (5)와 (11)에 의해 $X = (p_m + p_{m-1}X_m)/(q_m + q_{m-1}X_m)$, $Y = (p'_n + p'_{n-1}Y_n)/(q'_n + q'_{n-1}Y_n)$이다. 따라서 만일 $X_m = Y_n$이면, (8)에 의해 문제에 주어진 X와 Y의 관계식이 성립한다. 반대로 만일 $X = (qY + r)/(sY + t)$이고 $|qt - rs| = 1$이면 $s \geq 0$라고 가정할 수 있으며, X와 Y의 부분몫들이 결과적으로 일치함을 s에 대한 귀납법을 통해서 보일 수 있다. 연습문제 9(d)에 의해, $s = 0$일 때에는 그러한 결과가 명백하다. 만일 $s > 0$이면 $0 \leq s' < s$라 할 때 $q = as + s'$로 둔다. 그러면 $X = a + 1/((sY + t)/(s'Y + r - at))$이다. $s(r - at) - ts' = sr - tq$이고 $s' < s$이므로, X와 Y의 부분몫들이 결과적으로 일치함을 귀납법과 연습문제 10으로 증명할 수 있다. 〔*J. de Math. Pures et Appl.* **15** (1850), 153–155. 연습문제 10에서 m이 항상 홀수라는 사실과 이 증명을 자세히 곱씹어 보면, $qt - rs = (-1)^{m-n}$이라고 할 때 오직 $X = (qY + r)/(sY + t)$일 때에만 $X_m = Y_n$임을 알 수 있다.〕

12. (a) $V_n V_{n+1} = D - U_n^2$이므로 $D - U_{n+1}^2$은 V_{n+1}의 배수임을 알 수 있다. 따라서, U_n과 V_n이 정수라고 할 때 귀납법에 의해 $X_n = (\sqrt{D} - U_n)/V_n$이다. 〔참고: 이 공정에 근거한 알고리즘을 정수 이차방정식을 푸는 데 다양한 용도로 사용할 수 있다. 예를 들면 H. Davenport, *The Higher Arithmetic* (London: Hutchinson, 1952); W. J. LeVeque, *Topics in Number Theory* (Reading, Mass.: Addison-Wesley, 1956)을 볼 것. 또한 4.5.4절도 보라. 연습문제 1.2.4–35에 의해 다음이 성립한다.

$$A_{n+1} = \begin{cases} \lfloor(\lfloor\sqrt{D}\rfloor + U_n)/V_{n+1}\rfloor, & \text{만일 } V_{n+1} > 0\text{이면,} \\ \lfloor(\lfloor\sqrt{D}\rfloor + 1 + U_n)/V_{n+1}\rfloor, & \text{만일 } V_{n+1} < 0\text{이면} \end{cases}$$

따라서 그런 알고리즘은 양의 정수 $\lfloor\sqrt{D}\rfloor$만 다루면 된다. 더 나아가서, 항등식 $V_{n+1} = A_n(U_{n-1} - U_n) + V_{n-1}$ 덕분에 V_{n+1}을 나눗셈 없이도 구할 수 있다.〕

(b) $Y = (-\sqrt{D} - U)/V$, $Y_n = (-\sqrt{D} - U_n)/V_n$이라고 하자. (a)의 증명에서 $\sqrt{D}$를 $-\sqrt{D}$로 치환해 보면 주어진 항등식이 성립함이 명백해진다. 이제

$$Y = (p_n/Y_n + p_{n-1})/(q_n/Y_n + q_{n-1})$$

이 성립한다(여기서 p_n과 q_n은 이 연습문제의 부문제 (c)에서 정의된 것이다). 따라서

$$Y_n = (-q_n/q_{n-1})(Y - p_n/q_n)/(Y - p_{n-1}/q_{n-1})$$

이다. 그러나 (12)에 의해 p_{n-1}/q_{n-1}과 p_n/q_n은 X에 극도로 가깝다. $X \neq Y$이므로 모든 큰 n에 대해 $Y - p_n/q_n$과 $Y - p_{n-1}/q_{n-1}$의 부호는 $Y - X$의 부호와 같다. 이에 의해서 모든 큰 n에 대해 $Y_n < 0$임이 증명된다. 따라서 $0 < X_n < X_n - Y_n = 2\sqrt{D}/V_n$이고 V_n은 반드시 양수이다. 또한 $X_n > 0$이므로 $U_n < \sqrt{D}$이다. 따라서, $V_n \leq A_n V_n < \sqrt{D + U}$에 의해 $V_n < 2\sqrt{D}$이다.

마지막으로 $U_n > 0$임을 보여야 한다. $X_n < 1$이므로 $U_n > \sqrt{D} - V_n$이며, 따라서 $V_n > \sqrt{D}$인 경우만 해결하면 된다. 그런 경우 $U_n = A_n V_n - U_{n-1} \geq V_n - U_{n-1} > \sqrt{D} - U_{n-1}$이며, 이미 보았듯이 이것의 부호는 양이다.

참고: 반복되는 주기 안에서 $\sqrt{D} + U_n = A_n V_n + (\sqrt{D} - U_{n-1}) > V_n$이 성립한다. 따라서 $\lfloor (\sqrt{D} + U_{n+1})/V_{n+1} \rfloor = \lfloor A_{n+1} + V_n/(\sqrt{D} + U_n) \rfloor = A_{n+1} = \lfloor (\sqrt{D} + U_n)/V_{n+1} \rfloor$이다. 다른 말로 하면 A_{n+1}은 U_{n+1}과 V_{n+1}에 의해 결정된다. (U_n, V_n)은 주기의 후행 원소 (U_{n+1}, V_{n+1})로부터 구할 수 있다. 실제로 $0 < V_n < \sqrt{D} + U_n$이고 $0 < U_n < \sqrt{D}$일 때 위의 논증에 의해 $0 < V_{n+1} < \sqrt{D} + U_{n+1}$이고 $0 < U_{n+1} < \sqrt{D}$임이 증명된다. 더 나아가서, 만일 쌍 (U_{n+1}, V_{n+1}) 다음에 $0 < V' < \sqrt{D} + U'$이고 $0 < U' < \sqrt{D}$인 (U', V')가 온다면 $U' = U_n$이고 $V' = V_n$이다. 따라서 (U_n, V_n)은 오직 $0 < V_n < \sqrt{D} + U_n$이고 $0 < U_n < \sqrt{D}$일 때에만 주기의 일부이다.

(c) $\dfrac{-V_{n+1}}{V_n} = X_n Y_n = \dfrac{(q_n X - p_n)(q_n Y - p_n)}{(q_{n-1} X - p_{n-1})(q_{n-1} Y - p_{n-1})}.$

또한 이것의 동반 항등식도 존재한다. 다음과 같다.

$$V p_n p_{n-1} + U(p_n q_{n-1} + p_{n-1} q_n) + ((U^2 - D)/V) q_n q_{n-1} = (-1)^n U_n.$$

(d) 만일 어떤 $n \neq m$에 대해 $X_n = X_m$이면 X는 이차방정식 $(q_n X - p_n)/(q_{n-1} X - p_{n-1}) = (q_m X - p_m)/(q_{m-1} X - p_{m-1})$을 만족하는 무리수이다.

이 연습문제에 깔린 착안은 적어도 A. D. 1073년 이전의, 인도의 자야데바Jayadeva로까지 거슬러 올라간다. K. S. Shukla, *Gaṇita* **5** (1954), 1-20; C.-O. Selenius, *Historia Math.* **2** (1975), 167-184를 볼 것. 이 착안의 일부 측면은 1750년에 일본에서도 발견되었다. Y. Mikami, *The Development of Mathematics in China and Japan* (1913), 223-229를 보라. 그러나 이차항에 대한 연분수 이론의 주 원리에 주된 기여를 한 이는 오일러 [*Novi Comment. Acad. Sci. Petrop.* **11** (1765), 28-66]와 라그랑주 [*Hist. Acad. Sci.* **24** (Berlin: 1768), 111-180]이다.

14. 연습문제 9에서처럼, c가 마지막 부분몫인 경우에 대해서만 주어진 항등식을 증명하면 되는데, 이 증명은 아주 간단하다. 이제 후르비츠의 법칙에 의해 $2/e = //1, 2, 1, 2, 0, 1, 1, 1, 1, 1, 0, 2, 3, 2, 0, 1, 1, 3, 1, 1, 0, 2, 5, \ldots //$이다. 역수를 취하고 연습문제 9에서처럼 0들을 축약했을 때 나타나는 패턴들을 살펴보면 $e/2 = 1 + //2, \overline{2m+1, 3, 1, 2m+1, 1, 3}//, m \geq 0$임을 알 수 있다(연습문제 16 참고). [*Schriften der phys.-ökon. Gesellschaft zu Königsberg*

32 (1891), 59-62. 후르비츠는 또한 임의의 양수를 곱하는 방법도 설명했다. *Vierteljahrsschrift der Naturforschenden Gesellschaft in Zürich* **41** (1896), Jubelband II, 34-64, §2를 볼 것.]

15. (이 절차는 "이제 남은 일은 이후에 입력될 값이 y라 할 때 $(Ay + B)/(Cy + D)$에 대한 연분수를 출력하는 것이다"라는 뜻의 불변식을 만족하는 네 개의 정수 (A, B, C, D)를 유지한다.) 우선 $j \leftarrow k \leftarrow 0$, $(A, B, C, D) \leftarrow (a, b, c, d)$로 설정한다. 그런 다음에는 x_j를 입력받고, $C + D$의 부호가 C의 부호와 같게 될 때까지 설정 $(A, B, C, D) \leftarrow (Ax_j + B, A, Cx_j + D, C)$, $j \leftarrow j + 1$을 한 번 이상 수행한다. ($j \geq 1$이고 입력이 아직 끝나지 않았다면 $1 < y < \infty$가 성립한다. 따라서, 만일 $C + D$가 C와 같은 부호이면 $(Ay + B)/(Cy + D)$가 $(A + B)/(C + D)$와 A/C 사이에 있음을 알 수 있다.) 이제 다음과 같은 일반적인 단계를 수행한다: 만일 엄격히 $(A + B)/(C + D)$와 A/C 사이에 있는 정수가 존재하지 않으면 $X_k \leftarrow \min(\lfloor A/C \rfloor, \lfloor (A + B)/(C + D) \rfloor)$를 출력하고 $(A, B, C, D) \leftarrow (C, D, A - X_k C, B - X_k D)$, $k \leftarrow k + 1$로 설정한다. 그렇지 않으면 x_j를 입력받고 $(A, B, C, D) \leftarrow (Ax_j + B, A, Cx_j + D, C)$, $j \leftarrow j + 1$로 설정한다. 일반적 단계는 무한히 반복된다. 그러나 언제라도 마지막 x_j가 입력되면 즉시 알고리즘은 행동을 다음과 같이 바꾼다: 유클리드 알고리즘을 이용해서 $(Ax_j + B)/(Cx_j + D)$에 대한 연분수를 출력하고 종료한다.

다음 표는 주어진 예제의 답을 정리한 것으로, 행렬 $\begin{pmatrix} B & A \\ D & C \end{pmatrix}$는 왼쪽 상단 모서리에서 출발해서 입력 당 오른쪽으로 한 자리 이동하고 출력 당 아래로 한 자리 이동 한다:

X_k \ x_j	-1	5	1	1	1	2	1	2	∞
39	39	97	-58	-193					
-2	-25	-62	37	123					
2		16	53						
3		5	17	22					
7		1	2	3	5				
1			3	1	4	5	14		
1				2	1	3	7		
1						2	7	9	25
12						1	0	1	2
2									1
∞									0

망데스M. Mendès France는 입력된 몫 하나 당 출력되는 몫들의 개수의 점근적 상, 하계가 $1/r$과 r임을 보였다. 여기서 $r = 2^{L(\lfloor ad - bc \rfloor)/2} + 1$이고 L은 연습문제 38에서 정의되는 함수이다. 이 한계는 가능한 최상의 한계이다. [*Topics in Number Theory*, edited by P. Turán, *Colloquia Math. Soc. János Bolyai* **13** (1976), 183-194.]

가스퍼Gosper는 또한 위의 알고리즘을 그러한 x와 y로부터 $(axy + bx + cy + d)/(Axy + Bx + Cy + D)$에 대한 연분수를 계산하는 것으로(특히, 합들과 곱들을 계산하는 것으로) 일반화할 수 있음을 보였다. 〔MIT AI Laboratory Memo 239 (February 29, 1972), Hack 101.〕

16. $f_n(z) = z/(2n+1) + O(z^3)$이 원점 근방에서 수렴멱급수를 가지는 하나의 홀함수이며 주어진 미분방정식을 만족한다는 것은 귀납법으로 어렵지 않게 증명할 수 있다. 따라서

$$f_0(z) = //z^{-1} + f_1(z)// = \cdots = //z^{-1}, \; 3z^{-1}, \; ..., \; (2n+1)z^{-1} + f_{n+1}(z)//$$

이다. 이제 $\lim_{n\to\infty} //z^{-1}, 3z^{-1}, ..., (2n+1)z^{-1}// = f_0(z)$만 증명하면 된다. 〔실제로 오일러는 24살에 훨씬 더 일반적인 미분방정식 $f_n'(z) = az^m + bf_n(z)z^{m-1} + cf_n(z)^2$에 대한 연분수 전개를 구했다. 그러나 수렴성을 굳이 증명하지는 않았는데, 왜냐하면 18세기에는 공식 조작 및 직관으로도 충분했기 때문이다.〕

요구된 극한 방정식을 증명하는 방법은 여러 가지이다. 우선 $f_n(z) = \sum_k a_{nk} z^k$으로 두면, $(-1)^k a_{n(2k+1)}$이 $c_k/(2n+1)^{k+1}(2n+b_{k1})...(2n+b_{kk})$ 형태의 항들의 합임을 방정식

$$(2n+1)a_{n1} + (2n+3)a_{n3}z^2 + (2n+5)a_{n5}z^4 + \cdots = 1 - (a_{n1}z + a_{n3}z^3 + a_{n5}z^5 + \cdots)^2$$

으로부터 증명할 수 있다. 여기서 c_k와 b_{km}은 n과는 독립적인 양의 정수들이다. 예를 들어 $-a_{n7} = 4/(2n+1)^4(2n+3)(2n+5)(2n+7) + 1/(2n+1)^4(2n+3)^2(2n+7)$이다. 따라서 $|a_{(n+1)k}| \le |a_{nk}|$이고 $|z| < \pi/2$에 대해 $|f_n(z)| \le \tan|z|$이다. $f_n(z)$에 대한 이러한 균등 한계 덕분에 수렴성 증명이 아주 쉬워진다. 이 논증을 세심히 연구해 보면 $f_n(z)$에 대한 멱급수가 $|z| < \pi\sqrt{2n+1}/2$에 대해 실제로 수렴함을 알 수 있다. 따라서 $f_n(z)$의 특이점(singularity)들은 n이 커짐에 따라 원점에서 점점 더 멀어지며, 연분수는 복소평면 전반에서 실제로 $\tanh z$를 나타낸다.

또 다른 증명은 다른 종류의 추가적인 정보를 제공한다: 만일

$$A_n(z) = n! \sum_{k=0}^{n} \binom{2n-k}{n} \frac{z^k}{k!} = \sum_{k \ge 0} \frac{(n+k)! \, z^{n-k}}{k!(n-k)!} = z^n \, {}_2F_0(n+1, -n; ; -1/z)$$

로 둔다면

$$A_{n+1}(z) = \sum_{k \ge 0} \frac{(n+k-1)!((4n+2)k + (n+1-k)(n-k))}{k!(n+1-k)!} z^{n+1-k}$$

$$= (4n+2)A_n(z) + z^2 A_{n-1}(z)$$

이 된다. 이로부터

$$K_n\left(\frac{1}{z}, \frac{3}{z}, ..., \frac{2n-1}{z}\right) = \frac{A_n(2z) + A_n(-2z)}{2^{n+1}z^n},$$

$$K_{n-1}\left(\frac{3}{z}, ..., \frac{2n-1}{z}\right) = \frac{A_n(2z) - A_n(-2z)}{2^{n+1}z^n}$$

임을 귀납법으로 이끌어낼 수 있다. 따라서

$$//z^{-1}, 3z^{-1}, ..., (2n-1)z^{-1}// = \frac{A_n(2z) - A_n(-2z)}{A_n(2z) + A_n(-2z)}$$

이다. 이제 이 비율이 $\tanh z$에 접근함을 보여야 한다. 식 1.2.9-(11)과 1.2.6-(24)에 의해

$$e^z A_n(-z) = n! \sum_{m \geq 0} \frac{z^m}{m!} \left(\sum_{k=0}^{n} \binom{m}{k} \binom{2n-k}{n} (-1)^k \right) = \sum_{m \geq 0} \binom{2n-m}{n} z^m \frac{n!}{m!}$$

이다. 따라서

$$e^z A_n(-z) - A_n(z) = R_n(z) = (-1)^n z^{2n+1} \sum_{k \geq 0} \frac{(n+k)! \, z^k}{(2n+k+1)! \, k!}$$

이다. 이제 $(e^{2z}-1)(A_n(2z)+A_n(-2z)) - (e^{2z}+1)(A_n(2z)-A_n(-2z)) = 2R_n(2z)$이므로

$$\tanh z - //z^{-1}, 3z^{-1}, ..., (2n-1)z^{-1}// = \frac{2R_n(2z)}{(A_n(2z)+A_n(-2z))(e^{2z}+1)}$$

이다. 이제 우리는 차분에 대한 정확한 공식을 얻은 것이다. $|2z| \leq 1$일 때 인수 $e^{2z}+1$은 결코 0이 되지 않으며, $|R_n(2z)| \leq e \, n!/(2n+1)!$이고

$$\frac{1}{2}|A_n(2z)+A_n(-2z)| \geq n!\left(\binom{2n}{n} - \binom{2n-2}{n} - \binom{2n-4}{n} - \binom{2n-6}{n} - \cdots \right)$$

$$\geq \frac{(2n)!}{n!}\left(1 - \frac{1}{4} - \frac{1}{16} - \frac{1}{64} - \cdots \right) = \frac{2}{3}\frac{(2n)!}{n!}$$

이다. 따라서 z가 복소수 값들인 경우에도 수렴은 매우 빠르다.

이 연분수에서 e^z에 대한 연분수를 얻는 문제로 넘어가자. $\tanh z = 1 - 2/(e^{2z}+1)$이다. 따라서 간단한 조작을 통해서 $(e^{2z}+1)/2$에 대한 연분수 표현을 얻을 수 있다. 후르비츠의 규칙을 이용해서 $e^{2z}+1$의 전개를 얻고 거기서 단위원을 빼면 된다. n이 홀수인 경우

$$e^{-2/n} = //1, 3mn+\lfloor n/2 \rfloor, (12m+6)n, (3m+2)n+\lfloor n/2 \rfloor, 1//, \qquad m \geq 0$$

이다.

또 다른 증명 방법을 데이비스C. S. Davis가 *J. London Math. Soc.* **20** (1945), 194-198에서 제시했다. e에 대한 연분수가 실험적으로 처음 발견된 것은 Roger Cotes, *Philosophical Transactions* **29** (1714), 5-45, 명제 1, 예증 3에서이다. 오일러는 그의 결과들을 1731년 11월 25일에 골드바흐에게 보낸 한 편지에서 언급했다 [*Correspondance Mathématique et Physique*, P. H. Fuss 엮음, **1** (St. Petersburg: 1843), 56-60]. 그리고 이후 좀 더 완전한 설명을 *Commentarii Acad. Sci. Petropolitanæ* **9** (1737), 98-137; **11** (1739), 32-81에 발표했다.

17. (b) $//x_1-1, 1, x_2-2, 1, x_3-2, 1, ..., 1, x_{2n-1}-2, 1, x_{2n}-1//$. [참고: 다항식

$$K_{m+n+1}(x_1, ..., x_m, -x, y_n, ..., y_1)$$

$$= (-1)^{n-1} K_{m+n+2}(x_1, ..., x_{m-1}, x_m-1, 1, x-1, -y_n, ..., -y_1)$$

을 이용하면 연속 다항식에서 음의 매개변수들을 제거할 수 있다. 이를 두 번 적용하면

$$K_{m+n+1}(x_1,...,x_m,-x,y_n,...,y_1)$$
$$=-K_{m+n+3}(x_1,...,x_{m-1},x_m-1,1,x-2,1,y_n-1,y_{n-1},...,y_1)$$

을 얻을 수 있다. 연습문제 41에도 이와 비슷한 다항식이 나온다.〕

(c) $1+//1,1,3,1,5,1,...//=1+//\overline{2m+1,1}//$, $m \geq 0$.

18. 식 (5)와 (8)에 의해 $K_m(a_1,a_2,...,a_m)//a_1,a_2,...,a_m,x//=K_{m-1}(a_2,...,a_m)+(-1)^m$ $/(K_{m-1}(a_1,...,a_{m-1})+K_m(a_1,a_2,...,a_m)x)$이므로 $K_m(a_1,a_2,...,a_m)//a_1,a_2,...,a_m,x_1,$ $a_1,a_2,...,a_m,x_2,a_1,a_2,...,a_m,x_3,a_1,...//=K_{m-1}(a_2,...,a_m)+//(-1)^m(C+Ax_1),C+$ $Ax_2,(-1)^m(C+Ax_3),...//$도 성립한다. 여기서 $A=K_m(a_1,a_2,...,a_m)$이고 $C=K_{m-1}(a_2,$ $...,a_m)+K_{m-1}(a_1,...,a_{m-1})$이다. 따라서 언급된 차이는 (6)에 의해 $(K_{m-1}(a_2,...,a_m)-$ $K_{m-1}(a_1,...,a_{m-1}))/K_m(a_1,a_2,...,a_m)$이다. 〔$m=2$인 경우는 오일러가 *Commentarii Acad. Sci. Petropolitanæ* **9** (1737), 98-137, §24-26에서 논의했다.〕

19. $1 \leq k \leq N$에 대한 합이 $\log_b((1+x)(N+1)/(N+1+x))$이다.

20. $H=SG$, $g(x)=(1+x)G'(x)$, $h(x)=(1+x)H'(x)$라고 하자. 그러면 (37)은 $h(x+1)$ $/(x+2)-h(x)/(x+1)=-(1+x)^{-2}g(1/(1+x))/(1+1/(1+x))$을 함의한다.

21. $\varphi(x)=c/(cx+1)^2+(2-c)/((c-1)x+1)^2$, $U\varphi(x)=1/(x+c)^2$. $c \leq 1$일 때 $\varphi(x)/$ $U\varphi(x)$의 최소값은 $x=0$에서 발생하며, 구체적으로는 $2c^2 \leq 2$이다. $c \geq \phi$일 때 최소값은 $x=1$ 에서 발생하며 $\leq \phi^2$이다. $c \approx 1.31266$일 때 $x=0$과 $x=1$에서의 값들은 거의 같으며 최소값은 > 3.2이다. 이로부터 한계 $(0.29)^n\varphi \leq U^n\varphi \leq (0.31)^n\varphi$들이 나온다. $Tg(x)=\sum a_j/(x+c_j)$ 형태의 일차결합들을 잘 선택하면 더 나은 한계들을 얻을 수 있다.

23. 연습문제 4.6.4-15의 보간 공식들에서 $x_0=0$, $x_1=x$, $x_2=x+\epsilon$으로 둔다. 그리고 $\epsilon \to 0$라고 하자. 그러면 그 보간 공식들에 의해, R_n이 이차 도함수가 연속인 함수라고 할 때 0과 x 사이의 어떤 $\theta_n(x)$에 대해 일반적인 항등식 $R_n'(x)=(R_n(x)-R_n(0))/x+\frac{1}{2}xR_n''(\theta_n(x))$가 성립한다. 따라서 이 경우 $R_n'(x)=O(2^{-n})$이다.

24. ∞. 〔힌친^{A. Khinchin}은 *Compos. Math.* **1** (1935), 361-382에서, 한 실수 X의 처음 n개의 부분몫들의 합 $A_1+\cdots+A_n$이 거의 모든 X에 대해 점근적으로 $n\lg n$이 될 것임을 증명했다. 연습문제 35는 이러한 습성이 실수 X의 해당 습성과는 다름을 보여준다.〕

25. 구간들의 임의의 합집합을 서로 소인(disjoint) 구간들의 한 합집합으로 표현할 수 있다. $\bigcup_{k \geq 1}I_k=\bigcup_{k \geq 1}(I_k \setminus \bigcup_{1 \leq j < k}I_j)$이기 때문이다. 그리고 이는 $I_k \setminus \bigcup_{1 \leq j < k}I_j$를 서로 소인 구간들의 유한한 합집합으로 표현할 수 있는 하나의 서로 소인 합집합이다. 따라서 I_k가 구간 $[0..1]$의 유리수 k개를 담은 길이 $\epsilon/2^k$의 한 구간이라 할 때, 어떤 유리수들의 열거를 이용해서 $\mathcal{I}=\bigcup I_k$라고 둘 수 있다. 이 경우 $\mu(\mathcal{I}) \leq \epsilon$이나, 모든 n에 대해 $|\mathcal{I} \cap P_n|=n$이다.

26. 나타나는 연분수 $//A_1, \ldots, A_t//$들은 정확히 $A_1 > 1$, $A_t > 1$이고 $K_t(A_1, A_2, \ldots, A_t)$가 n의 한 약수임을 만족하는 것들이다. 〔참고: m_1과 m_2가 n과 서로 소일 때 만일 $m_1/n = //A_1, \ldots, A_t//$이고 $m_2/n = //A_t, \ldots, A_1//$이면 $m_1 m_2 \equiv \pm 1 \pmod{n}$이다. 이 규칙에 의해 대응관계가 정의된다. (46)에 의해, $A_1 = 1$일 때에는 이에 비견할 수 있는 대칭성이 성립한다.〕

27. 우선 $n = p^e$에 대해 그 결과를 증명하고 그런 다음에는 $n = rs$에 대해 증명한다. 여기서 r과 s는 서로 소이다. 아니면 다음 연습문제에 나오는 공식들을 이용해서 증명할 수도 있다.

28. (a) 좌변은 곱셈적이다(연습문제 1.2.4-31 참고). 그리고 n이 소수의 거듭제곱일 때에는 쉽게 평가할 수 있다. (c) (a)에 의해 다음과 같은 뫼비우스의 반전 공식(Möbius's inversion formula)이 성립한다: 만일 $f(n) = \sum_{d \backslash n} g(d)$이면 $g(n) = \sum_{d \backslash n} \mu(n/d) f(d)$.

29. 오일러의 합 공식(연습문제 1.2.11.2-7)에 의해 $\sum_{n=1}^{N} n \ln n = \frac{1}{2} N^2 \ln N + O(N^2)$이 성립한다. 또한 $\sum_{n=1}^{N} n \sum_{d \backslash n} \Lambda(d)/d = \sum_{d=1}^{N} \Lambda(d) \sum_{1 \le k \le N/d} k$이며 이는 $O(\sum_{d=1}^{N} \Lambda(d) N^2/d^2)$ $= O(N^2)$이다. 실제로 $\sum_{d \ge 1} \Lambda(d)/d^2 = -\zeta'(2)/\zeta(2)$이다.

30. 수정된 알고리즘은 오직, 수정되지 않은 알고리즘에서의 이후 나눗셈 단계의 몫이 1일 때에만 계산에 영향을 미친다. 그리고 몫이 1인 경우에는 그 다음 나눗셈 단계를 거치지 않게 된다. 주어진 한 나눗셈 단계가 생략될 확률은 $A_k = 1$이고 이 몫 이전에 나온 1인 몫들의 개수가 짝수일 확률이다. 대칭 조건에 의해 이는 $A_k = 1$이고 그 다음의 1인 몫들의 개수가 짝수일 확률과 같다. 후자의 경우는 ϕ가 황금비라고 할 때 오직 $X_{k-1} > \phi - 1 = 0.618\ldots$인 경우에만 발생한다: 왜냐하면 오직 $\frac{2}{3} \le X_{k-1} < 1$일 때에만 $A_k = 1$이고 $A_{k+1} > 1$, 오직 $\frac{5}{8} \le X_{k-1} < \frac{2}{3}$일 때에만 $A_k = A_{k+1} = A_{k+2} = 1$이고 $A_{k+3} > 1$, 등등이기 때문이다. 따라서 나눗셈 단계를 약 $F_{k-1}(1) - F_{k-1}(\phi - 1)$ $\approx 1 - \lg \phi \approx 0.306$회 피할 수 있다. 평균 나눗셈 단계 수는 $v = n$과 u가 n과 서로 소일 때 대략 $((12 \ln \phi)/\pi^2) \ln n$이다.

    팔렌 K. Vahlen은 $u \bmod v \ne 0$일 때 각 단계에서 (u, v)를 $(v, (\pm u) \bmod v)$로 대체하는 모든 알고리즘들을 고찰했다 〔*Crelle* **115** (1895), 221-233〕. 만일 $u \perp v$이면 그러한 알고리즘들은 정확히 v개 존재하며, 그 알고리즘들을 v개의 말단 노드들로 된 하나의 이진 트리로 표현할 수 있다. 가장 얕은 말단은 그런 모든 gcd 알고리즘 중 반복 횟수가 최소인 알고리즘에 해당하며, 이는 각 단계마다 최소의 나머지가 취해지는 경우에 해당한다. 가장 깊은 말단은 항상 가장 큰 나머지가 취해지는 경우에 해당한다. 〔비슷한 발상을 라그랑주가 *Hist. Acad. Sci.* **23** (Berlin: 1768), 111-180, §58에서 고찰한 바 있다.〕 이 이상의 결과들에 대해서는 N. G. de Bruijn, W. M. Zaring, *Nieuw Archief voor Wiskunde* (3) **1** (1953), 105-112; G. J. Rieger, *Math. Nachr.* **82** (1978), 157-180을 볼 것.

    많은 컴퓨터들에서, 수정된 알고리즘은 각 나눗셈 단계를 더 길게 만든다. 그런 경우라면 몫이 단위원일 때 모든 나눗셈 단계를 생략하는 연습문제 1의 방법이 바람직할 것이다.

31. $a_0 = 0$, $a_1 = 1$, $a_{n+1} = 2a_n + a_{n-1}$ 이라고 하자. 그러면 $a_n = ((1 + \sqrt{2})^n - (1 - \sqrt{2})^n)/2\sqrt{2}$ 이며 최악의 경우(정리 F의 관점에서는)는 $u = a_n + a_{n-1}$, $v = a_n$, $n \geq 2$일 때 발생한다. 이 결과는 듀프레A. Dupré [*J. de Math.* **11** (1846), 41-64]에 기인한 것으로, 그는 비네J. Binet가 제안한 좀 더 일반적인 "미리 내다보기" 절차도 조사했다.

32. (b) $K_{m-1}(x_1, ..., x_{m-1})K_{n-1}(x_{m+2}, ..., x_{m+n})$ 항은 길이가 $m + n$이고 위치 m과 $m+1$에 장음부호가 있는 모스 부호열들에 대응된다. 다른 항은 그 반대의 경우에 대응된다. (또는 연습문제 2를 이용할 수도 있다. 오일러의 논문에는 좀 더 일반적인 항등식

$$K_{m+n}(x_1, ..., x_{m+n})K_k(x_{m+1}, ..., x_{m+k}) =$$
$$K_{m+k}(x_1, ..., x_{m+k})K_n(x_{m+1}, ..., x_{m+n})$$
$$+ (-1)^k K_{m-1}(x_1, ..., x_{m-1})K_{n-k-1}(x_{m+k+2}, ..., x_{m+n})$$

도 나온다.)

33. (a) 새 표현들은 $\frac{1}{2}n < m < n$에 대해 $x = m/d$, $y = (n-m)/d$, $x' = y' = d = \gcd(m, n-m)$이다. (b) 관계식 $(n/x') - y \leq x < n/x'$는 x를 정의한다. (c) (b)를 만족하는 x'들을 세어 볼 것. (d) $x \perp y$를 만족하는 정수 $x > y > 0$들의 쌍을, $x_1 \geq 2$이고 $m \geq 1$이라 할 때 $x = K_m(x_1, ..., x_m)$, $y = K_{m-1}(x_1, ..., x_{m-1})$ 형태로 유일하게 표현할 수 있다. 따라서 $y/x = //x_m, ..., x_1//$이다. (e) $\sum_{1 \leq k \leq n/2} T(k, n) = 2\lfloor n/2 \rfloor + h(n)$임만 보이면 충분하다. 이는 연습문제 26으로 증명할 수 있다.

34. (a) x와 y를 $\gcd(x, y)$로 나누면 $g(n) = \sum_{d \backslash n} h(n/d)$이 나온다. 프라임이 붙은 변수들과 붙지 않은 변수들 사이의 대칭성을 적용해 볼 것. (b) 고정된 y와 t에 대해, $xd \geq x'$인 표현들에서 $x' < \sqrt{nd}$가 성립한다. 따라서 그런 표현들은 $O(\sqrt{nd}/y)$개 존재한다. 이제 $0 < t \leq y < \sqrt{n/d}$에 대해 합을 구하면 된다. (c) 만일 $s(y)$가 주어진 합이면, 이를테면 $\sum_{d \backslash y} s(d) = y(H_{2y} - H_y) = k(y)$이다. 따라서 $s(y) = \sum_{d \backslash y} \mu(d)k(y/d)$이다. 이제 $k(y) = y \ln 2 - 1/4 + O(1/y)$이다. (d) $\sum_{y=1}^{n} \varphi(y)/y^2 = \sum_{y=1}^{n} \sum_{d \backslash y} \mu(d)yd = \sum_{cd \leq n} \mu(d)/cd^2$. (마찬가지로 $\sum_{y=1}^{n} \sigma_{-1}(y)/y^2 = O(1)$이다.) (e) $\sum_{k=1}^{n} \mu(k)/k^2 = 6/\pi^2 + O(1/n)$(연습문제 4.5.2-10(d) 참고. 그리고 $\sum_{k=1}^{n} \mu(k)\log k/k^2 = O(1)$이다. 따라서 $d \geq 1$에 대해 $h_d(n) = n((3\ln 2)/\pi^2)\ln(n/d) + O(n)$이다.

마지막으로 $h(n) = 2\sum_{cd \backslash n} \mu(d)h_c(n/cd) = ((6\ln 2)/\pi^2)n(\ln n - \sum - \sum') + O(n\sigma_{-1}(n)^2)$인데, 여기서 후자의 두 합은 $\sum = \sum_{cd \backslash n} \mu(d)\ln(cd)/cd = 0$과 $\sum' = \sum_{cd \backslash n} \mu(d)\ln c/cd = \sum_{d \backslash n} \Lambda(d)/d$이다. [$\sigma_{-1}(n) = O(\log \log n)$임은 잘 알려져 있다. Hardy, Wright, *An Introduction to the Theory of Numbers*, §22.9를 볼 것.]

35. *Proc. Nat. Acad. Sci.* **72** (1975), 4720–4722를 보라. 피티웨이M. L. V. Pitteway와 캐슬C. M. A. Castle은 모든 부분몫의 합이 사실

$$\frac{\pi^2}{24(\ln 2)^2}\left(T_n + \frac{1}{2} - \frac{18(\ln 2)^2}{\pi^2}\right)^2 + \frac{6}{\pi^2}\sum_{\substack{p\text{는 소수}\\ p^r\backslash n}}\left(\frac{4r}{p^r} - \frac{p+1}{p^{2r}}\frac{p^r-1}{p-1}\right)(\ln p)^2$$

$$- 2.542875 + O(n^{-1/2})$$

이라는 강력하고도 흥미로운 실험적 증거를 발견했다 〔*Bull. Inst. Math. and Its Applications* **24** (1988), 17-20〕

36. 단계 C에서 주어진 k값에 대해 $t_k - 1$회의 나눗셈이 수행된다고 가정할 때, 알고리즘을 거꾸로 수행하면 $\gcd(u_{k+1}, ..., u_n) = F_{t_1}\cdots F_{t_k}$이고 $u_k \equiv F_{t_1}\cdots F_{t_{k-1}}F_{t_k-1}$ (modulo $\gcd(u_{k+1}, ..., u_n)$)일 때 최소의 u_n를 얻게 된다. 여기서 t들은 ≥ 2이며 $t_1 \geq 3$, $t_1 + \cdots + t_{n-1} = N + n - 1$이다. 이러한 조건들 하에서 $u_n = F_{t_1}\cdots F_{t_{n-1}}$을 최소화하는 한 가지 방법은 $t_1 = 3$, $t_2 = \cdots = t_{n-2} = 2$, $u_n = 2F_{N-n+2}$로 두는 것이다. $u_1 \geq u_2 \geq \cdots \geq u_n$라는 적절한 조건을 가한다면 해 $u_1 = 2F_{N-n+3} + 1$, $u_2 = \cdots = u_{n-1} = 2F_{N-n+3}$, $u_n = 2F_{N-n+2}$에서 최소의 u_1이 나온다. 〔*CACM* **13** (1970), 433-436, 447-448 참고.〕

37. *Proc. Amer. Math. Soc.* **7** (1956), 1014-1021을 볼 것. 또한 연습문제 6.1-18도 보라.

38. $0 < \epsilon < 1/n$이라 할 때 $m/n = \phi^{-1} + \epsilon = //a_1, a_2, ...//$이 되도록 $m = \lceil n/\phi \rceil$라고 가정하자. 그리고 k가 $a_k \geq 2$를 만족하는 최소의 값이라고 하자. 그러면 $(\phi^{1-k} + (-1)^k F_{k-1}\epsilon)/(\phi^{-k} - (-1)^k F_k\epsilon) \geq 2$이며 따라서 k는 짝수이고 $\phi^{-2} = 2 - \phi \leq \phi^k F_{k+2}\epsilon = (\phi^{2k+2} - \phi^{-2})\epsilon/\sqrt{5}$이다. 〔*Ann. Polon. Math.* **1** (1954), 203-206.〕

39. 최소 타석수는 287이다. $//2, 1, 95// = 96/287 \approx .33449477$이며 구간

$$[.3335 \ldots .3345] = [//2, 1, 666// \;..\; //2, 1, 94, 1, 1, 3//]$$

안에 분모가 287보다 작은 분수는 없다.

이 연습문제는 $0 < a < b < 1$인 구간 $[a..b]$에서 가장 작은 분모를 가진 분수를 구하는 문제로 일반화된다. 일반화된 문제를 풀기 위해서는, 정규 연분수 표현 하에서, 한 유리수의 마지막 부분몫 다음에 "∞"를 둔다고 할 때, $//x_1, x_2, ...// < //y_1, y_2, ...//$일 필요충분조건이 $x_j \neq y_j$인 가장 작은 j에 대해 $(-1)^j x_j < (-1)^j y_j$임을 주목해야 한다. 따라서 만일 $a = //x_1, x_2, ...//$이고 $b = //y_1, y_2, ...//$이면, 그리고 j가 $x_j \neq y_j$인 최소의 첨자이면 $[a..b]$의 분수들은 $c = //x_1, ..., x_{j-1}, z_j, ..., z_m//$ 형태이다. 여기서 $//z_j, ..., z_m//$은 $//x_j, x_{j+1}, ...//$과 $//y_j, y_{j+1}, ...//$ 사이(상, 하계 포함)에 속한다. $K_{-1} = 0$이라고 하자. c의 분모

$$K_{j-1}(x_1, ..., x_{j-1})K_{m-j+1}(z_j, ..., z_m) + K_{j-2}(x_1, ..., x_{j-2})K_{m-j}(z_{j+1}, ..., z_m)$$

은 $m = j$이고 $z_j = (j$가 홀수 $\Rightarrow y_j + [y_{j+1} \neq \infty]$; $x_j + [x_{j+1} \neq \infty])$일 때 최소화된다. 〔다음 연습문제에 나오는 이론으로부터도 이러한 방법을 이끌어낼 수 있다.〕

40. 각 노드에서 $p_r q_l - p_l q_r = 1$임은 귀납법으로 증명할 수 있다. 따라서 p_l와 q_l은 서로 소이다.

$p/q < p'/q'$이 $p/q < (p+p')/(q+q') < p'/q'$를 함의하므로, p/q의 제일 왼쪽 후손들의 번호 (이름표)는 모두 p/q보다 작고 오른쪽 후손들의 이름표는 모두 p/q보다 크다는 점도 명확하다. 따라서 각 유리수는 많아야 한 번 이름표로 나타난다.

이제 각 유리수가 실제로 나타남을 보여야 한다. 각 a_i가 양의 정수라고 할 때 만일 $p/q = //a_1,$ $..., a_r, 1//$이면, 왼쪽으로 a_1번, 오른쪽으로 a_2번, 다시 왼쪽으로 a_3번 등으로 짚어 가면 이름표가 p/q인 노드를 발견하게 됨을 귀납법으로 증명할 수 있다.

〔이 트리의 연속된 수준들의 이름표들로 된 수열은 M. A. Stern, *Crelle* **55** (1858), 193-220에서 처음 연구되었다. 그러나 그 논문이 이 트리와 이진트리들의 관계를 명시적으로 밝힌 것은 아니다. 인접한 원소 p/q와 p'/q' 사이에서 연속해서 $(p+p')/(q+q')$를 보간함으로써 모든 가능한 분수들을 얻는다는 개념은 훨씬 더 이전으로 거슬러 올라간다: 필수적인 착상은 슈벤터Daniel Schwenter 〔*Deliciæ Physico-Mathematicæ* (Nürnberg: 1636), 1부, 문제 87; *Geometria Practica*, 제3판 (1641), 68. M. Cantor, *Geschichte der Math.* **2** (1900), 763-765를 볼 것〕와 월리스John Wallis 〔*Treatise of Algebra* (1685), 10-11장〕가 발표했다. 하위헌스C. Huygens는 그런 착상들을 그의 천구의(planetarium)의 톱니바퀴를 설계하면서 잘 써먹었다 〔사후 출판된 *Descriptio Automati Planetarii* (1703)을 볼 것〕. 라그랑주는 그의 *Hist. Acad. Sci.* **23** (Berlin: 1767), 311-352, §24와 오일러의 대수학 책의 프랑스어 번역판 (1774)의 추가분, §18-§20에서 충실히 설명했다. 연습문제 1.3.2-19와 A. Brocot, *Revue Chronométrique* **3** (1861), 186-194; D. H. Lehmer, *AMM* **36** (1929), 59-67도 볼 것.〕

41. 사실 일반적인 형태

$$\frac{1}{l_1} + \frac{(-1)^{e_1}}{l_1^2 l_2} + \frac{(-1)^{e_2}}{l_1^4 l_2^2 l_3} + \cdots$$

을 가진 수들의 정규 연분수들은 다음과 같은 연속 항등식에 근거한 흥미로운 패턴을 가진다.

$$K_{m+n+1}(x_1, ..., x_{m-1}, x_m - 1, 1, y_n - 1, y_{n-1}, ..., y_1) =$$
$$x_m K_{m-1}(x_1, ..., x_{m-1}) K_n(y_n, ..., y_1)$$
$$+ (-1)^n K_{m+n}(x_1, ..., x_{m-1}, 0, -y_n, -y_{n-1}, ..., -y_1).$$

이 항등식은 $y_n = x_{m-1}, y_{n-1} = x_{m-2}$ 등일 때 가장 흥미롭다. 왜냐하면

$$K_{n+1}(z_1, ..., z_k, 0, z_{k+1}, ..., z_n) = K_{n-1}(z_1, ..., z_{k-1}, z_k + z_{k+1}, z_{k+2}, ..., z_n)$$

이기 때문이다. 특히, 만일 $p_n/q_n = K_{n-1}(x_2, ..., x_n)/K_n(x_1, ..., x_n) = //x_1, ..., x_n//$이면 $p_n/q_n + (-1)^n/q_n^2 r = //x_1, ..., x_n, r-1, 1, x_n - 1, x_{n-1}, ..., x_1//$임을 알 수 있다. $//x_1, ..., x_n//$을 $//x_1, ..., x_{n-1}, x_n - 1, 1//$로 바꾸면 부호 $(-1)^n$을 원하는 대로 제어할 수 있다.

예를 들어 첫 급수의 부분합들은 다음과 같은 짝수 길이 연분수들을 가진다: $//1, 1//$; $//1, 1,$ $1, 1, 0, 1// = //1, 1, 1, 2//$; $//1, 1, 1, 2, 1, 1, 1, 1, 1, 1//$; $//1, 1, 1, 2, 1, 1, 1, 1, 1, 1,$

$1, 0, 1, 1, 1, 1, 1, 2, 1, 1, 1// = //1, 1, 1, 2, 1, 1, 1, 1, 1, 1, 1, 2, 1, 1, 1, 1, 2, 1, 1, 1//;$
그리고 이 지점에서부터는 수열이 안정되어서 하나의 간단한 반사 패턴을 따른다. $0 \le r < 20$이라 할 때 만일 $n - 1 = 20q + r$이면 n번째 부분몫 a_n을 다음과 같은 방법으로 빠르게 계산할 수 있다:

$$a_n = \begin{cases} 1, & \text{만일 } r = 0 \text{ 또는 } 2, 4, 5, 6, 7, 9, 10, 12, 13, 14, 15, 17, 19\text{이면}; \\ 2, & \text{만일 } r = 3 \text{ 또는 } 16\text{이면}; \\ 1 + (q+r)\bmod 2, & \text{만일 } r = 8 \text{ 또는 } 11\text{이면}; \\ 2 - d_q, & \text{만일 } r = 1\text{이면}; \\ 1 + d_{q+1}, & \text{만일 } r = 18\text{이면}. \end{cases}$$

여기서 d_n은 규칙 $d_0 = 1$, $d_{2n} = d_n$, $d_{4n+1} = 0$, $d_{4n+3} = 1$로 정의되는 "용 수열(dragon sequence)"이다. 연습문제 4.1-18에서 논의한 용 곡선은 오직 $d_n = 1$일 때에만 n번째 단계에서 오른쪽으로 꺾인다.

$l \ge 3$인 루이빌 수는 $//l - 1, l + 1, l^2 - 1, 1, l, l - 1, l^{12} - 1, 1, l - 2, l, 1, l^2 - 1, l + 1, l - 1, l^{72} - 1, \ldots//$이다. n번째 부분몫 a_n은 $n \bmod 4$에 관한 용 수열에 다음과 같이 의존한다: 만일 $n \bmod 4 = 1$이면 부분몫은 $l - 2 + d_{n-1} + (\lfloor n/2 \rfloor \bmod 4)$이고 만일 $n \bmod 4 = 2$이면 $l + 2 - d_{n+2} - (\lfloor n/2 \rfloor \bmod 4)$이다. 만일 $n \bmod 4 = 0$이면 부분몫은 d_n이 0이냐 1이냐에 따라 1 또는 $l^{k!(k-1)} - 1$이다. 여기서 k는 n을 나누는 가장 큰 2의 거듭제곱이다. 그리고 만일 $n \bmod 4 = 3$이면 d_{n+1}이 0이냐 1이냐에 따라 $l^{k!(k-1)} - 1$ 또는 1이다. 여기서 k는 $n + 1$을 나누는 가장 큰 2의 거듭제곱이다. $l = 2$일 때에도 같은 규칙들이 적용되나, 0들을 반드시 제거해야 한다는 점에서는 차이를 보인다. 따라서 $n \bmod 4$에 의존하는 좀 더 복잡한 패턴이 존재한다.

〔참고문헌: J. O. Shallit, *J. Number Theory* **11** (1979), 209-217; Allouche, Lubiw, Mendès France, van der Poorten, and Shallit, *Acta Arithmetica* **77** (1996), 77-96.〕

42. $\|qX\| = |qX - p|$라고 가정하자. $p_n = K_{n-1}(A_2, \ldots, A_n)$이라 할 때 $q = uq_{n-1} + vq_n$이고 $p = up_{n-1} + vp_n$인 정수 u와 v는 항상 구할 수 있다. $q_n p_{n-1} - q_{n-1} p_n = \pm 1$이기 때문이다. 만일 $v = 0$이면 주어진 결과가 성립함이 명백하다. 그 외의 경우에는 반드시 $uv < 0$이며, 따라서 $u(q_{n-1}X - p_{n-1})$의 부호는 $v(q_n X - p_n)$의 부호와 같고 $|qX - p|$는 $|u||q_{n-1}X - p_{n-1}| + |v||q_n X - p_n|$과 같다. $u \ne 0$이므로 이로써 증명이 완성되었다. 이에 대한 한 일반화로는 정리 6.4S를 볼 것.

43. 만일 x가 표현가능한 수이면 연습문제 40의 슈테른-브로콧 트리에서 x의 부모도 표현가능한 수이다. 따라서 표현가능한 수들은 그 이진트리의 한 부분트리를 형성한다. (u/u')와 (v/v')가 인접한 표현가능 수들이라고 하자. 그러면 그 중 하나는 다른 것의 조상이다. (u/u')가 (v/v')의 조상이라고 하자(그 반대의 경우에도 비슷한 논증이 성립한다). 그러면 (u/u')는 (v/v')의 가장 가까운 왼쪽 조상이므로 u/u'와 v/v' 사이의 모든 수는 (v/v')의 왼쪽 후손이며 메디안트 $((u+v)/(u'+v'))$는 왼쪽 자식이다. 정규 연분수와 그 이진트리 사이의 관계에 따르면, 메디안트와

그 왼쪽 후손들 모두 그 마지막 표현가능한 p_i/q_i는 (u/u')인 반면, 메디안트의 오른쪽 후손들에서는 p_i/q_i들 중 하나가 (v/v')이다. (수 p_i/q_i들은 x로의 경로 상의 "반환점(turning-point)" 노드들의 부모들의 이름표가 된다.)

44. $M = N = 100$에 대한 반례는 $(u/u') = \frac{1}{3}$, $(v/v') = \frac{67}{99}$이다. 그러나 (12) 때문에, 주어진 항등식은 거의 항상 참이다. 항등식은 $u/u' + v/v'$이 (u/u')보다 더 단순한 한 분수와 아주 가깝게 상등일 때에만 거짓이 된다.

45. $u = Av + r$, $0 \le r < v$를 만족하는 A와 r을 통상의 장제법을 이용해서 구하려면 $O((1 + \log A)(\log u))$단위시간이 필요하다. 알고리즘 도중 몫들이 $A_1, A_2, ..., A_m$이라고 하면 $A_1 A_2 \cdots A_m \le u$가 되며, 따라서 $\log A_1 + \cdots + \log A_m \le \log u$이다. 또한 따름정리 L에 의해 $m = O(\log u)$이다.

46. 그렇다. $O(n(\log n)^2(\log \log n))$으로까지 줄일 수 있다. 유클리드 알고리즘으로 계산했을 부분 몫들의 수열까지 함께 계산해야 한다고 해도 그렇다. A. Schönhage, *Acta Informatica* **1** (1971), 139-144를 볼 것. 더 나아가서, 쇤하게의 알고리즘은 연분수 전개를 계산하는 데 있어서 점근적으로 최적이다(수행되는 곱셈과 나눗셈을 기준으로 할 때) 〔V. Strassen, *SICOMP* **12** (1983), 1-27〕. n이 꽤 크지 않은 한 실용적으로는 알고리즘 4.5.2L이 더 낫지만, 1800비트를 넘는 수들에 대한 효율적인 구현이 쇤하게A. Schönhage, 그로테펠트A. F. W. Grotefeld, 페터E. Vetter의 책 *Fast Algorithms* (Heidelberg: Spektrum Akademischer Verlag, 1994), §7.2에 개괄되어 있다.

48. $T_j = (K_{j-2}(-a_2, ..., -a_{j-1}), K_{j-1}(-a_1, ..., -a_{j-1}), K_{n-j}(a_{j+1}, ..., a_n)d) = ((-1)^j K_{j-2}(a_2, ..., a_{j-1}), (-1)^{j-1} K_{j-1}(a_1, ..., a_{j-1}), K_{n-j}(a_{j+1}, ..., a_n)d)$.

49. $\lambda x_1 + \mu z_1 = \mu v$이고 $\lambda x_{n+1} + \mu z_{n+1} = -\lambda v/d$이므로, $\lambda x_j + \mu z_j \ge 0$와 $\lambda x_{j+2} + \mu z_{j+2} \le 0$를 만족하는 홀수값 j가 존재한다. 만일 $\lambda x_j + \mu z_j > \theta$이고 $\lambda x_{j+2} + \mu z_{j+2} < -\theta$이면 $\mu > \theta/z_j$이고 $\lambda > -\theta/x_{j+2}$이다. 이로부터 $0 < \lambda x_{j+1} + \mu z_{j+1} < \lambda \mu x_{j+1} z_j/\theta - \lambda \mu z_{j+1} x_{j+2}/\theta \le 2\lambda \mu v/\theta = 2\theta$가 성립한다. 왜냐하면 모든 k에 대해 $|x_{k+1} z_k| = K_{k-1}(a_2, ..., a_k) K_{n-k}(a_{k+1}, ..., a_n) \le K_{n-1}(a_2, ..., a_n) = v/d$이기 때문이다. 〔H. W. Lenstra, Jr., *Math. Comp.* **42** (1984), 331-340.〕

50. $k = \lceil \beta/\alpha \rceil$라고 하자. 만일 $k\alpha < \gamma$이면 답은 k이다. 그렇지 않으면 답은

$$k - 1 + \left\lceil \frac{f((1/\alpha) \bmod 1, k - \gamma/\alpha, k - \beta/\alpha)}{\alpha} \right\rceil$$

이다.

51. 만일 $ax - mz = y$이고 $x \perp y$이면 $x \perp mz$가 성립한다. 연습문제 40의 슈테른-브로콧 트리에 0/1이라는 이름표를 가진 노드가 추가되었다고 하자. 트리 노드들의 이름표가 z/x 형태라고 할 때 각 노드에 꼬리표 값 $y = ax - mz$을 부여한다. 꼬리표 y의 절댓값이 $\theta = \sqrt{m/2}$를 넘지 않으며

분모 x 역시 $\leq \theta$인 모든 노드 z/x를 구하고자 한다. 그런 노드로의 유일하게 가능한 경로는 왼쪽에는 양의 꼬리표, 오른쪽에는 음의 꼬리표를 가진다. 이 규칙은 하나의 고유한 경로를 정의하며, 그 경로는 꼬리표가 양이면 오른쪽으로, 꼬리표가 음이면 왼쪽으로 움직이고 꼬리표가 0이면 멈춘다. $u = m$, $v = a$로 두고 알고리즘 4.5.2X를 수행할 때에도 이와 동일한 경로를 암묵적으로 따라가게 된다. 단, 이 경우는 알고리즘이 앞으로 건너뛴다는 점이 다르다. 알고리즘은 경로에서 꼬리표 부호가 바뀌기 직전의 노드들(연습문제 43의 "반환점" 노드의 부모들에 해당)만 방문한다.

z/x가 경로 노드들 중 꼬리표 y가 $|y| \leq \theta$를 만족하는 첫 번째 노드라고 하지. 만일 $x > \theta$이면 경로의 이후의 값들은 훨씬 큰 분모들을 가지므로 답은 없다. 그렇지 않다면 $x \perp y$라고 할 때 답은 $(\pm x, \mp y)$이다.

만일 $y = 0$이면 해가 없음은 쉽게 확인할 수 있다. 그리고 만일 $y \neq 0$이면 경로의 다음 노드의 꼬리표의 부호는 y의 꼬리표와 다를 것이다. 따라서 노드 z/x는 알고리즘 4.5.2X에 의해 방문될 것이며, $x = x_j = K_{j-1}(a_1, ..., a_{j-1})$, $y = y_j = (-1)^{(j-1)}K_{n-j}(a_{j+1}, ..., a_n)d$, $z = z_j = K_{j-2}(a_2, ..., a_{j-1})$을 만족하는 어떤 j가 존재한다(연습문제 48 참고). 그 다음으로 해가 될 수 있을만한 것은 이름표가 $z'/x' = (z_{j-1} + kz_j)/(x_{j-1} + kx_j)$이고 꼬리표가 $y' = y_{j-1} + ky_j$인 노드이다. 여기서 k는 $|y'| \leq \theta$를 만족하는 최소의 값이다. 이 경우 $y'y < 0$이 성립한다. 그런데 이제 x'는 반드시 θ보다 커야 한다. 그렇지 않다면 $m = K_n(a_1, ..., a_n)d = x'|y| + x|y'| \leq \theta^2 + \theta^2 = m$이 되어서 등호가 성립할 수가 없기 때문이다.

이상의 논의는 $u = m$, $v = a$로 두고 알고리즘 4.5.2를 적용하면 문제를 효율적으로 풀 수 있음을 증명한다. 단, 단계 X2를 다음과 수정해서 적용해야 한다: "만일 $v_3 \leq \sqrt{m/2}$이면 알고리즘을 끝낸다. 이 경우 $x \perp y$이고 $x \leq \sqrt{m/2}$라고 할 때 쌍 $(x, y) = (|v_2|, v_3 \operatorname{sign}(v_2))$가 유일한 해이다. 그 외의 경우에는 해가 없다." [P. S. Wang, *Lecture Notes in Comp. Sci.* **162** (1983), 225–235; P. Kornerup and R. T. Gregory, *BIT* **23** (1983), 9–20.]

$2\theta_1\theta_2 \leq m$이면 항상 $0 < x \leq \theta_1$이고 $|y| \leq \theta_2$라는 조건이 가해질 때에도 이와 비슷한 방법이 유효하다.

4.5.4절

1. 만일 d_k가 소수가 아니면 그 소인수들은 d_k가 시도되기 전에 모두 빠진다.

2. 안 된다. 만일 $p_{t-1} = p_t$이면 알고리즘은 "1"을 소인수라고 잘못 제시하면서 실패한다.

3. P가 처음 168개의 소수들의 곱이라고 두어 볼 것. [참고: $P = 19590...5910$는 416자리 수이지만, 단지 n이 소수인지 아닌지만 알면 되는 경우라면 그런 gcd를 168회의 나눗셈의 수행보다 훨씬 적은 시간으로 계산할 수 있다.]

4. 연습문제 3.1–11의 표기법에서

$$\sum_{\mu, \lambda} 2^{\lceil \lg \max(\mu+1, \lambda) \rceil} P(\mu, \lambda) = \frac{1}{m} \sum_{l \geq 1} f(l) \prod_{k=1}^{l-1}\left(1 - \frac{k}{m}\right)$$

이다. 여기서 $f(l) = \sum_{1 \le \lambda \le l} 2^{\lceil \lg\max(l+1-\lambda,\lambda) \rceil}$ 이다. $0 < \theta \le 1$이라 할 때 만일 $l = 2^{k+\theta}$이면

$$f(l) = l^2 (3 \cdot 2^{-\theta} - 2 \cdot 2^{-2\theta}),$$

이 된다. 여기서 함수 $3 \cdot 2^{-\theta} - 2 \cdot 2^{-2\theta}$은 $\theta = \lg(4/3)$에서 최대값 $\frac{9}{8}$에 도달하며 $\theta = 0$과 1에서 최소값 1에 도달한다. 따라서 $2^{\lceil \lg\max(\mu+1,\lambda) \rceil}$의 평균값은 1.0과 1.25 곱하기 $\mu + \lambda$의 평균값 사이에 놓이게 되고, 이에 의해서 주어진 결과가 증명된다.

참고: 브렌트Richard Brent는 $m \to \infty$에 따라 밀도 $\prod_{k=1}^{l-1}(1 - k/m) = \exp(-l(l-1)/2m + O(l^3/m^2))$이 정규분포에 접근한다고 지적했으며, 우리는 θ가 균등하게 분포된다고 가정할 수 있다. 그러면 $3 \cdot 2^{-\theta} - 2 \cdot 2^{-2\theta}$의 평균값은 $3/(4\ln 2)$이고 알고리즘 B의 평균 반복 횟수는 근사적으로 $(3/(4\ln 2) + \frac{1}{2})\sqrt{\pi m/2} = 1.98277\sqrt{m}$이 된다. 연습문제 3.1-7의 답에 나오는 좀 더 일반적인 방법을 비슷한 방식으로 분석해 보면, $(p^2 - 1)\ln p = p^2 - p + 1$의 "최적"의 근으로 $p \approx 2.4771366$을 택했을 때 $\sim 1.92600\sqrt{m}$이 나온다. *BIT* **20** (1980), 176-184를 볼 것.

알고리즘 B는 폴러드의 원래의 알고리즘의 한 정련으로, 그 알고리즘은 당시 아직 발견되지 않았던 연습문제 3.1-7의 결과 대신 연습문제 3.1-6(b)에 근거를 둔 것이다. 그는 $X_{2n} = X_n$인 최소의 n의 평균값이 $\sim (\pi^2/12)Q(m) \approx 1.0308\sqrt{m}$임을 보였다. 이 상수 $\pi^2/12$은 식 4.5.3-(21)에 의해 설명된다. 따라서 그의 원래의 알고리즘에 필요한 평균 작업량은 gcd 계산(또는 m을 법으로 한 곱셈) 약 $1.03081\sqrt{m}$회와 제곱 계산 약 $3.09243\sqrt{m}$회이다. 이는 gcd 계산 비용이 제곱 비용보다 약 1.17배 이상일 때(큰 수들을 다루는 경우 대체로 그렇다) 실제로 알고리즘 B보다 더 나은 방법이다.

그러나 브렌트는 $k > l/2$일 때 gcd를 점검하지 않도록 해서 알고리즘 B를 개선할 수 있음을 지적했다. 만일 단계 B4를 $k \le l/2$가 될 때까지 반복한다면, gcd를 점검하지 않아도 $\lambda \lfloor \ell(\mu)/\lambda \rfloor = \ell(\mu) - (\ell(\mu) \bmod \lambda)$회의 반복 이후에 여전히 그 주기를 검출할 수 있다. 그러면 평균 비용은 gcd를 구하지 않고 제곱을 취하는 데 필요한 약 $(3/(4\ln 2))\sqrt{\pi m/2} \approx 1.35611\sqrt{m}$회 더하기 gcd와 제곱 모두를 취하는 경우에 대한 반복 $((\ln \pi - \gamma)/(4\ln 2) + \frac{1}{2})\sqrt{\pi m/2} \approx .88319\sqrt{m}$회가 된다. [*A Course in Computational Algebraic Number Theory* (Berlin: Springer, 1993), §8.5에 나온 코엥Henri Cohen의 분석을 볼 것.]

5. $11111 \equiv 8616460799 \pmod{3 \cdot 7 \cdot 8 \cdot 11}$에 주목하자. 따라서 (14)는 5를 법으로 하는 경우를 제외한다면 $N = 11111$에 대해서도 유효하다. 잉여 $(x^2 - N) \bmod 5$들은 4, 0, 3, 3, 0이므로 반드시 $x \bmod 5 = 0$ 또는 1, 4이다. 모든 조건을 만족하는 최초의 $x \ge \lceil \sqrt{N} \rceil = 106$은 $x = 144$이다. 그러나 $144^2 - 11111 = 9625$의 제곱근은 정수가 아니다. 그런데 그 다음 경우에서는 $156^2 - 11111 = 13225 = 115^2$이 나오며, $11111 = (156 - 115) \cdot (156 + 115) = 41 \cdot 271$이다.

6. $0 \le x, y < p$라고 할 때 합동식 $N \equiv (x - y)(x + y) \pmod{p}$의 해 (x, y)들의 개수를 세어 보자. $N \not\equiv 0$이고 p가 소수이므로 $x + y \not\equiv 0$이다. 각 $v \not\equiv 0$에 대해 $N \equiv uv$인 하나의 유일한 $u \pmod p$가 존재한다. 이제 합동식 $x - y \equiv u$, $x + y \equiv v$는 $x \bmod p$와 $y \bmod p$를 고유하

게 결정한다(p가 홀수이므로). 따라서 주어진 합동식을 만족하는 해 (x, y)들의 개수는 정확히 $p-1$이다. (x, y)가 하나의 해라고 할 때, 만일 $y \neq 0$이면 $(x, p-y)$도 하나의 해이다. $(p-y)^2 \equiv y^2$이기 때문이다. 그리고 만일 (x, y_1)과 (x, y_2)가 $y_1 \neq y_2$인 해들이면 $y_1^2 \equiv y_2^2$가 성립한다. 따라서 $y_1 = p - y_2$이다. 즉, 해 (x, y)들에서 서로 다른 x들의 개수는 만일 $N \equiv x^2$에 해가 없으면 $(p-1)/2$개, $N \equiv x^2$에 해들이 존재하면 $(p+1)/2$개이다.

7. 각 모듈의 두 색인들을 유지, 갱신하는 절차 하나와 현재 워드 위치에 대한 절차 하나, 현재 비트 위치에 대한 절차 하나를 둔다. 표의 두 워드를 불러와서 색인화된 자리이동 명령을 수행하면 표의 항목들이 적절히 배치된다. (많은 컴퓨터들에는 이러한 비트 조작을 위한 특별한 수단이 마련되어 있다.)

8. ($N = 2M$이 짝수라고 가정할 수 있다.) 다음 알고리즘은 $X[1]$, $X[2]$, ..., $X[M-1]$로 된 보조 표를 사용한다. 각 $X[k]$는 $2k+1$의 소수성(소수 여부)을 나타낸다.

S1. $1 \leq k < M$에 대해 $X[k] \leftarrow 1$로 설정한다. 그리고 $j \leftarrow 1$, $k \leftarrow 1$, $p \leftarrow 3$, $q \leftarrow 4$로 설정한다. (이 알고리즘 전반에서 $p = 2j+1$이고 $q = 2j+2j^2$이다.)

S2. 만일 $X[j] = 0$이면 S4로 간다. 그렇지 않으면 p는 소수이므로 p를 출력하고, $k \leftarrow q$로 설정한다.

S3. 만일 $k < M$이면 $X[k] \leftarrow 0$, $k \leftarrow k+p$로 설정하고 이 단계를 반복한다.

S4. $j \leftarrow j+1$, $p \leftarrow p+2$, $q \leftarrow q+2p-2$로 설정한다. 만일 $j < M$이면 S2로 돌아간다. ▮

이 계산의 대부분은 만일 단계 S4에서 q를(j가 아니라) M과 비교한다면, 그리고 값이 1인 나머지 모든 $X[j]$에 대해 $2j+1$를 출력하는 새 루프를 추가해서 p와 q의 조작을 피한다면 눈에 띄게 빨라질 수 있다.

참고: 원래의 에라토스테네스의 체는 니코마쿠스Nicomachus가 *Introduction to Arithmetic*의 1권 제13장에서 설명했다. $M = \gamma + \sum_{k \geq 2} \mu(k) \ln \zeta(k)/k$가 메르텐 상수(Mertens's constant) 026149 72128 47642 78375 54268 38608 69585 90516$-$라 할 때 $\sum_{p \text{는 소수}} [p \leq N]/p$ $= \ln\ln N + M + O((\log N)^{-10000})$임은 잘 알려져 있다. F. Mertens, *Crelle* **76** (1874), 46–62; Greene, Knuth, *Mathematics for the Analysis of Algorithms* (Boston: Birkhäuser, 1981), §4.2.3을 볼 것. 특히, 니코마쿠스가 설명한 원 알고리즘의 연산 횟수는 $N\ln\ln N + O(N)$이다. 소수 생성을 위한 체 방법들의 효율성 개선안들은 연습문제 5.2.3-15와 7.1절에서 논의한다.

9. 만일 어떤 소수 p에 대해 p^2이 n의 약수이면 p는 $\lambda(n)$의 약수이나 $n-1$의 약수는 아니다. $p_1 < p_2$가 소수라 할 때 만일 $n = p_1 p_2$이면 $p_2 - 1$은 $\lambda(n)$의 약수이며 따라서 $p_1 p_2 - 1 \equiv 0$ (modulo $p_2 - 1$)이다. $p_2 \equiv 1$이므로 이는 $p_1 - 1$이 $p_2 - 1$의 배수라는 뜻인데, 그러면 $p_1 < p_2$라는 가정과 모순이다. [$\lambda(n)$이 $n-1$의 진약수임을 만족하는 n 값들을 카마이클 수(Carmaichale numbers)라고 부른다. 예를 들어 다음은 소인수가 여섯 개까지인 일부 작은 카마이클 수들이다:

$3 \cdot 11 \cdot 17$, $5 \cdot 13 \cdot 17$, $7 \cdot 11 \cdot 13 \cdot 41$, $5 \cdot 7 \cdot 17 \cdot 19 \cdot 73$, $5 \cdot 7 \cdot 17 \cdot 73 \cdot 89 \cdot 107$. 10^{12}보다 작은 카마이클 수는 8241개이고 N보다 작은 카마이클 수는 적어도 $\Omega(N^{2/7})$개이다. W. R. Alford, A. Granville, C. Pomerance, *Annals of Math.* (2) **139** (1994), 703–722 참고.]

10. k_p가 n을 법으로 하는 x_p의 차수이고 λ가 k_p들 모두의 최소공배수라고 하자. 그러면 λ는 $n-1$의 약수이나 그 어떤 $(n-1)/p$의 약수도 아니므로 $\lambda = n-1$이다. $x_p^{\varphi(n)} \bmod n = 1$이므로 $\varphi(n)$은 모든 p에 대해 k_p의 배수이다. 따라서 $\varphi(n) \geq \lambda$이다. 그러나 n이 소수가 아닐 때 $\varphi(n) < n-1$이다. (연습문제 3.2.1.2–15의 방법을 이용해서 x_p로부터 차수가 $n-1$인 원소 x를 구축함으로써 증명을 수행하는 것도 가능하다.)

11.

U	V	A	P	S	T	출력
1984	1	0	992	0	—	
1981	1981	1	992	1	1981	
1983	4	495	993	0	1	$993^2 \equiv +2^2$
1983	991	2	98109	1	991	
1981	4	495	2	0	1	$2^2 \equiv +2^2$
1984	1981	1	99099	1	1981	
1984	1	1984	99101	0	1	$99101^2 \equiv +2^0$

인수분해 $199 \cdot 991$은 첫 출력 또는 마지막 출력에서 나온 증거이다. 주기가 짧다는 것, 그리고 유명한 수인 1984가 나왔다는 것은 아마도 그냥 우연일 것이다.

12. 다음 알고리즘은 $0 \leq j, k \leq m$인 정수 E_{jk}들을 성분으로 하는 $(m+1) \times (m+1)$행렬과 단정도 벡터 $(b_0, b_1, ..., b_m)$, 그리고 성분들의 범위가 $0 \leq x_k < N$인 다중 정밀도 벡터 $(x_0, x_1, ..., x_m)$을 보조적으로 사용한다.

F1. 〔초기화.〕 $0 \leq i \leq m$에 대해 $b_i \leftarrow -1$로 설정한다. 그런 다음 $j \leftarrow 0$으로 설정한다.

F2. 〔다음 해.〕 알고리즘 E를 이용해서 다음 출력 $(x, e_0, e_1, ..., e_m)$을 얻는다. (알고리즘 E와 F를 코루틴들로 간주하면 편하다.) $k \leftarrow m$으로 설정한다.

F3. 〔홀수를 찾는다.〕 만일 $k < 0$이면 단계 F5로 간다. 그렇지 않고 만일 e_k가 짝수이면 $k \leftarrow k - 1$로 설정하고 이 단계를 반복한다.

F4. 〔일차의존?〕 만일 $b_k \geq 0$이면 $i \leftarrow b_k$, $x \leftarrow (x_i x) \bmod N$, $0 \leq r \leq m$에 대해 $e_r \leftarrow e_r + E_{ir}$로 설정한 후 $k \leftarrow k - 1$로 설정하고 F3으로 돌아간다. 그렇지 않으면 $b_k \leftarrow j$, $x_j \leftarrow x$, $0 \leq r \leq m$에 대해 $E_{jr} \leftarrow e_r$로 설정한 후 $j \leftarrow j + 1$로 설정하고 F2로 돌아간다. (후자의 경우에는 2를 법으로 하며 첫 홀수 성분이 e_k인 새로운 일차독립 해를 하나 발견한 것이다. E_{jr}의 값들이 단정도를 유지한다는 보장은 없으나, 모리슨Morrison 및 브릴 허트Brillhart가 추천했듯이 k를 m에서 0으로 감소시킬 때에는 그 값들이 작은 크기를 유지하는 경향이 있다.)

F5. 〔인수분해 시도.〕 (이제 $e_0, e_1, ..., e_m$ 은 짝수이다.) 다음으로 설정한다:

$$y \leftarrow ((-1)^{e_0/2} p_1^{e_1/2} \cdots p_m^{e_m/2}) \bmod N.$$

만일 $x = y$ 이거나 $x + y = N$ 이면 F2로 돌아간다. 그렇지 않으면 N 의 진약수인 $\gcd(x - y, N)$ 을 계산하고 알고리즘을 끝낸다. ∎

이 알고리즘은 알고리즘 E의 출력으로 주어진 것들 중 하나를 이끌어내는 것이 가능하다면 항상 하나의 인수를 찾아낸다. 〔증명: 알고리즘 E의 출력들이 $1 \le i \le t$ 에 대해 $(X_i, E_{i0}, ..., E_{im})$ 이라고 하자. 그리고 $x \equiv X_1^{a_1} \cdots X_t^{a_t}$ 과 $y \equiv (-1)^{e_0/2} p_1^{e_1/2} \cdots p_m^{e_m/2}$ (modulo N)일 때 $N = N_1 N_2$의 인수분해를 찾을 수 있다고 하자. 여기서 $e_j = a_1 E_{1j} + \cdots + a_t E_{tj}$ 는 모든 j 에 대해 짝수이다. 그러면 $x \equiv \pm y$ (modulo N_1)이고 $x \equiv \mp y$ (modulo N_2)이다. $x' \equiv \pm y'$ (modulo N)이라고 할 때 일련의 단계들로 (x, y) 를 (xx', yy') 로 체계적으로 바꿈으로써 이 해를 단계 F5에서 나타나는 쌍 (x, y) 로 변환하는 것이 가능함은 쉽게 확인할 수 있다.〕

13. 같은 지수 $(e_0, ..., e_m)$ 을 가지는 x 의 값들은 2^d 개이다. $N = q_1^{f_1} \cdots q_d^{f_d}$ 일 때 x modulo $q_i^{f_i}$ 의 부호를 임의로 선택할 수 있기 때문이다. 그 2^d 개의 값들 중 인수를 발견할 수 없는 것들은 정확히 두 개이다.

14. V의 임의의 소인수 p 에 대해 $P^2 \equiv kNQ^2$ (modulo p)이므로, 만일 $P \not\equiv 0$ 이면 $1 \equiv P^{2(p-1)/2} \equiv (kNQ^2)^{(p-1)/2} \equiv (kN)^{(p-1)/2}$ (modulo p)가 된다.

15. $U_n = (a^n - b^n)/\sqrt{D}$, 여기서 $a = \frac{1}{2}(P + \sqrt{D})$, $b = \frac{1}{2}(P - \sqrt{D})$, $D = P^2 - 4Q$ 이다. 그러면 $2^{n-1} U_n = \sum_k \binom{n}{2k+1} P^{n-2k-1} D^k$ 이므로 만일 p 가 홀수 소수이면 $U_p \equiv D^{(p-1)/2}$ (modulo p)이다.

비슷하게, 만일 $V_n = a^n + b^n = U_{n+1} - QU_{n-1}$ 이면 $2^{n-1} V_n = \sum_k \binom{n}{2k} P^{n-2k} D^k$ 이고 $V_p \equiv P^p \equiv P$ 이다. 따라서 만일 $U_p \equiv -1$ 이면 $U_{p+1} \bmod p = 0$ 임을 알 수 있다. 만일 $U_p \equiv 1$ 이면 $(QU_{p-1}) \bmod p = 0$ 임을 알 수 있다. 이 때 만일 Q 가 p 의 배수이면 $n > 0$ 에 대해 $U_n \equiv P^{n-1}$ (modulo p)이므로, U_n 은 결코 p 의 배수일 수 없다. 만일 Q 가 p 의 배수가 아니면 $U_{p-1} \bmod p = 0$ 이다. 그러므로 정리 L에서처럼 만일 $N = p_1^{e_1} \cdots p_r^{e_r}$ 이면 $U_t \bmod N = 0$ 이며, $N \perp Q$ 이고 $t = \mathrm{lcm}_{1 \le j \le r}(p_j^{e_j - 1}(p_j + \epsilon_j))$ 이다. 이 연습문제의 가정들 하에서 N 의 출현 순위는 $N+1$ 이다. 따라서 N 은 Q 의 소인수이고 t 는 $N+1$ 의 배수이다. 또한 이 연습문제의 가정들은 각 p_j 가 홀수이며 각 ϵ_j 가 ± 1 임을 함의하므로, $t \le 2^{1-r} \prod p_j^{e_j - 1}(p_j + \frac{1}{3}p_j) = 2(\frac{2}{3})^r N$ 이다. 따라서 $r = 1$ 이고 $t = p_1^{e_1} + \epsilon_1 p_1^{e_1 - 1}$ 이다. 마지막으로, 그러므로 $e_1 = 1$ 이고 $\epsilon_1 = 1$ 이다.

참고: 이러한 소수성 판정에 어떤 쓸모가 있다면, P 와 Q 를 반드시 이 판정이 작동할 수 있는 방식으로 선택해야 한다. 레머Lehmer는 $D = 1 - 4Q$ 가 되도록 $P = 1$ 로 두고 Q 는 $N \perp QD$ 를 만족하는 것으로 택하라고 제안했다. (후자의 조건이 실패한다면 우리는 $|QD| \ge N$ 이 아닌 한 N 은 소수가 아님을 이미 알고 있는 것이다.) 더 나아가서, 위의 유도 과정에 의하면 $\epsilon_1 = 1$ 이, 즉

$D^{(N-1)/2} \equiv -1 \pmod{N}$이 되는 것이 바람직하다. 이는 Q의 선택을 규정하는 또 다른 조건이다. 게다가 만일 D가 이 조건을 만족한다면, 그리고 $U_{N+1} \bmod N \neq 0$이면 우리는 N이 소수가 아님을 알 수 있다.

예: 만일 $P = 1$이고 $Q = -1$이면 $D = 5$인 피보나치 수열이 된다. $5^{11} \equiv -1 \pmod{23}$이므로, 다음과 같은 피보나치 수열을 이용해서 23이 소수임을 증명해 볼 수 있다:

$$\langle F_n \bmod 23 \rangle = 0, 1, 1, 2, 3, 5, 8, 13, 21, 11, 9, 20, 6, 3, 9, 12, 21, 10, 8, 18, 3, 21, 1, 22, 0, \ldots.$$

따라서 24는 23의 출현 순위이고 판정은 유효하다. 그러나 13이나 17의 소수성을 판정하는 데 피보나치 수열을 이런 식으로 사용할 수는 없다. 왜냐하면 $F_7 \bmod 13 = 0$이고 $F_9 \bmod 17 = 0$이기 때문이다. $p \equiv \pm 1 \pmod{10}$일 때에는 $5^{(p-1)/2} \bmod p = 1$이 되므로, F_{p-1}(F_{p+1}이 아니라)은 p로 나누어진다.

17. $f(q) = 2 \lg q - 1$이라고 하자. $q = 2$ 또는 3일 때 트리의 노드 개수는 최대 $f(q)$개이다. $q > 3$가 소수일 때에는 $q = 1 + q_1 \ldots q_t$로 둔다. 여기서 $t \geq 2$이고 $q_1, \ldots, q_t$는 소수이다. 트리의 크기는 $\leq 1 + \sum f(q_k) = 2 + f(q-1) - t < f(q)$이다. [*SICOMP* **7** (1975), 214-220.]

18. $x(G(\alpha) - F(\alpha))$는 두 번째로 큰 소인수가 $\leq x^\alpha$이고 가장 큰 소인수가 $> x^\alpha$인 $n \leq x$들의 개수이다. 따라서

$$x G'(t) dt = (\pi(x^{t+dt}) - \pi(x^t)) \cdot x^{1-t} (G(t/(1-t)) - F(t/(1-t)))$$

이다. $p_{t-1} \leq \sqrt{p_t}$일 확률은 $\int_0^1 F(t/2(1-t)) t^{-1} dt$이다. [흥미롭게도, 이 확률이 $\log p_t / \log x$의 평균값인 $\int_0^1 F(t/(1-t)) dt$와 같으며 또한 이것이 연습문제 1.3.3-23과 3.1-13의 딕먼-골롬브 상수(Dickman-Golomb constant) .62433과 같음을 보이는 것이 가능하다. $G'(0)$의 도함수가

$$\int_0^1 F(t/(1-t)) t^{-2} dt = F(1) + 2F\left(\frac{1}{2}\right) + 3F\left(\frac{1}{3}\right) + \cdots = e^\gamma$$

과 같음도 보일 수 있다. 세 번째로 큰 소인수는 $H(\alpha) = \int_0^\alpha (H(t/(1-t)) - G(t/(1-t))) t^{-1} dt$, $H'(0) = \infty$를 만족한다. P. Billingsley, *Period. Math. Hungar.* **2** (1972), 283-289; J. Galambos, *Acta Arith.* **31** (1976), 213-218; D. E. Knuth, L. Trabb Pardo, *Theoretical Comp. Sci.* **3** (1976), 321-348; J. L. Hafner, K. S. McCurley, *J. Algorithms* **10** (1989), 531-556 참고.]

19. $M = 2^D - 1$은 p를 법으로 한 2의 차수가 D의 약수임을 만족하는 모든 p의 배수이다. 이 착안을 확장하기 위해 $a_1 = 2$, $a_{j+1} = a_j^{q_j} \bmod N$으로 두자. 여기서 $q_j = p_j^{e_j}$이고 p_j는 j번째 소수이며 $e_j = \lfloor \log 1000 / \log p_j \rfloor$이다. $A = a_{169}$라고 하자. 이제 10^3과 10^5 사이의 모든 소수 q에 대해 $b_q = \gcd(A^q - 1, N)$을 계산한다. 이 계산을 수행하는 한 가지 방법은 $A^{1009} \bmod N$으로 시작해서 $A^4 \bmod N$과 $A^2 \bmod N$을 번갈아 곱하는 것이다. (비슷한 방법을 1920년대에 레머 D. N. Lehmer가

사용했으나, 그는 그 방법을 출판하지 않았다.) 알고리즘 B에서처럼 일괄 계산(batching)을 통해서 대부분의 gcd 계산을 피할 수 있다. 예를 들면, $b_{30r-k} = \gcd(A^{30r} - A^k, N)$이므로 여덟 개 단위로 묶어서, $33 < r \le 3334$에 대해 $c_r = (A^{30r} - A^{29})(A^{30r} - A^{23})\dots(A^{30r} - A) \bmod N$을 계산하고 그런 다음 $\gcd(c_r, N)$을 계산한다.

20. H. C. Williams, *Math. Comp.* **39** (1982), 225-234를 볼 것.

21. 이 추측에 연관된 다소 흥미로운 이론이 Eric Bach, *Information and Computation* **90** (1991), 139-155에 소개된 바 있다.

22. 알고리즘 P는 난수 x가 n이 소수가 아니라는 사실을 드러내지 못할 때에만 실패한다. 만일 $x^q \bmod n = 1$이거나 수 $x^{2^j q}$들 중 하나가 $0 \le j < k$에 대해 $\equiv -1 \pmod{n}$이면 그러한 x를 가리켜 나쁘다고 말하기로 하자. 1은 나쁜 수이므로, $1 \le x < n$인 나쁜 x들의 개수를 b_n이라 할 때 $p_n = [n\text{이 비소수}](b_n - 1)/(n-2) < [n\text{이 비소수}]b_n/(n-1)$이다.

모든 나쁜 x는 $x^{n-1} \equiv 1 \pmod{n}$를 만족한다. p가 소수일 때 $1 \le x < p^e$에 대한 합동식 $x^q \equiv 1 \pmod{p^e}$의 해들의 개수는 $0 \le y < p^{e-1}(p-1)$에 대한 합동식 $qy \equiv 0 \pmod{p^{e-1}(p-1)}$의 해들의 개수와 같으며, 그 개수는 $\gcd(q, p^{e-1}(p-1))$이다. a가 원시근일 때 x를 a^y으로 치환할 수 있기 때문이다.

n_i들이 서로 다른 소수들이라고 할 때 $n = n_1^{e_1}\dots n_r^{e_r}$이라고 하자. 중국인의 나머지 정리에 따르면 합동식 $x^{n-1} \equiv 1 \pmod{n}$의 해들의 개수는 $\prod_{i=1}^r \gcd(n-1, n_i^{e_i-1}(n_i-1))$이며, 이것의 상계는 $\prod_{i=1}^r (n_i - 1)$이다. n_i가 $n-1$과 서로 소이기 때문이다. 만일 > 1인 어떤 e_i가 존재한다면 $n_i - 1 \le \frac{2}{9}n_i^{e_i}$가 성립하며, 따라서 해들의 개수는 최대 $\frac{2}{9}n$이다. $n \ge 9$이므로 이 경우 $b_n \le \frac{2}{9}n \le \frac{1}{4}(n-1)$이다.

따라서 n이 서로 다른 소수들의 곱 $n_1\dots n_r$이라고 가정할 수 있다. $k_1 \le \dots \le k_r$라고 할 때 $n_i = 1 + 2^{k_i}q_i$라고 하자. 그러면 $k_i' = \min(k, k_i)$, $q_i' = \gcd(q, q_i)$라고 할 때 $\gcd(n-1, n_i-1) = 2^{k_i'}q_i'$이다. n_i를 법으로 하여 $x^q \equiv 1$인 x의 개수는 q_i'이다. 그리고 $x^{2^j q} \equiv -1$인 x의 개수는 $0 \le j < k_i'$에 대해서는 $2^j q_i'$이고 그 외에는 0이다. $k \ge k_1$이므로 $b_n = q_1'\dots q_r'(1 + \sum_{0 \le j < k_1} 2^{jr})$이 성립한다.

$\varphi(n) < n-1$이므로, $b_n \le \frac{1}{4}q_1\dots q_r 2^{k_1 + \dots + k_r} = \frac{1}{4}\varphi(n)$임만 보이면 증명을 완성할 수 있다. 이제

$$\left(1 + \sum_{0 \le j < k_1} 2^{jr}\right)/2^{k_1 + \dots + k_r} \le \left(1 + \sum_{0 \le j < k_1} 2^{jr}\right)/2^{k_1 r}$$
$$= 1/(2^r - 1) + (2^r - 2)/(2^{k_1 r}(2^r - 1)) \le 1/2^{r-1}$$

이며, 따라서 $r = 2$이고 $k_1 = k_2$인 경우를 제외하면 문제에 주어진 결과가 증명된 것이다. 만일 $r = 2$이면 연습문제 9에 의해 $n-1$은 $n_1 - 1$의 배수도 아니고 $n_2 - 1$의 배수도 아니다. 따라서 만일 $k_1 = k_2$이면 $q_1' = q_1$과 $q_2' = q_2$가 동시에 참일 수는 없다. 이로부터, 이 경우 $q_1'q_2' \le \frac{1}{3}q_1q_2$

이고 $b_n \leq \frac{1}{6}\varphi(n)$임이 나온다.

[참고문헌: *J. Number Theory* **12** (1980), 128-138.] 이 증명은 n이 $(1+2q_1)(1+4q_1)$이거나 특별한 $(1+2q_1)(1+2q_2)(1+2q_3)$ 형태의 카마이클 수일 때 오직 두 경우에서만 p_n이 $\frac{1}{4}$의 근방임을 말해준다. 예를 들어 $n = 49939 \cdot 99877$이면 $b_n = \frac{1}{4}(49938 \cdot 99876)$이고 $p_n \approx .24999$이다. $n = 1667 \cdot 2143 \cdot 4523$이면 $b_n = \frac{1}{4}(1666 \cdot 2142 \cdot 4522)$이고 $p_n \approx .24968$이다. 추가적인 설명이 다음 답에 나온다.]

23. (a) 증명들은 간단하나 상반법칙의 증명은 좀 어려울 수 있다. p_i들과 q_j들이 소수라고 할 때 $p = p_1 \cdots p_s$이고 $q = q_1 \cdots q_r$이라고 하자. 그러면

$$\left(\frac{p}{q}\right) = \prod_{i,j}\left(\frac{p_i}{q_j}\right) = \prod_{i,j}(-1)^{(p_i-1)(q_j-1)/4}\left(\frac{q_j}{p_i}\right) = (-1)^{\sum_{i,j}(p_i-1)(q_j-1)/4}\left(\frac{q}{p}\right)$$

이므로 $\sum_{i,j}(p_i-1)(q_j-1)/4 \equiv (p-1)(q-1)/4$ (modulo 2)만 보이면 된다. 그러나 $\sum_{i,j}(p_i-1)(q_j-1)/4 = \left(\sum_i(p_i-1)/2\right)\left(\sum_j(q_j-1)/2\right)$는 오직 홀수개의 p_i와 홀수개의 q_j만 $\equiv 3$ (modulo 4)일 때에만 홀수이며, 이는 오직 $(p-1)(q-1)/4$가 홀수일 때에만 참이다. [C. G. J. Jacobi, *Bericht Königl. Preuß. Akad. Wiss. Berlin* **2** (1837), 127-136; V. A. Lebesgue, *J. Math. Pures Appl.* **12** (1847), 497-520은 효율성을 논의했다.]

(b) 연습문제 22에서처럼, $n_i = 1 + 2^{k_i}q_i$이고 $k_1 \leq \cdots \leq k_r$라고 할 때 $n = n_1 \cdots n_r$이라고 가정할 수 있다. $\gcd(n-1, n_i-1) = 2^{k_i'}q_i'$라고 하자. 그리고 n이 소수라고 잘못 판정하게 하는 x를 가리켜 나쁘다고 말하기로 하자. $\Pi_n = \prod_{i=1}^r q_i' 2^{\min(k_i, k-1)}$가 $x^{(n-1)/2} \equiv 1$의 해들의 개수라고 하자. $\left(\frac{x}{n}\right) = 1$인 나쁜 x들의 개수는 Π_n이다. 단, 만일 $k_1 < k$이면 추가적으로 거기에 $\frac{1}{2}$을 곱한 것이 개수이다. (이 $\frac{1}{2}$은 $k_i < k$인 짝수개의 n_i들에 대해 $\left(\frac{x}{n_i}\right) = -1$이 성립하게 하기 위한 것이다.) $\left(\frac{x}{n}\right) = -1$인 나쁜 x의 개수는 만일 $k_1 = k$이면 Π_n이고 그렇지 않으면 0이다. [만일 $x^{(n-1)/2} \equiv -1$ (modulo n_i)이면 $k_i = k$일 때에는 $\left(\frac{x}{n_i}\right) = -1$, $k_i > k$일 때에는 $\left(\frac{x}{n_i}\right) = +1$이 되며 $k_i < k$일 때에는 모순이 된다. 만일 $k_1 = k$이면 k와 같은 k_i들은 홀수 개이다.]

참고: 나쁜 추측이 일어날 확률은 n이 $k_r < k$인 카마이클 수일 때에만 $\frac{1}{4}$보다 크다. 예를 들어 $n = 7 \cdot 13 \cdot 19 = 1729$인데, 이 수는 다른 맥락에서 라마누잔Ramanujan 때문에 유명해졌다. 모니에 Louis Monier는 이상의 분석들을 확장해서, 일반적인 상황에서 나쁜 x의 개수에 대한 다음과 같은 닫힌 공식들을 얻었다:

$$b_n = \left(1 + \frac{2^{rk_1} - 1}{2^r - 1}\right)\prod_{i=1}^r q_i'; \qquad b_n' = \delta_n \prod_{i=1}^r \gcd\left(\frac{n-1}{2}, n_i - 1\right).$$

여기서 b_n'은 이 연습문제에서의 나쁜 x의 개수이고 δ_n는 $2(k_1 = k$일 때) 또는 $\frac{1}{2}(k_i < k$이고 e_i가 어떤 i에 대해 홀수일 때) 또는 1(그 외의 경우)이다.

(c) 만일 $x^q \bmod n = 1$이면 $1 = \left(\frac{x^q}{n}\right) = \left(\frac{x}{n}\right)^q = \left(\frac{x}{n}\right)$이다. 만일 $x^{2^j q} \equiv -1$ (modulo n)이면

n_i를 법으로 한 x의 차수는 n의 모든 소수 약수 n_i에 대해 2^{j+1}의 홀수배이다. $n = n_1^{e_1} \dots n_r^{e_r}$이고 $n_i = 1 + 2^{j+1} q_i''$이라고 하자. 그러면 $\left(\frac{x}{n_i}\right) = (-1)^{q_i''}$이므로 $\left(\frac{x}{n}\right)$은 $\sum e_i q_i''$이 홀수이냐 짝수이냐에 따라 $+1$ 또는 -1이다. $n \equiv (1 + 2^{j+1} \sum e_i q_i'') \pmod{2^{j+2}}$이므로 합 $\sum e_i q_i''$은 오직 $j+1 = k$일 때에만 홀수이다. 〔*Theoretical Comp. Sci.* **12** (1980), 97–108.〕

24. M_1이 범위 $1 \le n \le N$의 소수가 아닌 홀수 n당 하나의 행을 가지며, 2에서 N까지의 번호가 붙은 $N-1$개의 열들로 된 행렬이라고 하자. n행 x열 성분은 n이 알고리즘 P의 x 판정에 실패하면 1, 그렇지 않으면 0이다. $N = qn + r$이고 $0 \le r < n$일 때 행 n에서 0인 성분의 개수는 최대 $-1 + q(b_n + 1) + \min(b_n + 1, r) < q(\frac{1}{4}(n-1) + 1) + \min(b_n + 1, r) \le \frac{1}{3}qn + \min(\frac{1}{4}n, r) = \frac{1}{3}N + \min(\frac{1}{4}n - \frac{1}{3}r, \frac{2}{3}r) \le \frac{1}{3}N + \frac{1}{6}n \le \frac{1}{2}N$개임을 알 수 있다. 그러므로 행렬의 성분들 중 적어도 절반은 1과 같다. 따라서 M_1의 어떤 열 x_1의 성분들 중 적어도 반은 1과 같은 것이다. 열 x_1을 제거하고 그 열에 1인 성분이 있는 모든 행을 제거하면 비슷한 성질을 가진 행렬 M_2가 나온다. 이런 과정을 반복하면 $N - r$개의 열들과 $N/2^r$개 미만의 행들로 된, 그리고 한 행 당 적어도 $\frac{1}{2}(N-1)$개의 성분들이 1과 같은 행렬 M_r이 만들어진다. 〔*FOCS* **19** (1978), 78 참고.〕

　〔비슷한 방식으로, $m = \frac{1}{2}\lfloor \lg n \rfloor (\lfloor \lg n \rfloor - 1)$이라 할 때 수 $n > 1$이 오직 $x = x_1, \dots, x = x_m$에 대해 알고리즘 P의 x 판정을 통과할 때에만 소수임을 만족하는 하나의 단일한 무한 수열 $x_1 < x_2 < \cdots$가 존재함을 증명할 수 있다. 그렇다면, 이러한 성질을 가지되 $m = O(\log n)$인 수열 $x_1 < x_2 < \cdots$는 존재할까?

25. 이 정리를 최초로 엄밀하게 증명한 이는 폰망골트von Mangoldt 〔*Crelle* **114** (1895), 255–305〕이다. 그는 실제로 $O(1)$ 항이 $C + \int_x^\infty dt / ((t^2 - 1) t \ln t)$이되 만일 n이 한 소수의 k제곱이면 거기서 $1/2k$를 뺀 것임을 보였다. 상수 C는 $\text{li } 2 - \ln 2 = \gamma + \ln \ln 2 + \sum_{n \ge 2} (\ln 2)^n / n n! = 0.35201$ 65995 57547 47542 73567 67736 43656 84471$+$이다.

　〔폰망골트의 논문 이후 100년간의 발전상은 A. A. Karatsuba, *Complex Analysis in Number Theory* (CRC Press, 1995)에 개괄되어 있다. 리만 가설과 정수에 대한 구체적인 문제들 사이의 연관 관계에 대한 뛰어난 소개를 제공하는 Eric Bach, Jeffrey Shallit, *Algorithmic Number Theory* **1** (MIT Press, 1996), 제8장도 볼 것.〕

26. 만일 N이 소수가 아니면 N에는 소인수 $q \le \sqrt{N}$가 존재한다. 가설에 의해, f의 모든 소수 약수 p에는 q를 법으로 한 x_p의 차수가 $N-1$의 약수이나 $(N-1)/p$의 약수는 아닌 어떤 정수 x_p가 존재한다. 따라서 만일 p^k가 f의 약수이면 q를 법으로 한 x_p의 차수는 p^k의 배수이다. 이제 연습문제 3.2.1.2–15는 q를 법으로 한 차수가 f인 원소 x가 존재함을 말해준다. 그러나 이는 불가능하다. 왜냐하면, 그런 원소가 존재한다면 $q^2 \ge (f+1)^2 \ge (f+1)r \ge N$가 되는데, 이 관계식에서 등호가 성립할 수는 없기 때문이다. 〔*Proc. Camb. Phil. Soc.* **18** (1914), 29–30.〕

27. 만일 k가 3으로 나누어지지 않으며 $k \le 2^n + 1$이라면 수 $k \cdot 2^n + 1$는 오직 $3^{2^{n-1} k} \equiv -1$

(modulo $k \cdot 2^n + 1$)일 때에만 소수이다. 왜냐하면, 만일 이 조건이 성립한다면 연습문제 26에 의해 $k \cdot 2^n + 1$은 소수이며, 만일 $k \cdot 2^n + 1$이 소수이면 $(k \cdot 2^n + 1) \bmod 2 = 5$이므로 이차상반법칙에 의해 3이라는 수는 이차 비잉여(quadratic noresidue) $\bmod\, k \cdot 2^n + 1$이기 때문이다. 〔프로트Proth 은 이러한 판정법을 *Comptes Rendus Acad. Sci.* **87** (Paris, 1878), 926에서 증명 없이 언급했다.〕

프로트의 판정법을 구현하기 위해서는 수량 $x^2 \bmod (k \cdot 2^n + 1)$을 수량 $x^2 \bmod (2^n - 1)$의 계산만큼이나 빠르게 계산할 수 있어야 한다. $x^2 = A \cdot 2^n + B$라고 하자. 그러면 $x^2 \equiv B - \lfloor A/k \rfloor + 2^n (A \bmod k)$이므로 k가 작다면 나머지를 쉽게 구할 수 있다. (연습문제 4.3.2-14도 볼 것.)

〔$3 \cdot 2^n + 1$ 형태의 수들의 소수성을 판정하는 문제는 아주 약간만 더 어려울 뿐이다. 우선, 이차 상반법칙에 의해 이차 비잉여 $\bmod\, 3 \cdot 2^n + 1$인 수가 발견될 때까지 단정도 난수들을 시험해 본다. 그런 수를 발견했다면 "3" 대신 그 수로 위의 판정법을 적용한다. $n \bmod 4 \neq 0$인 경우에는 5를 사용할 수 있다. 그러면 $3 \cdot 2^n + 1$이 $n = 1, 2, 5, 6, 8, 12, 18, 30, 36, 41, 66, 189, 201, 209,$ 276, 353, 408, 438, 534, 2208, 2816, 3168, 3189, 3912, 20909, 34350, 42294, 42665, 44685, 48150, 55182, 59973, 80190, 157169, 213321일 때 소수이며 그 외의 $n \le 300000$들에 대해서는 소수가 아님을 알 수 있다. 그리고 $5 \cdot 2^n + 1$은 $n = 1, 3, 7, 13, 15, 25, 39, 55, 75,$ 85, 127, 1947, 3313, 4687, 5947, 13165, 23473, 26607, 125413, 209787, 240937일 때 소수이고 그 외의 $n \le 300000$들에 대해서는 아님을 알 수 있다. R. M. Robinson, *Proc. Amer. Math. Soc.* **9** (1958), 673-681; G. V. Cormack, H. C. Williams, *Math. Comp.* **35** (1980), 1419-1421; H. Dubner, W. Keller, *Math. Comp.* **64** (1995), 397-405; J. S. Young, *Math. Comp.* **67** (1998), 1735-1738을 볼 것.〕

28. A가 p의 배수일 확률이 $1/(p+1)$이므로 $f(p, p^2 d) = 2/(p+1) + f(p, d)/p$이다. $d \bmod p \neq 0$일 때 $f(p, pd) = 1/(p+1)$이다. $A^2 - (4k+3)B^2$이 4의 배수일 수 없으므로 $f(2, 4k+3) = \frac{1}{3}$이다. $A^2 - (8k+5)B^2$이 8의 배수일 수 없으므로 $f(2, 8k+5) = \frac{2}{3}$이다. $f(2, 8k+1) = \frac{1}{3} + \frac{1}{3} + \frac{1}{3} + \frac{1}{6} + \frac{1}{12} + \cdots = \frac{4}{3}$이다. 홀수 p에 대해 만일 $d^{(p-1)/2} \bmod p = (1, p-1)$이면 각각 $f(p, d) = (2p/(p^2 - 1), 0)$이다.

29. 음이 아닌 정수 x_i들 중에서 부등식 $x_1 + \cdots + x_m \le r$의 해인 것은 $\binom{m+r}{r} \ge m^r/r!$개이며 이 해 각각은 고유한 정수 $p_1^{x_1} \cdots p_m^{x_m} \le n$에 대응된다. 〔모든 j에 대해 p_j가 j번째 소수인 특별한 경우에서의 좀 더 정확한 추정치들로는 N. G. de Bruijn, *Indag. Math.* **28** (1966), 240-247; H. Halberstam, *Proc. London Math. Soc.* (3) **21** (1970), 102-107을 볼 것.〕

30. 만일 $p_1^{e_1} \cdots p_m^{e_m} \equiv x_i^2$ (modulo q_i)이면 $p_1^{e_1} \cdots p_m^{e_m} \equiv (\pm y_i)^2$ (modulo $q_i^{d_i}$)를 만족하는 y_i를 찾을 수 있다. 따라서, 중국인의 나머지 정리에 의해, $X^2 \equiv p_1^{e_1} \cdots p_m^{e_m}$ (modulo N)을 만족하는 2^d개의 X 값들을 얻게 된다. 그러한 $(e_1, ..., e_m)$에 대응되는, 힌트에 주어진 성질들을 만족하는 쌍 $(e_1', ..., e_m'; e_1'', ..., e_m'')$들의 개수는 최대 $\binom{r}{r/2}$이다. 이제 2^d개의 이진수 $a = (a_1 \ldots a_d)_2$ 각각에

대해, $\left(p_1^{e_1'}\ldots p_m^{e_m'}\right)^{(q_i-1)/2} \equiv (-1)^{a_i} \pmod{q_i}$를 만족하는 지수 $(e_1',\ldots,e_m')$들의 개수를 n_a라고 하자. 그러면 요구된 정수 X들의 개수가 $\geq 2^d \left(\sum_a n_a^2\right)/\binom{r}{r/2}$임이 증명된 것이다. $\sum_a n_a$는 물체 m개의 집합에서 최대 $r/2$개의 물체들을 중복을 허용해서 뽑는 경우의 수, 즉 $\binom{m+r/2}{r/2}$이므로 $\sum_a n_a^2 \geq \binom{m+r/2}{r/2}^2 / 2^d \geq m^r/(2^d(r/2)!^2)$가 성립한다. 〔*J. Algorithms* **3** (1982), 101-127을 볼 것. 슈노어는 정리 D의 여러 추가적인 개선들을 제시한다.〕

31. $n=M$, $pM=4m$, $\epsilon M=2m$으로 두고 $\Pr(X\leq 2m)\leq e^{-m/2}$임을 보일 것.

32. $M=\lfloor\sqrt[3]{N}\rfloor$라고 하자. 그리고 각 메시지의 자릿수 x_i들이 범위 $0\leq x<M^3-M^2$를 벗어나지 않는다고 하자. 만일 $x\geq M$이면 이전처럼 $x^3\bmod N$으로 부호화하되, 만일 $x<M$이면 범위 $M^2-M\leq y<M^2$의 난수 y를 이용해서 $(x+yM)^3\bmod N$으로 부호화한다. 해독 시에는 우선 세제곱근을 취하고, 그 결과가 M^3-M^2 이상이면 M으로 나눈 나머지를 취한다.

34. P가 $x^m\bmod p=1$일 확률이라고 하자. 그리고 Q가 $x^m\bmod q=1$일 확률이라고 하자. $\gcd(x^m-1,N)=p$ 또는 q일 확률은 $P(1-Q)+Q(1-P)=P+Q-2PQ$이다. 만일 $P\leq\frac{1}{2}$ 또는 $Q\leq\frac{1}{2}$이면 이 확률은 $\geq 2(10^{-6}-10^{-12})$이므로, N을 법으로 한 산술 연산을 약 $10^6\log m$회 수행하고 나면 하나의 인수를 찾을 가능성이 크다. 반면 만일 $P>\frac{1}{2}$이고 $Q>\frac{1}{2}$이면 $P\approx Q\approx 1$이다. 왜냐하면 일반식 $P=\gcd(m,p-1)/p$이 성립하기 때문이다. 따라서 이 경우 m은 $\mathrm{lcd}(p-1,q-1)$의 배수이다. 홀수 r에 대해 $m=2^kr$로 두고 수열 $x^r\bmod N$, $x^{2r}\bmod N$, $\ldots$, $x^{2^kr}\bmod N$을 만들자. 그러면, 알고리즘 P에서처럼, 최초로 나타나는 1 앞에 $N-1$ 이외의 값 y가 올 확률은 $\geq\frac{1}{2}$이다. 따라서 $\gcd(y-1,N)=p$ 또는 q이다.

35. $f=(p^{q-1}-q^{p-1})\bmod N$이라고 하자. $p\bmod 4=q\bmod 4=3$이므로 $\left(\frac{-1}{p}\right)=\left(\frac{-1}{q}\right)=\left(\frac{f}{p}\right)=-\left(\frac{f}{q}\right)=-1$이며, 또한 $\left(\frac{2}{p}\right)=-\left(\frac{2}{q}\right)=-1$도 성립한다. 범위 $0\leq x\leq\frac{1}{8}(N-5)$ 안의 메시지 x가 주어졌을 때 $\bar{x}=4x+2$ 또는 $8x+4$로(둘 중 $\left(\frac{\bar{x}}{N}\right)\geq 0$를 만족하는 것으로) 둔다. 그런 다음 메시지 $\bar{x}^2\bmod N$을 보낸다.

이 메시지를 해독하기 위해서는, 우선 SQRT 상자로 $y^2\equiv\bar{x}^2\bmod N$와 $\left(\frac{y}{N}\right)\geq 0$를 만족하는 유일한 짝수 y를 찾는다. 그러면 $y=\bar{x}$이다. $\bar{x}^2$의 다른 제곱근들은 $N-\bar{x}$와 $(\pm f\bar{x})\bmod N$이기 때문이다. 이들 중 첫 번째 것은 홀수이고 나머지 둘은 음의 야코비 기호들을 가지거나 아니면 그냥 $\bar{x}$와 $N-\bar{x}$이다. 이제 만일 $y\bmod 4=2$이면 $x\leftarrow\lfloor y/4\rfloor$로, 그렇지 않으면 $x\leftarrow\lfloor y/8\rfloor$로 설정하면 해독이 끝난다.

이러한 부호화를 해독할 수 있는 사람은 N의 인수들도 구할 수 있다. 왜냐하면 $\left(\frac{\bar{x}}{N}\right)=-1$일 때 잘못된 메시지 $\bar{x}^2\bmod N$를 해독해 보면 $(\pm f)\bmod N$이 드러나기 때문이다. 그리고 $((\pm f)\bmod N)-1$과 N의 gcd를 구하는 것은 간단하지 않다. 〔참고문헌: *IEEE Transactions* **IT-26** (1980), 726-729.〕

36. (4)에 의해, m번째 소수는 $m\ln m+m\ln\ln m-m+m\ln\ln m/\ln m-2m/\ln m+$

$O(m(\log\log m)^2(\log m)^{-2})$과 같다. 그러나 이 문제에서는 더 약한 추정치 $p_m = m\ln m$ $+ O(m\log\log m)$만 구하면 된다. (p_m이 m번째 소수라고 가정할 수 있다. 이는 V가 균등하게 분포된다는 가정에 해당하기 때문이다.) $c = O(1)$이라 할 때 만일 $\ln m = \frac{1}{2}c\sqrt{\ln N\ln\ln N}$으로 택한다면 $r = c^{-1}\sqrt{\ln N/\ln\ln N} - c^{-2} - c^{-2}(\ln\ln\ln N/\ln\ln N) - 2c^{-2}(\ln\frac{1}{2}c)/\ln\ln N$ $+ O(\sqrt{\ln\ln N/\ln N})$임을 알 수 있다. 이제 추정 실행 시간 (22)는 다소 놀랍게도 $\exp(f(c, N)\sqrt{\ln N\ln\ln N} + O(\log\log N))$으로 간단해진다. 여기서 $f(c, N) = c + (1 - (1+\ln 2)/\ln\ln N)c^{-1}$이다. $f(c, N)$을 최소화하는 c의 값은 $\sqrt{1-(1+\ln 2)/\ln\ln N}$이므로, 이로부터 추정치

$$\exp(2\sqrt{\ln N\ln\ln N}\sqrt{1-(1+\ln 2)/\ln\ln N} + O(\log\log N))$$

을 얻을 수 있다. $N = 10^{50}$일 때 $\epsilon(N) \approx .33$이 되는데, 이는 여전히 관측된 행동보다 훨씬 크다.

참고: $\sqrt{D}$의 부분몫은 4.5.3절의 실수 난수들로부터 얻은 분포에 따라 행동하는 것으로 보인다. 예를 들어 수 $10^{18}+314159$의 제곱근의 처음 백만 개의 부분몫들에서 A_n이 각각 $(1, 2, 3, 4)$인 경우들은 각각 정확히 $(415236, 169719, 93180, 58606)$가지이다. 더 나아가서, 연습문제 4.5.3-12(c)와 식 4.5.3-(12)에 의해 $V_{n+1} = |p_n^2 - Dq_n^2| = 2\sqrt{D}q_n|p_n - \sqrt{D}q_n| + O(q_n^{-2})$이 성립한다. 그러므로 $V_n/2\sqrt{D}$은 x가 실수 난수라고 할 때 수량 $\theta_n(x) = q_n|p_n - xq_n|$과 정확히 동일한 습성을 가질 것이라고 예측할 수 있다. $0 \le \theta \le 1$에 대해 확률변수 θ_n의 밀도는 근사적으로 $\min(1, \theta^{-1} - 1)/\ln 2$이라고 알려져 있다 〔Bosma, Jager, Wiedijk, *Indag. Math.* **45** (1983), 281–299 참고〕. 이 밀도는 $\theta \le 1/2$일 때에는 균등하다. 따라서 알고리즘 E의 터무니없는 능력에는 V_n의 크기 이외에도 무언가가 기여하는 것이라 할 수 있다.

37. 연습문제 4.5.3-12를 수 $\sqrt{D}+R$에 적용해서, 주기적인 부분이 즉시 시작하는지를 본다. 그리고 주기를 거꾸로 훑어서 그것이 회문인지를 확인한다. 〔이로부터, 주기의 두 번째 절반이 첫 번째 절반에서와 동일한 V들을 가짐, 그리고 알고리즘 E의 단계 E5에서 $U = U'$이거나 $V = V'$이면 알고리즘을 일찍 종료해도 무방함을 이끌어낼 수 있다. 그러나 일반적으로는 주기가 아주 길기 때문에 주기의 절반을 다 훑는 것이 거의 불가능하며, 따라서 그렇게 수정한다고 해도 괜히 알고리즘을 더 복잡하게 만들 뿐, 실제의 이득은 없다고 할 수 있다.〕

38. $r = (10^{50} - 1)/9$이라고 하자. 그러면 $P_0 = 10^{49} + 9$; $P_1 = r + 3\cdot 10^{46}$; $P_2 = 2r + 3\cdot 10^{47}$ $+ 7$; $P_3 = 3r + 2\cdot 10^{49}$; $P_4 = 4r + 2\cdot 10^{49} - 3$; $P_5 = 5r + 3\cdot 10^{49} + 4$; $P_6 = 6r + 2\cdot 10^{48} +$ 3; $P_7 = 7r + 2\cdot 10^{25}$; $P_8 = 8r + 10^{38} - 7$; $P_9 = 9r - 8000$이다.

39. $q - 1$의 소인수들이 2와 p뿐이라면 q의 소수성은 쉽게 증명할 수 있다. 2의 유일한 후행 소수들은 페르마 소수들이며, 여섯 번째 페르마 소수의 존재 여부는 수론에서 대단히 유명한 미결 문제들 중 하나이다. 따라서 임의의 정수에 후행 소수들이 존재하는지 아닌지의 여부를 밝히는 방법은 아마 결코 알아 낼 수 없을지도 모른다. 그러나 특정한 경우들에서는 후행 소수의 존재여부를 밝히는 것이 가능하다. 예를 들어 셀프리지 John Selfridge는 1962년에 78557과 271129에 후행 소수가 없음을

증명했으며 [*AMM* **70** (1963), 101-102], 그 후 시에르핀스키 W. Sierpiński는 후행 소수가 없는 홀수들이 무한히 많이 존재함을 증명했다 [*Elemente der Math.* **15** (1960), 73-74]. 그런 홀수들 중 가장 작은 것은 아마 78557일 것이다. 예쉬케 G. Jaeschke와 켈러 W. Keller에 따르면 1983년까지도 여전히 다른 69개의 홀수들이 그런 최소 홀수의 후보로 간주되었다고 한다 [*Math. Comp.* **40** (1983), 381-384, 661-673; **45** (1985), 637].

$p \to 2p \pm 1$로의 전이들을 가진 좀 더 전통적인 "커닝엄" 형태의 소수 사슬에 대해서는 뢰 Günter Löh의 *Math. Comp.* **53** (1989), 751-759를 볼 것. 특히, 뢰는 $0 \le k < 12$에 대해 554688278430 $\cdot 2^k - 1$이 소수임을 발견했다.

40. [*Inf. Proc. Letters* **8** (1979), 28-31.] 그런 컴퓨터에서는 $x \bmod y = x - y\lfloor x/y \rfloor$를 쉽게 계산할 수 있으며, $0 = x - x$, $1 = \lfloor x/x \rfloor$, $2 = 1 + 1$ 같은 간단한 상수들을 얻는 것이 가능함을 주목할 것. $x > 0$인지는 $x = 1$ 또는 $\lfloor x/(x-1) \rfloor \ne 0$의 여부로 판정할 수 있다.

(a) 우선 n을 2로 계속 나누어서 $l = \lfloor \lg n \rfloor$를 계산한다. 이에는 $O(\log n)$단계가 걸린다. 그와 동시에 설정 $k \leftarrow 2k$, $A \leftarrow A^2$을 반복해서 $k = 2^l$과 $A = 2^{2^{l+1}}$을 $O(\log n)$단계로 계산한다. 전자의 계산에 대해서는 $t = A^m$, $u = (A+1)^m$, $v = m!$임을 알고 있다고 가정한다. 그러면 $m \leftarrow m + 1$, $t \leftarrow At$, $u \leftarrow (A+1)u$, $v \leftarrow vm$으로 설정함으로써 m의 값을 1 증가시킬 수 있으며, A가 충분히 크다고 할 때 $m \leftarrow 2m$, $u \leftarrow u^2$, $v \leftarrow (\lfloor u/t \rfloor \bmod A)v^2$, $t \leftarrow t^2$으로 설정함으로써 m의 값을 배증할 수 있다. (기수 A 표기법으로 표현된 수 u를 생각해 볼 것. A는 반드시 $\binom{2m}{m}$보다 커야 한다.) 이제 만일 $n = (a_l \ldots a_0)_2$이면 $n_j = (a_l \ldots a_j)_2$로 둔다. 만일 $m = n_j$이고 $k = 2^j$이고 $j > 0$이면 $k \leftarrow \lfloor k/2 \rfloor$, $m \leftarrow 2m + (\lfloor n/k \rfloor \bmod 2)$로 설정해서 j를 1 감소시킬 수 있다. 따라서 $j = l, l-1, \ldots, 0$에 대해 $n_j!$을 $O(\log n)$단계로 계산할 수 있다. [로빈슨 Julia Robinson에서 기인한 또 다른 해법은 $B > (2n)^{n+1}$일 때 $n! = \lfloor B^n / \binom{B}{n} \rfloor$을 계산하는 것이다. *AMM* **80** (1973), 250-251, 266을 볼 것.]

(b) 우선, (a)에서처럼 $A = 2^{2^{l+2}}$을 계산한다. 그런 다음 $2^{k+1}! \bmod n = 0$을 만족하는 최소의 $k \ge 0$를 찾는다. 만일 $\gcd(n, 2^k!) \ne 1$이면 $f(n)$을 이 gcd 값으로 둔다. 유클리드 알고리즘으로 이 gcd를 $O(\log n)$단계로 계산할 수 있다. 그렇지 않다면 $\binom{m}{\lfloor m/2 \rfloor} \bmod n = 0$인 최소의 정수 m을 찾고 $f(n) = \gcd(m, n)$로 둔다. (이 경우 $2^k < m \le 2^{k+1}$임에 주목하자. 따라서 $\lceil m/2 \rceil \le 2^k$와 $\lceil m/2 \rceil!$은 n과 서로 소이며, 그러므로 오직 $m! \bmod n = 0$일 때에만 $\binom{m}{\lfloor m/2 \rfloor} \bmod n = 0$이다. 또한 $n \ne 4$이다.)

유한한 개수의 레지스터들을 가지고 m을 계산하기 위해 피보나치 수를 사용할 수 있다(알고리즘 6.2.1F 참고). $s = F_j$, $s' = F_{j+1}$, $t = A^{F_j}$, $t' = A^{F_{j+1}}$, $u = (A+1)^{2F_j}$, $u' = (A+1)^{2F_{j+1}}$, $v = A^m$, $w = (A+1)^{2m}$, $\binom{2m}{m} \bmod n \ne 0$, $\binom{2(m+s)}{m+s} \bmod n = 0$임은 알고 있다고 가정하자. 이러한 상태에 도달하는 것은 쉬운 일이다. $m = F_{j+1}$이라 할 때 적당히 큰 j에 대해 이러한 상태에 도달하는 데에는 $O(\log n)$단계가 걸린다. 또한 A는 $2^{2(m+s)}$보다 커진다. 만일 $s = 1$이면 $f(n) = \gcd(2m+1, n)$ 또는 $\gcd(2m+2, n)$로 설정하고(둘 중 $\ne 1$인 것으로) 알고리즘을 끝낸

다. 그 외의 경우에는 다음과 같은 방법으로 j를 1 감소시킨다: $r \leftarrow s$, $s \leftarrow s' - s$, $s' \leftarrow r$, $r \leftarrow t$, $t \leftarrow \lfloor t'/t \rfloor$, $t' \leftarrow r$, $r \leftarrow u$, $u \leftarrow \lfloor u'/u \rfloor$, $u' \leftarrow r$로 설정한다. 그런 다음 만일 $(\lfloor wu/vt \rfloor \bmod A) \bmod n \neq 0$이면 $m \leftarrow m + s$, $w \leftarrow wu$, $v \leftarrow vt$로 설정한다.

[이 문제를 $O(\log n)$회 미만의 연산으로 풀 수 있을까? n의 최대 또는 최소 소인수를 $O(\log n)$회의 연산으로 계산하는 것이 가능할까?]

41. (a) $1 \leq m \leq x$일 때 $\pi(x) = \pi(m) + f_1(x, m) = \pi(m) + f(x, m) - f_0(x, m) - f_2(x, m) - f_3(x, m) - \cdots$임은 명백하다. $x = N^3$, $m = N$으로 두고, $k > 2$에 대해 $f_k(N^3, N) = 0$이라는 점을 활용할 것.

(b) p와 q가 소수들을 거쳐 간다고 할 때

$$f_2(N^3, N) = \sum_{N < p \leq q} [pq \leq N^3] = \sum_{N < p \leq N^{3/2}} (\pi(N^3/p) - \pi(p) + 1)$$

$$= \sum_{N < p \leq N^{3/2}} \pi(N^3/p) - \binom{\pi(N^{3/2})}{2} + \binom{\pi(N)}{2}$$

이다. 따라서 $f_2(1000, 10) = \pi\left(\frac{1000}{11}\right) + \pi\left(\frac{1000}{13}\right) + \pi\left(\frac{1000}{17}\right) + \pi\left(\frac{1000}{19}\right) + \pi\left(\frac{1000}{23}\right) + \pi\left(\frac{1000}{29}\right) + \pi\left(\frac{1000}{31}\right) - \binom{\pi(31)}{2} + \binom{\pi(10)}{2} = 24 + 21 + 16 + 15 + 14 + 11 + 11 - 55 + 6 = 63$이다.

(c) 힌트에 주어진 항등식은 그냥 p_j 생존자가 p_j의 배수가 아닌 p_{j-1} 생존자임을 말하는 것일 뿐이다. $f(N^3, N) = f(N^3, p_{\pi(N)})$임은 명백하다. 항등식을 항 $f(x, p_j)$들에 도달할 때까지 적용한다(여기서 $j = 0$ 또는 $x \leq N^2$). 그러면 결과는

$$f(N^3, N) = \sum_{k=1}^{N-1} \mu(k) f\left(\frac{N^3}{k}, 1\right) - \sum_{j=1}^{\pi(N)} \sum_{N/p_j \leq k < N} \mu(k) f\left(\frac{N^3}{kp_j}, p_{j-1}\right) [k\text{가 } p_j \text{ 생존자}]$$

이다. 이제 $f(x, 1) = \lfloor x \rfloor$이므로 $N = 10$일 때 첫 번째 합은 $1000 - 500 - 333 - 200 + 166 - 142 = -9$이다. 두 번째 합은 $-f\left(\frac{1000}{10}, 1\right) - f\left(\frac{1000}{14}, 1\right) - f\left(\frac{1000}{15}, 2\right) - f\left(\frac{1000}{21}, 2\right) - f\left(\frac{1000}{35}, 3\right) = -100 - 71 - 33 - 24 - 9 = -237$이다. 따라서 $f(1000, 10) = -9 + 237 = 228$이고 $\pi(1000) = 4 + 228 - 1 - 63 = 168$이다.

(d) 만일 $N^2 \leq 2^m$이면 $1 \leq n \leq N^2$에 대해 $a_{2^m - 1 + n} = [n+1\text{이 } p_j \text{ 생존자}]$가 j회의 패스 이후 하나의 체를 나타내며 $1 \leq n < 2^m$에 대해 $a_n = a_{2n} + a_{2n+1}$임을 만족하는 하나의 배열을 구축할 수 있다. 그러면 $x \leq N^2$일 때 $f(x, p_j)$를 $O(m)$단계로 쉽사리 계산할 수 있으며, 체에서 p의 배수들은 $O(N^2 m/p)$단계로 제거할 수 있다. $f(N^3, N)$을 계산하는 총 실행 시간은 $O(N^2 \log N \log \log N)$이 된다($\sum_{j=1}^{\pi(N)} 1/p_j = O(\log \log N)$이므로).

체를 크기가 N인 N개의 부분들로 분할하고 각 부분을 개별적으로 처리한다면 저장소 요구량을 $2N^2 m$에서 $2Nm$으로 줄일 수 있다. $1 \leq j \leq \pi(N)$에 대한 p_j들을 담는 보조표와 $\mu(k)$들을 담는 보조표, 그리고 $1 \leq k \leq N$에 대한 k의 최소 인수들을 담는 보조표를 사용한다면 도움이 될 것이다. 이런 보조표들은 주 계산을 시작하기 전에 쉽게 채울 수 있다.

[*Math. Comp.* **44** (1985), 537–560을 볼 것. 비슷한 방법을 마이셀 D. F. E. Meissel이 *Math.*

Annalen **2** (1870), 636-642; **3** (1871), 523-525; **21** (1883), 304; **25** (1885), 251-257에서 처음 소개했다. 레머 D. H. Lehmer는 *Illinois J. Math.* **3** (1959), 381-388에서 여러 가지 개선안들을 제시했다. 그러나 마이셀과 레머 모두, 위에서 설명한 방법만큼이나 효율적인 점화식에 대한 중지 규칙은 발견하지 못했다. 라가리아스 Lagarias와 오들리츠코 Odlyzko도 해석 수론의 원리들을 이용해서 $\pi(N)$을 $O(N^{1/2+\epsilon})$단계로 평가할 수 있는 완전히 다른 접근방식을 만들어냈다. *J. Algorithms* **8** (1987), 173-191을 보라. 그러나 Deléglise, Rivat, *Math. Comp.* **65** (1996), 235-245에 발표된 세계기록 소수 개수 $\pi(10^{20})=2220819602560918840$을 얻는 데에는 이 연습문제에 나온 $O(N^{2/3+\epsilon})$ 방법의 한 개선안이 쓰였다.]

42. L1. 〔초기화.〕 $r\bar{r}\equiv 1 \pmod{s}$인 $\bar{r}$을 찾는다. 그런 다음 $r'\leftarrow n\bar{r}\bmod s,\ u\leftarrow r'\bar{r}\bmod s,\ v\leftarrow s,\ w\leftarrow (n-rr')\bar{r}/s\bmod s,\ \theta\leftarrow\lfloor\sqrt{N/s}\rfloor,\ (u_1,u_3)\leftarrow(1,u),\ (v_1,v_3)\leftarrow(0,v)$로 설정한다. (여기서 우리는 $(\lambda s+r)(\mu s+r')=N$인 모든 정수쌍 (λ,μ)를 구하고자 한다. 그 조건은 $\lambda u+\mu\equiv w \pmod{s}$이고 $\sqrt{\lambda\mu v}\le\theta$임을 함의한다. 알고리즘 4.5.2X를 t_2,u_2,v_2를 제외하고 수행할 것이다. 단, 불변식

$$\lambda t_3+\mu t_1\equiv wt_1,\quad \lambda u_3+\mu u_1\equiv wu_1,\quad \lambda v_3+\mu v_1\equiv wv_1 \pmod{s}$$

는 유지된다.)

L2. 〔약수들을 시도한다.〕 만일 $v_1=0$이면, $\lambda s+r$이 N의 약수이고 $0\le\lambda\le\theta/s$이면 항상 $\lambda s+r$을 출력한다. 만일 $v_3=0$, $\mu s+r'$가 N의 약수이고 $0\le\mu\le\theta/s$이면 항상 $N/(\mu s+r')$을 출력한다. 그 외의 경우에서는, $v_1<0$일 때 $|wv_1+ks|\le\theta$이거나 $v_1>0$일 때 $0<wv_1+ks\le 2\theta$인 모든 k에 대해, 그리고 $\sigma=+1$과 -1에 대해, 만일 $d=(wv_1s+ks^2+v_3r+v_1r')^2-4v_1v_3N$이 완전제곱수이고 다음 수들이 양의 정수이면 $\lambda s+r$를 출력한다:

$$\lambda=\frac{wv_1s+ks^2-v_3r+v_1r'+\sigma\sqrt{d}}{2v_3s},\quad \mu=\frac{wv_1s+ks^2+v_3r-v_1r'-\sigma\sqrt{d}}{2v_3s}.$$

(이들은 $\lambda v_3+\mu v_1=wv_1+ks$, $(\lambda s+r)(\mu s+r')=N$의 해들이다.)

L3. 〔끝인가?〕 만일 $v_3=0$이면 알고리즘을 끝낸다.

L4. 〔나누고 뺀다.〕 $q\leftarrow\lfloor u_3/v_3\rfloor$으로 설정한다. 만일 $u_3=qv_3$이고 $v_1<0$이면 q를 1 감소시킨다. 그런 다음

$$(t_1,t_3)\leftarrow(u_1,u_3)-(v_1,v_3)q,\quad (u_1,u_3)\leftarrow(v_1,v_3),\quad (v_1,v_3)\leftarrow(t_1,t_3)$$

으로 설정하고 단계 L2로 돌아간다. ∎

〔*Math. Comp.* **42** (1984), 331-340을 볼 것. 단계 L2의 한계들은 이를테면 $d\ge 0$를 보장함으로써 더 정확하게 만들 수 있다.〕

43. (a) 우선 야코비 기호 $\left(\dfrac{y}{m}\right)$가 $+1$인지 확인한다. (만일 그것이 0이면 문제는 쉽다. 만일 -1이면

$y \notin Q_m$ 이다.) 그런 다음 $[0..m)$에서 정수 난수 $x_1, \ldots, x_n$을 택하고 $X_j = [G(y^2 x_j^4 \bmod m) = (yx_j^2 \bmod m) \bmod 2]$로 둔다. 만일 $y \in Q_m$이면 $\mathrm{E}X_j \geq \frac{1}{2} + \epsilon$이다. 그렇지 않으면 $m - y \in Q_m$이고 $\mathrm{E}X_j \leq \frac{1}{2} - \epsilon$이다. 만일 $X_1 + \cdots + X_n \geq \frac{1}{2}n$이면 $y \in Q_m$을 보고한다. 연습문제 1.2.10-21에 의해, 추측이 실패할 확률은 최대 $e^{-2\epsilon^2 n}$이다. 따라서 $n = \lceil \frac{1}{2}\epsilon^{-2}\ln\delta^{-1} \rceil$로 선택한다.

(b) 야코비 기호 $\left(\frac{x}{m}\right) = -1$를 만족하는 x를 구하고 $y \leftarrow x^2 \bmod m$으로 설정한다. 그러면 m의 소인수들은 $\gcd(x + \sqrt{y}, m)$와 $\gcd(x - \sqrt{y}, m)$이다. 따라서 이제 할 일은 $y \in Q_m$가 주어졌을 때 $\pm\sqrt{y}$를 구하는 것이다. 만일 임의의 0이 아닌 v에 대해 τv를 구할 수 있다면, $\gcd(v, m)$가 m의 인수가 아닌 이상 $\sqrt{y} = (v^{-1}\tau v) \bmod m$이므로, 문제는 해결된 것이다.

$\epsilon = 2^{-e}$를 만족하는 어떤 $e \geq 1$이 있다고 가정하자. $[0..m)$에서 무작위 정수 a와 b를 선택한다. 그리고 다음을 만족하는 이진 분수 α_0과 β_0을 알고 있다고 가정하자.

$$\left| \frac{\tau a}{m} - \alpha_0 \right| < \frac{\epsilon}{64}, \qquad \left| \frac{\tau b}{m} - \beta_0 \right| < \frac{\epsilon^3}{64}.$$

여기서 α_0은 $\epsilon/64$의 홀수배이고 β_0은 $\epsilon^3/64$의 홀수배이다. 또한 λa와 λb도 알고 있다고 가정하자. 물론 우리가 α_0이나 β_0, λa, λb를 실제로 알고 있는 것은 아니나, $32\epsilon^{-1} \times 32\epsilon^{-3} \times 2 \times 2$가지 가능성들 전부를 시도함으로써 알아낼 수 있으므로 그렇게 가정해도 무방하다. 프로그램 실행의 분기들 중에는 부정확한 가정 하에서 작동하는 것들이 존재하겠지만, 그래도 문제가 생기지는 않는다.

수 $u_{tj} = 2^{-t}(a + (j + \frac{1}{2})b) \bmod m$과 $v_{tj} = 2^{-t-1}(a + jb) \bmod m$을 정의하자. u_{tj}와 v_{tj} 모두 $[0..m)$에서 균등하게 분포된다. 왜냐하면 a와 b가 무작위하게 선택되기 때문이다. 더 나아가서, 고정된 t에 대해, $j_0 \leq j < j_0 + l$에 대한 수 u_{tj}들은 쌍으로 독립(pairwise independent)이며, l이 m의 가장 작은 소인수보다 크지 않은 한 $j_0 \leq j < j_0 + l$에 대한 수 v_{tj}들도 그렇다. $-2r\epsilon^{-2} \leq j < 2r\epsilon^{-2}$인 u_{tj}들과 v_{tj}들만 사용하면 된다. 만일 그 값들 중 하나라도 m과의 0이 아닌 공통 인수를 가진다면 그것으로 끝이다.

모든 $v \perp m$에 대해, 만일 $v \in Q_m$이면 $\chi v = +1$로, $-v \in Q_m$이면 $\chi v = -1$로, $\left(\frac{v}{m}\right) = -1$이면 $\chi v = 0$으로 정의한다. $u_{tj} = (2^2 u_{(t+2)j}) \bmod m$이기 때문에 $\chi u_{(t+2)j} = \chi u_{tj}$임을 주목할 것. 따라서 $0 \leq t \leq 1$와 $-2r\epsilon^{-2} \leq j < 2r\epsilon^{-2}$에 대한 u_{tj}와 v_{tj}에 알고리즘 A를 적용하면 모든 t와 j에 대해 χu_{tj}와 χv_{tj}를 결정할 수 있다. 그 알고리즘에서 $\delta = \frac{1}{1440}\epsilon^2 r^{-1}$으로 두면 χ 개의 값 전부가 $1 - \frac{1}{90}$ 이상의 확률로 정확함이 보장된다.

알고리즘은 최대 r개의 시기(stage)들로 작동한다. $0 \leq t < r$에 대해 시기 t의 시작에서 $\lambda 2^{-t}a$와 $\lambda 2^{-t}b$를 알고 있다고 가정하며, 또한

$$\left| \frac{\tau 2^{-t}a}{m} - \alpha_t \right| < \frac{\epsilon}{2^{t+6}}, \qquad \left| \frac{\tau 2^{-t}b}{m} - \beta_t \right| < \frac{\epsilon^3}{2^{t+6}}$$

을 만족하는 분수 α_t와 β_t도 알고 있다고 가정한다. 이제 $\alpha_{t+1} = \frac{1}{2}(\alpha_t + \lambda 2^{-t}a)$, $\beta_{t+1} = \frac{1}{2}(\beta_t + \lambda 2^{-t}b)$로 정의한다. 이는 앞의 부등식들을 만족한다. 다음으로는

$$\lambda u_{tj} + \lambda 2^{-t}a + j\lambda 2^{-t}b + \lambda 2^{-t-1}b + \left\lfloor \frac{\tau 2^{-t}a + j\tau 2^{-t}b + \tau 2^{-t-1}b}{m} \right\rfloor \equiv 0 \ (\text{modulo } 2)$$

를 만족하는 $\lambda 2^{-t-1}b$를 구하는 것이다. $n = 4\min(r, 2^t)\epsilon^{-2}$이라고 하자. 그러면 $|j| \le \frac{n}{2}$일 때

$$\left| \frac{\tau 2^{-t}a}{m} + j\frac{\tau 2^{-t}b}{m} + \frac{\tau 2^{-t-1}b}{m} - (\alpha_t + j\beta_t + \beta_{t+1}) \right| < \frac{\epsilon}{16}$$

가 성립한다. 따라서 만일 $\chi u_{tj} = 1$이면 $G_j = (G(u_{tj}^2 y \bmod m) + \lambda 2^{-t}a + j\lambda 2^{-t}b + \lfloor \alpha_t j\beta_t + \beta_{t+1} \rfloor) \bmod 2$라고 할 때 $\lambda 2^{-t-1}b = G_j$일 가능성이 있다. 좀 더 정확하게는, $\tau u_{tj} < \frac{\epsilon}{16}m$ 또는 $\tau u_{tj} > (1-\frac{\epsilon}{16})m$인 경우를 제외할 때

$$\lfloor (\tau 2^{-t}a + j\tau 2^{-t}b + \tau 2^{-t-1}b)/m \rfloor = \lfloor \alpha_t + j\beta_t + \beta_{t+1} \rfloor$$

이 성립한다. $Y_j = (2G_j - 1)\chi u_{tj}$라고 하자. 만일 $Y_j = +1$이면 이는 $\lambda 2^{-t-1}b = 1$에 대한 한 표를 던지는 것에 해당한다. $Y_j = -1$이면 $\lambda 2^{-t-1}b = 0$에 한 표이다. $Y_j = 0$은 기권에 해당한다. 이제 다수결 원칙을 적용하고 $\lambda 2^{-t-1}b = [\sum_{j=-n/2}^{n/2-1} Y_j \ge 0]$로 설정한다.

$\lambda 2^{-t-1}b$가 정확할 확률은 얼마일까? 만일 $\chi u_{tj} \ne 0$이고 ($\tau u_{tj} < \frac{\epsilon}{16}m$ 또는 $\tau u_{tj} > (1-\frac{\epsilon}{16})m$ 또는 $G(u_{tj}^2 y \bmod m) \ne \lambda u_{tj}$)이면 $Z_j = -1$로 둔다. 그 외의 경우에는 $Z_j = |\chi u_{tj}|$로 둔다. Z_j는 u_{tj}의 함수이므로, 확률변수 Z_j들은 짝으로 독립이며 동일한 분포를 가진다. $Z = \sum_{j=-n/2}^{n/2-1} Z_j$라고 하자. 만일 $Z > 0$이면 $\lambda 2^{-t-1}b$의 값은 정확하다. $Z_j = 0$일 확률은 $\frac{1}{2}$이며 $Z_j = +1$일 확률은 $\ge \frac{1}{4} + \frac{\epsilon}{2} - \frac{\epsilon}{8}$이다. 따라서 $\mathrm{E}\,Z_j \ge \frac{3}{4}\epsilon$이다. $\mathrm{var}(Z_j) \le \frac{1}{2}$임은 명확하므로, 정확한 가정을 가진 프로그램의 분기에서 실패가 일어날 확률은 체비셰프 부등식(연습문제 3.5–42)에 의해 최대 $\Pr(Z \le 0) \le \Pr((Z - n\mathrm{E}\,Z_j)^2 \ge \frac{9}{16}n^2\epsilon^2) \le \frac{8}{9}n^{-1}\epsilon^2 = \frac{2}{9}\min(r, 2^t)^{-1}$이다.

비슷한 방법(u_{tj}대신 v_{tj}를 사용)으로 $\lambda 2^{-t-1}a$를 구할 수 있다. 이 때 오차는 $\le \frac{2}{9}\min(r, 2^t)^{-1}$이다. 궁극적으로는 $\epsilon^3/2^{t+6} < 1/(2m)$이 되므로, $\tau 2^{-t}b$는 $m\beta_t$와 가장 가까운 정수가 된다. 그러면 $\sqrt{y} = (2^t b^{-1}\tau 2^{-t}b) \bmod m$을 계산할 수 있다. 이 수량을 제곱하면 옳은 답인지를 판단할 수 있다.

추측이 실패할 총 확률의 한계는 시기 $t < \lg n$에서는 $\frac{4}{9}\sum_{t \ge 1} 2^{-t} = \frac{4}{9}$이고 그 이후의 시기들에서는 $\frac{4}{9}\sum_{t \le r} r^{-1} = \frac{4}{9}$이다. 따라서 χ개의 값들이 모두 정확하지 않을 확률을 포함하는 총 실패 확률은 최대 $\frac{4}{9} + \frac{4}{9} + \frac{1}{90} = \frac{9}{10}$이다. 프로그램의 모든 실행 중 적어도 $\frac{1}{10}$회는 $\sqrt{y}$를 성공적으로 찾아낸다. 따라서 공정을 평균 10회 반복하고 나면 m의 인수들을 찾을 수 있다.

총 실행 시간은 χ 계산을 위한 $O(r\epsilon^{-4}\log(r\epsilon^{-2})T(G))$ 더하기 이후의 추측들을 위한 $O(r^2\epsilon^{-2}T(G))$ 더하기 모든 분기들에서 $\alpha_t, \beta_t, \lambda 2^{-t}a, \lambda 2^{-t}b$를 계산하는 $O(r^2\epsilon^{-6})$이 지배적이다.

무작위화된 알고리즘들의 여러 기본 패러다임들을 잘 보여주는 이러한 절차는 피슐린 R. Fischlin 과 슈노어 C. P. Schnorr에서 기인한 것이다 〔*J. Cryptology* **13** (2000), 221–244〕. 그들은 그 이전의

알렉시Alexi, 초어Chor, 골트라이히Goldreich, 슈노어〔*SICOMP* **17** (1988), 194-209〕와 벤오어 Ben-Or, 초어, 샤미르Shamir〔*STOC* **15** (1983), 421-430〕의 접근방식들로부터 이런 절차를 이끌어 냈다. 이를 보조정리 3.5P4와 결합한다면 정리 3.5와 비슷하되 수열 3.2.2-(17) 대신 수열 3.2.2-(16)이 쓰이는 정리를 얻게 된다. 피슐린과 슈노어는 계산을 더 최적화해서 인수분해 알고리즘이 $O(r\epsilon^{-4}\log(r\epsilon^{-1})T(G))$단계로 수행되도록 하는 방법을 보였다. 그러면 수열 3.2.2-(16)을 "깨는" 데 걸리는 시간의 한계는 $T(F) = O(RN^4\epsilon^{-4}\log(RN\epsilon^{-1})(T(G)+R^2))$이 된다. 이 O가 함의하 는 상수 계수는 상당히 크지만, 엄청나게 큰 것은 아니다. $y^{1/a} \bmod 2$를 $\frac{1}{2}+\epsilon$ 이상의 확률로 추측 할 수 있다면, 비슷한 방법으로 $a \perp \varphi(m)$일 때 RSA 함수 $y = x^a \bmod m$에서 x를 구하는 것도 가능하다.

44. $1 \le i \le k = d(d-1)/2+1$에 대해 $\sum_{j=0}^{d-1}a_{ij}x^j \equiv 0$ (modulo m_i), $\gcd(a_{i0}, a_{i1}, ...,$ $a_{i(d-1)}, m_i) = 1$, $|x| < m_i$라고 가정하자. 여기서 $1 \le i < j \le k$에 대해 $m_i \perp m_j$이다. 또한 $n = d+k$라 할 때 $m = \min\{m_1, ..., m_k\} > n^{n/2}2^{n^2/2}d^d$이라고 가정하자. 우선 $u_j \bmod m_i = \delta_{ij}$ 를 만족하는 $u_1, ..., u_k$를 구한다. 그런 다음 $n \times n$ 행렬

$$L = \begin{pmatrix} M & & & & & & & \\ 0 & mM & & & & & & \\ \vdots & \vdots & \ddots & & & & & \\ 0 & 0 & ... & m^{d-1}M & & & & \\ a_{10}u_1 & ma_{11}u_1 & ... & m^{d-1}a_{1(d-1)}u_1 & M/m_1 d & & & \\ a_{20}u_2 & ma_{21}u_2 & ... & m^{d-1}a_{2(d-1)}u_2 & 0 & M/m_2 d & & \\ \vdots & \vdots & & \vdots & \vdots & \vdots & \ddots & \\ a_{k0}u_k & ma_{k1}u_k & ... & m^{d-1}a_{k(d-1)}u_k & 0 & 0 & ... & M/m_k d \end{pmatrix}$$

를 만든다. 여기서 $M = m_1 m_2 \cdots m_k$이다. 이 행렬의 대각 성분들 위의 성분들은 모두 0이며, 따라서 $\det L = M^{n-1}m^{k-1}d^{-k}$이다.

이제 $v = (t_0, ..., t_{d-1}, v_1, ..., v_k)$가 $\text{length}(vL) \le \sqrt{n2^n}\,M^{(n-1)/n}m^{(k-1)/n}d^{-k/n}$인 0이 아닌 정수 벡터라고 하자. $M^{(n-1)/n} < M/m^{k/n}$이므로 $\text{length}(vL) < M/d$이다. $c_j = t_jM +$ $\sum_{i=1}^k a_{ij}u_iv_i$이고 $P(x) = c_0 + c_1x + \cdots + c_{d-1}x^{d-1}$이라고 하면 $1 \le i \le k$에 대해 $P(x) \equiv$ $v_i(a_{i0} + a_{i1}x + \cdots + a_{i(d-1)}x^{d-1}) \equiv 0$ (modulo m_i)이다. 따라서 $P(x) \equiv 0$ (modulo M)이 다. 또한 $|m^j c_j| < M/d$이다. 이로부터 $P(x) = 0$이 나온다. 그런데 $P(x)$가 항상 0과 같지는 않다. 조건 $v_i a_{ij} \equiv 0$ (modulo m_i)와 $\gcd(a_{i0}, ..., a_{i(d-1)}, m_i) = 1$이 $v_i \equiv 0$ (modulo m_i)를 함의 하는 반면, $|v_iM/m_id| < M/d$는 $|v_i| < m_i$를 함의하기 때문이다. $v_1 = \cdots = v_k = 0$일 수는 없다. 따라서 x를(좀 더 정확히는 x에 대한 최대 $d-1$개의 가능성들을) 구할 수 있으며, 총 실행 시간은 $\lg M$의 다항식이다. 〔*Lecture Notes in Comp. Sci.* **218** (1985), 403-408.〕

45. 사실 1. 하나의 해가 항상 존재한다. 우선 n이 소수라고 가정하자. 만일 $\left(\frac{b}{n}\right) = 1$이면 $y = 0$ 인 해가 하나 존재한다. $\left(\frac{b}{n}\right) = -1$인 경우, $j > 0$가 $\left(\frac{-ja}{n}\right) = -1$을 만족하는 최소의 값이라고

하자. 그러면 어떤 x_0과 y_0에 대해, n을 법으로 하여 $x_0^2 - a \equiv -ja$이고 $b \equiv -ja(y_0)^2$이다. 따라서 $(x_0y_0)^2 - ay_0^2 \equiv b$이다. 그 다음에 우리가 해 $x^2 - ay^2 \equiv b$ (modulo n)을 구했다고 가정하자. 그리고 이를 n^2을 법으로 한 하나의 해로 확장하려 한다고 하자. $(x+cn)^2 - a(y+dn)^2 \equiv b$ (modulo n^2)인 c와 d는 항상 구할 수 있다. $(x+cn)^2 - a(y+dn)^2 \equiv x^2 - ay^2 + (2cx - 2ayd)n$이고 $\gcd(2x, 2ay) \perp n$이기 때문이다. 따라서 n이 홀수 소수의 거듭제곱일 때에는 항상 하나의 해가 존재한다. (n이 홀수라고 가정하는 이유는, 예를 들어 $x^2 \pm y^2 \equiv 3$ (modulo 8)에 대한 해는 존재하지 않기 때문이다.) 마지막으로 모든 홀수 n에 대해 하나의 해가 존재함을 보여야 하는데, 이는 중국인의 나머지 정리로 확인할 수 있다.

사실 2. $a \perp n$인 a와 n이 주어졌을 때 해들의 개수는 모든 $b \perp n$에 대해 동일하다. 이는 힌트의 항등식과 사실 1에서 비롯된다. 만일 $x_1^2 - ay_1^2 \equiv b$이면 (x_2, y_2)가 $x^2 - ay^2 \equiv 1$의 모든 해를 거쳐 감에 따라 $(x_1x_2 - ay_1y_2, x_1y_2 + x_2y_1)$이 $x^2 - ay^2 \equiv b$의 모든 해들을 거쳐 가기 때문이다. 다른 말로 하면, $x_1^2 - ay_1^2 \perp n$일 때 (x_2, y_2)는 (x_1, y_1)과 (x, y)에 의해 유일하게 정의된다.

사실 3. $z^2 \equiv a$ (modulo s)를 만족하는 정수 (a, s, z)가 주어졌을 때 $x^2 - ay^2 = m^2st$인 정수 (x, y, m, t)를 찾을 수 있다. 여기서 $(x, y) \neq (0, 0)$이고 $t^2 \leq \frac{4}{3}|a|$이다. 만일 $z^2 = a + ms$이 면 (u, v)가 $(zu + mv)^2 + |a|u^2$을 최소화하는 0이 아닌 정수쌍이라고 하자. (u, v)는 3.4.3절의 방법을 이용해서 효율적으로 구할 수 있으며, $(zu + mv)^2 + |a|u^2 \leq (\frac{4}{3}|a|)^{1/2}$는 연습문제 3.3.4-9로 구할 수 있다. 따라서 $t^2 \leq \frac{4}{3}|a|$라고 할 때 $(zu + mv)^2 - au^2 = mt$이다. 이제 힌트의 항등식은 $x^2 - ay^2 = (ms)(mt)$의 해가 된다.

사실 4. $x^2 - y^2 \equiv b$ (modulo n)은 쉽게 풀 수 있다. 왜냐하면 $x = (b+1)/2$, $y = (b-1)/2$로 둘 수 있기 때문이다.

사실 5. $x^2 + y^2 \equiv b$ (modulo n)을 푸는 것이 어렵지 않다. p가 소수이고 $p \bmod 4 = 1$일 때 연습문제 3.3.4-11의 방법으로 $x^2 + y^2 = p$를 풀 수 있기 때문이다. 수 $b, b+n, b+2n, \ldots$ 중 하나는 그런 소수가 된다.

이제 주어진 문제를 $|a| > 1$일 때 다음과 같이 풀 수 있다: 1과 $n-1$ 사이에서 u와 v를 무작위로 선택하고, $w = (u^2 - av^2) \bmod n$과 $d = \gcd(w, n)$을 계산한다. 만일 $1 < d < n$이거나 $\gcd(v, n) > 1$면 n을 줄일 수 있다. 사실 1을 증명하는 데 쓰인 방법들을 적용하면 n의 인수들을 n 자체에 대한 해들로 끌어 올릴 수 있다. 만일 $d = n$이고 $v \perp n$이면 $(u/v)^2 \equiv a$ (modulo n)이 성립하며, 따라서 a를 1로 줄일 수 있다. 그렇지 않은 경우에는 $d = 1$이다. $s = bw \bmod n$이라고 하자. 사실 2에 의해, 이 수 s는 n과 서로 소인 수들 사이에 균등하게 분포한다. 만일 $\left(\frac{a}{s}\right) = 1$이면 s가 소수라고 가정하고 $z^2 \equiv a$ (modulo s)의 해를 구한다(연습문제 4.6.2-15). 해가 나오지 않는 다면 u와 v를 새로 무작위로 선택해서 처음부터 다시 반복한다. 해를 구했다면 $z^2 = a + ms$로 두고 $d = \gcd(ms, n)$을 계산한다. 만일 $d > 1$이면 이전과 마찬가지로 문제를 단순화한다. 그렇지 않다면 사실 3을 이용해서 $t^2 \leq \frac{4}{3}|a|$인 $x^2 - ay^2 = m^2st$를 구한다. 이러면 $(x/m)^2 - a(y/m)^2$

$\equiv st \ (\text{modulo } n)$이 된다. 만일 $t = 0$이면 a를 1로 줄인다. 그렇지 않으면 알고리즘을 재귀적으로 적용해서 $X^2 - t\,Y^2 \equiv a \ (\text{modulo } n)$을 푼다. ($t$는 a보다 훨씬 작으므로 재귀 수준은 $O(\log\log n)$만 필요하다.) 만일 $\gcd(Y, n) > 1$이면 n 또는 a를 줄일 수 있다. 그렇지 않으면 $(X/Y)^2 - a(1/Y)^2 \equiv t \ (\text{modulo } n)$이다. 마지막으로, 힌트의 항등식에 의해 $x'^2 - ay'^2 \equiv s$의 해를 구할 수 있다(사실 2 참고). 그러면 $u^2 - av^2 \equiv s/b$이므로 요구된 해를 얻을 수 있다.

실제 응용의 경우, 이 알고리즘에서 소수라고 가정했던 수들이 실제로 소수인지를 밝히는 데에는 단 $O(\log n)$회의 무작위 시행들이 필요할 뿐이다. 그러나 공식적인 증명을 위해서는 확장된 리만 가설 〔*IEEE Trans.* **IT-33** (1987), 702-709〕이 참이라고 가정할 필요가 있다. 에이들먼Adleman, 에스테스Estes, 매컬리McCurley는 더 느리고 복잡하나 증명되지 않은 가설들에 전혀 의존하지 않는 알고리즘을 개발한 바 있다 〔*Math. Comp.* **48** (1987), 17-28〕.

46. 〔*FOCS* **20** (1979), 55-60.〕 충분히 많은 n_i들에 대해 $a^{n_i} \bmod p = \prod_{j=1}^{m} p_j^{e_{ij}}$을 구했다면 $1 \le j, k \le m$에 대해 정수 x_{ijk}, t_{jk}들의 방정식 $\sum_i x_{ijk} e_{ij} + (p-1) t_{jk} = \delta_{jk}$를 풀 수 있으며 (이를테면 4.5.2-(23)에서처럼), 그럼으로써 $a^{N_j} \bmod p = p_j$에 대한 해 $N_j = \left(\sum_i x_{ijk} e_{jk}\right) \bmod (p-1)$들을 알게 된다. 그러면, 만일 $ba^{n'} \bmod p = \prod_{j=1}^{m} p_j^{e_j'}$이면 $n + n' = \sum_{j=1}^{m} e_j' N_j \ (\text{modulo } p-1)$이 성립한다. 〔개선된 알고리즘들도 알려져 있다. 이를테면 Coppersmith, Odlyzko, Schroeppel, *Algorithmica* **1** (1986), 1-15를 볼 것.〕

4.6절

1. $9x^2 + 7x + 7$; $5x^3 + 7x^2 + 2x + 6$.

2. (a) 참. (b) 대수체계 S에 영인자(zero divisor), 즉 0이 아니지만 곱셈의 결과가 0이 되는 수가 존재하면(연습문제 1에서처럼) 거짓, 그렇지 않으면 참. (c) $m \ne n$일 때 참, 그러나 $m = n$일 때에는 일반적으로 거짓이다. 선행 계수들이 소거될 수 있기 때문이다.

3. $r \le s$라고 가정하자. $0 \le k \le r$에 대한 최대값은 $m_1 m_2 (k+1)$이다. $r \le k \le s$에 대해서는 $m_1 m_2 (r+1)$, $s \le k \le r+s$에 대해서는 $m_1 m_2 (r+s+1-k)$이다. 모든 k에 유효한 최소 상계는 $m_1 m_2 (r+1)$이다. (이 연습문제를 푼 독자는 다항식 $x^7 + 2x^6 + 3x^5 + 3x^4 + 3x^3 + 3x^2 + 2x + 1$을 인수분해하는 방법을 알고 있는 것이다.)

4. 다항식들 중 하나가 0이 아닌 계수들이 2^t개 미만이라면, 각 계수 사이에 정확히 $t-1$개의 0들을 집어넣고, 이진수 체계에서 곱하고, 마지막으로 비트단위 AND 명령(대부분의 이진 컴퓨터들에 존재한다. 알고리즘 4.5.4D를 볼 것)으로 여분의 비트들을 0으로 만들어서 곱을 형성할 수 있다. 예를 들어 $t = 3$이면 본문의 곱셈은

$$(1001000001)_2 \times (1000001001)_2 = (1001001011001001001)_2$$

가 된다. 이것에 상수 $(1001001 \dots 1001)_2$로 AND를 적용하면 원하는 답이 나온다. 값이 너무 크지 않은 음이 아닌 계수들을 가진 다항식들을 곱할 때에도 이와 비슷한 기법을 사용할 수 있다.

5. 차수가 $\leq 2n$인 다항식들을 $U_1(x)x^n + U_0(x)$ 형태로 표기할 수 있다. 여기서 $\deg(U_1) \leq n$이고 $\deg(U_0) \leq n$이다. 그리고 $(U_1(x)x^n + U_0(x))(V_1(x)x^n + V_0(x)) = U_1(x)V_1(x)(x^{2n} + x^n) + (U_1(x) + U_0(x))(V_1(x) + V_0(x))x^n + U_0(x)V_0(x)(x^n + 1)$이다. (이 등식은 2를 법으로 해서 산술을 수행한다고 가정한 것이다.) 따라서 식 4.3.3-(3)과 4.3.3-(5)가 성립한다.

참고: 쿡S. A. Cook은 알고리즘 4.3.3T를 비슷한 방식으로 확장할 수 있음을 보였다. 그리고 쉽하게는 2를 법으로 한 다항식들의 곱셈을 단 $O(n \log n \log \log n)$회의 비트 연산들로 수행하는 방법을 설명했다 [*Acta Informatica* **7** (1977), 395-398]. 실제로, 임의의 환(環 ring) S에 관한 다항식들을 단 $O(n \log n \log \log n)$회의 대수 연산들로 곱하는 것이 가능하다. 심지어는 S가 곱셈에 대한 교환법칙이나 결합법칙이 반드시 성립하지는 않는 대수 체계인 경우에도 그렇다 [D. G. Cantor, E. Kaltofen, *Acta Informatica* **28** (1991), 693-701]. 연습문제 4.6.4-57과 4.6.4-58을 볼 것. 그러나 희소 다항식(계수들이 대부분 0인 다항식)들에서는 이 착안들이 그리 유용하지 않다.)

4.6.1절

1. $q(x) = 1 \cdot 2^3 x^3 + 0 \cdot 2^2 x^2 - 2 \cdot 2x + 8 = 8x^3 - 4x + 8$; $r(x) = 28x^2 + 4x + 8$.

2. 유클리드 알고리즘의 수행에서 만들어진 모닉다항식들의 모닉 수열은 계수 $(1, 5, 6, 6, 1, 6, 3)$, $(1, 2, 5, 2, 2, 4, 5)$, $(1, 5, 6, 2, 3, 4)$, $(1, 3, 4, 6)$, 0을 가진다. 따라서 최대공약수는 $x^3 + 3x^2 + 4x + 6$이다. (한 다항식은 자신의 역의 단위수배[a unit multiple]라는 의미에서, 다항식과 그 역의 최대공약수는 항상 대칭이다.)

3. S에 관한 다항식들을 정수들로 대체해도 알고리즘 4.5.2X의 절차는 유효하다. 알고리즘이 종료되었을 때 $U(x) = u_2(x)$, $V(x) = u_1(x)$가 성립한다. $m = \deg(u)$, $n = \deg(v)$라고 하자. $m \geq n$라고 할 때 알고리즘 수행 전반에서 단계 X3 이후에 $\deg(u_3) + \deg(v_1) = n$, $\deg(u_3) + \deg(v_2) = m$임은 귀납법으로 쉽게 증명할 수 있다. 따라서 m과 n이 $d = \deg(\gcd(u, v))$보다 크면 $\deg(U) < m - d$, $\deg(V) < n - d$이다. 정확한 차수들은 $m - d_1$과 $n - d_1$이다. 여기서 d_1은 마지막 바로 전의 0이 아닌 나머지의 차수이다. 만일 $d = \min(m, n)$이면, 이를테면 $d = n$이면 $U(x) = 0$이고 $V(x) = 1$이다.

$u(x) = x^m - 1$이고 $v(x) = x^n - 1$일 때 항등식 $(x^m - 1) \bmod (x^n - 1) = x^{m \bmod n} - 1$은 계산 도중 나타나는 모든 다항식이 정수 계수들을 가진 모닉다항식임을 의미한다. $u(x) = x^{21} - 1$이고 $v(x) = x^{13} - 1$일 때에는 $V(x) = x^{11} + x^8 + x^6 + x^3 + 1$, $U(x) = -(x^{19} + x^{16} + x^{14} + x^{11} + x^8 + x^6 + x^3 + x)$이다. [연습문제 3.3.3-6도 볼 것. 거기서 2를 x로 대체한다면 $U(x)$와 $V(x)$에 대한 또 다른 공식들이 나온다.]

4. 몫 $q(x)$는 $u(x)$의 처음 $m - n$개의 계수들과 $v(x)$에만 의존하므로, 나머지 $r(x) = u(x) - q(x)v(x)$는 균등분포이며 $v(x)$와 독립적이다. 따라서 알고리즘의 각 단계를 서로 독립적인 것들로 간주할 수 있다. 이 알고리즘은 정수들에 관한 유클리드 알고리즘보다 훨씬 더 나은 습성을 보인다.

$n_1 = n - k$일 확률은 $p^{1-k}(1 - 1/p)$이고 $t = 0$일 확률은 p^{-n}이다. 이후의 각 단계도 본질적으로 동일한 습성을 가진다. 따라서 차수가 $n, n_1, ..., n_t, -\infty$인 임의의 수열이 나타날 확률은 $(p-1)^t/p^n$이다. $f(n_1, ..., n_t)$의 평균값을 구하기 위해, 주어진 t의 값을 가지는 모든 수열 $n > n_1 > \cdots > n_t \geq 0$에 관한 $f(n_1, ..., n_t)$들의 합을 S_t라고 하자. 그러면 평균은 $\sum_t S_t (p-1)^t /p^n$이다.

$f(n_1, ..., n_t) = t$라고 하자. 그러면 $S_t = \binom{n}{t} t$이므로 평균은 $n(1 - 1/p)$이다. 비슷하게, 만일 $f(n_1, ..., n_t) = n_1 + \cdots + n_t$이면 $S_t = \binom{n}{2}\binom{n-1}{t-1}$이고 평균은 $\binom{n}{2}(1 - 1/p)$이다. 마지막으로 만일 $f(n_1, ..., n_t) = (n - n_1)n_1 + \cdots + (n_{t-1} - n_t)n_t$이면

$$S_t = \binom{n+2}{t+2} - (n+1)\binom{n+1}{t+1} + \binom{n+1}{2}\binom{n}{t},$$

이고 평균은 $\binom{n+1}{2} - (n+1)p/(p-1) + (p/(p-1))^2(1 - 1/p^{n+1})$이다.

($1 \leq j \leq t = n$에 대해 $n_{j+1} = n_j - 1$일 확률은 $(1 - 1/p)^n$이다. 이는 $S_t = [t = n]$으로 두어서 구할 수 있다. 따라서 이 확률은 $p \to \infty$에 따라 1로 수렴한다. 이는 알고리즘 C가 거의 항상 $\delta_2 = \delta_3 = \cdots = 1$을 발견한다는 본문의 주장에 대한 추가적인 증거라고 할 수 있다. 왜냐하면 후자의 조건에 실패하는 임의의 다항식은 모든 p에 대해 p를 법으로 하여 전자의 조건에 실패할 것이기 때문이다.)

5. 연습문제 4에서 전개한 공식들을 $f(n_1, ..., n_t) = [n_t = 0]$으로 두고 적용하면 $n > 0$일 때에는 확률이 $1 - 1/p$, $n = 0$일 때에는 1임을 알 수 있다.

6. 상수항 $u(0)$과 $v(0)$이 0이 아니라고 가정하고, $\deg(r) < \deg(v)$인 "우에서 좌로" 나눗셈 알고리즘 $u(x) = v(x)q(x) + x^{m-n}r(x)$를 상상해 보자. 그러면 알고리즘 4.5.2B와 비슷한 하나의 gcd 알고리즘이 되는데, 이는 본질적으로는 유클리드 알고리즘을 원래의 입력들의 "반전"에 적용하고 그 답을 다시 뒤집은 후 x의 적절한 거듭제곱으로 곱하는 것과 같다.

연습문제 4.5.2-40의 방법에 비견할 수 있는 비슷한 알고리즘이 하나 존재한다. 두 알고리즘의 평균 반복 횟수는 G. H. Norton, *SICOMP* **18** (1989), 608-624; K. Ma, J. von zur Gathen, *J. Symbolic Comp.* **9** (1990), 429-455이 밝힌 바 있다.

7. S의 단위수(0차 다항식으로서의)들이다.

8. $u(x)$는 정수 계수들을 가지는 반면 $v(x)$와 $w(x)$는 유리수 계수들을 가진다고 할 때 만일 $u(x) = v(x)w(x)$이면 $m \cdot v(x)$와 $n \cdot w(x)$가 정수 계수들을 가지게 되는 0이 아닌 정수 m과 n이 존재한다. 이제 $u(x)$는 원시다항식이므로, 식 (4)는

$$u(x) = \text{pp}(((m \cdot v(x))(n \cdot w(x))) = \pm \text{pp}((m \cdot v(x))\text{pp}((n \cdot w(x))$$

를 함의한다.

9. 알고리즘 E를 다음과 같이 확장해 볼 수 있다: $(u_1(x), u_2(x), u_3(x), u_4(x))$와 $(v_1(x), v_2(x), v_3,$

$v_4(x)$)가 관계 $u_1(x)u(x) + u_2(x)v(x) = u_3u_4(x)$와 $v_1(x)u(x) + v_2(x)v(x) = v_3v_4(x)$를 만족하는 4짝(quadruple)들이라고 하자. 확장된 알고리즘은 4짝 $(1, 0, \text{cont}(u), \text{pp}(u(x)))$와 $(0, 1, \text{cont}(v), \text{pp}(v(x)))$로 시작해서 그것들을 위의 조건들을 유지하는 방식으로 조작한다. 여 기서 $u_4(x)$와 $v_4(x)$는 알고리즘 E에서 $u(x)$와 $v(x)$가 거치는 수열들과 같은 수열들을 거쳐 나간다. 만일 $au_4(x) = q(x)v_4(x) + br(x)$이면 $r_1(x)u(x) + r_2(x)v(x) = bu_3v_3r(x)$라 할 때 $av_3(u_1(x), u_2(x)) - q(x)u_3(v_1(x), v_2(x)) = (r_1(x), r_2(x))$이며, 따라서 확장된 알고리즘은 요 구된 관계들을 유지할 수 있다. 만일 $u(x)$와 $v(x)$가 서로 소이면 확장된 알고리즘은 결국 차수가 0인 $r(x)$를 발견하게 되고, 그러면 원했던 $U(x) = r_2(x)$와 $V(x) = r_1(x)$를 구할 수 있다. (실제 응용에서는 $r_1(x)$, $r_2(x)$, bu_3v_3를 $\gcd(\text{cont}((r_1), \text{cont}((r_2))$로 나누게 된다.) 반대로, 만일 그러 한 $U(x)$와 $V(x)$가 존재한다면, $u(x)$와 $v(x)$에는 공통의 소수 약수가 존재하지 않는다. 그것들은 원시다항식들이며 차수가 양인 공약수를 가지지 않기 때문이다.

10. 가약다항식들을 더 작은 차수의 다항식들로 계속 인수분해해 나가면 결국에는 기약다항식들로 된 유한한 인수분해를 얻게 된다. 내용의 인수분해는 유일하다. 원시 부분의 인수분해가 많아야 하나 존재함을 보이고자 할 때 핵심은, 만일 $u(x)$가 $v(x)w(x)$의 기약 인수이나 기약다항식 $v(x)$의 단위수배는 아니라면 $u(x)$는 $w(x)$의 한 인수라는 점을 보이는 것이다. 이는 r이 0이 아닌 상수일 때 연습문제 9의 결과에 의해 $u(x)$가 $v(x)w(x)U(x) = rw(x) - w(x)u(x)V(x)$의 한 인수라는 점을 이용해서 증명할 수 있다.

11. 필요한 행 이름들은 A_1, A_0, B_4, B_3, B_2, B_1, B_0, C_1, C_0, D_0 뿐이다. 일반화하자면, $u_{j+2}(x)$ $= 0$으로 둔다고 할 때 증명에 필요한 행들은 $A_{n_2 - n_j}$에서 A_0까지, $B_{n_1 - n_j}$에서 B_0까지, $C_{n_2 - n_j}$에서 C_0까지, $D_{n_3 - n_j}$에서 D_0까지 등등이다.

12. 만일 $n_k = 0$이면 본문에 나온 (24)의 증명에 의해 행렬식의 값은 $\pm h_k$이다. 이는 $\pm \ell_k^{n_{k-1}} / \prod_{1 < j < k} \ell_j^{\delta_{j-1}(\delta_j - 1)}$과 같은 값이다. 만일 다항식들에 양의 차수 인수가 존재한다면 다항식 0의 차수 가 0이라고 임의적으로 가정할 수 있으며, 같은 공식을 $\ell_k = 0$으로 두어서 사용할 수 있다.

참고: 실베스터 행렬식의 값 $R(u, v)$를 u와 v의 종결식(resultant)이라고 부르며, 수량 $(-1)^{\deg(u)(\deg(u)-1)/2} \ell(u)^{-1} R(u, u')$를 u의 판별식(discriminant)이라고 부른다. 여기서 u' 는 u의 도함수이다. 만일 $u(x)$가 $a(x - \alpha_1) \dots (x - \alpha_m)$ 형태로 인수분해된다면, 그리고 $v(x) = b(x - \beta_1) \dots (x - \beta_n)$이면, 종결식 $R(u, v)$는 $a^n v(\alpha_1) \dots v(\alpha_m) = (-1)^{mn} b^m u(\beta_1) \dots u(\beta_n)$ $= a^n b^m \prod_{i=1}^{m} \prod_{j=1}^{n} (\alpha_i - \beta_j)$이다. 이로부터, $v(x)$와 각각 $u(y - x)$, $u(y + x)$, $x^m u(y/x)$, $u(yx)$의 종결식들로 정의되는 y의 mn차 다항식들의 근들은 각각 합 $\alpha_i + \beta_j$, 차 $\alpha_i - \beta_j$, 곱 $\alpha_i \beta_j$, 몫 α_i / β_j(단, $v(0) \neq 0$일 때)라는 결과가 비롯된다. 루스R. G. K. Loos는 대수적 수들에 대한 산술을 위한 알고리즘들을 만들 때 이러한 착안을 사용한 바 있다 〔*Computing, Supplement* **4** (1982), 173-187〕.

실베스터 행렬의 각 행 A_i를

$$(b_0 A_i + b_1 A_{i+1} + \cdots + b_{n_2-1-i} A_{n_2-1}) - (a_0 B_i + a_1 B_{i+1} + \cdots + a_{n_2-1-i} B_{n_2-1})$$

로 치환하고 B_{n_2-1}에서 B_0까지의 행들과 마지막 n_2개의 열들을 제거하면 원래의 $(n_1 + n_2) \times (n_1 + n_2)$ 행렬식이 아니라 종결식에 대한 $n_1 \times n_1$ 행렬식을 얻게 된다. 경우에 따라서는 이 행렬식을 이용해서 종결식을 효율적으로 평가할 수 있다. *CACM* **12** (1969), 23-30, 302-303을 볼 것.

슈바르츠J. T. Schwartz는 종결식과 n차 다항식에 대한 스튀름 수열들을 $n \to \infty$에 따라 총 $O(n(\log n)^2)$회의 산술 연산으로 평가하는 것이 가능함을 보였다. 〔*JACM* **27** (1980), 701-717 참고.〕

13. $(u_{j+1}(x), g_{j+1}, h_j)$의 값들이 $j \geq 2$에 대해 각각 $(\ell^{1+p_j} w(x) u_j(x), \ell^{2+p_j} g_j, \ell^{p_j} h_j)$로(여기서 $p_j = n_1 + n_2 - 2n_j$임) 치환됨을 j에 대한 귀납법으로 증명할 수 있다. 〔이렇게 증가하긴 하지만, 한계 (26)은 여전히 유효하다.〕

14. p가 해당 정의역의 한 소수라고 하자. 그리고 j, k가 $p^k \backslash v_n = \ell(v)$, $p^j \backslash v_{n-1}$을 만족하는 최대값이라고 하자. $P = p^k$라고 하자. 알고리즘 R에 의해, $s = m - n \geq 2$라고 할 때 $q(x) = a_0 + P a_1 x + \cdots + P^s a_s x^s$이라고 쓸 수 있다. $v(x)q(x)$의 x^{n+1}, x^n, x^{n-1}의 계수들, 즉 $P a_1 v_n + P^2 a_2 v_{n-1} + \cdots$, $a_0 v_n + P a_1 v_{n-1} + \cdots$, $a_0 v_{n-1} + P a_1 v_{n-2} + \cdots$을 보면, 이들 각 각은 P^3의 배수이다. 첫 번째 것으로부터 $p^j \backslash a_1$임을 알 수 있으며 두 번째 것으로부터는 $p^{\min(k, 2j)} \backslash a_0$, 세 번째 것으로부터는 $P \backslash a_0$이라는 결론을 이끌어 낼 수 있다. 따라서 $P \backslash r(x)$이다. 〔만일 m이 그냥 $n+1$이었다면 $p^{\lceil k/2 \rceil}$이 $r(x)$의 약수임을 증명하는 것 이상으로는 나아가지 못했을 것이다. 예를 들어 $u(x) = x^3 + 1$, $v(x) = 4x^2 + 2x + 1$, $r(x) = 18$을 생각해 보라. 반면, (21)과 (22) 같은 행렬의 행렬식에 근거한 논증을 이용해서 $\ell(r)^{\deg(v) - \deg(r) - 1} r(x)$가 항상 $\ell(v)^{(\deg(u) - \deg(v))(\deg(v) - \deg(r) - 1)}$의 배수임을 보이는 것은 가능하다.〕

15. $c_{ij} = a_{i1} a_{j1} + \cdots + a_{in} a_{jn}$라고 하자. 모든 i에 대해 $c_{ii} > 0$라고 가정할 수 있다. 만일 어떤 $i \neq j$에 대해 $c_{ij} \neq 0$이면, $t = c_{ij}/c_{jj}$라 할 때 행 i와 열 i를 $(c_{i1} - t c_{j1}, ..., c_{in} - t c_{jn})$으로 대체할 수 있다. 그렇게 치환하면 $\det C$의 값은 변하지 않되 우리가 증명하고자 하는 상계의 값은 줄어든다. 왜냐하면 c_{ii}가 $c_{ii} - c_{ij}^2/c_{jj}$로 바뀌기 때문이다. 그러한 치환들은 모든 $i \neq j$에 대해 $c_{ij} = 0$이 될 때까지 i와 $j < i$를 증가시키면서 체계적으로 수행할 수 있다. 〔후자의 알고리즘을 그람-슈미트 직교화 공정(Gram-Schmidt orthogonalization process)이라고 부른다. *Crelle* **94** (1883), 41-73; *Math. Annalen* **63** (1907), 442를 볼 것.〕 그러고 나면 $\det(A)^2 = \det(AA^T) = c_{11} \cdots c_{nn}$이 된다.

16. 임의의 유일 인수분해 정역에 관한 단일변수 d차 다항식의 근의 개수는 최대 d개다(연습문제 3.2.1.2-16(b) 참고). 따라서 만일 $n = 1$이면 $|r(S_1)| \leq d_1$임이 명백하다. 만일 $n > 1$이면 $f(x_1, ..., x_n) = g_0(x_2, ..., x_n) + x_1 g_1(x_2, ..., x_n) + \cdots + x_1^{d_1} g_{d_1}(x_2, ..., x_n)$이 성립한다. 여기서 g_k는 적어도 하나의 k에 대해 0이 아니다. 이로부터, $(x_2, ..., x_n)$이 주어졌을 때, $g_k(x_2, ..., x_n) = 0$이 아닌 한 $f(x_1, ..., x_n)$이 0이 되는 x_1의 값들은 최대 d_1개임이 나온다. 따라서 $|r(S_1, ..., S_n)| \leq$

$d_1(|S_2| - d_2)\ldots(|S_n| - d_n) + |S_1|(|S_2|\ldots|S_n| - (|S_2| - d_2)\ldots(|S_n| - d_n))$이다.〔R. A. DeMillo, R. J. Lipton, *Inf. Proc. Letters* **7** (1978), 193–195.〕

참고: 언급된 상계는 최상의 상계이다. 왜냐하면 다항식 $f(x_1, \ldots, x_n) = \prod\{x_j - s_k \mid s_k \in S_j,$ $1 \le k \le d_j, 1 \le j \le n\}$에 대해서는 등호가 성립하기 때문이다. 그러나 어떤 면에서는 상계를 크게 개선할 수 있다: $f_1(x_1, \ldots, x_n) = f(x_1, \ldots, x_n)$이라고 하자, 그리고 $f_{j+1}(x_{j+1}, \ldots, x_n)$이 $f_j(x_j,$ $\ldots, x_n)$의 x_j의 거듭제곱의 0이 아닌 임의의 계수라고 하자. 그러면 f의 x_j의 차수가 아니라 f_j의 x_j의 차수(전자보다 훨씬 더 작은 경우가 많다)를 d_j로 둘 수 있다. 예를 들어 다항식 $x_1^3 x_2^9 - 3x_1^2 x_2 + x_2^{100} + 5$의 경우 $d_1 = 3$, $d_2 = 1$로 둘 수 있다. 이에 의해, f의 각 항의 총 차수가 $\le d$일 때 $d_1 + \cdots + d_n \le d$가 보장된다. 따라서 그런 경우들에서의 확률은 집합 S_j들이 모두 같을 때

$$\frac{|r(S, \ldots, S)|}{|S|} \le 1 - \left(1 - \frac{d_1}{|S|}\right)\ldots\left(1 - \frac{d_n}{|S|}\right) \le \frac{d_1 + \cdots + d_n}{|S|} \le \frac{d}{|S|}$$

이다. 만일 이 확률이 $\le \frac{1}{2}$이면, 그리고 $f(x_1, \ldots, x_n)$이 50개의 무작위로 선택된 벡터 $(x_1, \ldots, x_n)$들에 대해 0이 된다면, $f(x_1, \ldots, x_n)$은 적어도 $1 - 2^{-50}$의 확률로 항상 0과 같다.

더 나아가서, 만일 $f_j(x_j, \ldots, x_n)$이 $e_j > 0$, $x_j^{e_j} f_{j+1}(x_{j+1}, \ldots, x_n)$이라는 특별한 형태를 가진다면 $d_j = 1$로 둘 수 있다. 왜냐하면 x_j는 $f_{j+1}(x_{j+1}, \ldots, x_n) \ne 0$일 때 반드시 0이기 때문이다. 따라서, 오직 0이 아닌 항들이 오직 m개인 희소 다항식에서는 적어도 $n - \lg m$개의 j 값들에 대해 $d_j \le 1$가 성립한다.

이러한 부등식을 gcd 계산 및 여러 희소 다변수 다항식에 대한 연산들에 적용하는 방법은 R. Zippel, *Lecture Notes in Comp. Sci.* **72** (1979), 216–226에서 소개되었다. 슈바르츠J. T. Schwartz 는 나머지식 산술을 이용해서 큰 수들을 피하는 방법을 비롯한 추가적인 확장들을 제시했다 〔*JACM* **27** (1980), 701–717〕: 만일 f의 계수들이 정수들이고 P가 q 이상의 소수 전체의 집합이면, 그리고 각 $x_j \in S_j$일 때마다 $|f(x_1, \ldots, x_n)| \le L$라면, $p \in P$에 대한 $f(x_1, \ldots, x_n) \equiv 0 \pmod{p}$의 해의 수는 최대

$$|S_1|\ldots|S_n||P| - (|S_1| - d_1)\ldots(|S_n| - d_n)(|P| - \log_q L)$$

이다.

17. (a) 편의상 $A = \{a, b\}$에 대한 알고리즘만 서술하기로 하자. 가설에 의해 $\deg(Q_1 U) = \deg(Q_2 V) \ge 0$, $\deg(Q_1) \le \deg(Q_2)$이다. 만일 $\deg(Q_1) = 0$이면 Q_1은 단지 하나의 0이 아닌 유리수일 뿐이므로 $Q = Q_2 / Q_1$로 설정한다. 그렇지 않으면 $Q_1 = a Q_{11} + b Q_{12} + r_1$, $Q_2 = a Q_{21}$ $+ b Q_{22} + r_2$로 둔다. 여기서 r_1과 r_2는 유리수이다. 이로부터

$$Q_1 U - Q_2 V = a(Q_{11} U - Q_{21} V) + b(Q_{12} U - Q_{22} V) + r_1 U - r_2 V$$

가 확인된다. 이제 반드시 $\deg(Q_{11}) = \deg(Q_1) - 1$이거나 $\deg(Q_{12}) = \deg(Q_1) - 1$이다. 전자의 경우, a로 시작하는 최고차 항을 살펴보면 $\deg(Q_{11} U - Q_{21} V) < \deg(Q_{11} U)$임을 알 수 있다. 따라서 Q_1을 Q_{11}로, Q_2를 Q_{21}로 치환할 수 있으며, 같은 방식을 반복해서 나머지 항들도 치환할 수

있다. 후자의 경우에도 마찬가지로 (Q_1, Q_2)를 (Q_{12}, Q_{22})로 치환하는 공정을 반복하면 된다.

(b) $\deg(U) \geq \deg(V)$라고 가정할 수 있다. $\deg(R) \geq \deg(V)$인 경우에는 $Q_1 U - Q_2 V = Q_1 R - (Q_2 - Q_1 Q) V$의 차수가 $\deg(V) \leq \deg(Q_1 R)$ 미만임에 주목한다. 따라서 U를 R로 치환하는 공정을 반복할 수 있다. 그러면 $R = Q'V + R'$, $U = (Q + Q')V + R'$이 나온다. 여기서 $\deg(R') < \deg(R)$이다. 따라서 결국은 하나의 해를 얻게 된다.

(c) (b)의 알고리즘으로 $V_1 = U V_2 + R$, $\deg(R) < \deg(V_2)$를 얻을 수 있다. 동차성에 의해, $R = 0$과 U는 동차이다.

(d) $\deg(V) \leq \deg(U)$라고 가정할 수 있다. 만일 $\deg(V) = 0$이면 $W \leftarrow U$로 설정하고, 그렇지 않으면 (c)를 이용해서 $U = QV$를 찾는다. $QVV = VQV$, $(QV - VQ)V = 0$이 된다. 이는 $QV = VQ$를 함의하며, 따라서 $U \leftarrow V$, $V \leftarrow Q$로 설정하고 공정을 반복할 수 있다.

이 연습문제의 주제에 대한 좀 더 자세한 내용으로는 P. M. Cohn, *Proc. Cambridge Phil. Soc.* **57** (1961), 18-30을 볼 것. $UV = VU$를 만족하는 모든 문자열 다항식을 특성화한다는 훨씬 더 어려운 문제는 버그먼G. M. Bergman에 의해서 해결되었다 [Ph.D. thesis, Harvard University, 1967].

18. [P. M. Cohn, *Transactions of the Amer. Math. Soc.* **109** (1963), 332-356.]

C1. $u_1 \leftarrow U_1$, $u_2 \leftarrow U_2$, $v_1 \leftarrow V_1$, $v_2 \leftarrow V_2$, $z_1 \leftarrow z_2' \leftarrow w_1 \leftarrow w_2' \leftarrow 1$, $z_1' \leftarrow z_2 \leftarrow w_1' \leftarrow w_2 \leftarrow 0$, $n \leftarrow 0$으로 설정한다.

C2. (이 시점에서 문제에 주어진 항등식들이 성립하며, $u_1 v_1 = u_2 v_2$이다. 그리고 오직 $u_1 = 0$일 때에만 $v_2 = 0$이다.) 만일 $v_2 = 0$이면 $\mathrm{gcrd}(V_1, V_2) = v_1$, $\mathrm{lclm}(V_1, V_2) = z_1' V_1 = -z_2' V_2$를 답으로 해서 알고리즘을 끝낸다. (또한, 대칭성에 의해 $\mathrm{gcld}(U_1, U_2) = u_2$이고 $\mathrm{lcrm}(U_1, U_2) = U_1 w_1 = -U_2 w_2$라는 답도 얻은 것이 된다.)

C3. $\deg(R) < \deg(v_2)$라 할 때 $v_1 = Q v_2 + R$을 만족하는 Q와 R을 찾는다. (이 시점에서 $u_1(Q v_2 + R) = u_2 v_2$이므로 $u_1 R = (u_2 - u_1 Q) v_2 = R' v_2$이다).

C4. $(w_1, w_2, w_1', w_2', z_1, z_2, z_1', z_2', u_1, u_2, v_1, v_2) \leftarrow (w_1' - w_1 Q, w_2' - w_2 Q, w_1, w_2, z_1', z_2', z_1 - Q z_1', z_2 - Q z_2', u_2 - u_1 Q, u_1, v_2, v_1 - Q v_2)$로 설정하고 $n \leftarrow n + 1$로 설정한다. C2로 돌아간다. ▮

유클리드 알고리즘의 이러한 확장에는 이전 확장들에서 본 대부분의 특징들이 모두 동시에 포함되어 있으며, 따라서 이미 살펴본 특별한 경우들에 대한 새로운 통찰을 얻는 것이 가능하다. 이 알고리즘이 유효함을 증명해보자. 우선, 단계 C4에서 $\deg(v_2)$가 감소하며, 따라서 알고리즘은 확실히 종료된다. 알고리즘의 끝에서 v_1은 V_1과 V_2의 공우약수이다. $w_1 v_1 = (-1)^n V_1$이고 $-w_2 v_1 = (-1)^n V_2$이기 때문이다. 그리고 만일 d가 V_1과 V_2의 임의의 공우약수이면 d는 $z_1 V_1 + z_2 V_2 = v_1$의 우약수이기도 하다. 따라서 $v_1 = \mathrm{gcrd}(V_1, V_2)$이다. 또한 만일 m이 V_1과 V_2의 임의의 공좌배수이면 일반성을 잃지 않고도 $m = U_1 V_1 = U_2 V_2$라고 가정할 수 있다. Q의 값들의 수열이 U_1과

U_2에 의존하지 않기 때문이다. 따라서 $m = (-1)^n(-u_2z_1')V_1 = (-1)^n(u_2z_2')V_2$는 $z_1'V_1$의 배수이다.

실제 응용에서 그냥 $\gcd(V_1, V_2)$만 계산하면 되는 경우에는 n, w_1, w_2, w_1', w_2', z_1, z_2, z_1', z_2'의 계산을 생략할 수 있다. 알고리즘에 이 추가적인 수량들을 포함시켰던 것은 기본적으로 알고리즘의 유효성을 좀 더 쉽게 확인할 수 있게 하기 위한 것일 뿐이다.

참고: 이 연습문제에 주어진 예 같은 자명하지 않은 문자열 다항식 인수분해들은

$$\begin{pmatrix} a & 1 \\ 1 & 0 \end{pmatrix}\begin{pmatrix} b & 1 \\ 1 & 0 \end{pmatrix}\begin{pmatrix} c & 1 \\ 1 & 0 \end{pmatrix}\begin{pmatrix} 0 & 1 \\ 1 & -c \end{pmatrix}\begin{pmatrix} 0 & 1 \\ 1 & -b \end{pmatrix}\begin{pmatrix} 0 & 1 \\ 1 & -a \end{pmatrix} = \begin{pmatrix} 1 & 0 \\ 0 & 1 \end{pmatrix}$$

같은 행렬 항등식으로부터 찾을 수 있다. 이 항등식들은 곱셈이 가환적이지 않을 때에도 성립하기 때문이다. 예를 들면

$$(abc + a + c)(1 + ba) = (ab + 1)(cba + a + c)$$

이다. (이를 4.5.3절의 연속 다항식들과 비교해 볼 것.)

19. [Eugène Cahen, *Théorie des Nombres* 1 (Paris: 1914), 336–338 참고] 만일 그런 알고리즘이 존재한다면 D는 연습문제 18에 의해 하나의 gcrd이다. A와 B를, 처음 n개의 행들이 A의 해당 행들과 같으며 두 번째 n개의 행들이 B의 해당 행들과 같은 하나의 $2n \times n$ 행렬 C로 간주하기로 하자. 비슷하게, P와 Q를 하나의 $2n \times n$ 행렬 R로 간주하자. X와 Y는 하나의 $n \times 2n$ 행렬 Z로 합칠 수 있다. 요구된 조건들은 이제 두 등식 $C = RD$와 $D = ZC$로 줄어든다. 만일 $U^{-1}C$의 마지막 n개의 행들이 모두 0이고 행렬식이 ±1인 $2n \times 2n$ 정수행렬 U를 찾는다면 $R = (U$의 처음 n 열), $D = (U^{-1}C$의 처음 n행), $Z = (U$의 처음 n행)은 주어진 조건들의 해가 된다. 따라서, 예를 들어 다음과 같은 알고리즘을 사용할 수 있다($m = 2n$으로 두어서):

알고리즘 T (삼각화). C가 $m \times n$ 정수행렬이라고 하자. 이 알고리즘은 $UV = I$이고 VC가 상삼각행렬임을 만족하는 $m \times m$ 정수행렬 U와 V를 구한다. (VC가 삼상각행렬이라는 것은 $i > j$에 대해 VC의 i행 j열 성분이 0이라는 뜻이다.)

T1. [초기화.] $U \leftarrow V \leftarrow I$, 즉 $m \times m$ 단위행렬로 설정한다. $T \leftarrow C$로 설정한다. (알고리즘 전반에서 $T = VC$와 $UV = I$가 성립한다.)

T2. [j에 대한 반복.] 단계 T3을 $j = 1, 2, \ldots, \min(m, n)$에 대해 반복하고 알고리즘을 끝낸다.

T3. [열 j를 0으로.] 다음 행동을 모든 $i > j$에 대해 T_{ij}가 0이 될 때까지 0회 이상 반복한다: T_{kj}가 $\{T_{ij}, T_{(i+1)j}, \ldots, T_{mj}\}$ 중 최소값이 가장 작은 0이 아닌 원소라고 하자. T와 V의 행 k와 j를 맞바꾼다. U의 열 k와 j를 맞바꾼다. 그런 행렬 T와 V에서, 행 i에서 $\lfloor T_{ij} / T_{jj} \rfloor$ 곱하기 행 j를 뺀다. 그런 다음 행렬 U에서, $j < i \le m$에 대해 열 i의 동일한 배수를 열 j에 더한다. ∎

주어진 예의 경우 알고리즘은 $\begin{pmatrix} 1 & 2 \\ 3 & 4 \end{pmatrix} = \begin{pmatrix} 1 & 0 \\ 3 & 2 \end{pmatrix}\begin{pmatrix} 1 & 2 \\ 0 & -1 \end{pmatrix}$, $\begin{pmatrix} 4 & 3 \\ 2 & 1 \end{pmatrix} = \begin{pmatrix} 4 & 5 \\ 2 & 3 \end{pmatrix}\begin{pmatrix} 1 & 2 \\ 0 & -1 \end{pmatrix}$, $\begin{pmatrix} 1 & 2 \\ 0 & -1 \end{pmatrix} = \begin{pmatrix} 1 & 0 \\ 2 & -2 \end{pmatrix}\begin{pmatrix} 1 & 2 \\ 3 & 4 \end{pmatrix} +$

$\begin{pmatrix} 0 & 0 \\ 1 & 0 \end{pmatrix}\begin{pmatrix} 4 & 3 \\ 2 & 1 \end{pmatrix}$ 을 답으로 낸다. (실제로 이 경우에는 행렬식이 ± 1인 그 어떤 행렬도 gcrd가 될 수 있다.)

20. 연습문제 4.6.2-22의 구축법을, p^m을 작은 수 ϵ으로 바꾸어서 고찰하면 도움이 될 것이다.

21. 상계를 얻기 위해서는 알고리즘 R이 $m - n \leq 1$일 때에만 쓰인다고 가정할 수 있다. 더 나아가서, 계수들의 한계는 (26)에서 $m = n$로 둔 것에 해당한다. 〔문제에 언급된 공식은 단지 하나의 상계가 아니라 실제 응용에서 관찰되는 실행 시간이기도 하다. 좀 더 자세한 정보는 G. E. Collins, *Proc. 1968 Summer Inst. on Symbolic Mathematical Computation*, Robert G. Tobey 엮음 (IBM Federal Systems Center: June 1969), 195-231을 볼 것.〕

22. 부호들의 수열에 0이 연달아 두 번 나올 수는 없다. $u_{k+1}(x)$가 (29)의 0이 아닌 상수이기 때문이다. 게다가 "+, 0, +"이나 "$-$, 0, $-$"가 부분수열이 될 수도 없다. 공식 $V(u, a) - V(u, b)$는 $b = a$일 때 확실히 유효하므로, b가 증가함에 따라 공식이 유효한지만 확인하면 된다. 다항식 $u_j(x)$의 근의 개수는 유한하며, $V(u, b)$는 b가 그런 근들을 만나거나 지나칠 때에만 변한다. x가 어떤 한(또는 여러 개일 수도 있다) u_j의 한 근이라고 하자. b가 $x - \epsilon$에서 x로 증가됨에 따라 j 근방의 부호 수열은 만일 $j > 0$이면 "+, $\pm$, $-$"에서 "+, 0, $-$"으로 또는 "$-$, $\pm$, +"에서 "$-$, 0, +"로, 만일 $j = 0$이면 "+, $-$"에서 "0, $-$"으로 또는 "$-$, +"에서 "0, +"로 변하게 된다. ($u'(x)$는 $u(x)$의 도함수이므로, $u(x)$가 감소할 때 $u'(x)$는 음이다.) 따라서 V의 총 변화는 $-\delta_{j0}$이다. b가 x에서 $x + \epsilon$으로 증가할 때 V가 변하지 않음도 비슷한 방식으로 증명할 수 있다.

〔L. E. Heindel, *JACM* **18** (1971), 533-548는 주어진 다항식 $u(x)$의 실수 0들을 분리하는 알고리즘들을 구축하는 데 이러한 착안들을 사용했다. 그 알고리즘들의 실행 시간은 계수 y_j들이 모두 $|u_j| \leq N$인 정수이며 모든 연산들이 정확하다고 보장될 때 $\deg(u)$와 $\log N$의 한 다항식에 의해 결정되는 시간을 넘지 않는다.〕

23. u의 n개의 실근들 중에서 v의 실근인 것들의 개수가 $n - 1$이면 (부호 변화를 고려할 때) v의 $n-1$개의 근들 중에서 $u(x) \bmod v(x)$의 실근인 것들은 $n - 2$개이다.

24. 우선 $h_j = g_j^{\delta_{j-1}} g_{j-1}^{\delta_{j-2}(1 - \delta_{j-1})} \cdots g_2^{\delta_1(1 - \delta_2)\ldots(1 - \delta_{j-1})}$ 을 보일 것. 그런 다음에는 (18)의 좌변에 있는 g_2의 지수가 $\delta_2 + \delta_1 x$ 형태임을 보인다. 여기서 $x = \delta_2 + \cdots + \delta_{j-1} + 1 - \delta_2(\delta_3 + \cdots + \delta_{j-1} + 1) - \delta_3(1 - \delta_2)(\delta_4 + \cdots + \delta_{j-1} + 1) - \cdots - \delta_{j-1}(1 - \delta_2)\ldots(1 - \delta_{j-2})(1)$이다. 그런데 $x = 1$이다. x는 δ_{j-1}과 독립적인 것으로 보아야 할 것이며 $\delta_{j-1} = 0$ 등으로 설정할 수 있기 때문이다. g_3, g_4, $\ldots$에 대해서도 비슷한 논증이 적용되며, (23)에는 더 간단한 논증이 적용된다.

25. $u_j(x)$의 각 계수를 하나의 행이 오직 $\ell(u)$, $\ell(v)$, 0들만 담고 있는 하나의 행렬식으로 표현할 수 있다. 이러한 사실을 활용하기 위해 알고리즘 C를 다음과 같이 수정한다: 단계 C1에서 $g \leftarrow \gcd(\ell(u), \ell(v))$, $h \leftarrow 0$으로 설정한다. 단계 C3에서 만일 $h = 0$이면 $u(x) \leftarrow v(x)$, $v(x) \leftarrow r(x)/g$, $h \leftarrow \ell(u)^{\delta/g}$, $g \leftarrow \ell(u)$로 설정하고 C2로 돌아간다. 그렇지 않으면 수정하지 않은 알고리즘에서와 동일하게 진행한다. 이러한 새로운 초기화 설정은 모든 $j \geq 3$에 대해 $u_j(x)$를 $u_j(x)/$

$\gcd(\ell(u), \ell(v))$로 대체하는 효과를 낸다. 따라서 (28)의 ℓ^{2j-4}들은 ℓ^{2j-5}들이 된다.

26. 실제로는 그 이상의 것들이 참이다. 연습문제 3의 알고리즘이 $n \geq -1$에 대한 $\pm p_n(x)$와 $\mp q_n(x)$을 계산함을 주목할 것. $e_n = \deg(q_n)$이고 $d_n = \deg(p_n u - q_n v)$라고 하자. $n \geq 0$에 대해 $d_{n-1} + e_n = \deg(u)$임은 연습문제 3에서 이미 보았다. 이제 조건 $\deg(q) < e_n$ 그리고 $\deg(pu - qv) < d_{n-2}$가 $p(x) = c(x)p_{n-1}(x)$ 그리고 $q(x) = c(x)q_{n-1}(x)$를 함의함을 보여야 한다: 그런 p와 q가 주어졌을 때, $p(x) = c(x)p_{n-1}(x) + d(x)p_n(x)$이고 $q(x) = c(x)q_{n-1}(x) + d(x)q_n(x)$인 $c(x)$와 $d(x)$를 구할 수 있다($p_{n-1}(x)q_n(x) - p_n(x)q_{n-1}(x) = \pm 1$이므로). 따라서 $pu - qv = c(p_{n-1}u - q_{n-1}v) + d(p_n u - q_n v)$이다. 만일 $d(x) \neq 0$이면, $\deg(q) < \deg(q_n)$이므로 반드시 $\deg(c) + e_{n-1} = \deg(d) + e_n$이다. 이로부터 $\deg(c) + d_{n-1} > \deg(d) + d_n$가 나온다. 만일 $d_n = -\infty$이면 이것은 확실히 참이며 그렇지 않으면 $d_{n-1} + e_n = d_n + e_{n+1} > d_n + e_{n-1}$이기 때문이다. 따라서 $\deg(pu - qv) = \deg(c) + d_{n-1}$이다. 그러나 $\deg(pu - qv) < d_{n-2} = d_{n-1} + e_n - e_{n-1}$이라고 가정했으므로 $\deg(c) < e_n - e_{n-1}$이고 $\deg(d) < 0$인데, 이는 모순이다.

[이 결과는 본질적으로 L. Kronecker, *Monatsberichte Königl. preuß. Akad. Wiss.* (Berlin: 1881), 535–600에서 기인한 것으로, "$u(x)$와 $v(x)$가 하나의 체에 관한 서로 소인 다항식들이라고 하자. 그리고 $d \leq \deg(v) < \deg(u)$라고 하자. 만일 $q(x)$가 $p(x)u(x) - q(x)v(x) = r(x)$이고 $\deg(r) = d$인 다항식 $p(x)$와 $r(x)$가 존재함을 만족하는 최소 차수 다항식이라면, 어떤 n에 대해 $p(x)/q(x) = p_n(x)/q_n(x)$이다."라는 정리를 함의한다. 왜냐하면, 만일 $d_{n-2} > d \geq d_{n-1}$이면 $\deg(q) = e_{n-1} + d - d_{n-1} < e_n$인 해 $q(x)$들이 존재하며, 이에 의해 그런 낮은 차수의 모든 해가 주어진 성질을 만족함이 증명되기 때문이다.]

27. 연습문제 4.3.1-40에 나온 착상들이 적용할 수 있다. 그리고, 다항식 산술에는 올림이 없으므로 더 간단한 방식으로 적용할 수 있다. 우에서 좌로 나눗셈은 4.7-(3)을 사용하면 된다. 아니면, n이 큰 값인 경우에는 계수들의 푸리에 변환들을 연습문제 4.6.4-57을 거꾸로 사용해서 나눌 수도 있다.

4.6.2절

1. 서로 다른 $k \leq n$개의 근들을 임의로 선택했을 때, 그 근들을 적어도 한 번씩 가지는 모닉다항식은 p^{n-k}개이다. 따라서 포함 및 배제 원리에 의해, 일차 인수가 없는 다항식들의 개수는

$$\sum_{k \leq n} \binom{p}{k} p^{n-k}(-1)^k$$

이다. 그리고 급수의 부분합들과의 이 개수와 대소관계는 $\geq$ 와 $\leq$ 을 번갈아 반복한다. 문제에 주어진 한계들은 $k \leq 2$와 $k \leq 3$에 해당한다. $n \geq p$일 때 적어도 하나의 일차 인수가 있을 확률은 $1 - (1 - 1/p)^p$이다. 일차 인수들의 평균 개수는 p 곱하기 x가 $u(x)$를 나누는 경우의 수의 평균이므로 $1 + p^{-1} + \cdots + p^{1-n} = \frac{p}{p-1}(1 - p^{-n})$이다.

〔비슷한 방식으로, 2차 기약 인수가 존재할 확률이 $\sum_{k \le n/2} \binom{p(p-1)/2}{k}(-1)^k p^{-2k}$임을 비슷한 방식으로 알아낼 수 있다. $n \ge 2$이고 이 확률이 $n \to \infty$에 따라 $1 - e^{-1/2}(1 + \frac{1}{2}p^{-1}) + O(p^{-2})$에 접근하는 경우 이 확률은 $\frac{3}{8} - \frac{1}{4}p^{-1}$와 $\frac{1}{2} - \frac{1}{2}p^{-1}$ 사이에 놓인다. 그런 인수들의 평균 개수는 $\frac{1}{2} - \frac{1}{2}p^{-2\lfloor n/2 \rfloor}$이다.〕

참고: $u(x)$가 정수 계수들을 가진 고정된 하나의 다항식이라고 하자. 웨인버거[Peter Weinberger]는, 만일 $u(x)$가 정수들에 관해 기약이면 p를 법으로 한 $u(x)$의 일차 인수들의 평균 개수는 $p \to \infty$에 따라 1에 접근한다고 말했다. 이는 $u(x)$의 갈루아군(Galois group)이 추이적이며 임의의 추이적 순열군에서 무작위로 선택한 한 원소에 있는 1순환마디들의 평균 개수는 1이기 때문이다. 즉, $p \to \infty$로 간다고 할 때, p를 법으로 한 $u(x)$의 일차 인수들의 평균 개수는 정수에 관한 $u(x)$의 기약 인수들의 개수이다. 〔연습문제 37의 답에 나온 설명을 볼 것. 그리고 *Proc. Symp. Pure Math.* **24** (Amer. Math. Soc., 1972), 321–332를 볼 것.〕

2. (a) $u(x)$를 기약다항식들의 곱 형태의 표현할 수 있음은 알고 있다. 그리고 그 다항식들의 선행 계수들은 반드시 단위수들이다. 왜냐하면 그 계수들은 $u(x)$의 선행 계수들을 나누기 때문이다. 따라서 $u(x)$를 서로 다른 기약다항식 $p_1(x), \ldots, p_r(x)$들의 곱 $p_1(x)^{e_1} \ldots p_r(x)^{e_r}$ 형태로 표현할 수 있다고 가정해도 된다. 이러한 표현은 인수들의 차수를 제외할 때 유일하므로, $u(x), v(x), w(x)$에 대한 조건들은 오직

$$v(x) = p_1(x)^{\lfloor e_1/2 \rfloor} \ldots p_r(x)^{\lfloor e_r/2 \rfloor}, \qquad w(x) = p_1(x)^{e_1 \bmod 2} \ldots p_r(x)^{e_r \bmod 2}$$

일 때에만 만족된다.

(b) n차 모닉다항식 개수에 대한 생성함수는 $1 + pz + p^2 z^2 + \cdots = 1/(1-pz)$이다. $v(x)$가 모닉다항식이라 할 때 $v(x)^2$ 형태의 n차 다항식 개수에 대한 생성함수는 $1 + pz^2 + p^2 z^4 + \cdots = 1/(1-pz^2)$이다. 제곱 없는 n차 모닉다항식 개수에 대한 생성함수를 $g(z)$라고 한다면, 부문제 (a)에 의해 반드시 $1/(1-pz) = g(z)/(1-pz^2)$가 성립한다. 따라서 $g(z) = (1-pz^2)/(1-pz) = 1 + pz + (p^2-p)z^2 + (p^3-p^2)z^3 + \cdots$이다. 답은 $n \ge 2$에 대해 $p^n - p^{n-1}$이다. 〔이상하게도 이는 $u(x) \perp u'(x)$이 확률이 $1 - 1/p$임을 증명한다. 연습문제 4.6.1-5에 의해, 이 확률은 $u(x)$와 $v(x)$가 서로 독립일 때 $u(x) \perp v(x)$일 확률이다.〕

참고: 비슷한 논증을 통해서, $v(x)$가 그 어떤 기약다항식의 r제곱으로도 나누어지지 않는다고 할 때 모든 $u(x)$는 유일한 $v(x)w(x)^r$ 표현을 가짐을 알 수 있다. 그런 모닉다항식 $v(x)$들의 개수는 $n \ge r$에 대해 $p^n - p^{n-r+1}$이다.

3. $u(x) = u_1(x) \ldots u_r(x)$라고 하자. 정리 4.3.2C의 논증에 의해, 만일 각 j에 대해 그 연립방정식을 $k \ne j$에 대해 $w_j(x) = 1$, $w_k(x) = 0$으로 두어서 풀 수 있다면, 그런 $v(x)$는 많아야 하나 존재한다. 후자의 한 해는 $v_1(x)\prod_{k \ne j} u_k(x)$로, 여기서 $v_1(x)$와 $v_2(x)$는

$$v_1(x)\prod_{k \ne j} u_k(x) + v_2(x)u_j(x) = 1, \qquad \deg(v_1) < \deg(u_j)$$

를 만족한다. 이는 유클리드 알고리즘의 확장(연습문제 4.6.1-3)을 통해서 알 수 있다.

정수들에 관해서는 $\deg(v) < 2$일 때 $v(x) \equiv 1 \pmod{x}$와 $v(x) \equiv 0 \pmod{x-2}$가 되도록 할 수 없다.

4. 유일 인수분해에 의해 $(1 - pz)^{-1} = \prod_{n \geq 1}(1 - z^n)^{-a_{np}}$이다. 로그를 취하면 이를 다음과 같이 정리할 수 있다:

$$\ln(1/(1-pz)) = \sum_{k, j \geq 1} a_{kp} z^{kj}/j = \sum_{j \geq 1} G_p(z^j)/j.$$

이제 힌트의 다항식으로부터 답 $G_p(z) = \sum_{m \geq 1} \mu(m) m^{-1} \ln(1/(1-pz^m))$를 얻을 수 있으며, 이로부터 $a_{np} = \sum_{d \backslash n} \mu(n/d) p^d/n$를 얻을 수 있다. 따라서 $\lim_{p \to \infty} a_{np}/p^n = 1/n$이다. 이 때

$$\sum_{n, j \geq 1} \mu(n) g(z^{nj}) n^{-t} j^{-t} = \sum_{m \geq 1} g(z^m) m^{-t} \sum_{n \backslash m} \mu(n) = g(z)$$

임을 주목할 것. 〔수 a_{np}들은 가우스Gauss가 처음 발견했다. 그의 *Werke* 2, 219-222를 볼 것.〕

5. 기약 인수들이 정확히 r개인, p를 법으로 하는 n차 모닉다항식들의 개수가 a_{npr}이라고 하자. 그러면 $\mathcal{G}_p(z, w) = \sum_{n, r \geq 0} a_{npr} z^n w^r = \exp(\sum_{k \geq 1} G_p(z^k) w^k/k) = \exp(\sum_{m \geq 1} a_{mw} \ln(1/(1 - pz^{-m})))$이다. 식 1.2.9-(38)을 볼 것. 이제

$$\sum_{n \geq 0} A_{np} z^n = d\mathcal{G}_p(z/p, w)/dw \big|_{w=1} = (\sum_{k \geq 1} G_p(z^k/p^k)) \mathcal{G}_p(z/p, 1)$$

$$= (\sum_{n \geq 1} \ln(1/(1 - p^{1-n} z^n)) \varphi(n)/n)/(1-z)$$

가 성립하며, 따라서 $n \geq 2$에 대해 $A_{np} = H_n + 1/2p + O(p^{-2})$이다. 2^r의 평균값은 $[z^n]\mathcal{G}_p(z/p, 2) = n + 1 + (n-1)/p + O(np^{-2})$이다. (그러나 분산은 n^3차이다. $w = 4$로 두어 볼 것.)

6. 페르마의 정리에 의해, $0 \leq s < p$에 대해 $x - s$는 $x^p - x \pmod{p}$의 한 인수이다. 따라서 $x^p - x$는 $\mathrm{lcm}(x - 0, x - 1, ..., x - (p-1)) = x^p$의 배수이다. 〔참고: 스털링 수 $\begin{bmatrix} p \\ k \end{bmatrix}$는 $k = 1$ 또는 $k = p$일 때만 제외하고는 p의 배수이다. 등식 1.2.6-(45)는 다른 종류의 스털링 수 $\begin{Bmatrix} p \\ k \end{Bmatrix}$에 대해서도 같은 명제가 유효함을 보여준다.〕

7. 오른쪽의 인수들은 서로 소이며 모두 $u(x)$의 약수이다. 따라서 그들의 곱도 $u(x)$의 약수이다. 한편 $u(x)$는

$$v(x)^p - v(x) = \prod_{0 \leq s < p}(v(x) - s)$$

의 약수이므로, 연습문제 4.5.2-2에 의해 $u(x)$는 우변의 약수이기도 하다.

8. 벡터 (18)은 k번째 성분이 0이 아닌 유일한 출력이다.

9. 예를 들면 $x \leftarrow 1$, $y \leftarrow 1$로 시작해서 설정 $R[x] \leftarrow y$, $x \leftarrow 2x \bmod 101$, $y \leftarrow 51y \bmod 101$를 백 번 반복한다.

10. 아래의 행렬 $Q - I$에는 영공간이 하나 있는 데 그 영공간은 두 벡터 $v^{[1]} = (1, 0, 0, 0, 0, 0, 0, 0)$

와 $v^{[2]} = (0, 1, 1, 0, 0, 1, 1, 1)$에 의해 만들어진 것이다. 인수분해는 다음과 같다:

$$(x^6 + x^5 + x^4 + x + 1)(x^2 + x + 1).$$

$$
\begin{array}{cc}
p = 2 & p = 5 \\
\begin{pmatrix}
0 & 0 & 0 & 0 & 0 & 0 & 0 & 0 \\
0 & 1 & 1 & 0 & 0 & 0 & 0 & 0 \\
0 & 0 & 1 & 0 & 1 & 0 & 0 & 0 \\
0 & 0 & 0 & 1 & 0 & 0 & 1 & 0 \\
1 & 0 & 0 & 1 & 0 & 0 & 1 & 0 \\
1 & 0 & 1 & 1 & 1 & 0 & 0 & 0 \\
0 & 0 & 1 & 0 & 1 & 1 & 0 & 1 \\
1 & 1 & 0 & 1 & 1 & 1 & 0 & 1
\end{pmatrix}
&
\begin{pmatrix}
0 & 0 & 0 & 0 & 0 & 0 & 0 \\
0 & 4 & 0 & 0 & 0 & 1 & 0 \\
0 & 2 & 2 & 0 & 4 & 3 & 4 \\
0 & 1 & 4 & 4 & 4 & 2 & 1 \\
2 & 2 & 2 & 3 & 4 & 3 & 2 \\
0 & 0 & 4 & 0 & 1 & 3 & 2 \\
3 & 0 & 2 & 1 & 4 & 2 & 1
\end{pmatrix}
\end{array}
$$

11. 자명한 인수 x를 제거한다면, 위의 행렬 $Q - I$는 $(1, 0, 0, 0, 0, 0, 0)$와 $(0, 3, 1, 4, 1, 2, 1)$에 의해 생성된 영공간을 가지게 된다. 인수분해는:

$$x(x^2 + 3x + 4)(x^5 + 2x^4 + x^3 + 4x^2 + x + 3).$$

12. 만일 $p = 2$이면 $(x + 1)^4 = x^4 + 1$이다. 만일 $p = 8k + 1$이면 $Q - I$는 영행렬이므로 인수는 네 개이다. p가 그 외의 값이면

$$
Q - I =
\begin{array}{ccc}
p = 8k + 3 & p = 8k + 5 & p = 8k + 7 \\
\begin{pmatrix}
0 & 0 & 0 & 0 \\
0 & -1 & 0 & 1 \\
0 & 0 & -2 & 0 \\
0 & 1 & 0 & -1
\end{pmatrix}
&
\begin{pmatrix}
0 & 0 & 0 & 0 \\
0 & -2 & 0 & 0 \\
0 & 0 & 0 & 0 \\
0 & 0 & 0 & -2
\end{pmatrix}
&
\begin{pmatrix}
0 & 0 & 0 & 0 \\
0 & -1 & 0 & -1 \\
0 & 0 & -2 & 0 \\
0 & -1 & 0 & -1
\end{pmatrix}
\end{array}
$$

이다. 여기서 $Q - I$의 계수는 2이므로 인수는 $4 - 2 = 2$개이다. 〔그러나 $x^4 + 1$이 정수에 관해 기약임을 쉽게 증명할 수 있다. 이 다항식에는 일차 인수들이 없으며, 임의의 2차 인수에서 x의 계수의 절대값이 연습문제 20에 의해(또한 연습문제 32도 볼 것, $x^4 + 1 = \Psi_8(x)$이므로) 반드시 2 이하이어야 하기 때문이다. $k \geq 2$에 대해서는, 정수에 관해 기약인 2^k차 다항식들을 스위너턴-다이너 H. P. F. Swinnerton-Dyer가 예시한 바 있다. 그러나 그 다항식들은 모든 소수를 법으로 하여 일차 및 이차 인수들로 완전히 분할된다. 8차의 경우 그는 $\pm\sqrt{2} \pm \sqrt{3} \pm i$들을 가지는 예 $x^8 - 16x^6 + 88x^4 + 192x^2 + 144$를 제시했다 〔*Math. Comp.* **24** (1970), 733-734 참고〕. 연습문제 37에 언급된 프로베니우스 Frobenius의 정리에 따르면, 차수가 n이고 그 갈루아군에 n순환마디가 없는 임의의 기약다항식은 거의 모든 소수를 법으로 하는 인수들을 가진다.〕

13. $p = 8k + 1$인 경우: $(x + (1 + \sqrt{-1})/\sqrt{2})(x + (1 - \sqrt{-1})/\sqrt{2})(x - (1 + \sqrt{-1})/\sqrt{2})(x - (1 - \sqrt{-1})/\sqrt{2})$. $p = 8k + 3$인 경우: $(x^2 + \sqrt{-2}\,x - 1)(x^2 - \sqrt{-2}\,x - 1)$. $p = 8k + 5$인 경우: $(x^2 + \sqrt{-1})(x^2 - \sqrt{-1})$. $p = 8k + 7$인 경우: $(x^2 + \sqrt{2}\,x + 1)(x^2 - \sqrt{2}\,x + 1)$. $p = 8k + 7$에 대한 인수분해는 실수체에 관해서도 유효하다.

14. 알고리즘 N을 w의 계수들을 찾는 데 사용하는 것이 가능하다: A가 $0 \leq k \leq r$에 대해 k번째 행이 $v(x)^k \bmod u(x)$의 계수들을 담는 $(r+1) \times n$ 행렬이라고 하자. 단계 N3에서 첫 의존성이 발견될 때까지 알고리즘 N의 방법을 적용한다. 첫 의존성이 발견되었다면 $w(x) = v_0 + v_1 x + \cdots +$

$v_k x^k$을 결과로 해서 알고리즘을 끝낸다. 여기서 v_j는 (18)에서 정의된 것이다. 이 시점에서 $2 \le k \le r$이다. r은 미리 알 필요가 없다. A의 각 행을 생성한 후에 의존성을 점검하면 되기 때문이다.

15. $u \ne 0$이고 p가 홀수라고 가정할 수 있다. 베를캄프의 방법을 다항식 $x^2 - u$에 적용해 보면, 제곱근이 존재할 필요충분조건은 $Q - I = O$이고 이것의 필요충분조건은 $u^{(p-1)/2} \bmod p = 1$임을 알 수 있다. 그러나 이는 이미 알고 있었던 것이다. 캔터Cantor와 차센하우스Zassenhaus의 방법을 적용해 보면 $\gcd(x^2 - u, (sx + t)^{(p-1)/2} - 1)$이 종종 하나의 자명하지 않은 인수가 됨을 알 수 있다. 그리고 s의 $(p-1)/2 + (0, 1$ 또는 $2)$개의 값들이 성공할 것임을 증명하는 것이 실제로 가능하다. 실제 응용에서는 순차적인 선택도 무작위 선택만큼이나 유효한 것으로 보인다. 따라서 다음과 같은 알고리즘이 가능하다: "$\gcd(x^2 - u, x^{(p-1)/2} - 1)$, $\gcd(x^2 - u, (x+1)^{(p-1)/2} - 1)$, $\gcd(x^2 - u, (x+2)^{(p-1)/2} - 1)$, ...을 계속 반복해서 평가하되 gcd가 $x + v$ 형태인 경우가 발견되면 멈춘다. 그러면 $\sqrt{u} = \pm v$이다." 이 알고리즘의 평균 실행 시간은 s가 무작위라 할 때 큰 p에 대해 $O(\log p)^3$가 될 것이다.

좀 더 자세히 살펴보면, 이 알고리즘의 첫 단계는 오직 $p \bmod 4 = 3$인 경우에만 성공함을 알 수 있다. q가 홀수라 할 때 만일 $p = 2q + 1$이면 $x^q \bmod (x^2 - u) = u^{(q-1)/2} x$가 성립하며 $u^q \equiv 1$ (modulo p)이므로 $\gcd(x^2 - u, x^q - 1) \equiv x - u^{(q+1)/2}$이기 때문이다. 실제로, $p \bmod 4 = 3$이면 항상 공식 $\sqrt{u} = \pm u^{(p+1)/4} \bmod p$로부터 제곱근을 직접 얻을 수 있다.

그러나 $p \bmod 4 = 1$일 때에는 $x^{(p-1)/2} \bmod (x^2 - u) = u^{(p-1)/4}$이며 gcd는 1이 된다. 따라서 위의 알고리즘은 $p \bmod 4 = 1$일 때에만 사용해야 하며, 첫 gcd를 생략 폐기해야 한다.

$p \bmod 8 = 5$인 경우에 잘 작동하는 직접적인 방법이 애트킨A. O. L. Atkin에 의해서 1990년대에 발견되었다. 그의 방법은 그런 경우 $2^{(p-1)/2} \equiv -1$이라는 사실에 기반을 둔 것으로, 다음과 같다: $v \gets (2u)^{(p-5)/8} \bmod p$, $i \gets (2uv^2) \bmod p$로 설정한다. 그러면 $\sqrt{u} = \pm(uv(i-1)) \bmod p$이 며 또한 $\sqrt{-1} = \pm i$이다. 〔*Computational Perspectives on Number Theory* (Cambridge, Mass.: International Press, 1998), 1-11; 또한 H. C. Pocklington, *Proc. Camb. Phil. Soc.* **19** (1917), 57-59도 볼 것.〕

$p \bmod 8 = 1$인 경우에는 시행착오법이 필수적인 것 같다. 다음 절차는 섕크스Daniel Shanks에서 기인한 것으로, 그런 경우에서 다른 모든 알려진 알고리즘들보다 우월한 성능을 내곤 한다: $e \ge 3$이라 할 때 $p = 2^e q + 1$이라고 가정하자.

S1. 범위 $1 < x < p$에서 무작위로 x를 택하고 $z = x^q \bmod p$로 설정한다. 만일 $z^{2^{e-1}} \bmod p$ $= 1$이면 이 단계를 반복한다. (평균 반복 횟수는 2보다 작다. 단계 S2와 S3에서는 난수가 필요하지 않다. 실제 응용에서는 작은 소수 x들을 시도함으로써, 그리고 $p^{(x-1)/2} \bmod x$ $= x - 1$일 때 $z = x^q \bmod p$를 답으로 해서 알고리즘을 끝내서 시간을 절약할 수 있다. 연습문제 1.2.4-47을 볼 것.)

S2. $y \gets z$, $r \gets e$, $x \gets u^{(q-1)/2} \bmod p$, $v \gets ux \bmod p$, $w \gets ux^2 \bmod p$로 설정한다.

S3. 만일 $w = 1$이면 멈춘다. v가 답이다. 그렇지 않으면 $w^{2^k} \bmod p$가 1이 되는 가장 작은 k를 찾는다. 만일 $k = r$이면 멈춘다(답은 없다). 그렇지 않으면 $(y, r, v, w) \leftarrow (y^{2^{r-k}}, k, vy^{2^{r-k-1}}, wy^{2^{r-k}})$으로 설정하고 단계 S3을 반복한다. ∎

이 알고리즘의 유효성은 불변 합동식 $uw \equiv v^2$, $y^{2^{r-1}} \equiv -1$, $w^{2^{r-1}} \equiv 1$ (modulo p)로부터 비롯된다. $w \neq 1$일 때 단계 S3은 $r + 2$회의 곱셈 mod p를 수행한다. 따라서 단계 S3의 최대 곱셈 횟수는 $\binom{e+3}{2}$보다 작으며, 평균 횟수는 $\frac{1}{2}\binom{e+4}{2}$보다 작다. 총 실행 시간의 규모는 단계 S1과 S2을 위한 $O(\log p)^3$에 단계 S3을 위한 $e^2(\log p)^2$을 더한 것인데, 이는 (21)에 기반을 둔 무작위화 방법의 $O(\log p)^3$에 필적한다. 그러나 섕크스의 방법의 상수 인자들은 작다. 〔*Congressus Numerantium* **7** (1972), 58-62. 관련된, 그러나 덜 효율적인 방법이 A. Tonelli, *Göttinger Nachrichten* (1891), 344-346에서 발표된 바 있다. 평균 실행 시간이 $O(\log p)^3$인 제곱근 알고리즘을 처음으로 발견한 사람은 Cipolla, *Rendiconti Accad. Sci. Fis. Mat. Napoli* **9** (1903), 154-163이다.〕

16. (a) $n = 1$에 대한 증명에서 정수들을 p를 법으로 한 다항식들로 대체할 것. (b) $n = 1$에 대한 증명은 임의의 유한체로 확장된다. (c) $x = \xi^k$인 어떤 k가 존재하므로, $f(x)$로 정의되는 체에서 $x^{p^n} = x$이다. 더 나아가서, 체에서 $y^{p^m} = y$를 만족하는 원소 y들은 덧셈과 곱셈에 대해 닫혀있다. 따라서 만일 $x^{p^m} = x$이면 ξ(이는 정수 계수들을 가진 x의 다항식이다)는 $\xi^{p^m} = \xi$를 만족한다.

17. 만일 ξ가 원시근이면 0이 아닌 각 원소는 ξ의 어떤 거듭제곱이다. 따라서 그 차수는 반드시 $13^2 - 1 = 2^3 \cdot 3 \cdot 7$의 약수이어야 하며 차수가 f인 원소들의 개수는 $\varphi(f)$이다.

f	$\varphi(f)$	f	$\varphi(f)$	f	$\varphi(f)$	f	$\varphi(f)$
1	1	3	2	7	6	21	12
2	1	6	2	14	6	42	12
4	2	12	4	28	12	84	24
8	4	24	8	56	24	168	48

18. (a) $\mathrm{pp}(p_1(u_n x)) \dots \mathrm{pp}(p_r(u_n x))$, 가우스의 보조정리에 의해. 예를 들어

$$u(x) = 6x^3 - 3x^2 + 2x - 1, \qquad v(x) = x^3 - 3x^2 + 12x - 36 = (x^2 + 12)(x - 3)$$

이라고 하면 $\mathrm{pp}(36x^2 + 12) = 3x^2 + 1$, $\mathrm{pp}(6x - 3) = 2x - 1$이다. (이는 오랫동안 대수 방정식을 좀 더 쉽게 푸는 데 사용된 14세기 요령의 현대적 버전이다.)

(b) c가 x의 다항식으로서의 $w(u_n x)$의 내용이라고 할 때, $\mathrm{pp}(w(u_n x)) = \overline{w}_m x^m + \dots + \overline{w}_0 = w(u_n x)/c$라고 하자. 그러면 $w(x) = (c\overline{w}/u_n^m)x^m + \dots + c\overline{w}_0$이며 따라서 $c\overline{w}_m = u_n^m$이다. $\overline{w}_m$는 u_n의 약수이므로 c는 u_n^{m-1}의 배수이다.

19. 만일 $u(x) = v(x)w(x)$이고 $\deg(v)\deg(w) \geq 1$이면 $u_n x^n \equiv v(x)w(x)$ (modulo p)이다. p를 법으로 한 유일 인수분해에 의해, v와 w의 선행 계수들을 제외한 모든 계수들은 p의 배

수이며, p^2은 $v_0 w_0 = u_0$을 나눈다.

20. (a) $\sum (\alpha u_j - u_{j-1})(\overline{\alpha}\,\overline{u}_j - \overline{u}_{j-1}) = \sum (u_j - \overline{\alpha} u_{j-1})(\overline{u}_j - \alpha \overline{u}_{j-1})$. (b) $u_0 \neq 0$라고 가정할 수 있다. $m(u) = \prod_{j=1}^n \min(1, |\alpha_j|) = |u_0|/M(u)$라고 하자. $|\alpha_j| < 1$이면 항상 $u(x)$에서 인수 $x - \alpha_j$를 $\overline{\alpha}_j x - 1$로 바꾼다. 이래도 $\|u\|$에는 영향이 미치지 않으나, $|u_0|$는 $M(u)$로 변한다. (c) $u_j = \pm u_n \sum \alpha_{i_1} \ldots \alpha_{i_{n-j}}$이며(우변은 하나의 기본대칭함수이다), 따라서 $\beta_i = \max(1, |\alpha_i|)$라 할 때 $|u_j| \leq |u_n| \sum \beta_{i_1} \ldots \beta_{i_{n-j}}$이다. 이제 $x_1 \geq 1, \ldots, x_n \geq 1$이고 $x_1 \ldots x_n = M$일 때 기본대칭함수 $\sigma_{nk} = \sum x_{i_1} \ldots x_{i_k}$가 $x_1 = \cdots = x_{n-1} = 1$이고 $x_n = M$일 때의 값인 $\binom{n-1}{k-1}M + \binom{n-1}{k}$보다 작거나 같음을 보이면 증명이 완성된다. (만일 $x_1 \leq \cdots \leq x_n < M$이면 변환 $x_n \leftarrow x_{n-1}x_n$, $x_{n-1} \leftarrow 1$은 σ_{nk}를 $\sigma_{(n-2)(k-1)}(x_n - 1)(x_{n-1} - 1)$만큼 증가하는데, 이는 양수이기 때문이다.) (d) $M(v) \leq M(u)$이고 $|v_m| \leq |u_n|$이므로 $|v_j| \leq \binom{m-1}{j}M(v) + \binom{m-1}{j-1}|v_m| \leq \binom{m-1}{j}M(u) + \binom{m-1}{j-1}|u_n|$이다. 〔M. Mignotte, *Math. Comp.* **28** (1974), 1153-1157.〕

참고: 이 답은 $\binom{m-1}{j}M(u) + \binom{m-1}{j-1}|u_n|$이 하나의 상계임을 보여주므로, $M(u)$의 더 나은 추정치를 얻는 것이 가능할 것이다. 이를 위한 방법들이 몇 가지 알려져 있다 〔W. Specht, *Math. Zeit.* **53** (1950), 357-363; Cerlienco, Mignotte, and Piras, *J. Symbolic Comp.* **4** (1987), 21-33〕. 가장 간단하고 가장 빠르게 수렴되는 방법은 아마도 다음과 같은 절차일 것이다 〔C. H. Graeffe, *Aufösung der höheren numerischen Gleichungen* (Zürich: 1837) 참고〕: $u(x) = u_n(x - \alpha_1) \ldots (x - \alpha_n)$이라고 가정할 때 $\hat{u}(x) = u(\sqrt{x})u(-\sqrt{x}) = (-1)^n u_n^2 (x - \alpha_1^2) \ldots (x - \alpha_n^2)$으로 둔다. 그러면 $M(u)^2 = M(\hat{u}) \leq \|\hat{u}\|$이다. 따라서 $c < -\|u\|$, $v \leftarrow u/c$, $t \leftarrow 0$으로 설정할 수 있으며, 그런 다음에는 반복해서 $t \leftarrow t+1$, $c \leftarrow \|\hat{v}\|^{1/2^t}c$, $v \leftarrow \hat{v}/\|\hat{v}\|$로 설정할 수 있다. 반복의 각 단계에서 $M(u) \leq c$임은 불변식 $M(u) = cM(v)^{1/2^t}$과 $\|v\| = 1$에 의해 보장된다. $v(x) = v_0(x^2) + xv_1(x^2)$일 때 $\hat{v}(x) = v_0(x)^2 - x v_1(x)^2$이 됨에 주목하기 바란다. 만일 각 $|\alpha_j|$가 $\leq \rho$ 또는 $\geq 1/\rho$이면 $M(u) = \|u\|(1 + O(\rho))$임을 보이는 것이 가능하며, 따라서 c는 t단계 이후에 $M(u)(1 + O(\rho^{2^t}))$이 된다.

예를 들어 $u(x)$가 (22)의 다항식이라면 $t = 0, 1, 2, \ldots$에 대한 c의 값들은 10.63, 12.42 6.85, 6.64, 6.65, 6.6228, 6.62246, 6.62246, $\ldots$이 된다. 이 예에서 $\rho \approx .90982$이다. 수렴이 단조적이지 않음에 주목할 것. $v(x)$는 결국 단항식 x^m으로 수렴하는데, 여기서 m은 모든 j에 대해 $|\alpha_j| \neq 1$라고 가정할 때 $|\alpha_j| < 1$를 만족하는 근들의 개수이다. 일반화하자면, 만일 $|\alpha_j| = 1$인 근들이 k개이면 x^m과 x^{m+k}의 계수들은 0으로 수렴하지 않는 반면, x의 더 고차 거듭제곱들과 저차 거듭제곱들의 계수들은 0으로 수렴한다.

옌센^{Jensen}에서 기인한 한 유명한 공식 〔*Acta Math.* **22** (1899), 359-364〕은 $M(u)$가 단위 원 상의 $|u(x)|$들의 기하평균, 즉 $\exp\left(\frac{1}{2\pi} \int_0^{2\pi} \ln|f(e^{i\theta})| \, d\theta\right)$임을 증명한다. 비슷하게, 연습문제 21(a)은 $\|u\|$가 단위 원 상의 $|u(x)|$들의 제곱평균제곱근(root-mean-square)임을 보여준다. 따라서 기원이 란다우$^{\text{E. Landau}}$ 〔*Bull. Soc. Math. de France* **33** (1905), 251-261〕까지 거슬러 올라가

는 부등식 $M(u) \le \|u\|$를 평균값들 사이의 한 관계로 간주할 수 있다. 수 $M(u)$를 다항식의 말러 측도(Mahler measure)라고 부르기도 하는데, 이는 말러^{Kurt Mahler}가 그것을 *Mathematika* **7** (1960), 98-100에서 사용했기 때문이다. 첨언하자면, 옌센은 $m > 0$일 때 $\frac{1}{2\pi} \int_0^{2\pi} e^{im\theta} \ln|f(e^{i\theta})| d\theta$ $= -\sum_{j=1}^n \alpha_j^m / (2m \max(|\alpha_j|, 1)^{2m})$임도 증명했다.

21. (a) 양변 모두에서 $a_\mathbf{p} b_\mathbf{q} c_\mathbf{r} d_\mathbf{s}$의 계수는 $\mathbf{p} + \mathbf{s} = \mathbf{q} + \mathbf{r}$가 아닌 한 0이다. 그리고 후자의 조건이 성립하는 경우 우변의 계수는 $(\mathbf{p} + \mathbf{s})!$이고 좌변의 계수는

$$\sum_\mathbf{j} \binom{\mathbf{p}}{\mathbf{j}} \binom{\mathbf{s}}{\mathbf{r} - \mathbf{j}} \mathbf{q}!\mathbf{r}! = \binom{\mathbf{p} + \mathbf{s}}{\mathbf{r}} \mathbf{q}!\mathbf{r}! = (\mathbf{q} + \mathbf{r})!$$

이다. 〔B. Beauzamy and J. Dégot, *Trans. Amer. Math. Soc.* **345** (1995), 2607-2619; D. Zeilberger, *AMM* **101** (1994), 894-896.〕

(b) $a_\mathbf{p} = v_\mathbf{p}$, $b_\mathbf{q} = w_\mathbf{q}$, $c_\mathbf{r} = \overline{v}_\mathbf{r}$, $d_\mathbf{s} = \overline{w}_\mathbf{s}$라고 하자. 그러면 (a)의 우변은 $B(u)$이고 좌변은 각 $\mathbf{j}$와 $\mathbf{k}$에 대한 음이 아닌 항들의 합이다. 만일 $\sum \mathbf{j}$의 차수가 v인 항들만 고려한다면 $\mathbf{p} = \mathbf{j}$인 경우를 제외한 항 $v_\mathbf{p}/(\mathbf{p} - \mathbf{j})!$들은 소거된다. 따라서 그 항들은

$$\sum_{\mathbf{j}, \mathbf{k}} \frac{1}{\mathbf{j}!\mathbf{k}!} |v_\mathbf{j} w_\mathbf{k} \mathbf{j}!\mathbf{k}!|^2 = B(v)B(w)$$

로 정리된다. 〔B. Beauzamy, E. Bombieri, P. Enflo, H. Montgomery, *J. Number Theory* **36** (1990), 219-245.〕

(c) 새 변수를 추가한다고(모든 것이 동차가 되게 하는 데 필요하다면) 해도 $u = vw$라는 관계는 변하지 않는다. 따라서 만일 v와 w의 총 차수가 각각 m과 n이라면 $(m + n)![u]^2 \ge m![v]^2 n![w]^2$가 성립한다. 다른 말로 하면 $[v][w] \le \binom{m+n}{m}^{1/2} [u]$이다.

첨언하자면, 봄비에리 크기를 이해하는 한 가지 좋은 방법은 그 변수들이 비가환적이라고 상상하는 것이다. 예를 들어 $3xy^3 - z^2w^2$ 대신 $\frac{3}{4} xyyy + \frac{3}{4} yxyy + \frac{3}{4} yyxy + \frac{3}{4} yyyx - \frac{1}{6} zzww - \frac{1}{6} zwzw - \frac{1}{6} zwwz - \frac{1}{6} wzzw - \frac{1}{6} wzwz - \frac{1}{6} wwzz$ 라고 쓸 수 있다. 그러면 봄비에리 크기는 새 계수들에 대한 $\| \|$ 크기이다. u가 n차 동차다항식일 때의 또 다른 흥미로운 공식으로

$$[u]^2 = \frac{1}{n!\pi^n} \int_\mathbf{x} \int_\mathbf{y} e^{-x_1^2 - \cdots - x_t^2 - y_1^2 - \cdots - y_t^2} |u(\mathbf{x} + i\mathbf{y})|^2 \, d\mathbf{x} \, d\mathbf{y}$$

가 있다.

(d) 변수가 하나인 경우는 $t = 2$에 해당한다. $u = vw$이고, v는 변수가 t개이고 차수가 m인 동차 다항식이라고 하자. 그러면 모든 $\mathbf{k}$에 대해 $|v_\mathbf{k}|^2 \mathbf{k}!/m! \le [v]^2$이고 $\mathbf{k}! \ge (m/t)!^t$이다. $\log \Gamma(x)$가 $x > 0$에 대해 볼록함수이기 때문이다. 따라서 $|v_\mathbf{k}|^2 \le m![v]^2/(m/t)!^t$이다. $m' = n - m$의 차수가 w라고 할 때 $m![v]^2/(m/t)!^t \le m'![w]^2/(m'/t)!^t$라고 가정할 수 있다. 그러면

$$|v_\mathbf{k}|^2 \le m![v]^2/(m/t)!^t \le m!^{1/2} m'!^{1/2} [v][w]/(m/t)!^{t/2} (m'/t)!^{t/2} \le n!^{1/2} [u]/(n/2t)!^t$$

이다. (마지막 바로 전의 식을 하나의 인수가 제외되지 않은 모든 차수 m에 대해 최대화한다면

더 나은 상계가 나온다.) 수량 $n!^{1/4}/(n/2t)!^{t/2}$은 $c_t(2t)^{n/4}n^{-(2t-1)/8}(1+O(\frac{1}{n}))$이며, 여기서 $c_t=2^{1/8}\pi^{-(2t-1)/8}t^{t/4}$은 $t=2$일 때 ≈ 1.004이다.

지금까지 우리가 그런 작은 계수들을 가진 하나의 기약 인수가 존재함을 보인 것은 아님을 주의할 것. 그러한 증명을 위해서는 더 많은 분할이 필요할 것이다. 연습문제 41을 보라.

(e) $[u]^2=\sum_k\binom{n}{k}^2/\binom{2n}{2k}=\sum_k\binom{2k}{k}\binom{2n-2k}{n-k}/\binom{2n}{n}=4^n/\binom{2n}{n}=\sqrt{\pi n}+O(n^{-1/2})$. $v(x)=(x-1)^n$이고 $w(x)=(x+1)^n$이므로 $[v]^2=[w]^2=2^n$이 된다. 따라서 이 경우 (c)의 부등식은 등식이 된다.

(f) u와 v가 m차, n차 동차 다항식들이라고 하자. 그러면 코시 부등식에 의해

$$[uv]^2\le\sum_{\mathbf{k}}\frac{(\sum_{\mathbf{j}}|u_{\mathbf{j}}v_{\mathbf{k}-\mathbf{j}}|)^2}{\binom{m+n}{\mathbf{k}}}\le\sum_{\mathbf{k}}\left(\sum_{\mathbf{j}}\frac{|u_{\mathbf{j}}|^2}{\binom{m}{\mathbf{j}}}\frac{|v_{\mathbf{k}-\mathbf{j}}|^2}{\binom{n}{\mathbf{k}-\mathbf{j}}}\right)\left(\sum_{\mathbf{j}}\frac{\binom{m}{\mathbf{j}}\binom{n}{\mathbf{k}-\mathbf{j}}}{\binom{m+n}{\mathbf{k}}}\right)=[u]^2[v]^2$$

이다. 〔B. Beauzamy, *J. Symbolic Comp.* **13** (1992), 465–472, Proposition 5.〕

(g) 연습문제 20에 의해 $\binom{n}{\lfloor n/2\rfloor}^{-1}M(u)^2\le\binom{n}{\lfloor n/2\rfloor}^{-1}\|u\|^2=\binom{n}{\lfloor n/2\rfloor}^{-1}\sum_j|u_j|^2\le[u]^2=\sum_j\binom{n}{j}|u_j|^2\le\sum_j\binom{n}{j}M(u)^2=2^nM(u)^2$이다. 상계 부등식은 또한 (f)에서도 이끌어 낼 수 있다. 만일 $u(x)=u_n\prod_{j=1}^n(x-\alpha_j)$이면

$$[u]^2\le|u_n|^2\prod_{j=1}^n[x-\alpha_j]^2$$
$$=|u_n|^2\prod_{j=1}^n(1+|\alpha_j|^2)\le|u_n|^2\prod_{j=1}^n(2\max(1,|\alpha_j|)^2)=2^nM(u)^2$$

이기 때문이다.

22. 좀 더 일반적으로는, $r=\gcd(p,q)$이고 p,q가 반드시 소수일 필요는 없다고 할 때 $u(x)\equiv v(x)w(x)$ (modulo q), $a(x)v(x)+b(x)w(x)\equiv 1$ (modulo p), $c\cdot\ell(v)\equiv 1$ (modulo r), $\deg(a)<\deg(w)$, $\deg(b)<\deg(v)$, $\deg(u)=\deg(v)+\deg(w)$라고 가정하자. $u(x)\equiv V(x)W(x)$ (modulo qr), $\ell(V)=\ell(v)$, $\deg(V)=\deg(v)$, $\deg(W)=\deg(w)$를 만족하는 다항식 $V(x)\equiv v(x)$와 $W(x)\equiv w(x)$ (modulo q)를 만들어야 한다. 더 나아가서 만일 r이 소수이면 결과들은 qr를 법으로 하여 유일해야 한다.

주어진 문제를 풀기 위해서는 $V(x)=v(x)+q\overline{v}(x)$, $W(x)=w(x)+q\overline{w}(x)$, $\deg(\overline{v})<\deg(v)$, $\deg(\overline{w})\le\deg(w)$와

$$(v(x)+q\overline{v}(x))(w(x)+q\overline{w}(x))\equiv u(x)\pmod{qr}$$

를 만족하는 $\overline{v}(x)$와 $\overline{w}(x)$를 구해야 한다. 그런데 마지막 조건은 $f(x)$가 $u(x)\equiv v(x)w(x)+qf(x)$ (modulo qr)을 만족한다고 할 때 $\overline{w}(x)v(x)+\overline{v}(x)w(x)\equiv f(x)$ (modulo r)과 동치이다. 모든 $t(x)$에 대해

$$(a(x)f(x)+t(x)w(x))v(x)+(b(x)f(x)-t(x)v(x))w(x)\equiv f(x)\pmod{r}$$

가 성립한다. $\ell(v)$에는 r을 법으로 하는 역수가 존재하므로, $\deg(bf - tv) < \deg(v)$인 몫 $t(x)$를 알고리즘 4.6.1D로 구할 수 있다. 이 $t(x)$의 경우 $\deg(f) \le \deg(u) = \deg(v) + \deg(w)$이므로 $\deg(af + tw) \le \deg(w)$이다. 따라서 요구된 해는 $\overline{v}(x) = b(x)f(x) - t(x)v(x) = b(x)f(x)$ $\bmod\ v(x)$, $\overline{w}(x) = a(x)f(x) + t(x)w(x)$이다. 만일 $(\overline{\overline{v}}(x), \overline{\overline{w}}(x))$가 또 다른 해라면 $(\overline{\overline{w}}(x) - \overline{w}(x))v(x) \equiv (\overline{\overline{v}}(x) - \overline{v}(x))w(x)$ $(\text{modulo } r)$이 성립한다. 따라서 만일 r이 소수이면 $v(x)$는 반드시 $\overline{\overline{v}}(x) - \overline{v}(x)$의 약수이어야 한다. 그런데 $\deg(\overline{\overline{v}} - \overline{v}) < \deg(v)$이므로 $\overline{\overline{v}}(x) = \overline{v}(x)$이고 $\overline{\overline{w}}(x) = \overline{w}(x)$이다.

만일 p가 q의 약수이면 $r = p$도 약수이므로, 이상의 방법으로 구한 $V(x)$와 $W(x)$는 헨젤의 보조정리에서 요구되는 $a(x)V(x) + b(x)W(x) \equiv 1$ $(\text{modulo } p)$도 만족한다.

$p = 2$에 대해서는 인수분해를 다음과 같이 진행한다(계수들만 표시했으며, 음의 숫자들에는 윗줄을 붙였다): 연습문제 10에 의해, 1비트 2의 보수 표기법 하에서 $v_1(x) = (\overline{1}\,\overline{1}\,\overline{1})$, $w_1(x) = (\overline{1}\,\overline{1}\,\overline{1}\,0\,0\,\overline{1}\,\overline{1})$이다. 유클리드의 확장된 알고리즘을 적용하면 $a(x) = (1\,0\,0\,0\,0\,1)$, $b(x) = (1\,0)$이 나온다. 연습문제 20에 의해 인수 $v(x) = x^2 + c_1 x + c_0$은 반드시 $|c_1| \le \lfloor 1 + \sqrt{113} \rfloor = 11$, $|c_0| \le 10$를 만족해야 한다. 헨젤의 보조정리를 세 번 적용하면 $v_4(x) = (1\,3\,\overline{1})$, $w_4(x) = (1\,3\,\overline{5}\,4\,\overline{4}\,3\,5)$를 얻을 수 있다. 따라서 $c_1 \equiv 3$이고 $c_0 \equiv -1$ $(\text{modulo } 16)$이다. $u(x)$의 2차 인수들 중 유일하게 가능한 것은 $x^2 + 3x - 1$이다. 나눗셈이 실패하므로, $u(x)$는 기약다항식이다. (이 연습문제까지 해서 이 다항식 (22)가 기약다항식임을 총 네 가지 개별적인 방법들로 증명해 보았으니만큼, 이 다항식에 인수들이 존재할 가능성은 별로 없을 것이다.)

차센하우스Hans Zassenhaus는 q뿐만 아니라 p도 증가시킨다면 그러한 계산들을 더 빠르게 수행할 수 있는 경우가 많음을 밝혔다. 위의 표기법 하에서 $r = p$일 때에는 $A(x)V(x) + B(x)W(x) \equiv 1$ $(\text{modulo } p^2)$인 $A(x)$와 $B(x)$를 구할 수 있다. $\overline{a}(x)V(x) + \overline{b}(x)W(x) \equiv g(x)$ $(\text{modulo } p)$, $a(x)V(x) + b(x)W(x) \equiv 1 - pg(x)$ $(\text{modulo } p^2)$라 할 때 $A(x) = a(x) + p\overline{a}(x)$, $B(x) = b(x) + p\overline{b}(x)$로 두면 된다. 또한 $\ell(V)C \equiv 1$ $(\text{modulo } p^2)$인 C도 구할 수 있다. 이러면 제곱없는 인수분해 $u(x) \equiv v(x)w(x)$ $(\text{modulo } p)$를 p^2, p^4, p^8, p^{16} 등을 법으로 한 그것의 유일한 확장들로 끌어올릴(lift) 수 있다. 그러나 실제 응용의 경우 이런 "상승된" 절차의 이득은 법들이 배정도에 도달한 후부터 감소되기 시작한다. 왜냐하면 실용적인 범위의 다중 정밀도 수들을 곱하는 데 필요한 추가 시간이 법을 직접 제곱함으로써 얻는 시간 절약을 능가하기 때문이다. 계산의 관점에서는 연속된 법들 p, p^2, p^4, p^8, ..., p^E, p^{E+e}, p^{E+2e}, p^{E+3e}, ...들을 사용하는 것이 바람직하다. 여기서 E는 p^E이 단정도보다 크게 되는 가장 작은 2의 거듭제곱이고 e는 p^e이 단정도를 유지하는 가장 큰 정수이다.

"헨젤의 보조정리"는 사실 1799년에 가우스C. F. Gauss가 *Analysis Residuorum*라는 이름의 미완성 저서 초고의 §373-374에서 밝힌 것이다. 가우스는 그 원고의 내용 대부분을 그의 *Disquisitiones Arithmeticæ* (1801)로 옮겼으나, 다항식 인수분해에 관한 발상들은 그가 죽은 후에야 출판되었다 〔그의 *Werke* 2 (Göttingen, 1876), 238을 볼 것〕. 이 보조정리에 헨젤이라는 이름이 붙은 것은, 그것이 기본적으로는 p아딕 수(연습문제 4.1–31 참고)에 대한 이론의 기초이기 때문이다. 이 보조정리는 여러 가지 방식으로 일반화할 수 있다. 첫째로, 만일 인수들이 더 많이 존재한다면, 이를테면 $u(x) \equiv v_1(x)v_2(x)v_3(x) \pmod{p}$라면, $a_1(x)v_2(x)v_3(x) + a_2(x)v_1(x)v_3(x) + a_3(x)v_1(x)v_2(x) \equiv 1 \pmod{p}$이고 $\deg(a_i) < \deg(v_i)$인 $a_1(x)$, $a_2(x)$, $a_3(x)$를 구할 수 있다. (본질적으로 $1/u(x)$는 $\sum a_i(x)/v_i(x)$ 형태의 부분분수로 전개된다.) 이제, 이에 정확히 비견되는 한 구축법을 통해서 v_1과 v_2의 선행계수들을 바꾸지 않고도 인수분해를 끌어올릴 수 있다. $\overline{v}_1(x) = a_1(x)f(x) \bmod v_1(x)$, $\overline{v}_2(x) = a_2(x)f(x) \bmod v_2(x)$등으로 두면 된다. 또 하나의 중요한 일반화는, 이 정리를 다변수 gcd 계산과 인수분해를 수행할 때의, 형태가 각각 p^e, $(x_2 - a_2)^{n_2}$, ..., $(x_t - a_t)^{n_t}$인 여러 개의 동시적인(simultaneous) 법들에 대한 것으로 일반화하는 것이다. 이에 대해서는 D. Y. Y. Yun, Ph.D. Thesis (M.I.T., 1974)을 볼 것.

23. $\mathrm{pp}(u(x))$의 판별식은 0이 아닌 정수이다(연습문제 4.6.1–12 참고). 그리고 p를 법으로 한 인수는 오직 p가 그 판별식을 나눌 때에만 여러 개이다. 〔3을 법으로 한 (22)의 인수분해는 $(x+1)(x^2 - x - 1)^2(x^3 + x^2 - x + 1)$이다. 이 다항식의 제곱 인수들은 $p = 3$ 또는 23, 233, 121702457에서만 나타난다. 만일 $n = \deg(u)$이고 $u(x)$의 계수들의 한계가 N일 때 가장 작은 불운한 소수는 최대 $O(n \log Nn)$이며, 이를 증명하는 것은 어렵지 않다.〕

24. 유리계수 모닉다항식에 0이 아닌 적당한 정수를 곱해서 정수에 관한 원시다항식을 얻고, 그 다항식을 정수에 관해 인수분해하고, 그런 다음에는 인수들을 다시 모닉으로 변환한다. (이런 방식에서 어떠한 인수분해도 사라지지 않는다. 연습문제 4.6.1–8을 볼 것.)

25. 상수 항을 살펴보면 차수가 1인 인수는 없음을 알 수 있다. 따라서 만일 그 다항식이 가약이면 그 다항식에는 반드시 차수가 2인 인수 하나와 3인 인수 하나가 존재한다. 2를 법으로 하여 인수들은 $x(x+1)^2(x^2 + x + 1)$이다. 이는 그리 도움이 되지 않는다. 3을 법으로 하면 인수들은 $(x+2)^2(x^3 + 2x + 2)$이다. 5를 법으로 하면 $(x^2 + x + 1)(x^3 + 4x + 2)$이다. 따라서 답은 $(x^2 + x + 1)(x^3 - x + 2)$이다.

26. $D \leftarrow (0\ldots01)$(집합 $\{0\}$을 나타낸다)로 설정한다. 그런 다음 $1 \le j \le r$에 대해 $D \leftarrow D \mid (D \ll d_j)$로 설정한다. 여기서 $\mid$는 비트단위 "OR" 연산을 의미하며 $D \ll d$는 D를 왼쪽으로 d비트만큼 자리이동하는 것을 뜻한다. (실제로는 길이가 $\lceil (n+1)/2 \rceil$인 하나의 비트 벡터만 다루면 된다. 오직 m이 그 집합의 원소일 때에만 $n - m$이 그 집합의 원소이기 때문이다.)

27. 연습문제 4는 n차 무작위 다항식이 p를 법으로 하여 기약일 확률은 상당히 낮은 $1/n$ 정도임을 말해준다. 그런데 중국인의 나머지 정리에 의하면 정수에 관한 n차 무작위 모닉다항식이 k개의 서로 다른 소수 각각에 대해 기약일 확률은 약 $(1 - 1/n)^k$이며, 이는 $k \to \infty$에 따라 0에 접근한다. 따라서 정수에 관한 거의 모든 원시다항식은 기약이다. 〔또 다른 증명이 W. S. Brown, *AMM* **70** (1963), 965–969에 나온다.〕

28. 연습문제 4를 참고할 것. 요구된 확률은 $[z^n](1 + a_{1p}z/p)(1 + a_{2p}z^2/p^2)(1 + a_{3p}z^3/p^3)\dots$으로, 이것의 극한값은 $g(z) = (1+z)(1 + \frac{1}{2}z^2)(1 + \frac{1}{3}z^3)\dots$이다. $1 \le n \le 10$에 대해 답은 1, $\frac{1}{2}$, $\frac{5}{6}$, $\frac{7}{12}$, $\frac{37}{60}$, $\frac{79}{120}$, $\frac{173}{280}$, $\frac{101}{168}$, $\frac{127}{210}$, $\frac{1033}{1680}$이다. $[f(y) = \ln(1+y) - y = O(y^2)$이라고 하자. 그러면

$$g(z) = \exp\left(\sum_{n \ge 1} z^n/n + \sum_{n \ge 1} f(z^n/n)\right) = h(z)/(1-z)$$

이며, $n \to \infty$에 따라 극한 확률이 $h(1) = \exp\left(\sum_{n \ge 1} f(1/n)\right) = e^{-\gamma} \approx .56146$임을 보일 수 있다. 실제로 브라윈 N. G. de Bruijn은 점근 공식 $\lim_{p \to \infty} a_{np} = e^{-\gamma} + e^{-\gamma}/n + O(n^{-2}\log n)$을 입증했다. 〔D. H. Lehmer, *Acta Arith.* **21** (1972), 379–388; D. H. Greene, D. E. Knuth, *Math. for the Analysis of Algorithms* (Boston: Birkhäuser, 1981), §4.1.6을 볼 것.〕 한편 $p = 2$일 때 $1 \le n \le 10$에 대한 답들은 더 작다: 1, $\frac{1}{4}$, $\frac{1}{2}$, $\frac{7}{16}$, $\frac{7}{16}$, $\frac{7}{16}$, $\frac{27}{64}$, $\frac{111}{256}$, $\frac{109}{256}$, $\frac{109}{256}$이다. 크노프마허 A. Knopfmacher와 바를리몬트 R. Warlimont는 고정된 p에 대해 확률이 $c_p + O(1/n)$임을 *Trans. Amer. Math. Soc.* **347** (1995), 2235–2243에서 증명한 바 있다(여기서 $c_p = \prod_{m \ge 1} e^{-1/m}(1 + a_{mp}/p^m)$이고 $c_2 \approx .397$).〕

29. $q_1(x)$와 $q_2(x)$가 $g(x)$의 기약 약수들 중 임의의 두 약수라고 하자. 중국인의 나머지 정리에 의해(연습문제 3), 차수가 $< 2d$인 다항식 $t(x)$를 임의로 선택하는 것은 $t_i(x) = t(x) \bmod q_i(x)$라고 할 때 차수가 $< d$인 임의의 두 다항식 $t_1(x)$와 $t_2(x)$를 선택하는 것과 동치이다. gcd는 만일 $t_1(x)^{(p^d-1)/2} \bmod q_1(x) = 1$이고 $t_2(x)^{(p^d-1)/2} \bmod q_1(x) \ne 1$이면 하나의 진약수이며 그 역도 마찬가지이다. 그리고 이 조건을 만족하는 $t_1(x)$과 $t_2(x)$의 선택들은 정확히 $2((p^d-1)/2)((p^d+1)/2) = (p^{2d}-1)/2$가지이다.

참고: 여기서는 두 기약 인수들에 대한 습성만을 고려하지만, 진정한 습성은 아마도 더 나을 것이다. 각 기약 인수 $q_i(x)$가 각 $t(x)$에 대해 $t(x)^{(p^d-1)/2} - 1$의 약수일 확률이 다른 $q_j(x)$와 $t(x)$의 습성과는 독립적으로 $\frac{1}{2}$이라고 가정하자. 그리고 $g(x)$의 기약 인수들이 전체적으로 r개라고 하자. 시도된 일련의 t들에 대해 $q_i(x)$가 $t(x)^{(p^d-1)/2} - 1$의 약수이냐 아니냐에 따라 0 또는 1이 되게 하는 식으로 $q_i(x)$을 0들과 1들의 수열로 부호화하면 r개의 말단(lief)† 노드들을 가진 하나의 무작위 이진 트라이(trie, 6.3절 참고)가 나온다. 이 트라이의 한 내부 노드는 m개의 말단들을 후손으로 가지며, 그 내부 노드에 연관된 비용은 $O(m^2(\log p))$이다. 그리고 점화식 $A_n = \binom{n}{2} + 2^{1-n}\sum\binom{n}{k}A_k$의 해는 연습문제 5.2.2–36에 의해 $A_n = 2\binom{n}{2}$이다. 주어진 한 무작위 트라이의 비용들의 합($g(x)$를 완전하게 인수분해하는 데 필요한 평균 시간을 나타낸다)은 이런 그럴듯한 가정 하에서 $O(r^2(\log p)^3)$이다. 만일 $t(x)$의 차수를 $< 2d$로 한정하는 대신 $< rd$에서 무작위하게 선택한다면 이 그럴듯한 가정은 엄밀하게 참이 된다.

---

† 〔옮긴이 주〕 트리의 말단 노드, 즉 잎(leaf)에 해당하는 트라이(trie)의 용어. 복수형은 lieves이다. 연습문제 6.3–1에 나온다.

30. $T(x) = x + x^p + \cdots + x^{p^{d-1}}$이 x의 궤적(trace)이라고 하자. 그리고 $v(x) = T(t(x)) \bmod q(x)$라고 하자. $q(x)$를 법으로 한 다항식 나머지들의 체에서 $t(x)^{p^d} = t(x)$이므로, 그 체에서 $v(x)^p = v(x)$가 성립한다. 다른 말로 하면, $v(x)$는 방정식 $y^p - y = 0$의 p개의 근들 중 하나이다. 따라서 $v(x)$는 하나의 정수이다.

이로부터 $\prod_{s=0}^{p-1} \gcd(g_d(x), T(t(x)) - s) = g_d(x)$가 확인된다. 특히 $p = 2$일 때는, $g_d(x)$가 적어도 두 개의 기약 인수들을 가지며 $t(x)$가 차수가 $< 2d$인 무작위 이진 다항식이라 할 때 $\gcd(g_d(x), T(t(x)))$가 $g_d(x)$의 한 진인수일 확률은 $\geq \frac{1}{2}$이다. 이는 연습문제 29에서와 같은 방식으로 증명할 수 있다.

〔우선 $u(x) \leftarrow t(x)$로 설정하고 $u(x) \leftarrow (t(x) + u(x)^p) \bmod g(x)$를 반복해서 $d-1$번 설정함으로써 $T(t(x)) \bmod g(x)$를 계산할 수 있음을 주목할 것. 이 연습문제의 방법은 임의의 p에 대해 성립하는 다항식 인수분해 $x^{p^d} - x = \prod_{s=0}^{p-1}(T(x) - s)$에 근거를 둔 것이다. 한편 공식 (21)은 홀수 p에 대한 다항식 인수분해 $x^{p^d} - x = x(x^{(p^d-1)/2} + 1)(x^{(p^d-1)/2} - 1)$에 근거를 둔 것이다.〕

궤적은 데데킨트Richard Dedekind가 *Abhandlungen der Königl. Gesellschaft der Wissenschaften zu Göttingen* **29** (1882), 1-56에서 소개했다. $\gcd(f(x), T(x) - s)$를 계산해서 $f(x)$의 인수들을 구하는 기법은 아르빈A. Arwin의 *Arkiv för Mat., Astr. och Fys.* **14**, (1918), 1-46으로 거슬러 올라간다. 그러나 그의 방법은 $t(x) \neq x$에 대한 $T(t(x))$를 고려하지 않았다는 점에서 불완전한 것이다. 이후 궤적들을 이용한 완전한 인수분해 알고리즘이 R. J. McEliece, *Math. Comp.* **23** (1969), 861-867에 발표되었다. 또한 점근적으로 빠른 결과들에 대해서는 von zur Gathen, Shoup, *Computational Complexity* **2** (1992), 187-224, 알고리즘 3.6을 볼 것.

코엥Henri Cohen은 $p = 2$에 대해 이 방법을 적용할 때 최대 d개의 특별한 경우 $t(x) = x, x^3, \ldots, x^{2d-1}$들만 판정하는 것으로 충분함을 밝혔다. $t(x)$의 그러한 선택들 중 하나는 g_d가 가약이면 항상 $g_d(x)$를 분할함이 보장된다. 왜냐하면, $T(t(x)^p) \equiv T(t(x))$이고 $T(u(x) + t(x)) \equiv T(u(x)) + T(t(x))$ (modulo $g_d(x)$)라는 사실을 이용하면 그런 특별한 경우들로부터 차수가 $< 2d$인 모든 다항식 $t(x)$의 효과들을 얻을 수 있기 때문이다. 〔*A Course in Computational Algebraic Number Theory* (Springer, 1993), 알고리즘 3.4.8.〕

31. α가 p^d개의 원소들로 된 체의 한 원소라고 할 때, $\alpha^{p^e} = \alpha$를 만족하는 가장 작은 지수 e를 α의 차수(degree)라고 하고 그것을 $d(\alpha)$로 표기하자. 이제 다항식

$$P_\alpha(x) = (x - \alpha)(x - \alpha^p) \ldots (x - \alpha^{p^{d-1}}) = q_\alpha(x)^{d/d(\alpha)}$$

을 고려한다. 여기서 $q_\alpha(x)$는 $d(\alpha)$차 기약다항식이다. α가 그 체의 모든 원소를 거쳐 감에 따라 해당 $q_\alpha(x)$는 d의 약수 e를 차수로 하는 모든 기약다항식들을 거쳐 가게 된다. 그리고 그런 모든 기약다항식은 정확히 e번 나타난다. 이 때 그 체에서 오직 $(\alpha + t)^{(p^d-1)/2} = 1$일 때에만 $(x + t)^{(p^d-1)/2} \bmod q_\alpha(x) = 1$이 성립한다. 만일 t가 정수이면 $d(\alpha + t) = d(\alpha)$이므로, $n(p, d)$

는 d^{-1}에 차수가 d이고 $\alpha^{(p^d-1)/2}=1$을 만족하는 원소 α들의 개수를 곱한 것이다. 비슷하게, $t_1 \neq t_2$일 때에는 $(\alpha+t_1)^{(p^d-1)/2}=(\alpha+t_2)^{(p^d-1)/2}$을, 또는 그와 동치인 $((\alpha+t_1)/(\alpha+t_2))^{(p^d-1)/2}=1$을 만족하는 d차 원소들의 개수를 구하면 된다. α가 모든 d차 원소를 거쳐 감에 따라 수량 $(\alpha+t_1)/(\alpha+t_2)=1+(t_1-t_2)/(\alpha+t_2)$가 그런 모든 원소를 거쳐 간다.

[$n(p,d)=\frac{1}{4}d^{-1}\sum_{c\backslash d}(3+(-1)^c)\mu(c)(p^{d/c}-1)$이 성립하며 이는 전체 기약 개수의 약 반이다. 그리고 d가 홀수일 때에는 정확히 반이다. 이는 t가 고정되고 $g_d(x)$가 무작위로 선택된다고 할 때 $\gcd(g_d(x),(x+t)^{(p^d-1)/2}-1)$로 $g_d(x)$의 인수들을 발견할 확률이 크다는 점을 증명한다. 그러나 무작위화 알고리즘은 고정된 $g_d(x)$와 무작위한 t에 대해 보장된 확률로 성공한다고 간주된다(연습문제 29에 의해).]

32. (a) $x^n-1=\prod_{d\backslash n}\Psi_d(x)$임은 명백하다. 단위원의 모든 복소 n제곱근은 어떤 고유한 $d\backslash n$에 대해 원시 d제곱근이기 때문이다. 두 번째 항등식은 첫 번째 항등식으로부터 비롯된다. 그리고 $\Psi_n(x)$는 정수 계수 모닉다항식들의 곱과 몫들로 표현되었으므로 정수 계수들을 가진다.

(b) 힌트의 조건은 $f(x)=\Psi_n(x)$의 충분조건이므로 힌트를 따르는 게 합당하다. p가 n의 약수가 아닐 때에는 p를 법으로 하여 $x^n-1\perp nx^{n-1}$이 성립하므로 x^n-1은 p를 법으로 하여 제곱없는 다항식이다. $f(x)$와 ζ가 힌트에서처럼 주어졌을 때, $g(x)$가 $\Psi_n(x)$의 한 기약 인수이고 $g(\zeta^p)=0$을 만족한다고 하자. 만일 $g(x)\neq f(x)$이면 $f(x)$와 $g(x)$는 $\Psi_n(x)$의 서로 다른 인수들이며, 따라서 x^n-1의 서로 다른 인수들이다. 그러므로 이 둘에는 p를 법으로 하는 공통의 기약 인수가 존재하지 않는다. 그러나 ζ는 $g(x^p)$의 한 근이므로 정수에 관해 $\gcd(f(x),g(x^p))\neq 1$이며, 따라서 $f(x)$는 $g(x^p)$의 약수이다. (5)에 의해 $f(x)$는 p를 법으로 하여 $g(x)^p$의 약수인데, 이는 $f(x)$와 $g(x)$에 공통의 기약 인수가 없다는 가정과 위배된다. 그러므로 $f(x)=g(x)$이다. [소수 n에 대한 $\Psi_n(x)$의 기약성은 가우스[C. F. Gauss]가 *Disquisitiones Arithmeticæ* (Leipzig: 1801), Art. 341에서 처음으로 증명했다. 일반적인 n에 대한 최초의 증명은 L. Kronecker, *J. de Math. Pures et Appliquées* **19** (1854), 177–192이다.]

(c) $\Psi_1(x)=x-1$이다. 그리고 p가 소수일 때 $\Psi_p(x)=1+x+\cdots+x^{p-1}$이다. 만일 $n>1$이 홀수이면 $\Psi_{2n}(x)=\Psi_n(-x)$임을 증명하는 것이 어렵지 않다. 만일 p가 n의 약수이면 부문제 (a)의 두 번째 항등식에 의해 $\Psi_{pn}(x)=\Psi_n(x^p)$이다. 만일 p가 n의 약수가 아니면 $\Psi_{pn}(x)=\Psi_n(x^p)/\Psi_n(x)$이 된다. 소수가 아닌 $n\leq 15$들에 대해서는 $\Psi_4(x)=x^2+1$, $\Psi_6(x)=x^2-x+1$, $\Psi_8(x)=x^4+1$, $\Psi_9(x)=x^6+x^3+1$, $\Psi_{10}(x)=x^4-x^3+x^2-x+1$, $\Psi_{12}(x)=x^4-x^2+1$, $\Psi_{14}(x)=x^6-x^5+x^4-x^3+x^2-x+1$, $\Psi_{15}(x)=x^8-x^7+x^5-x^4+x^3-x+1$이다. [공식 $\Psi_{pq}(x)=(1+x^p+\cdots+x^{(q-1)p})(x-1)/(x^q-1)$을 이용해서, p와 q가 소수일 때 $\Psi_{pq}(x)$의 계수들이 모두 ± 1 또는 0임을 증명할 수 있다. 그러나 $\Psi_{pqr}(x)$의 계수들은 얼마든지 클 수 있다.]

33. 거짓. 지수 e_j가 p로 나누어지는 p_j들은 모두 소실된다. 만일 $p>\deg(u)$이면 참이다. [연습문제 36 참고.]

34. 〔D. Y. Y. Yun, *Proc. ACM Symp. Symbolic and Algebraic Comp.* (1976), 26-35.〕
$(t(x), v_1(x), w_1(x)) \leftarrow \mathrm{GCD}(u(x), u'(x))$로 설정한다. 만일 $t(x) = 1$이면 $e \leftarrow 1$로 설정하고,
그렇지 않으면 $w_e(x) - v_e'(x) = 0$가 나올 때까지 $i = 1, 2, ..., e-1$에 대해 $(u_i(x), v_{i+1}(x),$
$w_{i+1}(x)) \leftarrow \mathrm{GCD}(v_i(x), w_i(x) - v_i'(x))$로 설정한다. 끝으로 $u_e(x) \leftarrow v_e(x)$로 설정한다.

이 알고리즘의 유효성을 증명해보자. 우선 이 알고리즘이 다항식 $t(x) = u_2(x)u_3(x)^2u_4(x)^3...$
과 $v_i(x) = u_i(x)u_{i+1}(x)u_{i+2}(x)...,$ 그리고

$$w_i(x) = u_i'(x)u_{i+1}(x)u_{i+2}(x)... + 2u_i(x)u_{i+1}'(x)u_{i+2}(x)... +$$
$$3u_i(x)u_{i+1}(x)u_{i+2}'(x)... + \cdots$$

을 계산한다는 점에 주목한다. $u_i(x)$의 기약 인수는 $w_1(x)$의 i번째 항을 제외한 모든 항의 약수이므
로, 그리고 그 항과 서로 소이므로, $t(x) \perp w_1(x)$가 성립한다. 더 나아가서, $u_i(x) \perp v_{i+1}(x)$임은
명백하다.

〔연습문제 2(b)에 의해서 대부분의 다항식들이 제곱없음임이 증명되었지만, 실제 응용에서는
제곱없음이 아닌 다항식들이 자주 나타난다. 따라서 이 방법은 상당히 중요하다고 할 수 있다. 효율성
개선에 대해서는 Paul S. Wang, Barry M. Trager, *SICOMP* **8** (1979), 300-305를 볼 것. p를
법으로 한 제곱없는 인수분해는 Bach, Shallit, *Algorithmic Number Theory* **1** (MIT Press, 1996)
의 연습문제 7.27의 해답에 논의되어 있다.〕

35. $w_j(x) = \gcd(u_j(x), v_j^*(x)) \cdot \gcd(u_{j+1}^*(x), v_j(x))$이다. 여기서

$$u_j^*(x) = u_j(x)u_{j+1}(x)... \qquad 이고 \qquad v_j^*(x) = v_j(x)v_{j+1}(x)...$$

이다. 〔윤Yun은 연습문제 34의 방법에 의한 제곱없는 인수분해의 실행 시간이 $\gcd(u(x), u'(x))$
계산을 위한 실행 시간의 두 배를 넘지 않음을 지적했다. 더 나아가서, 만일 제곱없는 인수분해를
구하는 임의의 방법이 주어졌다면, 이 연습문제의 방법은 gcd를 구하는 절차로 이어진다. ($u(x)$와
$v(x)$가 제곱없음이면 이 둘의 gcd는 $w(x) = u(x)v(x) = w_1(x)w_2(x)^2$이라고 할 때 그냥 $w_2(x)$
이다. 다항식 $u_j(x), v_j(x), u_j^*(x), v_j^*(x)$는 모두 제곱없는 다항식이다.) 따라서 하나의 n차 원시
다항식을 해당 제곱없는 표현으로 변환하는 문제는 두 n차 다항식의 gcd를 계산하는 문제와 계산적으
로 동치이다(최악의 경우의 점근적 실행시간의 관점에서).〕

36. 연습문제 34의 절차를 이용해서 "$u_j(x)$"에 대해 계산한 값을 $U_j(x)$라고 하자. 만일 $\deg(U_1) +$
$2\deg(U_2) + \cdots = \deg(u)$이면 모든 j에 대해 $u_j(x) = U_j(x)$이다. 그러나 일반적으로는 $e < p$이
고 $1 \le j < p$에 대해 $U_j(x) = \prod_{k \ge 0} u_{j+pk}(x)$가 된다. $t(x)/(U_2(x)U_3(x)^2...U_{p-1}(x)^{p-2})$
$= \prod_{j \ge p} u_j(x)^{p\lfloor j/p \rfloor} = z(x^p)$을 계산해서 이 인수들을 더 분리할 수 있다. $z(x) = (z_1(x), z_2(x),$
$...)$의 제곱없는 표현들을 재귀적으로 구한 후에는 $z_k(x) = \prod_{0 \le j < p} u_{j+pk}(x)$가 성립하게 되므로,
$1 \le j < p$에 대해 공식 $\gcd(U_j(x), z_k(x)) = u_{j+pk}(x)$를 이용해서 개별 $u_i(x)$를 계산할 수 있다.
$z_k(x)$의 다른 인수들을 제거하고 나면 다항식 $u_{pk}(x)$가 남는다.

참고: 이 절차는 상당히 간단하나 실제로 구현하면 긴 프로그램이 된다. 만일 p를 법으로 한 완전한 인수분해를 구하는 짧은 프로그램(극도로 효율적인 프로그램이 아니라)을 만드는 것이 목적이라면, gcd가 1이 될 때까지 d의 같은 값에 대해 $\gcd(x^{p^d} - x, u(x))$를 여러 번 출력하도록 개별 차수 인수분해 루틴을 수정해서 사용하는 것이 가장 쉬운 방법일 것이다. 그런 경우 본문에서처럼 $\gcd(u(x), u'(x))$의 계산으로 시작해서 여러 인수들을 제거하는 식으로 진행할 필요는 없다. 다항식 $x^{p^d} - x$는 제곱없는 다항식이기 때문이다.

37. 정확한 확률은 값이 j와 같은 d_i들의 개수를 k_j라고 할 때 $\prod_{j \geq 1} (a_{jp}/p^j)^{k_j}/k_j!$이다. 연습문제 4에 의해 $a_{jp}/p^j \approx 1/j$이므로, 연습문제 1.3.3-21의 공식을 얻을 수 있다.

참고: 이 연습문제는 만일 소수 p를 고정시키고 다항식 $u(x)$를 무작위로 둔다면 그 다항식이 p를 법으로 해서 하나의 주어진 방식으로 분리될 확률이 특정하게 존재함을 말해준다. 다항식 $u(x)$를 고정시키고 p를 "무작위"로 두는 것은 훨씬 더 어려운 문제이다. 알고 보면 거의 모든 $u(x)$에 대해 동일한 점근적 결과가 성립한다. 프로베니우스G. Frobenius는 큰 소수들 중에서 p를 무작위로 선택할 때 정수 다항식 $u(x)$가 p를 법으로 하여 $d_1, ..., d_r$차 인수들로 분리될 확률이 $u(x)$들의 갈루아군 G의 순열들 중 순환마디 길이가 $\{d_1, ..., d_r\}$인 것들의 개수를 G의 순열 전체 개수로 나눈 것과 같음을 1880년에 증명하였다. 〔$u(x)$의 계수들이 유리수이고 서로 복소수에 대한 서로 다른 근들이 $\xi_1, ..., \xi_n$일 때, 그 갈루아군은 다항식 $\prod_{p(1)...p(n) \in G} (z + \xi_{p(1)} y_1 + \cdots + \xi_{p(n)} y_n) = U(z, y_1, ..., y_n)$의 계수들이 유리수이고 그 다항식이 유리수에 관해 기약임을 만족하는 순열들의 (고유한)군 G이다. G. Frobenius, *Sitzungsberichte Königl. preuß. Akad. Wiss.* (Berlin: 1896), 689–703 참고. 이 유명한 논문 덕분에, 선형 사상 $x \mapsto x^p$을 전통적으로 프로베니우스 동형(Frobenius automorphism)이라고 부르게 되었다.〕 더 나아가서 판데르바에르던은 1934년에 거의 모든 n차 다항식이 $n!$개의 순열들 전부의 집합을 자신의 갈루아군으로 가짐을 증명했다 〔*Math. Annalen* **109** (1934), 13-16〕. 따라서 거의 모든 고정된 기약다항식 $u(x)$는 무작위로 선택된 큰 정수 p들에 대하여 우리가 그럴 것이라고 기대한 바 그대로 인수분해된다. 또한 프로베니우스의 정리를 갈루아군의 켤레변형류(conjugacy class)들로 일반화하는 것에 대해서는 N. Chebotarev, *Math. Annalen* **95** (1926)를 볼 것.

38. 주어진 조건들은 $|z| = 1$일 때 $|u_{n-2} z^{n-2} + \cdots + u_0| < |u_{n-1}| - 1 \leq |z^n + u_{n-1} z^{n-1}|$이거나 $|u_{n-3} z^{n-3} + \cdots + u_0| < u_{n-2} - 1 \leq |z^n + u_{n-2} z^{n-2}|$임을 함의한다. 그러므로, 루셰Rouché의 정리 〔*J. École Polytechnique* **21**, (1858), 1-34〕에 의해 $u(z)$의 근들 중 원 $|z| = 1$ 안에 있는 것들은 적어도 $n - 1$개 또는 $n - 2$개이다. 만일 $u(z)$가 가약이면 $u(z)$를 모닉 정수 다항식 v와 w의 곱 $v(z)w(z)$로 표현할 수 있다. v와 w의 근들의 곱들은 0이 아닌 정수들이므로 각 인수는 절대값이 ≥ 1인 하나의 근을 가진다. 따라서 유일한 가능성은 v와 w 모두가 그러한 근을 정확히 하나 가지며 $u_{n-1} = 0$이라는 것뿐이다. 이 근들은 반드시 실수이어야 한다. 그 복소켤레들이 근들이기 때문이다. 따라서 $u(z)$는 $|z_0| \geq 1$를 만족하는 실근 z_0를 가진다. 그런데 이는 불가능하다. 왜냐하

면 만일 $r = 1/z_0$이면 $0 = |1 + u_{n-2}r^2 + \cdots + u_0 r^n| \geq 1 + u_{n-2}r^2 - |u_{n-3}|r^3 - \cdots - |u_0|r^n > 1$이 되기 때문이다. 〔O. Perron, *Crelle* **132** (1907), 288-307; 일반화로는 A. Brauer, *Amer. J. Math.* **70** (1948), 423-432, **73** (1951), 717-720을 볼 것.〕

39. 우선 힌트를 증명한다: $u(x) = a(x - \alpha_1)\ldots(x - \alpha_n)$이 정수 계수들을 가진다고 하자. $u(x)$와 $y - t(x)$의 종결식은 하나의 행렬식이므로, 그것은 하나의 정수 계수 다항식 $r_t(y) = a^{\deg(t)}(y - t(\alpha_1))\ldots(y - t(\alpha_n))$이다(연습문제 4.6.1-12). 만일 $u(x)$가 $v(t(x))$를 나눈다면 $v(t(\alpha_1)) = 0$이며 따라서 $r_t(y)$와 $v(y)$는 공통의 인수를 가진다. 그러므로 만일 v가 기약이면 $\deg(u) = \deg(r_t) \geq \deg(v)$가 된다.

어떤 기약다항식 $u(x)$가 주어졌으며 그것이 실제로 기약임을 간단하게 증명하고 싶다고 하자. 연습문제 18에 의해 $u(x)$가 모닉다항식이라고 가정할 수 있으며, $\deg(u) \geq 3$라고 가정할 수 있다. 핵심은 $v(y) = r_t(y)$가 연습문제 38의 조건들에 비추어 기약임을 만족하는 하나의 다항식 $t(x)$가 존재함을 보이는 것이다. 그것을 보였다면, $u(x)$의 모든 인수가 다항식 $v(t(x))$을 나눈다는 사실을 알 수 있으며, 그 사실로 $u(x)$가 기약임이 증명된다. 만일 $t(x)$의 계수들이 적당히 작다면 증명은 간결해진다.

만일 $n \geq 3$이고 $\beta_1 \ldots \beta_n \neq 0$이면, 그리고 $j = n$일 때 또는 $\beta_j = \overline{\beta_n}$ 그리고 $|\Re\beta_j| \leq 1/(4n)$일 때를 제외한 경우에 $|\beta_j| \leq 1/(4n)$라는 "작음 조건"이 성립된다면 다항식 $v(y) = (y - \beta_1)\ldots(y - \beta_n)$이 연습문제 38의 조건을 만족함을 보일 수 있다. 계산은 간단하다. $|v_0| + \cdots + |v_n| \leq (1 + |\beta_1|)\ldots(1 + |\beta_n|)$라는 사실을 이용하면 된다.

$\alpha_1, \ldots, \alpha_r$가 실수들이고 $\alpha_{r+1}, \ldots, \alpha_{r+s}$가 복소수들이라고 하자. 그리고 $n = r + 2s$이고 $1 \leq j \leq s$에 대해 $\alpha_{r+s+j} = \overline{\alpha}_{r+j}$라고 하자. $1 \leq j \leq r+s$에 대해 $\Re(\sum_{i=0}^{n-1} a_i \alpha_j^i)$으로 정의되는, 그리고 $r+s < j \leq n$에 대해서는 $\Im(\sum_{i=0}^{n-1} a_i \alpha_j^i)$으로 정의되는 일차식 $S_j(a_0, \ldots, a_{n-1})$을 고려해보자. 만일 $0 \leq a_i < b$이고 $B = \lceil \max_{j=1}^{n-1} \sum_{i=0}^{n-1} |\alpha_i|^j \rceil$이면 $|S_j(a_1, \ldots, a_{n-1})| < bB$가 성립한다. 따라서 $b > (16nB)^{n-1}$로 선택한다면 $1 \leq j < n$에 대해 $\lfloor 8nS_j(a_0, \ldots, a_{n-1}) \rfloor = \lfloor 8nS_j(a_0', \ldots, a_{n-1}') \rfloor$인 서로 다른 벡터 $(a_0, \ldots, a_{n-1})$과 $(a_0', \ldots, a_{n-1}')$이 존재하게 된다. 벡터들은 b^n개이나 값들의 $(n-1)$짝들은 많아야 $(16nbB)^{n-1} < b^n$개이기 때문이다. $t(x) = (a_0 - a_0') + \cdots + (a_{n-1} - a_{n-1}')x^{n-1}$이고 $\beta_j = t(\alpha_j)$라고 하면 작음 조건이 만족된다. 더 나아가서, $\beta_j \neq 0$이다. 그렇지 않다면 $t(x)$가 $u(x)$의 약수가 되기 때문이다. 〔*J. Algorithms* **2** (1981), 385-392.〕

40. 후보 인수 $v(x) = x^d + a_{d-1}x^{d-1} + \cdots + a_0$이 주어졌을 때, 각 a_j를 분모와 분자가 $\leq B$인 유리분수 (modulo p^e)로 변경한다. 그런 다음에는 그것에 최소공통분모를 곱하고, 그 결과로 생긴 다항식이 정수에 관해 $u(x)$를 나누는지 본다. 만일 나누지 않는다면 계수들의 한계가 B인 $u(x)$의 인수들 중 p^e을 법으로 해서 $v(x)$ 배수와 합동인 것은 존재하지 않는다.

41. 보이드David Boyd는 $4x^8 + 4x^6 + x^4 + 4x^2 + 4 = (2x^4 + 4x^3 + 5x^2 + 4x + 2)(2x^4 - 4x^3 + 5x^2 - 4x + 2)$에 주목했으며, c가 존재한다면 반드시 > 2임을 증명해주는 더 고차의 예들을 발견했다.

4.6.3절

1. x^m 이다. 여기서 $m = 2^{\lfloor \lg n \rfloor}$ 은 n 이하의 가장 큰 2의 거듭제곱이다.

2. x 가 레지스터 A에 입력된다고 가정한다. 그리고 n 은 장소 NN에 저장된다고 가정한다. 출력은 레지스터 X에 들어간다.

01	A1	ENTX	1	1	*A1. 초기화.*
02		STX	Y	1	$Y \leftarrow 1$.
03		STA	Z	1	$Z \leftarrow x$.
04		LDA	NN	1	$N \leftarrow n$.
05		JAP	2F	1	A2로 간다.
06		JMP	DONE	0	그렇지 않으면 답은 1이다.
07	5H	SRB	1	$L+1-K$	
08		STA	N	$L+1-K$	$N \leftarrow \lfloor N/2 \rfloor$.
09	A5	LDA	Z	L	*A5. Z를 제곱한다.*
10		MUL	Z	L	
11		STX	Z	L	$Z \leftarrow Z \times Z \bmod w$.
12	A2	LDA	N	L	*A2. N을 반감한다.*
13	2H	JAE	5B	$L+1$	만일 N이 짝수이면 A5로 간다.
14		SRB	1	K	
15	A4	JAZ	4F	K	만일 $N=1$이면 점프
16		STA	N	$K-1$	$N \leftarrow \lfloor N/2 \rfloor$.
17	A3	LDA	Z	$K-1$	*A3. Y에 Z를 곱한다.*
18		MUL	Y	$K-1$	
19		STX	Y	$K-1$	$Y \leftarrow Z \times Y \bmod w$.
20		JMP	A5	$K-1$	A5로 간다.
21	4H	LDA	Z	1	
22		MUL	Y	1	마지막 곱셈을 수행한다. ∎

실행 시간은 $21L + 16K + 8$로, 여기서 $L = \lambda(n)$은 n의 이진 표현의 비트수에서 1을 뺀 값이고 $K = \nu(n)$은 그 표현의 1들의 개수이다.

　직렬 프로그램의 경우 n이 하나의 색인 레지스터 안에 들어갈 정도로 작다고 가정할 수 있다. 그렇지 않다면 직렬적인 멱승 계산은 전혀 불가능하다. 다음의 직렬 프로그램은 레지스터 A에 출력을 저장한다:

01	S1	LD1	NN	1	$rI1 \leftarrow n$.
02		STA	X	1	$X \leftarrow x$.
03		JMP	2F	1	
04	1H	MUL	X	$N-1$	$rA \times X \bmod w$
05		SLAX	5	$N-1$	$\rightarrow rA$.
06	2H	DEC1	1	N	$rI1 \leftarrow rI1 - 1$.
07		J1P	1B	N	만일 $rI1 > 0$이면 다시 곱한다. ∎

이 프로그램의 실행 시간은 $14N - 7$로, $n \leq 7$일 때에는 앞의 프로그램보다 빠르고 $n \geq 8$일 때에는 더 느리다.

3. 지수 수열들은 다음과 같다: (a) 1, 2, 3, 6, 7, 14, 15, 30, 60, 120, 121, 242, 243, 486, 487, 974, 975 [곱셈 16회]; (b) 1, 2, 3, 4, 8, 12, 24, 36, 72, 108, 216, 324, 325, 650, 975 [곱셈 14회]; (c) 1, 2, 3, 6, 12, 15, 30, 60, 120, 240, 243, 486, 972, 975 [곱셈 13회]; (d) 1, 2, 3, 6, 12, 15, 30, 60, 75, 150, 300, 600, 900, 975 [곱셈 13]. [가능한 최소 곱셈 횟수는 12이다. 인수법을 이진법과 결합시키면 그런 횟수를 달성할 수 있는데, 이는 $975 = 15 \cdot (2^6 + 1)$이기 때문이다.]

4. $(777777)_8 = 2^{18} - 1$.

5. T1. [초기화.] $0 \leq j \leq 2^r$에 대해 $\text{LINKU}[j] \leftarrow 0$으로 설정하고, $k \leftarrow 0$, $\text{LINKR}[0] \leftarrow 1$, $\text{LINKR}[1] \leftarrow 0$으로 설정한다.

T2. [수준 변경.] (이제 트리의 수준 k의 노드들은 $\text{LINKR}[0]$에서 시작해서 왼쪽에서 오른쪽으로 한데 연결되었다.) 만일 $k = r$이면 알고리즘을 끝낸다. 그렇지 않으면 $n \leftarrow \text{LINKR}[0]$, $m \leftarrow 0$으로 설정한다.

T3. [n에 대한 준비.] (이제 n은 수준 k의 한 노드이고 m은 수준 $k + 1$에서 현재 가장 오른쪽에 있는 노드를 가리킨다.) $q \leftarrow 0$, $s \leftarrow n$으로 설정한다.

T4. [트리에 이미 있는 값인가?] (이제 s는 루트에서 n으로의 경로에 있는 한 노드이다.) 만일 $\text{LINKU}[n + s] \neq 0$이면 T6으로 간다(값 $n + s$은 트리에 이미 존재한다).

T5. [n 아래에 삽입.] 만일 $q = 0$이면 $m' \leftarrow n + s$로 설정한다. 그런 다음 $\text{LINKR}[n + s] \leftarrow q$, $\text{LINKU}[n + s] \leftarrow n$, $q \leftarrow n + s$로 설정한다.

T6. [위로 옮긴다.] $s \leftarrow \text{LINKU}[s]$로 설정한다. 만일 $s \neq 0$이면 T4로 돌아간다.

T7. [그룹을 붙인다.] 만일 $q \neq 0$이면 $\text{LINKR}[m] \leftarrow q$, $m \leftarrow m'$로 설정한다.

T8. [n을 옮긴다.] $n \leftarrow \text{LINKR}[n]$으로 설정한다. 만일 $n \neq 0$이면 T3으로 돌아간다.

T9. [수준의 끝.] $\text{LINKR}[m] \leftarrow 0$, $k \leftarrow k + 1$로 설정하고 T2로 돌아간다. ∎

6. 만일 $e_0 > e_1 > \cdots > e_t \geq 0$이면, 수 $2^{e_0} + 2^{e_1} + \cdots + 2^{e_t}$으로의 경로가 1, 2, 2^2, ..., 2^{e_0}, $2^{e_0} + 2^{e_1}$, ..., $2^{e_0} + 2^{e_1} + \cdots + 2^{e_t}$임을 귀납법으로 증명할 수 있다. 더 나아가서, 각 수준에서 지수들의 수열들의 순서는 감소하는 사전식 순서이다.

7. 이진법과 인수법으로 x^{2n}을 계산하는 데에는 x^n을 계산할 때보다 한 단계가 더 필요하다. 거듭제곱 트리 방법은 최대 한 단계를 더 필요로 한다. 따라서 답은 (a) $15 \cdot 2^k$; (b) $33 \cdot 2^k$; (c) $23 \cdot 2^k$; $k = 0, 1, 2, 3, \ldots$ 이다.

8. 거듭제곱 트리에서 노드 $2m$이 m과 같은 수준 또는 그 이전 수준이 아닌 한, 노드 $2m$은 m의

한 수준 아래에 존재한다. 그리고 노드 $2m+1$이 $2m$과 같은 수준 또는 그 이전 수준이 아닌 한 노드 $2m+1$은 $2m$의 한 수준 아래에 존재한다. 〔그렇다고 모든 m에 대해 항상 $2m$이 m의 자식인 것은 아니다. 자식이 아니게 되는 가장 작은 예는 $m=2138$이다. 2138은 수준 15에 있으며 4276은 수준 16의 다른(자식이 아닌) 곳에 있다. 실제로 $2m$은 m과 같은 수준에 나타나는 경우가 잦다. 그러한 가장 작은 예는 $m=6029$이다.〕

9. $N \leftarrow n$, $Z \leftarrow x$, 그리고 $1 \leq q < m$인 홀수 q들에 대해 $Y_q \leftarrow 1$로 설정하는 것으로 시작한다. 일반적으로는 알고리즘이 진행됨에 따라 $x^n = Y_1 Y_3^3 Y_5^5 \dots Y_{m-1}^{m-1} Z^N$이 된다. $N > 0$라고 가정하고 $k \leftarrow N \bmod m$, $N \leftarrow \lfloor N/m \rfloor$로 설정한다. 만일 $k=0$이면 $Z \leftarrow Z^m$의 설정하고 반복한다. 그렇지 않고 q가 홀수라 할 때 만일 $k = 2^p q$이면 $Z \leftarrow Z^{2^p}$, $Y_q \leftarrow Y_q \cdot Z$로 설정하고, 만일 $N > 0$이면 $Z \leftarrow Z^{2^{e-p}}$으로 설정하고 반복한다. 마지막으로 $k = m-3, m-5, \dots, -1$에 대해 $Y_k \leftarrow Y_k \cdot Y_{k+2}$로 설정한다. 답은 $Y_1 (Y_3 Y_5 \dots Y_{m-1})^2$이다. (곱셈들 중 약 $m/2$회는 1을 곱하는 것이다.)

10. 2.3.3절에서 논의한 "PARENT" 표현을 사용한다: $p[1] = 0$이고 $p[j]$가 $j \geq 2$에 대해 j 바로 위인 노드의 개수인 표 $p[j]$, $1 \leq j \leq 100$를 활용하면 된다. (이 트리의 노드들의 차수가 2 이하라는 사실은 단지 트리의 모습을 좀 더 보기 좋은 그림으로 만들어 줄뿐, 이 표현의 효율성에는 아무런 영향도 미치지 않는다.)

11. 1, 2, 3, 5, 10, 20, (23 또는 40), 43; 1, 2, 4, 8, 9, 17, (26 또는 34), 43; 1, 2, 4, 8, 9, 17, 34, (43 또는 68), 77; 1, 2, 4, 5, 9, 18, 36, (41 또는 72), 77. 마지막 두 경로들 중 하나가 트리에 존재했다면 $n=43$에 대해서는 가망이 없었을 것이다. 왜냐하면 트리는 반드시 1, 2, 3, 5 또는 1, 2, 4, 8, 9를 담아야 하기 때문이다.

12. 그런 무한 트리는 존재할 수 없다. 왜냐하면 어떤 n에 대해서는 $l(n) \neq l^*(n)$이기 때문이다.

13. 경우 1에 대해서는 유형 1 사슬 다음에 $2^{A+C} + 2^{B+C} + 2^A + 2^B$인 사슬을 사용한다. 또는 인수법을 사용한다. 경우 2에 대해서는 유형 2 사슬 다음에 $2^{A+C+1} + 2^{B+C} + 2^A + 2^B$인 사슬을 사용한다. 경우 3에 대해서는 유형 5 사슬 다음에 $2^A + 2^{A-1}$의 덧셈인 사슬을 사용한다. 또는 인수법을 사용한다. 경우 4에 대해서는 $n = 135 \cdot 2^D$이므로 인수법을 사용해도 된다.

14. (a) 단계 $r-1$과 $r-2$가 둘 다 작지는 않음은 쉽게 확인할 수 있으므로, 단계 $r-1$이 작고 $r-2$는 그렇지 않다고 가정하자. 만일 $c=1$이면 $\lambda(a_{r-1}) = \lambda(a_{r-k})$이므로 $k=2$이다. 그리고 $4 \leq \nu(a_r) = \nu(a_{r-1}) + \nu(a_{r-k}) - 1 \leq \nu(a_{r-1}) + 1$이므로 $\nu(a_{r-1}) \geq 3$이며, 따라서 $r-1$을 하나의 별 단계가 되게 한다($a_0, a_1, \dots, a_{r-3}, a_{r-1}$에 오직 하나의 작은 단계만 포함되지 않도록). 그러면 어떤 q에 대해 $a_{r-1} = a_{r-2} + a_{r-q}$이며, 만일 a_{r-2}, a_{r-1}, a_r를 $a_{r-2}, 2a_{r-2}, 2a_{r-2} + a_{r-q} = a_r$로 대체한다면 단계 r이 작은 단계인 또 다른 반례 사슬을 얻게 된다. 한편, 만일 $c \geq 2$이면 $4 \leq \nu a_r \leq \nu(a_{r-1}) + \nu(a_{r-k}) - 2 \leq \nu(a_{r-1})$이므로 $\nu(a_{r-1}) = 4$, $\nu(a_{r-k}) = 2$, $c=2$

이다. 정리 B의 여섯 유형들을 살펴본다면 이로부터 불가능한 상황을 쉽게 이끌어 낼 수 있다.

(b) 만일 $\lambda(a_{r-k}) < m-1$이면 $c \geq 3$이므로 (22)에 의해 $\nu(a_{r-k}) + \nu(a_{r-1}) \geq 7$이다. 따라서 $\nu(a_{r-k})$와 $\nu(a_{r-1})$ 모두 ≥ 3이다. 모든 작은 단계는 반드시 $\leq r-k$이며, $\lambda(a_{r-k}) = m-k+1$이다. 만일 $k \geq 4$이면 반드시 $c = 4$, $k = 4$, $\nu(a_{r-1}) = \nu(a_{r-4}) = 4$이다. 따라서 $a_{r-1} \geq 2^m + 2^{m-1} + 2^{m-2}$이고 a_{r-1}은 반드시 $2^m + 2^{m-1} + 2^{m-2} + 2^{m-3}$과 같다. 그런데 이제 $a_{r-4} \geq \frac{1}{8}a_{r-1}$은 $a_{r-1} = 8a_{r-4}$를 함의한다. 그러므로 $k = 3$이고 $a_{r-1} > 2^m + 2^{m-1}$이다. $a_{r-2} < 2^m$이고 $a_{r-3} < 2^{m-1}$이므로 단계 $r-1$은 반드시 하나의 배증 단계이다. 그러나 $a_{r-1} \neq 4a_{r-3}$이므로 단계 $r-2$는 배증이 아니다. 게다가 $\nu(a_{r-3}) \geq 3$이기 때문에 $r-3$은 하나의 별 단계이다. 그리고 $a_{r-2} = a_{r-3} + a_{r-5}$는 $a_{r-5} = 2^{m-2}$을 함의하게 되며, 따라서 반드시 $a_{r-2} = a_{r-3} + a_{r-4}$가 성립해야 한다. 본문에서 다루었던 비슷한 경우에서처럼 이제 남아 있는 유일한 가능성은 $a_{r-4} = 2^{m-2} + 2^{m-3}$, $a_{r-3} = 2^{m-2} + 2^{m-3} + 2^{d+1} + 2^d$, $a_{r-1} = 2^m + 2^{m-1} + 2^{d+2} + 2^{d+1}$인 것으로 보이나, 이 가능성조차도 불가능하다.

15. 플라멘캄프Achim Flammenkamp 〔Diplomarbeit in Mathematics (Bielefeld University, 1991), 1부〕는 $\lambda(n) + 3 = l(n) < l^*(n)$인 수 n들이 $A > B > C > D > E$이고 $B + E = C + D$라고 할 때 모두 $2^A + 2^B + 2^C + 2^D + 2^E$ 형태를 가짐을 보였다. 게다가 그 수들은 다음 여덟 패턴들 중 어느 것과도 부합하지 않는다는 조건에 의해 엄밀하게 서술된다(여기서 $|\epsilon| \leq 1$): $2^A + 2^{A-3} + 2^C + 2^{C-1} + 2^{2C+2-A}$, $2^A + 2^{A-1} + 2^C + 2^D + 2^{C+D+1-A}$, $2^A + 2^B + 2^{2B-A+3} + 2^{2B+2-A} + 2^{3B+5-2A}$, $2^A + 2^B + 2^{2B-A+\epsilon} + 2^D + 2^{B+D+\epsilon-A}$, $2^A + 2^B + 2^{B-1} + 2^D + 2^{D-1}$, $2^A + 2^B + 2^{B-2} + 2^D + 2^{D-2}$ $(A > B+1)$, $2^A + 2^B + 2^C + 2^{2B+\epsilon-A} + 2^{B+C+\epsilon-A}$, $2^A + 2^B + 2^C + 2^{B+C+\epsilon-A} + 2^{2C+\epsilon-A}$.

16. $l^B(n) = \lambda(n) + \nu(n) - 1$이다. 따라서 만일 $n = 2^k$이면 $l^B(n)/\lambda(n) = 1$이나 $n = 2^{k+1} - 1$이면 $l^B(n)/\lambda(n) = 2$이다.

17. $i_1 < \cdots < i_t$라고 하자. 합집합 $I_1 \cup \cdots \cup I_t$에 영향을 주지 않고 제거할 수 있는 구간 I_k들을 모두 제거한다. (구간 $(j_k..i_k]$는 만일 $j_{k+1} \leq j_k$ 또는 $j_1 < j_2 < \cdots$ 그리고 $j_{k+1} \leq i_{k-1}$이면 제거해도 된다.) 이제 겹치는 구간 $(j_1..i_1]$, ..., $(j_d..i_d]$을 하나의 구간 $(j'..i'] = (j_1..i_d]$로 합친다. 그리고 다음에 주목해서 구간들을 구하면 된다:

$$a_{i'} < a_{j'}(1+\delta)^{i_1 - j_1 + \cdots + i_d - j_d} \leq a_{j'}(1+\delta)^{2(i'-j')}.$$

이 부등식은 $(j'..i']$의 각 점이 $(j_1..i_1] \cup \cdots \cup (j_d..i_d]$에서 많아야 두 번 덮이기 때문에 성립한다.

18. 만일 $m \to \infty$에 따라 $(\log f(m))/m \to 0$이 된다면 $f(m)$을 "훌륭하다"고 칭하기로 하자. m의 다항식은 훌륭하다. 훌륭한 함수들의 곱은 훌륭하다. 만일 $g(m) \to 0$이고 c가 양의 상수이면 $c^{mg(m)}$은 훌륭하다. 또한 $\binom{2m}{mg(m)}$도 훌륭하다. 왜냐하면, 스털링의 근사에 의해 이는 $g(m)\log(1/g(m)) \to 0$라는 것과 동치이기 때문이다.

이제 합의 각 항을 임의의 s, t, v에 대해 달성된 최대의 항으로 대체한다. 항들의 전체 개수는 훌륭하며, $\binom{m+s}{t+s}$, $\binom{t+v}{v} \le 2^{t+v}$, β^{2v} 역시 훌륭하다. 왜냐하면 $(t+v)/m \to 0$이기 때문이다. 마지막으로, $(4e)^t$이 훌륭하다고 할 때 $\binom{(m+s)^2}{t} \le (2m)^{2t}/t! < (4em^2/t)^t$이다. t를 그 상계 $(1-\epsilon/2)m/\lambda(m)$으로 치환하면 $f(m)$이 훌륭하다고 할 때 $(m^2/t)^t \le 2^{m(1-\epsilon/2)}f(m)$임이 증명된다. 따라서 $0 < \eta < \frac{1}{2}\epsilon$라고 할 때 만일 $\alpha = 2^{1-\eta}$이면 전체 합은 큰 m에 대해 α^m보다 작다.

19. (a) 각각 $M \cap N$, $M \cup N$, $M \uplus N$이다. 식 4.5.2-(6)과 4.5.2-(7)을 볼 것.

(b) $f(z)g(z)$, $\mathrm{lcm}(f(z),g(z))$, $\gcd(f(z),g(z))$. (복소수에 관한 다항 기약다항식은 정확히 다항식 $z - \zeta$들이므로 부문제 (a)에서와 같은 논증이 적용된다.)

(c) 교환법칙 $A \uplus B = B \uplus A$, $A \cup B = B \cup A$, $A \cap B = B \cap A$. 결합법칙 $A \uplus (B \uplus C) = (A \uplus B) \uplus C$, $A \cup (B \cup C) = (A \cup B) \cup C$, $A \cap (B \cap C) = (A \cap B) \cap C$. 배분법칙 $A \cup (B \cap C) = (A \cup B) \cap (A \cup C)$, $A \cap (B \cup C) = (A \cap B) \cup (A \cap C)$, $A \uplus (B \cup C) = (A \uplus B) \cup (A \uplus C)$, $A \uplus (B \cap C) = (A \uplus B) \cap (A \uplus C)$. 멱등법칙 $A \cup A = A$, $A \cap A = A$. 흡수법칙 $A \cup (A \cap B) = A$, $A \cap (A \cup B) = A$, $A \cap (A \uplus B) = A$, $A \cup (A \uplus B) = A \uplus B$. 항등원 및 영의 법칙 $\emptyset \uplus A = A$, $\emptyset \cup A = A$, $\emptyset \cap A = \emptyset$, 여기서 $\emptyset$는 빈 다중집합. 계수(counting) 법칙 $A \uplus B = (A \cup B) \uplus (A \cap B)$. 오직 $A \cap B = A$일 때에만(오직 $A \cup B = B$일 때에만) $A \subseteq B$라는 규칙으로 정의되는 부분순서로부터 나오는 집합들에 대한 것과 비슷한 추가적인 성질들도 성립한다.

참고: 다중 집합의 또 다른 일반적인 응용들로는 0과 유리형(meromorphic, 준동형) 함수의 극, 표준 형식 행렬의 불변식, 유한 아벨군(Abelian group)의 불변식 등이 있다. 다중집합은 조합적인 인수 개수 세기, 측도 이론의 전개 등에 유용할 수 있다. 비순환 문맥자유 문법(context-free grammar)의 종단열(terminal string)들은 오직 그 문법이 모호하지 않을 때에만 집합이 되는 하나의 다중집합을 형성한다. *Theoretical Studies in Computer Science*, J. D. Ullman 엮음 (Academic Press, 1992), 1–13)에 나오는 커누스의 논문은 문맥자유 문법에 대한 추가적인 응용들을 논의하며, $A \cap B$라는 연산도 소개한다(A에서 a번, B에서 b번 나타나는 원소는 $A \cap B$에서 ab번 나타난다).

다중집합이 수학에서 자주 등장하긴 하지만, 현재로서는 반복되는 원소를 가진 집합을 취급하는 표준적인 방식이 없기 때문에 이 다중집합이 다소 지저분하게 다루어지는 경우가 자주 있다. 이런 흔한 개념을 위한 적당한 용어, 어법, 표기법의 부재(不在)가 수학의 발전에 결정적인 장애로서 작용해 왔다는 믿음을 천명한 수학자들이 여럿 있었다. (물론 다중집합은 형식적으로는 하나의 집합을 음이 아닌 정수들로 사상하는 것과 동치이나, 창의적인 수학 추론에 대해서는 이러한 형식적 동치 관계의 실용적 가치가 없거나 아주 작다.) 본 저자는 1960년대에 이 문제에 대한 적합한 처방을 찾으려는 목적으로 여러 사람과 논의해 본 바 있다. 해당 개념에 대한 이름으로는 목록(list), 다발(bunch), 가방(bag), 더미(heap), 표본(sample), 가중집합(weighted set), 모음(collection), 벌(suite) 등이 제시되었지만, 이 단어들은 오늘날의 용어들과 충돌하거나, 부적절한 의미를 내포하고 있거나, 또는 편하게 발음하고 쓰기에는 너무 번잡했다. 결국 이 중요한 개념에는 그에 걸맞게 고유한 이름이 주어질 만하다는 점이 명백해지면서, 더브라윈 N. Ge. de Bruijn이 "다중집합(multiset)"이라는 용어를 고안하게 되었다. 그의 제안은 1970년대에 널리 받아들여졌으며 이제는 표준적인 용어로 쓰이고 있다.

"$A \uplus B$"라는 표기는 기존 표기법과의 충돌을 피하고 합집합과의 유사성을 강조하기 위해 본 저자가 선택한 것이다. "$A + B$"라는 표기는 해당 목적에 비추어볼 때 바람직하지 않은데, 왜냐하면 대수학자들이 다중집합 $\{\alpha + \beta \mid \alpha \in A$ 그리고 $\beta \in B\}$를 나타내기에 좋은 표기법으로 $A + B$를 사용해왔기 때문이다. A가 음이 아닌 정수들의 다중집합이라고 할 때, $G(z) = \sum_{n \in A} z^n$이 A에 대응되는 생성함수라고 하자. (음이 아닌 정수 계수들을 가진 생성함수들이 음이 아닌 정수들의 다중집합들과 일대일로 대응됨은 명백하다.) 만일 $G(z)$가 A에 대응하고 $H(z)$가 B에 대응한다면 $G(z) + H(z)$는 $A \uplus B$에 대응되며 $G(z)H(z)$는 $A + B$에 대응된다. 만일 "디리클레" 생성함수 $g(z) = \sum_{n \in A} 1/n^z$과 $h(z) = \sum_{n \in B} 1/n^z$을 만든다면, 그 곱 $g(z)h(z)$는 다중집합 곱 A에 대응된다.

20. 유형 3: $(S_0, ..., S_r) = (M_{00}, ..., M_{r0}) = (\{0\}, ..., \{A\}, \{A-1, A\}, \{A-1, A, A\}, \{A-1, A-1, A, A, A\}, ..., \{A+C-3, A+C-3, A+C-2, A+C-2, A+C-2\})$. 유형 5: $(M_{00}, ..., M_{r0}) = (\{0\}, ..., \{A\}, \{A-1, A\}, ..., \{A+C-1, A+C\}, \{A+C-1, A+C-1, A+C\}, ..., \{A+C+D-1, A+C+D-1, A+C+D\})$; $(M_{01}, ..., M_{r1}) = (\emptyset, ..., \emptyset, \emptyset, ..., \emptyset, \{A+C-2\}, ..., \{A+C+D-2\})$, $S_i = M_{i0} \uplus M_{i1}$.

21. 예를 들어 $u = 2^{8q+5}$, $x = (2^{(q+1)u} - 1)/(2^u - 1) = 2^{qu} + \cdots + 2^u + 1$, $y = 2^{(q+1)u} + 1$로 둔다면 $xy = (2^{2(q+1)u} - 1)/(2^u - 1)$이다. 만일 $n = 2^{4(q+1)u} + xy$이면 정리 F에 의해 $l(n) \leq 4(q+1)u + q + 2$이되, 정리 H에 의해 $l^*(n) = 4(q+1)u + 2q + 2$이다.

22. x의 계산에 쓰인 $u - 1$개의 삽입들을 제외한 나머지에 밑줄을 칠 것.

23. 정리 G(전부 밑줄).

24. $0 \leq i \leq r$에 대한, a_i가 밑줄이면 역시 밑줄을 친 수 $(B^{a_i} - 1)/(B - 1)$들과, $0 \leq j < t$, $0 < i \leq b_{j+1} - b_j$, $1 \leq k \leq l^0(B)$에 대한, c_k가 밑줄이면 역시 밑줄인 수 $c_k B^{i-1}(B^{b_j} - 1)/(B - 1)$들을 사용한다. 단, $c_0, c_1, ...$는 B에 대한 최소길이 l^0사슬이다. 두 번째 항등식은 $B = 2^m$으로 두고 (3)을 적용해서 증명한다. (두 번째 항등식이 정리 G에 대한 개선일 가능성은 없거나 아주 작다.)

25. $d_k = 1$이라고 가정할 수 있다. 만일 $d_j = 1$이면 $A_j = $ "XR", 그렇지 않으면 $A_j = $ "R"이라는 규칙 R $A_{k-1} \cdots A_1$을 사용할 것. 여기서 "R"은 제곱근을 취하는 것을 의미하며 "X"는 x로 곱하는 것을 의미한다. 예를 들어 만일 $y = (.1101101)_2$이면 규칙은 R R XR XR R XR XR이다. (실행 시간이 나눗셈 알고리즘의 실행시간에 필적하는, 컴퓨터 하드웨어에 적합한 이진 제곱근 추출 알고리즘들이 존재한다. 따라서 그런 하드웨어적 이진 제곱근 추출 알고리즘을 갖춘 컴퓨터들에서는 이 연습문제의 기법을 이용해서 좀 더 일반적인 분수 거듭제곱을 계산할 수 있다.)

26. 만일 쌍 (F_k, F_{k-1})를 안다면 $(F_{k+1}, F_k) = (F_k + F_{k-1}, F_k)$이고 $(F_{2k}, F_{2k-1}) = (F_k^2 + 2F_k F_{k-1}, F_k^2 + F_{k-1}^2)$이다. 따라서 (F_n, F_{n-1})을 이진법을 이용해서 $O(\log n)$회의 산술 연산들로 계산할 수 있다. 아마 $L_k = F_{k-1} + F_{k+1}$인(연습문제 4.5.4-15 참고) 값들의 쌍 (F_k, L_k)를 이용하는 방법이 더 나을 것이다. 그러면 $(F_{k+1}, L_{k+1}) = (\frac{1}{2}(F_k + L_k), \frac{1}{2}(5F_k + L_k))$, $(F_{2k}, L_{2k}) = (F_k L_k, L_k^2 - 2(-1)^k)$이 성립한다.

일반적인 일차 점화식 $x_n = a_1 x_{n-1} + \cdots + a_d x_{n-d}$에 대해서는, 적절한 $d \times d$ 행렬의 n제곱을 계산함으로써 x_n을 $O(d^3 \log n)$회의 산술 연산들로 계산할 수 있다. [이 지적은 J. C. P. Miller, D. J. Spencer Brown, *Comp. J.* **9** (1966), 188-190에서 기인한다.] 실제로, 브렌트Richard Brent가 이야기했듯이, 만일 $x^n \bmod (x^d - a_1 x^{d-1} - \cdots - a_d)$를 먼저 계산하고 그 다음에 x^j을 x_j로 대체한다면 연습문제 4.7-6을 이용해서 연산 횟수를 $O(d^2 \log n)$으로, 심지어는 $O(d \log d \log n)$으로까지 줄일 수 있다.

27. s개의 작은 단계들이 필요한 가장 작은 n은 반드시 어떤 r에 대한 $c(r)$이다. 왜냐하면, 만일 $c(r) < n < c(r+1)$이면 $l(n) - \lambda(n) \leq r - \lambda(c(r)) = l(c(r) - \lambda(c(r)))$이 성립하기 때문이다. 따라서 $1 \leq s \leq 6$에 대한 답은 3, 7, 29, 127, 1903, 65131이다. $c(28)$은 아마도 7을 필요로 할 것이다.

28. (a) $x \bigtriangledown y = x \,|\, y \,|\, (x+y)$, 여기서 "$|$"은 비트단위 "OR". 연습문제 4.6.2-26을 볼 것. $\nu(x \bigtriangledown y) \leq \nu(x \,|\, y) + \nu(x \,\&\, y) = \nu(x) + \nu(y)$임이 명백하다. (b) 우선 $1 \leq i \leq r$에 대해 $A_{i-1}/2^{d_{i-1}} \subseteq A_i / 2^{d_i}$임에 주목할 것. 두 번째로는 한 비배증 단계에서 $d_j = d_{i-1}$임을 주목할 것. 그렇지 않다면 $a_{i-1} \geq 2a_j \geq a_j + a_k = a_i$일 것이기 때문이다. 따라서 $A_j \subseteq A_{i-1}$이고 $A_k \subseteq A_{i-1}/2^{d_j - d_k}$이다. (c) i에 대한 귀납법으로 쉽게 증명할 수 있다. 단, 좁은 단계에 대해서는 좀 더 주의를 기울여야 한다. 만일 m의 이진 표현의 1들이 모두 한 행에서 길이가 $\geq \alpha$인 연속된 블록들 안에 나타난다면, 그러한 이 m을 가리켜 성질 $P(\alpha)$를 만족한다고 칭하자. 만일 m과 m'가 성질 $P(\alpha)$를 만족한다면 $m \bigtriangledown m'$도 그러한 성질을 만족한다. 만일 m이 성질 $P(\alpha)$를 만족하면 $\rho(m)$은 성질 $P(\alpha + \delta)$를 만족한다. 따라서 B_i는 $P(1 + \delta c_i)$를 만족한다. 마지막으로, 만일 m이 $P(\alpha)$를 만족하면 $\nu(\rho(m)) \leq (\alpha + \delta)\nu(m)/\alpha$이다. 각 블록 크기 ν_j가 $\geq \alpha$라고 할 때 $\nu(m) = \nu_1 + \cdots + \nu_q$이며, 따라서 $\nu(\rho(m)) \leq (\nu_1 + \delta) + \cdots + (\nu_q + \delta) \leq (1 + \delta/\alpha)\nu_1 + \cdots + (1 + \delta/\alpha)\nu_q$이기 때문이다. (d) $f = b_r + c_r$이 비배증 단계들의 개수이고 s가 작은 단계들의 개수라고 하자. 만일 $f \geq 3.271 \lg \nu(n)$이면 (16)에 의해 $s \geq \lg \nu(n)$이므로 답이 나온다. 그렇지 않은 경우에는 $0 \leq i \leq r$에 대해 $a_i \leq (1 + 2^{-\delta})^{b_i} 2^{c_i + d_i}$이며, 따라서 $n \leq ((1 + 2^{-\delta})/2)^{b_r} 2^r$이고 $r \geq \lg n + b_r - b_r \lg(1 + 2^{-\delta}) \geq \lg n + \lg \nu(n) - \lg(1 + \delta c_r) - b_r \lg(1 + 2^{-\delta})$이다. $\delta = \lceil \lg(f+1) \rceil$이라고 하자. 그러면 $\ln(1 + 2^{-\delta}) \leq \ln(1 + 1/(f+1)) \leq 1/(f+1) \leq \delta/(1 + \delta f)$이며, 이로부터 $0 \leq x \leq f$에 대해 $\lg(1 + \delta x) + (f - x)\lg(1 + 2^{-\delta}) \leq \lg(1 + \delta f)$임이 나온다. 따라서 결국 $l(n) \geq \lg n + \lg \nu(n) - \lg(1 + (3.271 \lg \nu(n))\lceil \lg(1 + 3.271 \lg \nu(n)) \rceil)$이다. [*Theoretical Comp. Sci.* **1** (1975), 1-12.]

29. 위에서 언급한 논문에서, 쉰하게는 연습문제 28의 방법을 정련해서 모든 n에 대해 $l(n) \geq \lg n + \lg \nu(n) - 2.13$임을 증명했다. 남은 간격을 메우는 것이 가능할까?

30. 가장 작은 사례는 $n = 31$이다. $l(31) = 7$이나 1, 2, 4, 8, 16, 32, 31은 길이가 6인 덧셈·뺄셈 사슬이다. 〔에르되시Erdős는 정리 E를 증명한 후에 덧셈·뺄셈 사슬에도 같은 결과가 성립한다고 주장했다. 쉰하게는 $\nu(n)$을 연습문제 4.1-34에서 정의된 $\bar{\nu}(n)$으로 대체함으로써 연습문제 28의 하계를 덧셈·뺄셈 사슬로 확장했다. 그 연습문제의 α_n의 표현에 근거하면, x와 x^{-1} 모두 주어졌을 때 $\lambda(n) + \bar{\nu}(n) - 1$회의 곱셈을 사용하는, 거듭제곱을 위한 일반화된 우에서 좌로 이진법을 만들 수 있다.〕

32. *Discrete Math.* **23** (1978), 115-119를 볼 것. 〔이 비용 모형은 알고리즘 4.3.1M같은 전통적인 방법을 이용한 큰 수의 곱셈에 대응된다. 비용이 $(a_j a_k)^{\beta/2}$인 좀 더 일반적인 모형에 대한 실험적 결과가 D. P. McCarthy, *Math. Comp.* **46** (1986), 603-608에 나온다. 두 n비트들을 $O(n^\beta)$단계로 곱할 때, 이 모형은 4.3.3절의 "빠른 곱셈법"에 가까워진다. 그러나 실제로는 비용 함수 $a_j a_k^{\beta - 1}$이 더 적절할 것이다(연습문제 4.3.3-13 참고). 잔테마H. Zantema는 단계 i의 비용이 $a_j a_k$가 아니라 $a_j + a_k$인 비슷한 문제를 분석했다. *J. Algorithms* **12** (1991), 281-307을 볼 것. 이 경우 최적의 사슬의 총 비용은 $\frac{5}{2} n + O(n^{1/2})$이다. 더 나아가서, 최적의 덧셈 비용은 n이 홀수일 때 적어도 $\frac{5}{2}(n-1)$이며, 등호는 오직 n을 $2^k + 1$ 형태의 수들의 곱으로 표현할 수 있을 때에만 성립한다.〕

33. 여덟 개이다. $39 = 12 + 12 + 12 + 3$을 계산하는 방법은 네 가지, $79 = 39 + 39 + 1$을 계산하는 방법은 두 가지이다.

34. 주어진 명제는 참이다. 이진 사슬의 축약된 그래프의 번호들은 $k = e_0, \ldots, 0$에 대해 $\lfloor n/2^k \rfloor$이며, 쌍대 그래프의 번호들은 1, 2, $\ldots$, 2^{e_0}, n이다. 〔비슷하게, 연습문제 9의 우에서 좌로 m진법은 좌에서 우로 방법의 쌍대이다.〕

35. 2^t은 이진 사슬과 동치이다. 만일 $e_0 = e_1 + 1$이면 2^{t-1}이 되었을 것이다. 알고리즘 A의 방안과 동치인 사슬들의 개수는 서로 동일한 $t + 2$개의 수들의 합을 계산하는 방법의 수와 같다. 그 개수는 f_m이 $m + 1$개의 서로 다른 수들의 합을 계산하는 방법의 수라고 할 때 $\frac{1}{2} f_{t+1} + \frac{1}{2} f_t$이다. 교환법칙을 고려한다면, f_m이 2^{-m} 곱하기 $(m+1)!$ 곱하기 m개의 노드들에 대한 이진 트리 개수임을 알 수 있으며, 따라서 $f_m = (2m - 1)(2m - 3) \ldots 1$이다.

36. 우선 $0 \leq e_k \leq 1$이고 $e_1 + \cdots + e_m \geq 2$인 지수들의 모든 수열에 대한 $2^m - m - 1$개의 곱 $x_1^{e_1} \ldots x_m^{e_m}$들을 구한다. $n_k = (d_{k\lambda} \ldots d_{k1} d_{k0})_2$라고 하자. 계산을 마치기 위해서는 $x_1^{d_{1\lambda}} \ldots x_m^{d_{m\lambda}}$을 취하고, 제곱하고, $i = \lambda - 1, \ldots, 1, 0$에 대해 $x_1^{d_{1i}} \ldots x_m^{d_{mi}}$을 곱한다. 〔슈트라우스는 *AMM* **71** (1964), 807-808에서, 이 이진법을 정리 D에서처럼 2^k진으로 일반화했을 때 $2\lambda(n)$을 임의의 $\epsilon > 0$에 대한 $(1 + \epsilon)\lambda(n)$으로 치환할 수 있음을 보였다.〕

37. (번스타인D. J. Bernstein의 답.) $n = n_m$으로 둔다. 우선 $1 \leq e \leq \lambda(n)$에 대해 2^e들을 계산하고 이후 단계들에서 $\lambda(n)/\lambda\lambda(n) + O(\lambda(n)\lambda\lambda\lambda(n)/\lambda\lambda(n)^2)$의 각 n_j를 다음과 같은 2^k진 방법의

변형을 이용해서 계산한다(여기서 $k = \lfloor \lg\lg n - 2\lg\lg\lg n \rfloor$): 모든 홀수 $q < 2^k$에 대해 $y_q = \sum \{2^{kt+e} \mid d_t = 2^e q\}$를 $\lfloor \frac{1}{k} \lg n \rfloor$ 단계로 계산한다. 여기서 $n_j = (\ldots d_1 d_0)_{2^k}$이다. 그런 다음에는 해답 9의 마지막 단계에 나오는 방법을 이용해서 $n_j = \sum q y_q$를 최대 $2^k - 1$회의 추가적인 덧셈들로 계산한다. 〔정리 E의 한 일반화로 해당 하계를 얻을 수 있다. 참고문헌: *SICOMP* **5** (1976), 100-103.〕

38. 다음의 방법은 뉴먼D. J. Newman에서 기인한 것으로, 현재 알려진 최상의 상계를 제공한다: $k = p_1 \ldots p_r$이 처음 r개의 소수들의 곱이라고 하자. k와 k를 법으로 하는 모든 이차 잉여들을 계산한다. 이 계산은 $O(2^{-r} k \log k)$단계로 수행할 수 있다(이차 잉여들은 근사적으로 $2^{-r}k$개이므로). 또한 k의 $\le m^2$인 모든 배수를 계산한다. 여기에는 추가적으로 m^2/k단계가 걸린다. 이제 1^2, 2^2, $\ldots$, m^2를 계산하는 데에는 m회의 덧셈들로 충분하다. p_r이 연습문제 4.5.4-36의 답에 나온 공식으로 주어졌다고 할 때 $k = \exp(p_r + O(p_r/(\log p_r)^{1000}))$이다. 예를 들면 Greene, Knuth, *Math. for the Analysis of Algorithms* (Boston: Birkhäuser, 1981), §4.1.6을 볼 것. 따라서

$$r = \lfloor (1 + \tfrac{1}{2}\ln 2/\lg\lg m)\ln m/\ln\ln m \rfloor$$

로 둔다면 $l(1^2, \ldots, m^2) = m + O(m \cdot \exp(-(\tfrac{1}{2}\ln 2 - \epsilon)\ln m/\ln\ln m))$임을 확인할 수 있다.

한편, 도브킨D. Dobkin과 립턴R. Lipton은 m이 충분히 클 때 임의의 $\epsilon > 0$에 대해 $l(1^2, \ldots, m^2) > m + m^{2/3 - \epsilon}$임을 보인 바 있다〔*SICOMP* **9** (1980), 121-125〕.

39. 수량 $l([n_1, n_2, \ldots, n_m])$은 내차수가 0인 m개의 정점 s_j들과 외차수가 0인 하나의 정점 t를 가지며 $1 \le j \le m$에 대해 s_j에서 t로의 유향 경로가 정확히 n_j개인 모든 유향그래프들에 대해 취한 호 개수 - 정점 개수 + m의 최소값이다. 수량 $l(n_1, n_2, \ldots, n_m)$은 내차수가 0인 하나의 정점 s와 외차수가 0인 m개의 정점 t_j들을 가지며 $1 \le j \le m$에 대해 s에서 t_j로의 유향 경로가 정확히 n_j개인 모든 유향 그래프들에 대해 취한 호 개수 − 정점 개수 + 1의 최소값이다. 이 문제들은 서로에 대해 쌍대이다(모든 호의 방향을 바꾼다면). 〔*J. Algorithms* **2** (1981), 13-21을 볼 것.〕

참고: 파파디미트리우C. H. Papadimitriou는 이것이 훨씬 일반적인 정리의 한 특별한 경우임을 지적했다. $N = (n_{ij})$가 0들로만 이루어진 행이나 열이 없는, 음이 아닌 정수들의 $m \times p$ 행렬이라고 하자. 단항식 $\{x_1^{n_{1j}} \ldots x_m^{n_{mj}} \mid 1 \le j \le p\}$들의 집합을 계산하는 데 필요한 곱셈의 최소 횟수를 $l(N)$으로 표기하자. 그러면 $l(N)$은 내차수가 0인 m개의 정점 s_i들과 외차수가 0인 p개의 정점 t_j들을 가지며 각 i와 j에 대해 s_i에서 t_j로의 유향 경로가 정확히 n_{ij}개인 모든 유향 그래프들에 대해 취한 호 개수 − 정점 개수 + m의 최소값이기도 하다. 쌍대 성질에 의해 $l(N) = l(N^T) + m - p$가 된다. 〔*Bulletin of the EATCS* **13** (February 1981), 2-3.〕

피펭거N. Pippenger는 연습문제 36과 37의 결과들을 상당히 확장해서, 예를 들어 음이 아닌 정수 $n_{ij} \le n$들의 $m \times p$ 행렬 N들 모두에 대한 $l(N)$의 최소값을 $L(m, p, n)$이라고 할 때, 그리고 $H = mp \lg(n+1)$이라고 할 때,

$$L(m, p, n) = \min(m, p)\lg n + H/\lg H + O(m + p + H(\log\log H)^{1/2}(\log H)^{-3/2})$$

임을 보였다. 〔*SICOMP* **9** (1980), 230-250 참고.〕

40. 연습문제 39 덕분에 $l(m_1 n_1 + \cdots + m_t n_t) \leq l(m_1, ..., m_t) + l([n_1, ..., n_t])$임을 보이는 것으로 충분하다. 그런데 이 부등식이 참임은 명백하다. 우선 $\{x^{m_1}, ..., x^{m_t}\}$을 만들고 그런 다음 단항식 $(x^{m_1})^{n_1} \cdots (x^{m_t})^{n_t}$들을 계산할 수 있기 때문이다.

참고: 올리보스Olivos의 정리를 좀 더 엄밀하게 말하다면 이렇다: 만일 $a_0, ..., a_r$과 $b_0, ..., b_s$가 임의의 덧셈 사슬이라면 음이 아닌 정수 c_{ij}들의 임의의 $(r+1) \times (s+1)$ 행렬에 대해 $l(\sum c_{ij} a_i b_j) \leq r + s + \sum c_{ij} - 1$이다.

41. 〔*SICOMP* **10** (1981), 638-646.〕 주어진 공식은 $A \geq 9m^2$일 때에는 항상 증명이 가능하다. 왜냐하면 이는 m의 한 다항식이며, 최소 정점 덮개를 구하는 문제는 NP-어려움(NP-hard)이고 (7.9절 참고) $l(n_1, ..., n_m)$을 계산하는 문제는 NP-완전(NP-complete)이기 때문이다. 〔$l(n)$를 계산하는 문제가 NP-완전인지의 여부는 아직 밝혀지지 않았다. 그러나 A가 충분히 클 때 이를테면 $\sum_{k=0}^{m-1} n_{k+1} 2^{Ak^2}$ 같은 최적 사슬이 $\{n_1, ..., n_m\}$에 대한 최적의 사슬을 수반할 가능성은 커 보인다.〕

42. 그 조건은 128에서(그리고 32768에서의 쌍대 1, 2, ..., 16384, 16385, 16401, 32768, ...에서) 실패한다. 비용이 27인 축약 유향 그래프는 단 두 개만 존재한다. 따라서 $l^0(5784689) = 28$이다. 더 나아가서, 클리프트의 프로그램들은 n의 더 작은 모든 값에 대해 $l^0(n) = l(n)$임을 증명했다.

4.6.4절

1. $y \leftarrow x^2$으로 설정한 후 $((\ldots(u_{2n+1} y + u_{2n-1}) y + \cdots) y + u_1) x$를 계산한다.

2. (2)의 x를 다항식 $x + x_0$으로 바꾸어서 다음과 같은 절차를 이끌어 낼 수 있다:

G1. 단계 G2를 $k = n, n-1, ..., 0$에 대해(이 순서대로) 수행하고 종료한다.

G2. $j = k, k+1, ..., n-1$에 대해 $v_k \leftarrow u_k$로 설정하고 $v_j \leftarrow v_j + x_0 v_{j+1}$로 설정한다. ($k = n$일 때 이 단계는 그냥 $v_n \leftarrow u_n$으로 설정한다.) ∎

이 계산들은 H1과 H2의 계산들과 동일하되 순서가 다르다. (원래 뉴턴이 원래 방안 (2)를 사용하려 했던 동기가 바로 이 절차였다.)

3. x^k의 계수는 y의 다항식으로, 그 다항식은 호너의 법칙을 이용해서 $(\ldots(u_{n,0} x + (u_{n-1,1} y + u_{n-1,0})) x + \cdots) x + ((\ldots(u_{0,n} y + u_{0,n-1}) y + \cdots) y + u_{0,0})$ 형태로 평가할 수 있다. 〔$u_n x^n + u_{n-1} x^{n-1} y + \cdots + u_1 x y^{n-1} + u_0 y^n$ 같은 "동차" 다항식에 대해서는 다음과 같은 다른 방안이 더 효율적이다: 만일 $0 < |x| \leq |y|$이면 우선 x를 y로 나누고, x/y의 다항식을 평가하고, 거기에 y^n을 곱한다.〕

4. 규칙 (2)에는 $4n$회 또는 $3n$회의 실수 곱셈과 $4n$회 또는 $7n$회의 실수 덧셈이 관여한다. (3)은 더 나쁘다. 곱셈 $4n+2$회 또는 $4n+1$회, 덧셈 $4n+2$회 또는 $4n+5$회이다.

5. x^2을 계산하는 데 곱셈 한 번, 첫 줄을 평가하는 데 곱셈 $\lfloor n/2 \rfloor$번과 덧셈 $\lfloor n/2 \rfloor$번, 둘째 줄을

평가하는 데 곱셈 $\lceil n/2 \rceil$번과 덧셈 $\lceil n/2 \rceil - 1$번, 두 줄을 합하는 데 덧셈 한 번이다. 총 $n+1$회의 곱셈과 n회의 덧셈이 필요하다.

6. J1. 값 $x_0^2, x_0^3, \ldots, x_0^{\lceil n/2 \rceil}$을 계산, 저장한다.

J2. $0 \le j \le n$에 대해 $v_j \leftarrow u_j x_0^{j-\lfloor n/2 \rfloor}$으로 설정한다.

J3. $k = 0, 1, \ldots, n-1$에 대해, $j = n-1, \ldots, k+1, k$에 대하여 $v_j \leftarrow v_j + v_{j+1}$로 설정한다.

J4. $0 \le j \le n$에 대해 $v_j \leftarrow v_j x_0^{\lfloor n/2 \rfloor - j}$으로 설정한다. ∎

덧셈 $(n^2 + n)/2$회, 곱셈 $n + \lceil n/2 \rceil - 1$회, 나눗셈 n회가 필요하다. v_n과 v_0을 특별한 경우들로 취급한다면 곱셈과 나눗셈을 더 절약할 수 있다. 참고문헌: *SIGACT News* **7**, (Summer 1975), 32-34.

7. $x_j = x_0 + jh$로 두고 (42)와 (44)를 고려한다. $0 \le j \le n$에 대해 $y_j \leftarrow u(x_j)$로 설정한다. $k = 1, 2, \ldots, n$에 대해(이 순서대로), $j = n, n-1, \ldots, k$에 대하여(이 순서대로) $y_j \leftarrow y_j - y_{j-1}$로 설정한다. 이제 모든 j에 대해 $\beta_j \leftarrow y_j$로 설정한다.

그런데 본문의 설명에서처럼 반올림 오차들이 누적될 것이다. (5)의 연산들을 완벽한 정확도로 계산한다고 해도 마찬가지이다. (5)를 고정소수점 산술로 수행할 때의 보다 나은 초기화 방법은 $\beta_0, \ldots, \beta_n$을 다음을 만족하는 것들로 택하는 것이다:

$$
\begin{pmatrix}
\binom{0}{0} & \binom{0}{1} & \cdots & \binom{0}{n} \\
\binom{d}{0} & \binom{d}{1} & \cdots & \binom{d}{n} \\
\vdots & & & \vdots \\
\binom{nd}{0} & \binom{nd}{1} & \cdots & \binom{nd}{n}
\end{pmatrix}
\begin{pmatrix}
\beta_0 \\
\beta_1 \\
\vdots \\
\beta_n
\end{pmatrix}
=
\begin{pmatrix}
u(x_0) \\
(x_d) \\
\vdots \\
u(x_{nd})
\end{pmatrix}
+
\begin{pmatrix}
\epsilon_0 \\
\epsilon_1 \\
\vdots \\
\epsilon_n
\end{pmatrix}.
$$

여기서 $|\epsilon_0|, |\epsilon_1|, \ldots, |\epsilon_n|$은 최대한 작은 값들로 잡는다. 〔H. Hassler, *Proc. 12th Spring Conf. Computer Graphics* (Bratislava: Comenius University, 1996), 55-66.〕

8. (43)을 볼 것.

9. 〔*Combinatorial Mathematics* (Buffalo: Math. Assoc. of America, 1963), 26-28.〕 이 공식은 포함 및 배제 원리(1.3.3절)의 한 응용으로 간주할 수 있다. $n - \epsilon_1 - \cdots - \epsilon_n = k$에 대한 항들의 합이, k개의 j_i 값들이 나타나지 않는 모든 $x_{1j_1} x_{2j_2} \ldots x_{nj_n}$의 합이기 때문이다. 주어진 명제는 $x_{1j_1} \ldots x_{nj_n}$의 계수가 다음과 같다는 사실을 이용해서 직접적으로 증명할 수 있다:

$$\sum (-1)^{n - \epsilon_1 - \cdots - \epsilon_n} \epsilon_{j_1} \cdots \epsilon_{j_n}.$$

만일 j들이 서로 다르면 이 합은 단위원과 같아지나, 만일 $j_1, \ldots, j_n \ne k$이면 이 합은 0이다. $\epsilon_k = 0$에 대한 항들이 $\epsilon_k = 1$에 대한 항들을 소거하기 때문이다.

이 합을 효율적으로 평가하려면 어떻게 해야 할까? 우선 $\epsilon_1 = 1$, $\epsilon_2 = \cdots = \epsilon_n = 0$으로 두고 시작해서, 한 번에 오직 하나의 ϵ만 한 항에서 다음 항으로 바꾸는 방식으로 ϵ들의 모든 조합들을 처리하면 된다. (7.2.1.1절의 "회색 이진 부호"를 볼 것). 첫 항을 계산하는 데에는 $n-1$회의 곱셈이 필요하다. 그 이후의 $2^n - 2$개의 항들에는 n회의 덧셈, 그 다음에 $n-1$회의 곱셈, 그 다음에 덧셈이 한 번 더 필요하다. 총 $(2^n - 1)(n-1)$회의 곱셈과 $(2^n - 2)(n+1)$회의 덧셈이다. 필요한 임시 저장소 공간은 $n+1$ 장소뿐이다. 주된 부분 합을 위한 장소 하나와 현재 곱의 각 인수 당 하나씩이다.

10. 곱셈 $\sum_{1 \le k < n}(k+1)\binom{n}{k+1} = n(2^{n-1} - 1)$회와 덧셈 $\sum_{1 \le k < n}k\binom{n}{k+1} = n2^{n-1} - 2^n + 1$회이다. 이는 연습문제 9에 필요한 산술 연산들의 약 절반 정도에 해당하나, 수열을 제어하는 문제 때문에, 이 방법에서는 프로그램이 더 복잡해진다. 필요한 임시 저장소 크기는 약 $\binom{n}{\lceil n/2 \rceil} + \binom{n}{\lceil n/2 \rceil - 1}$ 장소로, 이 크기는 지수적으로($2^n/\sqrt{n}$의 규모로) 증가한다.

이 연습문제의 방법은 유르카트Jurkat와 라이저Ryser가 *J. Algebra* **3** (1966), 1-27에서 제시한, 영구식 함수의 생소한 행렬 인수분해와 동치이다. 또한 어떤 의미로는 (39)와 (40)의 응용이라고도 할 수 있다.

11. 그러한 행렬이 충분히 조밀하다고 할 때 근사치를 계산하는 효율적인 방법들은 알려져 있다. A. Sinclair, *Algorithms for Random Generation and Counting* (Boston: Birkhäuser, 1993)을 볼 것. 그러나 이 문제는 정확한 값을 요구한다. 영구식을 어떤 $c < 2$에 대한 $O(c^n)$회의 연산들로 평가하는 방법은 존재할 수도 있다.

12. 이것은 연구 문제이다. 이 유명한 연구 문제의 진행 상황을 간략히 정리하자면: 호프크로프트J. Hopcroft와 커L. R. Kerr는 2를 법으로 한 2×2 행렬 곱셈에 일곱 번의 곱셈이 필요함을 증명했다(다른 여러 증명들과 함께) 〔*SIAM J. Appl. Math.* **20** (1971), 30-36〕. 프로버트R. L. Probert는 곱셈 7회짜리 방안(각 곱셈은 한 행렬의 성분들의 일차결합에 다른 한 행렬의 성분들의 일차결합을 곱한다) 들 모두가 반드시 적어도 15회의 덧셈을 사용함을 보였다 〔*SICOMP* **5** (1976), 187-203〕. 2×2 행렬 곱셈의 텐서 차수는 모든 체에 관해 7이다 〔V. Y. Pan, *J. Algorithms* **2** (1981), 301-310〕. 2×3 행렬 곱하기 3×2 행렬의 텐서 $T(2,3,2)$의 차수는 11이다. 〔V. B. Alekseyev, *J. Algorithms* **6** (1985), 71-85〕. $n \times n$ 행렬 곱셈에 대해 말하자면, $n = 3$일 때의 최상의 상계는 레이더먼J. D. Laderman이 구했다 〔*Bull. Amer. Math. Soc.* **82** (1976), 126-128〕. 그는 23회의 비가환적 곱셈으로 충분함을 보였다. 그의 구축법을 일반화한 사람은 시코라Ondrej Sýkora이다. 그는 $n^3 - (n-1)^2$회의 비가환적 곱셈과 $n^3 - n^2 + 11(n-1)^2$회의 덧셈이 필요한 하나의 방법을 예시 했다. 또한 $n = 2$일 때에는 이 결과가 (36)으로 줄어든다 〔*Lecture Notes in Comp. Sci.* **53** (1977), 504-512〕. $n = 5$에 대한 현재의 기록은 비가환적 곱셈 100회이다 〔O. M. Makarov, *USSR Comp. Math. and Math. Phys.* **27**, (1987), 205-207〕. 지금까지 알려진 최선의 하계는 블레저Markus Bläser가 구했는데, 그는 $n \ge 2$인 경우에는 $2n^2 + n - 3$회의 비스칼라 곱셈이 필요하 며 $n \ge 2$이고 $s \ge 2$에 대해서는 $m \times n \times s$인 경우에서 $mn + ns + m - n + s - 3$회가 필요함을

보였다 〔*Computational Complexity* **8** (1999), 203-226〕. 모든 계산이 나눗셈 없이 수행되어야 하는 경우에는 약간 더 나은 하계들이 가능하다. 브쇼티 N. H. Bshouty는 $n \geq s \geq j \geq 1$일 때 $m \times n$ 행렬 곱하기 $n \times s$ 행렬 mod 2의 계산에 적어도 $\sum_{k=0}^{j-1} \lfloor ms/2^k \rfloor + \frac{1}{2}(n + (n \bmod j))(n - (n \bmod j) - j) + n \bmod j$회의 곱셈이 필요함을 증명했다. $m = n = s$, $j \approx \lg n$으로 두면 $2.5n^2 - \frac{1}{2} n \lg n + O(n)$이 나온다.

큰 n에 대한 최선의 상계들은 본문의 (36) 다음에서 논의했다.

13. 기하급수들의 합산을 통해서, $F(t_1, ..., t_n)$이

$$\sum_{0 \leq s_1 < m_1, ..., 0 \leq s_n < m_n} \exp(-2\pi i(s_1 t_1/m_1 + \cdots + s_n t_n/m_n) f(s_1, ..., s_n))/m_1 ... m_n$$

와 같음을 알 수 있다. 역 변환과 $m_1 ... m_n$의 곱은, 보통의 변환을 수행하고 $t_j \neq 0$일 때 t_j를 $m_j - t_j$로 치환해서 구할 수 있다. 연습문제 4.3.3–9를 볼 것.

〔$F(t_1, ..., t_n)$을 다변수 다항식의 $x_1^{t_1} ... x_n^{t_n}$항의 계수로 간주한다면, 이산 푸리에 변환은 그 다항식을 단위원의 근들에서 평가하는 것에 해당하며, 역 변환은 보간 다항식을 구하는 것에 해당한다.〕

14. $m_1 = \cdots = m_n = 2$, $F(t_1, t_2, ..., t_n) = F(2^{n-1} t_n + \cdots + 2t_2 + t_1)$, $f(s_1, s_2, ..., s_n) = f(2^{n-1} s_1 + 2^{n-2} s_2 + \cdots + s_n)$이라고 하자. t들과 s들이 반대 순서로 나타남을 주목할 것. 또한 $g_k(s_k, ..., s_n, t_k)$가 ω를 지수 $2^{k-1} t_k(s_n + 2s_{n-1} + \cdots + 2^{n-k} s_k)$로 거듭제곱한 것이라고 하자. 만일 그 자리에서(in situ) 계산을 진행하고 싶다면, (40)에서 $f_k(s_{n-k+1}, ..., s_n, t_1, ..., t_{n-k})$를 필요에 따라 $f_k(t_1, ..., t_{n-k}, s_{n-k+1}, ..., s_n)$으로 치환하면 된다.

각 반복은 본질적으로 2^{n-1}개의 복소수쌍 (α, β)들을 취하고 그것들을 $(\alpha + \zeta\beta, \alpha - \zeta\beta)$로 치환하는 것에 해당한다(여기서 ζ는 ω의 적절한 거듭제곱). 따라서 $\zeta = \cos\theta + i\sin\theta$인 어떤 θ가 존재한다. $\zeta = \pm 1$ 또는 $\pm i$일 때 가능한 단순화들을 적용한다면 총 작업량은 복소수 곱셈 $((n-3) \cdot 2^{n-1} + 2)$회와 복소수 덧셈 $n \cdot 2^n$회가 된다. 연습문제 41의 기법들을 이용하면 그 복소수 연산들을 구현하는 데 쓰이는 실수 곱셈들과 덧셈들의 횟수를 줄일 수 있다.

$k = 1, 3, ...$에 대해 k번째 패스와 $k+1$번째 패스를 합친다면 복소수 곱셈 횟수를 약 25퍼센트 줄일 수 있다(덧셈 횟수는 변하지 않는다). 이는 2^{n-2}개의 4짝 $(\alpha, \beta, \gamma, \delta)$들을

$$(\alpha + \zeta\beta + \zeta^2\gamma + \zeta^3\delta, \ \alpha + i\zeta\beta - \zeta^2\gamma - i\zeta^3\delta, \ \alpha - \zeta\beta + \zeta^2\gamma - \zeta^3\delta, \ \alpha - i\zeta\beta - \zeta^2\gamma + i\zeta^3\delta)$$

로 대체할 수 있다는 뜻이다. 이러면 n이 짝수일 때 복소수 곱셈의 전체 횟수가 $(3n-2)2^{n-3} - 5\lfloor 2^{n-1}/3 \rfloor$으로 줄어든다.

이러한 계산은 주어진 수 $F(t)$들이 복소수라는 가정을 깔고 있다. 만일 $F(t)$들이 실수라면 $f(s)$는 $f(2^n - s)$의 켤레복소수이므로, 2^n개의 독립적인 실수 $f(0)$, $\Re f(1)$, ..., $\Re f(2^{n-1} - 1)$, $f(2^{n-1})$, $\Im f(1)$, ..., $\Im f(2^{n-1} - 1)$만 계산함으로써 중복성을 피할 수 있다. 이 경우, $(s_1 ... s_n)_2 + (s_1' ... s_n')_2 \equiv 0 \pmod{2^n}$일 때 $f_k(s_{n-k+1}, ..., s_n, t_1, ..., t_{n-k})$가 $f_k(s_{n-k+1}', ..., s_n', t_1, ..., t_{n-k})$의 켤레복소수가 된다는 사실을 이용하면 2^n개의 실수들만 다루는 것으로 전체 계산

을 마칠 수 있다. 곱셈, 덧셈 횟수들은 복소수의 경우에 필요한 해당 횟수들의 약 절반이다.

［빠른 푸리에 변환 알고리즘은 1805년에 가우스C. F. Gauss가 발견했으며, 그 뒤로도 그와 독립적으로 여러 번 재발견되었다. 특히 J. W. Cooley, J. W. Tukey, *Math. Comp.* **19** (1965), 297–301이 주목할 만하다. 이 알고리즘의 흥미로운 역사가 J. W. Cooley, P. A. W. Lewis, P. D. Welch, *Proc. IEEE* **55** (1967), 1675–1677; M. T. Heideman, D. H. Johnson, C. S. Burrus, *IEEE ASSP Magazine* **1**, (October 1984), 14–21에 조사되어 있다. 수백 명의 저자들에 의해서 논의된, 이 알고리즘의 용법에 관한 세부적인 사항들은 밴 론Charles Van Loan의 *Computational Frameworks for the Fast Fourier Transform* (Philadelphia: SIAM, 1992)에 감탄할 만큼 잘 정리되어 있다. 유한군들에 대한 빠른 푸리에 변환의 개괄로는 M. Clausen, U. Baum, *Fast Fourier Transforms* (Mannheim: Bibliographisches Institut Wissenschaftsverlag, 1993)을 볼 것.］

15. (a) 힌트의 항등식은 적분과 귀납법으로 증명할 수 있다. θ가 $\min(x_0, \ldots, x_n)$에서 $\max(x_0, \ldots, x_n)$으로 변함에 따라 $f^{(n)}(\theta)$가 A와 B 사이의(둘을 포함한) 모든 값을 취한다고 하자. 주어진 적분에서 $f^{(n)}$을 이 한계들 각각으로 치환하면 $A/n! \le f(x_0, \ldots, x_n) \le B/n!$가 나온다. (b) $j = n$에 대해서만 증명하면 충분하다. 만일 f가 뉴턴의 보간 다항식이면 $f^{(n)}$은 상수 $n!\alpha_n$이다. ［*The Mathematical Papers of Isaac Newton*, D. T. Whiteside 엮음, **4** (1971), 36–51, 70–73.］

16. (43)의 곱셈과 덧셈들을 다항식들에 대한 연산으로 수행한다. ($x_0 = x_1 = \cdots = x_n$인 특별한 경우는 연습문제 2에서 논의한다. 이 방법은 알고리즘 4.3.3T의 단계 T8에서 사용되었다.)

17. 이를테면 $n = 5$일 때 h의 값과는 독립적으로

$$u_{[5]}(x) = \frac{\dfrac{y_0}{x-x_0} - \dfrac{5y_1}{x-x_1} + \dfrac{10y_2}{x-x_2} - \dfrac{10y_3}{x-x_3} + \dfrac{5y_4}{x-x_4} - \dfrac{y_5}{x-x_5}}{\dfrac{1}{x-x_0} - \dfrac{5}{x-x_1} + \dfrac{10}{x-x_2} - \dfrac{10}{x-x_3} + \dfrac{5}{x-x_4} - \dfrac{1}{x-x_5}}$$

가 된다.

18. $\alpha_0 = \frac{1}{2}(u_3/u_4 + 1)$, $\beta = u_2/u_4 - \alpha_0(\alpha_0 - 1)$, $\alpha_1 = \alpha_0\beta - u_1/u_4$, $\alpha_2 = \beta - 2\alpha_1$, $\alpha_3 = u_0/u_4 - \alpha_1(\alpha_1 + \alpha_2)$, $\alpha_4 = u_4$.

19. α_5는 선행 계수이므로, 일반성을 잃지 않고도 $u(x)$가 모닉다항식이라고(구체적으로 말하면 $u_5 = 1$) 가정할 수 있다. 그러면 α_0은 방정식 $40z^3 - 24u_4z^2 + (4u_4^2 + 2u_3)z + (u_2 - u_3u_4) = 0$의 한 근이다. 이 방정식은 항상 적어도 하나의 실근을 가지며, 실근이 세 개일 수도 있다. 일단 α_0을 구했다면 $\alpha_3 = u_4 - 4\alpha_0$, $\alpha_1 = u_3 - 4\alpha_0\alpha_3 - 6\alpha_0^2$, $\alpha_2 = u_1 - \alpha_0(\alpha_0\alpha_1 + 4\alpha_0^2\alpha_3 + 2\alpha_1\alpha_3 + \alpha_0^3)$, $\alpha_4 = u_0 - \alpha_3(\alpha_0^4 + \alpha_1\alpha_0^2 + \alpha_2)$로 나머지 것들을 구할 수 있다.

주어진 다항식의 경우에는 3차 방정식 $40z^3 - 120z^2 + 80z = 0$을 풀어야 한다. 그러면 세 개의 해 $(\alpha_0, \alpha_1, \alpha_2, \alpha_3, \alpha_4, \alpha_5) = (0, -10, 13, 5, -5, 1)$, $(1, -20, 68, 1, 11, 1)$, $(2, -10, 13, -3, 27, 1)$을 얻을 수 있다.

20.

LDA X	STA TEMP2	FADD $=\alpha_1=$	FMUL TEMP1
FADD $=\alpha_3=$	FMUL TEMP2	FMUL TEMP2	FADD $=\alpha_4=$
STA TEMP1	STA TEMP2	FADD $=\alpha_2=$	FMUL $=\alpha_5=$ ▮
FADD $=\alpha_0-\alpha_3=$			

21. $z = (x+1)x - 2$, $w = (x+5)z + 9$, $u(x) = (w+z-8)w - 8$; 또는 $z = (x+9)x + 26$, $w = (x-3)z + 73$, $u(x) = (w+z-24)w - 12$.

22. $\alpha_6 = 1$, $\alpha_0 = -1$, $\alpha_1 = 1$, $\beta_1 = -2$, $\beta_2 = -2$, $\beta_3 = -2$, $\beta_4 = 1$, $\alpha_3 = -4$, $\alpha_2 = 0$, $\alpha_4 = 4$, $\alpha_5 = -2$이다. 이제 $z = (x-1)x + 1$, $w = z + x$, $u(x) = ((z - x - 4)w + 4)z - 2$라는 방안을 만들 수 있다. 만일 $w = x^2 + 1$, $z = w - x$를 계산한다면 일곱 덧셈들 중 하나가 절약된다.

23. (a) n에 대한 귀납법으로 증명할 수 있다. 만일 $n < 2$이면 주어진 결과는 자명하다. 만일 $f(0) = 0$이면 결과는 다항식 $f(z)/z$에 대해 성립하게 되고, 따라서 $f(z)$에 대해 성립한다. 만일 어떤 실수 $y \neq 0$에 대해 $f(iy) = 0$이면 $g(\pm iy) = h(\pm iy) = 0$이다. 결과는 $f(z)/(z^2 + y^2)$에 대해 참이므로 $f(z)$에 대해서도 성립한다. 따라서 $f(z)$에 실수부가 0인 근이 존재하지 않는다고 가정할 수 있다. 이제 주어진 경로가 원점을 도는 전체 횟수는 $f(z)$의 근들 중 그 영역 안에 있는 근들의 개수인데, 그 개수는 많아야 1이다. R이 클 때 $\pi/2 \leq t \leq 3\pi/2$에 대한 경로 $f(Re^{it})$은 원점을 중심으로 해서 반시계방향으로 약 $n/2$회 선회한다. 따라서 $-R \leq t \leq R$에 대한 경로 $f(it)$는 원점을 중심으로 해서 반시계 방향으로 적어도 $n/2 - 1$회 돌아야 한다. n이 짝수인 경우 이는 $f(it)$가 허수축을 적어도 $n - 2$번, 실수축을 적어도 $n - 3$번 가로지른다는 뜻이다. n이 홀수인 경우 $f(it)$는 실수축을 적어도 $n - 2$번, 허수축을 적어도 $n - 3$번 가로지른다. 이 절편들은 각각 $g(it) = 0$과 $h(it) = 0$의 근들이다.

(b) 만일 그것들이 모두 실수가 아니라면 g나 h는 $a \neq 0$이고 $b \neq 0$인 $a + bi$ 형태의 근을 하나 가질 것이다. 그러나 그러한 근이 하나 존재한다는 것은 그러한 다른 근들이 적어도 세 개, 즉 $a - bi$와 $-a \pm bi$가 존재함을 함의한다. 그러나 $g(z)$와 $h(z)$의 근의 개수는 최대 n개이다.

24. u의 근들은 -7, $-3 \pm i$, $-2 \pm i$, -1이다. c로 가능한 값은 2와 4이다(3은 아니다. $c = 3$이면 근들의 합이 0이 되어 버린다). 경우 1, $c = 2$: $p(x) = (x+5)(x^2 + 2x + 2)(x^2 + 1)(x - 1) = x^6 + 6x^5 + 6x^4 + 4x^3 - 5x^2 - 2x - 10$; $q(x) = 6x^2 + 4x - 2 = 6(x+1)(x - \frac{1}{3})$이다. $\alpha_2 = -1$, $\alpha_1 = \frac{1}{3}$로 두면 $p_1(x) = x^4 + 6x^3 + 5x^2 - 2x - 10 = (x^2 + 6x + \frac{16}{3})(x^2 - \frac{1}{3}) - \frac{74}{9}$; $\alpha_0 = 6$, $\beta_0 = \frac{16}{3}$, $\beta_1 = -\frac{74}{9}$이다. 경우 2, $c = 4$: 비슷한 분석에 의해 $\alpha_2 = 9$, $\alpha_1 = -3$, $\alpha_0 = -6$, $\beta_0 = 12$, $\beta_1 = -26$이 나온다.

25. $\beta_1 = \alpha_2$, $\beta_2 = 2\alpha_1$, $\beta_3 = \alpha_7$, $\beta_4 = \alpha_6$, $\beta_5 = \beta_6 = 0$, $\beta_7 = \alpha_1$, $\beta_8 = 0$, $\beta_9 = 2\alpha_1 - \alpha_8$.

26. (a) $\lambda_1 = \alpha_1 \times \lambda_0$, $\lambda_2 = \alpha_2 + \lambda_1$, $\lambda_3 = \lambda_2 \times \lambda_0$, $\lambda_4 = \alpha_3 + \lambda_3$, $\lambda_5 = \lambda_4 \times \lambda_0$, $\lambda_6 = \alpha_4 + \lambda_5$. (b) $\kappa_1 = 1 + \beta_1 x$, $\kappa_2 = 1 + \beta_2\kappa_1 x$, $\kappa_3 = 1 + \beta_3\kappa_2 x$, $u(x) = \beta_4\kappa_3 = \beta_1\beta_2\beta_3\beta_4 x^3 + \beta_2\beta_3\beta_4 x^2 + \beta_3\beta_4 x + \beta_4$. (c) 만일 임의의 계수가 0이면 (b)에서는 x^3의 계수도 0이 되나, (a)의

경우에는 차수가 ≤ 3인 임의의 다항식 $\alpha_1 x^3 + \alpha_2 x^2 + \alpha_3 x + \alpha_4$가 나온다.

27. 주어진 명제가 거짓이라면 실수들의 모든 집합 $(q_n, ..., q_0)$에 대해 $q_n \cdot f(q_n, ..., q_1, q_0) = 0$인 정수 계수들을 가진 0이 아닌 다항식 $f(q_n, ..., q_1, q_0)$이 존재할 것이다. 그러나 그런 다항식은 존재할 수 없다. 왜냐하면, n에 대한 귀납법으로 쉽게 증명할 수 있듯이, 0이 아닌 다항식(0이 아닌 계수가 존재하는 다항식)은 항상 0이 아닌 어떤 값을 취하기 때문이다. (연습문제 4.6.1-16 참고. 그런데 이 결과는 실수를 유한체로 대체한다면 거짓이다.)

28. 부정(不定, indeterminate, 값이 정해지지 않음) 수량 $\alpha_1, ..., \alpha_s$는 다항식 정의역 $Q[\alpha_1, ..., \alpha_s]$에 대한 하나의 대수 기저를 형성한다. 여기서 Q는 유리수들의 체이다. $s+1$이 한 기저의 원소 개수보다 크기 때문이 다항식 $f_j(\alpha_1, ..., \alpha_s)$들은 대수적으로 독립이다. 이는 $g(f_0(\alpha_1, ..., \alpha_s), ..., f_s(\alpha_1, ..., \alpha_s))$가 항상 0임을 만족하는 유리계수들을 가진 0이 아닌 다항식 g가 존재함을 의미한다.

29. $j_0, ..., j_t \in \{0, 1, ..., n\}$이 주어졌을 때, $1 \le j \le m$인 R_j의 모든 $(q_n, ..., q_0)$에 대해 $g_j(q_{j_0}, ..., q_{j_t}) = 0$을 만족하는 정수 계수들을 가진 0이 아닌 다항식들이 존재한다. 따라서 곱 $g_1 g_2 \cdots g_m$은 $R_1 \cup \cdots \cup R_m$의 모든 $(q_n, ..., q_0)$에 대해 0이다.

30. 정리 M의 구축법으로 시작해서, β들 중 $m_p + (1 - \delta_{0m_c})$개를 효과적으로 제거할 수 있음을 증명하겠다: 만일 μ_i가 매개변수 곱셈에 대응된다면 $\mu_i = \beta_{2i-1} \times (T_{2i} + \beta_{2i})$이다. $c\mu_i$가 T_j에서 나타나는 각 β_j에 $c\beta_{2i-1}\beta_{2i}$를 더하고 β_{2i}를 0으로 치환한다. 이러면 각 매개변수 곱셈에서 하나의 매개변수가 제거된다. 만일 μ_i가 첫 번째 사슬 곱셈이면, $\gamma_1, \gamma_2, \theta_1, \theta_2$가 $\beta_1, ..., \beta_{2i-2}$를 변수로 하는 정수계수 다항식들이라고 할 때 $\mu_i = (\gamma_1 x + \theta_1 + \beta_{2i-1}) \times (\gamma_2 x + \theta_2 + \beta_{2i})$이다. 여기서 θ_1과 θ_2는 각각 β_{2i-1}과 β_{2i}로 흡수될 수 있다. 따라서 $\theta_1 = \theta_2 = 0$이라고 가정할 수 있다. 이제 $c\beta_{2i-1}\beta_{2i}$를 $c\mu_i$가 T_j에 나타나는 각 β_j에 더한다. $\beta_{2i-1}\gamma_2/\gamma_1$를 β_{2i}에 더한다. 그리고 β_{2i-1}을 0으로 설정한다. β_{2i-1}들을 이렇게 제거해도 결과 집합은 변하지 않는다. 단, γ_1이 0인 $\alpha_1, .., \alpha_s$의 값들은 예외이다. 〔이 증명은 본질적으로 V. Y. Pan, *Uspekhi Mat. Nauk* **21**, (January–February 1966), 103–134에서 기인한다.〕 후자의 경우는 정리 A의 증명에서처럼 처리하면 된다. $\gamma_1 = 0$인 다항식들은 β_{2i}를 제거해서 평가할 수 있기 때문이다(μ_i가 하나의 매개변수 곱셈에 대응되었던 첫음 방법에서처럼).

31. 주어진 결과가 거짓이라면 마지막 단계로 하나의 매개변수 곱셈을 추가할 수 있을 것이다. 그러나 그러면 정리 C가 위배된다. (이 특별한 경우에서 이 문제의 결과는 정리 A에 대한 하나의 개선이다. 왜냐하면 n차 모닉다항식의 계수들에서 자유도는 단 n이기 때문이다.)

32. $\lambda_1 = \lambda_0 \times \lambda_0$, $\lambda_2 = \alpha_1 \times \lambda_1$, $\lambda_3 = \alpha_2 + \lambda_2$, $\lambda_4 = \lambda_3 \times \lambda_1$, $\lambda_5 = \alpha_3 + \lambda_4$. $u_4 x^4$를 계산하는 데에는 곱셈이 적어도 세 번(4.6.3절 참고), 그리고 정리 A에 의해 덧셈이 적어도 두 번 필요하다.

33. 반드시 $n + 1 \le 2m_c + m_p + \delta_{0m_c}$이고 $m_c + m_p = (n+1)/2$이어야 한다. 이제 선행 계수(x

의 다항식으로서의)가 정수가 아닌 최초의 λ_i를 하나의 사슬 덧셈으로 반드시 구할 수 있다. 그리고 매개변수들은 적어도 $n+1$개 존재해야 한다. 따라서 매개변수 덧셈은 적어도 $n+1$개 존재한다.

34. 다음과 같은 방법으로 주어진 사슬을 단계별로 변환하면서 λ_i의 "내용" c_i를 정의한다: (직관적으로, c_i는 λ_i의 선행 계수이다.) $c_0 = 1$로 정의한다. (a) 만일 현재 단계가 $\lambda_i = \alpha_j + \lambda_k$ 형태이면 그것을 $\lambda_i = \beta_j + \lambda_k$로 치환한다. 여기서 $\beta_j = \alpha_j/c_k$이다. 그리고 $c_i = c_k$로 정의한다. (b) 만일 현재 단계가 $\lambda_i = \alpha_j - \lambda_k$이면 그것을 $\lambda_i = \beta_j + \lambda_k$로 치환한다. 여기서 $\beta_j = -\alpha_j/c_k$이다. 그리고 $c_i = -c_k$로 정의한다. (c) 만일 현재 단계가 $\lambda_i = \alpha_j \times \lambda_k$ 형태이면 그것을 $\lambda_i = \lambda_k$로 치환한다(이 단계는 이후에 삭제된다). 그리고 $c_i = \alpha_j c_k$로 정의한다. (d) 만일 현재 단계가 $\lambda_i = \lambda_j \times \lambda_k$ 형태이면 그대로 둔다. 그리고 $c_i = c_j c_k$로 정의한다.

이와 같은 공정이 끝난 후에는 $\lambda_i = \lambda_k$ 형태의 모든 단계들을 삭제하고, λ_i를 사용하는 이후 단계들 모두에서 λ_i를 λ_k로 치환한다. 그런 다음에는 최종 단계 $\lambda_{r+1} = \beta \times \lambda_r$을 추가한다. 여기서 $\beta = c_r$이다. 이것이 요구된 바를 만족하는 방안인 이유는, 새 λ_i가 이전 것들을 인수 c_i로 나눈 것일 (이는 쉽게 확인할 수 있다) 뿐이기 때문이다. β들은 α들의 주어진 함수들이다. 0으로 나누기는 문제가 되지 않는데, 왜냐하면 만일 임의의 c_k가 0이면 반드시 $c_r = 0$이며(따라서 x^n의 계수는 0이다), 그렇지 않다면 λ_k는 최종 결과에 결코 기여하지 않기 때문이다.

35. 적어도 다섯 개의 매개변수 단계들이 있으므로, 적어도 하나의 매개변수 곱셈이 존재하지 않는 한 증명은 자명하다. 세 곱셈들로 $u_4 x^4$을 만드는 방식들을 생각해 보면 반드시 하나의 매개변수 곱셈과 두 개의 사슬 곱셈들이 있어야 함을 알 수 있다. 따라서 각 매개변수 단계마다 네 번의 덧셈·뺄셈들이 필요하며, 그러면 연습문제 34가 적용된다. 이제 덧셈들만 쓰인다고 가정할 수 있으며, 일반적인 모닉 4차 다항식을 두 개의 사슬 곱셈과 네 개의 매개변수 덧셈으로 계산하는 하나의 사슬이 존재한다고 가정할 수 있다. 그런 종류의 방안들 중에서 4차 다항식을 계산할 수 있는 것은 다음과 같은 형태뿐이다.

$$\lambda_1 = \alpha_1 + \lambda_0$$
$$\lambda_2 = \alpha_2 + \lambda_0$$
$$\lambda_3 = \lambda_1 \times \lambda_2$$
$$\lambda_4 = \alpha_3 + \lambda_3$$
$$\lambda_5 = \alpha_4 + \lambda_3$$
$$\lambda_6 = \lambda_4 \times \lambda_5$$
$$\lambda_7 = \alpha_5 + \lambda_6.$$

사실 이 사슬에는 덧셈이 하나 더 많으나, α들 중 일부가 다른 것들의 함수라는 제약을 가하게 되면 그 어떤 정확한 방안이라도 이 형태로 바꿀 수 있다는 장점이 생긴다. 이제 $A = \alpha_1 + \alpha_2$, $B = \alpha_1\alpha_2 + \alpha_3$, $C = \alpha_1\alpha_2 + \alpha_4$, $D = \alpha_6$, $E = B + C$, $F = BC + D$라고 할 때 λ_7은 $(x^2 + Ax + B)(x^2 + Ax + C) + D = x^4 + 2Ax^3 + (E + A^2)x^2 + EAx + F$의 형태이다. 그리고 이 계산에는 오직 세 개의 독립적인 매개변수들만 관여하므로, 이것으로 일반적인 모닉 4차 다항식을 표현할 수는 없다.

36. 연습문제 35의 해답에서처럼, 그 사슬이 6차 일반 모닉다항식을 단 세 개의 사슬 곱셈들과 여섯 개의 매개변수 덧셈들만 사용해서 계산한다고 가정할 수 있다. 그 계산은 반드시 다음과 같은 두 일반 형식들 중 하나를 취한다.

$$
\begin{aligned}
\lambda_1 &= \alpha_1 + \lambda_0 & \lambda_1 &= \alpha_1 + \lambda_0 \\
\lambda_2 &= \alpha_2 + \lambda_0 & \lambda_2 &= \alpha_2 + \lambda_0 \\
\lambda_3 &= \lambda_1 \times \lambda_2 & \lambda_3 &= \lambda_1 \times \lambda_2 \\
\lambda_4 &= \alpha_3 + \lambda_0 & \lambda_4 &= \alpha_3 + \lambda_3 \\
\lambda_5 &= \alpha_4 + \lambda_3 & \lambda_5 &= \alpha_4 + \lambda_3 \\
\lambda_6 &= \lambda_4 \times \lambda_5 & \lambda_6 &= \lambda_4 \times \lambda_5 \\
\lambda_7 &= \alpha_5 + \lambda_6 & \lambda_7 &= \alpha_5 + \lambda_3 \\
\lambda_8 &= \alpha_6 + \lambda_6 & \lambda_8 &= \alpha_6 + \lambda_6 \\
\lambda_9 &= \lambda_7 \times \lambda_8 & \lambda_9 &= \lambda_7 \times \lambda_8 \\
\lambda_{10} &= \alpha_7 + \lambda_9 & \lambda_{10} &= \alpha_7 + \lambda_9
\end{aligned}
$$

연습문제 35에서처럼, 좀 더 일반적인 경우를 포괄하기 위해 추가적인 덧셈 하나가 삽입되었다. 이 두 방안 모두, 일반 6차 모닉다항식을 계산할 수는 없다. 첫째 경우는

$$
(x^3 + Ax^2 + Bx + C)(x^3 + Ax^2 + Bx + D) + E
$$

형태의 다항식이고 둘째 경우는

$$
(x^4 + 2Ax^3 + (E + A^2)x^2 + EAx + F)(x^2 + Ax + G) + H
$$

형태의 다항식이며, 둘 다 오직 다섯 개의 독립변수들만 관여하기 때문이다.

37. $p_0(x) = u_n x^n + u_{n-1} x^{n-1} + \cdots + u_0$ 이고 $q_0(x) = x^n + v_{n-1} x^{n-1} + \cdots + v_0$ 라고 하자. $1 \le j \le n$ 에 대해 $p_{j-1}(x)$ 를 모닉다항식 $q_{j-1}(x)$ 로 나누어서 $p_{j-1}(x) = \alpha_j q_{j-1}(x) + \beta_j q_j(x)$ 를 얻는다. 이 관계를 만족하는 $n-j$ 차 모닉다항식 $q_j(x)$ 가 존재한다고 가정하자. 이 가정은 거의 모든 유리함수들에 대해 참이 된다. $p_j(x) = q_{j-1}(x) - xv q_j(x)$ 라고 하자. 이 정의들은 $\deg(p_n) < 1$ 를 함의하므로, $\alpha_{n+1} = p_n(x)$ 라고 둘 수 있다.

주어진 유리함수의 경우

j	α_j	β_j	$q_j(x)$	$p_j(x)$
0			$x^2 + 8x + 19$	$x^2 + 10x + 29$
1	1	2	$x + 5$	$3x + 19$
2	3	4	1	5

이므로 $u(x)/v(x) = p_0(x)/q_0(x) = 1 + 2/(x + 3 + 4/(x + 5))$ 이다.

참고: 언급된 형태의 일반적인 유리함수가 본질적으로 독립적인 $2n + 1$ 개의 매개변수들을 가짐을 보일 수 있다는 점에서, 그러한 유리함수의 "자유도"는 $2n + 1$ 이라고 할 수 있다. 다항식 사슬을 4항식(quolynomial) 사슬로 일반화한다면(덧셈뿐만 아니라 나눗셈 연산도 허용되도록, 연습문제

71 참고), 정리 A와 M의 증명들을 약간 수정해서 다음과 같은 결과를 얻을 수 있다: q개의 덧셈·뺄셈 단계들을 가진 하나의 4항식 사슬의 최대 자유도는 $q+1$이다. m개의 곱셈·나눗셈 단계들을 가진 하나의 4항식 사슬의 최대 자유도는 $2m+1$이다. 따라서 언급된 형태의 거의 모든 유리함수들을 계산하는 4항식 사슬은 적어도 $2n$개의 덧셈·뺄셈들과 n개의 곱셈·나눗셈들을 가진다. 이 연습문제의 방법이 최적의 방법이다.

38. $n=0$일 때에는 그 정리가 확실히 참이다. n이 양수라고 가정하자. 그리고 $P(x; u_0, ..., u_n)$을 계산하는 하나의 다항식 사슬이 주어졌으며 그 다항식 사슬의 매개변수 α_j들이 각각 하나의 실수로 치환되었다고 가정하자. $\lambda_i = \lambda_j \times \lambda_k$가 $u_0, ..., u_n$에 관한 첫 사슬 곱셈 단계라고 하자. A의 계수 때문에 그러한 단계는 반드시 존재한다. 이제 일반성을 잃지 않고도 λ_j가 u_n들에 관여한다고 가정할 수 있다. 따라서 λ_j는 $h_0 u_0 + \cdots + h_n u_n + f(x)$의 형태이다. 여기서 $h_0, ..., h_n$은 실수이고 $h_n \neq 0$이며 $f(x)$는 실수계수 다항식이다. (h들과 $f(x)$의 계수들은 α들에 배정된 값들에서 유도한다.)

이제 단계 i를 $\lambda_i = \alpha \times \lambda_k$로 바꾼다. 여기서 α는 임의의 실수이다. ($\alpha=0$으로 두어도 된다. 여기서 α를 일반적으로 둔 이유는 이 증명에 어느 정도 유연함이 존재함을 보이려는 것일 뿐이다.) 그런 다음 추가적인 단계들로

$$\lambda = (\alpha - f(x) - h_0 u_0 - \cdots - h_{n-1} u_{n-1})/h_n$$

을 계산한다. 이 새로운 단계들은 오직 덧셈과 매개변수 곱셈(적절한 새 매개변수를 곱하는)만을 사용한다. 마지막으로 사슬에 있는 모든 $\lambda_{-n-1} = u_n$을 이 새 원소 λ로 치환한다. 그러면

$$Q(x; u_0, ..., u_{n-1}) = P(x; u_0, ..., u_{n-1}, (\alpha - f(x) - h_0 u_0 - \cdots - h_{n-1} u_{n-1})/h_n)$$

을 계산하는 사슬이 되는데, 이 사슬은 사슬 곱셈이 하나 적다. 이제 Q가 가정들을 만족함을 보인다면 증명이 완성된다. 수량 $(\alpha - f(x))/h_n$에 의해서 아마도 m의 값이 증가될 것인데, 이를 통해서 새 벡터 B'를 얻을 수 있다. A의 열들이 $A_0, A_1, ..., A_n$이라고 할 때(이 벡터들은 실수에 관해 일차독립이다) 새 행렬 A'는 열 벡터

$$A_0 - (h_0/h_n)A_n, \qquad ..., \qquad A_{n-1} - (h_{n-1}/h_n)A_n,$$

들을 가진, 그리고 증가된 m 값을 위한 0들의 행렬 몇 개를 가진 행렬 Q에 대응된다. 이 열들 역시 일차독립임은 명백하다. Q를 계산하는 사슬의 사슬 곱셈 개수는 적어도 $n-1$임을 귀납법으로 밝힐 수 있으며, 따라서 원래의 사슬은 적어도 n개의 사슬 곱셈들을 가진다.

〔판Pan은 또한 나눗셈을 사용한다고 해도 개선이 이루어지지 않을 것임을 보였다. *Problemy Kibernetiki* **7** (1962), 21-30을 볼 것. S. Winograd, *Comm. Pure and Applied Math.* **23** (1970), 165-179에는 다양한 종류의 전제조건들이 가해지거나 가해지지 않는, 여러 변수들의 다양한 다항식들의 계산을 위한 일반화들이 나온다.〕

39. m에 대한 귀납법으로 증명할 수 있다. $w_m(x) = x^{2m} + u_{2m-1} x^{2m-1} + \cdots + u_0$, $w_{m-1}(x) = x^{2m-2} + v_{2m-3} x^{2m-3} + \cdots + v_0$, $a = \alpha_1 + \gamma_m$, $b = \alpha_m$이라고 하자. 그리고

$$f(r) = \sum_{i,j \geq 0} (-1)^{i+j} \binom{i+j}{j} u_{r+i+2j} a^i b^j$$

이라고 하자. 이로부터 $r \geq 0$에 대해 $v_r = f(r+2)$이고 $\delta_m = f(1)$임을 이끌어 낼 수 있다. $\delta_m = 0$이고 a가 주어졌다면 차수가 $m-1$이고 선행 계수가 $\pm(u_{2m-1} - ma) = \pm(\gamma_2 + \cdots + \gamma_m - m\gamma_m)$인 b의 다항식이 된다.

모츠킨의 출판되지 않은 원고들에서, 그는 거의 항상, m이 짝수일 때에는 이 선행 계수가 $\neq 0$이, m이 홀수일 때에는 $= 0$이 되도록 γ들을 선택함으로써 $\delta_k = 0$으로 만들었다. 이러한 설정에서는 거의 항상 b를 홀수차 다항식의 한 (실)근으로 둘 수 있다.

40. 가능하지 않다. 위노그라드S. Winograd는 모든 13차 다항식을 단 일곱 번의 곱셈(복소수 곱셈일 수도 있음)으로 계산하는 방법을 발견했다 [*Comm. Pure and Applied Math.* **25** (1972), 455-457]. 레바L. Revah는 거의 모든 $n \geq 9$차 다항식을 $\lfloor n/2 \rfloor + 1$회의 곱셈(복소수 곱셈일 수도 있음)으로 평가하는 방안들을 발견했다 [*SICOMP* **4** (1975), 381-392]. 그녀는 또한 $n = 9$일 때 적어도 $n+3$회의 덧셈들과 함께 단 $\lfloor n/2 \rfloor + 1$회의 곱셈으로 계산이 가능함을 보였다. 적절히 많은 덧셈들을 추가하면(연습문제 39 참고) 위의 문장들에 나오는 "거의 모든"과 "복소수 곱셈일 수도 있음"이라는 단서들이 제거된다. 판V. Y. Pan은 모든 홀수 $n \geq 9$에 대해 $\lfloor n/2 \rfloor + 1$회의 (복소)곱셈과 최소 $n+2+\delta_{n9}$회의 (복소)덧셈을 사용하는 방안들을 발견했다 [*STOC* **10** (1978), 162-172; IBM Research Report RC7754 (1979)]. $n = 9$에 대한 그의 방법은

$$v(x) = ((x+\alpha)^2 + \beta)(x+\gamma), \qquad w(x) = v(x) + x,$$
$$t_1(x) = (v(x) + \delta_1)(w(x) + \epsilon_1), \qquad t_2(x) = (v(x) + \delta_2)(w(x) + \epsilon_2),$$
$$u(x) = (t_1(x) + \zeta)(t_2(x) - t_1(x) + \eta) + \kappa$$

이다. $n \geq 9$에 대해 최소 (실수) 곱셈 횟수가 달성되었을 때의 필수적인 실수 덧셈의 최소 횟수는 아직도 밝혀지지 않았다.

41. $a(c+d) - (a+b)d + i(a(c+d) + (b-a)c)$. [수치적 불안정성을 주의해야 한다. 세 번의 곱셈은 필수적이다. 왜냐하면 복소수 곱셈은 (71)의 $p(u) = u^2 + 1$인 특별한 경우이기 때문이다. 덧셈에 대한 제한이 없다면 다른 가능성들도 존재한다. 예를 들어 엉거Peter Ungar는 1963년에 대칭 공식 $ac - bd + i((a+b)(c+d) - ac - bd)$를 제안했다. i을 2^n으로 대체한다면 식 4.3.3-(2)도 비슷하다. I. Munro, *STOC* **3** (1971), 40-44; S. Winograd, *Linear Algebra and Its Applications* **4** (1971), 381-388 참고.]

아니면, 만일 $a^2 + b^2 = 1$이고 $t = (1-a)/b = b/(1+a)$라면 곱 $(a+bi)(c+di) = u+iv$를 "$w = c - td, v = d + bw, u = w - tv$"로 계산하는 알고리즘도 가능하다. 이는 버니먼Oscar Buneman이 제안한 것이다 [*J. Comp. Phys.* **12** (1973), 127-128]. 이 방법에서 만일 $a = \cos\theta$이고 $b = \sin\theta$이면 $t = \tan(\theta/2)$가 성립한다.

알트Helmut Alt와 레이우언Jan van Leeuwen [*Computing* **27** (1981), 205-215]은 $1/(a+bi)$을 계산하는 데 네 번의 실수 곱셈 또는 나눗셈이 필수적이며 다음을 계산하는 데에는 네 번의 실수

곱셈 또는 나눗셈으로 충분함을 보였다:

$$\frac{a}{b+ci} = \frac{a}{b+c(c/b)} - i\frac{(c/b)a}{b+c(c/b)}.$$

$(a+bi)/(c+di)$ 계산의 필요충분 횟수는 곱셈·나눗셈 연산 여섯 번과 덧셈·뺄셈 세 번이다 [T. Lickteig, *SICOMP* **16** (1987), 278-311].

이러한 하계들에도 불구하고, 복소수 산술을 반드시 실수 산술로 구현할 필요는 없다는 점을 기억해야 할 것이다. 예를 들어 빠른 푸리에 변환을 이용해서 n자리 복소수 둘을 곱하는 데 필요한 시간은 n자리 실수 둘을 곱하는 데 필요한 시간에 비해 점근적으로 약 두 배밖에 되지 않는다.

42. (a) $\pi_1, \dots, \pi_m$이 사슬 곱셈들에 대응되는 λ_i들이라고 하자. 그러면 $\pi_i = P_{2i-1} \times P_{2i}$이고 $u(x) = P_{2m+1}$이다. 여기서 P_j는 $\beta_j + \beta_{j0}x + \beta_{j1}\pi_1 + \cdots + \beta_{jr(j)}\pi_{r(j)}$의 형태로, 이 때 $r(j) \le \lceil j/2 \rceil - 1$이고 β_j와 β_{jk}는 α들을 변수로 하는 정수계수 다항식들이다. 이 사슬을 $1 \le j \le 2m$에 $\beta_j = 0$, $\beta_{jr(j)} = 1$이 되도록 체계적으로 수정하는 것이 가능하다(연습문제 30 참고). 또한 $\beta_{30} = 0$이라고 가정할 수 있다. 그렇게 해서 얻은 집합은 최대 $m+1+\sum_{j=1}^{2m}(\lceil j/2 \rceil - 1) = m^2+1$의 자유도를 가진다.

(b) 최대 m개의 사슬 곱셈들을 가진 그러한 다항식 사슬은 그 어떤 것이든 (a)에서 살펴본 형태의 한 다항식으로 흉내낼 수 있다. 단, 이 경우는 $1 \le j \le 2m+1$에 대해 $r(j) = \lceil j/2 \rceil - 1$로 두며, $\beta_{30} = 0$ 또는 $j \ge 3$에 대해 $\beta_{jr(j)} = 1$이라고 가정하지 않는다. 이 단일한 표준 형식에는 $m^2 + 2m$개의 매개변수들이 관여한다. α들이 모든 정수를 거쳐 감에 따라, 그리고 우리가 그러한 모든 사슬을 거쳐 감에 따라 β들은 값 mod 2들의 집합들 최대 2^{m^2+2m}개를 거쳐 가며, 따라서 결과 집합 역시 그런 집합들을 거치게 된다. 계수들이 0 또는 1인 n차 다항식 2^n개 모두를 얻기 위해서는 $m^2 + 2m \ge n$이어야 한다.

(c) $m \leftarrow \lfloor \sqrt{n} \rfloor$로 설정하고 $x^2, x^3, \dots, x^m$을 계산한다. $u(x) = u_{m+1}(x)x^{(m+1)m} + \cdots + u_1(x)x^m + u_0(x)$라고 하자. 각 $u_j(x)$는 $\le m$차 정수계수 다항식이다(따라서 추가적인 곱셈 없이도 평가할 수 있다). 이제 $u(x)$를 알려진 계수들을 가진 하나의 x^m의 다항식으로 보고 규칙 (2)를 이용해서 평가한다. (이 때 쓰이는 덧셈 횟수는 계수들의 절대값들의 합과 근사적으로 같으므로, 이 알고리즘은 0-1 다항식들에 대해 효율적이다. 패터슨Patterson과 스탁마이어Stockmeyer는 약 $\sqrt{2n}$ 회의 곱셈을 사용하는 또 다른 알고리즘도 제시했다.)

참고문헌: *SICOMP* **2** (1973), 60-66; 또한 J. E. Savage, *SICOMP* **3** (1974), 150-158; J. Ganz, *SICOMP* **24** (1995), 473-483도 보라. 덧셈에 관한 비슷한 결과들로는 Borodin, Cook, *SICOMP* **5** (1976), 146-157; Rivest, Van de Wiele, *Inf. Proc. Letters* **8** (1979), 178-180을 볼 것.

43. $a_i = a_j + a_k$가 $n+1$에 대한 어떤 최적의 덧셈 사슬의 한 단계일 때 $x^i = x^j x^k$와 $p_i = p_k x^j + p_j$를 계산한다. 여기서 $p_i = x^{i-1} + \cdots + x + 1$이다. x^{n+1}의 마지막 계산은 생략한다. $a_k = 1$일

때 항상, 특히 $i = 1$일 때 하나의 곱셈을 절약할 수 있다. (연습문제 4.6.3-31에서 $\epsilon = \frac{1}{2}$로 둘 것.)

44. $l = \lfloor \lg n \rfloor$이라고 하자. 그리고 $x, x^2, x^4, \ldots, x^{2^l}$을 미리 계산해 두었다고 하자. 만일 $u(x)$가 $n = 2m + 1$차 모닉다항식이면 $v(x)$와 $w(x)$가 m차 모닉다항식이라고 할 때 $u(x) = (x^{m+1} + \alpha)v(x) + w(x)$라고 쓸 수 있다. 이러면 $n = 2^{l+1} - 1 \geq 3$에 대해 2^{l-1}회의 추가적인 곱셈들과 $2^{l+1} + 2^{l-1} - 2$회의 덧셈이 필요한 하나의 방법이 나온다. 만일 $n = 2^l$이면 호너의 법칙을 적용해서 n을 1 줄일 수 있다. 그리고 만일 $m = 2^l < n < 2^{l+1} - 1$이면 v와 w가 각각 $n - m$차, m차 다항식이라고 할 때 $u(x) = x^m v(x) + w(x)$로 둘 수 있다. 이 계산에는 사전계산 이후 최대 $\frac{1}{2}n + l - 1$회의 곱셈과 $\frac{5}{4}n$회의 덧셈이 필요하다. 이는 l에 대한 귀납법으로 증명할 수 있다. 〔S. Winograd, *IBM Tech. Disclosure Bull.* **13** (1970), 1133-1135 참고.〕

참고: 만일 목표가 곱셈과 덧셈의 전체 횟수를 최소화하는 것이라면, 동일한 기반 규칙들 하에서 $u(x)$를 $\frac{1}{2}n + O(\sqrt{n})$회의 곱셈과 $n + O(\sqrt{n})$회의 덧셈으로 평가하는 것도 가능하다. 일반 다항식

$$p_{jkm}(x) = \Big(\big(\ldots (((x^m + \alpha_0)(x^{j+1} + \beta_1) + \alpha_1)(x^{j+2} + \beta_2) \\ + \alpha_2) \cdots \big)(x^k + \beta_{k-j}) + \alpha_{k-j} \big)(x^j + \beta_0)$$

은 지수들의 계수 $\{j, j+k, j+k+(k-1), \ldots, j+k+(k-1)+\cdots+(j+1), m'-k, m'-k+1, \ldots, m'-j\}$를 "덮는다(cover)". 여기서

$$m' = m + j + (j+1) + \cdots + k = m + \binom{k+1}{2} - \binom{j}{2}$$

이다. $m_j = \binom{j+1}{2} + \binom{k-j+2}{2}$에 대한 그러한 다항식 $p_{1km_1}(x)$, $p_{2km_2}(x)$, $\ldots$, $p_{kkm_k}(x)$를 함께 더하면 차수가 $k^2 + k + 1$인 임의의 모닉다항식이 나온다. 〔Rabin, Winograd, *Comm. on Pure and Applied Math.* **25** (1972), 433-458, §2; 이 논문은 또한 n이 충분히 크다면 모든 $\epsilon > 0$에 대해 $\frac{1}{2}n + O(\log n)$회의 곱셈과 $\leq (1 + \epsilon)n$회의 덧셈을 필요로 하는 구축법들도 가능함을 증명했다.〕

45. (T_{ijk})의 차수의 상계가 (t_{ijk})의 차수임을 보이는 것으로 충분하다. (T_{ijk})를 F^{-1}, G^{-1}, H^{-1}과 같은 방식으로 변환함으로써 (T_{ijk})로부터 다시 (t_{ijk})를 얻을 수 있기 때문이다. 만일 $t_{ijk} = \sum_{l=1}^{r} a_{il} b_{jl} c_{kl}$이면 앞의 명제는

$$T_{ijk} = \sum_{1 \leq l \leq r} \Big(\sum_{i'=1}^{m} F_{ii'} a_{i'l} \Big) \Big(\sum_{j'=1}^{n} G_{jj'} b_{j'l} \Big) \Big(\sum_{k'=1}^{s} H_{kk'} c_{k'l} \Big)$$

로부터 즉시 나온다.

〔호로터 H. F. de Groote는 2×2 행렬 곱들을 계산하는, 일곱 개의 사슬 곱셈들을 가진 정상 방안들은 모두, 이 연습문제에서처럼 비특이 행렬 곱셈들을 적용하면 하나에서 다른 하나를 얻을 수 있다는 의미에서 서로 동치임을 증명했다. 이런 의미에서 볼 때 슈트라센의 알고리즘은 유일하다. *Theor. Comp. Sci.* **7** (1978), 127-148 참고.〕

46. 연습문제 45에 의해, 한 행 또는 열, 평면의 임의의 배수를 다른 행 또는 열, 평면에 더해도

차수는 변하지 않는다. 또한 한 행 또는 열, 평면에 0이 아닌 상수를 곱하거나 텐서를 전치해도 마찬가지이다. 주어진 $2\times2\times2$ 텐서를 그러한 연산들을 적절히 적용해서 $\begin{pmatrix}0&0\\0&0\end{pmatrix}\begin{pmatrix}0&0\\0&0\end{pmatrix}$ 또는 $\begin{pmatrix}1&0\\0&0\end{pmatrix}\begin{pmatrix}0&0\\0&0\end{pmatrix}$, $\begin{pmatrix}1&0\\0&1\end{pmatrix}\begin{pmatrix}0&0\\0&0\end{pmatrix}$, $\begin{pmatrix}1&0\\0&0\end{pmatrix}\begin{pmatrix}0&0\\0&1\end{pmatrix}$, $\begin{pmatrix}1&0\\0&1\end{pmatrix}\begin{pmatrix}0&1\\q&r\end{pmatrix}$ 중 하나의 형태로 변환하는 것은 항상 가능하다. 정리 W에 의해, 마지막 텐서의 차수는 다항식 u^2-ru-q의 정수체에 관한 기약 인수 개수가 1이냐 2이냐에 따라 3 또는 2이다(식 (74) 참고).

47. 일반적인 $m\times n\times s$ 텐서의 자유도는 mns 이다. 연습문제 28에 의해, 모든 $m\times n\times s$ 텐서를 한 실현(realization) (A,B,C)의 $(m+n+s)r$개의 원소들로 표현하는 것은 $(m+n+s)r\geq mns$가 아닌 한 불가능하다. 한편, $m\geq n\geq s$라고 가정하자. $m\times n$행렬의 차수는 최대 n이며, 따라서 임의의 텐서를 ns개의 사슬 곱셈들로 실현할 수 있다(각 행렬 평면을 개별적으로 실현함으로써). 〔연습문제 46은 최대 텐서 차수에 대한 이러한 하계가 가능한 최상의 하계도 아니고 그렇다고 상계도 아님을 보여준다. 하웰Thomas D. Howell(Ph.D. 학위논문, Cornell Univ., 1976)은 복소수에 관해 차수가 $\geq\lceil mns/(m+n+s-2)\rceil$인 텐서들이 존재함을 보였다.〕

48. 만일 (A,B,C)와 (A',B',C')가 길이가 각각 r,r'인 (t_{ijk})와 (t'_{ijk})의 실현들이면, $A''=A\oplus A'$, $B''=B\oplus B'$, $C''=C\oplus C'$와 $A'''=A\otimes A'$, $B'''=B\otimes B'$, $C'''=C\otimes C'$는 길이가 각각 $r+r'$, $r\cdot r'$인 (t''_{ijk})와 (t'''_{ijk})의 실현들이다.

　　참고: 많은 사람들이 $\mathrm{rank}((t_{ijk})\oplus(t'_{ijk}))=\mathrm{rank}(t_{ijk})+\mathrm{rank}(t'_{ijk})$라는 당연한 추측을 해왔으나, 연습문제 60(b)와 연습문제 65의 구축법들 때문에, 이러한 추측은 예전에 비해 덜 그럴듯하게 보이게 되었다.

49. 보조정리 T에 의해 $\mathrm{rank}(t_{ijk})\geq\mathrm{rank}(t_{i(jk)})$이다. 반대로 만일 M이 차수(계수)가 r인 행렬이면, 그 행렬을 행 및 열 연산들로 변환함으로써 행렬 FMG가 r개의 대각 성분들만 1이고 나머지는 모두 0인 행렬임을 만족하는 비특이 행렬 F와 G를 찾을 수 있다. 연습문제 4.6.2N을 볼 것. 따라서 FMG의 텐서 차수는 $\leq r$이다. 그리고 연습문제 45에 의해 M의 텐서 차수 역시 $\leq r$이다.

50. $1\leq i'\leq m$, $1\leq i''\leq n$에 대해 $i=\langle i',i''\rangle$라고 하자. 그러면 $t_{\langle i',i''\rangle jk}=\delta_{i''j}\delta_{i'k}$이다. 그리고 $(t_{i(jk)})$가 하나의 순열치환 행렬이므로 $\mathrm{rank}(t_{i(jk)})=mn$임이 명백하다. 정리 L에 의해 $\mathrm{rank}(t_{ijk})\geq mn$이다. 반대로, (t_{ijk})에서 0이 아닌 성분은 단 mn개이므로, 그 차수는 명백히 $\leq mn$이다. (이 때문에, mn회의 명백한 곱셈들보다 더 적은 곱셈들을 요구하는 정상 방안은 존재하지 않는다. 그러한 비정상 방안 역시 존재하지 않는다 〔*Comm. Pure and Appl. Math.* **3** (1970), 165-179〕. 그러나 만일 같은 행렬을 $s>1$개의 서로 다른 열 벡터들과 함께 사용한다면 어느 정도의 절약이 가능한데, 왜냐하면 이는 $(m\times n)$ 곱하기 $(n\times s)$ 행렬 곱셈과 동치이기 때문이다.)

51. (a) $s_1=y_0+y_1$, $s_2=y_0-y_1$; $m_1=\frac{1}{2}(x_0+x_1)s_1$, $m_2=\frac{1}{2}(x_0-x_1)s_2$; $w_0=m_1+m_2$, $w_1=m_1-m_2$. (b) 다음은 본문의 방법을 이용할 때의 일부 중간 단계들이다: $((x_0-x_2)+(x_1-x_2)u)((y_0-y_2)+(y_1-y_2)u)\bmod(u^2+u+1)=((x_0-x_2)(y_0-y_2)-(x_1-x_2)(y_1-y_2))+((x_0-x_2)(y_0-y_2)-(x_1-x_0)(y_1-y_0))u$.

첫 실현은

$$\begin{pmatrix} 1 & 1 & \overline{1} & 0 \\ 1 & 0 & 1 & 1 \\ 1 & \overline{1} & 0 & 1 \end{pmatrix}, \qquad \begin{pmatrix} 1 & 1 & \overline{1} & 0 \\ 1 & 0 & 1 & 1 \\ 1 & \overline{1} & 0 & 1 \end{pmatrix}, \qquad \begin{pmatrix} 1 & 1 & 1 & \overline{2} \\ 1 & 1 & \overline{2} & 1 \\ 1 & \overline{2} & 1 & 1 \end{pmatrix} \times \frac{1}{3}$$

이고 둘째 실현은

$$\begin{pmatrix} 1 & 1 & 1 & \overline{2} \\ 1 & 1 & \overline{2} & 1 \\ 1 & \overline{2} & 1 & 1 \end{pmatrix} \times \frac{1}{3}, \qquad \begin{pmatrix} 1 & 1 & \overline{1} & 0 \\ 1 & \overline{1} & 0 & \overline{1} \\ 1 & 0 & 1 & 1 \end{pmatrix}, \qquad \begin{pmatrix} 1 & 1 & \overline{1} & 0 \\ 1 & \overline{0} & 1 & 1 \\ 1 & \overline{1} & 0 & 1 \end{pmatrix}$$

이다. 이렇게 얻은 알고리즘이 수행하는 계산은: $s_1 = y_0 + y_1$, $s_2 = y_0 - y_1$, $s_3 = y_2 - y_0$, $s_4 = y_2 - y_1$, $s_5 = s_1 + y_2$; $m_1 = \frac{1}{3}(x_0 + x_1 + x_2)s_5$, $m_2 = \frac{1}{3}(x_0 + x_1 - 2x_2)s_2$, $m_3 = \frac{1}{3}(x_0 - 2x_1 + x_2)s_3$, $m_4 = \frac{1}{3}(-2x_0 + x_1 + x_2)s_4$; $t_1 = m_1 + m_2$, $t_2 = m_1 - m_2$, $t_3 = m_1 + m_3$, $w_0 = t_1 - m_3$, $w_1 = t_3 + m_4$, $w_2 = t_2 - m_4$.

52. $k \bmod n' = k'$이고 $k \bmod n'' = k''$일 때 $k = \langle k', k'' \rangle$라고 하자. $i' + j' \equiv k' \ (\text{modulo } n')$와 $i'' + j'' \equiv k'' \ (\text{modulo } n'')$에 대한 합 $w_{\langle k', k'' \rangle} = \sum x_{\langle i', i'' \rangle} y_{\langle j', j'' \rangle}$를 계산해야 한다. 이 계산은 n' 알고리즘을 길이가 n''인 $2n'$개의 벡터 $X_{i'}$들과 $Y_{j'}$들에 적용해서 n'개의 벡터 $W_{k'}$들을 구하는 식으로 수행하면 된다. 각 벡터 덧셈은 n''개의 덧셈들이 되며, 각 매개변수 곱셈은 n''개의 매개변수 곱셈들이 된다. 그리고 각 벡터 사슬 곱셈은 하나의 n''차 순환 합성곱으로 대체된다. 〔하위 알고리즘들의 유리수에 관한 사슬 곱셈 횟수가 최소라고 할 때, 이 알고리즘은 최소 횟수보다 $2(n' - d(n'))(n'' - d(n''))$회 더 많은 사슬 곱셈들을 수행한다. 여기서 $d(n)$은 연습문제 4.6.2-32와 정리 W에 의해 n의 약수들의 개수이다.〕

53. (a) $0 \le k < e$에 대해 $n(k) = (p-1)p^{e-k-1} = \varphi(p^{e-k})$, $k \ge e$에 대해 $n(k) = 1$로 두고 수 $\{1, \ldots, m\}$들을 $a^i p^k \ (\text{modulo } m)$ 형태로 표현한다. 여기서 $0 \le k \le e$이고 $0 \le i < n(k)$이며 a는 p^e을 법으로 하는 한 고정된 원시 원소이다. 예를 들어 $m = 9$일 때에는 $a = 2$로 둘 수 있다. 값들은 $\{2^0 3^0, 2^1 3^0, 2^0 3^1, 2^2 3^0, 2^5 3^0, 2^1 3^1, 2^4 3^0, 2^3 3^0, 2^0 3^2\}$이다. 그러면 $g(i, j, k, l) = a^{i+j} p^{k+l}$이라 할 때 $f(a^i p^k) = \sum_{0 \le l \le e} \sum_{0 \le j < n(l)} \omega^{g(i,j,k,l)} F(a^j p^l)$이다.

이제 $0 \le i < n(k)$에 대해, 그리고 각 k와 l에 대해 $f_{ikl} = \sum_{0 \le j < n(l)} \omega^{g(i,j,k,l)} F(a^j p^l)$을 계산해야 한다. 이것은 값 $x_i = \omega^{a^i p^{k+l}}$들과 $y_s = \sum_{0 \le j < n(l)} [s + j \equiv 0 \ (\text{modulo } n(k+l))] F(a^j p^l)$들에 대한 $n(k+l)$차 순환 합성곱이다. 왜냐하면 f_{ikl}은 $r + s \equiv i \ (\text{modulo } n(k+l))$에 대한 합 $\sum x_r y_s$이기 때문이다. 적절한 f_{ikl}들을 합하면 푸리에 변환이 나온다. 〔참고: x_i들의 일차결합들을 만들 때(이를테면 (69)에서처럼), (59)를 $u^{n(k)} - 1 = (u^{n(k)/2} - 1)(u^{n(k)/2} + 1)$로 두고 사용해서 순환 합성곱 알고리즘을 만들었다면 그 결합들은 전적으로 실수이거나 전적으로 허수이다. 이유는, 축약 $\bmod(u^{n(k)/2} - 1)$은 실수계수 $\omega^j + \omega^{-j}$들을 가진 하나의 다항식을 만들어내는 반면 축약 $\bmod(u^{n(k)/2} + 1)$은 허수계수 $\omega^j - \omega^{-j}$들을 가진 하나의 다항식을 만들기 때문이다.〕

$p = 2$일 때에는 $0 \le k \le e$이고 $0 \le i \le \min(e-k, 1)$이며 $0 \le j < 2^{e-k-2}$인 표현

$(-1)^i a^j 2^k \pmod{m}$ 을 사용하는 비슷한 구축법이 적용된다. 이 경우 연습문제 52의 구축법을 $n' = 2$, $n'' = 2^{e-k-2}$ 으로 두고 적용한다. 이 수들이 서로 소인 것은 아니지만, 그래도 그 구축법은 요구된 순환 합성곱들의 직접곱을 만들어 낸다.

(b) $a'm' + a''m'' = 1$이라고 하자. 그리고 $\omega' = \omega^{a''m''}$, $\omega'' = \omega^{a'm'}$ 이라고 하자. $\omega^{st} = (\omega')^{s't'}(\omega'')^{s''t''}$ 이 되도록 $s' = s \bmod m'$, $s'' = s \bmod m''$, $t' = t \bmod m'$, $t'' = t \bmod m''$ 로 정의하면, $f(s', s'') = \sum_{t'=0}^{m'-1} \sum_{t''=0}^{m''-1} (\omega')^{s't'}(\omega'')^{s''t''} F(t', t'')$ 임을 이끌어 낼 수 있다. 이는 바꾸어 말하면 m개의 원소들에 대한 1차원 푸리에 변환이 $m' \times m''$개의 원소들에 대한 2차원 푸리에 변환과 모습만 조금 다를 뿐, 사실 같은 것이라는 뜻이다.

이제 (i) F들과 s들의 합 s_i들의 개수, 그 다음에 (ii) 각각 F들 또는 S들 중 하나에 실수 또는 허수 α_j를 곱한 곱 m_j들의 개수, 그 다음에 (iii) 각각 m들 또는 t들(F들 또는 s들이 아니라)로부터 형성한 합 t_k들의 개수로 구성된 "정상" 알고리즘들을 다루어야 한다. 최종적인 값들은 반드시 m들 또는 t들이어야 한다. 예를 들어 (69)와 부문제 (a)의 방법으로 만든 $m = 5$에 대한 "정상" 푸리에 변환 방안은: $s_1 = F(1) + F(4)$, $s_2 = F(3) + F(2)$, $s_3 = s_1 + s_2$, $s_4 = s_1 - s_2$, $s_5 = F(1) - F(4)$, $s_6 = F(2) - F(3)$, $s_7 = s_5 - s_6$; $m_1 = \frac{1}{4}(\omega + \omega^2 + \omega^4 + \omega^3)s_3$, $m_2 = \frac{1}{4}(\omega - \omega^2 + \omega^4 - \omega^3)s_4$, $m_3 = \frac{1}{2}(\omega + \omega^2 - \omega^4 - \omega^3)s_5$, $m_4 = \frac{1}{2}(-\omega + \omega^2 + \omega^4 - \omega^3)s_6$, $m_5 = \frac{1}{2}(\omega^3 - \omega^2)s_7$, $m_6 = 1 \cdot F(5)$, $m_7 = 1 \cdot s_3$; $t_0 = m_1 + m_6$, $t_1 = t_0 + m_2$, $t_2 = m_3 + m_5$, $t_3 = t_0 - m_2$, $t_4 = m_4 - m_5$, $t_5 = t_1 + t_2$, $t_6 = t_3 + t_4$, $t_7 = t_1 - t_2$, $t_8 = t_3 - t_4$, $t_9 = m_6 + m_7$. m_6와 m_7에 1로 곱하기가 있음을 주목할 것. 이는 우리의 관례들 때문에 필요한 것이다. 그리고 재귀적인 구축법에서 사용하기 위해서는 그런 경우들을 포함시키는 것이 중요하다(비록 곱셈을 실제로 수행할 필요는 없다고 해도). 여기서 $m_6 = f_{001}$, $m_7 = f_{010}$, $t_5 = f_{000} + f_{001} = f(2^0)$, $t_6 = f_{100} + f_{101} = f(2^1)$, 등이다. 이 방안은 $s_8 = s_3 + F(5)$를 도입하고 m_1을 $(\frac{1}{4}(\omega + \omega^2 + \omega^4 + \omega^3) - 1)s_3$ 〔이는 $-\frac{5}{4}s_3$이다〕로, m_6을 $1 \cdot s_8$로 치환하고 m_7과 t_9를 삭제해서 개선할 수 있다. 그러면 자명한 1 곱하기들 중 하나가 생략되며, 이 방안을 더 큰 방안들을 구축하는 데 사용할 때 도움이 된다. 개선된 방안에서는 $f(5) = m_6$, $f(1) = t_5$, $f(2) = t_6$, $f(3) = t_8$, $f(4) = t_7$이다.

각각 (a', a'')회의 복소수 덧셈과 ± 1 또는 $\pm i$를 곱하는 자명한 곱셈 (t', t'')회를 사용하는, 복소수 곱셈이 자명한 것들을 포함해서 총 (c', c'')회인 정상 1차원 방안들을 만들었다고 하자. (자명하지 않은 복소수 곱셈들은 오직 두 번의 실수 곱셈만 사용하며 실수 덧셈은 필요로 하지 않다는 점에서 모두 "간단"하다.) 이제 m' 방안을 길이가 m''인 벡터 $F(t', *)$들에 적용해서 2차원 $m' \times m''$ 경우에 대한 하나의 정상 방안을 구축할 수 있다. 각 s_i 단계는 m''개의 덧셈들이 된다. 각 m_j는 m''개의 원소들에 대한 하나의 푸리에 변환이 되는데, 그 변환에서는 이 알고리즘의 모든 α에 α_j가 곱해진다. 그리고 각 t_k는 m''개의 덧셈들이 된다. 따라서 새 알고리즘은 $(a'm'' + c'a'')$개의 복소수 덧셈, $t't''$개의 자명한 곱셈을 가지며 총 $c'c''$개의 복소수 곱셈들을 가진다.

위노그라드는 이러한 기법들을 이용해서 m의 다음과 같은 작은 값들과 다음과 같은 비용 (a, t, c)들을 가진 정상 1차원 방안을 발견했다:

$$m = 2 \quad (2, 2, 2) \qquad\qquad m = 7 \quad (36, 1, 9)$$
$$m = 3 \quad (6, 1, 3) \qquad\qquad m = 8 \quad (26, 6, 8)$$
$$m = 4 \quad (8, 4, 4) \qquad\qquad m = 9 \quad (46, 1, 12)$$
$$m = 5 \quad (17, 1, 6) \qquad\qquad m = 16 \quad (74, 8, 18)$$

이 방안들을 위에서 설명한 대로 결합하면 연습문제 14에서 논의한 "빠른 푸리에 변환(fast Fourier transform, FFT)"보다 적은 산술 연산들을 수행하는 방법을 얻게 된다. 예를 들어 $m = 1008 = 7 \cdot 9 \cdot 16$일 때 비용들은 $(17946, 8, 1944)$가 되므로 1008개의 복소수들에 대한 하나의 푸리에 변환을 실수 곱셈 3872회, 실수 덧셈 35892회로 수행할 수 있다. 위노그라드의 방법을 다차원 합성곱들을 이용해서 서로 소인 법들을 결합하는 데 사용할 수 있도록 개선하는 것도 가능하다. 이에 대해서는 Nussbaumer, Quandalle, *IBM J. Res. and Devel.* **22** (1978), 134-144에 나와 있다. 그들의 접근방식은 1008개의 복소수들에 대한 푸리에 변환에서 요구하는 계산량을 실수 곱셈 3084회와 실수 덧셈 34668회로 줄인다. 반면 1024개의 복소수들에 대한 FFT는 14334회의 실수 곱셈과 27652회의 실수 덧셈을 사용한다. 만일 연습문제 14의 답에 나온 것처럼 한 번에 두 패스씩 계산을 수행한다면, 1042개의 복소수에 대한 FFT에는 단 10936회의 실수 곱셈과 25948회의 덧셈만이 필요하게 되는데, 이러한 방식은 구현하기가 어렵지 않다. 따라서 좀 더 정교한 방법들은 곱셈에 걸리는 시간이 덧셈에서보다 훨씬 더 긴 컴퓨터에서만 더 빠른 속도를 낼 수 있다.

〔참고문헌: *Proc. Nat. Acad. Sci. USA* **73** (1976), 1005-1006; *Math. Comp.* **32** (1978), 175-199; *Advances in Math.* **32** (1979), 83-117; *IEEE Trans.* **ASSP-27** (1979), 169-181.〕

54. $\max(2e_1\deg(p_1) - 1, \ldots, 2e_q\deg(p_q) - 1, q + 1)$.

55. $2n' - q'$. 여기서 n'는 P의 최소 다항식, 즉 $\mu(P)$가 영행렬임을 만족하는 최소 차수 모닉다항식 μ의 차수이고 q'은 그 다항식이 가진 서로 다른 기약 인수들의 개수이다. (P를 닮음 변환으로 줄여 볼 것.)

56. 모든 i, j, k에 대해 $t_{ijk} + t_{jik} = \tau_{ijk} + \tau_{jik}$라고 하자. 만일 (A, B, C)가 r차 (t_{ijk})의 한 실현이면 모든 k에 대해 $\sum_{l=1}^{r} c_{kl}(\sum_i a_{il}x_i)(\sum_j b_{jl}x_j) = \sum_{i,j} t_{ijk}x_i x_j = \sum_{i,j} \tau_{ijk}x_i x_j$이다. 반대로, $1 \le l \le r$라고 할 때 한 다항식의 l번째 사슬 곱셈이 곱 $(\alpha_l + \sum_i \alpha_{il}x_i)(\beta_l + \sum_j \beta_{jl}x_j)$라고 하자. 여기서 α_l과 β_l은 가능한 상수항들 그리고/또는 비선형 항들을 나타낸다. 그 사슬의 임의의 단계에 나오는 모든 2차 항은 하나의 일차결합 $\sum_{l=1}^{r} c_l(\sum_i a_{il}x_i)(\sum_j b_{jl}x_j)$로 표현할 수 있다. 따라서 그 사슬은 $t_{ijk} + t_{jik} = \tau_{ijk} + \tau_{jik}$를 만족하는, 차수가 $\le r$인 하나의 텐서 (t_{ijk})를 정의한다. 이에 의해 힌트가 증명된다. 이제 $\mathrm{rank}(\tau_{ijk} + \tau_{jik}) = \mathrm{rank}(t_{ijk} + t_{jik}) \le \mathrm{rank}(t_{ijk}) + \mathrm{rank}(t_{jik}) = 2\,\mathrm{rank}(t_{ijk})$이다.

변수 $x_1, \ldots, x_m, y_1, \ldots, y_n$의 겹선형형식은 변수 $m + n$개의 한 이차형식이며, $i \le m$과 $j > m$에 대해 $\tau_{ijk} = t_{i,j-m,k}$이고 그 외의 경우에는 $\tau_{ijk} = 0$이다. 이제 $\mathrm{rank}(\tau_{ijk}) + \mathrm{rank}(\tau_{jik}) \ge \mathrm{rank}(t_{ijk})$이다. 왜냐하면 (t_{ijk})의 실현은 $(\tau_{ijk} + \tau_{jik})$의 실현 (A, B, C)에서 A의 마지막 n개의 행들과 B의 처음 m개의 행들을 제거해서 얻기 때문이다.

57. N이 $2n$보다 큰 최소의 2의 거듭제곱이라고 하자. 그리고 $u_{n+1} = \cdots = u_{N-1} = v_{n+1} = \cdots = v_{N-1} = 0$이라고 하자. $\omega = e^{2\pi i/N}$이라고 할 때 만일 $0 \leq s < N$에 대해 $U_s = \sum_{t=0}^{N-1} \omega^{st} u_t$이고 $V_s = \sum_{t=0}^{N-1} \omega^{st} v_t$이면 $\sum_{s=0}^{N-1} \omega^{-st} U_s V_s = N \sum u_{t_1} v_{t_2}$이다. 여기서 후자의 합의 구간은 $0 \leq t_1, t_2 < N$, $t_1 + t_2 \equiv t \pmod{N}$인 모든 t_1과 t_2이다. $t_1 \leq n$와 $t_2 \leq n$ 이외의 항들은 모두 소거되므로 $t_1 + t_2 < N$이다. 따라서 그 합은 곱 $u(z)v(z)$의 z^t의 계수이다. 만일 연습문제 14의 방법을 이용해서 푸리에 변환과 그 역 변환을 계산한다면, 필요한 복소수 연산 횟수는 $O(N \log N) + O(N \log N) + O(N) + O(N \log N)$이다. 그리고 $N \leq 4n$이다. 〔4.3.3C절과 폴라드J. M. Pollard의 논문 *Math. Comp.* **25** (1971), 365-374를 볼 것.〕

정수 다항식들을 곱할 때에는 어떤 소수 p를 법으로 하여 규모가 2^t인 정수 ω를 사용하고, 충분히 많은 소수들을 법으로 하여 결과들을 구하는 것이 가능하다. 이런 측면에서 유용한 소수들과 그들의 최소원시근 r들($p \bmod 2^t = 1$일 때 $\omega = r^{(p-1)/2^t} \bmod p$로부터 취한 것임)을 4.5.4절에서 설명한 방식으로 구할 수 있다. $t = 9$의 경우 $< 2^{35}$인 가장 큰 열 가지 경우는 $p = 2^{35} - 512a + 1$들로, 여기서 $(a, r) = (28, 7)$, $(31, 10)$, $(34, 13)$, $(56, 3)$, $(58, 10)$, $(76, 5)$, $(80, 3)$, $(85, 11)$, $(91, 5)$, $(101, 3)$이다. $< 2^{31}$인 가장 큰 열 가지 경우는 $p = 2^{31} - 512a + 1$들로, 여기서 $(a, r) = (1, 10), (11, 3), (19, 11), (20, 3), (29, 3), (35, 3), (55, 19), (65, 6), (95, 3), (121, 10)$이다. 더 큰 t들의 경우는, $q < 32$가 홀수인 $2^t q + 1$ 형태의, $2^{24} < p < 2^{36}$인 모든 소수 p를 $(p-1, r) = (11 \cdot 2^{21}, 3)$, $(25 \cdot 2^{20}, 3)$, $(27 \cdot 2^{20}, 5)$, $(25 \cdot 2^{22}, 3)$, $(27 \cdot 2^{22}, 7)$, $(5 \cdot 2^{25}, 3)$, $(7 \cdot 2^{26}, 3)$, $(27 \cdot 2^{26}, 13)$, $(15 \cdot 2^{27}, 31)$, $(17 \cdot 2^{27}, 3)$, $(3 \cdot 2^{30}, 5)$, $(13 \cdot 2^{28}, 3)$, $(29 \cdot 2^{27}, 3)$, $(23 \cdot 2^{29}, 5)$로부터 얻을 수 있다. 후자의 소수들 중 일부는 적절히 작은 e에 대해 $\omega = 2^e$으로 두어서 사용할 수 있다. 그런 소수들에 대한 논의로는 R. M. Robinson, *Proc. Amer. Math. Soc.* **9** (1958), 673-681; S. W. Golomb, *Math. Comp.* **30** (1976), 657-663을 보라. 연습문제 4.6-5의 해답에는 추가적인 순정수 방법들이 언급되어 있다.

그러나 실제 응용에서는 연습문제 59의 방법이 거의 항상 더 바람직할 것이다.

58. (a) 일반적으로는, 만일 (A, B, C)가 (t_{ijk})를 실현한다면 $((x_1, ..., x_m)A, B, C)$는 j행 k열 성분이 $\sum x_i t_{ijk}$인 $1 \times n \times s$ 행렬의 한 실현이다. 따라서 $(x_1, ..., x_m)A$의 0이 아닌 원소들은 적어도 이 행렬의 계수만큼 존재한다. $m - 1$차 다항식 곱하기 $n - 1$차 다항식 곱셈에 대응되는 $m \times n \times (m+n-1)$ 텐서의 경우 그에 대응되는 행렬의 계수는 $(x_1, ..., x_m) \neq (0, ..., 0)$이면 항상 n이다. $A \leftrightarrow B$와 $m \leftrightarrow n$에 대해서도 비슷한 명제가 성립한다.

참고: 특히, 원소가 두 개인 체를 대상으로 계산을 한다면, 이 연습문제의 결과는 2를 법으로 한 A의 행들이, (A, B, C)가 정수 전체로 구성된 하나의 실현이면 항상, 거리가 적어도 n인 m개의 벡터들의 한 "선형 부호(linear code)"를 형성함을 의미한다. 이러한 관측은 브로켓R. W. Brockett과 도브킨D. Dobkin에서 기인한 것으로 〔*Linear Algebra and Its Applications* **19** (1978), 207-235, Theorem 14; 또한 Lempel, Winograd, *IEEE Trans.* **IT-23** (1977), 503-508; Lempel, Seroussi, and Winograd, *Theoretical Comp. Sci.* **22** (1983), 285-296도 볼 것〕, 이를 정수에 관한 차

수의 자명하지 않은 하계를 얻는 데 사용할 수 있다. 예를 들어 브라운M. R. Brown과 도브킨Dobkin
은 α가

$$\alpha_{\min} = 3.52762\ 68026\ 32407\ 48061\ 54754\ 08128\ 07512\ 70182+$$

(여기서 $\alpha_{\min} = 1/H(\sin^2\theta, \cos^2\theta)$이고 $H(p, q) = p\lg(1/p) + q\lg(1/q)$은 이진 엔트로피 함수,
그리고 $\theta \approx 1.34686$는 $\sin^2(\theta - \pi/4) = H(\sin^2\theta, \cos^2\theta)$의 근)
보다 작은 임의의 실수일 때 정수에 관한 $n \times n$ 다항식 곱셈의 차수가 충분히 큰 모든 n에 대해
반드시 $\geq \alpha n$임을 보이는 데 이러한 관측을 이용했다. 카민스키M. Kaminski는 차수가 $O(n \log n)$
인 모든 순정수 실현을 원분다항식(cyclotomic polynomial)들에 근거해서 구축한 바 있다 〔*J.
Algorithms* **9** (1988), 137-147〕.

$$(\mathrm{b})\ \begin{pmatrix} 1 & 0 & 0 & 0 & 0 & 1 & 1 & 1 \\ 0 & 1 & 0 & 0 & 1 & 1 & 0 & 1 \\ 0 & 0 & 1 & 1 & 0 & 0 & 1 & 1 \end{pmatrix},\ \begin{pmatrix} 1 & 0 & 0 & 0 & 0 & 1 & 1 & 1 \\ 0 & 1 & 0 & 0 & 0 & 1 & 0 & 1 \\ 0 & 0 & 1 & 0 & 0 & 0 & 1 & 1 \\ 0 & 0 & 0 & 1 & 1 & 0 & 0 & 1 \end{pmatrix},\ \begin{pmatrix} 1 & 0 & 0 & 0 & 0 & 0 & 0 & 0 \\ \bar1 & \bar1 & 0 & 0 & 0 & 1 & 0 & 0 \\ 1 & 1 & \bar1 & 0 & 0 & 0 & 1 & 0 \\ 1 & 0 & 0 & \bar1 & 1 & 1 & 1 & 1 \\ 0 & 0 & 1 & 0 & 1 & 0 & 0 & 0 \\ 0 & 0 & 0 & 1 & 0 & 0 & 0 & 0 \end{pmatrix}$$

다음은 2, 3, 4차 일반 다항식들의 곱셈을 실현하는 효율적인 방법들로, 코엥H. Cohen과 렌스
트라A. K. Lenstra가 제안한 것이다 〔*Math. Comp.* **48** (1987), S1-S2 참고〕:

$$\begin{pmatrix} 1 & 0 & 0 & 1 & 1 & 0 \\ 0 & 1 & 0 & 1 & 0 & 1 \\ 0 & 0 & 1 & 0 & 1 & 1 \end{pmatrix}, \quad \text{같음}, \quad \begin{pmatrix} 1 & 0 & 0 & 0 & 0 & 0 \\ \bar1 & \bar1 & 0 & 1 & 0 & 0 \\ 1 & \bar1 & \bar1 & 0 & 1 & 0 \\ 0 & \bar1 & \bar1 & 0 & 0 & 1 \\ 0 & 0 & 1 & 0 & 0 & 0 \end{pmatrix};$$

$$\begin{pmatrix} 1 & 0 & 0 & 0 & 1 & 1 & 0 & 0 & 1 \\ 0 & 1 & 0 & 0 & 1 & 0 & 0 & 1 & 1 \\ 0 & 0 & 1 & 0 & 0 & 1 & 1 & 0 & 1 \\ 0 & 0 & 0 & 1 & 0 & 0 & 1 & 1 & 1 \end{pmatrix}, \quad \text{같음}, \quad \begin{pmatrix} 1 & 0 & 0 & 0 & 0 & 0 & 0 & 0 & 0 \\ \bar1 & \bar1 & 0 & 0 & 1 & 0 & 0 & 0 & 0 \\ 1 & 1 & 0 & 0 & \bar1 & 0 & 0 & 0 & 0 \\ 1 & \bar1 & 1 & \bar1 & \bar1 & \bar1 & \bar1 & \bar1 & 1 \\ 0 & \bar1 & \bar1 & \bar1 & 0 & 0 & 0 & 1 & 0 \\ 0 & 0 & 1 & 1 & 0 & 0 & 1 & 0 & 0 \\ 0 & 0 & 0 & 1 & 0 & 0 & 0 & 0 & 0 \end{pmatrix};$$

$$\begin{pmatrix} 1 & 0 & 0 & 1 & 1 & 0 & 1 & 0 & 1 & 1 & 0 & 0 & 0 & 0 \\ 0 & 1 & 0 & 1 & 0 & 1 & 0 & 1 & 1 & 0 & 1 & 0 & 0 & 0 \\ 0 & 0 & 1 & 0 & 1 & 1 & 0 & 0 & 0 & 1 & 1 & 0 & 0 & 0 \\ 0 & 0 & 0 & 0 & 0 & 0 & 1 & 0 & 1 & 1 & 0 & 1 & 0 & 1 \\ 0 & 0 & 0 & 0 & 0 & 0 & 0 & 1 & 1 & 0 & 1 & 0 & 1 & 1 \end{pmatrix}, \quad \text{같음},$$

$$\begin{pmatrix} 1 & 0 & 0 & 0 & 0 & 0 & 0 & 0 & 0 & 0 & 0 & 0 & 0 & 0 \\ \bar1 & \bar1 & 0 & 1 & 0 & 0 & 0 & 0 & 0 & 0 & 0 & 0 & 0 & 0 \\ 1 & \bar1 & \bar1 & 0 & 1 & 0 & 0 & 0 & 0 & 0 & 0 & 0 & 0 & 0 \\ 1 & 1 & \bar1 & 0 & 0 & 1 & 1 & 0 & 0 & 0 & 0 & \bar1 & 0 & 0 \\ 1 & 1 & 1 & \bar1 & 0 & 0 & \bar1 & 1 & 1 & 0 & 0 & 1 & 1 & \bar1 \\ 1 & \bar1 & 0 & 0 & \bar1 & 0 & 1 & \bar1 & 1 & 0 & 1 & 0 & 0 & \bar1 \\ 0 & 1 & 0 & 0 & 0 & \bar1 & 0 & 1 & 0 & 1 & 0 & 0 & 1 & \bar1 \\ 0 & 0 & 0 & 0 & 0 & 0 & 0 & 0 & 0 & 0 & 0 & 1 & 1 & 1 \\ 0 & 0 & 0 & 0 & 0 & 0 & 0 & 0 & 0 & 0 & 0 & 0 & 1 & 0 \end{pmatrix}.$$

각 경우에서 A와 B 행렬들은 동일하다.

59. 〔*IEEE Trans.* ASSP-28 (1980), 205-215.〕 순환합성곱이 다항식 곱셈 $\bmod u^n - 1$이며 음순환합성곱은 다항식 곱셈 $\bmod u^n + 1$임에 주목할 것. 이제 표기법을 바꾸어서, n을 2^n으로 대체하자. 이제 $(x_0, \ldots, x_{2^n-1})$과 $(y_0, \ldots, y_{2^n-1})$의 순환합성곱 및 음순환합성곱 $(z_0, \ldots, z_{2^n-1})$을 고찰해야 한다. 아래의 알고리즘들은 간결함 및 설명의 편이를 위해 최적화되지 않은 형태로 제시된 것이다. 이들을 구현할 때에는 많은 것들을 최적화할 수 있음을 명심해야 할 것이다. 예를 들어 단계 N5에서 $Z_{2m-1}(w)$의 마지막 값은 항상 0이 된다.

C1. 〔간단한 경우인지 판정.〕 만일 $n = 1$이면

$$z_0 \leftarrow x_0 y_0 + x_1 y_1, \qquad z_1 \leftarrow (x_0 + x_1)(y_0 + y_1) - z_0$$

으로 설정하고 끝낸다. 그렇지 않으면 $m \leftarrow 2^{n-1}$으로 설정한다.

C2. 〔잉여화(remainderize).〕 $0 \le k < m$에 대해 $(x_k, x_{m+k}) \leftarrow (x_k + x_{m+k}, x_k - x_{m+k})$, $(y_k, y_{m+k}) \leftarrow (y_k + y_{m+k}, y_k - y_{m+k})$로 설정한다. (이제 $x(u) \bmod (u^m - 1) = x_0 + \cdots + x_{m-1} u^{m-1}$이고 $x(u) \bmod (u^m + 1) = x_m + \cdots + x_{2m-1} u^{m-1}$이다. 아래에서는 $x(u)y(u) \bmod (u^m - 1)$과 $x(u)y(u) \bmod (u^m + 1)$를 계산하고 그 결과들을 (59)로 합친다.)

C3. 〔재귀.〕 $(z_0, \ldots, z_{m-1})$을 $(x_0, \ldots, x_{m-1})$과 $(y_0, \ldots, y_{m-1})$의 순환합성곱으로 설정한다. 또한 $(z_m, \ldots, z_{2m-1})$을 $(x_m, \ldots, x_{2m-1})$과 $(y_m, \ldots, y_{2m-1})$의 음순환합성곱으로 설정한다.

C4. 〔잉여화 취소(unremainderize).〕 $0 \le k < m$에 대해 $(z_k, z_{m+k}) \leftarrow \frac{1}{2}(z_k + z_{m+k}, z_k - z_{m+k})$로 설정한다. 이제 $(z_0, \ldots, z_{2m-1})$이 원했던 답이다. ∎

N1. 〔간단한 경우인지 판정.〕 만일 $n = 1$이면 $t \leftarrow x_0(y_0 + y_1)$, $z_0 \leftarrow t - (x_0 + x_1)y_1$, $z_1 \leftarrow t + (x_1 - x_0)y_0$으로 설정하고 끝낸다. 그렇지 않으면 $m \leftarrow 2^{\lfloor n/2 \rfloor}$, $r \leftarrow 2^{\lceil n/2 \rceil}$으로 설정한다. (이후의 단계들에서는 $2m$개의 다항식 $X_i(w) = X_{i0} + X_{i1}w + \cdots + X_{i(r-1)}w^{r-1}$들을 표현하기 위해 $0 \le i < 2m$, $0 \le j < r$에 대한 2^{n+1}개의 보조 변수 X_{ij}들을 사용한다. 비슷하게, 2^{n+1}개의 보조 변수 Y_{ij}들도 사용한다.)

N2. 〔보조 다항식들을 초기화.〕 $0 \le i < m$과 $0 \le j < r$에 대해 $X_{ij} \leftarrow X_{(i+m)j} \leftarrow x_{mj+i}$, $Y_{ij} \leftarrow Y_{(i+m)j} \leftarrow y_{mj+i}$로 설정한다. (이 시점에서 $x(u) = X_0(u^m) + uX_1(u^m) + \cdots + u^{m-1}X_{m-1}(u^m)$이며, $y(u)$에 대해서도 비슷한 공식이 성립한다. 이후 단계들에서는 다항식 $X(w)$와 $Y(w)$에 대한 $(w^r + 1)$을 법으로 한 연산들로 이 다항식들을 $(u^{mr} + 1) = (u^{2^n} + 1)$을 법으로 해서 곱해서 그것들의 길이 $2m$ 순환합성곱을 구하고, 그럼으로써 $x(u)y(u) \equiv Z_0(u^m) + uZ_1(u^m) + \cdots + u^{2m-1}Z_{2m-1}(u^m)$을 구한다.)

N3. 〔변환.〕 (이제, $w^{r/m}$을 단위원의 $(2m)$제곱근으로 사용해서, 본질적으로 다항식 $(X_0, \ldots,$

$X_{m-1}, 0, ..., 0)$과 $(Y_0, ..., Y_{m-1}, 0, ..., 0)$에 대한 빠른 푸리에 변환을 수행한다. 이 계산은 w의 거듭제곱을 곱하는 연산이 실제로는 곱셈이 전혀 아니라는 점에서 효율적이다.) $j = \lfloor n/2 \rfloor - 1, ..., 1, 0$에 대하여(이 순서대로), m개의 이진수 $s + t = (s_{\lfloor n/2 \rfloor} \cdots s_{j+1} 0 \cdots 0)_2 + (0 \cdots 0 t_{j-1} \cdots t_0)_2$에 대해 다음을 수행한다: $(X_{s+t}(w), X_{s+t+2^j}(w))$를 다항식쌍 $(X_{s+t}(w) + w^{(r/m)s'} X_{s+t+2^j}(w), X_{s+t}(w) - w^{(r/m)s'} X_{s+t+2^j}(w))$로 대체한다. 여기서 $s' = 2^j (s_{j+1} \cdots s_{\lfloor n/2 \rfloor})_2$이다. (이는 $K = 2m$, $\omega = w^{r/m}$로 두고 4.3.3-(39)를 평가하는 것이다. s'의 비트 반전에 주목할 것. 다항식 연산 $X_i(w) \leftarrow X_i(w) + w^k X_l(w)$는 좀더 구체적으로 말하자면 $k \le j < r$에 대해 $X_{ij} \leftarrow X_{ij} + X_{l(j-k)}$로, $0 \le j < k$에 대해 $X_{ij} \leftarrow X_{ij} - X_{l(j-k+r)}$로 설정하는 것이다. $X_l(w)$의 복사본은 저장 공간을 크게 낭비하지 않고도 만들 수 있다.) Y에 대해서도 같은 변환을 수행한다.

N4. 〔재귀.〕 $0 \le i < 2m$에 대해 $(Z_{i0}, ..., Z_{i(r-1)})$을 $(X_{i0}, ..., X_{i(r-1)})$과 $(Y_{i0}, ..., Y_{i(r-1)})$의 음순환합성곱으로 설정한다.

N5. 〔변환 취소(untransform).〕 $j = 0, 1, ..., \lfloor n/2 \rfloor$에 대해(이 순서대로), 그리고 단계 N3에서처럼 s와 t의 m가지 선택 전부에 대해, $(Z_{s+t}(w), Z_{s+t+2^j}(w))$를

$$\frac{1}{2}(Z_{s+t}(w) + Z_{s+t+2^j}(w), w^{-(r/m)s'}(Z_{s+t}(w) - Z_{s+t+2^j}(w)))$$

로 설정한다.

N6. 〔다시 꾸리기.〕 (Z들의 변환이 X들의 변환과 Y들의 변환의 곱임은 쉽게 증명할 수 있으므로, 이제 단계 N2에서 밝힌 목표가 달성된 것이다.) $0 < j < r$, $0 \le i < m$에 대해 $z_i \leftarrow Z_{i0} - Z_{(m+i)(r-1)}$, $z_{mj+i} \leftarrow Z_{ij} + Z_{(m+i)(j-1)}$로 설정한다. ∎

이 계산의 중간 변수들에 최대 n개의 추가적인 정밀도 비트들이 필요함은 쉽게 입증할 수 있다. 예를 들어 만일 알고리즘 시작에서 $0 \le i < 2^n$에 대해 $|x_i| \le M$이면 변수 x들과 X들 모두는 알고리즘 전반에서 $2^n M$을 넘지 않는다. 변수 z들과 Z들 모두는 $(2^n M)^2$을 넘지 않는다. 따라서 이들을 담는 데에는 최종 합성곱을 담는 데 필요한 비트들보다 n개의 비트들이 더 필요하다.

알고리즘 N은 덧셈·뺄셈을 A_n번, 반감을 D_n번, 곱셈을 M_n번 수행한다. 여기서 $A_1 = 5$, $D_1 = 0$, $M_1 = 3$이다. $n > 1$에 대해서는 $A_n = \lfloor n/2 \rfloor 2^{n+2} + 2^{\lfloor n/2 \rfloor + 1} A_{\lceil n/2 \rceil} + (\lfloor n/2 \rfloor + 1) 2^{n+1} + 2^n$, $D_n = 2^{\lfloor n/2 \rfloor + 1} D_{\lceil n/2 \rceil} + (\lfloor n/2 \rfloor + 1) 2^{n+1}$, $M_n = 2^{\lfloor n/2 \rfloor + 1} M_{\lceil n/2 \rceil}$이다. 해들은 $A_n = 11 \cdot 2^{n-1+\lceil \lg n \rceil} - 3 \cdot 2^n + 6 \cdot 2^n S_n$, $D_n = 4 \cdot 2^{n-1+\lceil \lg n \rceil} - 2 \cdot 2^n + 2 \cdot 2^n S_n$, $M_n = 3 \cdot 2^{n-1+\lceil \lg n \rceil}$이다. 여기서 S_n은 점화식 $S_1 = 0$, $S_n = 2S_{\lceil n/2 \rceil} + \lfloor n/2 \rfloor$을 만족하며, 모든 $n \ge 1$에 대해 부등식 $\frac{1}{2} n \lceil \lg n \rceil \le S_n \le S_{n+1} \le \frac{1}{2} n \lg n + n$가 성립함은 어렵지 않게 증명할 수 있다. 알고리즘 C의 작업량은 알고리즘 N의 것과 근사적으로 같다.

60. (a) 예를 들면 Σ_1에서 j와 k가 같은 값인 모든 항들을 하나의 삼선형 항으로 묶을 수 있다. 그러면 삼선형 항들의 개수는 $(j, k) \in E \times E$일 때 ν^2 더하기 $(j, k) \in E \times O$일 때 ν^2과 $(j, k) \in$

$O \times E$일 때 ν^2이다. $\tilde{j} = k$일 때에는 또한 아무 비용 없이 $-x_{jj}y_{j\tilde{j}}z_{\tilde{j}j}$를 Σ_1에 포함시킬 수 있다. 〔$n = 10$인 경우 이 방법은 10×10 행렬들을 710회의 비가환 곱셈들로 곱한다. 이는 연습문제 12의 답에 언급된 마카로프의 방법으로 5×5 곱셈을 일곱 번 수행하는 것만큼이나 효율적이다. 다만, 위노그라드의 방안 (35)은 가환성이 허용될 경우 단 600회만 사용한다. 판Pan은 모든 큰 n에 대해 $M(n) < n^{2.8}$임을 비슷한 방안을 이용해서 최초로 밝혀내었는데, 그로 인해서 이 문제에 대해 아주 많은 관심이 모아졌다. *SICOMP* **9** (1980), 321-342를 볼 것.〕

(b) 그냥 한 문제의 색인 (i, j, k)들 전부를 S로, 다른 한 문제의 색인 $[k, i, j]$들 전부를 $\tilde{S}$라고 두고 $(mn + sm) \times (ns + mn) \times (sm + ns)$ 텐서를 조작하면 된다. 〔$m = n = s = 10$일 때에는 개별적인 두 10×10 행렬들을 1300회의 비가환 곱셈들로 곱할 수 있다는 결과가 나온다. 이는, 그런 행렬 각각을 650회의 비가환 곱셈들로 곱할 수 있는 방안이 알려져 있지 않다는 점에서 상당히 놀라운 결과이다.〕

61. (a) $a_{il}(u)$를 $ua_{il}(u)$로 치환할 것. (b) 길이가 $r = \mathrm{rank}_d(t_{ijk})$인 한 다항식 실현에서 $a_{il}(u) = \sum_\mu a_{il\mu}u^\mu$ 등으로 둔다. 그러면 $t_{ijk} = \sum_{\mu + \nu\sigma = d}\sum_{l=1}^r a_{il\mu}b_{jl\nu}c_{kl\sigma}$이다. 〔하나의 무한 체에서 이 결과를 $\mathrm{rank}(t_{ijk}) \leq (2d+1)\mathrm{rank}_d(t_{ijk})$로 개선할 수 있다. 왜냐하면, 비니Bini와 판Pan이 지적했듯이, 삼선형 형식 $\sum_{\mu+\nu\sigma=d}a_\mu b_{\nu c_\sigma}$은 u^{d+1}을 법으로 한 다항식 곱셈에 대응되기 때문이다. *Calcolo* **17** (1980), 87-97 참고.〕 (c, d) 연습문제 48의 실현들로부터 명백하다. (e) $\sum_{l=1}^r a_{il}b_{jl}c_{kl} = t_{ijk}u^d + O(u^{d+1})$과 $\sum_{L=1}^R A_{\langle ii'\rangle L}B_{\langle jj'\rangle L}C_{\langle kk'\rangle L} = [i = j = k]\,t'_{i'j'k'}u^{d'} + O(u^{d'+1})$을 만족하는 t와 rt'의 실현들을 구했다고 하자. 그러면

$$\sum_{L=1}^R \sum_{l=1}^r a_{il}A_{\langle li'\rangle L} \sum_{m=1}^r b_{jm}B_{\langle mj'\rangle L} \sum_{n=1}^r c_{kn}C_{\langle nk'\rangle L} = t_{ijk}t'_{i'j'k'}u^{d+d'} + O(u^{d+d'+1})$$

이다.

62. 차수가 3임은 정리 W의 증명 방법에서 $P = \begin{pmatrix} 0 & 1 \\ 0 & 0 \end{pmatrix}$로 두어서 확인할 수 있다. 경계차수는 1일 수 없는데, 왜냐하면 $a_1(u)b_1(u)c_1(u) \equiv a_1(u)b_2(u)c_2(u) \equiv u^d$이고 $a_1(u)b_2(u)c_1(u) \equiv a_1(u)b_1(u)c_2(u) \equiv 0 \pmod{u^{d+1}}$일 수는 없기 때문이다. 실현 $\begin{pmatrix} 1 & 1 \\ u & 0 \end{pmatrix}$, $\begin{pmatrix} u & 0 \\ 1 & 1 \end{pmatrix}$, $\begin{pmatrix} 1 & -1 \\ 0 & u \end{pmatrix}$ 때문에 경계차수는 2이다.

경계차수라는 개념은 비니Bini, 카포바니Capovani, 로티Lotti, 로마니Romani가 *Information Processing Letters* **8** (1979), 234-235에서 도입한 것이다.

63. (a) $T(m, n, s)$와 $T(M, N, S)$의 원소들을 각각 $t_{\langle i,j'\rangle\langle j,k'\rangle\langle k,i'\rangle}$와 $T_{\langle I,J'\rangle\langle J,K'\rangle\langle K,I'\rangle}$로 표기하기로 하자. 그 직접곱의 각 원소 $\mathcal{T}_{\langle \mathcal{I},\mathcal{J}'\rangle\langle\mathcal{J},\mathcal{K}'\rangle\langle\mathcal{K},\mathcal{I}'\rangle}$(여기서 $\mathcal{I} = \langle i, I\rangle$, $\mathcal{J} = \langle j, J\rangle$, $\mathcal{K} = \langle k, K\rangle$)는 정의에 의해 $t_{\langle i,j'\rangle\langle j,k'\rangle\langle k,i'\rangle}T_{\langle I,J'\rangle\langle J,K'\rangle\langle K,I'\rangle}$와 같다. 따라서 그것은 $[\mathcal{I}' = \mathcal{I}$ 그리고 $\mathcal{J}' = \mathcal{J}$ 그리고 $\mathcal{K}' = \mathcal{K}]$이다.

(b) 연습문제 61(e)를 $M(N) = \underline{\mathrm{rank}}_0(T(N, N, N))$으로 두어서 적용할 것.

(c) $T(mns, mns, mns) = T(m, n, s) \otimes T(n, s, m) \otimes T(s, m, n)$이므로 $M(mns) \leq r^3$가 성립한다. 만일 $M(n) \leq R$이면 모든 h에 대해 $M(n^h) \leq R^h$이며, 이로부터 $M(N) \leq M(n^{\lceil \log_n N \rceil}) \leq R^{\lceil \log_n N \rceil} \leq RN^{\log R / \log n}$이 확인된다. 〔이 결과는 판의 1972년 논문에 나온다.〕

(d) $M_d(n) = \mathrm{rank}_d(T(n, n, n))$라고 할 때 $M_d(mns) \leq r^3$를 만족하는 어떤 d가 존재한다. 만일 $M_d(n) \leq R$이면 모든 h에 대해 $M_{hd}(n^h) \leq R^h$이다. 이제 언급된 결과는 연습문제 61(b)에 의해 $M(n^h) \leq \binom{hd+2}{2} R^h$라는 점으로부터 증명된다. 무한체에서는 $\log N$배만큼 절약할 수 있다. 〔이 결과는 1979년의 비니와 쇤하게Schönhage에서 비롯된 것이다.〕

64. $f_k(u) = (x_{k1} + u^2 x_{k2})(y_{2k} + u^2 y_{1k}) z_{kk} + (x_{k1} + u^2 x_{k3}) y_{3k}((1+u)z_{kk} - u(z_{k1} + z_{k2} + z_{k3})) - x_{k1}(y_{2k} + y_{3k})(z_{k1} + z_{k2} + z_{k3})$이고 $g_{jk}(u) = (x_{k1} + u^2 x_{j2})(y_{2k} - u y_{1j})(z_{kj} - u z_{jk}) + (x_{k1} + u^2 x_{j3})(y_{2k} + u y_{1j}) z_{kj}$일 때 $\sum_k (f_k(u) + \sum_{j \neq k} g_{j,k}(u)) = u^2 \sum_{1 \leq i,j,k \leq 3} x_{ij} y_{jk} z_{ki} + O(u^3)$이다. 〔$\mathrm{rank}(T(3,3,3))$에 대해 알려진 최상의 상계는 23이다. 연습문제 12의 답을 볼 것. $T(2,2,2)$의 경계차수는 아직도 알려지지 않았다.〕

65. 힌트의 다항식은 $u^2 \sum_{i=1}^{m} \sum_{j=1}^{n} (x_i y_j z_{ij} + X_{ij} Y_{ij} Z) + O(u^3)$이다. X_{ij}와 Y_{ij}가 $1 \leq i < m$과 $1 \leq j < n$에 대한 부정원(不定元, indeterminate. 값이 정해지지 않은 원소)들이라고 하자. 또한 $X_{in} = Y_{mj} = 0$, $X_{mj} = -\sum_{i=1}^{m-1} X_{ij}$, $Y_{in} = -\sum_{j=1}^{n-1} Y_{ij}$로 두자. 그러면 그 부정원들의 다항식 곱셈 $mn+1$회로 각 i와 j에 대한 $x_i y_j$를 계산할 수 있으며, 또한 $\sum_{i=1}^{m} \sum_{j=1}^{n} X_{ij} Y_{ij} = \sum_{i=1}^{m-1} \sum_{j=1}^{n-1} X_{ij} Y_{ij}$도 계산할 수 있다. 〔*SICOMP* **10** (1981), 434-455. 이 고전적인 논문에서 쇤하게는 다른 여러 가지들과 함께 연습문제 64, 66, 67(i)의 결과들도 유도했다.〕

66. (a) $\omega = \liminf_{n \to \infty} \log M(n) / \log n$이라고 하자. 보조정리 T에 의해 $\omega \geq 2$이다. 모든 $\epsilon > 0$에 대해 $M(N) < N^{\omega + \epsilon}$인 N이 존재한다. 이제 연습문제 63(c)의 논증에 의해, 충분히 큰 모든 n에 대해 $\log M(n) / \log n < \omega + 2\epsilon$임이 증명된다.

(b) 이는 연습문제 63(d)의 직접적인 한 결과이다.

(c) $r = \underline{\mathrm{rank}}(t)$, $q = (mns)^{\omega/3}$, $Q = (MNS)^{\omega/3}$이라고 하자. $\epsilon > 0$가 주어졌을 때, 모든 양의 정수 p에 대해 $M(p) \leq c_\epsilon p^{\omega + \epsilon}$를 만족하는 정수 상수 c_ϵ이 존재한다. 모든 정수 $h > 0$에 대해 $t^h = \bigoplus_k \binom{h}{k} T(m^k M^{h-k}, n^k N^{h-k}, s^k S^{h-k})$이 성립하며, $\underline{\mathrm{rank}}(t^h) \leq r^h$이다. h와 k가 주어졌을 때 $p = \lfloor \binom{h}{k}^{1/(\omega+\epsilon)} \rfloor$이라고 하자. 그러면 연습문제 63(b)에 의해

$$\underline{\mathrm{rank}}(T(pm^k M^{h-k}, pn^k N^{h-k}, ps^k S^{h-k})) \leq \underline{\mathrm{rank}}(M(p) T(m^k M^{h-k}, n^k N^{h-k}, s^k S^{h-k}))$$
$$\leq \underline{\mathrm{rank}}(c_\epsilon \binom{h}{k} T(m^k M^{h-k}, n^k N^{h-k}, s^k S^{h-k}))$$
$$\leq c_\epsilon r^h$$

이며, 부문제 (b)로부터

$$p^\omega q^k Q^{h-k} = (pm^k M^{h-k} pn^k N^{h-k} ps^k S^{h-k})^{\omega/3} \leq c_\epsilon r^h$$

가 나온다. $p \geq \binom{h}{k}^{1/(\omega+\epsilon)}/2$이므로

$$\binom{h}{k} q^k Q^{h-k} \leq \binom{h}{k}^{\epsilon/(\omega+\epsilon)} (2p)^\omega q^k Q^{h-k} \leq 2^{\epsilon h/(\omega+\epsilon)} 2^\omega c_\epsilon r^h$$

가 성립한다. 그러므로 모든 h에 대해 $(q+Q)^h \leq (h+1) 2^{\epsilon h/(\omega+\epsilon)} 2^\omega c_\epsilon r^h$이다. 그리고 이로부터 모든 $\epsilon > 0$에 대해 반드시 $q + Q \leq 2^{\epsilon/(\omega+\epsilon)} r$임이 확인된다.

(d) 연습문제 65에서 $m = n = 4$로 설정하고, $16^{0.85} + 9^{0.85} > 17$임을 주목할 것.

67. (a) $mn \times mns^2$ 행렬 $(t_{\langle ij'\rangle(\langle jk'\rangle\langle ki'\rangle)})$의 계수는 mn이다. 왜냐하면 그 행렬은 $k = k' = 1$인 mn개의 행들로 제한된 하나의 순열치환 행렬이기 때문이다.

(b) $((t \oplus t')_{i(jk)})$는 본질적으로 $(t_{i(jk)}) \oplus (t'_{i(jk)})$ 더하기 $n's + sn'$개의 추가적인 0성분 열들이다. [비슷하게, 직접곱에 대해 $((t \otimes t')_{i(jk)}) = (t_{i(jk)}) \otimes (t'_{i(jk)})$가 성립한다.]

(c) D가 $ADB^T = O$를 만족하는 대각행렬 $\mathrm{diag}(d_1, ..., d_r)$이라고 하자. 보조정리 T에 의해 $\mathrm{rank}(A) = m$이고 $\mathrm{rank}(B) = n$임은 알고 있다. 따라서 $\mathrm{rank}(AD) = m$이고 $\mathrm{rank}(DB^T) = n$이다. 이제 일반성을 잃지 않고도 A의 처음 m개의 열들이 일차독립이라고 가정할 수 있다. B^T의 열들은 AD의 영공간 안에 있으므로 B의 마지막 n개의 열들도 일차독립이라고 가정할 수 있다. A를 A_1이 $m \times m$ 행렬(그리고 비특이 행렬), A_2가 $m \times q$ 행렬, A_3이 $m \times n$ 행렬인 $(A_1 A_2 A_3)$ 형태로 분할한다. D도 $AD = (A_1 D_1 \ A_2 D_2 \ A_3 D_3)$이 되도록 분할한다. 그러면 $ADW^T = O$인, 구체적으로 말해서 $W_1 = -D_2 A_2^T A_1^{-T} D_1^{-1}$인 $q \times r$ 행렬 $W = (W_1 I O)$가 존재한다. 비슷하게 $B = (B_1 B_2 B_3)$으로 둘 수 있으며, 이로부터 $V = (O I V_3)$가 $V_3 = -D_2 B_2^T B_3^{-T} D_3^{-1}$을 만족하는 $q \times r$ 행렬일 때 $VDB^T = O$임을 알 수 있다. $UDV^T = D_2$이므로, 힌트가 증명된다(어느 정도는 — 어차피 그것은 힌트였을 뿐이다).

이제 $1 \leq i \leq m$에 대해 $A_{il}(u) = a_{il}$; $A_{(m+i)l}(u) = uv_{il}/d_{m+i}$; $1 \leq j \leq n$에 대해 $B_{jl}(u) = b_{jl}$; $B_{(n+j)l}(u) = w_{jl}u$, $1 \leq k \leq s$에 대해 $C_{kl}(u) = u^2 c_{kl}$, $C_{(s+1)l}(u) = d_l$이라고 둔다. 이로부터 만일 $k \leq s$이면 $\sum_{l=1}^r A_{il}(u) B_{jl}(u) C_{kl}(u) = u^2 t_{ijk} + O(u^3)$, $k = s+1$이면 $u^2[i > m][j > n]$임이 나온다. [이 증명에서 t가 C에 대해 퇴화하지 않는다고 가정할 필요는 없다.]

(d) $r = mn+1$인 다음과 같은 $T(m, 1, n)$의 실현을 고려할 것: 만일 $l \leq mn$이면 $a_{il} = [\lfloor l/n \rfloor = i - 1]$, $b_{jl} = [l \bmod n = j]$, $b_{\langle ij\rangle l} = [l = (i-1)n + j]$; $a_{ir} = 1$, $b_{jr} = -1$, $c_{\langle ij\rangle r} = 0$. 이는 $1 \leq l \leq r$에 대한 $d_l = 1$로 개선가능하다.

(e) 핵심은 $T(m, n, s)$의 개선가능 실현을 찾는 것이다. (A, B, C)가 길이가 r인 한 실현이라고 가정하자. 임의의 정수 $\alpha_1, ..., \alpha_m, \beta_1, ..., \beta_s$가 주어졌다고 할 때,

$1 \leq p \leq n$에 대해 $A_{\langle ij'\rangle(r+p)} = \alpha_i[j' = p]$, $B_{\langle jk'\rangle(r+p)} = \beta_{k'}[j = p]$, $C_{\langle ki'\rangle(r+p)} = 0$

이라는 정의를 이용해서 A, B, C를 확장한다. 만일 $l \leq r$에 대해 $d_l = \sum_{i'=1}^m \sum_{k=1}^s \alpha_{i'} \beta_k c_{\langle ki'\rangle l}$이고 그 외의 경우는 $d_l = -1$이라면

$$\sum_{l=1}^{r+n} A_{\langle ij' \rangle l} B_{\langle jk' \rangle l} d_l = \sum_{i'=1}^{m} \sum_{k=1}^{s} \alpha_{i'} \beta_k \sum_{l=1}^{r} A_{\langle ij' \rangle l} B_{\langle jk' \rangle l} C_{\langle ki' \rangle l} - \sum_{p=1}^{n} \alpha_i [j' = p] \; \beta_{k'} [j = p]$$

$$= [j = j'] \, \alpha_i \beta_{k'} - [j = j'] \, \alpha_i \beta_{k'} = 0$$

이 되므로, 이것은 만일 $d_1 \dots d_r \neq 0$이면 개선가능이다. 그러나 $d_1 \dots d_r$은 $(\alpha_1, \dots, \alpha_m, \beta_1, \dots, \beta_s)$를 변수로 하는, 항상 0과 같지는 않은 다항식이다. 왜냐하면 일반성을 잃지 않고도 C에 성분들이 모두 0인 열이 존재하지 않는다고 가정할 수 있기 때문이다. 따라서 α들과 β들의 어떤 유효한 선택이 존재한다.

(f) 만일 $M(n) = n^\omega$이면 $M(n^h) = n^{h\omega}$이므로

$$\underline{\mathrm{rank}}(T(n^h, n^h, n^h) \oplus T(1, n^{h\omega} - n^h(2n^h - 1), 1)) \leq n^{h\omega} + n^h$$

이다. 이제 연습문제 66(c)는 모든 h에 대해 $n^{h\omega} + (n^{h\omega} - 2n^{2h} + n^h)^{\omega/3} \leq n^{h\omega} + n^h$ 을 함의한다. 그러므로 $\omega = 2$이다. 그러나 이는 하계 $2n^2 - 1$(연습문제 12의 답을 볼 것)과 모순이다.

(g) $f(u)$와 $g(u)$가 $Vf(u)$와 $Wg(u)$의 원소들이 다항식들임을 만족하는 다항식들이라고 하자. 그렇다고 할 때

$$A_{(i+m)l} = u^{d+1} v_{il} f(u) / d_{i+m}, \quad B_{(j+n)l} = u^{d+1} w_{jl} g(u) / p, \quad C_{kl} = u^{d+e+2} c_{kl}$$

로 재정의하자. 여기서 $f(u) g(u) = p u^e + O(u^{e+1})$이다. 이로부터 $\sum_{l=1}^{r} A_{il}(u) B_{jl}(u) C_{kl}(u)$가 만일 $k \leq s$이면 $u^{d+e+2} t_{ijk} + O(u^{d+e+3})$과 같으며 만일 $k = s+1$이면 $u^{d+e+2}[i > m][j > n]$과 같다는 결론이 나온다. 〔참고: 따라서 rank_2를 $\underline{\mathrm{rank}}$로 대체한다면 (e)의 결과는 임의의 체에 관해 성립한다. 왜냐하면 $1 + O(u)$ 형태의 다항식들이 되도록 α들과 β들을 선택할 수 있기 때문이다.〕

(h) 행 p와 C가 성분 $T(1, 16, 1)$을 지칭한다고 하자. 핵심은 삭제 후에도 남아 있는 모든 i와 j에 대해 $\sum_{l=1}^{r} a_{il}(u) b_{jl}(u) c_{pl}(u)$가 0(그냥 $O(u^{d+1})$이 아니라)이며, 게다가 모든 l에 대해 $c_{pl}(u) \neq 0$라는 점이다. 이러한 성질들은 부문제 (c)와 (g)의 구축법들에서 참이며, 직접곱들을 취할 때에도 여전히 참이다.

(i) 그 증명은 직접적인 방식으로 이항식들을 다중항식들로 일반화한다.

(j) 부문제 (h)에 의해 $81^{\omega/3} + 2(36^{\omega/3}) + 34^{\omega/3} \leq 100$가 성립하므로 $\omega < 2.52$이다. 다시 한 번 제곱하면 $\underline{\mathrm{rank}}(T(81, 1, 81) \oplus 4\,T(27, 4, 27) \oplus 2\,T(9, 34, 9) \oplus 4\,T(9, 16, 9) \oplus 4\,T(3, 136, 3) \oplus T(1, 3334, 1)) \leq 10000$가 나온다. 이로부터 $\omega < 2.4999$임을 알 수 있다. 성공이다! 계속 제곱해 나가면 점점 더 나은 한계들이 나온다. 그 한계들은 $2.497723729083\dots$으로 빠르게 수렴한다. 만일 $T(3, 1, 3) \oplus T(1, 4, 1)$이 아니라 $T(4, 1, 4) \oplus T(1, 9, 1)$로 시작했다면 한계는 $2.51096309\dots$로 수렴하게 된다.

〔비슷한 요령으로 $\omega < 2.496$을 구할 수 있다. *SICOMP* **11** (1982), 472–492 참고.〕

68. 바리T. M. Vari는 $x_1^2 + \dots + x_n^2$을 계산하는 데 n회의 곱셈이 필요함을 증명함으로써 그 계

산에 $n-1$회의 곱셈이 필요함을 보였다 [Cornell Computer Science Report 120 (1972)]. 랑간 C. Pandu Rangan은 L들과 R들이 x들의 일차결합들이라고 할 때 만일 다항식을 $L_1 R_1 + \cdots + L_{n-1} R_{n-1}$로서 계산한다면, L들과 R들을 형성하는 데 적어도 $n-2$회의 덧셈이 필요함을 보였다 [*J. Algorithms* **4** (1983), 282-285]. 그러나 그의 하계가 모든 다항식 사슬에 명백하게 적용되는 것은 아니다.

69. $y_{ij} = x_{ij} - [i = j]$로 두고 재귀적 구축법 (31)을 행렬 $I + Y$에 적용한다. 이 때 n^2개의 변수 y_{ij}들의 멱급수에 대한 산술을 사용하되 총 차수가 $> n$인 항들은 모두 무시한다. 배열의 각 원소 h를 하나의 합 $h_0 + h_1 + \cdots + h_n$으로 표현한다. 여기서 h_k는 k차 동차 다항식의 값이다. 그러면 모든 덧셈 단계는 $n+1$개의 덧셈이 되고 모든 곱셈 단계는 $\approx \frac{1}{2} n^2$ 회의 곱셈과 $\approx \frac{1}{2} n^2$ 회의 덧셈이 된다. 더 나아가서 모든 나눗셈은 $1 + h_1 + \cdots + h_n$ 형태의 수량으로 나누는 것이 되는데, 왜냐하면 재귀적 구축법의 모든 나눗셈은 y_{ij}들이 모두 0일 때 1로 나누기이기 때문이다. 그러므로 나눗셈이 곱셈보다 약간 더 쉽다. (식 4.7-(3)에서 $V_0 = 1$인 경우를 참고할 것.) 이러한 공정은 하나의 2×2 행렬식에 도달하면 멈추게 되므로, $j > n - 2$일 때에는 y_{jj}에서 1을 뺄 필요가 없다. 중복된 계산들을 제거한다면 이 방법의 필수 계산량은 곱셈 $20 \binom{n}{5} + 8 \binom{n}{4} + 12 \binom{n}{3} - 4 \binom{n}{2} + 5n - 4$회, 덧셈 $20 \binom{n}{5} + 8 \binom{n}{4} + 4 \binom{n}{3} + 24 \binom{n}{2} - n$회, 즉 각각 $\frac{1}{6} n^5 - O(n^4)$회이다. 다른 여러 경우들에서도 비슷한 방법으로 나눗셈을 제거할 수 있다. *Crelle* **264** (1973), 184-202를 볼 것. (그러나 다음 연습문제는 이보다도 빠른, 나눗셈 없는 행렬식 계산 방안을 제시한다.)

70. 힌트의 항등식에서 $A = \lambda - x$, $B = -u$, $C = -v$, $D = \lambda I - Y$로 두고, $I/\lambda + Y/\lambda^2 + Y^2/\lambda^3 + \cdots$이 D의 역($1/\lambda$의 정규 멱급수로서의)이라는 사실을 이용해서 양변의 행렬식을 취한다. $f_X(\lambda)$가 하나의 n차 다항식임은 알고 있으므로, $u Y^k v$는 오직 $0 \le k \le n - 2$에 대해서만 계산하면 된다. 따라서 차수 $n - 1$에서 차수 n으로 나아가는 데에는 $n^3 + O(n^2)$회의 곱셈과 $n^3 + O(n^2)$회의 덧셈만 필요하다. 이를 재귀적으로 진행하면 X의 요소들로부터 f_X의 계수들을 얻을 수 있다. 이 계산에는 $6 \binom{n}{4} + 7 \binom{n}{3} + 2 \binom{n}{2}$회의 곱셈과 $6 \binom{n}{4} + 5 \binom{n}{3} + 2 \binom{n}{2}$회의 덧셈·뺄셈이 소요된다.

$\det X = (-1)^n f_X(0)$만 계산하면 되는 경우에는 $3 \binom{n}{2} - n + 1$회의 곱셈과 $\binom{n}{2}$회의 덧셈이 절약된다. 이러한 나눗셈 없는 행렬식 평가 방법은 n이 적당한 크기일 때 실제로 상당히 경제적이다. $n > 4$일 때에는 명백한 여인수 전개 방안을 능가한다.

연습문제 66의 행렬 곱셈의 지수를 ω라고 할 때, 동일한 접근방식으로 $O(n^{\omega + 1 + \epsilon})$ 단계의 나눗셈 없는 계산법을 만들 수 있다. $0 \le k < n$에 대한 벡터 $u Y^k$들을 $O(M(n) \log n)$ 단계로 평가할 수 있기 때문이다: 처음 2^l개의 행들이 $0 \le k < 2^l$에 대한 $u Y^k$들인 행렬을 두고 그것에 Y^{2^l}을 곱한다. 그러면 그 곱의 처음 2^l개의 행들은 $2^l \le k < 2^{l+1}$에 대한 $u Y^k$들이다. [S. J. Berkowitz, *Inf. Processing Letters* **18** (1984), 147-150 참고.] 물론 그런 점근적으로 "빠른" 행렬 곱셈은 이론적으로 흥미로울 뿐이다. 캘터픈 E. Kaltofen은 단 $O(n^{2 + \epsilon} \sqrt{M(n)})$회의 덧셈, 뺄셈, 곱셈으로 행렬식을 평가하는 방법을 보였다 [*Proc. Int. Symp. Symb. Alg. Comp.* **17** (1992), 342-349]. 그의 방법은 심지어 $M(n) = n^3$일 때에도 흥미롭다.

71. $g_1 = u_1 \circ v_1, \ldots, g_r = u_r \circ v_r$이고 $f = \alpha_1 g_1 + \cdots + \alpha_r g_r + p_0$이라고 가정하자. 여기서 $u_k = \beta_{k1} g_1 + \cdots + \beta_{k(k-1)} g_{k-1} + p_k$, $v_k = \gamma_{k1} g_1 + \cdots + \gamma_{k(k-1)} g_{k-1} + q_k$이고 각 $\circ$는 "$\times$" 또는 "$/$", 각 p_j 또는 q_j는 차수가 ≤ 1인 $x_1, \ldots, x_n$의 한 다항식이다. $k = r, r-1, \ldots, 1$에 대해 보조적인 수량 w_k, y_k, z_k를 다음과 같이 계산한다: $w_k = \alpha_k + \beta_{(k+1)k} y_{k+1} + \gamma_{(k+1)k} z_{k+1} + \cdots + \beta_{rk} y_r + \gamma_{rk} z_r$, 그리고

$$\text{만일 } g_k = u_k \times v_k \text{이면} \qquad y_k = w_k \times v_k, \qquad z_k = w_k \times u_k;$$
$$\text{만일 } g_k = u_k / v_k \text{이면} \qquad y_k = w_k / v_k, \qquad z_k = -y_k \times g_k.$$

그러면 $f' = p_0' + p_1' y_r + q_1' z_1 + \cdots + p_r' y_r + q_r' z_r$인데, 여기서 $'$는 $x_1, \ldots, x_n$ 중 임의의 것에 대한 도함수를 의미한다. 〔W. Baur, V. Strassen, *Theoretical Comp. Sci.* **22** (1983), 317-330. 이와 관련된 한 가지 방법을 린나인마a S. Linnainmaa가 *BIT* **16** (1976), 146-160에 발표한 바 있는데, 그는 그것을 반올림 오차의 분석에 적용했다.〕 $w_r = \alpha_r$이므로, $g_r = u_r \times v_r$일 때에는 두 번의 사슬 곱셈이 절약된다. 이러한 구축법을 반복하면 최대 $9m + 3d$개의 사슬 곱셈과 $4d$개의 나눗셈을 가진 모든 2차 편미분이 나온다.

72. 복소수체 같이 대수적으로 닫힌 체들에 관한 텐서 차수를 계산하는 알고리즘이 존재한다. 왜냐하면 이는 Alfred Tarski, *A Decision Method for Elementary Algebra and Geometry*, 제2판 (Berkeley, California: Univ. of California Press, 1951)의 결과들의 한 특수한 경우이기 때문이다. 그러나 아주 작은 텐서들을 제외할 때 이러한 계산을 정말로 활용할 수 있게 하는 방법은 알려져 있지 않다. 유리수들의 체에 관해서는, 해당 문제를 유한한 시간 안에 풀 수 있는지의 여부조차도 알려져 있지 않다.

73. N개의 변수들에 관한 그러한 다항식 사슬에서, l회의 덧셈·뺄셈 단계들 이후에 알려진 N개의 일차형식(linear form, 선형형식)들에 대한 임의의 $N \times N$행렬의 행렬식은 최대 2^l이다. 그리고 이 이산 푸리에 변환에서 최종적인 $N = m_1 \cdots m_n$개의 일차형식들의 행렬은 그 행렬식이 $N^{N/2}$이다. 왜냐하면 연습문제 13에 의해, 그것의 제곱은 N 곱하기 하나의 순열치환 행렬이기 때문이다. 〔*JACM* **20** (1973), 305-306.〕

74. (a) 만일 $k = (k_1, \ldots, k_s)^T$이 서로 소인 정수들의 벡터이면 Uk도 그러한 벡터이다. 왜냐하면 Uk의 성분들의 임의의 공약수는 $k = U^{-1} Uk$의 모든 원소의 약수이기 때문이다. 따라서 VUk의 성분들이 모두 정수일 수는 없다.

(b) t개의 곱셈들을 가진, Vx에 대한 하나의 다항식 사슬이 존재한다고 가정하자. 만일 $t = 0$이면 V의 성분들은 반드시 모두 정수이며, 따라서 $s = 0$이다. 그 외의 경우에는, $\lambda_i = \alpha \times \lambda_k$ 또는 $\lambda_i = \lambda_j \times \lambda_k$가 첫 곱셈 단계라고 하자. $n_1, \ldots, n_s$가 정수이고 β가 상수라고 할 때 $\lambda_k = n_1 x_1 + \cdots + n_s x_s + \beta$라고 가정할 수 있다. 이제 $d = \gcd(n_1, \ldots, n_s)$라고 할 때 $(n_1, \ldots, n_s) U = (0, \ldots, 0, d)$인 유니모듈라 행렬 U를 구한다. (식 4.5.2-(14) 이전에 나오는 알고리즘은 암묵적으로 그러한 U를 정의한다.) 그리고, $y_1, \ldots, y_{s-1}$을 입력으로 해서 다음과 같은 방법으로 새로운 다항식 사슬을

구축한다: 우선 $x = (x_1, ..., x_s)^T = U(y_1, ..., y_{s-1}, -\beta/d)^T$을 계산하고, 그런 다음 Vx에 대해 평가된 다항식 사슬을 가지고 계속 진행한다. 그 사슬의 단계 i에 도달했을 때 $\lambda_k = (n_1, ..., n_s)x + \beta$ $= 0$이 성립하며, 따라서 곱하는 대신 그냥 $\lambda_i = 0$으로 두면 된다. Vx를 평가한 후에는 상수 벡터 $w\beta/d$를 결과에 더한다. 여기서 w는 VU의 제일 오른쪽 열이다. 그리고 W를 VU의 나머지 $s-1$개의 열들로 둔다. 이렇게 하면 $t-1$회의 곱셈으로 새 다항식 사슬 $Vx + w\beta/d = VU(y_1, ..., y_{s-1}, -\beta/d)^T + w\beta/d = W(y_1, ..., y_{s-1})^T$이 만들어진다. 그런데 W의 부문제 (a)에 의해 열들은 Z독립이다. 따라서 $t-1 \geq s-1$임을 s에 대한 귀납법으로 밝힐 수 있으며, 그러면 $t \geq s$라는 결론이 나온다.

(c) j의 값들 중 Z독립인 열들의 집합에 속하지 않는 $t-s$개의 값들에 대해 $x_j = 0$이라고 하자. 그러면 Vx에 대한 임의의 사슬은 부문제 (b)가 적용되는 행렬 V'에 대해 $V'x'$를 평가한다.

(d) $\lambda_1 = x - y$, $\lambda_2 = \lambda_1 + \lambda_1$, $\lambda_3 = \lambda_2 + x$, $\lambda_4 = (1/6) \times \lambda_3$, $\lambda_5 = \lambda_4 + \lambda_4$, $\lambda_6 = \lambda_5 + y$ $(= x + y/3)$, $\lambda_7 = \lambda_6 - \lambda_1$, $\lambda_8 = \lambda_7 + \lambda_4 (= x/2 + y)$. 그러나 $\{x/2 + y, x + y/2\}$에는 두 번의 곱셈이 필요하다. $\left(\begin{smallmatrix} 1/2 & 1 \\ 1 & 1/2 \end{smallmatrix}\right)$의 열들이 Z독립이기 때문이다. 〔*Journal of Information Processing* **1** (1978), 125-129.〕

4.7절

1. (4)에서처럼 0이 아닌 최초의 계수 V_m을 구하고, $U(z)$와 $V(z)$ 모두를 z^m으로 나눈다(계수들을 m자리 왼쪽으로 이동해서). 그 몫은 오직 $U_0 = \cdots = U_{m-1} = 0$일 때에만 하나의 멱급수가 된다.

2. $V_0^{n+1} W_n = V_0^n U_n - (V_0^1 W_0)(V_0^{n-1} V_n) - (V_0^2 W_1)(V_0^{n-2} V_{n-1}) - \cdots - (V_0^n W_{n-1})(V_0^0 V_1)$이 성립한다. 따라서 $j \geq 1$에 대해 (U_j, V_j)를 $(V_0^j U_j, V_0^{j-1} V_j)$로 대체하고, $n \geq 0$에 대해 $W_n \leftarrow U_n - \sum_{k=0}^{n-1} W_k V_{n-k}$로 설정하고, 마지막으로 $j \geq 0$에 대해 W_j를 W_j / V_0^{j+1}로 대체하면 된다. 이 절의 다른 알고리즘들과 관련해서도 비슷한 기법들이 가능하다.

3. 그렇다. $\alpha = 0$일 때에는 $W_1 = W_2 = \cdots = 0$임을 귀납법으로 쉽게 증명할 수 있다. $\alpha = 1$일 때에는 깔끔한 항등식

$$\sum_{k=1}^{n} \left(\frac{k - (n-k)}{n}\right) V_k V_{n-k} = V_n V_0$$

으로 $W_n = V_n$임을 밝힐 수 있다.

4. 만일 $W(z) = e^{V(z)}$이면 $W'(z) = V'(z) W(z)$이다. 이로부터 $W_0 = e^{V_0}$이고

$$n \geq 1\text{에 대해} \qquad W_n = \sum_{k=1}^{n} \frac{k}{n} V_k W_{n-k}$$

임을 알 수 있다. 만일 $W(z) = \ln V(z)$이면 V와 W의 역할이 맞바뀐다. 따라서 $V_0 = 1$일 때의 규칙은 $W_0 = 0$과 $n \geq 1$에 대한 $W_n = V_n + \sum_{k=1}^{n-1} (k/n - 1) V_k W_{n-k}$이다.

〔연습문제 6에 의해, n차까지의 로그를 $O(n \log n)$회의 연산으로 구할 수 있다. 브렌트R. P. Brent는 뉴턴법을 $f(x) = \ln x - V(z)$에 적용한다면 $\exp(V(z))$ 역시 그러한 점근적 속도로 계산할 수 있음을 지적했다. 따라서 일반적인 멱승 $(1 + V(z))^\alpha = \exp(\alpha \ln(1 + V(z)))$ 역시 $O(n \log n)$이다. 참고문헌: *Analytic Computational Complexity*, J. F. Traub 엮음 (New York: Academic Press, 1975), 172–176.〕

5. 다시 원래의 급수가 나온다. 이 사실은 반전 알고리즘을 검정하는 데 사용할 수 있다.

6. $\phi(x) = x + x(1 - x V(z))$; 알고리즘 4.3.3R을 볼 것. 따라서 $W_0, ..., W_{N-1}$을 구한 후에는 $V_N, ..., V_{2N-1}$을 입력으로 해서 $(W_0 + \cdots + W_{N-1} z^{N-1})(V_0 + \cdots + V_{2N-1} z^{2N-1}) = 1 + R_0 z^N + \cdots + R_{N-1} z^{2N-1} + O(z^{2N})$을 계산하고 $W_N + \cdots + W_{2N-1} z^{N-1} = -(W_0 + \cdots + W_{N-1} z^{N-1})(R_0 + \cdots + R_{N-1} z^{N-1}) + O(z^N)$으로 두는 것이 핵심이다. 〔*Numer. Math.* **22** (1974), 341–348; 본질적으로 이 알고리즘은 M. Sieveking, *Computing* **10** (1972), 153–156에 발표된 것과 같다.〕 만일 "빠른" 다항식 곱셈(연습문제 4.6.57)을 사용한다면 N개의 계수들에 대한 계산을 $O(N \log N)$회의 산술 연산으로 수행할 수 있음을 주목할 것.

7. W_n은 $n = (m-1)k + 1$일 때에는 $\binom{mk}{k} / n$이고 그 외의 경우에는 0이다. (연습문제 2.3.4.4-11 참고.)

8. **G1.** G_1과 V_1을 입력한다. $n \leftarrow 1$, $U_0 \leftarrow 1/V_1$로 설정한다. $W_1 = G_1 U_0$을 출력한다.

    G2. n을 1 증가시킨다. 만일 $n > N$이면 알고리즘을 끝내고 그렇지 않으면 V_n와 G_n을 입력한다.

    G3. $k = 0, 1, ..., n-2$에 대해(이 순서대로) $U_k \leftarrow (U_k - \sum_{j=1}^k U_{k-j} V_{j+1})/V_1$로 설정한다. 그런 다음 $U_{n-1} \leftarrow -\sum_{k=2}^n k U_{n-k} V_k / V_1$로 설정한다.

    G4. $W_n = \sum_{k=1}^n k U_{n-k} G_k / n$를 출력하고 G2로 돌아간다. ▮

(따라서 규모 N^3 알고리즘의 실행 시간은 규모 N^2으로만 증가할 뿐이다.)

참고: 알고리즘 T와 N은 $V^{[-1]}(U(z))$를 결정한다. 이 연습문제의 알고리즘은 그와는 다소 다른 $G(V^{[-1]}(z))$을 결정한다. 물론 이 결과들은 모두 반전 및 합성 연산들의 열(연습문제 11)을 통해서 구할 수 있다. 그러나 각 경우에 대해 좀 더 직접적인 알고리즘을 갖추는 것도 도움이 되는 일이다.)

9.

	$n = 1$	$n = 2$	$n = 3$	$n = 4$	$n = 5$
T_{1n}	1	1	2	5	14
T_{2n}		1	2	5	14
T_{3n}		1	3	9	
T_{4n}			1	4	
T_{5n}				1	

10. 식 (9)를 수단으로 해서 $y^{1/\alpha} = x(1 + a_1 x + a_2 x^2 + \cdots)^{1/\alpha} = x(1 + c_1 x + c_2 x^2 + \cdots)$을 만들고, 그런 다음 후자의 급수를 뒤집는다. (식 1.2.11-3-(11) 다음에 나오는 설명을 볼 것.)

11. $W_0 \leftarrow U_0$으로 설정하고, $1 \le k \le N$에 대해 $(T_k, W_k) \leftarrow (V_k, 0)$으로 설정한다. 그런 다음 $n = 1, 2, ..., N$에 대해 다음을 수행한다: $n \le j \le N$에 대해 $W_j \leftarrow W_j + U_n T_j$로 설정한다. 그 런 다음 $j = N, N-1, ..., n+1$에 대해 $T_j \leftarrow T_{j-1} V_1 + \cdots + T_n V_{j-n}$으로 설정한다.

여기서 $T(z)$는 $V(z)^N$을 나타낸다. 이 문제에 대한, 알고리즘 T와 비슷한 온라인 멱급수 알고리 즘을 만드는 것도 가능하나, 그런 알고리즘은 약 $N^2/2$개의 저장소 장소들을 요구한다. 또한 단 $O(N)$개의 저장소 장소들만 가지고 이 연습문제를 푸는 온라인 알고리즘도 존재한다: 만일 모든 k에 대해 U_k를 $U_k V_1^k$로, V_k를 V_k/V_1로 치환한다면 $V_1 = 1$이라고 가정할 수 있다. 그러면 알고리 즘 L로 $V(z)$를 뒤집을 수 있으며, 그 출력을 연습문제 8의 알고리즘($G_1 = U_1$, $G_2 = U_2$ 등으로 두고)의 입력으로 사용해서 $U(V^{[-1][-1]}(z)) - U_0$을 계산할 수 있다. 연습문제 20도 볼 것.

브렌트Brent와 궁Kung은 점근적으로 더 빠른 알고리즘 몇 가지를 개발했다. 예를 들어 $x = V(z)$에 대한 $U(x)$를, 연습문제 4.6.4-42(c)를 약간 변형한 알고리즘을 이용해서 비용이 $M(N)$인 사슬 곱셈 약 $2\sqrt{N}$ 회와 비용이 N인 매개변수 곱셈 N회로 평가하는 것이 가능하다. 여기서 $M(N)$은 멱급수를 차수 N까지 곱하는 데 필요한 연산 횟수이다. 따라서 총 시간은 $O(\sqrt{N}M(N) + N^2) = O(N^2)$이다. 약 N/m개(이 때 $m \approx \sqrt{N/\log N}$으로 둔다)의 항들로 전개된 항등식 $U(V_0(z) + z^m V_1(z)) = U(V_0(z)) + z^m U'(V_0(z)) V_1(z) + z^{2m} U''(V_0(z)) V_1(z)^2/2! + \cdots$에 기반을 둔 더 빠른 방법도 가능하다. 첫 항 $U(V_0(z))$는 연습문제 4.6.4-43의 것과 다소 비슷한 방법을 이용해서 $O(mN(\log N)^2)$회의 연산으로 평가할 수 있다. 미분과 $V_0'(z)$로 나누기를 이용해서 $U^{(k)}(V_0(z))$에서 $U^{(k+1)}(V_0(z))$로 가는 데에는 $O(N \log N)$회의 연산이 필요하므로, 절차 전체 에는 $O(mN(\log N)^2 + (N/m) N \log N) = O(N \log N)^{3/2}$회의 연산이 필요하다. [*JACM* **25** (1978), 581-595.]

다항식들의 계수들이 m비트 정수일 때 이 알고리즘은 $(N \lg m)$비트 수들의 곱셈을 대략 $N^{3/2+\epsilon}$회 수행하므로, 총 실행 시간은 $N^{5/2}$보다 커진다. 리츠만P. Ritzmann은 점근적 실행 시간이 $O(N^{2+\epsilon})$인 또 다른 접근방식을 개발했다 [*Theoretical Comp. Sci.* **44** (1986), 1-16]. 합성은 작은 소수 p를 법으로 할 때 더 빠르게 수행할 수 있다(연습문제 26 참고).

12. 다항식 나눗셈은 $m \ge n \ge 1$가 아닌 한 자명하다. $m \ge n \ge 1$라고 가정할 때 방정식 $u(x) = q(x)v(x) + r(x)$은 $U(z) = Q(z)V(z) + z^{m-n+1}R(z)$와 동치이다. 여기서 $U(x) = x^m u(x^{-1})$, $V(x) = x^n v(x^{-1})$, $Q(x) = x^{m-n}q(x^{-1})$, $R(x) = x^{n-1}r(x^{-1})$은 u, v, q, r의 "역(reverse)" 다항식들이다.

$q(x)$와 $r(x)$는 이렇게 구하면 된다. 우선 멱급수 $U(z)/V(z) = W(z) + O(z^{m-n+1})$의 처음 $m-n+1$개의 계수들을 계산한다. 그런 다음에는 멱급수 $U(z) - V(z)W(z)$를 계산한다. 이 멱급 수는 $T(z) = T_0 + T_1 z + \cdots$라고 할 때 $z^{m-n+1}T(z)$ 형태이다. 모든 $j \ge n$에 대해 $T_j = 0$임을 주목할 것. 따라서 $Q(z) = W(z)$와 $R(z) = T(z)$는 필요조건들을 만족한다.

13. 연습문제 4.6.1-3을 $u(z) = z^N$, $v(z) = W_0 + \cdots + W_{N-1}z^{N-1}$로 두고 적용할 것. 요구된 근사치들은 알고리즘 수행 도중 나오는 $v_3(z)/v_2(z)$의 값들이다. 연습문제 4.6.1-26에 의하면 서로

소인 분자들과 분모들로는 더 이상의 가능성이 없음을 알 수 있다. 만일 각 W_i가 정수라면 알고리즘 4.6.1-26의 순정수 확장은 요구된 성질들을 가지게 된다.

참고: 추가적인 정보로는 브레진스키Claude Brezinski의 책 *History of Continued Fractions and Padé Approximants* (Berlin: Springer, 1991)을 볼 것. $N = 2n + 1$이고 $(w_1) = \deg(w_2) = n$인 경우가 특히 흥미롭다. 왜냐하면 그것은 소위 퇴플리츠Toeplitz 체계와 동치이기 때문이다. 퇴플리츠 체계를 위한 점근적으로 빠른 방법들이 Bini, Pan, *Polynomial and Matrix Computations* 1 (Boston: Birkhäuser, 1994), §2.5에 개괄되어 있다. 이 연습문제의 방법을 $W(z) \equiv p(z)/q(z) \pmod{(z - z_1) \ldots (z - z_N)}$ 형태의 임의의 유리 보간공식으로 확장할 수 있는데, 여기서 z_i들이 반드시 서로 다를 필요는 없다. 따라서 $W(z)$의 값과 여러 점들에서의 그 도함수들 일부를 지정할 수 있다. Richard P. Brent, Fred G. Gustavson, David Y. Y. Yun, *J. Algorithms* 1 (1980), 259-295를 볼 것.

14. 만일 $U(z) = z + U_k z^k + \cdots$이고 $V(z) = z^k + V_{k+1} z^{k+1} + \cdots$이면 차분 $V(U(z)) - U'(z)V(z)$가 $\sum_{j \geq 1} z^{2k+j-1} j(U_k V_{k+j} - U_{k+j} + ($오직 $U_k, \ldots, U_{k+j-1}, V_{k+1}, \ldots, V_{k+j-1}$만 관여하는 다항식$))$임을 알 수 있다. 따라서 만일 $U(z)$가 주어진다면 $V(z)$는 고유하며, 만일 $V(z)$와 U_k들이 주어진다면 $U(z)$는 고유하다.

이 연습문제의 해답은 두 보조 알고리즘들에 의존한다. 첫 알고리즘은 $U(z), W(z), S(z), n$이 주어졌을 때 방정식 $V(z + z^k U(z)) = (1 + z^{k-1} W(z))V(z) + z^{k-1}S(z) + O(z^{k-1+n})$을 $V(z) = V_0 + V_1 z + \cdots + V_{n-1} z^{n-1}$에 대해 푸는 것이다. 만일 $n = 1$이면 $V_0 = -S(0)/W(0)$으로 둔다. 또는, $S(0) = W(0) = 0$일 때에는 V_0을 임의의 값으로 둘 수 있다. n에서 $2n$으로 가기 위해서는 우선

$$V(z + z^k U(z)) = (1 + z^{k-1} W(z))V(z) + z^{k-1}S(z) - z^{k-1+n}R(z) + O(z^{k-1+2n}),$$
$$1 + z^{k-1}\widehat{W}(z) = (z/(z + z^k U(z)))^n (1 + z^{k-1}W(z)) + O(z^{k-1+n}),$$
$$\hat{S}(z) = (z/(z + z^k U(z)))^n R(z) + O(z^n)$$

으로 두고 $\widehat{V}(z) = V_n + V_{n+1}z + \cdots + V_{2n-1}z^{n-1}$이

$$\widehat{V}(z + z^k U(z)) = (1 + z^{k-1}\widehat{W}(z))\widehat{V}(z) + z^{k-1}\hat{S}(z) + O(z^{k-1+n})$$

을 만족하도록 한다.

두 번째 알고리즘은 $V(z), W(z), n$이 주어졌을 때 $W(z)U(z) + zU'(z) = V(z) + O(z^n)$을 $U(z) = U_0 + U_1 z + \cdots + U_{n-1}z^{n-1}$에 대해 푼다. 만일 $n = 1$이면 $U_0 = V(0)/W(0)$으로 둔다. 또는, $V(0) = W(0) = 0$인 경우에는 U_0을 임의의 값으로 두어도 된다. n에서 $2n$로 가기 위해 $W(z)U(z) + zU'(z) = V(z) - z^n R(z) + O(z^{2n})$으로 두고, $\widehat{U}(z) = U_n + \cdots + U_{2n-1}z^{n-1}$이 방정식 $(n + W(z))\widehat{U}(z) + z\widehat{U}'(z) = R(z) + O(z^n)$의 한 해가 되게 한다.

(27)의 표기법으로 돌아가서, 첫째 알고리즘을 이용하면 $\widehat{V}(U(z)) = U'(z)(z/U(z))^k \widehat{V}(z)$

를 원하는 임의의 정밀도까지 풀 수 있다. 그런 다음에는 $V(z) = z^k \hat{V}(z)$로 설정한다. $P(z)$를 구하는 문제는 이렇다. $V(P(z)) = P'(z)V(z) + O(z^{2k-1+n})$이라고 하자. 이것은 $P(z) = z + \alpha z^k$이고 α가 임의의 수일 때 $n = 1$에 대해 성립하는 방정식이다. n에서 $2n$으로는 $V(P(z)) = P'(z)V(z) + z^{2k-1+n}R(z) + O(z^{2k-1+2n})$으로 두고 $P(z)$를 $P(z) + z^{k+n}\hat{P}(z)$로 치환해서 갈 수 있다. 이 때 둘째 알고리즘을 이용해서 $(k+n-zV'(P(z))/V(z))\hat{P}(z) + z\hat{P}'(z) = (z^k/V(z))R(z) + O(z^n)$을 만족하는 $\hat{P}(z)$를 구한다.

15. 미분방정식 $U'(z)/U(z)^k = 1/z^k$은 $U(z)^{1-k} = z^{1-k} + c$를 만족하는 어떤 상수 c가 존재함을 함의한다. 따라서 $U^{[n]}(z) = z/(1+cnz^{1-k})^{1/(k-1)}$을 구할 수 있다.

비슷한 논증으로 임의의 $V(z)$에 대해 (27)을 풀 수 있다: 만일 $W'(z) = 1/V(z)$이면 $W(U^{[n]}(z)) = W(z) + nc$인 어떤 c가 존재한다.

16. 우선 $[t^n]t^{n+1}((n+1)R'_{k+1}(t)/V(t)^n - nR'_k(t)/V(t)^{n+1}) = 0$임을 보여야 하는데, 이는 $(n+1)R'_{k+1}(t)/V(t)^n - nR_k(t)/V(t)^{n+1} = \frac{d}{dt}(R_k(t)/V(t)^{n+1})$이므로 참이다. 따라서 $n^{-1}[t^{n-1}]R'_1(t)t^n/V(t)^n = (n-1)^{-1}[t^{n-2}]R'_2(t)t^{n-1}/V(t)^{n-1} = \cdots = 1^{-1}[t^0]R'_n(t)t/V(t) = [t]R_n(t)/V_1 = W_n$이 성립한다.

17. 그 합성곱 공식에서 $x^l y^m$의 계수들을 등호로 연결하면, $\binom{l+m}{m}v_{n(l+m)} = \sum_k \binom{n}{k}v_{kl}v_{(n-k)m}$임을 알 수 있다. 이는 (2)의 한 특별한 경우인 $[z^n]V(z)^{l+m} = \sum_k([z^k]V(z)^l)([z^{n-k}]V(z)^m)$과 같다.

참고: "파워로이드"라는 이름은 슈테펜센J. F. Steffensen이 도입한 것으로, 그는 이런 다항식들의 놀라운 성질들 일반을 연구한 여러 저자들 중 최초의 인물이다 [*Acta Mathematica* **73** (1941), 333-366]. 그런 문헌들의 개괄로는, 그리고 다음 몇 연습문제들에 나오는 주제들의 추가적인 논의로는 D. E. Knuth, *The Mathematica Journal* **2** (1992), 67-78을 볼 것. 그 논문에서 증명한 결과들 중 하나로는, 만일 $V_1 = 1$이고 $x \to \infty$에 따라, 그리고 $n \to \infty$에 따라 $sV'(s) = y$와 $y = n/x$이 유계라면 점근 공식 $V_n(x) = e^{xV(s)}(\frac{n}{es})^n(1 - V_2y + O(y^2) + O(x^{-1}))$이 성립한다는 것이 있다.

18. $V_n(x) = \sum_k x^k n![z^n]V(z)^k/k! = n![z^n]e^{xV(z)}$이 성립한다. 따라서 $n > 0$일 때 $V_n(x)/x = (n-1)![z^{n-1}]V'(z)e^{xV(z)}$이다. $V'(z)e^{(x+y)V(z)} = V'(z)e^{xV(z)}e^{yV(z)}$의 z^{n-1}의 계수들을 등호로 두면 문제에 주어진 항등식이 나온다.

19. 다항정리 1.2.6-(42)에 의해

$$v_{nm} = \frac{n!}{m!}[z^n]\left(\frac{v_1}{1!}z + \frac{v_2}{2!}z^2 + \frac{v_3}{3!}z^3 + \cdots\right)^m$$

$$= \sum_{\substack{k_1+k_2+\cdots+k_n=m \\ k_1+2k_2+\cdots+nk_n=n \\ k_1,k_2,\ldots,k_n\geq 0}} \frac{n!}{k_1!k_2!\cdots k_n!}\left(\frac{v_1}{1!}\right)^{k_1}\left(\frac{v_2}{2!}\right)^{k_2}\cdots\left(\frac{v_n}{n!}\right)^{k_n}$$

이 성립한다. 부분 벨 다항식(partial Bell polynomial)이라고 부르는 [*Annals of Math.* **35** (1934), 258-277 참고] 이 계수들은 아르보가Arbogast의 공식(연습문제 1.2.5-21)에도 나온다. 그리고 그 항들을 그 연습문제의 답에서 설명한 집합 분할들과 연관시키는 것이 가능하다. 점화식

$$v_{nk}=\sum_j\binom{n-1}{j-1}v_j v_{(n-j)(k-1)}$$

을 이용하면 열 1과 열 $k-1$로부터 열 k를 계산할 수 있으며, 이를 $\{1,\ldots,n\}$의 분할들로 해석하는 것은 어렵지 않다. 왜냐하면 원소 n을 크기가 j인 한 부분집합 안에 포함시키는 방법은 $\binom{n-1}{j-1}$가지이기 때문이다. 그 행렬의 처음 몇 행들은 다음과 같다:

$$
\begin{array}{lllll}
v_1 \\
v_2 & v_1^2 \\
v_3 & 3v_1v_2 & v_1^3 \\
v_4 & 4v_1v_3+3v_2^2 & 6v_1^2v_2 & v_1^4 \\
v_5 & 5v_1v_4+10v_2v_3 & 15v_1v_2^2+10v_1^2v_3 & 10v_1^3v_2 & v_1^5
\end{array}
$$

20. $[z^n]\,W(z)^k=\sum_j([z^j]\,U(z)^k)([z^n]\,V(z)^j)$; 따라서 $w_{nk}=(n!/k!)\sum_j((k!/j!)u_{jk})((j!/n!)v_{nj})$. [E. Jabotinsky, *Comptes Rendus Acad. Sci.* **224** (Paris, 1947), 323-324.]

21. (a) 만일 $U(z)=\alpha W(\beta z)$이면 $u_{nk}=\frac{n!}{k!}[z^n](\alpha W(\beta(z))^k=\alpha^k\beta^n w_{nk}$이다. 특히, 만일 $U(z)=V^{[-1]}(z)=-W(-z)$이면 $u_{nk}=(-1)^{n-k}w_{nk}$가 성립한다. 따라서, 연습문제 20에 의해 $\sum_k u_{nk}v_{km}$과 $\sum_k v_{nk}u_{km}$은 항등함수 z에 대응된다.

(b) [게셀Ira Gessel의 답.] 이 항등식은 사실 라그랑주의 반전 공식과 동치이다: $w_{nk}=(-1)^{n-k}u_{nk}=(-1)^{n-k}\frac{n!}{k!}[z^n]V^{[-1]}(z)^k$이 성립하며, $V^{[-1]}(z)^k$의 z^n의 계수는 연습문제 16에 의해 $n^{-1}[t^{n-1}]kt^{n+k-1}/V(t)^n$이다. 한편 우리는 $v_{(-k)(-n)}$을 $(-k)^{\underline{n-k}}[z^{n-k}](V(z)/z))^{-n}$으로 정의했는데, 이는 $(-1)^{n-k}(n-1)\ldots(k+1)k[z^{n-1}]z^{n+k-1}/V(z)^n$과 같다.

22. (a) 만일 $V(z)=U^{\{\alpha\}}(z)$이고 $W(z)=V^{\{\beta\}}(z)$이면

$$W(z)=V(zW(z)^\beta)=U(zW(z)^\beta V(zW(z)^\beta)^\alpha)=U(zW(z)^{\alpha+\beta})$$

이다. (이 법칙과, 반복에 적용되는 이와 비슷한 공식 $U^{[1]}(z)=U(z)$, $U^{[\alpha][\beta]}(z)=U^{[\alpha\beta]}(z)$의 차이에 주목할 것.)

(b) $B^{\{2\}}(z)$은 이진트리에 대한 생성함수 2.3.4.4-(12)이며, 이는 알고리즘 L 다음에 나오는 예 $z=t-t^2$의 $W(z)/z$이다. 게다가 $B^{\{t\}}(z)$은 t진 트리(연습문제 2.3.4.4-11)의 생성함수이다.

(c) 힌트는 $zU^{\{\alpha\}}(z)^\alpha=W^{[-1]}(z)$과 동치이며, 이는 공식 $zU^{\{\alpha\}}(z)^\alpha/U(zU^{\{\alpha\}}(z)^\alpha)^\alpha=$

z와 동치이다. 이제 라그랑주의 반전 정리(연습문제 8)에 의해, x가 양의 정수라고 할 때 $[z^n] W^{[-1]}(z)^x = \frac{x}{n} [z^{-x}] W(z)^{-n}$이다. (여기서 $W(z)^{-n}$은 로랑Laurent 급수, 즉 z의 거듭제곱으로 나누어지는 멱급수이다. 표기 $[z^m] V(z)$는 멱급수뿐만 아니라 로랑 급수에도 사용할 수 있다.) 그러므로 $[z^n] U^{\{\alpha\}}(z)^x = [z^n] (W^{[-1]}(z)/z)^{x/\alpha} = [z^{n+x/\alpha}] W^{[-1]}(z)^{x/\alpha}$은 x/α가 양의 정수일 때 $\frac{x/\alpha}{n+x/\alpha} [z^{-x/\alpha}] W(z)^{-n-x/\alpha} = \frac{x}{x+n\alpha} [z^{-x/\alpha}] z^{-n-x/\alpha} U(z)^{x+n\alpha}$와 같다. 이로써 무한히 많은 α에 대해 결과를 입증했다. $U^{\{\alpha\}}(z)^x$의 계수들은 α의 다항식들이므로 이것으로 충분하다.

이 결과의 특별한 경우들을 연습문제 1.2.6-25와 2.3.4.4-29에서 이미 보았다. 힌트의 결과들 중 기억해 둘만한 것은 $\alpha = -1$인 경우이다:

$$\text{오직} \quad W^{[-1]}(z) = z / U^{\{-1\}}(z) \text{일 때에만} \quad W(z) = z U(z).$$

(d) 만일 $U_0 = 1$이고 $V_n(x)$가 $V(z) = \ln U(z)$에 대한 파워로이드라면, 우리는 방금 $x V_n(x + n\alpha)/(x + n\alpha)$가 $\ln U^{\{\alpha\}}(z)$에 대한 파워로이드임을 증명한 것이다. 따라서 이 파워로이드를 이전의 항등식들에 대입할 수 있다(두 번째 공식의 y를 $y - \alpha n$으로 바꾸어서).

23. (a) T^n이 행 $\leq n$들에서 0이라고 할 때 $U = I + T$가 성립한다. 따라서 $\ln U = T - \frac{1}{2} T^2 + \frac{1}{3} T^3 - \cdots$은 $\exp(\alpha \ln U) = I + \binom{\alpha}{1} T + \binom{\alpha}{2} T^2 + \cdots = U^\alpha$이라는 성질을 만족한다. U^α의 각 성분은 α의 다항식이며, 연습문제 19의 관계식들은 α가 양의 정수이면 항상 성립한다. 그러므로 U^α은 모든 α에 대해 하나의 멱행렬이며, 그 첫 열은 $U^{[\alpha]}(z)$을 정의한다. (특히, U^{-1}는 하나의 멱행렬이다. 이는 $U(z)$를 뒤집는 또 다른 방법이다.)

(b) $U^\epsilon = I + \epsilon \ln U + O(\epsilon^2)$이므로

$$l_{nk} = [\epsilon] u_{nk}^{[\epsilon]} = \frac{n!}{k!} [z^n][\epsilon](z + \epsilon L(z) + O(\epsilon^2))^k = \frac{n!}{k!} [z^n] k z^{k-1} L(z)$$

이다.

(c) $\frac{\partial}{\partial \alpha} U^{[\alpha]}(z) = [\epsilon] U^{[\alpha + \epsilon]}(z)$이며,

$$U^{[\alpha + \epsilon]}(z) = U^{[\alpha]}(U^{[\epsilon]}(z)) = U^{[\alpha]}(z + \epsilon L(z) + O(\epsilon^2))$$

이 성립한다. 또한 $U^{[\alpha + \epsilon]}(z) = U^{[\epsilon]}(U^{[\alpha]}(z)) = U^{[\alpha]}(z) + \epsilon L(U^{[\alpha]}(z)) + O(\epsilon^2)$이다.

(d) 그 항등식은 U가 $\ln U$와 교환된다는 사실에서 비롯된다. $n \geq 4$일 때 이 항등식은 l_{n-1}을 결정한다. 왜냐하면 좌변 l_{n-1}의 계수는 $n u_2$인 반면 우변의 계수는 $u_{n(n-1)} = \binom{n}{2} u_2$이기 때문이다. 비슷하게, 만일 $u_2 = \cdots = u_{k-1} = 0$이고 $u_k \neq 0$이면 $l_k = u_k$가 되고 $n \geq 2k$에 대한 점화식은 $l_{k+1}, l_{k+2}, \cdots$을 결정한다. 좌변은 $l_n + \binom{n}{k-1} l_{n+1-k} u_k + \cdots$ 형태이고 우변은 $l_n + \binom{n}{k} l_{n+1-k} u_k + \cdots$ 형태이다. 일반적으로는, $l_2 = u_2$, $l_3 = u_3 - \frac{3}{2} u_2^2$, $l_4 = u_4 - 5 u_2 u_3 + \frac{9}{2} u_2^3$, $l_5 = u_5 - \frac{15}{2} u_2 u_4 - 5 u_3^2 + \frac{185}{6} u_2^2 u_3 - 20 u_2^4$이다.

(e) $U = \sum_m (\ln U)^m / m!$이 성립하며, 고정된 m에 대해 m차 항에서 $u_n = u_{n1}$로의 기여는 $n = n_m > \cdots > n_1 > n_0 = 1$에 대한 합 $\sum l_{n_m n_{m-1}} \cdots l_{n_2 n_1} l_{n_1 n_0}$이다. 이제 그 부문제 (b)의 결과를 적용하면 된다. 〔*Trans. Amer. Math. Soc.* **108** (1963), 457-477 참고.〕

24. (a) (21)과 연습문제 20에 의해, V가 슈뢰더^{Schröder} 함수의 멱급수이고 D가 대각행렬 $\mathrm{diag}(u, u^2, u^3, \ldots)$이라고 할 때 $U = VDV^{-1}$이 성립한다. 따라서 $\ln U = V\,\mathrm{diag}(\ln u, 2\ln u, 3\ln u, \ldots)\,V^{-1}$으로 둘 수 있다.

(b) 등식 $WVDV^{-1} = VDV^{-1}W$는 $(V^{-1}WV)D = D(V^{-1}WV)$를 함의한다. D의 대각 성분들은 서로 다르므로, $V^{-1}WV$는 반드시 하나의 대각 행렬 D'이다. 따라서 $W = VD'V^{-1}$이며 W는 U와 동일한 슈뢰더 함수를 가진다. 이로부터 $W_1 \neq 0$이고 $W = VD^\alpha V^{-1}$임이 나온다. 여기서 $\alpha = (\ln W_1)/(\ln U_1)$이다.

25. $[z^{k+l-1}]\,U(V(z)) = U_{k+l-1} + V_{k+l-1} + kU_k V_l$이므로 반드시 $k = l$이다. 이제 증명은 $U_k = V_k$ 그리고 $U(V(z)) = V(U(z))$가 $U(z) = V(z)$를 함의함을 보이는 것으로 완성된다. l이 $U_l \neq V_l$인 최소의 값이라고 가정하자. 그리고 $n = k + l - 1$이라고 하자. 그러면 $u_{nk} - v_{nk} = \binom{n}{l}(u_l - v_l)$; 모든 $j > k$에 대해 $u_{nj} = v_{nj}$; $u_{nl} = \binom{n}{k}u_k$, $l < j < n$에 대해 $u_{nj} = 0$이다. 이제 합 $\sum_j u_{nj}v_j = u_n + u_{nk}v_k + \cdots + u_{nl}v_l + v_n$은 반드시 $\sum_j v_{nj}u_j$와 같다. 따라서 $\binom{n}{l}(u_l - v_l)v_k = \binom{n}{k}v_k(u_l - v_l)$임을 알 수 있다. 그러나 $\binom{k+l-1}{k} = \binom{k+l-1}{l}$은 오직 $k = l$일 때에만 참이다.

〔이 연습문제와 이전 연습문제로부터, U와 V 중 하나가 다른 것의 반복일 때에만 $U(V(z)) = V(U(z))$가 성립하는 것은 아닐까 의심할 수도 있다. 그러나 U_1과 V_1이 단위원의 제곱들인 경우 이것이 반드시 참인 것은 아니다. 예를 들어 만일 $V_1 = -1$이고 $U(z) = V^{[2]}(z)$이면 V는 $U^{[1/2]}$의 반복이 아니며 $U^{[1/2]}$이 V의 반복인 것도 아니다.

26. $U(z) = U_{[0]}(z^2) + zU_{[1]}(z^2)$이라고 둔다면 $U(V(z)) \equiv U_{[0]}(V_1 z^2 + V_2 z^4 + \cdots) + V(z)U_{[1]}(V_1 z^2 + V_2 z^4 + \cdots)$ (modulo 2)가 된다. 실행 시간은 $T(N) = 2T(N/2) + C(N)$을 만족한다. 여기서 $C(N)$은 본질적으로 다항식 곱셈 $\mathrm{mod}\, z^N$에 걸리는 시간이다. $C(N) = O(N^{1+\epsilon})$이 되게 하는 것도 가능한데, 예를 들어 연습문제 4.6.4–59의 방법을 사용하면 된다. 또한 연습문제 4.6–5의 답도 볼 것.

p를 법으로 하는 경우 $O(pN^{1+\epsilon})$ 시간인 비슷한 방법이 가능하다. 〔D. J. Bernstein, *J. Symbolic Computation* **26** (1998), 339–341.〕

27. $(W(qz) - W(z))V(z) = W(z)(V(q^m z) - V(z))$로부터 점화식 $W_n = \sum_{k=1}^{n} V_k W_{n-k}(q^{km} - q^{n-k})/(q^n - 1)$을 얻을 수 있다. 〔*J. Difference Eqs. and Applics.* **1** (1995), 57–60.〕

28. 우선, $t(mn) = t(m) + t(n)$이므로 $\delta(U(z)V(z)) = (\delta U(z))V(z) + U(z)(\delta V(z))$임에 주목한다. 그러므로 모든 $n \geq 0$에 대해 $\delta(V(z)^n) = nV(z)^{n-1}\delta V(z)$이다. 이는 n에 대한 귀납법으로 밝힐 수 있다. 그리고 이 등식은 $\delta e^{V(z)} = \sum_{n \geq 0} \delta(V(z)^n/n!) = e^{V(z)}\delta V(z)$임을 보이는 데 필요한 항등식이다. 이 등식에서 $V(z)$를 $\ln V(z)$로 바꾸면 $V(z)\delta \ln V(z) = \delta V(z)$가 나온다. 따라서 모든 복소수 α에 대해 $\delta(V(z)^\alpha) = \delta e^{\alpha \ln V(z)} = e^{\alpha \ln V(z)}\delta(\alpha \ln V(z)) = \alpha V(z)^{\alpha-1}$이다.

이제 이로부터 다음과 같은 점화식들을 얻을 수 있다:

(a) $W_1 = 1, \quad W_n = \sum_{d \backslash n,\, d > 1} ((\alpha + 1)t(d)/t(n) - 1)\, V_d W_{n/d};$

(b) $W_1 = 1, \quad W_n = \sum_{d \backslash n,\, d > 1} (t(d)/t(n))\, V_d W_{n/d};$

(c) $W_1 = 0, \quad W_n = V_n + \sum_{d \backslash n,\, d > 1} (t(d)/t(n) - 1)\, V_d W_{n/d}.$

〔W. Gould, *AMM* **81** (1974), 3-14를 볼 것. 이 공식들은 t가 $t(m) + t(n) = t(mn)$이며 오직 $n = 1$일 때에만 $t(n) = 0$인 임의의 함수일 때 성립한다. 그러나 제시된 t가 가장 간단하다. 여기서 논의한 방법은 임의의 개수의 변수들의 멱급수들에 대해서도 유효하다. 그런 경우 t는 한 항의 총 차수이다.〕

"그거 그럴 듯하군." 흥미를 느끼며 포와로가 말했다.

"그렇소, 나는 컴퓨터와 같은 기능을 하고 있는지도 몰라요.

정보를 먹는 컴퓨터처럼—"

"그러나 당신이 오답을 만들어낼 수도 있다는 것은 생각지 않으시죠?" 올리버 부인이 물었다.

"그럴 리는 없소." 에르큘 포와로가 대답했다.

"컴퓨터는 그럴 리가 없으니까."

"컴퓨터라면 그럴 리가 없죠." 올리버 부인이 말했다.

"하지만 가끔 세상 일이 돌아가는 걸 보면 당신도 놀랄 거예요." †

—— 크리스티AGATHA CHRISTIE, *Hallowe'en Party* (1969)

---

† 〔옮긴이 주〕 헬로윈 *파티*(임경자 옮김, 해문출판사, 2005)에서 인용.

부록 A

수량표

표 1

표준 서브루틴들과 컴퓨터 프로그램 분석에 자주 쓰이는 수량들(십진 소수점 이하 40자리)

$$\sqrt{2} = 1.41421\ 35623\ 73095\ 04880\ 16887\ 24209\ 69807\ 85697-$$
$$\sqrt{3} = 1.73205\ 08075\ 68877\ 29352\ 74463\ 41505\ 87236\ 69428+$$
$$\sqrt{5} = 2.23606\ 79774\ 99789\ 69640\ 91736\ 68731\ 27623\ 54406+$$
$$\sqrt{10} = 3.16227\ 76601\ 68379\ 33199\ 88935\ 44432\ 71853\ 37196-$$
$$\sqrt[3]{2} = 1.25992\ 10498\ 94873\ 16476\ 72106\ 07278\ 22835\ 05703-$$
$$\sqrt[3]{3} = 1.44224\ 95703\ 07408\ 38232\ 16383\ 10780\ 10958\ 83919-$$
$$\sqrt[4]{2} = 1.18920\ 71150\ 02721\ 06671\ 74999\ 70560\ 47591\ 52930-$$
$$\ln 2 = 0.69314\ 71805\ 59945\ 30941\ 72321\ 21458\ 17656\ 80755+$$
$$\ln 3 = 1.09861\ 22886\ 68109\ 69139\ 52452\ 36922\ 52570\ 46475-$$
$$\ln 10 = 2.30258\ 50929\ 94045\ 68401\ 79914\ 54684\ 36420\ 76011+$$
$$1/\ln 2 = 1.44269\ 50408\ 88963\ 40735\ 99246\ 81001\ 89213\ 74266+$$
$$1/\ln 10 = 0.43429\ 44819\ 03251\ 82765\ 11289\ 18916\ 60508\ 22944-$$
$$\pi = 3.14159\ 26535\ 89793\ 23846\ 26433\ 83279\ 50288\ 41972-$$
$$1° = \pi/180 = 0.01745\ 32925\ 19943\ 29576\ 92369\ 07684\ 88612\ 71344+$$
$$1/\pi = 0.31830\ 98861\ 83790\ 67153\ 77675\ 26745\ 02872\ 40689+$$
$$\pi^2 = 9.86960\ 44010\ 89358\ 61883\ 44909\ 99876\ 15113\ 53137-$$
$$\sqrt{\pi} = \Gamma(1/2) = 1.77245\ 38509\ 05516\ 02729\ 81674\ 83341\ 14518\ 27975+$$
$$\Gamma(1/3) = 2.67893\ 85347\ 07747\ 63365\ 56929\ 40974\ 67764\ 41287-$$
$$\Gamma(2/3) = 1.35411\ 79394\ 26400\ 41694\ 52880\ 28154\ 51378\ 55193+$$
$$e = 2.71828\ 18284\ 59045\ 23536\ 02874\ 71352\ 66249\ 77572+$$
$$1/e = 0.36787\ 94411\ 71442\ 32159\ 55237\ 70161\ 46086\ 74458+$$
$$e^2 = 7.38905\ 60989\ 30650\ 22723\ 04274\ 60575\ 00781\ 31803+$$
$$\gamma = 0.57721\ 56649\ 01532\ 86060\ 65120\ 90082\ 40243\ 10422-$$
$$\ln \pi = 1.14472\ 98858\ 49400\ 17414\ 34273\ 51353\ 05871\ 16473-$$
$$\phi = 1.61803\ 39887\ 49894\ 84820\ 45868\ 34365\ 63811\ 77203+$$
$$e^\gamma = 1.78107\ 24179\ 90197\ 98523\ 65041\ 03107\ 17954\ 91696+$$
$$e^{\pi/4} = 2.19328\ 00507\ 38015\ 45655\ 97696\ 59278\ 73822\ 34616+$$
$$\sin 1 = 0.84147\ 09848\ 07896\ 50665\ 25023\ 21630\ 29899\ 96226-$$
$$\cos 1 = 0.54030\ 23058\ 68139\ 71740\ 09366\ 07442\ 97660\ 37323+$$
$$-\zeta'(2) = 0.93754\ 82543\ 15843\ 75370\ 25740\ 94567\ 86497\ 78979-$$
$$\zeta(3) = 1.20205\ 69031\ 59594\ 28539\ 97381\ 61511\ 44999\ 07650-$$
$$\ln \phi = 0.48121\ 18250\ 59603\ 44749\ 77589\ 13424\ 36842\ 31352-$$
$$1/\ln \phi = 2.07808\ 69212\ 35027\ 53760\ 13226\ 06117\ 79576\ 77422-$$
$$-\ln \ln 2 = 0.36651\ 29205\ 81664\ 32701\ 24391\ 58232\ 66946\ 94543-$$

표 2

표준 서브루틴들과 컴퓨터 프로그램 분석에 자주 쓰이는 수량들(8진 소수점 이하 45자리)

"=" 좌변에 있는 이름들은 십진 표기법으로 주어진 것이다.

$0.1 =$	0.06314	63146	31463	14631	46314	63146	31463	14631	$46315-$
$0.01 =$	0.00507	53412	17270	24365	60507	53412	17270	24365	$60510-$
$0.001 =$	0.00040	61115	64570	65176	76355	44264	16254	02030	$44672+$
$0.0001 =$	0.00003	21556	13530	70414	54512	75170	33021	15002	$35223-$
$0.00001 =$	0.00000	24761	32610	70664	36041	06077	17401	56063	$34417-$
$0.000001 =$	0.00000	02061	57364	05536	66151	55323	07746	44470	$26033+$
$0.0000001 =$	0.00000	00153	27745	15274	53644	12741	72312	20354	$02151+$
$0.00000001 =$	0.00000	00012	57143	56106	04303	47374	77341	01512	$63327+$
$0.000000001 =$	0.00000	00001	04560	27640	46655	12262	71426	40124	$21742+$
$0.0000000001 =$	0.00000	00000	06676	33766	35367	55653	37265	34642	$01627-$
$\sqrt{2} =$	1.32404	74631	77167	46220	42627	66115	46725	12575	$17435+$
$\sqrt{3} =$	1.56663	65641	30231	25163	54453	50265	60361	34073	$42223-$
$\sqrt{5} =$	2.17067	36334	57722	47602	57471	63003	00563	55620	$32021-$
$\sqrt{10} =$	3.12305	40726	64555	22444	02242	57101	41466	33775	$22532+$
$\sqrt[3]{2} =$	1.20505	05746	15345	05342	10756	65334	25574	22415	$03024+$
$\sqrt[3]{3} =$	1.34233	50444	22175	73134	67363	76133	05334	31147	$60121-$
$\sqrt[4]{2} =$	1.14067	74050	61556	12455	72152	64430	60271	02755	$73136+$
$\ln 2 =$	0.54271	02775	75071	73632	57117	07316	30007	71366	$53640+$
$\ln 3 =$	1.06237	24752	55006	05227	32440	63065	25012	35574	$55337+$
$\ln 10 =$	2.23273	06735	52524	25405	56512	66542	56026	46050	$50705+$
$1/\ln 2 =$	1.34252	16624	53405	77027	35750	37766	40644	35175	$04353+$
$1/\ln 10 =$	0.33626	75425	11562	41614	52325	33525	27655	14756	$06220-$
$\pi =$	3.11037	55242	10264	30215	14230	63050	56006	70163	$21122+$
$1° = \pi/180 =$	0.01073	72152	11224	72344	25603	54276	63351	22056	$11544+$
$1/\pi =$	0.24276	30155	62344	20251	23760	47257	50765	15156	$70067-$
$\pi^2 =$	11.67517	14467	62135	71322	25561	15466	30021	40654	$34103-$
$\sqrt{\pi} = \Gamma(1/2) =$	1.61337	61106	64736	65247	47035	40510	15273	34470	$17762-$
$\Gamma(1/3) =$	2.53347	35234	51013	61316	73106	47644	54653	00106	$66046-$
$\Gamma(2/3) =$	1.26523	57112	14154	74312	54572	37655	60126	23231	$02452+$
$e =$	2.55760	52130	50535	51246	52773	42542	00471	72363	$61661+$
$1/e =$	0.27426	53066	13167	46761	52726	75436	02440	52371	$03355+$
$e^2 =$	7.30714	45615	23355	33460	63507	35040	32664	25356	$50217+$
$\gamma =$	0.44742	14770	67666	06172	23215	74376	01002	51313	$25521-$
$\ln \pi =$	1.11206	40443	47503	36413	65374	52661	52410	37511	$46057+$
$\phi =$	1.47433	57156	27751	23701	27634	71401	40271	66710	$15010+$
$e^\gamma =$	1.61772	13452	61152	65761	22477	36553	53327	17554	$21260+$
$e^{\pi/4} =$	2.14275	31512	16162	52370	35530	11342	53525	44307	$02171-$
$\sin 1 =$	0.65665	24436	04414	73402	03067	23644	11612	07474	$14505-$
$\cos 1 =$	0.42450	50037	32406	42711	07022	14666	27320	70675	$12321+$
$-\zeta'(2) =$	0.74001	45144	53253	42362	42107	23350	50074	46100	$27706+$
$\zeta(3) =$	1.14735	00023	60014	20470	15613	42561	31715	10177	$06614+$
$\ln \phi =$	0.36630	26256	61213	01145	13700	41004	52264	30700	$40646+$
$1/\ln \phi =$	2.04776	60111	17144	41512	11436	16575	00355	43630	$40651+$
$-\ln \ln 2 =$	0.27351	71233	67265	63650	17401	56637	26334	31455	$57005-$

표 1의 소수점 이하 40자리 값들 중 일부는 이 책의 초판을 위해 렌치John W. Wrench, Jr.가 탁상용 계산기로 계산했던 것이다. 1970년대에 그런 계산을 위한 컴퓨터 소프트웨어가 등장하면서, 그의 기여가 정확했음이 증명되었다. 다른 주요 상수들의 40자리 값들이 식 4.5.2-(60), 4.5.3-(26), 4.5.3-(41), 4.5.4-(9), 그리고 연습문제 4.5.4-8, 4.5.4-25, 4.61.4-58의 해답들에 나온다.

표 3

작은 n값들에 대한 조화수, 베르누이수, 피보나치수 값들

n	H_n	B_n	F_n	n
0	0	1	0	0
1	1	$-1/2$	1	1
2	3/2	1/6	1	2
3	11/6	0	2	3
4	25/12	$-1/30$	3	4
5	137/60	0	5	5
6	49/20	1/42	8	6
7	363/140	0	13	7
8	761/280	$-1/30$	21	8
9	7129/2520	0	34	9
10	7381/2520	5/66	55	10
11	83711/27720	0	89	11
12	86021/27720	$-691/2730$	144	12
13	1145993/360360	0	233	13
14	1171733/360360	7/6	377	14
15	1195757/360360	0	610	15
16	2436559/720720	$-3617/510$	987	16
17	42142223/12252240	0	1597	17
18	14274301/4084080	43867/798	2584	18
19	275295799/77597520	0	4181	19
20	55835135/15519504	$-174611/330$	6765	20
21	18858053/5173168	0	10946	21
22	19093197/5173168	854513/138	17711	22
23	444316699/118982864	0	28657	23
24	1347822955/356948592	$-236364091/2730$	46368	24
25	34052522467/8923714800	0	75025	25
26	34395742267/8923714800	8553103/6	121393	26
27	312536252003/80313433200	0	196418	27
28	315404588903/80313433200	$-23749461029/870$	317811	28
29	9227046511387/2329089562800	0	514229	29
30	9304682830147/2329089562800	8615841276005/14322	832040	30

임의의 x에 대해 $H_x = \sum_{n \geq 1} \left(\dfrac{1}{n} - \dfrac{1}{n+x} \right)$ 이라고 하자. 그러면

$$H_{1/2} = 2 - 2\ln 2,$$

$$H_{1/3} = 3 - \frac{1}{2}\pi/\sqrt{3} - \frac{3}{2}\ln 3,$$

$$H_{2/3} = \frac{3}{2} + \frac{1}{2}\pi/\sqrt{3} - \frac{3}{2}\ln 3,$$

$$H_{1/4} = 4 - \frac{1}{2}\pi - 3\ln 2,$$

$$H_{3/4} = \frac{4}{3} + \frac{1}{2}\pi - 3\ln 2,$$

$$H_{1/5} = 5 - \frac{1}{2}\pi\phi^{3/2}5^{-1/4} - \frac{5}{4}\ln 5 - \frac{1}{2}\sqrt{5}\ln\phi,$$

$$H_{2/5} = \frac{5}{2} - \frac{1}{2}\pi\phi^{-3/2}5^{-1/4} - \frac{5}{4}\ln 5 + \frac{1}{2}\sqrt{5}\ln\phi,$$

$$H_{3/5} = \frac{5}{3} + \frac{1}{2}\pi\phi^{-3/2}5^{-1/4} - \frac{5}{4}\ln 5 + \frac{1}{2}\sqrt{5}\ln\phi,$$

$$H_{4/5} = \frac{5}{4} + \frac{1}{2}\pi\phi^{3/2}5^{-1/4} - \frac{5}{4}\ln 5 - \frac{1}{2}\sqrt{5}\ln\phi,$$

$$H_{1/6} = 6 - \frac{1}{2}\pi\sqrt{3} - 2\ln 2 - \frac{3}{2}\ln 3,$$

$$H_{5/6} = \frac{6}{5} + \frac{1}{2}\pi\sqrt{3} - 2\ln 2 - \frac{3}{2}\ln 3$$

이며, 일반적으로는 $0 < p < q$일 때(연습문제 1.2.9-19 참고)

$$H_{p/q} = \frac{q}{p} - \frac{\pi}{2}\cot\frac{p}{q}\pi - \ln 2q + 2\sum_{1 \leq n < q/2}\cos\frac{2pn}{q}\pi \cdot \ln\sin\frac{n}{q}\pi$$

이다.

부록 B

표기법 일람

다음 공식들에서, 구체적으로 한정되지 않은 영문자들의 의미는 다음과 같다.

j, k 정수 값으로 평가되는 산술 표현식.

m, n 음이 아닌 정수 값으로 평가되는 산술 표현식.

x, y 실수 값으로 평가되는 산술 표현식.

z 복소수 값으로 평가되는 산술 표현식.

f 실수 또는 복소수 값으로 평가되는 함수.

S, T 집합 또는 다중집합.

공식 기호	의미	정의된 곳
$\blacksquare$	알고리즘이나 프로그램, 증명의 끝	1.1
A_n 또는 $A[n]$	선형 배열 A의 n번째 원소	1.1
A_{mn} 또는 $A[m, n]$	직사각 배열 A의 m행 n열의 원소	1.1
$V \leftarrow E$	수식 E의 값을 변수 V에 배정	1.1
$U \leftrightarrow V$	변수 U와 V의 값을 맞바꿈	1.1
$(B \Rightarrow E; E')$	조건식: 만일 B가 참이면 E, 만일 B가 거짓이면 E'.	
$[B]$	조건 B의 특성 함수: $(B \Rightarrow 1; 0)$	1.2.3
δ_{kj}	크로네커 델타: $[j = k]$	1.2.3
$[z^n] g(z)$	멱급수 $g(z)$의 z^n의 계수.	1.2.9
$\displaystyle\sum_{R(k)} f(k)$	변수 k가 정수이며 관계 $R(k)$가 참인 모든 $f(k)$의 합.	1.2.3
$\displaystyle\prod_{R(k)} f(k)$	변수 k가 정수이며 관계 $R(k)$가 참인 모든 $f(k)$의 곱.	1.2.3
$\displaystyle\min_{R(k)} f(k)$	변수 k가 정수이며 관계 $R(k)$가 참인 모든 $f(k)$의 최소값.	1.2.3
$\displaystyle\max_{R(k)} f(k)$	변수 k가 정수이며 관계 $R(k)$가 참인 모든 $f(k)$의 최대값.	1.2.3
$\Re z$	z의 실수부	1.2.2
$\Im z$	z의 허수부	1.2.2

공식 기호	의미	정의된 곳
$\bar{z}$	켤레 복소수: $\Re z - i \Im z$	1.2.2
A^T	직사각 배열 A의 전치: $A^T[j, k] = A[k, j]$	
x^y	x의 y제곱(x가 양수일 때)	1.2.2
x^k	x의 k승: $$\left(k \geq 0 \Rightarrow \prod_{0 \leq j < k} x; \quad 1/x^{-k} \right)$$	1.2.2
$x^{\overline{k}}$	x의 k올림제곱: $\Gamma(x+k)/\Gamma(x) =$ $$\left(k \geq 0 \Rightarrow \prod_{0 \leq j < k} (x+j); \quad 1/(x+k)^{\overline{-k}} \right)$$	1.2.5
$x^{\underline{k}}$	x의 k내림제곱: $x!/(x-k)! =$ $$\left(k \geq 0 \Rightarrow \prod_{0 \leq j < k} (x-j); \quad 1/(x-k)^{\underline{-k}} \right)$$	1.2.5
$n!$	n의 계승: $\Gamma(n+1) = n^{\underline{n}}$	1.2.5
$f'(x)$	x에서의 f의 도함수	1.2.9
$f''(x)$	x에서의 f의 2차 도함수	1.2.10
$f^{(n)}(x)$	n차 도함수: $(n=0 \Rightarrow f(x); \ g'(x))$, 여기서 $g(x) = f^{(n-1)}(x)$	1.2.11.2
$f^{[n]}(x)$	n차 반복: $(n=0 \Rightarrow x; f(f^{[n-1]}(x)))$	4.7
$f^{\{n\}}(x)$	n차 유도 함수: $$f\{n\}(x) = f(x f\{n\}(x)^n)$$	4.7
$H_n^{(x)}$	x차 조화수: $$\sum_{1 \leq k \leq n} 1/k^x$$	1.2.7
H_n	조화수: $H_n^{(1)}$	1.2.7
F_n	피보나치수: $(n \leq 1 \Rightarrow n; \ F_{n-1} + F_{n-2})$	1.2.8
B_n	베르누이수: $n! [z^n] z/(e^z - 1)$	1.2.11.2
$X \cdot Y$	벡터 $X = (x_1, ..., x_n)$과 $Y = (y_1, ..., y_n)$의 내적: $x_1 y_1 + \cdots + x_n y_n$	3.3.4
$j \backslash k$	j가 k를 나눔: $k \bmod j = 0$이고 $j > 0$	1.2.4
$S \backslash T$	차집합: $\{ a \mid a$는 S의 원소, a는 T의 원소가 아님 $\}$	
$\oplus \ominus \otimes \oslash$	반올림된 또는 특별한 연산들	4.2.1
$(...a_1 a_0 . a_{-1} ...)_b$	기수 b 위치 표기: $\sum_k a_k b^k$	4.1

공식 기호	의미	정의된 곳
$//x_1, x_2, ..., x_n//$	연분수: $1/(x_1 + 1/(x_2 + 1/(\cdots + 1/(x_n)...)))$	4.5.3
$\begin{pmatrix} x \\ k \end{pmatrix}$	이항계수: $(k < 0 \Rightarrow 0;\ x^{\underline{k}}/k!)$	1.2.6
$\begin{pmatrix} n \\ n_1, n_2, ..., n_m \end{pmatrix}$	다항계수($n = n_1 + n_2 + \cdots + n_m$ 일 때에만 정의됨)	1.2.6
$\begin{bmatrix} n \\ m \end{bmatrix}$	제1종 스털링 수: $$\sum_{0 < k_1 < k_2 < \cdots < k_{n-m} < n} k_1 k_2 ... k_{n-m}$$	1.2.6
$\begin{Bmatrix} n \\ m \end{Bmatrix}$	제2종 스털링 수: $$\sum_{1 \le k_1 \le k_2 \le \cdots \le k_{n-m} \le m} k_1 k_2 ... k_{n-m}$$	1.2.6
$\{a \mid R(a)\}$	관계 $R(a)$이 참인 모든 a의 집합.	
$\{a_1, ..., a_n\}$	집합 또는 다중집합 $\{a_k \mid 1 \le k \le n\}$	
$\{x\}$	분수부(집합이 아니라 실수 값을 의미하는 문맥에서 쓰임): $x - \lfloor x \rfloor$	1.2.11.2
$[a..b]$	닫힌 구간: $\{x \mid a \le x \le b\}$	1.2.2
$(a..b)$	열린 구간: $\{x \mid a < x < b\}$	1.2.2
$[a..b)$	반개(반만 열린) 구간: $\{x \mid a \le x < b\}$	1.2.2
$(a..b]$	반폐(반만 닫힌) 구간: $\{x \mid a < x \le b\}$	1.2.2
$\lvert S \rvert$	기수: 집합 S의 크기, 즉 원소들의 개수	
$\lvert x \rvert$	x의 절대값: $(x \ge 0 \Rightarrow x;\ -x)$	
$\lvert z \rvert$	z의 절대값: $\sqrt{z\bar{z}}$	1.2.2
$\lfloor x \rfloor$	x의 내림, 즉 최대 정수 함수: $\max_{k \le x} k$	1.2.4
$\lceil x \rceil$	x의 올림, 즉 최소 정수 함수: $\min_{k \ge x} k$	1.2.4
$((x))$	톱니 함수	3.3.3
$\langle X_n \rangle$	무한 수열 $X_0, X_1, X_2, ...$ (여기서 글자 n은 표기법의 일부임)	1.2.9
γ	오일러 상수: $\lim_{n \to \infty}(H_n - \ln n)$	1.2.7
$\gamma(x, y)$	불완전 감마 함수: $\displaystyle\int_0^y e^{-t} t^{x-1} dt$	1.2.11.3
$\Gamma(x)$	감마 함수: $(x-1)! = \gamma(x, \infty)$	1.2.5

공식 기호	의미	정의된 곳
$\delta(x)$	정수들의 특성 함수	3.3.3
e	자연로그의 기수(밑): $\sum_{n \geq 0} 1/n!$	1.2.2
$\zeta(x)$	제타 함수: $\lim_{n \to \infty} H_n^{(x)}$ ($x > 1$일 때)	1.2.7
$K_n(x_1, ..., x_n)$	연속다항식	4.5.3
$\ell(u)$	다항식 u의 선행 계수	4.6
$l(n)$	n에 대한 가장 짧은 덧셈 사슬의 길이	4.6.3
$\Lambda(n)$	폰망골트 함수	4.5.3
$\mu(n)$	뫼비우스 함수	4.5.2
$\nu(n)$	측면 합	4.6.3
$O(f(n))$	변수 $n \to \infty$에 따른, $f(n)$의 대문자 O	1.2.11.1
$O(f(z))$	변수 $z \to 0$에 따른, $f(z)$의 대문자 O	1.2.11.1
$\Omega(f(n))$	변수 $n \to \infty$에 따른, $f(n)$의 대문자 오메가	1.2.11.1
$\Theta(f(n))$	변수 $n \to \infty$에 따른, $f(n)$의 대문자 세타	1.2.11.1
$\pi(x)$	소수 개수: $\sum_{n \leq x} [n$이 소수$]$	4.5.4
π	원주율: $4 \sum_{n \geq 0} (-1)^n/(2n+1)$	4.3.1
ϕ	황금 비율: $\frac{1}{2}(1 + \sqrt{5})$	1.2.8
$\emptyset$	공집합	
$\varphi(n)$	오일러의 토티언트 함수: $\sum_{0 \leq k < n} [k \perp n]$	1.2.4
∞	무한대: 그 어떤 수보다 큼	4.2.2
$\det(A)$	정방행렬 A의 행렬식	1.2.3
$\text{sign}(x)$	x의 부호: $(x = 0 \Rightarrow 0; x/|x|)$	
$\deg(u)$	다항식 u의 차수	4.6
$\text{cont}(u)$	다항식 u의 내용	4.6.1
$\text{pp}(u(x))$	다항식 u의 원시부	4.6.1
$\log_b x$	x의 기수 b 로그($x > 0$, $b > 0$, $b \neq 1$일 때): $x = b^y$인 y	1.2.2
$\ln x$	자연로그: $\log_e x$	1.2.2
$\lg x$	이진로그: $\log_2 x$	1.2.2
$\exp x$	x의 지수함수: e^x	1.2.9
$j \perp k$	j와 k가 서로 소: $\gcd(j, k) = 1$	1.2.4

공식 기호	의미	정의된 곳
$\gcd(j, k)$	j와 k의 최대공약수: $$\left(j = k = 0 \Rightarrow 0; \ \max_{d \backslash j, d \backslash k} d\right)$$	4.5.2
$\mathrm{lcm}(j, k)$	j와 k의 최소공배수: $$\left(jk = 0 \Rightarrow 0; \ \min_{d > 0, j \backslash d, k \backslash d} d\right)$$	4.5.2
$x \bmod y$	나머지 함수 $(y = 0 \Rightarrow x; \ x - y\lfloor x/y \rfloor)$	1.2.4
$u(x) \bmod v(x)$	다항식 u를 다항식 v로 나눈 나머지	4.6.1
$x \equiv x' \,(\mathrm{modulo}\ y)$	합동 관계: $x \bmod y = x' \bmod y$	1.2.4
$x \approx y$	x가 y와 근사적으로 같음	3.5, 4.2.2
$\Pr(S(n))$	무작위 양의 정수 n들에 대해 명제 $S(n)$이 참일 확률	3.5
$\Pr(S(X))$	X의 무작위 값에 대해 명제 $S(X)$가 참일 확률	1.2.10
$\mathrm{E}\,X$	X의 기대값: $\sum_x x \Pr(X = x)$	1.2.10
$\mathrm{mean}(g)$	생성함수 g로 표현되는 확률분포의 평균값: $g'(1)$	1.2.10
$\mathrm{var}(g)$	생성함수 g로 표현되는 확률분포의 분산: $g''(1) + g'(1) - g'(1)^2$	1.2.10
$(\min x_1, \mathrm{ave}\ x_2,$ $\max x_3, \mathrm{dev}\ x_4)$	최소값 x_1, 평균값(기대값) x_2, 최대값 x_3, 표준편차 x_4	1.2.10
␣	하나의 빈칸	1.3.1
rA	MIX의 레지스터 A (누산기, accumulator)	1.3.1
rX	MIX의 레지스터 X (확장, extension)	1.3.1
rI1, …, rI6	MIX의 (색인, index) 레지스터 I1, …, I6	1.3.1
rJ	MIX의 (점프, jump) 레지스터 J	1.3.1
(L:R)	한 MIX 워드의 부분 필드, $0 \le \mathrm{L} \le \mathrm{R} \le 5$	1.3.1
OP ADDRESS,I(F)	MIX 명령 표기	1.3.1, 1.3.2
u	MIX의 시간 단위	1.3.1
*	MIXAL의 "자기 자신" 참조	1.3.2
0F, 1F, 2F, …, 9F	MIXAL의 "전방(forward)" 지역 기호 참조	1.3.2
0B, 1B, 2B, …, 9B	MIXAL의 "후방(backward)" 지역 기호 참조	1.3.2
0H, 1H, 2H, …, 9H	MIXAL의 "여기(here)" 지역 기호 참조	1.3.2

찾아보기 및 용어집

찾으라 그러면 너희가 찾을 것이요

— 마태복음 7:7†

찾아보기 항목이 해당 연습문제가 있는 쪽번호를 가리키는 경우에는 그 연습문제의 해답에서도 추가적인 정보를 찾아볼 것. 연습문제의 문장에 포함되지 않은 주제를 해답에서 언급하는 경우가 아닌 한, 해답의 쪽번호는 이 찾아보기에 포함시키지 않았다.

> 한국어판 찾아보기에 대해:
>
> 영문 항목에 나오는 【한】은 그 항목에 해당하는, 그리고 구체적인 정보가 있는 한글 항목을 가리키는 기호이다. 원서의 항목들을 최대한 보존하되 불필요한 정보의 중복을 피하기 위해, 또한 독자가 주로 한글 용어로 이 찾아보기를 사용하길 바라는 마음에서, 영문 항목에서는 구체적인 찾아보기 정보를 생략하고 해당 한글 항목만 표시했다.
>
> 이러한 지시 표기는 영-한 용어 대조의 역할도 한다. 한-영 용어 대조를 위해서 한글 항목에 괄호로 영문을 병기했다. 전체적으로 분량이 많아지고 좀 장황해지긴 했지만, 제목에도 있듯이 여기에 나온 것이 단순한 찾아보기가 아니라 용어집의 역할도 하는 것임을 고려한 조치였다.
>
> 영문 항목과 한글 항목이 항상 일대일로 대응되는 것은 아니다. 예를 들어 Oriented 항목이 가리키는 '유향'은 개별적인 항목이 아니고, 유향 트리, 유향 경로 등 '유향'으로 시작하는 여러 항목들을 대표하는 것이다.
>
> 그 외에도 한국어와 영어의 차이에 따른 사소한 사항들이 있지만 독자가 이 찾아보기를 자주 사용하다보면 충분히 짐작할 수 있을 것이므로 굳이 설명하지 않겠다.
>
> 마지막으로 【참고】는 주로 같은 뜻의 또는 밀접한 관련이 있는 항목을 가리키며, 【또한】은 주로 대조해서 참고할만한 항목을 가리킨다. 원서에서는 각각 see, also로 나온 것들이다.
>
> — 옮긴이

---

† 〔옮긴이 주〕 한글 킹제임스 성경에서 인용.

Jokes, 【한】 농담.

Jones, Hugh, 【한】 존스.

Jones, Terence Gordon, 【한】 존스.

Jong, Lieuwe Sytse de, 【한】 용.

Jonquières, Jean Philippe Ernest de Fauque de, 【한】 종키에르.

Jordaine, Joshua, 【한】 조데인.

Judd, John Stephen, 【한】 저드.

Jurkat, Wolfgang Bernhard, 【한】 유르카트.

Justeson, John Stephen, 【한】 저스티슨.

JXE (X가 짝수이면 점프), 390.

JXO (X가 홀수이면 점프), 259, 390.

k분포 수열(k-distributed sequence), 183-187, 201, 211, 213-217.

Kac, Mark, 【한】 카츠.

Kahan, William Morton, 【한】 케이헌.

Kaib, Michael Andreas, 【한】 카이브.

Kaltofen, Erich Leo, 【한】 캘터픈.

Kaminski, Michael, 【한】 카민스키.

Kanada, Yasumasa (金田康正), 【한】 가나다.

Kankaala, Kari Veli Antero, 【한】 칸칼라.

Kannan, Ravindran, 【한】 카난.

Kanner, Herbert, 【한】 캐너.

Karatsuba, Anatolii Alekseevich, 【한】 카라추바.

Karlsruhe, University of, 【한】 카를스루에 대학교.

Kátai, Imre, 【한】 카터이.

Katz, Victor Joseph, 【한】 카츠.

Kayal, Neeraj, 【한】 카얄.

Keir, Roy Alex, 【한】 케어.

Keller, Wilfrid, 【한】 켈러.

Kempner, Aubrey John, 【한】 켐프너.

Kendall, Maurice George, 【한】 켄들.

Kermack, William Ogilvy, 【한】 커맥.

Kerr, Leslie Robert, 【한】 커.

Kesner, Oliver, 【한】 케스너.

Khinchin, Alexander Yakovlevich, 【한】 힌친.

Killingbeck, Lynn Carl, 【한】 킬링벡.

Kinderman, Albert John, 【한】 킨더먼.

Klarner, David Anthony, 【한】 클라너.

Klem, Laura, 【한】 클렘.

Knop, Robert Edward, 【한】 높.

Knopfmacher, 【한】 크노프마허.

Knopp, Konrad Hermann Theodor, 【한】 크노프.

Knorr, Wilbur Richard, 【한】 노어.

Knott, Cargill Gilston, 【한】 노트.

Knuth, 【한】 커누스.

Kohavi, Zvi, 【한】 코하비.

Koksma, Jurjen Ferdinand, 【한】 콕스머.

Kolmogorov, Andrei Nikolaevich, 【한】 콜모고로프.

Kolmogorov-Smirnov distribution, 【한】 콜모고로프-스미르노프 분포.

Kolmogorov-Smirnov test, 【한】 콜모고로프-스미르노프 검정.

Koons, Florence, 【한】 쿤스.

Kornerup, Peter, 【한】 코너럽.

Korobov, Nikolai Mikhailovich, 【한】 코로보프.

Kraïtchik, Maurice Borisovitch, 【한】 크라이칙.

Krandick, Werner, 【한】 크랜딕.

Krishnamurthy, Edayathumangalam Venkataraman, 【한】 크리슈나무르티.

Kronecker, Leopold, 【한】 크로네커.

Kruskal, Martin David, 【한】 크러스컬.

KS 검정(KS test), 【참고】 콜모고로프-스미르노프 검정.

Kuczma, Marek, 【한】 쿠치마.

Kuipers, Lauwerens, 【한】 퀴퍼스.

Kulisch, Ulrich Walter Heinz, 【한】 쿨리슈.

Kung, Hsiang Tsung (孔祥重), 【한】 쿵샹쭝.

Kurita, Yoshiharu (栗田良春), 【한】 구리타.

Kurowski, Scott James, 【한】 쿠로프스키.

Kuṭṭaka, 【한】 쿠타카.

Kuz'min, Rodion Osievich, 【한】 쿠즈민.

L'Ecuyer, Pierre, 【한】 레퀴에.

l^0사슬(chain), 548, 552, 556.

L^3 알고리즘, 147, 478, 519.

La Touche, Maria Price, 【한】 라 투셰.

La Vallée Poussin, Charles Jean Gustave Nicolas de, 【한】 라 발레 푸생.

Laderman, Julian David, 【한】 레이더먼.

Lagarias, Jeffrey Clark, 【한】 라가리아스.

Lagged Fibonacci sequences, 【한】 시차 피보나치 수열.

Lagny, Thomas Fantet de, 【한】 라니.

Lagrange (= de la Grange), Joseph Louis, Comte,

【한】 라그랑주.

Lags, 【한】 시차.

Lake, George Thomas, 【한】 레이크.

Lakshman, Yagati Narayana, 【한】 라크시만.

Lalanne, Léon Louis Chrétien, 【한】 랄란.

Lamé, Gabriel, 【한】 라메.

Landau, Edmund Georg Hermann, 【한】 란다우.

Laplace (= de la Place), Pierre Simon, Marquis de, 【한】 라플라스.

Large prime numbers, 【한】 큰 소수.

Las Vegas algorithms, 【한】 라스베가스 알고리즘.

Lattice of points, 【한】 격자(점들의).

Lattice reduction, 【한】 격자 줄이기.

Laughlin, Harry Hamilton, 【한】 래플린.

Laurent, Paul Mathieu Hermann, series, 【한】 로랑.

Lauwerier, Hendrik Adolf, 【한】 라우베리어르.

Lavaux, Michel, 【한】 라보.

Lavington, Simon Hugh, 【한】 래빙턴.

Lawrence, Frederick William, 【한】 로렌스.

lcm, 【한】 최소공배수.

Leading, 【한】 선행.

Least common left multiple, 【한】 최소공좌배수.

Least common multiple, 【한】 최소공배수.

Least remainder algorithm, 【한】 최소 나머지 알고리즘.

Least significant digit, 【한】 최하위 숫자.

Lebesgue (= Le Besgue), Victor Amédée, 【한】 르베그.

Lebesgue, Henri Léon, measure, 【한】 르베그.

Leeb, Hannes, 【한】 리브.

Leeuwen, Jan van, 【한】 레이우언.

Legendre (= Le Gendre), Adrien Marie, 【한】 르장드르.

Léger, 【한】 레제.

Lehman, Russell Sherman, 【한】 레먼.

Lehmer, 【한】 레머.

Lehn, Jürgen, 【한】 렌.

Leibniz, Gottfried Wilhelm, Freiherr von, 【한】 라이프니츠.

Lempel, Abraham, 【한】 렘펠.

Lenstra, 【한】 렌스트라.

Leonardo Pisano, 【참고】 피보나치.

Leong, Benton Lau, 【한】 레옹.

Leslie, John, 【한】 레슬리.

Less than, definitely, 【한】 미만.

Leva, Joseph Leon, 【한】 레바.

Levene, Howard, 【한】 레벤.

LeVeque, William Judson, 【한】 레베크.

Levin, Leonid Anatolievich, 【한】 레빈.

Levine, Kenneth Allan, 【한】 레빈.

Lévy, Paul, 【한】 레비.

Levy, Silvio Vieira Ferreira, 【한】 레비.

Lewis, 【한】 루이스.

Lexicographic order, 【한】 사전식 순서.

li: 로그 적분 함수(Logarithmic integral function).

Li, Yan 【한】 리얀.

Li, Ming 【한】 리밍.

Lickteig, Thomas Michael, 【한】 릭타이그.

Lindholm, James H., 【한】 린드홀름.

Linear congruential sequence, 【한】 선형합동수열.

Linear equations, 【한】 선형 방정식.

Linear, 【한】 선형.

Linked memory, 【한】 연결된 메모리.

Linking automaton, 【한】 연결 자동기계.

Linnainmaa, Seppo Ilmari, 【한】 린나인마.

Liouville, Joseph, 【한】 리우빌.

Lipton, Richard Jay, 【한】 립턴.

Liquid measure, 【한】 액체 도량형.

Little Fermat computer, 【한】 작은 페르마 컴퓨터.

Littlewood, John Edensor, 【한】 리틀우드.

LLL 알고리즘, 147, 478, 519.

Local arithmetic, 【한】 국소 산술.

Locally nonrandom behavior, 【한】 국소 비무작위 습성.

Lochs, Gustav, 【한】 록스.

Loewenthal, Dan, 【한】 뢰벤탈.

Logarithm, 【한】 로그.

Logarithmic integral, 【한】 로그 적분.

Logarithmic law of leading digits, 【한】 로그 법칙(선행 숫자의).

Logarithmic sums, 【한】 로그 합.

Logical operations, 【한】 논리 연산.

Löh, Günter, 【한】 뢰.

lomult, 35.

Long division, 【한】 긴 나눗셈.

00	1	01	2	02	2	03	10
연산 없음 NOP(0)		$rA \leftarrow rA + V$ ADD(0:5) FADD(6)		$rA \leftarrow rA - V$ SUB(0:5) FSUB(6)		$rAX \leftarrow rA \times V$ MUL(0:5) FMUL(6)	

08	2	09	2	10	2	11	2
$rA \leftarrow V$ LDA(0:5)		$rI1 \leftarrow V$ LD1(0:5)		$rI2 \leftarrow V$ LD2(0:5)		$rI3 \leftarrow V$ LD3(0:5)	

16	2	17	2	18	2	19	2
$rA \leftarrow -V$ LDAN(0:5)		$rI1 \leftarrow -V$ LD1N(0:5)		$rI2 \leftarrow -V$ LD2N(0:5)		$rI3 \leftarrow -V$ LD3N(0:5)	

24	2	25	2	26	2	27	2
$M(F) \leftarrow rA$ STA(0:5)		$M(F) \leftarrow rI1$ ST1(0:5)		$M(F) \leftarrow rI2$ ST2(0:5)		$M(F) \leftarrow rI3$ ST3(0:5)	

32	2	33	2	34	1	35	1 + T
$M(F) \leftarrow rJ$ STJ(0:2)		$M(F) \leftarrow 0$ STZ(0:5)		유닛 F 사용중? JBUS(0)		유닛 F 제어 IOC(0)	

40	1	41	1	42	1	43	1
$rA : 0$, 점프 JA[+]		$rI1 : 0$, 점프 J1[+]		$rI2 : 0$, 점프 J2[+]		$rI3 : 0$, 점프 J3[+]	

48	1	49	1	50	1	51	1
$rA \leftarrow [rA]? \pm M$ INCA(0) DECA(1) ENTA(2) ENNA(3)		$rI1 \leftarrow [rI1]? \pm M$ INC1(0) DEC1(1) ENT1(2) ENN1(3)		$rI2 \leftarrow [rI2]? \pm M$ INC2(0) DEC2(1) ENT2(2) ENN2(3)		$rI3 \leftarrow [rI3]? \pm M$ INC3(0) DEC3(1) ENT3(2) ENN3(3)	

56	2	57	2	58	2	59	2
$CI \leftarrow rA(F) : V$ CMPA(0:5) FCMP(6)		$CI \leftarrow rI1(F) : V$ CMP1(0:5)		$CI \leftarrow rI2(F) : V$ CMP2(0:5)		$CI \leftarrow rI3(F) : V$ CMP3(0:5)	

일반적 형태:

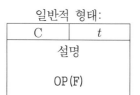

C	t
설명	
OP(F)	

C = 연산 코드, 명령의 (5:5) 필드
F = 연산 변종, 명령의 (4:4) 필드
M = 색인 적용 후의 명령 주소
V = M(F) = 장소 M의 필드 F의 내용
OP = 연산의 기호 이름
(F) = 정규 F 설정
t = 수행 시간, T = 대기 시간

25	26	27	28	29	30	31	32	33	34	35	36	37	38	39	40	41	42	43	44	45	46	47	48	49	50	51	52	53	54	55
V	W	X	Y	Z	0	1	2	3	4	5	6	7	8	9	.	,	(	)	+	−	*	/	=	$	<	>	@	;	:	'

04	12	05	10	06	2	07	1 + 2F
rA ← rAX/V rA ← 나머지 DIV(0:5) FDIV(6)		특수 NUM(0) CHAR(1) HLT(2)		M 바이트 자리이동 SLA(0) SRA(1) SLAX(2) SRAX(3) SLC(4) SRC(5)		M에서 F개 워드를 rI1로 이동 MOVE(1)	

12	2	13	2	14	2	15	2
rI4 ← V LD4(0:5)		rI5 ← V LD5(0:5)		rI6 ← V LD6(0:5)		rX ← V LDX(0:5)	

20	2	21	2	22	2	23	2
rI4 ← − V LD4N(0:5)		rI5 ← − V LD5N(0:5)		rI6 ← − V LD6N(0:5)		rX ← − V LDXN(0:5)	

28	2	29	2	30	2	31	2
M(F) ← rI4 ST4(0:5)		M(F) ← rI5 ST5(0:5)		M(F) ← rI6 ST6(0:5)		M(F) ← rX STX(0:5)	

36	1 + T	37	1 + T	38	1	39	1
유닛 F 입력 IN(0)		유닛 F 출력 OUT(0)		유닛 F 준비됨? JRED(0)		점프 JMP(0) JSJ(1) JOV(2) JNOV(3) 아래 [*]도 해당	

44	1	45	1	46	1	47	1
rI4 : 0, 점프 J4[+]		rI5 : 0, 점프 J5[+]		rI6 : 0, 점프 J6[+]		rX : 0, 점프 JX[+]	

52	1	53	1	54	1	55	1
rI4 ← [rI4]? ± M INC4(0) DEC4(1) ENT4(2) ENN4(3)		rI5 ← [rI5]? ± M INC5(0) DEC5(1) ENT5(2) ENN5(3)		rI6 ← [rI6]? ± M INC6(0) DEC6(1) ENT6(2) ENN6(3)		rX ← [rX]? ± M INCX(0) DECX(1) ENTX(2) ENNX(3)	

60	2	61	2	62	2	63	2
CI ← rI4(F) : V CMP4(0:5)		CI ← rI5(F) : V CMP5(0:5)		CI ← rI6(F) : V CMP6(0:5)		CI ← rX(F) : V CMPX(0:5)	

rA = 레지스터 A
rX = 레지스터 X
rAX = 레지스터 A와 레지스터 X로 된 하나의 단위
rIi = 색인 레지스터 i, $1 \le i \le 6$
rJ = 레지스터 J
CI = 비교 지시자

[*]:		[+]:	
JL(4)	<	N(0)	
JE(5)	=	Z(1)	
JG(6)	>	P(2)	
JGE(7)	≥	NN(3)	
JNE(8)	≠	NZ(4)	
JLE(9)	≤	NP(5)	